A
SINHALESE-ENGLISH DICTIONARY

A
SINHALESE-ENGLISH DICTIONARY

BY

THE LATE REV. CHARLES CARTER.
Baptist Missionary, Ceylon,
Author of an English-Sinhalese dictionary, Sinhalese and English Lesson Books on Ollendorff's System, and Translator of the Bible into Sinhalese, etc.

Published by
The Baptist Missionary Society.

GYAN

Published by

GYAN

Gyan Publishing House
5, Ansari Road
Daryaganj, New Delhi-110002
Phone: 011-47034999, 9811692060
E-mail: books@gyanbooks.com

Distribution Network
gyanbooks.com
India, USA, Canada, UK, Australia, France

ISBN : 978-81-212-3047-6 (PB)
First Published, 1924

2nd Impression 2020

Printed at: Gyan Press, Delhi.

A SINHALESE-ENGLISH DICTIONARY.

BY

The late Rev. CHARLES CARTER,

Baptist Missionary, Ceylon,

Author of an English-Sinhalese Dictionary, Sinhalese and English Lesson Books on Ollendorff's System, and Translator of the Bible into Sinhalese, etc.

PUBLISHED BY

The Baptist Missionary Society.

Colombo:

THE "CEYLON OBSERVER" PRINTING WORKS.

1924.

PREFACE.

THE late Rev. CHARLES CARTER, Compiler of this Dictionary, arrived in Ceylon, as a Missionary of the Baptist Missionary Society, on 22nd September, 1853. He set himself at once to acquire a knowledge of the language, in which he made rapid progress, and was able to preach his first sermon in Sinhalese at Biyanwila four months after arrival. During his Missionary career he attained such a command of the language as has been rarely or ever equalled by Europeans. His English-Sinhalese Dictionary, printed at the Government Press, is the best of its kind and is in general use. He is the author of various works for the acquisition of the language; Lesson Books, both for English and Sinhalese Students; Sinhalese Verbs reduced to Conjugations; and a Grammar Book. His aim in all these labours has been service to Ceylon. Of the present work he wrote from New Zealand, where he died on 6th July, 1914: "I willingly render it as an offering to our gracious Master, for the benefit of Ceylon, especially for Missionary work."

The author, who commenced the work in 1892, has put into the compilation what would equal ten years' consecutive labour.

The manuscript has been subjected to the scrutiny of competent Sinhalese scholars, who contributed valuable suggestions and corrected the work at the press, viz.: the late Mudaliyar Simon de Silva, with the assistance of the late High Priest Dharmarama of Vidyalankara Oriental College, and the late Mr. S. de Saram, Literary Adviser to the Baptist Missionary Society.

We also acknowledge the valuable assistance rendered by Mr. T. Petch, Botanist and Mycologist of Peradeniya, in the correction of the Appendix of Botanical Names.

The omission of Romanised characters after the Sinhalese word will, we hope, be met to some extent by the alphabet at the beginning, for those who are unacquainted with the Sinhalese characters. To the definition in English of classical Sinhalese words not in ordinary use, there is added the ordinary Sinhalese word, making it useful to the Sinhalese reader, as well as supplying the English reader with the best word for ordinary use, at the same time showing that the word defined is not the ordinary word.

Mudaliyar A. Mendis Gunasekera, late of the Registrar-General's Office, Editor of the "Jnanadarsaya," and author of a "Comprehensive Grammar of the Sinhalese Language," to whom the manuscript was submitted, states that "The work is much fuller and more valuable than any other Dictionary of the language yet published, and will supply to a great extent the want of a good Dictionary much felt at present."

The work is the property of the Baptist Missionary Society, which purchased the rights from the Compiler before his death.

We are indebted to the generosity of the late Mr. G. B. Leechman, which has made it possible to publish the work.

JOHN A. EWING.

BAPTIST MISSION HOUSE,
COLOMBO. 21ST MAY, 1924.

641

ABBREVIATIONS.

a. or adj. ... adjective
abs. ... abstract
acc. ... accusative case
act. ... active voice
ad. ... adverb
aff. ... affix
alg. .. algebra
anat. ... anatomy
ap. ... appellation
arch. ... achitecture
arith. ... arithmetic
ast. ... astronomy
astro. ... astrology
B. ... Buddhist, or in Buddhism
B.P. ... Buddhist Priest (hood)
Ben. ... Bengali
biol. ... biology
bot. ... in botany, or botanical list
cau. ... causative
C. En. ... Ceylon endemic
ch. ... church
Ch. E. ... Church of England
chem. ... chemistry
Chr. ... Christianity, or Christian usage
cl. ... classical
c. n. ... concrete
col. ... colloquial
coll. ... collective
comp. ... in composition
conch. ... conchology
conj. .. conjunction
const. ... constellation
cont. ... contracted, or contraction of
cor. ... correctly
cp. ... compare
D. ... Dutch
dat. ... (with) dative case
desid. ... desiderative form
E. ... Elu
emp. ... emphatic
Eng. ... English
eng. ... engineering
ep. ... epithet
er. ... erroneous (ly)
E. S. ... English-Sinhalese Dictionary
excl. ... exclamation
exp. ... expletive
fem. ... feminine
fr. ... from
fig. ... figuratively
gen. ... generally
geo. ... geography
geol. ... geology
geom. ... geometry
gram. ... grammar
H. ... Hindu
H. myth. ... Hindu mythology
hon. ... honorific
idem ... as the preceding
I. ... India
imp. ... imperative
ind. ... indeclinable
indef. ... indefinite form (as පොතක්)
instr. ... instrument (al)
int. ... interjection
inten. ... intensive
inter. ... interrogative
leg. ... legal, in law
(Legum.) ... Leguminosæ
lit. ... literally
log. ... in logic
math. ... mathematics
med. ... medical
men. ... mental
meta. ... metaphorical
mil. ... military
mus. ... music
myth. ... mythology
n. ... noun
n. c. ... noun collective
nat. hist. ... natural history
neg. ... negative
neu. ... neuter
num. ... numeral
obj. ... object
obs. ... obsolete
ord. ... ordinarily
P. ... Pali
paint. ... painting
par. or part. ... particle
pas. ... passive
pers. ... personal
pert. ... pertaining to
ph. ... phrase
phil. ... philosophy
phren. ... phrenology
pl. (n.) ... plural
pl. (v.) ... participle
poe. ... poetry
Port. ... Portuguese
post. ... post position (for English preposition)

p. p. or p. pl. ... perfect or past participle
p. prest. ... present participle
print. ... printing
priv. ... privative
pron. ... pronoun
pron. ref. ... reflexive pronoun
q. v. ... quod vide, which see
R. C. ... Roman Catholic
rel. ... relative
res. ... respectfully
rt. ... root
S. ... Sinhalese
Sans. ... Sanscrit
sculp. ... sculpture
sg. ... singular
sp. ... specially
sp. ... species
sub. ... subject
suf. ... suffix
sur. ... surgery
sy. ... synonym
T. ... Tamil
temp. ... temporal
ter. ... termination
v. a.(dj.) pres,.. adjectival form of the verb in the present tense (as කරන)
v. a.(dj.) pret... the same in the preterite (as කළ)
var. ... variety of
v. aux. ... verb auxiliary
v. c. ... verb causative
v. i. ... verb intransitive
v. n. ... verbal noun
v. n. i. ... verbal noun intransitive
v. n. t. ... verbal noun transitive
voc. ... vocative case
zo. or zool. ... zoology

BOTANICAL SECTION.

EXPLANATIONS.

C. En. ... Ceylon endemic, used of plants peculiar to Ceylon
Cp. ... Compare
G. D. ... General Dictionary
Hill ... (*as in hill-puddy*) = ගොඩබිම high or dry land, distinction from swamp
Tree ... ගස, තරුව, තුරා, දුම, ද්‍රැම, ද්‍රැමය, ද්‍රැව, රුක, වෘක්ෂය
Creeper ... ලතාව, වැල

ABBREVIATIONS OF LATIN NAMES.

Acanth. ... Acanthaceæ
Alis. ... Alismaceæ
Amarant. ... Amarantaceæ
Amary. ... Amaryllideæ
Ampel. ... Ampelideæ
Anacard. ... Anacardiaceæ
Ancist. ... Ancistrocladeæ
Anon. ... Anonaceæ
Apocyn. ... Apocynaceæ
Arali. ... Araliaceæ
Aristo. ... Aristochiaceæ
Asclep. ... Asclepiadeæ
Auran. ... Aurantiaceæ
Balan. ... Balanophoraceæ
Begon. ... Begoniaceæ
Berb. ... Berberideæ
Bignon. ... Bignoniaceæ
Bigon. ... Bigoniaceæ
Bix. ... Bixineæ
Borag. ... Boragineæ
Burma. ... Burmanniaceæ
Burser. ... Burseraceæ
Cact. ... Cactaceæ
Campan. ... Campanulaceæ
Capparid. ... Capparideæ
Capri. ... Caprifoliaceæ
Caryo. ... Caryophyllaceæ
Celast. ... Celastraceæ
Cerato. ... Ceratophyllaceæ
Chail. ... Chailletiaceæ
Char. ... Characeæ
Cheno. ... Chenopodiaceæ
Chlor. ... Chloranthaceæ
Combret. ... Combretaceæ
Commel. ... Commelinaceæ
Comp. ... Campositæ
Connar. ... Connaraceæ
Convolv. ... Convolvulaceæ
Corna. ... Cornaceæ
Crassu. ... Crassulaceæ
Crucif. ... Cruciferæ
Cucurb. (it.) ... Cucurbitaceæ
Cyper. ... Cyperaceæ

Datis.	...	Datiscaceæ
Dillen.	...	Dillenaceæ
Dioscor.	...	Dioscoreaceæ
Dipsa.	...	Dipsacaceæ
Dipterocarp	...	Dipterocarpaceæ
Dros.	...	Droseraceæ
Eben.	...	Ebenaceæ
Elæag.	...	Elæagnaceæ
Elat.	...	Elatineæ
Equis.	..	Equisetaceæ
Eriocaul.	...	Eriocauloneæ
Euphorb.	...	Euphorbiaceæ
Fico.	...	Ficoideæ
Flagel.	...	Flageliariaceæ
Gentian.	...	Gentianaceæ
Geran.	...	Geraniaceæ
Gesner.	..	Gesneraceæ
Gooden.	...	Goodenoviaceæ
Gram.	...	Gramineæ
Guttif.	...	Guttiferæ
Hæmo.	...	Hæmodoraceæ
Halor.	...	Halorageæ
Hydro.	..	Hydrocharideæ
Hydroph.	...	Hydrophyllaceæ
Hyper.	...	Hypericaceæ
Ilic.	...	Ilicineæ
Illece.	...	Illecebraceæ
Iso.	...	Isocteæ
Junc.	...	Juncaceæ
Lab.	...	Labiatæ
Laur.	..	Lauraceæ
Legum.	...	Leguminosæ
Lemn.	...	Lemnaceæ
Lentibul.	...	Lentibulariaceæ
Lili.	...	Liliaceæ
Lina.	...	Linaceæ
Logan.	...	Loganiaceæ
Loran.	...	Loranthaceæ
Lycopod.	...	Lycopodiaceæ
Lyth.	...	Lythoraceæ
Magnol.	...	Magnoliaceæ
Malpi.	...	Malpighiaceæ
Malv.	...	Malvaceæ
Melastom.	...	Melastomaceæ
Meli.	...	Meliaceæ
Menisperm.	...	Menispermaceæ
Monim.	...	Monimiaceæ
Morin.	...	Moringeæ
Myris.	...	Myristicaceæ
Myrsi.	...	Myrsineæ
Myrt.	...	Myrtaceæ
Naiad.	...	Naiadaceæ
Nepen.	...	Nepenthaceæ
Nyct.	...	Nyctagineæ
Nymph.	...	Nymphæaceæ
Och.	...	Ochnaceæ
Ola.	...	Olacineæ
Onag.	...	Onagraceæ
Orchi.	...	Orchideæ
Orob.	...	Orobanchaceæ
O. S.	...	Oryza sativa
Pandan.	...	Pandanaceæ
Passi.	...	Passifloraceæ
Pedal.	...	Pedaliaceæ
Phytol.	...	Phytolaccaceæ
Piper.	...	Piperaceæ
Pittospor.	...	Pittosporaceæ
Plan.	...	Plantagineæ
Plumbag.	...	Plumbagineæ
Podo.	...	Podostemaceæ
Polygal.	...	Polygalaceæ
Polygon.	...	Polygonaceæ
Ponte.	...	Pontederiaceæ
Portu.	...	Portulacaceæ
Prim.	...	Primulaceæ
Prot.	...	Proteaceæ
Ranun.	...	Ranunculaceæ
Rham.	...	Rhamnaceæ
Rhiz.	...	Rhizocarpeæ
Rhizoph.	...	Rhizophoraceæ
Ros.	...	Rosaceæ
Rox.	...	Roxburghiaceæ
Rub.	...	Rubiaceæ
Rut.	...	Rutaceæ
Sabi.	...	Sabiaceæ
Salva.	...	Salvadoraceæ
Samy.	...	Samydaceæ
Sant.	...	Santalaceæ
Sapind.	...	Sapindaceæ
Sapot.	...	Sapotaceæ
Saxi.	...	Saxifragaceæ
Scitam.	...	Scitamineæ
Scroph.	...	Scrophulariace.
Selag.	...	Selaginellaceæ
Simar.	...	Simarrubaceæ
Solan.	...	Solanaceæ
Stercul.	...	Sterculiaceæ
Styl.	...	Stylidiaceæ
Styr.	...	Styraceæ
Tac.	...	Taccaceæ
Tamar.	...	Tamariscineæ
Tern.	...	Ternstroemiaceæ
Thym.	...	Thymelæceæ
Tili.	...	Tiliaceæ
Triu.	...	Triurideæ
Typh.	...	Typhaceæ
Umbel.	...	Umbelliferæ
Urti.	...	Urticaceæ
Vac.	...	Vacciniaceæ
Valer.	...	Valerianaceæ
Verben.	...	Verbenaceæ
Vio.	...	Violaceæ
Xyr.	...	Xyrideæ
Zygo.	...	Zygophyllaceæ

THE SINHALESE ALPHABET.

I.—VOWELS.

Short.			*Long.*		
අ	a,	as in *America.*	ආ	a,	as in *ah!*
ඉ	i,	as in *pin.*	ඊ or ඊ	i,	as in *marine.*
උ	oo,	as in *foot.*	ඌ	oo,	as in *food.*
එ	e,	as in *men.*	ඒ	e,	as in *mane.*
			ඓ	ai,	as in *time.*
ඔ	o,	as in *& Co.*	ඕ	o,	as in *moan.*
			ඖ	ou,	as in *our.*
ඇ	-		ඈ	-	

The above are the full vowel signs, and are always initial.

II.—PRONUNCIATION OF VOWELS.

1. අ varies slightly in pronunciation, depending sometimes on the meaning or derivation, and sometimes on the consonants with which it is combined. It has the sound of *o* in *dove,* of *o* in *not,* and the clear, distinct sound obtained by shortening *ah!* In the absence of a living teacher, let the student choose the last of the three.

2. ඉ and ඊ have a fine, sharp sound.

3. එ and ඒ have a full, broad and—to Englishmen—vulgar sound, like the Irish pronunciation of *meat* = *mate.*

4. ඓ has the polite sound of *i* in *time,* somewhat prolonged.

5. ඔ and ඕ have the English broad, vulgar sound.

6. ඇ and ඈ have the vowel sound of the bleating of a sheep, minus the quivering. *Cat* and *cart,* if pronounced very vulgarly, not in the direction of *au* in *caught,* but in that of *a* in *ram,* will express the sounds; and as there is no letter in English to express them, let one hyphen - represent the short vowel, and two - - the long one.

III.—THE NON-INITIAL VOWEL SIGNS.

		(ආ)	ා	(ඉ)	ි	(ඊ)	ී
(උ)	ු	and	ු	(ඌ)	ූ	and	ූ
(එ)	ෙ	(ඒ)	ේ	(ඓ)	ෛ	(ඖ)	ෞ
(ඔ)	ො	(ඕ)	ෝ	(ඇ)	ැ	(ඈ)	ෑ

1. අ has no non-initial sign, but it is in herent in every consonant, and, unless displaced by the sign of some other vowel or suppressed, is pronounced after the consonant.

2. ා is written after the consonant: as කා.

3. ි ී are written above the consonant: as කි කී ගි ගී.

4. ු, ූ, ෘ, ෲ are written below the consonant: as කු කූ කෘ කෲ.
ෘ and ෲ are used only with the consonants ක ග ත ද ර ස.

5. ෙ is written before the consonant after which it is pronounced, and lengthened by the addition of ් ් to the consonant: as කෙ කේ මෙ මේ.

6. ෛ also precedes the consonant: as කෛ.

7. ෙ ා The first of these precedes, and the latter follows the consonant, and is lengthened by the addition of ් to the letter: as කො. කෝ.

8. ෙ ෟ The first of these, too, precedes, and the latter follows the consonant: as කෞ.

9. ෲ ෳ are written after the consonant, above the position occupied by ෘ ෲ: as කෲ කෳ මෲ මෳ.

IV.—THE SIGN ් OR ් IS USED FOR TWO PURPOSES.

1. To suppress the inherent vowel: as මක maka, මක් mak; අම ama, අම් am.

2. To lengthen the others: as කො කෝ කෙ කේ එ ඒ ඔ ඕ.

3. The form ් is attached to those letters which have their final stroke turned back to the left: as ඩ ම ව ච ඞ ඬ.

4. The joining of two consonants suppresses the inherent vowel of the first; and if ෙ accompanies the second, that is placed before the first: as ස්වල්ප = ස්වල්ප swalpa; ස්නේහ = ස්නේහ snēha.

V.—CONSONANTS.

	Unaspirated.	Aspirated.	Unaspirated.	Aspirated.	Nasal.
K class ...	ක k	ඛ	ග g	ඝ	ඞ ng
Ch class ...	ච ch	ඡ	ජ j	ඣ	ඤ ny
T class ...	ට t	ඨ	ඩ d	ඪ	ණ n
Th class ...	ත th	ථ	ද dh	ධ	න n
P class ...	ප p	ඵ	බ b	භ	ම m
	ය y	ර r	ල l	ව w	ං ng
	ෂ s	ශ sh	ස s	හ h	ළ l : ch

VI.—PRONUNCIATION OF THE CONSONANTS WHICH DIFFER FROM THE ENGLISH.

1. The aspirated consonants are pronounced as if accompanied by a vocal *h*: *e.g.*, ඛ is pronounced like *k* in *back-hall,* allowing the *h* to coalesce.

2. ග is always hard.

3. ච has less of the hissing sound than the English *ch* in *rich.*

4. ත is much lighter than the English *th*. It has the sound which the Irish sometimes give to *t* when followed by *r*: *e.g.*, *trick, trip, straight,* pronounced something like *thrick, thrip, sthraight.*

5. ද This, too, is a real dental, and has the sound heard in the Irish pronunciation of *d* in such words as *drink, drip, drop.*

6. ර is always trilled.

7. ශ is very light, like *c* in *cinder*, and its inherent vowel is generally ඇ, not අ.

8. ෂ has less of the hissing sound than the English *sh*, and is often pronounced like the ordinary s ස.

9. ඃ is the guttural *k*, as hard as the German *ch*, and never followed by a vowel in the same word.

VII.—IN SOME WORDS ය, ර, AND ද ARE EXPRESSED BY OTHER SIGNS: ය BY ්‍ය, ර BY ර්‍, AND ්‍ර, ද BY ඳ.

1. ්‍ය suppresses the inherent vowel of the consonant to which it is added, and is pronounced after that consonant: as මංගල්‍ය Mangal-ya.

2. ර්‍ is written on the upper part of a consonant, and is pronounced before it with its own inherent vowel suppressed: as පර්වත Parwatha.

3. ්‍ර suppresses the inherent vowel of the consonant to which it is joined, and is pronounced after that consonant: as පුත්‍රයා Poothrayah.

4. ඳ is used for three purposes:—
   a. When joined to the aspirated consonants ඨ, ඪ, ධ, the corresponding unaspirated consonants respectively precede them; as කඨ Kat-*ta*, මඪ Mad-*da*, රුධ Roodh-*dha*.
   b. When joined to ව, *dh* (ද්) precedes the ව: as මද්ව madhwa.
   c. When joined to any of the other consonants, it signifies that a very short sound of න් precedes them: as කඳු Kandoo.

VIII.—VOWEL-CONSONANTS.

1. ඍ roo, ඎ rōō: ඏ loo, ඐ lōō; ඏ loo, ඐ lōō.

2. They are joined to other consonants and pronounced thus: කෘ kroo, කෲ krōō, කෟ kloo, කෳ klōō, කඏ kaloo, කඐ kalōō.

IX.—ILLUSTRATION OF THE COMBINATION OF VOWEL AND CONSONANT.

a.—The non-initial vowel signs are invariably pronounced after the consonant.

b.—In all Sinhalese words each syllable must be pronounced separately and distinctly, with as little accentuation as possible, even on the long vowels

1.	*vowel*	අක	aka	අකා	akā	ආක	āka	ආකා	ākā
2.	*vowel*	ඉචි	ichi	ඉචී	ichī	ඊචි	īchi	ඊචී	īchī
	—	ඉපි	ipi	ඉතී	ithī	ඉරී	irī	ඊකි	īki
3.	*vowel*	උටු	ootoo	ඌඪූ	ōōdhōō	උගු	oogoo	ඌගු	oogoo
4.	*vowel*	එබෙ	ebe	ඒබේ	ēbē	එරෙ	ere	ඒරේ	ere
5.	*vowel*	ඓමෛ	aimai	අමෛ	amai	ඉරෛ	irai	ආවෛ	āwai
6.	*vowel*	ඔශො	osho	ඕනෝ	ōno	ඔමො	omo	ඕලෝ	olo
7.	*vowel*	ඖරෞ	ourou	කෞරෞ	kourou	වෞනෞ	wounou		
8.	*vowel*	ඇඹු	- m -	ඇඳ	— —	ඇරු	- - roo	ඇරූ	- - r - -

X.—MISCELLANEOUS EXERCISE.

කප	kapa	කාපා	kāpā	මකපි	makapi
එසේ	esē	මෙසේ	mesē	මානෙල්	mānel
මනාප	manāpa	අලප්	alap	කිපෙන	kipena
යූසය	yoosaya	රුහදිය	ruhadhiya	දුවනවා	dhoowanawā
ක්‍රමයක්	kramayak	කම්පාව	kampāwa	ස්වල්පය	swalpaya
පර්වත	parwatha	පුත්‍රය	poothraya	සංයක	sanyaka
කොට්ටා	kot*tā*	විරුද්ධ	wiroodh*dha*	ද්වීප	dhwipa
ස්නේහ	snēha	කඳු	kandhoo	ලිඳවල්	lindhawal
ක්‍රෲලු	krōōloo	ක්‍රූලෲ	kroolōō	ක්‍රා	krā

මෘ කෘ කෲ ඍ ඍ ඎ m – k – kōō r – roo rōō

SINHALESE-ENGLISH DICTIONARY.

සිංහල-ඉංග්‍රීසි අකාරාදිය.

අ

අ, *n.* The first letter of the Alphabet. It varies slightly in pronunciation, depending sometimes on the meaning or derivation and sometimes on the consonants with which it is combined. It is (1) the clear, distinct sound obtained by shortening ආ *ah*; (2) the sound of *a* in *negative* or *miracle.* In initial syllables the sound is generally the first of these; the second arises from the dropping of the voice in the unaccented syllables. It is written only when it is the initial letter of a word, but is pronounced after every consonant to which no other vowel is attached, or where it is not suppressed by the sign ්, as කරනවා, karanavā, the final vowel ආ, which is long, alone being written; කරන් karan, the vowel අ after න being suppressed by the sign ්.

අ, *prefix,* which gives a privative or negative sense; it becomes අන් before a vowel: as සුදුසු proper, අසුදුසු improper; ආත්මික spiritual, අනාත්මික unspiritual.

අංශ, *n. pl.* or *a.* sides, &c.; pert. to the side, lateral, costal, පැත්තකට අයිතිවූ.

අංශකය, *n.* degree of a dial or circle; day, දින; share or dowry, දෑවැද්ද.

අංශ·බහුල, *a.* multilateral, බොහෝපැතිඇත්තාවූ.

අංශ·ඝාත·රෝගාතුර, or ·රෝගී, *a.* palsied, paralytic, hemiplegic.

අංශ·ඝාත·රෝගය, *n.* palsy, paralysis, hemiplegia.

අංශ·මාපක·යන්ත්‍රය, *n.* theodolite. E. S.

අංශය, *n.* part, portion; side, limb (of the moon, &c.); degree.

අංශ·රූපය, *n.* side-picture, side-likeness, profile.

අංශාකාරයෙන්, *ad.* (අංශ ආ:), laterally.

අංශුකය, *n.* garment, ඇඳුම, robe, උතුරුසළුව, fine cloth, සිහින් රෙද්ද.

අංශු·ධර, අංශු·පති, *n.* (ධර bearing), light-bearer, light-lord, ap. of the sun, හිරු.

අංශු·මාලා·පරික්ෂිප්ත, අංශු·මාලා·මණ්ඩිත, *a.* encircled or adorned with light, haloed. [E. S.

අංශු·මාලාව, *n.* garland of light, halo, corona.

අංශු·මාලී, *n.* garland or disk of light, viz. the sun.

අංශුව, *n.* ray of light, රශ්මිය; light, එළිය; speck, තිත; atom, අණුව.

අංශ්‍ය, *a.* divisible, බෙදියහැකිවූ; that should be divided or shared, බෙදිය යුතු.

අංස·කූටය, *n.* (අංස share, side, shoulder, කූටය hump,) ox's shoulder-hump, මොල්ලිය.

අංස·මර්දකය, *n.* side-painer, viz. in native pathology, that one of the eighty morbid airs which pains the side.

අංසය, *n.* shoulder, &c., see අංශය.

අක, *n.* mark, jot, සිතුව; little, ටික; eye, ඇස; game of dice; weight of 2½ grains of paddy; sorrow, දුක; lightning, විදුලිය; end, අග; *pl.* අක්. *Bot.*

අකක්, *n.* a little, ටිකක්.

අකට·හැඹිලි, අකර·හැඹිලි, *n.* impropriety, fault, see අකෘත්‍යය.

අකට·යුතු. *a.* that ought not to be done, improper, අයුතු,

අකටවිකට, *n. pl.* antics, fooleries.

අකණිය, *n.* lightning, විදුලිය; lack of rest or leisure, නිවාඩු නැතිකම.

අකණිලුව, *n.* E. of අක්ෂණාලෝකය: light or flash of lightning, විදුලිඑළිය.

අකනිට්ඨා·බඹ·ලොව, *n.* the highest material Brahma world.

අ·කනිෂ්ඨ, අ·කනිෂ්ඨතම, *a.* not inferior or younger, elder, eldest, superior.

අ·කප, *a.* Er. for අ·කැප.

අ·කමනීය, *a.* undesirable, unpleasant, unenviable, අප්‍රසන්න.

අ·කමැති, *a.* for අ·කැමති: unwilling, reluctant, disinclined, averse.

අ·කමැතිකම, අ·කමැත්ත, *n.* unwillingness, &c.

අ·කමැතිව, අ·කමැත්තෙන්, *ad.* being unwilling, unwillingly. [ක්‍රියාව.

අ·කම්·කිරිය, *n, gram.* intransitive verb, අකර්මක

අ·කම්පා, අකම්පාල, *a.* unmoved, impassive, අචලිත ; Er. for sympathetic.
අ·කම්පාව, *n.* stability, ස්ථිරකම ; Er. for අනුකම්පාව, compassion.
අ·කම්පිත, *a.* unmoved, unshaken, stable, අචලිත, ස්ථිර.
අ·කම්ප්‍ය, *a.* not to be shaken, immovable, නොසෙල්වෙන ; impassive, stoical, උපේක්ෂක.
අ·කම·බස්, *a.* disobedient, unmanageable, අකීකරු. [අකුර,
අකර, *n.* E. of අක්ෂර : letter of the alphabet,
අ·කරණීය, *a.* that ought not to be done, improper, අකටයුතු ; impracticable, කළනොහැකිවූ.
අකර·තැඹිළි, *n.* See අකට තැඹිළි.
අකරය, *n.* mine pit, ආකරය.
අ·කරුණ, *a.* gratuitous, causeless.
අ·කරුණාව, *n.* unkindness, cruelty, see අකරුණාවන්තකම.
අ·කරුණාවන්ත, *a.* unkind, unmerciful, cruel.
අ·කරුණාවන්තකම, *n.* unkindness &c. see *adj.*
අ·කර්කශ, *a.* not severe, not harsh, mild, මෘදු.
අ·කර්ණ, *a.* earless, deaf, බිහිරි ; regardless, නොසැලකිලි.
අ·කර්ණයා, *n. mas.* deaf person, බිහිරා.
අ·කර්තව්‍ය, *a.* See අකරණීය,
අ·කර්තව්‍යය, *n.* what ought not to be done, impropriety, අකටයුතු දේ.
අ·කර්තෘක, *a.* without an agent, *gram.* impersonal, කර්තෘකෙනෙක් නැති.
අ·කර්තෘක·ක්‍රියාව, *n.* impersonal verb or action.
අ·කර්ම, අ·කර්ම·ශීලි, *a.* without occupation, inactive, idle, අලස ; demeritorious, කුසල් නැති.
අ·කර්මක, *a.* inoperative, inactive, inert, ක්‍රියානොකරන ; *gram.* intransitive, neuter (verbs).
අ·කර්මක·ක්‍රියාව, *n. gram.* intransitive verb.
අ·කර්මකතාව, *n.* inactivity, &c., inertia.
අ·කර්මකාකාරයෙන්, *ad.* (·ආකාරයෙන්), inoperatively, *gram.* intransitively.
අ·කර්මණ්‍ය, *a.* not to be done, improper, අකටයුතු; inactive, dormant. See අකර්මක.
අ·කර්මණ්‍යය, අකර්මණ්‍යතාව, *n.* impropriety; passivity, dormancy; අකර්මකතාව.
අ·කර්මශීලි, *a.* of idle habit, lazy, අලස.
අ·කල, අ·කල්, *a.* untimely, unseasonable, අකාල; improper, අයුතු.
අ·කලංක, *a.* unpolluted, spotless, stainless, clean, pure, නිර්මල, පිරිසිදු.
අ·කලහය, *n.* freedom from tumult or strife, quietude, කෝලාහල නැතිකම.
අ·කල්·පලිතය, අ·කාල·පලිතය, *n.* untimely or premature greyness of the hair.
අ·කල්·පොලිය, *n.* interest in advance, discount.

අ·කල්‍ය, *a.* unwell, unhealthy, morbid, අසනීප ; faulty, දෝෂසහිත.
අ·කල්‍ය·කාරක, *a.* producing disease, morbific, රෝග උපදවන.
අ·කල්‍යාණ, *a.* unfortunate, inauspicious, unlucky, unfavourable, අවාසනාවන්ත.
අ·කල්ව, *ad.* untimely, unseasonably, නුසුදුසු කාලයට, නොකලට.
අකවටුව, *n.* See කැසපට.
අ·කලුමනාව, *n.* what is not to be done, impropriety, නොකටයුතු දේ.
අ·කාණ්ඩ, *a.* sudden, unexpected, unlooked for, හදිසි. E. S.
අ·කාම, *a.* without desires or lust, passionless, කෙලෙස් නැති, රාග නැති.
අකා·මකානවා, අකා·මකා·අරිනවා, *v.* to disregard, overlook, connive at, නොසලකා අරිනවා.
අ·කාමතාව, *n.* passionlessness, freedom from all passions, කෙලෙස් නැතිකම.
අ·කාරක, *a.* inoperative, quiescent. See අකර්මක.
අ·කාරණ, *a.* causeless, gratuitous, නිෂ්කාරණ.
අ·කාරණය, *n.* what is no cause or reason.
අ·කාරණයෙන්, *ad.* causelessly, &c., groundlessly, නිෂ්කාරණයෙන්.
අ·කාරය, *n.* that which makes අ, viz. the letter අ.
අ·කාරාදි·කාරයා, *n.* (අකාර ආදි), lexicographer.
අ·කාරාදිය, *n. lit.* අ et cetera, viz. dictionary, lexicon.
අ·කාරුණික, *a.* unkind, merciless, අකරුණාවන්ත.
අ·කාර්ය, *a.* that ought not to be done, improper, අකටයුතු.
අ·කාර්ය·චින්තක, *a.* incautious, thoughtless, imprudent, අනුවණ, අප්‍රවේසම්. [ක්‍රියාව.
අ·කාර්යය, *n.* improper act, impropriety, අයුතු
අ·කාල, අ·කාලික, අ·කාල්‍ය, *a.* out of due time, untimely, unseasonable, කාලයට or ප්‍රස්තාවට නුසුදුසු.
අ·කාල·කර්මය, *n.* untimely deed or event, mishap, ප්‍රස්තාවට නුසුදුසු දෙය, අවාසනාව.
අ·කැප, *a.* not dedicated, unconsecrated, improper, කැපනැති.
අ·කිංචන, *a.* (කිංචන something), destitute, necessitous, කිසිත් නැති, poor, දිළිඳු ; free from all passions, කෙලෙස් නැති.
අ·කිංචනතාව, *n.* destitution, poverty (often voluntary), &c.; කිසිත් නැතිකම, &c.
අකිත්, P. අකිත්තී, *n.* See අකිත්තිය. *Bot.*
අ·කිරිය, *n.* (අ priv., කිරිය deed), resultlessness, impracticalness.
අ·කිරිය·වාදියා, *n.* non-retributionist, heathen who denies future retribution.
අ·කීකරු, *a.* disobedient, insubordinate.
අ·කීකරුකම, *n.* disobedience, insubordination.
අ·කීකරුකම්කරනවා, *v.* to act disobediently.

අ·කීකරුවා, *n. mas.* disobedient or insubordinate person. [disobey.

අ·කීකරුවෙනවා, *v. i.* to become disobedient, to

අ·කීර්තිත, *a.* untold; unrenowned. [කීර්තිත.

අ·කීර්තිය, *n.* dispraise, disgrace, infamy, අප

අ·කුටිල. *a.* ingenuous, unfeigned, upright, honest, අවංක. [අවංකකම.

අ·කුටිලත්වය, *n.* ingenuousness, &c., honesty,

අ·කුඩා, *a.* not small, great, කුඩා නැති, ලොකු.

අකුණ, *n.* lightning, the electric fluid, thunderbolt. [strikes.

අකුණු·ගහනවා, *v.* the lightning or thunderbolt

අකුණු·පහර, *n.* stroke of lightning, thunderbolt.

අකුණු·වලාකුළ, *n.* electric cloud, thunder-cloud.

අකුණු·විදුලිය, *n.* electric flash, forked lightning.

අකුණු·හඬ, *n.* sound of thunder, thunder, අහස් ගිගුරුම.

අ·කුත්සිත, *a.* uncensured, unreproached, නිවරදි, not despised, respectable, ගරුබුහුමන්.

අ·කුදුහුව, *n.* curtain, screen, veil, තිරය.

අකු·ධාතුව *n.* clavicle relic (of Buddha).

අ·කුප්‍යය, *n,* (කුප්‍ය base metal), unalloyed metal, viz. gold or silver, රන් රිදී.

අකුර, *n.* E. of අක්ෂර: letter of the alphabet; *pl.* අකුරු.

අකුර, *n.* E. of අංකුරය: sprout, bud, දළුව; small stone, කුඩා ගල; *pl.* අකුරු.

අකුරකින් විදිනවා, *v.* to shoot with a small stone for augury. This is done by taking stones between the two fore-fingers and projecting them against the bark and leaves of trees and then predicting coming events according to the marks made by the stones.

අකුරු·කරවනවා, *v. t.* to teach letters or reading, අකුරු උගන්වනවා.

අකුරු·මඩුව, *n.* shed where the alphabet or reading is taught, school, පාසැල.

අකුරු·මාල, *n.* chart of the alphabet.

අකුල, *n.* thicket, scrub, undergrowth; *pl.* අකුල්.

අ·කුලීන, *a.* low-born, low-caste, plebeian, අඩු ජම්මක්කාර. [අඩු ජම්මක්කාරයා.

අ·කුලීනයා, *n. mas.* low-caste person, plebeian,

අකුල්·හෙලනවා, *v.* to throw obstacles in the way, obstruct, අවහිර කරනවා.

අකුව, *n.* collar-bone, clavicle; jaw-bone, හක්ක.

අ·කුසල, *a.* demeritorious, කුසල්නැති; unhappy, කාලකණ්ණි; inexpert, අසමර්ථ.

අ·කුසල, *n.* demerit; misfortune or affliction as the result of demerit in a former existence, අවාසනාව. [hook; *pl.* අකුසු.

අකුස්ස, *n.* E. of අංකුසය: elephant goad or

අකුළනවා, *v. t.* to roll up, furl, curl up, fold; *pret.* ඇකුළුවා; *v. n.* ඇකිළීම.

අකුළවනවා, *v. c.* to cause to roll up, &c.; *pret.* ඇකිළෙවුවා; *v. n.* ඇකිළවීම. [නැති.

අ·කෘච්ඡ, *a.* painless, unobstructed, facile, අමාරු

අ·කෘත, *a.* not done, unaccomplished, නොකළ.

අ·කෘතක, *a.* not made, inartificial, නොහැදූ, ජම්මවූ.

අ·කෘතඥ, *a.* (ඥ knowing), regardless of what was done, ungrateful. E. S.

අ·කෘතඥතාව, *n.* ingratitude, unthankfulness.

අ·කෘතඥයා, *n. mas.* ungrateful person.

අ·කෘත·හස්ත, *a.* (හස්ත hand), of unpractised hand, unaccustomed, unskilled, පුරුදුනැති, අසමර්ථ.

අ·කෘතාංක, *a.* (අංක mark, number), unmarked, unbranded, ලකුණක් or ඉලක්කමක් නැති.

අ·කෘතානුකූල, අකෘතානුකූල්‍ය, *a.* (·අනුකූල), irresponsive, unaccommodating, not compliant. [අකැමැති.

අ·කෘත්‍ය, *a.* impracticable, improper. See

අ·කෘත්‍යතාව, *n.* impracticability, &c.

අ·කෘශ, *a.* unwasted, full, strong, කෙට්ටු නැති, පූර්ණ, බලවත්.

අ·කේශ, *a.* hairless, bald, ඉසකෙස් නැති, තට්ට.

අක්‍රොශ, *n.* E. of ආක්‍රෝශ: curse, ශාපය; abuse, බැනීම.

අ·කෝප්‍ය, *a.* not irritable, කෝපනොවන, gentle, pacific, mild, මෘදු.

අ·කෝමල, *a. lit.* not soft or gentle: hard, rough, harsh, තද.

අ·කෞශල අ·කෞශල්‍ය, *a.* unskilful, අසමර්ථ, awkward, clumsy, ungraceful, uncouth, දක්ෂ නැති.

අ·කෞශල්‍යතාව, අ·කෞශල්‍යය, *n.* unskilfulness, &c., අසමර්ථකම, දක්ෂනැතිකම.

අක්, *n. pl.* or *a.* fr. අග: ends or end, as අක්මුල් නැතුව, without end or beginning; terminal, අග. See අක.

අක්කණ්ඩි, *n. res.* for අක්කා: elder sister.

අක්කරය, *n.* Eng. acre.

අක්කා, *n.* an elder sister.

අක්කාරම, *n.* fur on the tongue, thrush.

අක්කාරම්·බැඳෙනවා, *v. i.* fur or thrush forms (on the tongue).

අක්කි, අක්කී, *n.* cutaneous rash or eruption.

අක්·කිත්ත, අක්·කිතිත්ත, *n.* (අක්·ඉත්ත), terminal catkin or sprig. [ශීර්ෂ.

අක්ඛෝභිණීය, *n.* septillion. E.S. See අක්ෂෞහිණී

අක්පත, අක්පත්, *n.* written license or warrant, අක්පත. [අගදළුව.

අක්·දළු, *n.* top bud or bud at the extremity.

අක්·දිව්යා, *n.* E. of අක්ෂදේවී: dice-player, gambler, සූදුකාරයා.

අක්·දෙරිය, *n.* water-strainer, පෙරහන්කඩ; terrace round a house, පිල.
අක්·පතල, *a.* large or wide at the top or end, අයින් මහත්.
අක්·පත්ල, *n.* extremity of the sole of the foot, පතුල් කෙලවර,
අක්·බුරු, *a.* twisted at the end, curly, වකුටු.
අක්මන, *n.* E. of ආක්‍රමණය, which see.
අක්·මල, *n.* E. of අක්ෂමාලාව, which see.
අක්මා, *n. pl.* or *a.* livers; liver-, hepatic.
අක්මා·ආබාධ, අක්මා·රෝග, *n. pl.* diseases of the liver, hepatics. [hepatitis.
අක්මා·දැවිල්ල, *n.* inflammation of the liver,
අක්මාව, *n.* the liver.
අක්මා·වේදනාව, *n.* pain in the liver, hepatalgia.
අක්·මුල්, *n. pl. lit.* ends and beginnings, head and tail, root and branch.
අක්·මුල්නැති, *a.* without beginning or end, without head or tail, aimless, rigmarole.
අක්·මුල්·වශයෙන්, *ad.* head and tail, root and branch, wholly.
අක්·සහල, අක්·සාල, *n.* the first load, the load of paddy separated to God out of that first brought home.
අක්‍රු·පට්ටා, *n.* a medicinal bark.
අ·ක්‍රම, අ·ක්‍රමක, අ·ක්‍රමික, *a.* irregular, anomalous, desultory, unmethodical, unsystematic, ක්‍රමනැති.
අ·ක්‍රමතාව, *n.* irregularity, anomalousness, &c., ක්‍රමනැතිකම.
අ·ක්‍රාන්ත, *a.* not passed, not overcome, unsurpassed. E. S.
අ·ක්‍රූර, *a.* not cruel, mild, ක්‍රූරනැති, මෘදු.
අ·ක්‍රෝධ, *a.* without anger, non-malicious, ක්‍රෝධ නැති. [ciousness, &c.
අ·ක්‍රෝධය, *n.* freedom from anger, non-mali-
අ·ක්ලිෂ්ට, *a.* unsoiled, clean, pure, කිලුටු නැති, පිරිසිදු.
අක්වරු, *n.* chaff, බොල්.
අක්ෂ, *a.* axial. [සූදුව.
අක්ෂ·ක්‍රීඩාව, *n* playing with dice, gambling,
අක්ෂ·ද්‍යූතයා, අක්ෂ·ධූර්තකයා, *n.* gambler, සූදුකාරයා.
අ·ක්ෂණික, *a.* not momentary, enduring, පවතින,
අක්ෂණි, *a.* lightning-, විදුලි.
අක්ෂණිය, *n.* lightning, විදුලිය.
අ·ක්ෂත, *a.* uninjured, unwounded, තුවාලවී නැති.
අක්ෂ·පාටකයා, *n.* arbiter, judge. [නැවිට.
අක්ෂ·බීජ·බන්ධනය, *n.* *bot.* axile placenta, බීජ
අක්ෂක, *n.* natron, sodium, alkali, ක්ෂාර ලුණු.
අ·ක්ෂම, *a.* not forbearing, impatient, නොඉවසිලි; hasty, ඉක්මන්; incompetent, අසමර්ථ.
අ·ක්ෂමතාව, *n.* impatience, hasty temper, &c., නොඉවසිලිවන්තකම, &c.

අක්ෂ·මාලා, *n.* ap. of අරුන්ධතී, wife of the sage වසිෂ්ඨ, given on account of the rosary she wore. See අක්ෂමාලාව.
අක්ෂ·මාලාව, *n.* rosary made of the seeds or nuts of the Elœcarpus and used by H. mendicants, ජපමාලාව. [සිල්ල.
අ·ක්ෂමාව, *n.* impatience, intolerance, නොඉව
අක්ෂය, *n.* a die used in gambling; wheel, චක්‍රය; organ of sense, ඉන්ද්‍රිය; seed or nut called මාෂ (see අක්ෂමාලාව); a weight of sixteen මාෂ seeds; law, නීතිය; law-suit, නඩුව.
අ·ක්ෂය, *a.* undiminishing, unfading, undecaying, imperishable, ක්ෂයනොවන.
අක්ෂර·චණ, අක්ෂරචුංචු, *n.* writer, clerk, ලියන්නා.
අක්ෂර·ජීවකයා, *n.* one who lives by writing, scribe, clerk, ලිපිකරුවා.
අක්ෂර·තූලිකාව, *n.* pen, පෑන; pencil, පැන්සලය.
අක්ෂරය, *n.* letter of the alphabet, අකුර; release from transmigration, මෝක්ෂය. *Bot.*
අක්ෂර·ලිඛිතය, *n.* writing, manuscript, ලියවිල්ල.
අක්ෂර·ලෝපය, *n.* elision of letters, අකුරු අස් ඇරීම.
අක්ෂර·වින්‍යාස, *a.* pert. to the collocation of letters, orthographic.
අක්ෂරවින්‍යාසය, *n.* collocation of etters, orthography, spelling. E. S.
අක්ෂර·වින්‍යාසානුසාරයෙන්. *ad.* orthographically.
අක්ෂර·විපර්යාසය, *n.* transposition or inversion of letters.
අක්ෂර·ශාලාව, *n.* school, ඉස්කෝලය.
අක්ෂර·ශාස්ත්‍රය, අක්ෂර·සංඥාව, *n.* science of orthography.
අක්ෂර·සංඝට්ටනය, *n.* (සංඝට්ටනය placing together), collocation of letters, writing, ලියවිල්ල, ලේඛනය.
අක්ෂරාගම, *n.* *gram.* insertion of letters, augment. See ආගම.
අක්ෂරාදිය, *n.* Er. for අකාරාදිය : dictionary.
අක්ෂරාදේශය, *n.* (·ආදේශය), *gram.* substitution of letters, commutation.
අක්ෂරාභ්‍යාසය, *n.* (·අභ්‍යාසය), practising reading, reading lesson, කියවීමේ පාඩම.
අක්ෂ·සූත්‍රය, *n.* rosary string, rosary. See අක්ෂය, seed or nut.
අක්ෂාගාරය, *n.* (·අගාරය), gambling-house, gambling-room, සූදුමඩුව.
අ·ක්ෂාන්තිය, *n.* non-forbearance, impatience, නොඉවසිල්ල.
අක්ෂි, *n. pl.* or *a.* eyes.; eye-; ඇස්.
අක්ෂි·කූපෝර්ධ්වස්ථ, *a.* (·කූපෝර්ධ්වස්ථ), supra-orbital. E. S.
අක්ෂි·කූටකය, අක්ෂි·කූටය, අක්ෂි·ගෝලය, *n.* eyeball, ඇස්ගුලිය.

අක්ෂි·ගත, *a.* affecting the eyes; offending the eyes, odious, වෛෂ, ඉතා අප්‍රිය.

අක්ෂි·ගූථය, *n.* rheum or mucus of the eyes, eye-mucus, කබ.

අක්ෂි·ගෝල·ච්ඡේදනය, අක්ෂි·ච්ඡේදනය, *n.* ophthalmotomy, ඇස්ගුලිය කැපීම.

අක්ෂි·දූෂය, *n.* inflammation of the eyes, ophthalmia, ඇස් දූවිල්ල.

අක්ෂි·නිමේෂය, *n.* eyewink, wink, ඇසිපියහෙළීම.

අක්ෂි·පක්ෂ්මය, *n.* eyelash, ඇස්පිහාටුව.

අක්ෂි·පටලය, *n.* cataract of the eye.

අක්ෂි·පුටය, *n.* eyelid, ඇසිපිය.

අක්ෂි·පුට·කෝශුව, *n.* cartilage of the eyelid, tarsus, ඇසිපියේ කකරය. [ගෙඩ. *Bot.*

අක්ෂි·භේෂජය, *n.* remedy for the eye, ඇස් බෙ

අක්ෂි·මණ්ඩලය, *n.* orb of the eye, eyeball, ඇස් ගුලිය; panoramic chart.

අක්ෂිය, *n.* eye, ඇස. [රුදුව.

අක්ෂි·රුජාව, *n.* pain in the eye; ophthalmia, ඇස්

අක්ෂි·රෝම, *n. pl.* eyelashes, ඇස් පිහාටු.

අක්ෂි·විද්‍යාකාරයා, *n.* ophthalmologist, oculist, ඇස්වෙදා.

අක්ෂි·විද්‍යාව, *n.* knowledge of the eyes, ophthalmology, ඇස් විද්‍යාව.

අක්ෂි·විස්තරය, *n.* description of the eyes, ophthalmography, ඇස් විස්තරය.

අක්ෂි·වෛද්‍යාචාර්යයා, *n.* eye-doctor, oculist, ඇස් වෙදා.

අ·ක්ෂීණ, *a.* unwasted, undiminished, ක්ෂයනොවූ, unfading, පරනොවන.

අ·ක්ෂීර, *a.* without milk, milkless, කිරිනැති.

අ·ක්ෂේම, *a.* unhappy, infelicitous, අවාසනාවන්ත.

අ·ක්ෂේමතාව, *n.* unhappiness, infelicity.

අ·ක්ෂෝභය, *n.* firmness, සවිය; post to which an elephant is tied, elephant post, ඇත්කණුව.

අක්ෂෞහිණිය, *n.* a complete army, consisting of infantry, cavalry, horses, elephants and chariots.

අක්·කය, *n.* the numbering of the pages of a book, පටු අංක, පිටුවල ගණන.

අක්ගසුව, අක්සුසුව, *n.* awning, screen, curtain, කඩතුරාව, තිරය.

අක්·සුන්, *a.* lopped or broken at the end, අග කැඩුණු; rough, fierce, රළු.

අක්සුම්, *n.* E. of අක්ෂම: intolerance, නොඉවසිල්ල, anger, fury, විරුව, රෞද්‍රකම.

අ·ඛණ්ඩ, *a.* unbroken, නොබිඳුණු, entire, integral, සම්පූර්ණ.

අ·ඛණ්ඩකරනවා, *v. t.* to keep unbroken or inviolate, කඩනොකර රක්ෂාකරනවා; violate.

අ·ඛණ්ඩගණන, *n.* unbroken or whole number, integer.

අ·ඛණ්ඩතාව, *n.* entireness, wholeness, soundness, කැඩීනැති සවභාව.

අ·ඛණ්ඩනය, *n.* non-violation, නොකැඩීම, entireness, completeness, සම්පූර්ණකම; time or continuance, කාලය or පැවතීම.

අ·ඛණ්ඩනීය, අ·ඛණ්ඩිතව්‍ය, අ·ඛණ්ඩ්‍ය, *a.* not to be broken, unbreakable, indestructible, impregnable, inviolate, irrefutable, valid, කඩ කළ or කැඩිය නොහැකිවූ. E. S.

අ·ඛණ්ඩනීයතාව, &c., *n.* state of being unbreakable, indestructibility, irrefrangibility, කඩ කළ or කැඩිය නොහැකි සවභාව.

අ·ඛණ්ඩිත, *a.* unbroken, inviolate, කැඩි නැති, කඩකර නැති, entire, whole, සම්පූර්ණ, continuous, අනවරත.

අ·ඛණ්ඩිතතාව, අ·ඛණ්ඩිතත්වය, *n.* state of not being broken, entirety, &c., කැඩීනැති සවභාව, continuity, පැවතීම.

අ·ඛණ්ඩ්‍යාකාරයෙන්, *ad.* indestructibly, irrefutably, &c., නැතිකළ නොහැකිලෙස. E. S.

අ·ඛාද්‍ය, *a.* not to be eaten; not edible; කෑමට නුසුදුසු.

අ·ඛිල, *a.* (·ඛිල empty), all, සියලු, entire, මුළු.

අ·ඛ්‍යාත, *a.* without fame, obscure, unknown, කීර්තිනැති, අප්‍රසිද්ධ.

අ·ඛ්‍යාතිය, *n.* obscurity, අප්‍රසිද්ධකම; disrepute, infamy, අපකීර්තිය. [nus.

අග, *n.* E. of අග්‍රය: end, tip, extremity, termi-

අග, *a.* E. of අග්‍ර: chief, principal, ප්‍රධාන.

අග, *n.* E. of අග්නිය: fire; house; rock, පර්වතය.

අ·ගණ්‍ය, *n.* unlimited or excessive number or price, ගණන් නැතිකම, ගණන් වැඩිකම.

අ·ගණනීය, අ·ගණ්‍ය, *a.* innumerable, numberless, incalculable, ගණන්නැති, ගණන්කළ නොහැකිවූ. [නොකරනලද.

අ·ගණිත, *a.* uncounted, uncomputed, ගණන්

අග·තැන්·පත්, *a.* who has reached the highest place, මුදුන්පත්.

අග·තැන් පැමිණෙනවා, *v. i.* to attain the highest place or summit, මුදුන්පත්වෙනවා.

අ·ගති, *n. pl.* or *a.* evil dispositions; evil, ill-natured, surly, morose, resentful, perverse.

අ·ගති·ගමන, *n.* perverse course, inauspicious journey or event; evil or perverted judgment or decision.

අ·ගතිය, *n.* bad disposition, ill-nature, ill-will, crookedness, perversity.

අ·ගති·රහිත, අ·ගති·විරහිත, *a.* without bad disposition, right-minded, ingenuous, dispassionate, impartial.

අගතිසි, *n.* the rishi Agasti. See අගස්ති.

අගත්ති, *n. pl.* a sort of pebbles. *Bot.*

අ·ගද, *a.* E. of අගාධ: very deep, ගැඹුරු.

අ·ගද, *a.* free from disease, healthy, wholesome, සනීප.

අ·ගදය, *n.* drug, medicine, බෙහෙත.

අගදාභරණය, *n.* (අගද·ආභරණය), armlet, bangle, අත්වළල්ල.

අග·දෙවියෝ, *n.* supreme god, Indra, ඉන්ද්‍ර.

අගන, අගනා, *v. adj.* fr. අගනවා or අගිනවා: worth (so much), වටිනා ; valuable, අගෙයැති.

අ·ගනිවිටා·බබ·ලොව, *n.* See අනගිවාබබලොව.

අග·නුවර, *n.* chief city, metropolis.

අගනේය, *v. pres.* is worth. See අගිනවා .

අග·පතියා *n.* chief lord or commander.

අග·පත්, *a.* See අගනැත්පත්. [ෂයා.

අග·පුහුලා, *n.* chief man, උතුම් or ප්‍රධාන පුරු

අග·බමුණා, *n.* chief Brahmin. [වරු.

අග·බිසව, *n.* chief queen, empress; *pl.* අගබිසෝ

අ·ගබ්භ·සෙයය, *a.* (අ priv. ·ගබ්භ womb, සෙය්‍ය lying), free from re-incarnation.

අ·ගබ්භ·සෙයතාව, *n.* freedom from re-incarnation, state attained by Rahats through B. observances.

අගම, *n.* E. of ආගම : system of religion; *gram.* augmentation.

අග·මග, *n*, E. of අග්‍රමාර්ගය : the supreme path, path to Nirvāna, අග්‍රමාර්ගය. [අමාත්‍යයා.

අග·මැතියා, *n.* prime-minister, premier, ප්‍රධාන

අග·මිණි, *n.* the most precious gem or jewel, chief gem.

අග·මුල, *n.* top and root ; end and beginning.

අග·මුල·නැති, *a.* without end or beginning ; limitless, ඉමක්නැති ; *fig*, without head or tail, involved, confused. *Bot.*

අග·මෙහෙසි, අග·මෙහේසිකාව, *n.* chief queen, empress ; *pl.* අගමෙහෙසිවරු, අගමෙහේසිකාවරු.

අගම්·පඩි·සේනාව, *n.* household retainers or attendants of a palace who are paid in grain.

අ·ගම්‍ය, *a.* that ought not to be approached; inaccessible, unattainable, ලංවිය නොහුතු or නොහැකි.

අගය, අගේ, *n.* worth, value ; price, මිලගණන.

අගයකරනවා, *v. t.* to value, appraise, estimate ; price.

අගර, *a.* beautiful, ලක්ෂණ.

අග·රජ, අග·රජ්පුරුවෝ, *n.* supreme king, emperor, autocrat.

අගරු *n.* unguent for anointing, විලවුන්.

අග·රාජ·ගුරු, *n.* R. C. archbishop, අග්‍ර බිෂොප් උත්තමයෙ.

අග·රාජ·ගුරු·පදවිය, *n.* archbishopric. E. S.

අග·රාජිනී, *n.* supreme queen, empress ; *pl.* අග රාජිනීවරු . [chum.

අගරු, අගුරු, *n.* agal wood, aloe wood, agallo-

අ·ගරු. *a.* disrespectful, irreverent, uncivil, impudent ; low, base, ගරුනැති.

අ·ගරුකම, *n.* disrespectfulness, &c., ගරුනැතිකම.

අ·ගරුකරනවා *v.* (dat.) to do dishonour to, treat disrespectfully, &c., අවනම්බුකරනවා.

අග·රොන්, *n. pl.* (අග fire, රොන් dust) sparks, ගිනි පුපුරු.

අ·ගබ්·සෙය්‍ය, *a.* free from re-incarnation. See P. අගබ්භසෙය්‍ය. [tious. E. S.

අගම්, අගම්විත, *a.* unostentatious, unpreten-

අ·ගර්හිත, *a.* not reviled or dishonoured or despised, අගෞරව කරනලද.

අගල, *n.* ditch, gutter; conduit; moat; trench.

අගල·දමනවා, *v.* to form the ditch, &c.

අගල·මැඩහැප්පීම, *v. n.* filling up the ditch, &c. (fr මැඩහසිනවා.)

අගල්·කපනවා, අගල්·ලනවා, අගල්·සාදනවා, *v.* to cut or form ditches &c.

අගවත්, අගවන්, *a.* precious, excellent, supreme, අනර්ඝ, ඉතාඋතුම්.

අග·විප්, *n.* chief Brahmin, ප්‍රධාන බමුණා.

අග·සව්, *n.* chief disciple, ප්‍රධාන ශෝල්‍යා : ap. of Buddha's two chief disciples සැරියුත් and මුගලන්, who acted as his recorders.

අග·සස්, *n. pl.* E. of අග්‍රසස්‍ය : the first corn of a crop, ප්‍රථම ධාන්‍ය. [යන්නා

අග·සැරි, *n.* precursor, forerunner, පෙරටුව

අග·සෙන්, *n.* chief or main army, ප්‍රධානසේනාව.

අගස්, *n.* for අගසස් : the first corn of a crop, first-fruits.

අගස්·දන, අගස්·දානය, *n.* gift or offering of first-fruits or of corn first cut.

අගස්ති, අගස්ත්‍ය, *n.* a rishi so named, who, according to mythology, was born in a water jar, once swallowed the ocean, but voided it again, and is the regent of the star Canopus.

අගස්තිය, *n.* a valuable red stone. *Bot.*

අ·ගහන, *a.* not dense or crowded, sparse, ගහන නැරනැති, විරල.

අග·හරය, *n.* Brahmin village, බමුණුගම.

අග·හරය, *n.* valuable or precious garland, අගේ ඇතිමාලාව.

අග·හීන, *n. pl.* or *a.* deficiencies ; deficient, lacking ; destitute.

අග·හිඟකම, අග·හිඟය, *n.* extremity and scarcity, deficiency, lack, privation.

අ·ගහික, අ·ගහිත, *a.* (ගහිත legal), illegal, අනාබු, unallowable, අනවසුතු ; false, බොරු.

අගළුව *n.* nonsense, foolery, විකිලුව.

අ·ගාධ, *a.* bottomless, very deep, profound, පල්ලක්නැති, ඉතා ගැඹුරු.

අ·ගාධතාව, *n.* bottomlessness, deepness, profundity.

අ·ගාධ·ජලය, *n.* deep water, lake, වැව.

අ·ගාධය, *n.* hole, වල, abyss, gulf, පාතාලය.

අගාතිකා, *n.* destitution and low condition.

අගාරක, *a.* fr. අගාරය : having a household, පවුල්කාර, non-celibate, laic, ගිහි.

අගාරකයා, *n.* householder, පවුල්කාරයා, one not a celibate, ගිහියා. [E. S.

අගාර·දහය, *n.* burning of houses, incendiarism.

අගාරය, *n.* house, a building, ගෙය ; dale, valley, මිටියාවත,

අගාරික, *a.* See අගාරක.

අගාරිකා·රත්න, *n. pl. lit.* house-gems : house ornaments and furniture, අරුමෝස්සම්බඩු, ගෙයි සැරසිලි.

අගාරිකා·රත්නය *n.* ap. of a චක්‍රවර්තියා, or universal king.

අගාල, *a.* open, ඇර තිබෙන, විවෘත.

අගාවත, *n.* lower side of the field.

අගිනවා, *v. i.* to be worth (so much), වටිනවා.

අගිල්, *n.* See අගරු, *n.*

අ·ගීය, *n.* not verse, prose, කවිනොවන වියත්තිය.

අගු·කොන, *n.* edge of the eaves, roof-edge.

අ·ගුණ, *a.* void of goodness, churlish, ill-natured, evil ; inefficacious ; unwholesome, noxious.

අ·ගුණ·කියනවා, *v.* (with ගැන or gen.) speak evil of, asperse, defame, slander.

අ·ගුණතාව, අ·ගුණය, *n.* evilness, ill-nature ; inefficacy &c. See *adj*,

අ·ගුණ·වාදී, *a.* censorious, uncharitable, defamatory, යමෙකුගේ අගුණ කියන. [ගතිය.

අ·ගුණ·වාදීතාව, *n.* censoriousness, &c., අවලාද

අගු·පලඳනාව, *n.* (අගු for අංග), ornament for the arm, armlet, අත්වළල්ල.

අ·ගුප්ත, *a.* unconcealed, open, exoteric, සැඟවී නැති, ප්‍රසිද්ධ. [eaves.

අගු·බලනවා, *v.* to spy, look or listen under the

අගු·බලන්නා *n.* spy, secret observer; king's food-taster. [dropping.

අගු·බැලීම, *v. n.* spying, espionage, eaves-

අගුල, *n.* bolt, bar, lock ; *pl.* අගුල්.

අගුල·දමනවා, අගුල්·ලනවා, *v.* to bolt, bar, lock up, shut out.

අගුල්·ආචාරියා *n.* locksmith.

අගුල්·කණුව, *n.* bolt-post, post into which the bolt or bar runs, catch.

අගුල්·දමනවා, *v.* to bolt or bar ; *fig.* debar, preclude, prevent, වලක්වනවා.

අගුල්·දිව, *n.* tongue or point of the bolt.

අගුල්·පොල්ල, *n.* fastening bar, door-bar.

අගුව, *n.* portion of ground below the eaves.

අගුx, *n.* fried grain used as food or medicine, parched corn, විලද. [පහසු.

අ·ගූඪ, *a.* not profound, simple, ගම්භීරනැති,

අ·ගූඪ·ඥානය, *n.* superficial knowledge, smattering, අල්ප දැනගැන්ම.

අගේ, *n.* cont. of අගය : value, price.

අගේ·ඇති, *a.* valuable, precious.

අගේ·ඇති·ගල, *n.* precious stone, gem, මැණික් ගල.

අගේකරනවා, *v. t.* See අගයකරනවා.

අගේනැති, *a.* valueless, worthless.

අගේ·වඩනවා, අගය·වඩනවා, *v. t.* to enhance the value or price.

අගෝස්තු·මාසය, *n.* Eng. month of August, නිකිණිමස.

අ·ගෝචර, *a.* imperceptible (to the senses), නොදැනෙන ; not pertinent, irrelevant, unsuitable, අදාලනැති.

අ·ගෞරවකරනවා, *v.* (dat.) to do dishonour to, dishonour, treat disrespectfully.

අ·ගෞරවය, *n.* disrespect, dishonour, disgrace.

අග්, *a.* E. of අග්‍ර : top, chief ; terminal.

අග්·උවටා, *n.* chief attendant or servant, ප්‍රධාන උපස්ථායකයා.

අග්·ගල, *n.* upper millstone, උඩගල.

අග්ගලාව, *n.* sweet-ball, made of flour and jaggery.

අග්·ගින්ස, *n.* (අග් ඉස), end of a twig, &c.

අග්ගිකය, *n.* a special kind of arch. See ඇගෑව.

අග්ගිකාව, *n.* festoon or wreath of flowers.

අග්·දන්, *a.* that knows the end or issue, අනාගතය or නිස්ටුව දන්න.

අග්·දෙරය, *n.* eaves.

අග්නි, *a.* igneous, fire-, ගිනි.

අග්නි, *n.* H. god of fire ; god of the south-east ; the second age of the Hindus called Trētā, ත්‍රේතායුගය. *Bot.*

අග්නි·කාරිකාව, අග්නි·කාර්යය, *n.* (කාරිකාව, &c., making), the maintaining of a sacrificial fire; that which does it, viz. fuel, sp. ghee, ගිතෙල්.

අග්නි·කාෂ්ඨ, *n.* firewood, දර, aloe wood, අගිල්.

අග්නි·කෝණ, *a.* south-east, අග්නිදිග.

අග්නි·කෝණ·දිග්භාගය, අග්නි·කෝණය, *n.* south-east quarter, ගිනිකොන.

අග්නි·ක්‍රීඩා, *n. pl.* fireworks, ගිනිකෙළි.

අග්නි·ගර්භය, *n. lit.* fire-womb, viz., crystal, පළිඟු; the sun-stone, supposed to contain solar heat, සූර්යකාන්තය.

අග්නි·ජ, *a.* igneous, plutonic, ගින්නෙන් අවගත්.

අග්නි·ජ·පර්වතය, *n.* igneous rock, plutonic rock, ගින්නෙන් සැදුණ පර්වතය.

අග්නි·තාප·මානක·යන්ත්‍රය, *n.* pyroscope, ගිනි රස් තාප මනින යන්ත්‍රය.

අග්නි·දිග, *n.* or *a.* south-east quarter ; south-eastern, south-east. [E. S.

අග්නි·දීපකය, *n.* fire- or appetite-kindler, tonic,

අග්නි·දේව, අග්නි·දෙවියෝ, *n.* god of fire.

අග්නි·දේවතාවී, අග්නි·දේවී, *n.* goddess of fire, Vesta.

අග්නි·දේවා, *n.* the Pleiades, the third lunar mansion, so called because අග්නි දේව governs this constellation. [කියත.

අග්නි·දෛවඥ, *a.* pyromantic, ගින්නෙන් පේන

අග්නි·දෛවඥයා, *n.* pyromantic, ගින්නෙන් පේන කියන්නා. [ගිනිසහිත. E. S.

අග්නි·ධර, *a.* (ධර holding, having), volcanic,

අග්නි·ධාතුව, *n.* element of fire; *fig.* bile, පිත.

අග්නි·නමස්කාරය, *n.* fire-worship, pyrolatry, ගිනි දෙවියා වැඳීම.

අග්නි·නාශක, *n.* fire-extinguisher, ගින්න නිවන දේ, water, වතුර.

අග්නි·නිමිත්තාවලෝකනය, *n.* (·අවලෝකනය seeing), divination by fire, pyromancy, ගින් නෙන් පේනකීම.

අග්නි·නිර්වාපණ, *a.* fire-extinguishing, ගිනිනිවන.

අග්නි·නිර්වාපණයන්ත්‍රය, *n.* fire-engine, ගිනි නිවන යන්ත්‍රය.

අග්නි·නිර්වාපණ·සමුදව, *n.* fire-brigade. E. S.

අග්නි·පාෂාණ, අග්නි·ප්‍රස්තර, අග්නි·ප්‍රස්තරාකාර *a.* flint, flinty, siliceous, ගිනිගල්වූ. [ධාතුව.

අග්නි·පාෂාණ·ද්‍රව්‍ය, *n. pl.* silex, silica, ගිනිගල්

අග්නි·පාෂාණය, අග්නි·ප්‍රස්තරය. *n.* flint, ගිනිගල.

අග්නි·ප්‍රස්තර·කරනවා, *v. t.* to make into flint, silicify, ගිනිගල් කරනවා

අග්නි·ප්‍රස්තර·ධාරී, *a.* flinty, siliciferous, ගිනිගල්, ගිනිගල් ආකාර.

අග්නි·ප්‍රස්තර·වෙනවා, *v. i.* to become flint or flinty, silicify, ගිනිගල් වෙනවා. [silica.

අග්නි·ප්‍රස්තරාම්ල, *n.* (·ආම්ල acid), silicic acid,

අග්නි·භාණ්ඩ·ශාස්ත්‍ර·ඥ, *a.* knowing the science of fireworks, pyrotechnic, ගිනිකෙළි ශාස්ත්‍රය දන්න.

අග්නි·භාණ්ඩ·ශාස්ත්‍ර·ඥයා, *n.* pyrotechnist.

අග්නි·භාණ්ඩ·ශාස්ත්‍රය, *n.* science of fireworks, pyrotechnics, pyrotechny, ගිනිකෙළි ශාස්ත්‍රය.

අග්නි·භාණ්ඩ·ශිල්ප or ·ශිල්පික, *a.* pyrotechnic, ගිනිකෙළි සාදන.

අග්නි·භාණ්ඩ·ශිල්පය, *n.* art of pyrotechny, pyrotechnics, ගිනිකෙළි·ශිල්පය or ·සෑදීම.

අග්නි·භාණ්ඩ·ශිල්පියා, *n.* pyrotechnist, ගිනිකෙළි සාදන්නා.

අග්නි·මණිය, *n.* fire-gem, sun-stone; crystal, පළිඟු.

අග්නිමත්, *a.* burning, fiery, ගිනිසහිත, ඇවිලෙන.

අග්නි·මාණික්‍යය, *n.* fire-gem, opal. E. S.

අග්නි·මාන්ද්‍යය, *n.* insufficiency of bile or appetite, indigestion, dyspepsia, අජීර්ණය.

අග්නි·මුඛය, *n. lit.* fire-mouth, viz. burnt-offering, fire-offering, ගිනිපූජාව. *Bot.*

අග්නිය, *n.* fire, ගින්න. *Bot.*

අග්නි·රක්ෂණය, *n.* maintaining (sacred) fire.

අග්නි·රාශිය, *n.* mass of fire, conflagration, ගිනි මැලය.

අග්නි·වර්ණ, *a.* flame-coloured, fiery, ගිනිපාටඇති, ගිනිවත්.

අග්නි·වල්ලභ. *n. lit.* fire-friend, viz. resin, දුම්මල.

අග්නි·වායුව, *n.* inflammable gas, coal-gas. E. S.

අග්නි·ශාලාව, *n.* fire-hall, fire-room, ගිනිහල.

අග්නි·ශිඛාව, *n.* fire-flame, ගිනිදැල්ල. *Bot.*

අග්නි·ස්කන්ධය, *n.* mass or body of fire, ගිනිරාශිය, ගිනිමැලය.

අග්නි·ස්තම්භය, *n.* column of fire, pillar of fire, ගිනිකුළුණ.

අග්නි·හෝත්‍රය, *n.* fire-offering, perpetual fire, නිරන්තර ගිනිපූජාව. [ගඩොල.

අග්නීෂ්ටකාව. *n.* (අග්නි ඉෂ්ටකාව), fire-brick, ගිනි

අග්න්‍යාගාරය, අග්න්‍යාලය, *n.* (අග්නි ආගාරය, ·ආලය) house or hall of sacred fire, ශුද්ධගිනිආගාරය.

අග්න්‍යුත්පත්ති·මතය, *n.* (අග්නිඋත්පත්ති), plutonism: the opinion that the formation of the earth's crust is due to the action of fire.

අග්න්‍යුත්පත්ති·මතියා, *n.* plutonist; one who holds the above-said opinion.

අග්‍ර, *a.* top, head-, highest, chief, principal, best, superior, excellent; terminal, extreme, end-(portion), අග. See අග්‍රය.

අග්‍ර·කාය, *n.* upper part of the body, bust, ඇඟේ ඉහළ කොටස; handsome body, ලස්සන රූපය.

අග්‍ර·කුහර, අග්‍ර·කූපාකාර, *a.* hollow at the end, *bot.* retuse.

අග්‍ර·ජ, *a.* first-born, කුලුඳුල්.

අග්‍ර·ජයා. *n. mas.* first-born, කුලුඳුලා; elder brother, අයියා; Brahmin, බමුණා.

අග්‍ර·ජාතකයා, අග්‍ර·ජාතියා, *n.* one of high caste, වංශවත් අය; Brahmin.

අග්‍ර·ජිහ්වය, *n.* tip of the tongue, දිවඅග.

අග්‍ර·ඡේදනය, *n.* lopping the end, truncation, අග or මුදුන කපාදැමීම. [ලද.

අග්‍ර·ඡේදිත, *a.* truncated, අග or මුදුන කපාදමන

අග්‍රඡේදිතතාව, *n.* truncation, අග or මුදුන කැපූ ස්වභාවය.

අග්‍ර·දක්ෂිණෙය්‍ය, අග්‍රදක්ෂිණීය, *a.* very meritorious or worthy, ඉතා පින්වත්. [උතුම් දින.

අග්‍ර·දින, *n.* a high day, great day, special day,

අග්‍ර·දේව, *n.* the supreme god, Indra. See අග දෙවියෝ.

අග්‍ර·නඛය, *n.* (අග්‍ර end; excellent), tip of finger nail, නියපොත්තේ අග; beautiful nail, ලස්සන නිය.

අග්‍ර·නාසිකාව, *n.* nose-end, නාසයේ අග; beautiful nose, ලස්සන නාසය.

අග්‍ර·නිරූපණ, *a. lit.* appointing the end, predestinarian, අනාගතය පෙර නියමකරන.

අග්‍ර·නිරූපණ·දෘෂ්ටිය, *n.* doctrine of predestination, පෙර නියමකෙරීමේ ගුරුකම.

අග්‍ර·නිරූපණ·දෘෂ්ටියා, *n.* predestinarian. E. S.

අග්‍ර·නිරූපණය, *n.* predestining, predestination, පෙර නියම්කෙරීම.

අග්‍ර·නිරූපණයකරනවා, *v. t.* to predestinate, predestine, පෙර නියම්කරනවා.

අ·ග්‍රන්ථිත, *a.* not composed or woven or strung, ලියා or විය or අමුණා නැති ; unorganized, inorganic. E. S.

අග්‍ර·පාඨ·ශාලාව, *n.* high school, college. [සම්මත.

අග්‍ර·පාරි·දෘෂ්ක, *a.* archiepiscopal, නායක බිෂොප්

අග්‍ර·පාරි·දෘෂ්කත්වය, *n.* archbishopric, archiepiscopate, primacy, නායක බිෂොප් තනතුර.

අග්‍ර·පාරි·දෘෂ්කයා, අග්‍ර·පාරි·දෘෂ්ක·නායක, *n.* archbishop, prelate, primate, නායක බිෂොප් උන්නාන්සේ.

අග්‍ර·පාරි·දෘෂ්ක·පදවිය, අග්‍ර·පාරි·දෘෂ්ක·පළාත, *n.* archbishopric, see or diocese of an archbishop, නායක බිෂොප් පළාත.

අග්‍ර·පුද්ගල, *a.* eminent, උත්තමයෙක්වූ ; *n.* the eminent one, උත්තමයා ; ap. of Buddha.

අග්‍ර·පුරෝහිතයා, *n.* chief brahminical priest, royal chaplain, නායක බ්‍රාහ්මණයා ; prime minister.

අග්‍ර·පුෂ්ප·ප්‍රකරය, *n. bot.* truss, terminal flower-tuft, මුදුන් මල්පොකුර.

අග්‍ර·ප්‍රාප්ත, *a.* that has attained the summit or utmost degree, මුදුන්පත්.

අග්‍ර·ප්‍රාප්තවෙනවා, *v. i.* to attain the summit, අගතැන්පත්වෙනවා. [අග්‍රමහේෂිකාවරු.

අග්‍ර·මහේෂිකාව, *n.* supreme queen, empress ; *pl.*

අග්‍ර·මාර්ගය, *n.* the best road ; sp. the path to Nirvāna ; උතුම් මාර්ගය.

අග්‍රය, *n.* the extremity, end, summit, අග, මුදුන ; a weight about 2½ oz. troy. [ප්‍රධානියා.

අග්‍රයා, *n.* the highest person, chief, principal,

අග්‍ර·රාජ·ගුරු·පදවිය, *n.* R. C. the see of an archbishop, archbishopric. See අග්‍ර පාරිදෘෂ්ක පදවිය.

අග්‍ර·රාජ·ගුරු·ප්‍රසාදී·නායක, *n.* R. C. archbishop, primate. See අග්‍රපාරිදෘෂ්කයා.

අග්‍ර·රාජ·ගුරු·ප්‍රසාදීත්වය, *n.* R. C. office of archbishop, primacy. See අග්‍ර පාරිදෘෂ්කත්වය.

අග්‍ර·රාජයා, *n.* supreme king, emperor, අගරජ.

අග්‍ර·රාජ්‍යය, *n.* supreme kingdom, empire.

අග්‍ර·ශස්‍ය, *n.* the best corn (either ගොයම් or ධාන්‍ය) ; first-fruits. See අගස්.

අග්‍ර·ශාස්ත්‍ර·ශාලාව, *n.* high science college, university. See සමස්ත ශාස්ත්‍රශාලාව.

අග්‍ර·ශ්‍රාවකයා, *n.* chief pupil or disciple, sp. of Buddha. See අගසව්.

අග්‍ර·සර, *a.* that goes before, preceding, පෙරටුව යන ; advancing, ඉස්සරහට යන.

අග්‍ර·සරයා, *n.* one who goes first, forerunner, leader. See අගනැටී.

අග්‍ර·ස්ථ, *a.* (ස්ථ situated), *bot.* terminal, අග වැවෙන.

අග්‍ර·හායන, *n.* end of the year, viz. the month so called, November-December.

අග්‍ර·හාරය, *n.* land conferred on brahmins, brahmin land or village. See අගහරය.

අග්‍රාධිපතියා, *n.* (අග්‍ර අධි:), supreme lord, imperator, අගපතියා.

අග්‍රාමාත්‍යතාව, අග්‍රාමාත්‍ය·ධූරධාරණය, *n* (අග්‍ර අමාත්‍ය:) premiership, ප්‍රධාන අමාත්‍යකම.

අග්‍රාමාත්‍යයා, *n.* prime minister, premier, අග මැතියා.

අ·ඝටමාන, *a.* (අ priv., ඝට to unite), disjointed, incoherent. E. S.

අ·ඝන, *a.* not dense, thin, tenuous, rare, ඝන නැති, තුනී. [නැතිකම.

අ·ඝනතාව, *n.* thinness, tenuity, rarity, ඝන

අඝය, *n.* sin, පාපය ; sorrow, දුක.

අ·ඝෝර, *a.* not savage or terrible, රෞද්‍රනැති ; *n.* ap. of Siva, ශිවදෙවියා.

අ·ඝෝෂ, *a.* without sound, noiseless ; *gram.* quiescent, mute, silent, නිශ්ශබ්ද.

අ·ඝෝෂතාව, *n.* noiselessness ; *gram.* quiescence, නිශ්ශබ්දකම. [surd

අ·ඝෝෂාක්ෂරය, *n.* (·අක්ෂරය), *gram.* mute letter,

අං, *n. pl.* or *a.* of අග : horns ; horn-.

අං·අත්ත, අං·දළුව, *n.* horn-branch, viz. antler.

අං·අදිනවා, *v.* to pull horns : a native game.

අං·ඇදීම, *v. n.* game of horn-pulling to avert illness.

අං·බකමූණා, *n.* horned owl.

අංකවිල්ලා, *n.* a sea fish.

*අංක·පාලී, *n. fem.* (අංක side or hip, පාලීන් guarding), nursemaid, wet-nurse, කිරිමව්.

අංකය, *n.* mark, label, සලකුණ ; figure, number, numeral, ඉලක්කම ; the body or side, ඇඟ, ඇඟපත.

අංකය·දමනවා, *v.* to put the number, to number, නොම්මරය ලියනවා or දමනවා.

අංකරය, *n.* Eng. anchor, නැංගුරම.

අංකිත, *a.* marked, labelled, සලකුණුකරපු ; numbered, ගණන් දමාපු. [fish.

අංකුට්ටා, *n.* a small prickly fish, stickleback

අංකුරය, *n.* germ, sprout, offshoot, offset, root-shoot.

අංකුශය, *n.* elephant-hook or goad, හෙණ්ඩුව.

අංගජ, *a.* produced by the body, ශරීරයෙන් අව යන්, as children, hair, blood, &c.

අංගණ·ප්‍රාසාදය, *n.* mansion in a courtyard or compound, මිදුල් මන්දිරය.

* (·) A substitute for the full form ඞ in words of the ක class derived from Sanscrit, as අංක, අංග, &c., for අඞ්ක. අඞ්ග, &c.

අංගණය, අංගනය, *n.* courtyard, inclosure, මිදුල.
අංගණය, *n.* any passion or evil desire, කෙලෙසය.
අංගදය, *n.* armlet, bracelet, අත්වලල්ල.
අංගනා·රාශිය, *n. ast.* the constellation Virgo, කන්‍යා රාශිය.
අංගනාව, *n.* woman, female, ස්ත්‍රී.
අංග·පාලිකාව, *n.* See අංගපාලි.
අංග·ප්‍රත්‍යංග, *n. pl.* the body and limbs, the whole body.
අංගම, *n.* sorcery, magic, witchcraft, enchantment, හූනියම.
අංග·මර්දනය, *n.* shampooing, ඇඟ මැදීම.
අංගම·පිඹිනවා, *v. t.* to practise sorcery, enchant, bewitch. [bewitched.
අංගම·වදිනවා, *v. i.* to be struck with magic, be
අංගය, *n.* body, ඇඟ; limb, අවයව; portion, division or branch (as of science), කොටසය; quality, attribute, ගුණාංගය. See වේදාංග.
අංග·රඤ්ජනය, *n.* colour or stain for the body, viz. saffron, කහ.
අංග·රක්ෂක, *a.* body-protecting (troops, &c.), (රජු) ආරක්ෂාකරන.
අංග·රක්ෂකයා, *n.* protector of the body, one of the body-guard, රාජ මුරකාරයා.
අංග·රාග *n.* perfume for anointing, unguent, විලවුන්.
අංග·ලක්ෂණය, *n.* personal beauty, රූපලක්ෂණය; bodily characteristic.
අංග·විකෘත, *a.* distorted in body, deformed, විකලාංග, විරූප.
අංග·විකෘතිය, *n.* distortion of body, deformity, disfiguration, විරූපකම.
අංග·විකෘති·පානවා, *v.* to exhibit distortions of body, contort one's body, posture.
අංග·වික්ෂේපය, *n.* contortion of the body, gesticulation, gesture. E. S.
අංග·වික්ෂේපය·කරනවා, *v.* to attitudinize, posture, contort one's body, ඇඟ විකෘතිකරනවා.
අංග·වෛකෘතය, *n.* distortion, contortion, gesture; (thereby) a sign, සංඥ ක්‍රියාව.
අංග·සූත්‍රය, *n.* principal rule. [සංඥව.
අංග·හාරය, *n.* attitude, gesture, ඇඟෙන් කරන
අංගාතිය, *n.* shambles, butcher's shop, මස්කඩ.
අංගාර, *n.* charcoal, අඟුරු.
අංගාර, අංගාරික, *a.* charcoal-, carbonic, අඟුරු-.
අංගාරක, අංගාර, *n.* ap. of Mars, as like ගිනිඅඟුරු in colour, අඟහරුවා.
අංගාරක·මණිය, *n.* (අංගාරක charcoal or ගිනි අඟුරු, මණිය gem), coral, පබළු.
අංගාරකය, අංගාරය, *n.* charcoal, carbon, අඟුරු.
අංගාරකරනවා. *v. t.* to make into charcoal, carbonize, අඟුරුකරනවා. [E.S.
අංගාර·ජලකාර·වායුව, *n.* fire-damp, choke-damp.

අංගාර·ධාරක, *a.* (ධාරක holding, containing), carboniferous, coal-bearing, ගල්අඟුරු ඇත්තාවූ.
අංගාර·ධාරක·තට්ටු, *n. pl.* carboniferous strata.
අංගාරිකාම්ල, *n.* (·අම්ල), carbonic acid.
අංගාරිකාම්ල·වායුව, *n.* carbonic acid gas, choke-damp. [පොරොන්දුව.
අංගීකාරය, *n.* agreement, promise, pledge, පො
අංගීකෘත, *a.* agreed, promised, pledged, පොරොන්දුවූ.
අංගීරස, අංගුරස, අඟුරස, *n* (අංග body, රස ray), having rays issuing from the body: ap. of Buddha or other sage; the planet Jupiter, බෘහස්පති.
අංගුත්තර·සංඝය, *n.* (අංග උත්තර), the fourth of the five parts of the සූත්‍රපිටකය.
අංගුලය, අංගුලිය, *n.* digit, finger or toe, ඇඟිල්ල; tip of an elephant's trunk, හොඬවැලේඅග.
අංගුලාස්ථි, අංගුල්‍යස්ථි, *n. pl.* (අංගුල, අංගුලි, අස්ථි), finger-bones, phalanges, ඇඟිලිඇට.
අංගුලි, *n. pl.* or *a.* fingers; finger-; ඇඟිලි.
අංගුලි·ගණනය, *n.* counting by the fingers, dactylonomy. E. S.
අංගුලි·චර, *a.* digitigrade. See අංගුලිචරයා.
අංගුලි·චරයා, *n.* digitigrade, ...යෝ *pl.* digitigrada, පතුල් නොව පාදඇඟිලි තබා යන සත්ව සතෙක් or සත්වජාති.
අංගුලි·ත්‍රාණය, *n.* finger-guard, ඇඟිලිමුවාව. [E.S.
අංගුලි·බද්ධ·පාදික, *a.* fin-footed or web-footed.
අංගුලි·මාල, *n.* (අංගුලි fingers, මාල garland), bandit so named.
අංගුලි·මුද්‍රාව, *n.* seal-ring, මුද මුදුව. [පුරුක.
අංගුලි·සන්ධිය, *n.* finger-joint, knuckle, ඇඟිලි
අංගුලිකය, අංගුලීයකය, *n.* finger-ring, මුදුව.
අංගුල්‍යාකාර *a.* (අංගුලි ආකාර), finger-like, digitate, ඇඟිලි ආකාර.
අංගුෂ්ඨය, *n.* thumb or great toe, මාපට ඇඟිල්ල.
අඟ, *n.* horn of an animal; *pl.* or *a.* අං.
අඟ, *n.* E. of අංගය.
අඟන, *n.* woman, ස්ත්‍රී; *pl.* අඟනෝ.
අඟනිය, *n.* assembly, congregation, සමූහය.
අඟ·පසඟ, *n. pl.* body and limbs, the whole body. See අංගප්‍රත්‍යංග.
අඟර·දඟර, *n. pl.* antics, capers, contortions.
අඟර·දඟර·පානවා, *v.* to exhibit antics or contortions, cut capers.
අඟර, අඟරා, *n.* unguent. See අංගරාග and අඟරා.
අඟ·රැහැණ, *n.* horn-cord, head-rope to restrain buffaloes, etc.
අඟල, අඟුල, *n.* length of the second section of the fore-finger, viz. inch; *pl.* අඟල්.
අඟවනවා, *v. t.* to intimate, hint (see හඟවනවා); *pret.* ඇඟෙවුවා; *v. n.* ඇඟවීම.
අඟහරු·තරුව, අඟහරුවා, *n.* the planet Mars.

අඟහරුවාදා, *n.* Tuesday.
අඟොරනවා. *v. i.* to waddle, toddle, shuffle along, ගාටනවා; *pret.* ඇඟෑරුවා; *v. n.* ඇඟෑරීම.
අඟුටය, අඟුටුව, *n.* E. of අංගුෂ්ඨය: thumb, big toe; also leg of a crab, &c.
අඟුටු, *a.* having spines or prickles, කටුඇති; short, stumpy, මිටි.
අඟුටු·මිටියා, *n.* dwarf, මිට්ටා.
අඟුණුව, *n.* courtyard, compound, මිදුල.
අඟුතුව, *n.* the fist, මිට. [මුදුව.
අඟු·පලඳනාව, *n.* finger-ornament, finger-ring,
අඟුර, *n* charcoal, carbon; *pl.* අඟුරු, embers.
අඟුරු·කබල, *n.* potsherd of embers, a few embers on a potsherd. [carbonize.
අඟුරු·කරනවා, *v. t.* to burn to charcoal, char,
අඟුරු·කොක්ක, *n.* branding-iron; *pl.* -·කොකු.
අඟුරුමාව, *n.* the liver, අක්මාව.
අඟුල්·පොල්ල, *n.* double-canoe bar, pole that fastens the canoes together.
අඟුව, *n.* thumb, මාපටඇඟිල්ල; armlet, අත් වලල්ල; unguent, විලවුන්.
අඟුල, *n.* double canoe, canoes fastened together with a floor laid on them; inch (see අඟල).
අඟුළුවා, *n.* stickleback fish. See අංකුට්ටා.
අ·චක්ෂු, *a.* eyeless, blind, ඇස්නැති, අන්ධ.
අ·චණ්ඩ, *a.* not severe or savage, gentle, රෞද්‍ර නොවන, මෘදු.
අ·චපල, *a.* not fickle, unwavering, steadfast, steady, stable, සිතෙන් ස්ථිර.
අ·චපලතාව, *n.* steadfastness, &c., නොසෙල්වෙන ගතිය, ස්ථිරකම.
*අ·චර්ම·ච්ඡේදිත, අ·චර්ම·ච්ඡේදන, *a.* uncircumcised.
අ·චර්ම·ච්ඡේදිතතාව, අ·චර්ම·ච්ඡේදනය, *n.* uncircumcision.
අ·චර්ම·ච්ඡේදිතයා, *n.* uncircumcised person.
අ·චල, *a.* motionless, quiescent, still, steady, stable, නිශ්චල, නොසෙල්වෙන.
අ·චලකරනවා, *v. t.* to render motionless or stable; still, quieten, නිශ්චල කරනවා.
අ·චල·ජල·ශාස්ත්‍ර, *a.* hydrostatic. E.S. [ශාස්ත්‍රය.
අ·චල·ජල·ශාස්ත්‍රය, *n.* hydrostatics, නිශ්චල ජල
අ·චලතාව, අ·චලත්වය. *n.* motionlessness, equilibrium, immobility, fixedness, &c., (see *adj.*) ස්ථිරකම; imperturbation, නිශ්චලකම.
අ·චල·බඩු, *n. pl.* immovables, fixtures.
අ·චල·බල·විද්‍යාව, අ·චල·භාර·ශාස්ත්‍රය, *n.* statics, නිශ්චල බර ශාස්ත්‍රය.
අ·චලය, *n.* quiescence, නිශ්චලය (see අචලතාව); mountain, කන්ද.
අ·චලිත, *a.* unmoved, unshaken, undisturbed, unruffled, නිශ්චල, ශාන්ත.

* Also spelt අචර්මච්ඡේදිත, අචර්මච්ඡේදන, &c.

අ·චාපල්‍යය, *n.* fixedness, steadiness, ස්ථිරකම; equilibrium, නිශ්චලය.
අ·චිත්තක, අ·චීත්තක, *a.* destitute of mind or thought, mindless, thoughtless, සිතනැති, සිහි බුද්ධිනැති.
අ·චින්තිත. *a.* unthought of, unconsidered, කල්පනානුණ.
අ·චින්ත්‍ය, *a.* inconceivable, incomprehensible, inscrutable, සිතිය or දැනගත නොහැකිවූ (දේ).
අ·චින්ත්‍යතාව, *n.* inconceivability, &c., සිතියනොහැකි භාවය.
අ·චිර, *a.* brief, transient, ලුහුඬු, නොපවතින.
අ·චිරවතිය, *n.* second of the five great rivers issuing from lake Anavatatta. See අනවතප්ත·විල.
අ·චේතන, අ·චේතනික, අ·චේතසික, අ·චේතස්ක, *a.* destitute of mind or thought, සිහිබුද්ධි නැති; unconscious, දැනීම්නැති; inanimate, lifeless, ප්‍රාණනැති; involuntary, involitive (mood, &c.), ඉබේ වෙන්නාවූ, අකාමක.
අ·චේතනික·භාවය, *n.* mindlessness, &c.; *gram.* involitive voice, අකාමක ක්‍රියාව.
අ·චේල, අ·චේලක, *a.* (චේල raiment), without clothes, naked, නිර්වස්ත්‍ර.
අ·චේලකයා, *n.* naked religious mendicant, නග්න සන්‍යාසියා.
අ·චේෂ්ට, *a.* inert, inactive, ක්‍රියානොකරන.
අ·චේෂ්ටිත, *a.* unaccomplished, not done, කරලා නැති.
අ·චෞර, *a.* not dishonest, honest, upright, හොරනොවන, අවංක.
අච්චර, *a.* so much or many as that, එපමණ.
අච්චාරු, *n.* *Port.* pickles.
අච්චාරු·දමනවා, *v. t.* to pickle.
අච්චු·අකුර, *n.* printing type; printed letter.
අච්චු·අකුරු·පට්ටලය, *n.* type foundry.
අච්චු·කරනවා, *v.* (dat.) to punish, chastise.
අච්චු·කූර, *n.* ramrod. [bill.
අච්චු·කොළය, *n.* printed leaf or sheet, hand-
අච්චුක්කේඩුව, *n.* extreme punishment.
අච්චුගසනවා අච්චුගහනවා, *v. t.* to print; *pret.* අච්චුගැසුවා.
අච්චු·යන්ත්‍රය, *n.* printing-press, *cl.* මුද්‍රණයන්ත්‍රය.
අච්චුව, *n.* punishment, chastisement: mould, matrix, die or stamp; model. E. S.
අ·ච්ඡාදනයකරනවා, *v. t.* (අ priv., ච් euphonic, ඡාදන covering), to cover, වසනවා, don, clothe, අඳිනවා.
අ·ච්ඡිද්‍ර, *a.* (·ඡිද්‍රය hole), without hole, සිදුරක් නැති, uninjured, sound, faultless, පලුදුනැති.
අ·ච්ඡේද්‍ය, *a.* (අ·ඡේද්‍ය), not to be cut or separated, කැපිය or වෙන්කළ නොහැකි; inseparable, indivisible, වෙන්කළනොහැකිවූ (දේ).

අ·චුත, *a.* not passing away, fixed, permanent, චුතනොවන, පහවනොයන. [විෂ්ණු.

අ·චුත, *n.* ever-abiding one: ap. of Vishnu,

අ·චුතය, *n.* permanency, &c., නිරන්තරකම, a name of Nirvāna, නිවන.

අ·චුතිය, *n.* permanency, නිරන්තරකම, fixity, imperishableness, නැතිනොවන භාවය.

අජ, *n.* he-goat, or ram, එළුවා, බැටළුවා; the constellation Aries, මේෂ රාශිය.

අජ·ගරයා, *n.* (අජ sheep, ගර swallowing,) python or boa-constrictor, rock-snake, python molurus, පිඹුරා.

අ·ජටාකාශය, *n.* (·ජටා crowded, thick, ·ආකාශය), unclouded sky, clear sky, serene sky, වළාකුළු නැති අහස. [මාංසින් නැති.

අ·ජන, *a.* unpeopled, uninhabited, ජන නැති,

අ·ජනක, *a.* ungenerative, sterile, unproductive, වඳ, අසාර.

අ·ජන්මය, *n.* birthlessness, උපතක් නැතිකම.

අ·ජනිත, *a.* unborn, unbegotten, unproduced, නූපන්, අවනොගත්.

අජ·පාල, *n. lit.* goat or sheep protecting: name of a banyan tree under which Buddha sat.

අජ·පාලයා, *n.* goatherd or shepherd, එළු or බැටළු එඬේරා.

අ·ජය, *a.* invincible, &c. See අජේය.

අ·ජය, *n.* invincible one: ap. of Brahma, Siva and Vishnu, බ්‍රහ්ම, ශිව, විෂ්ණු.

අ·ජර, *a.* undecaying, unfading, imperishable, ජරාවට නොපැමිණෙන. never growing old, මහලුනොවන.

අ·ජරත්වය, *n.* imperishableness, incorruptness, නොදිරනභාවය. [දෙවියා.

අ·ජරයා, *n.* one who never grows old, a god,

අජරු, *n.* for ඇදුරු: teacher, ගුරුවරයා.

අ·ජරාමර, *a.* (·අමර deathless), undecaying and immortal, ජරාව හා මරණය නැති, අමරණීය.

අ·ජරාමරතාව, *n.* undecaying and deathless state, immortality, අමරණීයකම.

අ·ජරාමරාකාරයෙන්, *ad.* undecayingly and immortally, නොදිරනලෙස හා නොනසිනලෙස, අමරණීයලෙස.

අ·ජරාවාස, *a.* (·ආවාස dwelling), undecaying, &c., ජරාවාසයක් නැති. See අජර.

අජ·වීථිය, අජ·වේ, *n.* (අජ goat), path of the constellation Aries, මේෂරාශියේ මාර්ගය.

අජා, *n. fem.* of අජ: she-goat, එළුදෙන.

අජාජී, *n.* black and white cummin seed, දුරු.

අ·ජාත, *a.* unborn, නූපන්.

අ·ජාත·ශත්‍රු, *n.* one without an enemy, King Yudhishṭhira, යුධිෂ්ඨිර රජ.

අ·ජාති, *a.* low-born, low-caste, අඩුජම්මක්කාර.

අජානීය, *a.* of good breed, thorough-bred, උතුම් වර්ගයක (අශ්වයා, &c.)

අජා·රෝහිණී·තිමියා, *n.* a fabulous fish of enormous size. See තිමියා.

අජැර, *n.* teacher, preceptor, ඇදුරු, ගුරුවරයා.

අ·ජිත, *a.* unconquered, පරජයනූණු; unsurpassed, අනභිභූ. E. S.

අජින·චර්මය, අජිනය, *n.* (අජින deer), deer-skin, used by H. mendicants, &c., as a seat or cloak.

අජිනයා, *n.* a kind of deer or antelope, මුවා.

අ·ජීර්ණ, *a.* indigestible undigested, ජීර්ණනොවන, ජීර්ණනූණු.

අ·ජීර්ණකම, අ·ජීර්ණතාව, *n.* indigestibleness, crudeness; indigestion. [sia.

අ·ජීර්ණය, අ·ජීර්ණ·රෝගය, *n.* indigestion, dyspep-

අ·ජීව, *a. lit.* lifeless, dead, පණනැති; ugly, hideous, grim, horrible, disfigured, විරූප, ඉතා අවලක්ෂණ.

අ·ජීවකම, අ·ජීවතාව, *n.* ugliness, &c., විරූපකම, මහත් අවලක්ෂණකම.

අ·ජීවකයා, *n.* one who has killed (his passions), viz. naked H. mendicant, whose nakedness is supposed to prove it.

අ·ජීවකරනවා, *v. t.* to make ugly, &c., deface, disfigure, deform, විරූප කරනවා.

අ·ජීවිත, අ·ජීවී, *a.* lifeless, dead, පණනැති, මළ.

අ·ජෘම්භිත, *a.* unexpanded. unopened, unblown, පිපිනැති; *nat. hist.* obsolete, යටපත්වූ.

අ·ජේය, *a.* unconquerable, invincible, impregnable, indefeasible, (යමෙකුට) පරදකල නොහැකිවූ. [feasibility.

අ·ජේයතාව, *n.* unconquerableness, &c., inde-

අ·ජෝත්වුව, *n.* accident, mishap.

අ·ඥ, *a.* ignorant. See අඥාන.

අ·ඥාත, *a.* unknown, අප්‍රකට, නොදන්න, (දේ), occult, රහස්.

අ·ඥාන, *a.* ignorant, unwise, stupid.

අ·ඥානකම, *n.* ignorance, stupidity.

අ·ඥාන·ගෝචර, *a.* accordant with folly, suitable for or accepted by the ignorant, foolish.

අ·ඥාන·ගෝචරය, *n.* what folly or ignorance approves, foolish thing.

අ·ඥානයා, *n.* ignorant or unlearned or foolish person, dolt, මූඪයා, මෝඩයා. [ලද.

*අඤිත, *a.* worshipped, honoured; offered, පුදන

අඤ්ජන·කැට, අඤ්ජනය, *n.* antimony, cosmetic, collyrium, අඳුන; ink, තීන්ත.

අඤ්ජනං, අඤ්ජනම, *n.* witchcraft, sorcery, necromancy.

අඤ්ජන·ගුවය, *n.* native antimony; a rock of that colour.

අඤ්ජන·කේශි, *n.* a kind of vegetable perfume.

අඤ්ජන·දේවි, අඤ්ජනාව, *n.* goddess of witchcraft, the mother of Hanuman the monkey chief or demon who aids magicians.

අඤ්ජනම්—අඤ්ජනං—එළිය, *n.* magical light made by sorcery, necromancy.

* In this and the following words of the ච class (ං) is used for the full-form ඤ්, as චි for ඤ්චි &c.

අඤ්ජනකාරයා, *n.* wizard, sorcerer, necromancer.
අඤ්ජනයකරනවා, *v. t.* to draw, delineate, අඳිනවා.
අඤ්ජනා, *n.* elephant supporting the west corner of the world.
අඤ්ජනාවතී, *n.* female of the elephant which supports the north-east corner of the world.
අඤ්ජලාවා, අඤ්ලාවා, *n.* a young seer fish.
අඤ්ජලිය, *n.* the two hands united to form a bowl to drink out of, දෝත.
අඤ්ජලි·කර්මය, අඤ්ජලි·පුටය, *n.* salutation or worship with the hands united and raised.
අට, *n.* or *a.* eight. [කෝලාහලය.
අට, *n.* an age, යුගය; quarrel, ඛබරය, tumult,
අට·කර, *n.* eight-armed one, අත්අටක්ඇත්තා, ap. of Brahma, බ්‍රහ්මයා.
අට·කොන, *n.* octagon; the eight points of the compass, as North, North-West, &c.
අටගන්නවා, *v. i.* to germinate, spring up; be produced, arise; *pret.* අටගත්තා; *v. n.* අට ගැනීම.
අටගන්වනවා, *v. t.* to breed, generate, engender, produce, raise up; *pret.* අටගැන්නුවා; *v. n.* අටගැන්වීම.
අට·ගුණ, අටක, *a.* eightfold, octuple.
අට·ගුණයක්, *n.* eightfold quantity.
අටඞ·මඟ, *n.* (අට, අඞ portion, section), the eightfold way to Nirvana, *i. e.* the way embracing eight sections, viz.—

1. සම්‍යක්·දෘෂ්ටිය, right view, orthodoxy.
2. සම්‍යක්·සංකල්පනාව, right volition or determination.
3. සම්‍යක්·වචනය, right speech.
4. සම්‍යක්·කර්මාන්තය, right action.
5. සම්‍යක්·ආජීවය, right living or livelihood.
6. සම්‍යක්·ව්‍යායාමය, right effort.
7. සම්‍යක්·ස්මෘතිය, right remembrance or contemplation of the past.
8. සම්‍යක්·සමාධිය, right meditation.

අටඞ·මිණ, *n.* (අට අඞ) octagonal gem: one was given by Sakra to king Kusa, which, applied to his face, removed its ugliness and made it beautiful, so that his wife received him again. [smith, බඩාලා.
අට·කැලියා, අට·තුලියා, *n.* goldsmith or silver-
අට·තුනු, *a.* eight-bodied; ep. of Siva as seen in the sky, air, water, fire, sun, moon, earth, offering.
අට·තුරා·සිය, අට·තුරු·සිය, *n.* (අට eight, උතුරු more than, සිය hundred), 108; magical number.
අට·දික්·පතියෝ, or පාලයෝ, *n. pl.* the eight rulers or guardian deities who preside over the eight parts of the world.
අට·දිග, *n. pl.* the eight points of the compass or divisions of the world. See අටකොන, අට දික්භාග.
අටනය, *n.* travelling, walking, walk, ඇවිදීම.
අටනයකරනවා, *v.* to travel, walk, ගමන්කරනවා, ඇවිදිනවා.
අට·නෙත්, *n.* eight-eyed one: ap. of Brahma, බ්‍රහ්මයා. [gon.
අට·පට්ටම, *n.* eight-sided figure or solid, octa-
අට·පට්ටම්, *n. pl.* or *a* eight sides; eight-sided, octagonal. [octagonal.
අට·පට්ටම්කරනවා, *v. t.* to make eight-sided, or
අට·පාවා, *n.* octoped, පාද අටක්ඇති සතා.
අට·පිරිකර, *n. pl.* the eight accoutrements or articles required by a B. P., viz. bowl, under-garment, single robe, double robe, girdle, knife or razor, needle and water-strainer: පාත්‍රය, අඳනය, තනිපටසිවුර, දෙපටසිවුර, පටිය, පිහිය, ඉඳිකටුව, පෙරහන්කඩ.
අට·පිරිස, *n.* the eight retinues that attended Buddha, viz. military or royal persons, brahmayas, regents of planets, B. priests, Chāturmahārājika gods (the four imperial gods), the Tautisā gods, Māra deities and Brahma: ක්ෂත්‍රියයෝ or රජවරු, බ්‍රාහ්මණයෝ, ග්‍රහපතියෝ, ශ්‍රමණයෝ, චාතුර්මහාරාජික දෙවිවරු, තව්තිසා දෙවිවරු, මාර දේවතාවරු, මහාබ්‍රහ්මයා. See each in its place.
අට·ප්‍රමාණ, *a.* octavo.
අට·ප්‍රමාණ·පොත, *n.* book of that size, octavo.
අට·මඟල, *n.* octagonal magic diagram, used for propitiation; octagonal ornament for the waist.
අට·මහ·නිරය, *n.* the eight great hells, viz. සංජීවය, කාලසූත්‍රය, සංඝාතය, රෞරවය, මහාරෞරවය, තාපය, ප්‍රතාපය, අවීචිය. See each in its place.
අට·මහ·රෝග, *n. pl.* the eight great diseases, viz. වාතරෝගය, අශ්මරීරෝගය, කුෂ්ඨරෝගය, ප්‍රමේහරෝගය, උදර රෝගය, භගන්දර රෝගය, අර්ශස් රෝගය, ග්‍රහණිරෝගය. See each in its place.
අටර, *n.* eighteen, දහඅට.
අට·රස, *n. pl.* the eight parts of speech; the eight sentiments exhibited in dancing, viz. love, tenderness, mirth, heroism, wrath, disgust, wonder, terror. [මැසි.
අටලු, *n. pl.* or *a.* of අටල්ල: stages; stage-.
අටලු·වාසල, *n.* pavilion on the roof.
අටල්·පඤුර, *n.* stage antic, buffoonery, විගඩම.
අටල්·පඤුරු, *a.* buffoonish, full of antics, විගඩම්කාර.
අටල්ල, *n.* high stand, scaffold, as an observatory for the field watchman, &c; *pl.* අටලු.

අට·වක, අට·වක්·දින, අට·වක්·පොහෝ·දින, *n.* (වක lunar day), eighth day after the new or full moon.

අට·වක·මිණ, *n.* See අටඟමිණ.

අටවනවා, *v. t.* to set as a trap or spring ready to go off ; place the arrow on the string ; *pret.* ඇටෙවුවා ; *v. n.* ඇටවීම.

අට·වරණයා, *n.* other person, stranger, අන්‍යයා, අමුත්තා ; enemy, සතුරා.

අටවිය, *n.* jungle, forest, බැද්ද, වනය.

අට·විසි·පිරිත්, *n. pl.* the twenty-eight incantations or recitations of the attributes of twenty-eight Buddhas for protection or escape from demons or disease.

අට·වෙනි, *a.* eighth.

අට·වෙනුව, *ad.* eighthly.

අට·සමවත්, *n. pl.* the eight attainments or devout meditations. See අෂ්ටසමාපත්ති.

අට·සිල්, *n. pl.* the eight virtues or duties. See අෂ්ටාංගශීලය.

අට·ළොස, අට·ළොහ, *n.* eighteen, දහඅට.

අට·ළොස්, *a.* eighteen, දහඅට.

අට·ළොස්වෙනි, *a.* eighteen, දහඅටවෙනි.

අටැස්, *a.* (අට, ඇස් fr. අසු corner), octagonal.

අටිය, *n.* desire, prurience, ආශාව, රාගය.

අටි·වඩනවා, *v.* to increase desire, enamour, entice, whet the appetite or desire ; *pret.* අටි වැඩුවා ; *v. n.* අටිවැඩීම.

අටි·වෙනවා, *v. i.* to desire, ආශාවෙනවා.

අටු·කොස්, *n. pl.* dried pieces of jak fruit.

අටුමාතා, *n.* a species of crane or heron, adjutant bird.

අටු·මැස්ස, *n.* garner-platform, stand for bins.

අටුව, *n.* bin, garner.

අටුවා·කථාව, අටුවා·පොත, අටුවාව, *n.* commentary, exposition. [positor.

අටුවා·චාරියා, අටුවාචාර්යයා, *n.* commentator, ex-

අටෝත්, *a.* raised, lifted up, ඔසවනලද, උස්වූ.

අටෝර·සිය, *n.* the magical number one hundred and eight. See අටතුරසිය.

අට්ටම, *int.* aside, out, අහකට !

අට්ටම්වෙනවා, *v. i.* to move aside, get out of the way, මඟඅරිනවා

අට්ට·හාසය, අට්ට·හාස්‍යය, *n.* loud laughter, roar of laughter, හයියෙන් සිනාසීම.

අට්ටාලය, *n.* (අට්ට upper, ආලය house), upper room ; high stand, &c. See අටල්ල.

අට්ටු·බඳිනවා, (බැඳෙනවා), *v. i.* to contract dirt, become smirched or soiled.

අට්ටුව, *n.* grime, filth, dirt, කිලුට. [පිරිකර.

අට්·පරික්ඛා, *n. pl.* P. for අෂ්ටපරිෂ්කාර. See අට

අඩ, *n.* or *a.* E. of අර්ධ : a moiety, half, භාගය.

අඩ·ඉස·රුජාව, *n.* hemicrania, hemicrany.

අඩ·කවය, *n.* semicircle.

අඩ·කුරුපාව, *n.* queen-post.

අඩ·කොටස, *n.* moiety, a half portion.

අඩක්කම්, *n.* firework-box.

අඩ·ගෝත්‍රය, *n.* half tribe, අර්ධගෝත්‍රය.

අඩංගු, *a.* included, contained, comprised, enclosed, component.

අඩඟ·රඟ, *n.* (අඩ අඟ) *lit.* half-body-dance, a dance performed with one half of the body.

අඩ·තබනවා, අඩ·තියනවා, *v.* to place props or supports, to prop, scotch.

අඩ·තෙළෙස, *n.* thirteen minus half, twelve and a half, දොළහමාර.

අඩදබය, *n.* hurry, confusion, වියවුල.

අඩදබවෙනවා, *v. i.* to become flurried, confused, වියවුල්වෙනවා.

අඩ·දණීව, *ad.* (දණී knee, දණ, ව being), kneeling on one knee or half kneeling or squatting, ඇනතුඩ.

අඩ·දින, *n.* half day.

අඩ·නින්ද, *n.* half-sleep, doze, slumber. [ment.

අඩත්තේට්ටම, *n.* T., assault, battery, maltreat-

අඩත්තේට්ටම්කරනවා, *v.* (dat.), to assault, commit an assault upon, maltreat. [dead.

අඩ·පණ, .. partial life or state of being half

අඩ·පණ, *a.* only half-living, half-dead.

අඩ·පණකරනවා, *v. t.* to half kill, stun.

අඩ·පත, *n.* half a pint.

අඩප්පරය, *n.* mumps, ඇකාස්සාව. [leer.

අඩ·බැලුම, අඩ·බැල්ම, *n.* half-look, side glance,

අඩ·මදට, or ·මදටිය, *n.* a weight, about half or three quarters of a grain See මදට.

අඩ·මස, *n.* half of a month, a fortnight.

අඩමාන, *a.* overbalanced, overweight ; col. for අනුමාන.

අඩමානය, *n.* doubt, col. for අනුමානය,

අඩ·මුකුළු, *a.* partly or slightly curled or shrivelled, මදක් හැකුළුණු.

අඩ·මුකුළුව, *n.* slight coquetry. See මුකුළුව.

අඩය, *n.* plug, stopper ; fulcrum ; prop.

අඩයටි·දරයා, *n.* (දර fr. ධර to bear), lance-bearer or god of war : ap. of කාර්ත්තිකේය.

අඩයටිය, *n.* missile, javelin, lance, හෙල්ලය.

අඩයාළම, *n.* T., mark, sign, emblem, සලකුණ.

අඩලය, අඩෙල්, *n.* part, remainder, as of coconut left in the shell.

අඩ·වළල්ල, *n.* half ring, semicircle.

අඩ·වල්, *a.* ajar, half-open, (door, &c.).

අඩවල්කරනවා, *v. t.* to set ajar, set open a little.

අඩවිය, අඩෙවිය, *n.* jungle, forest, බැද්ද, වනය. See අටවිය. [somersault.

අඩවි·අල්ලනවා, *v.* to dance violently, throw a

අඩවිව, *n.* a special dance indicating the person honoured, somersault.

අඩ·හඬ, *n.* half sound, නිස්සබ්දය ; arrow, ඊතල.
අඩ·සඳ, අඩ·හඳ, *n.* half-moon, crescent moon.
අඩ·සඳ·මුව, *n.* horn of the crescent moon ; arrow, ඊය.
අඩ·සෙන්, *n.* part of an army, a detachment, සේනා කණ්ඩායම ; arrow. [constipate.
අඩස්සිකරනවා, *v. t.* to constrict, cause stoppage,
අඩස්සිය, *n.* imprisonment (see සිරඅඩස්සිය) ; constriction, tightness, shortness (of breath), stoppage, stricture, obstruction, (of the bowels). [stoppage.
අඩස්සි·රෝගය, *n.* disease of constriction or
අඩස්සිවූ, *a. sur.* constricted, strangulated.
අඩ·හඳ·පනාව, *n.* half-moon comb, crescent-shaped comb. [කරනවා
අඩහැරකරනවා, *v. t.* to shape, form, fit, හැඩහුරු
අඩහැරය, *n.* shape, form, fitness.
අඩා, අඩෝ, අඩෝයි, *excl.* sirrah, you there, මොලෙ.
අඩාල, *a.* unfinished, incomplete, නිස්ප්‍රභාති, අසම්පූර්ණ.
අඩැස්සිය, *n.* See අඩබැල්ම.
අඩි, *n. pl.* or *a.* feet, steps ; foot-, &c. See අඩිය.
අඩි·අල්ලනවා, *v.* to get a footing or base, become fixed or firm, settle ; as *v. t.* to fix anything, fix a prop or support.
අඩි·කොළය, *n.* foot-leaf, stipule.
අඩිකෝඩ·කරනවා, *v.* to do foolery, play a hoax, make fun.
අඩිකෝඩය, *n.* foolery, hoax, අඩිකෝලම.
අඩි·කෝදුව, *n.* foot-rule, කෝදුව,
අඩිකෝල, *a.* shy, coy, bashful, timid, කොකොල්.
අඩිකෝලම, *n.* fun, foolery, සරදම, විහිඩම.
අඩිකෝලය, *n.* shyness, coyness, &c. See adj.
අඩිගහනවා, *v.* to stamp with the foot.
අඩි·ගැස්ම, අඩි·ගැසීම, *n.* stamping, &c ; footstep ; sound of the footstep ; mark of the footstep, footprints, track.
අඩි·තබනවා. අඩි·තබාගන්නවා, *v.* to step, pace, step along. [tion.
අඩි·තාලම, *n.* (අඩි foot, තාලම ground) founda-
අඩි·තාලම·දමනවා, *v.* to lay the foundation, found. [tape-line.
අඩි·පටිය, *n.* foot-tape, viz. measuring tape,
අඩි·පාර, *n.* path marked by footprints, foot-track, track ; footpath, sidewalk ; *fig.* foot-steps.
අඩිය, *n.* the base, bottom ; footstep, step ; step of ladder ; foot of twelve inches ; *fig.* step, degree.
අඩි·ලකුණ, *n.* footprint, trace.
අඩි·ලෑල්ල, *n.* foot-board, pedal, treadle.
අඩි·හපනවා, *v.* to stamp or strike the foot on anything, as animals, &c.

අඩි, *excl.* (fem. form of අඩෝ), addressed to a female of low caste. See මොලෙ.
අඩු, *a.* deficient ; less, lower ; low.
අඩුකම, *n.* deficiency ; inferiority ; lowness.
අඩුකරනවා, *v. t.* to diminish, lessen, mitigate, reduce ; *arith.* subtract, deduct.
අඩු·කලාව, *n.* less than a digit of the sun's or moon's disk.
අඩු·කලය, *n.* half a pot of anything, partly filled water-pot.
අඩු·කුලය, *n.* low caste.
අඩු·කුලේ, *n. gen.* case, for අඩුකුලයේ : of low-caste.
අඩුක්·කරනවා, අඩුක්කු·කරනවා, *v. t.* fr. T., to pile up in order, arrange together, pack, stack.
අඩුක්කුව, *n.* pile, a stack of things arranged; dressed provisions.
අඩුක්·වෙනවා, *v. i.* to pack or fit well together.
අඩු·ගණන, *n.* deficient number or account ; low price.
අඩු·ජම්මක්කාර, *a.* low-caste, base-born.
අඩු·ජම්මය, අඩු·ජාතිය, *n.* low-caste, low origin.
අඩු·තරම, *n.* deficient or inferior degree either in size, rank, quality or quantity, inferiority.
අඩු·තරම්, *n. pl.* or *a.* low degrees ; deficient, inferior.
අඩුත්තු, *a.* included, comprised, pertinent, related, appertaining, attendant.
අඩුත්තුකරනවා, *v. t.* to include, comprise.
අඩුත්තුවෙනවා, *v. i.* to be included, comprised.
අඩු·පාඩු, *n. pl.* or *a.* deficiencies and losses ; deficient, lacking.
අඩු·පාඩුව, *n.* deficiency, lack and loss.
අඩු·ලුහුඬුම, *n.* deficiency, defect, අඩුලුහුඬුව.
අඩු·ලුහුඬු, *a.* deficient, defective, imperfect, unsound.
අඩු·ලුහුඬුකම, *n.* deficiency, defectiveness &c., shortcoming.
අඩු·ලුහුඬුකරනවා, *v. t.* to render deficient, &c.
අඩු·ලුහුඬුව, *n.* lack or defect, lack and defect.
අඩු·ලුහුඬුවෙනවා, *v. i.* to fall short, become lacking or defective.
අඩුවක්, *n.* a deficiency, some lack, deficit ; want, misfortune ; part.
අඩු·වැඩිය, *n.* necessaries, requisites, appliances, goods.
අඩුවැඩිවෙනවා, *v. i.* to diminish and increase, wax and wane ; remit (of fever &c.)
අඩුවෙනවා, *v. i.* to decrease, diminish, abate.
අණ, *n.* command, order, injunction, precept.
අණ·කරනවා, *v.* (dat of per., acc. of thing), command, order, enjoin.

අණ·දෙනවා, *v.* to give command, order, bid.

අණ·පොල්ල, *n.* official staff, baton, truncheon, mace ; *pl.* අණපොලු. [crier.

අණ·බෙර·කාරයා, අණ·බෙර·ලන්නා, *n.* public

අණ·බෙර·ගහනවා, අණ·බෙර·ප්‍රසිද්ධකරනවා, අණ·බෙර·ලනවා. *v.* to proclaim publicly with beat of drum. [claim commands.

අණ·බෙරය, *n.* order-drum, drum used to pro-

අණ·මුගුර, *n.* See අණපොල්ල.

අණය, *n.* life, පණ, ජීවනය.

අණසුරුව, අණව, අණවුරුව, *n.* the sea, ocean, මුහුද. See අර්ණවය.

අණවරණයා, *n.* See අවවරණයා.

අණ·සක, *n.* E. of ආඥාචක්‍රය. [කරනවා.

අණඥකරනවා, *v. col.* to command. See අණ

අණඥව, *n. col.* for ආඥාව : command &c. See අණ and ආඥාව.

අණිමය, *n.* extreme minuteness or fineness, miraculous attenuation or sublimation of the body, ඉතා සියුම් ගතිය.

අණිය, *n.* axle-pin, අලවංගුවේ ඇණය ; point, extremity, අග. [සියුම්.

අණු, *a.* atomic, infinitesimal, පරමාණු, ඉතා

අණු·ක්ෂුද්‍ර, *a.* atomically small, minute, ඉතා සියුම් ; insignificant, සුළු.

අණුතාව, *n.* minuteness, ඉතා සියුම්කම.

අණු·මාත්‍රය, අණුව, *n.* an atom, පරමාණුව.

අණ්ඩ, *a.* ovicular, pert. to eggs, බිජු ; testicular, ජේලාවට අයිතිවූ.

අණ්ඩ·කෝෂ, *a.* scrotal.

අණ්ඩ·කෝෂ·නාඩී·ශෝථය, *n.* varicocele, ජේලා කෝෂනාඩි ඉදිමුම.

අණ්ඩ·කෝෂ·පටිය, *n. anat.* suspensor.

අණ්ඩ·කෝෂය, *n.* scrotum, ජේලාකෝෂය.

අණ්ඩ·කෝෂ·රූපී, *a. bot.* scrotiform, ජේලා කෝෂ ආකාර. [ඉදිමුම.

අණ්ඩ·කෝෂ·ශෝථය, *n.* spermatocele, ජේලා

අණ්ඩ·කෝෂාකෘති, අණ්ඩ·පුශ්මාකෘති, *a.* (·ආකෘති like), *bot.* testiculate, ජේලාකෝෂාකාර.

අණ්ඩ·ජ, *a.* produced from an egg, egg-born.

අණ්ඩ·ජනක, *a.* producing eggs, oviparous, බිජු දමා පැටවී උපදවන. [bird, &c.

අණ්ඩජයා, *n.* animal born from an egg, as a

අණ්ඩ·දමනවා, *v.* to put a patch or patches on, to patch.

අණ්ඩ·නාලිය, *n.* oviduct, බිජනාලය.

අණ්ඩය, *n.* egg, බිජුව ; testicle, ජේලාව ; scrotum, ජේලාකෝෂය.

අණ්ඬය, *n.* fr. T., patch, ලප්පය.

අණ්ඩබර·දෙමල, *n.* nonsense, twaddle, හැල්ල.

අණ්ඩ·වාතය, අණ්ඩවායුව, *n.* scrotal hernia, scrotocele. [tum.

අණ්ඩ·වාත·විස්තරය, *n.* herniology of the scro-

අණ්ඩ·විස්තරය, අණ්ඩ·ශාස්ත්‍රය, *n.* (of birds' eggs) oology, (කුරුළු) බිජු පිළිබඳ ශාස්ත්‍රය.

අණ්ඩ·ශාස්ත්‍ර·ඥයා, *n.* oologist.

අණ්ඩාකාර, අණ්ඩාකෘති, *a.* (·ආකාර, ·ආකෘති), oval, elliptic, oviform, ovoid, බිජු හැඩය ඇති.

අණ්ඩාකාරය, අණ්ඩාකෘතිය, *n.* oval, ellipse, බිජු හැඩය.

අණ්ණාවියා, අණ්ණාමියා, *n.* T. teacher, ගුරුවරයා, R. C. reader, catechist.

අඬ, *n.* voice, sound. [mon ; invite.

අඬගසනවා, අඬගහනවා, *v.* (dat.) to call to, sum-

අඬගහගෙන·යනවා or ·එනවා, *v. t.* (acc.) to take, go with or bring (a person).

අඬ·දබරය, *n.* noisy quarrel, squabble.

අඬ·දමනවා, *v.* to make a noise, ඝෝෂාකරනවා.

අඬනවා, *v. i.* to cry, weep ; *pret.* ඇඬුවා ; *v. n.* ඇඬීම.

අඬ·බෙරය, &c. See අණබෙරය, &c.

අඬ·ලනවා, *v.* to crow, chirp, cackle ; *pret.* ඇඬලුවා ; *v. n.* ඇඬලීම.

අඬවනවා, *v. c.* to cause to weep or cry ; *pret.* ඇඬෙවුවා ; *v. n.* ඇඬවීම.

අඬ·සද්දෙක·දුර, *n.* (සද්දෙක for සද්දයක, E. of ශබ්දයක), shouting-distance, hearing-distance, අඬ ඇසෙන දුර.

අඬ·පුත්, *a.* (අඬ for අණ්ඩ, පුත් cut or crushed), castrated, කප්පාදු.

අඬ·හැර·ලනවා, *v.* to sing or hum, as whilst at work ; *pret.* අඬහැරලුවා ; *v. n.* අඬහැරලීම.

අඩුදුවා, *n.* bird, කුරුල්ලා ; *pl.* අඩුදුවෝ.

අඩු·මිටිය, *n.* wrench, spanner.

අඬුව, *n.* pincers, forceps.

අත, *n.* E. of අර්ථය : meaning, තේරුම ; wealth, ධන ; of ආත්ම : spirit ; self, තමාම ; body, ශරීරය ; of අස්ත : west, බටහිර ; of අන්ත : end, limit, කෙළවර, සීමාව.

අත, *n.* E. of හස්ත or හස්ත: hand, arm, sleeve ; elephant's trunk, සොඬවැල ; direction or side, දිශාව, as මේ අතට, to this side or direction.

අත, අතේ, *post.*, by the hand, මා අත or අතේ ඇරියා, (He) sent by my hand, viz. by me ; in the hand, with, මා අත or අතේ නෑ, not by or with me, මා ළඟ නෑ.

අත·අරිනවා, *v.* to open the hand ; loose one's hand, viz. let go one's hold ; *v. t.* to release or let go from one's grasp ; forsake, අත් අරිනවා.

අතඋරුව, අතවුරුව, *n.* harem. See අන්තඃපුරය.

අතඋලුක්කරනවා, *v.* to close the hand, double or clinch the fist, raise the fist.

අත·කබරයා, *n.* person with spotted hands : the spots or patches are generally white.

අත·කර·ආභරණ, *n. pl.* hand and neck ornaments. [writing.

අතකුරු, *n. pl.* (අත්අකුරු), written letters, hand-

අතකුරු·ගහනවා, *v.* to throw small stones with the hand for augury. See අකුරුකින් පිදිනවා.

අත·කොලුව, *n.* mallet.

අත·ගගා·ඉන්නවා, *v.* to be merely moving the hand over something, to be idling or fumbling, dawdle.

අත·ගහනවා, *v.* to apply the hand, strike the hand upon, touch, handle, meddle, strike the hand to confirm a bargain, &c.

අත·ගසපු·කණුව, *n.* finger-post, guide-post, මග පෙන්වන කණුව.

අත·ගානවා, *v.* to apply the hand, touch, feel, rub, stroke. [feel, handle.

අත·ගා·බලනවා, *v. t.* to ascertain by touching,

අත·ගා·යනවා, *v.* to feel one's way, grope.

අත·ගුව, අතගුව, *n.* hand-net, hand fishing-net.

අතතය, *n.* tabor, tambourine, එකැස් බෙරය.

අතතුර, *n.* (අත්, අතුර interval), the breast, ලය; *pl.* අතතුරු.

අ·තත්·ගුණය, අ·තද්ගුණය, අත·ගුණය, *n.* (අ priv., තද්ගුණය), *gram.* external attribute, viz. non-inherent attribute or attainment, as එතරවුණ, who has crossed or attained.

අත·දමනවා, *v.* to thrust one's hand in; to meddle.

අත·දරුවා, *n.* babe in arms, nursling, infant.

අත·දෙනවා, *v.* to give one's hand, shake hands.

අතන, *ad.* there, in that place.

අත·නගනවා, *v.* to raise the hand (to draw attention, &c.)

අත·නූල්·බඳිනවා, *v.* to tie a charmed thread on the arm (for sickness); to tie a thread on the hands of a bride and bridegroom.

අ·තන්දු, අ·තන්ද්‍රිත, *a.* wakeful, alert, sprightly, උනන්දු.

අ·තන්ද්‍රිය, *n.* wakefulness, &c., උනන්දුකම.

අත·පත·ගගා·ඉන්නවා, *v.* to potter, dawdle, potter about, to be virtually idling.

අත·පත·ගා·සොයනවා, *v. t.* to seek by groping about. [of a province.

අතපත්තුව, *n.* staff of messengers of the Agent

අත·පය, *n.* hand and foot.

අත·පය·ගගා·නඟිනවා or ·බසිනවා, *v.* to scramble or climb up or down.

අත·පසු, *a.* delayed, backward.

අතපසුකරනවා, අතපසුකරනවා, *v. t.* to defer, neglect, postpone, delay; procrastinate.

අතපසු· or අතපසු·වෙනවා, *v. i.* to become deferred, &c., get behindhand or in arrears.

අත·පහරනවා, *v.* to strike or touch with the hand, අතගහනවා. [the hand.

අත·පානවා, *v.* to show one's hand, hold out

අත·පුරය, *n.* E. of අන්තඃපුරය.

අත·පුරා, අත·පුරේම, *p. pl.* as *ad.* to the extent of a handful or armful.

අත·පෙරළනවා, *v.* to fold the arm across the breast; *pl.* අත්·පෙරළනවා, to fold the arms.

අත·පොවනවා, *v.* to put or reach the hand to, touch, handle; meddle.

අතු·පැන්·වක්කරනවා, or ·වත්කරනවා, *v.* to pour water into the hand: B. often done to confirm a vow or ratify the marriage ceremony.

අ·තප්·තලය, *n.* cool plain, name of a Brahma world, බ්‍රහ්මලෝකයක්.

අත·බර, *a.* pressing, as if on the hand, weighty, oppressive, burdensome, බරවූ; serious, important, වැදගත්.

අත·බරකම, *n.* weightiness, oppressiveness, &c.

අත·බර·ලෙඩා, *n.* patient seriously ill.

අත·බාලයා, *n.* younger one, infant.

අතම, *n.* See අත්ම.

අත·මිට, *n.* hand and fist; *fig.* means of living, sufficiency, වත්කම. [ing, destitute.

අත·මිට·නැති, *a.* empty-handed, without a liv-

අත·මිට·නැතිකම, *n.* lack, want, destitution.

අත·මුගුර, *n.* hand-staff, club.

අත·මුදල, *n.* ready money.

අතමිල, *n.* (අත ඇඹුල), nelli fruit in the hands: අතඹුලක් මෙන්, *fig.* manifestly, undoubtedly, unmistakably. [der.

අත·යට, *ad.* privately (sell or dispose of); un-

අතර, *n.* space, interval, ඉඩ.

අතර, *conj.* or *post.* in the interval, while, as ඔහු ලියන අතර, while he writes; ඒ අතර (see අතරතුරේ).

අතරක්නැති, අතර·නැති, *a.* without vacant space; without interval or intermission.

අතරට, *post.* into the midst, amongst.

අතරණය, *n.* E. of ආස්තරණය: cloth to be spread, sheet, ඇතිරිල්ල. [val.

අතරතුර, *n.* intermediate space or time, inter-

අතරතුරේ, *post.* during, among: ඒ අතරතුරේ, during that, meanwhile.

අතර·මග, *n.* intervening road, road between two places.

අතර·මග, *a.* or *ad.* midway-, that are on the road; whilst on the way.

අතර·මං·කරනවා, *v. t. lit.* leave on the road or journey; *fig.* leave in the lurch, desert, abandon.

අතර·මං·වෙනවා, *v. i.* to be left in the lurch, &c.

අතර·වාර, *a.* occasional, happening sometimes.

අතර·වාරය, *n.* occasional season or interval, something intermediate. [සිටලා.

අතර·වාරේ. *ad.* occasionally, at intervals, ඉඳ

අතරින්·පතර, *ad.* here and there. [midst.

අතරෙන්, *post.* from amongst, through the

අතරෙහි, අතරේ, *post.* among, amidst; between.
අ·තර්ක්‍ය, *a.* indisputable, incontrovertible, නිරුත්තර. E. S.
අ·තර්ක්‍යතාව, *n.* indisputableness, &c. [ලෙස.
අ·තර්ක්‍ය·කාරයෙන්, *ad.* indisputably, නිරුත්තර
අ·තල, *a.* bottomless, abysmal, පාතාල.
අත·ලනවා, *v.* to put the hand on or to; to meddle; *pret.* අතලුවා: *v. n.* අතලීම.
අ·තලය, *n.* the abyss, the under-world, a particular hell, පාතාලය.
අ·තල·ස්පර්ශ, *a.* (අ....ස්පර්ශ untouchable, තල bottom), unfathomable, bottomless, abysmal.
අතලේ, *n.* (for අතලය), hand water-pot, mug.
අතලොස්ස, *n.* handful or about that quantity; *pl.* අතලොසු or අතලොස්සු.
අත·වට, *a.* at hand or near, accompanying, අතළඟ. [by.
අත·වනනවා, *v.* to wave the hand, beckon there-
අත·වැසියා, අත·වැස්සා, *n.* page, valet, servitor, retainer, follower, acolyte, disciple.
අත·වැසි·ලියන්නා, *n.* amanuensis. E. S.
අත·විදිනවා, *v.* to pierce the hand or arm, bleed it; vaccinate.
අත·හඟුව, *n.* See අතංගුව.
අත·සන, *n.* signature, අත්සන.
අත·සන්කරනවා, *v. t.* to sign, අත්සන්කරනවා.
අත·හද, *n.* net, දැල.
අත·හරිනවා, *v.* See අතඅරිනවා.
අතළු, *v. adj. pret.* of අතුරනවා, for ඇතුරූ: outspread, strewn.
අත·ලමයා. *n.* infant in arms, babe.
අතැඹිල, *n.* See අතඹුල.
අති, *prefix.* very, exceedingly, excessive, beyond, ඉතා, අධික.
අතිඋඩයන්, අතිවිඩයන්, *n.* T., a medicinal root used for dysentery. *Bot.*
අති·කාය, *n.* or *a.* large body; large-bodied, gigantic, යෝධ.
අති·ක්‍රමණය, අති·ක්‍රමය, *n.* going beyond, transgressing, එපිටයාම; attack, විරුද්ධයට පැමිණීම.
අති·ක්‍රමණයකරනවා *v. t.* to go beyond, pass beyond, එපිට යනවා, transgress, කඩකරනවා; pass (an exam.), exceed, surpass. E. S.
අති·ක්‍රමික, *a.* excessive, profuse, prodigious, surpassing, අධික, immoderate, hyperbolic, redundant, වැඩිපුර.
අති·ක්‍රමිකතාව, *n.* excessiveness, &c., extravagancy, rampancy, අධිකකම, වැඩිකම.
අති·ක්‍රමික·ධර්මය, *n.* ultraism, radicalism. E. S.
අති·ක්‍රමික·ධර්ම·මතිකයා, අති·ක්‍රමික·මතිකයා, *n.* one who holds extreme opinions, ultraist, radical. [වැඩිකරකීම, බෙගල.
අති·ක්‍රමික·වාක්‍යය, *n.* exaggeration, hyperbole,
අති·ක්‍රමිකවෙනවා, *v. i.* to become excessive, exceed, &c., see adj., ඉතා වැඩිවෙනවා.

අති·ක්‍රාන්ත, *a.* gone beyond, ඉක්මගිය; transgressed, කඩකරනලද; exceeded, surpassed, excessive, අධිකවූ, වැඩිපුර.
අති·ක්‍රාන්තකරනවා, *v. t.* to go beyond, &c., ඉක්මයනවා; කඩකරනවා.
අති·ක්‍රාන්තවෙනවා, *v. i.* to go or get beyond, &c.; pass away, elapse, transpire, පසුවෙනවා, ඉක්මයනවා.
අති·ක්ෂුද්‍ර, *a.* exceedingly small, minute, atomic, ඉතා කුඩා, ඉතා සියුම්. [සියුම්කම.
අති·ක්ෂුද්‍රතාව, *n.* minuteness, ඉතා කුඩාකම or
අති·ක්ෂුද්‍ර·ප්‍රාණියා, *n.* one of the infusoria, infusory, ඉතා කුඩා සතා.
අති·ගම්භීර, *a.* very deep or profound, very abstruse, very recondite. See ගම්භීර.
අති·ගර්විත, *a.* very proud, very pretentious, arrogant, ඉතා අහංකාර, ඉතා උඩඟු; grand, ඉතා උසස්.
අති·ගුප්ත, *a.* quite secret, concealed, ඉතාරහස්වූ.
අති·චූර්ණකරනවා, *v. t.* to reduce to fine powder, triturate, හොඳට කුඩුකරනවා.
අති·ජව, *a.* very fleet, moving swiftly, ඉතා සීඝ්‍ර, වේගයෙන් යන.
අති·ජාගර, *a.* very sleepless, wakeful, නිදිමරන.
අති·ජාගර, *n.* wakeful one; bird so called, the black curlew, කිලවකයා.
අති·ජාත, *a.* born with higher qualities than the father, තමාගේ පියාට උතුම්වූ.
අති·තෘෂ්ණාව, *n.* ardent longing, තද ආශාව; great avarice, මහත් තෘෂ්ණාව.
අ·තිතික්ෂු, *a.* (අ priv.), unresigned, impatient, නොඉවසිලි.
අති·තීක්ෂ්ණ, *a.* *lit.* and *fig.* very sharp, very keen or acute, ඉතා තියුණු; very pungent, ඉතා කහට.
අති·තෘප්තිමත්, *a.* glutted, quite satiated, හොඳට තෘප්තියට පැමිණි. [feit.
අති·තෘප්තිමත්කරනවා, *v. t.* to glut, satiate, sur-
අති·තෘප්තිය, *n.* satiety, surfeit, මහත් තෘප්තිය.
අතිථි, *n.* stranger, guest, ආගන්තුකයා.
අතිථි·සත්කාරය, අතිථි·පූජනය, *n.* hospitality, ආගන්තුක සත්කාරය.
අති·දක්ෂ, *a.* very clever, very skilful, ඉතා සමර්ථ.
අති·දුර්ලභ, *a.* obtained with great difficulty, very scarce, වඩානැති, ඉතා හිඟ.
අති·දුෂ්කර, *a.* very difficult, කරන්ට ඉතා අමාරු.
අති·දෘඪ, *a.* very hard or severe, uncompromising, ඉතා තද.
අති·දේශය, *n.* *gram.* extended application; substitution; අසමානයක් සමානකොටකීම.
අති·පතනය, *n.* transgressing, see අතික්‍රමණය; complete fall, වැටීයාම, utter ruin, විනාශය.
අති·පරි·ශුද්ධ, *a.* most pure or holy, sacred, ඉතා ශුද්ධ. [මහත් ශුද්ධකම.
අති·පරි·ශුද්ධතාව, *n.* great purity or holiness, &c.,

අති·පරි·ශුද්ධ·ස්ථානය, *n.* most holy place, sanctum sanctorum, ඉතා ශුද්ධස්ථානය.

අති·පරි·ශෝධක, *a.* very cleansing or corrective. See පරිශෝධක.

අති·පරි·ශෝධක·ධර්මය, *n.* the doctrine of thorough cleansing, &c., radicalism.

අති·පරි·ශෝධකයා, *n.* (in politics), radical, reformer.

අති·පරි·හාස්‍ය, *a.* very laughable, very droll, සිනා උපදවන, විහිළු. [ඉතාශුද්ධ.

අති·පිරිසිදු, *a.* very pure, most holy, hallowed,

අති·පූර්ණ, *a.* very full, over-full, too full, හොඳට පිරුණු.

අති·පූර්ණත්වය, අති·පූර්ණය, *n.* repletion, saturation, excessive fulness, ඉතා පූර්ණභාවය.

අති·ප්‍රභාව, *n.* excessive brightness, glare, සැර or මහත් දීප්තිය.

අති·ප්‍රමාණ, *a.* surpassing, excessive, වැඩිමනත්, *gram.* superlative, ඉතා අධික.

අති·ප්‍රමාණ·වාචකය, *n.* *gram.* superlative expression or degree, word or form which expresses the superlative. [අධිකලෙස.

අති·ප්‍රමාණයෙන්, *ad.* excessively, superlatively,

අති·ප්‍රමෝදක, *a.* very delightful, enrapturing, transporting, පිණවන. [ප්‍රශ්නය.

අති·ප්‍රශ්නය, *n.* unanswerable question, නිරුත්තර

අති·බහුලත්වය, *n.* great abundance, මහත් බහුලකම, exuberance, වැඩිකම.

අති·භාරත්වය, *n.* excessive weight, මහත්බරකම, or gravity or importance, මහත් වැදගත්කම; massiveness, ඉතා මහත්කම.

අති·භාර·ධුර, *a.* very weighty or important, vast, ඉතා වැදගත් or බරපතල.

අති·භාෂණය, *n.* loquacity, excessive speaking, වාචාලකම, අධික කථාව. [කාර.

අති·භාෂමාණ, *a.* loquacious, වාචාල, අධික කථා

අති·භාසය, *n.* great light or lustre, මහත් දීප්තිය.

අති·මනෝ·හර, *a.* very attractive or charming, very pleasing, ඉතා ප්‍රීතිමත්කරන.

අති·මර්‍යාද, *a* exceeding due limits, සීමාව ඉක්මවූ.

අති·මහත්, *a.* very large, gigantic, enormous, ඉතා මහත්, යෝධ.

අති·මාන්‍ය, *a.* highly respectable, venerable, ඉතා ගෞරවණීය. [ශේද, අධික පංගුව.

අතිය, *n.* overplus, residue, remnant, වැඩිපුර

අති·යුව, *a.* very young, too young, ඉතා බාල.

අ·තිර, *a.* E. of අස්ථිර: unstable, inconstant, ස්ථිරනැති, චපල.

අති·රක්ත, *a.* very red, ඉතා රතු; very desirous of, much attached, ඉතා ඇලුම්වූ.

අති·රස, අති·රහ, *a.* very nice; *n.* a kind of sweet cake, කැවුම් වර්ගයක්.

අති·රික්ත, *a.* excessive, අධික, redundant, superabundant, වැඩිමනත්. [වැඩිපුරකම.

අති·රික්තතාව, *n.* redundance, &c., අධිකකම,

අති·රික්ත·ක්‍රියාව, *n.* superabundant act, work of supererogation, වැඩිමනත් ක්‍රියාව.

අති·රේකය, *n.* overplus, surplus, redundance, ඉතිරිය, වැඩිමනත් පංගුව. [හොඳ.

අති·රුචිර, *a.* luscious, ඉතාරුචි, recherché, ඉතා

අති·රේක, *a.* excessive, අධික, extra, surplus, වැඩිමනත්.

අතිරේක·පත්‍රය, *n.* supplementary paper, extra document or newspaper, උපාපූරණය.

අතිරේක·වර්ෂය, *n.* leap year, අධිකමාස වර්ෂය.

අති·ලජ්ජාභාවිත, *a.* (·ලජ්ජා අභාවිත), excessively modest, prudish, ඉතා කොහොල්.

අති·ලජ්ජාභාවිතතාව, *n.* excessive modesty, prudishness. E. S. [(සිතියම, &c.)

අති·වර්ණ·ගත, *a.* high-coloured, බොහෝ පාටඇති

අති·වාක්‍ය, අති·වාදය, *n.* harsh language, abuse, රෞද්‍ර කියමන, බැණුම.

අති·විරේකය, *n.* purging, looseness of the bowels, diarrhoea, අතිසාරය.

අති·විශාල, අති·විසාල, *a.* very wide, very extensive, ඉතා විශාල.

අති·විස්තර, *a.* very descriptive or explanatory, very explicit, ඉතා විස්තර or පැහැදිලි; diffuse, prolix, periphrastic, විස්තර or වචන වැඩිවූ.

අති·විස්තරතාව, *n.* minute descriptiveness, &c.

අති·විස්තරය, *n.* minute description; periphrasis, circumlocution; ඉතා විස්තරලෙස කීම.

අති·ව්‍යාප්තිය, *n.* great diffusion, extensive pervasion, great prevalence, අධික පැතිරීම.

අතිශය, අතිසය, *a.* much, abundant, excessive, අධික, වැඩිවූ.

අතිශය, *n.* abundance, excess, exuberance, egregiousness, අධිකකම, වැඩිකම.

අතිශයින්, අතිශයෙන්, *ad.* abundantly, much, exceedingly, extremely, බොහෝසෙයින්ම.

අතිශයෝක්ත, අතිශයෝක්ති, *a.* (අතිශය උක්ත), effusive, verbose, prolix, pleonastic, වචන වැඩිවූ.

අතිශයෝක්ත·වාක්‍යය, *n.* redundant expression, pleonasm, වැඩිතරම්වූ කියමන.

අතිශයෝක්තිය, *n.* effusiveness, verbosity, prolixity, වචන වැඩිකම; hyperbole, අධිකතර කීම.

අතිශයෝක්තියෙන්, *ad.* effusively, verbosely; hyperbolically; ඉතා උසස්ලෙස කීමෙන්.

අති·ශිෂ්ටාචාර, *a.* very courteous or polite, refined in manners, ඉතා ආචාරවන්ත. [oracle.

අති·ශුද්ධ·ස්ථානය, *a.* most holy place, sanctuary,

අති·ශෝභන, *a.* very beautiful, very comely, very genteel, ඉතා අලංකාර or කදිම. [E. S.

අති·සංරුඪ, *a.* overconfident, very audacious.

අති·සම්පන්න, *a.* fully completed, හොඳට සම්පූර්ණ වූ; replete, පරිපූර්ණ, greatly endued with, සංයුක්තවූ. [පරිපූර්ණකම.

අති·සම්පන්නතාව, *n.* completeness; repleteness,

අතිසය·ලංකාරය, *n.* excessive beauty, අධික ලක්ෂණය, sp. the beauty of hyperbole.

අති·සාර, *a.* very fertile or fruitful, ඉතාසාරවත්.

අති·සාර, අතිසාර, *a.* diarrhetic, dysenteric.

අති·සාරය, *n.* (සාරය fluid), diarrhœa, dysentery.

අති·සූක්ෂ්ම, *a.* very minute, microscopic; very fine, superfine, ඉතා සියුම්; *fig.* very subtle or acute, ඉතා තියුණු.

අති·හාසය, *n.* excessive laughter, loud laugh, අධික සිනාව, තදින් සිනාසීම.

අ·තීක්ෂ්ණ *a.* not sharp or fine, blunt, dull, obtuse, තියුණුනැති, මොට්ට.

අ·තීක්ෂ්ණතාව, *n.* *lit.* and *fig.*, bluntness, &c., තියුණුනැතිකම, මොට්ටකම.

අතීත, *a.* past, gone; *gram.* preterite; පසුවුණු.

අතීත·කථාව, *n.* historical narrative, ancient story, පුරාණ කථාව.

අතීත·කාලය, අතීතය, *n.* past time; the past tense, the preterite.

අතීත·කාල·නිරීක්ෂණය, *n.* retrospection, retrospect, පසුවූකාරණා බැලීම or කල්පනාකෙරීම.

අතීත·භාවය, *n.* state of being past or past state, preterition, පසුවූබව, පසුවීම.

අතීන්ද්‍රිය, *a.* (අති beyond, ඉන්ද්‍රිය organ or sense), beyond the senses, extra-sensuous, imperceptible, ඉන්ද්‍රියයන්ට නොදැනෙන.

අතිව, *ad.* exceeding, excessively, ඉතා.

අතු, *n. pl.* or *a.* of අත්ත: branches; branch, auxiliary, උප, උපකාර. [sub-contract.

අතු·කොන්ත්‍රාත්තුව, *n.* (කොන්ත්‍රාත්තුව Eng.),

අතු·කොන්ත්‍රාත්තුකාරයා or අතුකොන්ත්‍රාත්කාරයා, *n.* sub-contractor.

අතු·කෝරාල, *n.* sub-kōrāla, assistant kōrāla.

අතු·ගානවා, *v. t.* to sweep with a besom or broom.

අතු·ගෑම, *v. n.* sweeping, sweep.

අතු·ගෙය, *n.* cajan shed for bathing, &c., outhouse; thatched house.

අ·තුංග, *a.* not tall, short, මිටි.

අ·තුංගයා, *n.* dwarf, මිට්ටා. [spread, &c.

අතුට, අතුරා, *p. pls.* of අතුරනවා: having

අතුණ, *n.* E. of අන්ත්‍ර: the bowel, intestine, entrail, gut, බඩවැල: *pl.* අතුණු.

අතුණු, *n. pl.* or *a.* bowels, entrails; bowel-, enteric, intestinal, splanchnic; බඩවැල්.

අතුණු·අරිනවා, *v.* to disembowel, eviscerate, බඩවැල් අරිනවා or ඇදදමනවා.

අතුණු·දැවිල්ල, *n.* inflammation of the bowels, enteritis, බඩවැල් දැවිල්ල.

අතුණු·පණුවෝ, *n. pl.* intestinal worms, enthelmintha, බඩපණුවෝ.

අතුණු·බහන, අතුණු·බාන, *n.* the mesentery, *cl.* අන්ත්‍රගුණය, [omentum.

අතුණු·වැටිය, *n.* caul of the intestines, the

අතුණු·වැල, *n.* the whole entrail or bowel, the alimentary canal, බඩවැල.

අතු·නීතිය, *n.* by-law.

අ·තුනු, *a.* not thin, thick, ඝන; fat, තර.

අතු·පතර, *n. pl.* branches and leaves.

අතු·පතු·ගානවා, *v.* (පතු expletive, imitative of අතු), to sweep and such like, do odd jobs.

අතු·පාර, *n.* branch road, minor road.

අතු·පාහිනවා, අතු·බානවා, *v.* to lop or take off branches, leaving only the trunk.

අතු·බලය, *n.* prop, support, රුකුල.

අතුර, *n.* intervening space, inter-space, interstice, crevice, සිදුර; interval, අතරතුර; connecting rope between coconut trees; *pl.* අතුරු. [trenches, හීනාහවා.

අතුර·ගහනවා, *v.* to make furrows, plough

අතුරනවා, *v. t.* to spread (a cloth, &c.); spread over or anoint with; scatter or spread out (a heap, &c); *pret.* ඇතුරුවා or අතුලා; *v. n.* ඇතිරීම.

අතුරවනවා, *v. c.* to cause to spread, &c.; *pret.* ඇතිරෙවුවා; *v. n.* ඇතිරවීම.

අ·තුරිත, *a.* (අ priv.), not nimble, dilatory, leisurely, slow, ප්‍රමාදශූ, අලස.

අ·තුරිතකම, අ·තුරිතතාව, *n.* dilatoriness, &c., ප්‍රමාදගුකම, අලසකම.

අතුරු. *a.* intervening; also *n. pl.* of අතුර.

අතුරු·ඇදනවා, *v.* to fasten connecting ropes from tree to tree as toddy-drawers do.

අතුරු·කථාව, *n.* episode, digression.

අතුරු·කප, *n.* E. of අන්තඃකල්පය, which see.

අතුරු·ගායනාව, *n.* musical interlude.

අතුරු·දන්, අතුරු·දහන්, *a.* E. of අන්තර්හිත: occulted, invisible, නොපෙනෙන.

අතුරු·දන්කරනවා, *v. t.* to cause to vanish, occult, නොපෙනීයන්ට සලස්වනවා.

අතුරු·දන්වෙනවා, *v. i.* to disappear, vanish, become invisible, නොපෙනීයනවා.

අතුරු·නාට්‍යය, *n.* interlude in theatricals, අතුරු නාඩගම.

අතුරු·පස, *n.* lunch, luncheon, tiffin, refection.

අතුරු·පස·ශාලාව, *n.* lunch-room, refectory.

අතුරු·පාර, අතුරු·මග, *n.* by-way, pathway, path.

අතුරුමාව, *n.* the liver, අක්මාව.

අතුරුවනවා, *v. c.* See අතුරවනවා.

අතුරු·සිදුරු, *n. pl.* of අතුර and සිදුර: spaces and vacancies (in an assembly), chinks and crevices.

අතුරෙහි, &c., *post.* See අතරෙහි, &c.

අතු·රේන්දකාරයා, *n.* (රේන්ද Port.), sub-renter of tolls, &c.

අතු·රේන්දය, *n.* sub-renting.

අ·තුල, *a.* unequal, &c., see අතුල්‍ය. [අල්ල.

අතුල, අතුල්·තලය, *n.* the palm of the hand,

අතුල්, *a.* of අතුල: pert. to the palm of the hand.

අතුල්·පත, *n.* hand-tray or small wicker tray.

අතුල්·පහර, අතුල්·පාර, *n.* slap, smack or cuff with the palm.
අතුල්·පහර·ගහනවා, අතුල්පහර or අතුල්පාරදෙන වා, *v.* to slap, smack.
අ·තුල්‍ය, *a.* (අ priv.), unequal, disproportionate, අසම ; unequalled, unparalleled, matchless, උපමා නැති. E. S.
අ·තුල්‍යකරනවා *v. t.* to render unequal or unequalled, අසමකරනවා.
අ·තුල්‍යතාව, *n.* inequality, disparity, disproportion, matchlessness, අසමකම, අසමානකම.
අ·තුල්‍ය·ශබ්ද·වාචක, *a.* *gram.* imparisyllabic. E. S.
අතුල්·ලනවා. *v. t.* to rub (with hand or cloth &c.) ; *pret.* ඇතුල්ලුවා ; *v. n.* ඇතිල්ලීම.
අතු·වර්ග, *n.* sub-species.
අතු·වාදය, *n.* side-issue, side-question.
අතු·සභාව, *n.* branch society.
අතුළ, *v. adj. pret.* of අතුරනවා : outspread, strewn, ඇතුරූ. [රුවා.
අතුළා, *v. t. pret.* did spread out or strew, ඇතු
අතුළුවූ, *a.* including, included, අඩංගු. See ඇතුළුව.
අ·තෘප්ත, අ·තෘප්ති, අ·තෘප්තිමත්, *a.* unsatisfied, greedy, unsated, insatiable, තෘප්තියට නොපැමිණුණු or නොපැමිණෙන.
අ·තෙකිච්ඡ, *a.* P. incurable, අසාධ්‍ය.
අතෝට·වැද, *n. pl.* the five musical instruments. See පංචතූර්‍යවාද්‍ය. [නාද්‍යහන.
අතෝජ්‍ය, *a.* sounding or playing an instrument,
අත්, *n. pl.* of අත fr. හස්ත : hands, arms. For other derivations and meanings, see අත.
අත්·අකුර, *n.* written letter of the alphabet ; *pl.* අත්අකුරු : written letters, handwriting.
අත්·අඩංගුව, *n.* possession, having.
අත්·අඩංගුවෙහිතබාගන්නවා, *v. t.* to keep possession of, retain.
අත්·අතුර, *n.* space between the arms, viz. the breast, bosom, ළපැත්ත.
අත්·අරිනවා, *v. t.* to abandon, forsake, leave, relinquish ; leave out, omit.
අත්·අළුව, *n.* hand-loom.
අත්·ඇඳි·පුටුව, *n.* arm-chair. [cast off.
අත්ඇරදමනවා, *v. t.* to abandon utterly, forsake,
අත්ඇරයනවා, *v. t.* to leave behind, quit, forsake.
අත්ඇරීම, *v. n.* of අත්අරිනවා : abandoning, &c.
අත්·උදව්කාරයා, *n.* assistant, personal assistant.
අත්·එන්නත්කරනවා. *v,* to vaccinate. See අත් මදිනවා.
අත්·කම, *n.* (කම for කර්මය), hand-work, හස්ත කර්මාන්තය. [වලය.
අත්·කම්·හල, *n.* manufactory, factory, වැඩපොළ
අත්·කර, *n.* the wrist, මැණික්කටුව.
අත්·කරගන්නවා, *v. t.* to take possession of, appropriate, secure, obtain.

අත්·කරනු, *n.* (අත් E. for අර්ථ), explanation, exposition, අර්ථකීම.
අත්·කරදෙනවා, *v. t.* to give possession of, make over to, yield up to.
අත්·කරත්තය, *n.* hand-cart, barrow.
අත්·කට්ටුනය, *n.* charmed thread tied on a bride's arm at the marriage.
අත්·කියත, *n.* hand-saw.
අත්·කුඩය, අත්කුඩේ, *n.* hand-umbrella.
අත්·ගල, *n.* hand-stone, (a) for grinding curry-stuffs, (b) potter's smoothing stone.
අත්·ගිනි·උණ්ඩය, *n.* grenade, hand-grenade.
අත්·ගිර, අත්·ගිරි, *n.* (අත් E. of අස්ත western), see අස්තගිරි ; the West, බටහිර.
අත්·ගුණය, *n.* efficacy of the hand, by which some doctors are said to make their medicines effective.
අත්·ගොබය, අත්ගොබේ, *n.* fore-arm, අත්දණ්ඩ.
අත්ත, *n.* branch, bough ; *pl.* අතු.
අත්තටු·ගසනවා, } *v.* to flap or flutter the wings.
අත්තටු·ගහනවා, }
අත්තටු·හපනවා, }
අත්තටුව, අත්තට්ටුව, *n.* bird's wing.
අත්·තබ·පුටුව, *n.* arm-chair, අත්ඇඳිපුටුව.
අත්තනෝ·මතය, අත්තනෝ·මතිය, *n.* (අත්තනෝ one's own, මති will), one's own will or private opinion, තමාගේම කැමැත්ත or කල්පනාව.
අත්තනෝ·මතික, *a.* arbitrary, self-willed ; despotic, monarchic. E. S.
අත්තනෝ·මතික·රජ, *n.* absolute monarch, despot, autocrat. E. S.
අත්තනෝ·මතික·රාජාණ්ඩු·ක්‍රමය, *n.* monarchic system, monarchism.
අත්තනෝ·මතික·රාජාණ්ඩුව, *n.* monarchy.
අත්තනෝ·මතිය, *n.* See අත්තනෝමතය.
අත්තම, *n.* for අත්කම : hand-work, handicraft ; work, හස්තකර්මාන්තය.
අත්තම්·කොටනවා, *v.* to dig for another.
අත්·තල, *n.* the flat or palm of the hand, අල්ල ; cymbal, අත්තාලම.
අත්තා, *n.* grandfather, ආතා.
අත්තානිය, *n.* society, association, සභාව.
අත්තානු·දිට්ඨිය, (අත්ත self, අනු with, දිට්ඨිය P. of දෘෂ්ටිය), one's own arbitrary view or religion, free-thinking. [nation.
අත්තානු·වාදය, *n.* self-conviction, self-condem-
අත්තාලම, *n.* cymbal, තෙකතාලම.
අත්තිකාරම, *n.* T. earnest money, earnest, deposit, advance.
අත්තිවාරම, *n.* T. foundation, base. [found.
අත්තිවාරම්දමනවා, *v.* to lay the foundation, to
අත්තුක්කංසනය, *n.* (අත්ත self, උක්කංසන, exaltation), self-exaltation, self-esteem, තමා උසු මැයි සිතීම.
අත්·තුවක්කුකාරයා, *n.* musketeer, fusilier, one armed with a rifle.

අත්·තුවක්කුව, *n.* musket, rifle.
අත්·දකිනවා, *v. t.* (අත් E. of ආත්ම self), to experience ; *pret.* අත්දුටුවා ; *v. n.* අත්දැකීම.
අත්·දණ්ඩ, *n.* staff, walking-stick, සැරයටිය ; fore-arm ; cubit, රියන.
අත්·දම, *n.* hand-chain, handcuff.
අත්·දැකීම, *v. n.* experiencing, experience.
අත්දුටු, *v. adj. pret.* experienced, (followed by sub. or obj.) [a charm.
අත්·නූල්බඳිනවා, *v.* to tie thread on the arm as
අත්·පඩුර, *n.* something given as a pledge, earnest-money.
අත්·පත්, *a.* in hand or possession, obtained.
අත්·පත්කරගන්නවා, *v. t.* See අත්කරගන්නවා,
අත්·පත්කරදෙනවා, *v. t.* See අත්කරදෙනවා.
අත්·පත්වෙනවා, *v. i.* to come into one's possession, fall to one, receive.
අත්පය, *n.* arm-space අතේ දිග පමණ ඉඩ
අත්·පය·ගේ, *n.* out-house, privy, වැසිකිළිය.
අත්·පසුර, *n.* finger nail, අතනිය ; *pl.* අත්පසුරු.
අත්පසුර, *n.* tendril, clasper of a creeper. [foot.
අත්·පා, *n. pl.* or *a.* hands and feet ; hand and
අත්·පා·මෙහෙකරුවා, *n.* one who serves hand and foot, body-servant, valet, menial.
අත්·පා·මෙහෙය, *n.* personal attendance, massage, menial service. [podist.
අත්·පා·වෙදා, *n.* hand and foot doctor, chiro-
අත්·පිට, *ad.* or *a.* upon or in the hands, (to pay) at once, on the spot.
අත්පිට·මුදල්, *n.* ready-money.
අත්·පිඩිගසනවා, අත්පුඩිගසනවා, *v.* to clap hands.
අත්·පිස්නා·කඩ, අත්·පිස්නාව, *n.* napkin, towel.
අත්·පුටුව, *n.* arm-chair.
අත්·පෙම, *n.* E. of ආත්මප්‍රේම : self-love, තමා කෙරෙහි ඇති ප්‍රේමය. [vade-mecum.
අත්·පොත, *n.* handbook, manual, pocket-book,
අත්·පොරඅල්ලනවා, *v.* to wrestle.
අත්·පොරය, *n.* wrestling, a wrestle.
අත්·පොරව, *n.* hatchet, cleaver ; *pl.* අත්පොරෝ.
අත්·පොවනවා, *v.* to dip the hands in ; apply the hands or hand to, touch.
අත්·පොළ, *n.* hand-clapping, අත්පිඩිගැසීම.
අත්·පොළ·සන, *n.* the sound of hand-clapping.
අත්·පොළසන්·දීම, *v. n.* clapping the hands, applause, plaudit. [applaud.
අත්·පොළසන්·දෙනවා, *v.* to clap the hands,
අත්·පෝටනය, *n.* clapping hands. [top.
අත්·බඹරය, අත්·බඹරේ, *n.* the toy so called, viz.
අත්·බර, *n.* hand-load.
අත්·බර, *a.* heavy or feeble-handed, viz. ill.
අත්·බව, අත්බැව්, *n.* E. of P. අත්ත භාව, Sans. ආත්මභාව : one's own nature ; spiritual nature or existence as a spirit or individual. See ආත්ම භාවය.
අත්ම, *n.* E. of ආත්මය : spirit ; self.
අත්·මාංචුව, *n.* handcuff, අත්දම.

අත්·මානම, *n.* aiming or throwing with the hand : a game.
අත්·මානම්කාරයා, *n.* one who throws with his hands for augury. See අකුරකින් විදිනවා.
අත්·මාරු·ගසනවා, *v. t.* to beat (a drum) with hands and elbows, changing them about.
අත්·මාරුව, *n.* changing the hands about.
අත්·මිට·හරඹය, *n.* spar, sparring.
අත්·මිදීම, *v. n.* escaping out of hand, escape in general, getting free.
අත්·මිදෙනවා, *v. i.* to get free, escape.
අත්·මුගුර, *n.* hand-club, mace of authority.
අත්·මුදල, *n.* money in hand, ready money, cash. [මේස් එක.
අත්·මේස්, *n. pl.* (මේස් Port.), gloves, ; *sg.* අත්
අත්‍ය, cont. of අති අ, අත්‍යා fr. අති ආ, අත්‍යු fr. අති උ, &c. by Sans. rules of combination.
අත්‍යග්‍ර·පාරි·දර්ශක·ධුරය, *n.* (අති අග්‍ර :) patriarchate, the office of a patriarch.
අත්‍යග්‍ර·පාරි·දර්ශක·මන්දිරය, *n.* patriarchate, diocese of a patriarch. [ඉතාමත්ම.
අත්‍යධික, *a.* (අති අධික), utmost, extreme, utter,
අත්‍යධි·කාරය, *n.* supremacy, supreme authority, ඉතා උතුම් අධිපතිකම.
අත්‍යනර්ඝ, *a.* (අති අනර්ඝ), extremely valuable, superexcellent, ඉතාම අනර්ඝ or උසස්.
අත්‍යනුනන්‍ය, *a.* (අති අනුනන්‍ය), exact to the rule, uncompromising, නියමයට ඉතා එකඟ.
අත්‍යන්ත, *a.* (අති අන්ත), very extreme, very much, excessive, boundless, extravagant, stupendous, ඉතාමත්ම.
අත්‍යන්තතාව, අත්‍යන්තිකතාව, *n.* excess, excessiveness, &c., ඉතා අධිකකම.
අත්‍යන්ත·යෝගය, අත්‍යන්ත·සංයෝගය, *n.* endless or uninterrupted continuity (of time or space), unlimited union or co-existence, නිම නැති සංයෝගය.
අත්‍යන්තාභාවය, *n.* (අති අන්ත අභාවය), utter non-existence, සම්පූර්ණනැතිකම.
අත්‍යන්තෝප·කාර or ·කාරී, *a.* (අති අන්ත උපකාර), extremely helpful, ඉතා උදව්කාර.
අත්‍යභ්‍යන්තර, *a.* (අති අභ්‍යන්තර), innermost, ඉතා ඇතුල්.
අත්‍යභ්‍යන්තර·ස්ථානය, *n.* innermost place, ඉතා ඇතුල් ඉඩම ; *pl.* penetralia. [බොහෝ.
අත්‍යර්ථ, *a.* (අති අර්ථ), excessive, much, අධික,
අත්‍යර්ථතාව, *n.* excessiveness, අධිකකම, වැඩිකම.
අත්‍යර්ථයෙන්, *ad.* excessively, much, බොහෝ සෙයින්, අධිකලෙස.
අත්‍යලංකාර, *a.* (අති අලංකාර), extremely beautiful, superb, splendid, ඉතා ලක්ෂණ.
අත්‍යලංකෘත, *a.* well decorated or beautified, ලක්ෂණලෙස සරසනලද.
අත්‍යලංකාරය, අත්‍යලංකෘතතාව great beauty, &c., මහත් ලක්ෂණකම.

අත්‍යල්ප, *a.* (අති අල්ප), minute, ඉතා කුඩා ; very little, ඉතා ටිකක්, very trifling, ඉතා සුළු.
අත්‍යාචාර, *a.* (අති ආචාර), deviating from established customs, ආචාරය ඉක්මවූ.
අත්‍යාධාර, *a.* (අති ආධාර), very helpful, ඉතා ආධාර.
අත්‍යානන්ද, *a.* (අති ආනන්ද), very delightful, enrapturing, entrancing, ඉතා ප්‍රීතිමත්කරන ; rapturous, ඉතා ප්‍රීතිමත්.
අත්‍යානන්දනය, *n.* great delight, rapture, transport, මහත් ප්‍රීතිය.
අත්‍යානන්දනයකරනවා, *v. t.* to enrapture, transport, ඉතා ප්‍රීතිමත්කරනවා.
අත්‍යානන්දිත, *a.* greatly delighted, enraptured, ඉතා ප්‍රීතිමත්. [වත්, ඉක්මත්.
අත්‍යාසික, *a.* (අති, ආසික going), swift, වේග
අත්‍යාවශ්‍යක, *a.* (අති ආවශ්‍යක), most necessary, superessential, ඉතාමත්ම ඕනෑවූ.
අත්‍යාශාව, *n.* (අති ආශාව), excessive desire, prurience. මහත් අපිය.
අත්‍යුක්තිය, *n.* (අති උක්තිය), exaggeration, hyperbole. See අතිශයෝක්තිය.
අත්‍යුත්කෘෂ්ට, අත්‍යුත්තම, *a.* (අති උත් :), super-eminent, pre-eminent, supreme, paramount, ඉතා උත්තම, ප්‍රධාන, see ශ්‍රේෂ්ඨ ; grand, superb, sublime. E. S.
අත්‍යුත්කෘෂ්ටතාව, අත්‍යුත්තමතාව, *n.* super-eminence, &c, ඉතා උත්තම භාවය ; grandeur, &c, මහත්භාවය.
අත්‍යුත්තරීතර, *a.* (අති උත්ත :), super-eminent, transcendent, ඉතා උසස් or උත්තම.
අත්‍යුත්සාහී, *a.* (අති උත්සාහී), very zealous, enthusiastic, ඉතාමත්ම ජවලිත.
අත්‍යුත්සාහීභාව, *n.* great zealousness, enthusiasm, බලවත් ජවලිතකම.
අත්‍යුන්නත, *a.* (අති උන්නත), most exalted, pre-eminent, supreme, transcendent. See අත්‍යු ත්කෘෂ්ට. [ත්කෘෂ්ටතාව.
අත්‍යුන්නතතාව, *n.* pre-eminence, &c. See අත්‍යු
අත්‍යුෂ්ණ, *a.* (අති උෂ්ණ), very hot, torrid, ඉතා ග්‍රීෂ්ම.
අත්‍යුෂ්ණ·මානක·යන්ත්‍රය, *n.* heat-measuring instrument, pyrometer, උෂ්ණාධිකබව පෙන්වන යන්ත්‍රය.
අත්‍යුෂ්ණ·මානක ශාස්ත්‍රය, *n.* pyrometry, අධික ග්‍රීෂ්ම මැනීමේ ශාස්ත්‍රය.
අත්‍යුච්ච·ගත, *a.* (අති උච්චගත), *lit.* exceedingly high, lofty, ඉතා උස්වූ.
අත්‍යුච්ච·ගතතාව, *n.* state of being very high, loftiness, මහත් උස්කම.
අ·ත්‍රි·ලිං·ග, *a.* (අ priv.), *gram.* without the three genders, genderless, neuter, අලිංග.
අත්ල, *n.* palm of the hand, අල්ල ; *pl.* අතුල්.
අත්·ලස, *n.* bribe, අල්ලස.
අත්·ලස්දෙනවා, *v.* to give bribes, bribe.
අත්·ලියමිල්ල, *n.* handwriting, manuscript.

අත්·වළල්ල, *n.* bangle ; *pl.* අත්වළලු.
අත්·වසනවා, *v.* to close or cover the hands ; *v. t.* to conceal, සඟවනවා.
අ·බෝව, *n.* (අ priv.), non-contagious, uninfectious, බෝනොවන (රෝග).
අත්·වාච්චිය, අත්·වාසිය, *n* skill of hand, efficacy or luck of hand.
අත්·වාරුව, *n.* support of the hands : අත්වාරු වෙන් යනවා, go with the aid of some one's hand.
අත්·වැට, *n.* hand lamp, torch, පහන, අත්පන්දම.
අත්·වැඩ, අත්·වැඩය, *n.* handiwork, handicraft, අතේ වැඩ, හස්තකර්මාන්තය.
අත්·වැඩ, *n.* (අත් E. of අත්ත or ආත්ම), self-interest, personal profit.
අත්·වැණුම, *n.* self-praise ; (අත් for අර්ථ), explanation, commentary, අටුවාව.
අත්·වැරැද්ද, *n.* slip, mistake, inadvertence, error ; *pl.* අත්වැරදි.
අත්·වැල, *n.* hand-rail, string or creeper fixed for that purpose.
අත්·වැසියා, අත්·වැස්සා, *n.* See අතවැසියා.
අත්·වැස්ම, *n.* cover for the hand, glove.
අත්·වෑය, *n.* small adze.
අත්·විදිනවා, *v.* to pierce the hands ; vaccinate.
අත්·විලංගුව, *n.* handcuff, manacle.
අත්·විලංගුදමනවා, *v.* to handcuff, manacle.
අත්·වෙනවා, *v. i.* See අත්පත්වෙනවා.
අත්·සන, *n.* signature.
අත්සන්කරනවා, අත්සන්දමනවා, *v. t.* to sign by writing one's name, put signature to.
අත්·සිදුර, *n.* armhole of a garment.
අත්සුණු, *n.* fried flour, grain fried and ground, අස්සුණු, *cl.* සකුඩුවුණ්.
අත්·හද·බලනවා, *v. t.* (අත් E. of ආත්ම self), to test by experiment, to experiment.
අත්·හපාගන්නවා, *v.* to smite one's hands together (for joy or anger, &c).
අත්හරි, *a.* equal (in force), සමානබලයඇති.
අත්හරිනවා, *v. t.* See අත්අරිනවා.
අත්·හැන්ද, *n.* wing, අත්තටුව ; pl. අත්හැඳි.
අත්·හිටවනවා, *v. t.* to cause to cease, stop, discontinue.
අත්·හිටවීම, *v. n.* stopping, &c.
අත්·හිටිනවා, *v. i.* to cease, stop, desist.
අත්·හිටීම, *v. n.* stopping, stoppage, &c., discontinuance. [උරහිස, දහරුව.
අත්·හිස, *n.* top of the arm, viz. the shoulder,
අත්·හුරු, *a.* of practised hands, dexterous.
අථර්ව, *n.* name of the fourth Veda ; also ap. of Siva, ශිව.
අද, *n.* E. of Sans. අද්‍ය : to-day, this day.
අද, *n.* for හද E. of හෘදය : heart, සිත ; ball, පන්දුව.
අද, *p. pl.* of එනවා ; having come, ඇවිත්.
අද, *a.* moist, wet, තෙත ; fresh, new, අලුත්.

අද·කෙළිය, *n.* ball-play, පන්දුකෙළිය; cohabitation, සංවාසය.

අ·දක්ෂ, *a.* unskilful, clumsy, awkward, දක්ෂනැති.

අ·දක්ෂකම, අ·දක්ෂතාව, *n.* unskilfulness &c., දක්ෂනැතිකම. [නැතිඅය.

අ·දක්ෂයා, *n.* unskilled person, bungler, දක්ෂ

අ·දක්ෂ·කථාකාර, අ·දක්ෂ·කථික, *a.* awkward at speaking, ineloquent, කථාවට දක්ෂනැති.

අ·දක්ෂිණීය, අ·දක්ෂිණෙය්‍ය, *a.* (අර්හ worthy), unfit for offering; undeserving an offering (as B. P.). See දක්ෂිණීය, &c.

අ·දණ්ඩනය, *n.* (අ priv.), non-punishment, impunity. See දණ්ඩනය and E. S.

අ·දණ්ඩනාවකාශය, *n.* (·අවකාශය), R. C. grant of impunity, indulgence, පුණ්‍යඵලය.

අ·දත්තාදානය, *n.* (අදත්ත not given, ආදානය taking), taking what is not given, viz. larceny, theft, හොරකම. [දිළිඳු.

අ·දන, *a.* destitute of wealth, poor, ධනනැති,

අදන, අදනා, *v. adj. pres.* for අදින: drawing, pulling.

අ·දන්ත, *a.* edentate, toothless, දත්නැති.

අදන්·මග, *n.* a lengthy way, long road, දිග or දුර මග. [දැමී.

අ·දම, *a.* unrighteous, අධර්මිෂ්ඨ; heretical, මිථ්‍යා

අ·දමකම, *n.* unrighteousness, &c.

අ·දමනීය, *a.* untamable, unsubduable, යමෙක් විසින් හීලෑ or යටත් කළහොහැකිවූ.

අ·දමනීයතාව, *n.* untamableness, &c., දමනයකළ නොහැකි ස්වභාව. [නැති. E. S.

අ·දමිත, *a.* untamed, unsubdued, හීලෑනැති, යටත්

අ·දම්‍ය, *a.* indomitable, intractable, unsubduable. See අදමනීය. [දයානැති.

අ·දයාවත්, *a.* unpitying, unmerciful, inhuman,

අදර, *a.* E. of ආධාර: *gram.* locative (case).

අදර, *n.* respect, esteem, affection, love, ආදරය; lip, තොල. [නොපෙ

අ·දර්ශන, *a.* invisible, viewless, unseen, නොපෙ

අ·දර්ශනය, *n.* invisibleness, disappearance, නොපෙනීම. [appear, නොපෙනීයනවා.

අ·දර්ශනවෙනවා, *v. i.* to become invisible, dis-

අ·දර්ශනීය, *a.* invisible, see අදර්ශන; unsightly, inelegant, ugly, අවලක්ෂණ.

අද·වත, *n.* See හදවත.

අදවේ, *n.* See අජම්පිය.

අදස, *n.* E. of ආදර්ශය: mirror, කැඩපත; *pl.* අදස්.

අදසුන්, *a.* E. for P. අදස්සන, fr. අදර්ශන: invisible.

අදස්න, *n.* mustard, අබ.

අදහනවා, *v. t.* to believe in, trust in, worship; *pret.* ඇදහුවා; *v. n.* ඇදහීම.

අ·දහනීය, *a.* not to be burnt, incombustible, දැවිය නොහැකි, නොදැවියයුතු.

අ·දහනීයතාව, *n.* incombustibleness, දැවිය නොහැකි or දල්වානොයන ස්වභාව.

අදහස, *n.* motive, purpose, intention.

අදහස්කරනවා, *v.* to design, purpose, intend, (to do).

අදහාගන්නවා, *v. t.* (acc. or with කෙරෙහි) to put one's trust in (for salvation).

අද·හෙට, *n.* or *adj.* to-day or to-morrow.

අ·දායකයා, *n.* non-giver, non-contributor, නොදෙන අය, illiberal person, ලෝභියා.

අදුරනවා, *v. t.* to recite, commit to memory, see හඳුරනවා; *pret.* ඇදුරුවා. [නීය.

අ·දාහ්‍ය, *a.* incombustible, fire-proof. See අදහ

අදුලු, *adj. pret.* of අදුරනවා: recited, &c., ඇදුරූ.

අදාළ, අදාළු, *a.* appertaining to, related, relevant, applicable, pertinent, adapted to.

අදාළකම, *n.* relevancy, applicability, &c.

අදාළකරනවා, *v. t.* to apply to, fit to, adjust, make appropriate. [vant.

අදාළනැති, අදාළනොවන, *a.* inapplicable, irrele-

අදාළනැතිකම, *n.* inapplicability, irrelevancy.

අදාළවෙනවා, *v. i.* to become or be applicable, or fit, appertain to.

අදි·කරණ, &c. See අධිකරණ, &c.

අදිකරණිය, *n.* anvil, කිනිහිරය.

අදි·කාරම, *n.* See අධිකාරම.

අදිටන, *n.* E. of අධිෂ්ඨානය: determination, resolve, නියම or ස්ථිර අදහස.

අදිටන්කරනවා, *v.* to determine, resolve, අදහස් කරනවා. [ගැටය.

අදින·ගැටය, අදින·කැර·ගැටය, *n.* slip-knot, ලිස්

අදිනවා, *v. t.* to pull, drag, draw, attract; *pret.* ඇද්දා; *p. pl.* ඇද; *v. n.* ඇදීම.

අ·දින්න, *a.* P. ungiven, අ·දත්ත, නුදුන්.

අ·දින්නා·දානය, *n.* See අදත්තාදානය.

අදිප, *a.* E. of අධිපති: chief, head, ප්‍රධාන.

අදිප්පුව, *n.* lattice, frame.

අදියර, *n.* E. of අධිකාරය: chapter; authority; possession.

අදිරන්, *n.* quicksilver, රසදිය.

අදිරාව, *n.* parched grain, මිලද.

අ·දිසි, *a.* invisible, නොපෙනෙන, අදෘශ්‍යමාන.

අ·දිස්සි, *a.* sudden, accidental. See හදිසි, &c.

අ·දිස්සිය, *n.* See හදිසිය. [නොදැකීම.

අ·දීඝ·දෘෂ්ටිය, *n.* short-sightedness, myopy, දුර

අ·දීඝ·දෘෂ්ටියා, *n.* short-sighted person, myope. E. S.

අදුන්, *n.* E. of අර්ජුන.

අදුන්·හැඹි, *n.* Arjuna's bow, අර්ජුනගේ දුන්න.

අදුව, *n.* playing with dice; gambling, දූකෙළිය.

අදුප්පුව, *n.* See අදිප්පුව.

අ·දුර·දක්සි, *a.* *lit.* and *fig.* short-sighted, දුර නොපෙනෙන; නුවණමඳ.

අ·දුර·දක්සිය, *n.* short-sightedness, දුර නොපෙනෙන ගතිය; නුවණමඳකම.

අ·දූෂිත, *a.* undefiled, unpolluted, uncorrupted, inviolate, pure, කිලුටුනොවූ, පිරිසිදු.

අ·දූෂිතතාව, *n.* undefiled state, pureness; virtuousness. E. S.

අ·දෘඪ, *a.* not hard: soft, tender, plastic, තද නැති, මෘදු.

අ·දෘඪතාව, *n.* softness, &c., plasticity.

අ·දෘඪාස්ථි, *a.* (·අස්ථි), soft-boned, hollow-boned, ඇට සවිනැති or කුහරවූ (සතා).

අ·දෘශ්‍ය, *a.* that ought not to be seen, unfit to be seen, පෙනීමට නුසුදුසු; unseen, invisible, නොපෙනෙන.

අ·දෘශ්‍ය·චන්ද්‍ර, *a.* pert. to the invisible moon, interlunar, සඳ නොපෙනෙන (කාලය).

අ·දෘශ්‍යතාව, අ·දෘශ්‍යත්වය, අ·දෘශ්‍යය, *n.* invisibility, occult state, occultness.

අ·දෘශ්‍යමාන, *a.* unseen, invisible, නොපෙනෙන.

අ·දෘශ්‍යමානකම, අ·දෘශ්‍යමානතාව, *n.* state of being unseen, invisibility.

අ·දෘශ්‍යවෙනවා, *v. i.* to become invisible or occulted, නොපෙනීයනවා.

අ·දෘෂ්ට, අ·දෘෂ්ට·රූප, *a.* that has not been seen, unseen, invisible, නොපෙනුණ, නොපෙනෙන.

අ·දෘෂ්ටතාව, *n.* state of being unseen, invisibility. [අදිස්සිය.

අ·දෘෂ්ටය, *n.* something unseen, accident. See

අදෙස්, *n.* E. of ආදේශය: *gram.* substitution; advice, දැනුම්දුනකම; mirror, කැඩපත.

අදේ, *n.* E. of ආර්ද්‍රා: the sixth lunar mansion.

අදේ·නැකත, *n.* the const. Aries.

අ·දෛව·දෘෂ්ටි, *a.* atheistic, godless.

අ·දෛව·දෘෂ්ටිය, *n.* atheism, disbelief in the existence of God or any god.

අ·දෛව·දෘෂ්ටියා, *n.* atheist. E. S.

අ·දෙදස්, *a.* blameless, faultless, නිදෙස්.

අදෝනාව, *n.* lamentation, whining, whine.

අද්ද, *n.* green ginger, අමු ඉඟුරු.

අද්දර, *n.* margin, edge, border.

අද්දවනවා, *v. c.* of අදිනවා: to cause to pull, &c.; *pret.* ඇද්දෙවුවා.

අද්දුවු, *v. adj. pret.* for අත්දුවු, which see.

අද්දොනය, අද්දොනේ, *n.* wash-hand-basin, අත් දොනය.

අද්භූත, *a.* wonderful, marvellous, remarkable, amazing, අපූරු, විස්මපත්කරන.

අද්භූතතාව, *n.* wonderfulness, &c., අපූරුකම.

අද්භූතය, *n.* prodigy, a wonder, අපූරුදෙයක්.

අද්‍ය·තන, *a.* of to-day, pert. to this period, the present, අද දවසේ, මෙදා. [to-day, අද.

අද්‍ය·තනය, *n.* the period of the present day,

අ·ද්‍රව්‍ය, *a.* (අ priv.), immaterial, spiritual, ද්‍රව්‍ය නොවන, අශරීර, ආත්මවූ. [කරනවා.

අ·ද්‍රව්‍යකරනවා, *v. t.* to immaterialize, අශරීර

අ·ද්‍රව්‍ය·දෘෂ්ටිය, *n.* immaterialism, idealism. E. S.

අ·ද්‍රව්‍ය·දෘෂ්ටියා, *n.* immaterialist, idealist.

අ·ද්‍රව්‍ය·භාවය, *n.* immateriality, අශරීරභාවය, spirituality, ආත්මභාවය.

අද්‍රි·තනයා, *n.* *lit.* mountain-daughter, viz. daughter of Himālaya: ap. of Durgā, පාර්වතී.

අද්‍රිය, *n.* mountain, කන්ද; tree, ගහ; sun, ඉර.

අද්‍රි·රාජ, *n.* king of mountains, viz. Himālaya, හිමාලය පර්වතය.

අද්වකාත්, අද්වකාත්·නැන, *n.* *Eng.* advocate, barrister, solicitor.

අ·ද්වය, අ·ද්විතීය, *a.* *lit.* secondless, viz. the only, sole, unique, එකමවූ; non-dual; peerless, (E. S.): *n.* non-duality.

අ·ද්වයතාව, අ·ද්විතීයතාව, *n.* soleness, peerlessness, &c. E. S.

අ·ද්වය·වාදී, *a.* asserting one principle, monistic; ep. of Buddha. E. S.

අ·ද්වය·වාදියා, *n.* one who teaches අද්වය (non-duality or monism), monist. [එකාවන.

අ·ද්වේෂී, *a.* without enmity, non-malicious, වෛරී

අ·ද්වෛත, *a.* destitute of duality; peerless: *n.* non-duality, identity (of Brahma with the universe or with the soul or of spirit and matter).

අ·ද්වෛත·වාදී, *n.* See අද්වයවාදියා.

අ·ධන, අ·ධනී, *a.* destitute of riches, සම්පත් නැති, impecunious, penniless, දිළිඳු.

අ·ධනතාව, impecuniosity, penury, දිළිඳුකම.

අ·ධනයා, *n.* poor person, දිළින්දා.

අධම, *a.* low, mean, grovelling, පහත්, නීච.

අධමකම, *n.* lowness, &c., insignificance, පහත් කම, &c., පුළුකම. [පහත් කරනවා.

අධමකරනවා, *v. t.* to degrade, humiliate, යටත්

අධමයා, *n.* a low person, one of low caste, menial, පහත් අය, නීචයා.

අ·ධර්මිත, *a.* P. of අධාර්මික, which see.

අ·ධර, *a.* (අ priv., ධර holding), low, inferior, the lower, පහත්, පුළුපටු.

අ·ධර·පල්ලවය, *n.* the lower shoot, extreme sprout, අග්ගිස්සේ දළුව.

අ·ධරය, *n.* the lower lip, යටිතොල.

අ·ධර·යුගලය, *n.* the pair of lips, තොල්දෙක.

අධරෝෂ්ඨ, *n. pl.* (ඕෂ්ඨය the lower lip), the under and upper lips.

අ·ධර්ම, *a.* unrighteous, iniquitous, unjust, irreligious, අධර්මිෂ්ඨ, අභව්‍ය.

අ·ධර්ම·වාදී, *a.* unrighteous, unjust, acting contrary to law, immoral, දුශ්චරිත. [wicked.

අ·ධර්මය, *n.* what is unlawful, unrighteousness, injustice, අධර්මිෂ්ඨකම, අයුක්තිය.

අ·ධර්මික, *a.* er. for අධාර්මික.

අ·ධර්මිෂ්ඨ, *a.* unrighteous, unjust, iniquitous.

අ·ධර්මිෂ්ඨකම, *n.* unrighteousness, &c.

අ·ධර්මිෂ්ඨයා, *n.* unrighteous person, &c., අයුක්ති කරන්නා, දුශ්චරිතයා. [දුෂ්ට.

අධර්ම, *a.* unjust, immoral, wicked, දුශ්චරිත,

අධඃ·කාය, *n.* the lower half of the body, ශරීර යෙහි පහත් පංගුව.

අධඃ·ක්ෂිප්ත, *a.* thrown down, precipitated, පහත හෙළනලද, පහත වැටුණු.

අධඃ·ස්ථ, *a.* the under, යටවූ; *bot.* inferior, පාතින් පිහිටි. [අධර්ම.

අ·ධාර්මික, *a.* unrighteous, unjust, &c. See

අ·ධාර්මිකතාව, අ·ධාර්මිකත්වය, *n.* unrighteousness, &c.

අධි, *prefix.* above, over, superior.

අධික, *a.* more, more than, superabundant, surplus, වැඩි, ඉතුරු.

අධිකකම, අධිකතාව, *n.* abundance, copiousness; superabundance, excess, redundancy.

අධිකතර, *a.* more than, exceeding, excessive, profuse, egregious, immoderate.

අධික·තෘප්තිමත්කම, අධික·තෘප්තිය, *n.* satiety, glut. [ක්තිය.

අධික·භාෂණය, *n.* hyperbole, &c. See අතිශයෝ

අධිකරණ, *a. gram.* locative (case), අදර (විබත), ආධාර (විභක්තිය).

අධිකරණය, *n.* law-suit, නඩුව; subject of the suit, හබය, කාරණාව: supremacy, අධික උතුම්කම. [E. S.

අධිකරණ·නාථ, අධිකරණ·නායකයා, chief-justice.

අධිකරණ·ධුරය, *n.* justiceship. E. S.

අධිකරණ·බල·පත්‍රය, *n.* mittimus. E. S.

අධිකරණ·සභාව, *n.* court or assembly of judges, tribunal, නඩුසභාව.

අධිකලෙස, අධික·වශයෙන්, *ad.* more than; too much, redundantly, වැඩිපුරලෙස. [වැඩිවූ.

අධික·වාක්‍ය·සහිත, *a.* verbose, periphrastic, වචන

අධිකාරම, *n.* chief of a district; adigar or prime minister, අගමැතියා: *pl.* අධිකාරම්වරු.

අධිකාරය, *n.* chapter, පරිච්ඡේදය: authority, possession, බලය, හිමිකම. E. S.

අධිකාරි·පත්‍රය, *n.* diploma, certificate of authority, බලපත්‍රය.

අධි·කෘත, *a.* superintended, විධාන කරන ලද; claimed, ඉල්ලන ලද. E. S. [E. S.

අධි·කෘතයා, *n.* one placed over, superintendent.

අධිකෝත්කෘෂ්ට, අධිකෝත්තම, *a.* (අධික, උත්කෘෂ්ට. උත්තම), supereminent, transcendent, ඉතා උතුම් or උසස්.

අධිකෝත්කෘෂ්ටතාව, අධිකෝත්තමත්වය, *n.* supereminence, &c., අධික උතුම්කම.

අධි·ක්‍රමණය, *n.* invading, invasion, විරුද්ධව වැදීම. E. S. [riority.

අධි·ක්‍රමය, *n.* invasion (see ආක්‍රමණය); supe-

අධි·ක්ෂිප්ත, *n.* censured: rejected, එපාකරනලද.

අධි·ක්ෂේපය, *n.* censure, දොස්නැඟීම: rejection, එපාකෙරීම.

අධි·ගත, *a.* passed over or through, attained (of sub. or obj.), ප්‍රාප්ත.

අධි·ගමනය, අධි·ගමය, *n. fig.* the higher journey or saintly life which leads to Arhatship and Nirvāna; acquisition; study, knowledge.

අධි·ගමාන්තර්ධාන·යුගය, *n.* (·අන්තර්ධාන), age when the higher or saintly life has disappeared for want of a manifest Buddha.

අධි·ගෘහීත, අධි·ග්‍රහීත, *a.* seized, occupied, haunted (by a demon), අරක්ගත්.

අධි·ග්‍රහණයකරනවා, *v. t.* to take or keep possession of, haunt, අරක්ගන්නවා.

අධිත්‍ය·සමුත්පත්තිය, *n.* insuspicious re-birth, miserable re-existence, either in one of the four hells or blind or lame, &c., in this world, අහේතුක උපපත්තිය. [demons, &c.)

අධි·දෛවික, *a.* immaterial, spiritual, (of gods,

අධි·පති, *a.* chief, head-, ruling, ප්‍රධාන, ස්වාමිවූ.

අධි·පතිකම, *n.* command, dominion, rule, headship. [command.

අධි·පතිකම්කරනවා, *v.* to rule over, govern, have

අධි·පතියා, *n.* ruler, &c., master, chief, lord.

අධි·මාත්‍ර, *a.* superfluous, වැඩිපුර.

අධි·මාසය, *n.* intercalary month, consisting of the difference between the solar and lunar year: super or superior month, viz., the first of any two months that begin during one and the same sign of the zodiac.

අධි·මාස·වර්ෂය, *n.* leap year. [tional

අධි·මුක්තික, *a.* having will, voluntary, inten-

අධි·මුක්තිය, *n.* final liberation, මිදීම, absorption; will, intention, අභිප්‍රාය: faith or assurance, ඇදහීම.

අධි·රාජ, *n.* emperor, universal emperor, අගරජ.

අධි·රෝහණිය, *n.* (අධි up, රෝහ mounting), ladder, ඉණිමග.

අධි·ලෝකය, *n.* macrocosm, the universe. E. S.

අධි·වචනය, *n.* name, appellation or title, නාමය, සංඥානාමය.

අධිවර, *a.* chief, supreme, ප්‍රධාන, ඉතාඋතුම්.

අධි·වසනය, *n.* occupancy, residence, වාසය කෙරීම. [පදිංචිකාර.

අධි·වාස, අධි·වාසි, *a.* occupying, resident, වාසි,

අධි·වාසනය, *n.* perfuming the person, සුවඳ ගැල්වීම; acceptance, පිළිගැනීම: residing, වාසය කෙරීම.

අධි·වාසනාකරනවා, *v. t.* to accept, පිළිගන්නවා; take charge of, භාරගන්නවා; tolerate, ඉවසනවා

අධි·වාසය, *n.* house, ගෙය, abode, නිවස; site, භූමිය: perfuming, සුවඳකෙරීම.

අධි·වාසවෙනවා, අධි·වාසිවෙනවා, *v. i.* to occupy, reside, වාසය කරනවා, පදිංචි වෙනවා.

අධි·වාසිතාව, *n.* occupancy, residence, වාසය කෙරීම.

අධි·ෂ්ඨාන, *a.* fixed, immovable, අචල, නොසෙල්වෙන; changeless, immutable, වෙනස්නොවන.

අධි·ෂ්ඨානකරනවා, *v. t.* to determine, නියම කරනවා; to will, අදහස් කරනවා.

අධි·ෂ්ඨානතාව, *n.* fixedness, immovability, &c.

අධි·ෂ්ඨාන·පාරමිතාව, *n.* duty or attainment of determination of will, a B. ordinance.

අධි·ෂ්ඨානය, *n.* determination, resolve, volition, අදහස්කෙරීම, intentness, සිත යොමුකෙරීම.

අධි·ෂ්ඨානේන්ද්‍රියය, *n.* (අධිෂ්ඨාන ඉන්ද්‍රියය), *phren.* the faculty of firmness. E. S.

අධිෂ්ඨිත, *a.* fixed, පිහිටි, appointed, determined, නියමවූ; resolved, intent, ස්ථිර අදහස් ඇති.

අධීත, *a.* read, studied, ඉගෙනගත්, committed to memory, හදාරනලද.

අධීන, *a.* (අධි, ඉන master), dependent, subject, යටත්, වශග.

අධීනතාව, *n.* dependence, subjection, servitude, වශගකම, වශගය. [වැස්සා.

අධීනයා, *n.* dependent, retainer, වශගයා, අත

අධීශයා, *n.* (අධි, ඊශ master), master, lord, ස්වාමියා. [peror. අගරජ.

අධීශ්වරයා, *n.* (අධි ඊශ්වරයා), high lord, em-

අධුනා, *ad.* or *a.* now, දැන්; present, වර්තමාන, දැන්.

අධුනා·කාලය, *n.* the present time, දැන්කාලය.

අ·ධෛර්‍යී, *a.* without courage, down-hearted, spiritless, unenergetic.

අ·ධෛර්‍යය, *n.* cowardice, despondency, &c., ධෛර්‍ය නැතිකම.

අ·ධෛර්‍යකරනවා, *v. t.* to discourage, unman, සිත පසුබටකරනවා, discountenance. E. S.

අ·ධෛර්‍යවෙනවා. *v. i.* to be discouraged, despond, කලකිරෙනවා.

අධෝ, *adj. prefix.* fr. Sans. අධස්, අධඃ: down, under, lower, underneath. [බඩවැල.

අධෝ·අන්ත්‍රය, *n.* the lower bowel, rectum, පහත්

අධෝ·කශේරුකා·ස්ථිය, *n.* (·අස්ථිය), os sacrum, sacrum, පිටිකොන්දේ පහත් පුරුක.

අධෝ·කුක්ෂි·දාහය, *n.* peritonitis, inflammation of the peritoneum, යටිබඩේ දැවිල්ල. [ලය.

අධෝ·කුක්ෂි·පටලය, *n.* peritoneum, යටිබඩේ පට

අධෝ·කුහර, *a.* pert. to the pelvis, pelvic.

අධෝ·කුහර·පූර්වාස්ථිය, *n.* (·පූර්ව අස්ථිය), *anat.* the share-bone, යටිබඩේ ඇටය.

අධෝ·කුහරය, *n.* the pelvis, යටිබඩේ කුහරය.

අධෝක්ෂරය, *n.* (අධෝ අක්ෂරය), letter written underneath (for correction).

අධෝ·ගත, *a.* gone down, descended, පහත බැස්ස, degraded, අධම, නීච.

අධෝ·ගම·වාතය, *n.* (ගම going), wind passing downwards (from the body), said to be one of the five vital airs.

අධෝ·ජල·ස්‍රෝතය, *n.* undercurrent, යටසැඩපහර.

අධෝ·ඩිම්බකෝෂ·යෝගය, *n.* *bot.* hypogynous insertion. [පක්ෂාඝාතය.

අධෝ·පක්ෂාඝාතය, *n.* lower paraplegia, පහත්

අධෝ·භාගය, *n.* the lower half, the bottom, lower half of the body, යටි පංගුව.

අධෝ·භුවනය, *n.* the underworld, infernal region, Nāga world, පාතාලය.

අධෝ·මාර්ගය, *n.* anus, fundament, මල මග.

අධෝ·මුඛ, *a.* down-looking, downcast, with face or mouth downward, මුහුණ or කට යටි අතටඇත්තාවූ, inverted, පෙරළන ලද; procumbent, මුණින් තලාවූ.

අධෝ·මුඛකරනවා, *v.* to turn one's face down, look down, පහත බලනවා; invert (a vessel &c.), පෙරළනවා.

අධෝ·මුඛය, *n.* anus, fundament, ගුදය.

අධෝ·ලම්බ, *a.* hanging down, perpendicular, normal, අවලම්බ. E. S.

අධෝ·ලම්බය, අධෝ·ලම්බ·රේඛාව, *n.* perpendicular, perpendicular line, *geom.* normal.

අධෝ·ලිපිය, *n.* what is written below the line, &c.; foot-note. [භුවනය.

අධෝ·ලෝකය, *n.* the lower world. See අධෝ

අධෝ·විරේචනෞෂධය, *n.* (·විරේචන ඖෂධය), purgative, catacathartic.

අධෝ·ශීර්ෂ, *a.* having or suspended with the head downwards, ඉස පහත්කර ඇත්තාවූ.

අධ්‍යක්ෂ, *a.* (අධි over, pervading, අක්ෂ organ of sense), perceptible, visible, ප්‍රකට; superintending, supervisory, පරිපාලක, බලාගන්න.

අධ්‍යක්ෂතාව, *n.* perceptibility, &c.; superintendence, presidency. E. S.

අධ්‍යක්ෂයා, *n.* superintendent, overseer, (වැඩ &c.) බලාගන්නා; president, ප්‍රධානියා.

අධ්‍යයනකරනවා, *v. t.* to study, learn, උද්ග්‍රහණය කරනවා, ඉගෙනගන්නවා. [නීම.

අධ්‍යයනය, *n.* study, උද්ග්‍රහණය, learning, ඉගෙ

අධ්‍යශනය, *n.* (අධි අශනය), extra food, excessive eating; eating after a meal.

අධ්‍යාත්මික, *a.* (·ආත්මික), internal, subjective, සිතේ ඇතුලත්; spiritual or mental, ආත්මික. E. S.

අධ්‍යාපක, අධ්‍යාපන, *a.* teaching, instructing, educational, උගන්වන, ඉගැන්වීම් සම්බන්ධ.

අධ්‍යාපකයා, *n.* teacher, instructor, educator, ගුරුවරයා.

අධ්‍යාපනකරනවා, *v.* to impart instruction to, to teach, උගන්වනවා, ප්‍රගුණකරනවා.

අධ්‍යාපනය, *n.* teaching, instructing, ඉගැන්වීම.

අධ්‍යාපිත, *a* taught, instructed, ශික්ෂිත.

අධ්‍යායය, *n.* chapter, පරිච්ඡේදය.

අධ්‍යාරෝපණය, අධ්‍යාරෝපය, *n.* (·ආරෝපණය &c.), placing upon or over, උඩතැබීම; imputing, imposing upon, පැවරීම.

අධ්‍යාශය, *n.* (අධි ආශය), intention, design, purpose, motive, අදහස. [E. S.

අධ්‍යාශය·වාචක, *a.* expressing purpose, telic.

අධ්‍යාහරණ, අධ්‍යාහාර, *a.* (අධි extra, ආහරණ taking), implied, supplemental: as මම, though not expressed, is implied in or supplemental to කෙළෙමි.

අධ්‍යාහරණය, අධ්‍යාහාරය, *n.* supplementing, supplying (an ellipsis); supplement, complement; ඌනපූරණය.

අධ්‍යාහාර්‍ය, *a.* (·ආහාර්‍ය), requiring a complement, elliptical. E. S. [ආරාධනාව.

අධ්‍යේෂණාව, *n.* request, ඉල්ලීම, invitation,

අ·ධ්‍රැව, *a.* unfixed, unstable, ස්ථිරනැති; uncertain, අනුමාන; unabiding, නොපවතින.

අධ්වය, *n.* road, way, පාර, මග.

අධ්ව·ගයා, *n.* (ග going), traveller, journeyer, ගමන්කාරයා; ap. of the camel and the sun because they journey: ඔටුවා, සූර්‍යයා.

අධ්වාන්තය, *n.* (·අන්තය), evening twilight, as the end of the sun's journey, හිම්දිරිය.

අනක්ඛාත, *a.* P., (අන් priv. for අ before a vowel, අක්ඛාත), unsaid, undeclared, undefined, නොකියනලද; ep. of Nirvāna, නිවන.

අනක්ෂ, *a.* (අන් අක්ෂ), eyeless, ඇස්නැති; sightless, blind, පෙනීම්නැති, අන්ධ; without an axletree, privotless.

අනක්ෂරය, *n.* (අන් අක්ෂරය), unfitness to be uttered, improper language, නුසුදුසු බස.

අනඝ, අනඝි, *a.* E. of අනර්ඝ: valuable, costly, precious.

අනගාරික, *a.* (අන් අගාරික), not dwelling in a house, houseless, ගෙයක් නැති, ascetic, තාපස.

අනඝිකම, *n.* valuableness, &c., අනර්ඝකම.

අනඝ, *a.* (අන් අඝ), clean, sinless, free from evil or affliction, පිරිසිදු, දුක්නැති.

අනංගය, *n.* (අන් අංගය), *lit.* the bodiless: ap. of the sky or mind, අහස, සිත.

අනංගයා, *n.* the bodiless one: ap. of Kama the god of sexual love, Cupid, කාමදෙවියෝ.

අනංග·ලේඛාව, *n.* love-letter, valentine. E. S.

අනඟ·රිපු, අනඟ·රුපු, *n.* ap. of Isvara or Siva as the enemy of Cupid.

අනඟ·සැර, *n. pl.* Cupid's arrows, of which there are five.

අනච්ඡ, *n.* (අන් priv., අච්ඡ clear), not clear, muddy, turbid, පැහැදිලිනැති, මඩවූ.

අ·නඩු, *a.* illegal, lawless, inequitable, unjust, අයුක්ත.

අ·නඩුකම, *n.* illegality, &c., injustice, අයුක්තිය.

අ·නඩුකරනවා, *v.* to do what is illegal or unfair, do wrong to, අයුක්තියක් කරනවා.

අ·නඩු·ක්‍රියාව, අ·නඩුව, *n.* illegal act, injustice, wrong, malpractice, අයුක්තිය.

අ·නඩු·පොලිය, *n.* illegal interest, usury.

අ·නඩුලෙස, *ad.* illegally, unjustly, wrongfully.

අ·නත, *a.* E. of අනන්ත: endless, නිමක්නැති.

අ·නත, *a.* unbent, erect, unbending, rigorous, වකුටුනැති, නැමීනැති, නොනැමෙන.

අ·නතයා, *n.* E. of අනාථයා: forlorn person, අසරණයා.

අනති·ක්‍රම, *a.* (අන් priv., අති excessive, ක්‍රම degree), not excessive, වැඩිනැති, moderate, temperate. [මද්දම තරම.

අනති·ක්‍රමය, *n.* moderateness, &c., අධිකනැතිකම,

අනතික්‍රාන්ත, *a.* (අන් අති ක්‍රාන්ත), that has not gone beyond or transgressed, ඉක්මනොගිය or කඩනොකළ; not excessive, අධිකනැති.

අනන්තර්ය, *a.* (fr. අන් අතර), without an interval, immediate. See ආනන්තර්‍යකම්.

අනතුර, *n.* E. for අන්තරාය: danger, disaster, calamity; *pl.* අනතුරු.

අනතුර (or අනතුරු) නැති, *a.* perilous, disastrous, calamitous, injurious.

අනතුරුකරනවා, *v.* to do injury to, damage.

අනතුරු, *n. pl.* or *a.* of අනතුර: injuries; injurious, dangerous.

අනතුරු, *a.* (අන් අතුරු), unintermitting, නොසර නැති; immediate, next (of kin, &c.), කිට්ටු.

අනතුරු·අත්බැව, *n.* (අත් E. ආත්ම, බැව state), the very next living state, the next life. මීට පසු ජීවිතය. [see.

අනතුරුකම්, *n. pl.* E. of ආනන්තර්‍ය කම්, which

අනතුරුව, *ad.* (අන් අතුරුව), without interval, immediately, connectively, next after, ඊළඟට, පසුව.

අනත්, *a.* (අ, නත්), E. of අනන්ත: boundless, infinite; ap. or ep. also of අනන්තයා, which see.

අ·නත්, *a.* E. of අනාථ: destitute, &c. [&c.

අනත්, *a.* (අන් අත්), E. of අනර්ථ: meaningless

අනත්, *a.* (අන් අත්), E. of අනාත්ම: soulless, &c.

අනත්·දරුවා, *n.* අනත් E. of අනාථ: protectorless child, forlorn child or orphan, alien-child, අසරණ දරුවා

අනත්මනත්, *ad.* mutually, confusedly.

අ·නද, *a.* fr. අ·නාද: soundless, silent, නිශ්ශබ්ද; joyless, ප්‍රීති නැති.

අ·නද, අ·නඳ, *n.* E. of ආනන්ද: joy, ප්‍රීතිය; name of a celebrated disciple of Buddha.

අනදර, *a.* (අන් අදර) fr. අනාදර: injurious, noxious, inimical, baneful, අනතුරු.

අනදරකරනවා *v.* to do injury to, injure, harm, අනතුර කරනවා. [අනතුර.

අනදරය, *n.* disrespect, අනාදරය; injury, harm,

අනධික, *a.* (අන් අධික), not excessive, moderate, වැඩිනැති; unsurpassed, utmost, ඉතාමත්ම.

අනධික·ප්‍රමාණ, *a.* of unsurpassed degree, the utmost, ඉතා අධිකතර.

අනධි·කාර·විචාරණාව, *n.* (චර් to speak, inquire), unauthorized interference, officiousness, meddling, මැදිවීම. [ap. of Buddha.

අනධිවරයා, *n.* unsurpassed or peerless one:

අනධ්‍යාපිත, *a.* (අන් අධ්‍යාපිත), untaught, uninstructed, නූගත්, නූගත්වනලද.

අනධීන, *a.* (අන් අධීන), not subordinate, independent, වසඟ නැති.

අනධීනතාව, *n.* independence, වසඟ නැතිකම.

අනනවා, *v. t.* to knead, work, as dough or mortar; *pret.* ඇනුවා; *v. n.* ඇනීම.

අනනුකූල, *a.* (අන් අනුකූල), incompatible, unsuitable, ඉනංගුනැති.

අනනුමිතිය, *n.* (අන් අනු :) *log.* a non-sequitur. See අනුමිතිය.

අනනුමිත්‍යාකාරයෙන් *ad.* (අන් අනුමිති ආකා :), *log.* non-sequentially, illogically. E. S.

අනනුමේය, *a.* *log.* non-sequential, illogical, illegitimate.

අනනු·යායිනී, *a.* (අන් priv., අනු with, යායිනී going), illogical: as අනනුයායිනී නිගමනය, illogical conclusion, paralogism.

අනනු·යායිනීලෙස, *ad.* illogically. E. S.

අනනුයෝග, *n.* a question, ප්‍රශ්නයක්, ඇසීමක්.

අනන්ත, අනන්තක, *a.* (අන් priv. අන්ත end). endless, eternal, නිමක්නැති; boundless, infinite, ඉමක් නැති, අප්‍රමාණ.

අනන්තකම, අනන්තතාව, *n.* endlessness; boundlessness, infinitude; නිමක්නැතිකම, &c.

අනන්තකරනවා, *v. t.* to make endless, boundless, vast or infinite, අප්‍රමාණ කරනවා.

අනන්ත·ක්‍ෂුද්‍ර, *a.* infinitesimal, අනන්ත තරම් කුඩා වූ, පරමාණු.

අනන්ත·ක්‍ෂුද්‍රාකාරයෙන්, *ad* (·ආකාරයෙන්), infinitesimally, පරමාණු ආකාරයෙන්.

අනන්තයා, *n.* the infinite one: ap. of නාගරාජයා, so called because he has two thousand tongues.

අනන්තර, *a.* (අන් priv., අන්තර interval), without interval, contiguous, next, proximate, ඊළඟ, යාබද.

අනන්තරතාව, *n.* contiguity, proximity, immediateness, යාබද කම.

අනන්තර·භවය, *n.* the birth or existence immediately following, ඊළඟ or මීටපසු ජීවිතය.

අනන්තරායකරණවා, *v. t.* (අන් අන්තරාය) to preserve from injury, render safe, secure, ආරක්‍ෂා කරනවා.

අනන්තරෝක්ත, *a.* (අන් අන්තර උක්ත), the next-said, the immediately-mentioned (matter, &c.), ඊළඟ කීවාවූ.

අනන්තර්ගත, *a.* (අන් අන්තර්ගත), unincluded, external, extrinsic, adventitious, අඩංගු නැති, අයුත්තු නැති.

අනන්තර්ගම්‍ය, *a.* (අන්, අන්ත :), not to be entered, impenetrable, ඇතුල්විය නොහැකිවූ.

අනන්තර්ගම්‍යතාව, *n.* impenetrability.

අනන්ත·ශීර්ෂා, *n. fem.* the many-headed one, viz., the wife of Vāsuki, king of serpents.

අනන්තාපරිමාණ, (අනන්ත අපරිමාණ), endless and immeasurable, අනන්ත හා අප්‍රමාණ.

අනන්මනන්, *n.* nonsense, twaddle, හැල්ල, එක මෙක.

අනන්‍ය, *a.* (අන් අන්‍ය no other), unexampled, unmatched, unique, only, sole, අම්හිය, එකමවූ.

අනන්‍යතාව, *n.* uniqueness, soleness, එකමකම.

අනන්‍යපූර්ව, *a.* no other previous, viz. virgin, කන්‍යාවූ; *fig.* maiden, first, අලුත්, පළමුවෙනි.

අනන්‍ය·ව්‍යාපෘත, *a.* (ව්‍යාපෘත engaged in), exclusively intent on one thing, ඒකාග්‍ර.

අනන්විත, *a.* (අන් අන්විත), not connected with, irrelevant, අසම්බන්ධ, අදාළනැති.

අනන්විතතාව, *n.* unconnectedness, irrelevancy, අසම්බන්ධකම, &c.

අනන්වේෂිත, *a.* (අන් අන්වේෂිත), unsought, unexplored, සොයා නොබලනලද.

අනපත්‍ය, *a.* (අන් අපත්‍ය), without offspring, childless, දරුවෙක්නැති. [නැතිකම.

අනපත්‍යතාව, *n.* childlessness, දරුවෙක්

අනපරාධ, අනපරාධී, *a.* (අන් අප :), guiltless, innocent, අපරාධනැති, නිදොස්. [දොස්කම.

අනපරාධීකම, *n.* guiltlessness, innocence, නි

අනපවිත්‍ර, *a.* (අන් අපවිත්‍ර), undefiled, unpolluted pure, නිර්මල, අපවිත්‍රනැති.

අනභි : &c., for අන් priv. අභි &c., in each case.

අනභි·කාමික, *a.* (·අභි emp.), undesirous of, unwilling, involuntary, ආශානැති, කැමතිනැති. E. S.

අනභි·කාමිකතාව, *n.* freedom from desire, unwillingness, &c., ආශානැතිකම, &c.

අනභි·ඥ, *a.* (·අභිඥ), ignorant, stupid, unskilful, අඥාන, අසමර්ථ.

අනභි·ඥතාව, *n.* ignorance, &c., අඥානකම, &c.

අනභිධ්‍යාව, *n.* absence of covetousness, තණ්හා නැතිකම, නිර්ලෝභිකම.

අනභි·නන්ද, *a.* undelighted, displeased, ප්‍රීතිනැති.

අනභි·භවනීය, *a.* unsubduable, unconquerable, ungovernable, පරාජයකළ නොහැකිවූ, මැඩපවත්වන්ට බැරිවූ.

අනභි·භවය, *n.* non-defeat, non-subjugation, පරාජයනැතිකම, පරාජයනොවීම. [නුණ.

අනභි·භූත, *a.* unsubdued, unconquered, පරාජය

අනභිමත, *a.* undesired, කැමතිනැති; disapproved. E. S.

අනභිමතිය, *n.* unwillingness, disapproval, අකමැත්ත, අමනාපය. E. S. [ලසනැති.

අනභිමුඛ, *a.* not present, absent, ඉදිරිපිට නැති,

අනභිමුඛය, *n.* absence, ඉදිරිපිටනැතිකම, &c.

අනභිරතිය, *n.* absence of desire or delight in, ආශානැතිකම, ප්‍රසන්න නැතිකම; passionlessness, රාග or කෙලෙස නැතිකම.

අනභිවර්ධිත, *a.* unimproved, uncultivated, වර්ධන යනුණ, දියුණුනැති.

අනභිවෘද්ධි, *a.* retrograde, downward, without improvement, වර්ධනයනොවන, දියුණුනැති.

අනභිවෘද්ධිය, *n.* retrogression, decline, deterioration, වර්ධනයනොවීම, පසුබටවීම.

අනභිවෘද්ධිවෙනවා, *v. i.* to retrograde, &c., දියුණු නොවී පවතිනවා, පසුබටවෙනවා.

අනභිව්‍යක්ත, *a.* indistinct, non-manifest, පැහැදිලි නැති, අප්‍රකට.

අනභිෂික්ත, *n.* unanointed, uninstalled, as king, &c., අභිෂේක (or ආලේප) නොලත්.

අනභිසම්බන්ධය, *n.* non-alliance, state of detachment, separateness, අසම්බන්ධකම.

අනභිසම්බන්ධ, *a.* not united, disunited, අසම්බන්ධ, වෙන්වූ.

අනභ්‍යන්තර, *a.* exterior, extern, objective, ඇතුළත්නැති, පිටත, බාහිර.

අනභ්‍යන්තරතාව, *n.* externality, &c.

අනභ්‍යස්ත, *a.* unexercised, unpractised, පුහුණු නොකරනලද.

අනභ්‍යාස, *a.* not used, antiquated, භාවිතානැති; inexperienced, පළපුරුදු නැති.

අනභ්‍යාසය, *n.* non-practice or non-practising, භාවිතානොකිරීම; non-usage, disuse, අව්‍යවහාරය, භාවිතානැතිකම.

අනමතග්ග, අනමතාග්‍ර, *a.* (අ, අමත, අග්ග, not ending in Nirvāna), without beginning or end.

අ·නය, *a.* without rule, lawless, නීතිනැති, අනඩු.

අනයය, අනය·ව්‍යසනය, *n.* (අන්, අය good fortune), loss and calamity, misfortune, හානිය හා විපත, විපත්තිය.

අනසිනි, *a.* (අන් අසිනි), not belonging or pertaining to, අසිනිනැති.

අනර්ගල, *a.* (අන් අර්ගල), unbarred, අගුල දමා නැති; *fig.* unrestricted, unrestrained, වළක්වා නැති, self-willed, හිතුවක්කාර.

අනර්ඝ, *a.* (අන්, අර්ඝ price), priceless, valuable, precious, අගය ඇති. [ness.

අනර්ඝකම, අනර්ඝතාව, *n.* valuableness, precious-

අනර්ඝ·ගල, *n.* precious stone, gem, මැණික්ගල.

අනර්ඝ්‍ය, *a.* invaluable, inestimable, අගය කිය නොහැකිවූ, මාහැඟි. [හැකිකම.

අනර්ඝ්‍යතාව, අනර්ඝත්වය, *n.* invaluablenss, &c., මා

අනර්ථ, *a.* (අන් අර්ථ), unmeaning, තේරුමක්නැති; injurious, අනදරවූ, vain, useless, නිෂ්, නිෂ්ප්‍රයෝජන.

අනර්ථකාර. අනර්ථකාරී, *a.* evil, injurious, mischievous, අවැඩදායක.

අනර්ථකාරයා, *n.* evil-doer, දුෂ්චරිතයා, injurious person, අනදරකරන්නා.

අනර්ථ·දායක, *a.* injurious, baleful, pernicious, අවැඩසිද්ධකරන. [සහිතකම.

අනර්ථ·දායකතාව, *n.* injuriousness, &c., අනතුරු

අනර්ථය, *n.* injury, mischief, loss, uselessness, අනතුර, හානිය, නිෂ්ඵලකම. [ලෙස.

අනර්ථයේ, *ad.* in vain, vainly, uselessly, නිෂ්ඵල

අනල, *n.* fire, ගින්න; bile, පිත; the god Agni, අග්නිදෙවියා; the Pleiads, කැතිකැත.

අනලස්, *a.* (අන් අලස්), not lazy, industrious, diligent, අලසනැති, කඩිසර. [කම, &c.

අනලස්කම, *n.* industriousness, &c., අලසනැති

අනලස්ව, *ad.* industriously, &c., assiduously, කඩිසරලෙස.

අනල්ප, *a.* (අන් අල්ප), no little, no few, much, many. අල්ප (ස්වල්ප) නැති, බොහෝ.

අනල්පතාව, *n.* plentifulness, numerosity. ස්වල්ප නැතිකම, බහුලකම.

අනවකාශ, *a.* (අන් අව:), without leisure or interval or space, always occupied, ඉඩනැති, අවකාශනැති. [නිමක්නැති.

අනවතග්ග, *a.* P. (අනවත, අග්ග end), endless,

අනවතග්ගය, *n.* endlessness, නිමක්නැතිකම.

අනවතප්ත·විල, *n.* a Himālayan lake: Sunless lake, අනෝතත්තවිල.

අනවතප්ත, *a.* (අන් priv., අවතප්ත warmed), unwarmed: used sp. of the Sunless lake.

අනවද්‍ය, *a.* (අන් අවද්‍ය), guiltless, faultless, innocent, නිදොස්.

අනවද්‍යතාව, *n.* guiltlessness, &c., නිදොස්කම.

අනවධානතාව, *n.* (අන් අව:), inattention, carelessness, බලානොබැලීම.

අනවධානය, *n.* inadvertence, mistake, ප්‍රමාදදෝෂය, වැරදිල්ල.

අනවරණ, *a.* සිං අනාවරණ.

අනවරත, *a.* (අන් අවරත), unceasing, unremitting, continual, perpetual, නොකඩවතින, නිරන්තර.

අනවරතය, *n.* continuousness, constancy, නොනැවතීම, නිරන්තරය. [&c., නිතරම.

අනවරතයෙන්, *ad.* unceasingly, incessantly,

අනවරාග්‍ර, *a.* (අන්, අවර end, අග්‍ර beginning), without end or beginning, අග මුල නැති, eternal, සදාතන.

අනවලෝකය, අනවලෝකනය, *n.* (අන් අව:), not seeing or perceiving, non-perception, නොදැකීම, නොදුටීම.

අනවලෝකිත, *a.* unseen, නොපෙනුණ or නොපෙනෙන, unperceived, නොදැකෙන, invisible, අදෘශ්‍යමාන.

අනවශ්‍යක, *a.* (අන් අව:), unessential, unnecessary, unimportant, ඉතා වැදගත්නොවන.

අනවශ්‍යකතාව, *n.* unessentiality, &c.

අනවසර, *a.* without room, leisure or permission, ඉඩනැති, අවසරනැති.

අනවස්ථිත, *a.* unfixed, unsteady, unstable, fickle, අස්ථිර, චපල.

අනවින, *a.* magical, bewitching.

අනවිනකරනවා, *v. t.* to bewitch, enchant, charm for snake bite, &c. [conjurer.

අනවිනකාරයා, *n.* enchanter, charmer, wizard,

අනවිනකාරී, *n.* enchantress, witch.

අනවිනය, *n.* enchantment, bewitchment, magic, witchcraft.

අනසයා, *n.* low person, Veddā, archer, වැද්දා.

අනහංකාර, *a* non-egotistic, not proud, humble, අහංකාරනැති.

අනා, *a.* (අන් ආ), future, තවම නා, මතු, අනාගත.

අනාකර්ෂක, *a.* (අන් ආකර්ෂක), non-drawing, නොඇදින; non-conducting. E. S.

අනාකර්ෂක·ද්‍රව්‍යය, *n.* non-conductor. E. S.

අනාකල්, *a.* (අන්, ආ, කල්), of future time, future, අනාගත කාල.

අනාකීර්ණ, *a.* (අන් ආකීර්ණ), not crowded, sparse, තදබැර නැති.

අනාකුල, *a.* (අන් ආකුල) unconfused, clear; unembarrassed; විශවුල් නැති.

අනාකුලකරනවා, *v. t.* to disentangle, simplify, make clear, විශවුල් අරිනවා; disembarrass, විශවුලෙන් මුදනවා.

අනාකුලතාව, අනාකුලත්වය, *n.* unconfusedness, unembarrassed state, විශවුල් නැතිකම; clearness, පැහැදිලිකම. [future, මතු.

අනාගත *a.* (අන්, ආගත arrived), not yet come,

අනාගත·කාලය, අනාගතය, *n.* future time, the future; *gram.* future tense.

අනාගත·ඥානය, *n.* future knowledge or knowledge of the future.

අනාගතතාව, *n.* futurity, state of being future.

අනාගතය, *n.* period not yet come, the future, futurity, මතුකාලය.

අනාගතිය, *n.* (අන්, ආගති), absence, non-attendance, ඉදිරිපිට නැතිකම.

අනාගත·වක්තෘ (·වරයා), *n.* foreteller, prophet, seer, මතු සිදුවන දේ කියන්නා.

අනාගත·වක්ත්‍රී, *n.* prophetess, මතු සිදුවන දේ කියන්නී. [phetic.

අනාගත·වාක්‍ය, *n. pl.* or *a.* prophecies; pro-

අනාගත·වාක්‍ය කියනවා, *v.* to foretell, prophesy, predict, vaticinate, මතු සිදුවන දේ කියනවා or දන්වනවා.

අනාගත·වාක්‍යය, *n.* prediction, prophecy, vaticination, මතු සිදුවන දේ කීම, &c.

අනාගතාස්තිත්වය, *n.* (·අස්තිත්වය existence), future existence, මතුපැවැත්ම.

අනාගම්‍ය, *a.* (අන් ආගම්‍ය), inaccessible, unapproachable, ළංවිය නොහැකිවූ, unattainable, ප්‍රාප්ත විය නොහැකිවූ.

අනාගම්‍යතාව, *n.* inaccessibility, &c. E. S.

අනාගාමි, *a.* (අන් ආගාමි,) non-returning, non-re-incarnating. See අනාගාමියා.

අනාගාමි·මාර්ගය, *n,* non-re-incarnating path, viz. the third out of the four to Nirvāna. See චතුර්විධමාර්ග.

අනාගාමියා, *n.* non-returner, viz. one who does not re-incarnate either in this or a divine world, but attains a Brahma world.

අනාචාර, අනාචාරී *a.* (අන් ආචාර), ill-behaved, immoral, dissolute, profligate, licentious, vicious, දුශ්චරිත.

අනාචාරකම, අනා·චාරය, *n.* ill-behaviour, immorality, fornication, &c., දුශ්චරිතය.

අනාචාරයකරනවා, *v.* to act immorally, fornicate, &c., දුශ්චක්‍රියා කරනවා.

අනාචාරියා, *n.* immoral person, profligate, &c., දුශ්චරිතයා.

අනාතුර, *a.* (අන් ආතුර), without disease, sound, healthy, ලෙඩ නැති, නිරෝගී.

අනාත්ම, *a.* (අන් ආත්ම), soulless, ආත්මනැති; physical, corporeal, ශාරීරික, material, ද්‍රව්‍යවූ.

අනාත්ම·දෘෂ්ටි, *a.* materialistic, denying the existence of spirit, ආත්ම නැතැයි කියන.

අනාත්ම·දෘෂ්ටිය, *n.* materialism, somatology.

අනාත්ම·දෘෂ්ටියා, *n.* materialist, somatologist. See ද්‍රව්‍ය දෘෂ්ටියා.

අනාත්මනීන, අනාත්මාර්ථී, *a.* (අන් ආත්ම self, අර්ථ interest), disinterested, unselfish, අලෝභි. E. S.

අනාත්මනීනතාව, අනාත්මාර්ථිතාව, *n.* disinterestedness, &c., තමාගේම ප්‍රයෝජනය නොසෙවීම.

අනාත්ම·වාදියා, *n.* assertor of materialism, somatologist, ආත්ම නැතැයි කියන්නා.

අනාත්මානු·දෘෂ්ටිය, *n.* (·ආත්ම self), lack of personal experience, inexperience, අත්දැකීම නැති කම. See ආත්මානුදෘෂ්ටිය.

අනාත්මික, *a.* not spiritual, ආත්මික නොවන, secular, ලෞකික, bodily, ශාරීරික.

අනාථ, *a.* (·නාථ master, &c.), destitute, forlorn, refugeless, ownerless, අසරණ.

අ·නාථතාවී, *n.* lack of a protector, destitution, අසරණකම.

අ·නාථ·නාථ, *a.* protecting or aiding the helpless, &c., පිහිට නැත්තාට පිහිටවූ.

අනාථ·නාථයා *n.* protector of the destitute, &c., පිහිට නැත්තාට පිහිට වෙන්නා.

අ·නාථ·පිණ්ඩක, අ·නාථ·පිණ්ඩික, *a.* giving alms to the destitute, charitable, දන්දෙන; ep. of a B. noble who was a contemporary of Buddha.

අ·නාථ·පිණ්ඩකයා, *n.* almsgiver, philanthropist, දන්දෙන්නා. [අසරණයා.

අ·නාථයා, *n.* protectorless or destitute person,

අනාදරකරනවා, *v.* (අන් ආදරː), to show disrespect to, act without due respect, සුළුකරනවා.

අනාදරය, *n.* lack of affection or respect, ආදරය නැතිකම, disrespect, disregard, අවනාම්බුව, සුළුකෙරීම.

අනාදානය, *a.* (අන් ආදානය), not taking, non-acceptance, නොගැනීම, පිළිනොගැනීම.

අනාදි, අනාදිමත්, *a.* (අන් ආදි), beginningless, existing from eternity, පටන්ගැන්මක් නැති.

අනාදිය, *n.* past-eternity.

අනාදෘශ, *a.* (අන් ආදෘශ), unexampled, unprecedented, ආදෘශයක් නැති. [ness.

අනාදෘශතාව, *a.* lack of example, unprecedented-

අනාදේය, *a.* (අන් ආදේය), inadmissible, not to be received, පිළිගතයුතු. [සුදුසුකම.

අනාදේයතාව, *n.* inadmissibility, පිළිනොගත

අනාදේශ්‍ය, *a.* (අන් ආදේශ්‍ය). *gram.* &c., incommutable, මාරුකළ නොහැකිවූ.

අනාදේශ්‍යතාව, *n.* incommutability.

අනාද්‍යනන්ත, අනාද්‍යනන්ත, *a.* (අනාදි අනන්ත, අනාදි අනන්ත), without beginning and without end, eternal, සදාකාල.

අනාද්‍යනන්තතාව, අනාද්‍යනන්තතාව, *n.* lack of beginning and end, eternal continuance, සදාකාලිකකම.

අනාද්‍යනන්තත්‍වය, අනාද්‍යනන්ත්‍යය, *n.* beginninglessness and endlessness, eternity, සදාකාලය.

අනාධාර, *a.* (අන් ආධාර), unsupported ; helpless, destitute ; ආධාරනැති, පිහිටනැති.

අනාධෘෂ්‍ය, *a.* indomitable, invincible. See අදම්‍ය,

අනාධ්‍යාත්මික, *a.* (අන් ආධ්‍යා :), not internal, external, objective, පිටාතර, බාහිර.

අනාපත්තිය, *n.* faultlessness, blamelessness, unimpeachableness, නිදෝෂකම.

අනාපත්සිය, *n.* See ආනාපානසතිය.

අනාපු·පිටි, *n.* kneaded flour, dough, paste.

අනාප්ත, *a.* (අන් ආප්ත), unattained, unobtained, ප්‍රාප්තනැති, නොලැබූ.

අ·නාමක, *a.* nameless, unnamed, නමක්නැති, නම නොලත්.

අනාමය, *n.* (අන් ආමය), freedom from disease, health, සනීපය. [ger, මුදුඇඟිල්ල.

අ·නාමිකාව, *n.* the nameless, viz., the ring finger,

අනායත්ත, *a.* (අන් ආයත්ත), unsubdued, unrestrained, indocile, යටත්නැති, දමනයනොවූ.

අනායාස, *a.* (අන් ආයාස), effortless, වියත්නැති, easy, facile, අමාරුනැති, පහසු.

අනායාසතාව, අනායාසය, *n.* effortlessness ; easiness, ease, පහසුකම.

අනායාසයෙන්, *ad.* without effort, easily, readily, අමාරු නැතුව, පහසුවෙන්.

අනාරක්ෂිත, *a.* unpreserved, undefended, unfortified, ආරක්ෂා නැති.

අනාරම්භ, *a.* (අන් ආරම්භ), without beginning, unenterprising. E. S. [ලද.

අනාරාධිත, *a.* (අන් ආ :), uninvited, නොකැඳවන

අනාරෝග්‍යය, *n.* (අන් ආ :), non-freedom from disease, illness, infirmity, රෝගාතුරකම.

අනාර්ය, *a.* (අන් ආර්ය), ignoble, mean, low, අධම, නීච, worthless, නොවටිනා ; non-Aryan, barbarian, මෙලේච්ඡ, වනචර.

අනාර්යතාව, *n.* ignobleness, &c., අධමකම, &c.

අනාලය, *a.* desireless, ආලයනැති ; houseless, ගෙයක් නැති.

අනාවරණ, *a.* (අන් ආවරණ), uncovered, exposed, open, වැස්මක් or මුවාවක් නැති, unobstructed, බාධානැති.

අනාවරණ·ඥානය, *n.* unobstructed or clear knowledge, සම්බුද්ධ ඥානය, omniscience.

අනාවරණයකරනවා, *v. t.* to uncover, වැස්ම අරිනවා ; expose, disclose, එළිදරව්කරනවා.

අනාවරණයවෙගනඑනවා, *v. i.* to become disclosed, evolve gradually, ක්‍රමයෙන් එළිදරව් වෙනවා.

අනාවිල, *a.* (අන් ආවිල), not foul, pure, clear, කිලුටුනැති, පවිත්‍ර, පැහැදිලි. [නැති.

අනාවෘත, *a.* (·ආවෘත), uncovered, open, වැස්මක්

අනාවෘත්ත, *a.* not sorrounded, unenclosed, වට කරලා නැති. [නොවන.

අ·නාශ්‍ය, *a.* imperishable, indestructible, විනාශ

අ·නාශ්‍යතාව, *n.* imperishableness, &c., විනාශ නොවන සවභාව. [නොවනලෙස.

අ·නාශ්‍යාකාරයෙන්, *ad.* imperishably, &c., විනාශ

අනාශ්‍රය, *a.* (අන් ආශ්‍රය), refugeless, අසරණ ; separate, වෙන්වූ, independent, වසඟ නැති.

අනාශ්‍රයය, *n.* separateness, independence, තනිබව, වසඟනැතිකම.

අනාශ්‍රව, අනාසව, *a.* (අන් ආශ්‍රව), passionless, pure, කෙලෙස්රහිත. [of Nirvāna, නිවන.

අනා·ශ්‍රවය, අනා·සවය, *n.* the passionless : ap.

අනාහත, *a.* (අන් ආහත hurt), unhurt, uninjured, අනතුර නැති.

අ·නික, *n.* the other one, අනික් එක.

අනිකක්, *n.* some other one.

අනිකා, *n. mas.* the other (person or animal).

අ·නිකායික, *a.* unsectarian, undenominational.

අනිකී, *n. fem.* the other (female). [E. S.

අනිකිනිය, *n.* an army equal to one tenth of an අක්ෂෞහිණිය, which see.

අනිකුත්, අනිකුදු, *a.* also the other.

අනිකෙකක්, *n. mas.* some other one.

අනිකියෙක්, *n. fem.* some other one.

අනික්, අනිත්, *a.* the other.

අනික්ද, *n.* See අනිත්ද.

අ·නිච්ච, *a.* P. of අනිත්‍ය. [Dear me ! Alas !

අනිච්චන්, අනිච්චේ, *int.* of surprise or grief, as

අනිටු, *a.* (අන් ඉටු), E. of අනිෂ්ට : undesired, unfortunate, inauspicious, අමංගලවත්වන, evil, නරක.

අනිත්, *a.* the other. See අනික්.

අ·නිත්, *a.* E. of අනිත්‍ය.

අනිත්ද, අනිද්ද, *n.* the day after to-morrow.

අ·නිත්‍ය, *a.* transient, fleeting, mutable, non-eternal, ස්ථිර නැති, නොපවතින.

අ·නිත්‍යතාව, *n.* transitoriness, &c., brevity, instability, නොපැවතීම, අස්ථිරකම. [මරන.

අ·නිද්‍ර, *a.* sleepless, wakeful, නින්ද නොයන, නිදි

අ·නිද්‍රතාව, අ·නිද්‍රාව, *n.* sleeplessness, &c., insomnia, නින්ද නොයාම, නිදිමරන ගතිය.

අනින·කටුව, *n.* piercer ; sting, තුඩ.

අනිනවා, *v.* to pierce, prick, stab, gore, sting to poke with fist or stick, as ගුටි අනිනවා, ලියකින් අනිනවා ; *pret.* ඇන්නා ; *v. n.* ඇනීම.

අ·නින්දිත, *a.* unreproached, blameless, unimpeachable, දොස්තබානැති, නිදොස්.

අනින්ද්‍රිය, *a.* (අන් ඉන්ද්‍රිය), without organs of sense, ඉන්ද්‍රිය රහිත.

අ·නිමිත්ත, *a.* causeless, හේතුවක් නැති ; unmarked, ලකුණක් නැති. [or results.

අ·නිමිත්ත·ඵල, *n. pl. lit.* and *fig.* uncaused fruits

අ·නිමිෂ, අ·නිමේෂ, *n.* unblinking or sleepless one : ap. of a god, දෙවියා, a demon, රාක්ෂයා, a fish, මත්ස්‍යයා.

අ·නිමිෂ·ලෝචන, *n. pl.* or *a.* unblinking eyes, නොපියනඇස්; having unblinking or never-closing eyes, ඇස් නොපියන, ever-wakeful, sleepless, පිබිද සිටින. See අනිද්‍ර.

අ·නිමිෂ·ලෝචනය, *n.* never-closing eye, constant gaze, නොපියන ඇස.

අ·නියත, *a.* unrestrained (see අසංයත); undetermined, uncertain, අනියම්.

අ·නියම, අනියමිත, *a.* undetermined, undecided, unlimited, irregular, නියම්නැති, අනියම්.

අ·නියමය, *n.* something undecided, contingence, නියමනැති දෙයක්.

අ·නියම්, *a.* indeterminate, contingent, indefinite, vague, anomalous, eccentric.

අ·නියම්කම, අ·නියම්·භාවය, *n.* contingency &c., informality.

අ·නියම්·මිනීමැරීම, *n.* manslaughter (not wilful).

අ·නියම්ලෙස, *ad.* irregularly, indefinitely &c.; incidentally.

අ·නියම්·සර්·නාමය, *n. gram.* indefinite pronoun.

අ·නියෝජ්‍ය, *a.* not to be appointed, ineligible, පත්නොකළ යුතු, අයෝග්‍ය.

අ·නිරුද්ධ, *a.* unrestrained, නොනවත්වන ලද, self-willed, සිතුවක්කාර; unperishing, නැති නොවන.

අ·නිරුද්ධයා, *n.* son of Kāma and husband of Ushā.

අ·නිර්මල, *a.* not undefiled, impure, filthy, කිලුටු, දූෂ්‍ය. [or මල නැති.

අ·නිර්මිත, *a.* unmade, unformed, uncreated, නොසෑදූ.

අ·නිල, *a.* airy, windy, සුළං ගසන.

අ·නිල, *n.* air, වාතය, wind, සුළඟ; the fifteenth lunar mansion.

අ·නිලයා, *n.* Æolus, god of the wind: there are 49 minor deities called අනිල; *pl.* අනිලයෝ.

අ·නිවර්තන, *a.* non-returning, හැරීනොඑන, not stopping, unceasing, නොනවතින.

අ·නිවාර, අ·නිවාර්‍ය, *a.* unrestrainable, uncontrollable, වළක්වන්ට බැරි.

අ·නිවාරිත, *a.* unrestrained, unimpeded, uncontrolled, වළක්වා නැති, බාධා නැති.

අ·නිශ්චය, *n.* uncertainty, what is uncertain, අනුමානය.

අ·නිශ්චිත, *a.* uncertain, indeterminate, undecided, contingent, අනුමාන.

අ·නිශ්චිතතාව, *n.* uncertainty, doubtfulness, අනුමානකම.

අනිශ්චිත·විනික්‍රම, *a.* theoretic, speculative. E.S.

අ·නිශ්චිත·විනික්‍රමය, අ·නිශ්චිත·ශුද්ධ·ක්‍රමය, *n.* theory, speculation. E. S. [නය, අනික්‍රමය.

අ·නිශ්චිතය, *n.* uncertainty, contingency, අනුමා(න)

අනිෂ්ට, *a.* (අන් ඉෂ්ට), undesired, inauspicious, unfavourable, evil, අසුභ. See අනිට්ඨ.

අනිෂ්ට·ඵල, *n. pl.* undesired results, punishment, කැමතිනැති ඵල, දඬුවම.

අනිෂ්ටය, *n.* misfortune, evil, විපත, නපුර.

අනිෂ්ටවෙනවා, *v. i.* to become inauspicious, &c., අසුභ වෙනවා.

අ·නිස, *a.* E. of අනිච්ච: transient, passing away, unabiding. See අනිත්‍ය.

අ·නිසි, *a.* improper, unsuitable.

අනිස්ථිර, *a.* (er. for අස්ථිර), unstable, mutable, ස්ථිරනැති, වෙනස්වන, fickle, චපල.

අනිස්ථිරකම, *n.* instability, &c., ස්ථිර නැතිකම.

අ·නීත්‍ය, *n.* what is improper, impropriety, අනිසිදේ.

අ·නිහතමාන, අ·නිහතමානි, *a.* unbending, නොනැමෙන, rigid, තද, uncondescending, යටත් පහත් නොවන, haughty, ආඩම්බර.

අනීකය, *n.* army, සේනාව; war, battle යුද්ධය.

අ·නීච, *a.* not vile, decent, reputable, respectable, නීච නැති.

අ·නීචකම, අ·නීචභාව, *n.* state of not being low or mean, respectability.

අනීශ, අනීශ්වර, *a.* (අන් ඊශ, &c.), lordless, ප්‍රධානියෙක් නැති, වසඟ නැති, sp. godless, atheistic, අදේව දෘෂ්ටි.

අනීශයා, අනීශ්වරයා, *n.* (අන්, ඊශයා, &c., lord), one without a master or god, atheist, ප්‍රධානියෙක් නැත්තා, අදේව දෘෂ්ටියා.

අනු, *prefix,* signifying association, with; like, according to; sub, secondary, assistant; after. [This must not be confounded with අනු from අන් priv. and a following උ, such as අනුචිත fr. අන්උචිත.]

අනු·කථනය, *n.* conversation, discourse, කථාකර ගැනීම, සාකච්ඡාව. [කරන.

අනු·කම්පන, *a.* compassionate, pitying, අනුකම්පා

අනු·කම්පාකරනවා, අනු·කම්පාවෙනවා, *v.* to compassionate, pity, commiserate.

අනු·කම්පාව, *n.* co-agitation, viz. compassion, pity, commiseration, condolence.

අනු·කම්ප්‍ය, *a.* that should be pitied, pitiable, wretched, කාලකණ්ණි. [කම.

අනු·කම්ප්‍යතාව, *n.* pitiableness, &c., කාලකණ්ණි

අනු·කරණය, *n.* doing the like, viz. imitating, imitation. E. S.

අනු·කරණ·වචනය, අනු·කරණ·ශබ්දය, *n.* onomatopoetic word.

අනු·කාර්‍යය, අනු·කෘතිය, *n.* something which is an imitation.

අනු·කර්ෂණ, අනු·කර්ෂණාකාර, *a.* drawing, enticing, luring, අදින, අවිච්ඡන.

අනු·කර්ෂණය, අනු·කර්ෂය, *n.* drawing, attracting, attraction, ඇදීම, ඇදගැනීම; enticement, allurement, අවිචැඩීම, පෙලඹවීම; drawing or summoning by incantation, මන්ත්‍රයෙන් පැමිණවීම.

අනු·කර්ෂණයකරනවා, *v. t.* to draw, attract, allure, entice, අදිනවා, ඇදගන්නවා, අවිච්ඡනවා.

අනු·කර්ෂණයවෙනවා, *v. i.* to be attracted &c., ඇදෙනවා. [කර්ෂණය.

අනු·කර්ෂත්වය, *n.* polarity, magnetism, කාන්දම්

අනු·කාමික, *a.* following desire, viz. self-willed, wilful, obstinate, හිතුවක්කාර. [කම.

අනු·කාමිකතාව, *n.* wilfulness &c., හිතුවක්කාර

අනු·කාල, *a.* occasional, ඉඳහිටලා සිදුවෙන.

අනු·කූල, *a.* accordant, apposite, compatible, conformable, pertinent, kindred, congruous, ගුනාංගු, හුරු.

අනු·කූලතාව, අනු·කූලත්වය, *n.* accordance, appositeness, &c., ගුනාංගුකම.

අනු·කූලව, *ad.* in accordance with, suitably to, relevantly, ගුනාංගුලෙස.

අනු·කෘත, *a.* made in imitation, imitative.

අනුක්ත, *a.* (අන් උක්ත), unsaid, unexpressed, නොකී, සඳහන්නොකළ.

අනු·ක්‍රම, *a.* See අනුක්‍රමික.

අනු·ක්‍රමණ, *a.* proceeding orderly, successive, පිළිවෙළින් යන (see ක්‍රමය and E. S.)

අනු·ක්‍රමණය, *n.* orderly progression, පිළිවෙළින් යාම, succession, sequence. E. S.

අනු·ක්‍රමණිකාව, *n.* table of contents, index, පටුන, list, catalogue, වට්ටෝරුව.

අනු·ක්‍රමය, *n.* sequence, order, method, පිළිවෙළ, routine, system, විධික්‍රමය.

අනු·ක්‍රමයෙන්, අනු·ක්‍රමාකාරයෙන්, *ad.* orderly, gradually, seriatim, පිළිවෙළින්, ක්‍රමයෙන්.

අනු·ක්‍රම·සංග්‍රහය, *n.* periodical, serial, කාලාන්තර සංග්‍රහය. E. S. [සහිත, ක්‍රමික.

අනු·ක්‍රමික, *a.* orderly, systematic, පිළිවෙළක්

අනු·ක්‍රමිකකරනවා, *v. t.* to put in regular sequence, systematize, නියම පිළිවෙළකට තබනවා.

අනු·ගත, *a.* that followed, අනුව ගිය, accompanying, අනුවයන; related, comportable, අයුත්තු, එකඟ.

අනු·ගතව, *ad.* following, according to, in accordance with, අනුකූලව. [කැටුව–යාම.

අනු·ගමනය, *n.* following, travelling with, අනුව–

අනු·ගමය, *n.* what follows or accompanies, අනුව යන දේ; implication, inference. E. S.

අනු·ගම්‍ය, *a.* that should be followed, අනුව යන්ට සුදුසු; exemplary, යෝග්‍ය.

අනු·ගාමික, *a.* accompanying, attendant, sequential, resulting (reward of merit), යමකින් අවගන්න, කැටුවයන (ඵල විපාක).

අනු·ගාමිකයා, *n.* one who accompanies, a follower, අනුව–කැටුව–යන්නා.

අනු·ගායනාව, *n.* singing or playing together, accompaniment, එක්ව කරන ගායනාව.

අනු·ගුණ, *a.* according to the quality: congenial, kindred, suitable, හුරු, සමවූ, සුදුසු.

අනු·ගුණය, *n.* congeniality, suitability, හුරුකම &c.

අනු·ග්‍රහකරනවා, *v.* to favour, befriend, benefit, bless, පිහිටවෙනවා, ආශීර්වාදකරනවා.

අනු·ග්‍රහය, *n.* favour, පිහිට, kindness, කරුණාව, aid, උපකාරය; grace, benediction, ආශීර්වාදය.

අනු·ග්‍රහය කියනවා, *v.* to pronounce the benediction. [කරුණාවන්ත.

අනු·ග්‍රාහි, *a.* gracious, favourable, indulgent,

අනු·චර, *a.* going about with, accompanying, serving, කැටුව යන, සේවයකරන.

අනු·චරයා, *n.* companion, follower, attendant, servant, කැටුව යන්නා, සේවකයා.

අනුචිත, *a.* (අන් උචිත), improper, unfit, unsuitable, inapplicable, නුසුදුසු, ගුනාංගු නැති.

අනුචිතතාව, *n.* impropriety &c., නුසුදුසුකම &c.

අනුච්ච, *a.* (අන් උච්ච), not high, low, lowly, උස නැති, උසස්නැති, පහත්, යටත්. [&c.

අනුච්චතාව, *n.* lowness, lowliness, උසනැතිකම,

අනුච්චාරණය, *n.* (අන් උච්චාරණය), non-utterance, නොකියා–ශබ්දනොකර–සිටීම.

අනුච්චාරිත, *a.* unuttered, unarticulated, unpronounced, නොකියාපු. E. S.

අනුච්චාර්‍ය, *a.* (අන් උච්චාර්‍ය), inexpressible, unutterable, නොකිය හැකිවූ.

අනු·ජ, අනු·ජාත, *a.* (අනු after), born after, younger, පසුව උපන්, වඩා බාල.

අනු·ජයා, *n.* a junior, younger brother, වඩා බාල අය, මලයා.

අනු·ජාතයා, *n.* (අනු like), a son like his father or of the same quality or nature, පියාට සමවූ–සමාන–පුත්‍රයා.

අනු·ජීවක, අනු·ජීවී, *a.* (අනු with), living with, attending upon, serving, අතවැසි, සේවක.

අනු·ජීවකයා, *n.* a dependant, servant, අතවැසි මෙහෙකරුවා; comrade, companion, සහකාරයා, යහළුවා,

අනු·ඥාත, *a.* (අනු according to, ඥා to know), ordered; permitted, sanctioned; අවසර සහිත.

අනු·ඥාක, *a.* commanding, අණකරන; sanctioning, permissive, අවසරදෙන, consenting, එකමුතුවෙන.

අනු·ඥාපනය, අනු·ඥාව, *n.* order, අණ; permission, sanction, අවසරය, අනුදැනීම, consent, එකමුතුවීම.

අනුතස්, *a.* E. of අනවතපන. [තරපාපය trifling sin.

අනු·තර, *a.* (er. for අණුතර) very small: as අනු

අනු·තරය, *n.* fare, freight. ගෙනයාමේ කුලිය.

අනු·තර්ෂණය, *n.* drinking vessel (for spirituous liquors), පානපාත්‍රය. [ආශාව.

අනු·තර්ෂය, *n.* thirst, පිපාසය; longing, desire,

අනු·තාපය, *n.* (අනු after, තාපය heat, sorrow), regret, repentance, contrition, පසුතැවිල්ල.

අනු·තාපවෙනවා, *v. i.* to regret, repent, පසුතැවිලි වෙනවා, පශ්චාත්තාප වෙනවා.

අනුත්කෘෂ්ට, *a.* (අන් උත්කෘෂ්ට), not noble or exalted, උතුම් නොවන, common, ordinary, plain, සාමාන්‍ය, පොදු.

අනුත්කෘෂ්ටතාව, *n.* lack of eminence, උතුම් නොවන බව, low condition, insignificance, සුළුපටුකම.

අනුත්තම, *a.* (අන් උත්තම), inferior, subordinate, උතුම් නොවන. [අප්‍රධානකම &c.
අනුත්තමතාව, *n.* inferiority, subordinateness,
අනුත්තර, *a.* (අන් උත්තර), without a superior, viz. most eminent, paramount, principal, ඉතාඋතුම්, ප්‍රධාන.
අනුත්තර, *a.* (අන් උත්තර), answerless, උත්තර නැති, unanswerable, උත්තර දිය නොහැකි (ප්‍රශ්න &c.)
අනුත්තරය, *n.* what is no answer, evasive reply, වලංගු නැති උත්තරය.
අනුත්පාද, *a.* (අන් උත්පාද), without birth or re-incarnation or re-existence, නවත් ඉපදීමක් නැති.
අනුත්පාදනය, *n.* birthlessness, ඉපදීමක් නැති භාවය: ap. of Nirvāna, නිර්වාණ.
අනුත්පාදිත, *a.* (අන් උත්පාදිත), uncaused, හේතුව කින් අවනොගත්, unproduced, uncreated, නො ඉපදුණ.
අනුත්සූත්‍ර, *a.* (අන් priv., උත්සූත්‍ර irregular), not irregular, according to rule, orderly, regular, අනුසූත්‍ර, නියමයට එකඟ.
අනුත්සූත්‍රයෙන්, *ad.* conformably to rule, orderly, strictly, නියමයට එකඟ ලෙසම.
අනු·දත්, *a.* E. of අනුඥාත: (අනු with, දත් known), who consented or allowed; permitted, sanctioned, එකඟ වුණ, ඉඩදුන්.
අනු·දන්නවා, *v.* to consent, permit, කැමති වෙනවා or ඉඩදෙනවා; *pret.* අනුදැන්නා.
අනු·දන්නා, *a.* who consents or allows, එකඟ වෙන; permitted &c., අවසර දී තිබෙන.
අනු·දන්වනවා *v.* to consent, give permission, vouchsafe, sanction, ඉඩ–අවසර–දෙනවා.
අනුදාත්ත, *a.* (අන් priv., උදාත්ත), unaccented, or grave (accent).
අනුදාත්තය, *n.* grave accent. [ඉඩදීලා.
අනුදැන, *p. pl.* having consented, permitted &c.,
අනු·දැනීම, අනු·දැනුම, අනු·දැන්ම, *v. n.* consenting, permitting, consent, sanction, ඉඩදීම.
අනු·දික්, *a.* (අනු sub, දික් direction), intermediate (points): see අනුදිශා.
අනු·දිශා, අනු·දිශාව, *n.* non-cardinal point of the compass or quarter, intermediate point or quarter.
අනුදිත, *a* (අන් උදිත), not said, නොකියන ලද; not risen, නොනැගුණ. [දිනෙන් දින.
අනු·දින, *ad.* daily, දවස් පතා, day by day,
අනු·දිව, *n.* sub-island or small island, කුඩා දිවයින, දූපත. [tongue.
අනු·දිව, *n.* sub-tongue, viz. a growth under the
අනුද්ධත, අනුද්ධෘත, *a.* (අන් උද්ධත &c.), not lifted up or high, උස නැති, humble, lowly, යටත් පහත්.
අනු·දූතයා *n.* (අනු with) escort, attendant, කැටුව යන්නා, chaperon. E. S.

අනු·ද්‍රුතය, *n. mus.* half a druta, semi-quaver, time of a short vowel. [E. S.
අනු·ධ්‍යාන, *a.* solicitous, anxious, කාන්සාවූ.
අනු·ධ්‍යානය, *n.* (අනු subsequent, ධ්‍යානය reflection), solicitude, anxiety, කාන්සාව.
අනු·නය, *n.* (අනු as, නය proper), salutation, ආචාරය, courtesy, paying respect or reverence, බුහුමානය, ගරු කෙරීම; soothing, lulling, නැලවිල්ල.
අනු·නයකරනවා, *v.* to salute, shew respect, ආචාර කරනවා, ගරු කරනවා.
අනු·නයී, *a.* courteous, respectful, condescending, ආචාරවන්ත, උඩඟු නැති. [කම &c.
අනු·නයීතාව, *n.* courteousness &c., ආචාරවන්ත
අනු·නාද, අනු·නාදී, *a.* (අනු after or responding), resonant, reverberant, pert. to echoes, catacoustic, දෝංකාර. [perty, දෝංකාරකම.
අනු·නාදතාව, *n.* resonance, catacoustic pro-
අනු·නාදය, *n.* after-sound, echo, resonance, දෝංකාරය.
අනු·නාද·ශාස්ත්‍රය, *n.* science of echoes, catacoustics, දෝංකාර ශාස්ත්‍රය.
අනු·නායක, *a.* (අනු. sub), pert to the sub-chief or vice-president. [high-priest.
අනු·නායක උන්නාන්සේ, *n.* B. P. the second
අනු·නායකකම, *n.* vice-presidency (the rank or state). [or duties).
අනු·නායක·ධුරය, *n.* vice-presidency (the office
අනු·නායක·පදවිය, *n.* vice-presidency (the office or district of), R. C. cardinalate.
අනු·නායකයා, *n.* sub-chief, vice-president.
අනු·නායක·සම්මුතිය, *n.* assembly of vice-presidents, R. C. consistory.
අනු·නාසික, *a.* nasal, through the nose.
අනුන්, *pron. pl. acc.* other persons, අන් අයවල්.
අනුප, *a.* watery, දියාරු.
අනුපකාර, අනුපකාරී, *a.* (අන් priv., උප:), not-assisting, disobliging, unaccommodating, උපකාර නොකරන; without assistance, helpless, අසරණ.
අනුපකාරය, *n.* non-assistance, disfavour, unkindness, උපකාර නැතිකම, opposition, විරුඩකම.
අනුපක්ලිෂ්ට, *a.* (අන් priv., උපක්ලිෂ්ට polluted), unpolluted, pure, holy, නිර්මල, පිරිසිදු.
අනු·පදය, *n.* (අනු after) repeated word or sentence.
අනු·පදයෙන්, අනු·පදිකව, *ad.* following the steps, step by step, step after step, අඩියක් අඩියක් පාසා.
අනුපදිශේෂ, *a.* (අන් උප:), E. of අනුපාදිශේෂ.
අනුපම, *a.* (අන්, උපම like), none such, viz. best, excellent, ඉතා උතුම්; unlike, අසමාන.
අනුපමේය, *a.* (අන් උප:), non-analogous, incomparable, සමාන නැති.

අනු·පය, *n.* order, arrangement, පිළිවෙල.
අනුපලිප්ත, *a.* (අන් උප :), not besmeared, තැවරී නැති, unsullied, unpolluted, නිර්මල.
අනුපසපන්, අනුපසම්පන්න, *a.* (අන් උප:), B. P. not of full attainment, unordained, උපසම්පද නොලත්.
අනුපහත, *a.* (අන් උප, හත), unsmitten, පහර නොලැබූ, uninjured, unhurt, අනාදරනුණ.
අනුපාද·විමෝක්ෂය, *n.* (අන් priv., උපාද, clinging), deliverance from passions, කෙලෙස යන්ගෙන් මිදීම.
අනුපාදිශේෂ, *a.* (අන් උපාදිः), pert. to extinction or absence of the five elements (පංච ස්කන්ධ) of which beings consist and which bar the way to Nirvāna, unresidual, elementless, ස්කන්ධ ශේෂ නැති.
අනු·පානය, *n.* (අනු with), accompanying fluid or drink (in which medicine is taken); fluid vehicle in medicine.
අනුපාය, *a.* (අන් උපාය), without device, උපාය නැති ; unfeigned, අවංක.
අනු·පාශ්ව, *a.* at the side, lateral, පැත්තට අයිතිවූ.
අනු·පූර්ව, අනු·පූර්වාකාර, *a.* (අනු after or as, පූර්ව before), consecutive, successional, serial, regular, ක්‍රමාකාර. [ක්‍රමය.
අනු·පූර්වය, *n.* consecution, succession, ක්‍රමානු
අනු·පූර්වයෙන්, අනු·පූර්වාකාරයෙන්, *ad.* consecutively, successively, seriatim, ක්‍රමානුක්‍රමයෙන්.
අනු·පෙර, *a.* according to the preceding, consecutive. See අනුපූර්ව. [අධික නියෝගය.
අනු·ප්‍රඥප්තිය, *n.* extra precept or institute,
අනු·ප්‍රාකාරය, *n.* auxiliary wall or rampart, උප or අධික පවුර.
අනු·ප්‍රාසය, *n.* (අනු as, ප්‍ර before, අස් to be), alliteration or repetition, නැවත නැවත කීම.
අනු·බඳ, *a.* (අනු with, බන්ධ united), connected, attached, බැඳි. [සම්බන්ධ, සැඳිවූ.
අනු·බන්ධ, *a.* connected, appended, concomitant,
අනු·බන්ධනය, *n.* binding together, connecting, appending, සැඳීකිරීම ; appendage, appurtenance, concomitant, සම්බන්ධවූ දෙය.
අනු·බන්ධනයකරනවා, *v. t.* to attach, connect, සැඳීකරනවා ; pursue, ලුහුබඳිනවා.
අනු·බන්ධය, *n.* attaching, සැඳීකිරීම ; adjunct, concomitant, symptom ; *gram.* affix, suffix, ප්‍රත්‍යය. [නිරන්තර.
අනු·බද්ද, *a.* continual, constant, perpetual,
අනු·බද්දව, *ad.* continually &c., නිතරම.
අනු·බලදෙනවා, *v.* to buttress, support ; sustain; encourage, urge on, abet ; රුකුල්දෙනවා, උනු ලනවා, පොළඹවනවා.
අනු·බලය, *n.* support, aid, පිහිටාධාරය, reinforcement, අලුතු බලයක් දීම.
අනු·බැඳගන්නවා, *v. t.* to drive after, pursue, ලුහුබඳිනවා.

අනුබුදු, අනුබුදුවරයා, *n.* secondary or inferior Buddha, පසේ බුදුන්.
අනු·බ්‍යඤ්ජන, *n.* See අනුව්‍යඤ්ජන.
අනු·භවකරනවා, *v. t. hon.* to partake of, eat, enjoy, කනවා, භුක්තිවිඳිනවා.
අනු·භවය, *n.* apprehension, තේරුම්ගැනීම ; experience, අත්දැකීම ; partaking, enjoyment of, භුක්තිවිඳීම. [ration, ආනුභාවය, අනුහස.
අනු·භාවය, *n.* power, influence, efficacy, inspi-
අනු·භුක්තකරනවා, *v. t.* to enjoy, භුක්තිවිඳිනවා.
අනු·භූත, *a.* known, දැනගත්, experienced, enjoyed, අත්දුටු, භුක්තිවින්ද.
අනු·භූතිය, *n.* knowledge of, දැනුම, දැනගැන්ම, experience, enjoyment, අත්දැකීම, භුක්තිය.
අනු·මජ්ජිත, *a.* P. rubbed, cleansed, ඇතිල්ලූ, පවිත්‍රකළ.
අනු·මතකරනවා, අනු·මතිකරනවා, *v. t.* to instigate, prompt, පොළඹවනවා, suggest, හඟවනවා ; consent to, second (a proposal), එකඟවෙනවා.
අනු·මතය, අනු·මතිය, *n.* consent, concurrence, එකඟවූකම ; suggestion, proposal, යෝජනාව ; order, command, අණ ; fifteenth day of the moon's age, පසළොස්වක.
අනුමත·දත්තා, *n.* ap. of අනානායා.
අනු·මරණය, *n.* associated death, dying with, sutteeism, එක්ව-අනුව-මැරීම.
අනු·මර්දනය, අනුමර්ජනය, *n.* rubbing, ඇතිල්ලීම, cleansing, පවිත්‍රකෙරීම.
අනු·මාන, *a.* doubtful, uncertain, obscure ; *log.* inferential.
අනු·මානකම, *n.* doubtfulness, uncertainty.
අනු·මානකරනවා, *v.* to doubt, hesitate. [ence.
අනුමානය, *n.* doubt &c., suspense ; *log.* infer-
අනු·මානවෙනවා, *v. i.* to be doubtful, uncertain.
අනු·මාන·වාචක, *a.* expressive of doubt, suppositive, අනුමානබව හඟවන.
අනු·මාන·වාචකය, *n.* word expressive of doubt, අනුමානබව හඟවන වචනයක්.
අනුමැතිය, *n.* See අනුමතය, අනුමතිය.
අනු·මිති, අනු·මිත්‍යාකාර, *a.* (අනු according, මිති measuring, ආකාර), inferential, deductive, illative. E. S. [E. S.
අනු·මිතිය, *n.* inference, deduction, illation.
අනු·මිති·වශයෙන්, අනු·මිත්‍යාකාරයෙන්, *ad.* inferentially &c. E. S.
අනු·මෙවෙනි, අනු·මෝදන්, *a.* thanksgiving-, benedictive, participative.
අනු·මේය, *a.* (අනු with, මේය measurable), deducible, inferential, inferable, illative. E.S.
අනු·මේයාකාරයෙන්, *ad.* inferentially. E. S.
අනුමෝදනාව, අනුමෝදන්, } *n.* participation of or satisfaction with the joy or merit acquired, B. P. acceptance of and thanks for offerings made, with benediction also.

අනුමෝදනාකාරවනවා, } *v. t.* to make to share in
අනුමෝදන්කරනවා, } (the merit and benefit of offerings &c.), සහභාගි–පංගුකාර–කරවනවා.

අනු·මෝදන්වෙනවා, *v. i.* to participate in, share in, be partaker with, සහභාගිවෙනවා.

අනු·යාගය, *n.* an accompanying or additional offering.

අනුයාත, *a.* gone with, accompanying, consequent, කැටුවගිය, කැටුවගත.

අනු·යාත්‍ර, *a.* going with, accompanying, consequent, consecutive, අනුව–කැටුව–යන, legitimate (inference), නිසිවූ.

අනු·යායි, *a.* (යායි going), following, consecutive, consequential, deductive, illative (see above).

අනු·යායි, *n.* follower, කැටුව යන්නා, attendant, servant, මෙහෙකරුවා.

අනු·යායි·අපෝහනය, *n.* inferential reasoning, ratiocination. E. S.

අනු·යායිත්වය, *n.* consequence, consequent, result, ඵලෝදය. E. S.

අනු·යුක්ත, *a.* joined with, added to, එකතුවූ.

අනු·යෝගය, අනු·යෝග, *n.* joining with, එකතු කෙරීම; subject of debate, the question, ප්‍රශ්නය.

අනුර, අනුරේ·නැකත, *n.* seventeenth lunar mansion; const. Libra, තුලාරාශිය.

අනු·රජ, *n.* vice-king, Governor-in-chief, protector, regent, nabob.

අනු·රජකම, අනු·රාජත්වය, *n.* viceroyalty, protectorate, regency.

අනු·රක්ත, අනු·රඤ්ජිත, *a. lit.* and *fig.* adhering to, attached to, ඇලෙන, ඇලුණුවූ, ඇලුම්වූ.

අනු·රඤ්ජනය, *n.* adherence, attachment, ඇලීම, ඇලුම්කම. [ආලය, රාගය.

අනු·රතිය, *n.* love, passion for, passion, ප්‍රේමය,

අනුරා, අනු·රාගය, *n.* See අනුරතිය.

අනු·රාජ, අනු·රාජක, අනු·රාජකීය, *a.* vice-regal.

අනු·රාජාණ්ඩුව, *n.* ('ආණ්ඩුව), regency, government of a regent.

අනු·රාධා, *n.* See අනුර.

අනු·රාවය, *n.* echo (see අනුනාදය).

අනු·රාව·ශාස්ත්‍රය, *n.* catacoustics (see අනුනාද ශාස්ත්‍රය).

අනු·රූත්, *a.* E. of අනුවර්ති: accordant with the meaning, අර්ථයට එකඟ.

අනු·රූ, අනු·රූප, *a.* like, similar, සමාන; conformable, fit, proper, accordant with, compatible, congruous, appropriate, සුදුසු, ඉසාංගු.

අනු·රූපතාව, *n.* similarity; fitness, compatibility, &c. [කම, ආදෘශය.

අනු·රූපය, *n.* likeness, model, pattern, සමාන

අනු·රූපව, *ad.* agreeably to, appropriately &c., එකඟලෙස, ඉසාංගුලෙස.

අනු·රෝධය, *n.* complaisance, courtesy, ප්‍රසන්න ගතිය, ආචාරවන්තකම. E. S.

අනු·රෝධී, *a.* complaisant, courteous, obliging, ප්‍රසන්නවූ, සතුටුකරන. E. S. [logical.

අනු·ලාප, *a.* (අනු again, ලාප saying), tauto-

අනු·ලාපය, *n.* tautology, නැවත නැවත කීම.

අනු·ලේපනය, අනු·ලේපය, *n.* anointing, ආලේපය. [larly, පිළිවෙළින්.

අනු·ලොම්ව, අනුලෝමව, *ad.* accordantly, regu-

අනු·ලෝම, අනු·ලෝමික, *a. lit.* with the hair, viz. the way of–not against–the grain, in natural order, regular, අනුක්‍රමික. See ප්‍රතිලෝම.

අනු·ලෝම·ජ, *a.* produced in the natural or regular order, consecutive, හරි පිළිවෙළින් පැමිණෙන.

අනු·ලෝමිකතාව, *n.* consecutiveness, regularity, ක්‍රමානුක්‍රමය, හරි පිළිවෙළ.

අනුල්ලංඝන, *a.* (අන් උල්ල:), not overstepping or going beyond, ඉක්ම නොයන, not transgressing, කඩ නොකරන.

අනුල්ලංඝනය, *n.* non-transgression, non-infraction (of law), ඉක්මනොයාම, කඩනොකෙරීම.

අනුල්ලංඝනාකාර, *a.* ('ආකාර) such as does not go beyond or transgress, or is not passed over or transgressed, impassable, පිටනොයන–කඩනොකරන–ආකාර. [නොහැකිලෙස.

අනුල්ලංඝනාකාරයෙන්, *ad.* impassably, පිටවිය

අනුල්ලංඝනීය, *a.* not to be transgressed, impassable, කඩකළ–පිටවිය–නොහැකිවූ or අයුතුවූ.

අනුව, *post.* with, together with, කැටුව, සමග; after, පස්සේ.

අ·නුවණ, *a.* unwise, imprudent, indiscreet, injudicious, foolish, නුවණ නැති, නුවණමද.

අ·නුවණකම, *n.* unwisdom, imprudence &c.

අනුව·යනවා or එනවා, *v.* to go or come with, accompany, කැටුව යනවා or එනවා; follow, පස්සේ යනවා.

අනු·වර්තනය, *n.* association with, එක්ව හැසිරීම; courtesy, E. S.; result, sequel, ඵලය, ඵලෝදය. [ඵලවශයෙන් සිද්ධවෙනවා.

අනු·වර්තිවෙනවා, *v. i.* to result, redound, ප්‍රති

අනු·වශ, *a.* (අනු other, වශ subject to), under the power or control of another, subject, වසඟ.

අනු·වශය, *n.* subjection, වසඟය.

අනු·වාදය, *n.* censure, abuse, අපවාදය, retort, ඇනුම්පදය; (tautology see අනුලාපය); debate, විවාදය.

අනුවාදේ, *ad.* accidentally, අහම්බෙන්, nearly, almost, යම්තම්. [එකඟ.

අනු·වාදී, *a.* conformable, harmonious, අනුකූල,

අනු·වාසනය, *n.* perfuming, scenting, fumigation, සුවඳ ගැල්වීම; injection, වස්තිය.

අනු·වාසනයකරනවා, *v.* to perfume, scent, සුවඳ ගල්වනවා, fumigate, බෙහෙත් දුම්ගස්වනවා; inject, වස්තිකරනවා.

අනු විචරිත, *a.* who has travelled much or had much intercourse.

අනු·විධායි, *a.* conforming, complying, එකඟ වන, එකමුතුවන.

අනු·විධායිත්වය, *n.* conformity, compliance, එකඟ කම, එකමුතුවීම.

අනුවියද්දත්, *n.* E. of අනුව්‍යඤ්ජන.

අනු·විසි, *a.* subject, subordinate, වසඟ; twenty less one, දහනවය.

අනු·වෘත්ති, *n.* complaisant, ප්‍රසන්න; accompanying, resultant, අනුවයන or අවගන්න.

අනු·වෘත්තිය, *n.* complaisance, ප්‍රසන්න ගතිය, compliance, එකමුතුවීම; result, consequent, (see අනුවර්ත්තනය).

අනු·ව්‍යඤ්ජන, *n. pl.* (අනු secondary), minor marks or characteristics (see අසීත්‍යනුව්‍යඤ්ජන).

අනුශය, *n.* inveterate hatred, feud, කල්ගත ක්‍රෝධය; regret, penitence, පසුතැවිල්ල.

අනු·ශායි, *a.* regretful, penitent, තැවෙන, පසු තැවිලිවෙන.

අනු·ශාසක, අනුශාසක, අනුශාසනික, *a.* hortatory, exhortatory, admonitory, advisory, අවවාද සහිත, දූනමුතුකම් දෙන.

අනු·ශාසකයා, අනු·ශාසනිකයා, *n.* exhorter, admonisher, instructor, අවවාද කරන්නා &c., උපදේශකයා.

අනු·ශාසනය, අනු·ශාසනාව, *n.* exhortation, admonition, counsel, අවවාදය, දූනමුතුකම, sermon දේශනාව.

අනු·ශාසනාකරනවා, *v.* to exhort, admonish, warn, counsel, instruct, දූනමුතුකම් දෙනවා &c.

අනු·ශීලනය, *n.* practice, exercise, පුහුණු කෙරීම.

අනු·ශෝකය, අනු·ශෝචනය, *n.* regret, repentance, sorrow, තැවීම, සෝකය.

අනු·ෂංගය, *n.* result, sequence, කැටුව සිඩවීම or සිඩවන දේ, ඵලෝදය.

අනු·ෂංගික, *a.* sequential, consequent, කැටුව සිඩවෙන (see අනුයාත).

අනු·ෂංගිකේන්ද්‍රියය, *n.* (අනු·ෂංගික ඉන්ද්‍රියය), *phren.* eventuality.

අනු·ෂ්ඨානය, *n.* acting, doing, procedure, ක්‍රියා කිරීම; effort, උත්සාහය.

අනුෂ්ණ, *a.* (අන් උෂ්ණ), not warm, lukewarm, cold; apathetic, sluggish, lazy, උෂ්ණ නැති, උණුසුම් නැති; උත්සාහ නැති.

අනුෂ්ණතාව, *n.* lukewarmness, apathy &c.

අනු·සරණය, *n.* following after, අනුව යාම; custom, පුරුද්ද, සිරිත.

අනු·සරය, *n.* E. of අනුස්මරය: recollection, remembrance, සිහිකිරීම.

අනු·සරය, *n.* following, accompanying, අනුව යාම; acting with, එක්ව හැසිරීම.

අනු·සරයා, *n.* follower, co-operator, අනුචරයා, එක්ව හැසිරෙන්නා.

අනුසස, *n.* power &c: see අනුහස.

අනු·සාරය, *n.* following after; conforming to custom or usage; අනුවයාම; means or medium, උපක්‍රමය.

අනු·සාරයෙන්, *ad.* through the medium of, by: as තෝල්ක අනුසාරයෙන්, by interpretation.

අනු·සූත්‍ර, *a.* according to rule, regular, නියමයට එකඟවූ. [නියමයට එකඟකම.

අනු·සූත්‍රතාව, *n.* conformity to rule, regularity,

අනු·ස්මරණය, අනු·ස්මෘතිය, *n.* recollection, remembrance, memory, සිහිකිරීම, මතක.

අනු·ස්මරණයකරනවා, *v. t.* to remember, සිහි කරනවා. [nasal sign (ං), බින්දුව.

අනු·ස්වාරය, *n.* (අනු after, ස්වාරය sound), the

අනුහස, *n.* power, influence, effect, efficacy, result, ආනිසංසය.

අනු·හාර, *a.* (අනු after, හාර taking), imitative, mimic, mock, සමාන, සමානකරන. [E. S.

අනු·හාරකරනවා, *v.* to do like, imitate, mimic.

අනු·හාර·නාඩගම, *n.* mime, farce, කවටනාඩගම.

අනු·හාර·නාඩගම්කාරයා, *n.* farcical actor, mime.

අනු·හාරය, *n.* imitation, mimicry. E. S.

අනු·හාරයා, *n.* imitator, copier, mimic.

අනු·සෝ·ගාමී, *a.* (අනු with, සෝ stream, ගාමී going), swimming down stream, going with the stream, යට ගං බලා පීනන; *fig.* පහළුව බලා ක්‍රියාකරන.

අනූ, *a.* ninety. See අනූව.

අනූන, අනූනක, *a.* (අන් ඌන), not deficient, defectless, අඩු–පලුදු–නැති; entire, complete, whole, සම්පූර්ණ.

අනූනතාව, *n.* entireness &c., perfectness

අනූප, *a.* (fr. අනු with, ආප water), wet, watery, තෙත්වූ, දියාරු.

අනූපම, *a.* (අන් උපම) unlike, සමානනැති; incomparable, අසහාය.

අනූපසථායකයා, *n.* (අනු උප:) sub-assistant, assistant deacon, sub-deacon.

අනූව, *n.*; අනූ, *a.* ninety.

අනූවෙනි, *a.* ninetieth.

අනෘජු, *a.* (අන් ඍජු), not straight, කෙලින්නැති, crooked, indirect, වකුටු; disingenuous, perverse, වංක.

අනෘජු·කරණය, *n.* making crooked or oblique, වකුටු කිරීම, refraction, නමා ඇරීම.

අනෘජු·කෝණය, *n.* oblique angle. E. S.

අනෘජුතාව, *n.* crookedness &c.: see adj.

අනෘත, *a.* (අන් ඍත true), untrue, අසත්‍ය, false, බොරු.

අනෘතය, *n.* untruth, falsehood, බොරුව.

අනෘති·නිගමනය, *n.* (අන්, ඍති not true), *log.* false or wrong conclusion, වැරදි සිඩාන්තය.

අනෘති·නිගමනාකාර, *a.* (·ආකාර) *log.* inconclusive, හරිනිරණයක් නැති (තර්කය).

අනේ, *int.* alas! oh!

අනේ, අනේක, *a.* (අන් ඒක), not one only, several, manifold, various, නොයෙක්.

අනේකජයා, *n.* (ජ produced), one not of single birth, viz. a bird, as produced in the shell and from the shell, කුරුල්ලා.

අනේකප්‍රකාර, අනේකාකාර, *a.* various, manifold, multiform, multifarious, mixed, නොයෙක් ආකාර, මිශ්‍ර.

අනේකස්වරූප, *a.* multiform, multifarious, නොයෙක් හැඩ or විසි ඇති.

අනේකස්වරූපතාව, *n.* multiformity &c., ස්වරූප බහුලකම.

අනේඩමූක, *a.* deaf and dumb, බිහිරි ගොළු; wicked, fraudulent, දුෂ්ට, කපටිකාර.

අනේඩමූකයා, *n.* deaf-mute, බිහිරි ගොළුවා; wicked person &c., දුෂ්ටයා &c.

අනේවා, *n. pl.* several years, අවුරුදු ගණනක්.

අනොත්තප්ප, *a.* P. fr. අන් උත්තප්ප: see අනවතප්ත.

අනෝතපය, *n.* (අන්, උතප heat), fearlessness, recklessness, නිර්භීතිය.

අනෝතප්, *a.* fearless, නිර්භීත, භයනැති.

අනෝද-අනෝනා-ගෙඩිය, *n.* custard apple, *anona squamosa.*

අනෞපම්‍ය, *a.* (අන් ඖපම්‍ය), dissimilar, unparalleled, අසමාන. [see අ.

අන්, *prefix*, privative for අ before a vowel:

අන්, *a.* other, foreign, වෙන.

අන්කරු, *a.* See අන්‍ය කාරක.

අන්ජලාවා, අන්ජ්ලාවා, *n.* young seer fish.

අන්ත, *a.* final, terminal, ultimate, අන්තිම.

අන්තකයා, *n.* Māra, king of death, viz. Yama, යම ; also වසවර්තී, the enemy of Buddha.

අන්තකාරිපු, *n.* enemy of death, enemy of Māra, ap. of Buddha.

අන්තග, අන්තගත, *a.* (ග, ගත gone, arrived), arrived at the end, අන්තිමට පැමිණි, deceased, dead, තුරන්වූ, මැරුණු.

අන්තය, *n.* end, terminus, අන්තිමය, conclusion, නිස්තුව ; penance, offerings to obtain a place in a Kāmalōkaya. [පහත් අය.

අන්තයා, *n.* the last or lowest person, අධමයා,

අන්තර, *a.* intermediate, intervening, අතරතුරෙ සිටි, included, අයුත්තු.

අන්තරට්ටාලය, *n.* (අන්තර අට්ටාලය), upper room or pavilion, ඇතුල් උඩු මහල.

අන්තරය, *n.* intermediate space ; interval ; අතර තුර ; distance or difference (between two points &c.), දුර ප්‍රමාණය,

අන්තරයෙහි, *post.* or *ad.* inside, within, ඇතුළෙහි, between, අතරෙහි.

අන්තරව, *ad.* in the interval ; during, අතරතුරේ, among, අතරෙහි. [ments worn by B.P.

අන්තරවාසකය, *n.* the inner of the three gar-

අන්තරස්ථ, *a.* situated within, ඇතුළේ පිහිටි, internal, immanent, ඇතුළත්.

අන්තරාවකාශය, *n.* intervening space, අතරතුරේ ඉඩම, recess, ඇතුල්ඉඩම. E. S.

අන්තරාංශය, *n.* (අංශය), the inner side or portion, the inside, ඇතුල් පැත්ත.

අන්තරාකරනවා, *v.* to damage, injure.

අන්තරාන්තරයෙහි, *ad.* (අන්තර අන්තරයෙහි), at intervals, අතර මැරේ, වරින් වර. [death.

අන්තරාමරණය, *n.* death by injury, accidental

අන්තරාය, අන්තරාව, *n.* damage, injury ; danger.

අන්තරාලය, *n.* (ආලය, room, space) intervening or included space, interval, අතරතුර ඉඩ.

අන්තරාවනත, *a.* (අවනත), bent inwards, involute, involuted, ඇතුළට නැමී තිබෙන.

අන්තරාවරණය, *n.* (ආවරණය), inner cover, *bot.* endocarp, ගෙඩිවල ඇතුල් කටුව.

අන්තරීක්ෂය, අන්තරීක්ෂය, *n.* (අන්තර්, ඊක්ෂ to see), the seen space viz. the sky, අහස.

අන්තරීක්ෂණය, *n.* (අන්තර් ඊක්ෂණය), inner gaze, introspection. E. S.

අන්තරීක්ෂණයකරනවා, *v.* to introspect, තමාගේම සිත සෝදිසි කර බලනවා.

අන්තරීය, *n.* under garment, යටඇඳුම.

අන්තර්, *prefix*, another from of අන්තඃ, signifying within, internal, intra, ඇතුල්.

අන්තර්ගත, *a.* (අන්තර් within, ගත gone, entered), interposed, intermediate, containing, included, inherent, contained, comprised, අඩංගු, අයුත්තු, implied, හැඟෙන, ඇතුළත්.

අන්තර්ගතකරනවා, *v. t.* to include, embody, intercalate, අඩංගුකරනවා.

අන්තර්ගතතාව, *n.* state of being included &c., inherence, අඩංගුකම.

අන්තර්ගතවෙනවා, *v. i.* to become included, contained &c., අඩංගු වෙනවා. [E. S.

අන්තර්ගම්‍ය, *a.* (අන්තර් ගම්‍ය), penetrable, pervious.

අන්තර්ගම්‍යතාව, *n.* penetrability. E. S.

අන්තර්ගෘහය, *n.* (අන්තර් ගෘහය), inner room, apartment, ඇතුල්ගෙය, කාමරය.

අන්තර්ජඨරය, *n.* (අන්තර් ජඨරය), stomach, ආමාශය, බඩ. [nate, සහජ, ජන්ම.

අන්තර්ජාත, *a.* (අන්තර් ජාත), inborn, inbred, in-

අන්තර්දාහය, *n.* internal heat or inflammation, heat of fever, ඇඟ ඇතුළේ උෂ්ණය, දවිල්ල.

අන්තර්දිව්‍යපරම්විඥානයා, අන්තර්දිව්‍යවිඥානයා, *n.* theosophist.

අන්තර්දිව්‍යස්වභාවය, අන්තර්දිව්‍යාශ්‍රයය, *n.* theosophy, theosophism.

අන්තර්ධාන, අන්තර්ධාන, *a.* (අන්තර්, ධා to hold or have), vanished, occulted, නොපෙනීගිය, නොපෙනීයන: see අතුරුදන්.

අන්තර්ධානකරනවා, *v. t.* to cause to vanish, to occult, ගුප්තකරනවා.

අන්තර්ධානතාව, *n.* occultness, non-appearance, නොපෙනෙන ස්වභාවය, ගුප්තතාව.

අන්තර්ධානය, අන්තර්ධානවීම, *n.* disappearing, vanishing, evanescence, occultation, නොපෙනී යාම, අදෘශ්‍යවීම, ගුප්තය.

අන්තර්ධානවෙනවා, *v. i.* to disappear, vanish, immerge, become occulted, නොපෙනීයනවා, ගුප්තවෙනවා.

අන්තර්භූත, *a.* (අන්තර් භූත), being within, internal, immanent, inherent, ඇතුලත්වූ.

අන්තර්භූතතාව, *n.* internality, immanency, inherency, ඇතුලත්ව තිබීම.

අන්තර්භෞම, *a.* (අන්තර් භෞම), subterranean, intramundane, භූමිය ඇතුලත්වූ.

අන්තර්භෞම·සමාධිය, *n.* catacomb, subterranean cemetery, පොළොවෙන් ගුහාව. E. S.

අන්තර්භෞමාගාරය, *n.* (·ආගාරය), vault, undercroft, සිම්ගෙය, උමග.

අන්තර්වර්ති, *a.* (අන්තර්, වර්ති being), internal, intrinsic, ඇතුලත්වූ, සත්‍යවූ.

අන්තර්වර්ත්‍යාකාරයෙන්, *ad.* (වර්ති ආකා :), internally &c., ඇතුල් ආකාරයෙන්, සත්‍යාකාරයෙන්.

අන්තර්වාක්‍යය, *n.* (අන්තර් වාක්‍යය), parenthesis, E. S. [වාක්‍යයක් මැද්කර.

අන්තර්වාක්‍යාකාරයෙන්, *ad.* parenthetically, වගන්

අන්තර්වෘද්ධ, *a.* (·වෘද්ධ increasing), *bot.* growing internally, endogenous. E. S.

අන්තර්වෘද්ධ·වෘක්ෂය, *n.* endogenous plant or tree, endogen.

අන්තර්ගත, *a.* (ගත gone &c.), gone or held within, vanished, concealed, hidden, අන්තර්ධාන, ගුප්ත.

අන්ත·බීජය, *n.* final cause, මුල්–හේතුව–අදහස.

අන්ත·ශයනාව, *n.* last resting place, last lying down, viz. the grave, death, සොහොන, මරණය.

අන්තශ්චර, *a.* (අන්තඃ චර going), walking within, allied to, devoted to, ඇතුලත්ව–ඇලුම්ව–හැසිරෙන.

අන්තඃ, *prefix*, signifying within, internal. The same as අන්තර්, but used before certain letters, as below.

අන්තඃ·කර්ණ·කාල, *a.* tympanic, (of the ear).

අන්තඃ·කර්ණ·කාලය, අන්තඃ·කර්ණකාව, *n.* tube or drum of the inner ear, tympanum, කනේ මැද තලය. [the ear, ඇතුල්කන.

අන්තඃ·කර්ණය, *n.* the internal ear, labyrinth of

අන්තඃ·කල්පය, *n.* a certain number of years in Buddhism: according to B. man's age increases by imperceptible degrees from ten years to an Asankhya (අසංඛ්‍ය) and then decreases in the same way to ten years: the period required for this is an Antaḥkalpa. See අසංඛ්‍ය. [මග.

අන්තඃ·පථය, *n.* inner passage, gallery, ඇතුල්

අන්තඃ·පාර්ශ්ව, *a.* interfacial, interior, ඇතුල්.

අන්තඃ·පුරය, *n. lit.* inner city, viz. inner apartments of a palace (for women), harem, zenana, ඇතුළු නුවර.

අන්තඃ·පෘථිවි·ශාස්ත්‍ර, *a.* geological. E. S.

අන්තඃ·පෘථිවි·ශාස්ත්‍රය, *n.* geology. E. S.

අන්තඃ·ප්‍රාචීර, *a.* intramural, පවුරු ඇතුලෙහි ඇත්තාවූ.

අන්තඃ·සත්වාව, *n.* pregnant female, ගර්භිණී.

අන්ත්‍යාක්ෂරලෝපය, *n.* (·අක්ෂර), *gram.* elision of the last letter of a word, synalepha, අන්තිම අකුර ලොප්කෙරීම.

අන්තානන්ත, *a.* (අන්ත අනන්ත), limited and unlimited, ending and endless, finite and infinite.

අන්තාවසරය, *n.* (අන්ත අවසරය), last concession or command, ultimatum, අන්තිම අවසරය.

අන්තික, *a.* near, ළඟ, කිට්ටු.

අන්තිම, *a.* last, final, concluding, ultimate.

අන්තිමකරනවා, *v. t.* to finish, end, conclude, නිම්දුකරනවා.

අන්තිම·කැමති·පත්‍ර·ආදායම, *n.* probate duty.

අන්තිම·කැමති·පත්‍රය, or අන්තිම·කැමැත්ත, *n.* last will and testament.

අන්තිම·කැමති·පත්‍ර·ශාලාව, *n.* probate court.

අන්තිමකොට, *ad.* lastly, at last.

අන්තිමය, *n.* end, termination, නිම්දුව.

අන්තිමාලේපය, *n.* (·ආලේපය), R. C. extreme unction, final anointing. [finally.

අන්තිමේට, අන්තිමේදී, *ad.* ultimately, at last,

අන්තේවාසිකයා, අන්තේවාසියා, *n.* (අන්තේ near, with), pupil &c.: see අතවැසියා.

අන්තේවාසිකාව, *n.* handmaid, අතවැසි ස්ත්‍රී, වැඩකාරී, female pupil, ගෝල ස්ත්‍රී.

අන්තෝනගරය, *n.* (අන්තඃනගරය), inner town, ඇතුළු නුවර, palace, මාලිගාව.

අන්තෝර්ය, *n.* harem : see අන්තඃපුරය.

අන්තෝසීමා, *a.* (අන්තඃසීමා), within the boundary, සීමාව තුල ඇත්තාවූ.

අන්ත්‍ය, *a.* the last, final, terminal, ultimate, concluding, අන්තිම.

අන්ත්‍ය·කර්ම, අන්ත්‍ය·කෘත්‍ය, අන්ත්‍ය·ක්‍රියා, *n. pl.* the last acts, funeral rites, obsequies, අවමංගල්‍ය චාරිත්‍ර.

අන්ත්‍ය·වර්ණයා, *n. mas.* (වර්ණය caste), a person of the last of the four castes, viz. a sudra, ශුද්‍රයා. [අන්ත්‍යාක්ෂරලෝපය.

අන්ත්‍ය·වර්ණ·ලෝපය, *n.* (වර්ණය letter): see

අන්ත්‍යාචාරය, *n.* (·ආචාරය), farewell, valediction, ආයුබෝවන් ආදිය කීම.

අන්ත්‍යාදේශය, *n.* (·ආදේශය), the last warning, R. C. re-aggravation, අන්තිම අවවාදය.

අන්ත්‍ර, *n. pl.* or *a.* bowels, entrails; bowel, intestinal, enteric, splanchnic; බඩවැල්.

අන්ත්‍ර·ගුණය, *n* (ගුණය string or band), the mesentery, අන්ත්‍රබන්ධන.

අන්ත්‍ර·කෘමියෝ, *n. pl.* intestinal worms, enthelmintha, බඩපණුවෝ.

අන්ත්‍ර·ච්ඡේදය, *n.* enterotomy, බඩවැල් කැපීම.

අන්ත්‍ර·ජ්වරය, *n.* typhoid fever, සන්නිපාත ජ්වරය.

අන්ත්‍ර·දාහය, *n.* inflammation of the intestines, enteritis, බඩවැල් දැවිල්ල. [ගුණය.

අන්ත්‍ර·බන්ධනය, *n.* the mesentery: see අන්ත්‍ර

අන්ත්‍රය, *n.* entrail, intestine, gut, බඩවැල.

අන්ත්‍ර·රෝගය, *n.* intestinal disease, enteropathy, බඩවැල් ලෙඩ. [වැල් පිළිබඳ විද්‍යාව.

අන්ත්‍ර·විද්‍යාව, *n.* enterology, splanchnology, බඩ

අන්ත්‍ර·විස්තරය, *n.* enterography, splanchnography, බඩවැල් විස්තරය.

අන්ත්‍ර·වෘද්ධි·බන්ධනය, *n. sur.* rupture-band, truss.

අන්ත්‍ර·වෘද්ධිය, *n.* rupture, hernia of the bowels.

අන්ත්‍රාවරණය, *n.* (·ආවරණය), omentum, caul, බඩවැල් මල්ල.

අන්දම, shape, mode, manner, condition, state.

අන්දම් තබනවා, *v. t.* to shape, as the beard by trimming.

අන්දවනවා, *v. t.* to dress, attire, clothe, as මඟුල ඇඳුම් අන්දවනවා; *pret.* ඇන්දෙවුවා: *v. n.* ඇන්දවීම.

අන්දූයම, *n.* entrenched camp, barricade.

අන්දූයම් බඳිනවා, *v.* to form an entrenched camp, barricade.

අන්·දිටු, *a.* E. for අන්‍යදෘෂ්ටි: of other view or religion, heretic.

අඳුනය, අඳුව, *n.* woman's ankle ring, පා වළල්ල; fetter, විලංගුව.

අඳුඝරය, *n.* prison, සිරගෙය.

අඳු·බන්ධනය, *n.* handcuff, fetter, විලංගුව.

අඳූනය, *n.* chain for elephant's feet, ඇන්දම.

අන්·දේශක්කාර, *a.* foreign.

අන්·දේශක්කාරයා, *n.* foreigner.

අන්දෝරුව, *n.* palanquin, දෝලාව.

අන්ධ, *a.* blind; *fig.* ignorant, අඥාන.

අන්ධක, *n.* name of a country, king, sage &c.

අන්ධකම, *n.* blindness.

අන්ධකරනවා, *v. t.* to deprive of sight, blind.

අන්ධක·රිපු, *n.* enemy of darkness: ap. of the sun, moon, fire and Siva.

අන්ධකාර, *a.* dark.

අන්ධකාරකම, අන්ධකාරය, *n.* darkness.

අන්ධකාරවෙනවා, *v. i.* to become dark.

අන්ධ·බාල, *a.* blind and puerile, childish, මුග්ධ ලාමක. [by to guide him).

අන්ධ·යෂ්ටිය, *n.* blind man's stick or rod (where-

අන්ධයා, *n.* blind man.

අන්ධවෙනවා, *v. i.* to become blind.

අන්ධුව, *n,* a well, ළිඳ.

අන්න, *int.* See, there, (referring to the third person or place).

අන්න, *n.* See අන්නය.

අන්නක්කා, *n.* pineapple (the fruit), අන්නාසි.

අන්නනවා, අන්නවනවා, *v. c.* of අනිනවා: see අන්වනවා.

අන්න·පාන, *n.* food and drink, කෑමබීම.

අන්න·පාත්‍රය, *n.* food-dish, platter, පිඟාන.

අන්න·මඩය, අන්න·මලය. *n.* (අන්න for අනින, මරන, මලය, weapon) hunting spear or spike.

අන්නමය, *a.* made from food, composed of food, කෑමෙන් සෑදුණු.

අන්නය, *n.* boiled rice, බත, food, ආහාරය, කෑම.

අන්න·රස, *n.* essence of food, chyle. E. S.

අන්නවා, *v.* for අනිනවා: stab &c; *pret.* ඇන්නා; *v. n.* ඇනීම. [වියා.

අන්නාවියා, අන්නාවියා, *n.* T. teacher: see අණ්ණා

අන්න·ශේෂ, *n. pl.* leavings of food, orts, offal, ඉතුරු කෑම.

අන්නාසි·ගෙඩිය, අන්නාසිය, *n.* pineapple.

අන්නාසි·කොටුව, අන්නාසි·මඩුව, අන්නාසි·වත්ත, *n.* pinery. [අනාඩුව.

අන්නෑය, *n.* E. of අන්‍යාය: illegal act, injustice,

අන්‍ය, *a.* other, different, වෙන, වෙනස්, not තම.

අන්‍ය·කාරක, *a. gram.* third (person).

අන්‍ය·කාරකය, *n. gram.* the third person.

අන්‍ය·ගතික, *a.* of another nature or kind.

අන්‍ය·ගතිය, *n.* another or different nature or quality or condition, වෙන—වෙනස්-ගතිය.

අන්‍ය·ගුණ·ජනක, *a.* producing another condition (as the sun's rays do), tithonic, වෙන ගුණයක් උපදවන (රශ්මි).

අන්‍ය·ගුණ·ජනකතාව, *n.* power of producing a different condition, tithonicity.

අන්‍ය·ජ, *a.* of other origin, extrageneous, වෙන ජාතියකින් අවගත්.

අන්‍ය·ජාතික, *a.* of other origin or race, foreign, gentile, වෙන ජාතියකට අයිතිවූ. [කාරයා.

අන්‍ය·ජාතිකයා, *n.* foreigner, gentile, අන්දේශක්

අන්‍ය·ජාතිය, *n.* foreign race, another race or caste, වෙන ජාතියක්. [එක්තරා.

අන්‍යතම, *a.* some other, වෙන යම; a certain,

අන්‍යතර, *a.* other, different, alternative; a certain.

අන්‍ය·දා, *ad.* at another time, වෙන කාලයක.

අන්‍ය·දෘෂ්ටි, අන්‍ය·දෘෂ්ටික, *a.* of other opinion or religion, heretical, මිථ්‍යාදෘෂ්ටි.

අන්‍ය·දෘෂ්ටිකයා, *n.* one of another religion, heretic, මිථ්‍යාදෘෂ්ටියා.

අන්‍ය·පුෂ්ට, අන්‍ය·භෘත, *a.* nourished or reared by another, අන්‍යයෙක් විසින් ඇතිකළ (සතා).

අන්‍ය·පුෂ්ටයා, අන්‍ය·භෘතයා, *n.* the cuckoo, කෝකිලයා, කොහා.

අන්‍ය·භාවය, *n.* another state or condition; B. another life. [fickle-minded, චපල.

අන්‍ය·මනස්, අන්‍ය·මනස්ක, *a.* of another mind,

අන්‍යයා, *n.* other person; *pl.* අන්‍යයෝ, others.

අන්‍ය·රූපි·භූත, *a.* metamorphic, ගතිය වෙනස්වූ (පර්වත, ලෝහ).

අන්‍ය·ලබ්ධි, අන්‍ය·ලබ්ධික, *a.* of another religion or sect, වෙන ලබ්ධියකට (නිකායකට) අයිති.

අන්‍ය·වර්ගීකරනවා, *v. t.* to change to another kind; *arith.* reduce.

අන්‍ය·වර්ගකිරීම, *v. n.* changing to another kind; *arith.* reduction.
අන්‍ය·වර්ධිත or **අන්‍ය·වද්ධිත**, *a.* reared by another or a stranger, foster (child), අන්‍යයෙකු විසින් ඇතිකළ (ළමයෙක්).
අන්‍ය·වාදී, *a.* speaking inconsistently, self-contradictory. E. S.
අන්‍ය·විහිත, *a.* (අන්‍ය otherwise, විහිත fixed), inattentive, සිත යොමුකර නැති.
අන්‍යාකාරකිරීම, *v. n.* (·ආකාර), doing otherwise; transmutation, අන්දම් or ජාතිය වෙනස් කිරීම. [geneous, අන් වර්ගයක.
අන්‍යාදෘශ, *a.* (·ආදෘශ), of another kind, extra-
අන්‍යාධීන, *a.* (අන්‍ය අධීන) subject to another, subordinate, dependent, වශග.
අන්‍යාධීනතාව *n.* subordination, dependency; vassalage; වශගය, දාසකම. [ගයා, දාසයා.
අන්‍යාධීනයා, *n.* dependant &c., a vassal, වශ
අ·න්‍යාය, *n.* (අ *priv.*, න්‍යාය propriety), impropriety. අයුතුකම, injustice, අයුක්තිය.
අ·න්‍යූන *a.* (අ. *priv.*, න්‍යූන), not deficient or defective, whole, entire, complete: see අනූන.
අන්‍යෝදක, *a.* (අන්‍ය උදක), of other water; quotidian, daily (fever), දවස්පතා (උණ).
අන්‍යෝන්‍ය, *a.* (අන්‍ය අන්‍ය), mutual, reciprocal, පරස්පර. [සංභාෂාව.
අන්‍යෝන්‍ය·කථාව, *n.* interlocution, conversation,
අන්‍යෝන්‍ය·ඝාතක, **අන්‍යෝන්‍ය·ඝාතක**, *a.* killing one another, internecine, පරස්පරඝාතක, ඔවුනොවුන් මරාගන්න.
අන්‍යෝන්‍යතාව, *n.* mutualness, reciprocity. E.S.
අන්‍යෝන්‍යයන්, *pron. pl. acc.* each other, one another.
අන්‍යෝන්‍ය·වශයෙන්, *ad.* mutually, reciprocally, එක්කෙනෙක් තවත් කෙනෙකුට &c. [other.
අන්‍යෝන්‍යාශ්‍රය, *n.* (·ආශ්‍රය), association with each
අන්වක්ෂ, *a.* (අනු with, අක්ෂ eyes), evident, obvious, visible, ප්‍රත්‍යක්ෂ, පැහැදිලි.
අන්වධිපතියා, *n.* (අනු sub, අධි:), vicegerent, උප ආණ්ඩුකාරයා,
අන්වනවා, **අන්නවනවා**, *v. c.* of අනිනවා: to cause to pierce, stab, thrust or fight, sp. with the horns; *pret.* ඇන්නෙවුවා; *v. n.* ඇන්නවීම.
අන්වය, *n.* lineage, descent, pedigree, race, පෙළපත, වංශය; succession in general (of words &c.), අනුපූර්විය, ක්‍රමය. [ළේකම.
අන්වය·ඥයා, *n.* genealogist, වංශඥයා, පෙළපත්
අන්වයාකාර, *a.* lineal, වංශාකාර, successional, ක්‍රමාකාර.
අන්වර්ථ, *a* (අනු අර්ථ), accordant with the meaning, අර්ථයට එකඟ.
අන්වවාය, *n.* lineage, වංශය.
අන්වාධෙය, *n.* (අනු ආධෙය), after-dowry, viz. property given by the husband's family to his wife after marriage, අනු දායාදය.

අන්විත, *adj.* (අනු with, ඉත gone), having, ඇත්තාවූ, යුක්ත.
අන්වේෂණය, *n.* (අනු after, ඉෂ් to go), seeking, search, exploration, investigation, සෙවීම, සෝදිසිය. [සෝදිසි කරනවා.
අන්වේෂණයකරනවා, *v. t.* to seek &c., සොයනවා,
අන්වේෂිත, *a.* sought, explored, investigated, සොයනලද, &c.
අන්·වේශය, *n.* another—different—form or appearance, other guise or disguise.
අන්·සතු, **අන්·සන්තක**, *a.* belonging to another, අන්කෙනෙකුට අයිතිවූ.
අන්·සතුකරනවා, *v. t.* to transfer to another, alienate, අන්කෙනෙකුට දෙනවා, අයිතිකරනවා.
අන්·සතුකිරීම, *v. n.* transference &c., හිමිකම මාරුකිරීම.
අන්·සතුවෙනවා, *v. i.* to become owned by another, transferred, alienated, අනුන්ට හිමි වෙනවා. [stability, කම්පය.
අන්සල, *n.* lute or harp, වීණාව; rock, පර්වතය;
අන්සල්, *n. pl.* of අන්සල, and *adj.* unshaken, firm, නොසෙල්වෙන, අචල.
අන්හීනයා, *n.* (fr. අංග part, හීන deficient), a cripple, one lacking a member of his body, අඞ්ගහීනයා. [ball, පන්දුව.
අඳ, *a.* E. of අන්ධ: blind; ignorant, අඥාන; *n.*
අඳබල, *a.* E. of අන්ධබාල: very childish, ඉතා ලාමක. [B. P.
අඳනය, **අඳනා·සළු**, *n.* the lower robe or skirt of
අඳනා, *pres. act.* p. for අඳින: dressing, wearing; that a person wears. [share.
අඳය, *n.* part, portion, share, කොටස, half
අඳිනවා, *v. t.* to don, attire or dress one's self, to wear; to draw or paint, delineate; *pret.* ඇන්ද; *v. n.* ඇඳීම.
අඳුන, *n.* E. of අඤ්ජන: antimony, cosmetic, collyrium; eyesalve; lampblack.
අඳුනනවා, *v. t.* to know, recognize (persons); *p. pl.* ඇඳින; *pret.* ඇඳින්නා; *v. n.* ඇඳිනීම.
අඳුන්·කූට, *n.* See අඤ්ජනකූට.
අඳුන්·කුළ, **අඳුන්ගිරි**, *n.* mountain so called.
අඳුන්·දිවියා, *n.* panther.
අඳුන්වනවා, **අඳුන්වාදෙනවා**, *v. c.* of අඳුනනවා: to make known, present (one to another); *pret.* ඇඳින්නෙවුවා; *v. n.* ඇඳින්නවීම.
අඳුන්·වන්, *a.* a dark blue, නානිල්.
අඳුන්·වළ, *n.* collyrium cavity (under the eye).
අඳුර, **අඳර**, *n.* duskiness, gloom, dimness, darkness. [obscure.
අඳුරු, *a.* dusky, gloomy, dim, dark, indistinct,
අඳුරුකම, *n.* duskiness &c.
අඳුරුකරනවා, *v. t.* to darken, obscure.
අඳුරුවෙනවා, *v. i.* to become dusky &c.
අඳුරුරිපු, **අඳුරුරුපු**, *n.* enemy of darkness, viz. the sun, ඉර, lamp, පහන.

අහෝ, *int.* alas, how sad ; fy ; අහෝ.
අහෝතාව, *n.* lamentation &c. : see අහෝතාව.
අහෝමය, **අහෝමයි**, *excl.* it is a pity, how sad.
අප, *pron. acc.* of අපි, us ; used also for the gen. case, as අප රට for අපේ රට.
අප, *n.* water, දිය, ජලය.
අප, *prefix*, signifying privation, from, away, down, bad, against.
අප·කර්ෂක, *a.* drawing down, debasing, degrading, පහතට අදින, නීචකරන.
අප·කාරක, *a.* injurious, injuring, doing wrong, අයහපත්කරන.
අප·කාරය, *n.* doing injury or wrong, injury, harm, අනතුරු කිරීම.
අප·කීර්ති, *a.* disgraceful, scandalous, infamous, අවනම්බුවූ, නින්දිත.
අප·කීර්තිකරනවා, *v. t.* to defame, calumniate, malign, vilify, කෙලෙසනවා, අගුණකියනවා.
අප·කීර්තිය, *n.* disgrace, disrepute, ignominy, infamy, අවනම්බුව, නින්දිතකම.
අප·කෘෂ්ට, *a.* low in rank, debased, පහත්, නීච.
අ·පක්වනීය, *a.* (අ priv.), indigestible, ජීර්ණ නොවන.
අප·ක්‍රමණය, **අප·ක්‍රමය**, *n.* retreat, flight, පලා යාම ; going astray, wandering, මුලාවයාම.
අප·ක්‍රියාව, *n.* evil deed, bad conduct, දුෂ්ටක්‍රියාව, අමනාප ක්‍රියාව. [අවලාද.
අප·ක්‍රෝශ, *a.* abusive, vituperative, නින්දාකරන,
අප·ක්‍රෝශය, *n.* reviling, abuse, ගැරහීම, නින්දා කිරීම. [digested, ජීර්ණ නුවූ.
අ·පක්ව, *a.* (අ priv.), unripe, පැහිලා නැති ; in-
අ·පක්ෂ, **අ·පක්ෂපාත**, *a.* impartial, neutral, අ පාක්ෂික ; adverse or unfavourable, විරුද්ධවූ.
අ·පක්ෂකම, **අ·පක්ෂපාතකම**, *n.* impartiality, neutrality ; opposition, විරුද්ධකම.
අ·පක්ෂ·වාදී, *a.* (වාදී speaking, maintaining), impartial ; disloyal, opposed, විරුද්ධ.
අ·පක්ෂ·වාදීකම, *n.* impartiality &c.
අප·ගත, *a.* (අප away, ගත gone), lost, departed, පහවූ, deceased, අපත්වූ.
අප·ගමනය, **අප·ගමය**, *n.* departure, පහවීම, decease, අපත්වීම.
අපගෙන්, **අපෙන්**, *pron.* abl. of අපි : from us.
අපගේ, **අපේ**, *pron.* gen. of අපි : our.
අප·ඝාතය, *n.* (අප off), smiting, killing, murder, මරාදැමීම.
අප·චය, *n.* loss, නැතිවීම, wearing away, ගෙවී යාම ; respect, salutation, සම්මානය, ආචාරය.
අප·චාරය, *n.* (අප off, against), hostile or bad conduct, නපුරු හැසිරීම. [කළද.
අප·චිත, *a.* saluted, ආචාරකරනලද ; offered, පුද
අපචෙතස, *a.* prodigal, wasteful. E. S.
අපචෙතස, *n.* prodigal, spendthrift. E. S.
අපට, *pron.* dat. of අපි : to or for us.
අ·පටු, *a.* (අ priv., පටු clever), awkward, unskilful, අසමර්ථ.
අ·පණ්ඩිත, *a.* unlearned, illiterate, unscholarly, ignorant, පණ්ඩිත නොවන, නූගත්.
අ·පණ්ඩිතකාව, *n.* illiteracy &c., නූගත්කම.
අපර්ණක, *a.* P. of Sans. අපර්ණ : leafless, කොළ නැති. [waste, to waste.
අපත·යනවා, *v. i.* (අපත away), to run to
අප·තර්පණය, *n.* non-satisfaction, සතුටුනොවීම ; fasting (in illness), කෑමනොකාඉදීම, නිරාහාරය.
අප·තිලෝගුරු, *n.* Our three-world teacher : ap. of Buddha (see තිලෝගුරු).
අපතේ·අරිනවා, *v. t.* to let go to waste, throw away, be prodigal of, squander.
අපත්·ප්‍රාප්ත, *a.* (අපත් loss), unfortunate, suffering loss or injury, විපතෙන් යුක්ත, විපත විඳින.
අපත්‍ය·ඝාතය, *n.* murder of offspring, prolicide, තමාගේ දරුවන් මරාදැමීම.
අපත්‍ය·ප්‍රේමේන්ද්‍රියය, *n.* (·ප්‍රේම ඉන්ද්‍රියය), *phren.* philoprogenitiveness.
අපත්‍යය, *n.* offspring, progeny.
අපත්‍ය·ශත්‍රු, *n.* (ශත්‍රු enemy), the crab, said to be the enemy of its young, කකුළුවා.
අ·පත්‍ර, *a.* leafless, කොළනැති ; wingless, apterous, පියාපත් නැති. [නැති.
අප·ත්‍රප, *a.* without shame, shameless, ලජ්ජා
අප·ත්‍රපාව, *n.* (අප priv., ත්‍රපාව shame), shamelessness, ලජ්ජානැතිකම.
අ·පත්වීම, *v. n.* departure, decease, demise, ඉකුත්වීම, මැරීම.
අ·පත්වූ, *a.* departed, deceased, තුරන්වූ, මැරුණු.
අ·පත්වෙනවා, *v. i.* to depart, decease, pass away, තුරන්වෙනවා, මැරෙනවා.
අ·පථය, *n.* (අ priv., bad), evil way, නපුරු මාර්ගය; by-path, හොර මාර්ගය.
අ·පථ්‍ය, *a.* (අ priv.), unwholesome, innutricious (diet), අගුණ ; unsuitable, නුසුදුසු.
අ·පථ්‍යතාව, *n.* unwholesomeness &c., අගුණය ; නුසුදුසුකම.
අ·පථ්‍ය·විහරණය, *n.* unwholesome or injurious mode of living, අගුණවනලෙස හැසිරීම.
අ·පථ්‍යාහාරය, *n.* (·ආහාරය), unwholesome or improper food, අගුණ කෑම. [යක් නැති.
අ·පද, *a.* footless, පාදනැති ; without a base, අඩි
අප·දන්, *a.* E. of අපාදන : taking away, removing ; *gram.* ablative. [අවධි විභක්තිය.
අප·දන් විබත්, *n.* ablative case, අපාදන විභක්තිය,
අප·දන්වෙනවා, *v. i.* to disappear, be lost, නැති වෙනවා : see අතුරුදන්වෙනවා,
අප·දානය, *n.* proper or praiseworthy deed, සුදු or යහපත් ක්‍රියාව ; finished work ; tale, කථාව ; thirteenth book of the Khuddaka-nikāya.
අපදවිය, *n.* (අපද අවිය), non-entity, නැති දෙයක් ; calamity, විපත (er. for අප දවිය).
අප·දිශය, *n.* (අප away, දිශ viz., දිශාව), intermediate space or point (as in the compass), අතුරු දිශාව.

අප·දේශය, *n.* disguise, අන්වේශය ; pretext, pretence, subterfuge, බොරු උපාය.

අප·නයනය, *n.* taking away, removal, දුරුකෙරීම ; acquittance, paying, ගෙවීම.

අප·නයනයකරනවා, *v. t.* to take away &c., දුරු කරනවා, ගෙවනවා.

අප·නීත, *a.* taken away, removed ; discharged, paid ; දුරුවූ, පහවූ, ගෙවනලද.

අ·පන්නක, *a.* (අ off, පන්නක fallen), heretical, මිථ්‍යාමතික ; certain, සත්තක.

අ·පන්නකය, *n.* the first descent or incarnation of Buddha. [tical. E. S.

අප·භ්‍රංශ, *a.* (අප off, භ්‍රංශ falling), ungramma-

අප·භ්‍රංශය, *n.* ungrammatical language, patois, පහත් භාෂා ක්‍රමයක්.

අප·භ්‍රංශ·වාක්‍යය, *n.* ungrammatical sentence or word, solecism, රීතියට එකඟනැති කීමක්.

අ·පමණ, *a.* E. of අප්‍රමාණ : unlimited, boundless, abundant.

අප·මානය, *n.* (අප reversed), disrespect, dishonour, reviling, අගෞරවය, අවමානය.

අප·යානය, *n.* (අප away, යානය going), going away, අහක්ව යාම, retreat, flight, පලායාම.

අප·යානයකරනවා, අප·යානයවෙනවා, *v.* to go away, recede, retire, අහක්ව යනවා &c.

අපර, *a.* other, වෙන, the contrary, විරුඬ, වෙනස්, after, posterior, පස්සේ ; western, බටහිර.

අපර·ගෝයානය, *n.* In B. the western continent, බස්නාහිර දේශය.

අප·රතිය, *n.* cessation, නැවතීම ; passionlessness, කෙල්ශනැතිකම.

අපරත්වය, *n.* (අපරතත්වය), contrariety, E. S., posteriority, පසුව පැමිණීම.

අපරන්න, *n.* the after-crop (but not the same kind as the first). [අවරපක්ෂය.

අපර·පක්ෂය, *n.* latter half of the lunar month,

අපර·පර්වතය, *n.* In B. the western mountain behind which the sun sets. [&c.

අපර·භාග, *a.* afternoon, post-meridian, පස්වරු

අපර·භාගය, *n.* the afternoon, පස්වරුව, සවස් වරුව.

අපර·භාගයේ, *ad.* in the afternoon, P.M., අ.භා.

අ·පරාජිත, *a.* unconquered, පරාජනොවූ ; ep. of Siva and Vishnu. *Bot.*

අප·රාධ, අප·රාධකාර, අප·රාධී, *a.* (අප fail, රාධ to complete), guilty, iniquitous, criminal, felonious. [criminality.

අප·රාධකම, අප·රාධකාරකම, *n.* guilt, iniquity,

අප·රාධකයා, අප·රාධීකයා, *n.* guilty person, delinquent, evil-doer.

අප·රාධකාරයා, *n.* As above, but sp. the criminal, malefactor, වරදකාරයා. [court.

අප·රාධ·නඩු·ශාලාව, *n.* criminal-court, crown-

අප·රාධය, *n.* evil-doing, iniquity, offence, crime, felony.

අ·පරාධීන, *a.* (අ priv.), not subject to another, independent, වසඟ නැති. [නිදහස්කම.

අ·පරාධීනතාව, *n.* independence, වසඟනැතිකම,

අපරාන්තය, *n.* (අපර අන්තය), the other extremity, the termination, the end, referring to the end of the quiescent or vacant Kalpa, opposed to පූර්වාන්තය.

අපරාපර්‍යායී, *a.* not without result, resultant : in B. refering to actions (කර්ම) which in due time receive what is due.

අපරාර්ධ·ගෝලය, *n.* (·අර්ධ), western hemisphere, බටහිර අර්ධ භූගෝලය. [අපරභාගය.

අපරාහණ, *a.* අපරාහණය, *n.* See අපරභාග and

අ·පරි·ක්ෂිප්ත, *a.* (අ priv., පරි, around), unsurrounded, unintrenched, වටලානැති.

අ·පරි·ක්ෂීණ, *a.* unwasted, undiminished, unimpaired, unfading, නොපිරිහුණ, පරණනොවන.

අ·පරි·ගෘහීත, *a.* unaccepted, unassented to, නොපිළිගත්තාලද. [with.

අ·පරිචිත, *a.* unaccustomed to, unacquainted

අ·පරිච්ඡින්න, *a.* (.ඡින්න) undivided, නොබෙදුණු, unbroken, නොකැඩුණු, uninterrupted, continuous, නිරන්තර.

අ·පරිච්ඡින්නත්වය, *n.* unbrokenness &c., continuity, බෙදීනැති ගතිය, නිරන්තරය.

අ·පරි·ඥාත, *a.* unascertained, unknown, දැනනොගත් (දේ), නොදත්තාලද.

අ·පරි·තප්ත, *a.* unheated, unwarmed, රත් නොකළ, උණුහුම්නැති.

අ·පරි·දේවිත, *a.* unlamented. E. S.

අ·පරි·පක්ව·බුද්ධි, *a.* of immature mind, inexperienced, සිහිය දියුණුනැති, අත්නුදුටු.

අ·පරි·පාක, *a.* unripe, immature, නොපැසුණු.

අ·පරි·පූර්ණ, *a.* not well filled, unfilled, incomplete, පූර්ණනැති, අසම්පූර්ණ.

අ·පරි·භෝගය, *n.* non-use, non-possession or enjoyment, භුක්තිවිඳීම නැතිකම.

අ·පරි·මණ්ඩල·ද්වීපය, *n.* island or continent not quite round, peninsula, අර්ධද්වීපය.

අ·පරි·මාණ, *a.* measureless, boundless, immense, ඉමක් නැති, අප්‍රමාණ. [ed, අප්‍රමාණ.

අ·පරි·මිත, *a.* unmeasured, unbounded, unlimit-

අ·පරි·මේය, *a.* immeasurable, infinite, මැනිය නොහැකිවූ, සීමක්නැති. [holy, අපිරිසිදු.

අ·පරි·ශුද්ධ, අපරිශුද්ධ, *a.* uncleansed, impure, un-

අ·පරි·ශුද්ධතාව, *n.* impurity, unholiness, අපිරිසිදු කම.

අ·පරි·හාර්‍ය, *a.* (හාර්‍ය that should be taken away), unavoidable, inevitable. E. S.

අ·පරි·හාර්‍යතාව, *n.* unavoidableness &c.

අ·පරි·හාර්‍යාකාරයෙන්, *ad.* unavoidably &c.

අ·පරීක්ෂාකාර,-කාරී, *a.* uninvestigating, inconsiderate, incautious, heedless, rash, පරීක්ෂා නොකරන, අප්‍රවේසම්.

අ·පරීක්ෂාව, *n.* incautiousness &c., අප්‍රවේසම්කම.

අ·පරීක්ෂාවෙන්, *ad.* inconsiderately &c., අප්‍රමේය මෙන්. [පරීක්ෂා නොකරනලද.
අ·පරීක්ෂිත, *a.* untested, untried, untempted,
අ·පරෝක්ෂ, *a.* not invisible, perceptible, ප්‍රත්‍යක්ෂ.
අපරෝපක්‍රමය, *n.* (අපර උපක්‍රමය), another scheme, or method or contrivance, වෙන උපක්‍රමය.
අ·පර්‍යන්ත, *a.* (අ, පරි, අන්ත), endless, interminable, unlimited, අනන්ත, නිමක්නැති.
අ·පර්‍යන්තතාව, *n.* endlessness &c. අනන්තකම &c.
අ·පර්‍යාප්ත, *a.* (අ, පරි, ආප්ත), unobtained, ලබා නොගත්, unattained, ප්‍රාප්තනූණ, incomplete, අසම්පූර්ණ. [නිෂ්ඵල, ඵලනැති.
අ·ඵල, *a.* E. of අඵල: unsuccessful, profitless,
අ·ඵලය, *n.* E. of අඵලය: non-success, failure, සඵල නැතිකම, loss, misfortune, ill-luck, අලාභ නැතිය; evil influence of the planets.
අ·පලාප, *a.* (පලාප chaff), not useless, useful, නිෂ්ඵල නොවන, ප්‍රයෝජනවත්.
අප·ලාපය, *n.* (අප reverse, ලප් to speak), denial, evasion, නැතැයි කීම; secret regard, රහස් සැලකිල්ල.
අප·වග, *n.* E. of අපවර්ගය, which see.
අපවත්, *a.* departed, deceased: see අපත් &c.
අපවත් වෙනවා, *v. i.* to depart, decease, die: see අපත් වෙනවා. [lying-in chamber.
අප·වරකය, අප·වරය *n.* inner room, ඇතුල් ගෙය,
අප·වර්ග, *n.* (අප priv., වර්ග class, being), cessation of re-birth, final emancipation, ap. of Nirvāna, නිවන.
අප·වර්ජනය, *n.* abandonment, අත්ඇරීම; gift, දීම; final surrender or emancipation, Nirvāna.
අප·වර්තකය, *n.* *arith.* common measure, or lowest common term. [term.
අප·වර්තනය, *n.* *arith.* reducing to the lowest
අප·වාදක, *a.* (අප against, වාදක uttering), dispraising, censuring, වරද නඟන; slanderous, කේලම් සහිත. [කීම, කේලම.
අප·වාදය, *n.* dispraise, censure, obloquy, අගුණ
අප·වාදිත, *a.* censured, blamed, slandered, වරද නඟනලද.
අප·වාරණය, *n.* disappearance, නොපෙනී යාම, concealment, සැඟවීම.
අප·වාරිත, *a.* covered, concealed, වසනලද, සඟවනලද.
අ·පවිත්‍ර, *a.* unclean, soiled, dirty, filthy, impure.
අ·පවිත්‍රකම, *n.* uncleanness &c., impurity.
අ·පවිත්‍රකරනවා, *v. t.* to make unclean &c., defile, contaminate.
අ·පවිත්‍රවෙනවා, *v. i.* to become unclean &c.
අප·වෘත, *a.* reversed, විපරීත, පිටිපෑ.
අප·ශබ්දය, අප·සද, *n.* improper or vulgar word, ungrammmatical form. E. S.
අප·ශමය, අප·සමය, *n.* (අප off, ශමය rest), cessation, refraining, pause, respite, නැවතීම.

අ·පශ්චාත්තාපය *n.* impenitence, පශ්චාත්තාප නැතිකම.
අ·පසක්කරනවා, *v. t.* to render imperceptible, obscure, අප්‍රත්‍යක්ෂ කරනවා අඳුරුකරනවා.
අ·පසක්·කිරීම, *n.* unperceived act, imperceptible act, නොපෙනෙන ක්‍රියාව.
අපසඳයා, *n.* low man, outcast, නීචයා.
අපසර, *n.* E. of අප්සරාව: goddess, celestial nymph, දිව්‍යාංගනාව.
අප·සරය, *n.* (අප away, සර going), going away, removal, අහකට or වෙන තැනකට යාම.
අපසර්ජනය, *n.* See අපවර්ජනය.
අප·සලම්බය, *n.* span as measured by the thumb and forefinger.
අප·සව්‍ය, *a.* (අප reverse, සව්‍ය left), right (hand), දකුණු; opposite, contrary, වෙනස්, විරුඬ. [funeral.
අප·ස්නානය, *n.* after-bath, bathing after a
අප·ස්මාර, අප·ස්මාරී, *a.* epileptic, වජ්මර රෝගී.
අප·ස්මාරය, *n.* (අප priv., ස්මාරය memory), epilepsy, වජ්මර රෝගය. [කාරයා.
අප·ස්මාර·රෝගියා, *n.* epileptic, මීමැස්මර රෝග
අප·ස්මෘති, *a.* forgetful, oblivious, මතක නැති කාරක. [ද්‍රෝහිකම.
අ·පක්ෂවාදිය, *n.* disloyalty, treachery, perfidy,
අ·පස්සිය, *n.* return, ආපසු ඒම.
අ·පස්සිවෙනවා, *v. i.* to return, ආපසු එනවා.
අප·හරණය, *n.* taking away, removing, අහකට ගෙනයාම, අරන්යාම.
අප·හසය, අප·හාසය, අප·හාස්‍යය, *n.* (අප against හාස laughter), ridicule, scorn, reviling, insult, නින්දාකිරීම, libel, කේලම.
අ·පහසු, *a.* not easy, difficult, inconvenient, cumbrous, uneasy, පහසුනැති.
අ·පහසුකම, *n.* difficulty &c., uneasiness.
අ·පහසුකරනවා, *v.* to inconvenience, incommode, trouble, plague.
අ·පහසුව, *n.* difficult thing or circumstance, inconvenience, discomfort.
අප·හාස, *a.* reviling, insulting, opprobrious, libellous, blasphemous, නින්දිත, ගර්හාසහිත.
අප·හාසකම, *n.* opprobriousness &c., scurrilousness, ගර්හාසහිතකම.
අප·හාසකරනවා, *v.* to abuse, revile, libel, blaspheme, ගර්හාකරනවා, නින්දාකරනවා.
අප·හාසය, *n.* See අපහසය.
අප·හාසික, *a.* abusive &c: see අපහාස.
අප·හාසිකයා, *n.* reviler, railer, blasphemer, ගැරහුම්කාරයා.
අ·පා, අ·පාද, අ·පාදක, අ·පාදී, *a.* footless, without legs or feet (as worms &c.), පාද-කකුල්-නැති.
අපා, *a.* pert. to hell, hell-, hellish.
අ·පාක, *a.* unripe, raw, අමු; uncooked, නොපිසනලද; undigested, ජීර්ණනූණ.

අපා·ගත, අපාය·ගත, *a.* (ගත attained), in hell or in hellish condition in this world &c., damned, නිරයට පත්වූ.

අපා·ගතයා, *n.* one in hell or hellish condition, infernal, lost one, නිරයට පත්වූ අය.

අපා·ගතවෙනවා, *v. i.* to go to hell or become hell-conditioned, නිරයට යනවා.

අපාංග·දර්ශනය, *n.* (අප off, අංග limb or part), side glance, side-view, අඩබැල්ම.

අපාංගය, *n.* outer corner of the eye, ඇසේ පිට කොන.

අ·පාත්‍ර, *a.* (අ priv., පාත්‍ර, suitable), unsuitable, unfit, common, mean, නුසුදුසු.

අපා·දාන, *a.* (අප away, ආදාන taking), taking away ; *gram.* ablative, අවධි. [ගැනීම.

අපා·දානය, *n.* taking away, removal, අහකට

අපා·දුක, *n.* suffering or punishment of hell, නිරයේ දුක.

අපානය, *n.* (අප down, අන් to breathe), one of the five vital airs, viz. that which passes downwards, breaking wind ; the anus, අධෝ මාර්ගය.

අ·පාප, *a.* sinless, pure, holy, පාපනැති.

අ·පාප·ශතිය, අ·පාපතාව, *n.* sinlessness &c., impeccancy, පාපනැතිකම.

අපා·මග, අපා·මාර්ගය, *n.* the way to hell, අපායට යන මග, sinful course, පාපමාර්ගය.

අපාම්පතියා, *n.* (අපාම් Sans. gen. pl. of අපඃ water, පති Lord), Lord of the waters : ap. of the ocean, සමුද්‍රය, and of Varuna : see වරුණ.

අපාය, *n.* destruction, නාශනය, hell, නරකාදිය.

අපාය·ගාමි, *a.* going to hell, on the way to hell, අපායට යන.

අපාය·භය, *n.* fear of hell, අපාය ගැන ඇති භය.

අපායික, *a.* of hell, නරකාදියේ, hellish, stygian, tartarean, නාරකීය.

අ·පාර, *a.*(අ priv., see පාරය), having no opposite shore, shoreless, මෙරළක් නැති, boundless, unlimited, නිමක් නැති, අනන්ත.

අ·පාරමාර්ථික·දර්ශනය, *n.* (අ priv., පරම best, අර්ථික fr. අර්ථ), pessimism. E. S.

අ·පාරමාර්ථික·දර්ශනයා, *n.* pessimist. E. S.

අපාර්ථ, *a.* (අප priv. or away, අර්ථ use), unmeaning, incoherent, useless, නිරර්ථක.

අපාර්ථය, *n.* what is unmeaning &c., නිරර්ථකදේ.

අ·පාක්ෂ·පාති, *a.* impartial, unbiassed, neutral, පාක්ෂිකනැති.

අ·පාක්ෂ·පාතිය, *n.* impartiality, indifference, neutrality, පාක්ෂිකනැතිකම. [ලෙස.

අ·පාක්ෂ·පාතියෙන්, *ad.* impartially, අපක්ෂපාත

අපාශ්‍රය, *a.* (අප priv., ආශ්‍රය), refugeless, destitute, අසරණ.

අ·පාසු, *a.* See අපහසු.

අපි, *pron.* we.

අපිධානය, *n.* covering, cover, වැස්ම, lid, මූඩිය.

අ·පිරි, අ·පිරිපුන්, *a.* not filled, incomplete, පිරි ලානැති, අසම්පූර්ණ.

අ·පිරිය, *a.* E. of අප්‍රිය. [&c.

අ·පිරියත්, අපිරිමෙත්, *a.* E. of අපර්යන්ත, endless,

අ·පිරිසිදු, *a.* unclean, filthy, impure, unholy.

අපිස, *n.* E. for අල්පේච්ඡාව ; *adj.* අපිස්, of little desire.

අ·පිසස්, *a.* free from demons &c., unhaunted, පිශාචයන් or රකුසන් නැති.

අපිස්·සන්තාන, අපිස්·සන්තෝෂ·බව, *n.* contentment or happiness with little, ස්වල්පයකින් සතුටුවීම.

අපිස්·සතොස්, *a.* contented with little.

අ·පීඩිත, *a.* untroubled, unafflicted, පීඩිතනුවූ.

අ·පුණ්‍ය, *a.* demeritorious, කුසල් නැති, unworthy, අශාපත්; unfortunate, අවාසනාවන්ත.

අ·පුණ්‍යය, *n.* demerit, අකුසල ; ill-fortune, අවාසනාව. [less, දරුවන් නැති.

අ·පුත්‍රක, *a.* having no son, පුතෙක්නැති, child-

අ·පුත්‍රකයා, *n.* a man who has no son, පුතෙක් නැත්තා, දරුවෙකු නැත්තා.

අ·පුද්ගලික, *a.* impersonal, not pert. to one person only, common, පොදු.

අ·පුරුෂ, අ·පුරුෂාකාර, *a.* (·ආකාර) effeminate, womanish, unmanly. E. S.

අ·පුරුෂකරනවා, *v. t.* to render effeminate, emasculate, unman.

අ·පුරුෂතාව, *n.* effeminacy. E. S.

අපුල, *a.* disgusting, loathsome, පිළිකුල්.

අපුලය, *n.* disgust, අප්‍රියාව.

අපුල්ලනවා, *v. t.* to full or wash clothes (generally by beating) ; *pret.* ඇපුල්ලුවා ; *v. n.* ඇපිල්ලීම.

අපුල්ලන්නා, *n.* washerman, fuller.

අ·පුෂ්ට, *a.* unnourished, lean, starveling, අපෝෂිත, කෙට්ටු. [vellous.

අපූරු, *a.* E. of අ·පූර්ව : strange, wonderful, mar-

අපූරුකම, *n.* strangeness &c.

අපූරුව, අ·පූර්වය, *n.* a strange thing, a wonder.

අ·පූර්ව, (අ priv., පූර්ව before), unprecedented, extraordinary, strange, wonderful, remarkable, අපූරු.

අ·පූර්වතාව, *n.* strangeness &c., අපූරුකම.

අ·පූර්ව·රචිත, *a.* not previously composed, newly made, recent, අලුතෙන් රචනාකරනලද.

අපෙන්, *pron.* ablative of අපි : from us.

අපෙළීම, *v. n.* of අපොළනවා : clapping hands, අත්පිඩිගැසීම.

අපේ, *pron.* genitive of අපි, our.

අපේක්ෂක, *a.* (අප away, on, ඊක්ෂ් to look), desirous of, ආශාවෙන, expectant, hopeful, sanguine, බලාපොරොත්තුවෙන, බලාසිටින.

අපේක්ෂකතාව, *n.* state of desiring or expectancy &c., hopefulness. E. S

අපේක්ෂාකරනවා, *v.* to desire, ආශාවෙනවා, hope for, expect, බලාපොරොත්තුවෙනවා.

අපේක්ෂණීය, *a.* desirable, to be hoped for, ආශා වියයුතු.

අපේක්ෂා·ජනක, *a.* producing hope, promising, බලාපොරොත්තු උපදවන.

අපේක්ෂාව, *n.* desire for, ආශාව, hope, expectation, බලාපොරොත්තුව.

අපේක්ෂිත, *a.* desired, hoped for, expected, (යමෙක්) ආශාවෙන or බලාසිටින (දේ).

අ·පේශල, *a.* (අ priv.), inexpert, unskilful, අසමර්ථ.

අ·පේශලතාව, *n.* inexpertness &c., අසමර්ථකම.

අපොයි, *int.* ah! alas! oh! ha!

අ·පොහොසත්, *a.* not rich, poor, දිළිඳු; incompetent, incapable, බලය මදි, දක්ෂ මදි.

අ·පොහොසත්කම, *n.* lack of riches, ධනනැති කම, poverty, දිළිඳුකම; incompetency &c., inability, බලනැතිකම &c.

අ·පොළ, *n.* (fr. අත්පොළ), clapping hands, අත් පිඩිගැසීම.

අ·පොළනවා, *v.* (අ for අත්) to clap hands, අත්පිඩි ගසනවා; strike, අප්පුල්ලනවා; *prt.* ඇපොළුවා.

අ·පෝෂණ, අ·පෝෂ්‍ය, *a.* innutritious, not nourishing, අසාර (කෑම). E. S.

අ·පෝෂණය, *n.* innutritiousness &c., cacotrophy, පෝෂ්‍යගුණ නැතිකම.

අ·පෝෂිත, *a.* unnourished, underfed, lean, starveling, පෝෂිතනැති, කෙට්ටු. [නැත්තා.

අ·පෝෂිතයා, *n.* lean person, starveling, පෝෂිත

අපෝහනය, *n.* (අප from, ඌහනය reasoning), reasoning, ratiocination, විතර්කණය. E. S.

අ·පෞෂ්කල්‍ය, *a.* immature, නොපැසුණු, අමු.

අ·පෞෂ්කල්‍යය, *n.* immaturity, අමුගතිය, අමුකම.

අප්කිසිනු, *n.* E. of ආපෝකසිණ.

අප්පච්චි, අප්පප්පා, *n. col.* father, daddy, අප්පා; *pl.* අපච්චිලා. [පල්ලා.

අප්පල්ලය, *n.* cooking pan, ඇතිලිය; *pl.* අප්

අප්පා, *n. col.* father; *pl.* අප්පාලා, අප්පාවරු.

අප්පු, *n.* head servant, general or superintending servant. [ගසනවා.

අප්පුඩි·ගසනවා, *v.* to clap hands: see අත්පිඩි

අප්පු·හාමි, *n.* title of respect to sons of Mudaliyars &c.

අප්පොච්චි, *n. col.* father (a little higher term than අප්පා); *pl.* අප්පොච්චිලා.

අ·ප්‍රකට, අ·ප්‍රකාශ, අ·ප්‍රකාශිත, *a.* not made public, not manifest, latent, secret, private, obscure, ප්‍රසිද්ධනැති, ප්‍රකාශනැති, ගුප්ත, රහස්.

අ·ප්‍රකටකම, අ·ප්‍රකාශකම, අ·ප්‍රකාශතාව, *n.* non-publicity, obscurity, secretness, latency, ප්‍රසිද්ධනැතිකම, රහස්කම.

අ·ප්‍රකටලෙස, අ·ප්‍රකාශයෙන්, අ·ප්‍රකාශලෙස, &c., *ad.* privately, obscurely &c., අප්‍රසිද්ධයෙන් &c.

අ·ප්‍රකෘති, *a.* not of the root or essence, මුලට අඩංගුනැති; *gram.* servile, as අප්‍රකෘත්‍යක්ෂරය, servile letter. [tial. E. S.

අ·ප්‍රකෘතිය, *n.* accidental property, non-essen-

අ·ප්‍රකෘෂ්ට, *a.* not eminent, low, vile, අධම, නීච.

අ·ප්‍රගල්භ *a.* modest, diffident, retiring, unobtrusive, උඩඟු නැති. E. S. [නැතිකම. E.S.

අ·ප්‍රගල්භය, *n.* modesty, diffidence &c., උඩඟු

අ·ප්‍රගල්භලෙස, අප්‍රගල්භාකාරයෙන්, *ad.* modestly &c., without undue boldness, නිසි හයලජ්ජා ඇතුව.

අ·ප්‍රගුණිත, *a.* untrained, uneducated, unpractised, පුහුණුනැති, පුරුදුනැති.

අ·ප්‍රඥ, *a.* unwise, අනුවණ. [තිබෙන.

අ·ප්‍රණත, *a.* unbent, erect, නැමීනැති, කෙළින්

අ·ප්‍රණම්‍ය, *a.* unbending, inductile, නොනැමෙන.

අ·ප්‍රණිහිත, *a.* unplaced, undetermined, නියම නැති; unentrusted; unobtained, ලබා නොගත්; imprudent, අනුවණ. E. S. [වත් නොවන.

අ·ප්‍රණීත, *a.* not dainty, plain (*food*), ඉතා රස

අ·ප්‍රණීතතාව, *n.* plainness (of food).

අ·ප්‍රතර්ක්‍ය, *a.* (අ priv., තර්ක්‍ය disputable), indisputable, unquestionable, සැකසල නොහැකිවූ (කාරණ): see අතර්ක්‍ය.

අ·ප්‍රතර්ක්‍යතාව, *n.* indisputableness &c., (කාරණයේ) සැකනැතිකම. [නැති ලෙස.

අ·ප්‍රතර්ක්‍යාකාරයෙන්, *ad.* indisputably &c., සැක

අ·ප්‍රතිකාර, *a.* remediless, irremediable, පිළියම් නැති, අසාධ්‍ය.

අ·ප්‍රති·කීර්තිත, *a.* (අ priv., ප්‍රති to, emp., කීර්තිත famed), unrenowned, fameless, කීර්තිනැති.

අ·ප්‍රති·කූල, *a.* unopposing, unopposed, විරුද්ධ නැති.

අ·ප්‍රති·ග්‍රහණීය, *a.* not to be accepted, unacceptable, පිළිගැනීමට නොහැකෙන.

අ·ප්‍රති·ඥාත, *a.* not promised, uncovenanted, පොරොන්දුනුවුණු. [less. E. S.

අ·ප්‍රති·නාථ, *a.* lordless, independent; *fig.* peer-

අ·ප්‍රති·නාථය, *n.* period without a ruler, interregnum, ආණ්ඩුකාරයෙක් නැති කාලය.

අ·ප්‍රති·නාථයා, *n.* one without a superior, supreme or peerless one, මහෝත්තමයා.

අ·ප්‍රති·පුද්ගලයා, *n.* incomparable or peerless person, සදෘශ නැති අය. E. S.

අ·ප්‍රතිභාග, අ·ප්‍රතිම, අ·ප්‍රති·මල්ල, *a.* unequalled, unrivalled, matchless, peerless. E. S.

අ·ප්‍රති·භාගතාව, අ·ප්‍රතිමතාව, *n.* matchlessness &c., අසහාය. E. S.

අ·ප්‍රති·භේදිත, *a.* unresolved (into parts), unanalyzed, ප්‍රභේද නොකරනලද.

අ·ප්‍රති·රූප, *a.* incomparable, peerless, අසදෘශ; unsightly, unfit, නොසෑහෙන. [කීර්ති නැති.

අ·ප්‍රති·ශිෂ්ට, *a.* unrenowned, not celebrated,

අ·ප්‍රති·ශුද්ධ, *a.* unpurified, impure, අපිරිසිදු.

අ·ප්‍රති·ෂ්ඨිත, *a.*, unfixed, නොපිහිටි, unsteady, අස්ථිර, unsettled, undecided, නිශ්චයනැති.

අ·ප්‍රති·සන්ධික, *a.* (අ priv., ප්‍රති again, සන්ධික uniting), free from further transmigration, සසරින් මිදුණු.

අ·ප්‍රති·සන්ධිය, *n.* absence of re-birth or re-existence, non-transmigration, සසරින් මිදීම.

අ·ප්‍රති·හත, *a.* unfoiled, unrepulsed, බාධානුණු, uninjured හානියට නොපැමිණි.

අ·ප්‍රත්‍යක්ෂ, *a* (අ·ප්‍රති අක්ෂ), invisible, නොපෙනෙන, imperceptible, නොදැනෙන, not manifest or clear, පැහැදිලිනැති, inevident, අප්‍රකට.

අ·ප්‍රත්‍යක්ෂකරනවා. *v. t.* to render imperceptible &c., obscure, අඳුරුකරනවා.

අ·ප්‍රත්‍යක්ෂ·ක්‍රියාව, *n.* imperceptible or obscure act, නොපෙනෙන or අඳුරු ක්‍රියාවක්.

අ·ප්‍රත්‍යක්ෂතාව, *n.* invisibleness &c., obscurity, නොපෙනීම, අඳුරුකම.

අ·ප්‍රත්‍යය, *a.* causeless, හේතුවක් නැති ; without affix, ප්‍රත්‍යයක් නැති ; the affix අ, "අ" යන ප්‍රත්‍යය.

අ·ප්‍රත්‍යයෙන්, *ad.* causelessly, හේතුවක් නැතුව.

අ·ප්‍රත්‍යාඛ්‍යෙය, *a.* (අ priv., ප්‍රති against, ආ ඛ්‍යෙය affirmable), not to be denied or refuted, undeniable, irrefutable, නැතැයි කිය නොහැකිවූ (කාරණ).

අ·ප්‍රත්‍යාදිෂ්ට, *a.* (අ, ප්‍රති ආදිෂ්ට), uninformed, unwarned, දැනුම්දෙනු–අවවාද–නොලැබූ.

අ·ප්‍රථමාවක්, *n.* (·ප්‍රථමා first), *gram.* any case except the first, any oblique case. [වන

අ·ප්‍රධාන, *a.* subordinate, secondary, ප්‍රධාන නො

අ·ප්‍රධානකම, **අ·ප්‍රධානත්වය**, *n.* subordinateness &c., ප්‍රධාන නැතිකම. [secondary.

අ·ප්‍රධානකරනවා, *v. t.* to subordinate, make

අ·ප්‍රධානියා, *n.* subordinate, underling, ප්‍රධාන නොවී සිටින්නා.

අ·ප්‍රපතන, *a.* not falling, *bot.* persistent (leaves &c.), නොවැටෙන.

අ·ප්‍රබුද්ධ, **අ·ප්‍රබෝධිත**, *a.* unawakened, පිබිදිනැති, uncultivated, ප්‍රගුණිත නුවූ, unenlightened, uninformed, දැනුම්නැති, නුගත්. [ධානකම.

අ·ප්‍රභුත්වය, *n.* (අ priv., ප්‍රභුත්වය lordship): see අප්‍ර

අ·ප්‍රභේද, **අ·ප්‍රභේදිත**, *a.* undivided, unseparated, undistinguished, inarticulate. ප්‍රභේදනැති.

අ·ප්‍රභේදතාව, **අ·ප්‍රභේදිතතාව**, *n.* state of being undivided &c., inarticulateness, indistinctness, ප්‍රභේද නැතිකම, නොපැහැදිලිකම.

අ·ප්‍රභේද්‍ය *a.* not to be separated &c., inseparable, indistinguishable, ප්‍රභේදකළ නොහැකිවූ.

අ·ප්‍රමත්ත, *a.* undelayed, ප්‍රමාදනුණු ; unintoxicated, මත්නොවී සිටින.

අ·ප්‍රමාණ, *a.* measureless, boundless, unlimited, infinite, නිමක්නැති ; immense, ඉතා මහත්.

අ·ප්‍රමාණකම, *n.* measurelessness &c., නිමක් නැතිකම ; immensity, ඉතා මහත්කම.

අ·ප්‍රමාද, *a.* not delaying, immediate, prompt, quick, ප්‍රමාදනැති, ඉක්මන්.

අ·ප්‍රමාදය, *n.* immediateness &c., ප්‍රමාදනැතිකම, ප්‍රතංගුනැතිකම. [ප්‍රමාද නැතුව.

අ·ප්‍රමාදව, *ad.* without delay, immediately &c.,

අ·ප්‍රමේය, *a.* immeasurable, මැනිය නොහැකිවූ, illimitable, නිමක්නැති, අප්‍රමාණ.

අ·ප්‍රමේයතාව, *n.* immeasurability &c., infinitude, නිමක්නැතිකම.

අ·ප්‍රමෝදිත, *a.* undelighted, unenraptured, ungratified, ප්‍රීතිනුණු, ප්‍රීතිනැති.

අ·ප්‍රයෝක්තව්‍ය, *a.* (අ priv., ප්‍ර emp., යෝක්තව්‍ය that should be joined), not to be applied, inapplicable, අදාළනොවන.

අ·ප්‍රයෝක්තව්‍යතාව, **අ·ප්‍රයෝක්තව්‍යය**, *n.* inapplicability, අදාළ නැතිකම.

අ·ප්‍රයෝග, *a.* guileless, ප්‍රයෝගනැති, honest, upright, sincere, අවංක

අ·ප්‍රයෝගතාව, **අ·ප්‍රයෝගය**, *n.* guilelessness &c., ප්‍රයෝග නැතිකම, අවංකකම.

අ·ප්‍රයෝජන, *n.* profitless, unprofitable, useless, detrimental, ප්‍රයෝජන නැති, අවැඩදායක.

අ·ප්‍රයෝජනය, *n.* unprofitableness &c., disadvantage, detriment, loss, නිෂ්ප්‍රයෝජනය, අලාභ හානිය.

අ·ප්‍රලම්බ, *a.* not pendent, එල්ලීනැති ; not dilatory or delaying, not tardy, expeditious, ප්‍රමාදනැති, කඩිනම්.

අ·ප්‍රවෘත්තිය, *n.* absence of news ; non-continuance, නොපැවැත්ම ; inactivity, inertness. E. S.

අ·ප්‍රවේක්ෂණ, *a.* unforeseeing, කලින් නොදක්නා ; *fig.* short-sighted, දුරනොදක්නා, නුවණ මඳ.

අ·ප්‍රවේක්ෂිත, unforeseen, කලින් නොදක්නලද.

අ·ප්‍රවේෂ්ටව්‍ය, *a.* not to be entered or pervaded, impervious.

අ·ප්‍රවේෂ්ටව්‍යතාව, *n.* imperviousness, යමක් ඇතුල්වියනොහැකි තදකම. [see *adj.*

අ·ප්‍රවේසම, **අ·ප්‍රවේසම්කම**, *n.* incautiousness &c.:

අ·ප්‍රවේසම්, *a.* incautious, careless, heedless, random.

අ·ප්‍ර·ව්‍රජිත, *a.* (see ප්‍රව්‍රජිත), non-ascetic, තාපස නොවන, R. C., non-clerical, secular, නොපැවිදි, ගිහි.

අ·ප්‍ර·ශාන්ත, *a.* unquiet, discontented, annoyed. ශාන්තිනැති, අසතුටු, කිරිහැරවූ.

අ·ප්‍ර·ශාන්තතාව, **අ·ප්‍ර·ශාන්තිය**, *n.* inquietude, discontentment, discontent, ශාන්තිනැතිකම &c.

අ·ප්‍රසන්න, *a.* displeased, unwilling, repugnant, disagreeable, offensive. [annoyance.

අ·ප්‍රසන්නකම, **අ·ප්‍රසන්නය**, *n.* displeasure &c.,

අ·ප්‍රසන්නකරනවා, *v. t.* to displease, affront, offend.

අ·ප්‍රසන්නකාරයා, *n.* surly person, cynic.

අ·ප්‍රසන්නවෙනවා, *v. i.* to become displeased, unwilling &c.

අ·ප්‍ර·සමීක්ෂණ, **අ·ප්‍ර·සමීක්ෂණකාර**, *a.* (·ප්‍ර emp., සම් with, ඊක්ෂ to see), not looking carefully, incautions, inconsiderate, imprudent, reckless, අප්‍රවේසම්, අනුවණ. [සම්කම.

අ·ප්‍ර·සමීක්ෂණය, *n.* incautiousness &c., අප්‍රවේ

අ·ප්‍ර·සහ්‍ය, *a.* (·සහ්‍ය endurable), unendurable, insufferable, intolerable, දරන්ටම බැරිවූ, අසහ්‍ය.

අ·ප්‍රසාද, *a.* not clear, turbid ; not lucid, inexplicit, obscure, පැහැදිලිනැති, අඳුරු.

අ·ප්‍රසාදය, *n.* turbidness &c., indistinctness, නොපැහැදිලිකම.

අ·ප්‍රසිඬ, *a,* not public, not notable, inconspicuous, obscure, ප්‍රසිඬනැති. [නැතිකම.

අ·ප්‍රසිඬය, *n.* privacy ; obscure condition ; ප්‍රසිඬ

අ·ප්‍රසිඬයෙන්, *ad.* privately, secretly, incognito, රහසින්. ප්‍රසිඬනැතිලෙස. [woman, වඳස්ත්‍රී.

අ·ප්‍රසූතිකාව, *n.* (ප්‍රසූති child-bearing), barren

අ·ප්‍රහීණ, *a.* not lost, undiminished, unwasted, නැතිනූණ, හීනනූණ, අඩුනැති. [නැති.

අ·ප්‍රාණී, අ·ප්‍රාණික, *a.* lifeless, inanimate, පණ

අ·ප්‍රාණික, *a. gram.* neuter (nouns), නපුංසක.

අ·ප්‍රාණිකතාව, *n.* lifelessness, පණනැතිකම.

අ·ප්‍රාප්ත, *a.* unarrived at, නොපැමිණී, unattained, ප්‍රාප්තනූණ, unobtained, ලබානොගත්.

අ·ප්‍රාප්තිය, *n.* non-arrival, නොපැමිණීම, non-attainment, unsuccess, ප්‍රාප්ත (or සඵල) නොවීම.

අ·ප්‍රාප්‍ය, *a.* unattainable, ප්‍රාප්තවිය නොහැකිවූ, unobtainable, ලබාගත නොහැකිවූ, inaccessible, නොපැමිණිය හැකිවූ.

අ·ප්‍රාප්‍යතාව, *n.* unattainableness &c., (යමෙකුට) ප්‍රාප්ත විය නොහැකි සවභාව.

අ·ප්‍රාර්ථිත, *a.* (ප්‍රාර්ථිත fr. ප්‍රාර්ථනා), unrequested, නොඉල්ලනලද ; unhoped for, unexpected, බලාපොරොත්තු නූණ.

අ·ප්‍රාවීණ්‍යය, *n.* unskilfulness, අසමර්ථකම.

අ·ප්‍රිය, *a.* displeased, averse, reluctant, කැමති නැති ; disagreeable, unpleasant, ප්‍රසන්න ගති යක් නැති. [disagreeableness &c.

අ·ප්‍රියකම, *n.* aversion &c., dislike, අකමැත්ත ;

අ·ප්‍රියකරනවා *v. t.* to displease, අප්‍රසන්නකරනවා; dislike, detest, අරුචිකරනවා.

අ·ප්‍රියතාව, අ·ප්‍රියාශය, *n.* dislike, අප්‍රසන්නකම, antipathy, disgust, අරුචිය.

අ·ප්‍රියාව, *n.* Er. for above.

අ·ප්‍රේමණීය, *a.* unlovely, unamiable. E. S.

අප්‍රේල්මස, අප්‍රේල්මාසය, *n.* April.

අ·ප්‍රෞඪ, *a.* not bold, timid, diffident, modest, retiring, බුහුටිනැති, ලජ්ජාශීල. [ශනාව.

අප්සරාව, *n.* celestial nymph or courtezan, දිව්‍යා·

අ·ඵල, *a.* unfruitful, sterile, barren ; *fig.* fruitless, unprofitable, vain, ඵලනැති, නිෂ්ඵල, නිස්සාර.

අ·ඵලකම, අ·ඵලතාව, අ·ඵලත්වය, *n.* unfruitfulness &c., ඵලනැතිකම &c., fallowness, පුරන් කම.

අබ, *n.* cloud, වලාකුළ : ap. of Buddha.

අබ, *n.* or *a.* mustard, mustard seed.

අබ·ඇටය, *n.* a grain of mustard : *pl.* අබ ඇට.

අබ·කුප්පිය, *n.* mustard-cruet.

අබතුර. *n.* E. of අභ්‍යන්තරය : the inside, ඇතුළ.

අබතුරු, *n. pl.* or *a.* the insides ; the inner, ඇතුළත්. [නැති, අසරණ.

අ·බන්ධු, *a.* without relatives, friendless, නෑයන්

අ·බන්ධුතාව, *n.* state of having no relatives, friendlessness.

අ·බන්ධුර, *a.* unlovely, displeasing. E. S.

අ·බද, *ad.* continually, නිබඳ, නිතරම.

අබ·පිටි, *n.* mustard flour, ground mustard.

අබ්බ, *n.* name of one of the hells ; a number, ගණනක්.

අබ·බෙහෙත්·කඩ, *n.* mustard poultice, sinapism.

අ·බය, *a.* See අභය.

අ·බර, *a.* not heavy, light : see අභාර,

අබරණය, *n.* E. of ආභරණය : jewel.

අ·බල, *a.* powerless, strengthless, feeble, දුර්වල : old, මහලු ; pithless, vain (talk), අසාර.

අ·බලකරනවා, *v. t.* to render powerless &c., disable, unnerve, බල නැතිකරනවා, දුබල කරනවා. [කම.

අ·බලතාව, *n.* powerlessness &c., දුර්වලකම, දුබල

අ·බලවෙනවා, *v. i.* to become powerless, &c., දුර්වල වෙනවා. [woman, ස්ත්‍රී.

අ·බලාව, අ·බලී, *n. fem.* the feeble one, viz.

අ·බලී, *a.* wasted, damaged, බෙලහීන ; old මහලු.

අ·බලීවෙනවා, *v. i.* to waste away, become feeble, බෙලහීන වෙනවා, perish, නාසතිවෙනවා.

අබ·ලූව, *n.* lobe of mustard seed, අබපියල්ල.

අබවස, *n.* E. of අභ්‍යවකාශ, open place, එළිමහන.

අ·බාධ, අ·බාධිත, *a.* unobstructed, unimpeded, unopposed, untrammelled, බාධානැති.

අ·බාධක, *a.* unobstructive, unopposing &c., බාධානොකරන.

අ·බාධ්‍ය, *a.* not to be obstructed, බාධාකරන්ට අයුතු ; unobstructed, බාධානැති, unresisted, විරුඬකම් නැති, free, නිදහස්.

අ·බාධ්‍යතාව, *n.* resistlessness, unobstructedness, freeness, වැළැක්විය නොහැකිකම, බාධානැතිකම, නිදහස්කම. [free-trade. E. S.

අ·බාධ්‍ය·වෙළඳම, *n.* unrestricted commerce,

අ·බාධ්‍යාකාරයෙන්, *ad.* resistlessly, unrestrictedly, freely, වැළැක්විය නොහැකිලෙස, නිදහස් ලෙස.

අබාව, *n.* bad luck, misfortune, අවාසනාව.

අ·බාව, *n.* fearlessness, confidence, භයනැතිකම : safety. [vāna, නිවන.

අ·බාවය, *n.* E. of අභාවය : non-existence, Nir-

අබි, *prefix,* E. of අභි : before, in front, to, towards.

අබි·දම්, *n.* E. of අභිධර්ම.

අ·බිදුව, *n.* E. of අභිධ්‍යාව: covetousness, තණ්හාව.

අබිනික්මන්, *n.* E. of අභිනිෂ්ක්‍රමණ.

අබින්, *n.* (fr. අහිඵේන snake-foam), opium.

අබින්·සාරය. *n.* extract of opium, morphia, morphine.

අබි·බවනවා, *v. t.* E. for අභිභවනවා : see අභිභව නය කරනවා. [E. of අභිභවනය.

අබි·බැවීම, අබි·බැවුම, අබි·බැහැවීම, අබි·බැහැවුම, *n.*

අබි·මන්, *a.* E. of අභිමාන. [උදුරම්කම.

අබි·මන්·ගතිය, *n.* haughtiness, imperiousness,

අබි·මුව, *n.* E. of අභිමුඛ.

අබි·මුවෙහි, *post.* or *ad.* in the presence of; in front; ඉදිරිපිට.

අ·බිය, *a.* fearless, භයනැති.

අ·භය, *n.* fearless state, භයනැති ගතිය; ap. of Nirvana, නිවන.

අ·භය·ද, *a.* (අ priv., භය fear, ද giving), giving fearlessness; ep. of Nirvana. [පිට, ලඟ.

අබියස, අබියෙස, *a.* or *post.*, present, near, ඉදිරි

අබිජුත්, *n.* See අභිජිත්.

අබියෝග, *a.* foolish, silly, නිවට; admonitory.

අභියෝගය, *n.* E. of අභියෝගය : foolishness &c., නිවටකම; rebuke, අවවාදය.

අබිරු, *a.* E. of අභීරු : fearless, භයනැති.

අබිසරය, *n.* E. of අභිසාරය.

අබිසරුව, *n. fem.* E. of අභිසාරිකාව.

අබිසෙව්, *a.* E. of අභිෂේක : anointed.

අබිසෙස, *n.* E. of අභිෂේකය.

අබෝධ්‍ය, *a.* unintelligible, තේරුම් නොයන.

අබ්ජ, *n.* (අබ් for අප් water, ජ born), lotus, නෙළුම; conch, හක්ගෙඩිය; moon, සඳ.

අබ්ජ·යෝනි, *a.* lotus-born : ep. of Brahma.

අබ්ජිනී, *n.* multitude of lotus flowers, නෙළුම් රාශිය.

අබ්ජිනී·පති, *n.* lotus-lord: ap. of the sun, ඉර.

අබ්දය, *n.* (අප් water, දය giver), cloud, වලාකුළ; year, අවුරුද්ද. [ocean, මුහුද.

අබ්ධිය, *n.* (අප් water, ධි to contain), the sea,

අබ්ධි·කඵ, අබ්ධි·ජ, *n.* sea-froth, sea-produce, foam of the sea, මුදු පෙන.

අබ්බ, *n.* plumbago or talc, මිනිරන්.

අබ්බාගාත, *a.* maimed, lame.

අබ්බාගාතකම, *n.* maim, lameness (of any limb).

අබ්බාගාතකරනවා, *v. t.* to lame, maim, cripple.

අබ්බාගාතයා, *n.* maimed person, cripple.

අබ්බෝහාරික, *a.* disused : see අව්‍යවහාර.

අබ්භූත·ධම්ම, *n.* (අප් or අබ් priv., භූත existing, ධම්ම P. of ධර්ම), non-existent law or event, unprecedented occurrence, wonder, miracle, අද්භූතය, විස්මයක; B. a work on the miraculous powers of the disciples of Buddha.

අබ්බොහාරිකාංගය, *n.* P. of අව්‍යවහාරිකාංගය.

අ·බ්‍රහ්මචාරි, *a.* incontinent, unchaste, කාමුක, සංවාසය කරන.

අබ්‍රහ්මණ්‍ය, *a.* unbrahminical.

අ·භක්ති, අ·භක්තික, *a.* irreligious, not pious or devoted, ungodly, godless, unregenerate, භක්තිනැති.

අ·භක්තිකයා, *n.* irreligious person, godless one, worldling, භක්තිනැත්තා, නොඇදහිලිකාරයා.

අභක්තිකාව, අභක්තිය, *n.* irreligiousness &c., ungodliness, භක්තිනැතිකම &c.

අ·භක්ෂණීය, අ·භක්ෂ්‍ය, *a.* uneatable, inedible, කෑමට නුසුදුසු.

අ·භංගුර, *a.* unbroken, entire, කැඩීනැති, සම්පූර්ණ; *fig.* straightforward, අවංක.

අ·භද්‍ර, අ·භද්‍රක, *a.* unfortunate, luckless, අවාසනාවන්ත. [කම.

අ·භද්‍රතාව, *n.* unfortunateness &c., අවාසනාවන්ත

අ·භය, *a.* fearless, dauntless, භයනැති, නිර්භීත.

අ·භයදෙනවා, *v.* to encourage, reassure, ධෛර්‍ය දෙනවා.

අ·භව්‍ය, *a.* that cannot or ought not to exist, නොවියයුතු; unfit, improper, අයුතු.

අ·භාග්‍ය, *a.* unfortunate, miserable කාලකණ්ණි.

අ·භාජ්‍ය, *a.* indivisible, not to be divided, බෙදිය නොහැකිවූ, නොබෙදිය යුතු. [&c.

අ·භාජ්‍යතාව, *n.* indivisibility, බෙදියනොහැකිකම

අ·භාර, *a.* weightless, imponderous, imponderable, බරනැති. E. S.

අ·භාරත්වය, *n.* imponderablity, බරනැතිකම. E.S.

අ·භාරවස්තු, *n. pl.* imponderables. E. S.

අ·භාව, *a.* non-existent, පැවැත්මක් නැති; negative, privative, නැතිබව හඟවන. [negation.

අ·භාව·නිගමනය, *n. log.* negative conclusion,

අ·භාවය, *n.* non-existence, non-entity, nihility, negation, නොපැවැත්ම, නැතිකම.

අ·භාව·වශයෙන්, *ad.* negatively, නැති බව පෙන්වන විධියෙන්.

අ·භාව·වාචකය, *n. gram.* a negative, privative, නැත යන අර්ථ ඇති නිගමන.

අ·භාවවෙනවා, *v. i.* to become non-existent, perish, නැතිවෙනවා.

අ·භාවිත, *a.* unaccustomed, unpractised, පුරුදු නැති, පුහුණුනැති. [වීම.

අ·භාෂණය, *n.* speechlessness, silence, නිශ්ශබ්ද

අ·භාෂිත, *a.* unspoken, unuttered, නොකියනලද.

අ·භාෂ්‍ය, *a.* inexpressible, unutterable, කිය නොහැකිවූ. [much, well.

අභි, prefix, signifying unto, towards, very,

අභි·ක්‍රමය, *n.* beginning, ආරම්භය; vigorous onset, attack, විරුද්ධයට පැමිණීම, battle, යුද්ධය.

අභි·ඛ්‍යාව, *n.* name, appellation, නාමය; fame, කීර්තිය. [ළංවීම.

අභි·ගමනය, අභි·ගමය, *n.* approaching, approach,

අභි·ඝාතය, *n.* smiting, killing, පහරදීම, මරාදැමීම.

අභි·ඝාතකයා, අභි·ඝාතියා, *n.* smiter, enemy, destroyer, සතුරා, විනාශකයා.

අ·භිචාරිකාව, *n.* See අභිසාරිකාව.

අභි·ජාත, *a.* high-born, noble, වංශවත්; wise, learned, ප්‍රඥාවන්ත, උගත්. [උත්තමයා.

අභි·ජාතයා, *n.* high-born person, nobleman &c.,

අභි·ජිත්, *n.* a lunar asterism or three stars between the 21st and 22nd lunar asterisms.

අභිජ්ඣා, *n.* P. of අභිධ්‍යාව.

අභි·ඥ, *a.* knowing well, හොඳට දන්නා, very skilful, ඉතා සමර්ථ. [දන්නාලද.

අභි·ඥාත, *a.* ascertained, known, දැනගන්නාලද,

අභිඥානය, අභිඥාව, *n.* profound or sp. or extraordinary knowledge, cognition, recognition, විශේෂ දැනගැන්ම or දැනීම; five supernatural acquirements of Rahats, viz. power to assume any form, to hear the feeblest sounds and see objects at any distance, to know the disposition and thoughts of others, to know the condition of any person in former existences.

අභි·ඥාන, *n.* P. of අභිඥාව.

අභි·තප්ත, *a.* scorched, burnt up, burnt, ඉතා තැවුණු, දැවුණු.

අ·භිදුර, *a.* not brittle, infrangible, malleable, බිඳිය නොහැකි. E. S.

අ·භිදුරතාව, *n.* infrangibility, malleability.

අභි·ද්‍රෝහය, *n.* oppression, පීඩාව, abuse, ගැරහීම.

අභි·ධර්මය, *n.* the transcendent doctrine (delivered by Buddha to the gods), metaphysics; Pitaka of that name.

අභි·ධර්ම·පිටකය, *n.* transcendent-doctrine repository, viz. the third Pitaka. It is divided into seven sections, viz. ධම්මසඞ්ගණි, විභංග, ධාතුකථා, පුග්ගල පඤ්ඤත්ති, කථාවත්ථු, යමක, පට්ඨාන. [යැමිවූ.

අභි·ධාන, *a.* named, denominated, entitled,

අභි·ධානය, *n.* name, appellation, නාමය; dictionary, vocabulary, අකාරාදිය, වචනකෝෂය.

අභි·ධානයකරනවා, *v.* to give a name to, entitle, නම් තබනවා. [දෙන.

අභි·ධායික, *a.* appellative, denominative, නම්

අභි·ධායික·නාමය, *n.* appellative, denomination, පොදු නම්: ගස යන්න මෙනි.

අභි·ධේයය, *n.* the named or mentioned thing, සඳහන්වූ එක; significance, meaning, තේරුම.

අභි·ධ්‍යානය, අභි·ධ්‍යාව, *n.* (අභි emp., ධ්‍යාන &c., fixing the mind on), covetousness, avarice, තණ්හාව; meditation, භාවනාව.

අභි·ධ්‍යානයකරනවා, අභි·ධ්‍යාකෙරෙනවා, *v.* to covet, be covetous, ආශාකෙරෙනවා.

අභි·නන්දනය, *n.* rapture, ecstasy, ප්‍රීතිමත්කම.

අභි·නන්දනයා, *n.* a Jaina sage or saint, Rishi, ඍෂියා. [modern, ඉතා අලුත්.

අභි·නව, *a.* quite new, recent, fresh, novel,

අභි·නවකරනවා, *v. t.* to make new, modernize, අලුත්කරනවා. E. S. [කම.

අභි·නවතාව, *n.* newness &c., modernness, අලුත්

අභිනව·දෘෂ්ටි, *a.* of new views, neological, අලුත් දෘෂ්ටිගත්.

අභිනව·දෘෂ්ටිය, අභිනව·ධර්මය, *n.* neology, neologism, අලුත් ධර්මය or ගුරුකම.

අභිනව·දෘෂ්ටියා, *n.* neologist, neologian, අලුත් ධර්මදෘෂ්ටියා.

අභිනව·ධර්ම·ශාස්ත්‍ර·ඥයා, *n.* neophilosopher.

අභි·නිෂ්ක්‍රමණය, *n.* (අභි against, නිෂ්ක්‍රමණය going out), marching against, invasion, විරුද්ධව යාම. E. S. [vade. E. S.

අභි·නිෂ්ක්‍රමණයකරනවා, *v.* to march against, in-

අභි·නිවේශය, *n.* (අභි emp., නි in, වේශ entering), entering, ඇතුල්වීම; intentness, tenacity, application, study, යොමුකිරීම.

අභි·නිෂ්ක්‍රමණය, *n.* going out, retiring (as an ascetic from the world), තපස් පිණිස නික්ම යාම.

අභි·නිෂ්ක්‍රමණයකරනවා, *v.* to go out, retire from (the world), නික්මයනවා, පැවිදිවෙනවා.

අභි·නීත, *a.* brought, පමුණුවනලද; prepared, සරසනලද, fit, සුදුසු; submissive, කීකරුවූ; kind, කරුණාවන්ත.

අභි·නීල, *a.* intense or deep blue, ඉතානිල්.

අභි·නීහාරය, *n.* (අභි emp., නි to, හාරය bringing), aspiration, desire, prayer, ප්‍රාර්ථනාව.

අ·භින්න, *a.* unbroken, undivided, නොබිඳුණු, නොබෙදුණු.

අ·භින්නතාව, *n.* unbrokenness &c., බිඳී නැතිකම &c.; identity. E. S.

අ·භින්නය, *n.* integer, අඛණ්ඩ ගණනක්, the whole, මුළු එක.

අභි·න්‍යාස, *a.* (අභි emp., න්‍යාස abandoning), fatal, deadly, incurable, අසාධ්‍ය.

අභිප්‍රායකරනවා, *v. t.* to intend, design, purpose.

අභිප්‍රාය, අභිප්‍රාව, *n.* meaning, purport, තේරුම; intention, අදහස.

අභිප්‍රායාර්ථය, *n.* (අභිප්‍රාය අර්ථය), design, intention, object of design, අදහස, අරමුණ.

අභි·ප්‍රේත, *a.* meant, intended, අභිප්‍රායකරනලද, wished, කැමතිවූ.

අභි·ප්ලුත, *a.* overflowed, inundated, වතුර ගලා තිබෙන, දියෙන් වැසුණු.

අභි·භවනය, *n.* subjugation, මැඩපැවැත්වීම, පරජය කිරීම, control, government, හැසිරවීම.

අභි·භවනයකරනවා, *v. t.* to subdue, යටත්කරනවා, conquer, පරජයකරනවා; subjugate, subject, control, වශගකරනවා.

අභි·භවනීය, *a.* that should be subdued, වශග කළයුතු, conquerable, governable, මැඩපැවැත්විය හැකිවූ. [see අභිභවනය.

අභි·භවය, *n.* defeat, පරජය, subjugation &c.:

අභි·භවා, *v. p. pl.* having subdued &c.: for අභිභවනයකර.

අභි·භූත, *a.* subdued, subjugated, මැඩපවත්වනලද, conquered, පරජයවූ.

අභි·මංගලය, අභි·මංගල්‍යය, *n.* great feast, high festival, උතුම් මංගල්‍යය.

අභි·මත, *a.* very pleased or willing; desired; ඉතා ප්‍රසන්නවූ, කැමතිවූ.

අභි·මතතාව, *n.* willingness, heartiness, eagerness, මනාප ගතිය.

අභි·මතය, *n.* willingness, කැමැත්ත, earnest desire, මහත් ආශාව; approbation, මතාපය. E.S.

අභි·මතවෙනවා, *v. i.* to will, wish, long, කැමැති වෙනවා, ආශාවෙනවා; approve, මතාපවෙනවා. E. S. [විය යුතු (දේ).

අභි·මතව්‍ය, *a.* to be desired, desiderated, ආශා

අභි·මතව්‍යය, *n.* desideratum, ආශාවියයුතු දෙයක්; *pl.* desiderata, අභිමතව්‍ය දේවල්.

අභි·මතාර්ථය, *n.* (·අර්ථ object), desired object, purpose, ආශාවෙන දේ, අදහස.

අභි·මතානුඥාණය, *n.* See නිමිතානුඥාණය.

අභි·මර්දය, *n.* rubbing, ඇතිල්ලීම; crushing, subduing, පොඩිකිරීම, යටත් කිරීම; battle, යුද්ධය. See මර්දනය.

අභි·මාන, *a.* haughty, supercilious, උඩඟු, උදුරම්.

අභි·මානතාව, අභි·මානය, *n.* high-mindedness, haughtiness, pride, vainglory, උඩඟුකම &c.

අභි·මුඛ, *a.* or *post.* present, before the face or in front of, facing, ඉදිරිපිට.

අභි·මුඛකරගන්නවා, *v. t. lit.* and *fig.* to set before one's self; purpose, අදහස් කරගන්නවා.

අභි·මුඛකරනවා, *v. t.* to present, set or bring before, usher, ඉදිරිපිට පමුණුවනවා, ළඟාකරනවා.

අභි·මුඛය, අභි·මුඛත්ව, *n.* presence, the front.

අභි·මුඛයෙහි, *post.* or *ad.* before the face, in the presence of.

අභි·මුඛවෙනවා, *v. i.* to face, confront, encounter, be present.

අභි·මුඛ·ස්ථ, *a.* situated in front, being in the presence, ඉදිරිපිට ඇත්තාවූ.

අභි·යුක්ත, *a.* beset, encompassed, වටකරනලද; convened, රැස්කරනලද.

අභි·යුක්තකරනවා, *v. t.* to bring against, විරුද්ධයට පමුණුවනවා; to convene, රැස්කරනවා.

අභි·යුක්තකාරයා, *n.* convener, රැස්කරන්නා.

අභි·යුක්තයා, *n*, priest's servant, attendant, අතවැසියා.

අභි·යුගකරනවා, *v.* to attack, විරුද්ධයට පැමිණෙනවා; accuse, වරදනඟනවා; rebuke, අවවාද කරනවා.

අභි·යෝගය, *n.* attack; accusation (at law); rebuke, reproof, අවවාදය. [වූ (දේ).

අභි·රත, *a.* much desired, longed for, ඉතා කැමති

අභි·රති, *a.* erotic, longing, prurient, අභිලාසවෙන.

අභිරතිය, *n.* desire, longing, තද ආශාව, ආලය; lust, concupiscence, prurience, අභිලාෂය, රාගය. [සහාය.

අභි·රමණය, *n.* coition, dalliance, සංවාසය, මල

අභි·රම්‍ය, *a.* most delightful, charming, ප්‍රීතිවඩන, මනෝහර. [කාර.

අභි·රාම, *a.* beautiful, elegant, superb, ඉතා අලං

අභි·රාමතාව, අභි·රාමත්වය, *n.* beauty, elegance, pulchritude, මහත් අලංකාරකම.

අභි·රූප, *a.* very beautiful, lovely, handsome, මනෝහර; learned, පණ්ඩිත; ep. of Cupid &c.

අභි·ලාෂය, අභි·ලාසය, *n.* (අභි emp., ලෂ් to desire), desire, ආශාව; lust, concupiscence, රාගය. [ලුම්වූ.

අභි·ලාෂී, *a.* attached to, desiring, loving, ඇ

අභි·ලාෂවෙනවා, *v. i.* to desire inordinately, lust, කාමතෘෂ්ණාවෙනවා.

අභි·ලාසාභිභවන, *a.* (·අභිභවන), subjugating desire, continent, අභිලාෂ මැඩපවත්වන.

අභි·ලාසාභිභවනය, *n.* subjugation of desire, continence, අභිලාෂ මැඩපැවැත්වීම.

අභි·වර්ධන, අභි·වර්ධිත, *a.* increasing, improving, promotive, වර්ධනයකරන.

අභි·වර්ධනත්වය, අභි·වර්ධනය, *n.* improvement, advancement, proficiency, furtherance, වර්ධනවීම, දියුණුව, වර්ධනය.

අභි·වර්ධනයකරනවා, *v. t.* to improve, advance, better, promote, ඉතා වර්ධනයකරනවා.

අභි·වර්ධනයවෙනවා, *v. i.* to improve, advance, flourish, ඉතා දියුණුවෙනවා, සඵලවෙනවා.

අභි·වර්ධිත, *a.* increased, improved, advanced, cultivated, වැඩිවූ, දියුණුවූ.

අභි·වාදනය, *n.* (අභි to, වාදනය speaking), salutation, ආචාරය, obeisance, වැඳීම,

අභි·වාදය, *n.* salutation; abuse, බැණීම.

අභි·වෘද්ධිය, *n.* increase, improvement, progress, prosperity, දියුණුව, සඵලකම.

අභි·වෘද්ධි·ආලේපකරනවා, *v. t.* R. C. to confirm.

අභි·වෘද්ධි ආලේපය, *n.* R. C. confirmation.

අභි·වෘද්ධිකරනවා, *v. t.* to increase, improve, promote, වර්ධනයකරනවා, සඵලකරනවා.

අභි·වෘද්ධිවෙනවා, *v. i.* to increase, improve, prosper, වැඩිවෙනවා &c., සඵලවෙනවා.

අභි·ව්‍යක්ත, *a.* made clear, clearly manifest, ඉතා පැහැදිලි, ප්‍රත්‍යක්ෂ.

අභි·ව්‍යක්තිය, *n.* thorough manifestness, evidentness, සම්පූර්ණ ප්‍රත්‍යක්ෂකම.

අභි·ව්‍යඤ්ජක, *a.* (අභි emp., වි අඤ්ජ to manifest), manifesting, indicative, denotative, ප්‍රකාශකරන, නිමිත්තකරන.

අභි·ව්‍යාප්තිය, *n.* diffusion, extensiveness, පැතිර තිබීම.

අභි·ශාපය, *n.* cursing, curse, ශාපකිරීම.

අභි·ශංසය, *n.* abuse, curse, oath, දොස් තැබීම.

අභි·ෂික්ත, *a.* (අභි upon, සිච් to sprinkle), sprinkled or anointed for installation.

අභි·ෂික්තතාව, *a.* anointed condition &c.

අභි·ෂේකකරනවා, *v. t.* (අභි, සිච් for සිච්), to sprinkle or anoint.

අභි·ෂේකය, *n.* sprinkling, anointing, pouring or bathing, unction to install a king &c.

අභි·ෂේකලත්, *a.* sprinkled, anointed, (දිය) ඉසිනලද, ආලේප ලැබූ.

අභි·ෂේකලත්තා, *n.* anointed one, the Messiah.

අභි·ෂේකලත්භාවය, n. anointed state, messiahship. [සෙතුනි ලැබූ.

අභිෂ්ටුත, a. (අභි, ස්තු), praised, thanked, ප්‍රශංසිත,

අභි·සං·යුක්ත, a. united, united with, endowed with, ingrained : see සංයුක්ත.

අභි·සංස්කාරය, n. (අභි well, සං: putting together or doing), collecting, preparing, පිළියෙළකිරීම; completing, perfecting, සම්පූර්ණකිරීම; purifying, embellishing, සැරසීම; apprehension, conception, තේරුම්ගැනීම. See සංස්කාරය.

අභි·සංස්කෘත, a. thoroughly completed or perfected, හොඳට සම්පූර්ණකරනලද.

අභි·සන්තාපය, n. (අභි emp., සන්තාපය burning), deep regret or repentance, තද තැවීම; curse, ශාපය; war, යුද්ධය.

අභි·සම්බාධය, n. (අභි emp.): see සම්බාධය.

අභි·සමථය, n. extermination, නැතිකිරීම, suppression, stoppage, නැවැත්වීම, සංසිඳවීම.

අභි·සමය, n. understanding, comprehension, තේරුම්ගැනීම, අවබෝධය; favourable season, හොඳ කාලය; good sect or religion, යහපත් ලබ්ධිය or ආගම.

අභි·සමයකරනවා, v. t. to cause to understand, explain, තේරුම්කරනවා, අවබෝධකරවනවා.

අභි·සම්බුධිය, n. thorough knowledge, universal knowledge, intuitive perception, සම්පූර්ණ දැනගැන්ම or දැනීම.

අභි·සම්භාවනය, n. rendering great honour, බොහෝ සෙයින් ගෞරවදීම.

අභි·සරයා, n. See අනුචරයා.

අභි·සාරය, n. (අභි to, සාරය for චාරය going), going to meet, going to an assignation

අභි·සාරිකාව, අභි·සාරිණී, n. fem. woman who goes to (an assignation), නියමිතතැනකට යන්නී.

අභි·හිත, a. spoken, said, කියනලද, named, සංඛ්‍යාත.

අභීජ්‍ය, a. (අභි emp., or towards, ඉජ්‍යා worship), adorable, worshipful, නමස්කාරය ලැබියයුතු.

අ·භීත, a. fearless, bold, undaunted, භයනැති.

අ·භීතතාව, අ·භීතිය, n fearlessness &c., intrepidity, නිර්භීතකම &c.

අ·භීම, අ·භීමක, a. not terrible, mild, භයානක නොවන, මෘදු.

අ·භීරු, a. fearless, undaunted, නිර්භීත.

අ·භීරුකයා, n. fearless man, භයනැත්තා, නිර්භීතයා [or නැමී නැති, ඍජු.

අ·භුග්න, a. not bent or crooked, straight, වකුටු

අ·භූත, a. non-existent, නැත්තාවූ, unreal, romantic, utopian. E. S.

අ·භූතතාව, අ·භූතය, n. non-existence, නැතිකම, non-entity, නොපැවැත්ම.

අ·භූතපූර්ව, a. ('පූර්ව previous), unprecedented; wonderful : see අපූර්ව. [කාම.

අ·භූත·මතය, n. vain fancy, chimera, සිත් කල්ප

අ·භූතයෙන්, ad. groundlessly, causelessly, නිකරුණේ. [ල්පනය.

අ·භූත·රූපය, n. phantasm, spectre, සිත් පෙනීම,

අ·භූත·ස්ථානය, n. non-existent place, utopia : see මනෝභාග විෂය.

අ·භූෂ, අ·භූෂිත, a. unadorned, unembellished, සැරසී නැති, plain, චාම්.

අ·භේද, a. without division or disunion භේද නැති, undivided, unbroken, කැඩිනැති.

අ·භේදිත, a. undivided, බෙදීනැති; unassorted, තේරී නැති, මිශ්‍ර.

අ·භේදිතතාව, n. entirely, absence of division or schism, බෙදී නැතිකම, භේද නැතිකම.

අ·භේදිත·පාදික, a. solipedal, solipedous, solidungulous, කුර බෙදීනැති.

අ·භේදිත·පාදිකයා, n. soliped, solidungulate, කුර බෙදීනැති සතා.

අ·භේදෝපචාරය, n. (අභේද උපචාරය), undivided usage, double application, metonymy. E. S. [බෙදිය or වෙන්කළ නොහැකිවූ.

අ·භේද්‍ය, a. indivisible, inseparable, indissoluble,

අ·භේද්‍යතාව, n. indivisibility &c., බෙදිය නොහැකිකම.

අ·භේද්‍යපත්‍රික, a. bot. of undivided leaf, monophyllous, monosepalous, කොළ or පෙති බෙදී නැති, ඒකපත්‍රික, (මල් &c).

අ·භේද්‍යය, n. what is indivisible, බෙදිය නොහැකිදේ, sp. a diamond, වජ්‍රය.

අභ්‍ය, fr. අභි අ, as අභ්‍යග්‍ර for අභි අග්‍ර, and the following. [before, in front, ඉදිරිපිට.

අභ්‍යග්‍ර, a. (අභි towards, අග්‍ර front), near, ළඟ,

අභ්‍යංගය, n. anointing the body, අංගාලේපය, ඇඟ ආලේපය.

අභ්‍යඤ්ජනය, n. ointment, තෙලම්; inunction, anointing, තෙල ආලේපය.

අභ්‍යන්තර, a. inner, interior, internal, ඇතුළත්, included, esoteric, අඩංගු, ගුප්ත.

අභ්‍යන්තරකරනවා, v. t. to place within, include, අඩංගුකරනවා.

අභ්‍යන්තර·ප්‍රාණියා, n. one of the entozoa; pl. ......ප්‍රාණියෝ, entozoa; බඩ පණුවා &c.

අභ්‍යන්තර·බාහිර, a. internal and external, ඇතුළ හා පිටත.

අභ්‍යන්තරය, n. the inside, interior, ඇතුළත.

අභ්‍යන්තරයෙහි, post. or ad. in the inside, within, ඇතුළෙහි.

අභ්‍යන්තරවෙනවා, v. i. to enter, be included, ඇතුල්වෙනවා, අඩංගුවෙනවා,

අභ්‍යන්තරාගාරය, n. ('ආගාරය), inner room, ඇතුළුගෙය.

අභ්‍යන්තරාර්ථය, n. ('අර්ථය), inner or real meaning, the spirit or import, ඇතුළු or සැබෑවූ අභිප්‍රාය.

අභ්‍යන්තරාවනත, a. ('අවනත), bent inwards, bot. introrse, ඇතුළට නැමුණු.

අභ්‍යවකාශය, *n.* (අභි අවකාශය), open place, out of doors, එළිමහන.

අභ්‍යවකාශිකාංගය, *n.* (·අංගය), open-air ordinance, viz. the ordinance in B. which requires monks to live altogether without shelter.

අභ්‍යවහාරය, *n.* (අභි, අව away, හාරය taking), partaking, eating අනුභවකිරීම, කෑම.

අභ්‍යසූයාව, *n.* (අභි on, අසූයා calumny), accusing, detraction දෝස්නැඟීම, slander, ගුණමකු දය. [හොඳට පුහුණුකරනලද.

අභ්‍යස්ත, *a.* exercised, practised ; well learnt ;

අභ්‍යාඛ්‍යානය, *n.* (අභි ආඛ්‍යානය), groundless accusation, unjust reviling, බොරුවෙන් දොස් නැඟීම or නිගාකිරීම.

අභ්‍යාගාරික, *a.* (·ආගාරික), domestically diligent, well domesticated.

අභ්‍යාදානය, *n.* (·ආදානය), beginning පටන්ගැන්ම.

අභ්‍යාශ, *a.* near, ළඟ, සමීප ; pert. to practice.

අභ්‍යාසකරනවා, *v. t.* to practise, repeat much, පුහුණු කරගන්නවා.

අභ්‍යාසකරවනවා, *v. c.* to cause to practise ; practise or exercise (a person), පුහුණු කර වනවා.

අභ්‍යාස·පාඨශාලාව, *n.* training school.

අභ්‍යාසය, *n.* practice, exercise in order to learn, praxis, පුහුණු කරගැනීම.

අභ්‍යාසවෙනවා, *v. i.* to become practised, exercised or trained, පුහුණු වෙනවා. [hall.

අභ්‍යාස·ශාලාව, *n.* training school, practising

අභ්‍යුපගමනය, අභ්‍යුපගමය, *n.* (අභි to, උප aid, ගම going), approach, එළඹීම : promise, පොරොන්දුව.

අභ්‍යුපාය, *n.* (අභි උපාය), expedient, resource, means, උපාය, උපක්‍රමය.

අභ්‍රක, *n.* talc, plumbago, මිනිරන්.

අභ්‍රංලිහ, *a.* cloud-touching, sky-touching, අහස ට නැවෙරන.

අභ්‍රංලිහය, *n.* the air, wind, හුළඟ.

අ·භ්‍රමණ, *a.* non-revolving, stationary, fixed (stars), ගමන් නොකරන, අචල.

අභ්‍ර·මාලාව, *n. lit.* sky-garland, line of clouds, වලාපටලය.

අභ්‍රය, *n.* cloud, වලාකුළ ; sky, අහස.

අ·භ්‍රාතෘය, *a.* unbrotherly, unfraternal. E. S.

අම, *a.* E. of අමෘත : undying.

අම, අමත, *n.* water, ජලය ; nectar, ambrosia ; Nirvāna, නිවන : see අමෘතය.

අමකඩ, *n.* See අමුඩය.

අ·මග, *n.* (අ priv., මග way), error, මුළාව, heresy, මිථ්‍යා දෘෂ්ටිය.

අම·ගඳ, *n.* unpleasant smell, the smell of raw meat, දුගඳ, ආමගන්ධය.

අ·මංගල, අ·මංගල්‍ය, *a.* inauspicious, unfortunate, අවාසනාවන්ත ; useless, නිෂ්ඵල.

අමත, අමත්‍රය, *n.* alms-bowl.

අ·මතකය, *n.* forgetting, forgetfulness, oblivion, මතක නැතිකිරීම.

අමතනවා, *v.* to think, expect, කල්පනාකරනවා ; think out or invent, යොදනවා, උපදවනවා ; invite, කැඳවනවා ; *pret.* ඇමතුවා ; *v. n.* ඇමතීම.

අමත්තුව, *n.* cessation, නැවතීම.

අ·මත්·පැන්, *n.* E. of අමද්‍යපානය.

අ·මද, අ·මඳ, *a.* no little, sufficient, abundant, ස්වල්ප නොවන, මඳ නොවන, බොහෝ.

අමදය, *n.* E. of ආමෝදය : odour, perfume, fragrance, සුවඳ ; pleasure, සතුට ; leprosy.

අමදිනවා, *v. t.* to sweep ; *pret.* ඇමැද්දා ; *v. n.* ඇමදීම.

අමදිනි, *n.* mother, මව ; *pl.* අමදිනියෝ.

අමදිනිය, *n.* sweeper, broom, ඉදල, කොස්ස.

අමදු, *n.* eating, feeding, කෑම.

අ·මධුර, *a.* E. of අමධුර.

අ·මද්‍ය, *a.* unintoxicating, non-alcoholic, මත් නොකරන, මද්‍යසාරනැති.

අ·මද්‍ය·පාන, *a.* teetotal, total-abstinence, මත් පැන් නොබොන.

අ·මද්‍ය·පානක·ධර්මය, *n.* teetotalism, මත්පැන් නොබීමේ ධර්මය or පිළිය.

අ·මද්‍ය·පානකයා, *n* total abstainer, teetotaler, මත්පැන් නොබොන්නා.

අ·මද්‍ය·පානය, *n.* unintoxicating—non-alcoholic —beverage, මත්නොකරන පානය. [ඇමදීම.

අමදිනවා, *v.* See අමදිනවා : *pret.* ඇමැන්ද ; *v. n.*

අ·මධුර, *a.* unsavoury, distasteful ; *fig.* harsh, unpleasant, unmusical ; අමිහිරි.

අ·මධුරතාව, *n.* unsavouriness &c., අමිහිරිකම.

අමන, *v. adj. pres.* of අමනවා : blowing, ගසන (හුළඟ).

අ·මන, *a.* mindless, සිහිබුද්ධිනැති, idiotic, stupid, silly, නිවට, foolish, මෝඩ.

අ·මනකම, *n.* stupidity &c., සිහිබුද්ධිනැතිකම &c.

අ·මනයා, *n.* stupid person, simpleton, නිවටයා, මෝඩයා.

අමනවා, *v. i.* to blow (as the wind) ; to pervade or diffuse itself (as scent) ; *pret.* ඇමුවා ; *v. n.* ඇමීම.

අ·මනා, *a.* displeasing : see අමනෝඥ.

අ·මනාප, *a.* displeased, unwilling, averse, reluctant, අප්‍රසන්න. [fend.

අ·මනාපකරනවා, *v. t.* to displease, affront, of-

අ·මනාපය, displeasure, dislike &c.: see adj.

අ·මනාපවෙනවා, *v. i.* to become displeased or unwilling &c. [යක්ෂ, රාක්ෂස.

අ·මනුෂ්‍ය, *a.* inhuman, unnatural, demoniacal,

අ·මනුෂ්‍යයා, *n.* a non-human being, viz. a demon, devil or evil spirit, රාක්ෂයා, යක්ෂයා.

අ·මනෝඥ, *a.* (අ priv., මනස් mind, ඥ know), unlovely, inelegant, අමනෝරම, displeasing, disagreeable, offensive, අප්‍රිය, අමිහිරි.

අ·මනෝඥතාව, *n.* unloveliness &c., අමනෝඥභා කම &c.

අ·මනෝහර, *a.* (මනඃ mind, හර taking), unattractive, ungraceful, displeasing : see අමනෝඥ.

අ·මන්ත්‍රී, *a.* without counsel or counsellor, මන්ත්‍රණ නැති, දූතමුතුකම්නැති. [see අමඳ.

අ·මඳ, *a.* no little, විශාලවත, much, බොහෝ :

අමන්දල්, *n.* or *a.* almonds ; almond, කොට්ටම්බා.

අම·පාවා, *n.* nectar-drinker, viz. a god. [tar.

අම·බිඳු, *n. pl.* E. of අමෘත බිඳු : drops of nec-

අම·පුරු, *a.* (අම nectar, අපුරු like), nectarial, ambrosial, delicious, ඉතා රසවත්.

අම·පුරු·වදන, *n.* honeyed speech, pleasing word, ඉතා මිහිරි බස.

අ·මර, *a.* deathless, immortal, නොමැරෙන.

අ·මර·ගුරු, *n.* ap. of Brihaspati preceptor of the immortals, viz. of the gods, බෘහස්පතියා.

අ·මරඟනා, *n.* (·අඟනා female), goddess, දිව්‍යාංගනාව.

අ·මරණතාව, අ·මරණත්වය, *n.* deathlessness, immortality, නොමැරෙන ගතිය, අමරණීයකම.

අ·මරණීයකරනවා, *v. t. lit.* or *fig.* to immortalize. E. S.

අ·මරණීය, *a.* undying, immortal, නොමැරෙන.

අ·මරණීයකම, අමරණීයතාව, *n.* deathlessness, immortality, නොමැරෙන සවභාව.

අ·මර·පුර, *n.* or *a.* city of the Immortals, viz. Amarapura, a city of Burma.

අ·මර·පුර·නිකාය, *n.* Amarapura sect of Buddhists introduced into Ceylon about A.D.1800 by Ambagahapitiya priest ; the priests of this sect are in communion with priests of Burma.

අ·මර·පුරය, *n.* city of the Immortals, viz. city of the gods, heaven.

අ·මර·භාවය, *n.* deathless state, immortality : see අමරණීයකම.

අ·මරය, *n.* quicksilver, රසදිය.

අ·මරයා, *n.* an immortal, a god ; an eel, ආඳා.

අමරළා, *n.* name of a fish.

අ·මරාංගනාව, *n. fem.* (·අංගනාව), nymph, goddess, දිව්‍යාංගනාව.

අ·මරාද්‍රිය, *n.* (අමර, අද්‍රිය mountain), mount of the gods, Mahā Mēru, මහාමේරු පර්වතය.

අ·මරාලය, *n.* (·ආලය abode), mansion of the gods, දේව වාසස්ථානය, දේවභවනය, ස්වර්ගය.

අ·මරාවතී, *n.* Indra's capital, heaven of the gods, ශක්‍රපුරය.

අම·රිපු, *n.* enemy of the immortals, viz. of the gods : ap. of Buddha, බුදුන්.

අ·මර්ත්‍ය, *a.* immortal, අමර, divine, දේව.

අ·මර්ත්‍යයා, *n.* immortal one, a deity, දෙවියෙක්.

අ·මර්දිත, *a.* unsubdued, මැඩ නොපවත්වනලද ; unpolished, rough, ඔප නගානැති.

අ·මර්ෂණ, අ·මර්ෂවත්, *a.* unresigned, impatient, hasty, passionate, නොඉවසිලි, කිපෙන.

අ·මර්ෂණතාව, අ·මර්ෂණත්වය, *n.* impatience &c., නොඉවසිල්ල, කිපෙනගතිය.

අ·මර්ෂණාකාරයෙන්, *ad.* impatiently, passionately, ඉවසිල්ල නැතුව.

අ·මල, අ·මල්, *a.* (මල dirt), unsullied, stainless, spotless, pure, නිර්මල, පිරිසිදු.

අ·මලතාව, *n.* stainlessness, pureness, fairness, whiteness, නිර්මලකම &c., සුදුකම.

අ·මලින, අමලිනිත, *a.* unsoiled, unsullied, unpolluted, clean, කිලුටුනැති, පිරිසිදු.

අ·මහාත්ම, *a.* (අ priv., මහා ආත්ම), cowardly, pusillanimous, භයසුලු : illiberal, ලෝභබුදු, ගුණ මඳවූ.

අ·මළු, *a.* crystal, crystalline, පළිඟු.

අ·මළුව, *n.* the pure, viz. crystal, පළිඟුව.

අ·මස්තක, *n.* headless, ඉසනැති, without the top part, උඩ පංගුව නැති.

අ·මා, *a.* E. of අමෘත : undying, නොමැරෙන.

අමා, *a.* pert. to the moon, lunar : see අමාවක.

අ·මාංස·ධර්ම, අ·මාංස·භක්ෂණ·ධර්ම, *a.* vegetarian (doctrine).

අ·මාංස·ධර්ම·වතිකයා, *n.* one who holds the doctrine of non-flesh diet, vegetarian.

අ·මාංස·භක්ෂක, අ·මාංස·භක්ෂණ, *a.* vegetarian (in practice).

අ·මාංස·භක්ෂකයා, *n.* one who abstains from eating flesh, vegetarian.

අ·මාංස·භක්ෂණ·ධර්මය, *n.* doctrine or principle of vegetarianism.

අ·මාංස·භක්ෂණය, *n.* the practice of vegetarianism, *lit.* abstinence from flesh.

අමා·ඇදුරා, *n.* teacher of Nirvāna : ap. of Buddha, බුදුන්.

අමා·ඔසු, අමා·ඖෂධ, *n.* See අමෘතෞෂධය.

අමා·කර *n.* nectar-maker, viz. the moon, හඳ.

අමාංගලික, *a.* inauspicious, unpropitious : see අමංගල.

අමාත්‍ය·මණ්ඩලය, *n.* the body of state ministers, the ministry, මන්ත්‍රී මණ්ඩලය.

අමාත්‍යයා, *n.* minister of state, state counsellor or officer, ඇමතියා.

අමාත්‍ය·ලේඛකයා, *n.* secretary of state, මහ ලේකම්තැන.

අමා·දිය, අමා·පැන්, *n.* life-giving water, nectar ; sweet water, මිහිරි වතුර.

අ·මානනය, *n.* disrespect, dishonour, අවමානනය.

අමා·පොද, *n. sg.* or *pl.* See අම බිඳු.

අමා·මහ·නිවන, *n.* great deathless Nirvāna, viz. deathless, because transmigration has ceased. [අමාකර, අමාරශ්ම.

අමා·වෛරජ, අමාමෙරද, *n.* ap. of the moon : see

අ·මාය, *n.* ambrosia, දිව්‍ය භෝජනය ; ap. of Nirvāna as free from death, නිවන.

අ·මායා, *a.* non-delusive, මායා නොවන, not deceptive නොරවටන, sincere අවංක.
අමාරනවා, *v. t.* to brandish, හරඹ කරනවා ; *pret.* ඇමැරුවා ; *v. n.* ඇමැරීම.
අමා·රස, *n.* ambrosial or nectarial taste.
අමා·රැස, *n.* nectar-ray, viz. the moon, හඳ.
අමාරු, *a.* difficult, arduous.
අමාරුකරනවා, *v. t.* to make difficult, burden, cumber, embarrass, handicap.
අමාරුව, *n.* difficulty, obstacle.
අ·මාර්ග, *a.* pathless, roadless, පාරනැති ; lawless, improper, wrong, වැරදි, දුෂ්ට.
අමා·වක, අමා·වාසිය, *n.* lunar period, lunar abode, viz. day of the new moon, day of its conjunction with the sun.
අමා·වතුර, *n.* immortal or life-giving water ; title of a Sinhalese book.
අමා·වතරය, අමා·වැසි, *n.* E. of අමාත වර්ෂාව.
අමා·සේ, *n.* (සේ fr. ඡායා), ambrosial or delicious shade, ප්‍රසන්න සෙවණ.
අමි, *a.* cont. of අමිහිරි.
අ·මිත, *a.* unmeasured, boundless, අප්‍රමාණ.
අ·මිතුරා, *n.* E. of අමිත්‍රයා : unfriendly one, enemy, සතුරා.
අ·මිතුරු, *a* E. of අමිත්‍ර : unfriendly &c., සතුරු.
අමිතෝදන, *n.* name of a king who was a brother of Suddhodana father of Buddha.
අ·මිත්‍ර, *a.* unfriendly, disaffected, adverse, විපක්ෂ, එදිරිකාර. [එදිරිකම
අ·මිත්‍රකම, *n.* unfriendlessness &c., සතුරුකම,
අ·මිත්‍රකරනවා, *v. t.* to make unfriendly, estrange, සතුරුකමට හරවනවා.
අ·මිත්‍රවෙනවා, *v. i.* to become unfriendly or estranged, සතුරුවෙනවා.
අමිය, *n.* multitude, crowd, සමූහය.
අමිත් *a.* immeasurable, අප්‍රමාණ.
අමීම, අමිනුම, *v. n.* (of අමියනවා), the act of eating, කෑම, viz. අනුභව කිරීම.
අමියාව, *n.* dyspepsia : see ඇමියාව
අමිනු, *v. adj. pret.* (of අමියනවා), ate, eaten, කෑවාවූ. [&c.: see අමිහිරි.
අ·මිහුරු, *a. lit.* and *fig.* not sweet, disagreeable
අ·මිශ්‍ර, අමිශ්‍රිත, *a.* unmixed, unalloyed, uncompounded, simple, මිශ්‍ර නැති.
අ·මිශ්‍රතාව, අ·මිශ්‍රිතතාව, *n.* state of being unmixed &c., මිශ්‍ර නැතිකම.
අමිෂය, *n.* flesh &c.: see ආමිෂය.
අමිහිරි, *a.* not sweet, unsavoury ; disagreeable, unpleasant, distasteful ; dissonant, inharmonious, harsh.
අමිහිරිකම, *n.* unsavouriness &c. [insipidity
අ·මිහිරි·රස, අ·මි·රස. *n.* disagreeable taste
අ·මි·රස, *a.* unsavoury, insipid, අරුචි.
අමු, *a. lit.* and *fig.* fresh, raw, unripe, immature, crude. *Bot.*

අමු·කපුරු, *n.* fresh or unprepared camphor.
අමුකම, අමු·ගතිය, *n.* freshness &c.
අමුක්කුව, *n.* trigger.
අ·මුක්ත, *a.* not loosed, unliberated, not free, නොමිදුණු, නිදහස්නැති.
අ·මුක්තය, *n.* non-missile, viz. hand-weapon, knife, විසිනොකරන ආයුධය, පිහිය.
අ·මුඛ්‍ය, *a.* not chief, inferior, subordinate, ප්‍රධාන නොවන, යටත්. [ධානකම.
අ·මුඛ්‍යතාව, *n.* inferiority, subordinateness, අප්‍ර
අමුඩය, } *n.* a man's fore-lap, a piece of cloth
අමුඩෙ, } worn over the privities, 'span-cloth'.
අමුණ, *n.* grain measure of five or six bushels : a measure of land as much as an amuna of grain will sow, viz. from 2 to 2¼ acres ; *pl.* අමුණු. [*pl.* අමුණු.
අමුණ, *n.* dam or embankment of rice field ;
අමුණනවා, *v. t.* to string, reeve ; thread (a needle) ; to file (on a wire &c.) ; link, concatenate ; *pret.* ඇමුණුවා ; *v. n.* ඇමිණීම.
අමුණුබඳිනවා, *v.* to make dams or embankments.
අමුණු·බැම්ම, *n.* dam of paddy field.
අමුතු, *a.* fresh, novel, new, other. [ness.
අමුතු·ගතිය, *n.* fresh condition, freshness, new-
අමුතුව, අමුත්ත, *n.* a fresh or new thing, something strange, අමුතු දෙයක් : procession, පෙරහැර.
අමුතු·බත, *n.* fresh rice (cooked for strangers); first cooked rice (of the harvest).
අමුතුම, *n.* See ඇමතුව.
අමුතුවෙන්, *ad.* afresh ; incidentally.
අමුත්, *a.* damp, wet, තෙත.
අමුත්ත, *n.* See අමුතුම.
අමුත්තා, *n.* new-comer, stranger.
අ·මුද්‍රාංකිත, *a.* unprinted, අච්චුනොගසපු.
අමු·පාට, *n.* fresh or immature colour, sp. green.
අමුය, *n.* See කමුල and හමුලෙයසි. [gold.
අමු·රන්, අමු·රත්රන්, *n.* native or unwrought
අමුව, *n.* unripe or raw part ; a weight equal to three gingely seeds.
අමුවෙන්, *ad.* in an unripe state, immaturely (gathered or eaten &c.).
අමු·සොහොන, *n.* place where bodies are burnt or cast unburied.
අමු·හොද්ද, *n.* raw soup or sauce, viz. uncooked or insufficiently cooked soup &c.
අ·මූර්ත, *a.* formless, shapeless, හැඩයක් or සවරූපයක් නැති. [නැතිකරනවා.
අ·මූර්තිකරනවා, *v. t.* to render formless, හැඩ
අ·මූර්ති·කෘත, *a.* rendered formless, හැඩනැතිකරනලද ; disembodied, ශරීරයෙන් වුනවූ.
අ·මූර්තිමත්, *a.* formless, හැඩයක් නැති ; unembodied, ශරීරයක් නැති
අ·මූල, අමූ·ලික, *a.* rootless, causeless, මුලක් or හේතුවක් නැති, groundless, unfounded, baseless, නිකරුණේ, අසත්‍ය.

අ·මූලිකතාව, *n.* groundlessness &c., මුලක්නැති කම, නිකරුණුබව.

අ·මූල්‍ය, *a.* priceless, invaluable, අගය කියනොහැකි, ඉතා අගනා.

අ·මූල්‍යතාව, *n.* pricelessness &c., අප්‍රමාණ අගනාකම.

අ·මෘත, *a.* deathless, immortal, නොමැරෙන, undecaying, imperishable, ජරාවට නොපැමිණෙන. [පානය.

අ·මෘත·ජලය, *n.* beverage of the gods: see අමෘත

අ·මෘත·ඥ, *a.* knowing immortality, immortal, අමරණීය.

අ·මෘත·ඥතාව, *n.* immortality, අමරණීයකම.

අ·මෘතතාව, *n.* deathlessness &c: see අමරණීතාව. [පැන්.

අ·මෘත·පානය, *n.* beverage of immortality, අමා

අ·මෘත·බිඳු, *n. pl.* See අමබිඳු.

අ·මෘතය, *n.* deathless state, immortality, අමරණීයකම; ap. of Nirvāna as freedom from further liability to death; ambrosia, දිව්‍ය භෝජනය, nectar of the gods, අමාපැන්.

අ·මෘත·යෝගය, *n.* const. so called: perpetual constellation. [පානය.

අ·මෘත·රසය, *n.* nectar of the gods: see අමෘත

අ·මෘත·වර්ෂාව, *n.* rain of ambrosia or nectar, අමාවැස්ස; pleasant rain, මිහිරි වැස්ස.

අ·මෘතාභිෂේකය, *n.* (අමෘත අභි:), sprinkling nectar, අමාදිය ඉසීම.

අ·මෘතෞෂධය, *n.* (අමෘත ඖෂධය), medicine of immortality, nectarial medicine.

අ·මෘදු, *a.* not soft, hard, harsh, inclement, insensible, මෘදුනැති, තද.

අ·මෘදුතාව, *n.* hardness &c., inclemency &c., මෘදුනැතිකම, දයානැතිකම.

අමෙරිකා, අමෙරිකන්, *a.* American.

අමෙරිකාව, *n.* America.

අ·මේධ, *a.* (අ priv., මේධා sense), senseless, foolish, මෝඩ. [නැත, කිලුටු.

අ·මේධ්‍ය, *a.* fæcal, excrementitious, අශුචි, foul,

අ·මේධ්‍යය, *n.* fæces, excrement, අශුචිය, මල, filth, කිලුට.

අ·මේය, *a.* immeasurable, boundless, මැනිය නොහැකිවූ, අප්‍රමාණ. [කම &c.

අ·මේයතාව, *n.* immeasurability &c., අප්‍රමාණ

අ·මෛත්‍රී, *a.* unfriendly, unkind, මිත්‍රනොවන, අකරුණාවන්ත.

අ·මෛත්‍රීතාව, අමෛත්‍රිය, *n.* unfriendliness &c., මිත්‍රනැති භාවය &c.

අ·මෝඝ, *a.* not fruitless or vain, fruitful, productive, නිෂ්ඵල නැති, ඵලඇති.

අ·මෝඝ·දෘෂ්ටි, *a.* of unerring view or opinion, infallible, මතයෙන් නොවරදින.

අ·මෝඝ·දෘෂ්ටියා, *n. mas.* person of sound views, unerring or infallible person.

අමෝදය, *n.* See ආමෝදය.

අ·මෝරනවා, *v.* to brandish (a sword or the fist), ඔසවනවා, clinch (the fist), උළුක් කරනවා; *pret.* ඇමෑරුවා; *v. n.* ඇමෑරීම.

අ·මෝහය, *n.* absence of stupidity or infatuation or folly or error, මෝඩනැතිකම.

අ·මෝහිත, *a.* undeluded, uninfatuated, නොරැවටුණු, මෝඩනැති.

අ·මෝහියා, *n. mas.* uninfatuated person, wise or judicious person, මෝඩනැත්තා, නුවණැත්තා.

අම්බර·ගෝචර, *a.* moving in the sky (as birds and stars), අහසෙහි හැසිරෙන.

අම්බර·ගෝචරයා, *n.* bird, කුරුල්ලා.

අම්බරය, *n.* the sky, අහස; apparel, වස්ත්‍රය.

අම්බරාන්තය, *n.* (·අන්තය), end or extremity of the sky, horizon. E. S.

අම්බරීෂ, *n.* ap. of Siva, ශිව, or Vishnu, විෂ්ණු; name of a king. [sun, ඉර.

අම්බරීෂය, *n.* frying-pan, තාච්චුව; war, යුද්ධය;

අම්බරීෂයා, *n.* young animal or boy, පැටියා, බාලයා. [travellers.

අම්බලම, *n.* rest-house or road-side shed for

අම්බා, අම්බිකාව, *n.* mother, මව; wife (see අඹු). *Bot.*

අම්බිල, *a.* acid, sour, ඇඹුල්.

අම්බු, *n.* water, ජලය.

අම්බු·චර, *a.* (අම්බු water), moving in water, aquatic (animal), දියෙහි හැසිරෙන.

අම්බු·ජ, *a.* water-born, aquatic, දියෙහි හටගත්ත.

අම්බු·ජය, *n.* lotus, නෙළුම; moon, සඳ.

අම්බු·ජයා, *n.* aquatic animal, as fish, oyster &c., දියේ සතෙක්: මාලුවා, බෙල්ලා &c.

අම්බු·දය, *n.* (ද giving), water-giver, viz. cloud, වලාකුළ. [cloud.

අම්බු·ධර, *n.* (ධර holding), water-bearer, viz.

අම්බු·ධිය, *n.* (ධි to contain), water-holder, viz. the ocean, මුහුද.

අම්භෝ·ජ, *a.*, අම්භෝ·ජය, *n.* (අම්භඃ water, ජ born): see අම්බුජ &c. [මුහුද.

අම්භෝ·නිධිය, *n.* water-treasury, viz. the ocean,

අඹ, *n.* water, දිය; cloud; woman, ස්ත්‍රී; mother, මව; a drug (see තිරිවෙරිය).

අඹ, *n. pl.* or *a.* mangoes; mango-.

අඹ·ගෙඩිය, *n.* mango fruit; kidney, වකුගඩුව.

අඹනවා, *v. t.* to drive away, එලවනවා; to form, mould, සාදනවා, හැඩහුරුකරනවා; *pret.* ඇඹුවා; *v. n.* ඇඹීම.

අඹර, *n.* See අම්බරය.

අඹරනවා, *v. t.* to grind; twist; *pret.* ඇඹරුවා; *v. n.* ඇඹරීම.

අඹරාව, *n.* cart cover, hood, tilt.

අඹරෝදර, *n.* (අඹර, උදර) sky-dome, අහස් කුසය.

අඹවනවා, *v. c.* to drive or cause to be driven away; to form or mould; *pret.* ඇඹෙවුවා; *v. n.* ඇඹවීම.

අඹු·හැළිය, *n.* body or mass of water, දියබාරාව.
අඹු, *n.* water, දිය; also wife.
අඹු·දරුවෝ, *n. pl.* wife and children.
අඹුරය, අඹුරේ, *n.* cloud, වලාපටලය.
අඹුරව්, *n.* E. of අම්බරය: sky, අහස.
අඹුරු, *a.* sky, අහස්. [අහස් ගඟ.
අඹුරු·නිය, *n.* sky-river, viz. the milky-way,
අඹුල, *n.* acid, ඇඹුල; nelli fruit, නෙල්ලි ගෙඩිය, ආමලක.
අඹු·සැමියෝ, *n. pl.* wife and husband, භාර්‍යාව හා සවාමිපුරුෂයා.
අඹු·සොඬ, *a.* uxorious, භාර්‍යාව කෙරෙහි ඉතා ඇලුම්වූ: *n.* uxorious husband.
අඹුස්, *n.* water, වතුර. [සිලා.
අම්මණ්ඩි, *n. res.* mother; matron; *pl.* අම්මණ්ඩි
අම්මා, *n.* mother; *pl.* අම්මාලා or අම්මාවරු.
අම්මා·පල්ල, අම්මා·පා, *n.* a sort of oath, "By my mother."
අඹ, *a.* mango, as අඹවෘක්ෂය, අඹඵලය &c., mango tree &c., අඹ.
අම්ල, *a.* and *n.* acid, sour, ඇඹුල්; acidity, sourness, acid, ඇඹුල්කම, ඇඹුල.
අම්ල·කර·ජ, *n.* oxide.
අම්ල·කර·වායුව, *n.* oxygen.
අම්ල·කර·වායු·මිශ්‍ර, *a.* oxygenated.
අම්ල·නාශකෞෂධය, *n.* (·නාශක ඖෂධය), *med.* saturant, ඇඹුල නසන බෙහෙත.
අය, *n* revenue, income, receipts.
අය, *n.* person, individual; *pl.* අය or අයවල්.
අය, අයස්, *a.* ~~iron~~, යකඩ. [debt).
අයකරනවා, *v. t.* to exact, collect, levy, (tax or
අය·කල්, *n.* the iron—the fourth—age of the world: see කලියුගය.
අය·කැමියා, *n.* tax collector (of lands and tenements), accountant. [tax.
අය·ගම, *n.* revenue village, village subject to
අයජනාව, අයදම, *n.* request, invitation, අයදුම, ආරාධනාව.
අයජමෙන්, *ad.* at the request &c., ආරාධනාවට.
අයත·ච්ඡේදය, *n.* a cut lengthwise, scissure, දිග අතට කැපීම or කැපුම.
අයති, අයත්, *a.* The same as අයිති.
අයතුර, *n.* way, road, මාවත.
අ·යත්න, *a.* effortless, inactive, උත්සාහගෙහොක රහ, අලස.
අ·යත්නතාව, අ·යත්නය, *n.* inactivity, state of non-exertion, උත්සාහනැතිකම, අලසකම.
අ·යථාර්ථ, *a.* (අ priv., යථා as, අර්ථ sense), inaccurate, incorrect, හරිනැති, wrong, වැරදි.
අ·යථාර්ථතාව, *n.* inaccuracy &c., හරිනැතිකම.
අයද·ගන්නවා, *v. t.* to obtain by entreaty, ඉල්ලා ගන්නවා.
අය·දමනවා, *v.* to play at dice; to win thereat.
අය·දුකුම, *n.* tribute, revenue, (presented to a king or temple).

අයදිනවා, *v.* to pray, invoke, supplicate, request, beseech, යාච්ඤාකරනවා, ඉල්ලනවා, කන්නලව්කරනවා; *p. pl.* අයද or අයැද; *pret.* අයැද්ද or අයදුවා.
අයදීම, අයදුම, *v. n.* requesting, request, supplication, prayer, ඉල්ලීම, යාච්ඤාව.
අයදුම්·කාරයා, *n.* petitioner, suppliant, applicant, ඉල්ලුම්කාරයා. [ලුම් පත්‍රය.
අයදුම්·පත්‍රය, *n.* petition, written request, ඉල්
අයන, *n.* way, road, මාර්ගය; passage, journey, ගමන, (of sun or moon); half the year, viz. the period of the sun's passage North or South, අවුරුද්දෙන් බාගයක්.
අයනවා, *v.* to gape, yawn, open the mouth; *pret.* ඇයුවා; *v. n.* ඇයුම.
අයනාදුරු, *n.* (අයන ඇදුරු), teacher of the way (to Nirvāna), ap. of Buddha, බුදුන්.
අය·පඩුර, *n.* gift of tribute, revenue.
අය·බද්ද, *n.* impost, tax, rate, revenue.
අය·බිම, *n.* revenue land, land subject to tax.
අය·බිම, *n.* (අය fr. අයස්), iron land, land containing iron, යකඩ ඇති බිම.
අයම, *n.* length, දිග.
අයම්තොයම්, *n. pl.* See අයාම්තොයාම්.
අයම්·විතර, *n.* length and breath, දිගපළල.
අයලින්ත, අයිරිෂ්, *a.* Irish.
අයල, *a.* newly arrived: see ආගන්තුක.
අයල, *n.* rock, පර්වතය; a yellow fragrant wood, aloe, අගිල්. [finances.
අය·වැය, අය·වයය, *n.* receipts and expenditure,
අ·යශ, අ·යස, *n.* evil, scandal, infamy නපුර, නින්දාව; weariness, වෙහෙස.
අ·යශ, අ·යස, *a.* not good, evil, අයහපත්, scandalous, නින්දිත.
අයශ්චූර්ණ, අයසුනු, *n. pl.* iron filings, යකුඩු.
අයශ්ශූලය, අයස්ශූලය, *n.* iron pike or crowbar, යකඩඋල, යවුල. [E. S.
අයසාවජීනාව, *n.* (අයස් ආව:), sideromancy.
අයස්, *n.* or *a.* iron, යකඩ.
අයස්කාන්ත. *a.* (කාන්ත stone), magnetic, කාන්දම් බලය ඇති.
අයස්කාන්තකරනවා, *v. t.* to magnetise. E. S.
අයස්කාන්තය, *n.* loadstone, magnet, කාන්දම් ගල.
අයස්කාන්තවෙනවා, *v. i.* to become magnetic or magnetised, කාන්දම්බලය පිහිටෙනවා.
අයස්කාන්ත·වෛද්‍යුත·බලය, *n.* magneto-electric power.
අයස්කාන්ත·වෛද්‍යුත·ශාස්ත්‍රය, *n.* science of magneto-electricity. [දම් බලයෙන්.
අයස්කාන්තාකාරයෙන්, *ad.* magnetically, කාන්
අයස්කාන්තාග්‍රය, *n.* (·අග්‍රය extremity), magnetic pole.
අයස්කාරයා, *n.* blacksmith, ආචාරියා.
අයස්සූකාකර්ෂක·යන්ත්‍රය, *n.* sideroscope. E. S.
අයසුවච්ඡාදිත, *a.* covered with iron, iron-clad, යකඩින් වැසුණු.

අ·ශුභපත, *n.* what is not good : evil ; adversity.
අ·ශුභපත්, *a.* bad, evil ; adverse.
අ·ශුභපත්කම, *n.* badness, evilness.
අයඃ·පර්වතය, *n.* (අයඃ fr. අයස්), iron mountain, යකඩ පර්වතය ; instrument of punishment in hell.
අයාගන්නවා, *v.* to gape, yawn : see අයනවා.
අයාම, *n.* scarcity, lack, want, හිඟකම ; loss, death, තුරන්වීම, ඇවෑම. [හිඟකම්.
අයාම්හෝයාම්, *n. pl.* scarcities and needs, අඟ
අයාලයා, *n.* wanderer, vagrant, පාදඩයා.
අයාලේයනවා, *v.* to wander about as a vagabond ; go astray, මුලාවයනවා.
අයානය, *n.* for ආයානය.
අයි, අයිද, *inter.* for ඇයි, ඇයිද.
අයිති, අයත්, *a.* belonging to.
අයිතිකම, අයිතිකාරකම, *n.* ownership, proprietorship.
අයිතිකරනවා, *v. t.* to make to belong to, cause to possess, make over to.
අයිතිකරගන්නවා, *v. t.* to appropriate to one's self, take possession of.
අයිතිකාරයා, *n.* proprietor, owner.
අයිතිකාරී, *n. fem.* proprietress, owner.
අයිතියි, අයිතිව තිබෙනවා &c., *v.* to belong to.
අයිතිවාසිකම, *n.* ownership, right ; what belongs to anyone, privilege.
අයින, *n.* edge, border, margin, අද්දර, side, පැත්ත ; multitude, shoal, flock, සමූහය, රැළ.
අයිනාදන, *n.* theft, හොරකම : see අදින්නාදානය.
අයින්, *a.* not given, නුදුන්, stolen, හොරෙන්ගත්.
අයින්කරනවා, *v. t.* to put or move to the side, shunt to the side.
අයියණ්ඩි, *n. res.* elder brother.
අයියා, *n.* elder brother ; *pl.* අයියාලා.
අයියෝ, *int.* Ah, alas, heigh-ho.
අයිර, *ad.* above, more than, වැඩි, as අයිර දහසක්, above a thousand.
අයිරාවණ, *n.* E. of ඓරාවණ : tusker ; Indra's elephant, ශක්‍රයාගේ ඇතා.
අයු, *a.* past, preterite, පසුගිය, අතීත.
අයු·කාල්, *n.* past time, the past, පසුගිය කාලය, *gram.* past tense, අතීතකාලය. [අයුක්ත.
අ·යුක්ත, *a.* improper, unjust, අයුතු : *n.* er. for
අ·යුක්තිය, *n.* improper act, injustice, wrong, අසාධුව, වරද.
අ·යුක්තියකරනවා, *v.* to do wrong, to wrong, defraud, අසාධුකරනවා, වරදකරනවා.
අයුණු, *n.* fault, wrong, badness, අගුණය, දෝෂය.
අයුත, *n.* ten thousand, දසදහසක්.
අ·යුතු, *a.* improper, wrong.
අ·යුතුකම, *n.* impropriety, wrongfulness.
අ·යුක්ත, *n.* See අයුක්තිය. [ජාතිය.
අය·බැව, *n.* previous state or existence, පූර්ව

අයුරු, *n.* manner, ආකාරය : *a.* such as, like, similar, වැනි, ආකාර. [dislike.
අ·යෝගය, *n.* disjunction, separation, වෙන්වීම ;
අ·යෝග්‍ය, *a.* improper, unfit, unsuitable, ineligible, නුසුදුසු.
අ·යෝග්‍යකම, අ·යෝග්‍යතාව, *n.* impropriety &c., ineligibility, අයුතුකම, නුසුදුසුකම.
අ·යෝග්‍යකරනවා, *v. t.* to render unfit &c., නුසුදුසුකරනවා ; disqualify. E. S.
අයෝ·ඝනය, *n.* (අයස්, ඝනය a solid), hammer, sledge hammer, කුළුගෙඩිය. [තොම්බැදි.
අ·යෝජිත, *a.* disengaged, not united, යෙදීනැති,
අ·යෝධ්‍ය, *a.* (අ priv., යුධ to fight), not to be warred against, impregnable. E. S.
අ·යෝධ්‍යා, *n.* the capital of Rāma, Oudh.
අ·යෝනිසෝ·මනසිකාරය, *n.* wrong or unwise consideration, improper application of the mind, අනිසි—නුවණ්නැති—කල්පනාව.
අයෝමය, *a.* (අයස්, මය), made of iron, iron, ferrean, යකඩින් සාදපු, යකඩ.
අයෝ·මල, *n.* rust of iron, යකඩමල.
අයෝ·මුද්ගරය, *n.* iron club, යකඩ පොල්ල.
අයෝමල·කාර·ජය, *n.* (අයඃ අම්ල :), oxide of iron, rust of iron, යකඩමල.
අර, *adj. pron.* that (in view).
අරක, *pron. neu.* that one ; *pl.* අරවා. [tion.
අරක, *n.* E. of ආරක්ෂාව : protection, preserva-
අරකා, *pron. mas.* that one (fellow or animal) ; *pl.* අරකාලා.
අරකී, *pro. fem.* that female ; *pl.* අරකීලා
අරක්, *a.* protecting, ආරක්ෂා.
අරක්·කැමියා, *n.* cook, කෝකියා.
අරක්කු, *n.* arrack, spirituous liquor, spirit.
අරක්·ගන්නවා, *v.* to guard, ආරක්ෂා කරනවා ; inhabit, haunt (see අරග් ගන්නවා).
අරක්·දෙවියා, *n.* tutelary deity.
අරක්·මෙහෙය, *n.* service of protecting, sentry-service, මුර මෙහෙය. [යකායා.
අරක්·මේනා, *n.* sentinel-chief, මුරසේනාවේ නා
අරගෙනඑනවා, *v. t.* to bring, carry hither.
අරගෙනයනවා, *v. t.* to take or carry away, to convey away.
අරගන්නවා, *v. t.* to take, take to one's self.
අරගල, *n.* tumult, uproar, කෝලාහලය.
අරග්·ගත්·දේවතාවා, *n.* Genius loci, demon who haunts or has taken his abode in a place.
අරග්·ගන්නවා, *v.* (ගනේ &c.) to haunt, reside in (as a demon). [powderless.
අ·රජ, *a.* (අ priv., රජ dust), free from dust,
අ·රජකයා, *n.* non-washerman, රදනොවන්නා.
අරඤ්ඤ, *a.* P. of අරණ්‍ය. [men.
අරටුව, *n.* heart or hard wood of a tree, dura-
අරණ, *n.* See අරණ්‍යය.
අරණි, *n.* fire-wood, wood that ignites by attrition, ගිනිදඬු. *Bot.*
අරණ්‍ය, *a.* forest, wood, wild, වන, වල්.

අරණ්‍ය·කෘත, *a.* forested, වනයක් කරනලද.
අරණ්‍ය·ජ, *a.* forest-born, produced in a forest, වනයෙහි හටගත්, වන, කැලෑ.
අරණ්‍ය·මක්ෂිකාව, *n.* gadfly, ඇටමැස්සා, වනමැස්සා.
අරණ්‍යය, *n.* forest, wood, වනය, ඛැද්ද.
අරණ්‍ය·වායස, *n.* jungle crow, raven, වනකපුටා.
අරණ්‍ය·වාසය, *n.* hermitage, forest-dwelling, වන වාසය, වනයේ කපන ජීවන.
අරණ්‍ය·වාසියා, *n.* hermit, dweller in a forest, වනවාසියා. [very, අධික, ඉතා.
අර·කර, *a.* strong, hard, තදි, දුඩිකර; excessive,
අ·රති, *a.* without desire, කෙලෙස නැති, unhappy, අසතුටු; undesirable. E. S. [ශ නැතිකම.
අ·රතිය, *n.* desirelessness, passionlessness, කෙලෙ
අරද, *ad.* continually, නිතරම.
අර·දගය, *n.* mischief, trick: see දගය.
අරන්, *p. pl.* having taken or laid hold of.
අරන්, *a.* E. of අරණ්‍ය, forest. [&c.
අරනළුනවා, අරන්ගහවා, *v. t.* See අරගනළුනවා
අරන්·කහ, *n.* turmeric, *curcuma longa*, කහ.
අරබ, අරබයා, අරභයා, *post.* on behalf of, for, උදෙසා; concerning, ගැන.
අරබය, *n.* E. of ආරම්භය: beginning, පටන්ගැන්ම.
අරම, *n.* E. of ආරාමය.
අරමණ, *n.* a sort of leprosy or ulceration.
අරමණයා, *n.* a maggot found in sores, වණයේ පණුවා. [image of Buddha).
අරම්ණිය, *n.* cross-legged sitting (as a tailor or
අරමුණ, *n.* object of sense: design, intention, project, purpose, අදහස; *pl.* අරමුණු.
අරමුණුකරනවා, *v. t.* to premeditate, purpose, intend. resolve, අදහස්කරනවා.
අර·මුදල, *n.* capital, principal, fund, treasury of the king.
අරම, *n.* orchard, grove.
අරඹය, *n.* E. of ආරම්භය: beginning, පටන්ගැන්ම.
අ·රම්‍ය, *a.* disagreeable, not pleasing, අප්‍රිය.
අරය, *n.* spoke of a wheel, රෝද ගරාදිය.
අරරූත්, අරරූත්පිටි, *n.* Eng., arrowroot.
අ·රව, *a.* soundless, noiseless, silent, ශබ්දනැති, නිශ්ශබ්ද.
අරවනවා, *v. c.* of අරිනවා: to cause to be sent, dismissed. put away or opened; මෙහෙහ අර වනවා: to remove fatigue, refresh, rest; *pret.* ඇරෙවුවා; *v. n.* ඇරවීම.
අරවර, *a.* mischievous, මැරවර.
අරවරකම, *n.* mischievousness, මැරවරකම. [යා.
අරවරයා, *n.* mischievous person, rowdy, මැරවර
අරවා, *pron. pl.* for අරව්වා: those things; *pl.* of අරක. [sipid, dull, රසනැති.
අ·රස, *a. lit.* and *fig.* tasteless, flavourless, in-
අරසර, *a.* See අරාවර.
අරහ, *a.* (අර්හ to be fit or worthy), just, worthy, fit, සුදුසු, වටිනා.
අරහ, *a.* or *post.* across, athwart.
අරහට, අරහෙන්, *ad.* crosswise, across, to or from the other side.
අරහත්, අර්හත්, *a.* B. sanctified, wholly purified, Rahat, රහත්.
අරහේ, *ad.* there, over there.
අරළුගෙඩිය, *n.* fruit of the aralu, a kind of gall-nut. [the banyan tree.
අරළුව, *n.* root descending from a branch of
අරා, *n.* a kind of fish. [නැගී.
අරා, *p. pl.* E. for ආරූඪව: having ascended,
අ·රාජක, *a.* without king or government, රජෙක් නැති, anarchical. [ලය.
අ·රාජක·කාලය, *n.* interregnum, රජෙක්නැති කා
අරාබි, *a.* Arabic, Arabian.
අරාබිආකාර, *a.* Arabic, Saracenic, (style &c.)
අ·රාබි·භාෂාව, *n.* Arabic language, Arabic.
අරාබියා, *n.* Arab, Arabian, Saracen.
අරාම, *a.* joyless, disconsolate, ප්‍රීතිනැති; unpleasant, අප්‍රිය.
අ·රාමය, *n.* joylessness &c., ප්‍රීතිනැතිකම &c.
අරාව, *n.* outer field newly cultivated.
අරි, *prefix*, E. of ආර්‍ය: excellent, උතුම්.
අරි, *n.* enemy, සතුරා.
අරි·අට, *a.* E. of අෂ්ටාංග.
අරි·අටඟිමග, *n.* E. of ආර්‍ය්‍යාෂ්ටාංගික මාර්ගය.
අරි·ගණය, *n.* E. of ආර්‍ය්‍යගණය.
අ·රිටු, *a.* bad, wicked, නපුරු; unfavourable (omen): see අරිෂ්ට.
අ·රිටුකම, *n.* badness &c., දුෂ්ටකම, නරක්කම.
අ·රිටුවා, *n.* wicked person, දුෂ්ටයා; enemy, සතුරා; crow, කපුටුවා.
අරිනවා, *v. t.* to send (to the third person); send away, dismiss; open, take or strip off, remove; let go one's hold, release; leave, abandon; *pret.* ඇරියා; *p. pl.* ඇර; *v. n.* ඇරීම.
අරිත්‍රකාරයා, *n.* helmsman, steersman, සුක්කානම් කාරයා.
අරිත්‍රය, *n.* helm, rudder, සුක්කානම.
අරි·දන, *n.* E. of ආර්‍ය්‍යධන: excellent offering or alms, උතුම් පඬුර or දන.
අරි·පුහුලා, *n.* E. of ආර්‍ය්‍යපුද්ගලයා.
අරිම්බුව, *n.* carved margin or rim (of metals).
අරිය, *a.* B. arhat, rahat: see අර්හත්.
අරිය, *n.* wheel, රෝදය. *Bot.*
අරියන, *a.* entreating, ඉල්ලන. [රම.
අරියර, අරියෙර, *ad.* always, continually, නිත
අරිසු, *a.* invited &c.: see ආරාධිත. [ලීම.
අරිසුම, *n.* invitation, request, ආරාධනාව, ඉල්
අ·රිෂ්ට, *a.* bad, නරක, නපුරු, unfavourable, අශුභ. [නපුරුකම.
අ·රිෂ්ටකම, *n.* badness &c., wickedness, malice,
අ·රිෂ්ටය, *n.* bad symptom, unfavourable omen, නරක ලකුණ, අශුභ නිමිත්ත.
අ·රිෂ්ටයා, *n.* one of bad omen, viz. crow, කපුටුවා; wicked person, දුෂ්ටයා; infernal spirit, අසුරයා.

අරි·සව්, *n.* E. of ආය්‍ය ශ්‍රාවක : B. eminent monk or disciple, උතුම් ශිෂ්‍යයා.
අරිසස, *n.* E. of අර්ශස : piles, hemorrhoids.
අරිසස්, *a.* hemorrhoidal.
අරුක, *n.* a kind of leprosy.
අ·රුග්ණ, *a.* healthy, ලෙඩනැති, සනීපඇති.
අ·රුචි, අ·රුචිර, *a.* unpalatable, unsavoury, රස නැති, distasteful, අමිහිරි.
අ·රුචිකම, අ·රුචිතාව, *n.* insipidity, unpalatableness &c., රස නැතිකම &c.
අරුචිකරනවා, *v.* to dislike, loathe, nauseate, පිළිකුල් කරනවා.
අ·රුචි·ජනක, අ·රුචි·දායක, *a.* producing or giving bad flavour or dislike, nauseous, disgusting, loathsome, අප්‍රියාව උපදවන, පිළිකුල්.
අ·රුචි·ජනකතාව, &c., *n.* nauseousness, loathsomeness, අප්‍රියාභය උපදවනගතිය, පිළිකුල්කම.
අ·රුචිය, *n.* insipidity, unsavouriness, රසනැතිකම ; distaste, loathing, අප්‍රියාභය, පිළිකුල්කිරීම.
අරුණ, *n.* the sun, ඉර ; dawn, අලුයම ; red light of dawn ; dark red or tawny colour ; red lead, සිඳුර ; a kind of leprosy.
අරුණ·ප්‍රභාව, අරුණලු, අරුණාලෝකය, *n.* (·අලු, ·ආලෝක) light or shining of the dawn, ඉර පායන්ට ප්‍රථම එළිය.
අරුණවත්, *a.* red, tawny, පිඟු. E. S.
අරුණ·සාරථි, *n.* charioteer of the sun ; the sun.
අරුණිකා, *n.* a kind of curry stuff or seed, උළුහාල්. [of the sun.
අරුණු, *n.* red light of dawn, අලුයම ; charioteer
අරූඪ, *a.* risen, ascended, ආරූඪ, නැඟුණු.
අරුණුවන්, අරුණු·වණ්, *a.* dawn-coloured, red, tawny, රතු, දුඹුරු.
අරුණෝදය, *n.* (අරුණ උදය), dawn, aurora, peep of day, morning twilight, අලුයම.
අරුත, *n.* E. of අර්ථය : meaning, sense, තේරුම.
අරුත්·පල, *n.* result or clearness of meaning.
අරුත්·විලොම්, *a.* (විලොම්, විලෝම, against), against or reversing the meaning, අර්ථයට විරුඬ.
අරුත්·සරු, *a.* E. of අර්ථසාර : weighty or rich in meaning, අර්ථයෙන් සාරවූ.
අරුදුනු, අරුඳුනු, *n.* E. of අර්ජුන.
අරුත්ගලය, අරුත්ගෝලය, *n.* ear-ring, කඩුක්කම.
අරුත්ද, *pron.* that person (familiarly).
අරුන්ධතී, *n.* wife of the rishi Vasishtha : she is the model wife and is invoked by the bridegroom at the marriage ; Pleiades, කත්දිත්ත, (or one of the stars thereof).
අරුන්ධතී·නාථ, *n.* husband of Arundhati, viz. Vasishtha ; a star in Ursa Major.
අරුම, *a.* wonderful, strange, extraordinary, marvellous, පුදුම්, අපූරු.
අරුමය, *n.* a wonder, a curiosity, marvel, prodigy, පුදුමය.

අරුමයක්නෙ, *ad.* for a wonder, viz. occasionnally, ඉඳහිටලා.
අරුමෝසම්, *n. pl.* or *a.* Port., articles of furniture ; fancy (goods).
අරුමෝසම්·කර්මාන්තකාරයා, *n.* cabinet maker, ගෙසිබඩු සාදන්නා.
අරුමෝසම්·කර්මාන්තය, *n.* cabinet work, ගෙසිබඩු සෑදීම. E. S. [goods.
අරුමෝසම්·බඩු, *n. pl.* house furniture, fancy
අ·රුව, *a.* uncomely, ugly, රුවනැති, අවලක්ෂණ.
අරුව, *n.* royal war-chariot, රාජයුඬරථය.
අරුවයා, *n.* potter, කුඹලා. [අරුන්.
අරූ, *pron.* (අර උන) that fellow there ; *pl.*
අ·රූ, *a.* E. of අරූප : bodiless, immaterial, අරූපික, අශරීරක.
අ·රූ·තල, *n. pl.* the bodiless realms or planes, viz. the four brahma worlds where the inhabitants are immaterial.
අ·රූ·තලයක්, *n.* any ony of the above four.
අ·රූප, අ·රූපවත්, අ·රූපවන්ත, *a.* formless, bodiless, අශරීරික ; ugly, අවලක්ෂණ, අජීව, deformed, disfigured, විරූප.
අ·රූපකරනවා, *v. t.* to deface, disfigure, deform, අවලක්ෂණ—අජීව—කරනවා.
අ·රූපතාව, *n.* unshapeliness &c., deformity, අවලක්ෂණකම, විරූපතාව.
අ·රූප·ධර්මය, *n.* B. bodiless state or the four mental states, viz. sensation, perception, apprehension, knowledge.
අ·රූප·ලෝකය, *n.* See අරූතලයක්.
අ·රූපවන්තයා, *n.* ugly or deformed person, අජීවයා, විකලාංගයා.
අ·රූපාවචර, *a.* pert. to the immaterial planes or those four brahma worlds ; or *n.* bodiless or immaterial plane or world, viz. where immaterial beings are or the mind alone exists.
අ·රූපී, අ·රූපික, *a.* incorporeal, immaterial, formless, අශරීරික ; ugly, අවලක්ෂණ.
අ·රූපිකතාව, *n.* incorporeality &c.
අ·රූපී·බ්‍රහ්ම·ලොව, *n.* incorporeal brahma world : any one of the four අරූතල.
අරෙ, *int.* See එම්බල.
අරෙහට, *ad.* thither, in that direction (in view).
අරෙහා, අරෙහේ, *ad.* there, yonder.
අරෙහෙන්, *ad.* thence, by that way.
අරෝකරනවා, *v.* to dispute, contend, squabble, contest, litigate.
අරෝකාර, *a.* disputatious, contentious &c.
අරෝකාරයා, *n.* disputant &c., litigant.
අ·රෝග, අ·රෝගී, *a.* free from disease, healthy, sound, රෝග නැති.
අ·රෝගතාව, අ·රෝගීතාව, *n.* healthiness &c., නීරෝගීකම &c. [නැති.
අ·රෝම, *a.* hairless, woolless, මයිල්නැති, ලොම්

අරෝව, *n.* dispute, contention, strife, squabble, wrangle.

අ·රෝෂ, *a.* angerless, dispassionate, placid, calm, කෝපනැති, ශාන්ත.

අ·රෝෂතාව, *n.* dispassionateness &c., කෝප නැතිකම, ශාන්තතාව. [ශාන්තිය.

අ·රෝෂය, *n.* state free from anger, placidity,

අර්ක, *a.* (අර්ච් to heat), pert. to the sun, ඉරු; red, රතු.

අර්ක, *n.* the sun, සූර්යයා; Indra, ඉන්ද්‍ර.

අර්ක·චන්දන, *n.* red sandal-wood, රත්හඳුන්.

අර්ක·නන්දන, *n.* son of the sun, සූර්යයාගේ පුත්‍රයා viz. Yama, යම.

අර්ක·බන්ධු, අර්ක·බාන්ධව, *n.* kinsman of the sun: ep. of Buddha, as of the සූර්යවංශය.

අර්ක·මණ්ඩලය, *n.* sun's disk, ඉරුමඬල.

අර්කය, *n.* crystal, පළිඟුව; copper, තඹ; swallow-wort, වරාගස: see අර්ක.

අර්කෝපලය, *n.* (අර්ක උපලය), sun-stone, sun-gem, සූර්යකාන්තය.

අර්ගල, *n.* bar, bolt, අගුල; billow, රළ

අර්ඝ්‍යකාව, අර්ඝ්‍යකාව, *n.* artificial tree of lamps.

අර්ඝ, *a.* valuable, precious, අගේඇති.

අර්ඝය, *n.* value, price, cost, අගය. [ණිය.

අර්ඝ්‍ය, *a.* venerable, reverend, තලතුඩා, ගෞරව

අර්ඝ්‍යතාව, *n.* venerableness, worshipfulness, ගෞරවණීයකම. [සාමයසත්කාරය.

අර්ඝ්‍යය, *n.* a sacrifice, offering, පූජාව; worship,

අර්ඝ්‍යයකරනවා, *v. t.* to offer, present, පුදනවා.

අර්චය, අර්චිය, *n.* flame, ගිනිදැල්ල.

අර්චිත, *a.* offered, presented, පුදනලද.

අර්ජුන, *n.* Arjuna, a king who has a thousand arms; peacock, මොනරා; the third of the five Pāndava princes, තුන්වෙනි පාණ්ඩව. *Bot.*

අර්ණවය, අර්ණව, *n.* the ocean, මුහුද.

අ·ර්ණවෝද්භව, *a.* (අ·ර්ණව උද්භව), born of the sea: ep. of the moon, හඳ.

අර්තාපල්, *n.* D., earth-apple, viz. potato, රටඅල.

අර්ථ, *n. pl.* or *a.* of අර්ථය, which see.

අර්ථ·කථාචාර්යයා, *n.* (·කථා ආචා·:), annotator, expositor, commentator, glossarist, scholiast, විස්තරකාරයා.

අර්ථ·කථා·ග්‍රන්ථය, අර්ථ·කථා·පොත, අර්ථ·කථාව, *n.* commentary, exposition, විස්තරපොත, glossary, ගැටපදවිවරණය.

අර්ථකියනවා, *v.* to explain, expound, interpret, විස්තරකරනවා.

අර්ථ·ක්‍රියාව, *n. gram.* verbal noun or appellative indicating the doer, as ලියන්නා.

අර්ථ·චර්යාව, *n.* beneficence, bountifulness, නෑගි වත්තකම. [or truth, ඇත්ත.

අර්ථ·තත්වය, *n.* the reality, the real state or fact

අර්ථ·දායක, *a.* profitable, useful, ප්‍රයෝජනවත්.

අර්ථ·දූෂණය, *n.* waste of wealth, prodigality, වස්තු නැතිකෙරීම.

අර්ථ·නිරුක්තිය, *n.* explanation of the derivation and meaning, glossary: see අර්ථකථාව.

අර්ථ·ප්‍රයෝගය, *n.* (ප්‍රයෝගය profit), profit of wealth, viz. interest, usury, පොලිය.

අර්ථ·බෝධකයා, *n.* expounder, interpreter, විස්තරකරන්නා.

අර්ථය, *n.* meaning, purport, signification, තේරුම; profit, gain, wealth, ප්‍රයෝජනය, වස්තුව.

අර්ථ·රසය, *n.* good or agreeable meaning; elegance, ශෝභනකම.

අර්ථවත්, *a.* full of meaning, significant, හොඳ තේරුමක් ඇති; wealthy, ධනවත්, වස්තුකාර.

අර්ථ·වාචක, *a.* expressing the sense, expressive, තේරුම දක්වන.

අර්ථ·විඥානය, *n.* knowledge or understanding of meaning: one of the six sciences called වේදාංග. [විසඳීම.

අර්ථ·විවරණය, *n.* exposition, exegesis, තේරුම

අර්ථ·සංවෙනල්පය, *n.* doubtful or alternative sense, අර්ථයේ අනුමානකම; prevarication. E.S.

අර්ථ·ව්‍යාඛ්‍යානය, *n.* explanation of the sense, තේරුම විස්තරකෙරීම, paraphrase, commentary.

අර්ථ·ශාස්ත්‍රය, *n.* science of political economy, ධනධර්මය, science of government or law, නීති ශාස්ත්‍රය; ethics, සීලධර්මශාස්ත්‍රය.

අර්ථ·ශූන්‍ය, *a.* meaningless, empty, තේරුමක් නැති, හිස්.

අර්ථ·ශූන්‍යතාව, *n.* meaninglessness, emptiness, තේරුමක් නැතිකම, හිස්කම.

අර්ථ·සාධක, *a.* profitable, gainful, useful, වැඩ දායක, ප්‍රයෝජනවත්.

අර්ථ·සාධකතාව, *n.* profitableness &c., වැඩදායක කම, ප්‍රයෝජනවත්කම. [වැඩදායක ධර්ම.

අර්ථ·සාධක·ධර්ම, අර්ථසාධක·ධර්ම·මතික, *a.* utilitarian,

අර්ථ·සාධක·ධර්ම·මතිකයා, *n.* person of utilitarian opinion, utilitarian. [anism. E. S.

අර්ථ·සාධක·මතිය, අර්ථ·සාධක·ධර්මය, *n.* utilitari-

අර්ථ·සිද්ධ, *a.* successful, සඵලවන, සඵලවත්.

අර්ථ·සිද්ධිය, *n.* accomplishment, ඉෂ්ටවීම, successfulness, success, සඵලකම, සඵලවීම.

අර්ථ·හීන, *a.* unmeaning, vain (see නිරර්ථක); destitute, poor, දිළිඳු.

අර්ථාගම, *n.* (අර්ථ wealth, ආගම coming), incoming or receipt of wealth, income, ආදායම.

අර්ථානර්ථ, *n.* (·අනර්ථ), prosperity and adversity, advantage and disadvantage, වැඩ අවැඩ.

අර්ථානුසාරය, *n.* (·අනුසාරය), conformity to the meaning, තේරුමට ඇති එකඟකම.

අර්ථාන්විත, *a.* (·අන්විත), having a meaning, signifying, significant, තේරුමක් ඇත්තාවූ; wealthy, වස්තුකාර.

අර්ථාපත්ති, *a.* ambiguous, conditional. E. S.

අර්ථාපත්තිය, *n.* (·ආපත්තිය fault), ambiguity &c., අර්ථයේ අනුමානකම.

අර්ථාවගම, *n.* (·අවගම knowledge), knowledge or comprehension of the meaning, අභිප්‍රාය දැනීම.

අර්ථාවාචක, *a.* (·අ priv., වාචක), expressing no meaning, inexpressive. E. S.

අර්ථකයා, අර්ථයා, *n.* asker, requester, ඉල්ලන්නා ; beggar, හිඟන්නා ; servant who awakes the king &c., අවදිකරන්නා.

අර්ධ, *n. pl.* or *a.* of අර්ධය : halves ; half, (as a prefix) semi, demi, hemi ; භාග.

අර්ධ·කව, *a.* semicircular, අර්ධවක්‍රාකාර.

අර්ධ·කවය, *n.* semicircle, අඩකවය, අඩකවය.

අර්ධ·කවි·පදය, *n.* hemistich.

අර්ධ·කාචක, අර්ධ·කාචකාකාර, *a.* semivitreous, somewhat glass-like, මදක් විදුරු ආකාර.

අර්ධ·කාචකා·කරණය, *v. n.* semi-vitrifaction, භාග වශයෙන් විදුරුකොට්ම.

අර්ධ·කාචක·භාවය, *n.* semi-vitrifaction, මදක් වි දුරු ආකාර ගතිය.

අර්ධ·කාෂ්ඨ, *a.* semi-ligneous, මදක් ලී ආකාර.

අර්ධ·ගෝත්‍රය, *n.* half the tribe, the half tribe.

අර්ධ·ගෝල, *a.* half-round, hemispheric.

අර්ධ·ගෝල·පියස්ස, *n.* semicircular roof, dome, cupola.

අර්ධ·ගෝලය, *n.* half ball or globe ; hemisphere.

අර්ධ·ගෝලාකාර, *a.* hemispheroidal, semi-orbicular.

අර්ධ·ඝෝෂ, *a.* semi-vocal, මදක් ශබ්දවත.

අර්ධ·චක්‍ර, අර්ධ·චක්‍රාකාර, *a.* half-round, semicircular.

අර්ධ·චක්‍රය, *n.* semicircle, අඩකවය, අඩවළල්ල.

අර්ධ·චතුර්භාගාන්තරය, *n.* (·චතුර් භාග අන්තරය), *ast.* semi-quadrate, semi-quartile.

අර්ධ·චන්ද්‍ර, *a.* half-moon, අඩසඳ ; crescentic, අඩ සඳ ආකාර.

අර්ධ·චන්ද්‍රයා, *n.* half moon, crescent, අඩසඳ ; anything of that shape, as the crescents on peacocks' feathers or tail &c., අඩ සඳ හැඩය.

අර්ධ·චන්ද්‍රාකාර, *a.* crescentic, gibbous, lunate, semi-lunar. [හැඩය.

අර්ධ·චන්ද්‍රා·කාරය, *n.* half-moon shape, අඩසඳ

අර්ධ·චන්ද්‍රිකා·ඡදනය, *n.* (ඡදනය cover, roof), dome, cupola, බෝක්කු පියස්ස. [ඉන්නා.

අර්ධ·ජානුක, *a.* kneeling, half kneeling, අඩදණින්

අර්ධ·ජල·පාද, *a. zo.* semi-palmate, semi-palmated, අඩදියල්ආකාර පාදඇති.

අර්ධ·දෘෂ්ටිකාව, *n.* half-sight, hemiopia, අඩ ඇස් පෙනුම. [thick, උකු.

අර්ධ·ද්‍රව, අර්ධ·ද්‍රවී·භූත, *a.* semi-fluid, අඩදියවූ,

අර්ධ·නාලාකාර, අර්ධ·නාලාකෘති, *a.* (·නාල ආ :), semi-cylindrical.

අර්ධ·ද්වීප, අර්ධ·ද්වීපා·කාර, අර්ධ·ද්වීපස්, *a.* peninsular.

අර්ධ·ද්වීපය, *n.* peninsula, අඩදිවයින, භාගද්වීපය.

අර්ධ·ප්‍රාණාක්ෂරය, *n.* semi-vowel, [සිටව්.

අර්ධ·බුද්ධි, *a.* half-witted, dull, stupid, සිහියමදිවූ,

අර්ධ·භූ·ගෝල, *a.* half-world, hemispheric.

අර්ධ·භූ·ගෝලය, අර්ධ·භූ·ගෝල·සිතියම, *n.* hemisphere, map of hemisphere.

අර්ධ·භ්‍රමකය, *n.* partial inversion (of letters in a line of poetry).

අර්ධ·මණ්ඩලය, *n.* semi-disk, semicircle, අඩමඬල.

අර්ධ·මාත්‍රය, *n.* half a moment ; half a short vowel, අඩමත.

අර්ධ·මූර්ඡිත, *a.* half unconscious, semi-conscious, අඩ සිහියෙන් සිටින, විකක් ක්ලාන්තවූ.

අර්ධ·මූලික, *a. geol.* semi-primigenous. E. S.

අර්ධ·ම්ලේච්ඡ, අර්ධ·වනචර, *a.* semi-barbarian, මදක් වනචර.

අර්ධය, *n.* half, a moiety, පංගුවක්, භාගයක්.

අර්ධ·යාමය, *n.* half a watch, period of two English or five Sinhalese hours.

අර්ධ·රාත්‍රය, අර්ධ·රාත්‍රිය, *n.* half the night, රාත්‍රියෙන් භාගයක් ; midnight, මද්දියම රෑ.

අර්ධ·විබුති·ලකුණ, *mus.* semi-quaver (note).

අර්ධ·විබුති·ස්වරය, *mus.* semi-quaver (sound).

අර්ධ·විෂ්කම්භය, *n.* semi-diameter, radius ; *pl.* radii. [leer, අඩබැල්ම.

අර්ධ·වීක්ෂණය, *n* half-look, side-look, glance,

අර්ධ·ශිරෝරුජාව, අර්ධ·ශිර්·රුජා, *n.* (ශිරෝ fr. ශිරස්), hemicrania, megrim.

අර්ධ·ශිෂ්ට, *a.* half-civilized, semi-barbarian, මදක් ශිෂ්ටාචාර.

අර්ධ·සාංවත්සරික, *a.* half-yearly. E. S.

අර්ධ·ස්වච්ඡ, *a.* semi-transparent, මදක් විනිවිද පෙනෙන.

අර්ධ·ස්වර, *a.* semi-vocal : see අර්ධඝෝෂ.

අර්ධ·ස්වරය, *n.* half sound, අර්ධ ශබ්දය, semi-vowel, අර්ධප්‍රාණාක්ෂරය.

අර්ධ·ස්වරාන්තරය, *n.* (·අන්තරය), half-sound interval, semitone. [බාගයක්.

අර්ධාංගය, *n.* (අර්ධ·අංගය), half the body, ඇඟෙන්

අර්ධාංග·නෘත්‍යය, *n.* a half-body dance, a dance in which only half the body is exerted.

අර්ධාර්ධය, *n.* (·අර්ධය), half of half, a quarter, අඩ කින් අඩක්. [caul. E. S.

අර්ධාලිංගක, *a.* (·ආලිංගක), *bot.* semi-amplexi-

අර්ධාස්ථි, අර්ධාස්ථ්‍යාකාර, *a.* (අස්ථි ආකාර), semi-osseous, මදක් සත්තු ඇට ආකාර.

අර්ධාස්වච්ඡ, *a.* (·අස්වච්ඡ), semi-opaque, හොඳට විනිවිද නොපෙනෙන.

අර්ධක, *a.* half, අර්ධ, අඩ, බාග.

අර්ධේන්දු, *n.* (අර්ධඉන්දු), crescent &c : see අර්ධ චන්ද්‍රයා.

අර්පණය, *n.* giving up, delivering up, භාරදීම ; placing upon, තැබීම, පැවරීම.

අර්බුද·ඡේදනය, *n.* cutting out a tumour &c., onkotomy, පිළිකාව කපාදැමීම.

අර්බුදය, *n.* tumour, cancer, ගෙඩිව, පිළිකාව ; one hundred nonillions or eighth power of a krore or කෝටිය.

අර්ශ්‍රී, *a.* excellent, noble worthy, උතුම්, අනර්ඝ.

අර්ශස, අර්ශස්, *a.* hemorrhoidal, ගුදකීල, අර්ශස්රෝගී.
අර්ශස, අර්ශස්රෝගය, *n.* piles, hemorrhoids, ගුද කීලය.
අර්හ, *a.* suitable, worthy, සුදුසු ; worth, වටිනා.
අර්හත්, *a.* venerable, saintly, පිරිසිදු, purified from all passions, කෙලෙස නැසූ, රහත්.
අර්හත්කෙනෙක්, *n.* B., a purified one, saint: ergo, one ready for Nirvāna ; see රහත් කෙනෙක්. [or saintship.
අර්හත්·ඵලය, *n.* fruition or reward of rahatship
අර්හත්·භාවය, *n.* rahatship, saintship, purified state, රහත්ගුණය.
අර්හත්·මාර්ගය, *n.* rahat path: the last and highest of the four paths to Nirvāna, when, all the passions being extinguished, there is no further transmigration, and the rahat attains Nirvāna.
අල, *n. pl.*, or *a.* See අලය.
අලං, *prefix*, signifying beauty and sufficiency.
අලංසාටකයා, *n.* one of an order of brahmins who loosen their girdles to eat the more.
අලක, *n.* E. of ආලේඛ්‍යය: picture, a drawing or painting, සිතියම.
අලක, අලක·මඳුව, අලකා·පුරය, අලකාව, *n.* name of Kuvera's capital, කුවේර රජුගේ පුරය.
අලකඩ·ලී, *n.* touch wood.
අල·කන්ද, *n.* tuber ridge or yam bank, viz. ridge where yams are growing.
අලකය, *n.* a spiral, දරණුව ; curl or ring of hair on the forehead &c., වකුටු ඉසකේ රොද.
අලකලංචිය, *n.* uproar, brawl, කෝලාහලය, botheration, කරදරය.
අලකාධිපතියා, *n.* (·අධි:) ruler of Alaka, viz. Kuvera, කුවේර or වෛශ්‍රවණරජ.
අලක්කාය, *n.* firebrand, torch, ගිනිපෙනෙල්ල.
අලක්ත, අලක්තක *n.* lac, gumlac, ලතු, ලාකඩ ; red animal-dye, ලතුදිය.
අ·ලක්ෂණ, *a.* unsightly, ugly, අවලක්ෂණ, ; unfortunate, අශුභ.
අලක්ෂිත, *a.* unmarked, undistinguished, ලකුණු නැති, ලකුණුකරලා නැති.
අලක්ෂිතව, *ad.* without distinction, incognito, ලකුණක් or වෙනසක් නැතුව, අප්‍රසිද්ධයෙන්.
අ·ලක්ෂ්මිය, *n.* misfortune, adversity, අවාසනාව.
අල·ගද්දියා, අල·ගඩියා, *n.* hydrophis, a harmless water cobra, දියනයා. [reckoner, mark.
අලකුව, *n.* (cowrie &c., used as) a counter,
අ·ලග්න, *a.* detached, unconnected, not touching, නොබැඳි, සබඳනැති.
අලංකාර, *a.* beautiful, lovely, handsome, elegant, ලක්ෂණ. [ලක්ෂණකම.
අලංකාරකම, *n.* beautifulness, beauty &c.,
අලංකාරකරනවා, *v. t.* to beautify, adorn, ornament, decorate, embellish.
අලංකාරය, *n.* beauty, loveliness, elegance ; ornament (of speech); ලක්ෂණය, ශෝභනකම.
අලංකාරෝක්තිය, *n.* (අලංකාර උක්තිය), elegant expression, beautiful language, මිහිකුරු බස.
අලංකෘත, *a.* made beautiful, adorned, embellished, ornate, සරසනලද, ලක්ෂණ කරනලද.
අලංකෘතතාව, අලංකෘතිය, *n.* ornateness &c., adornment, beauty, ලක්ෂණකම.
අ·ලංඝන, *a.* not transgressing, undeviating, කඩනොකරන, ඉක්මවනොයන.
අ·ලංඝනීය, අ·ලංඝ්‍ය, *a.* not to be transgressed, inviolable, කඩකළ අයුතුවූ or නොහැකිවූ ; insurmountable, E. S.
අ·ලංඝනීයතාව, අ·ලංඝ්‍යතාව, *n.* inviolability &c., කඩකළ නොහැකිකම, &c.
අ·ලංඝිත, *a.* untransgressed, unviolated, කඩ නොකරනලද.
අලප, *n.* kissing, සිඹගැනීම.
අ·ලජ්ජි, අ·ලජ්ජික *a.* shameless, immodest, impudent, ලජ්ජානැති.
අ·ලජ්ජිකයා, අලජ්ජියා, *n.* shameless person, ලජ්ජානැත්තා ; glutton, කෑදරයා.
අ·ලජ්ජිත, *a.* not put to shame, unashamed, immodest, ලජ්ජානැති. [ලජ්ජානැතිකම.
අලජ්ජිතාව, *n.* shamelessness, immodesty &c.,
අලතය, *n.* See අලාතය.
අලතාව, *n.* lac: see අලක්තක. [bulbiferous.
අල·දරන, *v. adj.* bulb-bearing (yams &c.),
අලන, අලවුන, *n.* post for tying elephants to, elephant post ; *pl.* අලනු.
අල·පත, *n.* bulb-shoot, shoot of the yam.
අලප්, *a.* E. of ආලපන: *gram.* vocative.
අලප්·විබත්, *n.* vocative case.
අ·ලබ්ධ, *a.* not gained or received, නොලැබූ.
අ·ලබ්ධික, *a.* unsectarian. E. S.
අ·ලභ්‍ය, *a.* unobtainable, unprocurable, ලබාගත නොහැකිවූ.
අලමඳුව, *n.* See අලක. [ගනාම.
අලම්බුෂාව, *n.* celestial nymph, අප්සරාව, දිව්‍යාං-
අලම්බය, *n.* E. of ආලම්බනය: hanging down, leaning on.
අලම්බය, අලම්බ·යෂ්ටිය, *n.* walking-staff, හැරයටිය.
අලම්බයා, *n.* venom-doctor, විෂවෙද.
අලය, *n.* bulb, tuber ; yam, potato.
අලය, *n.* fr. ආලය, which see. [animal.
අලර්කයා, *n.* mad dog, පිස්සු බල්ලා ; fabulous
අලලනවා, *v. t.* to agitate, shake, stir about (as water), කලතනවා ; *fig.* to move, excite, චංචල කරනවා ; *pret.* ඇලලුවා ; *v. n.* ඇලලීම.
අලවංකුව, අලවංගුව, *n.* crow-bar, lever ; axle-tree.
අලවනවා, *v. c.* of ඇලෙනවා: to stick, affix (with gum &c.) ; *pret.* ඇලෙවුවා ; *v.n.* ඇලවීම.
අල·වැල, *n.* yam or potato creeper.
අලවුන, *n.* See අලන.
අලස, *a.* lazy, indolent, dilatory, කම්මැලි.
අලසකම, අලසභාවය, *n.* laziness &c.

අලසයා, *n.* lazy person &c., drone, laggard, කම්මැලියා.
අලාතය, *n.* firebrand, torch, ගිනිපෙනෙල්ල.
අලාබ, අලාභ, *a.* dear, costing too much.
අලාභකම, *n.* dearness.
අලාභකරනවා, අලාභ·හානි·කරනවා, *v.* to do damage or injury, occassion loss. [භකරන.
අලාභ·දායක, *a.* damaging, occasioning loss, අලා
අලාභය, *n.* loss, damage, harm, පාඩුව, හානිය.
අලාභ·හානිය, *n.* loss, damage, injury, loss and damage.
අලි, *a.* *lit.* and *fig.* elephantine, vast, great.
අලි for අලියෝ, *n. pl.* of අලියා : elephants.
අලිත, *n.* See අලත E. of ආලේපය.
අලිකය, *n.* forehead, නලල, fr. අලීකය : falsehood, බොරුව. [නය.
අලික්·කැමියා, *n.* picture-maker or painter, සිත්
අ·ලිඛිත, *a.* unwritten, undelineated, ලියානැති, සටහන්කරලා නැති.
අ·ලිංග, *a.* sexless; *gram.* neuter, නපුංසක.
අලිඟ, *n.* E. of ආලිංගනය : embracing බදාගැනීම.
අලි·ජිහ්විකාව, *n.* uvula, උඩුදිව.
අලියම, *n.* for අලුයම : dawn.
අලියා, *n.* elephant; *pl.* අලි or අලියෝ.
අලියා, *n.* fr. Sans., wasp, බඹරා; crow, කපුටා; cuckoo, කොවුලා. [අප්‍රිය.
අලීක, *a.* false, බොරු, vain, හිස්; unpleasant,
අලීකය, *n.* falsehood, බොරුව.
අලු, er. for අළු, fr. අරිනවා or හරිනවා : left, හැරියාවූ. [light, අලුයම.
අලු, *a.* dawning, අලුයම්; or අලුව, *n.* dawning
අලු, *n.* ashes.
අලුකරනවා, *v. t.* to burn to ashes, calcine.
අලු·කරවලා, අලු·මිකරවලා, *n.* a venomous snake: see කරවලා. [tains; ash-plantain.
අලු·කෙසෙල්, අලු·කෙසෙල්, *n. pl.* or *a.* ash-plan-
අලු·කොබෙයියා, *n.* ash-coloured pigeon, spotted dove, *turtur suratensis*.
අලුත්·කාල, *n.* quarter of a farthing. [*pœ.*
අලු·ගිරවා, *n.* ash-parakeet, *palæornis calthro-*
අලු·ගෝමර, *n.* ash-coloured spot on the body.
අලුගෝසුවා, *n.* Port., executioner, hangman, වදකරුවා.
අලුත, අලුතදී, *ad.* recently, lately, of late.
අලුතෙන්, *ad.* afresh, freshly, newly, recently.
අලුත්, *a.* new, fresh.
අලුත්කම, *n.* newness, freshness. [vate.
අලුත්කරනවා, *v. t.* to make new, renew, reno-
අලුත්·වත, *n.* (වත E. of වස්ත්‍රය), new cloth or robe, අලුත් රෙද්ද.
අලුත්·වැඩියාකරනවා, *v. t.* to mend, repair, renovate, හරිගස්සනවා.
අලුත්·වැඩියාව, *n.* mending, repair, renovation, improvement, හරිගැස්සීම.

අලුත්·හඳ, *n.* new moon.
අලු·දිය, *n.* ash-water, viz. lye, යවක්ෂාර දිය.
අලුප, *n.* a small piece, bit, fragment, කුඩා කෑල්ල.
අලු·පාට, *n.* ash colour.
අලුපුව, *n.* word, speech, බස.
අලු·පුහුල්, *n.* ash melon.
අලු·පොඩියා, *n.* ashen-skinned person, (the colour arising from disease).
අලු·පොලගා, අලු·මිපොලගා, *n.* ash-polongā, ash-snake. [නලද.
අ·ලුප්, *a.* unelided, unshortened, ලොප්නොකර
අලුප්, *a.* small, fine, කුඩා, සිහින්.
අලු·බදාදා, *n.* Ash-Wednesday.
අලුමිසුව, *n.* Port., breakfast, උදේකෑම.
අලු·යම, *n.* or *ad.* (අලු light, යම fr. යාම watch), daybreak, dawn; at dawn.
අලුයම්, *a.* of the daybreak, dawning.
අ·ලුලිත, *a.* (අ priv.), unshaken, quiet, calm, සෙලවොව් නිමෙන, නිසොල.
අලුව, *n.* E. of ආලෝකය; light, එළිය.
අලුව, *n.* a loom, weaving machine, වියන යන්ත්‍රය.
අලුව, *n.* slab or outside plank of timber.
අලු·හම, *n.* ash-skin, skin with ash-coloured spots. [in powder.
අලු·හුනු, *n.* powdered lime, quicklime, chunam
අ·ලෙන, *a.* (අ priv., ලෙන lair), refugeless, homeless, destitue, අසරණ.
අලෙසිකරනවා, අලෙවිකරනවා, *v. t.* to expend, part with, sell off, dispose of.
අලෙසිවෙනවා, අලෙවිවෙනවා, *v. i.* to be expended or disposed of.
අලෙව්කරනවා, *v. t.* E. of ආලේපකරනවා, and of ආලේඛ්‍යකරනවා.
අලෙව්·පට, *n.* figured or painted cloth, print, සිතියම් පිළිය. [යම් රූපය.
අලෙව්·රූපය, *n.* painted figure or image, සිති
අලෙව්ව, *n.* anointing, ආලේපය; painting, picture; ආලේඛ්‍යය, සිතියම.
අලෙව්වූ, *a.* anointed, ආලේපවූ.
අලේවරණය, *n.* painting, picture, සිතියම.
අ·ලේසි, *a.* not easy, difficult, අපහසු, අමාරු.
අලේසිය, *n.* difficulty, අපහසුව අමාරුව.
අලෝප, *n.* ball or mouthful of boiled rice &c., බත්පිඩ &c.
අ·ලෝභි, *a.* not niggardly, liberal, generous, මසුරුනැති, ලෝභනැති. [කම &c.
අ·ලෝභිකම, *n.* liberality, generosity, ලෝභනැති
අ·ලෝභ්‍ය, *a.* undesirable, ආශාකොට්යයුතු, අප්‍රිය.
අ·ලෞකික, *a.* unworldly; non-secular, ලෞකික නොවන.
අල්, *a.* consonantal, viz. having the vowel suppressed, leaving only the consonant.
අල්අකුර, *n.* vowelless consonant, as ක් in මක්.

අල්කරනවා, *v. t.* to unvocalise by suppressing the vowel; in writing, to add the අල් mark (් or ˜) for that purpose.

අල්·ගෙය, *n.* weaving house or room, විසුම්ගෙය.

අල්ප, *a.* few, ස්වල්ප; slight; insignificant; little; සුළු.

අල්පකම, අල්පතාව, *n.* fewness &c., ස්වල්පකම &c.

අල්ප·ගන්ධය, *n.* slight scent, ගඳ or සුවඳ ටිකක්; red lotus, රතු නෙළුම්.

අල්ප·ව්‍යාපාර, *a.* inert, inactive, උනන්දු නැති; little sought. [ශරීරයෙන් කුඩා.

අල්ප·තනු, *a.* small-bodied, slight, diminutive,

අල්ප·ප්‍රාණ, අල්ප·ප්‍රාණාක්ෂර, *a. gram.* of light breathing, unaspirated. [as ක, not ඛ.

අල්ප·ප්‍රාණාක්ෂරය, *n. gram.* unaspirated letter,

අල්ප·ලෙස, *ad.* slightly, ස්වල්ප ලෙස.

අල්ප·වාදි, *a.* speaking little, taciturn, වඩා කථා නොකරන.

අල්ප·වාදිතාව, *n.* taciturnity. E. S.

අල්ප·ශක්ති, *a.* of little strength, weak, දුබල.

අල්ප·ශ්‍රැත, *a.* of little learning, unlearned, uneducated, අපණ්ඩිත, නූගත්. [erudition.

අල්ප·ශ්‍රැතතාව, *n.* absence of learning, lack of

අල්ප·ශ්‍රැතයා, *n.* unlearned person, අපණ්ඩිතයා.

අල්පායුෂ, *a.* (·ආයුෂ), short-lived, E. S.; young, බාල. [ජීවිතය.

අල්පායුෂය, *n.* short life, fewness of years, ලුහුඬු

අල්පාර්ඝ, *a.* (අල්ප අර්ඝ), worth little, ටිකක් වටිනා, වඩා නොවටිනා.

අල්පෙනෙත්තිය, *n.* Port., pin.

අල්පෙනෙත්ති·කොට්ටය, *n.* pincushion.

අල්පෙනෙත්ති·ගහනවා, *v.* to pin, stick pins in.

අල්පේච්ඡ, *a.* (අල්ප ඉච්ඡ), desiring little, contented. E. S.

අල්පේච්ඡතාව, *n.* contentedness, සතුටුකම.

අල්පේශාක්‍ය, *a.* of little power, බල අඩුවූ.

අල්මාරිය, අල්මිරය, *n.* Port., almirah, wardrobe.

අල්ල, *n.* palm of the hand; palm measure.

අල්ලනවා, *v. t.* (අත්ලනවා), to lay hold of, catch; seize, arrest; hold to, apply, affix, fasten on; contain, hold (so much); *pret.* ඇල්ලුවා; *v. n.* ඇල්ලීම.

අල්ලවනවා, *v. c.* to cause to seize &c.; get (some one) apprehended; *pret.* ඇල්ලෙවුවා; *v. n.* ඇල්ලවීම.

අල්ලස, *n.* (අත්ලස), bribe.

අල්ලස්දෙනවා, *v.* to give bribes, to bribe.

අල්ලාගන්නවා, *v. t. lit.* and *fig.* to lay hold of, catch, seize, hold fast.

අල්ලාපය, *n.* (P. for ආලාපය,), speaking to, talk, කථාකෙරීම. [tion, courtship.

අල්ලාප·සල්ලාප, *n.* familiar talk, chat, conversa-

අල්ලාපු, *v. adj. pret.* caught or who has caught &c. (thing, person or disease); attached, adjoining (house &c).

අල්ලිය, *n.* place, තැන; square on a chess board; a small Hindu temple.

අල්වනවා, *v. t.* to seize &c: see අල්ලනවා.

අව, *prefix,* signifying from, off, away, down; privation of, the opposite of, bad.

අව·සපනවා, *v.* to spoil the omen, use an ill-omened phrase.

අව·කරුණාව, *n.* unkindness, unmercifulness, අකරුණාවන්තකම.

අව·කර්ෂණ, *a.* drawing out, extracting, ඇදදමන.

අව·කර්ෂණය, *n.* extraction, ඇදදැමීම.

අව·කල්ක්‍රියාකාර, *a.* immoral, profligate.

අව·කල්ක්‍රියාකාරකම, *n.* immorality, profligacy.

අව·කල්ක්‍රියාව, *n.* immoral act, impurity, misconduct, vice. [වැරදිමෙදීම.

අව·කල්පනය, *n.* erroneous or bad contrivance,

අව·කාශ, අව·කාස, *a.* leisure-, vacant.

අව·කාශ·දවස, *n.* day of leisure, holiday.

අව·කාශදෙනවා, *v.* to give permission, permit, අවසර දෙනවා.

අව·කාශය, අව·කාසය, *n.* leisure, interval; opportunity, scope, ඉඩ; space, the sky (for ආකාශය). [මැවිල්ල, සම්ලෝක.

අවකාශ·ලෝකය, *n.* macrocosm, universe, මුළු

අවකාශකරනවා, *v. t.* to clear space or make room, to make empty, හිස් කරනවා; finish, complete, නිමක් කරනවා.

අව·සැපීම, *v. n.* of අවසපනවා: inauspicious utterance, අශෝභන බස.

අව·කීර්ණ, *a.* coarsely pounded; badly scattered or confused, ඉතා විසුරුවූ; violated (as a vow), කඩකරනලද.

අව·කුජ·ප්‍රාඥයා, *n.* one of deficient mental power, සිහි මඳ අය.

අව·කෘෂ්ට, *a.* removed, expelled, දුරුකරන ලද.

අව·කේශී, *a.* barren, අඵල.

අව·ක්‍රියාව, *n.* evil deed, immorality, indecency.

අව·ක්ෂේපණය, අව·ක්ෂේපය, *n.* throwing down, පහළදැමීම; *fig.* irony, sarcasm, ඇනුම්පදය, insult, නිග්‍රහය.

අව·ගඩ, *n.* E. of අවගණ්ඩ: a boil, ගඩුව, pimple on the face, විසගඩුව.

අව·ගති, *a.* bad tempered; evil-minded, malevolent. [malevolence.

අව·ගතිය, *n.* bad temper; evil disposition &c.,

අව·ගාරය, *n.* auger, ලොකු බුරුමය.

අව·ගාහක, අව·ගාහන, *a.* immersing, bathing (thereby), ගිල්වන, නාවන.

අව·ගාහකයා, *n.* immerser, bather, ගිල්වන්නා, නාවන්නා. [ගිල්වීම සම්බන්ධ.

අව·ගාහන, *a.* pert. to immersion, baptismal,

අව·ගාහනය, අව·ගාහය, *n.* immersion, dipping; bathing, bath; ගිල්වීම; නෑවීම, නෑම.

අව·ගාහනයකරනවා, *v. t.* to immerse, baptise, ගිල්වනවා.

අව·ගාහනාගාරය, *n.* (·ආගාරය), immersing room ; bathroom ; ගිල්වීමේගෙය ; නානකාමරය.

අව·ගාහිත, *a.* immersed, dipped, ගිල්වනලද.

අව·ගීත *a.* (අව bad, ගීත sung), reproached, blamed, දොස් නඟනලද ; infamous, නින්දිත.

අව·ගුණ, *a.* ill-natured, bad, mean, spiteful, අවගුණ, නපුරු.

අව·ගුණය, *n.* ill-nature, evil disposition, spite, malevolence, අවගුණය, ක්‍රෝධය.

අව·ග්‍රහණය, *n.* obstacle, බාධාව ; abuse, ගණිව, බැණුම.

අව·ඝාතය, *n.* smiting, killing, ගැසීම, මරාදැමීම.

අ·වංක, *a.* (අ priv., වංක crooked), without deceit, honest, sincere, unfeigned, guileless, artless. [ty, honesty &c.

අ·වංකකම, *n.* unfeignedness, sincerity, integri-

අ·වංකලෙස, *ad.* sincerely, honestly &c.

අ·වචනීය, *a.* unspeakable, inexpressible, unutterable, ineffable, කිය නොහැකිවූ, කිය නොහැකිතරම්.

අව·චය, *n.* collecting, gathering, එකතුකිරීම.

අව·චරිත, අව·චාරිත්‍ර, *a.* immoral, profligate, vicious, දුශ්චරිත, දුෂ්ට.

අව·චරිතය, අව·චාරිත්‍රය, *n.* immoral act, immorality, vice, අවකල්ක්‍රියාව, අනාචාරය.

අව·චාරිත්‍රතාව, *n.* immoralness, viciousness, profligacy, අනාචාරකම.

අව·ච්ඡායාව, } *n.* (අව off, ඡායා shadow), the
අව·ච්ඡාව, } portion of one's shadow rejected according to the time of the year in reckoning the hour by the sun.

අවච්ඡේදය, *n.* (අව off, ච euphonic, ඡේදය cutting), excision ; a part, a chapter, පරිච්ඡේදය.

අවජන, *n.* E. of ආවර්ජනය.

අව·ජලවක, *n.* the after or latter fourth day, viz. fourth day after the full moon.

අව·ජා, *a.* E. of අවඥා.

අව·ජාත, අව·ජාතක, *a.* of lower caste than the father, base-born, bastard, illegitimate ; hybrid.

අවජාතකකම, අවජාතකතාව, අවජාතතාව, *n.* baseness of birth, illegitimacy &c.

අවජාතකයා, *n.* one base-born, bastard, adulterine.

අව·ජිත, *a.* conquered, overcome, පරාජයවූ.

අවජ්ජන, *n.* E. of ආවර්ජනාව : meditation, cogitating, මෙනෙහි කිරීම.

අ·වජ්‍රාකෘති, *a.* (අ priv. වජ්‍ර ආකෘති), uncrystalline, uncrystallised, වජ්‍ර ආකාර නොවන.

අ·වඤ්චා, *a.* unfeigning, guileless &c. : see අවංක.

අව·ඥ, *a.* (අව bad, ඥ, knowing), disrespectful, abusive, අගරු, නිඥ.

අව·ඥකරනවා, *v.* to treat with disrespect &c., අගෞරව කරනවා, නිඥ කරනවා.

අව·ඥාත, *a.* disrespected, disdained, contemned, ගෞරවරහිත, පුළුකරනලද.

අව·ඥානය, අව·ඥාව, *n.* disrespect, disdain, contempt, indignity, scorn, slight, නීචකොට සිතීම, හෙළා දැකීම. [තුච්ඡ.

අව·ඥෙය, *a.* contemptible, despicable, ඉතා පුළු,

අව·ඥෙයතාව, *n.* contemptibleness &c., තුච්ඡකම. [around ; වටකර.

අවට, *a.* *post.*, ad., circular ; surrounding ;

අවටය, *n.* hole, වළ ; a well, ළිඳ.

අවටුව, *n.* a hole ; a well ; back of the neck, බෙල්ලේ පසු භාගය.

අවඩ, *n.* See අවැඩ.

අවතංස, *a.* crest-like &c. : see අවතංසය.

අවතංස·ප්‍රකාරය, *n.* *bot.* panicle. [මුදුන්මල්කඩ.

අවතංසය, *n.* ear-ring, කඩුක්කම ; crest, කරමල,

අවතං·සාකෘති, *a.* (·ආකෘති), crest-like, කරමලක් වැනි ; crested, කරමලක්ඇති, සිරස් ආභිත්තම් ඇති ; *bot.* paniculate. E. S.

අවතං·සාකෘතිය, *n.* crest-shape, කරමල හැඩය ; *bot.* panicle.

අව·තරණය, *n.* crossing over, descending එතර වීම, මෙතරවීම. ගොඩබැසීම.

අව·තාර, අව·තාරාකාර, *a.* (·ආකාර), apparitional, ghostly, phantom, spectral.

අවතාරය, *n.* apparition, ghost, fantasm, spectre, sprite, manes, ප්‍රේතයා ; in ancient usage : descent or incarnation of a god, as of Vishnu in the form of a fish, tortoise, boar, man-lion (නරසිංහ), dwarf, the two Rāmas, Krishna, Buddha, Kalki &c. ; also for අවතරණය.

අව·තීර්ණ, *a.* descended, බැස්ස ; crossed, එතරවූ, මෙතරවූ ; incarnated, ලොවපහළවූ, මූර්තිමත්.

අව·තීර්ණවෙනවා, *v. i.* to descend &c. ; become incarnate, දේහධාරීවෙනවා, ලොවපහළවෙනවා.

අවදන, *n.* E. of ආවර්ජනාව : meditation, excogitation, කල්පනා කිරීම.

අව·දාත, *a.* white, සුදු, clean, clear, පිරිසිදු.

අව·දාරණය, *n.* tearing, ඉරීම ; spade or hoe, උදැල්ල. [ment, නියමය.

අවදාරය, *n.* appointing, නියමකිරීම or appoint-

අවදි, *a.* E. of අවධි : *gram.* ablative.

අවදිකරනවා, *v. t.* to awaken, පුබුදුවනවා.

අවදිය, *n.* period, season, time, ප්‍රස්තාව.

අවදි·විබත්, අවධි·විභක්තිය, *n.* *gram.* ablative case.

අවදිවෙනවා, *v. i.* to awake, පිබිදෙනවා.

අ·වද්‍ය, *a.* (අ priv., වද්‍ය mentionable), guilty, faulty, sinful, වරදකාර ; low, නීච.

අ·වද්‍යතාව, *n.* guiltiness &c., වරදකාරකම &c.

අ·වද්‍යය, *n.* guilt, fault, sin, වරද, පාපය.

අව·ධාන, *a.* attentive, සිතටගන්නා ; agreeing, එකඟවූ.

අව·ධානය, *n.* attention, සිතට ගැනීම, care, ප්‍රවේසම ; agreement, එකඟකම.

අව·ධාරණ, *a*. ascertaining, determining, නිශ්චය කරන ; emphatic, E. S.

අව·ධාරණය, *n*. ascertainment, decision, නිශ්චය කිරීම ; emphasis, E. S.

අවධි, *a*. *gram*. ablative.

අවධිකරනවා, *v. t*. to appoint, limit, fix, (a time &c.), නියමකරනවා.

අවධිය, *n*. limit, boundary, මායිම ; care, help, උපකාරය ; hole, වල ; time, අවදිය, කාලය.

අවධූත, *a*. shaken, සොලවනලද, shaken off, සොලවා දමනලද. [වෙවුලන.

අවධූනන, *a*. shaking, සොලවන ; trembling,

අවධූනනය, *n*. shaking &c., සෙලවීම, වෙවුලුම.

අවධූනනයකරනවා, *v. t*. to shake off, සොලවා දමනවා.

අවන, *n* bazaar, market, shop, කඩේ.

අව·නඩු, *a*. illegal, unjust, අයුක්ත.

අව·නඩුකරනවා, *v*. to act illegally, do injustice, අයුක්තියකරනවා.

අව·නඩුව, *n*. unjust judgment ; illegal act, injustice, wrong ; අයුක්තිය.

අව·නත, *a*. bent down, bending, stooping, bowing, පහතට නැමී තිබෙන or සිටින ; humble, respectful, නමන ; *bot*. nutant, reclinate, recurvate, නැඹුරු.

අව·නතකරනවා, *v. t*. to bend down, incline, පහතට නමනවා. [මෙන.

අව·නත·මස්තක, *a*. *bot*. nutant, අග or මුදුන නැ

අව·නතවෙනවා, *v. i*. to bend down, bow, පහතට නැමෙනවා.

අව·නතිය, *n*. stooping, stoop, bending &c., පහතට නැමීම. [minious.

අව·නම්බු, *a*. dishonourable, disgraceful, igno-

අව·නම්බුකරනවා, *v*. to do dishonour to, dishonour, disgrace.

අව·නම්බුකාරකම, *n*. dishonourableness &c.

අව·නම්බුව, *n*. dishonour, disrespect, indignity, disgrace, stigma. [*pret*. ඇවුවා.

අවනවා, *v*. to imprecate, curse,ශාපකරනවා ;

අවනා·සත්, අවන්·සත් *a*. (අවන, අවන්, that came, සත් being), pregnant (female), ගැබිණි.

අවනාප, &c., See අමනාප &c.

අවනිය, *n*. the earth, පොළොව or ලෝකය.

අවන්, *v. adj. pret*. that came, ආවාවූ, පැමිණි.

අවන්, *a*. drinking, intoxicating, (සුරා) බොන.

අවන්කෙළිය, *n*. carousal play or bout, සුරා කෙළිය.

අවන්ති, *n*. name of the city Oujein : one of the seven sacred cities of India, to die in which secures eternal bliss ; also name of the country, මාලවදේශය.

අ·වන්ධ්‍ය, *a*. not barren, fruitful, වඳනැති, සාරවත්.

අවන්·රජ, අවන්·රද, *n*. ap. of Balarāma, half brother to Krishna, බලරාම. [බැරුම.

අවන්·හල, *n*. dram shop, tavern, සුරාහල, නැ

අව·පක්ෂය, *n*. the latter half, viz. fortnight of the moon's wane.

අව·පය, *n*. the left foot, වම්පය.

අව·පසළොස්·වක, *n*. fifteenth day of the moon's wane, day of the new moon, අමාවක.

අව·පාත, *a*. descending, falling, බැසෙන, වැටෙන [fall, පෙතිමළ.

අව·පාතය, *n*. descent, බැසීම, fall, වැටීම ; pit-

අව·පැලවිය, *n*. day after full moon, first day of the wane.

අව·පීඩනය, අව·පීඩය, *n*. sneezing drug, sternutatory, කිඹිස්සවන බෙහෙත.

අව·බෝධ, *a*. comprehended, තේරුම්ගිය ; intelligent, තේරුම්ගන්න, බුද්ධිමත්.

අව·බෝධකරනවා, *v. t*. to understand, apprehend, comprehend, තේරුම්ගන්නවා.

අව·බෝධකරවනවා, *v. c*. to cause to understand (anything), තෝරාදෙනවා ; to illumine, (සිත) පහදවනවා.

අව·බෝධය, *n*. (අව up, out, බෝධ awaking), understanding, apprehension, තේරුම්ගැනීම.

අව·බෝධවෙනවා, *v. i*. to become intelligible to, be understood, තේරෙනවා, තේරුම්යනවා.

අවම, ඇවුම, *n*. fr. අවනවා : cursing, abuse, ඇවීම, ශාපකෙරීම.

අව·මගුල, අව·මඟුල, *n*. funeral.

අව·මගුල්, අව·මංගල්‍ය, *a*. funeral ; inauspicious, calamitous, අවාසනාවන්ත.

අව·මගුල්·මිනි·තඩ, *n*. funeral knell.

අව·මංගල්‍ය·සෘත්‍ය, අව·මංගල්‍ය·චාරිත්‍ර, *n. pl*. funeral ceremonies, obsequies. [hymn, elegy.

අව·මංගල්‍යගීතිය, *n*. sorrowful hymn, funeral

අව·මංගල්‍යය, *n*. funeral ; calamitous event or occasion, විපත, විපත්ති ප්‍රස්තාව.

අව·මත, *a*. (අව low, මත regarded), despised, contemned, scorned, පුළුකොට or නීචකොට සිතනලද, despicable, නීච.

අව·මතිය, *n*. disesteem, contempt, scorn, පුළුකොට or නීචකොට සිතීම.

අව·මන්, *n*. or *a*. See අවමාන්‍ය.

අව·මන්කරනවා, *v*. See අවමාන්‍යකරනවා.

අව·මර්දය, *n*. (මර්ද් to tread on, subdue), afflicting, crushing, පීඩාකිරීම, පෙළීකිරීම ; devastating, laying waste, වැනසීම. [month.

අව·මස, අව·මාසය, *n*. latter half of the lunar

අව·මානය, *n*. See අවමාන්‍යය.

අව·මානිත, *a*. dishonoured, disrespected, despised : see අවමත.

අව·මාන්‍ය, අව·මාන්‍ය, *a*. ignoble, dishonourable, disreputable, contemptible, despicable, ඉතා පුළු, නීච : see අවනම්බු.

අව·මාන්‍යකරනවා, *v. t*. to dishonour, disgrace, humble : see අවනම්බු කරනවා.

අව·මාන්‍යය, *n*. disrespect, disrepute, dishonour, disgrace, ignominy, අවනම්බුව.

අව·මානතාව, *n.* dishonourableness &c., අව නම්බුකාරකම, නිවකම &c.
අවය, *n.* E. for අපාය : hell, නරකාදිය.
අවයවය, *n.* limb or member of the body, member of a society &c.; premiss, සාධ්‍යාංගය ; news, ආරංචිය.
අවර, *a.* hinder, posterior, subsequent, පසු ; western, බටහිර ; inferior, bad, අඩුවූ, නරක. *Bot.*
අවරග, අවර·ගිර, *n.* (·අග end, ගිර rock), western boundary, western rock or mountain : see අපර පර්වතය.
අවර·ජ, *a.* born after, younger, බාල.
අවර·ජයා, *n.* younger brother, මලයා.
අවරණය, *n.* E. of ආවරණය : cover, covering, වැස්ම ; door, දොර ; wall, භිත්තිය.
අව·රත, *a.* stopped, ceased, නැවතුණු.
අව·රතිය, *n.* stopping, ceasing, නැවතීම ; non-attachment, නොඇලීම. [බටහිර දිග.
අවර·දිග, අවර·දිශාව, *n.* the west, the occident,
අවර·දිග්·වාසියා, *n.* inhabitant of the west, an occidental. [වරුණදෙවියෝ.
අවර·දේවතාවා, *n.* Varuna, god of the West,
අවර·නිරිත, *n.* or *a.* west-south-west.
අවරන්ගිර, *n.* See අවරග. [wane.
අවර·පක්ෂය, *n.* the fortnight of the moon's
අවරම්බර, *n.* (අවර අම්බර), the western sky, බස්නාහිර අහස.
අවරය, *n.* the after part, the stern.
අවර·වයඹ, *n.* or *a.* west-north-west.
අව·රෝධ, *a.* hindering, obstructive, බාධාවූ ; pert. to the harem.
අව·රෝධ·ජනයෝ, *n. pl.* people or inmates of a harem, රජ ස්ත්‍රීයෝ.
අව·රෝධය, *n.* hindrance, impediment, බාධාව ; harem, අන්තඃපුරය, ඇතුළුනුවර.
අව·රෝපණය, *n.* diminishing, descending, අඩුවීම, බැස්වීම ; uprooting, ඉදිරීම. [බස්වනවා.
අව·රෝපණයකරනවා, *v. t.* to take down, lower,
අව·රෝහණය, *n.* descending, descent, alighting, බැසීම. [බහිනවා.
අව·රෝහණයවෙනවා, *v. i.* to descend, alight,
අ·වර්ජිත, *a.* unforsaken, unrelinquished, අත් හැර නොලද.
අ·වර්ණ, *a.* colourless, පාටනැති ; unrenowned, dispraised, ප්‍රශංසා නොලත්. [ආයන්න.
අ·වර්ණ, *n. pl.* the vowels අ and ආ : අයන්න,
අ·වර්ණතාව, අ·වර්ණය, *n.* dispraise, slander, අගුණ කීම, නින්දාව.
අ·වර්ණ·නීය, *a* indescribable, E. S.; unpraiseworthy, ප්‍රශංසා ලබන්ට නොවටිනා. [නැති.
අවර්ධිත, *a.* unimproved, වර්ධනය නුවූ, දියුණු
අවල, *a.* overspread, ගැවසීගත් ; confused, අවුල්.
අව·ලකුණ, *n.* bad sign, unfavourable omen, නරක ලකුණ.

අවල·කෙළිය, අවල, *n.* cohabitation, සංවාසය.
අව·ලක්ෂ, *a.* white, සුදු.
අව·ලක්ෂණ, *a.* ugly, unsightly.
අව·ලක්ෂණකම, *n.* ugliness &c.
අව·ලක්ෂය, *n.* white colour, සුදුපාට. [තිබෙන.
අව·ලග්න, *a.* attached, බැඳි, adhering to, ඇලී
අව·ලග්නය, *n.* the waist, ඉඟටිය. [rogated.
අ·වලංගු, *a.* not current or valid (money) ; ab-
අ·වලංගුකරනවා, *v. t.* to abrogate, repeal, rescind, annul, invalidate.
අ·වලංගුවෙනවා, *v. i.* to become abrogated &c.
අවල·මල, *n.* (මල loop), row-lock, හබල්පාසය.
අවලම්බා, *n.* vagabond, vagrant, පාදඩයා ; *pl.* අවලම්බු.
අවලම්, *a.* vagabond, vagrant, පාදඩ.
අව·ලම්බ, *a.* pendulous, hanging down, එල් ලෙන ; perpendicular, E. S. [ලෙන.
අව·ලම්බන, *a.* pendent, pensile, dependent, එල්
අව·ලම්බනය, අව·ලම්බය, *n.* suspending, එල්ලා තැබීම ; hanging, depending, එල්ලීම ; a perpendicular, E. S.; prop, රුකුල ; asylum, රක්ෂා ස්ථානය. [එල්ලනවා.
අව·ලම්බනයකරනවා, *v. t.* to hang, suspend,
අව·ලම්බනයවෙනවා, *v. i.* to hang down, be suspended, එල්ලෙනවා ; depend upon, පිහිටනවා.
අව·ලම්බ·රේඛාව, *n.* perpendicular line, perpendicular. E. S.
අවලම්·බල්ලා, *n.* stray dog, pariah dog.
අව·ලම්බිත, *a.* pendent, suspended, pensile, එල් ලීතිබෙන ; dependent ; contingent, E. S.; quick, ඉක්මන්.
අව·ලම්බිතතාව, *n.* suspension, එල්ලී තිබෙන ගතිය ; suspense &c., එල්ලී තිබීම &c. E. S.
අවලය, *n.* oar, paddle, හබල ; *pl.* අවල්.
අව·ලාද, *a.* reproachful, fault-finding, complaining, grumbling.
අව·ලාදකරනවා, අව·ලාදකියනවා, *v.* to reproach, find fault with, upbraid ; complain, grumble.
අව·ලාදකාර, *a.* reproachful, grumbling, querulous.
අව·ලාදකාරයා, *n.* fault-finder, grumbler.
අව·ලාදය, *n.* reproach, complaint, carping, censure, grumbling.
අව·ලිප්ත, *a.* smeared, plastered, ගාපලද, anointed, ආලේපවූ ; proud, උදුරම්.
අවලිය, *n.* two thirds of a pint, or the ninety-sixth part of a bushel.
අව·ලේපනය, අව·ලේපය, *n.* smearing, ගෑම, anointing, ආලේපකිරීම ; pride, උදුරම්කම.
අව·ලේහනය, *n.* licking, ලෙවීම.
අව·ලේහය, *n.* *med.* electuary, medicinal lozenge : see ලේහය. [ලීම.
අව·ලෝකනය, *n.* sight, seeing, look, දැකීම, බැ
අව·ලෝකනයකරනවා, *v. t.* to look at, view, reconnoitre. බලනවා.

අවල්අදිනවා, *v.* to pull the oars, row, පදිනවා.

අව·වාද, අවවාදකාර, *a.* (අව against, වාද speaking), admonitory, hortatory.

අව·වාදකරනවා, *v.* to exhort, counsel, admonish, rebuke. [reproof.

අව·වාදය, *n.* counsel, admonition; rebuke,

අව·ශිෂට, අව·ශේෂ, *a.* remaining, residual, residuary, ඉතුරු, අතික්.

අවශේෂය, *n.* (අව off, emp., ශේෂ left), remainder, residue, residuum, ඉතුරු පංගුව.

අ·වශ්‍ය, අ·වශ්‍යක, *a.* (අ priv., වශ subject), certain, positive, සත්‍යක; requisite, necessary, essential, ඕනෑමවූ.

අ·වශ්‍යකතාව, අ·වශ්‍යකත්වය, අ·වශ්‍යතාව, *n.* certainty &c., සත්‍යකකම; necessity &c., ඕනෑම කෙරීම; importance, වැදගත්කම.

අ·වශ්‍ය·බන්‍ධු, *a.* closely related, of near kindred, කිට්ටු නෑවූ. [නෑයා.

අ·වශ්‍ය·බන්‍ධුවරයා, *n.* a very near relative, කිට්ටු

අ·වශ්‍යයෙන්, අ·වශ්‍යලෙස, *ad.* certainly, assuredly, positively, සත්‍යකලෙස, ඒකාන්තයෙන්ම.

අවශ්‍යාය, *n.* or *a.* fog, mist, මීදුම, dew, පිනි; foggy &c., මීදුම ඇති, පිනි.

අ·වශ, අ·වශග, *a.* not subject, වශගනැති; insubmissive, insubordinate, යටත් නොවන.

අවස, *n.* E. of ආවාසය: dwelling place, house, නිවාසය, ගෙය.

අව·සන්, *a.* See අවසාන.

අවසන්කරනවා, *v. t.* See අවසානකරනවා.

අව·සන්ධි, *a.* dislocated, out of joint.

අව·සන්ධිකරනවා, *v. t.* to put out of joint, dislocate, luxate.

අව·සන්ධිවෙනවා, *v. i.* to become dislocated &c.

අව·සමය, *n.* heretical sect, false religiou, මිථ්‍යා ලබ්ධිය.

අවසර, *n.* See අවසරය. [leave.

අවසරගන්නවා, *v.* to obtain permisson; to take

අවසරදෙනවා, *v.* to give permission, allow.

අවසර·පත්‍රය, *n.* written permit, charter, license, pass, passport. [rity.

අවසරය, *n.* permission, leave, sanction autho-

අව·සාදය, *n.* self-indulgence, සැප විඳීම.

අව·සාන, *a.* last, concluding, අන්තිම; finished, නිමවූ. [clude, නිමකරනවා.

අව·සානකරනවා, *v. t.* to finish, terminate, con-

අව·සානය, *n.* (Sans. rt. සෝ to finish), conclusion, termination, end, boundary, අන්තිමය.

අව·සානවෙනවා, *v. i.* to terminate, end, conclude, නිමවෙනවා.

අව·සිත, *a.* finished, ended, නිමවූ.

අවසේ, *n.* See අවවේශාව.

අවසේස, *a.* E. of අවශේෂ: remaining, ඉතුරු.

අවසේසය, *n.* See අවශේෂය.

අව·ස්ථා, *a.* pert. to the state or condition, appropriate to the condition, timely, ප්‍රස්තාවට සුදුසු.

අව·ස්ථානය, *n.* (අව emp.), position station, situation, place, තැන.

අව·ස්ථාපනය, *n.* fixing, fixation, පිහිටුවීම.

අව·ස්ථාපිත, *a.* fixed, based, rooted, පිහිටුවනලද.

අව·ස්ථාපිතතාව, *n.* fixedness, fixity, පිහිටි ස්ථිරකම.

අව·ස්ථාව, *n.* season, epoch, period or condition (of youth, age &c.), කාලය, ප්‍රස්තාව.

අව·ස්ථිත, *a.* situated, abiding, fixed, rooted, firm, පිහිටි, ස්ථිර. [පිහිටි ආකාරය.

අව·ස්ථිතාකාරය, අව·ස්ථිත්‍යාකාරය, *n.* *bot.* situs.

අවහන, *n.* See අපහානය.

අව·හාරය, *n.* taking away, stealing, හොරකම.

අවහිත, *a.* known, දත්; attentive; done with care; hidden, closed, රහස්වූ.

අව·හිර, *a.* (අව emp.), strait, confined, short of room, obstructed, hampered. [coat.

අව·හිර·කබාය, *n.* strait-jacket, strait-waist-

අව·හිරකම්, *n.* straitness, restriction, impediment, obstruction.

අව·හිරකරනවා, *v. t.* to straiten, hamper, obstruct, block up, barricade.

අව·හිරය, *n.* block, obstruction, straitness.

අවා, *p. pl.* of අවනවා: having cursed, cursing, ශාපකර. [ආවාහ.

අවා, *a.* E. of ආවාහ: pert. to marriage: see

අ·වාක්, අ·වාචී, *a.* (අ priv., වාක්, වාච් speech), speechless, dumb, ගොළු.

අවාගැනුම, *n.* See ආවාහය.

අ·වාගීය, *a.* ineloquent, කථාවට අසමර්ථ.

අ·වාචනික, *a.* (අ priv., වාචනික expressing), inexpressive, inexplicit, පැහැදිලි නැති. E. S.

අ·වාචී, *a.* See අවාක්.

අවාචි, *a.* (අව down, අච් to go), looking down, පහතබලන; southern, දකුණු.

අවාචිය, *n.* southern quarter, which is thought to be below.

අ·වාච්‍ය, *a.* not to be uttered, unmentionable, නොකියයුතු; unutterable, ineffable, නොකිය හැකිවූ. [කියයුතු ලෙස &c.

අ·වාච්‍යාකාරයෙන්, *ad.* unmentionably &c., නො

අ·වාදී, *a.* not contentious, peaceable, තරගනැති.

අ·වාදිත, *a.* unsaid, unspoken, නොකියනලද.

අවාන, *a.* dried, dry, වියලි. [රුම.

අවාන, *n.* danger, injury, අනතුර; tavern, තැබෑ

අවාන, අවානය, *n.* Port., fan, පවන්පත.

අවා·පුර, *n.* city of hell, hell, අපාය.

අවා·භිය, *n.* fear of hell, අපායට භයවීම.

අවා·මග, *n.* road to hell, viz. sin, අපාමාර්ගය.

අවා·මඟුල, *n.* marriage feast when the marriage is ආවාහය, which see.

අවාය, *n.* E. of අපාය: hell, නිරය.

අවාරය, *n.* near bank or shore of a river, මෙගොඩ ඉවුර. [season (of trees).

අ·වාරය, *n.* out-of-season period, non-bearing

අ·වාරිත, *a.* unrestrained, unchecked. unimpeded, වළක්වානැති.

අ·වාචිතික, *a.* incommunicative, reticent, reserved. E. S.

අ·වාරණීය, අ·වාරණීයවාණ, *a.* unrestrainable, irresistible, වළක්වන්ට බැරිවූ. [bilty. E. S.

අ·වාරණීයතාව, *n.* unrestrainable state, irresisti-

අවාච, *n.* E. of ආවාහය, which see.

අවාසය, *n.* See ආවාසය.

අ·වාසනා, *a.* unfortunate, unlucky, adverse, අවාසනාවන්ත. [විපත.

අ·වාසනාව, *n.* misfortune, mishap, disaster,

අ·වාසනාවට·මෙන්, *ad.* unfortunately, to (my) misfortune.

අ·වාසනාවන්ත, *a.* unfortunate, unlucky, inauspicious, disastrous.

අ·වාසනාවන්තකම, *n.* unfortunateness &c., වාසනා නැතිකම, විපත. [ving loss.

අ·වාසි, *a.* disadvantageous, prejudicial, invol-

අ·වාසිය, *n.* disadvantage, drawback, loss, පාඩුව, හානිය.

අ·වාසිවෙනවා, *v. i.* to become a disadvantage or loss, lose, පාඩුවෙනවා.

අ·වාස්තව, අ·වාස්තවික, *a.* unsubstantiated, ඔප්පු නැති, unsubstantial, ස්ථිර නැති, unreal, අසත්‍ය. [කිවූ (නැත).

අ·වාසනාව්‍ය, *a.* uninhabitable, වාසයකළ නොහැ

අ·වැඩ, *n. pl.* or *a.* injuries &c.; harmful, detrimental, unfortunate, අනතුරු සහිත, අවාසි.

අ·වැඩකරනවා, *v.* to do harm or injury, අලාභ හානිකරනවා.

අ·වැඩ·කරු, අ·වැඩ·දායක, *a.* injurious, detrimental, hurtful, pernicious, noxious, අලාභ හානිකරන, අනතුරුකරන.

අ·වැඩ·දායකකම, *n.* injuriousness &c.

අ·වැඩය, *n.* harm, injury, detriment, misfortune, අයහපත, අලාභහානිය.

අ·වැඩ·රහිත, *a.* free from harm &c.. uninjurious, අනතුරු නැති.

අවැම, *n.* See ඇවැම.

අ·විකම්පිත, *a.* unmoved, unshaken, unimpassioned, චංචලනැති, නොසෙල්වෙන.

අ·විකාර, *a.* unperverted, නොපෙරළුණු; undistracted, ව්‍යාකුල නැති; changeless, immutable, වෙනස්නොවන.

අ·විකාරත්වය, *n.* non-perversion &c., විකාරනොවීම; immutability, වෙනස්නොවෙන ගතිය.

අ·වික්‍රම, *a.* non-heroic, powerless, weak, වික්‍රම නැති, බලනැති.

අ·වික්‍රමතාව, *n.* powerlessness, feebleness &c., බලනැතිකම &c.

අ·වික්‍රේය, *a.* unsaleable, නොවිකිණෙන.

අ·වික්ෂත, *a.* unwounded, unhurt, uninjured, තුවාලනුවූ: see අක්ෂත.

අ·වික්ෂතව්‍ය, *a.* not to be wounded or injured, invulnerable. E. S.

අ·වික්ෂිප්ත, *a.* unscattered, undiverted, විසිරී නැති; unconfused, unperplexed, undistracted, වියවුල්නැති, විකාරනැති.

අ·වික්ෂේපකරනවා, *v. t.* to disembarrass, අකාකුලකරනවා. E. S. [නැති.

අ·විඝ්න, *a.* unimpeded, unobstructed, බාධා

අ·විචක්ෂණ, *a.* unlearned, uneducated, ignorant, අපණ්ඩිත, නුගත්.

අ·විචිත්‍ර, *a.* undiversified, unvariegated, විසිතුරු නැති, plain, bald, වාම්.

අ·විචිත්‍රතාව, *n.* undiversified state &c., plainness, වාම්කම.

අවිච්චා, අවිච්චියා, *n.* Ceylon robin or red-breasted bird, Indian pitta: *pitta coronata* (order Passeres).

අ·විච්ඡින්න, අවිච්ඡින්න, } *a.* uncut, unsevered,
අ·විච්ඡේද, අවිච්ඡේදිත, } undivided, නොකපන ලද, uninterrupted, නොකඩවා &c., සම්බන්ධ.

අ·විජනිත, *a.* unbegotten, unborn, unproduced: see අජනිත.

අ·විජහිත, *a.* unrelinquished, අත්නොහරිනලද, unremoved, not put away, පහනොකරනලද.

අ·විජිගීෂු, *a.* unambitious, ජයගන්ට or උතුම් වෙන්ට ආශානොවන.

අ·විජ්ජාව, *n.* P. of අවිද්‍යාව, which see.

අ·විඥාත, *a.* unknown, නොදන්නාලද; not famous, obscure, කීර්තිනැති, අප්‍රසිද්ධ.

අ·විඥාතතාව, *n.* state of being unknown: obscurity &c., අප්‍රසිද්ධකම.

අ·විඥාන, අ·විඥානක, *a.* ignorant, නුගත්; unintelligent, irrational, සිහිබුද්ධිනැති; insentient, inanimate, දැනීමනැති, පණනැති.

අ·විඥානකතාව, *n.* irrationality &c.

අ·විඥානය, *n.* ignorance, නුගත්කම; irrationality &c., සිහිබුද්ධිනැතිකම &c.

අ·විඥෙය, *a.* unknowable, incomprehensible, දැනගත—තේරුම්ගත—නොහැකිවූ.

අ·වි·තථ, *a.* (අ priv., වි reversed, තථ fact), not contrary to fact, not false, true, බොරුනොවන, සැබෑ.

අ·විතර්ක, *a.* unreflecting, කල්පනානොකරන, unreasoning, not disputatious, තර්කනොකරන.

අවිත, *p. pl.* of එනවා: see ඇවිත්.

අවිදු, *n.* E. of අවිද්‍යාව.

අවිදුමත්, *a.* E. of අවිද්‍යමාන.

අ·විදූර, *a.* not distant, දුරනැති, near, ළඟ.

අ·විද්‍යමාන, *a.* non-existent, unsubstantial; absent: නැති. [absence; නැතිකම.

අ·විද්‍යමානතාව, *n.* non-existence, non-entity;

අ·විද්‍ය, *a.* ignorant, නුගත්.

අ·විද්‍යාව, *n.* absence of knowledge, ignorance, නොදැනීම, නොදැනුම්කම.

අ·විධිමත්, *a.* unsystematic, unmethodical, irregular, විධිමත්නොවන, විධියක්නැති.

අ·විනෂ්ට, *a.* undestroyed, නාශනුවූ.

අ·විනිශ්චිත, *a.* unascertained, undetermined, undecided, දැන නොගත්, නියම නැති.

අ·විනීත, *a.* untrained, uncultivated, undisciplined, නොහික්මුණු ; discourteous, ill-behaved, indecorous, rude, uncouth, අශිෂ්ටාචාර, ආචාර නැති.

අ·විනීතතාව, *n.* untrained condition &c., පුහුණු නැතිකම, නොහික්මුණුකම ; indecorousness &c., boorishness, අශිෂ්ටාචාරකම &c.

අ·විනීතය, *n.* discourtesy, impropriety, rudeness, අශිෂ්ටාචාරය, ආචාර මදිකම.

අ·විපක්ෂ, *a.* impartial, disinterested, neutral, equitable, අපාක්ෂිගති. [අපාක්ෂිගතිය.

අ·විපක්ෂකම, අ·විපක්ෂතාව, *n.* impartiality &c.,

අ·විපක්ෂයා, *n.* neutral person, neuter, අපක්ෂයා, පාක්ෂිගති නැත්තා.

අවි·පට, *n.* woollen cloth, ලොම් රෙද්ද.

අ·විපරීත, අ·විපර්යාස, *a.* unperverted, unreversed, uninverted, පෙරළී නැති ; not perverse, අගති නැති.

අ·විපාක, *a.* rewardless, unrewarded, විපාක නැති.

අ·විපාකය, *n.* immaturity, unripeness, නොපැසුණුගතිය, අමුකම.

අ·විප්‍රවාසය, *n.* non-foreign residence, residing at home, පිටරටක or අන්තැනක වාසය නොකිරීම.

අ·විභක්ත, *a.* undivided, බෙදී නැති.

අ·විභක්තික, *a.* *gram.* caseless, indeclinable, undeclined, විභක්තිරහිත. [අව්‍යය.

අ·විභක්ති·වාචකය, *n.* indeclinable word : see

අ·විභාවනය, *n.* non-perception, නොදැනීම ; imperceptibility, නොදැනෙන සුල්ල. E. S.

අ·විභාවනීය, *a.* unascertainable, imperceptible, දැනගත නොහැකිවූ, නොදැනෙන.

අ·විභාවිත, *a.* unascertained, unperceived, undistinguished, දැන නොගත්තාලද, දැනී නැති.

අ·විමතික, *a.* non-dissentient, unperplexed, of one or the same opinion, විමති නොවන, එක මුතු.

අ·විමුක්ත, *a.* unliberated, unreleased, unemancipated, නොමිදුණු, නිදහස් නැති.

අවි·මුණ, *n.* edge or point of a tool, ආවුදයේ මුවාත or තුඩ. [ආවුදය.

අවිය, *n.* E. of ආයුධය : tool, implement, weapon,

අවිය, *n.* sun, ඉර ; mountain, කන්ද ; අවියා, goat, එළුවා. [නැගීම් නැති.

අ·විය, *a.* E. of අව්‍යය : *gram.* indeclinable, වර

අ·වියත්, *a.* E. of අව්‍යක්ත.

අ·වියුක්ත, අ·වියෝජිත, *a.* undetached, unseparated, unsevered, වෙන්වෙලා නැති, undecomposed, දිරා නැති.

අ·විරත, *a.* unceasing, නොනවතින, continual, eternal, නිරන්තර. [ශාශ්වත.

අ·විරල, *a.* not sparse, dense, close, ගනසැර.

අ·විරලතාව, *n.* density, closeness, විරල නැතිකම, ඝනකම.

අ·විරිද්ධ, අ·විරුද්ධ, අ·විරුධ, අ·විරෝධ, *a.* unopposing, not adverse, passive, විරුද්ධ නැති.

අ·විරුද්ධකම, අ·විරෝධය, *n.* non-opposition &c., passiveness, විරුද්ධ නැතිකම.

අ·විලංඝනීය, *a.* See අලංඝනීය.

අ·විලම්බ, අ·විලම්බිත, *a.* unhesitating, prompt, expeditious, ප්‍රමාද නැති, කඩිනම්.

අ·විලම්බතාව, අ·විලම්බිතතාව, *n.* promptitude &c., අප්‍රමාදය &c. [සිදුරු නැති.

අ·විවර, *a.* without hole or rift, whole, entire,

අ·විවාහක, අ·විවාහිත, *a.* unmarried, single, celibate, maiden or bachelor, කසාද නොබැඳපු.

අ·විවාහකකම, අවිවාහක·බව, *n.* unmarried state, celibacy, virginity.

අ·විවාහකයා, *n.* *mas.* bachelor, celibate.

අ·විවාහ්‍ය, *a.* unmarriageable, විවාහවීමට නුසුදුසු.

අ·විවිධාකාර, *a.* (·ආකාර), unvarying, නොයෙක් ආකාර නොවන, unvaried, uniform, equable, ඒකාකාර. [ity, equability, ඒකාකාරකම.

අ·විවිධාකාරත්වය, *n.* unvarying state, uniform-

අ·විවෘත. *a.* unopened, ඇරී නැති ; unexpanded, පිපී නැති, undeveloped, unmanifest, ප්‍රකාශ නැති ; *bot.* indehiscent, ඉබේම නොඇරෙන.

අ·විවේක, *a.* indiscriminating, වෙනස් නොදකින, unobservant, inconsiderate, විපරම් නොකරන.

අ·විශිෂ්ට, *a.* undistinguished, වෙන් නොකරනලද, ordinary, සාමාන්‍ය, පොදු.

අ·විශේෂ, *a.* not special or characteristic, undistinguishing, not differing, ordinary : see අවිශිෂ්ට.

අ·විශේෂය, *n.* a non-characteristic, what does not differ, සාමාන්‍ය එකක්.

අ·විශේෂිත, *a.* unmarked, uncharacterised, undistinguished, විශේෂ ලකුණක් නැති, සාමාන්‍ය.

අ·විශ්‍රබ්ධ, *a.* untrustworthy, untrusted, අවිශ්වාස.

අ·ශ්‍රබ්ධතාව, *n.* untrustworthiness, අවිශ්වාස්‍ය තාව. E. S. [endless, අවසාන නැති,

අ·විශ්‍රාන්ත, *a.* without rest, විරාම or නිවාඩු නැති ;

අ·විශ්වාස, *a.* untrustworthy, uncertain, elusory, unfaithful, විශ්වාස නැති ; unbelieving, විශ්වාස නොකරන.

අවිශ්වාසකම, *n.* untrustworthiness &c., විශ්වාස නැතිකම ; unbelief, නොඇදහීම &c.

අ·විශ්වාසකම්කරනවා, *v.* to commit or be guilty of unfaithfulness, betray trust.

අ·විශ්වාසකරනවා, *v. t.* to disbelieve, discredit, distrust.

අ·විශ්වාසය, *n.* disbelief, distrust, incredulity, unbelief, විශ්වාස නොකෙරීම, නොඇදහිල්ල.

අ·විශ්වාසික, *a.* treacherous, ද්‍රෝහි, untrustworthy &c. : see අවිශ්වාස.

අ·විශ්වාස්‍ය, *a.* not to be believed or trusted, untrustworthy, incredible, unfaithful : see අවිශ්වාස. [ness &c. : see අවිශ්වාසකම.

අ·විශ්වාස්‍යතාව, අ·විශ්වාස්‍යත්වය, *n.* untrustworthi-

අ·විෂය, *a.* not an object of sense, unperceived, imperceptible, නොදැනෙන, immaterial, අදෘශ්‍ය. E. S.

අවිෂය, *n.* what is unperceived or immaterial, නොදැනෙන දේ, ද්‍රව්‍ය නොවන දේ.

අ·විසද, *a.* not clear, turbid; not evident, indistinct, නොපැහැදිලි.

අවි·සරඹය, අවි·සරම, *n.* (අවි E. of ආයුධ; සරඹය, see සරඹය), brandishing weapons, fight with weapons, ආයුධ හරඹකිරීම. [weapons.

අවි·සිප්, *n.* E. of ආයුධ ශිල්පය: the art of using

අ·විහය, *n.* name of the twelfth Brahma world.

අ·විහිංසක, *a.* inoffensive: see අහිංසක.

අ·විහිංසාව, *n.* inoffensiveness, harmlessness.

අ·විහිත, *a* not done, not accomplished, ඉෂ්ට නුවූ.

අ·වීක්‍ෂණීය, *a.* invisible, imperceptible, undiscernible, නොපෙනෙන, නොදැනෙන.

අ·වීචිය, *n.* (අ priv., වීචි intermission), name of the lowest hell, where there is no intermission of suffering.

අ·වීත·රාගී, *a.* of unsubdued passions.

අ·වීත·රාගියා, *n.* person of unsubdued passions, රාග පහකරනොගත් අය.

අ·වීර, *a.* non-heroic, impotent, strengthless; unenergetic, උත්සාහ නැති.

අ·වීර්‍ය, *n.* See අවීර්‍ය්‍ය. [උත්සාහ නොකරන.

අ·වීර්‍ය්‍ය, *a.* non-heroic, effortless, lethargic,

අ·වීර්‍ය්‍යතාව, අ·වීර්‍ය්‍ය, *n.* effortlessness, lethargy, වීර්‍ය්‍යනැතිකම, උත්සාහ නැතිකම.

අවුණනවා, *v.* See අමුණනවා.

අවුණ, අවුණු, *n.* E. of ආපණය: market, කඩ, meat-market, fish-market, මස්කඩ.

අවුණා, *p. pl.* for අමුණා: having strung &c.

අවුත්, අවුදින්, *p. pl.* for ඇවිත්: having come.

අවුන්සය, *n.* Eng. ounce.

අවු·පත, *n.* (අවු see අව්ව), sun-leaf, viz. palmyra-umbrella, parasol, කුඩය.

අවුර, *n.* E. of ආවරණය: cover, screen, වැස්ම; rampart, ප්‍රාකාරය, පවුර; *pl.* අවුරු.

අවුරනවා, *v. t.* to cover, screen, shelter, අහුරනවා; *pret.* ඇවුරුවා; *v. n.* ඇවිරීම.

අවුරම, අවුරුම, *n.* covering, screen, වැස්ම, මුවාව.

අවුරුදු·පතා, *a.* or *ad.* yearly, annual, annually.

අවුරුද්ද, *n.* year; *pl.* අවුරුදු.

අවුරුද්ද·දවස, *n.* new-year's day.

අවුල, අවුල්කම, *n.* confusion, disorder, medley, derangement, disturbance.

අවුලනවා, *v. t.* to pick up (as birds &c.), collect, එකතුකරනවා; shine බබලනවා; *pret.* ඇවුලුවා; *v. n.* ඇවුලුම. [dessert, කැවිලි.

අවුලු, අවුලු·පත්, *n. pl.* cakes and sweetmeats,

අවුලවනවා, *v. c.* of අවුලනවා, to cause to pick up or gather together, to get picked up &c.; to hook; *pret.* ඇවුලෙවුවා; *v. n.* ඇවුලවීම.

අවුලුවනවා, *v. t.* (v. c. of අවුලනවා), to ignite, enkindle; *fig.* instigate, inflame, kindle; *pret.* ඇවිලෙවුවා; *v. n.* ඇවිලවීම.

අවුල්, *a.* confused, disorderly, chaotic.

අවුල්කරනවා, *v. t.* to confuse, jumble, confound.

අවුල්·දත්තා, *n.* (අවුල් thick-set, දත් teeth), crocodile, alligator, කිඹුලා. [අවුල්.

අවුල්වෙනවා, *v. i.* to become confused &c., see

අවුල්·හරය, *n.* necklace, ඇටවැල; comb, පනාව.

අව්ව, *n.* sunshine, ඉරුරැස්: see අව්ව.

අවුස, *n.* drum, බෙරය.

අවුස්සනවා, *v. t.* to stir up, excite, provoke, incite, exasperate; *pret.* ඇවුස්සුවා or ඇවිස්සුවා.

අවෘන්ත, *a. bot.* without foot-stalk, sessile, sitting, නැට්ටක් නැති (මල්).

අවේණි, *a.* E. of ආවේණික.

අවේක්‍ෂණය, අවේක්‍ෂාව, *n.* seeing, දැකීම, looking at, observing, observation, attention, බැලීම, බලාගැනීම.

අවේක්‍ෂණයකරනවා, *v. t.* to look at, බලනවා.

අවේද්‍ය, *a.* unknowable, unascertainable, දැනගත නොහැකි; unteachable, that should not be taught, ඉගැන්විය නොයුතු.

අ·වේලාව, *n.* unsuitable or unseasonable time, නුසුදුසු වේලාව. [උද්දීපිත නැති.

අ·වෛර, *a.* not hating, non-inimical, වෛරනැති,

අ·ව්‍යක්ත, *a.* unapparent, අප්‍රකාශ; unenlightened, unlearned, illiterate, අපණ්ඩිත, නූගත්.

අ·ව්‍යක්තතාව, *n.* indistinctness &c., අප්‍රකාශකම; illiteracy, නූගත්කම.

අ·ව්‍යක්ත·රාගය, *n.* indistinct colour, viz. dark-red colour, අඳුරු රතුපාට. [සාංඝ ගණිත.

අ·ව්‍යක්ත·රාශිය, *n. alg.* unknown quantity, අප්‍ර

අ·ව්‍යක්ත·සාම්‍යය, *n.* equation, සම ගණිත.

අ·ව්‍යතික්‍රම්‍ය, *a.* irreversible, not to be retracted, වෙනස්කළ නොහැකි.

අ·ව්‍යභිචාර, *a.* not-inconstant, faithful (to the marriage vow &c.), අවිශ්වාස නොවන, විශ්වාසවූ.

අ·ව්‍යභිචාරය, *n.* constancy, faithfulness, විශ්වාසකම.

අ·ව්‍යය, *a.* unwasting, undecaying, ක්‍ෂය නොවන; *gram.* indeclinable, වරනැඟීමක් නැති.

අ·ව්‍යය, අ·ව්‍යය·ශබ්දය, *n. gram.* an indeclinable word.

අ·ව්‍යයී·භාවය, *n.* imperishableness, ක්‍ෂය නොවනගතිය; *gram.* indeclinableness, වරනැඟීමක් නැතිකම. [කම.

අ·ව්‍යවස්ථාව, *n.* irregularity, informality, අනියම්

අ·ව්‍යවස්ථිත, *a.* irregular, අනියම්, unlawful, illegal, අයුතු. [අයුතුව.

අ·ව්‍යවස්ථිතිය, *n.* violation of rule, illegality,

අ·ව්‍යවහාරය, *n.* disuse, obsoleteness, භාවිතා නැතිකම.

අ·ව්‍යවහාරිත, *a.* disused, unused, obsolete, භාවිත නැති, ව්‍යවහාර නොකරනලද.
අ·ව්‍යවහාර්‍ය, *a.* not to be observed or practised, ව්‍යවහාර නොකටයුතු, not customary, ව්‍යවහාර නැති.
අ·ව්‍යවසිත, *a.* not separated, closely united, යාවූ, සම්බන්ධවූ.
අ·ව්‍යවහෘත, *a.* unusual, novel, fresh, අපූරු, අමුතු.
අ·ව්‍යාකුල, අ·ව්‍යාකුලිත, *a.* unconfused, unperplexed, undistracted, අවුල් නැති, වල්මත් නොවන. [sion. E. S.
අ·ව්‍යාකුලතාව, *n.* unconfusedness &c., self-posses-
අ·ව්‍යාකෘත, *a.* unaltered, වෙනස්නුණු; untransformed, free (from both merit and demerit), මිදුණු.
අ·ව්‍යාඛ්‍යාත, *a.* unexplained, inexplicit, obscure, විස්තරනැති, නොපැහැදිලි.
අ·ව්‍යාඛ්‍යාතතාව, *n.* inexplicitness, obscurity.
අ·ව්‍යාඛ්‍යෙය, *a.* inexplicable, insoluble, පැහැදිය නොහැකිවූ (කාරණ). [අව්‍යංක.
අ·ව්‍යාජ, *a.* not false, unfeigned, sincere, genuine,
අ·ව්‍යාජතාව, අ·ව්‍යාජය, *n.* unfeignedness, sincerity &c., අව්‍යංකකම. [නිරෝගී.
අ·ව්‍යාධික, අ·ව්‍යාධිත, *a.* undiseased, healthy,
අ·ව්‍යාධිතතාව, *n.* freedom from illness, healthiness, නිරෝගිකම.
අ·ව්‍යාපක, අ·ව්‍යාපන, අ·ව්‍යාප්‍ය, *a.* not diffused or general, limited, පැතිරීනැති, සාමාන්‍ය නොවන; special, peculiar, විශේෂ.
අ·ව්‍යාපකත්වය, අ·ව්‍යාපනතාව, අ·ව්‍යාප්තිය, *n.* state of not being diffused or general, limitedness &c., පැතිරීනැතිකම; විශේෂකම.
අ·ව්‍යාපාද, *a.* unmalignant, ක්‍රෝධනැති, නපුරු නැති. [සිපිහ.
අ·ව්‍යාවෘත, *a.* disengaged, unengaged, නොයෙදි
අ·ව්‍යුත්පන්න, *a.* unlearned, illiterate, නූගත්; *gram.* underived, native, නිෂ්පන්න.
අවිර, *n.* E. of ආකාරය: mode, manner.
අවිරව, *n.* rampart, breast-work near a moat, පවුර: see අවුර.
අවිලනවා, *v. t.* to link, thread, අමුණනවා, ඇදනවා: see අවුලනවා and අවුලුවනවා.
අව්ව, *n.* sun's rays, sunbeams, sunshine.
අව්ව·තපිනවා, *v.* to warm one's self in the sun, bask in the sun.
අ·ශක්‍ය, *a.* impracticable, impossible, කළ or විය නොහැකිවූ (දේ). [කිකම &c.
අ·ශක්‍යතාව, *n.* impracticability &c., කළනොහැ
අ·ශංකනීය, *a.* indubitable, undoubted, unquestionable, අනුමාන නැති.
අශනය, *n.* food, කෑම. *Bot.*
අශන·යාව, *n.* (·යා to go), hunger, බඩගින්න.
අශනා·යිත, *a.* hungry, බඩගිනි.
අශනිය, *n.* thunderbolt, අකුණ, හෙණ.
අ·ශබ්ද, *a.* soundless, silent, ශබ්දනැති, නිශ්ශබ්ද.

අ·ශරීර, අශරීරික, අශාරීරික, *a.* bodiless, unembodied, incorporeal, asomatous, ශරීරයක් නැති. [චුතකරනවා.
අ·ශරීරකරනවා, *v. t.* to disembody, ශරීරයෙන්
අ·ශරීරතාව, අ·ශාරීරිකකම, *n.* bodiless state, incorporeality, immaterialness, ශරීරයක් නැති ස්වභාව. [යා.
අ·ශරීරයා, *n.* bodiless one, viz. Cupid, කාමදේව
අ·ශරීරී·කෘත, *a.* disembodied, ශරීරයෙන් චුත කරනලද or චුතවූ.
අ·ශල්ක, *a.* scaleless, කොරපොතු නැති; *bot.* unarmed, කටු ආදිය නැති.
අ·ශස්ත්‍ර, *a.* without weapons, unarmed, defenceless, ආයුධනැති.
අ·ශාන්ත, *a.* restless, unquiet, unallayed, නිසල නොවන, සහනයක් නැති.
අ·ශාන්තකරනවා, *v. t.* to disquiet, trouble, destroy peace, agitate, චලිත or චංචලකරනවා.
අ·ශාන්තිය, *n.* restlessness, disquietude, නිසල නැතිකම.
අ·ශාශ්වත, *a.* non-eternal, temporal, perishable, සදාකාලනොවන, කාලික, නැතිවෙන.
අ·ශාශ්වතතාව, *n.* non-eternity &c., සදාකාල නැතිකම &c.
අ·ශාස්ත්‍ර, අ·ශාස්ත්‍රීය, *a.* unscientific, unphilosophical, ශාස්ත්‍රයට එකඟනැති.
අ·ශික්ෂිත, *a.* untaught, untrained, පුහුණුවක් නැති, නොහික්මුණු; indecent, filthy, disgusting, කැත, පිළිකුල්, col. අසික්කිත.
අ·ශික්ෂිතකම, අශික්ෂිතතාව, *n.* state of being untrained; indecency &c., obscenity, කැතකම &c.
අ·ශික්ෂිතව්‍ය, *a.* unteachable, untrainable. E. S.
අශිත, *a.* eaten, කනලද.
අ·ශිරස්, *a.* headless, ඉසනැති.
අ·ශිෂ්ට, *a.* ill-bred, coarse, rude, boorish, vulgar, ශිෂ්ටාචාර නැති; uncivilized, barbarian, වනචර.
අ·ශිෂ්ටතාව, *n.* boorishness, clownishness &c., ශිෂ්ටාචාරනැතිකම; barbarism, වනචරකම.
අ·ශිෂ්ටයා, *n.* boor &c.; barbarian. E. S.
අ·ශිෂ්ටාචාර, *a.* boorish, clownish, vulgar, uncivil, rude, uncivilized: see අශිෂ්ට.
අ·ශිෂ්ටාචාරය, *n.* boorishness &c.; barbarism: see අශිෂ්ටතාව.
අශීති, *a.* eighty, අසූ.
අශීතිය, *n.* eighty, අසූව.
අශීතිකයා, අශීති·වයස්කයා, *n.* octogenarian. E. S.
අශීත්‍යනු·ව්‍යඤ්ජන, *n. pl.* (අශීති අනු·) the eighty minor characteristics of Buddha, as, well-shaped fingers &c., කුඩා ලක්ෂණ අසූව.
අ·ශීල, *a.* rude, vulgar, ill-behaved, immoral, ශීලනැති, අනාචාර. [චාරකම.
අ·ශීලතාව, *n.* rudeness &c., ශීලනැතිකම, අනා
අ·ශුචි, *n.* dung, excrement, මල.

අ·ශුබ, *a.* unclean, impure; unholy, අපිරිසිදු; corrupt (as a text), වැරදි.

අ·ශුබතාව, අ·ශුබිය, *n.* uncleanness &c., අපිරිසිදු කම; වැරදිසහිතකම.

අ·ශුබාත්මය, *n.* (·ආත්මය), unclean spirit, evil spirit, දුෂ්ට ආත්මය.

අ·ශුභ, *a.* unfortunate, inauspicious, අවාසනා [වන්ත.

අ·ශුභතාව, අ·ශුභය, *n.* unfortunateness &c.; bad fortune, misfortune, අවාසනාව.

අ·ශූන්‍ය, *a.* not empty, not vacant, not void or vain, හිස්නැති.

අ·ශූන්‍යතාව, *n.* non-vacuity &c., හිස්නැතිකම.

අ·ශූර, *a.* unheroic, ශෞර්‍ය්‍යනැති, බියසුලු; unskilful, අසමර්ථ. [කම.

අ·ශූරතාව, *n.* lack of heroism &c., ශෞර්‍ය්‍යනැති

අ·ශෘංඛල, *a.* unbridled, E. S.; untamable, දමනයකල නොහැකිවූ.

අ·ශේෂ, *a.* without remainder, viz. the whole, all, entire, මුළු, සියලු.

අ·ශෛක්ෂ, *a.* not a novice, ආධුනික නොවන, matured, perfected (as a Rahat), සම්පූර්ණවූ.

අ·ශෛක්ෂයා, *n.* B., a perfected saint, රහතුන් වහන්සේ.

අ·ශෝක, *a.* sorrowless, ශෝකනැති. *Bot.*

අ·ශෝකතාව, අ·ශෝක·භාවය, *n.* sorrowlessness, ශෝකනැතිකම.

අ·ශෝච්‍ය, *a.* not to be regretted, not worth lamenting, ශෝකාවිය නොයුතු (දේ); transitory, අනිත්‍ය, පහවෙන.

අ·ශෝධිත, *a.* *lit.* and *fig.* unpurified, පිරිසිදු නොකරනලද; uncorrected (as a book) හරි ගස්සා නැති.

අ·ශෝභන, *a.* uncomely, unseemly, indecorous, inelegant, අවලක්ෂණ.

අ·ශෝභනකම, අශෝභනතාව, *n.* unseemliness &c., අවලක්ෂණකම.

අ·ශෞච, *a.* unclean, impure, අපිරිසිදු.

අශ්ම·ජ, *n.* (අශ්ම stone ජ produced), red chalk, රතු රටහුනු; iron, යකඩ.

අශ්ම·රස, අශ්ම·සාර, *n.* *lit.* stone essence, viz. iron, යකඩ; also රසාඤ්ජන, which see.

අශ්මරි, අශ්මරී, අශ්මරිරෝගය, *n.* (disease of) stone or gravel, මුත්‍රාබොක්කේ හැදෙනගල්.

අශ්මරි, *a.* pert. to disease of stone or gravel, lithic, stranguirious, මුත්‍රාබොක්කේ ගල්සහිත.

අශ්මරි·අම්ල, *a.* lithic acid, uric acid, මුත්‍රාම්ල.

අශ්මරි·ගල, *n.* calculus, stone, cystine, මුත්‍රාබොක්කේ ගලක්.

අශ්මරි·ඡේදනය, අශ්මරි·ඡේදය, *n.* lithotomy, nephrotomy. E. S. [ගල් කපාදැමත්ම.

අශ්මරි·ඡේදයා, *n.* lithotomist, මුත්‍රාබොක්කේ

අශ්මරි·නාශකෞෂධය, අශ්මරි·හරෞෂධය, *n.* (නාශක—හර—ඖෂධය), lithogogue. E. S.

අශ්මරි·භූතිය, *n.* formation or existence of calculi, lithiasis, මුත්‍රාබොක්ක ආදියෙහි ගල්හැදීම.

අශ්මරි·මර්දනය, *n.* lithotripsy, lithotrity, අශ්මරි පොඩිකර ඇරීම.

අශ්මරි·විභාගය, *n.* *med.* lithology, මුත්‍රාබොක්ක ආදියෙහි ගල් පිළිබඳ විභාගය.

අශ්මරිඝ්න, *a.* (ඝ්න breaking, destroying), lithontriptic, අශ්මරි පොඩිකරන.

අශ්මරිඝ්නෞෂධය, *n.* (·ඝ්නඖෂධය), lithontriptic medicine, lithontriptic, අශ්මරි දියකර අරින බෙහෙත.

අ·ශ්‍රද්ධ, අ·ශ්‍රද්ධ·ධාන, *a.* (අ priv., ශ්‍රද්ධ faith, ධා to hold), unbelieving, නොඇදහිලිකාර.

අ·ශ්‍රද්ධාව, *n.* unbelief, නොඇදහිල්ල.

අ·ශ්‍රම, අ·ශ්‍රමාන්විත, *a.* unwearied, indefatigable, වෙහෙසනැති, කොඩැත්තුනොවෙන.

අ·ශ්‍රමණ, *a.* non-ascetic, laic, ගිහි; unpriestly, unbecoming a monk, තාපසයාට නුසුදුසු. [කම.

අ·ශ්‍රමතාව, *n.* unweariedness &c., වෙහෙසනැති

අශ්‍රය, *n.* See අශ්‍රුව.

අ·ශ්‍රව්‍ය, *a.* inaudible, නෑසෙන. [හිස්කම.

අ·ශ්‍රව්‍යතාව, *n.* inaudibility, (ශබ්දය) නෑසෙන

අ·ශ්‍රව්‍යාකාරයෙන්, *ad.* (·ආකාර), inaudibly, නෑසෙන ලෙස. [නොවී සිටින.

අ·ශ්‍රාන්ත, *a.* unwearied, unfatigued, වෙහෙස

අ·ශ්‍රීක, අ·ශ්‍රීමත්, *a.* ignoble, inglorious, උතුම් නැති, අපකීර්ති; unprosperous, සවුලනැති; inelegant, ugly, අවලක්ෂණ.

අ·ශ්‍රීකතාව, *n.* ignobleness &c.

අශ්‍රු, *n. pl.* or *a.* of අශ්‍රුව: tears, කඳුළු; tear, lachrymal, කඳුළුසහිත. [ළු උපදවන.

අශ්‍රු·ජනක, *a.* tear-producing, lachrymose, කඳු

අ·ශ්‍රුත, *a.* unheard, නාසනලද or නෑසුණ.

අශ්‍රු·නාලිය, *n.* lachrymal gland, කඳුළු නාලිය.

අශ්‍රු·පාතය, අශ්‍රු·ධාරාව, *n.* (පාතය falling, ධාරාව flow), shedding of tears, lachrymation, කඳුළු වැගිරීම or වැටීම.

අශ්‍රු·රහිත, *a.* tearless, කඳුළුනැති.

අශ්‍රුව, *n.* a tear, කඳුල. [සහිත.

අශ්‍රු·සහිත, *a.* tearful, mixed with tears, කඳුළු

අ·ශ්‍රේෂ්ඨ, *a.* not chief, ප්‍රධාන නොවන, minor, puisne, බාල, දෙවෙනි.

අ·ශ්‍රේෂ්ඨාධිකරණ·නායක, *n.* puisne judge, දෙවෙනි අධිකරණනායක. [ing five stars.

අශ්ලේෂාව, *n.* ninth lunar mansion, contain-

අශ්ව, අශ්වීය, *a.* of අශ්වයා: horse-, equine.

අශ්ව·එළෙම්බී, අශ්ව·ධේනුව, *n.* a mare, අශ් එළෙම්බ.

අශ්ව·කර, *n.* shoulder or withers of a horse.

අශ්ව·කර්ණිය, *n.* *lit.* horse-ear, a plant (see *Bot.*); name of the seventh circle of rocks around Maha Mera: see සප්තකූට පර්වත.

අශ්ව·කාරයා, *n.* horsekeeper, ostler, groom, කුදිරකාරයා.

අශ්ව·තට්ටම, *n.* rump of a horse, crupper.

අශ්ව·තරයා, *n.* mule; a chief of the Nāgas or serpents who inhabit පාතාලය.

අශ්ව·ධාවන·භූමිය, *n.* (ධාවන running), race-course. E. S. [circus.
අශ්ව·තාඩගම්·පළ, අශ්ව·මණ්ඩලය, *n.* hippodrome,
අශ්ව·පනාව, *n.* horse-comb, curry-comb.
අශ්ව·පාර, *n.* horse-road, ride.
අශ්ව·පාලයා, *n.* horsekeeper, groom, ostler, hostler, කුදිරකාරයා.
අශ්ව·පැටියා, *n.* foal, colt or filly.
අශ්ව·පීනස, *n.* glanders. [ණ අස්පලස.
අශ්ව·ප්‍රච්ඡාදනය, *n.* horse-cover, caparison, ලක්ෂ
අශ්ව·බලය, *n.* strength of a horse; adj., horse-power: as, of twenty horse-power, අශ්වබල විස්සක යන්ත්‍ර.
අශ්ව·මඩුව, *n.* stable, අස්හල, සතාලය.
අශ්ව·මදයා, *n.* stallion.
අශ්ව·මයිල්, අශ්ව·රෝම, *n.* or *a.* horsehair.
අශ්ව·මාංස·භක්ෂක, *a.* eating horse-flesh, hippophagous, අශ්ව මස් කන
අශ්ව·මාංස·භක්ෂණය, *n.* hippophagy, eating horse-flesh, අශ්ව මස් කෑම.
අශ්ව·මුඛයා, *n.* horse-faced demi-god, අශ්ව මුණක් ඇති දෙවියෙක්, celestial chorister, සවගී ගායකයා.
අශ්ව·මේධය, *n.* (the real or ostensible) sacrifice of a horse, අශ්වපූජාව. A hundred such entitles to the sovereignty of heaven.
අශ්වයා, *n.* horse.
අශ්වයුජ, අශ්විනිය, *n.* first lunar mansion or constellation in the moon's path, it contains three-stars figuring a horse's head in Aries, අස්විද නැකත; the month September-October, බිණරමස.
අශ්ව ලාඩම, *n.* horse-shoe: see ලාඩම.
අශ්ව·වෙළඹ, අශ්වවෙළඹී, *n.* mare, (indef.) අශ්ව වෙළඹක්; *pl.* අශ්වවෙළඹියෝ.
අශ්ව·වාහනය, *n.* horse-car, horse-carriage, අශ්ව කරත්තය.
අශ්ව·වෙදකම, *n.* farriery අස්වෙදකම.
අශ්ව·වෙද, අශ්ව·වෛද්‍යයා, *n.* horse-doctor, farrier, veterinary surgeon, අස්වෙද. [කම.
අශ්ව·වෛද්‍ය·ශාස්ත්‍රය, *n.* hippopathology, අස්වෙද
අශ්ව·ශිරෝ·රාශිය, *n.* (ශිරෝ fr. ශිරස්), *ast.* the const. equuleus.
අශ්ව·සේනාව, *n.* cavalry, අසරුසේනාව, අසරුවෝ.
අශ්වාචාර්යයා, අශ්වාචාරියා, *n.* (·ආචා:), horse-trainer, horse-breaker, අශ්වයන් පුරුදුකරන්නා.
අශ්වාරූඪ, *a.* (·ආරූඪ &c.), mounted on horseback, equestrian, අශ්වයෙක් පිට නැඟි.
අශ්වාරෝහකයා, අශ්වාරෝහයා, *n.* rider, horseman, cavalier, අශ්වයාපිටින් නැඟියන්නා, අසරුවා. [school.
අශ්වාරෝහණ·මණ්ඩපය, *n.* riding-shed, riding-
අශ්වාරෝහණාචාර්යයා, *n.* (·ආචා:), riding-master.
අශ්වාරෝහී(හ්), *n.* rider, horseman.
අශ්විනී, *n.* first lunar mansion or constellation.

අශ්විනී, *n. fem.* a nymph, wife of the sun.
අශ්විනී·පුත්‍රයා, *n.* son of the sun, සූර්යපුත්‍රයා.
අෂ්ට, *a.* or *n.* eight, අට.
අෂ්ට·උදර, *n. pl.* (in native science), the eight bowel complaints.
අෂ්ට·කර්ණයා, *n.* Eight-eared One: ap. of Brahma, said to have four heads and eight ears.
අෂ්ට·කර්ම·විධි, *n. pl.* the eight methods of action, viz. eight ways of sorcery.
අෂ්ට·කුල·දූෂණය, *n.* the eight (things) which pollute the caste (of the faithful), කුල දූෂණය කරන අට.
අෂ්ට·කෝණ, *a.* octagonal, කොන් අටක් ඇති.
අෂ්ට·කෝණය, *n.* octagon, අට පට්ටම, අටපට්ටම් හැඩය.
අෂ්ටක්ෂණ, *n. pl.* See අෂ්ට දුෂ්ටක්ෂණ.
අෂ්ට·ගුණ, *a.* eightfold, octuple, අටගුණයක (ඒවා).
අෂ්ට·ගුල්ම, *n. pl.* eight internal diseases (of the bowels &c).
අෂ්ට·දික්·පාලකයෝ, *n. pl.* regents of the eight cardinal points or divisions of the earth, අට දික්පතියෝ.
අෂ්ට·දුෂ්ට·ක්ෂණ, *n. pl.* the eight evil moments or occasions, viz. to be born 1 in hell, 2 as an animal, 3 as a goblin, 4 in the two Brahma worlds where neither body nor mind exists, 5 in outer or distant countries where Buddhism is not, 6 with the five senses perverted or confused, 7 as a pagan, 8 in a Buddhaless age.
අෂ්ට·ධර්මය, *n.* the law of eight, viz. the eight essentials for becoming a Buddha: 1 manhood, 2 the male sex, 3 merit, 4 to have seen a Buddha, 5 ascetic condition, monkhood, 6 virtuousness, 7 aspiration to Buddhahood, 8 a strenuous heart for it.
අෂ්ට·නාද·ක්‍රමය, *n.* octachord (the scheme), නාද අටක් ඇති තූර්යක්‍රමය.
අෂ්ට·නාද·භාණ්ඩය, *n.* octachord (the instrument), අට නාද තූර්යය.
අෂ්ට·පත්‍ර, *a.* eight-leaved or octopetalous, කොළ or පෙති අටක් ඇති (මල්).
අෂ්ටපරිෂ්කාර, *n. pl.* See අටපිරිකර.
අෂ්ට·පර්ෂත්, *n. pl.* the eight retinues who attended Buddha: see අට පිරිස.
අෂ්ට·පාද, අෂ්ට·පාදික, *a.* eight-footed, octopodous, පාද අටක් ඇති.
අෂ්ට·පාදයා, අෂ්ට·පාදිකයා, *n.* octopod, අටපාවා.
අෂ්ට·පාරාජිකා, *n. pl.* B., the eight indelible sins of nuns. [rous. E. S.
අෂ්ට·පුරුෂ·කේශර, *a. bot.* octandrian, octand-
අෂ්ට·භාගාන්තරය, *n.* (අන්තරය), *ast.* semi-quadrate, semi-quartile. [පොත.
අෂ්ට·භාෂා·පුස්තකය, *n.* octaglot, භාෂා අටක

අෂ්ට·භෝග, *n. pl.* the eight enjoyments, viz. perfumes, women, robes, beds, betel, food, dancing, modes of being conveyed, සම්පත්අට.

අෂ්ටම, *a.* eighth, අටවෙනි.

අෂ්ට මහා·නරක, *n. pl.* See අටමහනිරය.

අෂ්ට·මහා·රෝග, *n. pl.* See අටමහරෝග.

අෂ්ටමාධිපතියා, *n.* (අෂ්ටම අධි:), the eighth ruler—ruler of the eighth place—in a horoscope, අටවෙනි අධිපතියා

අෂ්ටමිය, අෂ්ටමී·දින, *n.* See අටවක.

අෂ්ට·මූර්ති, *n. pl.* the eight forms or modes of Siva, viz. sky, air, fire, water, earth, sacrifice, sun, and moon. [eight modes.

අෂ්ට·මූර්තියා, *n.* sp. of Siva as having the above

අෂ්ට·රශ්මි, *a.* octolocular (sp. in *bot.*), සිදුරු අටක් ඇති. E. S.

අෂ්ට·ලෝක·ධර්ම, *n. pl.* the eight laws of the world of men, viz. profit, loss; praise, blame; disgrace, honour; health, sickness.

අෂ්ට·වංක·මාණික්‍යය, *n.* a famous gem of light angles or facets, said to have been deposited in the great shrine of Mihintala.

අෂ්ට·වර්ෂ·ක, *a.* lasting eight years, octennial, අට අවුරුද්දක් පවතින.

අෂ්ට·විද්‍යා, *n. pl.* the eight kinds of knowledge possessed by Rahats, viz. 1 knowledge attained by religious meditation, 2 knowledge of how to perform supernatural things, 3 knowledge of the various supernatural powers, 4 divine or supernatural hearing, 5 knowledge of others' hearts, 6 knowledge of previous existences, 7 divine sight, 8 knowledge of how to subdue the passions.

අෂ්ට·විධ, *a.* of eight kinds, eight fold, අට ආකාර.

අෂ්ට·විධ·පාන, *n. pl.* B., the eight kinds of beverage allowed to priests, viz. that made from මිපැණි, මිදිකැළ, බොරළුදම්බු, උපුල්අල, ඇට කෙසෙල්, මස් කෙසෙල්, අඹ and දඹ: see each in its place. The juice of these is to be mixed with water.

අෂ්ට·විමෝක්ෂ, *n. pl.* the eight ways of liberation from existence.

අෂ්ට·බීජ, *a. bot.* octospermous, බිජ අටක් ඇති.

අෂ්ට·සමාපත්ති, *n. pl.* B., the eight attainments, or the four meditations (see ධ්‍යානය) and the four endeavours (ආයතන), which are ආකාසානඤ්චායතනය, විඤ්ඤාණඤ්චායතනය, ආකිඤ්චඤ්ඤායතනය and නෙවසඤ්ඤානාසඤ්ඤායතනය: see each one. [වරක් සිඹෙන.

අෂ්ට·සාංවත්සරික, *a.* octennial, අට අවුරුද්දකට

අෂ්ට·ස්ත්‍රී·කේශර, *a. bot.* octogynian, octogynous. E. S.

අෂ්ටාංග·ඝනය, *n.* (අෂ්ට අංග:) octahedron. E. S.

අෂ්ටාංග, *n. pl.* (·අංග) eight parts or divisions (as of the body or a kingdom), අංග අට.

අෂ්ටාංග·බ්‍රහ්ම·ඝෝෂාව, *n.* Brahma's eight-toned voice, අට ආකාර නාදයෙන් යුත් බ්‍රහ්මයාගේ හඬ

අෂ්ටාංග·මාණික්‍යය, *n.* See අටඟමිණ. [ගඩ.

අෂ්ටාංග·ශීලය, *n.* B., the eightfold observance or virtue, viz. observance of the eight commands of Buddha: to abstain from ප්‍රාණඝාතය, සොරකම, අබ්‍රහ්මචර්යාව, බොරුකීම, මද්‍ය පානය කිරීම, ඉරමුදුන් වේලාවට පසු ආහාරකෑම, නැටීම ගීකීම් ආදිය කිරීම, උස්වූ or මහ ඇඳන් වල හැතපීම. See each.

අෂ්ටාංගික·මාර්ගය, *n.* the eightfold way to Nirvāna: E. අටඟ මග, which see.

අෂ්ටාදශ, *a.* අෂ්ටාදශය, *n.* (අෂ්ට, දශ, ආ euphonic), eighteen, දහඅට.

අෂ්ටා·දශ·පුරාණ, *n. pl.* the eighteen Purānas.

අෂ්ටා·පද·ක්‍රීඩාකාරයා, *n.* chess-player, draught-player, දම් කෙළින්නා.

අෂ්ටා·පාද·ක්‍රීඩාව, *n.* (පද place), game of chess or draughts, දම්කෙළිය.

අෂ්ටා පදය, *n.* checkered cloth or board, chess-board, draught-board, දු කෙෝරුව. [E. S.

අෂ්ටා·පාදකාර, *a.* (·ආකාර), checkered, tessellated.

අෂ්ටායනී, *a.* (·ආයනී), pert. to the eight excellencies, viz. the four paths and the four fruits thereof.

අෂ්ටායනී·පුද්ගලයා, අෂ්ටායනීයා, *n.* one who has attained the eight excellencies.

අෂ්ටායනී·මාර්ගය, *n.* See සතරමග. [කෝණ.

අ·ෂ්ටාශ්‍ර, *a.* (·අශ්‍ර corner), octagonal: see අෂ්ට

අෂ්ටාශ්‍රය, *n.* octagon: see අෂ්ටකෝණය.

අෂ්ඨිය, *n.* metre of sixteen syllables to the line; also for අෂ්ටිය, which see.

අෂ්ඨිලාව, *n.* a round pebble or swelling; an internal tumour.

අස, *a.* near, ළඟ, අසල. [සිදුර.

අස, *n.* eye, ඇස; a little, ටික; side, අංශය; hole,

අ·සං·යත, අ·සං·යමිත, *a.* (අ priv., සං with, යත restrained), uncontrolled, unsubdued, unrestrained, මැඩ නොපවත්වනලද.

අ·සං·යුක්ත, *a.* disjunct, disjoined, නොබැඳි, disorganised, අසම්බන්ධ, unimbued or unendowed with, යුක්ත නැති.

අ·සං·යුක්තකරනවා, *v. t.* to disjoin, disorganize, separate, වෙන් කරනවා, අසම්බන්ධ කරනවා.

අ·සං·යුක්තතාව, *n.* state of disjunction, disorganization or separation, වෙන්වූ (or අසම්බන්ධ) ස්වභාව.

අ·සං·යෝගය, *n.* separation, වෙන්වීම, වෙන්වූ ස්වභාව: *gram.* dieresis, ප්‍රාණාක්ෂර වෙන්වීම.

අ·සං·යෝග·ලකුණ, *n.* mark of dieresis. E. S.

අ·සං·යෝජිත, *a.* disconnected, severed, separated, වෙන්වූ.

අ·සං·රෝධිත, *a.* unpropitiated, සමගිනූණ. See සංරාධනය. [වූ, අසම්බන්ධ.

අ·සං·ලග්න, *a.* disjoined, disjunct, නොබැඳි, වෙන්

අ·සං·ලග්නකරනවා, *v. t.* to disjoin, separate, වෙන්කරනවා.

අ·සං·වරණ, *a.* uncovering, වැස්ම අරින.

අ·සං·වරණය, *n.* the act of uncovering, වැස්ම ඇරීම.

අ·සං·වාසය, *n.* want of co-residence.

අ·සං·වාසික, *a.* not dwelling together, expelled (as a priest from co-residence), outcast, පහ කරනලද.

අ·සං·ශෝධිත, *a.* uncleansed, පිරිසිදු නොකළ; uncorrected, unrevised, හරිනොගැස්සු.

අ·සං·සර්ග, *n.* non-union, non-association, එක් නොවී සිටීම, ආශ්‍රය නොකිරීම.

අ·සං·සෘතිය, *n.* non-transmigration, absorption (of being), සංසාරය නැතිකම.

අ·සං·සෘෂ්ට *a.* disunited, disengaged, separate, අසම්බන්ධ, වෙන්වූ.

අ·සං·සෘෂ්ටතාව, *n.* disunion, disengagement, අසම්බන්ධ ස්වභාව. [අසිෂ්ට.

අ·සං·ස්කෘත, *a.* unpolished, rude, නොසරසනලද,

අ·සං·හත, *a.* (·සංහත compact), not compact, not close or dense, loose, ඝනනැති, බුරුල්.

අ·සං·හාර්‍ය, *a.* not to be removed, irresistible, වලක්වන්ට බැරිවූ. E. S.

අ·සං·හාර්‍යතාව, *n.* irresistibleness, වලක්වන්ට බැරි ස්වභාව.

අ·සක, *a.* eyeless, ඇස්නැති, blind, අන්ධ; for අසැක, doubtless, certain, නිසැක.

අ·සකි, *a.* powerless, unable, බැරි.

අ·සකාංත්, *a.* several, many, නොයෙක්.

අ·සක්, *a.* E. of. අසංඛ්‍ය.

අ·සක්ත, *a.* (අ priv., සක්ත attached), indifferent to, not addicted to, ඇලුම් නැති.

අ·සං·කල්පිත, (for අසංකල්පිත &c.), *a.* undesigned, unintentional, අදහස් නොකරනලද.

අ·සංකීර්ණ, *a.* unmixed, unconfused, අමිශ්‍ර, නිරවුල්.

අ·සංකුල, *a.* uncompressed, uncrowded, ඝනකැර නැති, unobstructed, free, බාධානැති, නිදහස්.

අ·සංකුල·ධූම, *n.* uncompressed or low steam, (යන්ත්‍රවල) සනනුවූ ධූම. [විමල.

අ·සං·ක්ලිෂ්ට, *a.* unsoiled, undefiled, කිලුටු නැති,

අ·සංක්ෂිප්ත, *a.* unabbreviated, unabridged, ලුහුඬු නොකළ.

අ·සංඛත, *a.* without addition; ep. of Nirvāna,

අ·සංඛත·ධාතුව, *n.* additionless, state viz. Nirvāna, නිවන.

අ·සංඛ්‍ය, අ·සංඛ්‍යෙය, *a.* numberless. innumerable, ගණන්නැති, ගණන්කළ නොහැකිවූ.

අ·සංඛ්‍ය·කල්පය, *n.* the period so called, being about twenty අන්තඃ කල්ප.

අ·සංඛ්‍යතාව, *n.* numberlessness, innumerability, ගණනාවක් නැතිකම.

අ·සංඛ්‍යෙය, *n. lit.* the innumerable, but used of a definite number, about a vigintillion or the twentieth power of a million.

අ·සංඛ්‍යාත, *a.* uncounted, unnumbered, ගණන් නොකරනලද.

අ·සං·ගත, *a. lit.* not gone with: unattached, detached, disunited, disconnected, incoherent, එකතු නැති, සම්බන්ධනැති, අසම්බන්ධ, ගැලපී නැති.

අ·සං·ගතකරනවා, *v. t.* to detach, dissociate, separate, වෙන්කරනවා.

අ·සං·ගතතාව, *n.* disconnectedness, separateness, අසම්බන්ධකම; incoherency, ගැලපී නැති කම.

අ·සං·ගති, *a.* unconnected, එකතු නැති, නොබැඳි, incongruous, ඉසංගු නැති.

අ·සං·ගතිය, *n.* unconnectedness, incongruity, අසම්බන්ධකම, ඉසංගු නැතිකම. [නැති.

අ·සං·ග්‍රාමික, *a.* unwarlike, යුධයට සුදුසු or ලැදි

අ·සජ්ජනයා, *n.* (·සජ් for සත්), evil person, අසත්පුරුෂයා.

අ·සජ්ජිත, *a.* unaccoutred, unarmed, යුධායුධ නැති, අසන්නාහ; unadorned, සැරසී නැති.

අ·සංචාර, *a.* non-transitive, viz. uninfectious, non-contagious, බෝනොවන (රෝග).

අ·සංඥ·තලය, අ·සඤ්ඤ·තලය, *n.* plane of unconsciousness, name of a Brahma world, එනම්වූ බඹලොව.

අසණිය, *n.* cavalry, අශ්වසේනාව.

අ·සතුටු, *a.* discontented, dissatisfied, fretful, repining.

අ·සතුටුකම, *n.* discontent &c. [ler.

අ·සතුටුකාරයා, *n.* discontented person, grumb-

අ·සත්, *a.* non-existent, නැති, untrue, අසත්‍ය; evil, wicked, දුෂ්ට.

අ·සත්කාර, *a.* (·සත් good), not doing good, sp. inhospitable. E. S.

අ·සත්කාරය, *n.* doing evil, sp. inhospitality.

අ·සත්·දම, *n.* E. of අසද්ධර්මය, which see.

අ·සත්·දිටු, *a.* (දිටු E. of දෘෂ්ටි), heretical, මිථ්‍යාදෘෂ්ටි.

අ·සත්පුරුෂ, *a.* evil, unkind, inhuman, සපුරු.

අ·සත්පුරුෂකම, *n.* wickedness, badness, සපුරු කම, unkindness, අකරුණාව.

අ·සත්පුරුෂයා, *n.* evil or wicked man, සපුරා.

අ·සත්‍ය, *a.* untrue, unreal, fallacious, false, සැබෑ නැති, බොරු, deceitful, රැවටිලි.

අ·සත්‍යතාව, *n.* untrueness &c.

අ·සත්‍ය·භාෂක, *a.* speaking untruth, mendacious, බොරුකාර.

අ·සත්‍ය·වාදී, *a.* or *n.* untruthful, lying, බොරු කියන; liar, බොරුකියන්නා, අසත්‍යවාදියා.

අ·සත්‍ය·වාදීකම, *n.* untruthfulness, falsehood, බොරුකීම, බොරුකාරකම.

අ·සත්·සාච්චාය, *n.* bad management, maladministration. E. S. [දිටු.

අ·ස·දිටු, *a.* (for අසම්දිටු), heretical, false, මිස

අ·සදෘශ, *a.* different, unlike, අසමාන, incomparable, inimitable. E. S.

අ·සදෘශලෙස, *ad.* incomparably, inimitably.

අ·සද්ධර්මය, *n.* (අසත් untrue), untrue doctrine, heterodoxy, මිථ්‍යාධර්මය ; evil practice, අයහපත් කල්ක්‍රියාව ; cohabitation, මෛථුනය, සංවාසය. [fallacious syllogism.

අ·සද්හේතුව, *n.* (fr. අසත් හේතුව), *log.* fallacy,

අසනවා, *v. t.* to hear ; ask, interrogate ; *pret.* ඇසුවා ; *v. n.* ඇසීම.

අසනි·පාතය, අසනිය, *n.* thunderbolt, හෙණ.

අසනිය මල්, *n.* parched grain, විලඳ.

අ·සනීප, *a.* unwell, ill ; unhealthy.

අ·සනීපය, *n.* illness, sickness, disease.

අ·සනීපවෙනවා, *v. i.* to become ill,sicken.

අසන්, *a.* E. of ආසන්න : near, ළඟ.

අසන්, *imp.* of අසනවා : hear thou, අහපන්.

අ·සන්තක, *a.* not belonging to, අයිතිනැති, හිමිනැති.

අ·සන්තකකරනවා, *v. t.* to alienate, disappropriate, අහිමිකරනවා. [නොසංසිඳුවන.

අ·සන්තර්පණ, *a.* unsatisfying, සතුටුනොකරන,

අ·සන්තර්පිත, *a.* unsatisfied, සතුටුනොවී සිටින, නොසංසිඳුණු. [නැති.

අ·සන්තෝෂ, *a.* displeased ; unwilling, සන්තෝෂ

අ·සන්තෝෂකරනවා, *v. t.* to displease, offend, අමනාපකරනවා.

අ·සන්තෝෂය, *n.* displeasure ; unwillingness, සන්තෝෂ නැතිකම, අමනාපය.

අ·සන්තෝෂවෙනවා, *v. i.* to become displeased or unwilling, අමනාපවෙනවා. [නැති.

අ·සන්දිග්ධ, *a.* undoubted, indubitable, අනුමාන

අ·සන්දිග්ධාර්ථ, *a.* (·අර්ථ meaning), not of doubtful meaning, unequivocal, අර්ථයෙන් අනුමානනැති.

අ·සත්·දිටු, *a.* See අසම්දිටු. [gion, මිසදිටුවා.

අසත්·දිටුවා, *n.* heretic, follower of false reli-

අ·සන්ධි, *a.* jointless, inarticulated, සන්ධිනැති.

අ·සන්ධිත, *a.* not joined, unconnected, නොබැඳි, අසම්බන්ධ. [කම, එකතුනැතිකම.

අ·සන්ධිය, *n.* disconnection, disunion, අසම්බන්ධ

අ·සන්නද්ධ, *a.* unaccoutred, unarmed, යුධායුධ නැති, unarrayed, සැරසීනැති.

අ·සද, *a.* undoubted, certain, නිසැක.

අ·සප්පුරිස, *a.* P. for අසත්පුරුෂ.

අසපුව, *n.* priest's residence, පන්සල.

අසබඩ, *n.* or *a.* border, vicinity, (of river or sea); bordering, near, adjacent, සමීප.

අ·සබහව්·කිරිය, *n.* E. of අසම්භාවනක්‍රියාව.

අ·සභ්‍ය, *a.* not fit for society, vulgar, rude, indecorous, නොහොබිනා, අශිෂ්ට.

අ·සම, *a.* unequal, unsymmetrical, incongruous, නුසුරු, ගැලපුනැති; unequalled, incomparable. E. S.

අ·සමකම, අ·සමතාව, *n.* inequality, සමනැතිකම, asymmetry &c., disparity, නුසුරුකම, සමාන නැතිකම ; incomparability.

අ·සමගි, *a.* not agreed, not unanimous, එකමුතු නොවන, සමගිනැති ; unfriendly, මිත්‍රනැති.

අ·සමගිය, *n.* disagreement &c.

අ·සමඤ්ජසය, *n.* (අ priv., සං with, අඤ්ජස straight), disparity, අසමානකම ; impropriety, අයුතුකම.

අ·සමත්, *a.* E. of අසමර්ථ : unskilful, unskilled.

අ·සම·ධුර, *a.* peerless, unequalled, unparalleled. E. S. [සමානනැති උතුම්කම.

අ·සම·ධුරතාව, *n.* peerlessness &c., වෙන දෙයකට

අ·සම·ප්‍රමාණ, *a.* unsymmetrical, ප්‍රමාණයෙන් අසමවූ or එකගනැති.

අ·සමය, *n.* the non-season or off-season, the wrong season, නිසි සමය නොවන කාලය.

අසමයා, *n.* the incomparable one : an ap. of Buddha, බුදුන්.

අ·සම·සම, *a.* equitable, impartial, පාක්ෂිකනැති, සාධාරණ. [රණලෙස.

අ·සම·සමලෙස, *ad.* equitably, impartially, සාධා

අ·සමර්ථ, *a.* not clever, unskilful, dull, inefficient, සමර්ථනැති.

අ·සමර්ථකම, *n.* unskilfulness, incapability &c.

අ·සමාදානය, *n.* discord, strife, සමාදානනැතිකම.

අ·සමාදේය, *a.* (අ priv., සං ආදේය), incommunicable ; unreceivable ; දිය නොහැකිවූ, පිළිගත නොහැකිවූ. E. S. [නැති, වෙනස්.

අ·සමාන, *a.* unlike, dissimilar, different, සමාන

අ·සමානකම, අ·සමානත්වය, *n.* dissimilarity, disparity, සමානනැතිකම, වෙනස.

අ·සමාන්තර, *a.* (·අන්තර), non-parallel ; *geol.* unconformable, එකාකාර නොවන.

අ·සමාපිත, අ·සමාප්ත, *a* incomplete, unfinished, අසම්පූර්ණ, අවසාන නැති.

අ·සමාප්තතාව, අ·සමාප්තිය, *n.* incompleteness &c., අසම්පූර්ණකම &c.

අ·සමාප්තික, *a.* non-final, incomplete, අවසාන නොවන, අසම්පූර්ණ.

අ·සමාසවත්, අසමාසික, *a. gram.* uncompounded.

අ·සමාහත, *a.* (·ආහත hurt) unhurt, unstruck, unwounded, පහරනොලත්, තුවාල නූණ.

අ·සමාහිත, *a.* undemonstrated, incomplete, අසම්පූර්ණවූ ; discomposed, චකිත ; ill-behaved, අනාචාර. [ness, අප්‍රවේසම.

අ·සමීක්ෂණය, *n.* incircumspection, incautious-

අ·සමීක්ෂ්‍ය·කාරී, *a.* incircumspect, incautious, precipitate, acting carelessly, අප්‍රවේසම්.

අ·සමීක්ෂ්‍ය·කාරීත්වය, *n.* incautiousness &c., අප්‍රවේසම්කම.

අ·සමුචිත, *a.* (අ, සං, උචිත), incongruous, නුසුරු, unsuitable, නුසුදුසු.

අ·සමුද්‍යත, *a.* (අ, සං, උද්‍යත trained), unprepared, සූදානම්නැති ; extemporaneous, impromptu. E. S. [සූදානම් නැතුව.

අ·සමුද්‍යතව, *ad.* extempore, impromptu, කලින්

අ·සමුද්‍යතතාව, *n.* unpreparedness, සූදානම් නැතිකම, extemporaneousness. E. S.

අ·සම්·දිටු, *a.* E. of අසම්‍යක්දෘෂ්ටි.

අ·සම්පාදිත, *a.* (සම් for සං), unprepared, unpremeditated, සූදානම්නැති, කලින් අදහස්නොකරනලද.

අ·සම්පූර්ණ, *a.* incomplete, imperfect, defective.

අ·සම්පූර්ණකම, අ·සම්පූර්ණතාව, අ·සම්පූර්ණත්වය, *n.* incompleteness &c. [කම.

අ·සම්පූර්ණය, *n.* defect, deficiency, පළුදුව, අඩු

අ·සම්ප්‍රමේය, *a.* incommensurable, ප්‍රමාණයෙන් අසමාන. [ණයෙන් අසමානකම.

අ·සම්ප්‍රමේයතාව, *n.* incommensurability, ප්‍රමා

අ·සම්ප්‍රාප්ත, *a.* unobtained, ලබාගනොගත්, unattained, නොපැමිණි, ප්‍රාප්තනුණ. [අප්‍රාප්‍ය.

අ·සම්ප්‍රාප්‍ය, *a.* unobtainable, unattainable: see

අ·සම්බන්ධ, *a.* disconnected, separate, unconnected, unallied, සම්බන්ධනැති, නොබැඳි; incoherent, irrelevant, ගැලපීමක් නැති, desultory, ආකූල.

අ·සම්බන්ධකම, අ·සම්බන්ධතාව, *n.* disconnectedness &c., disunion, නොගැලපීම, එකඟනැතිකම &c.

අ·සම්බන්ධකරනවා, *v. t.* to disconnect, sever, disjoin, disband, වෙන්කරනවා.

අ·සම්බන්ධවෙනවා, *v. i.* to become disconnected or separated &c., වෙන්වෙනවා. [නැති.

අ·සම්බාධ, *a.* unobstructed, unopposed, බාධා

අසම්භාවන, අසම්භාවනීය, *a. gram.* conditional, subjunctive (mood).

අ·සම්භාවන·ක්‍රියාව, අ·සම්භාවන·විධිය, *n.* subjunctive verb or mood, or අසම්භාවනීය ක්‍රියාව &c.

අ·සම්භින්න, *a.* unbroken, continuous, නොකැඩුණු. [භයනැති.

අ·සම්භීත, *a.* undismayed, undaunted, නිර්භීත,

අ·සම්භූත, *a.* that has not occurred, නූණවූ.

අ·සම්භෝගය, *n.* non-enjoyment, non-use, භුක්ති නොවිඳීම.

අ·සම්මත, *a.* dissenting, dissentient, recusant, discordant, එකඟනැති, එකමුතුනැති.

අ·සම්මතයා, *n.* dissenter, non-content, recusant, එකමුතු නැත්තා.

අ·සම්මතවෙනවා, *v. i.* to dissent, disagree in opinion, එකමුතුනොවෙනවා.

අ·සම්මතිය, *n.* difference, dissension in opinion, කල්පනාවේ වෙනස, එකමුතුනැතිකම.

අ·සම්මානය, *n.* disrespect, discourtesy, irreverence, ගරුනැතිකම.

අ·සම්මානිත, *a.* unhonoured, ගෞරව නොලත්.

අ·සම්මිත, *a.* incommensurate, not co-extensive, ප්‍රමාණයෙන් සමනැති or මදි.

අ·සම්මුඛ, *a.* absent, not present, ඉදිරිපිටනැති.

අ·සම්මුඛය, *n.* absence, ඉදිරිපිටනැතිකම.

අ·සම්මුඛයෙහි, *ad.* in the absence of, whilst away from, ඉදිරිපිට නැතිවිට.

අ·සම්මූළ්හ, *a.* uninfatuated, මෝහනොවන, undistracted, විකල් නැති; discerning, wise, නුවණැති.

අ·සම්මෝද, *a.* (අ, සං, මෝද), pleasureless, unsatisfied, displeased, අසතොසින්, අසතුටු.

අ·සම්‍යක්, *a.* inaccurate, හරිනැති, වැරදි; heterodox, මිථ්‍යාදෘෂ්ටි.

අ·සම්‍යක්ත්වය, *n.* inaccuracy, හරිනැතිකම; heterodoxy, වැරදි මතය, මිථ්‍යාදෘෂ්ටිය.

අ·සම්‍යක්·දෘෂ්ටි, අ·සම්‍යක්·මතික, *a.* heretical, unorthodox, මිථ්‍යාමතික.

අ·සම්‍යක්·දෘෂ්ටිය, අ·සම්‍යක්·මතිය, *n.* incorrect opinion, heterodoxy, heresy, වැරදි මතය &c.

අ·සම්‍යක්·දෘෂ්ටියා, අ·සම්‍යක්·මතිකයා, *n.* heretic, වැරදි මත ඇත්තා, මිථ්‍යාලබ්ධිකයා.

අසය, *n.* side: see අංසය.

අසයා, *n.* goat, එළුවා.

අසර, *n.* way, road, පාර.

අසර, *n.* E. of අප්සරාව: goddess, දිව්‍යාංගනාව.

අ·සරණ, අ·සරණීය, *a.* forlorn, friendless, helpless, destitute.

අ·සරණකම, *n.* forlornness &c., desolateness.

අ·සරණ·නීති·ක්‍රමය, *n.* poor-law. E. S.

අ·සරණ·සරණවූ, *a.* who is refuge to the refugeless or help to the helpless, අසරණයන්ට සරණවූ. [oblique-angled. E. S.

අ·සරලාස්‍ර, *a.* (අ priv., සරල straight, අස්‍ර angle),

අ·සරලාස්‍රය, *n.* oblique angle, ඍජුනැතිකෝණය.

අ·සරීර, *a.* See අශරීර.

අ·සරු, *a.* infertile, sterile, fruitless, සරුනැති.

අසරු, *a.* equestrian, අශ්වයා පිට නැගීයන.

අසරු·කණ්ඩායම, *n.* squadron of cavalry.

අසරු·පාර, *n.* horse-road, bridle-path.

අසරු·පිරිවර, *n.* cavalcade, අසරුපංක්තිය.

අසරු·පොරය, *n.* cavalry contest, joust. E. S.

අසරුවා, *n.* horseman, equestrian; horse-soldier, trooper. [ry regiment.

අසරුවෝ, *n. pl.* අසරුසේනාව, *n.* cavalry, caval-

අසරු·සේවායා, *n.* horse-soldier, dragoon, trooper. [නොදන්න.

අ·සර්වඥ, *a.* non-omniscient, සර්වඥනැති, සියල්ල

අ·සල, *a.* E. of අචල: unshaking, firm, නොසැල්වෙන, ස්ථිර.

අසල, අසල්, *a.* near, neighbouring, ලඟ, සමීප.

අසල, *n.* neighbourhood, vicinity.

අ·සලය, *n.* E. of අචලය: what is firm, viz. rock, mountain, කන්ද: see අචලය.

අසල·වැසියා, අසල්·වාසියා, *n.* neighbour.

අසල්වාසි, *a.* dwelling near, neighbouring (people &c.).

අසවලා, *n.* such a one (specified); *pl.* අසවල්ලු.

අසවල්, *a.* such, අසවල් අසවල්, such and such.

අසව්·දමනවා, *v.* to put hinges on, hinge.

අසව්ව, *n.* hinge.

අසස්·පසස්, *n.* E. of ආශ්වාස ප්‍රශ්වාස.

අ·සස්වත, අ·සශස්වත, *a.* E. of අශාශ්වත.

අ·සහන, අ·සහමාන, *a.* intolerant, unable to bear, impatient, ඉවසිලිනැති.

අ·සහනය, අ·සහනශීලතාව, *n.* intolerance, impatience, ඉවසිලිනැතිකම.

අ·සහාය, *a.* companionless, සහකාරයෙක් නැති; peerless, matchless, incomparable, (සමක්හා) සමානකමක් නැති. E. S.

අ·සහායතාව, *n.* peerlessness &c. E. S.

අ·සහායයක්, *n.* something incomparable, nonesuch, වෙන දෙයකට සමානනැති අපූර්වයක්.

අ·සහ්‍ය, *a.* intolerable, insufferable, ඉවසිය නොහැකිවූ.

අ·සහ්‍යලෙස, අ·සහ්‍යාකාරයෙන්, *ad.* intolerably &c., ඉවසිය නොහැකිලෙස.

අ·සාංගතික, *a.* unsocial, unsociable, යහළු නොවන, සහකාර නොවන. E. S. [ගතිය.

අ·සාංගතිකතාව, *n.* unsociableness, යහළුනොවන

අ·සාධක, *a.* ineffective, ineffectual, ඉෂ්ටනොකරන, බැරිවෙන.

අ·සාධනීය, *a.* impracticable, unaccomplishable, සම්පූර්ණව ඉෂ්ටකළ නොහැකිවූ. [අමාරුකම.

අ·සාධනීයතාව, *n.* impracticability, කළනොහැකි

අ·සාධාරණ, *a.* not general, සාමාන්‍යනොවන, special, විශේෂ; *but usually* inequitable, partial, unjust, unfair, අසාධු, පක්ෂපාත, අයුතු.

අ·සාධාරණකම, අ·සාධාරණය, *n.* inequitableness, partiality &c., අසාධුව &c.

අ·සාධු, *a.* bad, evil, නරක, අයහපත්.

අ·සාධ්‍ය, *a.* incurable, fatal, mortal, සුවනොවන, මරණීය, (රෝග); irremediable, හරිගැස්සිය නොහැකිවූ. [සුවනොවන බව.

අ·සාධ්‍යතාව, *n.* incurableness &c., deadliness,

අ·සාධ්‍යලෙස, අ·සාධ්‍යාකාරයෙන්, *ad.* incurably &c., සුවනොවනලෙස, සුවයක් නැතිලෙස.

අ·සාමයික, *a.* (සාම: fr. සමය), inopportune, unseasonable, ප්‍රස්තාවට නුසුදුසු.

අ·සාමග්‍රි, *a.* implacable, irreconcilable. E. S

අ·සාමග්‍රිතාව, *n.* implacability &c., සමාදානනොවීම. E. S.

අ·සාමාන්‍ය, *a.* not general, unusual, uncommon, සාමාන්‍ය නොවන.

අ·සාමාන්‍යතාව, *n.* state of not being general, unusualness &c., සාමාන්‍යනැතිකම.

අ·සාම්‍ය, *a.* dissimilar, incomparable, අසමාන, අසදෘශ. [සමානනැතිකම.

අ·සාම්‍යතාව, අ·සාම්‍යය, *n.* dissimilarity &c.,

අ·සාර, *a.* pithless, infertile, sterile; innutritious, inefficacious, profitless, vain; සරුනැති, පෝෂ්‍යගුණ නැති, නිෂ්ඵල.

අ·සාරකම, අ·සාරත්වය, *n.* sterility &c., සරුනැතිකම; *fig.* insipidity, poorness, emptiness, රසනැතිකම, හිස්කම. [ගුණනැති.

අ·සාරණීය, *a.* infertile, inefficient, සාරනැති,

අ·සාරූප්‍ය, *a.* (අ priv., සා with, රූප form), dissimilar, unlike in form, රූපයෙන් අසමාන.

අ·සාරූප්‍යය, *n.* dissimilarity &c., රූපයෙන් සමාන නැතිකම.

අ·සාර්ථක, *a.* profitless, vain, empty, නිෂ්ඵල, නිරර්ථක; meaningless, තේරුමක්—අර්ථයක්—නැති. [නිරර්ථකකම.

අ·සාර්ථකතාව, *n.* profitlessness &c., නිෂ්ඵලකම,

අ·සාවධාන, *a.* (අ, ස, අවධාන), inattentive, සිත යොමුනොකරන. [කම.

අ·සාවධානතාව, *n.* inattentiveness, නොසැලකිලි

අ·සාවධානය, *n.* inattention, සිත යොමුනොකිරීම, නොසැලකීම.

අ·සාශ්වත, *a.* See අශාශ්වත.

අ·සැක, *a.*; අ·සැකය, *n.* See නිසැක &c.

අ·සික්කිත, *a.* col. of අශික්ෂිත: foul, filthy, loathsome, කැත, පිළිකුල්; mean, vile, low, නීච.

අ·සික්කිතකම, *n.* foulness &c., පිළිකුල්කම &c.

අ·සික්කිතයා, *n.* filthy or vile person, කැතයා, නීචයා. [කළුවර.

අ·සිත, *a.* not white, සුදුනැති, black, කළු, dark,

අ·සිතය, *n.* the planet Saturn, සෙනසුරු; fortnight of the moon's wane, අවරපක්ෂය.

අ·සිද්ධ, *a.* unaccomplished, සිද්ධනූණු, incomplete, immature, අසම්පූර්ණ; unripe, පැහිලානැති.

අ·සිද්ධිය, *n.* non-accomplishment, failure, ඉෂ්ට නොවීම. [විය නොහැකිවූ.

අ·සිද්ධ්‍ය, *a.* that cannot occur, impossible, සිද්ධ

අසි·පත, අසි·පත්‍රය, *n.* sword blade, කඩුතලය, sword, කඩුව. [with swords.

අසි·පත්‍ර·වනය, *n.* sword-forest, *viz.* a hell paved

අසිය, *n.* sword, scimitar, කඩුව; flame, ගිනිදළුව.

අසිරිමත්, *a.* E. of ආශ්චර්යමත්: wonderful, marvellous, පුදුම.

අසිරිය, *n.* astonishment, surprise, විස්මයපත්කම.

අසිරියාව, *n.* Assyria.

අසිරි·රූ, *n.* (අසිරි wonderful, රූ form), ap. of Cupid, කාමදෙවියෝ.

අසි·විසයා, *n.* E. of ආශීවිෂයා.

අසි, අසිය, *n.* female friend, යහළු ස්ත්‍රී, මිතුරි.

අසීති, *a.* eighty, අසූ.

අසීතිය, *n.* eighty, අසූව.

අසිරු, *a.* arduous, difficult, අමාරු.

අසිරුකම, *n.* arduousness, difficulty, අමාරුකම.

අසිරුව, *n.* something difficult, difficulty, අමාරුව.

අසු, *a.* E. of අශ්ව.

අසුකරනවා, *v. t.* to catch, entrap, involve.

අ·සුඛය, *n.* affliction, sorrow, සුඛ or ශුභ නැතිකම, දුක.

අසූචි, *n.* excrement, dung, මල, filth, කිලුටුකම.

අසුන, *n.* E. of ආසනය: seat; *pl.* අසුන්.

අසුන, *n.* letter, intelligence, news, ලියුම, ආරංචිය; message, පණිවිඩය; *pl.* අසුන්.

අසුන්, *n. pl. acc.* of අශ්වයා, for අශ්වයන්: horses.

අසුන්·පැදවීම, *v. n.* horse-driving, horse racing.

අසුන්·හැරි, *n.* messenger, පණිවිඩකාරයා.

අසුපෑවත, *n.* and *a.* beautiful sight, rich crop; pleasing.
අසුභ, *a.* See අශුභ.
අසුර, *n.* the closed hand, fist, මිට; a handful.
අසුර·කාය, *n.* (කාය abode or body), abode of the defeated Asuras or Titans beneath මහ මෙර; Asura body or birth, birth as an Asura, අසුරයෝනිය.
අසුර·ගහනවා, *v.* See අසුරුගහනවා.
අසුර·ගුරු, අසුරාචාර්යයා, *n.* Sukra, preceptor of the Titans, ශුක්‍රයා. [female Asura.
අසුරඟන, *n.* (අසුර අඟන), E. of අසුරංගනාව:
අසුරනවා, *v. t.* to pile up (see අසුරනවා); *pret.* ඇසුරුවා; *v. n.* ඇසිරීම.
අසුරමුව, *n.* (අසුර අමුව): see අසුරඟන.
අසුරයා, *n.* a kind of demon, Titan: they are enemies of the gods and dwell beneath මහ මෙර; the sun, සූර්යයා.
අසුර·රජ, or ·රද, *n.* Venus, as king of the Asuras, or අසුරගුරු, Sukra, සිකුරා.
අසුර·රිපු, or ·රුපු, *n.* enemy of the Asuras, ap. of Indra.
අසුරිඳු, *n.* (අසුර, ඉඳු noble), noble Asura.
අසුරුගහනවා, අසුරුපොළනවා, *v.* to snap the fingers; *pret.* අසුරුගැහුවා.
අසුරුවනවා, *v. c.* of අසුරනවා: to cause to pile up or arrange; to cause to stop up (a gap or hole); *pret.* ඇසිරෙවුවා; *v. n.* ඇසිරවීම.
අසුරු·සද, *n.* the sound or time of a finger-snap.
අසුරු·සැණෙකින්, *ad.* in a snap, in a moment.
අසුව, *n.* life, පණ; also *p. pl.* of අසුවෙනවා: අසුවී. [volved in.
අසුවෙනවා, *v. i* to be caught, entrapped, in-
අසූ, *a.* eighty; *n.* අසුව.
අසූචි, *a.* impure, filthy, කිලුටු.
අ·සූත්‍රික, *a.* without rule, uncanonical, unconstitutional. E. S.
අසූ·ව්‍යඤ්ජන·ලක්ෂණ, *n. pl.* (ව්‍යඤ්ජන characteristic): see අශීත්‍යනුව්‍යඤ්ජන.
අසූව, *n.* eighty.
අසූවෙනි, *a.* eightieth. [නොකළ.
අ·සෘෂ්ට, *a.* uncreated, not made, නොමවනලද,
අසෙ, *n.* female friend, මිතුරී. [කෙණෙහි.
අසේඛයා, *n.* E. of අශෛක්ෂයා: Rahat, රහත්
අසෙහ, *n.* See සෙහ.
අසෙනියමල්, *n. pl.* parched corn, විලද.
අ·සෙස, *a.* P. of අශේෂ: all, the whole, සියලු.
අ·සේවිත, *a.* unused; virgin (soil &c.), භාවිත නොකරනලද.
අසෝ, *a.* Same as අසෝල්. *Bot.*
අ·ශෝක, *a.* sorrowless: see අශෝක.
අ·සෝභන, *a.* unseemly &c.: see අශෝභන.
අ·සෞභාග්‍ය, *a.* infelicitous, inauspicious, අවාසනාවන්ත.

අ·සෞභාග්‍යතාව, *n.* infelicitousness &c., අවාසනාවන්තකම.
අස්, *n.* seal signet, ගස්මුද්ද; corn, grain, සස්, ධාන්‍ය.
අස්, *a.* E. of අශ්ව: horse, equine.
අස්ඇණිය, අසැණිය, *n.* (ඇණිය army), cavalry, අශ්වසේනාව.
අස්ඇන්ද, *n.* trave, horse-frame.
අස්·එබේරා, *n.* horsekeeper, groom, කුදිරකාරයා.
අස්·එළෙම්බ, *n.* mare.
අස්·ඔබනවා, *v.* to press a seal upon, to seal.
අස්·ඔබ්බවීම, *v. n.* sealing, මුද්‍රාකිරීම; prohibiting, prohibition, තහනම්කිරීම, තහනම.
අස්කඩ, *n.* breach or opening in a dam.
අස්·කම්බිලිය, අස්·පලස, *n.* horse-rug.
අස්කරනවා, *v. t.* to range, arrange, stow; put in order, tidy.
අස්·කූඩය, අස්·පැස, *n.* pannier.
අස්·කූඩුව, *n.* horse-cage, horse-box.
අස්·කෙඳි, *n. pl.* horsehair; fibres from the bark of a creeper.
අ·ස්ඛලිත, *a.* unshaken, firm, unmoved, අචලිත, නොසෙලවුණ or නොපැකිළුණ.
අස්·ගහනවා, අස්·ගහනවා, *v. t.* to smoothen, make level or even.
අස්·ගැල, *n.* horse-carriage, cab, අශ්වකරත්තය.
අස්·ගොව්වා, *n.* See අස්එබේරා.
අස්ත, *a.* cast, thrown, දමනලද; set, descended, බැස්ස; left, ඉතුරු.
අස්ත·කඩදාසිය, *n.* license, warrant, credential.
අස්ත·ගිරි, අස්ත·පර්වතය, අස්තය, *n.* (අස්ත setting, west), western mountain: see අපර පර්වතය.
අස්තං·ගත, *a.* (අස්තං westward, ගත gone), that has set (of the sun &c.), බට, බැස්ස.
අස්තං·ගතවෙනවා, *v. i.* to set, descend (as the sun &c.), බසිනවා. [පෙනීයාම.
අස්තං·ගම, *n.* setting, බැසීම, vanishing, නො
අස්තය, *n.* setting of the sun &c., ඉරබැස්ම; end of life, මරණය; seventh sign of the zodiac.
අස්තය, අස්තේ, *n.* The same as අස්තකඩදාසිය.
අස්තාචලය, *n.* (·අචලය mountain), western mountain: see අපරපර්වතය.
අස්තිකාරයා, *n.* (අස්ති substance), wealthy person, වස්තුකාරයා.
අස්තිත්වය, *n.* existence, entity, being, පැවැත්ම.
අස්තිත්ව·විභාගය, ontology. E. S.
අස්ත්‍රය, *n.* weapon, ආයුධය.
අස්ත්‍රාගාරය, *n.* (·ආගාරය), arsenal, ආයුධාගාරය.
අස්ත්‍රේලියාව, *n.* Australia.
අ·ස්ත්‍රෛණ, *a.* unwomanly, ස්ත්‍රීයකට නොමසිත.
අ·ස්ථාන, *a.* out-of-place, unseasonable, inopportune, ස්ථානයට or ප්‍රස්තාවට අසිත or එකඟ නැති.
අ·ස්ථානතාව, *n.* unseasonableness &c., ප්‍රස්තාවට නුසුදුසුකම.

අ·ස්ථානාකාරයෙන්, *ad.* unseasonably, inopportunely, අකලට, ප්‍රස්තාවට නුසුදුසුලෙස.
අ·ස්ථාවර, *a.* unstable, irregular, movable, ස්ථිර නැති, චඤ්චල. [සත්තු ඇටවු.
අස්ථි, *n. pl.* or *a.* bones, ඇට ; bone, osseous,
අස්ථිකරනවා, *v. t.* to ossify, render bone or bonelike. E. S.
අස්ථි·කුහරය, *n.* bone-hollow, fosse, sinus, සත්තු ඇටයක කුහරයක්. [ඇටයක් කැපීම.
අස්ථි·ඡේදය, *n.* osteotomy, ශරීරයේ ඇට or
අ·ස්ථිත, *a.* unsteady, unstable, ස්ථිරනැති, චපල.
අ·ස්ථිතකරනවා, *v. t.* to render unstable, අස්ථිර කරනවා, disestablish, අවලංගු කරනවා..
අස්ථි·පඤ්ජරය, අස්ථි·සංඛලිකය, *n.* skeleton, ඇට සැකිල්ල.
අස්ථි·පටලය, *n.* periosteum, ඇට සිවිය. E. S.
අස්ථි·පරික්ෂයය, අස්ථි·මාංසය, *n.* decay of bone, cariosity, sphacelus (of bone), ඇටයක දිරුම.
අස්ථි·බන්ධනය, *n.* ligament, සන්ධිබන්ධනය, ඇට බැම්ම.
අස්ථි·බන්ධන·විස්තරය, } *n.* syndesmography, syn-
අස්ථි·සේතු·විස්තරය, } desmology, සන්ධිබන්ධන විස්තරය.
අස්ථි·භක්ෂක, *a.* bone-eating, ossiverous, සත්ව ඇටකාවු කන්නාවූ.
අස්ථි·භූතය, *n.* ossification, අස්ථිවීම, ඇටආකාරවීම.
අස්ථිමත්, *a.* having bones, bony, ඇට ඇත්තාවූ.
අස්ථිය, *n.* bone, (සත්ව) ඇටය.
අ·ස්ථිර, *a* not firm, unstable, inconstant, mutable, ස්ථිරනැති, චංචල, චපල.
අ·ස්ථිර·චේතසක, *a.* fickle-minded, irresolute, චපලසිත් ඇති.
අ·ස්ථිරතාව, අස්ථිරත්වය, *n.* fickleness, inconstancy, instability, mutability, චපලකම, ස්ථිරනැතිකම.
අස්ථි·විද්‍යාව, අස්ථි·විස්තරය, අස්ථි·ශාස්ත්‍රය, *n.* osteology, ඇටකාවු පිළිබඳ විද්‍යාව &c.
අස්ථි·විද්‍රධිය, *n.* bone-decay, necrosis of bone, සත්තු ඇටයක දිරුම.
අස්ථි·විස්තර, *a.* osteological, සත්තු ඇටකාවු විස්තර යට අයිතිවූ. [gist.
අස්ථි·විස්තරකාරයා, අස්ථි·ශාස්ත්‍රඥයා, *n.* osteolo-
අස්ථිවෙනවා, *v. i.* to become bone or like bone, ossify, ඇට ආකාර හයිවෙනවා. [joints.
අස්ථි·සන්ධි, *n. pl.* or *a.* bone-joints ; pert. to the
අස්ථි·සන්ධි·විච්ඡේදය, *n.* synosteotomy, severing the joints, ඇඟේ සන්ධි වෙන්කිරීම.
අස්ථි·සන්ධි·විස්තරය, *n.* synosteography, synosteology, ඇට සන්ධි විස්තරය. [යෝගය.
අස්ථි·සම්බන්ධතාව, *n.* synarthrosis, ඇටබැඳීම, ඇට
අස්ථි·සාරය, *n.* marrow, ඇට මොල.
අස්ථි·සේතු·විච්ඡේදය, *n.* syndesmotomy, ඇට බැම්ම කැපීම. [ඇට ගැලපීම.
අස්ථි·සේතු·සම්බන්ධය, *n.* syndesmosis, බැම්මලින්
අස්·දම, *n.* horse-chain, අශ්ව දම්වැල.
අස්න, *n.* E. of ආසනය : seat ; *pl.* අසුන්.

අස්න, *n.* news, ආරංචිය, narrative, information, ප්‍රවෘත්තිය ; letter, ලියුම ; message, පණිවිඩය ; *pl.* අසුන්. [troop of horses.
අස්·පන්තිය, *n.* col. for අශ්වපංක්තිය : lot or
අ·ස්පෘශ්‍යීයය, අ·ස්පෘෂ්ටව්‍ය, අ·ස්පෘශ්‍ය, *a.* not to be touched, කවිටුකළ or අතගෑ නොයුතු ; intangible, impalpable. E. S.
අ·ස්පෘශ්‍යීයතාව, &c., *n.* intangibility &c.
අස්පර්ශිත, අස්පෘෂ්ට, *a.* untouched, අත &c. නොතැවරුණු. [පැහැදිලි, අඳුරු.
අ·ස්පෂ්ට, *a.* not clear, indistinct, obscure, නොං
අස්·පැටවා or ·පැටියා, *n.* foal, colt, අශ්වපැටියා.
අ·ස්පෘශ්‍යාකාරයෙන්, *ad.* intangibly, impalpably, (අතට) නොදැනෙනලෙස.
අස්·බෙටි, *n.* horse-dung, ලත්ති.
අස්මත්‍ශබ්දය, අස්මද්වාචකය, අස්මද්වාචය, *n.* (අස්මද් Sans. base of I and We), *gram.* first-person word, viz. the word which expresses the first person, as I, We, and their cases, as my, our &c.
අ·ස්මදීය, *adj. pron.* my, our, මගේ, අපේ.
අ·ස්මරණතාව, අ·ස්මරණය, *n.* forgetfulness ; forgetting ; මතකනැතිවීම. E. S. [මතකනැතිවූ.
අ·ස්මෘතීත, අ·ස්මෘත, *a.* forgotton, immemorial,
අස්මි·මානය, *n.* self-honour, egotism.
අස්·මුද්ද, *n.* seal, signet, මුද්දරය.
අස්·මෝල, *n.* horse-mill, අශ්වමෝල.
අස්‍රය, *n.* corner, angle, කොන. [මීවා.
අස්·රිපු, *n.* enemy of the horse, viz. the buffalo,
අස්ලිය, *n.* E. of අශ්ලේෂාව and අශ්ලේෂය, which see. [නොපෙනෙන.
අ·ස්වච්ඡ, *a.* non-transparent, opaque, විනිවිද
අ·ස්වච්ඡතාව, *n.* opacity, විනිවිද නොයනගතිය.
අ·ස්වච්ඡන්ද, *a.* not self-willed, pliable, docile, tractable, හිතුවක්කාර නොවන, කීකරු.
අස්වද්දනවා *v. t.* to till, cultivate, (ground) ; *pret.* අස්වැද්දුවා ; *v. n.* අස්වැද්දීම.
අස්වද්දවනවා, *v. c.* to cause to be tilled, to get tilled ; *pret.* අස්වැද්දෙවුවා ; *v. n.* අස්වැද්දවීම.
අස්වනවා, අස්සනවා, *v. c.* to cause to hear ; *pret.* ඇසෙවුවා or ඇස්සෙවුවා ; *v. n.* ඇස්සවීම.
අස්වනාත, *a.* uncultivated, untilled, අස්වද්ද නැති.
අස්වනු, *n. pl.* See අස්වැන්න.
අස්වන්, *a.* cultivated, tilled, having produce, ධාන්‍ය ඇති. [වෙනස්කරනවා.
අ·ස්වභාවකරනවා, *v. t.* to denaturalize, ස්වභාව
අ·ස්වරිත, *a* unaccented ; unarticulated. E.S.
අස්·වල්, *n. pl.* horsehair, අශ්වකෙඳි.
අස්·වල්ගය, *n.* horse's tail, අශ්ව වල්ගය.
අස්වසනවා, *v. t.* to comfort, console, සනසනවා ; *pret.* අස්වැසුවා ; *v. n.* අස්වැසීම.
අස්·වසුරු, *n.* horse-dung, අශ්ව බෙටි.
අස්වස්, *n.* comfort, අස්වැසිල්ල, සැනසුම.
අ·ස්වභාව, *n.* malformation, විරූපකම.

අ·ස්වාභාවික, *a.* unnatural, preternatural, weird, ජන්ම ස්වභාවට වෙනස්වූ.

අ·ස්වාමික, *a.* without a master or husband, ස්වාමියෙක් නැති, without an owner, හිමියෙක් නැති. [unselfish. E. S.

අ·ස්වාර්ථපර, *a.* (ස්ව one's own), not self-seeking,

අස්වැද්දවීම, *v. n.* of අස්වද්දවනවා: causing to till the ground. [tilling, tillage.

අස්වැද්දීම, අස්වැද්දුම, *n.* cutivation of ground,

අස්වැන්න, අස්නැන්න, *n.* crop, yield, produce, harvest, increase, පලදාව. [කාර.

අස්වැසිලිකාර, *a.* comforting, consoling, සැනසිලි

අස්වැසිලිකාරයා, *n.* comforter, සැනසිලිකාරයා.

අස්වැසිල්ල, *n.* comfort, consolation, solace, සැනසිල්ල.

අස්වැසීම, *v. n.* of අස්වසනවා and අස්වැසෙනවා. act of comforting or being comforted, සැනසීම.

අස්වැසෙනවා, *v. i.* to be comforted or consoled, සැනසෙනවා; *pret.* අස්වැසුණා.

අස්විද, *n.* E. of අශ්විනී. [වෙදකම,

අස්·වෙදකම, *n.* farriery, hippopathology, අශ්ව

අස්·වෙද, *n.* horse-doctor, veterinary surgeon, අශ්ව වෙද.

අස්වෙනවා, *v. i.* to be arranged or tidied; be set aside, retire or withdraw from.

අ·ස්වෛච්ඡාව, *n.* involuntariness, කැමැත්තක් නැතුව සිඩවීම; absence of self-will, සිතුවක් කාර නැතිකම.

අස්ස, *n.* hole, interstice; under part, or as *adv.* underneath, යට, යටින්.

අස්සක්·මුල්ලක්, *n.* hole or corner, nook and corner. [අතරට, අතරෙහි.

අස්සට, අස්සේ, *ad.* or *post.* between, among,

අස්·හල, අස්·හල, *n.* stable, stall, horse-box, සභා ලය. [නාව.

අස්·සෙනග, අස්·සේනාව, *n.* cavalry, අසරු සේ

අස්සෙන්, *ad.* through an aperture.

අහ, *int.* oh!, don't!

අහක, අහකට, අහකින්, *ad.* aside, apart, away.

අහක·දමනවා, *v. t.* to throw aside, put away; reject. [away; dismiss.

අහක්කරනවා, *v. t.* to cast out, remove, put

අහක්වෙනවා, *v. i.* to go aside or away, to leave or be dismissed. [listen, attend.

අහගන්නවා, *v. t.* (අහ p. pl. of අහනවා), to hear,

අහංකාර, *a.* (අහං Sans. අහම් I), egotistic, arrogant, conceited. [self-conceit.

අහංකාරකම, අහංකාරය, *n.* egotism, arrogance,

අහංකාරයා, *n.* egotistic or self-conceited person.

අහංකාරෝක්තිය, *n.* (අහංකාර උක්තිය), egotistic utterance.

අහත්·පහත්, *a.* humble, lowly, යටත්පහත්.

අහනවා, *v. t.* to hear; to ask, interrogate; *pret.* ඇහුවා; *v n.* ඇසීම.

අහබඩ, *n.* border: see අසබඩ.

අහම්බ, *a.* sudden, accidental, හදිසි.

අහම්බය, *n.* chance, hap, accident, හදිසිය.

අහම්බෙන්, *ad.* suddenly, casually, incidentally, accidentally, හදිසියෙන්.

අහම්බෙන්·සිඩවෙන, *v. adj. pres.* happening suddenly &c., fortuitous, incidental, accidental.

අහය, *n.* day, දවස, day-time. දවාල. [කම.

අහර, *n.* E. of ආහාර: food, කෑම; pride, උඩඟු

අහර·ගිය, *n.* E. of ආහාරගැනීය: taking food, eating, අහරකෑම. [*notus stolatus.*

අහරකුක්කා, *n.* a non-venomous snake, *tropodo-*

අහසිතියා, *n.* (අහර් fr. අහඃ day), Lord of day, viz. the sun, ඉර.

අහර්මුඛය, *n.* (අහර් මුඛය), face of day, viz. day-spring, dawn, අලුයම. [conclusion.

අහවර, *a.* concluding, terminal, අවසාන; *n.*

අහවරකරනවා, *v. t.* to conclude, finish, අවසාන කරනවා.

අහවරවෙනවා, *v. i.* to come to a conclusion, conclude, terminate, අවසාන or නිස්ධ වෙනවා.

අහවලා, *n. mas.* such a one (specified); *pl.* අහවල්ලු. [අහවල්.

අහවල්, අහවල් අහවල්, *a.* such and such: see

අහවාටිය, *n.* edge, border, අද්දර.

අහස, *n.* the sky. [sky.

අහස්·කුසය, අහස්·කුස, *n.* the sky-dome, the

අහස්·ගඟ, *n.* celestial river, supposed to issue from the foot of mount කෛලාස; the milky-way. [ගෙරවීම.

අහස්·ගජනාව, *n.* sky-roar, viz. thunder, අහස

අහස්·කැබ, *n.* See අහස්කුසය.

අහස්·තලය, *n.* face of the sky, the sky.

අහස්·තල·විස්තරය, *n.* ouranography, uranography. E. S.

අහස්·දිය, *n.* or *a.* sky-water, වැසිදිය, rain, වැස්ස; dependent on rain (as fields).

අහස්·නිය, *n.* (නිය river): see අහස්ගඟ.

අහස්·පත, *n.* sky-wing or leaf, viz. paper-kite, සරුංගලය.

අහස්·පියෙස, *n.* sky-region, the sky, අහස.

අහස්·මග, *n.* sky-path, aerial path.

අහස්·මුදුන, *n.* zenith.

අහස්·මුදුන්·දුර, *n.* zenith distance. E. S.

අහස්·වියන, අහස්·සඟ, *n.* (සඟ covering), canopy, awning, ආකාශ වියන, උඩුවියන.

අහස්·සැරි, *n.* one who moves in the sky, sky-traverser or sky-dancer.

අහහ, *int.* expressing surprise: ah, aha.

අහඃ·පතියා, *n.* See අහසිතියා.

අහල, *a.* or *n.* neighbouring; neighbourhood, vicinity: see අසල.

අහල·පහල, *a.* and *ad.* round about, circumjacent, neighbouring.

අහල·පහල, *n.* neighbourhood, vicinity.

අ·හාර්‍ය, *a.* that cannot be taken away or stolen, පැහැරගත නොහැකිවූ.
අ·හිංසක, *a.* harmless, innocuous, inoffensive.
අ·හිංසකකම, *n.* harmlessness &c.
අහඞ්කාර, අහඞ්ග, *n.* pride, උඩඟුකම.
අහි·ගුණ්ඨිකයා, අහි·තුණ්ඩිකයා, *n.* snake-charmer, snake-catcher, සර්පයන්නටවන්නා or අල්ලන්නා.
අ·හිත, *a.* unfriendly, disaffected, hostile, මිත්‍ර නැති, විපක්‍ෂ, සතුරු.
අ·හිතතාව, අ·හිත·භාවය, *n.* disaffection, hostility, විපක්‍ෂකම &c.
අ·හිතයා, *n.* one disaffected &c., adversary, enemy, විපක්‍ෂයා, සතුරා.
අහිතු, *n.* dung, අසූචි.
අහිනවා, *v. t.* See හහිනවා or සහිනවා.
අහි·ඵේන, *n.* snake-saliva or venom, සර්පඵෙන, සර්පවිෂ; opium, අබින්. [අයිතිනැති.
අ·හිමි, *a.* unowned, not belonging to, හිමිනැති,
අ·හිමිකරනවා, *v. t.* to alienate, confiscate.
අ·හිමිවෙනවා, *v. i.* to become alienated &c., become forfeited.
අහියා, *n.* serpent, සර්පයා; enemy, සතුරා.
අහි·රාවය, *n.* serpent's noise, සර්පහඬ.
අහිරාවා, *n.* a kind of small fish (found in fields).
අ·හිරි, අ·හිරික, *a.* shameless, impudent, ලජ්ජා නැති.
අ·හිරිකකම, *n.* shamelessness &c., ලජ්ජානැතිකම.
අහි·වාතක, *a. lit.* snake's breath-: poisonous, pestilential, විසකුරු, වසංගත.
අහි·වාතක·රෝගය, *n.* snake's breath disease, viz. pestilence, වසංගතය.
අහි·විස, *n.* snake-venom, සර්පවිෂ.
අහි·විසයා, *n.* venomous snake, විෂ සර්පයා.
අහි·සැවය, *n.* slough of a serpent, සර්ප හැවය.
අහී·පාතය, *n.* poverty, need, want, දිළිඳුකම, හිඟකම.
අහු, *n.* ap. of Vishnu, විෂ්ණු.
අහුකරනවා, *v. t.* See අසුකරනවා.
අහුපැවත, *a.* and *n.* See අසුපැවත.
අහුරනවා, *v. t.* to set up, compose (as type), arrange, pile; to block up, stop up, close (a gap &c.); *pret.* ඇහුරුවා; *v. n.* ඇහිරීම.
අහුරුගහනවා, *v.* See අසුරුගහනවා. [කින්.
අහුරු·සැණෙන්, *ad.* in a moment: see අසුරුසැණෙ
අහුවෙනවා, *v. i.* See අසුවෙනවා.
අ·හේතු, අ·හේතුක, *a.* causeless, vain, නිෂ්කාරණ; unfortunate, inauspicious, හේතුනැති, අවාසනාවන්ත.
අ·හේතුකතාව, අ·හේතුතාව, *n.* causelessness &c., unhappiness, නිෂ්කාරණකම, අවාසනාවන්තකම.
අ·හේතුක·ප්‍රතිසන්ධිය, *n.* unhappy re-incarnation or transmigration, අවාසනාවන්ත සංසාරය.
අ·හේතුකයා, *n.* one of evil re-incarnation, unfortunate or miserable person, කාලකණ්ණියා.
අහේතුලෙස, අහේතුවෙන්, *ad.* causelessly &c., නිෂ්කාරණයේ, by ill-luck.
අහේතුව, *n.* ill-luck, misfortune, mischance, mishap, අවාසනාව.
අහේසි, *a.*, fatigued, tired, වෙහෙසවූ.
අහේසිය, *n.* fatigue, weariness, වෙහෙසය.
අහේ·පිළිසඳ, *n.* See අහේතුප්‍රතිසන්ධිය. [තුව.
අහේම, *n.* distress, fatigue, faintness, සොම්බිත්
අහෛතුක, *a.* See අහේතුක.
අහෝ, *int.* Oh! Alas!
අහෝ·රාත්‍රිය, *n.* (අහෝ fr. අහඃ day), day and night, දිවාරෑ. [නැති.
අහෝසික, *a.* resultless, retributionless, විපාක
අහෝසික·කර්මය, *n.* B., an act which does not involve reward or punishment.
අළග, *n.* attachment, ආලය; also for අලස.
අ·ළාමක, *a.* not childish, ළාමක නොවන; not insignificant, සුළුපටු නොවන.
අළු, *a* swift, quick, ඉක්මන්.
අළුව, *n.* post to which elephants are tied.
අළුවා, *n.* sweetmeat or lozenge of diamond shape. [rhombus.
අළුවා·හැඩය, *n.* diamond shape, rhomb shape,
අඃ, *int.* Ah! Alas!

ආ.

ආ, *n.* The second vowel of the alphabet, sounded like *a* in 'calm' or 'charm'; its non-initial form is (ා) following the consonant it vocalizes, as කා Kā.
ආ, *v. adj. pret.* for ආවාවූ, that came.
ආ, *n.* for ආයුෂ, age. [emphasis.
ආ, *prefix*, signifying to, unto, up to, even to,
ආකඩ්ඪනය, *n.* P. for ආකර්ෂණය.
ආකරය, *n.* mine, pit.
ආකර·ලුණු, *n.* rock-salt.
ආකර්ණිත, *a.* heard, අසනලද.
ආ·කර්ෂක, ආ·කර්ෂණ, *a.* drawing, attracting, gravitative; අදින.
ආ·කර්ෂණ·බලය, *n.* the power which attracts; gravitation; ඇදීමේ බලය.
ආ·කර්ෂණය, ආ·කර්ෂය, *n.* attraction, gravitation, ඇදීම, ඇදගැනීම.
ආකර්ෂණයකරනවා, *v. t.* to attract, draw, අදිනවා, ඇදගන්නවා.
ආ·කර්ෂණය·වීම, *v. n.* being drawn, gravitating; appetency; ඇදීම fr. ඇදෙනවා; ඇදිවීම.
ආ·කර්ෂණයවෙනවා, *v. i.* to be drawn, attracted; gravitate; ඇදෙනවා.
ආ·කර්ෂිත, *a.* drawn, attracted, ඇදුණු.
ආ·කල්පය, *n.* ornament, arrayment or guise, වේශය; behaviour, action or attitude, හැසිරීම, ඉරියව්ව.
ආ·කාංක්‍ෂාව, *n.* desire, intention, ආශාව, අදහස; looking, බැලීම.

ආකාර, *aff.* (fr. ආකාරය) like, sort of : affixed to adjectives, nouns &c., as හොඳආකාර, good sort of, කොයි ආකාරද, what sort of.

ආකාර·ගුප්තිය, *n.* concealing the kind or nature, dissimulation, කුහකකම.

ආකාරය, *n.* form, manner, sort, state, condition, nature.

ආකාරයට, ආකාරයෙන්, *ad. affix,* expressing manner : as, according to : හොඳ ආකාරයට, in a good manner, well ; ඔහු කියන ආකාරයට, as he says. [plan.

ආකාර සටහන, *n.* delineation, of the form,

ආ·කාලික, *a.* unseasonable, අකාල ; timeless, momentary, ක්ෂණික. [ning, විදුලිය.

ආ·කාලිකය, *n.* what is momentary, viz. light-

ආකාශ, ආකාශිය, ආකාස, *a.* sky, aerial.

ආකාශ·කවුළුව, *n.* sky-light, වහලේ කවුළුව.

ආකාශ·ගංගාව, *n.* See අහස් ගඟ. [the sky.

ආකාශ·ගත, *a.* that has attained or reached

ආකාශ·චර, *a.* moving in the sky or air (as birds &c.), ආකාශයෙහි යන.

ආකාශ·ජ, *a.* produced in or arising from the sky or air, ආකාශයෙන් අටගන්න or අටගත්.

ආකාශ·දර්ශන·චිත්‍රණය, *n.* phantasmatography, දේදුන්න ආදිය ගැන විස්තරය.

ආකාශ·ධාතුව, *n.* the sky as an element or permanence, අහස, element of air, වාතය ; space, ආකාශය.

ආකාශ·භූතයා, *n.* sylph, fairy. [අහස්තලය.

ආකාශ·මණ්ඩලය, *n.* sky-region, sky-firmanent,

ආකාශ·මධ්‍යය, *n.* mid-air, mid-heaven. [පවන.

ආකාශය, ආකාසය, *n.* sky, අහස, atmosphere,

ආකාශ·යාත්‍රා·කාරයා, *n.* aeronaut. E. S.

ආකාශ·වර්ණ, *a.* sky-coloured, cerulean, අහසේ පාට ඇති, නිල්.

ආකාශ·විද්‍යාකාරයා, *n.* meteorologist.

ආකාශ·විද්‍යාව, *n.* meteorology. E. S.

ආකාශ·වියන, *n.* canopy, open-air canopy.

ආකාශ·විෂුවය, *n.* the equinoctial, අහසේ මැද වක්‍රය or රේඛාව.

ආකාශ·වෙඩිල්ල, ආකාස·වෙඩිල්ල, *n.* sky-rocket.

ආකාශ·ස්ථ, *a.* situated in the sky, sky-, අහස්.

ආකාශෝර්ධ්ව, *a.* (ආකාශ ඌර්ධ්ව), above the sky, supercelestial, අහසට උඩින් ඇත්තාවූ.

ආකාසානඤ්චායතනය, *n.* (·ආයතන) the first Brahma world, where the inhabitants live twenty thousand kalpas in an incorporeal state.

ආකාසෝ·කසිණ, *n.* P., ascetic observance or attainment so called, viz. fixing the mind exclusively upon the element of air. See පරිකසිණ.

ආකිඤ්චඤ්ඤායතනය, *n.* the third Brahma world, where the inhabitants live sixty thousand kalpas in an incorporeal state.

ආ·කීර්ණ, *a.* (ආ up, emp., කීර්ණ full), full, crowded, dense ; *bot.* grumous, පූර්ණ, ගහනැර.

ආ·කීර්ණලෙස, *ad.* densely, thickly, ගහනැරේ.

ආ·කීර්ණවෙනවා, *v. i.* to become packed &c., ගහනැරවෙනවා.

ආ·කුංචනය, *n.* (ආ to, emp., කුංචන bending), twisting, twist, වෙළුම, torsion, contortion, ඇකුළුම ; contraction, හොටවීම, ඇකිළීම.

ආ·කුංචිත, *a.* twisted, bent &c. ; contracted ; වෙළුණු, නැමුණු, ඇකුළුණු.

ආ·කුංචිත·නාල·ප්‍රාණියා, *n.* serpula, පණුජාතියක්.

ආ·කුල, *a.* confused, bewildered, perplexed ; chaotic ; incoherent ; විශවුල්. [විල්ල.

ආ·කුල, *n.* confusion &c., විශවුල ; puzzle, තේර

ආ·කුලකරනවා, *v. t.* to put into confusion, confuse, confound, perplex, puzzle, විශවුල්කර නවා. [plication, විශවුල්කම.

ආ·කුලත්වය, *n.* confusion, perplexity &c., com-

ආ·කුලාකුල, *a.* (·ආකුල), very confused.

ආ·කුලිත, *a.* confused &c., involved, අවුල්වූ ; involved or embraced in, as නිද්‍රාකුලිත, wrapt in sleep. [fused &c., අවුල්කරහලද.

ආ·කුලී·කෘත, *a.* (කෘත made), rendered con-

ආකුවා, *n.* mouse or rat, මීයා.

ආ·කෘති, *adj. aff.* (see ආකෘතිය), like, similar-shaped, as හස්තාකෘති, hand-shaped.

ආ·කෘති·ජ, *a.* arising from the form, structural. E. S. [සදපු අන්දම.

ආ·කෘතිය, *n.* form, figure, structure, හැඩය,

ආ·කෘති·විපර්‍යාසය, *n. bot.* transmutation, ආකාරය වෙනස්වීම.

ආ·කෘත්‍යාදේශය, *n.* (ආකෘති ආදේශය), change of form, transmutation, අන්‍යාකාරවීම.

ආ·කෘෂ්ට, *a.* attracted, drawn, ඇදිහලද, ඇදුණු.

ආ·කෘෂ්ටිය, *n.* attraction &c., ඇදීම.

ආකෝටනය, *n.* giving strokes or beating, chopping, කෙටීම ; washing clothes, ඇපිල්ලීම.

ආකෝටිත, *a.* beaten &c., කොටහලද ; අපුල්ලන ලද.

ආ·ක්‍රම, ආ·ක්‍රමණ, *a.* (ආ emp., ක්‍රම් to go), going beyond, surpassing, ඉක්මවන ; attacking, offensive, විරුද්ධයට පැමිණෙන.

ආ·ක්‍රමණය, ආ·ක්‍රමය, *n.* the act of going beyond &c., ඉක්මවීම, ඉක්මීම ; attack, විරුද්ධයට පැමිණීම.

ආ·ක්‍රමණයකරනවා, *v.* t. to go beyond, ඉක්මව නවා ; aggress, invade, attack, assail, විරුද්ධයට—සටනට—පැමිණෙනවා.

ආ·ක්‍රමණරක්ෂක·ගිවිසුම, *n.* (ආක්‍රමණ ආර:), offensive and defensive league.

ආ·ක්‍රාන්ත, *a.* (ආ emp., ක්‍රාන්ත overcome), overcome, subdued, conquered, පරජයවූ.

ආ·ක්‍රාන්තවෙනවා, *v. i.* to be overcome &c., පරජයවෙනවා. [විරුද්ධයට වදින.

ආ·ක්‍රාමක, *a.* incursive, aggressive, invading.

ආ·ක්‍රාමකයා, *n.* aggressor, assailant, invader, විරුද්ධයට වදින්නා. [නිග්‍රහ, අපහාස.

ආ·ක්‍රෝශක, *a.* abusive, opprobrious, scurrilous,

ආ·ක්‍රෝශ·කථනය, ආ·ක්‍රෝශ·වාක්‍යය, *n.* abusive speech, invective, philippic, නිග්‍රහ බස.

ආ·ක්‍රෝශකරනවා, *v.* to abuse, censure, curse, නිග්‍රහකරනවා.

ආ·ක්‍රෝශතාව, *n.* abusiveness &c., අපහාසකම.

ආක්‍රෝශය, *n.* censure, abuse, curse, අවලාදය, බැණුම, ගහීව, [රෝගයක්.

ආක්ෂේපකය, *n.* windy disease, convulsion, වාත

ආ·ක්ෂේපකයා, *n.* thrower, ගසලන්නා; detractor, reviler, නින්දාකරන්නා.

ආ·ක්ෂේපය, *n.* throwing, හෙලීම; abuse, අපවාදය; attraction, ඇදීම.

ආඛණ්ඩල, *n.* ap. of Indra, ඉන්ද්‍රයා. [හොරා.

ආඛුවා, *n.* mouse or rat, මීයා; pig, ඌරා; thief,

ආ·ඛ්‍යාත, *a.* said, spoken, කියනලද; *gram.* pert. to verbs, conjugational.

ආ·ඛ්‍යාතය, *n.* expression, utterance, කියමන; *gram.* conjugation or verb, ක්‍රියාපදය.

ආ·ඛ්‍යානය, *n.* tale, කථාව, saying, adage, කියමන. [ප්‍රබන්ධය.

ආ·ඛ්‍යායිකාව, *n.* tale, story, කථාව, legend,

ආ·ඛ්‍යාව, *n.* appellation, title, නාමය, සංඥාව.

ආ·ගත, *a.* come, arrived at, attained, ආ or පැමුණුණ.

ආ·ගන්තුක, *a.* arriving, එන, unusual, guest-, අමුතු, strange, අපූරු.

ආ·ගන්තුක·කාමරය, ආ·ගන්තුකාගාරය, *n.* (·ආගාරය), guest-chamber.

ආ·ගන්තුක·ජ්වරය, *n.* casual fever, අහම්බෙන් සිදුවෙන උණ. [visitor.

ආ·ගන්තුකයා, ආගන්තුවා, *n.* stranger, guest,

ආ·ගන්තුක·සත්කාරය, *n.* hospitality.

ආ·ගම, *n.* (ආ to, ගම coming), coming, arrival, පැමිණීම; *gram.* augment; *general usage*: religious system, religion.

ආ·ගමනය, *n.* coming, arrival, ඊම, පැමිණීම.

ආ·ගමනයකරනවා, *v.* to come, arrive, එනවා.

ආගමානුකූල, ආගමී, *a.* (·අනුකූල), conformable to religion, religious, භක්තික.

ආගමිකාරයා, *n.* religionist. [කිවූ.

ආගම්‍ය, *a.* accessible, approachable, ලංවිය හැ

ආගම්‍යතාව, *n.* accessibility, ලංවියහැකිකම.

ආගාමී, *a.* future, coming, මතු, එන.

ආගාර·දාහය, *n.* house-burning, arson. E. S.

ආගාරය, *n.* house, room, building, ගෙය, කාමරය. [අයිති, ගෘහයට.

ආගාරික, *a.* household, domestic, ගෙට or පවුලට

ආඝචාරියා, *n.* wicked person, දුෂ්ටයා, thief, හොරා. [ඉල් මස.

ආග්‍රහායණය, *n.* name of a month, Nov-Dec.,

ආග්‍රහායණිය, *n.* day of the full moon in the month ආග්‍රහායණය.

ආග්‍රහායණීය, ආග්‍රහායණී·රශිය, *n.* the const. Orion, මුවසිරස. [ලීම.

ආ·ඝර්ෂණය, ආ·ඝර්ෂය, *n.* rubbing, friction, ඇතිල්

ආ·ඝර්ෂ·මාපක·යන්ත්‍රය, *n.* tribometer. E. S.

ආ·ඝාතනය, ආ·ඝාතය, *n.* striking, killing, slaughter, පහරදීම, මරදැමීම.

ආ·ඝාත·ස්ථානය, *n.* place of killing, slaughter-house, සත්වාදීන් මරනතැන. [ගඳ or සුවඳ දැනීම.

ආ·ඝ්‍රාණය, *n.* act or sense of smelling, ඉඹීම,

ආ·ඝ්‍රාණයකරනවා, *v. t.* to smell, ඉඹිනවා; perceive scent, ගඳ &c., දැනෙනවා. [smell.

ආ·ඝ්‍රාණයවෙනවා, *v. i.* to perceive scent, to

ආචමනය, *n.* washing, rinsing (the mouth &c.), සේදීම.

ආ·චරණය, *n.* behaviour, conduct, හැසිරීම.

ආ·චරිත, *a.* practised, පුරුදු, used, ව්‍යවහාර කරනලද.

ආචාරියා, *n.* teacher: see ආචාර්යයා.

ආචාර, *a.* salutatory, polite. [greet.

ආචාරකරනවා, *v.* to make obeisance to, salute,

ආචාර·ගුණය, *n.* affability &c.; ආචාරවන්තකම.

ආචාර·ධර්මය, *n.* law of courtesy, rule of civility, respectability.

ආචාර·පත්‍රය, *n.* visiting card, නාමපත්‍රය.

ආචාරය, *n.* salutation; custom, සිරිත, conduct, practice, හැසිරීම. [teous, polite.

ආචාරවන්ත, ආචාර·සම්පන්න, *a.* affable, cour-

ආචාරවන්තකම &c., *n.* affability &c.

ආචාරවන්තයා, *n.* affable—polite—person.

ආචාර·වෙඩිල්ල, *n.* military salute (by firing).

ආචාර·සමාචාරකරනවා, *v.* (සම with), to salute one another.

ආචාර·සමාචාරය, *n.* mutual salutation. [work.

ආචාරී, *a.* pert. to smithery or blacksmith's

ආචාරී·ගිනි·උදුන, *n.* smith's furnace, forge.

ආචාරී·පට්ටලය, *n.* smithy, forge.

ආචාරියා, *n.* blacksmith, smith.

ආචාරී·වැඩ, *n.* smithing, smithery.

ආචාරිණී, *n. fem.* female teacher, tutoress.

ආචාරීන්වහන්සේ, *n. hon.* teacher, preceptor, tutor. [and so.)

ආචාර්ය, *a.* tutorial; doctor or teacher (so

ආචාර්යත්වය, ආචාර්ය·ධූරය, *n.* tutorship, preceptorship, mastership, ගුරුවරකම.

ආචාර්යයා, *n.* tutor, preceptor, professor, doctor, ගුරුවරයා. [ලද.

ආ·චිත, *a.* heaped, collected together, රැස්කරන

ආචිරය, *n.* garment, habiliment, වස්ත්‍රය.

ආචූෂණ, *a.* suctorial (birds &c.).

ආ·චූෂණය, *n.* sucking, suction, (කටට &c.) ඇදගැනීම: see චූෂාව.

ආච්චි, *n.* grandmother; lady.

ආ·ච්ඡාදනය, ආ·ච්ඡාදය, *n.* (ආ emp., ච euphonic, ඡාද covering), covering, cloth, රෙද්ද, ඇඳුම, වැස්ම.

ආ·ච්ඡාදිත, *a.* covered, වැසුණු. [ගත්.
ආ·ච්ඡින්න, *a.* cut off, wrested, සිඳිනලද, පැහැර
ආ·ච්ඡේදනය, ආ·ච්ඡේදය, *n.* (ඡේද, fr. ඡිද් to cut), cutting, a cut, කැපීම, සිඳීම.
ආජ, ආජ්‍යය, *n.* clarified butter, ghee, ගිතෙල්.
ආජානේයයා, *a.* high-bred (as a horse).
ආජානේය·අශ්වයා, ආජානේය, *n.* high-bred horse, steed, උතුම් අශ්වයා. [අජීවකයා.
ආජීවකයා, *n.* naked religious mendicant: see
ආජීවනය, ආජීවය, *n.* livelihood, ජීවිකාව, රක්ෂාව.
ආජීව·පාරි·ශුද්ධි·ශීලය, *n.* (·පරිශුද්ධි), the practice of making a livelihood honestly and living purely.

ආඥා, *n. pl.* or *a*, of ආඥාව.
ආඥා·උල්ලංඝනය, *n.* transgressing orders, disobedience, අණ කඩකිරීම.
ආඥා·උල්ලංඝික, *a.* disobedient, refractory, අකීකරු, අණ කඩකරන.
ආඥා·කරණය, *n.* obeying orders, obedience, අණ පැවැත්වීම, කීකරුකම.
ආඥා·කරනවා, *v.* to command, order, bid, අණ කරනවා. [පංක්තිය.
ආඥා·චක්‍රය, *n.* system or code of laws, ව්‍යවස්ථා
ආඥාපක, *a.* giving commands, legislative, නීති දායක.
ආඥාපකයා, *n.* legislator, නීතිදායකයා.
ආඥා·පණත, *n.* ordinance.
ආඥාපර, *a.* obedient, කීකරු.
ආඥා·භංගය, *n.* breaking commands, disobedience, අණ කඩකිරීම.
ආඥාව, *n.* command, order, අණ.
ආඥා·ර්ථය, *n. gram.* imperative mood.
ආ·ටෝප, *a.* thick, උකුළු; fat, තරබාරු (or dropsical, ජලෝදර); proud, උඩඟු.
ආ·ටෝපය, *n.* thickness, උකුකම; fat (or dropsy, ජලෝදරය); puffing, swelling, පිපුම; pride, උඩඟුකම. [කිරිහැරය.
ආවිටාල, *n.* trouble, affliction, annoyance, පීඩාව,
ආවිටුව, *n.* stain, ලාවිටුව, පැල්ලම.
ආඩම්බර, *a.* proud, arrogant, boastful.
ආඩම්බරකම, ආඩම්බරය, *n.* pride &c.
ආඩම්බරකාරයා, *n.* proud person, cockscomb.
ආඩය, *n.* room, space, ඉඩ.
ආ·ඪකය, *n.* a grain measure containing nearly a gallon, ලාස්ස.
ආ·ඪ්‍ය, *a.* replete with, පුරන, සම්පන්න; opulent, පොහොසත්.
ආ·ඪ්‍යත්වය, *n.* repleteness, පූර්ණකම: affluence, opulence, පොහොසත්කම. [නවා.
ආඪ්‍යයකරනවා, *v. t.* to enrich, පොහොසත් කර
ආණ්ඩු, *a.* governmental; political.
ආණ්ඩු·කට·යුතු, *n. pl.* or *a.* state affairs, government works, රාජකාර්ය; that should govern or be governed, ආණ්ඩුකළ යුතු.
ආණ්ඩුකරනවා, *v. t.* to govern, rule, control.

ආණ්ඩුකාර, *a.* governing, governmental, political.
ආණ්ඩුකාරකම, *n.* governance, rule, control.
ආණ්ඩුකාර·ධුරය, *n.* governorship, command.
ආණ්ඩුකාරයා, *n.* governor, ruler.
ආණ්ඩු·ක්‍රමය, *n.* constitution of government, policy, polity. [of government.
ආණ්ඩු·පෙරළිය, ආණ්ඩු·විපර්යාසය, *n.* revolution
ආණ්ඩු·ප්‍රතිපාලනය, *n.* government oversight or protection: protectorate, අනුරජකම.
ආණ්ඩු·බලය, *n.* power of government; dominion, rule. [government.
ආණ්ඩුව, *n.* governance, rule, reign; the
ආඩි·යන්ත්‍රය, *n.* sweeper or pole for drawing water. [mendicant, fakir.
ආඬියා, *n.* Hindu or Mohammedan religious
ආතංකය, ආතංගය, *n.* disease, රෝගය; afflic-
ආතත, *n.* See පසඟතුරු. [tion, පීඩාව.
ආතපය, *n.* sunshine, අව්ව.
ආතප·ත්‍රය, ආතප·වාරණය, *n.* (·ත්‍රය protection), parasol, umbrella, කුඩය, අව් අත්ත.
ආ·තර්පණ, *a.* (ආ emp.), satisfying, assuaging, සංසිඳුවන. [සිඳුවීම.
ආ·තර්පණය, *n.* satisfying &c., satisfaction, සං
ආතා, *n.* grandfather; *pl.* ආතාලා. (Also grandmother in South Ceylon).
ආතා·ගෙඩිය, *n.* custard-apple.
ආතිථෙය, ආතිථ්‍ය, *a.* pert. to guests, guest-, hospitable, අගන්තුක සත්කාර.
ආතුර, *a.* invalid, diseased, රෝගාතුර.
ආතුරකම, *n.* infirmity, illness, රෝගාතුරකම.
ආතුර·පක්ෂය, *n.* bridal party.
ආතුරයා, *n.* invalid, patient, රෝගාතුරයා, ලෙඩා.
ආතෝද්‍යය, *n.* musical instrument, තූර්යභාණ්ඩය.
ආත්තා, *n.* grandmother; *pl.* ආත්තාලා. (Also grandfather.)
ආත්තා·ගෙඩිය, *n. bot.* bullock's-heart.
ආත්තු·නැති, *a.* destitute, poverty-stricken, අසරණ, අනාථ.
ආත්තු·නැතිකම, *n.* destitution, poverty.
ආත්ම, *n. pl.* or *a.* spirits &c.; pert. to the spirit, spiritual, psychical; self.
ආත්ම·ග්‍රාහී, *a.* (ග්‍රාහී grasping, taking), selfish, self-aggrandizing. E, S,
ආත්ම·ඝාතක, *a.* self-destructive, suicidal, තමාම මරාගන්න. [මරාගන්නා.
ආත්ම·ඝාතකයා, *n.* self-destroyer, suicide, තමාම
ආත්ම·ඝාතනය, ආත්ම·ඝාතය, *n.* suicide, තමාම මරාගැනීම.
ආත්ම·ඝාතනයකරනවා, *v.* to commit suicide.
ආත්ම·ඝෝෂයා, *n. lit.* self-sounder, viz. animal with an onomatopoetic name, as කොහා cuckoo, කාක්කා, crow, කුකුළා, cock.
ආත්ම·ජයා, *n. lit.* one's own progeny, viz. son, පුත්‍රයා.

ආත්ම·ජා, *n. fem.* of the above : daughter, දුව.
ආත්ම·ඥ, ආත්ම·බුද්ධික, *a.* self-conscious, තමා ගැන දන්නාවූ. [දැනීම.
ආත්ම·ඥතාව, *n.* self-conciousness, තමාම ගැන
ආත්ම·ඥානය, *n.* self-knowledge, ආත්මබුද්ධිය, තමා ගැන ඇති දැනුම. [self.
ආත්ම·තත්වය, *n.* the true nature of the soul or
ආත්ම·තත්ව·විද්‍යාව, or ...·ශාස්ත්‍රය, *n.* psychology.
ආත්මතාව, ආත්මත්වය, *n.* spirit-state, spirituality, incorporeality, ආත්මභාවය, අශාරීරිකකම.
ආත්ම·දර්ශනය, *n.* view of self, introspection.
ආත්ම·දර්ශය, *n.* mirror, කැඩපත. [E. S.
ආත්ම·දෘෂ්ටිය, *n.* spiritualism, viz. belief in the existence of spirit, ආත්ම ඇතිබව විශ්වාසකිරීම.
ආත්ම·දෝෂාරෝපණය, *n.* self-condemnation, තමාපිට දොස්තබාගැනීම.
ආත්ම·දෝෂාරෝපිත, *a.* (දෝෂ·ආරෝපිත), self-condemned, තමාපිට දොස්තබන or තබාපු.
ආත්ම·ද්වේෂය, *n.* self-abhorrence, තමාටම වෛර කිරීම.
ආත්ම·ධර්ම·ශාස්ත්‍ර·ඥයා, ආත්ම·ශාස්ත්‍ර·ඥයා, *n.* psychologist, ආත්මය ගැන දැනගැනීම් ඇත්තා.
ආත්ම·ධර්මිෂ්ඨ·මතික, *a.* self-righteous. E. S.
ආත්ම·නියෝජක, *a.* self-elective. E. S.
ආත්ම·නිගතමානය, *n.* self-abasement, යටත්පහත් වීම. E. S.
ආත්මනෝ·පදය, *n. gram.* middle voice.
ආත්ම·පරිත්‍යාගය, *n.* self-surrender, self-devotion, කැමැත්තෙන්ම කැපවීම.
ආත්ම·පරිත්‍රාණය, *n.* soul-salvation, ප්‍රාණගැලවීම.
ආත්ම·පරිශුද්ධතාව, *n.* holiness of spirit, sanctification, සිත් පිරිසිදුකම.
ආත්ම·පරීක්ෂණය, *n.* testing one's self, self-examination, තමා විභාගකරබැලීම.
ආත්ම·පුනරුත්පත්තිය, *n.* (පුනර් උත්ප:), transmigration, metempsychosis, සංසාරය.
ආත්ම·ප්‍රභාවත්, *a.* self-luminous, තමාගේම එළි යෙන් බැබළෙන. [necromancer.
ආත්ම·බන්ධනකාරයා, *n.* controller of spirits,
ආත්ම·බන්ධන·දෘෂ්ටියා, *n.* believer in necromancy, spiritualist.
ආත්ම·බන්ධනය, ආත්ම·විචාරණය, *n.* necromancy, spiritualism, මළවුන්ගෙන් විචාරීම.
ආත්ම·බන්ධු, *n.* one's own kinsman, blood-relation, ලේ නෑයා.
ආත්ම·භාවය, *n.* existence of the soul ; nature of self ; nature of spirit ; spiritual condition or existence.
ආත්ම·භූ, ආත්ම·භූත, *a.* self-produced, self-existent, ep. of Brahma and of Cupid : see ස්වයම්භූ.
ආත්ම·මානිතාව, *n.* self-conceit, haughtiness, අහංකාරකම, උඩඟුකම.
ආත්මය, *n.* spirit, soul ; self.
ආත්ම·රක්ෂාව, *n.* self-preservation, තමාව ආරක්ෂා කරගැනීම ; one's own living, ස්වකීය රක්ෂාව.

ආත්ම·වංචනය, *n.* self-deception, self-deceit, තමා ගැනම රැවටීම.
ආත්ම·වර්ණනාව, *n.* self-praise, self-commendation, තමාටම ප්‍රශංසාකරගැනීම.
ආත්ම·වශය, ආත්ම·විනිග්‍රහය, *n.* self-control, self-restraint : see සංයමය.
ආත්ම·විචාර·දෘෂ්ටියා, *n.* believer in necromancy, spiritualist, මළවුන්ගෙන් විචාරන්නා.
ආත්ම·විද්‍යාව, *n.* self-knowledge : see ආත්මඥානය.
ආත්ම·විභාගය, *n.* self-examination : see ආත්ම පරීක්ෂණය. [pneumatology.
ආත්ම·විස්තරය, ආත්ම·ශාස්ත්‍රය, *n.* psychology,
ආත්ම·ශික්ෂිත, *a.* self-educated, self-trained. E.S.
ආත්ම·සංයතාත්ම, *a.* self-restraining, self-denying. E. S. [tion : see සංයමය.
ආත්ම·සංයමය, *n.* self-restraint, self-subjuga-
ආත්ම·සංරක්ෂණය, *n.* self-defence, self-preservation, තමා ආරක්ෂාකරගැනීම.
ආත්ම·සම්භාවනය, ආත්ම·සාදරය, *n.* self-esteem, self-respect, තමාට ගරුකරගැනීම. E. S.
ආත්ම·සම්භාවිත, *a.* self-opinionated, self-satisfied, overweening, අහංකාර. E. S.
ආත්ම·සම්භාවිතතාව, *n.* conceitedness, overweening pride, අහංකාරකම. [සතුටුවීම.
ආත්ම·සම්මතිය, *n.* self-approbation, තමා ගැන
ආත්ම·හේතු, *a.* self-existent : see ස්වයම්භූ.
ආත්මාකාර, ආත්ම·ධර්මාකාර, *a.* (·ආකාර), psychologic, ආත්ම විස්තර.
ආත්මානු·දෘෂ්ටිය, *n.* (ආත්ම self, අනු according to, දෘෂ්ටිය sight), personal experience, අත්දැකීම.
ආත්මාභිභවන, *a.* self-subduing, self-denying : see අභිභවන and E. S. [E. S.
ආත්මාභිභවනය, *n.* self-subjugation, self-denial.
ආත්මාරූඪ, *a.* (·ආරූඪ ascended), self-assumed, තමන්ම ආරූඪකරගත්. [E. S.
ආත්මාර්ථ, *a.* (·අර්ථ), interested (motives &c.), selfish. [ස්වකීය ප්‍රයෝජනය.
ආත්මාර්ථය, *n.* self-interest, one's own benefit,
ආත්මාර්ථ·සිද්ධි, *a.* serving one's own interest, beneficial to one's self, ස්වකීය ප්‍රයෝජන සිද්ධකරන.
ආත්මාවබෝධිත, *a.* self-educated, self-instructed : see ආත්මශික්ෂිත.
ආත්මාවලම්බන, ආත්මාශ්‍රය, ආත්ම·සංරූඪ, *a.* self-confident, self-reliant, self-sufficient. E.S.
ආත්මාවලම්බනය, ආත්මාශ්‍රයය, ආත්ම·සංරූඪතාව, *n.* self-confidence &c. E. S.

ආත්මික, *a.* spiritual.
ආත්මිකකම, ආත්මිකතාව, *n.* spirituality.
ආත්මිකාභිවෘද්ධිය, *n.* (·අභි:), spiritual improvement, edification, ආත්මික දියුණුව.
ආත්මීය, *a.* one's own, ස්වකීය, තමාගේම.
ආත්මෝත්කර්ෂණය, *n.* (ආත්ම උත්කර්ෂණය), self-exaltation, තමා උසස්කොට පෙන්වීම.
ආත්මෝප·ක්‍රමය, *n.* (ආත්ම උප:), one's own plan or means, තමාගේම උපක්‍රමය.

ආත්‍යන්තික, *a.* excessive, අධික, බහුල.
ආත්‍යයික, *a.* disastrous, dangerous, threatening, අනතුරු සහිත, urgent, ඉක්මන්. E. S.
ආත්‍රේය, *n.* son of the sage Atri ; fluid element of the body, රසධාතුව. [cherish.
ආදර or ආදරේ කරනවා, *v*, to fondle, caress,
ආදරගෞරවකරනවා, *v.* to regard or treat with affection or respect, reverence.
ආදරණීය, *a.* amiable, lovable, ප්‍රේමණීය.
ආදරණීයකම, *n.* amiability &c.
ආදරය, *n.* love, affection, regard.
ආදරවන්ත, *a.* loving, affectionate, beloved.
ආදර or ආදරේ වෙනවා, *v. i.* to love, have affection for.
ආදර්ශනය, *n.* showing, disclosure, manifestation, පෙන්වීම, එළිදරව්කිරීම.
ආදර්ශනයකරනවා, *v. t.* to show, disclose, පෙන්වනවා, එළිදරව්කරනවා.
ආදර්ශමත්, *a.* See ආදශමත්.
ආදර්ශය, *n.* mirror, කැඩපත ; commentary, අටුවාව ; model, example, illustration, ආදශය.
ආදානය, *n.* taking, ගැනීම, acceptance, පිළිගැනීම ; symptom, රෝග ලකුණ.
ආදායම, *n.* custom ; revenue ; income.
ආදායම්ගෙ, ආදායම්ශාලාව, *n.* custom-house ; revenue-hall.
ආදාළ, *a.* helpful, ආධාර ; included, අයිංගු, අදාළ.
ආදාසතලය, ආදාසය, *n.* mirror, කැඩපත.
ආදාහනකරනවා, *v. t.* to burn, cremate, දවනවා.
ආදාහනය, *n.* burning, cremation, දැවීම, මිනී දැවීම. [such or so on.
ආදි, *a.* ancient, former ; the above-like, and
ආදි, *ad.* anciently, formerly ; පුම්වෙද්දී, ඉස්සර.
ආදිකාරණය, *n.* first cause, මුල් හේතුව ; pre-indication, පූර්වනිමිත්ත. [කාලය.
ආදිකාලය, *n.* ancient time, antiquity, පුරාණ
ආදිකාලීන, *a.* ancient, primordial, පුරාණ, ප්‍රථම.
ආදිත්‍ය, *a.* divine, දේව ; solar, සූර්‍ය.
ආදිත්‍ය පුෂ්පිකාව, *n.* sunflower. [සූර්‍යයා.
ආදිත්‍යයා, *n.* a deity, දෙවියෙක් ; the sun, ඉර,
ආදිත්‍යවංශය, *n.* See සූර්‍යවංශය.
ආදිත්‍යවර්ණ, *a.* of sun-colour ; refulgent, resplendent like the sun, ඉර මෙන් දීප්තිමත්.
ආදිත්වය, *n.* ancientness, පුරාණකම, priority, ප්‍රථම වීම. [the throne, යුවරජ.
ආදිපාද, *n.* chief, අධිපතියා, first prince, heir to
ආදිපාදයාණෝ, *n. hon.* chief, අධිපතියා, mayor.
ආදිපුරුෂයා, *n.* man of ancient time ; ap. of Brahma or Vishnu.
ආදිමධ්‍යාවසානය, *n.* (අවසානය), beginning, middle and end, මුල මැද අග.
ආදිය, *n.* the beginning of time, antiquity, පුරාණකාලය ; etcetera, also.
ආදිෂ්ට, *a.* commanded, enjoined, අණකරනලද : shown, දක්වනලද.

ආදීනවය, *n.* distress, evil, injury, disaster, දුක, අනතුර, විපත ; fault, දෝෂය. [*fig.* ප්‍රබෝධිත.
ආදීප්ත, *a.* illumined, enlightened, ආලෝකවූ,
ආදශමත්, ආදශවූ, *a.* exemplary ; model.
ආදශය, *n.* example, sample, specimen ; illustration ; pattern, මෝස්තරය ; model, අච්චුව.
ආදේය, *a.* admissible, admittable. E. S.
ආදේශකරනවා, *v. t. gram.* to substitute, exchange, commute, මාරුකරනවා. [හැකි ගුණය.
ආදේශගුණය, *n. chem.* replacement, මාරුකළ
ආදේශකිරීම, *v. n. gram.* permutation, substitution &c.
ආදේශය, *n.* advice, counsel, දැනුම්දීම ; *gram.* substitution, commutation. [මාරුවෙනවා.
ආදේශවෙනවා, *v. i. gram.* to be exchanged for,
ආදේශ්‍ය, *a.* commutable, interchangeable, මාරු කළහැකිවූ. [කළහැකිකම.
ආදේශ්‍යතාව, *n. gram.* commutability, මාරු
ආද්‍යධාතුව, *n.* (ආද්‍ය first), first element, protoplasm. E. S.
ආද්‍යන්ත, ආද්‍යන්තවත්, *a.* (ආදි beginning, අන්ත end), having beginning and end, finite, මුලක් හා අගක් ඇති.
ආද්‍යන්තතාව, *n.* finiteness.
ආද්‍යන්තය, *n.* the beginning and end, first and last, the whole, මුල හා අග, මුළු එක.
ආද්‍යන්තාකාරයෙන්, *ad.* finitely, මුලක් අගක් ඇතුව or ඇති ආකාරයෙන්.
ආද්‍යබීජය, *n.* (ආද්‍ය first, බීජය, seed, cause), original cause, first cause, මුල්හේතුව.
ආධානය, *n.* taking, receiving, ගැනීම ; deposit, pledge, surety, උකස, ඇපය.
ආධාර, *a.* helpful, auxiliary, assistant, උපකාර වූ ; *gram.* locative (case). [කාරකරත.
ආධාරක, *a.* aiding, auxiliary, උදව්වෙන, උප
ආධාරකයා, ආධාරකාරයා, *n.* helper, supporter, උදව්කාරයා.
ආධාරය, *n.* aid, help, support, උපකාරය, උදව්ව.
ආධාරවෙනවා, *v. i.* to aid, be helpful, assist, contribute, උදව්වෙනවා.
ආධාරෝපකාරය, *n.* (ආධාර උපකාරය), aid and assistance. [පුර පංගුව.
ආධික්‍යය, *n.* (fr. අධික), excess, overplus, වැඩි
ආධිපත්‍ය, *a.* pert. to authority, අධිපති.
ආධිපත්‍යදණ්ඩය, *n.* mace of authority, verge, බලදණ්ඩය. [අධිපතියාගේ පළාත.
ආධිපත්‍යප්‍රදේශය, *n.* principality, seigniory,
ආධිපත්‍යය, *n.* authority, power, headship, lordship, අධිපතිකම. [පති බලයෙන්.
ආධිපත්‍යයෙන්, *ad.* by authority, ex officio අධි
ආධූත, *a.* (ආ emp., ධූ to shake), shaken, චලිත, සෙලවෙන.
ආධුනික, *a.* new, අලුත්, fresh, අමුතු ; junior, බාල.
ආධුනිකකාලය, *n.* novitiate, viz. the time of a novice.

ආධුනිකතාව, *n.* newness &c., අලුත්කම &c.
ආධුනික·භාවය, *n.* novitiate, viz. the state of a novice.
ආධුනිකයා, ආධුනික·ශිෂ්‍යයා, *n.* freshman, undergraduate, junior, novice, අලුත් ගෝලයා, tyro.
ආධෙය, *a.* placed; contained, පිහිටි; අඩංගු.
ආධෙයය, *n.* that which is placed &c, පිහිටි දෙය &c. [inflated, වාතපූර්ණ.
ආ·ධ්මාත, *a.* (ආ emp., ධ්මා to blow), flatulent,
ආධ්‍යාත්මික, *a.* (fr. අධ්‍යාත්ම), inner, internal, ඇතුල් (රෝග &c.); mental, සිතියට or සිතට අයිතිවූ.
ආ·ධ්‍යානය, *n.* remembering, සිහිකිරීම, thinking, සිතීම. [වරයා.
ආධ්‍යාපකයා, *n.* guru, teacher, instructor, ගුරු
ආධ්‍යාපනය, *n.* teaching, instructing, ඉගැන්වීම.
ආධ්‍යාපනයකරනවා, *v.* to teach &c., inculcate, උගන්වනවා, ධාරණයකරවනවා. [sign, අදහස.
ආධ්‍යාශය, *n.* (අධි ආශය), intent, purpose, de-
ආනචය, *n.* P. for ආනන්තර්‍යය, which see.
ආනත්තිය, *n.* commanding, අණකිරීම.
ආනනය, *n.* mouth, කට, face, මුහුණ.
ආනනවා, *v.* to yawn, gape; *pret.* ඇනුවා.
ආනන්තර්‍යය, *n.* (fr. අනන්තර), absence of interval, immediate succession, අතරක් නැතිකම.
ආනන්තර්‍ය·කර්ම, *n. pl.* deeds or results without an interval, i. e. the five අකුසල් which are to be punished in the very next life, viz. matricide, patricide, the murder of a Rahat, shedding blood of a Buddha, schism (amongst the priesthood, සංඝභේදය), and the eight කුසල් or අෂ්ටසමාපත්ති which are to be at once rewarded.
ආනන්ත්‍ය, *a.* (fr. අනන්ත), endless, infinite, අනන්ත. [අනන්තකම.
ආනන්ත්‍යය, *n.* (fr. අනන්ත) endlessness, infinity,
ආනන්ද, *n.* name of an eminent disciple who attended Buddha. [beloved, ප්‍රිය.
ආනන්ද, *a.* delightful, joyful, happy, ප්‍රීතිමත්;
ආනන්ද·ජනක, *a.* delightsome, pleasurable, enrapturing, ප්‍රීතිදායක, ප්‍රීතිජනක.
ආනන්දතාව, *n.* joyfulness, rapture, ප්‍රීතිමත්කම.
ආනන්දනය, ආනන්දය, *n.* delectation, joy, ප්‍රීතිය.
ආනන්දනයකරනවා, *v. t.* to delight, enrapture, ප්‍රීතිමත්කරනවා, පිණවනවා. [මත්.
ආනන්දිත, *a.* enraptured, delighted, joyful, ප්‍රීති
ආනන්දිතත්වය, *n.* state of rapture &c., rapturousness &c., ප්‍රීතිමත්කම. [උපක්‍රමය.
ආනමනය, *n.* scheme, plan, contrivance, යෙදුම,
ආනය, *n.* inhaled breath, inhalation, ආශ්වාසය; shelf, රාක්කය; clothes-line.
ආනවාලු, *n.* a kind of plantain.
ආනාදේශනාව, *n.* විනයපිටකය, which see.
ආනා·පානය, *n.* inhalation and exhalation of the breath, ආශ්වාස ප්‍රශ්වාසය.
ආනා·පාන·සතිය, ආනා·පාන·සමාධිය, *n.* remembering or meditating severally upon one's inspiration and expiration.
ආනාය, *n.* net, දැල.
ආනිය, *n.* See ඇනීම, ඇනුම.
ආනිසංසය, *n.* operation, efficacy, effect.
ආනීත, *a.* brought, impelled, පමුණුවනලද.
ආනු·පූර්වය, *n.* order, succession, පිළිවෙළ, පටිපාටිය. [cacy.
ආනු·භාවය, *n.* spiritual power, influence, effi-
ආනුෂංගික, *a.* consequential, implied, inevitable: see අනුෂංගික.
ආනුෂංගිකය, *n.* consequence, implication.
ආනුෂංගිකාකාරයෙන්, *ad.* consequentially, inferentially. [ඇතුළත්.
ආන්තර, *a.* inner, internal, included, අභ්‍යන්තර,
ආන්තරව, ආන්තුාව, *n.* er. for අන්තරාය, injury, &c.
ආන්ත්‍රික, *a.* fr. අන්ත්‍ර: bowel, visceral, බඩවැලට අයිතිවූ. [දෙන.
ආන්දෝල, *a.* swinging, oscillating, පැද්දෙන, වැ
ආන්දෝල·චක්‍රය, *n.* swing-wheel of a clock &c.
ආන්දෝලනය, *n.* swinging, swing, oscillation, පැදීම, වැනීම, සෙලවීම.
ආන්දෝලනයවෙනවා, *v. i.* to swing, oscillate, පැදෙනවා, වැනෙනවා. [පැදෙන.
ආන්දෝලිත, *a.* shaken, set oscillating, චලිත,
ආන්වයික, *a.* high-caste, වංශවත්.
ආන්වාහික, *a.* daily, දවස්පතා.
ආද, E. of ආනන්ද: joyful.
ආඳ, *n.* eel: *pl.* ආන්ද්‍ර.
ආප, *n.* water, වතුර.
ආ·පක්ව, *a.* half-baked, half-cooked; not quite ripe; අඩක් පැසුණ.
ආපගාය, *n.* (ගාය going), stream of water, brook, river, ඔය, ගඟ.
ආ·පණ, ආ·පණික, *a.* (ආ emp., පණ් to trade), mercantile; *med.* officinal; වෙළඳුම්.
ආ·පණය, ආ·පණ·ශාලාව, *n.* shop, mart, bazaar, සාප්පුව, කඩය.
ආ·පණිකයා, *n.* shopkeeper, tradesman, merchant, සාප්පුකාරයා, වෙළෙන්දා.
ආ·පණිකෞෂධය, *n.* (ආපණික ඖෂධය), saleable medicine, officinal, විකුණන බෙහෙත.
ආ·පත්තිය, ආපදාව, *n.* calamity, disaster, misfortune, විපත්තිය.
ආපන්නප්‍රාප්ත, *a.* (Sans. ආපද්, calamity), overtaken by calamity, unfortunate, විපතට පැමිණි.
ආපන්න, *a.* attained, acquired, පැමිණි, ප්‍රාප්ත.
ආපන්න·සත්වා, *n.* pregnant female, ගැබිනි.
ආ·පසු, ආ·පස්සු, *ad.* back, in the reverse direction.
ආපසුපනිනවා, *v. i.* to spring back, rebound.
ආපසුපැනීම, *v. n.* rebounding, rebound.

ආපසුඑනවා, ආපසුහැරීඑනවා, *v. i.* to come back, return. [return.
ආපසුයනවා, ආපසුහැරීයනවා, *v. i.* to go back,
ආපසු·යාම, ආපසු·ඒම, *v. n.* going back &c., return.
ආපසුහරවනවා, *v. t.* to turn back; reflect.
ආපාකය, *n.* pottery-kiln, කුඹල් උදුන.
ආ·පාතය, *n.* falling, sudden fall, හදිසිවැටීම; throwing down, හෙලාදැමීම; instant, මොහොත.
ආපාදක, *a.* feeding, supporting, රක්ෂාකරන.
ආපාදය, *n.* feeding, feed, පෝෂණය. [සුරාහැල.
ආ·පානය, ආ·පාන·ශාලාව, *n.* tavern, තැබෑරුම,
ආපීන, *a.* full, පූර්ණ; fat, තර.
ආපෝ·කසිණය, *n.* (ආපෝ fr. ආපඃ water), supernatural power over the humours of the body, attained by ascetic meditation; ascetic observance or attainment so called, viz. fixing the mind exclusively upon the element of water. See පරිකසින.
ආපෝ·ධාතුව, *n.* element of water, watery humour of the body.
ආප්ත, *a.* apt, fit, appropriate, සුදුසු; acquired, ප්‍රාප්ත; trusty, trusted, විශ්වාස; generally received, authoritative, ඒත්තුගත්තාලද.
ආප්තිය, *n.* aptness &c.; acquisition &c.; ප්‍රාප්තිය, විශ්වාසකම.
ආප්තෝක්තිය, *n.* (ආප්ත obtained, උක්තිය saying), proof, argument or syllogism, තර්කය, නොහැර දක්වන කාරණාව; acknowledged saying, ඒත්තුගත්තාලද කියමන.
ආප්පය, *n.* rice crumpet, āppa.
ආප්‍ය, *a.* watery, aqueous, දිය, දියාරු. [කම.
ආප්‍යතාව, *n.* wateriness, aqueousness, දියාරු
ආප්‍යායිත, *a.* replete, filled, satiated, තෘප්තිමත්; pleased, සතුටු.
ආප්ලවය, *n.* bathing, නෑම.
ආබද්ධ, *a.* bound, tied, united, බැඳි, සම්බන්ධ.
ආබද්ධය, ආබන්ධය, *n.* bond, tie, බැඳුම; affection; ඇලුම්කම. [සම්බන්ධකරනවා.
ආබද්ධකරනවා, *v. t.* to tie, yoke, unite, බඳිනවා,
ආබසි, *a.* avaricious, parsimonious, stingy, ලෝභ, මසුරු.
ආබසිකම, *n.* avariciousness &c., avarice, parsimony, ලෝභකම, මසුරුකම. [තුර.
ආබාධ, ආබාධක, *a.* sick, infirm, invalid, රෝගා
ආබාධකයා, ආබාධයා, *n.* invalid, patient, ලෙඩා.
ආබාධය, *n.* illness, infirmity, ලෙඩ, ගිලන්කම.
ආභරණ·පෙට්ටිය, *n.* jewel box.
ආභරණය, *n.* jewel, personal ornament.
ආභස්සරය, *n.* Brahma world where life endures eight kalpas. [යා.
ආභා·කර, *n.* light-maker, ap. of the sun, සූර්‍ය
ආභාෂණය, *n.* speaking to, addressing, conversation, ආලාපය, කථාකරගැනීම.

ආ·භාෂය, *n.* preface, introduction, ආරම්භය.
ආ·භාෂිත, *a.* spoken to, addressed.
ආභාසය, *n.* light, ආලෝකය; reflection, ප්‍රතිබිම්බය, ඡායාව. [අභිධර්මය.
ආභි·ධාර්මික, *a.* pert. to the Abhidharma: see
ආභි·ධාර්මිකයා, *n.* one versed in the Abhidharma.
ආභි·මුඛ්‍ය, *a.* front; present: see අභිමුඛ.
ආභි·මුඛ්‍යය, *n.* front, facade, පෙරමුණ.
ආභි·සමාචාරික, *a.* B., scrupulously performing minor duties.
ආභීරයා, *n.* herdsman, ගෝපාලයා. [මෙන.
ආභුග්න, *a.* bent, crooked, stooping, වකුටු, නැ
ආභෝගය, *n.* completion, සම්පූර්ණකිරීම; effort, වෑයම; enjoyment, භෝගය, භුක්තිය; cobra's hood, නයිපෙණය.
ආම, *a.* unripe, raw, අමු; undigested, අජීර්ණ.
ආමක·ශ්මශානය, *n.* corpse-ground, where corpses are cast unburied, අමු සොහොන.
ආම·ගන්ධය, *n.* foul or cadaverous smell, දුගඳ.
ආම·ජ්වරය, *n.* fever from indigestion, bilious fever. [sition; කැඳවීමේ පත්‍රය.
ආමන්ත්‍රණ·පත්‍රය, *n.* note of invitation; requi-
ආමන්ත්‍රණය, *n.* calling, inviting, invitation, කැඳවීම, ආරාධනාව; addressing, යමෙකුට කථාකරීම.
ආමන්ත්‍රණයකරනවා, *v.* to call, invite, කැඳවනවා.
ආමන්ත්‍රණ·විභක්තිය, *n.* *gram.* vocative case, අලප්විබත.
ආමන්ත්‍රිත, *a.* called, invited, කැඳවනලද.
ආම·ඵලාම්ල, *n.* (·අම්ල), verjuice, අමු ඵලවල ඇඹුල.
ආමය, ආමයාවිතය, *n.* bowel-complaint, dyspepsia, අජීර්ණරෝගය.
ආම·රක්ත, *a.* dysenteric, රක්තාතිසාර. [සාරය.
ආම·රක්තය, *n.* dysentery, අතිසාරය, රක්තාති
ආ·මරණාන්තික, *a.* (ආ to, ·අන්තික near), lasting till death, life-long, මරණයදක්වා පවතින.
ආම·රෝගකාර, *a.* dyspeptic.
ආම·රෝගකාරයා, dyspeptic, අජීර්ණරෝග ඇත්තා.
ආ·මර්ශය, *n.* counsel, advice, දුනමුතුකම.
ආ·මර්ෂණය, *n.* rubbing, stroking, ඇතිල්ලීම; wrath, කෝපය.
ආමලකය, ආමලකිය, *n.* nelli fruit: see අඹුල.
ආම·වාතය, *n.* dyspeptic flatulence. [කුම.
ආම·ශූලය, *n.* colic, වාතයෙන්අටගන්න බඩේ කැක්
ආමා, *n.* Port., wet-nurse, කිරිඅම්මා; *pl.* ආමාවරු or ආමාලා.
ආමාතිසාරය, *n.* (ආම අතිසාරය), raw dysentery, viz. dysentery in which undigested food is passed.
ආමායන්ථීව, *n.* tutoress, governess, ගුරුවරී.
ආමාශය, *n.* (ආම fresh food, ආශය receptacle), stomach, කෑම බොක්ක.
ආමාශය·දාහය, *n.* heartburn, pyrosis, බඩදැය; inflammation of the stomach, බඩදැවිල්ල.

ආමාශය·පොම්පය, ආමාශය·වස්තිය, n. stomach-pump. [බඩගැන විද්‍යාව.
ආමාශය·විද්‍යාව, ආමාශය·විස්තරය, n. gastrology,
ආමාශයාධෝ·මුඛය or ආමාශයේ අධෝ මුඛය, n. pylorus. E. S.
ආමාශයික, a. pert. to the stomach, stomachic, gastric, බඩට අයිතිවූ, බඩ-.
ආමාශයේ ඕජස, n. gastric juice.
ආමිෂ·දානය, n. gift of flesh &c., alms of food &c., මස් දීම, ආහාර දානය.
ආමිෂය, n. flesh, මස්, food, භෝජනය; what affords enjoyment, උපභෝගය; enjoyment, භුක්තිය; gain, ලාභය; bribe, අල්ලස.
ආ·මුක්ත, a. clothed, අඳිනලද; accoutred, සන්නද්ධ; hurled (as a spear &c.).
ආ·මුඛය, n. prelude, commencement, ආරම්භය, prologue, ප්‍රාරම්භ කථාව. [ලොව-.
ආමුෂ්මික, a. pert. to the next life, future, පර
ආමේඩිත, a. P. of ආම්‍රේඩිත.
ආමෝද, a. fragrant, සුවඳ; delightful, ප්‍රීතිමත්.
ආමෝදන, a. delighting, pleasing, ප්‍රීතිමත්කරන.
ආමෝදනය, n. delighting &c., ප්‍රීතිමත්කිරීම.
ආමෝදය, n. aroma, fragrance, සුවඳ; delight, joy, ප්‍රීතිය.
ආමෝදිත, a. aromatic, fragrant, සුවඳ ඇති; delighted, pleased, ප්‍රීතිමත්.
ආම්බත්කරනවා, v. t. to break in, subdue, train, tame, පුරුදුකරනවා, මෙල්ලකරනවා.
ආම්බම, n. training, breaking in (bullocks &c).
ආම්‍ර, n. pl. or a. mangoes, අඹ; mango, අඹ (ගස &c). [නැවත නැවත කීම.
ආම්‍රේඩනය, n. repetition, tautology, අනුලාපය,
ආම්‍රේඩිත, a. repeated, නැවත නැවත කියනලද.
ආම්ලය, n. sourness, acidity, ඇඹුල්කම, ඇඹුල.
ආය, n. income &c. (see අය); eleventh place in the zodiac.

ආයත, a long, lengthy, oblong, දිගවූ, දිගවී.

ආයත·චතුරස්‍රය, ආයතය, n. oblong.
ආයතනය, n. origin, උත්පත්තිය; cause, හේතුව; altar, පූජාස්ථානය; abode, වාසය; also in plural, the senses or faculties. [boidal.
ආයතාතුල්‍යචතුරශ්‍ර, a. (·අතුල්‍ය unequal), rhom-
ආයතාතුල්‍යචතුරශ්‍රය, n. rhomboid, දිග අලුවා හැඩය. [see සංයත.
ආයති, a. long, දීර්ඝ; future, මතු; restrained:
ආයති·භවය, n. future existence, future state, මතු පැවැත්ම.
ආයතිය, n. the future, මතුකාලය; length, දිග; restraint, නැවැත්වීම; dignity, majesty, ප්‍රභාවය. [belonging to, අයිති.
ආයත්ත, a. docile, යටත්, හීලෑ; subject to, වශග;
ආයත්තතාව, n. docility, යටත්කම; subjection, වශගකම; ownership, අයිතිකම.
ආයම, n. duty, tax, (on salt pans). [tax.
ආයම්පල, n. custom-house or place for the salt

ආයස, a. iron, යකඩ.
ආයසය, n. iron, යකඩය.
ආයස්ත, a. cast down, දමනලද; polluted, කෙලෙසනලද; destroyed, නසනලද; sharpened, මුවාත කරනලද.
ආයා, n. children's nurse; pl. ආයාලා or ආයාවරු.
ආ·යාචනය, ආ·යාචනාව, n. requesting, request, solicitation, supplication, ඉල්ලීම, අයැදීම, යාචනාව.
ආ·යාචනාකරනවා, v. to request, solicit, supplicate, ඉල්ලනවා, අයදිනවා.
ආ·යාචිත, a. requested &c., ඉල්ලනලද &c.
ආ·යාත, a. that has come, that came, ආවාවූ.
ආ·යාමය, n. length, දිග; extent, ප්‍රමාණය; restraint, මදක් නැවැත්වීම. [වෙහෙසන.
ආයාසය, n. endeavour, effort, වීර්යය; fatigue,
ආයාසවූ, a. fatigued, tired, වෙහෙසවූ.
ආයිත්තම, n. accoutrement, array, decoration, trappings, සැරසිල්ල, ඇඳුම් පැලඳුම්.
ආයිත්තම්කරනවා, v. to accoutre, array, decorate, සරසනවා.
ආයු, n. age (of a person), වයස.
ආ·යුක්ත, a. engaged in, යෙදීසිටින.
ආ·යුක්තකයා, ආයුක්තයා, n. one engaged in anything, employé, (සමහ) යෙදීසිටින්නා; agent, superintendent, විධානකරන්නා.
ආයුධය, n. instrument, implement, tool, weapon, ආවුදය.
ආයුධාගාරය, n. (·ආගාරය), arsenal.
ආයුධිකයා, n. armed one, soldier, භේවායා.
ආයු·බෝ·වන්, n. lit. (your) age increase: farewell, good-bye.
ආයුරාරෝග්‍යය, n. (ආයුස් ආරෝග්‍යය), age or life and health, දීර්ඝ ආයුෂ හා සනීපය.
ආයු·වර්ධනයකරනවා, v. to prolong age or life, ජීවිතය දීර්ඝකරනවා; wish long life to any one, ආයුබෝවන් කීම.
ආයුවලදනවා, v. i. to attain age: p. pl. ...ආයු වැලද, being aged (so much). [ශාස්ත්‍රය.
ආයුර්වේදය, n. medical science, වෛද්‍ය—වෙද—
ආයුර්වේදියා, n. doctor, වෙද.
ආයුර්වේදීය, a. medical, medicinal, වෙද.
ආයුශ්‍රීය, n. (ආයුස් ශ්‍රීය), the beauty or glory of old age, මහලු වයසේ ශෝභාව. [වයෝවෘද්ධ.
ආයුෂ්මත්, n. aged, long-lived, venerable, මහලු,
ආයු·සංස්කාරය, n. term of life, life-time.
ආයුෂය, n. age, වයස.
ආයුෂ්කල්පය, n. age. [ing, කල්පනාකිරීම.
ආයූහනය, n. collecting, එකතුකිරීම; consider-
ආයූහනයකරනවා, v. t. to collect, රැස්කරනවා; consider, කල්පනාකරනවා. [more, again.
ආයෙත්, ආයෙම, ආයේ, ad. and again, once
ආයේ, v. pret. the same as ආවේ, came.
ආ·යෝජනය, n. exertion, effort, උත්සාහය; collecting, රැස්කිරීම, bringing, ගෙනාවීම.

ආයෝජිත, *a.* collected, brought, රැස්කරපු, ගෙනා.

ආ·යෝධනය, *n.* (fr. යුධ), war, battle, යුද්ධය; slaughter; battle field, යුධ භූමිය.

ආර, *n.* (T. ආරු), stream, ඔය.

ආර·කූව, ආර·කූටක, *n.* brass, පිත්තල.

ආ·රක්ෂක, *a.* preservative, conservative, protective, defensive, guardian, tutelary. [කුර.

ආ·රක්ෂක·ධුරය, *n.* guardianship, ආරක්ෂක තන

ආ·රක්ෂක·පටිය, *n.* safety-belt, life-preserver.

ආ·රක්ෂක·පහන, *n.* safety-lamp.

ආ·රක්ෂක·පියන, *n.* safety-valve.

ආ·රක්ෂක·බල·පත්‍රය, *n.* safe-conduct, passport.

ආ·රක්ෂක·බලය, *n.* protective power, safe-guard.

ආ·රක්ෂකයා, ආ·රක්ෂාකාරයා, *n.* preserver, protector, defender, watchman.

ආ·රක්ෂණය, *n.* preserving &c.: see ආරක්ෂාව.

ආ·රක්ෂය, *n.* preservation &c.; hollow of an elephant's forehead. [fend, guard.

ආරක්ෂාකරනවා, *v. t.* to preserve, protect, de-

ආ·රක්ෂා·තොප්පිය, *n.* helmet, යුධ තොප්පිය.

ආ·රක්ෂාව, *n.* preservation, protection, defence, safety, support.

ආ·රක්ෂාවෙනවා, *v. i* to be preserved &c. [ලද.

ආ·රක්ෂිත, *a.* preserved, protected, ආරක්ෂාකරන

ආ·රක්ෂිතවෙනවා, *v. i* to be preserved &c., ආරක්ෂාවෙනවා.

ආරච්චි, ආරච්චිරාල, ආරච්චිල, *n.* (T. fr. ආරක්ෂි protector), arachchi, sergeant, a village officer.

ආරංචි, *n. pl.* or *a.* news, intelligence.

ආරංචිකරනවා, *v. t.* to announce, report, give news of. [monger.

ආරංචිකාරයා, *n.* announcer of news, news-

ආරංචි·පත්‍රය, *n.* newspaper.

ආරංචිය, *n.* ආරංචි, *pl.* news, tidings, intelligence of, information.

ආරනවා, *v. i.* to become fat or stout, fatten, තරවෙනවා; *pret.* ඇරුවා.

ආරණිය, *n.* eddy of water or wind, සුලිය.

ආරණ්‍ය, ආරණ්‍යක, *a.* forest, wood, sylvan, wild, කැලෑ, වන. [වනවාසියා.

ආරණ්‍යකයා, *n.* dweller in a forest, forester,

ආරණ්‍යකාංගය, *n.* (·අංගය), B., forest-dwelling ordinance, viz. ordinance which requires the priests to reside in forests or solitary places: see තෙලෙස්ධුතාංග. [වල්.

ආරණ්‍ය·ජ, *a.* forest-born, wild, වනයේ උපන්,

ආරණ්‍ය·දුර්ගය, *n.* difficult jungle road, jungle, defile, කැලෑමග.

ආරණ්‍යය, *n.* forest, wood, wilderness, වනය, කැලෑව, වනාන්තරය. [රාශිය.

ආරණ්‍ය·රාශිය, *n.* the sign or const. Leo, සිංහ

ආ·රතිය, *n.* stopping, ceasing, නැවතීම: see විරතිය.

ආරබාරවෙනවා, *v. i.* to vow, භාරවෙනවා, භාරයක් වෙනවා.

ආරබ්ධ, *a.* begun, commenced, initial, පටන් ගත්තාලද.

ආරබ්ධය, ආරබ්ධිය, *n.* beginning, commencement, ආරම්භය.

ආර·භටය, *n.* boldness, confidence, enterprise, බුහුටිකම, ධෛර්‍ය්‍යය.

ආ·රභ·මාණ, *a.* (ආ emp. or unto, රභ් to begin), beginning boldly, enterprising, ධෛර්‍ය්‍යයෙන් පටන්ගන්න.

ආ·රම්භ, ආ·රම්භක, *a.* initial, initiative, introductory, පටන්ගැන්මට අයිතිවූ, මුල්වූ.

ආ·රම්භකරනවා, *v. t.* to begin, commence, පටන් ගන්නවා. [පළමු වීර්‍ය්‍යය.

ආ·රම්භ·ධාතුව, *n.* the first element or effort,

ආ·රම්භය, *n.* beginning, introduction, පටන් ගැන්ම, මුල, ප්‍රාරම්භය.

ආ·රම්භ·සිතියම, *n.* initial picture, frontispiece.

ආ·රම්භාකෘති, *a.* initial, elementary, rudimentary, මුල්වූ, මුල්ධාතුවූ.

ආ·රම්භාකෘතිය, *n.* (·ආකෘතිය), initial form, rudiment, ධාතුව.

ආරම්මණය, *n.* object of sense or thought, as රූපාරම්මණය, form-object, viz. object of sight; aim, purpose, අදහස් කරනදෙය: see අරමුණ.

ආරය, *n.* mine, ආකරය; field, කෙත; dam, නියර; piercer, විදින කටුව; needle, ඉඳිකටුව.

ආ·රස, *a.* (ආ priv.), insipid, අරස, රසනැති.

ආ·රසය, *n.* insipidity, රසනැතිකම, කිවුල.

ආරාචාර, *a.* moral, virtuous, සුසිල, සුචරිත.

ආරාචාරය, *n.* morality &c., සුචරිතකම.

ආ·රාධනය, *n.* gaining, accomplishment, සිද්ධකෙරීම; worshipping, සම්අකාරකෙරීම; propitiating, satisfying, සතුටුකෙරීම; invitation, කැඳවීම.

ආ·රාධනයකරනවා, *v.* to gain, win, effect, ඉෂ්ටකරනවා; worship &c. [ඉෂ්ටකරනවා.

ආ·රාධනාකරනවා, *v.* to invite, කැඳවනවා; effect,

ආ·රාධනාව, *n.* invitation, කැඳවීම; request, ඉල්ලීම.

ආ·රාධිත, *a.* invited, කැඳවනලද; effected; propitiated, worshipped; ඉෂ්ටකරනලද &c.

ආ·රාමය, *n.* garden, උයන, grove, වනය; B. P. residence, monastery, විහාරය.

ආ·රාමිකයා, *n.* gardener, sp. caretaker of a monastery and its ground. [broglio.

ආරාවුල, *n.* contention, disturbance, strife, im-

ආරාවුල්කරනවා, *v.* to confuse, make disturbance.

ආරාවුල්කාරයා, *n.* disturber.

ආරාවුල්වූ, *a.* confused, tumultuous.

ආරුක්කුව, *n.* D., arch, බෝක්කුව.

ආ·රූඪ, *a.* ascended, mounted, නැඟුණු.

ආ·රූඪකරනවා, *v. t.* to place upon, mount, raise up to, උස්සනවා; exalt to, උසස්කරනවා; charge to, impute, impose, පවරනවා.

ආ·රූඪකරගන්නවා, *v. t.* to take upon one's self, assume, තමා පිටට ගන්නවා.

ආ·රූඪය, *n.* ascending, mounting, නැගීම.

ආ·රූඪවෙනවා, *v. i.* to mount, ascend, නැඟෙනවා; enter upon, assume, පැමිණෙනවා.

ආ·රෝග්‍ය, *a.* (ආ fr. අ priv.), free from disease, healthy, නිරෝගී.

ආ·රෝග්‍යතාව, ආ·රෝග්‍යය, *n.* healthiness, health, නිරෝගීකම, සනීපය.

ආ·රෝග්‍ය·රථය, *n.* hospital carriage, viz. ambulance. E. S. [පිරිතාලය.

ආ·රෝග්‍ය·ශාලාව, *n.* hospital, infirmary, ඉස්

ආ·රෝග්‍ය·විඥානය, ආ·රෝග්‍ය·ශාස්ත්‍රය, *n.* hygiene, hygienics, soteriology. සනීප ආරක්ෂා ශාස්ත්‍රය.

ආ·රෝග්‍ය·වෛද්‍ය·ශාස්ත්‍ර·ඥයා, ආ·රෝග්‍ය·ශාස්ත්‍ර·ඥයා, *n.* hygeist, soteriologist.

ආ·රෝග්‍යෝදය, *n.* (ආරෝග්‍ය, උදය rising), return of health, restoration to health, healing, සුවවීම. [සැලකිරීම, දැන්වීම.

ආරෝචනය, *n.* announcing, announcement,

ආ·රෝපණ, *a.* placing, planting, fixing, සිටවන, පිහිටුවන.

ආ·රෝපණය, *n.* placing &c., සිටවීම, පිහිටුවීම.

ආ·රෝපණයකරනවා, *v. t.* to place, plant, fix, සිටවනවා, පිහිටුවනවා; attribute, impute, පවරනවා.

ආ·රෝපණීය, *a.* attributable, imputable, predicable, පැවරිය හැකිවූ or සුදුසුවූ. E. S.

ආ·රෝපිත, *a.* placed, planted, fixed, සිටවාපු, පිහිටි; imputed, පවරනලද.

ආ·රෝහ, *a.* high, උසඇති, උස්වූ; long, දීඝ.

ආ·රෝහක, *a.* rising, ascending, mounting, නගින. [see අශ්වාරෝහකයා.

ආ·රෝහකයා, *n.* mounter, rider, නැගීයන්නා:

ආ·රෝහණ, *a.* rising &c.: see ආරෝහක.

ආ·රෝහණය, *n.* rising &c., නැගීම; ladder, stair-case, ඉණිමඟ, පඩිපෙල.

ආ·රෝහය, *n.* height, උස; ascent, mounting, නැගීම; length, දිග.

ආර්ක්ෂ, *a.* stellar, sidereal, තරු, තාරකා.

ආර්ක්ෂය, *n.* star, තරුව, තාරකාව.

ආර්ක්ෂ·වර්ෂය, *n.* sidereal year, තාරකාවර්ෂය.

ආර්ජව, *a.* straight, කෙලින්, ඍජු; honest, deceitless, අවංක.

ආර්ත, *a.* pained, afflicted, පීඩිත.

ආර්තය, *n.* pain, affliction, පීඩාව.

ආර්තව, *a.* catamenial, menstrual, menstruous, කිලි, මල්වර.

ආර්තවය, *n.* catamenia, menses, ඔසප්, මල්වරය.

ආර්ද්‍ර, *a.* damp, humid, moist, wet, තෙත.

ආර්ද්‍රක, ආර්ද්‍ර·සාගර, *n.* green ginger, අමු ඉඟුරු.

ආර්ද්‍රතාව, *n.* dampness &c., තෙත්ගතිය, තෙතමන.

ආර්ද්‍රාව, *n.* the sixth lunar mansion, හයවෙනි නැකත, හයවෙනි චන්ද්‍ර නක්ෂත්‍රය. [able, උතුම්.

ආර්ය, *a.* respectable, excellent, noble, vener-

ආර්ය·ගණය, *n.* company of dignitaries or saints, උත්තම සමූහයා. [උත්තමයා.

ආර්ය·පුද්ගලයා, ආර්යයා, *n.* a noble, a saint,

ආර්යරත්න, *n.* ap. of a rahat or saint, ස්වාමියා.

ආර්යාපවාදය, ආර්යෝපවාදය, *n.* (·අපවාදය, ·උපවාදය), reviling dignitaries or saints, උත්තමයන්ට නින්දාකෙරීම.

ආර්යාව, *n. fem. hon.* Her Excellency, Lady.

ආර්යාවර්තය, *n.* abode of the excellent or holy ones, viz. India, උත්තමයන්ගේ වාසය.

ආර්යාෂ්ටාංගිකමාර්ගය, *n.* the exalted eightfold way: see අෂ්ටාංගිකමාර්ගය.

ආලකමන්දාව, *n.* the capital of කුවේර or the Indian Plutus, වෙසමුණුගේ රාජධානිය.

ආලග්න, *a.* adhering, attached, ඇලුණු; sunk in, ගැලුණු, එරුණු.

ආලපන, *a. gram.* vocative, අලප්.

ආලපනවිභක්තිය, *n.* vocative case, අලප් විබත.

ආලපන්නය, *n.* set or lot of tools, materials, මෙවලම්, අඩුවැඩිය.

ආ·ලම්බ, *a.* hanging down, dependent, එල්ලෙන, එල්ලීසිටින; perpendicular, E. S.

ආ·ලම්බනය, *n. lit.* and *fig.* hanging down, එල්ලීම, depending, dependence. E. S.

ආ·ලම්බනයවෙනවා, *v. i.* to hang upon, depend on, rely on. E. S.

ආ·ලම්බය, *n.* hanging down, dependence, එල්ලීම; a perpendicular, අවලම්බ රේඛාව.

ආ·ලම්බිත, *a.* dependent, depending upon, trusting to, යමක්කෙරෙහි පිහිටා—එල්ලී—තිබෙන or සිටින. E. S.

ආලය, *n.* desire, affection, fondness, attachment, ඇලුම්කම; house, ගෙය.

ආලයඇති, *a.* desirous, attached, fond, ඇලුම්වූ.

ආලයකරනවා, ආලයවෙනවා, *v. i.* to love, be fond of, attached to, ආශාවෙනවා, ඇලුම්වෙනවා.

ආලයකරවනවා, *v. c.* to make fond of, attach (the mind &c.) to, ඇලුම්වෙන්ට සලස්වනවා.

ආලවකයා, *n.* a demon chief under කුවේර.

ආලවාලය, *n.* tree-dike: bank or trench to keep water &c. round the root of a tree, තොටාන්ත.

ආ·ලස්‍ය, *a.* idle, slothful, dilatory, අලස.

ආ·ලස්‍යය, *n.* idleness &c., අලසකම.

ආලාපනය, ආලාපය, *n.* (ආ to, ලප් to speak), speaking to, talking with, addressing, කථාකිරීම, කථාකරගැනීම.

ආලාපාළුකරනවා, *v. i.* to devastate, ravage, lay waste, පාළුකරනවා, වනසනවා.

ආලාපාළුව, *n.* devastation, waste, loss.

ආලාපාළුවෙනවා, *v. i.* to be devastated &c., පාළුවෙනවා, වැනසෙනවා.
ආලාරිකයා, *n.* cook, කෝකියා.
ආලාහනය, *n.* tomb, grave, සොහොන.
ආලිංගනය, *n.* embracing, embrace, වැලඳගැනීම.
ආලිංගනයකරනවා, *v. t.* to embrace, වැලඳගන්නවා, බදාගන්නවා.
ආලිංගිත, *a.* embraced, වැලඳගනුලැබූ.
ආලින්දය, *n.* terrace or platform before a house, verandah, පිල, ඉස්තෝප්පුව, බරාඳය.
ආලිප්ත, *a.* (ආ upon, ලිප් to anoint), smeared, anointed, ආලේපවූ, ගාතලද.
ආලිම්පනය, *n.* smearing, rubbing on, ගෑම.
ආලිම්පනයකරනවා, *v. t.* to smear or rub on, (ගොම &c.) ගානවා.
ආලිය, *n.* embankment, dam, නියර.
ආලිය, *n.* row, range, පෙළ, පේළිය : see ආලී.
ආලින්සම, ආලෙන්සම, *n.* carelessness, indifference, නොසැලකිල්ල.
ආලින්සම්කරනවා, *v.* to disregard, treat with indifference, නොසලකා අරිනවා.
ආලී, ආලිය, *n. fem.* female friend, මිතුරී.
ආලුව, *n.* edible root, yam, අල. [ලිවීම, ඇඳීම.
ආලේඛනය, ආලේඛ්‍යය, *n.* writing, painting,
ආලේඛ්‍යපට්ටය, *n.* printed cloth, prints, chintz, සිතියම් රෙද්ද, සිතියම් පට, චීත්ත.
ආලේපකරනවා, *v. t.* (ආ upon, ලිප් to smear &c.), to smear, plaster, anoint, ගානවා.
ආලේපනය, ආලේපය, *n.* smearing &c., unction, ගෑම ; ointment, තෛලය.
ආලේඛ්‍යවර්ණය, *n.* painting, picture, සිතියම.
ආලෝකකරනවා, *v. t.* (ආ upon, ලෝක් to see, shine), to enlighten, illumine, irradiate, එළිය කරනවා. [බැලීම.
ආලෝකනය, *n.* seeing, looking, sight, දැකීම,
ආලෝකය, *n.* light, effulgence, එළිය, දීප්තිය.
ආලෝකමානකයන්ත්‍රය, *n* photometer, එළිය මනින යන්ත්‍රය.
ආලෝකවිද්‍යාව, *n.* science of light ; optics. E.S.
ආලෝකශාස්ත්‍රය, *n.* photology, science of light.
ආලෝකසන්ධිය, *n.* light aperture, viz. window, කවුළුව. [පිඬ.
ආලෝපය, *n.* lump or ball of rice &c., පිඬ, බත්
ආලෝල, ආලෝලිත, *a.* shaken, agitated, චපල, චලිත. [සීම.
ආලෝලය, *n.* shaking, agitation, චපලය, කැල
ආලෝලයකරනවා, *v. t.* to shake, agitate, සොලවනවා, කලඹනවා.
ආවඩනවා, *v.* (ආ for ආයු age, වඩනවා to increase), to wish long life to, salute ; *pret.* ආවැඩුවා ; *v. n.* ආවැඩීම.
ආවත, *n.* danger, injury, අනතුර.
ආවතේවකරනවා, *v.* to render service, wait upon, මෙහෙකරනවා, perform religious service, දේව මෙහෙය පවත්වනවා.
ආවතේවය, *n.* service, ministration, මෙහෙය, සේවය, divine service, දේව මෙහෙය. [කරන.
ආවරණ, *a.* convering, sheltering, වසන, මුවා
ආවරණය, *n.* covering, cover, වැස්ම ; refuge, shelter, screen, මුවාව ; *bot.* operculum, පියන.
ආවර්ජනය, *n.* See ආවර්ජනාව.
ආවර්ජනාකරනවා, *v. t.* to remember ; consider, cogitate, excogitate, සිහිකරනවා, කල්පනාකර බලනවා.
ආවර්ජනාව, *n.* remembrance, සිහිකෙරීම, excogitation &c., කල්පනාකරබැලීම ; divination, දිවස්කීම.
ආවර්ජිත, *a.* remembered, මතක්වූ, considered &c., කල්පනාකරබැලූ.
ආවර්ත, ආවර්තක, *a.* turning, stirring (an infusion &c.), කලතන ; revolving, කැරකෙන, returning, හැරීඑන.
ආවර්තනය, *n.* turning &c., කැලැත්තීම ; revolving, කැරකීම ; bending back පස්සට නැමීම.
ආවර්තනිය, crucible, කෝවය.
ආවර්තනීය, *a.* that should be turned, converted, reversed or repeated, හැරෙවුව—පෙරළිය—පුනුවූ &c. [කරකැවෙන.
ආවර්තමාන, *a.* revolving, rotatory, vortical,
ආවර්තනාඩි, *a.* pert. to the veins, venous.
ආවර්තනාඩිය, *n.* (ආවර්ත returning, නාඩිය tube, vein), vein, as distinguished from an artery.
ආවර්තය, *n.* revolving, revolution, gyroma, කරකැවීම ; vortex, whirlpool, සුළිය, දියසුළිය.
ආවර්තිත, *a.* reversed, converted, හැරුණුවූ ; practised, used, හැවිනාවූ.
ආවර්හය, *n.* uprooting, eradicating, උදුරාදැමීම, ඉදිරීම. [පෙළ, වැල.
ආවලිය, *n.* row or range, succession or line,
ආවශ්‍යක, *a.* important, necessary, essential, ඕනෑම්කරන, අවශ්‍යන.
ආවශ්‍යකතාව, ආවශ්‍යකත්වය, ආවශ්‍යය, *n.* importance, necessity, inevitability, වැදගත්කම, ඕනෑකම, අවශ්‍යකතාව.
ආවසථය, *n.* residence, abode, නිවාසය, resthouse, විශ්‍රාම ශාලාව, තානායම.
ආවහන, *a.* (ආ to, වහ් to carry), bringing, causing, ගෙනෙදන.
ආවාටය, *n.* hole, pit, hollow, වළ.
ආවාපනය, *n.* weaver's loom, අලුව.
ආවාපය, *n.* sowing, වැපිරීම ; oven, furnace, උඳුන ; a vessel, භාජනය ; also ආලවාලය.
ආවාසගෘහය, ආවාසය, *n.* dwelling house, residence, ගෙදර, නිවාසය.
ආවාහ, *n. pl.* or *a.* (ආ to, වහ් to bring), marriages ; marriage, nuptial : see ආවාහය.
ආවාහය, *n.* marriage, in which the bride is brought to live at the bridegroom's house, the opposite of විවාහය.

ආ·වාහ·විවාහ, *n. pl.* marriages of both kinds.

ආ·වාහ·විවාහ·බස්දෙනවා, *v.* to give promise of marriage, betroth. [long life to.

ආ·වැඩීම, *v. n.* of ආවඩනවා: saluting, wishing

ආ·විඩ, *a.* pierced, විදිනලද; crooked, වකුටු; subdued: see අභිභූත.

ආවිය, *n.* age, වයස.

ආවිල, *a.* turbid, foul, මඩවූ, කිලුටු.

ආ·විෂ්ට, *a.* entered, ඇතුල්වූ, ප්‍රවිෂ්ට; entered, viz. possessed (by a demon &c.), mad, as යක්‍ෂාවේශවූ. [ඇමිණීම.

ආවුණනය, *n.* stringing, threading, (beads &c.),

ආවුදය, *n.* E. of ආයුධය: tool, implement, weapon.

ආ·වෘත, *a.* surrounded, environed, enclosed, වටකරනලද, ඇතුල්වූ.

ආ·වෘතාවරණය, *n.* (·ආවරණය), *bot.* pericarp, ඵලයේ වැස්ම. E. S.

ආ·වෘත්ත, *a.* gone around or reverted, වටකර ගිය, ආපසුගිය; averted, stopped, නැවතුණු.

ආ·වෘත්ත·ගමන, *n.* journey around, circuit, වට කරයාම, වටකර ගමන. [versing, හැරවීම.

ආ·වෘත්තනය, *n.* turning round or back, re-

ආ·වෘත්තාකාර, *a.* circular, annular, වටකුරු; periodic, cyclical, කාලචක්‍ර. E. S.

ආ·වෘත්තය, *n.* circuit, circle, වටවූ ගමන, චක්‍රය.

ආවේණික, *a.* hereditary, ancestral, patrimonial: see ප්‍රවේණි.

ආ·වේශනය, *n.* entrance, ඇතුල්වීම; possession (by demons); fury, පිසරුව; workshop, වැඩ පට්ටලය.

ආ·වේශය, *n.* entrance, ඇතුල්වීම; possession (by demons); frenzy, උමතුකම; pride, උඩඟු කම.

ආ·වේශවෙනවා, *v. t.* to enter or take possession of (by demons): as යක්‍ෂාවේශවෙනවා.

ආවේෂ්ටනය, *n.* entwining, surrounding, වෙළීම, වටකෙරීම.

ආ·ශංසක, *a.* (ආ for, ශංස to wish), wishing. ආශාවෙක; *gram.* optative.

ආ·ශංසනය, ආ·ශංසාව, *n.* wishing, wish, well-wishing, benediction, ප්‍රාර්ථනාව, (සුබ) පැතීම.

ආ·ශංසනයකරනවා, *v.* to desire. wish, ආශාවෙනවා, වේවායි ප්‍රාර්ථනාකරනවා. [mood or verb.

ආ·ශංසක·විධිය, ආ·ශංසක·ක්‍රියාව, *n.* optative

ආශඞ්කාව, ආශංකාව, *n.* fear, doubt, භය, සැක.

ආශංකිත &c., *a.* apprehensive, doubting, ශංකා ඇති.

ආශය, *n.* meaning, අභිප්‍රාය; aid, ආධාරය, asylum, රක්‍ෂාස්ථානය; receptacle, E. S.

ආශයාකාර, ආශයාකෘති, *a.* (·ආකාර, ·ආකෘති), *bot.* saccate, මල්ලක හැඩය ඇති.

ආශා, *n. pl.* or *a.* desires; desirous.

ආශා·බන්ධය, *n.* bond of desire, earnest expectation; spider's web, මකුළු දැල.

ආශා·භංගය, *n.* frustration of desire, disappointment, බලාපොරොත්තුව ඉෂ්ටනොවීම.

ආශා·භංගවූ, *a.* disappointed, බලාපොරොත්තුව or ආශාව ඉෂ්ටනුණ.

ආශාව, *n.* desire, longing, wish.

ආශාවත්, ආශාන්විත, *a.* (ආශා·අන්විත), desirous, desiring, ආශාවන, ආශා ඇති.

ආශාවෙනවා, *v. i.* to wish, desire, long for.

ආශිංසන, &c., *a.* Er. for ආශංසන, &c.

ආශිත, *a.* eaten, කනලද.

ආශිර්වාද, *n. pl.* benedictions, blessings.

ආශිර්වාදකරනවා, *v.* to bless, utter blessings; bless, bestow blessings.

ආශිර්වාදය, *n.* utterance of blessings, benediction; a blessing. [sed.

ආශිර්වාදලත්, *a.* that has received blessings, bles-

ආශිර්වාදලත්කම, *n.* blessedness, beatitude.

ආශිවිෂයා, *n.* poisonous snake, cobra, සර්පයා, නයා.

ආශ්චර්ය, *n. pl.* or *a.* miracles; wonderful, miraculous. [natural.

ආශ්චර්යමත්, *a.* wonderful, miraculous, super-

ආශ්චර්යමත්කම, *n.* wonderfulness &c.

ආශ්චර්යය, *n.* a marvel, miracle, හාස්කම.

ආශ්‍රම, ආශ්‍රමික, *a.* monastic, conventual, තාපස.

ආශ්‍රමය, *n.* hermitage, monastery, convent, පන්සල, තාපස වෙහෙර.

ආශ්‍රය, *n.* frequenting &c. (see verb); receptacle, භාජනය; asylum, ආවරණය.

ආශ්‍රයකරනවා, ආශ්‍රයවෙනවා, *v.* to frequent (a place, තැනක), deal with, associate or mix with, ගැවසෙනවා, සමාගම්පවත්වනවා; use, practise, භාවිතාකරනවා, පුරුදුකරනවා.

ආශ්‍රයකිරීම, ආශ්‍රයවීම, *v. n.* frequenting, ගැවසීම; association, intercourse, සමාගම් පැවැත්වීම. [සඟින.

ආශ්‍රව, *a.* subject to passions, carnal, කෙලෙස

ආශ්‍රව·ක්‍ෂයකර·ඥානය, *n.* passion-subduing wisdom, කෙලෙස මැඩපවත්වන ඥානය.

ආශ්‍රවය, *n.* distress, දුක; carnality: as lust &c., කෙලෙසය, තෘෂ්ණාව.

ආශ්‍රිත, *a.* that has frequented &c. (see ආශ්‍රය කරනවා); that has resorted to or taken refuge in, ආශ්‍රයවූ, සරණගත්.

ආශ්‍රිතභාව, ආශ්‍රිතත්වය, *n.* conversancy, ගැවසීම, පුරුදුකම; dependence, taking refuge, සරණ ගැනීම.

ආ·ශ්ලේෂණය, ආ·ශ්ලේෂය, *n.* embracing, union, association, clinging, වැළඳගැනීම, ඇලීම.

ආ·ශ්ලේෂණයකරනවා, *v. t.* to embrace, cling, වැළඳගන්නවා. [අශ්ව සමූහය.

ආශ්වය, *n.* fr. අශ්ව: troop or number of horses

ආශ්ව·යුජය, ආශ්විනය, *n.* the month Âswin, වප්මාසය, Sept.-Oct.

ආ·ශ්වාසකරනවා, *v.* to draw breath, inhale, inspire, හුස්මගන්නවා.

ආ·ශ්වාසකිරීම, ආ·ශ්වාසය, *n.* inhalation, inspiration of the breath, හුස්ම ගැනීම.
ආ·ශ්වාසනය, ආ·ශ්වාසය, *n.* inhaling; taking comfort, consolation, අස්වැසීම, සැනසීම.
ආ·ශ්වාස·ප්‍රශ්වාස, *a.* breathing, respiratory.
ආ·ශ්වාස·ප්‍රශ්වාසකරනවා, *v.* to breathe, inhale and exhale, respire.
ආ·ශ්වාස·ප්‍රශ්වාසකිරීම, ආශ්වාස·ප්‍රශ්වාසය, *n.* breathing, respiration, හුස්ම ගැනීම හෙළීම.
ආ·ශ්වාස·යන්ත්‍රය, *n.* inhaler, හුස්ම, දුම් ආදිය ආශ්වාසකිරීමේ යන්ත්‍රය.
ආෂාඪ·මාසය, *n.* the month so called: June-July, ඇසළමස.
ආෂාඪාව, *n.* twenty-first and twenty-second lunar mansions, පුවසල, උතුරුසල.
ආස, *n.* cont. of අහස: sky.
ආ·සක්ත, *a.* (ආ to, සක්ත devoted), devoted to, attentive; attached, නියුක්ත, ඇලුම්වූ.
ආ·සක්තිය, *n.* devotion to &c., නියුක්තිය, ඇලුම් කම.
ආ·සංකාව, *n.* doubt, සැකය, uncertainty, අනුමානකම.
ආසත්තිය, *n.* connection, union, සංසර්ගය; gain, ලාභය.
ආසන·දෙව්·මැඳුර, } ආසන·දේව·ස්ථානය, } *n.* cathedral.
ආසනය, *n.* seat, පුටුව &c., throne, සිංහාසනය.
ආසන්න, *a.* near, proximate, imminent, ළඟ, සමීප: also in the sense of මරණාසන්න.
ආසන්නතාව, ආසන්නය, *n.* nearness, proximity, කිට්ටුකම.
ආසන්නවෙනවා, *v. i.* to draw near, approach, ළංවෙනවා: also used for මරණාසන්නවෙනවා.
ආසවය, *n.* spirituous liquor, spirit, රහමෙර; nectar of flowers, මල්පැණි.
ආසාව, *n.* desire: see ආශාව.
ආසාළ්හය, *n.* See ඇසළමස.
ආසිංසන, *a.* well-wishing, benedictory.
ආසිංසනය, *n.* See ආශංසනය.
ආසිංසනයකරනවා, *v.* to wish well to, utter benediction: see ආශංසනයකරනවා.
ආසිය, *n.* E. for ආශීර්වාදය.
ආසියා, *n.* Eng. of D., ace on dice or cards.
ආසියාතික, *a.* Eng., Asiatic.
ආසියාව, *n.* Asia.
ආසිරි, *n. pl.* or *a.* See ආශීර්වාද: blessings &c.
ආසිරි·පැන්, *n.* R. C., holy-water.
ආසිරි·පැන්·භාජනය, *n.* R. C., stoup.
ආසිර්වාද, &c. for ආශීර්වාද &c.
ආසිර්වකයා, *n.* for ආශීර්වකයා.
ආසුර, *n.* black salt, කළු ලුණු.
ආසුරී, *n.* mustard, අබ.
ආ·සේචනය, *n.* (ආ on, සිච් to sprinkle), sprinkling, ඉසීම.
ආ·සේධය, *n.* arrest, restraint, limitation, as කාලාසේධය, restriction as to time &c.
ආ·සේවිත, *a.* served, used, සේවයකරනලද.

ආ·ස්තරණය, ආ·ස්තරය, *n.* anything spread out: a sheet, carpet, bed, ඇතිරිල්ල &c.; elephant's covering, housings or trapping.
ආ·ස්තරණයකරනවා, *v. t.* to spread out (a sheet &c.), අතුරනවා.
ආ·ස්තෘත, *a.* outspread, අතුරපු; covered, වැසුණු.
ආ·ස්ථානය, *n.* assembly, society, සභාව; resting place, විශ්‍රාම ස්ථානය.
ආ·ස්ථාව, *n.* support, stay, prop, රුකුල; relaying upon, පිහිටීම, ආධාරය.
ආ·ස්ථිත, *a.* placed, stayed, පිහිටුණ, පිහිටි.
ආ·ස්පදය, *n.* business, office, තනතුර; subject; reason or cause, කාරණාව, හේතුව; dignity, authority, උතුම්කම, බලය.
ආ·ස්ඵාලනය, *n.* shaking, flapping, සෙලවීම, වැනීම.
ආස්ඵෝටනය, *n.* blowing, පිඹීම; closing, වැසීම; slapping, clapping hands, අත්පිඩි ගැසීම.
ආස්මි, ආස්වදය, *n.* a confection, a sweetmeat made of flour, oil &c.
ආ·ස්වදනය, ආ·ස්වාදය, *n.* flavour, taste, රස; tasting, enjoying, භුක්තිවිඳීම.
ආ·ස්වාදනය—ආ·ස්වාදය—කරනවා, *v. t.* to taste, enjoy, possess, රසබලනවා, භුක්තිවිඳිනවා.
ආස්වාදිත, *a.* tasted, eaten, enjoyed, possessed, රසබලාපු &c.
ආ·හත, *a.* increased, වැඩිකරපු; hurt, අනතුරුවූ; new, අලුත්.
ආහරණය, *n.* taking, seizing, ගැනීම, අල්ලාගැනීම.
ආ·හවය, *n.* war, යුද්ධය; sacrifice, යාගය.
ආහාර, *n. pl.* or *a.* food, භෝජන, කෑම.
ආහාර·ගබඩාව, *n.* pantry, larder.
ආහාර·දායක, *a.* food-giving, pabular, කෑම්දෙන.
ආහාර·නාල·ඡේදය, *n.* esophagotomy, ගෙලය කැපීම.
ආහාර·නාලය, *n.* œsophagus, gullet, ගෙලය.
ආහාර·පූජාව, *n.* food-offering, meat-offering.
ආහාරය, *n.* food, victuals, viands, කෑම, භෝජනය.
ආහාර·විස්තරය, *n.* sitiology, sitology.
ආහාර·කොෂ්ඨ, ආහාරාශය, *n.* (·ආශය receptacle), stomach, ආමාශය, බඩ.
ආහාර්‍ය්‍ය, *a.* that ought to be brought, ගෙනෙන්ට යුතුවූ.
ආහාර්‍ය්‍යමාන, *a.* that is taken or brought, ගෙන යනුලබන, ගෙනෙනු ලබන.
ආහාවය, *n.* war, යුද්ධය; calling, invitation, කැඳවීම; trough near a well, ළිඳේ ඔරුව.
ආහිත, *a.* placed, පිහිටි; done, කරනලද; brought, ගෙනෙනලද.
ආහි·තුණ්ඩිකයා, *n.* snake-catcher: see අහිගුණ්ඩික නයා and අහියා.
ආහෝ, *int.* or particle expressive of doubt, අනේ, as හිතාඅනේ!
ආහ්ලාදය, *n.* joy, delight, ප්‍රීතිය.
ආහ්ලාදිත, *a.* delighted, glad, ප්‍රීතිමත්, සතුටු.
ආහ්වානය, *n.* calling, invitation, කැඳවීම; summons, සිතාසිය.
ආළාහනය, *n.* tomb, grave, සොහොන, මිනීවළ.

ඇ.

ඇ, *n.* The third vowel of the alphabet, though in some grammars and vocabularies this and the next are placed last of all. Its sound is a modification of අ, and like the sound of *a* in fat, bat, mat. Its non-initial form is (ැ) following the consonant it vocalizes, as කැබ, cab. [උකුල.

ඇකය, *n.* E. of අංක : the side, hip, lap, ඇලය,
ඇකි, *v. aux.* to be able : see හැකි.
ඇකිලිය, *n.* chain, දම්වැල ; *pl.* ඇකිලි.
ඇකිල්ල, ඇකිලිය, *n.* chain, fetter, trammel : see හැකිල්ල.
ඇකිලීම, *v. n.* of අකුලමනවා : rolling up &c.
ඇකිලි, *v. adj. pret.* of ඇකිළෙනවා : curled up, shrunk &c., ඇකුළුණු.
ඇකිලීම, ඇකුළුම, *v. n.* of ඇකිළෙනවා and අකුළනවා : shrinking &c., twisting, twist, contortion, intortion, constriction.
ඇකිළෙනවා, *v. i.* to curl up, shrink, shrivel, warp; to writhe, flinch, cower; *pret.* ඇකුළුණා.
ඇකුත්, *a.* that has gone, departed, ගිය, උකුත්.
ඇක්ම, *p. pl.* of ඇක්මෙනවා.
ඇක්ම, *n.* figure, number, ඉලක්කම ; trampling on, පෑගීම ; the sixth sign in astronomical reckoning.
ඇක්මෙනවා, *v. i.* to be trampled, crushed ; පෑගෙනවා ; *pret.* ඇක්මුණා.
ඇක්සුම, *n.* cursing, imprecation, curse, ශාප කිරීම, ශාපය. [*oral.*
ඇගලදඩු·ලේනා, *n.* flying squirrel, *pteromys*
ඇගෑව, *n.* candelabrum ; festoon work for lamps, lamp-canopy or arch.
ඇගි, *a.* precious, අගේ ඇති.
ඇගිලිය, *n.* ditch, gutter, trench, අගල.
ඇඟ, ඇඟපත, *n.* the body, bodily frame, ශරීරය.
ඇඟට·ගන්නවා, *v. t.* to take upon one's self, undertake, බාරගන්නවා.
ඇඟ·බද්ද, *n.* poll-tax, head-money, capitation.
ඇඟ·බඳිනවා, *v. t.* to bind over (to peace &c).
ඇඟවීම, ඇඟවුම, *v. n.* of අඟවනවා : intimating, intimation, hint.
ඇඟිය, *n.* design, purpose, අදහස.
ඇඟිලි, *n. pl.* or *a.* fingers, toes ; finger-, toe-, digital. [toe, knuckle.
ඇඟිලි·පුරුක, *n.* link or section of a finger or
ඇඟිලි·වර, *n.* space between the fingers or toes.
ඇඟිල්ල, *n.* E. of අංගුලිය : finger or toe ; *pl.* ඇඟිලි.
ඇඟෙනවා, *v. i.* to be intelligible to, understand, perceive, feel ; *pret.* ඇඟුණා ; *v. n.* ඇඟීම. [වරයා.
ඇජර්, ඇදුරු, *n.* E. for ආචාර්යයා : teacher, ගුරු
ඇට, *a.* hard, දැඩි.
ඇට, *n. pl.* or *a.* of ඇටය, E. of අස්ථි : bones, grains, seed ; bone-, kernel-, granular.
ඇට·කටු·ගෑසෙනවා, *v. t.* to become lean or scraggy, become skin and bone.
ඇට·කුඩු, *n.* bone-dust.
ඇට·කුහුඹියා, *n.* small ant.
ඇට ගෙම්බියා, *n.* a kind of toad or frog.
ඇට·පලයා, *n.* porcupine, ඉත්තෑවා.
ඇට·පිටි, *n.* semolina, roulon, රුළන්.
ඇටම්දයා, *n.* bull, ගොනා.
ඇට·මැස්සා, *n.* gad-fly, horse-fly. [dulla.
ඇට·මිදුළු, ඇටමුල්, ඇට·මොල, *n.* marrow, me-
ඇට·මිදුළු, *a.* medullar, medullary, marrow-.
ඇටය, *n.* bone ; kernel, (hard); a grain (as of sand &c.), a seed.
ඇටලපයා, *n.* porcupine, ඉත්තෑවා.
ඇටවරා, *n.* name of a river fish.
ඇටවලු, *a.* hard, දැඩි.
ඇටවල්ලා, *n.* name of a large sea fish.
ඇට·වැල, *n.* string of seeds or beads, necklace.
ඇටවීම, *v. n.* of අටවනවා : setting a trap &c.
ඇට·සන්ධිය, *n.* joint of the bones, articulation.
ඇට·සැකිල්ල, *n.* skeleton ; *pl.* ඇටසැකිලි.
ඇටිකිත්තා, *n.* small kind of frog.
ඇටිකුකුළා, ඇටිකුලා, *n.* a kind of wild fowl, Greek partridge, *centropus rufipennis.*
ඇටිස්සා, *n.* a kind of fish.
ඇටුවන, *n.* hollow or hole in a tree from decay, tree-hollow ; *pl.* ඇටුවන්.
ඇඹටකුණුකරනවා, *v. t.* to parboil, coddle.
ඇඹටකුණුවෙනවා, *v. i.* to be parboiled &c.
ඇඹටමුරුත්තාව, *n.* surfeit, glut, වැඩිවුනාපසිය.
ඇඹටමුරුත්තාවෙනවා, *v. i.* to become surfeited &c., අධික තෘප්තිමත්වෙනවා [මුරණ්ඩු.
ඇඹවර, *a.* obstinate, obdurate, refractory,
ඇඹවරයා, *n.* obstinate person, මුරණ්ඩු අය.
ඇණ·ආචාරියා, *n.* nail maker, nailer.
ඇණ·ඉඳගනවා, *v.* to squat, crouch, be seated in that position.
ඇණ·ඉඳීම, ඇණ·තියාගැනීම, *v. n.* squatting.
ඇණ·ගසනවා, ඇණ·ගහනවා, *v. t.* to nail.
ඇණතියාගන්නවා, *v.* to squat down on one's heels.
ඇණය, ඇණේ, *n.* nail, peg.
ඇණය, *n.* command, order, අණ, නියෝගය.
ඇණවනවා, *v.* to command, අණකරනවා ; *pret.* ඇණෙවුවා ; *v. n.* ඇණවීම.
ඇණවුම, *n.* ordering, commanding, command, අණකිරීම, අණ.
ඇණිකුඹය, *n.* bowsprit.
ඇණිය, *n.* the stem or bow of a ship or boat.
ඇණිය, *n.* military camp or entrenchment, කඳවුර ; army, යුධසේනාව.
ඇණියග, *n.* trifling sin, ඉතා කුඩා පාපය.
ඇඹලීම, *v. n.* of අඹලනවා ; crowing &c.

ඇඬීම, ඇඬුම, *v. n.* අඬනවා : weeping, crying.

ඇත, ඇති, *v.* There is or are; there is or are enough, sufficit; used also as a verb aux.: with the present, to express the future; with the preterite, to express the perfect with diffidence; with the infinitive to express probability, as ඔහු යන්ට ඇත. He must have—has probably—gone.

ඇත·ජර, ඇතාජර, *n.* (ඇත් ඇජර), elephant-keeper, ඇත්ගොව්වා.

ඇතම්, ඇතැම්, *a.* some, a few, සමහර.

ඇතරුවා, ඇතුරුවා, *n.* E. of හස්ත්‍යාරෝහයා : elephant-rider, mahout. [තුන්.

ඇතා, *n.* tusked elephant; *pl.* ඇත්තු, *acc.* ඇ

ඇතාණිය, *n.* (ඇත් ඇණිය), troop of war elephants, හස්තිබලසේනාව.

ඇති, *a.* existing, that is or are, තිබෙන, ඇත්තාවූ : see ඇත.

ඇතිකරනවා, *v. t.* to rear, breed (animals); to bring up, nurture (a child).

ඇතිකල·වනය, *n.* (ඇතිකලාවූ ද්‍යානය) artificial or cultivated grove.

ඇතිතාක්, *ad.* as long as, as many as, තිබෙනතුරු, ඇතිපමණ. [up, nurture.

ඇතිදූඩිකරනවා, *v. t.* to rear and train, bring

ඇතිදූඩිවෙනවා, *v. i.* See ඇතිවෙනවා.

ඇතිනි, ඇතින්න, ඇතින්නී, *n.* female elephant; *pl.* ඇතිනියෝ, ඇතින්නියෝ.

ඇති·පදම, *n.* sufficient degree or quantity.

ඇති·පදමට, *ad.* sufficiently, enough. [out.

ඇතිරවීම, *v. n.* of අතුරවනවා : causing to spread

ඇතිරිය, ඇතිරිල්ල, *n.* E. of ආස්තරණය : a cloth to spread out, coverlet, covering, sheet.

ඇතිරීම, *v. n.* of අතුරනවා and ඇතිරෙනවා : spreading &c. [ඇතිරුණ.

ඇතිරෙනවා, *v. i.* to spread out, unfold; *pret.*

ඇතිලිය, *n.* large cooking vessel, pan.

ඇතිල්ලීම, *v. n.* of අතුල්ලනවා and ඇතිල්ලෙනවා : rubbing, friction. [තුල්ලුණ.

ඇතිල්ලෙනවා, *v. i.* to rub together; *pret.* ඇ

ඇති·වන, *v. adj. pres.* that accrues, becomes or falls to (anyone).

ඇතිවෙනවා, *v. i.* to be reared or brought up.

ඇති·හැටියට, ඇති·හැටිනට, *ad.* according to the fact, accurately, exactly.

ඇති·හැටිය, *n.* state of the case, the real fact.

ඇති·හැටි (or හැටියට) කියනවා, *v. t.* to say as it really is, state the fact, say accurately.

ඇතුම, *n.* E. of ආත්ම : body (living), soul or self, ශරීරය. [spread.

ඇතුරුවා, *v. t. pret.* of අතුරනවා : spread, did

ඇතුල්, *a.* inside, inner, internal, interior. See *n.* ඇතුළ. [අඩංගුකරනවා.

ඇතුල්කරනවා, *v. t.* to insert, put in, include,

ඇතුල්·ගෙය, *n.* inner room, chamber, කාමරය.

ඇතුල්·නුවර, *n.* inner city, citadel.

ඇතුල්·පුරය, *n.* inner city; harem, ඇතුළු නුවර, අන්තඃපුරය.

ඇතුල්වෙනවා, *v. i.* to enter, penetrate.

ඇතුව, *post.* having, with.

ඇතුළ, ඇතුළත, *n.* inner part, interior.

ඇතුළත්, *a.* inner, included, inherent; *fig.* intimate. [කරනවා.

ඇතුළත්කරනවා, *v. t.* to insert, include, අඩංගු

ඇතුළත්වෙනවා, *v. i.* to be included, become part of, enter into, අඩංගුවෙනවා.

ඇතුළු, *a.* See ඇතුල්.

ඇතුළු·ගම, *n.* the village proper, inner village exclusive of adjacent fields.

ඇතුළු·ගෙය, *n.* inner house, viz. room, කාමරය.

ඇතුළු·නුවර, *n,* inner portion of the city; harem, E. S. [sively.

ඇතුළුව, *post.* along with, including, exclu-

ඇතුළු·වටහ, *n.* the part inside the curtain, තිරය ඇතුළත. [eaves, යටිපියස්ස.

ඇතුළු·සියස, *n.* the part under the roof or

ඇතොර, ඇතොවුර, *n.* E. for අන්තඃපුරය, harem, ඇතුළුනුවර.

ඇතොවුරු, *n. pl.* ladies of the harem.

ඇත්, *a.* elephant, pert. to elephants; immense, මහත්, ගජ.

ඇත්·අරුවා, *n.* See ඇතරුවා.

ඇත්·ඇණිය, *n.* See ඇතාණිය.

ඇත්·එමඬිර, *n.* elephant-keeper.

ඇත්·කටුව, *n.* elephant-hook or goad, හෙණ්ඩුව.

ඇත්·කුම්භය, *n.* lump on an elephant's head, elephant's head-lump.

ඇත්·ගාල, *n.* elephant kraal.

ඇත්·ගොව්වා. *n.* elephant-keeper.

ඇත්ත, *n.* fact, reality, the truth.

ඇත්තටම, ඇත්තෙන්ම, *ad.* really, in fact, indeed, de facto.

ඇත්·තල, *n.* for ඇත්හල : elephant-stall.

ඇත්·තලයා, *n.* See ඇත්ගොව්වා, ඇත්හලයා.

ඇත්තා, *n.* owner, possessor.

ඇත්තාවූ, ඇති, *v. adj. pres.* which or who has or is or have or are.

ඇත්තී, *n. fem.* owner, proprietress.

ඇත්තු, *n. pl.* of ඇතා, elephants.

ඇත්තේ, *v.* explanative form of ඇත; is or are.

ඇත්තෝ, *n. pl.* those who are or have; persons; owners.

ඇත්·දත, *n.* elephant's tusk; ivory; *pl.* ඇත්දත්.

ඇත්·දම, *n.* elephant-chain.

ඇත්·දළ, *n.* elephant's tusk.

ඇත්·පනික්කියා, ඇත්·පල්ලා *n.* elephant-keeper, හස්තිපාලයා, ඇත්ගොව්වා.

ඇත්පන්තිය, *n.* herd of elephants.

ඇත්පැටවා, ඇත්පැටියා, ඇත්පොව්වා, *n.* young elephant, elephant calf.

ඇත්·මද, *n.* exudation from the temples &c. of elephants when in rut. [සිංහයා.
ඇත්·රිපු, *n.* enemy of elephants, viz. the lion,
ඇත්·වරණ්ඩය, *n.* (·වරණ්ඩය guiding), elephant-goad or guider, හෙණ්ඩුව
ඇත්·වරණ්ඩා, *n.* the leading or chief elephant.
ඇත්හොඬය, *n.* elephant's trunk, හොඬවැල.
ඇත්හල, *n.* elephant-stall or stable.
ඇත්හලයා, *n.* elephant-keeper. [drawing.
ඇද, ඇදලා, *p. pl.* of අදිනවා: having drawn,
ඇද, *a.* crooked, bent, slant, oblique, contorted.
ඇද·අරිනවා, *v.* to remove any deflection, straighten. [tion.
ඇදකම, *n.* crookedness &c., wryness, deflec-
ඇදකරනවා, ඇදකුදකරනවා, ඇදගසනවා, } *v. t.* to make crooked or awry, distort, deflect, warp, contort.
ඇදකුද, ඇදකුද ඇති, *a.* deflected, wry; faulty, defective. [flaw.
ඇද·කුදය, *n.* deflection and blend, obliquity,
ඇදගන්නවා, *v. t.* to draw to or in, pull, attract, allure; absorb (a liquid); draw or convey (in carts).
ඇද·ගැසෙනවා, ඇදවෙනවා, *v. i.* to become crooked or deflected, to warp.
ඇද·දැති·රෝදය, *n.* skew-wheel.
ඇද·නැති, *a.* without obliquity, straight; *fig.* upright, අවංක. [rightness.
ඇද·නැතිකම, *n.* straightness, directness; up-
ඇදය, *n.* deflection, crookedness, contortion, obliquity. [edly.
ඇදලෙස, ඇදව, ඇදේට, *ad.* aslant, awry, crook-
ඇදහිලි, *n. pl.* of ඇදහිල්ල. [pious.
ඇදහිලිකාර, ඇදහිලිවන්ත, *a.* religious, believing,
ඇදහිලිකාරයා, &c., *n.* religionist, believer, pious person.
ඇදහිලි·ක්‍රමය, *n.* creed.
ඇදහිල්ල, *n.* faith, belief, religion, piety, creed.
ඇදහීම, *v. n.* of අදහනවා: believing; faith &c., as ඇදහිල්ල. [down, ඇද දමනවා.
ඇද·හෙළනවා, *v. t.* to drag and cast down, pull
ඇදල්ලා, *n.* a sort of sea fish.
ඇදරුම, *n.* See හැදරීම.
ඇඳිලි·බඳිනවා, *v.* (E. of අඤ්ජලි...), to join the fingers or palms for worship.
ඇඳිලිය, *n.* the fingers or palms of the hands when joined. [along, trail along.
ඇදී·යනවා, *v. i.* fr. ඇදෙනවා: to be drawn
ඇදීම, *v. n.* of අදිනවා and ඇදෙනවා: pulling, drawing &c.; gasping. [ma.
ඇදුම, *n.* difficulty in breathing, gasping, asth-
ඇදුර, *n.* rock, පර්වතය; honour, ගෞරවය.
ඇදුරු, *n.* teacher, instructor, ගුරුවරයා; practiser, as වඩුඇදුරු, carpenter, බලිඇදුරු, exorcist, &c.

ඇදුරා, ඇදුරාවරයා, *n.* teacher, instructor.
ඇදෙනවා, *v. i.* to draw, trail, be drawn, gravitate; stretch out; *pret.* ඇදුණා.
ඇද්ද, *v. inter.* of ඇති or ඇත, for ඇතිද: Is there, are there, is there enough? [&c.
ඇද්දවීම, *v. n.* of අද්දවනවා: causing to pull
ඇද්දෙනවා, *v. i.* to trail or crawl alond.
ඇනා·හිටිනවා, *v.* to stop, hesitate in speaking &c., falter, pause.
ඇනා·හිටීම, *v. n.* stopping &c.
ඇනීම, ඇනුම, *v. n.* of අනනවා: kneading; of අනිනවා and ඇනෙනවා: pricking, stabbing, penetrating; thrust, stab.
ඇනුම්, *n. pl.* or *a.* thrusts, stabs; piercing, *fig.* sarcastic. [tic, satirical.
ඇනුම්·පද, ඇනුම්·පද·සහිත, *a.* piercing, sarcas-
ඇනුම්·පද·උත්තරය, *n.* retort, cutting answer.
ඇනුම්·පදය, *n.* sarcasm, satire, irony, invective.
ඇනුම්·පහර, *n.* stab; *fig.* stroke of sarcasm or invective.
ඇනෙනවා, *v. i.* of අනිනවා: to pierce, penetrate, run in, prick; ගොඩ ඇනෙනවා, get aground; හිතට ඇනෙනවා, *fig.* pierce the heart, pain the mind; *pret.* ඇනුණා; *v. n.* ඇනීම.
ඇනෙනවා, *v. i.* of අනනවා: to become kneaded; *pret.* ඇනුණා.
ඇන්ද, *n.* side, back, arm, (of chairs &c.).
ඇන්දවීම, *v. n.* of අන්දවනවා: dressing.
ඇන්නවීම, ඇන්වීම, *v. n.* of අන්වනවා: causing to pierce &c. [Oh, dear me!
ඇන්තා, ඇන්තාවක්, *int.* botheration! nuisance!
ඇන්නා, *a.* unlawful, worthless. [see අන්නාය.
ඇන්නාව, *n.* botheration, nuisance, confusion:
ඇඳ, *n.* bed, bedstead; *pl.* ඇඳන් or ඇඳවල්.
ඇඳ, ඇඳලා, *p. pl.* of අඳිනවා: having donned &c.
ඇඳගන්නවා, *v. t.* to put one's clothes on, apparel one's self, don.
ඇඳ·මකුණා, *n.* bug, bed-bug. [drawn.
ඇඳි, *v. adj. pret.* of අඳිනවා: donned; painted,
ඇඳිනගන්නවා, *v. t.* to become aquainted with, recognise, (persons).
ඇඳිනගැනීම, ඇඳිනීම, *v. n.* becoming acquainted with, recognition.
ඇඳිනීම, *v. n.* of අඳුනනවා: recognizing, recognition, being acquainted with.
ඇඳිනෙනවා, *v. i.* to become known or recognised; *pret.* ඇඳිනුණා
ඇඳි·පුටුව, *n.* arm-chair.
ඇඳි·බංකුව, *n.* settee, bench with a back to it.
ඇඳිරි, *a.* dim, dusky, dark, අඳුරු.
ඇඳිරි·ගෙය, *n.* dungeon, cell, prison, හිරගෙ.
ඇඳිරිය, *n.* dimness, duskiness, අඳුරුකම.
ඇඳිරිවෙනවා, *v. i.* to become dim, dusky, අඳුරු වෙනවා.

ඇඳිලිය (or ඇඳිල්ල), *n.* for ඇඟිල්ල finger: see ඇඳිලිය, අඤ්ජලිය.
ඇඳිලිකම, *n.* E. for අඤ්ජලිකර්මය, which see.
ඇඳීම, *v. n.* of අඳිනවා: dressing, wearing, පැළඳගැනීම; delineating, drawing, සටහන් කෙරීම; dress, apparel, ඇඳුම, පැළඳුම.
ඇඳුනුම, *n.* See ඇඳිනීම.
ඇඳුනුම්කාරයා, *n.* person known, acquaintance.
ඇඳුනුම්වෙනවා, *v. i.* to become acquainted with or known to.
ඇඳුම, *n.* garment, dress; *pl.* ඇඳුම්: clothes, clothing, garments. [array.
ඇඳුම්·පැළඳුම්, *n. pl.* clothes and ornaments,
ඇප·උකස, *n.* pledge for security.
ඇපකාර, *a.* who is a surety, sponsorial.
ඇපකාරකම, *n.* suretyship, sponsorship.
ඇපකාරයා, *n.* sponsor, surety, bondsman. [bail.
ඇප·දෙනවා, ඇපබඳිනවා, *v.* to give security,
ඇපය, *n.* security, bail, pledge. [tee.
ඇපවෙනවා, *v. i.* to become security, guaran-
ඇපෑල්, ඇපෑලය, *n.* D., judicial appeal.
ඇපිල්ලීම, *v. n.* of ඇපිල්ලෙනවා and අපුල්ලනවා: washing.
ඇපිල්ලෙනවා, *v. i.* to become washed or come clean in the washing; *pret.* ඇපුල්ලුණා.
ඇපෝපකාරය, *n.* (ඇප උපකාරය), security and help.
ඇප්, *pron.* we, අපි.
ඇප්, *a.* small, කුඩා.
ඇබ·ගහනවා, *v.* to plug, cork, put in a plug.
ඇබය, *n.* plug, stopple, stopper.
ඇබෑර්තු, *a.* Port., vacant (office), හිස්.
ඇබෑර්තුව, *n.* vacancy (of office).
ඇබිත්ත, *n.* a small quantity, morsel, ඕංගිත්ත.
ඇබිත්තයා, *n.* page or servitor of B P.
ඇබිද්ද, *n.* jot, little, morsel: see ඇබිත්ත.
ඇබිස්ස, *n.* See ඇබිත්ත.
ඇබ්බෑහි, *a.* accustomed, practised, පුරුදු.
ඇබ්බෑහිවෙනවා, *v. i.* to become accustomed to, familiar with, පුරුදුවෙනවා.
ඇම, *pron.* for හැම: all, as ඇම කල, always.
ඇම, *n. lit.* and *fig.* bait.
ඇම·ඇදුරු, *n.* universal teacher: ap. of Buddha.
ඇමක්·දමනවා, *v.* to bait, fish with bait; *fig.* fish for, lure, offer inducement. [state.
ඇමති, *a.* E. of ආමාත්‍ය: pert. to ministers of
ඇමති·මඬල, (·මණ්ඩලය,) *n.* the court or cabinet of state ministers.
ඇමතියා, ඇමැත්තයා, *n.* minister of state.
ඇමතීම, *v. n.* of අමතනවා: thinking, සිතීම; expecting, බලා සිටීම; inviting, කැඳවීම. [වීම.
ඇමතුම, *n.* calling, invitation, අඬගැසීම, කැඳ
ඇමදා, *p. pl.* of අමදිනවා: having swept, අතුගා.
ඇමදීම, ඇමදුම, *v. n.* of අමදිනවා: sweeping, sweep.

ඇමෑවරිකරනවා, *v. t.* to sprain, wrench, උළුක්කු කරනවා.
ඇමෑවරිය, *n.* sprain, wrench, උළුක්කුව.
ඇමිවිල්ලා, *n.* a kind of small rat.
ඇමිණිල්ල, ඇමිණීම, *v. n.* of අමුණනවා and ඇමිණෙනවා: stringing, threading.
ඇමිණෙනවා, *v. i.* to become strung or threaded or linked; *pret.* ඇමුණුණා.
ඇමියාව, *n.* dyspepsia, අජීර්ණය.
ඇමීම, *v. n.* of අමනවා: blowing &c. [bait.)
ඇමී·කොටනවා, *v.* to nibble (as a fish at the
ඇම්බැට්ට, *a.* pert. to a barber or his work, tonsorial.
ඇම්බැට්ටයා, *n.* barber, පනික්කියා.
ඇම්බෙහියාව, *n.* See ඇඹෑණියෝ.
ඇම්ම, *n.* ache, pain.
ඇම්සෙමනවා, *v. i.* to be patient, forbear, wait; *pret.* ඇම්සුණා. [කායසීව.
ඇඹෑණියෝ, ඇඹෑණි, ඇඹෙණි, *n.* wife, අඹුව,
ඇඹය, *n.* sufficiency, හැකුම.
ඇඹර, ඇඹරී, *p. pl.* of ඇඹරෙනවා.
ඇඹරවීම, *v. n.* of අඹරවනවා: causing to grind or twist.
ඇඹරීම, ඇඹරුම, *v. n.* of අඹරනවා and ඇඹරෙනවා: grinding, twisting &c.
ඇඹරුම්·ගල, *n.* millstone, grinder.
ඇඹරුම්·යන්ත්‍රය, *n.* mill, grinding machine.
ඇඹරෙනවා, *v. i.* to become ground or twisted; twist about, fidget, wriggle, writhe; *p. pl.* ඇඹරී; *pret.* ඇඹරුණා.
ඇඹලයා, *n.* a small red ant of acid taste.
ඇඹලෑඹුල, *n.* (ඇඹල් ඇඹුල), formic acid.
ඇඹවීම, *v. n.* of අඹවනවා: driving away.
ඇඹිපිල්ලා, *n.* young rat or mouse, මීපැටියා.
ඇඹීම, *v. n.* of අඹනවා: shaping, moulding; driving away.
ඇඹුන, *n.* hip or lap, උකුල.
ඇඹුල, *n.* acid.
ඇඹුල්පත්, *n.* nelli fruit, නෙල්ලිගෙඩිය.
ඇඹුල්, *a.* acid, sour.
ඇඹුල්කම, *n.* acidity, sourness, tartness.
ඇඹුල්කරනවා, *v. t.* to render sour, acidulate.
ඇඹුල්·මිටි, *n.* leaven, ඉඹුත්. [whey.
ඇඹුල්·මෝරු, *n.* vinegar, විනාකිරි, කාඩි; sour
ඇඹුල්වෙනවා, *v. i.* to become acid or sour.
ඇය, *pron. fem.* she, ඈ, ඕතොමෝ.
ඇය, *n.* the past, පූර්වකාලය.
ඇයද, *p. pl.* of අයදිනවා: having requested, supplicated or prayed, ඉල්ලා.
ඇයි, ඇයිද, *inter.* why (in a tone of surprise).
ඇයුම, *v. n.* of අයනවා: gaping, yawning.
ඇර, *p. pl.* of අරිනවා: used also as a postposition: besides, except. [ඹීම.
ඇර, *n.* confusion, consternation, විශවුල, කැල
ඇරත්, *conj.* besides, further, moreover.

ඇර·දමනවා, *v. t.* to cast out, discard.
ඇරමි, *post.* on account of, instead of, අරභයා.
ඇරඹුම, *n.* E. of ආරම්භය : beginning, පටන් ගැන්ම. [ඉල්ලීම.
ඇරයුම, ඇරියුම, *n.* request, prayer, ආරාධනාව,
ඇරලනවා, *v. t.* to conduct, escort, accompany, (a person or child); *pret.* ඇරලුවා ; *v. n.* ඇරලීම. [fr. අරිනවා.
ඇරවීම, *v. n.* of අරවනවා : causing to open &c.,
ඇරියුම, *n.* See ඇරයුම.
ඇරීම, ඇරුම, *v. n.* of අරිනවා and ඇරෙනවා ; opening ; sending &c.
ඇරෙනවා, *v. i.* to open ; remove from, go away, leave, turn away from (a place or work); *p. pl.* ඇරී ; *pret.* ඇරුණා.
ඇලීම, ඇලුම, *v. n.* for ඇලවීම.
ඇලලීම, ඇලලුම, *v. n.* of ඇලලෙනවා and අලලනවා : agitation, excitement, චලනය, කැලඹීම.
ඇලලෙනවා, *v. i.* to be tossed about, agitated, චලනය වෙනවා, කැලඹෙනවා ; *pret.* ඇලලුණා.
ඇලවනවා, *v. t.* to stick : see අලවනවා.
ඇලි, *a.* for ඇලි : white, සුදු.
ඇලිය, *n.* picture, සිතියම. [*sus.*
ඇලි·කිඹුලා, *n.* river crocodile, *crocodilus poro-*
ඇලීම, *n.* attachment, ඇලුම. [adherence.
ඇලීම, *v. n.* of ඇලෙනවා : adhering, sticking,
ඇලුම, *n.* fr. ආලාප : speech, word, බස.
ඇලුත්, *a.* (fr. අලප), small, කුඩා.
ඇලුම, ඇලුම්කම, *n.* attachment, affection, liking, fondness, devotedness.
ඇලුම්වූ, *a.* attached, devoted, fond of, prone to.
ඇලුම්වෙනවා, *v. i.* to be attached to, fond of, adhere to. [ඇලුණා.
ඇලෙනවා, *v. i.* to stick to, adhere to; *pret.*
ඇලෙන·සුලු, *a.* sticky, adhesive, glutinous, ඇලෙන. [ඇලෙන ගතිය.
ඇලෙන·සුල්ල, *n.* stickiness &c., glutinosity,
ඇල්, *a.* cold, fresh, as ඇල්වතුර, cold or unboiled, water.
ඇල්කරනවා, *v. t.* to cool, chill.
ඇල්·කෙත, *n.* dry-land field or hill-paddy field.
ඇල්·කොකා, *n.* black-necked stork, *xenorhyncus asiaticus*, (order Herodiones).
ඇල්·ගෙනි, *n.* (ගෙනි *fem.* of ගොයියා), woman who guards the hill-paddy field.
ඇල්·ගොවියා, *n.* cultivator of dry land (not of the swamp.)
ඇල්·සුලඟ, *n.* cold wind, සීතල සුළඟ.
ඇල්·පැන්, *n.* cold water, ඇල්වතුර.
ඇල්ම, *n.* attachment, fondness, ඇලුම, ඇලුම්කම.
ඇල්·මරනවා, *v. t.* to take off the chill, make lukewarm, tepify ; remove distension of the abdomen.
ඇල්මුවා, *n.* young louse. [&c.)
ඇල්·මැරිච්ච, *v. adj.* lukewarm, warm, (water

ඇල්·මැරෙනවා, *v. i.* to become lukewarm, tepify. [*pret.* ඇල්මේ ලෑවා.
ඇල්මේ·ලනවා, *v. t.* to place aside, separate ;
ඇල්ල, *n.* rapids, waterfall ; rut in a road ; *pl.* ඇලි.
ඇල්ලීම, *v. n.* of අල්ලනවා : holding &c.
ඇල්·වතුර, *n* cold water, fresh water, unboiled water.
ඇල්·වී, *n.* hill-paddy, paddy grown on dry land.
ඇවත, ඇවැත්නි, *n. voc.* Sir, Your Reverence.
ඇවැත, *n.* E. of ආපත්තිය : offence, fault.
ඇවරිය, *n.* comb or section (as of plantains); arch, ආරුක්කුව, තොරණ.
ඇවැස්ස, *a.* E. of අවශ්‍ය : near in relationship, consanguineous, කිට්ටු.
ඇවැස්ස·නෑකම, *n.* blood-relationship, consanguinity, ලේ නෑකම, කිට්ටු නෑකම.
ඇවැස්ස·නෑයා, *n.* blood-relation, ලේනෑයා.
ඇවෑම, *n.* E. of අභාවය : demise, decease, අභාවප්‍රාප්තිය.
ඇවෑමෙන්, *ad.* through the decease of.
ඇවිඩි, *a.* E. of ආවිෂ්ට.
ඇවිටිකරනවා, *v*, to beg, request, ඉල්ලනවා.
ඇවිටිය, ඇවිටුව, *n.* desire, wish, need, ආශාව, කැමැත්ත.
ඇවිටියල්, *a.* untamed, wild, fierce, වල්, චණ්ඩ.
ඇවිටිලිකරනවා, *v.* to urge, persist, පොළඹවනවා, පෙරත්තකරනවා.
ඇවිටිලිය, (or ඇවිටිල්ල), *n.* perseverance, persistency, urgency. E. S.
ඇවිණිය, *n.* shop, boutique, mart, කඩේ.
ඇවිණුම, *n.* for ඇමිණුම fr. අමුණනවා : threading &c.
ඇවිත්, ඇවිල්ලා, *p. pl.* of එනවා : having come.
ඇවිදිනවා, *v.* to walk, walk about, take a walk; *pret.* ඇවිද්දා.
ඇවිදීම, ඇවිදුම, *v. n.* of ඇවිදිනවා : walking &c.
ඇවිද්දවනවා, *v. c.* to make to walk about or march ; *pret.* ඇවිද්දෙව්වා ; *v. n.* ඇවිද්දවීම.
ඇවිරිද්ද, *n.* year, අවුරුද්ද ; *pl.* ඇවිරිදි.
ඇවිරිල්ල, *n.* wall, බිත්තිය ; *pl.* ඇවිරිලි ; for ඇහිරිල්ල, stop-gap.
ඇවිරීම, ඇවිරුම, *n.* (for ඇහිරීම), covering, shielding, protection, මුවාකෙරීම.
ඇවිලවීම, *v. n.* of අවුලවනවා and අවුලුවනවා : picking up &c.; igniting, ignition &c.
ඇවිලි·අවනවා, *v. lit.* to curse curses, imprecate curses, සාපකරනවා.
ඇවිලිල්ල, ඇවිලීම, *v. n.* of ඇවිලෙනවා : burning, flaming ; shooting pain, twinge, lancination, stitch.
ඇවිලෙනවා, *v. i.* to burn, blaze ; *fig.* rankle ; (of pain) shoot, lancinate ; *pret.* ඇවිලුණා.
ඇවිල්ල, *n.* cursing, curse, ශාපකිරීම, ශාපය ; *pl.* ඇවිලි.

ඇවිස්සීම, *v. n.* of ඇවිස්සෙනවා and අවුස්සනවා: irritation, incitement, provocation.

ඇවිස්සෙනවා, *v. i.* to become irritated, roused, stirred up, moved; *pret.* ඇවිස්සුණේ.

ඇවීම, *v. n.* of අවනවා: cursing, imprecation, malediction, දෙස්තැබීම. [ඇවිලීම.

ඇවුණුම, ඇමුණුම, *n.* plaiting, ගෙතීම, stringing,

ඇවුරුම, *n.* covering, වැසීම, වැස්ම, sheltering, මුවාකෙරීම. [out.

ඇවුලීම, *v. n.* of අවුලනවා: picking up, picking

ඇවොම, *pron.* for හැවොම, හැවාම, හැමෝම: all, සියල්ලෝ, සියල්ල.

ඇස, *n.* fr. අශ්‍රු: tear, කඳුල.

ඇස, ඇහැ, *n.* fr. අක්ෂි: eye; chit or germ of a seed, බීජයේ දළුව, බීජාංකුරය; *pl.* ඇස්.

ඇස·නො·පහළු·මිරි or **·මිරු**, *a.* such as had not met the eye—been seen—before, හුදුවුමිරු.

ඇසළ, ඇසළ·මස, *n.* month so called, June-July.

ඇසළසළ, *n.* ap. of Siva, ශිව, ඊශ්වරයා.

ඇසිකිනිය, *n.* pupil of the eye, කළුඉංගිරියාව,

ඇසි·පිය, ඇස්·පිය, *n.* eyelid.

ඇසිපිය·හෙළනවා or **·ගසනවා**, *v.* to wink, blink.

ඇසියා, අසියා, *n.* See අසියා.

ඇසිර, ඇසුරු, *a.* joined, associated, consorting with, ආශ්‍රයකරන.

ඇසිරවීම, *v. n.* of අසුරුවනවා: piling up &c.

ඇසිරි, *n. pl.* or *a.* E. of ආශ්චර්ය: marvels, marvellous.

ඇසිරිය, *n.* marvel, wonder, miracle, ආශ්චර්යම.

ඇසිරිල්ල, *n.* fr. අසුරනවා: piling up, arranging, arrangement &c.

ඇසිල්ල, *n.* snap of the fingers; twinkling of the eyes; instant, moment.

ඇසිල්ලකින්, *ad.* in a twinkling, instantly.

ඇසි·වැසයා, *n.* See අසිමිසයා.

ඇසීම, ඇසුම, *v. n.* of අසනවා and ඇසෙනවා: hearing; questioning, question.

ඇසුරුකරනවා, *v.* to associate with, consort with, mingle, ආශ්‍රයකරනවා, සමාගම් පවත්වනවා.

ඇසෙනවා, *v. i.* (with dat.) to be audible to, hear, overhear; *pret.* ඇසුණේ.

ඇසේ·වළ, ඇස්·වළ, *n.* eye-socket.

ඇස්, *aff.* E. of අශ්‍ර: cornered, as සතරැස්, four cornered, square.

ඇස්, *n. pl.* or *a.* of ඇස: eyes; eye-.

ඇස්·ඇඳිරිය, *n.* dim vision, dysopsy, අඳුරු ඇස් පෙනීම.

ඇස්·කණ්ණාඩිය, *n.* spectacles.

ඇස්·කුලිය, *n. lit.* eye-hire, viz. reward for finding lost things.

ඇස්·කුල්ලා, *n.* a kind of snake of green colour, පලාපණුවා,

ඇස්·ගුළිය, ඇස්·ගෙඩිය, *n.* eyeball.

ඇස්·ගෙතලම, *n.* eye-salve, අඳුන.

ඇස්·දහර, ඇස්·දර, *n.* E. of අශ්‍රුධාරා; *lit.* eye-water or eye-stream, viz. tears, කඳුළු.

ඇස්·දහස්, ඇස්·දැල්, *a.* ep. of Indra, as having a thousand eyes or a network of eyes.

ඇස්·දැල්, *a.* having interstices or meshes.

ඇස්·පත, *n.* hasp; key-hole cover.

ඇස්·පිය, ඇසි·පිය, *n.* eyelid

ඇස්·පිය·ගසනවා or **හෙළනවා**, *v.* to wink, blink.

ඇස්·පිල, *n.* peacock's feather; *pl.* ඇස්පිල්.

ඇස්·පිහාටු·පෙරළීම, ඇස්·පිහාටු·පෙරළී·රෝගය, *n.* trichiasis. [පිහාටු.

ඇස්·පිහාටුව, ඇස්·පිහාටිට, *n.* eyelash; *pl.* ඇස්

ඇස්පොළ, *n.* spot on the eye.

ඇස්·බඳිනවා, *v* to hoodwink, deceive.

ඇස්·බැන්දුම, *n.* juggling, legerdemain, glamour.

ඇස්·බැන්දුම්කාරයා, *n.* juggler, conjurer, magician.

ඇස්·බැඳුම්කරනවා, *v.* to juggle, conjure.

ඇස්·බැම, *n.* eyebrow; *pl.* ඇස්බැම්.

ඇස්මුසුව, *n.* lamp, පහන.

ඇස්මෝරය, *n.* eyeball, ඇස්ගුළිය.

ඇස්·රුදාව, *n.* ophthalmia, ophthalmy.

ඇස්·වටය, *n.* aukle-bone, බොලවය.

ඇස්·වළ, *n.* eye-socket.

ඇස්·වස, *n. lit.* eye-poison: evil or envious eye, evil or injury supposed to be produced by the glance thereof. [eye.

ඇස්·වස·ගස්සනවා, *v.* to be affected by the evil

ඇස්වැද්දවීම, *v. n.* of අස්වද්දවනවා

ඇස්වැද්දීම, *v. n.* of අස්වද්දනවා: cultivation of the ground, tillage.

ඇස්වෙද, *n.* eye-doctor, oculist.

ඇස්·වෙනවා, *v. i.* to germinate, sprout, bud.

ඇස්ස, ඇහ, *n.* eye of coconut &c. [ඉදිරිපිට.

ඇස්·හමු, ඇස්·හමු, *a.* before the eyes, present,

ඇස්·හෙළාගන්නවා, *v.* to cast eyes on.

ඇහැ, *n.* eye; *pl.* ඇස්.

ඇහැ·ඇරෙනවා, *v. i. lit.* the eye opens: to awake, පිබිදෙනවා; *pret.* ඇහැඇරුණේ. [*sans.*

ඇහැටුල්ලා, *n.* whip snake, *passerita mycteri-*

ඇහැමුලා, *n.* snake.

ඇහැල්ල. *n.* joy, ecstacy, ප්‍රීතිමත්කම.

ඇහැළ·මස, *n.* See ඇසළමස.

ඇහිඳිනවා, *v. t.* to pick up, pick out; *pret.* ඇහින්දා; *v. n.* ඇහිඳීම.

ඇහිරිල්ල, *n.* fr. අහුරනවා: stop gap, the stopping or filling of a gap.

ඇහිරීම, *v. n.* of අහුරනවා and ඇහිරෙනවා: setting up; stopping &c.

ඇහිරෙනවා, *v. i.* to become stopped up, choked or blocked up (as a hole &c.); become stopped in (as what fills the hole &c.); settle together, roost; *pret.* ඇහිරුණේ.

ඇහීම, ඇහුම, *v. n.* of අහනවා and ඇහෙනවා: see ඇසීම &c.

ඇනුම්·කන්·දෙනවා, *v.* to give ear to, listen attentively, hearken. [*pret.* ඇනුම්·කන් දුන්නා.
ඇසෙනවා, *v. i.* to be heard &c.: see ඇසෙනවා;
ඇළ, *n.* brook, water-course, channel; trench, canal, aqueduct.
ඇළ, *a.* inclined, slanting, sloping.
ඇල·ඇටය, *n.* rib of the body, ඉළ ඇටය.
ඇලකරනවා, *v. t.* to incline, slant, slope, bevel.
ඇලපත, ඇලය, *n.* side of the body.
ඇල·පිල්ල, *n. gram.* side piece, viz. the vowel sign (ා) at the side a consonant, as කා, being the non-initial for ආ, â.
ඇලය, *n.* slope, splay.
ඇළ·ලනවා, *v.* to lay out or open water-courses, sp. in the paddy fields; *pret.* ඇළලුවා or ඇළලෑවා.
ඇළලෑම, ඇළලීම, ඇළලුම, *v. n.* of ඇළලනවා.
ඇලවුන, *n.* post for tying elephants to &c.; *pl.* ඇලවුන්; see අලන.
ඇලවුම, *n.* calling, invitation, අඬගැසීම.
ඇලවෙනවා, *v. i.* to incline, lean, tilt.
ඇලි, *a.* white, සුදු.
ඇලි·ඇතා, *n.* white elephant.
ඇලි·මිනිසා, *n.* albino; *pl.* ඇලිමිනිස්සු.
ඇලි·වඳුරා, *n.* white monkey, *semnapithicus thersites.*
ඇලි·සමරම, *n.* white whisk.
ඇලිය, *n.* water-drain, ditch, brook.
ඇලේට, *ad.* slantwise, sloping, out of the perpendicular.

ඈ.

ඈ, *n.* The fourth vowel of the alphabet, the lengthened sound of ඇ. Its non-initial form is (ෑ) following the consonant it vocalizes, as මෑ Mǣ.
ඈ, *pron. fem. nom.* and *acc.*, she, her.
ඈ, *a.* E. for ආදි: such-like, et cetera.
ඈකන්කාව, ඈකාන්සාව, *n.* mumps.
ඈක් (ඈකි), *v. aux.* See හැකි.
ඈකි, *a.* such-like, ආකාර, වැනි.
ඈත, ඈත්, *a.* distant, දුර. [tance.
ඈත, ඈතට, *ad.* far, to a distance, at a dis-
ඈත, ඈත්කම, *n.* distance, දුර.
ඈත මෑත, *a.* or *ad.* far and near; ancient and modern. [distantly.
ඈතින්, *ad.* at a distance or from a distance,
ඈත්කරනවා, *v. t.* to put to a distance, separate.
ඈත්වෙනවා, *v. i.* to become distant, separate, diverge. [ing.
ඈනීම, ඈනුම, *v. n.* of ආනනවා: gaping, yawn-
ඈනුම් අරිනවා, *v.* to gape, yawn.
ඈඳනවා, *v. t.* to couple, link, concatenate; *pret.* ඈඳුවා.
ඈඳුනු, *v. adj. pret.* linked, concatenated.
ඈඳි, *v. adj.* united, tied, බැඳි.
ඈඳිය, *n.* chain for fastening elephants. [&c.
ඈඳීම, *v. n.* of ඈඳනවා and ඈඳෙනවා: linking
ඈඳුත්ත, *n.* a united pair, brace, couple.
ඈඳෙනවා, *v. i.* of ඈඳනවා: to become linked &c.; *pret.* ඈඳුණා.
ඈපා, *a.* E. of ආදිපාද, which see.
ඈපොත්ත, *n.* scale or hide of the pangolin; *pl.* ඈපොතු.
ඈයා, *n.* pangolin, කබල්ලෑවා; *pl.* ඈයෝ.
ඈරීම, *v.n.* of ආරනවා: becoming fat, fattening.
ඈලියා·ගතිය, *n.* gluttonousness, gluttony, කෑදරකම. [swollen.
ඈලියාම, *n.* disease in which the belly is
ඈලියාවා, *n.* glutton, කෑදරයා.

ඉ.

ඉ, *n.* The fifth vowel of the alphabet; the third in Sanskrit, which has not the two preceding. Its sound is the fine sharp sound of *i* in *pin*; its non-initial form is (ි), called ඉස්පිල්ල, head or top piece, placed above the consonant it vocalizes: as කි, මි පින්, ki, mi, pin.
ඉ, *prefix*, much, very, ඉතා: as ඉබොහෝ, very many or much, ඉවහල්, very helpful, ඉතා පිහිටවූ.
ඉකිගසනවා, ඉකිගහනවා, ඉකිබිඳිනවා, *v.* to sob.
ඉකිගැසුම, ඉකිබිඳීම, *n.* sob, sobbing.
ඉකිණි, *n.* female louse; *pl.* ඉකිණියෝ.
ඉකිරිකුඩුප්පුවා, *n.* a spe. of fish.
ඉකිරියා, *n.* sea-urchin, echinus. [නය.
ඉකිලිය, *n.* groin; hip, lap, උකුල; vessel, භාජ
ඉකුත්, ඉකුත්වූ, *a.* past, transpired, පසුගිය.
ඉකුත්ද, *n.* (ද for ජාති), former existence.
ඉකුත්·වත, *n.* (වත for වත්තුව), narrative of the past, පසුගිය ජාතියේ කථාව.
ඉකුත්වෙනවා, *v.* to elapse, emerge, pass away, පසුවෙනවා; expire, die, තුරන්දුවෙනවා, මැරෙනවා; *v. n.* ඉකුත්වීම.
ඉක්, *a.* E. of ඉක්ෂු: sugar-cane, උක්.
ඉක්කා·මදුල, *n.* pulp of the jak fruit; *pl.* ඉක්කා මදුලු.
ඉක්කාව, *n.* hiccough, හික්කාව,
ඉක්කා·විංඩෙනවා, *v. i.* to hiccough.
ඉක්බිති, ඉක්බිත්තෙන්, *ad.* after that, then, afterwards, ඉන්පසු, පසුව.
ඉක්ම, *p. pl.* of ඉක්මෙනවා: having elapsed &c,
ඉක්මන, *n.* celerity, speed, rapidity, hurry.
ඉක්මනට, ඉක්මනින්, *ad.* quickly, soon, speedily. [per.
ඉක්මන්, *a.* quick, rapid, swift; hasty in tem-
ඉක්මන්කම, *n.* speed &c.; hastiness.
ඉක්මන්කරනවා, ඉක්මන්වෙනවා, *v. i.* to hasten, hurry, be quick.

ඉක්මන්කරවනවා, *v. t.* to expedite, hasten, hurry.
ඉක්මන්·කාර, *a.* hasty, hot-headed, irritable.
ඉක්මවනවා, *v. t.* to go beyond, exceed; *pret.* ඉක්මෙවුවා; *v. n.* ඉක්මවීම.
ඉක්මෙනවා, ඉක්මයනවා, *v. i.* to pass away, elapse, transpire, expire (of time); *pret.* ඉක්මුණා, ඉක්මගියා; *p. pl.* ඉක්ම or ඉක්මී.
ඉක්ෂු, *a.* sugar-cane, sugar-, උක්.
ඉක්ෂු·යන්ත්‍රය, *n.* sugar-mill, උක්මෝල.
ඉක්ෂු·මේහය, *n.* diabetes. E. S.
ඉක්ෂුමේහි, *a.* diabetic. E. S.
ඉක්ෂු·විකාර, *n.* sugar, උක්හකුරු, සීනි.
ඉක්ෂු·සුරාව, *n.* sugar-spirit, rum.
ඉක්ෂ්වාකු, *n.* name of the first king of the Súryavansa. Gautama Buddha was a descendant of this line.
ඉක්ෂ්වාකු·වංශය, *n.* Súryavansa or Sun-dynasty, සූර්‍ය්‍යවංශය.
ඉගනගන්නවා, ඉගෙනගන්නවා, *v. t.* to learn.
ඉගනගැනීම, ඉගෙනගැනීම, ඉගැනීම, *v. n.* act of learning; education.
ඉගැන්නුම්කාරී, *n. fem.* teacher, governess.
ඉගැන්වීම, *v n.* of උගන්වනවා: teaching, instruction.
ඉගිලෙනවා, *v. i.* to fly; peel off; be uprooted; *pret.* ඉගිලුණා; *v. n.* ඉගිලීම.
ඉගිල්ලීම, *v. n.* of උගුල්ලනවා.
ඉඟු, *n.* sugar-cane: see උක්ගස. [විසඳු.
ඉඟු·සැව්·ගුරු, *n.* Cupid's father: ap. of Vishnu,
ඉඟු·සැව්, *n.* sugar-cane bow: ap. of Cupid, කාම දෙවියෝ.
ඉගෙනීම, *v. n.* See ඉගනගැනීම.
ඉංගිතය, *n.* hint, sign, gesture.
ඉංගිරියාව, *n.* pupil of the eye, කළු ඉංගිරියාව.
ඉංග්‍රීසි, *a.* English; *n.* English language.
ඉංග්‍රීසිකාරයා, *n.* Englishman.
ඉඟ, ඉඟටිය, *n.* waist, loins; *pl.* ඉඟවල්, ඉඟටි.
ඉඟ·පටිය, *n.* waist-band, belt, girdle. [hint.
ඉඟිකරනවා, ඉඟිමරනවා, *v.* to wink or nod as a
ඉඟිකරමින්, *p. pl.* as *ad.* blinking, with blinking or sly glance. [tatorum.
ඉඟිනි·ඇටය, *n.* the clearing-nut, *strychnos po-*
ඉඟිය, *n.* hint, wink or nod; intention, අභිප්‍රාය.
ඉඟ්ලෑය, *n.* love, සෙනෙහස.
ඉඟුගස, *n.* sugar-cane, උක්ගස.
ඉඟුර, ඉඟුරු, *n.* ginger, *zingiber.*
ඉඟුරා, *n.* a small fish resembling white-bait.
ඉඟුරු·කැවුම, *n.* gingerbread.
ඉඟුරු·මද්‍යපානය, *n.* ginger-wine.
ඉඟුරු·බිස්කෝත්තුව, *n.* ginger-nut.
ඉඟුල්, *n.* vermillion, red-lead, සාදිලිංගම්.
ඉච්චා, *n. pl.* or *a.* flatteries; flattering.
ඉච්චාකරනවා, *v.* to flatter, blandish.
ඉච්චාකාර, *a.* flattering, fawning.
ඉච්චාකාරයා, *n.* flatterer.
ඉච්චාව, *n.* flattery, blandishment.
ඉච්ඡක, *a.* wishing, desiring, කැමති, ආශාවෙන.
ඉච්ඡාව, *n.* wish, desire, කැමැත්ත, ආශාව.
ඉච්ඡාවතී, *n. fem.* woman who desires, ආශා ඇත්තී.
ඉච්ඡා·විඝාතය, *n.* destruction of hope or what is desired, disappointment.
ඉජ්ජාව, *n.* sacrifice, යාගය; gift, දානය; union, සම්බන්ධය, සන්ධිය.
ඉඤ්ජිනේරු·මහත්මයා, *n.* engineer; architect.
ඉඤ්ඤයා, *n.* teacher: ap. of Buddha, බුදුන්
ඉටක, *n.* determination, resolve: අදිටන.
ඉටනවා, ඉටාගන්නවා, *v.* to determine, resolve, will, නියමකරගන්නවා; *pret.* ඉටුවා; *v. n.* ඉටීම.
ඉට·මිතුරු, *n.* ඉට or ඉටු E. of ඉෂ්ට: see ඉටුමිතුරු.
ඉටාගැනීම, *v. n.* determining &c.: see ඉටනවා.
ඉටි, *n.* or *a.* wax.
ඉටිගානවා, *v.* to wax, smear wax on.
ඉටිගෙය, ඉටිගේ, *n.* tent, කූඩාරම; *pl.* ඉටිගෙවල්.
ඉටි·පන්දම, ඉටි·පහන, *n.* wax-candle.
ඉටි·පිළිමය, ඉටි·රූපය, *n.* wax-figure or image, wax-work.
ඉටි·රූප·ශිල්පය, *n.* art of wax-modelling.
ඉටිරෙද්ද, *n.* wax-cloth, waxed cloth, cerecloth, oil-cloth. [හීරීම.
ඉටීම, ඉටුම, *v. n.* of ඉටනවා, which see: අභිප්‍රාය
ඉටු, *a.* E. of ඉෂ්ට: desired, කැමතිවූ; accomplished ඉෂ්ටවූ; beloved, ප්‍රිය; good, යහපත්.
ඉටු·අත, *n.* E. of ඉෂ්ටාර්ථය; success, සඵලය, සුභ සිද්ධිය. [නාමවශ.
ඉටුඅතිවු, ඉටුනිටු, *n.* (ඉටුඅත්ඉටු), E. of ඉෂ්ටා
ඉටුකරනවා, *v. t.* See ඉෂ්ටකරනවා.
ඉටුදෙවියා, *n.* god of good fortune; one's chosen teacher or god. [සිත මිතුරා.
ඉටුමිතුරු, *n.* beloved or loving friend, හිතේ
ඉටුවෙනවා, *v. i.* See ඉෂ්ටවෙනවා.
ඉට්ටම, *n.* emancipation, liberation, manumission, නිවහල්කිරීම. [නිදහස්වුණු.
ඉට්ටම්, ඉට්ටම්වූ, *a.* emancipated &c., set free,
ඉට්ටම්කරනවා, *v. t.* to emancipate, manumit, නිවහල්—නිදහස්—කරනවා.
ඉට්ටම්වෙනවා, *v. i.* to become free &c., නිදහස වා, නිවහල්වෙනවා &c.
ඉඩ, *n.* space, room, opportunity, scope.
ඉඩ·අරිනවා, ඉඩදෙනවා, *v.* to make room, allow space; permit, allow, let.
ඉඩගය, *n.* the left nostril, වම් නාස්පුඩුව.
ඉඩ·පාඩු·ඇති, *a.* commodious, convenient.
ඉඩ·පාඩු·නැති, *a.* incommodious &c.
ඉඩ·පාඩුව, *n.* space, convenience, opportunity, scope.
ඉඩ·ප්‍රස්තාව, *n.* opportunity, scope.
ඉඩම, *n.* place, situation.

ඉඩම්·කඩම්, *n. pl.* immovable property, grounds and such, gardens and lands, premises, tenements.
ඉඩවර &c.: see ඉඩෝර &c.
ඉඩා, ඉඩාව, *n.* the air of the left nostril, වම් නාස්පුඩුවේ වාතය.
ඉඩෝර, *a.* dry, droughty.
ඉඩෝරකම, ඉඩෝරය, *n.* dry weather, drought.
ඉඩෝර·කාලය, *n.* the dry season, time of drought.
ඉණ, *n.* waist, loins; debt, ණය.
ඉණ·ඉස·කොල්ලකනවා, *v.* to rifle or plunder waist and head, i. e. entirely.
ඉණකඩ, *n.* waist-cloth.
ඉණ·කිලුටුවීම, *v. n.* of ඉණකිලුටුවෙනවා: menstruation, menses.
ඉණසැදය, ඉණහැදය, ඉණ·හැමද්, *n.* waist-saddle or binder, girdle (of toddy drawer &c.); waist ornament.
ඉණහැද, *n.* devil dancer's dress (or mask) to represent the demon.
ඉණගිත, *a.* indebted, ණයවූ.
ඉණගිතයා, *n.* debtor, ණයකාරයා.
ඉණි·කුණ, *n.* (ඉණ·උකුණ), white louse found on the body, body louse; *pl.* ඉණිකුණෝ.
ඉණිමග, *n.* ladder; *pl.* ඉණිමං. [of a ladder.
ඉණි·මං·පොත්ත, *n.* rundle, round, rung, spoke
ඉත, *a.* friendly, affectionate, desired, මිතුවූ; (Sans.) gone; remembered.
ඉතර, *a.* other, වෙන, අන්‍ය.
ඉත·සිත, *n.* friendly-mind, good-will, මිතු සිත.
ඉතා, ඉතාම, ඉතාමත්ම, *ad.* very, exceedingly, excessively.
ඉතාලි, *a.* Italian.
ඉතාලියා, *n. mas.* an Italian.
ඉති, *ad.* thus, මෙසේ: see ඉතින්.
ඉතින්, ඉතිකින්, *ad.* and *conj.* now; henceforth; thus, therefore. [මෙයාකාර.
ඉතිබු, *a.* E. of ඉත්ථම්භූත: such as this, මෙසේවූ,
ඉතිරි, *n.* E. of ස්ත්‍රී: woman, wife.
ඉතිරි, *a.* remaining, residual, ඉතුරු.
ඉතිරිතර, *a.* mutual, pert. to each.
ඉතිරි·ලිඟුව, *n.* See ස්ත්‍රී ලිඟුව.
ඉතිරිවෙනවා, *v. i.* See ඉතුරුවෙනවා.
ඉතිරීම, ඉතිරියාම, *v. n.* of ඉතිරෙනවා: flowing over &c.
ඉතිරෙනවා, *v. i.* to run over, overflow, boil over; *fig.* to abound, exceed; *pret.* ඉතිරුණ.
ඉතිවුත්තකය, *n.* for Sans. ඉත්‍යුක්තක, *lit.* Thus said: B., name of one of the nine divisions of the sacred books or science, consisting of works in the catechetical form.
ඉතිහස, ඉතිහාසය, *n.* ancient narrative, history. [historical, epic.
ඉතිහාසික, (for the more correct ඓතිහාසික) *a.*

ඉතිහාසික·කාව්‍යය, *n.* epic poetry.
ඉතිහාසිකයා, *n.* historian, ඉතිහාසඥයා.
ඉතුරු, *a.* remaining, surplus, residual.
ඉතුරුකරනවා, *v. t.* to reserve, leave some over; cause to survive, save (the sick).
ඉතුරුවීම, *v. n.* remaining over; survival.
ඉතුරුවෙනවා, *v. i.* to be left over, remain; survive.
ඉතුව, *n.* season of the year, ඍතුව.
ඉත්ත, *n.* bunch or stalk (of fruit or flowers); *pl.* ඉති; a little, small quantity, ඩිංගිත්තක්.
ඉත්තා, *n.* 'man' or piece in game of draughts &c.; *pl.* ඉත්තෝ.
ඉත්තෑ·කුර, *n.* porcupine quill.
ඉත්තෑවා, *n.* porcupine, hedgehog, hystrix.
ඉත්ථම්භූත, *a.* that has become so or thus, මෙසේවූ.
ඉද, *n.* heart, හෘදය; needle, ඉදිකටුව. [besom.
ඉදල, *n.* dry branch; broom, both plant and
ඉදවනවා, *v. t.* to cause to ripen, to mellow; *pret.* ඉඳෙවුවා; *v. n.* ඉදවීම.
ඉදල්·ඉරිඟු, *n.* maize.
ඉදි, *a.* straight, ඇදනැති; also for ඉදින්.
ඉදි, ඉදු, ඉදුඹු, *n.* E. for සාමිය, which see.
ඉදිකටු·කුලාව, ඉදිකටු·කුඹුව, *n.* needle-case.
ඉදි·කටුව, ඉදි·කට්ට, *n.* needle; *pl.* ඉදිකටු.
ඉදි·කටු·මල, *n.* needle-eye, needle's eye.
ඉදි·කඩුල්ල, *n.* a stile of bars, passage closed with bars.; *pl.* ඉදිකඩුලු.
ඉදිකරනවා, *v. t.* to make, construct, build.
ඉදිච්ච, *a.* ripe, mellow.
ඉදිච්චකම, *n.* ripeness, mellowness.
ඉදින්, *ad.* and *conj.* See ඉතින්.
ඉදිබුවා, *n.* tortoise, ඉබ්බා. [faction.
ඉදිමීම, *v. n.* of ඉදිමෙනවා: swelling, tume-
ඉදිමුම, *n.* swelling, intumescence, tumour, protuberance.
ඉදිමුම්කම, *n.* tumidness, turgescence, bloatedness, puffiness. [ඉදිමුණ.
ඉදිමෙනවා, *v. i.* to swell, become bloated; *pret.*
ඉදිමෙදුම්කාරයා, *n.* architect.
ඉදිරිකරනවා, *v. t.* to place before, present or station in front.
ඉදිරි·පසු, *a.* inverted in order, preposterous.
ඉදිරි·පසුකරනවා, *v. t.* to invert, reverse.
ඉදිරිපසුව, *n.* a case of inversion; inconsistency; discrepancy.
ඉදිරිපිට, *a. post.* or *ad.* before, opposite, in front, in the presence of.
ඉදිරිපිටට, ඉදිරිපිටින්, *ad.* to the front &c.; from the front &c.
ඉදිරිය, *n.* position in front or opposite.
ඉදිරියට; ඉදිරියෙන්; ඉදිරියෙහි, *post.* or *ad.* to the presence; from the presence or front; in the presence.

ඉදිරෙනවා, *v. i.* to become uprooted; *pret.* ඉදිරුණා; *v. n.* ඉදිරීම. [distaff-thread.

ඉදි·වැල, *n.* the thread drawn from the distaff,

ඉදීම, *v. n.* of ඉදෙනවා: ripening, mellowing.

ඉදු, *a.* E. of ඍජු: straight, කෙළින් තිබෙන; honest, අවංක, ඇදනැති.

ඉදුකිල, *n.* threshold, පඩිකඩ; see ඉන්ද්‍රකීලය.

ඉදුබා, ඉදුබුවා, *n.* tortoise, ඉබ්බා.

ඉදුබු, *a.* tortoise-, testudinal.

ඉදුර, ඉදුරු, *n.* *semen virile.*

ඉදුරු, *n.* the East, පූර්වදිශාව; ap. of Indra.

ඉදුව, *n.* row (of plants &c.), පේළිය.

ඉදුහස, *n.* E. of හාසය.

ඉදෙනවා, *v. i.* to ripen, become mellow; mature, come to a head (as boils &c.); *pret.* ඉදුණා; *v. n.* ඉදීම.

ඉදැලුව, *n.* See ඊතෙලාව.

ඉද්ද, *n.* spindle, distaff. [part.

ඉද්දර, *n.* head of a bed; the upper or higher

ඉද්දීම, *v. n.* of ඉද්දෙනවා and උද්දෙනවා: aching &c.

ඉද්දෙනවා, *v. i.* to tingle or lancinate with pain, to ache (as a boil &c., when touched); *pret.* ඉද්දුණා.

ඉනංගු, *a.* appropriate, compatible, proportionate, consonant, congruous.

ඉනංගුකම, *n.* appropriateness &c., fitness, suitableness. [&c.

ඉනාංගුකරනවා, *v. t.* to make compatible with

ඉනංගු·නැති, *a.* incompatible &c.

ඉනංගුවෙනවා, *v. i.* to be appropriate, comport, cohere &c.

ඉනාත්කරනවා, *v. t.* to vaccinate, අත්විදිනවා.

ඉනාම, *n.* low-caste, අබුජම්මය.

ඉනියා, *int.* Oh dear me! alas! poor! dear!

ඉනීම, *v. n.* of ඉනෙනවා and උනනවා: springing up or flowing.

ඉනුම, *n.* spring of water, උල්පත; untying, loosing, ලිහීම.

ඉනෙනවා, *v. i.* to spring or flow (as water), උනනවා; get loose or separated, ලිහෙනවා; *pret.* ඉනුණා.

ඉන්අනිද්ද, *n.* the second day after to-morrow.

ඉන්ගම, for ඉම්ගම, *n.* limit, boundary, මායිම.

ඉන්දනවා, *v. c.* to cause to sit, seat; place, plant; *pret.* ඉන්දුවා.

ඉන්දියා·දේශය, ඉන්දියාව, *n.* India.

ඉන්දියානු, *a.* Indian, pert. to India.

ඉන්දීම, *v. n.* of ඉන්දනවා: seating, planting.

ඉන්දු, *n.* the moon: චන්ද්‍රයා, හඳ

ඉන්දුකාන්තය, *n.* See චන්ද්‍රකාන්තය.

ඉන්දුජනකය, *n.* the ocean, සමුද්‍රය.

ඉන්දු·පුත්‍රයා, *n.* son of the moon, ap. of the planet Mercury, බුදහු.

ඉන්ද්‍ර, ඉන්ද්‍රදෙවියෝ, ඉන්ද්‍රයා, *n.* the Hindu Deity Indra, regarded as the Supreme of [illegible] and the inferior gods.

ඉන්ද්‍ර·කීලය, *n.* the fabulous mountain Mandara, used by the gods to churn the ocean, මන්දර පර්වතය; a post placed at the boundary of a town, මායිම් කණුව; threshold, එළිපත්ත.

ඉන්ද්‍ර·ගෝපක, ඉන්ද්‍ර·ගෝප, *n.* firefly or glow-worm, කනාමැදිරියා or රැඹදුල්ලා; a red worm that issues from the ground in the rainy season.

ඉන්ද්‍ර·චාප, *n.* rainbow, iris, දේදුන්න.

ඉන්ද්‍ර·චාප·වර්ණාකාර, *a.* (·ආකාර) rainbow-coloured, iridescent. E. S. [lowing.

ඉන්ද්‍ර·ජාල, *a.* pert., to jugglery &c. See the fol-

ඉන්ද්‍ර·ජාල, *n.* juggling, legerdemain, enchantment, විජ්ජාව, හූනියම.

ඉන්ද්‍ර·ජාල·කණ්ඨනය, *n.* ventriloquism. E. S.

ඉන්ද්‍ර·ජාල·කණ්ඨාකාරයා, *n.* ventriloquist.

ඉන්ද්‍ර·ජාල·යෂ්ටිය, *n.* conjurer's wand.

ඉන්ද්‍ර·ජාලයා, ඉන්ද්‍ර·ජාලිකයා, *n.* juggler, conjurer, විජ්ජාකාරයා.

ඉන්ද්‍ර·දිග, *n.* or *a.* the region ruled by Indra, the orient, the East; eastern, oriental.

ඉන්ද්‍ර·ධනුව, *n.* Indra's bow, viz. the rainbow, දේදුන්න. [කැටය.

ඉන්ද්‍ර·නීල·මාණික්‍යය, ඉන්ද්‍ර·නීලය, *n.* sapphire, නිල්

ඉන්ද්‍රය, *n.* organ of sense: see ඉන්ද්‍රියය.

ඉන්ද්‍ර·යව, *n.* medicinal nut or seed, කෙළිඳ ඇට.

ඉන්ද්‍ර·ලුප්ත, *n.* morbid baldness, scalp-worm baldness.

ඉන්ද්‍ර·ලුප්තයා, *n.* scalp-worm, උදුකොඩුවා.

ඉන්ද්‍ර·වංශා, *n.* a poetical line of twelve syllables.

ඉන්ද්‍ර·වජ්‍රා, *n.* a poetical line of eleven syllables.

ඉන්ද්‍රාණී, *n.* wife of Indra.

ඉන්ද්‍රායුධය, *n.* (·ආයුධය) Indra's weapon, viz. the rainbow, දේදුන්න.

ඉන්ද්‍රිය, *a.* pert. to an organ of sense, organic.

ඉන්ද්‍රිය·කාර්‍ය, *a.* pert. to the action of the senses or organs, functional.

ඉන්ද්‍රිය·කාර්‍යය, *n.* action of an organ, function.

ඉන්ද්‍රිය·ගෝචර, *a.* perceptible, දැනෙන; physical, sensuous, ඉන්ද්‍රියයන්ට අසුවූ. [දැනෙනසුලු.

ඉන්ද්‍රිය·ගෝචරත්වය, *n.* perceptibility, ඉන්ද්‍රියයන්ට

ඉන්ද්‍රිය·ජ·ධර්ම·දෘෂ්ටිය, *n.* *men. phil.* sensationalism, sensualism.

ඉන්ද්‍රිය.ඥානය, *n.* perception, දැනීම, දැනුම.

ඉන්ද්‍රිය·ඥාන·සහිත, *a.* sentient, passible, දැනීම ඇත්තාවූ.

ඉන්ද්‍රිය·දමනය, ·නිග්‍රහය, ·බන්ධය, *n.* subjugation of the senses, ඉන්ද්‍රියයන් දමනයකිරීම.

ඉන්ද්‍රිය·බුද්ධිය, *n.* perception by the senses, faculty of perception, sense.

ඉන්ද්‍රිය·බුද්ධි·සහිත, *a.* having the faculty of perception, perceptive.

ඉන්ද්‍රිය·මස්තුලුංගය, *n.* sensorium. E. S.
ඉන්ද්‍රියය, *n.* organ of sense, faculty: see පංචේන්ද්‍රියයෝ. [organic.
ඉන්ද්‍රිය·රහිත, *a.* without organs of sense, in-
ඉන්ද්‍රියවත්, ඉන්ද්‍රියසහිත, *a.* having organs of the sense, animate, organic.
ඉන්ද්‍රියවත්·ධාතු, *n. pl.* organic remains.
ඉන්ද්‍රියවත්·වස්තු, *n. pl.* organic bodies. E. S.
ඉන්ද්‍රියවත්·වස්තු·ද්‍රව්‍ය, *n. pl.* organic substances.
ඉන්ද්‍රිය·සං·ප්‍රයෝගය, *n.* object of any one of the senses, as an image for the sight.
ඉන්ද්‍රිය·සං·වර·ශීලය, *n.* practice of the subjugation of the senses, which is the second of the four observances (චතුපාරිශුද්ධිශීල) of B. P.
ඉන්ද්‍රිය·සනාඩී, *n. pl.* the nerves of the senses.
ඉන්ද්‍රියාගෝචර, *a.* (·අගෝචර), unperceivable, imperceptible to the senses, insensible.
ඉන්ද්‍රියාගෝචරභාව, *n.* imperceptibility.
ඉන්ද්‍රියායතනය, *n.* (·ආයතනය abode), abode of the senses, the body, ශරීරය.
ඉන්ද්‍රියාර්ථය, ඉන්ද්‍රිය·විෂය, *n.* (·අර්ථය), object of sense, as sound, taste &c.
ඉන්ධනය, *n.* firewood, fuel, දර.
ඉන්න, *n.* hedge-stake, stake; *pl.* ඉනි.
ඉන්නවා, *v. i.* to be, exist, be present, (of animates only); *p. pl.* ඉඳ; *pret.* උන්නා; *v. n.* ඉඳීම.
ඉන්නා, *v. pres.* for ඉන්නවා.
ඉන්නා, *n.* wart; *pl.* ඉන්නෝ.
ඉන්·සියර, (ඉම්සියර), *n.* boundary dam or ridge.
ඉන්·නිසා, ඒ·නිසා, *conj.* therefore, on that account. [seat.
ඉන්·මුල, *n.* (ඉන් for ඉණ loins), fundament,
ඉඳගන්නවා, *v.* to sit down, take a seat.
ඉඳගන්වනවා, *v. c.* to cause to sit down, seat.
ඉඳ·හිට, ඉඳ·හිටලා, *ad.* occasionally, sometimes.
ඉඳි, *n. pl.* or *a.* dates; date (tree &c.).
ඉඳිකඩ, *n.* stile in a fence.
ඉඳිනවා, *v. i.* to sit; be; ඉන්නවා; *pret.* උන්නා; *imp.* ඉඳින්, ඉඳිල්ලා.
ඉඳිර, *n.* bee, මීමැස්සා.
ඉඳිවරය, *n.* door-bar, හරස් දණ්ඩ.
ඉඳීම, *v. n.* of ඉඳිනවා and ඉන්නවා: sitting; being; existing, existence.
ඉඳු, *n.* camphor, කපුරු; thunder, ගෙරවුම.
ඉඳු, *n.* E. of ඉන්දු: Indra, සක්‍රයා: moon, චන්ද්‍රයා.
ඉඳු, *a.* E. of ඉන්දු: eminent, chief, උත්තම, ප්‍රධාන.
ඉඳු, *n.* virgin, maid, කන්‍යාව.
ඉඳු·උපුල, *n.* sapphire: see ඉන්ද්‍රනීලමාණික්‍යය.
ඉඳු·කාන්තාව, *n.* Indra's wife, viz. the moon.
ඉඳු·නිලය, *n.* E. of ඉන්ද්‍රනීලය; also sill, එළිපත්ත.
ඉඳු·ගජ, *n.* Indra's elephant, ඉන්ද්‍රදේවියාගේ ඇතා.
ඉඳු·ගොවුවා, *n.* E. of ඉන්ද්‍රගෝපක.
ඉඳුද, *n.* thunder, thunderbolt, ගෙරවුම.

ඉඳු·දදය, ඉඳු·දුන්න, *n.* Indra's flag, Indra's bow, viz. rainbow, දේදුන්න.
ඉඳු·දල, *n.* E. of ඉන්ද්‍රජාලය: jugglery, විජ්ජාව.
ඉඳු·නිල්·මැණික, ඉඳු·මිණ, *n.* sapphire, ඉන්ද්‍රනීලය.
ඉඳු·පුත්, *n.* son of the moon, viz. the planet Mercury, බුදහු.
ඉඳුම, *v. n.* of ඉන්නවා: sitting, remaining.
ඉඳුම·හිටුම, *n. pl.* lodging and quarters.
ඉඳුර, *n.* E. of ඉන්ද්‍ර; *pl.* ඉඳුරෝ, *acc.* ඉඳුරන්; also the East, පූර්වදිශාව.
ඉඳු·රත්නය, *n.* moon-gem, viz. pearl, මුතුඇටය.
ඉඳුරසන, *n.* (ඉඳුර අසුන), Indra's throne, ඉන්ද්‍රාසනය. [කටම, සැබෑවටම.
ඉඳුරා, ඉඳුරම, *ad.* assuredly, positively, සත්‍ය
ඉඳුරා, *a.* east, නැගෙනහිර: tender, soft, මෘදු; chief, exalted, ප්‍රධාන, උතුම්.
ඉඳුරා, *n. pl.* the senses: see ඉන්ද්‍රිය. [කොකා.
ඉඳුරා·කොකා, *n.* grey heron, කලපු සාරවැල්
ඉඳුරා·ගජ, *n.* See ඉඳුගජ. [කාරයා.
ඉඳුරා·දලී, *n.* E. for ඉන්ද්‍රජාල; juggler; විජ්ජා
ඉඳුරා·දික්, *a.* eastern, නැගෙනහිර දිග.
ඉඳුරා·දික්·පතියා, *n.* Ruler of the East, Indra, ශක්‍රයා.
ඉඳුරාදිග, *n.* or *a.* the East, India, පූර්වදිශාව; eastern, Indian.
ඉඳුරා·කල, *n.* east wind, නැගෙනහිර සුළඟ.
ඉඳුරා·පති, *n.* See ඉඳුරාදික්පති. [රවති.
ඉඳුරා·පුර, *n.* city or capital of Indra: see අම
ඉඳුල්, *a.* broken (food), desecrated.
ඉඳුල්කඩ, *n.* napkin, handkerchief.
ඉඳුල්කරනවා, *v. t.* to spoil by broaching, desecrate, pollute. [scraps, offal.
ඉඳුල්·කෑම, ඉඳුල්·බත්, *n.* broken meat, leavings,
ඉඳුල්වෙනවා, *v. i.* to be polluted by being broached, contract impurity.
ඉඳුවනවා, *v. c.* to cause to plant; *pret.* ඉන් දෙවුවා; *v. n.* ඉඳුවීම. [දුන්න.
ඉඳු·සැව්, *n.* Indra's bow, viz. the rainbow, දේ
ඉඳු·සිඳුර, *n.* See ඉඳුගජ.
ඉඳු·ගෙස, *n.* thunderbolt, හෙන, හෙනය.
ඉඳේදුම, *n.* palanquin, දෝලාව. [nation.
ඉපදවීම, *v. n.* of උපදවනවා: production, origi-
ඉපදීම, ඉපදිල්ල, ඉපදීම, ඉපදුම, *v. n.* of උපදිනවා and ඉපදෙනවා: birth; arising, originating, origination.
ඉපදෙනවා, *v. i.* to be born; arise, spring up, originate; *pret.* ඉපදුණා; *v. n.* ඉපදීම.
ඉපනැල්ල, *n.* stubble; *pl.* ඉපනැලි.
ඉපල, *n.* rod, switch.
ඉපල්·පහර, *n.* stroke with a switch.
ඉපැත්ම, *n.* birth, ඉපදීම.
ඉපැද්දවීම, *v. n.* of උපදවනවා: see ඉපදවීම.
ඉපැදි, *p. pl.* of ඉපදෙනවා: born, arisen, ඉපද.
ඉපැද්දීම, *v. n.* of උපද්දනවා: production, origination, ඉපදවීම.

ඉපැත්, *v. adj. pret.* for උපන්, from, උපදිනවා.

ඉ·පිට, *a.* or *ad.* distant, far: see එපිට.

ඉපියා, ඉපියාව, *n.* paddy-borer, weevil.

ඉපියාව, *n.* mouth-piece of an instrument, reed; float used in fishing. [which see.

ඉපිල, *p pl.* of ඉපිලෙනවා, for ඉලිප්පෙනවා,

ඉපිලවනවා, *v. t.* to arouse, excite, lift up (the heart &c.); *pret.* ඉපිලෙවුවා; *v. n.* ඉපිලවීම.

ඉපිලි, *v. adj. pret.* of ඉපිලෙනවා: that has arisen, floating &c.

ඉපිලි·කඳ, *n.* buoy.

ඉපිලෙනවා, *v. i.* to float, rise to the surface, float or fly in the air; *pret.* ඉපිලුණා; *v. n.* ඉපිලීම. [a canoe).

ඉපිල්ල, *n.* float (for angling); out-rigger (of

ඉපිල්ලා, *n.* a kind of fish.

ඉපිල්ලෙනවා, *v. i.* to bubble up; be elated or vain; *pret.* ඉපිල්ලුණා; *v. n.* ඉපිල්ලීම.

ඉප්සුම, *n.* elevating, lifting up, එසවීම.

ඉබ, ඉබු, *n.* tortoise, ඉබ්බා; elephant, ඇතා, අලියා.

ඉබාගාතේ, *ad.* stragglingly, irregularly.

ඉබාගාතේ·යනවා, *v.* to saunter or roam about, straggle; wander, err, මුලාවෙනවා.

ඉබි·යතුර, *n.* padlock. [padlock.

ඉබියතුර·දමනවා, *v.* to put a padlock on, to

ඉබේ, ඉබේට, ඉබේම, *ad.* by chance, of itself, spontaneously.

ඉ·බොහෝ, *pron.* or *a.* (ඉ for ඉතා), very many, a great many.

ඉබ්බා, *n.* tortoise.

ඉභයා, *n.* elephant, අලියා.

ඉම, *n.* boundary, limit, end.

ඉ·මහත්, *a.* very large, enormous, ඉතා මහත්.

ඉමි, *a.* one's own: see නිමි.

ඉම්·කණුව, ඉම්·ටැම, *n.* boundary post or pillar, landmark.

ඉම්·ගහනවා, *v.* to set or mark the boundary.

ඉඹිනවා, *v. t.* to sniff, smell at; to kiss; *pret.* ඉම්බා; *v. n.* ඉඹීම.

ඉඹුල්, *n.* or *a.* silk-cotton, kapok.

ඉඹුල්·කිරි·බත, *n.* cotton-pod shaped balls of rice-milk, or cotton-like rice-milk.

ඉඹුල්·පුළුන්, *n.* cotton fibre, cotton down.

ඉඹුල්·ලාටු, *n.* gum of the silk-cotton tree.

ඉය, *n.* See හිය.

ඉය·උරය, ඉයවුර, ඉයෙයාර, *n.* quiver, ඊතොපුව; *pl.* ඉයවුරු: see හියවුරු.

ඉර, *n.* sun; line, streak; *pl.* ඉරි.

ඉරටය, ඉරටුව, *n.* eakle or centre rib of palm leaf; *pl.* ඉරටා, ඉරටු.

ඉරටා·මුස්න, *n.* besom made of eakles.

ඉරවිය, *n.* cone-shaped fishing basket.

ඉරට්ට, *a.* even in number, not odd, double.

ඉරට්ටය, *n.* even number.

ඉරණම, *n.* fate, destiny, lot.

ඉරණම්·දේවතාවා, *n. myth.* presiding genius.

ඉරණම්·ධර්මය, *n.* law or doctrine of fate, fatalism.

ඉරණම්·ධර්·දෘෂ්ටියා, *n.* fatalist, necessitarian.

ඉරනවා, *v. t.* to tear, rip, rend; to saw; *pret.* ඉරුවා; *v. n.* ඉරීම.

ඉර·මුදුන, ඉර·මුදුන්·වේලාව, *n.* mid-day, noon.

ඉරා, *ad.* exceedingly, ඉතා; also *p. pl.* of ඉරනවා.

ඉරි·උදය, ඉරි·උදේ, *n.* time of sunrise, early morning, උදෑසන.

ඉරිගහනවා, *v.* to draw lines, rule; crack, chap; *pret.* ඉරිගැහුවා; *v. n.* ඉරිගැසීම.

ඉරිගැසෙනවා, *v. i.* to crack or chap; *pret.* ඉරිගැසුණා: *v. n.* ඉරිගැසීම.

ඉරිඟු, *n.* maize, Indian corn.

ඉරිච්ච, *v. adj.* torn, rent, ragged, tattered.

ඉරිතුව, *n.* E. of ඍතුව: season of the year.

ඉරි·දණ්ඩ, *n.* rule, ruler.

ඉරිද, ඉරිද දවස, *n.* Sunday.

ඉරිද·පාසෝලය, *n.* Sunday-school.

ඉරිජු, ඉරුජු, *a.* E. of ඍජු; straight; upright, honest, ඇදනැති. [නැතිකම.

ඉරිජුම, *n.* straightness; *fig.* uprightness, ඇද

ඉරිප්පුව, *n.* notch, කප්පුව.

ඉරි·මට්ටම, *n.* square (the instrument).

ඉරිමදය, *n.* defect or split in plants.

ඉරි·මා·උදය, *n.* (මා for මහ), full sunrise, early morning. [parilla.

ඉරිමුසු·සාරය, ඉරමුසු·සාරය, *n.* extract of sarsa-

ඉරියව්ව, ඉරියාපථය, *n.* attitude, position of the body, viz. reclining, sitting, standing or walking.

ඉරි·ලනවා, ඉරි·වැටෙනවා, *v. i.* to crack, chap.

ඉරිවේරිය, *n.* a drug, a medicinal plant.

ඉරීම, *v. n.* of ඉරනවා and ඉරෙනවා: tearing &c.; also of උරනවා: sucking &c.

ඉරු, *n.* or *a.* sun, සූර්යයා, ඉර; සූර්ය. [torn.

ඉරු, ඉරූ, *v. adj. pret.* of ඉරනවා: that tore;

ඉරුතුව, *n.* E. of ඍතුව: season.

ඉරුදින, *n.* See ඉරිද.

ඉරුම, *n.* a rent, tear, split.

ඉරු·මඬල, *n.* disk of the sun, orb of the sun.

ඉරු·රැස, *n.* sunbeam; *pl.* ඉරුරැස්, sunbeams, sunshine.

ඉරුව, *n.* leaf of a book, කොළය; quarter or division, portion, කොටස.

ඉරුවාරදය, *n.* neuralgia.

ඉරුවේ, *n.* E. of ඍග්වේදය: Rig Veda.

ඉරෙනවා, *v. i.* to tear, rend; be sawn; *pret.* ඉරුණා; *v. n.* ඉරීම.

ඉලංගම, *n.* school for dancing and drumming.

ඉල·ඇටය, *n.* rib.

ඉලක්ක·භූමිය, *n.* target-ground, the butts.
ඉලක්කම, *n.* cypher, figure, numeral.
ඉලක්කය, *n.* target.
ඉලත්·තට්ටුව, *n.* betel dish, tray, salver.
ඉලත්තිය, *n.* dung of elephant or horse, බෙට්ට.
ඉලදුව, *n.* rib, ඉලඇටය.
ඉලන්දාරියා, *n.* young man, youth. [මය.
ඉල·පත, *n.* besom or broom of eakles: see ඉර
ඉලව්ව, *n.* mishap, calamity, විපත; funeral, අවමඟුල.
ඉලිත්තියා, *n.* a kind of a fish.
ඉලිප්පවනවා, ඉල්පවනවා, *v. c.* to make to float, buoy up; *pret.* ඉලිප්පෙවුවා; *v. n.* ඉලිප්පවීම.
ඉලිප්පීම, *v. n.* of ඉලිප්පෙනවා: floating &c.
ඉලිප්පුම, *n.* prominence, protuberance, නෙරුම.
ඉලිප්පුම් ආකාර, *a. arch.* pulvinated.
ඉලිප්පෙනවා, *v. i.* to rise to the surface, float; protuberate, නෙරානිමෙන; *pret.* ඉලිප්පුණා.
ඉලීම, *v. n.* of උලනවා: rubbing, friction.
ඉලු·මුවා, *n.* jungle deer, කැලෑමුවා. [නය.
ඉලුව, *n.* jungle, forest, කැලය: multitude, සමූ
ඉලෙයා, *n.* a kind of fish.
ඉල්තණ, *n.* father-in-law.
ඉල්පනුවා, *n.* canker-worm.
ඉල්පවනවා, *v. t.* See ඉලිප්පවනවා.
ඉල්පෙනවා, *v. i.* to float; *fig.* to be elated; *pret.* ඉල්පුණා.
ඉල්·මස, *n.* month so called: Nov-Dec.
ඉල්ලනවා, *v. t.* to ask for, request, solicit. මිල ගණනකට ඉල්: to ask for a price, viz. offer a price; *pret.* ඉල්ලුවා.
ඉල්ලම, *n.* vein of metal.
ඉල්ලාගන්නවා, *v. t.* to ask for and obtain; *v. n.* ඉල්ලාගැනීම. [request.
ඉල්ලීම, ඉල්ලුම, *v. n.* of ඉල්ලනවා: requesting,
ඉල්ලුම්කරනවා, *v. t.* to petition for, make request or supplication.
ඉල්ලුම්කරුවා, ඉල්ලුම්කාරයා, *n.* applicant, petitioner, memorialist.
ඉල්ලුම්·පත්‍රය, *n.* petition, memorial, application.
ඉල්වනවා, *v. t.* See ඉල්ලනවා.
ඉව, *conj.* Sans., so, even so, as, එසේම.
ඉව, *n.* scent, odour, (of an animal), trail.
ඉව·අල්ලනවා, ඉවකරනවා, *v.* to catch the scent, to scent, sniff. [by scent.
ඉව·අල්ලායනවා, *v.* to follow the scent, track
ඉවත, ඉවතට, *ad.* aside, off, out of the way, අහක, අහකට.
ඉවත·ලනවා, ඉවත්කරනවා, *v. t.* to cast away, get rid of, remove, dismiss, අහකදමනවා, අහක්කරනවා. [අහක්වයනවා.
ඉවත්ව·යනවා, *v. i.* to go away or aside, retire,
ඉවත්වූ, *a.* departed, removed, පහවූ.
ඉවත්වෙනවා, *v. i.* to depart from, පහවෙනවා; decease, die, තුරන්දුවෙනවා, මැරෙනවා.

ඉව·පාර, *n.* trail, track (of scent).
ඉවර, *a.* ended, finished, නිත්දුවූ.
ඉවරකරනවා, *v. t.* to finish, terminate, conclude, නිත්දුකරනවා.
ඉවරවෙනවා, *v. i.* to be finished &c., නිත්දුවෙනවා.
ඉවසනවා, *v. t.* to endure patiently, tolerate, bear with; accept, පිළිගන්නවා; *pret.* ඉවසුවා; *v. n.* ඉවසීම.
ඉවසිලි, ඉවසිලිවන්ත, *a.* patient, tolerant, forbearing, passive, resigned.
ඉවසිලිනැති, *a.* impatient, intolerant. [*adj.*
ඉවසිලිවන්තකම, ඉවසිල්ල, *n.* patience &c.: see
ඉවසීම, ඉවසුම, *v. n.* patient endurance &c.: see ඉවසනවා. [කාර.
ඉ·වහල්, *a.* (ඉ for ඉතා), very helpful, ඉතා උප
ඉවිලි, ඉවිල්ල, *n.* effort, උත්සාහය, exercise, ව්‍යායාමය.
ඉවීම, *v. n.* of උයනවා: cooking. [ඉවුරු.
ඉවුර, *n.* margin, bank of a river, strand; *pl.*
ඉවුරු, *a.* pert. to the river's bank, riparian.
ඉෂ්ට, *a.* desired, ආශාවූ; beloved, ප්‍රිය; virtuous, ධර්ම. [effect.
ඉෂ්ටකරනවා, *v. t.* to accomplish, fulfil, perform;
ඉෂ්ටකා·රන්ධ්‍රාකාර, *a.* (රන්ධ්‍ර ආකාර cell-like), *bot.* muriform. E. S. [ගෙය.
ඉෂ්ටකාලය, *n.* (ඉෂ්ටක ආලය), tiled house, උළු
ඉෂ්ටකාව, *n.* brick, ගඩොල; tile, උළුකැටය.
ඉෂ්ට·ගන්ධ, *n.* aroma, fragrance, සුවඳ, සුගන්ධය.
ඉෂ්ට·දේවතාවා, *n.* favourite god, tutelary deity, ප්‍රිය or කැමති දේවතාවා: see ඉෂ්ටදෙවියා.
ඉෂ්ට·මිත්‍රයා, *n.* beloved friend, හිතෛෂී මිත්‍රයා.
ඉෂ්ටය, *n.* good, benefit, යහපත, වැඩ.
ඉෂ්ට·විපාකය, *n.* happy reward or reward of merit, කුසල් විපාකය; good luck, fortunate result. [ඉෂ්ටකරනවා.
ඉෂ්ටවෙනවා, *v. i.* to be accomplished &c.: see
ඉෂ්ටානිෂ්ට, *n.* (ඉෂ්ට අනිෂ්ට), good and bad fortune, යහපත අයහපත; merit and demerit, කුසලාකුසල.
ඉෂ්ටාර්ථය, *n.* (ඉෂ්ට අර්ථය), fortunate result, good fortune, ශුභසිද්ධිය; desired object, කැමති කාරණාව.
ඉෂ්ටාලම්බනය, *n.* happy ideas, good wishes.
ඉස, *n.* head: see හිස.
ඉස, *p. pl.* of ඉසිනවා: having sprinkled.
ඉස, ඉසාව, *n.* E. for ඊර්ෂ්‍යාව: envy, jealousy.
ඉස·ඇම්ම, ඉස·කැක්කුම, *n.* headache.
ඉස·කඩ, *n.* head-cloth, head-dress, turban.
ඉස·කරකැවිල්ල, *n.* dizziness, giddiness, vertigo.
ඉස·කෙහෙයියා, ඉස·කෙස්, ඉස·කේ, *n.* hair of the head.
ඉස·කේ, *a.* hair- (pin &c.), crinal.
ඉස·ගහනවා, *v.* to strike off the head, behead.
ඉසටිය, *n.* spear, lance (for battle), හෙල්ලය.
ඉස·පලඳනාව, *n.* head-dress.

ඉස·බද, *a.* envious, ඊර්ෂ්‍යාබැදි, ඊර්ෂ්‍යාවු.
ඉස·බදකම, *n.* enviousness, ඊර්ෂ්‍යාකාරිය.
ඉස·මුඩු, *a.* baldheaded.
ඉස·මුඩුකම, *n.* baldness of the head.
ඉස·රදය, ඉස·රුජාව, *n.* headache.
ඉසා, *conj. obs.* and, also, ත්, ද, සහ.
ඉසාන, *a.*; ඉසානය, *n.* for ඊශාන &c., north-east.
ඉසාව, *n.* E. for ඊර්ෂ්‍යාව : envy.
ඉසිනවා, *v. t.* to sprinkle or scatter about; to bale or dash out (as water from a boat); *pret.* ඉස්සා.
ඉසි·පතන, *n.* (ඉසි for ඍෂි), Rishis' descent, viz. the grove in Benares where Buddha first preached to his monks, and where Rishis descend from and ascend to the sky.
ඉසි·මුවා, *n.* shrimp, ඉස්සා; *pl.* ඉස්සෝ.
ඉසිය, *n.* envy, jealousy, wish.
ඉසියා, *n.* Siva, ශිවදෙවියා; a rishi or sage, ඍෂියා; also for ඉස්සා.
ඉසිර, *n.* See ඉසුර.
ඉසිරෙනවා, *v. i.* See ඉසිරෙනවා.
ඉසිලීම, *v. n.* of උසුලනවා : supporting &c.
ඉසිවත්, *a.* E. of ඊර්ෂ්‍යාවන්ත : envious.
ඉසිවරයා, *n.* saint or sage, rishi, ඍෂියා. [form.
ඉසි·වෙස්, *n.* E. of ඍෂිවේශය : rishi-guise or
ඉසීම, ඉසුම, *v. n.* of ඉසිනවා; sprinkling &c.
ඉසු, *n.* E. of ඊර්ෂ්‍යාව : envy.
ඉසුඹුව, *n.* See ඉස්බ.
ඉසුම, *n.* request, ඉල්ලීම; desire, ආශාවීම.
ඉසුඹුම, *n.* rest, repose, sleep, විශ්‍රාමය, සැතපීම.
ඉසුර, *n.* sumptuousness, wealth, splendour, ඓශ්වර්යය; *pl.* ඉසුරු.
ඉසුරා, *n.* ap. of Siva, ඊශ්වරයා.
ඉසුරනවා, *v. t.* to sprinkle, scatter, ඉසිනවා, විසුරනවා; *pret.* ඉසුරුවා.
ඉසුරු, *a.* chief, ප්‍රධාන, eminent, උතුම.
ඉසුරු·කල්, ඉසුරු·සඳ, *n. lit.* splendid moon : ap. of Durgā : see උමයංගනාව.
ඉසුරුමත්, *a.* sumptuous, affluent, splendid, magnificent, ඓශ්වර්යමත්.
ඉසුරුමත්කම, *n.* sumptuousness &c., high state.
ඉසුරු·මදය, *n.* pride of wealth &c.
ඉසෙනවා, *v. i.* to be sprinkled or scattered about; *pret.* ඉසුණා; *v. n.* ඉසීම.
ඉස්, *n. pl.* or *a.* of ඉස : head; head-.
ඉස්·කබල, *n.* head-shell, viz. skull, cranium.
ඉස්·කබල්·සිවිය, ඉස්·කබල්·හම, *n.* pericranium, scalp, ඉස්හම.
ඉස්·කර, *n.* head and neck, sp. in decapitation.
ඉස්කරඬුව, *n.* Port., small box or basket, කුඩාපෙට්ටිය.
ඉස්කාකරය, ඉස්කාගරය, *n.* D., arrack distillery.
ඉස්කුරුප්පු, *n. pl.* or *a.* Eng. or D., screws; screw.
ඉස්කුරුප්පු·නියන, *n.* screw-driver. turn-screw.
ඉස්කුරුප්පු·පෙත්ත, *n.* screw-nut. [peller.
ඉස්කුරුප්පු·රෝදය, *n.* screw wheel, screw-pro-
ඉස්කුරුප්පුව, *n.* screw.
ඉස්කුරුප්පු·සිල්·කටුව, *n.* screw-tap.
ඉස්කුරුප්පු·සිල්·තහඩුව, *n.* screw-plate.
ඉස්·කෙඳි, *n. pl. lit.* head-fibres, viz. antennæ. E. S. [playing card.
ඉස්කෝප්පය, *n.* D., scoop; spade; name of a
ඉස්·ගෙඩියා, *n.* tadpole. [best.
ඉස්·තරම, *a.* head or highest class or degree,
ඉස්තාලය, *n.* Eng., stable, stall, පට්ටිය, ශාල.
ඉස්තිරික්කය, *n.* D., smoothing iron.
ඉස්තිරික්කයෙන් මදිනවා, *v. t.* to iron (clothes).
ඉස්තෝප්පුව, *n.* Port., verandah.
ඉස්පසිය, *n.* cap, hood.
ඉස්පාසුව, *n.* leisure, room, space, අවකාශය, ඉඩ.
ඉස්පිරිතාලය, *n.* Eng., hospital, infirmary.
ඉස්·පිල්ල, *n. lit.* head-piece: the vowel sign (්) placed over a consonant, as කි, being the non-initial sign for ඉ.
ඉස්බ, *n.* a measure or length of seventy yards.
ඉස්බුම, *n.* sleeping, repose, සැතපුම.
ඉස්ම, *n.* juice, gravy, sauce.
ඉස්·මතුකරනවා, *v.* to raise or protrude the head; *fig.* to make any appearance or show one's self.
ඉස්·මුදුන, *n.* top of the head, the top, vertex.
ඉස්·මොලය, ඉස්මොලේ, *n.* the brain.
ඉස්·වැටිය, *n.* turban.
ඉස්·වැස්ම, *n.* head-cover, cap, turban.
ඉස්සර, *a.* or *ad.* previous, prior, former, antecedent, fore-; previously, formerly.
ඉස්සරකරනවා, *v. t.* to put in front.
ඉස්සරව, ඉස්සරවෙලා, *ad.* first, along in front, precedently.
ඉස්සරව·යනවා &c., *v.* to go first &c.
ඉස්සරවෙනවා, *v. i.* to get before or precede, move on it front.
ඉස්සරහ, ඉස්සරහපිට, *a.* that is in front or in the presence of, the fronting, opposite, over against; the fore-, the front (part &c.).
ඉස්සරහ, ඉස්සරහට, ඉස්සරහපිටට &c., *ad.* in or to the front, opposite; forward, onward.
ඉස්සා, *n.* shrimp, prawn.
ඉස්සීම, *v. n.* of උස්සනවා and ඉස්සෙනවා : lifting, elevating; becoming lifted up.
ඉස්සෙනවා, *v. i.* to become lifted up or raised; *pret.* ඉස්සුණා.
ඉස්·සොරි, ඉස්·හොරි, *n.* dandruff, scurf, scall.
ඉහ, *n.* head, ඉස, හිස; *pl.* ඉස්.
ඉහ, *a* or *ad.* this, මේ; here, මෙහි.
ඉහ·ගහනවා, *v.* to beat one's head or knock it against; put up with; also for ඉහගහනවා, which see.
ඉහත, *a.* the preceding, the above.

ඉහත·කී, *v. adj. pret.* the above-said, the before-mentioned. [before.
ඉහතින්·දා, *n.* or *ad.* the previous day, the day
ඉහතින්දරෑ, *n.* or *ad.* the previous night, over-night.
ඉහත්කරනවා, *v. t.* to raise, elevate, upheave, heave, hoist. [come high.
ඉහත්වෙනවා, *v. i.* to raise, work up, go up, be-
ඉහද, *n. pl.* eggs of flies, fly-blow, ova.
ඉහද·කූඩුව, *n.* nidus of ova.
ඉහද·කුඩ, *n.* ovipositor. E. S.
ඉහද·දමනවා, *v.* to deposit ova, to fly-blow.
ඉහද·පණුවා, *n.* maggot, gentle, grub.
ඉහළ, *a.* or *ad.* or *post.* upper; above, aloft.
ඉහළ·පහළ, *a.* or *ad.* or *post.* upper and lower; above and below.
ඉහ·ලෝකය, *n.* this world, මෙලොව.
ඉහාත්ම·භාවය, ඉහාත්මය, *n.* (ඉහ ආත්ම), this sentient state, the present life, මේ ජාතිය, මේ ජීවිතය.
ඉහාමුත්‍ර, *ad.* here and hereafter, මෙහිදී හා මින්මතු.
ඉසි, *v. adj. pret.* for ඉස්ස: sprinkled.
ඉහි, *ad.* there, එහි.
ඉසි, *post.* with, along with, සමග, ඇතුළුව.
ඉසිං·දැල, *n.* shrimp-net; coarse cloth, canvas, scrim.
ඉසිනවා, *v. t.* to sprinkle, scatter about, sow; bale out; ඉසිනවා; *pret.* ඉස්සා.
ඉසිරවනවා, *v. t.* to scatter about, strew, shed, spill, spatter, විසුරුවනවා, විසුරවනවා; *pret.* ඉසිරෙවුවා; *v. n.* ඉසිරවීම.
ඉසිරෙනවා, *v. i.* to become scattered &c.; *pret.* ඉසිරුණ; *v. n.* ඉසිරීම.
ඉසිල, *n.* cohabitation, සංවාසය.
ඉසිලැලි, ඉසිලැස්, ඉසිල්, *a.* soft, මෘදු, fine, සිහින්, loose, ලිහිල්, බුරුල්.
ඉසිලීම, ඉසිලුම, *v. n.* of උසුලනවා or උහුලනවා: see ඉසිලීම. [scrim.
ඉසිල්·රෙද්ද, *n.* canvas of thin or loose texture,
ඉසෙනවා, *v. i.* to become sprinkled or spattered about, ඉහෙනවා; *pret.* ඉහුණ; *v. n.* ඉහීම.
ඉළුව, *n.* forest, වනය; cluster, multitude, congregation, සමූහය.

ඊ.

ඊ, *n.* The sixth vowel of the alphabet. Its sound is the previous vowel lengthened, and is the same as *ee* in Peel or Feel. Its non-initial form is ී placed above the consonant it vocalizes, as කී, මී, kí, mí.
ඊ, *pron.* that, this, as ඊළඟ, next to that or this, ඊට, to it, ඊනිසා on account of that.
ඊ, *a.* See ඊය: arrow-.
ඊ·උරය, ඊ·කොපුව, *n.* arrow-case, quiver.
ඊ·කාරය, ඊ·යන්න, *n.* the letter ඊ
ඊක්ෂණය, *n.* seeing, sight, දැකීම, බැලීම; eye, ඇස. [නවා.
ඊක්ෂණයකරනවා, *v.* to see, look, දකිනවා, බල
ඊතය, ඊතල, *n.* arrow.
ඊගාණෙන්, *ad.* according to that number (ගණ ණෙන්), at that rate.
ඊ·ගාවා, *a.* or *ad.* See ඊළඟ.
ඊච්ය, *n.* elephant-hook, හෙණ්ඩුව.
ඊ·තලය, *n.* arrow-head. [tate.
ඊ·තල·කාර, *a.* (·ආකාර) arrow-headed, sagit-
ඊතිය, *n.* danger, calamity, අනතුර, විපත.
ඊදෝලාව, ඊදෝලිය, *n.* sedan, palanquin, දෝලාව.
ඊ·දිසා, *a.* such as this or that, such-like, මෙබඳු, එනාකාර &c.
ඊප්සාව, *n.* desire, wish, ආශාව.
ඊප්සාවෙනවා, *v. i.* to desire, wish, ආශාවෙනවා.
ඊප්සිත, *a.* desired, wished, කැමතිවූ.
ඊම, *v. n.* of එනවා: coming, arrival.
ඊය, *n.* arrow, ඊතල.
ඊයං, ඊයම්, *n.* or *a.* T., lead; leaden.
ඊයම්·කරුවා, *n.* worker in lead, plumber.
ඊයම්·කර්මාන්තය, *n.* plumbery.
ඊයම්·පට්ටලය, ඊයම්·පිංකලය, *n.* lead-works or foundry, plumbery.
ඊයේ, *n.* yesterday.
ඊරිත, *a.* sent, අරිනලද: see ප්‍රේරිත.
ඊරි, *n. fem.* of ඌරා: sow.
ඊර්යා·පථය, *n.* See ඉරියව්ව.
ඊර්ෂ්‍යක, ඊර්ෂ්‍යෝත්පාදක, *a.* (ඊර්ෂ්‍යා උත්පාදක), exciting envy, invidious.
ඊර්ෂ්‍යාකාරයෙන්, *ad.* invidiously, in a way that excites envy.
ඊර්ෂ්‍යිමාන, ඊර්ෂ්‍යාවන්ත, ඊර්ෂ්‍යාවූ, *a.* envious.
ඊර්ෂ්‍යාලු, *a.* very envious, ඉතා ඊර්ෂ්‍යාවන්ත.
ඊර්ෂ්‍යාව, *n.* envy. [begrudge.
ඊර්ෂ්‍යාවෙනවා, ඊර්ෂ්‍යාකරනවා, *v.* to envy, grudge,
ඊල, *n.* palanquin, දෝලාව; swing, ඔන්චිල්ලාව.
ඊලීම, ඊලුම, *n.* linking, coupling, ඈඳීම.
ඊශධරය, *n.* second of the mountain ranges surrounding මහමෙර: see සප්තකූටපර්වත.
ඊශයා, *n.* See ඊශ්වරයා.
ඊශාන, ඊශානදිග, *a.* north-east. [east.
ඊශාන, *n.* ap. of Siva as regent of the North-
ඊශාන·කෝණ, ඊශාන·දිග, *n.* north-east quarter.
ඊශ්‍රායෙලිත, ඊශ්‍රායෙල්, *a.* Israelite, Israelitish.
ඊශ්‍රායෙලිතයා, *n.* an Israelite; *pl.* ඊශ්‍රායෙලිත යෝ or ඊශ්‍රායෙල්වරු. [අධිපතිකම.
ඊශ්වර·ත්වය, ඊශ්වර·ධුරය, *n.* lordship, ස්වාමිකම,
ඊශ්වරයා, *n.* owner; lord, ස්වාමියා; Supreme God, පරමේශ්වරයා, Siva, ශිවදෙවියා.
ඊශ්වරී, *n.* wife of Siva, named දුර්ගා, ලක්ෂ්මී or සරස්වතී.
ඊශ්වරේශ්වරයා, *n.* (ඊශ්වර ඊශ්වරයා), God of gods, Lord of lords, දෙවිවරුන්ගේ දෙවියෝ, ස්වාමි වරුන්ගේ ස්වාමියා.

ඊෂත්, *a.* little, some, ටික, සවල්ප.
ඊෂදුෂ්ණ, *a.* (ඊෂත් උෂ්ණ), temperate (in heat), tepid, මඳක් උණුසුම්.
ඊෂදුෂ්ණතාව, **ඊෂදුෂ්ණත්වය**, *n.* temperateness, tepidness, මඳ උණුසුම්කම. [උණුසුම.
ඊෂදුෂ්ණය, *n.* moderate heat, gentle heat, මඳ
ඊෂදූන, *a.* (ඊෂත් ඌන), a little deficient or lacking, ටිකක් අඩුවූ.
ඊෂද්දර්ශනය, *n.* (ඊෂත් දර්ශනය), brief view, glance, සවල්ප බැල්මක්.
ඊ·සැරය, *n.* flight of an arrow.
ඊ·ළඟ, *a.* or *ad.* the next to that; next.

උ

උ, *n.* The seventh vowel of the alphabet. Its sound is that of *oo* in Foot. Its non-initial forms ු and ූ called පාපිල්ල—lower or foot piece—are placed below the consonant they vocalize, as කු, මු, koo, moo.
උක, *n.* See උක්පැණි and උගන.
උකට, *a.* eminent, excellent, උතුම්, උත්කෘෂ්ට
උකටලී, *a.* apathetic, discouraged, කලකිරුණ.
උකටලීය, **උකටලීබව**, *n.* apathy &c., reluctance, කලකිරීම. [කලකිරෙනවා.
උකටලීවෙනවා, *v. i.* to become apathetic &c.,
උකනවා, *v. t.* to raise, ඔසවනවා, pick up, අහුලනවා; collect, එකතුකරනවා; bale out, scoop out, ඉසිනවා; *pret.* ඉකුවා; *v. n.* ඉකීම.
උකස, **උකස**, *n.* pledge, pawn, security, mortgage.
උකස්කරනවා, *v. t.* to pledge: see උකස්තබනවා.
උකස්·කැරය, *n.* mortgage deed.
උකස්ගන්නවා, *v. t.* to take as a pledge or security.
උකස්·තබනවා, or ·තිබනවා or ·තියනවා, *v. t.* to pawn, deposit as a pledge, hypothecate, mortgage.
උකස්·වෙළෙන්දා, *n.* pawnbroker. [gagee.
උකස්·හිමියා, *n.* the holder of the pawn, mort-
උකකා, **උකා**, *p. pl.* of උකනවා: having raised &c., ඔසවා &c.
උ·කාරය, **උ·යන්න**, *n.* the letter උ.
උකැටිය, *n.* discouragement, කලකිරීම.
උකු, *a.* not watery or thin, thick, stiff (as paste &c.)
උකුකම, *n.* thickness &c. of liquids, consistence.
උකුකරනවා, *v. t.* to thicken, stiffen, condense, incrassate.
උකුවෙනවා, *v. i.* to become thick, condense &c.
උකුණා, *n.* louse; *pl.* උකුණෝ.
උකුණු·වළ, *n.* the hollow at the base of the head. [මැරුණ.
උකුත්වූ, *a.* departed, පහවූ, ඉක්මගිය, deceased,
උකුත්වෙනවා, *v. i.* to depart, decease, die.
උකුසිල්ල, *n.* toddy-hook, toddy-drawer's hook.
උකු·බනනවා, *v.* to chide, scold, nag.
උකුරු, *a.* exalted, eminent, noble, උතුම්.
උකුල්·ඇටය, *n.* hip-bone.
උකුල්·සන්ධි, *a.* hip-, sciatical.
උකුල්·සන්ධිය, *n.* hip-joint.
උකුල්·සන්ධි·වාත·රෝගය, *n.* sciatica.
උකුස්සා, *n.* kite, hawk, goshawk, harrier.
උකුසුවා, *n.* a monstrous fabulous bird: see ගුරුළා.
උකුල, **උකුළුවර**, *n.* hip, lap.
උකුළුවා, *n.* See කුකුළා.
උක්කෙවතිකම, *n.* E. of උක්කෙපනීය කර්මය, B. P., excommunication.
උක්, *a.* sugar-cane.
උක්කගහනවා, *v.* to sob.
උක්කණ්ඨය, *n.* backsliding, කලකිරීම, පසුබටය.
උක්කණ්ඨිත, *a.* backslidden, කලකිරුණ.
උක්කුජ්ජ, *a.* with face or mouth upward, උඩුකුරු.
උක්කුජ්ජ·පතඤ්ඤයා, **උක්කුජ්ජ·ප්‍රාඥයා**, *n.* person of retentive mind, who is like a vessel right way up which retains what falls in.
උක්කුටිකය, **උක්කුටුකය**, *n.* squatting, ඇණතිළීම.
උක්කුටිකයෙන් ඉන්නවා, *v.* to squat, couch, ඇණ ඉන්නවා, sit on the heels.
උක්කුත්, *n.* a word for milk used by infants.
උක්කෙපනීය·කර්මය, *n.* See උක්කෙවතිකම.
උක්ගස, **උක්ගහ**, *n.* sugar-cane plant.
උක්ත, *a.* said, spoken, uttered, කියනලද; expressed. [කියනලද දේ.
උක්ත·වාක්‍යය, *n.* declaration; predicate; කීමක,
උක්තානුක්ත, *a.* (උක්ත අනුක්ත), uttered and unuttered, said and not said, කී නොකී; expressed and not expressed (subject, *gram.*).
උක්තිය, *n.* the saying, utterance, speaking, speech, කීමක්, කීමය.
උක්දණ්ඩ, *n.* a sugar-cane; *pl.* උක්දඬු.
උක්·දුනුවායා, *n.* Sugar-archer, ap. of Cupid.
උක්·පැණි, **උක්·රස**, *n.* sugar-cane juice, treacle, molasses.
උක්·මෝල, *n.* sugar-mill, *cl.* ඉක්සුයන්ත්‍රය.
උක්ලාප, *n.* dirt, filth, කසළ, කුණු.
උක්·සකුරු, *n.* sugar-cane jaggery.
උගත·මනා, *a.* that should be learned, good to be learned, ඉගෙනගතයුතු.
උගතා, *n.* a learned person, pandit, scholar, literate; *pl.* උගත්තෝ, උගත්තු.
උගත්, *a.* learned, educated, erudite, scholarly.
උගත්කම, *n.* learning, erudition.
උගන්නවා, *v. t.* to learn: *ord.* ඉගෙනගන්නවා; *pret.* උගත්තා.
උගන්වනවා, *v. t.* to teach, instruct; *pret.* ඉගැන්නුවා; *v. n.* ඉගැන්වීම.
උගස, *n.* pledge: see උකස.
උගහට, *a.* difficult, toilsome, අමාරු.

උගතටකම, උගතටවය, *n.* difficulty, laboriousness, අමාරුකම. [මිම.
උගතා, *n.* E. of උද්ග්‍රහණය: teaching, ඉගැන්
උගුඩුවා, *n.* wild-cat, ocelot, polecat, *Paradoxurus musanga*.
උගු·දණ්ඩ, *n.* See උක්දණ්ඩ.
උගුර, *n.* throat, gorge.
උගුරක්, *n.* a mouthful, a sip, as වතුර උගුරක් &c., a sip of water. [apple.
උගුරු·ඇටය, *n. lit.* throat-nut or bone, adam's
උගුරු·කරමලය, *n.* tonsil. [sils, tonsilitis.
උගුරු·කරමල·දාහය, *n.* inflammation of the ton-
උගුරු·දණ්ඩ, *n.* wind-pipe.
උගුල, *n.* snare, trap.
උගුඹුගුරු, *n.* See ඉගුඹුගුරු.
උගුඹ, *n.* See ඉගුඹ.
උගුලනවා, උගුල්ලනවා, *v. t.* to root up; pull out (feathers &c.); *pret.* ඉගිල්ලුවා and ඉගුළුවා; *v. n.* ඉගිල්ලීම: [මඩඋගුලුවනවා, *v. i.* to purge or be relaxed.]
උගුළුවනවා, *v. c.* to cause to root up &c.; *pret.* ඉගිල්ලෙවුවා; *v. n.* ඉගිල්ලවීම.
උගෙන, *p. pl.* of උගන්නවා.
උගෙනීම, *v. n.* See ඉගෙනගැනීම.
උගේ, *pron. gen. case* of උ: its or his.
උග්‍රතීක්ෂ්ණ, *a.* of clear or acute intellect, තියුණු බුද්ධි ඇති, තීක්ෂණ නුවණැති. [සාර.
උග්‍ර, *a.* extreme, severe, virulent, fierce, සැඩ,
උග්‍රකම, උග්‍රත්වය, *n.* severity &c., violence.
උග්‍ර·ගන්ධ, *a.* strong scented, ඉතා සුවඳ ඇති.
උග්‍ර·නාසික, *a.* large-nosed, ලොකු නාසයක් ඇති.
උග්‍රයා, *n.* fierce one: ap. of Siva, භෛරවයා, ශිව දෙවියා.
උචිත, *a.* suitable, applicable, apposite, appropriate, සුදුසු, ඔබින.
උචිත·තාව, *n.* suitableness &c., propriety.
උචිතාක්ෂරවින්‍යාසය, *n.* (·අක්ෂර), correct spelling, orthography.
උච්ච, *a.* high, tall, lofty, උස්වූ. [උස්කැන.
උච්ච·තරුව, *n.* tall tree (as the coconut tree).
උච්ච·භාෂණය, *n.* loud-speaking, vociferation, කයිවාරු කථාකිරීම.
උච්ච·ස්ථානය, *n.* high-place, උස් ස්ථානය.
උච්ච·ස්ථිත, *a.* supernal, celestial, ස්වර්ගීය.
උච්චා·කුලීන, *a.* high-caste, වංශවත්.
උච්චාරණ, උච්චාරණ·ප්‍රකාශක, *a.* pronouncing (dictionary &c.).
උච්චාරණය, *n.* utterance, articulation, enunciation, expression, pronunciation, ශබ්දකිරීම.
උච්චාරණයකරනවා, *v. t.* to utter, articulate, pronounce, ශබ්දකරනවා.
උච්චාරය, *n.* excrement, අශුචිය.
උච්චාරිත, *a.* pronounced, uttered, ශබ්දකරනලද.
උච්චාර්‍ය්‍ය, *a.* to be pronounced; pronounceable, utterable, ශබ්දකළ යුතුවූ or හැකිවූ.
උච්චාර්‍ය්‍ය·මාන, *a.* that is pronounced or uttered, ශබ්දවෙන.
උච්චාවච, *a.* high and low, uneven, various, උස්පහත්, අනේකාකාර. [උස් ආසනය.
උච්චාසනය, *n.* (·ආසනය), high seat or couch,
උච්චිට්ටුව, උච්ඡිට්ටුව, *n.* receipt; ticket, සිට්ටුව.
උච්ඡීර්ෂකය, *n.* pillow, කොට්ටය.
උච්ඡංගය, *n.* waist-pocket: see ඔඩොක්කුව.
උච්ඡංග·පඤ්ඤයා, උච්ඡංග·ප්‍රාඥයා, *n.* person of non-retentive memory, used of one who easily forgets, as things are easily lost out of the ඔඩොක්කුව.
උච්ඡින්න, *a.* cut up, cut off, eradicated, exterminated, සිඳදමනලද.
උච්ඡින්න·මූල, *a.* cut up by the roots, uprooted, මුලින් උදුරනලද.
උච්ඡිෂ්ට, *a.* left, broken, (as food), ඉඳුල්.
උච්ඡේද·දෘෂ්ටි, *a.* pert., to the doctrine of excision or annihilation.
උච්ඡේද·දෘෂ්ටිකයා, උච්ඡේද·දෘෂ්ටියා, *n.* believer in excision, disbeliever in future existence, annihilationist.
උච්ඡේද·දෘෂ්ටිය, උච්ඡේද·වාදය, *n.* belief in excision, annihilationism, සංසාරයක් නැතැයි විශ්වාස කිරීම.
උච්ඡේදනය, උච්ඡේදය, *n.* cutting off, excision, extermination, සිඳදැමීම.
උච්ඡේද·වාදියා, *n.* non-transmigrationist: see උච්ඡේදදෘෂ්ටියා.
උජ්ජිකාව, *n.* boil in the armpit.
උජාරුව, *n.* vain display, ostentation.
උජු, *a.* P. of ඍජු, which see.
උජ්ජ්වල, උජ්ජ්වලිත, *a.* bright, radiant, effulgent, refulgent, resplendent, දීප්තිමත්; seraphic, fired with zeal: see ජ්වලිත.
උජ්ජ්වලතාව, උජ්ජ්වලිතතාව, *n.* brightness, brilliance &c.
උටුකට්ට, *n.* See උකුකට්ටුව. [higher.
උඩ, *post.* and *a.* above, over, upon; upper,
උඩ, උඩට, *ad.* upwards, up, upon.
උඩ·ඇල්ම, *n.* difficulty in breathing, gasping, asthma, ඇදුම.
උඩගන්නවා, *v. t.* to take up, lift up, raise.
උඩගු, *a.* haughty, proud, arrogant.
උඩගුකම, *n.* haughtiness &c.
උඩගුකම්කරනවා, *v.* to act proudly or arrogantly, domineer.
උඩත්, *a.* higher, upper.
උඩත්·පිරිස, *n.* the upper class or classes of society, උසස් පෙළපත.
උඩත්·පිරිසෙහිත්, *ad.* of the upper class; at the most or highest, වැඩිවශයෙන්. [මෝඩයා.
උඩතා, *n.* ignorant or foolish person, අඥානයා,
උඩකුවා, *n.* ignorant or wicked person; long-shanked person, දික්දණ ඇත්තා

උඩ·පඩි·කද, *n.* lintel.
උඩප්පරම, *n.* conceitedness, අහංකාරකම.
උඩය, උමඩ, *n.* trousers, breeches (worn under the cloth). [උඩකලු.
උඩහල්ල, *n.* hanging shelf, tray or safe; *pl.*
උඩලිපත, *n.* (උඩ එලිපත), lintel; door-shelf, shelf over the door attached to the lintel.
උඩැකිය, උඩැක්කිය, *n.* a drum which is small in the middle. [උඩැක්කිය).
උඩැක්කි·කාරයා, *n.* drummer (who beats the
උඩින්, *post.* or *ad.* over; higher.
උඩු, *a.* higher, upper; *n.* See උඩුව.
උඩුඅතට, උඩුකුරුඅතට, *ad.* upwards.
උඩුකුරු, උඩුකුරු, *a.* upward.
උඩුකුරුව (or කර) බාවනවා, *v. t.* to lay or place upwards, i.e. with the face up.
උඩු·ගඟ, *n.* the upper part of a river; the upper direction of a river.
උඩුගං·බලානවා, *v.* to go up stream.
උඩු·තල්ල, *n.* roof of the mouth, palate; *pl.* උඩුතලු.
උඩු·තොල, *n.* upper lip.
උඩු·දූලිය, *n.* moustache, උඩුරැවුල.
උඩු·දිව, *n.* uvula, පුංචිදිව. [උඩුව.
උඩු·පති, *n.* star-lord, viz. the moon, සඳ; see
උඩු·පතුල, *n.* the instep. [අහස.
උඩු·පථය, *n.* path of the stars, viz. the sky,
උඩු·පය, උඩු·මය, *n.* raft, float, පහුර, boat, ඔරුව; moon. [සඳ, උඩපත්ලිය.
උඩු·පිල, *n.* the upper part or row, ඉහළ කොටස
උඩු·බැල්ම, *n.* upward-look, the face being up.
උඩු·බැල්මෙන්, *ad.* with the face upwards.
උඩු·බිරිලීම, උඩුබුරැලෑම, *v. n.* of උඩුබුරැලනවා: howling.
උඩු·බුරු·ලනවා, *v.* to howl, ululate (as a dog); *pret.* උඩුබුරැලෑවා or උඩුබිරුලුවා.
උඩු·මහල, *n.* upper story, loft.
උඩු·මහල්, *a.* upper-story, upper, upstair.
උඩු·මහල් ගෙට්ටුව, උඩු·මහල් තලය, *n.* upper story, upstairs, upper floor, loft.
උඩුමිසොවනවා, *v.* to raise the head, look up.
උඩුමුවඩු, *a.* with face or mouth upward: see උඩුකුරු.
උඩු·මොලය, *n,* cerebrum, encephalon.
උඩු·රැවුල, *n* moustache.
උඩුව, *n.* a lunar mansion, නක්ෂත්‍රය, star, තාර කාව; water, ජලය.
උඩු·වියන, canopy, tester, tilt. [උඩුගංබලා.
උඩු·හෝ, *ad.* up river, in the upper direction,
උණ, *n.* or *a.* fever.
උණගන්නවා, උණගැහෙනවා, *v.* to take or get fever, fever comes on.
උණ·ගස, උණ·ලිය, *n.* bamboo.
උණ·මකුළු, *n.* bamboo pith or flower, used medicinally. See තුන්.

උණු, උණුසුම, *a.* warm, hot.
උණුකරනවා, *v. t.* to warm, heat; melt, smelt, liquify, dissolve, (with heat); distil (as spirits). [උණු කී.
උණුලොම, *n.* hair between the eyebrows: see
උණුවෙනවා, *v. i.* to become hot &c.; fuse, liquify (with heat).
උණුහුම, උණුසුම, *n.* warmth, heat.
උණුහුම, *a.* warm, thermal.
උණුහුම්කම, *n.* warmth; ardour.
උණුහුම්කරනවා, *v. t.* to heat, calefy.
උණුහුම්·මඩුව, *n.* hot-house.
උණ්ඩය, *n.* cannon-ball, shot.
උතු, *a.* E. for උතන, which see.
උතු·කටුව, උතු·කබල, *n.* hard coconut shell; knee-cap, දණඋතුකටුව.
උතු·කබය, *n.* coconut in a tender stage.
උතුනි, *n.* female arrived at puberty, වැඩිවිය පැමිණි තරුණි; menstruous female, කිලිටි සිටින්නී.
උතු·මග, *n.* vagina, සත්‍රීයෝනිය; *pl.* උතුමං.
උතු·මඩල, *n.* knee-cap, දණහිස.
උතු·මල්, *n.* menses, මසප්. [gentleman.
උතුමා, *n. hon.* His Honour or Highness, Sir,
උතුමඟ, *n.* (උතුම් අඟ), head, හිස.
උතුමාණන්වහන්සේ, *n. hon.* His Excellency (the Governor).
උතුම්, *a.* high, exalted; excellent, superior.
උතුම්කම, *n.* eminence, dignity; excellence &c.
උතුම්කරනවා, *v. t.* to exalt; aggrandise.
උතුම්සේ කොට, *ad.* highly, as excellent or excellently.
උතුර, උතුරුදිග, *n.* north, nothern quarter.
උතුරනවා, *v. i.* to overflow, run over, boil up (as water); *pret.* ඉතුරුවා; *v. n.* ඉතිරීම.
උතුරවනවා, *v. t.* to make to overflow or boil; *pret.* ඉතිරෙවුවා; *v. n.* ඉතිරවීම.
උතුරු, *a.* E. for උත්තර: exalted, superior, උතුම්; over, excessive, අධික.
උතුරු, උතුරු·කත්, උතුරු·කුරු, උතුරු·දික්, උතුරු·දිගු, *a.* northern, boreal.
උතුරු·කුරු·දිවයින, *n.* B., the northern island or continent to the north of මහමේරු.
උතුරු·තෙපුල, *n.* reply, උත්තරය.
උතුරු·දිසිඳු, උතුරු·නා, (·නාථයා), *n.* (දිශ ඉඳු), regent of the North: Kuwérá, කුවේර.
උතුරු·බුව, &c.: see උත්තර·බුව, &c.
උතුරු·හුලඟ, උතුරු·මරුව, *n.* north wind, උතුරු සුළඟ.
උතුරු·පට, *n.* See උතුරුසළුව.
උතුරුපල්ගුන, *n.* twelfth lunar mansion, containing two stars and figured by a bed.
උතුරු·පසතුරු, *n. pl.* answers and rejoinders, උත්තර හා ප්‍රත්‍යුත්තර.
උතුරු·පුටුපය, *n.* twenty-sixth lunar mansion.

උතුරු·මුවා, *n.* northern deer, reindeer.
උතුරු·සලය, *n.* twenty-first lunar asterism or mansion.
උතුරු·සළුව, *n.* vesture, mantle, robe, cloak.
උතුරු·සිඳු, *n.* northern sea, උතුරු මුහුද.
උතුව, *n.* E. of ඍතුව: season of the year, ඍතුව; (of women) menses, මල්වරය. [රුවා.
උතුලා, *v. pret.* of උතුරනවා: overflowed, ඉතු
උත්, උද්, *prefix.* upwards; excessive.
උත්කට, *n.* cinnamon bark, කුරුඳුපොතු.
උත්කණ්ඨාව, *n.* regret, තැවීම.
උත්කණ්ඨිත, *a.* regretted; regretting, sorrowful, තැවෙන, කනගාටු. [ing, අධික.
උත්කෘෂ්ට, *a.* excellent, eminent, උත්තම; exceed-
උත්කෘෂ්ටතාව, උත්කර්ෂය, *n.* excellence &c., උත්තම කම, අධිකකම.
උත්කිරණ, *n.* ray of light, රැස්, රශ්මි.
උත්කුටය, *n.* sleeping with the head erect.
උත්කීර්ණ, *a.* scattered; spilt; perforated; ඉසිරුණ; සිදුරු.
උත්කුණ, *n.* bug, louse, උකුණා.
උත්තුංග, *a.* exalted, eminent, noble, grand, august, උත්තම, මහෝත්තම.
උත්තුංගතාව, *n.* dignity, eminence &c., greatness, උසස්කම &c.
උත්තුංගා·නුත්තුංග, *a.* high and low, noble and ignoble, උසස් පහත්.
උත්ක්‍රම, *a.* anomalous, irregular, අනියම්.
උත්ක්‍රමය, *n.* anomaly, irregularity, අනියම්කම, ඇදය; transgression, කඩකිරීම.
උත්ක්ෂිප්ත, *a.* thrown up, cast up, උඩට දමනලද; vomited, වමනයකලද.
උත්ක්ෂේපණය, උත්ක්ෂේපය, *n.* throwing up &c., උඩට දැමීම &c.
උත්ක්ෂේපණීයකර්මය, *n.* B.P., excommunication, සංඝයාගෙන් අයින්කිරීම. [උදුරනලද.
උත්ඛාත, *a.* excavated, හාරනලද; uprooted,
උත්තංස·මාලය, *n.* head-garland, ඉසේ මල්මාලාව.
උත්තංසය, *n.* ear-ring, කඩුක්කම; crest, මුදුන් මල්කඩ.
උත්තප්ත, *a.* (උත් emp., තප්ත), burnt, දවනලද; anxious, excited, ඇවිස්සුණු; bathed, නෑවාවූ.
උත්තම, *a.* chief, principal; eminent, noble; උසස්. [nobility.
උත්තමකම, *n.* eminence, dignity, nobleness,
උත්තම·පුරුෂ, *n. gram.* first person.
උත්තම·පූජකයා, *n.* high-priest, chief-priest, ප්‍රධාන පූජකයා. [son.
උත්තමයා, *n.* dignitary, magnate, eminent per-
උත්තමාංගය, *n.* (·අංගය), the chief member, viz. the head, ඉස.
උත්තමා, *n.* chief medicine: see තිපල්.
උත්තමාව, *n. fem.* eminent or noble lady, මංගල වත් කාන්තාව. [lady.
උත්තමී, උත්තමිය, *n. fem.* of උත්තමයා, noble

උත්තමෝපාධ්‍යායයා, *n.* (උත්තම උපාධ්‍යායයා), archdeacon.
උත්තර, *a.* better, superior, වඩා යහපත් or උතුම්; responsive, උත්තර සහිත.
උත්තර, උත්තර·කුරු, *a.* nothern, polar, උතුරු.
උත්තර.කුරුව, *n.* arctic region, උතුරු ප්‍රදේශය; B., northern continent, one of the four continents said to exist.
උත්තර·ක්‍රියා, *n. pl.* funeral rites, අවමඟුල් කටයුතු.
උත්තරංග, *a.* flooded, inundated, වතුරට යටවූ.
උත්තරංගය, *a.* door-way arch, lintel arch.
උත්තරච්ඡදය, *n.* (උත්තර over, ඡදය cover), canopy: see උඩුවියන.
උත්තරණය, *n.* passing over, crossing over (rivers), එතරවීම: see තරණය.
උත්තරණයකරනවා, *v. t.* to take or convey across, එගොඩකරනවා.
උත්තරතර, උත්තරීතර, *a.* most eminent or excellent, ඉතා උසස්; (also) other than උත්තර, i.e. southern.
උත්තර·දාතව්‍ය, *a.* that must be answered; who must give answer, responsible, accountable, උත්තර දියයුතු, වගකියයුත්ට තිබෙනවූ.
උත්තර·දාතව්‍යත්වය, *n.* the necessity of answering; responsibility &c. E. S.
උත්තරදායක, *a.* answering, replying to, accountable, උත්තරදෙන, වගකියන. [කීම.
උත්තර·දායකත්වය, *n.* accountability, උත්තරදෙන
උත්තර·දිශාභාගය, උත්තරදිශාව, *n.* North, north quarter or district.
උත්තරදෙනවා, *v.* to answer, reply.
උත්තර·ධ්‍රැවය, *n.* North Pole.
උත්තර·ධ්‍රැව·තාරකාව, *n.* north pole star.
උත්තර·ධ්‍රැව·වෘත්තය, *n.* Arctic circle.
උත්තර·පක්ෂය, *n.* the replying side; the reply (to a charge or argument); fortnight of the moon's wane, අපරපක්ෂය.
උත්තරඵල්ගුනිය, *n.* See උතුරුපල්ගුන.
උත්තර·භද්‍රපදය, *n.* twenty-sixth lunar mansion, figured by a couch and containing two stars.
උත්තරය, *n.* answer, reply, defence. [E. S.
උත්තර·රේඛාන්තරය, *n.* (·අන්තරය) north latitude.
උත්තර·වාක්‍යය, *n.* apodosis.
උත්තර·සාටක·ධාර, *a.* wearing a robe, robed, togated, උතුරුසළුව පැළඳගත්.
උත්තර·සාටකය, *n.* gown (of dignitaries), robe, shawl, උතුරු සළුව.
උත්තර·සමුදුව, *n.* vanguard, පෙරටු සේනාව.
උත්තරාංගය, *n.* (·අංගය), symbol, sign, as ද &c., used instead of the full letter ඇ &c.
උත්තරාග්‍රය, *n.* (·අග්‍රය), northern extremity, the north pole, උතුරුකෙළවර.
උත්තරාන්තරය, *n.* (·අන්තරය), northing, north interval or distance, උතුරු දුර.

උත්තරායණය, *n.* (·අයනය), sun's northern course or journey, සූර්යයාගේ උතුරුගමන.

උත්තරාර්ධ·ගෝලය, *n.* (·අර්ධ), northern hemisphere, පොළොවේ උතුරුභාගය.

උත්තරාෂාඪාව, *n.* twenty-first lunar asterism, figured by an elephant's tooth or a bed, it contains two stars one of which is *B* in Sagittarius, උතුරුසල.

උත්තරාසංගය, *n.* gown (of dignity), robe, B. P.'s robe of single fold, උතුරු සළුව.

උත්තරීය, *a.* accountable, responsible, වග කියන්ට ඕනෑවූ.

උත්තරීය·භාවය, *n.* accountability &c.

උත්තරීතර, *a.* distinguished, superior, illustrious, pre-eminent, noble, ඉතා උතුම්. [තම්.

උත්තරීතරභාව, *n.* pre-eminence &c., මහත් උතුම්

උත්තරී·මනුෂ්‍ය, *a.* superhuman, extraordinary. E. S.

උත්තරීය, *n.* upper robe: see උත්තරාසංගය.

උත්තරේශාන, *a.* (උත්තර ඊශාන), north-north-east.

උත්තරේශාන·දිග, *n.* north-north-east quarter, උතුරු ඊශානදිශාව.

උත්තරෝත්තර·දෙනවා, *v.* (උත්තර උත්තර), to rejoin, reply, retort.

උත්තරෝත්තරය, *n.* reply to an answer, rejoinder, retort. [උඩුමුවවූ.

උත්තාන, *a.* shallow, ගැඹුරු නැති; with face up,

උත්තානය, *n.* lying or sleeping with the face up, උඩුමුවට ඉඳීම.

උත්තාන·ශයයා, *n.* one who lies on his back, an infant, ළදරුවා. [උඩුමුවට නිදන.

උත්තානශෙය්‍යක, *a.* lying or sleeping face up,

උත්තාපය, *n.* great heat, ග්‍රීෂ්මය; regret, repentance, තැවීම.

උත්තීර්ණ, *a.* crossed over, එතරවූ; attained, freed (from transmigration), මිදුණු.

උත්තුංග, *a.* (උත් emp., තුංග high), very high, lofty, tall, උස්වූ; raised, erect (as ears of animals), ඔසවාපු.

උත්තුංගභාව, *n.* loftiness &c., උස්කම.

උත්තේජිත, *a.* sharpened; animated, made to blaze: sent; තියුණුකරනලද &c. E. S.

උත්තෝලනීය, *a.* that should be raised, heave (offering). [ing.

උත්තෝලනීය·නෛවේද්‍යය or ·පූජාව, *n.* heave-offer-

උත්ක්ෂිප්ත, *a.* thrown up, උඩ විසිකරනලද; abandoned, අත්හරිනලද. [ත්‍රාසය.

උත්ත්‍රාසය, *n.* fear, quaking, භය, තැතිගැන්ම,

උත්ථානය, *n.* resurrection, rising, නැගිටීම; effort, උත්සාහය; war, යුද්ධය.

උත්ථිත, *a.* raised, risen, නැඟුටුණු, නැගී; occurred, සිඩවූ.

උත්පටිපාටිය, *n.* transgression of proper order, irregularity: see උත්ක්‍රමය.

උත්පත, *a.* going up, ascending, ඉහළයන.

උත්පතයා, *n.* ascender, viz. bird, කුරුල්ලා.

උත්පත්ති, *a.* pert. to birth or origin; natal, native.

උත්පත්ති·කථාව, *n.* name of the book of Genesis.

උත්පත්තිය, *n.* origin, birth, nativity, ඉපදීම.

උත්පද්‍යමාන, *a.* that is being born or produced, උපදින.

උත්පන්න, *a.* born, produced, උපන්, අවතන්.

උත්පන්නය, *n.* rising or springing up, උඩනැගීම; birth, production, ඉපදීම.

උත්පල·ගන්ධය, *n.* lotus scent, මානෙල් සුවඳ.

උත්පල·ගන්ධිකය, *n.* very fragrant sandal wood, සුවඳ සඳුන්.

උත්පාටනය, උත්පාටය, *n.* uprooting, pulling up, eradicating, ඉදිරීම. [උදුරනවා.

උත්පාටනයකරනවා, *v. t.* to uproot, eradicate,

උත්පාටිත, *a.* uprooted &c., උදුරනලද, ඉදුරුණු.

උත්පාතය, *n.* portent, omen, prognostic, සුබ ලකුණ. [උපදවන.

උත්පාදක, *a.* producing, creative, generative,

උත්පාදකත්වය, *n.* the state of producing, creatorship. E. S.

උත්පාදකය, *n.* what produces, generant. E. S.

උත්පාදකයා, *n.* producer, generator, originator, creator: *myth* an animal with eight feet, of which four are on its back.

උත්පාදකරනවා, *v. t.* to produce, create, gender, generate, උපදවනවා, මවනවා, ජනනකරනවා; අතම්හතෙලස......to regenerate. [ඉපදවීම.

උත්පාදනය, උත්පාදය, *n.* generating, production,

උත්පාදනයකරනවා, *v. t.* to originate, create, උපදවනවා, මවනවා. [මවනලද &c.

උත්පාදිත, *a.* generated, produced, created, උපද

උත්පාදිතවෙනවා, *v. i.* to be produced &c., උපද වනුලබනවා &c., උපදිනවා.

උත්ප්‍රසවය, *n.* (උත් excessive, ප්‍රසවය), abortion, ගබ්සාවීම. [නින්දාව.

උත්ප්‍රාසනය, *n.* throwing at; ridicule, sneer,

උත්ප්‍රාසනයකරනවා. *n.* to throw at; sneer at, නින්දාකරනවා.

උත්ප්‍රේක්ෂාව, *n.* illustration, නිදර්ශනය, comparison, metaphor, උපමාරණය; irony. E. S.

උත්ප්ලවනය, *n.* jumping upon or over, උඩට or උඩින් පැනීම.

උත්ඵුල්ල, *a.* blown (as a flower); expanded (as with leaven), swollen; පිපුණු.

උත්සංග·ප්‍රාණියා, *n.* See උදර්·ගපෘණියා.

උත්සංගය, *n.* waist-pocket, ඔඩොක්කුව.

උත්සදය. *n.* a hell, ඔසුපත් නිරය.

උත්සාහ, *a.* excessive, අධික, forcible, energetic, strenuous, බලවත්, කඩිසර; aroused, excited, උනන්දු, ඇවිස්සුණු.

උත්සාහකරනවා, *v. t.* to arouse, stir up, energize, stimulate, අවුස්සනවා.

උත්සර්ගය, *n.* abandoning, අත්හැරීම; gift, තෑග්ග.
උත්සර්ජනය, *n.* leaving, අත්හැරීම; giving, දීම.
උත්සව, *n. pl.* or *a.* feasts; festive, festal, convivial, මංගල්‍ය. [කෙළිය.
උත්සව·ක්‍රීඩාව, *n.* festive play, festivity, සැණ
උත්සවය, *n.* feast, festival, holiday, carnival, මංගල්‍යය.
උත්සාහකරනවා, *v.* to endeavour, strive, try, attempt.
උත්සාහය, *n.* effort, endeavour, attempt.
උත්සාහයෙන්, *ad.* with effort, energetically, strenuously.
උත්සාහවත්, උත්සාහවන්ත, *a.* hard-working, energetic, laborious, diligent, zealous.
උත්සාහවන්තකම, *n.* energeticalness, diligence, zeal. [මැඩුණු.
උත්සික්ත, *a.* elated, haughty, උඩඟු; increased,
උත්සුක, *a.* energetic, zealous, වීර්යවත්, චලිත.
උත්සෘෂ්ට, *a.* left or liberated, අරිනලද; given, දෙනලද.
උද, උදකය, *n.* water, වතුර.
උදක·ප්‍රසාද·මාණික්‍ය, *n.* water-clearing gem.
උදක·මේහය, *n.* diabetes.
උදකලා, *a.* lonely, dreary, isolated, තනිවූ.
උදකලාව, *ad.* alone, singly, lonely, තනියම.
උදකෝදර, *a.* (උදක උදර), dropsical.
උදකෝදරය, *n.* dropsy.
උදක්, උදක්ම, *ad.* urgently, earnestly.
උදගයනය, *n.* (උදක් north, අයනය journey), northern journey (of the sun): see උත්තරා යණය.
උදග්‍ර, *a.* (උත් අග්‍ර), high, eminent, උසස්; tall, උස්වූ; exceeding, අධික, large, ලොකු; fierce, රෞද්‍ර.
උදධිය, උද·ධිය, උදධිතිඳු, *n.* water-holder, water-lord, viz. the sea, මුහුද.
උදධි·මල, *n.* foam of the sea, මුහුදුපෙණ.
උදන, *n.* joyful expression, ප්‍රීතිවචනය.
උදන් අනනවා, *v.* to express pleasure, utter joyful words.
උදන්වෙනවා, *v. i.* to rejoice, ප්‍රීතිවෙනවා.
උද·පානය, *n.* water-drinking; well or trough near a well.
උදම්, *a.* high, උස්; proud, උඩඟු; pleased, සතුටු.
උදම්කරනවා, *v. t.* to elevate, ඔසවනවා.
උදය, උදේ, *n.* morning, forenoon; rising, උසස් වීම; coming into existence, ඉපදීම.
උදය, උදේ, *a.* morning, pert. to the forenoon.
උදය·අත, *n.* morning quarter, East, නැගෙනහිර.
උදයගය, උදය·ගිරිය, උදය·පර්වතය, *n.* eastern mountain, from behind which the sun is said to rise.
උදයන, *n.* ap. of the sage Agastya: see අගස්ති.
උදයනය, *n.* rising, උදාවීම: see උදය, *n.*

උදයභාගය, *n.* the morning half, forenoon, පෙරවරුව.
උදයය, *n.* eastern mountain: see උදයගය; the east, නැගෙනහිර; rising, උදාවීම.
උදය·ව්‍යය·ඥාණ, *n.* E. of උදයව්‍යයඥානය: *lit.* knowledge of rising and declining, viz. of becoming and ceasing to be, වීමද නැතිවීමද දන්නා ඥානය.
උදය·ව්‍යය, *n.* rising and declining, birth and death, ඉපදීම සහ නැසීම.
උදර, *a.* abdominal, ventral, බඩට අයිතිවූ.
උදර·ගුල්මය, *n.* the spleen, ඇලම; disease of the spleen, ඇලම රෝගය.
උදර·බන්ධනය, *n.* waist-belt, බඳවු කච්චිය.
උදරය, *n.* belly, abdomen, venter, බඩ; cavity, කුහරය.
උදර·රෝගකාර, උදර·රෝගී, *a.* dropsical; diseased in stomach or bowels; බඩේ රෝගයක් ඇති. [tient &c.
උදර·රෝගකාරයා, උදර·රෝගී, *n.* dropsical pa-
උදර·රෝගය, *n.* dropsy; any disease of the stomach or abdomen.
උදරාග්නිය, *n.* (උදර අග්නිය), hunger, බඩගින්න.
උදරිණී, *n.* pregnant female, ගර්භිණී.
උදරාවේෂ්ටයා, *n.* tape-worm, බඩේ පැතලිපණුවා.
උදර්දය, *n.* erysipelas. E. S.
උදසිදය, *n.* scarlatina, scarlet fever.
උද·වසිත, *n.* house, ගෙය.
උදවිය, *n.* the people, the populace.
උදව්, උදව්කාර, *a.* aiding, accessory. [mate.
උදව්කාරයා, *n.* aider, helper, accessory, abettor,
උදව්ව, *n.* aid, help, assistance.
උදව්වෙනවා, *v. i.* to be helpful to, aid &c.
උදසන, *a.* See උවසන.
උදහස, *n.* anger, wrath.
උදහස්, *a.* angry, wrathful.
උදහස්කරනවා, *v. t.* to make angry.
උදහස්වෙනවා, *v. i.* to become angry.
උද·හාරකයා, *n.* See දියාළුවා.
උදා·ගල, උදා·ගිරි, උදා·පව, *n.* rock of sunrise, eastern rock, උදයගිරි. [ශබ්දය.
උදාත්තය, *n.* the accent, accented sound, ඉහිත
උදානය, *n.* the upward air of the body, viz. the breath, හුස්ම; B., the poetical book so called; exultation, ප්‍රීතිමත්කම.
උදා·මිහි·දුරා, *n.* See උදාගල &c.
උදාර, උදාරතර, *a.* great, high, noble, උසස්; proud, arrogant, උඩඟු.
උදාරතරකම, *n.* greatness &c.; pride &c.
උදාරම්, උදාරම්කම, *n.* pride, arrogance, insolence. [scornful.
උදාරම්, *a.* proud, haughty, contemptuous,
උදාවර්තය, *n.* flatulence; iliac passion; retching, ඔක්කාරය.

උදාවෙනවා, *v. i.* to rise, ascend, (of the sun &c.), පායනවා, නගිනවා.

උදාස, *a.* indifferent &c.: see උදාසීන.

උදාසන, *n.* sunrise, dawn, morning.

උදාසනින්, *ad.* early, at dawn, in the morning.

උදාසීන, *a.* indifferent, apathetic, නොසැලකිලි, උපේක්ෂක; stoical. E. S.

උදාසීනභාව, *n.* indifference, apathy, නොසැලකිල්ල; stoicism; උපේක්ෂාව.

උදාසීනයා, *n.* stranger or mere acquaintance, අමුත්තා; stoic. E. S.

උදාහරණ, *a.* illustrative, parabolic.

උදාහරණය, *n.* illustration, instance, example, parable.

උදාගිර, *n.* sunrise, morning, ඉර උදාවීම, උදය.

උදාශිඛ, *n.* top of the sunrise rock, උදාගලේ මුදුන.

උදාහෘත, *a.* said, declared, කියනලද.

උදැල්ල, *n.* hoe, mamotie; *pl.* උදලු.

උදෑසන, *n.* or *a.* morning, early morning.

උදිත, *a.* said, කී; risen, උදාවුණ.

උදීරණය, *n.* saying, uttering, පැවසීම.

උදීර්ණ, *a.* great, මහත්; lofty, excellent, උසස්.

උජු, *a.* straight, upright, ඍජු.

උදුන, *n.* oven, furnace, kiln.

උදුන්කොක්ක, *n.* pot-hook.

උදුම්බර, *n. pl.* or *a.* figs; fig-; දිඹුල්.

උදුරනවා, *v. t.* to pluck up or out; *pret.* ඉදුරුවා or ඉදිරුවා; *v. n.* ඉදිරීම.

උදුරයා, *n.* rat, මීයා.

උදුරාගන්නවා, *v. t.* to wrest from, snatch away, take by force.

උදුල්බැව්, *n.* shining state: one of the exhibitions in dancing.

උදුල, උදුල්කම, *n.* shining, brightness, brilliance, බැබළීම, දීප්තිය. [ශොභා.

උදුල, උදුල්, *a.* bright, brilliant, shining, දිලි

උදෙසනවා, *v.* to enunciate, declare, දන්වනවා; *pret.* ඉදෙසුවා.

උදෙසා, *post.* for, on behalf of.

උදේකෑම, *n.* morning meal, breakfast.

උද්ගත, *a.* gone up, ascended, නැඟුණු; vomited, වමාරනලද. See උද්වමනය.

උද්ගතවෙනවා, *v. i.* to go up, rise, ascend, ඉහත් වෙනවා, නගිනවා.

උද්ගතිය, උද්ගමනය, උද්ගමය, *n.* going up, rising, ascent, [illegible], නැගීම.

උද්ගාඪ, *a.* much, බොහෝ.

උද්ගාර, *a.* vomitory, emetic, වමනය කරවන.

උද්ගාරය, *n.* vomiting, retching, ඔක්කාරය; sound, ශබ්දය. [ඔක්කාරකරනවා.

උද්ගාරයකරනවා, *v.* to vomit, වමාරනවා, retch,

උද්ගාරෞෂධය, *n.* (උද්ගාර ඖෂධය), emetic, වමනය කරවන බෙහෙත, ලයවිරේකය.

උද්ගීරණය, *n.* vomiting, spewing, වැමෑරීම.

උද්ග්‍රහණය, *n.* *lit.* taking up: acquiring, attainment, ඉගනගැනීම.

උද්ග්‍රහණයකරනවා, *v. t.* to take up, study, learn, ඉගනගන්නවා.

උද්ග්‍රහණයකරවනවා, *v. c.* to teach, උගන්වනවා.

උද්ඝටිත·ඥ, *a.* See උග්ඝටිතඥ.

උද්ඝාටකය, *n.* water-raiser or bucket, වතුර අදින බාල්දිය.

උද්ඝාත, *a.* high, උස්වූ.

උද්ඝාතය, *n.* beginning, පටන්ගැනීම; slipping, ලිස්සීම; weapon, ආයුධය.

උද්ඝෝෂණ, *a.* noisy, blatant, ඝෝෂාකරන.

උද්ඝෝෂණ·මංගල්‍යය, උද්ඝෝෂණෝත්සවය, *n.* (·උත්සවය), riot, revelry.

උද්ඝෝෂණය, *n.* loud noise, clamour, hubbub, මහත් ඝෝෂාව.

උද්දනවා, *v.* to ache (as a boil), hurt, make throb painfully; *pret.* ඉද්දුවා; *v. n.* ඉද්දීම.

උද්දානය, *n.* binding, බැඳීම; submarine fire, වඩබා ගින්න. [බැඳීම.

උද්දෘපය, *n.* rampart, wall, පවුර, buttress, කිතැයි

උද්දෘම, *a.* proud, උඩඟු, self-willed, හිතුවක්කාර.

උද්දිෂ්ට, *a.* (උද් upon, දිශ් to show), described, delineated, විස්තරකරනලද. [කරන.

උද්දීපක, *a.* lighting, illuminating, ආලෝක

උද්දීපනය, උද්දීප්තිය, *n.* illuminating, illumination, effulgence, ආලෝකකිරීම; inflaming, දැල්වීම, exciting (passion), ආශා වඩන.

උද්දීප්ත, *a.* lighted, illuminated, දල්වනලද, දීප්ත.

උද්දේශ, උද්දේශක, *a.* illustrative, elucidative, විසදන.

උද්දේශය, *n.* illustration, explanation, විසදීම.

උද්දේශික·වස්තුව, *n.* commemorative or illustrative object, memento, (as images of Buddha &c.), සිහිකරවන දෙයක්.

උද්දේහිකා, *n.* white ant, termes, වේයා.

උඩව්ව, උඩත, *a.* rude, ill-behaved; proud.

උද්ධරණය, *n.* extraction, ඉදිරීම; raising, ඔසවා ගැනීම, ගොඩනැගීම.

උද්ධරණයකරනවා, *v. t.* to extract; raise.

උද්ධර්ෂණය, *n.* erection of the hair, මයිල් කෙලින් සිටීම. [ප්‍රීතිය.

උද්ධර්ෂය, *n.* festival, උත්සවය, festive joy, මංගල්‍ය

උද්ධ්මාතක, *a.* swollen, ඉදිමුණු. [උද්.

උද්ධෘත, *a.* raised up, cast off, torn out, උදුරන

උද්ධෘත·භාගය, *n.* the part cast off, discount, අයක්—අඩු—කරන (or කළ) ගණන.

උද්භවය, *n.* (උද් up, භූ to be), coming into existence, birth, production, ඉපදීම.

උද්භාවනය, *n.* overlooking, neglect, disregard, නොසලකා හැරීම.

උද්භාවිත, *a.* overlooked &c., නොසලකා අරිනලද.

උද්භිජ, *a.* sprouting, germinating, vegetative, පැළවෙන.

උද්භිද, උද්භිද්, *a.* sprouting &c.; vegetable, botanical, ගසකොළ ආදියට අයිතිවූ.
උද්භිද, *n.* sprouting, germinating, පැලවීම; common salt, ලුණු.
උද්භිදුද්‍යානය, *n.* (උද්භිද් උද්‍යානය), botanic garden, වෘක්ෂලතාදි උයන.
උද්භිද්·ක්‍රම·විස්තරය, උද්භිද්·ක්‍රම·ශාස්ත්‍රය, *n.* phytography, ගසකොළ පිළිබඳ විස්තරය.
උද්භිද්·ජාති, *n. pl.* vegetation, වෘක්ෂලතාදිය.
උද්භිද්·ලවණ, *n.* borax, යවක්ෂාර.
උද්භිද්·විද්‍යාව, *n.* botany, තෘණාදි විද්‍යාව.
උද්භිද්·විද්‍යා·ඥයා, *n.* botanist, තෘණාදි ශාස්ත්‍ර දන්නා.
උද්භූත, *a.* (උද් up, භූ to be), born, born of, උපන්; sprung up, අවගත්.
උද්‍යතිය, උද්‍යමය, උද්‍යොගය, *n.* effort, exertion, උත්සාහය; zeal, ජ්වලිතකම.
උද්‍යමී, *a.* energetic, zealous, enthusiastic, වියසිවන්ත, ජ්වලිත.
උද්‍යාන, *a.* garden-, උයන්, වතු.
උද්‍යාන·කර්මාන්තය, ·ශිල්පය, උද්‍යානායුර්වේදය, *n.* (·ආයුර්වේදය), gardening, horticulture, වතු සම්බන්ධ කර්මාන්තය.
උද්‍යාන·පාලයා, උද්‍යාන·සේවකයා, *n.* gardener, වතු වැඩ කරන්නා. [චින්ත.
උද්‍යානය, *n.* garden, pleasure garden, උයන,
උද්‍යොගය, *n.* exertion, effort, zeal, වියසිය.
උද්‍යොගී, *a.* energetic: see උද්‍යමී. [siasm.
උද්‍යොගිතාව, *n.* activeness, zealousness, enthu-
උද්වරණ්ඩය, *n.* (උද් up, over), upper verandah, balcony, උඩුමහල් බරඳය.
උද්වර්තනය, *n.* going up, ascending, නැඟීම; rubbing, massage, ඇඟ ඉලීම.
උද්වෘත්තය, *n.* surplus, overplus, වැඩිමනත් සංඛ්‍යාව.
උද්වහන, *a.* (උද් up, වහන bearing), bearing, sustaining, දරන, උසුලන.
උද්වහනය, *n.* bearing, දැරීම, upholding, ඉසිලීම.
උද්වහනයකරනවා, *v. t.* to raise, bear, sustain, උසුලනවා.
උද්වාහය, *n.* marriage, විවාහය. [කලකිරුණු.
උද්විග්න, *a.* discouraged, perplexed, hesitating,
උද්වේග, *a.* swift, rapid, ඉතා වේගවත්.
උද්වේගය, *n.* anxiety, fear, distress, කලබලව, කාන්සාව; betel nut, පුවක්.
උධසය, *n.* udder, කිරිබුරුල්ල.
උනඟයා, *n.* Cupid: see අනංගයා.
උනත, *a.* See උන්නත.
උනනවා, *v. i.* to spring, well up or flow (as water); *pret.* ඉනුවා; *v. n.* ඉනීම.
උනනවා, *v. t.* to let go or loosen (a rope &c.), untie, ලිහනවා.
උනන්දු, *a.* active, lively, brisk, energetic.
උනන්දුකම, *n.* alacrity, activity, &c., ardour.
උනන්දුකරනවා, *v. t.* to arouse to activity &c., enliven.

උනන්දුවෙනවා, *v. i.* to become active &c.
උනහපුළුවා, උනහපුලුවා, *n.* the loris, a kind of monkey, *loris gracilis.*
උනම්බරයා, උනම්බරයා, *n.* naked ascetic, heretical naked ascetic.
උනන්න, *n.* for උන් අස්න: seat on which sat (some one), උන්නාවූ ආසනය. [ලිහා අරිනවා.
උනා·දමනවා, *v. t.* (උනනවා), to untie, let loose,
උනු, *a.* imperfect, deficient, ඌන, අසම්පූර්ණ, අඩු.
උනුකොලයා, *n.* ratsnake, ගැරඬියා.
උනුන්, *pron. pl.* for ඔවුනොවුන්: they severally or mutually, one another, each other.
උනු·විසි, *a.* nineteen, දහනව.
උෂොරුව, *n.* light of the dawn, අරුණාලෝකය.
උන්, *pron. pl.* low form for ඔවුන්: they (of men or animals).
උන්දෑ, *pron. res.* and *col.* he; *pl.* උන්දලා, they.
උන්දුරයා, උන්දුරුවා, *n.* rat, මීයා.
උන්නැහේ, *pron. res.* he, that person.
උන්නත, *a.* high, elevated, උස්; exalted, උසස්; haughty, උඩඟු.
උන්නතතාව, *n.* elevation, eminence, dignity &c., උස, උසස්කම &c.
උන්නත·ලීලාව, *n.* dignity, dignified behaviour or habit, උතුම්ලීලාව. [ආකාර.
උන්නතාකාර, *a.* (·ආකාර), dignified, stately, උතුම්
උන්නතානත, *a.* (·ආනත bent): up and down, viz. undulated, undulating, wavy, undulatory, රැළි ආකාර.
උන්නතානතතාව, *n.* waviness, undulation.
උන්නතානතවෙනවා, *v. i.* to undulate, be wavy, ඉහළ පහළ සැලෙනවා.
උන්නතිය, *n.* height, elevation, eminence, dignity, උස, උසස්කම. [විනතිය.
උන්නයනය, *n.* raising, උස්සෙරීම; discussion,
උන්නාදය, *n.* (උන් for උස්), high sound, උසස් හඬ.
උන්නාන්සේ, *n. pron. hon.*, he.
උන්නාන්සේ, *n.* Buddhist monk, මහණුන්නාන්සේ; Mister, as ගුණසේකර උන්නාන්සේ, Mr. Gunasekara.
උන්මත්ත, උන්මාද, *a.* insane, demented, mad, ඔල්මාද. [උමතුකම.
උන්මත්තතාව, *n.* insanity, madness, ඔල්මාදය,
උන්මත්තකයා, උන්මත්තයා, උන්මාදයා, *n.* insane man, madman, lunatic, ඔල්මාදකාරයා, පිස්සා.
උන්මත්ත·ශාලාව, උන්මාද·ශාලාව, *n.* lunatic asylum. [පිස්සුකම.
උන්මදය, උන්මාදය, *n.* insanity, madness, lunacy,
උන්මාදයා, *n.* madman, පිස්සා. [fanatical.
උන්මාද·මතික, *a.* having insane or wild ideas,
උන්මීලනය, *n.* winkling, blinking, ඇස්පිය ගසා ලීම; blowing (of a flower), පිපීම.
උන්මීලනයකරනවා, *v.* to wink &c.; to open (of the eye &c.), ඇරෙනවා, පිපෙනවා.

උන්මුඛ, *a.* having the face upwards, looking up, උඩුමුහුවවු; facing, present, ඉදිරි.
උන්මූලනය, *n.* uprooting, මුලින් උදුරාදැමීම; extirpating, destroying, සිඳදැමීම.
උන්මූලිත, *a.* uprooted, eradicated, උදුරනලද.
උන්මේෂය, *n.* See උන්මූලනය.
උන්වහන්සේ, *pron. hon.* he or she (used of God, kings &c.).
උෂ්ණීෂ, *n.* crown, ඔටුන්න; head, ඉස.
උඳු, *n. pl.* a kind of grain, peas.
උඳුගොම්බා, *n.* scalp-worm.
උඳුගොම්ලපය, *n.* mark or spot of ring-worm.
උඳුන, *n.* See උඳුන.
උඳුවප්මස, *n.* month so called, Dec.-January.
උඳුකැකිරිය, *n.* wet sandy ground, sandy marsh.
උප, *prefix signifying* auxiliary, secondary, near; over, in addition, excessive.
උපආණ්ඩුකාරයා, *n.* vice-governor, vicegerent, Lieutenant Governor.
උපකථාව, *n.* by-story, illustrative or auxiliary anecdote.
උපකරණත්වය, *n.* instrumentality.
උපකරණසංඝාතය, *n.* set of tools or instruments, apparatus.
උපකරණය, *n.* instrument, implement, appliance, tackle; *pl.* instruments &c., means, stores, necessaries.
උපකරණාකාරයෙන්, *ad.* instrumentally, උපකරණයකින් මෙන්.
උපකර්තෘ, *n.* sub-editor. [agent.
උපකලම්බාකාරයා, *n.* assistant agent, sub-
උපකාර, උපකාරක, උපකාරදායක, උපකාරික, *a.* helping, auxiliary, subsidiary, helpful.
උපකාරකරනවා, *v.* to aid, help, assist.
උපකාරකාරයා, *n.* aider &c.
උපකාරදායකකම, උපකාරීභාව, *n.* helpfulness.
උපකාරය, *n.* aid, help, assistance.
උපකාරවෙනවා, *v. i.* to aid, be helpful.
උපකාර්‍ය, *a.* that should be assisted, aid-worthy.
උපක්‍රමය, *n.* means, medium, device, plan, scheme, contrivance, resource, stratagem, උපකරණය, උපාය.
උපක්‍රමික, *a.* involving or using means, strategic, උපායසහිත.
උපක්‍රියාවචනය, *n.* auxiliary verb. [නිග්‍රහය.
උපක්‍රෝශය, *n.* censure, reproach, ආක්‍රෝශය,
උපක්ලේශය, *n.* minor depravity or sin.
උපක්ෂේප, *a.* figurative, tropological, උපමාආකාර. [උපමාසහිතකම.
උපක්ෂේපතාව, *n.* figurativeness, tropology,
උපක්ෂේපය, *n.* figure, trope, උපහැරණය.
උපගත, *a.* that has approached, ළඟට පැමිණි; having, ඇත්තාවූ; promised, agreed, පොරොන්දුවූ.
උපගන්ධය, *n.* perfume, සුගන්ධය, සුවඳ.
උපගමය, *n.* approach, ළඟට පැමිණීම; promise, agreement, පොරොන්දුව. [usher.
උපගුරුවරයා, *n.* assistant teacher, monitor,
උපගූහනය, *n.* embracing, බදගැනීම, taking, laying hold of, ගැනීම, අල්ලාගැනීම. [ණය.
උපග්‍රන්ථය, *n.* appendix, supplement, උපාසුර
උපග්‍රහයා, *n.* secondary planet, satellite.
උපඝාතක, *a.* abscinding, counteracting, nullifying, සිඳදමන, බලහැනිකරන.
උපඝාතකකර්මය, *n.* counteracting deed, B., some powerful act or merit which counteracts a previous feeble one.
උපඝාතය, *n.* touch, stroke, පහර, injury, අනතුර; disease, රෝගය; destruction, විනාශය.
උපචය, *n.* gathering, රැස්කෙරීම; heap, lot, mass, රාශිය; elevation, උසස්වීම; prosperity, වර්ධනය. [ලද.
උපචරිත, *a.* served, waited upon, සේවයකරන
උපචර්‍යාව, *n.* serving, සේවයකෙරීම; the practice of medicine, වෙදකම.
උපචාර, *a.* attendant, serving, assistant, අනවැසි, මෙහෙකරු, ආධාර; elliptical or rather metonymical, E. S.
උපචාරය, *n.* attending, attendance, service, මෙහෙකෙරීම; practice, චරිතය; ellipsis, metonymy. E. S.
උපචිත, *a.* collected, heaped, රැස්කරනලද.
උපච්ඡේදක, *a.* See උපඝාතක.
උපජන, *a.* born, produced, උපන්, අවගත්.
උපජනිය, *n.* birth &c., ඉපදීම; subgenus. E.S.
උපජිව්හාව, *n. lit.* minor tongue, viz. uvula, උඩුදිව.
උපජීවියා, *n.* a dependant, servant, සේවකයා.
උපත, *n.* birth, source, origin, ඉපදීම.
උපනානාපතියා, *n.* vice-consul.
උපතාපය, *n.* heat, රත්තය; disease, ලෙඩ; hurry, වේගය. [conds.
උපතාලය, *n. mus.* an accompanying part, se-
උපදංශ, *a.* biting, හපාකන; venereal, syphilitic.
උපදංශය, *n.* biting, හපාකෑම; a relish, රුචිය; syphilis, කුෂ්ඨලෙඩ.
උපදංශචිකිත්සක, *a.* venereal-healing, venereal (remedy), කුෂ්ඨලෙඩ සුවකරන.
උපදන, *v. adj.* for උපදින: arising, born.
උපදන්, *n.* pillow, කොට්ටය. See උපාදාන.
උපදක්ෂකයා, *n.* watchman, රැකවලා, porter, දොරටුපාලයා.
උපදවනවා, *v. t.* to breed, generate, produce, originate, cause; *pret.* ඉපදෙව්වා; *v. n.* ඉපදවීම. [මාලු.
උපදස්, *n. pl.* cakes, කැවිලි; sauce, curry, ව්‍යංජන,
උපදානය, *n.* something presented, presentation, පඬුර.

උපදිනවා, *v. i.* to be born, produced, originated, caused, to arise; *pret.* ඉපදුණේ or උපන්නා; *v. n.* ඉපදීම.

උපදෙස, *n.* E. of උපදේශය: instruction &c.

උපදේශඇමතියා, *n.* assistant minister, curate.

උපදේශ, උපදේශක, උපදේශික, *a.* didactic, preceptive, advisory, admonitory, දූනමුනුකම් සහිත; proverbial, aphoristic, හිතෝපදේශාකාර.

උපදේශකයා, උපදේශිකයා, *n.* instructor, preceptor, adviser, දූනමුනුකම් දෙන්නා.

උපදේශනය, උපදේශය, *n.* instruction, advice, monition, admonition, දූනමුනුකම; proverb, aphorism, හිතෝපදේශය.

උපදේශිකවරයා, *n.* adviser, assessor, counsellor.

උපද්දනවා, *v. t.* to produce (see උපදවනවා); *pret.* ඉපැද්දුවා.

උපද්‍රව, *a.* dangerous, injurious, අනතුරු.

උපද්‍රවකරනවා, *v.* to do injury, harm, අනතුරකරනවා.

උපද්‍රවසංඥාරය, *n.* alarm-bell, tocsin. [රය.

උපද්‍රවය, *n.* injury, harm, danger, අනතුර, අනතු

උපද්‍රවාරක්ෂකයා, *n.* (·ආර:), protector from injury or loss; underwriter, E. S.

උපද්‍රුත, *a.* injured, wronged, oppressed, අලාභ හානි විඳින, පීඩිතවූ. [loss.

උපද්‍රුතවෙනවා, *v. i.* to be injured &c., suffer

උපධා, *a.* penultimate: see උපෝත්තම.

උපධානය, *n.* pillow (see උපදන්); kindness, කරුණාව; poison, විෂ.

උපධාව, *n.* penult, penultima, penultimate letter. E. S. [කෙලෙස.

උපධිය, *n.* cheating, fraud, වංචාව; evil passion,

උපනගරය, *n.* minor city or town near the chief one, suburb. [පැමිණි.

උපනත. *a.* that has approached, near, ලඟට

උපනයනය, උපනය, උපනාය, *n.* ceremony of of induction, initiation, investiture, නිලයට පත්කෙරීමේ සිරිත.

උපනය—උපනයනය—කරනවා, *v. t.* to induct, initiate, invest, පත්කරනවා.

උපනාඩකම, *n.* underplot (in a play).

උපනාද, *n. pl.* harmonics, harmony.

උපනාමය, *n.* auxiliary name, surname, (but not the family name).

උපනාහය. *n.* fixed hatred, බද්ධවෛරය.

උපනිධානය, උපනිධිය, *n.* a deposit, pledge, උකස.

උපනිශ්‍රය, *n.* cause or what is necessary, හේතුව; happiness, සැපත.

උපනිශ්‍රිත. *a.* united, සම්බන්ධ.

උපනිෂද්, *n.* theological part of the Shastras.

උපනිෂ්කාරය, උපනිෂ්ක්‍රමණය, *n.* high-road, මහ මාවත, street, වීදිය. [ලඟ ඉන්න.

උපනිෂණ්ණ, උපනිෂන්න, *a.* seated by or near,

උපනීත, *a.* initiated, inducted, පුරනලද, පත්වූ.

උපනීයමාන, *a.* who is being initiated, පත්වෙන.

උපනුපන්, *v. adj. pret.* (උපන් උපන්): born and born, viz. who or when or where was born (in various births).

උපනේත්‍ර, *n. pl.* secondary or helping eyes, viz. spectacles, කණ්ණාඩි.

උපන්දිනය, *n.* birthday, natal day.

උපන්ලපය, *n.* spot or mark with which a person was born, birth-mark.

උපන්‍යාස, *a.* proemial, prefatory, introductory, ආරම්භ; preceptive, උපදේශක.

උපන්‍යාසකරනවා, *v.* to commence speaking, කථාව පටන්ගන්නවා.

උපන්‍යාසය, *n.* proem, preface &c., ආරම්භය; statement, proposal; precept, උපදෙස.

උපපංක්තිය, *n.* sub-class.

උපපතියා, *n.* paramour, gallant, හොරපුරුෂයා.

උපපත්‍ර, උපපත්‍රබඩ, *a. bot.* stipular, stipulaceous.

උපපත්‍රය, *n. bot.* stipule, කොළයේ අධිකොළය.

උපපද්‍ය, *a.* contiguous, the very next, pert. to the next re-birth or life.

උපපන්න, *a.* produced, අවගත්, come, පැමිණි.

උපපාපය, *n.* heinous sin, crime, මහත් අපරාධය.

උපපාරමිතා, *n. pl.* B., secondary—not the highest—attainments. See දශඋපපාරමිතා.

උපපාදරිතාතැන, *n.* assistant bishop, suffragan, උප බිෂොප්තැන. [fiscal.

උපපිස්කල්තැන, *n.* under-sheriff, deputy

උපපීඩක, *a.* retributive, inflicting retributive suffering, ප්‍රතිඵලදායක.

උපපීඩනය, retribution, torture, infliction, ප්‍රතිඵලවශයෙන් වද්කිරීම.

උපපීඩනයකරනවා, *v.* to inflict retribution, torture, වද්කරනවා.

උපපීළ, *a.* See උපපීඩක.

උපපුරය, *n.* See උපනගරය.

උපභාර්යාව, *n.* concubine.

උපභෝගකරනවා, *v. t.* to enjoy, භුක්තිවිඳිනවා.

උපභෝගය, *n.* enjoyment; thing enjoyed, luxury or article that aids enjoyment, such as furniture, crockery &c.

උපමණිය, *n.* epicalyx, පිටකැරිය.

උපමව, *n.* wet-nurse, කිරිමව. [*n. pl.*

උපමා, *a.* figurative, allegorical, parabolic; also

උපමාකරනවා, *v. t.* to liken, allegorize.

උපමාකීම, *v. n.* uttering similes &c.; simile, proverb, උපමා කතාව.

උපමානය, *n.* likeness, resemblance, simile; subject of comparison.

උපමාප්‍රබන්ධය, *n.* fable, allegory, දෘෂ්ටාන්තකථාව.

උපමාව, *n.* figure, simile, parable, apologue; object of comparison. [cally.

උපමාවශයෙන්, *ad.* figuratively, metaphori-

උපමා·වාක්‍ය, *a.* figurative, tropological &c.: see උපමා.

උපමා·වාක්‍යතාව, *n.* figurativeness, tropology.

උපමා·වාක්‍යය, *n.* figure, allegory, trope, metaphor.

උපමා·විෂය, *n.* object of comparison, that to which anything is likened.

උප·මිතිය, *n.* analogy, resemblance, semblance, සමානකම. [subaltern.

උප·මුලාදෑනියා, *n.* assistant headman, sub-chief,

උපමේය, *a.* analogous, comparable, සමානවූ.

උපමේය, *n.* that which is to be compared, subject of comparison.

උපමේයෝපමාව, *n.* (උපමේය උපමාව), subject and object of comparison, as "Moon-like face", where Face is උපමේය, that which is to be compared, and Moon is උපමාව, that to which the face is compared.

උපයනවා, *v. t.* to procure, acquire, provide, furnish, සපයනවා; *pret.* ඉපැයුවා; *v. n.* ඉපැයීම.

උපයමය, *n.* marriage, විවාහය.

උපයාගන්නවා, *v. t.* to get, procure or provide, සපයාගන්නවා. [ලබා, සිගා.

උප·යාචක, *a.* asking, soliciting, begging, ඉල්

උපයාචිත, *a.* asked, entreated, ඉල්ලනලද; offered, පුදනලද. [දෙනවා.

උපයාදෙනවා, *v. t.* to provide for, supply, සපයා

උප·රක්ත, *a.* coloured, පාට ඇති, reddened, රත් වූ; afflicted, පීඩිතවූ; eclipsed, E. S.

උප·රජ, උපරජ, *n.* viceroy, sub-king, යුවරජ.

උප·රත, *a.* ceased, dead, මළ.

උප·රතිය, උප·රමය, *n.* stopping, ceasing, death, නැවතීම, මරණය. [mity, විපත.

උප·රාගය, *n.* eclipse, ග්‍රහණය: affliction, cala-

උපරාජාණ්ඩුව, *n.* sub-government, *imperium in imperio.*

උපරි, *prefix signifying* on, over, above, up; *bot.* superior: see උඩිසට.

උපරි·ගත, *a.* gone up, ascended, නැඟුණු.

උපරි·ගමන, *n.* going up or over, passing over, උඩට නැඟීම, උඩින් යාම.

උපරි·ගමන·මංගල්‍යය, *n.* feast of Passover.

උපරි·භාගය, *n.* upper part or half, උඩපංගුව.

උපරුද්ධ, උපරුද්ධිත, *a.* surrounded; obstructed; besieged, වටකරනලද, බාධාකරනලද.

උපරුවනවා, *v. t.* to uproot, උදුරනවා.

උප·ලක්ෂණය, *n.* helping or minor indication or characteristic: as a synecdoche when a part is put for the whole or a quality for the substance.

උප·ලක්ෂිත, *a.* marked by, characterised or distinguished by, possessed of, යුක්ත.

උප·ලබ්ධ, *a.* obtained, received, ලැබූ: known, දැනගන්නාලද.

උප·ලබ්ධිය, *n.* acquisition, gain, ලාභය; knowledge, දැනගැනීම; understanding, mind, මතිය; faith, ඇදහිල්ල; sub-sect, උපනිකාය.

උප·ලය, *n.* a rock or stone, ගල; squatting, උක්කුටිකය.

උප·ලාලක, *a.* soothing, satisfying, නලවන, සතුටුකරන. [රීම

උප·ලාලනය, *n.* soothing &c., නැළවීම, සතුටුකෙ

උප·ලිපිකරුවා, *n.* under-clerk.

උප·ලිප්ත, *a.* (ලිප් to smear &c.), smeared, anointed, ගානලද, ආලේපවූ.

උප·ලේකම්, උප·ලේකම්·තැන, *n.* under-secretary, assistant secretary.

උප·ලේඛනය, *n.* schedule.

උප·වධුව, *n.* concubine, උපභාර්යාව.

උප·වනය, *n.* grove, little forest or wood, කුඩා වනය.

උප·වසය, *n.* See උපවාසය. [සහිත.

උප·වාද, *a.* abusive, slanderous, අපවාද, කේලම්

උප·වාදකරනවා, *v.* to abuse, slander, නින්දාකරනවා, කේලම් කියනවා.

උප·වාදය, *n.* abuse, slander, scandal, scurrility, අපවාද, නිග්‍රහය.

උප·වාස, උප·වාසී, *a.* fasting, fast, නිරාහාර.

උප·වාසකරනවා, *v.* to fast, නිරාහාරව සිටිනවා

උප·වාස·කාලය, *n.* season of fasting, lent, නොකා ගැරජ්ම කාලය. [the moon.

උප·වාස·දින, *n.* fast-day; B., quarter day of

උප·වාසය, *n.* fast, fasting, නිරාහාරය.

උප·වැඩකාරයා, *n.* under-servant.

උප·වේශනය, උප·වේශය, *n.* sitting, resting, ඉඳගැනීම; a seat, ආසනය; evacuation (by stool), පැහැරීම.

උප·ශමක, *a.* curative, healing, remedial, alleviative, සුව—සහනය—කරන.

උප ශමනය, උප ශමය, *n.* curing, cure, healing, සුවකෙරීම, සුවය; allaying, tranquillizing, සංසිඳීම; subjugation, දමනයකෙරීම.

උප·ශමනයකරනවා, *v. t.* to cure, heal, සුවකරනවා; allay, subdue, සංසිඳුවනවා &c.

උප·ශමිත, *a.* healed, සුවවූ, allayed, සහනයවූ; subdued, සංසිඳුණු.

උප·ශය, *n.* allayment, relief; lying or sleeping near, ළඟ නිදාගැනීම. [ඉඩම.

උප·ශල්‍යය, *n.* suburbs, confines, vicinity, අසල

උප·ශාන්ත, *a.* appeased &c.: see ශාන්ත

උප·ශාන්තකරනවා, *v. t.* to appease, tranquillize, සංසිඳුවනවා, ශාන්තකරනවා. [කම, ශාන්තිය.

උප·ශාන්තිය, *n.* tranquillity, serenity, නිශ්චල

උප·ශෝභිත, *a.* adorned, beautiful, very becoming, අලංකාරකරනලද, ශෝභන.

උප·ශ්‍රේෂ්ඨාධිපතියා, *n.* vice-governor, proconsul.

උප·සග, *n.* E. of උපසර්ගය. [to, ළංවීම.

උප·සංක්‍රමණය, *n.* approaching, drawing near

උප·සංක්ෂේපය, *n.* epitome, an abstract, සැකෙවුම.

උපසත්, *a.* E. of උපගත.
උපගත, *a.* that has approached, proximate, ළඟාවුණු, ළඟාවූ.
උපගතතාව, *n.* nearness, proximity, කිට්ටුකම, ආසන්නතාව.
උපසපත්, *a.* E. of උපසම්පන්න.
උපසභාපතියා, *n.* vice-president of a society.
උපසමනය, උපසමය, *n.* See උපශමනය.
උපසම්පදකරනවා, *v. t.* to ordain (as B. P.).
උපසම්පදාව, *n.* ordination (to full priesthood).
උපසම්පදාවෙනවා, *v. i.* to be ordained.
උපසම්පන්න, *a.* ordained, attained, උපසම්පදාවූ; sacrificed, පූජාකරනලද.
උපසර, *a.* E. of උපචාර.
උපසරය, *n.* approach, coition, සංවාසය.
උපසර්ගය, *n.* prefix, augment; portent, omen, නිමිත්ත; calamity, විපත.
උපසාන්ත, *a.* See උපශාන්ත.
උපසුළුසභාව, *n.* sub-committee.
උපසූර්යකය, *n.* halo round the sun.
උපසේනාපතියා, *n.* Lieutenant General, (of the navy) Vice-Admiral.
උපසේවකයා, *n.* under-attendant; sub-deacon, අනුපස්ථායකයා.
උපස්තම්භ, උපස්තම්භක, *a.* helpful, aiding, supporting, ආධාර. [උදව්කාරයා.
උපස්තම්භකයා, *n.* aider, supporter, coadjutor,
උපස්තම්භකවෙනවා. *v.* to aid &c., උදව්වෙනවා, පිහිටවෙනවා.
උපස්තම්භනය, උපස්තම්භය, *n.* aid, support, sustenance. පිහිටාධාරය, නඩත්තුව.
උපස්ථාන, *a.* ministering, serving, සේවයකරන.
උපස්ථානකරනවා, *v.* to minister to, serve, entertain, සේවය—සංග්‍රහ—කරනවා.
උපස්ථානය, *n.* attendance, ministration, සේවය, සංග්‍රහය. [රක්ෂාස්ථානය.
උපස්ථානාගාරය, *n.* house of refuge, asylum,
උපස්ථායක, *a.* waiting upon, ministering, මෙහෙකරන. [මෙහෙකිරීම, සේවය.
උපස්ථායකකම, *n.* ministration, service, මෙහෙය
උපස්ථායකකරනවා, *v.* to wait upon, serve, minister to, මෙහෙකරනවා &c.
උපස්ථායකධුරය, *n.* office of attendant, diaconate. E. S.
උපස්ථායකයා, *n.* attendant, server; deacon (of a church). [ළඟට පැමිණි.
උපස්ථිත, *a.* that has come near, approached,
උපස්ථිතවෙනවා, *v. i.* to come near, ළංවෙනවා.
උපහරණ, *n. pl.* or *a.* See උපැහැරණ &c.
උපහසිතය, *n.* laughter, සිනාසීම.
උපහාරය, *n.* additional or complimentary gift, present, offering, දීමනාව, පඬුර.
උපහාසය, *n.* ridicule, කවටකම. [විසුළු.
උපහාස්‍ය, *a.* ridiculous, laughable, farcical,
උපහාස්‍යතාව, *n.* ridiculousness &c., විසුළුකම.

උපහැරණ, *a.* figurative, allegorical: see උදාහරණ.
උපැහැරණකීමක්, උපැහැරණය, *n.* metaphor, similitude, figure, allegory.
උපැහැරණලෙස, *ad.* metaphorically &c.
උපා, *n.* See උපාය.
උපාඛ්‍යානය, *n.* (උප ආඛ්‍යානය), narrative, tale, anecdote, උපකථාව.
උපාගත, *a.* (උප ආගත), come, arrived, happened, පැමුණුණු. [ණීම.
උපාගම, *n.* approach, arrival, ළඟට ඒම, පැමි
උපාගුරු, *n.* advisory teacher, counsellor.
උපාංග, *a.* (උප අංග), branch-, minor, sectional, secondary. [(of any subject).
උපාංගය, *n.* branch or minor part or section
උපාංගසූත්‍රය, *n.* minor rule, සුළු සූත්‍රය. [usher.
උපාචාර්යයා, *n.* (උප ආචා:), assistant teacher,
උපාදක්ෂ, *a.* skilful at devices, crafty, cunning.
උපාදක්ෂකම, *n.* skill at devices, artfulness &c.
උපාදක්ෂයා, *n.* one skilful at devices &c.; strategist.
උපාදානය, *n.* (උප ආදානය), seizing, taking away, අරගැනීම; clinging to, තදින් අල්ලා ගැනීම; B., clinging to existence; cause, හේතුව.
උපාධිපතියා, *n.* vice-president, vice-chancellor.
උපාධිය, *n.* virtuous reflection; disguise, වේශය; title, නම, පටබැඳීම; characteristic, විශේෂලක්ෂණය. [tive.
උපාධ්‍යාය, උපාධ්‍යායකාර, *a.* didactic, precep-
උපාධ්‍යායයා, *n.* instructor, teacher, preceptor, minister, ගුරුවරයා.
උපාන්ත, උපාන්තික, උපාන්ත්‍ය, *a.* (උප අන්ත &c.), very near, ඉතා සමීප.
උපාන්තය, උපාන්තාය, *n.* vicinity, අසල.
උපාමාරුව, *n.* deception, disguise, artifice, stratagem.
උපාය, *n.* means, device, scheme, plot, ruse, trick, manœuvre, stratagem.
උපායචින්තනය, *n.* devising means, contriving, උපායක් යෙදීම.
උපායඥ, *a.* skilful at expedients, උපාදක්ෂ.
උපායදක්ෂ &c.: See උපාදක්ෂ &c.
උපායවත්, *a.* having schemes &c., scheming, උපා ඇත්තාවූ, උපා යොදන.
උපායනය, *n.* present, gift, තෑග්ග.
උපායාසය, *n.* sorrow, anguish, තද ශෝකය.
උපායෙදීම, *v. n.* scheming &c., strategy.
උපායොදනවා, *v.* to devise means, scheme, plot, contrive, [ගැන්ම.
උපාරම්භය, *n.* beginning, commencement, පටන්
උපාර්ජනය, *n.* (උප, අර්ජ් to collect, gain), acquiring, acquisition, ලබාගැනීම, collection, රැස් කෙරීම. [&c.
උපාර්ජිත, *a.* acquired, collected, ලබාගත්තාලද

උපාලම්භය, *n.* reviling, abuse, censure, නින්දා කෙරීම, බැණුම. [Pitaka.

උපාලි, *n.* name of the compiler of the Vinaya

උපා·සක, *a.* (උප near, ආස් to sit), worshipping, serving, devoted.

උපාසකයා, *n.* devoted Buddhist, lay devotee.

උපාසනය, *n.* session, sitting, (of a society), ඉඳීම.

උපාසනාගාරය, *n.* (·ආගාරය), sitting-room, session-hall, වාඩිවෙන ශාලාව.

උපාසිකාව, *n. fem.* of උපාසකයා: female devoted to the strict observance of Buddhism.

උපාසිත, *a.* served, used, සේවයකරනලද.

උපාහනය, *n.* sandal, clog, සෙරෙප්පුව.

උපිලිවෙල, *n.* E. of උත්පටිපාටිය.

උපුටනවා, *v. t.* to pull up, pluck up, uproot; *pret.* ඉපුටුවා or ඉපිටුවා; *v. n.* ඉපිටීම.

උපුටාගන්නවා, *v. t.* to pull out for one's self; extract, quote.

උපුරනවා, *v. t.* See උපුටනවා; *pret.* ඉපුරුවා.

උපුල, *n.* a stone, ගල; blue lotus, නිල්මානෙල්.

උපුල්ලවනවා, උපුල්වනවා, *v. t.* to raise, lift up, ඔසවනවා; *fig.* foment, urge, stimulate, පොළඹනවා; *pret.* ඉපිල්ලෙවුවා, ඉපිල්ලුවා; *v. n.* ඉපිල්ලවීම, ඉපිල්ලීම. [Vishnu.

උපුල්·වන්, *a.* Lotus-coloured (one): ep. of

උපේක්ෂක, උපේක්ෂා, *a.* (උප over, ඊක්ෂ to look), overlooking, neglectful, indifferent, unconcerned, neutral, stoical, නොසලකා අරින, මධ්‍යස්ථ.

උපේක්ෂකතාව, උපේක්ෂාව, *n.* neglectfulness, negligence &c., neutrality, stoical state.

උපේක්ෂාකාරයෙන්, *ad.* neglectfully, unconcernedly, neutrally, නොසැලකිලිලෙස, අපක්ෂපාතලෙස.

උපේක්ෂණය, උපේක්ෂාව, *n.* neglecting, abandoning; negligence, indifference, neglect; නොසලකා ඇරීම, අපාක්ෂිකත්වය.

උපේක්ෂණයකරනවා, *v. t.* to neglect, act unconcernedly, show indifference, නොසලකා අරිනවා.

උපේක්ෂා·පාරමිතාව, *n.* B., attainment or observance of stoicism or perfect indifference to all things: see පාරමිතාව.

උපේක්ෂිත, *a.* neglected, treated with indifference, නොසලකා අරිනලද.

උපේත, *a.* (උප near, ඊත gone), endowed or invested with, having, යුක්ත.

උපේන්ද්‍රයා, *n.* ap. of Vishnu: see උපිඳු.

උපේ·ලසර, *n.* E. for උපන්‍යාසාලංකා

උපෝත්තම, *a.* (උප උත්තම), penultimate, අගට පූර්වයෙන්වූ.

උපෝත්තමය, උපෝත්තම·ශබ්දය, *n.* penult, penultima, penultimate, උපධාව.

උපෝෂණය, *n.* fasting, නිරාහාරය.

උපෝෂිත, *a.* fasted, fasting, නිරාහාරවූ.

උපෝසථ·දිනය, උපෝසථය *n.* a quarter day of the moon, පෝය, පෝය දවස.

උපෝසථ·සිල, *n. pl.* the eight observances of B. to be kept on පෝයදින: see අටසිල්.

උප්පත, *n.* betel leaf, බුලත්කොළය.

උප්පාදය, *n.* See උත්පාදය.

උප්පැන්න, *a.* natal, උපන්, ඉපදීමේ (දවස &c.).

උප්පැන්නය, *n.* birth, nativity, ඉපදීම, උත්පත්තිය.

උප්පැන්නවෙනවා, *v. i.* to be born, උපදිනවා.

උප්පිඩ, *n.* sheaf, ගොයම්මිටිය.

උම·මග්, *n.* E. for උමග කාණු.

උබ, උභය, *a.* both, E. උබ, උබය.

උභතෝ·කෝටික, *a.* (උභතෝ fr. උභතස් on both sides, කෝටික edged), double-edged, දෙමුවහත්; *log.* cutting bothways, involving a dilemma, කොන්දෙකක් ඇති (තර්කය).

උභතෝ·භාවිකතාව, *n.* double-edgedness; state of a dilemma.

උභය·කුලය, *n.* double caste or descent, viz. the same caste from both father and mother.

උභය·භාෂාව, dialogue, දෙබස.

උභය·ලෝකය, *n.* both worlds: this world and the next, දෙලොව.

උභය·ලෝකාර්ථ, *a.* (අර්ථ), profitable for both worlds, දෙලොවට ප්‍රයෝජනවූ.

උභයාංශ, *n. pl.* (·අංශ), both sides or parties, දෙපක්ෂය, දෙපැත්ත.

උභයාපත්තිය, උභයසම්භවය, *n.* dilemma.

උභයාර්ථ *a.* (අර්ථ), of double meaning, equivocal, තේරුම් දෙකක් ඇති.

උභයාර්ථතාව, *n.* equivocalness.

උමග, *a.* underground, tunnel.

උමගය, *n.* E. of උම්මග්ගය: tunnel, sap.

උමං·කපනවා, *v. t.* to bore a hole through, to sap, break into (a house &c.); *pret.* උමං·කැපුවා.

උමං·කපන්නා, උමං·හොරා, *n.* house-breaker, burglar. [ගෙවල් බිඳීම.

උමංකැපීම, *v. n.* house-breaking, burglary,

උමං·දුව, *n.* one of Buddha's lives; the narrative of that life, called also උම්මග්ගජාතකය.

උමං·දොර, *n.* tunnel door or entrance, උමගයේ දොර.

උමං·ලිය, *n.* rafter, පරාලය.

උමතු, *a.* insane, mad, enraged: ආවිලිතකමින් උමතු, fanatical; උදහසින් උමතු, infuriated.

උමතුකම, උමතුව, *n.* insanity &c.; rage.

උමතුකරනවා, *v. t.* to madden, enrage, infuriate.

උමයංගනාව, උමයනා, උමා, උමාකත, උමාදේවි, *n.* names of the goddess Pārvati or Durga, පාර්වතී, දුර්ගා.

උමයකන, *n.* ap. of Siva, ශිව දෙවියා.

උම·සලාව, *n.* (උමි waves), whirlpool, දියසුලාව.

උමා·පතියා, උමා·ස්වාමියා, *n.* husband of Umā: ap. of Siva: see උමයංගනාව.
උමා·පුත්‍රා, *n.* son of උමා: ap. of කාර්තිකේය.
උමිව, *n.* wave, රළ; also for උමයංගනාව.
උමා·ශර, *n.* ap. of උමයංගනාව.
උමා·සුත, *n.* progeny of උමා: see උමාපුත්‍රා.
උම්බු, *a.* E. of උතුම්බු, for උන්මුඛ.
උම්බුවා, උඹුවා, *n.* chameleon, කටුස්සා.
උමුව, *n.* presence, අභිමුඛය.
උම්බලකඩ, *n.* a kind of dried fish, Maldive fish.
උම්මග්ගජාතකය, *n.* name of a life of Buddha, and of the book which narrates it.
උම්මඟය, *n.* tunnel, sap, subterranean passage, undercroft.
උම්මත්ත, *n.* P. of උන්මත්ත: insane, ඔල්මාද.
උම්මාද, *a.* P. of උන්මාද: insane, mad.
උම්මාදය, *n.* insanity: see උන්මාදය.
උම්මාරය, *n.* door-sill, එළිපත.
උඹ, *pron.* you, thou; *pl.* උඹලා, ye, used to inferiors or amongst equals of low rank.
උයන, *n.* garden, වත්ත.
උයන·ගෙය, *n.* cook-house, kitchen, කුස්සිය.
උයනවා, *v. t.* to cook; *pret.* ඉව්වා; *v. n.* ඉවීම.
උයන්·කර්මාන්තය, *n.* garden-work, gardening.
උයන්·ගොව්වා, උයන්පල්ලා, *n.* gardener, වත්ත බලන මිනිසා.
උයන්නා, *v. n. pres.* one who cooks, cook, කෝකියා.
උයමන, *n.* cooking: *v. n.* ඉවීම.
උර, *n. pl.* or *a.* of උරය: shoulders; scapular, shoulder-.
උර·ඇටය, *n.* shoulder-blade, blade-bone.
උර·ඉස, *n.* tip of the shoulder, shoulder.
උර·ග, *a.* going on the breast, creeping, බඩගා යන.
උර·ගයා, උරංගයා, *n.* serpent, snake, සර්පයා.
උර·ගල, *n.* touchstone.
උරග·විද්‍යාව, උරග·විස්තරය, *n.* herpetology. E.S.
උරග·විස්තරකාරයා, *n.* herpetologist.
උර·ගානවා, *v.* to apply the touchstone, assay, මාත්තුබලනවා
උරගිඳු, උරගේන්ද්‍රයා, *n.* (උරග ඉඳු, ඉන්ද්‍ර), chief or king of serpents: see අනන්තයා
උරංග·ප්‍රිය, *n.* serpent's delight, viz. sandal wood, සඳුන්.
උර·චක්‍ර·මාලාව, *n.* (උර shoulder or neck), infernal circular neck-garland (splendid in appearance, but cutting the wearer in hell to pieces by its revolution).
උරච්චිකරනවා, *v. t.* to rub, උලනවා, polish, මදිනවා; extract essence by rubbing.
උරච්චිය, *n.* rubbing, ඉලීම; smearing on, ගෑම.
උරණ, *a.* angry, enraged, තරහ.
උරණකරනවා, *v. t.* to enrage, තරහකරනවා.
උරණ්, *n.* anger, wrath, rage, තරහ, විරුද්ධව.
උරනවා, *v. t.* to suck in, imbibe, absorb; sniff up; *pret.* ඉරුවා; *v. n.* ඉරීම.

උරණවෙනවා, *v. i.* to become angry or enraged, තරහවෙනවා.
උරණා, *n.* the angry one, viz. goat, එළුවා.
උරන, උරනලය, *n.* E. of උරණලය.
උරද, *n.* son, පුත්‍රා.
උර·පත්, *n.* (උර belly, පත් to go), snake, සර්පයා.
උර·පත්‍ර, *n.* shoulder-blade, scapula; *pl.* උර පතු.
උර·පලඳනාව, *n.* shoulder-ornament, epaulet, [කූඩුව.
උර·පිය, *n.* E. of උරංගප්‍රිය.
උර·බාහුව, *n.* shoulder and arm; rheumatism.
උරමාව, *n.* turban, තලප්පාව.
උරය, *n.* shoulder; bosom, ළය, පපුව; pillow-case, කොට්ටඋරය.
උරරී·කෘත, *a.* expanded, explained, විස්තරකළ; promised, පොරොන්දුවූ.
උරරීය, *n.* expansion &c., විස්තරය; promise, [පොරොන්දුව.
උර·රිපු, උර·රුපු, *n.* snake-enemy, garuda, the bird of Vishnu, ගුරුළා.
උර·ලොව, උරලෝ, *n.* or *a.* See නාගලෝකය.
උරශ්ඡදය, උරහැදය, *n.* breastplate, cuirass, pectinal, ළයවැස්ම.
උර·සක්·මල, *n.* E. of උරචක්‍රමාලාව.
උරසිජ, *n.* product of the chest, viz. female breast, තනය.
උරස, *a.* of legitimate birth.
උරසයා, *n.* legitimate son, whose parents are of one caste and married.
උර·හරය, *n.* (උර snake), long or snake-like necklace.
උරහරයා, උරහාරයා, *n.* a name of Siva; mythical bird.
උර·හිස, *n.* shoulder top or point, උරඉස.
උරෑ·සලය, *n.* the breast, the chest, පපුව
උරෑ·සලාස්ථිය, *n.* (·අස්ථිය), breast-bone, sternum, ළය ඇටය.
උරා, *n.* serpent, උරගයා, සර්පයා.
උරා, *p. pl.* of උරනවා.
උරා·බොනවා, *v. t.* to suck and drink.
උරා·රුපු, *n.* See උරරිපු.
උරිඳු, උරිදු, *n.* See උරගිඳු.
උරිඳු·යහන්, *n.* snake-rider, ap. of Vishnu, [විෂ්ණු.
උරිඳු·ලොව, *n.* See උරලොව.
උරිර, *n.* blood, රුධිරය, ලේ: see රුධිරය.
උරිරු·පා, *n.* blood-drinker, viz. demon, රාක්ෂයා: see රුධිරපා.
උරු, a. large, great, ලොකු, මහත්.
උරුක්කරනවා, *v.* to menace, threaten, (by gesture); මිට උරුක්..., to double the first.
උරුණු, *a.* aching, කකියන; uttering, කියන; heated, hot, උණු.
උරුදි, *ad.* truly, really, සැබෑවටම.
උරුජු, *a.* E. of ඍජු: straight, ඇදනැති.
උරුම, *a.* inherited, hereditary.
උරුමකරගන්නවා, *v. t.* to inherit, receive as an inheritance.

උරුමකරනවා, උරුම්කරදෙනවා, *v. t.* to cause to inherit, give as an inheritance, demise.
උරුමක්කාරකම, *n.* heirship.
උරුමක්කාරයා, *n.* heir, inheritor.
උරුමක්කාරි, *n. fem.* inheritress, inheritrix.
උරුමය, *n.* inheritance, heritage.
උරුමවෙනවා, *v. i.* to fall to or belong to as an inheritance.
උරුලෑවා, *n.* a kind of civet cat, or musk rat.
උරුලෑකස්තුරි, *n.* musk of the musk rat, කස්තුරි
උරුලෑ·පිඹිනවා, උරුලුවම්·බානවා, *v.* to whistle.
උරුව, *n.* thigh, කලවය; breast, පපුව; shoulder, උරය.
උරුවිසි, *n.* E. of උර්විශී.
උරෙසි·ද, *n.* one's own child: see උරද.
උරෝජතයා, *n.* (උරස් bosom, ජාතයා), one's own son, ඖරසිය පුත්‍රයා, උරද.
උර්විශී, *n.* name of a celestial courtezan.
උර්විය, *n.* the earth, පොළොව, පෘථිවිය.
උල, *n.* point of anything, prong, spike, stake, picket. [or කැළිය, පත.
උලක්කුව, *n.* a measure, the fourth of a seer
උලගය, *n.* honour, reverence, ගෞරවය.
උලඞ්ඝ, උලඟය, *n.* E. of උල්ලංඝනය: rising, ascending, නැගීම; going beyond, transgressing, ඉක්මවායාම. [son).
උල·තබනවා or ·තියනවා, *v. t.* to impale (a per-
උල·දඬුවම, *n.* punishment of picket.
උලනවා, *v. t.* to rub, scrub; *pret.* ඉලුවා; *v. n.* ඉලීම.
උලමා, *n.* the devil-bird, brown wood-owl, *syrnium indrani*; *pl.* උලමෝ.
උලුක, *n. pl.* embers, අඟුරු.
උලරු, *a.* large, great, මහත්.
උලමුවා, උල·ලිහිණියා, *n.* a kind of stork.
උලාර, *a.* great, famed, liberal, මහත්, උසස්, උදාර.
උලුකැන්, *n.* congee, gruel, කැඳ.
උලුපියා, *n.* porpoise, මුහුදු ඌරා.
උලුප්පනවා, *v. t.* to make to float; gouge out; (of bark) to strip off, peel, bark; *pret.* ඉලිප්පුවා; *v. n.* ඉලිප්පීම.
උලුප්පවනවා, *v. c.* See උලුප්පනවා; *pret.* ඉලිප්පෙවුවා; *v. n.* ඉලිප්පවීම.
උලුල, *n.* squatting, උක්කුටිකය.
උලූකයා, *n.* owl, බකමූණා.
උලෙල, *n.* whirling, shaking, tossing, කැළඹීම; a wave, රළ; feast, කෑණකෙළිය.
උලෝලය, *n.* See උල්ලෝලය.
උල්, උල්වූ, *a.* pointed, sharp.
උල්·කටුව, *n.* stylus, style (for writing on the talipot leaf).
උල්කරනවා, *v. t.* to sharpen to a point, bring to a point; කොල්......to pout the lips.
උල්කා·ගල, *n.* meteorite, meteorolite, aerolite, තරුගල.

උල්කා·තරුව or ·තාරකාව, උල්කාව, *n.* meteor.
උල්කා·පාතය, *n.* meteoric shower, the fall of a meteor.
උල්කාව, *n.* flame, firebrand, විලක්කුව, උල්පන්දම; meteor. [steeple.
උල්·කොත, *n.* pointed tower or turret, spire,
උල්පච්චු, *a.* public, ප්‍රසිද්ධ. [source.
උල්පත, *n.* fount, fountain, spring (of water);
උල්පන්දම, *n.* torch, firebrand, ගිනිපෙනෙල්ල.
උල්පන්දම්·දෙනවා, *v. fig.* to incite, urge on, (quarrelling), අවුස්සනවා.
උල්පන්දම්·දෙන්නා, *n. fig.* firebrand, inciter, mischief-maker, අවුස්සන්නා.
උල්·මැස්සා, *n.* fly with pointed beak.
උල්ලංඝනය, උල්ලංඝය, *n.* (උල් for උත් over, beyond), going beyond, transgressing, ඉක්මයාම, infraction, deviation, කඩකිරීම.
උල්ලංඝනයකරනවා, *v. t.* to go beyond, overleap, transgress, ඉක්මවායනවා, කඩකරනවා.
උල්ලංඝනයවෙනවා, *v. i.* to deviate, transgress, ඉක්මෙනවා, එපිටවෙනවා.
උල්ලංඝිත, *a.* trangressed, broken, ඉක්මවනලද, කඩකරනලද.
උල්ලාඝ, *a.* convalescent, සුවවෙන; dexterous, දක්ෂ; happy, වාසනාවන්ත.
උල්ලාසය, *n.* delight, ප්‍රීතිය; chapter or division of a book, පරිච්ඡේදය, කාණ්ඩය.
උල්ලේඛනය, *n.* (උත් ලේඛනය), vomiting, වමනය; digging, excavating, හෑරීම; uttering, පැවසීම.
උල්ලේගම, *n.* thrush (of infants), අක්කාරම.
උල්ලෝචය, *n.* awning, වියන.
උල්ලෝලය, *n.* surge or wave, මහරළ.
උල්වාරම, *n.* grater, හිරමනය.
උව, *prefix* for උප: near, ළඟ, auxiliary, ආධාර.
උව, උවය, *n.* bow, දුන්න; device, උපාය.
උවඟ, *a.* E. for උපාංග.
උවටැන්, උවමැන්, *n.* E. of උපස්ථානය: ministration &c. [see උපස්ථායක.
උවටන්, උවමැන්, උවටු, *a.* waiting upon &c.:
උවටන්කරනවා, *v.* to render aid to, minister to, serve, උපස්ථානකරනවා. [යකයා.
උවටා, උවටුවා, *n.* attendant, server, උපස්ථා
උව·තම්භය, *n.* E. of උපස්තම්භය: aid &c.
උව·දන, *n.* E. of උපදානය: present, offering, පඬුර.
උව·දුර, *n.* E. of උපද්‍රවය: danger, injury, අනතුර; *pl.* උවදුරු.
උව·දෙස, *n.* E. of උපදේශය.
උවන, උවනත, *n.* face, මුහුණ.
උවම, *n.* E. of උපමාව: comparison, figure.
උව·මනා, *n. pl.* or *a.* (වුවමනා), necessaries, requisites; needful, requisite, ඕනෑවූ.
උව·මනා·උපකරණ, *n. pl.* necessary implements, outfit, equipage.

උව·මනාව, *n.* a requisite, a necessary article.
උව·මනාවෙනවා, *v. i* to become or be necessary, ඕනෑකරනවා.
උවරණය, උවාරණය, *n.* E. of උපකරණය.
උවස, *n.* affection, regard, ආදරය.
උව·සරය, *n.* E. of උපචාරය: service &c.
උවසු, උවස්, *a.*; උවසුවා, *n.* See උපාසක and උපාසකයා.
උවැටන්, *n.* See උවටන්.
උවැසි, *n. fem.* See උපාසිකාව.
උවිඳු, උවිඳු, *n.* E. of උපේන්ද්‍රයා: master of devices, ap. of Vishnu.
උවිඳු·කත, *n.* wife of Vishnu, Lakshmi.
උවිඳු·බෑ, *n.* E. of උපේන්ද්‍රභ්‍රාතෘ: Balarāma, elder brother of Vishnu, බලභද්‍රයා.
උවිඳු·පුත, *n.* Vishnu's son Ananga or Cupid, අනංගයා, කාමදේවියෝ.
උෂ්ට්‍රයා, *n.* camel, ඔටුවා.
උෂ්ණ, *a.* warm, hot, thermal; *fig.* ardent; උණුසුම්; ජ්වලිත.
උෂ්ණ·කලාපය, *n.* the torrid zone, පොළොවේ ග්‍රීෂ්ම අධික කොට්ඨාසය.
උෂ්ණ·ජනක, *a.* heat-producing, heating, calorific, උණුසුම් or ග්‍රීෂ්ම උපදවන.
උෂ්ණ·ජලාකරය, *n.* (·ආකරය), hot spring, boiling spring, උණුසුම් දිය උල්පත. [උණුසුම්කම.
උෂ්ණතාව, *n.* heat, hot condition, warmth,
උෂ්ණ·ධර්ම·ඥයා, pyrologist, ග්‍රීෂ්මධර්ම දන්නා අය.
උෂ්ණ·ධර්ම·විභාගය, උෂ්ණ·ශාස්ත්‍රය, *n.* pyrology, ග්‍රීෂ්මවිද්‍යාව.
උෂ්ණ·මානක, *a.* thermometric, උෂ්ණ මනින.
උෂ්ණ·මානක·යන්ත්‍රය, උෂ්ණ·මාපන·යන්ත්‍රය, } *n.* thermometer.
උෂ්ණය, *n.* heat, warmth, උණුසුම, ග්‍රීෂ්මය, රස්නය.
උෂ්ණ·රුධිරාන්විත, *a.* (·අන්විත), warm-blooded, උණුසුම් ලේ ඇති (සත්වයෝ).
උෂ්ණ·රෝගය, උෂ්ණ·වාතය, *n.* venereal disease, gonorrhœa, සුදුලෙඩ.
උෂ්ණවත්, *a.* heated, hot, රත්වූ.
උෂ්ණවත්වෙනවා, *v. i.* to become heated or hot, උණුසුම්—රත්—වෙනවා.
උෂ්ණ·වාරණය, *n.* heat-shield, viz. parasol, umbrella, කුඩය. [thermotics.
උෂ්ණ·විද්‍යාව, උෂ්ණ·ශාස්ත්‍රය, *n.* science of heat,
උෂ්ණාංශුව, *n.* heat-light, viz. the sun, සූර්යයා.
උෂ්ණාගමය. උෂ්මාගමය, *n.* (·ආගමය arrival), hot season, summer.
උෂ්ණාගාරය, *n.* hot-house, උණුසුම්මඩුව.
උෂ්ණීෂය, *n.* turban, tiara, තලප්පාව; diadem, ඔටුන්න. [diadem.
උෂ්ණීෂ·ධාරී, *a.* turbaned, wearing a tiara or
උෂ්ණෝත්පාදක, *a.* (උෂ්ණ උත්පාදක), calorific: see උෂ්ණජනක.

උෂ්ණෝත්පාදනය, *n.* production of heat, calorification, ග්‍රීෂ්ම උපදවීම.
උෂ්ම·කලාප·මායිම, *n.* boundary of the torrid zone, one of the tropics; *pl.* ·මායිම්, the tropics. E. S.
උෂ්ම·ජ, *a.* sibilant. [උෂ්ම(න්).
උෂ්මජාක්ෂරය, උෂ්මාක්ෂරය, *n.* sibilant letter: see
උෂ්ම·ස්වේදය, *n.* vapour-bath.
උෂ්ම·ස්වේදාගාරය, *n.* (·ආගාර), vapour-bathroom.
උස, *n.* height, elevation, stature.
උසබ, *a.* exalted, excellent, උතුම්.
උසබයා, *n.* ox, bull, ගොනා.
උසබයා, *n.* exalted person, උත්තමයා.
උසසුන, *n.* (උස් අසුන), high seat, throne, උස් ආසනය.
උසස්, *a.* high, exalted, eminent, උස්වූ, උතුම්.
උසස්කම, *n.* height; highness, eminence; උස්කම; උතුම්කම.
උසස්කරනවා, *v. t.* to elevate, exalt, raise, aggrandise, උතුම්කරනවා.
උස·ස්ථානික, *a.* celestial, supernal, දිව්‍යමය.
උසාව, උසිත, *n.* effort, exertion, උත්සාහය.
උසායනිය, *n.* night, රාත්‍රිය.
උසාමිය, *n.* plot, subterfuge, stratagem, උපාය.
උසාවිය, *n.* court of justice.
උසිය, *n.* hiss or sound made in inciting dogs to fight &c.
උසි·ගන්වනවා, *v.* to incite by the sound *iss*, to hound on, instigate, පොළඹවනවා.
උසිරණය, *n.* magnet, කාන්දම.
උසු·කාරයා, *n.* arrow maker, හීගාදන්නා, හීවඩුවා.
උසුන්, *a.* cut off, සිඳුවූ: see උච්ඡින්න.
උසුන්·මුල්, *a.* uprooted, මුලින් සිඳදමනලද.
උසුන්මුල්කරනවා, *v. t.* to uproot, උදුරාදමනවා.
උසුරුව, *n.* E. for උච්චාරණය: utterance, statement, කීම.
උසුලනවා, *v. t.* to bear up, support, sustain *pret.* ඉසුලුවා or ඉසිලුවා; *v. n.* ඉසිලීම.
උසුලු·විසුලු, *n. pl.* absurdities and fooleries.
උසුවනවා, *v. t.* to raise, lift up, elevate, ඔසවනවා.
උසොලිය, *n.* effort, exertion, උත්සාහය.
උස්, *a.* high, elevated, tall.
උස්කම, *n.* height, highness, loftiness.
උස්කරනවා, *v. t.* to heighten, elevate, raise.
උස්·කොත, *n.* high turret, steeple.
උස්තැන්න, *n.* table-land, කඳුතලාව.
උස්මුරුතාව, *n.* flatulence: see උද්වේගය.
උස්මුරුතාවෙනවා, *v. i.* to become flatulent.
උස්‍රය, *n.* ray of light, ආලෝකරශ්මියක්.
උස්‍රා, *n.* bull, ගොනා.
උස්වෙනවා, *v. i.* to become high, rise.
උස්සනවා, *v. t.* to lift up, raise, heave; *pret.* ඉස්සුවා; *v. n.* ඉස්සීම.
උස්සා, *n.* kite, hawk.

උසාව, *n.* dew, පිනි.
උහ, *n.* See උස.
උහල්, *a.* high, tall, උස්වූ.
උහල්කම, *n.* height, tallness, උසකම.
උහල්ලා, *n. mas.* tall person, උස ඇත්තා.
උහා ගන්නවා, *v. t.* to lift up, raise, උස්සාගන්නවා.
උහාදමනවා, *v. t.* to shove, push off, තල්ලුකර අරිනවා; *fig.* urge on, spur on, පොළඹනවා.
උහු, *pron.* for ඔහු: he, him, (also) they.
උහුලනවා, *v. t. pret.* ඉහිලුවා: see උසුලනවා.
උළිඳු, උළු රජ, *n.* (උළු star, ඉඳු lord), Star-lord, Star-king: ap. of the moon, සඳ.
උළිඳු සිළු මිණ, *n.* Star-crown gem: ap. of Siva, ශිවදෙවියෝ.
උළුඅස්ස, *n.* Er. for උළුවස්ස.
උළු, *n.* tiles; star.
උළු කැටය, *n.* a roofing tile, pantile; *pl.* උළු කැට, උළු. [තාරකාපංක්තිය.
උළු කැන, *n.* cluster of stars, constellation,
උළුකැන්, *n.* congee or gruel, කැඳ.
උළුක්කරනවා, *v.* මිට උ...to double the fist, menace (by gesture). [කරනවා.
උළුක්කුකරනවා, *v. t.* to sprain, wrench, ඇඹැරවී
උළුක්කුව, *n.* T., sprain, wrench, ඇඹැරවීම.
උළුක්කුවෙනවා, *v. i.* to become sprained.
උළු පැන් ගෙය, *n.* tiled water-house, tiled bathing house or bathroom. [වසඳුගා.
උළු රජ, උළු රද, *n.* Star-king, viz. the moon,
උළුලුව, *n.* See උක්කුපිසාය. [layer.
උළු වඩුවා, *n.* tile-maker, tiler, mason or brick-
උළුවස්ස, *n.* door-frame; *pl.* or *adj.* උළුවහු.
උළුවා හාල්, උළු හාල්, *n.* a curry seed.
උළුවහු කණුව, *n.* door-post, jamb.
උළුවහු පඩිය, *n.* door-step.
උළු සුණු, *n.* brick dust, tile dust; red clay, රතුමැටි.
උළු සෙවිලිකරනවා, *v.* to roof with tiles, to tile.
උළු සෙවිල්ල, *n.* tiling, tile-roof.

ඌ

ඌ, *n.* The eighth vowel of the alphabet. Its sound is that of *oo* in Food. Its non-initial forms (ූ, ූ) are attached to the lower part of the consonant they vocalize, as කූ kōō, මූ mōō.
ඌ, *pron.* he, it, (used of animals or low person).
ඌකාවා, *n.* louse, උකුණා.
ඌදු, *a.* swollen, bloated, puffy, ඉදිමුණු.
ඌදුකරනවා, *v. t.* to swell out, puff out, puff up, පුප්පනවා.
ඌදු ගතිය, *n.* bloatedness, puffiness, turgidity, ඉදිමුම්කම. [සිය.
ඌදුව, *n.* bloating, intumescence, ඉදිමුම, තනිස්
ඌදුවෙනවා, *v. i.* to swell, become bloated, ඉදිමෙනවා.
ඌන, *a.* short, deficient, minus, අඩු, හීන.
ඌනත්වය, *n.* deficiency, lack, අඩුකම.
ඌන පූරණ, ඌන පූරණක, *a.* supplementary, complementary.
ඌන පූරණය, *n.* supplement, addendum.
ඌන මාත්‍රය, *n.* deficient—minus—quantity.
ඌන විංශතිය, *n.* nineteen, දහනවය.
ඌනවෙනවා, *v. i.* to fall short, become deficient, fail.
ඌනාතිරේක, *a.* (අතිරේක), deficient or excessive, අඩුවැඩි. [කම.
ඌනාතිරේකය, *n.* deficiency or excess, අඩුවැඩි
ඌමයා, *n.* dumb or silent person, ගොළුවා, නිශ්ශබ්දව සිටින්නා.
ඌරල්, *a.* bad, tainted, spoilt, නරක්වූ.
ඌරල්වෙනවා, *v. i.* to become bad &c.
ඌරවයා, ඌරු ජයා, *n.* one sprung from the thigh (of Brahma), one of the third class, viz. a Vaishya, වෛශ්‍යයා.
ඌරු අස්ථි, *a.* femoral, pert. to the thigh-bone.
ඌරු අස්ථිය, *n.* the thigh-bone, femur, කලවයේ ඇටය. [සීය.
ඌරා, *n. mas.* boar, hog, pig; *pl.* ඌරෝ, swine
ඌරු කැටය, *n.* burnt clay lining of a well.
ඌරු, *a.* big, large: see උරු.
ඌරු, *a.* pig-, porcine.
ඌරු ආකාර, *a.* piggish, hoggish.
ඌරුපල්ලා, ඌරුපාලයා, *n.* swineherd.
ඌරු මඩුව, ඌරු හල, *n.* pig-sty.
ඌරු මස්, ඌරු මාලු, *n.* pork.
ඌරු මීයා, *n.* large rat, hog-rat, bandicoot, *mus giganteus.*
ඌරු මුවයා, *n.* large-faced owl.
ඌරු යුගය, ඌරු යුගලය, *n.* the pair of thighs, both thighs. [සිම.
ඌරුව, *n.* thigh, කලවය; barren ground, අසාර
ඌරුවෙනවා, *v. i.* to spoil: see ඌරල්වෙනවා.
ඌරුහනාබාධය, *n.* sciatica. E. S.
ඌරුහන්දෙනවා, *v.* to whistle.
ඌරුහම, *n.* pig-skin.
ඌර්ණ, ඌර්ණ රෝම, *n.* hair or wool, hair between the eyebrows, උණලොම.
ඌර්ණමය, *a.* woollen, made of wool or hair, ලොම්වූ, රෝමමය.
ඌර්ණායුව, *n.* blanket, rug, කම්බිලිය.
ඌර්ණායුවා, *n.* hairy one, viz. goat, එළුවා.
ඌර්ධ, උර්ධ, *a.* high, upper, above, උඩ, උඩු.
ඌර්ධ ජංඝාව, *n. lit.* upper-leg, viz. thigh, කලවය.
ඌර්ධ කණ්ඨ, *a.* laryngeal. E. S.
ඌර්ධ කණ්ඨ ඡේදනය, *n.* laryngotomy, උගුරේ මුදුන කැපීම. [දූවිල්ල.
ඌර්ධ කණ්ඨ දාහය, *n.* laryngitis, උඩ උගුරේ

ඌර්ධ්ව·කණ්ඨ·ද්වාරය, *n.* epiglottis. E. S.
ඌර්ධ්ව·කණ්ඨය, *n.* larynx, ඇතුල් උගුරේ මුදුන.
ඌර්ධ්ව·කාය, *n.* upper part of the body, bust.
ඌර්ධ්ව·ගත, *a.* gone up, risen, ascended, exalted, ඉහළ ගිය, නැඟුණු, උසස්වූ.
ඌර්ධ්ව·ගතතාව, *n.* the state of being up or high, ascendant, ඉහළව සිටීම.
ඌර්ධ්ව·ගතවෙනවා, *v. i.* to go upwards, tend upwards: ලේ ඌර්ධ්ව......in determination of blood to the head.
ඌර්ධ්ව·ගත·සිංහයා, *n.* lion-rampant. E. S.
ඌර්ධ්ව·ගතිය, *n.* going up, ascent, නැඟීම; exalted state, උසස්කම.
ඌර්ධ්ව·ඩිම්බ·කෝෂ·යෝගය, *n. bot.* epigynous insertion. E. S.
ඌර්ධ්වත්ව·මානය, *n.* measurement of height, hypsometry, උස මැනීම. [උසස්කම, උස.
ඌර්ධ්වත්වය, *n.* elevated state, elevation, height,
ඌර්ධ්ව·නත·ප්‍රාන්ත, *a. bot.* repand, repandous, අද්දර වකුටු (කොළ).
ඌර්ධ්ව·පක්ෂාඝාතය, *n.* upper-paraplegia, paralysis of the upper part of the body. For the opposite see අධෝපක්ෂාඝාතය.
ඌර්ධ්ව·පාතනය, *n.* sublimation. E. S.
ඌර්ධ්ව·පාතනයකරනවා, *v. t.* to sublimate, subtilize, පරිශුද්ධකරනවා. E. S.
ඌර්ධ්ව·පාතිත, *a.* sublimated, sublimate, පරිශුද්ධ.
ඌර්ධ්ව·මාර්ගය, *n.* viaduct, උස්වූ බෝක්කුපාර.
ඌර්ධ්ව·ශබ්දය, *n.* the high sound, *mus.* soprano. E. S.
ඌර්ධ්ව·ශ්වාසය, *n.* expiration, ප්‍රශ්වාසය; hard breathing, අමාරුවෙන් හුස්ම හෙළීම; dying respiration, අන්තිම හුස්ම. [තට්ටුව.
ඌර්ධ්ව·ස්තරය, *n.* upper layer, superstratum, උඩ
ඌර්ධ්ව·ස්ථ, *a.* situated above, superior, උපරි, උඩ පිහිටි. [ක්‍රමය.
ඌර්ධ්ව·ස්ථ·ක්‍රමය, *n. bot.* superposition, උඩ පිහිටි
ඌර්ධ්වාග්‍රය, *n.* (·අග්‍රය), upper extremity, top, මස්තකය, මුදුන.
ඌර්ධ්වාංග, *n.* (·අංග), thoracic, පපුවට අයිතිවූ.
ඌර්ධ්වාංගය, *n.* thorax, upper part of the body, මුළු පපුව.
ඌර්මි, ඌර්මි, *a.* pert. to waves or undulations, දියරැළ ආකාර ඉහළ පහළ සෙලවෙන, වැනෙන.
ඌර්මි·ධර්මය, *n.* law of undulation, සැලීමේ ධර්මය.
ඌර්මි·ධර්ම·මතය, *n.* undulatory theory. E. S.
ඌර්මිමත්, *a.* wavy, undulating, undulated, රැළ සහිත, සැලෙන, රැළ or ගොබැලි ආකාර.
ඌර්මිමත්කරනවා, *v. t.* to make wavy or undulating, රැළ හැඩයට කරනවා.
ඌර්මිමත්තාව, *n.* waviness, undulation, රැළ මෙන් සැලෙන ගතිය or රැළමෙන් පෙනීම.
ඌර්මිමත්·ප්‍රාන්ත, *a. bot.* undulated, රැළ ආකාර.
ඌර්මිමත්වෙනවා, *v. i.* to become wavy, to undulate, wave, රැළ ආකාරවෙනවා, වැනෙනවා.

ඌර්මිය, ඌර්මිය, *n.* wave, undulation, රැළ, ඉහළපහළ සැලීම, වැනීම.
ඌර්මි·වේගය, *n.* rate or speed of waves or undulations, රැළවල වේගය.
ඌර්මි·මාලිය, *n.* ocean, සමුද්‍රය.
ඌර්වශී, *n.* nymph of Paradise, goddess, දිව්‍යාංගනාව. See උර්වශී.
ඌල, *n.* fountain, spring of water, උල්පත.
ඌලාවා, ඌලැවා, *n.* a fish.
ඌලියක්කාරයා, *n.* T., servant, labourer, palanquin bearer, මෙහෙකරුවා.
ඌලියම, *n.* T., service, labour, මෙහෙය, compulsory work, රාජකාරිය.
ඌලූකයා, *n.* owl, බකමූණා.
ඌෂය, *n.* dawn, ප්‍රත්‍යූෂය, අලුයම; salt clay or ground, කරමැටිය, කරබිම.
ඌෂ්ණ &c., Er. for උෂ්ණ &c. [letter.
ඌෂ්ම(න්), ඌෂ්මාක්ෂරය, ඌෂ්ම·වර්ණය, *n.* sibilant
ඌසි·කාන්දම, *n.* T., magnet, කාන්දම.
ඌහනය, ඌහය, ඌහාව, *n.* reasoning, තර්කය; supplementing an ellipsis: see අධ්‍යාහරණය.

ඍ.

ඍ, *n.* The ninth letter of the alphabet: a vowel-consonant the sound of which in Sanscrit=*ri*, but in Sinhalese it varies from *ri* to *ru*, and is sometimes *ir*.
ඍක්ථය, *n.* wealth, riches, ධනය.
ඍග්වේදය, *n.* Rig Veda, the first of the four Vedas, consisting of hymns to Indra, to fire, to the Sun, Moon &c.
ඍජු (irju), *a.* straight, erect; upright, honest, just; කෙළින් තිබෙන; ඇදනැති.
ඍජු·ආලම්බ, ඍජ්වාලම්බ, *a.* perpendicular, plumb, ලම්බයට හරිවූ.
ඍජුකරනවා, *v. t.* to straighten, ඇද අරිනවා, කෙළින්කරනවා.
ඍජුකෝණ, *a.* right-angled, rectangular. E.S.
ඍජු·කෝණතාව, *n.* rectangularity, ඍජුකෝණ ඇතිකම.
ඍජු·කෝණය, *n.* right-angle, rectangle. E. S.
ඍජු·චතුරශ්‍ර, ඍජුචතුෂ්කෝණ, *a.* (·චතුර් අශ්‍ර), quadrate, square.
ඍජු·චතුරශ්‍රය, ඍජුචතුෂ්කෝණය, *n.* a quadrate, rectangle, square.
ඍජුතාව, ඍජුකම, *n.* straightness; uprightness, sincerity, honesty, rectitude; ඇදනැතිකම, අවංකකම.
ඍජු·මූලය, *n.* tap-root, මුදුන් මූල.
ඍජු·මූලික, *a.* tap-rooted, මුදුන් මූලක් ඇති.
ඍජු·රේඛා, ඍජු·රේඛා·සහිත, *a.* rectilinear.
ඍජු·ශෘංගාකාර, *a.* straight horn-like, conical.
ඍජු·ශෘංගාකාරය, *n.* (ශෘංග horn, ආකාරය form), cone. [vertical. E. S.
ඍජ්වවලම්බ, *a.* (ඍජු අවලම්බ), perpendicular,

ඍජ්වවලම්බතාව, *n.* perpendicularity, verticalness.

ඍණය, *n.* debt, ණය; fort, බලකොටුව; minus, the sign (—), අඩුකිරීමේ ලකුණ.

ඍතු·කාලය, ඍතුව, *n.* the season: the year being divided into six seasons, or in another way into three.

ඍතු·ඡෙද්දය, ඍතු·මාරුවීම, *n.* change of season, monsoon. [සිව්ස්නී.

ඍතු·මතී, *n.* woman in menstruation, කිලිටි

ඍතු·මාර්ගය, *n.* vagina. [ඍතුව.

ඍතු·රජ, *n.* season-king, viz. the spring, වසන්ත

ඍතුව, *n.* season of the year, කාලය; period of menstruation, menses &c., කිලිටිම.

ඍද්ධිමත්, ඍද්ධිවන්ත, ඍද්ධි·සම්පන්න, *a.* wealthy, ධනවත්; having supernatural power.

ඍද්ධිය, *n.* riches, wealth, ධනය; supernatural power, sp. power to fly or pass through the air. [power.

ඍද්ධිවතා, *n.* one possessed of supernatural

ඍද්ධි·විධ·ඥානය, *n.* knowledge of supernatural powers.

ඍෂභ, *a.* best, excellent, ශ්‍රෙෂ්ඨ, ඉතාඋතුම්.

ඍෂභ·ධ්වජයා, *n.* ap. of Siva whose ensign is figured with a bull.

ඍෂභය, *n.* a cooling and tonic medicine, one of the eight chief medicines, resembling a bull's horn and produced on the Himālayas.

ඍෂභයා, *n.* bull, ගොනා; a sage, ඍෂියා.

ඍෂියා, *n.* H. saint or sage, sp. one of seven of exalted rank; in *ast.* the seven form the *const.* Ursa Major.

ඎ.

ඎ, *n.* The tenth letter of the alphabet: the preceding with the vowel sound lengthened.

එ.

එ, *n.* The eleventh letter of the alphabet: a pure short vowel having the sound of *e* as heard in *met*. Its non-initial form (ෙ) is written before the consonant it vocalizes, as දෙන් den, මෙන් men.

එක, *a.* or *n.* one; the one, that which; that; as ඔහු ගෙනෙන එක, the one or that which he brings; ඔහු යන එක, (the fact) that he goes.

එක එක, *a.* or *n. neu.* each, each one.

එක එකා, එකිනෙකා, *pron. mas.* each person.

එක·එල්ලේ, *ad.* at once, straightway, altogether, viz. at one and the same time.

එකඟ, *a.* unanimous, acquiescing; consonant, consistent. [&c.

එකඟකම, එකඟය, *n.* unanimity, acquiescence

එකඟකරනවා, *v. t.* to make unanimous &c.: see *adj.*

එකඟවෙනවා, *v. i.* to become unanimous, agree, concur, acquiesce; cohere, be consonant or consistent.

එකටෙක, *n.* (එකට එක), tit for tat.

එකටෙක·කරනවා, *v.* to render tit for tat, make reprisal, retaliate, requite.

එකටෙක·කියනවා, *v.* to reply tit for tat.

එකඩ, *a.* (එක් අඩ), one half, භාගයක්වූ.

එකඩ·මස, *n.* one half month, මාසයකින් භාගය.

එ·කතෙක්හි, *ad.* See එකතෙක්හි.

එක·තාත්තුව, එක·තාලය, *n.* one and the same musical measure.

එක·තාලයටම, එක·තාලේටම, *ad.* to one musical measure, at one pace, harmoniously.

එක·තැන්කරනවා, *v. t.* to add; collect, unite.

එකතු, එකතුකාර, *a.* associated, allied, accessory.

එකතුකරනවා, *v. t.* to add, sum up; unite, join; collect, gather, assemble.

එකතුකාරයා, *n.* associate, ally, confederate.

එකතුකිරීම, *v. n.* adding &c.; *arith.* addition.

එකතුවෙනවා, *v. i.* to become united, join; assemble.

එකතුල්, *a.* (තුල් fr. තුල්‍ය), exactly similar, එකසමාන.

එකත්, *a.* E. of ඒක අර්ථ and ඒකාන්ත: of one meaning or purport, එක අර්ථයක් ඇති; positive, ඒකාන්ත.

එකත්, *ad.* on one side, aside.

එකත්·පස්ව, එකත්පසෙක, *ad.* (පස්, පසෙක fr. පාර්ශ්ව), moving to one side, standing on one side, (sp. out of deference), පැත්තකට වී.

එක·දෙක, *a.* See ඒකදේශ.

එකනිනාදය, *n.* one continuous noise, එක නිරන්තර ශබ්දය. [ප්‍රමාණ.

එක·පමණ, *a.* of the same degree, equal, එක

එක·පහරට, එක·පාරට, එක·පැහැරට, *ad.* at one blow, at once, immediately.

එකපා, *a.* uniped, ඒකපාදික.

එක·පා·සතා, එකපාවා, *n.* uniped, ඒකපාදිකයා.

එක·පැහැර, *ad.* at once, එකවිට.

එක·පියන්, *a.* univalve, univalvular.

එක·පියන්·සිප්පිය, *n.* univalve.

එක·බඳු, *a.* of one kind, like, similar, (to each other), එක ජාති.

එක·වන, *n. gram.* singular number.

එක·බුද්·තුර, *n.* See බුද්ධාන්තරය.

එකම, එකමකුදු, *a.* just one, only, the only, the sole; one and the same.

එකමකම, *n.* oneness, singleness, soleness.

එකමුතු, *a* unanimous, consentient, accordant, harmonious. [concord.

එකමුතුකම, *n.* unanimity, consent, accord,

එකමුතුකරනවා, *v. t.* to make unanimous, unite, reconcile. [concur.
එකමුතුවෙනවා, *v. i.* to become unanimous &c.,
එකල, එකල්, එකල්හි, *ad.* at that time, then.
එකලස්, *a.* collected, එකතුවූ, arranged, අස්කර තැබූ.
එකලා, *a.* solitary, single, තනි.
එකලාව, *ad.* alone, singly, තනිව, තනියම.
එකලුවෙනවා, *v. i.* (එක් අලු, to become light or shine everywhere alike, එකාකාර එළිවෙනවා.
එකලෙස, *ad.* alike, similarly.
එක·විට, *n.* or *a.* once; at once.
එක·විටම, *ad.* at once, all at once, simultaneously.
එකවෙනවා, *v. i.* to become one, coincide.
එක·සත්, *a.* E. of ඒකවස්තු: under one government; united, unanimous, confederate, බැඳි, සිව්පුමෙන් බැඳි.
එක·සත්කම, *n.* state of amalgamation, union, unanimity, ඒකබද්ධකම, සම්බන්ධකම.
එක·සත්කරනවා, *v. t.* to amalgamate, unite, unify, එක්කරනවා &c.
එක·සත්·ජනපදය, *n.* United States (of America). [tain).
එක·සත්·රාජ්‍යය, *n.* United Kingdom (of Bri-
එක·සත්වෙනවා, *v. i.* to unite, federalize, league, බැඳෙනවා, සිව්පුමෙන් බැඳෙනවා.
එක·සම, එකසමාන, *a.* like, similar, equal, coordinate, එකාකාර.
එක·සමානකම, *n.* similarity &c.
එක·සමානකරනවා, *v. t.* to make exactly alike, make even or equal.
එක·සමානවෙනවා, *v. i.* to become alike &c.
එක·සර, *a.* E. of ඒකචාරී; walking or acting alone, solitary, තනිව හැසිරෙන. [sided.
එකස්, *a.* E. of ඒකාංශ: being on one side, one-
එකස්කරනවා, *v. t.* to put upon one side, as a B. P. his robes, leaving one arm bare.
එකස්·බෙරය, එකැස්·බෙරය, *n.* tom-tom, tambourine, timbrel.
එක·හමාර, *n.* one and a half, half past one.
එක·හෙළා, *ad.* at once, altogether, එකපාරටම; equally, unanimously, unitedly, එකාකාර ලෙස.
එකා, *pron. mas.* that one; the one who or that, as මැරුණු එකා, the one that died (used of an animal or low person).
එකාකාර, *a.* (·ආකාර), alike, similar, consistent, equal, equable.
එකාකාරකම, *n.* sameness, similarity &c.
එකාකාරකරනවා, *v. t.* to make alike, equalize; act alike.
එකාවන්, *a.* see එකාකාර; continuous, නිරන්තර.
එකාවන්ව, *ad.* similarly, එලෙසම; continuously, නිතරම.

එකා·වැල, *n.* E. of ඒකාවලිය: a single string of anything, single necklace.
එකැති, *a.* (fr. ඒකාන්ත), positive, certain, සත්‍ය, ඒකාන්ත.
එකැතිව, *ad.* positively, ඒකාන්තයෙන්.
එකැස්බෙරය, *n.* (එක් ඇස්), drum with only one end, tambourine.
එකැවර, *ad.* or *n.* once, එකවරක්. [each.
එකිනෙක, එකින්එක, *pron. neu.* each one; *a.*
එකිනෙකා, එකින්එකා, *pron. mas.* each one.
එකී, *pron. fem.* that one; the female that, as ආ එකී, the one that came, (used of an animal, a girl or low woman).
එකුතුරු·පට, *n.* or *a.* See කැසපට.
එකූන්, *a.* minus one, less one: as එකූන්විස්සක්, twenty minus one, එකක් අඩු විස්සක්, දහනවයක්. [මඩොක්කුපට.
එකුරුතු·පට, *n.* pocket-fold of the waist-cloth,
එකුරුතුව, *n.* pocket, මඩොක්කුව.
එකෙණෙහි, එකෙණෙහිම, *ad.* then immediately, instantly, straightway, එවෙලේම.
එකෙල්ලේ, *ad.* (එක එල්ලේ), in a line or straight with.
එකොළොස, එකොළහ, *n.* eleven.
එකොළොස්, *a.* eleven.
එකොළොස්වෙනි, *a.* eleventh.
එක්, *a.* one, a certain one.
එක්ක, එක්ව, *post.* with, along with.
එක්කරනවා, *v. t.* to join, unite, සංහිතකරනවා; amalgamate, connect, unite, සම්බන්ධකරනවා; to put or gather together, එකතුකරනවා.
එක්කල, *n.* or *ad.* one time, at one time.
එක්කාසු, *a.* assembled, collected, එකතුවූ, රැස්වූ.
එක්කාසුකරනවා, *v. t.* to assemble; gather together; රැස්කරනවා &c.
එක්කෙනා, *pron. mas.* the one person.
එක්කෙනා එක්කෙනා, *pron.* each one, one by one.
එක්කෙළිපිට, *post.* (එක්ක එළිපිට), opposite to, over against, ඉදිරිපිට.
එක්කොම, *pron.* all, the whole, ඔක්කොම.
එක්කෝ, *conj.* or; එක්කෝ...එක්කෝ, නැත්නම් either...or. [thing).
එක්තරා, *a.* a certain or particular (person or
එක්·තලය, *n.* one surfcce; drum with one end only; *fig.* concord, unison, එකමුතුකම.
එක් දත්, *n.* E. of ඒක·දන්ත: ap. of ගණේශ.
එක්·දෙස, *n.* order, method, arrangement, ක්‍රමය, පිළිවෙළ.
එක්·බදු, *a.* alike, similar, එකාකාර: see එකබඳු.
එක්·බැඳි, *a.* united, bound together, එකටබැඳි.
එක්බිත්තෙහි, *ad.* after that: see ඉක්බිති.
එක්ව, *post.* or *ad.* with, along with; together, unitedly.
එක්·වම, *n.* once, එකවර.

එක්·වත්, *ad.* or *a.* always, නිතරම; continuous, නිරන්තර. See එකාවත්.
එක්·වත්, එක්වැනි, *a.* like, similar, එකාකාර.
එක්·වැටිය, *n.* single necklace: see එකාවැල.
එක්·වීම, *v. n.* uniting, union &c.
එක්වෙනවා, *v. i.* to become united, amalgamate, combine. [සම්බන්ධ වෙනවා.
එක්·වෙස, *n.* similar state or mood or manner,
එක්·සත්, *a.* united &c., see එකසත්.
එක්·සත්කරනවා, *v. t.* to unite, combine, confederate, සම්බන්ධකරනවා.
එක්·සත්·ධම්·මතිකයා, *n.* unionist. E. S.
එක්·සත්·ජනපදය, *n.* See එකසත් ජනපදය.
එක්·සත්ව or එකසත්ව, *ad.* unitedly, එකමුතුව, සම්බන්ධව.
එක්·සත්වෙනවා, *v. i.* See එකසත්වෙනවා.
එක්සම, *a.* See එකසම.
එක්සමතාව, *n.* coequality: එකසමානකම.
එක්සිත් (වූ), *a.* like-minded, of one mind, unanimous, එකමුතුවූ.
එක්·සිත්කම, *n.* unanimity, එකමුතුකම.
එක්·සිත්වෙනවා, *v. i.* to become unanimous, agree, එකමුතුවෙනවා. [මුවාවක් නැති.
එක්·හෙළි, *a.* open, uncovered, එළිවූ, exposed,
එ·ගොඩ, *n.* or *a.* or *ad.* the other side or bank (of river &c.), the other shore; on the other side; across (the water).
එ·ගොඩකරනවා, *v. t.* to get or convey across (the water).
එ·ගොඩවෙනවා, *v. i.* to cross over, get to the opposite shore.
එංගලන්ත, *a.* English, pert. to England.
එංගලන්තය, *n.* England.
එංගලන්ත·සභාකාරයා, *n.* Churchman, member of the Church of England.
එච්චර, *a.* so much, so many, එපමණ.
එට්ටුව, *n.* loss; (in gambling) defeat.
එඩි, *a.* arrogant, proud, presuming, ආඩම්බර.
එඩිතරකම, *n.* arrogance &c.; dignity, stately manner.
එඩිදජ, *a.* arrogant &c.: see එඩි.
එඩිය, *n.* arrogance &c.: ආඩම්බරය.
එඬරු·තෙල්, *n.* castor oil
එඬේර, *a.* pastoral, bucolic.
එඬේරකම, *n.* pastoral work, shepherding.
එඬේරකම්කරනවා, *v.* to shepherd, tend cattle.
එඬේර·කාව්යය, *n.* pastoral, idyll, eclogue.
එඬේර·කාව්යමය, *a.* pastoral, idyllic.
එඬේර·බල්ලා, *n.* sheep-dog, shepherd's dog.
එඬේරා, *n.* shepherd, herdsman.
එතකලට, එතකල්, *ad.* till then, ඒවෙනතුරු.
එතකින්, *ad.* by so much, by that much, එපමණින්.
එතකුදු·වුවත්, ·උවත්, *ph.* even then, even in that case, එසේවුණත්, එතකොටවත්.
එතකොට, *ad.* then, at that time; upon which, consequently.
එ·තන, *ad.* there, in that place.
එතනා, *n. fem.* lady or madame: used chiefly amongst the Kandyans: comp. කුමාරිහාමි.
එ·තනින්, *ad.* from that place, thence.
එ·තර, *n.* the opposite shore: see එගොඩ &c.
එතවීම, *v. n.* of ඔතවනවා: causing to wrap around.
එ·තැන්·පටන්, *ad.* from that time or place.
එතියෝපිය, *a.* Ethiopic.
එතියෝපියයා, *n. mas.* Ethiopian.
එතීම, *v. n.* of ඔතනවා and එතෙනවා: wrapping around, එතුම. [lution.
එතුම, *n.* wrapping around, entwining, invo-
එ·තුමා, *pron. hon.* (තුමා for උතුමා, from උතුම): his honour, he, ඒ උත්තමයා. [ඒ උත්තම.
එ·තුමිය, එ·තුමී, *pron. fem. hon.* that lady, she,
එතෙක්, *ad.* until then, ඒ වෙනතුරු.
එතෙකින්, *ad.* by so much: see එතකින්.
එතෙනවා, *v. i.* to become entwined, twine round, become wound round; *pret.* එතුණා.
එ·තෙම, තෙ·තෙම, *pron. res.* he, උන්නාන්සේ.
එ·දා, *n.* or *ad.* that day; on that day.
එ·දින්·එදට, එදිනෙදට, *ad.* from day to day; *fig.* from hand to mouth.
එදිරි, එදිරිකාර, *a.* adverse, inimical, hostile.
එදිරිකම, එදිරිකාරකම, එදිරිය, *n.* aversion, enmity &c., spite. [spitefully.
එදිරිකම්කරනවා, *v.* to indulge in hostility, act
එදිරිකාරයා, *n.* spiteful opponent, foe, enemy.
එදිරිපිට, *post* &c. See ඉදිරිපිට &c.
එදිරි·පිරිමහනවා, *v.* to carry out one's spite, indulge in spite or hostility. [&c.
එදිරි·පිරිමැසීම, *v. n.* accomplishing one's spite
එදිරිය, *n.* See එදිරිකම.
එදිරිවාදුව, *n.* malice, hostility.
එදිරිවෙනවා, *v. i.* to become spiteful or hostile.
එ·දෙස්·මෙ·දෙස්, *ad.* here and there, hither and thither.
එ·නම්, *conj* that is, i.e., viz.
එනවා, *v.* to come; ආවා; *v. n.* ඊම or ඒම; *p. pl.* ඇවිත්, ඇවිල්ලා, අවුත්; *imp.* වරෙන්, *pl.* වරෙල්ලා.
එන්නත්කරනවා, *v.* to inoculate, vaccinate.
එන්සාල්, *n.* Ceylon cardamoms. [that.
එ·පමණ, *a.* or *pron.* so much or so many as
එ·පවත්, *n.* E. for ඒ ප්රවෘත්ති: that information, ඒබව or ඒ ආරංචි.
එපා, *part.* (probably from ඒ පස=that aside): signifying with first pers. dat. case, not wanted, will not accept; with 2nd pers. nom. case as an auxiliary after the infinitive mood it is prohibitive, as උඹ or උඹලා යන්ට එපා, Go thou or ye not.

එපාකම, *n.* unwillingness, carelessness.
එපාකරනවා, *v. t.* to reject, discard, disown.
එපාවෙනවා, *v. i.* to be rejected &c.
එපිකුරෙයින, *a.* ...සියා, *n.* epicurean. E.S.
එ·පිට, *a.* or *ad.* distant, far; at a distance, far.
එ·පිටට, එපිටින්, *ad.* to a distance, far; in or from a distance place.
එ·බන්දක්, *pron. neu.* such a thing as that, එනාකාර දෙයක්.
එ·බන්ද, එ·බන්දෙක්, *pron. mas.* such a person as that, එවැනි අය &c. [කාර, එවැනි.
එ·බඳු, *a.* such as that or those, such-like, එනා
එ·බැවින්, *conj.* therefore, cosequently, ergo.
එබිකම, *n.* peeping, peep, එබී බැලීම. [pry.
එබිකන්කරනවා, එබිබලනවා, *v.* to keep, peer,
එබීම, එබුම, *v. n.* of ඔබනවා: pressing down, pressure; also of එබෙනවා: stooping.
එබෙනවා, *v. i.* of ඔබනවා: to be pressed down; stoop; peep; *pret.* එබුණා.
එම, *adj. pron.* the same, that same.
එමට, *ad.* in great abundance. [likewise.
එමෙලෙස, එමෙන්ම, *ad.* in the same manner,
එම්බල, *int.* of address: O, see, as එම්බල මිත්‍රය, O friend. [pectful.
එම්බා, *int.* the same as එම්බල, but more res-
එය, *pron. neu.* that, ඒක.
එයා, *pron. mas.* that person or fellow, he (low).
එයාකාර, *a.* (ඒ ආකාර), such as that, such-like.
එයාවර, එයැවර, *ad.* then, at that time, එකල.
එයින්, *pron. abl.* of එය: from that or those; thereby. [පසු.
එයින්පසු, *ad.* after that time, since then, ඊට
එරවණා, *n.* E. of ඓරාවණ: elephant of Indra or Sakra, ශක්‍රයාගේ ඇතා.
එරවනවා, *v. t.* to cause to sink (in mud &c.); කිරි...to send down the milk to the udder; *pret.* එරෙවුවා.
එරවීම, *v. n.* of එරවනවා and ඔරවනවා: causing to sink &c.; squeezing out.
එර·වැටෙනවා, *v. i.* (එරීවැටෙනවා, to sink and fall), to sink in
එරිස්සල, *a.* petulant, peevish, fretful.
එරිස්සලය, *n.* petulance &c.
එරිස්සලවෙනවා, *v. i.* to be peevish &c.
එරිස්සල්කාර, *a.* petulant &c., shrewish.
එරිස්සල්කාරී, *n. fem.* a shrew or scold.
එරීම, එරුම, *v. n.* of එරෙනවා: sinking in &c.
එරෙනවා, *v. i.* to sink in (mud &c.); කිරි...to come down, flow (as milk); *pret.* එරුණා.
එරෙහි, *a.* displeased, vexed, angry, අප්‍රසන්න, තරහ.
එරෙහිය, *n.* displeasure &c.
එරෙහිවෙනවා, *v. i.* to be displeased &c.

එල &c.: most words usually (but incorrectly) spelt thus will be found under එළ &c.

එල·ලනවා, *v. t.* to darn, repair with the needle; *pret.* එලලුවා.
එලලීම, *v. n.* of එලලනවා: darning.
එලවළු, *n. pl.* vegetables. [garden.
එලවළු·කොටුව, *n.* vegetable garden, market
එලඹුම, *n.* See ඉලඹුම.
එලෙන්දු, *a.* counterbalancing; එලෙන්දුයි, is counterbalanced, quits (be).
එලෙන්දුකරනවා, *v. t.* to substitute, counterbalance, set off, make even, square (an account), recoup [set off.
එලෙන්දු·ගණන, *n.* an equivalent amount, a
එලෙන්දුව, *n.* an offset, *quid pro quo.*
එලෙන්දුවෙනවා, *v. i.* to be counterbalanced, even, equivalent.
එ·ලෙස, *ad.* in that manner, so, thus.
එ·ලොව, *n.* that world, the other world or life, ඒ ලෝකය.
එල්බිජු, *n. pl.* cardamoms, එනසාල්.
එල්බෙනවා, *v. i.* See එල්ලෙනවා.
එල්ල, *n.* straight line.
එල්ලකරනවා, *v. t.* to put in line with, collineate, level at, aim or point at; (of type) justify.
එල්ලනවා, *v. t.* to hang, suspend; *pret.* එල්ලුවා.
එල්ලවනවා, *v. c.* to cause to hang or suspend; *pret.* එල්ලෙවුවා; *v. n.* එල්ලවීම.
එල්ලවෙනවා, *v. i.* to be in line with; (slang) 'get' or 'catch' (it).
එල්ලාදමනවා, එල්ලාමරනවා, *v. t.* to kill by hanging, hang. [ing, suspension.
එල්ලීම, *v. n.* of එල්ලෙනවා and එල්ලනවා: hang-
එල්ලී·මැරෙනවා, *v. i.* to hang one's self
එල්ලුම්·ගහ, *n.* gallows, gibbet.
එල්ලුම්·ලනුව, *n.* cord for hanging, halter.
එල්ලෙනවා, *v. i.* to be hanged or suspended, hang down, depend; *pret.* එල්ලුණා.
එල්ලේ, *a.* straight, in line with.
එවකට, *ad.* then, at that time or period.
එ·වක්, *n.* or *ad.* that time; at that time, then.
එ·වක්·පටන්, *ad.* from that time.
එවනවා, *v. t.* to send to first or second person; *pret.* එවුවා; *v. n.* එවීම.
එ·වර, *n.* or *ad.* See එවක්. [ately.
එ·වෙලේම, *ad.* thereupon, forthwith, immedi-
එ·වැනි, *a.* such-like, such as that.
එවැන්නක්, *n.* such a thing as that.
එ·විගසම, *ad.* immediately, instantly.
එ·මිවර, එ·මිතර, *a.* so much as that, එපමණ.
එ·විට, *ad.* then, thereupon.
එවීම, *v. n.* of එවනවා: sending.
එවූ, එවුවාවූ, *v. adj. pret.* of එවනවා: sent, who sent &c.
එව්, *adj. aff.* such as, like, වැනි, බඳු, මෙන්.
එව්, *imp. pl.* of එනවා: come ye, (literary)

එ·සඳ, *n.* or *ad.* that occasion; on that occasion, then, ඒ ප්‍රස්තාවේදී.
එසවීම, *v. n.* of ඔසවනවා: erecting, raising.
එසලුව, *n.* ascending, elevation.
එසෙත්, *conj.* seeing it is so, but, though.
එසෙසින්, *conj.* in that manner; er. for එසෙ සින්, therefore.
එසේ, *ad.* and *conj.* so, in that manner; thus.
එසේඋවත්, එසේවුවත්, *ph.* though it were so, එසේවුණත්.
එසේනුමුත්, එසේවීනුමුත්, *conj.* howbeit, nevertheless.
එසේම, *ad.* and *conj.* so, in the same manner, likewise.
එසේ·මෙසේ, *a.* so so, indifferent, common, not valuable.
එසේ·හෙයින්, *conj.* because it is so, therefore.
එහා, *n.* or *a.* yonder, there, the far aside; *adj.* yonder, the other, the far, the off.
එහා·පැත්ත, *n.* the other side, the back.
එහාසින්, *ad.* on the farther side, beyond.
එහි, *ad.* there, in that place.
එහි·මෙහි, *ad.* here and there, *passim.*
එහෙත්, *conj.* though, although, nevertheless.
එහෙ·නම්, *conj.* and *int.* if so; to be sure, of course.
එහෙ·නුමුත්, *conj.* See එසේ නුමුත්.
එහෙම, *ad.* or *a.* so, එසේ; such as that, suchlike, එආකාර.
එහෙමත්, *a.* occasional.
එහෙමත්·වතාවක්, *n.* as *ad.* occasionally, now and then.
එහෙම·පිටින්, එහෙම·පිටින්ම, *ad.* wholly, totally.
එහෙමයි, එහෙයි, *ad. res.* yes, true, just so.
එහෙයින්, *conj.* therefore, consequently.
එහේ, *ad.* there, in that place.
එළ, *a.* white, light (in colour), සුදු.
එළකරනවා, *v. t.* to bleach, whiten, සුදුකරනවා, E. S.; to clear grain from the husk.
එළ·කිරි, *n.* cow's milk, (not buffalo's).
එළ·ගිතෙල්, එළ·ඝිතෙල්, *n.* ghee made from cow's butter, (not from buffalo's).
එළ·දෙන, *n.* cow; *pl.* එළදෙන්නු, (not buffalo cow).
එළනවා, *v. t.* to throw or cast down; spread out (a cloth &c.); *pret.* එළුවා; *v. n.* එළීම.
එළපණිය, එළපණේ, *n.* the soft wood beneath the bark, alburnum, sap-wood.
එළඹවනවා, *v. t.* to prompt, පොළඹවනවා; *pret.* එළඹෙවුවා; *v. n.* එළඹවීම.
එළඹීම, එළඹුම, *v. n.* of එළඹෙනවා: approaching &c.
එළඹෙනවා, *v. i.* to approach, come near to, පැමිණෙනවා, ළංවෙනවා; be impelled, prompted, පෙළඹෙනවා; *pret.* එළඹුණා.
එළලි, එළලු, *a.* light brown, light, whitish, pale.
එළලී, *n. fem.* white or light-coloured female, සුදු ස්ත්‍රී.
එළ·ලූනු, එළ·ලූණු, *n.* white onions, garlic, සුදු ලූනු.
එළවනවා, *v. t.* to drive away; පස්සේ......to pursue, chase; bring about, cause, as හැප එළවනවා; bring forward, adduce (as arguments); සිත......to make desirous of, induce, persuade, කැමතිකරනවා; *pret.* එළෙවුවා; *v. n.* එළවීම.
එළ·වුරු, *a.* light red, pink, මදරතු.
එළගත්, *post.* near.
එළ·හරකා, *n.* ox, (not buffalo); *pl.* එළහරක්, *acc.* එළහරකුන්.
එළ·හරකි, *n. fem.* cow, එළදෙන.
එළැත්, *a.* near, ළඟවූ.
එළැදමනවා, *v. t.* to cast down, overthrow, පෙරළනවා.
එළි, *n. pl.* terminal letters of the lines or rhymes of verses.
එළි, *a.* open, clear (space); also *n. pl.* of එළිය.
එළිකරනවා, *v. t.* to clear (from weeds &c.); *fig.* bring to light, reveal, make public.
එළිදරව්, *a.* well known, disclosed, public.
එළිදරව්කරනවා, *v. t.* to reveal, disclose, publish, expose.
එළිදරව්කිරීම, *n.* revelation; (The Book of) Revelation.
එළිදරව්වෙනවා, *v. i.* to be revealed, come to light &c.
එළිපත, එළිපත්ත, *n.* door-sill, sill, threshold; [*pl.* එළිපත්.
එළි·පහළි, *a.* open, clear (space).
එළි·පහළිය, *n.* open space, open air, out of doors.
එළි·පාන, *n.* daylight, දවල් එළිය.
එළි·පිට, *ad.* openly, without concealment, ප්‍රසිද්ධලෙස.
එළි·මඬල, *n.* halo, disk of light. E. S.
එළි·මහන, *n.* open space, clearing.
එළි·මහන්, *a.* open, clear, out-door, field, campestral.
එළිය, *n.* light; open air, out of doors.
එළියකරනවා, *v. t.* to make light; enlighten, illumine; ආලෝකකරනවා, පහදනවා.
එළිලී, *a.* light red or brown, copper-coloured, මදරතු, තඹවන්.
එළිවෙනවා, *v. i.* to become light, dawn; come to light, become known.
එළි·සම, *a.* having the final letters of the lines alike, in rhyme, rhythmical.
එළි·සමකම, *n. pos.* similarity in the endings of the lines, rhyme.
එළි·සම්කොට·ලියනවා or කියනවා, *v. t.* to write or say in rhyme.
එළි·සම්වෙනවා, *v. i.* to rhyme, to rhyme.
එළි·හදයා, *n.* a sort of sea fish.
එළීම, *v. n.* of එළනවා.
එළෙනවා, *v. i.* to fit; twine around, වෙළෙනවා; *pret.* එළුණා; *v. n.* එළීම.
එළු, *a.* Elu, pert. to the Elu Language.
එළු·එඬේරා, *n.* goatherd.
එළු·දෙන, *n. fem.* she-goat, ewe.
එළු·පට්ටිය, *n.* goat-fold.

එළු·පාලයා, *n.* See එළුඑඬේරා.
එළුපැටියා, *n.* kid.
එළු·පොරය, *n.* goat-fight, ram-fight.
එළු·මස්, *n.* mutton, *lit.* goat-flesh.
එළු·රැස, *n.* const. Aries, මේෂරාශිය.
එළුව, *n.* Elu, ancient Sinhalese, the part of the modern language which is not Pali or Sanscrit &c.
එළුවා, *n.* goat, sp. he-goat; see එළුදෙන.
එළු·හඬ, *n.* goat-bleating; in Central province, whistling.
එළෙම්බ, එළෙම්බි, *n.* mare; see වෙළඹ.

ඒ.

ඒ, *n.* The twelfth letter of the alphabet. Its sound is that of the preceding vowel lengthened: as *a* in Fade, but somewhat broader, the initial sound of it being maintained throughout, without changing into *i* as the English sound does: consequently in English words it would seem somewhat inelegant. Its non-initial form is the same as the preceding, but lengthened by the addition of or ˜ to the consonant, as කේ ké (cay), මේ mé (may).
ඒ, *adj. pron.* that or those.
ඒක, *pron.* that one, it.
ඒක, *a.* the only, the sole: see එකම.
ඒක·කථික·ප්‍රබන්ධය, *n.* monologue. E. S.
ඒක·ක්ෂණික, *a.* momentary, මොහොතක් පවතින.
ඒක·ගර්භ, *a.* uterine (brother &c.), එක්කුසේ.
ඒක·ඝන, *a.* of uniform thickness or solidity, one solid (piece).
ඒක·චක්‍රය, *n.* single wheel, one-wheeled car; ap. of the sun, සූර්ය රථය.
ඒක·චක්ෂු, *a.* one-eyed, එක ඇහැක් ඇති.
ඒක·චර, ඒක·චාරී, *a.* going or acting or living alone, solitary, තනිව හැසිරෙන.
ඒක·ඡත්‍ර, *a.* single-umbrella-, *fig.* of one Government: see එකසත්.
ඒක·ඡත්‍රකරනවා, *v. t.* See එකසත්කරනවා.
ඒකච්ඡිද්‍ර, ඒක·රන්ධ්‍ර, *a.* unicellular, unilocular, එකම සිදුරක් ඇති.
ඒක·ජනක, *a.* producing only one, uniparous, එකෙක්ම උපදවන.
ඒක·ජනිත, ඒක·ජාත, ඒක·ජාතක, *a.* the only begotten or born.
ඒක·ජනිතතාව, ඒක·ජාතකතාව, *n.* unigeniture, state of being the only-begotten.
ඒකජ්වාලය, *n.* single flame, tongue of fire, තනි ගිනිදළුවක්.
ඒක·තාලය, *n.* single tune, unison.
ඒකතාව, *n.* singleness, oneness, තනිබව; equality, sameness, සමකම.

ඒකත්වකරනවා, *v. t.* to unify, එකසත්කරනවා, එක්කරනවා.
ඒකත්ව·ක්ෂුද්‍ර·ප්‍රාණියා, *n.* monad. E. S.
ඒකත්වය, *n.* oneness, identity &c.: see ඒකතාව.
ඒක·දන්ත, ඒක·දළ, *a.* single-tusked, එකදළයක් ඇති.
ඒක·දන්තයා, ඒක·දළයා, *n.* single-tusker: ap. of Ganésa (ගණේශ) who lost a tusk in contest with කාර්තිකේය.
ඒක·දල, *a.* single-leaved, monophyllous, එක කොළයක්ම ඇති.
ඒක·දේව·දෘෂ්ටි, *a.* monotheistic. E. S.
ඒක·දේව·දෘෂ්ටිය, *n.* monotheism.
ඒක·දේව·දෘෂ්ටියා, *n.* montheist.
ඒක·දේශය, *n.* a part, a division, කොටසක්.
ඒක·දේහ, *a.* single, තනිවූ; well-formed, ශෝභන රූප ඇති.
ඒක·දේහයා, *n.* the planet Mercury, බුදහු.
ඒක·ධර්මානුසාරය, *n.* ...සාරී, *a.* following the same code of morals or law or rules.
ඒක·පක්ෂයා, *n.* one of the same side or party, ally, associate, පක්ෂවාදියා, එකානුසාරයා, සහකාරයා. [see ඒකදල.
ඒක·පත්‍රික, *a.* monopetalous; monophyllous:
ඒක·පදික·මාර්ගය, *n.* footpath, පයින්ම යන මග, පටුමග.
ඒකපා, ඒකපාදික, *a.* uniped.
ඒකපාදිකයා, *n.* uniped.
ඒක·පිණ්ඩ, *a.* related, consanguineous, නෑවූ.
ඒක·පිණ්ඩතාව, *n.* consanguinity, ලේනෑකම.
ඒක·පිධාන, *a.* univalve, univalvular, එකපියන්.
ඒක·පිධාන·ශංඛය, *n.* univalve, එකපියන් සිප්පිය.
ඒක·පුෂ්ප·ධාරී, *a.* uniflorous, එකම මලක් දරන.
ඒක·ප්‍රණත, *a. geol.* uniclinal. E. S.
ඒක·බීජ, ඒක·වීජ, *a.* single-seeded, monospermous, එක බීජයක්ම ඇති.
ඒක·බීජ·පැලය, *n.* monosperm.
ඒක·භාර්යා·පතිතාව, *n.* monogamy. E. S.
ඒක·ලිංග·කේෂර, *a. bot.* unisexual.
ඒක·වක්ත්‍ර, *a.* unifacial. E. S.
ඒක·වර්ණ, *a.* of one colour, monochromatic.
ඒක·වර්ණ·චිත්‍රය, *n.* monochrome, එක පාටකින්ම කළ සිතියම.
ඒක·වර්ණ·රශ්මි·දර්ශක, *a.* showing rays of one colour, monochromatic.
ඒක·වර්ෂ·ජීවී, *a.* living a year, annual, අවුරුද්දක් පවතින.
ඒක·වාචක, *a. gram.* singular, expressing one.
ඒක·වීරයා, *n.* a unique hero, an unrivalled hero.
ඒක·ශිලා, ඒක·ශිලාකාර. *a.* monolithic, monolithal. E. S.
ඒක·ශිලා·ස්තම්භය, *n.* monolith.
ඒක·ශෘංග, *a.* single-horned, unicornqus, එකම අඟක් ඇති
ඒක·ශෘංගයා, *n.* unicorn, කඟවේණා.

ඒක·ශ්‍රැත, *a.* heard only once.
ඒක·ශ්‍රැතිය, *n.* one hearing, the only hearing, එකවරක් ඇසීම. [මිශ.
ඒක·සංඛ්‍යාව, *n. gram.* singular number, එක
ඒක·සමානත්වය, *n.* similarity, co-ordination, සමානකම.
ඒක·සාධක, *a.* uniting, unific, එක්කරන.
ඒක·ස්ථ, *a.* collected, assembled, united, රැස්වූ, එකට සිටින.
ඒක·ස්ථවෙනවා, *v. i.* to assemble, reach one place, converge, එකට පැමිණෙනවා.
ඒක·ස්ථානය, *n.* the one place; *arith.* place of a unit.
ඒක·ස්නායු, *a.* unimuscular. E. S.
ඒක·ස්වර, ඒක·ස්වර·වාචක, *a.* having one sound, *gram.* monosyllabic.
ඒක·ස්වර·රවය, *n.* monotone. E. S.
ඒක·ස්වර·වාචකය, *n.* monosyllable.
ඒක·ස්වරූප, *a.* of one or the same appearance or form, සමරූපයක් ඇති.
ඒකා, *pron. mas.* that one (animal), that fellow, he, (low for ඔහු).
ඒකාංග, *a.* (ඒක අංග), one-sided, unilateral, එක පැත්තක්ම ඇති.
ඒකාංගකරනවා, *v. t.* See එකස්කරනවා.
ඒකාංග·ධාරී, *a.* *bot.* bearing on one side, secund. E. S.
ඒකාංග·ස්ථ, *a.* situated or being on one side, *bot.* unilateral, එකපැත්තක පිහිටි.
ඒකාකාර, *a.* alike, similar, එකාකාර.
ඒකාකාරත්වය, *n.* similarity, sameness, uniformit , එකාකාරකම.
ඒකාක්ෂ, *a.* (ඒක අක්ෂ), uniaxial. E. S.
ඒකාක්ෂර, *a.* uniliteral, එක අකුරක්ම ඇති.
ඒකාක්ෂර·සලකුණ, *n.* monogram. E. S.
ඒකාක්ෂි, *a.* one-eyed, monocular, එක ඇසක් ඇති, කණ.
ඒකාක්ෂියා, *n.* one-eyed person, කණා; the crow, කපුටා. [කුඩා ප්‍රාණියා.
ඒකාක්ෂි·ප්‍රාණියා, *n.* monocule, එක ඇසක්ම ඇති
ඒකාග්‍ර, *a.* (ඒක අග්‍ර), intent, undistracted, එක දෙයකටම සිත් යොමුවූ.
ඒකාග්‍රතාව, *n.* close attention, intentness, undistracted mental repose, සිත යොමුකිරීම.
ඒකාංගයා, *n.* the planet Mercury, බුදහු.
ඒකාතපත්‍ර, *a.* (ඒක ආතපත්‍ර or ආතපපත්‍ර): see උකාච්ඡත්‍ර.
ඒකාදශ·කෝණය, ඒකාදශාස්‍රය, (·අස්‍ර), *n.* endecagon, hendecagon. E. S. [එකොළොස.
ඒකාදශ, *a.*; ඒකාදශය, *n.* eleven; එකොළොස්;
ඒකාධ්‍යාශ, *a.* intent on, එක අදහසක්ම ඇති.
ඒකාන්ත, ඒකාන්තික, *a.* (·අන්ත, ·අන්තික), real, true, positive, decisive, definite, සත්‍යක, නියම. [siveness &c.
ඒකාන්තකම, ඒකාන්තතාව, *n.* certainty, deci-
ඒකාන්තකරනවා, *v. t.* to make true, certify, authenticate, සහතිකකරනවා.
ඒකාන්ත·චිත්, *a.* devoted to, having a specific purpose: ඒකාධ්‍යාශ.
ඒකාන්තයෙන්ම, ඒකාන්තලෙස, *ad.* positively, most truly, සත්‍යකටම.
ඒකාන්තිකතාව, ඒකාන්තිකත්වය, *n.* certitude, සත්‍යකකම; devotedness, intentness. E. S.
ඒකාබද්ධ, *a.* (·ආබද්ධ), combined, united, amalgamated, annexed, එකතු, සම්බන්ධ, බැඳි.
ඒකාබද්ධකරනවා, *v. t.* to combine &c., see *adj.* එක්කරනවා.
ඒකාබද්ධතාව, state of combination &c., corporateness, සම්බන්ධකම. [E. S.
ඒකාබද්ධ·ව්‍යඤ්ජනය, *n.* (ද්වි අක්ෂරය), diphthong.
ඒකාබද්ධ·පද, *n. pl.* the context, ළඟපිහිටි පද.
ඒකාබද්ධවෙනවා, *v. i.* to combine, become united &c., coalesce, එක්වෙනවා, බැදෙනවා.
ඒකායන·ගත, *a.* (·අයන), who has taken to or is travelling the only road, viz. to Nirvāna.
ඒකායනය, *n.* (·අයනය), the one road, viz. to නිර්වාණය.
ඒකාර්ථ, *a.* (ඒක අර්ථ), having only one meaning, univocal, unequivocal, එක තේරුමක්ම ඇති; having one object or purpose, එක අදහසක්ම ඇති. [ඇති වචනයක්.
ඒකාර්ථ·වාචකය, *n.* univocal, එක තේරුමක්ම
ඒකාර්ථ·වාක්‍ය·ප්‍රයෝගය, *n.* double expression of the same sense, hendiadys. E. S. [එම.
ඒකාවත්, *a.* single, one only, the same, එකම,
ඒකාවලිය, *n.* (·ආවලිය), a single necklace (of beads or flowers).
ඒකාශ්‍රය, *n.* association with one only, එක්කෙනෙක් ආශ්‍රයකිරීම.
ඒකාසනික, *a.* (·ආසනික fr. ආසන), B.P.'s occupying always one seat when eating.
ඒකාසනිකයා, *n.* occupier of one seat, viz. B. Priest.
ඒකාසනිකාංගය, *n.* B. P. ordinance relating to the use of only one seat when eating offerings: see ධුතාංග. [mal).
ඒකී, *pron. fem.* that one, she (woman or ani-
ඒකෝන·විංශතිය, *n.* (ඒක ඌන), nineteen: see එකුන්. [E. S.
ඒකෝන්මාදය, *n.* (ඒක උන්මාදය), monomania.
ඒකෝන්මාදයා, *n.* monomaniac.
ඒ·ගාවා, *a.* or *ad.* next to that, ඊළඟ.
ඒඩ, *a.* deaf, බිහිරි.
ඒඩක·පාලයා, *n.* goatherd, එළු එඬේරා.
ඒඩකයා, *n.* goat, එළුවා.
ඒඩක·රූපී, *a.* goat-shaped, capriform, එළු රූපාකාරවූ.
ඒඩකාකාර, *a.* goat-like, goatish, එළු ආකාරවූ.
ඒඩ·මූක, *a.* deaf and dumb, ගොළු බිහිරි; perverse, wicked, අශීලී, දුෂ්ට.

ඒජන්ත උන්නාන්සේ, *n.* Government Agent.
ඒණකයා, ඒණය, *n.* a black short-legged deer or antelope.
ඒ·තාක්කල්, *ad.* until then, ඒවනතුරු.
ඒත්තුගන්නවා, *v. t.* to accept, assent, acknowledge, own.
ඒත්තුගැනීම, *v. n.* accepting &c.
ඒත්තු·යනවා, *v. i.* (*dat.*) to be manifest or clear to, be perceived by, be satisfied or convinced that.
ඒදණ්ඩ, *n.* plank or tree laid for a bridge, foot-bridge; *pl.* ඒදඬු.
ඒදනවා, *v. t.* to mix (in cookery); *pret.* ඒදුවා; *v. n.* ඒදීම.
ඒධ, *n.* fuel, දර.
ඒධිත, *a.* increased, enlarged, වැඩිවුණ &c.
ඒ·නිසා, *conj.* on that account, therefore.
ඒරකද, ඒරු·කද, *n.* pole or shaft of a vehicle; *pl.* ඒරකදන්.
ඒරකවනතික·දඬුවම, *n.* punishment by flaying the upper part of the body.
ඒරණ්ඩ·තෙල, *n.* castor oil, එඬරු තෙල්.
ඒරණ්ඩාම්ල, *n.* (·ආම්ල), ricinic acid, එඬරු ඇඹුල.
ඒරයකද, *n.* keel of a ship.
ඒරාවතය, *n.* unpropitious aspect of a planet.
ඒරිය·කද, ඒරියා·කද, ඒරු·කමල්, *n.* pole: see ඒරකද.
ඒරුවෙනවා, *v.* to be offended, අමනාපවෙනවා; scold, සැරවෙනවා.
ඒලවාලුක, *n.* a drug, used also as a perfume.
ඒලා, *n. pl.* small cardamoms, එනසාල්.
ඒලාපත්‍ර, *n.* a chief of the Nāgas or serpent race.
ඒ·වංකියේ, *n.* or *ad.* (වංකිය turn, bend), at that time, then, එකල, ඒ ප්‍රස්තාවේ.
ඒවා, *pron. pl.* of ඒක: those. [කාර.
ඒ·සා, *a.* such as that, such-like, එවැනි, එසා
ඒෂිකා·ස්තම්භය, *n.* door-post, උළුවහුකණුව.

ඓ.

ඓ, *n.* The thirteenth letter of the alphabet. Its sound is that of *i* in Time or *ie* in Die. Its non-initial form is (ෛ) placed before the consonant it vocalizes, as ඩෛ, Die.
ඓකාගාරික, *a.* (ඓක fr. ඒක, ආගාරික), having only one residence or household.
ඓකාගාරිකයා, *n.* possessor of a single residence or household, එක නිවාසයක්ම or පවුලක්ම ඇත්තා.
ඓකාහික, *a.* (fr. ඒක, අහස් day), ephemeral, එක දවසක්ම පවතින; *fig.* fungous, හදිසියෙන් ඉපදී නැතිවෙන.
ඓකාහික·ප්‍රාණියා, *n.* ephemera. E. S.
ඓක්‍ය, *a.* united, ඒකාබද්ධ, එකතු, බැඳි.
ඓක්‍යය, *n.* union; *arith.* amount, sum, මුළු ගණන; computation, ගණිතය.

ඓන්ද්‍රියක, *a.* (fr. ඉන්ද්‍රිය), perceptible, perceivable, discernible, දැනෙන, ඉන්ද්‍රියගෝචර.
ඓන්ද්‍රියකතාව, *n.* perceptibility &c.: see ඉන්ද්‍රියගෝචරත්වය.
ඓරාවණයා, ඓරාවතයා, *n.* Indra's elephant, elephant of the North quarter, ශක්‍රයාගේ ඇතා.
ඓරාවතී, *n.* Indra's female elephant, ශක්‍රයාගේ ඇතින්න.
ඓශානය, *n.* north-east quarter, ඊශානදිග.
ඓශ්වර්‍යමත්, *a.* glorious, magnificent, superb, palatial.
ඓශ්වර්‍යමත්කම, *n.* gloriousness &c.
ඓශ්වර්‍යය, *n.* glory &c., grandeur, pomp, state.
ඓහ·ලෞකික, *a.* (ඉහ this), of this world, mundane, earthly, secular, මෙලොව, මෙලෝ.
ඓහ·ලෞකිකතාව, *n.* earthliness, secularity, ලෞකිකකම.
ඓහික, *a.* of this world: see ඓහලෞකික.
ඓහික·දෘෂ්ටිය, *n.* secularism. E. S.
ඓහික·දෘෂ්ටියා, *n.* secularist.
ඓස්ලන්ත·භාෂාව, *n.* language of Iceland.
ඓස්ලන්තික, *a.* Icelandic.
ඓස්ලන්තිකයා, *n.* Icelander.

ඔ.

ඔ, *n.* The fourteenth letter of the alphabet: a short *o* of which there is no exact equivalent in English. It is the short sound of the next vowel and is much like the vowel in *hope* pronounced very short without making it like *hop* or *not*.
ඔ, *prefix,* used in the formation of personal and adjective pronouns &c., to indicate relation to the second person, as ඔපමණ, ඔය, like the Latin *Iste.*
ඔකද, *a.* thick, coagulated, උකු, ඝන.
ඔකද, *n.* great stream or quantity of fluid, torrent, බලවත් සැඩපාර; laughter, සිනාව.
ඔකදකම, *n.* thickness (of liquids), උකුකම.
ඔකදවෙනවා, *v. i.* to become thick or coagulate, උකුවෙනවා.
ඔකා·වස, ඔක්කාක·වංශය, *n.* the Sun-dynasty: see ඉක්ෂ්වාකුවංශය.
ඔක්කාරකරනවා, *v.* to retch. [දූගලීම
ඔක්කාරය, *n.* retching; nausea, qualm; වඩ
ඔක්කොම, *pron.* the whole; all.
ඔක්කොල්·ලනවා, *v.* to make a loud noise (as in laughter), ඝෝෂාකරනවා.
ඔක්තෝබර·මාසය, *n.* October.
ඔඝය, *n.* torrent, flood, වතුරගැලීම. [කම.
ඔච්චම, *n.* joking, banter, ridicule, සරදම, කවට
ඔච්චර, *a.* (ඔච්තර, ඔච්චර), so much, so...as that near you or as you say. See ඔ.
ඔජ, ඕජව, *n.* joy, delight, ප්‍රීතිය; juice (from elephant's temples &c.), ඇත්මද.

ඔජකරනවා, *v. t.* to entice, lure, instigate, පොළඹනවා. [3rd, &c.
ඔජය, *n.* each alternate sign of the zodiac, 1st,
ඔජරය, *n.* a disease.
ඔජ·වඩනවා, *v.* to make a fuss, make much ado.
ඔට, *n.* E. of ඔෂ්ඨ: lip, තොල; regard, affection, ආදරය.
ඔටුනු·පලඳනවා, or ·පලඳවනවා, *n.* to don or put on the crown, to crown.
ඔටුනු·පැලඳීම, or ·පැලඳවීම, *v. n.* donning the crown, coronation.
ඔටුන්න, *n.* crown, diadem; *pl.* ඔටුනු.
ඔටුමාතා, ඔටුබලාකයා, *n.* pelican.
ඔටුවා, *n.* camel.
ඔට්ටු·කච්චිය, waist-belt, girdle, surcingle.
ඔට්ටු·කරනවා or ·තබනවා or ·අල්ලනවා, *v.* to bet, wager. [ting).
ඔට්ටුබලාගන්නවා, *v.* to hold the stakes (in bet-
ඔට්ටුව, *n.* wager, bet, stake.
ඔඩපනය, *n.* pledge, stake.
ඔඩ, *n.* a bet, pledge, ඔට්ටුව, උකස.
ඔඩම, *n.* drinking vessel, goblet, කුසලාන.
ඔඩිය, banner, flag, කොඩිය.
ඔඩියාරු, *a.* ironical, sarcastic, ඇනුම්පද ආකාර.
ඔඩියාරුකම, ඔඩියාරුව, *n.* irony, sarcasm, innuendo.
ඔඩුව, *n.* the hard or rough part of a boil, cavity of a sore or boil. [to pocket.
ඔඩොක්කුකරගන්නවා, *v. t.* to put in the pocket,
ඔඩොක්කුව, *n.* waist-pocket formed by a fold in the waist-cloth.
ඔඩොක්කු·හොරා, *n.* pickpocket.
ඔත, *a.* fallen, වැටුණු.
ඔත, *n.* falsehood, බොරුව.
ඔ·තන, *ad.* there (near you).
ඔතන·පටිය, *n.* bandage, swathe.
ඔතනවා, *v. t.* to fold round, entwine, wind or wrap around; *pret.* එතුවා; *v. n.* එතීම.
ඔතප්, *n.* modesty, shame, fear, ලජ්ජාව, භය.
ඔතවනවා, *v. c.* causing to wrap around; *pret.* එතෙවුවා; *v. n.* එතවීම.
ඔතෑනි, *a.* weak, decrepit.
ඔතු, *n. pl.* of ඔත්ත: tithes.
ඔතුගන්නවා, *v.* to take tithes, to tithe.
ඔත්, *a.* reclining, recumbent, හාන්සිවූ.
ඔත්ත, *a.* not even in number, odd.
ඔත්තකම, *n.* oddness, imparity.
ඔත්තය, ඔත්තෙ, *n.* oddness in number, odds.
ඔත්තුකාරයා, *n.* spy, informer, ඔත්තුබලන්නා.
ඔත්තුකියනවා, *v.* to give information, inform (as a spy).
ඔත්තු·බලනවා, *v.* to watch, pry, spy.
ඔත්තුව, *n.* spying, espionage.
ඔත්පළ, *a.* laid up (in bed), bedridden.
ඔත්පළකරනවා, *v. t.* to lay up (with sickness).

ඔද, *n.* pride, haughtiness; pleasure, ප්‍රීතිය; ambrosia, දිව්‍යභෝජනය; juice, ඕජ.
ඔද·බිඳිනවා, *v.* to break pride, humiliate, cow: *e.g.* සතුරාගේ ඔද බිඳිනවා.
ඔද·වඩනවා, *v.* to increase sap or juice or pleasure or pride; *v. n.* ඔදවැඩීම.
ඔදය, *n.* E. of ඕජස.
ඔද්දල්කරනවා, *v. t.* to hurt, make throb or ache (as a boil when struck).
ඔන්චිල්ලාව, *n.* a swing.
ඔන්න, *int.* there (near you); just so (as you say); there you are!
ඔප ඇති, *a.* glittering, polished, glazed.
ඔප·තෙල්, *n.* varnish.
ඔපතෙල් ගානවා, *v.* to varnish.
ඔප·දමනවා, ඔපගනනවා, *v.* to polish, burnish, gloss, glaze (but not with glass).
ඔප·නැගෙනවා, ඔප·වැටෙනවා, *v. i.* to become glossy &c., take a polish. [ing).
ඔපනැසි·දමනවා or ·මසනවා, *v.* to tuck (in sew-
ඔපනැසිය, *n.* tuck, රැලිය.
ඔපමණ, *a.* so much, so...as that (addressed to second person).
ඔපය, ඔජ, *n.* polish, gloss.
ඔප්පාලවනවා, *v. i.* to reel, roll, rock, swing.
ඔ[illegible]න්නය, *n.* title-deed, legal conveyance.
ඔප්පුකරනවා, *v. t.* to present, offer, dedicate; to prove.
ඔප්පුතප්පු, ඔප්පුතිරප්පු, *n. pl.* legal deeds and papers. [tify, prove.
ඔප්පුදෙනවා, *v.* to give proof or evidence, tes-
ඔප්පුව, *n.* proof, evidence; legal deed, conveyance.
ඔප්පුවෙනවා, *v. i.* to become proved.
ඔප්පුසාක්ෂිය, *n.* proof, evidence, testimony, attestation.
ඔප්පොහුකරනවා, *v. t.* to postpone, කල්දමනවා.
ඔබ, *pron. hon.* thou; also (*cl.*) he, උන්වහන්සේ.
ඔබ, *ad.* there, yonder, ඔබ්බ.
ඔබනවා, *v. t.* to press, squeeze, press down, sink; *pret.* එබුවා; *v. n.* එබීම.
ඔබ·මොබ, *ad. lit.* there and here, viz. here and there. [දුබල.
ඔබල, ඔබලස්, *a.* weak, infirm, decrepit, දුබල,
ඔබලස්කම, *n.* weakness &c., දුර්වලකම.
ඔබවහන්සේ, *pron. very hon.* Thou, Your Honour, Your Majesty.
ඔබිනා, *v. adj.* proper, seemly, comely.
ඔබිනවා, *v. i.* to be proper &c., comport with.
ඔබිනාකම, *n.* propriety, seemliness, decency, appropriateness. [the other side.
ඔබ්බ, ඔබ්බෙහි, *ad.* there, yonder, beyond, on
ඔබ්බට, *ad.* farther, beyond, to the other side.
ඔබ්බනවා, *v. t.* to embed, inlay, enchase; *pret.* එබ්බුවා; *v. n.* එබ්බීම.

ඔම, *pron.* she : see ඕකොමෝ.
ඔමරි·කරනවා, *v.* to ogle, look or joke wantonly, මුසුළුකරනවා.
ඔමරිය, *n.* ogling, joking.
ඔම්පාව, *n.* cue, hint, jest.
ඔය, *n.* rivulet, stream, brook ; *pl.* ඔයවල්.
ඔය, *adj. pron.* that (pert. to the second person); also for ඕක.
ඔයනවා, *v. t.* to peel, strip off shell or bark.
ඔයා, ඔයෑ, *pron.* that person (near you &c.), *Iste* ; *pl.* ඔයාලා, ඔයෑලා.
ඔයාකාර, ඔබඳු, *a.* such-like. See ඔ. [උකුල.
ඔරය, *n.* heart, breast, හෘදය, ලය, උරය, lap,
ඔරල, *n.* E. of උලාර : great, මහත්.
ඔරලෝසු·කරුවා, *n.* watchmaker. [face.
ඔරලෝසු·මඩල, *n.* clock-dial, clock-face, watch-
ඔරලෝසුව, ඔරලෝජුව, *n.* D., clock, watch.
ඔරවනවා, *v. t.* to squeeze out (seeds &c.), extrude (the eyes), glare, stare ; *pret.* ඔරෙවුවා; *v. n.* ඔරවීම.
ඔරවාබලනවා, *v.* to stare, glare upon.
ඔරවාබැලීම, *v. n.* staring. [දය.
ඔර·වැසුම, *n.* breastplate, ලයවැස්ම : see උරවස
ඔර·සිඳිනවා, *v. i.* to be or recline on the breast.
ඔරැදි, *a.* splendid, brilliant, තේජවත්.
ඔරු, *n. pl.* or *a.* boats ; boat-.
ඔරු·එලවීම, *n.* driving boats, regatta.
ඔරු·කබල, *n.* broken boat, hulk.
ඔරු·කඳ, *n.* gunwale of a boat ; *pl.* ඔරුකඳන්.
ඔරුකාරයා, *n.* boatman.
ඔරු·දණ්ඩ, *n.* short oar, paddle.
ඔරු·පිලාව, *n.* cot, තොට්ල්ල ; scull, කුඩාඔරුව
ඔරුව, *n.* small boat, canoe.
ඔරුව, *n.* E. of ඌරු : thigh, කලව.
ඔලුව, *n.* bundle, purse, wallet, කුරපසිය.
ඔලඹනවා, *v. i.* to wave, වැනෙනවා.
ඔලඹු, ඔලම්බ, *a.* of අවලම්බන : hanging, suspended, dependent, එල්ලෙන.
ඔලයා, *n.* See ඔලෙසියා.
ඔලිඳ·ඇටය, *n.* seed of the wild liquorice : used as a weight, about seventeen grains troy : see මදය. [Olympics.
ඔලිම්පිය·ක්‍රීඩාකෙළි, *n. pl.* Olympic games,
ඔලි, *n.* caste of drummers and dancers.
ඔලිව·ගස, *n.* olive tree.
ඔලිව·තෙල්, *n.* olive oil.
ඔලෙසියා, *n.* golden or sand plover, රන්කෙවුලා.
ඔලොගුව, *n.* bundle, pair of bundles slung over the shoulders.
ඔල්මාද, *a.* insane, demented.
ඔල්මාදකාරයා, *n.* lunatic, madman.
ඔල්මාදය, *n.* insanity, delirium.
ඔල්වර·හඬ, ඔල්මර·හඬ, *n.* shout of joy, whoop, huzza, ජයඝෝෂාව. [huzza.
ඔල්වර·හඬ—ඔල්වර·හඬ—දෙනවා, *v.* to hurrah,
ඔල්වර·හඬ·පවත්වනවා, *v.* to shout, huzza.
ඔ·වදන, *n.* word of advice, ඔවාබස, අවවාද වචනය.
ඔවනවා, *v. t.* to pour into, fill, වත්කරනවා, පුරවනවා ; put on, දමාගන්නවා ; *pret.* එවුවා.
ඔවප, *n.* ray, beam of light, රශ්මිය.
ඔවස්·පියෙස, *n.* open space, courtyard, compound, මිදුල.
ඔවාගන්නවා, *v. t.* to put on, don, (ornaments &c.), පැලඳගන්නවා.
ඔවා—ඔවාබස්—දෙනවා, *v.* to give advice, admonish, warn. [වාදය.
ඔවා·බස, ඔවාව, *n.* advice &c., දූනමුතුකම, අව
ඔවැදි, *a.* outspread, extended, diffused, පැතිරී තිබෙන.
ඔච්චර,ඔපිතර, *a.* so much as that : see ඔපමණ.
ඔපිත්ත, *n.* she-devil, a fury, යක්ෂණිය.
ඔවිල්ල, *n.* See ඕවිල්ල.
ඔවු, *ad.* yes.
ඔවුන්, ඔව්හු, *pron.* of persons only, they : ඔවුන් is used both as *acc.* and *nom.*
ඔවුනොවුන්, *pron.* they severally or mutually, each other. [හෙත.
ඔසද, *n.* E. of ඖෂධය : drug, medicine, බෙ
ඔසද·වඩුවා, *n.* druggist, appothecary ; doctor, වෙදා.
ඔසද·වට්ටෝරුව, *n. med.* prescription. [වුන්.
ඔසන, *n.* perfumery, unguents, සුවඳ ද්‍රව්‍ය, විල
ඔසන·වඩුවා, *n.* perfumer, dealer in unguents, සුවඳ වෙළෙන්දා.
ඔසප, ඔසප්, *n.* menses, මල්වරය.
ඔසබිය, ඔසබීය, *n.* a drug.
ඔසල, *a.* assembled, රැස්වූ.
ඔස·වඩුවා, *n.* a sp. of snipe.
ඔසවනවා, *v. t.* to raise, erect, lift up, elevate ; *pret.* එසෙවුවා ; *v. n.* එසවීම. [අසිපත.
ඔසු·පත, ඔසු·පත්·සිරය, *n.* one of the hells : see
ඔසු·මැදුර, *n.* drug-store, dispensary.
ඔසොරිය, *n.* See ඔහොරිය.
ඔස්තෙන්සෝරිය, *n.* R.C., remonstrance. E. S.
ඔස්ස, *n.* See ඔසදය ; *pl.* ඔසු.
ඔස්ස·වඩුවා, *n.* grey partridge: *ortygorais pondiceriana*, (*Gallinæ*).
ඔස්සේ, *post.* through, along, දිගේ, across, හරහා.
ඔහා, *pron. res.* that person, you ; *pl.* ඔහාලා.
ඔහු, *pron.* he ; *obs.* they.
ඔහුනොහුන්, *pron.* See ඔවුනොවුන්.
ඔහුන්, *pron.* for ඔවුන්.
ඔහේ, *ad.* there (near you) ; *pron. res.* you.
ඔහොම, *ad.* or *a.* so ; such as that. See ඔ prefix. [Kandyan women.
ඔහොරිය, *n.* a kind of dress of Tamil and
ඔහෝ, *int.* of surprise : Oh, ha, oh indeed.
ඔළුමොට්ටල, *a.* brutal and obstinate, මුරණ්ඩපරුෂ.
ඔළර, ඔළරු, *a.* large, great, ලොකු, මහත්.

ඔලාරි, *a.* great, මහත් ; proud, උද්ධ : see උලාර.
ඔළු·කබල, *n.* skull, ඉස්කබල.
ඔළුව, *n.* head, ඉස. [—head.
ඔළුව·කඩාගෙන, *p. pl.* as *ad.* with bowed—slunk
ඔළුව·කඩාගන්නවා, *v.* to bow or droop the head in shame or sulkiness.

ඕ.

ඕ, *n.* The fifteenth letter of the alphabet. It is a long *o* which retains its initial sound to the end, and does not, like the English long *o*, terminate in *oo* : consequently it is a broad and, to English ears, a slightly vulgar sound.
ඕ, *excl.* of grief, fear or surprise.
ඕ, *pron.* she, ඈ, that person.
ඕක, *pron. neu.* that one, *Istud.* See ඔ prefix.
ඕකඩ, *n.* sheet or piece of water.
ඕකද, *n.* shore or bank of a river, වෙරළ.
ඕකය, *n.* house, ගෙදර ; refuge, රක්‍ෂාස්ථානය.
ඕකා, *pron. mas.* that one (person or animal), *Iste* ; *pl.* ඕකාලා.
ඕ·කාරය, *n.* the letter ඕ.
ඕකී, *pron. fem.* that female, *Ista* ; *pl.* ඕකීලා.
ඕඝය, *n.* multitude, සමූහය ; flood, torrent, වතුරගැල්ම ; *mus.* quick time.
ඕජය, ඕජව, *n.* juice, sap, mucus ; vitality, power, ප්‍රාණබලය.
ඕජස·ධාරී, *a.* sap-bearing, lactiferous. E. S.
ඕජස·බහුල, *a.* abounding in sap, succulent.
ඕජස්·නාලය, *n.* sap-tube, sap-vessel, *cl.* යුෂර නාලය.
ඕජස්·සිවිය, *n.* mucous membrane. E. S.
ඕජෝවර්ධනයකරනවා, *v.* (ඕජෝ fr. ඕජස්), to increase power or splendour, බලය or තේජස වැඩිකරනවා.
ඕඩය, *n.* water-course, channel, වතුරපාර.
ඕඩ්‍රය, *n.* northern part of Orissa ; China rose, *cl.* ඕඩ්‍රපුෂ්පය.
ඕ·තර, *n.* river-side, ගංඉවුර, ගංතෙර.
ඕතෙලියා, *n.* name of a fish.
ඕතොමෝ, *pron. fem. hon.* she, ඈ, ඒ තැනැත්තී.
ඕදන, *n.* boiled rice, බත්.
ඕදය, *n.* for ඕජය.
ඕදාත, *a.* white, සුදු.
ඕන, ඕනා, *pres. pl. adj.* of ඕනවා : inserting &c.
ඕනවා, *v. t.* to insert, put in, pour into, fill, දමනවා, වක්කරනවා, පුරවනවා ; *pret.* ඕනුවා.
ඕනෑ, ඕනෑම, *a.* needful, required, requisite.
ඕනෑ, *v. aux.* must, ought.
ඕනෑකම, *n.* need, necessity, want, urgency.
ඕනෑකමින්, *ad.* urgently, intently, earnestly.
ඕනෑකම්කරනවා, *v.* to desire, desiderate.
ඕනෑකරනවා, ඕනෑවෙනවා, *v.* to need, require, be necessary to, as මෙක මට ඕනෑ...This is requisite to me.
ඕනෑම්කරනවා, *v. t.* to render necessary, necessitate, be essential or most requisite.
ඕනෑවට, *ad.* purposely, designedly.
ඕප·පාතික, *a.* pert. to spontaneous births.
ඕප·පාතිකයා, *n.* one born spontaneously, one who is ready formed on the earth.
ඕපාදුප, *a.* slanderous, කේලම් සහිත.
ඕපාදූපකියනවා, *v.* to utter slander, slander, backbite. [scandal, කේලම.
ඕපාදුපය, *n.* evil-speaking, detraction, slander,
ඕමක, *a,* young, බාල, ලාමක.
ඕම්, *n.* the mystic name of the H. Trinity, supposed to be compounded of, අ, උ, ම්, signifying respectively Vishnu, Siva and Brahma.
ඕයි, *int.* of calling : Oh there, hallo.
ඕලන්දස්·කාර, *a.* Dutch.
ඕලන්දක්කාරයා, *n.* Dutchman. [stint.
ඕල·වුවා, *n.* a sp. of snipe or quail, long-toed
ඕලුවා, *n.* deer, antelope.
ඕවරකය, *n.* bedroom, සැතපෙන ගේ ; storeroom, ගබඩාව.
ඕවා, *pron. neu. pl.* of ඕක : those, *Ista.*
ඕවාලකැටයම, ඕවාලකණ්ඩායන, *n.* intaglio.
ඕවිට, *n.* low flat ground, heath or deserted ground ; *pl.* ඕවිලි.
ඕමිලි·ගහනවා, *v.* to throb painfully.
ඕමිල්ල, *n.* swing, ඔන්චිල්ලාව ; cradle, තොටිල්ල ; palanquin, දෝලාව ; throb (හෘදයේ) ගැස්ම.
ඕෂධි, *a.* herbal ; herbaceous ; පලාජාති, පලා ජාති ආකාර.
ඕෂධී·තාරකාව, *n.* herb-star, supposed to preside over herbs and medicine ; morning star, පහන්තාරකාව. [bal.
ඕෂධී·නාමාවලිය, ඕෂධී·විශාර·පුස්තකය, *n.* her-
ඕෂධී·භක්‍ෂක, *a.* herbivorous, පලාජාති කන්නාවූ.
ඕෂධී·භක්‍ෂකයෝ, *n. pl.* herbivora, පලා or තෘණ කන සත්වජාති.
ඕෂධිය, *n.* herb, annual plant. E. S.
ඕෂධී·ශාස්ත්‍ර·ඥයා, *n.* herbalist, botanist, උද්භිද් ශාස්ත්‍රඥයා. E. S.
ඕෂධී·සංහාරය, *n.* herbarium. E. S.
ඕෂධීශයා, *n.* (ඊශයා ruler), Lord of herbs : ap. of the moon, සඳ.
ඕෂය, *n.* burning, combustion, දැවීම, දාහය.
ඕෂ්ඨ, *n. pl.* or *a.* lips, තොල් ; lip-, pert. to the lips.
ඕෂ්ඨ·ජ, *a.* produced by the lip or lips, labial.
ඕෂ්ඨ·ජ·ශබ්දය, ඕෂ්ඨජාක්‍ෂරය, *n.* labial letter, තොල්වලින් කියවෙන ශබ්දයක්.
ඕෂ්ඨ·දන්ත·ජ, *a.* labio-dental (letter). E. S.
ඕෂ්ඨ·පල්ලවය, ඕෂ්ඨය, *n.* lip, තොල. [සමාන.
ඕෂ්ඨාකාර, *a.* lip-like, *bot.* labiate, තොල්වලට
ඕෂ්ඨාවලෝපන, *a.* (·අම:) melting in the mouth, luscious, ඉතා රුචි.

ඕෂ්ඨාවලෝපකතාව, *n.* lusciousness, ඉතාරුචිකම.
ඕෂ්, *n.* continued sound of the voice after the word is finished.
ඕහට, *pron. dat.* to or for him, ඔහුට.
ඕලාරික, *a.* See ඔළාරි.

ඖ.

ඖ, *n.* The sixteenth letter of the alphabet. Its sound is that of *ou* in Thou or *ow* in Now. Its non-initial form is (ෞ—ෟ), as කෞ, now.
ඖචිත්‍ය, *a.* proper, fit, suitable, උචිත, සුදුසු.
ඖචිත්‍යය, *n.* propriety &c., උචිතතාව, සුදුසුකම.
ඖජසිකයා, *n.* hero, වීරයා, ශූරයා.
ඖත්කණ්ඨ්‍ය, *a.* discouraged, කලකිරුණු.
ඖත්පත්තික, *a.* natural, innate, සහජ, ජම්ම.
ඖත්සුක්‍යය, *n.* effort, උත්සාහය.
ඖදාර්‍ය, *a.* magnanimous, munificent, උතුම්, ඉතා ත්‍යාගශීලී.
ඖදාසීන්‍ය, *a.* See උදාසීන.
ඖපම්‍ය, *a.* like, resembling, සමාන. [උරසක.
ඖරස, *a.* one's own by birth, legitimate: see
ඖරසභාවය, *n.* legitimacy.
ඖරසයා, *n.* legitimate son, whose parents are both of one caste: see උරසයා.
ඖර්ණක, *n.* hair or woollen cloth, ලොම්රෙද්ද, කම්බිලිය. [nal, ප්‍රතිකාර.
ඖෂධ, ඖෂධීය, *a.* herbal (see ඔෂධි); medici-
ඖෂධපරිකාරශාස්ත්‍රය, *n.* pharmaceutics, බෙහෙත් ද්‍රව්‍ය සාදන ශාස්ත්‍රය.
ඖෂධය, *n.* drug, medicine, බෙහෙත.
ඖෂධයෝගය, *n. med.* prescription, receipt, බෙහෙත් වට්ටෝරුව.
ඖෂධකල්පනය, ඖෂධවිස්තරග්‍රන්ථය, *n.* pharmacopœia. E. S. [අයිතිවූ.
ඖෂධශිල්පී, *a.* pharmaceutic, බෙහෙත් සෑදීමට
ඖෂධසාධනග්‍රන්ථය, *n.* dispensatory, චිකිත්සා පොත.
ඖෂධාගාරය, *n.* (·ආගාරය), dispensary, surgery, laboratory, බෙහෙත් ශාලාව.

ක.

ක, *n.* The first consonant of the alphabet, K. When no vowel is written with it, like all the consonants, it is vocalized by means of the first vowel අ, which though unwritten is pronounced after it, as ක ka.
කංසය, කාංසය, *n.* goblet, chalice, කුසලාන; tutanag, white copper, bell-metal, pewter, zinc, තුත්තනාගම්.
කංසක, *n.* a kind of medicinal salt.
කංසජිත්, *n.* (ජිත් victor), ap. of Krishna, as conqueror of the demon Kansa.
කංසතාලම්, *n.* cymbal, කයිතාලම්.
කංසයා, *n.* Uncle and enemy of Krishna, by whom he was slain: see කංසජිත්.

කංසරවය, *n.* clang, clangour as of cymbals
කංසරවයකරනවා, *v. t.*, ·වෙනවා, *v. i.* to clang.
කංසා, *n.* bhang, ganja.
කංසාරාති, *n.* (කංස, අරාති=අමිත්‍ර), ap. of Krishna as enemy of කංසයා.
කක කාකයේ සිනාසෙනවා, *v.* to laugh loudly, with the sound of කක කක.
කකචිය, *n* law, නීතිය.
කකණ්ටකයා, *n.* chameleon, කටුස්සා, බොංගොඩා.
කකළ, කකුළු, *a.* rough, severe, කර්කශ, රළු.
කකා, *pres. pl.* of කනවා: eating, කමින්.
කකාරනවා, *v. t.* to decoct, make a decocting (by stirring in the sun or on fire); *pret.* කැකෑරුවා or කකාලා; *v. n.* කැකෑරීම.
කකාරා ගන්නවා, *v. t.* to extract by decoction.
කකියනවා, *v. i.* to boil; ache as the head or tooth; *v. n.* කැක්කුම.
කකියවනවා, *v. c.* to make boil; cause to ache; *pret.* කැකියෙවුවා.
කකිඳ, *a.* fatigued, weary, වෙහෙසවූ, වෙහෙසෙන.
කකුටපාදියා, *n.* pigeon, පරෙවියා.
කකුධභාණ්ඩ, *n. pl.* royal insignia: see පංචකකුධභාණ්ඩ. [leg-, crural.
කකුල, *n.* foot, leg; *pl.* කකුල්, also *adj.* foot-,
කකුල්ගානවා, *v.* to move the feet about, slide or shuffle the feet. [shamble.
කකුල්ගගායනවා, *v.* to crawl along, go slowly,
කකුල්දුව, *a.* wandering, vagrant, පාදුව.
කකුල්දුවයා, *n.* wanderer, vagabond, පාදුවයා.
කකුළු, *a.* rough, severe, රෞද්‍ර; crab-.
කකුළුරාශිය, *n.* const. Cancer, fourth sign of the zodiac.
කකුළුවා, *n.* crab.
කක්කල්කැස්ස, *n.* hooping cough, *pertussis.*
කක්කිස, *a.* busy, hurried.
කක්කිසය, *n.* haste, hurry; urgent matter.
කක්කුස්සිය, *n.* necessary, privy.
කක්ෂජ්‍යාව, කක්ෂාර්ධවිෂ්කම්භය, *n.* (·අර්ධ half), *ast.* radius vector.
කක්ෂය, *n. ast.* orbit; the side, ඇළපත; creeper, වැල; dried grass, වියළිතණ; woman's under garment, යට ඇඳුම.
කක්වසිත, *n.* pillow, cushion, කොට්ටය.
කඟකුරයා, *n.* cock, කුකුළා.
කඟපත, *n.* sword-blade, sword, කඩුව.
කඟමුව, *n.* sword-edge, කඩු මුවහත. [වෙණ.
කඟමුවා, *n.* squirrel, ලේනා; unicorn, කඟ
කඟය, *n.* E. of ඛඩ්ගය: sword, කඩුව; sun, ඉර; arrow, ඊය.
කඟයා, *n.* bird, කුරුල්ලා; unicorn.
කඟලිය, *n.* sword-creeper, viz. sword, කඩුව.
කඟවිසයා, කඟවිෂාණයා, කඟවෙණා, *n.* E. of ඛඩ්ගවිෂාණයා, unicorn or rhinoceros.
කංචුකය, *n.* jacket, හැට්ටය; coat of mail, උර හැදය.

කංකණය, *n.* bracelet, වළල්ල ; crest.

කංගු, *n.* millet or panic seed.

කඟවේණ, *n.* unicorn ; *pl.* කඟවේන්නු.

කචිරි·මිචිරි, *n.* gibberish, jabber, babble of drunkards.

කචිරි·මිචිරි·ගානවා, *v.* to jabber, babble.

කච්චිය, *n.* T., whole piece of cloth, web.

කච්චේරිය, *n.* T., Kachcheri, Government offices.

කච්ඡපයා, *n.* turtle, tortoise, කැස්බෑවා.

කච්ඡය, *n.* marsh, morass, වෙල : armpit, කිසිල්ල ; saddle-cloth of elephant or horse, පොරෝද්ද ; hem or edge of waist-cloth.

කජු·ඇටය, *n.* cashew nut.

කජු·පුහුලම, ·පුලම, *n.* cashew fruit or apple.

කජ්ජ, *n.* honey-cake, cake made of flour, honey and oil. [අඳුන්.

කජ්ජලය, *n.* cloud, වලාකුළ ; lampblack, දූලි,

කජ්වල, *n.* lampblack, දූලි, used as a collyrium, අඳුන්.

කඤ්චන, *a.* golden, රන්රන්.

කඤ්චනය, *n.* gold, රන්රන්.

කඤ්චුකය, *n.* jacket or bodice, හැට්ටය ; armour, mail, සන්නාහය ; snake-skin, හැවය.

කට්, *n.* frankincense, කුවරලා.

කට්කා, *n.* saffron, turmeric, කහ.

කට, *n.* mouth, orifice, aperture ; throat.

කට, *n.* dry stick, වියලි දණ්ඩ ; corpse, මළ මිනිය ; also කාකටුව.

කට·කට·ගානවා, *v.* to make the sound කට කට, to rattle, clatter.

කට·කථාව, *n.* oral statement, hearsay.

කටකය, *n.* a ring, bracelet, වළල්ල.

කටකයා, *n.* crab, කකුළුවා.

කටකයා, කටක·රාශිය or ·ලග්නය, *n.* *ast.* Cancer or Crab, කකුළුවකයා.

කට·කලියා·යකඩය, *n.* bridle-bit, bit.

කටකලියාව, *n.* bridle. [snake or cobra.

කට·කළු·කයා, කටකළුවා, *n.* black-mouthed

කට·කෙඳි, *n.* *pl.* vibrissæ (of animals or birds), මූඩකේශ ; *sg.* කටකෙන්ද.

කට·කොළිය, *n.* spittoon, පඩික්කම.

කටක්, *n.* a mouth ; mouthful, as කෑම කටක්, mouth of food.

කට·ගඳයා, *n.* person with foul breath. [guzzle.

කටගත්තක් බොනවා, *v.* to drink to the full,

කට·ගමුව, කට·පදම, *ad.* right up to the mouth.

කටපයාදිය, *n.* (ක, ට, ප, ය, ආදිය). A mnemonic system of letters used as numerals, කටපය being the first column, thus :

1	2	3	4	5	6	7	8	9	0
ක	ඛ	ග	ඝ	ඞ	ච	ඡ	ජ	ඣ	ඤ
ට	ඨ	ඩ	ඪ	ණ	ත	ථ	ද	ධ	න
ප	ඵ	බ	භ	ම					
ය	ර	ල	ව	ශ	ෂ	ස	හ	ළ	

Each letter in each column represents the figure under which it is placed. The above consonants must in reading be vocalized with vowels, though the vowels count for nothing. *E. g.*, ගජකම, reading backwards=5 1 8 3.

කට·පාඩම, *n.* *lit.* mouth-lesson : lesson committed to memory. [moriter.

කට·පාඩමෙන්, *ad.* from memory, by rote, me-

කටපාඩම්·කරනවා, *v. t.* to commit to memory, learn by heart.

කට·පුර, *ad.* with the mouthed full, the mouth being full. [person.

කට·බක්කා, *n.* splay-mouthed or large mouthed

කට·බඳිනවා, *v.* to tie up the mouth ; muzzle.

කට·බහ·කාරයා, *n.* (බහ for බස), talkative person, babbler, වාචාලයා. [gag.

කට·බැඳුම, කට·බැම්ම, *n.* mouth-band ; muzzle ;

කට·මැණ, කටමිණ, *n.* neck-jewel, throat-gem : see කණ්ඨමණිය. [අහංකාර.

කට·මැත, *a.* boastful, egotistic, පාරට්ටුකාර,

කට·මැතකම, *n.* boastfulness &c., පාරට්ටුකාරකම. [කරනවා.

කටමැතකමදොඩනවා, *v.* to boast, brag, පාරට්ටු

කට·යුතු, *a.* or *n. pl.* that ought to be done ; duties ; agenda ; කලයුතු (දේවල්).

කට·යුත්ත, *n.* what ought to be done, duty ; *pl.* කටයුතු.

කටලිස්, *n.* Eng., cutlet. [gossip.

කට·ලු·කථාව, *n.* fable, story, common talk,

කට·වචනයෙන්, *ad.* orally, *viva voce.*

කට·විස, *n.* *lit.* mouth-poison, viz. evil-speaking, malicious tongue. [දොඩමල්ල.

කට·වාචලය, *n.* babble, chatter, gabble, gossip,

කට·වාචල්, *a.* babbling &c., talkative, වාචාල.

කටවාචල්කියනවා, *v.* to babble &c., දොඩවනවා.

කට·වාචාලයා, *n.* babbler &c., වාචාලයා.

කට·හඬ, *n.* the voice.

කට·හඬින්, *ad.* vocally.

කට·හැකරකම, *n.* incessant talking, babbling, දොඩමල්ල. [ලයා.

කට·හැකරයා, *n.* incessant talker, rattler, වාචා

කටාක්ෂය, කටාක්ෂ·නිරීක්ෂණය, *n.* glance, side-look, leer, අඩබැල්ම.

කටාරම, *n.* caldron, boiler, cistern ; stone vase ; water-channel in a rock. [විල.

කටාව, *n.* elephant's cheek, ඇත්කන්මුල ; lake,

කටාහය, *n.* vessel, large pan, shallow pan, තැලිය ; crater, මහවළ ; turtle shell, කැස්බෑ පොත්ත ; name of a hell.

කටිගොංගා, *n.* a fish.

කටින, *a.* difficult, අමාරු ; acrid.

කටිනය, *n.* a web of cloth made in a day and night and presented to a B. P.

කටිනවා, *v. t.* to spin (thread) ; *pret.* කැට්ටා ; *p. pl.* කැට ; *v. n.* කැටීම.

කටිස්·බඩිස්·යනවා, *v. i.* to vomit and purge.
කටි·ප්‍රදේශය, *n.* region of the loins, waist, ඉඟ විය.
කටි·ප්‍රෝථය, *n.* buttock, තට්ටම.
කටිය, *n.* the hip; waist, loins, ඉඟ; *pl.* කටි.
කටිල්ලා, *n.* a small river fish.
කටි·වාතුම, *n.* lumbago.
කටි·සජ්ජනාව, *n.* ornamental girdle, මෙවුල්දම.
කටි·සන්ධිය, *n.* the loins, small of the back.
කටු, *a.* pungent, acrid, කට දත; fierce, severe, රෞද්‍ර; displeasing, අප්‍රිය.
කටු, *n. pl.* or *a.* of කටුව: thorns &c.; thorny, thorn-.
කටුක, *a.* pungent, piquant, acrid, කුළු, කට දත; severe, painful, සැර.
කටුක, *n.* mustard, අබ; compound of three pungent substances, viz. black pepper, long pepper and dried ginger.
කටුකකම, කටුක·රස, *n.* pungency &c. (see *adj.*), කුළු රස.
කටුක·ද්‍රව්‍ය, *n. pl.* spices, acrid or pungent ingredients.
කටුක·ඵල, *n.* a kind of perfume.
කටුකොතොල, *n.* panic, terror, භයය, කුලප්පුම.
කටුකොතොල්, *n. pl.* panics &c.; breaches of the peace, rioting, කැරලි ගැසීම්.
කටුකෝල්, *n. pl.* breaks and smashes, breaches, කැඩුම් බිඳුම්.
කටුකෝල් අරිනවා, *v.* to remove—repair—the breaches.
කටු·ගහ, *n.* thorn tree.
කටු·ගහන (වූ), *a.* abounding in thorns, thorny, prickly.
කටු·ගහනකම, *n.* prickliness &c.
කටු·ගානවා, *v. t.* to cross out, obliterate, erase, expunge.
කටු·ගෑස්ම, කටුගෑම, *v. n.* erasure, crossing out.
කටු·ගෙය, *n.* bone-house, museum, *cl.* කෞතුකාගාරය.
කටු·ග්‍රන්ථිය, *n.* root of long pepper, root of ginger.
කටු·ත්‍රය, *n.* See ත්‍රි කටුකය.
කටු·දෝල, *n.* fierce or excessive desire, තද ආශාව, මහත් තෘෂ්ණාව.
කටු·පඳුර, *n.* thorn-bush, thorn-thicket.
කටුපණිරි, *n.* cinnamon bark, කුරුඳු පොතු.
කටු·පහණ, *n.* shells and pebbles, gravel, බොරළු.
කටු·පැලැල්ල, *n.* thorn-hurdle or screen; *pl.* කටුපැලලි.
කටු·පිළිකාව, *n.* hard canker, ulcer or fistula.
කටු·පුල්ල, *n.* thorn staff (of an official, of a Disáva &c.).
කටු·බොරළු, *n.* shells and pebbles, gravel.
කටු·මතිශාය, *n.* See කටුකැම්බිය.
කටු·මත්ස්‍ය, *n.* thorny-fish.
කටුමැටි, *n.* rough clay (for a wall).
කටුල්ල, *n.* distress, affliction, දුක.
කටුව, *n.* thorn, prickle, spine; bone; hard shell (of fruits).

කටු·වල්ලා, *n.* garter fish; *pl.* කටුවල්ලෝ.
කටුවා, *n.* a kind of worm or parasite; rebel, කැරලිකාරයා.
කටුසරබෝග, *n.* all kinds of grain except rice, vegetable seeds.
කටු·කැම්බිය, *n.* scourge, thorn-whip.
කටුස්සා, *n.* chameleon, bloodsucker.
කටු·ලැහැබ, *n.* thorn-thicket, thorn-jungle.
කටේ·තැරි·වාදත්, *n. pl.* boastful utterances.
කටෝල, *n.* E. of කඨෝර: distress, affliction: see කටුල්ල.
කට්ට, *a.* deceitful, bad, රැවටිලි, දුෂ්ට.
කට්ටකුම්මල්, *n.* frankincense.
කට්ට·බුද්ධියා, *n.* muddle-headed or cunning person.
කට්ටය, *n.* notch or hollow cut out, කස්තුව.
කට්ටයා, *n.* rogue, deceiver, කක්කඩියා.
කට්ටලකාරයා, *n.* R. C., steward.
කට්ටලය, *n.* parish, district, පලාත.
කට්ටාඩියා, *n.* sorcerer, devil priest or dancer, exorcist.
කට්ටාවා, *n.* a sea fish similar to seer fish.
කට්ටිය, *n.* bundle, truss; lot, batch, portion.
කට්ටි, *n. fem.* of කට්ටයා: deceitful woman, රැවටිලිකාරී.
කට්ටුව, *n.* bundle, parcel, මිටිය; lot (of people) සමූහය.
කට්ලිස්, *n.* See කටලිස්.
කඨින, *a.* hard, difficult; unkind; තද, සැර: [see කඨින.
කඨින·චීවරය, *n.* B. P's thick robe for the wet season, ඝන සිවුර.
කඨිනත්වය, *n.* hardness &c., තදකම, සැරකම.
කඨින·පෘෂ්ඨයා, *n.* (පෘෂ්ඨ back), tortoise, ඉබ්බා.
කඩ, *n.* (vowels as in Cud), piece, part, fragment; cloth, bit of rag.
කඩ, *n. pl.* of කඩය.
කඩ·ඇණය, *n.* linch-pin.
කඩඉම, *n.* boundary, frontier, මායිම.
කඩ·ඉරුව, *n.* slab of timber or outside piece sawn off.
කඩ·කපනවා, *v. t.* to cut into bits, chip, කෑලි කර කපනවා.
කඩ·කරනවා, *v. t.* (කඩ fr. ඛණ්ඩ), to break, violate, transgress (a law &c.).
කඩ·කරනවා, *v. t.* (කඩ fr. කඩය), to keep a shop or boutique, to trade, කඩයක්දමා වෙළඳාම්කරනවා.
කඩකාරයා, *n.* shopkeeper, boutique-keeper, tradesman.
කඩකැත්ත, *n.* razor, දැලිපිහිය; *pl.* කඩකැති.
කඩකෑම, *n.* bazaar-food, food prepared there, as rice cakes &c.
කඩතිරය, කඩතුරාව, *n.* screen, blind, curtain, cover, veil, තිරය.
කඩතුර, *n.* canopy, උඩුවියන; *pl.* කඩතුරු.
කඩතුව, *n.* bit, piece, කෑල්ල.
කඩ·තොලු·ඇණය, *n.* rag-bolt.
කඩ·තොලු·ඇති, *a.* indented, dented, jagged.

කඩ·කොලු·කරනවා, *v. t.* to hack, indent, engrail, gimp, jag.

කඩ·කොලුව, කඩකොල්ල, *n.* indentation, dent, notch ; *pl.* කඩකොලු.

කඩ·කොලුවෙනවා, *v. i.* to become indented or notched.

කඩද, *n.* half, part, භාගයක්.

කඩ·දත්, *n. pl.* or *a.* broken teeth ; broken-toothed, or having only part of the full number of teeth.

කඩදසි, කඩදාසි, *a.* Port., made of paper, paper-.

කඩදසි·කුට්ටම, *n.* pack of cards (for playing).

කඩදසිය, කඩදාසිය, *n.* paper.

කඩදසි·මිල, *n.* paper-money, notes.

කඩනවා, *v. t.* to break, fracture, snap ; to detach ; pluck (fruit) ; *pret.* කැඩුවා ; *v. n.* කැඩීම.

කඩපිම්ම, *n.* cloth covering the mouth of an earthern vessel.

කඩපිම්මෙන් තම්බනවා, *v. t.* to seethe, stew.

කඩ·පිල, *n.* shop or small boutique.

කඩප්පුලියා, *n.* vagrant, vagabond, පාදඩයා.

කඩ·මණ්ඩිය, *n.* market-place or market-quarter, bazaar. [(of the sea).

කඩ·මත්ත, *n.* canal, කැපුඇළ ; strait or straits

කඩමරියා, *n.* a sea fish, Russel's batlu, *trachonytis russelii.*

කඩමල, *n.* noose, snare.

කඩමලු, කඩමාලු, *n. pl.* or *a.* rags or ragged clothes ; ragged.

කඩමල්·කඩ, *n.* piece of rag or ragged cloth.

කඩමාල්ල, *n.* rag ; *pl.* කඩමාලු.

කඩය, කඩේ, *n.* T., shop, boutique, bazaar, market ; කඩයක් දමනවා, to set up a shop or boutique.

කඩ·යප්පම්, *n. pl.* See කඩකෑම.

කඩ·රෙද්ද, *n.* tattered cloth, piece of rag.

කඩල, *n.* a kind of small horse-bean called gram : see *Bot.* [gravet.

කඩවත, *n.* post or station, limit, boundary,

කඩවනවා, *v. c.* to cause to break ; *pret.* කැඩෙවුවා ; *v. n.* කැඩවීම.

කඩවරය, *n.* gutter, ditch, channel, අගල.

කඩ·වසම, *n.* sketch, lineament, likeness, shape ; proportion, harmony. E. S.

කඩ·සරක්කු, *n. pl.* T., curry-stuffs, කුළුබඩු.

කඩා·කනවා, *v. t.* to pluck off and eat ; break off or break in pieces and eat.

කඩා·ගන්නවා, *v. t.* to pluck or break off for one's self.

කඩා·දමනවා, *v. t.* to break to pieces ; break down, demolish.

කඩාමාලු, *a.* vagabond, vagrant, පාදඩ ; rascally, තක්කඩි. [වෙනවා.

කඩමාලුවෙනවා, *v. i.* to become vagrant. පාදඩ

කඩා·මල්කඩ, *n.* garland of a crown or head, head-garland.

කඩාර, *a.* variegated (in colour), විසිතුරු.

කඩා·වැටෙනවා, *v. i.* to collapse, tumble down, dilapidate. [ness.

කඩිනම, කඩිනම්කම, *n.* T., haste, speed, prompt-

කඩිනමින්, *ad.* immediately ; as soon as : ගිය කඩිනමින්ම, as soon as (he) went.

කඩිනම්, *a.* quick, speedy, expeditious.

කඩිනම්කරනවා, *v. t.* to hasten, urge on, expedite.

කඩින්කඩ, *ad.* in rout, separately, hither : as කඩින්කඩ විසුරුවා දමනවා, to rout, drive off in different directions.

කඩිප්පුව, *n.* drumstick.

කඩිමුඩිය, *n.* hurry, bustle, කලබලය.

කඩිය, *n.* edge of skirt : see අඹුඩය

කඩියා, *n.* large black ant.

කඩියාලම, කඩිවාලම, *n.* T., bridle, කටකලියාව.

කඩිවෙගම, *n.* See කඩුවේගං.

කඩිසර, *a.* quick, active, diligent, industrious.

කඩිසරකම, *n.* quickness &c.

කඩුකාරයා, *n.* swordsman.

කඩු·කොපුව, *n.* sword-sheath, scabbard.

කඩුක්කම, *n.* T., earring ; *pl.* කඩුක්කම්.

කඩු·තලය, කඩු·පත, *n.* sword-blade.

කඩුත්තුව, *n.* flux, diarrhœa, අතිසාරය.

කඩු·පටිය, *n.* sword-belt.

කඩු·පහර, *n.* stroke with a sword. [world.

කඩුපුල, කඩු·උපුල, *n.* a lotus of the Nāga

කඩු·පොහොට්ටුව, *n.* sword-pommel.

කඩුම, *n.* sign, mark, ලකුණ ; fracture, කැඩුම.

කඩු·මිට, *n.* sword-hilt, sword-handle.

කඩු·මිට·වලයම, *n.* guard of sword-handle.

කඩු·මුණය, *n.* sword-point.

කඩුලු, *a.* trifling, insignificant, සුළු.

කඩුලු බඩු, *n. pl.* old things, frippery.

කඩුල්ල, *n.* opening (in a fence), stile, gap, breach ; *pl.* කඩුලු.

කඩුව, *n.* sword, sabre.

කඩුවේගං, *n.* scorbutic eruption in the feet.

කඩු·ශිල්පය, *n.* the art of sword-exercise.

කඩු·සිල, *n.* E. of ඔබගහිබා : sword-point, කඩු මුණය. [exercise.

කඩු·හරඹය, *n.* brandishing a sword, sword-

කඩෑල්ල, *n.* See කඩුල්ල.

කණ, *n.* a little bit or drop, ටික, බිඳුව ; corner, කොන.

කණ, *n.* (For කන, E. of කණිය) : ear ; *pl.* කන්.

කණ, *a.* blind, අන්ධ, sp. blind of one eye.

කණකම, කණගතිය, *n.* blindness, blind condition.

කණකරනවා, *v. t.* to make blind, to blind.

කණවිය, *n.* bed or division of paddy field, ලියැද්ද.

කණත, *n.* E. of කර්ණාන්තය : edge or lobe of the ear, කන්පෙත්ත.
කණ·දෙව, *n.* (කණ, දෙව brightness), lightning flash, විදුලිඑළිය, විදුලි දිලිසීම.
කණනවා, *v. t.* to bore through, excavate, හාර නවා ; see කණිනවා.
කණ·පිට, *n.* blind or wrong side of cloth.
කණ·පිල්ල, *n.* peacock's feather, ඇස්පිල්ල.
කණ·බරණය, *n.* E. of කර්ණාභරණය : earring, ear-jewel.
කණමැදිරියා, *n.* firefly.
කණයම, *n.* bar, bolt, අගුල.
කණවනවා, *v. c.* of කණනවා : to cause to bore through or get bored through ; *pret.* කෑණෙවුවා ; *v. n.* කැණවීම.
කණවැන්දුමා, *n.* widower. [දඹුව.
කණවැන්දුම්, කණවැන්දුම් ස්ත්‍රී, *n.* widow, වැන්
කණවැන්දුම්, *a.* widowed, widow, වැන්දඹු.
කණ·වැල, *n.* string or stick to lead a blind man. [saint or rishi.
කණ්හර, කණ්හර, *n.* name of a celebrated
කණා, *n. mas.* blind person, or one blind of one eye ; *pl.* කන්නු.
කණාමැදිරියා, *n.* See කණමැදිරියා.
කණිකාරය, *n.* anvil, කිණිහිරය.
කණිකාව, *n.* E. of කර්ණිකාව : pistil.
කණිනවා, *v. t.* to bore through, excavate ; *pret.* කැන්නා ; *v. n.* කැණීම.
කණිසම, *n.* size, extent. See කතිසම.
කණුපල, *n.* (කණ උපුල), ear-lotus, lotus worn in the ear. [for cattle.
කණු·පල, *n. lit.* place of posts, viz. enclosure
කණු·පෙළ, *n.* row of posts, colonnade.
කණුමස, *n.* flesh round the finger-nails.
කණුව, *n.* post, pillar.
කණ්ටකය, *n.* a thorn, කටුව ; needle point, ඉඳිකටු තුඩ ; pin, අල්පෙනෙත්තිය ; fault, defect, පළුදුව.
කණ්ටකයා, *n. fig.* paltry foe, සුළු සතුරා ; sea monster, E. S.
කණ්ඨ, *a.* throat-, guttural, jugular, උගුර.
කණ්ඨ·ඡදය, *n.* throat-armour, gorget, බෙල්ල වැස්ම.
කණ්ඨ·ජ, *a.* produced in the throat, guttural, උගුරෙන් අවගතත.
කණ්ඨ·ජාක්ෂරය, *n.* (අආ:), guttural letter.
කණ්ඨ·නාලය, *n.* vein of the throat, jugular vein. E. S.
කණ්ඨ·පාශකය, කණ්ඨ·පාශය, *n.* neck rope or chain, halter (for horse, elephant &c.).
කණ්ඨ·භූෂාව, *n.* neck-ornament, necklace &c., බෙල්ලේ ආභරණය, මාලය.
කණ්ඨ·මණිය, කණ්ඨ·මාණිකාය, *n.* throat-jewel, jewel worn on the throat ; gem supposed to be found in the throat of the cobra.

කණ්ඨ·මාල·රෝගකාර, කණ්ඨ·මාලාකාර, *a.* scrofulous. [ගලගණ්ඩය.
කණ්ඨ·මාලය, *n.* goitre ; king's evil, scrofula,
කණ්ඨය, *n.* throat, උගුර ; neck, බෙල්ල.
කණ්ඨ·රුධිර·නාලිය, *n.* jugular vein, බෙල්ලේ ලොකු ලේ නහරය.
කණ්ඨ·විවර·ඡේදය, *n.* pharyngotomy.
කණ්ඨ·විවර·දාහය, *n.* pharyngitis, inflammation of the pharynx. [රෙන් උඩ පංගුව.
කණ්ඨ·විවරය, *n.* pharynx, උගුරේ විවරය or උගු
කණ්ඨ·විවර·විභාගය, *n.* pharyngography, pharyngology.
කණ්ඨ·සම්පීඩනය, *n.* strangling, strangulation, බෙල්ලමිරිකා මැරීම.
කණ්ඨ·ස්ථ, *a.* situated in the throat, guttural, bronchial, උගුරුදණ්ඩේ පිහිටි.
කණ්ඨී·රවයා, *n.* the roarer, viz. lion, සිංහයා ; dove, කොබෙයියා ; elephant in rut, මදහත් ඇතියා.
කණ්ඩනය, *n.* threshing, ගොයම් පෑගීම ; winnowing, ධාන්‍ය පොළීම.
කණ්ඩ·මාලය, *n.* See කණ්ඨමාලය.
කණ්ඩරය, *n.* sinew, නහරය or බලනහරය.
කණ්ඩ·ලවණ, *n.* rock-salt : see බණ්ඩලවණ.
කණ්ඩායම, *n.* party, company, detachment, regiment. [ගොඩක්.
කණ්ඩිය, *n.* hillock or mass of earth, පස්
කණ්ඩුතිය, කණ්ඩූයනය, කණ්ඩුව, *n.* itching, කැසීම ; the itch, හොරි රෝගය.
කණ්ණාඩි·පොළඟා, *n.* spectacle-snake.
කණ්ණාඩිය, *n.* T., spectacles ; looking-glass, mirror, කැඩපත. [රශ්මිය.
කත, *n.* woman, ස්ත්‍රී ; lustre, කාන්තිය, ray,
කත, *v. adj.* P. for කරනලද : done.
කතම...ද, *inter. adj.* which, කොයි...ද.
කතර, *n.* E. of කාන්තාර : bad or difficult road, අමාරුමාර්ගය, කාන්තාරය.
කතරගම, *n.* village in the south-east of Ceylon where there is a temple to Kārtikéya.
කතරගම්දෙවියෝ, *n.* Kārtikéya, the god of war, කාර්තිකේය.
කතා, *n.* See කථාව.
කතිකාව, *n.* agreement, සම්මතය, එකඟවීම.
කතිකාවත, *n.* book of rules for B. priests.
කතිකිස්මය, *n.* Port., catechism.
කතිපය, *a.* several, various, කීප.
කතිරය, *n.* a cross of wood, thus ×.
කතිසාරුනාන, කත්සේරු, *n.* Port., catechist ; *pl.* කතිසාරුවරු, කත්සේරුවරු.
කතු, *n.* E. of කර්තෘ : the doer, author &c.
කතුබුජ, *n.* God or a god, දෙවියෝ.
කතුර, *n.* E. of කර්තරිය : a pair of scissors ; *pl.* pairs of, කතුරු.
කතුරුපැන්නා, *n.* a fish.
කතුරු·සටිය, *n.* walking-stick, staff, සැරමිටිය.

කතුරුවා, *n.* venom-doctor, විෂවෙදු; originator, author, කර්තෘ.

කතුරු·වැට, *n.* trellis-work fence, trellis.

කතුස්ම, *n.* See කත්හුස්ම.

කත්, *n. pl.* of කද, which see.

කත්තරිය, කත්තිරිකාව, *n.* See කතුර.

කත්තු·කපනවා, කත්තුමල්ලි·කපනවා, *v.* to cut notches, notch, indent. [indentation.

කත්තු·මල්ලිය, කත්තුව, *n.* notch, nick, dent,

කත්·ලනුව, කත්·වැල, *n.* yoke-string, pingo-string. [pingo.

කත්·ලිය, කත්·ලෑල්ල, *n.* yoke for the shoulder,

කත්·හුස්ම, *n.* breathing distance of one who carries a load, (about a mile).

කථනය, *n.* speaking, speech, talk; narrative; කථාව, කීම.

කථනයකරනවා, *v.* to speak, talk, say, කථාකරනවා, කියනවා.

කථන·ව්‍යක්ත, *a.* eloquent.

කථන·ව්‍යක්තකම, *n.* eloquence, elocution.

කථාකරනවා, *v.* to speak, talk, converse.

කථාකාරයා, *n.* speaker, talker.

කථා·කාම්‍ය, *a.* idyllic. E. S.

කථා·කාව්‍යය, *n.* idyll, narrative poem.

කථාචාර්යයා, *n.* (කථා ආචා:), historian, කථාන්තර කාරයා.

කථාන්තර, *a.* historical, pert. to narrative.

කථාන්තරකාරයා, *n.* writer of narrative, historian.

කථාන්තරය, *n.* history, narrative, story, tale.

කථා·ප්‍රබන්ධය, *n.* narrative, connected story, කථාව.

කථා·ප්‍රවෘත්තිය, *n.* historical account, narrative.

කථා·ප්‍රසංග, *a.* talkative, babbling, වාචාල; foolish, අනුවණ.

කථා·ප්‍රසංගය, *n.* talking, conversation; the course of conversation.

කථා·ප්‍රසංගයා, *n.* talkative person, babbler, වාචාලයා; conjurer, ඉන්ද්‍රජාලයා.

කථා·බස, *n.* conversation, talk.

කථා·බස් කරනවා, *v.* to converse, talk, speak.

කථා·බස් කරගන්නවා, *v.* to converse with or mutually, commune, parley.

කථා·ලීලාව, *n.* manner of speech, address.

කථා·ලේඛකයා, *n.* historiographer, කථාන්තර ලියන්නා. [ලිවීම.

කථා·ලේඛනය, *n.* historiography, කථාන්තර

කථාව, *n.* talk, conversation, speech; narrative, tale, story. [rative.

කථා·වස්තුව, *n.* historical record, history, nar-

කථා·විච්ඡේදය, *n.* refutation of a statement or argument: see වාක්‍ය ඛණ්ඩනය.

කථා·විරක්ත, *a.* averse to speaking, taciturn, silent, නිශ්ශබ්ද. E. S.

කථා·විරක්තතාව, *n.* taciturnity, නිශ්ශබ්දකම.

කථා·ශරීරය, *n.* subject of the speech or narrative.

කථා·ශේෂ·භාවෝපගත, කථා·ශේෂෝපගත, *a.* (උපගත), departed, deceased, තුරන්වූ, මැරුණු.

කථාශේෂය, *n.* (*lit.* the relic of talk or the remaining in speech, viz. all that remains is the mention of the departed), *fig.* decease, death, තුරන්වීම, මරණය.

කථා·ශේෂවෙනවා, *v. i.* to decease, die, තුරන්වෙනවා, මැරෙනවා.

කථා·සංයෝගය, *n.* plot or plan of a speech or narrative, කථා උපක්‍රමය.

කථා·සම්මුතිය, *n.* meeting for conversation, conversazione.

කථා·සල්ලාප කරනවා, *v.* to converse.

කථා·සල්ලාපය, *n.* conversation, colloquy, සමගි කථාව.

කථික·භූමිය, කථිකාසනය, *n.* (ක·ආ:), platform for speaking, rostrum. [කියන්නා.

කථිකයා, *n.* speaker, narrator, කථාකරන්නා,

කථිකාව, *n.* speech, utterance, කථාව.

කථිත, *a.* said, told, spoken, කියනලද.

කථෝපකථනය, *n.* (කථා උප කථනය), mutual conversation, colloquy, speaking and responding, dialogue, කථාකරගැනීම, සාකච්ඡාව, දෙබස; name of a catechism. [citation.

කථෝපාඛ්‍යානය, *n.* (කථා උප:), narration, re-

කද, *n.* yoke-load, double load carried on the yoke, pingo-load; *pl.* කත්.

කදම, *n.* E. of කර්දම: mud, මඩ.

කද·මල, *n.* flower of the horsefieldia or රුක්ගත.

කදම්බය, කදම්බ, *n.* multitude, crowd, සමූහය; ray, රශ්මිය.

කදරි, *a.* miserly, very stingy, ඉතා මසුරු.

කදර්‍ය, *a.* avaricious, niggardly, miserly, mean, ලෝභ, ඉතා මසුරු.

කදර්‍යතාව, කදර්‍යත්වය, *n.* avariciousness &c., මහත් මසුරුකම.

කදලි(ලී), *n.* plantain tree.

කදලියා, *n.* a kind of deer.

කදලී·පුෂ්පය, *n.* plantain flower, කෙසෙල්මුව.

කදලුව, *n.* See කැදැල්ල; *pl.* කදලු. [hack.

කදශ්වයා, *n.* (කද bad, අශ්වයා), bad horse,

කදහව්, *n.* swan, හංසයා.

කදාචන, *ad.* sometime, කිසිකලෙක.

කදු, කදු·මැටි, *n.* silicious earth used for the manufacture of glass-ware, කළුමැටි.

කදු·වළල්ල, *n.* bracelet or ring made of කදු.

කදිම, *a.* fine, neat, pretty, dainty, good, excellent, elegant, genteel.

කදිමකම, *n.* neatness, trimness &c.

කදිමට, කදිමලෙස, *ad.* finely &c., excellently.

කදීම, &c.: see කදිම.

කදුඹුව, *n.* ray of light, රශ්මිය; multitude, සමූහය.

කදුරු, *n.* nux vomica : see බිම්පුර, *Bot.*
ඛද්‍යොත·කීටයා, ඛද්‍යොත·ප්‍රාණියා, *n.* E. of ඛද්‍යොත කෘමි, ·ප්‍රාණ : firefly, කණාමැදිරියා.
ඛද්‍යොත·කීට·රිපු, *n. lit.* enemy of the firefly : ap. of the sun, ඉර.
ඛද්‍යොව, *n.* light, එළිය ; fire, ගින්න.
කන, *n.* (From කන්, E. of කණ්) : ear. See කණ.
කනක, *n.* gold, රන්රන්.
කනකාචලය, *n.* (·අචලය), golden mountain, රන්කන්ද, ap. of මහමෙර.
කනකොකා, *n.* bittern. [distressful.
කනගාටු, *a.* sorrowful, grieved ; sad, grievous,
කනගාටුකරනවා, *v. t.* to make sorrowful,grieve.
කනගාටුව, *n.* sorrow, grief, regret.
කනගාටුවෙනවා or සිතනවා, *v. i.* to be sorry or sad, grieve, regret, be anxious.
කනගොංගා, *n.* a fish.
කනගොරක·මැලියම්, *n.* resin of the *garcinia morella*, gamboge, ගොකටුමැලියම්.
කනත්ත, *n.* high or hilly ground, filled with jungle.
කනපැද්ද, *n.* a fish.
කනප්පුව, *n.* D., small table, teapoy.
කනමගුරා, *n.* a fish.
කනමිය, *n.* nest or hive of honey bees.
ඛනයා, *n.* a fresh water fish. [මුල්.
කන·මුල්, *n. pl.* roots of long pepper, තිප්පිලි
කනවා, *v. t.* to eat ; *fig.* suffer, as තැළුම්කනවා, suffer beating ; *pret.* කෑවා ; *v. n.* කෑම.
කනවිය, *a.* spear, හෙල්ලය.
කනහර, *n.* name of a saint : see කණහර.
කනස්සලු, *a.* fretful, mopish, sad, pensive.
කනස්සලුකරනවා, *v. t.* to sadden, make pensive.
කනස්සලුව, කනස්සල්ල, *n.* sorrow, sadness, fretting, anxiety. [repine.
කනස්සලුවෙනවා, *v. i.* to fret, mope, grieve,
කනා, *a.* or *n.* gold, රන්රන්.
කනාටු, *n.* old and tall (of trees).
කනාදය, *n.* a two-quart measure, two seers ; *pl.* කනාද. [ඇස.
කනෑස, *n.* eye of peacock's feather, මොනරපිල්
කනිකාව, *n.* mote, speck. [බාල.
කනිටු, *a.* E. of කනිෂ්ඨ : small ; youngest; කුඩා;
කනිෂ්ඨතාව, *n.* smallness, inferiority, කුඩාකම, අඩුකම ; youthfulness, බාලකම.
කනිෂ්ඨාව, *n.* the little finger, සුලඟිල්ල.
කනිසම, *n.* hour, පැය ; size, තරම. [දුක.
කන්·කටුල, *n.* great suffering or distress, තද
කන්·කටුලු, *a.* disagreeable to the ear, unpleasant to ear, කනට අමිහිරි.
කන්·කටුලුකරනවා, *v.* to afflict, torture, පීඩා කරනවා ; දුක්දෙනවා.
කන්·කලු, *a.* pleasing to the ear, melodious, කනට මිහිරි. [gany.
කන්කාණම, *n.* petty headman, overseer, can-

කන්කාදුරු, *n.* ear-wax, cerumen.
කන්කාරිය, *n. lit.* devil-business : invocation of devils &c.
කන්කුණ්ඩා, *n.* milliped.
කන්·කෙඳිරිගානවා, *v.* to din the ears, grumble, beg incessantly.
කන්·ගැටය, *n.* lobe of the ear.
කන්ඩ·පනිනවා, *v.* (කන්ඩ to bite), to attempt to bite, snap at.
කන්තාරුකරනවා, *v.* to play on an instrument, E. S., sing, chant.
කන්තෝරුව, *n.* D., office (room).
කන්ද, *n.* hill, mountain ; *pl.* කඳු.
කන්ද·ධාරී, *a.* tuberiferous, tuberose, අලදරන.
කන්දය, *n.* tuber, yam, අල.
කන්දරය, *n.* cave, ගුහාව ; defile, දුර්මාර්ගය.
කන්දරාකරය, *n. lit.* (·ආකරය), mine or repository of caves, viz. mountain, කන්ද.
කන්දර්පයා, *n.* ap. of Cupid, කාමදෙව්යෝ.
කන්දාකෘතිය, *n.* (·ආකෘතිය), tuber-shape, tuberosity, අලහැඩය.
කන්දුකය, *n.* ball for playing with, පන්දුව.
කන්දෙනවා, *v.* to give ear or heed, ඇහුම්කන් දෙනවා.
කන්න, *n.* harvest season, harvest.
කන්·නලව්කරනවා, *v.* to beseech, implore, plead.
කන්·නලව්ව, *n.* entreaty, supplication &c.
කන්නැලිය, *n.* virgin, කන්යාව.
කන්·පට, *n.* ear-fold or cord, viz. the lower part of the lobe partly severed from the rest and elongated by the insertion of ornaments.
කන්·පෙත්ත, *n.* lobe of the ear ; *pl.* කන්පෙති.
කන්·පොත්ත, *n.* outer ear, auricle ; *pl.* කන් පොතු. [panum.
කන්·බිබුල, කන්·බුබුල, *n.* drum of the ear, tym-
කන්·බිහිරිකරනවා, *v.* to deafen, din the ears.
කන්·මුල, *n.* cheek, කම්මුල ; *pl.* කන්මුල්.
කන්යාකා·ඡලය, *n.* seduction of a virgin.
කන්යා, කන්යාකාර, *a.* virgin, virgin-like.
කන්යාකම, කන්යාත්වය, කන්යා·භාවය, *n.* virginity, virgin state.
කන්යාංගනාව, කන්යාවිකාව, කන්යාවී, *n.* virgin, maiden.
කන්යා·ජ, කන්යා·ජාත, *a.* virgin-born, born of an unmarried woman.
කන්යා·රාශිය, *n. ast.* Virgo.
කන්යාව, *n.* virgin, maiden ; *const.* Virgo.
කන්වයින, *n.* pillow, කොට්ටය. [ear-wig.
කන්වාගා, කන්වැගා, *n.* ear-insect or kind of
කන්·වෙදා, *n.* ear-doctor, aurist. [pendant.
කන්·වැල, *n.* the same as කණ්වැල ; also ear-
කන්·සිදුර, කන්·සිල, කන්සිල, *n.* ear-hole, auditory canal.
කන්සය, *n.* cheek, කම්මුල.
කන්හැන්ද, *n.* ear-pick ; *pl.* කන්හැඳි.

කඳ, *n.* bole, stem, trunk, stock (of a tree &c.); body, trunk; shoulder, උරහිස; mass, සමූහය; *pl.* කඳන්; also for කඳකුමරු.
කඳ·කිලුට, *n.* filth of the body, fæces, මලමුත්‍රාදිය. [කායනිෂ්‍යන්ද.
කඳකුමර, කඳකුමරු, *n.* Prince Skandha, ap. of
කඳ·කොළ, *n.* *lit.* stem-leaf: rough or hard betel leaf.
කඳට, *n.* neck, බෙල්ල.
කඳට බැඳි, *a.* united to the stem, sessile, stalkless, අවෘන්ත, නැට්ටක් නැති.
කඳදෙව්යා, *n.* See කඳකුමරු.
කඳ·දෙත්, *n. pl.* withers of an elephant.
කඳත්·කෑබෙල්ල, *n.* piece of the bole, log.
කඳපණුවා, *n.* trunk-grub, tree-grub, borer.
කඳපා, කඳප්, *n.* See කඳපියා.
කඳ·පිළිවෙළ, *n.* order or line of transmigration.
කඳ·මල, *n.* trunk-flower, flower produced from the trunk, or tree that so bears its flowers; see රුක්අත්තතා. [පයක් කොර.
කඳයා, *n.* person lame of one leg or foot, එක්
කඳුවුර, කඳවුර, *n.* defensive breast-work, intrenchment; camp; *pl.* කඳුවුරු, කඳවුරු.
කඳුවුරු·කුලය, *n.* warrior caste, royal race.
කඳුවුර·බඳිනවා, *v.* to intrench, encamp.
කඳරලා, *n.* a large sea-fish.
කඳල, *n.* a kind of yam.
කඳලාරුව, *n.* D., chandelier. [fence.
කඳ·වැට, *n.* rail-fence, log-fence or thick stick
කඳවුර, *n.* See කඳුවුර &c.
කඳවෙළෙප, *n.* thicket, අකුල; place where the trunk of a tree divides into branches.
කඳ·හත්ත, *n.* trunk-fungus, fungus on a tree; *pl.* කඳහතු.
කඳු, *n. pl.* of කන්ද: mountains.
කඳුකර, *a.* highland, mountainous. [region.
කඳුකරය, *n.* highland, mountain border or
කඳුතලාව, *n.* table-land, offset, plateau, උස් තැන්න.
කඳු·පාතාලය, *n.* mountain valley.
කඳුපාර, *n.* mountain road, pass.
කඳු·පෙළ, කඳු·වැටිය, *n.* mountain range, ghaut.
කඳු·මුදුන්·වැටිය, *n.* mountain ridge.
කඳුමුව, *n.* E. of කඳමෙය.
කඳුර, *n.* gorge; mountain stream; *pl.* කඳුරු.
කඳු·රට, *n.* or *a.* mountain region, highland.
කඳුරැලිය, කඳුරැල්ල, *n.* (කඳුරු ඇලිය, ඇල්ල), mountain water-course, wady; gully, ravine.
කඳුල, *n.* tear; *pl.* කඳුළු.
කඳු·විස්තරකාරයා, කඳු·ශාස්ත්‍රඥයා, *n.* orologist.
කඳු·විස්තරය, *n.* orography, කඳු විස්තරකෙරීම.
කඳු·ශාස්ත්‍රය, *n.* orology.
කඳුහිරි, *a.* ridgy, pert. to a ridge or ridges.
කඳුහිරිය, *n.* mountain ridge.

කඳු·හෙල්, *n. pl.* mountains and hills.
කඳුල, *n.* stream; also same as කඳුළ, tear.
කඳුලැලිය, *n.* (කඳුළු ඇලිය), stream or flood of tears, shedding tears.
කඳුලැස්ස, *n.* mountain stream.
කඳුළු·මුසු, *a.* mingled with tears, tearful.
කප, *n.* post, pillar, කණුව; shaking, සෙලවීම, කම්පාව.
කප, *n.* E. of කල්පය.
කපට, *a.* guileful, deceitful.
කපටය, *n.* guile &c.: see කපටිකම.
කපටි, කපටිකාර, *a.* guileful, hypocritical, deceitful, fraudulent.
කපටිකම, කපටිකාරකම, *n.* guilefulness &c.
කපටිකම්කරනවා, *v.* to act guilefully &c.
කපණ, *a.* E. of කෘපණ: poor &c., දිළිඳු.
කපණයා, *n.* beggar, හිඟන්නා.
කපතා, *n.* crab, කකුළුවා; *pl.* කපතු.
කපනවා, *v. t.* to cut; හරහට කපනවා: *lit.* to cut across, and also to move a thing first by one side and then by the other; *pret.* කැපුවා; *v. n.* කැපීම. [කපුම.
කපර්දකය, *n.* cowry used as a coin: see කවඩි
කපල, *n.* See කබල; also lotus, මහනෙල්.
කපල, *n.* shell or skull, කබල, ඉස්කබල.
කපලාරුකරනවා, *v. t.* to plaster.
කපලාරුකාරයා, *n.* plasterer.
කපලාරුව, කපලාරු·වැඩේ, *n.* (කපලාරු Port.), plastering.
කපල්·දරයා, *n.* skull-bearer: ap. of Siva, who wears a necklace of skulls; beggar, හිඟන්නා.
කපල්බිලියා, *n.* tortoise, turtle, කැස්බෑවා, ඉබ්බා.
කපල්ල, *n.* gap, opening (in a fence &c.), කඩුල්ල.
කපවනවා, කප්පවනවා, *v. c.* to cause to cut; *pret.* කැපෙවුවා, කැප්පෙවුවා; *v. n.* කැප්පවීම.
කපාපුම්මිම, *n.* cut-measue, strike-measure (of grain &c.).
කපාල·භෘත්, *n.* (කපාල skull, භෘත් possessor), ap. of Siva: see කපල්දරයා.
කපාලය, *n.* skull, ඉස්කබල; beggar's bowl, කබල; leprosy, කුෂ්ඨය; gap, කපොල්ල.
කපි, *n.* incense, කුවරලා; red sandal-wood, රත්සඳුන්; myrobalan.
කපිඤ්ජලයා, *n.* partridge, ඇටිකුකුළා.
කපිනී, *n. fem.* ape, වැඳිරී.
කපියා, *n. mas.* ape, large monkey, වඳුරා.
කපිල, *n.* name of a sage or rishi who founded the Sânkhya or numerical philosophy; also a fabulous cow.
කපිල, *a.* See කපිලවත්.
කපිල·ද්‍යුතිය, *n.* tawny or golden light: ap. of the sun, සූර්යයා.
කපිල·වත්, *a.* (වත් E. of වර්ණ), tawny, gold-coloured, රත්වත්.

කපිල·වර්ණය, *n.* tawny colour, රත්පාට, ගිනි දූල්ලේ පාට.
කපිලී, කපිලාව, *n.* female of the elephant that supports the south-east quarter of the world.
කපි·ලෝහය, *n.* yellow metal, viz. brass, පිත්තල.
කපි·වක්ත්‍රයා, *n.* golden-faced one: ap. of the sage Nārada a friend of Krishna.
කපි·ශීර්ෂක, *n.* vermillion, ඉඟුල්. [මුදුන.
කපි·ශීර්ෂය, *n.* the top or coping of a wall, තාප්ප
කපීන්ද්‍රයා, *n.* (කපි ඉන්ද්‍ර), the monkey chief Hanuman.
කපු, *n.* or *a.* cotton; made of cotton.
කපුටා, *n.* crow; *pl.* කපුටෝ.
කපුටි, *n.* female crow; *pl.* කපුටියෝ.
කපුටුබයා, *n.* the bird drongo, *dissemurus lophorinus*, කවුඩා.
කපුටුවා, *n.* See කපුටා; *pl.* කපුටුවෝ.
කපුටු·ලැහැබ, *n.* crow-jungle, rookery.
කපු·පත්තිනියා, කපු·මහත්තයා, *n.* H. priest.
කපු·පැළ, *n.* cotton plant.
කපු·පිළී, කපු·රෙදි, *n.* cotton cloth.
කපු·පුළුන්, *n.* cotton floss or fibre.
කපු·ඵලය, *n.* cotton pod or fruit.
කපු·මෝල, *n.* cotton mill. [රාළලා.
කපුරාළ, *n.* H. priest, demon priest; *pl.* කපු
කපුරු, *n.* camphor.
කපු·වතුරු, *n. pl.* cotton garments, කපු වස්ත්‍ර.
කපුවා, *n.* barber, පනික්කියා; also for කපුරාළ, and also in the sense of මඟුල් කපුවා, match-maker.
කපුහැත්තැද්ද, *n.* a kind of fish.
කපොලු·පාර, *n.* pass, lane.
කපොල්ල, *n.* gap, කවුල්ල; *pl.* කපොලු.
කපෝත·පාලිකාව, කපෝත·පාලිය, *n.* dove-cot, පරෙවිකූඩුව.
කපෝතයා, *n.* dove, pigeon, පරවියා.
කපෝලය, *n.* cheek, කම්මුල.
කපෝල·රෝම, *n.* whiskers, කම්මුල් රැවුල.
කපෝල·ස්ථලය, *n.* cheek-place or part, cheek, කම්මුල් තැන, කම්මුල.
කපෝලාංගාස්ථි, *a.* zygomatic: see the next.
කපෝලාංගාස්ථිය, *n.* (·අංග අස්ථිය), zygoma, කම්මුල් පැත්තේ ඇටය.
කප්·කෙළවර, *n.* (කප් E. of කල්ප), end of the world: see කල්පාන්තය.
කප්·තුරු, *n.* celestial tree, magical tree in the divine world which gives whatever is desired.
කප්පම්, *n.* tribute.
කප්පරය, *n.* sloop schooner.
කප්පාකන්නා, *n.* pimp.
කප්පාදු, *a.* Port., castrated, emasculated.
කප්පාදුකරනවා, *v. t.* to castrate, mutilate; prune (trees). [&c.
කප්පාදුවා, *n.* castrated one: eunuch, gelding
කප්පාසි, *n.* cotton, කපු.

කප්පි, *n.* grit, remains of bruised grain, bruised grain. [sheave.
කප්පි·චක්‍රය, කප්පි·රෝදය, *n.* pulley-wheel,
කප්පිත්තා, කප්පිතියා, *n.* Port., captain.
කප්පිය, *n.* T., pulley: තනි කප්පිය, single pulley, බහුචක්‍ර කප්පිය, compound pulley.
කප්පිය·කාරයා, *n.* See කැපකරුවා. [B. P.
කප්පියභාණ්ඩ, *n. pl.* articles to be offered to a
කප්·පිල, *n.* pillar ornament; peacock's tail feather, ඇස්පිල.
කප්·රුක, *n.* See කප්තුර and කල්පවෘක්ෂය.
කප්·ලිය, *n.* a branch of the tree කප්රුක.
කප්·සත, *n.* E. of කල්පසත්‍රය.
කප්සිම්, *n.* E. of කල්පසීමාව.
කප්·හිටවනවා, ·හිටුවනවා, *v.* to set up a pillar as a vow to Pattini with a view to performing the proper ceremony at a convenient date.
කෆ, කෆය, *n.* phlegm, සෙම; froth, පෙණ.
කෆකර, *a.* phlegmatic, producing phlegm, සෙම උපදවන.
කෆ·නාශක, *a.* phlegm-destroying, expectorant, සෙම අරවන. [වැඩිවූ.
කෆේල්ලු, *a.* having phlegm, phlegmatic, සෙම
කබ, *n.* mucus of the eye.
කබඩා, *n.* cow-dung, ගොම.
කබදය, *n.* pledge, උකස: see කබණ්ඩය.
කබඳුව, කබන්ධය, *n.* headless body that retains its power of action; water, වතුර; abdomen, උදරය.
කබන්ධ, *a.* headless, truncated, ඉසනැති. [රාහු.
කබන්ධයා, *n.* headless one: ap. of Rāhu: see
කබපිල්ල, *n.* peacock's feather, මොනරපිල්ල.
කබබයා, *n.* a large red worm: see ඉද්දගොව්වා.
කබර, *n.* white spot or scab, scrofula.
කබර·ගොයා, කබරා, *n.* spotted iguana, a large lizard, *hydrosaurus salvator*; *pl.* කබරගොයි.
කබර·ගතා, *n.* (·ගත body), animal with spotted body, viz. panther or leopard, දිවියා, කොටියා.
කබර·තෙල්, *n.* iguana oil.
කබරහාතිය, *n.* windlass, දෙඹකරය.
කබරා, *n.* See කබරගොයා.
කබරි, *n.* white spotted or scrofulous female.
කබල, *n.* hard shell (of the tortoise &c. or of fruits); broken remnant, as a potsherd; (cracked) pan used for roasting grain &c.; scab; bit or lump or pinch of anything, පිඩ.
කා·බල, *n.* E. of කායබල: bodily strength, ශරීර ශක්තිය. [mollusca.
කබලැති·සත්තු, *n. pl.* (කබල් ඇති), molluscs,
කබලැති·සත්ව·ජාති·විද්‍යාව, *n.* malacostracology, crustaceology.
කබලෑවියා, *n.* Indian corn goose, *sarcidiornis melanonotis*, (order *Anseres*.)
කබලු·ආකාර, *a.* shaly, පොතු ආකාර.

කබලු·මසා, *n.* a crustacean, පොතුමසා.
කබලුව, *n.* scab, scall, scale; skull, ඉස්කබල; coral, පබළු.
කබල්·කාරල්ලා, *n.* a sea-fish.
කබල්ලෑවා, *n.* pangolin, ant-eater, *manis pentadactyla.*
කබල්වෙනවා, *v. i.* to become damaged or broken (as vessels). [jacket.
කබා·කුරුත්තුව, *n.* Port., woman's or girl's
කබාය, *n.* Port., jacket, coat; *pl.* කබා.
කබොලු·ඇති, කබොලු ගසනාවූ, *a.* scaly, scabby.
කබොල්ල, *n.* a scab; *pl.* කබොලු.
කබ්බ, *a.* phosphorescent.
කබ්බය, *n.* phosphorescence (of salt-water &c.)
කම, *n.* E. of කර්මය: business, matter; need; used also as a termination of nouns to express quality, as යහපත්කම, goodness. කමක් නැ, There is no need, never mind.
කමකටනැති, කමක්නැති, *a.* good-for-nothing, worthless, unnecessary.
කමටහන්, *n.* E. of කර්මස්ථාන.
කමඩ, *n.* cow-dung, ගොම.
කමඬ, කමණ්ඩලුව, කමඬලාව, කමඬාව, *n.* ascetic's water-pot, කෙණ්ඩිය.
කමත, *n.* thrashing-floor, පාවර.
කමදර·සමස්, *n.* E. of කර්මධාරයසමාස.
කමන, *a.* libidinous, lustful, රාග සහිත.
කමනීය, *a.* desirable, pleasing, lovely, beautiful, comely, ප්‍රිය, ලක්ෂණ.
කමනීයතාව, *n.* desirableness &c., ප්‍රියකම. E.S.
කමල, *n.* lotus, water-lily, නෙළුම්මල; also as කමලාලිය &c.; water, දිය.
කමල·කර, *n. lit.* beautifier: ap. of the sun, සූර්යයා; lotus pond, නෙළුම් පොකුණ.
කමල·දලය, කමල·පත්‍රය, *n.* lotus leaf, නෙළුම් කොළය; see *Bot.*
කමල·වනය, *n.* lotus pond or lake, නෙළුම් විල.
කමල·සන, කමලාසනය, *n.* (·අසන, ·ආසනය), lotus-throne; ap. of Brahma.
කමලාලිය, කමලාව, කමල්කල, *n.* beautiful woman, ලක්ෂණ ස්ත්‍රී; ap. of ලක්ෂ්මී, wife of Vishnu.
කමලාකරය, *n.* (·ආකරය repository), lotus lake. [නෙත්.
කමලාක්ෂ, *a.* (කමල් ඇස), lotus-eyed: see කමල්
කමලිනිය, *n.* cluster of lotus flowers, නෙළුම් රැස, lotus bed, නෙළුම් පාත්තිය.
කමල්·අල, *n.* lotus bulb or yam, which is edible, නෙළුම් අල.
කමල්·දලය, *n.* lotus leaf, නෙළුම් කොළය.
කමල්·නැබ, කමල්·නෙත්, *a.* lotus-navel, lotus-eyed: ep. of Vishnu.
කමල්·සර, *n.* ap. of Lakshmi, ලක්ෂ්මී; *adj.* self-willed, හිතුවක්කාර. [woman, ස්ත්‍රී.
කමා, කමාව, *n.* pardon &c. (see කමාව below);
කමාකරනවා, කමාවෙනවා, *v.* to pardon, forgive; excuse.
කමාව, *n.* E. of ක්ෂමා: pardon, forgiveness.
කමිස, *n.* See කලම්භය.
කමිසය, *n.* Port., shirt; *pl.* කමිස.
කමිහිය, *n.* delay, loitering, ප්‍රමාදය.
කමුක, *a.* See කාමුක. [*pl.* of කම.
කම්, *n.* desire, කාම; cupid, කාමදෙවියෝ; also
කම්·කටුල, කම්කටුලුව, *n.* punishment, වදය; anguish, perplexity, distress, දුක; *pl.* කම් කටුලු.
කම්කරුණය. *n.* tax, rate, අයබද්ද.
කම්·කරුවා, *n.* workman, mechanic, artificer.
කම්කිම්ද, *inter. pron.* what matters (it)?
කම්·කිළිය, *n. fem.* menial servant, scullery maid.
කම්·දදයා, *n.* Cupid, අනංගයා; peacock, මොනර.
කම්·නැති, *a.* useless, needless, groundless.
කම්පන, *a.* trembling, shaking, agitated, සෙලවෙන, චපල. [වෙව්ලීම, කම්පාව.
කම්පනය, කම්පය, *n.* trembling &c., සෙලවීම,
කම්·පල, *n.* result or fruit of seeds or of merit or demerit, කර්මඵලය, කර්මවිපාකය.
කම්·පල·නැති, *a.* useless, fruitless, vain, නිෂ්ඵල.
කම්පාකරනවා, *v. t.* to shake, agitate, move, සොලවනවා.
කම්පාව, *n.* shaking, trembling, agitation, commotion, quake, සෙලවීම, වෙවුලුම.
කම්පාවෙනවා, *v. i.* to shake &c., quake, සෙලවෙනවා, වෙවුලනවා.
කම්පිත, *a.* shaken, agitated; impassioned; සෙලවෙන &c., කම්පාවූ.
කම්පිතකරනවා, *v. t.* to shake, agitate, convulse: see කම්පකරනවා. [කම්පාවෙනවා.
කම්පිතවෙනවා, *v. i.* to be agitated &c.: see
කම්බ·කණුව, *n.* whipping post. [කම්මය.
කම්බය, *n.* T., ola book cover or board; see
කම්බර, *a.* variegated, විසිතුර.
කම්බලය, *n.* hair-cloth, blanket, flannel, කබලය.
කම්බස්, *a.* punished.
කම්බස්කරනවා, *v.* to punish, අවවුකරනවා.
කම්බාය, *n.* woman's coloured cloth or skirt.
කම්බි·ඇණය, *n.* rivet, තරඇණය.
කම්බි·කඹය, *n.* wire-rope.
කම්බිපණුවා, කම්බියා, *n.* beetle-grub.
කම්බිය, *n.* T., wire.
කම්බිලි, *a.* lazy: see කම්මැලි.
කම්බිලිය, *n.* hair-cloth, blanket, rug.
කම්බිලියා, *n.* lazy person: see කම්මැලියා.
කම්බු, *a.* variegated, විසිතුරු.
කම්බු·ග්‍රීවය, *n.* conch-like neck, viz. neck having three lines like a shell, which indicates good fortune.
කම්බුව, *n.* shell, conch, හක්ගෙඩිය; neck, බෙල්ල; vein, ලේනලය; bracelet, වළල්ල.

කම්මුවා, *n.* elephant, ඇතා.
කම්·කොටුව, *n.* ropery, rope-walk.
කම්·පිල්, *n. pl.* peacock's feathers.
කම්බය, *n.* large rope, cable; anvil, කිණිහිරිය.
කම්බයා, *n.* elephant's cub, ඇත්පැටියා.
කම්බුරනවා, *v.* to serve for debt &c., repay or gain by service or suffering; *pret.* කැම්බුරුවා; *v. n.* කැම්බිරීම.
කම්බුර or කම්බුව, *p. pl.* of කම්බුරනවා. [කරුවා.
කම්බුරු, *n.* E. of කම්මාරයා: smith, brazier, ලෝ
කම්බුරු, *a.* pert., to smithery, ආචාරී.
කම්බුරු, කම්බුරු·වන්, *a.* variegated, dappled, විසිතුරු. [උදුන.
කම්බුරු·උදුන, *n.* smith's furnace, ආචාරියාගේ ගිනි
කම්බුරු·කුළ, *n.* sledge-hammer, කුළුගෙඩිය.
කම්බුරු·වන්කරනවා, *v. t.* to variegate, dapple, විසිතුරුකරනවා.
කම්බුරු·හම, *n.* smith's bellows, මයිනහම.
කම්මකරයා, *n.* servant, වැඩකාරයා.
කම්මටම, *n.* smithy, forge.
කම්මල, *n.* for කම්හල: smithy; *pl.* කම්මල්.
කම්මල්කරු, කම්මල්කාරයා, *n.* blacksmith, ආචාරියා.
කම්මාරයා, *n.* goldsmith, රන්කරුවා.
කම්·මැලි, *a.* lazy, idle, slothful.
කම්මැලිකම, *n.* laziness &c.
කම්·මැලියා, *n.* idler, drone.
කම්·මිත්ත, කම්·මිත්ති, *n. fem.* workwoman, servant-maid, වැඩකාරී.
කම්මුතු, *a.* finished, completed, ended.
කම්මුතුකරනවා, *v. t.* to finish &c.
කම්මුතුවෙනවා, *v. i.* to become finished &c.
කම්·මුල, *n.* for කන්·මුල: cheek.
කම්·රිපු, කම්·රුපු, *n.* Cupid's foe: ap of Siva, ශිවදෙවියෝ.
කම්·හල, *n.* workshop, factory; smithy.
කය, *n.* body, ශරීරය: see කාය. [poetry.
කයි·කියනවා, කව්කියනවා, *v.* to repeat or chant
කයිගොතු, *a.* confused, distracted, flighty, චපල්. [ලම.
කයිතාලම, *n.* T., pair of small cymbals, අත්තා
කයිත්තාව, *n.* unprofitable talk, gossip.
කයිප්පු, *n.* T., condiment used with betel, catechu.
කයිය, *n.* (see කව්ය) a band of co-operative workers or a co-operative work. [From kind of *song* or *chant* sung by a band of labourers.]
කයිලෙලිය, *n.* cloth with coloured border worn as a skirt.
කයිරු·ගල, *n.* curb-stone, අයිනේ ගලක්.
කයිරු·බඳිනවා, *v.* to buttress, put curbing.
කයිරුව, *n.* buttress, curb, curbing.
කයිවාරු, *a.* T., flattering, sycophantic, ඉච්චාකාර. [කාරයා.
කයිවාරුකාරයා, *n.* flatterer, sycophant, ඉච්චා

කයිවාරුව, *n.* flattery, sycophancy, ඉච්චාව.
කර, *p. pl.* of කරනවා. The inherent vowel in this word has the sound of the obscure or neutral *a* in *negative*; in කර below the vowel of ක is like *u* in *putty*.
කර, *n.* shoulder, back of the neck or top of the back; a kind of dance. See කරය.
කර·අග, *n.* top of the arm, shoulder; tip of elephant's trunk; point of a razor, දැලිපිහියේ තුඩ. [ing).
කර·අඹනවා, *v.* to castrate (generally by crush-
කර·ඇඹීම, *v. n.* castration.
කර·කතුර, *n.* razor, දැලිපිහිය.
කර·කණ්ටකය, *n.* finger nail, නියපොත්ත.
කර·කම, *n.* shaving the head or beard, ඉස or රැවුල මුඩුකරනවා.
කරකය, *n.* hail, ගැත්වැස්ස; tax, සුංගම; coconut shell, පොල්කටුව.
කර·කරනවා, *v. t.* to bake brown, toast, parch, incrust, scorch, sear.
කරකවනවා, *v. t.* or *v. c.* to make revolve, to spin, turn, wind; *pret.* කරකැවුවා.
කරකවාගනයනවා, *v. t.* to roll along, trundle.
කරකාරබඳිනවා, *v. t.* to marry, wed, කසාද බඳිනවා. [බැඳීම.
කරකාරබැඳීම, *v. n.* marrying, marriage, කසාද
කරකාරය, *n.* hand-taking, viz. marriage, මවාකය, කසාදය. [diness, dizziness.
කරකැවිල්ල, *n.* revolving, spinning round; gid-
කරකැවීම, *v. n.* of කරකවනවා or කරකැවෙනවා; revolving, spinning.
කරකැවෙනවා, *v. i.* to revolve, rotate, spin; curl; *pret.* කරකැවුණා.
කර·කොළය, *n.* fresh or undressed talipot leaf.
කරන්·ගෙඩිය, කරකය, *n.* conical wicker basket for catching fish.
කරග, *n.* See කරඅග.
කරගනයනවා, *v. t.* to go on doing, pursue (a course, work or act).
කරගනයාම, *v. n.* *of above*: persistence or continuance in doing, pursuance.
කරගත්, කරගනත්, *n.* ap. of Ganèsa, god of wisdom, ගණදෙවියා.
කර·ගල, *n.* hone, whetstone.
කර·ගැටය, *n.* hard knot or corn on the hand or foot. [විවාහය.
කර·ගැනුම, *n.* taking the hand, viz. marriage,
කර·ගෙය, *n.* shaving-house, sp. the place of shaving the head to become a B. P.; jail, හිරගේ.
කර·ග්‍රහණය, කර·ග්‍රහය, *n.* taking the hand, viz. marrying, marriage: during the ceremony the right hand of the bride, with the palm uppermost, is placed in the right hand of the bridegroom.

කරච්චල, *n.* worry, teasing, bother.
කරච්චල්කරනවා, *v.* to tease, trouble, disquiet, bother. [ray.
කර·ජ, *a.* produced from the hand or from a
කර·ජය, *n.* finger nail, නියපොත්ත.
කර·ටිය, *n.* part above the shoulders: neck, බෙල්ල; top of the stem from which the branches grow.
කරණ, *a. gram.* instrumental (case): this is usually termed the *auxiliary* case.
කරණ·කොට·ගෙන, *post.* through, by means of.
කරණම, *n.* somersault; whirling dance.
කරණම්දමනවා, *v.* to throw a somersault.
කරණම්දමන්නා, *n.* tumbler, acrobat.
කරණය, *n.* instrument or means, උපාය; doing, action, කෙරීම; organ of sense, ඉන්ද්‍රිය.
කරණවා, *v.* For කරනවා.
කරණසිපය, *n.* the life, ජීවය, soul, ආත්මය.
කරණීය, *a.* that should be done, proper, right, කටයුතු.
කරණීයය, *n.* what should be done; problem.
කරඬකය, කරඬුය, *n.* See කරඬුව.
කරඬුව, *n.* small case or box, casket.
කරතංග, *n. pl.* opium seeds, කස්කස් ඇට.
කර·තණ, *n.* razor-grass; see කුසතණ.
කර·තලය, *n.* palm of the hand, අල්ල.
කර·තලාමලකය, *n.* (·ආමලකය), nelli fruit in the hand, i.e. ease and clearness of perception, as in the case of a fruit placed on the palm of the hand: see අතමුල.
කර·තාලය, *n.* cymbal, අත්තාලම; hand-clapping to beat time.
කර·තාව, *n.* E. of කලත්‍රය: wife, භාර්යාව.
කරතිරුව, *n.* (In carpentry) quarter (inch).
කරත්තකාරයා, *n.* cart-driver, waggoner.
කරත්ත·පාර, *n.* cart-road.
කරත්තය, *n.* Port., carriage, cart. [tering.
කරදර, *a.* teasing, troublesome, annoying, pes-
කරදරකරනවා, *v.* to tease, bother &c., create confusion. [ance, confusion.
කරදරය, *n.* bother, teasing, worry, disturb-
කර·දිත, *n.* E. for කරජය; *pl.* කරදිත්.
කර·දිය, *n.* salt-water, sea-water.
කර·දිය·බිල්ලා, *n.* sea-otter.
කරනලය, *n.* lotus tuber, නෙළුම් අල.
කරනවා, *v. t.* to do, make, act; *pret.* කළා or කෙරුවා; *v. n.* කෙරීම or කිරීම.
කරනැමියා, කරනැවුමියා, *n.* barber, hair-dresser, පණ්ඩිතයා.
කරනැවුම්, *a.* shaving &c., tonsorial.
කරප, *n.* See කරක්ගෙඩිය. [shoulders).
කර·පටිය, *n.* collar, neck-cloth; sash (for the
කර·පත, *n.* E. of කරපත්‍රය: a saw, කියත.
කර·පත්‍ර·ප්‍රාන්ත, *a. bot.* serrate, serrated, අඩිත දැතිආකාර (කොළ).

කරපත්‍රය, *n.* a saw, කියත; splashing the water about when bathing. [කාරය.
කරපත්‍රාකාරය, *n.* serration, serrature, දැති ආ
කර·පය·මස්වනවා, *v.* to fetter hand and foot.
කර·පල, *n.* lotus root.
කරපල්ලවය, *n.* finger, ඇඟිල්ල.
කර·පහණ, *n.* hone, razor-stone, කරගල.
කර·පාලය, *n.* sword, කඩුව.
කර·පාලිකාව, *n.* wooden sword, cudgel, ලී කඩුව, මුගුර. [curry: *Bot.*
කරපිංච·කොළ, *n. pl.* aromatic leaves used in
කර·පිට, *n.* rough or wrong side of cloth &c., කොපිට or නරපිට.
කර·පීඩනය, *n.* grasping hands, viz. marriage, විවාහය, කසාදය.
කර·පුටය, *n.* hand-cavity, made by joining the hands to receive something or out of respect; palm of the hand, අල්ල.
කර·පෙහණ, කර·පෙත, *n.* palm of the hand, අල්ල.
කර·පෙණ, *n.* salt-water foam, මුහුදුපෙණ.
කරප්පන්, *n.* cutaneous disease, rash.
කරබටුවා, කරබයා, *n.* camel, ඔටුවා; young camel or young elephant: see කරභයා.
කර·බාගතාඉන්නවා, *v. fig.* to be in submission; to be silent: see කරබානවා.
කර·බානවා, *v.* to lower the shoulder or back; *fig.* to yield, submit, succumb.
කර·බාවනවා, *v. t.* to bow anyone down, to humble (pride).
කරබෑදුම, *n.* See කරනැඹුම.
කර·බෑහැම, *n.* bending the neck or shoulders, කර නැමීම; hardness, severity, තදකම.
කර·බිම, *n.* salt land, barren ground.
කරබි, *n.* black cummin seed, *nigella indica*, කළුදුරු.
කරබෙබි, *n.* See කරපිංචකොළ.
කරභය, *n.* hand to the root of the fingers, metacarpus.
කරභයා, *n.* young camel, &c.: see කරබයා above.
කරමදින, *n.* See පුවක්පල.
කරමල, කරමාලය, *n.* gill; cock's-comb.
කරමල්·කටුස්සා, *n.* crested lizard or chameleon.
කර·මස්සා, *n.* sea fish.
කර·මුක්තය, *n.* hand-missile, dart or javelin, තෝමරය, හෙල්ලය.
කරමුරලා, *n.* a kind of sea fish.
කරමුව, *a.* sharp (razor &c.).
කරය, *n.* razor, දැලිපිහියේ; ray, රශ්මිය; tax, බද්ද; hand, අත; elephant's trunk, ඇත් හොඬය.
කර·රුක, *n.* the sun, ඉර. [පොත්ත.
කර·රුහය, *n.* (රුහ් to grow), finger-nail, නිය
කරල්, *n. pl.* of කරල.
කරල්·හැදෙනවා, *v. i. lit.* pods form, to pod, form pods.

කරල්·හිඳිනවා, *v.* to gather or glean pods or ears (of corn &c.).
කරවත, *n.* See කරපත.
කරවනවා, *v. c.* of කරනවා: to cause to do, get done; *pret.* කෙරෙවුවා; *v. n.* කරවීම.
කරවලා, *n.* a small venomous snake: *Bangarus Ceylonicus* or *B. cœruleus.*
කරවල, *n.* (T. කරුවාඩු), dried salt-fish.
කරවැල්කොකා, *n.* purple heron; black bittern; pelican; *pl.* කරවැල්කොක්කු.
කරවිකාරයා, *n.* horse-soldier, අසරුවේවායා.
කරවිය, *n.* coat of mail, උරසැදය.
කරවීකය, *n.* third of the mountain ranges surrounding Mahamera: see සප්තකුලපර්වත.
කරවීකයා, *n.* Indian cuckoo, කොවුලා.
කරවීර, *n.* sword, කඩුව; cemetery, grave, සොහොන. [යල්.
කරවීරකා, *n.* red arsenic, රතු පාෂාණම්, රත් සිරි
කරවුවර, *n.* royal revenue, රජ ආදායම.
කරවෙනවා, *v. i.* to be parched or scorched, become incrusted or brown in baking.
කර·සාඛාව, කර·සාව, *n. lit.* hand-branch: finger, ඇඟිල්ල. [of drum.
කර·සක, *n.* a kind of conch, සක්ගෙඩිය; a kind
කර·සූත්‍රය, *n.* hand-thread tied on at marriage, අතනූල.
කරහාටය, *n* fibrous lotus root.
කරකු, *a.* hard, හයිය, තද.
කරල, *n.* cob, ear, spike, pod, boll; *pl.* කරල්.
කරළු, *a.* hard, rough, තද, රළු.
කරළි, *n.* new cloth, new garment, අලුත් ඇඳුම.
කරා, *post.* near, unto, වෙතට, ළඟට.
කරා·කපුටා, *n.* a kind of crow which frequents fishing places. [fingers.
කරාග්‍රය, *n.* (·අග්‍රය), end of the hand or the
කරාබු, කුාබු, *n. pl.* Port., cloves.
කරාබුව, *n.* ear-ornament, earring, කර්ණාභරණය.
කරාල, *a.* terrible, භයානක; tawny, පිඟුවන්.
කරාවා, *n. mas.* one of the Karāva caste.
කරාම්බය, *n.* belly of the lute.
කරියා, *n.* elephant, අලියා.
කරියාදසා, *n.* hippopotamus. [*Bot.*
කරිවිල·ගෙඩි, *n. pl.* a fruit used for curry: see
කරීස, *n.* E. of කරීෂ.
කරීන්ද්‍රයා, *n.* (කරී ඉන්ද්‍රයා), large of chief elephant, ගජේන්ද්‍රයා.
කරීෂ, *n.* dried cow-dung, ගොමවැරටි.
කරු·ආකාර, *a.* fork-like, furcular.
කරුකුරුගානවා, *v.* to scratch (as with claws); to incise or engrave (as on ōla leaves).
කරු·ගසනවා, *v.* to put props or supports, prop up. [fields).
කරුගානවා, *v.* to harrow (in swamps or paddy
කරුංකා, *n. pl.* dried arecanut.
කරුණ, *n.* cause, reason, object, subject matter.

කරුණාකරනවා, *v.* to treat kindly, exercise, mercy, befriend, favour.
කරුණාත්මක, *a.* tender hearted, merciful, gracious, කරුණාවන්ත. [කරුණාවන්තකම.
කරුණාත්මකභාව, *n.* tender heartedness &c.,
කරුණා·පර, *a.* kind &c., කරුණාවන්ත.
කරුණා·සහිත, *a.* benign, gracious, ඉතා කරුණාවන්ත. [favour.
කරුණාව, *n.* mercy, compassion, kindness,
කරුණාවන්ත, *a.* merciful &c., propitious.
කරුණාසනය, *n.* (·ආසනය), mercy-seat, propitiatory.
කරුමය, *n.* matter; action: see කර්මය.
කරුව, *n.* forked prop, fork; matrix: see මැටිකරුව.
කරුවා, *n.* worker, artificer.
කරේණුකාංගනාව, කරේණුව, *n.* (·අංගනාව), female elephant, ඇතින්නී.
කරෝල, *n.* for කරවල. [Cancer.
කර්කටකයා, කර්කටයා, *n.* crab, කකුළුවා; *ast.*
කර්කටක·නිවර්තනය, *n.* tropic of Cancer.
කර්කට·රාශිය, *n.* const. of Cancer.
කර්කය, *n.* fire, ගින්න; mirror, කැඩපත.
කර්කයා, *n.* white horse, සුදු අශ්වයා; also for කර්කටකයා. [lent.
කර්කශ, *a.* harsh, surly, crabbed, violent, viru-
කර්කශකම, *n.* harshness &c., asperity, acrimony.
කර්ණ, *n.* the prince Karna.
කර්ණ, *a.* pert. to the ear, ear-; auricular.
කර්ණ·ගූථය, *n.* ear-wax, cerument, කර්ණමලය, කණේ කලාදුරු.
කර්ණ·ගෝචර, *a.* audible, ඇසෙන.
කර්ණ·ග්‍රහයා, කර්ණ·ධාරයා, *n.* steersman, helmsman, සුක්කානම්කාරයා.
කර්ණ·නාදය, *n.* noise in the ear.
කර්ණ·පාලිය, *n.* ear-ornament, කර්ණාභරණය.
කර්ණ·පාශය, *n.* ear-pendant, කනවැල.
කර්ණ·පූරය, කර්ණ·මුකුරය, earring, කඩුක්කම.
කර්ණ·මුඛ, *n.* one of the seven lakes in the Himālaya.
කර්ණය, *n.* ear, කන; helm, සුක්කානම.
කර්ණ·රසායන, *a.* pleasing to the ear, melodious, euphonious, ශබ්දයෙන් මිහිරි. [මිහිරිලෙස.
කර්ණ·රසායනාකාරයෙන්, *ad.* melodiously &c.,
කර්ණ·ලතිකාව, *n.* lobe of the ear, කන්පෙත්ත.
කර්ණ·ශෂ්කුලිය, *n.* outer ear, cartilage of the ear, කණේ පිටපැංගුව.
කර්ණ·ශූලය, *n.* ear-ache, otalgia, කන්කැක්කුම.
කර්ණ·ශ්‍රව, *a.* audible, ඇසෙන. [යට.
කර්ණ·ශ්‍රවාකාරයෙන්, *ad.* audibly, ඇසෙන හැටි
කර්ණාකාර, *a.* ear-like (in shape &c.), කන සමාන.
කර්ණාටව, *n.* name of a province, Karnāta.
කර්ණාභරණය, කර්ණාවතංසය, *n.* (·ආභ:, අවත:), ear-ornament, earring, pendant, තෝඩුව.

කර්ණාමෘත, *a.* (·අමෘත nectarial), delicious to the ear: see කර්ණරසායන.
කර්ණාරව, *n.* ear-piercer, කනවිදින කටුව.
කර්ණිකාව, *n.* earring, තෝඩුව; pericarp, pistil, බීජකෝෂය; tip of an elephant's trunk, ඇත්හොඬ අග; the middle finger, මැදඇඟිල්ල; also for කැණිමඩල.
කර්තනය, *n.* cutting, කැපීම.
කර්තරිකාව, *n.* cutter: knife, පිහියේ; scissors.
කර්තරිය, *n.* scissors, කතුර.
කර්තව්‍ය, *a.* or *n. pl.* that ought to be done; things to be done, agenda, කටයුතු.
කර්තෘ, *a.* editorial; *gram.* subject; nominative (unexpressed by finite form of verb), or what is called *instrumental* (case).
කර්තෘ, කර්තෘකාරයා, කර්තෘවරයා, *n.* doer, කරන්නා; author; editor; *pl.* කර්තෘවරු &c.
කර්තෘක, *n.* an agent, one who does anything.
කර්තෘකත්වය, *n.* agency, action.
කර්තෘකම, *n.* authorship; editorship.
කර්තෘකාරී, *n. fem.* doer, කරන්නී; authoress; editor.
කර්තෘ·ත්වය, *n.* authorship, editorship.
කර්තෘ·වාක්‍යය, *n.* editorial article.
කර්තෘ·වාච්‍යය, *n. gram.* expressing the agent, active verb or voice.
කර්දම, *n.* mire, mud, මඩ. [නෙළුම්.
කර්දම·ජ, *n. lit.* product of mud, viz. lotus,
කර්දමුංගු, *n. pl.* Port., cardamoms.
කර්පර, *n.* blue vitriol, තුත්තත්.
කාර්පාස, *n.* cotton, පුළුන්, කපු. [කපුරෙද්ද.
කාර්පාස·ශාටකය, *n.* cotton cloth or petticoat,
කර්පූර, *n.* camphor, කපුරු.
කර්පූර·යුත, *a.* camphorated. [eral.
කර්පූර·මණිය, *n.* a white gem; a medicinal min-
කර්ම, *n. pl.* or *a.* deeds, ක්‍රියා; pert., to action; *gram.* accusative (case).
කර්මකරයා, *n.* worker, labourer; Yama, regent of the dead, යමරජ.
කර්මකාරයා, *n.* workman, වැඩකරන්නා; accomplisher of Karma or receiver of the result of Karma.
කර්ම·ක්ෂම, *a.* (ක්ෂම able), competent to, සමර්ථ.
කර්ම·ක්ෂය, *n.* extinction of Karma, viz. of merit or demerit.
කර්ම·ජ, *a.* arising from acts or Karma, කර්මයෙන් උපදින.
කර්ම·ජය, *n.* result of කර්ම, viz. the Kali yuga or age, *i.e.*, the fourth or present age, the iron age.
කර්ම·ඥානය, *n.* knowledge of Karma, what its punishment or reward will be. [voice.
කර්මණි·වාච්‍යය, *n. gram.* passive verb, passive
කර්මණ්‍ය, *a.* fit to be done, that ought to be done, කටයුතු.

කර්ම·ධාර·සමාසය, *n.* compound noun having the first member in the accusative case, as කර්මය කරුවා, work-doer.
කර්ම·නිමිත්ත, *n.* Karma sign or premonition seen by a dying person.
කර්ම·පරවශ, *a.* subject to Karma, කර්මයට වශ.
කර්ම·ඵලය, *n.* fruit or result of Karma, reward of merit or demerit, කුසලාකුසල් ඵලය.
කර්මය, *n.* act, deed; the moral result thereof, viz. merit or demerit, කුසලාකුසල; *gram.* object, objective case.
කර්ම·වාක්‍යය, *n.* B., formula or rubric for proceedings in ordination &c.
කර්ම·විපාකය, *n.* See කර්මඵලය.
කර්ම·විභක්තිය, *n. gram.* accusative case.
කර්ම·ශීල, *a.* industrious, assiduous, diligent, කඩිසර.
කර්ම·ශීලතාව, *n.* industriousness &c.
කර්ම·ශීලයා, *n.* assiduous person, කඩිසරයා.
කර්ම·සිද්ධිය, *n.* occurrence of Karma, merit or demerit, කුසලාකුසල සිද්ධවීම.
කර්මස්ථානය, *n.* place or method of meditation for gaining merit.
කර්මාධ්‍යක්ෂයා, *n.* (·අධ්‍යක්ෂයා), agent, manager, කළමනාකාරයා. [work-.
කර්මාන්ත, කර්මාන්තකාර, *a.* pert. to handicraft,
කර්මාන්තකාරයා, *n.* workman, artizan, artificer, mechanic.
කර්මාන්ත·ප්‍රදර්ශනය, *n.* industrial exhibition.
කර්මාන්තය, *n.* work, artificer's work, business, වැඩ.
කර්මාන්ත·ශාලාව, කර්මාර·ශාලාව, *n.* factory.
කර්මාන්ත·සාධක, *a.* doing or effecting artificer's work, mechanical.
කර්මාන්තෝපකරණ, *n. pl.* (කර්මාන්ත උප:), materials for work, plant.
කර්මාර·පුත්‍රයෝ, *n. pl.* artizans, කර්මාන්තකාරයෝ.
කර්මාර·භස්ත්‍රාව, *n.* smith's bellows, මයිනහම.
කර්මාරයා, *n.* mechanic: blacksmith, brazier &c., ලෝකුරුවා &c.
කර්මේන්ද්‍රිය, *n.* (කර්ම ඉන්ද්‍රිය), organ of action, as the hand &c.
කර්ෂක, කර්ෂණ, *a.* tractive, traction-; drawing, attracting; අදින.
කර්ෂකය, කර්ෂකායුධය, *n.* (·ආයුධ), tractor, drawing instrument, අදින ආවුදය.
කර්ෂකයා, *n.* one who draws, plougher, agriculturist, ගොවියා.
කර්ෂකායස් දණ්ඩය, *n.* (·අයස්), iron tension-bar or rod, බැඳෙන කම්බිය. [ඇදීමේ ප්‍රමාණය.
කර්ෂණ·ප්‍රමාණය, *n.* degree of tension, tension,
කර්ෂණය, කර්ෂය, *n.* pulling, drawing, attraction, traction, ඇදීම; ploughing, සීෑම. [troy.
කර්ෂය, *n.* a weight of gold or silver, 280 grains
කර්ෂාපණය, *n.* See කහවණුව.

කල, *n.* time, period, ප්‍රස්තාව; digit or one sixteenth of the moons's diameter; a portion of time about eight seconds.

කල, *n.* woman, ස්ත්‍රී; menses, ඔසප; semen, ශුක්‍රධාතු.

කල, *a.* crude, weak, නිවට, මොලද.

කලකලය, *n.* tumult, noise of a crowd, කෝලාහලය.

කලකිරවනවා, *v. t.* to discourage, daunt, cause to blackslide; *pret.* කලකිරෙවුවා; *v. n.* කලකිරවීම.

කලකිරිය, කල්කිරිය, *n.* E. of කාලක්‍රියාව.

කලකිරිල්ල, කලකිරීම, *v. n.* of කලකිරෙනවා: backsliding.

කලකිරෙනවා, *v. i.* to be discouraged, backslide; *pret.* කලකිරුණා.

කලකුලය, *n.* war, battle, යුධය.

කලකුදුව, *n.* See කලකිරීම.

කලකෝලාහලය, *n.* row and tumult.

කල·ඝෝෂයා, *n.* E. of කලඝෝෂකයා: time-proclaimer, viz. the cuckoo, කොවුලා.

කලංකජනක, *a.* producing stains or stigmas, stigmatic, කැලල්කරන.

කලංකය, *n.* spot, ලපය, mark, stain, කැලල, rust, මලකඩ; stigma, blemish, පැල්ලම; abuse, ගැරහීම.

කලට·වේලාවට, *ad.* at the necessary period and time, punctually.

කලටි, *a.* unripe, immature, අමු, නොපැසුණු.

කලටිය, *n.* half ripe coconut.

කලණ, *a.* E. of කල්‍යාණ: fortunate &c.

කලත, *n.* a kind of grain, කොල්ලු; also for කලත්‍රය.

කලතනවා, කලත්තනවා, *v. t.* to stir about (as a liquid); *pret.* කැලතුවා, කැලැත්තුවා; *v. n.* කැලතීම, කැලැත්තීම.

කලතාව, *n.* melody, tune, නාදය; wife, භාර්යාව.

කලතුරුව, *n.* E. of කලත්‍රය: wife, භාර්යාව; royal citadel, රජ බලකොටුව; hip and loins, උකුල.

කලදයා, කලන්දකයා, කලඳයා, *n.* squirrel, ලේනා.

කලධෞත, *n.* silver, රිදී.

කලධෞත·ගිරිය, කලධෞත·පව, *n.* golden mountain: see කෛලාසය.

කලධෞත, *n.* gold, රන්; silver, රිදී.

කලනය, *n.* spot, ලපය, stain, පැල්ලම, flaw, defect, පළුදුව; embryo of seeds, බීජදළුව.

කලනාකාර, *a.* stain-like, පැල්ලම් ආකාර, defective, පළුදු ආකාර; *bot.* embryonic.

කලන්ද, *n.* a small fish: smelt, whiting.

කලඳුර, *n.* a kind of worm.

කලඳුරු, *n.* See කලාඳුරු.

කලඳුරුවා, *n.* See කලාඳුරුවා.

කලප, *n.* bundle: see කලාපය.

කලපරන්දැල්ලා, *n.* the bird rufus babbler, රතු දෙමලිච්චා.

කලපුව, *n.* lagoon, inlet; කුඩාකලපුව, cove, creek.

කලපුව·කරවැල්කොකා, *n.* grey heron, ඉදුරු කොකා.

කලබ, *n.* E. කලභ: see කලඹ.

කලබ, *n.* black cloud, rain cloud, වැසිවලාව.

කලබයා, *n.* peacock, මොනරා.

කලබල, *a.* confused, disorderly.

කලබලය, *n.* confusion, disturbance, row, hurly-burly.

කලබලෙන, *ad.* confusedly &c., helter-skelter.

කලබැගෑනි, *a.* confused, bothering.

කලබැගෑනිකරනවා, *v.* to cause confusion or bother to, to bother.

කලබැගෑනිය, *n.* confusion, bother, bustle, fuss, flurry.

කල·භාෂණය, *n.* prattle, බොලඳ බස.

කල·මබල, *n.* E. of බලම්මඬලය: threshing-floor, කමත.

කලමීයා, *n.* a kind of sea fish.

කලමුනිඳු, *n.* ap. of the Rishi අගස්ති.

කලම්ප·ගහනවා, *v.* to put clamps on, to clamp.

කලම්පය, *n.* Eng., clamp.

කලම්බු·නියන, *n.* gouge, බොකුනියන.

කලඹ, *n.* E. of කලාපය: bundle, cluster, bunch, පොකුර, multitude, සමූහය; a section or volume, කලාපය, කාණ්ඩය.

කලඹනවා, *v. t.* to put to confusion, agitate, dismay, alarm; *pret.* කැලඹුවා; *v. n.* කැලඹීම.

කලඹයා, *n.* E. of කලභ: young elephant, ඇත් පැටවා.

කලඹවනවා, *v. t.* See කලඹනවා; *pret.* කැලඹෙවුවා; *v. n.* කැලඹවීම.

කලය, *n.* threshing-floor, කලවිට.

කලයා, *n.* serpent, සර්පයා; crab, කකුළුවා; dove, පරෙවියා.

කලසිත්ත, *n.* apparatus, උපකරණය.

කල·රවයා, කලරැව්, *n.* (කල soft, රවයා sounder), dove; cuckoo, කොවුලා.

කලරැව්ලපයා, *n.* woodpecker, කෑරලා.

කලල, *n.* clay, මැටි, mud, mire, මඩ; embryo, කලල් රූපය.

කලලය, *n.* womb, කුස.

කලල·රූ, *n.* කලල්රූපය.

කලල්, *n.* or *a.* mud, මඩ.

කලල්·ගඩුව, *n.* bubo.

කලල්රූපය, *n.* embryo.

කලල්රූපවිද්‍යාව, *n.* embryology.

කලවම *n.* mixture, blend, medley.

කලවම්, *a.* mixed, commingled, promiscuous, මිශ්‍ර.

කලවම්කම, *n.* state of being commingled &c., complexity.

කලවම්කරනවා, *v. t.* to mix, intermix, mingle.

කලවැද්ද, *n.* wild cat, golden musang, (mongoose family), *paradoxurus seylanicus.*

කල·විකලකරනවා, *v. t.* to puzzle, nonplus, confuse, confound.

කල·විකලය, *n.* confusion, perplexity, අවුල්කම.

කලවිට, *n.* threshing-floor, corn-floor, පාවර.

කලශ, කලස, කලහ, *n.* water-jar, water-pot, pot, කළය. [uproar.

කලහකරනවා, *v.* to quarrel, make a tumult or

කලහකාර, *a.* quarrelsome, turbulent, තරඟකාර, කෝලාහල.

කලහකාරයා, කලහකරුවා, *n.* quarreller, brawler, තරඟකාරයා &c.

කලහය, *n.* quarrel, strife, riot, uproar, tumult, සබංගුව, කෝලාහලය.

කලහංසයා, කලහසයා, *n.* gander; goose or swan with black feet and bill, රාජහංසයා.

කලා, *a.* small, minor, සුඛා.

කලාකය, *n.* leaf basket or bag made of plaited areca leaves.

කලාතුර, *a.* (·අතුර), occasional, infrequent, ඉද හිටලා සිඩවන.

කලාතුරකින්, *ad.* occasionally, at intervals, infrequently, ඉදහිටලා.

කලාදුර *n.* See කලදුර.

කලාදුරු, *n.* ear-wax; a plant, වම්මුතු: see *Bot.*

කලාදුරුවා, *n.* desert fly, නානාකාර මැස්සා.

කලා·නිධි, *n.* E. of කලානිය: the moon, හඳ, also කලාපත්යා.

කලාපය, *n.* an assemblage, cluster, පොකුර, bundle, මිටිය; volume number or portion of a series, කාණ්ඩය; an ornament, zone or girdle of bells, බඳපටිය; peacock's tail, මොනර පෙදය; quiver, ඊතොපුව; moon, හඳ.

කලා·පිලා, *n. pl.* E. of කලහ පීඩා: tumult and trouble, කෝලාහල හා පීඩා.

කලාව, *n.* digit or one sixteenth of the lunar diameter; one of the minor arts, as singing or playing on an instrument; a division or portion of time, කාලච්ඡේදය; supposed influence of the moon on the human body.

කලා·ශිල්පය, *n.* minor art, such as computation, writing, sewing.

කලි, *a.* E. for කල්‍යාණ.

කලිකා·පත්‍ර·වෙෂ්ටනය, *n.* estivation. E. S.

කලිකාව, *n.* flower-bud; the bottom or peg of a lute. [මැස්ම.

කලිකා·සිවිය, *n. bot.* bud-sheath, hymen, දළුමේ

කලිංගඩය, *n.* nut or seed of the *nerium antidysentericum*, කෙලිඳ ඇට.

කලිංගය, *n.* a country lying between Cuttack and Madras, කලිඟුරට.

කලින්, *ad.* in time, beforehand.

කලිඳු·කන්‍යාව, කලිඳු·නන්දිනිය, *n. lit.* virgin or daughter of Kalinda, viz. the river Jumna which flows from mount Kalinda, කලිඳුගඟ.

කලිඳු, *n.* a name of Vishnu's wife.

කලිඳු, *n.* the river Jumna or Yamunā.

කලිඳු, කලිඳු·සොහොයුරු, *n.* ap. of Yama, regent of the dead, යමරජ. [Vishnu.

කලිඳු හිමි, *n.* husband or lord of කලිඳු, ap. of

කලිමත්, *n.* wish, desire, avarice, තෘෂ්ණාව.

කලිය, *n.* strife, විවාදය; sin, පාපය; defeat පරාජය; also for කලියුගය.

කලියාව, *n.* desire.

කලි·යුගය, *n.* the fourth or iron or sinful age of the world, which began about A. C. 3100 and is to extend to 432,000 years, when the whole world will perish.

කලිල, *n.* See කිලිල.

කලිසම, *n.* pair of trousers.

කලිසම්·පටිය, *n.* braces, suspenders.

කලී, *exp.* or *conj.* emphatic particle like වනාහි or නම්, as මෙම්වුකලී, මෙසනම්, as for this.

කලු, *a.* delightful, delighting, ප්‍රිය, as සිත්කලු, heart-delighting.

කලුණ, *n.* lovely or fortunate woman, යෝෂිත ස්ත්‍රී, වාසනාවන්තී.

කලුරිය, *n.* act of time viz. death, මරණය.

කලුරියකරනවා, *v.* to die, මැරෙනවා.

කලුෂ, *a* turbid, foul, defiled, බොරවූ, කිලුටු; sinful, පාපිෂ්ඨ.

කලුෂත්වය, *n* turbidness &c., බොරගතිය.

කලුෂය, *n.* filth, කිලුට, කුණු; sin, පාපය.

කලේබරය, (for කලේවරය), *n.* body, corpse, මිනිය, මළකඳ. [හැඩකාර.

කලේලි, *a.* fine, gay, prim, smart, stylish, කඩිම,

කලේලිය, *n.* gaiety, primness &c., කඩිමකම.

කලේලියට, *ad.* finely, sprucely &c., කඩිමලෙස, යනව.

කල්, *conj.* or *post.* till, until; ඔහු එනකල්; ඒ තාක්කල්. [කලුෂ.

කල්ක, *a.* foul, sinful; also *pl.* of කල්කය; see

කල්කණ්ඩු, *n.* T., sugar-candy.

කල්කය, *n.* viscous sediment deposited by oily substances when ground, kind of medicinal paste; sediment, filth, මණ්ඩි, කිලුට.

කල්කරනවා, *v.* to pass one's time or life, to act, behave.

කල්කිරිය, *n.* E. of කාලක්‍රියාව.

කල්ක්‍රියාව, *n.* conduct, behaviour, deportment.

කල්·ගත, කල්හිය, *v. adj.* long-standing, old ancient, veteran, chronic.

කල්·තියා, *p. pl.* as *ad.* beforehand, in time.

කල්දමනවා, *v. t.* to defer, postpone, put off.

කල්දරම, කල්දේරම, *n.* Port., caldron, boiler.

කල්දැමීම, *v. n.* of කල්දමනවා: deferring &c.

කල්දි, *a.* Chaldean.

කල්දිය; කල්දියා; *n.* Chaldea; a Chaldean.

කල්පකයා, *n.* barber, පණ්ඩිතයා; H. priest, කපුවා.

කල්පතරුව, කල්පද්‍රැමය, කල්පවෘක්ෂය, *n.* celestial magical tree: see කප්තුරු.

කල්පනය, *n.* cutting, කැපීම; composing, inventing; comparing. E. S. [consider.

කල්පනාකරනවා, *v.* to reflect, think, suppose;

කල්පනාව, *n.* reflection, consideration; supposition, notion, opinion.

කල්පනාවෙනවා, *v. i.* to occur to or strike one's mind; remember; be of opinion.

කල්පය, *n.* a period said to be equal to a day of Brahma which equals 4,320,000,000 solar years: it is the Sakwala or world period, which is divided into four parts, viz. its formation, its duration, its destruction and its non-entity until the commencement of its reformation. It is difficult, however, to reconcile the various statements one with another, since during the Kalpa the age of man is said to gradually increase from ten years to an asankhya and again to diminish gradually to ten years: an asankhya being about the twentieth power of a million.

කල්පය, *n.* a brahminical religious ritual so called, one of the six Védāngas: see වේදාංගය; resolve, purpose, අරමුණ, අදහස.

කල්පලතාව, *n.* a fabulous creeper yielding everything desired: see කප්තුරු.

කල්පශාස්ත්‍රය, *n.* science of the කල්පය.

කල්පශාඛාව, *n.* branch of කල්පතරුව.

කල්පසීමාව, *n.* boundary or end of the kalpa, කල්පයේ කෙළවර. [පර්‍යන්තය.

කල්පස්ථායී, *a.* continuing a kalpa, කල්පයක්

කල්පාන්තය, *n.* (·අන්තය), end of the kalpa or age, destruction of the world.

කල්පාන්තවර්ෂාව, *n.* In B., the rain at the end of the kalpa by which the world is destroyed, being one of the three ways in which destruction occurs. The other two are the following.

කල්පාන්තවහ්නිය, *n.* In B., the fire at the end of a kalpa. [of a kalpa.

කල්පාන්තවාතය, *n.* In B., the wind at the end

කල්පිත, *a.* (fr. root of කල්පනා), supposed, putative, සිතාගත්; invented, prepared, සෝදන ලද.

කල්මිරිය, *n.* fulfilment or boundary of time, viz. death, මරණය.

කල්බඳ, *n.* woman, ස්ත්‍රී; *acc. pl.* කල්බඳුන්.

කල්මෂ, *a.* dirty, foul; sinful; අපවිත්‍ර: see කලුෂ.

කල්මෂය, *n.* filth, කිලුට, pollution, කිලුටුවීම, කිලුටුකම; sin, පාපය; a kind or division of hell.

කල්මාෂ, *a.* variegated, විසිතුරු; black, කළු.

කල්මාෂය, *n.* variegated colour, mixture of black and white

කල්මාෂයා, *n.* a demon, රාක්ෂයා.

කල්‍ය, *a.* healthy, සනීප ඇති; clever, සමර්ථ.

කල්‍යත්වය, *n.* convalescence, healthiness, නීරෝගීකම.

කල්‍යය, *n.* health, සනීපය; cleverness, සමර්ථකම; good fortune, ශුභය; dawn, අලුයම.

කල්යවනවා, *v.* to pass one's time; *fig.* behave, act.

කල්‍යාණ, **කල්‍යාණකර**, *a.* salutary, auspicious, fortunate, lucky, ශුභසිද්ධි; excellent, උතුම්, blessed, ආශිර්වාදලත්.

කල්‍යාණකරණත්වය, **කල්‍යාණතාව**, *n.* auspiciousness &c., ශුභසිද්ධිය &c.

කල්‍යාණය, *n.* good fortune, prosperity, luck, ශුභය, සමෘද්ධිය.

කල්‍යාණාචාර, *a.* (·ආචාර), virtuous, honourable, fortunate, සුශීල, හාම්බුකාර, ශුභාචාරිත. [ණම.

කල්‍යාණිකා, *n.* red arsenic, මනෝසිල, රතුපාෂාණ

කල්‍යානිද්‍රය, *n.* See කලිප්‍රියය.

කල්ල, *a.* deaf, බිහිරි; hoarse, උගුර බැරැති; clever, දක්ෂ; healthy, නීරෝගී; also for කල්ල.

කල්ලත්වය, *n.* deafness; hoarseness, indistinct articulation.

කල්ලිකුට්ටාව, *n.* See කල්ලියාව.

කල්ලිකෙළිය, *n.* a boy's game with sticks.

කල්ලියාව, *n.* one of the sticks used in the above-said game (කල්ලිය).

කල්ලොල්ල, *a.* hostile, inimical, එදිරි.

කල්ලෝලය, *n.* hostility, එදිරිය; surge, billow, මහ රැළ: joy, ප්‍රීතිය.

කල්වැසි, *n.* seasonable rain, නියම වර්ෂාව, කාල යට සුදුසු වැස්ස.

කල්පැමිණෙනවා, *v. i.* *lit.* (one's) time arrives: to decease, die, තුරන්වෙනවා, මැරෙනවා.

කව, *n.* See කවිය.

කව, **කවාකාර**, *a.* circular, annular, වටකුරු.

කවකටුව, *n.* pair of compasses.

කවගහනවා, **කව අඳිනවා**, *v.* to describe a circle.

කවචපත්‍රය, *n.* a piece of the bark of the tree called Bhojpatra, inscribed with mystical verses and worn as a charm.

කවචය, *n.* armour, mail, සන්නාහය; kettle-drum; amulet; a tree (see the preceding). E. S.

කවට, *a.* jocular, humorous. [witty.

කවටකතික, *a.* jocular, humorous, facetious,

කවටකතිකයා, *n.* humourist, wit.

කවටකම, *n.* jest, ridicule, derision, quib, banter, burlesque.

කවටකම්කරනවා, *v.* to joke, jest &c., mock.

කවටයා, *n.* jester, humourist, buffoon, wag.

කවඩියා, *n.* a kind of sea fish.

කවඩිකටුව, **කවඩියා**, *n.* cowry shell, used in Bengal as money. [පාට.

කාවර්ණ, *n.* bad or dirty colour, නරක or කිලුටු

කාවර්ණයා, *n.* poor person, දිළින්ද.

කවණි, **කවණිරෙද්ද**, *n.* muslin.

කවදය, *n.* armour, සන්නාහය.

කවදා, *ad.* on what day, when.
කවදාද, *inter. n.* or *ad.* what day, when.
කවදාවත්, *ad.* ever, any time or day whatever: *generally with negative or interrogative.*
කවදා·නුමුත්, *ad.* at any time whatever, sometime.
කවනවා, *v. t.* to cause to eat, feed; *pret.* කැවූවා; *v. n.* කැවීම.
කවන්දන්, *n.* bullock's yoke, වියගහ.
කවදය, කවඩය, *n.* See කබඩුව &c.
කවය, *n.* circle, ring, චක්‍රය, වළල්ල.
කවර...ද, *inter. adj.* which, what.
කවරය, *n.* fillet or braid or band of hair, කෙස් බාපු ඉසකේ රෙද්ද.
කවරනන්, *inter. pron.* who, කවරෙද්ද, කවුද.
කවලම, *n.* intermixture: see කලවම.
කවලම්කරනවා, *v. t.* to mix together: see කලවම්කරනවා.
කවලය, *n.* a mouthful, (කෑම) කටක්.
කවලයා, *n.* a kind of fish, *lacerta scincus.*
කවස, *n.* armour, mail, සන්නාහය.
කවාක්‍ෂය, කවාටය, *n.* air-hole, ventilator, window, කවුළුව. [metrical.
කවි, *n. pl.* or *a.* poems, poetry; poetical,
කවිකය, *n.* bridle bit, කටකලියා යකඩය.
කවිකරනවා, *v. t.* to turn into verse; compose poetry, poetize. [poem, canto.
කවි·කාණ්ඩය, *n.* poetical portion; division of a
කවි·කාරයා, *n.* composer of poetry, poet; (also) reciter of verses.
කවිච්චිය, *n.* Eng., couch, sofa.
කවි·ජනයා, කවි·දන, *n. pl.* the poets.
කවි·පදය, *n.* verse of poetry; line of a stanza.
කවි·පදකාරය, *n.* style or metre of verse.
කවිත්ම්බනයා, *n.* poetaster, pedant.
කවි·මල්දම, *n.* string or garland of verses, anthology.
කවිය, *n.* poetry, poem, song, metrical verse.
කවිවරයා, කවීන්ද්‍රයා, *n.* (කවි ඉන්ද්‍ර), eminent poet; මුඛ්‍යකවිවරයා &c., poet laureate.
කළිසි·කේශ, *n.* kaffir or wooly hair.
කවිසියා, *n.* kaffir or negro, කාපිරියා. [word.
කවුඩා, කවුඩුවා, *n.* crow: also same as next
කවුඩු·පණික්කියා, *n.* a small bird that shows enmity to the crow: see කපුටුබයා.
කවුතකය, *n.* bracelet, කාප්පුව.
කවුද, කවරේද, කවරෙක්ද, *inter. pron.* who, what person.
කවුදෝ, *pron.* someone, someone or other.
කවුරුද, *pron. pl.* of කවුද, what persons.
කවුරුනුමුත්, *pron.* whoever.
කවුරුවත්, *pron.* anyone, someone.
කවුස්තොත්කය, *n.* clothes-horse, ලියස්වය.
කවුළු, *n. pl.* or *a.* windows; window-.
කවුළු·උළුවස්ස, කවුළු·රාමුව, *n.* window-frame.
කවුළු·තිරය, *n.* a window-curtain.
කවුළු·දැල, *n.* window-net or curtain.
කවුළු·දොර, *n.* window-shutter.
කවුළුපඩිකද, *n.* window-sill.
කවුළුව, *n.* window, ජනේලය.
කවෝෂ්ණ, *a.* (කව little, උෂ්ණ), slightly warm, tepid, මදක් උණුසුම්.
කවෝෂ්ණය, *n.* slight warmth, මද උණුසුම.
කවී, *a.* poetical, කවී, කාව්‍ය; *n. pl.* of කව, poems.
කශය, කශාව, *n.* whip, කසය, සබුක්කුව. [තිබූ.
කශේරු, *a.* spinal, vertebral, පිටිකොන්දට අයි
කශේරු·අභ්‍යන්තර, *n.* (·අන්ත්‍ර අන්තර), intervertebral. E. S. [කොන්ද.
කශේරුකාව, කශේරුව, *n.* backbone, spine, පිටි
කශේරුකාස්ථි, *n. pl.* (·අස්ථි), vertebræ, පිටිකොන්දේ ඇට or කොඳුඇටය. [ඇටයක්.
කශේරුකාස්ථියක්, *n.* vertebra, පිටිකොන්දෙත්
කශේරු·දාහය, *n.* spinal inflammation, rachitis.
කශේරු·රහිත, *a.* invertebrate, without backbone.
කශේරු·රහිත·ප්‍රාණියා, *n.* an invertebrate, පිටිකොන්දක් නැති සතා. [සතා.
කශේරු·සත්වයා, *n.* vertebrate, පිටිකොන්දක් ඇති
කශේරු·සත්වයෝ, කශේරුසත්වජාති, *n. pl.* vertebrates, vertebrata.
කශ්මීර &c. See කාශ්මීර &c.
කෂණය, *n.* touching, striking against, ගැටීම.
කෂය, *n.* touchstone, උරගල.
කෂාය, *a.* astringent (in taste), කහට.
කෂාය, *n.* astringent taste, කහට රස; anointing, ආලේපය; decoction, කසාය. [කහපාට.
කෂාය·වර්ණය, *n.* pale red colour, saffron colour,
කෂාය·වස්ත්‍රය, *n.* yellow robe (of B. P.), සිවුර.
කෂ්ට, *a.* bad, evil, නපුරු, pained, afflicted, පීඩිත, දුක්ඛිත; impervious. E. S.
කෂ්ටය, *n.* pain, affliction, වේදනාව, පීඩාව.
කෂ්ටයා, *n.* rascal, තක්කඩියා.
කස, *n.* cough, කැස්ස; bronze, ලෝකඩ; armpit, කිසිල්ල; end, කෙළවර. [ක්කු.
කස, *a.* or *n. pl.* of කසය: whip-; whips; සබු
කස, *n. pl.* or *a.* coconuts; coconut; පොල්.
කසට, *a.* acrid, astringent, කහට.
කසටපැය, *n.* saffron colour, yellow, කහපාට.
කසනවා, *v. i.* to itch; *v. t.* to scratch (with the finger nails); *pret.* කැසුවා; *v. n.* කැසීම.
කස·පටිය, *n.* whip-lash. [whip.
කස·පහර, කස·පාර, *n.* stroke or lash with a
කස·පහර·දෙනවා, *v. lit.* and *fig.* to whip.
කස·පැන්, *n.* water of the young coconut, කුරුම්බාවතුර.
කස·පුපුරුවනවා, *v.* to crack a whip.
කසමිට, *n.* whip-handle, whip-stock.
කසය, *n.* whip, scourge: coconut, පොල්ගෙඩිය; touchstone, උරගල.

කසයා, *n.* agriculturist, ගොවියා. [bish.
කසළ, *n.* E. of කචවර: dung, dirt, refuse, rub-
කසළ·ගොඩ, *n.* dunghill, rubbish heap.
කසළ·මග, *n.* anus, *cl.* අධෝමාර්ගය.
කසවි, *n.* gold lace, gold fringe.
කසා, *n.* saffron, turmeric, කහ.
කසාද·බඳිනවා, *v. t.* to marry.
කසාදබැඳීම, *v. n.* marrying, marriage.
කසාදය, *n.* marriage, wedding.
කසාය, *n.* decoction. [ඇති.
කසා·වත්, *a.* saffron coloured, yellow, කහපාට
කසිණ, *a.* all, whole, entire.
කසිණ·පරිකර්මය, කසිණ·ප්‍රසාධනය, *n.* observance of the disk-ordinance or necessaries of the disk-ordinance in meditation. See the next word also.
කසිණ·මණ්ඩලය, *n.* ascetic disk about two feet in diameter, meditation-platform.
කසිණය, *n.* meditation, භාවනාව.
කසිර, *n.* trouble, දුක, annoyance, හිරිහැරය.
කසීසත්, *n.* pewter.
කසී·රට, *n.* country of Benares.
කසී·සළුව, *n.* Benares robe.
කසු, කසුන්, *n.* gold, රත්රන්.
කසුන්·ගිරිය, *n.* E. of කාංචනගිරිය: golden mountain, viz. මහමෙර.
කසුන්·පය, *n.* golden vessel or bowl, රන්පාත්‍රය.
කසුප්, *n.* E of කාශ්‍යප: ascetic, තාපසයා, ජටිලයා. [කාශ්‍යප සෘෂි.
කසුප්·මුනි, කසුබු·මුනි, *n.* the Rishi Kāsyapa,
කසුබු, කසුඹු, කැසුබු, *n.* tortoise, කැස්බෑවා.
කසුව, *n.* armour, mail, සන්නාහය.
කස්, *n.* itch, cutaneous eruption, හොරි.
කස්කුරුප්පුව, *n.* Eng., corkscrew. [තාළම.
කස්තලය, *n.* metal plate, gong; cymbal, කසි
කස්තාන·පටිය, *n.* sabre belt.
කස්තානය, *n.* Port., sabre, sword, cutlass (worn by native headmen).
කස්තීර, *n.* or *a.* tin; stannic, tin-; බෙලෙක්.
කස්තීර·ධාරි, *a.* stanniferous, බෙලෙක් සහිත.
කස්තීර·පත්‍රය, *n.* tinfoil, බෙලෙක් කොළය.
කස්තීරාම්ල, *n.* stannic acid, බෙලෙක් ඇඹුල.
කස්තූරි, කස්තූරිකා, *n.* musk.
කස්තූරි·බුවා, *n.* civet-cat.
කස්තූරි &c. See කස්තූරි &c. [muskiness.
කස්තූරි·ගන්ධය, කස්තූරි·සුවඳ, *n.* musk-scent,
කස්තූරි·මල්ලිකාව, කස්තූරිකෝශය, *n.* (කස්තූරි ආශය), musk vessel or bag.
කස්තූරි·මෘගයා, *n.* musk-deer.
කස්මලය, *n.* fainting, syncope, කලාන්තය, මූර්ඡාව.
කස්ස, *n.* or *a.* See කාංස්‍ය.
කහ, *n.* saffron, turmeric.
කහකට්ටාවා, *n.* yellow sea-fish.
කහ·කඩ, *n.* tender husk of young coconut; yellow cloth or robe, සිවුර.
කහ·කරවලා, *n.* a yellow snake.
කහ·කුරුල්ලා, *n.* yellow or golden oriole or black-headed oriole; also the bulbul.
කහ·කොරලියා, *n.* yellow river-fish.
කහ·ගැරඩියා, *n.* yellow rat-snake.
කහට, *a.* or *n.* acrid, astringent, pungent; acridness &c.
කහට, *inter. pron. dat.* for කාට.
කහනවා, *v. i.* and *v. t.* See කසනවා; *pret.* කැසුවා; *v. n.* කැසීම.
කහ·පාට, *n.* saffron colour, yellow colour.
කහ·බත්, *n.* rice boiled with a little turmeric.
කහ·බඳන, *n.* E. of කායබන්ධනය: girdle, මඳ පටිය.
කහ·මඩුරා, *n.* a yellow fish.
කහ·මදය, *n.* yolk of an egg.
කහ·මාපිලා, *n.* a yellow snake: *dipsas forsenii.*
කහ·මිරිස්, *n.* saffron and chillies, curry-stuff.
කහ·මිරිස්·ගල, *n.* grinding stone for කහමිරිස්.
කහමුත්, *n.* seed of the *cassia auriculata*, රණවරා ඇට.
කහඹුව, *n.* ap. of Siva, ඊශ්වරයා. [bling).
කහලිය, *n.* cheating, fraud (at play or in gam-
කහවණුව, *n.* an ancient gold coin equal in weight to forty olinda seeds; a troy weight of about 280 grains.
කහ·වඩුවා, *n.* See කහගැරඩියා. [ඇති.
කහ·වත්, *a.* saffron-coloured, yellow, කහපාට
කහ·වෙස්, *n.* yellow guise or appearance, viz. wearing the yellow robe, සිවුරුවේශය.
කහ හූනා, *n.* yellow lizard.
කහළ, කහළ·ගොඩ, *n.* See කසළ &c.
කහළ·මාර්ගය, *n.* See කසළමග. [ගිම.
කහිනවා, *v.* to cough; *pret.* කැස්සා; *v. n.* කැ
කළ, *v. adj. pret.* of කරනවා: that did or made.
කළුකවයා, *n.* Indian cuckoo, කෝකිලයා.
කළකණි, *n.* misfortune, disaster, විපත.
කළ·ගුණ·දන්නා, *n.* one who recognizes kindness done, grateful person: see කෙළෙහිගුණ &c.
කළ·ගුණය, *n.* kindness shown or done.
කළගෙඩිය, කළය, *n.* large water-pot.
කළන්·පඩිය, *n.* weight (for weighing).
කළඳ, *n.* a jeweller's weight, =20 manchādi or 40 grains; *pl.* කළන්.
කළ·මනා, *a.* or *n. pl.* that has or have to be done; duties, agenda.
කළමනාකරනවා, *v.* to transact affairs, manage, conduct.
කළමනා·කාර, *a.* managing, executive, කාරක.
කළමනා·කාරකම, *n.* management, agency, procuration.
කළමනා·කාර·ධුරය, *n.* managership, agency.
කළමනා·කාර·පත්‍රය, *n.* certificate of agency or procuration.

කළමනා·කාර·මන්ත්‍රියා, *n.* consul, නානාපතියා.
කළමනා·කාරයා, *n.* manager, agent, executor, actuary.
කළමනාව, *n.* business, work, transaction.
කළල්පැදුර, *n.* rush-mat, කලාලය, පන්පැදුර
කලව, *n.* thigh ; *pl.* කලවා.
කලවා·ගාත්‍රය, *n.* thigh-limb, ham.
කළා, *v. pret.* of කරනවා : did, has or have done.
කලාලය, කලාලේ, *n.* rush-mat, පන්පැදුර.
කළු, *a.* black, dark, swarthy ; ep..of Vishnu.
කළු·ඉංගිරියාව, *n.* pupil of the eye.
කළු·ඕරුවා, *n.* brown surgeon-fish, *acanthurus maloides.* [(of the sky).
කළු·කරනවා, *v.* to blacken, darken ; to lower
කළු·කරවලා, *n.* black snake : see කරවලා.
කළුකුමා, *n.* turkey-cock, turkey.
කළුකුමී, *n. fem.* turkey-hen.
කළු·කුහුඹියා, *n.* small black ant. [කොකා.
කළු·කොකා, *n.* black bittern : see කරවැල්
කළු·කොල්ලු, *n.* a kind of gram given to cattle, *glycine villosa.*
කළු·ගල, *n.* black granite (used as road metal).
කළු·ගස්·මිරිස්, *n.* black tree pepper, *capsicum futesans.*
කළු·ගැරඬියා, *n.* black rat-snake.
කළු·තලා, *n.* plack basil. [*tennentii.*
කළු·දඬුලේනා, *n.* black hill-squirrel, *sciurus*
කළු·දූවා, *n.* ass, බූරුවා.
කළු·දුරු, *n.* black cummin seed, *nigella indica.*
කළු·දොදොල්, *n.* a kind of black sweetmeat.
කළු·නයා, *n.* black cobra.
කළුතිඹ, *n.* See කරපිංචකොළ.
කළු·පරවා, *n.* a sea fish.
කළු·පොල්ලිච්චා (කිච්චා), *n.* black robin, *thamnobia fulicata* (order *Passeres*).
කළු·පොළඟා, *n.* black polonga or viper.
කළු·මඩල, කළු·මඬල, *n.* iris of the eye.
කළු·මදිනවා, *v. t.* to blacken, rub in black (chiefly on olas to blacken the incised writing).
කළු·මසා, *n.* a fresh water black fish, *ophiocephalus striatus,* ලූලා.
කළු·මැදිරි, *a.* calamander.
කළු·මැදිරිය, *n.* calamander wood or tree.
කළු·මීමා, *n.* black buffalo, *bubalus arni.*
කළු·මීයා, *n.* black rat, *mus rattus.*
කළු·මුවා, *n.* black deer ; black monkey, වඳුරා.
කළු·රතු, *a.* dark red, purple.
කළු·රාජාලියා, *n.* black eagle or kite, *neopus malayensis,* (order *Acciptres*).
කළුරුවාව, *n.* See කළු ඉංගිරියාව.
කළු·ලුණු, *n.* black salt obtained by boiling saline earth, purgative salts.
කළු·වඳුරා, *n.* black monkey : see වඳුරා.
කළුවර, *a.* dark, ebon ; ebony.

කළුවරකම, *n.* blackness, darkness, (as of night).
කළුවරකරනවා, *v.* to blacken, to darken or overcast with clouds : අහස කළුවරකරනවා, the sky darkens or becomes black. [ters.
කළුවර·දෙ·පක්ෂය, *n.* the two dark lunar quar-
කළුවරවෙනවා, *v. i.* to become dark (of the sky or night).
කළුවන්·දෙවියා, *n.* ap. of Vishnu.
කළුවෙනවා, *v. i.* to become black.
කළුවෙල්, *n.* venom, poison, විෂ.
කළු·වෙල්ලා, *n.* serpent, සර්පයා.
කළුහර, *a.* කළුවර.
කළු·හිස්·වලසා, *n. lit.* black-headed bear, viz. hyena, බලුදිවියා.

කා, *p. pl.* of කනවා : having eaten.
කා, *n.* ap. of Brahma, බ්‍රහ්මයා. [road.
කා, *prefix.* signifying bad, evil, as කාපථය bad
කා, *a.* pert., to crows, crow-.
කා...ද or කාද, *inter. pron. acc.* of කවුද : whom.
කාංස්‍ය, *a.* copper, brass, brazen, තඹ, පිත්තල.
කාංස්‍ය·කාරයා, *n.* coppersmith, brazier, තඹ කරුවා.
කාංස්‍යය, *n.* white copper or brass, bell-metal, තඹ, පිත්තල ; gong (see යමගිරුකාව) ; goblet, කුසලාන. [කෑදරකම.
කාකකම, *n. lit.* crowishness, viz. gluttony,
කා·කත, *n.* Brahma's wife, ap. of සරස්වතී.
කාක·තාලීය, *a.* unexpected, unlikely, accidental, හදිසි, සිදුවීම දුෂ්කර.
කාක·තාලීය·න්‍යාය, *n.* the manner of a කාකතාලීයය, unlikeliness.
කාක·තාලීයය, *n.* unlikely occurrence, something as unlikely as a talipot nut when falling striking a flying crow, සිදුවීම දුෂ්කර දෙයක්, අහම්බයක්.
කාක·පක්ෂ, *n.* side-locks of hair on the temples of boys and young men (especially of the Kshatriya caste).
කාක·පක්ෂියා, *n.* crow, කපුටා.
කාකපදය, *n.* the sign × in MSS marking that something has been left out, caret.
කාක·පුෂ්ටයා, *n. lit.* one nourished by the crow, viz. cuckoo, කොවුලා.
කාකයා, *n.* crow ; *fig.* glutton, කෑදරයා.
කාක·ස්වර, *a.* having a crow's voice or harsh voice.
කාක·ස්වරය, *n.* cawing, කපුටුහඬ ; harsh or hoarse voice, අමිහිරි හඬ.
කාකා·ගානවා, *v.* to caw.
කාකා·රි, *n. lit.* crow's enemy, viz. owl, බස්සා.
කාකාලයා, *n.* raven, පර්වතකාකයා.
කාකී, *n. fem.* female crow. [tering.
කාකුව, *n.* change of voice through fear, mut-
කාකෝදරයා, *n.* snake, සර්පයා.
කාකෝලයා, *n.* snake ; raven ; boar. E. S.

කාකෝලී, *n.* a drug: one of the eight principal medicaments of Indian doctors.
කාක්කා, ගොයිගම් කාක්කා, *n.* black crow, *corone macrorhynea.* [whose.
කාගේ...ද, or කාගේද, *inter. pron. gen.* of කවුද:
කාංකාව, *n.* wish, කැමැත්ත.
කාඩුල, *n.* whiskers, කම්මුල් රැවුල.
කාඩුල්, *a.* whiskered. [මිදුරුවූ.
කාච, කාචක, *a.* glass, glassy, hyaline, vitreous,
කාචකතාව, කාචතාව, *n.* glassiness, vitreousness, මිදුරුගතිය.
කාචකය, *n.* glass, crystal, මිදුරු, පළිඟු.
කාචකාකාර, කාචාකාර, *a.* glasslike, hyaloid, විදුරු ආකාර. [වුණ, මිදුරුවූ.
කාච·ජ, *a.* of glass, vitreous, glassy, මිදුරුවලින්
කාච·ජ·විද්‍යුත, *n.* vitreo-electricity.
කාච·ජ·වෛද්‍යුත, *a.* vitreo-electric.
කාච·භූතතාව, *n.* state of being glass, vitrescence: see කාචකතාව.
කාචය, *n.* glass, crystal; disease of the eye, ඇස්රෝගයක්.
කාච·චිත්‍ර·ශිල්පය, *n.* glass-painting. E. S.
කාච·ශිල්පියා, *n.* glass-worker, glass-blower.
කාචන, } *a.* golden, රන්; golden-coloured,
කාඤ්චන, } රන්වන්, yellow, කහපාට, (flowers &c.).
කාචන·භූෂණය, *n.* golden ornament.
කාචනය, *n.* gold, රත්රන්, wealth, ධනය; lotus filament, මානෙල් කේසර.
කාචනිය, *n.* saffron, turmeric, කහ. [කාඩි.
කාඤ්ජික, *n.* sour gruel, මිරිකූ කැඳ; vinegar,
කාඤ්චිය, *n.* a woman's girdle; name of a H. sacred city. *Bot.*
කාටුව, *n.* chaff, බොල්. [තක්කඩි.
කාඩි, *a.* vagabond, outcaste, roguish, පාදඩ,
කාඩිකම, *n.* vagabondism &c.
කාඩික්කුඩියා, කාඩියා, *n.* vagabond, outcaste, rogue, wretch, පාදඩයා &c. [water.
කාඩි, කාඩි·දිය, *n.* vinegar, acid toddy or rice-
කාණ, *a.* one-eyed, monoculous, එක ඇසැක් ඇති.
කාණයා, *n.* crow, කපුටා.
කාණ්ඩ·කාරය, *n.* areca-nut, පුවක්ගෙඩිය.
කාණ්ඩය, *n.* portion, section, volume; cluster, පොකුර; stalk, stem or trunk, කඳ; arrow, ඊය. [වුල්වූ, වමල.
කාතර, *a.* confused, perplexed, agitated, විය
කාතරතාව, *n.* confusion &c., වියවුල්කම, කැලඹීම. [ever.
කාත්, *pron. acc.* for කවුරුවත්: anyone what-
කාත්·නැති, කාත්·කවුරුත්·නැති, *a.* who has no one: friendless, destitute, අසරණ.
කාත්‍යායන, *n.* ap. or ep. of a certain law-giver, grammarian and poet, also of a tribe and an order of sages.

කා·දමනවා, *v. t.* to eat up, devour. [හංස.
කාදම්බයා, *n.* drake, teal, gander, තාරාවා, පාත්
කාදම්බරී, *n.* sp. of සරභවකී; name of a book; toddy, සුරා.
කාදුත්ත, *n.* peg or nail to hang things on.
කාදුව, *n.* ear or face ornament.
කානන, *n.* forest, grove, වනය, අරණ.
කානු·උළු·කැටය, *n.* drain-tile.
කානු·පරාලය, *n.* Port., valley-rafter.
කානු·පාර, *n.* side-walk, causeway.
කානුව, *n.* Port., drain, gutter, sewer, aqueduct.
කාන්ත, කාන්තවත්, *a.* pleasing, lovely, මනෝඥ; beloved, සිත්සිත. [දම්ගල.
කාන්ත·ගල, කාන්ත·පාෂාණය, *n.* loadstone, කාන්
කාන්තතාව, *n.* loveliness &c. (see adj.), මනෝඥතාව, ප්‍රියභාවය.
කාන්තය, *n.* gem, මැණික් ගල.
කාන්තයා, *n.* the handsome one: ap. of Krishna; husband, ස්වාමිපුරුෂයා; the moon, සඳ.
කාන්තාර, *a.* desert, wild, desolate. [කතර.
කාන්තාරය, *n.* desert, wilderness, waste, මරු
කාන්තාරෝෂ්ණ·වාතය, *n.* (කාන්තාර උෂ්ණ), desert hot wind, simoom, ග්‍රීෂ්ම සුළඟ.
කාන්තාව, *n.* fair one, ශෝභන ස්ත්‍රී, woman, wife, ස්ත්‍රී.
කාන්ති·නගනවා, *v.* to polish, burnish.
කාන්තිමත්, *a.* bright, brilliant, දීප්තිමත්.
කාන්තිය, *n.* brilliance, lustre, glitter, light, දීප්තිය, දිලිසීම.
කාන්තිය·වැටෙනවා, *v. i.* to become polished, glitter, glisten, දීප්තිමත්වෙනවා, දීප්තය වැටෙනවා.
කාන්දම, කාන්දම්·ගල, *n.* T., magnet, loadstone.
කාන්දම්·අග, *n.* magnetic pole or poles.
කාන්දම්·ආකාර, *a.* magnetic.
කාන්දම්·කම්බිය, *n.* magnetic rod or wire, lightning-conductor, විදුලිකම්බිය.
කාන්දම්·ගුණතාව, *n.* having the properties of a magnet, polarization.
කාන්දම්·ගුණය, *n.* the property of a magnet, polarity. E. S. [larize.
කාන්දම් ගුණය·වද්දවනවා, *v.* to magnetize, po-
කාන්දම්·බලයෙන්, *ad.* by magnetism, magnetically. [netic.
කාන්දම්·යන්ත්‍රය, *n.* mariner's compass, mag-
කාන්දුවෙනවා, *v. i.* to leak, ooze, percolate, වෑස්සෙනවා.
කාන්සාකරනවා, *v. t.* to sadden, embitter, render unhappy, කනගාටුකරනවා.
කාන්සාව, *n.* sadness, melancholy, concern, කනගාටුව, lonesomeness, විවේකකම.
කාන්සාවූ, *a.* sad, cheerless, desponding, කනගාටු, තලංගු, lonesome විවේක.
කාන්සා·වෙනවා, *v. i.* to be sad &c., කනගාටු or තලංගුවෙනවා.

කාන්සිවෙනවා, *v. i.* to be gloomy &c. (as above and the next). [row.

කාන්සිය, *n.* gloom, depression, loneliness, sor-

කා·පථය, *n.* bad road or path, නරක පාර.

කාපිරි, කාෆිරි, *a.*; කාපිරියා, කාෆිරියා, *n.* Kaffir, negro. [negress.

කාපිරි ගෑනි, කාෆිරි ගෑනි, *n.* Kaffir woman,

කාපිරි·මිරිස්, *n.* bell-pepper.

කාපිල, *n.* See කපිල. [මයා.

කා·පුරුෂයා, *n.* contemptible man, wretch, නි

කාපෝතය, *n.* flock of doves, පරෙවිරැළ.

කාප්ප·කනුල, *n.* main rafter.

කාප්ප·දැව, *n. pl.* truss beams, trussing.

කාප්ප·බාල්කය, *n.* tie-beam.

කාප්පය, *n.* roof-truss.

කාප්ප·වහල, *n.* trussed roof.

කාප්පුව, *n.* T., bracelet, වළල්ල.

කාබුන්, *n.* death, මරණය.

කාම, *n.* Cupid, කාමදෙවියෝ; *excl.* of assent or assertion, as, truly, verily.

කාම, *a.* lustful, රාග සහිත.

කාම·කේලිය, *n.* coition, සංවාසය. [කාර.

කාම·ගාමී, *a.* wilful, arbitrary, හිතුවුනි, හිතුවක්

කාමචාර, *a.* See කාමාචාර.

කාම·ච්ඡන්දය, *n.* lustfulness, රාග සහිතකම.

කාම·තෘෂ්ණාධික, *a.* (·අධික), very lustful, lecherous, සල්ලාල, මදමත්.

කාම·තෘෂ්ණාව, *n.* lustfulness, sensual desire.

කාමතෘෂ්ණාවෙනවා, *v. i.* to lust, be lecherous, මදමත්වෙනවා.

කාම·දුඝාව, කාම·ධේනුව, *n.* cow that gives whatever is desired, කැමතිදේ දෙන්නී.

කාම·දූති, කාම·දූතිකාව, *n.* ap. of a female demon; procuress, දූතිකාව.

කාම·දෙවියෝ, කාම·දේවතාවා, *n.* Cupid, Indian god of love,

කාම·ධාතුව, *n.* ***semen virile***.

කාම·පංකය, *n.* the filth of lust, කාමකැමති මඩ.

කාම·පාල, *n.* ap. of Balarāma, brother of Krishna.

කාම·භවය, *n.* a state in which desire exists, viz. hell, as a beast, a goblin, ප්‍රේත, an Asura or Titan, අසුර, the human world or any one of the six divine worlds.

කාමභෝගී, *a.* enjoying or using the five senses, viz. non-ascetic, laic, ගිහි.

කාම·මිථ්‍යාචාර, කාම·මිථ්‍යාචාරික, *a.* (·ආචා:), adulterous, false to the marriage vow.

කාම·මිථ්‍යාචාරය, *n.* adultery.

කාම·මිථ්‍යාචාරයකරනවා, *v.* to commit adultery.

කාම·මිථ්‍යාචාරිකයා, *n.* adulterer.

කාම·මිථ්‍යාචාරිණී, *n. fem.* adulteress. [*virile.*

කාමය, *n.* lust, desire, අභිලාෂය, ආශාව; ***semen***

කාමයා, *n.* a person concupiscent or greedy, කාමුකයා, ලෝභයා.

කාමරය, *n.* Port., chamber, room.

කාම·රාගය, *n.* lust, sensual desire, කාමතෘෂ්ණාව.

කාමල, *a.* lustful, රාගසහිත.

කාමලය, *n.* jaundice, පාණ්ඩු රෝගය: spring-time, වසන්තකාලය.

කාමලා·රෝගය, කාමලාව, *n.* jaundice.

කාම·ලෝකය, *n.* sensuous world: any one of the worlds, including the hells and the six heavens, in which pain or pleasure or desire is felt.

කාම·විකාර, කාමාතුර, කාමාධ්‍යාශ, *a.* sensual, carnal, wanton, lascivious, lecherous, සල්ලාල, කාමතෘෂ්ණා සහිත.

කාම·විකාරය, කාමාතුරත, කාමාධ්‍යාශය, *n.* sensuality &c., කාමතෘෂ්ණාව. [දෙය.

කාම·විෂය, *n.* object of lust or desire, ආශාවෙන

කාමසුඛල්ලික, *n.* clinging to the enjoyment of the senses, carnal, මාංසික, කාමාධ්‍යාශවූ.

කාමාචාර, *a.* acting according to wish or pleasure, self-pleasing, self-willed, කැමතිපරිදිවූ.

කාමාතුරයා, *n.* one subject to lust, lecher, rake, සල්ලාලයා. [අන්ධවූ.

කාමාන්ධ, *a.* blinded by lust or passion, රාගයෙන්

කාමාභිකාමය, *n.* lust, concupiscence, කාම තෘෂ්ණාව.

කාමාවචර, *a.* (·අවචර going), pursuing lusts, sensual (person or place where such is possible), කාමතෘෂ්ණා සහිත.

කාමාවචර·දිව්‍යලෝකය, *n.* sensuous heaven.

කාමාශ්‍රවය, *n.* indulgence in lust: see කාමා සක්තිය.

කාමාසක්ත, *a.* lascivious, කාමාතුර, කාමික.

කාමාසක්තිය, *n.* lasciviousness &c., රාගයෙහි හැසිරීම.

කාමී, *a.* attached to, desirous of, ලැදි, ඇලුම්වූ.

කාමික, කාමුක, *a.* amorous, sensual, libidinous, රාග සහිත.

කාමිකකම, කාමුකතාව, *n.* amorousness &c., effeminacy, රාගසහිතකම.

කාමිකයා, කාමියා, කාමුකයා, *n.* sensual person, lecher, සල්ලාලයා.

කාමිතාව, *n.* attachment to, being desirous of, ඇලුම්කම, ආලය; incontinence: see කාමික කම.

කාමිනී, *n. fem.* amorous woman, කාමුක ස්ත්‍රී; noble woman, උතුම් ස්ත්‍රී.

කාමුරු, *n.* cloves, කරාබු.

කාමේශ්වරයා, *n.* (කාම ඊශ්වරයා), Lord of love, ap. of Cupid, කාමදෙවියෝ.

කාමෞඝය, *n.* (කාම ඕඝය), torrent of love or desire, කාම නමැති සැඩපාර. [Kampila.

කාම්පිල්ල, *n.* sandal wood, සඳුන්; perfume from

කාම්බලය, *n.* woollen cloth, කම්බිලිය; car with hood of woollen cloth. [eastern Bengal.

කාම්බෝජය, *n.* district of Cāmbōja in north-

කාම්‍ය, *a.* desirable, optional, කැමති ආකාරවූ ; agreeable, ප්‍රසන්නවූ. E. S.
කාමලයා, *n.* a kind of snake.
කාය, *n.* the body, ශරීරය ; house, ගෙය ; multitude, සමූහය ; sect, නිකාය.
කාය, *n.* (Sans. ඛ), sky, අහස.
කායච්ඡේදනාශුඛය, ·ඡේදනාශුඛය, *n.* scalpel, කැපුම් කෙටුම් පිහියේ.
කායච්ඡේද්‍යය, *n.* dissection. E. S.
කායච්ඡේද්‍ය·විද්‍යාව, *n.* anatomy, ශරීරය කොටස් කරන ශාස්ත්‍රය.
කායච්ඡේද්‍ය·ශාස්ත්‍රඥයා, *n.* anatomist.
කාය·ද්වාරය, *n.* body-door, viz. the body as an instrument.
කාය·බන්ධනය, *n.* girdle, බඳපටිය.
කාය·බලය, *n.* bodily strength, ශරීරශක්තිය.
කායම්, *n.* dregs of an infusion, කසායේ මඩ්ඩි ; decoction of spices, කුළුබඩු කසාය. [ජාතිය.
කාය·සථය, *n.* H. writer caste, ලේකම්වංශය or
කාය·සථයා, *n.* ap. of Brahma, the Supreme Being, මහාබ්‍රහ්මයා.
කායා, *n.* crow, කාකයා. See under කා.
කායික, *a.* bodily, corporeal, ශරීරික.
කාර, *adj. aff.* doing, as වැඩකාර, working.
කාරක, *a.* acting, executive, operative, causal; *gram.* active, any oblique case of a noun except gen. or voc.
කාරකකම, කාරකත්වය, *n.* instrumentality, agency; efficiency. [torship.
කාරක·ධුරය, *n.* office of agent, agency, direc-
කාරක·බලය, *n.* moving or working power.
කාරකය, *n.* flask, receptacle, canister, (for pills &c.), as වෙඩිබෙහෙත් කාරකය, powder-flask.
කාරකය, *n.* effecting, doing, කෙරීම; *gram.* the particular relation of an oblique case of the noun to the verb, case: see කාරක.
කාරකයා, *n.* doer, operator, agent, කරන්නා, කර්තෘ. [torate.
කාරක·සභාව, *n.* committee, executive, direc-
කාරක·හේතුව, *n.* efficient cause. [*andi.*
කාරකාකාරය, *n.* mode of action, *modus oper-*
කාර·ගැනුම, *n.* marriage, විවාහය.
කාරණත්වය, *n.* causality, හේතුබලය.
කාරණය, *n.* cause, reason or motive, හේතුව: see කාරණාව.
කාරනවා, *v.* to hawk, cough to clear the throat; *pret.* කෑරුවා; *v. n.* කෑරීම.
කාර·දමනවා, *v. t.* to hawk up or expectorate.
කාරණාකාරණ (ණා), *n. pl.* (·අකාරණ), reason and unreason, right and wrong.
කාරණාව, *n.* reason or motive, object; affair, concern, matter, subject; event.
කාරණික, *a.* pert., to cause, causative, causal, හේතුක.

කාරණ්ඩවයා, *n.* drake, duck, තාරවා; aquatic fowl.
කාරණ්ඩවී, *n. fem.* duck, තාරවී.
කාර·බඳිනවා, කාරබන්ධනයකරනවා, *v. t.* to marry, කසාද බඳිනවා. [කසාදබැඳුම.
කාර·බන්ධනය, *n.* marrying; the marriage tie;
කාරම, *n.* slime, deposit, (in vessels &c.); caustic, කොස්ටික්. E. S.
කාරම්බඳිනවා or බැඳෙනවා, *v. i.* to deposit slime, become slimy, form a deposit on anything.
කාරම්·බෙහෙත, *n.* caustic, කොස්ටික්. E. S.
කාරය, *n.* doing, act, කෙරීම; used also in mentioning letters, as ම·කාරය, that which makes ම, viz. the sound or letter ම.
කාරයා, *aff.* signifying Doer, as වැඩකාරයා, doer of work, servant.
කාරල්ලා, *n.* a small kind of fish.
කා·රවයා, *n.* crow, කපුටුවා. [*splendens.*
කාරවි·කාක්කා, *n.* common grey crow, *corone*
කාර·හාල්, *n.* a kind of rice.
කාරාගාරය, *n.* (·ආගාරය), prison, හිරගේ.
කා·රැළ, *n.* flock of crows, කපුටු රැළ. [කාරී.
කාරිකාව, *n.* actress, dancing woman, නැට්ටුක්
කා·රිපු, කා·රුපු, *n. lit.* crow's enemy, viz. owl, බකමූණා. [matter.
කාර්‍ය, *n.* action, affair, matter; කාරි නෑ, no
කාරී, *aff. fem.* doer, as තරහකාරී, angry woman, වැඩකාරී, servant maid.
කාරුණික, කාරුණ්‍ය, *a.* (fr. කරුණා), merciful, kind, tender, කරුණාවන්ත. [කම.
කාරුණ්‍යය, *n.* mercifulness &c., කරුණාවන්ත
කාරුවා, *n.* maker, artificer, කරුවා, කම්කරුවා.
කාර්ණ, *a.* ear-, auricular, කන්.
කාර්තික·මාසය, *n.* the month October-November, ඉල්මස.
කාර්තිකේය, *n.* name of the Indian Mars or God of war, he was the son of Siva, කතරගම දෙවියෝ.
කාර්තිකෝත්සවය, *n.* (කාර්තික උත්සවය), festival of Kārtika month on the day after the new or full moon.
කාර්පණ්‍ය, *a.* poor, indigent, දිළිඳු.
කාර්පණ්‍යය, *n.* poverty, දිළිඳුකම.
කාර්මි, *a.* industrious, laborious, කඩිසර.
කාර්මණය, *n.* doing; magic; කිරීම; මායම.
කාර්මික, *a.* wrought, worked, embroidered, E. S.; pert. to manufacture, technical, කර්මාන්ත; working, කර්මාන්තකාර.
කාර්මුකය, *n.* bamboo, උණ ලීය; bow, දුන්න.
කාර්‍යකාලය, *n.* proper time for acting, opportunity, ක්‍රියාකිරීමට නිසිකාලය.
කාර්‍ය·ක්‍ෂම, *a.* capable, competent, සමර්ථ.
කාර්‍ය·ක්‍ෂමතාව, *a.* capability &c., සමර්ථකම.

කාර්ය·චින්තක, *a.* (චින්තක considering), cautions, prudent, discreet, නුවණැති, ප්‍රවේසම්.

කාර්ය·චින්තකත්වය, කාර්ය·චින්තකතාව, *n.* prudence &c., නුවණැතිකම, ප්‍රවේසම.

කාර්යය, *n.* motive, object; affair, matter.

කාර්යවත්, *a.* having an object, කාරණාවක් ඇති; engaged in, busy, කාරණාවක යෙදී සිටින.

කාර්ය·සන්දේහ, *a.* doubtful in matters, embarrassed, perplexed, විසවුල්, ආකුල.

කාර්ය·සන්දේහය, *n.* embarrassment &c., ආකුලත්වය, විසවුල.

කාර්යාක්ෂම, *a.* (·අක්ෂම), incapable, incompetent, අසමර්ථ.

කාර්යාක්ෂමතාව, *n.* incapability &c., අසමර්ථකම.

කාර්යාවිචින්තක, *a.* (·අවිචින්තක), incautious, imprudent, නුවණ නැති, අප්‍රවේසම්.

කාර්යාවිචින්තකතාව, *n.* incautiousness &c.

කාර්ෂිකයා, *n.* agriculturist, ගොවියා.

කාර්ෂාපණය, *n.* a weight of 176 grains, කහවණුව.

කාල, *a.* black, කළු.

කාල, *a.* pert., to time, time-, temporal, කාලීන; black, කළු.

කාල·කණ්ඨ, *a.* black-throated: ep. of Siva.

කාල·කණ්ඨයා, *n.* water-fowl, gallinule, දිය කුරුල්ලා; sparrow, ගේ කුරුල්ලා; peacock. මොනරා.

කාලකණ්ණි, *a.* miserable, wretched, woeful, forlorn. [woe.

කාලකණ්ණිකම, *n.* miserableness &c., misery,

කාලකණ්ණියා, *n.* miserable person, one in a woeful state.

කාල·කථාන්තරය, *n.* chronicle, annals.

කාලක·භාවය, *n.* black condition, state of being dark-coloured, කළුකම, අඳුරුකම.

කාලකය, *n.* freckle, mark, ලපය, ලකුණ; the liver, කැවුත.

කාලකයා, *n.* water-snake, දිය නයා.

කාල·කූට, *n.* (කාල death, කූට to injure), a deadly poison, said to be fatal even to Yama the regent of death, වච්චනාභි. [ඉර.

කාල·කාරකයා, *n.* time-maker: ap. of the sun,

කාල·ක්‍රියා·කරනවා, *v.* to do the act of time, viz. to die, decease, මැරෙනවා.

කාල·ක්‍රියා·කථාව, *n.* obituary notice.

කාල·ක්‍රියාව, *n. lit.* act of time, viz. decease, death, මරණය. [කරනවා.

කාල·ක්ෂේප·කරනවා, *v.* to spend time, කල්ගත

කාල·ඛංජනය, කාල·ඛණ්ඩය, *n.* the liver, කැවුත.

කාල·ගණිත·ඥයා, කාල·ගණිතාචාර්යයා, *n.* chronologist. [logy.

කාල·ගණිතය, කාල·ගණිත·ශාස්ත්‍රය, *n.* chrono-

කාල·ගුණ·ඥ, *a.* weather-wise. E. S.

කාල·චක්‍රික, *a.* periodic, pert. to a cycle of time, cyclic.

කාල·චක්‍රය, කාල·මණ්ඩලය, *n.* period, cycle of time; time table; a year, අවුරුද්ද.

කාලඤ්ජර, *n.* ap. of Siva; the country Kallinjer; a company of religious mendicants, තාපස සමූහය. Kallinjer, is one of the places mentioned in the Vedas as suitable for asceticism.

කාලතුවක්කු, *n. pl.* or *a.* cannons; cannon-, gun-.

කාලතුවක්කු·උපකරණ, *n. pl.* ordnance stores.

කාලතුවක්කු·කාරයා, *n.* artillery-man, gunner, bombardier.

කාලතුවක්කු·ගැල, *n.* gun-carriage.

කාලතුවක්කුව, *n.* cannon.

කාලතුවක්කු·ශාස්ත්‍රය, *n.* science of gunnery.

කාලතුවක්කු·සමුදාව, *n.* artillery troop, the artillery.

කාල·ත්‍රය, *n.* the three tenses or three divisions of time, past, present and future.

කාල·ධර්මය, *n.* the law of time or death, මරණය.

කාල·පක්ෂය, *n.* the dark period or wane of the moon, අපරපක්ෂය.

කාලපන්දම, *n.* large torch, ගිනිහුල.

කාල·පිළිවෙළ, *n.* chronological order.

කාල·පිළිවෙළට, *ad.* chronologically.

කාල·භේදය, *n.* division of time; *gram.* tense.

කාලම, *n.* black art, magic, මායම; trumpet, හොරණෑව.

කාල·මුඛයා, *n.* black-faced one, viz. monkey, වඳුරා or රිළවා.

කාලය, *n.* time, season, period; death, මරණය; iron, යකඩය.

කාල·යාත්‍රා·කරනවා, *v.* to pass the bounds of time, decease, die, මැරෙනවා.

කාල·යාපන, *n.* passing time, procrastination, කාලය ගතකිරීම, කල්දැමීම.

කාල·ලවණ, *n.* black or purgative salt: see කාළලවණ. [record.

කාල·ලේඛනය, *n.* time-table; chronological

කාල·ලෝහය, *n.* black metal, iron, යකඩය.

කාල·වර්ණය, *n.* black colour, කළුපාට.

කාල·විශේෂය, *n.* special time, characteristic of the time.

කාල·ව්‍යාපී, *a.* spread through the time, constant, perpetual, නිරන්තර.

කාල·ශ්වේත·ජනයා, *n. lit.* black-white person, viz. one of mixed colour, mulatto. E. S.

කාල·සදෘශ, *a.* seasonable, opportune, ප්‍රස්තාවානුකූල, කලට සුදුසු.

කාල·සිංහයා, *n.* bear, වලසා.

කාල·සූත්‍රය, *n.* thread of time or death; one of the twenty-one hells of Hinduism and one of the eight principal hells of Buddhism, where the condemned are chopped with adzes.

කාලසේය, *n.* whey, මෝරු.

කාල·හංසයා, *n.* black swan, කළුහංසයා.

කාලාක්ෂරිකයා, *n.* (·අක්ෂරික fr. අක්ෂර), pupil, scholar, ගෝලයා.
කාලාගුරු, *n.* (කාල අගුරු), black aloe-wood, black agallochum, කළු අගිල්.
කාලාජන මත්ස්‍යයා, *n.* (·අජන), cuttle-fish, sepia.
කාලානුරූප, *a.* seasonable, timely, opportune, ප්‍රස්තාවානුකූල.
කාලාන්තර, *a.* (·අන්තර), periodic, periodical.
කාලාන්තර·කථාය, *n.* serial story.
කාලාන්තර·භාවය, *n.* periodicity. E. S.
කාලාන්තරය, *n.* space of time, interval, අතර තුර·කාලය or ·වේලාව.
කාලාන්තරයෙන්, *ad.* after an interval, at intervals, periodically. [zine.
කාලාන්තර·සංග්‍රහය, *n.* periodical, serial magazine.
කාලාභ්‍රය, *n.* (·අභ්‍රය), black cloud, කළුවර වලාකුළ.
කාලායස, *n.* (·අයස), iron, යකඩ.
කාලාභ්‍යාගම, *n.* (අභි, ආගම increase), *gram.* temporal augment.
කාලික, *a.* pert. to time, temporal.
කාලිකාය, *n.* blackness, cloudiness, කළුවරකම; line of hair down the breast.
කාලිකයා, *n.* curlew, E. S.; black scorpion, කළු ගෝනුස්සා; crow, කපුටා. [tress.
කාලිකා, *n.* a name of Durgā; celestial songstress.
කාලිංගය, *n.* the country Kālinga, කලිඟු රට.
කාලිංගයා, *n.* elephant, අලියා; snake, සර්පයා.
කාලිදාස, *n.* name of a celebrated Indian poet. He was one of the nine poets of Vikramāditya's court. See වික්‍රමාදිත්‍ය.
කාලි·නාගයා, *n.* black cobra, කළුනයා.
කාලින්දිය, *n.* See කලින්දකන්‍යාව.
කාලිපොළඟා, *n.* black polonga.
කාලී, *n.* ap. of Durgā the wife of Siva, දුර්ගා.
කාලීන, *a.* temporal, temporary, provisional, කාලික.
කාලුෂ්‍යය, *a.* foulness, filthiness, කිලුටුකම.
කාලෝචිත, *a.* (කාල උචිත) timely, seasonable, suitable to the occasion, ප්‍රස්තාවානුකූල.
කාලෝපලය, *n.* (කාල iron, උපලය stone), magnet, කාන්දම.
කාල්‍ය, *a.* See කාලෝචිත.
කාල්‍යතාව, *n.* timeliness &c., ප්‍රස්තාවානුකූලතාව.
කාල්‍යය, *n.* the dawn, අලුයම.
කාවත්, *n.* moon, සඳ.
කා·වදිනවා, *v.* (with dat.) to eat into (as rust), corrode, erode, canker; *fig,* prey upon (the mind); *pret.* කාවැදුණා.
කාවඩියා, *n.* a kind of fresh-water fish.
කාවල, *n.* T., protection, care, preservation, රැකවල, ආරක්ෂාව.
කාවා, *n.* grub of moth. (The moth ඉපියා.)
කාවාටි, *n. pl.* or *a.* oysters, oyster-.
කාවාටි·කටුව, *n.* oyster-shell.
කාවාටි·පරය, *n.* oyster bed.
කාවාටියා, *n.* oyster; *pl.* කාවාටි or කාවාටියෝ.
කා·වැදීම, *v. n.* of කාවදිනවා: eating into, corrosion &c.
කාවිය, *n.* buoy of a net.
කාවියම, *n.* poetry, poem, කවිය.
කාවියක්කාරයා, *n.* See කාව්‍යකාර.
කා·විසි·සිත්, *n.* E. for කාය·වාක්·චිත්ත: body, speech, mind or heart, කය·වචනය·සිත.
කාවේරිය, *n.* the river Kāvéri in the Deccan; harlot, වේශ්‍යාව.
කාව්‍ය, කාව්‍යාකාර, *a.* poetical, metrical, කවි.
කාව්‍ය·කාර, කාව්‍ය(ක්)කාරයා, *n.* poet.
කාව්‍ය(ක්)කාරී, කාවියක්කාරී, *n. fem.* poetess.
කාව්‍ය·බන්ධනය, *n.* composition of poetry; poetical composition.
කාව්‍යය, *n.* poetry, poem, කවි, කවිය.
කාව්‍ය·ශාස්ත්‍රය, *n.* science of poetry, poetry.
කාව්‍යඃ, *n.* name of Sikurā, preceptor of the demons.
කාශය, *n.* See කාසය and කාසිය.
කාශ්මීර, *a.* cashmere; Cashmere (country &c.)
කාශ්මීර·ජය, *n.* cashmere production, viz. saffron, කහ.
කාශ්මීරය, *n.* Kashmir or Cashmir.
කාශ්‍යප, *n.* the sage Kāsyapa; also Aruna.
කාශ්‍යපියා, *n.* Aruna, also Garuda the bird of Vishnu: both were sons of Kāsyapa.
කාෂ්ඨ, *n. pl.* or *a.* wood; wooden; දර; ලී.
කාෂ්ඨ·කර්මය or කර්මාන්තය, *n.* wood-work, wood engraving, ලී කැටයම.
කාෂ්ඨ·චිත්‍රය, *n.* wood-engraving, wood-cut, ලී කැටයම් සිතියම.
කාෂ්ඨ·චිත්‍ර·ශිල්පය, *n.* the art of wood-engraving, ලී කැටයම් ශිල්පය.
කාෂ්ඨ·තක්ෂකයා, *n.* carpenter, වඩුවා.
කාෂ්ඨ·තන්තු, *n.* woody fibre, woody tissue, ගස්වල කෙඳි, පට්ටා.
කාෂ්ඨ·පාෂාණය, *n.* lignite. E. S. [carpus. E.S.
කාෂ්ඨ ඵල·ධාරී, *a.* bearing woody fruit, xylocarpus. E.S.
කාෂ්ඨ·භක්ෂක, *a.* wood-eating, xylophagous, ලී කන.
කාෂ්ඨ·භක්ෂක·ප්‍රාණියා, කාෂ්ඨ·භක්ෂකයා, *n.* wood-eater, xylophagan. E. S.
කාෂ්ඨමය, කාෂ්ඨී, *a.* made of wood, wooden, ligneous, ලීයෙන් කළ, ලී ආකාර
කාෂ්ඨය, *n.* wood, ලීය.
කාෂ්ඨ·ලේඛක, *n.* wood-engraving-, xylographic, ලී කැටයම්කාර.
කාෂ්ඨ·ලේඛකයා, *n.* wood-engraver, xylographer, ලී කැටයම්කාරයා. [xylography.
කාෂ්ඨ·ලේඛක·ශිල්පය, *n.* art of wood-engraving, xylography.
කාෂ්ඨ·වාහනය, *n.* wooden carriage or vehicle, ලී රථය.
කාෂ්ඨ·ස්කන්ධය, *n. bot.* woody-stem, ලී කඳ.

කාෂ්ඨාගාරය, *n.* wooden house, ලී ගෙය.
කාෂ්ඨාව, *n.* place or quarter, දිශාව ; limit, ඉම; space of time, viz. eighteen winks.
කාස, *a.* (see කාසය), cough-. [curing.
කාස·ඝ්න, කාස·මර්දී, *a.* cough-destroying, cough-
කාස·මර්දනය, කාස·මර්දය, *n.* cough-remedy : a mixture of tamarinds and mustard or any remedy against cough.
කාසය, *n.* cough, coughing, tussis, කැස්ස.
කාසාව, කාසාය·වස්ත්‍රය, *n.* yellow robe of B. P., සිවුර.
කාසික, *a.* of Benares, කසිරටට අයිතිවූ.
කාසිය, *n.* coin ; *pl.* කාසි, cash, money.
කාසිය or කාශිය, *n.* Benares, of B. celebrity.
කාසීස, *n.* green vitriol, පච්ච සිතක්කාරම්.
කාසෞෂධය, *n.* (කාස ඖෂධය), cough-medicine, කාසයට බෙහෙත.
කාහල, *a.* dry, වියළි.
කාහලය, *n.* horn or pipe, කළාව, හොරණෑව.
කාහලයා, *n.* sounder, viz. cock, කුකුළා.
කාළ, *a.* black, කළු.
කාළ·ලවණ, *n.* black salt: see කළුලුණු.
කැකෑරීම, *v. n.* of කකාරනවා and කැකෑරෙනවා: decocting, elixation.
කැකෑරෙනවා, *v. i.* to become extracted or decocted by boiling or by the heat of the sun ; *pret.* කැකෑරුණ. See කකාරනවා.
කැකිරි, *n. pl* cucumbers.
කැකිල්ල, *n.* lantana, fern.
කැකුළ, *n.* flower bud, *pl.* කැකුළු ; dry farming (as in කැකුළෙත්).
කැකුළු, *a.* strong, hard, severe, තද ; dry (as opposed to wet).
කැක්, *a.* sorrowful, දුක්වූ : doubtful, සැකවූ.
කැක්කුම, *n.* aching ache.
කැට, *p. pl.* of කටිනලා.
කැට, *n.* sign, indication, සංඥාව, ලකුණ.
කැටකරනවා, *v. t.* to conglomerate, concrete ; form into pieces.
කැටකිරිය, *n.* slough of a snake, හැවය.
කැටකිරිල්ලී, *n. fem.*, කැටකුරුල්ලා, *n. mas.* a small bird that frequents paddy fields.
කැට·දීම, *v. n.* of කැටදෙනවා : pledging &c.
කැටදෙනවා, *v.* to give assurance, assure, pledge.
කැටත්, *n.* disturbing (water &c.), කැලඹීම.
කැටපත, *n.* See කැඩපත.
කැට·පාගනවා, *v.* to tread the lumps or sods in preparing the field.
කැටය, *n.* a small piece or hard bit of anything, pebble, nugget ; mirror ; shell ; pot.
කැටයම, *n.* carving, engraving, sculpture.
කැටයම්, *a.* carved, engraved, sculptured.
කැටයම්·ආවුදය, *n.* graving tool, graver.
කැටයම්කරනවා, *v. t.* to carve, engrave, sculpture.

කැටයම්·කර්මාන්තය or ·ශිල්පය, *n.* carved work ; the art of carving or engraving.
කැටයම්කාරයා, *n.* carver, engraver, sculptor.
කැටයම්කාරී, *n. fem.* sculptress &c.
කැටයම්·රූපය, *n.* graven image.
කැටයම්වැඩය, *n.* See කැටයම් කර්මාන්තය.
කැටයම්·සිතියම, *n.* engraved picture, engraving, etching. [කැලඹුණු.
කැටවත්, *a.* disturbed, agitated (as water),
කැට·වෙනවා, *v. i.* to become pieces (either by breaking or conglomeration).
කැටි, *n. pl.* or *a.* කැටිය.
කැටි·ආකාර, *a.* lumpy, gritty ; granular.
කැටිකරනවා, *v. t.* to make lumpy or granular ; to cluster or put into lots or groups. [self.
කැටිකරගන්නවා, *v. t.* to take along with one's
කැටිගස්සනවා, කැටිගසනවා, *v. t.* to clot, cake together, coagulate, candy ; cluster, group.
කැටිගැසුණු, *v. adj. pret.* clotted &c., curdled ; formed into groups. [into groups.
කැටිගැසෙනවා, *v. i.* to clot, curdle &c.; fall
කැටිය, *n.* lump, clot, lot, cluster, group : මිනිස්සු කැටියක්, a lot or gang of men.
කැටිව·යනවා, *v. i.* to go along with, කැටුව යනවා.
කැටීම, *v. n.* of කටිනවා : spinning.
කැටුව, *post.* with, along with, අනුව, සමග.
කැටුව·යන්නා, *v. n.* one who goes with, follower.
කැවිට, *v. adj. pret.* of කටිනවා : spun.
කැවිටවෙනවා, *v. i.* to be disinclined, shrink from.
කැඩපත, *n.* looking-glass, mirror, කණ්ණාඩිය.
කැඩපත, *n.* royal letter or missive, embassy.
කැඩය, *n.* mark, sign, ලකුණ.
කැඩිච්ච, කැඩුණු, *v. adj. pret.* broken, shattered.
කැඩීම, *v. n.* of කඩනවා and කැඩෙනවා : breaking, disrupture, fracture.
කැඩුම, *n.* breaking, fracture, broken place.
කැඩුම්·බිඳුම්, *n. pl.* breakages and fractures, broken places.
කැඩෙනවා, *v. i.* to break, snap ; *pret.* කැඩුණ.
කැණවූ, *a.* betel, බුලත් (වැල).
කැණි·මඩල, කැණිය, *n.* circular apex of roof tie or rafters. [through.
කැණීම, *v. n.* of කණිනවා : excavating, boring
කැත, *a. lit.* and *fig.* dirty, foul, filthy, nasty, obscene, offensive, loathsome ; mean, stingy.
කැත, කැතකම, *n.* dirt, filth, filthiness &c.
කැතකරනවා, *v. t.* to dirty, foul, render filthy ; *v. i.* evacuate the bowels.
කැත·කුණුවූ, *a.* filthy, feculent. [person.
කැතයා, *n.* filthy person, beast; shabby or mean
කැතලෙස, *ad.* filthily &c.; shabbily, nastily.
කැති, *n. pl.* or *a.* of කැත්ත.
කැති·තලය, *n.* blade of billhook.

කැති·ගැටත, *n.* const. Pleiades, කත්දිත්ත.
කැති·මල්ල, *n.* chopper case, hatchet case or bag (of toddy-drawer &c.). [කාවා.
කැති·මැස්සා, *n.* saw-fly, securifer, cl. පරශු·මැසි
කැත්, *a.* E. of ක්ෂත්‍රිය: noble by birth, royal, රජ.
කැත්·කත, කැත්·කල, *n. fem.* E. of ක්ෂත්‍රිය කාන්තා: (කත, කල, woman), queen, රාජ්ඥිය.
කැත්·කුලය, කැත්වග, *n.* royal lineage, royal race, රාජවංශය.
කැත්ත, *n.* billhook, chopper, hatchet; *pl.* කැති.
කැත්·ලිය, *n.* (ලිය woman): see කැත්කත.
කැදැල්ල, *n.* nest (of birds &c.); nest or lot of insects or worms &c.; lump; *pl.* කැදැලි.
කැදෑරිය, *n.* inner corner of a house, ගෙයිමුල්ල.
කැන, *n.* stalk or bunch (of fruit &c.); multitude, සමූහය; *pl.* කැන්.
කැනහිලා, *n.* jackal, නරියා; *pl.* කැනහිල්ලු.
කැනැත්ත, *n.* cluster, bunch; the pluck, viz. heart, liver and lungs.
කැන්දනවා, *v.* See කැඳවනවා.
කැන්දවනවා, *v. c.* to get (some one) called or invited, cause to come.
කැන්ද, *p. pl.* of කැන්දනවා, for කැඳවා.
කැන්ද·යනවා, *v. t.* to take (by invitation), go with, කැඳවාගෙනයනවා.
කැඳ, *n.* gruel, congee; starch.
කැඳවිය, *n.* See කැදෑරිය. [gruel.
කැඳත්ත, කැඳිත්ත, *n.* a little congee or rice
කැඳ·දමනවා or කැඳ·ලනවා, *v.* to starch; *pret.* කැඳදැම්මා, කැඳලෑවා.
කැඳවනවා, *v. t.* to call, send for, invite; *pret.* කැඳෙවුවා. [(a person).
කැඳවාගෙන·යනවා or ·එනවා, *v. t.* to take or bring
කැඳවීම, කැඳවුම, *v. n.* of කැඳවනවා: calling &c., invitation.
කැප, කැපවූ, *a.* dedicated, consecrated, devoted.
කැපකරනවා, *v. t.* to dedicate &c.
කැපකරුවා, කැපහරුවා, *n.* dedicator; priest's attendant, servitor.
කැපවුම, *n.* shaking, සෙලවීම, කම්පාකරවීම.
කැපවෙනවා, *v. i.* to become dedicated; dedicate or devote one's self.
කැපීම, *v. n.* of කපනවා and කැපෙනවා: cutting, cut.
කැපුම, *n.* cut, incision; shaking, කම්පාවීම.
කැපුම්·කෙටුම්, *n. pl.* cuttings and choppings, cuts and chops, incisions.
කැපුම්·කෙටුම්·වෙද, *n.* surgeon. [කැපුණා.
කැපෙනවා, *v. i.* to become cut, to cut; *pret.*
කැප්පවීම, *v. n.* of කප්පවනවා: causing to cut.
කැප්පිටි·පණුවා, *n.* canker-worm, ඉල්පණුවා.
කැබරලා, *n.* wood-pecker, *brachypternus ceylonus.* [piece-.
කැබලි, *n. pl.* or *a.* of කැබෙල්ල: pieces, bits;

කැබලිකරනවා, *v. t.* to reduce to pieces, rend, cut or break in pieces.
කැබලිත්ත, කැබිලිත්ත, *n.* shard, potsherd; *pl.* කැබලිති, කැබිලිති.
කැබැල්ලෑවා, *n.* See කබල්ලෑවා.
කැබිලි, *a.* part, half, පංගු; *n.* half moon.
කැබෙල්ල, කැබැල්ල, *n.* piece, bit, morsel; *pl.* කැබලි.
කැම, *n.* E. of ක්‍රම: order, see ක්‍රමය.
කැම, *n.* E. of කර්මය. [sire.
කැමති, *a.* or *v.* willing, desiring; to wish, de-
කැමතිකරවනවා, *v. t.* to make willing, persuade, allure, entice.
කැමති·පත්‍රය, *n.* written will; අන්තිම කැමති පත්‍රය, last will, ආසන්න පත්‍රය. [sire, like.
කැමතිවෙනවා, *v. i* to be willing, consent; de-
කැමවුම, *n.* tolerance, ඉවසීම, forgiveness, සමාවීම.
කැමැත්ත, *n.* desire, wish, will, option; consent.
කැමැත්තෙන්ම, *ad.* willingly, voluntarily.
කැමිය, *n.* row, order, arrangement, පිළිවෙළ; spout, හොම්බ; pistil, මල්බට.
කැමියා, *n.* writer, ලියන්නා; *in comp.* worker, doer, as අරක්කැමියා, cook.
කැබුරුම, *n.* reward, bribe, අල්ලස,
කැසිකරය, *n.* spy-glass, binocle.
කැර, *n.* cluster of flowers, nosegay, මල්පොකුර.
කැරකැර·ගානවා, *v.* to croak (as frogs).
කැරකිල්ල, කැරකීම, *v. n.* rotation revolution; giddiness. [කැරකුණා.
කැරකෙනවා, *v. i.* to revolve, rotate; *pret.*
කැරකෝප්පුව, *n.* Port., cemetery, සොහොන්පළ.
කැරපොත්තා, *n.* cockroach.
කැරය, *n.* written deed, conveyance, bond.
කැරලි, *n. pl.* or *a.* of කැරැල්ල: rebellion &c.; rebellious. [nous, seditious.
කැරලිකාර, *a.* rebellious, insubordinate, muti-
කැරලිකාරකම, *n.* rebelliousness &c.
කැරලිකාරයා, කැරලිකරුවා, *n.* rebel, insurgent, mutineer.
කැරලිගසනවා, *v.* to rebel, revolt, mutiny.
කැරලිගැසීම, *v. n.* rebelling &c., rebellion, insurrection &c.
කැරැල්ල, *n.* rebellion &c.; *pl.* කැරලි.
කැරැල්ල, *n.* skein, hank, coil; *pl.* කැරලි.
කැල, *n.* multitude, crowd; lot, batch; සමූහය.
කැලණිය, *n.* village and river so called.
කැලත, [illegible], *n.* sediment, dregs, mud; feculence; මණ්ඩි, බොර.
කැලති, කැලතුණු, *v. adj. pret.* of කැලතෙනවා: stirred up.
කැලතෙනවා, කැලැත්තෙනවා, *v. i.* to be stirred about or up (as a liquid); *pret.* කැලතුණා, කැලැත්තුණා. [කුණුවූ, බොරවූ.
කැලත්, *a.* feculent, muddy, not clear, කැත

කැලම, *ad.* wholly, positively, සත්තකටම ; *with neg.* not at all, මුළුමනින්ම නැ.
කැලඹීම, *v. n.* of කලඹවනවා : agitating &c.
කැලඹි, *v. adj. pret.* of කැලඹෙනවා : agitated &c.
කැලඹීම, *v. n.* of කලඹනවා and කැලඹෙනවා : agitating, alarming ; alarm, consternation.
කැලඹෙනවා, *v. i.* to be agitated, alarmed, dismayed, put to confusion ; *pret.* කැලඹුණා.
*කැලය, කැලේ, *n.* jungle, thicket ; *pl.* කැලෑ.
කැලල, *n. lit.* and *fig.* scar, cicatrice ; stain, blemish, flaw, slur, stigma.
කැලැල්කරනවා, *v. t.* to blemish, blot, blur, sully &c., stigmatize.
කැලැත්තීම, *v. n.* of කලත්තනවා and කැලැත්තෙනවා : stirring up.
*කැලෑ, *n. pl.* or *a.* forests ; forest-, jungle-, wood-, jungly.
*කැලෑ·කෝරළ, *n.* forest-officer, forester.
*කැලෑ·රොද, *n.* thicket, spinny.
*කැලෑව, *n.* jungle, thicket, wood. [woodsman.
*කැලෑ·වැසියා, *n.* dweller in a wood, back-
කැලි·කසල, *n.* dirt and filth or black and dirt.
කැලිපත, *n.* shadow, සෙවණ ; sign, ලකුණ.
කැලිය, *n.* flower-bud, මල්කැකුළ ; target, ඉලක්කය ; black colour, කළුපාට.
කැලි, *n. fem.* black woman, කළු ස්ත්‍රී ; menstrual woman, මල්වර ඇත්තී.
කැලුම, කැල්ම, *n.* brightness, glitter, refulgence, දීප්තිය ; ray of light, රශ්මිය.
කැලුමැති, *a.* (කැලුම් ඇති), bright &c., දීප්තිමත්.
කැලේ·කොණ්ඩයා, *n.* black bulbul, *hypsipetes ganeesa.*
කැවිට, *n.* goad, කෙවිට ; *pl.* කැවිටි.
කැවිඩි, *n. fem.* of කවුඩා : female crow, කපුටි
කැවිලි, *n. pl.* eatables, sp. sweetmeats, cakes, pastry. [කැවිලි.
කැවිල්ල, *n.* eating ; food, anything to eat ; *pl.*
කැවීම, *v. n.* of කෑවෙනවා and කවනවා : becoming eaten ; causing to be eaten.
කැවුත, *n.* the liver, අක්මාව ; *pl.* කැවුතු.
කැවුම, *n.* cake, sp. cake made of rice flour, treacle (or sugar) and oil.
කැවුලැකියා, *n.* glutton, කෑදරයා.
කෑවෙනවා, *v. i.* to become eaten ; to bite or catch (as cogs) ; to gnaw (of pain) ; *pret.* කැවුණා. [ලැකෑබ.
කැස, *n.* armpit, කිහිල්ල ; doubt, සැකය ; thicket,
කැසට, *a.* See කැහැට.
කැස·පට, කැස්·පට, *n.* lower part of the skirt tucked up at the waist behind.
කැස·පට·ගහනවා, *v.* to tuck up the lower part of the skirt into the waistband.

* Also spelt කැළය, කැළේ, කැළෑ &c., as derived from T. காடு.

කැසි, *n. pl.* of කැස්ස : coughs.
කැසීම, කැහීම, *v. n.* of කහිනවා : coughing ; and of කසනවා : itching ; scratching.
කැසුප්·පොතු, *n. pl.* of කැසුප්පොත්ත : tortoise-shells.
කැසුබුවා, *n.* tortoise, turtle, කැස්බෑවා.
කැසුම, කැහුම, *n.* itching ; scratching; coughing.
කැස්බෑපොත්ත, කැස්බෑලෙල්ල, *n.* shell of a tortoise, tortoise-shell, testudo.
කැස්බෑපොතු, කැස්බෑලෙලි, *n. pl.* or *a.* tortoise-shells ; tortoise-shell.
කැස්බෑවා, කැස්බාවා, *n.* turtle, sea-tortoise.
කැස්·වටුවා, *n.* snipe, common snipe or pin-tailed snipe.
කැස්ස, *n.* cough, coughing, tussis.
කැහැට, *n.* goad, කෙවිට.
කැහැට, කැහැටු, *a.* thin, lean, spare, කෙට්ටු.
කැහැ·දමනවා, *v. t.* to cough up, expectorate.
කැහැපට, *n.* and කැහැපටගහනවා, *v.* See කැස පට &c.
කැහි, *n. pl.* See කැසි.
කැහිබෙල්ලා, *n.* Ceylon jay, *cissa ornata.*
කැහුම, *n.* See කැසුම.
කැහුලැකියා, *n.* See කැවුලැකියා.
කැළය, කැළේ, කැළෑ &c. : See කැලය &c.
කෑ, *v. adj. pret.* of කනවා : that ate or was eaten.
කෑ·කෝ·ගහනවා, *v.* to make a noise; row, shout and yell. [shout, bawl.
කෑගසනවා, කෑගහනවා, *v.* to cry out, scream,
කෑගැසීම, *v. n.* of above : outcry, screaming &c.
කෑදර, *a.* gluttonous, edacious.
කෑදරකම, *n.* gluttony.
කෑදරයා, *n.* glutton, gormandizer.
කෑදැත්තා, කෑඳැත්තා, *n.* Ceylon hornbill : see වාතකයා.
කෑප්පුර, *n.* camphor, කපුරු. [provisions.
කෑම, *n. v. n.* and *n.* of කනවා : eating ; food,
කෑම·අරිනවා, *v.* to send or leave food ; serve up food.
කෑම·අල්මාරිය, *n.* food-safe, meat-safe.
කෑම·ඔරුව, *n.* manger trough, crib.
කෑම·තෘෂ්ණාව, *n.* desire for food, appetite.
කෑමබීම, *n.* food and drink.
කෑම·බොක්ක, *n.* paunch, stomach.
කෑම·ශාලාව, *n.* dining hall ; eating-house.
කෑම·හාඟිය, *n.* scarcity of food, famine.
කෑමොර·ගහනවා, *v.* to bawl, clamour, declaim loudly.
කෑලිලාවා, *n.* glutton, කෑදරයා.
කෑලිලාවු, *a.* gluttonous, කෑදර.
කෑරලා, *n.* woodpecker (of various species) ; *pl.* කෑරල්ලු.
කෑරියක්කා, *n.* the insect cricket, රැහැයියා.
කෑරීම, *v. n.* of කාරනවා : hawking &c.

කැලම, *ad.* alone, only, තනියම : see කැලම.
කැලිකරනවා, *v. t.* to divide, rend or break in pieces.
කැලි·කැලි·කඩනවා, *v. t.* or ·කැඩෙනවා, *v. i.* to break in pieces.
කැලි·වශයෙන්, *ad.* in pieces, piecemeal.
කැල්ල, *n.* piece, bit, morsel ; *pl.* කැලි.
කිකරයා, කිකරුවා, *n.* See කිංකරයා. [කලද.
කිකල...ද, *inter. ad.* what time, when, කොයි
කිකිණි, *a.* tinkling ; bell-: see කිංකිණික.
කිකිණිය, *n.* small bell, මිණිගෙඩිය.
කිකිණි·රබාන, *n.* tambourine, timbrel.
කිකිණි·ශබ්දය, *n.* tinkling sound, tinkle, sound of a small bell.
කිකිළුව, *n.* nape of the neck, ගලවළුව.
කික්යා, *n.* blue jay, කිරලා.
කිකිළි·බිජුව or ·බිජ්ජ or ·බිත්තරය, *n.* hen's egg.
කිකිළි, *n.* the domestic hen ; *pl.* කිකිළියෝ.
කිකුර, *n.* retinue of Siva, ඊශ්වරයාගේ පිරිස.
කිකුරුව, *n.* bag, මල්ල.
කික්කි, *n.* female whelp, pup.
කිංකරයා, *n.* servant, attendant, වැඩකාරයා, pupil, ශිෂ්‍යයා, ගෝලයා.
කිංකිණික, *a.* tinkling, jingling, චිංචිංගාන.
කිංකිණිය, *n.* small bell ; girdle or string of bells. [හෙත්ම.
කිචිත්, කිචිද්, *ad.* at all, in any degree, කො
කිඤ්ජය, කිඤ්ජලය, කිඤ්ජල්කය, *n.* lotus-filament, නෙළුම්හනතුව.
කිටිප, *n.* blue vitriol, sulphate of copper. E.S.
කිටුව, *n.* ray of light, රශ්මිය ; multitude, සමූහය ; crown, ඔටුන්න. [යකඩමල.
කිට්ට, *n.* dirt, excrement, කසල, මල ; iron rust,
කිට්ටු, *a.* near, adjacent, proximate ; near (relative).
කිට්ටුකම, *n.* nearness &c., closeness.
කිට්ටුකරනවා, *v. t.* to put or bring near or close, approximate.
කිට්ටුකරගන්නවා, *v. t.* to bring or get near to one's self, overtake.
කිට්ටුව, *n.* nearness, proximity ; also for කිට්ටුම්.
කිට්ටුවට, කිට්ටුවෙන්, *ad.* near, closely, close by.
කිට්ටුවන්ත, *a.* near, kindred.
කිට්ටුවන්තකම, *n.* nearness, closeness, propinquity, (of relationship).
කිට්ටුවෙනවා, *v. i.* to draw near to, come close, approach, approximate.
කිඩගනනවා, *v.* to kneel, දණගහනවා.
කිඩය, කිඩුව, *n.* E. of ක්‍රීඩාව : sport, play ; kneeling of an elephant.
කිඩයා, කිඩවරයා, *n.* wicker-worker, basket-maker. [කෙල්ල.
කිඩනකෙලි, කිඩැහැකෙලි, *n.* dancing girl, lass,
කිඩෑ, *a.* small : see කුඩා.
කිඩිකරනවා, *v.* to conjure, juggle, විජ්ජාකරනවා.

කිඩිය, *n.* dancing, නැටීම ; see කිඩි.
කිඩියරයා, *n.* E. of ක්‍රීඩාකාරයා : player ; conjurer, විජ්ජාකාරයා.
කිඩි, කිඩිය, *n.* dancing woman, නැටවුන්කාරී.
කිඩු·බිම, *n.* play-ground, ක්‍රීඩා භූමිය, dancing-school. E. S.
කිඩුව, *n.* play, ක්‍රීඩාව, සෙල්ලම.
කිණ·සව, *a.* E. of ක්ෂීණාශ්‍රව.
කිණ·සවයා, *n.* B. saint, අර්හත් or රහත්කෙනෙක්.
කිණිතුව, *n.* unripe fruit, ගැටය.
කිණිතුල්, *a.* unripe, පැසිනැති.
කිණිස්ස, *n.* ladle, dipper, scoop ; *pl.* කිණිසි.
කිණිහිරය, කිණිරය, *n.* anvil.
කිණ්හ, *a.* E. of කෘෂ්ණ : black, කළු ; beautiful, ලක්ෂණ.
කිණ්හ, *n.* ap. of Vishnu ; pepper, ගම්මිරිස්.
කිණ්හකට, *n.* black-necked one : ap. of Siva.
කිණ්හ·දුල, *n.* flame, ගිනිදුල ; girdle, මෙවුල්දම.
කිණ්හ·මග, *n.* fire, ගින්න.
කිණ්හ·මසා, *n.* black fish, a fresh-water fish.
කිණ්හව, *n.* star, තාරකාව ; nose, නාසය.
කිතක, *a. gram.* verbal : see කෘදන්ත.
කිත·යුගය, *n.* famous age, golden age.
කිතලා, *n.* water-cock, *gallicrex cinerea*, වලි කුකුලා ; also Indian bluecoat, *porphyris polliocephalus*. [රයා.
කිතවයා, *n.* gamester, gambler, cheat, සූදුකා
කිති·කවනවා, *v.* to tickle, titillate ; *v. n.* කිති කැවීම.
කිතු, කිත් ; කිත්ති, *n.* E. ; and P. of කීර්ති : fame.
කිතු·සසුන, *n.* for ක්‍රිස්තුස් ශාසනය, the Christian dispensation.
කිත්තම, *n.* tow, hemp, oakum. [a king.
කිත්·සිරි·මෙවන්, *n.* E. of කීර්ති·ශ්‍රී·මේඝ : name of
කිදුම්ලි, *n. pl.* labour pains, විලිරුදා.
කිදු, කිඳු, *n.* pepper, ගම්මිරිස්.
කිදු, කිඳු, *a.* E. of ක්ෂුද්‍ර : small, කුඩා.
කි·නම්, *inter. adj. pron.* what sort, කොයි ආකාර, කවරනම් අය.
කිනම්ද, *n. inter.* what name ; *pl.* කිනම්මුද.
කිනි, *n.* sun, ඉර.
කිනිතුල, කිනිතුව, *n.* tender fruit, immature soft fruit, ළාගෙඩිය, ගැටය. [කනිටු.
කිනිටු, *a.* worthless, mean ; small, කුඩා : see
කිනිතුලා, *n.* tick ; dog-louse ; *pl.* කිනිතුල්ලෝ.
කිනිත්ත, *n.* catkin ; sprig, රිකිල්ල.
කිනිත්තා, *n.* a kind of sea fish.
කිනිස්ස, *n.* dagger.
කිනුටු, *a.* See කිනිටු. [දම.
කිනු·දම, *n.* neckchain, necklace, මාලය, මෙවුල්
කිනුර, *n.* attendant of කුවේර the king of demons in the infernal regions ; horse-headed centaur ; *pl.* කිනුරු.
කිනරිඳු, *n.* (කිනුර ඉඳු), Lord of demons : ap. of Kuwéra, කුවේර.

කිංකණුණාංග, *n.* cycle, කාලචක්‍රය. E. S.
කින්නරයා, කින්නර, *n.* mat-weaver, පැදුරු විශන්නා.
කින්නර, *n.* human-headed centaur, also hippocentaur, a demigod in the service of Kuwera.
කින්නර·ගනාව, *n.* (ර·අං:), *fem.* of කින්නරයා: female centaur or demigoddess.
කින්නරේශයා, *n.* (කින්නර ඊශ), Lord of the centaurs: ap. of කුවේර.
කින්නාරම, *n.* lute, guitar.
කින්පිය, *n.* logwood.
කිණ්ව·ජ, *a.* (කිණ්ව leaven), zymotic, මුහුන්වලින් or පැසීමෙන් අවගන්න. [රෝගයක්.
කිණ්ව·ජ·රෝගය, *n.* zymotic disease, ලේ පැසීමේ
කිණ්ව·ධර්මය, කිණ්ව·විභාගය, *n.* zymology, රා විංමේ ධර්මය.
කිණ්ව·භූති·මානක·යන්ත්‍රය, *n.* zymometer, zymosimeter.
කිද, කිදලිය, *n.* marsh, bog, මඩවගුර.
කිදනවා, කිඳෙනවා, *v. i.* to sink, become engulfed; *pret.* කිඳුණා; *v. n.* කිඳීම.
කිඳවනවා, *v. t.* to sink, submerge, immerse; *pret.* කිඳෙව්වා; *v. n.* කිඳවීම.
කිඳුරඟනා, *n.* (·අඟනා female): see කිඳුරී.
කිඳුරා, *n.* E. of කින්නරයා: a fabulous being, human in the upper part, bird-like in the lower: anthropornis, a demigod in the service of Kuwéra and celestial musician; *pl.* කිඳුරෝ or කිඳුරු.
කිඳුරී, *n. fem.* of the above; *pl.* කිඳුරියෝ.
කිඳුරිඳු, *n.* (කිඳුරු ඉඳු), Lord of the kinduras: ap. of Kuwéra.
කිඳුව, *n.* order, arrangement, පිළිවෙළ; branch, අත්ත; fibre, කොන්ද.
කිඳෙනවා, *v. i.* See කිදනවා.
කිපි, *a.* angry, කිපුණු, තරහවූ.
කිපෙනවා, *v. i.* to become irritated, be angry; *pret.* කිපුණා; *v. n.* කිපීම. [කිබිදීම.
කිබිඳෙනවා, *v. i.* to awake; *pret.* කිබිදුණා; *v. n.*
කිබිලියා, *n.* shrimp, prawn, ඉස්සා.
කිබුලා, *n.* See කිරලා.
කිබුව, *n.* hood of a vehicle, අඹරුව.
කිම, *inter. pron.* what, what of that.
කිමිදෙනවා, *v.* to dive; *pret.* කිමිද්දා or කිමිදුණා; *p. pl.* කිමිද; *v. n.* කිමිදීම.
කිමිදුම්කාරයා, *n.* diver.
කිමි·ජය (කෘමි·ජය), *n.* produce of an insect, viz. lac, E. S.; aloe wood, අගුරු.
කිමියා, *n.* E. of කෘමියා: worm, insect, පණුවා; small monkey.
කිමිලෝම, *n.* silk fibre, පටනූල්.
කිමෙක්ද, කිමද, *inter. pron.* what, මොකද.
කිම්පුරුෂයා, *n.* horse-headed centaur: see කින්නරයා.
කිඹිලියා, *n.* a kind of a prawn or shrimp, ඉස්සා.

කිඹිහිනවා, කිඹිහිනවා, *v.* to sneeze; *pret.* කිඹිහ්සා; *p. pl.* කිඹිහ. [&c.
කිඹිසිල්ල, කිඹිසීම, *v. n.* sneezing, or කිඹිහිල්ල
කිඹිසිසි, *a.* inverted, upside down.
කිඹිසිසිකරනවා, *v. t.* to invert, පෙරළා තබනවා.
කිඹුලා, *n.* crocodile, alligator.
කිඹුල්, *a.* crocodile-; tawny (crocodile colour).
කිඹුල්මුව, *n.* nave of a wheel.
කිඹුල්·වන්, *a.* tawny coloured, පිඟු.
කිඹුල්·හූනා, *n.* a large kind of lizard.
කියග, *imp. obs.* tell, say, කියාපන්.
කියත, *n.* saw; *pl.* කියත්.
කියතඹුව, *n.* water-strainer, පෙරහන් කඩ.
කියත්කාරයා, *n.* sawyer.
කියත්·කුඩු, *n.* sawdust.
කියත්මසා, *n.* sawfish, දතිමෝරා.
කියදිය, කියදුව, *n.* hump on the shoulder of an ox, ගව මොල්ලිය.
කියනවා, *v. t.* to say, tell; *pret.* කිවුවා, කිව්වා or කීවා; *v. n.* කීම. [ment.
කියමන, *n.* saying, expression, phrase; state-
කියඹ·රැජිය, *n.* row of curls.
කියඹුව, කියඹු·වැල, *n.* curl or lock or plait of hair on the forehead or temples.
කියලුව, *n.* informing, publishing, සැලකිරීම.
කියවනවා, *v. t.* to cause to say; to read; *pret.* කියෙවුවා. [reading &c.
කියවීම, *v. n.* of කියවනවා and කියවෙනවා:
කියවෙනවා, *v. i.* to become said, uttered unintentionally; to become read; *pret.* කියවුණා.
කියාදෙනවා, *v. t.* to tell, inform, relate, narrate; explain; confess, acknowledge.
කියා·පානවා, කියා·සිටිනවා, *v. t.* to state, affirm, profess. [tell.
කියා·ලනවා, *v. t.* to express, set forth, fully
කියාව, *n.* hump of an ox, මොල්ලිය.
කියුලුව, *n.* See කියලුව.
කිර, *n.* E. of ක්ෂීර: milk, කිරි.
කිරවා, *n.* fr. කීර: parrot, ගිරවා.
කිරඟනා, *n.* (කිර අඟනා), female parrot; also she-elephant, ඇතින්න.
කිරගුවා, *n.* elk, ගෝනා.
කිරණ, කිරණය, *n.* ray, sunbeam, රශ්මිය; white or glittering sea, දිලිසෙන මුහුද. [ඉර.
කිරණ·මාලිය, *n. lit.* ray-garland, viz. the sun,
කිරණව, *n.* sea of milk, කිරිමුහුද.
කිරණිඳු, *n.* (කිරණ ඉඳු), Ray-lord, Lord of rays, ap. of the sun, ඉර.
කිරණිඳු·කුලය, *n.* lineage of the sun, solar dynasty, සූර්‍යවංශය.
කිරතා or කිරතයා, *n.* a veddah, වැද්දා.
කිරනවා, *v. t.* to weigh; *pret.* කිරුවා; *v. n.* කිරීම. [wing.
කිරලා, *n.* red-wattled or yellow-wattled lap-
කිරලාවා, *n.* a sea fish.

කිරවුල, *n.* body, ශරීරය.
කිරාතකයා, කිරාතජයා, කිරාතයා, *n.* barbarian, savage, වනචරයා.
කිරා·බලනවා, *v. t.* to weigh and see; *fig.* to test.
කිරා·වැටෙනවා, *v. i.* to be weighed down or overcome with sleep, fall asleep.
කිරි, *n.* milk.
කිරි·අම්මා, කිරිමව්, *n.* wet-nurse.
කිරිඉබ්බා, *n.* fresh-water turtle, *emyda ceylonensis.*
කිරි·උණ, *n.* milk-fever.
කිරි·එළදෙන, *n.* milch cow.
කිරි·කබල, *n.* milk-bread, කිරිරොටි.
කිරිකවෙලු, *n.* E. of කිරිකොහෝලි.
කිරිකාරයා, *n.* milkman.
කිරි·කොටනවා, *v.* to churn; *pret.* කිරිකෙටුවා.
කිරි·ගඩුව, *n.* little boil, bubo, pustule.
කිරි·ගරුඩ, *a.* marble, alabaster.
කිරි·ගරුඬය, *n.* white marble, alabaster.
කිරි·ගොටුව, *n.* milk-strainer of wicker work.
කිරිකුවා, *n.* See කිරකුවා.
කිරිච්චය, කිරිච්චිය, *n.* kris, creese, dirk, Malay dagger.
කිරිදඹල, *n.* kidney bean.
කිරි·දරුවා, *n.* nursling, suckling child.
කිරි·දෙනවා, තන·කිරි·දෙනවා, *v.* to suckle.
කිරි·දෙවීම, *v. n.* of කිරිදෙවනවා: milking.
කිරි·දොදොල්, *n.* a kind of sweetmeat.
කිරි·දෙවනවා, කිරි·දෙවීනවා, කිරි·දොනවා, *v.* to milk, *lit.* cause to give milk; *pret.* කිරිදෙවුවා.
කිරිහාලුපුවා, *n.* a kind of fish.
කිරිදි, *n. pl.* tares, cockle, darnel.
කිරිඳු, *n.* (කිර or කිරි elephant, ඉඳු chief) large or chief elephant, මහ ඇතා; milk-sea, කිරිමුහුද.
කිරි·පාවා, *n.* unicorn, කඟවේණා.
කිරි·පිඩු, *n.* rice-milk, boiled rice and milk, කිරිබත්.
කිරි·පොවනවා, *v. c.* to cause to drink milk, to suckle.
කිරි·බත, කිරි·බත්, *n.* milk-rice.
කිරි·බාල්දිය, *n.* milk-pail.
කිරි·බුරුල්ල, *n.* udder.
කිරි·මඩුවා, *n.* a sea-fish.
කිරි·මත්ගානවා, *v.* to churn.
කිරි·මව්, *n.* See කිරිඅම්මා.
කිරි·මුසු, *a.* mixed with milk, milky.
කිරිමෝරා, *n.* white shark.
කිරිමෝරු, *n.* buttermilk.
කිරි·මැටි, *n.* white clay, pipe-clay, kaolin.
කිරිය, *n.* the quantity of ground required to sow eight bushels of paddy.
කිරිය, *n.* act, ක්‍රියාව; *gram.* verb, ක්‍රියාපදය.
කිරිය, *n.* saw, කියත.
කිරියා, *n.* elephant, කරියා, අලියා.
කිරිල්ලී, *n. fem.* of කුරුල්ලා: hen-bird.
කිරි·වදිනවා, *v. i.* to become or be getting juicy, (of fruits maturing).

කිරි·වරනවා, *v. t.* to stop the milk, viz. to wean (the child); *pret.* කිරිවැරුවා; *v. n.* කිරිවැරීම.
කිරි·වලාව, *n.* white cloud, සුදුවලාකුළ.
කිරි·වවුලා, *n.* milk-bat.
කිරිවැරූ, *v. adj. pret.* weaned (child).
කිරිවුල, *n.* See කිරවුල.
කිරි·සයුර, කිරි·සිඳු, කිරිසිඳු, *n.* milk-sea, කිරිමුහුද.
කිරි·සල, *n.* white stone, සුදුගල.
කිරි·හස, *n.* white swan, සුදුහංසයා.
කිරි·ළමයා, *n.* See කිරිදරුවා.
කිරීට·ධාරී, *a.* wearing a diadem, coroneted.
කිරීටය, *n.* diadem, coronet.
කිරීටාකාර, *a.* (·ආකාර), coroniform, ඔටුන්නක් වැනි.
කිරීම, *v. n.* of කිරනවා or කරනවා: weighing; doing.
කිරුම, *n.* weighing; load බර.
කිරුම්·බර, *n.* weights for scales, කලත්පඩි.
කිරුළ, *n.* crown, diadem, ඔටුන්න.
කිරුළු·මිණ, *n.* crown-gem, gem on a crown, ඔටුන්නෙහි මැණික.
කිරෙනවා, *v. i.* to become weighed; *pret.* කිරුණා.
කිරෙන්·වරනවා, *v. t.* to wean (the child) from milk; *pret.* ·වැරුවා.
කිල, *n.* hut, cottage, පැල.
කිලත්, *n.* whey, මෝරුදිය.
කිලසිය, *n.* slight pain, ailment, මදවේදනාව or අසනීපය.
කිලාස·කාරයා, *n.* leper, කුෂ්ඨරෝගකාරයා.
කිලාසය, *n.* scab, spot of itch, කුෂ්ඨය; lichen, පාසි ජාතියක්.
කිලාස·රෝගය, *n.* leprosy, කුෂ්ඨරෝගය.
කිලාස·රෝගී, *a.* leprous, ලාදුරු, කුෂ්ඨරෝගකාර.
කිලිටි, *a.* See කිලුටු.
කිලිඳිල්ලා, *n.* a fish.
කිලිල, *n.* edible part of the stem of the coconut tree, coconut cabbage.
කිලුට, කිලුටුකම, *n.* filth, filthiness, defilement, dirtiness.
කිලුටු, *a.* filthy, dirty, defiled, impure.
කිලුටුකරනවා, *v. t.* to make dirty &c., pollute.
කිල්ල, *n.* See කිලිය.
කිල්ලෝටය, *n.* chunam box for chunam eaten with betel leaf; *pl.* කිල්ලෝටා.
කිවි, *n.* poet; planet Venus: see කිවිඳු, කිවිඳු.
කිවිකම, *n.* making poetry, poetizing, කාව්‍ය කර්මය, කවිබැඳීම.
කිවි·දන, *n.* See කවිජනයා.
කිවි·දින, *n.* Friday, සිකුරාද.
කිවිඳු, කිවිඳු (කිවි ඉඳු), කිවිවරයා, *n.* poet, කවිවරයා; pandit, පණ්ඩිතයා.
කිවිඳු, කිවි, *n.* the planet Venus, සිකුරා.
කිවියා, *n.* black monkey, වඳුරා.
කිවි·රජ, *n.* poet laureate or eminent poet, කවීන්ද්‍රයා.
කිවිසිනවා, *v.* to sneeze: see කිම්හිසිනවා.

කිවුල, කිවුල්රස, *n.* insipidity, insipid taste.
කිවුල්, *a.* insipid ; (of water) brackish.
කිවුල්·ඉඩම, *n.* meagre or sapless or barren place. [කිසිල්ල.
කිස, *n.* belly, බඩ ; womb, කුස ; armhole,
කිස, *n.* E. of කෘත්‍ය : duty, what should be done, කටයුත්ත.
කිසද, *n.* house, dwelling, ගෙය.
කිසපිටුකුස්, *n.* loafer, dependent.
කිසල, *n.* sproul, shool. twig, දළුව, රිකිල්ල.
කිසි, *adj. pron.* any, some : generally with neg., as කිසිදෙයක් නැ, There is nothing.
කිසි·සවනවා, *v.* to crack or smack (a whip).
කිසිත්, *indef. pron.* anything ; with neg. nothing.
කිසිඥ, *a.* all : සකිසිණ. [see.
කිසිඥපිරියම, *n.* E. for කසිණපරිකර්මය, which
කිසිම, කිසුම, *n.* flower, කුසුම, මල.
කිසිම, කිසියම්, *adj. pron.* emp. of කිසි : any whatever.
කිසිම්ලියා, *n.* shrimp, prawn, ඉස්සා.
කිසිල්ල, *n.* armpit, axilla ; *pl.* කිසිලි.
කිසිවක්, *n.* something, anything.
කිසිවෙක්, *n.* some one.
කිසුඥ, *a.* See කිසිඥ.
කිසුඥ·පිරියම, *n.* See කිසිඥ and පරිකසිණ.
කිසුම, *n.* See කුසුම.
කිසුළුව, *n.* body, ශරීරය.
කිසෙ, කෙසේ, *ad.* how, however, කොහොම.
කිසේද, කෙසේද, *inter. ad.* how, in what manner, කොහොමද.
කිසේය·යත්, See කෙසේදයත්.
කිස්·කනවා, *v.* to smart ; *pret.* කිස්කෑවා.
කිස්ණ, *n.* E. for කෘෂ්ණ : Krishna.
කිස්දකා, *n.* beggar, හිඟන්නා.
කිස්දෙවුත්, *a.* last-born, youngest, ඉනාබාල.
කිස්දෙවුත්·මලයා, *n.* youngest brother.
කිස්·පිටුවා, *n.* beggar, හිඟන්නා.
කිස්මිස්, *n. pl.* raisins, වියලි මිදිඵල.
කිහි, *a.* See කිසි.
කිහිප, *a.* See කිප.
කිහිරැලි, කිහිරැලි·දෙවියෝ, *n.* ap. of Vishnu (of whom an image is said to have been made of කිහිරි wood): fr. බද්‍ර=කිහිරි, *acacia catechu*, and දේහලි, threshold of a door.
කිහිරි, *a.* කිහිරි·ලි, *n.* cedar ; cedar wood.
කිහිල්ල, *n.* armpit, axilla ; *pl.* කිහිලි.
කිළි·පැල, *n.* hut or outhouse (for the time of menses).
කිළි·පෙළම, *n.* shivering, shiver, වෙවුලුම.
කිළිපොළුනවා, *v.* to shiver, වෙවුලනවා ; *pret.* කිළිපෙළුවා.
කිළි·මාල, *a.* hæmorrhagic flooding.
කිළි·මාලය, *n.* hæmorrhage, flooding, flux.
කිළිය, *n.* menses, මසප් ; hut, shanty, පැල.

කිළිවෙනවා, *v. i.* to have the menses or monthly flow.
කී, *v. adj. pret.* said, කීවාවූ, කිවූ ; also *adj.* form of කීයක්ද &c., (as කී·දවසක්ද for දවස් කීයක්ද).
කී·කරු, *a.* obedient, submissive, tractable.
කීකරුකම, *n.* obedience &c.
කීකරුවා, *n.* obedient one.
කීකරුවෙනවා, *v. i.* to be obedient, obey.
කීට, *a.* worm-, helminthic, පණු (බෙහෙත් &c.).
කීටයා, කීටයා, *n.* worm, insect ; *pl.* කීටයෝ, කීටජාති, worms, vermes, පණුජාති.
කීට·ජනක, කෘමි·ජනක, *a.* producing worms, vermiparous, පණුවන් උපදවන.
කීට·ප්‍රයාණාකාර, කීටාකාර, *a.* (·ආකාර), like worm-tracks, vermicular, worm-like, පණු ආකාර.
කීට·බහුල, *a.* See කෘමිබහුල.
කීට·භක්ෂක, *a.* worm-eating, vermivorous, පණුවන්කන. [gist. E. S.
කීට·විද්‍යා·කාරයා, *n.* vermeologist, helminthologist
කීට·හර, *a.* vermifugal, පණුවන් නැතිකරන.
කීට·හරඖෂධය, *n.* (·හර ඖෂධය), worm-medicine, vermifuge, පණුබෙහෙත.
කීටාකෘති, *a.* worm-shaped, vermiform, පණු හැඩය ඇති.
කී·දෙනෙක්ද, *inter. pron.* how many persons.
කීප, *a.* several, various.
කීපයක්, *n.* a number, several.
කීප·වරක්, කීප·විටක්, as *ad.* several times, on several occasions. [phrase.
කීම, *v. n.* of කියනවා : saying ; statement ;
කීයක්ද, *inter. pron.* how many, what number of.
කීයද, *inter. pron.* what price or time.
කීර, *n.* splinter.
කීරයා, *n.* parrot, ගිරවා,
කීර්ණ, *a.* covered, hidden, සඟවාපු ; scattered, විසිරුණු ; injured, අනතුරුවූ.
කීර්තනය, *n.* saying, කීම ; celebrating, lauding, වර්ණනාව. [කරනවා.
කීර්තනයකරනවා, *v. t.* to celebrate, laud, වර්ණනා
කීර්තිකාම්, *a.* desiring fame, ambitious. E. S.
කීර්තිමත්, *a.* famed, famous, renowned, celebrated.
කීර්තිමත්කම, *n.* famousness, celebrity.
කීර්තිමය, *a.* consisting of fame, renowned.
කීර්තිය, *n.* fame, renown, celebrity.
කීර්ත්‍ය, *a.* worthy of fame, praiseworthy, laudable, ප්‍රශංසනීය. [කම.
කීර්ත්‍යතාව, *n.* praiseworthiness &c., ප්‍රශංසනීය
කීල·බඬ, *a.* tied or fastened to a stake or post, කණුවකට බැඳි.
කීලය, *n.* stake, post. කණුව.
කිල්, *n.* tar, pitch.

කිල්—තාර—ගානවා, *v.* to tar, smear with pitch.
කිල්·රෙද්ද, *n.* tar-cloth, tarpaulin.
ක්‍රීඩනය, ක්‍රීඩාව, *n.* play, amusement, කෙළිය, සෙල්ලම.
කු, *prefix* signifying meanness and badness in general.
කු·කවිය, *n.* bad poetry, doggerel.
කු·කවි·ලියන්නා, *n.* writer of doggerel, poetaster.
කුකුර, *n.* See කුක්කුරයා.
කුකුල, *n.* hair-knot, කොණ්ඩය.
කුකුලල, කුකුල්අල, *n.* a kind of yam or potatoe.
කුකුලුව, *n.* earring, කර්ණාභරණය.
කුකුල්, *a.* incorrectly for කුකුළු, pert. to fowls, fowl-.
කුකුළු·කර·මල, *n.* cock's comb, fowl's crest.
කුකුළු කූඩය, කුකුළු·කූඩුව, *n.* fowl basket or cage, hen-coop. [fighting.
කුකුළු·කොටුව, *n.* poultry yard; pit for cock-
කුකුළු·පැටියා, කුකුල්·පැටියා, *n.* chicken.
කුකුළු·පොරය, *n.* cock-fighting.
කුකුල්·මත්සා, *n.* a kind of fish.
කුකුල්·මාලු, කුකුළු·මාලු, *n.* fowl flesh or fowl curry. [E. S.
කුකුස, *n.* doubt, සැකය; suspicion, jealousy.
කුකුසාව, *n.* repentance, පසුතැවිල්ල.
කුකුස්, *a.* doubtful, සැකවූ; suspicious, jealous. E. S.
කුකුස්කම, *n.* doubtfulness &c.
කුකුළා, *n.* cock; fowl.
කුකෙළ, *n.* pond, පොකුණ.
කුක්කා, *n.* young dog, pup, whelp, බලුපැටියා.
කුක්කුට, *a.* gallinaceous, fowl-, කුකුළු.
කුක්කුටජාති, *n. pl.* gallinæ: domestic fowls, turkeys &c., කුකුළු ආදී ජාති.
කුක්කුටයා, *n.* fowl, cock, කුකුළා. [බිජුව.
කුක්කුටාණ්ඩය, *n.* (·අණ්ඩය), fowl's egg, කිකිළි
කුක්කුටී, *n.* hen, කිකිළි; *pl.* කුක්කුටීයෝ.
කුක්කුරයා, *n.* dog, බල්ලා.
කුක්කුරාගාරය, *n.* (·ආගාරය), dog-house, kennel, බලුගෙය, බලුකූඩුව.
කුක්ෂි, *a.* pert. to the belly, බඩට අයිතිවූ; hollow, කුහරවූ.
කුක්ෂි·පියසි, *a.* vaulted, hollow-domed.
කුක්ෂි·පියස්ස, *n.* vault, dome.
කුක්ෂිය, *n.* the belly, the hollow, බඩ, කුහරය.
කුක්ෂි·ශූලය, *n.* pain in the bowels or belly, බඩේ රුජාව.
කුක්ෂ්‍යාකාර, *a.* (කුක්ෂි ආ:), hollow, ventricose, කුහරවූ, බොකු ආකාර. [කහ.
කුංකුම, කුංකුමප්පු, *n.* saffron, *crocus sativus*,
කු·චන්දන, *n.* red or inferior sandal wood, a kind of logwood: see චන්දන.
කුචය, *n.* breast, ලය, තනය.
කුජ, *n.* the planet Mars.
කුජ·දින, කුජ·වාරය, *n.* Tuesday, අඟහරුවාදා.

කුජ්ජයා, කුජ්ජා, *n.* a bent person, one who stoops, කුදා.
කුඤ්ජ·නාදය, *n.* elephant roar, ඇත්නාදය.
කුඤ්චිකාව, *n.* key, යතුර; bamboo-shoot or bud, උණ අංකුරය.
කුඤ්චිකා·ඡිද්‍රය, *n.* key-hole, යතුරු සිදුර.
කුඤ්ජරයා, *n.* elephant, අලියා, ඇතා.
කුටජ·ඵලය, *n.* See කෙළිඳ ඇටය.
කුටාරය, *n.* dagger, කිරිච්චිය.
කුටි·කාරකයා, *n.* house-builder, ගෙවල්සාදන්නා.
කුටිකාව, කුටිරය, *n.* hut, cottage, පැල, කිළිය.
කුටිය, *n.* house, ගෙය, hut; the body, ඇඟ; tree, ගස.
කුටිල, *a.* curved, crooked; tortuous, deceitful; ඇද, වංක.
කුටිලතාව, *n.* crookedness &c.; obliquity, guile.
කුටිලයා, *n.* deceitful person, rogue, තක්කඩියා.
කුටිලාග්‍ර, *a.* (·අග්‍ර, ·ආග්‍ර), curved at the end, *bot.* hamous, කොංගල වකුටු.
කුටුම්බය, *n.* offspring, kindred, family, පවුල.
කුටුම්බයා, *n.* kinsman, relative, නෑයා. [යා.
කුටුම්බියා, *n.* kinsman; householder, පවුල්කාර
කුටුම්බිනී, *n. fem.* wife of a householder, matron, ගෙදර ඇත්තී.
කුඨේරිය, *n.* axe, chopper, පොරව.
කුට්ටිනී, *n.* bawd, procuress, දූතිකාව.
කුට්ටිය, *n.* lump, වැද්දල්ල.
කුට්මලය, කුඩ්මලය, *n.* bud, කැකුළ. [රව.
කුඨාරය, කුඨාරිය, *n.* hatchet, chopper, hoe, පො
කුඩප්පා, *n.* uncle, viz. father's younger brother; step-father; *pl.* කුඩප්පාලා.
කුඩමත්සා, *n.* any river fish.
කුඩම්මා, *n.* aunt, viz. mother's younger sister; step-mother; *pl.* කුඩම්මලා. [nail &c.)
කුඩය, කුඩේ, *n.* umbrella, parasol; head (of
කුඩ·රඳුව, *n.* umbrella-stand.
කුඩව, *n.* See උලක්කුව.
කුඩග·කොල්ලා, කුඩා·කොල්ලා, *n.* lad, boy.
කුඩා, *a.* small, little, insignificant.
කුඩා·කැබුත්තු, *n.* urine, මුත්‍ර, පුළුදිය.
කුඩා·කැබුත්තුකරනවා, *v.* to make water, urinate, මුත්‍රකරනවා.
කුඩාකම, *n.* smallness &c.; meanness.
කුඩාකම·පානවා, *v.* to disparage or abase one's self, act obsequiously or sheepishly.
කුඩාකම·පෑම, *v. n.* self-abasement &c.
කුඩාකරනවා, *v. t.* to make small, lessen.
කුඩිගන්නවා, *v. t.* to marry, කසාදබැඳගන්නවා.
කුඩිච්චිය, *n.* cup made of coconut shell.
කුඩිම්බිකර·වද්දනවා, *v. t.* to mortise.
කුඩිම්බිකියත, *n.* tenon-saw.
කුඩිම්බිය, කුඩුම්බිය, *n.* comb or crest of a fowl; top-knot, tuft of hair; tenon.
කුඩිම්බි—කුඩිම්බි·කිල්—තාරනවා, *v.* to mortise, cut the mortises.

කුඩිම්බි·කිල, *n.* mortise, slot.
කුඩු, *n. pl.* powder, particles, morsels, crumbs, little bits.
කුඩුකරනවා, *v. t.* to powder, pulverize, crumble.
කුඩුකේබු, *a.* malicious, rancorous, spiteful.
කුඩුකේබුකම, *n.* malice &c.
කුඩුගහනවා, *v. t.* to winnow, පොලනවා.
කුඩු·ගානවා, *v. t.* to grate, reduce to powder by grating.
කුඩුපය, *n.* clasp, ගාංචුව.
කුඩු·පාට, *n.* dust colour, brown colour.
කුඩුපුව, *n.* cake made of the dust or refuse of grain. [polonga.
කුඩු·පොළඟා, *n.* a kind of snake, dust-coloured
කුඩුප්පුවා, *n.* a kind of fish; a malicious person.
කුඩුබය, *n.* See කුඩව.
කුඩුවෙනවා, *v. i.* to become powder or dust (of dry rot &c.).
කුඩු·හත්ත, *n.* fuzz-ball, puff.
කුඩෙනි, *n. voc.* O little one, පොඩිඩේ.
කුඩමලය, *n.* a new bud, flower-bud, කැකුළ.
කුණ, *n.* dirt, filth, carrion, carcase.
කුණකටුවා, *n.* venomous snake, *hypnale nepa*; *fig.* spiteful person, ක්‍රෝධකාරයා.
කුණප, *a.* dirty, filthy, foul, mean.
කුණපය, *n.* corpse, carcase, carrion.
කුණ·බසිනවා, *v. i.* to become rotten and hollow (as trees).
කුණලා, *n.* Indian cuckoo, කොවුලා.
කුණා, *n. mas.* filthy or mean person, නීචයා.
කුණාටු, *a.* stormy, tempestuous; also *n. pl.*
කුණාටුව, *n.* storm, tempest.
කුණාලය, *n.* name of one of the seven Himālayan lakes.
කුණාලයා, *n.* cuckoo, කොවුලා.
කුණියා, *n.* man with a crooked or withered arm, වකුටු or මිරැලි අතක් ඇත්තා.
කුණී, *n. fem.* filthy or mean woman, නීචස්ත්‍රී.
කුණු, *n.* or *a.* dirt, filth, decaying substance; dirty &c.
කුණු·කන්දල්, *n.* dirt and rubbish.
කුණුකරවනවා, *v. t.* to putrify, දිරවනවා.
කුණුකරවලා, *n.* snake, bangarus.
කුණු·කසල, *n.* filth and dirt; *fig.* scum.
කුණු·ගානවා, *v.* to rub filth on, besmear with filth.
කුණු·ගොඩ, *n.* dunghill, rubbish heap.
කුණුදිය·කළුවා, *n.* snake.
කුණුපොළඟා, *n.* dirty-polonga or dirt-polonga.
කුණු·මස්, *n.* putrified flesh, carrion.
කුණුමාංසය, *n.* putrid flesh, gangrene.
කුණුමැල්ලා, *n.* snail, ගොම්බෙල්ලා.
කුණුම්·කරවලා, *n.* a colubrine snake.
කුණුම්·පොළඟා, *n.* a venomous snake or polonga.
කුණු·ලෙඩ, *n.* gonorrhea, venereal disease, syphilis.
කුණු·වාතය, *n.* foul air, miasma, malaria.
කුණුවෙනවා, *v. i.* to become filthy or corrupt, rot, decompose, putrify, mortify, fester.
කුණු·හරුප, කුණු·හබ්බ, *n.* obscene language, ribaldry, scurrility.
කුණ්ඩලය, කුණ්ඩලාභරණය, *n.* earring, ear-ornament, කඩුක්කම; bracelet, වළල්ල.
කුණ්ඩලය, *n.* fetter, විලංගුව.
කුණ්ඩලිය, *n.* the snake-like sign "⁓" used as a full stop in native books.
කුණ්ඩලියා, *n.* snake, සර්පයා; peacock, මොනරා; ap. of Varuna, වරුණයා.
කුණ්ඩ·හට්ටිය, *n.* cooking chatty.
කුණ්ඩිකාව, *n.* jug, pitcher, කෙණ්ඩිය.
කුතුක, *a.* eager, desirous, curious.
කුතුකය, *n.* eagerness, desire, avidity, curiosity. E. S. [අසුරු.
කුතුහල, *a.* See කුතුක; excellent, wonderful,
කුතුහලය, *n.* See කුතුකය.
කුත්තිරම්, *n.* deceit, cheating, වංචාව.
කුත්සාව, *n.* reproach, censure, අවලාදය; abuse, contempt, නිග්‍රහය.
කුත්සිත, *a.* reproached &c., despised, low, mean, නින්දිත.
කුද, *a.* bent, crooked, නැඹුරු, වකුටු.
කුදය, *n.* hump, hunch.
කුදා, *n. mas.* humpback, hunch-backed person.
කුදුවිය, *n.* corner in a house, ගෙමුල්ල.
කුදි·කපනවා, *v.* to hamstring, hough.
කු·දිටු, *a.* (කු bad, දිටු E. of දෘෂ්ටි view), false in opinion, heretical, heathen, මිසදිටු.
කු·දිටුවා, *n.* heretic, heathen, මිසදිටුවා.
කුදිය, *n.* fetlock joint, (human) hock.
කුදිරකාරයා, *n.* horsekeeper, groom, ostler.
කුදී, *n. fem.* of කුදා: hunch-backed woman, hunchback. [bent.
කුද්‍ර, *a.* small, short, dwarfish; humpbacked,
කුද්‍ර·ගොත්·සඟ, *n.* last of the five divisions of the Sutra Pitaka, containing fifteen books.
කුද්‍රනිය, *n.* brook, water-course, channel, ඇළ, ඔය.
කුද්‍ර·මස්ස, *n.* small 'massa': see මස්ස.
කුද්‍ර·මැදුර, *n.* small abode, cottage, කුඩාගෙය.
කුද්‍ර·මුද්ද, කුද්‍ර·මුදුව, *n.* small finger-ring.
කුද්‍ර·වැව, කුද්‍ර·විල, *n.* lakelet, tank, pond, කුඩා වැව.
කු·දෘෂ්ටි, කු·දෘෂ්ටික, *a.* weak-sighted, ඇස්පෙනීම අඩුවූ; evil-eyed, ඊර්ෂ්‍යාවන්ත; of false view, heretical, මිථ්‍යාදෘෂ්ටි.
කු·දෘෂ්ටිය, *n.* weak sight; evil eye, ඇස්වහ; heresy &c., මිථ්‍යාදෘෂ්ටිය.
කුද්දවිය, කුද්දෙවිය, *n.* boil, ගඩුව, or glandular swelling. E. S.

කු·ධාන්‍ය, *n. pl.* the inferior cereals, as අඹු &c.
කුනටි, *n.* red arsenic, රතු පාෂාණම ; coriander, කොත්තමල්ලි.
කුන්තය, *n.* spear, lance, හෙල්ලය.
කුන්තාණිය, *n.* T., pickaxe, පිකාව.
කුන්දු·කහිනවා, කුන්දු·ගහනවා, *v.* to hop.
කුන්දුගැහීම, *v. n.* කුන්දුව, *n.* hopping, hop.
කුන්දුර, *n.* frankincense, olibanum, කට්ටකුමංචල්.
කුන්දුර·ධාරී, *a.* bearing frankincense, thuriferous.
කුදුරුව, *n.* earth, the land, පොළව or පොළොව.
කුපිත, *a.* angry, enraged, exasperated.
කුපිතකම, *n.* wrathfulness, fieriness.
කුපිතකරනවා, *v. t.* to enrage, provoke, exasperate; to irritate, excite, (bile &c.).
කුපිතවෙනවා, *v. i.* to be irritated, enraged &c.; to become excited (as bile &c.).
කු·පුරුෂයා, *n.* bad man, wretch, දුෂ්ටයා.
කුප්පවනවා, *v. t.* to provoke, enrage, කෝප කරවනවා; *pret.* කිප්පෙවුවා.
කුප්පායම, *n.* rodiya village or settlement.
කුප්පිය, *n.* T., phial, vial, කුඩා බෝතලය; calyx, නැටිය.
කුප්පි·හැඩය, *n.* cup-shape, cup. [කිඹුලණ.
කුබුද්නවා, *v. i.* to awake, පිබිදෙනවා; *pret.*
කුබුදු, *n.* half-blown flower; shame, ලජ්ජාව.
කුබුද්දනවා, *v. t.* to awaken, arouse, පුබුදුවනවා; *pret.* කිබිද්දුවා.
කුබ්ජ, *a.* hump-backed, crook-backed, කුදු.
කුබ්ජයා, *n.* humpback, bent person, කුදා.
කුමක්ද, *inter. pron.* what, මොකක්ද.
කුමක්·හෙයින්ද, *inter. ph.* on what account, wherefore, මොකක් නිසාද; also *conj.* as next word.
කුමක්·හෙයින්ද·යත්, *conj.* — If one said wherefore, because, for, මක්නිසාද කියවොත්. [වද.
කුමටද, *inter. pron. dat. case*: for what, මොක
කුමතේරුකරනවා, *v. t.* to appraise or assess, තක්සේරුකරනවා.
කුමන...ද, *inter. adj.* what, what sort, මොන...ද.
කු·මන්ත්‍රණ, කු·මන්ත්‍රණකාර, *a.* factious, conspiring, seditious, mutinous, කැරළිකාර.
කු·මන්ත්‍රණකාරකම, *n.* factiousness &c. E. S.
කු·මන්ත්‍රණකාරයා, *n.* plotter, conspirator &c.
කු·මන්ත්‍රණය, කුමන්ත්‍රණයකිරීම, *n.* plot, plotting, faction, intrigue, conspiracy, collusion, sedition. [trigue.
කු·මන්ත්‍රණයකරනවා, *v.* to plot, conspire, in-
කුමර, *n.* See කුමාරයා.
කුමරි, *n. fem.* See කුමාරිකාව.
කුමරු, *n.* son, child; prince; the god Kataragama, කතරගම දෙවියෝ.
කුමරුවා, *n.* child, ළමයා; prince, කුමාරයා.
කුමාර·දේවතාවා, *n.* a demon inimical to women, කළුකුමාරයා.
කුමාරයා, කුමාරයා, *n.* son; prince; the god Mars.
කුමාරිකාව, *n.* a young girl, බාල ගෑනි, කන්‍යාව; princess, රජකුමාරි.
කුමාරිය, *n.* In H. cosmology the central part of the Universe, viz. Jambudwipa or India, sp. the southern part terminating in cape Comorin or Kumāri; also a river issuing from mount Saktiman. *Bot.*
කුමාරි·නාමී, *n.* lady.
කුමාරි, *n.* young girl; princess; ap. of දුර්ගා the wife of Siva.
කුමාරෝදය, *n.* (කුමාර උදය), birth of children, දරුවන්ගේ ඉපදීම.
කු·මැතියා, *n.* bad minister of state.
කුමුකුළුව, *n.* half-opened flower, මල්කැකුළ.
කුමුකුළුවා, *n.* cock, කුකුළු, කුකුළා.
කුමුටු, *a.* dived, sunk, ගිලුණු.
කුමුදු, *n.* camphor, කපුරු. *Bot.*
කුමුදයා, *n.* elephant supporting the southwest quarter of the world; infernal deity, Titan, දානව.
කුමුදුවනවා, *v.* to remove කු, viz. to rinse the mouth; *pret.* කිමිදෙවුවා.
කුමුදිනවා, *v.* to dive, plunge in, කිමිදිනවා; *pret.* කිමිද්දු; *p. pl.* කිමිදු; *v. n.* කිමිදීම.
කුමුදු·වනය, *n.* place of water lilies.
කුමුදු·පිල, *n.* See කොමුදුපිල.
කුමුව, *n.* flower bud, කැකුළ.
කුමුවා, *n.* tortoise, ඉබ්බා.
කුම්බිකා·පල, *n.* fruit of the Patna oak, *careya arborea*, කහට ගෙඩිය.
කුම්බිලියා, *n.* See කුම්බිලයා.
කුම්භ·කාරයා, *n.* potter, බඩහැලයා.
කුම්භකාර·ශාලාව, *n.* pottery, කුම්ල් පට්ටලය.
කුම්භය, *n.* water jar, pot, කළය; the frontal globe on an elephant's forehead, ඇත්කුම්භය; fragrant resin; mast, කුඹගහ. [vana.
කුම්භයා, *n.* name of a demon, nephew of Rā-
කුම්භ·යෝනි, *n. lit.* born from a water jar: ap. of අගස්ති, which see, also of වසිෂ්ඨ and ද්‍රෝණ.
කුම්භ·රාශිය, *n.* the const. Aquarius.
කුම්භ·සන්ධිය, *n.* the hollow on the top of an elephant's head. [globe.
කුම්භ·ස්ථලය, *n.* place of an elephant's frontal
කුම්භාණ්ඩයා, *n.* (කුම්භ අණ්ඩ), a monstrous demon or asura.
කුම්භීකය, *n.* stye on the eye, ඇසගාය.
කුම්භිල, *a.* crocodilian, කිඹුල්.
කුම්භිලයා, *n.* crocodile, alligator, කිඹුලා.
කුම්මැහියා, *n.* miser, niggard, ලෝභයා.
කුඹ·ගහ, කුඹය, *n.* mast of ship or boat.
කුඹ·දුවග, *n.* yard of mast.
කුඹ·පත්කය, *n.* tackling of masts.
කුඹ·මුදුන, *n.* mast-top, mast-head.

කුඹය, *n*, pot, කළය; also for ඇත්කුඹය; a measure equal to ten අමුණු.
කුඹලා, *n*. potter, බඩහැලයා; a kind of wasp, mud-wasp; *pl* කුඹල්ලු.
කුඹල්කම, *n*. potter's work, manufacture of pottery, වළන් හැදීම.
කුඹල්කම්කරනවා, *v*. to work as a potter.
කුඹල්·පට්ටලය, *n*. pottery.
කුඹල්·මැටි, *n*. potter's clay, argil.
කුඹල්·සක, *n*. potter's wheel.
කුඹල්·විගල්, *n. pl*. cross-trees, කුඹගෙහේ හරස්දඬු.
කුඹල්·හල, *n*. pottery shed, pottery.
කුඹහ, කුඹුස්ස, *n*. paddy-field water pipe.
කුඹු·කාරයා, *n*. potter, බඩහැලයා.
කුඹුදු, *n*. See කුඹුදු.
කුඹුගොන්, *n*. ap. of අගසති, which see.
කුඹුර, *n*. rice-swamp, paddy field; *pl*. කුඹුරු.
කුඹුරු·යාය, *n*. stretch or tract of paddy fields.
කුඹුව, *n*. See කුඹය.
කුඹු·වන්, *a*. variegated in colour, විසිතුරු.
කුය, *n*. the earth, පොළොව.
කුසිතත්සි, &c.: See කුම්භත්සි &c.
කුසිල, *n*. odour, scent, ගන්ධය.
කුරක්කන්, *n*. a sort of millet, *elusine coracana*.
කුර·ගානවා, *v*. to drag the hoofs along the ground, as cattle going lazily.
කුරංගයා, *n*. a deer or antelope, මුවා.
කුරන්·පොත, *n*. the Koran. [hoofs.
කුරය, *n*. hoof; කුර ඇති, *a*. hoofed, having
කුර·රජ, කුර·රදු, කුර·රේණු, *n*. hoof-dust, dust raised by hoofs, කුරදූවිලි.
කුරය, කුරලයා, *n*. osprey, මත්ස්‍යකාකයා.
කුරම්·කොවිල්ලා, කුරවියා, කුරවිකාගා, *n*. Indian cuckoo, කොවුලා.
කුර·සන්ධිය, *n*. fetlock joint.
කුරහන්, *n*. See කුරක්කන්.
කුරහන්·තලප, *n*. millet porridge.
කුරල, *n*. ear of corn, pod, කරල.
කුරා, *n. mas*. pigmy, dwarf, මිට්ටා, stunted animal.
කුරාලය, *n*. stage, bier, මැස්ස.
කුරිරයා, *n*. cruel person, කෲරයා.
කුරිරු, *a*. cruel, merciless, severe, කෲර, සාහසික.
කුරිරුකම, *n*. cruelty &c., කෲරකම &c.
කුරු, *a*. small, short, මිටි.
කුරු, *n*. name of a king and of the northern country: see උතුරුකුරු.
කුරුකුරු·ගානවා, *v*. to scratch (as animals).
කුරුකුලාව, *n*. fold of cloth, රෙදිපට.
කුරුග·මිගයා, *n*. See කුරංගයා.
කුරුටු·ගානවා, *v*. to rasp, scrape off; scribble.
කුරුණි·පෙට්ටිය, *n*. rattan basket.
කුරුණිය, *n*. gallon measure, ගැලුම් මිම්ම, ගැලුම.
කුරුතුඹුවා, *n*. See කුරා.
කුරුන්ද·කොබෙයියා, *n*. purple wood-pigeon.
කුරුන්දගානවා, *v*. to scrape the hoof on the ground (as in anger).
කුරුඳු, *n*. cinnamon. [peeler.
කුරුඳු·කාරයා, කුරුඳු·තලන්නා, *n*. cinnamon
කුරුඳු·තෙල්, *n*. cinnamon oil, cassia oil.
කුරුඳු·ගල, *n*. cinnamon gem, a sort of hyacinth.
කුරුපාව, *n*. king-post, bracket.
කුරුපාවා, කුරුමියා, *n*. tortoise, turtle, කැස්බෑවා.
කුරුබිලිය, කුරුම්ලිය, *n*. sally-port, wicket, postern, gorge. [value.
කුරුම, *n*. Eng., crown, the coin of five shillings
කුරුමානම, *n*. the act of aiming, aim, (with gun &c.) [(with gun &c.).
කුරුමානම්·කරනවා or ·බලනවා, *v*. to aim at
කුරුමානම්කාරයා, *n*. marksman.
කුරුමිණි·කුරුල්ලා, *n*. bee-eater, beetle-eating bird of various species.
කුරුමිණියා, කුරුමෙවනියා, *n*. beetle, scarab, scarabee, scarabæus.
කුරුමිණි·රූපය, *n*. image of beetle, scarab &c.
කුරුම්බුරුලා, *n*. a kind of fish.
කුරුම්බාව, කුරුම්බා·ගෙඩිය, *n*. young coconut (for drinking).
කුරුම්බැට්ට, *n*. very young coconut.
කුරුලෑව, *n*. pimple of acne. [see කුරුළු.
කුරුල්ලා, *n*. bird. For *adj*. and compounds;
කුරුව, *n*. a weight of nearly an ounce or a gold coin of that weight.
කුරුව, *n*. bud or tender leaf, දළුව, ලපටි කොළය; bow, දුන්න.
කුරුවා, *n*. tortoise, ඉබ්බා.
කුරුමිටි, *a*. round, globular, වටකුරු.
කුරුවින්දය, කුරුවිල්ල, *n*. ruby, පද්මරාගය.
කුරුවිලියා, *n*. a kind of sea fish.
කුරුස, *n. pl*. broken rice.
කුරුසාත්තුව, *n*. carpenter's gauge.
කුරුසි·ආකාර, *a*. (කුරුසි Eng.), cruciform.
කුරුසිකරනවා, *v*. to peep, එබිබලනවා.
කුරුසිය, *n*. a cross, as × or †.
කුරුසියේ ඇණගසනවා, *v. t*. to crucify.
කුරුසි·සුරුවම, *n*. R. C. crucifix, holy rood, rood.
කුරුසි·සුරුවම්·තට්ටුව, *n*. R. C. rood-loft.
කුරු·හෙරලි, *n*. a kind of small jak fruit.
කුරුළු, *a*. bird-; young.
කුරුළු·කූඩුව, *n*. bird-cage.
කුරුළු·කොටුව, කුරුළු·ගේ, *n*. aviary.
කුරුළු·ගොයා, *n*. falcon, kite, harrier; *pl*. කුරුළුගොයි.
කුරුළු·බොක්ක, *n*. bird's maw, craw.
කුරුළුවා, *n*. bird, කුරුල්ලා; little lad. කුඩා කොල්ලා.
කුරූර, *a*. Er. for කෲර.
කූතීරය, *n*. axis, pivot, spindle. [manifold.
කුල, *a*. of කුලය: pert. to caste or rank, noble;

කුලකිඳුරා, *n.* grey pelican, *pelicanus philli-pinensis.*
කුල·ගිරිය, *n.* See කුලපර්වතය.
කුලඞ්ගනා, *n.* (කුල අඞ්ගනා), woman of rank, lady.
කුලච්චි, *n.* alum, සිතක්ෂාරම.
කුල·ජ, *a.* well-born, high-born, වංශවත්, respectable, සම්බුහාර.
කුල·ජ්‍යෙෂ්ඨ, *a.* patriarchal.
කුල·ජ්‍යෙෂ්ඨයා, *n.* head of the family or tribe, patriarch, කුලදෙටුවා. [ආණ්ඩුව.
කුල·ජ්‍යෙෂ්ඨ·ශාසනය, *n.* patriarchism, කුලදෙටු
කුලට්ටි, *n.* red arsenic, රත්‍පාෂාණම.
කුලත්ථ, *n.* a kind of pulse or gram, කොල්ලු.
කුල·දම, *n.* E. of කුලධර්මය. [person.
කුල·දරුවා, *n.* legitimate or high-born child or
කුල·දුව, *n.* daughter or female of a good family.
කුල·දූෂණය, *n.* polluting or violating or breaking caste, disgracing one's caste or family.
කුල·දෙටුවා, *n.* E. for කුලජ්‍යෙෂ්ඨයා.
කුල·දෙවියෝ, *n.* family or tribal god ; parents, මව්පියෝ. [tutelary deity.
කුල·දේවතාවා, *n.* god of the caste or family,
කුල·ධර්මය, *n.* caste-law, law or custom of a caste or tribe. [කුලදෙටුවා.
කුල·පතියා, *n.* family head or chief, tribal chief,
කුල·පර්වතය, කුල·පව්, *n.* any one of the seven circles of rocks round Maha Meru.
කුල·පාලි, *n. fem.* honourable or chaste woman.
කුලපාලි, *n. fem.* noble or chaste woman, කුල ස්ත්‍රී.
කුල·පුත්‍රයා, *n.* See කුලදරුවා : legitimate son, man of good birth. [horse).
කුලප්පුකරනවා, *v. t.* to alarm, scare, (as a
කුලප්පුව, *n.* alarm, scare, fright, panic.
කුලප්පුවෙනවා, *v. i.* to be alarmed, scared &c.
කුල·භූමිය, *n.* native land, fatherland, ජන්ම දේශය.
කුල·භේදය, *n.* caste distinction, caste.
කුල·භ්‍රෂ්ට, *a.* outcast, expelled from the caste or tribe, නිකාමව, ව නබාල.
කුල·මල *n,* caste disgrace, what disgraces the family or tribe.
කුල මල (or කුලදොස්) කියනවා, to mention or rake up what disgraces the family or tribe, to stigmatize a person's family.
කුලම්, *n. fem.* (කුල අම්), E. for කුලස්ත්‍රී.
කුලය, *n.* caste, rank, tribe.
කුලල, *n.* wind instrument, pipe, නළාව : also for කුලල *q. v.*
කුලල්වා, *n.* pipe-player, නළාකාරයා.
කුලවත්, *a.* high-born, noble, වංශවත්.
කුල·වද්දනවා, *v.* to install into caste and name ; *pret.* කුලවැද්දුවා ; *v. n.* කුලවැද්දීම.
කුල·වම්, *n.* (වම් woman) : see කුල ස්ත්‍රී.
කුල·ස්ත්‍රී, *n.* lady, chaste woman, වංශවත් ස්ත්‍රී.
කුල·හීන, *a.* low-caste, ignoble, low in rank, පහත් (or හීන)කුල.
කුලාංගනාව, කුලාංගිනාව, *n.* (·අංග : ·අඟිනි :) : see කුල ස්ත්‍රී.
කුලායිකාව, *n.* aviary, කුරුළුකොටුව.
කුලාල, *a.* pert. to pottery or potters.
කුලාල·චක්‍රය, *n.* See කුඹල්සක.
කුලාල·භාණ්ඩය, *n.* article of pottery, earthenware vessel, මැටිබඩුව.
කුලාලයා, *n.* potter, බඩහැලයා.
කුලාව, *n.* vessel, jug, flask.
කුලිච්චම, *n.* bolster, cushion, mattress.
කුලිශ, කුලිස, *n* thunderbolt of Indra ; diamond, වජ්‍රය, දියමන්තිය.
කුලිය, *n.* hire, wages, fare, rent.
කුලී, *a.* pert. to hire, hired.
කුලීකරත්තය, *n.* hired carriage, hackney-coach.
කුලීකාර, *a.* working for hire, hireling-.
කුලීකාරයා, *n.* cooly, low servant, hireling.
කුලීන, කුලීනක, *a.* high-caste, high-born, of a good family, වංශවත්.
කුලීනතාව, *n.* high caste, nobility, වංශවත්කම.
කුලීරයා, *n.* crab, කකුළුවා.
කුලී·වැඩ, *n.* hired work, cooly work.
කුලුකය, *n.* fur (on the tongue), අක්කාරම.
කුලුණු, *n.* kindness, mercy, benignity, කරුණාව.
කුලුණුවත්, *a.* kind &c., කරුණාවන්ත.
කුලුණෙන්, *ad.* out of kindness, mercifully, කරුණාවෙන්.
කුලුදුල, ...දුල් &c.: See කුලුදුලා.
කුලුදුල, *n.* half or quarter of a pint, අඩපත.
කුලුදුලා, *n. mas.*, කුලුදුලී, *n. fem.* the first-born.
කුලුදුල්, *a.* first-born, eldest, primogenial.
කුලුදුල්කම, *n.* primogeniture, viz. primogeniality. [benign, හිතෛෂී.
කුලුපග, *a.* (කුල, උපග near), familiar, trusty,
කුලුපගයා, *n.* familiar or faithful friend, මිත්‍රයා, හිතෛෂියා.
කුලෝත්පන්න, *a.* (කුල උත්පන්න) : see කුලීන.
කුල්මත්, *a.* refractory, කුළු ; haughty, උඩඟු ; enraptured, ප්‍රීතිමත්.
කුල්මත්කම, *n.* refractoriness &c.
කුල්මත්වෙනවා, *v. i.* to be refractory &c., කුලුෑටිවෙනවා.
කුල්‍ය, *a.* See කුලජ.
කුල්‍යය, *n.* bone, ඇටය ; flesh, මාංසය ; a certain measure.
කුල්ල, *n.* winnowing basket or fan.
කුල්ලා, *n.* hawk or kite, කුරළුගොයා.
කුවර, *a.* or *n.* astringent ; astringency ; කසට ; කසටරස ; also E. of කුබේර.
කුවස් (ස), *n.* epaulet. (කුවස් *pl.*)

කුවිතාන්සි·පත්‍රය, කුවිතාන්සිය, *n.* receipt, acquittance, check.

කුවිතාන්සි·පොත, *n.* receipt book.

කුවින්දයා, *n.* weaver, වියන්නා.

කුවේණි, *n.* name of a noted female demon. It is said she was changed into the form of a bitch when විජය රජ first arrived in Ceylon.

කුවේර, *a.* (කු bad, වේර body), deformed, විකලාංග; slow, lazy, කම්මැලි.

කුවේරයා, *n.* deformed one: ap. of වෛශ්‍රවණ the Indian Plutus, who is said to have three legs and only eight teeth.

කුශ, *n.* name of the elder son of Rāma, after whom the city he built was called කුශාවතී; name of one of the great divisions or continents of the world, මහා ද්වීපයක්.

කුශ·තෘණ, කුස·තණ, *n.* arrow or razor grass, a sacred or sacrificial grass, ඉළුක්. It is said that on the occasion the Buddha attained his Buddhahood a handful of this grass being presented to him, he threw it on the ground under a Bo-tree and it at once became a seat for him. [වතුර.

කුශය, *n.* yoke of a plough, වියගහ; water,

කුශල·ප්‍රශ්නය, *n.* inquiry after one's welfare, සුවදුක් ගැන විචාරීම.

කුශාග්‍ර, කුශාග්‍රීය, *a.* (කුශ arrow-grass, අග්‍ර point), sharp, keen, fine, subtile, තීක්ෂණ, තියුණු.

කුශාග්‍රකම, කුශාග්‍රීයතාව, *n.* sharpness &c., තීක්ෂණකම &c.

කුශාග්‍ර·බුද්ධි, කුශාග්‍රීය, කුශාග්‍රීය·මති, *a.* keenwitted, clever, acute, subtile, සමර්ථ, තීක්ෂණබුද්ධි ඇති.

කුශාව, *n.* rope, යොත.

කුශාවතී, කුසාවතී, *n.* a city of India supposed to be Rāmnagar.

කුශිය, *n.* ploughshare, නඟුල්දත; bridle, rein, කටකලියාව; wrought iron, E. S.

කුෂ්ඨ, *a.* pert., to skin disease of a scaly nature, leprous. [leprosy, leprous.

කුෂ්ඨ·රෝගකාර, or ·රෝගී, *a.* afflicted with

කුෂ්ඨ·රෝගකාරයා, or ·රෝගියා, *n.* leper, lazar.

කුෂ්ඨාකාර, *a.* scabby, scabious, කබොලු.

කුස, *n.* womb; interior; hollow, කුහරය.

කුස·බත්තා, *n.* uterine brother, එක් කුසේ සහෝදරයා.

කුසකාස්, *n.* dried saffron, වේලිච්ච කහ.

කුස·ගිනි, ·ගින්න, *n.* hunger, බඩගින්න.

කුස·දරය, *n.* state of dependence on others, loafing, පුජ්පාකෑම.

කුස·පත්, *a.* in the womb, කුසෙහි ඉන්න.

කුස·පිළිකාව, කුසපිළිකාය, *n.* cancer of the womb or belly.

කුස·පිළිසිඳීම, *n.* conception in the womb.

කුස·පොත්ත, *n.* omentum, caul. [works.

කුසල, *n.* merit acquired by good or religious

කුසලාන, *n.* cup, goblet, chalice.

කුසල්ඇති, *a.* having merit, meritorious.

කුසිනාරා, *n.* city in the district of Mallava where Buddha died.

කුසිය, *n.* one of the four cross seams of the robe of a B. P.

කුසීත, *a.* inert, lazy, අලස.

කුසීතතාව, *n.* inertness &c., අලසකම.

කුසීතයා, *n.* sluggard, අලසයා.

කුසීදය, *n.* usury, interest, පොලිය.

කුසීදයා, *n.* money-lender, usurer.

කුසුකුසු·ගානවා, *v.* to whisper, කොඳුරනවා. E.S.

කුසුකුසු·ගෑම, *v. n.* whispering, whisper.

කුසුම, *n.* flower, මල; ophthalmia; menses; *pl.* කුසුම්.

කුසුම්, කුසුමි, *a.* pert., to flowers, floral, මල්.

කුසුම·ධ්වජ, කුසුම්·ධනු, *n.* flower-ensign, flower-bows: ap. of Cupid, කාමදෙවියා.

කුසුම්·දල, *n.* petal, මල්පෙත්ත; nectar of flowers. [lous. E. S.

කුසුම්·දලෝපරිස්ථ, *a.* (·දල උපරිස්ථ), epipeta-

කුසුම්·පුස්තකය, *n.* book on flowers, anthology.

කුසුම·රද, *n.* flower-pollen, රොන්.

කුසුම්·රස, *n.* nectar of flowers, honey, මල්පැණි.

කුසුමවත්, *a.* having flowers, flowering, මල්දරන.

කුසුම්·චියා, කුසුම්·සර, කුසුම්·ෂී, *n.* names for Cupid, අනංගයා. [පුෂ්පිත.

කුසුමිත, *a.* flowered, that is in flower: see

කුසුල, කුසුලය, *n.* granary, receptacle for grain, අටුව.

කුස්තුම්බරී, *n.* coriander seed, කොතඹුරු

කුස්දරයා, *n.* person living at another's expense, a dependent, loafer, පුජ්පාකන්නා.

කුස්සි·අම්මා, *n.* cook-woman, kitchen-maid.

කුස්සිය, *n.* Port., kitchen.

කුහක, *a.* juggling; deceitful, hypocritical, වංචාකාර, රැවටිලි. [කම.

කුහකකම, *n.* deceitfulness &c., duplicity, කපටි

කුහකයා, *n.* hypocrite, dissembler, කපටියා.

කුහන, *a.* deceitful: see කුහක.

කුහනය, *n.* small earthen drinking vessel.

කුහනයා, *n.* deceiver, රැවටිලිකාරයා; rat, මීයා; snake, සර්පයා.

කුහනතාව, කුහනිකාව, *n.* hypocrisy, කපටිකම.

කුහර, *a.* hollow, cavernous, concave.

කුහර·කරනවා, *v. t.* to hollow, scoop.

කුහරත්වය, *n.* hollowness &c.

කුහරය, *n.* hollow, concavity, recess. [cave.

කුහරවෙනවා, *v. i.* to become hollow, or con-

කුහරාස්ථි, *a.* (කුහර අස්ථි), hollow-boned.

කුහරාස්ථිය, *n.* hollow bone.

කුහුඹියා, කුහුඹුවා, කූඹියා, *n.* a small kind of ant.

කුහුල්, *a.* doubtful, uncertain, perplexed, සැක, වියවුල්. [වියවුල්කම.

කුහුල්කම, කුතුහල, *n.* doubtfulness &c., සැකය,

කුළය, n. mountain, කන්ද, mountain summit, පර්වත මුදුන; sledge, කුළුගෙඩිය.
කුළල, n. neck.
කුළල්·ඇටය, n. collar-bone, clavicle, අකුව.
කුළල්·සන්ධිය, n. neck-joint, nape, ගලවළුව.
කුළා, n. unruly animal, wild buffalo.
කුළාර·ගෙය, n. upper room, attic, ඉහළ උඩු මහල.
කුළෑටි, a. wild, unruly, refractory, මුරණ්ඩු.
කුළෑටිකම, n. wildness &c.
කුළු, a. stubborn, disobedient, unruly, intractable, මුරණ්ඩු; pungent, කටුක.
කුළුකම, කුළුගතිය, n. stubbornness &c.
කූළු, a. peaked, E. S.; false, බොරුවූ.
කුළු·ගන්වනවා, v. t. lit. and fig. to place on the summit, මුදුන්පත්කරනවා.
කුළු·ගැන්වීම, v. n. placing on the summit.
කුළු·ගෙඩිය, n. sledge-hammer, sledge.
කුළු·ගෙය, n. house with a peaked single roof, peaked house, කූටාගාරය.
කුළු·තුන, n. pl. compound of three spices, viz. pepper, ginger and tippili or loug pepper.
කුළු·දෙවියා, n. See කූටදේව සෘෂි.
කුළු·දෙස, n. false statement, false witness, බොරු සාක්ෂිය.
කුළුන, n. column, pillar.
කුළුනු·ආකාර, a. columnar.
කුළුනු·පාදය, n. pillar-foot, pedestal.
කුළු·පස, n. pl. compound of five spices, viz. ginger, pepper, tippili (long pepper), cinnamon and cardamoms.
කුළු·පොතු, a. wicker (baskets &c.).
කුළු·පොතු·වැඩ, n. wicker-work.
කුළු·පොත්තා, n. wicker-worker, basket-maker.
කුළු·බඩු, n. pl. spices, කටුක ද්‍රව්‍ය; stolen goods, හොරෙන් ගත් බඩු. [කරනවා.
කුළු·බඩු·දමනවා, v. to add spices, to spice, රස
කුළු·බඩුව, n. a spice, as ginger, pepper &c.; pl. spices, seasonings.
කුළුයරයා, කුළුවරයා, n. See කුළුපොත්තා.
කුළු·රස, n. spiciness, piquancy, pungency, කටුකරස, කටුකකම. [බොරුව.
කුළුව, n. peak (of a rock &c.), මුදුන; falsehood,
කුළුවෙනවා, v. i. to become stubborn &c.: see කුළු, adj.
කුළු·හරකා, n. wild ox, refractory bullock.
කූචිකාව, n. painting brush, තෙල්ල.
කූජනය, n. cooing, groaning, කෙඳිරිය.
කුඤ්ඤය, n. Port., quoin, wedge. [cuneiform.
කුඤ්ඤ·ආකාර, a. wedge-shaped, sphenoid,
කුඤ්ඤ·ආකාර·අස්ථිය, n. sphenoid bone (of the skull).
කූට, කූට·කෘත, a. counterfeit, false, fraudulent, elusory, බොරු, වංචාකාර.
කුටක, a. hot, උෂ්ණ.

කුටකය, n. heat, රස්නය.
කූටකාර, කූටකාරක, a. fraudulent, roguish, deceptive, වංචාකාර, රැවටිලි.
කූටකාරයා, කූටකාරකයා, n. deceiver &c., රැවටිලිකාරයා.
කූට·තාපසයා, n. pretended ascetic, counterfeit monk. [&c.
කූටතාව, n. deceptiveness, fraud, වංචාකාරකම
කූට·දේව·සෘෂි, n. pretended rishi.
කූටය, n. peak or pinnacle, මුදුන; fraud, untruth, වංචාව, බොරුව; jugglery, විජ්ජාව.
කූට·යන්ත්‍රය, n. trap, snare, මලපත.
කූට·සාක්ෂිය, n. false witness, බොරුසාක්ෂිය.
කූටාගාර·කුක්ෂිය, n. the hollow of a dome.
කූටාගාරය, n. peaked house, dume, කුළුගෙය; attic, ඉහළ උඩුමහල.
කුට්ටම, n. pair, suit, කට්ටම. [බැඳි.
කුට්ටු, a. T., associated, united, joined, සම්බන්ධ,
කුඩම, n. shed, rest-house, inn, මඩුව, තානායම.
කූඩය, කූඩෙ, n. basket, scuttle; pl. කූඩා.
කූඩාරම, n. tent, tabernacle.
කූඩාරම්·ගසනවා, v. to pitch tent, encamp.
කූඩාරම්·භූමිය, n. tent-ground, encampment.
කූඩැල්ලා, n. leech; apply a leech, කූඩැල්ලෙක් අල්ලනවා or අරිනවා.
කූඩුව, n. nest, cage, coop; case, framework or skeleton.
කුඩ්‍යය, n. a wall, භිත්තිය.
කුණම, n. palanquin, litter (with crooked poles).
කුණම්·මඩුව, n. palanquin shed.
කුද්දනවා, v. t. to awaken; pret. කිද්දුවා; v. n. කිද්දීම.
කූනියා, කූනිස්සා, n. a small kind of shrimp.
කූපකය, n. stake, ඉන්න; mast of a vessel, කුඹය; well, ළිඳ; leathern oil vessel; hollow in the back.
කූප·තීර්ථය, n. well-ghat, place near a well for bathing &c. ළින්තොට.
කූප·මණ්ඩූකයා, n. frog in a well, fig. untravelled or ignorant person.
කූප·පාෂාණ, කූප·පාෂාණකාර, a. tufaceous.
කූප·පාෂාණය, n. porous rock, tufa, tuff, කූප සහිත ගල.
කූපය, n. well, ළිඳ; hole, වළ, hollow, කුහරය; mast, කුඹය; tree or rock in a river; see කූපකය. [වතුර.
කූපෝදකය, n. (කූප උදකය), well-water, ළිං
කූබරය, n. nave of a wheel, නිම්ල් මුව; pole of a cart or carriage, ජ්රුකමේ.
කුඹියා, n. See කුහුඹියා.
කූර, n. skewer, spike, hair-pin; boiled rice, බත්; pl. කූරු. [to file.
කූරක·ගසනවා, v. t. to put on a skewer or wire,
කූර·ගසනවා, v. to drive in skewers or spikes, put hair-pins in.

කුරපසිය, *n.* wallet, pocket, bag, scrip.
කුරසියා, කුර්යා, any single fish.
කුරලා, *n.* a sort of fish. [the teeth).
කුරු·කනවා, *v. t.* to grind or rub together (as
කුරු·ගානවා, *v.* to stir about with a skewer.
කුරුව, *n.* elephant department.
කුම්බිකී, *n.* a drug, one of the eight principal medicaments, ජීවකය.
කූර්මයා, *n.* tortoise, turtle, ඉබ්බා.
කූර්ම·රාජ, *n. myth.* the king of turtles on which the world rests.
කුම්භෝදරය, *n.* (කුම්භ උදරය), a disease, induration of the mesenteric glands.
කූලය, *n.* a bank, mound, heap, ගොඩැල්ල; pond, පොකුණ.
කූවර, *a.* beautiful, pleasing, ලක්ෂණ.
කූවරය, *n.* pole of a carriage, ඊරුකඳේ.
කෘකර, *n.* one of the five vital airs, the one that aids digestion.
කෘකරයා, *n.* Siva, ශිවදෙවියෝ; a kind of partridge, ඇටිකුකුළා.
කෘකලාසයා, *n.* lizard, chameleon, කටුස්සා.
කෘච්ඡ, *a.* painful, වේදනාසහිත; pert., to penance. [E. S.
කෘච්ඡය, *n.* bodily pain, වේදනාව; penance,
කෘත, *a.* done, made, performed, කරනලද.
කෘතක, *a.* made, artificial, factitious, සාදනලද.
කෘතකය, *n.* something made: a made salt, nitre: see කළුලුණු and බලල් ලුණු.
කෘතකතාව, *n.* artificiality, factitiousness.
කෘත·කර්ම, *a.* skilful, clever, සමර්ථ.
කෘත·ඝ්න, *a.* obliterating what was done, ungrateful, ගුණමකු. E. S. [E. S.
කෘත·ඝ්නතාව, *n.* ingratitude, ගුණමකු ගතිය.
කෘත·ඥ, *a.* knowing what was done, grateful, කෘතඥවන්ත.
කෘත·ඥතාව, *n.* gratitude, කෘතඥවන්තකම. E. S.
කෘත·ඥ·නෛවේද්‍යය, *n.* thank-offering, කෘතඥ පූජාව.
කෘත·නාශක, *n.* See කෘතඝ්න.
කෘත·පුණ්‍යය, *n.* merit accomplished or acquired, කරගත් කුසල. [මත්.
කෘත·පෞරුෂ, *a.* manly, brave, gallant, ධෛර්යවී
කෘත·ප්‍රථමාදශය, *n.* (·ආදශය), the first example formed, protoplast, සෑදූ මුල්ළිරුව.
කෘතය, *n.* what has been done, කරනලද දෙය; first of the four ages of the world, viz. සත්‍ය යුගය.
කෘත·යුගය, *n.* the first of the four ages of the world, the golden age.
කෘත·ලක්ෂණ, *a.* noted or marked for deeds performed, virtuous, excellent, උතුම්, ප්‍රශස්ත.
කෘතවස: Er. for කෘත්වස, *q. v.*
කෘත·ශෝභ, *a.* dexterous, දක්ෂ; handsome, beautiful, අලංකෘත, අලංකාර.
කෘත·ශෝභතාව, *n.* dexterity, දක්ෂකම; handsomeness, ශෝභනකම &c.
කෘත·ශ්‍රම, *a.* difficult, laborious, දුෂ්කර, අමාරු.
කෘත·හස්ත, *a.* practised, experienced, dexterous, දක්ෂ, හපන්. [සමර්ථ.
කෘතාගම, *a.* proficient, competent, පුහුණු,
කෘතාංක, *a.* (අංක), marked, branded, numbered: see අංකිත.
කෘතාංජලි, *a.* having the palms of the hands joined for making obeisance or holding water: see අජ්ලිය.
කෘතාධිකාර, *a.* who has acquired merit, meritorious, privileged, කුසල් ඇත්තාවූ, පුණ්‍ය.
කෘතාන්ත·ජනකයා, *n. myth.* the father of Yama or Pluto; ap. of the sun, ඉර.
කෘතාන්තය, *n.* (·අන්ත), the result of conduct, destiny, fate, ක්‍රියා ඵලය; death, මරණය.
කෘතාන්තයා, *n.* death personified, මරහු; Yama or Pluto, යම.
කෘතානුකූල, *a.* (·අනු:), affable, complaisant, compliant, obliging. E. S.
කෘතානුකූලතාව, *n.* affability, familiarity &c., ප්‍රසන්නගතිය. E. S.
කෘතාර්ථ, *a.* (·අර්ථ), successful, සඵලවූ. [්‍යය.
කෘතාර්ථතාව, *n.* successfulness, success, සඵල
කෘතාවකාශය, *n.* (·අව:), leisure or rest (after action), නිවාඩුව. [නුවාලය.
කෘතිග, *n.* act, deed, ක්‍රියාව; work, වැඩය; hurt,
කෘතෝපකාරය, *n.* (කෘත උප:), aid rendered, kindness done, කළ උපකාරය.
කෘතෝපකාර·සලකනවා, *v.* to regard a kindness done, be grateful, show gratitude.
කෘතෝපකාර·සැලකීම, *v. n.* showing gratitude, thankfulness, කළගුණ සැලකීම.
කෘත්තිකා, *n.* third of the lunar mansions, the Pleiades, හත්දින්න.
කෘත්‍ය, *a.* that should be done, practicable; also *n. pl.* See කෘත්‍යය. [reciprocity.
කෘත්‍ය·ප්‍රති·කෘත්‍යය, *n.* action and re-action,
කෘත්‍ය·මණ්ඩලය, *n.* sphere of action.
කෘත්‍යය, *n.* action, deed, transaction, ක්‍රියාව; what should be done, කටයුත්ත; *gram.* affix.
කෘත්‍යාව, *n.* action, deed, ක්‍රියාව. [සියලු.
කෘත්ස්න, කෘත්ස්න, *a.* all, the whole, entire, මුළු,
කෘදන්ත, *a. gram.* verbal.
කෘදන්ත·නාමය, *n.* verbal noun.
කෘපණ, *a.* miserly, මසුරු; low, නීච; poor, දිළිඳු; feeble, දුර්වල. [ණාවන්ත.
කෘපාලු, *a.* compassionate, tender, kind, කරු
කෘපාව, *n.* pity, compassion &c., දයාව.
කෘමි, *a.* pert. to worms, helminthic, පණු.
කෘමි·ඝ්න, *a.* anthelmintic: see කෘමිහර.
කෘමි·බහුල, *a.* abounding in worms, wormy, vermiculous. [පණුළුවන් කන.
කෘමි·භක්ෂක, *a.* worm-eating, insectivorous,

කෘමි·භක්‍ෂකයා, *n.* one of the insectivora, පණු වත් කන සතෙක්.
කෘමියා, *n.* worm, insect, පණුවා.
කෘමිල, *a.* having worms, පණුවන් සහිත.
කෘමිල·භාවය, *n.* invermination, පණුවන් සහිත කම, පණු රෝගය.
කෘමි·විද්‍යා·කාරයා, *n.* helminthologist, vermeologist, පණුවන් ගැන විද්‍යා දන්නා.
කෘමි·විද්‍යාව ; කෘමි·විස්තරය, *n.* helminthology ; helminthography.
කෘමි·හර, *a.* worm-destroying, vermifugal, anthelmintic, පණුවන් නසන.
කෘමි·හරෞෂධය, *n.* (·හර ඖෂධය), worm-medicine, vermifuge, පණුබෙහෙත.
කෘම්‍යාකෘති, *a.* (කෘමි, ආකෘති), worm-shaped, vermiform, පණුහැඩය ඇති. [කෙට්ටු.
කෘශ, *a.* small, thin ; emaciated, lean ; කුඩා ;
කෘශ·කරනවා, *v. t.* to make thin or small, emaciate.
කෘශතාව, *n.* smallness &c., කුඩාකම ; emaciation &c., කෙට්ටුකම.
කෘශවෙනවා, *v. i.* to become thin &c.
කෘශාංග, *a.* (·අංග), slender-bodied, thin, කිස් දුරි ; emaciated, ඇඟ කෙට්ටුවූ.
කෘශාංගතාව, *n.* slenderness of body &c.
කෘශාංගය, *n.* slender or emaciated body, කිස් දුරි ඇඟ &c.
කෘශානුව, *n.* fire, ගින්න.
කෘෂක, *a.* drawing, attractive, කමින, අදින ; ploughing, සාන.
කෘෂකය, *n.* ploughshare, නිවැල. [ගොවියා.
කෘෂකයා, *n.* ploughman, agriculturist, peasant,
කෘෂාණයා, කෘෂිකයා, කෘෂියා, *n.* agriculturist.
කෘෂි, *a.* agricultural, georgic, ගොවිතැනට අයිතිවූ. [ගොවිතැන.
කෘෂි·කර්මය, කෘෂිය, *n.* ploughing, agriculture,
කෘෂි·කාව්‍යය, *n.* poem on rural subjects, georgic, ගොවි කවිය.
කෘෂ්ට, *a.* ploughed or tilled, සාපු, අස්වැද්දූ.
කෘෂ්ණ, *a.* black, කළු.
කෘෂ්ණ, *n.* Krishna, who is supposed to have been a real and complete incarnation of Vishnu, and quite distinct from Vishnu's ten other avatārs or incarnations. He is said to be a mild and beneficent deity. Ap. of Arjuna, charioteer of the sun.
කෘෂ්ණ·කර්මය, *n.* black deed, sin, wickedness, පාපය, දුෂ්ටකම.
කෘෂ්ණ·කාකයා, *n.* raven, කපුටුවා.
කෘෂ්ණ·කාචකය, *n.* black polish or gloss, කළු දිස්නය ; loadstone, කාන්දම.
කෘෂ්ණ·පක්‍ෂය, *n.* dark half of the lunar month, period of the wane, අපරපක්‍ෂය.
කෘෂ්ණ·භූමිය, *n.* land with dark soil, කළු පස් ඇති බිම.
කෘෂ්ණ·මණ්ඩලය, *n.* pupil of the eye, කළුඉංගිරියාව.
කෘෂ්ණ·මණ්ඩලාභ්‍යන්තරය, *n.* (·අභ්‍යන්තරය), interior of the dark part of the eye, uvea.
කෘෂ්ණය, *n.* black colour, කළුපාට ; black pepper, කළු ගම්මිරිස් ; iron, යකඩය ; sin, පාපය.
කෘෂ්ණයා, *n.* black one, viz. cuckoo, කොවුලා ; crow, කපුටා.
කෘෂ්ණ·ලෝහය, *n.* black metal, iron, යකඩය.
කෘෂ්ණ·වර්ත්මන්, *n.* fire, ගිනි.
කෘෂ්ණ·සීසක, *n.* black lead, කළු ඊයම් [ස්ත්‍රී.
කෘෂ්ණාංගනාව, *n.* (·අංගනා), black woman, කළු
කෘෂ්ණාව, *n.* ap. of Draupadi (ද්‍රෞපදී) wife of the five Pāndava (පාණ්ඩව) princes ; also name of various dark or black plants : see *Bot.*
කෘෂ්ණාචලය, *n.* (·අචලය), name of a mountain in the western part of the Vindhya range : see වින්ධ්‍යය.
කෙ...ද, *inter. pron.* who ; what, මො...ද.
කෙකරගානවා; *v.* to chuck (as a hen), cackle, gabble, (as geese).
කෙකි, කෙකිනි, *indef.* කෙකියක්, කෙකිනියක්, *n. fem.* female crane. [*pl.* කෙකි.
කෙක්ක, *n.* hooked stick (for gathering fruit);
කෙංකරනවා, *v.* to use magic. See කෙම.
කෙට, *a.* lean, thin, කෙට්ටු ; niggardly, මසුරු.
කෙටකරනවා, *v.* to jeer at, make fun of ; importune, කත්කලව් කරනවා.
කෙටකාර, *a.* jeering, waggish, humorous.
කෙටකාරකම, *n.* waggishness &c.
කෙටය, *n.* jeer, ridicule, fun.
කෙටවෙනවා, *v. i.* See කෙට්ටුවෙනවා.
කෙට, *a.* short, කොට.
කෙටවිල්ල, කෙටවීම, *v. n.* of කොටවනවා : instigating &c.; *pl.* කෙටවිලි, කොටවීම්.
කෙටි, *a.* short, මිටි.
කෙටී, *n. fem.* short woman, මිටි ස්ත්‍රී. [&c.
කෙටීම, *v. n.* of කොටනවා : chopping, pounding
කෙටුම, *n.* a chop, cut, gash. [cate.
කෙටුම්·පත, *n.* copy, transcript, draft, dupli-
කෙටුම්පතක්·කරනවා, *v.* to make a copy &c., to copy. [paper.
කෙටුම්පත්·කඩදාසිය, *n.* copying paper, tracing
කෙටුම්පත්·කාරයා or ·ලියන්නා, *n.* copier, copyist.
කෙටුම්පත්·යන්ත්‍රය, *n.* copying machine, copying press.
කෙටේරිය, *n.* axe, halberd, mattock. E. S.
කෙට්ටු, *a.* thin, lean, spare, emaciated.
කෙට්ටුකම, *n.* thinness &c.
කෙබෙංකුව, *n.* store-room, godown.
කෙබෙත්තු, *a.* fatigued, exhausted, fagged, වෙහෙසවුනු.
කෙබෙත්තුව, *n.* fatigue &c., වෙහෙසවුව.

කෙණිහිම, කෙණිත්තිම, *v. n.* of කොණිහනවා &c.: pinching &c., nip.
කෙණෙර, කෙණෙරහන, *n.* (·අහන), female elephant, ඇතින්නී.
කෙණෙස්ස, *n.* See කිණිස්ස.
කෙණෙහිම, *ad.* as soon as, immediately: ඔහු ගිය කෙණෙහිම, as soon as he went or got there; කණෙයෙහිම. [ඩා.
කෙණ්ඩය, කෙණ්ඩෙ, *n.* shank, leg; *pl.* කෙණ්
කෙණ්ඩයා, *n.* a kind of fish.
කෙණ්ඩිකාව, කෙණ්ඩිය, *n.* pitcher, jug, ewer, can, (with spout). [swamp.
කෙත, *n.* E. of ක්ෂෙත්‍රය: paddy-field, rice-
කෙතරම්, *inter. adj.* what degree or quantity, how much, කොතරම්, කොපමණ.
කෙතෙක්, *inter. ad.* to what extent, how far.
කෙත්·පලු, *a.* field-tilling, agricultural, ගොවි.
කෙත්·පලුකෙනෙක්, කෙත්·පල්ලා, *n.* agriculturist, ගොවියා. [මොනා.
කෙ·නම්, *inter. adj.* what, of what name, who
කෙනෙක්, *indef. pron.* a person, some one.
කෙනෙන්ස, *n.* ladle: see කිතිස්ස.
කෙන්ද, *n.* a thread, filament, fibre; *pl.* කෙඳි.
කෙන්දගම්, *n.* brimstone, sulphur.
කෙඳිආකාර, *a.* fibrous, ropy, rope-like.
කෙඳිරි·ගානවා, *v.* to moan, groan.
කෙඳිරිගෑම, *v. n.*, කෙඳිරිය, *n.* moaning &c., moan, groan. [muttering.
කෙඳිරීම, *v. n.* of කොඳුරනවා: murmuring &c.,
කෙ·පමණ, *inter. adj.* how much, කොපමණ.
කෙප්පය, කෙප්ප·වාතය, කෙප්ප·වාසිය, කෙප්ප·වාපුව, *n.* disease of the womb, polypus, කුසේ ගෙඩිය.
කෙ·බන්දක්, *inter. n.* what sort of thing.
කෙබඳු, *inter. a.* what sort, කොයි ආකාර.
කෙම, *n.* a peculiar treatment for certain ailments, a sort of magic; feast, මංගල්‍යය.
කෙම, *n.* E. of ක්‍රමය; degree, scale.
කෙමන, කෙමින, කෙමෙන, *n.* long basket for catching fish.
කෙමැලි, *n.* foam of the sea, මුහුදුපෙණ.
කෙමිය, *n.* spout, tap, funnel; *bot.* pedicle.
කෙමෙක්, *n.* deed, act, කාර්යයක්, ක්‍රියාවක්.
කෙමෙන්, *ad.* E. for ක්‍රමයෙන්: by degrees, gradually.
කෙම්වර, *n.* worship of gods, demons &c., දේවතාවන් ඇදහීම. [*danus.*
කෙයියා, *n.* generic name of wild pines, *Pan-*
කෙයුර, *n.* E. of කේයූර.
කෙර, *indef.*, කෙරක්, *n. fem.* of කොරා: lame female, කොර ස්ත්‍රී or කොර ගැහැණියෙක්.
කෙරට්ටිල්ල, *n.* sprig, twig, scion; *pl.* කෙරට්ටිලි.
කෙරලා, *n.* Malabar man. [end &c.
කෙරවල, *n.* By transposition for කෙලවර:
කෙරි, *n. fem.* lame female: see කෙර.

කෙරීම, *v. n.*, කෙරුම, *n.* of කරනවා: doing, action, act. [කෙරුණ.
කෙරෙනවා, *v. i.* to be done, take place; *pret.*
කෙරෙන්, *post.* from upon, off.
කෙරෙම, *n.* E. for ක්‍රමය.
කෙරෙමෙන්, *ad.* E. for ක්‍රමයෙන්.
කෙරෙවිය, *n.* See කරවිය. [of coluber.
කෙරෙව්වා, *n.* a small venomous snake, a spe.
කෙරෙහි, *post.* on, upon,
කෙල, *n.* sprout, shoot, අංකුරය.
කෙල, *n.* or *a.* spittle, saliva, mucus, sputum; salival, salivary.
කෙල·ගසනවා or ·ගහනවා, *v.* to spit, expectorate; *pret.* කෙලගැහුවා &c.
කෙල·කොලු, *a.* stammering, drivelling.
කෙල·කොල්ලා, *n.* driveller, slaverer.
කෙල·වැඩිකරනවා, *v.* to increase saliva, salivate.
කෙලසනවා, කෙලහනවා, *v. t.* to pollute, contaminate, disgrace, defame, defile, profane, desecrate; *pret.* කෙලෙසුවා, කෙලෙහුවා.
කෙලසීම, කෙලෑම, *v. n.* of the preceding and following: polluting &c., contamination.
කෙලෙසෙනවා, කෙලෙහෙනවා, *v. t.* to be polluted &c.; *pret.* කෙලෙසුණ.
කෙලින්, *ad.* erect, perpendicularly, straight; directly, straightway.
කෙලින්කරනවා, *v. t.* to make erect or straight, straighten. [කොම.
කෙලෙස, *inter. ad.* in what manner, how,
කෙලෙස, කෙලෙසුම, *n.* E. of ක්ලේශය: filth, worldly or evil affection, evil desire.
කෙලෙසිදු, *n.* (කෙලෙස් ඉදු), Lord of the Kailāsa mountain: ap. of Siva. [කෛලාසය.
කෙලෙස්, කෙලෙස්·කුල, කෙලෙස්·කුළු, *n.* See
කෙලෙස්·ගිරිය, *n.* E. for කෛලාසපර්වතය.
කෙලෙස්·නැති, *a.* passionless, free from evil desire.
කෙලෙස්·නිවෙස්, *n.* ap. of Siva as the resident of කෙලෙස් or කෛලාසය.
කෙල්·මුවා, *n.* a kind of deer.
කෙල්ල, *n. fem.* of කොල්ලා: a little girl, lass.
කෙවිට, *n.* goad; *pl.* කෙවිටි.
කෙවිටෙන් අනිනවා or ගහනවා, *v.* to goad.
කෙවිස්ස, *n.* socket of a ring where the stone is set; *pl.* කෙවිසි; see කෙවෙසිය.
කෙවිලිය, *n.* multitude, සමූහය, flock, රැළ, heap, ගොඩ. [cuckoo.
කෙවිලි, කෙවිල්ලී, *n. fem.* of කොවුලා: female
කෙවුලා, *n.* fisherman, මත්ස්‍යයා.
කෙවුලි, *n.* fisherwoman; *pl.* කෙවුලියෝ.
කෙවුලි, *a.* known, understood, දැනගත තිබෙන.
කෙවුල්, *a.* pert. to water.
කෙවෙනවා, *v. i.* to smart, tingle.
කෙවෙනි, *inter. adj.* or *ad.* what kind of, how, කොයිආකාර, කොහොම...ද.

කෙවෙනිය, *n.* hole, hollow, socket.

කෙවෙනියා, *n.* illegitimate son, අවජාතකයා.

කෙවෙන්න, *n.* plough handle, නගුල්මිට ; *pl.* කෙවෙනි.

කෙස, *n.* hair, ඉසකේ, ලෝම ; urine, මූත්‍ර ; *pl.* කෙස්, hairs. [කේශ.

කෙස·කිළිය, *n.* privy, urinal, water-closet, දිය

කෙසග, *n.* (කෙස අග), tip of the hair.

කෙසඟ, *a.* E. for කෘශාංග, which see.

කෙසර, *n.* stamen of a flower ; *pl.* කෙසරු : mane, hair on the body, මයිල්.

කෙසරතෙල, *n.* castor oil, එඬරුතෙල්.

කෙසරා, කෙසරිඳු, *n.* (කෙසර ඉඳු), maned lion, කේසර සිංහයා.

කෙසරු, *n. pl.* hairs, mane, මයිල්.

කෙසා, *inter. adj.* what sort of, කොයිආකාර.

කෙසි·මුඳුව, කෙසිය, *n.* key, යතුර.

කෙසි·සිදුර, *n.* key-hole, යතුරු සිදුර.

කෙසුරු, *n.* pollen of flowers; dust; පරාග, රේණු.

කෙසෙල්·මුව, *n.* plantain flower.

කෙසේද, *inter. ad.* how, කොහොමද.

කෙසේද·යත්, කෙසේ·නම්, *conj.* scilicet, that is, if one said how, කොහොමද කීවොත්.

කෙස්·පත, *n.* the quantity of hair (on the head).

කෙස්·මදනය, *n.* hair-fastener, comb, පනාව.

කෙස්·වැටිය, *n.* bunch or knot or mass of hair, කොණ්ඩය.

කෙසෙය, *n.* key, යතුර.

කෙහෙ, *n.* a single hair, ඉසකේ ගහ.

කෙහෙතුව, *n.* See කේතුව.

කෙහෙ·මදනය, *n.* See කෙස්මදනය.

කෙහෙලි·දුම, *n.* fire, ගින්න. [කෙලි.

කෙහෙලිය, *n.* flag, banner, කොඩිය ; *pl.* කෙහෙ

කෙහෙල්, කෙසෙල්, *a.* plantain, banana.

කෙළ, *n.* 100 lacs or ten millions, කෝටිය.

කෙළ, *n.* end, terminus, point of an instrument, කොංගල, තුඩ.

කෙළ·පැමිණි, *v. adj. pret.* who has reached the end or attained perfection, අගතැන්පත්.

කෙළ, *p. pl.* of කෙළිනවා : having played.

කෙළ·මෝල, *n.* rice-pounder.

කෙළවර, *n.* end, extremity, termination, කොංගල, අවසානය. [අන්තිම.

කෙළවර, *a.* final, terminal, utmost, අන්තිම.

කෙළවරකරනවා, *v. t.* to end, finish, terminate.

කෙළිනවා, *v.* to play, sport ; *pret.* කෙළියා ; *p. pl.* කෙළ. [play.

කෙළි·කළුව, *n.* dancing, frolicking, sporting,

කෙළිඳ·ඇටය, *n.* medicinal nut, seed of the tree *nerium antidysentericum*, used as a remedy for diarrhœa &c.

කෙළි·බඩුව, කෙළි·වැඩේ, *n.* plaything, toy.

කෙළි·මඩල, කෙළිමඩුල්ල, *n.* play place, playground, playroom, dancing saloon.

කෙළිය, *n.* play, sport, pastime, සෙල්ලම.

කෙළිලි, *n.* kneeling, දණගැසීම.

කෙළිල්ල, *n.* the knee, දණ ; *pl.* කෙළිලි.

කෙළිල්ලෙන්, *ad.* කෙළිල්ලෙන් ඉන්නවා or බහිනවා : sitting with knee up, squatting, ඇන ඉඳීම, දණගැසීම. [කෙළිබඩුව.

කෙළි·වත, *n.* (වත E. of වස්තුව), plaything,

කෙළීම, *v. n.* of කෙළිනවා : playing, සෙල්ලම් කිරීම.

කෙළෙඹියා, *n.* rich person, පොහොසතා ; head of the family, පවුලේ ප්‍රධානයා.

කෙළෙහි·ගුණ, *n.* the kindness of a deed.

කෙළෙහි·ගුණ·සලකනවා, *v.* to regard kindness done, be grateful.

කේ, *n.* hair, ඉසකේ ; field, කෙත.

කේ, *inter. pron.* who, කවුද.

කේකා·බවනිය, ·නාදය, ·රවය, කේකාව, *n.* peacock's cry, මොනර හඬ.

කේකියා, *n.* peacock, මොනරා.

කේජු, *n.* Port., cheese. [කේබුව.

කේඛරය, කේබුව, *n.* lassitude, weariness, වෙහෙස

කේබැරි, *a.* slender, sickly.

කේතලය, කේතලේ, *n.* D., kettle.

කේතු·තාරව, *n.* comet, ධූමකේතුව.

කේතු·මාලය, කේතු·මාලාව, *n.* one of the nine great divisions of the world, India or western part of Jambu-dwipa.

කේතු·මාලාලංකාරය, *n.* (·අලං), the banner-like rays over Buddha's head.

කේතුව, *n. in I. ast.* the ninth planet ; the descending node ; ap. of a noted demon : comet, වල්ගාතාරකාව ; flag, කොඩිය ; sign, ලකුණ.

කේනිපාතය, *n.* helm, rudder, සුක්කානම.

කේන්ද්‍ර·කාරයා, or ·කියන්නා, *n.* fortune-teller, diviner. [horoscope).

කේන්ද්‍ර·කියනවා, or ·බලනවා, *v.* to augur (by the

කේන්ද්‍ර·කීම or ·බැලීම, *v. n.* horoscopy &c.

කේන්ද්‍රය, *n.* horoscope ; centre, මධ්‍යස්ථානය.

කේදි, *n. pl.* scores or lines, (as made upon fish before cooking).

කේදි·ලනවා, *v.* to score lines ; *pret.* කේදිලුවා.

කේයුර, *n.* bracelet worn above the elbow ; *pl.* කේයුරු. [පියන්න.

කේරම්ජය, *n.* stem of a coconut branch, පොල්

කේරල·දේශය, කේරලය, *n.* the country of Malabar.

කේරලයා, *n.* a fish of the whale tribe.

කේරලිය, *n.* astronomy, නක්ෂත්‍ර.ශාස්ත්‍රය ; an hour, පැය.

කේලම, *n.* slander, scandal, libel.

කේලමා, *n.* slanderer, backbiter, tale-bearer ; *pl.* කේලම්මු.

කේලම්කියනවා or කේලාම්·, *v.* to utter slander, calumny or scandal.

කේලිය, *n.* flag, banner, කොඩිය, කේතුව.

කේවල, *a.* one, only, single, mere.
කේවලය, *n.* single thing; knowledge of the unity of God, unitarian doctrine.
කේවලයා, *n.* one all for self, selfish man.
කේවලරෝගස්වභාව, *n.* idiopathy. E. S.
කේවල·රෝග·කාර, කේවල·ව්‍යාධික, *a.* idiopathic.
කේවල·වෛයාකරණයා, *n.* a mere grammarian (versed in nothing else).
කේවලි, *a.* alone, solitary, තනිවූ, උදකලාවූ.
කේවලියා, *n.* solitary person, recluse, hermit, වනවාසියා.
කේවෙල්කරනවා, *v.* to higgle, haggle.
කේවෙල්කාරයා, *n.* haggler. E. S.
කේශ, *n. pl.* or *a.* hair; hair-, hirsute: (or කේස throughout). [බස.
කේශ·කලාපය, *n.* lot of hair; hair-knot, කොණ්ඩ
කේශ·කල්‍යාණ, *a.* well-haired.
කේශ·කල්‍යාණය, *n.* beauty of hair: one of the 'five beauties', පංචකල්‍යාණ, which see.
කේශ·ධාරී, *a. bot.* piliferous, piligerous, කේශ ඇත්තාවූ (කොළ &c.). [E. S.
කේශ·පක්ෂි·මැස්සාවා, *n.* one of the trichoptera,
කේශර, *n.* hairs, ඉසකේ, කේශ; mane, කරේ දිග මසිල්.
කේශර, *a.* filamentary, crinal, කෙඳි ආකාර; having a mane, maned, කරේ දිගමසිල් ඇති.
කේශර·ධාරී, *a.* setiferous, setigerous, කෙඳි or මසිල් දරන. [කතුල.
කේශර·පාදය, *n.* hair-foot, setireme, මසිල් ඇති
කේශරය, *n.* filament, capillament, සිහින්කෙන්ද, මංණලය. [මුව ඇති.
කේශරවත්, *a.* setose; *bot.* villose; කේශවත්,
කේශරාකර්ෂණය, *n.* (·ආ:), capillary attraction. E. S.
කේශරාකාර, *a.* (·ආ:), filamentary, capillary, piliform, setiform.
කේශාකාර, *a.* (·ආ:), hair-like, hairy, pilose, රෝමවත්. [hair-end, කෙසග.
කේශාග්‍රය, *n.* (·අග්‍රය), extremity of the hair,
කේශික, *a.* hairy, having much hair, ඉසකේ or ලොම් or මසිල් බහුල.
කේශ·ධාතුව, *n.* hair-relic (of Buddha).
කේශ·පාශය, *n.* lot of hair, කොන්වැටිය, much or fine hair, කෙස් රැස.
කේශ·පාසිය, *n.* lock or knot of hair, ඉසකේරැද.
කේශ·රාග, *n.* hair-unguent, hair lubricant, ඉසකේ තෙලම්.
කේසරීයා, *n.* maned-one, viz. lion or horse, සිංහයා, අශ්වයා.
කේසරීන්ද්‍රයා, *n.* (කේසරී ඉන්ද්‍ර:), Lion-monarch: ap. of Vishnu, විෂ්ණු. [කෘෂ්ණ.
කේශවයා, *n.* Haired-one: ap. of Krishna,
කේශ·වේසය, *n.* tress or fillet of hair, ඉසකේ රැද or පටිය.
කෛතවය, *n.* deceit, fraud, cheating, රැවටිල්ල.

කෛතාලම්, *n.* cymbal: see කයිතාලම්. [&c.).
කෛ·පුඩිය, *n.* (T., කෛ, hand), handle (of box
කෛ·පෝවටුව, *n.* anything put on the hand (as a cover or ornament), අත්වැස්ම.
කෛරවය, *n.* See කෛතවය. [රයා.
කෛරවයා, *n.* cheat, rogue, enemy, ප්‍රයෝගකා
කෛරාටකය, *n.* poison, විෂ.
කෛරාටික, *a.* deceitful, fraudulent, රැවටිලි, ප්‍රයෝගකාර.
කෛරාටිකකම, කෛරාටිකත්වය, *n.* deceitfulness &c., රැවටිලිකාරකම. [වංචාකාරයා &c.
කෛරාටිකයා, *n.* deceiver, hypocrite, rogue,
කෛලාස පර්වතය, කෛලාසය, *n.* mount Kailāsa in Tibet, residence of Isvara, Kuwéra and other gods. [මරන්නා.
කෛවර්තකයා, කෛවර්තයා, *n.* fisherman, මස්
කෛවාරුකරනවා, *v.* to flatter, ඉච්චාකරනවා, praise, ප්‍රශංසාකරනවා.
කෛවාරුව, *n.* See කයිවාරුව.
කොක·දෙනවා, *v.* to halloo, huzza, මොරගසනවා, බල්වරසන්දෙනවා.
කොක·නද, *n.* red lotus, රතු හෙළුම්මල.
කොක·නද·වීණාව, *n.* red-lotus lute, viz. lute made of wood which resembled the red lotus and was given by Sakra to Buddha when he was King Kusa.
කොකා, *n.* crane, heron, stork; *pl.* කොක්කු. For the various kinds see කන..., කරවැල්..., මානන්..., බෙලි... and පුදු·කොකා.
කොකුම්, *n.* (See කුංකුම), saffron, a cosmetic used to stain the face &c.
කොකිස්, *n.* a kind of pastry made of rice flour.
කොකු·පුඩු, *n. pl.* hooks and eyes. [කොකු.
කොක්ක, *n.* hook; (of ferns &c.) frond; *pl.*
කොක්කතම, කොක්කතම්·පසිය, *n.* wallet or bag carried by religious mendicants.
කොක්කොක්·ගානවා, කොක්කොටනවා, *v.* to cluck.
කොක්·නා·පක්ෂියා, *n.* (නා bill or snout), bird with hooked bill, *turdus gingianus*.
කොක්·නා·මුවා, කොක්නාවා, *n.* wolf, වෘකයා.
කොක්·සත, කොක්හඬ, *n.* shout, huzza, මොරහඬ; laughter, සිනාහඬ.
කොක්·සත්—කොක්හඬ—දෙනවා, කොක්හඬලන වා, *v.* to shout, halloo, huzza.
කොක්·සත්·දීම් &c., *v. n.* of the above: shouting &c., මොරහඬලැම්.
කොච්චර, *ad.* however much. [what size.
කොච්චරද, *inter. ad.* how much or many,
කොච්චියා, *n.* a kind of fish; man of Cochin.
කොංචම්—කොංචි—කරනවා, *v.* to ridicule: see කොංචිකරනවා.
කොට, *p. pl.* of කරනවා, for කර; as *adv.*, as: මිත්‍රයෙක්කොට පිළිගත්තා, accepted (him) as a friend.

කොට, *a.* short, not long, brief, abridged.
කොටකම, *n.* shortness, brevity.
කොට·කන්·වවුලා, *n.* short-eared bat, small fox bat, *cynopteris marginatus*.
කොටකරනවා, *v. t.* to shorten, curtail.
කොටනවා, *v. t.* to chop; dig; pound, bray; fight (by pecking as birds); *pret.* කෙටුවා; *v. n.* කෙටීම.
කොටන්·කෑබෙල්ල, *n.* log, block.
කොටන්·හතු, *n.* fungus on a tree or stump.
කොටය, **කොටේ**, *n.* block, stump, log.
කොටයා, *n.* jackal, සිවලා.
කොටවනවා, *v. c.* to cause to chop &c.; make to fight (as cocks &c.), set on or make to quarrel; *pret.* කොටෙවුවා; *v. n.* කොටවීම.
කොටස, *n.* part, portion, section, share.
කොටස්කරනවා, *v. t.* to portion, divide into parts.
කොටස්බෙදනවා, *v. t.* to apportion.
කොටස්·කළමනාකාරයා, **කොටස්·වෙළෙන්ද**, *n.* sharebroker. [sharer, partner.
කොටස්·කාරයා, **කොටස්·හිමියා**, *n.* shareholder,
කොටහළුව, *n.* puberty-present (given by a young woman to her dhoby)
කොටළු·දෙන, *n.* she-ass; *pl.* කොටළුදෙන්නු.
කොටළු·පැටියා, *n.* foal of an ass.
කොටළුවා, *n.* ass, jackass; mule.
කොටා, *n.* short man; *pl.* කොට්ටු; also *p. pl.* of කොටනවා.
කොටාරම, **කොටාරය**, *n.* granary, store, ගබඩාව.
කොටි·කන්·වවුලා, *n.* tiger-eared bat.
කොටිකා, *n.* dried arecanut.
කොටි·දෙන, *n.* female cheetah or leopard.
කොටින්, *ad.* in short, briefly, summarily.
කොටින්, *p. pl.* See කොට *p. pl.*, having done.
කොටියා, *n.* cheetah, leopard, *felus pardus*; *pl.* කොටියෝ or කොටි.
කොටු, *n. pl.* or *a.* enclosures &c.; pert. to an enclosure or fort. [පාර.
කොටු·අත්ත, **කොටු·පත**, *n.* by-way, path, අතුරු
කොටුකරනවා, *v. t.* to enclose, fence or wall in.
කොටු·ඇළ, *n.* garner, අටුව.
කොටු·තාප්පය, **කොටු·පවුර**, *n.* rampart, wall of a fortress; *pl.* කොටුතාප්ප, කොටුපවුරු, fortifications, ramparts.
කොටුදෙය, *n.* a kind of sea fish.
කොටු·ජේතාව, *n.* fort, stronghold, බලකොටුව.
කොටුව, *n.* enclosure, yard, court; fort; *pl.* කොටු.
කොටුවා, *n.* fisherman, කෙවුලා, මස්මරන්නා.
කොට්ට, *a.* dry, dried, වියලි. [low.
කොට්ට, *n. pl.* or *a* of කොට්ටය: pillows; pil-
කොට්ට·උරය, *n.* pillow-case, cushion-cover.
කොට්ට·බැඳි, *a.* having cushions attached, cushioned.

කොට්ටම්·ගෙඩිය, *n.* almond nut.
කොට්ටම්බා, *n.* almond.
කොට්ටය, **කොට්ටේ**, *n.* pillow, cushion.
කොට්ටේ·වැස්ම, *n.* See කොට්ටඋරය.
කොට්ටෝරුවා, *n.* the bird brown-headed barbet, *megalæma zeylanica*, and other species.
කොඨාසය, *n.* part, portion, segment, section.
කොඨාසාකාර, *a.* sectional, segmental.
කොඩයා, *n.* small black ant.
කොඩි·කාරයා, *n.* flag-bearer.
කොඩි·කුඹය, **කොඩි·ගහ**, *n.* flagstaff.
කොඩි·තුවක්කුව, *n.* Kandyan gun on a tripod, jingal.
කොඩිය, *n.* flag, banner, ensign.
කොඩි·විනය, *n.* enchantment, witchcraft, incantation, හූනියම් &c.
කොණ, *n.* See කොන.
කොණනවා, **කොණිත්තනවා**, **කොණිස්සනවා**, *v. t.* to pinch, nip; *pret.* කෙණෙනුවා, කෙණිත්තුවා, කෙණිස්සුවා; *v. n.* කෙණිත්තීම, කෙණිස්සීම.
කොණ්ඩ·කැවුම, *n.* hair-knot cake, cake of hair-knot shape. [bul.
කොණ්ඩ·කුරුල්ලා, *n.* tufted bird, Madras bul-
කොණ්ඩ·කොහා, *n.* crested cuckoo.
කොණ්ඩය, **කොණ්ඩේ**, *n.* hair-knot, hair tied up in a knot; crest, tuft.
කොණ්ඩ·වඳුරා, *n.* crested monkey, Madras langur, *semnopithicus priamus*.
කොඬ, *n.* fruit or lump, ගෙඩිය; top of the arm, head of the shoulder, උරහිස.
කොඬයා, *n.* pig, ඌරා.
කොඬලිඳු, *n.* king, රජ: see කොඬොලිඳු.
කොඬය, *n.* shoulder, උරහිස.
කොඬොල, *n.* earring: see කුණ්ඩලය.
කොඬොලා, *n.* cobra, නයා, නාගයා.
කොඬොලිඳු, *n.* (කොඬොල් serpent, ඉඳු chief), chief of the serpent race, නාගරාජයා.
කොඬොල්, *n.* a kind of yam.
කොත, *n.* turret, small spire, monument; spear, හෙල්ලය; banner, කොඩිය. [ed.
කොත ආකාර, **කොත් ඇති**, *a.* turret-like, turret-
කොතනද, *inter. ad.* where; *lit.* in what place.
කොතන·හුමුත්, *ad.* wherever; somewhere or other. [where.
කොතන·වත්, *ad.* anywhere, with neg. no-
කොතඹුව, **කොතඹු·ගල** or **·මිණ**, **කොතැඹුව**, *n.* Vishnu's neck gem or jewel.
කොතඹුරු, *n.* coriander seed, කොත්තමල්ලි; red lotuses, රත්නෙළුම්.
කොතලය, *n.* jug, kettle, vessel with a spout.
කොතවිය, *n.* sceptre, කොතානය.
කොතවියා, *n.* ap. of the god Ganêsa, ගණේශ.
කොතායුද, *n.* (·ආයුධ), ap. of කඳකුමරු.
කොතායුදය, *n.* spear, lance, හෙල්ලය.

කොතැන්හිද, *inter. ad.* in what place, where, කොතනද.

කොතු·කරනවා, *v.* to nibble (as a fish).

කොතුරුව, *n.* small metal pot, කෙම්බුව.

කොතුව, *n.* laughter, හිනාව; one twentieth of a parrah. [much.

කොතෙක්ද, *inter. ad.* to what extent, how

කොත්, *n. pl.* of කොත; also ap. of the wife of Vishnu; banner of Cupid, අනඟකොඩිය.

කොත්·කැරැල්ල, *n.* turret-wreath or spiral.

කොත්තම, *n.* a native jacket or waistcoat.

කොත්තමල්ලි, *n.* coriander seed.

කොත්තු·කරනවා, *v.* to chop; to prick or pierce, to nibble (as fish).

කොත්මල, *n.* turret-ornament. [stand.

කොත්·විලක්කුව, *n.* standing lamp, lamp on a

කොද, *inter. pron.* who, කවුද.

කොදය, *n.* E. of ක්‍රෝධය: wrath, malice, grudge.

කොදෙව්ව, *n.* small island, කුඩා දිවයින.

කොන, *n.* end, corner; *pl.* කොන්.

කොනල, *n.* hair of the head, ඉසකෙස්.

කොන්කරනවා, *v. t.* to put aside, keep back.

කොන්තය, කොන්තෙන්, *n.* pike, spear, truncheon, baton; rosary, ජපමාලාව; palanquin prop.

කොන්තායුධ, *n.* Indian Mars: see කඳකුමරු.

කොන්තායුධය, *n.* (·ආයුධය), pike, spear, හෙල්ලය.

කොන්ත්‍රත්, කොන්ත්‍රාත්තුව, *n.* Eng., a contract.

කොන්ත්‍රක්කාරයා, *n.* contractor.

කොන්ද, *n.* rump, තට්ටම.

කොන්දුවය, *n.* spine: see කොඳුඇටය.

කොන්වෙනවා, *v. i.* to go aside, stand aloof, shrink from, refrain from, shirk, skulk.

කොන, *n.* corner, nook; *pl.* කොන්.

කොඳසැරය, *n.* bow of flowers, garland, මල්දම.

කොඳසැව්, *n.* ap. of Cupid, කාමදෙවියා.

කොඳසිය, *n.* ap. of the moon, සඳ.

කොඳු, *a.* made of goat's hair, goat's-hair (cloth &c.).

කොඳු, *n. pl.* pollen or dust of flowers, මල්රොන්.

කොඳු·ඇට, *n. pl.* or *a.* spines, backbones or bones of the spine; spinal.

කොඳු·ඇට·පෙළ, *n.* spinal column. [chord.

කොඳු·ඇට·මිදුළු, *n.* spinal marrow, spinal

කොඳු·ඇටය, *n.* backbone, spine, dorsal bone.

කොඳු·පලස, *n.* goat's-hair cloth or rug.

කොඳුරනවා, *v.* to mutter, mumble; murmur, grumble, repine; *pret.* කෙඳුරුවා; *v. n.* කෙඳිරීම.

කොපමණ, *ad.* however much.

කොපමණද, *inter. ad.* how much, කොච්චරද.

කොපමණ·නුමුත්, *ad.* however much.

කොපිල, කොපුල, කොපුලත, කොපුල්අත, කොපොල, } *n.* jaw, හක්ක.

කොපුලත්, කොපුල්අත්, *n.* ap. of Siva, ශිවදෙවියෝ.

කොපුව, *n.* sheath, case, scabbard; well, ළිඳ.

කොප්පරා, *n.* copra, dried kernel of the coconut.

කොප්පරා, *n.* a large kind of shark-like fish.

කොබ...ද, *inter. ad.* where, කොහේද.

කොබෙයියා, *n.* dove, pigeon, turtle-dove, wood-pigeon.

කොබෝ·ගෙඩි·වළල්ල, *n.* dove-cote (formed in the gable or on the projecting beams of the upper story); *pl.* ...වළලු, ends of the beams.

කොබෝ·නයා, *n.* snake.

කොම්බා, *n.* a kind of fish.

කොමඩු, *n.* water-melon. [ment, කණ්ඩායම.

කොමන්දය, *n.* Eng., command: troop, detach-

කොමල, *n. pl.* gems, රත්න, මැණික්.

කොමළ, *a.* soft, tender, මොළොක්.

කොමලකරනවා, *v.* to make love, wanton.

කොමසාරිස්·තැන, *n.* D., commissioner. E. S.

කොම්සන්කරනවා, *v.* Port., to confess (to a priest), පව් කියාදෙනවා.

කොමු, කොමු·පිළි, කොමු·වත, *n.* goat's-hair cloth, mohair, රෝම රෙදිජාතියක්; fibre-cloth, linen, පට්ටාරෙදි.

කොමුකරනවා, *v. t.* to make soft; boil to pap or make too soft in cooking.

කොමු·පඩුව, *n.* rice-flour cake.

කොම්බුව, *n.* T., horn: musical horn or instrument of that shape; non-initial sign for the letter එ, viz. ෙ. [one.

කොයකද, *inter. pron.* for කොයිඑකද: which-

කොයටද, කොයැතටද, *inter. ad.* to what place, whither, කොතනටද.

කොයිකද: See කොයකද.

කොයි...ද, *inter. adj.* which, what.

කොයින්ද, කොයිහිනද, *inter. ad.* whence.

කොයිබටද, *inter. ad.* See කොයටද.

කොයිබවත්, *ad.* somewhere; *with neg.* nowhere; කොහේවත්.

කොයි·හරියේද, *inter. ad.* whereabouts.

කොයි·හැටි·නුමුත්, *conj.* or *ad.* however, howbeit; in some way.

කොර, *a.* lame, limping.

කොරකරනවා, *v. t.* to lame.

කොර·කහ, *n.* a kind of saffron. [along.

කොර·ගගහා·යනවා, *v.* to go limping, hobble

කොර·ගහනවා, ·ගසනවා, *v.* to walk lame, limp; *v. n.* කොරගැහීම, ·ගැසීම.

කොරටා, *n.* jackal, නරියා.

කොරවුකරනවා, *v. t.* to enclose, put into an enclosure, make a fence round. [&c.).

කොරවුව, *n.* hoarding, enclosure, (round trees

කොරඩුව, කොරඩය, *n.* abridgment, epitome, සංග්‍රහය; shrinking, හැකිළීම.

කොර·පොතු, *a.* or *n. pl.* of කොරපොත්ත.

කොර·පොතු·අරිනවා, *v.* to remove scales, to scale.

කොර·පොතු·ගහන, *a.* thick with scales, scaly.
කොර·පොත්ත, *n.* scale of fish; scab, කබල; lamina, පොත්ත; *bot.* squama, E. S.
කොර·පොල්·පෙතිය, *n.* See පොරපොල්පෙතිය.
කොරබුරුවා, *n.* a kind of fish, char.
කොරල්, *n.* Eng., coral, පබළු.
කොරවකා, *n*, bird of the genus Kallus: ruddy rail, blue-breasted rail, white-breasted water-hen; *pl.* කොරවක්කු.
කොරහ, *a.* rough, rugged, severe, රළු; also *n.* for කොරහ. [කැඩි.
කොරහැඩි, *a.* rough, scaly, scabrous, රළු, කොර
කොරහැඩිකම, කොරහැඩිකම, *n.* roughness &c.
කොරහ, *n.* large pan or chatty (for washing rice in).
කොරහන, *n.* stony place.
කොරහැඩි, *a.* See කොරහැඩි.
කොරළු, *a.* scaly, furfuraceous, කොරපොතු ඇති; *n.* scales.
කොරළුා, කොරළුවා, *n.* flat fish, carp, a kind of small sea fish.
කොරලියා, *n.* a fresh-water fish, a species of carp, *Etroplus Suratensis*.
කොරා, *n. mas.* lame one, lame person or animal; *pl.* කොරු.
කොරුවා, *n.* jackal, හිවලා.
කොරොස·කොළය, *n.* rough leaf of a creeper, used as sandpaper, korosa leaf.
කොරෝස්, *a.* harsh, rough, රළු, severe, සැර; cruel, කෲර. [sima.
කොරෙස්ම·කාලය, *n.* season of lent, quadrage-
කොරෙස්ම·කාලීන, *a.* lenten, quadragesimal.
කොර්නල්, *n.* Eng., colonel.
කොල, *int.* of address, hey, here, බොල.
කොල, *n.* shore of sea or river, වෙරළ, තෙර.
කොලරා·රෝගය, *n.* Eng., cholera.
කොල·වැද්දා, *n.* golden paradoxure.
කොලහලය, *n.* See කෝලාහලය.
කොලු, කොලුවා, *n.* lad: see කොල්ලා.
කොලොප්පම, *n.* row, disturbance, කෝලාහලය.
කොලොම්බුව, කොලොම්බුව, *n.* wooden seat, stool or block, small chopping block.
කොලොන්, *n.* gum of the kekuna tree or *canarium zeylanicum*, කැකුණමැලියම.
කොල්ල, *a.* or *n. pl.* of කොල්ලය.
කොල්ලකනවා, *v. t.* to plunder, pillage, loot.
කොල්ලකාර, *a.* plundering, predatory, rapacious.
කොල්ලකාර·නැව, *n.* pirate-ship, pirate.
කොල්ලකාරයා, *n.* plunderer, robber.
කොල්ලකෑම, *v. n.* plundering &c., spoliation.
කොල්ලය, *n.* plunder, pillage, booty, loot.
කොල්ලා, *n.* lad, youngster, stripling.
කොල්ලෑව, *n.* outrigger (of a canoe).
කොල්ලු, *n.* a kind of grain, *dolichos biflorus*.

කොවය, කොවේ, *n.* little street, කුඩාවීදිය, lane, පටුවීදිය.
කොච්චර, *ad.* however much, කොච්චර.
කොච්චරද, *inter. ad.* See කොච්චරද.
කොවුල, *n.* rotten tree, දිරච්ච ගහ. [ලයා.
කොවුලා, කොවුල්ලා, *n.* Indian cuckoo, කෝකි
කොසඹ·පොළඟා, *n.* wormwood polonga or snake.
කොස්, *a.* jak (tree, fruits &c.); *n. pl.* jak fruits.
කොස්·ඇට·බුරුමය, *n.* gimlet.
කොස්·ඇට·මීයා, *n.* small mouse, *mus urbanus*.
කොස්·ඇට·වවුලා, *n.* small bat, Coromandel bat, *scotophilus coromandelianus*.
කොස්·කුරුල්ලා, *n.* the bird little minivet, *pericrocotus perigrinus*.
කොස්ටික්, *n.* Eng., caustic.
කොස්තාපල්, *n.* Eng., constable.
කොස්ලිහිණියා, *n.* curlew.
කොස්වාලිහිණියා, *n.* wagtail heron. [කොහු.
කොස්ස, *n.* broom, brush; core; *pl.* කොසු,
කොස්සා, *n.* a kind of sea fish.
කොහල, *n.* something hidden; umbrella, කුඩය.
කොහා, *n.* plaintive cuckoo, *cuculus passerinus*. [කොස්ස.
කොහු, *n. pl.* coconut fibre, coir; (also) *pl.* of
කොහු·මුස්ස, *n.* coir brush or broom.
කොහු ලනුව, *n.* coir string or cord or rope.
කොහෙත්ම, *ad.* at all (gen. with neg.).
කොහේද, *inter. ad.* where. [where.
කොහේ·හරි, *ad.* anywhere, wherever; some-
කොහේවත්, *ad.* anywhere, somewhere.
කොටෙව, *n.* share, part, කොටස.
කොටොසිය, *n.* school, කෝලේජය.
කොකොස්, *a.* deceptive, hypocritical, වංචාකාර.
කොකොස්·පිළිවෙත්, *n. pl.* hypocritical observances (in religion &c.).
කොහොමද, *inter. ad.* how. [somehow.
කොහොම·හරි, *ad.* howsoever, however;
කොහොඹ, *n.* or *a.* margosa, wormwood.
කොහොඹ·තෙල්, *n.* margosa oil.
කොහොල, *n.* private or lonely place, නිජන ස්ථානය; rough stake, රළු උල.
කොහොලම්කම, *n.* mimicry &c: see කෝලම.
කොහොල්, *a.* shy, coy, bashful, reserved, අඩි
කොහොල්කම, *n.* shyness &c. [කෝල.
කොහොල්ලෑ, *n.* gum of the jak tree.
කොළ, *n. pl.* or *a.* leaves; leaf-.
කොළකැටිය, *n.* corn-stack, heap of corn.
කොළ·කුරය, කොළ·දළුව, *n.* young leaf, shoot, leaf-bud.
කොළ·කුර, *n.* tree, ගහ.
කොළඅත්ත, *n.* branch, අත්ත.
කොළ·දිවියා, *n.* tiger-cat, *felis rubiginosa*.
කොළ·නටුව, කොළනැට්ට, *n.* footstalk of a leaf, leaf-stalk, petiole.

කොළකොළනවා, *v.* to weed, pluck up weeds.
කොළ·පත, *n.* leaf (sp. of areca palm, the portion covering flower): see කොළය.
කොළපරවියා, *n.* a kind of fish.
කොළපාට, *n.* leaf-colour, green.
කොළපුව, *n.* spathe of palms; lower portion of the areka frond.
කොළ·බහුල, *a.* abounding in leaves, leafy, බොහෝ කොළ ඇත්තාවූ.
කොළ·මඩිනවා, *v.* to thresh corn by trampling.
කොළමුරුවා, *n.* a small sea fish. [&c.
කොළය, *n.* leaf of tree or book, sheet of paper
කොළයා, *n.* rat-snake, ගැරඬියා.
කොළිග, *n.* (කොළ ඉග or ඉස), tree-top, apex of a tree.
කොළොම්·පුරය, *n.* city of Colombo, කොළඹ.
කෝ, *inter. ad.* where.
කෝ, *n.* anger, කෝපය. [one.
කෝකද, *inter. pron.* for කොයිඑකද: which
කෝකයා, *n.* wolf, වෘකයා.
කෝකියා, *n.* Eng., cook.
කෝකිලයා, *n.* black cuckoo, *cuculus microp-terus.* It is much referred to in native poetry for its pleasant note.
කෝ·ගින්න, *n.* fire of wrath, ක්‍රෝධ ගින්න.
කෝච්චිය, *n.* Eng., coach, railway train.
කෝටරය, *n.* hollow of a tree, ගස්බිල.
කෝටිය, *n.* crore, 100 lacs or ten millions; in Sans. end, edge &c., තුඩ, මුවාත.
කෝටිගය, *n.* harrow, දැතිපෝරුව.
කෝටු·මස්·කරනවා, *v.* to flog, whip with cat-o'-nine-taoils.
කෝටුව, *n.* thin stick, switch, rod.
කෝට්ටය, *n.* fort, castle, බලකොටුව.
කෝෂ්ඨය, *n.* inner appartment, ඇතුල්ගෙය; granary, අටුව; fort, බලකොටුව.
කෝඩහුළඟ, *n.* fierce wind, තද හුළඟ. [නැති.
කෝඩු, *a.* initial, fresh, untrained, අමුතු, පුරුදු
කෝඩුකාරයා, *n.* freshman, novice, අමුත්තා.
කෝඩුව, *n.* first attempt.
කෝඩු·සේවායා, *n.* recruit, අමුතු සේවායා.
කෝණ, *n.* corner; corner-.
කෝණංගියා, *n.* buffoon, විගඩම්කාරයා.
කෝණ·බහුල, *a.* multiangular, බොහෝ කොන්
කෝණ·ඡේදක, *a.* diagonal. [ඇත්තාවූ.
කෝණ·ඡේදකාකාරයෙන්, *ad.* diagonally.
කෝණම, *n.* fore-lap (worn by men when bathing &c.), rag.
කෝණය, *n.* corner, angle, කොන.
කෝණ·විකර්ණය, *n.* diagonal line, diagonal.
කෝණ·විස්තරය, කෝණ·ශාස්ත්‍රය, *n.* trigonometry.
කෝතුහල, *a.* tumultuous, riotous, කෝලාහල.
කෝතුහලය, *n.* tumult, disturbance, uproar, කෝලාහලය.

කෝදණ්ඩය, කෝදෙන, *n.* bow, දුන්න; eyebrow, ඇස්බැම. [කෝදුව.
කෝදුව, *n.* carpenter's rule, foot-rule, අඩි
කෝදුව, *n.* a poor kind of grain, *paspalum scrobiculatum*, අමු. [question.
කෝත්තර·අසනවා, *v.* (කෝත්තර Port.), to cross-
කෝදුරුවා, *n.* eye-fly.
කෝදුරු·හඬ, *n.* hum, buzzing or murmur.
කෝප, කෝපවත්, *a.* angry, wrathful, enraged.
කෝපකරනවා, *v. t.* to make angry &c., provoke.
කෝපය, *n.* anger, wrath, rage.
කෝපවෙනවා, *v. i.* to become angry &c.
කෝප·වේගය, *n.* the severity or violence of anger, rage, fury.
කෝපි, *n.* (fr. Eng.) coffee, *coffea arabica.*
කෝපි·කඩය or ·කඩේ or ·හල, *n.* coffee-house, coffee-shop.
කෝපි·වත්ත, *n.* coffee garden, coffee estate.
කෝප්පය, කෝප්පේ, *n.* Port., cup.
කෝමල, *a.* soft, delicate, effeminate, මෘදු, සෞම්‍ය.
කෝමලතාව, *n.* softness &c., මෘදුකම &c.
කෝමාරිකා·සාරු, *n.* extract or essence of aloes.
කෝරක, *n.* bud, කැකුළ; a fragrant berry; a perfume. [shire.
කෝරළය, *n.* part of a province, kōralé, county,
කෝරාළ, *n.* Kōrāla, chief of a kōralé, sheriff.
කෝල, *n.* See කොහොල.
කෝලක, *n.* a kind of perfume; long pepper, තිප්පිලි; spice, කුළුබඩු.
කෝලම, *n.* masquerade, fancy-ball; fantastic appearance, gazing-stock.
කෝලම්·කරනවා or ·නටනවා, *v.* to masquerade, disguise, hold a fancy-ball.
කෝලම්·නැටීම or ·නැටුම, *v. n.* masquerading, fancy-ball. [the strings.)
කෝලම්බකය, *n.* body of a lute, a lute (minus
කෝලය, *n.* raft, පහුර; hip or flank, උකුල; embrace, බදාගැනීම; plumbago, නිතරන්; a weapon, ආයුධයක්; a district of India, the same as කාලිංගය.
කෝලය, *n.* bashfulness, shynees, paralytic affection; a curry seed.
කෝලයා, *n.* hog, ඌරා; an outcast, පිටවහලා; planet Saturn, සෙනසුරු.
කෝලසන්නිය, *n.* phlegm in the throat (to suffocation). [කම.
කෝලාරුව, *n.* want, lack, need, නැතිකම, හිඟ
කෝලාහල, *n.* turbulent, tumultnous, riotous.
කෝලාහලකරනවා, *v.* to make a tumult, uproar or riot.
කෝලාහල·කැල, *n.* riotous mob, rabble.
කෝලාහලය, *n.* tumult, uproar, disturbance, broil, row. [riot-act.
කෝලාහල·නාශක·නීතිය, *n.* riot-suppressing law,

කෝලි, *n.* long pepper, තිප්පලී, වවුල; jujube fruit, මදුරංගෙඩි : see *Bot.* [plantain.

කෝලි·කුට්ටු (**කෙසෙල්**), *n.* T., a fine kind of

කෝවය, *n.* crucible, fining-pot.

කෝවිද, *a.* wise, learned, නුවණැති.

කෝවිල, *n.* T., Hindu temple, pagoda; *pl.* කෝවිල්. [&c.

කෝශ, *a.* or *n. pl.* of **කෝශය** : pert. to eggs

කෝශ·ඡේදය, *n.* orchotomy, castration, තත් පාදුකෙරීම.

කෝශ·මූල, **කෝශ·මූලාකාර**, *a.* orchidaceous, ගසට කෝෂයට සමාන මුලක් ඇති.

කෝශ·මූල·පැළ·ජාති, *n. pl.* orchidaceæ, orchids.

කෝශ·මූල·පැළය, *n.* orchid.

කෝශය, *n.* egg, sheath &c.: see **කෝෂය**.

කෝශල, *n.* a name of Oudh and of a prince : see **කෝසල**.

කෝශ·වාහනය, *n. bot.* vagina. [vaginate.

කෝශ·සර, **කෝශාන්විත**, *a.* (·**අන්විත**), vaginated,

කෝශාකාර or **කෝශ**, *a* sheath-like, *bot.* vaginant, කොපුආකාර. [*bot.* vaginal.

කෝශාකෘති, *a.* of sheath form, sheath-like,

කෝශික·සත්ව·ජාති, *n. pl.* mollusca, molluscs, කබල ඇති සත්තු.

කෝෂේය, *n.* damask, E. S.; silk, පටරෙදි.

කෝෂකය, *n.* egg, බිජුව; testicle, අණ්ඩය, ජේ ලාව. [chrysalis.

කෝෂකාර, *n.* silk-worm, පටපණුවා; (also) its

කෝෂ·ගර්භය, *n.* bag, purse, පිල්ල; scrotum, අණ්ඩකෝෂය.

කෝෂ·ඵලය, *n.* egg-shaped berry or fruit having a waxy and fragrant pulp, bdellium.

කෝෂ·බඩ·බිජ-බන්ධනය, *n. bot.* parietal placenta.

කෝෂය, *n.* egg, බිජුව; testicle, අණ්ඩය; scrotum, අණ්ඩකෝෂය; sheath, case, receptacle, scabbard, කොපුව; bud, දළුව; thesaurus, dictionary, අකාරාදිය, E. S.

කෝෂ·වෘද්ධිය, *n.* enlargement of the scrotum, hernia, rupture. E. S.

කෝෂාතක, *n.* hair, කේශ; *bot.* a creeper.

කෝෂාන්තර්ගත, **කෝෂා·භ්‍යන්තරවාහන**, *a.* (·**අන්තර්ගත**, ·**අභ්‍යන්තර**:), spadiceous.

කෝෂාභ්‍යන්තර·වාහන·ජ, *a.* spadicose.

කෝෂ්ඨය, **කෝෂ්ඨාගාරය**, *n.* granary, storehouse, store-room, repository, ගබඩාව; stomach, කුම්බොක්ක.

කෝෂ්ඨාග්නිය, *n* (**කෝෂ්ඨ** stomach, **අග්නි** fire), degestive power; hunger, බඩගින්න.

කෝසල, *n.* the city Ayodhya, අයෝධ්‍යා, a king of which was the first to set up an image of Buddha for worship; the province to the south of the city, viz. Oudh.

කෞ·කෘත්‍යය, *n.* (**කෞ** fr. **කු** bad), evil deed, wicked conduct, දුෂ්චරිතයාව. [පිළිබඩ-.

කෞක්ෂ, *a.* (fr. **කුක්ෂි**), abdominal, ventral, belly-,

කෞක්ෂ·ඡේදය, *n.* gastrotomy, බඩකැපීම.

කෞක්ෂ·පාදික, *a.* gastropodous. E. S.

කෞක්ෂ·පාදිකයා, *n.* gastropod or gasteropod. E. S.

කෞටිකයා, *n.* hypocrite, cheat, වංචාකාරයා; butcher, කැපිනිසි සතුන් මරන්නා; hunter, දඩයම්කාරයා.

කෞණ්ඩිනාපය, *n.* thirteenth lunar asterism, figured by a hand containing five stars, one of which is in Corvus.

කෞතුක, *a.* eager, curious, කුතුක. E. S.

කෞතුකත්වය, *n.* eagerness, curiosity. E. S.

කෞතුක·පුස්තකය, *n.* curiosity-book, scrapbook. E. S.

කෞතුකය, *n.* eagerness &c.; pleasure, ප්‍රීතිය; festival, උත්සවය; salutation, ආචාරය.

කෞතුකාගාරය, *n.* (·**ආගාරය**), museum, කටුගෙය.

කෞතුහල, *a.* See **කෞතුක** and **කුතුහල**.

කෞතුහලය, *n.* See **කුතුහලය**. [සා.

කෞන්තිකයා, *n.* lancer, spearman, හෙල්ලදරන්

කෞබේර, *n.* ap. of **කුබේරු** : see also **වෙසමුණි**.

කෞබේරිය, *n.* the north quarter, of which **කෞබේර** is regent.

කෞමුද, *n.* white lotus, සුදු හෙළුම.

කෞමුද·බන්ධු, *n.* moonlight as connected with or like the white lotus, සඳපාන.

කෞමුද·විල, *n.* white-lily pond.

කෞමුදිය, *n.* moonlight, සඳඑළිය; day of the full moon in the month, කාර්තික; H. festival on that day in honour of **කාර්තිකේය**.

කෞමුදී·වෘක්ෂය, *n.* lamp-stand, පහන්කඳ.

කෞරවයා, *n.* descendant of Kuru : see **කුරු**.

කෞල, *a.* well-born, of good caste or family, සුජාත or කුලීන : see **කුල**.

කෞලාලක, *a.* earthen, මැටි.

කෞලාලක·භාජන, *n. pl.* earthenware, මැටිබඩු.

කෞලික, *a.* ancestral, මුතුන් මුත්තන්ට අයිතිවූ &c. [see **කුලීන**.

කෞලීන, **කෞලේය**, **කෞලේයක**, *a.* high-born:

කෞලීනය. *n.* high birth, nobility, වංශවත්කම; rumour, ආරංචිය; combat of animals, සතුන් ගේ පොරය; cock-fighting, කුකුල්පොරය; improper act, අයුතු ක්‍රියාව.

කෞලීනයා, *n.* son of a low woman, bastard, අවජාතකයා.

කෞශල්‍ය, *a.* dexterous, smart, clever, සමර්ථ; fortunate, වාසනාවන්ත. [facility.

කෞශල්‍යතාව, **කෞශල්‍යය**, *n.* dexterousness &c.,

කෞශල්‍යා, *n.* mother of Rama, රාමගේ මව

කෞශික, *n.* fragnant substance, bdellium; love, ප්‍රේමය; marrow, මිදුළු.

කෞශිකයා, *n.* Indra; lexicographer, snakecatcher; owl. E. S.

කෞශේය, *a.* satin, silken, පට. [රෙදි.

කෞශේය·රෙදි, *a.* or *n.* satin, silk, පටරෙදි.

කෞශෙය්‍යාකාර, *a.* satin-like, පට්ටආකාර; *bot.* sericeous, සිනිඳු මුව ඇත්තාවූ.

කෞස්තුභය, *n.* Krishna's breast jewel.

ක්‍රන්දනය, *n.* weeping, lamentation, වැලපීම; outcry, කෑගැසීම; defiance, challenging.

ක්‍රන්දිත, *a.* bewailed, lamented; defied &c.

ක්‍රම, *a.* or *n. pl.* pert. to order &c.

ක්‍රමක, *a.* by degrees, gradual, methodical.

ක්‍රමකයා, *n. lit.* graduator, viz. student who goes through a regular course of study.

ක්‍රම·කාරක·යන්ත්‍රය, *n.* graduating instrument, graduator.

ක්‍රමක්‍රමයෙන්, **ක්‍රමයෙන්**, *ad.* by degrees, gradually, orderly, progressively. [යාම.

ක්‍රමණය, *n.* a foot, step; going; පාදුල, අඩිය;

ක්‍රම·ත්‍රෛරාශිකය, *n. arith.* direct rule of three.

ක්‍රමමාණ, *a.* proceeding, යන; serial, E. S.

ක්‍රමමාණ·රචනාව, *n.* serial story or composition.

ක්‍රමමාණ·සංග්‍රහය, *n.* a serial work or magazine.

ක්‍රමය, *n.* scale or series, gradation, process, order, method, course, category.

ක්‍රමයෙන්, *ad.* See **ක්‍රමක්‍රමයෙන්**.

ක්‍රමාගත, *a.* (·ආගත come), regular, methodical, ක්‍රමික. [නාව.

ක්‍රමාගතතාව, *n.* regularity, consecution, ක්‍රමික

ක්‍රමානුක්‍රම, **ක්‍රමානුක්‍රමාගත**, *a.* (ක්‍රම අනු:), successive, consecutive.

ක්‍රමානුක්‍රමය, **ක්‍රමානුයාතය**, *n.* succession, consecution, rotation.

ක්‍රමානුක්‍රමයෙන්, **ක්‍රමානුයාතයෙන්**, *ad.* successively or in rotation, පිටපිටම or මාරුවෙන් මාරුවට.

ක්‍රමායාත, *a.* regular, successive, lineal, hered-

ක්‍රමික, *a.* regular, orderly, methodical. [itary.

ක්‍රමික·මිම්මක්, *n.* graduated measure, scale.

ක්‍රමික·වෘද්ධිය, *n.* gradual increase, progression.

ක්‍රමික·සංඛ්‍යාව, *n.* ordinal number.

ක්‍රමිකාපක්ෂයවෘද්ධිය, *n.* (·අපක්ෂ:), gradual decrease; *arith.* &c. progressive decrease.

ක්‍රමෙලකයා, **ක්‍රමේලයා**, *n.* camel, ඔටුවා.

ක්‍රය, *n.* buying, purchasing, මිලේට ගැනීම.

ක්‍රය·වික්‍රය, *n.* buying and selling, traffic, trade, ගනුදෙනු කිරීම, ගනුදෙනුව. [වෙළෙන්දා.

ක්‍රය·වික්‍රයිකයා, *n.* trader, merchant, dealer,

ක්‍රයාරෝහය, *n.* market, mart, emporium, වෙළෙඳපළ.

ක්‍රයිකයා, *n.* buyer, trader, වෙළෙන්දා.

ක්‍රව්‍ය·ඝාතකයා, *n.* animal killed for its flesh, deer, මුවා.

ක්‍රව්‍ය·භක්ෂක, **ක්‍රව්‍ය·භුජ්**, *a.* (·භුජ් to eat), carnivorous, zoophagous, මස් or සතුන් කන්නාවූ.

ක්‍රව්‍ය·භක්ෂකයා, *n.* one of the carnivora, zoophagan, මස් or සතුන් කන සතෙක්.

ක්‍රව්‍යය, *n.* flesh, raw flesh, මස්, මාංසය.

ක්‍රව්‍යාදයා, *n.* (·අද් to eat), flesh-eater, carnivorous animal; goblin, රාක්ෂයා.

ක්‍රාන්ති, *a. ast.* ascending, pert. to declination or the ecliptic, සූර්යයාගේ මාර්ගයට අයිතිවූ.

ක්‍රාන්තික, **ක්‍රාන්ති·මණ්ඩල**, *a.* pert. to the ecliptic.

ක්‍රාන්ති·කක්ෂය, **ක්‍රාන්ති·මණ්ඩලය**, *n.* the ecliptic, හිරුමඟ. E. S. [nonagesimal.

ක්‍රාන්ති·කක්ෂ·මස්තක, **ක්‍රාන්ති·කක්ෂයේ·මුදුන්**, *a.*

ක්‍රාන්ති·කක්ෂ·මස්තකය, **ක්‍රාන්ති·කක්ෂයේ·මුදුන**, *n. ast.* the nonagesimal.

ක්‍රාන්ති·කක්ෂාලෝකය, *n.* zodiacal light. E. S.

ක්‍රාන්ති·පාතය, *n. ast.* node of the ecliptic; *pl.* ක්‍රාන්තිපාත, the nodes.

ක්‍රාන්තිය, *n.* going, ascending, declination, the ecliptic, හිරුමඟ.

ක්‍රාන්ති·වලය, *n.* the space within the tropics, torrid zone, උෂ්ණකලාපය.

ක්‍රාන්ති·වලයාන්තර, *a.* (·අන්තර), intertropical, ක්‍රාන්තිවලයෙහි ඇත්තාවූ.

ක්‍රාන්තුවා, *n.* bird, කුරුල්ලා.

ක්‍රාබු, *n. pl.* cloves: see කරාබු; ක්‍රාබුව, ear ornament so named, ear flower.

ක්‍රාමය, *n.* cramp-iron, crampoon.

ක්‍රායකයා, *n.* See **ක්‍රයිකයා**.

ක්‍රිමියා, *n.* See **කෘමියා** &c. [verbal.

ක්‍රියා, *n. pl.* or *a.* of **ක්‍රියාව**: actions; *gram.*

ක්‍රියාකරනවා, *v.* to act, behave.

ක්‍රියාකාර, **ක්‍රියාකාරක**, *a.* acting, operative, practical.

ක්‍රියාකාරක·පද·සම්බන්ධය, *n.* agreement between the subject and predicate.

ක්‍රියාකාරකම, *n.* activity, operativeness; conduct, behaviour.

ක්‍රියාකාරයා, *n.* actor, transactor.

ක්‍රියා·කිරීම, ·**කෙරීම**, *v. n.* of **ක්‍රියාකරනවා** and **ක්‍රියාකෙරෙනවා**: acting, operating.

ක්‍රියාකෙරෙනවා, *v. i.* to act, operate. [verbs.

ක්‍රියාධිකාරය, *n.* (·අධි), chapter or section on

ක්‍රියාධිකාරයා, *n.* director, manager.

ක්‍රියා·නාමය, *n.* verbal noun.

ක්‍රියා·නුරූප, *a.* (·අනුරූප), suited to the deed.

ක්‍රියා·පදය, *n.* verb, ක්‍රියාවචනය. [කාඩිසර.

ක්‍රියා·පර, *a.* (පර diligent), active or diligent,

ක්‍රියාපරතාව, *n.* activity, diligence, ක්‍රියාවෙහි ඇලීම.

ක්‍රියා·ප්‍රකෘතිය, *n. gram.* verbal theme or root.

ක්‍රියා·මාලාව, *n.* paradigm of verb.

ක්‍රියා·ලෝපය, *n.* disuse of any act, desuetude.

ක්‍රියාව, *n.* act, action, deed.

ක්‍රියා·වචනය, *n.* verb, ක්‍රියාපදය.

ක්‍රියා·විධිය, *n. gram.* mood.

ක්‍රියා·විශේෂණය, *n.* adverb.

ක්‍රියේන්ද්‍රියය, *n.* (ක්‍රියා ඉන්ද්‍රියය), any organ of action, as the hand, foot &c.

ක්‍රිස්තියානි, **ක්‍රිස්තියානි·කාර**, **ක්‍රිස්තු·භක්තික**, *a.* Christian. [Christianity.

ක්‍රිස්තියානි·ආගම, *n.* the Christian religion,

ක්‍රිස්තියානි·කාරයා, ක්‍රිස්තියානි·භක්තිකයා, *n. mas.* Christian.

ක්‍රිස්තියානි·භක්තිය, See ක්‍රිස්තියානි ආගම ; christian piety, ·භක්තිවන්තකම.

ක්‍රිස්තියානි·සභාකාරයා, *n.* church-member. E. S.

ක්‍රීඩනය, *n.* play, sport, amusement, සෙල්ලම.

ක්‍රීඩාකරනවා, *v.* to play, disport, කෙළිනවා, සෙල්ලම්කරනවා.

ක්‍රීඩාකාර, *a.* playful, sportive, frisky, gamesome, සෙල්ලක්කාර, සරදම්වූ.

ක්‍රීඩාකාරයා, *n.* player, සෙල්ලක්කාරයා.

ක්‍රීඩා·පත්‍රය, *n.* playing-card.

ක්‍රීඩා·භාණ්ඩය, *n.* plaything, toy, කෙළිබඩුව.

ක්‍රීඩා·මඩුව, *n.* play-room.

ක්‍රීඩා·මඩුල්ල, ක්‍රීඩා·මඬල, ක්‍රීඩා·භූමිය, *n.* play-ground, සෙල්ලම් පිට්ටනිය.

ක්‍රීඩා·රථය, *n.* pleasure-carriage.

ක්‍රීඩාව, *n.* play, sport, amusement, සෙල්ලම.

ක්‍රීත, *a.* (ක්‍රී to buy), bought, purchased, මිලේට ගත්.

ක්‍රීතකයා, ක්‍රීතයා, *n.* one bought, a purchased and adopted son.

ක්‍රූර, ක්‍රූර·තර, ක්‍රූර·ධාරී, *a.* cruel, barbarous, pitiless, fierce.

ක්‍රූරකම, ක්‍රූරතාව, *n.* cruelty &c., fierceness.

ක්‍රූරකාරයා, *n. mas.* cruel person.

ක්‍රූර·ලෝචනය, *n.* evil or inauspicious appearance, නපුරුපෙනීම ; planet Saturn, සෙනසුරු.

ක්‍රූරාකෘතිය, *n.* ferocious form ; ap. of Rāvana, රාවණයා.

ක්‍රෝධ, ක්‍රෝධකාර, *a.* wrathful, rancorous, spiteful, malicious.

ක්‍රෝධය, *n.* wrath, spite, malice.

ක්ලන්දය, *n.* weeping, ඇඬීම.

ක්ලමථය, ක්ලමය, *n.* fatigue, weariness, වෙහෙස.

ක්ලැවිර, *n.* D., clavier, piano-forte.

ක්ලැවිවාදයා, *n.* pianist.

ක්ලාන්ත, *a.* exhausted with fatigue, faint.

ක්ලාන්තය, *n.* faintness, fainting.

ක්ලාන්තවෙනවා, *v. i.* to become exhausted, faint, swoon.

ක්ලින්න, *a.* damp, තෙත්වූ.

ක්ලිශය, *n.* sorrow, regret, ශෝකය, තැවීම.

ක්ලිශිත, *a.* distressed, sorrowful, ශෝකවූ.

ක්ලිෂ්ට, *a.* soiled, filthy, කිලුටු.

ක්ලීබ, *a.* weak, දුබල ; *gram.* neuter, නපුංසක.

ක්ලීබයා, *n.* eunuch, නපුංසකයා.

ක්ලේශ, *n. pl.* or *a.* passions, desires, evils &c.; pert. to the passions.

ක්ලේශ·ප්‍රකාශක·ශාස්ත්‍රය, ක්ලේශ·ලක්ෂණ·ශාස්ත්‍රය, *n.* pathognomy.

ක්ලේශ·ප්‍රහාණය, *n.* destruction of the passions, කෙලෙස් නැතිකිරීම.

ක්ලේශ·භරිත, *a.* laden with passions, vicious, අභිලාෂ සහිත, දුෂ්ට.

ක්ලේශය, *n.* any passion, desire or evil affection, අභිලාෂය, කෙලෙස් ; sorrow, affliction, care, දුක. B. teaches that ක්ලේශය or desire is the root of all sin and sorrow, and renders transmigration and continued existence inevitable until all ක්ලේශ are subdued and exterminated; when that is accomplished නිර්වාණ or non-existence is attained. The non-attainment of it,—that is, continued conscious existence,—is regarded as a calamity, and it is the supreme object of B. and its laws and observances to effect the extermination of ක්ලේශ.

ක්ලේශ·රහිත, *a.* passionless, without evil affections, අභිලාෂනැති.

ක්ලේශ·රහිතකම, *n.* passionlessness, freedom from evils, cares &c. [E. S.

ක්වඩ්‍රට්ඵක, ක්වාඩ්‍රට්, *n.* Eng., *print.* quadrat.

ක්වාථය, *n.* decoction, කසාය.

ක්විනයින්, *n.* Eng., quinine, quinia.

ක්වයරය, *n.* Eng., quire.

ක්ෂණ, *a.* momentary, sudden : see ක්ෂණික.

ක්ෂණ·ක්ෂණ, *ad.* moment by moment, ඇසිල්ලක් පාසා.

ක්ෂණ·දය, *n.* water, වතුර.

ක්ෂණ·දයා, *n.* astrologer, නැකතියා.

ක්ෂණ·දාව, *n.* night, රාත්‍රිය ; turmeric, කහ.

ක්ෂණ·ප්‍රභාව, *n.* sudden brilliance, flash of light, lightning, විදුලිය.

ක්ෂණ·භංගය, *n.* sudden breakdown, instant collapse or destruction, හදිසි බිඳීම or විනාශය.

ක්ෂණ·භංගුර, *a.* suddenly perishing, momentary, transient, ක්ෂණික.

ක්ෂණ·භංගුරතාව, *n.* momentariness &c., ක්ෂණයක් පවතින ස්වභාව.

ක්ෂණ·භූත, *a.* short-lived, ephemeral, transitory, ලඝුජීවී. E. S.

ක්ෂණ·භූතතාව, *n.* transitoriness.

ක්ෂණය, *n.* moment, instant, මොහොත ; period, වතාව ; festival, මංගල්‍යය. [as.

ක්ෂණයෙන්ම, *ad.* immediately, instantly, as soon

ක්ෂණික, *a.* momentary, sudden, හදිසි. [E. S.

ක්ෂණිකතාව, *n.* momentariness &c., හදිසිකම.

ක්ෂත, *a.* wounded, hurt, broken, rent, තුවාලවූ, කැබුණු, ඉරුණු.

ක්ෂතකරනවා, *v. t.* to wound, තුවාලකරනවා.

ක්ෂත·කාසය, *n.* a cough produced by an injury.

ක්ෂත·ජය, *n.* what arises from a wound : blood, pus, ලේ, සැරව. [වණය.

ක්ෂතය, ක්ෂතිය, *n.* wound, hurt, sore, තුවාලය,

ක්ෂත·වික්ෂත, *a.* wounded and mangled, තුවාලවූ පොඩිවූ.

ක්ෂත·සංයෝගය, *n.* closing of a wound, suture, තුවාල මුට්ටුව.

ක්‍ෂතාශා, *a.* (·ආශා), disappointed. E. S.
ක්‍ෂති, ක්‍ෂති·ජ, *a.* pert. to a wound or wounds, traumatic, තුවාල සහිත &c.
ක්‍ෂතිය, *n.* wound, bruise, තුවාලය; loss, හානිය.
ක්‍ෂතෞෂධය, *n.* (ක්‍ෂත ඖෂධය), wound-medicine, vulnerary, තුවාල බෙහෙත.
ක්‍ෂත්‍රයා, ක්‍ෂත්‍රියයා, *n. mas.* one of the military caste, soldier, ශේවාසා, king, රජ.
ක්‍ෂත්‍රිය, *a.* pert. to the military or royal race, ශේවා or රජ.
ක්‍ෂත්‍රිය·කුලය, ක්‍ෂත්‍රිය·ජාතිය, *n.* military caste or royal race, ශේවාවංශය, රජවංශය.
ක්‍ෂත්‍රිය·ධර්මය, *n.* the law or duties of the military or royal race, as: war, honour, fidelity &c., ශේවා or රජධර්මය.
ක්‍ෂත්‍රිය·මායා, *n. pl. hereditary* royal devices or secrets, plans or secrets of the royal dynasty.
ක්‍ෂපාව, *n.* night, රාත්‍රිය. [හඳ
ක්‍ෂපා·කරයා, *n. lit.* night-maker, viz. the moon,
ක්‍ෂම, ක්‍ෂමා·පර, *a.* patient, forbearing, kind, ඉවසිලිවන්ත; ·fit, able, සුදුසු, හැකෙන.
ක්‍ෂමාකරනවා, *v. t.* to pardon, forgive, සමාකරනවා.
ක්‍ෂමාකරවනවා, *v. c.* to cause to pardon, obtain pardon for some one.
ක්‍ෂමා·ගුණය, *n.* the quality of forbearance &c., mercy, කරුණාව. [සමාව.
ක්‍ෂමාව, *n.* forbearance, pardon, excusing,
ක්‍ෂමාවෙනවා, *v. i.* to pardon, excuse, සමාවෙනවා.
ක්‍ෂය, *a.* declining, wasting, consumptive.
ක්‍ෂයය, *n.* decay, decline, diminution, wasting away, නිතිවීම; consumption, සයරෝගය; *alg.* minus.
ක්‍ෂය·කාර, *a.* wasting, destructive, හානිකරන.
ක්‍ෂය·කාසය, ක්‍ෂයදුව, *n.* consumptive cough, ක්‍ෂයරෝග කැස්ස. [පක්‍ෂය.
ක්‍ෂය·පක්‍ෂය, *n.* period of the moon's wane, අව
ක්‍ෂයරෝගකාර, ක්‍ෂයරෝගී, *a.* consumptive, phthisical, සයරෝගකාර. [ගය.
ක්‍ෂයරෝගය, *n.* consumption, phthisis, සයරෝ
ක්‍ෂයරෝගීභවය, *n.* state of consumption, consumptiveness, සයරෝග ගතිය.
ක්‍ෂයවීම, *v. n.* decline &c.; atrophy, phthisis; වැරීම, මාන්දම.
ක්‍ෂයවෙනවා, *v. i.* to decline, diminish, waste away, නිතිවෙනවා, වැරෙනවා.
ක්‍ෂයිෂ්ණු, *a.* wasting, perishable, ශීතවෙන, හානිවෙන. [ableness. E. S.
ක්‍ෂයිෂ්ණුතාව, *n.* liableness to decay, perish-
ක්‍ෂර, *n.* water, වතුර; trickling, oozing, වැස්සීම; cloud, වලාකුළ.
ක්‍ෂවටුව, *n.* sneezing, කිඹිසිල්ල; coughing, cough, කැස්ස; irritation of the throat.
ක්‍ෂවථ, *n.* sneezing, කිඹිහීම, කිඹිසිල්ල.

ක්‍ෂාන්ත, *a.* patient, forbearing, ඉවසිලිවන්ත, impassive, E. S.
ක්‍ෂාන්ති·පාරමිතාව, *n.* the attainment or observance of forbearance or impassiveness, stoicism, a B. ordinance.
ක්‍ෂාන්තිය, *n.* patience, forbearance, ඉවසිල්ල, impassiveness, E. S. [දුම්ල.
ක්‍ෂාම, *a.* slender, emaciated, weak, හීන්, කෙට්ටු,
ක්‍ෂාමතාව, *n.* slenderness, emaciation.
ක්‍ෂාර, *n.* factitious or medicinal salt, කල්ලුණු; essence, සාරය; ashes, අලු: see යවක්‍ෂාර.
ක්‍ෂාරකය, *n.* blossom, මල; essence, juice, සාරය; cage or basket, කූඩය, කූඩුව.
ක්‍ෂාරක, *n.* washerman, රදවා.
ක්‍ෂාරයා, *n.* rogue, cheat, රැවටිලිකාරයා.
ක්‍ෂාර·වධය, *n.* the salt-torture, viz. the punishment of cutting the flesh and then inserting salt &c.
ක්‍ෂාරවත්, *n.* sea salt, ලේවා ලුණු.
ක්‍ෂාරෝදක, *n.* (ක්‍ෂාර උදක), salt-water, boiled water, used as a punishment in the hell called ක්‍ෂාරෝදක නරකය.
ක්‍ෂාලනය, *n.* washing, rinsing, සේදීම.
ක්‍ෂිණය, *n.* injuring, injury, හිංසාව.
ක්‍ෂිති, *a.* pert. to the earth, earth-, පොළෝ.
ක්‍ෂිති, *n.* the earth, භූමිය: abode, වාසය; loss, හානිය, wane ක්‍ෂයය; a perfume.
ක්‍ෂිති·ජ, *a.* arising from the earth, earth-born, පොළොවෙන් අවගත්.
ක්‍ෂිතිජය, *n.* the horizon.
ක්‍ෂිති·ජයා, *n.* the planet Mars, අඟහරුවා.
ක්‍ෂිති·ධරය, *n.* earth-bearer, viz. mountain, කන්ද.
ක්‍ෂිති·පතියා, *n.* earth-ruler, viz. king, රජ.
ක්‍ෂිති·මණ්ඩලය, *n.* terrestrial region, the world, භූගෝලය.
ක්‍ෂිත්‍යදිති, *n.* (ක්‍ෂිති, අදිති mother of the gods), terrestrial mother of the gods, ap. of Krishna's mother. [රයා.
ක්‍ෂිපක, *n.* thrower, warrior, හෙලන්නා, යුධකා
ක්‍ෂිපණය, ක්‍ෂිපය, *n.* throwing, හෙළීම, විසිකිරීම; reviling, නින්දාකිරීම.
ක්‍ෂිපණිය, *n.* a missile, weapon, අඩයටිය, හෙල්ලය; oar, හබල.
ක්‍ෂිපයා, *n.* See ක්‍ෂිපක.
ක්‍ෂිප්ත, *a.* thrown, දමාපු; sent, dismissed, ඇරපු; dishonoured, insulted, අගෞරව කරපු.
ක්‍ෂිපාව, *n.* night, රාත්‍රිය.
ක්‍ෂිප්‍ර, *a.* quick, speedy, ඉක්මන්.
ක්‍ෂීණ, *a.* thin, slender, slim, wasted, emaciated, හීන්, කෙට්ටු, ක්‍ෂයවූ.
ක්‍ෂීණකරනවා, *v. t.* to make thin &c., make fine, attenuate; to waste; හීනකරනවා, තැනිකරනවා. [තුඩ ඇත්තාවූ.
ක්‍ෂීණ·චඤ්චු, *a.* slender-billed, tenuirostral, හීන්

ක්ෂීණ·චඤ්චු·පක්ෂි·ජාති, *n. pl.* birds with slender bills, tenuirosters.

ක්ෂීණතාව, *n.* slenderness, tenuity, atrophy, emaciation, සිහින්කම, තුනීකම.

ක්ෂීණ·පත්‍ර, *n. pl.* or *a.* thin leaves; thin leafed, tenuifolious, සිහින්කොළ ඇත්තාවූ.

ක්ෂීණ·රෝගය, *n.* marasmus, atrophy, මාන්දම, වැරීම.

ක්ෂීණ·චිත්තක, *a.* daunted, cowardly, pussillanimous, recreant, ධෛර්‍ය්‍යනැති, බයාදු.

ක්ෂීණ·චිත්තකය, *n.* cowardliness &c.

ක්ෂීණවෙනවා, *v. i.* to become thin, waste away, සිහින්වෙනවා, වැරෙනවා.

ක්ෂීණාශ්‍රව, *a.* (·ආශ්‍රව), passionless, of subdued passions, කෙලෙස නැති. [කම.

ක්ෂීණාශ්‍රවතාව, *n.* passionlessness, කෙලෙස නැති

ක්ෂීණාශ්‍රවයා, *n. mas.* person of subdued passions, a rishi, ඍෂියා.

ක්ෂීබ, *a.* intoxicated, වෙරිවූ. [මත්කරනවා.

ක්ෂීබකරනවා, *v. t. lit.* and *fig.* to intoxicate,

ක්ෂීබතාව, *n.* state of intoxication, මත්කම, වෙරිකම.

ක්ෂීර, *n.* milk, කිරි; water, වතුර.

ක්ෂීර, *a.* milk-, lacteal, කිරි.

ක්ෂීර·කණ්ඨයා, *n. lit.* milk-throat, suckling, infant, කිරිදරුවා. [see කාකෝලිය.

ක්ෂීරකාකෝලිකාව, ක්ෂීරකාකොලිය, *n.* a drug:

ක්ෂීර·ජනක, *a.* milk-producing, lactescent, lactiferous, කිරිඋපදවන or දෙන. [ශක්තිය.

ක්ෂීර·ජනකතාව, *n.* lactiferousness, කිරි උපදවන

ක්ෂීර·දායක, *a.* milk-giving, milch, galactophorous, කිරිදෙන.

ක්ෂීර·දෝහනය, *n.* milking, කිරිදෙවීම; milk-pail, කිරිබාල්දිය.

ක්ෂීර·ධාරාව, *n.* stream of milk (from the udder).

ක්ෂීර·ධාරී, *a.* milk-bearing, sap-bearing, lactiferous, කිරි or සුදු මීදය දෙන.

ක්ෂීර·නාලිය, *n.* milk-tube, lacteal. E. S.

ක්ෂීර·පරීක්ෂක·යන්ත්‍රය, *n.* galactometer, කිරි විභාගකරන යන්ත්‍රය. [කිරිබත්.

ක්ෂීර·පායාසය, *n.* rice boiled in milk, milk-rice,

ක්ෂීර·පායී, *a.* milk-drinking, කිරිබොන.

ක්ෂීර·පිණ්ඩය, *n.* ball or spoonful of milk-rice, කිරිබත් පිඩ.

ක්ෂීර·මාතෘ, *n.* wet-nurse, කිරිමව්.

ක්ෂීර·වර්ධකෞෂධ, *n. pl.* (වර්ධක ඖෂධ), milk-increasing drugs, galactagogues, කිරි වැඩි කරන බෙහෙත්.

ක්ෂීරසාර, *n.* cream, යොදේ.

ක්ෂීර·සාගරය, ක්ෂීරාබ්ධිය, } *n.* sea of milk,
ක්ෂීරාර්ණවය, ක්ෂීරෝදය (·උදය), } one of the seven seas between Maha Meru and the Sakwalagala, කිරිමුහුද.

ක්ෂීර·සාර, *n.* butter, වෙඬරු. [වෛඩූර්‍ය්‍යය.

ක්ෂීරස්ඵටිකය, *n.* opal or cat's-eye gem: see

ක්ෂීර·නිවාරකෞෂධය, *n.* (නිවාරක ඖෂධය), lactifuge, කිරි අඩුකරන බෙහෙත.

ක්ෂීරාබ්ධිජ, *a.* (·අබ්ධි), born of the milk sea: ep. of the moon.

ක්ෂීරාම්ලය, *n.* (·අම්ල), lactic acid. E. S.

ක්ෂීරික, *a.* lactic, milk-, කිරි (ආහාර &c.).

ක්ෂුතය, *n.* sneezing, කිඹිසීම, කිඹිසිල්ල.

ක්ෂුත්පිපාසාව, *n.* hunger and thirst, සාපිපාසය.

ක්ෂුද්‍ර, *a.* small, minute, pigmy, tiny, කුඩා; low, insignificant, සුළු.

ක්ෂුද්‍රකම, ක්ෂුද්‍රතාව, *n.* smallness &c.

ක්ෂුද්‍රජන්තුවා, *n.* See ක්ෂුද්‍ර·ප්‍රාණියා.

ක්ෂුද්‍රතා·වාචකය, *n. gram.* diminutive. E. S.

ක්ෂුද්‍ර·දර්ශක·යන්ත්‍රය, *n.* microscope.

ක්ෂුද්‍රනාලිය, *n.* small tube, tubule, කුඩානළය.

ක්ෂුද්‍ර·පාදික, *a.* having small feet or legs, reptilian, කුඩා පාද ඇත්තාවූ.

ක්ෂුද්‍ර·පාදිකයා, *n.* reptile, කොට කකුල්ඇති සතා.

ක්ෂුද්‍ර·ප්‍රාණියා, *n.* insect, minute animal, microbe.

ක්ෂුද්‍ර·ප්‍රාණි·විද්‍යාකාරයා, *n.* entomologist. E. S.

ක්ෂුද්‍ර·ප්‍රාණි·විද්‍යාව, *n.* entomology, කුඩා සතුන් ගැන ඇති ශාස්ත්‍රය.

ක්ෂුද්‍ර·බුද්ධි, *a.* of small intellect, little minded, silly, බුද්ධිහීන, අඥාන. [අඥානකම.

ක්ෂුද්‍ර·බුද්ධිය, *n.* weak understanding, silliness,

ක්ෂුද්‍ර·භල්ලූ·රාශිය, *n. ast.* ursa minor, the little bear.

ක්ෂුද්‍ර·රෝගය, *n.* minor disease, සුළු රෝගය.

ක්ෂුද්‍ර·ලෝකය, *n.* microcosm. E. S. [ෂය.

ක්ෂුද්‍ර·බීජ·කෝශය, *n.* sporangium, කුඩා බිජකෝ

ක්ෂුද්‍ර·බීජ·ධාරී, *a.* bearing minute seeds, sporuliferous, සිහින්බීජ දරන (පාසි &c.).

ක්ෂුද්‍ර·බීජය, *n.* minute seed, spore, sporule, (දූවිලි මෙන්) ඉතා සිහින් බීජය. [විද්‍යාකාර &c.

ක්ෂුද්‍ර·සත්ව·ශාස්ත්‍ර, *a.* entomological: see ක්ෂුද්‍රප්‍රාණි

ක්ෂුද්‍ර·සත්ව·ශාස්ත්‍ර·ඥයා, *n.* entomologist.

ක්ෂුද්‍ර·සත්ව·ශාස්ත්‍රය, *n.* entomology.

ක්ෂුද්‍ර·සාරමේය·රාශිය, *n. ast.* canis minor.

ක්ෂුද්‍රාන්ත්‍රය, *n.* (ක්ෂුද්‍ර අන්ත්‍ර), the ileum, කුඩා බඩවැලෙන් පහත් කොටස.

ක්ෂුද්‍රානුක්ෂුද්‍ර, *a.* differential (measure or scale), very small, minute, ඉතා කුඩා.

ක්ෂුද්‍රාව, *n. fem.* crippled female, අබ්බාගාත ස්ත්‍රී; dancing woman, නාටක ස්ත්‍රී; harlot, වෙසඟන.

ක්ෂුද්‍රාශය, *n.* (·ආශය), ventricle; vesicle. E. S.

ක්ෂුද්‍රාශයාකාර, *a.* ventricular, vesicular. E. S.

ක්ෂුධාර්ත, *a.* (ක්ෂුධා අර්ත), famishing, hunger-bitten, සාගින්නෙන් පීඩිත, හාමත්වූ.

ක්ෂුධාපීඩිත, *a.* famished, starving, කෑම නැතිකමෙන් පීඩිත.

ක්ෂුධාව, *n.* hunger, බඩගින්න.

ක්ෂුධිත, *a.* hungry, බඩගිනි.

ක්ෂුභිත, *a.* frightened, agitated, භයවූ, චකිත.

ක්ෂුර·ධාරාව, *n.* edge of a razor, දැලිපිහියේ මුවාත.

ක්ෂුරය, *n.* razor, දැලිපිහිය; hoof, කුරය.

ක්ෂුල්ල, ක්ෂුල්ලක, *a.* small, young, කුඩා, බාල; poor, දිළිඳු; low, vile, නීච.

ක්ෂෙත්‍ර, *n. pl.* or *a.* fields; field, land, agricultural; see ක්ෂෙත්‍රය.

ක්ෂෙත්‍ර·ජයා, *n.* wife's son by a kinsman appointed according to Hindu law on behalf of the husband.

ක්ෂෙත්‍ර·ඥයා, *n.* soul or mind (as acquainted or allied with the body), ප්‍රාණය, හිත; husbandman, ගොවියා. [husbandman.

ක්ෂෙත්‍ර·පතියා, *n. lit.* field-lord: agriculturist,

ක්ෂෙත්‍රය, *n.* field, කෙත, පිට්ටනිය; body, ශරීරය; wife, භාර්යාව; sacred place, පුණ්‍යස්ථානය; diagram, සටහන.

ක්ෂෙත්‍රික, *a.* field-, agricultural, georgic, කෙත්, ගොයි: see කෘෂි.

ක්ෂෙත්‍රිකයා, *n.* agriculturist, ගොවියා.

ක්ෂවු, *n.* wheat, තිරිඟු.

ක්ෂෙපණය, ක්ෂෙපය, *n.* (fr. ක්ෂිප්), sending, dismissing, ඇරීම; throwing, casting, විසිකිරීම, දැමීම; කාලක්ෂෙපණය, passing time, delaying, කල්ගතකිරීම; pride, උඩඟුකම.

ක්ෂෙපණයකරනවා, *v. t.* to cast, throw, දමනවා, විසිකරනවා; spend, pass (as time), ගතකරනවා. [ආකාර පාද ඇති.

ක්ෂෙපණී·පාදික, *a.* oar-footed, remipedal, හබල්

ක්ෂෙම, ක්ෂෙමවත්, *a.* happy, auspicious, කල්‍යාණ, ශුභවූ.

ක්ෂෙම·භූමිය, ක්ෂෙම·ස්ථානය, *n.* happy place, oasis, elysium, සැපඇති ස්ථානයක්.

ක්ෂෙමය, *n.* happiness, ප්‍රීතිය, සුඛිතිය; preservation, ආරක්ෂාව; final bliss, Nirvāna, නිවන.

ක්ෂෝද, *n.* powder, කුඩු.

ක්ෂෝභකරනවා, *v. t.* to shake, agitate, සොලවනවා, කලඹනවා. [ලීම.

ක්ෂෝභය, *n.* shaking, agitation, සෙලවීම, කැල

ක්ෂෝභවෙනවා, *v. i.* to shake, be agitated, සෙලවෙනවා, කැලඹෙනවා.

ක්ෂෝමය, ක්ෂෞමය, *n.* an airy top room or attic, E. S.; woven silk or linen cloth: see කොමු [පිළි.

ක්ෂෞද්‍ර, *n.* honey, මීපැණි.

ක්ෂෞරය, *n.* shaving the head, මුඩුම.

ක්ෂෞරිකයා, *n.* barber, පණික්කියා.

ඛ.

ඛ, *n.* The second consonant of the alphabet; it is the preceding letter aspirated, expressed in English letters by *kh* and pronounced like *k* in black-hall allowing the *h* to coalesce.

ඛ, *a.* celestial &c., see ඛය, *n.*

ඛ·ගයා, *n. lit.* sky-traverser: ap. of a bird, a god, the sun, the wind, an arrow, a grasshopper.

ඛගේශ්වරයා, *n.* (ඛග ඊශ්වර), *lit.* sky-lord: ap. of garuda the bird of Vishnu.

ඛ·ගෝල, *a.* sky-, celestial, අහස්.

ඛ·ගෝලය, *n.* the celestial vault or sphere, sky, අහස්කුසකිය, අහස.

ඛ·ගෝල·විද්‍යාව, *n.* astronomy, නක්ෂත්‍ර ශාස්ත්‍රය.

ඛ·ගෝලාක්ෂාග්‍රය, *n.* (·අක්ෂ අග්‍රය), extremity of the celestial axis, celestial pole, අහස් ධ්‍රැවය.

ඛ·ගෝලෝර්ධ්ව, *a.* (·ගෝල ඌර්ධ්ව), above the sky, supercelestial. E. S.

ඛග්ගය, *n.* P., See ඛඩ්ගය &c.

ඛග්ග·විෂාණයා, *n.* P. of ඛඩ්ග·විෂාණයා, rhinoceros: see ඛඩ්ගයා.

ඛජුර, *n.* silver, රිදිය, රිදී.

ඛද්‍යෝතයා, ඛද්‍යෝතිකයා, *n.* firefly, කණාමැදිරියා.

ඛඤ්ජ, ඛඤ්ජක, *a.* lame, limping, කොර, කොණ්ඩි.

ඛඤ්ජනයා, ඛඤ්ජරීටයා, *n.* wagtail, වෙරළවටුවා.

ඛඤ්ජාව, *n. poe.* a metre or stanza having one line of thirty-two feet and the next of thirty.

ඛට්වාව, *n.* beadstead, couch, ඇඳ, යහන.

ඛටිකාව, *n.* calx, chalk, රටහුණු.

ඛඩ්ග, *n. pl.* or *a.* swords; pert. to a sword, sword-. [කොපුව.

ඛඩ්ග·කෝෂය, *n.* sword-sheath, scabbard, කඩු

ඛඩ්ග·ධරයා, *n.* swordsman, gladiator, කඩුකාරයා.

ඛඩ්ග·ධාරීයා, *n.* sword-bearer (of an official).

ඛඩ්ග·පත්‍රය, *n.* sword-blade, කඩුතලය.

ඛඩ්ග·මත්ස්‍යයා, *n.* sword-fish, තලපතා.

ඛඩ්ග·මේඛලාව, *n.* sword-belt, කඩුපටිය.

ඛඩ්ගය, *n.* sword, කඩුව, large knife; horn of a rhinoceros, කඟවේණාගේ අඟ.

ඛඩ්ගයා, *n.* rhinoceros, කඟවේණා.

ඛඩ්ගාකාර, ඛඩ්ගාකෘති, *a.* sword-shaped, ensiform, gladiate, කඩු හැඩය ඇත්තාවූ.

ඛණ්ඩ, *a.* broken, කැඩුණු; sectional, කොඨාසකාර. [number.

ඛණ්ඩ·ගණන, *n. arith.* fraction, fractional

ඛණ්ඩ·ගුඩ, *n.* sugar-candy, සුකිරි.

ඛණ්ඩනය, *n.* breaking, demolishing, කැඩීම; refuting, refutation, E. S.

ඛණ්ඩනයකරනවා, *v. t.* to break, demolish, කඩනවා, නැතිකරනවා; refute, E. S,

ඛණ්ඩනීය, ඛණ්ඩිතව්‍ය, *a.* breakable, brittle; destructible, refutable; කැඩිය—බිඳිය—නැති කළ හැකිවූ. [bility.

ඛණ්ඩනීයතාව, *n.* breakableness &c.; refraga-

ඛණ්ඩ·පරශුයා, ඛණ්ඩපර්ශුයා, *n.* one who chops in pieces: ap. of Siva, Parasurāma and Rāhu.

ඛණ්ඩ·මුල්ල, *a.* broken, කැඩුණු.

ඛණ්ඩ·ලවණ, *n.* black salt, rock salt, කළුලුණු, ආකර ලුණු.

ඛණ්ඩය, *n.* piece, fragment, කෑල්ල; section, කොටස; chapter, පරිච්ඡේදය; broken place or flaw, කැඩුම. [candy, සුකිරි.

ඛණ්ඩ·ශර්කරා, ඛණ්ඩසිතා, *n.* candied sugar, sugar-

ඛණ්ඩකෝර, *n.* whey, මෝරු. [බිඳුණු. E. S.

ඛණ්ඩිත, *a.* broken, demolished, refuted, කැඩුණු,

ඛණ්ඩ්‍ය, *a.* breakable, destructible; refutable, refragable: see ඛණ්ඩනීය.

ඛණ්ඩ්‍යතාව, *n.* destructibility; refragability.

ඛත්තිය, *n.* P. of ක්ෂත්‍රිය.

ඛදිර, *n.* Indra, ඉන්ද්‍ර; moon, චන්ද්‍රයා. *Bot.*

ඛද්‍යෝතයා, *n.* *lit.* sky-fire: sun, ඉර; firefly, කණාමැදිරියා.

ඛනකයා, *n.* *lit.* excavator, viz. rat, මීයා; house-breaker, උමංකණින්නා; miner, E. S.

ඛනිජ, *a.* produced from a mine, mineral, metallic, ලෝහ.

ඛනිජය, *n.* mineral, metal, ලෝහය.

ඛනිත්‍රය, *n.* hoe, spade, උදැල්ල.

ඛනිය, *n.* mine, gem-mine, ආකරය.

ඛඬ, *n.* ap. of කාර්තිකේය: see කඳකුමරු.

ඛන්ධය, *n.* multitude, සමූහය; trunk (of a tree), body, mass, කඳ, රැස; any one of the පංච ස්කන්ධ.

ඛපුරය, *n.* water-jar; city of Harischandra in [the sky.

ඛමණිය, *n.* *lit.* sky-gem: sun, සූර්යයා.

ඛය, *n.* the sky, heaven, අහස; organ of sense, ඉන්ද්‍රියය.

ඛය, *n.* See ක්ෂය; also expenditure, වැය, වියදම.

ඛර, *a.* hot, pungent, සැර, සහට; sharp, තියුණු; harsh, cruel, පරුෂ, කුර.

ඛරධ්වංසින්, *n.* ap. of Rāma as destroyer of the demon Khar.

ඛරනාදය, *n.* braying of an ass, කොටළුනාදය.

ඛරයා, *n.* ass, කොටළුවා; imp, භූතයා; crow, කපුටා; heron, ජලාවතයා.

ඛරලෝමන්, *n.* ass-skinned one; name of a chief of the serpent race in පාතාල or hell.

ඛරලෝහ, *n.* brass, පිත්තල.

ඛරාංශුව, *n.* (ඛර hot, අංශුව ray), the sun, ඉර.

ඛරු, *a.* white, සුදු; foolish, මෝඩ; cruel, කුර.

ඛරුව, *n.* tooth, දත; pride, මද; love, ආලය.

ඛරුවා, *n.* fierce one: ap. of Siva, ශිවදෙවියා; of Cupid, කාමදෙවියා; of the horse, අශ්වයා.

ඛර්ජුර, *n.* date tree or fruit, ඉඳි; yellow orpiment, හිරියල්.

ඛර්ජුරා, *n.* scorpion, ගෝනුස්සා.

ඛර්ජුව, *n.* scab, කබල, itch, කොරි.

ඛර්ජුවා, *n.* worm, පණුවා, maggot, ඉකදපණුවා.

ඛර්පරය, *n.* beggar's bowl, පාත්‍රය; crown of the head, හිස්මුදුන; umbrella, කුඩේ; collyrium, රසඳුන.

ඛර්පරයා, *n.* thief, rogue, හොරා.

ඛර්බ, ඛර්ව, *a.* short, dwarfish, මිටි.

ඛර්බය, *n.* a billion, ලක්ෂ කෝටියක්; one of Kuwéra's nine treasures.

ඛර්බයා, *n.* a dwarf, මිට්ටා.

ඛල, *a.* low, vile, cruel, නීච, කුර.

ඛලපුවා, *n.* sweeper, cleanser, (of threshing floor), අතුගාන්නා.

ඛලමණ්ඩලය, *n.* threshing floor, කමත.

ඛලය, *n.* soil, පස්; sediment, මණ්ඩි; site, තැන; threshing floor, කමත; ඛලයා, the sun, ඉර.

ඛලාධර, *n.* cockroach, කැරපොත්තා.

ඛලිනා, *n.* black pepper, *piper nigrum*, ගම්මිරිස්.

ඛලිනය, *n.* bridle bit, කටකලියා යකඩය.

ඛලිනිය, *n.* gang (of thieves, හොරු) පෙලක්; number (of threshing floors, පාවර) ගණනක්.

ඛලී, *n.* porridge &c.: see තලප.

ඛලෝක්තිය, *n.* (ඛල උක්තිය), vile language, කැතබස, abuse, ගැරහුම.

ඛල්‍යාව, *n.* See ඛලිනිය.

ඛල්ව, *n.* horse-gram, *dolichos biflorus*, කොල්ලු.

ඛසම්භව, *a.* ethereal, celestial, ආකාශීය, ස්වර්ගීය.

ඛසම්භවතාව, *n.* ethereality. E. S.

ඛසාව, *n.* mother of imps or goblins, යක්ෂයන් ගේ මව.

ඛාජ, *n.* See කඳ.

ඛාජික, *a.* fried (grain), බැදපු.

ඛාතය, *n.* rectangular pond or excavation, සතරැස් පොකුණ or වළ.

ඛාදන, *n.* eating; food, victuals, කෑම, ආහාර.

ඛාදනීය, *a.* edible, කෑමට සුදුසු.

ඛාදිත, *a.* eaten, කනලද. [කෑමට සුදුසුවූ.

ඛාද්‍ය, *n. pl.* or *a.* edibles, food, කෑම; edible,

ඛාද්‍යභෝජ්‍ය, *n. pl.* or *a.* The same as ඛාද්‍ය.

ඛානිකය, *n.* hole or breach in a wall, කැඩුම, කබුල්ල; mine, ආකරය.

ඛානිය, *n.* a mine, ආකරය.

ඛානිලයා, *n.* house-breaker, උමංකණින්නා.

ඛාණුව, *n.* bare trunk of a tree, කඳ; post, pillar, කණුව.

ඛාපෝදකය, *n.* a coconut, පොල්ගෙඩිය.

ඛාර, *a.* salty, ලුණුරස ඇති. [bushels.

ඛාරය, ඛාරිය, *n.* a measure of about three

ඛාරපතච්ඡනය, *n.* See ක්ෂාරවඩය.

ඛාරිය, *n.* a measure, see ඛාරය; a scar, කැලල

ඛාරිකය, *n.* three-bushel field, viz. of a size to require three bushels of grain to sow it.

ඛිඩ්ඩාව, *n.* P. for ක්‍රීඩාව: play.

ඛින්න, *a.* distressed, පීඩිත, fatigued, වෙහෙසවුණු.

ඛින්නදේහය, *n.* fatigued body.

ඛිප්පං, *a.* P. for ක්ෂිප්‍ර: quick, ඉක්මන්.

ඛිල, *a.* untilled, waste, (land), අස්වද්දා නැති.

ඛීණාසවයා, *n.* P. of ක්ෂීණාශ්‍රවයා, which see.

ඛීරං, *n.* P. of ක්ෂීර: milk, කිරි.

ඛුජ්ජ, *a.* P. of කුබ්ජ: humpbacked.

ඛුරය, *n.* razor, දැලිපිහිය; hoof, කුරය: foot of a bedstead; hoof-shaped perfume (probably dried shell-fish of that shape); a drug, සක්නාබ.

ඛුරනාසා, *a.* ('නාසා), flat nosed, having a hoof-shaped nose. [යක් ඇත්තා.

ඛුරනාසාවා, *n.* flat nosed person, පැතලි නාස

ඛුරාකෘති, *a.* (·ආකෘති), hoof-shaped, ungulated, ungulate.

ඛුරාකෘතිය, *n.* hoof-shape, ungula, කුර හැඩය.

ඛේ·චර, *a.* moving in the air or sky: see ආකාශචර.

ඛේචර, *n. pl.* quicksilver, රසදිය; magical pills to enable a person to fly to heaven.

ඛේචරයා, *n. lit.* sky-traveller: applied to any of the heavenly bodies, also an arrow, a cloud, a bird; a kind of of demigod; ap. of Siva.

ඛේට, *a.* low, vile, නීච; armed, සන්නද්ධ.

ඛේටකය, ඛේටය, *n.* village, ගම, village suburbs, ගම්බද; hunting, දඩයම; club of Balarāma, බලරාමයාගේ පොල්ල; shield, පලිහ; phlegm, සෙම.

ඛේත්තය, *n.* P. of ක්ෂේත්‍රය; field &c.

ඛේද, *n. pl.* or *a.* sorrows, දුක්; sorrowful &c., [දුක්වූ.

ඛේද·ජනක, *a.* afflictive, distressing, grievous, deplorable, lamentable, දුක් උපදවන.

ඛේද·ජනකතාව, *n.* afflictiveness &c.

ඛේදය, *n.* sorrow, affliction, දුක; as *excl.* also, අහෝ. [(poem &c.).

ඛේද·වාචක, *a.* expressive of sorrow, tragic

ඛේදාන්විත, *a.* (·අන්විත), sorrowful, doleful, having affliction, දුක් සහිත. [ගතිය.

ඛේදාන්විතතාව, *n.* sorrowfulness &c., දුක් සහිත

ඛේදිත, *a.* afflicted, distressed, පීඩිත, දුක්ඛිත.

ඛේම, *a.* P. of ක්ෂේම: happy &c.

ඛේමය, *n.* happiness &c.: see ක්ෂේමය.

ඛේය, *n.* ditch, moat, අගල.

ඛේල, ඛේලව, *n.* spittle, කෙළ.

ඛේල, *a.* wasting, decaying, ක්ෂයවන. [ක්‍රීය.

ඛේලනය, ඛේලාව, *n.* playing, play, sport, සෙල

ඛේලය, *n.* derision, කවටකම; refuge, ආරක්ෂාව.

ඛේලිය, *n.* a song, hymn, ගීතිකාව; arrow, ඊතලය.

ඛේලියා, *n.* songster or bird, කුරුල්ලා; animal, සතා; sun, සූර්යයා. [කෝර.

ඛෝඩ, ඛෝර, ඛෝල, *a.* limping, කොරවූ, lame,

ඛෝලකය, *n.* pan, තාච්චුව, saucepan, සාස්පාන; betel-nut shell; helmet, යුධතොප්පිය; ant-hill, තුඹස. [මත්.

ඛ්‍යාත, *a.* famed, renowned, celebrated, කීර්ති

ඛ්‍යාත·ගර්හිත, *a.* of bad notoriety, infamous, අපකීර්ති.

ඛ්‍යාතිය, *n.* fame, celebrity, කීර්තිය. [විස්තර.

ඛ්‍යාපක, *a.* declarative, explanative, කියාදෙන,

ඛ්‍යාපනය, *n.* declaring, declaration, explaining; confessing; තේරුම්කිරීම, කියාදීම.

ග.

ග, *n.* The third consonant of the alphabet, hard G.

ග, *a.* going, that goes (used in composition).

ගගන·තලය, *n.* face of the sky, අහස්තලය.

ගගනය, *n.* sky, atmosphere, අහස, ආකාශය.

ගගනෝදරය, *n.* (ගගන උදරය), vault of the sky, sky-dome, අහස්කුස.

ගගා, *p.* continuative of ගානවා: rubbing &c.

ගග්ගරය, *n.* sound, noise, rumbling or roaring as of the sea &c., ගෝෂාව, ගිගුරුම.

ගං, *n. pl.* or *a.* of ගඟ: rivers; river; also er. for ගම. [shore.

ගං·අත, ගං·අසබඩ, ගං·ඉවුර, *n.* river-border,

ගං·කනයා, *n.* a kind of river fish.

ගං·කන්ද, *n.* river-bank; hill on the border of a river.

ගංකුකුළා, ගම්කුකුළා, *n.* village or domestic cock or fowl.

ගංගරුවා, *n.* shrimp or prawn, ඉස්සා.

ගංගා, *n. pl.* or *a.* rivers; river-.

ගංගා, *n.* the river Ganges.

ගංගාතය, ගම්ගාතය, *n. lit.* village limb, viz. limb of the animal taken in the chase given to the owner of the land.

ගංගා·දේවි, *n.* the goddess Ganges or Pārvati wife of Siva, පාර්වතී.

ගංගා·ධරයා, *n. lit.* bearer or holder of the Ganges, viz. the ocean, සමුද්‍රය; ap. of Siva on whose head, it is said, the Ganges first descended and continued for some time amongst his hair.

ගංගාධාරය, *n.* (·ආධාරය), river-bed, ගංපල්ල.

ගංගා·ප්‍රවාහය, *n.* overflowing of a river, වතුර ගැලීම.

ගංගාව, *n.* river, ගඟ.

ගංගා·විස්තරය, *n.* potamography, potamology.

ගංගේය, *a.* fluvial, river-, ගං; pert. to the Ganges.

ගංගේය·කුලය, *n.* the gangeya caste. [වතුර.

ගංගෝදකය, *n.* (ගංගා උදකය), river-water, ගං

ගංතෙර, *n.* river-bank, shore.

ගංතොට, *n.* ferry, river-ferry.

ගං·තුලා, *n. pl.* or *a.* wickers, osiers; wicker-.

ගංපල්ල, *n.* river-bottom, river-bed.

ගංපවුර, *n.* river-embankment; jetty.

ගං·බඩ, *n.* See ගඟබඩ.

ගංබිත්තිය, *n.* river-wall or embankment, river-bank. [firth.

ගංමෝදර, ගං·මෝය, *n.* river-mouth, estuary,

ගං·වතුර, *n.* river-water.

ගංවේල්ල, *n.* river-dam, weir, embankment.

ගඟ, *n.* river, stream; *pl.* ගං, *ord.* ගංගා.

ගඟ·තොට, *n.* ferry, locality of a ferry.

ගඟ·දරයා, *n.* ap. of Siva: see ගංගාධරයා.

ගඟබඩ, *n.* river-border, vicinity of a river.

ගඟුල, ගඟුලැල්ල, ගඟුල්හැලිය, *n.* rapids, waterfall, ඇල්ල.

ගච්ඡය, *n.* shrub, plant, tree, පඳුර, මීවිගත.

ගජ, *a. lit.* and *fig.* elephantine; gigantic, immense, monstrous, egregious, flagrant.

ගජඅත, ගජකර, *n. lit.* elephant's hand, elephant's trunk, ඇත්හොඬය.

ගජකම, *n.* hugeness, immenseness &c.: see *adj.*

ගජකුම්භය, *n.* the protuberance on an elephant's forehead, ඇත්කුඹය.

ගජචක්‍රය, *n.* ring of elephants, viz. number or herd of elephants, ඇත්රැල.

ගජතාව, *n.* prevalence of elephants (in a place), ඇතුන් බහුලකම; herd of elephants.

ගජදත, ගජදන්තය, *n.* elephant's tusk or tooth, ivory, ඇත්දත.

ගජදන්තයා, *n.* ap. of Ganésa, the elephant-headed god of wisdom, ගණේශ දෙවියා.

ගජනාව, *n.* breech of a gun.

ගජපුටය, *n.* large hole for a furnace (for smelling &c.), ලොකු වළ. [ඇත්පැටව්.

ගජපොව්වා, ගජපෝතකයා, *n.* young elephant,

ගජබලා, *n.* lion, සිංහයා.

ගජමද, *n.* See ඇත්මද. [lion.

ගජමාවලයා, *n.* elephant-destroyer, ap. of the

ගජමෝටකයා, *n.* elephant-scarer, viz. lion.

ගජම්බා, *n.* musician, singer, ගායනාකාරයා.

ගජයා, *n.* elephant, ඇතා; enormous one.

ගජරුවා, *n.* (රු fr. ආරූඪ), elephant rider, mahout, ඇතරුවා.

ගජලිය, *n.* river, ගඟ.

ගජවක්‍රය, ගජවක්ත්‍ර, ගජවදනයා, *n. lit.* elephant-faced one: ap. of Ganésa, god of wisdom, ගණේශ දෙවියා.

ගජසමයා, *n. lit.* elephant-skinned one: ap. of Siva, ඊශ්වරදෙවියා.

ගජසිව, *n.* the earth, පොළොව.

ගජාරියා, *n.* (අරියා), *lit.* elephant's enemy: the lion, සිංහයා.

ගජේන්ද්‍රයා, *n.* (ගජ ඉන්ද්‍ර), chief elephant (of the herd); Indra's elephant. [ගත.

ගජේරු, *a.* clever, sharp, (ironically), සපත්,

ගජය, *n.* gem mine, රත්නාකරය; disrespect, අනාදරය; cow-house, ගවගාල; treasury, භාණ්ඩාගාරය.

ගජාව, *n.* tavern, තැබෑරුම; drinking vessel, පාන පාත්‍රය; hut, hovel, පැල.

ගටනවා, *v. t.* (fr. ඝට්ටන), to dash together; *pret.* ගැටුවා; *v. n.* ගැටීම. E. S.

ගඩගඩගානවා, *v.* to make a gurgling or ගඩ ගඩ sound, to gurgle.

ගඩගෙඩිය, *n.* boil, abscess. [ditch, අගල.

ගඩය, *n.* impediment, බාධාව; screen, මුවාව;

ගඩයා, *n.* gilt-head fish.

ගඩපිසල, *n.* boil or pustule, ගඩුව.

ගඩාගෙඩි, *n pl.* fruits, ගෙඩිජාති.

ගඩාදෙහි, *n.* rough skinned lime or lemon, Caffre lime.

ගඩුර, ගඩුල, *a.* crooked, bent, humpbacked,

ගඩුලයා, *n.* humpbacked person, කුදා. [කුදු.

ගඩුව, *n.* any sac containing pus: blain, boil, carbuncle.

ගඩුවා, *n.* thievish cat; *fig.* sharper, rogue; හොර බළලා; කපටියා.

ගඩොල, ගඩොළු, *n.* brick, paving tile.

ගඩොල් අල්ලනවා, *v.* to lay bricks, to brick.

ගඩොල් උළුහ or පෝරණුව, *n.* brick-kiln.

ගඩොල් කොටුව, or පට්ටලය, *n.* brickyard.

ගඩොල් වැඩ, *n.* brickwork; bricklaying.

ගණ, *a.* or *n. pl.* of ගණය: pert. to a number, multitude, assembly &c.

ගණකයා, *n.* a calculator (of nativities), astrologer, නැකතියා.

ගණකුලය, *n.* the fabulous mountain Kailāsa: see කෛලාසය. [පතියා.

ගණදෙටුවා, *n.* president of an assembly, සභා

ගණදෙවියෝ, *n.* god of wisdom: see ගණේශ.

ගණන, *n.* number, amount, quantity; account.

ගණනායකයා, ගණනැතියා, *n.* B. chief priest, නායක උන්නාන්සේ; also for ගණදෙටුවා.

ගණනීය, *a.* numerable, ගණන්කළහැකිවූ.

ගණන්, *n. pl.* or *a.* numbers &c.; pert. to number, numerical, arithmetical.

ගණන් කන්තෝරුව, *n.* counting-house.

ගණන්කරනවා, *v. t.* to count, enumerate; calculate, reckon, compute.

ගණන්කාරයා, *n.* accountant, book-keeper.

ගණන් කෝදුව, *n.* sliding-rule, viz. reckoning-rule. [take account of.

ගණන් ගන්නවා, *v. t.* to take account, reckon;

ගණන් චක්‍රය, ගණන් මණ්ඩලය, *n.* arithmetical table.

ගණන්දෙනවා, *v.* to give or render account.

ගණන්නැති, ගණනාවක්නැති, *a.* numberless, innumerable.

ගණන් පත්‍රය, *n.* account, bill.

ගණන් පථය, *n. lit.* the way of numbers: arithmetic, ගණිතය.

ගණන්බලනවා, *v. t.* to reckon up, count, calculate, estimate.

ගණන්බේරනවා, *v.* to settle accounts.

ගණන්යනවා, *v. i.* to increase, rise in number or price.

ගණන් ලිපිකාරුවා, *n.* See ගණන්කාරයා.

ගණන් ශාස්ත්‍රය, *n.* science of numbers, arithmetic.

ගණපතියා, *n.* See ගණදෙවියෝ.

ගණපංක්තිය, *n.* (ගණ B. P.), college or class of B. pupils.

ගණපූරක, *a.* that completes the number or chapter (of B. priests) according to the ritual.

ගණය, *n.* a number, multitude, troop, සමූහය; class, series, වර්ගය, පංක්තිය.

ගණයා, *n.* low term for B. P.; company, සමූහයා.

ගණ·සංගණිකාය, ගණසංගණිය, *n.* company or body of B. priests, මහණ සමාගම.

ගණාචාර්ය, *n.* (ණ·ආ:), teacher of a college or body of priests, ශ්‍රමණාචාර්ය.

ගණාධිපතියා, *n.* (ණ·අධි:), See ගණදෙවියෝ.

ගණිකාව, *n.* harlot, වෙසඟුව; female elephant, ඇතින්න; elk, ගෝනා; counting, ගණන් කිරීම. [කාන්දීම.

ගණිච්චිය, *n.* notice, attention, සැලකීම, ඇගුම්

ගණිත, *a.* counted, enumerated, ගණන්කරනලද; arithmetical, ගණිත ශාස්ත්‍රයට අයිතිවූ.

ගණිත·ගණන්·පොත, *n.* ready-reckoner.

ගණිත·ගතිය, *n.* See ගණන්චක්‍රය.

ගණිතය, *n.* calculating, counting, calculation, arithmetic; astrological reckoning.

ගණිතයා, *n.* calculator of horoscopes, astrologer, fortune-teller, නැකතියා; tomtom beater or one of that caste, බෙරවායා.

ගණිතව්‍ය, *a.* that should be calculated, calculable, ගණන්කළ යුතුවූ or හැකිවූ.

ගණිත·ශාස්ත්‍රය, ·විද්‍යාව, *n.* See ගණන්ශාස්ත්‍රය.

ගණිත·ශාස්ත්‍ර·ඥයා, *n.* arithmetician.

ගණිඳු, *n.* (ගණ ඉඳු): see ගණේශ.

ගණිනවා, *v. t.* to enumerate, count, reckon; *pret.* ගැන්නා; *p. pl.* ගැණලා; *v. n.* ගැණීම or ගිණීම.

ගණින්නා, *n.* counter, teller, arithmetician.

ගණින්නාන්සේ, *n.* (ගණ company, ඉන්: for උන්:), term for a B. P. used disrespectfully.

ගණිසුරු, *n.* (ගණ, ඉසුරු chief), ap. of ගණේශ, which see.

ගණේශ, *n.* (ගණ companies or classes, ඊශ Lord), the god of wisdom, son of Siva and පාර්වතී. His image in H. temples is that of a short, fat man with an elephant's head. He is appealed to and worshipped as the remover of obstacles in all undertakings and compositions. He is chief of the various classes of subordinate deities who are Siva's attendants.

ගණ්ඨිය, *n.* knot, ගැටය; snare, පුඩුව; bamboo joint, උණලීයේ ගැටය or පුරුක.

ගණ්ඩකය, *n.* mode of counting by fours; obstacle, බාධාව; separation, වෙන්වීම; astrology, නැකැත් ශාස්ත්‍රය.

ගණ්ඩකයා, *n.* rhinoceros, කඟවේණා.

ගණ්ඩ·කුසුම්, *n.* (ගණ්ඩ cheek), juice of the temples of an elephant in rut, ඇත්මද.

ගණ්ඩ·මාලය, ගණ්ඩමාලාව, *n.* king's-evil, inflammation of the glands of the neck, ගලගණ්ඩය.

ගණ්ඩය, *n.* cheek, side of the face, කම්මුල; boil, ගඩුව, pimple, කිබිල, spot or mark, ලපය; knot or joint, ගැටය; astronomical period.

ගණ්ඩයා, *n.* hero, වීරයා; rhinoceros, කඟවේණා.

ගණ්ඩාන්තය, *n.* (·අන්තය), extremity of the cheek, කම්මුලේ කෙළවර.

ගණ්ඩිය, *n.* goitre or bronchocele, ගලගණ්ඩය.

ගණ්ඩීරයා, *n.* hero, champion, වීරයා.

ගණ්ඩුපදයා, *n.* large earth-worm, ගැඩ පණුවා.

ගණ්‍ය, *a.* See ගණිතව්‍ය.

ගත, *n.* body, ශරීරය; limb, ගාත්‍රය; book, පොත.

ගත, *v. adj.* gone, ගිය, past, transpired, ගතවූ, පසුවූ.

ගතකරනවා, *v. t.* to spend or pass (time).

ගත·ක්ෂර, *n.* (·අක්ෂර), E. of ගාත්‍රාක්ෂරය. [E. S.

ගත·ධාතු, *a.* decomposed, disintegrated, දිරාගිය.

ගත·ධාතුතාව, *n.* state of decomposition, ධාතු වියෝගය, දිරීම. [ලකුණු.

ගත·ලකුණු, *n. pl.* marks on the body, ඇඟ

ගතවෙනවා, *v. i.* to pass away, elapse, lapse.

ගති·නිමිත්ත, *n.* indication of his future condition seen by a dying man.

ගතිය, *n.* condition, state, nature or disposition, quality.

ගතු, *a.* or *n. pl.* of ගත්ත.

ගතුකාරයා, *n.* informant, tale-bearer, tell-tale.

ගතුකියනවා, *v.* to inform against, complain, find fault, tell tales of.

ගත්, *n.* E. of ග්‍රන්ථ: book, පොත.

ගත්, *n. pl.* of ගත: bodies &c. [ගත්තාලද.

ගත්, *v. adj. pret.* that took, ගත්තාවූ; taken,

ගත්·කරු, *n.* book-maker, author, ග්‍රන්ථකාරයා, කතෘ.

ගත්ත, *n.* complaint, information against, දෙස්කීම; *pl.* ගතු.

ගත්තරයා, *n.* descendant of captives or condemned criminals.

ගත්තා, *v. pret.* of ගන්නවා: took.

ගද්ධ·සතර, *n.* music, ගාන්ධර්ව or තූර්ය ශාස්ත්‍රය.

ගද්ධා, *n.* camel, ඔටුවා; chorister, musician, ගායනාකාරයා.

ගදය, *n.* disease, ලෙඩ; speech, කථාව.

ගදයා, *n.* Krishna's younger brother.

ගදව්, *n.* See ගද්‍යය.

ගදුගදයෝ, *n. pl.* two celestial physicians, sons of Asvini by Surya.

ගදා·ධරයා, *n.* (ධර holding), mace-bearer: ap. of Vishnu or Krishna whose image holds a ගදාව, *n.* mace, club, බලතඩිය, අත්මුගුර.

ගද්‍රබවා, *n.* E. of ගර්දභයා: ass.

ගද්‍ය, ගද්‍යකාර, *a.* prose-, prosaic.

ගද්‍යය, *n.* prose, වාක්‍යගම.

ගද්‍ය·රචනාව, *n.* a composition or work in prose, prose-work. වාක්‍යගම් ගැලපිල්ල.

ගන, *a.* E. of ඝන: thick, dense.

ගනකඩ, *a.* very thick, ඉතා ඝන.

ගන·කඩදාසිය, *n.* thick paper, pasteboard.

ගන·කනා, ගන·රන්, *n.* solid gold.

ඝනකම, *n.* thickness, grossness.
ඝන·කල, *n.* cloudy or rainy season, වැසිකාලය.
ඝන·කුල, *n.* dense cloud, ඝනවලාකුල; *pl.* ඝන කුළු.
ඝන·ගහනවා, *v. t.* to twist, make thick.
ඝන·ගැජුම, ඝන·ගිගුම, ඝන·ඝොෂ, ඝන·නඩ, } *n.* rumbling or roar of clouds, thunder, අහස ගෙරවීම, ගජීනාව.
ඝනඞ්ගයා, *n.* (ඝන අඞ්ග), thick-bodied one: ap. of Ganêsa: ගණේශ.
ඝන·දල, ඝන·ම්බු, ඝන·රස, *n.* (·අම්බු), cloud-water, water, viz. rain-water, වැසිදිය.
ඝන·ඳුර, ඝන·ඳුර, *n.* (ඝන අඳුර), dense darkness, ඝනාන්ධකාරය.
ඝනඳුරු, *a.* very dark, කළුවර.
ඝනපුෂ්ප, *n.* flowered woollen cloth.
ඝන·ඹ, *n.* (ඹ for ඹ cloud): see ඝනකුල.
ඝනය, *n.* E. of ඝන: cloud, වලාකුල; cymbal, අත්තාලම. [පටලය.
ඝන·රැස, *n.* mass of clouds, වලාකුළුරැසිය, වලා
ඝනරිපු, *n.* cloud-enemy: ap. of the sun, ඉර.
ඝනසා, *n.* camphor, කපුරු; dense shade, ඝන සෙවණ.
ඝන·සැර, *a.* dense, close, frequent.
ඝනසැරනැති, *a.* sparse, infrequent.
ඝන·සැරය, *n.* density, closeness, frequency.
ඝන·සැරේ, *ad.* densely &c.
ඝනිච්චිය, *n.* esteem, regard. E. S.
ගනුදෙනුකරනවා, *v.* to take and give, barter, traffic, trade.
ගනුදෙනුකාරයා, *n.* barterer, trader.
ගනුදෙනුව, *n.* interchange, barter, traffic, transaction.
ගනුව, *n.* See ගායනාව.
ගන්ධ, *n.* or *a.* scent; scented, fragrant, සුවඳ.
ගන්ධක, *n.* sulphur, ගෙන්දගම්.
ගන්ධක, *a.* pert. to sulphur, sulphurous, ගෙන්දගම්. [ගෙන්දගමින් වුණ.
ගන්ධක·ජ, *a.* produced from sulphur, sulphuric,
ගන්ධක·ජාම්ලය, *n.* (ජ අම්ලය), sulphuric acid, oil of vitriol.
ගන්ධක·මිශ්‍ර, ගන්ධකාකාර, *a.* sulphuretted, sulphurous, ගෙන්දගම් මිශ්‍ර. [drogen.
ගන්ධක·මිශ්‍ර·ජලකර·වායුව, *n.* sulphuretted hy-
ගන්ධක·මිශ්‍ර·සජ්ජිකා, *n.* sulphuret. [&c.).
ගන්ධ·කාෂ්ඨය, *n.* fragrant wood (as sandal wood
ගන්ධ·කුටිය, *n.* a perfume, සුවඳ ද්‍රව්‍යයක්; fragrant house: sp. Buddha's residence, සුවඳ ගෙය.
ගන්ධ·චූර්ණ, *n.* scented powder, සුවඳ කුඩු.
ගන්ධ·දාමය, *n.* string or necklace of flowers, මල් දම.
ගන්ධ·ධූලි, *n.* musk, කස්තූරි.
ගන්ධනය, *n.* perseverance, E. S.; information, intimation, දැන්වීම; injury, අපකාර.

ගන්ධ·පාලා, ගන්ධපාලාශිකා, *n.* saffron, turmeric, කහ. [ගෙන්දගම්.
ගන්ධ·පාෂාණය, *n.* sulphur-stone, sulphur,
ගන්ධ·පිශාචිකාව, *n.* scent or smoke of incense, ජටාමාංස පුස්ම or දුම.
ගන්ධ·පුෂ්ප, *n. pl.* sandal and flowers (as an offering), සඳුන් හා මල්.
ගන්ධ·පූතිය, *n.* bad odour, stench, දුගඳ.
ගන්ධබ්බ, *n.* P. of ගන්ධර්ව.
ගන්ධ·මාදනය, *n.* name of a mountain (Himâlayan); sulphur, ගෙන්දගම්. [bee, බමර.
ගන්ධමාදනයා, *n.* a monkey chief; a large black
ගන්ධ·මූෂිකයා, *n.* musk-rat, හික්මීයා.
ගන්ධ·මෘගයා, *n.* civet-cat, උරුලෑවා.
ගන්ධය, *n.* scent, odour, perfume, සුවඳ; sulphur, ගෙන්දගම්. [සුවඳකරපු.
ගන්ධ·යුක්ත, *a.* scented, perfumed, සුවඳ ඇති,
ගන්ධ·රසය, *n.* myrrh, ගෝපරසය. [සුවඳ මල.
ගන්ධ·රාජ, *n.* sandal, සඳුන්; fragrant flower,
ගන්ධර්වයා, *n.* musician, celestial musician, one of the orchestra at the banquets of the gods; ap. of the horse, deer, cuckoo, sun, and the disembodied spirit, (as making a noise).
ගන්ධර්ව·විද්‍යාව, *n.* science of music, තූර්ය ශාස්ත්‍රය.
ගන්ධවත්, *a.* scented, fragrant, සුවඳ ඇති, සුවඳ.
ගන්ධ·වර, *n. lit.* fragrant excellence, viz. camphor, කපුරු.
ගන්ධ·වහ, *a.* (වහ් to convey), that brings or conveys fragrance, fragrant.
ගන්ධ·වහය, *n.* scent-bearer, viz. the wind, සුළඟ.
ගන්ධ·වහයා, *n.* musk-deer, කස්තූරි මෘගයා.
ගන්ධ·වහාව, *n.* scent-conveyer, viz. the nose, නාසය. [සඳුන් සාරය.
ගන්ධ·සාරය, *n.* perfume essence, sandal essence,
ගන්ධ·හස්තියා, *n. lit.* odour-elephant, viz. elephant in rut.
ගන්ධාඛුවා, *n.* musk-rat, හික් මීයා.
ගන්ධාම්ල·ජ·ලවණ, *n.* (ගන්ධ, අම්ල, ජ, ලවණ), sulphate. [ගඹ.
ගන්ධාර, *n.* name of a country; bleating, එළු
ගන්ධාශ්මන්, *n.* (·අශ්මන් stone), brimstone, sulphur, ගෙන්දගම්.
ගන්ධාෂ්ටක, ගන්ධික, *n.* (·අෂ්ට eight), a mixture of eight scents, අටසුවඳ; sulphur.
ගන්ධෝත්තමා, *n.* (ගන්ධ, උත්තමා chief), wine, spirit, toddy, රාමෙර, රා.
ගන්ධෝලිය, *n.* jaw, හනුපාඩුව. *Bot.*
ගන්ධෝලියා, *n.* eagle, රාජාලියා; wasp, බමරා.
ගන්නවා, *v. t.* to take, accept; buy. Used also with the *p. pl.* of another verb to express the reflexive sense or that the action is done to or for one's self or mutually, as ඔහු ගෙයක් හදාගත්තා, He built himself a house; ඔවුන් කථාකරගත්තා, They conversed together; *pret.* ගත්තා; *p. pl.* ගන or ගෙන; *v.n.* ගැනීම.

ාන්·නිලල්, *n.* (ගම් නිලය), an office or service of a village headman.

ාන්ලද්ද, *n. lit.* he who has received villages (with the lands), the grantee of villages and lands, ගමරාළ.

ාන්වනවා, *v. c.* to cause to take or accept; *pret.* ගැන්නෙවුවා or ගැන්නුවා; *v. n.* ගැන්වීම.

ාන්·වසම, ගම්වසම, *n.* possession of villages and lands under the crown, subject to certain services.

ාන්ධන්, *n.* resin, දුම්මල. [scented.

ාඳ, *n.* or *a.* smell, odour, stench; smelling,

ාඳ·කලල්, *n.* mixed perfume, මිශ්‍ර සුවඳ, scented unguent, සුවඳතෙල.

ාඳ·කිළිය, *n.* fragrant house: ap. of the residence of Buddha, that was rendered fragrant by the scent from every part of his body.

ාඳ·කූඹියා, *n.* odorous ant, a small kind of ant.

ාඳ·ගජයා, *n.* See ගන්ධහස්තියා.

ාඳ·ගහනවා, *v. i.* to emit a stench, stink, smell.

ාඳ·මල්, *n.* fragrant flowers; (in vulgar usage) stinking flowers.

ාඳ·මතන, *n.* See ගන්ධමාදන.

ාඳ·වණය, *n.* fetid wound or sore.

ාඳවියා, *n.* musician, ගායකවාදකයා.

ාඳ·විලවුන්, *n.* scented unguent.

ාඳසාරය, *n.* See ගන්ධසාරය.

ාඳ·සුණු, *n. pl.* E. of ගන්ධචූර්ණ. [ඇතා.

ාඳැතා, *n.* (ගඳ ඇතා), elephant in rut, මදමත්

ාඳව·කුලය, *n.* the music caste, ගායක වංශය.

ාප, *n.* See ගැප, ගැබ.

ාජ්සාව, ගජ්සාවීම, ගබ්සාව, *n.* abortion, miscarriage, ගබ්සාවීම, ගබ්සාව. [වෙනවා.

ාජ්සාවෙනවා, *v. i.* to have a miscarriage, ගබ්සා

ාබ, *n.* womb, belly; inner hollow; ගැබ.

ාබඩාකරනවා, *v. t.* to store, stow, warehouse.

ාබඩාකාරයා, *n.* steward or store-room keeper.

ාබඩා·කාරකම, *n.* stewardship or office of store-room keeping.

ාබඩා·ගම, *n.* royal village, store-village.

ාබඩා·නිලමේ, *n.* treasurer; කුවර ගබඩාකිලමේ, city chamberlain. [magazine.

ාබඩාව, *n.* store-room, store-house, depository,

ාබ·පෙළහර, *n.* ceremony for the protection of the child in the womb.

ාබ·මළ, *a.* dead in the womb, abortive.

ාබසිරුව, *n.* See ගැබසිරුව.

ාබ·ගෙය, *n.* inner room, chamber; lying-in chamber.

ාබ, *n.* P. for ගව.

ාබය, *n.* P. for ගබ්භය.

ාබිණි, *n.* P. for ගබ්භිණී.

ාබ්සාතය, *n.* disease of the womb or bowels.

ාභස්තිය, *n.* ray of light, රශ්මිය.

ගභස්තියා, *n.* light-giver: sun or moon, ඉර, හඳ.

ගම, *n.* village, hamlet. [පාදඩයා.

ගම්හිනායා, *n* loafer, vagabond, පුජ්පාසකත්තා,

ගම්ථය, *n.* road, පාර.

ගම්ථයා, *n.* traveller, ගමන්කාරයා.

ගමන, *n.* going, journey.

ගමනයකරනවා, *v.* See ගමන්කරනවා.

ගමනාගමන, *n.* (·ආගමන), going and returning, going to and fro, journey there and back.

ගමනාගමනයකරනවා, *v.* to go to and fro, go and return.

ගමනාගමන·සිට්ටුව, *n.* return ticket.

ගමනාපාන, ගමනාශන, *n.* (·අපාන, ·අශන), provisions for a journey, viaticum.

ගමනාවසර·පත්‍රය, *n.* passport.

ගමියා, *n.* traveller, passenger.

ගමන්, ගමන්කාර, *a.* travelling, itinerant, migratory, nomadic.

ගමන්කරනවා, *v.* to travel, itinerate, journey.

ගමන්කාරයා, ගමන්යන්නා, *n.* traveller, passenger.

ගමන්·යනවා, *v.* to travel, journey.

ගමන්·රැකවල, *n.* safe-conduct, safeguard (for a journey). [landed property.

ගම්බිම, *n.*, ගම්බිම්, *n. pl.* village and land,

ගමමුව, *n.* (ගම් අඹුව), village woman, ගමේ ස්ත්‍රියක්. [village.

ගමයා, ගම·රදළ, ගමරාළ, *n.* chief man of a

ගමිකයා, *n.* traveller, ගමන්කාරයා.

ගම්සුරා, *n.* (ගම ඉසුරා), see ගමයා &c.

ගම්, *n. pl.* or *a.* of ගම: villages; village-.

ගම්·ආරච්චි, *n.* village officer, village sergeant.

ගම්·දෙටුවා, *n.* village chief or headman.

ගම්දොර, *n.* village gate.

ගම්·පහරනවා, *v.* to plunder or sack villages.

ගම්පැහැරීම, *v. n.* plundering villages.

ගම්·බද, *n.* neighbourhood of a village or villages, the country.

ගම්·බද, *a.* village-, agrarian, rural.

ගම්භාරය, *n.* mantra, incantation in prose; lotus, නෙළුම්; citron, සිදුරන්.

ගම්භීර, *a. lit.* and *fig.* deep, profound, recondite, abstruse, ගැඹුරු.

ගම්භීරකම, ගම්භීරතාව, *n.* deepness, depth, profundity &c., ගැඹුරුකම.

ගම්භීරෝදර, *a.* (ගම්භීර, උදර), low and high, පාත් උස්, deep and great, ගැඹුරු මහත්.

ගම්·මහා, *n.* chief man of a village, headman of Veddas, ගමේ ප්‍රධානයා.

ගම්·මායිම, *n.* village district, ගම්බද.

ගම්·මිරිස්, *n.* black or white pepper (not chillies).

ගම්·මිරිස්·ඇටය, *n.* a pepper-corn.

ගම්·මිරිස්·වැල, *n.* pepper creeper.

ගම්·මිරිස්·හොදි, *n.* pepper soup, mulligatawny.

ගම්මු, *n. pl.* villagers, ගම්වැසියෝ.

ගම්·මුදලියා, ගම්මුලාදෑනියා, *n.* village chief.
ගම්‍ය, *a.* (ගම් to go), accessible, attainable, ලඟා වියහැකිවූ.
ගම්‍යතාව, *n.* accessibility &c., E. S.
ගම්වරය, *n.* gift of villages, ගම්දීම.
ගම්·වසම, *n.* See ගන්වසම.
ගම්·වසම්, *a.* pert. to such villages or service.
ගම්·වාසියා, ගම්වැසියා, *n.* villager, rustic.
ගම්·සභාව, ගම්·සභාව, *n.* village council, village tribunal.
ගයනුකිත්ත, *n.* the symbol (ෟ), which combined with (ෙ) gives the vowel "*au*", as ගෞ, *gau* (*au*=ow, as in cow).
ගය, *n.* verse or stanza, පදය, ගාථාව.
ගයයා, *n.* a species of ox; name of a saint or sage.
ගයා, *n.* the city Gayā in Bihār, famed as the residence of Buddha and also called Buddha Gayā, and regarded as a sacred place by Hindus. Buddha is said to have been born in a forest near this city.
ගරනවා, *v. t.* to sift, riddle, screen (sand &c.), clear or cleanse (grain); *pret.* ගැරුවා; *v. n.* ගැරීම.
ගරඬියා, *n.* rat-snake, a snake which catches rats, *ptyas mucosus.*
ගරද, *a.* (ද giving), poisoning, poisonous, unwholesome, විසකුරු. [ගදනා ඇය.
ගර·දයා, *n.* one who gives poison, poisoner, විස
ගරබා, ගරබෝවා, *n.* See ගරඬියා.
ගරභය, *n.* fetus, fœtus, ගැබ්දරුවා, ගැබ්ර.
ගරය, *n.* sickness, ලෙඩ; poison, විෂ; antidote, E. S.
ගරලය, *n.* venom, විෂ; bundle (of hay &c.), කට්ටය; measure, මිම්ම.
ගරවා·සියා, *n.* See ඝරවාසියා.
ගරමිල, *n.* See ගරලය.
ගරමිලා, *n.* rat-snake, ගරඬියා.
ගරහනවා, *v.* to rail at, scoff at, scoff, inveigh against, reproach; *pret.* ගැරහුවා; *v. n.* ගැරහීම.
ගරාදි, *n. pl.* or *a.* trellis-work &c. [lattice.
ගරාදි·මැස්ස, *n.* grate (horizontal), grating,
ගරාදිය, *n.* Port., trellis, trellis-work; spoke, රෝද ගරාදිය.
ගරාදි·යත්ත, *n.* spoke-shave, වකුටුයත්ත.
ගරාදි·වැට, *n.* balustrade, palisade.
ගරා·යකා, *n.* house-demon.
ගරා·යකුම, *n.* demon-ceremony.
ගරාව, *n.* swallowing, ගිලගැනීම.
ගරාවැටෙනවා, *v. i.* to dilapidate, become riddled through and fall, become ruins.
ගරු, *n.* deference: see ගරුකම.
ගරු, *a.* respectable, worthy, important.
ගරුක, *a.* weighty, serious, බරපතල, වැදගත්.
ගරු·කට·යුතු, *a.* worthy of respect and honour; reverend.
ගරුකම, ගරුත්වය, *n.* respect, honour, dignity.
ගරුකම්·කථාකරනවා, *v.* to boast, පාරට්ටුකරනවා.
ගරුකරනවා, *v.* to respect, treat with respect, honour.
ගරුකාපත්තිය, *n.* (·ආපත්තිය), great or serious sin (involving expulsion from the priesthood): see පාරජිකා.
ගරුකාර, *a.* respectable, honourable, කම්බුකාර.
ගරු·ගම්භීර, *n.* honourable, august, grand, magnificent, majestic.
ගරුගම්භීරකම්, ගරුගම්භීරය, *n.* grandeur, augustness, eclat. [Garuda.
ගරුඩ·ධ්වජ, *n.* ap. of Vishnu whose ensign is
ගරුඩ·පාෂාණ, ගරුඩ, *n.* marble; emerald.
ගරුඩ, *n.* the bird and vehicle of Vishnu, said to be a combination of man and bird, the son of කාශ්‍යප and his wife විනතා, and king of birds.
ගරුඩා, *n.* large centipede, පත්තෑයා.
ගරුඩාසනයා, *n.* (·ආසන), ap. of Vishnu as seated on Garuda the king of birds.
ගරුඩ, *a.* or *n.* marble; alabaster.
ගරු·තර, *a.* worthy, honourable, venerable.
ගරුත්මාන්, *n.* Vishnu's bird; see ගරුඩයා.
ගරුත්වය, *n.* greatness, honour, importance, solemnity, ගරුතරකම, වැදගත්කම.
ගරු·තම්බු, *a.* honourable and worthy.
ගරු·තම්බුකරනවා, *v.* to regard and honour, treat with great respect.
ගරු·තම්බුව, *n.* regard and honour.
ගරු·නැති, *a.* non-deferential, disrespectful, audacious, impudent, saucy.
ගරු·නැතිකම, *n.* disrespect &c.
ගරු·බඩුව, ගරුභාණ්ඩය, *n.* valuable or heavy article (as a bed, chair &c.). [ණ්ඩය.
ගරු·භාවනීය, *a.* honourable, worthy, ගෞරව
ගරු·භාවය, *n.* honour, dignity, ගරුකම.
ගරු·මාන්නය, *n.* regard and honour.
ගරුලෙස, *ad.* respectfully, deferentially.
ගරු·සරු·නැති, *a.* disrespectful, impertinent.
ගරු·සරු·නැතුව, *ad.* without respect, disrespectfully &c.
ගරුළා, *n.* See ගුරුළා.
ගර්ගරිව, *n.* a churn, E.S.; goglet, ගුරුලේත්තුව.
ගර්ජකයා, *n.* a kind of fish, gilt-head.
ගර්ජනාකරනවා, *v.* to roar, thunder, fulminate.
ගර්ජනා·මේඝය, *n.* thunder-cloud. අකුණුවලාකුළ.
ගර්ජනාව, *n.* noise, roar, thunder, ඝෝෂාව, noise of a clash or battle, යුධඝෝෂාව.
ගර්ජිය, *n.* roaring, rumbling, (of elephants or clouds).
ගර්·විද්‍යාව, *n.* brontology, මේඝ ගර්ජනා විද්‍යාව.
ගර්ජිතය, *n.* distant thunder, දුර මේඝගර්ජනාව.

ගර්ජිතයා, *n.* elephant in rut, roarer, මදමත් ඇතා.

ගර්තය, *n.* hole; the hollow of the loins; වළ.

ගද්දභය, *n.* odour, smell, ගන්ධය; white lotus, සුදුනෙළුම.

ගද්දභයා, *n. mas.* ass, කොටළුවා.

ගද්දභී, ගද්දභීනාව, *n.* she-ass, කොටළුදෙන; insect or kind of beetle, කුරුමිණියා; cutaneous eruption, දද.

ගර්ධන, *a.* covetous, avaricious, ලෝභ.

ගර්බය, *n.* See ගර්වය: pride. [පිළිබඳ.

ගර්භ, ගර්භ, *a.* uterine, pert. to the womb, ගැබ

ගර්භය, *n.* See ගර්භය.

ගර්භිණී, *a.* or *n.* pregnant; pregnant woman, බඩදරු ස්ත්‍රී.

ගර්භිණී·තන්ත්‍රය, *n.* midwifery, වින්නඹුකම.

ගර්භිණී·තන්ත්‍ර·ශාස්ත්‍රය, ගර්භිණ්‍යාවේක්ෂණය, *n.* (ගර්භිණී අවේ:), obstetrics, midwifery.

ගර්භිණීභාව, *n.* pregnancy, දරුබරකම.

ගර්භකය, *n.* chaplet of flowers, මල්වඩම; period of a day and two nights.

ගර්භ·කෝශය, *n.* womb, uterus, ගර්භය, ගැබ.

ගර්භ·ගත, *a.* conceived in the womb.

ගර්භ·ග්‍රහණය, *n.* conception, පිළිසිඳීම, ගැබ්ගැනීම.

ගර්භ·ච්‍යුතවෙනවා, *v. i.* to miscarry, ගබ්සාවෙනවා.

ගර්භ·ච්‍යුතිය, *n.* miscarriage, ගබ්සාව, ගප්සාව.

ගර්භ·ඡේදනය, *n.* hysterotomy, ගැබ කැපීම.

ගර්භ·ධර, *a.* gestatory, දරුගැබ පිළිබඳ. [භාව.

ගර්භ·ධාරය, *n.* gestation, pregnancy: see ගර්භිණී

ගර්භ·පාතන, *a.* producing abortion, ගබ්සාකෙළන.

ගර්භ·පාතකය, *n.* abortion-producer, viz. a kind of murunga. [කෙළීම.

ගර්භ·පාතනය, *n.* abortion, ගබ්සාවීම or ගබ්සා

ගර්භ·ප්‍රතිග්‍රහණය, *n.* See ගර්භග්‍රහණය.

ගර්භ·ප්‍රතිෂ්ඨාපනය, *n.* prevention of miscarriage.

ගර්භ·ප්‍රාතිහාර්යය, *n.* See ගබපෙලහර.

ගර්භය, *n.* womb, කුස, belly, බඩ; inner part or hollow, ඇතුළ, කුහරය; receptacle; embryo, fœtus, කලල රූපය.

ගර්භ·ශය්‍යාව, *n.* womb, uterus, ගැබ.

ගර්භ·ශාන්තිය, *n. lit.* womb's rest: period of non-pregnancy.

ගර්භ·ස්‍රාවය, *n.* See ගප්සාව. [වදන ශේ.

ගර්භාගාරය, *n.* inner room; lying-in chamber,

ගර්භාධානය, *n.* ceremony to promote conception; conception, ගැබ්ගැනීම.

ගර්භාවක්‍රාන්තිය, *n.* (·අව ක්‍රාන්තිය descending), conception, පිළිසිඳීම.

ගර්භාශය, *n.* fœtus-receptacle, womb, ගැබ.

ගර්භෝත්ක්‍රමණ, *a.* (ගර්භ උත්ක්‍රමණ), proceeding or born from the womb.

ගර්භෝත්ක්‍රමණය, ගර්භෝත්පත්තිය, *n.* birth from a womb (not from an egg). [ආඩම්බරය.

ගර්වය, ගර්වය, *n.* pride, arrogance, haughtiness,

ගර්වර, *a.* proud, ආඩම්බර; grand, උතුම්.

ගර්විත, *a.* proud, haughty, boastful, elated, උද්දාමවූ, පාරට්ටුකාර. [කරනවා.

ගර්විතකරනවා, *v. t.* to make proud, elate, උඩඟු

ගර්විතභාව, *n.* pride &c., උඩඟුකම &c.; elation, ප්‍රීතිමත්කම; pomp, උද්දාමතර ප්‍රකාශය.

ගර්විත·ප්‍රදර්ශක, *a.* ostentatious, ගරුකම්කථාකරන, අහංකාර.

ගර්විත·ප්‍රදර්ශනය, *n.* vain show, ostentation, pomp, අහංකාරකම දක්වීම.

ගර්විත·භක්තික, *a.* Pharisaic, අහංකාර භක්තික.

ගර්විත·භක්තිකයා, *n.* vain—proud—religionist, Pharisee.

ගර්විතවෙනවා, *v. i.* to glory, pride one's self, be elated, උඩඟුවෙනවා. [උඩඟු.

ගර්වෝර්ජිත, *a.* (ගර්ව ඌර්ජිත), elated with pride, ඉතා

ගර්හණය, *n.* censuring, censure, reproach, reviling, ගැරහීම, ගර්හාකිරීම.

ගර්හණීය, *a.* censurable, contemptible, despicable, shameful, ගර්හාකටයුතු, නින්දිත.

ගර්හණීයතාව, *n.* censurableness &c.

ගර්හාකරනවා, *v.* to rail, revile, abuse, contemn, despise, නින්දාකරනවා.

ගර්හාව, *n.* railing &c., scoff, obloquy, opprobrium, බැණුම, නින්දාව.

ගර්හිත, *a.* reviled, contemned, despised, නින්දා (or සුළු) කරනලද. [නීච, නින්දිත.

ගර්හ්‍ය, *a.* despicable, contemptible, low, vile,

ගර්හ්‍යාකරනවා, *v.* Er. for ගර්හාකරනවා which see.

ගල, *n.* stone, rock. [ගලය.

ගල, *a.* (Sans.), pert. to the throat, උගුරු: see

ගල·කඩ, ගල·කම්බලය, *n. lit.* throat-piece (of oxen), dew-lap, කැල්ල.

ගල·ගණ්ඩය, *n.* swelling or tumour of the throat, goitre, ගණ්ඩය.

ගල·ගානවා, *v.* to rub on a stone.

ගල·ග්‍රහය, *n.* seizure of the throat, throttling, උගුර මිරිකීම; quinsy, E. S.; a fish sauce.

ගල·ග්‍රහ·රාක්ෂයා, *n. myth.* sphinx.

ගල·තල, *n.* surface of a stone. [fied.

ගල·තාංගු, *a. fig.* petrified, spell-bound, stupe-

ගල·තාංගුකරනවා, *v. t. fig.* to petrify, stun, stupefy.

ගල·තාංගුව, *n.* stupefaction.

ගලනවා, *v. i.* to flow, overflow; *v. t.* to dip, submerge; *pret.* ගැලුවා; *v. n.* ගැලීම.

ගලනීය, *a.* fusible, soluble, දියකළ හැකිවූ.

ගල·පටල·රෝගය, *n.* diphtheria.

ගලප්පත්තිකරනවා, *v.* to caulk or calk.

ගලප්පත්තිය, *n.* Port., caulking.

ගල·මුවා, *n.* a kind of deer; a kind of sea fish.

ගල·මෙබලාව, *n.* neck-band or thread, necklace, මාලය.

ගලය, *n.* throat, neck, උගුර, බෙල්ල; reed, බට; flute, නළාව; rope, යොත; resin, දුම්මල.

ගල·රව, *n.* throat-sound, sound from the throat, උගුරු හඬ.

ගල·රැව, *n.* ap. of the cock or pigeon, as making a sound in the throat, කුකුළා, පරෙවියා.

ගල·රුපු, *n.* pigeon, පරෙවියා. [E. S.

ගල·රෝගය, *n.* disease of the throat, bronchitis.

ගල·වලුව, *n.* nape of the neck; head of the humerus.

ගල·ශුණ්ඩිකා, *a.* uvular, උඩුදිවට අයිතිවූ.

ගල·ශුණ්ඩිකාව, *n.* uvula, උඩුදිව.

ගලා, *n.* man of stone, *fig.* stubborn or stupid person, ඇවිටරයා.

ගලාමය, *n.* throat disease, උගුරු ලෙඩ.

ගලා·යනවා, *v. i.* to flow, overflow, flow away.

ගලිත, *a.* melted, fused; oozed; dropped, fallen out, දියවූ &c.: see verb.

ගලිතවෙනවා, *v. i.* to melt, become fused; ooze, වෑස්සෙනවා; drop, වැටෙනවා. [ගිලිනවා.

ගලිනවා, *v. t.* to swallow; *pret.* ගැල්ලා; see

ගලුගුළුවා, *n.* See ගුලුගුරුවා.

ගල්, *n. pl.* or *a.* stones; stone, rock.

ගල්·අඟුරු, *n. pl.* coals, coal.

ගල්·අද්ද, *n.* lapidary, මැණික් කපන්නා.

ගල්·අන්නාසි, *n.* rock pineapple.

ගල්·අල්ලනවා, *v.* (on floor &c.) to pave; (in an ornament) to set stones.

ගල්·අල්ලාපුහිම, *n.* pavement.

ගල්·ඉබ්බා, *n.* rock tortoise.

ගල්·කටුව, *n.* pickaxe; drill for stone.

ගල්කඩයා, *n.* a kind of sea fish.

ගල්·කණ්ඩු, *n.* sugar-candy, සුකිරි.

ගල්·කඹය, *n.* cable, hawser.

ගල්කරනවා, *v. t.* to petrify, fossilize. [son.

ගල්·කරුවා, *n.* stone-cutter, quarryman; ma-

ගල්·කාලයා, *n.* villain, rogue, scamp, තක්කඩියා.

ගල්·කැටය, *n.* piece of stone, brickbat.

ගල්කුසුඹා, *n.* Carey or Indian green edible turtle. [කිරිකුළුය.

ගල්·කුළුය, ගල්·කුළු, *n.* rock peak, crag: see

ගල්·කූර, ගල්·පැන්සලය, *n.* slate-pencil.

ගල්කෙම, *n.* stone tank, rock tank.

ගල්කොරලියා, ගල්කොස්සා, *n.* a kind of sea fish, a species of carp.

ගල්·ගසනවා, *v.* to throw stones, stone.

ගල්ගසාමරනවා, *v.* to stone to death.

ගල්ගානවා, *v.* to rub with a stone; cut or grind gems. [dyan kings.

ගල්ගානා·නන්ගිඩියා, *n.* royal lapidary of Kan-

ගල්ගාන්නා, *n.* lapidary, gem cutter or grinder.

ගල්·ගැසෙනවා, *v. i.* to become like stone, stiffen; *fig.* be petrified (with fear &c.).

ගල්·ගුහාව, *n.* rock-cave. [mason).

ගල්·ගෙඩිය, *n.* a hewn stone (ready for the

ගල්·ටැඹ, *n.* stone pillar, stone column; *pl.* ගල්ටැඹි.

ගල්·තලාවුව, *n.* stone slab.

ගල්·තාංගුවෙනවා, *v. i. fig.* to become petrified (with fear &c.), ගල්ගැසෙනවා.

ගල්·තැළුම, *n.* bruise from a stone.

ගල්·තුඹයා, *n.* a kind of sea fish.

ගල්·නයා, *n.* rock-cobra. [තුවරලා.

ගල්තහර, *n.* gum olibanum, frankincense,

ගල්·පටිය, *n.* sling, catapult.

ගල්·පතන, *n.* stone-quarry.

ගල්·පතුර, *n.* stone-chip, chip of stone; *pl.* ගල් පතුරු, *geol.* shingle, බොරළුකැට.

ගල්·පවුර, *n.* stone-rampart, stone-wall, stone-work.

ගල්·පලනා·පෙණුම, *n.* wedge for splitting stone.

ගල්·පාසි, *n.* rock-moss.

ගල්·පියල්, *n. pl.* stone flakes: see ගල්මද.

ගල්·පුළුන්නා, *n.* (Block's) sea perch, *priacanthus blockii.*

ගල්·පොත්ත, *n.* range or surface of rocks; *pl.* ගල්පොතු. [ගලතලා.

ගල්·බහුල, *a.* abounding in stones, stony, ගලින්

ගල්·බැම්ම, *n.* stone-work, stone wall, revetment. [stony ground.

ගල්·බිම, *n.* stone or brick floor, pavement;

ගල්·බිල, *n.* rock cave or hole.

ගල්·බෙයද, *n.* rock-fissure, පර්වත විවරය.

ගල්·බෝලය, *n.* stone ball, marble (the toy).

ගල්·මද, *n.* talc; benzoin, gum-benjamin.

ගල්මල, *n.* coral flower, coral, පබළු; sponge, මුහුදුගත්ත.

ගල්·මී, *n.* a kind of gum-resin.

ගල්·මුරය, *n.* volley of stones.

ගල්රුපු, *n.* See ගලරුපු.

ගල්ල, *n.* a termination of names of places, as කෑගල්ල (place of stone).

ගල්ලත්තම, *n.* a sort of village.

ගල්·ලෑලි·වඩුවා, *n.* slater. [to slate.

ගල්·ලෑලි·සෙවිලිකරනවා, *v.* to roof with slates,

ගල්·ලෑල්ල, *n.* slab of stone; slate; *pl.* ගල්ලෑලි.

ගල්ලියා, *n.* a kind of sea fish.

ගල්ලෙන, *n.* rock cave or den.

ගල්·වඩු·කර්මාන්තය, ගල්·වඩු·වැඩ, ගල්·වැඩ, *n.* stone-work, masonry.

ගල්·වඩුවා, *n.* stone-cutter, bricklayer, mason.

ගල්වනවා, *v. t.* to infuse or apply a liquid (as dye, oil, salve &c.); cause to sink in or to swallow; submerge, immerse; *pret.* ගැල්වුවා and ගැල්ලෙවුවා; *v. n.* ගැල්වීම.

ගල්·වර්ෂා·කැටය, *n.* hailstone, පාෂාණවැහි කැටය.

ගල්·වාෂිව, ගල්වැස්ස, *n.* hail-shower, hail, පාෂාණ වැස්ස.

ගල්·වල්·රට, *n.* mountainous country, viz. Malayālam, මලයාරට.

ගල්·වළ, *n.* stone-pit, quarry.

ගල්·වැටිය, *n.* line of rocks; reef in the sea.

ගල්වෙනවා, *v. i.* to become stone, petrify ; *v. n.* ගල්වීම.

ගල්·වරෙජ්පුව, *n.* stony or hard cancer.

ගල්·සිතක්කාරම්, *n.* rock-alum. [ගල්කන්ද.

ගල්·සෙල, *n.* stone or rock hill or mountain,

ගල්·සෙවෙල්, *n.* rock moss or slime.

ගල්·හරඹය, *n.* stone-slinging, ගල්විසිකෙරීම.

ගව, *a.* ox-, bovine, taurine.

ගව·බරුව, *n.* ox-crib or manger.

ගව·ක්ෂීර, *n.* cow's milk, එළකිරි.

ගව·ශාල, *n.* ox-stall, cow-house, හරක්ගාල.

ගව·ශෘංග, *n.* (ගව අං), ox-horn, cow's horn, හරක් අං.

ගවඟනා, *n.* (·අඟනා female), cow, එළදෙන ; fabulous cow : see සුරභිධේනුව.

ගවජයා, ගවදයා, *n.* a species of ox, *bos gavæus.*

ගව·තැල්ල, *n.* dew-lap of oxen, ගලකම්බ.

ගව·දය, *n.* cattle-shed, හරක්ගාල.

ගව·පට්ටිය, *n.* See ගවශාල.

ගව·පල්ලා, ගව·පාලයා, *n.* cattle-keeper, cowherd ; ap. of Vishnu.

ගව·යහන්, *n.* ox-couch : ap. of Isvara or Siva.

ගවයා, *n.* ox, sp. the kind without a dew-lap ; *pl.* cattle.

ගවර·වළ, *n.* mud-hole, rubbish pit.

ගව·රස, *n.* curdled milk, මුදවාපු කිරි.

ගවරා, *n.* species of buffalo ; zebra.

ගවලය, *n.* buffalo's horn, මීහරක් අං.

ගවලයා, *n.* wild buffalo, වල්මීවා. [erpest.

ගව·වසංගතය, *n.* cattle-plague, murrain, rind-

ගව·වසූරිය, *n.* cow-pox.

ගවසාලද, *v. adj.* studded with.

ගවසනවා, *v. t.* to stud, set here and there, intersperse ; *pret.* ගැවසුවා ; *v. n.* ගැවසීම.

ගවාක්ෂ, *a.* (·අක්ෂ), ox-eyed ; *fig.* loopholed, සිදුරු ඇති.

ගවාක්ෂය, *n.* ox-eye, bull's eye, ගව ඇස ; air-hole, loophole, window, සිදුර, කවුළුව.

ගවාක්ෂයා, *n.* ox-eyed monkey, monkey chief, ලොකු ඇස්ඇති වඳුරුපතියා.

ගවාදන, *n.* (·අදන), cattle-feed or pasture, meadow-grass, ගවගොදුර.

ගවාදනිය, *n.* cattle-feeder, viz. hay-rack, grass-crib, තණබරුව.

ගවාලූකයා, *n.* See ගවයා ; *bos gavæus.*

ගවි, *n.* clarified butter, ghee, ගිතෙල්.

ගවිත, *n.* butter from cow's milk, වෙඬරු.

ගවුම, ගවොම, *n.* Eng., gown, dress.

ගවේරුක, *n.* red chalk, සිවංගුරු.

ගවේෂණය, *n.* search, seeking, research, සෙවීම, සෝදිසිය.

ගවේෂණයකරනවා, *v. t.* to seek, search for, examine, සොයනවා, සෝදිසිකරනවා.

ගවේෂිත, *a.* sought, examined, සොයනලද &c.

ගවෝදක, *n.* (ගව උදක), cattle urine, හරක්මුත්‍ර.

ගවි, ගවු, *n. pl.* of ගව්ව.

ගව්‍ය, *a.* cattle-, ox-, cow-, ගව, ගෙරි.

ගව්‍යය, *n.* bowstring, දුනුදිය ; orpiment, yellow dye, හිරියල්. [4,000 yards.

ගව්‍යාව, *n.* herd of cattle, ගවරැළ ; measure of

ගව්ව, *n.* Sinhalese league or distance of 5600 yards or about 3¼ miles.

ගස, ගහ, *n.* tree, plant, shrub, stalk (of grass &c.) ; *pl.* ගස්.

ගසනවා, ගහනවා, *v.* with dat.: to strike, knock, give a blow ; *v. t.* with acc.: to affix (one thing to another by nailing &c.), as ලෑලි ගහනවා to affix boards, to board ; ඇණයක් ගහනවා, to drive in a nail ; *pret.* ගැසුවා ; *v. n.* ගැසීම. [prey on.

ගසා·කනවා, *v. t.* to seize and eat (as prey),

ගසා·ගන්නවා, *v. t.* to snatch, take suddenly.

ගසාදමනවා, *v. t.* to knock down, cast down ; shake or strike off (as dust &c.).

ගස්, *n. pl.* or *a.* of ගස or ගහ : trees ; tree-.

ගස්·කොළන්, *n. pl.* trees, trees and verdure.

ගස්·ගෙම්බියා, or ·ගෙම්බා, *n.* tree-frog, a frog which lives in trees. The bite of it is said to be poisonous. [grub.

ගස්·පණුවා, *n.* tree-worm, tree-grub, wood-

ගස්·බිල, ගස්·බෙනය, *n.* tree-hole, hole or cleft or lair in a tree.

ගස්·මදිනවා, *v.* to extract the sap or juice of trees (for toddy &c.); *pret.* ගස්මැද්දා.

ගස්මන්දා, *n.* ap. of a rodiya or outcast.

ගස්මීයා, *n.* tree-rat, *mus rufescens.*

ගස්වනවා, ගස්සනවා, *v. t.* to cause to go off (as a trap &c.), spring (a trap), snap or pull (the trigger); *pret.* ගැස්සුවා ; *v. n.* ගැස්සීම.

ගස්සවනවා, *v. t.* as above ; *pret.* ගැස්සෙවුවා ; *v. n.* ගැස්සවීම.

ගස්සාවීම, *v. n.* See ගස්සාවීම.

ගස්සාවෙනවා, *v. i.* to miscarry.

ගස්සා·හෙලනවා, *v.* to cause abortion.

ගහ, *n.* tree (see ගස) ; *pl.* ගස්.

ගහගන්නවා, *v.* to fight with each other.

ගහගන්නා, *n.* fighter, boxer.

ගහගැනීම, *v. n.* fighting, boxing, affray.

ගහ·ගැමුණු, *n.* (ගහ for ග්‍රහ ; ගැමුණු for ගාමණී), Lord of planets, viz. the sun, ඉර.

ගහ·ගෙවියා, *n.* householder, ගෙදර සවාමියා ; husbandman, ගොවියා.

ගහට, *n.* affliction, suffering, පීඩාව ; striking against, හැප්පීම.

ගහටකරනවා, *v.* to afflict, taunt, පීඩාකරනවා ; strike, ගහනවා.

ගහණත්, *n.* (ගහණ අත්), one who has the nose or trunk for hands, trunk-handed : ap. of Ganésa, ගණදෙවියෝ.

ගහණ, *n.* E. of ඝ්‍රාණ : nose, නාසය.

ගහණය, *n.* E. of ග්‍රහණ ; eclipse. E. S.

ගහණිය, *n.* (fr. ග්‍රහණි), the small intestines &c., කුඩාබඩවැල් පංගුව.

ගහ'දමනවා, *v. t.* See ගසාදමනවා ; to knock down ; knock off, viz. to do or finish quickly ; throw off.

ගහන, *a.* dense, thick, close, bushy, crowded.

ගහනව, ගහනලෙස, *ad.* densely, thickly, closely.

ගහනවා, *v.* See ගසනවා ; (යමකට), ගහගෙන යනවා or ගසාගෙනයනවා : to be carried or driven along (by the wind, සුලඟට &c.), drift; *pret.* ගැහුවා ; *v. n.* ගැසීම.

ගහනවෙනවා, *v. i.* to become dense, thick or close one to another ; abound in ; become numerous, multiply.

ගහන්'මග, ගහ'මග, *n.* course of a planet on the plane of the ecliptic ; sky, අහස.

ගහන්'සිව්, *n.* ap. of Brahma, මහාබ්‍රහ්මයා : see සිව්ගහන.

ගහ'පතියා, *n.* (ගහ for ගෘහ), head of the family or house, householder, ගෙදර ස්වාමියා.

ගහ'මැණ, ගහ'මිණ, *n.* (ගහ for ග්‍රහ), planet jewel : ap. of the sun, ඉර.

ගහ'මුල, *n.* tree-root or foot of the tree.

ගහය, *n.* E. for ගෘහය : house, ගෙය ; E. for ග්‍රහය : planet, ග්‍රහතාරකාව.

ගහයා, *n.* cultivator, ගොවියා.

ගහ'රජ, ගහ'රද, *n.* (ගහ for ග්‍රහ), planet-king : ap. of the moon, සඳ.

ගහලගම්බඩයා, *n.* scavenger, street-sweeper &c.

ගහලයා, *n.* scavenger, one of that caste ; executioner, වදකරුවා.

ගහෝනිය, *n.* ornamental cloth cover (to cover a yoke-load of presents).

ගහවරය, ගහවරිය, *n.* cave, ගුහාව ; thicket, කැලෑව ; arbour, අතුපන්දලම ; pride, උඩඟුකම ; hypocrisy, කපටිකම ; weeping, ඇඬීම.

ගල'දෙර, *n.* harem : see අන්තඃපුරය.

ගළපනවා, *v. t.* to join, unite, insert, link ; compose, construct ; *pret.* ගැළපුවා ; *v. n.* ගැළපීම.

ගළවනවා, *v. t.* to take off, strip off, (skin, clothes &c.); set free, rescue, save ; *pret.* ගැළෙවුවා ; *v. n.* ගැළවීම

ගා, *p. pl.* of ගානවා : having smeared &c.

ගාංගායනි, *n.* ap. of Krishna, being a personification of the Ganges as wife of Santanu.

ගාංගේය, *n.* ap. of Krishna and Kartikéya as connected with the Ganges.

ගාංචුව, *n.* Port., buckle, clasp.

ගාටනවා, *v.* to waddle ; *pret.* ගැටුවා ; *v. n.* ගැටීම.

ගාඩියා, *n.* respectful term for a rodiya, රොඩියා.

ගාඪ, *a.* excessive, much, බොහෝකොම ; firm, hard, තද.

ගාඪතාව, *n.* excessiveness &c., වැඩිකම &c.

ගාණ්ඩිව, ගාණ්ඩීව, *n.* bow, ධනුස, sp. the bow of Arjuna.

ගාඩිය, *n.* bow of Arjuna ; ox-carriage, ගවරථය.

ගාඩිමය, *a.* golden, රත්රන්, made of gold, රනින්කළ.

ගාතය, *n.* leg, limb, joint (of meat); thigh.

ගාතු, *a.* angry, නරක.

ගාතුයා, *n.* singer, ගීතිකාකාරයා : a celestial chorister, ගාන්ධර්වයා ; cuckoo, කෝකිලයා ; bumble bee බඹරා.

ගාත්‍රය, *n.* body, ඇඟ, limb, quarter, member (of the body) ; *pl.* ගාත්‍රවල්. [consonant.

ගාත්‍රාක්ෂරය, *n.* (·අක්ෂරය), consonantal letter,

ගාත්‍රානුලේපනිය, *n.* (·අනුලේපන anointing), unguents or perfumes to be rubbed on the body, විලවුන්. [කාරයා.

ගාථකයා, *n.* musician, singer, chanter, ගායනා

ගාථාව, *n.* verse, song, (to be sung or chanted).

ගානය, *n.* sound, ශබ්දය ; singing, ගීතිම, song, ගීතය.

ගානවා, *v. t.* to smear, to plaster, rub on or over ; rub ; draw (as a bow or the fingers across a violin &c.) ; *pret.* ගෑවා ; *v. n.* ගෑම.

ගානිය, *a.* musical, තූර්ය.

ගාන්ධර්ව, *a.* musical, harmonic.

ගාන්ධර්වය, *n.* singing, song, ගී කීම, ගීතිකාව ; a form of marriage requiring only mutual agreement.

ගාන්ධර්වයා, *n.* celestial chorister, දිව්‍යගායනාකාරයා ; musician, ගායනාකාරයා.

ගාන්ධර්ව'විද්‍යාව, or 'විස්තරය or ශාස්ත්‍රය ; *n.* harmonics, science of music, තූර්යනාද ශාස්ත්‍රය, ගායනා ශාස්ත්‍රය. [S.

ගාන්ධර්ව'ශාස්ත්‍ර'ඥයා, *n.* harmonist, musician. E.

ගාන්ධර්වාචාර්යයා, *n.* music-master, තූර්ය ත්‍රමය උගන්වන ආචාර්යයා.

ගාන්ධාර, *n.* the third of the seven primary notes of music (commonly denoted by ග in musical notation) ; name of a country between India and Persia ; red lead, සාදිලිංගම් ; myrrh, ගෝපරසය.

ගාන්ධාරී, *n.* wife of Dhritarāshtra and mother of Duryodhana.

ගාමණි, *a.* excellent, chief, උතුම්, උත්තම.

ගාමණියා, *n.* chief (of a village), ගම්දෙටුවා.

ගාමන්තය, *n.* (·අන්තය), border or end of a village, ගම්කෙළවර.

ගාමි, *suf. signifying,* going to, frequenting, as නිර්වාණගාමී going to Nirvāna.

ගාම්භිර, *a.* Er. for ගම්භිර.

ගාම්භීර්යය, *n. lit.* and *fig.* depth, profundity, abstruseness ; grandeur, dignity, ගාම්භීරබව, මහත්භාවය.

ගාය, *a.* or *n.* ill, bad ; illness, disease.

ගායක, ගායන, *a.* singing, chanting, ගායනා කරන, ගීතිකාකරන. [කාරයා.

ගායකයා, ගායනයා, *n.* singer, chanter, ගායනා

ගායත්‍රිය, *n.* sacred verse or stanza, a kind of mantra or charm; a metre of six syllables to the line.

ගායනය, *n.* singing, chanting, ගීතිකාකිරීම.

ගායනා, *a.* musical, choral, තූර්‍ය, සංගීත.

ගායනා·ඛණ්ඩායම, *n.* musical band; choir.

ගායනාකරනවා, *v.* to sing, chant; play on a musical instrument. [minstrelsy.

ගායනා·කාරකම, *n.* art of singing or playing

ගායනා·කාරයා, *n.* singer, musician, player, minstrel.

ගායනා·නාදය, *n.* musical sound, තූර්‍යනාදය.

ගායනා·මණ්ඩප, *a.* orchestral, *pert.* to the place of the choir.

ගායනා·මණ්ඩපය, *n.* orchestra (the place).

ගායනා·මණ්ඩලයා or ·සමූහයා, *n.* orchestra, choir, band of choristers, ගීකාර රංචුව.

ගායනාව, *n.* music, playing an instrument.

ගායනා·ශාස්ත්‍රය, *n.* science of music.

ගාරුඩය, *n.* charm against poison, විෂනාශක මන්ත්‍රය; gold, රත්රන්; emerald, පච්චගල.

ගාරුත්මත, *n.* emerald, supposed to be formed from the expectoration of Garuda the bird of Vishnu.

ගාර්දිය, *n.* Eng., the guard.

ගාප්පුව, *n.* Port., table-fork, fork.

ගාල, *n.* cattle-fold, fold, stall. [ගෝශාව.

ගාලාගෝට්ටිය, *n.* tumultuous noise, කෝලාහල

ගාල්කරනවා, *v. t.* to enclose or put in a fold or stall, to fold.

ගාව, *n.* border, edge, brim, අද්දර, ගැටිය.

ගාවනවා, *v. c.* to cause to smear &c.; *pret.* ගෑවුවා.

ගාවා, *n. post.* or *ad.* next: ඊගාවා next to that.

ගාවිනාව, *n.* pain, labour, affliction, වේදනාව, පීඩාව.

ගාසතුව, *n.* Port., fee, fare, freight.

ගාහනවා, *v. t.* to shed, pour out, වගුරනවා; *v. n.* ගෑහීම.

ගැජුම, *n.* E. of ගර්ජනාව: roar &c.

ගැටආකාර, *a.* knot-like, nodular.

ගැට·කපනවා, *v. lit.* to cut knots; pick the pocket (of anyone). [pocket.

ගැටකපනහොරා, ගැටකපන්නා, *n.* cutpurse, pick-

ගැට·කරවලා, *n.* knot-snake.

ගැට·ගසනවා, ගැටගහනවා, *v. t.* to knot, tie a knot or knots.

ගැට·ගැහෙනවා, *v. i.* to become knotted.

ගැටතෝඩු, *n.* betel, බුලත්.

ගැට·තිමුල්, *n. pl.* ornaments.

ගැට·පදය, *n.* knotty point, difficult term or passage.

ගැට·පද·විවරණ කරනවා, *v.* to interpret difficult terms &c.

ගැට·පද·විවරණය, *n.* glossary.

ගැට·පහටුව, *n.* musical instrument.

ගැටපොළඟා, *n.* knotted polonga or viper.

ගැට·බෙරය, *n.* a sort of drum.

ගැට·මී·කරවලා, *n.* knotted snake.

ගැට·මී·පොළඟා, *n.* a sort of polonga.

ගැටය, *n.* knot, tie, knol, snag; joint (of a bamboo &c.); unripe fruit.

ගැටයා, *n.* lad, boy, stripling.

ගැට·ලනවා, *v.* to knot, ගැටගසනවා; *pret.* ගැට ලෑවා; *v. n.* ගැටලෑම.

ගැට·වටුව, *n.* button or loop (in priest's robes).

ගැටවරයා, *n.* youth, young man, යෞවනයා.

ගැටවරු, *n.* young fruit.

ගැටවහකම, *n.* care, attention, ප්‍රවේසම.

ගැඹවා, *a.* deceitful, tricky, කෛරාටික.

ගැට·සරච්·මහනවා, *v.* to backstitch, ගැටමෑහුම් මහනවා.

ගැටසුවා, *n.* thief, robber, හොරා. [thread.

ගැටනූ, *a.* or *n.* of knotted thread; knotted

ගැටනූ·පලඳනාව, *n.* knotted-thread ornament (for wearing).

ගැටිය, *n.* edge, brim, rim.

ගැටිස්සා, *n.* lad, කොල්ලා; a kind of sea fish.

ගැටිස්සි, *n.* maiden, lass, කෙල්ල. [ing &c.

ගැටීම, *v. n.* of ගටනවා and ගැටෙනවා: collid-

ගැටෙනවා, *v. i.* to strike against, hit, touch, collide, conflict, හැපෙනවා; *pret.* ගැටුණා.

ගැබ්·වැටෙනවා, *v. i.* to miscarry, ගබ්සාවෙනවා.

ගැඩ·පණුවා, ගැඩලුවා, ගැඩ·විලා, ගැඩ·විල්·පණුවා, *n.* large earth-worm, slow-worm, blind-worm.

ගැඩිවය, *n.* bow of Arjuna, අර්ජුනයාගේ දුන්න.

ගැඩුඹුවා, *n.* ass, කොටළුවා.

ගැබොල, *n.* See ගබොල.

ගැණීම, ගැණුම, *v. n.* of ගණිනවා and ගැණෙනවා: reckoning, counting, enumerating. Also for ගැනීම, *v. n.* of ගන්නවා.

ගැණෙනවා, *v. i.* to be reckoned, count, number, amount to; *pret.* ගැණුණා; *p. pl.* ගැණී.

ගැති, *a.* belonging to, අයිති; subject to සේවකවූ.

ගැතිකම, ගැතිබව, *n.* state of being a servant, servitude, වැඩකාරකම, දාසකම.

ගැතියා, ගැත්තා, *n.* servant, සේවකයා, දාසයා: minister: see දේවගැතියා.

ගැන, *post.* about, concerning, respecting.

ගැනීම, ගැනුම, ගැන්ම, *v. n.* of ගන්නවා: taking &c.

ගැනුම්කාරයා, *n.* buyer, purchaser, vendee.

ගැන්වීම, *v. n.* of ගන්වනවා: causing to take &c.

ගැප, *n.* belly, බඩ; womb, කුස; pregnant womb, දරුගැබ; cavity, කුහරය.

ගැප්·ගත්, ගැබි·ගත්, *v. adj. pret.* of ගැප්(බි)ගන්නවා : pregnant, බබදරු.

ගැප්·ගේ, *n.* lying-in chamber, වදනගේ ; inner chamber, ඇතුල්කාමරය, ගබඩාව.

ගැබ, *n.* belly ; womb ; cavity : see ගැප.

ගැබ·දුනු, *n.* conception, ගැබිගැනීම.

ගැබ·පෙරහර, *n.* procession on conception : see ගබ්පෙරහර.

ගැබ·මල, *n.* afterbirth, placenta, secundines.

ගැබර, *n.* fœtus, ගැබේ දරුවා.

ගැබලි, *n.* sap ; juice (of fruit) ; යුසය.

ගැබ·සිරි, *n.* the blessing of pregnancy.

ගැබ·සිරුව, ගබසිරුව, *n.* embryo, කලල්රූපය.

ගැබිණි, ගැබිණිය, *n.* pregnant female, ගර්භිණී.

ගැබිගත්, *a.* See ගැප්ගත්.

ගැබිගන්නවා, *v.* to become pregnant, conceive.

ගැබි·ගේ, *n.* lying-in chamber, වදනගේ.

ගැබිසාවෙනවා, *v. i.* See ගප්සාවෙනවා.

ගැමි, *a.* village ; rustic, country, vulgar ; ගම්, ග්‍රාම, පිටිසර.

ගැමි·අරුත්, *a.* E. of ග්‍රාම්‍යාර්ථ.

ගැමි·දම, *n.* E. of ග්‍රාම්‍යධර්මය.

ගැමි·දුද, *n.* rustic speech, පිටිසර බස.

ගැමි·බස, *n.* low or filthy language, කුණුහරුපය.

ගැමියා, *n.* villager, country man, ගම්වැසියා.

ගැඹුර, *n.* depth, profundity ; the deep ; ජඹුර.

ගැඹුරු, *a. lit.* and *fig.* deep, profound, ජඹුරු.

ගැඹුරුකම, *n.* deepness, depth &c.

ගැඹුරුකරනවා, *v. t.* to deepen, make profound.

ගැයීම, ගැයුම, *v. n.* playing an instrument, ගායනාකිරීම.

ගැරඩියා, *n.* See ගරඬියා.

ගැර·විලා, *n.* See ගැඩපණුවා.

ගැරවිල්·කුණ, *n.* dead body of the ගැරවිලා.

ගැරහිණී, *n.* E. of ගෘහිණී : woman, ගෑණී.

ගැරහීම, ගැරහුම, *v. n.* of ගරහනවා and ගැරහෙනවා : scoffing, reviling, reproach, abuse, නින්දාකිරීම, යහොල. [සනිත.

ගැරහුම්, *a.* scoffing, derisive, abusive, නින්දා

ගැරහුම්කරනවා, *v.* to scoff at &c., නින්දාකරනවා.

ගැරහුම්කාරයා, *n.* scoffer, reviler.

ගැරහෙනවා, *v. i.* to be vilified, reviled ; *pret.* ගැරහුණා ; *v. n.* ගැරහීම. [නවා.

ගැරුම්කාරයා, *n.* sifter (for gems &c.) : see ගර

ගැරෙනවා, *v. i.* to become sifted ; *pret.* ගැරුණා ; *p. pl.* ගැරී.

ගැලීම, *v. n.* of ගලනවා : flow, afflux, flood : *v. n.* of ගැලෙනවා : sinking in.

ගැලුම, ගැලොම, *n.* Eng., gallon.

ගැලෙනවා, *v. i.* to sink in ; *pret.* ගැලුණා.

ගැල්·අකුර, *n.* axle-hole or axle-socket of a vehicle.

ගැල්·නාබිය, *n.* nave of a cart wheel.

ගැල්·පදිනවා, *v.* to drive a vehicle or vehicles.

ගැල්ම, *n.* flow, ගැලීම.

ගැල්·වියා, *n.* yoke of a cart, ගැල්වියගහ.

ගැල්වීම, *v. n.* of ගල්වනවා : submerging &c.

ගැල්·සක, *n.* cart or carriage wheel, කරත්ත රෝදය.

ගැවසිගත්, *v. adj. pret.* studded, dotted or interspersed with.

ගැවසීම, *v. n.* of ගැවසෙනවා and ගවසනවා.

ගැවසෙනවා, *v. i.* to become interspersed with, overspread ; to frequent.

ගැවුරුව, *n.* honour : see ගෞරවය.

ගැසීම, ගැසුම, ගැහීම, *v. n.* of ගසනවා and ගැසෙනවා : striking, stroke, blow &c. : see verbs.

ගැසෙනවා, *v. i.* to strike against ; to shiver, quiver, quake ; to start, twitch, (of the heart) palpitate, throb ; to crack (as glass or wood). [spasm.

ගැස්ම, *n.* starting, twitching : convulsion,

ගැස්මආකාර, ගැස්මසහිත, *a.* convulsive, spastic.

ගැස්සීම, *v. n.* of ගස්සනවා and ගැස්සෙනවා : going off (as a gun) ; starting &c. ; causing to strike.

ගැස්සෙනවා, *v. i.* to start, twitch, quiver ; (of a trap) to go off, spring ; *pret.* ගැස්සුණා.

ගැහැටකරනවා, *v.* to annoy, molest, pester, හිංසාකරනවා, කරදරකරනවා.

ගැහැට, *n.* annoyance, molestation ; conflict or striking.

ගැහැටවෙනවා, *v. i.* to be tired, වෙහෙසවෙනවා ; be vexed. [struck.

ගැහැටි, ගැහැණී, *a.* tired, fatigued, වෙහෙසවූ ;

ගැහැවියා, *n.* countryman, rustic, පිටිසරයා.

ගැහැටු, *a.* See ගැහැටි ; vexed.

ගැහැටුම, *n.* effort, fatigue, වෙහෙස ; striking against, හැපීම ; vexing, හිරිහැරය.

ගැහැටුව, *n.* weariness, fatigue. [හෙසවෙනවා.

ගැහැණීවෙනවා, *v. i.* to become fatigued, වෙ

ගැහැණී(ස්ත්‍රී), *n.* woman, ගෑණී(ස්ත්‍රී).

ගැහැවියා, *n.* householder, ගෙදර ස්වාමියා ; husbandman, ගොවියා.

ගැහිච්ච, *v. adj. pret.* of ගැහෙනවා and ගහනවා : cracked ; struck.

ගැහිල්ල, *n.* stroke, blow ; quarrel ; start or twitch ; පහර, ගැසීම ; තිගැස්සීම. [ing &c.

ගැහීම, *v. n.* of ගහනවා and ගැහෙනවා : strik-

ගැහෙනවා, *v. i.* to crack (as glass &c.) ; to start, twitch, throb, lancinate ; *pret.* ගැහුණා.

ගැල, *n.* vehicle, cart, carriage, bandy, කරත්තය. [ing paddy).

ගැලතුම, *n.* yoke or pair of oxen (for thresh-

ගැලපීම, *v. n.* of ගළපනවා and ගැළපෙනවා : junction, cohesion ; construction, composition.

ගැලපෙනවා, *v. i.* to become joined, linked or fitted together, unite ; cohere, agree ; *pret.* ගැළපුණා.

ගැලවිල්ල, *n.* escape, deliverance, salvation.
ගැලවීම, *v. n.* of ගලවනවා and ගැලවෙනවා: delivering, rescue; setting free, unfixing; getting free, escaping, escape, salvation.
ගැලවී·යනවා, *v.* to get free; escape.
ගැලවුම්කාරයා, *n.* deliverer, saviour, the Saviour.
ගැලවෙනවා, *v. i.* to become free or unfixed; escape, be saved.
ගැවෙනවා, *v.* to waddle; crowd together, පුරී සනවා; *pret.* ගැවුණා; *v. n.* ගැවීම.
ගෑණි, ගෑණු &c. See below ගෑනි, ගෑනු &c.
ගෑනි, *n.* female, woman; *pl.* ගෑනු.
ගෑනු, *a.* female, she- (bear &c.). [වරු.
ගෑනු·ගොල්ල, *n.* womankind, the women, ස්ත්‍රී
ගෑනු·ළමයා, *n.* girl, lass.
ගෑනු·සතා, *n.* female animal.
ගෑම, *v. n.* of ගානවා: smearing, rubbing &c.
ගෑවෙනවා, *v. i.* to be smeared on (of that which is applied); to touch against or rub lightly (in passing); *pret.* ගෑවුණා; *p. pl.* ගෑවී, ගෑවිලා; *v. n.* ගෑවීම.
ගෑස්, *n.* or *a.* Eng., gas.
ගෑස්පරය, *n.* Port., buckle. [buckle.
ගෑස්පරය·පියනවා, *v.* to fasten the buckle, to
ගෑහුම, *n.* thunder, ගිගුරුම.
ගිගිරිය, *n.* thunder; jingling (of rings on hands or feet of dancers &c.)
ගිගිරි·වළල්ල, *n.* jingling ring (of dancer &c.).
ගිගිරීම, ගිගිරුම, ගිගිළිය, ගිගුම, ගිගුරුම, *n.* rumbling, roar, noise, thunder, ගර්ජනාව.
ගිගුරුම්දෙනවා, *v.* to rumble, boom, roar, thunder, ගර්ජනාකරනවා. [උගුරුහඬ.
ගිගුරුව, *n.* sound of the throat, guttural sound,
ගිජ්ඣකූටය, *n.* P. of ගෘධ්‍රකූට: vulture mountain (near Rajagaha), so called from its vulture-like shape.
ගිජා, *n.* ap. of Durga, wife of Siva, දුර්ගා.
ගිජින්ද්‍ර, *n.* (·ඉන්ද්‍ර chief), large or chief elephant: see ගජේන්ද්‍රයා [cious.
ගිජු, *a.* gluttonous, greedy, voracious, rapa-
ගිජු·කුළු·පව, *n.* See ගිජ්ඣකූටය.
ගිජු·ලිහිණියා, *n.* vulture; *pl.* ගිජුලිහිණියෝ.
ගිණීම, ගිණුම, *v. n.* of ගණිනවා: counting, computing.
ගිතෙල්, *n.* ghee or clarified butter.
ගිද්ධ, *a.* E. of ගිජු.
ගිඹ, *a.* greedy, ගිජු.
ගිනි, *n.* or *a.* fire; fiery, burning, igneous.
ගිනි·අඟුර, *n.* burning coal, burning ember.
ගිනි·උණ්ඩය, *n.* bomb, shell.
ගිනි·උදුන, *n.* furnace, stove.
ගිනි·කටුව, *n.* steel for striking fire.
ගිනි·කඩදාසිය, *n.* touch-paper.
ගිනි·කණ, *n.* spark of fire, ගිනිපුපුර.
ගිනි·කන්ද, *n.* volcano.
ගිනි·කබල, *n.* fire-potsherd, potsherd or chatty in which a little fire is placed.
ගිනිකරද, *n.* fire-flaw or crack in a vessel.
ගිනි·කිකිළි, *n. fem.* guinea-hen.
ගිනි·කුකුළා, *n. mas.* guinea-fowl.
ගිනි·කුරුල්ලා, *n.* bird called Ceylon trogon, තවතිලකුරුල්ලා or රතුමත්කොණ්ඩයා, (order Picariæ); orange minivet, (order Passeres).
ගිනි·කූර, *n.* fuse, match.
ගිනි·කෙළි, *n. pl.* fire-works.
ගිනි·කොණ(ක), *n.* south-east quarter.
ගිනිගඩොල, *n.* fire-brick.
ගිනි·ගන්නවා, *v. i.* to take fire, kindle, ignite.
ගිනි·ගන්වනවා, *v. c.* to cause to take fire, set on fire, ignite.
ගිනි·ගල, *n.* flint; ignescent.
ගිනි·ගල්·ධාතුව, *n.* silex, silica.
ගිනි·ගහනවා, *v.* to strike fire; be on fire.
ගිනි·ජාලාව, *n.* fire-flame, ගිනිදැල්ල. [nite.
ගිනි තබනවා or ·තියනවා, *v.* to set fire to, ig-
ගිනි·දණ්ඩ, *n.* fire-stick, viz. stick which ignites on friction. [blaze.
ගිනි·දළුව, ගිනි·දළ, ගිනිදැල්ල, *n.* fire-flame,
ගිනි·දල්වනවා, *v.* to kindle, ignite, make to
ගිනි·දික්, ගිනි·දිගු, *a.* south-eastern. [blaze.
ගිනි·දිග, *n.* or *a.* south-east quarter, south-east.
ගිනි·දිග·හිමියා, *n.* Agnidevi, god of fire, regent of the South-east, අග්නිදෙවියා.
ගිනි·දිව, *n.* tongue or flame of fire.
ගිනි·දුම, *n.* fume of fire, smoke.
ගිනි·දුමස්·කන්ද, *n.* volcano, ගිනිකන්ද.
ගිනිදෙවියා, *n.* See ගිනිදිගහිමියා.
ගිනි·දෙවොල, *n.* temple of Agnidevi.
ගිනි·නූල, *n.* fire-string, fuse, match.
ගිනිපුපුර, *n.* spark; *pl.* ගිනිපුපුරු.
ගිනි·පුළුන්, *n.* tinder.
ගිනිපෙනෙල්ල, *n.* fire-brand; *pl.* ගිනිපෙනෙලි.
ගිනි·පෝරණුව, *n.* oven; stove.
ගිනි·භාජනය, *n.* fire-pan.
ගිනි·මල, *n.* spark; flame.
ගිනි·මැලය, ගිනි·මුළුව, *n.* large flame, conflagration, bonfire.
ගිනි·මැස්ස, *n.* horizontal fire-grate or fire-plate; fire-platform or fire-stand or stage kindled in the field at night; *pl.* ගිනිමැසි.
ගිනි·මිටිය, *n.* gun-cock, gun-hammer.
ගිනි·මොලවනවා, *v.* to light a fire, make a fire blaze.
ගිනියම, *n.* heat, red-heat, incandescence.
ගිනියම්, *a.* hot, burning, red-hot, incandescent.
ගිනියම්කරනවා, *v. t.* to make red-hot.
ගිනි·රැස, *n.* beam, ray; the sun, ඉර.
ගිනිරේණු, *n.* spark, ගිනිපුපුර.
ගිනිලනවා, *v.* to set fire to.

ගිනි·වතුර, *n.* aqua fortis, nitric acid.
ගිනි·වන්, *a.* flame-coloured.
ගිනි·වෙස්, *n.* fire-form : ap. of Siva, ශිවදෙවියා.
ගිනි·සැරය, *n.* fierceness of fire ; firework.
ගිනි·සිරිය, ගිනි·සිළු, ගිනි·සිළ, *n.* flame of fire, ගිනිමැලය. [kindled.
ගිනි·හල, *n.* fire-place ; room where a fire is
ගිනි·හුළ, *n.* torch, flambeau.
ගිනි·හොරා, *n.* a flame-coloured bird with a long tail : see රෙදිහොරා.
ගින්, *a.* Er. for ගිම් : hot.
ගින්දර, *n.* burning fuel, fire.
ගින්න, *n.* fire.
ගිම, ගිමන්, *n.* heat, ග්‍රීෂ්මය, රස්නය.
ගිමන්, *a.* hot, burning, රත්වූ, ගිනියම්.
ගිමන්·කල, *n.* hot season, ග්‍රීෂ්මකාලය. [of heat.
ගිමන්·හරිනවා, *v.* to cool one's self, get quit
ගිම්, *a.* hot, burning, ගිනියම්, ග්‍රීෂ්ම.
ගිම්·උතුව, ගිම්·කල, ගිම්·සමය, *n.* the hot season, ග්‍රීෂ්ම ඍතුව. [ගින්රැස.
ගිම්·රැස, *n. lit.* fire-ray ; ap. of the sun : see
ගිම්හාන, *a.* hot, torrid, ග්‍රීෂ්ම.
ගිය, *n.* See ගිතෙල්.
ගියා, *pret.* of යනවා : went.
ගිර, *n.* rock, පර්වතය ; mountain, කන්ද ; vomiting, වැමැරීම.
ගිරබාව, *n.* sprout, shoot, දළුව. [ගිරා.
ගිරය, *n.* areca-nut cutter, nut-cracker ; *pl.*
ගිරවා, ගිරා, *n.* parrot ; *pl.* ගිරව්, *acc.* ගිරවුන්.
ගිරවි, *n.* female parrot ; *pl.* ගිරවියෝ.
ගිරා·කුරුල්ලා, *n.* green bulbul, Malabar green bulbul, (order Passeres). [*indicus.*
ගිරා·මලිච්චියා, *n.* Ceylon lorikeet, *loriculus*
ගිරා·මිණ, *n.* emerald, මරකතමිණ.
ගිරාව, *n.* green colour, කොළ පාට ; word, බස.
ගිරා·වන්, *a.* green-coloured, පලාවන්.
ගිරාවලයා, *n.* a kind of fish.
ගිරි, *a.* reverend, venerable, ගෞරවණීය.
ගිරි, *a.* mountain. [යෝ අකුණ.
ගිරි·කණ්ටක, *n.* thunderbolt of Indra, ඉන්ද්‍රයා
ගිරි·කන්දරය, ගිරි·කඳුර, *n.* cave, cavern, ගුහාව ; wady, ravine, කඳුරැලිය.
ගිරි·කර්ණිකාව, *n.* the earth, පොළොව.
ගිරිකාණයා, *n.* blind or one-eyed man, කණා.
ගිරි·කාවා, *n.* small rat, මීයා.
ගිරි·කූටය, ගිරි·කුළුව, *n.* crag, cliff, knag, mountain peak, කූටය.
ගිරි·ගබ්භරය, *n.* rock-cave, ගල්ගුහාව.
ගිරි·ගහන, *a.* thick with mountains, mountainous, කඳුවලින් ගැවසීගත්. [tains.
ගිරි·ජ, *a.* mountain-born, produced from moun-
ගිරි·ජයා, *n.* mountain-born person, mountaineer, කඳුරට වැසියා.
ගිරිජා, *n. fem.* mountain-born female : ap. of දුර්ගා alias පාර්වතී.

ගිරිජාමල, *n.* (ගිරිජ අමල), talc.
ගිරිජාව, *n.* mountain-produce, as, iron, bitumen, talc, pebble.
ගිරි·ජ්වරය, ගිරි·ධ්වජය, *n.* thunderbolt, අකුණ.
ගිරිණී, *n.* E. of ගෘහිණී : wife, භාර්යාව.
ගිරිතලාව, *n.* mountain flat or plateau, tableland.
ගිරිතිය, *n.* vexing, teasing, ගිරිහැරය, ලෙල්ලම.
ගිරි·දුර්ගය, ගිරි·දුර්ගය, *n.* rocky region, mountain defile or fort.
ගිරි·දු·ස්වාමි, *n.* husband of Durgā : ap. of Siva, ශිවදෙවියා. [දුර්ගා.
ගිරි·දු, *n.* mountain daughter : ap. of Durgā,
ගිරි·නිවෙස, *n.* mountain-abode, viz. Kailāsa, residence of Siva, කෛලාසපර්වතය.
ගිරීන්ද්‍ර, *n.* (ගිරි ඉන්ද්‍ර), mountain-king, viz. මහාමේරු ; ap. of Siva.
ගිරි·පුෂ්පක, *a.* bituminous, කීල්මුසු.
ගිරි·පුෂ්පකය, *n.* bitumen, asphalt, ගල්කීල්.
ගිරි·මාන, *a.* mountain-like, enormous, ගජ.
ගිරි·මානයා, *n.* large elephant, ලොකු ඇතා.
ගිරි·මෘත, *n.* red chalk, සිවංගුරු.
ගිරි·මෙවුල, *n.* heart of a rock or mountain.
ගිරි·මෙවුල්, ගිරි·මෙබලා, *n.* enormous elephant of Mārayā the demon who opposed Buddha.
ගිරිය, *n.* E. of ග්‍රීවය : throat, neck, උගුර, බෙල්ල, neck or part between the trunk and top of a palm tree.
ගිරිය, *n.* rock, mountain, පර්වතය, කන්ද.
ගිරියා, *n.* rat or mouse, මීයා.
ගිරිරජ, ගිරිරද, *n.* mountain-king or king of mountains : ap. මහමෙර.
ගිරි·ලෙන, *n.* rock cave, mountain cave, කඳු ලෙන, කඳුගුහාව.
ගිරිවස්, *n.* mountain-dweller : ap. of Siva and the lion, ශිවදෙවියා, සිංහයා.
ගිරි·ශයා, *n.* ap. of Siva as sleeping or dwelling in the Himālaya mountains.
ගිරි·ශෘංගය, *n.* mountain peak, කඳුමුදුන.
ගිරි·ශෘංගයා, *n.* ap. of the bulky Ganésa, ගණේශ.
ගිරි·සතුරා, *n.* unicorn, as supposed to pierce rocks with his horn, කඟවේණා.
ගිරි·සාරය, *n.* mountain essence or produce, viz. iron or tin, යකඩ, බෙලෙක් ; Malaya range of mountains in South India.
ගිරි·ශිඛරය, *n.* summit of a rock or mountain, පර්වත මුදුන.
ගිරි·සිරස, *n.* mountain peak or top, කඳුමුදුන.
ගිරි·සුතා, *n.* mountain-daughter : ap. of Pārvati or Durgā, දුර්ගාදේවී. [පාර්වතී.
ගිරි·හඹුව, *n.* wilderness, barren place, මරුකතර,
ගිල, *p. pl.* of ගිලිනවා : having swallowed.
ගිල·ගන්නවා, *v. t.* to swallow, swallow down, swallow up.

ගිල·දමනවා, *v. t.* to swallow off or up, gulp.
ගිලනය, ගිලය, *n.* swallowing.
ගිලනා, *n.* invalid, valetudinarian, ලෙඩා.
ගිලන්, *a.* invalid, infirm, sickly, morbid, ලෙඩවූ, ආතුර. [ආතුරකම.
ගිලන්කම, *n.* infirmity, debility, sickness,
ගිලන්·පස, ගිලම්·පස, *n.* sick-diet; B. P. refreshments taken in the afternoon.
ගිලන්·හල, *n.* hospital, ඉස්පිරිතාලය, ආරෝග්‍ය ශාලාව.
ගිලානා, *a.* See ගිලන්.
ගිලාන·පච්චය or ·පඩය or ·ප්‍රත්‍යය, *n.* sick diet; things which a priest may eat. [*p. pl.* ගිල.
ගිලිනවා, *v. t.* to swallow; *pret.* ගිල්ලා or ගිලුවා;
ගිලිය, *n.* swallowing, ගිලීම; falling off, වැටීම; sinking, ගිලීම.
ගිලීම, *v. n.* of ගිලිනවා: swallowing; also of ගිලෙනවා: sinking in.
ගිලූ, *v. adj. pret.* of ගිලිනවා: swallowed.
ගිලී·මැරෙනවා, *v. i.* to drown, drown one's self.
ගිලෙනවා, *v. i.* to be swallowed; sink in, be engulfed, dip, merge; *pret.* ගිලුණා.
ගිලේ·ගන්නවා, ගිලේගැසෙනවා, *v. i.* to stick in the throat, get anything fast in the throat, choke.
ගිල්ම, *n.* deep moat.
ගිල්ලනවා, *v. t.* to embed, inlay; *pret.* ගිල්ලුවා; see ගිල්වනවා.
ගිල්ලවනවා, *v. t.* to immerse, submerge; cause to sink (as food down the throat), cause to be swallowed; *pret.* ගිල්ලෙවුවා; *v. n.* ගිල්ලවීම.
ගිල්ලවාදමනවා, ගිල්ලවාමරනවා, *v. t.* to drown.
ගිල්වනවා, *v. t.* to dip, immerse, submerge, sink; inlay; *pret.* ගිල්වුවා; *v. n.* ගිල්වීම.
ගිව, *n.* E. of ග්‍රීවය: neck, බෙල්ල.
ගිවිස, *p. pl.* of ගිවිසිනවා: having promised, පොරොන්දුවී.
ගිවිස·ගන්නවා, *v.* to promise, stipulate, make a covenant with. [පොරොන්දුවූ.
ගිවිසි, *v. adj. pret.* promised, agreed, stipulated,
ගිවිසිනවා, *v.* to promise, covenant, stipulate; *pret.* ගිවිස්සා; *v. n.* ගිවිසීම. [league.
ගිවිසුම, *n.* promise, compact, covenant, treaty,
ගිවිසුම්, *n. pl.* or *a.* promises &c.; promissory.
ගිවිසුම්·පත්‍ර, *n.* deed of agreement, contract, covenant.
ගිවිස්වනවා, ගිවිස්සනවා, *v.* to cause to promise or consent, make agreement with; *pret.* ගිවිස්සුවා; *v. n.* ගිවිස්සීම.
ගිව·බරණය, *n.* E. of ග්‍රීවාභරණය: neck-ornament, necklace, collar, මාලය.
ගිහි, *a.* E. of ගෘහ: non-ascetic, laic, lay.
ගිහිකම, ගිහිබව, *n.* domestic state, laic condition.
ගිහිකිස, *n.* duty of a layman, ගිහි කටයුත්ත.
ගිහි·ගෙට·ගන්නවා, *v. t.* to apply to secular use, secularize (sacred things).
ගිහි·ගෙය, *n.* household (opposed to asceticism), family state. [man.
ගිහි·ගෙයි·වසනවා, *v.* to dwell or live as a lay-
ගිහිනි, *a.* thick, dense, close, ගහන.
ගිහිනි, *a.* inherent, possessed of, අඩංගුවූ.
ගිහින්, (for ගොසින්) *p. pl.* of යනවා: having gone. [property &c.
ගිහි·පත්නය, *n.* laic appurtenance, household
ගිහි·බැදුම, *n.* E. of ගෘහබන්ධනය: laic condition, matrimony, විවාහක භාවය.
ගිහියා, ගිහි·වැසියා, *n.* one not a B. P., layman, householder. [Guide.
ගිහි·විනය, *n.* B. book so called: Layman's
ගිහි·සැපුව, ගිහි·සැපස, *n.* enjoyment of ordinary or non-ascetic life, laic enjoyment.
ගිළි, *a.* fallen off or out, වැටුණු.
ගිළිහීම, ගිළිහුම, *v. n.* of ගිළිහෙනවා: dropping, falling down, වැටීම.
ගිළිහෙනවා, *v. i.* to drop or fall off (as flowers &c. from trees); *pret.* ගිළිහුණා.
ගී, *n.* clarified butter, ghee, ගිතෙල්.
ගී·කියනවා, *v.* to sing, chant. [කියන කපුවා.
ගී·ගනවා, *n.* priest of the goddess Pattini, ගී
ගීතය, *n.* singing, song, hymn, canticle.
ගීතාව, *n.* poem, song. [songs &c.
ගීතිකා, *n. pl.* or *a.* songs, hymns; pert. to
ගීතිකා·කණ්ඩායම, *n.* singing band, choir.
ගීතිකාකරනවා, *v. t.* to sing, to chant.
ගීතිකා·කාර, *a.* singing, chanting. [ger.
ගීතිකාකාරයා, *n. mas.* ගීතිකාකාරී, *n. fem.* sin-
ගීතිකාව, ගීතිය, ගීය, *n.* song, chant, hymn, psalm, ode.
ගීතු·කියනවා, *v.* to complain, grumble.
ගීතුව, *n.* complaint, tattle.
ගී·රය, *n.* the pleasantness of song or singing.
ගීෂ්පතියා, *n.* learned person, පණ්ඩිතයා; ap. of Vrihaspati, regent of the planet Jupiter and teacher of the gods, වෘහස්පතියා.
ගුගුරනවා, ගුගුරවනවා, *v.* to thunder, fulminate, roar; *pret.* ගිගුරුවා, ගිගිරෙවුවා; *v. n.* ගිගිරීම, ගිගිරවීම.
ගුගුලු, ගුගුල, *n.* fragrant gum, bdellium.
ගුගුල්, *n.* medicinal balm.
ගුච්ඡය, *n.* cluster (of blossoms), fascicle, (මල්) පොකුර, clump (of grass තණ) පඳුර; bundle, quantity, කට්ටිය; necklace, මාලය.
ගුච්ඡාකාර, *a.* fascicular, මිටිආකාර.
ගුජනා, *n.* red onion, රතුළූනු.
ගුජ්ජරය, *n.* Guzeratta or Gujerat. [E. S.
ගුජය, *n.* cluster, nosegay: see ගුච්ඡය; spadix,
ගුජාව, *n.* a small shrub, මිලිඳ, *Bot.*; kettle drum, මිහතල දවල; drumming sound; reflection, මෙනෙහිකෙරීම.

ගුටි·ඇනනවා, *v.* to punch, fist, thump.
ගුටිකාව, *n.* ball, bolus, pill, ගෝලය, ගුළිය.
ගුටිය, ගුටුව, *n.* a blow, thump, poke; ball, lump, පිඩ, handful, අතමලාස්ස.
ගුඩ, *n.* raw sugar, jaggery, උක්සකුරු; lump, පිඩ, mouthful, E. S.; elephant's trappings, ඇත් ආභරණය. [උක්ගහ.
ගුඩ·තෘණ, ගුඩ·දුරු, ගුඩ·මූල, *n.* sugar-cane,
ගුඩත්වච, *n. pl.* cassia bark, දුවුල් කුරුඳුපොතු; mace, වසාවාසි.
ගුඩය, *n.* globe or ball, ගෝලය, බෝලය; mouthful, E. S.
ගුඩා, *n. pl.* powder, කුඩු.
ගුඩා·කේශයා, *n.* one with matted locks like euphorbia leaves: ap. of Siva, ශිවදෙවියා.
ගුඩු, *a.* well dried, shrivelled, වේලිච්ච, ඇකුළුණු.
ගුඩු·ගුඩාව, *n.* whole coconut-shell bowl (for smoking). [ලෙනවා.
ගුඩුවෙනවා, *v. i.* to shrivel (as a coconut), වේ
ගුඩු·ගෙඩිය, *n.* a shrivelled fruit, වේලිච්චගෙඩිය.
ගුඩු·පොල්, *n. pl.* shrivelled coconuts.
ගුණ්ඩ, *a.* stupid, blockish, doltish, මෝඩ.
ගුණ්ඩයා, *n.* stupid one, fool, dolt, මෝඩයා.
ගුණ, *n. pl.* or a. of ගුණය: qualities &c.; fold, as twofold, දෙගුණ.
ගුණකය, *n. arith.* multiplier, numerator.
ගුණකරනවා, *v. t.* to multiply, වැඩිකරනවා.
ගුණකරණීය, *n.* multiplicand, වැඩිකළ යුතු ගණන.
ගුණ·කාමී, ගුණ·ප්‍රිය, *a.* desiring virtue, delighting in goodness, virtuous, good, යහපතට ආශාවූ, යහපත්වූ. [වැඩිකෙරීම.
ගුණකිරීම, *v. n.* multiplying, multiplication,
ගුණතාව, *n.* virtuousness, goodness, excellence, ගුණවන්තකම.
ගුණ·දායක, *a.* beneficial, efficacious.
ගුණ·දෙස්, ගුණ·දොෂ, *n. pl.* excellences and faults, virtues and defects.
ගුණ·දෙස්·කියනවා, *v.* to state the excellences and faults, criticize.
ගුණ·දොෂ·පරීක්ෂක, *a.* criticizing, critical.
ගුණ·දොෂ·පරීක්ෂකයා, *n.* criticizer, critic, ගුණ දෙස් කියන්නා.
ගුණ·දොෂ·පරීක්ෂණය, *n.* criticizing, criticism; critique, review, ගුණදෙස් කීම.
ගුණ·දොෂ·පරීක්ෂණ·ශාස්ත්‍රය, *n.* art or science of criticism.
ගුණ·දොෂ·ව්‍යාඛ්‍යාන, ගුණ·දොෂ·විභාගය, *n.* critique, stricture.
ගුණ·ධර්මය, *n.* law of qualities as pertaining to each position, as justice in a Judge; law of virtue, ethics.
ගුණන·ප්‍රමාණාංක, ගුණන·ප්‍රමාණාංකාකාර, *a.* (·අංක, ආකාර), logarithmetic. [logarithm.
ගුණන·ප්‍රමාණාංකය, *n.* (·අංකය figure or sign),
ගුණනය, *n.* multiplication, වැඩිකෙරීම; enumerating, ගණන්කෙරීම, E. S.; describing, සවිභන්කෙරීම, විස්තරකෙරීම. [ඉලක්කම.
ගුණනිකාව, *n.* collation (of MSS.), E.S.; cipher,
ගුණ·මකනවා, *v.* to disparage, asperse, slander, කේලම් කියනවා. [derous.
ගුණ·මකු, *a.* disparaging, depreciatory, slan-
ගුණමකුවා, *n.* detractor, asperser, slanderer, කේලමා.
ගුණය, *n.* quality, property, attribute; good quality, virtue, excellence, goodness, යහපත් කම; efficacy, benefit (as of medicine &c.), බලය.
ගුණය, *n.* a chord, තත, cord, ලනුව; bowstring, දුනුදිය; organ of sense, ඉන්ද්‍රිය.
ගුණ·රත්නය, *n.* the gem of virtue or good quality, ගුණ නැමති රත්නය.
ගුණ·රහිත, *a.* without quality, ගුණනැති; without goodness, අයහපත්; inefficacious, බලය මදි, ගුණනැති. [ගහ.
ගුණ·වෘක්ෂ, ගුණ·වෘක්ෂය, *n.* mast, නැව්කුඹය, කුඹ
ගුණ·ලවය, *n.* (ලවය loss, little), deficiency in quality or virtue or efficacy, ගුණ or බලය අඩුකම.
ගුණ·වචනය, *n. gram.* adjective, definitive.
ගුණවත්, ගුණවන්ත, *a.* virtuous, good, benevolent, gracious, යහපත්, කරුණාවන්ත.
ගුණවන්තකම, *n.* goodness, benevolence.
ගුණ·වර්ණනාව, ගුණ·ස්තුතිය, *n.* eulogy, panegyric, ප්‍රශංසාව.
ගුණ·වාචක, *a.* adjectival, definitive, epithetic.
ගුණ·වාචකය, *n.* adjective, definitive, epithet.
ගුණ·සාරය, *n.* essence of virtue, of excellence or goodness, ගුණ නැමති සාරය or යහපත්කමේ ගුණය.
ගුණාකරය, *n.* (ගුණ·ආ:), mine of virtues or excellences; ගුණාකරයා, ap. of Buddha.
ගුණාගුණ, *a.* (·අගුණ), pert. to virtue or vice, moral, ethical; *n.* good and bad qualities.
ගුණාගුණ·ධර්මය, (or ·ශාස්ත්‍රය), *n.* ethics, moral philosophy, ශීලධර්මය. [tural endowment.
ගුණාංගය, *n.* (·අංගය), attribute, quality, na-
ගුණාංග·සංපන්න, *a.* possessed of various attributes or virtues, ගුණාංග සහිත.
ගුණාන්විත, *a.* (·අන්විත): see ගුණවත්.
ගුණාපවාදය, *n.* (·අපවාදය), detraction, aspersion, disparagement, අගුණ කීම.
ගුණාරෝපණය·කරනවා, *v.* to attribute or impute qualities or virtues.
ගුණිත, *a.* multiplied, වැඩිකරපු; collected, heaped together, එකතුකරපු.
ගුණිතය, *n. arith.* multiple, product.
ගුණුව, *n.* rope, string, ලනුව; thread, නූල; bowstring, දුනුදිය; day of full moon, පසළොස්වක.

ගුණෝත්කීර්තන, *a.* (ගුණ, උත්කීර්තන praising), commendatory, eulogistic, ප්‍රශංසාකර.

ගුණෝත්කීර්තනය, *n.* commendation, eulogium, වර්ණනාව, ප්‍රශංසාව.

ගුණෝත්කෘෂ්ට, *a.* (ගුණ උත්කෘෂ්ට), virtuous, excellent, meritorious, ඉතාගුණවන්ත, පින්වත්.

ගුණ්‍යය, *n.* multiplicand : see ගුණකරණීය.

ගුද, *a.* pert. to the anus. [රෝගීවූ.

ගුද·කීල, ගුද·කීලක, *a.* hemorrhoidal, අර්ශස, අර්ශස්

ගුද·කීලකය, ගුද·කීලය, *n.* piles, hemorrhoids, අර්ශස්රෝගය.

ගුද·ග්‍රහකරනවා, *v.* to constipate, අඩස්සිකරනවා.

ගුද·ග්‍රහය, *n.* constipation, බඩවෙලිල්ල.

ගුද·පිටක, ගුද·මාර්ගය, ගුදය, *n.* anus, fundament.

ගුදම, *n.* storehouse, godown.

ගුදිරිකද්දය, ගුදිරිම, ගුදිරිය, *n.* D., mattress, pad, guddiri.

ගුන්දිය·පොල්, *n. pl.* Maldive coconuts.

ගුප්ත, *a.* concealed, secret, latent, recondite, occult, mystic, esoteric, රහස්, අප්‍රකාශ.

ගුප්ත·භාෂාය, *n.* esotericism, esoterics, රහස් ධර්මය, රහස් ගුරුකම්. [ශාස්ත්‍රය.

ගුප්ත·විද්‍යාව or ·ශාස්ත්‍රය, *n.* occult science, රහස්

ගුප්තිය, *n.* concealment, secrecy, රහස් ගතිය; secret place, රහස්තැන ; ap. of යම්යා : see යම.

ගුබ්බායම, *n.* hovel, Rodiya's hut or settlement කුප්පායම. [ලැහැබ, පඳුර.

ගුම, *n.* noise, ඝෝෂාව ; heat, ග්‍රීෂ්මය ; bush,

ගුමුව, *n.* beating, තැලීම ; fence of dead bushes or live fence, වැට ; thicket, ලැහැබ.

ගුම්බය, *n.* bush or thicket (see ගුම) ; multitude, heap, රැස.

ගුම්බාකාර, *a.* bush-like, shrubby, fructicose, පඳුරු ආකාර.

ගුර, *n.* a long vowel or syllable, දීර්ඝප්‍රාණාක්ෂරය.

ගුරණය, *n.* effort, exertion, උත්සාහය.

ගුරු, *a.* long (vowel), දීර්ඝ ; weighty, great, difficult, බර, අමාරු ; important, වැදගත් ; pert. to Jupiter ; instructive, ගුරුකම් අඩංගු.

ගුරු, *n.* the planet Jupiter ; teacher, preceptor, (but used with a formative termination : see below).

ගුරු, *n. pl.* parents, මව්පියෝ : see දෙගුරු.

ගුරු·අකුරු, *n. pl.* model letters for pupils to imitate, copy.

ගුරු·අකුරු·පොත, *n.* copy-book.

ගුරුකම, *n.* instruction, lesson, doctrine.

ගුරු·ගල, *n.* red chalk, red orpiment, සිංගුරු ;

ගුරු·ගින්න, *n.* large fire, conflagration, මහ ගිනිමැලය. [වරකමට පත්වූ.

ගුරු·තැන්·පත්, *a.* appointed as a teacher, ගුරු

ගුරු·ත්වය, *n.* See ගුරුභාවය. [teacher.

ගුරු·ත්වය, ගුරුවරකම, *n.* tutorship, office of

ගුරු·දින, *n.* Thursday, බ්‍රහස්පතින්දා.

ගුරුණු, *n.* melting, dissolving, දියවීම.

ගුරුන්නාන්සේ, ගුරුවරයා, *n.* teacher, preceptor, schoolmaster ; schoolmistress.

ගුරුන්නැහේ, *n. res.* for a tomtom beater or used in addressing him.

ගුරු·පඬුර, *n.* offering or gift to a teacher.

ගුරු·පොත, *n.* text-book, school-book.

ගුරු·ප්‍රසාදි·තැන, ගුරු·ප්‍රසාදි·වරයා, *n.* R.C. priest, minister. [priesthood.

ගුරු·ප්‍රසාද·සංඝතිය, *n.* the body of priests, the

ගුරු·භාවය, *n.* weightiness, gravity, importance, බරපතලකම, වැදගත්කම.

ගුරු·මලාව, *n.* earthenware vessel, මැටිභාජනය.

ගුරු·මැටි, *n.* red clay, රතුමැටි.

ගුරුලේන්තුව, *n.* goglet.

ගුරුවරයා, *n.* teacher ; *pl.* ගුරුවරු.

ගුරුවරී, *n. fem.* teacher, governess, tutoress.

ගුරුවා, *n.* juggler, conjurer, විජ්ජාකාරයා ; person of a mixed race of Sinhalese and Moors ; name of a sea fish.

ගුරු·හාමි, *n.* Hindu mendicant. [house.

ගුරුහිණී, *n.* See ගෘහිණී : wife, mistress of the

ගුරුහරුකම්, *n.* instruction, ගුරුකම.

ගුරුහෝරාව, *n.* hour of Jupiter's influence on Thursday morning. [ගරුඬයා.

ගුරුළා, ගුරුළු, *n.* enormous mythical bird : see

ගුරුළුද්ද, *n.* E. of ගරුඬධ්වජ. [Garuda.

ගුරුළු·රජ, ගුරුළු·රද, *n.* kind of birds, king

ගුරූපදේශය, *n.* (ගුරු උප:), advice of preceptors, precept.

ගුර්ජර, *n* district of Gujerat.

ගුල, *n.* raw or unrefined sugar, සකුරු ; hole, සිදුර, වළ ; *pl.* ගුල්. [ගිලීම.

ගුලනවා, *v. t.* See මදිනවා : *pret.* ගිලුවා ; *v. n.*

ගුල·පිණ්ඩය, *n.* ball or lump of jaggery or raw sugar, සකුරුපිඩ.

ගුලාමා, *n.* untidy fellow, sloven ; *pl.* ගුලාමලා.

ගුලාම්, *a.* untidy, slovenly, යහ පිළිවෙළක් නැති.

ගුලාම්කම, *n.* untidiness &c. E. S. [*luteolus.*

ගුලු·ගුරුවා, *n.* white eye-browed bulbul, *Ixos*

ගුල්ඵය, *n.* the ankle, වළලුකර.

ගුල්ම, *a.* splenic, බඩදිවට අයිතිවූ.

ගුල්ම·ගෙඩිය, *n.* mole or false conception of the womb, කුසපිළිකය.

ගුල්ම·ඡේදනය, *n.* splenotomy, බඩදිව කැපීම.

ගුල්ම දාහය, *n.* splenitis, බඩදිව දැවිල්ල.

ගුල්ම·මූල, *n.* ginger, ඉඟුරු.

ගුල්මය, *n.* the spleen, බඩදිව ; disease of the spleen ; a division of an army consisting of 9 elephants, 9 chariots, 27 cavalry and 45 infantry ; army dicipline, සේනාව හැසිරවීම ; a ghat or stairs, පඩිපෙළ ; shurb, පඳුර ; fort, කොටුව.

ගුල්ම·රෝගකාර, *a.* having disease of the spleen, splenetic, බඩදිවේ රෝගඇති. [රය.

ගුල්ම·විස්තරය, *n.* splenology, බඩදිව ගැන විස්ත

ගුල්මාකෘති·භූතය, *n.* splenization. E. S.
ගුල්මි, *a.* having spleen, බඩදිවක් ඇති; having clumps or clusters; having divisions; පංක්ති ආකාර.
ගුල්මිය, *n.* a tent කූඩාරම; thicket, ලැහැබ.
ගුල්යය, *n.* sweetness, පැණිරස.
ගුල්ලා, *n.* weevil, mite: ධාන්‍ය ගුල්ලා, rice or grain weevil, ගස්ගුල්ලා, tree weevil.
ගුවන, ගුවන්·මග, *n.* the sky, aerial region, ආකාශය.
ගුවන්·ගල, *n.* aerolite, උල්කාගල. [තලය.
ගුවන්·තලය, *n.* face of the sky, canopy, අහස්
ගුවන්·මිණ, ගුවන්මිණි, *n.* sky-gem: ap. of the sun, ඉර. [සාගරගමමෙදවියෙයි.
ගුහ, ගුහු, *n.* a name of Kārtikéya, කාර්තිකේය,
ගුහාරය, ගුහාව, *n.* cave, cavern, den.
ගුහා·වාසි, *a.* cave-dwelling, troglodytic.
ගුහා·වාසියා, *n.* cave-dweller, troglodyte.
ගුහා·ශයයා, *n.* cave-lurker or sleeper, viz. tiger or lion, ව්‍යාඝ්‍රයා, සිංහයා.
ගුහ්‍ය, *a.* secret, රහස්; hypocritical, කපටිවූ.
ගුහ්‍යක, *n.* a demigod who attends on කුවේර and guards his treasures.
ගුහ්‍යකේශ්වරයා, *n.* (ගුහ්‍යක ඊශ්වර), ap. of කුවේර as lord of ගුහ්‍යකයා.
ගුහ්‍යය, ගුහ්‍යස්ථානය, *n.* secret part, virile member, පුරුෂලිංගය.
ගුළි, *a.* or *n. pl.* globular &c.: see ගුළිය.
ගුළි·ආකාර, *a.* globular; conglomerate.
ගුළි·කරනවා, *v. t.* to roll or make into a ball or balls, make into pills. [merate.
ගුළි·ගස්වනවා, *v. t.* to make into balls, agglo-
ගුළි·ගසනවා, *v. t.* to make into pills, globules or small balls. [merate.
ගුළි·ගැසෙනවා, *v. i.* to form into balls, agglo-
ගුළිය, *n.* pellet, pill, bolus, ball, lump.
ගුළු, *a.* fallen out or off, sunk, ගැලවී වැටුණු.
ගුළු·ඇණය, *n.* pivot of a lathe, centre-pin or hole-pin.
ගූළ, *a.* hidden, profound, ගැඹුරු, ගූඪ.
ගූළ·අරුත්, *a.* (අරුත් E. of අර්ථ), of hidden meaning, occult, රහස් අර්ථ, ගුප්ත.
ගූළ·වඩිච්චිය, *n.* sally-port, කුරුබිලිය.
ගූ, ගූථ, *n.* fæces, ordure, මල, අශුචි. [ඹුරු.
ගූඪ, *a.* hidden, profound, recondite, රහස්, ගැ
ගූඪ·චරයා, *n.* one who goes about secretly, spy, detective, ඔත්තු බලන්නා. [අප්‍රකාශවූ.
ගූඪ·ජ, *a.* of hidden or unknown paternity, පියා
ගූඪ·ජයා, *n.* one whose paternity is unknown.
ගූඪ·පාදයා, *n.* one of sly foot: snake, සර්පයා.
ගූඪ·පුරුෂයා, *n.* spy, detective, ඔත්තුකාරයා, රහස් පොලිස්කාරයා.
ගූඪය, *n.* a secret, mystery, රහස.
ගූඪාකාර, *a.* of hidden manner, secret, mysterious, රහස්; profound, ගැඹුරු.

ගූඪා·ක්ෂරය, *n.* (·අක්ෂරය), secret or obscure letter, cipher; hieroglyph, E. S.
ගූඪාර්ථය, *n.* secret meaning, රහස් තේරුම; profound or esoteric sense, ගුප්තාර්ථය. [වළ.
ගූථ·කූපය, *n.* cesspool, dungpit, වැසිකිළිය, කසළ
ගූථ·නරකය, *n.* hell of ordure, අශුචිනිරය.
ගූන, *a.* voided (from the body), පැහැරූ.
ගූරණය, *n.* effort, exertion, වෑයම.
ගෘංජන, *n.* flesh of a poisoned animal or poisoned flesh, විසදූ මස්.
ගෘධ්‍ර, *a.* greedy, voracious, ගිජු.
ගෘධ්‍ර·කූට·පර්වතය, ගෘධ්‍ර·කූටය, *n.* Vulture cliff, a mountain in India near Rājagriha.
ගෘධ්‍රයා, *n.* vulture, ගිජුලිහිණියා.
ගෘහ, *a.* household, house, domestic, ගේදොර.
ගෘහ·කන්‍යා·දේවතාවී, ගෘහ·ධර්ම·දේවතාවී, *n.* the goddess Vesta. [steward.
ගෘහ·කළමනා·කාරයා, *n.* house-agent; domestic
ගෘහ·කාරයා, *n.* house-builder, ගේ ඉදිකරුවා.
ගෘහ·ගර්භය, *n.* interior of a house, inner room, ගෙයි ඇතුළත, ඇතුල්කාමරය.
ගෘහ·ගෝධාවා, ගෘහ·ගෝධිකාවා, *n.* house lizard, gecko, හූනා.
ගෘහ·චිත්‍රකාරයා, *n.* house painter. E. S.
ගෘහ·තටිය, *n.* house-terrace, ආලින්දය.
ගෘහ·දීර්ඝිකාව, *n.* a large house-pond or lake or tank, ගෙයි විල or ජලාශය.
ගෘහ·දේවතාවා, *n.* household god, teraph; *pl.* gods, penates.
ගෘහ·නාශකයා, *n.* house-destroyer, ap. of the pigeon, පරවියා. [ගෙදර ස්වාමියා.
ගෘහ·පතියා, *n.* head of the house, householder,
ගෘහ·පති·රත්නය, *n.* one of the seven gems of a චක්‍රවර්ති රජ, viz. a man able to discover hidden treasures.
ගෘහ·පිරිවර, *n.* the household, ගෙයි වැසියෝ.
ගෘහ·බන්ධනය, *n.* household tie, marriage tie, marrying, විවාහබන්ධනය.
ගෘහ·භංගය, ගෘහ·භජනය, *n.* housebreaking, burglary, ගෙවල් උමංකැණීම; family decay, පවුල හීනවීම.
ගෘහ·මණිය, *n.* house-lamp, ගෙයි පහන.
ගෘහ·මයූරයා, ගෘහ·සිඛියා, *n.* house-peacock, ගෙයි මොනරා.
ගෘහ·මූලිකයා, *n.* head of the house, occupier of the house, ගෙදර ස්වාමියා.
ගෘහය *n.* house, building, ගෙය.
ගෘහ·යෙදුම්කාරයා, *n.* architect.
ගෘහ·රාජ, *n.* planet-king: ap. of the sun or moon or the planet Jupiter or its regent, ඉර, හඳ, ගුරු ග්‍රහයා, බෘහස්පති.
ගෘහ·වස්තුව, *n.* house-property, ගෙවල් නමැති වස්තුව.
ගෘහ·වාසය, *n.* living as a householder or layman, ගිහිගෙයි ඉදීම.

ගෘහ·වාසි, *a.* dwelling in a house, domestic, laic, ගිහිගෙයි වැසි.

ගෘහවාසියා, *n.* inmate of the house, householder, layman, ගෙයිවැසියා, ගිහියා.

ගෘහ·ශිල්පය, *n.* house-building, architecture, ගෙවල් ඉදිකිරීමේ ශිල්පය.

ගෘහ·ශුද්ධිය, *n.* house-cleansing, ගෙය ශුද්ධකෙරීම; house-consecration, ගෙය කැපකෙරීම.

ගෘහ·ස්ථ, *a.* domestic, household, laic, lay, non-ascetic, ගිහි.

ගෘහ·ස්ථ·තාව or ·භාවය, *n.* domestic state, non-ascetic state, පවුල්කාරකම, ගිහිකම.

ගෘහස්ථයා, ගෘහස්ථාධිපතියා, *n.* householder, layman, laic; *pl.* the laity; ගිහියා, ගිහියෝ.

ගෘහාංගනාව, *n.* (·අංගනාව), domestic woman, house-woman, ගෙයි ස්ත්‍රී.

ගෘහානුකූල, *a.* (ගෘහ අනුකූල), domestic, household, ගේදොර, පවුලට අයිතිවූ.

ගෘහාභිනිෂ්ක්‍රමණය, *n.* (හ·අභි:), house-leaving, forsaking domestic life to become an ascetic, ගිහිගෙයින් නික්මයාම: see අභිනිෂ්ක්‍රමණය.

ගෘහාරාමය, *n.* (·ආරාමය), house garden or grove, ගෙවත්ත උයන.

ගෘහාවසිත, *a.* (·අවසිත), settled in a house, domesticated. E. S.

ගෘහිණී, *n.* housewife, wife, ගෙදර ස්ත්‍රී, භාර්‍යාව.

ගෘහිත, *a.* taken, seized, caught, අල්ලගත්.

ගෘහෝදරය, *n.* (ගෘහ උදරය), interior of the house, ගෙයි ඇතුල.

ගෘහෝද්‍යානය, *n.* (ගෘහ උද්‍යානය), house-garden or park, ගෙවත්ත උයන.

ගෘහෝපකරණ, *n. pl.* (ගෘහ උප:), household goods, ගෙයිබඩු.

ගෘහ්‍යක, *a.* domestic, tame, not wild, හීලෑ.

ගෘහ්‍යකරනවා, *v. t.* to domesticate, tame, හීලෑ කරනවා.

ගෙකුස, *n.* interior of the house, ගෙයිඇතුල.

ගෙකොබෝ, *n.* domestic pigeon, dove, පරවියා.

ගෙගෝවා, *n.* the gecko or house lizard, හූනා.

ගෙජ්ජ, *n.* small bell or tinkling ornament (used by dancers); *pl.* ගෙජ්ජි.

ගෙඩි·ගෙය, *n.* ornamental wall round a well &c.; ornamental festive arch. [knot.

ගෙඩිය, *n.* fruit; bulb; boil, tumour, lump,

ගෙඩිය, *n.* stroke, blow, පහර, ගුටිය; snake poison, සර්පවිෂ.

ගෙඩි·යතුර, *n.* padlock, ඉබියතුර.

ගෙතීම, *v. n.* of ගොතනවා: knitting, plaiting.

ගෙතුම, *n.* knitting, plaiting, plat, plait.

ගෙතුම්, *n. pl.* or *a.* of above: knitted work, knitting &c.; knitted, platted.

ගෙතුම්·කටුව, *n.* knitting needle.

ගෙතුම්පටිය, *n.* knitted band, braid.

ගෙතුම්·වැඩ, *n.* knitted work, braid work, fancy-work.

ගෙතුම්වැඩ·කරනවා, *v.* to plait, do fancy-work.

ගෙතෙනවා, *v. i.* of ගොතනවා: to become plaited, tangled, matted (as hair); *pret.* ගෙතුණා; *v. n.* ගෙතීම.

ගෙත්තම, *n.* embroidery.

ගෙත්තම්කරනවා, *v.* to embroider.

ගෙදර *n.* or *a.* house, home.

ගෙදර·ඇත්තා, *n.* owner of the house; mistress of the house. [wife.

ගෙදර·ඇත්ති, *n.* mistress of the house, house-

ගෙදර·කම, *n.* See ගේකම.

ගෙදර·වැසියා, *n.* inhabitant or inmate of the house, ගෙයිවැසියා. [holder.

ගෙදර·ස්වාමියා, *n.* master of the house, house-

ගෙ·දිඹු·විල, *n.* See ගෘහදීර්ඝිකාව: house pond.

ගෙ·දෙවියා, *n.* house-god, domestic god, ගෘහ දේවතාවා.

ගෙන, *p. pl.* of ගන්නවා, also ගත: having taken (with the hands &c).

ගෙනඑනවා, *v. t.* to take and come, bring; *pret.* ගෙනාවා; *v. n.* ගෙනඒම.

ගෙනපානවා, *v. t.* to take and show, adduce, exhibit, present.

ගෙනයනවා, *v. t.* to take and go, convey, carry, take away; lead; *pret.* ගෙනගියා, ගෙනිච්චා; *v. n.* ගෙනයෑම. [(reasons).

ගෙන·හැර·දක්වනවා, *v. t.* to adduce, propound,

ගෙනියනවා, *v. t.* See ගෙනයනවා.

ගෙනෙනවා, *v. t.* See ගෙනඑනවා.

ගෙන්දගම්, *n.* brimstone, sulphur.

ගෙන්නනවා, ගෙන්නවනවා, ගෙන්වනවා, *v. c.* to get brought; *pret.* ගෙන්නෙවුවා or ගෙන්නුවා or ගෙන්වුවා; *v. n.* ගෙන්නවීම, ගෙන්වීම.

ගෙඳ, *a.* thin, lean, කෙට්ටු; *n.* purslane.

ගෙ·පල, ගෙ·බිම, *n.* ground-plot of a house, house-site.

ගෙ·පිළිවෙළින්, *ad.* from house to house successively, ගෙයින්ගෙට.

ගෙබ, *n.* E. of ගර්භය: womb, see ගැබ.

ගෙබරාල, *n.* temple store-keeper, ඊශ්වරයේ ගබඩාකාරයා.

ගෙමඩ, *n.* the tender top shoot of an endogen, young frond, ගොබය.

ගෙමඩි, *a.* pert. to frogs, ranine.

ගෙමඩි·බිජු, *n. pl.* frog-spawn, spawn.

ගෙමඩියා, ගෙමඩිත්තා, ගෙම්බා, *n.* fr. ගේමැඩියා: frog, toad.

ගෙම්බුව, ගෙයම්බුව, ගෙයි අඹුව, *n.* housewife, mistress of the house, ගෙදර ඇත්ති.

ගෙ·මොනරා, ගෙ·මියුරා, *n.* domestic peacock, හීලෑ මොනරා.

ගෙ·මිණ, ගෙමිතුරා, *n.* house-lamp, පහන.

ගෙය, ගේ, *n.* house. [court, මිදුල.

ගෙයඟන, *n.* (·අඟන), house-yard, compound,

ගෙයය, *n.* See ගේයය.

ගෙයි, *n.* in *loc.* or *gen. case*; also adj.: house.
ගෙයි·නම, *n.* the family name, surname, cognomen, patronymic. [household.
ගෙයි·වැසියෝ, *n. pl.* inhabitants of the house,
ගෙවුම, *n.* exertion, වෑයම; attrition, ගෙවීයාම.
ගෙරවීම, *v. n.* of ගොරවනවා: growling, groaning, rumbling, roaring &c.
ගෙරි, *a.* or *n. pl.* cattle, bovine, taurine; cattle, oxen, හරක්, එළහරක්.
ගෙරි·ඇට, *n. pl.* bones of cattle.
ගෙරි·කුණ, *n.* dead carcase of an ox &c.
ගෙරි·කොකා, *n.* cattle-heron, cattle-egret, *babulcus coromandus.*
ගෙරි·මස්, *n.* beef, හරක්මස්.
ගෙරියා, *n.* one of the ox kind: bullock, buffalo, හරකා; also medium sized black ant; *pl.* ගෙරි or ගෙරියෝ.
ගෙරි·හරක්, *n. pl.* cattle and buffaloes.
ගෙල·මුතු, *n. pl.* pearls of the neck, necklace.
ගෙලය, *n.* throat, gullet, swallow, උගුර, neck, බෙල්ල.
ගෙ·වතු·පණම, *n.* rent of house and grounds, ground rent.
ගෙ·වදිනවා, *v.* to enter a new home, initiate; *pret.* ගෙවැදුණා.
ගෙ·වදීම, ගෙ·වැදීම, *v. n.* house-warming; inauguration of a building, initiation.
ගෙවනවා, *v. t.* to pay; wear away: pass (time); *pret.* ගෙවුවා; *v. n.* ගෙවීම.
ගෙවය, *n.* shame, ලජ්ජාව.
ගෙවරණය, *n.* wall, භිත්තිය.
ගෙ·වලයා, *n.* house-ghost, apparition.
ගෙවල්, *n. pl.* of ගේ: houses.
ගෙවල්·කුරුල්ලා, *n.* See ගේකුරුල්ලා.
ගෙවල්·බද්ද, *n.* house-tax. [rat.
ගෙවල්·මීයා, *n.* house-rat, house-mouse, brown
ගෙමිවත්, *n.* waggon, cart, කරත්තය.
ගෙ·විල, ගෙ·සරස, *n.* house pond or lake, i.e. one near the house, ගේ අසල විල.
ගෙවීම, *v. n.* of ගෙවනවා and ගෙවෙනවා: paying; wearing away &c. [grove.
ගෙවුයන, *n.* for ගේ උයන: house-garden or
ගෙවෙනවා, *v. i.* to become paid off; wear away; be spent, elapse (of time); *pret.* ගෙවුණා. [රා.
ගෙ·සිකියා, *n.* house or tame peacock, ගේ මොන
ගෙ·සියන, *n.* house-roof, ගේවහල.
ගෙළ, *n.* blow, punch, stroke, ගුටිය, පහර.
ගෙ·සීම, *n.* house-boundary, ගෙයි සීමාව.
ගෙහෙඩියා, *n.* house-hornet.
ගේ, *n.* See ගෙය: house-; also termination for the genitive case. [රන් කුරුල්ලා.
ගේ·කුරුල්ලා, *n.* house-bird, viz. sparrow: see
ගේ·දොර, *n.* or *a.* house, messuage, premises; domestic, household.

ගේ·දොරක්·නැති, *a.* houseless, homeless.
ගේධ, *a.* rapacious, gluttonous, කෑදර.
ගේධයා, *n.* glutton, කෑදරයා.
ගේ·නම, *n.* family name, patronymic, surname.
ගේනවා, *v. t.* (fr. ගෙන·එනවා), to bring; *pret.* ගෙනාවා.
ගේය, *n.* singing, song; science of verse; *a.* singing, chanting, ගීකාර.
ගේලික, *a.* Gaelic; ගේලික භාෂාව, Gaelic language, Gaelic.
ගේ·සරස, *n.* See ගෙවිල.
ගේහය, *n.* house, ගෙය.
ගේහයා, *n.* ap. of ගණේශ who, as god of wisdom, is often invoked at the laying of the foundation of a house.
ගේහ·සුරයා, *n.* house-hero (ironically), cotquean, a man fit only for domestic concerns.
ගේහාංගනය, *n.* (ගේහ අංගනය), court or yard of a house, ගේ මිදුල.
ගේ·හිමියා, *n.* owner of the house; head of the house, ගෙදර ස්වාමියා.
ගෛරික, *n.* red chalk, red ochre, reddle. සිවුගුරු; gold, රත්රන්.
ගෛරේය, *n.* red chalk; bitumen, ශිල්.
ගොකටු·කිරි, ගොකටු·මැලියම්, *n.* juice of the gamboge tree, gamboge.
ගොකන්·සමුද්‍රය, *n.* name of the sea on the east of Ceylon off Batticaloa.
ගො·කුරය, *n.* cattle hoof, හරක්කුරය.
ගොක්·අත්ත, ගොක්කත්ත, ගොක්·කොළය, *n.* frond of coconut tree.
ගොජ්ජර, *n.* Col. for ගොදුර.
ගොටයා, *n.* dwarf, මිට්ටා.
ගොටමඩුව, *n.* cottage, hut, පැල.
ගොටු·ගැසෙනවා, *v. i.* to shrivel into cup-shape, curl up (as a leaf).
ගොටුව, *n.* cup made of a leaf, leaf-cup, sp. receptacle made of that portion of areca leaf (පොළපත) covering flower; bell, සීනුව.
ගොඩ, *n.* heap, stack, pile; land (as distinguished from water or swamp); bank, shore; country (as distinguished from the town).
ගොඩ, *a.* land- (not water); country, rural.
ගොඩ, ගොඩදී, *ad.* ashore; in the country or interior.
ගොඩ·ඇසෙනවා, *v. i.* to ground, run ashore, strand, become stranded.
ගොඩ·කරනවා or ·ගසනවා, *v. t.* to heap up, pile, stack, cumulate.
ගොඩ·ගන්නවා or ·ලනවා, *v. t.* to bring to the shore; bring up to the surface (from a pit).
ගොඩ·ගැසෙනවා, *v. i.* (fr. ගොඩගසනවා), to be heaped &c.; to become beached: see ගොඩ ඇසෙනවා.
ගොඩ·නගනවා or ·නඟනවා, *v. t.* to build, erect.

ගොඩ·නගිනවා, *v.* to ascend from below; come up to the surface (as from a pit).
ගොඩ·නැගිලි, *a.* or *n. pl.* pert. to a building; buildings. [නැගිලි.
ගොඩ·නැගිල්ල, *n.* building, edifice; *pl.* ගොඩ
ගොඩ·නැගීම, *v. n.* of ගොඩනගනවා and ගොඩ නගිනවා: building; ascending.
ගොඩ·බසිනවා or ·බහිනවා, *v.* to go or come ashore, land, disembark. [(cargo).
ගොඩ·බානවා, *v. t.* to land, unload, discharge
ගොඩ·බැසීම or ·බැහීම, *v. n.* landing, disembarkation.
ගොඩ·බෑම, *v. n.* of ගොඩබානවා: unloading.
ගොඩ·බිම, *n.* high or dry land (opposed to swamp), upland.
ගොඩ·බිම්, *n. pl.* or *a.* uplands; upland.
ගොඩ·මඩ, *n.* dry land and swamp; dry farming and wet farming.
ගොඩමන, *n.* mound, hillock.
ගොඩ·මස්, *n. pl.* flesh, meat, (not fish).
ගොඩයා, *n.* rustic, countryman; a kind of fish.
ගොඩ·ලනවා, *v. t.* to draw ashore; bring to the surface from below ground; disinter; *pret.* ගොඩලෑවා; *v. n.* ගොඩලෑම.
ගොඩලි·බිම, *n.* hilly ground.
ගොඩැලි, *a.* or *n. pl.* of ගොඩැල්ල: hilly &c.
ගොඩැලි·ආකාර, *a.* hillock-like, tumular.
ගොඩැලිකරනවා, *v. t.* to heap up, tump.
ගොඩැලි·පලාත, *n.* hilly district, down.
ගොඩැල්ල, *n.* knoll, hillock, mound, hummock, tumulus. [ගොඩිගල්ල.
ගොඩිගලා, *n.* blockhead, bungler, ගුඩ්ඩයා; *pl.*
ගොණ, *n.* smelling, සිඹබැලීම; nose, නාසය: see ඝ්‍රාණය.
ගොත, *n.* E. of ගෝත්‍රය: tribe. [speech).
ගොත, *a.* stuttering, stammering, involved (in
ගොත·ගහනවා, *v.* to stutter, stammer, falter.
ගොතනවා, *v. t.* to plait, plat, knit, interlace, weave (a net); *fig.* devise, contrive: බොරු ගොතනවා make up lies; *pret.* ගෙතුවා; *v. n.* ගෙතීම.
ගොතික, *a.* Gothic, Runic: ගොතික භාෂාව, Gothic language, Runic.
ගොදුර, *n.* fodder, pabulum; prey; ගෝචරය.
ගොදුරු, *n. pl.* of ගොදුර: fodder &c; the five senses. See ගෝචරය.
ගොදුරු·බොක්ක, *n.* stomach, කෑම බොක්ක.
ගොනකුල්, ගොනකුල්, *n.* Ceylon large monkey, වඳුරා.
ගොනටුව, *n.* roadside bench (for travellers).
ගොනා, *n.* bull, ox, bullock; *pl.* ගොන්.
ගොනැස, *n* curved rafter, වකුටුපරාළ.
ගොන්, *n. pl.* or *a.* of ගොනා: bulls &c.; bull-, bullock-.
ගොන්·කව්ල්ලා, *n.* a kind of fish.

ගොන්කම, *n.* bull-like stupidity, ගුඩ්ඩකම.
ගොන්කැවිඩා, ගොන්කවඩිච්චා, ගොන්කවඩියා, *n.* Ceylon maina.
ගොන්ගා, *n.* a kind of fish.
ගොන්ගාව, *n.* large cowrie.
ගොන්·ගෙය or ·ගේ, *n.* a pair or yoke of oxen.
ගොන්ගෝරිය, *n.* bullock's hump, මොල්ලිය.
ගොන්තැඹිලි, *n.* king coconut, (light coloured).
ගොන්න, *n.* a pile, heap, ගොඩක්.
ගොන්·පොරය, *n.* bull-fight. [*oscitans*.
ගොන්බෙල්ලොකුකා, *n.* shell-ibis, *anastomus*
ගොන්බෙල්ලා, ගොම්බෙල්ලා, *n.* snail, *helix*.
ගොපය, *n.* See ගොබය.
ගො·පලා, ගොපල්ලා, *n.* cattle-keeper, herdsman; ap. of Vishnu; *pl.* ගොපලු, ගොපල්ලු.
ගො·පලු·කොල්ලා, *n.* herd-boy.
ගොප·සඳුන්, *n.* white sandal wood, සුදුසඳුන්.
ගොපු, *n.* poison, විස. [වාසල්දොර.
ගොපුර, *n.* city gate, town gate; palace gate;
ගොපොල්ලා, *n.* See ගොපල්ලා.
ගොප්·ඇටය, *n.* ankle-bone, බොලටය.
ගොප්·මස, *n.* calf of the leg, බත්කෙණ්ඩය.
ගොබඩු, *a.* tender, sappy, (as a young coconut).
ගොබඩු·ලී, *n.* sap-wood.
ගොබය, *n.* shoot of a plant, frond, bud.
ගොබොල්ල, *n.* tender coconut in which the kernal is not formed.
ගොබ්කොලය, *n.* See ගොන්අන්න. [ගෙම්බා.
ගොම්බයා, *n.* frog (used in Southern Province).
ගොම, *n.* cow-dung.
ගොම·කුරුල්ලා, *n.* the bird wagtail, වෙරළු වටුවා. [විය, හරක්ගාල.
ගො·මඩල, *n.* cattle-fold, cow-house, හරක් පට්
ගොම·තැම්බ, *n.* cattle-dropping, heap of cow-dung.
ගොමතිල්ලා, *n.* a kind of fish.
ගොම·ටිවට, *n.* cow-dung moss.
ගොම·වැරටිය, *n.* clod of dried cow-dung.
ගොම·හතු, *n.* a kind of mushroom; *pl.* ගොම හතු.
ගො·මු, ගො·මූ, *n* cattle urine, ගෝමූත්‍ර.
ගොමුව, *n.* bush, පඳුර; thicket, ලැහැබ; verandah or lean-to, වරණ්ඩය.
ගොම්, *n.* stone, ගල; sunbeam, ඉරු රැස.
ගොම්බෙල්ලා, *n.* snail, ගොන්බෙල්ලා, ගොලා.
ගොම්·මං·වේලාව, *n.* (ගොන් වං වේලාව), time when cattle return home, viz. evening, සවස.
ගොයම, *n.* growing corn, standing corn.
ගොයම්කපනවා, *v.* to cut standing corn, reap.
ගොයම්කරවනවා, *v. t.* to turn the fields to corn, cultivate fields with grain.
ගොයම්·කුරුල්ලා, *n.* paddy bird: see වීකුරුල්ලා.
ගොයම්·කැටිය, or ·කොළය or ·ගොඩ, *n.* corn-stack or rick, mow.
ගොයම්·ගේ, *n.* barn.

ගොයම්·මැස්සා, *n.* mantis, corn-fly.
ගොයම්·මිටිය, *n.* sheaf (of corn).
ගොයා, *n.* large land-lizard, iguana: see කබර ගොයා and තලගොයා.
(Either ගොයි or ගොවි may be used in the following agricultural terms. See also ගොවි).
ගොයි or ගොවි, *a.* pert. to agriculture, agricultural. [tillage.
ගොයි·කර්මාන්තය, *n.* agriculture, husbandry,
ගොයි·ගම, *a.* agricultural (caste, people), Vellala, වෙල්ලාල.
ගොයි·ගානවා, *v.* to smoothen the swamp for sowing the seed.
ගොයි·ගැටය, *n.* agriculture-knot, viz. the first wisp of straw in threshing tied in a knot and hidden in the heap of paddy until the measurement and division of the whole produce of grain is finished.
ගොයි·තැන, *n.* See ගොයිකර්මාන්තය.
ගොයි·පළ, ගොයිබිං, *n.* cultivated land.
ගොයියා, *n.* agriculturist, farmer.
ගොයියෝ, *n. pl.* of ගොයියා, but used also in familiar address to a person. [ment.
ගොයි·වසම, *n.* agricultural rank or employ-
ගොතුම්, *a.* pert. to Gautama or to his race.
ගොතුම්·ගොතු, *n.* Gautama race or line of descent; Gautama Buddha. [බුදුන්.
ගොතුම්·හිමියා, *n.* Gautama Buddha, ගෞතම
ගොතුව, *n.* freckle, පුල්ලිය.
ගොතුවා, *n.* slave, වාලා.
ගොර, *a.* white, සුදු; dreadful, ඝෝර, භයංකර.
ගොරක, *a.* goraka (fruit, tree &c.), the fruit (which is very acid) is used for curries, *Garcinia Cambogia* (*Guttiferæ*).
ගොරකයා, *n.* crabbed and crafty person, cynic.
ගොරතර, *a.* dreadful, terrible, horrible, ඝෝර, දරුණු.
ගොරතරකම, *n.* dreadfulness &c., දරුණුකම.
ගොරද, *n.* See ගෝරෝචනා. [කිඹුලා.
ගොරදයා, *n.* wild fellow, අනාචාරයා; crocodile,
ගොරබා, *n.* pigeon, පරවියා.
ගොර·හිරම, *a.* E. of ඝෝරභීෂණ.
ගොරවනවා, *v.* to rumble or roar (as thunder &c.); groan, growl, snarl, grunt; *pret.* ගෙරෙවුවා; *v. n.* ගෙරවීම.
ගොර·හැඩි, *a.* of rough savage form, fierce, rude, පෙනීමෙන් රළු, කොරහැඩි.
ගොරෝස්, *a.* old, aged, decrepit, ඔබලත්වූ; heavy, බරවූ; profound, ගම්භීර.
ගොරෝසු, *a.* Port., coarse, gross, thick, දළ, ඝන.
ගොරෝසුකම, *n.* coarseness &c.
ගොලය, *n.* blow, පහර, distress, දුක.
ගොලු·ගැටය, *n.* inside lump or doughy part of a half-baked cake.
ගොල·තැල, *n.* stiff bog, thick marsh.

ගොලා, ගොලු·බෙල්ලා, *n.* See ගොම්බෙල්ලා.
ගොලු, *a.* tender, soft (as a nut), ලපටි.
ගොලෝබ්ව, *n.* Eng., glass globe, globe lamp.
ගොල්ල, *n.* as ඒගොල්ල &c.: that party or person.
ගොවද, ගොවුද, *n.* cattle pen or stall, හරක්ගාල.
ගොවි, ගොවිකම &c. See ගොයි, ගොයිතැන &c.
ගොවිකම්කරනවා, ගොවිතැන්කරනවා, *v.* to cultivate the ground, till.
ගොවි·කර්මාන්තකාරයා, *n.* agriculturist, ගොවියා.
ගොවි·කාව්‍ය, *n.* pastoral poetry, georgic.
ගොවි·කුලය, *n.* agricultural caste: see ගොයි ගම.
ගොවි·දාසකම, *n.* serfdom, ප්‍රවේණි දාසකම.
ගොවි·දාසයා, *n.* serf, ප්‍රවේණි දාසයා.
ගොවිඳු, *n.* E. of ගෝවින්ද: Vishnu.
ගොවිඳු·කත or ·කල් or ·සඳ, *n.* ap. of Vishnu's wife: see කත &c., woman.
ගොවියා, *n.* agriculturist, goiya, cultivator.
ගොව්වා, *n.* keeper of cattle, cattle-keeper; watcher, keeper, පාලයා.
ගොස, *n.* E. of ඝෝෂාව: noise, sound.
ගො·සඳුන්, *n.* See ගොපසඳුන්. [ing gone.
ගොසින්, ගොස්, ගොසින්, *p. pl.* of යනවා: hav-
ගොහොණය, *n.* See ගොණ.
ගොහොඩු, ගොහොරු, *a.* miry, swampy, slimy, මඩුරු.
ගොහොනා, *n.* See ගෝනා.
ගොහොරුකරනවා, *v. t.* to make muddy, puddle.
ගොහොරු·තැන or ·බිම, *n.* fen, marsh, swamp, වගුර.
ගොහොරුව, *n.* mire, slime, puddle, swamp.
ගොළුය, *n.* a blow, punch, stroke, ගුටිය, පහර.
ගොළු, *a.* dumb, mute, speechless; shallow.
ගොළුකම, *n.* dumbness.
ගොළු·මුද, *n.* the shallow see (near land).
ගොළුවා, *n. mas.* dumb person, mute.
ගෝ, *a.* pert. to cattle, bovine, ගව, හරක්.
ගෝ·අඟ, *n.* ox-horn: see ගවඟ.
ගෝණා, *n.* ox, bull, හරකා, ගොනා.
ගෝග්‍රාසිය, *n.* See ගොච්චැරටිය.
ගෝ·ඝාතන·ස්ථානය, *a.* slaughter-house (for oxen), මස්මරන මඩුව.
ගෝචර, *a.* or *n. pl.* pasture &c.; perceptible, as ඉන්ද්‍රියගෝචර, perceptible to or food for the senses. [relish.
ගෝචරකරගන්නවා, *v. t.* to make food of; to
ගෝචර·පළ, *n.* pasturage, pasture, ගොදුරු බිම.
ගෝචරය, *n.* fodder, provender, feed, prey, pabulum, ගොදුර; object or pabulum of sense or relish; mansion or presence of a planet in an astronomical sign.
ගෝචර·ස්ථානය, *n.* natural place, habitat, ජන්ම ස්ථානය.
ගෝ·චර්මය, *n.* ox-hide, cow-hide, හරක්හම.

ගෝවිය, *n.* helm, rudder, සුක්කානම.

ගෝවිටිකරනවා, *v.* to make a loud noise, row, din or racket.

ගෝවිටිකාර, *a.* noisy, rackety, uproarious, [obstreperous.

ගෝවිටිකාරයා, *n.* noisy person, bully.

ගෝවිටිය, *n.* noise, din, racket, row.

ගෝඩා, *n.* refuse (of arrack or toddy).

ගෝණි, *a.* aloe (fibre &c.); sack (cloth &c.).

ගෝණි·කටුව, *n.* packing-needle.

ගෝණිය, *n.* sack bag, gunny bag.

ගෝණි·රෙද්ද, *n.* sackcloth, sacking; *pl.* or *a.* ගෝණි රෙදි.

ගෝතම්, *n.* See ගොරද.

ගෝත්‍ර, *n. pl.* or *a.* tribes; tribal family.

ගෝත්‍ර·නාමය, *n.* tribal name, surname, ගෙනම.

ගෝත්‍ර·පතියා, *n.* tribal chief.

ගෝ·දානය, *n.* gift of a cow or ox, funeral present or presents distributed to secure the liberation of the deceased from transmigration.

ගෝ·දාරණය, *n.* (ගෝ the earth, දාරණ rending), plough, නගුල; spade, hoe, උදැල්ල.

ගෝ·ධනය, *n.* wealth in cattle, හරක් සම්පත; herd of cattle, හරක් රැළ.

ගෝධාව, *n.* shield for an archer's left arm.

ගෝධාවා, *n.* iguana, ගොයා, alligator, කිඹුලා.

ගෝධුම, ගෝධූම, *n.* wheat, ඉරිඟු; orange, දොඩම්; a drug.

ගෝනන, *n.* fleecy counterpane.

ගෝන·දෙනුව, ගෝනැත්ති, *n.* (ගෝන ඇත්ති), female elk, hind, මුවදෙන.

ගෝ·නන්දි, *n. fem.* Indian crane, කොකී.

ගෝන·මුවා, *n.* See ගෝනා.

ගෝ·නර්දියා, *n.* sāras or Indian crane, කොකා; see සාරසයා.

ගෝ·නසයා, *n.* viper, පොළඟා. [boa, පිඹුරා.

ගෝ·නාසයා, *n.* ox-nosed serpent, perhaps the

ගෝනා, *n.* elk, stag; *pl.* ගෝන්නු, *acc.* ගෝනුන්.

ගෝනෑය, *n.* See ගොනෑය.

ගෝනුස්සා, *n.* scorpion, *Scolopendra.*

ගෝ·පකයා, *n.* cattle-keeper, herdsman, ගොව්වා; district superintendent, පළාත් මූලාදෑනියා; guardian, ආරක්ෂාකාරයා, king, රජ.

ගෝ·පක්ෂම, *n.* ox-eyelashes: one of the thirty-two beauties of Buddha, viz. the beauty of his eyelashes.

ගෝ·පතියා, *n. lit.* Lord of the earth: ap. of Indra or Siva, of a king or the sun or a bull.

ගෝපනය, *n.* concealing, සඟවා තැබීම; preservation, protection, ආරක්ෂාව.

ගෝපනයකරනවා, *v. t.* to conceal, සඟවනවා; protect, shelter, ආරක්ෂාකරනවා.

ගෝපනයවෙනවා, *v. i.* to take shelter, harbour in, මුවාවෙනවා.

ගෝපනීය, *a.* secret, concealed, රහස්, සඟවනලද.

ගෝපයා, *n.* See ගෝපකයා.

ගෝපසියා, *n.* cattle-tick.

ගෝප·රස, *n.* myrrh.

ගෝප·රස·සාරය, *n.* stacte.

ගෝපානසිය, *n.* roof-frame (for thatch), rafter, crooked beam, ගොනෑය.

ගෝපායිත, *a.* preserved, protected, cherished, ආරක්ෂාකරනලද.

ගෝපාල, ගෝපාලක, *n.* cattle-keeping, ගවපාල.

ගෝ·පාලකයා, ගෝ·පාලයා, *n.* (ගෝ cattle or earth), cattle-keeper; ap. of Krishna as protector of the earth, කෘෂ්ණ; king, රජ.

ගෝ·පාලනය, *n.* cattle-keeping, පශුපාලනය.

ගෝපාලිකාව, ගෝපාව, ගෝපිකාව, *n. fem.* milk-maid, කිරිදෙවිස්සී, cattle-keeper or wife of a cattle-keeper, ගවයන් බලාගන්න ස්ත්‍රී &c.

ගෝපික, *a.* pastoral, bucolic, ගවපාලක, ගවයන් සම්බන්ධ.

ගෝපිත, *a.* concealed, සඟවනලද, protected, පාලනය or ආරක්ෂා කරනලද. [කුරුවරදෙර.

ගෝ·පුර·වාරය, ගෝපුරය, *n.* gate, town gate,

ගෝ·පුරීෂ, *n.* cow-dung, ගොම.

ගෝප්‍රේන්ද්‍රයා, *n.* (ගෝප ඉන්ද්‍රයා), Lord of herdsmen: ap. of Krishna.

ගෝ·ප්‍රචාරය, *n.* cattle-run, pasturage, තණබිම.

ගෝබරය, *n.* See ගෝමරය.

ගෝ·භවය, *n.* See ගෝරෝචනය.

ගෝ·මණ්ඩලය, ගෝ·මඩල, *n.* cattle-fold, stall, ගොමඩල; the globe, භූමණ්ඩලය.

ගෝ·මත්, ගෝමී, ගෝමික, *a.* possessing cattle, rich in herds; an honorary epithet.

ගෝමය, *n.* cow-dung, ගොම; *adj.* cattle- (nature &c.)

ගෝමර, ගෝමර·හැඩිගත්, *a.* spotted, speckled, freckled, dappled.

ගෝමර·කරනවා or ·දමනවා, *v.* to speckle, freckle, dapple. [*rudis*, වතුරකුඩුවා.

ගෝමර·පිළිහුඩුවා, *n.* red kingfisher, *Ceyrle*

ගෝමරය, *n.* spot, speck, freckle.

ගෝමරිටා, *n.* wood-wagtail or Indian skylark or bush-lark.

ගෝ·මායු, *n.* bile of cattle, ගවපිත.

ගෝ·මායුවා, *n.* jackal, නරියා; celestial musician, ගාන්ධර්වයා.

ගෝ·මුඛය, *n.* ox-mouth: a fissure in the Himālayas through which the Ganges flows, so called from its shape.

ගෝ·මූ, ගෝ·මූත්‍ර, *n.* cattle urine, ගොමූ.

ගෝ·මේදකය, ගෝ·මේදය, *n.* a yellow gem; a kind of poison; anointment, ආලේපය.

ගෝ·මේධය, ගෝමැඩල, *n.* cattle-offering, sacrifice of an ox. ගවපූජාව.

ගෝ·යුගය, *n.* pair or yoke of oxen, ගොන්බාන.

ගෝ·යෝනිය, *n.* cattle-birth, viz. incarnation or birth as an ox or cow.

ගෝරක්ෂක, n. orange, පැණිදොඩම්.
ගෝරක්ෂකයා, n. cattle-keeper, ගොව්වා.
ගෝරංකුවා, n. a water-fowl; prisoner, සිරකාරයා; naked mendicant, naked man, නග්නයා.
ගෝරහාඩුකාරී, n. fem. scold, termagant.
ගෝරහාඩුව, n. loud scolding, rating, storming at.
ගෝරහාඩුවෙනවා, v. to rate, shout at, storm at.
ගෝරස, n. pl. products of the cow; as milk, butter &c.: see පඤ්චගෝරස.
ගෝරිපු, ගෝරිපු, n. cattle-enemy, viz. tiger, ව්‍යාඝ්‍රයා or cheetah කොටියා.
ගෝරෝචන, n. bezoar stone found in the stomachs of cattle.
ගෝරෝසු, a. See ගොරෝසු.
ගෝර්දය, n. the brain, ඉස්මොලය.
ගෝල, a. or n. pl. pert. to a ball &c., spherical; balls: see ගෝලය.
ගෝල, a. short, dwarfish.
ගෝල, a. pert. to pupils, pupilary, scholastic.
ගෝලකම, n. pupilage, discipleship.
ගෝලකරනවා, v. t. to roll or make into balls.
ගෝලකෝණය, n. spherical angle.
ගෝලඛණ්ඩය, ගෝලච්ඡේදය, n. segment of a sphere or globe, ගෝලකොටස.
ගෝලච්ඡේදනය, n. segmentation of a sphere, ගෝලකැපීම.
ගෝලත්‍රිකෝණමානකශාස්ත්‍රය, n. spherical trigonometry.
ගෝලත්‍රිකෝණය, n. spherical trigonometry.
ගෝලපහන, n. globe-lamp.
ගෝලමානකශාස්ත්‍රය, ·මිනුමය(?), ගෝලාධ්‍යායය, (·අධ්‍යායය), n. spherical geometry, spherics.
ගෝලය, n. ball, globe, sphere, orb, round jar.
ගෝලයා, n. pupil, scholar, disciple.
ගෝලාකාර, a. round, rotund, globular, spherical.
ගෝලාකාරය, ගෝලාකෘතිය, ගෝලතාව, n. globularity, rotundity, sphericity.
ගෝලාංගූලයා, n. ox-tailed or tuft-tailed monkey, black monkey. [කරනවා.
ගෝලිච්චාකරනවා(?), v. to make a noise, ඝෝෂා
ගෝලෝමී, n. harlot, වෛශ්‍යාව; orris root, වදකහ. Bot.
ගෝල්ලා, n. a kind of sea fish.
ගෝවජය, n. See ගෝව්‍රජය.
ගෝවන්, a. dusky red, brown.
ගෝවාගෙඩිය, n. (ගෝවා Port.), a cabbage.
ගෝවිට, n. cow-dung, ගොම.
ගෝවින්ද, n. head herdsman, ප්‍රධාන ගොව්වා; ap. of Krishna and Vrihaspati or Jupiter.
ගෝවෘන්දය(?), n. cattle-property, ගවසම්පත, herd of cattle, ගවරැළ. [ශාල, ගවපල.
ගෝව්‍රජය, n. cattle-stall, cattle-station, ගරක්

ගෝශාලය, n. cowhouse, ox-shed, ගරක්පට්ටිය.
ගෝෂ්ඨය, n. cattle-fold, cattle-station.
ගෝෂ්ඨිය, n. assembly, society, සභාව; school; conversation, කථාව.
ගෝසය, n. gum, myrrh, (see ගෝපරසය); last watch of the night.
ගෝසංඛ්‍යයා, n. herdsman, ගෝපාලයා.
ගෝසතර, n. the art of healng cattle diseases, ගරක් වෙදකම.
ගෝසුව, ad. much, බොහොම.
ගෝස්තනය, n. cow's udder, බුරුල්ල; garland (of from 4 to 34 strings), මාලාව; cluster, පොකුර. [මිදිවැල.
ගෝස්තනිකාව, ගෝස්තනීලතාව, n. grape vine,
ගෝස්තනිය, n. grape, මිදිඵලය.
ගෝස්තනාගාරය, n. (ගෝස්තනී ආගාරය), vinery, මිදිවැල් මඩුව.
ගෝහරය(?), n. Er. for ගෝමරය(?), food. [ගතිය.
ගෝජ්ජිය(?), ගෝජ්ජී n. croup; hurried breath,
ගෝජ්ජිකයා(?), n. a kind of gull..
ගෝහන(?), n. See ගවන.
ගෝළු &c., See ගොළු &c.
ගෝළුගහනවා(?), v. to scold, fume, rage, storm.
ගෞඩදේශය, n. the eastern portion of India.
ගෞතම, n. proper name of Buddha and of the race from which he descended; name of a sage or rishi, from whom the lineage of Buddha probably derived their name.
ගෞධාරයා, ගෞධේයයා, n. iguana: see ගොයා.
ගෞනාවිසව(?), n. poison, විස.
ගෞර, a. light-coloured: white, සුදු, එළු, yellow or pale pink, එළුරතු(?); clean, pure, පවිත්‍ර.
ගෞරය, n. lotus filament, පද්මකේසරය; saffron, කහ; gold, රත්රන්. [able..
ගෞරවකටයුතු, a. reverend, worthy, honour-
ගෞරවකරනවා, v. to honour, treat with respect.
ගෞරවණීය, a. reverend, worthy of honour.
ගෞරවදායක, a. rendering honour, honorific.
ගෞරවය, n. honour, respect, glory.
ගෞරවවාචක, a. expressing honour, honorific.
ගෞරවවාචකය, n. gram. honorific word or termination.
ගෞරවාන්විත, a. (·අන්විත), honoured, honourable, honorary, ගෞරව සහිත.
ගෞරවාන්විතතාව, n. state of having honour, honourableness.
ගෞරවාර්හ, a. (·අර්හ), worthy of honour, reverend, worshipful, ගෞරවකටයුතු.
ගෞරවිත, a. honoured, hallowed, ගෞරවලත්.
ගෞරිය, ගෞරී, n. young girl, virgin, කන්‍යාව; the goddess Durgā, දුර්ගා, also the wife of වරුණදෙවියෝ.
ගෞරාංගනාව, n. light-coloured or white woman, albino, එළුලී, එළු ස්ත්‍රී.

ගෞලිකා, *n.* lizard, හූනා.
ග්‍රන්ථ, *a.* or *n. pl.* pert. to stringing or composing; book-; books, පොත්.
ග්‍රන්ථ·කර්තෘ, ග්‍රන්ථ·කාරයා, *n.* author of a book or books. කර්තෘ.
ග්‍රන්ථ·කුටිය, *n.* book-house, book-room, study, office, පොත්ගුල, කන්තෝරුව.
ග්‍රන්ථ·චෞරයා, *n.* plagiarist.
ග්‍රන්ථ·චෞර්ය, ග්‍රන්ථචෞර්‍ය්‍යය, *n.* plagiarism.
ග්‍රන්ථ·ධුරය, *n.* B. P. study of or teaching the sacred books, Scripture office.
ග්‍රන්ථනය, *n.* arranging, composing, organizing, organization, පිළිවෙළට තැබීම, ගෙදීම.
ග්‍රන්ථනයකරනවා, *v. t.* to arrange, compose, string together, organize, පිළිවෙළට තබනවා. E. S.
ග්‍රන්ථ·පරීක්ෂකයා, *n.* book-critic, censor, පොත් පත් විමසන්නා.
ග්‍රන්ථය, *n.* knot, ගැටය; stringing together, ඇමිණීම; composition, රචනාව, book, පොත; verse, පදය; wealth, සම්පත.
ග්‍රන්ථ·විද්‍යාව, *n.* book-knowledge or knowledge of book, පොත් දැනගැම්ම. [book. E. S.
ග්‍රන්ථාරම්භය, *n.* preface or introduction of a
ග්‍රන්ථි, *a.* or *n. pl.* of ග්‍රන්ථිය: knotty &c.
ග්‍රන්ථිකා, *n.* a kind of resin, දුම්මල ජාතියක්; perfume, සුවඳ. [ශියා.
ග්‍රන්ථිකයා, *n.* astrologer, fortune-teller, නැක
ග්‍රන්ථිත, *a.* strung, අමුණපු, woven, වියාපු, ගොතාපු; composed (as a book), රචනාකරපු.
ග්‍රන්ථිත·වස්තුව, *n.* composed substance, organism. E. S. [පෙළ.
ග්‍රන්ථිත·ශ්‍රෙණිය, *n.* series, tissue, සම්බන්ධ ක්‍රමය or
ග්‍රන්ථිතාකාර, *a.* pert. to the manner of composition; structural. E. S.
ග්‍රන්ථිතාකාරය, *n.* organization (the mode), structure, සෑදූ තිබෙන ආකාරය.
ග්‍රන්ථිතෝපාය, *n.* (ග්‍රන්ථිත උපාය), contrivance, plot, scheme, උපක්‍රමය, උපාය.
ග්‍රන්ථි·පදය, *n.* knotty passage: see ගැටපදය.
ග්‍රන්ථි·පද·විවරණ·කර්තෘ, ග්‍රන්ථි·පද·විවරණ·සල්බකයා, *n.* glossarist, glossographer, ගැටපද තේරුම්කරන්නා.
ග්‍රන්ථි·පදවිවරණය, *n.* glossary, ගැටපද විසහරය.
ග්‍රන්ථිය, *n.* knot or joint of reed &c., පුරුක, knot, knag, ගැටය; crookedness or distortion (from rheumatism), ඇදය.
ග්‍රන්ථි·ස්ථානය, *n.* knotty place, difficult portion or passage of a book, ගැටපදය.
ග්‍රන්ථ්‍යාකාර, *a.* (ග්‍රන්ථි ආකාර), knot-like, nodular, ගැට ආකාර.
ග්‍රස්ත, *a.* taken, seized, අල්ලනලද. [ණය.
ග්‍රහණ, *a.* taking &c., that takes &c.: see ග්‍රහ
ග්‍රහණ·ධාරණය, *n.* acquiring and retaining (instruction).
ග්‍රහණය, *n.* taking, accepting, seizing, seizure, ගැනීම, ඇල්ලීම; eclipse of the sun or moon (supposed to be seized by Rāhu).
ග්‍රහණයකරනවා, *v. t.* to take, lay hold of, seize, අල්ලාගන්නවා. [සාර.
ග්‍රහණික, *a.* pert. to diarrhœa, dysenteric, අතී
ග්‍රහණිය, ග්‍රහණී·රෝගය, *n.* diarrhœa, පාචන රෝගය, dysentery, රක්තාතිසාරය.
ග්‍රහණීය, *a.* that should be taken, accepted or seized, ගතයුතු, අල්ලාගතයුතු.
ග්‍රහණෝත්සවය, *n.* (ග්‍රහණ උත්සවය), R. C. feast of assumption.
ග්‍රහ·තාරකා, *n. pl.* or *a.* planets; pert. to planets, planetary. [anism.
ග්‍රහ·තාරකා·නමස්කාරය, *n.* planet-worship, sabi-
ග්‍රහ·තාරකා·යන්ත්‍රය, *n.* machine that shows the movements of the planets, orrery.
ග්‍රහ·තාරකා·ලිත, *n.* astronomical almanac, පන්කය, නක්ෂත්‍ර ලිත.
ග්‍රහ·තාරකාව, ග්‍රහයා, *n.* planet, නැකත් තරුව.
ග්‍රහ·පතියා, *n.* planet-regent, the sun, ඉර.
ග්‍රහ·මාර්ගය, *n.* path of the planets &c., orbit, අයනය, කක්ෂය.
ග්‍රහය, *n.* taking &c. (see ග්‍රහණය); effort, tenacity, උත්සාහය; favour, අනුග්‍රහය.
ග්‍රහයා, *n.* See ග්‍රහතාරකාව.
ග්‍රහ·යාගය, ග්‍රහ·ශාන්තිය, *n.* planet sacrifice or offering, made to propitiate the sun, moon or planets and avert evil.
ග්‍රහා·ධාරයා, *n.* sustainer of the planets and stars, viz. the pole-star, ධ්‍රුවතාරකාව.
ග්‍රාහ්‍යව්‍ය, *a.* that should or may be taken &c., seizable, apprehensible, ගතයුතු, අල්ලාගත යුතු, ගතහැකිවූ &c.
ග්‍රාම, ග්‍රාම්‍ය, *a.* village, rustic, countrified, unrefined, vulgar, ගම්, අවිනීත.
ග්‍රාමණිකාව, *n. fem.* village woman, villager, ගමේ ස්ත්‍රී or ගොඩ ස්ත්‍රී.
ග්‍රාමය, *n.* village, hamlet, ගම.
ග්‍රාම·වාසයා, *n. mas.* villager, ruralist, ගම්වැසියා.
ග්‍රාමාධිපතියා, *n.* village chief, headman, ගම් දෙටුවා.
ග්‍රාමික, ග්‍රාමීණ, *a.* See ග්‍රාම.
ග්‍රාමිකතාව, *n.* rusticity, අවිනීත ගතිය, වාත්තම.
ග්‍රාමීණයා, *n. mas.* villager, ගම්වැසියා; also ap. of a dog or crow.
ග්‍රාම්‍ය, *a.*; ග්‍රාම්‍යතාව, *n.* See ග්‍රාමික &c.
ග්‍රාම්‍ය·උදවිය, *n.* village people, peasantry, පිටිසර මිනිස්සු, ගමේඋදවිය.
ග්‍රාම්‍ය·ධර්මය, *n.* village custom, viz. copulation, සංවාසය. [ශුඩබ.
ග්‍රාම්‍යබුද්ධි, *a.* clownish, stupid, පිටිසර ආකාර,
ග්‍රාම්‍ය·ජනයා, ග්‍රාම්‍යයා, *n. mas.* villager, peasant, ryot, ගම්වැසියා; stupid or ignorant man, ගුඩ්ඩියා, මෝඩයා.

ග්‍රාම්‍ය·රීතිය, *n.* village usage (of speech), vulgarism, කුගත් ව්‍යවහාරය.
ග්‍රාම්‍යාජී, ග්‍රාම්‍යාලාප, *a.* rustic in speech or usage, vulgar, obscene, අශිෂ්ට, කෑත.
ග්‍රාම්‍යාජී·ශෙෂය, *n.* vulgarism, rusticity, obscenity (of language), අශිෂ්ටකම, කෑතකම.
ග්‍රාම්‍යාශ්වයා, *n.* village horse, viz. ass, කොටළුවා.
ග්‍රාසය, *n.* mouthful, lump (of rice &c.), පිඩක්, බත්පිඩක්.
ග්‍රාහක, *a.* grasping, seizing, prehensile, අල්ලන, ඇල්ලීමට බලයඇති. [ක.
ග්‍රාහක·වඩිශය, *n.* grasping-hook, අල්ලන කොක්
ග්‍රාහය, *n.* taking, seizure, ඇල්ලීම.
ග්‍රාහයා, *n.* seizer: ap. of the shark or alligator, මෝරා, කිඹුලා.
ග්‍රාහ්‍ය, *a.* that should be taken or seized, ඇල්ලියයුතුවූ or හැකිවූ.
ග්‍රීකයා, *n. mas.* a Greek.
ග්‍රීක්, *a.* Greek, Grecian: ග්‍රීක් භාෂාව; *n.* the Greek language.
ග්‍රීවය, ග්‍රීවාය, *n.* neck, the nape, බෙල්ල.
ග්‍රීව·රවය, ග්‍රීවා·රවය, *n.* sound in the throat, hoarseness, බැරෑඩිය.
ග්‍රීවා·නාඩි, *a.* tracheal: see ග්‍රීවානාඩිය.
ග්‍රීවා·නාඩි·ඡේදනය, *n.* tracheotomy, උගුරුදණ්ඩ කැපීම.
ග්‍රීවා·නාඩිය, *n.* trachea, උගුරුදණ්ඩ. [ඇති.
ග්‍රීවා·පාදික, *a.* trachelipodous, බෙල්ලට බැඳී පාද
ග්‍රීවා·පාදිකයා, *n.* trachelipod, බෙල්ලට බැඳී පාද ඇති සතා.
ග්‍රීවාභරණය, *n.* (ග්‍රීව ආභ:), neck-ornament, collar, බෙල්ලේ පටිය.
ග්‍රීවා·රසන·වාහි·නාල, *n. pl.* (වාහි conveying), carotid arteries. [වැටීම.
ග්‍රීවාස්තම්භය, *n.* stiff neck, crick, බෙල්ලේ හිරි
ග්‍රීවාස්ථිය, *n.* collar bone, clavicle, අකුව.
ග්‍රීෂ්ම, *a.* hot. [summer.
ග්‍රීෂ්ම·ඍතුව, ග්‍රීෂ්මකාලය, *n.* the hot season,
ග්‍රීෂ්මය, *n.* heat, රස්නය.
ග්‍රීෂ්මාධික, *a.* very hot, sultry, torrid, ඉතා ග්‍රීෂ්ම.
ග්‍රීසිය, *n.* Greece, ග්‍රීස් දේශය.

ඝ.

ඝ, *n.* The fourth consonant of the alphabet. It is the preceding letter aspirated, expressed in English letters by *Gh*, and pronounced like *g* in *drag-house*, allowing the *h* to coalesce.
ඝං, *n.* gong, bell, සීනුව, කිකිණිය; tinkling sound, කිකිණිශබ්දය.
ඝටනය, *n.* See ඝටනාව.
ඝටනවා, *v. t.* to grind, twist, අඹරනවා; ensnare, උපායෙන් අසුකරනවා; mix, මිශ්‍රකරනවා; *pret.* ඝැටුවා; *v. n.* ඝැටීම.
ඝටනාව, *n.* effort, උත්සාහය; mixing, joining, assembling, collecting, එකතුකෙරීම.
ඝටය, *n.* water-jar, chatty, කළය; elephant's frontal sinus or hollow, ඇත්කුඹරය; holding the breath, හුස්ම නවත්වාගැනීම.
ඝටාව, *n.* effort; assemblage, සමූහය; troop of elephants, ඇත්රැණිය.
ඝටිකය, *n.* the posteriors, තට්ටම.
ඝටිකයා, *n.* waterman, ferry-man, තොටියා.
ඝටිකා, *n. pl.* or *a.* hours; hour-, horal; පැ.
ඝටිකා·පාත්‍රය, *n.* hour-glass, hydroscope, පැ තැටිය. [clock, ඔරලෝසුව.
ඝටිකා·යන්ත්‍රය, *n.* horometer, chronometer,
ඝටිකාව, *n.* the ankle, වළලුකර; knot, ගැටය; hour: (see පැය).
ඝටිත, *a.* made, joined, ගැලපීතිබෙන.
ඝටිතෝදනය, *n.* (ඝටිත ඕදනය), prepared or cooked food, උයාපුකෑම.
ඝටී·කාරයා, *n.* potter, බඩහැලයා.
ඝටිය, *n.* gong, ශබ්ද තැටිය, සීනුව; water-pot, ewer, කෙණ්ඩිය.
ඝටී·යන්ත්‍රය, *n.* water-drawing apparatus, as rope and bucket &c. [හැපීම.
ඝට්ටනය, *n.* striking, colliding, clash, වැදීම,
ඝට්ටනයකරනවා, *v. t.* to strike or rub one thing against another, හප්පනවා, අතුල්ලනවා.
ඝට්ටනයවෙනවා, *v. i.* to strike against, clash, වදිනවා, හැපෙනවා.
ඝට්ටනාව, *n.* going, moving, යාම; rubbing against, striking, collision: see ඝට්ටනය.
ඝට්ටය, *n.* quay, landing-place, ghât, තොටුපළ, ගංපඩිපෙළ.
ඝණ්ටාකාර, *a.* (ඝණ්ටා ආකාර), bell-like, bell-shaped, campaniform, සීනුහැඩය ඇත්තාවූ.
ඝණ්ට·තාඩනය, *n.* striking a bell, bell-ringing, සීනුව තට්ටුකෙරීම.
ඝණ්ටා·තාඩනයා, ඝණ්ටා·තාඩයා, *n.* bellman, bell-ringer, සීනුව තට්ටුකරන්නා.
ඝණ්ටාරය, ඝණ්ටාව, *n.* bell, gong, සීනුව, මිණිගෙඩිය, ශබ්ද තැටිය. [නාදය.
ඝණ්ටා·රවය, *n.* sound of a bell or bells, සීනු
ඝණ්ටා·ලෝලාව, *n.* bell-clapper, හුදිවත, මිණිගෙඩිදිවත.
ඝණ්ටාස්තම්භය, *n.* belfry, campanile, සීනුකුළුන.
ඝණ්ටිකාව, *n.* uvula, උඩුදිව.
ඝත, *n.* clarified butter, ghee, ගිතෙල්.
ඝතෝදනය, *n.* (ඝත ඕදනය), food prepared with ghee, ගිතෙල් මිශ්‍ර කෑම. [toned, E. S.
ඝන, *a.* thick, dense, gross, coarse, solid: deep-
ඝන·අඩිය, *n.* cubic foot.
ඝන·සැළ, *n.* hail. ගල්වැස්ස. [ඝනකම
ඝනකම, ඝනතාව, *n.* thickness &c.: see *adj.*,
ඝනකරනවා, *v. t.* to make thick &c., condense, solidify. [වැහිකාලය.
ඝන·කාලය, *n.* cloudy season, rainy season,

ඝන·කෝණමිතිය, *n.* goniometry.
ඝන·කෝණය, *n.* solid corner, solid angle.
ඝන·කෝණාංශ·මාපක·යන්ත්‍රය, *n.* (-ණ අංශ), goniometer.
ඝන·ගණන, *n.* cubic number.
ඝන·චතුරස්‍රය, *n.* solid square, cube, hexahedron.
ඝන·චර්මසත්ව·ජාති, *n. pl.* pachydermata, ඝම් ඝනවූ සත්වජාති.
ඝන·චර්ම·සත්වයා, *n.* thick-skinned animal, pachyderm.
ඝන·ඡේදනය, ඝන·ඡේදන·ශිල්පය, *n.* stereotomy, the art of cutting solids into required figures.
ඝන·දර්ශක, *a.* stereoscopic. E. S.
ඝන·දර්ශක·කණ්ණාඩිය, *n.* stereoscope. E. S.
ඝන·ප්‍රියයා, *n.* (ඝන cloud), the swallow, වැහි ලිහිණියා.
ඝන·භාවය, *n.* thick condition, coarseness, solidness, ඝනකම.
ඝන·මාපක·ක්‍රමය, ඝන·මැනුම, *n.* solid-measure, ඝනකම මනිනක්‍රමය.
ඝන·මුද්‍රණයකරනවා, *v.* to emboss, print in raised type. E. S.
ඝන·මූලය, *n.* cube root.
ඝනය, *n.* cymbal, කෛතාලම, bell, සීනුව, gong, නාදතැටිය; a solid, ඝනදෙයක්; a cloud, වලා කුළක්.
ඝන·රසය, *n.* thick juice ඝනයුෂය, decoction, කසාය; camphor, කපුරු
ඝන·රූපය, *n.* embryo, කලල්රූපය.
ඝන·රූපාවස්ථාව, *n.* embryonic period, කලල් රූප ප්‍රභාව.
ඝන·වස්තු·මාපක·ශාස්ත්‍රය, *n.* stereometry.
ඝන·වෙනවා, *v. i.* to become thick &c., condense: see *adj.*
ඝන·සමාංශාතුල්‍යචතුරස්‍රය, *n* (·සම අංශ අතුල්‍ය), rhombohedron.
ඝන·සාරය, *n.* camphor, කපුරු; mercury, රස දිය; water, වතුර.
ඝනාකරය, *n. lit.* rain mine or store, viz. rainy season, වැහිකාලය.
ඝනාකෘති·ලේඛය, *n.* (·ආකෘති), stereography.
ඝනාක්ෂර·මුද්‍රාකරණ·ශිල්පය, *n.* stereotypography.
ඝනාන්ධකාරය, *n.* (·අන්ධ:), dense darkness, ඝනඳුර.
ඝනාවතංශ·ප්‍රකරය, *n.* thyrsus, thyrse, dense panicle.
ඝනාවතංසාකාර or ·ආකෘති, *a.* thyrsoid, like a dense panicle.
ඝනාවස්ථාව, *n.* (ඝන cloud), rainy season, වැහිකාලය.
ඝනී·භූත; ඝනී·භූත, *a.* made thick, become thick, thickened, hardened, condensed, congealed, උකුවූ, තදවූ.
ඝනෝදධිය, *n.* (ඝන උදධිය), *lit.* thick ocean, viz. a division of hell.
ඝරණි, *n.* See ගෘහිණී.
ඝරය, *n.* See ගෘහය.
ඝර·වාසියා, *n.* inhabitant of the house, householder, ගෙයිවැසියා.
ඝර·වෘද්ධපුරකයා, *n.* household god, ගෘහදේවතාවා; *pl.* gods, penates.
ඝර්ඝරය, *n.* mountain pass, කඳුපාර; gate, දොර ටුව; sound, නාදය; mirth, සරදම; Ghora river.
ඝර්ඝරයා, *n.* owl, බකමූණා.
ඝර්ඝර, *n.* one of the tones in music; girdle of bells; කිකිණි පටිය; lute, කින්නාරම.
ඝර්ඝරිකාව, *n.* girdle or ornament of small bells; parched grain, විලද; name of a river.
ඝර්ඝරී, *n.* girdle of small bells or of things that tinkle, කිකිණිපටිය.
ඝර්ම·කලාපය, *n.* torrid zone, උෂ්ණකලාපය.
ඝර්ම·කාලය, *n.* See ග්‍රීෂ්ම කාලය.
ඝර්ම·කාලික, *a.* summer, estival, ග්‍රීෂ්මකාල.
ඝර්මය, *n.* heat, ග්‍රීෂ්මය; perspiration, උෂ්ණය, ඩාදිය.
ඝර්ම·සූර්යයා, *n.* the summer's sun.
ඝර්මාංශු, *n. pl.* hot rays (of the sun), උෂ්ණ රශ්මි.
ඝර්මාභිතප්ත, *a.* scorched or oppressed with heat, උෂ්ණයෙන් දන, ඉතා උෂ්ණ.
ඝර්මික, *a.* hot, ග්‍රීෂ්ම.
ඝර්ෂණය, ඝර්ෂය, *n.* grinding, rubbing, grating, friction, වැදීම, ඇතිල්ලීම, මද්දනය.
ඝර්ෂණයකරනවා, *v. t.* to grind, rub, grate, මද්දනයකරනවා, අතුල්ලනවා.
ඝර්ෂණී, *n.* turmeric, කහ.
ඝර්ෂිත, *a.* ground, rubbed, grated, මද්දිත E. S.
ඝස්මර, *a.* gluttonous, voracious, කෑදර.
ඝාටය, *n.* nape or back of the neck, කුලල් ගණ්ඨිය, පිටිකර.
ඝාතක, *a.* smiting, destroying, killing, පහර දෙන, මරන.
ඝාතකයා, *n.* smiter, killer, murderer.
ඝාතකරනවා, ඝාතනයකරනවා, *v. t.* to smite, kill, slaughter, පහරදෙනවා, මරනවා.
ඝාතකේන්ද්‍රියය, *n.* (ඝාතක ඉන්ද්‍රියය), *phren.* organ of destructiveness. E. S.
ඝාතනය, ඝාතය, *n.* smiting, killing, slaughter, පහරදීම, මරාදැමීම.
ඝාතස්ථානය, *n.* place of butchery, slaughter-house, abattoir, හරකුන් &c. මරනතැන.
ඝාතුක, *a.* mischievous, hurtful, cruel, ferocious, මැරවර, චණ්ඩ.
ඝාතුකභාවය, *n.* mischievousness &c., මැරවරකම, චණ්ඩකම.
ඝාසය, *n.* meadow grass, පිට්ටනි තණ, food, ගොදුර, කෑම; enjoyment, භුක්තිය.
ඝුටය, ඝුටික, *n.* ankle, වොලුවය, වලලුකර.
ඝුණ, *n.* timber grub, ලී පණුවා.
ඝුණප්‍රිය, *n.* wood, timber, ලී.
ඝුණ්ඩයා, *n.* large black bee, බඹරා.
ඝෘණාව, *n.* hatred, වෛරය; reproach, ගර්හාව; pity, දයාව.
ඝෘණිය, *n.* ray of light, රශ්මිය; the sun, හිරු.
ඝෘත, *n.* clarified butter, ghee, ගිතෙල්; water, වතුර.
ඝෘෂ්ටික, *a.* grinding, pounding, අඹරන, මද්දනය කරන.

ඝෘෂ්ටිය, *n.* grinding, ඇඹරීම, pounding, මර්දනය; contest, emulation, පොරය.
ඝෝටකයා, ඝෝටයා, *n.* horse, අශ්වයා.
ඝෝටිකාව, *n. fem.* mare, අශ්වදෙළඹ.
ඝෝණාව, *n.* nose, නාසය; *pl.* ඝෝණා, nostrils of a horse; නාස්පුඩු.
ඝෝනසයා, *n.* a large snake: see ගෝනසයා and ගෝනාසයා.
ඝෝර, ඝෝරතර, *a.* terrific, frightful, horrible, gorgonian, ඝෝරතර, භයංකර.
ඝෝරතරයා, *n.* terrific person, gorgon. E. S.
ඝෝරතාව, *n.* frightfulness &c., දරුණුකම.
ඝෝර·දර්ශන, ඝෝර·රූප, *a.* of frightful or horrible aspect, hideous, දරුණුපෙනීම ඇති.
ඝෝර·නාදය, *n.* horrible growling, roaring, දරුණුහඬ, දරුණු ගෙරවීම.
ඝෝර·භීෂණ, *a.* horrible and terrible or horribly terrible, ඉතා ඝෝරතර. [කම.
ඝෝරය, *n.* horror, horribleness, භීතිය, භයානක
ඝෝරයා, *n.* See ඝෝරතරයා; ap. of Siva, ශිව දෙවියා.
ඝෝර·රූපය, *n.* frightful appearance, hideousness, අප්‍රිය පෙනුම, ඝෝරතර පෙනුම.
ඝෝර්‍යව, *n.* night, රාත්‍රිය. [snake.
ඝෝෂක·ලාංගුල·සර්පයා, ඝෝෂක·සර්පයා, *n.* rattle-
ඝෝෂණ, *a.* very loud; noisy, shouting, uproarious, ගෝච්චිකාර.
ඝෝෂණය, *n.* loud noise, shouting, uproar, ගෝච්චිය, කෑගැසීම.
ඝෝෂය, *n.* station of herdsmen, cattle-station, ගාල, ගවපල; bell-metal, කුත්තනාගම්.
ඝෝෂයා, *n.* gnat or mosquito, මදුරුවා; herdsman, ගෝපාලයා.
ඝෝෂාකරනවා, *v. t.* to make a loud noise, clamour, bellow, ගෝච්චිකරනවා.
ඝෝෂාකාර, *a.* noisy, brawling, uproarious, ගෝච්චිකාර. [ගෝච්චිකාරයා.
ඝෝෂාකාරයා, *n.* noisy person, shouter, brawler,
ඝෝෂාක්ෂරය, *n.* (ඝෝෂ අක්ෂරය), sonant letter, sonant. [කෑගැසීම.
ඝෝෂාව, *n.* noise, uproar, shouting, ගෝච්චිය,
ඝෝෂා·ශාස්ත්‍රය, *n.* science of sound, acoustics, phonics, phonetics.
ඝෝෂ්ටිය, *n.* See ඝෝෂණය.
ඝ්න, *adj. suf.* signifying destroying, antidotal, as විෂඝ්න, poison-destroying.
ඝ්‍රාණ, *a.* pert. to the nose, nasal, නාසික; smelling, ඉඹින.
ඝ්‍රාණතර්පණය, *n.* fragrance, සුවඳ.
ඝ්‍රාණය, *n.* nose, නාසය; smell, scent, ගන්ධය; sense of smelling: see ඝ්‍රාණවිඥානය.
ඝ්‍රාණයකරනවා, *v. t.* to smell, ඉඹලනවා.
ඝ්‍රාණයවෙනවා, *v. i.* to smell, emit scent. E.S.
ඝ්‍රාණ·රෝගය, *n.* catarrh, හෙම්බිරිස්සාව; disease of the nose, නාසයේ රෝගය.

ඝ්‍රාණ·විඥානය, *n.* sense of smelling, ගඳ සුවඳ දැනීම or ගඳ දැන් ඇඳිනීම.
ඝ්‍රාණේන්ද්‍රියය, *n.* (ඝ්‍රාණ ඉන්ද්‍රියය), organ or faculty of smell, ගඳ සුවඳ දැනීමේ ඉන්ද්‍රියය.
ඝ්‍රාති, *a.* olfactory (nerves &c.), ගඳ දැනෙන.
ඝ්‍රාතිය, *n.* smelling, ගඳ දැනීම; nose, නාසය.

ඞ.

The fifth consonant of the alphabet. It is the nasal used with the above guttural consonants, which it precedes, as අඞ්කය, ankaya. The sign (ං) called Binduwa is often for brevity used instead, as අංකය. There are no words beginning with this letter.

ච.

ච, *n.* The sixth consonant of the alphabet, and the first of the palatal or second class of consonants. It has the sound of *ch* in *Channel.*
චකිත, *a.* timid, discomposed, flurried, perturbed, startled.
චකිතකරනවා, *v. t.* to startle, agitate, disconcert, perturb. [perturbation.
චකිතය, *n.* timidity, agitation, start, flurry,
චකිතවෙනවා, *v. i.* to be startled &c., to cower.
චකෝරයා, *n.* bartavelle or Greek partridge, ඇටිකුකුළා.
චක්කය, *n.* P. for චක්‍රය.
චක්ක·රතනය, *n.* P. for චක්‍රරත්නය.
චක්ක·වත්ති, *a.* P. for චක්‍රවර්ති.
චක්ඛුන්ද්‍රිය, *n.* P. for චක්ෂුරින්ද්‍රිය: organ of sight, eye; faculty of sight, ඇස්පෙනීම.
චක්ඛුව, *n.* P. for චක්ෂුස: eye, ඇස; omniscience of Buddha, බුදු සර්වඥය; mental eye, සිහිය නැමති ඇස. [වටකුරු.
චක්‍ර, චක්‍රවත්, චක්‍රාකාර, *a.* circular, orbicular,
චක්‍ර·අරය, *n.* spoke of a wheel, රෝද ගරාදිය; radius, අර්ධවිෂ්කම්භය.
චක්‍රක, *a.* circular, making a circle (in argument), වටකරයන.
චක්‍ර·කූබරය, *n.* pole of a carriage, nave of a wheel, බොස්ගෙඩිය.
චක්‍ර·ඡේදනය, *n.* segmentation of a circle, කව දෙක් කැපීම or බෙදීම. [වටකුරුකම.
චක්‍රතාව, *n.* circularity, rotundity, කවආකාරය,
චක්‍ර·ත්‍රිජ්‍යාගත, *a. bot.* verticillate. E. S.
චක්‍ර·ත්‍රිජ්‍යා·පුෂ්ප·ප්‍රකරය, *n.* verticil. E. S.
චක්‍ර·ත්‍රිභුජය, *n.* sector of a circle. E. S.
චක්‍ර·දන්තය, *n.* cog, රෝදදත.
චක්‍ර·ධරයා, *n.* wheel or discus holder; ap. of Vishnu, විෂ්ණු.
චක්‍ර·නාභිය, *n.* centre of a circle, චක්‍රයේ මැද.
චක්‍ර·පරිධිය, *n.* circumference, නේමිය.
චක්‍ර·පාණි, *n.* (චක්‍ර disk, පාණි hand), ap. of Vishnu who has a disk in his hand.

චක්‍ර·පුෂ්ප·ප්‍රකරය, *n.* verticil. E. S.

චක්‍ර·ප්‍රාණියා, *n.* radiary; *pl.* චක්‍ර·ප්‍රාණීහු, radiata. [circle.

චක්‍ර·භාගය, *n.* half-circle, half-round, semi-

චක්‍ර·ඡේදය, *n.* segment of a circle.

චක්‍ර·භ්‍රම·මාතෘකා·ශාස්ත්‍රය, *n.* trochometer. E. S.

චක්‍ර·භ්‍රමණය, *n.* rotation of a wheel or circle.

චක්‍ර·භ්‍රමණ·ශාස්ත්‍රය, *n.* science of rotary motion, trochilics, කරකැවීමේ ශාස්ත්‍රය.

චක්‍ර·මණ්ඩලය, *n.* collection of cars or war chariots, රථ සමූහය.

චක්‍ර·මාලාව, *n.* wheel-necklace, sp. a discus used for punishment in one of the hells.

චක්‍ර·මුඛයා, *n.* hog (as having a round snout), ඌරා.

චක්‍රය, *n.* circle, ring, wheel; curriculum; whole compass or course, whole round of anything, cycle, region, universe.

චක්‍ර·යානය, *n.* wheeled carriage, රෝදකරත්තය.

චක්‍ර·රත්නය, *n. lit.* gem of the universe, viz. a carriage which comes down for චක්‍රවර්තිරජ and by which he can travel through the sky.

චක්‍ර·ලක්ෂණ, *n. pl.* lines on the soles of Buddha's feet which indicated that he would become a universal king and a Buddha.

චක්‍ර·ලේඛය, *n.* circular (letter, notice &c.).

චක්‍රවත්, *a.* cyclical: see චක්‍ර.

චක්‍ර·වර්ති, *a.* universal, existing in the whole circuit, මුළුලෝකයෙහි පවතින.

චක්‍ර·වර්තිතාව, *n.* universality. E. S.

චක්‍රවර්තිනී, *n.* universal empress.

චක්‍ර·වර්ති·රජ, චක්‍ර·වර්තියා, *n.* universal sovereign, a position attained by religious devotion, and second only to Buddhaship.

චක්‍ර·වර්ති·රජකම, *n.* universal sovereignty or dominion.

චක්‍ර·වාකයා, *n.* an aquatic bird, brahmany goose, brahmany kite, *haliastur indus.*

චක්‍ර·වාට, *a.* (වාට enclosure), pert. to the Sakwala; universal.

චක්‍ර·වාට·පර්වතය, චක්‍ර·වාටය, චක්‍ර·වාලය, *n.* a range of mountains supposed to encircle the Sakwala or system including the world, the hells, the visible heavens, and the worlds of Gods and Brahmas; boundary of the world, සක්වලගල; the horizon, E. S.

චක්‍ර·වාතය, *n.* cyclone, whirlwind, hurricane, සුළි සුළඟ. [chariot blade.

චක්‍ර·වේධනය, *n.* armed war-chariot, or war-

චක්‍ර·සමාරණාකෘතිය, *n.* trochoid.

චක්‍ර·ස්නායුව, *n.* circular muscle, sphincter, විවර·සංකෝචක·ස්නායුව.

චක්‍ර·ස්පර්ශිතාව, *n.* tangency. E. S.

චක්‍ර·හස්තයා, *n.* (හස්ත hand): see චක්‍රපාණියා.

චක්‍රාංශකය, *n.* degree of a circle.

චක්‍රාකාර, චක්‍රාකෘති, *a.* round, circular, rotund; *bot.* verticillate; වටකුරු.

චක්‍රාකෘතිය, *n.* circular shape, circularity, වටකුරු හැඩය. [වටකුරුගෙය.

චක්‍රාගාරය, *n.* round house, rotunda, rotundo,

චක්‍රාංගය, *n.* (·අංගය body), a carriage, රථය, කරත්තය.

චක්‍රාංගයා, *n. mas.* gander, පාත්තයා.

චක්‍රාංගී, *n. fem.* goose; a drug, *echites antidysenterica.* *Bot.*

චක්‍රායුධය, *n.* (චක්‍ර·ආ), circular weapon; see චක්‍රමාලාව, and මාරයා who used this instrument against Buddha.

චක්‍රියා, *n. lit.* wheeler: ap. of Vishnu; potter, බඩහැලයා; oil grinder, තෙල් සිඳින්නා; juggler with a discus, චිත්‍රාකාරයා; brahmany goose (see චක්‍රවාකයා); emperor, අග රජ.

චක්‍රේශ්වරී, *n. fem.* (චක්‍ර ඊශ්වරී), H. goddess of wisdom; universal empress or queen of a චක්‍රවර්ති රජ.

චක්ෂු·ද්වාරය, *n. lit.* eye-door, ඇස නැමති දොර; eye-lid, ඇසිපිය. [පෙනෙනහරිය.

චක්ෂු·පථය, *n.* line of vision, what is visible,

චක්ෂු·ඵලය, *n. lit.* eye-fruit: what is seen; what is pleasant to the eye, ඇසට ප්‍රියදේ; discus as a missile weapon.

චක්ෂුර්විඥානය, *n.* perception by the eye, sight, vision, දැකුම, දැකීමෙන් දැනගැනීම.

චක්ෂුර්විෂය, *n.* object of sight, පෙනෙනදේ, field of view, පෙනෙනහරිය.

චක්ෂුව, චක්ෂුස, *n.* eye, ඇස.

චක්ෂුෂ්‍ය, *a.* agreeable to the eye, beautiful, දැකිනිය, ලක්ෂණ.

චක්ෂුෂ්‍යය, *n.* collyrium, රසාංජනය.

චක්ෂුශ්‍රවයා, *n.* snake, සර්පයා.

චංක්‍රමණය, චංක්‍රමය, *n.* going slowly or crookedly, ගෙතින් or වංගුලෙස යාම; parade or place for walking, walking hall or shed, ඇවිදිනතැන, සක්මන්මළුව. [මන් කරනවා.

චංක්‍රමණයකරනවා, *v.* to walk, go slowly, සක්

චචල, චංචල, *a.* trembling, shaking; unsteady, restless, fickle; movable.

චචලකම, චචලත්වය, *n.* tremor, shakiness, state of commotion, mobility, fickleness.

චචලකරනවා, *v. t.* to shake, agitate, discompose, disturb, ruffle.

චචල·නිශ්චල, *a.* movable and immovable or fixed (property).

චචල·නිශ්චල·බඩු, *n. pl.* movables and fixtures.

චචල·බඩු, *n. pl.* movable goods, commodities.

චචලය, *n.* shaking, tremor, agitation, commotion, motion, stir, disturbance.

චචලවෙනවා, *v. i.* to shake, be agitated, සෙලවෙනවා, වෙව්ලනවා.

චමලාව, *n.* lightning, විදුලිය; ap. of ලක්ෂ්මී, Laskshmi.

චබු, *n. pl.* or *a.* beaks; pert. to a beak or beaks, rostral, හොටවල් සම්බන්ධ.

චඤ්චුමත්, *a.* having a beak or beaks, rostrate, rostrated, හොට ඇති. [හොට.

චඤ්චුව, *n.* beak, rostrum, bill (of a bird), හොට,

චටකයා, *n.* sparrow, ගේකුරුල්ලා.

චටකාව, චටිකාව, *n. fem.* hen-sparrow, ගේ කිරිල්ලී; root of the long pepper plant, තිප්පිලි මුල.

චටුල, *a.* tremulous, shaking, චංචලවූ, සැලෙන; beautiful, ලක්ෂණ.

චටුලාව, *n.* lightning, විදුලිය; woman, ස්ත්‍රී.

චණ්ඩ, *a.* fierce, violent, brutal, ruffianly.

චණ්ඩකම, *n.* fierceness &c., ferocity.

චණ්ඩපරුෂ, *a.* fierce and violent, brutal and savage. [vageness.

චණ්ඩපරුෂකම, *n.* fierce violence, brutal sa-

චණ්ඩමාරුතය, *n.* fierce tempest, violent wind or storm.

චණ්ඩයා, *n.* furious person, brute, ruffian; a demon; Yama or Pluto, යමයා.

චණ්ඩාල, *a.* out-cast, rascally, හීන, තක්කඩි.

චණ්ඩාලයා, *n.* outcast or one of the lowest caste; rascal, rogue, සැඩයා, තක්කඩියා.

චණ්ඩාව, *n.* heat, fierceness, passion, wrath, සැරකම, චණ්ඩරුව; a perfume, සුවඳ ද්‍රව්‍ය ජාති යක්; a river in east Bengal. [හීන.

චණ්ඩි, *a.* rascally, mischievous, vile, තක්කඩි,

චණ්ඩියා, *n.* rascal, miscreant.

චණ්ඩී, *n. fem.* furious or fraudulent woman, සැරකාරී, චණ්ඩකාරී; ap. of දුර්ගා as incarnated in order to destroy Mahéśásur.

චතු, චතුඃ, චතුර්, *a.* four, හතර.

චතුප්පාදක, *a.* four-footed සිව්පාවූ.

චතුමධුර, *n. pl.* the four sweets or dainties, viz. honey, butter, sugar, grapes or raisins.

චතුර, *a.* dexterous, skilful, සමර්ථ; perceptible, දක්ෂතා.

චතුර, *n.* four, හතර; for adj. see චතුර්.

චතුරංශ, *a.* (චතුර් අංශ), four-sided, quadrilateral, හතරපට්ටම්.

චතුරංශනෘත්‍යය, *n.* quadrille dance, quadrille.

චතුරංශනෘත්‍යතාලය, *n.* quadrille (the music).

චතුරංශය, *n.* quadrilateral, square, හතරැස් දෙයක්.

චතුරක්ෂර, *a.* (චතුර් අක්ෂර), quadriliteral.

චතුරංග, *a.* (චතුර් අංග), fourfold, consisting of four parts.

චතුරංගක්‍රීඩාව, *n.* chess, දම්කෙළිය.

චතුරංගතාලය, *n. mus.* quartette. E. S.

චතුරංගය, *n.* anything with four parts: a sort of chess; a fourfold army, consisting of cavalry, infantry, elephants and chariots.

චතුරංගිනී, චතුරංගී, *a.* fourfold, having four parts, කොටස් හතරක් ඇති.

චතුරංගිනීසේනාව, *n.* a fourfold army: see චතුරංගය.

චතුරක්‍ෂ, *a. bot.* quadrilocular. E. S.

චතුරස්‍ර, *a.* (·අස්‍ර), four-cornered, quadrangular, square, quadratic, හතරැස්.

චතුරස්‍රකරනවා, *v. t.* to square, quadrate, හතරැස් කරනවා.

චතුරස්‍රතාව, *n.* squareness, හතරැස්කම.

චතුරස්‍රප්‍රාසාදය, *n.* *arch.* quadra, හතරැස්දොරය.

චතුරස්‍රය, *n.* (චතුර් අස්‍රය), square, quadrangle, හතරැස් හැඩය.

චතුරස්‍රස්තම්භය, *n.* square column, obelisk, pilaster, හතරැස් කුළුණ.

චතුරස්‍රාංගනය, *n.* (·අංගනය), square court, quadrangle, හතරැස් මිදුල.

චතුරග්‍රඵල, *n. pl.* (·අග්‍ර), B., the four chief or superior fruits or results, viz. the paths or states of සෝවාන්, සකෘදාගාමි, අනාගාමි and අර්හත්. See each one.

චතුරාර්‍ය්‍යසත්‍ය, *n. pl.* the four higher or chief truths, viz. that existence involves suffering, the cause of suffering, Nirvâna or extinction of suffering, the way to the extinction of suffering.

චතුරාශ්‍රව, *n. pl.* (·ආශ්‍රව), the four evil propensities, viz. lust, desire for existence, pride, ignorance.

චතුරෝඝ, *n. pl.* (චතුර් ඔඝ), the four streams or torrents: see චතුරාශ්‍රව. [උපාය.

චතුරෝපාය, *n. pl.* (චතුර් උපාය): see හතර

චතුර්, *a.* four, quadra-quadri-, quadru-, quadr-, සතර, හතර. [tortoise, ඉබ්බා.

චතුර්ගතියා, *n.* animal with four natures, viz.

චතුර්ගුණ, *a.* fourfold, quadruple, හතර ගුණ.

චතුර්ගුණකරනවා, *v. t.* to make fourfold, quadruple. [fourfold.

චතුර්ගුණය, *n.* fourfold amount or degree,

චතුශ්චක්‍ර, *a.* four-wheeled, රෝදහතරක් ඇති.

චතුර්ජාතිගන්ධ, *n.* a fourfold perfume made of කුංකුම, යවක්‍ෂාර, කපුර and තුරුක්ක.

චතුර්ථී, *a.* fourth, හතරවෙනි; fourth or dative (case), සදපත්.

චතුර්ථ, *a.* fourth, හතරවෙනි.

චතුර්ථජ්වරය, *n.* quartan ague.

චතුර්ථධ්‍යානය, *n.* fourth stage of religious meditation: see ධ්‍යානය.

චතුර්ථාංශාධිපතිකාව, *n.* (·අංශ අධිපති), tetrarchy (the office.) [tetrach.

චතුර්ථාංශාධිපතියා, *n.* governor of a fourth part,

චතුර්ථාවරණය, *n. bot.* quartine, (බීජකෝෂ) හතර වෙනි වැස්ම.

චතුද්දන්ත, *a.* quadridentate, දත්හතරක් ඇති.

චතුද්දශ, *a.* fourteen, දහහතර; *n.* චතුද්දශය.

චතුර්වාර, *a. bot.* quadrivalve, quadrivalvular, හතර පියන් ඇති.

චතුර්දිශා, *n. pl.* the four quarters or four points of the compass, හතරදිග්භාගය.

චතුර්භාගය, *n.* the fourth part, a quarter, *geom.* quadrant, වෘත්තයකින් හතරෙන් පංගුව.

චතුර්භාග·යන්ත්‍රය, *n.* quadrant (the instr.)

චතුර්භාගාන්තරය, (·අන්තරය), *ast.* quartile, quadrate.

චතුර්භාෂා·පුස්තකය, *n.* tetrapla. E. S.

චතුර්භුජයා, *n.* (භුජ arm), four-armed one, ap. of Vishnu.

චතුර්භේදය, *n.* quadripartition, හතරට බෙදීම.

චතුර්භේදිත, *a.* quadripartite, හතරට බෙදුණු.

චතුර්මණි·පත්‍ර, *a.* (චතුර්මණි), tetrasepalous. E.S.

චතුර්මහා·රාජිකයෝ, *n. pl.* the four demigods who are regents of the cardinal points.

චතුර්මුඛයා, *n.* four-faced one: ap. of Brahma.

චතුර්යුගමපත්‍රක, *a. bot.* quadrijugate, quadrijugous.

චතුර්වර්ණ, *n. pl.* the four chief castes, viz. the sacerdotal, the royal, the merchant and the agricultural, හතර කුලය.

චතුර්වර්ෂය, *n.* period of four years, olympiad, හතරවර්ෂය.

චතුර්වේදයා, *n.* one who has mastered the four Vedas, වේදපොත් හතර දන්නඅය.

චතුර්විධ, *a.* fourfold, of four kinds, හතරආකාර.

චතුර්විධ·මාර්ගය, *n.* the fourfold way which leads to Nirvāna, viz. සෝවාන්, සකෘදාගාමී, අනාගාමී, අර්හත්. See each one.

චතුර්වීජ, *a.* tetraspermous, බීජහතරක් ඇති.

චතුර්වීජ·කෝෂ, *a. bot.* quadricapsular, බීජකෝෂ හතරක් ඇති.

චතුර්වේද, *n. pl.* the four chief Vedas, viz. Rig, Yajur, Sāma, Atharva, ඍග්, යජුර්, සාම, අථර්ව.

චතුර්වෛශාරද්‍ය, *n. pl.* the four kinds of wisdom or knowledge possessed by Buddha.

චතුර්හස්ත, *a.* quadrumanous, අත්හතරක් ඇති.

චතුර්හස්තයා, *n.* quadrumane, අත්හතරක් ඇති සතා, as රිලවා &c.

චතුර්හස්ත·සත්ව·ජාති, *n. pl.* quadrumana.

චතුශ්ශබ්ද, *a.* (චතුශ් for චතුර්), tetrasyllabic, ශබ්දහතරක් ඇති.

චතුශ්ශබ්ද·වාචකය, *n.* tetrasyllable, quadrisyllable, ශබ්ද හතරකින්යුත් වචනය.

චතුශ්ශෘංග, *a.* quadricornous, ඉඟ්කොද හතරක් ඇති (සත්තු).

චතුශ්ශෘංග·ප්‍රාණීයෝ, *n. pl.* quadricorns.

චතුෂ්ක, *a.* (චතුෂ් for චතුර්), four, හතර.

චතුෂ්කෝණ, චතුෂ්කෝණාකාර, *a.* (චතුෂ්කෝණ), square, quadrangular, tetragonal, හතරැස්.

චතුෂ්කෝණය, *n.* square, quadrangle, tetragon, හතරැස් හැඩය. [ගුණ.

චතුෂ්ටය, *a.* four, fourfold, quadruple, හතර

චතුෂ්පක්ෂ·ප්‍රාණියා, *n.* tetrapteran, පියාපත් හතරක් ඇති මැස්සා.

චතුෂ්පත්‍ර, *a. bot.* tetrapetalous, පෙතිහතරක් ඇති; *zo.* quadripennate, පියාපත් හතරක්ඇති.

චතුෂ්පථය, *n.* place where four roads meet, හතරමංසන්ධිය.

චතුෂ්පද, *a. alg.* quadrinominal; *poe.* four-lined (verse), හතරපද.

චතුෂ්පද·කාව්‍යය, චතුෂ්පදය, *n.* metrical verse of four lines, quatrain, සිව්පදය.

චතුෂ්පදයා, චතුෂ්පාදකයා, චතුෂ්පාදයා, *n.* quadruped, සිව්පාවා.

චතුෂ්පර්ණී, *a.* quadrifoliate, tetraphyllous, කොළහතරක් ඇති.

චතුෂ්පාදක, චතුෂ්පාදික, *a.* fourfooted, සිව්පා.

චතුෂ්පාදංගුලි, *a.* (·අංගුලි), tetradactylous, පයේ ඇඟිලිහතරක් ඇති.

චතුෂ්පුරුෂ·කේශරවත්, *a. bot.* tetrandrian, පුරුෂ කේශර හතරක් ඇති.

චතුෂ්ෂෂ්ටි, *a.* or *n.* sixty-four, හැටහතර.

චතුස්සංවත්සරය, *n.* (චතුස් for චතුඃ), period of four years: see චතුර්වර්ෂය.

චතුස්සංවත්සර·වශයෙන්, *ad.* quadrennially, හතර අවුරුද්දකට වරක්.

චතුස්සාංවත්සරික, *a.* quadrennial, හතර අවුරුද් දක් අඩංගුවූ or හතර අවුරුද්දකට සිඩවෙන.

චතුස්සංග්‍රහ·වස්තු, *n. pl. lit.* four moral virtues, viz. giving, affability, promoting the welfare of others, and loving others as ourselves.

චතුස්සත්‍ය, *n. pl.* the four truths: see චතුරාර්‍ය සත්‍ය.

චතුස්සම·ත්‍රිභුජාංග, *a.* (·අංග), tetrahedral, තුන් කොන් පට්ටම් හතරක් ඇති.

චතුස්සම·ත්‍රිභුජාංග·ඝනය, *n.* tetrahedron. E. S.

චතුස්ස්වර, *a.* tetrasyllabic, quadrisyllabic.

චතුස්ස්වර·වාචකය, *n.* tetrasyllable, quadrisyllable, ශබ්ද හතරක්ඇති වචනය.

චත්වාරිංශ·දින·කාලය, *n.* quadragesima, lent, කොරෙස්ම කාලය. [&c.).

චන්දන, *a.* sandal (tree &c.), සඳුන්, සඳුන් (ගස

චන්දනාචලය, *n.* sandal mountain, viz. the Malay mountains where sandal abounds. See මලය.

චන්දිමාව, *n.* moon, සඳ. [see චන්ද්‍රයා, *n.*

චන්ද්‍ර, *a.* of චන්ද්‍රයා: pert. to the moon, moon-, සඳ;

චන්ද්‍රකය, *n.* the moon; anything moonlike: eye in a peacock's tail feathers, පිල්ඇස; finger nail, නියපොත්ත. [the moon.

චන්ද්‍ර·කලාව, *n.* a digit or one sixteenth part of

චන්ද්‍ර·කාන්තය, චන්ද්‍ර·කාන්ත·පාෂාණය, *n.* moongem, supposed to be formed from the moon's rays shining on the dew.

චන්ද්‍ර·කාල·මණ්ඩලය, *n.* cycle of the moon, metonic cycle, චන්ද්‍රකාලචක්‍රය.

චන්ද්‍ර·කිරණය, *n.* moonbeam; *pl.* rays of the moon, moonlight, සඳපාන.

චන්ද්‍ර·ගෝලය, *n.* orb of the moon, සඳමඬල.
චන්ද්‍ර·ගෝල·විස්තරය, චන්ද්‍ර·විස්තරය, *n.* description of the moon, selenography.
චන්ද්‍ර·ග්‍රහණය, *n. lit.* seizure of the moon, viz. eclipse of the moon.
චන්ද්‍ර·දාර, *n. pl. lit.* the moon's wives, viz. the twenty-seven daughters of දක්‍ෂ, who being married to the moon represent the twenty-seven lunar mansions.
චන්ද්‍ර·නිභ, *a.* moonlike, lunar; *fig.* bright, handsome, සඳවැනි.
චන්ද්‍ර·පතනය, *n.* declination of the moon.
චන්ද්‍ර·ප්‍රභාව, *n.* moonlight, හඳපාන, හඳඑළිය.
චන්ද්‍ර·මණිය, චන්ද්‍ර·මරීචිය, *n.* See චන්ද්‍රකාන්තය.
චන්ද්‍ර·මණ්ඩලය, *n.* lunar disk, සඳමඬල; halo round the moon, E. S.
චන්ද්‍ර·මාසය, *n.* lunar month.
චන්ද්‍රමෞලි, *n.* ap. of Siva, as represented by a crescent tuft or lock of hair on the crown of his head.
චන්ද්‍රක, *n.* eye in a peacock's feathers (see චන්ද්‍රකය); one of the eighteen secondary ද්වීප or islands or divisions of the world; water, a pearl, gold. [deity.
චන්ද්‍රයා, *n.* the moon, හඳ; also personified as a
චන්ද්‍ර·රශ්මි, *n.* moon-beams, සඳරැස්.
චන්ද්‍ර·රේඛාව, චන්ද්‍ර·ලේඛාව, *n.* digit of the moon, crescent.
චන්ද්‍ර·විහංගමයා, *n.* a kind of crane, moon-crane.
චන්ද්‍ර·ශාලාව, චන්ද්‍රිකා·ශාලාව, *n.* moonlight apartment, attic, ඉහළ උඩුමහල. [තුඩක්.
චන්ද්‍ර·ශෘංගය, *n.* moon-horn, cusp, අලුත් හඳේ
චන්ද්‍රශේඛරයා, *n.* crescented one: ap. of Siva, සිවදෙවියා.
චන්ද්‍රාකෘති, *a.* (·ආකෘති), moon-shaped, luniform.
චන්ද්‍රාකෘතිය, *n.* moon shape, lune, හඳ හැඩය.
චන්ද්‍රාලෝකය, *n.* moonlight, හඳඑළිය.
චන්ද්‍රාස්තය, *n.* (·අස්තය), setting of the moon, හඳබැසීම.
චන්ද්‍රිකා·තලය, චන්ද්‍රිකා·ශාලාව, *n.* moonlight attic: see චන්ද්‍රශාලාව.
චන්ද්‍රිකා·ද්‍රාවය, චන්ද්‍රෝපලය, *n.* (චන්ද්‍ර උපලය), the moonstone, චන්ද්‍රකාන්තය.
චන්ද්‍රිකාව, *n.* moon-beam, සඳරැස; ap. for an excellent woman, උතුම් ස්ත්‍රී.
චපල, *a.* trembling, unsteady; unstable, changeable, fickle, inconstant, අස්ථිර.
චපලතාව, චපලත්වය, *n.* unsteadiness, instability, caprice. [අස්ථිරතැති.
චපලාත්මක, *a.* fickle, capricious, සිත or අදහස
චපලාව, *n.* tongue, දිව; lightning, විදුලිය; harlot, වේශ්‍යාව; ap. of ලක්ෂ්මී the goddess of fortune.
චමත්කාර, *a.* surprising, astonishing, විස්මය කරවන, පුදුම.

චමත්කාරය, *n.* surprise &c.; a spectacle, පුදුම පෙනුමක්; classical composition.
චමත්කෘතිය, *n.* act of surprising, විස්මයකරීම; a spectacle or wonder, විස්මය.
චමර, *n.* whisk for driving off flies: see චාමර.
චමරී, *n.* the yak, ox or *bos grunniens*, the tail of which is used as a whisk.
චමූ·පතියා, *n.* general, commander, සේනාපතියා.
චමූව, *n.* an army or regiment, comprising elephants, chariots, cavalry and infantry, යුධසේනාව.
චමූරුවා, *n.* a kind of deer.
චම්පක, *n.* a division of the jak fruit. *Bot.*
චම්පය, *n.* mountain ebony, කළුවර ලී.
චම්පාව, *n.* the capital of Karma, Bhāgalpur.
චම්පූව, *n.* a work of prose and verse intermixed.
චයය, *n.* collection, assemblage, රැස, heap, mound, ගොඩ; fort-gate, බලකොටුවේ දොර; cover, වැස්ම.
චර, *a.* movable, moving, යන, ඇවිදින. E. S.
චරක, *n.* name of a medical book and of its author.
චරණ, *a.* pert. to the foot (of animals or tree), පා; wandering, roaming, සංචාරය.
චරණ·ගත, චරණ·නමිත, චරණ·පතිත, *a.* prostrate at any one's feet, පාමුල වැටුණු.
චරණ·නඛය, *n.* toe nail, පදැඟිලි නිය.
චරණ·පතනය, *n.* falling at the feet (of anyone), පාමුල වැටීම.
චරණය, *n.* foot, පය; root, මුල; race, lineage, වංශය; institute, නියෝගය.
චරණ·යුගය, *n.* pair of feet, the two feet, දෙපය.
චරණ·යුගලයා, *n.* biped, දෙපාවා. [කුකුළා.
චරණ·යුධයා, *n. lit.* foot-fighter, viz. cock, කු
චරපුරුෂකම, *n.* spying, espionage, ඔත්තුබැලීම.
චර·පුරුෂයා, *n.* spy, secret emissary, scout, ඔත්තුකාරයා.
චරම, *a.* last, final, අන්තිම; west, බටහිර.
චරය, *n.* a game similar to back-gammon.
චරයා, *n.* one who walks about; spy, ඔත්තු බලන්නා; the planet Mars, අඟහරුවා; wagtail, වෙරළුවටුවා.
චරාචර, *a.* (·අචර), moving and non-moving: see චල නිශ්චල; animate and inanimate, ප්‍රාණික අප්‍රාණික. [world.
චරාචර·ලෝකය, *n.* the animate and inanimate
චරිත, *a.* pert. to behaviour, ethical.
චරිත·ධර්මය, *n.* moral law. [ethics.
චරිත·ධර්ම·ශාස්ත්‍රය, *n.* science of moral law,
චරිතය, *n.* behaviour, conduct, deportment, practice, habit, හැසිරීම.
චරිතව්‍ය, *a.* that should be followed or done, හැසිරියයුතු, කළයුතු.
චරිතව්‍ය·ගුණ·ධර්මය, *n.* moral law, ethics.

චරිතාධිපතියා, *n.* superintendent of behaviour, provost marshal. [tom, habit.

චරිත්‍රය, *n.* practice, conduct, observance, cus-

චරිත්‍රාචරිත්‍රය, *n.* habit and non-habit, what is practised and what is not practised.

චරියාව, *n.* behaviour, habit, observance.

චරිෂ්ණු, *a.* movable, moving, චංචල.

චර්ම, චර්මය, *a.* skin, dermal, integumentary; leathern, හම්.

චර්ම·කාරයා, *n.* worker in leather, currier, හම් කරුවා; shoemaker, සපත්තෝරුවා. [ගුදකීලය.

චර්මකීලය, *n.* wart, ඉත්තා; severe kind of piles,

චර්ම·කෝෂ·සත්ව·ජාති, *n. pl.* marsupialia. E. S.

චර්ම·කාතයා, *n.* leather cutter, shoemaker, හම් කරුවා.

චර්මච්ඡේද &c.: See චර්මඡේද &c.

චර්ම·ඡවිකා·ප්‍රාණියා, *n.* tunicary.

චර්ම·ඡේදනය, චර්මඡේදනය, චර්මඡේදනකිරීම &c., *n.* circumcision, circumcising. [cumcise.

චර්මඡේදනය—චර්මඡේදනය—කරනවා, *v. t.* to cir-

චර්මඡේදිත, *a.* circumcised.

චර්ම·දූෂිකාව, *n.* cutaneous disease, හමේරෝගය.

චර්ම·පත්‍රාවා, *n. lit.* skin or leather-winged one, viz. bat, වවුලා.

චර්ම·පරිකර්ම, චර්මපරිකර්මශිල්පී, *a.* taxidermic, සතුන් ගේ හම් සකස්කරන.

චර්ම·පරිකර්ම·ශිල්පය, *n.* taxidermy. E. S.

චර්ම·පරිකර්ම·ශිල්පියා, *n. mas.* taxidermist. E.S.

චර්ම ප්‍රසේවකය, *n.* bellows, මයිනහම.

චර්ම·භූතිය, *n.* integumentation, සිවිහැදීම.

චර්මය, *n.* skin, hide, leather, හම; shield, පලිහ.

චර්ම·විද්‍යාව, චර්ම·රෝග·ජ්ඤානය, *n.* dermatology.

චර්ම·සාර, *a.* lymphatic, දිය ඕජස්.

චර්ම·සාරය, චර්මාම්භය, *n.* (·අම්භය water), lymph, serum of the skin, හමේ දිය ඕජස.

චර්මාග්‍රය, *n.* foreskin, prepuce, ලිංගාග්‍රචර්මය.

චර්මාභ්‍යන්තර, *a.* within the skin, sub-cutaneous, හම ඇතුලේ or යට ඇත්තාවූ.

චර්මාසනය, *n.* leathern seat, skin seat, පත්කඩ.

චර්මික, *a.* leathern, leather, චර්ම, හම්.

චර්මියා, *n.* shield-man, soldier with a shield, පලිහක් දරන්නා.

චර්‍ය්‍යාව, චර්‍ය්‍යාව, *n.* observance (of rites), perseverance in religious austerities.

චර්වණය, *n.* chewing, masticating, (කෑම) විකීම.

චර්විත, *a.* chewed, eaten, විකාපු, කාපු.

චල, *a.* trembling, shaking, වෙවුලන, moving, movable, unfixed, චංචල.

චල·චිත්ත, *a.* of changeable mind, fickle, චපල, අස්ථිර; emotional, E. S.

චල·චිත්තතාව, *n.* fickleness; emotionalness, emotion, සිත් චංචලය.

චලන, *a.* trembling &c., see චල, moving, vibrating, සෙලවෙන; wandering, going, තැනින් තැන යන.

චලනය, *n.* trembling &c., vibration, වෙවුලුම; disturbance, චංචලය.

චලනයකරනවා, *v. t.* to shake, make vibrate, stir, disturb, චංචලකරනවා.

චලනයවෙනවා, *v. i.* to shake, vibrate; be agitated, චංචලවෙනවා.

චලාචල, *n.* (·අචල), movable and stationary, චංචල නිශ්චල; unsteady, අස්ථිර.

චලාචල·ධර්ම·විද්‍යාව, *n.* mechanical-philosophy.

චලිත, *a.* shaken, shaking, agitated, චංචල; vacillating, fickle, චපල. [කලබනවා.

චලිතකරනවා, *v. t.* to agitate, disquiet, perturb,

චලිතතාව, *n.* unsteadiness, vacillation, අස්ථිර කම; agitation &c., කැලඹීම.

චලිතය, *n.* shaking, agitation, discomposure, fluctuation, සෙල්වීම, චංචලය.

චලිතවෙනවා, *v. i.* to shake &c., චංචලවෙනවා.

චවනය, *n.* death, මරණය.

චවමාන, *a.* dying, mortal, මැරෙන, මරණීය.

චෂකය, *n.* drinking vessel, goblet, බඳුන.

චා, *int.* fie, shame.

චාග, *a.* gift, donative, ත්‍යාග. [ධනය.

චාග·ධනය, *n.* given wealth, presents, ත්‍යාග

චාට, *a.* deceptive, cheating, false, රැවටිලි.

චාටනය, *n.* deceiving &c., embezzling, රැවටීම, හොරෙන් ගැනීම.

චාටනයකරනවා, *v.* to deceive, cheat; embezzle, රවටනවා &c. [&c.

චාටයා, *n.* cheat, rogue, embezzler, වංචාකාරයා

චාටු, චාටුකාර, *a.* pleasing, flattering, ඉච්චාකාර; deceptive, cheating, රැවටිලිකාර.

චාටුකරනවා, *v.* to flatter, deceive, cajole, ඉච්චා කරනවා, රවටනවා.

චාටුව, *n.* flattery &c., ඉච්චාව, රැවටිල්ල.

චාටු·වෙදකම, *n.* quackery, empiricism.

චාටු·වෙදා, *n.* quack doctor.

චාණ්ඩාල, *a.* See චණ්ඩාල &c.

චාණ්ඩාලිකාව, *n.* common lute, කින්නාරම; ap. of Durgā as a mischievous and irritable person.

චාතකයා, *n.* a kind of cuckoo, කෑදැත්තා.

චතුද්දසි, *n.* new moon, අලුත් හඳ.

චාතුථික, *a.* quartan (fever).

චාතුථිකය, *n.* quartan ague, සතරවෙනිදින උණ.

චාතුර්දිශික, *a.* pert. to the four quarters of the world, සතරදිග.

චාතුද්වීපික, *a.* B., pert. to the four continents, මහා ද්වීපහතරට අයිතිවූ.

චාතුර්මහා·රාජික, *a.* pert. to the visible heavens or sky, අහස්. See the next.

චාතුර්මහා·රාජිකය, *n.* (චතුර් four, මහාරාජිකය what pertains to the demigods called මහා රාජිකයෝ), the first or lowest heaven, the residence of those demigods, who are regents of the four quarters of the world; the sky, අහස.

චාත්, චාම්, *a.* plain, simple, not ornamental, inartificial.
චාත්කම, *n.* plainness &c., rusticity.
චාන්ද්‍ර, *a.* lunar, චන්ද්‍ර, සඳ.
චාන්ද්‍රයා, *n.* planet Mercury, බුදහු.
චාත්·මැස්ම, *n.* plain sewing.
චාපය, *n.* bow, arc, දුන්න.
චාප·රාශිය, *n.* *ast.* Sagittarius.
චාපාකාරය, *n.* bow shape, arc, දුනුහැඩය.
චාමට, *ad.* plainly, rustically.
චාමරය, *n.* whisk or brush or fan (of ox-tail or fragrant grass): see චමර ; a kind of firework.
චාමර·වාලධිය, *n.* yak-tail of the *bos grunniens,* සෙමර වල්ගය.
චාමීකර, *n.* gold, රත්රන්.
චාරකය, *n.* fetter, binding, විලංගුව, බැම්ම.
චාරකයා, *n.* groom, කුදිරකාරයා ; equestrian, අසරුවා ; companion, සහකාරයා.
චාරය, *n.* going about, travelling, ගමන, ගමන් කෙරීම ; motion, චලනය ; fetter, විලංගුව.
චාරයා, *n.* emissary, spy, ඔත්තුකාරයා.
චාරිකාව, *n.* moving or going about, itineracy, සංචාරය, සක්මන.
චාරිත්‍ර, *n. pl.* or *a.* ceremonies ; ceremonial, ritual, ritualistic.
චාරිත්‍ර·ක්‍රමය, *n.* ritual, ritualism, ceremonial.
චාරිත්‍ර·දෘෂ්ටි, චාරිත්‍රානුකූල, *a.* ritualistic.
චාරිත්‍ර·දෘෂ්ටිය, *n.* ceremonialism, ritualism. E.S.
චාරිත්‍ර·දෘෂ්ටියා, චාරිත්‍ර·නිකායිකයා, *n.* ritualist, චාරිත්‍ර පවත්වන්නා. [ritualistic.
චාරිත්‍රානුකූල, *a.* accordant with ceremony,
චාරිත්‍රය, *n.* observance, custom, ceremony.
චාරිත්‍රය, *n.* what should be observed, duty, පැවැත්වියයුතු දේ.
චාරු, *a.* beautiful, elegant, ලක්ෂණ.
චාරු, *n.* Vrihaspati : see බෘහස්පතියා.
චාරු·දර්ශනය, *n.* beautiful sight or object, ලක්ෂණ පෙනුමක්.
චාරුනීක, *n.* blue-vitriol, මෑකාවිද ; a collyrium made from *amomum santhorrhiza.*
චාරු·ලෝචන, *a.* beautiful-eyed : ep. of a deer or woman.
චාරු·ශිලාව, *n.* beautiful stone, gem, jewel, මැණික්ගල.
චාර්වාක, චර්වාක, *a.* pert. to the philosophy of Charvāka, which was a form of atheism or materialism ; sophistical.
චාර්වාකයා, *n.* sophist ; sceptic ; materialist.
චාලනය, *n.* seive, strainer, පෙනේරය, පෙරහන ; causing to go, impelling, චලවීම.
චි, *int.* fie. [වෙද.
චිකිත්සකයා, *n.* medical practitioner, doctor,
චිකිත්සා, *a.* medical, වෙද.
චිකිත්සා·ග්‍රන්ථය, *n.* medical book, dispensatory, වෙදපොත.

චිකිත්සාව, *n.* practice of medicine, වෙදකම ; (in the system of medicine) one of the six sections (ස්ථාන), therapeutics, වෙදකමට අයත් කාණ්ඩයක්.
චිකිත්සා·ශාලාව, *n.* medical hall, hospital, ආරෝග්‍ය ශාලාව.
චිඛිල, *n.* mud, mire, මඩ. [කපුරු.
චිකුර, *a.* rash, rashly doing wrong, මැරවර,
චිකුර, *n.* hair, ඉසකේ ; mountain, කන්ද. *Bot.*
චිකුරයා, *n.* snake, සර්පයා ; musk-rat, හික්මීයා.
චිච්චිටාව, *n.* sharp or shrill sound, chirping.
චිඤ්චා, or චිංචා, *a.* sour, acid, ඇඹුල්.
චිවුකය, *n.* chin, නිකට.
චිත, *a.* covered, concealed, closed, වැසිනිබෙන.
චිතකය, චිතාව, චිතිය, *n.* a heap, ගොඩක් ; funeral pile, pyre, සෑය.
චිතාංගුලිතාව, *n.* (·අංගුලි), state of closely fitting fingers, so that there is no space between them.
චිතාග්නිය, *n.* (·අග්නිය), funeral fire, pyre, සෑය.
චිත්ත, *a.* pert. to the mind, intellect or heart, සිත්, හිත්. [සිත දන්න.
චිත්ත·ඥ, *a.* heart-knowing, heart-searching,
චිත්ත·නිරාකර්ෂක, චිත්තනිරාකර්ෂණ, *a.* (නිර priv., ආකර්ෂක &c.), unattractive, unprepossessing, uninteresting, අමනෝහර.
චිත්ත·මෘදු, *a.* tender-hearted, මෘදු සිතක්ඇති.
චිත්ත·මෘදුතාව, *n.* tenderness of heart, emotion.
චිත්තය, *n.* mind, intellect, heart, සිතිය, සිත.
චිත්ත·රාගය, *n.* passion, heart's desire or lust, සිත් අභිලාෂය.
චිත්තශක්තිය, *n.* (·ශක්තිය), power to effect anything by mere thought. [සිතෙහි පිහිටි.
චිත්ත·වාස, *a.* dwelling in the heart, indwelling,
චිත්ත·විකාරය, *n.* change of mind or heart or feelings, සිත වෙනස්වීම.
චිත්ත·විභ්‍රමය, *n.* derangement of mind ; mental aberration, insanity, සිත or සිහිය මුළාවීම.
චිත්ත·වෘත්තිය, *n.* emotion, disposition of mind, thinking ; සිතේ පැවැත්ම, හැඟීම ; සිතීම.
චිත්ත·ශක්තිය, *n.* strength of mind, intellectual power, ඥානශක්තිය. [of thought.
චිත්ත·සංස්‍රවය, චිත්ත·සන්තානය, *n.* flow or train
චිත්ත·සංහතිය, *n.* variety or collection of thoughts, reverie, සිතිවිලි රැසිය, සමූහය.
චිත්ත·සංඛෂ, *a.* affecting the mind or heart, sensational, සිතට වදින.
චිත්ත·සංඛෂය, *n.* affecting the mind, perception of the mind, සිතට වැදීම or දැනීම.
චිත්ත·සමාපත්තය, *n.* fixing the mind, mental abstraction, සිත යොමුකෙරීම.
චිත්තාකර්ෂණ, චිත්තාකර්ෂණකාර, *a.* drawing the heart or mind, attractive, interesting, engaging, fascinating, alluring, captivating, සිත ඇදෙන, මනෝහර.

චිත්තාකර්ෂණතාව, *n.* attractiveness &c., මනෝහරගතිය.

චිත්තාකර්ෂණය, *n.* attracting the mind &c., fascination, allurement, සිත ඇදගැනීම.

චිත්තාකර්ෂණයකරනවා, *v. t.* to attract the mind, allure, charm, fascinate, සිත පිනවනවා.

චිත්තාභෝගය, *n.* conciousness, sensation, perception, දැනීම, දැනුම.

චිත්තාරාධනාව, *n.* pleasing or gratifying the mind or heart, සිත සතුටුකෙරීම.

චිත්තාව, *n.* one of the lunar mansions or constellations.

චිත්තාස්වාදය, *n.* (·ආස්වාදය), mental enjoyment; joy of heart; සිත් ප්‍රීතිය.

චිත්තෛක්‍ය, *a.* (චිත්ත ඓක්‍ය), one in heart, unanimous, එක්සිත්වූ, සම්මත. [සාම.

චිත්තෛක්‍යය, *n.* unanimity, සම්මතිය, එක්සිත්

චිත්තෝෂ්ණ, *a.* (චිත්ත උෂ්ණ), warm-hearted, ප්‍රේමවන්ත; sanguine, E. S.

චිත්‍යය, *n.* monument, momento: see චෛත්‍යය.

චිත්‍ර, *a.* variegated, විසිතුරු; wonderful, පුදුම.

චිත්‍රකය, *n.* mark on the forehead (of Hindu), නළලේ ලකුණ. [සිත්තරා.

චිත්‍රකයා, *n.* cheetah, leopard, කොටියා; painter,

චිත්‍ර·කථික, *a.* eloquent, දක්‍ෂකථික.

චිත්‍ර·කථිකයා, *n.* eloquent speaker, දක්‍ෂකථිකයා.

චිත්‍ර·කර්මය, චිත්‍ර·කර්මාන්තය, *n.* painting, drawing, සිතියම් කර්මාන්තය; magic, මායම.

චිත්‍ර·කර්මාන්තකාරයා, චිත්‍ර·කාරයා, *n.* painter, පාට ගාන්නා, සිත්තම්කාරයා.

චිත්‍ර·කායයා, *n.* (කාය body), tiger, ව්‍යාඝ්‍රයා.

චිත්‍ර·කාර·ශාලාව, *n.* studio, සිත්තම්ශාලාව.

චිත්‍ර·කූටය, *n. lit.* wonderful peak: the ancient name of the mountain Kompteh in Bundelcund, where Rāma first settled in his exile.

චිත්‍ර·කූර, *n.* pencil, පැන්සලය; crayon, E. S.

චිත්‍ර·ගත, *a.* coloured, painted, පාට ඇති, පාට ගාපු. [සිරියල්.

චිත්‍ර·ගන්ධය, *n.* yellow arsenic, yellow orpiment,

චිත්‍ර·ගුප්ත, *n. lit.* record-preserver: ap. of Yama and his registrar, who keep a record of the vices and virtues of mankind.

චිත්‍ර·පක්‍ෂියා, *n.* frankolin or painted partridge, තලකිරිත්තා. [විසිතුරුරෙදි.

චිත්‍ර·පට, *n.* variegated cloth, chintz, print,

චිත්‍ර·පතංගාකාර, *a. bot.* papilonaceous, සමනළ ආකාර.

චිත්‍ර·භානුව, *n.* fire, ගින්න; sun, ඉර; ap. of Siva: see භෛරවයා.

චිත්‍රය, *n.* painting, picture, සිතියම; writing, ලියවිල්ල; wonder, පුදුමය; sky, අහස: H. sect-mark; variegated colour, විසිතුරුපාට.

චිත්‍රයා, *n.* ap. of Yama: see චිත්‍රගුප්තයා.

චිත්‍ර·රථයා, *n.* painted chariot, viz. the sun, ඉර; celestial chorister, ගාන්ධර්වයා.

චිත්‍ර·ලතාව, *n.* variegated creeper: garden of Indra. [ලද.

චිත්‍ර·ලිඛිත, *a.* delineated, described, විස්තරකරන

චිත්‍ර·ලිඛිතය, *n.* delineation, description, විස්තරය.

චිත්‍ර·වල්ලිකයා, *n.* sheat fish, *silurus pelorius*.

චිත්‍ර·ශාස්ත්‍රය, *n.* science of painting, සිතියම් ශාස්ත්‍රය.

චිත්‍ර·ශිල්පය, *n.* art of painting, සිතියම් ශිල්පය.

චිත්‍ර·ශිල්පියා, *n.* painter, picture painter, සිතියම් කාරයා.

චිත්‍ර·ශිඛණ්ඩජයා, *n.* Vrihaspati, regent of Jupiter: see බෘහස්පතියා.

චිත්‍ර·ශිඛණ්ඩිනයෝ, *n. pl.* seven sages, represented by the seven stars of the Great Bear.

චිත්‍රාකාර, *a.* picture-like, picturesque, සිතියම් ආකාර.

චිත්‍රාකාරත්වය, *n.* picturesqueness. [ඇති.

චිත්‍රාංග, *a.* (·අංග), of spotted body, ඇඟේ ලප

චිත්‍රාංගය, *n.* yellow orpiment, සිරියල්; illusion, මායාව; name of a river and of a star in Virgo, of a sister of ජගන්නාථ, and of a celestial nymph.

චිත්‍රාංගයා, *n.* spotted snake, තිත්ඇති සර්පයෙක්.

චිත්‍රාචාර්යයා, *n.* painting-master, drawing-master.

චිත්‍රාව, *n.* a star in Virgo; nymph, දිව්‍යාංගනාව.

චිත්‍රිත, *a.* painted; spotted; variegated, විසිතුරු. [pattern.

චිත්‍රිතාකාරය, *n.* manner of the painting, the

චිත්‍රක, *n.* name of a month (March-April), බක් මස.

චිත්‍රෝත්පාදක, *a.* (චිත්‍ර උත්පාදක), producing pictures, pictorial (mind).

චිදාභාසය, *n.* conciousness, දැනීම.

චීනපිෂ්ට, *n.* minium or red-lead, ඉඟුල්.

චිනෙල්ලය, *n.* Port., slipper.

චින්තනය, *n.* thought, consideration, කල්පනාව.

චින්තනයකරනවා, *v.* to consider, ponder, think, excogitate, කල්පනාකරනවා.

චින්තාකුල, *n.* perplexed, confused (in thought), සිතින් ආකුල. [ideality.

චින්තා·ජනකේන්ද්‍රියය, *n.* (ජනක ඉන්ද්‍රියය), *phren.*

චින්තා·පර, චින්තාවත්, *a.* thinking, thoughtful, reflective, කල්පනාකරබලන (අය).

චින්තා·පරතාව, *n.* thoughtfulness, කල්පනා සහිත ගතිය.

චින්තා·මාණික්‍යය, *n.* thinking-gem, wishing-gem, supposed to give its possessor whatever he desires, සිතූපැතූ දේ දෙන මැණික.

චින්තා·ලේඛ්‍ය, චින්තා·ලේඛ්‍යාකාර, *a.* thought-describing, ideographic. E. S.

චින්තා·ලේඛ්‍ය·විධිය, *n.* thought-describing method, ideographics. E. S.

චින්තාව, චින්තිතය, *n.* thought, thinking, reflection, සංකල්පනාව, කල්පනාකෙරීම.

චින්තෝත්පාදක, *a.* (චින්තා උත්පාදක), suggestive, imaginative, inventive, original (in thought).
චින්තෝත්පාදකත්වය, චින්තෝත්පාදක·බලය, *n.* suggestiveness &c. E. S.
චිප්චිප්ගානවා, *v.* to chirp, twitter. [chirp.
චිප්චිප්ගෑම, චිප්තඩ, *n.* chirping, twittering,
චිබුක, *n.* chin, නිකට.
චිර, චිරත්, *a.* (of time) long, protracted, දීඝ; much, very, බොහෝ.
චිර·කාරී, *a.* dilatory, slow, ප්‍රමාද. [කල්ගත.
චිර·කාල, *a.* lasting long, long-standing, veteran,
චිර·කාලය, *n.* a long time or period, දීඝකාලය.
චිර·කාලිකයා, චිර·කාල·භටයා, *n.* veteran, බොහෝ කල් සේවකල සේවායා.
චිර·ජීවි, *a.* long-lived, දීඝායුෂ ඇති.
චිරන්තන, *a.* old, ancient, පුරාණ. [ගත.
චිර·පාක, *a.* very ripe, old, හොඳට පැසුණු, කල්
චිර·ප්‍රසිද්ධ, *a.* famous, well-known, far-famed, ඉතා ප්‍රසිද්ධ.
චිර·රාත්‍රය, *n.* a period of many nights, long period, බොහෝකල්.
චිර·ස්ථ, *a.* long-standing, chronic, කල්ගත; lasting long, permanent, පවතින.
චිර·ස්ථ·ගුණය, *n.* quality of lasting long, durability. E. S. [කල් ඵලදරන.
චිර·ස්ථ·ඵල·ධාරී, *a. bot.* sychnocarpus, බොහෝ
චිර·ස්ථායි, *a.* long-continuing, බොහෝකල් පවතින: see චිරස්ථ.
චිරස්ථායිකරනවා, *v. t.* to establish, make permanent, settle, ස්ථිරලෙස පිහිටුවනවා.
චිර·ස්ථායිතාව, චිරස්ථිතිය, *n.* continuance, stability, durability, පැවතීම, ස්ථිරකම. [කල්.
චිර·ස්ථායිව, *ad.* for a long time, long, බොහෝ
චිර·ස්ථායිවෙනවා, *v. i.* to continue long, endure, remain, බොහෝකල් පවතිනවා.
චිර·ස්ථිත, *a.* long-established, confirmed, chronic, කල්ගත. [ගැරුඩයා.
චිරත්, *a.* Sans. ad. See චිර; *n.* ap. of Garuda,
චිරත්·කාලය, *n.* චිරකාලය.
චිරායුෂක, *a.* long-lived, දීඝායුෂක, වයෝවෘද්ධ.
චිරාරෝධය, *n.* blockade, වටලෑම.
චිරියා, *n.* parrot, ගිරවා.
චිලිම්බියා, *n.* sprat, හාල්මැස්සා; prawn, ඉස්සා.
චිල්ල, *a.* blear-eyed, sore-eyed, ගායටු ඇස් ඇති.
චිල්ලය, *n.* blear eye, sore eye, පිළුල් ඇස, ගායටු ඇස.
චිල්ලී, *n.* Bengal kite, *falco cheela*, කුරුළුගොයා; a cricket, කැරැස්සා.
චිවුකය, *n.* chin, නිකට.
චිවුකාධඃස්ථ, *a.* (·අධඃස්ථ), under the chin, submental, නිකට යට තිබෙන. [ද්වජ.
චිහ්නය, *n.* mark, symptom, ලකුණ; banner,
චී, *int.* pish, stop your noise.
චී·කියනවා, *v.* to say චී, command silence (contemptuously); express disgust.

චී, *int. expressing disgust*: fie, shame.
චීත්ත, චීත්ත රෙදි, *n.* Port., chintz.
චීන, *a.* China, Chinese.
චීනගුණ්ඩුව, *n.* a kind of firework.
චීන·තඹ, *n.* tutenag, තුත්තනාගම්.
චීන·මුල්, *n.* a medicinal root, *cacalia cathartica*.
චීනය, චීන·රට, *n.* China: either Cochin China or China proper, මහචීනය.
චීනය, *n.* deer-skin banner, මුවහම් ද්වජය; a sort of cloth; thread, නූල්; tin බෙලෙක්. *Bot.*
චීනයා, *n.* a kind of deer. [චීනුන්.
චීනා, *n.* Chinaman; *pl.* චීන්නු, Chinese, *acc.*
චීරකමාසික, *n.* the punishment of having melted lead poured down the throat.
චීරය, *n.* cloth, rag, රෙද්ද, රෙදිකඩ; bark, පොත්ත, crest, garland, මාලාව; dress, ඇඳුම.
චීරිකාවා, *n.* cricket, රැහැයියා.
චීරිය, *n.* veil, මුහුණු වැස්ම; hem, border, වාටිය.
චීවරය, *n.* tattered cloth, B. P.'s robe, සිවුර.
චුක්·ගානවා, *v.* to chuck, chuckle (as a hen).
චුක්‍ර, *a.* sour, acid, ඇඹුල්.
චුක්‍රය, *n.* sourness, acid seasoning, ඇඹුල.
චුචුක·දන්ත·හස්තියා, *n.* mastodon.
චුචුකය, *n.* nipple, teat, තනපුඩුව.
චුචුකාකාර, *a.* mastoid; *bot.* teated; තනපුඩු හැඩය ඇති.
චුචුන්දුරියා, චුචුවා, *n.* musk-rat, හික්මීයා.
චුඩුරිය, *n.* a game played with tamarind seeds instead of dice.
චුත, චුතවූ, *a.* departed; deceased; තුරත්වූ.
චුතය, චුතිය, *n.* anus, අධෝමාර්ගය.
චුතවෙනවා, *v. i.* to depart; decease, expire, die, පහවෙනවා, තුරත්වෙනවා, මැරෙනවා.
චුති, *a.* pert. to departure or decease, තුරත්වූ.
චුති·චිත්තය, *n.* the dying mind or mind there is at death or consciousness of departure.
චුතිය, *n.* departure; decease, passing away; තුරත්වුව, තුරත්වීම, මැරීම.
චුතෝත්පත්තිය, *n.* (චුත උත්පා:), the birth following decease, transmigration, සංසාරය.
චුම්බක, *a.* kissing, සිඹින; magnetic, කාන්දම් ආකාර.
චුම්බකපාෂාණය, චුම්බකය, *n.* magnet, loadstone, කාන්දම්. [මැද.
චුම්බකය, *n.* middle part of a balance, තරාදියේ
චුම්බකයා, *n.* kisser, සිඹින්නා; deluder, රවටන්නා; superficial scholar, smatterer, සාගුරු ගණ්ඩයා. [අනුව.
චුම්බටකය, චුම්බටය, *n.* coil or pad of straw, දර
චුම්බන, *a.* kissing, osculatory, සිඹින.
චුම්බනය, *n.* kissing, osculation, සිඹීම.
චුම්බනයකරනවා, *v. t.* to kiss, සිඹිනවා.
චුරාව, *n.* theft, හොරකම.
චුලුකය, *n.* mud, මඩ; a small pot, gallipot &c., කුලාව; the hand hollowed.

චුල්ල, *a.* blear-eyed, see චිල්ල; small, insignificant, සුළු.
චුල්ලය, *n.* blear eye; cutaneous disease, සමේ රෝගයක්; oven, පෝරණුව.
චුල්ලිය, *n.* fireplace, chimney, ගිනිහල; funeral pile, සෑය.
චූඩා·මණිය, චූඩා·මාණික්‍යය, *n.* head-jewel, crest-jewel or gem, ඉස්මුදුන් ආභරණය, සිළුමිණ.
චූඩාල, *a.* crested, having a top-knot, සිළුමිණක් or කොණ්ඩයක් ඇති.
චූඩාලය, *n.* head, ඉස.
චූඩාව, *n.* lock of hair left on the top of the head, top-knot, කොණ්ඩය, crest, E. S.; summit, මුදුන; attic, කූටාගාරය.
චූතකය, *n.* mango, අඹ; a small or shallow well, කුඩා ළිඳක්.
චූර්ණ, *n.* powder, කුඩු; chalk, lime, හුණු: *a.* of lime, calcareous, හුණු; powdery, pulverulent, කුඩු ආකාර.
චූර්ණක, *n. pl.* grain fried and pounded, flour, [පිටි.
චූර්ණකං, *n.* explanation of a preceding gāthā (ගාථාවක්) or verse.
චූර්ණ·කණ්ඨය, *n.* stalactite, හුණුකූර. E. S.
චූර්ණ·කණ්ඨාකෘති, *a.* stalactiform.
චූර්ණකරනවා, *v. t.* to pulverize, comminute, කුඩු කරනවා.
චූර්ණකාරයා, *n.* lime-burner, හුන්නා.
චූර්ණතාව, *n.* powderiness, pulverulence, කුඩු [ගතිය.
චූර්ණය, *n.* the powder, කුඩු; lime, chunam, හුණු.
චූර්ණිකා, *n. pl.* powdered rice, හාල්පිටි.
චූර්ණීකෘත, චූර්ණිත, *a.* pulverized, කුඩුකරපු.
චූර්ණිකාව, *n.* 'toast' proposed at a feast; a style of prose composition.
චූල, *a.* small, minor, කුඩා, සුළු.
චූල·ගෘහ·වාසියා, *n.* cottager, සුළු ගෙයක වැසියා.
චූලාව, *n.* attic, garret; top-knot or top-lock of hair, crest, කුඩුම්බිය &c. See චූඩාව.
චූලිකාව, *n.* root of an elephant's ear, ඇත්කනේ මුලය; body of a drama, dramatic company, නාඩගම් සභාව.
චූෂාව, *n.* sucking, suction, (කටට &c.) ඇදගැනීම.
චේටක, චේටයා, *n.* servant, slave, දාසයා.
චේටී, චේටියෙක්, *n. fem.* servant, slave, දාසි, දාසියෙක්.
චේතක, චේතන, *a.* thinking, sentient, percipient, දැනීම ඇති.
චේතකී, *n.* yellow myrobalan, *terminalia chebula*, අරළු.
චේතනය, *n.* mind, සිත, මනස.
චේතනාකරනවා, *v.* to think, reflect, කල්පනා [කරනවා.
චේතනාව, *n.* thought, reflection, කල්පනාව; understanding, සිහිය.
චේතනා·ශක්තිය, *n.* intellectual faculty or power, ඥානශක්තිය.
චේතනීක·භාවය, *n. gram.* volitive voice.
චේතස(ස්), *n.* mind, intellect, මනස, සිහිය, බුද්ධිය.
චේල, *a.* vile, bad, නරක.
චේලය, *n.* cloth, raiment, රෙද්ද.
චේලාව, *n.* weapon, missile, අඩයටිය.
චේලිකාව, *n.* bodice, corset, චෝලිය.
චේෂ්ටමාන, *a.* active, industrious, කඩිසර.
චෛතන්‍යය, *n.* sense, intellect, සිහිය; soul, spirit, ආත්මය.
චෛතසික, *a.* mental, rational, having thought, [සිහිබුද්ධි ඇති.
චෛතසිකතාව, *n.* rationality.
චෛතසික·ධර්ම·ඥ, චෛතසික·ධර්මාකාර, *a.* ideological, metaphysical. E. S.
චෛතසික·ධර්ම·ඥයා, *n.* ideologist, metaphysi-[cian.
චෛතසික·ධර්ම·ශාස්ත්‍රය or ·විචාරය, *n.* ideology, metaphysics. E. S.
චෛත්‍ය, චෛත්‍යාකාර, *a.* monumental, sepulchral; pert. to a shrine. E. S.
චෛත්‍යය, *n.* sacred place, shrine, දාගැබ; monument, cenotaph, gravestone, සොහොන්ගල.
චෛත්‍ය·වෘක්ෂය, *n.* sacred tree, as *ficus religiosa* or බෝගහ.
චෛත්‍රකය, චෛත්‍ර·මාසය, චෛත්‍රය, *n.* name of a month, viz. March-April, බක්මස.
චෛවගුලං, *n.* camphor, කපුරු.
චෝචකය, චෝචය, *n.* bark, rind, පොත්ත; half-eaten fruit, fruit refuse.
චෝටිය, *n.* petticoat, සාය.
චෝඩය, *n.* pond, tank, පොකුණ.
චෝදකයා, *n.* rebuker, accuser, දොස්පවරන්නා.
චෝදනාකරනවා, *v.* to accuse, charge, වරද තබනවා; depute, නියෝගකරනවා.
චෝදනාකාරයා, *n.* accuser, වරද තබන්නා.
චෝදනාව, *n.* accusation, වරද තැබීම; precept, නියෝගය; sending, ඇරීම, පිටත් කෙරීම; charging, charge, නියෝගකිරීම, නියෝගය.
චෝදිත, *a.* accused, දොස් තබනලද; informed, දන්වනලද.
චෝර, *a.* See චෞර.
චෞර·කර්මය, *n.* thieving, theft, හොරකම.
චෝරයා, *n.* thief, හොරා.
චෝලකය, *n.* breastplate, cuirass, ළයවැස්ම; bark, rind, පොත්ත.
චෝලය, චෝලිය, *n.* short jacket, bodice, corset.
චෞර, *a.* dishonest, knavish, හොර, ප්‍රයෝග.
චෞරකර්මය, චෞරිකාව, චෞර්‍යය, *n.* stealing, theft, robbery, හොරකම.
චෞර·කාකයා, *n.* rook, කපුටා.
චෞරයා, *n.* thief, robber, හොරා.
චෞර·ලේඛනය, *n.* false document, forged document, හොර ලියවිල්ල.
චෞල, *n.* crest, tuft, (left on the top of the head), කුඩුම්බිය.
චෞලකර්මය, *n.* shaving so as to leave only a tuft on the crown of the head, done when a child is three years old.

ච්‍යුත, *a.* fallen, oozed out, වැක්සුණු; departed, see චුත.

ච්‍යුතිය, *n.* dropping, falling, වැක්සීම, වැටීම; departure, චුතිය.

ඡ.

ඡ, *n.* The seventh consonant of the alphabet. It is the preceding letter aspirated, expressed by *chha* and pronounced like *ch* in *fetch-ham*, allowing the *h* in ham to coalesce with the preceding *ch*. [වැරපිය.

ඡගණ, *n. pl.* dried cow-dung, වේලිච්ච ගොම,

ඡගලකයා, ඡගලයා, *n.* goat, එළුවා.

ඡගලාව, ඡගලී, *n. fem.* she-goat, එළුදෙන.

ඡගලුය, *n.* blue cloth or raiment, නිල්රෙද්ද.

ඡ·චක්‍ර·සූත්‍රය, *n.* (ඡ six, චක්‍ර wheel, viz. the five senses and the mind, සූත්‍රය rule), a sútra or rule so called.

ඡටාව, *n.* light, splendour, දීප්තිය; assemblage, quantity, එකතුවූ ගණනක්; straight line, සෘජු ඉරක්.

ඡණ·ක්‍රීඩාව, *n.* festive sport, සැණ කෙළිය.

ඡත්තය, *n.* P. for ඡත්‍රය, which see.

ඡත්‍ර, *n. pl.* or *a.* umbrellas; umbrella-, කුඩ.

ඡත්‍රකයා, *n.* kingfisher, පිළිහුඩුවා.

ඡත්‍ර·ධර, ·ධාර, *n.* umbrella-bearer, කුඩේඩදරන්නා.

ඡත්‍ර·පුෂ්ප, ඡත්‍ර·පුෂ්පාකාර, *a. bot.* umbellar, කුඩේ සමාන (මල් ඇති).

ඡත්‍ර·පුෂ්ප·ධාරී, ඡත්‍ර·පුෂ්ප·ප්‍රකාර·ධාරී, *a. bot.* umbellate, කුඩේ සමාන මල් දරන.

ඡත්‍ර·පුෂ්ප·ධාරී·පැලෑය, *n.* umbellifer.

ඡත්‍ර·පුෂ්ප·ප්‍රකාර·ධාරී, *a. bot.* umbelliferous.

ඡත්‍ර·පුෂ්ප·ප්‍රකරය, ඡත්‍ර·පුෂ්පය, *n. bot.* umbel. E.S.

ඡත්‍ර·භංගය, *n.* revolution of the state, ආණ්ඩු විපර්‍යාසය; widowhood, වැන්දඹුකම.

ඡත්‍රය, *n.* umbrella, parasol, කුඩය, කුඩේ.

ඡදනය, *n.* leaf, පත; wing, පියාපත; cover, වැස්ම; roof, පියස්ස; scabbard, sheath, කොපුව.

ඡදය, *n.* leaf; wing; cover.

ඡදිය, *n.* thatch, අතු සෙවිල්ල; roof, වහල; cover, shade, සෙවණ.

ඡද්දන්ත, *n.* a lake in the Himālayan mountains.

ඡද්දන්තයා, *n.* a tusked elephant, ඇතා.

ඡද්මය, *n.* disguise, trick, fraud, රැවටිල්ල; masquerade, කෝලම.

ඡද්ම·වේශ·ඇති, *a.* disguised, වෙස්මාරුවූ.

ඡන්දය, *n.* meaning, intention, අදහස; wish, vote, කැමැත්ත; poison, වස. [ඇල්ම.

ඡන්ද·රාගය, *n.* vehement desire, ardent wish,

ඡන්දශාස්ත්‍රය, *n.* metrical science, prosody; one of the Védāngas: see වේදාංගය.

ඡන්දස, *n.* poetical metre, rhythm, rhythmus; meaning, intention, wish, අදහස, කැමැත්ත; wilfulness, හිතුවක්කාරකම.

ඡන්දස්·මාත්‍රා·ගණිනවා, *v.* to scan verses.

ඡන්දස්මාත්‍රාගැණීම, ඡන්දස්·විභාගය, *n.* scanning verses.

ඡන්දස්සහිත, *a.* rhythmical.

ඡන්න, *a.* solitary, තනි, private, secret, රහස්.

ඡන්නව, *n.* wish, desire, ආශාව.

ඡංකස්පිච්ති, *n.* name of a Védānga, prosody.

ඡන්න, *a.* private, concealed, රහස්; clothed, accoutred, පැලඳි.

ඡන්නය, *n.* ordinance, precept, නියෝගය.

ඡද්දීකයා, *n.* demon, රාක්ෂසයා.

ඡර්දිය, ඡද්දිය, *n.* vomiting, වමනයකිරීම.

ඡලය, *n.* wickedness, fraud, deception, ප්‍රයෝගය.

ඡල්ලිය, *n.* skin, හම, bark, rind, පොත්ත, ලෙල්ල.

ඡව, *a.* dead, මැරු; low, vile, නීච.

ඡවුකය, *n.* dead body, corpse, මළකඳ, මිනිය.

ඡවකයා, *n.* mean, vile person, නීචයා.

ඡවඩාහක, *n.* P. (San. ඡවදාහකඃ), corpse-burner, undertaker.

ඡවි·සෞන්දර්‍යය, *n.* skin beauty, sp. of the lips.

ඡවිකා, *a.* pert. to the skin, membraneous, සිවි.

ඡවිකා·(ආ)ශය, or ·කෝෂය, *n. bot.* utrical, සිවි කෝෂය.

ඡවිකා·කෝශාන්විත, ඡවිකා·රන්ධ්‍රාන්විත, *a.* (·අන්විත), *bot.* utricular.

ඡවිකාන්විත, *a. bot.* tunicated, පටල ඇති.

ඡවිකාව, *n.* skin, membrane, pellicle, tunic, සිවිය, හම.

ඡවි·ගත, *a.* affecting the skin, lying on the skin, හම සම්බන්ධ, හමේතිබෙන.

ඡවිය, *n.* skin, සිවිය; light; colour; beauty, lustre, ශෝභනකම.

ඡාඃ, *int.* fie, shame.

ඡාගයා, *n.* goat, එළුවා.

ඡාගිකාව, ඡාගී, *n. fem.* she-goat, එළුදෙන.

ඡාත, *a.* cut, කැපුණු, divided, බෙදුණු; thin, feeble, දුර්වල.

ඡාතකය, *n.* famine, සාගතය.

ඡාත්‍රයා, *n.* (fr. ඡත්‍ර), scholar, pupil, disciple, ගෝලයා (as carrying his teacher's umbrella).

ඡාදනය, *n.* leaf, පත; cover, වැස්ම; thatch, roof, වහල.

ඡාදනයකරනවා, *v. t.* to cover, වසනවා.

ඡාදිත, *a.* cut, කපනලද, divided, බෙදනලද; covered, concealed, වසනලද.

ඡාදිත·ක්ලෝම·පාදික, *a.* tectibranchiate, having covered gills.

ඡාදිත·ක්ලෝම·පාදිකයා, *n.* tectibranch: see ක්ලෝමපාදිකයෝ.

ඡාන්දස, *a.* metrical, relating to poetical metre.

ඡායා, *a.* pert. to shade or shadow, සෙවණ.

ඡායා·ආවේක්ෂාව, *n.* sciomancy, ඡායාවෙන් ශේස්ත කීම. [sun-dial pointer.

ඡායා·කටුව, ඡායාංගුලිය, *n.* (·අංගුලිය), gnomon,

ඡායා·පථ, *n.* ether, the atmosphere or firmament.

ඡායා·පරි·ගතයා, *n.* periscian; *pl.* periscians or periscii. E. S.

ඡායා·පුත්‍රයා, *n.* (ඡායා sun's wife), son of Chāyā: ap. of Saturn.

ඡායා·ප්‍රාන්තය, *n.* penumbra, පිටසෙවණ.

ඡායා·මිත්‍ර, *n.* See ඡත්‍රය.

ඡායා·රූප, ඡායා·රූපාකාර, ඡායා·ශිල්පක, *a.* photographic.

ඡායා·රූප·කාරයා, ඡායා·ශිල්පියා, *n.* photographer.

ඡායා·රූපය, *n. lit.* shadow-image; photograph.

ඡායා·රූප·ශිල්පය, *n.* photography.

ඡායාව, *n.* shade, shadow, සෙවණ, shadow-image, සෙවණැල්ල: light; beauty; the sun's wife.

ඡායා·සුතයා, *n.* (සුතයා son): ඡායාපුත්‍රයා.

ඡික්කනය, ඡික්කාව, *n.* sneezing, sneeze, sternutation, කිඹිහිම.

ඡික්කික, *a.* causing to sneeze, sternutative, කිඹිස්සවන.

ඡිද්‍ර, *n. pl.* or *a.* holes; pert. to a hole or holes or perforatin, cellular, සිදුරු.

ඡිද්‍රකරනවා, *v. t.* to pierce, perforate, සිදුරු කරනවා.

ඡිද්‍ර·ගුල්මය, *n.* cellular tissue.

ඡිද්‍රය, *n.* hole, perforation, සිදුර; flaw, fault, පළුදුව.

ඡිද්‍රිත, *a.* pierced, perforated, having small openings, සිදුරු ඇති.

ඡින්න, *a.* cut, cut up, කපාපු; broken, කැඩුණු.

ඡින්න·ගණ්ඩි, *n. pl.* asafœtida, පෙරුංකායම්.

ඡින්නා, *n.* harlot, වෙසඹුව.

ඡුරිකාව, *n.* knife, cutter, පිහිය.

ඡේක, *a.* learned, erudite, උගත්; tame, හීලෑ; smart, foppish, ජේත්තුකාර.

ඡේකතාව, *n.* learning, erudition &c., උගත්කම.

ඡේද, ඡේදන, *a.* cutting, dividing, secant, කපන, බෙදන.

ඡේද—ඡේදනය—කරනවා, *v. t.* to cut, divide, කපනවා.

ඡේදකර·ප්‍රාණියා, *n.* rodent.

ඡේද·දන්තය, *n.* cutting tooth, incisor, ඉස්සරහ දතක්.

ඡේදනය, *n.* cutting, dividing, scission, incision, කැපීම, කැපුම.

ඡේදනයකරදැමීම, *v. n.* cutting off, excision, කපාදැමීම.

ඡේදන·රේඛාව, ?.. dividing line, secant. E. S.

ඡේදනාව, *n.* cutter, cutting instrument, කපන ආවුදය.

ඡේදනීය, ඡේද්‍ය, *a.* that is to be or may be cut, scissible, sectile, කැපිය හැකිවූ.

ඡේදි, *a.* cutting, incisive, කපන.

ඡේදිකය, *n.* a cane, වේවැල.

ඡේද්‍යය, *n.* cutting off, amputation, කැපීම, කපාදැමීම.

ඡේද්‍යයකරනවා, *v. t.* to cut, cut off, amputate, කපනවා, කපාදමනවා.

ජ.

ජ, *n.* The eighth consonant of the alphabet. Its sound is that of the English letter *j*.

ජ, *adj. aff. signifying* born of, produced by, *as* දන්තජ, produced by the teeth, dental (sound).

ජක්ෂ්ම, *a.* consumptive, phthisical, ක්ෂය.

ජක්ෂ්මය, *n.* consumption, phthisis, ක්ෂයරෝගය.

ජගතිය, ජගත්, *n.* the world, ලෝකය and ලෝකයා.

ජගත්, *a.* pert. to the world, world-, ලෝක; transitory, අනිත්‍ය.

ජගත්කර්තෘ, *n.* creator of the world, ලොව මැවුම්කාරයා.

ජගත්‍රය, *n.* the three worlds: heaven, earth and hell, තුන්ලොව.

ජගත්පතියා, *n.* supreme of the world: deity; king; දෙවියා &c., රජ.

ජගත්ප්‍රාණය, *n.* life of the world, viz. air, wind, වායුව, හුළඟ.

ජගත්සාක්ෂියා, *n.* the world's eye or witness, viz. the sun, ඉර.

ජගදක්ෂි, *n.* (ජගත් අක්ෂි), eye of the world or universe: ap. of the sun.

ජගදග්‍ර, *a.* (ජගත් අග්‍ර), chief of the world or universe.

ජගදන්තය, *n.* (ජගත් අන්තය), end of the world, ලෝක අන්තිමය.

ජගදන්තර, *a.* (ජගත් අන්තර), within the world, subterranean, භූමිය ඇතුළේ ඇත්තාවූ.

ජගදායු·විවරණය, *n.* (ජගත් ආයු), explanation of the world's age.

ජගදීශ්වරයා, *n.* (ජගත් ඊශ්වර), Lord of the world: ap. of Vishnu or Buddha.

ජගද්විවරණය, *n.* (ජගත්), description of the world, ලෝක විස්තරය.

ජගන්නාථයා, *n.* (ජගත් නාථ), Lord of the world, viz. the god or image Jagannāth: ap. of Vishnu.

ජගරය, *n.* armour, mail, සන්නාහය.

ජගල, ජගලා, *n.* vinous liquor for distillation, as toddy or රා.

ජඝන, *n. pl.* hip and loins, උකුළ.

ජඝනස්ථලය, *n.* region of the hips and loins, උකුල් ප්‍රදේශය.

ජඝන්‍ය, *a.* last, hindmost, අන්තිම; younger (brother), මල්ලි; Sūdra, ශුද්‍ර.

ජංගම, *a.* moving, movable, locomotive, චල, තැනින්තැන යන.

ජංගම·විෂය, *n.* moving-position: viz. venom of animals, animal venom, සත්ව විෂ.

ජංගල, *a.* wood-, wild, jungle-, වන, කැලෑ.

ජංගල·මාංස, *n. pl.* jungle meats, viz. flesh of wild animals, game, දඩයම් මස්.

ජංගල, *n.* wood, bush, jungle, කැලෑව; flesh, මාංස.

ජංගල·වර්ග, *n. pl.* jungle kinds, wild animals or plants, වල්ජාති, වනජාති.

ජංගාලය, *n.* landmark, boundary, මායිම; dam of a field, නියර.

ජංගුල, *n.* poison, venom, විෂය.

ජංඝා, *n, pl.* or *a.* legs; pert. to the leg, කෙණ්ඩා.

ජංඝා·කාරිකයා, *n.* runner, messenger, courier, පණිවිඩකාරයා.

ජංඝා·චාර, *a.* pedestrian, පයින්යන.

ජංඝා·චාරයා, *n.* pedestrian, පයින් යන්නා.

ජංඝා·චාරාභ්‍යාසය, *n.* (·අභ්‍යාසය), pedestrianism. E. S. [ගමනාභ.

ජංඝා·ත්‍රාණ, *n. pl.* greaves, කකුල් වැසුම්, පාද

ජංඝාල, *a.* swift, quick, rapid, ශීඝ්‍ර, ඉක්මන්.

ජංඝාලයා, *n.* rapid walker or pedestrian, runner, ශීඝ්‍ර ගමන්කාරයා.

ජංඝාව, *n.* shank, leg, කෙණ්ඩය.

ජංජාලය, *n.* difficulty, injury, අමාරුව.

ජටාකාරිකයා, ජටාකාරයා, *n.* ascetic who wears matted hair.

ජටා·ධරයා, *n.* The same as above; also an ap. of Siva, ශිවදෙවියා.

ජටා·බැඳි, *a.* cowled, having matted hair, ජටා ධර, දළ මුඩුළුබැඳි. [matted hair.

ජටා·මකුට, *n.* a kind of spikenard; crown of

ජටා·මාංසය, *n.* nard, Indian spikenard.

ජටා·මාලාව, *n.* top-knot, tuft of hair on the crown of the head, ශිඛාව.

ජටායුව, *n.* bdellium, ගුගුල්.

ජටාලාව, ජටාවි, *n.* spikenard.

ජටාව, *n.* matted hair, කෙහෙළු ඉසකේ; cowl ඉසේ වැස්ම; clump, cluster, mass, කැටිය, රැස; tangle, අවුල.

ජටිලයා, *n.* shaggy one: ap. of the lion, සිංහයා, or ascetic, තාපසයා.

ජටිලාව, *n.* See ජටාමාංසය; long pepper, තිප්පිලි; orris root, වදකහ.

ජඨර, *a.* hard, firm, තද; bound, tied, බැඳි.

ජඨරය, *n.* stomach, belly, බඩ.

ජඨරාග්නිය, *n.* (·අග්නිය), digestive faculty.

ජඩ, *a.* mean, low, vile, vicious, නීච.

ජඩකම, *n.* lowness &c., නීචකම. [නීචයා.

ජඩයා, *n.* low, vile person, reprobate, wretch,

ජතුක, ජතු, *n.* lac, ලාකඩ.

ජතුක, *n.* asafœtida. පෙරුංකායම්.

ජතුකා, *n.* a bat, වවුලා.

ජත්‍රුව, *n.* collar-bone, clavicle, අකුව.

ජන, *a.* pert. to people.

ජනක, *a.* producing, productive, උපදවන.

ජනක·කර්මය, *n.* act of producing, begetting, ඉපදවීම.

ජනකතාව, ජනකත්වය, *n.* fatherhood, paternity, පියාබව; productiveness, fecundity, සාරවත් කම.

ජනකයා, *n.* father, පියා, progenitor, ප්‍රජනයා.

ජන·ගහන, *a.* thickly peopled, populous.

ජන·ගහනකම, *n.* populousness.

ජන·ගහනය, *n.* populousness; population.

ජන·ගහනයකරනවා, *v.* to populate, to people.

ජනතාව, *n.* mankind, මනුෂ්‍යයෝ; multitude, community, සමූහය, මිනිස්සු.

ජනනය, *n.* birth, production, ඉපදීම; lineage, race, ජාතිය, වංශය.

ජනනයකරනවා, *v. t.* to fecundate, fructify, සාරවත් කරනවා; beget, ජනනකරනවා.

ජනනී, ජනනියෙක්, *n.* mother, a mother, මව, මවෙක්.

ජන·පද, *a.* country- (not city), rural, ගම්බද.

ජන·පදය, *n.* inhabited country, State, දනව්ව.

ජන·පද·රෝගය, *n.* epidemic, pestilence, වසංගතය.

ජන·පදිකය, *n.* province, පළාත.

ජන·පාලනය, *n.* governing the people; government by the people, democracy; congregationalism.

ජන·ප්‍රවාදය, *n.* (·ප්‍රවාදය rumour), common rumour, general report, ප්‍රසිඩ or සාමාන්‍යආරංචිය.

ජන·ප්‍රිය, *a.* agreeable to the people, popular.

ජන·ප්‍රියතාව, *n.* popularity. E. S.

ජන·බහුල, ජනබාහුල්‍ය, *a.* populous, ජනගහන.

ජන·බහුලතාව, ජන·බාහුල්‍යය, *n.* See ජනගහන කම.

ජන·මූර්තියා, *n.* one who is the embodiment of the people, protector of the people, ජන ආරක්ෂකයා.

ජනයා, *n.* a man, person; the people.

ජන·රංජනය, *n.* delighting the people, ජනයා සතුටුකෙරීම.

ජනරංජනයකරනවා, *v.* to please or gain the good will of the people. [ඛනය.

ජන·ලේඛනය, *n.* census, ජනයන්ගේ ගණන් ලේ

ජනවනවා, *v. t.* to produce, effect, උපදවනවා; *pret.* ජැනෙවුවා. [රංචිය.

ජන·වාදය, *n.* popular rumour, news, ප්‍රසිඩ ආ

ජනවාරි·මාසය, *n.* January.

ජනවිය, *n.* The same as ජනපදය.

ජන·ශූන්‍ය, *a.* destitute of people, uninhabited, වැසියන් නැති.

ජන·ශ්‍රැතිය, *n.* news, tidings, common hearsay, පොදු ආරංචිය. [සමූහයා.

ජන·සංඝතිකාව, *n.* assemblage of people, රැස්වූ

ජන·සංචරය, *n.* place where people walk, public walk; walking, ඇවිදීම.

ජන·සන්නිපාතය, *n.* gathering or confluence of people, සෙනගගේ රැස්වීම.

ජන·සම්බාධ, *a.* crowded with people, populous, ජනගහන.

ජන·සමූහයා, *n.* mass of people, crowd.

ජන·සාම්‍යතාව, *n.* equality of persons or the people, socialism.

ජන·හිත, ජන·හිත·නිරත, *a.* devoted to the general good, philanthropical. E. S.
ජනාධිප, ජනාධිපති, *a.* (·අධිප, ·අධිපති), pert. to the command of people or lordship.
ජනාධිපතිකම, *n.* chieftainship, lordship, අධිපතිකම.
ජනාධිපතියා, *n.* chieftain, commander of the people, සෙනඟගේ අධිපතියා.
ජනාප්‍රිය, *a.* (·අප්‍රිය), disliked by the people, unpopular, මිනිසුන්ට අප්‍රිය.
ජනාප්‍රියතාව, *n.* unpopularity.
ජනාර්දන, *n.* (·අර්දන asking), he whom the people worship: ap. of Vishnu.
ජනාශ්‍රය, *n.* association or intercourse amongst people; asylum for the people, temporary hall, place of assembly, සම්මුති ශාලාව.
ජනික, *a.* fecund, generative, උපදවන. [ගෙඩ.
ජනික·ප්‍රත්‍යංගය, *n.* organ of generation, පුං·ලිං
ජනිත, *a.* generated, born, produced, උපන්.
ජනිතවෙනවා, *v. i.* to be generated &c., උපදිනවා.
ජනිතා, *n.* genitor, father, පියා.
ජනිත්‍රී, *n.* mother, මව.
ජනිය, ජනුව, *n.* birth, production, ඉපදීම.
ජනී, *n.* woman, mother, ස්ත්‍රී, මව.
ජනී·ජනයා, *n.* men and women, people, ස්ත්‍රී පුරුෂ ජනයා.
ජනේරුව, *n.* Port., January or the new year.
ජනේල·උළුවස්ස, *n.* window-frame.
ජනේල·තිරය, *n.* window-curtain.
ජනේල·දොර, *n.* window-shutter.
ජනේලය, *n.* Port., window, කවුළුව.
ජනේශ්වරයා, *n.* (ජන ඊශ්වරයා), Lord of the people, king, රජ.
ජනෝදාහරණය, *n.* (ජන popular, උදෘ: declaration), fame, glory, කීර්තිය, ගෞරවය.
ජන්තුක, ජන්තු, *n.* a sentient being, animal, (sp. of low organization), සතා.
ජන්ම, *a.* pert. to birth or nature: natural, inmate, ජම්ම. [E. S.
ජන්ම·දේවතාවා, *n.* *myth.* presiding genius.
ජන්ම·පත්‍රය, *n.* horoscope, කේන්දරය.
ජන්ම·ප්‍රවේණිය, *n.* paternal or parental inheritance, මව්පිය උරුමය.
ජන්ම·බල·දෘෂ්ටියා, *n.* *phil.* mechanist. E. S.
ජන්ම·බුද්ධිය, *n.* native sense, common sense.
ජන්මය, *n.* birth, lineage, ජාතිය, වංශය; nature; ජම්මය.
ජන්ම·සාඵල්‍යය, *n.* nature's consummation, viz. attainment of the end of existence.
ජන්මාන්තර, *a.* (·අන්තර), intermediate-life-(event), pert. to another—past or future—existence.
ජන්මාන්තර·ගත, *a.* gone to another life, departed this life.
ජන්මාන්තරය, *n.* another birth, another world, re-incarnation.
ජන්මාන්තර්ගත, *a.* (·අන්තර්ගත), inherent by nature, endemic, endemial.
ජන්මාන්ධ, *a.* (අන්ධ), born-blind, අන්ධව උපන්.
ජන්‍යය, *n.* war, යුද්ධය; rumour, ආරංචිය; market, කඩේ; portent at birth, සුබ නිමිත්ත.
ජන්‍යයා, *n.* father, පියා; bridegroom's friend, මනමාලයාගේ මිත්‍රයා.
ජන්‍යාව, *n. fem.* of above: mother, මව; bride's maid, මනමාලියගේ මිතුරී; happiness, සැපත.
ජපකරනවා, ජපනවා, *v.* to mutter or utter incantations; *pret.* ජපකළා, ජැපුවා.
ජපන්, *a.* Japan, Japanese.
ජපන්·රට, *n.* Japan.
ජපන්·වැසියා, *n.* inhabitant of Japan, Japanese.
ජප·මාලාව, *n.* rosary, කොන්තය, B. නවගුණ වැල.
ජපය, *n.* muttering or uttering prayers, incantations and charms. [කුම්මල්.
ජබාදු, *n.* musk, කස්තූරි; frankincense, කට්ටට
ජබාදුවා, *n.* civet-cat, උරුලෑවා.
ජම්නාරම, *n.* ජම්නාරම්ගෙඩිය &c.: mandarin orange. See ජම්නාරම්.
ජමාලයා, *n.* clever person, සමර්ථයා. [ඥනා.
ජම්පතියෝ, *n.* wife and husband, ස්ත්‍රී පුරුෂ දෙද
ජම්බල, *a.* See ජම්බෝල.
ජම්බාරගහනවා, *v.* to drive piles.
ජම්බාරය, ජම්බාර·මිටිය, *n.* ram, stamper.
ජම්බාර·යන්ත්‍රය, *n.* pile-driver, pile-engine.
ජම්බාල, *n.* mud, mire, මඩ, clay, මැටි.
ජම්බු, *a.* rose-apple, jambu, (tree &c.).
ජම්බුකයා, *n.* jackal, නරියා.
ජම්බු·ද්වීපය, *n.* B., the continent of India, or India within the Ganges where Buddha founded Buddhism; H., the island or continent south of මහාමේරු, embracing Ceylon, India &c., දඹදිව.
ජම්බුර, ජම්බුරු, *a.* See ගැඹුර and ගැඹුරු.
ජම්බෝල, *a.* shaddock or pomelo (tree &c.).
ජම්ම, (ජන්ම), *a.* native, natural, inborn, constitutional, indigenous; national.
ජම්මක්කාරයා, *n.* native, indigene.
ජම්ම·ගතිය, *n.* natural state, temperament or disposition, one's nature.
ජම්ම·දේශය or ·රට or ·භූමිය, *n.* native country, habitat. [vernacular.
ජම්ම·භාෂාව, *n.* native language, mother-tongue,
ජම්මය, *n.* nature, ස්වභාව; race, ජාතිය, caste, කුලය.
ජම්ම·ස්ථානය, *n.* native place, habitat.
ජම්ම·හැඟීම, *n.* natural perception, intuition.
ජම්මාවරණ, ජම්මාවරණකාර, *a.* tegumentary.
ජම්මාවරණය, *n.* natural covering, tegument, tunic, ජම්ම වැස්ම.

ජම්මිකා, *a.* See ජම්ම.

ජය, *n.* conquest, victory, triumph ; ap. of the warlike, යුධිෂ්ඨිරයා, which see.

ජය·කණුව, *n.* winning post, දිනුම්ටැඹ.

ජය·කෙත්තුව, ජයකොඩිය, *n.* military flag, banner of triumph.

ජයකොන්තය, *n.* sceptre. [win, prevail.

ජයගන්නවා, ජය·ග්‍රහණයකරනවා, *v.* to conquer,

ජය·ගැනීම, ජය·ග්‍රහණය, *n.* conquest, victory.

ජය·ග්‍රාහක, ජය·ශීල, *a.* conquering, victorious, ජයගන්න.

ජය·ග්‍රාහකයා, *n.* conqueror, victor, ජයගන්නා.

ජය·ග්‍රාහිකා, *n. fem.* victress, ජයගන්නී.

ජය·ඝෝෂාකාර, *a.* making triumphal noise, jubilant.

ජය·ඝෝෂාව, *n.* triumphal noise, jubilation.

ජය·ඪක්කාව, *n.* kettle-drum, තම්බලය.

ජයන්තයා, *n.* a hero and demigod, son of Indra; ap. of Siva, ශිවදෙවියෝ, and of the moon, සඳ.

ජයන්තිය, *n.* flag, banner, කොඩිය ; city, නුවර.

ජයන්තී, *n.* Indra's daughter ; ap. of දුර්ගා.

ජය·පානය, *n.* drinking or drink to celebrate victory. [princes.

ජයපාල, *n.* victor, king ; ap. of several Hindu

ජය·පාල·තෙල්, *n.* croton-oil.

ජය·භේරය, ජය·භේරිය, *n.* drum of victory.

ජයශ්‍රීය, ජයශ්‍රීයාව, *n.* splendour of victory, victory.

ජය·ශංඛ, *n.* festive horn, chank of victory.

ජය·ස්තම්භය, *n.* winning post, goal, දිනුම්පළ ; column or pillar of victory, ජයකුළුන.

ජය·ස්මාරණ, *a.* commemorative of victory, triumphal.

ජයා, *n.* ap. of Durgā, wife of Siva ; flag, කොඩිය ; hemp, හණ ; the third, eighth and thirteenth day of either the waxing or waning half of the moon. [තාකි, දිරාපු.

ජර, ජරත්, ජරපත්, *a.* old, infirm, decayed, පරණ,

ජරඨ, *a.* old, infirm ; hard, cruel, තද, කුෲර.

ජරණ, *a.* See ජර.

ජරණය, *n.* oldness, infirmity, පරණකම &c.; a sort of salt ; asafœtida, හිංගු.

ජරා·පත්, *a.* See ජර &c.

ජරා·පත්කම, *n.* decay, decrepitude, state of ruin, පරණකම &c., දිරච්ච ස්වභාව.

ජරාපත්වෙනවා, *v. i.* to decay, crumble, become a ruin, දිරාපත්වෙනවා.

ජරා·ජ්‍රේත, *a.* disfigured, විරූප.

ජරාජ්‍රේතවෙනවා, *v. i.* to become disfigured or ugly, විරූපවෙනවා.

ජරායු·ජ, *a.* born from the womb (of animals designated viviparous).

ජරායුව, *n.* the womb, uterus, කුස, ගැබ, ගර්භය.

ජරාව, *n.* decay, දිරුම ; decrepitude, මහලුකම ; a female demon, යක්ෂිනී.

ජරා·වංශ, *a.* decayed, ruined, dilapidated with time, දිරාගිය, ගරාවැටුණු.

ජරා·වාසකම, *n.* decayed or ruined condition &c., දිරාපත්කම, පාළුකම.

ජරා·වාස·ගොඩනැගිල්ල, *n.* ruined or dilapidated edifice, ruin. [ruin.

ජරා·වාසය, *n.* decay, dilapidation, disrepair,

ජරාවාසවෙනවා, *v. i.* to decay, dilapidate, go to ruin, නඩාවැටෙනවා.

ජර්ජර, *a.* old, පරණ, infirm, දුර්වල ; cracked, split, perforated, පැළී—සිදුරුවී—හිලබත.

ජර්ජරය, *n.* Indra's banner or emblem, ඉන්ද්‍රධ්වජය; crash, දුදුර. [පත්, ඉරිච්ච.

ජර්ජරිත, *a.* decayed, full of holes, ragged, ජරා

ජර්මන්, *a.* German.

ජර්මන්කාරයා, *n. mas.* a German.

ජර්මන්·භාෂාව, *n.* German language, German.

ජල, *a.* E. of ජඩ.

ජල, *a.* water-, aquatic, aqueous, දිය, වතුර.

ජල·කම්පන්තුව, *n.* flux of water. [water.

ජල·කඳ, *n.* mass or body of water, column of

ජල·කපියා, *n.* water-ape, viz. Gangetic porpoise.

ජල·කරංකය, *n.* (කරංකය cup), water-holder, viz. coconut shell, පොල්කටුව ; conch, හක්ගෙඩිය ; lotus, නෙළුම්මල ; cloud, වලාකුළ.

ජල·කර·වායුව, *n.* hydrogen.

ජල·කූපය, *n.* water-hollow or cup: pond, spring, well, පොකුණ &c.; whirlpool, දියසුළිය. [tor.

ජල·කුම්භ·වෛද්‍යවාචස්පතියා, *n.* hydropathic doc-

ජල·ක්‍රීඩාව, *n.* water-sport, bathing for amusement. [cephalus.

ජල·ගත·ශීර්ෂය, *n.* a head having water, hydro-

ජල·ගැල්ම, *n.* flood, deluge.

ජලගුල්මය, *n.* whirlpool, දියසුළිය.

ජලගුල්ම·ප්‍රවාහය, *n.* gulf stream.

ජල·ඝටිකා·යන්ත්‍රය, *n.* water hour-clock, hydroscope, පැතැවිය.

ජලංග, *a.* aquatic, frequenting water, ජලචර.

ජල·චක්‍රය, ජලරෝදය, *n.* water-wheel.

ජල·චර, *a.* moving or living in water, aquatic, දියේ ඉන්න or හැසිරෙන.

ජල·චර·පක්ෂි, ජලපක්ෂි, *a.* grallatorial, දියකුරුළු.

ජල·චර·පක්ෂි·ජාති, *n. pl.* grallatores, දියකුරුළු ජාති. [දියකුරුල්ලා.

ජල·චර·පක්ෂියා, *n.* one of the grallatores, wader,

ජල·ජ, *a.* water-born, fluvial, neptunian, වතුරෙන් උපන්.

ජල·ජ·ධූම, *n.* steam, vapour, දුම, මීදුම.

ජල·ජන්තු, *n.* any water or amphibious animal, දියසතා.

ජල·ජ·භූමිය, *n.* diluvium. E. S.

ජලජාසන, *n.* (ජලජ lotus, ආසන seat), ap. of Brahma as having for a seat the lotus which sprang from Vishnu's navel.

ජල·තලය, *n.* surface of water.
ජල·තලාව, *n.* expanse or sheet of water, stretch of water.
ජල·තාලයා, *n.* hilsa or sable fish.
ජල·ත්‍රාසය, *n.* hydrophobia.
ජලත්වය, *n.* wateriness, aqueousness, දියාරුකම.
ජල·ද, ජල·දායක, *a.* water-giving, වතුරදෙන.
ජල·දය, ජල·දායකයා, *n.* water-giver, cloud, වලාකුළ.
ජල·දුර්ගය, *n.* a place difficult of access by reason of water.
ජල·දෙවියෝ, *n. myth.* water-god.
ජල·ද්වාරය, *n.* water-gate, flood-gate, sluice, දිය දොර.
ජල·ධර, *a.* holding water, containing water, වතුර අල්ලන.
ජල·ධරය, *n.* water-holder, water-bearer, viz. cloud, වලාකුළ.
ජල·ධාරාව, *n.* stream or down-pour of water, body of water.
ජල·ධි·ජා, *n.* ap. of the goddess Lakshmi as Ocean-born, being one of the fourteen precious things obtained when the ocean was churned.
ජල·ධිය, *n.* water-holder, viz. the ocean, මුහුද.
ජල·නකුලයා, *n.* the otter, දියබල්ලා.
ජල·නළය, *n.* water-pipe.
ජල·නිධිය, *n.* water-treasury, sea, මුහුද.
ජල·නිර්ගම·ප්‍රදේශය, *n.* water-course region, watershed. E. S.
ජල·නිර්ගමය, *n.* drain, කානුව, water-course, ඇළ.
ජල·පක්ෂියා, *n.* water-bird, water-fowl, දිය කුරුල්ලා.
ජල·පතියා, *n.* Varuna, the Hindu Neptune; ocean, මුහුද.
ජල·පාංශු·සහිත, *a.* with water and land, terraqueous, දියගොඩ සහිත.
ජල·පොළොව, *n.* B., the world of water, which rests on the වාතපොළොව and supports the පස්පොළොව. [වතුර පිළිය.
ජල·ප්‍රතිකාර·විධිය, *n.* water-cure, hydropathy, වතුර පිළියම.
ජල·ප්‍රවාහය, *n.* water-flow, flood, deluge, cataclysm, ජලගැල්ම.
ජල·ප්‍රාකාරය, *n.* wharf, quay, වෙරළේ තට්ටුව.
ජල·ඵලය, *n.* *lit.* water-fruit, viz. coconut, පොල්ගෙඩිය.
ජල·භරිත, *a.* heavy or laden with water. E. S.
ජල·භීතිය, ජල·භීතිකා·රෝගය, *n.* hydrophobia.
ජල·මග, *n.* water-way, water-course, stream, වතුරපාර, ඇළ.
ජල·මට්ටම, *n.* water-height, water-level, levelness; the instrument or spirit-level.
ජල·මට්ටම්, *a.* level, horizontal.
ජල·මට්ටම්කරනවා, *v. t.* to make level.
ජල·මල·අවස්ථිය, *n.* constipation of bowels and suppression of urine.
ජල·මානක·යන්ත්‍රය, *n.* water-gauge, වතුර මනින යන්ත්‍රය.
ජල·මානක·ශාස්ත්‍රය, *n.* science of measuring water, hydrometry. E. S.

ජල·මාර්ගය, *n.* See ජලමග.
ජලය, *n.* water, වතුර, දිය.
ජල·යන්ත්‍ර·ගෘහය, *n.* house on the water, house for the hot season.
ජල·යන්ත්‍රය, *n.* water-machine, water-works, pump, fire-engine, hydrant.
ජල·යන්ත්‍ර·ශාස්ත්‍රය, *n.* science of water-engines, hydraulics.
ජල·යන්ත්‍ර·ශිල්පය, *n.* art of water-engines, hydraulics.
ජල·රංකයා, ජලරංකුවා, *n.* (රංක eager for), a kind of crane or gallinule, කොකා.
ජල·රේඛාව, *n.* water-line, ජලමට්ටම් ඉර.
ජලවක, *n.* fourth day of the new or full moon.
ජල·වාහය, *n.* flow of water, වතුරබස්නාව.
ජල·වාහිනිය, *n.* water-course, canal, aqueduct, වාරිමාර්ග, ඇළ.
ජල·වේග·ශාස්ත්‍රය, *n.* science of water-force, hydrodynamics, hydraulics.
ජල·වෛද්‍ය·ක්‍රමය, *n.* water-cure, hydropathy, වතුර පිළියම.
ජල·වෛද්‍ය·ක්‍රමාකාර or ජලවෛද්‍යක්‍රම, *a.* hydropathic, වතුර පිළියම (විධිය &c.).
ජල·ව්‍යාලයා, *n.* water-snake, දියනයා.
ජල·ශාටිකාව, *n.* bathing cloth or skirt, නාන කඩය, දියරෙද්ද.
ජල·ශාස්ත්‍රය, *n.* hydrology.
ජල·ශුක්තියා, *n.* bivalve shell-fish.
ජල·ශ්‍රෝතය, *n.* water-current, stream, ගැඹපාර.
ජල·සන්ත්‍රාස, ජල·සන්ත්‍රාස·රෝගය, *n.* cholera, කොලරා රෝගය.
ජල·සර්පයා, *n.* water-snake, hydrophis, දියනයා.
ජල·ස්කන්ධය, *n.* body, mass or column of water, දියකඳ.
ජල·ස්තම්භය, *n.* pillar or column of water, water-spout, වතුරකුළුන.
ජල·ස්ථාන·මානක·ශාස්ත්‍රය, *n.* hydrography, maritime surveying. E. S.
ජල·හරෞෂධය, *n.* (හර removing, ඖෂධය), hydrotic medicine, දිය අරින බෙහෙත.
ජල·හෝරා·යන්ත්‍රය, *n.* water-clock, clepsydra, පැතැටිය. [උල්පත.
ජලාකරය, *n.* water-source, fountain, spring,
ජලාක්ෂිය, ජලාක්ෂි·රෝගය, *n.* watery-eye, hydrophthalmia, දියඇස.
ජලාංගනාව, *n.* water-nymph, hydriad, mermaid, siren, මුහුදු කිඳුරී.
ජලාචූෂණ·යන්ත්‍රය, *n.* suction-pump.
ජලාඤ්ජලිය, *n.* water-bowl, made by putting the palms of the hands together, අඤ්ජලිය; the palms filled with water, handful of water, වතුරපතක. [චර.
ජලාටන, *a.* (·අටන), moving in the water, ජල
ජලාටනයා, *n.* heron, genus *ardea*, කොක්කු ජාතියක්.
ජලාවතියා, *n.* leech, කූඩැල්ලා.

ජලාඪ්‍ය, *a.* (·ආඪ්‍ය), well-watered, very wet, watery, දියසහිත.

ජලාධාරය, *n.* water-holder, viz. pond, lake, reservoir, පොකුණ &c.

ජලාධානය, *n.* water-receptacle; font.

ජලාබුජ, *a.* See ජරායුජ.

ජලාර්ණවය, *n.* (·ආර්ණවය), sea, මුහුද; rainy season, වැසිකාලය.

ජලාවර්තය, *n.* eddy, whirlpool, දියසුළිය.

ජලාශය, *n.* (·ආශය), water-receptacle, viz. pond, reservoir &c., ocean &c.: see ජලාධාරය.

ජලූකාවා, ජලෝකාවා, *n.* leech, කුඩැල්ලා.

ජලූසිය, *n.* Port., venetian blind, lattice.

ජලේරුහ, *n.* water-flower, lotus &c.

ජලෝඝය, *n.* body of water, current.

ජලෝච්ඡ්වාසය, *n.* water-drain or channel, වතුර පාර, ඇළ.

ජලෝදර, *a.* (ජල උදර), dropsical, උදරරෝගිවූ.

ජලෝදරය, *n.* dropsy, උදර රෝගය. [window.

ජලෝසි·කවුළුව, *n.* (ජලෝසි Port.), latticed

ජල්පක, *a.* chattering, babbling, දොඩන; singing, ගී කියන.

ජල්පකයා, *n.* chatterer &c., දොඩන්නා.

ජල්ලි, *n.* Eng., jelly.

ජව, ජවන, *a.* swift, quick, speedy, ඉක්මන්, සීඝ්‍ර.

ජවනය, *n.* swiftness, speed, සීඝ්‍රකම, වේගය.

ජවය, *n.* swiftness; an express, විශේෂරථය.

ජවනයා, *n.* fleet horse, swift runner, සීඝ්‍රඅශ්වයා.

ජවන·හංසයා, *n.* swift swan.

ජවනාරම්(ගෙඩිය), *n.* mandarin orange, a variety of *citrus aurantium*.

ජවනිකාව, *n.* curtain, screen, (round a tent &c.), කඩතුරාව. [ඉතා සීඝ්‍ර.

ජවසම්පන්න, ජවාධික, *a.* very swift, වේගවත්,

ජවාධිකයා, *n.* very swift one, very fleet horse, වේගවත් අශ්වයා.

ජවිස, *n.* a drug obtained from the plant අති වි(උ)ඩයන්, which see. [truction.

ජගාන්තකය, *n.* period of the world's total des-

ජාගරණය, ජාගර්‍ය්‍යාව, *n.* wakefulness, vigilance, පිබිද සිටිනගතිය. [පිබිද සිටින.

ජාගර්, ජාගරූක, *a.* wakeful, vigilant, නිදිමරන,

ජාංගල, *a.* rural, woody, wild, පිටිසර, කැලෑ, වන.

ජාංගල·මාංසය, *n.* flesh of wild animals, game, දඩයම් මස්: see ජංගලමාංස.

ජාංගලය, *n.* jungle, scrub, wood, කැලෑව.

ජාංගලයා, *n.* jungle fowl, francoline partridge.

ජාංගලියා, ජාංගුලිකයා, ජාංගුලියා, *n.* snake-catcher, snake-doctor, viz. doctor or charmer for snake-bites, සර්පවිෂ වෙද.

ජාංගුලය, *n.* poison, venom, විෂය.

ජාංගුලිය, *n.* knowledge of poisons and of antidotes, including charms.

ජාඩි, *n.* pickled fish.

ජාඩිය, *n.* Port. or T., jar.

ජානු, *n. pl.* or *a.* of ජානුව: knees; knee-; දණ.

ජානු·නාමස්කාරය, *n.* bowing the knee, genuflection, දණගැසීම.

ජානු·ඵලකය, ජානුමණ්ඩලය, *n.* knee-cap, knee-pan, patella, දණිස් ඇටය.

ජානුව, *n.* (Sans. ජානු), knee, දණ, දණහිස.

ජානු·සන්ධි·ආකාර, *a.* like the knee-joint, geniculate.

ජානු·සන්ධිය, *n.* knee-joint, දණ සන්ධිය.

ජානු·සහිත, *a.* having knees, geniculated, දණිස් සන්ධි ඇති. [උපන්, අවගත්.

ජාත, ජනක, *a.* born, generated, produced,

ජාතක·උරුමය, *n.* paternal inheritance, patrimony, පුවේණිය. [life.

ජාතක·කථාව, *n.* story or legend of a former

ජාතකකරනවා, *v. t.* to beget, procreate, gender, engender, උපදවනවා.

ජාතක·කර්ම, *n. pl.* ceremonies at the birth of an infant, birth-ceremonies, උපතෙහි සිරිත්.

ජාතක·පොත, *n.* book of legends of 550 of the lives ('births') of Buddha, or rather of the one who was to become Buddha, as such called Bodhisatwa: the book is worshipped as sacred.

ජාතකය, *n.* birth, production, ඉපදීම; astrological calculation of a nativity.

ජාතකවෙනවා, *v. i.* to be begotten, generated.

ජාත·කුලය, *n* caste according to birth, birth-caste, ජන්මය, ජාතිය.

ජාත·භූමිය, *n.* native-land, fatherland, mother-country, ජන්ම රට.

ජාත·මාත්‍ර, *a.* new-born, just-born, අලුත උපන්.

ජාත·මාත්‍රය, *n.* state of being just born; the time from which the nativity is cast.

ජාතය, *n.* See ජාතිය. [by birth.

ජාත·රූප, *a.* embodied, having assumed shape

ජාත·රූපය, *n.* one of the precious metals, gold or silver.

ජාතවෙනවා, *v. i.* See ජාතකවෙනවා.

ජාත·වේද, *n.* Agni, god of fire, from whose mouth the Vedas are said to have issued.

ජාත·වේදය, *n.* fire, ගින්න; gold, රත්රන්.

ජාතාපත්‍යාව, *n. fem.* one having offspring, a mother, මව.

ජාති, *n. pl.* or *a.* of ජාතිය. [ජාතිය.

ජාතික, *a.* natural, innate, generic, ජන්ම. See

ජාති·කණා, *n.* one born blind; *pl.* ජාතිකණ්නු.

ජාති·කොරා, *n.* one born lame; *pl.* ජාතිකොරු.

ජාති·කෝෂය, ජාති·ඵලය, *n.* nutmeg, සාදික්කා ගෙඩිය.

ජාති·ගොළුවා, *n.* one born dumb.

ජාති·ධර්මය, *n.* duty of caste, caste-duty; generic property.

ජාති·පත්‍රි, *n. pl.* mace of the nutmeg, වසාවාසි.

ජාති·භේදය, *n.* caste-distinction, caste.

ජාතිමත්, *a.* high-born, high-caste, වංශවත්.
ජාතිය, *n.* birth or life, උත්පත්තිය or ජීවිතය; caste, කුලය; sort, class, kind, වර්ගය; lineage, race, nation, වංශය.
ජාති·රංගය, *n.* a gem, crystal, පළිඟුව: see දුරඟ.
ජාති·ලිංගය, *n.* vermillion, සාදිලිංගම්.
ජාති·වදය, *n.* natural or inborn affliction, caste-detriment. [nationally.
ජාති·වශයෙන්, *ad.* according to kind or race;
ජාති·වාදය, *n.* dispute about caste, caste-controversy.
ජාති·ශබ්දය, *n.* *gram.* word (substantive) expressing the idea of species or genus. [tility.
ජාති·වෛරය, *n.* innate enmity, natural hos-
ජාති·සම්පදව, *n.* auspicious birth or caste, ශුභ උත්පත්තිය or ජාතිය.
ජාතිසම්පන්න, *a.* See ජාතිමත්.
ජාති·සම්භේදය, *n.* breaking or crossing the breed or race or caste.
ජාති·ස්මරණ·ඥානය, *n.* knowledge by memory of former existences.
ජාති·ස්මරණය, *n.* remembrance of former lives.
ජාතිසා·පත්‍ර, *n. pl.* See ජාතිපත්‍ර.
ජාතීය, *a.* belonging to tribe, race, kind &c.; national, racial.
ජාතුක, *n.* asafœtida, හිංගු.
ජාතෝක්ෂයා, *n.* (ජාත born, උක්ෂ ox), ox or bull, හරකා, ගොනා. [උතුම්.
ජාත්‍ය, *a.* high-born, වංශවත්; pleasing, ප්‍රිය,
ජාත්‍යන්තගීත, *a.* (ජාති අන්තගීත): see ජාත්‍යා-න්තගීත.
ජාත්‍යන්තර්වර්ති, *a.* (ජාති අන්තර්වර්ති), amongst the races or castes, international. E. S.
ජාත්‍යන්ධ, *a.* (ජාති අන්ධ), born blind, අන්ධව උපන්.
ජාත්‍යන්ධයා, *n.* one born blind, අන්ධව උපන් අය.
ජාත්‍යාකාර, *a.* according to race, kind or caste, generic: ජාතික. [දේශ භජනය.
ජාත්‍යාලය, *n.* For ජාති ආලය, patriotism, ස්ව
ජානකී, *n.* ap. of Siva, daughter of Janaka.
ජානකී·හරණය, *n.* "The taking away of Sita," a Sanscrit poem said to be by king Kumāradāsa of Ceylon.
ජානනය, *n.* knowledge, දැනැම්ම.
ජාන·පදය, *n.* See ජනපදය.
ජානු, *n.* Sans. form of P. ජාණු, knee, දණ.
ජාපය, *n.* See ජපය.
ජාපාලය, *n.* sheep-guard, sheepfold, බැටළුගාල.
ජා·පාලයා, *n.* shepherd or goatherd, එඬේරා.
ජා·භාෂාව, *n.* Javanese or Malay language.
ජා·වැසියා, *n.* inhabitant of Java, Javanese, Malay, ජා මිනිසා.
ජා·මාතෘ, *n.* son-in-law, බෑනා; husband, lord, ස්වාමිපුරුෂයා; sunflower, වද or සූර්යකාන්තිමල.
ජාමි, *n.* virtuous or high-born woman, වංශවත් ස්ත්‍රී; sister, සහෝදරී.
ජාම්බවය, *n.* rose-apple, ජම්බු: gold, රන්.
ජාම්බු·නදිය, *n.* the river ජාම්බු which flows from මහමේරු.
ජාම්බු·නද, ජාම්බෝ·නද, *n.* a kind of pure gold obtained from the banks of the river Jāmbu, දඹරන්. [පුරුෂ දෙදෙනා.
ජායා·පතියෝ, *n. pl.* wife and husband, ස්ත්‍රී
ජායාව, *n.* wife, භාර්යාව.
ජාර·ජයා, *n. mas.*; ජාර·ජාව, *n. fem.* (ජාර paramour, ජ born of), adulterine.
ජාරය or ජාරුව, *n.* Port., yard, measure of three feet.
ජාරයා, *n. mas.* paramour, හොර පුරුෂයා.
ජාරී, *n. fem.* paramour, හොර අඹුව.
ජාලකය, *n.* net, දැල; nest, කැදැල්ල; bud, දළුව; lattice, window, කවුළුව; loophole, සිදුර; multitude, සමූහය. [ලය.
ජාල·කවුළුව, *n.* window, latticed window, ජනේ
ජාල·කාරකයා, *n.* net-maker, viz. spider, මකුළුවා.
ජාලකිනි, *n.* sheep, ewe, බැටළුදෙන.
ජාල·පාද, *a.* web-footed, palmated, දැල්පා ඇති.
ජාලය, *n.* net, දැල; window &c., see ජාලකය; magic, මායම; pride, මද.
ජාලයා, *n.* name given to a cock of black colour.
ජාල·රූපී, *a.* web-like, plexiform, දැල්වැනි
ජාලාකාර, *a.* net-like, reticular, retiform, දැල් ආකාර.
ජාලාකාරත්වය, *n.* being net-like, reticulation, දැල් ආකාරකම. [දැල්ල.
ජාලාව, *n.* web, net, දැල; flame, flash, ගිනි
ජාලි, *a.* having a net or lattice, netted, letticed, දැලක් ඇති; illusive, deceptive, රැවටිලි.
ජාලිකයා, *n.* netter, viz. spider, මකුළුවා; fisherman, මත්මරත්තා; fowler, දැල් ආදියෙන් පක්ෂීන් අල්ලන්නා; juggler, ensnarer, රැවටිලිකාරයා.
ජාලිකාව, *n.* chain armour, යකඩසන්නාහය; woollen cloth, ලොම්රෙද්ද; window, කවුළුව.
ජාලිනිය, *n.* wish, desire, ආශාව; painter's studio having a suitable window, චිත්‍රකාරයාගේ ශාලාව.
ජාල්ම, *a.* low, නීච; harsh, cruel, තද, කුර.
ජාල්මයා, *n.* low man, low-caste person, නීචයා; one who is harsh &c., සැරකාරයා &c.
ජාවා, *n. mas.* Malay person, Malay.
ජැනවීම, ජැනවුම, *v. n.* of ජනවනවා: producing, ඉපදවීම. [tion.
ජිගීෂාව, *n.* desire to excel or conquer, emula-
ජිගීෂු, *a.* emulous. E. S.
ජිඝත්සාව, *n.* desire to eat, hunger, බඩගින්න.
ජිඝත්සු, *a.* hungry, බඩගිනි.
ජිඥාසාව, *n.* asking, inquiry, investigation, විභාගය; wish to know, දැනගන්ට ඇති කැමැත්ත.
ජිඥාසු, *a.* desirous to know, දැනගන්ට කැමතිවූ, inquiring, inquisitive, විභාගකරන.

ජිත, *a.* conquered, subdued, පරජයවූ, දමිත.
ජිතේන්ද්‍රියත්වය, *n.* (ජිත ඉන්ද්‍රි:), state in which the senses are subdued, ඉන්ද්‍රිය දමනයකරගත් ස්වභාව.
ජිතේන්ද්‍රියා, *n.* one who has subdued his senses or passions, sage.
ජිත්වර, *a.* victorious, triumphant, ජයගත්ත.
ජින, *a.* who has conquered, victorious, ජයගත්.
ජින·පුත්‍රයා, *n.* ap. of B. P., ශ්‍රාවකයා.
ජිනයා, *n.* See ජිතේන්ද්‍රියයා; ap. of the founder of the Jaina sect and also of Buddha.
ජිනවර, *n.* eminent Jaina or Buddha.
ජිනේන්ද්‍රයා, *n.* (ජින ඉන්ද්‍ර:), Ascetic Lord: ap. of Buddha as chief ascetic; eminent ascetic, උතුම් තාපසයා.
ජින්ජි·බිර, *n.* Eng., ginger beer.
ජිමතලාව, *n.* earthquake, පොළෝ කම්පාව.
ජිවුල්·මැලියම්, ජිවුල්·ලාටු, *n.* gum or resin of the jiwul or දිවුල් tree.
ජිෂ්ණු, *n.* Vishnu, විෂ්ණු. [අලස.
ජිහ්ම, *a.* crooked, tortuous, වංක; slow, lazy,
ජිහ්මග, *a.* going tortuously or lazily, වංගුලෙස or අලසලෙස යන.
ජිහ්මගයා, *n.* snake, සර්පයා; Saturn, සෙනසුරු.
ජිහ්ව, *a.* pert. to the tongue, lingual, දිවට අයිතිවූ.
ජිහ්ව·ජ, *a.* produced by the tongue, lingual, දිවෙන් අවගත්ත or කරන. [අකුර.
ජිහ්වජාක්ෂරය, *n.* lingual letter, දිවෙන් කියන
ජිහ්ව·මංගල, *n.* frankincense, incense, තුවරලා, කුට්ටකුම්මල්.
ජිහ්වය, ජිහ්වාව, *n.* tongue, දිව.
ජිහ්ව·රූපි, ජිහ්වාකාර, *a.* linguiform, linguate, දිවේ හැඩය ඇති.
ජිහ්වා·දන්ත·ජ, *a.* lingua-dental.
ජිහ්වා·දන්තජාක්ෂරය, *n.* lingua-dental letter, දිවෙන් හා දත්වලින් කියන අකුර. [නිමෙන.
ජිහ්වාධඃස්ථ, *a.* (·අධඃස්ථ), sublingual, දිව යට
ජිහ්වා·පයා, *n.* (ප drinking), any animal that laps, lapper: dog, cat, tiger &c.
ජිහ්වා·විඥානය, *n.* perception by the tongue, faculty of taste, දිවට දැනීම, රසදැනීම.
ජීන, *a.* aged, old, නාකි.
ජීමූතය, *n.* cloud, වලාකුළ; mountain, කන්ද; musk, කස්තුරි.
ජීමූතයා, *n.* nourisher; ap. of Indra, ඉන්ද්‍රයා; elephant, අලියා; cuckoo, කෝකිලයා.
ජීර, ජීරක, *n.* cumin seed, සූදුරු.
ජීරකය, ජීරය, *n.* sacrificial knife, යාජක පිහියේ; sword, කඩුව. [දිරපත්.
ජීර්ණ, ජීර්ණවත්, *a.* digested, ජීර්ණවූ; decayed,
ජීර්ණකරනවා, *v. t.* to digest; concoct.
ජීර්ණ·ජ්වරය, *n.* diminished or partly subsided fever, අඩුවූ උණ. [ඔබලත්කම.
ජීර්ණතාව, *n.* state of decay, decrepitude, ජරාව,
ජීර්ණවෙනවා, *v. i.* to become digested or decayed.
ජීර්ණිය, ජීර්ණය, *n.* digestion, ජීර්ණවීම; decay, ජරාව; old age, නාකිකම; decrepitude, ඔබලත්කම.
ජීවක, *a.* living, having life, පණඇති.
ජීවකයා, *n.* living being, animal, සත්වයා; name of a man; a medicinal plant.
ජීව·ග්‍රාහය, *n.* taking alive, පණපිටින් ඇල්ලීම.
ජීවජීවකයා, ජීවජීවයා, *n.* (ජීවන් ජීව:), long-lived one, දීර්ඝායුෂ ඇත්තා; pheasant or Greek partridge, ඇටිකුකුළා. [alive.
ජීවත්, ජීවත්වූ, *a.* having life, living, that is
ජීවත්කරනවා, *v. t.* to make to live, bring to life, keep alive.
ජීවත්වෙනවා, *v. i.* to come to life; to live.
ජීවථ, *a.* long-lived, දීර්ඝායුෂ ඇති; virtuous, pious, සුසීල, ගුණවත්ත.
ජීවථය, *n.* long life; virtue, piety, සුසීලය &c.
ජීව·ද, ජීව·දායක, *a.* life-giving, පණදෙන.
ජීව·දයා, ජීව·දායකයා, *n.* life-giver, ජීවනය දෙන්නා; doctor, වෙද. [herds &c.
ජීව·ධනය, *n.* wealth in live-stock: flocks and
ජීවන, *a.* life-, vital.
ජීවන·දායක, *a.* See ජීවද. [දෙන්නා.
ජීවන·දායකයා, *n.* life-giver, ජීවත්කරන්නා, පණ
ජීවනය, *n.* life.
ජීවනීය, *n.* water, වතුර.
ජීවනීයාව, *n.* milk, කිරි.
ජීවනෝපාය, *n.* (ජීවන උපාය), means of living, livelihood, ජීවිකාව, දිවිරැකගැනීමට මාර්ග.
ජීවමාන, *a.* living, existent, ජීවත්වූ.
ජීවනෞෂධය, *n.* life, ජීවිතය; medicament, බෙහෙත.
ජීවන්තිකයා, *n.* fowler, පක්ෂිවැද්දා.
ජීව·බලය, *n.* life-power, vitality, ප්‍රාණවත්කම.
ජීවම, *n.* spell, enchantment, ගුප්තියම, මන්ත්‍රය.
ජීවම්කට·බැඳි, *a.* spell-bound, enchanted, bewitched, මන්ත්‍රයෙන් බැඳි.
ජීවමාන, *a.* living, possessed of life.
ජීවමානකම, *n.* state of being alive, life, vitality.
ජීවම්කරනවා, *v.* to vitalize some substance by charms. [ප්‍රාණය.
ජීවය, *n.* life, vitality, the sentient soul, පණ,
ජීව·ලෝකය, *n.* world of life or in which living beings are.
ජීව·ලෝකයා, *n.* the living world or world of living beings. [life-drug.
ජීවාතුව, *n.* drug for re-animating the dead,
ජීවාත්මය, *n.* animal life or soul, vital principle, පණ.
ජීවාන්තකයා, *n. lit.* life-destroyer, viz. fowler, bird-catcher, පක්ෂි වැද්දා. [nitrogen.
ජීවාන්තක·වායුව, *n.* life-destroying air, viz.
ජීවාව, *n.* earth, පොළොව; bow-string, දුනුදිය; tinkling, ornament, කිකිණි ඇඬිත්කම; orris root, වදකහ.

ජීවිකාව, *n.* livelihood, maintenance, රක්ෂාව.
ජීවිකාවකරගන්නවා, *v.* to get a living, රැකෙනවා. [biography.
ජීවිත·කථාන්තරය, ජීවිත·කථාව, *n.* life-story,
ජීවිත·කාලය, *n.* life-time.
ජීවිත·ක්ෂය, *n.* loss of life, decease, ජීවිත නැතිවීම, මරණය.
ජීවිතය, *n.* life; manner of life, කල්යැවීම.
ජීවිතාන්තය, *n.* end of life, ජීවිතයේ අන්තිමය.
ජීවිතේන්ද්‍රිය, *n.* (ජීවිත ඉන්ද්‍රිය), organ of life, the heart, හෘදය; principle of life.
ජීවිතේශයා, *n.* (ජීවිත ඊශයා), Lord of life; ap. of Yama the regent of death, යම; (Sans. also) ap. of sun, moon and lover.
ජුගුප්සනය, ජුගුප්සාව, *n.* censure, reproach, abuse, ගර්හාව.
ජුගුප්සිත, *a.* censured, reviled, ගර්හිත.
ජුංගිත, ජුඞ්ගිත, *a.* outcast, පරවූ; deserted, abandoned, අත් ඇරුණු.
ජුණ්හ·පක්ඛය, *n.* P., the moon-lit half of the month, ශුක්ලපක්ෂය.
ජුණ්හා, *n.* P., moonlight, සඳපාන.
ජුතිය, *n.* appetite, බඩගින්න; light, එළිය, effulgence, ආලෝකය; moonlight, සඳ එළිය.
ජුබිලි·අවුරුද්ද, *n.* (ජුබිලි Eng.), jubilee year.
ජුබිලිය, *n.* Eng., Jubilee.
ජුෂ්ට, *a.* served, obliged, gratified, සේවයකරන ලද, සේවිත. [sacrifices.
ජුහුව, *n.* semicircular wooden vessel used at
ජූතිය, *n.* velocity, speed, වේගය.
ජූනි·මස, ජූනිමාසය, *n.* (ජූනි D.), June.
ජූරිකාරයෝ, ජූරිවරු, *n. pl.* (ජූරි Eng.), jurymen, the jury.
ජූරි·විභාගය, *n.* inquest by jury.
ජූරි·සභාව, *n.* the jury.
ජූල·මත්ස්‍යා, *n.* a kind of sea fish.
ජූලි·මස, ජූලිමාසය, *n.* (ජූලි D.), July.
ජූල්·ගෙඩිය, *n.* wood-apple, දිවුල්ගෙඩිය.
ජෘම්භන, *a.* yawning, ඈනුම; opening, expanding (of flowers), පිපෙන.
ජෘම්භනය, *n.* yawning &c., ඈරීම; පිපීම.
ජෘම්භනයවෙනවා, *v. i.* to flower, bloom, open, පිපෙනවා. [florescence.
ජෘම්භනාකාරය, *n.* manner of flowering, in-
ජෘම්භමාන, *a.* opening, expanding, flowering, පිපෙන.
ජෘම්භය, *n.* yawning &c.; splay, ඇලුය. E. S.
ජෘම්භිත, *a.* opened, expanded, in flower, පිපි තිබෙන. [පිපෙනවා.
ජෘම්භිතවෙනවා, *v. i.* to open, expand, unfold,
ජේතවනාරාමය, *n.* name of a famous Vihára or monastery built by Prince Jéta and presented to Buddha.
ජේතෘ, *n.* victor, conqueror, ජයගන්නා.
ජේත්තුකාර, *a.* dressy, foppish.
ජේත්තුකාරකම, ජේත්තුව, *n.* foppishness &c.
ජේත්තුකාරයා, *n.* fop, dandy, swell, coxcomb.
ජේන්තාකය, *n.* dry hot bath.
ජේපාල·තෙලය, *n.* croton oil, ජයපාලතෙල්.
ජේය, *a.* that should be conquered, conquerable, මැඩපැවැත්විය යුතුවූ or හැකිවූ.
ජෛනයා, *n.* one of the Jaina sect, that denies supremacy of the Hindu gods, the authority of the Vedas and the distinction of castes.
ජෛවාතෘක, *a.* long-lived, දීර්ඝායුෂ ඇති; thin, spare, කිත්දුරි; *n.* a drug.
ජෛවාතෘකයා, *n.* moon, සඳ; a son, පුත්‍රයා.
ජෝලිත &c., See ජ්වලිත &c.
ජෝංගක, *n.* aloe wood, අගිල් ලී.
ජෝඩුකරනවා, *v. t.* to prepare, make ready.
ජෝඩුව, *n.* preparation, සූදානම; pair, set, suit, කුට්ටම.
ජෝතිසයා, ජෝතිශයා, *n.* star-gazer, astrologer, නැකැත්කාරයා; astronomer, තාරකා ශාස්ත්‍රඥයා. (ජෝති for ජ්‍යෝති throughout).
ජෝති·පාෂාණය, *n.* stone of light, burning crystal, fire-crystal.
ජෝති·මාලිකය, ·මාලාව, *n.* fire-garland (used for capital punishment).
ජෝතිය, *n.* fire, ගින්න, light, එළිය, effulgence, දිලිසීම; star, තරුව.
ජෝතිසත්ථය, *n.* P., astronomy, ජ්‍යොතිශ්ශාස්ත්‍රය.
ජෝති·සිටාණෝ, *n. lit.* brilliant noble: ap. of a person mentioned in the Jātakas.
ජෝෂය, *n.* happiness, pleasure, ප්‍රීතිය.
ජෝෂිතාව, *n.* woman, ස්ත්‍රී. [an arc.
ජ්‍යකාව, ජ්‍යාව, *n.* bow-string, දුනුදිය; cord of
ජ්‍යෙෂ්ඨ, *a.* first, oldest, වැඩිමහල්; best, highest, pre-eminent, exalted, ඉතා උතුම්.
ජ්‍යෙෂ්ඨතාව, *n.* primogeniture, seniority, වැඩිමහල්කම, pre-eminence, dignity, ඉතා උතුම්භාවය. [පොසොන් මස.
ජ්‍යෙෂ්ඨය, *n.* name of a month (May-June),
ජ්‍යෙෂ්ඨයා, *n.* elder, senior, වැඩිමහල්ලා; eminent person, dignitary, උත්තමයා; *pl.* the elite, උත්තමයෝ. [Maha Mera.
ජ්‍යෙෂ්ඨ·වාස, *n.* ap. of Sakra as residing on
ජ්‍යෙෂ්ඨාව, *n.* the eighteenth lunar mansion, figured by a ring; the middle finger, මැද ඇඟිල්ල; misfortune, අවාසනාව.
ජ්‍යොතිමත්, *a.* luminous, light, bright, දීප්තිමත්.
ජ්‍යොතිය, *n.* fire &c., see ජෝතිය; pupil of the eye, කළුඉංගිරියාව.
ජ්‍යොති·රිංගයා, *n.* firefly, කණාමැදිරියා.
ජෝතිර්ඥානය, ජ්‍යොතිර්විද්‍යාව, *n.* (ජ්‍යොතිඃඥානය &c.), astronomical knowledge; නක්ෂත්‍ර ශාස්ත්‍ර ඥානය; astrology, නැකත් ශාස්ත්‍රය.
ජ්‍යොතිශ්චක්‍රය, *n.* (ජ්‍යොතිඃචක්‍රය), the zodiac, රාශිචක්‍රය. [logy.
ජ්‍යොතිශ්ශාස්ත්‍ර, *a.* pert. to astronomy or astro-

ජ්‍යොතිශ්ශාස්ත්‍ර·ඥයා, ජ්‍යොතිශ්ශාස්ත්‍ර·ධාරියා, *n.* astrologer, නැකතියා, astronomer, තාරකාශාස්ත්‍රඥයා. [ශු ශාස්ත්‍රය.

ජ්‍යොතිශ්ශාස්ත්‍රය, *n.* astrology, astronomy, තාරකා

ජ්‍යොතිෂය, *n.* star, planet, තාරකාව; astronomy, astrology. [star &c.

ජ්‍යොතිෂ්කය, *n.* any heavenly body: sun, moon,

ජ්‍යොතී·රථය, *n.* ap. of the pole star, ධ්‍රැව තාරකාව.

ජ්‍යොත්ස්නාව, *n.* moonlight, සඳ එළිය, සඳපාන.

ජ්‍යොත්ස්නාප්‍රියයා, *n. lit.* moonlight-lover: ap. of the Greek partridge, ඇටිකුකුළා.

ජ්‍යොත්ස්නිය, *n.* moonlight-night, සඳපාන රාත්‍රිය; a perfume, සුවඳ ජාතියක්.

ජ්වර, *a.* pert. to fever, feverish, pyrexial, pyrexical, උණ. [අවශ්වන.

ජ්වර·දායක, *a.* producing fever, febrific, උණ

ජ්වර·නාශක, ජ්වරඝ්නක, *a.* fever-destroying, antifebrile, උණනාශක.

ජ්වරනාශකය, ජ්වරඝ්නකය, *n.* febrifuge, උණ නසන බෙහෙත.

ජ්වරය, *n.* fever, pyrexia, උණ.

ජ්වර·විද්‍යාව, ජ්වර·විභාගය, *n.* knowledge of fever, treatise on fever, pyretology.

ජ්වරාග්නිය, *n.* heat of fever, feverish heat, උණ දුම්ල්ල.

ජ්වරාතුරයා, *n.* (·ආතුරයා), fever-patient, one afflicted with fever, උණරෝගියකාරයා. [ඇති.

ජ්වරිත, *a.* having fever, feverish, febrile, උණ

ජ්වරෞෂධය, *n.* fever-medicine, febrifuge, pyretic, උණ බෙහෙත.

ජ්වල, *a.* flaming, shining, ඇවිළෙන, දිලිසෙන.

ජ්වලනය, *n.* Agni, අග්නි, fire, ගින්න; blazing, burning, දැවීම; inflammation, දැවිල්ල; fervency, ජ්වලිතකම. [කම.

ජ්වලය, *n.* flame, blaze, ගිනිදළුව; zeal, ජ්වලිත

ජ්වලිත, *a.* blazing, ඇවිළෙන; fervent, ardent, earnest, zealous: *col.* ජොලිත.

ජ්වලිතකම, ජ්වලිතය, *n.* fervency &c., zeal: *col.* ජොලිතකම.

ජ්වලිතකරනවා, *v. t.* to kindle, අවුලුවනවා; make zealous, inspirit.

ජ්වාල, *a.* burning, blazing, ඇවිළෙන.

ජ්වාල·පර්වත, ජ්වාල·පර්වත·ජ, *a.* volcanic, arising from a volcano.

ජ්වාල·පර්වතය, *n.* volcano, ගිනිකන්ද. [රය.

ජ්වාල·මුඛය, *n.* crater, volcano, ගිනිකන්දේ මුව

ජ්වාලය, *n.* flame, blaze, ගිනිදැල්ල.

ඣ.

ඣ, *n.* The ninth consonant of the alphabet. It is the preceding letter J aspirated, expressed by *jh.*

ඣංකාරය, *n.* buzzing, tinkling sound, chirping as of birds, කිකිණිනාදය, චිච්නාද.

ඣම්ප, *a.* jumping, saltatory, පනින.

ඣම්ප·ප්‍රාණියෝ, *n. pl.* saltatoria, පනින කුඩා සත්තු.

ඣම්පය, ඣම්පාව, *n.* jumping, plunging, පැනුම; subsultus, twitching (of the nerves), ගැහීම; hoping, expecting, බලාසිටීම.

ඣරය, *n.* waterfall, cascade, ඇල්ල.

ඣරිය, *n.* (As above); river, ගංගාව.

ඣර්ඣරය, *n.* a kind of drum or tomtom; name of a river; Kali yuga or present age of the world, කලියුගය.

ඣලාව, *n.* daughter, දුව; sunshine, අව්ව; brilliancy, දීප්තිමත්කම.

ඣල්ලකය, *n.* cymbal, අත්තාලම.

ඣල්ලයා, *n.* prize-fighter, cudgel-player, මල්ලයා.

ඣෂය, *n.* heat, රස්නය; forest, වනය.

ඣෂයා, *n.* a fish, මත්ස්‍යයා; the sign Pisces, ඣෂ රාශිය, මීනරාශිය. [කාලැව.

ඣාමය, *n.* arbour, bower, පත්දලම; a wood,

ඣානය, *n.* P., for ධ්‍යානය; which see.

ඣිනාඩි, *n.* sandal wood, සඳුන්.

ඣිරි, ඣිරුකාව, *n.* the insect cricket, රැහැයියා.

ඣිල්ලිකාව, *n.* splendour, brilliance, ආලෝකය, දීප්තිය; cricket; its cry, රැහැයියාගේ හඬ; towel or rubbing cloth, තුවාය; rag, wick, රෙදිකඩය.

ඣිල්ලිය, *n.* light, එළිය; wick, පහන්කඩය; cymbal, අත්තාලම; cricket, රැහැයියා.

ඤ.

ඤ, *n.* The tenth consonant of the Sanskrit and Pali alphabets and nasal of the palatal or second class. It is often written by the shorter from [ං], as in ආරංචි, වංචා, by [ෙ], වංචා. In Sanscrit and its derivatives it never stands as an initial or alone, but joined to the following consonant either in its full or shortened form, as වඤ්චා, වංචා, වඤ්චා.

ඤප්තිය, *n.* announcement, declaration, දැන්වීම.

ඤත්වා, *p. pl.* having known, දැන.

ඤාණ·කීම, *v. n.* uttering an oracle, දිව්‍යකීම.

ඤාණ·දස්සනය, *n.* P., for ඥානදර්ශනය: wisdom's insight.

ඤාණය, *n.* P. (Sans. ඥාන), knowledge, wisdom, prudence, understanding.

ඤාණවන්ත, *a.* wise, prudent, intelligent.

ඤාණස්නාන, *a.* T., pert., to religious bathing, baptismal.

ඤාණස්නානය, *n.* T. and R. C., sacred bathing, baptism, බව්තීස්මය.

ඤාණස්නානයකරනවා, *v. t.* to bathe a person religiously, baptise, බව්තීස්මකරනවා.

ඤාණාභිමානය, *n.* (·අභි:), pride of knowledge or learning, pedantry, පණ්ඩිතම්ගිතාව.

ඤාතකයා, ඤාතියා, *n.* kinsman, relative, නෑයා.

ඤාති·කුලය, *n.* natural race or lineage, ලේ නෑ පෙළපත.

ඤාතිත්වය, *n.* relationship, cognation, ලේනෑකම.

ඤාති·ධර්මය, *n.* P., duty of relationship, නෑකමේ ධර්මය or යුතුකම.

ඤාති මිත්‍රයෝ, *n. pl.* relatives and friends, නෑදෑ මිත්‍රයෝ.

ඤාති·ව්‍යසනය, *n.* loss of kinsman, නෑයන් නැති වීම. [කමේ බැම්ම.

ඤාති·සම්බන්ධය, *n.* the tie of relationship, නෑ

ඤාවුවා, *n.* water-pheasant, *hydrophasianus* [*chiragus.*

ඤාව්, *n.* mew of a cat.

ඤාව්·ගානවා, *v.* to mew.

ඤේය්‍ය, *a.* that should be known, දැනගතයුතු; knowable, දැනගත හැකිවූ.

ඤේය්‍ය·මණ්ඩලය, *n.* circle of knowledge, cyclopedia. E. S.

ඥ.

ඥ, A letter compounded of the above and of ජ, =ජ්ඤ, but the ජ් is often dropped in ordinary pronunciation when it occurs as the *initial* letter of a word.

ඥ, *suf. signifying* knowing, as ශාස්ත්‍රඥ knowing or understanding science; ශාස්ත්‍රඥයා, scientist. [ලද.

ඥපිත, ඥප්ත, *a.* known, ascertained, දැනගත්ත

ඥප්තිය, *n.* knowledge, understanding, දැන ගැනීම, දත්තාකම.

ඥාත, *a.* known, දැනගත තිබෙන.

ඥාතව්‍ය, ඥාත·ගම්‍ය, *a.* knowable, ascertainable, දැනගතහැකිවූ; that should be ascertained, දැනගතයුතු.

ඥාති, *a.* related, kindred, නෑවූ.

ඥාති·කුලය, *n.* kindred, නෑවූ ජනිය, නෑයෝ.

ඥාතිත්වය, *n.* kinship, relationship, නෑකම.

ඥාතියා, *n.* kinsman, relative, නෑයා. [E. S.

ඥාන·කාමය, *n.* love of knowledge, philomathy.

ඥාන·ගජිතාව, *n.* fame of or for knowledge or learning, උගත්කමට ඇති කීර්තිය.

ඥාන·දර්ශනය, *n.* vision by internal knowledge, transcendental or supernatural vision of the past, present, and future, as was possessed by Buddha &c., to be obtained by deep meditation on the lives of Buddha and other eminent saints. [ඥානපහන.

ඥාන·දීපය, *n.* lamp of knowledge or wisdom,

ඥාන·මණ්ඩලය, *n.* round or circle of knowledge, cyclopedia. E. S.

ඥානය, *n.* See ඤාණය.

ඥානවත්, ඥානවන්ත, *a.* intelligent, prudent, wise, sage. [sage.

ඥානවන්තයා, *n.* intelligent or prudent person,

ඥාන·විඥානය, *n.* knowledge and insight or wisdom and knowledge.

ඥාන·ශක්තිය, *n.* intellectual power, mental calibre, intellect.

ඥානාක්ෂිය, *n.* eye of the mind, intellectual perception, intellect.

ඥානාභිවෘද්ධිය, *n.* ('අභි:), intellectual improvement, mental culture, edification. [gence.

ඥානාලෝකය, *n.* light of knowledge, intelli-

ඥානී, *n.* wise or learned person, litterateur, පණ්ඩිතයා, sage, ප්‍රඥාවන්තයා; astrologer, නැකතියා, fortune-teller, දිවස්කියන්නා.

ඥානීය·මණ්ඩලය, *n.* curriculum: see විද්‍යාභ්‍යාස ක්‍රමය.

ඥානේන්ද්‍රියය, *n.* (ඥාන ඉන්ද්‍රියය), organ of sense.

ඥාපනය, *n.* making known, informing, දැන්වීම.

ඥාප්තිය, *n.* knowledge, understanding, දැන ගැනීම.

ඥේය, *a.* See ඥේය්‍ය.

ට.

ට, *n.* The eleventh consonant of the alphabet, the first of the third class of cerebrals. Its sound is that of T, as in the prefix *Meta.* It is the termination for the dative case.

ටකපෝරුව, ටකංපෝරුව, *n.* board that makes the sound 'takan' to scare birds &c., clapper board, scaring board.

ටගර, *a.* squint-eyed, වපර.

ටඞරය, *n.* borax; wanton play; wandering of mind, සිහිමුලාව; an object of sense, ඉන්ද්‍රිය විෂය.

ටංකකය, *n.* stamped coin, කාසිය.

ටංකණය, *n.* borax, පුස්කර, පුෂ්කර; binding, tying, බැඳීම.

ටංක·පතියා, *n.* mint-master.

ටංකය, *n.* borax; spade or hoe, උදැල්ල; cutter: as hatchet, knife, sword, පොරව &c.; anger, pride, තරහ &c.

ටංක·ශාලාව, *n.* hall for coining, mint.

ටංකාව, *n.* leg, කකුල; side of a hill, බෑවුම.

ටංගය, *n.* borax; hoe, axe; leg.

ටඹ, ටැඹ, *n.* pillar, කණුව, monument; *pl.* ටැඹි.

ටර්පන්ටයින්, *n.* Eng., turpentine.

ටාංකරයා, *n.* swearer, දෙස් කියන්නා, blackguard, තක්කඩියා; libertine, සල්ලාලයා.

ටාං·ගානවා, *v.* to make the sound *tān* (ටාං), to dingdong.

ටැඹය, *n.* water-pot, කළය.

ටැම්මැටටම, *n.* double-drum, තම්මැටටම.

ටික, *a.* small (number), few (persons or things).

ටික, ටිකක්, *n.* a little (in quantity or degree).

ටිකකින්, *ad.* by or in a little, shortly.

ටිකින්ටික, *ad.* little by little, gradually.

ටිකිරි, *a.* small, little.

ටිකිරිපැංචා, ටිකිරියා, *n.* little boy, පුංචිළමයා.

ටිකිණිය, ටිකිනිය, *n.* eyeball, ඇස් ගුලිය.

ටිංටිං·ගානවා, *v.* to tinkle, chink, make a tinkling sound. [*goensis.*
ටිටිහයා, *n.* a kind of birk, *parra jacana* or
ටිට්ටිටි·ගාන·සිනාව, *n.* titter.
ටිට්ටිටි·ගා·සිනාසෙනවා, *v.* to titter.
ටීකාව, *n.* commentary, glossary.
ටුණ්ඩුකයා, *n.* a bird, *sylvia sutoria*, තොවිලයා.
ටොක්ක, *n.* rap or knock on the head; *pl.* ටොකු.

ඨ.

ඨ, *n.* The twelfth consonant of the alphabet and aspirate of the preceding.
ඨපනීය, *a.* that may or ought to be placed or set aside, තැබිය or අහක තැබිය යුතු.
ඨානය, *n.* place, ස්ථානය; continuance, පැවැත්ම; post, rank, තිලය. [තිබූ.
ඨානන්තර, *a.* official, professional, තිලයට අයි
ඨානන්තරය, *n.* P. (Sans. ස්ථානාන්තරය), employment, office, profession, තනතුර, තිලය.

ඩ.

ඩ, *n.* The thirteenth consonant of the alphabet, and third of the cerebral class. It has the sound of the English D.
ඩබරය, *n.* quarrel, affray.
ඩබරුව, *n.* water bowl or vessel made of the shell of a coconut or gourd.
ඩබුව, ඩබුව, *n.* delay, ප්‍රමාදය; theft, සොරකම; plunder, කොල්ලය.
ඩමර, *n.* drumming or sound of the ඩමරුව.
ඩමරුව, *n.* native drum shaped like an hour-glass, උඩැක්කිය.
ඩයනය, *n.* palanquin or litter carried on the shoulders, දෙලාව; flying, ඉගිලීම.
ඩලකය, *n.* sling, basket for carrying presents of fruit &c.
ඩවිනී, *n.* See ඩාකිනී.
ඩහදිය, *n.* sweat, perspiration, දහඩිය.
ඩහනවා, *v. t.* to bite, හපාකනවා; seize with the mouth, ඩැහැගන්නවා; *pret.* ඩැහුවා; *v. n.* ඩැහීම.
ඩා, *n.* See ඩාදිය. [යකින්න.
ඩාකිනී, ඩාව, *n.* a kind of female imp or goblin,
ඩා·දිය, *n.* See ඩහදිය. [දඩිය දමනවා.
ඩාදිය (or ඩහදිය) දමනවා, *v.* to sweat, perspire,
ඩානවා, *v. t.* See ඩහනවා.
ඩාමරය, *n.* affray, conflict, uproar, කෝලාහලය.
ඩාව, *n.* See ඩාකිනී; also a sling-basket.
ඩා·සිදුර, *n.* pore of the skin, රෝමකූපය. [කයා.
ඩාහකයා. *n.* one who burns, පුළුස්සන්නා, දහ
ඩාත්‍යූහයා, *n.* gallinule, දියකුරුල්ලා. [රුව.
ඩැක්කිය, *n.* a drum (small in the middle), ඩම
ඩැහැගන්නවා, ඩැගන්නවා, *v. t.* to seize with the mouth or bill, grab.

ඩිංගක්, ඩිංගිත්තක්, ඩිංගිස්සක්, *n.* a little, a morsel, a small quantity.
ඩිංගිරි, *a.* small, little, කුඩා.
ඩිංගෙන්, *ad.* slightly, ටිකෙන්, ටිකක්.
ඩිණ්ඩිමය, *n.* small drum or tabor, අතතය, එකැස් බෙරය.
ඩිණ්ඩිර·මෝදක, *n.* garlic, සුදුළූනු.
ඩිණ්ඩිරය, *n.* cuttle-fish bone, supposed to be foam of the sea.
ඩිම්බ, *a.* germinal, pert., to eggs; also ඩිම්භ.
ඩිම්බ·කෝෂ, (or ඩිම්බකෝෂ throughout), *a.* pert. to the ovary, ovarian. [torus.
ඩිම්බ·කෝෂ·ධාරිය, *n. bot.* thalamus, receptacle,
ඩිම්බ·කෝෂ·භිත්තිය, *n. bot.* septum.
ඩිම්බ·කෝෂය, *n.* ovary; *bot.* seed-case. E. S.
ඩිම්බ·කෝෂ·ගෝළිය, *n. bot.* grossification, බිජ කෝෂවර්ධනය.
ඩිම්බ·පෝෂණය, *n.* feeding or rearing young, පැටියන් ඇතිකෙරීම.
ඩිම්බය, *n.* germ, බීජාංකුරය; egg, බිත්තර; bladder, මුත්‍රාකොස්ස; spleen, බඩදිව.
ඩිම්බය, *n.* affray, ගණ්ඩුව; alarm, භීතිය; noise thereof. [perule, බිජ වැස්ම.
ඩිම්බාවරණය, *n.* (·ආවරණ), cover of the germ,
ඩිම්භයා, *n.* young animal, පැටියා; infant, ළදරුවා; simpleton, fool, මෝඩයා.
ඩුණ්ඩුභයා, *n.* water-snake, දියබරියා.
ඩෝලය, *n.* See දෝලය.
ඩෝලා·යන්ත්‍රය, *n.* See වණ්ඩුව.

ඪ.

ඪ, *n.* The aspirate of the preceding letter: dh.
ඪක්කය, *n.* city or district, නුවර, පලාත; Decca; covering, වැස්ම; concealment. [දවුල.
ඪක්කාව, *n.* large or double drum, ඩැක්කිය or
ඪෝලය, *n.* large drum, දවුල.

ණ.

ණ, *n.* Nasal letter of the third or cerebral class of consonants, N. There is no perceptible difference now in sound between this and the dental න, and very few words commence with this letter.
ණය, *n.* E. of ඍණ, P. ඉණ, debt.
ණය·ඔප්පුව, ණය·කරය, ණය·පත්‍රය, *n.* promissory note, bond, debenture.
ණයකාරයා, *n.* debtor.
ණයගන්නවා, ණයටගන්නවා, *v.* to borrow (money), take a loan; take on credit.
ණයටදෙනවා, *v. t.* to lend (money); give on credit.
ණය·තුරය, *n.* debt, ණය.
ණය·තුරුස්, *a.* debit; indebted.
ණය·තුරුස්කම, *n.* state of debt, indebtedness.
ණය·හිමියා, *n.* debtee, creditor.

ත.

ත, *n.* The first of the dentals or fourth class of consonants. Its sound is that of *th* sharpened, as a foreigner unaccustomed to the sound would pronounce it in the word *This*, viz. about half way between Tis and This.

ත, *adj. pron.* used for තගේ, gen. case of තෝ, as ත·සිත, thy heart.

තකතිරු, *a.* stupid, foolish, මෝඩ.

තකතිරුවා, *n.* stupid man, dolt, fool, මෝඩයා.

තකනවා, *v. t.* to regard, heed; *pret.* තැකුවා; *v. n.* තැකීම. [හාම, පිණිසම.

තකහකියාම, *post.* on purpose, in order to, සඳ

තකා, *p. pl.* of තකනවා; used also as *post.*, out of regard to, considering, on account of, සඳහා.

තකු, *n.* E. for තර්ක: debate, argument.

තකුල්, *n. pl.* nuts of the annual hairy plant තපුහිනිස්ස, ලියකහුරි.

තකු·සත, *n.* E. for තර්කශාස්ත්‍රය: logic.

තක්ක, *n.* See තකු. [base.

තක්කඩි, *a.* (T. deceitful), knavish, rascally,

තක්කඩියා, *n.* rogue, rascal, scoundrel.

තක්කාලි, *n. pl.* tomatoes.

තක්කෝල, *n.* P. for තකුල්; perfume made from those nuts, තකුල් සුවඳ. [මෝරු.

තක්‍ර, *n. pl.* buttermilk or curds and water, කිරි

තක්ෂකයා, *n.* carpenter, වඩුවා.

තක්ෂණය, *n.* paring, peeling, planing, carpentering, වඩුවැඩ.

තක්ෂණයා, *n.* peeler &c., carpenter; ap. of Visvakarma (architect of the gods), විශ්ව කර්මයා. [Punjab.

තක්ෂශිලා, *n.* city of that name, Taxila in the

තක්සේරුකරනවා, *v. t.* Port., to appraise, assess, estimate, value.

තක්සේරුකාරයා, *n.* appraiser, assessor.

තක්සේරුව, *n.* appraisement, assessment, valuation.

ත·ගණය, *n.* a poetical foot, antibachchic, viz. — — ⏑: two syllables long and the third short (marked in Sinh. ⏑ — —).

තගර, *n. pl.* myrrh, තුවරලා; waves, රළ.

තගරම්, *n.* T., tin; zinc.

තගුව, *n.* delay, loitering, ප්‍රමාදය.

තච·පංචකය, *n.* five parts of the body, viz. hair of the head, hair of the body, nails, teeth, and skin.

තච්ඡකයා, *n.* P. for තක්ෂකයා; carpenter.

තට, *pron.* dative of තෝ: to or for thee.

තටකය, තටය, *n.* shore (of sea &c.), bank, ඉවුර; high or dry land, ගොඩබිම.

තටංපෝරුව, *n.* See වකපෝරුව.

තටතට, *n.* tremor, වෙවුලුම, tremulous sound, clatter, තටතට යන ශබ්දය.

තටමනවා, *v.* to strain (at stool); *fig.* to try hard; *pret.* තැටමුවා; *v. n.* තැටමීම.

තටය, *n.* See තටකය. [ලය.

තටාකය, *n.* pond, පොකුණ, tank, cistern, ජලා

තටුකොකා, *n.* black-headed white ibis, *Ibis melanocephala.*

තටු·ගසනවා, *v.* See අත්තටුගසනවා.

තටුපත, *n.* bird's wing, අත්තටුව.

තටු·පෑන, *n.* quill pen.

තටුව, *n.* a metal vessel, basin or dish, තලිය; basin in which offerings are made to a demon; bird's wing, අත්තටුව.

තට්ට, *a.* bald, baldheaded.

තට්ට·කුරුල්ලා, *n.* weaver-bird, වඩුකුරුල්ලා.

තට්ටම, *n.* buttocks, posteriors, rump.

තට්ටම්·පටිය, *n.* breech-band.

තට්ටම්·පෝරුව, *n.* the flat part of the buttocks.

තට්ටය, *n.* bald head.

තට්ටයා, *n.* baldheaded man.

තට්ට·සේරු, *n.* Indian whistling teal: see සේරු.

තට්ටුකරනවා, *v.* to tap, rap, knock, (of a bell) ring.

තට්ටු·මාරුව, *n.* turn-about: applied to a joint ownership of land where each one of the owners in turn cultivates the land for one year and takes the entire produce.

තට්ටුව, *n.* tapping &c.: see තට්ටුකරනවා.

තට්ටුව, *n.* shelf, stage, platform, floor, deck, ceiling, story of a building; layer, stratum.

තට්ටුවෙනවා, *v. i.* to hit, strike, touch; to tap, (of a bell) to ring. [stratified.

තට්ටු·තැදෙනවා, *v. i.* to form in layers, become

තඩ, *n.* pole-load carried by two persons.

තඩලනවා, *v. t.* to yoke on, suspend from the yoke; *pret.* තඩලුවා; *v. n.* තඩලීම.

තඩාගය, *n.* See තටාකය.

තඩි·ගහනවා, තඩි·බානවා, *v.* to cudgel, drub, thrash; *v. n.* තඩිගැහීම, තඩිබෑම.

තඩිත, *a.* lightning, විදුලිය. [cudgel.

තඩිය, *n.* pole or yoke for carrying a load;

තඩියා, *n.* stout or corpulent man; fat animal.

තඩිස්සිකරනවා, *v. t.* to make to swell, tumify.

තඩිස්සිකිරීම, තඩිස්සිවීම, *v. n.* tumifaction, turgescence.

තඩිස්සි·ගතිය, *n.* tumidness, ඉදිමුම්කම.

තඩිස්සිය, *n.* swelling, tumour, intumescence, ඉදිමුම. [වා.

තඩිස්සිවෙනවා, *v. i.* to swell, tumify, ඉදිමෙන

තඩුස්තුව, *n.* obstruction, impediment, බාධාව; (in breathing), panting, හතිදැමීම.

තණ, *n.* E. for තණකොළ.

තණ, තණකොළ, *n.* grass.

තණ·කබල, *n.* mouthful of grass.

තණ·කැලය, *n.* grass-jungle, grass-thicket.

තණ·කොපුව, *n.* *bot.* grass-sheath, sheath.

තණ·ග, *n.* (තණ අග), point of a blade of grass, grass-point.
තණ·කිරවා, *n.* grasshopper.
තණ·දඬු, *n. pl.* stalks (of grass &c.), culm.
තණ·පත, *n.* blade of grass.
තණ·පඳුර, *n.* tussock, clump of grass.
තණ·පාත්තිය, *n.* grass-plot.
තණ·පිට්ටනිය, **තණ·බිම**, *n.* grass-land, pasture-land, meadow, mead.
තණ·පිඩැල්ල, *n.* turf, sod. [grass &c.
තණ·හුල, **තණ·හුල**, *n.* grass-torch, torch of
තණ·හාල්, *n.* millet, *setaria italica.*
තණ්ඩෙල්, *n.* captain of a dhony or small vessel, tindal.
තණ්ඩල්·දමනවා, *v.* to place an animal in front of others to draw a vehicle, to drive a tandem.
තණ්ඩුල, *n.* grain, as rice &c., ධාන්‍ය.
තණ්ඩුල·ඛණ්ඩ, *n.* broken grain, broken rice &c., හාල්කුඩු.
තණ්ඩුල·වාරි, *n.* water in which rice has been washed, rice-water, දෙවුන්දිය, හාල්පානවතුර.
තණ්හා, *n. pl.* desires &c. (see below); ap. of මාරයා, Buddha's great opponent.
තණ්හා·කාරයා, *n.* carnal person, avaricious person, niggard, miser. [ness.
තණ්හා·පතිකම, *n.* avariciousness, covetous-
තණ්හාව, *n.* desire, avarice, sordidness, covetousness.
තණ්හාඩු, *a.* avaricious &c., greedy, grasping.
තණ්හාවෙවනවා, *v. i.* to desire, covet, be avaricious.

තත, *a.* spread, diffused, පතළ.
තත, *n.* musical string; condition, state, සට භාව, තත්වය.
තතනනවා, *v.* to groan, කෙඳිරිගානවා; storm or roar in anger, ඝෝරනාදවෙනවා; thunder, ගර්ජනාකරනවා; shake, සෙලවෙනවා; *pret.* තැතනුවා; *v. n.* තැතනීම. [ease.
තතනය, *n.* groaning &c.; shaking; rage; dis-
තතු, *n.* cord, string, ලනුව; manner, අන්දම; disposition, state, ස්වභාව; bending down; potsherd. [ment).
තත්ඇති, *a.* having strings, stringed (instru-
තත්·කබල, *n.* vessel painted red.
තත්කවනවා, *v.* to string an instrument or bow; draw bow; *pret.* තත්කැවුවා.
තත්කාලය, *n.* the present time; that time, the time referred to.
තත්ත·කාරයා, *n.* carpenter, වඩුවා. [භාව.
තත්තුව, *n.* E. for තත්වය: condition, state, සට
තත්සෂ, *n.* thirst, පිපාසය.
තත්ව, *n.* ap. of Brahma, expressing the reality of his existence. [nature, ස්වභාව.
තත්වය, **තත්ව**, *n.* reality, fact, ඇත්ත; state,

තත්ව·ඥානය, *n.* knowledge of existence or reality or nature.
තත්·දමනවා, *v.* to put strings to, string an instrument or bow.
තත්පර, *a.* diligent, assiduous, තත්පර, engaged in, devoted to, නියුක්ත.
තත්පරකම, *n.* diligence, assiduity.
තත්පරය, *n.* a second of time.
තත්පරවෙනවා, *v. i.* to be devoted to, engaged in, යෙදීසිටිනවා. [duous, නියුක්ත.
තත්පරයණ, *a.* attached to, devoted to, assi-
තත්පරිදි, *a.* according with fact, ඇතිහැටි.
තත්පුරුෂ, *n.* a kind of compound noun.
තත්පුරුෂයා, *n.* that man, ඒ මනුෂ්‍යයා. [භාව.
තත්වය, **තත්ත්වය**, *n.* condition, state, nature, සට
තත්වාකාර, *a.* according with the reality, characteristic, realistic. [racteristically.
තත්වාකාරයෙන්, *ad.* according to reality, cha-
තත්ලෙස, **තත්වූපරිද්දෙන්**, *ad.*, *idem*, intrinsically, as it really is, *de facto*, ඇති හැටියට.
තතසම, *a.* See තසම; indentical.
තතසමභාවය, *n.* *gram.* sameness, identicalness (of a derived word with the original).
තත්·සරනවා, *v.* to prepare or tune the strings of an instrument; *pret.* තත්සැරුවා; *v. n.* තත්සැරීම. [ඇති සටභාව.
තත්සභාව, *n.* the actual condition or nature,
තථා, *ad.* Sans., so, thus, in that manner, එසේ.
තථා·ගත, *a.* (තථා ආගත), *lit.* who thus came: ep. of Buddha as coming like his predecessors.
තථ්‍ය, *a.* true, real, නැබෑවූ, ප්‍රකාශ.
තථ්‍යතාව, *n.* reality, realness, positiveness.
තථ්‍යය, *n.* the fact, the reality, ඇත්ත.
තද, *a.* hard, firm, rigid, stiff, tight, intense; obstinate; severe, austere. [&c.
තදකම, *n.* hardness &c., constriction; severity,
තදකරනවා, *v. t.* to harden, tighten, fasten, compress, consolidate.
තදනන්තර, *a.* (තත් that, අනන්තර), the next, contiguous, ඊළඟ; subsequent.
තදනන්තරව, *ad.* next to that, ඊළඟට, afterwards, ඊට පසුව; subsequently, පසුව.
තදනුගත, *a.* (තත් අනුගත), which accords with or follows that, එයාකාර.
තද·බල, *a.* very strong, powerful; austere, severe, violent, stringent; intense, grievous.
තද·බලකම, *n.* powerfulness &c., stress, violence.
තදබලකරනවා, *v.* to use violence, to force.
තදයා, *n. mas.* hard, harsh or austere person, obstinate person. [fast or hard.
තදවෙනවා, *v. i.* to become tight or fixed or
තදින්, **තදේට**, *ad.* firmly, strongly, severely, harshly.

තද්, *adj. pron. Sans.* for තත් before soft consonants: that, ඒ.
තද්ගුණය, *n. gram.* inherent quality or attribute, ඇත්තාවූ ගුණය. [රය දක්වන.
තද්ගුණ·සංඥක, *a.* descriptive, epithetic, ආකා
තද්ගුණ·සංඥකය, *n.* describing, epithet, ආකාරය දක්වන වචනයක්.
තද්ධිතය, තද්ධිතය, *n.* derivative noun.
තද්භව, *a. gram.* derivative.
තද්භව·වචනය, *n.* derivative word.
තන, *n.* place, තැන: see තත්.
තන, *a.* fine, thin, තුනී, සිහින්; shaking, සෙලවෙන; pert. to the breast.
තන·කිරි, *n.* woman's milk.
තන·කින, *n.* under part of the breast.
තනග, *n.* teat, nipple, තනපුඩුව.
තනතුර, *n.* employment, occupation, office; *pl.* තනතුරු.
තනනවා, *v. t.* to make, form, fashion, සාදනවා; bring up, rear, ඇතිකරනවා; shake, සොලවනවා; *pret.* තැනුවා; *v. n.* තැනීම.
තනපා, *n.* suckling, sucking child.
තනපුඩුව, *n.* teat, nipple, pap.
තනය, තනත්, *n.* female breast.
තනය, *n.* male child son, පුතා.
තනයාව, *n.* daughter, දුව.
තනර, *n.* eyeball, ඇස්ගුළිය.
තනවනවා, *v. c.* of තනනවා: to cause to make, get made &c.; *pret.* තැනෙවුවා; *v. n.* තැනවීම.
තනි, *a.* single, insulated, detached, solitary.
තනිකම, *n.* singleness &c., separateness; supposed satanic influence on person when he or she is alone.
තනිකරනවා, තනිකරනබනවා, *v. t.* to separate, insulate, isolate.
තනි·තනිව, *ad.* each separately.
තනි·දණ්ඩ, *n.* shin; *pl.* තනිදඬු.
තනි·දඬු·ඇටය, *n.* shin-bone.
තනි·බර, *n.* net weight.
තනියම, තනිව, *ad.* singly, alone.
තනි·වියදම, *n.* bare cost, net cost. [truprate.
තනිස්නාබුකරනවා, *v.* to ravish, deflour, cons-
තනිස්නාබුව, *n.* rape, outrage, construpration.
තනු, තනුක, *a.* small, fine, delicate, slender, emaciated, තුනී, සිහින්, කෙට්ටු.
තනු·කූපය, *n.* pore of the body, ඩාසිදුර.
තනු·ජයා, *n.* (තනු body, ජ produced), male offspring, own son.
තනු·ජාව, *n.* female offspring, own daughter.
තනු·ත්‍යාගය, *n.* surrender of the body, leaving the body, death, තුරන්වීම; sacrificing the body for charity or religion, as Buddha, who is said to have given his flesh and blood to feed the poor and animals and to satisfy demons.
තනු·ත්‍රාණ, *n.* (ත්‍ර fr. ත්‍රා to preserve), armour, mail, සන්නාහය. [ඇති.
තනුමත්, *a.* corporeal, having a body, ශරීරයක්
තනු·මධ්‍යය, *n.* the waist, loin, ඉඟටිය.
තනු·රුහ, *n.* hair of the body, ඇඟේ කේශ; wing, අත්තටුව.
තනුව, *n.* the body, ශරීරය; the skin, හම.
තනුවග, *n.* slender body; woman, ස්ත්‍රී: see තන්වංගී. [various places.
තන්, *n. pl.* for තැන්, places, as තන්තන්හි in
තන්තවායා, *n.* drummer, බෙරවායා.
තන්තිරි·කඩය, *n.* accommodation or temporary boutique opened at night during Mohammedan fast-days.
තන්තිරිපට, *n.* a kind of musical instrument.
තන්තු, තන්තුවත්, *a.* stringy, fibrous, පට්ටා ඇති, කෙඳි ආකාර. [papillæ. E. S.
තන්තු·අග්‍රය, තන්තුඅග්‍රය, *n.* papilla, තන්තුඅග්‍ර, *pl.*
තන්තුව, *n.* fibre, filament, කෙන්ද, thread, line, නූල; line of descent, race, වංශය.
තන්තු·වාපය, *n.* loom, අළුව.
තන්තු·වාපයා, *n.* weaver, වියන්නා, පෙහෙර.
තන්තු·වායයා, *n.* weaver; spider, මකුළුවා.
තන්ත්‍රය, *n.* mystical or magical formula or book; magical charm or thread, මන්ත්‍රය or මතුරපු නූල; loom, අළුව; thread, cord, තන්තුව; wealth, ධනය.
තන්ත්‍රිය, *n.* string, rope, ලණුව, wire, කන; vein or artery, ලේනලයක් or නහරයක්.
තන්දිරම, *n.* T., form of the above: scheme, උපාය; perfidy, ද්‍රෝහය. [උපාදක්‍රමයා.
තන්දිරම්කාරයා, *n.* trickster, schemer, sharper,
තන්ත්‍ර·වායයා, *n.* weaver: see තන්තුවාපයා.
තන්ද්‍රාලු, තන්ද්‍රි, *a.* sluggish, slothful, lazy, සුසාංගු, අලස. [නිද්‍රමතකම.
තන්ද්‍රාව, *n.* lassitude, මලානිකකම; drowsiness,
තන්ද්‍රිකාව, තන්ද්‍රිය, *n.* drowsiness, slothfulness, sloth.
තන්ද්‍රි·පාදිකයා, *n.* tardigrade, the sloth.
තන්ද්‍රි·පාදිකයෝ, තන්ද්‍රි·පාදික·සත්ව·ජාති, *n. pl.* tardigrada, ඉතා හෙමින් යන සත්වජාති.
තන්වංගී, *n. fem.* (තනු අංගී), *lit.* slender-bodied one, viz. woman or slender woman.
තන්·වැසි, *a.* suitable for the place or time, opportune, යෝග්‍ය, සුචාතෝචිත.
තන්·වැසියා, *n.* one who speaks or acts seasonably or opportunely.
තන්හි, *n.* used only in composition, as එතන්හි, මෙතන්හි, there, here, then.
තපනය, *n.* sun, ඉර; heat, burning, රස්නය; hot season, ග්‍රීෂ්ම කාලය; one of the eight hells; distress, දුක; marking-nut, බදුල්ල.
තපනිය, *n.* the river Gōdāvarī.
තප·නිශ්‍රිත, *a.* (තප penance), ascetic, devoted to asceticism, ශ්‍රමණ.

තපනීය, *a.* that should be heated, fusible; that should be endured as a penance.

තපනීය, *n.* gold, රන්.

තපය, *n.* heat, රස්නය; hot season, ග්‍රීෂ්ම කාලය; distress, දුක; penance, E. S.

තපල්, තැපැල්, *a.* T., post, as තපල්කන්තෝරුව, post office, තැපැල් මුද්දරය, postage stamp.

තපෑල, තැපෑල, *n.* mail-post, letter-post.

තපස, *n.* religious austerity, asceticism, penance; special duties of the different castes; dewy or hot season.

තපසංගය, *n.* (තපස් අංගය), ordinance pert. to asceticism, anyone of the thirteen ordinances to be observed by an ascetic.

තපසා, *n.* See තාපසයා.

තපස්, *a.* ascetic, conventual, hermitical.

තපස්භාවය, *n.* condition of an ascetic, asceticism. [nery, cloister.

තපස්මඩම, තපස්ශාලාව, *n.* monastery, nun-

තපස්‍යය, *n.* the month Feb-March, නවම්මස.

තපසකාව, *n.* See තාපසකම.

තපස්රකිනවා, *v.* to practise religious austerities as an ascetic.

තපස්වරයා, *n.* ascetic, hermit, recluse, තාපසයා.

තපස්වි, *a.* ascetic, devoted to religion, mendicant, තාපස.

තපස්විනී, *n. fem.* female devotee, nun, තාපසී.

තපස්වියා, තපස්වි, තපස්විවරයා, *n. mas.* ascetic &c., තාපසයා.

තපිනවා, *v.* to bask or warm one's self, as ගිනි තපිනවා, අව්ව තපිනවා, warm one's self at the fire or in the sun: *pret.* තැප්පා; *p. pl.* තැප; *v. n.* තැපීම.

තපෝගුණය, *n.* (තපස් ගුණය), practice or virtue of asceticism.

තපෝධනයා, තපෝමූර්තියා, *n.* (ධන wealth, මූර්ති form), devout ascetic, earnest devotee.

තපෝවටය, *n.* ascetic or holy region in central India where the people are said to be very pious.

තපෝවන, *n.* See තපෝවෘත්තිය.

තපෝවනය, *n.* ascetic grove, sacred grove, තාපසාරාමය.

තපෝවෘත්තිය, *n.* practice of asceticism, ascetic life or state, තපස්භාවය.

තපෝවෘද්ධ, *a.* trained or advanced in asceticism, තපසින් වැඩුණු.

තප්ත, *a.* heated, hot, රත්වූ, burnt, scorched, දැවී තිබෙන; inflamed, parched, afflicted, පීඩිත.

තප්පණය, *n.* P. of තර්පණය: satisfaction &c.

තප්පලියා, *n.* plump short person.

තප්පාලි, *a.* plump, තර.

තප්පුලනවා, *v.* to low, bellow: see තැප්පුලනවා.

තබනවා, *v. t.* to put, lay, place, set aside, keep; *pret.* තැබුවා; *v. n.* තැබීම.

තංබව, *a.* E. of තදබව.

තබවනවා, *v. c.* See තබ්බවනවා; *pret.* තැබෙවුවා; *v. n.* තැබවීම.

තබා, *p. pl.* of තබනවා: having put &c.; මේක තබා or තියා ඔක්ක ඒකවත් කෙළේ නැත, He did not do even that, not to say—letting alone—this.

තබාගන්නවා, *v. t.* to lay by, keep.

තබ්බවනවා, *v. c.* of තබනවා: to cause to put, get put &c.; *pret.* තැබ්බෙවුවා; *v. n.* තැබ්බවීම.

තම, *pron.* self, but not used alone, except as තමයි (which see), or as a substitute for තමාගේ.

තමතමන්, තමතමුන්, *refl. pron. pl. but distributively*: they severally, each himself.

තමන්, *pron. pl.* See තමුන්; also honorific for තමා.

තමය, *n.* darkness, අඳුර; ignorance, stupidity, මෝඩකම, error, delusion, මුළාව; an ap. of රාහු.

තමයි, *part.* used for emphasis, as ඒකතමයි, it is that very thing, it is just so. [ඉර.

තමරිපු, *n.* enemy of darkness: ap. of the sun,

තමස, තමස්, *n.* See තමය.

තමස්, *n.* See තපස් and තපස.

තමස්විනිය, *n.* night, රාත්‍රිය.

තමා, *refl. pron.* he; තමාම he himself; තමාගේ his; තමාට to him &c.; තමාගේම his own; තමාටම to himself &c.

තමාලපත්‍රය, තමාලය, *n.* sectarian mark made with sandal and ashes on the forehead, තිලක; leaf of the *Laurus cassia*.

තමිය, *n.* night, රාත්‍රිය.

තමිස්‍රය, *n.* dark half of the month, period of the moon's wane, අපරපක්ෂය; darkness, අන්ධකාරය.

තමිස්‍රාව, *n.* dense darkness, ඝනාන්ධකාරය, dark night (during the wane), අන්ධකාර රාත්‍රිය.

තමුන්, *refl. pron. pl.* they; තමුන්ම, they themselves; තමුන්ගේ, their; තමුන්ගේම, their own.

තමුන්නාන්සේ, *pron. hon.* Thou, your honour: *pl.* තමුන්නාන්සේලා. [නැහේලා.

තමුන්නැහේ, *pron. res.* Thou, sir; *pl.* තමුන්

තමුසේ, *pron.* (with civility), Thou; *pl.* තමුසේලා.

තමෝගුණය, *n.* (fr. තමස් ගුණය), quality of darkness or ignorance. [ep. of Buddha.

තමෝනුද, *a.* darkness or night-dispersing;

තමෝනුදය, *n.* darkness or night-disperser, viz. sun, moon, fire or lamp, ඉර &c.

තම්පාව, *n.* cow, එළදෙන.

තම්බනවා, *v. t.* to seethe, cook by boiling, (not used of heating a liquid); *pret.* තැම්බුවා; *v. n.* තැම්බීම.

තම්බපණ්ණි, *n.* a name of Ceylon, Taprobane, ලංකාව (තම්මැන්නා). Sans. තාම්‍රපර්ණී.
තම්බි, *n.* T., younger brother, used in addressing a moorman.
තම්බෙරුව, *n.* large drum, දවුල.
තම්මැට්ටම, *n.* double drum, two drums fastened together. [lap, ගලකම්බ.
තඹ, *n.* or *a.* copper; copper-coloured; dew-
තඹකරුවා, *n.* coppersmith.
තඹක්ක, තඹාක්ක, *n.* a mixture of copper and gold, pinchbeck.
තඹදුළුල්, *n.* ap. of Isvara or Siva, ශිවදෙවියා.
තඹනබයා, *n. mas.* one who has copper-coloured finger nails. [plate.
තඹපත, *n.* a leaf or sheet of copper, copper-
තඹය, *n.* bullock's dew-lap, ගලකම්බ.
තඹිල්, *a.* coconut (tree &c.), පොල්.
තඹර, *n.* red colour, රතුපාට; red water-lily or lotus, රතුනෙළුම.
තඹරඅරණ්‍ය, *n.* lotus-forest, viz. multitude of lotuses, නෙළුම් රාශිය.
තඹරකර, *n.* lotus-maker: ap. of the sun, ඉර.
තඹරිළි, *n.* multitude of lotuses.
තඹලයා, *n.* a kind of fish. [water.
තඹවතුර, *n.* copper-coloured water, flood
තඹවන්, *a.* copper-coloured.
තඹවලි, *n.* buck, elk, stag, ගෝනා.
තඹසල්ලිය, *n.* copper challi, one eighth of a penny.
තඹසිළි, *n.* E. fr. තාම්‍රචූඩ: the cock, gallinule, කුකුළා.
තඹුරු, *n.* See තාමරස. [ing.
තර, *a.* fat, stout, obese; firm, strong, exceed-
තරඇණය, *n.* thick nail, viz. rivet.
තරකම, *n.* fatness, stoutness, obesity.
තරකරනවා, *v. t.* to fatten, batten.
තරකොට, *ad.* firmly, strongly, තදින්: see තරයේ.
තරක්කරනවා, තරක්වෙනවා, *v.* to quarrel, squabble, wrangle. [බලුදිවියා.
තරක්ෂුවා, *n.* (තර road, ක්ෂි to injure), hyena,
තරගෙය, *n.* prison, හිරගෙය.
තරංකය, *n.* door-bar, bolt, අගුල.
තරංගද්‍රෝණිය, *n.* trough of the waves.
තරංගය, *n.* wave of the sea, රැළ.
තරංගිත, *a.* wavy, රැළ ආකාර, රැළ සහිත.
තරඟකරනවා, තරඟවෙනවා, *v.* to quarrel &c., තරක්කරනවා; compete, E. S.
තරඟකාර, *a.* quarrelsome, disputatious; competitive. [tition, rivalry.
තරඟකාරකම, *n.* quarrelsomeness &c.; compe-
තරඟකාරයා, *n.* bickerer &c.; competitor, rival.
තරඟය, *n.* bickering &c., strife; competition.
තරඹිල්ල, *n.* forefinger, දබර ඇඟිල්ල.

තරණය, *n.* crossing over, එතර (or මෙතර)වීම; raft, float, පහුර.
තරණයකරනවා, *v.* to cross over, එගොඩ මෙගොඩ වෙනවා.
තරණිය, *n.* crossing over; raft, float; sun, ඉර; ray, රශ්මිය.
තරප්පිය, තරප්පුව, *n.* D., steps, step-ladder; stairs, stair-case.
තරබාරු, *a.* corpulent, fat, stout.
තරබාරුකම, *n.* corpulency &c.
තරබාරුවා, *n. mas.* corpulent person.
තරම, *n.* degree, quantity, proportion; social rank or status; *pl.* තරම්. [ගසනවා.
තරමගසනවා, *v. t.* to behead, decapitate, ඉස
තරම්, *a.* of the right quality, suitable to, appropriate to, worthy.
තරය, *n.* crossing over, එතර—මෙතර—වීම; raft, float, පහුර; road, පාර; firmness, strength, සවිය.
තරයේ, තරව, තරවා, *ad.* firmly, strongly, greatly, ස්ථිරකොට, හොඳට. [සුළු.
තරල, *a.* unsteady, shaky, fickle, චපල, ස්ථිර
තරලතාව, *n.* unsteadiness &c., චපලත්වය.
තරලමණි, *n.* central gem of a necklace.
තරලය, *n.* necklace, ඇටවැල, මාලය.
තරවටුකරනවා, *v.* to reprove, rebuke, reprimand.
තරවටුව, *n.* reproof, rebuke.
තරවනවා, *v. t.* See තවරනවා.
තරවනවා, *v. t.* to take or send across (a river or beyond liability to transmigration), එතර කරනවා; *pret.* තැරෙවුවා.
තරවෙනවා, *v. i.* to become fat.
තරවිකරනවා, *v.* to act as a decoy, tout.
තරවිකාරයා, *n.* one who decoys, a tout.
තරවිතාරාවා, *n.* decoy-duck.
තරවිව, *n.* decoy, decoying, touting.
තරසන, *n.* loud noise, thunder, roar, ගිගුරුම.
තරසා, *n.* E. of තරක්ෂුවා: hyena.
තරසර, *a.* firm and strong, සවිබල, ස්ථිරසාර.
තරස්ථානය, *n.* landing place, crossing place, තොටුපළ.
තරස්දණ්ඩ, *n.* shuttle, නඩාව.
තරහ, *n.* anger, wrath, passion.
තරහකරනවා, *v. t.* to make angry, provoke.
තරහකාර, *a.* passionate, hot tempered, wrathful.
තරහලා, *n.* goldsmith, බඩාලා.
තරහල්දෙටුවා, *n.* chief or skilful goldsmith, ප්‍රධාන රන්කරුවා.
තරහවෙනවා, *v. i.* to become angry.
තරළ, *n.* thick gruel, congee, porridge, paste.
තරාතිරම, *n.* rank, station, status, grade.
තරදි, *n. pl.* or *a.* of තරාදිය.
තරදිකඳ, *n.* balance-beam, scale-beam.

තරාදි·දණ්ඩ, *n.* steelyard.
තරාදිය, *n.* balance, scales, (for weighing).
තරාව, *n.* sunbeam, ray of light, රශ්මිය.
තරාලා, *n.* See තරඟලා.
තරින්දු, *n.* (තර star, ඉන්දු lord), Lord of the stars, ap. of the moon, සඳ.
තරිය, *n.* crossing, ferry, තොට; raft, පහුරු, boat, ඔරුව. [තරුව.
තරු, *n. pl.* or *a.* stars; sidereal, stellar. See
තරුඑළිය, *n.* starlight.
තරුණ, තරුණු, *a.* youthful, young, juvenile.
තරුණකම, *n.* youthfulness, juvenility.
තරුණයා, *n.* youth, young man.
තරුණ·වයස, තරුණවස්ථාව, *n.* age or period of youth, youth. [උදේ ඉර.
තරුණාර්කයා, *n.* (·අර්ක), early sun, morning sun,
තරුණාස්ථි, *a.* (·අස්ථි), cartilaginous, gristly.
තරුණාස්ථි·මත්ස්‍යයා, *n.* a selachian, cartilaginous fish.
තරුණාස්ථිය, *n.* cartilage, gristle; පසුග්‍රීව තරුණාස්ථිය, pax-wax. E. S.
තරුණි, *n. fem.* young woman, damsel.
තරු·පංක්තිය, *n.* cluster of stars, asterism; (Sans.) row or clump of trees.
තරු·පතියා, *n.* See තරින්දු.
තරු·පිච්ඡා, තරු·මජ්ජක, *n.* gum, මැලියම්, ලාටු.
තරු·පොකුර, *n.* cluster of stars, asterism.
තරුපොත, *n.* coconut not quite matured.
තරුප්පුව, *n.* a kind of gem, rubal. [සඳ.
තරු·රජ, තරු·රද, *n.* star-king, viz. the moon,
තරු·ලකුණ, *n.* asterisk යන මේ (*) ලකුණ.
තරුව, *n.* tree, ගස; star, තාරකාව; pupil of the eye, කළු ඉංගිරියාව; *pl.* තරු.
තරු·වැල, *n.* cluster or string of stars, constellation.
තර්ක, *a.* pert. to argument or logic, argumentative.
තර්කකරනවා, *v.* to argue, debate, discuss.
තර්කකාරයා, තර්කකයා, තර්කියා, *n.* debater, arguer, disputant, logician.
තර්කණය, තර්කය, *n.* argumentation, argument, discussion, controversy; logic.
තර්කණයකරනවා, *v.* See තර්කකරනවා.
තර්කණාකාර, *a.* argumentative, controversial.
තර්ක·ත්‍රිපද, තර්ක·ත්‍රිපදකාර, *a.* syllogistic.
තර්ක·ත්‍රිපදය, *n.* syllogism.
තර්ක·විතර්ක, *a.* debating, discussion-, arguing pro and contra.
තර්ක·විද්‍යාව, *n.* logic, dialectics.
තර්ක·විධිය, *n.* method of debate; *log.* mood.
තර්ක·ශාස්ත්‍ර·කාරයා, තර්ක·ශාස්ත්‍ර·ඥයා, *n.* logician, dialectician.
තර්ක·ශාස්ත්‍රය, *n.* science of logic, dialectics.
තර්කසිද්ධාන්තය, *n. log.* conclusion.
තර්ක·සූත්‍ර, *n. pl.* rules of argument, dialectics.
තර්කාංගය, *n. log.* premiss; *pl.* තර්කාංග, premisses.
තර්කානුගාමී, *a.* argumentative, disputatious.
තර්කානුසාරය, *n.* conformity to logic, process of arguing.
තර්කුවය, *n.* distaff, spindle, ඉද්ද.
තර්කිත, *a.* debated, argued.
තර්ක්‍ය, *a.* disputable, to be argued or debated.
තර්ජනයකරනවා, *v.* to rebuke, scold, menace, threaten, fulminate, තරවටුකරනවා.
තර්ජන·කාර, *a.* threatening, fulminatory.
තර්ජනකාරයා, *n.* threatener &c., hector, තරවටු කරන්නා.
තර්ජනය, *n.* rebuke, menacing, menace, threat, commination, තරවටුව, බියගැසීම.
තර්ජනාකාර, *a.* of the nature of a threat, threatening, scolding, තරවටු ආකාර.
තර්ජනාංගුලිය, තර්ජනිය, *n.* the finger raised in threatening, the forefinger, දබර ඇඟිල්ල.
තර්ණකයා, *n. mas.* calf, වස්සා.
තර්පණය, *n.* allayment, සන්තාපය, satisfaction given or received, සංසිඳීම, සතුට; perfumes, සුවඳ ද්‍රව්‍ය; presenting water to the manes.
තර්ෂණය, තර්ෂය, *n.* thirsting, thirst, පිපාසය; *fig.* wish, desire. [talipot.
තල, *n.* or *a.* sesamum, sesame, gingely, තිල;
තල, *n. pl.* or *a.* of තලය, which see.
තල·අත්ත, *n.* talipot branch.
තල·ඇටය, *n.* sesamum seed; used as a weight, about ½ of a grain troy. [the body
තල·කැලල, *n.* macula, spot, freckle, mole on
තල·කිරිත්තා, *n.* painted partridge, francolin, *francolinus pictus*.
තලක්කවටුව, *n.* top part, මුදුන, upper covering or roof, මුදුන් වහල. [trees.
තල·ගස්·ජාති, *n. pl.* the various kinds of palm
තල·ගොයා, *n.* the plain iguana, which is edible: see කබරගොයා.
තල·චක්‍රය, *n.* (තල fr. තලය), *lit.* the level circle: horizon. E. S.
තලතුනා, *a.* sedate, grave; elderly, venerable.
තල·තෙල්, *n.* sesamum oil, gingely oil.
තලත්, *n.* ap. of Balabhadra or Balarāma.
තලත්තෑති, ...තෑති, *a.* experienced, venerable.
තලති, *n.* cloth made from bark.
තලන්·ගහනවා, *v.* (in building) to put cross bars (in a well), to cross-bar.
තලප, *n.* porridge, pap, paste.
තල·පත, *n.* palmyra umbrella or parasol, palmyra leaf so used.
තල·පතා, *n.* sword-fish, saw-fish, rapier-fish.
තල·පුන්නක්කු, *n.* sesamum poonac or oil-cake.
තලප්පාව, *n.* T., turban.
තලප්‍රහාරය, *n.* slap, අතුල්පහර.
තල·මල, *n.* talipot flower.

තල·මුරුවට, *n.* refuse of sesamum seed, gingely oil-cake.
තලය, *n.* plain, surface, superficies; flat part; palm of the hand, sole of the foot; blade of a tool.
තලවඩි, *n.* spirit of arrack. [down.
තලව්ව, *n.* plain; the part of the road trodden
තලා·කොළය, *n.* leaf of the sacred basil, which is used medicinally.
තලාතලය, *n.* (·අතල bottomless), one of the seven divisions of the infernal regions.
තලාතු·මිනිරන්, *n.* plumbago to apply to talipot leaves, talipot-leaf plumbago, mica.
තලාත්ත, *n.* palmyra branch: see තල්අත්ත; *pl.* තලාතු.
තලාදය, *n.* cross-bar in a wall; *pl.* තලාද.
තලාව, *n.* plain flat surface, flat space amongst hills. [වැමෙටනවා.
තලාමෙටනවා, *v. i.* to prostrate one's self, මුණින්
තලිකාව, *n.* martingale. E. S.
තලිය, *n.* metal or earthen dish or plate.
තලෙන්තය, *n.* Eng., *lit* and *fig.* talent.
තලු·ගසනවා, *v.* to smack the lips; to taste, රස බලනවා.
තලු·මරනවා, *v.* to smack the lips.
තල්, *a.* palmyra, pert. to the palmyra or fan-palm.
තල්·අත්ත, *n.* palmyra branch, palm branch.
තල්·පත, *n.* palmyra leaf, palmyra-leaf epistle.
තල්මහ, *n.* whale; *pl.* තල්මස්සු, *acc.* තල්මසුන්.
තල්මස·ඇට, *n.* whalebone.
තල්මස·තෙල්, *n.* whale-oil.
තල්·රා, *n.* palmyra toddy.
තල්ල, *n.* roof of the mouth, palate; *pl.* තලු.
තල්ල·මරනවා, *v.* See තලුමරනවා. [කස, විල.
තල්ලය, *n.* large tank or pond, reservoir, තටා
තල්ලිකාව, *n.* key, යතුර.
තල්ලුකරනවා, *v. t.* to push, shove.
තල්ලුවෙනවා, *v. i.* to yield to pressure, become pushed, give way.
තල්වාසර, *n.* arrack of the second distillation.
තල්·වැට, *n.* palmyra fan used by B. P. to protect them from the sight of women; common fan, පවන්පත.
තව, *a.* See තපස්.
තව, *a.* and *ad.* more, yet, still, further.
තවතව, *ad.* more and more.
තවත්, *a.* and *ad.* still more.
තවද, *conj.* further, moreover.
තවනවා, *v. t.* to foment with warm water &c.; *pret.* තැවුවා; *v. n.* තැවීම.
තවන්කරනවා, *v. t.* to cause to germinate, grow in a nursery. [tery, පන්සල.
තව·පල, *n.* (තව for තපස්), hermitage, monas-
තවම, *ad.* still, yet, up to the present time.

තවරනවා, *v. t.* to smear: as මේසට තෙල් තවරනවා; to touch; *pret.* තැවරුවා; *v. n.* තැවරීම.
තවරය, *n.* smearing, තැවරීම.
තවලම, *n.* caravan, a number of pack-horses or oxen; station on the frontiers for bartering goods.
තවලම්·අශ්වයා, *n.* pack-horse, sumpter horse.
තවලම්·කාරයා, *n.* driver of pack-horse or pack-ox.
තවලම්·සතා, *n.* pack-animal, sumpter.
තවල්ල, *n.* the upper part of a swamp or lake cultivated when the water is low enough.
තවසර, තවස්, *a.* E. of තපස්.
තවසරයා, තවසා, *n.* E. of තාපසයා.
තවා, *p. pl.* of තවනවා.
තවාන, *n.* nursery of plants.
තවාන්කාරයා, *n.* nursery-man.
තවුතිසා·භවනය, *n.* (fr. තෙව three, තිංස thirty), residence of the thirty-three: name of the second divine world, to which thirty-three very eminent saints went direct from this world and became gods presided over by Indra.
තවු·නියන. *n.* socket-chisel, mortise-chisel.
තවු·මරනවා, *v. t.* to wither (as leaves), make soft by withering.
තවු·මැරෙනවා, *v. i.* to wither or become soft, (as leaves before the fire or sun).
තවුර, *a.* firm, strong, fixed, තද, ස්ථිර, සවි.
තවුරු, *n.* delay, පමාව.
තවුව, *n.* hole, bore, slot-socket, mortise.
තවුසා, *n.* See තාපසයා.
තවුස්පාණෝ, *n. hon.* ascetic, තාපසයාණෝ.
ත·ශබ්දය, ත·සද, *n.* the vocable ත: grammatical term for the second person singular or plural as derived from තෝ &c.
ත·සද·කරු, *n. gram.* the second person.
ත·සම, *a. gram.* homogeneous, of the same form as the original word, තත්සම.
තසරය, *n.* shuttle, තරස්දණ්ඩ.
තස්කරු, *n.* thief, හොරා.
තස්තාව, *n.* E. of තාතණ්ණාව.
තස්කරී, *n. fem.* thief, හොර. [schistic.
තහඩු ආකාර, *a.* plate-like, tabular, laminated,
තහඩු·ගල, *n.* laminated stone, schist, shale.
තහඩු·ගහනවා, *v.* to fix plates on, plate, cover with plates (of metal &c.).
තහඩු·මිනිරන්, *n.* mica. [තහඩුව.
තහඩුව, *n.* plate, metal plate; lock, යතුරු
තහඩු·සිතියම, *n.* plate-picture, as copperplate picture &c.
තහනම, *n.* prohibition, embargo, interdiction, inhibition, veto.
තහනම්, *a.* forbidden, contraband, proscribed.

තහනම්අරිනවා, *v.* to remove the prohibition, countermand.
තහනම්කරනවා, *v. t.* to forbid, prohibit, interdict, inhibit; බඩු තහනම්කරනවා, distrain.
තහනම්·පත්‍රය, *n.* prohibitory document, inhibition. [veto.
තහනම්·බලය, *n.* power of prohibition, lien,
තහන්සිය, *n.* See තහනම.
තහවුරු, *a.* See තවුරු. [තදකරනවා.
තහවුරුකරනවා, *v. t.* to make firm, fix, fasten,
තහවුරුවෙනවා, *v. i.* to become firm, තදවෙනවා.
තළනවා, *v. t. with dat.* to flog, beat, scourge; *with acc.* to bruise, contuse; pound; *pret.* තැළුවා; *v. n.* තැළීම.
තළවනවා, *v. c.* to cause to flog &c.; *pret.* තැළෙවුවා; *v. n.* තැළවීම.
තළාකය, *n.* See තටාකය.
තා, *pron. acc. case* of තෝ: thee; (Sans.) suffix expressing state or condition.
තාක්, *ad.* and *part.* until: ඒතාක්ම, ඒතාක් කල්, until that time; මේතාක්ම, until now; as many as: ඉන්නතාක් or ඇතිතාක් මනුෂ්‍යයෝ, as many men as there are, ඉන්න පමණ මනුෂ්‍යයෝ. [disease), තකතය.
තාක්කුව, *n.* mitigation or abatement (as of
තාගේ, *pron. mas. gen. case* of තෝ: thy.
තාච්චිය, තාච්චුව, *n.* D., pan, frying-pan, baking pan.
තාඩංකය, *n.* ear-ornament, large earring or ear-cylinder, තෝඩුව.
තාඩනය, *n.* flogging, punishing, තැළීම, තැළුම.
තාඩනයකරනවා, *v.* to flog &c., තළනවා.
තාඩනාත්ම·බන්ධන·කාරයා, *n.* spirit-rapper: see the next.
තාඩනාත්ම·බන්ධනය, *n.* spirit-rapping, control of spirits that rap. [තැළිය යුතු.
තාඩනීය, *a.* that should be flogged, punishable,
තාණ්ඩවය, *n.* dancing, violent dancing, නැටීම.
තාණ්ඩිය, *n.* science of dancing, නාට්‍යශිල්පය.
තාත, *a.* venerable, reverend, නලතුකා, ගරුකට යුතු.
තාත්තා, *n.* father, daddy; *pl.* තාත්තාලා.
තාත්තුව, *n.* chant, tune, තාලය; dancing, නැටුම. [පුරුදු.
තාත්පරයී, *a.* inclined to, given or habituated to,
තාදාත්ම්‍ය·භාවය, *n.* (තාද් fr. තද් it, that), personality or state of being the same person.
තාදාත්ම්‍යය, *n.* identity, personal identity.
තාදෘශ, *a.* such as that, like that or it &c., එබඳු කාර.
තානම, *n.* rest-house; tune or chant accompanying the beat of the tomtom.
තානය, *n.* tune, තාලය; expanse, extension, තලාව; object of sense, විෂය; protection, මුවාව.

තානය, තානේ, *n.* place: see ස්ථානය.
තානාන්තරය, *n.* important office or avocation, *ord.* for ස්ථානාන්තරය or ධානාන්තරය.
තානා·පතිකම, තානා·පති·ධූරය, *n.* ambassadorship, consulship.
තානා·පති·ක්‍රමය, *n.* diplomacy, method or rules of diplomacy. [consul.
තානා·පති·මන්දිරය, *n.* consulate, residence of a
තානා·පතියා, *n.* ambassador, consul, legate.
තානායම, *n.* rest-house, hotel, inn, caravansary.
තානායම්කාරයා, *n.* rest-house keeper, innkeeper, host. [hostess.
තානායම්කාරී, *n. fem.* landlady of a rest-house,
තානේ, *a.* new, unbleached (cloth).
තාන්තුවාව, *n.* perplexity, discouragement, hesitation, indecision.
තාන්තුවාවෙනවා, *v. i.* to become discouraged.
තාන්ත්‍රිකයා, *n.* scholar, one versed in the tantras (තන්ත්‍ර), or in mysteries or magic.
තාන්න·මාන්න, *n. pl.* gifts and honours or honours and dignities.
තාපනය, *n.* heating or burning, දැවීම, inflaming, ඇවිස්සීම; sun, ඉර; one of Kāma's arrows, රංගය.
තාපනීය, *a.* inflammable, ඇවිළෙනසුළු; glowing, දිලිසෙන; golden, රන්වූ or රන්වන්.
තාපය, *n.* heat, burning, උෂ්ණය; mental heat or pain, දුක; the burning, viz. a hell so called. [nastic.
තාපස, *a.* ascetic, hermitical, conventual, mo-
තාපසකම, තාපස·වෘත්තිය, *n.* asceticism, monachism, monasticism.
තාපසයා, *n.* ascetic, monk, recluse, hermit.
තාපස·විහාරය, තාපස·මෙවෙහර, *n.* cloister, convent, monastery.
තාපස·සමාගම, *n.* convent, society of ascetics.
තාපසාකාර, *a.* according to asceticism, ascetic, hermitical.
තාපසාගාරය, *n.* cloister, hermitage.
තාපසාරාමය, *n.* monastery, monastic grove or garden.
තාපසී, *n.* female ascetic, nun.
තාපසීන්ගේ ගෘහය, *n.* nunnery.
තා·පහර, *a.* heat-removing, cooling, සිසිල් කරන; *fig.* soothing, සැනසිලි.
තාපිත, *a.* heated, රත්වූ; pained, දුක්වූ.
තාප්ප·මෝල, *n.* (මෝල stamper), rammer, road-stamper, mall, beetle.
තාප්පය, *n.* Port., wall (out of doors, as of a garden, fort &c.).
තාම, *pron. acc.* of තෝ *with emphatic* ම: thee thyself.
තාමය, *n.* object of terror, භයානක දෙයක්; anxiety, කාන්සාව; fault, වැරැද්ද. [ගිතෙල්.
තාමර, *n.* water, වතුර; clarified butter, ghee,

තාම·රස, *n.* gold, රන්; copper, තඹ; red lotus, රතුනෙළුම්. [සපුරු.

තාමස, තාමසික, *a.* dark, අන්ධකාර; evil, wicked,

තාමසය, *n.* darkness, අන්ධකාරකම.

තාමසිය, *n.* dark night.

තාමසී, *n.* ap. of the goddess Durgā, දුර්ගා.

තාම්බූල, *n.* areka, arekanut, පුවක්; betel, බුලත්.

තාම්‍ර, තාම්‍ර, *a.* copper, තඹ; *n.* තාම්‍ර and තාම්‍රය.

තාම්‍රකාරයා, තාම්‍රකුට්ටයා, *n.* coppersmith, තඹ කරුවා.

තාම්‍ර·කුට්ටක, තාම්‍රකුට, *n.* tobacco, දුම්කොළ.

තාම්‍ර·කුලය, *n.* coppersmith caste.

තාම්‍ර·කුෂ්ඨය, *n.* leprosy, කුෂ්ඨරෝගය.

තාම්‍ර·ගර්භය, *n.* blue vitriol. [කුකුළා.

තාම්‍ර·චූඩයා, *n.* copper-crested one, viz. cock,

තාම්‍ර·පට්ටය, තාම්‍ර·පත්‍රය, *n.* copper-plate, තඹ සන්නසුව.

තාම්‍ර·පර්ණී, *n.* large pond or lake, වැව; name of a river and district in India; a name of Ceylon, P. තම්බපණ්ණි, Taprobane.

තාම්‍ර·ලෝහ, *n.* copper metal, තඹ. [ඇති.

තාම්‍ර·වර්ණ, *a.* copper-coloured, brown, තඹපාට

තාම්‍ර·වර්ණය, *n.* copper colour.

තාම්‍ර·ශිඛියා, *n.* See තාම්‍රචූඩයා.

තාම්‍ර·සාර, *n.* extract of red sandal wood.

තාර, *n.* Eng., tar, තීල්. [මත්.

තාර, *a.* bright, clear, high (tone), good, දීප්ති

තාරකය, *n.* act of crossing over, එතර or මෙතර වීම; float, raft, පහුර.

තාරකයා, *n.* protector, රැකවලා; guide, pilot, මඟ පෙන්වන්නා; name of a demon destroyed by the god Kārtikéya.

තාරකා, *n. pl.* or *a.* stars; stellar, sidereal.

තාරකාඉබ්බා, *n.* starred-tortoise, spotted tortoise, *testudo elegans.*

තාරකා·එළිය, *n.* starlight, තරුඑළිය.

තාරකා·දින &c., *n.* sidereal day &c.

තාරකාධිපතියා, තාරකාධිපයා, *n.* star-ruler: ap. of moon, සඳ.

තාරකා·පංක්තිය, *n.* star-cluster, constellation.

තාරකා·මේඝ, *n. pl.* or *a.* nebulæ; nebular.

තාරකා·මේඝාකාර, *a.* nebulous. E. S.

තාරකා·ලෝකිත, *a.* star-lit, star-light (night), තරුඑළිය ඇති.

තාරකාව, *n.* star; planet, ග්‍රහතාරකාව; star or pupil of the eye, කළු ඉංගිරියාව; the eye, ඇස.

තාරකා·ශාස්ත්‍ර·ඥයා, *n.* astronomer.

තාරකා·ශාස්ත්‍රය, *n.* astronomy.

තාරකාස්තය, *n.* (·අස්තය), setting of a star or stars, තරුබැස්ම.

තාරකිත, *a.* starry, stellar, තාරකා ගැවසීගත්.

තාරකේශ්වරයා, *n.* (තාරකා ඊශ්වර), Lord of the stars: ap. of the moon, සඳ.

තාරණය, තාරය, *n.* See තාරකය. [more or most.

තාර·තම්‍යය, *n.* state of being more or less, *lit.*

තාරය, *n.* fine pearl, star-like pearl; silver, රිදී; (in music) high note or tone; skeleton, ඇට සැකිල්ල.

තාරා, *n.* ap. of the wife of බෘහස්පති, of the wife of සුග්‍රීව and of දුර්ගා wife of Siva: see තාරාව.

තාරාධිපතියා, තාරා·පතියා, *n.* See තාරකාධිපතියා.

තාරා·පථය, *n.* star-way, viz. the sky, අහස; atmosphere, ආකාශය. [දේවතාවී.

තාරාව, *n.* star; pupil of the eye; a goddess,

තාරාවා, *n.* drake.

තාරාවී, *n.* duck.

තාරුකාව, *n.* col. for තාරකාව.

තාරුණ්‍යය, *n.* youthfulness, තරුණකම.

තාර්කික, *a.* pert. to logic, argumentative.

තාර්කිකයා, *n.* controversialist, logician, philosopher. [ධ්වජයා.

තාර්ක්ෂ්‍ය·ධ්වජයා, *n.* ap. of Vishnu: see ගරුඩ

තාර්ක්ෂ්‍යය, *n.* collyrium, රසාංජන; gold, රන්.

තාර්ක්ෂ්‍යයා, *n.* horse, අශ්වයා; ap. of Garuda, ගරුඩයා. [brass.

තාර්ක්ෂ්‍ය·ශෛල, *n.* collyrium made of calx of

තාල, *n. pl.* and *a.* of තාලය.

තාල·පංක්තිය, *n.* palmyra grove, row or clump of palmyras, තල්ගස් පංක්තිය.

තාල·පත්‍රය, *n.* palmyra leaf; also as used for writing on, and as rolled and used as an earring or ornament.

තාල·පත්‍රිකාව, *n.* palmyra leaf; also as used for writing on; තල්පත.

තාල·පොත, *n.* tune book, music-book.

තාල·ඵලය, *n.* palmyra nut, තල්ගෙඩිය.

තාල·බීජ, *n.* palmyra seed.

තාලම, *n.* tune, melody, chant.

තාලම්පටය, *n.* Tamil cymbal, used with tambourine and dancing.

තාලය, *n.* tune, melody; short span; palm of the hand, අල්ල; a sort of cymbal; palmyra tree, තල්ගස.

තාල·වටුව, තාල·වෘන්තය, *n.* fan, පවන්පත.

තාලවෘන්තය, *n. lit.* palmyra petiole, viz. fan made from the young frond of the palmyra.

තාලාංක, *n.* ap. of Balabhadra or Balarāma, elder brother of Krishna.

තාලාංක·ජිත්, *n.* conqueror of Balarāma, ap. of Kārtikéya, කාර්තිකේය. [earth.

තාලාව, *n.* a sort of key or pin; a fragrant

තාලිය, *n.* pot, boiler; a gold ornament, for this sense see තැල්ල.

තාලු, *a.* palatal.

තාලුකාව, තාලුව, *n.* the palate, උඩුතල්ල.

තාලු·ජ, *n.* produced by the palate, palatal.

තාලු·ජාක්ෂරය, *n.* (·අක්ෂර), palatal letter.

තාව, *n.* wisdom, prudence, ප්‍රඥව; suffix තා with ව, as in මහිමතාව &c., used in abstract nouns.

තාවතිංසය, *n.* the second divine world or heaven, Sakra's heaven on the top of මහමෙර: see තව්තිසාවතය.

තාවත්කාලික, *a.* after so long a time, seasonable, timely, viz. B. P. according to the time at which it is lawful to eat, as තාවත්කාලික අනුභවය.

තාවර, තාවුරු, *a.* E. of ස්ථාවර: firm, fixed, unmovable, ස්ථිර, තර.

තාවරකරනවා, තාවුරුකරනවා, *v. t.* to delay, detain, postpone, ප්‍රමාදකරනවා, කල්දමනවා.

තාවරය, *n.* bow-string, දුනුදිය; real estate, heirloom. E. S.

තාවරවෙනවා, *v. i.* to delay, tarry, pause, hesitate, procrastinate, ප්‍රමාදවෙනවා. [*rius.*

තාවිකා, *n.* Indian tailor-bird, *orthotomus suto-*

තැකීම, *v. n.* of තකනවා: regarding, regard, heed.

තැක්, *n.* whey, මෝරු.

තැටමිල්ල, තැටවීම, තැටමුම, *v. n.* of තටමනවා: straining, tenesmus; *fig.* great effort, struggle.

තැටිය, *n.* dish, platter.

තැඹිල්ලා, *n.* a kind of fish.

තැත, *n.* string of a musical instrument; aim, effort, endeavour, උත්සාහය.

තැතන, *n.* thunder, roar, ගර්ජනාව.

තැතනීම, තැතනුම, *v. n.* of තැතනනවා: groaning, roaring, shaking, thundering.

තැතිගන්නවා, *v.* to quake, quail, tremble, be agitated from fear.

තැතිගන්වනවා, *v. c.* to cause to quake with fear, make palpitate.

තැතිගැන්ම, තැතිය, *n.* quaking, agitation, palpitation, flurry. [hoe; *pl.* තැතිලි.

තැතිල්ල, *n.* blade or iron part of a spade or

තැත්කරනවා, *v.* to design, attempt or essay to do something. [bend a bow.

තැත්කවනවා, *v.* to string a bow; draw or

තැදිය, *n.* bond, බැඳුම; covenant, ගිවිසුම.

තැන, *n.* place; also used as *hon. suf.*, ලේකම්තැන, secretary.

තැනන, *n.* thunder, ගර්ජනාව.

තැනන්වහන්සේ, *n. hon.* person, personage.

තැනැත්තා, *n.* person, personage; *fem.* තැනැත්තී.

තැනිතලා, *a.* flat, level.

තැනිතලාව, *n.* level open space, plain. [there.

තැනින්තැන, *ad.* from place to place, here and

තැනිවරය, *n.* level plot of ground.

තැනීම, තැනුම, *v. n.* of තනනවා and තැනෙනවා: making, forming, සැදීම, හැදීම; shaking, tremor, වෙවුලුම.

තැනෙනවා, *v. i.* to become made or formed, to form, සැදෙනවා, හැදෙනවා; *pret.* තැනුණා.

තැන්න, *n.* flat place, plain.

තැන්පත්, *adj. suf. of office*, holding, appointed, as ගුරුතැන්පත් අසවලා, the appointed teacher such an one, *i. e.* so-and-so *holding the office of* ගුරු.

තැන්පත්කරනවා, *v. t.* to bury, වළලනවා; deposit, lay up, store, ගබඩාවේ තබනවා.

තැප, *p. pl.* of තපිනවා.

තැපල, *a.* unstable, fickle, චපල.

තැපැල්කන්තෝරුව, *n.* T. and D., post-office.

තැපැල්කාරයා, *n.* postman.

තැපැල්කෝච්චිය, *n.* mail-coach.

තැපැල්ගාස්තුව, තැපැල්වියදම, *n.* postage.

තැපැල්මුද්දරය, *n.* postage-stamp.

තැපෑල, *n.* letter-post, mail. [(letters &c.).

තැපෑලේදමනවා, *v. t.* to put in the post, post

තැප්පෙනවා, *v. i.* (of food) to be slightly warmed, become coddled.

තැප්පුලනවා, තැප්ලනවා, *v.* to bellow, low, (as bulls); *pret.* තැප්පුලුවා, තැප්ලුවා; *v. n.* තැප්ලීම, තැප්ලුම.

තැබැරුම, *n.* Port., tavern, public house.

තැබැරුම්කාරයා, *n.* tavern-keeper, publican.

තැබීම, *v. n.* of තබනවා, placing.

තැම්බීම, *v. n.* of තම්බනවා and තැම්බෙනවා: seething, coction.

තැම්බෙනවා, *v. i.* to seethe, become sodden or soft by cooking or by exposure to the sun; *pret.* තැම්බුණා.

තැඹිලිගෙඩිය, *n.* king-coconut, a fine kind of coconut the husk of which is a light yellow colour.

තැරලි, *n.* a kind of food.

තැරවෙනවා, *v. i.* Another form for තැවරෙනවා.

තැරීපෙතිවළල්ල, *n.* perianth.

තැරීපත්ත, *n.* sepal.

තැරිය, *n.* calyx of flowers; face of a nut.

තැරියගහනවා, *v. t.* to strike off the face of a nut.

තැලි, තැල්, *a.* soft, මෘදු; slack, බුරුල්.

තැලිපිලි, *n. pl.* nuptial clothes and neck-ornaments given by the bridegroom to the bride on the marriage day.

තැලිපොල, *n.* dewlap of oxen, ගලකම්බ.

තැලිමුව, තැල්ම, *n.* bruise, contusion, තැළුම.

තැලිය, *n.* woman's neck-ornament; also for තලිය, dish.

තැලිවල, *n.* the hollow in the breast.

තැලිවැල, *n.* necklace, තැලිය.

තැල්ල, *n.* pendant skin under the chin, dewlap of oxen, wattle of fowls; woman's neck-ornament; plate of gold worn as a badge of office.

තැවරීම, *v. n.* of තවරනවා and තැවරෙනවා: touching, friction, rubbing, smearing.

තැවරෙනවා, *v. i.* to lightly touch along something, rub against; to be smeared on, as මෙයේ තීන්ත තැවරී තිබෙනවා, Ink has become smeared on this; *pret.* තැවරුණේ.

තැවිල්ල, තැවීම, *v. n.* of තවනවා: fomentation with hot water &c.; also fr. තැවෙනවා: regretting, regret, sorrow.

තැවුම, *n.* fomentation; regret.

තැවුරු, *v. adj. pret.* of තවරනවා: smeared, did smear or was smeared.

තැවුරු, *a.* See තාවර.

තැවුල, තැවුලිය, *n.* grief, regret, පසුතැවිල්ල.

තැවුව, *n.* roughness, as of a file or of the leaves used as sand-paper.

තැවෙනවා, *v. i.* to regret, rue, be sorry; be heated; *pret.* තැවුණේ; *v. n.* තැවීම.

තැස, *n.* the metal lead, ඊයම්; a measure containing about a gallon.

තැස්, *n. pl.* bran, පරච; powder, කුඩු.

තැලිබුව, තැළුම්ව, *n.* bruise, contusion, තැල්ම, තැළුම.

තැලිසම, *n.* leather, හම, සම; razor-strop.

තැලිසමේ ගානවා, *v. t.* to strop (a razor).

තැලීම, *v. n.* of තලනවා and තැළෙනවා: flogging, bruising, pounding. [contusion.

තැළුම, *n.* flogging &c.: see තැලීම; bruise,

තැළුම්කනවා, *v.* to suffer a beating, be flogged.

තැළෙනවා, *v. i.* to become bruised or crushed; *pret.* තැළුණේ.

තෑගි, *pl.* of තෑග්ග.

තෑගිකරනවා, තෑගිදෙනවා, *v. t.* to present, make a present of. [තෑගිමප්පුව.

තෑගි·කැරය, තෑගි·පත්‍රය, *n.* legal deed of gift,

තෑගිවන්ත, *a.* generous, bounteous.

තෑග්ග, *n.* gift, present; *pl.* තෑගි.

තෑත්තය, තෑත්දය, *n.* bed-top, bed-canopy.

තෑල, *n.* tinsel.

ති, *a.* E. for ත්‍රි: three, තුන්.

තිකිනාව, *n.* Er. for මිකිනාව (P. තිකිච්ඡා).

ති·කූල, *n. pl.* three peaks; the three peaks which support මහමෙර: see ත්‍රිකූටපර්වතය.

තිකුළු, *n pl.* the three pungent spices: ginger, black pepper and long pepper.

තික්, *a.* fine, sharp, තියුණු.

තික්, *a.* and *n. pl.* Er. for තිත්: see තිත.

තිකත, *a.* bitter, col. තිත්ත.

තිකතකම, තිකතය, *n.* bitterness.

තිකතා, *n.* febrifuge made of ginger, black and long pepper.

තික්·පොළඟා, *n.* See තිත්පොළඟා.

තික්මෙ·රජ, තික්මෙ·රද, *n.* (තිග්ම heat), king of heat, viz. the sun, සූර්යයා.

තික්රැස, *n.* keen or bright sunbeam, තද රැස් මිය, තදඅව්ව.

තික්රැස්, *n. pl.* hot-rays, viz. the sun.

තික්කොලියා, *n.* cripple, lame man.

තිගැස්සිකරනවා, *v. t.* to startle, cause to gasp with fright.

තිගැස්සිය, *n.* sudden gasp from fear, a start, startle; (of the heart) palpitation.

තිගැස්සිවෙනවා, *v. i.* to be startled, start; palpitate.

තිග්ම, *a.* hot, රත්වූ; pungent, acrid, සැර, කහට.

තිග්මාංශු, *a.* (තිග්ම අංශු), hot-rayed; *fig.* cruel, fierce, චණ්ඩ.

තිග්මාංශුවා, *n.* the sun, සූර්යයා.

තිඝු·රස, තිඝු·රැස, *n.* See තික්රැස.

තිට, *pron. fem. dat.* of තී: to thee.

තිත, *n.* speck, spot, freckle; mark in punctuation, point.

තිතලාරු, *a.* Eng., titular, titulary.

තිතික්ෂණය, තිතික්ෂාව, තිතික්ෂුතාව, *n.* patience, resignation, sufferance, ඉවසිල්ල.

තිතික්ෂාකරනවා, *v.* to exercise patience, forbear, ඉවසනවා. [වනත.

තිතික්ෂිත, තිතික්ෂු, *a.* patient, resigned, ඉවසිලි

තිතිය, *n.* E. of තිමිය. [specks &c.

තිත්, *a.* E. of තිතික; bitter; *n. pl.* of තිත:

තිත්·ඉසිනවා, තිත්ගහනවා, *v.* to sprinkle spots upon, to dot, spot, speckle.

තිත්ගහනවූ, *a.* very spotted or speckled.

තිත්ත, *a.* col. for තිකත: bitter.

තිත්ත කපුරු, *n.* bitter camphor.

තිත්තයා, *n.* a small river fish.

තිත්ත·ලී, *n.* bitter wood, wormwood.

තිත්තිරයා, තිත්තිරියා, *n.* spotted snipe, තිත්වටුවා, francoline partridge.

තිත්·පොළඟා, *n.* a deadly viper, tic-polonga, *daboia russellii.* [*forstenii.*

තිත්·මාපිලා, *n.* a snake, a variety of *dispas*

තිත්·මුවා, *n.* spotted deer, *axis maculatus.*

තිත්·වටුවා, *n.* spotted snipe or quail.

තිථිය, *n.* a lunar day; fifteen.

ති·දස·පුරය, ති·දස්·පුරය, *n.* a divine world: see තවුතිසාභවනය. [යක්.

තිදස, *n.* *as above*, a divine world, දිව්‍යලෝක

ති·දස්, ති·දසිඳු, ති·දස්·පතියා or ·රජ or ·රද, *n.* (තිදස්, ඉඳු lord), ap. of Sakra or Indra as chief of the gods.

ති·දස්·රද·අවිය, ති·දස්·රද·මිය, *n.* Indra's weapon, viz. the rainbow, දේදුන්න.

ති·දිව, *n.* See ත්‍රිදිව. [වමලය.

තිතිපුම, තිනුම, *n.* shaking, tremor, සෙලවීම,

තිනෙත්, *n.* E. of ත්‍රිනේත්‍ර: ap. of Siva: see ත්‍රිනෙත්‍රයා. [Siva.

තිනෙත්·පුත්, *n.* ap. of කාර්තිකේය as son of

තිනෙත්·රිපු, *n.* enemy of Siva; ap. of Cupid, කාමදෙවියා.

තිහතිඹිකා, තිහතිඹි, *n.* emblic myrobalan, නෙල්ලි.

තිපල, තිපල්කසාය, *n.* three-nut decoction viz. a medicinal decoction made of the three noted myrobalans, අරළු, බුළු and නෙල්ලි.
තිපාස, *a.*, තිපාසය, *n.* Er. for පිපාස and පිපාසය.
තිප්පිලිමුල, *n.* See පිප්පලිමුල.
තිප්පොල, *n.* lair, බෙනය.
තිබනවා, *v. t.* Col. for තබනවා; put, place; *pret.* තිබ්බා or තිබුවා; *v. n.* තිබීම.
තිබහ, *n. col.* thirst: see පිපාස, පිපාසය.
තිබිලියා, *n.* Er. for තිවිලියා.
තිබෙනවා, *v. i.* to be, exist, (used only of things); *pret.* තිබුණ; *v. n.* තිබීම.
තිබ්බනවා, *v. c.* to cause to place, get placed or laid &c.; *pret.* තිබ්බෙවුවා; *v. n.* තිබ්බවීම.
තිමිත, *a.* wet, damp, තෙත; steady, firm, ස්ථිර, සම.
තිමිය, *n.* hole, cavity, වළ; fainting, ක්ලාන්තය.
තිමිය, *n.* the sea, මුහුද.
තිමියා, *n.* sea-monster, as a whale &c.; one of five kinds of fabulous fishes or sea-monsters, the other four are called, තිමිංගල, තිමිර පිංගල, අජ්ජරෝහ and මහාතිමි.
තිමිරකරවලා, *n.* name of a snake, genus *bungarus.*
තිමිරපොළඟා, *n.* name of a viper.
තිමිරය, *n.* darkness, අඳුර; blindness, අන්ධකම, *gutta serena.*
තිමිරරිපු, තිමිරාරියා, *n.* (අරි), foe of darkness: ap. of the sun or moon, ඉර හඳ.
තිමිරිගෙ, *n.* dark-room, viz. lying-in room.
තිඹුවා, *n.* leech, කුඩැල්ලා.
තිඹ, *n.* a measure equal to half a bushel.
තිඹිරිගෙ, *n.* Er. for තිමිරිගෙ.
තිඹිලියා, *n.* Er. for තිවිලියා.
තිය, *a.* E. for ත්‍රි: three, තුන්.
තියනවා, *v. t.* Col. for තබනවා.
තියමු, තියම්, *a.* consisting of three watches, යාම තුනක් අඩංගු; or *n.* the three watches.
තියමුරැ, *n.* night of three watches, the whole night, තුන්යම් රාත්‍රිය.
තියම්, *n. pl.* E. of ත්‍රියාම, see යාමය: three watches of the day or night, each consisting of four Eng. or ten S. hours. According to the ancient S. method the day and night are divided into sixty *peyas* or hours, six *yamas* or watches, and the latter into two parts of three watches each, තියම්.
තියල්, *n.* a dish of food consisting chiefly of fish.
තියවක, *n.* third day of the new or full moon.
තියා, *p. pl.* of තියනවා: placing; setting aside; letting alone: තබා.
තිසු, *a.* expressive of praise or thanks, laudatory, ස්තුති, ප්‍රශංසාසහිතවූ.
තිසුකරුවා, *n.* eulogist, panegyrist.
තිසුගීය, *n.* hymn or poem of thanksgiving or praise, laudatory hymn, ස්තුති ගීතිකාව.

තියුණු, *a. lit.* and *fig.* sharp, piercing, piquant, fine.
තියුණුකම, *n.* sharpness &c.
තියුණුකර, *n.* sharp or fierce sunbeam, රශ්මිය.
තියුණුකරනවා, *v. t.* to sharpen.
තියුම, *n.* gladness, joy, සන්තෝෂය.
තියෙනවා, *v. i.* Col. for තිබෙනවා.
තිර, *a.* E. of ස්ථිර; and *n. pl.* of තිරය.
තිරඑල්ලනවා or ·බඳිනවා, *v.* to curtain, hang curtains.
තිරච්ඡාන, *a.* P., brute-like, brutish, irrational, senseless, තිරිසන් ආකාර, childish, ග්‍රාම්‍ය.
තිරච්ඡානයා, *n.* irrational animal, beast, තිරිසනා.
තිරච්ඡානයෝනිය, *n.* birth as or becoming an irrational animal by metempsychosis, beast-birth.
තිරණ, *n.* See තිරණය.
තිරය, *n.* curtain, veil.
තිරලියා, *n.* a kind of fish.
තිරශ්චීන, *a.* irrational, beast-like, brutish.
තිරශ්චීනතාව, *n.* irrationality (as of a beast), beast-like state, තිරිසන්ගතිය.
තිරශ්චීනයා, *n.* beast, තිරිසනා.
තිරසර, තිරසාර, *a.* certain, positive, firm, සත්‍ය, ස්ථිර.
තිරසාරය, *n.* certainty &c., සත්‍යකම &c.
තිරස්කරිණිය, *n.* (තිරස් secret, කරණ making), screen or outer tent around another tent.
තිරළුවා, තිරෙළුවා, *n.* ram, sheep, බැටළුවා.
තිරාකොළ, *n. pl.* leaves of a plant used as a vegetable.
තිරික්කලය, *n.* single-bullock carriage, hackery.
තිරිංගය, තිරිංගය, *n.* a sort of winch.
තිරිඟු, *n. pl.* or *a.* wheat; wheaten, wheat-.
තිරිත්තම, *n.* good manners, proper behaviour, යහපත්ලීලාව or හැසිරීම.
තිරිසනා, *n.* (Sans. තිරශ්චීන), beast; *pl. nom.* තිරිසන්නු, *acc.* තිරිසනුන්.
තිරිසන්, *a.* pert. to beasts, brute, මෘග.
තිරිසන්අපාය, *n.* brute-hell, viz. place or state of punishment by birth or existence as an irrational animal.
තිරිසන්කම, තිරිසන්ගතිය, *n.* state of being a beast, beast-like condition; beastliness.
තිරිහංකරනවා, *v. t.* to rejuvenate, නැවත තරුණ භාවයට පමුණුවනවා.
තිරීටක, *n.* bark, rind, bark of tree worn by ascetics, රිටිසුඹුළු or පොත්ත.
තිරු, *a.* firm: see තිර.
තිරුවා, *n.* simpleton: see තකතිරුවා.
තිරුවාකත, *n.* touch-hole or nipple of firearms.
තිරුවාණ, තිරුවාණගල, *n.* quartz.
තිරුවාණ, තිරුවාණආකාර, *a.* quartzose, quartzy.
තිරෝධානය, *n.* (තිරස් secret, ධාන keeping), cover of any sort, as a sheath, curtain, veil, reredos, වැස්ම, ජවනිකාව.

තිරෝධානයකරනවා, *v. t.* to close, cover, screen, වසනවා. [වැසිතිබෙන.

තිරෝහිත, *a.* covered, curtained, concealed,

තිර්යක්, *Sans. ad. comp.* across, tortuously, හරහට, ඇදේට.

තිර්යග්ගතයා, *n. lit.* tortuous-mover: animal, brute, තිරිසනා.

තිර්යග්යෝනි, *a.* (තිර්යක් යෝනි), brute-born, of the brute kind.

තිර්යග්යෝනිය, *n.* birth as a brute, brute-existence, තිරිසන් භවයේ ඉපදීම.

තිල, *n.* sesame, gingely, තල; a mole or spot on the body compared to a gingely seed, ලපය.

තිලක, *a.* spotted, freckled, having moles or marks, ලප ඇත්තාවූ; distinguished, eminent, chief, as ශාක්‍යකුලතිලක ගෞතම, Gautama chief of the Sākya race.

තිලකය, *n.* round mark made with ashes &c., on the forehead of a Hindu, either for ornament or sectarian distinction; unguent.

තිල·කාලකය, *n.* (කාල black), a mole &c., see තිල.

තිල·කාලකයා, *n.* person having moles or freckles, freckled person &c., ලප ඇත්තා.

ති·ලකුණු, *n. pl.* E. of ත්‍රිලක්ෂණ: the three signs or characteristics of every සත්වයා or living being, viz. impermanency, sorrow and unreality.

තිල·ජ, *n.* product of තිල: gingely oil, තලතෙල්.

තිලත්, *n.* See තලත්.

තිල·තණ්ඩුලකය, *n.* (sesamum grain-like), embrace, embracing, වැලඳගැනීම.

තිල·තෙල, තිල·රස, *n.* gingely oil, extract of gingely, තලතෙල්.

තිල·පුෂ්පය, *n.* gingely flower, තලමල.

තිල·බිජ, *n. pl.* gingely seed, තලබිජ.

තිලිත්තයා, *n.* polonga or pimbura.

තිලිස්, *pron. abl. of* තෙල, තෙලෙ: from this, by this, මෙයින්.

ති·ලොව, *n.* the three worlds: see තුන්ලොව.

ති·ලෝ·ඇදුරු, ති·ලෝ·ගුරු, *n.* a title of Buddha: teacher of the three worlds, viz. of gods, of men and of the serpent race, දිව්‍ය—මනුෂ්‍ය—නාග—යන ලෝකත්‍රයේ ඇචාර්යවරයා.

ති·ලෝ·තලය, *n.* the three strata upon which this universe is supposed to rest, viz. the lowest of air, the second water, the third earth.

ති·ලෝ·නා, *n.* E. of ත්‍රිලෝකනායක: a title of Buddha as chief of the three worlds, see under තිලෝඇදුරු.

ති·වග, *n. pl.* or *a.* E. of ත්‍රිවර්ග: three kinds.

තිවට, *n.* E. for විශ්වකර්මයා: a name of Brahma; the architect of the gods and builder of Sakra's palace: see විශ්වකර්මයා.

තිවතා, *n.* parrot, ගිරවා.

ති·වලි, *n* person with three creases on his abdomen.

තිවුනා, *n. pl.* small cardamoms, සිහින් එනසාල්.

තිෂ්‍ය, *a.* auspicious, වාසනාවන්ත.

තිෂ්‍යය, *n.* the eighth lunar mansion; the month දුරුතු, Jan.-Feb.; Kali-yuga, viz. the fourth or present age.

තිස, තිහ, *n.* thirty.

තිසත්, *a.* sharp, pungent, තියුණු, සැර.

තිසත්, *n. pl.* E. of ත්‍රිශක්ති.

තිසර, *a.* high, excellent, උතුම්; තිසරා, *n.* swan, හංසයා.

ති·සරණ, *n. pl.* See තුන්සරණ.

තිසර·පට, *n.* a kind of dress.

තිසරහරය, *n.* row or string of pearls, pearl necklace, මුතුවැල.

තිසරු, *n. pl.* of තිසරා; *also* frogs, මැඬියෝ.

තිසා·වැව, *n.* lake Tisā at Anurādhapura.

තිසුත්, *n.* gladness, satisfaction, සන්තෝෂය.

තිසුම්, *n.* trembling, වෙව්ලුම.

ති·සුල, *n.* E. of ත්‍රිශූල.

ති·සුලත්, ති·සුලවිය, *n.* (තිසුල අත්, තිසුල අවිය, trident-hands, trident-weapon), ap. of Siva as bearing a trident.

තිස්, *a.* thirty.

තිස්·නමක්, *n. hon.* for තිස්දෙනෙක්, thirty persons (priests or others).

තිස්වෙනි, *a.* thirtieth. [continually.

තිස්සේ, තිස්සේම, (fr. තිස්·පැසේම), *ad.* always,

තිහ, *n.* thirty; *adj.* තිස්.

තිහිණි, *a.* See තියුණු.

තිහිරි, *n.* or *a.* vegetable silk woven from the fibres of a certain tree: see තිරීටක.

තිහිරි·පිළිය, *n.* vegetable silk cloth, as above, worn by ascetics.

තිළි, *a.* satisfied, pleased, සතුටු.

තිළිණ, *n.* gift, present, තෑග්ග. [persons).

තී, *pron. fem.* thou (addressed only to inferior

තීක්ෂණ, *a.* keen, sharp, fine, pungent, තියුණු; acute (intellect, නුවණ).

තීක්ෂණකම, තීක්ෂණභාව, *n.* keenness &c.

තීක්ෂණකරනවා, *v. t.* to sharpen, make acute, තියුණුකරනවා.

තීක්ෂණකාරයා, *n.* acute person, precisian.

තීක්ෂණ·ගන්ධ, තීක්ෂණගන්ධිකා, *n.* mustard, අබ.

තීක්ෂණ·දෘෂ්ටි, *a. lit.* and *fig.* sharp-sighted, quick-sighted. [කොත්තමල්ලි.

තීක්ෂණ·පත්‍ර, ·ඵල, *n.* coriander leaves and seed,

තීක්ෂණය, *n.* sharpness &c., see තීක්ෂණකම.

තීක්ෂණ·ලෝහ, *n.* or *a.* keen or fine iron, steel, වානේ.

තීක්ෂණාග්නිය, *n.* heartburn, ආමාශදාහය. E. S.

තීක්ෂණාක්ෂි, *a.* sharp-eyed, lynx-eyed, තියුණු ඇස් පෙනීම ඇති.

තීන්ත, *n.* Port., ink; paint.

තීන්ත·කුප්පිය or ·කූඩුව, *n.* inkstand.
තීන්ත·ගානවා, *v.* (*dat.*) to paint.
තීන්දු, *a.* finished, completed.
තීන්දුකරනවා, *v. t.* to finish, conclude; decide.
තීන්දු·කොට·කියනවා, *v. t.* to say or pronounce finally; adjudicate, decide.
තීන්දුව, *n.* end, termination, result; award, sentence.
තීන්දුවට, *ad.* at the end, finally; completely.
තීන්දුවෙනවා, *v. i.* to end, terminate, be finished.
තීයල, *n.* a sort of curry.
තීරණය, *n.* conclusion, decision, award, තීන්දුව.
තීරණයකරනවා, *v. t.* to finish; settle, decide, තීන්දුකරනවා.
තීරය, *n.* border, shore, bank of river &c., ඉවුර, වෙරළ, තෙර; column of a page; strip of anything, as බිම්තීරයක්, a strip of land.
තීර·ඝාතය, *n.* landing-place, ferry, තොටුපළ.
තීරිත, *a.* finished, decided, තීන්දුවූ, නිමවූ.
තීරු, *n. pl.* or *a.* duties; pert. to tax or duty, tariff.
තීරු·ප්‍රමාණය, *n.* rate of duty, tariff.
තීරුව, *n.* duty paid on goods, toll.
තීර්ථ, *a.* sacred, ආගමට or දෙවියන්වහන්සේට කැපවූ, ශුබවූ.
තීර්ථක, *a.* pert. to sects or religions, non-Buddhist.
තීර්ථකයා, *n.* heretical monk, viz. non-Buddhist monk or ascetic.
තීර්ථතාව, *n.* sacredness, sanctity, ආගම සම්බන්ධ ශුබකම.
තීර්ථ·දූෂණ, *a.* sacrilegious, ආගමේ ශුබ දේ කෙලසන.
තීර්ථ·දූෂණය, *n.* sacrilege. E. S.
තීර්ථය, *n.* that which is sacred, as a holy place, ghat, guru, sacrifice, avatāra or incarnation of a god &c.; a ford or ferry, තොටුපළ.
තීව්‍ර, *a.* sharp, severe, pungent, තියුණු, සැර, කටුක.
තීව්‍රතාව, තීව්‍රය, *n.* sharpness &c.
තීව්‍රා, *n.* medicinal plant, black mustard, කළු අබ; name of a river in Eastern Bengal, පද්මවතී.

තු, *int.* fie, shame.
තුකාක්ෂීරි, තුක්, තුක්පිටි, තුගාක්ෂීරි, තුංගා, } *n.* bamboo pith or flour, උණමකුළු. It is used medicinally.
තුංග, තුඞ්ග, *a.* high, elevated; exalted; උස්; උසස්.
තුංගතර, *a.* higher, very high or exalted, ඉතා උස්වූ &c.
තුංගතාව, *n.* highness, elevation, උස; උසස්කම.
තුංග·නාසිකාව, *n.* high or prominent nose, උස් නාසය.
තුංගය, *n.* summit, top, මුදුන.
තුච්ඡ, *a.* empty, void (of goodness), base, vile, despicable, contemptible, නීච, ගර්හිත.
තුච්ඡකම, තුච්ඡතාව, *n.* baseness &c.

තුච්ඡකරනවා, *v.* to regard as base &c., disparage, සුළුකරනවා, vilify, නින්දාකරනවා.
තුච්ඡ·ධාන්‍යක, *n.* straw, පිදුරු.
තුච්ඡ·පත්‍රය, *n.* castor-oil plant, එඬරු; vile writing or pamphlet &c.
තුච්ඡයා, *n.* base fellow, poltroon, ribald, නීචයා.
තුච්ඡාර්ථ, *a.* of low meaning, worthless in sense, නීච්.
තුච්ඡාර්ථය, *n.* low or vile meaning, නීච් අර්ථය.
තුජ, *a.* noxious, mischievous, *fig.* pestilent, අනාදරවූ.
තුජතාව, *n.* noxiousness &c., අනාදරණීයතාකම.
තුට, *n.* satisfaction, gladness, සතුට, සතුටුකම.
තුටු, *a.* pleased, glad, සතුටු.
තුටුකරනවා, *v. t.* to please, සතුටුකරනවා.
තුටු·පහටු, *a.* well satisfied, well pleased, satisfied and glad.
තුටු·රැව්, *n.* joyful noise, ප්‍රීතිඝෝෂාව.
තුට්ටුව, *n.* pice, one fourth of a fanam or one and a half farthings.
තුඩ, *n.* beak, bill, හොට, mouth, කට; point, nib; sting.
තුඩ·කළුවා, *n.* species of snake.
තුඩ·තුඩ, *ad.* mouth by mouth, from mouth to mouth, in every mouth.
තුඩැල්ලා, *n.* a kind of fish.
තුඩුකරනවා, *v. t.* to point or sharpen, trim to a point (as a lamp wick).
තුඩුදෙනවා, *v.* to show the top or head (as maggots in a sore).
තුඩු·පත, *n.* written record of oral order or grant.
තුඩුව, *n.* point, promontory, cape.
තුණ, *n.* Er. for තුන, three.
තුණ්දරයා, තුණ්ඩුදුරු, *n.* goldsmith, රන්කරුවා: see තුලාදරයා.
තුණ්ඩය, තුණ්ඩිය, *n.* mouth, bill, beak, කට, තුඩ.
තුණ්ඩිකාව, *n.* navel, පෙකණිය.
තුණ්ඩිල, *a.* having a prominent navel; harshly speaking, සැරෙලස කථාකරන.
තුණ්ඩිල, *n.* purslane, ගෙඳ.
තුණ්ඩිල·ජාතකය, *n.* name of one of Buddha's lives and of the story of that life.
තුණ්ඩිලයා, *n.* person with prominent navel; severe or harsh speaker; parrot, ගිරවා.
තුණ්ඩිර, *n.* small red berry used as the smallest jeweller's weight; tree producing තුණ්ඩිර.
තුණ්ඩුව, *n.* T., bit, chip, scrap, 'chit'; ticket, billet.
තුති, *n.* E. for ස්තුති: thanks.
තුතුව, *n.* fragment, කෑබෙල්ල.
තුත්ත, තුත්තය, *n.* elephant goad, හෙණ්ඩුව; dross of metals, ලෝහ බොර.
තුත්තනාගම්, *n.* T., tutenag, zinc.
තුත්තත්, *n.* copperas, green vitriol.
තුත්තිරි, *n. pl.* burs; තුත්තිරි or තුත්තිරි තණ කොළ, love-grass.

තුත්ථක, *n.* blue vitriol, තාම්‍රශාණය.
තුත්ථග, *n.* blue vitriol; a collyrium made from *amomum zanthorrhiza*; indigo, අවරි; *pl.* small cardamoms, එන්සාල්.
තුත්ථාඤ්ජන, *n.* collyrium of blue vitriol.
තුදු, *n.* laughter, සිනාව.
තුදුස, *n.* fourteen; *adj.* තුදුස්; දහහතර.
තුදුස්·වක, *n.* fourteenth day of the moon, day before full moon, which is පසළොස්වක.
තුන, *n.* three; cord or string.
තුනටි, *a.* pert. to the loins, lumbar.
තුනටි·ප්‍රදේශය, *n.* lumbar region, part about the loins.
තුනටිය, *n.* loins, waist.
තුනපටු, *n. pl.* betel, බුලත්.
තුනි, *a.* See තුනී.
තුනිංචිය, *n.* delight, ප්‍රීතිය.
තුනී, *a.* thin, slender; not dense, rare; sparse.
තුනීකම, *n.* thinness &c.; rarity, tenuity.
තුනීකරනවා, *v. t.* to make thin or fine; rarefy, attenuate, dilute. [ලෙස.
තුනීමෙන්, *ad.* thinly, sparsely, තුනීලෙස, විරල
තුනු, *a.* See තුනුව: body-, corporal, ශරීර.
තුනු, *a.* thin, fine, slender, තුනී.
තුනු·අඟ, *n.* See තුනුවඟ.
තුනු·අඩයා, *n.* ap. of Cupid, කාමදේවයා.
තුනු·කෙසුරුව, *n.* See වනාරජය.
තුනුකමා, *n.* jungle cock, වලිකුකුළා.
තුනු·යොන්, *n.* ap. of the god of love, Cupid.
තුනුරුවන්, *n. pl.* the three gems, viz. Buddha, his doctrine, and his priests.
තුනුව, *n.* the body, ශරීරය; tremor, වෙවුලුම; palsy, අංශභාග රෝගය.
තුනුවඟ, *n.* (තුනු අඟ), slender body, viz. woman, ස්ත්‍රී. [love.
තුනුවඟ, තුනුවනා, තුනුසිරු, *n.* ap. of the god of
තුනු·විල, *n. lit.* the body-lake: lake-like body, ශරීරය නැමැති විල. [ශරීරසුඛය.
තුනු·සැපුව, *n.* bodily health or good condition,
තුන්, *a.* three.
තුන්ඍතු, *n. pl.* the three seasons of the year, viz. winter, summer, and rainy season, හිමන්, ගිම්හන්, වසන්. [Siva.
තුන්·කත, *n.* one having three wives: ap. of
තුන්·කබල්·බෙල්ලා, *n.* three-valved shell, trivalve.
තුන්කැලලි, *n.* ap. of Iswara as having a trident, crescent, and necklace.
තුන්කොණ(ය), *n.* triangle, ත්‍රිකෝණය; or *pl.* three corners, කොන්තුන.
තුන්·තරාබෝධිය, *n.* three kinds or degrees of Bōdhi, viz. a supreme Buddha, a secondary Buddha, and an Arhat or saint: බුදු, පසේබුදු and මහරහත්.
තුන්·තලය, *n.* See තිලෝතලය.

තුන්දය, තුන්දිය, *n.* belly, බඩ.
තුන්දිය, *n.* the navel, පෙකණිය. [twig.
තුන්·දුමාව, *n.* cluster of three fruits on one
තුන්·දොර, *n. pl.* the three doors, viz. mind, body, and speech, as doors for the entrance of merit or demerit.
තුන්·දොස්, *n. pl.* the three humours or diseases, viz. bile, phlegm, wind.
තුන්නවායා, *n.* tailor, මැහුම්කාරයා.
තුන්නෙත්, *n.* See තිනෙත්.
තුන්·පද·සමිය, *n.* poem in three verses, triplet.
තුන්·පාය, *n.* three-storied palace or mansion, each story being suitable to one of the three seasons; three-storied house, තුන්මාල් ප්‍රාසාදය.
තුන්·පිටකය, *n.* See ත්‍රිපිටකය. [මහල්.
තුන්·බුමු, *a.* three-storied, three-floored, තුන්
තුන්·භවය, *n.* Er. for ත්‍රිභවය.
තුන්·මංසල, *n.* hall or shed at the junction of three roads: three-road hall; the junction of three roads.
තුන්මඬුල්ල, *n.* See ත්‍රිමණ්ඩල.
තුන්·මද, *n.* the three exudations of an elephant in rut, from his temples, eyes &c.
තුන්·මදයා, *n.* elephant, අලියා.
තුන්·මාල, *n.* See තුන්පාය.
තුන්·යම්, *n. pl.* or *a.* See තියම්.
තුන්·යම්·රාත්‍රිය, *n.* night of three watches, viz. the whole night, මුළුරාත්‍රිය.
තුන්·යලක්, *n.* three times, තුන්විටක්. [රත්නය.
තුන්·රත්නය, *n.* Er. for ත්‍රිරත්නය: see ත්‍රිවිධ
තුන්·රිතු, *n.* See තුන්ඍතු.
තුන්ලොව, තුන්ලෝකය, *n.* the three worlds, viz. දිව්‍යලෝකය, මනුෂ්‍යලෝකය and නාගලෝකය or පාතාලය: the world of gods, the world of men, and the lower region or world of demons, in all of which the inhabitants are liable to passions.
තුන්·වරක්, තුන්·විටක්, තුන්·සැරයක්, *n.* (as *adv.*) three times, thrice.
තුන්·විතක්, *n.* three reflections, viz. sensual, malevolent or cruel thought.
තුන්·විලි, *n. pl.* three creases on the abdomen.
තුන්වෙනි, *a.* third.
තුන්වෙනිව, තුන්වෙනුව, *ad.* thirdly.
තුන්·සරණ, *n.* the three refuges or helps, viz. Buddha, his doctrines, and his priests.
තුන්·සිවුරු, *n. pl.* B. P's three garments, viz. අඳනය, the lower garment or skirt; තනිපට සිවුර or පොරවනය, single robe used at home; and දෙපට සිවුර, double robe, used when away from the pansala or home.
තුන්·හවුල්·ඉඩම, *n.* third-share land or place, viz. Crown land the cultivator of which receives one third of the produce.

තුන්·හුලස්, *a.* three-sided or three-edged, triangular. [shape.

තුන්·හුලස්·හැඩය, *n.* triangle or three-edged

තුප්පහිකම, *n.* T., oral translation of a language.

තුප්පහිකම්කරනවා, *v.* to translate or interpret orally.

තුප්පහියා, *n.* interpreter; Burgher. [chief.

තුප්පොටිය, *n.* waist-cloth of an upcountry

තුබූ, *a.* vile, disgraceful, හීන, නින්දිත; also *v. adj.* of තබනවා.

තුබුණ, *v. pret.* for තිබුණ. [sery work.

තුබුනිය, *n.* planting (of trees &c.), garden nur-

තුඹුව, *n.* tail of an animal, වල්ගය; a trifling thing, සුළුදෙයක්.

තුමා, *n.* for උතුමා, as එතුමා, මෙතුමා, this or that honourable person or that gentleman; attached also to the name, as ජයතිලකතුමා, his honour (or Mr.) Jayatilaka.

තුමුටු, *a.* rapid, swift, ඉක්මන්.

තුමුටුකම or තුමුටුව, *n.* rapidity, speed, වේගය, ඉක්මන්කම.

තුමුටුව, *n.* style of a flower, මලේ යනු කේසරය: joy, ප්‍රීතිය. [severally.

තුමූ·තුමූ, *pron. pl. ref.* for තමතමුන්: they

තුමූල, *a.* or *n.* large, great, vast, මහත්, විශාල; tumult, uproar, clangour, කෝලාහලය.

තුමූ, *suf. pl.* of තමා: often placed after or for the *nom. pl.* in classical writing, as දෙවියෝ තුමූ, යකියෝතුමූ, පුත්‍රකතුමූ. [මල්ලි.

තුම්බුරි, තුම්බුරු, *n.* coriander seed, කොත්තමල්ලි.

තුඹසිය, *n.* See තුබුනිය. [පුඹස.

තුඹස, *n.* mound raised by white ants, ant-hill,

තුඹ·පට, *n.* copper-coloured cloth, තඹවන්රෙද්ද.

තුර, *a.* quick, swift, ඉක්මන්.

තුර, *n.* tree, ගස; *pl.* තුරු. [meanwhile.

තුර, *suf.* to අතර, as ඒඅතරතුර: during that,

තුර·ගය, තුරංගය, *n.* mind, heart, සිත.

තුර·ගයා, තුරංගයා, තුර·ඟයා, *n.* swift-goer, viz. horse, අශ්වයා.

තුරංග·වක්ත්‍රයා, තුරංග·වදනයා, *n. myth.* horse-headed centaur, demi-god in the service of Kuvéra; these demi-gods are the celestial choristers.

තුරඟ, තුරංග, *a.* horse-, අශ්ව.

තුරඟවතා, *n.* E. of තුරංගවක්ත්‍රයා.

තුරන්—තුරන්දු—කරනවා, *v. t.* to remove (from office, life &c.).

තුරන්—තුරන්දු—වෙනවා, *v. i.* to withdraw, secede, depart from; pass away, decease, die.

තුරන්දුව, *n.* removal; decease; අභාවය; මැරීම.

තුරා, *ad.* till, තුරු.

තුරාෂාට්, *n.* ap. of Sakra or Indra.

තුරිත, *a.* agile, nimble, brisk, sprightly, prompt, expeditious. [කඩිසරකම.

තුරිතකම, තුරිතභාව, *n.* agility &c., ඉක්මන්කම,

තුරිතකරනවා, *v. t.* quicken, hasten, accelerate, ඉක්මන්කරවනවා.

තුරිතාලුවා, *n.* galloper.

තුරු, *n.* See තුර, tree, ගස; star, තාරකාව; drum, බෙර; gladness, සන්තෝෂය.

තුරු, *suf. to verbs*, until, as long as: ඔහු එනතුරු until he comes; ඔහු වැඩකරනතුරු, until or as long as he works.

තුරුක්ක, තුරුෂ්ක, *n.* P. and Sans., incense, තුවරලා; also the same as තුරුක්තෙල්.

තුරුක්·තෙල්, *n.* a fragrant oil used as one of the four royal perfumes.

තුරුණ, තුරුණු, *a.* See තරුණ.

තුරු·පතියා, *n.* See තරුපතියා.

තුරු·පාය, *n.* tree-foot, ගස්මුල; tree-shade, ගස්සෙවණ; concealment.

තුරුප්පුකාරයා, *n.* (තුරුප්පු Eng. troop), outrider, trooper, orderly.

තුරු·රව, තුරු·හඬ, *n.* sound of a drum, භේරිසිය, බෙරහඬ; voice of a bird, කුරුළුහඬ.

තුරු·ලිය, *n.* tree and creepers, ගස් හා වැල්; parasitic plant, parasite, පිළිල.

තුරුලු, *n.* embrace, බදගැනීම, සිපගැනීම.

තුරුල්, *a.* close, bosom-.

තුරුල්කරනවා, තුරුල්කරගන්නවා, *v. t.* to lay in or clasp to one's bosom, embosom, cuddle.

තුරුල්ල, *n.* bosom, ළය; *pl.* තුරුළු. [bosom.

තුරුල්වෙනවා, *v. i.* to cuddle to, nestle in the

තුරුවරය, *n.* noble tree, fine tree, උතුම්ගස.

තුරුවා, *n.* bird, කුරුල්ලා.

තුරුස්, *a.* debit: see ණයතුරුස්.

තුරු·ෂිම්යා, *n.* See තුරුපතියා.

තුර්කි, *a.* Turkish.

තුර්කිය, *n.* Turkey (the country).

තුර්කියා, *n.* Turk.

තුලකල, *n.* foot-ornament, පාදාභරණය.

තුල·දර, *n.* sun, ඉර; string or support of a balance, තරාදිලනුව or කද.

තුල·දර, තුලාදර, *n.* goldsmith or silver-smith, බඩාලා; trader: see තුලාධාරයා.

තුලා·කෝටිය, *n.* ring or other ornament of the feet or toes; a certain weight; one hundred millions, දසකෝටියක්; extremity of the scales or balance, තරාදියේ කෙලවර.

තුලා·ධාරය, *n.* (ධාර holding), const. Libra, තුලාරාශිය; the string, beam or support of a balance: see තුලදර. [ළෙලන්ද.

තුලාධාරයා, *n.* scales-bearer, viz. trader, වෙළෙන්ද.

තුලාත, *n.* district, පලාත.

තුලාභර, තුලාභාරය, *n.* an equal weight: applied to a gift of gold, silver &c. equal to the weight of the giver.

තුලා·රාශිය, තුලා·රාශ, *n.* const. Libra.

තුලා·ලග්නය, *n.* contact of Libra, viz. entrance of the sun into that sign.

තුලාව, *n.* scales or balance for weighing: const. Libra; a weight of one hundred palams, about eight pounds troy; similarity, equality, balance, සමකම; sloping beam, මූලප්පරාලය, hip-rafter.

තුලා·වරු, තුලා·කරුවා, *n.* goldsmith, රන්කරුවා or බඩාලා. [wagtail.

තුලිකාවා, *n.* a small bird somewhat like the

තුලිය, *n.* painter's or weaver's brush or fibrous stick.

තුලු, *pron.* that, those, this, these, ඔය or මේ as තුලුමිනිස්සු &c., තුලුන්ට to them, ඔුන්ට; *acc.* of තෙල, තෙලෙ. [තුල්‍ය.

තුල්, *a.* large, immense, මහත්; (also) E. of

තුල්, *n.* oil, තෙල්. [සමාන.

තුල්‍ය, *a.* equal, alike, similar, analogous, සම,

තුල්‍යකරනවා, *v. t.* to make equal &c., equate, assimilate, සමකරනවා, සමානකරනවා.

තුල්‍ය·කාලික, *a.* e,ual in time, isochronal, isochronous.

තුල්‍යගුණිත, *a.* equimultiple.

තුල්‍යගුණිතය, *n.* equimultiple.

තුල්‍ය·චතුභාග·ඡේද්‍ය, *a.* quadrate or divisible into four equal parts.

තුල්‍යතාව, තුල්‍යත්වය, *n.* equality, analogy, balance, equation, parity, සමකම.

තුල්‍ය·පානය, *n.* a drinking together, compotation, එක්වබීම.

තුල්‍යයා, *n.* an equal, a peer, සමයෙකෙක්.

තුල්‍ය·රූප, *a.* equiform, සම හැඩයක් ඇති.

තුල්‍යවෙනවා, *v. i.* to become equal or analogous, tally, සමවෙනවා.

තුල්‍යාධිකරණ·විශේෂණය, *n. gram.* adjective of equal power: see සමානාධිකරණවිශේෂණය.

තුල්‍යාන්තර, *a.* (·අන්තර), parallel, සමාන්තර.

තුල්‍යාන්තරය, *n.* parallel, සමාන්තරය.

තුල්‍යාර්ථ, තුල්‍යාර්ථ·වාචක, *a.* equipollent, synonymous, සම අර්ථ ඇති.

තුල්‍යාර්ථ·වචනය, *n.* synonym, සමානාර්ථ වචනය.

තුල්‍යීකරණය, *n.* act of making alike or equal, assimilation, සමකෙරීම. [ලද.

තුල්‍යීකෘත, *a.* assimilated, equalized, සමකරන

තුවක්කු, *n. pl.* or *a.* of තුවක්කුව: guns; gun-.

තුවක්කු·කන, *n.* gun nipple or touch-hole.

තුවක්කු·කාණුව, තුවක්කු·නලය, *n.* gun-barrel.

තුවක්කු·කොක්ක, *n.* trigger.

තුවක්කු·කහඹුව, *n.* gun-lock.

තුවක්කුව, *n.* T., gun.

තුවක්කු·වල්ල, *n.* gunstock, butt end of a gun.

තුවටුව, *n.* stalk of a leaf &c. නැට්ට.

තුවර, *a.* astringent in taste, acrid, කහට; beardless, රැවුල නැති.

තුවරක, තුවරු, *n.* fragrant earth; a lentil.

තුවරය, *n.* acridness, කහට; frankincense.

තුවරලා, *n.* frarkincense, incense, කට්ටකුමංචල්.

තුවාජය, තුවාය, *n.* Port., towel, napkin.

තුවායරෙදි, *n.* towelling.

තුවාලකරනවා, *v.* (*dat.*) to wound, lacerate.

තුවාලය, *n.* wound, injury, laceration.

තුවාලවෙනවා, *v. i.* to become wounded or lacerated.

තුෂ, තුස, *n.* husk or chaff of grain, දහයියා.

තුෂාර, *a.* cold, snowy, frosty; *where these are unknown*, dewy, misty.

තුෂාර·කණය, *n.* icicle. [සඳ.

තුෂාර·කිරණ, *n.* cold-ray: ap. of the moon,

තුෂාර·ක්ෂේත්‍ර, *n. pl.* or *a.* snow-fields; glacial.

තුෂාර·ක්ෂේත්‍ර·ධර්මය, *n.* glacial theory or law.

තුෂාර·ක්ෂේත්‍රය, *n.* snow-field, glacier.

තුෂාර·නිපාතය, තුෂාර·පාතය, *n.* snow-fall; fall of dew or mist, පිනිබෑම &c.

තුෂාර·පෙත්ත, *n.* snow-flake.

තුෂාර·මකුට (සහිත), *a.* snow-capped.

තුෂාරය, *n.* frost, snow, ice; mist or dew. E.S.

තුෂාර·රථය, *n.* sled, sledge, sleigh. E. S.

තුෂ්ට, *a.* satisfied, pleased, glad, සන්තෝෂ.

තුෂ්ට·වරය, *n.* boon, benefaction, a gift out of good-will, සතුටු තෑග්ග.

තුෂ්ටි·ජනක, ·ජනක, ·දායක, *a.* pleasing, gladdening, delighting, ප්‍රීතිදායක. [ප්‍රීතිමත්.

තුෂ්ටිමත්, *a.* pleased, glad, merry, සන්තෝෂ,

තුෂ්ටි·දානය, *n.* giving pleasure or satisfaction,

තුෂ්ටිමත්කම, *n.* gladness &c. [සතුට දීම.

තුෂ්ටිය, *n.* satisfaction, pleasure, gladness, සතුට, සන්තෝෂය.

තුස, *n.* E. of තුෂ්ට; see also තුෂ.

තුස·ආකාර, *a.* paleaceous, chaff-like, බොල් or දහයියා ආකාර.

තුසඇති, *a.* paleaceous, having chaff.

තුසර, *n.* E. of තුෂාර: dew, පිනි.

තුසර·කර, *n.* dew-maker: ap. of the moon, සඳ.

තුසිත·කාය, *n.* celestial or paradise body, දිව්‍ය ලෝක ශරීරය.

තුසිත·පුරය, තුසිත භවනය, *n.* celestial city, fourth divine world.

තුෂිතය, *n.* paradise or happy world, fourth divine world, සතරවෙනි දිව්‍යලෝකය; satisfaction, happiness, සැපත.

තුසි·පුරය, *n.* E. of තුෂිතපුර්ය or තුසිතපුරය.

තුසි·වැසියා, *n.* inhabitant of paradise, viz. දෙවියෝ.

තුහින·කිරණ, *n.* See තුෂාරකිරණ.

තුහිනය, *n.* frost, dew, පිනි; moonlight, සඳපාන; camphor, කපුර; white sandal, සුදුහඳුන්.

තුළ, *post.* in, inside.

තුඑල, *n.* fine garment, සිහින් වස්ත්‍රය.

තූණය, තූණිව, තූණීරය, *n.* a quiver, ඊකොපුව.

තුතුකරනවා, *v. t.* to smash, break in pieces, කඩාදමනවා, කැබලිකරනවා; reject with contempt, එපාකරනවා.

තුතුව, *n.* potsherd, කැබලිත්ත: see තුතුව.
තුම්බය, *n.* bier, මිනීමැස්ස.
තුරල්කරනවා, *v.* to drizzle, වැහිපොදගහනවා: to cease, clear off (of rain).
තූර්ණ, *a.* quick, swift, ඉක්මන්, තුරිත.
තූර්ය, *a.* music-, musical, harmonic.
තූර්ය·ගායනාකාරයා, *n.* player on an instrument.
තූර්ය·නාඩගම, theatrical opera.
තූර්ය·නාද·ක්‍රමය, *n.* musical scale, gamut.
තූර්ය·නාදය, *n.* musical sound.
තූර්ය·නාද·ශාස්ත්‍රය, තූර්ය·ශාස්ත්‍රය, *n.* science of music, harmonics.
තූර්ය·භාණ්ඩ·කාරයා, *n.* musician, organist &c.
තූර්ය·භාණ්ඩය, *n.* musical instrument.
තූර්යය, *n.* musical instrument.
තූර්ය·රවය, *n.* musical sound, තූර්ය ශබ්දය.
තූල, තූලක, *n.* cotton, පුළුන්; white-lead, සුදු ඊයම් කුඩු.
තූලිකාව, *n.* painter's brush or fibrous stick; mattress or quilt, කුලිච්චම; ingot, ලෝහ කුට්ටියක්; mould, අච්චුව.
තූවරය, *n.* astringent taste, astringency, කහට.
තූවරයා, *n.* a defective creature; as a hornless bull, beardless man, eunuch.
තූවරී, *n. pl.* fragrant earth.
තූෂ්ණීක, තූෂ්ණීම්, *a.* silent, speechless, taciturn, නිශ්ශබ්ද. [කම.
තූෂ්ණීකතාව, *n.* silentness, stillness, නිශ්ශබ්ද
තූෂ්ණීකයා, *n.* taciturn or silent person, අල්ප
තූෂ්ණීම්භූත, *a.* See තූෂ්ණීක. [වාදියා.
තූෂ්ණීම්භූතයා, *n.* one who is silent, who refrains from speaking, නිශ්ශබ්ද අය.
තූෂ්ණීම්භූතවෙනවා, *v. i.* to become silent, speechless, &c.
තූෂ්ණී·ශීල, *a.* taciturn, reticent, silent.
තූෂ්ණී·ශීලය, *n.* taciturnity &c., නිශ්ශබ්ද ගතිය.
තෘණ, *n.* or *a.* grass, herbage; grass-, gramineous; තණකොළ.
තෘණ·ගෝචරය, *n.* grass-feed, pasturage.
තෘණ·ගෝධාවා, *n.* a kind of newt, chameleon.
තෘණ·තලාව, *n.* grass-plain, prairi .
තෘණද්‍රැමය, *n.* See තෘණවෘක්ෂය. [කොළ ඇති.
තෘණ·පත්‍රාකාර, *a.* graminifolious, තෘණආකාර
තෘණ·පිට්ටනිය, තෘණ·භූමිය, *n.* grass-field, grass-land, grass-sward, meadow, pasture.
තෘණ·පිඩැල්ල, *n.* sod of grass, sod of turf, පිඩැල්ල. [කන.
තෘණ·භක්ෂක, *a.* graminivorous, තණකොළ
තෘණ·රාජ, *n.* palmyra, තල්ගහ; coconut tree, පොල්ගහ.
තෘණ·රාජ·වංශ, *n. pl.* the palms, palm trees, as පුවක්, කිතුල්, තල &c. [පඹයා.
තෘණ·රූපය, *n.* grass-figure, viz. scare crow,
තෘණ·වර්ණ, *a.* grass-coloured, green, කොළපාට ඇති.
තෘණ·වර්ණය, *n.* green colour, green, කොළපාට.
තෘණ·වෘක්ෂය, *n.* *lit.* grass-tree; any one of the palms. [grass-couch.
තෘණ·සංස්තරය, *n.* spread of grass to lie on,
තෘණ·සම්භව, *n.* wheat, තිරිඟු.
තෘණාකාර, *a.* grass-like, graminaceous.
තෘණාදි·විද්‍යාව, *n.* (තෘණ·ආදි), science of botany.
තෘණෝදකය, *n.* (තෘණ උදකය), dew, පින්න.
තෘණෝල්කාව, *n.* (තෘණ උල්කාව), grass-torch or one made of coconut leaves, හුළු, උල්පන්දම.
තෘතීය, *a.* third, තුන්වෙනි. [E. S.
තෘතීය·ජ්වරය, තෘතීයක·ජ්වරය, *n.* tertian ague.
තෘතීය·ධ්‍යානය, *n.* B., the third stage of religious contemplation: see ධ්‍යානය. [mation.
තෘතීය·මහා·ප්‍රවිභාගය, *n. geol.* the tertiary for-
තෘතීයාවරණය, *n. bot.* tercine, තුන්වෙනි වැස්ම.
තෘප්තිමත්, *a.* (*of the appetite*) fully satisfied, satiated, cloyed.
තෘප්තිමත්කම, *n.* repletion, satiety.
තෘප්තිමත්කරනවා, *v. t.* to fully satisfy (with food &c.), bring to repletion.
තෘප්තිය, *n.* full satisfaction, repletion.
තෘෂ්ණාව, *n.* passionate desire, sp. concupiscence. [lust after.
තෘෂ්ණාවෙනවා, *v. i.* to desire passionately,
තෙ, *a.* three, තුන්.
තෙ·කල්, *n. gram.* the three tenses; past, present and future time.
තෙක්, *suf.* till, until: see තුරු.
තෙජාති, තෙජාතික, *n.* three kinds; sp. these three, viz. කුරුඳු, එන්සාල්, කොල්ලත්කොළ.
තෙත, තෙත්, *a.* damp, moist, wet.
තෙත, තෙතමන, *n.* dampness, moisture, wet.
තෙත·මාත්තුකරනවා, *v.* to wipe off moisture, wipe dry.
තෙත්කනවා, *v.* to gradually absorb moisture, become moist or wet.
තෙත්කරනවා, *v. t.* to damp, moisten.
තෙත්තියන්·තියනවා, *v.* to set a saw.
තෙත්තුව, *n.* disobedience, අකීකරුකම.
තෙත්තුවා, *n.* a small child, a pet.
තෙද, *n.* E. of තේජස.
තෙ·දියත, *n.* the three worlds: see තුන්ලොව.
තෙන, *n.* place, තැන; woman's breast, තනය.
තෙනුත්, *n.* theft, හොරකම.
තෙනෙත්, *n.* See තිනෙත්.
තෙනේ, *n.* son, පුතා. [romp.
තෙන්කෙළිනවා, *v.* to frisk about, gambol,
තෙන්කෙළිය, *n.* gambolling, gambol, romp.
තෙපනස්වෙනි, *a.* fifty-third, පනස්තුන්වෙනි.
තෙපල, *n.* See තෙපුල.
තෙපලනවා, *v.* to say, utter, කියනවා; *pret.* තෙපලුවා; *v. n.* තෙපලීම.
තෙපි, තෙප්, *pron. pl.* ye, තොපි. [eye-medicine.
තෙපුල, *n.* word, speech, utterance, කීම, බස;

තෙප්, *n. pl.* of තෙබ.

තෙපිත්ත, තෙප් ඉත්ත, *n.* stake, pointed stick for loosening the soil &c. [තෙප් ඉත්ත.

තෙප්ල්ල, තෙප්පුල, *n.* spike, pointed stake,

තෙප්පම, *n.* raft, float, පහුර. [or uses a raft.

තෙප්පම්කාරයා, *n.* raftsman, one who pushes

තෙප්ලුම, *n.* utterance, saying, කථාකෙරීම, කීම.

තෙබ, *n.* large wooden spear, hunting spear; also for තෙපිත්ත.

තෙම, තෙමේ, *suf. nom. sg. mas.* as රජතෙමේ. See එතෙම්. මෙතෙම, මේතෙමේ, this person or gentleman, මුන්නාන්සේ.

තෙමනවා, *v. t.* to wet, moisten, make damp; *pret.* තෙමුවා; *v. n.* තෙමීම.

තෙ·මබුල්ල, *n. pl.* මබුලුකුන: see ත්‍රිමණ්ඩල.

තෙමීම, *v. n.* of තෙමනවා and තෙමෙනවා: wetting, or becoming wet.

තෙමුම, *v. n.* of තෙමනවා. [සාව.

තෙමුම, *n.* praising, ප්‍රශංසාකිරීම; praise, ප්‍රශං

තෙ·මුවයා, *n. lit.* three-mouther, viz. leech, කුඩැල්ලා.

තෙමෙනවා, *v. i.* to become wet or moist, get wet with rain &c.; *pret.* තෙමුණා; *v. n.* තෙමීම. [son, E. S.

තෙම්පරාදුකරනවා, *v. t.* Port., to attemper, sea-

තෙම්පරාදුව, *n.* tempering, seasoning.

තෙපුම, *n.* See තෙපුම.

තෙර, *n.* shore, border of river, ඉවුර, ගඟබඩ: see එතෙර, මෙතෙර. [ආයුෂ්මත්.

තෙර, *a.* E. of ථෙර: aged, මහලු, venerable,

තෙර, *n.* The venerable, viz. B. P. who has been not less than ten years ordained, aged monk, senior priest, elder.

තෙරපනවා, *v. t.* to press or rub against, throng, jostle; *pret.* තෙරපුවා; *v. n.* තෙරපීම.

තෙරපෙනවා, *v. i.* to be thronged &c.; to rub against; *pret.* තෙරපුණා; *v. n.* තෙරපීම.

තෙරිඳු, *n. hon.* (තෙර ඉඳු), Buddhist Priest.

තෙරී, *n.* elderly B. female priest or nun.

තෙරුන්නාන්සේ, *n. hon.* elderly B.P. (see තෙර).

තෙ·රුවන්, *n. pl.* See තුනුරුවන්.

තෙල, *n.* oil; fat, grease. [මු, මොහු.

තෙල, තෙලෙ, *a.* or *pron.* this, that, මේ. ඔහ,

තෙල·සාහනාව. *n. fem.* oil-seller.

තෙලිකුර, *n.* paint brush or pencil, fibrous stick used to paint with.

තෙලිජ්ජ, තෙලිදිය, *n.* sweet toddy.

තෙලියා, *n.* eel, ආඳා; snake-like fish.

තෙලිසපා, *n.* cobra, නයා.

තෙලිස්·පොළඟා, *n.* largish snake. [viper.

තෙලිස්සා, *n.* venomous snake, small kind of

තෙලිහම, තෙලිනම, *n.* See තැලිහම.

තෙල්, *n.* or *a.* oil, oils; oil-

තෙල්කරවලා, *n.* oily-karawalā, snake, a variety of ***bungarus ceylanicus.***

තෙල්කා, *n.* sediment of oil.

තෙල්·කැස්බෑවා, *n.* oil-turtle, thin-skinned turtle: see දුරකැස්බෑවා.

තෙල්·කුලාව, *n.* oil flask; flask of oil.

තෙල්කූඹියා, *n.* oil-ant, a very small kind of ant that infests anything oily.

තෙල්ගානවා, තෙල්ගල්වනවා, *v.* to oil, to grease.

තෙල්·තීන්ත, *n.* oil-paint, oil-colour.

තෙල්·තීන්ත·සිතියම, *n.* oil-painting.

තෙල්·දිනියා, *n.* See තෙල්කූඹියා.

තෙල්·ධාතුව, *n.* oil-element: the serous oily fluid of the body.

තෙල්·පොළඟා, *n.* a kind of snake.

තෙල්·බුවා, *n.* See තෙල්කූඹියා.

තෙල්ල, *n.* See තෙලිකුර.

තෙල්·වළ, *n.* oil-pit, viz. the depression on the top of the head of infants where oil is rubbed.

තෙල්·සිඳිනවා, *v.* to extract or express oil.

තෙ·වග, *n.* E. of ත්‍රිවර්ග. [තුන්පිටක.

තෙ·වලා, *n. pl.* (තෙ three, වලා for පිටක): see

තෙ·විකුම, *n. pl.* E. of ත්‍රිවික්‍රම: ap. of Vishnu.

තෙ·විට, *ad.* thrice, තුන්විට, තුන්විටක්.

තෙ·විද, *a.* E. of ත්‍රිවිධ.

තෙ·විදු, *n.* E. of ත්‍රිවිද්‍යාව. [යුක්තවූ.

තෙවුහ, *a.* shining, දීප්තිමත්; imbued with,

තෙවුනාව, *n.* praise, ප්‍රශංසාව, thanks, ස්තුතිය.

තෙවෙනි, *a.* third, තුන්වෙනි.

තෙ·ගුත්, *n. pl.* E. of ත්‍රිගුණිතය.

තෙ·සරණ, *n.* See තුන්සරණ.

තෙසු, *a.* remaining, residual, සෙසු, ඉතුරු.

තෙසුම, *n.* theft, සොරකම.

තෙසුව, *n.* word, speech, බස. [එහාමවූ පොත.

තෙස්තමේන්තුව, *n.* Port., testament, ගිවිසුම;

තෙහෙට්ටු, *a.* fatigued, wearied, exhausted.

තෙහෙට්ටුකරනවා, *v. t.* to fatigue, weary, jade.

තෙහෙට්ටුව, *n.* fatigue &c.

තෙහෙට්ටුවෙනවා, *v. i.* to become fatigued &c.

තෙ·ළෙස, *n.* thirteen, දහතුන.

තෙළෙස්, *a.* thirteen, දහතුන්.

තෙළෙස්·ධූතාංග, *n. pl.* (ධූත subjugating, අංග sections), the thirteen passion-subduing ordinances to be observed by B. P., viz. පංසුකූලිකාංගය, පිණ්ඩපාතිකාංගය, තේචීවරිකාංගය, සපදානචාරිකාංගය, ඒකාසනිකාංගය, පත්තපිණ්ඩිකාංගය, ඛලුපච්ඡාභත්තිකාංගය, ආරඤ්ඤකාංගය, රුක්ඛමූලිකාංගය, අබ්භෝකාසිකාංගය, සෝසානිකාංගය, යථාසන්ථතිකාංගය, නේසජ්ජිකාංගය. For the explanation of these see each one in its alphabetical place.

තෙළෙස්වක, *n.* thirteenth day after the new or full moon. [tree &c.

තේ, තේකොළ, *n.* or *a.* tea; තේගහ &c., tea

තේ·කේතලය, *n.* tea-kettle.

තේචීවරිකාංගය, *n.* one of the තෙළෙස්ධූතාංග: three-robe ordinance, which requires that

the B. P.'s dress shall be a particular kind and consist of three parts.

තේජනා, තේජනා, *n.* a febrifuge made of three spices, viz. black pepper, long pepper and dried ginger.

තේජ·කිසිනු, *n.* (glorious asceticism), Buddha's power, acquired by the severest religious austerities, of diffusing a fiery splendour from his body sufficient to illumine the region around him for many miles; ascetic observance or attainment so called, viz. fixing the mind exclusively upon the element of fire. See පරිකසිත.

තේජනය, *n.* act of making splendid or illuminating, දීප්තිමත්කෙරීම; polishing, sharpening මුවහත්කෙරීම; bow, දුන්න; arrow, ඊය.

තේජය, *n.* splendour, effulgence, magnificence, තේජස; fire, heat, pungency.

තේජවන්ත, තේජවත්, *a.* splendid, glorious &c.

තේජවන්තකම්, *n.* splendour, splendidness &c.

තේජස, *a.* splendour, glory &c.

තේජෝකසිණ, *n.* See තේජකිසිනු.

තේජෝ·ධාතුව, *n.* (තේජස් fire), element of fire, caloric; source of animal heat, bile, පිත; digestive power, ජීර්ණබලය.

තේපෝච්චිය, *n.* teapot.

තේම්, *n.* wet, moisture, තෙතමන.

තේමනය, *n.* wetting, moistening, තෙමීම; sauce or condiment, කොයි, ව්‍යංජන.

තේරවිලිආකාර, *a.* enigmatical. [මිලි.

තේරවිල්ල, *n.* enigma, riddle, puzzle; *pl.* තේරවිලි.

තේරී, *n. fem.* See තෙරී.

තේරීම, *v. n.* of තෝරනවා and තේරෙනවා.

තේරුම, *n.* meaning, sense, import.

තේරුම්ඇති, *a.* having meaning as a sentence or act; having understanding, intelligent, sagacious.

තේරුම්කරනවා, *v. t.* to explain, expound.

තේරුම්ගන්නවා, *v. t.* to understand, comprehend.

තේරුම්·යනවා, *v. i.* (*dat.*) to be intelligible to, understood by.

තේරෙනවා, *v. i.* to be intelligible to; to become separated or selected, as by sifting &c.; *pret.* තේරුණා; *v. n.* තේරීම.

තේවකරනවා, *v. t.* to offer, present, as a religious offering, බිල්පූජාකරනවා.

තේ·වතුර, *n.* tea (the infusion).

තේවය, *n.* offering, sacrifice, පඬුර, පිදවිල්ල.

තේසාරය, *n.* essence of tea, theine.

තෙතිලයා, *n.* rhinoceros, කඟවේණා.

තෙල, *n. pl.* or *a.* oils &c.; pert. to oil or ointment.

තෙල්·ආලේපකරනවා, *v.* to anoint; to oil, grease, තෙල්ගානවා.

තෙලකය, *n.* small quantity of oil, තෙල්ටිකක්.

තෙලකාරයා, *n.* oil manufacturer, oil dealer.

තෙල·කිට්ට, *n.* oil-cake, poonac, පුනක්කු.

තෙල·ජ, *a.* produced from oil or fat, sebacic.

තෙල·ජම්ල, *n.* (·අම්ල) sebacic acid.

තෙල·පර්ණී, *n.* sandal, සුදුහඳුන්; incense, කුමරලා; turpentine, ටර්පන්ටයින්.

තෙල·පායා, තෙල·පායිකාව, තෙල·පිකයා, *n.* *lit.* oil-drinker, viz. cockroach, කැරපොත්තා.

තෙල·ප්‍රභවය, *n.* oil-source, viz. gingely flower, තලමල, තිලපුෂ්පය.

තෙල·ඵල, *n. lit.* oil-fruit, viz. gingely seed, තිලබීජ.

තෙලම්, *n.* ointment, salve, unguent.

තෙලය, *n.* oil, ointment.

තෙලාම්ලය, *n.* fatty acid, fat acid, තෙල්ඇඹුල.

තෙලි, *a.* pert. to oil, oily, oleaginous, තෙල් ආකාර, තෙල් මිශ්‍රවූ. [තල භූමිය.

තෙලීනය, *n.* gingely field, field of gingely,

තො, *n.* E. of තෝය: water, දිය; chaff, දහයියා.

තොක, *n.* bark of a tree, පොත්ත.

තො·කෙළිය, *n.* water-play, fun in the water, දියකෙළිය.

තොක්කුව, *n.* place, site, භූමිය.

තොංගල, *n.* end, point, tip.

තොට, *pron. mas. dat.* of තෝ, Er. for තට.

තොට, තොටපළ, *n.* ford, ferry, තොටුපළ.

තොට·කුලිය, *n.* ferry-fare.

තොට·පියලි, *n. pl.* shreds or bits of cloth beaten off in washing and which are sometimes used as charms and incantations, also clothes left by the bather after his religious ablutions.

තොටමුණ, *n.* seaport, vicinity of a seaport or ferry; district, පළාත.

තොටියා, *n.* ferry-man; also for කිසීකයා.

තොටිල්ල, *n.* swinging cradle, hammock; swing; *pl.* තොටිලි. [heretic.

තොටු, *a.* heretical, මිථ්‍යාදෘෂ්ටි; තොටුවා, *n.*

තොටුපළ, *n.* ferry, ford.

තොංබොක්කුව, *n.* rope-hole through the cartilage of a bullock's nose.

තොංඛියා, *n.* a small sea fish. [animals.

තොංඩුව, *n.* snare, noose, loop for catching

තොතැනි, *n.* bank to keep water &c. round the root of a tree; tank, ජලාශය.

තොත්තු·ගන්නවා or ·දෙනවා, *v.* to kiss (little children).

තොත්තුව, *n.* kiss, kissing.

තොප, *pron. acc. pl.* of තොපි; you; *gen.* තොපගේ, *dat.* තොපට &c.

තොපි, *pron.* ye (addressed only to low persons).

තොප්පිය, *n.* Tam., hat, cap, bonnet.

තොම, *n.* patch of growing corn, wheat or barley.

තොම, තොමෝ, *suf. fem. nom. hon.* of mas. **තම,** as **සඳු තොමෝ,** (honourable) woman, **ඕ තොමෝ,** she, her ladyship.

තොම්බ, *n.* snout, හොම්බ.

තොසිල්කරනවා, *v.* See තොවිල්කරනවා.

තොර, *n.* cessation, intermission, නැවතීම.

තොරකරනවා, *v. t.* to stop, cause to cease, intermit, නවත්වනවා.

තොරණ, *n.* triumphal arch, pandal; porch.

තොරතුර, *n.* affair, circumstance, particular, detail; *pl.* තොරතුරු, affairs &c.

තොර·නැති, *a.* unremitting, ceaseless, නොනවත්වා තිබෙන, නිරන්තර. [නොබවම.

තොර·නැතුව, *ad.* incessantly, unceasingly, නො

තොරපනය, *n.* gimlet, brace.

තොරලියා, *n.* a kind of sea fish.

තොරවෙනවා, *v. i.* to cease, stop, intermit, නවතිනවා, අත්හිටිනවා.

තොරොම්බල්·(පෙට්ටි)කාරයා, *n.* travelling haberdasher, hawker, pedlar.

තොරොම්බල්·බඩු, *n. pl.* haberdashery.

තොල, *n.* lip; *pl.* තොල්.

තොලිල, *n.* work, වැඩය, means of living, රක්ෂාව.

තොවිල්කරනවා, *v.* to perform devil-ceremonies, use incantations to expel demons, exorcise demons by the use of යන්ත්‍රමන්ත්‍ර &c., and so heal the sick one whose disease is supposed to be occasioned by them.

තොවිලය, *n.* devil-ceremony, ceremony to expel demons, exorcism.

තොශ, *n.* E. of තෝෂය: සන්තෝෂය.

තොසියොත්, *n.* See නෑදෑයත්තා.

තොහොල, *n.* umbrella, කුඩය, කුඩේ.

තොහො, *n.* chaff or husk of grain, දහයියා.

තොළු·ගානවා, *v.* to be always eating or munching; to graze.

තෝ, *pron.* thou, (now addressed to one of very low caste, or for abuse). [ling house.

තෝං, *n.* fee charged by the keeper of a gamb-

තෝක, *a.* less, deficient, අඩු. (Sans. a child, තෝකයා, a little one).

තෝංචිය, *n.* hesitation, delay, ceasing, ප්‍රමාදය.

තෝංචිවෙනවා, *v. i.* to hesitate, delay, ඇනහිටිනවා.

තෝඩුව, *n.* T., earring or ear ornament, a hollow cylinder of gold &c., put through the lobe of the ear.

තෝත්‍රය, *n.* goad or pike, හෙණ්ඩුව.

තෝදනය, *n.* goad; pain, වේදනාව.

තෝන්තු, *a.* astounded, තුෂ්ණී; faint, dizzy.

තෝන්තුකරනවා, *v. t.* to astound, stun.

තෝන්තුව, *n.* giddiness, dizziness, faintness.

තෝන්·ලනුව, *n.* rein. [puncheon.

තෝප්පු·කටුව, *n.* punch for making holes,

තෝම, *n.* cinnamon bark, කුරුඳු පොතු, කුරුඳු.

තෝමරය, *n.* iron crowbar, යකඩ්ඩල; piercer, විදින ආවුදය; spear, dart, හෙල්ලය.

තෝමාල, *n.* red arsenic, මනෝසිල, රත්හිරියල්.

තෝම්බු·කන්තෝරුව, *n.* Port. and D., Government register office.

තෝම්බු·ලේකම්, *n.* registrar.

තෝම්බු·ලේකම්·තිලය, *n.* registrarship.

තෝම්බුව, *n.* register.

තෝය, *n.* water, වතුර, ජලය. [ජලදායක.

තෝය·ද, *a.* (ද giving), water-giving, වතුරදෙන,

තෝය·දය, *n.* water-giver, viz. cloud, වලාකුළ.

තෝය·ධරය, *n.* water-holder, viz. cloud.

තෝය·ප්‍රසාදනය, *n.* water-clearer, viz. clearing-nut plant, the seeds of which are used for clearing water, ඉඟිනි.

තෝරනවා, *v. t.* to choose, select, pick out; assort; discrimenate; explain, interpret; *pret.* තේරුවා; *v. n.* තේරීම.

තෝරමල්ලිය, *n.* cornelian.

තෝර·මාලු, *n.* flesh of the sear-fish.

තෝරමාලුවා, තෝරමත්ස්‍යයා, තෝරා, *n.* sear-fish, the finest fish in the neighbourhood of Ceylon, *cybium* (or *scomber*) *quattatum*; *pl.* තෝරු.

තෝරාගන්නවා, *v. t.* to choose, select, elect.

තෝරාදෙනවා, *v. t.* to select and give; explain to anyone.

තෝරාදෙන්නා, *n.* one who selects and gives; an interpreter &c.

තෝල, තෝලක, *n.* goldsmith's weight of about 210 grains or 80 olinda seeds.

තෝලි, තෝලි·නාථ, තෞලිනාථ, *n.* ap. Sukra, regent of the planet Venus.

තෝලිය, *n.* See තෞලික.

තෝල්ක·අනුසාරයෙන්, *ad.* (තෝල්ක D.), by interpretation. [*viva voce.*

තෝල්ක·කියනවා, *v.* to interpret, translate

තෝල්ක·තැන, තෝල්කයා, *n.* interpreter, තෝල්ක කියන්නා.

තෝෂය, *n.* See සන්තෝෂය.

තෞර්‍යත්‍රික, *a.*; **තෞර්‍යත්‍රිකය,** *n.* See තූර්‍යත්‍රික &c.

තෞර්‍යත්‍රි·ත්‍රිකය, *n.* threefold harmony, viz. the combination of song, dance and instrumental music.

තෞලය, තෞලිය, තෞල්ක, *n.* a balance, තරාදිය; *const.* Libra, තුලාව.

තෞලික, තෞල්·භවනය, *n.* a sign of the zodiac, viz. Libra; the planet Venus, ශුක්‍රතාරකාව.

ත්, *suf. conj.* and, also, as මෙකත්, this also, and this.

ත්‍යක්ත, *a.* left, abandoned, අත්අරිනලද.

ත්‍යක්ත·ලජ්ජා·ඇති, *a.* lost to shame, impudent, ලජ්ජා දුරුකොට ඇති.

ත්‍යජනයකරනවා, *v. t.* to abandon, desert, අත්අරිනවා.

ත්‍යජනයකිරීම, ත්‍යජනය, *n.* abandonment, desertion.

ත්‍යාගය, *n.* gift, present, තෑග්ග, දීමනාව; abandonment, අත්හැරීම.

ත්‍යාගවත්, ත්‍යාග·ශීල, *a.* generous, liberal, ත්‍යාගී [වන්ත.

ත්‍යාග·ශීලතාව, ත්‍යාගිතාව ත්‍යාගිවන්තකම, *n.* generosity &c.

ත්‍යාගියා, *n.* giver, දායකයා; abandoner, අත්අරින්නා; religious ascetic who forsakes all worldly things, තාපසයා.

ත්‍යාගිවන්ත, *a.* See ත්‍යාගවත්.

ත්‍ර, *a.* three: see ත්‍රි.

ත්‍ර·කය, *n.* door-bar, bolt, තරංකය, අගුල.

ත්‍රපය, *n.* shame, modesty, ලජ්ජාව.

ත්‍රපාන්විත, *a.* (ත්‍රප අන්විත), bashful, diffident, modest, ලජ්ජාන්විත.

ත්‍රපු, *n.* white-lead, සුදු ඊයම්කුඩු.

ත්‍රපුෂ, *n.* tin, බෙලෙක්. *Bot.*

ත්‍රය, *n.* three, තුන. [ගිනාතවකය.

ත්‍රය·ත්‍රිංශත්, *a.* thirty-three, තිස්තුන්: see තවු

ත්‍රයීය, *n.* the three principal Védas, omitting the fourth or Atharvan.

ත්‍රයෝ·දශය, *n.* thirteen, දහතුන.

ත්‍රසරය, *n.* shuttle, නඩාව; weaving, වියීම.

ත්‍රස·රේණුව, *n.* atom, mote, පරමාණුව.

ත්‍රස්ත, *a.* astounded, terrified, appalled, තිගැටු.

ත්‍රස්තකරනවා, *v. t.* to terrify, appal, dismay, shock. [තිය.

ත්‍රාසය, *n.* terror, dismay, panic, shudder, තිත්‍රාසවෙනවා, *v. i.* to be dismayed, panic-stricken &c., තිතවෙනවා. [ගැලවිල්ල.

ත්‍රාණය, *n.* preservation, salvation, ආරක්ෂාව,

ත්‍රායමාණී, *n.* protectoress, ආරක්ෂාකාරී. *Bot.*

ත්‍රායමාණ, *a.* preserving, protecting, ආරක්ෂක. *Bot.* [in a jewel.

ත්‍රාසය, *n.* fear, terror, භීතිය, තැතිගැන්ම; flaw

ත්‍රි, *a.* three, තුන්.

ත්‍රිංශකය, *n.* thirty, තිහ, තිහක්.

ත්‍රිංශත්, *a.* thirty, තිස්.

ත්‍රිංශත්·වර්ෂික, *a.* continuing thirty years, තිස් අවුරුද්දක් පවතින. [&c.

ත්‍රිංශත් සාංවත්සරික, *a.* tricennial, තිස් අවුරුද්දක

ත්‍රිංශදංශ, *a.* (ත්‍රිංශත් අංශ), triacontahedral, තිස් පට්ටම්. [ක්ෂය.

ත්‍රිංශදංශ·ඝනය, *n.* triacontahedron, තිස්පට්ටම්

ත්‍රික, *a.* ternary.

ත්‍රි·කටුකය, *n.* a compound of three spices: see තිකුළු.

ත්‍රි·කණ්ටකයා, *n.* a fish so called (having three spikes), *silurus.*

ත්‍රිකායය, *n.* trinity, ත්‍රිත්වය.

ත්‍රිකායක්, *n.* a ternary, triad, trio, triplet.

ත්‍රිකාකාර, *a.* trimerous.

ත්‍රි·කාල·ඥ, *a.* knowing the past, present and future; ep. of Buddha.

ත්‍රි·කාල·දර්ශී, *a.* seeing the events of the past, present and future; ep. of Buddha.

ත්‍රි·කාල·වර්ති, *a.* existing in the past, present and future, තුන්කාලයෙහි පවතින.

ත්‍රි·කූට, *n. pl.* three peaks or summits.

ත්‍රි·කූට·පර්වතය, *n.* three-peaked mountain on which මහමේරු rests, and between the peaks or columns of which are the regions of පාතාලය. See මහමේරු &c.

ත්‍රි·කෝණ, *n. pl.* or *a.* See ත්‍රිකෝණය.

ත්‍රි·කෝණකරනවා, *v. t.* to triangulate, make three-cornered.

ත්‍රි·කෝණ·මාත්‍රා·ශාස්ත්‍රීය, ත්‍රිකෝණමිතිමය, *a.* trigonometric.

ත්‍රි·කෝණ·මාත්‍රා·ශාස්ත්‍රය, *n.* trigonometry.

ත්‍රිකෝණය, *n.* triangle, තුන්හුලස් හැඩය.

ත්‍රිකෝණාකාර, *a* triangular, තුන්හුලස්වූ, තුන් කොන් ඇති. [larity.

ත්‍රිකෝණාකාරය, *n.* triangular form, triangu-

ත්‍රි·කිරීට·ධාරී, *a.* wearing three crowns, triple-crowned, tiaraed, කිරුළු තුනක් පළඳින.

ත්‍රි·කිරීටය, *n.* triple crown, tiara.

ත්‍රි·ගන්ධය, *n.* See ත්‍රිසුගන්ධය.

ත්‍රි·ගුණ, *n. pl.* the three qualities or conditions, viz. of sentient being, සත්වගුණය; of desire, රජෝගුණය; of darkness or ignorance, තමෝගුණය.

ත්‍රි·ගුණ, *a.* threefold, treble, triple, තුන්ගුණ.

ත්‍රි·ගුණකරනවා, *v. t.* to make threefold (in quantity or force), to treble.

ත්‍රි·ගුණතාව, *n.* tripleness, triplicity.

ත්‍රි·ගුණය, *n.* threefold, triple quantity or force, තුන්ගුණය

ත්‍රි·චක්‍රකය, *n.* tricycle, තුන්රෝද රථය.

ත්‍රි·ඡේදනය, *n.* trisection, තුනටකැපීම.

ත්‍රි·ඡේදිත, *a.* trisected, තුනට කපනලද.

ත්‍රිජාති, *n. pl.* three spices, viz. nutmeg, cloves and mace.

ත්‍රි·ජ්‍යා, ත්‍රි·ජ්‍යාකාර, *a. bot.* radiate, radiated.

ත්‍රි·ජ්‍යා·ප්‍රාණියා, *n. zo,* radiary; *pl.* radiata.

ත්‍රි·ජ්‍යාව, *n.* radius, semi-diameter; *pl.* ත්‍රිජ්‍යා, radii.

ත්‍රිතය, *n.* three, තුන, aggregate of three things, තුනක් අඩංගුවෙදය. [ද්වෛත්‍රිත්ව &c.

ත්‍රිත්ව, ත්‍රිත්ව·දෘෂ්ට, ත්‍රිත්වාකාර, *a.* trinitarian, sp.

ත්‍රිත්ව·දෘෂ්ටියා, *n.* trinitarian, දේවත්‍රිත්වයක් විශ්වාස කරන්නා.

ත්‍රිත්ව·භාවය, ත්‍රිත්ව·සහිතතාව, *n.* tripersonality.

ත්‍රිත්ව·භාවාකාර, ත්‍රිත්වාකාර, *a.* tripersonal.

ත්‍රිත්වය, *n.* triad, trinity, sp. දේවත්‍රිත්වය.

ත්‍රි·දන්ත, *a.* tridentate, tridented, දත් or දැති තුනක් ඇති.

ත්‍රි·දශා, *n.* (ත්‍රි, දශා state), celestial being or god, alluding to their being still subject to the three states of sentient existence, viz.

birth, existence and death or transmigration, their passions not being yet perfectly subdued, which would secure their final emancipation.

ත්‍රි·දශාචාර්‍ය්‍යයා, *n.* ap. of Vrihaspati as preceptor of the gods, බෘහස්පතියා.

ත්‍රි·දශාරියා, *n.* (·අරියා), enemy of the gods, viz. an Asura or titan, අසුරයා.

ත්‍රි·දශාහාරය, *n.* (·ආහාර), food of the gods, ambrosia, දිව්‍යභෝජනය.

ත්‍රි·දිවය, *n.* (ත්‍රි viz. Brahma, Vishnu and Siva; දිව to sport), paradise of the gods, where the above three sport, and the gods or celestials indulge in every sensual gratification, දිව්‍ය ලෝකය; the sky, අහස.

ත්‍රි·දෝෂ, *n. pl.* See තුන්දොස්.

ත්‍රිධා·කරණය, *n.* trisection, තුනටබෙදීම; doing in three ways.

ත්‍රි·නයන, *n.* Three-eyed one: ap. of Siva, who has an addditional eye in his forehead.

ත්‍රි·නාඩිකා, *a. bot.* trinervate, තුන්නාරටි (කොළ)

ත්‍රි·නේත්‍ර·කාන්තාව, *n.* wife of the Three-eyed one: ap. of Siva's wife.

ත්‍රි·නේත්‍රයා, *n.* See ත්‍රිනයනයා.

ත්‍රි·පත්‍ර, *a.* tripetalous, තුන්පෙති (කොළ); trisepalous, තුන්පෙති (තැටිය).

ත්‍රි·පත්‍ර·තෘණ, *n.* trefoil, කොළතුනක් ඇති තණ.

ත්‍රි·පත්‍ර·ධාරි, ත්‍රි·පත්‍රිකා·ධාරි, *a.* trifoliate, trifoliolate, තුන්කොළ දරන.

ත්‍රි·පත්‍රිකා, ත්‍රිපර්ණ, *a.* three-leaved, ternate, කොළ තුනතුන ආකාර.

ත්‍රි·පද, *a.* trimetric, having three lines; *alg.* trinomial; පද or පංක්ති තුනක් ඇති.

ත්‍රි·පද·න්‍යාය·වාක්‍යය, *n.* syllogism, න්‍යායවාක්‍යය.

ත්‍රි·පදය, *n.* trimeter, පදතුනක් ඇති කවිය; tripod, E. S.

ත්‍රි·පරි·වර්ත්ත, *n. pl.* three distractions, viz. desire for wealth, pleasure and existence, which are to be rejected by the B. ascetic.

ත්‍රි·පර්ණය, *n.* trefoil: see ත්‍රිපත්‍රතෘණ.

ත්‍රි·පර්ණි, *a.* triphyllous, කොළතුනක් ඇති.

ත්‍රි·පාදකය, *n.* (·ආසනය), tripod, කකුල් තුනක් ඇති පුටුව.

ත්‍රි·පිටකය, *n.* the three baskets or repositories: a name of the B. Scriptures, which are divided into three parts, called, සූත්‍රපිටකය, විනය පිටකය and අභිධර්මපිටකය. See under each of these. [ඇති.

ත්‍රි·පිධාන, *a.* trivalvular (shell), පියන් තුනක්

ත්‍රි·පුට, *n. pl.* pulse, as beans, peas &c.

ත්‍රි·පුටකය, *n.* triangle, ත්‍රිකෝණය.

ත්‍රි·පුටය, *n.* shore, වෙරළ; cubit, රියන.

ත්‍රි·පුටාව, *n.* goddess, දේවතාවී. *Bot.*

ත්‍රි·පුර, *n.* name of a district; ap. of Rāvanā the Asura or demon who was king of Ceylon, so called because he occupied a district containing three famous cities.

ත්‍රි·පුර·දහනයා, *n.* (දහනයා burner), ap. of Siva who burnt the three cities of Rāvanā.

ත්‍රි·පුරුෂතාව, *n.* the condition of having three husbands, trigamy. [(ගාටුව).

ත්‍රි·පුෂ්ප·ධාරි, *a.* triflorous, මල් තුනක් දරන

ත්‍රි·භවය, *n.* the three different existences or conditions through which all must pass before attaining Nirvāna, viz. the Kāma, the Rūpa and the Arūpa states. The first is a state subject to passions, and includes both human and celestial beings or gods so-called; the second is a state in which the passions have been exterminated by asceticism and only a spiritual body remains, which state exists in the ten Brahma worlds; in the third or Arūpa state there remains only the pure invisible spirit. This state immediately precedes Nirvāna or the complete extinction which Buddhism teaches.

ත්‍රි·භාග·ප්‍රාණියා, *n.* insect.

ත්‍රි·භාගාන්තරය, *n. astro.* trine, E. S.

ත්‍රි·භාර්‍ය්‍යතාව, *n.* the condition of having three wives, trigamy.

ත්‍රි·භාෂා, *a.* trilingual, භාෂා තුනකින් (ලියාපු &c).

ත්‍රි·භුජ, *a.* three-legged triangular.

ත්‍රි·භුජ·කව·කටුව, *n.* triangular compasses.

ත්‍රි·භුජත්වය, *n.* triangularity, ත්‍රිකෝණාකාරය.

ත්‍රි·භුජය, *n.* triangle, ත්‍රිකෝණය. [ramid.

ත්‍රි·භුජාංශ·ඝනය, *n.* (·අංශ), solid triangle, py-

ත්‍රි·භුජාංශ·ඝන·චෛත්‍යය, *n.* pyramid, pyramidic monument.

ත්‍රි·භුජාංශ·ඝනාකාර, *a.* pyramidal.

ත්‍රිභුවනය, *n.* See තුන්ලොව.

ත්‍රි·භේදනය, ත්‍රිභේදය, *n.* division into three, tripartition, trichotomy, තුනට බෙදීම.

ත්‍රි·භේදිත, *a.* divided into three, ternate, tripartite, trichotomous, trifid, trifurcated, තුනට බෙදුණු.

ත්‍රි·මණ්ඩල, *n. pl.* B., the three disks or regions, viz. the navel and the two knees, over which the B. P.'s robe must extend.

ත්‍රි·මූර්තිය, *n.* the threefold form, trimurti, the triad of H. gods, ත්‍රිමූර්තිදෙවියෝ.

ත්‍රි·යුග්ම·ධාරි, *a. bot.* tergeminal, bearing three pairs, තුන්වටම් තුන තුන දරන. [තුන ඇති.

ත්‍රි·යුග්ම·පත්‍රක, *a.* trijugate, කොළතුන්වටම් තුන

ත්‍රි·ලක්ෂණ, *n. pl.* See තිලකුණු.

ත්‍රි·ලිංග·පුෂ්ප·ධාරි, *a. bot.* trigamous. E. S.

ත්‍රිලෝකය, *n.* See තුන්ලොව.

ත්‍රි·වචන, *n. pl.* three words or utterances; *gram.* the three numbers, viz. sing., dual and plural; three special utterances of Buddha: one on the day of his birth, one on the day he became Buddha, and one on the day of his death, viz. (in Pali) I am lord of the world; I have passed through various existences; I attain (Nirvāna) without delay.

ත්‍රි·වර්ග, *n. pl.* three kinds (of anything); sp. three objects that are pursued: love, duty and wealth; three conditions or states: progress, stationariness and decline; three characters: purity, ignorance and wickedness.

ත්‍රි·වර්ෂ·ස්ථ, *a.* lasting three years, triennial, තුන් අවුරුද්දක් පවතින.

ත්‍රි·වික්‍රම, *n.* (වික්‍රම going), ap. of Vishnu who crossed over the three worlds in three steps and defeated and destroyed the Asura or demon Bali.

ත්‍රි·විද්‍යාව, *n.* threefold or three kinds of knowledge; ap. of the three principle Vedas: Rig, Yajur and Sāma; in B., knowledge of three important things, viz. අනිත්‍යය, දුඃඛය, අනාත්මය: i.e., impermanancy, sorrow (of all existence), and the non-existence of a permanent self. This is one of the chief doctrines of B., and the chief study of all B. ascetics.

ත්‍රි·විධ, *a.* threefold, of three kinds, trinal, තුන් ආකාර.

ත්‍රි·විධ·ධර්මය, *n.* B., the threefold or three kinds of doctrine, viz. සූත්‍ර, rules for the laity; විනය, discourses to the priests; අභිධර්ම, transcendental doctrines.

ත්‍රි·විධ·ද්වාර, *n. pl.* three kinds of doors; *fig.* body, speech and mind, which are the three means of acquiring or for the entrance of merit or demerit.

ත්‍රි·විධ·භව, *n. pl.* See ත්‍රිභවය.

ත්‍රි·විධ·රත්නය, *n.* the three gems, viz. Buddha, his doctrines and his priests.

ත්‍රි·විධ·ශික්ෂාව, *n.* the three kinds of instruction, viz. to obey Buddha, his doctrines and his priests. [කාර.

ත්‍රිවිධාකාර, *a.* of three forms, triform, තුන් ආ

ත්‍රිවිධාග්නිය, *n.* the threefold fire; *fig.* the three passions, viz. desire, hate and ignorance, තුන් ආකාර ගින්න (රාග, ද්වේෂ, මෝහ).

ත්‍රි·විවාහය, **ත්‍රි·විවාහිතභාව**, *n.* trigamy: see ත්‍රි පුරුෂතාව and ත්‍රිභාර්ය්‍යතාව.

ත්‍රි·බීජ, *a.* tricoccous, බීජ තුනක් ඇති (කෝෂය).

ත්‍රි·බීජ·කෝශවත්, *a.* tricapsular, බීජකෝෂ තුනක් ඇති (මල්).

ත්‍රි·වේදය, *n.* the three Vedas, viz Rig, Yajur, and Sāma.

ත්‍රි·ශක්තිය, *n.* threefold power, viz. the combined power of majesty, energy and counsel. ප්‍රභුත්වය, උත්සාහය, මන්ත්‍රණය යන තුන්බලය.

ත්‍රි·ශත·වර්ෂය, *n.* tricentenary.

ත්‍රි·ශිඛය, **ත්‍රි·ශූලය**, *n.* trident; *myth.* trident as a sceptre, ත්‍රිශූල රාජදණ්ඩය. [ic.

ත්‍රි·ශිලා·චෛත්‍ය, **ත්‍රි·ශිලා·චෛත්‍යාකාර**, *a.* trilith-

ත්‍රි·ශිලා·චෛත්‍යය, *n.* trilith.

ත්‍රි·ශීර්ෂ·ස්නායුකාව, *n. anat.* triceps. E. S.

ත්‍රි·ශූල, *a.* tridentate, උල් තුනක්ඇති.

ත්‍රි·ශූලය, *n.* trident, sp. the three pointed spear of කතරගම්දෙවියෝ as god of war.

ත්‍රිශෘංගවත්, *a.* three-horned, tricornous, අං තුනක් ඇති. [drous.

ත්‍රි·සම·පුරුෂ·කේසර, *a. bot.* triandrian, trian-

ත්‍රි·සම·පුරුෂ·කේසර·පෑල, *n. pl.* triandria.

ත්‍රි·සමාංශ, *a.* (·අංශ), trihedral.

ත්‍රි·සමාංශය, **ත්‍රි·සමාංශාකෘතිය**, *n.* (·අංශ ආකෘතිය), trihedron, තුන්පට්ටම් හැඩය.

ත්‍රි·සිංහලය, *n.* the three Provinces of Ceylon, viz. the Southern, Central and Northern, called Ruhunu, Māyā and Pihiti.

ත්‍රි·සු·ගන්ධ, *n. pl.* the three perfumes, viz. cinnamon, mint and cardamoms. [three.

ත්‍රි·සු·ගන්ධිය, *n.* perfume made from the above

ත්‍රි·ස්ත්‍රී·කේසර, *a. bot.* trigynian, trigynous, ස්ත්‍රී කේසර තුනක් ඇති (මල් &c.).

ත්‍රි·ස්ත්‍රී·කේසර·පෑල, *n. pl.* trigynia.

ත්‍රිස්සාව, *n.* Er. for තෘෂ්ණාව.

ත්‍රි·ස්වර, **ත්‍රි·ස්වර·වාචක**, *a.* trisyllabic.

ත්‍රි·ස්වර·වචනය or **·වාචකය**, *n.* trisyllable, ශබ්ද කොටස තුනක් ඇති වචනය.

ත්‍රුටිය, *n.* cutting, කැපුම; doubt, සැකය; opening (of a flower), පිපීම; *pl.* also small cardamoms, සිහින් එන්සාල්.

ත්‍රුටිත, *a.* cut, කැපුණු, hurt, තුවාලවූ.

ත්‍රේතා·යුගය, **ත්‍රේතාව**, *n.* second of the four ages of the world.

ත්‍රෛ, *a.* three, තුන්, ත්‍රි.

ත්‍රෛ·දේව·භාව දෘෂ්ටි, *a.* tritheistic.

ත්‍රෛ·දේව·භාව·දෘෂ්ටිය, *n.* tritheism. E. S.

ත්‍රෛ·දේව·භාව·දෘෂ්ටියා, *n.* tritheist.

ත්‍රෛ·මාසික, *a.* quarterly.

ත්‍රෛ·මාසික·සංග්‍රහය, *n.* quarterly magazine.

ත්‍රෛ·රන්ධ්‍ර, *a. bot.* trilocular, රන්ධ්‍ර or සික් තුනක් ඇති.

ත්‍රෛ·රාශිකය, *n. arith.* rule of three.

ත්‍රෛ·රූප්‍ය, *a.* triform, තුන් හැඩ ඇති.

ත්‍රෛ·ලෝක්‍ය, *a.* pert. to the three worlds, තුන් ලෝ; see තුන්ලොව.

ත්‍රෛ·ලෝක·නායක, *n.* See තිලෝනා.

ත්‍රෛ·ලෝක්‍යය, *n.* See තුන්ලොව.

ත්‍රෛ·ලෝක්‍යාචාර්ය්‍යයා, *n.* See තිලෝ ඇදුරා.

ත්‍රෛ·වාර්ෂික, *a.* occurring once in three years, triennial. E. S. [අඩංගු.

ත්‍රෛ·සංඛ්‍යා, *a. alg.* trinomial, ගණන් තුනක්

ත්‍ර්‍යංශ, *a.* (ත්‍රි අංශ), three sided, trilateral, අංශ තුනක් ඇති.

ත්‍ර්‍යංශ·ඝන, *a.* solid and having three sides.

ත්‍ර්‍යංශ·කාචය, *n.* triangular prism. (*Three* in the following words also). [cope.
ත්‍ර්‍යංශ·කාච·දර්‍ශනය, *n.* prism telescope, teinos-
ත්‍ර්‍යංශ·කාච·කාචක, *a.* consisting of a glass prism, prismatic. E. S. [prism, prismatic.
ත්‍ර්‍යංශ·කාච·කාචක·ජ, *a.* produced by a glass
ත්‍ර්‍යංශ·කාච·කාචකය, *n.* glass prism. E. S.
ත්‍ර්‍යංශ·කායාකාර, *a.* prismoidal. [සිල්ලක්.
ත්‍ර්‍යංශ·පුෂ්පකය, *n.* triptych, තුන්පංගු ඇති සැර
ත්‍ර්‍යංශයක්, *a.* a three-sided figure, triangle, තුන් මුලුන් ගැබය. [ඇති.
ත්‍ර්‍යක්‍ෂර, *a.* (ත්‍රි අක්‍ෂර), triliteral, අකුරු තුනක්
ත්‍ර්‍යක්‍ෂර·වචනය, *n.* triliteral word.
ත්‍ර්‍යධික·ස්වර·වාචක, *a.* (ත්‍රි අධික), polysyllabic, බහුස්වරවාචක.
ත්‍ර්‍යධිකස්වරවාචකය, *n.* polysyllable.
ත්‍ර්‍යශ්‍රයක්, *n.* (ත්‍රි අශ්‍රය), a figure with three angles, triangle, ත්‍රිකෝණය.
ත්‍රෛක, ත්‍රෛකත්ව, *a.* triune, ත්‍රි ඒක. [tarian.
ත්‍රෛකත්වය, ත්‍රෛකත්ව·දෘෂ්ටි, *a.* ·දෘෂ්ටියා, *n.* trini-
ත්‍රෛකත්ව·දෘෂ්ටිය, *n.* trinitarianism. E. S. Trinity &c.
ත්‍රෛකත්වය, *n.* triunity, තුනක ඒකතාව.
ත්‍රෛක දෙවියන්වහන්සේ, *n.* the triune God.
ත්‍රෛක·දේවත්වය, *n.* Divine trinity or triunity.
ත්වක්(ච්), *n.* skin, සම; bark, පොත්ත; peel, ලෙල්ල. [උණ මකුළු.
ත්වක්ක්‍ෂීර, ත්වගක්‍ෂීරී, *n.* bamboo pith or manna,
ත්වගන්ධය, *n.* orange, පැණිදොඩම්.
ත්වග්‍රෝගය, *n.* skin disease, සමේ රෝගය; leprosy, කුෂ්ඨරෝගය.
ත්වච්, *n.* See ත්වක්.
ත්වරාව, *n.* haste, speed, celerity, ඉක්මන්කම.
ත්වරිත, *a.* quick, swift, ඉක්මන්. [ගත.
ත්වාංච, *a.* contagious, infectious, බෝවෙන, වසං
ත්වාංචත්වය, *n.* contagiousness &c., බෝවෙනගතිය.

ථ.

ථ, *n.* The second of the dental letters or fourth class of consonants. It is the aspirate of the preceding.
ථද්ධ, *a.* P., firm, hard, stubborn, තද.
ථල·ජ, *a.* produced from the ground (opposed to ජලජ aquatic), බිමෙන් අටගත්ත.
ථලය, *n.* land, ground, ගොඩබිම.
ථිනය, *n.* indifference, apathy, සිතේ අශෛඩයපීය, නොසැලකිලිකම.
ථෙරී, *n.* See තෙරී. [සේ.
ථෙරෝ, *n.* (P., Sans. ස්ථවිර) See තෙරුන්නාන්

ද.

ද, *n.* The third of the dental letters. Its sound is like that of *d* heard in the Irish pronunciation of such words as drink, drip, drop &c.

ද, *inter. part.* joined to the last or distinctive word, of the interrogation, as මෙක හොඳද? Is this good.
ද, *conj.* and, also.
දංශ·කේශරය, *n. bot.* stimulus, sting.
දංශනය, *n.* biting, stinging, දෂ්ටකෙරීම.
දංශය, *n.* tooth, දත, දලය; biting, සපාකෑම; stinging, දෂ්ටකිරීම; sting (of insects), කුඩ.
දංශයා, *n.* gadfly, ඇට මැස්සා; *pl.* දංශයෝ.
දංෂ්ට්‍රාව, *n.* large tooth, දළ දත, tusk, දලය.
දක, *n.* water, උදකය, වතුර.
දකාණ, *n.* See දකුණ.
දකාණ·ලක, *n.* the south of Ceylon, the Ruhuna division.
දකිනවා, *v. t.* to see; *pret.* දුටුවා or දුක්කා; *p. pl.* දුටු; *v. n.* දැකීම.
දකුණ, *n.* the right (side); the south.
දකුණත, දකුණු·අත, *n.* right hand, right side; south quarter.
දකුණත·පුරු, *a.* right-handed.
දකුණත්·පස, *n.* the right side; south quarter.
දකුණැලය, *n.* (ඇලය), the right side of the body, ඇගේ දකුණු පැත්ත.
දකුණු, *a.* dexter, right: south, southern.
දකුණු, *n.* gift, present, alms, දානය, දන්දීම; the south, the region of Yama the Indian Pluto.
දකුණු·දිශ, *n.* See දක්ෂිණදිශාව.
දකුණු·දිශ·හිමියා, *n.* See දකුණුහිමියා.
දකුණු·දිග, දකුණු·දිගු, *a.* southern, southerly.
දකුණු·දිග, දකුණු·දිශාව, *n.* south quarter, the south.
දකුණු·සක, *n.* See දක්ෂිණශංඛය.
දකුණුහිමියා, *n.* Lord of the south, ap. of Yama, who reigns in the south of Pātāla or the abyss, and is Judge of the dead.
දක්කනවා, *v. t.* to drive (a horse &c.); to present, show; *pret.* දුක්කුවා; *v. n.* දක්කීම.
දක්ඛිණ, *a.* P. of දක්ෂිණ.
දක්ඛිණාව, *n.* P. of දක්ෂිණාව.
දක්ඛිණෙය්‍ය, *a.* P. of දක්ෂිණීය.
දක්නා, *v. adj.* for දකින: seeing.
දක්වනවා, *v. c.* of දකිනවා: to show, set forth, exhibit; *pret.* දැක්වූවා or දැක්කුවා; *v. n.* දැක්වීම.
දක්වා, *post.* until, unto, as far as.
දක්‍ෂ, *a.* dexterous, clever, skilful, සමර්ථ.
දක්‍ෂ·කථික, *a.* oratorical, eloquent.
දක්‍ෂ·කථිකයා, *n.* clever speaker, orator.
දක්‍ෂකම, *n.* dexterity, skill, සමර්ථකම.
දක්‍ෂ·ප්‍රයෝග, *a.* very crafty, subtle.
දක්‍ෂයා, *n.* clever person; name of a son of Brahma. He was called දක්‍ෂ because he sprang into being from the right-hand thumb of his father. He had sixty daughters,

twenty-seven of whom being married to the moon became the twenty-seven lunar mansions; one, උමා, was married to Siva, and thirteen became wives of කාශ්‍යප.

දක්ෂිණ, *a.* the right (hand), southern, දකුණු; clever, දක්ෂ.

දක්ෂිණ·දිග්භාග, *a.* southern, southerly, දකුණු.

දක්ෂිණ·දිග්භාගය, *n.* the south quarter, the south, දකුණුදිග.

දක්ෂිණ·ධ්‍රැව, *a.* antarctic, south polar.

දක්ෂිණ·ධ්‍රැව·වෘත්තය, *n.* antarctic circle.

දක්ෂිණ·අක්ෂාන්තරය, *n.* south latitude.

දක්ෂිණ·ශංඛය, *n.* right-hand chank shell, shell opening to the right hand, such a shell is regarded as very valuable.

දක්ෂිණ·සථ, *a.* placed or situated on the right or south side, දකුණු පැත්තේ පිහිටි. [යන්තා.

දක්ෂිණසථයා, *n.* charioteer, coachman, රථාචා

දක්ෂිණාග්‍රය, *n.* (·අග්‍රය), southern extremity; south pole. [E. S.

දක්ෂිණාන්තරය, *n.* southing, the distance south.

දක්ෂිණාපථය, *n.* the south, දකුණු දිසාව.

දක්ෂිණායනය, *n.* (·අයනය), southern course (of the sun), the southern half year. [phere.

දක්ෂිණාර්ධ ගෝලය, *n.* (·අර්ධ), southern hemis-

දක්ෂිණාර්හ, *a.* (·අර්හ), worthy to be offered, දීමට සුදුසු, or worthy to receive an offering, පඬුරක් ලැබීමට සුදුසු.

දක්ෂිණාව, *n.* offering, present, පූජාව, පඬුර; the south, දකුණු දිසාව.

දක්ෂිණාවර්ත, *a.* turned to the right, දකුණට හැරී තිබෙන (හක්ගෙඩිය &c.).

දක්ෂිණා·විභංගය, *n.* B., division of offerings, community of offerings amongst both priests and people.

දක්ෂිණා·විශුද්ධිය, *n.* B., pure offering, sacred offering, or purity &c. of offerings.

දක්ෂිණීය, *a.* worthy to be offered, දීමට සුදුසු, that ought to be offered, ඔප්පුකළ යුතු; worthy to receive an offering, පඬුරක් ලැබිය යුතු.

දක්ෂිණීයයා, *n.* a person or priest worthy to receive an offering.

දක්ෂිණෝදක, දක්ෂිණෝදකය, *n.* (දක්ෂිණ උදක &c.), right-hand water, viz. water poured into the right hand of a priest when making or about to make offerings to him.

දක්ෂෝපාය, *n.* (දක්ෂ උපාය), clever device, trick.

දග්ධ, *a.* burnt, scorched, දැවිගිය.

දග්ධමාන, *a.* burning, scorching, දැවෙන.

දග්ධාව, *n.* burning quarter, viz. quarter where the sun is seen, රක්ත දිසාව; fragrant grass.

දග්ධිකා, *n. pl.* scorched rice: see දැවිකුඩු.

දග්ධෝදන, *n. pl.* (දග්ධ ඕදන), boiled rice, බත්, also parched or scorched rice, කරවූබත්.

දං·ගෙඩිය, *n.* chopping block.

දඟ, දඟකාර, *a.* artful, crafty, guileful, mischievous, restive, treacherous.

දඟ·කරනවා, *v.* to act deceitfully or with treachery, play tricks, annoy.

දඟකාරකම, *n.* artfulness &c.: see දඟ.

දඟකාරයා, *n.* tricker, trickster, deceiver.

දඬු·ගෙය, *n.* prison, dungeon, හිරගෙය.

දඟ·දමනවා, *v.* to twist ropes &c.

දඟය, *n.* craft, deceit, trick; calf of the leg, කෙණ්ඩය; sprout, germ, දළුව; a twist, knot; chain for fastening elephants.

දඟර, *a.* coiled, spiral, tortile. [walking).

දඟරය, *n.* coil, spiral; twisting about (when

දඟරකරවල්ලා, *n.* snake, variety of *bungarus Ceylonicus.* [&c.)

දඟර·කෙඳි·නාඩිය, *n. bot.* spiral vessel (of leaves

දඟර·ගසනවා, *v. t.* to coil; *pret.* දඟර ගැසුවා.

දඟර·පොළඟා, *n.* a kind of viper or polonga.

දඟලනවා, *v.* to struggle, writhe, flutter, fidget, twist about; wind, වෙළනවා; *pret.* දැඟලුවා; *v. n.* දැඟලීම.

දඟ·වැටෙනවා, *v. i.* to become twisted.

දජය, *n.* E. of ධ්වජය: flag, banner, ධජය.

දචා, *a.* pre-eminent, chief, ප්‍රධාන.

දඩ, *a.* wild, වල්.

දඩ·කෙළිය, *n.* wild sport, hunting expedition.

දඩගහනවා, *v.* to impose a penalty, fine; *v. n.* දඩගැසීම, දඩගැහුම.

දඩ·මස්, *n.* flesh of game; meat, beef. [buffalo.

දඩමීමා, දඩමීවා, *n.* hunting-buffalo, decoy-

දඩය, *n.* fine, penalty; forest, වනය, කැලේ.

දඩයක්කාරයා, දඩයම්කාරයා, *n.* hunter, sportsman.

දඩයම, *n.* hunting, hunt.

දඩයම්කරනවා, *v. t.* to hunt game.

දඩයම්·දත, *n.* canine tooth, eye-tooth.

දඩයම්·තරගය, *n.* hunting match. [game.

දඩයම්·සතා, *n.* an animal which is hunted,

දඩයා, *n.* See දඩමීමා. [ලේ.

දඩාවතේ, *ad.* loose, unbound, free: see නිදැල්

දඩැතා, *n.* (දඩ ඇතා), wild elephant, වල්ඇතා.

දණ, *n.* (fr. P. ජණු), knee.

දණ·ඉස, *n.* head of the knee, the knee.

දණ·උකුකටුව, දණුකුකටුව, *n.* knee-bone, knee-cap.

දණ·ගහනවා, *v.* to kneel. [crawl along.

දණ·ගා·යනවා, *v.* to go along on the knees,

දණ·නමනවා, *v.* to bend the knee, kneel.

දණ·නාලිය, *n.* knee-bone.

දණ·මඩල, *n.* region of the knee, the knee.

දණ·වක, *a.* of bent knees, kneeling, දණනමා ඉන්න.

දණ·සන්ධිය, *n.* See ජානු සන්ධිය.

දණිස්·ඇටය, *n.* (දණ ඉස්), knee-cap, knee-pan.

දණ්ඩ, දණ්ඩය, *n.* stick, staff, pole; measure of four cubits; stem or stalk (of corn &c.); S. hour of 24 minutes, පැය; pride, උඩඟුකම; *pl.* දඬු and දණ්ඩ.

දණ්ඩකය, *n.* a poetical metre a stanza of which may consist of from 28 to 200 syllables.

දණ්ඩකර්මය, *n.* E. දඬුකම: see දඬුවම.

දණ්ඩකාරණ්‍යය, *n.* (දණ්ඩකා අරණ්‍යය), forest of the peninsula of India.

දණ්ඩකාව, *n.* peninsula of India.

දණ්ඩන, *a.* penal, punitive, දඬුවම් ආකාර.

දණ්ඩන·ජනක, *a.* retributive, දඬුවම් පමුණුවන.

දණ්ඩනය, *n.* punishment, දඬුවම.

දණ්ඩනයකරනවා, *v.* to punish, දඬුවම්කරනවා.

දණ්ඩනාකාරයෙන්, *ad.* by way of punishment, penally, දඬුවම් වශයෙන්.

දණ්ඩනාගාරය, *n.* (·ආගා:), house of correction, penitentiary, prison, දඬගෙය.

දණ්ඩ·නායකයා, *n.* a general, සේනාපතියා; chief police officer, magistrate, නායක රජපුරුෂයා, මහෙස්ත්‍රාත් තැන.

දණ්ඩ·නීති, *n.* ap of Vrihaspati as preceptor of the gods. [දඬුවම් ක්‍රමය.

දණ්ඩ·නීතිය, *n.* ethics, චරිතධර්මය; penal code,

දණ්ඩ·නීති·ශාස්ත්‍රය, *n.* penology.

දණ්ඩනීතිසංග්‍රහය, *n.* penal code. [යුතු.

දණ්ඩනීය, *a.* penal, punishable, දඬුවම් ලැබිය

දණ්ඩනීයතාව, *n.* punishableness.

දණ්ඩ·පාතය, *n.* fine, punishment, දඩය, දඬුවම.

දණ්ඩ·පාරුෂ්‍යය, *n.* cruel punishment, සැර or කුර දඬුවම; assault, අඩත්තේට්ටම.

දණ්ඩ·පාශිකයා, *n.* executioner, වධකයා.

දණ්ඩ·භීතිය, *n.* fear of punishment, servile fear, දඬුවමට භයවීම.

දණ්ඩාඥාව, *n.* (·ආඥා), sentence of punishment.

දණ්ඩාසනය, *n.* (·ආසන), a sort of table or stool on which to lay a book whilst copying it.

දණ්ඩාහත, *n.* (·ආහත, struck), buttermilk, මෝරු.

දණ්ඩිකාඩයා, දණ්ඩියා, *n.* a small kind of river fish.

දණ්ඩිකයා, දණ්ඩියා, *n.* staff-bearer, mace-bearer.

දණ්ඩිය, *n.* threshing frame or machine of wood.

දණ්ඩී, *n.* ap. of Yama, the Indian Pluto, යමයා.

දඬු·අඬුව, *n.* smith's vice.

දඬු·කඳ, *n.* stocks for the feet; *pl.* දඬුකඳන්.

දඬු·කම, *n.* See දඬුවම.

දැඬුපත්, *n. pl.* planks, timber, දැවලෑලි.

දඬුපත්කය, *n.* timber stuff or material, timber requirements or supply.

දඬු·බුරලා, *n.* a kind of sea fish.

දඬු·මොනර·යන්ත්‍රය, *n.* balloon.

දඬු·රියන, *n.* cubit for timber measure.

දඬු·ලේනා, *n.* long-tailed squirrel, *sciurus macrourus*.

දඬුවම, *n.* punishment, chastisement, penalty.

දඬුවම්කරනවා, *v.* to chastise, punish.

දඬුවදුරුබැය, දඬුවැල්බැය, *n.* kind of hive.

දඬු·වල්ලා, *n.* a kind of sea fish.

දඬු·වැට, *n.* fence of sticks, stockade; candlestick, පහන් තන්ද; large flambeau, ලොකු පන්දම.

දඬුකම, *n.* Er. for දඬුවම.

දඬු·හල, *n.* timber shed or yard.

දත, *n.* tooth; tusk, දළය; cog; tooth of a saw, දැත්ත.

දත·නියවනවා, *v.* to show the teeth, grin, make grimaces; *pret.* දත නියෙවුවා; *v. n.* දත නියවීම.

දත·මනා, දත·යුතු, *a.* which ought to be known, proper to be known, දැනගතයුතු.

දත්, *n. pl.* of දත. [දැනගත්.

දත්, *v. adj. pret.* of දන්නවා: known, knew,

දත්·අඬුව, දත්·කටුව, *n.* toothpick.

දත්කම, *n.* knowledge of, acquiantance with, දන්නාකම, දැනුම.

දත්·කැක්කුම, *n.* toothache, odontalgy.

දත්·කූරුකනවා, *v.* to gnash or grind the teeth; *v. n.* දත්කූරුකෑම.

දත්කොස්ස, *n.* toothbrush.

දත්ත, *a.* given, දෙනලද. [respected.

දත්තාදර, *a.* (·ආදර), to whom respect is given,

දත්·නියවනවා, *v.* See දත·නියවනවා.

දත්·මැලියම්, *n.* tartar of the teeth.

දත්මිටිකනවා, *v.* to gnash or grind the teeth; *v. n.* දත්මිටිකෑම.

දත්·යුවළ, *n.* a pair of teeth or tusks.

දත්·රජ, *n.* or රජදත්, *n. pl.* king-tooth or teeth, the upper fore-teeth, උඩ ඉස්සරහ දතක් or දත්.

දත්·රිදුම, *n.* toothache.

දත්·රුදු, දත්·රුපු, දත්·සතුරු, *n. lit.* fanged-enemy: ap. of the lion, සිංහයා. [out.

දත්·වැටෙනවා, *v. i.* to lose teeth, *lit.* teeth fall

දත්·වැයා, *n.* tooth-worm, worm supposed to eat away the teeth.

දත්·විරිත්තනවා, *v.* See දතනියවනවා; *pret.* දත් විරිත්තුවා; *v. n.* දත්විරිත්තීම.

දත්·වෙදකම, *n.* dentistry.

දත්·වෙද, *n.* dentist.

දත්·හාරනවා, *v.* to pick the teeth.

දද, දදය, *n.* E. of දද්‍රු: cutaneous disease, eruption of the skin, eczema, scurvy, tetter.

දද·කැල, *n.* company of brahmins, බ්‍රාහ්මණ සමූහයා; multitude of stars, තාරකා රැසිය.

දද·ගත, *a. bot.* pustular.

දද·පෙළ, *n.* line or string of various flags, used as festive ornamentation for a temple, to present which is regarded as very meritorious. [bird of prey.

දද·භුජයා, *n.* (දද bird, භුජ් to eat), bird-eater,

දද·මුවාව, *n.* (දද flag), screen, partition or curtain made of flags or coloured cloth.
දදය, *n.* flag, ධජය ; tooth, දත ; penis, පුං·ලිංගය ; star, තාරකාව. See දද.
දදයා, *n.* brahmin, බ්‍රාහ්මණයා ; fool, මෝඩයා ; bird, පක්ෂියා.
දද·රද, *n.* star-king, viz. the moon, සඳ ; bird of Vishnu : see ගුරුළු දදයා ; sandal wood, සඳුන් ලී. [දිරුම.
දදරය, *n.* failure, withering, decay, මලානිකවීම,
දදරයා, *n.* frog, ගෙම්බා. [තොල.
දද·වරණය, *n.* (දද teeth, වරණය cover), lip,
දද·හැදෙනවා, *v. i.* to pustulate, break out (as a skin-eruption).
දදිඳු, *n.* (දද ඉඳු), chief brahmin ; the moon, සඳ ; Garuda : see දදරද.
දද්‍රු, දද්‍රුණ, දද්‍රුණ, *a.* herpetic, eruptive.
දද්‍රුණය, දද්‍රුව, *n.* cutaneous eruption, herpes.
දධි, *n.* curdled milk, දී, දීකිරි, highly valued by Hindus both as food and medicine.
දධි·ජම්ල, *n.* (දධි, ජ අම්ල), acid of butter, butyric acid, කිරි ඇඹුල.
දධි·ඵල, *n.* elephant or wood apple, දිවුල්ගෙඩි.
දධි·භක්ෂක, *a.* that feeds on curdled milk, galactophagous, දී කිරෙන් රැකෙන.
දධි·මණ්ඩ, *n.* whey, කිරිමෝරු.
දධි·මුඛයා, *n.* white-faced monkey.
දධි·සක්තු, *n.* barley meal mixed with curds.
දධි·සාරය, *n.* fresh butter, වෙඬරු.
දන, *n.* (fr. ධන) wealth ; (fr. ජන) people, person, අය.
දනද, *n.* wealth-giver : ap. of කුවේර.
දන·දනෝ, *n. pl.* the rich, වස්තුකාරයෝ, දන ඇත්තෝ.
දනන, *n.* war, යුද්ධය.
දනනය, *n.* E. of ජනනය : birth, production &c.
දනන්, *n. pl. acc.* people, ජනයන්.
දන·පතියා, *n.* See ධනපතියා ; very wealthy person, ඉතා පොහොසතා.
දන·පදය, *n.* See ජනපදය.
දනම්ල, *n.* mountain, hill, කන්ද ; vinegar, මියා කිරි ; water in which rice has been washed, rice-water, හාල්සෝදා වතුර.
දනවත්, *a.* wealthy, පොහොසත්.
දනවනවා, *v. t.* to produce, අවගන්වනවා ; *pret.* දුනෙවුවා. [අවගන්වා.
දනවා, *p. pl.* of දනවනවා : having produced,
දනවා, *v. i.* to burn, glow ; *pret.* දැවා ; *v.n.* දැම.
දනව්ව, *n.* inhabited district or country, ජන පදය.
දනා, *n.* person, ජනයා ; *pl.* දනෝ, persons, people, ජනයෝ. [demons.
දනිඳු, *n.* (දන ඉඳු), ap. of කුවේර as chief of the
දනු, *n.* mother of the demons or Asuras, a daughter of දක්ෂ and wife of කාශ්‍යප.

දනු·ජ, *n.* one born of දනු, viz. an Asura, demon or titan.
දනුමැති, *a.* (දනුම=දැනුම, ඇති), intelligent, well-informed. [ledge.
දනුමැතියා, *n.* intelligent person, man of know-
දනු·ලග්නය, දනුව, *n.* (දනු for ධනු), Sagittarius, one of the signs of the zodiac.
දනුව, *n.* bow, දුන්න.
දනුව, *n.* E. of ධ්වනිය : sound, නාදය, හඬ.
දන්, *n. pl.* gifts, alms ; meditations, ධ්‍යාන.
දන්·කෙටිය, *n.* fruit of the dan tree ; chopping block, executioner's block (දං·කෙටිය).
දන්ඩ, *n.* Er. for දණ්ඩ.
දන්ත, *a.* dental, දත්-. [දූකැටිය.
දන්ත·කාෂ්ඨය, *n.* stick for cleaning the teeth,
දන්ත·ඝර්ෂණය, *n.* gnashing the teeth, දත්කුරු කෑම, දත්මිටිකෑම.
දන්ත·ජ, *a.* arising from the teeth, dental.
දන්ත·ජක්ෂරය, *n. gram.* (·අක්ෂර), dental letter.
දන්ත·ජන, *a.* dentate, දත් ඇති, දූති ආකාර.
දන්ත·ධාවනය, *n.* tooth-cleaner, tooth-brush, දත්කොස්ස ; cleaning the teeth, දත්මැදීම.
දන්ත·පතනය, *n.* loss of teeth, dedentition, දත් වැටීම. [දත්බහුල.
දන්ත·බහුල, *a.* multidentate, බොහෝ දත් ඇති,
දන්ත·මල, *n.* tartar of the teeth, දත්මැලියම.
දන්ත·මාංසය, *n.* the gums or the gum of the mouth, විදුරුමස. [කිරිකුළ, කුටය.
දන්තය, *n.* tooth, දත, tusk, දළය ; peak, crag,
දන්තයා, *n.* tusker, දළ ඇතා.
දන්ත·වෛද්‍යයා, *n.* dentist, දත්වෙද.
දන්ත·වෛද්‍ය·විද්‍යාව or ·ශාස්ත්‍රය, *n.* dentistry, odontology, දත්වෙදකම.
දන්ත·ව්‍යසනය, *n.* decay of teeth, දත් දිරුම.
දන්ත·ශෝධනය, *n.* dentifrice, දත්මදින ද්‍රව්‍ය.
දන්ත·හර්ෂය, *n.* the sensation of the teeth set on edge, දත්හිරිවැටීම. [දූති ආකාර.
දන්තාකාර, *a.* dentiform, runcinate, දත්වැනි
දන්තාගදය, *n.* tooth-medicine, දත් බෙහෙත.
දන්තා·බල, *n.* tusker, elephant, ඇතා.
දන්තාර්බුදය, *n.* (·අර්බුද), disease of the teeth or gums, gumboil, විදුරුමසේ ගඩුව.
දන්තුර, *a.* having a large or projecting tooth ; undulatory, wavy, රැළි ආකාර ; runcinate, දූතිආකාර.
දන්තෝත්පත්තිය, *n.* (දන්ත උත්පත්තිය), dentition, දත් අවගැනීම or පැමිණීම.
දන්තෝෂ්ඨ්‍යාක්ෂරය, *n.* (දන්ත ඕෂ්ඨ අක්ෂරය), dental-labial letter, e. g. ව is so reckoned.
දන්දෙනවා, *v.* to give alms.
දන්නවනවා, *v. c.* to cause to know, to make known or inform ; *pret.* දැන්නෙවුවා ; *v. n.* දැන්නවීම.
දන්නවා, *v. t.* to know, be aware of ; *pret.* දන්නා (but usually දැනගනිටියා.)

දන්නා, *v. adj.* or *n.* intelligent; who knows.
දන්නාකම, *n.* knowledge, sense, intelligence.
දන්නා·අය, *n.* one who knows; an adult.
දන්·රජ, *n.* See ධර්මරජ.
දන්වනවා, *v. t.* to make known, disclose, notify; *pret.* **දැන්නුවා**; *v. n.* **දැන්වීම**.
දන්වා, *p. pl.* of දන්වනවා.
දන්වා, *n.* Asura, titan, demon, අසුරයා.
දන්වාඅරිනවා, *v. t.* to send word, send information of.
දන්වා·ඇදුරු, **දන්වා·ගුරු**, *n.* planet Venus, සිකුරු [තරුව.
දන්වා·රිපු, **දන්වා·සතුරු**, *n.* ap. of Vishnu, as enemy of the Asuras.
දන්·වැට, *n.* regular or stated alms-giving, නිතර **දන්දීම**.
දන්·සල, *n.* place for distributing alms, alms- [hall.
දපණය, *n.* E. of **දර්පණය**.
දපනවා, *v.* to utter incantations, repeat mantras for exorcism &c., stretch oneself on the back, ජපකරනවා, මතුරනවා; *pret.* **දැපුවා**; *v. n.* **දැපීම**.
දපය, *n.* E. of දර්පය: pride, arrogance, එඩිය; cohabitation, සංවාසය.
දබර·ඇඟිල්ල, *n.* the finger which is raised when threatening, viz. index finger, forefinger.
දබරකරනවා, *v.* to quarrel.
දබරකාර, *a.* quarrelsome, termagant.
දබරකාරයා, *n.* quarrelsome person.
දබරකාරී, *n. fem.* shrew, termagant.
දබරය, *n.* quarrel, contention, strife.
දබරව, *n.* ascetic's water-pot: see **කමණ්ඩ**.
දම, *n.* chain, දම්වැල; punishment, දඩුවම; subjugation of one's passions, සංයමයය; *pl.* **දම්**.
දම, *n.* E. of ධර්මය; *pl.* **දම්**.
දමක, *a.* taming, subduing, මැඩපවත්වන.
දමකයා, *n.* tamer, subduer, **දමනයකරන්නා**, sp. self-subduer, තමන්ගේ මැඩපවත්වාගන්නා.
දමථය, **දමථුව**, *n.* punishment; self-control, (තමන්) මැඩපවත්වාගැනීම.
දමනය, *n.* taming, subjugation, යටත්කරගැනීම, මැඩපැවැත්වීම.
දමනයකරනවා, *v. t.* to subdue, යටත්කරනවා, tame, හීලෑකරනවා.
දමනවා, *v. t.* to cast down, put down, place, lay; tame, subdue; *pret.* **දැමුවා** or **දැම්මා**; *v. n.* **දැමීම**.
දමනීය, *a.* tamable, that ought to be tamed or subdued, **දමනයකළයුතු**.
දමාගන්නවා, *v. i.* to put on oneself or for oneself (clothes &c.), don. [**දැමිටු** &c.
දමිටු, *a.*, **දමිටුකම**, *n.* E. of ධර්මිෂ්ඨ &c.: see
දමිත, *a.* subdued, tame, patient, යටත්වූ, ඉවසිලි.
දමෝදර, **දමෝර**, *n.* (දම් උදර), ap. of Vishnu.

දම්, *n.* wife (as subordinate): see **දම්පතියෝ**.
දම්, *n. pl.* E. of **ධර්ම**.
දම්·කඳ, *n.* E. of **ධර්මස්කන්ධය**.
දම්·කුඩ, *n.* (see **දැමු**), burnt rice left at the bottom of the cooking vessel.
දම්·ගෙඩිය, *n.* Bana or Church tomtom beaten to assemble the priests; also for **දන්ගෙඩිය**.
දම්·දෙසනවා, *v.* to preach or expound Bana; *pret.* **දම්දෙසුවා**. [(අඹුසැමියෝ.
දම්·පතියෝ, **දම්පතිහු**, *n. pl.* wife and husband,
දම්·පාට, *n.* (**දම්** a fruit), dan fruit-colour, viz. purple, රත්නිල්පාට.
දම්මවනවා, *v. c.* of **දමනවා**: to cause to cast down &c.; *pret.* **දැම්මෙවුවා**; *v. n.* **දැම්මවීම**.
දම්·රජ, **දම්·රද**, *n.* E. of **ධර්මරජ**.
දම්·වැල, *n.* chain.
දම්·වැල්·චක්‍රය, **දම්වැල්සක**, *n.* chain wheel, fusee (of a watch).
දම්·වැල්·දමනවා, *v.* to chain, put chains on.
දම්·වැල්·මැහුම, *n.* chain-work sewing.
දම්සක, **දම්·සැක**, *n.* E. of **ධර්මචක්‍රය**.
දම්·සබාව, *n.* E. of **ධර්මසභාව**.
දම්·සැරි, *n.* religious guide, ap. of Buddha.
දම්සැරිණි, *n. fem.* faithful wife, පතිනී, විශ්වාස භාර්‍යාව.
දම්·සෙනෙවි, *n.* religious leader or chief, **ධර්මසේනාපතියා**; sp. ap. of a monk who was always at the right hand of Buddha.
දම්භ, *n.* deceit, වංචාව; wickedness, **දුෂ්ටකම**.
දඹ·දිව, *n.* E. of **ජම්බුද්වීපය**.
දඹ·රත්රන්, *n.* a superior sort of gold.
දැමු, *a.* slightly baked or burnt (as tiles or bricks). [pan.
දැමු·බත්, *n.* rice &c. burnt at the bottom of the
දඹුවා, *n.* jackal, නරියා.
දයානුකම්පාව, *n.* (**දයා·අනු**:), pitiful compassion, compassion; sympathy.
දයා·බර, **දයාලු**, **දයා·වන්ත**, **දයා·සිල**, *a.* tender, pitiful, compassionate.
දයාබරකම, **දයාවන්තකම**, *n.* tenderness &c.
දයාලුබව, **දයා·සිලතාව**, *n.* See **දයාබරකම**.
දයාව, *n.* pity, compassion. [sionate.
දයාවෙනවා, *v.* to pity, commiserate, compas-
දයිතාධීන, *n.* (**දයිතා** wife, **අධීන** subject to) subject to the wife, hen-pecked. E. S.
දයිතාධීනයා, *n.* hen-pecked husband.
දර, *n.* fuel, firewood. [cious.
දර·කැටියා, *n.* wood-worm, large and testa-
දර·කොටය, *n.* billet or log of wood.
දරවිටාව, *n.* reparation for debts or obligations incurred in a former existence.
දරණ·ගහනවා, *v.* to coil (as a rope or snake).
දරණ·ගැසෙනවා, *v. i.* to coil itself (as a snake)
දරණයා, *n.* coiler, viz. snake or porcupine.
දරණිය, *n.* backwater, eddy.

දරණුව, *n.* a spiral, a pad or circle or coil (as of straw or a snake). [සාදිලිංගම.

දරද, *n.* a country near Kashmir; vermillion.

දර·දඬු, *n.* wood for fuel, firewood.

දර·දඬු·ගැහෙනවා, *v. i.* to become stick-like or stiff, to stiffen (as a corpse).

දරදිය, *n.* debt, ණය.

දරනවා, *v. t.* to bear, suffer; support, sustain; *pret.* දැරුවා; *v. n.* දැරීම.

දර·පෙනෙල්ල, *n.* firestick, brand.

දර·මිටිය, *n.* bundle of firewood, faggot.

දරය, *n.* fear, භය; pit, වළ; edge or point of a tool, ආවුද මුවාත.

දරය, *n.* E. for ජරව, බරව and බාරව.

දර·සෑය, *n.* firewood-pile, funeral pile, pyre.

දරඹ, *n.* the upper side of a field.

දරව, *n.* the earth, පොළොව; cave, ගුහාව.

දරව, *n.* E. of ජරම.

දරිද්‍ර, *a.* poor, indigent, දිළිඳු.

දරිද්‍රතාව, *n.* poverty, indigence, දිළිඳුකම.

දරීය, *n.* cave, ගුහාව.

දරු, *a.* filial; දරුවු, child (so and so). [ship.

දරුකම, *n.* filial relationship, (of a male) son-

දරු·ගබ්ය, දරු·ගැබ, *n.* pregnant womb, pregnancy. [grinding).

දරු·ගල, *n.* small rolling-stone, muller, (for

දරු·ගැබ·පිළිබඳ, *a.* gestatory, දරුගැබට අයිතිවූ.

දරුණි, *a.* free, නිදහස්.

දරුණු, *a.* dreadful, dire, terrible, appalling.

දරුණුකම, *n.* dreadfulness &c. [බබදරු.

දරු·බර, *a.* child-bearing, pregnant, ගර්භිණිවූ,

දරු·බර·කත, *n.* mother of a large family or pregnant woman.

දරු·බරකම, *n.* pregnancy.

දරු·බරකැත, දරුකැත, *n.* wife, භාර්යාව.

දරුමය, *n.* See ධර්මය.

දරුමල, *n.* womb, කුස, ගර්භය.

දරුමාව, *n.* mother, මව.

දරු·මැහැල්ලී, *n.* woman who has children in advanced life, aged mother of children.

දරුමුනුබුරෝ, *n. pl.* children and grandchildren, descendants, posterity.

දරුවා, *n.* child, offspring.

දරු·වැදීම, *v. n.* child-bearing, confinement.

දර්දුරයා, *n.* frog, ගෙම්බා.

දද්‍රැව, *n.* eruption of the skin: see දද.

දර්පකයා, *n.* ap. of Cupid, කාමදෙවියෝ.

දර්පණය, *n.* mirror, speculum, කැඩපත.

දර්පය, *n.* See දපය. [පෙණය.

දර්විය, *n.* ladle, spoon, හැන්ද; hood of cobra,

දර්විකය, දර්විය, *n.* See දර්විය. [වන.

දර්ශක, *a.* indicative, ostensive, පෙන්වන, දක්

දර්ශකයා, *n.* indicator, exhibiter, දක්වන්නා; door-keeper, දොරටුපාලයා.

දර්ශන·වාදය, *n.* positivism.

දර්ශනවාදියා, *n.* positivist. [vision.

දර්ශන·පථය, *n.* the line, range, or extent of

දර්ශන·ප්‍රමාණය, *n.* extent of view, field of view.

දර්ශන·මානක·යන්ත්‍රය, *n.* opsiometer.

දර්ශනය, *n.* sight, seeing, දැකුම; scene, view, පෙනුම; dream or vision, ස්වප්නය; view or opinion, කල්පනාව; system of philosophy, න්‍යාය ශාස්ත්‍රය.

දර්ශනයකරනවා, *v. t.* to see, දකිනවා; view, reconnoitre, බලනවා.

දර්ශන·යන්ත්‍ර·ශාස්ත්‍රය, *n.* optics (pert. to instruments of vision). [මාතෘවෙනවා.

දර්ශනවෙනවා, *v. i.* to appear, පෙනෙනවා, දෘශ්‍ය

දර්ශන·ස්තම්භය, *n.* outlook tower, observatory.

දර්ශනාලෝක·ශාස්ත්‍රය, *n.* optics. [ප්‍රියවූ.

දර්ශනීය, *a.* sightly, elegant, handsome, දුක්මට

දර්ශනීයතාව, *n.* sightliness &c., දැක්මට ප්‍රියකම, අලංකාරය.

දර්ශනේන්ද්‍රියය, *n.* (දර්ශන ඉන්ද්‍රියය), eyesight, organ or faculty of sight.

දර්ශය, *n.* sight, seeing, දැකුම; day of the new moon, අලුත් හඳේ දවස; sacrifice on that day.

දල, *a.* water, ජල. For other meanings see the noun දලය. [ජලකද.

දල·කද, *n.* body of water, pool, pond, lake,

දල·සිඳු, *n.* flame, ගිනිදැල්ල.

දල·කෙළිය, *n.* bathing, playing in the water; coition, සංවාසය.

දල·ගැබ, *n.* water-womb, viz. cloud, වලාකුළ.

දල·දන, *n.* water-gift, viz. cloud.

දල·දරය, *n.* E. of ජලධරය.

දල·නිදන, දල·සිඳු, *n.* E. of ජලනිධාන: water-treasury, viz. the sea, මුහුද.

දලනවා, *v.* (fr. ජ්වල), to shine, දිලෙනවා.

දලනිඳු, *n.* ap. of අනන්තයා, king of the serpent race.

දලබැම, *n.* eddy, whirlpool, දියසුළිය.

දල·බිඳුව, *n.* drop of water, ජලබිඳුව.

දලඹු(ඹු), &c.: See දළඹු(ඹු) &c.

දලය, *n.* E. of ජලය: water, වතුර.

දලය, *n.* (fr. Sans. දල), leap, පත, petal, පෙත්ත, bud or young leaf, දළුව; division, part, half, පංගුව; heap, ගොඩ.

දලය, *n.* E. of ජ්වල: flame, ගිනිදළුව; heart, හෘදය; avarice, ලෝභය.

දල·රද, දල·රැස, *n.* water-king, mass of water, viz. the ocean, සමුද්‍රය.

දල·සරයා, *n.* E. of දලචරයා: fish, මත්ස්‍යයා; water-fowl, දියකුරුල්ලා.

දල·සාව, *n.* E. of ජ්වලශාඛා: fire-branch, viz. flame, ගිනිදළුව.

දලා, *n.* a kind of fish.

දලාඵකය, *n.* red chalk, සිවංගුරු; cuttle-fish bone, මුදුපෙණ; moat, ditch, අගල; elephant's ear, ඇත්කන; hurricane, කුණාටුව.

දලිකය, *n.* timber, wood, ලීය.
දලිය, *n.* clod, පිඩැල්ල; bud, දළුව.
දලියා, *n.* a small kind ofcockroach.
දලු·පොත, *n.* newly cultivated land.
දල්වනවා, *v. t.* to make fire burst into flame, cause to blaze; to open (as the mouth); *pret.* දැල්වුවා; *v. n.* දැල්වීම.
දල්ල: See දළුව.
දව, *a.* two, ව, දෙ (පිනි &c.).
දව, *p. pl.* for දුව: running, like දුවයනවා, go running. [*v. n.* දැවීම.
දවටනවා, *v. t.* to wrap around; *pret.* දැවටුවා;
දවනයා, *n.* the black monkey, වඳුරා.
දවනවා, *v. t.* to burn; *pret.* දැවුවා; *v. n.* දැවීම.
දවය, *n.* for දහය: burning, දැවීම: fire, ගින්න; forest, වනය; play, සෙල්ලම; speed, ඉක්මන.
දව·රෑ, *n.* day and night, දිවාරාත්‍රිය.
දවල, *n.* or *a.* white, සුදුපාට; ධවල.
දවලු, *a.* white, pure, සුදු, පිරිසිදු.
දවල්, *n.* or *a.* daytime; day-, diurnal.
දවස, *n.* day (including the night also).
දවස·මුව, *n.* mouth or opening of the day, morning, පාන්දර.
දවස්කරනවා, ·යවනවා, *v.* to pass one's days, conduct one's self well or ill.
දවස්කෙරීම, *v. n.* of දවස්කරනවා: mode of life, conduct, හැසිරීම.
දවස්පතා, *a.* or *ad.* daily.
දවස්·මැණ, දවස්මිණ, දවස්හිමි, *n.* gem of day, lord of day, viz. the sun, ඉර.
දවහ, *ad.* always, continually, නිතරම.
දවහන්·තරුව, *n.* day-star, morning star, Venus, පහන්තාරකාව. [පිළි.
දවහල, *n.* day-time, දවාල; cotton cloth, කපු
දවසෙහසියා, දවසෙසියා, *n.* See දහසියා.
දවාග්නිය, *n.* (දව අග්නිය), burning forest, ඇවි
දවාල, *n.* day-time. [ලෙන වනය.
දවු, *a.* large, ලොකු.
දවුල, *n.* large drum.
දවුල්කාරයා, *n.* drummer, tomtom beater.
දවුල්ගහනවා, *v.* to drum, beat the drum.
දව්, *a.* E. of ජව: swift, ඉක්මන්. [දැවිලීම.
දවිලනවා, *v. t.* to clinch; *pret.* දැවිලුවා; *v. n.*
දශ, *a.* ten, දහ.
දශ·උප·පාරමිතා, *n. pl.* B., the ten secondary attainments: see පාරමිතාව. [tion.
දශක, *a.* decimal: දශක භාගය, decimal frac-
දශ·කණ්ඨයා, දශ·කන්ධරයා, *n.* ten-necked one: ap. of Rāvana as having ten necks and heads රාවණයා.
දශකය, *n.* a decimal.
දශකාංකය, *n.* (·අංකය), decimal figure.
දශ·කෝණය, *n.* decagon, දසකොන් හැඩය.
දශ·ක්‍රමාකාර, *a.* according to the scale of ten, decadal, decimal.
දශ·ගුණ, *a.* decuple, tenfold.
දශ·ඥාන·බලය, *n.* B., capacity of tenfold knowledge or knowledge of ten things.
දශ·දාන·වස්තු, *n. pl.* ten kinds of articles presented to a B. P., viz. food, pleasant drink, residence, bed, lamp-oil, unguents, garments, vehicle, garlands and perfumes.
දශ·දිශා, *n. pl.* the ten directins, viz. the eight points of the compass, and the Zenith and Nadir.
දශ·ධර්මය, *n.* See දශරාජධර්මය. [පොතු.
දශ·නඛ, *n. pl.* the ten finger nails, දස නිය
දශනාච්ඡදනය, දශනාවාසය, *n.* (ඡදන, වාස, cover), teeth-cover, viz. lip, තොල.
දශනය, *n.* tooth, දත, tusk, දළය; peak, crag, ගිරිකුළය; armour, සන්නාහය.
දශ·නාග·කුල, *n. pl.* *myth.* ten kinds of elephants, viz. කාලාවක, ගංගෙය්‍ය &c., of these each kind is ten times as strong as that which precedes it.
දශ·පරමාර්ථ·පාරමිතා, *n. pl.* the ten highest පාරමිතා: see පාරමිතාව.
දශ·පාදිකයා, *n.* decapod, දස·පාවා.
දශ·පුණ්‍ය·ක්‍රියා, *n. pl.* B., the ten meritorious acts, viz. දන්දීම, සිල්රැකීම, භාවනාව, පින්දීම, පින්ගැනීම, ශීලවත්අයට සෙහෝ ගුණවතුන්ට වතාවත්කිරීම, පිදීම, බණකීම, බණ ඇසීම, සම්‍යක් දෘෂ්ටිය. See these.
දශ·රථ, *n.* *myth.* ap. of a king of Oude who was the father of Rāma, whose ten chariots (රථ) carried him to the ten points of the universe: see දශදිශා.
දශ·රාජ·ධර්මය, *n.* the ten kingly virtues, viz. දානය, ශීලය, පරිත්‍යාගය, ඍජු සවභාව, මෘදු සවභාව, තපස, ක්‍රෝධනොකෙරීම, හිංසානොකෙරීම, ක්ෂමාව, විරුද්ධනැති සවභාව. See each of these.
දශ·වර්ෂ, දශ·වාර්ෂික, *a.* decennial, ten-year-.
දශ·විධ·පාරමිතා, *n. pl.* the ten chief attainments: see පාරමිතාව.
දශ·විධ·රත්න, *n. pl.* ten kinds of precious things, viz. pearls, gems, emerald, ruby, lapsis lazuli, stone (ශිලා), gold, silver, coral, conch.
දශ·ශිල්ප: See දශ·ශිලය.
දශ·සහස්‍ර·පාදිකයා, *n.* myriapod, දසදහස් පාවා.
දශ·සහස්‍රාධිපතියා, *n.* myriarch, දසදහසකට අධිපතියා.
දශාඥාව, *n.* the decalogue, ආඥා දශය.
දශාංශ·තලය, *n.* decahedron, දසපැතිවලින් තලය.
දශානන, *n.* ten-faced one: ap. of රාවණයා.
දශාහනයාධිපතියා, *n.* decemvir. E. S.
දශාව, *n.* state or condition, සවභාව; period, අවස්ථාව, කාලය; the aspect of a planet; mind, සිතිය, මනස; rag or wick, රෙදිකඩ, පාන්තබිය.

දශාවතාර, *n.* person of ten incarnations: ap. of Vishnu, විෂ්ණු. [බල.

දශාස්‍රය, *n.* decagon, දශකෝණය, දසපට්ටම් හා

දශාශ්ව, *n.* ap. of the moon, whose chariot is drawn by ten horses.

දශේන්ද්‍රිය, *n. pl.* (දශ ඉන්ද්‍රිය), the ten organs of sense and action, viz. the skin, eye, tongue, nose, ear, larynx, hand, foot, anus, pudendum.

දෂ්ට, *a.* (fr. දංශ් to bite), bitten, stung; (දෂ්ටය, biting &c.) [&c.)

දෂ්ටකරනවා, *v. t.* to sting or bite (as snakes

දස, *a.* ten, as දස්දෙනෙක්, ten persons.

දස·අකුසල, *n.* See දසාකුසල.

දසඅට, *a.* See දහඅට.

දස·එකඩ·මස, *n.* ten months and a half, මාස දහයාමාරක්. [see දශකණ්ඨයා.

දස·කටයා, දස·ගිවවා, *n.* (ගිව E. of ග්‍රීව neck):

දස·කුසල, *n.* දශපුණ්‍යක්‍රියා.

දස·කොන්, *a.* decangular, කොන් දසයක් ඇති.

දස·දහස්·පාවා, *n.* myrapod, පාද දසදහසක් ඇති සතා.

දස·දිග, *n. pl.* දශදිශා. [දත, tooth, දත.

දසන, *n.* E. of දර්ශන: sight, දැකීම; E. of දශ

දසනුදස·දිග, *n. pl.* (දශ අනුදශ), the ten main and ten intermediate (අනු) directions or points of the compass &c.: see දසදිග.

දසන්පලයා, *n.* ox, bull, ගොනා.

දසන්·වරණය, *n.* tooth-cover, viz. lip, තොල.

දස·පාරමිතා, දස·පෙරුමන්, *n. pl.* B., the ten attainments: see පාමිතාරව.

දස·පාවා, *n.* decapod, පාද දසයක්ඇති සතා.

දස·බල, දසබිල් *n. pl.* the ten powers or tenfold bodily power of Buddha, said to equal that of three hundred thousand billions of men or ten times that of a ඡද්දන්ත elephant, the strongest of the ten kinds: see දශනාග කුල; as *adj.* ep. of Buddha.

දස·බෑ·රජවරු, දස·භාතික·රජවරු, *n. pl.* (බෑ, භාතික, brother-), ten kings who were brothers, sons of king Ugraséna, their names are වාසුදේව, බාලදේව &c.

දස·බිම්බර, *n. pl.* ten multitudes, an army that would fill ten worlds as large as this.

දස·මුල්, *n. pl.* roots of ten plants, used together to make a purgative decoction.

දස·මෙ·හෑන්, *n. pl.* ten officers or ministers (of a king), දස මෙහෙකරුවෑන්.

දසමුල්: See දසබල.

දසය, *n.* ten; direction, district, දිශාව; border, fringe, දවල්ල. [tenth degree.

දස·ගස·රත්රන්, *n.* ten-carat gold or gold of the

දස·රජ·දහම, *n.* E. of දශරාජධර්මය.

දසරු, *n. pl.* or *a.* shoulders; pert. to the shoulder, scapular; උර.

දසරුන, *n.* walking, moving, ඇවිදීම.

දසරු·ලේ·නහර, *n. pl.* veins or arteries of the shoulder, scapulars.

දසරුව, *n.* E. of ජත්‍රු: shoulder, උරය, උරහිස.

දසවෙනි, දසවෙනි, *a.* the tenth.

දස·සත, *n.* or *a.* See දහසත.

දස·සතර, *n.* or *a.* See දහසතර.

දස·සත්වෙනි, *a.* See දහසත්වෙනි.

දස·සිල්ය, *n.* B. P., the tenfold duty or ten duties, viz. abstaining from killing, theft, falsehood, sexual intercourse, intoxicants, eating after mid-day, from dancing, singing, drum-beating, witnessing ludicrous exhibitions, from indulging in perfumes, unguents, personal adornments &c., from the use of high and luxurious seats or beds, from accepting gold or silver or money.

දසාකුසල්, *n. pl.* (දස අකුසල්), B, the ten demerits or sins, viz. killing, theft, adultery, lying, reviling, slander, vain talk, covetousness, malice, heterodoxy.

දසාල, *n.* the sea, මුහුද.

දසාව, *n.* for දශාව and දිශාව.

දසුන, දසුම, *n.* seeing, දැකුම; attachment, ඇලුම්කම; accord, එකඟකම; stumbling, පැකිලීම.

දසුන්, *n. pl. acc.* for දසනයන්: see දසනය.

දිස්කම, *n.* for දසකම and දක්ෂකම.

දස්‍ර, *a.* either of the twin sons of Asvini, who were physicians of heaven.

දස්‍රදේවතාවා, *n.* god or ruler of the first lunar mansion, Asvini.

දහ, *a.* ten, also දශ, දස; *n.* See දහය &c.

දහ, *n.* lotus lake or pond, නෙළුම් පොකුණ; bud, දළුව; day, දවස.

දහ·අට, *a.* or *n.* eighteen.

දහ·අට·ප්‍රමාණ, *a.* octodecimo.

දහ·අටවෙනි, *a.* eighteenth. [දැඩිය.

දහඩිය, *n.* for ඩහදිය: sweat, perspiration, *col.*

දහතල, *n. pl.* the seven great lakes of Himālaya: see අනවතප්ත.

දහ·තුන, දහ·තුන්, *a.* thirteen.

දහතුන්වෙනි, *a.* thirteenth.

දහන, *n.* ap. of Agni, god of fire: see දහනය.

දහන, *n.* E. of බාහාය and බාහා.

දහනක, *a.* burning, caustic, දවන.

දහනකෞෂධය, *n.* (දහනක ඖෂධය), burning medicine, caustic, 'කොස්ටික්'.

දහනග, දහනග, *n.* the down on paddy &c., beneath the husk.

දහනතාව, *n.* causticity, දවනභාවය. [fice.

දහන·පූජාව, *n.* burnt sacrifice or burning sacri-

දහනය, *n.* fire, ගින්න; burning, දැවීම; cautery, පිලිස්සීම. [නාවා.

දහනයකරනවා, *v. t.* to burn, cauterize, පුළුස්

දහ·නව, *a.* nineteen, (*col.*) දහනම.
දහ·නවය, *n.* nineteen, (*col.*) දහනමය.
දහ·නවවෙනි, *a.* nineteenth, (*col.*) දහනමවෙනි.
දහා·වෙනවා, *v. i.* to burn away, දැවෙනවා, දැලායනවා.
දහනාව, *n.* sea, මුහුද.
දහනාඹුල්, *n.* congee, gruel, කැඳ.
දහනීය, *a.* a combustible, දැවිය හැකි; suitable for burning, දැවිය යුතු.
දහනීය·ද්‍රව්‍ය, *n. pl.* combustibles, දැවෙන ද්‍රව්‍ය.
දහනෝපලය, *n.* (දහන උපලය), sun-gem, viz. crystal, පළිඟුව.
දහන්·දුල්ල, *n.* flame, ගිනිදුල්ල.
දහන්·සැරි, *n.* fire-fan, viz. the wind, සුළඟ.
දහන්නු, *n.* rosary, ජපනූල.
දහම, *n.* E. of ධර්මය: doctrine, dogma; justice, righteousnes, යුක්තිය.
දහම්·කඳ, *n.* code of doctrines or laws or duties.
දහම්·දෙසනවා, *v.* B., to preach or proclaim the doctrine, read Bana; *pret.* දහම්දෙසුවා; *v. n.* දහම්දෙසීම.
දහම්·පොත, *n.* book of doctrine, Bana book, ධර්මපුස්තකය, බණපොත.
දහම්·මැතියා, *n.* righteous judge or minister of state, ධර්මිෂ්ඨ නඩුකාරතැන.
දහම්·රජ, *n.* law-king, king or head of religion: ap. of Buddha, බුදුරජ; king of justice: ap. of Yama, යමරජ.
දහම්·සක, *n.* E. of ධර්මචක්‍රය.
දහම්·සරණ, *n.* B., the law-refuge or help, the doctrine-refuge, second of the three refuges or helps, the others are බුද්ධසරණ and සඟසරණ.
දහම්·සැරි, *n.* See දම්සැරි. [ධර්මයට ඇලුම්වූ.
දහම්·සොඬ, *a.* attached to the law or religion,
දහය, *a.* ten.
දහයියා, දහවියා, *n.* chaff, hull, bran, glume.
දහර, *a.* young, fresh, new, බාල, අලුත්.
දහරය, *n.* stream of water; වතුරබස්සාව; a fluid body, ධාරාව.
දහරයා, *n.* child or youth, බාලයා, තරුණයා; rat or mouse, මීයා; python, පිඹුරා.
දහලා, *n.* firefly, කණාමැදිරියා.
දහවත්·තරුව, *n.* See දවසත්තරුව.
දහවල්, *n.* or *a.* See දුවල් and දවල්.
දහවල්ල, *n.* See දවල්ල.
දහස, *n.* thousand; *pl.* or *a.* දහස්
දහ·ස, දහ·සය, *a.* sixteen.
දහ·සය, *n.* sixteen.
දහ·සවෙනි, *a.* sixteenth.
දහසැස්, *n.* (දහස් ඇස්), thousand-eyed one: ap. of Indra or Sakra as a personification of the stellar region.
දහසී, *n.* See දසී.
දහ·හත, *n.* seventeen.

දහ·හතර, *n.* or *a.* fourteen.
දහ·හතරවෙනි, *a.* fourteenth.
දහ·හත්වෙනි, *a.* seventeenth.
දළ, *a.* E. of P. දළ්හ: thick, course, rough, rank, ඝන, රළු.
දළ·කට, *n.* tooth-stick: see දැහැටිදණ්ඩ.
දළ·කඩ, *n.* piece of coarse cloth; (fr. දළය) piece of ivory.
දළ·කඩකම්, *n. pl.* ivory work, ඇත්දත් වැඩ.
දළකම, *n.* thickness &c.: see දළ.
දළ·තල්මහා, *n.* the walrus.
දළ·දත, *n.* canine tooth, eye-tooth.
දළදරවරණියා, *n.* See වෙරවරණියා.
දළ·දළුව, *n.* young leaf-bud.
දළ·දා, *n.* the tooth-relic of Buddha, (e.g. kept in Kandy මාලිගාව and honoured by processions in May).
දළ·නෙත්, *n.* ap. of Siva as having an eye in his matted hair.
දළ·පුඹුව, *n.* ornamental head of the umbrella of kings and dignitaries.
දළ·පුඹු·සේසත, *n.* white umbrella of kings &c.
දළබුව, *n.* womb, ගර්භය.
දළඹුවා, දළුඹුවා, *n.* caterpillar.
දළ·මඩල, දළ·මඬුල්ල, *n.* circle of matted hair on the head of Siva and ascetics.
දළ·මස්, *n.* E. for ජටාමාංස. [මැණික්කත්.
දළ·මැණ, දළ·මිණ, *n.* crown-gem, ඔටුන්නේ
දළ·මුතුඇටය, *n.* snout-pearl, pearl supposed to form in the snout of a hog. [coon, pupa.
දළඹු·කොපුව, දළඹු·කෝෂය, *n.* chrysalis, co-
දළඹු·කෝෂ·ප්‍රාණියා, *n.* the insect of the chrysalis, pupa, pupe.
දළඹුව, *n.* embryo, කලල්රූපය. [කන.
දළඹු·කෝෂ·භක්ෂක, *a.* pupivorous, දළඹුකෝෂ
දළය, *n.* E. for දංෂ්ට්‍රා or දෂ්ටා: snout; tusk; sting.
දළය, *n.* E. for ජටාව: matted hair of ascetic.
දළ·ලොබය, *n.* covetousness, තදලෝභකම.
දළවෙනවා, *v. i.* to become thick or coarse.
දළ·සඳ, *n.* ap. of Siva as having a moon in his matted hair.
දළ·සඳ, *n.* hard attachment, strong desire or avarice; see දළලොබය.
දළැස, *n.* (දළ ඇස), eye in the matted hair of the forehead of Siva, ap. of Siva: see දළ නෙත්. [බුලත්කොටුව.
දළු·කොටුව, *n.* betel enclosure or plantation,
දළු·පැස්සීම, *v. n.* of දළුපාස්සනවා: budding, ingrafting.
දළු·බුලත්, *n.* betel leaves.
දළු·මුරය, *n.* a serving or service of betel leaf.
දළු·මුර·බිජ්ජුකරනවා, *v.* to present to demons or a king an offering of betel, sandal wood and flowers of areca tree.

දළු·බුරකාරයා, *n.* a royal betel-server, who has to prepare and present the betel mixed with various narcotics and spices according to the king's wish or state of his health.

දළු·ලනවා, *v.* to bud, sprout; *v. n.* දළුලෑම.

දළුව, *n.* bud, sprout, young, leaf; bow, දුන්න; long-pepper plant.

දළු·වත්ත, *n.* betel garden, බුලත්වත්ත.

දළුව·මුල්, *n.* roots of the long-pepper plant, තිප්පිලිමුල්.

දා, *n.* day: as එදා, that day, කවදා what day, when, ඉරිදා Sunday.

දා, *n.* E. fr. ධාතු, relic: as දාගැබ, relic-shrine.

දාකයා, *n.* See දායකයා.

දාක්ෂායණ, *a.* pert., to දක්ෂයා, which see.

දාක්ෂායණය, *n.* gold, රන්; gold ornament, රන් ආභරණය.

දාක්ෂායිණීපතියා, *n.* Lord of the lunar mansions, ap. of the moon, සඳ.

දාක්ෂායිණීයෝ, *n. pl.* the 27 lunar mansions, in *myth.* they were the daughters of දක්ෂ, and wives of the moon.

දාක්ෂාය්‍යයා, *n.* vulture, ගිජුලිහිණියා.

දාක්ෂිණ, *a.* worthy of reward, meritorious, පින්වත්, ගුණ ඇති.

දාක්ෂිණ්‍යය, *n.* concord, agreement, එකඟකම; ability, දක්ෂකම.

දාගබ, දාගැබ, දාගොබ, *n.* Dāgoba, relic-depository, relic-dome, a conical building containing a relic of Buddha's bones.

දා·තල, *n.* See දුතල.

දාඨා·ධාතු·ඝරය, *n.* tooth-relic house, the building containing the tooth-relic of Buddha, දළදාමාලිගාව.

දාඨා ධාතුව, *n.* tooth-relic: see දළදා.

දාඨාව, දාඪාව, *n.* canine tooth, eye-tooth, tusk, දත, දළය.

දාඩිම, *n.* the pomegranate (tree &c.), දෙළුම්.

දාඩිය, *n.* sweat, *cor.* ඛා·දිය.

දාඩිය·දමනවා, *v. c.* to make perspire, sweat; *pret.* දැම්මෙවුවා; *v. n.* දැම්මවීම.

දාඪිකාව, *n.* beard or mustache, රැවුල, දැළිරැවුල.

දාත, *a.* divided, served, බෙදුණු, බෙදුවු.

දාතම, *n.* D., date (of time).

දාතම·දමනවා, *v.* to put the date on to date.

දාත්‍යූහවා, (Sans. දාත්‍යූහඃ), *n.* gallinule, a sort of cuckoo, දවුඩුවා.

දාත්‍රය, *n.* a sort of sickle, දකැත්ත.

දාදු·කැටය, දාදුව, *n.* dice; *pl.* දාදුකැට, දාදු, dice.

දාදු·කෙළිය, *n.* game of dice.

දාදු·දමනවා, *v.* to throw dice; cast lots.

දාදු·කෙප්පුව, *n.* dice-box.

දා·දෝෂ, *n.* disease of any of the seven elements or constituent parts of the body. See සප්ත ධාතු.

දාන·දායක, *a.* charitable, liberal, දන්දෙන.

දාන·ධර්ම, දාන·වෘත්ති, *a.* eleemosynary, දන්දීමට අයිති.

දාන·පති, *a.* liberal, munificent, ත්‍යාගිවන්ත.

දාන·පතියා, *n.* liberal person, ත්‍යාගිවන්තයා.

දාන·පරිත්‍යාගය, *n.* presenting offerings or alms, free gift or surrender of offerings.

දාන·පාරමිතාව, *n.* fulfilment of the duty of almsgiving: see පාරමිතාව.

දාන·ප්‍රවාහය, *n.* flood of offerings, abundance of offerings, දානරාශිය.

දාන·මාන, *n. pl.* gifts and honours, තෑගි හා මාන්න.

දානය, *n.* gift, alms; dividing, බෙදීම; exudation from the temples of an elephant in rut, ඇත්මද.

දානයකරනවා, *v.* to bestow, give, present, offer, ත්‍යාගීකරනවා.

දානව, *n.* a demon, titan, Asura, අසුරයා.

දානව·ගුරු, *n.* ap. of Sikura, as preceptor of the Asura, සිකුරු or ශුක්‍රයා.

දානව·සතර, *n.* science of the Asuras; ap. of Vishnu.

දානවාරි, *n.* (·අරි), a god or deity as opponent of the Asuras, අසුරරිපු.

දානවෘත්තිය, *n.* regular almsgiving, alms-service, දානදීමේ පිළිවෙල, දන්වැට.

දාන·ශාලාව, *n.* alms-hall, දන්සල.

දාන·ශීල, දානසීල, *a.* generous, liberal in offerings, තෑගිවන්ත.

දාන·ශෞණ්ඩ, *a.* liberal, munificent, දන්දීමෙහි ඇලුණු.

දාන·සේතුව, *n.* highroad or bridge of offerings, *meta.* the road to Nirvāna: almsgiving and offerings being amongst the chief means of attaining it.

දාන·හාල්, *n.* a kind of rice.

දානානිශංසය, *n.* efficacy of almsgiving and religious offerings to produce merit.

දානාර්හ, *a.* (·අර්හ), worthy to receive offerings, worshipful (priests &c.), දාන ලැබියයුතු.

දානී, *n.* recipient of a gift, donee, දානලබන්නා.

දාතු, *n.* donor, දායකයා; victor, ජයගන්නා.

දානෝපකරණ, *n. pl.* (දාන උපකරණ), ingredients used in the preparation of offerings.

දාන්ත, *a.* tamed, subdued, යටත්; bearing patiently, patient, calm, ඉවසිලිවන්ත.

දාන්තිය, *n.* subjection, humbleness, යටත්කම; patient endurance, ඉවසිල්ල.

දාමය. *n.* string, rope, ලනුව; necklace, මාලය.

දාමරිකයා, *n.* rebel, pretender to the throne, කැරලිකාරයා.

දාමෝදර, *n.* (දාම rope, උදර belly), ap. of Krishna, who when a child could not be restrained even when a rope was passed round his body.

දාම්·කෙළිනවා, *v.* to play chess or draughts.

දාම්·කෙළිය, *n.* game of chess or draughts.

දාය, *n.* gift, present, dowry; loss, destruction, නැතිවීම; place, ඉඩම; heat, රස්නය.

දායක, *a.* giving, contributing. [scriber.
දායකයා, *n.* giver, donor; contributor, sub-
දායකවෙනවා, *v. i.* to become a subscriber &c.
දායාදය, *n.* dowry, endowment, gift, දෑවැද්ද.
දායාදයා, *n.* kinsman, නෑයා.
දාපිත, *a.* adjudged, awarded, sentenced.
දාපිතයා, *n.* person who is adjudged &c.
දාර, *n.* woman, wife, ස්ත්‍රී, භාර්යාව.
දාරකයා, *n.* son, child, පුතා, දරුවා; charioteer of Vishnu, විෂ්ණුගේ රථාචාරියා.
දාරකරවලා, *n.* a kind of snake, variety of *bungarus Ceylonicus.*
දාර·කර්මය, *n.* marriage, කසාදබැඳීම.
දාර·කැස්බෑවා, *n.* thin-skinned turtle, *dermatochelys coriacea,* තෙල් කැස්බෑවා.
දාරගලනවා, *v.* to flow, ගලනවා; to prostrate oneself or fall flat on water, මුණින් වැටෙනවා. [බෙදීම.
දාරණය, *n.* tearing, rending, dividing, ඉරීම,
දාරද, *n.* quicksilver, රසදිය; vermillion, ඉඟුල්; ocean, සාගරය; a sort of poison from the country called Darad, විෂජාතියක්.
දාර·නකුවා, *n.* crocodile, කිඹුලා. [ගැනීම.
දාර·(දාරා·)පරිග්‍රහය, *n.* marriage, ස්ත්‍රියක් පාවා
දාර·පොළඟා, *n.* a kind of viper or polonga.
දාරය, *n.* edge of a knife &c., edge, border; fancy border, beading.
දාරයා, *n.* See දාරනකුවා. [rain, වැස්ස.
දාරාව, *n.* wife, අඹුව; fr. ධාර: water, වතුර;
දාරා·භරණය, *n.* (භරණ supporting), maintenance of a wife, ස්ත්‍රිය පෝෂණයකිරීම.
දාරා·වක්කරනවා, *v.* to pour a liquid, වක්කරනවා; rain, වහිනවා.
දාරා·වැටෙනවා, *v. i.* to fall as a liquid or rain, become sprinkled, ඉසෙනවා, ooze, වෑස්සෙනවා.
දාරිකාව, *n.* daughter, දුව.
දාරිත, *a.* torn, rent, divided, ඉරුණු, බෙදුණු.
දාරිද්‍ර්‍යය, *n.* poverty, indigence, දිළිඳුකම, දරිද්‍රතාව. [පිත්තල.
දාරු, *n. pl.* wood, ලී, firewood, දර; brass,
දාරු, *a.* liberal, generous, ත්‍යාගවන්ත.
දාරුණ, *a.* horrible, terrible, දරුණු. [කම.
දාරුණ්‍යය, දාරුණය, *n.* horribleness &c., දරුණු
දාරුමය, *n.* wooden, ලී, ලීමය.
දාරුව, *n.* wood, timber, ලීය, දැවය.
දාරු·හස්තකය, *n.* wooden ladle.
දාලන, *n.* splitting, පැළීම.
දාලායනවා, *v. i.* to burn away, burn out.
දාව, *p. pl.* of දාවෙනවා: engendered, begotten.
දාවය, *n.* fire, ගින්න, heat, රස්නය; conflagration (as of a forest), දැවීම.
දාවලු, *n. pl.* fringes or borders of a garment.
දාවල්, *n.* or *a.* daytime, දවල්.
දාවල්ල, *n.* fringe, border or edge of a garment.

දාවා, *n.* runner, දුවන්නා. [fire, ලැව්ගින්න.
දාවාග්නිය, *n.* (·අග්නි), burning of a forest, bush-
දාවානල, *n.* (දාව අනල), fire in a forest, bushfire, කැලෑ ගින්න.
දාවු, *a.* (*dat.*) engendered to or by, ජනනවූ.
දාවෙනවා, *v. i.* to become engendered or begot-
දාශයා, දාශී, *n.* See දාසයා, දාසී. [ten.
දාස, *n.* thousand, දහස.
දාසකම, *n.* bondage, slavery, servitude.
දාසකරනවා, *v. t.* to enslave.
දාස·කර්මය, දාස·සේවය, *n.* slave-work, menial service.
දාසත්වය, *n.* slavery, දාසකම.
දාස·භූත, *a.* enslaved, දාසවූ.
දාස·භූතිය, *n.* condition of slavery, දාසකම.
දාසයා, *n.* slave, servant.
දාසවූ, දාසාකාර, *a.* servile, menial.
දාසිකාව, *n. fem.* See දාසී. [chief.
දාසි·පටිය, දාසිය, *n.* (දාසි D.), necktie, necker-
දාසී, *n. fem.* bondmaid, handmaid, slave.
දාසේයයා, දාසේරයා, *n.* See දාසයා.
දාස්, *a.* thousand, දහස්.
දාස්·පෙති, දාස්·මල, *n.* marigold; general term for the compositæ as abounding in florets.
දාස්‍යය, *n.* See දාසකම.
දාස්‍ය·යෝගය, *n.* slavery, thraldom, දාසභාවය.
දාහ, *n.* thousand, දහස.
දාහක, *a.* burning, fiery, දැවෙන, ගිනියම්.
දාහ·ගතිය, *n.* state of burning heat or perspiration, උෂ්ණගතිය.
දාහ·ජ්වරය, *n.* burning fever, තද උණ.
දාහනය, දාහය, *n.* burning, දැවීම, heat, ගිනියම, උෂ්ණය.
දාහවත්, *a.* ignited, burning, ඇවිලෙන.
දාහවත්වෙනවා, *v. i.* to ignite, take fire, පත්තුවෙනවා.
දාහ·සරය, *n.* (සර going, resort), place for burning the dead, crematorium.
දාහ·හරණය, *n. lit.* heat-remover: the root of a fragrant grass, viz. cuscus grass, සැවැන්දරා, which is woven into screens and kept wet to cool the air.
දාහ්‍ය, *a.* inflammable, පහසුවෙන් පත්තුවෙන.
දැක, *p. pl.* of දකිනවා: having seen; *v. n.* දැකීම. [වත්ත.
දැකුණවත්, *a.* turned to the right: see දක්ෂිණ
දැකුම, *n.* sight, දැකීම; offering, gift, පඬුර.
දැක්කාදී, දැක්කාදින්, *ad. lit.* whilst seeing: in the presence of, addressing, with, unto. ඔහු මා දැක්කාදී කීවුවා, He said to me.
දැක්කා, *v. pret.* col. for දුටුවා: saw.
දැක්කීම, *v. n.* of දක්කනවා: driving.
දැක්කුවා, *v. pret.* drove.
දැක්ම, *n.* for දැකීම, seeing; tax, tribute.
දැක්ම·දෙනවා, *v.* to render tax or tribute.

දැක්වීම, *v. n.* of දක්වනවා : showing, පෙන්වීම ; presentation. [restiveness.
දැඟලීම, දැඟලුම, *v. n.* of දඟලනවා : struggling,
දැඟුම, *n.* E. of ජංගම : moving, motion, locomotion, යාම, ඇවිදීම.
දැඩි, *a.* hard, strong, දෘඪ ; obstinate, hardened, callous, මුරණ්ඩු.
දැඩිකම, *n.* hardness &c.; obduracy &c.
දැඩිකරනවා, *v. t.* to harden, indurate; render obstinate : rear (as a child), ඇතිදැඩිකරනවා.
දැඩිතර, *a.* very strong or hard, ඉතා තද.
දැඩියාව, *n.* hardness, දැඩිකම.
දැඩිවෙනවා, *v. i.* to become hard or firm; coagulate; grow up, become strong, ඇති දැඩි වෙනවා.
දැත, *n.* rasp or toothed instrument (to scrape coconuts or husk paddy).
දැති ආකාර, *a.* tooth-like, runcinate.
දැති·කිඹුලා, *n.* crocodile.
දැති·ගොයියා, *n.* rake for raking straw &c.
දැතිගොයියා·ගානවා, *v.* to rake, use a rake.
දැති·පීර, *n.* rough file or rasp.
දැතිපීර—දැතිපීරෙන්—ගානවා, *v. t.* to rasp, grate.
දැති·පොල්ල, *n.* toothed bar, rack : *pl.* දැතිපොලු.
දැති·පෝරුව, *n.* harrow, drag, scarifier.
දැති·මෝරා, *n.* saw-fish.
දැතිරෝදය, *n.* cog-wheel. [*pl.* දැති.
දැත්ත, *n.* tooth of a saw &c., cog, tine, prickle;
දැදුර, *n.* splitting, cracking, පැළීම ; crack, පැළුම ; crash, as of thunder &c., ගිගුරුම ; *pl.* දැදුරු.
දැදුරුවා, *n. lit* croaker, viz. frog, මැඩියා ; *pl.* දැදුරුවෝ. [of.
දැන, *p. pl.* of දන්නවා : knowing, being aware
දැනගත්, *v. adj. pret.* ascertained; adult, E. S.
දැනගන්නවා, *v. t.* to ascertain, find out, discover, come to know; *pret.* දැනගත්තා ; *v. n.* දැනගැනීම.
දැනගැන්ම, දැනගැනීම, *n.* knowledge.
දැනට, *ad.* at present, for the present, just now.
දැනදැන, දැනගෙනම, *p. pl.* knowing well; as *ad.* knowingly, wilfully.
දැන·පුරුදු, *a.* accustomed to, familiar with.
දැනමිති, *a.* well-advised, prudent, discreet.
දැනමිතියාම, *n.* advice, warning.
දැනමිතිකම්දෙනවා, *v.* to give advice, warn.
දැනමුතුකම, *n.* advice, admonition, counsel, caution.
දැනමුතුකම්දෙනවා, *v.* to give advice, advise.
දැනීම, දැනුම, *n.* perceiving, perception, cognition, conciousness, feeling, sense.
දැනීමඇති, දැනුමඇති, *a.* having sensation; sensory.
දැනීමනැති, දැනුමනැති, *a. lit.* and *fig.* senseless, unconscious.

දැනුදු, *ad.* now also, even now, දැනුත්.
දැනුමැති, *a.* being aware of, having perception or knowledge of; intelligent, discerning, sagacious, discreet.
දැනුමැතිවෙනවා, *v. i.* to take warning, be taught (as by sad experience).
දැනුමුතුකම, *n.* See දැනමුතුකම.
දැනුමුතුකම්දෙනවා, *v.* to give advice, advise.
දැනුම්දෙනවා, *v.* to give information, inform, notify.
දැනුවත්, *a.* being aware, knowing.
දැනුවත්ව, *p.* as *ad.* knowingly, consciously.
දැනුවත්වසිටිනවා, *v. i.* to be aware of, conscious of.
දැනෙනවා, *v. i.* (*dat.*) to feel, perceive or be perceptible to; *pret.* දැනුණා ; *v. n.* දැනීම.
දැන්, *ad.* now, or මේදැන්, just now.
දැන්ම, *ad.* cmp. of දැන් : immediately, forthwith, just now. [කම.
දැන්·වනාහි, *ad.* as for this present time, දැන්
දැන්වීම, *v. n.* of දන්වනවා : informing; information; notice. [tisement.
දැන්වීම්·පත්‍රය, *n.* notice (written &c.), adver-
දැප, *p. pl.* of දපනවා.
දැපනය, *n.* magical spell. [උඩඟුකම.
දැපය, *n.* incantation, ජපය ; pride, arrogance,
දැපි, *n.* Cupid, කාමදෙවියෝ.
දැපුණ, *n.* E. of දර්පණය : mirror, කැඩපත.
දැමි, *a.* submissive, obedient, යටත්, කීකරු.
දැමිටු, *a.* E. of ධාර්මික: righteous, just. [කම.
දැමිටුකම, *n.* righteousness, rectitude, ධාර්මික
දැමීම, *v. n.* of දමනවා : placing &c.
දැමෙනවා, *v. i.* to become subjugated, subdued, හික්මෙනවා ; *pret.* දැමුණා.
දැරිඇති, *a.* pregnant, බඩදරු.
දැරිය, දැරී, *n.* female infant, ගැහැනු ලදරුවා.
දැරීම, *v. n.* of දරනවා : bearing &c. [සමූහය.
දැල, *n.* net, web (ජාල); flame, දැල්ල ; multitude,
දැලැස්, *n. pl.* meshes : see දැල් ඇස.
දැලි, *n.* lampblack; *adj.* black, කළු.
දැලිකාව, *n.* See ජලිකාව.
දැලි·කුණු, *n.* dirt of soot, grime.
දැලි·නූල, *n.* blackened thread, carpenter's marking thread.
දැලිපොත්ත, *n.* shell of the fish දැල්ලා.
දැලිය, *n.* half, භාගය ; sprout or shoot, පැළය ; multitude, සමූහය ; antimony, අඳුන.
දැලියා, *n.* book-worm or moth, young (or small kind of) cockroach.
දැලි·චාමර, *n.* black whisk made from the tail of the yak to whisk off flies &c.: see චාමර.
දැල්අදිනවා, *v.* to draw or take up fishing or hunting nets; spread nets.
දැල්·ආකාර, *a.* net-like, reticular.
දැල්·ඇස, *n.* eye or mesh of a net.

දූල්·කද, *n.* net-pingo, pole for carrying nets; *pl.* දූල්කත්.

දූල්කාවා, *n.* leech, කුඩැල්ලා.

දූල්·ගෙතුම, දූල්·වැඩ, *n.* netting, network.

දූල්·ගොතනවා, *v.* to plat or make nets, to net.

දූල්·දමනවා, *v.* to cast nets.

දූල්·පත්තකරනවා, *v.* to fish, follow the business of fishing.

දූල්·පත්ත·කාරයා, *n.* fisherman, මස්මරන්නා.

දූල්පත්තය, *n.* fishing, the business of a fisherman.

දූල්·පිලි, *n.* netting, gauze. [net-float.

දූල්පෙල්ල, *n.* stick used to keep the net afloat,

දූල්ල, *n.* flame, ගිනිදූල්ල.

දූල්ලා, *n.* a kind of sea-fish, cuttle fish.

දූල්·වැඩ, *n.* net-work, reticulation, trellis-work.

දූව, *n. pl.* timber, logs, beams.

දූව·ඉරන·වළ, *n.* saw-pit.

දූව·ඉරන්නා, *n.* sawyer.

දූව·ගෙය, *n.* frame-house, log-house.

දූවවීම, *v. n.* of දවටනවා and දූවවෙනවා: wrapping around &c.

දූවවෙනවා, *v. i.* to become wrapped around; *fig.* to loiter about; become involved in: *pret.* දූවවුණා. [story.

දූව·තට්ටුව, *n.* wooden floor, floor of an upper

දූව·දඬු, *n. pl.* timber and wood.

දූව·පත්තය, *n.* timber business or work, forest conservator's work.

දූව·මඩුව, *n.* log-hut, log-cabin.

දූව·මෝල, *n.* timber mill, saw-mill.

දූවය, *n.* piece of timber, log, beam.

දූවාන·ගල, *n.* crystal, පළිඟුව. [brush.

දූවටිය, දූමිටුව, *n.* short stick used as a tooth-

දූමිය, *n.* burning, දූවීම; spoke of a wheel, රෝද දත. [දූවිල්ල.

දූවිලි, *a.* hot, pungent, කටුක: also as *pl.* of

දූවිල්ල, *n.* burning, දූවීම; burning sensation, inflammation; *pl.* දූවිලි.

දූමි·වටය, *n.* rim of a wheel, නිම්වළල්ල.

දූවීම, *v. n.* of දවනවා and දූවෙනවා: burning.

දූවුවුම, *n.* wrapping around, දූවවීම; going around, සිසැරීම.

දූවෙනවා, *v. i.* to burn, be burnt; *pret.* දූවුණා.

දූවිලීම, *v. n.* of දවිලනවා: clinching.

දූවීම, *v. n.* of දවිවනවා: setting the catch or spring of a trap. [servants.

දූසි·දසුන්, *n. pl. acc.* female and male slaves or

දූසි, *n.* See දාසි. [ඇස්දෙක(ම).

දූහැ(ම), *n. pl.* for දූස or දෙඇස, the two eyes,

දූහැට්දණ්ඩ, දූහැටිය, *n.* tooth-stick: see දූමිටිය.

දූහැවු·කිස, *n.* brushing or polishing the teeth, දත් මැදීම.

දූහැත්·අත, දූහැත්·මිඩ, *n.* quid of betel (for B. P.), බුලත්විටක්.

දූහැත්·වළඳනවා, *v.* B. P., to chew betel, බුලත් කනවා.

දූහැන, *n.* E. of ධ්‍යානය: profound meditation; incantation, ජපකිරීම.

දූහැම, *n.* E. of ධම්ම or ධර්මය: righteousness, justice. Also දූහැ(ම). [just.

දූහැමි, දූහැමිවු, *a.* E. of ධර්මිෂ්ඨ: righteous,

දූහැමි·රජ, *n.* just king: ap. of Yama or Pluto, යමරජ.

දූහැය, *n.* burning, heat, දාහය; anger, කෝපය.

දූහැවිල්ල, *n.* See දූවිල්ල; anger.

දූහැවෙනවා, *v. i.* to become hot or angry, රත් වෙනවා, තරහවෙනවා.

දූලි·පිහියේ, *n.* razor, indef. දූලිපිහියක්; *pl.* දූලිපිහියා. [උඩුරැවුල.

දූලිය, දූලි·රෙද, *n.* moustache or beard, රැවුල,

දූ, *n. pl.* E. of ද්‍රව්‍ය: things; also for ජාති, sorts, kinds; births.

දූ, *a.* two, දෙ, as දූත, the two hands.

දූකම, *n.* natal ceremony, ජාතිකර්මය.

දූකැත්ත, *n.* sickle; *pl.* දූකැති.

දූගසව්, *n. pl.* (දෙ, අග, සව්), two chief disciples of Buddha, see අගසව්.

දූත, *n. pl.* (දෙ අත), both hands; two handfuls, two directions, two turns &c.: see අත.

දූතම·හුරු, *a.* accustomed to use both hands, ambidexter.

දූතුරේ, දූතුලේ, *ad.* between or within the two.

දූම, *v. n.* of දනවා: burning.

දූරඟය, දූරඟ·මිණ, *n.* crystal, පළිඟුව, ජාතිරංග.

දූරන්, *n.* gold, රන්රන්. [යුතු වස්තු.

දූ·වත්, *n. pl.* riches that should be given, දිය

දූවා, *v. pret.* of දනවා: did burn.

දූවාන, *a.* crystal, පළිඟු.

දූවාන අතල, *n.* crystal floor, පළිඟු බිම.

දූවැද්ද, *n.* dowry, dower, endowment, දායාදය.

දූස, දූස්, *n. pl.* both eyes, ඇස්දෙක.

දූහත, *n.* See දූහැත් අත.

දූහිඟුල්, *n.* vermillon, සාදිලිංගම්.

දූළය, *n.* (දෙ ඇළය), both sides.

දික්, *n.* any of the directions or quarters of the compass: see දශදිශා.

දික්, දික්වු, *a.* long, දිග.

දික්කම, *n.* lengthiness. [prolong.

දික්කරනවා, *v. t.* to lengthen, elongate, extend,

දික්·කසාදය, *n.* divorce.

දික්·කසාදවු, *a.* divorced.

දික්·කසාදවෙනවා, *v. i.* to be divorced.

දික්·තදය, *n.* fiery meteor, regarded as one of the five evil omens of the sky. [උල්කාපාත.

දික්·දන·ගෙලය, *n.* meteorite, meteoric stone,

දික්දූ, දික්දූවේ, දිග්දූ, *n. pl.* the various kinds serpents, as long animals, සර්පජාති.

දික්·පතියා, දික්·පාලයා, *n.* regent of a district or quarter of the universe, as Indra of the East.

දික්වෙනවා, *v. i.* to become long, extend.
දික්·සකලා·පුටුව, *n.* long easy-chair. [පිටකය.
දික්·සඟිය, *n.* first of the five parts of the සුත්‍ර
දිග, *a.* long, lengthy.
දිග, *n.* length; direction, quarter, as දකුණුදිග.
දිගඅත, දිගත, *n.* the long direction, the length, horizon.
දිග·අතට, *ad.* lengthways.
දිග·අරිනවා, *v. t.* to unfold, unroll, unfurl, spread, open out.
දිගඇරෙනවා, *v. i.* to unfold &c.
දිගකරනවා, *v t.* See දික්කරනවා.
දිග·කොට්ටය, *n.* long pillow, bolster.
දිගට, දිගේ, *ad.* along; without break or stop.
දිගටි, *a.* oblong, lengthy, elongated. [E. S.
දිගන්තය, *n.* (·අන්තය extremity), the horizon.
දිගන්තර, *a.* lengthy, tedious (as a speech), දිඝී.
දිගන්තරය, *n.* (·අන්තරය), intermediate quarter or direction (of the compass); extended space, tract of space.
දිගන්තරාලය, *n.* (·ආලය) extended space, immensity of space; sky, ආකාශය.
දිගම්බර, *a. lit.* clothed with the horizon or sky-clothed, viz. naked, නිරුවත්.
දිගබර, දිගඹර, *n.* E. of දිගම්බරයා.
දිගම්බරයා, *n.* naked religious mendicant or ascetic; ap. of Siva; B. P., novice, සාමණේරයා. See දිගම්බර.
දිග·මැනීම, *n.* long measure, longimetry.
දිග·වෙලිකරනවා, දිගේලි—දිගෙල්—කරනවා, *v. t.* to tether.
දිගා, *n.* long-bodied person or animal; the saint මාඝමෙණ්ඩය.
දිගාය, දිගායුෂ, *n.* longevity. [දිගඇරියා.
දිගාරිනවා, *v. t.* See දිගඅරිනවා; *pret.* දිගෑරියා,
දිගාවෙනවා, *v. i.* to lie down, prostrate oneself.
දිගැසි, *n. fem.* (දිග ඇසි), long-eyed one, woman with long eyes, දිග ඇස් ඇත්තී.
දිගවිකරනවා, *v. t.* to lengthen, elongate.
දිගවිය, *n.* lengthiness, දික්කම.
දිඝිත්තා, *n.* a kind of sea fish.
දිඝු, දිඝූ, *a.* long, extended, දිග. [දිගාව.
දිඝු, *n.* direction or quarter of the compass,
දිඝු—දිඝූ—කරනවා, *v. t.* to extend, stretch out, reach out.
දිගුණ, *a.* E. of ද්විගුණ: twofold.
දිඝු·නෙයන්, *n. pl.* long eyes, දිගැස්, considered a mark of beauty in women; ap. for a woman.
දිඝු·විල, *n.* long or oblong pond or reservoir.
දිගේ, *a.* long, දික්.
දිග්ගජයා, *n.* any one of the eight elephants that support the world at its eight points, දිශාගජයා. [vāla.
දිග්·ගෙය, *n.* porch or outer long hall of a Dé-
දිග්ධ, *a.* smeared with, anointed, ආලේපවූ.
දිග්ධය, *n.* poisoned arrow; oil, තෙල; tale, කථාව.
දිග්භාගය, *n.* district, quarter, region.
දිග්විජය, *n.* coquest of one of the quarters of the globe or of extensive territory.
දිජයා, *n.* brahmin, බමුණා.
දිට, දිටු, *n.* E. of දෘෂ්ටිය.
දිටි, *v. pret.* for දුටුවා: saw.
දිටුසන, *n.* E. for දෘෂ්ටාන්තය.
දිටුවා, *v. pret.* See දුටුවා.
දිට්ඨාන්තය, *n.* P. of දෘෂ්ටාන්තය.
දිට්ඨිය, *n.* P. of දෘෂ්ටිය.
දිත, *n.* Asura, titan, demon, අසුරයා.
දිතඟන, *n.* (දිත් අඟන), female Asura, අසුරඟන.
දිත·රුපු, දිත්රුපු, *n.* enemy of the Asuras: ap. of Vishnu, අසුරරිපු &c.
දිති, දිතිය, *n.* a wife of Kāsyapa and mother of Asuras or demons.
දිති·ජයා, දිතිසුතයා, *n.* one born of Diti, a son of Diti, viz. an Asura or demon.
දිත්·ගුරු, *n.* teacher of the Asuras: ap. of Indra, අසුරගුරු.
දිත්‍යයා, *n.* Asura, demon, titan, අසුරයා.
දිදුලය, දිදුළේ, *n.* Port, thimble.
දින, *n.* ap. of Buddha, බුදුන්; a Jaina Rishi, ජෛන සාමියා.
දින, *v. pret.* gave, දුන්නා.
දින, *n.* day: see දිනය.
දිනකුසුරු, දිනිසුරු, *n.* day-glory or Lord of day: ap. of Buddha, Kuvéra, and the sun.
දින·කර, *n.* day-maker: ap. of the sun, ඉර.
දින·කර·කුලය, *n.* sun-lineage, සූර්‍යවංශය.
දින·චය්‍යාව, දිනචරිතය, *n.* diary, journal, දින පොත; book for daily guidance in conduct.
දින·ගුණ·මිනුරුව, *n.* weather-glass.
දින·ජ්වරය, *n.* one-day fever, ephemera.
දිනනවා, දිනාගන්නවා, *v.* to win in a contest, gain the victory or prize; *pret.* දිනුවා, දිනාගත්තා; *v. n.* දිනීම.
දිනපතා, *ad.* daily, දවස්පතා.
දින·පති, දින·මිණි, *n.* day-lord, day-jewel: ap. of the sun, ඉර.
දින·පොත, *n.* day-book, journal, diary.
දින·මුව, *n.* mouth or face of the day, viz. morning, උදෑසන.
දිනය, or දින, *n.* day, දවස; date, දාතම.
දින·රත්නය, *n.* day-gem: ap. of the sun, ඉර.
දිනාධික·වත්සරය, *n.* (·අධික), leap-year, අධිමාස වර්ෂය. E. S. [සවස.
දිනාන්තය, *n.* (·අන්තය), end of the day, evening,
දිනාරම්භය, *n.* (න·ආ), beginning of the day, morning, උදය.
දිනි, *v. adj. pret.* that was born, උපන්; that won, දිනූ, ජයගත්.

දිනිතිය, *n.* mother, මව; sp. the mother of Kusaraja.
දිනිඳු, *n.* (දින, ඉඳු), Lord of day: ap. of the sun, of Buddha and of බලහද.
දිනීම, *n.* birth, production, ඉපදීම.
දිනිමි, *v.* for දුනිමි or දුනිමි or දුන්නෙමි: I gave.
දිනී, *v. pret.* won, දිනුවා.
දිනීම, දිනුම, *v. n.* winning, victory.
දිනුම්·මැඹ, *n.* winning post, ජයකණුව.
දිනුම්·පල, *n.* winning place, goal.
දිනෙන්·දින, *ad.* from day to day, day by day.
දිනේන්ද්‍රයා, *n.* (දින ඉන්ද්‍රයා), Lord of day, the sun, ඉර.
දින්දිඹයා, *n.* See කිරලා. [කිවන.
දිප, *n.* brilliance, lusture, දීප්තිය; Nirvāna,
දිප·ඇති, *a.* brilliant, shining, දීප්තිමත්.
දි·පද, *a.* bipedal, දෙපා, මිපා.
දි·පදයා, *n.* biped, man &c., මිපාවා.
දි·පදෝත්තමයා, *n.* (දිපද උත්තමයා), Chief of men: ap. of Buddha.
දි·පයා, *n.* elephant, ඇතා.
දිබ, *n.* P. for දිව්‍ය, a god, දෙවි. [region.
දිබාංගය, *n.* for දිගාංගය: district, quarter,
දිමියා, *n.* red ant.
දිමුත්, දිමුතු, *a.* E. of දීප්තිමත්: shining &c. [sons.
දිය, *v. imp.* give to me, addressed to low per-
දිය, *n.* water, liquid, වතුර; the world, ලෝකය; victory, ජය; bowstring, දුනුදිය.
දිය, *a.* water-, aquatic, aqueous.
දිය·අගල, *n.* wet ditch, moat. [vessel.
දිය·අළිව, *n.* water-pitcher, bucket, baling
දිය·ඇතා, *n. lit.* water-elephant, viz. hippopotamus.
දිය·ඇස, *n.* watery eye, hydrophthalmia.
දිය·උදරය, *n.* dropsy, or උදරරෝගය.
දිය·මිජය, *n.* lymph.
දියමිජන්, *a.* lymphatic; also *n. pl.*
දිය·කච්චිය, *n.* waist-cloth, used when bathing, ploughing &c. [ඇඹිපාර.
දිය·කඩි or ·කඩිය, *n.* water course; current,
දිය·කපුටුවා, දියකවුඩා, දිය·කාවා, *n. lit.* water-crow, viz. cormorant, *phalacrocorax pygmæus*; the darter, *plotus melanogaster*.
දියකරනවා, *v. t.* to liquify, dissolve, melt.
දියකරඅරිනවා, *v. t.* to solve, disperse (boils &c.).
දිය·කලන්දා, *n.* a kind of river fish.
දිය·කෑම, *n.* liquid food, spoon-meat.
දිය·කිරලා, *n.* a water-bird, water-lapwing.
දිය·කුරුල්ලා, *n.* water-bird, one of the grallatores, wader, water-fowl.
දිය·කුරුළු, *a.* grallatorial, ජලපක්ෂි.
දිය·කුරුළු·ජාති, *n. pl.* the various kinds of water-fowl, grallatores.
දිය·කුස, *n.* womb or interior of the world.
දිය·කුඹැල්ලා, *n.* water-leech.
දිය·කෙතාතය, *n.* standard of victory, sceptre, ජයකෙතාතය.
දියකොවුල්ලා, *n.* water-crane.
දිය·කෝපීනම, *n.* bathing-cloth: see කෝපීනම.
දිය·ගේ, *n.* privy, water-closet, වැසිකිළිය.
දිය·ඝොෂ, *n.* noise or shout of victory, ජය ඝෝෂාව.
දියඟ, *n.* saffron, කහ.
දියණියෝ, *n. hon.* daughter, දුව.
දියත, *a.* E. for ජයගත්: won, conquered.
දියත, *n.* world, ලොව.
දිය·තර, *n.* or *a.* irrigated fields, කුඹුරු.
දිය·තලාව, *n.* sheet or tract or expanse of water.
දිය·තැන, *n.* place of the bowstring, viz. extremity of the bow, දුනුකෙළවර.
දියතිය, *n.* sandy ground, වැලිතිම.
දිය·තුන, *n. pl.* the three worlds: see තුන්ලොව.
දියතුව, *n.* star, තාරකාව.
දියත්කරනවා, *v. t.* to launch, put or push off upon the water, float (a boat &c.).
දියත්ත, *n.* drop of water, දියබිඳුව, a little water, වතුරටිකක්.
දියත්වෙනවා, *v. i.* to become launched.
දිය·දද, *n.* See ජයකේතුව.
දිය·දහරය, *n.* See ජලධාරාව.
දිය·දිනියා, *n. lit.* water-born, viz. fish, ජලජයා, *ord.* මත්ස්‍යයා.
දියදෙස්, *a.* well known, public, famous, ප්‍රසිඬ.
දිය·දොර, *n.* water-gate, sluice-gate, sluice, ජල ධාරය.
දිය·නයා, *n.* water-cobra, water-snake.
දිය·නා, *n.* (නා for නාථ), Lord of the world: ap. of Buddha, ලෝකනායක (බුදුන්); Lord of water: ap. of the sea, මුහුද. [ඉර.
දිය·නෙත්, *n.* eye of the world: ap. of the sun,
දියන්, *v. imp.* of දෙනවා; give thou to me.
දිය·පණ, *n.* life of the world: ap. of the air or wind, සුළඟ. [මීම.
දිය·පත්වීම, *v. n.* decease, disappearing, තුරන්වූ
දිය·පත්වෙනවා, *v. i.* to become lost, disappear, die, තුරන්වෙනවා.
දිය·පාර, *n.* water-course, flow, stream.
දිය·පැලය, *n.* water-plant, aquatic.
දිය·පිය, *n.* Father of the world: ap. of Buddha: බුදුන්ට නමකි.
දිය·පිළිහුඩුවා, *n.* small kingfisher, මල්පිළිහුඩුවා, *alcedo bengalensis*.
දිය·පොළොව, *n.* water-world: the middle one of the three bases upon which the world is said to rest, the lowest is air, the second water, and the highest earth or solid ground.
දිය·පිට·හැරනවා, *v. t.* to send on or over the water, exile, transport, රටහැරනවා.
දිය·බත්, *n.* boiled rice mixed with coconut milk and seasoning.

දිය·බඳ, *n.* world's kinsman: ap. of Vishnu, as often incarnated in this world, විෂ්ණු.

දිය·බජ, *n.* See දියබිය. [*rhynchops*.

දිය·බරණ, දියබරියා, *n.* water-snake, *cerberus*

දිය·බර·යන්ත්‍රය, *n.* hydrometer.

දිය·බල්ලා, *n.* Indian otter, *lutra nair*.

දිය·බස්සාව, *n.* stream of water, current.

දිය·බිබිල, දිය·බුබුල, *n.* bubble, blister, pustule, vesicle; *pl.* දියබිබිලි, දියබුබුලු.

දිය·බෙත්ම, දිය·බෙදුම, *n.* division of water, division of a stream into channels, watershed [මිලි.

දිය·බොක·කෑම, *n.* confectionary, පැණිරස කෑ

දියමන්තිය, *n.* D., diamond, වජ්‍රය.

දියමයා, *n.* a kind of snake.

දිය·මිණිය, *n.* world-gem: ap. of the sun, ඉර.

දිය·මිත්තා, *n.* a kind of fish.

දිය·මීයා, *n.* water-rat.

දියමිය, *n.* the deep water, offing, roadstead.

දියර, *n.* or *a.* water, liquid, fluid; watery, liquid.

දිය·රකුසා, *n.* *myth.* water-demon. [pyrites.

දිය·රත්රන්, *n.* a mineral resembling gold,

දියර·පූජාව, *n.* liquid offering, drink-offering, libation.

දියර·භාවය, *n.* fluidity, aqueousness.

දියරැලි, *n.* wave, ripple.

දිය·රැස, *n.* multitude of waters, the sea, සමුද්‍රය.

දිය·රෙද්ද, *n.* bath-cloth, cloth worn when bathing, සෝණිම.

දිය·රෙරෑ, *n.* See දියරෙද්ද.

දිය·රෙණ්, *n. pl.* fine drops of water.

දිය·ලනුව, *n.* bath-string, tied round the loins to support the දියරෙද්ද.

දිය·ලිහිණියා, *n.* swallow (the bird), hirundo.

දියල්ලා, *v. imp. pl.* of දියත් fr. දෙනවා.

දිය·වක, *n.* the second day after of the full moon or of the new moon.

දිය·වඩන·නිලමේ, *n.* title of the principal lay officer of the දළදාමාලිගාව.

දියවර, *a.* watery, දියාරු.

දිය·වාරය, *n.* water-time or turn, viz. time for a rice field or range to receive in its turn the irrigation water. [resis.

දිය·වැඩියාව, *n.* excess of urine, diabetes, diu-

දිය·වැල, *n.* swell or reflux of the waves, roller; current. [වැව.

දිය·බිත, *n.* water-vessel or cup, කෝප්පය; lake,

දිය·වෙදා, *n.* leech, horse-leach, hirudo.

දියවෙනවා, *v. i.* to melt, liquify. [Buddha.

දිය·සස, දියැස, *n.* eye of the world, ap. of

දිය·සබන්, *n.* soft soap.

දිය·සලා·මුඛය, *n.* centre of a whirlpool, vortex.

දිය·සලාව, දිය·සුළිය, *n.* eddy of water, whirlpool.

දිය·සැරව, *n.* watery pus, ichor.

දිය·සිරව, *n.* humidity, moisture, wet, wetness.

දියසේරා, *n.* the bird called little grebe, *podiceps fluviatalis*.

දිය·හළුවා, *n.* washerman, රදවා.

දිය·හූනා, *n.* newt.

දියාරු, *a.* liquid, watery.

දියාරුකම, *n.* wateriness, aqueousness.

දියාරුකරනවා, *v. t.* to make watery. [සැරව.

දියාරු·සැරව, *n.* serum, watery exudation, දිය

දියාළුවා, *n.* channel-maker (to irrigate the rice fields); water carrier, වතුර ගෙනෙන්නා.

දියුණු, *a.* twofold, දෙගුණ; improving, improved, prosperous. [tivate.

දියුණුකරනවා, *v. t.* to improve, promote, cul-

දියුණුව, *n.* advancement, improvement, progress.

දියුණුවෙනවා, *v. t.* to improve, advance, thrive.

දියුල්, *n.* See දුහුල්.

දියෙකත්, *a.* (දිය world, එකත් united), universal, world-wide, චක්‍රවර්ති.

දියෝකයා, දියෝකා, *n.* leech, කූඩැල්ලා.

දියෝතුව, *n.* star, තාරකාව. [rotten.

දිරච්ච, දිරපිය, දිරුණු, *v. adj. pret.* decayed,

දි·රද, දිරද, *n.* (දි two, රද tooth), elephant, ඇතා.

දිරනවා, *v. i.* to decay, rot; digest; *pret.* දිරුවා; *v. n.* දිරීම.

දිරවනවා, *v. t.* to cause to decay, rot, corrode; digest; *pret.* දිරෙව්වා.

දිරපත්, *a.* decayed, putrified, දිරච්ච. [rish.

දිරපත්වෙනවා, *v. i.* to decay, putrify, rot, pe-

දිර·යනවා, *v. i.* to rot away, moulder, putrify.

දිරි, *a.* leaning, inclined, ඇලවූ.

දිරිණි, දිරිකී, *n. fem.* old woman, මැහැල්ලී.

දිරිතර, *a.* courageous, ධෛර්යවත්.

දිරිය, *n.* courage, ධෛර්යය.

දිරුම, *n.* rotting, rot, putrescence, දිරීම.

දිරුම්කම, *n.* rottenness.

දිලිසෙනවා, දිලෙනවා, දිලිහෙනවා, *ord.* දිලිසෙනවා, } *v. i.* to shine, glitter, gleam, twinkle; *pret.* දිලිසුණා, දිලිහුණා.

දිලිසීම, දිලීම, *v. n.* shining &c.

දිලීප, *n.* name of a king and ancestor of Rāma.

දිලීර·ජ, *a.* fungic, හතුවූ, හතුවලින් අවගන්න.

දිලීර·භක්‍ෂක, *a.* fungiverous, හතුකන.

දිලීර·ඡත්‍රකය, *n.* pileus, හතුකුඩය.

දිලීර·මූලය, *n.* root or spawn of mushrooms or fungi, mycelium.

දිලීරය, *n.* mushroom, හත්ත.

දිලීර·විස්තරය, දිලීර·ශාස්ත්‍රය, *n.* mycology.

දිලීරා·කාර, *a* fungus-like, fungoid, හතුසමාන.

දිලීරාම්ල, *n.* (·අම්ල), fungic acid, හතුඇඹුල.

දිලුම, *n.* See දිලිසීම.

දිව, *n.* tongue, ජිහ්වා; divine world, දිව්‍ය ලෝකය; island, දිවයින.

දිව, *a.* divine, දිව්‍ය, දේව.

දිව·ඉසි, *n.* E. of දිව්‍ය ඍෂියා; divine or pre-eminent sage or saint.

දිව·ඔසු, *n.* divine medicine, දිව්‍ය ඖෂධය.

දිවකුරුමුනි, *n.* ap. of Buddha : see දීපංකර.

දිවග, *n.* (දිව·අග), tip of the tongue, දිවේ අග.

දිව·ගඳ, *n.* See දිවසුවඳ.

දිව·ගුරු, *n.* preceptor of the gods : ap. of Buddha and of බෘහස්පති.

දිව·ගන, *n.* E. of දිව්‍යාංගනාව, goddess.

දිවන, *n.* tongue of a lock or buckle, clapper of a bell, tang of a chisel &c.

දිවනවා, *v.* to run, flee, දුවනවා; *pret.* දිවුවා; *v. n.* දිවීම.

දිව·නළුවා, *n.* divine dancer or dramatic performer in a divine world for the amusement of the gods.

දිව·තිලමේ, *n.* See දියවඩනනිලමේ.

දිව·නෙත්, *n.* divine eye or sight, supernatural perception possessed by gods or saints.

දිව·බොජුන, *n.* E. of දිව්‍යභෝජනය.

දිවමන්, *a.* living, alive, ජීවත්ව සිටින, ජීවමාන.

දිව·මල්, *n. pl.* divine flowers.

දිවයින, *n.* island, ද්වීපය.

දිව·යුරු, *n.* E. of දිවාකර : ap. of the sun, ඉර.

දිවයොත්, *n.* one of divine birth, demi-god, දේවයෝනිකයා.

දිව·වස, *n.* divine abode, paradise, දෙව්ලොව.

දිවවීම, *v. n.* of දුවවනවා : causing to run.

දිවස, *n.* See දිවැස ; also for දවස.

දිවස·භාගය, *n.* See දිවාභාගය.

දිව·විමන, *n.* E. of දිව්‍යවිමානය.

දිවස·කර, *n.* See දිනකර.

දිවස·මුඛය, දිවස·මුව, *n.* See දවසමුව. [නාව.

දිව·සර, *n.* E. of දිව්‍යාප්සරා : goddess, දිව්‍යාංග

දිව·සැප, දිවසිරි, *n.* divine happiness, happiness of the gods.

දිවසින්, *ad.* by divination, oracularly.

දිවසිඳු, *n.* E. of දිවසේන්ද්‍රයා, (දිවස්ඉඳු, දිවස ඉන්ද්‍රයා), Lord of day : ap. of the sun, ඉර.

දිව·සුවඳ, *n.* divine or heavenly scent, delicious scent.

දිවස්·උල, *n.* impaling stake for criminals.

දිවස්·කියනවා, *v.* to foretell, predict, augur.

දිවස්කීම, *v. n.* divination &c.

දිවස්පතියා, *n.* Lord of day : ap. of the sun and of Indra.

දිවහොය, දිවහෝ, *n.* See අහස්ගඟ.

දිවා, *n.* daytime or by day, දවල්.

දිවා·කර, *n.* (See දිනකර), the sun, සූර්යයා.

දිවාකීර්තියා, *n.* (දිව·අකී :), low-caste man, චණ්ඩාලයා ; barber, පණික්කියා ; owl, බස්සා.

දිවාටනයා, *n.* (දිව daytime, අටනයා goer), crow, කපුටුවා.

දිවා·භාගය, *n.* daytime, දවාල.

දිවා·භීත, *a.* afraid of day, දවාලට භයවූ.

දිවා·භීතයා, *n.* owl, බස්සා ; nocturnal thief, රෑ හොරා.

දිවා·මණි, *n.* day-gem : ap. of the sun, සූර්යයා.

දිවා මධ්‍යය, *n.* noon, ඉරමුදුන්වේලාව.

දිවා·මානය, *n.* *lit.* day-measure, viz. mean time or sidereal time.

දිවාරාත්‍රිය, *n.* day and night, රෑදවල්.

දිවා·විහරණය, දිවා·විහාරය, *n.* day-dwelling, passing the day-time, දිවල්වාසය කිරීම.

දිවැස, *n.* divine eye : see දිව්‍යචක්ෂුව.

දිවි, *n.* life, පණ, ජීවිතය ; oath, දිවුරුම.

දිවිදෙන, *n.* female leopard. [perjury.

දිවිදොස්, *n.* the fault or guilt or evil effects of

දිවිඳු, *n.* owl, බකමූණා.

දිවිමකුණා, *n.* er. for the next word : spider.

දිවි·මකුළුවා, *n.* tarantula, tarentula.

දිවියා, *n.* leopard ; the blue jay.

දිවි·රැක්ම, දිවි·වැටුම, *n.* preservation of life, livelihood, රක්ෂාව.

දිවිරිල්ල, *n.* oath, දිවුරුම.

දිවිරීම, *v. n.* See දිවුරීම. [hood.

දිවි·වැටුප්, *n.* living-wage, viz. wages for liveli-

දිවි·හිමියෙන්, *ad.* during life, throughout life.

දිවි·හිම, *n.* end or boundary of life ; as *ad.* to the end of life, මරණය දක්වා.

දිවීම, *v. n.* of දුවනවා : running, race.

දිවූ, *v. adj. pret.* of දුවනවා : that ran.

දිවුණුවෙනවා, *v. i.* See දියුණුවෙනවා.

දිවුම, *n.* race, running.

දිවුරනවා, *v.* to swear, take an oath ; *pret.* දිවුරුවා ; *v. n.* දිවුරීම.

දිවුරවනවා, *v. t.* to cause to swear, adjure, put on oath ; *pret.* දිවුරෙවුවා ; *v. n.* දිවුරවීම.

දිවුරා·කියනවා, *v. t.* to affirm on oath.

දිවුරීම, *v. n.* swearing, taking an oath ; oath, දිවිරිල්ල.

දිවුරුම, *n.* oath.

දිවුරුම්පත්‍රය, *n.* affidavit.

දිවුල්·මැලියම්, දිවුල්ලාටු, *n.* gum or resin of the දිවුල් tree, used for fixing colours in painting.

දිවෙල, *n.* wages, salary, පඩි ; living, රක්ෂාව.

දිව්‍ය, *a.* divine, celestial.

දිව්‍ය, *n. pl.* cloves, කරාබු ; a kind of sandal wood, සඳුන් වර්ගයක්.

දිව්‍යකම, දිව්‍යභාවය, *n.* divinity, deity, Godhead.

දිව්‍යචක්ෂුව, දිව්‍යචක්ෂුස, *n.* divine eye, supernatural sight or mental vision, sp. of the past, present and future.

දිව්‍ය·පානය, *n.* nectar, අමාපැන්.

දිව්‍යපුත්‍රයා, *n.* son of a god, a god.

දිව්‍ය·භවනය, දිව්‍ය·විමානය, *n.* abode of the gods, දිව්‍යලෝකය.

දිව්‍ය·භෝජනය, *n.* ambrosia.

දිව්‍යමය, *a.* really divine.

දිව්‍ය·රාජයා, *n.* divine king, king of gods, viz. Sakra, ශක්‍රයා.
දිව්‍ය·ලෝක, *a.* heavenly, paradisaical, ස්වර්ගීය.
දිව්‍ය·ලෝකය, *n.* divine world, paradise, heaven, ස්වර්ගය.
දිව්‍ය·ශ්‍රෝත්‍රය, *n.* divine ear, supernatural hearing, one of the eight means of knowledge possessed by Rahats.
දිව්‍යාකාර, *a.* godlike.
දිව්‍යාක්ෂිය, *n.* See දිවැස. [nymph.
දිව්‍යාංගනාව, දිව්‍යාප්සරාව, *n.* goddess, divine
දිසා, දිශා, *a.* district, provincial.
දිසාධිපතියා, දිසා·පතියා, *n.* district chief, Government Agent.
දිසාන්තය, *n.* district, province, දිසාව.
දිසා(ධි)පති·ධුරය, *n.* office of district chief, government agentship.
දිසා·භාගය, *n.* district, direction.
දිස්ථ, *a.* situated, පිහිටි.
දිෂ්ට, *a.* shown, described, seen, දක්වනලද, පෙනෙන.
දිෂ්ටය, *n.* fate, destiny, doom, ඉරණම.
දිෂ්ටාන්තය, *n.* the appointed end, viz. death, මරණය.
දිශ, *n.* region, quarter, space, දිසාව.
දිශාන්තරය, *n.* space between the cardinal points, intermediate quarter.
දිසා·පතිකම, *n.* See දිසාපතිධුරය.
දිසාව, *n.* district, quarter, direction; Government Agent of a province, Disāva.
දිසාවනය(නේ), *n.* province of a Disāva. [සෙන.
දිසි, *a.* visible, පෙනෙන; bright, shining, දිලි
දිස්ත්‍රික්කය, *n.* Eng., district, දිසාව, පලාත.
දිස්ත්‍රික් උසාවිය, *n.* district court of justice.
දිස්නකරනවා, *v. t.* to polish, burnish.
දිස්නය, *n.* lustre, gloss, sheen, radiance.
දිස්නය·වැටෙනවා, *v. i.* to become lustrous, to glitter, gleam.
දිස්නා, *a.* brilliant, shining, දිලිසෙන.
දිහාව, *n.* direction. [wards.
දිහාවට, දිසාවට, *post.* in the direction of, to-
දිළින්දා, දිළිඳා, *n.* poor person, pauper.
දිළිඳු, *a.* (Sans. දරිද්‍ර), poor, indigent.
දිළිඳුකම, *n.* poverty, indigence, penury.
දී, *p. pl.* of දෙනවා; having given.
දී, *n.* E. of දධි, curdled milk, මිදුණුකිරි.
දී, *temp. aff.* whilst, as එහිදී, whilst there; එද්දී, whilst coming.
දී·කිරි, *n.* curdled milk, curds.
දීකිරිවෙනවා, *v. i.* to curdle.
දීක්ෂණයකරනවා, *v. t.* to initiate, induct: to sacrifice, පූජාකරනවා. E. S.
දීක්ෂාව, *n.* initiation &c.; sacrificing, religious ceremony or worship. [asclepias.
දීක්ෂිත, *n.* acid juice of the moon-plant or acid

දීක්ෂිත, *a.* initiated &c., done: see දීක්ෂණයකරනවා.
දීක්ෂිතයා, *n.* initiated person, pupil of an ascetic, ශ්‍රාවකයා; sacrificer, පූජාකරන්නා.
දීග·ඉන්නවා, *v.* (She) is married and living in her husband's home.
දීග·දෙනවා, *v. t.* to give in marriage (accordin to දීගය).
දීගය, *n.* Kandyan marriage in which the wife goes to live in her husband's house, opposed to බින්න in which the husband lives permanently in the bride's home.
දීග·යනවා, *v.* to marry and live in the husband's home.
දීඝ·ගුලි, *a.* (දීඝ අංගුලි), P. of දීර්ඝාංගුලි: long-fingered, දිග ඇඟිලි ඇති.
දීදමය, *n.* elephant-chain, chain to fasten an elephant.
දීධිතිය, *n.* ray of light, sunbeam, රශ්මිය.
දීන, *a.* poor, දිළිඳු; timid, lowly, බැගෑපත්.
දීන·පුටුව, *n.* armchair, easy-chair, හාන්සිපුටුව.
දීන·බල්ලා, *n.* for කීනබල්ලා, a starved dog.
දීන·මුඛ, *a.* of downcast or dejected look, මලානික පෙනුම ඇති.
දීනාර, *n.* gold ornament, රන් ආභරණය; seal, මුද්‍රය; weight of about 38 grains troy; the coin called dinar.
දීනෝක්තිය, *n.* (දීන උක්තිය), servile speech, lowly utterance, යටත්බස.
දීපක, *n.* an aromatic seed, *ligusticum ajwaen*; small cummin, දුරු; saffron, කහ.
දීපක, *a.* luminiferous, illuminating, beautifying; illustrating; stimulating. E. S.
දීපකය, *n.* light-giver, lamp, පහන; illustration, උදාහරණය; ap. of Nirvāna, උවක.
දීපකයා, *n.* ap. of Cupid; falcon, කුරුළුගොයා; hunting dog, දඩයම්බල්ලා.
දීපගෘහය, *n.* lighthouse, දීපස්ථම්භය, එළිය ගෙය.
දීපං·කර, *n. lit.* light-maker, illuminator: ap. of Buddha as enlightener of the world.
දීප·ධ්වජය, *n.* lamp-flame, පහන්දැල්ල.
දීපන, *a.* enlightening, එළියදෙන; inflaming, exciting, අවුස්සන: tonic, strengthening, ශක්තිජනක.
දීපනය, *n.* lighting, එළියදීම; stimulating, අවුස්සවීම; a tonic, ශක්තිජනකඖෂධය.
දීපනීය, *n.* an aromatic seed, see දීපක; a stimulant.
දීපනීය, *a.* that should be lighted, එළියකළයුතු.
දීපන්, *v. imp.* give thou (to a third person); *pl.* දීපල්ලා, give ye.
දීප·පාදපය, *n.* lamp stand, පහන්කණු.
දීප·මාලාව, *n.* string or row of lamps.
දීප·මූල, *n.* lamp-foot, පහන් අඩිය.
දීපය, *n.* lamp, පහන; light, එළිය; island, ද්වීපය.

දීප·විලෝකනය, *n. lit.* viewing the island or continent, viz. one of the five views taken by Buddha when he was Bodhisat in the තුෂිතලෝකය as to what island or continent he would consent to be born in to assume the Buddhaship.
දීප·ධාරකය, *n.* lampstand, පහන්කද.
දීප·ස්තම්භය, *n.* lamp-post, පහන් කණුව; lighthouse, දීපගෘහය.
දීපිකාව, *n.* explanation, note, විස්තරය, සන්නය.
දීපිත, *a.* illuminated, එළියකරනලද, brilliant, දීප්තිමත්.
දීපිනිය, *n.* the same as දිවිදෙන.
දීපිය, *n.* car covered with leopard skins. Also a low form of දීපන්, give.
දීපියා, *n.* See දිවියා.
දීපු, *v. adj. pret.* of දෙනවා: given, as දීපු දේ, the things given; or who gave; see දුන්.
දී·පෙරීලිදිය, *n.* whey, මෝරුදිය.
දීප්ත, *a.* flaming, ඇවිළෙන; luminous, brilliant, irradiated, දීප්තිමත්.
දීප්තකය, *n.* gold, රත්රන්.
දීප්තජිහ්වා, *n.* fiery-tongue, viz. fox, නරියා.
දීප්තය, *n.* gold; asafetida, හිංගු.
දීප්ත·ලෝචනයා, *n.* fiery-eyed one, bright-eyed one, viz. cat, බළලා.
දීප්තා·ක්ෂයා, *n.* bright-eyed one, viz. cat or peacock, මොනරා &c. [irradiate.
දීප්ත·කරනවා, *v. t.* to make brilliant, illumine,
දීප්තිමත්, *a.* bright, luminous, radiant, resplendent, effulgent.
දීප්තිමත්කම, *n.* brilliance, lustre &c. [did.
දීප්තිමත්කරනවා, *v. t.* to brighten, make splen-
දීප්තිය, *n.* splendour, lustre, effulgence, radiance, sheen.
දීප්ති·සංගත, *a.* constellated, එක්ව බැබළෙන.
දීප්‍ය, *n.* and *a.* See දීප්තිය, *n.* and *adj.*
දීප්‍යක, *n.* black cummin seed, සළුදුරු.
දී·බත්, *n.* boiled rice mixed with curdled milk.
දීම, *v. n.* of දෙනවා: giving; gift.
දීමනාව, *n.* gift, donation, present.
දී·යොදේ, *n.* cream of curdled milk.
දීර්ඝ, *a.* long, extended, protracted. [කොකා.
දීර්ඝ·කණ්ඨකයා, *n.* long-necked one, viz. crane,
දීර්ඝකම, දීර්ඝතාව, *n.* lengthiness, දිගකම.
දීර්ඝ·කථාකාර, *a.* long-speaking, prolix.
දීර්ඝ·කථාකාරකම, *n.* prolixity.
දීර්ඝකරනවා, *v. t.* to lengthen, elongate, protract, දික්කරනවා.
දීර්ඝ·ගෝලාකාර, දීර්ඝ·පරි·මණ්ඩල, *a.* prolate.
දීර්ඝ·ග්‍රීවයා, *n.* long-necked one, viz. camel, ඔටුවා, or crane, කොකා.
දීර්ඝ·චතුරශ්‍ර·ඝනය, *n.* parallelopipedon.
දීර්ඝ·චතුරශ්‍රය, *n.* parallelogram. [crane.
දීර්ඝ·ජංඝයා, *n.* long-legged one, viz. camel or
දීර්ඝ·දර්ශී, දීර්ඝ·දර්ශි, *a.* far-seeing, prudent, provident, දුරදක්නා, නුවණක්කාර.
දීර්ඝ·දර්ශියා, *n.* vulture, ගිජුලිහිණියා; prudent or wiseman, නුවණැත්තා.
දීර්ඝ·දෘෂ්ටි, *a. lit.* and *fig.* long-sighted, far-seeing.
දීර්ඝ·දෘෂ්ටිය, *n.* long sight, far-sightedness, sagaciousness, දුරදක්නීම &c., නුවණක්කාරකම.
දීර්ඝ·නිද්‍රාව, *n.* the long sleep, viz. death, මරණය.
දීර්ඝ·පර්ණී, *a.* long-leaved, දිගකොළ ඇති.
දීර්ඝ·පාදයා, *n.* long-legged one, viz. the heron, ජලාවතයා.
දීර්ඝ·භුජය, *n. math.* hypotenuse. E. S.
දීර්ඝ·මණ්ඩුක, *a.* salamandrine.
දීර්ඝ·මණ්ඩුකයා, *n.* long-frog, viz. salamander.
දීර්ඝ·මානක·ක්‍රමය, *n. arith.* long-measure.
දීර්ඝ·මාරුතයා, *n.* long-winded one, viz. elephant, අලියා.
දීර්ඝ·මුඛ·කුම්භිලයා, *n.* teleosaur, teleosaurus.
දීර්ඝයා, *n.* snake, dragon, සර්පයා.
දීර්ඝ·රතයා, දීර්ඝ·රදයා, *n.* the hog, ඌරා.
දීර්ඝ·රසනයා, *n.* long-tongued one, viz. snake.
දීර්ඝ·රෝමයා, *n.* long-haired one, viz. the bear, වලසා.
දීර්ඝ·විෂ්කම්භය, *n.* long diameter, macrodiagonal.
දීර්ඝ·වෙනවා, *v. i.* to become long, දික්වෙනවා.
දීර්ඝ·සූත්‍ර, *a.* slow, dilatory, remiss, ප්‍රමාද, සුසංගු.
දීර්ඝ සූත්‍රතාව, *n.* slowness &c., කඩිසරනැතිකම.
දීර්ඝායුෂ්, *n.* See දීර්ඝායුසි.
දීර්ඝායුෂ්ක, දීර්ඝායුෂ්මත්, දීර්ඝායුෂ්‍ය, *a.* long-lived, longeval, දීර්ඝආයුෂ ඇති.
දීර්ඝායුෂ්කතාව, *n.* longevity, දීර්ඝායුෂ ගතිය.
දීර්ඝායුෂය, *n.* great age, long life, longevity.
දීර්ඝාංගුලියා, *n.* long-fingered one: ap. of Buddha as having long, tapering fingers.
දීර්ඝිකාව, *n.* long pond, දිගපොකුණ.
දු, *prefix.* E. of දුර්, as දුගති E. of දුර්ගති: bad, difficult.
දුක, *n.* sorrow, grief; misery, affliction.
දු·ඛාත, *a.* E. of දුෂ්ඛාත.
දු·කර, *a.* E. of දුෂ්කර: difficult to do.
දුක·සේ, *ad.* with difficulty, අමාරුවෙන්.
දුකි, *a.* difficult, අමාරු.
දුකියා, *n.* poor person, දිළිඳු.
දු·කුල, *n.* E. of P. දුක්කට: misdeed, අවක්‍රියාව; affliction, පීඩාව.
දුකුල, *n.* silk cloth, පටරෙදි; fine or cotton cloth, කපුපිළි. [to affliction.
දුක්, *n. pl.* or *a.* sorrows &c.; sorrowful; pert.
දුක්ඛය: See දුඃඛය.
දුක්ඛිත, *a.* (P. of S. දුඃඛිත), afflicted, abject, piteous, grievous; calamitous, doleful.
දුක්ඛිතකම, *n.* afflicted state, wretchedness, sorrowfulness, distress, misery.
දුක්දෙනවා, *v.* to cause sorrow, grieve.
දුක්පත්, *a.* poor, indigent, දිළිඳු; afflicted, පීඩිත.

දුක්·පූජාව, *n.* R. C., requiem, මළවුන්ගේ පූජාව.
දුක්·බරිත, *a.* heavy-hearted, sorrow-laden, plaintive, දුකින් පිඩිතවූ
දුක්·මුසු, *a.* mingled with grief or affliction;
දුක්·විලාසය, *n.* sorrowful condition, afflicted state, misery.
දුක්·විලාසයෙන්, *ad.* sorrowfully, in affliction.
දුක්·වෙනවා, *v. i.* to sorrow, grieve, mourn, be sorry.
දු·ගතිය, *n.* vile or evil disposition, bad quality, අවගතිය; hell, අපාය.
දු·ගඳ, *n.* or *a.* bad smell, stench, stink, ගඳ; stinking, fetid, ගඳගසන.
දුගියා, *n.* poor person, pauper, දිළින්දා.
දුගී, *a.* See දිළිඳු.
දුගී·පුංගම, දුගී·බද්ද, *n.* poor-rate.
දුගුල, *n.* See දුකුල.
දුග්ගතිය, *n.* P. of දුර්ගතිය.
දුග්ගන්ධ, *a.* P. of දුර්ගන්ධ.
දුග්·ගන්න·නිලමේ, *n.* personal attendant on the king.
දුග්·ගන්න·පේරුව, *n.* the class or caste from which personal attendants on the king are taken.
දුග්ධ, *n.* or *a.* milk, කිරි.
දුග්ධ·ඵේන(ණ), *n.* froth or skim of milk.
දුග්ධවත්, *a.* milch, කිරිදෙන (එළදෙන &c.).
දුග්ධී, *a.* milky, කිරිමුසු.
දුච්චරිතය, *n.* P. of දුශ්චරිතය.
දු·ජන, *n.* miscreant, දුෂ්ටයා, දුර්ජනයා.
දුජ්ජන, *a.* P. of දුර්ජන.
දුටයා, *n.* enemy, සතුරා.
දුටගට, *ad.* at sight, viz. carelessly, අප්‍රවේසම් ලෙස.
දුටන, *a.* unimportant, නොවැදගත්; erroneous, වැරදි.
දුටන, *n.* ploughing or harrowing, හෑම.
දුටුවා, *v. pret.* of දකිනවා: saw.
දුටු, *a.* E. of දුෂ්ට, evil; *n.* wicked person, දුෂ්ටයා: also *v. adj.* of දුටුවා.
දුණු, *a.* old, infirm, decayed, නාකි, ජරාවූ.
දුතිය, *a.* E. of ද්විතිය: second, දෙවෙනි.
දුතියිකාව, *n.* wife, භාර්යාව.
දුතුරා, *n.* E. of ධූර්තයා: dissolute person.
දුත්, *a.* E. of ධූර්ත: dissolute, vicious, අනාචාර.
දු·දනා, *n.* See දුජනා, දුර්ජනයා.
දුදු, *a.* aged, නාකි.
දුදු, *n.* milk, කිරි.
දු·දුරුව, දු·දුර්ව, *n.* bad or difficult road, defile, අමාරු පාර, දුර්මාර්ගය.
දුදුල, *n.* shining, glittering, දිලිසීම.
දුන, *n.* E. of ජන or ජනන: birth, origin, production, උපදීම.
දුන·සුතාව, *n.* daughter, දුව.
දුනු, *n. pl.* of දුන්න: bows.
දුනු, *n.* birth, origin, උත්පත්තිය; sharpness, තියුණුව.
දුනුකම, *n.* archery, දුනුවිදීම.

දුනු·කරවලා, *n.* a kind of snake.
දුනුකාරයා, *n.* See දුනුවායා.
දුනු·කියත, *n.* bow-saw.
දුනු·තරාදිය, *n.* spring-balance.
දුනු·තුවක්කුව, *n.* spring-gun.
දුනු·තොණ්ඩුව, දුනු·මල, *n.* spring-trap, springe.
දුනු·දිය, *n.* bowstring.
දුනු·පිටකොළය, *n.* spring-back (bookcover or binding).
දුනු·පිලාව, *n.* end of a bow.
දුනු·පිහිය, *n.* clasp-knife.
දුනු·පෙට්ටිය, *n.* spring-box (of a watch &c.).
දුනු·බල·සේනාව, *n.* army or regiment of archers.
දුනු·මුඛාව, *n.* point of a bow, the bowstring notch.
දුනු·මුලාව, *n.* quiver, ඊකොපුව.
දුනු·රථය, *n.* spring-carriage, දුනුඇති කරත්තය.
දුනු·වත, *n.* old or rotten cloth or garment, පරණ රෙද්ද or වස්ත්‍රය.
දුනුවායා, *n.* archer, bowman.
දුනු·විදීම, *v. n.* shooting arrows, archery.
දුනු·හැඩය, *n.* bow-shape, arc.
දුනුහිය, *n.* bow and arrow.
දුන්, *v. adj. pret.* of දෙනවා: that gave or was given.
දුන්කාවුළුවා, *n.* the bird called Indian roller, *Coriacias indica.*
දුන්·කුඹු, *n.* See දුම්කුඹු.
දුන්·කොල, *n.* See දුම්කොල.
දුන්·තෙල්, *n.* buffalo ghee.
දුන්දුභිය, *n.* large kettle-drum, දවුල.
දුන්දුමාර, *n.* smoke of a house, ගෙයිදුම.
දුන්න, *n.* archer's bow; elastic spring; *pl.* දුනු.
දුන්නා, *v. pret.* of දෙනවා: gave.
දුන්·යොන්, *n.* See දුම්යොන්.
දුප, *n.* E. of ධූප: incense.
දුප්පත්, *a.* fr. දුක්පත්: poor, indigent.
දුප්පත්කම, *n.* poverty.
දු·බල, දුබල්, *a.* E. of දුර්වල: feeble, දුර්වල.
දු·බල·කරනවා, *v. t.* to weaken, unnerve, දුර්වල කරනවා.
දු·භික්, *n.* E. of දුර්භික්ෂය: famine, සාගතය.
දුම, *n.* E. of ද්‍රැම: tree, ගස.
දුම, *n.* smoke, steam; kitchen shelf for chatties &c. [දුමාරය.
දු·මග(ග), *n.* E. of දුර්මාර්ග; *pl.* දුමං; also E. of
දු·මන, *n.* E. of දුර්මන.
දු·මන, *n.* bad or sorrowful mind or heart, නපුරුසිත; දොම්නස් සිත.
දු·මත්, *n. pl.* E. for දුමං: see දුමග(ග).
දුම්පල, *n.* anvil, කිණිහිරිය.
දුම්·රද, *n.* tree-king, viz. bō tree, බෝගස.
දු·මස්, *n.* bad flesh, fleshy excrescence on the foot.
දුමාර, *a.* murky, steamy.
දුමාරය, *n.* smoke, fume, reek, steam.
දුමිඳු, *n.* (S. ද්‍රැමේන්ද්‍ර), chief of trees, viz. bō tree, බෝගස.

දුම, *n.* or *a.* smoke; steam, vapour.
දුම·අල්ලනවා, *v.* to apply smoke or steam; offer incense, සුවඳ දුම් ඔප්පුකරනවා.
දුම·කවනවා, *v.* to apply smoke to anything.
දුම්කවුළුව, *n.* chimney or opening for smoke.
දුම්·කුඩු, *n.* snuff.
දුම්·කුඩු·පෙට්ටිය, *n.* snuff box.
දුම්·කෙතෙලිය, *n.* comet, වල්ගාතරුව; fire, ගින්න. [funnel.
දුම්·කුලුන, දුම්කෙණිය, *n.* smoke-flue, chimney,
දුම්·කොළ, *n. pl.* tobacco leaves, tobacco.
දුම්·කොළ·බොනවා, *v.* to smoke tobacco.
දුම්·කොළ·සාරය, *n.* tobacco essence, nicotine.
දුම්කෝච්චිය, *n.* steam-carriage, railway train.
දුම්·කෝව, *n.* tobacco-pipe.
දුම්·ගස්වනවා, *v. t.* to cause to smoke; apply smoke, fumigate.
දුම්·ගහනවා, *v. i.* to smoke, fume, reek; as ගින්නෙන් දුම්ගහනවා.
දුම්·නලය, *n.* See දුම්කුලුන.
දුම්·නැව, *n.* steam-ship, steamer.
දුම්·පූජාකරනවා, *v.* to offer incense.
දුම්·පූජාව, *n.* incense-offering.
දුම්·බොනවා, *v.* to smoke (tobacco).
දුම්භාජනය, *n.* censer.
දුම්මල, *n.* or *a.* resin, gumlac; resinous.
දුම්මල·තෙල්, *n.* oil for ola leaves.
දුම්මල·දායක, *a.* resiniferous.
දුම්·යනවා or ·නඟිනවා, *v. i.* to smoke, as ගින්නෙන් &c. smoke goes or ascends.
දුම්·යොන්, *n. lit.* birth-place of smoke, viz. fire, ගින්න; line or mass of clouds, වලාපටලය.
දුම්·රථය, දුම්·රිය, *n.* steam-car, locomotive.
දුම්·රිය·පළ, *n.* railway-station, තෝටුපොළ.
දුම්·රිය·පාර, *n.* railroad, railway.
දුම්·රිය·බාල්කය, *n.* railway-sleeper.
දුම්වත්, *a.* smoky, දුම්ඇති.
දුම්·වද්දනවා, *v.* to apply smoke or steam.
දුම්·වන්, *a.* smoke-coloured, dun, purple, දුඹුරු.
දුම්·සිළු, *a.* inaccessible, impervious, අමාරු; bad, නරක; unfortunate, අවාසනාවන්ත. E.S.
දුම්·සිළුව, *n.* smoke-head, viz. the smoking top of a torch.
දුඹුස්, *a.* nearly ripe, not matured.
දුඹුටු, *n.* See දුඹුළු.
දුඹුරු, *a.* brown, drab, dun.
දුඹුලා, *n.* old and infirm person, මහලු අය.
දුඹුළු, දුඹුල්, *n.* soot, soot-grime, lampblack; cobweb, මකුළු දැල. [smut.
දුඹුළු·පොද, දුඹුළු·ලපය, *n.* spot or fleck of soot,
දුඹුළු·රෝගය, *n.* smut-disease of corn.
දුඹුළුවූ, *a.* dark, black, කළු.
දුඹුල්·කවනවා, *v.* to smoke, apply smoke.
දුඹුල්·මැටි, *n.* clots of soot or sooted clay in the chimney &c.

දුඹුල්·රස, *n.* smoky taste.
දුඹුල්·වතුර, *n.* smoky water.
දුර, දුරකතර, *a.* or *n.* distant, remote; distance.
දුරකරනවා, *v. t.* to set at a distance, put away, remove.
දුරතික්‍රම, *a.* (දුර් අතික්‍රම), difficult to overpass or transgress; difficult to overcome.
දුර·දිග, *n.* distance and length; *fig.* the length and breadth or range of a matter.
දුරදීම, *ad.* in the distance, whilst distant.
දුරධිගම, *a.* (දුර් අධිගම), difficult of attainment or comprehension, පැමිණීමට or තේරුම්ගැනීමට අමාරුවූ.
දුරනුබෝධ, *a.* See දුරවබෝධ.
දුරන්ත·මෝහ, *a.* (දුර් අන්ත, having a bad end), very ignorant or stupid, infatuated, ඉතා අඥාන or මෝඩ.
දුර·ප්‍රමාණය, *n.* the distance, extent, reach.
දුර·බැහැර, *a.* distant, out of the way.
දුර·මැනීම, *v. n.* measuring the distance: see දිගමැනීම.
දුරයා, *n.* chief of the Paduwa caste, who are palanquin bearers and grass cutters.
දුර·ලනවා, *v. t.* to cast out, oust, put away, remove; *pret.* දුරලෑවා.
දුරවබෝධ, දුරබෝධ, *a.* (දුර්·අව:), difficult to understand, abstruse, unintelligible, තේරුම් ගන්ට අමාරුවූ.
දුරස්තර, *a.* distant, remote, දුරවූ.
දුරස්තරකම, *n.* remoteness, ඈත්කම.
දුරස්තරය, *n.* the distance, distant place.
දුරාක්‍රම, *a.* (දුර් ආක්‍රම), difficult to reach or attain or overcome, පැමිණෙන්ට (or ලබාගන්ට) අමාරුවූ.
දුරාචාර, *a.* of evil conduct, immoral, දුෂ්ට; impolite, අශිලාචාර. [ක්‍රියාකාරකම.
දුරාචාරය, *n.* evil conduct, immorality, දුෂ්ට
දුරාලභ, *a.* difficult to be laid hold of or handled; difficult to gain or attain, ලබාගන්ට අමාරුවූ.
දුරාවා, *n.* one of the toddy-drawer caste.
දුරාවාරේ, *ad.* at distant intervals, occasionally.
දුරාසද, *a.* difficult to attain: see දුරාක්‍රම; intolerable, ඉවසියනොහැකිවූ.
දුරිත, *a.* sinful, demeritorious, පාපිෂ්ඨ, අකුසල.
දුරිතය, *n.* sin, demerit, පාපය, අකුසල; calamity, විපත, the result of demerit, අකුසලේඵලය.
දුරින්, *ad.* from far; at a distance. [වස.
දුරීක්ෂණව, *n.* (දුර් ඊක්ෂ:), evil eye, curse, ඇස්
දුරු, *a.* distant, remote.
දුරු, *n.* cummin seed, fennel.
දුරු·කතර, *a.* distant, remote, දුර.
දුරු·කතර, *n.* difficult road, desert, කාන්තාරය.
දුරුකරනවා, *v. t.* to remove, cast out, expel, dispel, dissipate.

දුරුක්ත, *a.* (දුර් උක්ත), ill-said, badly expressed, නොදැනැතිලෙස කී. [නැති කීම.

දුරුක්තිය, *n.* bad or awkward expression, නොදැ

දුරුතු·මාසය, දුරුත්ත, *n.* month so called, January-February.

දුරුත්තර, *a.* (දුර් උත්තර), difficult to answer, unanswerable, නිරුත්තර; hard to pass or cross, impassable. E. S.

දුරුපචාර, *a.* difficult to cure or relieve; unmanageable, සංග්‍රහයකරන්ට or සුවකරන්ට අමාරු වූ.

දුරුපසංක්‍රම, *a.* unapproachable, unattainable, ලංවීමේ නොහැකිවූ.

දුරුභා, *n.* both hands, දෑත, දුත.

දුරෝදරය, *n.* gaming, gambling, සූදුකෙළිය.

දුර්, S. *prefix* (fr. දුඃ) expressing badness, difficulty, defect or deficiency.

දුර්ග, *a.* (දුර්, ග going), difficult of access, ලංවෙන්ට අමාරු.

දුර්ග, *n.* name of an Asura slain by the goddess Pārvati, hence she is called දුර්ගා.

දුර්ගත, *a.* of a bad state, poor, distressed, පීඩිත.

දුර්ගති, *a.* ill-disposed, දුගති.

දුර්ගතිය, *n.* See දුගතිය.

දුර්ගන්ධ, *a.* See දුගඳ, *a.*

දුර්ගන්ධතාව, *n.* fetidness, stinking condition.

දුර්ගන්ධය, *n.* See දුගඳ, *n.* [වාතය.

දුර්ගන්ධ·වායුව, *n.* foul air, miasma, effluvia, කුණු

දුර්ගම, *a.* difficult to pass, difficult of access; difficult to understand; යන්ට—තේරුම්ගන්ට—අමාරු. [රැලිය; ghaut.

දුර්ග·මාර්ගය, *n.* defile, pass, කඳුපාර, ravine, කඳු

දුර්ගය, *n.* difficult road, අමාරුපාර, or place difficult of access, යන්ට අමාරුතැන, pass; fort, බලකොටුව.

දුර්ග·සංචාරය, *n.* passing or the passage through a defile; bridge or other means of crossing a defile. [ගෙනන්ට අමාරුතැන.

දුර්ගස්ථානය, *n.* place difficult of access, පැමි

දුර්ගා, *n.* the goddess Durgā wife of Siva and mother of කාර්තිකේය and ගණේශ.

දුර්ගාවරෝධය, *n.* (·අවරෝධය), besieging; siege; වටලෑම. [දුෂ්ට.

දුර්ජන, *a.* (දුර්ජන), wicked, immoral, vicious,

දුර්ජනයා, *n.* wicked man, miscreant, දුෂ්ටයා.

දුර්ජාත, දුර්ජාති, *a.* ill-born, low-born, vile, නීච.

දුර්ජාතය, *n.* misfortune, calamity, විපත; disparity, අසමකම.

දුර්ජාතිය, *n.* badness or lowness of birth or kind, නීච ජම්මය, නරක ජාතිය.

දුර්ණය, දුර්ණීතිය, *n.* (දුර්නය, නීතිය), impropriety, impolicy, අයුතුකම; injustice, අයුක්තිය, අසාධුව.

දුර්දර්ශ, *a.* (දුර් දර්ශ), difficult to look at, dazzling, difficult to see, බලන්ට අමාරු.

දුර්දෘශ, *a.* of defective sight, ඇස්පෙනීම මදි; of evil view, නපුරු බැල්මක් ඇති.

දුර්දෘශයා, *n.* person of defective sight &c.

දුර්දර්ශන, *a.* of evil aspect, unsightly, ugly, අවලක්ෂණ.

දුර්දර්ශනය, *n.* evil aspect, unsightliness, bad sight, නරක පෙනීම.

දුර්දාන්ත, *a.* (දුර්දාන්ත), untamable; unsubduable, difficult to discipline, හීලෑ—මෙල්ල—කරන්ට අමාරු. [වැලලි දින.

දුර්දින, *n.* bad day, cloudy or gloomy day,

දුර්ද්‍රාව්‍ය, *a.* difficult to fuse or melt, refractory, උණුකරන්ට අමාරු.

දුර්ද්‍රාව්‍යතාව, *n.* refractoriness (of metals).

දුර්ධර, *a.* hard to bear or sustain, unbreakable, irksome, දරන්ට අමාරු.

දුර්ධර්ෂ, *a.* haughty, arrogant, උඩඟු.

දුර්නාමාව, *n.* eel, ආඳ.

දුර්නාම, දුර්නාමක, *n.* (දුර් bad, නාම name), hemorrhoids, piles, අර්ශරෝගය.

දුර්නීතිය: See දුර්ණීතිය

දුර්බල, *a.* See දුබල.

දුර්බුද්ධි, *a.* of little sense, stupid, foolish, මෝඩ.

දුර්බෝධ, *a.* difficult to comprehend, profound, තේරුම්ගන්ට අමාරු, ගම්භීර.

දුර්භග, දුර්භාග්‍ය, *a.* inauspicious, unfortunate, අවාසනාවන්ත.

දුර්භර, *a.* burdensome, weighty, බරපතල.

දුර්භරතාව, *n.* burdensomeness &c., බරපතලකම.

දුර්භාග්‍යය, *n.* ill-fortune, අවාසනාව.

දුර්භාග්‍යතාව, *n.* inauspiciousness, unfortunateness, අවාසනාවන්තකම.

දුර්භාෂ, දුර්භාෂිත, *a.* of bad language, foul-mouthed, වැරදි—නපුරු—කථාකාර.

දුර්භාෂිතය, *n.* wrong or low or bad language, වැරදි කියමන, නපුරුකථාව.

දුර්භික්ෂය, *n.* famine, සාගතය.

දුර්මතය, *n.* wrong or evil thought or opinion, වැරදි—නපුරු—කල්පනාව. [thought.

දුර්මති, දුර්මතික, *a.* foolish, stupid, මෝඩ; of evil

දුර්මතිකයා, *n.* person of wrong or evil opinion or thought.

දුර්මතිය, *n.* See දුර්මතය.

දුර්මන, දුර්මනා, *a.* distressed in mind, sorrowful, කනස්සලු; ill-disposed, අගති. [—පාර.

දුර්මාර්ගය, *n.* bad or difficult road, නරක—අමාරු

දුර්මුඛ, *a.* foul-mouthed, scurrilous, නිග්‍රහ; grim-faced, frowning, අප්‍රසන්න බැල්ම ඇති.

දුර්මුඛය, *n.* frown, sour countenance, අප්‍රසන්න බැල්ම.

දුර්මුඛයා, *n.* monkey chief; nāga or serpent of පාතාලය; demon, රාක්ෂයා; horse, අශ්වයා.

දුර්මුඛවෙනවා, *v. i.* to frown, scowl, show an unfavourable countenance, show displeasure, to discountenance.

දුලද්ධි, *a.* heretical, මිථ්‍යාදෘෂ්ටි.
දුලද්ධිය, *n.* false or heretical sect or religion, මිථ්‍යාදෘෂ්ටිය.
දුලභ, *a.* difficult to obtain, scarce, rare, uncommon, වඩා නැති. [කම.
දුලභතාව, *n.* scarcity, rarity, හිඟකම, වඩා නැති
දුලභලෙස, *ad.* seldom, infrequently, occassionally, කලාතුරකින්.
දුලලිත, *a.* not beautiful, ugly, අවලක්ෂණ.
දුබ්බච, *a.* speaking ill or with difficulty, නරක ලෙස—අමාරුවෙන්—කථාකරන.
දුබ්බචය, *n.* evil speech, abuse, බැණීම.
දුබ්බණ්ණ, *a.* of a bad colour, discoloured, නරක පාටක් ඇති. [නරක් කරනවා.
දුබ්බණ්ණකරනවා, *v. t.* to discolour, stain, පාට
දුබ්බණ්ණය, *n.* bad colour; metal of colour inferior to gold, viz. silver or brass; a sort of perfume. [frail, imbecile.
දුබ්බල, *a.* Sans., same as දුර්වල: feeble, weak,
දුබ්බලකම, *n.* feebleness &c., debility. [tate.
දුබ්බලකරනවා, *v. t.* to enfeeble, weaken, debili-
දුබ්භාෂක, *a.* scurrilous, foul-mouthed, දුෂ්කථා කාර.
දුබ්භාෂකයා, දුබ්භාෂයා, *n.* bad or evil speaker, නරක ලෙස කථාකරන්නා.
දුබ්භාෂය, දුබ්භාෂාව, දුබ්භාෂිතය, *n.* bad language, scurrility, abuse, නිග්‍රහය, ගැරහීම.
දුබ්බාර, *a.* difficult to oppose, irresistible, වලක්වන්ට අමාරු.
දුබ්බාර·මේඝ, *n. pl.* clouds of a bad or gloomy day, වැලලිදවසක වලාකුල්.
දුබ්බෙඥය, *a.* difficult to comprehend or know, දැනගන්ට අමාරු. [විධියක.
දුබ්බිධ, *a.* of a poor or bad kind, දිළිඳු—නපුරු—
දුබ්බිරචිත, *a.* badly composed or contrived, අශුභ ලෙස රචනාකළ or ගෙතූ.
දුබ්බිසහ, *a.* intolerable, දරිය නොහැකිවූ.
දුර්හෘදය, *n.* or *a.* evil heart; bad-hearted, evil-minded, සිත නපුරු.
දුල, දුලු, *a.* glittering, shining, දිලිසෙන.
දු·ලද, *a.* E. of දුලද්ධි.
දු·ලබ, දුලබ, *a.* E. and P. of දුලභ.
දුව, *n.* daughter; *pl.* දුවරු.
දුව, *n.* E. of ද්වය, two, දෙක; also E. බූව.
දුව, *p. pl.* of දුවනවා: running, දුවලා.
දුවඟ, දුහඟ, *n.* E. for ධුතාංග: see තෙළෙස් ධුතාංග.
දු·වණ, *a.*, දු·වණය, *n.* E. of දුබ්බණ්ණ and දුබ්බණ්ණය.
දුවණි, දුවණියෝ, *n. hon.* daughter.
දු·වද, *n.* bad language or abuse: see දුබ්භාෂය.
දුවන, *n.* lap, hip, උකුළ; *pl.* දුවන්.
දුවන·කරවලා, *n.* a kind of snake, running or swift කරවලා.
දුවන·නයා, *n.* a kind of cobra.
දුවන·පොළඟා, *n.* a kind of polonga.

දුවනවා, *v.* to run, flee, run away; *pret.* දිවුවා; *p. pl.* දුව or දුවලා; *v. n.* දිවීම.
දුවවනවා, *v. c.* to cause to run, drive; *pret.* දිවෙවුවා; *v. n.* දිවවීම.
දුශ්චර, *a.* (දුශ් for දුර් before ච), going with difficulty, අමාරුවෙන් යන; acting badly, vicious, දුෂ්ට.
දුශ්චරය, *n.* bivalve shell. E. S.
දුශ්චරිත, *a.* immoral, dissolute, vicious, නපුරු ක්‍රියාකාර.
දුශ්චරිතය, *n.* evil conduct, immorality &c.
දුශ්චරිතයා, *n.* wicked—immoral—person.
දුශ්ශබ්දය, *n.* bad sound or voice, අමිහිරිහඬ.
දුශ්ශීල, *a.* ill-behaved, දුරාචාර, immoral, දුශ්චරිත.
දුශ්ශීලතාව, *n.* badness of behaviour, rudeness; immorality, අශීලතාව, දුෂ්ටකම.
දුශ්ශීලය, *n.* vice, immoral act, දුෂ්ටක්‍රියාව.
දුෂ්කර, *a.* (දුෂ් for දුර් before ක &c.), difficult, hard to do, කරන්ට අමාරු.
දුෂ්කරතාව, *n* difficulty of accomplishment, කෙරීමේ අමාරුකම.
දුෂ්කරශ්වාසය, *n.* difficulty of breathing, oppression of the chest, අමාරුවෙන් හුස්මගැනීම.
දුෂ්කුලීන, *a.* low-caste, low-born, අඩුජම්මක් කාර.
දුෂ්කෘත, දුෂ්කෘති, *a.* badly or wickedly done, නරකලෙස කරනලද. [නපුරුක්‍රියාව.
දුෂ්කෘතිය, *n.* bad or wicked action, නරක or
දුෂ්ක්‍රම, *a.* hard to approach, ළංවෙන්ට අමාරු; ill-arranged, පිළිවෙළ නොදනැති. [මැඩි.
දුෂ්ක්‍රීත, *a.* dearly-bought, අලාභවැඩි, (දුන්) මිළල
දුෂ්ට, *a.* evil, wicked, immoral, vile.
දුෂ්ටකම, දුෂ්ටතාව, *n.* wickedness &c., baseness.
දුෂ්ට·ප්‍රකෘතිය, *n.* wicked nature, evil-mindedness, දුෂ්ටගතිය, දුගතිය.
දුෂ්ට·භාවතාව, *n.* evil state or disposition, innate depravity, අවගුණය.
දුෂ්ටමති, දුෂ්ටමතික, *a.* evil-minded, depraved, අවගති, නපුරු.
දුෂ්ටාත්ම·ජ, *n. mas.* (·ආත්මජ, born of self, one's own progeny), wicked son, නපුරු පුතා.
දුෂ්ටාත්ම·ජා, *n. fem.* wicked daughter, නපුරු දුව.
දුෂ්ටාත්මය, *n.* evil spirit, demon, දුෂ්ට ආත්මය.
දුෂ්ටි, දුෂ්ටාව, *n.* wicked woman, harlot, වේශ්‍යාව.
දුෂ්පූරය, *n.* (දුඃ, පූරය fulness), what is difficult to fill; *fig.* shallow intellect, weak mind, මන්දබුද්ධි.
දුෂ්ප්‍රතිපන්න, *a.* of poor attainment in religion, neglectful of religious observances, සිල් නොරැක්ක, සිල් නොපිළිපදින. [ගන්ට අමාරු.
දුෂ්ප්‍රතිවේධ, *a.* hard to be understood, තේරුම්
දුෂ්ප්‍රදර්ශකයා, *n.* a poor or erroneous expositor or teacher or judge, වැරදිලෙස තේරුම්කරන්නා.

දුෂ්ප්‍රමාණ, *a.* of bad proportion, proportionless, නිසි ප්‍රමාණයක් නැති.

දුෂ්ප්‍රයුක්ත, *a.* ill-arranged, improper, පිළිවෙළ නොදන්නැති, අයුතු.

දු·ෂස්‍ය, *n.* bad grain, bad harvest, නරකගොයම.

දුසිත, *n.* or *a.* evil heart or mind; evil-hearted; නපුරු සිත.

දුසිම, *n.* Eng., dozen.

දු·සිරි, *a.* of bad habits, immoral, දුෂ්චරිත.

දු·සිරි·කම, *n. pl.* (කම for කර්ම), evil deeds, දුෂ්ට ක්‍රියා. [දුෂ්චරිතය.

දු·සිරිත, *n.* bad habit or custom, immorality,

දුස්සංස්ථානය, *n.* (දුස් for දුඃ), bad construction, malformation, නරක සෑදුම, විරූපතාව.

දුස්සංස්ථිත, *a.* ill-constructed, deformed, නරක ලෙස සෑදූ, විරූප.

දුස්සාධ්‍ය, *a.* difficult to do or cure, කරන්ට or සුවකරන්ට අමාරු.

දුස්සීල, *a.* irreligious, transgressing religious ordinances, wicked, immoral.

දුස්සීලයා, *n.* irreligious or immoral person.

දු·හද, *a.* E. of දුර්හදය: evil-minded, දුසිත.

දු·හදයා, *n.* evil-minded person, නපුරා; enemy,

දු·හිත, *a.* See දුසිත. [සතුරා.

දුහිතාව, *n.* (fr. දුහ් to milk), daughter, දුව.

දූත, *a.* removed, දුරුකළ; agitated, චපල.

දූපද, *n.* an oil so called; a shrub: see *Bot.*

දූසද, *n.* enemy, සතුරා.

දුහුල්, *n.* fine cloth of silk or mohair.

දුළු, *a.* See දුල.

දුළුල, *n.* matted hair of an ascetic, ජටාව.

දුළුලු, *n.* ascetic with matted hair: see ජටිලයා.

දුඃ, S. *prefix*. See දුර්.

දුඃඛ·දායක, *a.* giving sorrow, afflictive, distressing, grievous: see දුඃඛජනක.

දුඃඛ·ක්ෂය, *n.* extinction of sorrow: ap. of Nirvāna, නිවන. [දුක් උපදවන.

දුඃඛ·ජනක, *a.* afflictive, distressing, woeful,

දුඃඛ·නාට්‍ය, දුඃඛ·නාට්‍යාකාර, *a.* (in theatricals) tragic. [gedy.

දුඃඛ·නාට්‍ය·කාරුවා, *n.* tragedian, actor of tra-

දුඃඛ·නාට්‍යය, *n.* theatrical tragedy.

දුඃඛ·නාට්‍ය·රචනාකාරයා, *n.* tragedian, writer of tragedy. [දුක.

දුඃඛය, *n.* (P. දුක්ඛය), sorrow, distress &c.: see

දුඃඛ·හාස්‍ය, *a.* tragic-comic.

දුඃඛ·හාස්‍ය·නාට්‍යය, *n.* tragic-comedy, දරුණු මිශ්‍ර නාඩගම.

දුඃඛ·නිරෝධ·සත්‍යය, *n.* B., the truth or doctrine of the extinction of sorrow, which extinction takes place on the attainment of Nirvāna. See චතුරාර්යසත්‍ය.

දුඃඛ·ප්‍රාප්ත, *a.* afflicted, poor, දුකට පත්වූ, දිළිඳු.

දුඃඛය, *n.* affliction, sorrow, misery, දුක.

දුඃඛ·සත්‍යය, *n.* B., the first of the four chief truths, viz. the truth or doctrine of sorrow—that sorrow is inevitable in all states of existence, and can only cease on the attainment of Nirvāna.

දුඃඛ·සමුදය, *n.* B., the second of the four chief truths: the cause of sorrow, viz. that it arises from desire or wish.

දුඃඛිත, *a.* afflicted: see දුක්ඛිත.

දුඃශීල, *a.* See දුස්සීල. [ශාලුපෙන.

දුඃසන්ධාන, *a.* badly united, incoherent, නො

දුඃසාධ්‍ය, *a.* See දුස්සාධ්‍ය.

දූ, *n.* daughter, දුව; dice, පසැට.

දූ·කැටය, *n.* See දාදුකැටය.

දූ·කෙළිය, *n.* See දාදුකෙළිය; සූදුකෙළිය. [මිඩ.

දූත, *a.* pert., to a message or messenger, පණි

දූත·ක්‍රියාව, *n.* act of a messenger, delivery of a message.

දූ·ගල, *n.* small grinding stone: see අත්ගල.

දූතයා, *n.* messenger, පණිවිඩකාරයා; angel, දේවදූතයා.

දූත·ලක්ෂණ, *n. pl.* messenger-signs, viz. supposed indications in the looks of the messenger as to the nature of that about which he has come, sp. when sent to call a doctor.

දූත·වාක්‍යය, *n.* message, පණිවිඩය.

දූතිකාව, දූතී, *n. fem.* female messenger, පණිවිඩකාරී; procuress.

දූ·දරුවෝ, *n. pl.* sons and daughters, offspring.

දූන, *a.* suffering from pain or fatigue, වේදනා or වෙහෙසෙන පීඩිත, shaken, agitated, චපල, කැලඹුණු.

දූන්, *n. acc. pl.* of දූ, for දූවරුන්.

දූන්·තෙල්, *n.* See දූන්තෙල්.

දූපත, *n.* islet; *pl.* දූපත්. [draft-board.

දූ·පෝරුව, *n. lit.* dice-board; chess-board,

දූර, *a.* distant, far, දුර. [යන.

දූර·ග, *a.* going or extending far, remote, දුර

දූරතාව, *n.* distance, remoteness, දුර.

දූර·දර්ශක, *a. lit.* and *fig.* far-seeing: telescopic.

දූර·දර්ශක·කණ්ණාඩිය, දූර·දර්ශක·යන්ත්‍රය, *n.* telescope, ඈත පේන බලන කණ්ණාඩිය.

දූර·දර්ශක·ශාස්ත්‍රය, *n.* the science of perspective.

දූර·දර්ශක·ශිල්පය, දූර·දර්ශන·චිත්‍ර·ශිල්පය, *n.* the art of perspective.

දූර·දර්ශන, දූර·දර්ශී, *a. lit.* and *fig.* far-sighted, far-seeing, දුරදක්නා, නුවණක්කාර.

දූර·දර්ශන·චිත්‍ර·ශිල්පය, *n.* scenography. E. S.

දූර·දර්ශිතාව, දූර·දර්ශනය, *n. lit.* and *fig.* far-sightedness, දුරදකිම, නුවණක්කාරකම.

දූර·දර්ශනාකාර, *a.* scenographic, දුර පෙනෙන ආකාර. E. S.

දූර·දර්ශියා, *n.* far-seeing one; pandit, scholar, උගතා; vulture, ගිජුලිහිණියා.

දූර·දර්ශී, *a.* See දූරදර්ශන.

දූර·දෘෂ්ටියා, *n.* vulture, ගිජුලිහිණියා.

දූර·මානක·ශාස්ත්‍රය, *n.* science of long measure, longimetry, දිග or දුර මැනීම.

දූර·ශබ්දක, *a.* telephonic, ශබ්දදූරසංඥක.

දූර·ශබ්දක·යන්ත්‍රය, *n.* telephone, ශබ්දදූරසංඥක යන්ත්‍රය. [phonic.

දූර·සංඥක, *a.* signalling to a distance, tele-

දූර·සංඥක·යන්ත්‍රය, *n.* semaphore, telegraph.

දූර·සංඥක·වෛද්‍යුත·යන්ත්‍රය, *n.* electric telegraph, විදුලිකම්බිය.

දූර·ස්ථ, *a.* situated far away, distant, remote, දුරපිහිටි, දුර, දුරස්තර.

දූරී·කරණය, *n.* act of dissipating, removal, disperson, පහකරීම.

දූරී·කෘත, *a.* dissipated, removed &c., දුරුකළ.

දූරී·කෘතිය, *n.* See දූරීකරණය.

දූරී·භූත, *a.* distant, far, remote, දුරවූ.

දූරී·භූතකරනවා, *v. t.* to disperse, dispel, remove, දුර—පහ—කරනවා.

දූරී·භූතතාව, *n.* remoteness, state of being distant or removed, දුරස්තරකම.

දූරී·භූතවෙනවා, *v. i.* to become dispersed, expelled or removed, පහවෙනවා &c.

දූරේනිදානය, *n.* first of the three epochs in the life of Gōtama Bodhisat, extending from his resolve to become Buddha to his birth in the Tusita heaven.

දූල, *n.* tow, flax; a fibrous plant.

දූව, *n.* island, islet, දූපත.

දූවිලි, *n. pl.* or *a.* of දූවිල්ල: dust.

දූවිලි·කොස්ස, *n.* dust-brush.

දූවිලිගසාදමනවා, *v.* to strike off dust, to dust.

දූවිලි·රෙදිකඩ, *n.* duster.

දූවිලි·තිවනවා, *v.* to lay the dust. [ධූලි.

දූවිල්ල, *n.* the dust: *pl.* දූවිලි, දූලි, dust: Sans.

දූෂක, *a.* vile, nasty, defiling, infamous, දූෂ්‍ය, කැත.

දූෂකතාව, *n.* vileness &c., දූෂ්‍යකම. [රන්නා.

දූෂකයා, *n.* defiler, corrupter, vilifier, දූෂණය

දූෂණය, *n.* offence, crime, අපරාධය; defiling &c., pollution, violation, දූෂ්‍යකරීම.

දූෂණයකරනවා, *v. t.* to defile, corrupt, pollute, අපවිත්‍රකරනවා; profane, කෙලෙසනවා; violate, deflour; vilify, නිගාකරනවා.

දූෂයාණ, *a.* corrupting, defiling, දූෂ්‍යකරන.

දූෂිකාව, දූෂිය, *n.* rheum or mucus of the eyes, කෙල්තමාව.

දූෂිකාව, *n.* paint-brush, painter's brush, තෙල්ල.

දූෂිත, *a.* calumniated, vilified, නිගාකරනලද; filthy, defiled, defloured, කිලුටුවූ. E. S.

දූෂ්‍ය, *a.* filthy, vile, impure, obscene, කැත.

දූෂ්‍ය, *n. pl.* filth, කුණු; pus, matter, සැරව; fæces, මල.

දූෂ්‍යකම, *n.* filthiness &c., කැතකම.

දූෂ්‍යකරනවා, *v. t.* See දූෂණයකරනවා.

දූෂ්‍යය, *n.* cloth, රෙද්ද; a tent, කූඩාරම; elephant's leather girdle, ඇතාගේ බඳපටිය.

දූසාකියනවා, *v.* to utter slander, calumniate, backbite, කේලම්කියනවා.

දූසාමාන, *a.* uncertain, vague, අනුමාන.

දූසාමාන·කථාව, *n.* doubtful rumour.

දූසාව, *n.* slander, calumny, කේලම; doubtful rumour, අනුමාන ආරංචිය.

දෘක්, දෘග්, දෘශ්, *prefix signifying* vision, visible.

දෘඪ, දෘඪතර, *a.* hard, firm, rigid, sclerotic, intense, තද; obdurate, දූඩි.

දෘඪකරනවා, *v. t.* to harden, indurate, තදකර නවා; strengthen, ශක්තිකරනවා.

දෘඪ·කේශර·ධාරී, *a. bot.* strigose, strigous, තද මයිල් ඇති (පත්‍ර). [ලී ගහ.

දෘඪ·තරුව, *n.* timber tree, hard-wood tree, හරි

දෘඪතාව, *n.* hardness &c., severity; compactness; obduracy; තදකම, දූඩිකම. [මෝරා.

දෘඪ·දංශකයා, *n.* strong-toothed one, viz. shark,

දෘඪ·පිඩකය, දෘඪ·කෝථය, *n.* tubercle. [see *adj.*

දෘඪවෙනවා, *v. i.* to become hard, harden &c.:

දෘඪ·සන්ධි, *a.* strongly united, close-knit, compact, තදලෙස බැඳි. [strong, ශක්තිමත්.

දෘඪාංග, *a.* (·අංග), firm-bodied, able-bodied,

දෘඪාවරණ·ප්‍රාණියා, *n.* a testacean. E. S.

දෘඪෝත්සාහය, *n.* (දෘඪ උත්සාහය), severe effort, strain, තද උත්සාහය.

දෘශද, *n.* rock, stone, ගල.

දෘශ්‍ය, දෘශ්‍යමාන, *a.* visible, manifest, පෙනෙන.

දෘශ්‍ය·කාව්‍ය, *a.* dramatic, නාඩගම් ආකාර; also *n. pl.*

දෘශ්‍ය·කාව්‍යය, *a.* drama, නාඩගම් ප්‍රබන්ධය, නාඩ ගම් කවිය, නාඩගම. [ness, පෙනීම.

දෘශ්‍යත්වය, දෘශ්‍යමානතාව, *n.* visibility, manifest-

දෘශ්‍යවෙනවා, *v. i.* to become visible, පෙනීයනවා.

දෘශ්‍ය·ස්ත්‍රී·පුරුෂ·කේශර, *a. bot.* phanerogamian.

දෘශ්‍යාකාර, *a.* according to appearance, පෙනීම ආකාර.

දෘෂ්ට, *a.* seen, visible, obvious, පෙනෙන.

දෘෂ්ට·කූට, *a.* enigmatical, තේරවිලි; also *n. pl.*

දෘෂ්ටකූටය, *n.* enigma, riddle, තේරවිල්ල.

දෘෂ්ට·ගතික, *a.* heretical, මිථ්‍යාදෘෂ්ටි.

දෘෂ්ටගතිකයා, *n.* heretic, මිථ්‍යාදෘෂ්ටියා.

දෘෂ්ට·ධර්මය, *n.* the doctrine of visibility, viz. the law of reward or punishment in this life.

දෘෂ්ට·මංගල්‍යය, *n.* epiphany. E. S.

දෘෂ්ටාන්ත, දෘෂ්ටාන්තාකාර, *a.* (·අන්ත end), emblematic, parabolical, illustrative, උදාහරණ.

දෘෂ්ටාන්ත·කථාකාරයා, *n.* allegorist, උපමාකථා කියන්නා. [උදාහරණය.

දෘෂ්ටාන්ත·කථාව, *n.* allegory, parable, fable,

දෘෂ්ටාන්තය, *n.* (දෘෂ්ට seen, අන්ත end), apologue, emblem, example, illustration, fable, parable, උදාහරණය; end of sight, viz. death, මරණය; science, ශාස්ත්‍රය.

දෘෂ්ටි, *a.* visual, optic, optical, පෙනීමට අයිතිවූ.
දෘෂ්ටි·කාල·තිලකය, *n. med.* scotomy, black spot before the eye. [ණය.
දෘෂ්ටි·කෝණය, *n.* visual angle, දෘෂ්ටිකෝණ ප්‍රමා
දෘෂ්ටි·ඡවිකා·දාහය, *n.* retinitis.
දෘෂ්ටි·ඡවිකාව, *n.* retina. E. S.
දෘෂ්ටි·ජාලය, *n.* net or multitude of religious and philosophical sects (opposed by Buddha).
දෘෂ්ටි·පාතය, *n.* glance, a look, ඉක්මන් බැල්මක්.
දෘෂ්ටි·මණ්ඩල·චක්‍රය, *n.* the horizon, තලචක්‍රය.
දෘෂ්ටි·මණ්ඩල·චිත්‍රකයා, *n.* landscape-painter.
දෘෂ්ටි·මණ්ඩලය, *n.* landscape, view, the extent of vision, range of sight.
දෘෂ්ටි·මණ්ඩල·සිතියම, *n.* landscape picture.
දෘෂ්ටිය, *n.* sight, vision, දැක්ම; aspect, පෙනුම; mental perception, ඉඟිය; view, religious view, මතය, ඇදහිල්ල.
දෘෂ්ටි·ශාස්ත්‍රය, *n.* science of vision, optics.
දෘෂ්ටි·සේවය, *n.* sight-service, eye-service. E.S.
දෘෂ්ටීන්ද්‍රියය, *n.* (දෘෂ්ටි, ඉන්ද්‍රිය), faculty or organ of vision, visual organ, ඇස.
දෘෂ්ට්‍යෝඝය, *n.* (දෘෂ්ටි sight, ඕඝ torrent), torrent of sight, viz. lust of the eye: one of the four chief passions; heresy, මිථ්‍යාදෘෂ්ටිය.
දෘෂ්ට්‍යානුගතික, *a.* (දෘෂ්ටි, අනුගතික accompanying), according to mere appearance, පෙනීමේ ආකාර; heretical මිථ්‍යාදෘෂ්ටි.
දෘෂ්ට්‍යානුගතිකයා, *n.* heretic, මිථ්‍යාදෘෂ්ටියා.
දෘෂ්ට්‍යාශ්‍රවය, *n.* (දෘෂ්ටි ආශ්‍රවය), the evil of sight, viz. the evil which enters by the eye, lust of the eye, දැකීමෙන් ලබන තෘෂ්ණාව; heresy, මිථ්‍යාදෘෂ්ටිය.
දෙ, *adj. prefix*, two, the two, both, sp. used of pairs, as දෙපා, දෙඅත්, දෙපැත්ත, the two feet &c.
දෙ·අත, *n.* the two hands, or දෑත.
දෙ·අතර, *ad.* between the two.
දෙ·ඇස, දෙ·ඇස්, *n.* the two eyes, or දෑස.
දෙඋර, *n.* the two shoulders, or දෙවුර.
දෙක, *n.* the two; දෙකක්, two, any two.
දෙකට, *ad.* in two, as දෙකටකපනවා, to cut in two; at two o'clock. [sever.
දෙ·කඩ·කරනවා, *v. t.* to divide into two pieces,
දෙ·කඩ·වෙනවා, *v. i.* to become divided into two, to part.
දෙක·දෙක, *ad.* two by two.
දෙ·කපොල, *n.* the two cheeks, කන්මුල් දෙක.
දෙකම, *pron. neu.* the two, both.
දෙ·කහ, *n.* saffron, කහ. [unite.
දෙ·කෙළිය, *n.* the place where two rivers
දෙ·කොණ(ක), *n.* the two corners or ends.
දෙ·ගිඩියා, *a.* wavering, hesitating, vacillating.
දෙ·ගිඩියාව, *n.* wavering, hesitancy, indecision, vacillation.
දෙ·ගුණ, *a.* twofold (in degree or quantity).
දෙ·ගුණකරනවා, *v. t.* to make twofold, double (in degree or quantity).
දෙ·ගුණයක්, *n.* a double quantity, twofold.
දෙ·ගුරු, *n.* the two teachers, viz. the parents, මවපියෝ.
දෙ·ගොඩ, *n.* the two shores of a river &c.; two heaps, ගොඩවල් දෙක.
දෙ·ගොමුව, *n.* See දෙකෙළිය.
දෙ·ගොල්ල, *n.* the two parties, both parties.
දෙට, දෙටු, *a.* E. of ජ්‍යෙෂ්ඨ.
දෙටුවා, *n.* E. of ජ්‍යෙෂ්ඨයා.
දෙවටා, *n.* a kind of fish.
දෙඩවිල්ල, දෙඩවීම, *v. n.* of දෙඩවනවා: chat, chattering, prattle, prating, rant, jabbering.
දෙඩීම, *v. n.* of දෙඩනවා: talking; prating, [babbling.
දෙඩුම්බා, *n.* See දියබරණ.
දෙඩුම, *n.* chatter, babble.
දෙණය, *n.* See ද්‍රෝණිය.
දෙණිකඩ, දෙණිය, *n.* valley, dale, glen.
දෙ·තන, *n.* the two breasts.
දෙ·තිසක්, *n.* thirty-two, තිස්දෙකක්.
දෙ·තිස්, *a.* thirty-two.
දෙ·දණ, *n.* the two knees, දණදෙක.
දෙදරනවා, *v. i.* to shake, quake, සැලෙනවා; split, splinter, පැලෙනවා; *pret.* දෙදරුවා; *v. n.* දෙදරීම, දෙදරුම.
දෙදරවනවා, *v. t.* to shake, සොලවනවා; split, පලනවා; *pret.* දෙදෙරෙවුවා; *v. n.* දෙදරවීම.
දෙදිය, *n.* the two waters, salt and fresh water mixed.
දෙදිව, *a.* double-tongued, ep. of the serpent; දෙදිව්වා, *n.* serpent.
දෙ·දු·මා, *n.* twin fruit, viz. mother and daughter, දූමව්දෙදෙන. [the old.
දෙ·දු·මාව, *n.* the twin fruit, viz. the young and
දෙඳුරා, *n.* frog, මැඩියා.
දෙ·දුරු, *n.* the two kinds of cummin seed, viz. the black and white.
දෙදෙනම, දෙන්නාම, *n.* the two persons, both.
දෙන, *n.* E. of ධේනුව: female animal, as එළ දෙන, cow.
දෙන, දෙනා, *n. pl.* persons, used chiefly with numerals, as ඒ තුන්දෙන, those three persons, තුන්දෙනෙක්, three persons, මිනිස්සු තුන් දෙනෙක්, three men.
දෙනව, *n.* E. of ධනිෂ්ඨ.
දෙනය, *n.* bier, මිනී මැස්ස.
දෙනවා, *v. t.* to give; permit; *pret.* දුන්නා; *v. n.* දීම; for *imp.* see දියන් and දීපන්.
දෙනානාකය, *n.* a B. fraternity, ජේතවන නිකාය.
දෙ·පංගුකරනවා, *v. t.* to double, make double quantity.
දෙ·පට, *a.* double, twofold, having two folds,
දෙ·පටකරනවා, *v. t.* to fold double, make two folds or thicknesses.

දෙ·පටය, *n.* a double, two folds or thicknesses.
දෙපත්·නයා, *n.* short-tailed snake having red and yellow spots.
දෙ·පද·කවිය, දෙ·පදය, *n.* distich or two verses.
දෙ·පය, *n.*, දෙපා, *n. pl.* the two feet, පාදදෙක.
දෙ·පස, *n.* both sides or borders (of a road).
දෙ·පළු, *n. pl.* the two halves or lobes.
දෙ·පළු, *a.* two-lobed, bilobate.
දෙ·පළුකරනවා, *v. t.* to bisect, halve.
දෙ·පා·ඇල, *n.* water-course between two embankments in the rice fields.
දෙ·පාට, *n.* two colours.
දෙ·පාර, *n.* the two roads; also for දෙපහර, two blows or strokes.
දෙපාර්තමේන්තුව, *n.* Eng., department.
දෙ·පාර්ශ්වය, *n.* both sides or parties.
දෙ·පාව, *n.* the two banks that form the water-course in the rice fields.
දෙ·පාවා, *n.* biped.
දෙපා·වේල්ල, *n.* the embankment on either side of the water-course.
දෙ·පැත්ත, *n.* both sides (of a space, road, substance or affair).
දෙ·පිට·කපනවා, *v.* to serve both sides, trim, temporize.
දෙ·පිට·කපන්නා, *n.* double-dealer, time-server.
දෙ·පිල, *n.* both parties, දෙගොල්ල.
දෙ·පෝය, *n.* two quarter days of the lunar month.
දෙ·බරය, *n.* hornets' nest, usually of clay in the branches of a tree.
දෙ·බරා, *n.* hornet, *spex ferruginea*; *pl.* දෙබරු.
දෙ·බලිය, *n.* fork of a tree, formed where the trunk divides into two.
දෙ·බල්ල, *n.* (දෙබලය), anything furcate, fork.
දෙ·බස, *n.* double speech; dialogue.
දෙ·බස්·ආකාර, *a.* conversational, of the nature of a dialogue.
දෙ·බැම, *n.* both eyebrows.
දෙ·බෑ, *a.* twofold or consisting of two halves, as දෙබෑ වහල, gable-roof, span-roof; දෙබෑ සහෝදරයෝ, දෙබෑයෝ, two own brothers.
දෙ·බෑවුම, *n.* double slope, the two slopes.
දෙ·බෑවුම්, *a.* double-sloped, as දෙබෑවුම් වහල: see දෙබෑ.
දෙ·බිහිණියෝ, *n. pl.* two sisters who are children of the same mother.
දෙ·බිහිත්තෝ, *n. pl.* both brothers and sisters, සහෝදර සහෝදරියෝ.
දෙ·බෙදි, දෙ·බෙය, *n.* division into two, දෙකට බෙදීම, two parts, දෙපංගුව.
දෙ·මං·හන්දිය, දෙ·මං·සල, *n.* the junction or meeting place of two roads.
දෙ·මව්·පිය, *a.* parental, මව්පිය. [father.
දෙ·මව්පියෝ, *n. pl.* both parents, mother and

දෙමලිච්චා, *n.* bird called babbler, of a grey colour with yellow bill, *malacho-cercus striatus*. [storied.
දෙ·මහල්, *a.* having two upper stories, three-
දෙ·මහල්ලෝ, *n. pl.* the two elders, viz. elderly couple, husband and wife.
දෙමළ, *a.* Tamil.
දෙමළ·ගත්තර, *n.* person of a caste so called: they are supposed to be descendants of Tamil captives taken by Sinhalese kings.
දෙමළා, *n.* Tamil man.
දෙ·මුනුබුරා, *n.* great-grandson.
දෙ·මුවහත්, *a.* two-edged.
දෙ·මයිල්, *n.* maternal uncle and aunt or parents-in-law.
දෙය, දේ, *n.* thing, article; affair, matter.
දෙයාකාර, *a.* (දෙ-ආකාර), of two kinds, twofold, biform.
දෙරණය, *n.* the earth, ground, පොළොව; abyss or snake world, පාතාලය, නාගලෝකය; ear-ring, කර්ණාභරණය.
දෙරණ·පුත්, *n. lit.* son of the earth: regent of Mars, supposed to have been turned up from the earth by a plough; planet Mars, අඟහරුවා.
දෙරණලෝකය, *n.* serpent world, නාගලෝකය.
දෙරණිඳු, දෙරණිසුරු, *n.* (දෙරණ, ඉඳු, ඉසුරු), earth-monarch, king, රජ.
දෙරණිය, *n.* E. of ධරණිය.
දෙරණෝදරය, *n.* See දෙරණලෝකය.
දෙ·රෑ·මැද, *n.* midnight, මධ්‍යම රාත්‍රිය.
දෙරිකස·මාලය, *n.* ornamental chain. [ලොව්හි.
දෙ·ලොව්හි, *n. loc.* case: in both worlds, දෙලො
දෙලෙසෙනවා, *v. i.* to shine, blush, දිලිසෙනවා; hesitate, නාවරවෙනවා; *pret.* දෙලෙසුණේ.
දෙ·ලොව, *n.* both worlds, the present and the future.
දෙවර්ගේ, *n.* or *a.* both kinds. [dess.
දෙවඟන, *n.* (දෙව් අඟන), celestial female, god-
දෙ·වට, *n.* (දෙ, වැට), lane, or පටුමඟ.
දෙ·වන, *a.* second, දෙවෙනි.
දෙවනවා, *v. c.* of දෙනවා: to cause to give; *pret.* දෙවෙවුවා.
දෙවනු, දෙවනුව, *ad.* secondly, again.
දෙවන්·මිණිය, *n.* See චින්තාමාණික්‍යය.
දෙවසිල, *n.* See දේවාලය.
දෙ·වරක්, *n.* or *ad.* two occasions; on two occasions, twice.
දෙවල, *n.* day and night, රෑ දවල්
දෙ·වරුව, *n.* both halves of the day, viz. forenoon and afternoon.
දෙ·වලයක්, *n.* two folds or kinds, a double; a doubt. [ambiguous.
දෙ·වලයක්කාරකරනවා, *v. t.* to make double or
දෙ·වලිසක්, *n.* two days.

දෙවි, දෙවිඹු, *a.* divine.
දෙවිකම, *n.* divinity, godhead.
දෙවිකෙනෙක්, *n.* a god.
දෙ·විටක්, දෙවිඩක්, *n.* or *ad.* twice.
දෙව්දත්, *n.* name of the brother-in-law, rival and enemy of Buddha, දේවදත්තයා.
දෙවි·දුන්න, *n.* rainbow, දේ දුන්න.
දෙවි·දු, *n.* goddess.
දෙවිදේවතා·උත්පත්තිය, *n. myth.* theogony.
දෙවිඳු, *n.* (දෙවි ඉඳු), chief of the gods, Sakra, ශක්‍රයා.
දෙවිඳු·හැව, *n.* See දෙවිඳුන්න. [දෙයාකාර.
දෙ·විධ, *a.* of two ways, modes or kinds, biform,
දෙවියන්වහන්සේ, *n. hon.* (In Christian usage), God, the One Supreme God.
දෙවියා, *n.* god, a deity; *pl.* දෙවිවරු.
දෙවියෝ, *n.* (*pl. hon.*), god or God.
දෙව්·විමන, *n.* divine mansion, temple, දේවාලය.
දෙවිසෙනෙවි, *n.* See දෙව්සෙනෙවි.
දෙවීම, *v. n.* of දෙවනවා: washing, milking; causing to give. [&c.
දෙවූ, *v. adj. pret.* of the same: washed, සේදූ
දෙවුර=දෙඋර which see.
දෙවෙනි, *a.* second; secondary. [second-rate.
දෙවෙනි·තුම්පත, දෙවෙනි·ප්‍රමාණ, *a.* second-class,
දෙවෙනියා, *n.* the second one; deputy.
දෙවනුව, දෙවෙනිව, *ad.* secondly, secondarily.
දෙවෙල, *n.* See දෙවොල.
දෙවෙල්·යකා, *n.* See දෙවොල්යකා.
දෙවෙස, *n.* E. of ද්වේෂය: hatred, වෛරය.
දෙ·වෙස, දෙ·වෙස්, *n. pl.* two forms or guises, වෙස්දෙක, වේශදෙක.
දෙ·වේල, *n.* the two times, the two meal-times.
දෙවොල, *n.* Hindu temple, දේවාලය.
දෙවොල්තියනවා, *v.* to utter curses, curse, ශාප කරනවා.
දෙවොල්·තිබීම or තැබීම, *v. n.* cursing, malediction, දෙස්තැබීම.
දෙවොල්·යකා, *n.* Hindu demon or foreign demon who is supposed to haunt Ceylon.
දෙව්, *a.* E. of දේව: divine, දෙවි.
දෙව්, *n. pl.* clouds, වලාකුල්. [කරාබු.
දෙව්·කුසුම්, *n. pl.* divine flowers, viz. cloves,
දෙව්·තලය, *n.* divine plain, viz. high mountain, උස් කන්ද; sky, අහස.
දෙව්තුර, දෙව්තුරු, *n.* tree of paradise, said to yield whatever is desired, කප්තුර.
දෙව්දත්, *n.* See දෙවිදත්.
දෙව්දුන්න, *n.* See දෙවිදුන්න.
දෙව්·දුරු, *n.* a large species of cummin.
දෙව්·දූතයා, *n.* See දේවදූතයා.
දෙව්·නළුවා, *n.* dancing woman of Swarga, used also by the gods, for prostitution.
දෙව්·නිවෙස, *n.* residence of the gods, paradise, Swarga.
දෙව්·පිරිස, *n.* attendants or servants of the සේවකය. [gods.
දෙව්·පුරය, *n.* divine city, heaven, දෙව්ලොව,
දෙව්·මග, *n.* divine path, viz. the sky, අහස.
දෙව්·මැති, *n.* divine counsellor: see බෘහස්පති.
දෙව්·මැදුර, *n.* church or chapel, දේවස්ථානය.
දෙව්·රජ, දෙව්·රද, *n.* divine king: ap. of Sakra, ශක්‍රයා.
දෙව්·රම, *n.* a famous vihāra or temple so called, ජේතවනාරාමය. [දෙව්ලියෝ.
දෙව්·ලිය, *n.* goddess, nymph, දිව්‍යාංගනාව; *pl*
දෙව්·ලොව, *n.* divine world, residence of the gods, heaven.
දෙව්·සැප, *n.* divine pleasure or (*pl.*) pleasures viz. pleasures of the gods in Swarga, දෙවිවරුන්ගේ සැපත.
දෙව්·සර, *n.* female deity, goddess, දේවතාවී.
දෙව්·සෙනෙවි, *n.* commander of the armies of the gods: ap. of Kataragama Deviyo, the god of war. [from.
දෙස, දෙසට, *post.* towards; දෙසෙන්, away
දෙස, *n.* witness, evidence, සාක්ෂිය.
දෙස, *n.* E. of දේශය, country.
දෙසනවා, *v.* to preach, discourse; scold; *pret.* දෙසුවා; *v. n.* දෙසීම.
දෙසනුදෙස, *n.* (දෙස අනුදෙස), the four cardinal and the four intermediate points of the compass: see අනුදිශා.
දෙ·සඳුන්, *n. pl.* the two species of sandal wood, viz. the red and white. [scold.
දෙසා·බානවා, *v.* to rate, harangue, hold forth,
දෙසා·බෑම, *v. n.* rating &c., tirade.
දෙ·සාලිස, *n.* forty-two, හතළිස්දෙක.
දෙ·සැට, *n.* sixty-two, හැට දෙක.
දෙසැම්බ(බර්)·මස, *n.* December.
දෙ·සැරයක්, *n.* or *ad.* two occasions, twice.
දෙසි, *n.* See දෙහි.
දෙ·සිත්·ඇති, *a.* double-minded.
දෙ·සිය, *a.* two-hundred; *n.* දෙසියයක්.
දෙසීම, *v. n.* of දෙසනවා: preaching &c., discourse.
දෙහි, *n.* lime tree, lime juice or fruit: see *Bot.*
දෙහි·කපනවා, *v. lit.* to cut the lime: a ceremony to counteract the evil eye or tongue.
දෙබිරුවා, *n.* large black bee or hornet, බඹරා.
දෙඹු, *n.* office, employment, ධුරය.
දෙළුම, *n.* pomegranate (tree or fruit), see *Bot.*; *n. pl.* or *a.* දෙළුම්. [articles.
දේ, *n.* contr. of දෙය; also as *pl.* things,
දේ·දුනු·වන්, *a.* rainbow-coloured, iridescent, pavonine, දේදුන්න ආකාර.
දේ·දුන්න, *n.* rainbow, iris; *pl.* දේදුනු.
දේ·පළ, *n. pl.* goods, commodities, effects, property, possessions. [යුතු.
දේය, *a.* fit to be given or offered, දියයුතු, පිදිය

දේශ·ධර්මය, *n.* law or duty of offering, පිදීමේ යුතුකම.
දේව, දේවකීය, *a.* divine.
දේව·අපහාසය, *n.* blasphemy, profanity, impiety.
දේව·අපහාසික, *a.* blasphemous &c.
දේව·අභක්තික, *a.* impious, ungodly.
දේවකී, *n.* a goddess, viz. the daughter of Dévaka, wife of Vasudeva and mother of Krishna.
දේවකීනන්දන, *n.* son of Dévaki, ap. of Krishna.
දේව·කුසුම්, *n. pl.* See දෙව්කුසුම්.
දේවඛාතකය, දේවඛාතය, *n.* temple pond or grotto; cave or hollow amongst mountains; reservoir, ජලාශය.
දේව·ගන්ධක, *n.* a kind of resin, *sandarac*.
දේව·ගැති, *a.* ministerial, clerical, pastoral.
දේව·ගැති·ආවාසය, *n.* manse, parsonage.
දේව·ගැති·කම, දේව·ගැති·ධුරය, *n.* office of clergyman, ministry, pastorate.
දේව·ගැති·මණ්ඩලය, *n.* ministerial body, body of ministers.
දේව·ගැතියා, *n.* clergyman, minister.
දේව·චාරිකයා, *n.* (චාරිකයා, viz. හැසිරෙන්නා), inhabitant of a celestial world or Swarga, දෙව්ලෝවැසියා. [priest.
දේව·ජීවකයා, *n.* divine servant, viz. Hindu
දේව·තාඩයා, *n.* (තාඩ beating), ap. of Ráhu, the personified ascending node.
දේවතා·දුව, දේවතාවී, *n.* goddess.
දේවතාවා, *n.* a god, a deity, a celestial.
දේව·තේජස, *n.* Divine glory, Shekinah.
දේව·ත්‍රිත්වය, *n.* Divine trinity. [unity.
දේව·ත්‍රෛකත්වය, *n.* (·ත්‍රිඒකත්වය), Divine tri-
දේව·ත්වය, *n.* deity, godhead, දෙවිකම.
දේව·දත්තයා, *n.* proper name, Dévadatta: see දෙව්දත්.
දේව·දත්ත, *a.* given by the gods, divinely given, දෙවියන් විසින් දෙනලද.
දේව·දත්තය, *n.* couch of Arjuna; one of the five vital airs, viz. that which is inhaled in yawning. [courtezan.
දේව·දාසි, *n.* divine handmaid, viz. celestial
දේව·දුන්දුභි, *n.* celestial drum, used by the musicians of Swarga, දෙව දවුල.
දේව·දුරු, *n.* See දෙව්දුරු.
දේව·දූත, *a.* angelic.
දේව·දූතයා, *n.* divine messenger, angel.
දේව·දෘෂ්ටි, *a.* deistic, theistic.
දේව·දෘෂ්ටිය, *n.* deism, theism.
දේව·දෘෂ්ටියා, *n.* deist, theist.
දේව·දේවයා, *n.* god of gods; ap. of Brahma and Siva, also of Buddha as chief of the Rahats who are sometimes called දේවතාවෝ or gods.

දේව·ද්‍රුම, *n.* See දෙව්තුරු.
දේව·ද්‍රෝණිය, *n.* procession in honour of deity or idol, පෙරහැර.
දේව·ධර්ම, දේව·ධර්ම·ශාස්ත්‍ර, *a.* theologic.
දේව·ධර්ම·ධරයා, දේව·ධර්ම·ශාස්ත්‍ර·ඥයා, *n.* theologian, theologist.
දේව·ධර්මය, *n.* H., the rule, nature or moral qualities of the gods, viz. the fear of sin, love of virtue &c.; Chr., the Scriptures; the Divine law or doctrine. [logy.
දේව·ධර්ම·ශාස්ත්‍රය, *n.* divinity, theology, biblio-
දේව·ධර්මචාරී, *a.* observant of divine law, godly, දේවභක්ති.
දේව·ධර්මාවිශ්වාසයා, *n* (·අවිශ්වාස:), disbeliever, sceptic.
දේව·ධර්මාචාර්ය, *a.* (·ආචා:), clerical, theologic.
දේව·ධර්මාචාර්යයා, *n.* theologist, doctor of divinity, clergyman.
දේව·ධර්මානුක්‍රමය, *n.* system of theology.
දේව·ධූප, *n.* divine incense, a fragrant resin used for incense, bdellium. [මොංගු.
දේව·නිර්මිත, *a.* of Divine creation, created,
දේව·පත්නී, *n.* wife of a deity; sweet potato, බතල.
දේව·පථය, *n.* celestial path, viz. the sky, අහස.
දේව·පරම·විඥානය, *n.* theosophy, theosophism.
දේව·පාලනය, *n.* Divine providence or protection, දේවාරක්ෂාව.
දේව·පිළිමය, *n.* statue of a god, image, idol.
දේව·පුත්‍රයා, *n.* son of a god, one of the gods.
දේව·පූජකයා, *n.* priest of the gods, කපුරාළ.
දේව·ප්‍රකාශනය, *n.* Divine revelation.
දේව·ප්‍රකාශය, දේව·දර්ශනොත්පත්තිය, *n.* theophany.
දේව·ප්‍රතිමාව, *n.* image of a god, idol.
දේව·ප්‍රශ්නය, *n.* questioning or consulting the gods, astrology, හැකෑන්මැලීම.
දේව·භක්ති, *a.* godly, pious. [piety.
දේව·භක්තිකම, දේව·භක්තිය, *n.* godliness &c.,
දේව·භවනය, *n.* divine residence, celestial world, දිව්‍යලෝකය.
දේව·භූතාඥවිඥෙය, *a.* (·භූත අඥ:), agnostic, මැවුම් කාරයෙක් ඇතිබව නොදන්නා.
දේව·භූතාඥවිඥෙය·දෘෂ්ටිය or **·අවිඥෙයදෘෂ්ටිය**, *n.* agnosticism. [agnostic.
දේව·භූතාඥවිඥෙය·දෘෂ්ටියා or **·අවිඥෙයදෘෂ්ටියා**, *n.*
දේව·භූයය, *n.* Godhead, divinity, දෙවිකම.
දේව·භෝජනය, *n.* food of the gods, ambrosia.
දේව·මන්දිරය, *n.* divine temple, church, chapel, දෙව්මැදුර.
දේව·මාලිගාව, *n.* divine temple or sanctuary.
දේව·මෙහෙය, *n.* divine service, worship.
දේව·මෙහෙයේ·පොත, *n.* prayer-book, missal, service book, යාච්ඤා පොත.
දේවය, *n.* cloud, වලාකුල; organ of sense, ඉන්ද්‍රියය.

දේවයා, *n.* god, දෙවියා ; king, රජ.
දේවයන්වහන්සේ, *n. hon.* Supreme one, used of royalty.
දේව·යෝනිකයා, *n.* demi-god.
දේව·රජ, ·රජයා, *n.* chief or king of the gods : ap. of Indra.
දේව·රාජ්‍යානුශාසනය, *n.* theocracy, දේවආණ්ඩුව.
දේව·රූපය, *n.* image of a god, idol.
දේව·ලෝකය, *n.* world inhabited by gods, celestial world, Swarga.
දේව·වක්ත්‍රය, *n.* mouth of a god, by which offerings are eaten or consumed ; fire, ගින්න; Agni the god of fire, අග්නි.
දේව·ශාසනය, *n.* divine dispensation, economy or government.
දේව·ශාසන·රාජ්‍යය, *n.* divine kingdom, theocracy.
දේව·ශිල්පී, ·ශිල්පියා, *n.* artisan of the gods : ap. of Visvakarma, විශ්වකර්මයා.
දේව·ශ්‍රුතය, *n.* a divine communication, any sacred treatise or revelation of the gods.
දේව·සම්භූති·විස්තරය, *n.* theogony (the record), දේව උත්පත්ති විස්තරය.
දේව·සභා·ආධිපත්‍යය, *n.* hierarchy. E. S.
දේව·සභාව, *n.* assembly of the gods, divine society.
දේව·සායුජ්‍යය, *n.* apotheosis, දෙවිකමට පත් කෙරීම or ප්‍රාප්තවීම.
දේව·සේනාපතියා, *n.* the Indian Mars: his image has twelve hands in each of which there is a weapon of war : see දෙවිසෙනෙවි.
දේව·ස්ථාන·පාලයා, *n.* churchwarden, church-caretaker, දේවස්ථාන බලාගන්නා.
දේව·ස්ථානය, *n.* church, chapel, sanctuary.
දේව·ස්ථානෝත්සවය, *n.* (·උත්සවය), church feast, wake.
දේවාගාරය, දේවාලය, *n.* (·ආගාර, ·ආල), house or residence of gods, Hindu temple, pagoda.
දේවාග්නිකයා, *n.* (·අග්නි), one who offers sacrifice to the gods by fire.
දේවාති·දේව, *n.* (·අති chief), god of gods, a chief god, අග්‍ර දේව.
දේවාත්මය, *n.* Divine Spirit.
දේවාධිපත්‍යය, *n.* (·අධි:), theocracy, divine lordship or supremacy.
දේවස්වාමීන්ද්‍ර, *n.* (දේවස්වාමි of the gods, ඉන්ද්‍ර chief), chief of the gods : ap. of Indra.
දේවානුග්‍රහය, *n.* (·අනු), divine favour, divine grace.
දේවානුභාව·දෘෂ්ටි, *a.* supernaturalistic.
දේවානුභාව·දෘෂ්ටිය, *n.* supernaturalism, belief in divine power or influence.
දේවානුභාවය, *n.* divine power or influence or inspiration.
දේවානුරූප, *a.* (·අනුරූප), godlike, දිව්‍යාකාර.
දේවානුශාසන, *a.* theocratic, දේව ආණ්ඩුකාර.
දේවානුශාසනය, *n.* theocracy, දේව ආණ්ඩුව.
දේවාභක්ති, *a.* (·අභක්ති), ungodly, අභක්ති.
දේවා·රක්ෂාව, *n.* (·ආරක්ෂා), divine protection, providence.
දේවාල·ගම, *n.* temple village or land, viz. that belongs to a Hindu temple.
දේවාලය, *n.* (දේව ආලය), see දේවාගාරය.
දේවා·වාසය, *n.* dwelling place of a god or gods, temple ; bo-tree, as inhabited by gods, බෝ ගස.
දේවාශ්වයා, *n.* divine horse or horse of Indra, meta. the wind, සුළඟ.
දේවි, *n.* goddess ; queen ; lady.
දේවීන්වහන්සේ, *n.* queen, බිසවුන්වහන්සේ.
දේවේන්ද්‍රයා, *n.* (දේව ඉන්ද්‍රයා), ruler of the gods : ap. of Indra.
දේවෛකත්ව·දෘෂ්ටි, *a.* (දේව ඒකත්ව:), Unitarian, Sabellian.
දේවෛකත්ව·දෘෂ්ටිය, *n.* Unitarianism, Sabellianism.
දේශකයා, *n.* instructor, preacher, දේශනාකාරයා.
දේශ·ගුණය, දේශගුණය, *n.* climate or quality of the country.
දේශ·ගුණවිද්‍යාව, *n.* climatology.
දේශ·චාරී, *a.* travelling, itinerant, තැනින්තැන යන.
දේශ·ජ, *a.* native, indigenous, ස්වදේශික.
දේශ·තුඩ, දේශ·තුඩුව, *n.* cape, foreland.
දේශ·දර්ශනය, *n.* scenery, රටේපෙනුම.
දේශනා·කරනවා &c. See දේශනාකරනවා &c.
දේශනා·ශාස්ත්‍ර, *a.* homiletical.
දේශනා·ශාස්ත්‍රය, *n.* homiletics.
දේශ·ප්‍රමාණ·කරණය, *n.* ordnance-survey, රට මැන සටහන්කිරීම.
දේශ·මධ්‍ය·ගත, *a.* inland, mediterranean.
දේශය, *n.* country, region.
දේශ·රෝගය, *n.* endemic.
දේශ·සන්ධිය, *n.* isthmus.
දේශ·සීමා·බද, *n.* frontier, සීමාවට අයිති or යාබ.
දේශාන්තර, *a.* (·අන්තර), foreign, පරදේශී, පිටරට.
දේශාන්තරය, *n.* foreign country, පරදේශය, පිටරට ; longitude, E. S.
දේශාන්තර·චාරියා, *n.* traveller, tourist, පිටරට වල ගමන්කරන්නා.
දේශාන්තර්ගත, *a.* included in the country ; endemical ; රටට අයිතිවූ.
දේශාභ්‍යන්තර, *a.* midland, රටමැදවූ or ඇතුලත්වූ.
දේශික, දේශීය, *a.* territorial, රටට අයිතිවූ.
දේශිත, *a.* directed, shown, දක්වනලද.
දේශකයා, *n.* ruler, guide, ආණ්ඩුකාරයා ; preacher, දේශනාකාරයා.
දේශ·තුඩුව, *n.* headland : see දේශතුඩ.
දේශනාකරනවා, *v.* to preach, discourse, දේශනාවක් කරනවා, to preach a sermon.
දේශනාකාරයා, දේශනාවාදියා, *n.* preacher.
දේශනා·කුඩුව, *n.* pulpit.
දේශනාව, *n.* sermon, discourse.

දේශය, *n.* country, region.
දේශ·විලෝකනය, *n.* viewing the countries: see දීපවිලෝකනය.
දේශාන්තර, *a.* See දේශාන්තර.
දේශාන්තරය, *n.* See දේශාන්තරය; longitude: in native astronomical calculations the meridian is reckoned from that of Ceylon.
දේශිකයා, *n.* traveller, මඟියා, stranger, sojourner, ආගන්තුකයා.
දේහ, දේහවත්, *a.* bodily, corporeal, ශාරීරික.
දේහ·ක්ෂයය, *n.* wasting of the body, decline, consumption, ක්ෂයරෝගය. [ශරීරගතවූ.
දේහ·ගත, දේහ·භෘත, දේහ·ධාරී, *a.* incarnated,
දේහ·ත්‍යාගය, *n.* surrender of the body, viz. death, මරණය.
දේහ·දිය, *n.* urine, මුත්‍ර. [bone, ඇටය.
දේහ·ධාරකය, *n.* support of the body, viz.
දේහම්භර, *a.* gluttonous, කෑදර.
දේහය, *n.* the body, ශරීරය.
දේහ·යාත්‍රාව, *n.* transit of the body, viz. death, කුරත්ඳුව, මරණය.
දේහ·රූපය, *n.* image of the body, manikin.
දේහ·ලක්ෂණය, *n.* mark on the body, ශරීරයේ සලකුණ; bodily appearance, ශරීරයේ පෙනීම; lineament, physiognomy, මුහුණුවර.
දේහලා, *n.* spirituous liquor, spirits, රහමෙර.
දේහලිය, *n.* threshold, එළිපත්ත.
දේහි, *a.* corporeal, දේහවත්, ශාරීරික.
දේහිණී, *n. fem.* body or person, viz. female, woman, ස්ත්‍රී.
දෛත්‍ය·ගුරු, *n.* preceptor of the daityas or demons: ap. of Sukra regent of the planet Venus.
දෛත්‍යයා, *n.* Daitya or demon, රාක්ෂයා, titan, Asura, අසුරයා.
දෛත්‍ය·යුගය, *n.* an age of the demons, equal to 12,000 years of the gods or to four yugas or ages of man, viz. 4,320,000 years.
දෛත්‍යාරියා, *n.* (·අරියා), enemy of the Daityas; ap. of Vishnu; a deity in general, as an enemy of the Daityas or Asuras.
දෛනික, *a.* diurnal, දවස්පතා.
දෛන්‍යය, *n.* meanness, හීනකම; poverty, දිළිඳුකම; lowness or humbleness, පහත්කම.
දෛර්ඝ්‍යය, *n.* length, දිග, දීර්ඝත්වය.
දෛව, *a.* divine, දේව, දිව්‍ය.
දෛව·කෝවිදයා, *n.* diviner, fortune-teller, දිවස් කියන්නා. [කරන්නා.
දෛව·චින්තකයා, *n.* fatalist, ඉරණම විශ්වාස
දෛව·චින්තාව, *n.* fatalism, ඉරණම් ධර්මය.
දෛව·ඥ, *a.* acquainted with fate, pythonic, දිවස්කියන්ට දන්න.
දෛව·ඥ·ස්ත්‍රී, දෛව·ඥී, *n.* sibyl, පේන කියන්නී.
දෛව·ඥයා, *n.* fortune-teller, astrologer, writer of nativities.
දෛව·ඥ·ලිඛිත, *a.* sibylline (writings).
දෛව·ඥෝක්ත, *a.* (දෛවඥ උක්ත), sibylline (utterances).
දෛවත, *a.* pert. to a god or idol, divine, දේව.
දෛවතයා, *n.* god, දෙවියා; idol, දේවරූපය.
දෛව·දීපය, *n.* divine lamp, viz. the eye, ඇස.
දෛව·පර, *a.* fated, predestined, පෙර නියමවූ; trusting to fate, ඉරණම විශ්වාසකරන.
දෛව·පරයා, *n.* fatalist, ඉරණම විශ්වාසකරන්නා.
දෛව·යෝගය, *n.* divine interposition, දෙවියන්ගේ මැදහත්වීම; unforeseen event, හදිසියක්, අහම්බයක්.
දෛව·ලේඛකයා, *n.* writer of nativities, astrologer, fortune-teller, නැකතියා.
දෛවෝපහත, *a.* (·උපහත, struck), ill-fated, ඉරණම අවාසිවූ.
දෛශික, *a.* See දේශික.
දෛෂ්ටිකතාව, *n.* fatalism, ඉරණම් ධර්මය.
දෛෂ්ටිකයා, *n.* fatalist: see දෛවචින්තකයා.
දෛහික, *a.* bodily, ශාරීරික.
දො, *int.* used in calling pigs.
දො, *a. prefix.* for දෙ: two, as in දොළොස්, two-ten, දොළොස් for දෙ අත්.
දොට්ට, *int.* off, out, get out.
දොඩ, *n.* word, utterance, බස.
දොඩං, *n. pl.* for දොඩම්.
දොඩනවා, *v.* to speak, talk, chatter, prate; *pret.* දෙඩුවා; *v. n.* දෙඩීම.
දොඩම්, *n.* orange, *citrus aurantium.* [rulous.
දොඩ·මලු, *a.* talkative, noisy, loquacious, gar-
දොඩ·මලුකම, *n.* talkativeness &c.
දොඩම්·දෝසි, *n.* marmalade.
දොඩවනවා, *v.* to jabber, gabble, prate, rant, drivel; prattle (as a child); *pret.* දෙඩෙවුවා; *v. n.* දෙඩවීම.
දොදොල්, *n.* a kind of sweetmeat.
දොම්නස, *n.* E. of දෞර්මනස්‍ය: sorrow, gloom, grief, melancholy.
දොම්නස්, *a.* sorrowful &c., pensive, mopish.
දොම්නස්වෙනවා, *v. i.* to become sorrowful &c., grieve.
දොඹකරය, *n.* lifting crane, derrick, windlass.
දොයිතුව, *n.* D., doit, quarter of a farthing.
දොයි·යනවා, *v.* (of infants) to go to sleep, fall asleep; *pret.* දොයියාගත්තා.
දොසිරුඳු, *a.* gold or gilt.
දොසිරුඳුකරනවා, *v.* to gild.
දොර, *n.* door, gate.
දොරකඩ, *n.* doorway, entrance.
දොරටුපාලයා, *n.* doorkeeper, porter, warder.
දොරටුව, *n.* gateway, portal.
දොරණ·තෙල්, *n.* oil of the tree called දොරණ or දොරළු, used in making paint. *Bot.*
දොර·පුවරුව, *n.* door-board, board which serves for a door.

දෙරළ, *a.* rough, රළු; the name of a tree, දෙරණ.
දෙලනවා, *v. i.* to become fat or stout; desire; *pret.* දෙළුවා; *v. n.* දෙලීම. [*v. n.* දෙවීම.
දෙවනවා, *v. t.* to wash, සෝදනවා; *pret.* දෙවුවා;
දෙවනවා, දෙව්වනවා, *v. t.* (කිරි......), to draw the milk, to milk; *pret.* &c., as above.
දෙවිස්·ඇණය, *n.* rag-bolt.
දෙවුනය, *n.* fr. දෙවනවා: milking; washing; කිරිදෙවීම; සේදීම. [washed.
දෙවුන්·දිය, *n.* water in which rice has been
දෙස, *n.* E. of දෝෂය: fault &c.
දෙස්·කියනවා, *v.* to complain, find fault.
දෙස්·තබනවා, *v.* to accuse, blame, reproach.
දෙස්·පවරනවා, *v.* to impute guilt, foist or lay a fault upon, accuse.
දෙස්තර, *n.* Eng., doctor, වෙද.
දෙහොත, *n.* the two hands, sp. when placed together open; two handfuls.
දෙහොව, *n.* a couple, a pair, the two, යුගලය.
දොළ, දොළ·දුක, *n.* E. of දෝහල: desire, longing, craving (as of a pregnant woman): see දොළලා.
දොළ·දුකින් ඉන්නවා, *v. i.* to desire, long, crave.
දොළ, *n* an offering to demons; brook or mountain stream.
දොළදෙනවා, *v.* to offer to demons. [රැළිය.
දොළපාර, *n.* course of a brook, hill stream, කඳු
දොළ·මන, *a.* of a longing mind, craving.
දොළස, දොළස, *n.* twelve.
දොළසත්, *n.* (දොළොස් අත්), twelve-handed one: ap. of Kataragama Deviyo: see දේව සේනාපතියා.
දොළුවරය, *n.* a country so called. [grief, දුක.
දොම්නස, *n.* desire, ආශාව; affliction, dolour,
දොළොස, *n.* twelve, දොළස.
දොළොස්, *a.* twelve.
දොළොස්·ප්‍රමාණ, *a.* duodecimo. [diac.
දොළොස්·රාශිය, *n.* the twelve signs of the zo-
දොළොස්වෙනි, *a.* the twelfth.
දෝ, *inter. affix*, for ද, but expressing doubt, as ඔහු ගියාදෝ, whether he is gone.
දෝංකාර, *a.* pert. to echo, catacoustic, echoing, hollow, (sound).
දෝංකාරදෙනවා, *v.* to echo, give an echo.
දෝංකාරය, *n.* echo.
දෝංකාර·ශාස්ත්‍රය, *n.* catacoustics.
දෝංකාරවෙනවා, *v. i.* to reverberate, resound.
දෝණිය, *n.* T., dhony, boat, wherry.
දෝණියන්ද, දෝණියෝ, *n. hon.* daughter, දුව.
දෝත, *n.* the two hands: see දෙහොත.
දෝනවා, *v.* (කිරි......) to milk: see දෙවනවා.
දෝමනස්ස, *n.* See දොම්නස.
දෝරද, *n.* star-king, viz. the moon, සඳ.
දෝලා·කාරයා, *n.* palanquin-bearer.

දෝලායමාන, *a.* swinging to and fro, වැනෙන; vacillating, doubting, දෙගිඩියා. [sedan.
දෝලාව, දෝලිය, *n.* swing, hammock, palanquin,
දෝව, *n.* star, තාරකාව.
දෝව, *n.* a hollow between higher grounds where water collects during the rains.
දෝවනය, *n.* milking, කිරි දෙවීම; washing, සේදීම.
දෝෂ·කල්පික, දෝෂ·ග්‍රාහිණී, *a.* (ග්‍රාහිණී seizing), censorious, අපවාදකාර.
දෝෂ·ඥ, *a.* knowing—discerning—faults, දොස් දකින.
දෝෂ·ඥයා, *n.* one who discerns faults or errors or disease, pandit, sage, පණ්ඩිතයා; doctor, වෙද.
දෝෂ·ප්‍රකාශය, *n.* (ප්‍ර: revealing), censure, වරද තැබීම, අපවාදය. [වදෑ.
දෝෂ·ප්‍රකාශ්‍ය, *a.* censurable, වරද තැබියයුතු, ගා
දෝෂය, *n.* fault, something wrong, disease, defect, blemish.
දෝෂවත්, *a.* faulty, blamable, දෝෂසහිත.
දෝෂාරෝපක, *a.* blaming &c., condemnatory, වරද තබන.
දෝෂාරෝපණකාර, *a.* accusatory, denunciatory, වරදතබන. [ගතිය.
දෝෂාරෝපණතාව, *n.* censoriousness, අපවාද
දෝෂාරෝපණය, *n.* accusation, impeachment, censure, වරද තැබීම.
දෝෂාරෝපණයකරනවා, *v.* to impute blame, censure, accuse.
දෝෂාරෝපණීය, *a.* blameworthy, culpable, censurable, indictable.
දෝෂාරෝපණීයතාව, *n.* blameworthiness &c., සාවද්‍යතාව, වරදකාර ස්වභාවය.
දෝෂාරෝපිත, *a.* accused, blamed, condemned, වරද තබනලද. [ණීය.
දෝෂාරෝප්‍යය, *a.* blamable: see දෝෂාරෝප
දෝසි, *n.* Port., preserves, conserve, confection.
දෝසි·කරනවා, *v. t.* to preserve, make into preserves.
දෝහද·දුඃඛය, දෝහල·දුඃඛය, *n.* See දොළදුක.
දෝහදය, දෝහලය, *n.* desire &c.: see දොළ.
දෝහද්·ලක්ෂණය, *n.* longing as a sign of pregnancy.
දෝහනය, *n.* milk-pail, කිරිබාල්දිය. [milk-pail.
දෝහය, *n.* milk, කිරි; milking, කිරිදෙවීම;
දෝහල, *a.* longing, craving, ආශාවත.
දෝහලය, *n.* See දොළ.
දෝහලවතී, *n.* pregnant woman who is longing, දොළදුකින් ඉන්න තැනැත්තී.
දෝහෝ, දෝහෝසි, *inter. suf.* whether perhaps, as ඔහු ගියාදෝහෝසි, whether he may have gone, whether or not he went (I know not).
දෞර්භාග්‍ය, *a.* unlucky, ill-fated, අවාසනාවන්ත, අකලාණ.

දෞර්භාග්‍යය, *n.* (දෞර් fr. දුර් bad, භාග්‍යය destiny, lot), unluckiness, අවාසනාවන්තකම.

දෞර්මනස්‍ය, *a.* sorrowful &c.: see දොම්නස්.

දෞර්මනස්‍යකරනවා, *v. t.* to make sorrowful, deject, dismay, දුක්දෙනවා, මලානිකකරනවා.

දෞර්මනස්‍යය, *n.* See දොම්නස.

දෞර්හෘදය, *n.* (දෞර් හෘදය), see දෝ·හදය.

දෞර්හෘද·වතී, *n.* See දොහලවතී.

ද්‍යුත, *n.* ray of light, රශ්මිය.

ද්‍යුතිකර, *n.* day-maker: ap. of the sun, ඉර, and of the pole-star, ධ්‍රැවතාරකාව.

ද්‍යුතිය, *n.* light, එළිය; beauty, splendour, ඕජස.

ද්‍යු·පති, ද්‍යු·මණි, *n.* lord of day, gem of day: ap. of the sun and of Indra.

ද්‍යුව, *n.* the day, දින, දවාල.

ද්‍යූතය, *n.* gambling, playing with dice &c., සූදු කෙළිය.

ද්‍යෝතිත, *a.* enlightened, එළිය ඇති, ආලෝකවූ.

ද්‍රගඩය, *n.* kettle-drum, පිත්තල දවුල.

ද්‍රව, *a.* fluid, liquid, දියර.

ද්‍රවණය, *n.* exuding, oozing, වෑස්සීම.

ද්‍රවත්වය, *n.* fluidity, දියරභාවය.

ද්‍රවන්තිය, *n.* river, ගංගාව.

ද්‍රවය, *n.* going, යාම, flight, පලායාම; liquifaction, melting, දියවීම; oozing, trickling, වෑස්සීම; juice, යුෂ, extract, essence, සාරය.

ද්‍රවවෙනවා, *v. i.* to melt, become liquid, දිය වෙනවා.

ද්‍රවිඩ, *a.* Tamil, දෙමළ; outcast, චණ්ඩාල.

ද්‍රවිණය, *n.* wealth, වස්තුව; strength, power, බලය.

ද්‍රවීකරණය, *n.* liquifaction, solution, දියකෙරීම.

ද්‍රවීකරණීය, *n.* liquifiable, soluble, දියකළහැකිවූ.

ද්‍රවී·කෘත; ද්‍රවී·භූත, *a.* liquified, දියකළ; දියවූ.

ද්‍රවී·භූතකරනවා, *v. t.* to liquify, දියකරනවා.

ද්‍රවී·භූත·ත්වය, *n.* fluidity, දියරභාවය.

ද්‍රවේතර, *a.* (ද්‍රව fluid, ඉතර other, non), non-fluid, solid, hard, ඝන, තද.

ද්‍රවේතරතාව, *n.* solidness &c.

ද්‍රව්‍ය, *n. pl.* or *a.* materials, articles, things, substances, elements, ingredients.

ද්‍රව්‍ය·දෘෂ්ටි, *a.* materialistic.

ද්‍රව්‍ය·දෘෂ්ටිය, *n.* materialism. [නොකරන්නා.

ද්‍රව්‍ය·දෘෂ්ටිකා, *n.* materialist, ආත්මභාව විශ්වාස

ද්‍රව්‍ය·දේව·දෘෂ්ටිය, *n.* hylotheism, pantheism. E. S.

ද්‍රව්‍ය·ධර්ම·ශාස්ත්‍රය, *n.* physics. E. S.

ද්‍රව්‍යභාවය, *n.* materiality.

ද්‍රව්‍යමය, *a.* material, ද්‍රව්‍යවූ.

ද්‍රව්‍යය, *n.* substance, thing: see ද්‍රව්‍ය.

ද්‍රව්‍ය·යෝග·පොත, *n.* recipe-book, receipt-book.

ද්‍රාක්ෂ, *a.* vinaceous, මුද්‍රික, මිදි.

ද්‍රාක්ෂා·ජ, *a.* derived from grapes, uvic, මිදිඵල වලින් අවගත්.

ද්‍රාක්ෂා·ක්ෂේත්‍රය, ද්‍රාක්ෂෝද්‍යානය, *n.* (ද්‍රාක්ෂා උද්‍යානය), vineyard, මිදිවත්ත.

ද්‍රාක්ෂා·යන්ත්‍රය, *n.* winepress.

ද්‍රාක්ෂා·රස, *n.* grape juice, wine, මුද්‍රිකපානය.

ද්‍රාක්ෂා·රසාම්ල, *n.* (·අම්ල) tartar of wine.

ද්‍රාක්ෂා·ලතාගාරය, *n.* vinery, මුද්‍රිකමඩුව.

ද්‍රාක්ෂා·ලතා·පාලයා, *n.* vine-dresser, මිදිවැල් බලා ගන්නා.

ද්‍රාක්ෂා·ලතාව, *n.* grape vine, මිදිවැල.

ද්‍රාක්ෂාව, *n.* grape, මුද්‍රිකඵලය, මිදිපල.

ද්‍රාවකයා, *n.* one who puts to flight, එලවන්නා; a wag, කවටයා; thief, හොරා; libertine, සල්ලාලයා.

ද්‍රාවකර, *n.* borax, යවක්ෂාර.

ද්‍රාවතාව, ද්‍රාවත්වය, *n.* state of fusion, fluidity, උණුවීමෙන්වූ දියර ස්වභාව.

ද්‍රාවණය, *n.* putting to flight, එලවීම; fusing, solving, උණුකෙරීම.

ද්‍රාවණයකරනවා, *v. t.* to fuse, dissolve, මකනවා, උණුකරනවා.

ද්‍රාවිඩ, *a.* Dravidian, Tamil, දෙමළ.

ද්‍රාවිඩයා, *n.* Tamil man, දෙමළා.

ද්‍රාවිඩක, *n.* zedoary, හරංකහ, also සිතුරුපියලි.

ද්‍රාවිඩී, *n.* small cardamoms, සිහින් එන්සාල්.

ද්‍රාවිත, *a.* fused, මකනලද. [මැකෙන.

ද්‍රාව්‍ය, ද්‍රාව්‍යවත්, *a.* fusible, soluble, දියකළහැකිවූ,

ද්‍රාව්‍යතාව, *n.* fusibility &c.

ද්‍රාව්‍යාංශය, *n.* fusing-degree, fusing-point, ලෝහ මැකෙන උෂ්ණප්‍රමාණය.

ද්‍රැම·නඛය, *n. lit.* tree-claw, viz. thorn, කටුව.

ද්‍රැමය, *n.* tree, ගස; ap. of කුවේර.

ද්‍රැම·ව්‍යාධිය, ද්‍රැමාමය, *n.* (·ආමය), *lit.* tree disease, viz. lac, gumlac. [මුදුන.

ද්‍රැමාග්‍රය, *n.* (·අග්‍රය), tree top, ගසේ අග, ගසේ

ද්‍රැහණයා, ද්‍රැහිණයා, *n.* ap. of Brahma.

ද්‍රෙක්කායා, ද්‍රෙක්කාණයා, *n.* the regent of one third of a planetary sign, the decanus of European astrology.

ද්‍රෝණ·මුඛය, *n.* harbour, වරාය, landing-place ගොඩබාන තැන; the capital of a district, chief of 400 villages.

ද්‍රෝණ·කාකයා, *n.* raven, කපුටුවා.

ද්‍රෝණ, *n.* a corn measure, four gallons, කුරුණි හතරක්; name of a country.

ද්‍රෝණයා, *n.* raven; scorpion, ගෝනුස්සා; name of a military teacher of the Pāndavas, also of a warrior who was the enemy of Vishnu.

ද්‍රෝණිය, *n.* trough, කෑම ඔරුව; bathing tub, නාන බෙල්දිය; a valley, දෙණිය.

ද්‍රෝහ·චින්තක, *a.* of treacherous design, malicious, ද්‍රෝහිකාර.

ද්‍රෝහ·චින්තකතාව, *n.* maliciousness.

ද්‍රෝහය, *n.* treachery, perfidy, rebellion.

ද්‍රෝහී, ද්‍රෝහීකාර, *a.* treacherous, traitorous, faithless.

ද්‍රෝහීකම, ද්‍රෝහීකාරකම, *n.* treacherousness, treachery &c. [revolt.
ද්‍රෝහිකම්කරනවා, *v.* to be guilty of treachery,
ද්‍රෝහිකාරයා, ද්‍රෝහියා, *n.* traitor, betrayer.
ද්‍රෝහිකාරී, *n.* traitress.
ද්වන්ද, *a.* pair or in pairs, කුට්ටම් ආකාර.
ද්වන්දය, ද්වන්දවය, *n.* pair, couple, කුට්ටම; strife, පෝරය; secret, රහස; a compound of two nouns, එනම් සමාසය; combination of two diseases, රෝගදෙකක්; the sign of the zodiac Gemini, මිථුන රාශිය.
ද්වන්ද්ව, *a.* dual, duplicate.
ද්වන්ද්ව·ඛඩ්ග·ධර, *a.* gladiatorial, pert. to a sword-duel.
ද්වන්ද්ව·ඛඩ්ග·ධරයා, *n.* gladiator in a sword-duel.
ද්වන්ද්ව·යුද්ධය, *n.* duel. [තාලය.
ද්වන්ද්ව·ගායනය, *n.* duet, දෙදෙනෙකුටම නියමවූ
ද්වන්ද්වාතීත, *a.* (අතීත gone), stoic, stoical, සැප දුක දෙකම නොසලකන.
ද්වන්ද්වාතීත·ධර්මය, *n.* stoicism.
ද්වන්ද්වාතීතයා, *n.* stoic.
ද්වය, *n.* pair, couple, කුට්ටම.
ද්වා, *a.* two, දෙ.
ද්වාකාර, *a.* of two kinds, dual, දෙයාකාර.
ද්වා·ත්‍රිංශත්, *n.* or *a.* thirty-two, තිස්දෙකක්.
ද්වා·දශ, *a.* twelve, දොළොස්.
ද්වා·දශක·ක්‍රම·ගණිතය, *n.* duodecimal reckoning, duodecimals.
ද්වා·දශක·ක්‍රමමාන, *a.* duodecimal, දොළොස්ක්‍රම.
ද්වා·දශ·කරයා, ද්වා·දශ·ලෝචනයා, } *n.* the twelve-handed one, see දොළොසත්; also ap. of වෘහස්පති; the twelve-eyed one, ap. of කාර්තිකේය.
ද්වා·දශ·කෝණය, ද්වා·දශාස්‍රය, *n.* dodecagon, E. S.
ද්වා·දශය, *n.* twelve, දොළොස.
ද්වා·දශාංශක, *n.* *astrol.* the twelfth degree, දොළොස්වෙනි අංශකය. [tikéya.
ද්වා·දශාක්ෂ, *n.* the twelve-eyed one, ap. of Kār-
ද්වා·දශාංශ, ද්වා·දශාත්ම, } *n.* the one having twelve portions or souls; ap. of the sun (ඉර), as undergoing change in each month.
ද්වා·දශාත්මක, *a.* twelve-souled.
ද්වාපර, ද්වාපර·යුගය, *n.* (ද්වි, අපර after), *lit.* the one which follows the two, viz. the third of the four Yugas or ages of the world, comprising 864,000 years.
ද්වා·පරය, *n.* doubt, සැකය.
ද්වාර·ත්‍රය, *n.* the three doors, viz. the body, speech and mind.
ද්වාර·පාලයා, *n.* door-keeper: see දොරටුපාලයා.
ද්වාර·මණ්ඩපය, *n.* porch. [උපක්‍රමය, මග.
ද්වාරය, *n.* door, gate, දොර; *fig.* means, medium,
ද්වාර·යන්ත්‍රය, *n.* door-lock, යතුරුතහඩුව.
ද්වි, *a.* two, double, දෙ.
ද්වි·කුහර, *a.* double concave (lens).

ද්වි·කෝණ, *a.* biangular, දෙකොන්.
ද්වි·ගුණ, *a.* double, twofold, දෙගුණ.
ද්වි·ගුණකරනවා, *v. t.* to make double, duplicate, දෙගුණකරනවා. [ness.
ද්වි·ගුණත්වය, *n.* state of being double, double-
ද්වි·ගුණය, *n.* the double (in quantity or degree).
ද්වි·ගුණිත, *a.* doubled, දෙගුණවූ.
ද්වි·ගුරු·පද, ද්වි·ගුරු·පදකාර, *a.* spondiac.
ද්වි·ගුරු·පදය, *n.* spondee.
ද්වි·චක්‍රකය, *n.* bicycle, දෙරෝද රථය.
ද්වි·ඡේදනය, *n.* bisection, දෙකට කැපීම.
ද්වි·ජ, *a.* twice-born, viz. first in the shell and then from the shell.
ද්වි·ජ·ගණයා, *n. pl.* flocks of birds, කුරුළු රැළ.
ද්වි·ජ·මාංසය, *n.* *lit.* teeth-flesh, viz. the gums, විදුරුමස.
ද්වි·ජය, *n.* what has a double birth, viz. tooth, දත; coriander seed, කොත්තමල්ලි.
ද්වි·ජයා, *n.* the twice-born, viz. any animal produced from an egg, as a bird, snake or fish, දෙවරක් (කෙටවත් බිජුවකින්) උපන්; brahmin, as born again when invested with the sacred thread, බ්‍රාහ්මණයා. [වංස.
ද්වි·ජිහ්ව, *a.* double-tongued, insincere, දෙදිව,
ද්වි·ජිහ්වතාව, *n.* duplicity, deceitfulness.
ද්වි·ජිහ්වයා, *n.* double-tongued one, viz. snake, සර්පයා; slanderer, කේලම්.
ද්විතය, *n.* the two, couple, pair, කුට්ටම.
ද්විත්ව·කරනවා, *v. t.*, ·වෙනවා, *v. i.* to double, duplicate.
ද්විත්ව·රූපය, *n.* *gram.* reduplication.
ද්විතීය, *a.* the second, දෙවෙනි.
ද්විතීය·ධ්‍යානය, *n.* the second stage of religious meditation: see ධ්‍යානය.
ද්විතීය·මහා·ප්‍රවිභාගය, *n.* *geol.* secondary age.
ද්විතීය·ලිඛිත·පත්‍රය, *n.* twice-written document, palimpsest. E. S. [Deuteronomy.
ද්විතීය·වාක්‍යය, *n.* twice-written word or book,
ද්විතීය·ශබ්දකාර, *a.* iambic.
ද්විතීය·ශබ්ද·කාර·පදය, *n.* iambic foot.
ද්විතීයාවරණය, *n.* *bot.* second covering, secundine, tegmen, (බීජයේ) දෙවෙනි වැස්ම.
ද්විත්ව, *a.* double (in quantity), ද්විගුණ, දෙගුණ.
ද්වි·දන්ත, *a.* bidental, දත්දෙකක් ඇති.
ද්වි·දෘෂ්ටිය, ද්වි·දෘෂ්ටි·රෝගය, *n.* diplopia.
ද්වි·දේව·දෘෂ්ටිය, *n.* ditheism. E. S.
ද්වි·ධා, *a.* or *ad.* of two kinds; in two ways; දෙයාකාර.
ද්වි·ධා·කරනවා, *v. t.* to bisect, halve, දෙකට කපනවා or බෙදනවා. [secting.
ද්වි·ධා·කරණය, ද්වි·ධා·ඡේදනය, *v. n.* bisection, bi-
ද්වි·ධා·ගති, *a.* of two natures or kinds, amphibious, ගතිදෙකක් ඇති.
ද්වි·ධා·ගතියා, *n.* amphibious animal, sp. the crocodile, කිඹුලා.

ද්වි·ධා·ග්‍රහණය, ද්වි·ධා·ග්‍රහීතවාදය, *n.* dilemma. E.S.
ද්වි·ධා·ඡේදිත, *a.* divaricate, දෙකට බෙදුණු.
ද්වි·ධා·ලේඛනය, *n.* a writing in two ways; double entry.
ද්වි·ධා·චක්‍ර, ද්වි·චක්‍ර, *a.* two-wheeled; having two bends, sigmoid, (S අක්ෂර මෙන්) වංගු දෙකක් ඇති.
ද්වි·නාම, *a.* binominous, නාම දෙකක් ඇති.
ද්වි·නාල, *a.* double-barrelled, නල දෙකක් ඇති.
ද්වි·පත්‍ර·පුෂ්පික, *a.* dipetalous, මල්පෙති දෙකක් ඇති.
ද්වි·පද, *a. alg.* binominal; also for ද්විපාද.
ද්විපයා, *n.* (පා to drink), double-drinker, viz. elephant, that takes up water in his trunk and then puts it to his mouth, අලියා.
ද්වි·පරිණතිය, *n.* double reflection.
ද්වි·පර්ණ, *a.* dichotomous. E. S. [ඇති.
ද්විපා, ද්විපාද, *a.* two-legged, bipedal, පාද දෙකක්
ද්විපාදයා, *n.* biped, දෙපාවා.
ද්විපාදෝත්තමයා, *n.* (ද්විපාද උත්තමයා), *lit.* biped-chief: ap. of Buddha as chief of mankind physically and morally.
ද්වි·පායි(න්), *n.* See ද්විපයා.
ද්වි·පුරුෂතාව, *n.* having two husbands, bigamy.
ද්වි·ප්‍රකාර, *a.* twofold, of two kinds, දෙයාකාර.
ද්වි·ප්‍රකාරත්වය, *n.* being of two kinds, duality.
ද්වි·ප්‍රකාර·අද්වෛත·දෘෂ්ටිය, *n.* dualism. E. S.
ද්වි·භාර්යාතාව, *n.* having two wives, bigamy.
ද්වි·භාෂා, *a.* bilingual, Anglo-vernacular. E. S.
ද්වි·භූමි, *a.* having two floors, two-storied, උඩු මහලක් ඇති.
ද්වි·මාතෘ·ජයා, *n.* born of two mothers; born in two ways: ap. of ගණේශ, as born of the goddess Pārvati, not in the usual way, but from the scurf of her body. [&c.
ද්වි·මාස, *a.* bimensal, දෙමසකට වරක් සිදුවෙන
ද්වි·මුඛයා, *n.* two-mouthed or two-faced one, viz. serpent, සර්පයා.
ද්වි·මූර්ධ, *a.* two-headed, dicephalous, ඉස්දෙකක් ඇති. [කොබෑල.
ද්වි·රද·කර, *n.* elephant's arm, viz. the trunk.
ද්වි·රදයා, *n.* two-tusker, viz. elephant, ඇතා.
ද්වි·රසනා, *n.* double-tongued one, viz. serpent.
ද්විරූප, *a.* of two forms, biform, දෙරූප, දෙවිධි.
ද්වි·රේඵයා, *n.* large black bee, *apis terrestris*, බඹරා.

ද්වි·ලිංග, *a.* bisexual, epicene. [S.
ද්වි·ලිංගවත්, ද්වි·ලිංගාන්විත, *a.* hermaphroditic. E.
ද්වි·ලිංගාන්විතයා, *n.* hermaphrodite. E. S.
ද්වි·ලිංග·වාචකය, *n. gram.* epicene.
ද්වි·වර්ණ·ගත, *a.* dichromatic, පාට දෙකක් ඇති.
ද්වි·වර්ණ·ජනක, *a.* producing two colours, පාට දෙකක් උපදවන.
ද්වි·වර්ෂ·ජීවී, *a.* biennial, වර්ෂ දෙකක්ම පවතින (ගස්).
ද්වි·වර්ෂාධික·ජීවී, *a. bot.* perennial, නිත්‍ය.

ද්වි·වාචක, *a.* expressing two, dual.
ද්වි·විධ, *a.* of two kinds, දෙයාකාර.
ද්වි·විධ·ශීල, *n. pl.* the two kinds of religious ordinances: positive and negative, viz. චාරිත්‍ර, observances, and වාරිත්‍ර, prohibitions or things to be avoided.
ද්වි·විවාහ·කරණය, *n.* the act of bigamy.
ද්වි·විවාහය, *n.* the state of bigamy.
ද්වි·බීජ, *a.* dispermous, බීජ දෙකක්ම ඇති.
ද්වි·ශඵ, *a.* cloven-footed, bisulcous, බෙදුණු කුර ඇති.
ද්වි·ශඵය, *n.* cloven-foot, බෙදුණුකුරය. [ඇති.
ද්වි·ශීර්ෂ, *a.* two-headed, dicephalous, ඉස්දෙකක්
ද්වි·ශීර්ෂකයා, *n.* the two-headed one: ap. of Agni the god of fire, as having the face of a priest and a face of fire by which the sacrifices are consumed.
ද්විෂා, *n.* (ද්විෂ් to hate), enemy, සතුරා.
ද්විෂත්, *a.* hostile, සතුරු.
ද්වි·සන්ධි, *a.* biarticulate, සන්ධිදෙකක් ඇති.
ද්වි·සප්තාහය, *n.* two weeks, fortnight, දෙසතියක්.
ද්වි·සම·ත්‍රිකෝණය, *n.* isosceles triangle.
ද්වි·සහස්‍රාක්ෂයා, *n.* the two thousand-eyed one, viz. the sovereign of the serpents and couch of Vishnu or king of the නාගලෝකය; ap. Indra as regent of the stellar regions, or personifications of those regions.
ද්වි·ස්වර, ද්වි·ස්වර·වාචක, *a.* dissyllabic.
ද්වි·ස්වර·වාචකය, *n.* dissyllable. [ඇති.
ද්වි·හස්ත, *a.* two-handed, bimanous, අත් දෙකක්
ද්වීපය, *n.* island. The seven main dwipas of this world are said to be, Jambu, Kusa, Plaksha, Sālmalī, Krauncha, Sāka and Pushkara; tiger's skin, දිවිසම. [Polynesia.
ද්වීප·රාශිය, ද්වීප·බාහුල්‍යය, *n.* abundance of islands,
ද්වීප·වාසියා, ද්වීපයා, *n.* islander.
ද්වීපාකාර, ද්වීප්‍ය, *a.* insular.
ද්වීපාකාරත්වය, *n.* insularity.
ද්වීපියා, *n.* islander; leopard, දිවියා, දීපියා.
ද්වෛ·ගති, *a.*, ද්වෛගතියා, *n.* See ද්විධාගති &c.
ද්වේෂකරනවා, *v.* to abhor, detest, reprobate, hate. [වෛරය.
ද්වේෂතාව, ද්වේෂය, *n.* abhorrence, &c., hatred,
ද්වේෂියා, *n.* hater, enemy, වෛරක්කාරයා, සතුරා.
ද්වේෂ්‍ය, *a.* detestable, odious, hateful, අප්‍රියජනක.
ද්වේෂ්‍යතාව, *n.* detestableness &c.
ද්වෛත, *a.* double, binal, දෙකකින් යුක්ත.
ද්වෛතය, *n.* duality.
ද්වෛත·වාදය, ·ධර්මය, *n.* the doctrine of dualism.
ද්වෛධී·කරණය, *n.* making into two, separating, දෙකට බෙදීම.
ද්වෛධී·භාවය, *n.* separateness, distinctness, වෙන්වූ ස්වභාව; duality, ද්වෛතය.
ද්ව්‍යංග, *a.* (ද්වි අංග), two-sided, දෙපැත්තම; bifurcated, දෙපැත්තට බෙදුණු.

ද්වාංශ·විෂම·චතුරශ්‍ර, *a.* trapezoidal.
ද්වාංශ·විෂම·චතුරශ්‍රය, *n.* trapezoid.
ද්වාක්ෂ, *a.* (ද්වි අක්ෂ), biaxial, කුඹීර දෙකක් ඇති.
ද්වාක්ෂර, *a.* (ද්වි අක්ෂර), biliteral, අකුරු දෙකක් ඇති.
ද්වාක්ෂි, *a.* (ද්වි අක්ෂි), pert. to the two eyes, binocular, ඇස්දෙකට අදාළ.
ද්වාක්ෂි·සූක්ෂ්මෙක්ෂය, *n.* binocle, කැඩපත.
ද්වාංගුලි, *a.* (ද්වි අංගුලි), didactylous, ඇඟිලි දෙකක් ඇති.
ද්වාර්ථ, *a.* (ද්වි අර්ථ), of double meaning, equivocal, දෙඅර්ථ, අනුමාන.
ද්වාර්ථතාව, *n.* equivocalness.
ද්වාර්ථ·වාචකය, *n.* equivoke, දෙඅර්ථ කියමන.
ද්වාර්ථාකාරයෙන්, *ad.* equivocally, දෙඅර්ථ ඇතුව.
ද්වාකාර, *a.* (ද්වි ආකාර), of two kinds, dual, දෙආකාර.

ධ.

ධ, *n.* The fourth letter of the dentals and aspirate of the preceding letter, represented by dh.
ධජ, *n.* See ධ්වජය.
ධජ·ධාරියා, ධජ·ධාරී·මුලාදෑනියා, *n.* flag-bearer, colour-sergeant.
ධජ·පතාකය, *n.* flag, කොඩිය; weather-cock, හුළං·කුකුළා, හුළං·තහඩුව.
ධජය, *n.* P. of ධ්වජය.
ධටය, *n.* scales for weighing, balance, තරාදිය; Libra, a sign of the zodiac, තුලාරාශිය.
ධටිය, ධටීනිය, *n.* piece of old cloth, පරණ රෙදි කඩ; cotton tie or string round the loins.
ධන, *n. pl.* or *a.* ධනය: riches; pert. to wealth.
ධන·කේලියා, *n.* one who plays with wealth; ap. of Kuvéra, the Indian Plutus.
ධන·ගබඩාව, *n.* storehouse, treasury, ගබඩාව.
ධන·ගර්විත, *a.* purse-proud, සම්පත් නිසා උඩඟු.
ධන·ජය, *n.* one of the five vital airs, that which is supposed to fatten; fire, ගින්න.
ධනංජයා, *n.* ap. of Agni the god of fire, also of Arjuna; an infernal serpent, නාගයා.
ධන·ද, *a.* wealth-giving, liberal, ත්‍යාගවන්ත.
ධන·දයා, *n.* liberal giver, ත්‍යාගවන්තයා; ap. of ධනකේලියා.
ධන·දණ්ඩනය, *n.* fine, penalty, දඩය.
ධන·දර්පය, *n.* pride of wealth, ධනගර්විතභාවය.
ධනදාක්ෂිය, *n.* (ධනද අක්ෂිය), Kuvéra's eye, viz. the seed of the creeper කුඹුරුවැල, said to resemble his eye or that of any demon.
ධනදානුජයා, *n.* (·අනුජ later-born), ap. of Rāvana as younger brother of කුවේර.
ධනාදේවියෝ, *n.* god of wealth, Mammon, කුවේර. [පොළොව.
ධන·ධාරී, *n.* wealth-bearer, viz. the earth,
ධන·නීති·සංවිධානය, *n.* political economy.

ධන·පතියා, *n.* master or possessor of wealth; ap. of කුවේර.
ධන·පිශාචිකාව, *n.* *lit.* wealth-demoness, viz. thirst for wealth, avarice, වස්තුතෘෂ්ණාව.
ධනය, *n.* property, riches, wealth, වස්තුව: *alg.* plus, ධන (එකතුකිරීමේ ලකුණ).
ධනවතා, *n.* wealthy person, වස්තුකාරයා.
ධනවත්, ධනවන්ත, ධන·සම්පන්න, *a.* rich, wealthy, වස්තුකාර. [කරවා.
ධනවත්කරනවා, *v. t.* to enrich, පොහොසත්කර
ධනවන්තකම, *n.* wealthiness, පොහොසත්කම.
ධන·වර්ෂණශීල, *a.* showering riches, munificent, bounteous, ඉතා ත්‍යාගවන්ත.
ධන·සම්පත්තිය, *n.* wealth, treasure, වස්තු.
ධනහරී, *n.* perfume made from the plant, *kaemferia galanga* or හිඟුරුපියලි.
ධනහීන, *a.* destitute, poor, වස්තුනැති, දිළිඳු.
ධනාධිපතියා, *n.* (·අධි :), owner or lord of wealth; ap. of Kuvéra.
ධනාර්ජනේන්ද්‍රිය, *n.* (·අර්ජන acquiring, ඉන්ද්‍රිය), *phren.* acquisitive faculty. [තෘෂ්ණාව.
ධනාශාව, *n.* desire for wealth, avarice, වස්තු
ධනික, *a.* opulent, වස්තුකාර; excellent, උතුම්; pious, භක්තිවන්ත.
ධනිකා, *n.* coriander seed, කොත්තමල්ලි.
ධනිකයා, *n.* husband, ස්වාමිපුරුෂයා; creditor, ණයහිමියා.
ධනිකාව, *n.* virtuous woman or wife; young woman, තරුණී.
ධනිත, *a.* aspirated, මහාප්‍රාණ.
ධනිෂ්ඨාව, *n.* the twenty-fourth lunar mansion, four stars of Delphini, figured by a tomtom.
ධනී, *a.* wealthy, වස්තුකාර.
ධනීය, ධනීයක, *a.* See ධනික.
ධනීයා, *n.* rich person, වස්තුකාරයා.
ධනු, *n. pl.* or *a.* of ධනුව: bows; bow-; දුනු.
ධනු·ධර, *n.* P., see ධනුර්ධරයා.
ධනු·රාශිය, *n.* a sign of the zodiac, Sagittarius.
ධනුර්ගුණය, *n.* (ධනුඃ ගුණය), bowstring දුනුදිය.
ධනු·දන්තයා, *n.* toxodon (an extinct animal).
ධනු·ධරයා, *n.* archer, දුනුවායා; Vedda, වැද්දා; Sagittarius.
ධනුර්වේදය, *n.* knowledge of archery.
ධනුව, *n.* bow, දුන්න.
ධනුශ්ශිල්පය, ධනුශ්ශාස්ත්‍රය, *n.* (ධනුඃ ශිල්පය &c.), art of archery, දුනුවිදීම යන ශිල්පය. [පතියා.
ධනේශ, ධනේශ්වර, *n.* (ධන ඊශ &c.): see ධන
ධනේශ·දිග, *n.* the North quarter, as under the government of ධනේශ.
ධනෝපාර්ජනය, *n.* (ධන උපා :), acquisition of wealth, වස්තු හම්බකරීම.
ධන්‍ය, *a.* wealthy; fortunate, වාසනාවන්ත; good, යහපත්.
ධන්‍යතාව, *n.* wealthiness &c. [වාසනාකම.
ධාන්‍යය, *n.* wealth, ධනය; good fortune, වාසනා

ධනුවය, *n.* bow, දුන්න.
ධනුවා, *n.* bowman, දුනුවායා; ap. of Arjuna, as using a bow.
ධමන, *a.* harsh, cruel, කර්කශ, ක්‍රූර.
ධමකයා, ධමයා, *n.* one who blows (bellows, trumpet &c.), පිඹින්නා.
ධමනි, *n.* any tubular vessel of the body, as a vein &c., නහර; neck, බෙල්ල; turmeric, කහ; a sort of perfume.
ධම්ම, *a.* P. of ධර්ම or ධම්.
ධම්ම·සභා, *n.* assembly for reading and hearing bana, bana meeting or society. [knot.
ධම්මිල්ලය, *n.* braided and ornamented hair-
ධරණි, ධරණී, *a.* pert. to the earth, පොළොව්.
ධරණී·ධරය, *n.* that which supports the earth, viz. mountain, කන්ද.
ධරණී·ධරයා, *n.* supporter of the earth: ap. of Vishnu; tortoise, ඉබ්බා.
ධරණීය, *n.* the earth, පොළොව.
ධරණී·කීලකය, *n.* pillar of the earth, viz. mountain.
ධරණී·ධරයා, *n.* See ධරණීධරයා. [රජ.
ධරණී·පාල, *n.* governor of the earth, viz. king,
ධරණී·පූරය, *n.* lake of the earth, viz. the ocean, මුහුද. [floats.
ධරණී·ප්ලව, *n.* the ocean in which the earth
ධරණීශ්වරයා, *n.* (ධරණී ඊශ්වර:), lord of the earth, king.
ධරණී·සුතාව, *n.* daughter of the earth: ap. of Rāma's wife Sitā (සීතා) who was turned up from the earth by a plough as Janaka was ploughing a spot to prepare it for sacrifice.
ධරය, *n.* mountain, කන්ද.
ධරාත්ම·ජයා, *n.* (ධරා earth, ආත්මජයා son), ap. of the planet Mars or its regent, අඟහරුවා.
ධරා·ධරයා, *n.* See ධරණීධරයා.
ධරාව, *n.* the earth, පොළොව.
ධරා·සුත, ධරාසුනු, *n.* son of the earth: ap. of the regent of Mars, who was turned up from the earth by a plough.
ධරිත්‍රී, *n.* the earth, පොළොව.
ධරුණය, *n.* paradise, ස්වර්ගය; water, වතුර; conception, ගැබ්ගැනීම.
ධරුණයා, *n.* a name of Brahma, මහාබ්‍රහ්ම දෙවියෝ.
ධර්ම, *a.* pert. to law or religion or duty, doctrinal; virtuous, just, moral in general, සුචරිත.
ධර්ම·කථාව, *n.* sacred history or narrative, sp. used of Buddha's narratives; discourse.
ධර්ම·කථිකයා, *n.* one skilful in reading bana.
ධර්ම·ගුණය, *n.* virtuousness, morality, සුචරිතකම; meritoriousness, පුණ්‍යවන්තකම.
ධර්ම·ග්‍රන්ථය, *n.* sacred book, ශුද්ධ පොත, ආගම ධර්මය අඩංගු පොත; *pl.* hagiographa, holy scriptures, ශුද්ධලියවිලි.
ධර්ම·ග්‍රන්ථ·ලේඛකයා, *n.* hagiographer, sacred writer, ශුද්ධලියවිලි ලියන්නා.
ධර්ම·ග්‍රන්ථේතිහාසය, *n.* (ධර්මග්‍රන්ථ ඉතිහාසය), hagiology. E. S.
ධර්ම·ග්‍රන්ථේතිහාසිකයා, *n.* hagiologist. E. S.
ධර්ම·ඝ්න, *a.* law-breaking, immoral, දුශ්චරිත.
ධර්ම·චක්‍රය, *n.* the whole round or body of laws, code of laws; also name of a Jātaka related by Buddha to a Rishi. [සුශීල.
ධර්ම·චර්‍ය්‍යා, ධර්ම·චාරී, *a.* pure, virtuous, පිරිසිදු,
ධර්මචර්‍ය්‍යාව, *n.* purity &c.
ධර්මතාව, ධර්මත්වය, *n.* law-state, viz. a state consistent with law or religion, righteousness, equity, justice, morality, beneficence, religious merit, ධර්මිෂ්ඨකම &c.; inherent nature, ස්වාභාවික ගතිය.
ධර්ම·දේශනාව, *n.* religious sermon; any discourse of Buddha to gods, Brahmas and men.
ධර්ම·ධ්වජයා, *n.* religious flag-bearer, viz. professor or one who makes a show of religion by asceticism; a religious hypocrite, කුහක තාපසිකයා.
ධර්ම·නිබන්ධය, *n.* attachment to law or religion, virtue, ධර්මිෂ්ඨකම.
ධර්ම·පත්තන, *n.* pepper, ගම්මිරිස්; a district of India celebrated for growing pepper.
ධර්ම·පර, *a.* devoted to religion, pious, භක්තිවන්ත.
ධර්ම·භාණ්ඩාගාරය, *n.* library of sacred books, treasury of B. books.
ධර්ම·භාණ්ඩාගාරිකයා, *n.* librarian or treasurer of sacred books.
ධර්මය, *n.* law, doctrine; sacred Scriptures or Bana; righteousness, justice, යුක්තිය; moral or religious merit, කුසල; duty, යුතුකම; nature or natural state, ස්වභාව ගතිය.
ධර්මයා:, *n.* the just one: ap. of Yama, judge and regent of the dead: ap. of the bull of Siva, as a personification of virtue.
ධර්ම·රත්නය, *n.* doctrine-gem: ap. the doctrine or discourses of Buddha.
ධර්ම·රාජ, *n.* any righteous king; ap. of Yama: see ධර්මයා; ap. of Buddha as the author of Bana; a sage or saint.
ධර්ම·රෝධි, *a.* (රෝධි see විරෝධි), immoral, දුශ්චරිත; illegal අනාඩු. [රීත.
ධර්ම·වත්, *a.* just, righteous, pious, ධර්මිෂ්ඨ, සුච
ධර්ම·විතණ්ඩය, *n.* religious controversy, polemics.
ධර්ම·විනය, *n.* doctrinal part of the Tripitaka and rules of discipline for the priesthood.
ධර්ම·වේදී(තැනැ), *n.* teacher of law, ධර්මාචාර්‍ය්‍යයා.
ධර්ම·ශාලාව, *n.* court of justice, නඩුශාලාව; sacred reading shed, බණමඩුව; asylum for the poor.

ධර්ම·ශාස්ත්‍රය, *n.* jurisprudence, science or knowledge of law or Bana. [religion.

ධර්ම·ශික්ෂකයා, *n.* divinity teacher, teacher of

ධර්ම·ශික්ෂාව, *n.* instruction in law, ethics.

ධර්ම·ශිෂ්‍යයා, *n.* divinity pupil, student of re-

ධර්ම·ශීල, *a.* See ධර්මවත්. [ligion.

ධර්ම·ශ්‍රවණය, *n.* hearing Bana (or other) preaching, බණ හෝ දේශනාඇසීම.

ධර්ම·සංහිතාව, *n.* compilation or code of laws, ව්‍යවස්ථා සංග්‍රහය.

ධර්ම·සභාව, *n.* religious assembly, congregation hearing Bana; consistory tribunal.

ධර්ම·සමවධීරණය, *n.* study and mastery of law or Bana, ධර්මය or බණ පුහුණුකෙරීම.

ධර්ම·සාධක, *a.* which fulfils law, equitable, just, ධාර්මිෂ්ඨ, යුක්තියුක්ත. [කම.

ධර්ම·සාධකතාව, *n.* equitableness &c., ධාර්මිෂ්ඨ

ධර්ම·සූත්‍රය, *n.* a rule of doctrine &c., canon.

ධර්ම·ස්කන්ධය, *n.* code of laws or doctrines, sp. the whole collection of Buddha's doctrines, discourses and precepts.

ධර්මාචාර්ය, *a.* (·ආචා:), Doctor (so and so).

ධර්මාචාර්යයා, *n.* doctor (of laws or of divinity).

ධර්මාධර්ම, *a.* (ධර්ම අධර්ම), relating to right and wrong, casuistic, යුතු අයුතු.

ධර්මාධර්ම·ශාස්ත්‍රය, *n.* casuistry.

ධර්මානුකූල, ධර්මානුගත, *a.* (·අනු:), conformable to law or religion, orthodox, සම්මත.

ධර්මානුක්‍රමය, *n.* systems of laws or doctrines.

ධර්මානුසාරය, *n.* conformity to law or religion, morality, සදාචාරය, සුචරිතය.

ධර්මාපේත, *a.* (·අපේත gone), lost to righteousness, immoral, ungodly, අධාර්මිෂ්ඨ, අභක්ති.

ධර්මාපේතතාව, *n.* immorality &c., දුෂ්ටකම &c.

ධර්මාභියෝගය, *n.* (·අභි:), attachment to or practice of the law or religion.

ධර්මාභිසමය, *n.* comprehension of the law or doctrines, ධර්මය තේරුම්ගැනීම.

ධර්මාමෘතය, *n.* law-or doctrine-ambrosia or nectar: ap. of Bana.

ධර්මාසනය, *n.* pulpit, lectern; judgement-seat, දේශනාකුටුව, විනිශ්චයාසනය.

ධර්මික, ධාර්මික, *a.* canonical, ධර්මයට අයිති; according to rule, සම්මත; righteous, ධාර්මිෂ්ඨ.

ධාර්මිකකම, ධාර්මිකතාව, *n.* righteousness &c.

ධාර්මිෂ්ඨ, *a.* righteous, just, virtuous. [tify.

ධාර්මිෂ්ඨකරනවා, *v. t.* to render righteous, jus-

ධර්ම්‍ය, *a.* just, right, rightful, moral, හරි, යුතු, සුසිල.

ධර්ෂණය, ධර්ෂිතය, *n.* contumely, contempt, arrogance, ගර්වය, උදුරම; copulation, සංවාසය.

ධර්ෂිණී, ධර්ෂිතාව, *n.* dishonest or unchaste woman, අවිශ්වාස or කල්ලාල ස්ත්‍රී.

ධවයා, *n.* man, මනුෂ්‍යයා; husband, ස්වාමිපුරුෂයා; rogue, වංචාකාරයා.

ධවල, *a.* white, සුදු; handsome, ලක්ෂණ.

ධවල, *n.* white-pepper.

ධවලච්ඡත්‍රය, ධවලාතපත්‍රය, *n.* white umbrella, used by kings and priests, සුදුකුඩය.

ධවලාව, *n.* white cow, සුදු එළදෙන.

ධාතා, ධාතෘ, *n.* bearer, carrier, දරන්නා; ap. of Brahma.

ධාතු, *n. pl.* or *a.* of ධාතුව: see the next.

ධාතු, ධාතුක, ධාතුජ, *a.* elemental, primitive, radical, as ධාතුද්‍රව්‍ය, elemental substances; ධාතුවචනය or අක්ෂරය, radical word or letter; pert. to the humours and elements of the body; mineral, ලෝහ.

ධාතු·කරඬුව, ධාතු·සමුද්ගය, ධාතු·ගෙප්පුව, *n.* reliquary, shrine.

ධාතු·කාසීස, *n.* red sulphate of iron.

ධාතු·ගර්භය, *n.* See දාගැබ.

ධාතු·ගුණය, *n.* chemical property.

ධාතු·දේව·දෘෂ්ටිය, *n.* hylotheism, pantheism, materialism. E. S.

ධාතු·දේව·දෘෂ්ටියා, *n.* pantheist.

ධාතු·පය, *n.* fluid that nourishes the elements, viz. alimentary juice or chyle.

ධාතු·ප්‍රාණක·දෘෂ්ටිය, *n.* hylozoism, ධාතු ජීවමාන බව විශ්වාසකෙරීම.

ධාතු·මන්දිරය, *n.* relic repository, reliquary.

ධාතුව, *n.* element, any elementary substance, as of the body or the world; relic; mineral, metal; root of a word, radix.

ධාතු·වාදියා, *n.* mineralogist. [logy.

ධාතු·විද්‍යාව, *n.* knowledge of elements, minera-

ධාතු·විභාග·ශාස්ත්‍රය, *n.* analytics.

ධාතු·වියෝගය, *n.* dissolution of elements, decomposition, ධාතුවෙන්කිරීම or වෙන්වීම.

ධාතු·සත්‍යය, *n.* elementary principle, axiom, මුල් සැබෑවක්. [මව.

ධාත්‍රී, *n.* mother or foster mother, මව or කිරි

ධාත්‍රී, *a.* fostering, cherishing, nourishing, පෝෂණකරන, පිළිදගන. [Vishnu.

ධාතෘ, *n.* father, පියා; ap. of Brahma and

ධාත්වපගමය, *n.* (ධාතු අපගමය), resolution of elements, decomposition: see ධාතුවියෝගය.

ධානා, *n.* parched grain, බැදපු ධාන්‍ය, විලඳ; coriander, කොත්තමල්ලි.

ධානිය, *n.* repository, receptacle, granary, ගබඩාව; holder; site of a house, ගෙපල.

ධාන්‍ය, *n. pl.* or *a.* corn, grain, rice &c. [මල්ලි.

ධාන්‍යක, ධාන්‍යගන්ධ, *n.* coriander seed, කොත්ත

ධාන්‍ය·කෝෂ්ඨකය, *n.* granary, ධාන්‍යාගාරය, අටුව.

ධාන්‍ය·ගෙය, *n.* granary, barn.

ධාන්‍ය·නිර්යාසීය, *a.* glutinous. E. S.

ධාන්‍ය·නිර්යාසය, *n.* gluten. E. S.

ධාන්‍ය·පොතු, *n. pl.* bran, පරළ; husk, දහයියා.

ධාන්‍යමය, *a.* made of corn, frumentacious, ධාන්‍යවලින් සාදනලද.

ධාන්‍ය·මායයා, *n.* (මා to measure), grain-merchant, ධාන්‍ය වෙළෙන්දා.

ධාන්‍ය·මෝල, ධාන්‍ය·යන්ත්‍රය, *n.* corn mill.

ධාන්‍ය·ශීර්ෂකය, *n.* ear or spike of grain, ධාන්‍ය කරල. [කරල් ආකාර.

ධාන්‍ය·ශීර්ෂකාකාර, *a. bot.* spicate, කටුවක් වැනි,

ධාන්‍ය·ශීර්ෂකාකෘති, *a. bot.* spicose, කරල් ආකාර, කරලුසහිත.

ධාන්‍ය·ශීර්ෂකාකෘතිය, *n. bot.* spike, කැත; shape of a spike, කරල් ආකාරය.

ධාන්‍යාකාර, *a.* like grain, frumentacious.

ධාන්‍යාම්ල, *n.* (·අම්ල), sour gruel made of fermented or sour rice-water. [සුරාබීජය.

ධාම·නිධිය, *n.* light-treasury: ap. of the sun,

ධාමය, *n.* the body, ශරීරය; house, ගෙය; dignity, උතුම්කම; pride, උද්ධච්චකම; ray of light, රශ්මිය.

ධාමවත්, *a.* effulgent, splendid, දීප්තිමත්; excellent, උත්කෘෂ්ට, උතුම්.

ධායනාව, *n.* fire-lighting incantation, to be used when lighting a fire or adding fuel.

ධාරණ, *a.* enduring, sustaining, retentive, දරන, උසුලන; keeping in remembrance, සිහි කරන.

ධාරණය, *n.* endurance &c., දැරීම; remembrance, සිහිකෙරීම.

ධාරණයකරනවා, *v. t.* to place, fix, deposit, තබනවා, පිහිටුවනවා; sustain, දරනවා; hold, retain, (සිහියේ &c.) තබාගන්නවා.

ධාරණයකරවනවා, *v. t.* to impress, imprint, lodge (in the mind &c.), පිහිටුවනවා.

ධාරය, *n.* a kind of stone; debt, ණය; slight rain, සැහැල්ලු වැස්ස; frost, හිම; limit, boundary, ඉම; deep place, ගැඹුරුතැන.

ධාරාව, *n.* continuity (as of water dropping, oozing or leaking or of heavy rain), or what continues, heavy rain &c., issue, flow, current; edge (of a sword &c.), මුවහත; van (of an army), පෙරමුණ; horse's pace, (trotting &c.), දුවන අන්දම.

ධාරාධරය, *n.* rain-holder, viz. cloud, වලාකුළ; what has an edge, viz. sword, කඩුව.

ධාරා·නිපාතය, *n.* downpour of rain, තදවැස්ස.

ධාරී, *a.* bearing, holding, containing, දරන, අල්ලන.

ධාරියා, *n.* bearer, holder, දරන්නා, as ඛඩ්ගධාරියා, sword-bearer.

ධාර්මික, *a.* righteous, just, virtuous, ධර්මිෂ්ඨ.

ධාර්මිකභාව, *n.* righteousness &c.

ධාර්‍ය, *a.* that should be borne or contained, දැරිය or ඉසිලියයුතු &c.

ධාවනය, *n.* going, running, යාම, දිවීම; cleansing, පවිත්‍රකෙරීම.

ධාවනය·කරනවා, ධාවනයකෙරෙනවා, *v. i.* to run, flow (of the blood &c.), දුවනවා.

ධික්, *int.* fie, shame; *prefix* implying reproach or contempt.

ධික්කාරය, *n.* disrespect, නොසලකාදැකීම; contempt, පුළුකෙරීම; reproach, නිග්‍රහය.

ධික්කෘත, *a.* reviled, contemned, reproached, cursed, නින්දාකරනලද &c.

ධිෂණයා, *n.* pandit, preceptor, ආචාර්යයා; ap. of බෘහස්පති, which see.

ධිෂණාව, *n.* intellect, ඥානශක්තිය. [චන්ද්‍රයා.

ධිෂ්ණ්‍ය·පතියා, *n.* star-lord, viz. the moon,

ධිෂ්ණ්‍යය, *n.* star, තාරකාව; fire, ගින්න; power, බලය.

ධීතුව, *n.* Er. for දුහිතාව.

ධීන්ද්‍රියය, *n.* (ධී ඉන්ද්‍රියය), an organ of intellect or sense, as the mind, eye, ear &c., බුද්ධීන්ද්‍රියය.

ධීමත්, *a.* sensible, intellectual, ඥානවත්.

ධීමාන්, *n.* wise one: ap. of බෘහස්පති. [බුද්ධිය.

ධීය, *n.* understanding, intellect, ඥානය, සිහි

ධීර, *a.* wise, learned, පණ්ඩිත; firm, strong, ස්ථිර, බලවත්; obstinate, මුරණ්ඩු; lazy, අලස.

ධීරත්වය, *n.* firmness &c., courage, ධෛර්‍යය; suppression of jealousy.

ධීරයා, *n.* wise man, pandit, පණ්ඩිතයා.

ධීරව, *n.* saffron, කහ. [ලන්නා.

ධීවරයා, *n.* fisherman, මත්ස්‍යඝාතකයා, මසුන් අල්

ධීවරිය, *n.* harpoon, මස්මරන හෙල්ලය.

ධීවරී, *n.* fisherman's wife, fishwoman, මස්මරන ස්ත්‍රී, මාලු විකුණන්නී.

ධී·සචිවයා, *n.* counsellor, minister, මන්ත්‍රියා; wise or prudent adviser, friend, ඥානවත් උපදේශකයා, මිත්‍රයා.

ධුත, *a.* forsaken, අත්හැරුණු; shaken, agitated, සෙලවෙන, චලිත.

ධුත·ගුණය, *n.* quality or attribute of self-denial or subjugation. E. S.

ධුතාංග, *n. pl.* (·අංග portions or sections), self-denying ordinances: see තෙළෙස් ධුතාංග.

ධුනිය, *n.* river, ගඟ.

ධුරන්ධර, *a.* (ධුර(ම්) load, ධර to bear), burden-bearing, බරගෙනයන; holding (such & such) office, office-bearing, නිලධාරී, office-bearer (so and so).

ධුරන්ධරයා, *n.* burden-bearer; office bearer or holder, නිලධාරියා.

ධුරය, *n.* load, burden, බර; office, profession, නිලය, තනතුර.

ධුරීණයා, ධුර්‍යයා, ධුර්වහයා, *n.* (ධුර් වහ), bearer, carrier, බරගෙනයන්නා or ගෙනයන සතා.

ධූත, *a.* shaken, චලිත; reviled, ගර්හිත; abandoned, අත්හැරුණු; judged, discriminated, විමසනලද. [ලීම.

ධූනනය, *a.* shaking, සෙලවීම, trembling, වෙවු

ධූප, *n.* resin, දුම්මල; smoke, incense, ඔප්පු කරන සුවඳදුම් or සුවඳ ද්‍රව්‍ය.

ධූප·වෘක්‍ෂය, *n.* turpentine tree, terebinth.

ධූපාංග, ධූපාංගරස, *n.* turpentine, ටර්පන්ටයින්.
ධූපිකාව, *n.* mist, fog, මීදුම.
ධූම, *a.* of smoke, steam or vapour.
ධූම·කේතන, *n.* fire, ගින්න; its deity, අග්නි; the demon Kétu personified as the descending node. [above).
ධූම·කේතුව, *n.* comet or falling star; Kétu (as
ධූම·කේතු·විඥානය, *n.* cometography.
ධූම·ධ්වජය, *n.* smoke-banner or symbol, viz. fire, ගින්න. [ගසනවා.
ධූම·නාගිනවා, *v. i.* to smoke, දුම්නාගිනවා, දුම්
ධූම·ප්‍රභාව, *n.* the hell of smoke.
ධූම·මහිෂී, *n.* fog, mist, මීදුම.
ධූම·මාපක·යන්ත්‍රය, *n.* smoke-gauge, steam-gauge, දුම මනින යන්ත්‍රය. [ශිල්පය
ධූම·මාලිම·ශිල්පය, *n.* steam-navigation, දුම් නැව්
ධූමය, *n.* smoke, steam, vapour, දුම; මීදුම.
ධූම·යන්ත්‍රය, *n.* steam-engine.
ධූම·යාත්‍රාව, *n.* steam-boat, steam-vessel, දුම් පාරුව, දුම්නැව. [වලාකුළ.
ධූම·යෝනිය, *n.* product of vapour, viz. cloud,
ධූම·රථකාරයා, *n.* locomotive engine-driver, දුම්රිය ගෙනයන්නා.
ධූම·රථ·මාර්ගය, *n.* railroad, railway, දුම්රිය පාර.
ධූම·රථය, *n.* steam-carriage, locomotive, දුම්රිය.
ධූම·ල, *n.* or *a.* purple, රත්නිල්, දුම්පාට.
ධූම·ශිඛාව, *n.* smoke-crest, viz. flame, ගිනිදැල්ල.
ධූම·සංකුල, *a.* high-pressure (engine).
ධූමාසංකුල, *a.* (·අසංකුල), low-pressure (engine).
ධූමිකාව, *n.* reek, vapour, දුමාරය.
ධූමෝත්පාදක·භාජනය, *n.* (ධූම උත්:), steam-generating vessel, generator.
ධූමෝර්ණා, *n.* (ධූම ඌර්ණා), wife of Yama, the name alludes to her smoky hue and woolly hair. [කොබෙයියා.
ධූම්‍රාටයා, *n.* fork-tailed shrike, blue dove, නිල
ධූම්‍යාව, *n.* a volume of a smoke, දුම් රාශියක්, දුමාරයක්.
ධූම්‍ර, *a.* purple, රත්නිල්.
ධූම්‍රය, *n.* purple, රත්නිල්පාට.
ධූරය, *n.* pole of a carriage, කුඹරය; agitation, trembling, චලිතය; er. for ධුරය.
ධූර්ත, ධූර්ත්ත, *a.* addicted to (something bad), immoral, profligate, vicious, dissolute. [දුෂ්ඨ.
ධූර්ත, *n.* medicinal salt, saltpetre, nitre, බලල්
ධූර්ත·ජන්තුවා, *n.* *lit.* the cunning creature; man. [කම.
ධූර්තතාව, *n.* immorality &c., දුශ්චරිතය, තක්කඩි
ධූර්ත·මණ්ඩලය, *n.* company of dissolute persons, rogues and gamblers, දුශ්චරිත සමාගම.
ධූර්තයා, *n.* libertine, gambler &c.; jackal, නරියා.
ධූර්ධරයා, *n.* burden-bearer, beast of burden: see ධුරන්ධර &c.
ධූලි, *n.* dust, දූවිලි.
ධූසර, *a.* grey, අළුපාට ඇති.

ධෘත, *a.* possessed, holding, සහිත, contained, අඩංගු; cherished, supported, පිළිදගිනලද.
ධෘතරාෂ්ට්‍රයා, *n.* serpent of පාතාලය, නාගයා; a god, දෙවියෙක්; a king of the moon-race, චන්ද්‍රවංශයේ රජෙක්; goose or swan, පාත්තයා or හංසයා; chief of the ගන්ධර්වයෝ.
ධෘතිමත්, *a.* firm, steady, ස්ථිර; content, happy, සතුටු.
ධෘතිය, *n.* firmness, strength, සවිය; holding; a stanza of four lines of eighteen syllables each.
ධෘෂ්ට, *a.* impudent, bold, shameless, ලජ්ජානැති.
ධෘෂ්ටාව, *n.* unfaithful wife, unchaste woman.
ධේනුකාව, *n.* female elephant, ඇතින්නී; milch cow, කිරි එළදෙන.
ධේනුව, *n.* dam, female animal, දෙන.
ධෛනුකය, *n.* herd of milch cows, කිරි එළ දෙනුන් රැළ.
ධෛර්‍ය්‍යකරනවා, ධෛර්‍ය්‍යමත්කරනවා, *v. t.* to encourage, stimulate, embolden.
ධෛර්‍ය්‍යමත්, ධෛර්‍ය්‍යවන්ත, (or more correctly) ධෛර්‍ය්‍යවත්, *a.* courageous, brave, energetic, resolute.
ධෛර්‍ය්‍යවන්තයා, *n.* brave or energetic person, hero. [roine.
ධෛර්‍ය්‍යවන්තී, *n. fem.* courageous woman, heroine.
ධෛවත, *n.* the sixth note of the Indian gamut.
ධෞත, *a.* See ධෞත. [නය.
ධෞරණය, *n.* vehicle, carriage, වාහනය, කරත්
ධෞරණයා, *n.* elephant-keeper, ඇත්ගොව්වා.
ධෞවනය, *n.* washing, cleansing, සේදීම, ඇපිල්ලීම. [නවා.
ධෞවනයකරනවා, *v. t.* to wash, cleanse, සෝද
ධෞත, *a.* washed, සෝදනලද, cleansed, පිරිසිදුවූ.
ධෞත·කෞශේය, *n.* bleached silk, සුදුකළ පට පිළිය.
ධෞරිතකය, *n.* trot (of a horse), බලුහැල්ම.
ධෞරේයයා, *n.* burden-bearer, බර ගෙනයන්නා; beast of burden; horse, බරගෙනයන සතා, අශ්වයා.
ධ්‍යාන·තත්පර, ධ්‍යාන·පර, ධ්‍යාන·මාන, *a.* meditative, contemplative, reflective, මෙනෙහිකරන.
ධ්‍යාන·තත්පරයා, *n.* B., one engaged in meditation, recluse, mystic.
ධ්‍යානය, *n.* B., meditation, profound contemplation, concentration of the thought and purpose in order to obtain Nirvāna, such an intentness of mind that it is supposed to exclude objects of sense so that they are unperceived or make no impression. It is divided into five stages: the first, ප්‍රථම ධ්‍යානය, is one of need, doubt or investigation (විතර්කය); the second, මිතිය ධ්‍යානය, as the result of the first, is one of seeking (විචාරය); the third, තෘතීය ධ්‍යානය, as the result of the

second, is one of finding or joy (ප්‍රීතිය); the fourth, චතුර්ථ ධ්‍යානය, as the result of the third, is one of sound condition or satisfaction (සුඛය); the fifth, පඤ්චම ධ්‍යානය, as the result of the fourth, is one of perfect mental quietude and repose (ඒකාග්‍රතාව). The following may illustrate the different stages. The first may be compared to thirst; the second, to the seeking of water; the third, to the joy of finding it; the fourth, to the benefit and satisfection derived from drinking it; the fifth, to the quiet repose and rest in the shade after the want has been satisfied.

ධ්‍රාජිය, *n.* whirlwind, gale, සුළිසුළඟ, සැරසුළඟ.

ධ්‍රැව, *a.* perpetual, permanent, නිරන්තර; fixed, firm, ස්ථිර; polar.

ධ්‍රැව·තාරකාව, *n.* the pole star.

ධ්‍රැව·ප්‍රදේශ, *a.* in the region of the pole, polar.

ධ්‍රැවකය, *n.* trunk of a lopped tree, ගසේකඳ; longitude, (පූර්ව or පශ්චිම) දේශාන්තරය.

ධ්‍රැවය, *n.* pole of the earth; pole star; certainty, නිශ්චය; logic, තර්කශාස්ත්‍රය.

ධ්‍රැව·වෘත්තය, *n.* polar circle, නියම් උතුරු or දකුණු චක්‍රය.

ධ්වජ·ධාරියා, *n.* standard-bearer, කොඩිකාරයා.

ධ්වජය, *n.* flag, banner, කොඩිය; mark, ලකුණ, penis, පුංලිංගය; fraud, hypocrisy, කපටිකම; an iambic.

ධ්වනිය, *n.* sound, හඬ, නාදය; high-sounding or figurative style.

ධ්වනි·නාලය, *n.* lute or flute, කින්නාරම, නලාව.

ධ්වස්ත, *a.* fallen, lost, වැටුණු, නැතිවුණු.

න.

න, *n.* The fifth letter of the dentals, corresponding to the letter N.

න, *prefix*, with a negative, privative or prohibitive force. Its normal form is නො, as නොකර, but its vowel is varied according to the vowel which follows and sometimes is merely න. Thus නාරින for නොඅරින, නැර for නොඇර, නෙත for නොඑත, නූපන් for නො උපන්, නුදුටු &c., but not නී, as නොඉල්ලා, not නිල්ලා.

නංවනවා, *v. c.* to cause to lift or hoist; to cause to embark; (නැවේනැඟ) රට නංවනවා, to deport or banish to another country; *pret.* නැංවූවා; *v. n.* නැංවීම, නැංගීම. [mansion.

නකත, *n.* (fr. නක්ෂත්‍ර), star or planet; lunar

නකත්කෙළිය, *n.* a festival, chiefly Hindu, at full moon in ඉල්මස (Oct.-Nov.).

නකත්·ගෘහය, *n.* asterism or lunar mansion: see නක්ෂත්‍රය.

නකත්තා, *n.* astrologer.

නක්‍ර, *n.* crocodile, කිඹුලා; ichneumon, මුගටියා.

නකුට, *n.* tail, වල්ගය; nose, නාසය.

නා·කුල, *a.* (න no, කුල caste), disgraced, outcast, rejected from a family, පිටවහල්වූ.

නකුලයා, *n.* Bengal mongoose, මුගටියා; the fourth of the five Pāndu princes.

නකුලී, *n.* Indian spikenard, ජටාමාංශ; a kind of perfume.

නක්ත, *a.* night, රාත්‍රි, රෑ.

නක්තකය, *n.* dirty cloth or rag, කිලිටු රෙද්ද; wiper, towel, තුවාය, handkerchief, ලේන්සුව.

නක්ත·භෝජනය, *n.* evening meal, supper, රාත්‍රි කෑම. [and day, රෑ දවල්.

නක්තන්දිව, *a.* or *ad.* night and day or by night

නක්‍රය, *n.* lintel, උඩ පඩිකඳ; nose, නාසය; swarm of bees, මීමැස්රැල, බඹරපෙල.

නක්‍රයා, *n.* crocodile, alligator, කිඹුලා.

නක්ෂත්‍ර·කාරයා, *n.* astronomer or astrologer.

නක්ෂත්‍ර·ක්‍රමය, නක්ෂත්‍ර·ශාස්ත්‍ර·ක්‍රමය, *n.* system of astronomy.

නක්ෂත්‍ර·ක්‍රීඩාව, *n.* See නකත්කෙළිය.

නක්ෂත්‍ර·ඝෝෂණය, *n.* announcement of the appearance of a planet to be celebrated with festivity.

නක්ෂත්‍ර·නාභිය, *n.* pole-star, ධ්‍රැවතාරකාව.

නක්ෂත්‍ර·පාඨකයා, *n.* astrologer, නැකත් කියන්නා.

නක්ෂත්‍ර·මාලාව, *n.* necklace containing 27 pearls; table of the 28 asterisms in the moon's path, giving their names, positions and the signs by which they are represented.

නක්ෂත්‍රය, *n.* star, තාරකාව; asterism or any one of the 28 mansions in the moon's path, each one being distinct in name, figure and and number of stars.

නක්ෂත්‍ර·යෝගය, *n.* chief star of a lunar mansion; constellation, තරුවැල; astrology, consulting the position of the stars.

නක්ෂත්‍ර·විද්‍යාව, *n.* astronomy or astrology.

නක්ෂත්‍ර·ශාස්ත්‍රය, *n.* astronomy.

නක්ෂත්‍රේශ, *n.* (නක්ෂත්‍ර ඊශ), star-lord: ap. of the moon, සඳ.

නඛ, *n. pl.* or *a.* finger-nails &c., claws; nail-.

නඛ·පඤ්ජරය, *n.* bunch or cluster—the whole lot—of fingers or toe nails or claws.

නඛ·මාණික්‍යය, *n.* nail-gem, viz. onyx.

නඛය, *n.* nail of finger or toe, claw, නිය පොත්ත; a perfume.

නඛරය, *n.* nail, claw, නඛය.

නඛරායුධයා, *n. lit.* claw-fighter, viz. beast of prey, as a lion, cock &c. [වලින් ඉරන.

නඛ·විෂ්කිර, *a.* tearing with claws, නියපොතු

නඛ·විෂ්කිර·පක්ෂියෝ, *n. pl.* birds of prey, raptores.

නඛ·සමෝධානය, *n.* placing the nails together, viz. clasping the hands.

නඛාග්‍රය, *n.* tip of the finger or toe nail or claw.
නඛී, *a.* having nails or claws, නියපොතු ඇති.
නඛ, *n.* vegetable perfume, වක්සිය.
නග, *a.* mountain-, කඳු.
නග·ජ, *a.* mountain-born, කන්දෙහි හටගත්.
නග·ජයා, *n.* elephant, ඇලියා; mountaineer, කඳුරටේ වැසියා.
නග·නන්දිනී, *n. lit.* mountain-daughter; ap. of Durgā, wife of Siva, as being in one of her characters the daughter of Himālaya, and for the same reason named also පාර්වතී.
නගනය, *n.* stye on the eyelid.
නගනවා, *v. t.* to raise up, lift up; build; translate into (a language); *pret.* නැඟුවා; *v. n.* නැඟීම.
නඟනී, *n.* younger sister; *pl.* නඟනියෝ.
නග·පති, *n.* mountain Lord: ap. of the Himālayan range, හිමාල පර්වතය.
නගය, *n.* what is fixed, viz. mountain, කන්ද; tree ගස; star, තාරකාව; rock, පර්වතය.
නගර, *n. pl.* or *a.* towns, cities; town-, city-, urban.
නගර·ගුප්තිකයා, *n.* city guard, නුවරමුරකාරයා.
නගර·ඝාතයා, *n. lit.* city-smiter, viz. elephant, ඇලියා.
නගර·ප්‍රදේශය, township, town district.
නගරම්, *n.* low-caste man, හීනයා.
නගරය, *n.* town, city, නුවර.
නගරයා, *n.* a kind of fish.
නගර·ස්ථ, *a.* situated in a city, city-, town-, municipal, නුවර පිහිටි.
නගරු, *n.* citizen, නුවර වැසියා.
නගරාධිපාද·ධුරය, *n.* (ආධිපාද), mayoralty, නුවර මුලාදෑනිකම. [මුලාදෑනියා.
නගරාධිපාදයා, *n.* mayor, burgomaster, නුවර
නගරාධිපාදයාණෝ, *n. hon.* mayor, *Scot.* provost.
නගරිය, *n.* See නගරය.
නගරෝපාන්ත, *a.* (නගර උපාන්ත), suburban, පිට නුවර-, නුවර සමීප. [නුවරින් පිටවූ බිම.
නගරෝපාන්තය, *n.* suburban district, suburbs,
නගල, *n.* See නඟුල.
නඟා, *n.* younger sister; *pl.* නඟාලා, නඟාවරු.
නගාචරයා, *n. lit.* mountain-wanderer, viz. monkey, රිලවා, වඳුරා.
නගාධිපති, *n.* See නගපති.
නඟිනවා, *v. i.* to mount, rise, ascend; *pret.* නැඟුණා, නැග්ගා; *v. n.* නැඟීම.
නඟුට, *n.* tail, වලිගය.
නඟුන්, *n. pl. acc.* of නඟා.
න·ගුර, *a.* (න priv., ගුර long), short, කොට.
නඟුල, *n.* tail, වලිගය; plough; *pl.* නඟුල්.
නඟුලත්, නංගුල, *n.* ap. of Balabhadra, elder brother of Krishna.
නඟුලිස, *n.* (නඟුල් ඉස), head of a plough.
නඟුල්·දත, *n.* coulter; ploughshare.
නඟුල්·මිට, *n.* plough handle.
නග්ගවනවා, නංගවනවා, *v. c.* to cause to lift or hoist, cause to ascend; get built; *pret.* නැග්ගෙවුවා, නැංගෙවුවා; *v. n.* නැග්ගවීම.
නග්න, නග්නක, *a.* naked, nude; *n.* නග්නකම, නග්නත්වය.
නග්නකරනවා, *v. t.* to strip, denude.
නග්නක·ඵල·ද, නග්නක·ඵලී, *a.* (ද giving), gymnocarpous, වැස්මක්නැති ඵලදරන.
නග්නක·ශාස්ත්‍රකාරයා, *n.* gymnosophist.
නග්නක·ශාස්ත්‍ර·ධර්මය, *n.* gymnosophy.
නග්නයා, නග්නාවයා, *n.* naked man; naked H. religious mendicant. [puberty.
නග්නිකාව, *n.* naked woman; young girl before
නඟනවා, නඟිනවා &c. See නගනවා, නගිනවා &c.
නංකරනවා, *v. t.* to erect, build, ගොඩනඟනවා.
නංගනවා, *v. t.* to cause to mount; *pret.* නැංගුවා; *v. n.* නැංගීම.
නංගී, *n.* younger sister; *pl.* නංගිලා.
නච්චය, නටනය, *n.* dance, pantomine, නැටුම, නැටීම.
නටනවා, *v. i.* to dance, perform as actors; dance or bubble as boiling water; යකුන්— බලි යකුන් නටනවා, to perform devil-dance; *pret.* නැටුවා; *v. n.* නැටීම. [නැටුම.
නටනු, *n.* dancing, theatrical performance,
නටබුන, *n.* devastation, ravage, නාශය.
නටබුන්, *a.* devastated, desolate, නාශවූ, පාළුවූ.
නටබුන්කරනවා, *v.* to devastate, overthrow, destroy, raze. [නා.
නටබුන්කාරයා, *n.* devastator &c., නාශකාරයා
නට·භූෂණය, නටමණ්ඩනය, *n. lit.* actor's ornament, viz. yellow orpiment or dye, හිරියල්.
නටයා, *n.* dancer, actor, නාටකයා.
නටවනවා, *v. c.* to cause to dance, dance or dandle; make to boil; *pret.* නැටෙවුවා; *v. n.* නැටවීම.
නටවරු, *n. pl.* dancers, නාටකයෝ.
නටවූ, *a.* E. of නශව: destroyed, perished, lost, විනාශවූ.
නටී, *n.* dancing woman, actress, නැට්ටුක්කාරී; harlot, වෙසඟන; red arsenic.
නටු, *a.* See නටවූ. [නැටව.
නටුව, *n.* stalk of a leaf &c., petiole, pedicel,
නට්ටිය, *n.* knee, දණ.
නඩත්තුකරනවා, නඩමාඩකරනවා, *v. t.* to maintain (with a living), support, රක්ෂාකරනවා.
නඩත්තුකාරයා, *n.* supporter, cherisher.
නඩත්තුව, *n.* sustenance, subsistence, maintenance.
නඩම්නයා, *n.* sprat, හාල්මැස්සා.
නඩය, *n.* filth, කුණු, කසළ; sort of small reed, කුලල්බට; verandah, platform, පිල.
නඩලම, *n.* teasing, annoyance, foolery.

නඩලම්කරනවා, *v.* to vex, tease, plague, indulge in foolery. [නඩුව.

නඩාව, *n.* weaver's shuttle ; narrow sword, පටු

නඩි, *a.* stout, bulky, fat, තරබාරු.

නඩියා, *n. mas.* bulky person or animal, තඩියා.

නඩු, *n. pl.* or *a.* lawsuits ; pert. to lawsuits.

නඩු·අහනවා, *v.* to judge, hear or try lawsuits.

නඩු·ආකාරයෙන්, *ad.* judicially, juridically.

නඩු·ආසනය, *n.* judicial bench, judgement seat, tribunal.

නඩුකාරකම, *n.* office of magistrate or judge, magistracy, judgeship.

නඩුකාරතැන, නඩුකාරයා, *n.* judge, magistrate.

නඩුකියනවා, නඩුගන්නවා, *v.* to institute a lawsuit, litigate, sue, plead, implead.

නඩු·ක්‍රියා, *n. pl.* legal proceedings, litigation.

නඩු·ගාස්තුව, *n.* legal costs or fees.

නඩු·තනනවා, *v.* to make or get up a lawsuit.

නඩු·තීන්දුව, *n.* verdict, sentence.

නඩු·මග, නඩු·මාර්ගය, *n.* legal course or process.

නඩු·යනවා, *v.* to go to law, take legal proceedings.

නඩු·ලේඛනය, *n.* law-calendar.

නඩුව, *n.* lawsuit, case.

නඩුවට·නැති, *a.* not in accordance with law, unjust, illegal, අනඩු. [suits, judge.

නඩු·විචාරනවා or ·විභාගකරනවා, *v.* to try law-

නඩු·විභාගය, *n.* trial before a judge.

නඩු·විභාග·වාරය, නඩු·සභා·වාරය, *n.* session of court, assize. [cases.

නඩු·විස්තරනවා, *v.* to set forth or explain legal

නඩුශාලාව, *n.* court of justice, courthouse, law court, judgement hall.

නඩු·සභාව, *n.* judical court, tribunal.

නඩු·හබ, *n. pl.* lawsuits and disputes, litigation.

නණ්ඩුව, *n.* awn or beard of corn, as වී නණ්ඩුව.

නත, *a.* crooked, curved, incurved, වකුටු, ඇලවු.

නත·නා, නතයා, *n.* E. of අනන්තයා.

නත·නාසිකයා, *n.* flat-nosed person.

නතර, *n.* occasional support or livelihood ; stay, prop.

නතරකරනවා, *v. t.* to support, prop, sustain, උසුලනවා ; detain, hinder, පුතාංගුකරනවා.

නතරවෙනවා, *v. i.* to delay, tarry, linger, loiter, පුතාංගුවෙනවා.

නතිඳු, *n.* (නත් ඉඳු), the god Nātha, නාථදෙවියා.

නතු, *a.* bent, bowed, නැමුණු ; subject, යටත්, වශග.

නතු·කරනවා, *v. t.* to curve, bend, වකුටුකරනවා, නමනවා ; take possession of, අයිතිකරගන්නවා.

නතුව, *n.* estate, මුදලය, inheritance, උරුමය.

නතුවා, *n.* heir, උරුමක්කාරයා.

නතුවෙනවා, *v. i.* to bend, නැමෙනවා ; submit, become subject to, වශගවෙනවා.

නත්, *a.* for අනන් : endless, infinite, අනන්ත.

නත්, *n.* See නතනා.

නත්තල, *n.* Port., christmas.

නත්තල්, *a.* Port., natal : christmas, as නත්තල් කාලය, christmas time.

නත්තිරම, *n.* patch in a net.

නදන, *n.* joy, ප්‍රීතිය ; cause, reason, හේතුව, කාරණාව ; also E. of නිධානය, treasure.

නදය, *n.* joy ; river, ගඟ ; also E. of නාදය, sound, හඬ. [නඟුර.

නා·දිගු, නා·දිඝු, *a.* not long, short, කොට : see

නදිය, *n.* river, ගඟ. [tic, දිය-.

නදී·ජ, *a. lit.* river-born or produced, viz. aqua-

නදී·ජය, *n.* lotus, නෙළුම ; antimony, අඳුන.

නදී·ජයා, *n.* fish, මාලුවා.

නදී·තීරය, *n.* river bank, ගංඉවුර.

නා·දීන, *a. lit.* not poor, viz. rich, පොහොසත්.

නදීනය, *n.* ocean, මුහුද.

නදීනයා, *n.* ap. of Varuna the god of water.

නඳුන, නඳුන, නඳුනුයන, *n.* (නඳුන් උයන) : see නන්දනෝද්‍යානය.

නඤ්ජුන, *n.* antimony, හොඳුන් : see අඳුන.

නනය, *n.* rib (of umbrella &c.).

නන·රුත්, *n. pl.* or *a.* E. of නානා අර්ථ : various meanings ; of various meanings.

නනු, *part.* implying certainty or assent or interrogation.

නන්, *a.* several, many, නොයෙක්.

නන්දනය, *n.* joy, happiness, ප්‍රීතිය, සැපත ; Indra's elysium ; twenty-fifth year of the Indian cycle of sixty.

නන්දනයා, *n.* son, පුත්‍රයා.

නන්දනාව, නන්දනීය, *n.* daughter, දුවණියෝ.

නන්දනීය, *a.* delightful, pleasing, ප්‍රීතිජනක.

නන්දනෝද්‍යානය, *n.* (නන්දන උද්‍යානය), pleasure-garden ; Indra's heavenly pleasure garden, නඳුන් උයන, නඳුන්වන.

නන්ද·පාලයා, *n.* treasure-keeper : ap. of Varuna, as treasure keeper of Kuvèra the god of wealth.

නන්ද·පුත්‍රී, *n.* ap. of Durgā who became incarnate as a daughter of Nanda.

නන්දය, *n.* joy, happiness, ප්‍රීතිය, සැපත ; any one of Kuvērā's nine treasures.

නන්දයා, *n.* the cowherd Nanda, who was the foster father of Krishna. [Elisium.

නන්දාව, *n.* bathing tank or pond of Sakra in

නන්දිකාව, *n.* Sakra's garden or pleasure ground in Swarga or Elisium ; water-pot, කලය.

නන්දනී, *n.* ap. of the goddess Pārvati ; the river goddess Ganjā ; husband's sister ; the river Alakananda.

නන්දිය, *n.* gambling, සූදුකෙළිය ; sloth, අලස කම ; happiness, සැපත. [කියන්නා.

නන්දියා, *n.* speaker of a prologue, ප්‍රාරම්භ කථාව

නන්·දෙඩනවා, *v.* to prate, babble, tattle, talk much and foolishly; *v. n.* නන්දෙඩීම.

නන්දාවර්තය, *n.* temple, මාලිගාව, දේවාලය; diagram, සටහන; a particular style of palace architecture.

නන්වනවා, *v. t.* See නංගනවා.

නන්·විසිතුරු, *a.* much diversified or variegated, of many colours.

න·පුංසක, *a.* (න priv., පුංසක male), eunuch-; *gram.* neuter.

න·පුංසකකම, න·පුංසක·ගතිය, *n.* eunuchism.

න·පුංසකකරනවා, *v. t.* to eunuchate, castrate.

න·පුංසකයා, න·පුඹුලා, න·පුඹලා, *n.* eunuch.

නපුර, *n.* wickedness, evil, malice.

නපුරා, *n. mas.*, නපුරී, *n. fem.* witched or malicious person.

නපුරු, *a.* wicked, malicious, revengeful.

නප්තෘ, *n.* grandson, මුනුබුරා.

නප්ත්‍රී, *n.* grand daughter, මිනිබිරී.

න·බය, න·භිය, *a.* fearless, අභය, භයනැති.

නභඃ·කුක්ෂිය, *n.* sky-vault, dome of the sky, අහස් කුක්ෂිය.

නභය, *n.* sky, අහස; the month නිකිනි (July-Aug.).

නභස, *n.* sky; atmosphere or air, පවන; cloud, වලාකුළ, rain, වැස්ස; the month නිකිනි.

නභස්තලය, *n.* face of the sky, sky, අහස්තලය, අඹර.

නභං·ගමයා, *n. lit.* sky-traveller, viz. bird, කුරුල්ලා.

නභ·ගත, *a.* situated in the sky, celestial, අහසෙහි පිහිටි.

නභාන්තරය, *n.* the region between the clouds or the sky and the earth.

නභෝ·මණ්ඩලය, *n.* (නභෝ fr. නභස්), circuit or region of the sky, sky, atmosphere, ආකාශය, අහස.

නභෝ·මාර්ගය, *n.* sky-path, path through the sky or air, අහස්මග.

නභෝ·රජස, *n. lit.* sky-dust, viz. darkness, අඳුර.

නම, *n.* E. of නාමය: name, appellation; person, used of dignitaries, as තුන්නමක් for තුන්දෙනෙක්, three persons.

නම, *a.* of නමය: nine, *ord.* for නව.

නමඃ, නමස්, නමෝ, *prefix*, expressing worship, as නමස්කාරය (වේවා).

නමකරනවා, *v.* E. for නමස්කාරකරනවා: to bow, salute, worship.

නම·ගම, *n.* name and place, address.

නමදිනවා, *v.* to bow, worship, වඳිනවා; *pret.* නැමදුණ, නැමැද්ද; *v. n.* නැමදීම.

නමනවා, *v. t.* to bend, incline, curve; double, fold, wrap up; *pret.* නැමුවා; *v. n.* නැමීම.

නම·රතන, *n.* See නවරතන.

නමය, *n.* nine, *ord.* for නවය.

නම·වක, *n.* ninth day of the new or full moon, which is considered unlucky.

නමවෙනි, *a.* for නවවෙනි: ninth.

නමවෙනුව, *ad.* ninthly.

නමස්කාරකරනවා, *v.* to bow, do obeisance, worship.

නමස්කාර·පාඨය, *n.* the sentence uttered when worshipping Buddha, viz. නමෝතස්ස &c., I worship &c.

නමස්කාරය, *n.* bowing, obeisance, worship.

නමස්‍ය, *a.* august, venerable, ගෞරවණීය.

නමස්‍යතාව, *n.* venerableness &c.

නමස්‍යාව, *n.* reverence, worship, නමස්කාරය.

නමස්සිත, *a.* reverenced, saluted, worshiped, නමස්කාරලත්.

නමෝඝය, *n.* crowd, multitude, සමූහය.

නමැති, *a.* having the name or named (so and so).

නමුදු, *conj.* but, නුමුත්; though, as ගියනමුදු, though (he) went.

නමෝ, *n.* P. see නමඃ.

නම්, *n. pl.* of නම: names.

නම්, *conj.* if: ඔහු එනවානම්, if he comes; මම නම්, If it is—were—I, or As for me; මේකනම් නරකයි, As for this, it is bad, or This indeed is bad.

නම්කරනවා, නම්තබනවා, *v.* to name, denominate.

නමිත, *a.* bent, නැමී තිබෙන.

නමිකරනවා, *v. t.* to bend, නමනවා.

නම්·නැති, නමක්·නැති, *a.* nameless, anonymous.

නම්·පොත, *n.* name book; word book, spelling book (so called).

නම්බි·රාළ, නම්බු·රාළ, *n.* headman, overseer of a Moorish village.

නම්බුකාර, *a.* respectable, honourable.

නම්බුදෙනවා, *v.* to give honour to; honour.

නම්බුව, *n.* honour.

නම්‍ර, *a.* bent, crooked, curved, වකුටු, නැමුණු.

නම්·වට්ටෝරුකරනවා, *v.* to make a list of names; enrol, enlist.

නම්වූ, *a.* named or called (so and so), denominated.

නය, *n.* E. of න්‍යාය, mode, manner, අන්දම; also incorrectly for ණය, debt.

නයන, *n.* eye, ඇස; leading, guiding, මග පෙන්වීම.

නයන·භූෂණය, *n. lit.* eye-ornament, viz. collyrium made of antimony to beautify the eyebrows.

නයනා·රසායන, *n.* or *a.* eye-pleaser, anything pleasant to the sight; eye-pleasing.

නයනායුධය, *n. lit.* eye-weapon: ap. of Yama, as of such terrific aspect that one glance of his drives the soul out of the body.

නයනෞෂධය, *n.* (නයන ඖෂධය), eye-medicine, a collyrium, green sulphate of iron.

නයා, *n.* cobra capella.

නයි·කාරයා, නයි(න්)·නටවන්නා, *n.* snake-charmer, snake-catcher.

නයි·ගල, *n.* snake-stone applied to draw out poison from a snake-bite.

නසිඬේ, *suf.* attached to the names of artificers, sp. of goldsmiths and silversmiths. [රයා.

නසි·කටමන්තා, නසි·පණික්කියා, *n.* See නසිකා

නසි·පෙණය, *n.* hood of the cobra.

නසි·මිරිස්, *n.* a small, pungent kind of chilli, bird-pepper, *capsicum fastgiatum.*

නසිරුතී, *n.* demon, fiend, රකුසා.

නසි·රුතිය, *n.* south-west quarter, නිරිතදෙසාන.

නසි·හත්ත, *n.* toad-stool. [cobra.

නසි·හුඹස, *n.* white-ant hill inhabited by a

නර, *a.* human, මිනුස ; grey, අලුපාටවූ.

නර·ඉස, *n.* gray head, පැසිච්ච ඉසකේ ඇති ඔළුව.

නර·ඉසුරු, *n.* *lit.* human chief, viz. king, රජ.

නරක, *a.* bad, evil ; pert. to hell.

නරක, *n.* name of a demon slain by Vishnu.

නරක·ගින්න, *n.* hell-fire, නරකාදියේ ගින්න.

නරක·දුක්ඛය, *n.* hell-torment, නරකාදියේ දුක.

නරක·පුරය, *n.* city of Yama in hell.

නරක·ප්‍රපාතය, *n.* abyss of hell, tartarus.

නරකය, *n.* hell, the infernal region, නරකාදිය.

නරක·රිපු or ·රුපු, *n.* enemy of the demon Naraka : ap. of Vishnu, who slew thin.

නරකාග්නිය, *n.* See නරක ගින්න.

නරකාදිය, *n.* *lit.* hell and such like, but it is the ordinary term for hell. [hell.

නරකාමය, *n.* hell-sickness, viz. the misery of

නරකාවාටය, *n.* (ආවාටය hole), bad hole formed by the decay of the root of a tree.

නර·කැල, *n.* the human kind, human race.

නර·කෙන්ද, නර·කෙස්, *n.* (නර grey), grey hair, පැසුණු ඉසකේ.

නරක්කම, *n.* badness, corruptness. [taminate.

නරක්කරනවා, *v. t.* to spoil, mar, corrupt, con-

නරක්වෙනවා, *v. i.* to become bad &c.

නර·ඟන, *n.* (·අඟන), human female, woman, ස්ත්‍රී.

නරගය, *n.* pimple, කුරුලෑව ; penis, පුංලිංගය.

නරගයා, *n.* ap. of Cupid, කාමදෙවියෝ.

නර·ජල, නර·දිය, *n.* urine, මුත්‍ර.

නරතුරු, *a.* See නිරතුරු.

නරත්වය, *n.* state of being human, manhood, humanity, මනුෂ්‍යභාවය.

නරදම, *n.* slough of a snake, හැවය.

නර·දම, *n.* subduing of man, මනුෂ්‍යදමනය.

නර·දම·සැරි, *n.* E. of නරදම්මසාරථි, *lit.* man-subduing charioteer : ap. of Buddha as subduer of unsubdued men.

නරද, *n.* plough, නගුල ; arrow, ඊය.

නර·දිය·භාජනය, *n.* chamber utensil.

නර·දෙවු, *n.* chief of men, viz. king, රජ. Other names to the same effect are නරදෙවියා, god of men ; නර·නා, නර·නිඳු, නර·පතියා, නර·ප්‍රවරයා, නර·පවර, නර·පා, නර·පාදයා, chief, leader or commander of men.

නර·නාරී, *n. pl.* men and women, ස්ත්‍රී පුරුෂයෝ.

නර·ප්‍රිය, *a.* philanthropic, ගුණවත්ත.

නරප්‍රියත්වය, *n.* philanthropy.

නර·බිල්ල, *n.* human sacrifice, මනුෂ්‍යපූජාවක්.

නරඹ, *n.* woman, අඹුව.

නරඹනවා, *v.* to look, බලනවා : *pret.* නැරඹුවා ; *v. n.* නැරඹීම.

නරය, *n.* grey colour, අලුපාට.

නර·යාන, *lit.* human-vehicle : ap. of කුවේර.

නරයා, *n.* man ; H., the supreme spirit of the Universe. [මනුෂ්‍යලෝකය.

නර·ලොව, *n.* human world, viz. this world,

නර·වග, *n. pl.* E. of නරවර්ග : classes or races of men, මිනිස්වර්ග. [වරයා.

නර·වර, *a.* chief, royal, උත්තම, රජ ; see නර

නරවර·ඹ, *n.* (·අඹ woman), queen, බිසව.

නරවරයා, නරශ්‍රේෂ්ඨයා, *n.* chief of men, king,

නර·වාහන, *n.* See නරයාන.

නර·සිංහයා, *n.* man-lion, viz. chief, hero or eminent person ; ap. of Buddha, also of Vishnu in his fourth incarnation in which he took the guise of a man-lion in order to destroy two formidable giants. [ශ්‍රීය.

නර·සිරි, *n.* human glory or happiness, මනුෂ්‍ය

නර·සීහ, *n.* P. of නරසිංහ : see නරසිංහයා..

නරාව, *n.* See නරාවළ.

නරාතුරු, *a.* See නරතුරු.

නරාධමයා, *n.* (අධම :), low or vile person, නීචයා.

නරාධාරව, *n.* supporter of men, viz. the earth, පොළොව.

නරාධිපයා, *n.* lord of men, viz. king, රජ.

නරා·වළ, *n.* deep pit, large hole formed by decay of the root of a tree. [ඇට ගෙය.

නරාස්ථි·ගෘහය, *n.* (·අස්ථි), charnel house, මිනි

නරි, නරියෝ, *n. pl.* of නරියා.

නරිනහාරුව, *n.* thread, නූල, fibre, කෙන්ද.

නරිනාටකය, *n.* foolery, buffoonery, විහිලුව, විගඩම.

නරිනාටකයා, *n.* jester, buffoon, විහිලුකාරයා.

නරියා, *n.* jackal, fox.

නරි·වල්ගය, *n.* fox-tail, fox-brush.

නරුපට, නරුව, *n.* outer fold of the cloth round the waist, often used as a pocket, මඩොක්කුව.

නරේන්ද්‍රයා, නරේශ්වරයා, *n.* (නරඉන්ද්‍ර, ඊශ්වර), chief of men, viz. king, monarch, රජ.

නරෝත්තමයා, *n.* (නර උත්තම) : see the preceding or නරවරයා.

නරෝරගයෝ, *n. pl.* (නර උරග), men and serpents, මිනිස්සු හා සර්පයෝ.

නල·කම, *n.* stealing, හොරකම.

නල·කිනිය, *n.* knee-cap, knee-pan, දණිස් ඇටය.

නල·කුවේර, *n.* the son of Kuvéra.

නලකේ, *n.* hair, ඉසකේ.

නලගොදුරු, *n.* bear, වලසා. [anxious.

නලංගු, *a.* dejected, depressed, pensive, sad,

නලංගුකරනවා, *v. t.* to deject, sadden. [ly.
නලංගුව, *n.* dejection, anxiety, care, melancho-
නල·ඝන, *n.* (·අඝන), dancing woman, නිළි, නැට්ටුක්කාරි. [ලජ්ජානැති.
න·ලද, *a.* (න priv., ලද E. of ලජ්ජා), shameless,
නලදුව, නලඳුව, *n.* obstruction, hindrance, බාධාව.
න·ලදයා, *n.* thief, හොරා. [කාල්මැස්සා.
නල·මීනා, නල·මීනයා, *n.* prawn, ඉස්සා; sprat,
නලළ, *n.* See නළල, forehead.
නලසඛාය, *n.* fire, ගින්න.
නලාකාර, නලාකෘති, *a.* tubular, cannular.
නලිකු, *n.* vermillion, ඉඟුල්. [නෙළුම්.
නලින, *n.* water, දිය; indigo, අවරිය; lotus,
නලිනිය, *n.* assemblage of lotuses &c., නෙළුම් රැකිය; lotus pond, නෙළුම් පොකුණ; lotus stalk, නෙළුම් නටුව; toddy, රා.
නලියනවා, *v. i.* to quiver, wriggle, crawl about; *pret.* නලියැවා; *v. n.* නලියැම.
නලියා, *n.* crab, කකුළුවා; dancing woman, නැට්ටුක්කාරි.
නලි, *n.* red arsenic, රතු පාෂාණම්.
නවක, *a.* new, අලුත්.
නව, *a.* new, fresh, අලුත්; nine, නම. [ඩය.
නව·කම, *n.* for නවකර්මය: new work, අලුත් වැ
නව·කෝණය, නවාස්‍රය, *n.* nonagon, කොන් නවයක් ඇති හැඩය.
නව·ගුණ, *a.* ninefold (in quantity or degree).
නව·ගුණ, *n. pl.* nine qualities or virtues, sp. those of Buddha, which in P. are: අරහං holiness or අරහත් state, සම්මාසම්බුද්ධො perfect Buddhahood, විජ්ජාචරණ සම්පන්නො perfection of knowledge and wisdom, සුගතො of amiable and excellent character, ලොකවිදූ knowledge of the Universe, අනුත්තරො පුරිස ධම්ම සාරථි irrefutable guidance and control of men, සත්ථා දේවමනුස්සානං instructor of gods and men, බුද්ධො wisdom, භගවා blessedness. Or as designations, perfect Buddha &c.
නව·ගුණ·මන්ත්‍රය, *n.* repeating as a charm the above nine qualities, the ninefold or nine-attribute incantation.
නව·ගුණයක්, *n.* a ninefold quantity or degree.
නව·ගුණවැල, *n.* B., rosary.
නවතනවා, නවත්වනවා, *v. t.* to stop, cause to cease; detain; *pret.* නැවතුවා, නැවැත්තුවා, නැවැත්තෙවුවා; *v. n.* නැවතීම, නැවැත්වීම.
නවතළ, *n.* elephant's painted housings; small water-course to let off water from paddy fields.
නවතාව, *n.* newness, novelty, අලුත්කම.
නවතිනවා, *v. i.* to stop, cease, desist; stay, remain, wait; *pret.* නැවතුණා; *v. n.* නැවතීම.
නවති·වයස්කයා, *n.* (නවති ninety), nonagenarian, අනූඅවුරුදු වයස්ඇත්තා.
නවත්‍යංශ·කෝණය, *n.* (නවති අංශ), angle of ninety degrees, right angle, ඍජුකෝණය.
නවත්‍යංශාන්තරය, *n.* (·අන්තරය), *astr.* quadrate, quartile, චතුර්භාගාන්තරය.
නවත්වනවා, *v. t.* See නවතනවා.
නව·දලය, *n.* new leaf or leaf bud, ලා දළුව.
නව·දශය, *n.* nineteen, දහනවය.
නව·දිලිය, *n.* new or maiden crop.
නව·දොර, නව·ද්වාර, *n. pl.* the nine doors of the body, viz. eyes, ears, nostrils, mouth &c.
නව·නිදන්, *n. pl.* the nine hidden treasures of Kuvérā.
නවනවා, *v. t. pret.* නැවුවා. See නමනවා.
නව·නාට්‍ය·රස, *n. pl.* the nine sentiments exhibited in dancing, viz. love, kindness, mirth, heroism, anger, terror, disgust, surprise, tranquillity.
නව·නීත, *n.* fresh butter, අලුත් වෙඬරු.
නව·නිල·කුරුල්ලා, *n.* bird called Ceylon trogon, *harpectes faciatus*, also called රත්වත් කොණ්ඩයා, ගිනිකුරුල්ලා.
නව·පට, *a.* ninefold, viz. having nine folds.
නව·පිතිපා, *n.* ap. of the new moon, අලුත් හඳ.
නව·භූෂණය, *n.* new ornament or article of dress.
නවන්, *n.* nine, නවය. [silversmith.
නවන්·දන්නා, නවන්දන්නාමිනිසා, *n.* goldsmith,
නවන්·මස, නවම්·මස, *n.* eleventh month of the Sinhalese year (Feb.-March).
නවම, *a.* ninth, නවවෙනි. [house.
නව·මහල්·ගෙය, නව·මාලය, *n.* nine-storied
නවමුව, *a.* new, novel, අලුත්, අමුතු.
නවය, *n.* nine, නමය; praise, ප්‍රශංසාව.
නව·යොවුන්, නව·යෞවන, *a.* fresh and young, really youthful. [තරුණී.
නව·යෞවනාව, *n.* young woman (really so),
නව·රත්න, *n. pl.* the nine gems, viz. ruby, pearl, agate, diamond, lapsis lazuli, coral, sapphire, topaz and emerald; also name of a treatise on ethics. [as නවරත්න.
නව·රුවන්, නව·මිධ·රත්න, *n. pl.* the same gems
නව·ලෝකෝත්තරධර්ම, *n. pl.* (ලෝක උත්තර), the nine world-eminent doctrines, viz. those relating to the four stages or courses of purification with their four fruitions and Nirvána. The four courses &c. are: සෝවාන් මාර්ග and ඵලය, සකෘදාගාමි මාර්ග and ඵලය, අනාගාමි මාර්ග and ඵලය, අර්හත් මාර්ග and ඵලය and නිර්වාණය. See each term.
නව·වත, *n.* E. of නවවස්ත්‍රය; *pl.* නවවත්.
නව·වන, නවවූ, *a.* new, අලුත්වූ.
නවවන, නවවෙනි, *a.* ninth, නමවෙනි. [රෙද්ද.
නව·වස්ත්‍රය, *n.* new garment, අලුත් ඇඳුම or
නව·සත්තාවාස, *n. pl.* (සත්ත=සත්ව, ආවාස), the nine abodes or worlds where sentient beings exist.

නව·සඳ, *n.* new moon, අලුත් සඳ.
නව·සාර, *n.* sal-ammoniac.
නවාංග·ශාසනය, *n.* the nine-section system or system of nine sections, viz. සුත්ත, ගෙය්‍ය, වෙය්‍යාකරණ, ගාථා, උදාන, ඉතිවුත්තක, ජාතක, අබ්භූතධම්ම and වෙදල්ල.
නවාංග·ශාසක, *n.* teacher of the nine sections: ap. of Buddha, whose system or religion consists of the above nine parts.
නවා·තැන, *n.* lodging, resthouse, inn.
නවා·තැන්කාරයා, *n.* lodger, temporary resident.
නවා·තැන්·ගන්නවා, *v.* to lodge, take lodgings, put up.
නවා·තැන්·දෙනවා, *v.* to give lodgings.
නවාම, *n.* new work, අලුත්වැඩ.
නවාම්, *a.* new, අලුත්; mercantile, වෙළඳ.
නවී·කරණය, *n.* renovation, renewal, අලුත් වැඩියා කෙරීම.
නවී·කෘත, නවී·භූත, *a.* renovated, renewed.
නවීන, *a.* new, modern, අලුත්.
නවීනකරනවා, *v. t.* to renovate, renew.
නවීන·කාලීන, නවීන·සත්වාන්විත, *a.* (සත්ව අන්විත), *geol.* kainozoic.
නවීනතර, *a. geol.* pliocene, මෑතකාලයට අයත්.
නවීනතාව, *n.* newness, freshness, modernness, අලුත්කම.
නවෝද්ධෘත, *n.* (නව උද්ධෘත), fresh butter or ghee, වෙඬරු, ගිතෙල්.
නව්‍ය, *a.* new, අලුත්; young, බාල.
නෂ්ට, *a.* lost, destroy, නැතිවූ, නාශවූ.
නෂ්ටකරනවා, *v. t.* to destroyed, නැතිකරනවා.
නෂ්ට·කාම, *a* who has destroyed or lost carnal desire, impotent, රාගාභිලාශ නැතිවූ.
නෂ්ට·බුද්ධි, *a.* who has lost his intellect, foolish, idiotic, බුද්ධියනැති, මෝඩ.
නෂ්ට·ස්වර, *a.* whose voice is destroyed, voiceless, කටහඬනැතිවූ.
නසනවා, *v. t.* to kill, destroy: *pret.* නැසුවා; *v. n.* නැසීම.
නසය, නසාව, *n.* nose, නාසය, නහය.
නසවනවා, *v. c.* of නසනවා: to cause to kill or destroy; *pret.* නැසෙවුවා; *v. n.* නැසවීම.
නසිනවා, *v. i.* to die; *pret.* නැසුණා; *v. n.* නැසීම.
නස්තය, *n.* medicine inhaled through the nose.
නස්තකරනවා, *v. t.* to administer a නස්තය; to sniff up, snuff up (anything).
නස්නා, *v. adj.* of නසනවා: killing, destroying; also of නසිනවා, dying.
නස්නා·පහණ, *n.* touchstone, උරගල.
නස්·පැත්තිය, *n.* destruction, නාශවීම, නාශනිය.
නස්‍ය, *a.* nasal, නාසික, නහයට අයිති.
නස්‍ය·බෙහෙත, *n.* medicament for the nose.
නහ·අඬුව, *n.* tweezers.
නහ·දණ්ඩ, *n.* bridge of the nose.

නහනවා, *v. t.* See නසනවා; subdue (the passions); *pret.* නැහුවා.
නහනවා, *v. i.* to bathe, නානවා.
නහඹ, නහඹු, යහඹ, නහඹු, *a.* youthful, young, not fully matured, තරුණ.
නහඹා, ළහඹා, *n.* See නාම්බා.
නහඹනවා, *v. t.* to view, look at, බලනවා.
නහමක්, *ad.* as negative or prohibitive, නො, එපා: as නහමක් කරව for නොකරව.
නා·හමන, *v. adj.* not blowing, calm, සුළං·නැති or නොහමන.
නහඹර, *a.* See නහඹ.
නහය, *n.* nose, නාසය, නාහෙත්.
නහර, *n. pl.* or *a.* nerves; nervous, neuralgic.
නහර·කැක්කුම, *n.* nerve-pain, neuralgia.
නහර·ගැටය, *n.* knot of a vein or nerve, ganglion.
නහරය, *n.* nerve; vein; tendon. [logist.
නහර·විස්තරකාරයා, නහර·විද්‍යාඥයා, *n.* neuro-
නහර·විස්තරය, නහර·විද්‍යාව, *n.* neurology.
නහ·ලනුව, *n.* nose-string, rein (for guiding a
නහවනවා, *v. t.* See නාවනවා. [bullock).
නහස, *n.* nose, නාසය.
නහස්නා, *a.* rubbing, ගාන (උරගාන). [පහණ.
නහස්නා·පාණ, නහස්නා·පාෂාණය, *n.* See නස්නා
නහාපිතයා, *n.* See නාපිතයා.
නහිනවා, *v. i.* to die; *pret.* නැහුණා.
නහුතය, *n.* a number, viz. the fourth power of a crore (කෝටිය) or 1 followed by 28 ciphers.
නා·හේතු, *a.* causeless, sourceless, හේතුනැති.
නළ, *n. pl.* or *a.* of නළය: tubes; tube-, reed-, tubular.
නළ·ඇබය, *n.* tube-plug, pipe-plug, stop-cock.
නළ·කරුවා, නළ·කාරයා, *n.* basket-maker, tat-maker.
නළ·ඟන, නළ·ඹුව, *n.* (නළ dancing, අඟන, අඹුව woman), dancing woman, actress, නැට්ටුක්කාරී.
නළ·දත, *n.* hollow or decayed tooth.
නළය, නළේ, *n.* tube, pipe, duct, reed, flute; crab's claw.
නළය, *n.* air, wind, සුළඟ.
නළයා, *n.* palanquin bearer, one of that caste or class; crab, කකුළුවා.
නළල, *n.* forehead.
නළල්, *n. pl.* or *a.* foreheads; frontal.
නළල්·කෙළවර, *n.* temple of the head. [head.
නළල්·තලය, *n.* surface of the forehead, fore-
නළල්·පට, *n.* turban (of dignitaries).
නළල්පටිය, *n.* frontlet.
නළවනවා, *v. t.* to lull, soothe, pacify; *pret.* නැළෙවුවා; *v. n.* නැළවීම.
නළ·වරයා, *n.* one who plays on a pipe or flute, piper; also a maker of mats &c. from reeds and bamboos: see නළකාරයා.

නලාකාරයා, *n.* piper, නලාපිඹින්නා.
නලා·පිඹිනවා, *v.* to pipe, play on a flute &c.
නලාව, *n.* musical wind instrument, pipe, flute, trumpet, horn.
නළ·ගණය, *n.* a number or company of stage players, නාඩගම් සමාගම. [ගම් නැටීම.
නළ·නාටකය, *n.* dancing, stage-playing, නාඩ
නළ·නාටකයා, නළුවා, *n.* dancer, stage-player, නාඩගම්කාරයා.
නළ·ලිය, *n.* (ලිය woman), see නළඟන.
නා, *prefix*, non-: see න.
නා, *a* pert. to the cobra, නාග, නයි.
නා, *n.* iron wood: see නාග.
නා, *n.* (but නයා if the indef. is නයෙක්), cobra, නයා, නාගයා; elephant, ඇතා; ruler, නායකයා, නායකයා. [sky, අහස.
නාකය, *n.* heaven, celestial world, දෙව්ලොව;
නාකි, *a.* aged, old, (of animates).
නාකියා, *n.* old man.
නාකුලයා, *n.* ichneumon, mongoose, මුගටියා.
නා·කෙසරු, *n. pl.* See නාගකෙසර.
නාග, *a.* iron-wood; snake-; elephant.
නාග·කිඤ්ජලකය, *n.* flower of the iron-wood tree, නාගයේ මල.
නාග·කේශරය, *n.* stamen of the same, නා මලේ පුරුෂ කේශරය. [සාදිලිංගම්.
නාග·ගන්ධය, *n.* scent of the same; red-lead,
නාගන, *n.* the ascending node, රාහු.
නා·ගනාජිවාව, *n.* (නා, ගන, ආජීව), young girl not arrived at menstruation, වැඩිවිය නොපැමිණි බාලිකාව.
නාග·දණ්ඩ, *n.* wood or stick of the නාග tree.
නාග·දන්තකය, *n.* peg to hang things on. See the next.
නාග·දන්තය, *n.* elephant's tusk, ඇත්දත; ivory, ඇත්දත්; peg, ලී ඇණය.
නාග·දන්තිය, *n.* sunflower.
නාග·දරණය, *n.* cobra-coil; medicinal root for the cure of snake bites.
නාග·දුන්න, *n.* wall peg, ලී ඇණය. [ban.
නාග·දිවයින, නාග·දීපය, *n.* Snake-island, Paum-
නාගන්නවා, *v.* See නානවා. [See පනින්.
නාග·පඞ්ද, *n.* a number or assembly of snakes.
නාග·පාශය, *n.* a weapon of Varuna or Neptune, a sort of noose.
නාග·පාෂාණං, *n.* arsenic, පාෂාණම්.
නාග·පුෂ්ප, *n.* flower of the iron-wood tree, නාමල්. These flowers are presented as offerings in the B. temples.
නාග·භවනය, *n.* the residence or world of the Nāgas or serpent demigods, called also පාතාලය: see නාගයා. [elephant.
නාග·මල්ලයා, *n.* (·මල්ල fighter), ap. of Indra's
නාග·මාණික්‍යය, *n.* snake-gem said to be found in the throat of the cobra.
නාග·මාතා, *n.* snake-mother: ap. of Manasā, goddess of snakes.
නාග·මාණවිකාව, *n.* female cobra, නාමෙමණවි.
නාග·මාලිකාව, *n.* garland or necklace of flowers of the iron-wood tree.
නාගය, *n.* cloud, වලාකුල; peg, ලී ඇණය; plumbago, මිනිරන්; tin, බෙලෙක්; betel, බුලත්.
නාගයා, *n.* cobra, නයා, serpent, සර්පයා; demigod of පාතාල the infernal regions, who is a human-faced serpent; Rāhu the ascending node, රාහු.
නාගර, *a.* pert. to a city or town, town-born or bred, නාගරික; clever, දක්ෂ; bad, vile, නපුරු, නීච; of the polished or Sanskrit form (of writing), දේවනාගර (අක්ෂර).
නාගරකය, නාගරංගය, *n.* orange, පැණිදොඩම්, mandarian orange, ජම්නාරම්.
නාග·රජයා, *n.* ap. of Ananta king of the Nāgas, who is said to be able to assume the human form and intermarry with mankind. See නාගයා. [නුවර.
නාගරික, *a.* municipal, civic, civil, urban,
නාගරිකකම, *n.* citizenship. [pality.
නාගරික·පළාත, *n.* municipal district, munici-
නාගරිකයා, *n.* citizen, burgher, නුවරවැසියා.
නාගරික·සභාව, *n.* municipal council.
නාගරේයක, *a.* See නාගරික. [පුං·ලිංගය.
නාග·ලතාව, *n.* betel creeper, බුලත් වැල; penis,
නාග·ලෝකය, *n.* the world of snakes, infernal region: see නාගභවනය.
නාග·වඩම්, *n.* an ear ornament in imitation of the spread neck of the cobra.
නාග·වදන, *n.* elephant-face: ap. of elephant-faced Ganésa, ගණේශ; also serpent-face: ap. of the serpent-faced Rāhu, රාහු.
නාග·වාරිනයා, *n.* Garuda: see ගරුඩයා; peacock, මොනරා; royal elephant, රජඇතා.
නාග·වික්‍රාන්තිය, *n.* the pace of an elephant, ඇතාගේ ගමන.
නාග·විථිය, *n.* the path of Indra's elephant Airāvata, the milky-way, අහස් ගඟ.
නාග·සම්භවය, *n.* (නාග lead, සම්භවය produce), red-lead, සාදිලිංගම්.
නාගාන්තකයා, *n.* snake-destroyer, viz. the bird Garuda, peacock &c. as enemies of snakes.
නාග·වේෂ්ටනය, *n.* snake-coil, සර්පදරණය.
නා·නග, *n.* iron-wood tree.
නාගාශනයා, *n.* (නාග ආශන), ap. of Garuda, as a snake-eating bird.
නාගිනී, *n.* female elephant, ඇතින්නි.
නාගේන්ද්‍රයා, *n.* (නාග ඉන්ද්‍ර), chief or king of serpents: ap. of Ananta: see නාගරජයා; also elephant-chief or king. [cobra.
නාඟනා, *n.* (නා අඟනා), female Nāga, female

නාගිනිය, *n.* dew-lap, තැල්ල.
නාච්චියර්, *n.* term of respect addressed to a woman of the goldsmith-caste.
නාටක, නාටකීය, *a.* dancing, dramatic, operatic, නාඩගම්.
නාටක·කාව්‍ය, *a.* operatic.
නාටක කාව්‍ය·ප්‍රබන්ධය, *n.* opera.
නාටකය, *n.* dance, dramatic exhibition, opera, නැටීම, නාඩගම්. [ගම්කාරයා.
නාටකයා, *n.* dancer, dramatic performer, නාඩ
නාටක·ස්ත්‍රී, නාටකාංගනාව, නාටිකාව, *n.* female dancer, actress, නැටුම්කාරී.
නාටය, *n.* See නාටකය. [නැටුම්.
නාට්‍ය, *a.* pert. to dancing, theatrical, dramatic,
නාට්‍යකරුවා, *n.* stage-player, actor, නැටුම් කරුවා.
නාට්‍යකාරී, *n.* actress, නැටුම්කාරී.
නාට්‍ය·ධර්ම, *n. pl.* rules of the drama.
නාට්‍ය·ධාර්මික, *a.* pert. to the rules of the drama.
නාට්‍ය·පවත්වනවා, *v.* to perform dances and plays, act on the stage, රඟුම් පෙන්වනවා.
නාට්‍යය, *n.* science or art of dancing &c.; dancing, acting, nautch, නැටුම, රඟුම.
නාඩගම, *n.* stage-play, dramatic performance.
නාඩගම්, නාඩගම්කාර, *a.* theatrical, dramatic.
නාඩගම්·කථාව, *n.* play, dramatic composition.
නාඩගම්කාරයා, *n.* stage-player, actor.
නාඩගම්·නටනවා, *v.* to act on the stage, play.
නාඩගම්·මඩුව, *n.* theatre, නාට්‍යශාලාව.
නාඩගම්·සිතියම, *n.* or නාඩගම් සිතියම්, *n. pl.* theatrical scenery.
නාඩගම්·සිත්තරා, *n.* scene-painter of a theatre.
නාඩි, *n. pl.* or *a.* pert. to the pulse &c.: see නාඩිය.
නාඩි·අල්ලනවා or ·බලනවා, *v.* to feel the pulse, examine the pulse.
නාඩිකා ආකාරය, *n. bot.* venation, veining.
නාඩිකාඞ්කිත, *a.* (·අඞ්කිත), *bot.* veined.
නාඩිකාව, *n.* the hollow culm of plants; Indian hour of twenty-four minutes.
නාඩි·ග්‍රන්ථය, *n. bot.* vascular tissue. [venous.
නාඩි·ජාලාකාර, *a. bot.* having net-like veins,
නාඩි·ප්‍රකාශක·යන්ත්‍රය, නාඩි·මානක·යන්ත්‍රය, *n.* sphygmograph, sphygmometer.
නාඩි·බහුල, *a. bot.* having many veins, venous.
නාඩිය, *n.* the hollow culm of plants; any tubular vessel of the body, as veins, arteries &c.; tube, නළය; pulse.
නාඩි·වණය, නාඩි·ව්‍රණය, *n.* cutaneous sore, ulcer, වණය.
නාඩි·වැටෙනවා, *v.* to pulsate, the pulse beats.
නාඩි·ශාස්ත්‍රය, *n.* that branch of pathology which relates to the veins, pulse &c. [නවා.
නාඩුකරනවා, *v.* to threaten, menace, තර්ජනයකර

නාඩුව, *n.* threatening, threat, menace, scolding, storming at, තර්ජනය.
නාඩුවෙනවා, *v.* to threaten, roar at, storm at.
නාණක·පරීක්ෂකයා, *n.* (නාණක stamped coin), assayer, මාත්තු බලන්නා.
නාණක·පරීක්ෂාකරනවා, *v. t.* to assay or test the quality of metal, මාත්තුබලනවා.
නාථ, *n.* master, lord, ස්වාමියා.
නාථ·දේවයා, නාථේන්ද්‍රයා, *n.* (නාථ ඉන්ද්‍ර), the god or lord Nātha.
නාථවත්, *a.* having a master, subject, dependent, යටත්, වසඟ. [ශබ්ද, නඩ.
නාද, *n. pl.* or *a.* of නාදය: sounds; sound-;
නාද·කණුව, *n.* sounding post, sound-post (of a violin).
නාදකරනවා, *v.* to make a sound: to roar (as beasts); ring (as bells); sing, whistle (as birds). [දෙනා.
නාද·ජනක, *a.* sound-producing, sonorous, නඩ
නාද·ජනකතාව, *n.* sonorousness.
නාදදෙනවා, නාදවෙනවා, *v. i.* to give forth sound, ring or sound.
නාදය, *n.* sound, tone, ශබ්දය, නඩ.
නාද·සංහතිය, *n.* a number or combination of sounds, harmonics or harmony.
නා·දළය, *n.* elephant's tusk, ඇත්දත.
නාදේන්ද්‍රිය, *n.* (නාද ඉන්ද්‍රිය), *phren.* tune, faculty of tune. [දිය.
නාදේය, *a.* river-born, aquatic, ගඟෙන් අවගත්,
නාදේය, *n.* sea-salt, ලේවාලුණු.
නා·දූත්ත, *n.* See නාගදන්තක.
නාන·කාමරය, නාන·ගේ, *n.* bathroom.
නානාත්වය, *n.* variety, නොයෙක් ආකාරබව.
නාන·බාල්දිය, *n.* bath-tub. [*v. n.* නෑම.
නානවා, *v. i.* to bathe (one's self); *pret.* නෑවා;
නා·නළුවා, *n.* (නාග නළුවා), dancer of නාගලෝකය, nāga-dancer. [නොයෙක්.
නානා, *a.* various, sundry, several, manifold,
නානා·ප්‍රකාර, *a.* of various kinds, heterogeneous, miscellaneous, multifarious, නොයෙක් ආකාර.
නානා·ප්‍රකාරකරනවා, *v. t.* to diversify, vary, make different kinds, do in various ways.
නානාභරණ, *n. pl.* (නානා ආභරණ), various jewels. [detective.
නානායක්කාරයා, *n.* disguised emissary or spy,
නානා·රාග, *a.* variegated, many-coloured, නොයෙක් පාට ඇති. [හැඩ ඇති.
නානා·රූප, *a.* multiform, various, නොයෙක්
නානා·වර්ණ, *a.* variegated: see නානාරාග.
නානා·විධ, *a.* See නානාප්‍රකාර.
නානා·වේශ·ධාරී, *a.* bearing or having various forms, protean, නොයෙක් වෙස්ඇති.
නානු, *n.* perfumed powder; ointment for anointing the heads of kings; composition to cleanse the hair.

නානු·මතිය, *n.* (න අනු:), discord, variance, භේදය.
නාඳුනනවා, *v. t.* (න අඳු:), not to recognise, to be unacquainted with: *pret.* නෑඳින්නා ; *v. n.* නෑඳිනීම.
නාපිතයා, නහාපිතයා, *n.* barber, පණ්ඩිතයා.
නාබරණ, *n.* ap. of Siva, ඊශ්වරයා.
නාබිය, *n.* navel: see නාභිය.
නාබි·මණ්ඩලය, *n.* See නාභිමණ්ඩලය.
නාබුල්, නාම්බුල්, නෑඹුල්, *a.* first-born (of animals); first produced (of a tree).
නාභි, *a.* navel-, umbilical, පෙකණි-.
නාභි·කණ්ටකය, *n.* rupture of the navel, omphalocele, අන්ත්‍රවෘද්ධිය.
නාභි·ජයා, *n.* navel-born: ap. of Brahma as produced from the lotus which sprang from Vishnu's navel.
නාභි·නාඩිය, *n.* umbilical cord, පෙකණිවැල.
නාභි·නාල·ඡේදනය, *n.* cutting the navel string omphalotomy.
නාභි·නාලාව, *n.* See නාභිනාඩිය.
නාභි·මණ්ඩලය, *n.* circle of the navel, the hollow round the navel.
නාභිය, *n.* navel, පෙකණිය; nave of a wheel, චක්‍රනාභිය, බොස්ගෙඩිය; musk, කස්තුරි.
නාභිලය, *n.* the hollow of the navel, prominent [navel.
නාභිසූත, *n.* See රසාජන.
නාභ්‍ය, *a.* umbilical: see නාභි.
නාභ්‍යාකෘති, *a.* navel-shaped, umbilicated, පෙකණි හැඩය ඇති.
නාම, *n. pl.* or *a.* form of නාමය: names; name-.
නාම·ධාරියා, *n.* titular, titulary.
නාම·ධේයවත්, *a.* named, entitled, නම්වූ.
නාම·පත්‍රය, *n.* name-card, visiting card.
නාම·පත්‍ර තෙප්පුව, *n.* card-case.
නාම·පදය, *n.* *gram.* noun, substantive.
නාම·පිට, *n.* title page.
නාම·පෝරු·කණුව, *n.* sign-post.
නාම·පෝරුව, *n.* sign-board, නාමලෑල්ල.
නාම·මාලා, *n. pl.* declensions of nouns.
නාමය, *n.* name, appellation; *gram.* noun.
නාම·රූපය, *n.* B., *lit.* name and body, viz. the immaterial and material parts of man.
නා·මල, *n.* See නාගපුෂ්ප.
නා·මල්·රේණු, *n. pl.* pollen of නා මල්, which is used medicinally.
නාම·ලේඛනය, *n.* list of names, poll.
නාම·වචනය, *n.* substantive, noun.
නාමවචනාකාර, නාමවාචක, *a.* according to—expressive of—a noun or නාම.
නාම·වට්ටෝරුව, *n.* catalogue, check-roll, poll.
නාම·ශේෂෝපගත, *a.* (ශේෂ උප:), *lit.* name-alone-left, viz. deceased, මැරුණු.
නාමාදේශය, *n.* (·ආදේශය), metonomy.
නාමාවලිය, *n.* catalogue, nomenclature.

නා·මැණික, නා·මිණ, *n.* principal gem, ප්‍රධාන මැණික.
නාමෛණිවිය, *n.* See නාගමාණවිකාව. [logy.
නාමෝත්පත්ති·ශාස්ත්‍රය or ·විස්තරය, *n.* onomato-
නාම්බා, *n.* young bull, ගොන් නාම්බා.
නාඹ, *a.* young, තරුණ.
නාඹර, *a.* half-matured.
නාඹුල් ඵල, *n. pl.* first-fruits (of a tree).
නායක, *a.* chief, principal, presidential, ප්‍රධාන.
නායක·අධිකරණ·ශාලාව, *n.* supreme court.
නායක·උන්නාන්සේ, *n.* B., chief monk.
නායකකම, *n.* headship, presidency, ප්‍රධානකම.
නායකකම්කරනවා, *v.* to preside, ප්‍රධානකම් කර නවා. [නියා.
නායක·තුමා, නායකයා, *n.* chief, president, ප්‍රධා
නායක·දේව·ගැතිතැන, *n.* chief minister, dean.
නායක·ධුරය, නායක·පදවිය, *n.* presidency, directorship.
නායකපූජක, *a.* pontifical. [ficate.
නායක·පූජකකම, *n.* office of high-priest, ponti-
නායක·පූජකයා, *n.* chief-priest, high-priest, pontiff. [justice.
නායක·විනිශ්චයකාර·තැන, *n* justiciary, chief-
නා·යහන්, *n.* ap. of Vishnu, as reposing on the serpent ශේෂ.
නාර, *n.* water, වතුර. [නාදි.
නාරක, *a.* pert. to hell, infernal, stygian, නර
නාරකය, *n.* hell, the infernal regions, නරකාදිය.
නාරක·චර, *a.* being in hell, නරකාදියේ වැටී සිටින, අපායගත.
නාරකික, *a.* hellish, infernal, hell-like, tartarean, අපායගත.
නාරකිකයා, *n.* inhabitant of hell, අපායගතයා.
නාරං, *n.* mandarin orange. [rin orange.
නාරංග, *n.* juice of the pepper plant; manda-
නාරංගයා, *n.* a twin animal; catamite.
නා·රජ්, *n.* E. of නාගරාජයා.
නාරටිය, නාරටුව, *n.* fibre of branch, tuber or leaf, midrib.
නාරණ, *n.* See නාරායණ.
නාරද, *n.* Nārada son of Brahma: he was one of the ten divine sages or Rishis, and inventor of the Indian lute or වීණාව.
නාර·සිංහ, *n.* ap. of Vishnu: see නරසිංහයා.
නාරස්(ස)නය, නාරාචය, *n.* crowbar, අලවංගුව: යකඩ උල.
නාරාචිය, *n.* goldsmith's scales, balance, තරාදිය.
නාරායණ, *n.* ap. of Vishnu, as the deity preceding all worlds. [(ලක්ෂ්මී).
නාරායණී, *n.* ap. of Durgā (දුර්ගා) and of Laksmi
නාරාසනය, *n.* See නාරස්නය.
නාරිකේර, නාළිකේල, *n.* or *a.* coconut, පොල්.
නා·රිපු, නා·රුපු, *n.* enemy of snakes, viz. Garuda; mongoose, මුගටියා.
නාරී, *n.* woman, ස්ත්‍රී.

නාරු, *n. pl.* filaments or fibres of fruit pulp.
නා·රෙත්, *n. pl.* See නාමල් රේණු.
නාල, *n. pl.* or *a.* of නාලය : see නළ.
නාල·කොෂක, *a.* tube-bellied, tubulibranchial.
නාල·කොෂක ප්‍රාණියා, *n.* tubulibranchian.
නාල·මුඛ·ප්‍රාණියා, *n.* siphonostome ; *pl.*......යෝ, siphonosomota.
නාල·කෝෂය, *n. bot.* vagina, viz. වෘන්තකෝෂය.
නාලය, *n.* tube, pipe, duct, නලය ; yellow orpiment, සිරියල්.
නාල·සංඝාතාකෘති, *a.* (සංඝාත අකෘති), tubulose, having a combination of tubes. E. S.
නාලාකාර, නාලාකෘති, *a.* tubular, cylindrical, නළආකාර.
නාලාගිරි, *n.* name of the elephant sent by Ajāsat Raja to destroy Buddha.
නාලාපවාරණය, *n. sur.* symphysis, නළ ඇහිරීම.
නාලි, *a.* of නාලිය : tubular, fistular, නළආකාර.
නාලිකය, *n.* lotus, නෙළුම.
නාලිකයා, *n.* buffalo, මීවා.
නාලිකාව, *n.* tubular vessel or stalk, නාලිය ; ear-piercer, කන විදින කටුව. [නලගතිය.
නාලි·ග්‍රන්ථිය, නාල්‍යාකාරත්වය, *n.* vascularity,
නාලි·මාරය, *n.* valve, නලයක පියන.
නාලිය, *n.* duct, tube (of the body or a plant).
නා·ලිය, නා·ලි, *n.* female elephant, ඇතින්නි ; female serpent, නැයින්න.
නාලිකය, *n.* arrow, ඊගස ; dart, හෙල්ලය, තෝමරය ; lotus, නෙළුම්ගස.
නා·ලිය, *n.* iron-wood, wood of the නා ගස.
නා·ලොව, *n.* See නාගලෝකය.
නාල්‍යාකාර, නාලි, *a.* (නාලි ආකාර), tube-like, tubular, නළආකාර ; vascular, නළසහිත.
නාල්‍යාකාර·ද්‍රව්‍ය, නාලි·ද්‍රව්‍ය, *n. pl. bot.* vascular tissue.
නාවනවා, *v. t.* to bathe (some one) ; *pret.* නැවුවා ; *v. n.* නෑවීම.
නාවා, *n.* ship, නැව.
නා·වැසියා, *n. lit.* elephant-dweller, viz. elephant-keeper, ඇත්ගොව්වා.
නාවි, *n.* root of the plant *gloriosa superba*, said to be a subtile poison.
නාවික, නාවුක, *a.* maritime, nautical, naval, නැව් සම්බන්ධ. [කාරයා.
නාවිකයා, *n.* helmsman, mariner, sailor, නැව්
නාවුක සේනාපතියා, *n.* admiral.
නාව්‍ය, *a.* navigable ; naval. E. S.
නාශක, *a.* destructive, නාස්තික.
නාශනය, *n.* destruction, නාස්තිකිරීම.
නාශය, *n.* destruction : desertion, අත්ඇරයාම ; death, මරණය.
නාශ්‍ය, නාශනීය, *a.* destructible, that should be destroyed, නාස්තිකළ හැකිවූ or යුතුවූ. [භාව.
නාශ්‍යතාව, *n.* destructibility, නාස්තිවියහැකි
නාසනය, නාසය, *n.* See නාශනය, නාශය.

නාසය, *n.* nose, නහය ; *pl.* නාසා.
නාසා·පුටය, නාසා·රන්ධ්‍රය, *n.* nostril.
නාසාභරණය, *n.* (නාසා ආභ :), nose-jewel.
නාසික, නාසිකා, *a.* nasal.
නාසිකා·මල, *n.* mucus of the nose, සොටු.
නාසිකාව, *n.* nose, නහය.
නාසිකා·සාධක, nose-making, rhinoplastic.
නාසිකා·සාධනය, *n.* nose-making, rhinoplasty, නාසා හැදීම.
නාසිකාක්ෂරය, *n.* (·අක්ෂරය), nasal letter, nasal.
නාසිකාස්වරය, *n.* nasal sound, nasal.
නාසිකෞෂධය, *n.* (නාසිකා ඖෂධය), medicament for the nose, nasal.
නාසික්‍යයෝ, *n. pl.* the two sons of Asvini : see අශ්විනිපුත්‍රයා.
නාසිරයා, *n.* champion. E S. [gen. case.
නාසේ, නාසේ, *n.* cont. of නාසය, නහය, also
නාසේඅවස්සිය, *n.* stoppage of the nose, snuffles.
නාසේ·දළුව, *n.* polypus of the nose.
නාස්තික, නාස්තිකාර, *a.* destructive, fatal : deleterious, pernicious, wasteful.
නාස්තිකතාව, *n.* destructiveness ; atheism, applied by Hindus to Buddhism.
නාස්තික·දෘෂ්ටිය, නාස්තිකත්වය, *a.* atheism, අදෙව දෘෂ්ටිය ; infidelity ; the doctrine of annihilation. [damage, waste.
නාස්තිකරනවා, *v. t.* to destroy, consume, ruin,
නාස්තිකාරයා, *n.* destroyer &c., spendthrift.
නාස්තිත්වය, *n.* non-existence, නැතිකම, අභාවය.
නාස්තිය, *n.* destruction, perishing, ruin, loss, damage.
නාස්·පුඩුව, නාස්·සිදුර, *n.* nostril.
නාස්පොල්ල, *n.* bridge of the nose.
නාහය, නාහේ, *n.* nose, නහය.
නාළි අල්ලනවා, *v.* See නාඩි අල්ලනවා.
නාළිය, *n.* the pulse, නාඩිය.
නාළිවැටෙනවා, *v. i.* See නාඩිවැටෙනවා.
නා, නෑ, *ad.* no, not ; *also* is not, are not : see නැත.
නෑ·අත්, *n. lit.* nose-hands, viz. elephant's trunk ; ap. of Ganésa whose nose is like an elephant's trunk.
නැකත, *n.* star, තරුව ; planet, ග්‍රහතාරකාව ; lunar mansion or asterism in the moon's path : see නක්ෂත්‍රය. [වාදයා.
නැකතියා, *n.* astrologer ; tomtom beater, බෙර
නැකත්කාරයා, නැකැත්කාරයා, *n.* astrologer ; diviner, දිවස්කියන්නා.
නැකත්·ශාස්ත්‍රය, *n.* astrology.
නැකැත්·කෙළිය, *n. lit.* star-play : a festival observed at full moon in ඉල්මස (Oct.-Nov.).
නැකැත්·තරුව, *n.* planet, ග්‍රහතාරකාව.
නැකැත්·යෝගය, *n.* conjunction of planets or stars, sp. as serving the purpose of astrology.
නැකිවිනවා, *v.* Er. for නැඟිටිනවා.

නැකු·මුවා, *n.* a kind of deer.
නැගණී, *n.* younger sister, නංගී.
නැගතය, *n.* stye, නගතය.
නැංගුරම, *n.* anchor, අංකාරය.
නැංගුරම්·දමනවා, *v.* to cast anchor.
නැංගුරම් උස්සනවා, *v.* to weigh—raise—anchor.
නැගි, නැගිටී, නැගූ, &c.: see නැඟි, නැඟිටි &c.
නැඟි, *v. adj. pret.* ascended, නැඟුණු, col. නැගි &c. throughout.
නැඟිටිනවා, නැඟිටෙනවා, *v. i.* to take a standing posture, arise, as from a sleep or seat or death; *pret.* නැඟිටුණා or නැඟිට්ටා; *v. n.* නැඟිටීම. [ascension.
නැඟීම, *v. n.* of නඟිනවා: rising, ascending,
නැඟුටුවනවා, *v. t.* to raise, cause to arise from a seat &c. or from death; *pret.* නැඟිටෙවුවා; *v. n.* නැඟිටවීම. [of ascent.
නැඟුම, *n.* ascending; ascent, hill or any place
නැඟු·රුවන්, *n.* purified or burnished gold.
නැඟෙන·ඉර or ·හිර, *n.* or *a.* the east; eastern.
නැඟෙනවා, *v. i.* to rise, mount, ascend; *pret.* නැඟුණා; *v. n.* නැඟීම.
නැටවීම, *v. n.* of නටවනවා: causing to dance.
නැටිල්ල, නැටීම, *v. n.* of නටනවා: dancing; bubbling up, boiling.
නැටුම, *n.* dancing, dance, stage acting, නාඩගම.
නැටුම්·කරුවා, නැටුම්කාරයා, *n.* dancer, dramatic actor. [actress.
නැටුම්·කාරී, නැට්වුක්කාරී, *n.* female dancer,
නැට්ට, *n.* stalk (of fruit &c.), pedicel, petiole; *pl* නැටි.
නැට්වුක්කාර, *a.* dancing, theatrical.
නැට්වුක්කාරයා, නැට්වුවා, *n.* dancer, actor, නටන්නා, නාඩගම්කාරයා. [intelligence.
නැණ, *n.* E. of ඥාණය: wisdom, prudence,
නැණගයා, *n.* Ganésa the god of wisdom; person of supreme wisdom.
නැණවත්, නැණසර, *a.* wise, discreet, judicious, sage, ඥානවත. [tiousness.
නැණවත්කම, නැණසරකම, *n.* wisdom &c., cau-
නැත, නැත්, *ad.* no, not: *also*, there is or are not: negative of the verb substantive, whilst නොවේ negatives the copula: ඒක නැත or නැ that does not exist or is not present, ඒක නොවේ it is not that.
නැතකියනවා, *v.* to negative, deny, contradict.
නැතක්, *a.* many, endless, අනන්ත.
නැතහොත්, *conj.* if not, otherwise.
නැති, *a.* which is or are not: නැතිදෙයක්, a thing which is not; හොඳනැති දෙයක්, a thing which is not good; කිසිත් නැති මිනිහා, a man who has—to whom there is—nothing.
නැතිකම, *n.* non-existence, nothingness, lack.
නැතිකරනවා, *v. t.* to destroy, annihilate, extirpate, consume.

නැතිද, *ad. inter.* See නැද්ද.
නැතිවෙනවා, *v. i.* to be lost, disappear; become non-existent, perish.
නැතිව, නැතුව, *ad.* in the absence of, without.
නැත්ත, *n.* that which is not, non-entity, untruth, the opposite of ඇත්ත.
නැත්මය, නැත්තේමය, *emp. phrases*: positively no; there certainly is or are not.
නැදවට, *n.* E. for නෑවත්ය.
නැදී, නැඳි, *n.* See නැන්දා. [පියෝ.
නැඳිමයිල්, *n. pl.* wife's parents, භාර්යාවගේ මව්
නැදී, *n.* binding, බැඳීම.
නැදුජ්, *a.* very small, minute, ඉතා කුඩා.
නැද්ද, *ad. inter.* of නැත: No? Not? Is or are there not.
නැන්දණියෝ, *n. hon.* of නැන්දා. [in-law.
නැන්දම්මා, *n.* mother-in-law, mother's sister-
නැන්දා, *n.* paternal aunt; mother's brother's wife; mother-in-law.
නැබ·පියුම, *n.* navel lotus, viz. the lotus which sprung from the navel of Vishnu and gave birth to Brahma.
නැබ·මඩුල්ල, *n.* orifice or region of the navel; nave of a wheel, බොස්ගෙඩිය; centre of a cobweb, මකුළුදැලේ මැද.
නැබය, *n.* E. of නාභිය: navel, පෙකණිය.
නැබල, නැබුළු, නැඹුළු, *a.* great, immense, මහත්, විශාල.
නැබුරු, *a.* bent, inclined, නැමුණු, *bot.* declinate, recurvate.
නැබුරුකරනවා, *v. t.* to bend, incline, නමනවා, incline, prick up (the ears).
නැබුරුවෙනවා, *v. i.* to bend down, stoop, crouch, නැමෙනවා.
නැබුළු, *n.* big one: ap. of an enormous demon.
නැමති, (=නමැති) *adj. conj.* fr. නම් ඇති: so-called, like, resembling, as ජීවනය නැමති (නමැති) ඔටුන්න, the crown of life.
නැමද, *p. pl.* of නමදිනවා. [bowing &c.
නැමදීම, *v. n.*, නැමැද්දා, *pret.* of නමදිනවා:
නැමි, *a.* bent, curved, නැමුණු.
නැමි·පනාව, *n.* semicircular comb.
නැමීම, නැමුම, *v. n.* of නමනවා and නැමෙනවා: bending, bowing.
නැමුම, *v. n.* as above, also *n.* See නැම්ම.
නැමෙනවා, *v. i.* to bend, be flexible, inclined, stoop; *pret.* නැමුණා.
නැමෙන·සුලු, *a.* flexible, pliant, supple.
නැමෙන·සුල්ල, *n.* flexibility &c.
නැම්ම, *n.* bend, curve, flexure.
නැඹුරු, *a.* See නැබුරු.
නැඹුළු: see නැබල. [බැලීම.
නැරඹීම, නැරඹුම, *v. n.* of නරඹනවා: looking,
නැල්ල·වටුවා, *n.* a kind of snipe.
නැව, *n.* ship; *pl.* නැව්.

නැවත, නැවතත්, *ad.* again, and again.
නැවතිල්ල, *n.* or *v. n.* cessation, pause.
නැවතීම, *v. n.* of නවතිනවා and නැවතෙනවා: stopping; remaining &c.
නැවතෙනවා, *v. i.* to cease, stop; stay, wait; *pret.* නැවතුණා.
නැවැත්තීම, නැවැත්වීම, *v. n.* of නවත්තනවා or properly නවත්වනවා: stopping, detaining.
නැවියා, *n.* sailor, mariner, නැව්කාරයා.
නැවුම්, *a.* new, අලුත්.
නැව්, *n. pl.* or *a.* ships; naval.
නැව්·කඳ, නැව්·බඳ, *n.* hull, ship's hull.
නැව්·කළමනාකාරයා, *n.* ship-broker, ship-agent.
නැව්කාර, *a.* seafaring, nautical, marine.
නැව්කාරයා, *n.* mariner, sailor.
නැව්·කොටුව, *n.* dockyard.
නැව්·තොට, *n.* harbour, port, roadstead.
නැව්·නඟි(ගි)නවා, *v. i.* to embark; *pret.* නැව්. නැග්ගා or නැව්·නැඟුණා or නැව්නැංගා; *v. n.* නැව් නැඟීම.
නැව්·නංවනවා, *v. t.* to cause to embark, to ship; *pret.* නැව්නැංවුවා; *v. n.* නැව්නැංවීම.
නැව්·පතියා, *n.* sea-captain, ship-captain.
නැව්·බිඳීම, *v. n.* of නැව්බිඳිනවා: shipwreck.
නැව්·යාත්‍රාකාර, *a.* pert. to navigation, naval.
නැසීම, *v. n.* of නසනවා, නසිනවා and නැසෙනවා; killing; dying. [නැවීම.
නැසුම, *n.* dying; hiding, සැඟවීම; dancing,
නැසෙනවා, *v. i.* to die; *pret.* නැසුණා.
නැනැ, නෑ, *ad.* See නැ, නෑ.
නැහැය, *n.* nose, (better) නාසය.
නැහැරුම, *n.* dance, dancing, නැටුම.
නැහැරුම්, *a.* abominable, පිළිකුල්; also *n. pl.* of නැහැරුම. [steadfast.
නෑ·හැරෙනවා, *v. i.* not to turn, to remain
නැළවිලිවන, නැළවුම්, *a.* soothing, pacifying, නළවන. [&c.
නැළවිල්ල, නැළවීම, *v. n.* of නළවනවා: lulling
නැළවෙනවා, *v. i.* to become soothed or appeased (as a child).
නැළි·තෙල්, *n.* coconut oil, පොල්තෙල්.
නැළිය, *n.* two pints, a quart.
නෑ, නෑඹ, *a.* pert. to relatives, kindred, of kin.
නෑ·අත්, *n.* See නා අත්: ap. of Ganésa as the remover of obstacles by means of his trunk.
නෑකම, *n.* kinship, relationship.
නෑ·කුලය, *n.* kindred caste or tribe or race.
නෑදෑයා, *n.* kinsman, relative.
නෑනා, *n. fem.* cousin, viz. daughter of father's sister or mother's brother; wife's sister.
නෑබිලිය, නෑඹිලිය, *n.* small pan or chatty for cleaning rice.
නෑම, *v. n.* of නානවා: bathing.
නෑඹිළි, නෑඹි, *n. fem.* heifer or other young female animal.

නෑය, *n.* E. of නාසය.
නෑය, නෑ·ලනුව, *n.* nose-rein: see නාසලනුව.
නෑයා, *n.* kinsman, relative.
නෑර, *p.pl.* for නො ඇර, negative of ඇරෙනවා.
නෑසිය, *a.* See නෑඹ.
නෑසිකම, *n.* See නෑකම. [නෑයා.
නෑසියා, *n.* (නෑ=ඥාති, සිය=සවකීය), relative,
නි, *prefix*, privative, as නිවරද්‍ය, faultless; *also* In, on, පිට, ඇතුළ, or emp.
නික, *n.* a tree: see *Bot.*
නිකට, *a.* near, ළඟ.
නිකට, *n.* chin.
නි·කමට, *ad.* for nothing, gratuitously, with no object or sufficient reason.
නි·කම්, *a.* mere, ordinary, common.
නි·කම්, *ad.* merely, only, idly, as නිකම් ඉන්නවා or තිබෙනවා, merely is, or is without employment or use, is or are &c. doing nothing.
නිකර, *n.* flock or multitude, සමූහය, large quantity, රාශිය; pith, මදය, sap, essence, සාරය; suitable gift, සුදුසු තෑග්ග; treasure, ධනය. [gratuitous.
නි·කරණ, නි·කරුණ, *a.* groundless, causeless,
නි·කරුණය, *n.* groundlessness &c.
නි·කරුණේ, *ad.* groundlessly &c.
නිකම්ණය, *n.* inclosure, courtyard, මිදුල.
නිකෂය, නිකසය, *n.* touchstone, උරගල.
නි·කසල, *a.* free from filth, unpolluted, clean, කිලුටුනැති.
නිකාම, *a.* See අකාම.
නිකාය, *n. sg.* or *pl.* congregation, denomination, sect, ලබ්ධිය; flock, multitude, රැළ, සමූහය; house, ගෙය.
නිකායික, *a.* denominational, sectarian, ලබ්ධික.
නිකායිකයා, *n.* one belonging to a sect, sectarian.
නිකාරණය, *n.* killing, slaughter, මරදැමීම.
නිකාරය, *n.* injury, අනතුර, අනතුරුකිරීම; abuse, නිග්‍රහය: wickedness, දුෂ්ටකම.
නිකාශ, *a.* like, similar, සමාන. [නැති.
නි·කැලල්, *a.* flawless, unblemished, කැලලක්
නිකිණි·මස, නිකිණිය, *n.* fifth month of the Sinhalese year (July-Aug.).
නිකුඹකය, *n.* a measure equal to about three handfuls or $\frac{1}{4}$ of a කුඹව.
නිකුඤ්ජය, *n.* arbour, summer-house, place overgrown with creepers.
නිකුටු, *a.* E. for නිකෘෂ්ට: low &c.
නිකුත්, *a.* gone out, departed, නික්මුණ; dead, මැරුණ.
නිකුත්කරනවා, *v. t.* to send out, emit, issue.
නිකුත්ව·යාම, *v. n.* issuing forth, exodus, exody.
නිකුත්වෙනවා, *v. i.* to come or go forth, issue, emanate, exude.

නිකුම්භ, *n.* son of Kumbhakarna, which latter was the brother of Rāvana.

නිකුටිය, *n.* tooth of saw &c., cog, දත්ත.

නි·කෘත, *a.* dishonest, base, වංක; deceived, රැවටුණු; rejected, පහකරනලද.

නි·කෘතිය, *n.* dishonesty &c.; abuse, නිග්‍රහය; rejection, එපාකිරීම.

නි·කෘෂ්ට, *a.* low, honourless, undignified, plebeian, පහත්; vile, outcast, නීච, කාඩ.

නි·කෘෂ්ටයා, *n.* low or common person &c., නීචයා.

නි·කෘෂ්ටාර්ථදෘෂ්ටිය, *n. neu.*; ·දෘෂ්ටියා, *n. mas.* pessimism; pessimist. E. S.

නිකේතය, නිකේතනය, *n.* house, residence, ගෙය, නිවාසය.

නික්, *n.* goldsmith's weight, 25 kalan.

නික්කුබ්ජිත, *a.* upset, overturned, පෙරළුණු.

නික්ම or නික්මී, *p. pl.* of නික්මෙනවා: going or coming forth, issuing.

නික්ම·යාම, *v. n.* departure, exodus, Exodus.

නික්මවනවා, *v. t.* to send forth, issue, emit, educe, evolve; *pret.* නික්මෙවුවා; *v. n.* නික්මවීම.

නික්මෙනවා, *v. i.* to go or come forth, emerge, issue; *pret.* නික්මුණා; *v. n.* නික්මීම.

නි·ක්ලේශ, *a.* free from passions, immaculate, අකාම, නිර්මල.

නි·ක්ෂිප්ත, නි·ක්ෂේපය &c. See නිඃක්ෂිප්ත &c.

නි·ඛිල, *a.* all, entire, සියලු, මුළු.

නිගඩය, *n.* fetter, විලංගුව.

නිගණ්ඨ, *a.* naked, නග්න.

නිගණ්ඨයා, *n.* naked mendicant, නග්නතාපසයා.

නි·ගදය, *n.* speech, කථාව; audible recitation of prayers or charms, මැතිරීම.

නි·ගමනය, *n.* inference, deduction, conclusion of a syllogism.

නි·ගමනාපාශ්‍රිත·වාක්‍යය, *n.* proposition involving the conclusion, *log. petitio principii.*

නිගම, *n.* market-town, නියම්ගම; road, මග; trade, වෙළෙඳාම; the Veda &c., (වේදදීයමද නම්).

නිගම·වාසයා, *n.* townsman, citizen, නුවරවැසියා.

නිගරණය, *n.* throat, උගුර; *v. n.* eating, කෑම.

නිගල, *n.* elephant's foot-chain, fetter, විලංගුව; collar; throat.

නිගහය, නිගාව, *n.* E. of නිග්‍රහය.

නිගාකරනවා, *v.* E. of නිග්‍රහකරනවා.

නි·ගාදය, *n.* See නිගදය.

නිගුව, *n.* mind, heart, සිතිය, සිත.

නි·ගූල්හ, නි·ගූඪ, *a.* profound, obscure, ගැඹුරු: see ගූඪ.

නි·ගූඪතාව, *n.* profundity &c. [trollable.

නි·ගෘහණීය, *a.* that should be controlled, con-

නි·ගෘහීතය, *n.* control, restraint, හැසිරවීම, මදක් නැවැත්වීම.

නි·ඝෝෂ, *n.* sound, noise, ඝෝෂාව; echo, ප්‍රති·කාරය: see ඝෝෂ.

නිග්ගහීතය, *n.* P., naught, බිංදුව.

නි·ග්‍රහ, *a.* insulting, opprobrious, scornful, scurrilous, vituperative. [නින්දාකරනවා.

නි·ග්‍රහකරනවා, *v.* to insult, revile, vilify &c.,

නි·ග්‍රහකාරයා, *n.* insulter &c., නින්දාකාරයා.

නි·ග්‍රහතාව, *n.* opprobriousness &c , අපහාසකම.

නි·ග්‍රහ·බැල්ම, *n.* scornful look, sneer.

නි·ග්‍රහය, *n.* insult, reviling, sneer &c., නින්දාකිරීම, ගර්හාව.

නි·ග්‍රාහය, *n.* curse, ban, ශාපකිරීම; reviling.

නි·ග්‍රෝධය, *n.* fathom, බඹය.

නිඝණ්ටුව, නිඝණ්ඩුව, *n.* vocabulary, nomenclature, නාමාවලියක්.

නිඝණ්ඩු·කෝෂය, *n.* treasury of words, dictionary, වචනපොත, අකාරාදිය.

නි·ඝ, *a.* dependent, menial, වසඟ, වැඩකාර.

නි·චය, *n.* heap, collection, රාශිය.

නි·චිත, *a.* collected, රැස්වූ; full, complete, පුණ්, සම්පූර්ණ. [වැස්ම.

නි·චුලකය, *n.* a covering, breast-plate, ලෝ

නි·චෝලය, *n.* a wrapper or surtout, වැස්ම, දිග කබාය.

නිජ, *a.* not-derived, viz. one's own, සවකීය, තමාගේම; eternal, සදාකාල.

නි·ජර, *a.* See අජර.

නි·ජ්ජරයා, *n.* unfading one, ap. of දෙවියෝ.

නිජ්ඣරය, *n.* P. of නිර්ඣරය: cascade, waterfall, ඇල්ල.

නි·ජ්ඣාම·තණ්හිකයා, *n.* (නි emp., ඣාම burning, තණ්හිකයා desirer), one condemned to suffer burning desire through thirst and hunger, a sort of Tantalus.

නි·ටලය, *n.* forehead, නළල.

නිට්ඨාවෙනවා, *v. i.* to perish totally, come to nothing, නැතිවෙනවා.

නිට්ඨාව, *n.* P. of නිෂ්ඨාව: completion, ඉෂ්ටවීම; conclusion, නිස්දුව; perishing, නැතිවීම.

නිතම්බය, *n.* tne part below the loins, sp. of women, තුනටිය, buttocks, තට්ටම.

නිතඹ, *n.* (E. of above), hips of a women.

නි·තර, නි·තරම, *ad.* always, continually, constantly. [place.

නි·තලය, *n.* one of the seven hells, bottomless

නි·තැතින්, *ad.* without effort, easily, පහසුවෙන්.

නිති, නිතින්, නිත්තෙන්, *ad.* always, නිතරම.

නිතිනින්ද, *a.* single, sole, එකම.

නිතිපතා, නිතිලෙස, *ad.* always, perpetually.

නි·තෝර, *a.* or *ad.* unceasing; unceasingly.

නි·තෝරව, *ad.* unceasingly, incessantly.

නිත්ත, නිත්‍ය, *a.* continual, perpetual, නිරන්තර.

නිත්‍යකම, නිත්‍යතාව, *n.* continuance, permanence, perpetuity, නිරන්තරකම. [[illegible]

නිත්‍ය·ගතිය, *n.* constant state, viz, air, wind,

නිත්‍ය·ජීවී, *a.* ever-living, නිතර ජීවත්වන.
නිත්‍ය·පලාශ, *a.* evergreen, නිතර අඹුවූ.
නිත්‍ය·පලාශ·වෘක්ෂය, *n.* evergreen tree, නිතර අඹු කොළ ඇති ගස.
නිත්‍ය·ඵල, *a.* ever-fruitful, නිතර ඵල දරන.
නිත්‍යයෙන්, *ad.* See නිතරම්.
නිත්‍යානිත්‍ය, *a.* (·අනිත්‍ය), perpetual and transient.
නිත්‍ය·සෝද්‍යෝගී, **නිත්‍යෝද්‍යෝගී**, *a.* (නිත්‍ය, ස, උද්‍යෝගී), ever-striving, persevering, sedulous, නිතර වීර්‍යකරන.
නිත්‍යසෝද්‍යෝගීතාව &c. *n.* perseverance, sedulity.
නිදන, *n.* E. of නිධානය.
නි·දනයා, *n.* poor person, beggar, දිළින්දා, නිධනත්‍යා.
නිදනවා, **නිදගන්නවා**, *v.* to sleep, go to sleep; *pret.* නිදගත්තා ; *v. n.* නිදගැනීම.
නිදන්කරනවා, *v. t.* to conceal (treasure &c.), bury or put in a secret place, hoard, treasure up.
නි·දර, *a.* E. of නිජර.
නි·දර්ශනය, *n.* sample, specimen, example, instance, illustration.
නි·දර්ශනයකරනවා, *v. t.* to depict, describe, illustrate.
නි·දර්ශනානුමත්‍යාකාරයෙන්, *ad. log.* by the method of induction, නිදර්ශනවිධියෙන්.
නි·දර්ශනානුයායී, *a.* inductive, නිදර්ශනවලින් ඔප්පු කරන.
නිදර්ශනාපෝහනය, *n.* (·අපෝ:), induction, නිදර්ශනවලින් ඔප්පුකිරීම.
නිදසුන, *n.* E. of නිදර්ශනය.
නිදසුන්කරනවා, *v. t.* See නිදර්ශනයකරනවා.
නිදහස, **නිදහස්කම**, **නිදහස්කාරකම**, *n.* freedom, liberty, exemption.
නිදහස්, **නිදහස්කාර**, *a.* free, at liberty.
නිදහස්කරනවා, *v. t.* to loose, release, liberate, emancipate.
නිදහස්කාරයා, *n.* person at liberty, freeman.
නිදහස්·පත්‍රය, *n.* certificate of release.
නිදගැනීම, *v. n.* See නිදනවා.
නි·දාඝය, *n.* (නි emp., දාඝ for දහ), heat, ග්‍රීෂ්මය : hot season, summer, ග්‍රීෂ්මකාලය.
නි·දාන, *a.* deep-rooted, idiopathic, chronic (disease). E. S.
නිදාන·ත්‍රය, *n.* the three origins or periods of the existence of Gautama as බෝධිසත්ව and බුදුන්, viz. from his resolve to attain Buddhahood to his birth in the Tusita Paradise; the next, from that period to his attainment of Buddhahood, and third from that attainment till his death.
නිදානය, *n.* (for නිධානය) hidden treasure, hoard; (fr. S. නිදාන) chief cause, origin, source, ප්‍රධාන හේතුව, මුල ; diagnosis, රෝග නිශ්චය.
නිදානවෙනවා, *v. i.* to become the cause or origin.
නිද·වැටෙනවා, *v. i.* to fall asleep, නින්ද යනවා.

නිදුලි, *a.* shameless, ලජ්ජානැති.
නිදුල්ලේ, *ad.* loose, unbound, නිදහස්ව.
නිදුල්ලේ·අරිනවා, *v. t.* to turn loose (as cattle to graze).
නිදුල්ලේ·යනවා, *v. t.* to go loose, rove at large.
නිදුන්, *n.* tusked elephant, ඇතා.
නිදි, **නිඳි**, *a.* E. of නින්දිත.
නිදි, *n.* sleep, නින්ද : hidden treasure, නිධානය.
නිදි, *v.* and *a.* to be asleep; sleeping; narcotic.
නිදිකරවනවා, **නිදිගන්වනවා**, *v. t.* to put to sleep.
නිදි·ගෑම, *n.* drowsiness, නිදිමතකම.
නිදිග්ධ, *a.* smeared, plastered, ගාපලද, anointed, ආලේපවූ.
නිදි·පොළඟා, *n.* a kind of snake whose bite causes sleep.
නිදි·බෙහෙත, *n.* narcotic, opiate, sleeping draught.
නිදිමත, *a.* sleepy, drowsy.
නිදිමතකම, **නිදිමතය**, *n.* sleepiness, drowsiness.
නිදිබරනවා, *v. lit.* to kill sleep, viz. be sleepless, break one's rest.
නිදිමැරීම, **නිදිවැරීම**, *v. n.* keeping awake, vigil, watchfulness.
නිදිමිපොළඟා, *n.* a kind of snake.
නිදිෂ්ට, *a.* ordered, අණකරනලද ; advised, අවවාද ලැබූ ; explained, තේරුම්කරනලද.
නිදු, *a.* pert. to sleep, නින්ද ; low, outcast, නීච.
නිදුඅවරයා, *n.* sleepless person, viz. thief, robber, හොරා.
නි·දුකා, *n.* person free from sorrow, දුක්නැත්තා.
නි·දුක්, *a.* sorrowless, happy, දුක්නැති.
නි·දුක්කරනවා, *v. t.* to render sorrowless, set free from affliction.
නිදුව, *n.* E. of නිද්‍රාව: sleep, නින්ද ; sea, මුහුද.
නි·දොස්, *a.* E. of නිර්දෝෂ: blameless, faultless, innocent.
නි·දොස්කම, *n.* blamelessness.
නිදොස්කරනවා, *v. t.* to clear from blame or fault, vindicate, acquit.
නි·ද්‍රව, *a.* moistureless, dry, තෙත්නැති.
නි·ද්‍රවතාව, *n.* dryness, තෙත්නැතිකම, වියලුම්කම.
නිද්‍රා, *a.* pert. to sleep, නින්දට අයිතිවූ.
නිද්‍රා·ජනක, *a.* producing sleep, somniferous, soporific, නිදිකරවන.
නිද්‍රා·ජනක·ද්‍රව්‍ය, **නිද්‍රා·ජනකෞෂධය**, *n.* (ජනක ඖෂ:), opiate, නිදිබෙහෙත.
නිද්‍රාලු, *a.* sleepy, somnolent, නිදිබර ; sluggish, අලස.
නිද්‍රාලුයා, *n.* sleepy person, නිදිමතයා ; sluggard, කුද අලසයා.
නිද්‍රාව, *n.* sleep, repose, නින්ද ; sloth, අලසකම.
නිද්‍රා·විඥානය, *n.* hypnology, නිදි විඥානය.
නිද්‍රෝපගත, *a.* (නිද්‍රා උපගත), gone to sleep, sleeping, නින්දයිය.
නිද්‍රෝපගමනයකරනවා, *v. t.* to put to sleep, cause to sleep, නිදගන්වනවා.
නි·ධන, *a.* poor, ධනනැති, දිළිඳු.

නි·ධනය, *n.* loss, නාශය; death, මරණය; race, family, වංශය; seventh lunar asterism.
නි·ධානය, *n.* hidden treasure, hoard.
නි·ධාන්, *a.* hidden, hoarded, නිදන්කරතිබෙන.
නි·ධාන්කරනවා, *v. t.* See නිදන්කරනවා.
නි·ධිය, *n.* treasure, wealth, වස්තු; treasury, භාණ්ඩාගාරය, sp. the treasury of කුවේර.
නි·ධ්‍යානය, *n.* sight, seeing, දැකුම, දැකීම.
නි·නාදය, නි·නාදය, *n.* sound, noise, නාදය, හඬ.
නිනව්, *n.* (cf. T. නිනවු), recollection, sense, මතක, සිහිය.
නින්ද, *n.* sleep.
නින්දගම, *n.* village which is the entire property of the grantee.
නින්දනය, *n.* reproaching, blaming, reviling, නින්දාකිරීම, බැණුම.
නින්දයනවා, *v. i.* (*dat.*) to go to sleep, fall asleep. [blaspheme.
නින්දාකරනවා, *v.* (*dat.*) to rail at, revile, abuse,
නින්දාකාරයා, *n.* reviler, blasphemer.
නින්දාව, *n.* abuse, reviling; reproach, disgrace.
නින්දිත, *a.* opprobrious, infamous, disgraceful, despicable.
නින්දිතයා, *n.* vile person, blackguard.
නිඳි, *a.* E. of නින්දිත.
නින්න, *a.* P. of නිම්න.
නින්නානුතය, *n.* a number, the fifth power of a කෝටියක්, 1 followed by 35 ciphers.
නින්නාදය, *n.* See නිනාදය, නිනාදය.
නි·පඨය, නි·පඨිතය, නි·පාඨය, *n.* perusal, reading, (පොත්) කියවාබැලීම.
නි·පතනය, *n.* falling, fall, වැටීම.
නි·පතිත, *a.* fallen, වැටුණු, වැටීතිබෙන.
නිපද, *p. pl.* of නිපදිනවා: produced, ඉපද.
නිපදවනවා, *v. t.* See උපදවනවා; නිපදෙවුවා or නිපදවීය.
නිපනයා, *n.* fish, මත්ස්‍යයා.
නිපන්, *v. adj.* E. for නිෂ්පන්න, = උපන්: born, produced; *gram.* native or indigenous (word).
නිපය, *n.* birth, origin, උත්පත්තිය.
නි·පාතනය, *n.* causing to descend, බැස්වීම; felling, හෙළාදැමීම &c.
නි·පාතය, නි·පාය, *n.* falling, වැටීම; alighting, බැසීම; *gram.* anomaly, particle.
නි·පාතිත, *a.* cast down, felled, හෙළාදමනලද.
නි·පානය, *n.* drinking-trough, පානබඳුන, drinking place or vessel, වතුර බොන තැන or බාල්දිය; well, ලිඳ; drinking, absorption, බීම.
නි·පුණ, *a.* skilled, expert, proficient, උගත්, පළපුරුදු.
නි·පුණත්වය, *n.* skilfulness &c., පළපුරුදුකම.
නි·පුණයා, *n.* skilled person, proficient, දක්ෂයා.
නි·පුණවෙනවා, *v. i.* to become expert in, master of, පුහුණුවෙනවා.

නිපුල, *n.* Eng., gun-nipple.
නිපුන්, *n.* a woman arrived at puberty.
නිපොල්, *n.* immature coconut, of which the shell is not yet hard. [නිතරම.
නි·බද, *ad.* continually, always, unceasingly,
නි·බඩ, නි·බන්ධ, *a.* bound, බැඳි.
නි·බන්ධනය, නි·බන්ධය, *n.* binding, බැඳීම; grant (of property), දත්තය; attachment to, ඇලුම්කම; intentness, determination, ස්ථිර අදහස; stoppage, constipation, අබස්සිය.
නිබම, *n.* rim of a wheel, චක්‍රපට්ටම, නිම්වළල්ල.
නිබුල්ලු, *n.* See තිබුල්ල. [සැබෑ.
නි·බොරු, *a.* not false, unfeigned, true, certain,
නිබෝ, නිමෝ, *a.* all, සියලු; positive, ඒකාන්ත.
නි·භ, *a.* like, resembling, සමාන.
නි·භය, *n.* fraud, deceit, trick, වංචාව.
නි·භෘත, *a.* modest, humble, යටහත්.
නිම, *n.* end, completion, නිස්දුව; boundary, සීමාව; rim of a wheel, නිම්වළල්ල.
නිමකරනවා, *v. t.* to end, complete, finish.
නි·මග්න, *a.* immersed, sunk in, overwhelmed, ගිලී—ගිලී—ඇත්තාවූ. [ගිල්වනවා.
නි·මග්නකරනවා, *v. t.* to immerse &c.,
නි·මජ්ජනය, *n.* bathing, නෑම, immersion, ගිලීම.
නිමන, *a.* revenue, රජධන.
නිමනවා, *v. t.* to end; for නිවනවා: extinguish; *pret.* නිමුවා; *v. n.* නිමීම.
නිම·නැති, *a.* endless, unlimited.
නිමන්ත්‍රණය, *n.* calling, invitation, කැඳවීම, ආරාධනාව. [වනවා.
නිමන්ත්‍රණයකරනවා, *v.* (*dat.*) invitation, කැඳ
නිමන්ත්‍රිත, *a.* called, invited, කැඳවනලද.
නිමය, *n.* barter, exchange, ගනුදෙනුව.
නි·මල, නි·මල්, *a.* E. of නිර්මල: undefiled, clean, pure, පිරිසිදු, innocent, නිදොස්.
නිමල, *n.* red arsenic, රත්හිරියල්.
නිමවනවා, *v. t.* to cause to finish, complete; *pret.* නිමෙවුවා; *v. n.* නිමවීම.
නිමෙවනවා, *v. i.* to become finished, concluded; *v. n.* නිමවීම.
නිමවූ, *a.* finished, concluded, නිස්දුවූ. [සීමාව.
නිමාව, *n.* end, conclusion, නිස්දුව; boundary,
නිමි, *a phrase,* Is or are finished, as මේ කථාව නිමි This story is finished, finis.
නිමිවච, *a.* properly නිමිවච: extinguished; cooled, cold (food &c).
නිමිත, *n.* See නිමිත්ත.
නිමිති, *n. pl.* of නිමිත්ත.
නිමිති·අල්ලනවා, *v.* to take signs or draw a lot in order to discover one's fortune, to divine.
නිමිති·අහනවා, *v.* to ask or consult a soothsayer, who pretends to discover lost things &c., by omens. [nic.
නිමිතිකාර, *a.* pert. to soothsaying &c., pytho-
නිමිතිකාරයා, *n.* soothsayer, pythonist.

නිමිතිකාරී, *n. fem.* woman who augurs, pythoness.
නිමිතිකියනවා, *v.* to soothsay, augur, foretell by marks or omens.
නිමිති·ගල, *n.* boundary stone, සීමාගල.
නිමිත්ත, *n.* mark, sign, token, symptom, ලකුණ, omen, පූර්වලකුණ; cause, හේතුව.
නිමිත්තක, *a.* indicative, significant; pert. to soothsaying. [නිමිති කියන්නා.
නිමිත්තකයා, *n.* soothsayer, fortune-teller,
නිමිත්තකරනවා, *v. t.* to mark out, denote, indicate; define. [agent.
නිමිත්තකාරණය, *n.* instrumental cause or
නිමිත්ත·කොට·ගෙන, *post.* See කරණකොටගෙන; for the sake of, සඳහා.
නිමිත්ත·ග්‍රහණය, *n.* seizing or being affected by signs or appearance.
නිමිත්තත්වය, *n.* causality, හේතුතාව.
නිමිත්ත·පාඨකයා, *n.* explainer of omens, augur, නිමිතිකියන්නා.
නිමිත්ත·මාත්‍රයා, *n.* mere agent or instrument, කළමනාකාරයා.
නිමියාවූ, *a.* finished, completed, නිත්දුවූ.
නි·මිෂය, **නි·මෙෂ**, **නි·මේෂය**, *n.* twinkling of an eye; an instant; ඇසිපියහෙළීම; ඇසිල්ල.
නිමීම, *v. n.* of නිමනවා and නිමෙනවා.
නි·මීලනය, *n.* winking, closing the eyelid, ඇසිපිය හෙළීම. [ඇසු (ඇස).
නි·මීලිත, *a.* twinkled, closed, ඇසිපියහෙළූ, වැසූ
නිමුජ්ජනය, *n.* sinking, බැසීම, ගිලීම.
නිමුන, **නිමුනුන**, **නිමුන්මිට**, *n.* plough-handle, නගුල් මිට.
නිමුන්නු, *n. pl.* See නිමුල්ලු.
නිමෙනවා, *v. i.* to become finished, completed; also for නිවෙනවා, to be extinguished; *pret.* නිමුණ; *v. n.* නිමීම.
නිමේෂාන්තරය, *n.* the interval between winks, an instant, ඇසිල්ල. [slough, හැවය.
නිමෝක, *n.* (නි emp., මුච් to be free), serpent's
නිම්න, *a.* low, පහත්; deep, profound, ගැඹුරු.
නිම්නතාව, *n.* lowness &c.
නිම්න·භූමිය, **නිම්නස්ථානය**, *n.* low ground, deep place, valley, මිටිතැන, මිටියාවත.
නිම්නෝන්නත, *a.* (නිම්න උන්නත), high and low, උස්පහත්; uneven, සමතලා නැති.
නිම්ම, **නිම්මාව**, *n.* end, conclusion, finish.
නිම්·වළල්ල, *n.* rim of a wheel, tire.
නිඹුල්, *a.* twin, as නිඹුල් සහෝදරයා, twin brother. [twins.
නිඹුල්ලා, *n.* twin, one of twins; *pl.* නිඹුල්ලු,
නිඹුළු, *n. pl.* lotus flowers.
නිබෝ, *a.* all, සියලු. [සීඛිය.
නිය, *n.* understanding, prudence, නුවණ; law,
නිය, *n.* frankincense, කුමරලා; river, ගඟ.
නිය, *n.* See නියපොත්ත.

නිය·කටුව, *n.* finger-nail pick. [කාලික.
නියං, *a.* droughty, ඉඩෝර; summer, ග්‍රීෂ්ම
නියං·සෘතුව, **නියං·කල**, *n.* dry or hot season, ඉඩෝරකාලය.
නියංකරනවා, *v.* to dry, වියළනවා; be droughty, ඉඩෝරව තිබෙනවා.
නියං·සාය, *n.* famine resulting from drought.
නියඟ, *a.* See නියං. [ග්‍රීෂ්මය.
නියඟ, *n.* drought, dryness, ඉඩෝරකම; heat,
නියඟලා·අල, *n.* a kind of yam, *gloriosa superba.*
නියත, *a.* certain, true, inevitable, ඒකාන්ත; fixed, appointed, නියමිත.
නියතකරනවා, *v. t.* to fix, appoint, determine, නියමකරනවා. [කාන්තයෙන්.
නියතයෙන්, *ad.* with certainty, positively, ඒ
නියත·විවරණය, *n.* positive explanation or assurance (of becoming Buddha, given by former Buddhas).
නියති·ධර්මය, *n.* law or doctrine of fate, fatalism, ඉරණම් ධර්මය.
නියතිය, *n.* doom, fate, fatality, ඉරණම.
නියද, **නියඳ**, *n.* or *a.* hemp; hempen, හණ.
නියද·ලනුව, *n.* hempen cord or rope.
නියන, *n.* chisel; *pl.* නියන්
නියන්, *a.* Er. for නියං.
නියන්·කොබෙයියා, *n.* purple wood-pigeon, *alsocomus puniceus.*
නියන්ගම, *n.* See නියම්ගම.
නිය·පදුර, *n.* the bunch or set of finger or toe nails or of claws of birds &c.
නිය·පිරින්නා, *n.* nail-worm which eats the finger nails. [නියපොතු.
නිය·පොත්ත, *n.* nail of finger or toe, claw; *pl.*
නි·යඹලා, **නී·යඹලා**, *n.* (නි priv., ඇඹුලා &c. for ඇඹුල), curry made without acid; jak curry.
නියම, *a.* appointed, fixed, certain, specific.
නියම්කරනවා, *v. t.* to appoint, settle, decide.
නියමකරදෙනවා, *v. t.* to allot to, apportion, appoint.
නියම·ක්‍රමය, *n.* fixed method, rule.
නියමය, *n.* appointment, regulation, statute, law, rule, decree; destiny; settlement.
නිය·මල, *n.* finger-nail spot, spot on a finger nail. [pointed.
නියමවෙනවා, *v. i.* to become decided or ap-
නියම·සර්වනාමය, *n.* definite or personal pronoun.
නියමිත, *a.* appointed, settled, decided, නියමවූ.
නියමුවා, *n.* pilot, captain, නියාමක, නැවපතියා.
නියම්·ගම, *n.* large village, market-town.
නියර, *n.* dam, embankment, weir (of paddy field). [bankments.
නියරබඳිනවා, *v.* to make dams, construct em-
නියරිය, *n.* city, town, නුවර.

නියරී, *n.* citizen, townsman, නාගරිකයා.
නියලි, *a.* attached, devoted to, ඇලුම්වූ.
නියලුම, *n.* sorrow, දුක, affliction, distress, [විපත.
නියවත්, *a.* wise, නැණවත්.
නියවතා, *n.* wise person, නැණවතා.
නියවනවා, *v.* to grin, make grimaces; *pret.* නියෙවුවා; *v. n.* නියවීම.
නියවිලි, *n. pl.* or *a.* grimaces; sardonic.
නියවිල්ල, නියවීම, *n.* grin, grimace, grinning.
නිය·සැත, *n.* finger-nail weapon or claw-weapon (to fight with); finger-nail knife.
නිය·කත්ත, *n.* finger-nail fungus, viz. growth spot on the finger-nail.
නියා, *a.* such sort, kind, ආකාර, as මෙනියා—මෙයාකාර—දේ, this sort of thing.
නියාවක, *n.* See නියමුවා.
නියාය, නියාව, *n.* mode, manner, method, style, අන්දම, ආකාරය. [නියලි.
නියැලි, *a.* zealous, devoted, attached: see
නියැලිකම, *n.* zeal, &c., ජවලිතකම.
නියුක්ත, *a.* engaged in, involved in, යෙදිසිටින, අඛංඩ.
නියුක්තකරනවා, *v. t.* to engage or involve in.
නියුක්තවෙනවා, *v. i.* to engage in, addict or devote one's self to. [සිටීම.
නියුක්තිය, *n.* engagement in, devotion to, යෙදී
නියුලුව, *n.* sorrow, pain, distress, දුක.
නියෝග, නියෝගවූ, *n. pl.* and *a.* appointments, decrees; appointed.
නියෝගකරනවා, *v. t.* to appoint, command, ordain, decree. [delegate.
නියෝගකරඅරිනවා, *v. t.* to depute, send as
නියෝග·ක්‍රමය, *n.* code of rules, constitution.
නියෝගය, *n.* command, order, decree, ordinance, statute, precept.
නියෝගාකාර, *a.* mandatory, preceptive, ආඥා, සහිත, උපදේශක.
නියෝජක, *a.* institutive, නියම්කරන.
නියෝජකයා, *n.* institutor, appointer.
නියෝජනය, *n.* ordering, commanding, command, appointment, අණකිරීම, නියමය.
නියෝජනයකරනවා, *v. t.* to command &c., delegate, නියමකරනවා.
නියෝජනීය, නියෝජ්‍ය, *a.* fit to be or that should be appointed, eligible, suitable, යෝග්‍ය.
නියෝජනීයතාව, නියෝජ්‍යතාව, *n.* eligibility, suitability.
නියෝජිත, *a.* appointed, enacted, deputed, delegated, නියමකරනලද.
නියෝජිතයා, නියෝජිතවරයා, *n.* one appointed, delegate, deputy, representative.
නිර්, *prefix,* expressing negation and sometimes emphasis, also the sense of Out, Forth. The ර් is vocalized by a following vowel, as නිරග්නි for නිර්අග්නි.

නිර·ක්ෂ, *a.* equatorial.
නිරක්ෂ·දූර·ප්‍රමාණය, *n.* latitude.
නිර·ක්ෂය, නිරක්ෂ·රේඛාව, *n.* equator.
නිර·ක්ඛර, *n.* (නිර් අක්ඛර), throat-sound, guttural letter, උගුරුහඬ.
නිරග්නල, *a.* P. of නිරග්නි. [fices.
නිර·ග්ගල, *n.* one of the four great H. sacri-
නිර·ග්නික, නිර·ග්නාක, *a.* fireless, ගිනිනැති.
නි·රංගන, නි·රජන, *a.* passionless, non-carnal, කෙලෙස නැති.
නි·රත, *a.* engaged in, devoted to, zealous, නියුක්ත, ජවලිත; empty: see නිරත්‍ථ.
නි·රතතාව, *n.* devotedness, zeal. [void, හිස්.
නිරත්‍ථ, *a.* meaningless, තේරුමක් නැති, empty,
නිරතුර, නිරතුරු, *ad.* unintermittingly, continually, always, නිතරම.
නිරතුරු, *n.* growling, guttural noise.
නිර·දය, *n. lit.* water-giver, viz. the sea, මුහුද.
නිරනුකම්පක, *a.* (නිර් අනු:) uncompassionate, pitiless, ruthless, දයානොකරන. (The following also නිර් අනු &c.). [ලැබියයුතු.
නිරනුකම්ප්‍ය, *a.* not to be pitied, දයාව නො
නිරනුකෘෂ්ට, *a.* unattracted, ඇදී නැති: unsolicited, නොඉල්ලනලද.
නිරනුකූල, *a.* inapposite, unaccordant, uncongenial, එකඟනැති; unsuited, නුසුදුසු.
නිරනුක්‍රමික, *a.* unsystematic, පිළිවෙලක් නැති.
නිරනුඥාත, *a.* unsanctioned, disallowed, අවසර නැති. [නැති.
නිරනුමාන, *a.* undoubted, unequivocal, අනුමාන
නිරනුමිතිය, *n. log.* (නිර් අ:), non-sequitur, කී දේවලින් ඔප්පුනොවන එකක්.
නිරනුමේය, *a.* non-sequential, illegitimate.
නිරනුයායිනි, *a.* inconsequential, invalid, illogical, අතර්කානුකාර. [නොගැළපෙන.
නිරනුරූප, *a.* incongruous, unconformable,
නිරනුවිධායිත්වය, *n.* nonconformity (to rule), irregularity, අනියමිතකම.
නිරනුෂංගික, *a.* inconsequential, illogical, කී කාරණාවලින් ඔප්පුනොවන.
නිරනුෂංගික·සිද්ධාන්තය, *n.* illogical conclusion, paralogism, අතර්කානු තීන්දුව.
නිරනුසූත්‍ර, *a.* unconstitutional, uncanonical, නියමයට—පණතට—විරුද්ධවූ.
නිරන්තර, *a.* (නිර් අන්තර), unintermitting, continuous, chronic. [&c., perpetuity.
නිරන්තරකම, නිරන්තරය, *n.* unintermittency
නිරන්න, *a.* (නිර් අන්න), foodless, famished, starving, කෑමනැති, සාමත්වූ.
නිරපරාධ, නිරපරාධකාර, *a.* (නිර් අප:), guiltless, වරදනැති, innocent, නිදොස්.
නිරපරාධකරනවා, *v. t.* to exculpate, clear, acquit, නිදොස්කරනවා.
නිරපේක්ෂ, නිරපේක්ෂක, *a.* (නිර් අපේ:), not expecting or desiring, desireless, ආශානැති.

නිරපේක්‍ෂව, *ad.* without expectation, or attachment, unreluctantly, නෑමෑත්තෙන්ම.

නිරපේක්‍ෂාකරනවා, *v. t.* to disregard, neglect, reject, නොසලකා අරිනවා.

නිරපේක්‍ෂාව, *n.* non-expectation, desirelessness, indifference, stoicism, අපේක්‍ෂා නැතිකම.

නිරපේක්‍ෂිත, *n.* unexpected, බලාපොරොත්තු නුවූ (යමක්). [—ආශානුගත—ලෙස.

නිරපේක්‍ෂිතාකාරයෙන්, *ad.* unexpectedly, නොසිතූ

නිරය, *n.* (නිර් priv., අය welfare), hell. There are eight chief hells, each surrounded by four smaller ones, in all of which punishment accords with guilt.

නිරර්ගල, *a.* (නිර් අර්ගල), unbolted, අගුලුදමා නැති; unobstructed, unimpeded, බාධා නැති.

නිරර්ථක, *a.* unmeaning, තේරුමක් නැති; frivolous, සුළු, vain, useless, නිෂ්ඵල. [නැති.

නිරලංකෘත, *a.* unadorned, bald, ලක්‍ෂණ කරලා

නිරලම්බ, *a.* E. of නිරාලම්බ.

නිරලම්බය, *n.* precipice, ප්‍රපාතය. [කාර.

නිරවග්‍රහ, *a.* uncontrolled, self-willed, හිතුවක්

නිරවද්‍ය, *a.* (නිර් අවද්‍ය), faultless, blameless, innocent, unobjectionable, නිදොස්, නිවැරදි.

නිරවනත, *a.* *lit.* and *fig.* unbent, erect, upright, නොනැමුණු, කෙලින්, ඇද නැති.

නිරවනතකරනවා, *v. t.* to unbend, straighten, ඇද අරිනවා, කෙලින්කරනවා. [බෝධ.

නිරවබෝධිත, *a.* unillumined, uninformed, අ

නිරවරෝධ, *a.* unopposed, බාධා නැති.

නිරවශේෂ, *a.* without remainder, quite finished or spent, නිමවුනු; all, සියලු, මුළු. [ඉතුරුව.

නිරවශේෂය, *a.* exhaustion, extinction, කම්

නිරවශේෂයෙන්, නිරවශේෂයෙන්, *ad.* entirely, altogether, utterly, මුළුමනින්ම.

නිරවසාන, *a.* unfinished, නිමවුනු නැති.

නිරවුල්, *a.* (නි අවුල්), unconfused, clear, undisturbed, අවුල් නැති; unmixed, අමිශ්‍ර.

නී·රස, *a.* tasteless, insipid, රස නැති.

නී·රසය, *n.* insipidity.

නිරසනය, *n.* (නිර් out, අස් to throw), rejection, පහකෙරීම; denying, නැතකිම, disallowing, තහනම්කෙරීම; killing, ප්‍රාණඝාතය.

නිරස්ත, *a.* shot out, විදිනලද(ඊය), sent, thrown, ඇරිය, විසිකළ; rejected, adandoned, අත් ඇරුණු.

නිරස්ථි, *a.* boneless, exosteous, ඇටකටු නැති.

නිරහංකාර, *a.* non-egotistic, lowly, condescending, අහංකාර නැති, යටහත්.

නිරහංකාරය, *n.* lowliness &c.

නිරාකරණය, *n.* obstructing, obstruction, opposing, refutation &c.: see verb.

නිරාකරණයකරනවා, *v. t.* to obstruct, බාධාකරනවා, oppose, විරුද්ධවෙනවා; neutralize, render nugatory, stultify, refute, බලනැතිකරනවා.

නිරාකර්ෂිත, *a.* not drawn, unsolicited, untempted: see නිරනුකර්ෂිත.

නිරාකාර, *a.* without form, formless, නිරූප; ep. of a god as invisible, sp. of Vishnu and Siva.

නිරාකීර්ණ, *a.* (·ආකීර්ණ), uncrowded, ගහනනැති.

නිරාකුල, නිරාකුලිත, *a.* unperplexed, unconfused, unconfounded, ආකුල නැති. [කළු.

නිරාකෘත, *a.* ejected, rejected, අහකදමූ, එළා

නිරාකෘතිය, *n.* ejection &c.

නිරාග්නිය, *n.* hell fire, නිරයේ ගින්න.

නිරාචාර, *a.* uncivil, unmannerly, අශිෂ්ට; barbarous, වනචර; lawless, wicked, දුෂ්ට.

නිරාණ්ඩුකත්වය, *n.* absence of government, state of anarchy.

නිරාණ්ඩුකාර, *a.* without government, anarchical, ආණ්ඩුවක් නැති.

නිරාතපය, *n.* absence of sunshine, night, රාත්‍රිය.

නිරාදර, *a.* (නිර් ආදර), unloving, unmerciful, ආදර—දයා—නැති, cruel, කෲර.

නිරා·දුක, *n.* hell torment, නරකාදියේ දුක.

නිරානන්ද, *a.* (නිර්, ආ:), joyless, sorrowful, ප්‍රීති නැති. [සොබලැබූ.

නිරානන්දිත, *a.* not gladdened, ungratified, ප්‍රීති

නිරාබාධ, *a.* free from sickness, healthy, නිරෝගී; groundless or frivolous (complaint), නිකරුණ.

නිරාමන්ත්‍රිත, *a.* uninvited, unsolicited, නැදවනු නොලැබූ, නොඉල්ලනලද. [ත්‍රිත.

නිරාමය, *a.* diseaseless, healthy, well, නිරෝගී.

නිරායාස, *a.* unwearied, වෙහෙස නැති; without effort, easy, පහසු.

නිරායාසය, *n.* unweariedness; easiness.

නිරායාසයෙන්, *ad.* without effort or trouble, easily, පහසුවෙන්.

නිරායුධ, *a.* unarmed, යුධායුධ නැති.

නිරාරක්‍ෂිත, *a.* unprotected, undefended, unguarded, රැකවලක් නැති.

නිරාලම්බ, නිරාලම්බන, *a.* independent, self-supported, තමනිය බලයෙනි පිහිටි; unstable, අස්ථිර.

නිරාලම්බනය, *n.* independence &c.; vacuum, space. E. S. [ඇලුම්ව.

නිරාලයව, *p. pl.* or *ad.* without desiring, නො

නිරාව, *n.* hell: see නිරය.

නිරාවරණ, *a.* (නිර් ආව:), without cover, uncovered, manifest, ප්‍රකාශ.

නිරාශ, *a.* desireless, hopeless, ආශා නොවන, බලාපොරොත්තු නොවන.

නිරාශාව, *n.* desirelessness, despair.

නිරාශ්වාස, *a.* breathless, not taking breath, හුස්ම නොගත්ත. [නොකාසිටින.

නිරාහාර, *a.* foodless, ආහාර නැති, fasting, කෑම

නිරාහාරය, *n.* lack of food, fast, fasting.

නිරීඞිය, *n.* E. of නිරී·ශිණිය: veil, තිරය.

නිරිත, *a.* and *n.* south-west; south-western, south-westerly. [quarter.
නිරිත·දිග, නිරිත·කොන, *n.* and *a.* south-west
නිරින්ද්‍රිය, නිරින්ද්‍රියවත්, *a.* unorganized or defective in organization, ඉන්ද්‍රිය අඩු, imperfect, maimed, mutilated, අඞ්ගහීන.
නිරිඳු, නිරිඳු, indef., නිරිඳෙක්, *n.* E. for නරේන්ද්‍රයා: king, රජ.
නිරිය, *n.* second crop of grain, grass &c.
නිරි·සත, *n.* inhabitant of hell, an infernal or one of hellish state, අපායගතයා.
නිරිස්සීම, *v. n.* of නුරුස්සනවා: intolerance of, abhorrence of.
නිරීක්ෂණය, නිරීක්ෂාව, *n.* (නිර් emp., ඊක්ෂණය &c.), looking at, gazing, gaze, බැලීම.
නිරීක්ෂණයකරනවා, *v. t.* to look at, behold &c., බලනවා.
නිරීක්ෂ්‍ය, *a.* observable, noteworthy, බැලියයුතු.
නිරීහ, *a.* (නිර්, ඊහ to try), effortless: see නිරුත්සාහ.
නිරුක්ත, *a.* (නිර් emp., උක්ත), uttered, explained, obscure; loud, distinct; සුවිශේෂ කියනලද.
නිරුක්තය, නිරුක්තිය, *n.* *gram.* explanation, etymology, derivation, ශබ්ද ධාතු විභාගය; glossary, නාමපදවිවරණය.
නිරුචිත, *a.* (නිර් උචිත), improper, නුසුදුසු.
නිරුත්තර, *a.* answerless; unanswerable, decisive, conclusive, උත්තර නැති.
නිරුත්තරකරනවා, *v. t.* to render answerless, refute, silence.
නිරුත්ථාන·දෘෂ්ටිය, *n.* (නිර් උත්ථාන), non-resurrectionism, Sadduceeism. [ducee.
නිරුත්ථාන·දෘෂ්ටිකයා, *n.* non-resurrectionist, Sad-
නිරුත්සාහ, *a.* effortless, inactive, උත්සාහ නැති, lazy, කම්මැලි; *gram.* involitive or deponent (verb).
නිරුත්සාහය, *n.* effortlessness &c. [dry, වියළි.
නිරුදක, *a.* (නිර් උදක), waterless, වතුර නැති,
නි·රුද්ධ, *a.* (නි emp.), stopped, confined, නැවති—හිරවී—සිරවුන; destroyed, නැතිවූ.
නි·රුද්ධකරනවා, *v. t.* to stop, නවත්වනවා; destroy, annihilate, නැතිකරනවා.
නි·රුද්ධවෙනවා, *v. i.* to cease to be, be set free, perish, නැතිවෙනවා.
නිරුපද්‍රව, *a.* dangerless, harmless; safe, උපද්‍රව—අනතුර—නැති.
නිරුපද්‍රුත, *a.* unhurt, uninjured, safe.
නිරුපධිශේෂ, නිරුපාදිශේෂ, *a.* unresidual, elementless: see අනුපාදිශේෂ.
නිරුපම, නිරුපමාන, *a.* (නිර් උපම), unequalled, unparallelled. E. S. [able, අසාධ්‍ය.
නිරුපක්‍රමනීය, *a.* (නිර් උප:), remediless, incur-
නිරුවත්, *a.* in hell, damned, අපායගත.
නිරූප, *a.* incorporeal, immaterial, අශරීරික; shapeless, ugly, අවලක්ෂණ.

නිරූපණය, *n.* sight, පෙනුම; doubt, අනුමානය; search, investigation, විභාගය; ascertaining, determining, නිශ්චයකිරීම.
නිරෙනිකෙළිනවා, *v.* See නිරෝනිකෙළිනවා.
නිරේන්ද්‍රයා, *n.* See නරේන්ද්‍රයා.
නිරෝද්, *a.* lacking vitality or power, බල—ඕජස්—නැති.
නි·රෝග, නි·රෝගී, *a.* diseaseless, healthy, sound, රෝගනැති.
නි·රෝගීකම, නි·රෝගීතාව, *n.* healthiness.
නි·රෝධ, *a.* obstructionless, free, pert. to liberation or emancipation of the soul, Nirvāna.
නි·රෝධ·මාර්ගය, *n.* the way or means of final emancipation, නිර්වාණමාර්ගය.
නි·රෝධය, *n.* final emancipation, annihilation, නිර්වාණය, නැතිවීම.
නි·රෝධ·සත්‍යය, *n.* the truth or doctrine of final emancipation through the extermination of කෙලෙස or the passions. It is one of the four chief doctrines of Buddhism.
නි·රෝධ·සමාපත්තිය, *n.* the eighth stage of religious practice for the purpose of attaining Nirvāna. It is a state of abstract religious meditation in which the senses and passions have been subdued and all desire has ceased.
නි·රෝෂණ, *a.* without anger, calm, placid, තරහනැති, ශාන්ත. [joy.
නිරෝනි·කෙළිනවා, *v.* to hold public sports for
නිර්ගත, *a.* (නිර් forth, ගත gone), gone out, come forth, නික්මුණු; departed, extinct, පහවූ, නැති වියය.
නිර්ගන්ධ, *a.* (නිර් priv.), scentless, inodorous, flavourless, සුවඳ, ගඳනැති.
නිර්ගන්ධකරනවා, *v. t.* to deodorize.
නිර්ගමනය, නිර්ගමය, *n.* (නිර් forth), going forth, issuing, exit, පිටවීම, නික්මීම.
නිර්ගමය, *n.* *As above; also,* outlet, channel (of water), වතුරපාර, කෝරළුව.
නිර්ගුණ, *a.* void of good qualities, bad, අගුණ.
නිර්ගුම්බ, *a.* unentangled, පටලැවී නැති.
නිර්ග්‍රන්ථයා, *n.* one free from worldly ties, *viz.* ascetic, mendicant, hermit, තාපසයා.
නිර්ඝාතය, *n.* blast of wind, hurricane, සැරසුළඟ.
නිර්ඝෝෂය, *n.* loud noise, මහත් ඝෝෂාව.
නිජට, *a.* (නිර්, ජට to clot as hair), not tangled, not matted or clotted, පටලැවී නැති, කැටිගැසී නැති. [නැති, පාළු.
නිජ්ජන, *a.* unpeopled, desolate, lonely, ජනය
නිජ්ජනකරනවා, *v. t.* to depopulate, ජනයන් පහකරනවා. [ණිය.
නිජ්ජර, *a.* undecaying, අජර, immortal, අමර
නිජ්ජරතාව, නිජ්ජරත්වය, *n.* imperishableness, immortality, අමරණීයකම. [භෝජනය.
නිජ්ජරය, *n.* ambrosia, food of the gods, දිව්‍ය

නිජ්ජරයා, *n.* an immortal, viz. a deity, a god, දේවතාවා. [සාහසාර.
නිජ්ජල, *a.* waterless, arid, දියසිරාව නැති, desert,
නිජ්ජලය, *n.* waterless place, desert, කාන්තාරය.
නිර්ඣරය, *n.* (නිර් forth, ඣරය), waterfall, cascade, ඇල්ල, torrent, සද වතුරමන්නාව.
නිර්ඣරිය, *n.* river, ගඟ.
නිශ්චය, නිශ්චයනය, *n.* certainty, ජීසානනබව, decision, demonstration, ස්ථිර නිශ්චය or ඔප්
නිණේජකයා, *n.* washerman, රදවා. [පුව.
නිදය, *a.* unmerciful, unkind, දයානැති.
නිද්දන, *a.* toothless, දත්නැති.
නිද්දස, *a.* not a slave, free.
නිද්දසකම, *n.* non-slavery, freedom.
නිද්දසයා, *n* freeman.
නිර්දිෂ්ට, *a.* shown, described, පෙන්වනලද.
නිදේශ, නිදේශක, නිදේශකවා, *a.* (නිර් forth, දිශ් to show), explanatory, descriptive, විස්තර.
නිදේශය, *n.* explanation &c., exhibition, පෙන්වීම, දක්වීම; command, අණ.
නිදේශී, *a.* directorial, විනිවිධාන සහිත. [nocent.
නිදෝෂ, *a.* faultless, blameless, guiltless, in-
නිදෝෂකරනවා, *v. t.* to render blameless, exculpate.
නිද්‍රව, *a.* (නිර් ද්‍රව), non-liquid, waterless, සෙත —දිය—නැති, dry, වියළි.
නිධන, *a.* impecunious, poor, දිළිඳු.
නිධර්ම, *a.* inequitable, unjust, අධර්මිෂ්ඨ; irreligious, අභක්ති. [eousness &c.
නිධර්මතාව, නිධර්මය, *n.* inequitableness, unright-
නිධාරණය, නිධාරය, *n.* ascertaining, determining, deciding, emphasis, නියම්කිරීම.
නිර්ධූතනය, *n.* desertion, rejection, අත්ඇරීම, ප්‍රතික්ෂේපය. [යෙක් නැති.
නිර්නාථ, *a.* without master or protector, ස්වාමි
නිර්නාථතාව, *n.* state of being without a lord; widowhood, වැන්දඹුකම.
නිර්නාමික, *a.* nameless, anonymous, නමක්නැති.
නිබන්ධනය, නිබන්ධය, *n.* intentness, urgency, eagerness, චචලිතකම; seizure, අල්ලාගැනීම.
නිබුද්ධි, *a.* senseless, mindless, බුද්ධි නැත්.
නිර්භය, නිර්භීත, *a.* fearless, bold, daring, භය නැති, බුහුටි.
නිර්භවය, *n.* non-existence, නොපැවැත්ම.
නිර්භින්න, *a.* (නිර් emp.), broken, split, cracked, බිඳුණු, පිපුරුණු; alike, එකාකාර.
නිර්භීතකම, නිර්භීතිය, *n.* fearlessness &c., audacity, බුහුටිකම.
නිර්භීතකරනවා, *v. t.* to embolden, render fearless, ධෛර්යවත්කරනවා.
නිර්භෞමික *a.* (නිර් භෞම :), unearthly, පොළොවට or මෙලොවට අයිතිනැති.
නිර්මල, *a.* free from impurity, මලනැති, clean, pure, pellucid, unblemished, faultless, immaculate, පිරිසිදු, sinless, පව්නැති.

නිර්මලකම, නිර්මලතාව, නිර්මලත්වය, *n.* cleanness, purity &c.
නිර්මලකරනවා, *v. t.* to cleanse &c., defecate, refine, පිරිසිදුකරනවා.
නිර්මාණය, *n.* making, constructing, fabrication, manufacture, සෑදීම.
නිර්මාණයකරනවා, *v. t.* to make &c., form, shape, සාදනවා, හැඩගුරුකරනවා.
නිර්මාණ·රතිය, *n. lit.* created pleasure: name of the fifth divine world, so called because the inhabitants create new enjoyments for themselves.
නිර්මාණේන්ද්‍රියය, *n.* (නිර්මාණ ඉන්ද්‍රියය), constructive faculty, *phren.* constructiveness.
නිර්මාල්‍ය, *a.* clean, pure, පිරිසිදු.
නිර්මාල්‍යය, *n.* cleanness, purity; remains of a religious offering.
නිර්මිත, *a.* fabricated, formed, artificial, සාදපු, created, මවාපු.
නිර්මිතකරනවා, *v. t.* to make, to fabricate &c.
නිර්මිතවෙනවා, *v. i.* to become formed, take shape, සෑදෙනවා. [වෙන අත්දම.
නිර්මිතාකාරය, *n.* style of formation, සෑදු නි
නිර්මිතිය, *n.* making, formation &c., සෑදීම.
නිර්මුක්ත, *a.* (නිර් forth, මුක්ත), liberated, loosed, freed, මිදුණු.
නිර්මුක්තකරනවා, *v. t.* to liberate, set free, මිදනවා, නිදහස්කරනවා.
නිර්මුක්තයා, *n.* one set free; snake that has recently cast its skin.
නිර්මූල, *a.* (නිර් priv., මූල root), without root, මුල්නැති; baseless, groundless, unfounded, අඩියක් නැති, හැබෑනැති. [&c.
නිර්මූලතාව, *n.* absence of root; baselessness
නිර්මූලනය, *n.* eradication, extirpation, මුලින්ම සිඳ දැමීම.
නිර්මෝකය, *n.* liberating, නිදහස්කිරීම slough of a snake, හැවය, armour, යුඩාසුඩ.
නිර්යාතනය, *n.* delivering up, පාවාදීම, committing to, භාරදීම; replacing, තැබිගත්තාදීම.
නිර්යාස·ගත, *a.* ripe, mature, පැසුණු.
නිර්යාස·තෙල, *n.* oil of gum, දුම්මල තෙල්.
නිර්යාසය, *n.* extract, කසාය; exudation, සාරය, gum, මැලියම. [මැලියම් ගස.
නිර්යාස·වෘක්ෂය, *n.* gum-bearing tree, guttifer,
නිර්යූහය, *n.* decoction, කසාය; door, දොර; peg or bracket, ශ්‍රී දැණය &c.; crest, chaplet, මාලාව.
නිලිජ්ජ, *a.* unabashed, impudent, shameless, immodest, obscene, ලජ්ජානැති.
නිලිජ්ජාව, *n.* audaciousness, impudence &c.
නිලිජ්ජව, *ad.* shamelessly &c., ලජ්ජා නැතුව.
නිර්ලෝභි, *a.* not avaricious, liberal, generous, ලෝභ නැති. [යොකරන.
නිර්වචන, *a.* silent, taciturn, නිශ්ශබ්ද, වචා කථා

නිර්වචනය, *n.* explanation, තේරුම්කිරීම; index, පටුන.

නිර්වර්ණ, *a.* colourless, පාටක් නැති.

නිර්වර්තනය, *n.* not staying, ceasing, නැවතීම, වැලකීම, ending, නිස්දුවීම or නොරැඳීම.

නිර්වස්ත්‍ර, *a.* naked, nude, නග්න. [denude.

නිර්වස්ත්‍රකරනවා, *v. t.* to make naked, bare,

නිර්වාණ, *a.* (නිර් out, වණ to sound or go), subduing, යටපත්කරන, extinguishing, නිවන; pert. to Nirvāna, නිවන්.

නිර්වාණය, *n.* the state so called, the cessation of all desire and of re-existence, extinction, annihilation, the goal of Buddhism.

නිර්වාපනය, නිර්වාපය, *n.* extinguishing, quenching, cooling, නිවීම.

නිර්වාපනයකරනවා, *v. t.* to extinguish, නිවනවා; බූලි...to lay the dust.

නිර්වාපිත, *a.* extinguished &c., නිවීගියන.

නිර්විකාර, *a.* unchanging, වෙනස්නොවන, unchanged, වෙනස් නුණ.

නිර්විශේෂ, *a.* not different, similar, සමාන, uniform, ඒකාකාර, indiscriminate, undistinguished, වෙනසක් නැති.

නිර්විශේෂතාව, *n.* similarity, uniformity.

නිර්විශේෂයෙන්, *ad.* indiscriminately, uniformly, වෙනසක් නැතුව. [නැති.

නිර්වීර්‍ය, *a.* effortless, inactive, sluggish, වීර්‍ය

නිර්වීර්‍යය, *n.* effortlessness &c., නිරුත්සාහය.

නිර්වෘතිය, *n.* cessation, නැවතීම, final absorption, නැතිවීයාම. [නැතිවීම.

නිර්වෘතිවෙනවා, *v. i.* to cease to be, පැවැත්ම

නිර්වේද, *a.* lacking or apart from the Vedas, unscriptural, වේදයට වෙනස්වූ.

නිර්වේදය, *n.* (නිර් priv., වේද the Vedas or knowledge), lack of or contrariety to the Vedas; self-disparagement, humility, යටහත්කම.

නිර්වේශය, *n.* wages, පඩිය; attainment, ප්‍රාප්තිය; enjoyment, භුක්තිය.

නිර්වේෂ්ටනය, *n.* unfolding, unwrapping, loosening, liberating, නිදහස්කිරීම, බුද ඇරීම.

නිර්වෛද්‍යුත, *a.* non-electric. E. S. [නුගත්.

නිර්ව්‍යාජ, *a.* unlearned, illiterate, අපණ්ඩිත,

නිර්හරණය, නිර්හාරය, *n.* (නිර් out, forth), removing, removal, අහකට ගෙනයාම; evacuation of any of the excrements of the body, පැහැරීම; extracting, ඇද දැමීම; burning, දවා දැමීම.

නිර්හරණයකරනවා, *v. t.* to remove &c., පහකරනවා &c.

නිල, *n.* blue or green colour, නිල්පාට; blue sapphire, නිල්මැණික.

නිල, *n. pl.* or *a.* of නිලය: offices, employments; office-, official.

නිලකරනවා, *v.* to officiate, discharge official duties; arrange, take charge of.

නිලකාර, *a.* official, professional.

නිලකාර·ප්‍රවේණි·ක්‍රමය, *n.* feudalism. E. S.

නිලකාර·ප්‍රවේණිය, *n.* fief. E. S.

නිලකාර·මණ්ඩලය, *n.* body of officials, the profession. [tenant.

නිලකාරයා, *n.* official, holder of an office, a

නිල·ගලයා, *n. lit.* blue-necked one: ap. of the peacock, මොනරා.

නිලක්ඛුරා, *n.* (නිල් for නිර්, අක්ඛුරා for අකුරා), illiterate person, නූගතා; tusked elephant, ඇතා.

නිලංකාරකරනවා, *v. t.* to dazzle.

නිලංකාරවූ, *a.* dazzled.

නිලජ, *n.* ap. of the planet Saturn, සෙනසුරු, and of Vishnu, විෂ්ණු; fetter, විලංගුව.

නිලජ·දින, *n.* Saturday, සෙනසුරාදා.

නිල·තල, *a.* official, professional.

නිල·තල·ආයිත්තම්, *n. pl.* regalia (of office).

නිල·තලය, *n.* office, profession, vocation.

නිල·තුර, *ad.* for නිරතුර.

නිල·ධාරි, *a.* official, office-bearing, (person).

නිල·ධාරිකම, *n.* office, function, incumbency.

නිල·ධාරියා, *n.* office-bearer civilian, functionary, incumbent.

නිලන්තර, *a.* for නිරන්තර.

නිල·පලාව, නිල·පාළුව, *n.* vacated land that has reverted to Government at the death of the person who held it on condition of Government service.

නිලබය, *n.* E. of නිලාභය.

නිලම්බර, නීලම්බර, *n.* (·අම්බර), blue sky නිල් අහස, sky; blue garment, නිල්වස්ත්‍රය; ap. of Balarāma as warlike and figured in a dark blue garment; the planet Saturn, සෙනසුරු.

නිලමක්කාරයා, *n.* officer, native headman.

නිලමේ, *n.* high official, chief; *pl.* නිලමේවරු.

නිල·මැස්සා, *n.* blue-fly, flesh-fly.

නිලය, *n.* house, ගෙය; place, ස්ථානය; office, employment, තනතුර.

නිලයා, *n.* See නිලමැස්සා.

නි·ලන්, *a.* See අකලන්.

නිලාළිය, නිලාව, *n.* blue-light (in fireworks).

නිලාක්ෂ, *n.* ap. of Kuvéra as having a blue mark on his forehead which serves instead of eyes.

නිලි·ගත්·පතුය, *n.* green or fresh leaf, අමු කොළය.

නිලිපුල්, *n.* (for නිල් උපුල්), blue-lotus flower, නිල්මානෙල්. [ඇත්තී.

නිලිපුලැසි, *n.* dark-blue-eyed woman, නිලැස්

නිලිපුල්·වන්, *a.* blue-lotus coloured; ep. of Vishnu, who is painted in the temples a dark blue.

නිලිය, *n.* slime, සෙවෙල, mucus, කිදන්; darkness produced by a cloud, මේඝ අඳුර; blue colour, නිල්පාට.

නිලිය, *n.* ap. of Lakshmi, ලක්ෂ්මී.

නිලීන, *a.* encompassed, embraced, වටකී තිබෙන, වැලඳගත්ත; included, අඩංගු; hidden, secret, සැඟවී තිබෙන, රහස්.

නිලීනස්ථානය, *n.* hiding place, lurking place, සැඟවෙන තැන.

නිලුපුල, *n.* E. of නීලෝත්පල: (නීල උත්පල), blue lotus: see නිලුපුල.

නිල්, *a.* blue, green; unripe, පැසිනැති.

නිල්කට, *n.* blue-necked one: see නීලග්‍රීවයා.

නිල්කටුස්සා, *n.* green lizard, *calotes ophiomachus.*

නිල්කරනවා, *v.* to make blue, to blue.

නිල්කැටය, *n.* blue sapphire.

නිල්ගෙලයා, *n.* See නිලගලයා.

නිල්තණ, *n.* green grass, grass, තණකොළ.

නිල්පාට, **නිල්පැහැය**, *n.* blue or green colour.

නිල්මිණ, **නිල්මිණිය**, *n.* blue gem, sapphire.

නිල්මෙ, *n.* E. of නීලමේඝ: dark or dense cloud, කළුවර වලාකුළ.

නිල්රජකුරුල්ලා, *n.* fairy blue-bird, *irena puella.*

නිල්රාබු, *n. pl.* radishes, රාබු. [prism).

නිල්රැස, *n. pl.* blue rays (as given in the

නිල්ල, *n.* verdure, ගස්කොළුන් ආදිය.

නිල්ලනවා, *v.* to stain blue, to blue (washed clothes); *pret.* නිල්ලෑවා.

නිල්වන්, *a.* (වන් fr. වර්ණ), blue-coloured, blue, නිල්පාටවූ. [see නිල්මේ.

නිල්වලාව, *n.* dark cloud charged with rain:

නිල්වසන, **නිල්වසන්**, *n.* blue-clothed one: ap. of බලභද්‍රයා, as clothed in the temples in blue garments. [skilful.

නිවට, *a.* ignorant, silly, bungling, crude, un-

නිවටයා, *n.* ignoramus, simpleton, bungler.

නිවටුවා, *n.* naked religious mendicant or ascetic: see නිගණ්ඨයා; disgraceful person, නින්දිතයා.

නිවණ, *n.* for නිවන.

නිවකා, *n.* poor person, වස්තුව නැත්තා, දිළිඳු.

නිවත්, *a.* poor, indigent, දිළිඳු.

නිවත්, *n.* birth, ඉපදීම, existence, පැවතීම.

නිවන, *n.* E. of නිර්වාණය.

නිවනවා, *v. t.* to extinguish, quench, cool; *pret.* නිවුවා; *v. n.* නිවීම.

නිවරණය, *n.* hindrance, impediment, බාධාව; brand mark, හංවඩුව.

නිවරද්, *a.* blameless, guiltless, innocent.

නිවරිව, *n.* (·වර husband), virgin, කන්‍යාව.

නිවර්තනය, *n.* (නි emp.), returning, හැරීම; ceasing, නැවතීම; giving back, නැවත දීම; return of the sun, tropic (of cancer &c.).

නිවර්ථය, *n.* village, ගම. [නිවස්තය.

නිවසනය, *n.* house, ගෙය; lodging, නවාතැන,

නිවහන, *n.* resting place, නවතින තැන; final stroke of a picture.

නිවහල්, *a.* helpless, destitute, අසරණ; free, වහල්—දාස—නොවන. [ගත්කම.

නිවහල්කම, *n.* helplessness &c.; freedom, නිද

නිවහල්කරනවා, *v. t.* to set free, liberate, emancipate, නිදහස්කරනවා.

නිවාඩු, *a.* leisure-, rest.

නිවාඩුව, *n.* cessation, leisure, rest, vacation.

නිවාත, *a.* windless, free from wind, calm, සුළඟ නොහැඟෙන, sheltered, මුවාවූ.

නිවාතතැන, **නිවාතය**, *n.* place sheltered from the wind, සුළඟින් මුවාවූතැන; asylum, රක්ෂා ස්ථානය.

නිවාපනය, **නිවාපය**, *n.* gift, premium, දීමනාව; offering, sp. in honour of deceased friends, පිදවිල්ල.

නිවාරණ, *a.* (නි emp.), hindering, preventive, preclusive, prophylactic, බාධක.

නිවාරණය, *n.* hindrance, obstacle, බාධාව; prohibition, තහනම; prevention, වැලැක්වීම; extermination, සිඳලීම.

නිවාරණයකරනවා, *v. t.* to hinder; prevent; stop, නවත්වනවා; exterminate.

නිවාරණාඥාපත්‍රය, *n.* (·ආඥා), *law.* supersedeas, an order to stop proceedings.

නිවාරණෞෂධය, *n.* (නිවාරණ ඖෂ:), preventive, medicine, prophylactic. [බාධිත.

නිවාරිත, *a.* hindered, impeded, obstructed,

නිවාසනය, *n.* lower garment, පහත or යට ඇඳුම. [අඳිනවා.

නිවාසනයකරනවා, *v. t.* to dress one's self, don,

නිවාසය, **නිවාසස්ථානය**, *n.* home, residence, abode, ගෙදර, වාසස්ථානය. [කරන.

නිවාසි, **නිවැසි**, *a.* dwelling, resident, වාසය

නිවාසියා, *n.* inhabitant, වැසියා.

නිවියා, *n.* agriculturist, ගොවියා.

නිවිතිකාරයා, *n.* for නිමිතිකාරයා.

නිවිතිකොළ, *n. pl.* spinage.

නිවිතත, *a.* Er. for නිමිතත; *pl.* and *adj.* නිවිති for නිමිති. [ඒකාකාර.

නිවිශේෂ, *a.* (නි priv.), not different, alike,

නිවිෂ්ට, *a.* entered, ඇතුල්වූ; placed or seated, පිහිටි, වාඩිවූ.

නිවී, *n.* merchandise, වෙළඳුම්, වෙළඳම් බඩු.

නිවීම, *v. n.* of නිවනවා and නිවෙනවා: extinguishing &c. [මින්.

නිවිහැනහි, **නිවිහැණේ**, *ad.* slowly, gently, මන්

නිවුගෙඩියා, *n.* snake-doctor, venom-doctor, සර්පවෙද, විෂවෙද.

නිවුණ, **නිවුණු**, *v. adj. pret.* extinguished (candle &c.); cooled, cold, (food &c.).

නිවුන්, *a.* twin, නිඹුල්.

නිවුන්නු, *n. pl.* twins, නිඹුල්ලු.

නිවුම, *n.* extinguishing &c.: see නිවීම.

නිවෘත, *a.* surrounded, වටකී තිබෙන; covered, hidden, clothed, වැසී තිබෙන.

නි·වාසය, *n.* veil, තිරය; mantle, wrapper, සළුව, වැස්ම.

නි·වෘත්ත, *a.* ceased, stopped, නැවතුණු.

නි·වෘත්තිය, *n.* cessation, stoppage, නැවතීම, avoidance, මැලකීම.

නිවෙනවා, *v. i.* to be extinguished, go out, (as fire); to cool, become cold (as hot iron &c.); *prst.* නිවුණා; *v. n.* නිවීම.

නි·වෙශ, *n.* home habitation, නිවාසය; camp, කඳවුර; entrance. [ඇරීම.

නිවෙඨනය, *n.* unravelling, untwining, ලෙහීම

නි·වෙදනය, *n.* address, කථාව; information, දැන්වීම; statement, කියමන.

නි·වෙදිත, *a.* stated, informed, said, කියනලද.

නි·වෙශනය, *n.* residence, dwelling, වාසස්ථානය.

නි·වෙශය, *n.* entrance, ඇතුල්වීම; camp, කඳවුර.

නි·වෙශාභ්‍යන්තරය, *n.* (·අභ්‍යන්තරය), interior of a dwelling or camp or palace, ගෙයි ඇතුළත.

නි·ව්‍යාපාර, *a.* unoccupied, without occupation or business, වැඩක් නැති.

නි·ශමනය, *n.* sight, seeing, දැකීම; hearing, ඇසීම. [ශම.

නිශා, *a.* nocturnal, රාත්‍රි-; *n.* turmeric, saffron,

නිශා·කර, **නිශා·කරයා**, *n.* night-maker: ap. of the moon, සඳ. [දීත.

නිශා·චර, *a.* night-walking, nocturnal, රෑ ඇවි

නිශා·චරයා, *n.* night-walker: ap. of an evil spirit, fiend, thief, owl, jackal &c.

නි·ශාත, **නි·ශිත**, *a.* sharpened, මුවහත්වූ.

නි·ශාන්ත, *a.* quiet, tranquil, නිශ්චල, ශාන්ත.

නි·ශාන්තිය, *n.* quietness &c.

නිශා·පුෂ්පය, *n. lit.* night-flower, viz. hoar frost, rime, මිදුච්ච පිනි.

නිශා·භාගය, *n.* night-time, night, රාත්‍රිභාගය.

නිශා·මණිය, *n.* night-gem, viz. the moon, සඳ.

නිශා·රණය, *n.* night war or attack, රාත්‍රි යුද්ධය; killing, slaughter, මරාදැමීම.

නිශා·රත්නය, *n.* See නිශාමණිය.

නිශාව, *n.* night, රාත්‍රිය; turmeric, කහ.

නි·ශෝක, *a.* sorrowless, ශෝක නැති.

නිශ්, *prefix*, priv., euphonically before ච and ශ for නිර් or නිඃ.

නිශ්චය, *n.* certainty, decision, verdict.

නිශ්චයකරනවා, *v. t.* to ascertain, decide, determine, සත්තකලෙස දැනගන්නවා.

නිශ්චයලෙස, *ad.* positively, සත්තකලෙස.

නිශ්චල, *a.* (නිඃ චල), not shaking, motionless, still, firm, steady, settled, calm, tranquil, dispassionate, placid.

නිශ්චලකම, **නිශ්චලතාව**, **නිශ්චලය**, *n.* motionlessness &c., repose, composure, equilibrium.

නිශ්චලකරනවා, *v. t.* to quieten, appease, settle, still, calm, lull, tranquillize.

නිශ්චල·ද්‍රව්‍ය, *n. pl.* immovables, අචලබඩු.

නිශ්චලවෙනවා, *v. i.* to become calm &c.

නිශ්චලාංග, *a.* of firm quality, firm, steady, නිශ්චල.

නිශ්චායක, *a.* defining, ascertaining, දැනගන්න.

නිශ්චායක·ලක්ෂණය, **නිශ්චය·ලකුණ**, *n.* decisive sign, criterion, diagnostic, සත්තක ලකුණ.

නිශ්චිත, *a.* ascertained, certain, සත්තක.

නිශ්චිතකරනවා, *v. t.* to ascertain with certainty, verify, නිශ්චයකරනවා.

නිශ්චිතය, *n.* certainty, surety, සහතිකය.

නිශ්චිතලෙස, *ad.* positively, conclusively.

නිශ්චින්ත, *a.* (නිශ් for නිඃ priv.), thoughtless, random, කල්පනානැති, නොසැලකිලි.

නිශ්චෙෂ්ට, *a.* inert, passive, බලයක් නැති, ක්‍රියා නොකරන. [කරන සුළු.

නිශ්චෙෂ්ටතාව, *n.* inertia, passivity, ක්‍රියා නො

නිශ්‍රිත, *a.* imbued with, යුක්ත.

නි·ශ්‍රීක, *a.* ugly, අවලක්ෂණ; wretched, miserable, කාලකණ්ණි. [සැපනැති.

නිශ්ශංක, *a.* (නිඃ·), indubitable, undoubted,

නිශ්ශංකකරනවා, *v. t.* to remove doubt, make certain, assure, සහතිකකරනවා.

නිශ්ශංකාව, *n.* undoubtedness &c.

නිශ්ශබ්ද, *a.* noiseless, silent, taciturn, reticent.

නිශ්ශබ්දකම, **නිශ්ශබ්දය**, *n.* silence, stillness &c.

නිශ්ශබ්දකරනවා, *v. t.* to silence, hush; render answerless, put to silence.

නිශ්ශබ්දවෙනවා, *v. i.* to become silent, refrain from speaking. [නොකියවෙන අකුර.

නිශ්ශබ්දාක්ෂරය, *n.* silent letter, servile letter,

නිශ්ශේෂ, *a.* (නිඃ ශේෂ), exceptionless, complete, entire, සම්පූර්ණ.

නිශ්ශේෂලෙස, **නිශ්ශේෂකොට**, *ad.* without exception, completely, ඉතුරුනොකර, මුළුමනින්ම.

නිශ්‍රිත, **නිශ්‍රිත**, *a.* contained in, consisting of; unemployed.

නිශ්ශ්වාස, *a.* breathless, ශ්වාසය නැති. [හුස්ම.

නිශ්ශ්වාසය, *n.* breathing out, expiration, ප්‍රශ්වාස

නිෂණ්ණ, *a.* (නි·ෂද්, to sit down; rt සද්), placed in or on, පිහිටි; seated, වාඩිවූ.

නි·ෂද්‍ය·දෝෂය, *n. lit.* error in taking a seat, viz. violation of etiquette when taking a seat in the presence of a superior, which must neither be behind nor in front &c.

නි·ෂද්‍යාව, *n.* market, කඩේ; small bed, පුංචි ඇඳ; sitting, ඉඳගැනීම.

නිෂීදනය, *n.* sitting, වාඩිවීම; anything spread to sit on, ඇතිරිල්ල.

නි·ෂේධ, **නි·ෂේධාර්ථ**, *a.* (·අර්ථ), negative, privative, නැත යන තේරුම ඇති.

නි·ෂේධ·නිපාතය, **නිෂේධාර්ථ·නිපාතය**, *n.* negative or privative particle, as Non, නිර්, අ &c.

නි·ෂේධය, *n.* denial, නැත කීම, prohibition, තහනම.

නිෂ්, *prefix*, *priv.*, euphonically before ක &c. for නිර් or නිඃ; also for Forth, Out.

නිෂ්කණ්ටක, *a.* without thorns, කටුනැති; *fig.* untroubled, undisturbed, සමාදානවූ.
නිෂ්කය, *n.* goldsmith's weight: see කලඳ.
නිෂ්කරුණ, *a.* unmerciful, cruel, කරුණා නැති.
නිෂ්කර්ෂය, *n.* extracting; the essence of anything; certainty.
නිෂ්කල, *a.* waned, diminished, ක්ෂයවූ, අඩුවූ; impotent, බලනැති, barren, නිස්සාර, වඳ.
නිෂ්කලංක, *a.* (for නිස්කලංක), at leisure, disengaged, නිවාඩු, පහසු; spotless, අකලංක, නිර්මල, without blemish, කැලලක් නැති.
නිෂ්කලංක ගන්නවා, or නිස්කලංක, *v.* to take leisure, ease or recreation, relax, නිවාඩු ගන්නවා.
නිෂ්කලංකය, නිස්කලංකය, *n.* leisure &c., නිවාඩුව.
නිෂ්කාරණ, *a.* causeless, groundless, නිකරුණ.
නිෂ්කාරණත්වය, *n.* causelessness &c., කාරණ—හේතු—නැතිකම.
නිෂ්කාරණයෙන්, *ad.* causelessly &c., නිකරුණේ.
නිෂ්කාශය, *n.* portico, මිදුලය, ඉස්සෝප්පුව.
නිෂ්කාෂිත, නිෂ්කාසිත, *a.* expelled, dismissed, පන්නනලද; reviled, නින්දාකරනලද; opened, expanded, පිපුණු.
නිෂ්කුටය, *n.* grave near a house; boudoir, ඇතුල්ගෙය; harem, අන්තඃපුරය.
නිෂ්කුටා, &c., see *Bot.*
නිෂ්කුහය, *a.* hollow, sinus, කුහරය.
නිෂ්කෘත, *a.* undone, neglected, කරලානැති.
නිෂ්කෘතිය *n.* leaving undone, neglect, නොකර ඇරීම, අප්‍රමාදකම.
නිෂ්කෝෂණය, *n.* (නිඃ forth), expelling, expulsion, නෙරපීම, දුරුකිරීම.
නිෂ්ක්‍රමණය, *n.* going forth, exit, departure, නික්මීම, නික්මයාම; degradation, baseness, නීචකම.
නිෂ්ක්‍රම පාරමිතාව, *n.* observance of the duty of retirement from the world, asceticism, ගිහිගෙන් අත්ඇර සිටීම, තාපසභාවය.
නිෂ්ක්‍රාන්ත, *a.* gone forth, departed, නික්මගිය.
නිෂ්කෙල්ෂි, *a.* See නිකෙල්ෂි. [නොදී.
නිෂ්ක්වාථ, *n.* decoction, කෂාය; broth, soup,
නිෂ්ඨාකරනවා, *v. t.* (නි emp., ෂ්ඨා fr. rt ස්ථා to stand), to complete, conclude, finish, perfect, නිමවූ—සම්පූර්ණ—කරනවා.
නිෂ්ඨාව, *n.* end, conclusion, termination or catastrophe (of a drama), නිමවුව, කෙළවර; settled or fixed state (as of business or profession, conduct, religion or affliction), ස්ථිරභාවය.
නිෂ්ඨීවනය, නිෂ්ඨීවය, *n.* (නි forth), spitting, spittle, sputum, කෙළ. [කෙළ ගසනවා.
නිෂ්ඨීවනයකරනවා, *v. t.* to expectorate, spit,
නිෂ්ඨීව වර්ධනෞෂධය, *n.* (ඖෂධය), ptysmagogue, කෙළවඩන බෙහෙත.
නිෂ්ඨුර, *a.* harsh, severe, සැර, පරුෂ; hard, තද.
නිෂ්ඨුරතාව, *n.* harshness &c.
නිෂ්ඨේවනය, නිෂ්ඨේවය, නිෂ්ඨ්‍යූතිය, *n.* spitting out, කෙළගැසීම, කටින් පහකරදැමීම.
නිෂ්පක්ව, *a.* (නිඃ emp.), decocted, infused, boiled, කැකෑරූ, තම්බාපු. [මීම.
නිෂ්පතනය, *n.* issuing forth, emanation, නික්
නිෂ්පත්තිය, *n.* conclusion, completion, කෙළවර, සම්පූර්ණවීම; birth, ඉපදීම.
නිෂ්පන්න, *a.* finished, completted, නිමවූ; produced, born, උපන්; underived, indigenous, දේශජ.
නිෂ්පර්‍යාය, *a.* (නිඃ emp.), irregular, අනියම්.
නිෂ්පර්‍යායය, *n.* irregularity, අනියම්කම.
නිෂ්පාදනය, *n.* doing, accomplishment, completion, ඉෂ්ටකිරීම; causing, producing, හැලෙන් වීම, ඉපදවීම. [&c.
නිෂ්පාදනයකරනවා, *v. t.* to accomplish, effect
නිෂ්පානය, *n.* drinking, පානයකිරීම, බීම.
නිෂ්පාප, *a.* sinless, අපාප, පව්නැති.
නිෂ්පාක්ෂික, *a.* impartial, අපක්ෂ, පාක්ෂිකනැති.
නිෂ්පාවය, *n.* winnowing, (ධාන්‍ය) පෙලීම; straw, පිදුරු. [අප්‍රමාද, ඉක්මන්.
නිෂ්ප්‍රපඤ්ච, *a.* without delay, quick, expeditions,
නිෂ්ප්‍රභ, නිෂ්ප්‍රභා, *a.* obscure, gloomy, අඳුරු, දෙමහස්; abortive, නිෂ්ඵල. [ity &c.
නිෂ්ප්‍රභතාව, *n.* absence of brightness, obscur-
නිෂ්ප්‍රභා(ව)කරනවා, *v. t.* to render void, abortive or nugatory, nullify, frustrate, නිෂ්ඵලකරනවා.
නිෂ්ප්‍රයෝජන, *a.* profitless, useless, worthless.
නිෂ්ප්‍රවාණ, *a.* unbleached, නෑන්.
නිෂ්ඵල, *a.* fruitless, unprofitable, nugatory, vain, futile. [&c., frustrate.
නිෂ්ඵලකරනවා, *v. t.* to render fruitless, void
නිෂ්ඵලයෙන්, *ad.* in vain, fruitlessly. [fail.
නිෂ්ඵලවෙනවා, *v. i.* to become fruitless &c.,
නිසක, *a.* See නිසැක.
නිසක, *n.* cord for tying an elephant.
නිසග, *a.* E. of නිසගී: in accordance with nature, natural.
නිසගය, *n.* nature state, ස්වභාව; the reality, fact, ඇති හැටිය.
නිසංගය, *n.* (නි emp.), union, meeting, assembling, රැස්වීම. [රම.
නිසදි, නිසදී, *ad.* continually, constantly, නිත
නිසදාකරනවා, *v.* to sit down, ඉඳගන්නවා.
නිසන, *n.* error, mistake, වැරැද්ද.
නිසත්, *a.* near, ළඟ; silent, නිශ්ශබ්ද.
නිසපති, නිසපිය, *n.* lord of the night, delight of the night: ap. of the moon, සඳ.
නිසය, *n.* E. of නිශාව: night, රාත්‍රිය.
නිසපුරු, for නිසකරු, *n.* night-maker: ap. of the moon.
නිසර, *n.* sound, noise, හඬ, ඝෝෂාව; village near a royal city.

නි·සර, නි·සරු, *a.* unfruitful, infertile, නිස්සාර; empty, useless, unprofitable, නිෂ්ඵල.
නිසරුකරනවා, *v. t.* to render unfruitful, infertile or vain; despise, scorn, පහත්කරනවා.
නි·සර්ග්ජ, *a.* innate, inborn, ජන්ම.
නි·සර්ගය, *n.* (නි emp., සර්ග nature), natural state or condition, ජන්ම ස්වභාව: form, හැඩය: abandoning, අත්ඇරීම.
නි·සල, නි·සල්, *a.* non-shaking, unshaken, firm, නිශ්චල; near, ළඟ.
නිසල, *n.* the firm, viz. the earth, පොළොව, rock, පර්වතය; firmness, නිශ්චලකම; harp, වීණාව.
නිස·වත්ත, *n.* open courtyard surrounded by the buildings of the house.
නිසවර, *n.* mud, mire, මඩ.
නිසසරයා, *n.* E. of නිශාචරයා [because of.
නිසා, *conj.* because; *post.* for, on account of,
නිසා·කර, *n.* See නිශාකර.
නිසා·කේතුව, *n.* banner of the night: ap. of the moon, සඳ.
නිසාචරයා, *n.* See නිශාචරයා.
නිසාචාරී, *n. fem.* night-walker, viz. harlot, වෙසඟන; she-devil, යක්ෂිනී. [ed, ඔපඇති.
නිසාත, *a.* sharpened, sharp, මුවහත්වූ; polish-
නිසාදය, *n.* the first of the seven notes of music.
නිසාදයා, *n.* low-caste man, outcast, නීචයා.
නිසානය, නිසානේත්‍රිය, *n.* a kind of drum, බෙරය.
නිසා·නාථ, නිසා·පති, *n.* lord of the night: ap. of the moon.
නිසා·රණය, *n.* See නිශාරණය.
නිසාරත්නය, *n.* See නිශාරත්නය.
නි·සාල්, *a.* See නිසල.
නිසාව, *n.* See නිශාව.
නි·සැක, *a.* undoubted, certain; undoubting, positive. [certainty.
නි·සැකකම, *n.* freedom from doubt, assurance,
නිසැදි, *ad.* continually, always, නිතරම.
නිසි, *a.* suitable, proper, befitting, meet.
නිසිණිය, *n.* ladder, stairs, ඉණිමඟ, පඩිපෙළ.
නිසිත, *a.* See නිසාත. [base, නීච.
නි·සිරි, *a.* unfortunate, අවාසනාවන්ත; low,
නි·සිරිය, *n.* misfortune, අවාසනාව; lowness &c.
නිසිදගනයකරනවා, *v. hon.* to take a seat, වාඩි වෙනවා.
නිසුඹ, *a.* central, middle, මැදවූ.
නි·සෙස්, *a.* E. of නිශ්ශේෂ, all.
නි·සේධය, *n.* E. for නිෂේධය. [කරනලද.
නි·සේවිත, *a.* (නි emp.) served, used, සේවය
නි·සොල්මන, *n.* stillness, silence, inactivity.
නිසොල්මන්, *a.* still, quiescent, නිශ්ශබ්ද, නිකම් ඉන්න, නොසැලෙන. [ප්‍රීතිමත්.
නි·සෝක, *a.* sorrowless, ශෝකනැති; joyful,
නිස්කාංසුව, *n.* Port., rest, leisure, නිවාඩුව.
නි·ස්තබ්ධ, *a.* (නි emp.), torpid, benumbed, පණ නැතිවූ, මූර්ඡිත, හිරිවැටුණු.
නි·ස්තබ්ධකරනවා, *v. t.* to torpify, පණනැති—අඩු—කරනවා.
නි·ස්තබ්ධතාව, *n.* torpor, පණ—බල—නැතිකම.
නිස්තරණය, *n.* (නිඃ forth), departure, ඉකුත් වීම; එතරවීම; means, expedient, උපාය.
නිස්තල, *a.* round, වටකුරු, spherical, ගෝලාකාර; low, below, පහත; shaking, චපල.
නිස්තාරය, *n.* liberation, මිදීම; crossing over &c.: see නිස්තරණය.
නිස්තේජස්, *a.* (නිඃ priv.), lustreless, inglorious, තේජසනැති; obscure, අඳුරු.
නිස්‍රාව, *n.* scum of boiled rice.
නිස්ස, *n.* fr. නිසි: what is proper or due, fitness, propriety.
නිස්සංග, *a.* (නිඃ priv., සංග desire), free from cupidity or desire, ආසා නැති.
නිස්සන්තාපිත, *a.* unscorched, දැවිනැති; not grieved or sorrowful, ශෝකනැති.
නිස්සය·මුක්ත or නිස්සමුක්ත, *a.* freed from supervision or subordination, as a pupil priest when he has passed his examination.
නිස්සරණ, *a.* (නිඃ priv.), destitute, forlorn, අසරණ.
නිස්සරණය, *n.* (නිඃ forth), going out, departure, නික්මවීම; escape, මිදීම; Nirvāna, නිවන; entrance to a house, ඇතුල්වෙන මඟ, දොරකඩ.
නිස්සරණාධ්‍යාසය, *n.* intention of attaining Nirvāna, නිවන් දකින අදහස.
නිස්සහ, *a.* (නිඃ priv., සහ together), disconnected, separate, නොබැඳි, වෙන්ව තිබෙන.
නිස්සා, *n.* fr. නිසි: suitable, fit or proper person. [tile, jejune.
නිස්·සාර, *a.* barren, infertile; *fig.* empty, fu-
නිස්සාරකරනවා, *v. t.* to render barren, impoverish (ground &c.); render futile.
නිස්සිත, *a.* dwelling with; connected with, සම්බන්ධවූ.
නි·ස්සේවනය, *n.* (නිඃ සේ:), non-service, freedom from service, independence, නිසිවෙක් යටතේ නොසිටීම.
නිස්සේස, *a.* See නිශ්ශේෂ.
නිශ්ශෝභන, *a.* unhandsome, unsightly, ugly, unseemly, ශෝභනනැති, අවලක්ෂණ.
නිඃශ්‍රීක, *a.* without brightness, නොදිලිසෙන, dull, අඳුරු; dejected, ම්ලානික.
නි·හඬ, *n.* silence, නිශ්ශබ්දය; disrepute, අපකීර්තිය; hindrance, බාධාව.
නිහඬුරුව, *n.* heaving, throbbing, throb, ගැහුම, throb (sp. of parturition), මිලිරුජාව.
නි·හත, *a.* (නි emp., හත smitten), killed, destroyed, විනාශවූ.
නි·හත·මානී, *a.* of broken pride, humiliated, බිඳ හිඳුණු; condescending, meek, lowly, යටත් පහත්. [sion &c.
නි·හත·මානීකම, නි·හත·මානිය, *n.* condescen-

නි·හනන, n. (නි emp., හන් to smite), killing, destroying, නාශකිරීම.
නිහළුවා, n. another, a stranger, අමුත්තා.
නිහරය, නිහාරය, n. dew, පිනි; frost, හිම.
නි·හසරය, n. non-activity, not acting, නො හැසිරීම. [කාම.
නිහාලූකම, නිහාලුව, n. poverty, penury, දිළිඳු
නිහුණු·ගානවා, v. to whet, sharpen, හණගානවා.
නිළි, n. female dancer, actress, නැට්ටුක්කාරී.
නිඃක්ෂිප්ත, a. rejected; ejected, thrown away: see නිඃක්ෂේපකරනවා.
නිඃක්ෂේපකරනවා, v. t. to reject, එපාකරනවා; abandon, අත්අරිනවා, throw away, අහක දම නවා. [ඇපය.
නිඃ·ක්ෂේපය, n. rejection &c.; pledge, deposit,
නිඃ·ශේෂ, a. See නිශ්ශේෂ.
නී, නිය, n. water, දිය; river, ගඟ; hidden treasure, නිධානය; prudence, නුවණ; law, නීතිය; finger or toe nail.
නී·කවා, n. See දියකපුටුවා, දියකාවා.
නීකාර, a. slanderous, කේලම් කියන, defamatory, vilifying, නින්දා—ගැරහුම්—කාර.
නීකාරකරනවා, v. to slander &c.
නීකාරය, n. slander, කේලම්, defamation, අපකීර්තිකිරීම, ගැරහුම.
නීකාශ, a. like, similar, සමාන.
නීකාශතාව, n. similarity.
නීකාශය, n. certainty, සත්තකකම.
නීක්කු·තිල, a. T., dismissed from office or employment. [රුණු තනතුර.
නීක්කු·තිලය, n. vacated employment, අත් ඇ
නීගොධ, n. See නිගොධ.
නීච, a. low, debased, grovelling, squalid; base, mean, vile. [base.
නීචකරනවා, v. t. to make vile, brutalize, de-
නීච·කුල, a. of low caste, base-born, out-cast.
නීචයා, n. low, base, mean or vile man.
නීඩය, n. nidus, nest, කැදැල්ල, කූඩුව.
නීත, a. taken, led, ගෙනයනලද; obtained, ලබාගත්; well-behaved, සුචරිත, සුවිනීත.
නීති, n. pl. or a. laws; guiding, මගපෙන්වන, pert. to law, ethical.
නීති·කථා, n. pl. morals, ethics. [law.
නීතිකාර්යය, n. legal proceeding, process at
නීති·ඥ, a. knowing law, legal (profession &c.).
නීති·ඥ·ධුරය, n. attorneyship, solicitorship.
නීති·ඥයා, n. lawyer, attorney, solicitor.
නීති·දායක, නීති·ප්‍රතිපාදක, නීති·සම්පාදක, a. legislative. [council.
නීති·දායක·සභාව &c., n. legislature, legislative
නීතිදායකයා &c., n. lawgiver, legislator.
නීති·ධන·පාලක, a. fiscal, පිස්කල්.
නීති·ධන·පාලයා, n. fiscal, public treasurer, පිස්කල්තැන.
නීති·නායකයා, n. judge, magistrate, නඩුකාරයා

නීති·පණත්·පණවනවා, v. to pass laws, legislate.
නීති·පණත්, n. pl. laws and statutes.
නීති·පණත්·පොත, නීති·පොත, n. law-book, statute-book. [nomography.
නීති·පණත්·විස්තරය, n. explanation of laws,
නීති·පරමාර්ථය, n. purport of a law, purview.
නීතිය, n. law, ordinance, statute.
නීති·විද්‍යාකාරයා, n. jurist, නීතිදැනගැත්ම ඇත්තා.
නීති·විද්‍යාව, නීති·ශාස්ත්‍රය, n. knowledge of law, jurisprudence, ethics.
නීති·වේදියා, නීති·ශාස්ත්‍ර·ඥයා, n. one skilled in law or ethics, jurist, moralist, moral philosopher.
නීති·ශිෂ්‍යයා, n. law-student. [hospitium.
නීති·ශිෂ්‍ය·ශාලාව, n. law-academy, inn of court,
නීති·සංග්‍රහය, n. digest or summary of laws.
නීති·සංවිධානය, n. legislation, preparation and enactment of law, නීති පැණවීම.
නීති·සම්පාදකයා, n. See නීතිදායකයා.
නීති·කාණ්ඩය, n. code of laws, codex, statute-book, නීතිපංක්තිය.
නීත්‍යනුකූල, නීත්‍යාකාර, a. (නීති අනුකූල, ආකාර), accordant with law, statutable, නීතියට එකඟ.
නීඳු, n. (නී water, ඉඳු chief), chief of the sea: ap. of කුවේර.
නීඳුව, n. chief of water, viz. the sea, මුහුද.
නීව්‍රය, n. eaves, වහලේ අද්දර; edge or circumference of a wheel, නේමිය.
නී·පණයා, n. water-animal, viz. fish, මත්ස්‍යයා.
නීජ්පාණ්ඩුව, n. violent diarrhœa or cholera, අතිසාරය, ජලගතිය.
නීය, n. approach, advance, ලංවීම.
නීර, n. liquid: water, දිය, දියර, juice, ඉස්ම.
නී·රජ, නී·රද, n. king of water, viz. ocean, සාගරය.
නීර·ජ, a. water-born, aquatic, දිය, ජල.
නීර·ජ, n. water-product, viz. lotus, නෙළුම්.
නීර·ජයා n. otter, දියබල්ලා.
නීර·දය, n. water-giver, viz. cloud, වලාකුළ.
නීර·ධිය, n. water-holder, viz. the sea, මුහුද.
නීරෝග &c.: See නිරෝග &c.
නීල, a. blue, නිල්.
නීල·කණ්ඨයා, n. blue-necked one: ap. of Siva: see නීලග්‍රීවයා; ap. of the peacock, මොනරා, of the gallinule and blue jay. [saint.
නීලකසිත, n. name of a celebrated Rahat or
නීලකසිනය, n. one of the forty කම්ඨාන.
නීල·කොබෙයියා, n. bronze-winged dove, blue dove.
නීල·ග්‍රීවයා, n. blue-necked one: ap. of the peacock, මොනරා; ap. of Siva whose neck became black through the poison he swallowed, produced at the churning of the ocean.
නී·ලංගුවා, n. insect. E. S.

නීල·මාණික්‍යය, *n.* sapphire, නිල්කැටය.
නීලය, *n.* blue, නිල්පාට, dark blue or black; indigo dye, අවරිය; sapphire; blue vitriol; mark on the skin; black salt, කළුලුණු.
නීල·රක්ත, *a.* purple, රත්නිල්.
නීල·රත්නය, *n.* emerald, පච්චගල.
නීල·වර්ණය, *n.* blue colour, නිල්පාට.
නීලාක්ෂි, *a.* blue-eyed, නිල් ඇස්ඇති.
නීලාංගයා, *n.* blue jay.
නීලාභ්‍රය, *n.* (අභ්‍රය), dark cloud, නිල් වලාකුළ.
නීලි·කා, *a.* blue, නිල්, blue-black, කළුනිල්.
නීලිකාව, *n.* indigo plant, අවරිය.
නීවරණය, *n.* covering over, වැසීම; extinguishing, නිවීම.
නීවි·පට්ටය, නීවිය, *n.* waist-fold, fold of cloth tucked in at the waist.
නීවුය, *n.* See නිවුය.
නු, *prefix priv.* as නු·සුදුසු unsuitable.
නුකම, *n.* order, arrangement, පිළිවෙළ.
නු·කුල, *a.* of no caste, කුල නැති, කුලහීන.
නු·කුසීද, *a.* not idle, industrious, කඩිසර.
නුගඅරළුව, *n.* pendant root or branch of the banyan.
නුගී, *a.* accordant, එකඟ. [අගුණ.
නු·ගුණ, *a.* unwholesome, noxious &c.: see
නු·ගුණකියනවා, *v.* See අගුණකියනවා.
නු·දුරු, *a.* not distant, near, approximate.
නු·නුවණ, *a.* or *n.* unwise, foolish, නුවණනැති; unwisdom, අනුවණකම.
නුපුව, *n.* order, arrangement, පිළිවෙළ.
නු·පුරුදු, *a.* unaccustomed, unpractised, පුරුදු නැති.
නු·පුස්, *a.* invaluable, ඉතා අගනා.
නු·පුළුල්, *a.* not wide, narrow, පළල් නැති, පටු.
නු·පුළුවනි, *v. aux. pres.* to be unable, cannot.
නු·පුළුවන්, *a.* unable; impossible. [bility.
නු·පුළුවන්කම, *n.* inability, disability; impossi-
නු·පුළුවන්කරනවා, *v. t.* to disable, බලනැති කර නවා.
නුඹ, *pron.* for නුඹ: thou (slightly more respectful than උඹ); *pl.* නුඹලා.
නුබ, *n.* sky, අහස. [තලය.
නුබ·තලය, *n.* face or expanse of the sky, අහස්
නුබ·මැණි, නුබමිණ, *n. lit.* sky-gem, viz. the sun, සූර්යයා. [bird, පක්ෂියා.
නුබ·සර, *n.* E. for ගගනචර: sky-traverser, viz.
නුමුත්, *conj.* (නු + මුත්), but: (joined to a verb) though, although, as ඔහුගිය නුමුත්, though he went.
නු·මුහුකළ, *v. adj. pret.* not ripened or matured, නොපැසුණු; not mixed, මුසුනොකරනලද.
නු·මුලාව, නු·මුලාසිව, *ad.* without straying or erring, without fail, නොවරදවා.
නුඹ, *pron.* thou, you; *pl.* නුඹලා.
නුබ, *n.* sky, අහස.

නුබ·කුස, *n.* See අහස්කුස.
නුරාකරනවා, *v.* to love, ප්‍රේමකරනවා.
නු·රාගය, *n.* See අනුරාව and අනුරාගය.
නුරාව, *n.* love, affection, ප්‍රේමය; see අනුරාව.
නුරුපාව, නුරුව, නුරු වළාව, *n.* jingling ring on ankle or wrist: see ගිගිරිවළල්ල.
නුරුව, *n.* parable, simile, උපමාව.
නු·රුස්සන, *v. adj.* intolerant; not tolerated.
නු·රුස්සනවා, *v. t.* not to tolerate, resent; *pret.* නිරිස්සුවා; *v. n.* නිරිස්සීම.
නුවටයා, *n.* religious devotee or mendicant, ascetic, hermit, තාපසයා.
නුවණ, *n.* prudence, understanding, skill.
නුවණ·අහනවා, *v.* to ask advice, consult.
නුවණක්කාර, *a.* prudent, shrewd, discreet, judicious.
නුවණ·දෙනවා, *v.* to give advice, admonish.
නුවණ·පෙරුම, *n.* highest knowledge, attainment of knowledge, ඥාණ පාරමිතා. [දූනයන්.
නුවණ·වැඩි, *v. adj.* of matured reason, adult,
නුවණැති, *a.* (නුවණ ඇති), prudent, shrewd, discreet, judicious. [see adj.
නුවණැත්තා, *n.* prudent or intelligent person:
නුවනග, *n.* (නුවන් අග), corner of the eye, ඇස් කොන.
නුවනග·බැලුම, ·බැල්ම, *n.* looking with the corner of the eye, leering, leer, අඩබැල්ම.
නුවනඳුන්, *n.* (නුවන් අඳුන්), eye-cosmetic, ඇස් අඳුන්.
නුවනඹා, *n.* tear, කඳුල.
නුවන්, *n. pl.* or *a.* eyes, ඇස්; eye-.
නුවන්·කඳුල, *n.* tear, කඳුල. [කරන.
නුවන්·කල්, *a.* delightful to the eyes, ඇස් ප්‍රිය
නුවන්·කොළ, *n.* corner of the eye, ඇස්කොන.
නුවන්·දල, *n.* water of the eye, viz. tears, කඳුළු.
නුවන්·පිළිකය, ·පිළිකාව, *n.* fistula of the eye, ඇස්පිළිකාව.
නුවන්·බර, *n.* twelve-eyed one: ap. of කාර්තිකේය, as having twelve eyes, two in each of his six heads. [වළ.
නුවන්·වර, නුවන්·වළ, *n.* socket of the eye, ඇස්
නුවර, *n.* town, city; native name of Kandy, for මහනුවර. [townsman.
නුවර·වැසියා, *n.* inhabitant of a city, citizen,
නුවරා, *n.* citizen; *pl.* නුවරු.
නුවාව, *n.* hem (of a B. P's robe). [not, නූණ.
නු·වූ, *neg. v. adj. pret.* that was not or became
නුසරය, *n.* remembering, සිහිකිරීම; acting with. See අනුසරය. [per.
නු·සුදුසු. *a.* inappropriate, unsuitable, impro-
නු·සුන්, *a.* not pulverised, unbroken, whole, කුඩුනොවන, නොකැඩී.
නු·හුණු, *a.* not feasible, hindered, prevented, බාධාවූ; not happened, නූණ. [clumsy.
නු·හුරු, *a.* incongruous, unaccustomed, inapt,

නුහුරුකම, *n.* incongruity &c.
නු·හුරුකාරයා, *n.* clumsy one &c., fumbler.
නුහුව, *n.* ten thousand, දසදහස.
නුහුසයා, *n.* scorpion, ගෝනුස්සා.
නුළදයා, *n.* thief, හොරා.
නුළුව, *n.* deceiving, deception, රැවටිල්ල.
නූගතා, *a.* (නො උගතා), unlearned or ignorant person, ignoramus.
නූගත්, *a.* unlearned, illiterate, ignorant.
නූගත්කම, *n.* illiteracy, ignorance.
නූණ, නූණාවූ, නූණු, *v. adj. pret.* for නොවූණු: that has not occurred.
නූතන, නූතන, *a.* new, fresh, recent, modern, novel, අලුත්, අමුතු.
නූතනත්වය, *n.* newness &c., අලුත්කම.
නූතන·දෘෂ්ටිය, *n.* neology, අලුත්හුරුකම, අලුත් ධර්මශාස්ත්‍රය.
නූතන·දෘෂ්ටියා, *n.* neologist, අලුත් ධර්මශාස්ත්‍රඥයා.
නූදම, *n.* woman's girdle, waist-chain.
නූන, *n.* thought, සිතිවිල්ල, thinking, සිතීම.
නූපන්, *v. adj. pret.* (නො උපන්), unborn, unarisen. [මලල්ල.
නූපුරය, *n.* foot or ankle ring, පාසලඹ, පා
නූල, *n.* thread, string. [ing).
නූල or **නූල් අදිනවා**, *v.* to baste or tack (in sew-
නූල්කටිනවා, *v.* to spin thread.
නූල් කැරැල්ල, නූල් මල, *n.* skein of thread.
නූල් පණුවා, *n.* thread-worm. [charm.
නූල් බඳිනවා, *v.* to bind or tie on thread for a
නෘ, *a.* human, මනුෂ්‍ය: see නර.
නෘ·ජාතිය, *n.* human race, mankind, මනුෂ්‍ය ජාතිය.
නෘතාව, *n.* manhood, humanity, මනුෂ්‍යකම: see නරත්වය.
නෘතිය, *n.* dancing, නැටීම. [trionic.
නෘත්‍ය, නෘත්‍යාකාර, *a.* dancing, theatrical, his-
නෘත්‍යකරනවා, *v.* to dance, perform, theatrically. [player.
නෘත්‍ය·කරුවා, නෘත්‍ය·කාරයා, *n.* dancer, actor,
නෘත්‍ය·කාරී, *n. fem.* dancer, actress.
නෘත්‍ය·භ්‍රමණය, *n.* whirl of the dance, pirouette, නාටක කැරකිල්ල.
නෘත්‍ය·මචක·මුඛය, *n.* modern proscenium.
නෘත්‍ය·මචකය, *n.* stage, proscenium.
නෘත්‍ය·මණ්ඩප·ශාලාව, නෘත්‍ය·මණ්ඩලය, නෘත්‍ය·ශාලාව, නෘත්‍ය·ස්ථානය, *n.* dancing saloon, theatre, dancing place.
නෘත්‍යය, *n.* dance, නැටුම, dancing, නැටීම.
නෘත්‍ය·රචනාව, *n* theatrical play (the composition).
නෘත්‍යාංගය, *n.* the particular figure in dancing, dancing figure, නාටක නැඩය.
නෘත්‍යොත්සවය, *n.* (නෘත්‍ය උත්සවය), dancing festival, ball. [කුවේර.
නෘ·පතියා, *n.* ruler of men, viz. king; ap. of
නෘප·මන්දිරය, *n.* royal pavilion or mansion, palace, මාලිගාව.
නෘ·ප, *n.* protector of men, viz. king, රජ.
නෘප·පත්නී, *n.* royal lady, queen, බිසව. [ධන.
නෘපාංශය, *n.* royal portion, viz. revenue, රජ
නෘපාසනය, *n.* throne, සිංහාසනය.
නෘපෝචිත, *a.* (නෘප උචිත), fit for royalty, princely. E. S.
නෘ·මාණය, *n.* human stature, four cubits.
නෘ·ශංස, *a.* malicious, ක්‍රෑර, injurious, හිංසක, destructive, විනාශක.
නෘ·සිංහයා, *n.* human lion, viz. a chief or eminent man; the fourth incarnation (අවතාරය) of Vishnu as a man with the head and claws of a lion.
නෙ, *prefix priv.* for නො, as නෙපනිමි, නෙදි &c.
නෙ, නෙක, නෙක්, *a.* Poetical for නොයෙක්.
නෙත, *n.* E. of නේත්‍රය, eye; *pl.* නෙත්.
නෙතග, *n.* (නෙත් අග), end—corner—of the eye, ඇස්කොන.
නෙතඳුන්, *n.* (නෙත් අඳුන්): see නුවනඳුන්.
නෙත්ති·මාලය, *n.* forehead-garland or head-dress of an elephant. [head, නළල.
නෙත්තිය, *n.* point, end, අග, නොංගල; fore-
නෙත්තොල්ලා, *n.* a kind of sea fish.
නෙත්·දල, *n.* See නුවන්දල.
නෙත්·මල, *n.* gum or rheum of the eye.
නෙත්·සිලිල, *n.* water of the eye, viz. tear, කඳුළු; *pl.* නෙත්සිලිල්.
නෙ·දනුම, *n.* non-perception, stupidity, ignorance, නොදැනීම. [දිසින්.
නෙ·දිසින්, *ad.* from many directions, නොයෙක්
නෙ·පෙනෙනවා, *v. i.* to be invisible, not to appear.
නෙ·බණ, *a.* wordless, silent, taciturn, නිශ්ශබ්ද.
නෙසියාඩම්, *n.* play, sport, සෙල්ලම.
නෙසියාඩම්කාර, *a.* playful, sportive, සෙල්ලක්කාර.
නෙර, *n.* jungle path, overgrown path.
නෙරනවා, *v. i.* and *v. t.* to project, protrude, jut, bulge; to project, eject, cast out, පිට දමනවා; *pret.* නෙරුවා; *v. n.* නෙරීම.
නෙර·තල·මීයා, *n.* a species of field rat, jungle rat. [නෙරපුවා.
නෙරපනවා, *v. t.* to drive away, expel; *pret.*
නෙරපවනවා, *v. c.* to cause to drive away; *pret.* නෙරපෙවුවා; *v. n.* නෙරපවීම.
නෙරපීම, නෙරපුම, *v. n.* of නෙරපනවා and නෙරපෙනවා: driving away, expulsion.
නෙරපෙනවා, *v. i.* to be thrust or driven out; *pret.* නෙරපුණු; *p. pl.* නෙරපී.
නෙරවනවා, *v. t.* to extrude, cause to protrude, project, (තොල්...), pout; *pret.* නෙරෙවුවා; *v. n.* නෙරවීම. [නිවිපටවටය.
නෙරිපට, *n.* waistfold of cloth or skirt: see

නෙරිය, *n.* selvedge; ornamented edge of dress or robe. [බෙහෙත්.
නෙරි·බිම, *n.* antidote for snake poison, සර්පවිෂ
නෙරි·සතා, *n.* See නිරිසතා.
නෙරීම, **නෙරුම**, *v. n.* of නෙරනවා: protrusion, protuberance &c.
නෙරුක්කම, **නෙරුක්කුව**, *n.* T., oppression, tyranny, persecution, හිරිහැර, පීඩාව.
නෙරෙක්කුකරනවා, *v.* to treat harshly, persecution &c., පීඩාකරනවා.
නෙලුව, *n.* decoy, fading, දිරුම.
නෙලුවා, *n.* male calf, වස්සා. [*blica.*
නෙල්ලි ගෙඩිය, *n.* nelli fruit, *phyllanthus em-*
නෙලනවා, *v. t.* to pick out, pluck off or up, gather, (fruit &c.); *pret.* නෙළුවා; *v. n.* නෙළීම. [දළුව.
නෙළුම්පබලාව, *n.* lotus shoot or sprout, නෙළුම්
නෙළුම, *n.* lotus, water-lily, *nelumbium speciosum.* [the lotus.
නෙළුම්·අල, **නෙළුම්බල**, *n.* edible bulb or root of
නෙළුම්බැස, *n.* lotus film or fibre.
නෙළුම්බු, *a.* for නෙළුම්: lotus-.
නෙළුම්බු·දලිය, *n.* lotus bud or sprout, නෙළුම් දළුව; lotus bulb or root, නෙළුම් අල.
නේ, *n.* E. for ඥෙය: that should be known, knowledge &c.
නේ, **නෙක**, *a.* various, නොයෙක්.
නේතා, *n.* (fr. නාථයා), master, owner, ස්වාමියා.
නේත්‍ර, *a.* eye-, pert. to the eye or eyes, ඇස්-; leading, guiding, මඟපෙන්වන.
නේත්‍ර·කල්‍යාණ, *a.* eye-delightsome, viz. superb, gorgeous, ඉතා අලංකාර.
නේත්‍ර·චම්කාව, *n.* skin—outer coat—of the eye, sclerotic, ඇසේ පිටසිවිය.
නේත්‍ර·තාරකාව, *n.* eye-star, viz. pupil of the eye, කළු ඉංගිරියාව.
නේත්‍ර·දෘෂ්ටිය, *n.* eyesight, ඇස්පෙනීම.
නේත්‍ර·දෘෂ්ටි, *a.* ocular, ඇසට පෙනෙන.
නේත්‍ර·ධාරාව, *n.* eye-flow, viz. tear, කඳුළු. See ඇස්දහර.
නේත්‍ර·ප්‍රතිෂ්ඨාපනය, *n.* inserting eyes (in an image), ඇස් පිහිටුවීම.
නේත්‍ර·භේෂජය, **නේත්‍ර·භෛෂජ්‍ය**, *n.* eye-medicine, ඇස් බෙහෙත.
නේත්‍රය, *n.* eye, ඇස; root, මුල; tubular vessel, නාලිය; car, ගැල; *pl.* නේත්‍ර.
නේත්‍ර·රංජනය, *n.* collyrium, අඳුන්.
නේත්‍ර·ශුෂ්කතාව, **නේත්‍ර·ශුෂ්ක·භාවය**, *n.* dryness of the eyes, scleroma, ඇස් වේලුම්කම.
නේත්‍රාංජන, *n.* (ත්‍ර·අ:), antimony: see අඳුන.
නේත්‍රාමය, *n.* eye-disease, ඇස් රෝගය.
නේත්‍රෝත්සවය, *n.* (නේත්‍ර උත්:), eye-feast, viz. a delight to the eye, ඇසට ප්‍රිය.
නේපාලය, *n.* the country Nepal. *Bot.*
නේපාලිකා, *n.* arsenic, පාෂාණම.
නේමින්ධරය, *n.* name of the fifth circle of rocks around මේරුපර්වතය: see සප්තකූටපර්වත.
නේමිය, *n.* circumference of a wheel, tire, රෝද පට්ටම, නිම්වළල්ල.
නේරංජරා, *n.* name of a river in India.
නේරයිකයා, *n.* an infernal, නිරිසතා.
නේවසඤ්ඤානාසඤ්ඤායතනය, *n.* the fourth formless Brahma world, which is so intangible or subtile that there is neither consciousness or unconsciousness.
නේවාසික, *a.* resident: see නිවාසී.
නේවාසිකයා, *n.* settled resident, නිවාසියා.
නෛෂාද, *a.* outcast, vile, නීච.
නෛෂාදයා, *n.* an outcast &c., නීචයා.
නෛසජ්ජිකාංගය, *n.* ordinance requiring B. P. not to lie down, but sleep in a sitting posture.
නෛෂාදයා, *n.* archer, වැද්දා.
නෛක, *a.* various, several, many, නොයෙක්.
නෛක·භේද, *a.* of various kinds, diverse, නොයෙක් ආකාර. [නොයෙක් ස්වරූප.
නෛකරූප, *a.* of various forms, multiform,
නෛක·ශ්‍රී, *n. aux. case*, with various splendours or prosperity, නොයෙක් ඉසුරත්.
නෛගමය, *n.* guiding, directing, මඟපෙන්වීම; road, මඟ; an Upanishad or theological part of the Vedas.
නෛගමයා, *n.* trader, merchant, වෙළෙන්දා; citizen, නුවරවැසියා. [නිරන්තර.
නෛත්‍යක, *a.* continual, unceasing, perpetual,
නෛත්‍යය, *n.* perpetuity, නිරන්තරය, සදාකාල [කම.
නෛද්‍ර, *a.* sleepy, නිදිමත.
නෛද්‍රතාව, *n.* sleepiness.
නෛපාල, *n.* copper, තඹ.
නෛපාලි, *n.* red arsenic, රත්හිරියල්; indigo, අවරි; a plant. *Bot.*
නෛපුණ්‍ය, *a.* dexterous, expert, නිපුණ, දක්ෂ.
නෛපුණ්‍යය, *n.* dexterity &c.
නෛපුණ්‍යයා, *n.* dexterous person, an expert, නිපුණයා, දක්ෂයා. [කයා.
නෛමිත්තකයා, *n.* prognosticator: see නිමිත්ත
නෛමිෂ, *a.* momentary, transient, ක්ෂණික, අනිත්‍ය: see නිමිෂය.
නෛයමික, *a.* correct, හරි, according to rule, regular, නියමයට එකඟ.
නෛයමිකතාව, *n.* correctness, regularity.
නෛයායික, *a.* didactic, argumental, තර්ක.
නෛයායිකයා, **නෛයායික·ශාස්ත්‍ර·ඥයා**, *n.* dialectician, logician, තර්කශාස්ත්‍රඥයා.
නෛයායික·ශාස්ත්‍රය, *n.* dialectics, logic, තර්ක ශාස්ත්‍රය, න්‍යායශාස්ත්‍රය.
නෛරන්තර්‍ය, *a.* continuous, unintermitted, නිරන්තර, නොකැඩී.
නෛරාශ්‍යය, *n.* despair: see නිරාශාව.
නෛරුක්ත, *a.* obsolete, යටපත්වූ, pert. to නිරුක්ත.

නෛරුක්තිකයා, philologist, භාෂාශාස්ත්‍රඥයා.
නෛරුක්තික·ශාස්ත්‍රය, *n.* philology, භාෂා—ශබ්ද—ශාස්ත්‍රය.
නෛඍතයා, *n.* demon, fiend, යකා; ruler of the south-west quarter, නිරිතකොනදෙවියා.
නෛඍතිය, *n.* south-west quarter, නිරිතදිග.
නෛර්වාණික, *a.* pert. to Nirvāna, නිවනට අයිතිවූ.
නෛවේද්‍යය, *n.* offering, පූජාව.
නෛශ, *a.* night, nocturnal, රාත්‍රි.
නෛෂධ, *n.* name of a Sanscrit poem, and of Nala, its hero.
නෛෂ්කිකයා, *n.* mint-master, ටංකපතියා.
නෛෂ්ක්‍රම්‍ය, *a.* that goes forth, that forsakes home and adopts aceticism, පැවිදිවෙන්නාවූ. See නිෂ්ක්‍රමණය.
නෛෂ්ක්‍රම්‍ය·පාරමිතාව, *n.* the ordinance or observance of asceticism. Buddha is set forth as the great example in this respect, having forsaken all his royal luxuries and retired into solitude, where, after six years of religious austerities and meditation, he attained Buddhahood. See නිෂ්ක්‍රම්පාරමිතාව.
නෛෂ්ක්‍රම්‍යය, *n.* going forth, adoption of asceticism, පැවිදිවීම. [වික.
නෛසර්ගික, *a.* innate, natural, ජන්මජ, ස්වාභා
නෛස්ත්‍රිංශිකයා, *n.* swordsman, කඩුකාරයා.
නො, *prefix priv.* used with verbs and adjectives and with nouns formed from adjectives.
නො·අඩු, *a.* not deficient, no little, much.
නො·ඇදහිලිකාර, *a.* unbelieving, infidel, irreligious, lacking godliness.
නො·ඇදහිලිකාරයා, *n.* disbeliever, unbeliever.
නො·ඉඳුල්, *a.* unbroached, intact, uncontaminated.
නො·ඉවසිලි, නො·ඉවසිලිවන්ත, *a.* intolerant, impatient, not forbearing.
නොඑක්, *a.* usually, නොයෙක්.
නො·කට·යුතු, *a.* that ought not to be done, inexpedient; also *n. pl.* what should not be done, improprieties.
නොකඩ, *a.* unbroken, කඩනැති; uninterrupted, තොරනැති. [incessantly.
නො·කඩව, *ad.* uninterruptedly, continuously,
නො·කලේ, නොකල්හි, *ad.* prematurely, untimely, unseasonably, අකලට.
නො·කැමති, නො·කැමැති, *a.* unwilling, අකමැති.
නොණ්ඩි, *a.* T., lame, limping. [limping.
නොණ්ඩිගගහා·යනවා, *v.* to limp along, go
නොණ්ඩි·ගතිය, *n.* lameness. [ණ්ඩිගැසීම.
නොණ්ඩි·ගහනවා, *v.* to limp, halt; *v. n.* නො
නොණ්ඩිච්චි, *n.* lame female, නොණ්ඩි ස්ත්‍රී.
නොණ්ඩියා, *n. mas.* lame man, one who limps.
නො·තකා, *p. pl.* without regarding or caring.
නො·තනි, *a.* not solitary, not alone.

නො·තහවුරු, *a.* See නොතිර.
නොතාරිස්, *n.* and *a.* Port., notary; notarial.
නො·තිර, *a.* not firm, unsteady, unstable, ස්ථිර නැති.
නොතිසිය, *n.* Port., notice, දැනුම්දීම.
නො·තේරුම්කම, *n.* want of understanding, ignorance.
නො·දත්, *v. adj. pret.* දැනනොගත්: unknowing; unknown.
නොදත්කම, *n.* ignorance.
නො·දූ·දුව, *n.* daughter who is not one's own, viz. step-daughter.
නො·දූ·පුතා, *n.* step-son. See දුවු.
නො·දිසි, *a.* invisible, unseen, නොපෙනෙන.
නො·දැනුම්කම, *n.* lack of perception or knowledge, ignorance. [wittingly.
නො·දැනුවත්ව, *ad.* ignorantly, unawares, un-
නො·දැමි, *a.* unsubdued, insubordinate, නොහික්මුණු, යටත්නැති. [act.
නො·නකත, *n.* unlucky time to commence an
නො·නස්නා, *v. adj.* undying, immortal, නොනසිනා.
නො·පටු, *a.* not narrow, wide, පටුනැති.
නො·පණත්කම, *n.* lawlessness, අනඩුව.
නො·පණත්කම්කරනවා, *v.* to act lawlessly or illegally, නීතිය කඩකරනවා.
නො·පතළ, *a.* not diffused or widely known, ප්‍රසිද්ධනැති. [able, ගණන්නැති.
නො·පමණ, *a.* limitless, measureless, innumer-
නො·පමාව, නො·පරක්කුව, *ad.* without tarrying or delay, speedily, soon. [නැති.
නො·පවතින, *v. adj.* unabiding; non-existent,
නො·පසු·බස්නා, *v. adj.* non-backsliding, unflagging, unabating, පසුබට නොවන.
නො·පහන්, *a.* not clear, obscure, පැහැදිලි නැති.
නො·පැකිළි, *a.* that has not stumbled, නොපැකිළුණු.
නො·පැවැත්ම, *n.* non-existence, nihility, non-entity, නැතිකම. [laic.
නො·පැවිදි, *a.* non-ascetic, non-clerical, secular,
නො·ප්‍රිය, *a.* unpleasant or displeased.
නො·පිළිවන්, *a.* See නුපුළුවන්.
නො·බට, *v. adj.* not descended, නොබැස්ස.
නො·බව, *v. imp.* fear not, භයනොවෙව.
නො·බා, *p. pl.* without fearing, භයනොවී.
නො·බැඳි, *a.* not bound, unbound, free, unattached, unallied.
නො·බෝ, *a.* not much or many, little, few, ස්වල්ප. [recently.
නො·බෝ·දා, *ad.* not long or many days since,
නොම, *ad. neg. emp.* not, නොම ඇත්තේය, there really is not.
නො·මග, *ad.* irregularly, inadmissibly, improperly, අයුතුලෙස. [ramble.
නො·මග·යනවා, *v.* to go astray, stray, straggle,

නො·මඳ, නො·මද, *a.* no little, much, plenteous, ටිකනොවන.

නො·මඳ(ද)ලෙස, *ad.* in no small degree, abundantly, බොහෝසෙයින්.

නො·මනා, *a.* unpleasant, disagreeable.

නො·මසුරු, *a.* not niggardly, liberal, profuse.

නො·මසුරුව, *ad.* without stint, ungrudgingly, liberally. [having, නැති.

නොමැති, *a.* (නොම ඇති), non-existent or not

නො·මිතුරු, *a.* unfriendly, hostile, සතුරු.

නො·මින්, *ad.* without measure, abundantly, අප්‍රමාණලෙස. [itously.

නො·මිලයේ, *ad.* without money, gratis, gratu-

නොම්මරය, *n.* Port., number, අංකය.

නොයෙක්, *a.* (නො එක්), several, manifold, various, sundry.

නොයෙක්·වෙස්, *n. lit.* various forms: ap. of Vishnu as having appeared in ten forms or incarnations. [රජෙක්.

නො·රඹුරු, නො·රඹුරු, *a.* secret, mysterious,

නො·රිසි, *a.* not nice or pleasant to the taste &c., රුචිනැති, අමිහිරි.

නො·රින්සුම්, *a.* fr. රුස්සනවා: intolerant, impatient, cross, resentful.

නොරින්සුම්කම, *n.* intolerance &c. [නොලැබූ.

නො·ලත්, *a.* that did not receive; unreceived;

නොලපා, *n.* serpent, snake, සර්පයා.

නො·ලස්, *a.* not lazy, assiduous: see අලස්.

නොව, *p. pl. neg.* of වෙනවා: not being, as මෙක නොව අනික් එකයි, It is not this, but the other. [undaubed.

නො·වකා, *p. pl. neg.* of වකනවා: unsmeared,

නො·වටිනා, *v. adj.* unworthy, valueless, base.

නො·වන, *v. adj. neg.* of වෙනවා: not occurring; that is not (something), as මිත්‍රයෙක් නොවන අය, the person who is not a friend.

නො·වරදින, නො·වරදිනා·සුලු, *v. adj.* unerring, infallible, unfailing.

නොවාසා·මංගල්‍යය, *n.* R. C. ninth-day festival.

නො·වැදගත්, *a.* unimportant, insignificant, වැදගත් නැති.

නො·වැදි·යාම, *v. n.* failing to strike, a miss.

නොවැම්බර්(මාසය), *n.* Port., November.

නො·විතර, *a.* unlimited, much, many, අප්‍රමාණ, බොහෝ.

නො·වියත්, *a.* unlearned, අපණ්ඩිත, නූගත්.

නො·සකස්, *a.* untidy, slovenly, පිළිවෙලක් නැති.

නො·සතුටු, *a.* dissatisfied, displeased.

නො·සඳ, *n. lit.* non-moon, viz. the sun, ඉර.

නො·සභා, *a.* indecorous, indecent, rude, නොහොබිනා: see අසභ්‍ය.

නො·සමර, *a.* (cp. සමර), not remembering, forgetful, මතකනැතිකරන.

නොසරස්, *a.* (නොසරස්), swift, ඉක්මන්; continual, eternal, නිරන්තර.

නොසරස්, *ad.* quickly, swiftly; ever, නිතරම.

නො·සරු, *a.* infertile, සරුනැති: see අසරු; fruitless, vain, නිෂ්ඵල.

නොසරුප්, *a.* improper, indecent, අයුතු, නැත.

නොසල, *a.* E. for නිශ්චල, not shaking &c.

නො·සහන, *a.* intolerant, impatient, නොඉවසිලි; that does not become assuaged, unabating, සහනය නොවන.

නො·සැලකිලි, නො·සැලකිලිකාර, *a.* regardless, careless, reckless, negligent, apathetic, indifferent. [&c.

නො·සැලකිලිකම, නො·සැලකිල්ල, *n.* disregard

නො·සැලකීම, *v. n. neg.* of සලකනවා: disregarding.

නොසැහුම්, *a.* improper, unsuitable, unfit.

නො·සැහුම්කම, *n.* impropriety &c.

නො·සෑහෙන, *v. adj. neg.* improper, see නොසැහුම්; inadequate, මදි.

නො·සහල, *a.* unassociated; unpractised, unfamiliar, පුරුදු නැති, හාමිතානොහැල.

නො·හල, *v. adj. pret.* of නොහරිනවා: unreleased, unremoved, නැරිය; unopened, නොපුබුදු.

නො·හැකි, *adj.* unable, බැරි.

නො·හික්මුම්, *a.* unruly, obdurate, undutiful, අකීකරු, intractable, නොහික්මෙන.

නො·හිපිලි, *a.* not haughty, humble, උඩඟුනැති.

නො·හිරු, *n. lit.* non-sun, viz. the moon, හඳ.

නො·හී, *p. pl. neg.* of හෙනවා: being unable, බැරුව. [or බැරි.

නො·හෙන, *v. adj. pres.* that cannot, නුපුළුවන්

නො·හේ, *v. neg.* one cannot, කිවනොහේ, cannot say, කියන්ටබැරිය.

නොහොත්, *conj.* if not, or else.

නො·හොඳ, *a.* or *n.* not good, bad, evil; හොඳ නොහොඳ, good and bad. [indecorous.

නො·හොබිනා, *v. adj.* unbecoming, improper,

නො·හොබිනාකම, *n.* impropriety &c.

නෝක්කඩුව, නෝක්කාඩුව, *n.* T., pain, grievance, disagreement, displeasure, අප්‍රසාදය, තරහ. [incapable, නිවට.

නෝංචල්, නෝංජල්, *a.* T., feeble, unsteady,

නෝට්ටුව, *n.* Eng., bank note, promissory note.

නෝනා, නෝනාමහත්මයා, නෝනාමහත්මී, *n.* Port., lady (European or in European dress); *pl.* නෝනාලා.

නෝම්බි·අල්ලනවා, *v.* to fast (of Moormen only) නිරාහාරව සිටිනවා.

නෝස්, *n.* nutmeg, සාදික්කා.

නෞ, *n.* ship &c.: see නෞකාව.

නෞකා, *n. pl.* or *a.* ships; pert. to ships, naval.

නෞකා·තටාකය, *n.* ship-dock, wet-dock.

නෞකා·තුණ්ඩය, *n.* ship's beak, rostrum.

නෞකා·දණ්ඩය, *n.* oar, හබල; helm, සුක්කානම.

නෞකාධාරය, *n.* ship-support, gridiron, නැව් පිහිටි (or බාවන) මැස්ස.
නෞකා·පංක්තිය, *n.* fleet of ships, නැව්කණ්ඩායම.
නෞකා·භංජනය, *n.* shipwreck, නැව්බිඳීම.
නෞකා·යුධ·සේනාව, *n.* navy, marines.
නෞකාව, *n.* ship, boat, vessel, නැව, යාත්‍රාව.
නෞ·ගම්‍ය, *a.* navigable, නැව් ගියහැකිවූ (ගංගා &c.)
නෞ·ගම්‍යතාව, *n.* navigableness.
නෞ·පති·ධුරය, *n.* naval captaincy, නැව් මුලාදෑනිකම.
නෞ·පතියා, *n.* naval captain.
න්‍යග්‍රෝධය, *n.* a fathom, බඹය; banyan tree, නුගගස.
න්‍යාය, *n.* propriety, fitness, justness, යුක්තිය; system of philosophy so called, (එනම්) ශාස්ත්‍රය.
න්‍යායතාව, *n.* propriety, fitness, යුතුකම.
න්‍යාය·වාක්‍යය, *n.* syllogism, ත්‍රිපද තර්කවාක්‍යය.
න්‍යාය·වාදී, *a.* rationalistic, philosophic.
න්‍යාය·ශාස්ත්‍රය, *n.* philosophy, logic, තර්කශාස්ත්‍රය.
න්‍යාය·ශාස්ත්‍ර·ඥයා, *n.* philosopher, logician.
න්‍යාය·ශෘංඛලතාව, *n.* *log.* sorites.
න්‍යායාකාර, *a.* philosophic, scientific, ශාස්ත්‍රාකාර.
න්‍යායාචාර, *a.* moral, virtuous, upright, සුචරිත.
න්‍යායාවයව, *n.* (·අවයව), *log.* proposition, premiss.
න්‍යායී, *a.* logical, තර්කශාස්ත්‍රයට එකඟවූ; right, just, යුතු.
න්‍යාසය, *n.* deposit, pledge, උකස; delivering, භාරදීම; abandoning, අත්ඇරීම.
න්‍යූනාංග, *a.* (න්‍යූන deficient, අංග body), maimed, අබ්බාගත.
න්‍යූනාංගතාව, *n.* maimedness, maim, අබ්බාගතකම.
න්‍යූනාධික, *ad.* less or more, more or less, about, පමණ.

ප.

ප, *n.* The first letter of the labials or fifth class of consonants corresponding to the letter P.
පංශු, *n.* earth, dust, mud, පස්, දූවිල්ල.
පංශු·කූලිකාංගය, *n.* B., rubbish-heap ordinance, which enjoins the priests to wear robes made from cast-off clothes on rubbish heaps, dunghills &c.
පංශු·ජය, *n.* mud-born, viz. lotus, නෙළුම්මල.
පක, *n.* fruit, ripe fruit, එල, පැසුණු එල.
පක්තව්‍ය, *a.* that may be cooked or matured, කැම්බෙන, පැසෙන; digestible, ජීර්ණවන.
පක්ති·ශූලය, *n.* colic, ආමශූලය, බඩේ කැක්කුම.
පක්ව, *a.* cooked, කැම්බුණු; mellow, ripe, ඉදුණු; matured, (of hair) grey, පැසුණු; perfect, සම්පූර්ණ, able, දක්ෂ.
පක්වාශය, *n.* stomach, second stomach, කෑම බොක්ක.
පක්ෂ, *a.* pert. to the side or limb or wing; attached to a side or party, partial, loyal.
පක්ෂකම, පක්ෂතාව, *n.* partiality, loyalty, allegiance.
පක්ෂකය, *n.* side, පැත්ත; private or side door, back-door, පිටිපස්සේ දොර.
පක්ෂකයා, පක්ෂකාරයා, *n.* sidesman, partisan, පක්ෂවාදියා.
පක්ෂ·ගත, *a.* partial, loyal, පක්ෂපාත.
පක්ෂ·ග්‍රහණය, *n.* taking a side, siding, partiality.
පක්ෂ·තාල·දෙනවා, *v.* to flap or clap the wings together, අත්තටු ගසනවා.
පක්ෂ·පත්‍රය, *n.* bird's wing, අත්තටුව, පියාපත.
පක්ෂ·පාත, *a.* partial; loyal, devoted to a side or party.
පක්ෂ·පාතකම, පක්ෂ·පාතය, *n.* partiality &c.
පක්ෂ·පිරමාණය, *n.* loyalty, allegiance, fidelity, පක්ෂවාදිකම.
පක්ෂ·ප්‍රසාරණය, පක්ෂ·ප්‍රහාරය, *n.* flapping wings, flying, පියාසරකිරීම.
පක්ෂ·භජනය, *n.* taking a side, partiality, පක්ෂයකට බැඳීම or ඇලුම්වීම.
පක්ෂ·භාගය, *n.* side, flank, පැත්ත, ඇලය.
පක්ෂය, *n.* side, පැත්ත, party, කොල්ල; wing, පියාපත; one or other half of the lunar month, as පූර්වපක්ෂය or අපරපක්ෂය.
පක්ෂ·වාදී, *a.* partial, loyal.
පක්ෂ·වාදියා, *n.* partisan, supporter, loyal person.
පක්ෂ·විපක්ෂ, *a.* for and against, supporting and opposing, pro and con.
පක්ෂාඝාත, *a.* (·ආඝාත smitten), hemiplegic, palsied, paralyzed, අංගභාගරෝගකාර.
පක්ෂාඝාතකරනවා, *v. t.* to paralyse one side, strike with palsy.
පක්ෂාඝාත·රෝගකාරයා, *n.* hemiplegic patient, paralytic.
පක්ෂාඝාතය, *n.* hemiplegia, paralysis of one side; අංගභාගරෝගය; destruction of a side, viz. refutation of an argument, වාක්‍ය ඛණ්ඩනය.
පක්ෂාන්තය, පක්ෂාවසානය, *n.* (·අන්තය, ·අව :), end of half, viz. the last day of either half of the lunar month, day of the new or full moon.
පක්ෂාශ්ව·රාශිය, *n.* (·අශ්ව), winged-horse constellation, viz. Pegasus.
පක්ෂි·අඩිය, *n.* bird's foot, claw.
පක්ෂි·කූඩුව, *n.* bird's nest or cage.
පක්ෂි·කොණ්ඩය, *n.* bird's crest
පක්ෂි·තුණ්ඩාශය, *n.* bird's pouch.
පක්ෂි·දඩයම, *n.* fowling.
පක්ෂි·ධේනුව, *n.* female bird, කිරිල්ලි.
පක්ෂි·නඛය, *n.* bird's claw, talon, කුරුළු නිය.
පක්ෂි·නිමිත්තාවලෝකනය, *n.* ornithomancy, පක්ෂීන් බලා පේනකීම.
පක්ෂි·පොහොර, *n.* bird-manure, guano.
පක්ෂි·බොක්ක, *n.* gizzard.
පක්ෂිය, *n.* arrow, ඊය.
පක්ෂියා, *n.* bird, කුරුල්ලා.
පක්ෂිවැද්දා, *n.* fowler.

පක්ෂි·විද්‍යාකාරයා, පක්ෂි·ශාස්ත්‍රකාරයා, *n.* ornithologist.
පක්ෂි·විද්‍යාව, පක්ෂි·ශාස්ත්‍රය, *n.* ornithology.
පක්ෂි·ශාලාව, *n.* aviary, කුරුළුකොටුව.
පක්ෂි·ස්වාමියා, *n.* lord of birds, viz. Garuda: see ගුරුළුයා.
පක්ෂ්ම, *n.* eyelash, ඇස් පිහාටුව; filament of a flower. [පස් වැස්ම.
පක්ෂ්ම·කෝෂය, *n.* wing-case, wing-cover, පියා
පක්ෂ්ම·පාදික, *a.* plumiped.
පක්ෂ්ම·පාදිකයා, *n.* plumiped, පාදවල පිහාටු ඇති පක්ෂියා. [සමාන.
පක්ෂ්මාකාර, *a. bot.* pinnate, pinnated, පිහාටුවක්
පක්ෂ්මාකාරඡේදිත, *a. bot.* pinnatified, පිහාටු මෙන් බෙදුණු.
පක්ෂාංගනාව, *n.* (පක්ෂි අංගනාව), *myth.* siren.
පඟතිය, *n.* family, පවුල; part, portion, section, කොට්ඨාසය.
පඟෝඩිය, *n.* gold coin worth about four rupees.
පඝණය, *n.* P. of ප්‍රඝණය.
පංක, *n.* mud, mire, මඩ; filth, sin, පාපය.
පංකජ, *n.* See පංකජය (p. 344).
පංකජිනිය, *n.* lotus pond, නෙළුම් පොකුණ.
පංකාරය, *n.* bridge or raised path through swamps or rice fields, නියර.
පංකාව, *n.* punka.
පංකිල, *a.* muddy, miry, clayey, ගොහොරු.
පංක්තිය, *n.* row, cluster, class, company; stanza of four lines of ten syllables each.
පංගං, *n.* abuse, scurrility, insult, බැණුම, නින්දාව.
පංගාඩම, *n.* assignment, appointment, provision; scheme. [refer.
පංගාඩම්කරනවා, *v. t.* to assign, allot, appoint,
පංගාඩම්වූ, *a.* appointed, assigned, නියමවූ.
පංගාර්තුකරනවා, *v. t.* to prepare, provide, arrange. [ment.
පංගාර්තුව, *n.* preparation, provision, arrange-
පංගු, *a.* maimed, lame, crippled, අබ්බාගාත; also *n. pl.* of පංගුව.
පංගු, *n.* the planet Saturn, ශනිග්‍රහයා, සෙනසුරු.
පංගුකරනවා, *v. t.* to separate into portions, divide, share.
පංගුකාර, *a.* fellow-, who shares or partakes.
පංගුකාරකම, *n.* fellowship, participation, partnership, communion.
පංගුකාරයා, *n.* partner, sharer, participant.
පංගුකාරවෙනවා, *v. i.* to share with, participate in.
පංගුභාව, *n.* maimed or crippled condition, mutilation, අබ්බාගාතකම.
පංගුව, *n.* part, portion, section, share; half.
පංගුස්ස, *n.* snare, trap, උගුල.
පචකයා, *n.* cook, කෝකියා.
පචනය, පචය, *n.* cooking, ඉවීම.
පචනයකරනවා, *v. t.* to cook, උයනවා.
පචමාන, *a.* cooking, උයන.
පච්ච, *a.* T., green, කොළපාට, නිල්, fresh, අමු.
පච්ච·කුරුල්ලා, *n.* southern yellow-naped wood pecker, *chrysophlegma chlorigaster.*
පච්ච·ගල, *n.* emerald. [තුත්තන්.
පච්චසිතක්කාරම්, *n.* copperas, green vitriol,
පච්ඡා·භත්තිකාංගය, *n.* (·භත්තික අංගය), *lit.* after-eating ordinance, viz. ordinance which requires a B. P. to take only one meal a day, and that exactly at mid-day.
පච්ඡිම, *a.* P. of පශ්චිම, posterior, පස්සා; west, බටහිර.
පච්ඡිමය, *n.* the end, conclusion, නිස්ටුව.
පජයා, *n.* (ප foot, ජ born), Sudra, one of a low caste (as sprung from the feet of Brahma): vile or mischievous, man, නීචයා.
පජා or පජාව, *n.* sentient being, සත්වයා: progeny, දරුවා; people, සෙනඟ. See ප්‍රජාව.
පජාපතය, *n.* See ජනපතය. [බ්‍රහ්මයා.
පජාපතියා, *n.* ap. of Brahma as lord of all, මහා
පජ්ජය, *n.* (පද්ජ) P. for පථය: road, path, පාර; something pleasant to the feet, as water for ablution.
පජ්ජයා, *n.* Sudra: see පජයා.
පජ්ජෝත, *n.* lamp, පහන, ලාම්පුව.
පඤ්ච, පඤ්චක or පංච &c., *n.* five, පහ.
පංච·කකුද·භාණ්ඩ, *n. pl* (කකුද insignia), the five articles which are the insignia of royalty, viz. sword, white umbrella, plate of gold on the forehead, gold shoes, and chāmara or white fan or whisk made from the tail of the Indian yak.

[Most of the following nouns preceded by a numeral can be used in the singular form, thus presenting them as an aggregate or lot.]

පංචකය, *n.* the five, an aggregate of five, පහ, පහක්.
පංච·කර්ම, *n. pl.* the five operations (of the human body): vomiting, evacuation by stool, inhaling of medicine by the nostrils, syringing of decoction and syringing of oil.
පංච·කල්‍යාණ, *n. pl.* the five excellences (of the human body): of the hair, curly and sleek, කේශකල්‍යාණය; of the teeth, regular and fine, දන්ත...; of the flesh, neither too fat nor thin, මාංස...; of the skin, clear and shining, ඡවි...; of age, youthfulness, වයෝකල්‍යාණය.
පංච·කාම, *n. pl.* the perceptions or enjoyment of the five senses, viz. form, sound, scent, flavour and substance or touch.
පංච·කාමයට·ලැදි, *a.* devoted to the pleasures of sense, sensual, voluptuous.
පංච·කෝණ, පංචාස්‍ර, *a.* pentagonal, පස්කොන්.
පංච·කෝණය, පංචාස්‍රය, *n.* pentagon, පස්කොන් රූපය.

පංච·කෝලය, *n.* medicinal compound of five spices: see පස්කොළ.

පංච·කෙලේශ, *n. pl.* the five passions: lust, hatred or anger, stupidity, vanity or self-exaltation, pride.

පංච·ගති, පංච·මහා·ගති, *n. pl.* five states, sp. the five conditions in which re-birth may occur: in hell or as a brute, a sprite, a human being, and as a divinity or brahma.

පංච·ගව්‍ය, *n. pl.* five products of the cow: milk, curds, butter, dung and urine.

පංච·ගීත·නාද, *n. pl.* five musical tones produced from different native drums or other instruments.

පංච·ගුණ, *a.* fivefold, quintuple, පස්ගුණ.

පංච·ගුණකරනවා, *v. t.* to quintuple, make fivefold.

පංච·චණ්ඩාල, *n. pl.* five inferior castes: washerman, potter, barber, silversmith and tailor.

පංච·තාර·වීණාව, *n.* pentachord, five-stringed lyre, තත්පහක වීණාව.

පංච·තූර්‍ය, *n. pl.* five different kinds of native drums or other musical instruments.

පංච·තූර්‍ය·වාද්‍ය, *n. pl.* the five musical instruments, තූර්‍යභාණ්ඩ පහ: see පසඟතුරු.

පංච·දන්ත, *a.* quinquedentate, දති—දත්—පහක් ඇති. [කොන් හැඩය.

පංච·දශ·කෝණය, *n.* the quindecagon, පහළොස්

පංච·දශය. *n.* fifteen, පහළොව.

පංච·දුශ්චරිත, *n. pl.* See පංචපාපය.

පංච·ද්වාර, *a.* five-doored; *bot.* quinquevalvular, පස්පියන්.

පංච·ධර්මය, *n.* the five laws, ordinances or virtues: belief, obedience, religious study, benevolence and knowledge.

පංච·නවති, *a.* ninety-five, sp. applied to the ninety-five erroneous religions which Buddha destroyed by the power of his doctrines.

පංච·නීවරණ, *n. pl.* B., the five closings or barriers that close the way to Nirvāna: කාමච්ඡන්ද නීවරණය, the barrier of carnal desire; ව්‍යාපාද..., of malice; ථීනමිද්ධ...of apathy and sloth; උද්ධච්චකුක්කුච්ච..., of fickleness or instability; විචිකිච්ඡා..., of doubt about Buddha, his doctrines, priests, precepts, past birth, future birth, both these births and dependent causation.

පංච·පක්ෂීයෝ, *n. pl.* the five birds regarded in augury: Garuda (Vishnu's bird), the owl, cock, crow and the peacock.

පංච·ප්‍රකාර, *a.* quinary, by fives.

පංච·පත්‍ර, *a.* pentapetalous or quinquefoliate, කොළ—පෙති—පහක් ඇති. [එම.

පංච·පද්ම, *n. pl.* five kinds of lotus, පස්වැනි නෙ

පංච·පර්ණී, *a.* pentaphyllous, කොළ පහක් ඇති.

පංච·පාණ්ඩවයෝ, *n. pl.* the five Pāndavas or sons of Pāndu, who are princes celebrated in H. history, the eldest of whom was Yudhishthira, යුධිෂ්ඨිර.

පංච·පාප, *n.* B., the five great sins: taking life, stealing, adultery, lying, drinking intoxicants, පස්පව්. [pentandrian.

පංච·පුරුෂ·කේසර, පංච·පුරුෂ·කේසරවත්, *a. bot.*

පංච·පුරුෂ·කේසර·පෑල, *n. pl.* pentandria.

පංච·පුස්තකය, *n.* Pentateuch, (බයිබලයේ මුල්) පොත් පහ.

පංච·පෙත, *n.* See පචිපෙත.

පංච·ප්‍රමෝද, *n. pl.* the five delights or five stages of joy, ranging from satisfaction step by step to ecstasy.

පංච·බල, *n. pl.* the five powers: belief, ශ්‍රද්ධාව; effort, වීර්‍යය; intellect, සතිය or සිහිය; religious meditation, සමාධිය; wisdom, ප්‍රඥාව.

පංච·බාණ, *n.* five arrows; the five-arrowed one: ap. of Cupid as armed with five arrows.

පංච·බීජ, *a.* pentacoccous, pentaspermous, බීජ පහක් ඇති.

පංච·බීජ·කෝෂ, *a.* pentacapsular, E. S.

පංච·භාෂා·ප්‍රකාශක, *n.* pentaglot, භාෂා පහකින් ලියාපු පොතක්. [ගෙය.

පංච·භූමි·ගෘහය, *n.* five-storied house, පස් මහල්

පංච·භේදිත, *a. bot.* quinate, quinquepartite, පහට බෙදුණු.

පංචම. *a.* fifth, පස්වෙනි. [(fever).

පංචම·දින, *n.* fifth day; fifth-day, quintan,

පංචම·මධුර·මාංශ, *n. pl.* the five kinds of toothsome flesh in man, viz. heart, liver, lungs, spleen and chest.

පංචම·ධ්‍යානය, *n.* B., the fifth stage of meditation: see ධ්‍යානය. [Indian gamut.

පංචමය, *n.* the fifth of the seven notes of the

පංච·මහා·ගංගා, පංච·මහා·නදී, *n. pl.* the five great rivers of India: Gangā, Yamuna (Jumna), Achirawati, Sarabhu and Mahī.

පංච·මහා·පරිත්‍යාග, *n. pl.* H., the five principal surrenders or kinds of worship presented: to spirits, progenitors and gods by offerings, to the Vedas by study, and to mankind by hospitality; B., five offerings made by Buddha alone: eyes, flesh, blood, head, wife and children.

පංච·මහා·පුරුෂ·යෝග, *n. pl. astrol.* five important combinations or positions in which the planets Mars, Mercury, Jupiter, Venus and Saturn are sometimes found.

පංච·මහා·භූතයෝ, *n. pl.* the five great elements: earth, water, fire, air and sky or space.

පංච·මහා·විලෝකන, *n. pl.* the five inspections made by a බෝධිසත්ව previously to being born Buddha, to determine as to the time when, the country and district in which, and the caste and mother of whom he shall take birth.

පඤ්ච·මහා·ස්වප්න, *n. pl.* the five great dreams which සිද්ධාර්ථකුමාරයා had, and which contributed to his determination to become an ascetic and attain Buddhaship.

පඤ්ච·මාර, *n. pl.* the five hindrances to the attainment of Nirvāna: ක්ලේශමාර, the hindrance of carnality; අභිසංස්කාරමාර, accumulation of කර්ම; මෘත්‍යුමාර, death or Yama; ස්කන්ධමාර, the body and mind (See පඤ්චස්කන්ධ); දේවපුත්‍රමාර, temper.

පඤ්චමාවරණය, *n. bot.* quintine, පස්වෙනි වැස්ම.

පඤ්චම·විභක්තිය, *n. gram.* the fifth or ablative case, අවධිවිභක්තිය.

පඤ්ච·මුඛ, *n.* See පඤ්චානන.

පඤ්ච·මූල, *n. pl.* (a lot consisting of) five roots of plants, sp. the plants, මහසිඳු, හෑවිල, ඇත් දෙමට, බෙලි, පලොල්. See Bot.

පඤ්චය, *n.* five, පස.

පඤ්ච·රන්ධ්‍ර, *a.* quinquelocular.

පඤ්ච·රාජ·කකුධභාණ්ඩ, *n. pl.* the five insignia of royalty: see පඤ්චකකුධභාණ්ඩ.

පඤ්ච·ලවණ, *n. pl.* five kinds of salt: rock salt, sea salt, factitious salt or *bit-loben*, saltpetre and sal-ammoniac.

පඤ්ච·ලෝහ, *n. pl.* five metals: gold, silver, copper, iron, lead,—or copper, brass, tin, lead and iron; or a compound of five metals.

පඤ්ච·වක්ත්‍ර, *n.* five-faced one, ap. of Siva: see පඤ්චානන.

පඤ්ච·වර්ණ, *n. pl.* the five colours reflected from the body of Buddha: blue, yellow, red, white and black.

පඤ්ච·වල්කල, *n.* the bark of five different kinds of fig trees, viz. මහනුග, බෝ, නොවැදිඹුල, පුලිල and කිරිපැල්ල. *Bot.*

පඤ්ච·වස්තු, *n. pl.* the five treasures of කුවේර the god of wealth.

පඤ්ච·බාණ, *n. pl.* the five arrows: ap. of Cupid, කාමදේවයා: see පඤ්චබාණ.

පඤ්ච·වාර්ෂික, *a.* quinquennial. E. S.

පඤ්ච·බීජ·කෝෂ, *a. bot.* quinquecapsular.

පඤ්ච·ශර, *n. pl.* the five arrows: ap. of Cupid: see පඤ්චබාණ. [අත.

පඤ්ච·ශාඛ, *n.* five-branched one, viz. the hand,

පඤ්ච·ශික්ෂා·පද, *n.* the text of five instructions or precepts: see පඤ්චශීල.

පඤ්ච·ශිඛ·දිව්‍ය·පුත්‍රයා, *n.* five-faced divine son, a celestial chorister who has five faces: ap. of several gods who have five faces, as ශිව, මහාබ්‍රහ්මයා &c.

පඤ්ච·ශිඛයා, *n.* five-crested one, viz. lion, සිංහයා; a sage or celestial chorister, පස්සිඛී.

පඤ්ච·ශීල, පඤ්ච·සීල, *n. pl.* the five moralities, viz. abstaining from the five sins: see පන්සිල.

පඤ්ච·සාංවත්සරික, *a.* See පඤ්චවාර්ෂික.

පඤ්ච·ස්කන්ධ, *n. pl.* the five divisions or constituents of man: රූපස්කන්ධ &c., viz. රූප, the body; වේදනාස්කන්ධ, feeling, perception; සංඥාස්කන්ධ, bare recognition or apprehension; සංස්කාරස්කන්ධ, moral or mental state, as of covetousness or doubt &c. to the number of fifty different states; විඥානස්කන්ධ, knowledge, consciousness. The five are divided into two parts, නාම and රූප, of which four ස්කන්ධ, portions, belong to නාමය or the mind.

පඤ්ච·ස්තම්භ·මන්දිරය, *n.* pentastyle. E. S.

පඤ්ච·ස්ත්‍රී·කේසර·පුෂ්ප, *n. pl. bot.* pentagynia.

පඤ්ච·ස්ත්‍රී·කේසරවත්, *a. bot.* pentagynian.

පඤ්චාංශ, *a.* pentahedrial. E. S.

පඤ්චාංශ·ඝනය, *n.* pentahedron.

පඤ්චාක්ෂර, *a.* quinqueliteral, අකුරු පහක් ඇති.

පඤ්චාක්ෂිය, *n.* the five eyes: ap. of Buddha as having five kinds of eyes: bodily eyes, a divine eye, an eye of wisdom, a Buddha's eye or knowledge of Nirvāna, and a universal eye, පස් ඇස්(පසැස්).

පඤ්චාංග, *n. pl.* (පඤ්ච අංග), five parts or constituents of anything, as five parts of the body which in worshipping must touch the ground, viz. the waist, elbows, knees, head and toes; five parts of a plant used medicinally, viz. root, bark, flowers, fruit and leaves.

පඤ්චාංග·තාලය, *n.* quintetto, පස්පංගුතාලය.

පඤ්චාංග·ගුප්තයා, *n.* one whose head and four legs may be withdrawn or concealed, viz. tortoise or turtle, කැස්බෑවා or ඉබ්බා.

පඤ්චාංගය, *n.* aggregate of five parts; ephemeric, almanac of solar and lunar days, of periods of asterisms &c.

පඤ්චාංගික, *a.* having five parts, composed of five portions, fivefold or five kinds, පස්වණක්, පස් ආකාර.

පඤ්චාංගික·තූර්ය·නාද, *n. pl.* the sounds of five kinds of musical instruments. For the instruments see පඤ්චතූර්යවාද්‍ය.

පඤ්චාංගුල, *a.* that measures five fingers. *Bot.*

පඤ්චාංගුලි, *a.* having five fingers or divisions, ඇඟිලි—කොටස—පහක් ඇති.

පඤ්චානන, *n.* the five-faced or large-faced one; the lion, සිංහයා; ap. of Siva who is sometimes represented as a silver coloured man with five faces.

පඤ්චානන්තර්ය·කර්ම, *n. pl. lit.* five intervalless deeds, viz. the five sins which are punished in the very next life: see ආනන්තර්යකර්ම.

පංචාභිඥා, *n. pl.* the five supernatural powers of Rahats: ඍද්ධිප්‍රභේදඥානය, knowledge of supernatural powers; දිව ඇස, divine eye, which sees objects at any distance; දිව්‍යකන, divine ear, which hears sounds at any distance; පරචිත්තවිජානනඥානය, knowledge of the hearts of others; පෙරජාති දැකීම, knowledge of past lives; see අභිඥාව.

පංචාමෘත, *n.* nectar of five, viz. a mixture of milk, curds, sugar, clarified butter and honey.

පංචායුධ, *n. pl.* five weapons of war: sword, spear, bow, battle-axe and shield.

පංචාලදේශය, *n.* name of a country in northern India.

පංචාශත්, *a.* fifty, පනස.

පංචාශුචි, *n. pl.* the five excrements: saliva, phlegm, mucus of the nose, fœces and urine.

පංචාස්‍යයා, *n.* (ආස්‍යය face), the five-faced or large-faced one, viz. the lion, සිංහයා.

පංචකෙළිය, *n.* game of fives, a kind of drafts played with five shells.

පංචපෙත, *n.* five-board, draft-board for the game of fives.

පංචේන්ද්‍රිය, පංචේන්ද්‍රියයෝ, *n. pl.* (පංච ඉන්ද්‍රිය), the five senses or the five organs of sense; *fig.* the five religious senses or powers: see පංච බල.

පංචෝපක්ලේශය, *n. pl.* (පංච උප:), five minor sins or lusts: see පංචක්ලේශය.

පඤ්ජරය, *n.* an aggregate, cluster, සංඝාතය; body, ශරීරය; frame, cage, කූඩුව.

පඤ්ජාව, *n.* register, සටහන; sp. Yama's (Pluto's) register or record of human actions.

පඤ්ජය, *n.* a ball or wisp of cotton for spinning thread; journal, register, දිනපොත, almanac, ලිත.

පඤ්ඤ, *n. mas.* Port., god-father, sponsor.

පඤ්ඤා, පඤ්ඤා, *n.* P., of ප්‍රඥා, wisdom.

පට, *a.* silk, silken, සේද. [silk.

පට, පටකඩ, පටරෙද්ද, පටපිළිය, *n.* silk cloth,

පට, *n.* fold, as: one fold, එකපටක්, two folds, දෙපටක් &c.; strand (of cord).

පටකාරයා, *n.* silk weaver, පටරෙදි වියන්නා.

පට·තම්භාවා, *v.* to plait, ගොතනවා.

පට·නූල්, *n.* silk thread.

පටන්, *post.* from, beginning from, since.

පටන්ගන්නවා, *v. t.* to begin, commence; *v. n.* පටන්ගැනීම.

පටන්ගැන්ම, පටන්ගැණිම, *n.* beginning, origin.

පටපට·ගානවා, *v.* to patter, make the sound පටපට, like rain &c.

පට·පණුවා, *n.* silkworm.

පට·පිළි·වෙළෙන්දා, *n.* silk-merchant, mercer.

පට·පුළුන්, *n.* silk floss.

පට·බඳිනවා, *v.* to bind or tie on a පට or band conferring a title or office, dub, give diploma; *pret.* පටබැන්ද.

පට·බැඳි·නම, පටබැඳිනාමය, *n.* title, diploma.

පට·බැඳි·නමැත්තා, *n.* (නම ඇත්තා), one who has a title or diploma, graduate of (university.)

පටබැන්ද, *n.* one on whom a title is conferred.

පටලආකාර, *a.* film-like, filmy, membraneous: see පටලය.

පටලනවා, *v. t.* to wrap around, entwine, entangle; *fig.* to confuse; *pret.* පටලැවා, පැටලුවා; *v. n.* පැටලීම.

පටලය, *n.* membrane, pellicle, film (over the eye) or coat of the eye; mark on the forehead; roof or thatch.

පටලවනවා, *v. t.* to twine, entangle, confuse, complicate, embroil, involve; *pret.* පැටලෙවුවා. [ment &c.

පටලැවිල්ල, *n.* *lit.* and *fig.* tangle, entangle-

පටලැවීම, *v. n.* of පටලවනවා and පටලැවෙනවා: entanglement &c.

පටලැවෙනවා, *v. i.* *lit.* and *fig.* to become entangled, confused &c.; *pret.* පටලැවුණා; *p. pl.* පටලැවී.

පටලිය, *n.* stalk, නැට්ට; shield, පලිහ.

පටවය, පටහය, *n.* kettle-drum, war-drum, පිත්තල දවුල, පටහබෙරය.

පටවනවා, *v. t.* to load (goods &c.); *pret.* පැටෙවුවා: *v. n.* පැටවීම.

පටවිය, *n.* For පඨවි: the earth, පොළොව

පටවුම, *n.* hiding one's self, සැඟවීම.

පටහල, *n.* a long drum: shield, පලිහ. [විරුද්ධ.

පට·හැණි, *a.* opposing, opposed, hostile, විරුද්ධ.

පට·හැණිය, *n.* E. fr. ප්‍රත්‍යනීක: opposing army, සතුරුසේනාව. [සතුරා.

පට·හැණියා, *n.* opponent, enemy, විරුද්ධකාරයා,

පට·හැණිවෙනවා, *v. i.* to oppose, විරුද්ධවෙනවා.

පටි, *prefix.* P. for ප්‍රති: before or against or again. [strap-, cloth- &c.

පටි, *n. pl.* or *a.* of පටිය: bands &c.; band-,

පටිකාව, *n.* coarse cloth, canvas, ගලරෙද්ද.

පටිග්ගහය, පටිග්ගහණය, *n.* P., acceptance, පිළිගැනීම; reserve of troops in the rear; approach of the sun to the moon's node.

පටිච්ඡන්න, *a.* (E. පිළිසුන්), P., covered, hidden, වැසුණු, සඟවාපු.

පටිජග්ගනදානය, *n.* P., gift of nourishment, the good deed of supporting.

පටිජග්ගනය, *n.* P., nourishing, bringing up, watching over, පෝෂණය කිරීම, ඇතිකිරීම, බලාගැනීම.

පටි·බාතුව, *n.* See පටිබාතුව.

පටිපන්න, *a.* known, understood, තේරුණ; determined, agreed; නියමවූ; walking, acting, හැසිරෙන.

පටිපාටි, පටිපාටික, *a.* methodical, පිළිවෙළකට එකඟවූ. [වෙළ.
පටිපාටිය, *n.* method, arrangement, order, පිළි
පටි·බඳිනවා, *v.* to tie bands on, girdle.
පටිභානය, *n.* (S. ප්‍රතිභාන), intellect, intelligence, sagaciousness, keen perception, genius, සිහිනුවණ.
පටිය, *n.* ribbon, band, girdle, belt, strap, rein, string (of shoe &c.). [සූදානම්වූ.
පටියත්ත, *a.* E. of ප්‍රතියත්ත: prepared, ready,
පටි·ලාභය, *n.* receiving again, reward, return, ලාභය, ඵලවිපාකය.
පටි·විරත, *a.* (පටි before, විරත stopped), separated, වෙන්වූ; stopped, ceased, නැවතුණු; abandoned, අත්අරිනලද.
පටි·විරතය, *n.* separation, වෙන්වීම; stopping &c., නැවතීම &c.; bindrance, බාධාව.
පටි·වුත්ත, *a.* P. of ප්‍රත්‍යුක්ත: replied, answered, උත්තරදෙනලද.
පටි·සංඛරණය, *n.* P. of ප්‍රතිසංස්කරණ: cleansing, renovating, අලුත්වැඩියා කිරීම.
පටි·සන්ථාරය, *n.* love, affection, ප්‍රේමය; kindness, කරුණාව; friendly greeting, ආචාරය.
පටි·සම්භිදාය, *n.* universal knowledge, ability to explain all terms of science and art, සියල්ල දත්කම.
පටි·සල්ලාණ, *a.* secluded, solitary, විවේක.
පටි·සල්ලාණය, *n.* solitude, privacy, විවේක—උදකලා—සවභාව.
පටි·සෝත·ගාමී, *a.* (සෝත fr. ස්‍රෝත), *lit.* and *fig.* going against the stream, difficult, අමාරු.
පටි·හාරය, *n.* doorway, දොරකඩ.
පටි·හාරයා, *n.* doorkeeper, දොරටුපාලයා.
පටි·ධාතුව, *n.* girdle-relic, viz. Buddha's girdle preserved by the gods.
පටීර, *n.* sandal wood, සඳුන්. [සැර.
පටු, *a.* narrow, strait; clever, සපන්; severe,
පටු, *n.* rock salt, සෛන්ධව ලුණු or ආකර ලුණු. Bot.
පටුකම, *n.* narrowness, straitness.
පටුකරනවා, *v. t.* to narrow.
පටුතර, *a.* very skilful, ඉතා සමර්ථ.
පටුත්වය, පටුතාව, *n.* skill, සමර්ථකම.
පටුන, *n.* index of a book; *pl.* පටුනු.
පටුනක්කාර, *a.* egotistic, boastful, අහංකාර, පාරට්ටුකාර. [කාරී.
පටුනක්කාරී, *n. fem.* boastful, woman, පාරට්ටු
පටුනු(ණු)·ගම, *n.* (T. පට්ටණම්, town), small town, නුවර.
පටුපාර, *n.* narrow road, cross-road.
පටුමා, *a.* clever, skilful, සමර්ථ.
පට්ටකාරයා, *n.* tailor, මැහුම්කාරයා.
පට්ටණය, *n.* town, city, නුවර.
පට්ටය, *n.* cloth in general, රෙදිජාති, කරද්ද; bandage, පටිය; turban, ඉසකඩ.

පට්ට·බන්ධ, පට්ට·බන්ධන, *n.* fillet, phylactery. E. S.
පට්ටම, *n.* tire (of a wheel); side of a body or space: as පස් පට්ටම්, five sides or five-sided.
පට්ටය, *n.* inner bark of a tree, fibre; *pl.* පට්ටා;
පට්ටයා, *n.* vile fellow, rascal, තක්කඩියා.
පට්ටලය, *n.* workshop, කම්හල.
පට්ටාණි·කඩල, *n.* pease or රටමෑ.
පට්ටා, *n.* red tōdha, bark of *symplocos racemosa*, used for dyeing.
පට්ටාව, *n.* ornament for the head, ඉසේ බැඳුම. girth, බඳපටිය. [herd, ගවරැළ.
පට්ටිය, *n.* cattle-fold, pen, enclosure, yard;
පට්ටෝඩම, *n.* a kind of ornament.
පඨනය, *n.* reading, reciting, කියවීම, කීම.
පඨනයකරනවා, *v. t.* to read, කියවනවා, recite, say, කියනවා.
පඨනීය, පඨිතව්‍ය, *a.* that should be read, readable, කියවිය යුතුවූ.
පඨම, *a.* P. of ප්‍රථම: first, former, පළමු.
පඨමජ්ඣානය, *n.* P. of ප්‍රථමධ්‍යානය.
පඨම·සංගීති·කථාව, *n.* (සංගීති rehearsal), history of the first rehearsal of the B. Scriptures. [tive (case).
පඨමා, *a.* P. of ප්‍රථමා: *gram.* first or nomina-
පඨවි, *n.* P. of පෘථිවි: the earth.
පඨවි·ධාතුව, *n.* one of the five elements, viz. the earth, පොළොව. See පඤ්චමහාභූතයෝ.
පඩ, *n.* breaking wind.
පඩඅරිනවා, *v.* to break wind.
පඩත්තලකම, *n.* post of captain or çommander, captaincy; *fig.* authority, influence.
පඩත්තලයා, *n.* warrior, hero, commander of an army, සේනාපතියා.
පඩවිකාරයා, *n.* bargeman, boatman.
පඩව්ව, *n.* barge, lighter.
පඩි·කනවා, *v.* to live on a salary, receive wages.
පඩිකඩ, *n.* sill, threshold.
පඩිකාර·නිලය, *n.* the Padikāra office, which involves the duty of providing accommodation for the Maldive ambassador and of purchasing presents for the Sultan at the expense of the Ceylon Government.
පඩිකාරයා, *n.* who receives wages, hireling, stipendiary.
පඩික්කම, *n.* spittoon; *pl.* පඩික්කම්.
පඩිනවා, *v.* to break wind; *pret.* පැඩුවා; *v. n.* පැඩීම.
පඩි·පෙළ, *n.* line or row of steps, flight of stairs, staircase, stairs.
පඩිමාව, *n.* plan, diagram.
පඩිය, *n.* step (of stairs), stair.
පඩිය, *n.* pay, wages, salary.
පඩියම, *n.* blue sapphire, නිල්කැටය.
පණ, *n.* E. of ප්‍රාණ: life, vitality.

පණ, *n.* a standard of money in cowries, viz. eighty cowries; wages, පඩි; wager, ඔට්ටුව; price, මිලය; hood of cobra, පෙණය.
පණ·අදිනවා, *v. lit.* to draw out life: gasp in dying.
පණ·කුර, *n.* (පණ අකුර), E. of ප්‍රාණාක්ෂරය: vowel; vowel letter.
පණගබ, *n.* hood-cavity, hollow of the cobra's head when raised.
පණ·ඝාතය, *n.* E. of ප්‍රාණඝාතය.
පණත, පනත, *n.* law, ordinance, statute.
පණත, *a.* E. of ප්‍රණත: bending, bent, bowed, නැමුණු.
පණ·තියනවා, *v.* to give vitality, viz. temper (iron); *pret.* පණතිබ්බා.
පණ·දරයා, *n.* cobra, නයා.
පණ·නලය, *n.* See ප්‍රාණවාතය.
පණ·නැති, *a.* lifeless, inanimate.
පණපිටින්, *ad.* alive, whilst alive. [puddle.
පණ·පොවනවා, *v.* to temper metals, anneal,
පණම, *n.* fanam, a coin of the value of three half pence. [මැරෙනවා.
පණයනවා, *v. i. lit.* life goes, to die, expire,
පණයම, *n.* hire of or gift to a harlot.
පණර, *n.* fifteenth day of the lunar month, පසළොස්වක.
පණ·රද, *n.* serpent-king: ap. of අනන්තයා: see නාගරාජයා; also ap. of රාහු.
පණව, *n.* small drum, අතත.
පණවනවා, පනවනවා, *v. t.* to enact, pass, institute (laws &c.); place, set, erect, (a seat); *pret.* පැණෙවුවා; *v. n.* පැණවීම.
පණවමී, *n.* harlot, වෙසඟන.
පණස(හ), පණස් &c.: see පනස &c.
පණහා, *ad.* See පාහා. [lot.
පණංගනාව, *n.* (පණ hire, අංග: woman), har-
පණයාව, *n.* business, traffic, වැඩපල, ගනුදෙනුව.
පණපිණකාරයා, *n.* one who makes a compact, contractor, කොන්ත්‍රාත්කාරයා. [තුව.
පණපිණය, *n.* compact, contract, කොන්ත්‍රා
පණැති, *a.* (පණ ඇති), having life, living; පණැති සතා, living.
පණිතව්‍ය, *a.* saleable, vendible, to be sold, විකිණෙන. E. S. [see පණිරද.
පණිඳු, *n.* (පණි serpent, ඉඳු lord), cobra, නයා:
පණියා, *n.* serpent, සර්පයා, cobra.
පණිවාකරනවා, *v. t.* to take life, kill, ප්‍රාණඝාතකරනවා. [කේලම.
පණිවාය, *n.* taking life, ප්‍රාණඝාතය; slander,
පණිවිඩකාරකම, පණිවිඩපන්නය, *n.* mission or employment of a messenger, message-service.
පණිවිඩකාරයා, *n.* messenger; headman of inferior rank.
පණිවි(වු)ඩය, *n.* message, errand, mission.

පණිත, *a.* P. of ප්‍රණිත.
පණු, *a.* pert. to worms, worm- (medicine).
පණු·කැවිල්ල, *n.* worm-disease of the skin, ringworm, lichen.
පණු·ගාය, *n.* See පණුරෝගය.
පණුකිරවා, *n.* parrakeet, paroquet.
පණු·ගෙඩිය, *n.* gumboil.
පණු·දිය, *n.* slaver, excessive saliva of children, supposed to arise from worms.
පණුපලගා, *n.* a sort of grasshopper.
පණු·බෙහෙත්, *n.* worm medicine, vermifuge.
පණු·බෝවීම, *v. n.* vermination.
පණුර, *n.* obscurity; small shrine; casket.
පණු·රෝගය, *n.* worm disease, invermination.
පණුවා, *n.* worm; maggot.
පණුවන්·දමනවා, *v.* to generate or produce worms (in a sore). [thelmintic.
පණුවන්·නස්නා, *v. adj.* worm-destroying, an-
පණු·හොරි, *n. pl.* itch, itch scabs or spots.
පණෙනි, *n. voc.* of පණ: O (my) life: a term of affection, as, darling. [catamite.
පණ්ඩකයා, පණ්ඩයා, *n.* eunuch, නපුංසකයා;
පණ්ඩාව, *n.* wisdom, ප්‍රඥාව; science, ශාස්ත්‍රය.
පණ්ඩිත, *a.* learned, erudite, scholarly, literary.
පණ්ඩිතකම, පණ්ඩිතත්වය, පාණ්ඩිත්‍යය, *n.* scholarship, learning or learnedness.
පණ්ඩිත·ගෝචර, *a.* scholarly, accordant with scholarship, පණ්ඩිතයන්ට සුදුසු [tic.
පණ්ඩිත·මානි, *a.* (මානි proud), scholastic, pedan-
පණ්ඩිත·මානිතාව, *n.* pedantry.
පණ්ඩිත·මානියා, පණ්ඩිතම්මන්‍යයා, *n.* one who thinks himself learned, pedant.
පණ්ඩිතයා, *n.* pandit, scholar, litterateur.
පණ්ඩිත·ශාස්ත්‍ර, *n. pl.* the learned sciences, humanities.
පණ්ඩිතාචාර්ය, පණ්ඩිතෝත්තම, *a.* (·ආචාර්ය, උත්තම), the learned-, Doctor or Professor (so and so).
පණ්‍ය, *a.* venal, vendible, saleable, මිලේට ගත හැකිවූ, අල්ලස් ගන්නා.
පණ්‍යතාව, *n.* venality, අල්ලස් ගන්නා සවභාව.
පණ්‍ය·මූල්‍යය, *n.* price, worth, මිලගණන, වටිනාකම.
පණ්‍ය·වීථිකාව, *n.* a market street or place, bazaar, කඩය, කඩේ. [කඩය.
පණ්‍ය·ශාලාව, *n.* sale-room, shop, සාප්පුව,
පණ්‍ය·ස්ත්‍රී, පණ්‍යාංගනාව, *n.* See පණංගනාව.
පණ්‍යාජීවයා, *n.* trader, merchant, වෙළෙන්දා.
පඬර, *n.* white colour, සුදුපාට; white lotus, සුදුනෙළුම; name of a species of elephant.
පඬි, *a.* See පණ්ඩිත.
පඬිවරයා, *n.* pandit, පණ්ඩිතයා; *pl.* පඬිවරු, පඬිවරයෝ.
පඬු, *n.* saffron-coloured dye, කහපාට සායම.
පඬු, *a.* pale or yellowish, සුදුමැලි.

පඬු·ඇඹුලසුන, *n.* (අසුන throne), ap. of the throne of Sakra: see පාණ්ඩුකම්බල ශෛලාසනය. [සනය.

පඬුපුල්·සලසුන, *n.* (සල් අසුන): The same, ශක්‍ර

පඬුර, *n.* offering, present, තෑග්ග; tribute, revenue, ආදායම; *pl.* පඬුරු.

පඬුරු, *a.* white, සුදු; learned, පණ්ඩිත.

පඬුරු·මිල, *n.* money-offering; a fine, දඩමුදල.

පඬු·රෙද්ද, *n.* yellow cloth; yellow robe of B. P., සිවුර.

පඬු·වන්, *a.* pale yellow, මදක් කහපාට ඇති; pale, sallow, සුදුමැලි. [සෙලනෙළුම.

පෙඬර, *n.* white colour, සුදුපාට; white lotus,

පෙඬරඟ, *n.* (පෙඬර අඟ), ap. of Siva, the colour of whose body is a pale yellow or like the white lotus.

පත, *n.* E. of පත්‍රය: leaf of a tree or book or metal &c., කොළය; printed or written sheet; newspaper; wing, පියාපත; a measure equal to half a pint or one fourth of the නැළිය.

පතන, *a.* falling, වැටෙන.

පතනය, *n.* what falls, වැටෙන දේ; astronomical table, නක්ෂත්‍රලින.

පත·කඩය, *n.* large stake sharpened for digging, digging-stake. [ලෝ.

පත·ග(ග), *n.* (පත wing, ග going), bird, කුරුල්

පතඟ, *n.* Saturn, සෙනසුරු; sun, ඉර.

පතඟි: See *Bot.*

පතංග, *n.* a sort of rice; quicksilver, රසදිය.

පතං·ගමියා, *n.* grasshopper, තණකොළවා; bird.

පතං·ගයා, *n.* The same; *also* sun, ඉර.

පතංගි·කාවා, *n.* a sort of bee.

පතජලි, *n.* (පත fallen, අජලි hands joined for respect or devotion), name of a sage, the author of the Patanjali or Yoga philosophy, who is said to have fallen from heaven into the hands of Pānini whilst engaged in devotion; also the name of the author of Mahābhāshya or commentary of Pānini, and of the Charaka, a medical work; also ap. of the poet Vararuchi.

පතන, *a.* falling, වැටෙන.

පතන, *n.* city, නුවර.

පතනය, *n.* fall, falling, වැටීම; latitude of a planet; down or hillock.

පතනවා, *v.* to hope, wish, aspire to; *pret.* පැතුවා; *v. n.* පැතීම.

පතයා, *n. mas.* stout man, bulky animal.

පතයාලු, *a.* falling, liable to fall, වැටෙනසුලු.

පතර, *a.* great, large, මහත්, විශාල; diffused &c.: see පතළ.

පතර, *n.* multitude, සමූහය; leaf or petal, පත්‍රය; blade, තලය; sword, කඩුපත.

පතරකුරු, *n.* slave, servant, දාසයා; *pl.* පතරකුරුහු.

පතරෙස්(එක), *n.* cartridge; *pl.* පතරෙස්. E.S.

පතල, පතය, පතන, *n.* cavity, pit, වළ; mine; *pl.* පතල්, පතන්.

පතඟයා, *n.* bird, කුරුල්ලා; the moon, සඳ.

පතළ, *a.* diffused, spread abroad, public, ප්‍රසිද්ධ.

පතළකරනවා, *v. t.* to diffuse, promulgate, publish. [ප්‍රසිද්ධවූ.

පතළාවූ, *a.* dffused, disseminated, world-wide,

පතා, *p. pl.* of පතනවා.

පතා, *ad.* or *adj. suf.* denoting recurrence, as දවස්පතා, daily, මස්පතා, monthly.

පතාක, පතාකය, *n.* flag, banner, කොඩිය, three-cornered flag, තුන්හුලස් කොඩිය; sign, ලකුණ.

පතාකියා, *n.* flag-bearer, ensign, කොඩිකාරයා.

පතාගය, *n.* rix-dollar or five silvers, රිදීපන, about one shilling and six pence.

පතාපය, *n.* E. of ප්‍රතාපය.

පතාපනය, *n.* E. of ප්‍රතාපනය.

පතාන්, *n. pl.* pits: see පතල &c. [සවාමිපුරුෂ.

පති, *a.* pert. to a master or husband, සවාමි-,

පති·කුලය, *n.* husband's caste or kindred, පුරුෂයාගේ කුලය.

පතිකාව, *n.* P. of ප්‍රතිකාව: attendance, help &c., පිහිටවාධාරය.

පතිත, *a.* fallen, වැටුණු; alighted (of flies &c.), වැසූ; fallen in war or from virtue. [නවා.

පතිතවෙනවා, *v. i.* to fall &c., වැටෙනවා, වහ

පති·දම, *n.* E. of පතිධර්මය: law of duty towards the husband, viz. wife's duty of fidelity.

පතිනී, *n.* faithful wife, විශ්වාස භාර්යාව.

පතිනී·දම, *n.* law or duty of a faithful wife.

පති·බඳ, *a.* P. of ප්‍රතිබද්ධ: bound to, connected with &c., බැඳි, පිළිබඳ.

පති·බන්ධය, *a.* connection, attachment, affection, බැඳුම, ඇලුම්කම.

පති·මණ්ඩිත, *a.* P. of ප්‍රතිමණ්ඩිත.

පතිම්වරාව, *n.* (පතිම් acc. of පති husband, වර chooser), woman who chooses a husband.

පතියා, *n.* master, husband, සවාමියා, සවාමිපුරුෂයා, owner, අයිතිකාරයා.

පති·රජ, පති·රජයා, *n.* (පති E. of ප්‍රති sub, vice), regent, viceroy.

පති·රජකම, *n.* regency, viceroyalty.

පති·රණයා, *n.* chief of lascars under a native headman. [ගම්දෙටුවා.

පතිරත්නෑගේ, *n.* headman or chief of a village

පති·වත·දම, *n.* E. of පතිව්‍රතා ධර්මය: see පතිදම.

පති·වරාව, *n.* P. of පතිම්වරාව.

පති·ව්‍රතා, *a.* (පති husband, ව්‍රතා vow), chaste and faithful (wife), විශ්වාසවූ. [(of a wife).

පති·ව්‍රතා·බව, ·භාවය, *n.* chastity, faithfulness

පති·ව්‍රතාව, *n.* See පතිනී.

පති·ව්‍රතා·ධර්මය, *n.* See පතිදම.

පතිසල්ලාණ, *a.* solitary, secluded, උදකලාවූ.
පතිසල්ලාණතාව, *n.* solitariness, seclusion, උදකලා ගතිය.
පතු, *n. pl.* of පත්ත.
පතුන්, *n.* request, asking, beseeching, ප්‍රාර්ථනාව, ඉල්ලීම; road, මඟ.
පතුර, *a.* See පතල. [පතුරු.
පතුර, *n.* chip, fragment, splinter, shingle; *pl.*
පතුරවනවා, *v. t.* See පතුරුවනවා.
පතුරු·ගහනවා, *v.* to chip, splinter, cut off chips.
පතුරු·ගැලෙනවා, *v. i.* to chip, splinter, crack or peel off in chips. [ලෑලි බිම.
පතුරු·තලය, *n.* boarded or wooden floor, (ලී)
පතුරුවනවා, *v. t.* to spread abroad, publish &c.: see පතලකරනවා; *pret.* පැතිරෙවුවා; *v. n.* පැතිරවීම.
පතුරු·සෙවිලිකරනවා, *v.* to shingle, cover a roof with shingles.
පතුරුසෙවිල්ල, *n.* shingle roof, shingling.
පතුල, *n.* sole of the foot &c., bottom of a well or vessel &c.; *pl.* පතුල්.
පතුලි(ලු), *a.* wide, great, විශාල, මහත්.
පතු·වගල, *v. adj.* (වගල for වතුළ fr. වතුරනවා), [palm tree] of which the branches or stipes have fallen, පිතිගැලවුණ (ගස).
පත්, *n. pl.* of පත: leaves &c.
පත්, පත්වූ, *a.* arrived at, attained to, ප්‍රාප්ත; appointed, නියමවූ.
පත්·අංකුට්ටා, *n.* a kind of river fish.
පත්·අඩුව, *n.* nippers, small pincers, pliers.
පත්·ඉර, *n.* line or score on jak fruit; *pl.* පත් ඉරි.
පත්·ඉරු·පිටක්, *n.* page of a leaf.
පත්·ඉරුව, *n.* leaf of an ola book; *pl.* පත්ඉරු.
පත්·කවිල්ලා, *n.* a very small kind of river fish.
පත්·කට්ටුව, *n.* (කට්ටුව bundle), set of eight or sixteen ola leaves marked alphabetically from ක, කා &c. through all the vowels and ending with කං and කඃ.
පත්·කඩ, *n.* (පත් leaves or leaf, කඩ), cloth or skin on which B. P. prostrates himself for worship or on which he sits for religious ceremonies.
පත්·කරණය, *n.* written legal deed or instrument, ඔප්පුව.
පත්කරනවා, *v. t.* to appoint, ordain.
පත්·කුඩය, *n.* leaf umbrella, තලපත.
පත්කොකොල, *n.* lance, spear, හෙල්ලය.
පත්කොල, *n. pl.* leaves, the same as කොළ.
පත්ගහනවා, *v.* (පත් leaf, fan), to wave a fan, to fan.
පත්ත, *n.* stake, stick, dibble; board; *pl.* පතු.
පත්තක්කා (ගෙඩි &c.), *n.* water-melon.
පත්තන, *n.* town, city, නුවර; drum.

පත්ත·නික්කුජ්ජන·කම්මය, *n.* act of inverting the bowl, done by B. P. when he refuses offered alms.
පත්ත·පිණ්ඩිකාංගය, *n.* (පත්ත bowl, පිණ්ඩික rice-eating, අංගය section or ordinance) ordinance which enjoins on B. P. to take food only on one platter.
පත්තය, *n.* P. of පාත්‍රය.
පත්තායම, *n.* bin, garner, granary.
පත්තාරය, *n.* plank attached to boat.
පත්තෑයා, *n.* centipede. [වෑයා.
පත්තිකයා, පත්තියා, *n.* foot-soldier, පාබල සෙන්
පත්ති·දානය, *n.* the giving of merit by one who acquired it to another person.
පත්තිනිදේවි, *n.* goddess so called, she is of great celebrity and is chiefly invoked in cases of small-pox.
පත්තිනි, *n.* T., see පත්ති.
පත්තිය, *n.* going, යාම; infantry, පාබලසේනාව.
පත්තියම, *n.* diet, regimen.
පත්තියම්, *a.* dietary, dietetic. E. S.
පත්තියම්·අල්ලනවා, *v.* to observe or adhere to a prescribed diet. [on sick diet.
පත්තියම්·වෙනවා, *v. i.* to diet one's self, to be
පත්තිරිප්පුව, *n.* palace, රජගෙදර; royal dais.
පත්තුකරනවා, *v. t.* to kindle, ignite.
පත්තුව, *n.* a division of a කෝරළය or country; medicament, බෙහෙත, පිළියම.
පත්තුවෙනවා, *v. i.* to take fire, ignite; burn away, දැවෙනවා.
පත්ති, *n.* See පතිනි.
පත්·පැණි, *n.* (පත් leaves), thick syrup (wrapped in arecanut leaves), උකුපැණි.
පත්·බානවා, *v.* to patch (mat or roof) with rushes &c.
පත්‍ර, *n, pl.* or *a.* leaves &c.; leaf-, foliaceous.
පත්‍රකා·හලාව, *n.* rustling or flapping noise of leaves or wings.
පත්‍රච්ඡේදකය, *n.* saw, කියත. [මතුපිට.
පත්‍ර·තලය, *n.* surface of a leaf, pagina, කොළය
පත්‍ර·ධාරී, *a.* leaf-bearing, foliferous, කොළදරන.
පත්‍ර·නාඩිකාව, *n.* vein of a leaf, leaf-vein.
පත්‍ර·පශාව, *n.* ornament on the forehead, consisting of gold-leaf or painted mark.
පත්‍ර·පීත·ද්‍රව්‍ය, පත්‍ර·පීතය, *n.* xanthophyll.
පත්‍ර·පුටය, *n.* cup made of a leaf, leaf-cup, කොළ ගොටුව.
පත්‍ර·බාහුල්‍ය, *a.* leafy, කොළ බහුල.
පත්‍ර·බාහුල්‍යය, *n.* leafiness.
පත්‍ර·භංගය, *n.* perfuming with sandal, musk &c.; mace, වසාවාසි.
පත්‍රිකා, *n.* mace, වසාවාසි.
පත්‍රය, *n.* leaf of a tree or book, written or printed sheet, කොළය; any thin sheet; note, epistle, ලියුම.

පත්‍ර·යානයා, *n.* (පත්‍ර wings, යාන vehicle), bird, කුරුල්ලා. [of pages.
පත්‍ර·රඤ්ජනය, *n.* ornamentation or illumination
පත්‍රලේඛාව, *n.* decorating or perfuming the person: see පත්‍රභංගය.
පත්‍ර·වෘන්තජ, *a.* petiolar. E. S.
පත්‍ර·වෘන්තය, *n.* petiole, leaf-stalk, කොළනටුව.
පත්‍ර·ශිලාව, *n.* schist, laminated stone or rock, තහඩු ගල.
පත්‍ර·ඵලාව, *n.* space between the shoulders.
පත්‍රාකාර, *a.* leaflike, foliated, laminated; *geol.* schistic. [පිටුවේ නොම්මරය.
පත්‍රාංකය, *n.* (·අංකය), number of the page,
පත්‍රාංකය·ලියනවා, *v.* to page, write the numbers of the pages.
පත්‍රාංගුලිය, *n.* painting the forehead, neck &c. with sandal, saffron &c.
පත්‍රාංජනය, *n.* ink or resinous oil prepared from sandarac to stain the writing engraved with the style on the පුස්කොළ or ola leaves, දුම්මල තෙල්. [phleteer.
පත්‍රිකා·කාරයා, *n.* writer of tracts &c., pam-
පත්‍රිකාව, *n.* leaf, leaflet (of book), tract, pamphlet; letter, ලියුම. [සේද.
පත්‍රෝර්ණ, *n.* (පත්‍ර ඌර්ණ), silk cloth, පටරෙදි,
පත්ල, *n.* See පතුල.
පත්වූ, *a.* ordained, appointed to (office &c.).
පත්වෙනවා, *v. i.* to become or be appointed.
පත්·සලනවා, *v.* to shake the fan or fans, viz. to fan; winnow, පොළනවා.
පථය, *n.* road, path, පාර, මග.
පථිකයා, *n.* traveller, මගියා, ගමන්යන්නා.
පථ්‍ය, *a.* proper, suitable or wholesome (food, sp. for the sick), සුදුසු. [diet).
පථ්‍යාපථ්‍ය, *a.* suitable and unsuitable &c. (food,
පථ්‍යාහාරය, *n.* suitable food (for the sick).
පථ්‍යාහාර·ශාස්ත්‍රය, *n.* science of diet. dietetics.
පදක්කම, *n.* medal.
පදක්කම් ශිල්පය, *n.* medallurgy.
පදක්ෂිණය, *n.* P. of ප්‍රදක්ෂිණාව.
පද·ගතාර්ථ, පදාර්ථ, *a.* literal. E. S.
පද·ගතාර්ථතාව, පදාර්ථතාව, *n.* literalness.
පද·ගතාර්ථය, *n.* the literal meaning.
පදඟිල්ල, *n.* (පද foot, ඇඟිල්ල digit), toe, පදඟිල්ල.
පද·ච්ඡේදය, *n.* (See පදභජනය), resolving a sentence into its elementary parts; parsing.
පදන, *n.* gift, තෑග්ග; temper (of metals &c.), මිශ්‍රගතිය, ලෝහවල ගතිය; meditation or religious abstraction, ධ්‍යානය.
පදනම, *n.* foundation; plinth; buttress.
පදන්·ගේ, *n.* meditation-house, house in which monks practise religious abstraction.
පදපරමයා, *n.* a person incapable of sacred studies, through demerit &c.

පද·පාතය, *n.* footfall, step, pace, අඩිය.
පදපූරණය, *n.* what completes the sentence or passage, expletive, වැඩිපුර වචනයක්.
පද·පෙරළිය, *n.* transposition, metathesis.
පද·බන්ධනය, *n.* composition of verses; poetical composition.
පදබරණය, *n.* E. of පාදාභරණය. [poetry.
පද·බැඳීම, *v. n.* of පදබඳිනවා: composition of
පදබෙදනවා, *v.* to parse, පද විභාගදක්වනවා.
පද·භජනය, පද·භජය, *n.* resolution of compound words or of sentences, derivation, etymology.
පද·භජනාකාර, *a.* etymological. [තෝම්බුව.
පද·භජිකාව, *n.* calendar, ලිත; register, record,
පද·ඡේදනය, *n.* division of sentences, punctuation. E. S. [තරම.
පදම, *n.* degree, quantity, proportion: see
පදම්කරනවා, *v. t.* to tan, season, render firm.
පදම්·තටාකය, *n.* tan-pit, tan-vat, පදම්වළ.
පදය, *n.* foot, පාදය; footstep, අඩිය; footprint, අඩිලකුණ; word, වචනය; sentence, verse, වාක්‍යය; place, ඉඩම; a name of Nirvāna.
පදරය, *n.* slab or plank, ලෑල්ල; break, breach, කැඩුම; cavern, ගුහාව; chasm, විවරය.
පද ලස, *n.* (ලස for ලකුණ), footprint, අඩිලකුණ.
පද·වාරය, *n.* stop or rest or turn in reading; measuring by the feet, pacing.
පදවික්ෂේපය, *n.* pacing, stepping, අඩිතැබීම.
පදවි·දෙනවා, *v. t.* to give in marriage, සරණපාවාදෙනවා; to confer rank or office, තනතුරදෙනවා.
පද·විඥාව, *n.* knowledge of words, etymology.
පදවිය, *n.* road, path, පාර, ගම; office, employment, rank, තනතුර.
පද·විවරණය, *n.* explanation of passages, exposition, exegesis.
පද·විතිහාරය, *n.* benefit of a pilgrimage.
පද·සිද්ධිය, *n.* word-formation, derivation, etymology.
පද·හරය, *n.* foot-ornament, පාදාභරණය.
පදාකාර, *a.* according to the text, textual.
පදානය, *n.* P. of ප්‍රදානය.
පදාහාරය, *n.* See පදවිතිහාරය.
පදාර්ථ, *a.* verbal, literal.
පදාර්ථය, *n.* meaning of a word or sentence; concept; category or class.
පදාඟිල්ල, *n.* foot-digit, viz. toe, පයේ ඇඟිල්ල.
පදික, *a.* infantry-, foot, (soldiers).
පදිංචි, පදිංචිකාර, *a.* resident, residing.
පදිංචිකරනවා, *v. t.* to register or enter (in a book).
පදිංචිකරවනවා, *v. t.* to cause to dwell, settle (anyone in a place).
පදිංචිකාරයා, *n.* inhabitant, resident.

පදිංචිය, *n.* habitation, dwelling.
පදිංචිවෙනවා, *v. i.* to dwell, reside.
පදිනවා, *v. t.* to paddle, row, (a boat); drive (a carriage); swing to and fro; *pret.* පැද්දා; *p. pl.* පැද; *v. n.* පැදීම. [sidence.
පදිංචිම, *n.* settling, planting, implanting; re-
පදිංචිකරනවා, *v. t.* to settle, or cause to reside; fix, enter (in a book); implant (in the mind).
පදිරිඤ්ඤු, *n.* Port., godfather, ඉස අත්තබහ පියා; *pl.* පදිරිඤ්ඤුවරු.
පදුම, *n.* a number, viz. 1 followed by 119 ciphers or more than the twenty-first power of a million; name of a hell.
පදුම·රාගය, *n.* P. of පද්මරාගය.
පදුල, *a.* very bright, brilliant, ඉතා දීප්තිමත්.
පදුවා, *n.* man of the caste so called, who attends to elephants, carry palanquins and do other servile work.
පද්දනවා, *v. t.* to rock to and fro, swing; *pret.* පැද්දුවා; *v. n.* පැද්දීම.
පද්දවනවා, *v. t.* to propel (by rotary motion or other force); make to oscillate, sway; *pret.* පැද්දෙවුවා; *v. n.* පැද්දවීම.
පද්ම, *a.* pert. to the lotus, lotus-, නෙළුම්, මානෙල්; also *n. pl.*
පද්ම, පද්මක, *n. pl.* spots on an elephant's face and trunk. [බීජකෝෂය.
පද්ම·කර්ණිකාව, *n.* pericarp of a lotus, නෙළුම්
පද්මකා, *n.* a kind of drug, වැල්මීදට.
පද්ම·කාෂ්ඨ, *n. lit.* lotus wood; fragrant wood used as a cooling and tonic medicine.
පද්ම·කේසරය, *n.* lotus filament. See Bot.
පද්ම·ගන්ධි, *a.* lotus scented, smelling like a lotus, මානෙල් සුවඳ ඇති.
පද්ම·ගර්භය, *n.* lotus-womb: ap. of Brahma as born from the lotus which sprang from Vishnu's navel.
පද්ම·නාභි, *n.* lotus-navel: ap. of Vishnu in allusion to the above fable.
පද්ම·නාලය, *n.* lotus-stalk, නෙළුම් නටුව.
පද්ම·පාණි, *n.* lotus-hand: ap. of Brahma බ්‍රහ්ම යා; and of the sun, ඉර.
පද්ම·බන්ධය, *n.* lotus-verse or poem: verse arranged in the form of a lotus.
පද්ම·බන්ධු, *n.* friend of the lotus, viz. the bee, මීමැස්සා; sun.
පද්ම·භූ, *n.* ap. of Brahma as owing his being (භූ) to Vishnu's lotus.
පද්මය, *n.* water-lily, lotus, නෙළුම්, මානෙල්, (මල &c.); a treasure, ap. one of Kuvéra's නිධාන, වස්තුව; ten billions; ap. of Rāma, රාමා.
පද්ම·යෝනි, *n.* lotus-born: ap. of Brahma.
පද්ම·රාගය, *n.* ruby, රතුමැණික.
පද්ම·රේඛාව, *n.* lotus-line, viz. line on the palm of the hand indicating wealth.

පද්ම·රේණු, *n. pl.* lotus-pollen, මානෙල් රොන්.
පද්ම·ලාඤ්ඡන, *n.* lotus-marked one: ap. of a king, රජ; of කුවේර and බ්‍රහ්ම; of the sun, ඉර.
පද්ම·සම්බෝධ, *n.* lotus-expander, viz. the sun.
පද්මා, *n. fem.* ap. of ලක්ෂ්මී and මනසා; female serpent, සර්පිණී; safflower. [deep pond.
පද්මාකරය, *n.* lotus-mine, viz. lotus-pond, large
පද්මාචරයා, *n.* lotus-frequenter, viz. the bee මී මැස්සා.
පද්මාලය, *n.* lotus-mansion: ap. of ලක්ෂ්මී.
පද්මාවතී, *n.* name of a river; ap. of the snake-goddess, මනසා.
පද්මාසන, *n.* lotus-throne or lotus-like throne: ap. of Brahma as having a lotus for his throne when born; posture of ascetics engaged in meditation.
පද්මිනී, *n.* lotus; lotus-place or multitude of lotuses; a fine woman. [the sun.
පද්මිනී·වල්ලභ, *n.* friend of the lotus: ap. of
පද්මියා, *n.* elephant, අලියා. [first kalpas.
පද්මෝත්තර, *n.* name of a Buddha of one of the
පද්මෝත්තරය, *n.* (පද්ම, උත්තර excellence), safflower, කසාමල.
පද්‍ය, *a.* pert. to poetry, metrical, කාව්‍ය; pert. to the feet, පාද-.
පද්‍ය·බන්ධනය, පද්‍ය·රචනාව, *n.* poetical composition, poetry, poem.
පද්‍ය·බන්ධන·ශාස්ත්‍රය, පද්‍ය·විද්‍යාව, *n.* science of poetry, prosody. [ness, දුෂ්ටකම.
පද්‍යය, *n.* poetry, verse, කාව්‍යය, කවිය; wicked-
පද්‍ය·විද්‍ය, පද්‍ය·විද්‍යාකාර, *a.* pert. to prosody, prosodial. [prosodist.
පද්‍ය·විද්‍යාකාරයා, පද්‍ය·ශාස්ත්‍ර·ඥයා, *n.* prosodian,
පදව්‍යුත්පත්තිය, *n.* (පද, උත්පත්:), derivation of words, etymology.
පදව්‍යුත්පත්ති·විධිය, *n. gram.* etymology.
පදව්‍යුත්පත්ති·ශාස්ත්‍ර·ඥයා, *n.* etymologist.
පධාන, *a.* P. of ප්‍රධාන; chief &c.
පන, *ad.* E. of පනඃ: again, නැවත.
පන, *n.* froth, foam, පෙන.
පනකුව, *n.* road, path, පාර, මග.
පනදරයා, පනයා, *n.* carpenter, වඩුවා.
පනද, *n.* second day of the moon; the following day, පසුවද.
පනපල, *n.* kindness, mercy, කරුණාව.
පනම, *n.* fanam, money equal to six cents.
පනම්·බලත්තා, *n.* cashier, සරප්පු.
පනයරයා, *n.* mat-weaver, පන්කරුවා.
පනර, *n.* gift, තෑග්ග, පඩුර.
පනවරයා, *n.* See පනදරයා; *also* camel, ඔටුවා.
පනස, පනහ, *n.* fifty; *adj.* පනස්.
පනස, පනා, *a.* jak (tree &c.), කොස්.
පනස්වෙනි, *a.* fiftieth.
පනහා, *post.* See පාහා.
පනතෙලිය, *n.* firebrand, පෙනෙල්ල.

පනා, *n.* jak (tree), කොස්. (Spelt also පණා.)
පනා·කටුව, *n.* broken comb, comb-stump.
පනා·කැවුම, *n.* a kind of cake shaped like a comb. [the hair.
පනා·ගහනවා, *v.* to stick a comb or combs in
පනා·දැති·ආකාර, *a.* pectinate, pectinated.
පනා·දත්ත, *n.* tooth of a comb.
පනා·පතුර, *n.* jak-fruit bud.
පනා·පිට, *ad.* before, in the presence of, as ඇස් පනාපිට, before one's eyes. [tree.
පනා·පුෂ්ප, පනා·මල, *n.* bud or flower of jak
පනා·පුප්ප, *n.* young or immature jak-fruit.
පනා·මැම්ම, *n.* retaining wall.
පනා·බෙරය, *n.* a sort of drum. [*erumei.*
පනා·මැඩියා, *n.* a kind of sole fish, *psettodes*
පනාටුව, *n.* toddy, liquor from the flower of the coconut tree, රා.
පනාව, *n.* comb: see අඩසඳ පනාව, හැමි පනාව, රැල් පනාව and පිරකපනාව.
පනික්කලයා, *n.* drummer, tomtom beater.
පනික්කයා, පනික්කියා, *n.* barber; elephant keeper; a chief of a low caste.
පනිනා·කබල්ල, *n.* jumping style (in a fence &c.).
පනිනා·කරවලා, *n.* jumping snake, variety of *bangarus Ceylonicus.*
පනිනා·පොළඟා, *n.* jumping polonga, a variety of *trimeresurus trigonocephalus.*
පනිනවා, *v.* to jump, leap, spring, bound; *pret.* පැන්නා; *p. pl.* පැන; *v. n.* පැනීම.
පනේලය, *n.* Eng., panel.
පන්, *a.* leaf-, sp. rush-: පන්ගහක්, rush plant.
පන්, *n. pl.* of the same: rushes, bulrushes; strength, power.
පන්·අදිනවා, *v.* to draw rushes or strips of coconut leaves tied to a rope in order to drive fishes into nets; to mend or decorate rush mats.
පන්කරුවා, *n.* mat-weaver.
පන්තිය, *n.* E. of පංක්තිය.
පන්දම, *n.* torch, flambeau, a light, as a candle &c. [lier.
පන්දම්·වැල්ල, *n.* cluster of lights; viz chande-
පන්දරැල්ලා, *n.* See කලපරන්දැල්ලා.
පන්දල, *n.* bower, frame of sticks for vines or creeper.
පන්දලම, *n.* shed, bower, frame for shade.
පන්දු·සෙල්ලම, *n.* ball-play, cricket.
පන්දු·ගහනවා, *v.* to strike or throw the ball, to bat.
පන්දු·පිටිය, *n.* ball-ground, cricket-ground.
පන්දු·පිත්ත, *n.* bat with which to strike a ball.
පන්දු·පොරය, *n.* cricket-match. [or thread.
පන්දුව, *n.* ball for playing with; coil of coir
පන්නා·ගයා, *n.* (පන්න fallen, ග going), one that goes prostrate, viz. serpent, සර්පයා.

පන්නනවා, පන්වනවා, *v. t.* to drive away, expel; *pret.* පැන්නුවා; *v. n.* පැන්වීම.
පන්නම, *n.* weaving, plaiting; combing (of cotton or wool).
පන්නය, *n.* article, apparatus, tackle; handicraft; *pl.* පන්න, set of articles or tools, instruments.
පන්නයා, *n.* grass-cutter; elephant driver.
පන්නරය, *n.* temper of metal.
පන්නවනවා, *v. t.* to drive away; drive along, run (a horse &c. in a race); drive or start (game &c.); *pret.* පැන්නෙවුවා; *v. n.* පැන්න
පන්නාවා, *n.* a kind of sea fish. [වීම.
පන්·පැදුර, *n.* rush-mat.
පන්·පෙට්ටිය, *n.* flag-basket.
පන්·බඩ එළිය, *n.* rush-light.
පන්වනවා, *v. t.* See පන්නනවා.
පන්වා, *n.* serpent, සර්පයා; නාගයා or inhabitant of the Nāga world.
පන්විල, *n.* marsh of rushes, bulrush swamp.
පන්·සල, *n. lit.* leaf-hall: according to B. it should be a mere shelter made of interwoven boughs, but is now applied to any B. P.'s house attached to a temple: hermitage, monastery.
පන්·සාලිස, *n.* forty-five, හතලිස්පහ.
පන්·සිල්, *n. pl.* E. of පංචසීල.
පන්·සිළු, *n.* See පංචසිඛ දිව්‍යපුත්‍රයා.
පන්·සැර, *n.* five-arrowed one: ap. of Cupid, කාමදෙවියෝ.
පන්·හිඳ, *n.* leaf-graver, graving style for writing on talipot leaves, stylus.
පඳුර, *n.* bush, shrub.
පඳුරු·වටුවා, *n.* Chinese quail or snipe, black-breasted bustard quail. See වෙනැල්ලවටුවා and බෝල්ලවටුවා.
පඳුරු·වත්ත, *n.* shrubbery.
පපටිකාව, *n.* splinter.
පපන, *n.* nose of a horse, අශ්වනාසය.
පපාතන, *n.* P. of ප්‍රපාතන: falling, descent, බැසීම, declivity, පල්ලම.
පපාතය, *n.* P. of ප්‍රපාතය. [මත්පැන් බීම.
පපිතිය, *a.* drinking together, carousal, එක්ව
පපු, *n.* nurse, foster-mother, කිරිමව.
පපු·හැකැත්ත, *n.* the pluck, viz. the heart, liver and lungs.
ප·පුත්‍රයා, *n.* grandson, මුනුබුරා.
පපුව, *n.* breast, bosom, chest.
ප·බඳ, *a.* E. of ප්‍රබන්ධ: connected, continuous, සම්බන්ධ, අනවරත.
ප·බඳය, පබන්ධය, *n.* connection, සම්බන්ධය, continuity, අනවරතය; literary composition, story, narrative: see ප්‍රබන්ධය.
පබ, *n.* E. for ප්‍රභාව: light, ආලෝකය, brightness, දීප්තිය.

ප·බල, *a.* E. or P. of ප්‍රබල: very strong, powerful, ඉතා බලවත්.

ප·බලය, *n.* great strength, මහත් බලය; a sprout, bud, දළුව.

පබසර, *a.* (පබ light, සර essence), bright, brilliant, lustrous, දීප්තිමත්.

පබළු, පබළ, පබුළු, *a.* coral: see ප්‍රවාල.

පබළු·ඇටය, *n.* a bead of coral, bead.

පබළු·දම, *n.* coral garland.

පබළු·වැල, *n.* coral necklace, string of beads.

පබළුව, පබුළුව, *n.* young bud, sprout, ළා දළුව. See පබල.

පබළු·සිඳු, *n.* sea abounding in coral.

පබා·කර, *n.* light-maker, viz. sun, ඉර.

පබාව, *n.* E. of ප්‍රභා.

පබජිත, *a.* P. of ප්‍රව්‍රජිත, which see.

පබ·බාජනය, *n.* bulrush vessel or basket.

පබ්භාරය, *n.* descent, declivity, බෑවුම.

පභා·කර, *n.* P. of ප්‍රභාකර.

පභව, *n.* P. of ප්‍රභව.

පභාව, *n.* P. of ප්‍රභාව, (Sans. ප්‍රභා).

පම, *n.* love, ප්‍රේමය; delay, පමාව; woman.

පමණ, *n.* E. of ප්‍රමාණ; degree, quantity.

පමණ, *ad.* about, දහයක් පමණ, about ten; so......as, මට පමණ ඔහුට අමාරු නෑ, not so difficult for him as for me.

පමණකරනවා, *v. t.* See ප්‍රමාණකරනවා.

පමණක්, පමණයි, as *ad.* only, merely.

පමණ·දුන, *p. pl.* as *ad.* moderately, temperately.

පමණ·දැනීම, *v. n.* perception of the right degree, moderation. [excessively.

පමණ·නො·දුන, *p. pl.* as *ad.* immoderately,

ප·මද, *n.* P. for ප්‍රමද: joy, ප්‍රීතිය; woman, ස්ත්‍රී.

පමාකරනවා, *v. t.* See ප්‍රමාදකරනවා.

පමාණය, *n.* P. of ප්‍රමාණය

පමාදය, *n.* P. of ප්‍රමාදය.

පමා·දන, *n.* (පමා pleasures, දන persons), persons addicted to pleasures.

පමාව, *n.* woman, ස්ත්‍රී; dancing woman, නැටුම්කාරී.

පමාව, *n.* delay, dilatoriness, hesitancy.

පමා·වනය, *n.* royal pleasure garden or grove, park.

පමාවෙනවා, *v. i.* to tarry, delay, linger, be dilatory or inactive.

පමුණු, *a.* as one's own, (තමාට) අයිති, taxable.

පමුණු·ගම, *n.* one's own village, village under one's own authority and taxation, නින්දගම.

පමුණුවනවා, *v. t.* to cause to come, bring, fetch; bring about; *pret.* පැමිණෙවුවා; *v. n.* පැමිණවීම.

ප·මුදිත, *n.* P. of ප්‍රමුදිත.

ප·මෝදය, *n.* P. of ප්‍රමෝදය.

පඹ, පඹගහ, *n.* (wild) fern. Bot.

පඹයා, *n.* scarecrow, effigy (made of පඹ).

පය, පයස, *n.* fluid, water, දිය; milk, කිරි.

පය, *n.* foot (of an animal); vessel, පාත්‍රය.

පය·ගහනවා, *v.* to stamp with the foot, plant the foot.

පය·පිසුම, *n.* wiping the feet, foot-wiping.

පයස, *a.* made from milk, milk- (butter &c.), කිරි-.

පයින්, *ad.* on foot; with the foot.

පයින් ගහනවා, *v.* (dat.) to kick.

පයින්·යනවා, *v.* to go on foot, march.

පයිනේරුවා, *n.* Eng., pioneer.

පයිය, *n.* small bag or wallet, purse. [සංග.

පයිරුපාසනය, *n.* intercourse: see පර්යුපාසන

පයිරුපාසනයකරනවා, *v.* hold intercourse.

පයෝඝනය, පයෝඝනය, *n.* solid water, viz. hail, ගල්වැස්ස.

පයෝ·ධර·පටිය, *n.* breast-cloth, woman's bathing cloth.

පයෝ·ධරය, *n.* (පයස් milk, water, ධර bearing), woman's breast, තනය, පියයුරු; water or fluid bearer, viz. cloud, වලාකුළ, coconut, පොල්ගෙඩිය, sugar-cane, උක්ගහ.

පයෝධිය, *n.* water-possessor, viz. ocean, මුහුද, cloud, වලාකුළ.

පර, *a.* and *prefix*, other, different, foreign; outcaste, low, mean.

පර·අම්මා, *n.* step-mother. [fetter, band.

පර·කුලය, *n.* foreign or other caste or race;

පරක්කුකරනවා, *v. t.* to delay, defer; quieten.

පරක්කුව, *n.* delay, procrastination, lingering; sheet, covering, වැස්ම. [be quietened.

පරක්කුවෙනවා, *v. i.* to tarry, delay, be late;

පර·ගානවා, *v.* to roar (as the sea), groan, ඝෝෂා කරනවා, කෙඳිරිගානවා; *v. n.* පරගෑම.

පරංගි, පරංගිආකාර, *a.* scorbutic, syphilitic.

පරංගි·රෝගකාරයා, *n.* scorbutic or syphilitic patient, lazar.

පරංගි·රෝගය, පරංගි·ලෙඩ, *n.* syphilis, scurvy.

පරගහනවා, *v. t.* to filter, strain, පෙරනවා; *pret.* පෑරගුවා; *v. n.* පෑරගීම.

පර·චිත්ත·ඥානී, *n.* one who knows the heart or mind of others; ap. of Buddha; Rahat or B. saint, රහත්කෙනෙක්; a god, දෙවියෙක්.

පරණ, *a.* old, ancient, former.

පරණ, *n. pl.* small stones, pebbles.

පරණකම, *n.* oldness, state of despair through time or wear.

පරබල, *a.* dried or withered (leaves).

පරබල·පත, *n.* dried leaf, මැලිවුව කොළය.

පරබලා, පරබල්, *n. pl.* dried fallen leaves.

පරබල්කුරුල්ලා, *n.* See කලපරන්දුල්ලා.

පර·තන්ත්‍ර, *a.* dependent, අනුන් කෙරෙහි පිහිටි.

පර·තීරය, පර·තෙර, *n.* opposite shore, other side, එතර.

පරදනවා, *v. t.* to defeat; *pret.* පැරදුවා; *v. n.* පැරදීම; see පරද්දනවා.
පර·දර, පරදාර, *n.* another's wife.
පරදවනවා, *v. t.* to defeat, conquer; *pret.* පැරදෙවුවා; *v. n.* පැරදවීම.
පර·දාරකම, පර·දාරකර්මය, පර·දාරය, පරදාරත්වය, *n.* adultery, (said of the man only, and in each of the following with පරදාර).
පරදාරකම්කරනවා, පරදාරකරනවා &c., *v.* to commit adultery.
පර·දාරකාරයා, *n.* adulterer.
පරදාරික, *a.* adulterous.
පරදිනවා, පැරදෙනවා, *v. i.* to be defeated, lose; *pret.* පැරදුණා; *v. n.* පැරදීම.
පරදුව, *n.* prize, stake at a game.
පර·දේශී, පර·දේශික, *a.* foreign, pert. to a foreign country.
පර·දේශිකයා, පර·දේශියා, *n.* foreigner.
පරද්දනවා, *v. t.* See පරදවනවා; *pret.* පැරැද්දුවා; *v. n.* පැරැද්දීම.
පරන්තප, *n.* annoying another, conquering, හිංසාකිරීම, යටත්කිරීම.
පරන්තපයා, *n.* (පරම් other, තප destroyer), annoyer, conquerer.
පර·නිර්මිතය, *n.* the highest formed, viz. the sixth or highest world of the gods.
පර·නිර්මිත·වශවර්තිය, *n.* being a subject or resident of the above, (also the same as the above).
පර·පිණ්ඩාදයා, *n.* loafer, පුජ්පාකන්නා.
පර·පියා, *n.* step-father.
පර·පුටු, *n.* beggar, ඝිංකන්නා; cuckoo; see පර[පුෂ්ටයා.
පර·පුර, *n.* E. of පරම්පරාව.
පර·පුරුෂයා, *n.* man other than the husband, [male paramour.
පර·පුරුෂ·සේවනය, *n.* intercourse with another man, adultery (of the woman).
පර·පුරුෂ·සේවනයකරනවා, *v.* to commit adultery (said of the woman).
පර·පුෂ්ට, *a.* nourished by another, foster (child); [parasitic.
පර·පුෂ්ට·ප්‍රාණියා, *n.* parasitic animal, parasite.
පර·පුෂ්ට·ප්‍රාණෝත්පත්තිය, *n.* (·ප්‍රාණි උත්පත්තිය), vermination, invermination. E. S.
පරපුෂ්ටයා, *n. mas.* parasite; sp. the කොවුලා or Indian cuckoo, said to be nourished by the crow.
පර·ප්‍රබෝධය, *n.* the instruction of others, enlightening others.
පර·බල්ලා, *n.* strange dog, pariah dog, cur.
පර·භාගය, *n.* surplus remainder, ඉතුරුපංගුව; superiority, excellence, අති උතුම්කම; good fortune, prosperity, කල්‍යාණකම.
පර·භෘත, *a.* nourished by another, පරපුෂ්ට.
පර·භෘතයා, *n.* Indian cuckoo, කොවුලා.
පරම, *a.* pre-eminent, best, chief, principal, premier, paramount, ඉතා උතුම්, ඉතා වැදගත්.

පරම·ඥානය, *n.* the highest knowledge, mysticism.
පරම·ඥානාවබෝධිතයා, *n.* (·අවබෝධිත), one who has the highest knowledge, mystic.
පර·මණ්ඩලය, *n.* outside region, foreign region, පරදේශය; sp. non-Buddhist region; heaven, ස්වර්ගය.
පර·මල, *n.* faded flower; flower of the tree so [called.
පරම·විඥාන, *a.* pert. to the highest knowledge, transcendent, metaphysical.
පරම·විඥාන·දර්ශනය, පරම·විඥාන·ධර්මය, *n.* transcendentalism, metaphysics; also Er. for Theosophy.
පරම·විඥාන·දර්ශියා, *n.* transcendentalist, meta-[physician.
පරම·විඥාන·ධර්ම·ශාස්ත්‍රය, *n.* metaphysics.
පරම·විඥානාර්ථී, *a.* transcendental; Er. Theosophic.
පරම·සතුරු, *n.* thorough enemy, adversary, හද සතුරු.
පරමාකාරයෙන්, *ad.* pre-eminently, ඉතා අධික [ලෙස or ඉතාමත්ම.
පරමාණු, *a.* (පරම prime, අණු atom), atomic, corpuscular, infinitesimal.
පරමාණු·ප්‍රාණියෝ, *n. pl.* microzoa, protozoa, atomic animates.
පරමාණු, *n.* (·අණු), atom, monad, indivisible molecule thirty of which are said to form a mote in the sunbeam; the lowest measure of weight.
පරමාත්මය, *n.* (Sans. ·ආත්මන්, ·ආත්මා), Supreme Spirit or Being from whom all other spirits have sprung and to whom at length, it is said, they will be re-united.
පරමාන්නය, *n.* (·අන්නය), superior food, viz. oblation of rice with milk and sugar.
පරමාපක්‍රමය. *n.* inclination of a planet's axis; sine of the sun's greatest declination.
පරමාර්ථකරගන්නවා, *v. t.* to make one's chief object, make of the highest import.
පරමාර්ථය, *n.* (·අර්ථය), main design, chief aim or object, principal meaning, main sense, gist, pith.
පරම්, *a.* other, different, වෙන, අන්‍ය.
පර·මුණය, *n.* Er. for පෙරමුණය.
පරමුණු, *n.* See පරමාණු.
පරමුඳා, *n.* wheat, තිරිඟු.
පරමුවා, *n.* a kind of sea fish.
පරමේශ්වර, *n.* (පරම ඊශ්වර), Supreme Being: Siva, Vishnu.
පරමේෂ්ඨ, *a.* (පරමේ in the highest, ස්ථ being), [supreme, ශ්‍රේෂ්ඨ.
පරමේෂ්ඨියා, *n.* ap. of Mahā Brahma, and the same as පරමේශ්වර.
පරම්අරිනවා, *v.* to weed, clear out weeds.
පරම්පර, *n. pl.* or *a.* generations; pert. to generations, successive.
පරම්පරා·කථාව, *n.* tradition, legend.

පරම්පරා·ගත, *a.* from generation to generation, hereditary.
පරම්පරාගතකරනවා, *v. t.* to perpetuate from generation to generation.
පරම්පරානුගත, පරම්පරානුයාත, *a.* (·අනුගත, ·අනුයාත), passing from generation to generation, lineal.
පරම්පරාව, *n.* race, lineage, order, පෙලපත; series, ක්‍රමය; generation, viz. the mass of contemporary individuals.
පරම්පරීණ, *a.* successional, traditional, hereditary.
පරම්පරීණ·උරුමය, *n.* patrimony, ප්‍රවේණිය.
පරම්පරීණ·වස්තුව, *n.* heirloom.
පරම්පරීණ·වාක්‍යය, *n.* tradition.
පරය, *n.* range, row, as ගල්පරය, range of rocks, මුතුපරය, row of pearls; vein.
පරයනවා, *v. t.* to defeat, පරදනවා; *pret.* පැරදුවා; *p. pl.* පරයා; *v. n.* පැරදීම.
පරයා, *n.* outcast, pariah.
පර රුසු, *n.* enemy, සතුරා.
පර රූ, පර·රූපය, *n.* (පර other, රූ, රූප form), assimilation of a letter to the follwing letter, as අත්ල changed to අල්ල.
පරලෙවනවා, *v. i.* to become subject to a trance by means of a charm.
පර·ලොව, *n.* E. of පරලෝකය.
පර·ලොව·යාම, *v. n.* going to the other world, dying.
පර·ලෝ, *a.* pert. to the other world or next life.
පර·ලෝකය, *n.* other world, future state.
පර·ලෝක·සෞඛ්‍ය·ස්ථානය, *n.* paradise, පරදීසය, ස්වර්ගය.
පර·ලෝක·ප්‍රාප්ත, *a.* attained to the next world, deceased, මැරුණු.
පර·ලෝක·ප්‍රාප්තිය, *n.* attainment of the next world, decease.
පර·ලෝපය, *n.* apocope. E. S.
පර·ව, *gram.* outside of, having as a following letter or sound; *p. pl.* of පරවෙනවා: having faded.
පරව, *n.* (පර excellence, ව to speak), bard, panegyrist of a prince. E. S.
පර·වත, *n.* property of another, අන්‍යයාගේ වස්තුව.
පරවම්භනය, *n.* reviling another or others, අනුන්ට නින්දාකිරීම.
පරවර, *a.* great, eminent, ඉතා උසස්: see ප්‍රවර.
පරවරයා, *n.* immigrant from Tuticorin, one of the Parava tribe in South India.
පරවර, *n.* cloth-dealer, draper, පිළි වෙළෙන්දා.
පර·වශ, *a.* subject to another, dependent, tributary, යටත්, වශග.
පර·වශවෙනවා, *v. i.* to become subject to another; yield to (anger &c.).
පර·වෙස, *n.* disguise, අන්වේශය.
පර·වාච්‍ය, *a.* reprehensible, දෝෂාරෝපණීය.
පර·වාදය, *n.* speaking to another, arguing, discussion, විවාදය.

පර·වැඩ, *n.* benefit of others, another's good, අනුන්ගේ ප්‍රයෝජනය.
පරවි·කූඩුව, *n.* dove-cote.
පරවි·කූඩු·සිදුර, *n.* pigeon-hole.
පරවිටිය, *n.* race, පෙලපත; generation, පරම්පරාව.
පරවිවිලිය, *n.* dying, death, මැරීම, මරණය.
පරවියා, *n.* dove, pigeon.
පරවෙණි, *a.* E. of ප්‍රවේණි: hereditary, entailed.
පරවෙණිය, *n.* heritage, patrimony.
පරවෙනවා, *v. i.* to fade, wither, wilt.
පරශු·මක්ෂිකාවා, *n.* (පරශු axe, මක්ෂිකාවා fly), securifer; *pl.* ...වෝ, securifers, securifera, හයිමෙනොප්ටෙරා.
පරශු·රාම, *n.* ap. of Vishnu in his sixth incarnation. He was son of the saint යමදග්නි, and came to punish and repress the violence of the military caste.
පරශුව, *n.* axe, hatchet, පොරව.
පරශුවාකාර, *a. bot.* securiform, axe-form.
පරසෙන්, *n.* day after tomorrow, අනිද්දා.
පර·සතු, *a.* belonging to another, අනුන්ට අයිති.
පරසතු·රුක, *n.* wishing tree in Indra's heaven: see කල්පරුක.
පර·සත්වයා, *n.* stranger, foreigner, person or animal of a different race or class.
පර·සමය, *n.* heretical religion, religion other than Buddhism, මිථ්‍යා ආගම.
පරසිදු, *a.* E. of ප්‍රසිද්ධ.
පරසුම, *n.* heavy work, අමාරු වැඩ.
පර·ස්ත්‍රී·සේවනය, *n.* association with another woman, adultery (of the man).
පරස්පර, *a.* correlative, reciprocal, mutual.
පරස්පර·ඥාතීන්, *n. pl.* mutual acquaintances.
පරස්පර·ඝාතක, *a.* mutually destructive.
පරස්පර·ප්‍රමාණය, *n.* reciprocal proportion.
පරස්පර·විරුද්ධ, -·විරෝධ, -·විරෝධී, *a.* self-contradictory, absurd, incompatible, mutually destructive.
පරස්පර·විරෝධය, *n.* self-contradiction &c.
පරස්පරවිරෝධකරනවා, *v. t.* to stultify, be self-contradictory.
පරස්පර·විරෝධිතාව, *n.* self-contradictoriness.
පරස්පරකාරයෙන්, *ad.* mutually, correlatively.
පරස්පරානුකූල, පරස්පරානුමත, *a.* mutually consistent; sympathetic. E. S.
පරස්පරානුමතිය, *n.* mutual consent.
පරස්පරෝපකාරය, *n.* (පරස්පර උප:), mutual aid.
පරස්මෛ·පදය, *n. gram.* active voice or transitive verb, සකර්මක ක්‍රියාව.
පරහ, *n.* defect, fault, පළුදුව.
පරහ, *a.* not level, crooked, wry (neck), ඇදවූ.
පරහකම, *n.* crookedness, ඇදකම.
පරහට, *n. dat. case* of පර, to another, අන්‍යයාට.
පරහන, *n.* See පෙරහන.
පා·රහස්, *a.* (ප emp.), very secret, ඉතා රහස්.

පරළ, *n.* bran.
පරළ·ආකාර, *a.* bran-like, furaceous. [excess.
පරා, *prefix implying* inversion, overcoming,
පරා·කරණය, *n.* disdaining, disdain, නිගාව, rejecting, අතහැර දැමීම.
පරා·කෘත, *a.* disdained, rejected.
පරා·ක්‍රමී, *a.* powerful, mighty, බලවත්.
පරා·ක්‍රමය, *n.* power, might, prowess, puissance, valour. [දුවිල්.
පරාග, *n.* pollen of flowers, මල්රේණු; dust,
පරාග·කෝෂය, *n.* anther.
පරාග·නාලිය, ·නාලය, *n. bot.* pollen tube.
පරාගවත්, *a.* having pollen, polliniferous.
පරාංමුඛ, **පරාම්මුඛ**, *a.* having the face averted, with back presented, පිටිපා; *fig.* indifferent (to a thing). [overthrow.
පරා·ජය, *n.* the opposite of victory, defeat,
පරා·ජයකරනවා, *v. t.* to defeat, vanquish, conquer. [ed.
පරා·ජයවෙනවා, *v. i.* to be defeated, vanquish-
පරා·ජිත, *a.* defeated, vanquished, පරාජයවූ, පැරදුණු.
පරාවියා, *n.* a kind of small fish.
පරාත්පර, *a.* best, උත්තරම්, ඉතාහොඳ.
පරාදකරනවා, *v. t.* to defeat, පරාජය කරනවා.
පරාදය, *n.* See පරාජය.
පරාදීසය, *n.* Eng., paradise, ස්වර්ගය.
පරාධිකාර·චර්චාව, *n.* (පර අධිකාර), interference with another's concerns, officiousness, meddling, ඇද්වීම.
පරාබිය, *n.* hunting, chase, දඩයම.
පරාධීන, *a.* (පර other, අධීන subject), dependent, subject, යටත්, වශග.
පරාධීනයා, *n.* dependent, subordinate, වශගයා.
පරාධීන·භාවය, *n.* dependent state &c., වශග කම. [ප්‍රීතිය.
පරානන්දය, *n.* (පර ආනන්දය), great joy, මහත්
පරානුග්‍රහය, *n.* aid or benefit of others, අන්‍ය යන්ට පිහිටවීම.
පරානුවාදය, *n.* (පර අනු:), abuse, reviling, බැණුම; slander, කේලම.
පරාන්න, *n.* (පර අන්න), another's food, living at another's expense.
පරාප, *n.* (පර away, අප or ආප water), place from which water has retired, වතුර පහවූ තැන.
පරාපතයා, *n.* dove, pigeon, පරෙවියා.
පරාපවාදය, *n.* (පර අප:): see පරානුවාදය.
පරාභව, *n.* defeat, frustration, පරාජය; destruction, විනාශය; abuse, නින්දාව; fortieth year of the Indian cycle.
පරාභව·සූත්‍රය, *n.* a discourse of Buddha in regard to demoralizations.
පරාභිභවනයකරනවා, *v. t.* (පර අභි:), to subdue others, අනුන් මැඩපවත්වනවා.

පරාභූත, *a.* defeated, පරාජයවූ, degraded, පහත බැස්සාවූ, හීන.
පරාමර්ශනය පරාමර්ශය, *n.* discrimination, judgment, නිශ්චයකිරීම; touching, අතගෑම; *log.* drawing a conclusion.
පරාමර්ෂණය, **පරාමර්ෂය**, *n.* forbearance, endurance, patience, ඉවසිල්ල. [ful period.
පරාය, *n.* period or portion as බාලපරාය, youth-
පරායණ, *a.* (පර emp., අයන going), adhering to, ඇලුම්වූ, depending upon, පිහිටි; zealous, ලොලිත, engaged in, නියුක්ත.
පරායණ, *n.* ap. of Vishnu and Nirvāna; adherence &c., ඇලුම්කම, නියුක්තිය.
පරාර්ථ·කාමී, *a.* (පර අර්ථ), desirous of the welfare of others, well-wishing, benevolent.
පරාර්ථ·කාමී, *n.* well-wisher, benevolent person.
පරාර්ථ·දායකයා, *n.* benefactor, උපකාරකරන්නා.
පරාර්ථය, *n.* the good or welfare of another or others, අන්‍යයෙකුගේ යහපත.
පරාර්ථ·සීලී, *a.* beneficent, liberal, unselfish.
පරාර්ථ·සීලිය, *n.* beneficence, doing good to others, අනුන්ට යහපත කෙරීම.
පරාවර්තක, *a.* (පර ආ:), turning aside or back; reflecting, refracting (light &c.).
පරාවර්තකාදර්ශය, *n.* reflecting mirror, refractor.
පරාවර්තනය, **පරාවර්තය**, *n.* turning back, retreat, reversal, reflection. [කරවනවා.
පරාවර්තකරනවා, *v. t.* to turn back &c., ආපසු
පරාවර්තවෙනවා, *v. i.* to turn back, become reversed &c., ආපසු හැරෙනවා.
පරාවර්තිත, *a.* reversed, reflected, ආපසුහැරුණු.
පරාවර්ත්‍ය, *a.* reversible, reflectible, ආපසු හැරිය
පරාවා, *n.* a kind of sea fish. [හැකිවූ.
පරාවෘත්ත, *a.* See පරාවර්තිත.
පරාශ්‍රය, *a.* or *n.* (පර ආශ්‍රය), dependent, subordinate, වශග; dependence.
පරාශ්‍රයාව, *n.* parasitic plant, parasite, පිළිල.
පරාසු, *a.* (පර away, අසු breath), breathless, dead, මළ.
පරාස්කන්දියා, *n.* thief, robber, සොරා.
පරාලය, *n.* D., rafter.
පරි, *prefix implying* all round; much; severally; depreciation, rejection.
පරි·කථාකාරයා, *n.* tale-teller, කථා කියන්නා.
පරි·කථාව, *n.* narrative, story, fiction, novel.
පරි·කම්පය, *n.* great trembling, තද වෙවුලුම; fear, terror, භය.
පරි·කර්මය, *n.* trimming up, හරිගැස්සීම, cleaning up, සුද්ධකිරීම; decorating, සැරසීම; perfuming, සුවඳ කැවීම.
පරි·කර්මයකරනවා, *v. t.* to clean up, furbish, prepare: see noun.
පරි·කල්පනය, *n.* contriving, contrivance, inventing, invention, යොදගැනීම, යෙදුම; dividing, බෙදීම; settling, තීරීම.

පරි·කල්පනාකරනවා, *v. t.* to contrive, invent, යොදනවා.

පරි·කල්පනා·කාරයා, *n.* contriver, inventor යොදන්නා. [nius.

පරි·කල්පනා·බුද්ධිය, *n.* inventive faculty or ge-

පරි·කල්පිත, *a.* contrived, devised, invented, යොදනලද; divided, බෙදුණු; settled, නිරුණු.

පරි·කසිණ, *n.* (පරි around, කසිණ all), an observance and attainment of ascetics preparatory to the performance of ධ්‍යාන: it consists of one of the following, viz. තේජෝකසිණ, ආපෝකසිණ, ආකාසෝකසිණ or පඨවිකසිණ. The mind and all its faculties must be so concentrated upon its object that nothing else is perceptible to the senses. See each one of the four.

පරි·කීර්ණ, *a.* scattered, diffused, පතළාවූ.

පරි·කීර්තනය, *n.* boasting, vaunting, පාරට්ටු කිරීම; fame, කීර්තිය; lustre, දීප්තිය.

පරි·කීර්තිත, *a.* boasted, vaunted, පාරට්ටුකරන ලද; famed, කීර්තිමත්. [අගල.

පරි·කූටය, *n.* barrier, බාධාව, trench, moat,

පරි·කෘශ, *a.* wasted, thin, කෘශවූ, කෙට්ටු.

පරික්ඛාර·වට්ට, *n.* P., See අඨපරිකඛා.

පරි·ක්‍රමණය, පරි·ක්‍රමය, *n.* going around, වට කරයාම, walking about, ඇවිදීම.

පරි·ක්‍රමණයකරනවා, *v.* to walk around or about.

පරි·ක්ලේශය, *n.* care, trouble, vexation, හිරි [හැරය.

පරිකෂත, *a.* Er. for පරික්ෂත.

පරි·ක්ෂත, *a.* wounded, තුවාලවූ.

පරි·ක්ෂතිය, *n.* a wound, තුවාලය.

පරි·ක්ෂයකරනවා, *v. t.* to cause to waste away, lessen, impair, ක්ෂයකරනවා.

පරි·ක්ෂය, *n.* waning or wasting away, decline, decay, decrease, ක්ෂයය.

පරි·ක්ෂයවෙනවා, *v. i.* See ක්ෂයවෙනවා.

පරික්ෂාව, *n.* Er. for පරීක්ෂාව.

පරි·ක්ෂිප්ත, *a.* thrown around, වටේට දමනලද; surrounded, intrenched, වටකරනලද.

පරි·ක්ෂීණ, *a.* wasted, impaired, පිරිහුණ.

පරි·ක්ෂීණකරනවා, *v. t.* to cause to waste away, impair, ක්ෂයකරනවා. [හෙනවා.

පරි·ක්ෂීණවෙනවා, *v. i.* to waste away &c., පිරි

පරි·ක්ෂේපකරනවා, *v. t.* to scatter, විසුරුවනවා; leave, අත්අරිනවා; surround, වටකරනවා.

පරි·ක්ෂේපය, *n.* scattering; leaving; surrounding. [ditch, අගල.

පරි·ඛාව, *n.* excavation around, viz. moat,

පරි·ඛ්‍යාත, *a.* famed, කීර්තිමත්.

පරි·ඛ්‍යාතිය, *n.* fame, කීර්තිය.

පරි·ගත, *a.* gone around, encircled, වටේ තිබෙන; sought, obtained, සොයාගත්; known, comprehended, දැනගත්තාලද.

පරි·ගමය, *n.* going around, sorrounding, වට කිරීම; seeking &c.

පරි·ගලිත, *a.* fallen off, වැටුණු; melted, E. S.

පරි·ගෘහීත, *a.* accepted, assented to, පිළිගත්තා ලද.

පරි·ග්‍රහණය, පරි·ග්‍රහය, *n.* taking, laying hold of, ගැනීම, අල්ලාගැනීම; acceptance, assent, පිළිගැනීම; wife, අඹුව; retinue, පිරිවර; reserve of an army, වැඩිපුර සේනාව; position of the sun near the moon's node.

පරි·ග්‍රහණයකරනවා, *v. t.* to seize, capture, අල්ලාගන්නවා. [ගන්නා.

පරි·ග්‍රාහකයා, *n.* one who seize, captor, අල්ලා

පරි·ඝය, *n.* bludgeon or club mounted with iron, යකඩ අල්ලාපු මුගුර; bolt, අගුල, පොල්ල; spear, හෙල්ලය; killing, මරාදැමීම; water jar, වතුර භාජනය; gate of a palace, වාසල; nineteenth astronomical yoga.

පරි·ඝෝෂය, *n.* sound, noise, ඝෝෂාව, rumbling of thunder, ගිගුරුම; improper talk, නුසුදුසු කථාව.

පරිචය, *n.* habit, practice, පුරුද්ද.

පරි·චයකරනවා, *v. t.* to habituate, practise, පුරුදුකරනවා.

පරි·චයනය, *n.* conversance, පුරුදුකම.

පරි·චරයා, පරි·චාරයා, *n.* one who walks around: guard, මුරකාරයා; attendant, servant, සේව කයා.

පරි·චර්‍යාව, *n.* service, සේවය, සේවයකිරීම; worship, නමස්කාරය. [මක.

පරි·චාර, පරි·චාරක, *a.* attendant, serving, සේ

පරි·චාරකතාව, *n.* servitorship, මෙහෙකරුකම.

පරි·චාරකයා, *n.* servitor, attendant, servant, මෙහෙකරුවා.

පරි·චාරිකාව, *n.* female attendant, waiting-maid, අතවැසි ස්ත්‍රී.

පරි·චාර්‍ය්‍ය, *a.* that should be served or worshipped, සේවය ලැබියයුතු.

පරි·චිත, *a.* familiar to, habitual to, acquainted with, used to, පුරුදු.

පරි·චිතිය, *n.* habit, practice, පුරුද්ද.

පරි·චුම්බනය, පරි·චුම්බය, *n.* kissing, kiss, සිඹීම.

පරිච්ඡදය, *n.* (·ඡද), retinue, පිරිවර, පිරිස.

පරිච්ඡින්න, *a.* (·ඡින්න), cut of, කැපූ, සිඳදමූ; separated, වෙන්වූ, divided, බෙදුණු.

පරිච්ඡේදය, *n.* (·ඡේද), segment, section, කොටස; chapter of a book.

පරි·ජනයා, *n.* attendants, retinue, suite, පිරිස.

පරි·ඥානය, *n.* general or sound knowledge, දැන ගැන්ම, විඥාව. [යුතු.

පරි·ඥෙය, *a.* that ought to be known, දැනගත

පරි ඩිම්බ·කෝෂ·යෝගය, *n. bot.* perigynous insertion. E. S.

පරි·ණත, *a.* (·නත), inclined, bowed, bent, *bot.* reclinate, nutant, නැමුණු; ripe, mature, පැසුණු. [refract; නමනවා.

පරි·ණතකරනවා, *v. t.* to bend down, incline;

පරි·ණතිය, *n.* bending, refraction, නැමීම.
පරි·ණයන, පරි·ණය, *n.* marriage, විවාහය, කසාද බැඳීම. [evolution.
පරිණාම·වාදය or ·ධර්මය, *n.* the theory or law of
පරි·ණාමය, *n.* change of form or state, වෙනස් වීම; maturity, completion, සම්පූර්ණභාවය.
පරි·ණාම·ශූලය, *n.* pain resulting from the changes of the food in digestion, violent and painful indigestion, colic; අජීර්ණයෙන් හට ගත් මහත් කැක්කුම.
පරි·ණායකයා, *n.* husband, ස්වාමිපුරුෂයා.
පරි·ණාහ, *a.* broad, wide, පළල්, විශාල.
පරි·ණාහ·පත්‍ර, *a. bot.* broad-leaved, latifoliate. E. S.
පරි·ණාහය, *n.* breadth, width, පළල; circumference, වට්ටය.
පරි·ණීත, *a.* married, කසාද බැඳපු, විවාහවූ.
පරි·තාපය, *n.* intense heat, තද උෂ්ණය; pain, වේදනාව, distress, දුක; a division of hell: see තාපය. [ඉතා ප්‍රීතිමත්.
පරි·තුෂ්ට, *a.* intensely pleased, enraptured,
පරිතෝ (Sans. පරිතස්), *ad.* all around, හාත් පසින්ම.
පරිතෝෂිකය, *n.* reward, තෑග්ග.
ප·රිත්ත, *a.* (ප emp., රිත්ත small, few), very small, very little or few, ඉතා කුඩා or ස්වල්ප.
ප·රිත්තය, *n.* little, few, ස්වල්පය; atom or particle, සියුම් කෑටය; an inferior Brahma so called.
පරිත්තය, *n.* (පරි around, ත්ත for ත්‍රා to protect), defence, protection, ආරක්ෂාව.
පරිත්ත·ආභය, ප·රිත්තාභය, *n.* (·ආභා splendour), an inferior Brahma world so called.
පරි·ත්‍යක්ත, *a.* (පරි emp.), abandoned, deserted, අත්අරිනලද.
පරි·ත්‍යාගකරනවා, *v. t.* to give, donate, තෑගි කොට දෙනවා; devote, කැපකරනවා; surrender, පාවාදෙනවා.
පරි·ත්‍යාගය, *n.* abandonment, desertion, අත් ඇරීම; gift, present, දීමනාව; sacrifice, පිදීම.
පරි·ත්‍යාජ්‍ය, *a.* that should be left or abandoned, අත්ඇරිය යුතු.
පරි·ත්‍රාණය, *n.* defence, protection, ආරක්ෂාව; deliverence, salvation, ගැලවීම.
පරි·දහනය, *n.* name of a Jātaka.
පරි·දානය, *n.* giving in exchange, barter, ගනු දෙනුව, හුවමාරුව.
පරි·දාහය, *n.* intense heat, burning, දැවිල්ල.
පරිදි, *n.* sort or manner, ආකාරය.
පරි·දේවනය, පරි·දේවනාව, පරි·දේවය, *n.* lamentation, mourning, විලාපකීම.
පරි·දේවිත, *a.* lamented. E. S.
පරිද්ද, *n.* sort, kind, manner, ආකාරය.
පරිද්දෙන් (abl. of *n.*), *ad.* as, according to: මේ පරිද්දෙන් &c., according to this, in this way.

පරි·ධානය, *n.* (පරි around, ධා to hold), lower garment, යට ඇඳුම; trituration of perfumes.
පරිධාවී, *n.* forty-sixth year of the Indian cycle of sixty.
පරි·ධි, පරි·ධි·ආකාර, *a.* (පරි around, ධි having), peripherical, වට්ටයට අයිතු.
පරි·ධිය, *n.* circumference, periphery, වට්ටය; disk, මඬල. [නිර්වාණය.
පරි·නිබ්බාන, පරි·නිර්වාණය, *n.* full Nirvāna: see
පරි·පක්ව, *a.* fully matured, පැසුණු, ripened, ඉදුණු; cooked, තැම්බුණු; digested, ජීර්ණවූ; shrewd, නුවණක්කාර.
පරි·පක්ෂ, *a.* (පරි around, completely), bigoted, තද පාක්ෂිකවූ.
පරි·පක්ෂයා, *n.* bigot, තද පක්ෂකාරයා.
පරි·පණය, *n.* (පරි whole, පණය price or sum), capital, principal, අරමුදල.
පරිපක්වනවා, පරිපාකකරනවා, *v. t.* to ripen, mature, මෝරනවා or පැසවනවා.
පරි·පාකය, *n.* maturity, ripeness, පැසුණු or ඉදුණු ගතිය; digestion, ජීර්ණවීම; shrewdness, නුවණක්කාරකම; reward, විපාකය.
පරි·පාලක, *a.* protecting, supporting, ආරක්ෂක; supervising, superintending, බලාගන්න.
පරි·පාලකයා, *n.* protector, ආරක්ෂාකාරයා; supervisor, බලාගන්නා, පාලකයා.
පරි·පාලනය, *n.* protecting, protection, support, ආරක්ෂාව; superintendance, management, කළමනාකිරීම, බලාගැනීම, පාලනයකිරීම.
පරි·පාලනයකරනවා, *v. t.* to protect &c., ආරක්ෂා කරනවා &c.
පරි·පාලිත, *a.* See පාලිත.
පරි·පීඩිත, පරි·පීලිත, *a.* greatly afflicted, oppressed, persecuted, බොහෝ පීඩිතවූ.
පරි·පූරිත, පරිපූර්ණ, *a.* complete, සම්පූර්ණ; replete, well-filled, plenary, පූර්ණ.
පරි·පූර්ණ·තානාපතියා, *n.* plenipotentiary.
පරි·පූර්ණභාව, පරි·පූර්ණත්වය, *n.* complete fulness, repletion, plenitude, පූර්ණකම.
පරි·පූර්ණයකරනවා, *v. t.* to replenish &c., perfect, සම්පූර්ණකරනවා.
පරිප්පු, *n. pl.* pease, pulse, dhall.
පරි·ප්ලවය, *n.* shaking, trembling, වෙව්ලුම; immersion, ගිල්වීම; oppression, කෙරෙක්කුව.
පරි·බෝධය, *n.* injury, හානිය.
පරි·බ්‍රාජකයා, පරි·බ්‍රාජයා, *n.* See පරිව්‍රාජයා &c.
පරි·බ්‍රාජිකා, *a.* ascetic, තාපස.
පරි·බ්‍රාජිකාව, *n.* female ascetic, nun, තාපසී.
පරි·බ්‍රාජිකාවෝ, *n. hon.* ascetic, monk, තාපස උන්නාන්සේ.
පරි·භවකරනවා, *v. t.* to contemn, disparage, dishonour, insult, revile, හෙළාදකිනවා.
පරි·භවය, පරි·භාවය, *n.* contempt, insult &c., හෙළාදැකීම, නිග්‍රහය. [ගර්හිත.
පරි·භවිත, *a.* despised, dishonoured, insulted,

පරිභවනීය, *a.* contemptible, despicable, ගර්හණීය, තුච්ඡ.
පරිභාවිත, *a.* accustomed to, well-trained, පුරුදු පුහුණු; mixed, මිශ්‍ර.
පරිභාවක, *a.* disparaging, shaming, සුළුකරන.
පරිභාෂණය, *n.* abuse, reviling, නින්දාකිරීම; rule, precept, නියමය, සූත්‍රය.
පරිභාෂාව, *n.* abuse; appointment, නියමය; technical term; පරිභාෂා, *gram.* indication, සංඥාව; *med.* prognosis.
පරිභූත, *a.* treated with contempt or disrespect, ගර්හිත; disregard, නොසලකනලද.
පරිභෘත, *a.* nourished, brought up, ඇති දැඩිවූ; trained, පුහුණුවූ. [භුක්තිවිඳිනවා.
පරිභෝගකරනවා, *v. t.* to possess, use, enjoy,
පරිභෝගය, *n.* possession, use &c., භුක්තිය; what is used, වස්තුව, බඩුව. [පොහොසත්.
පරිභෝගික, *a.* possessing&c., භුක්තිවිඳින; rich,
පරිභ්‍රමණ, *a.* travelling round, wandering, planetary, වටකරයන. E. S.
පරිභ්‍රමණය, පරිභ්‍රමය, *n.* travelling round, වට කරයාම, revolution, කරකැවීම; wandering about, ramble, නොමගයාම; going astray, error, මුළාවීම, මුළාව.
පරිභ්‍රමණයකරනවා, *v.* to travel round, encompass, වටකරයනවා; revolve, කරකැවෙනවා.
පරිමණ්ඩල, *a.* spherical, circular, වටකුරු.
පරිමණ්ඩලතාව, *n.* sphericity &c., globularity, වටකුරුකම. [globe, ගෝලය.
පරිමණ්ඩලය, *n.* sphere, මණ්ඩලය, circle, චක්‍රය,
පරිමජ්ජනය, *n.* clearing, cleansing, ශුද්ධකිරීම; moderating, බාලකිරීම.
පරිමද්දනය, *n.* trituration, සිලමත් කෙරීම, rubbing, ඇතිල්ලීම; trampling, පෑගීම; embracing, වැලඳගැනීම.
පරිමද්දනයකරනවා, *v.* to rub, අතුල්ලනවා &c.
පරිමර්ශය, *n.* friction, ඇතිල්ලීම, තැවරීම.
පරිමල, *n.* exquisite scent, උතුම් සුවඳ; trituration of perfumes; meeting of the learned; copulation, සංවාසය.
පරිමාණකරනවා, *v. t.* to limit, bound, define, regulate, ප්‍රමාණයකරනවා.
පරිමාණය, *n.* measure &c., see ප්‍රමාණය.
පරිමාණරාශිය, *n.* the const. Norma.
පරිමාණකාර, පරිමාණානුසාර, *a.* (·අනුසාර), normal, නියමයට එකඟ, ව්‍යවහාර.
පරිමාණීය, *a.* measurable, definable. E. S.
පරිමිත, *a.* measured, regulated, limited, ප්‍රමාණය නියමවූ; moderate, economical, සකසුරුවම්වූ.
පරිමිතරාජාණ්ඩුව, *n.* limited monarchy.
පරිමිතතාව, *n.* limitedness, moderation, මධ්‍යම ප්‍රමාණය; economy.
පරිමිතාහාර, *a.* (·ආහාර), eating moderately, abstemious. E. S.

පරිමුක්ත, *a.* loosened, freed, liberated, මිදුණු.
පරිමෘජ්‍ය, *a.* that may be or should be cleaned or touched, පවිත්‍රකළ හැකිවූ or ස්පර්ශවූ.
පරිමේය, *a.* measurable, definable, මැනිය—ප්‍රමාණයකළ—හැකිවූ.
පරිමෝචනය, *n.* release, emancipation, liberation, මිදීම, නිදහස්වීම.
පරිමෝදිත, පරිමෝහිත, *a.* fascinated, captivated, enchanted.
පරිමෝහන, *a.* fascinating &c., E. S.
පරිමෝහනය, පරිමෝහය, *n.* fascinating, fascination &c., charm.
පරිමෝහනයකරනවා, *v. t.* to fascinate &c.
පරියත්ත, *a.* P. of පර්‍යාප්ත.
පරියාපන්න, *a.* included, contained, අඩංගු; belonging to, අයිති.
පරියාය, *n.* P. of පර්‍යාය.
පරියේසනා, *n.* P. of පර්‍යේෂණය, පර්‍යේෂණාව.
පරියේසණයකරනවා, *v. t.* See පර්‍යේෂණයකරනවා.
පරියෝසානය, *n.* P. of පර්‍යවසානය.
පරිරක්ෂණය, *n.* (පරි around, emp.), protection, preservation, ආරක්ෂණය.
පරිරම්භනය, පරිරම්භය, *n.* embracing, embrace, බදාගැනීම.
පරිලාභය, *n.* gain, profit, ලාභය. [පඩි.
පරිලිප්ත, *a.* smeared, anointed, ගාතලද, ආලේ
පරිවත්ත, *a.* P. of පරිවෘත්ත.
පරිවත්සරය, *n.* complete year, පුරා අවුරුද්ද.
පරිවර්ජනය, *n.* abandoning, deserting, අත් ඇර දැමීම; killing, මරාදැමීම. [ලද.
පරිවර්ජිත, *a.* abandoned, deserted, අත්අරින
පරිවර්ජිතතාව, *n.* abandoned condition.
පරිවර්තක, *a.* turning round or back, හරවන; translating, පිටපත්කරන.
පරිවර්තනය, පරිවර්තය, පරිවෘත්තය, *n.* turning back or round, හැරීම; flight, පලායාම; perversion, inversion, පෙරලීම; circumvolution, කරකැවීම; exchange, transference, මාරු කිරීම; barter, හුවමාරුව; end of the four ages of the world, කල්පාන්තය; chapter or book, පරිච්ඡේදය. [&c.
පරිවර්තනයකරනවා, *v. t.* to turn &c., හරවනවා
පරිවර්තනීය, *a.* reversible, transferable, මාරු කළ හැකිවූ.
පරිවාදක, *a.* (පරි against, වාදක speaking), accusing, accusatory, වරදනඟන, *leg.* පැමිණිලිකාර.
පරිවාදකයා, *n.* accuser, වරදනඟන්නා; plaintiff, පැමිණිලිකාරයා; calumniator, කේලම් කියන්නා.
පරිවාදය, *n.* abuse, බැණුම්; reproach, අවලාද, blame, censure, accusation, දොෂාරෝපණය. [or රැවුල කපනවා.
පරිවාපකරනවා, *v. t.* to shear or shave, ලොම්

පරි·වාපනය, පරි·වාපය, *n.* shearing, shaving; pond, පොකුණ, lake, විල.

පරි·වාපිත, *a.* shorn, shaven, ලොම් &c. කපනලද.

පරි·වාර, *a.* (පරි around, වා to serve), accompanying, attendant, පිරිවර.

පරි·වාර ජනයා, *n.* See පිරිවර. [කොටුව.

පරි·වාරය, *n.* retinue, පිරිවර; sheath, scabbard,

පරිවාරිත, *a.* surrounded, environed, වටකරන ලද; attended, පිරිවරාසිටිත. [abode, වාසය.

පරි·වාසය, *n.* residing, වාසයකිරීම; residence,

පරි·වාහය, *n.* flooding, inundation, වතුරගැලීම; water-course, වතුර පාර, drain, කානුව.

පරි·විතර්කය, *n.* change of reasoning, change of mind.

පරිවිත, පරිවුතෝ, *a.* surrounded, වටකරනලද.

පරි·වෘත, *a.* encompassed, වටකරනලද; gained, known, attained, ප්‍රාප්තවූ.

පරි·වෘතකරනවා, *v. t.* to surround, වටකරනවා.

පරි·වෘත්ත, *a.* gone around, වටකර ගිය, turned back, ආපසු ගිය; exchanged, මාරුවූ.

පරි·වෘත්තිය, *n.* return, හැරීයාම; encircling, වට කිරීම; barter, හුවමාරුව.

පරි·වේණය, *n.* hermitage, තාපසාශ්‍රමය, monk's cell; college of a monastery, පිරිවෙන.

පරි·වේණාධිපතියා, *n.* prior or head of a B. college. [වේදනාව.

පරි·වේදනය, *n.* (පරි emp.), severe pain, තද

පරි·වේදනාව, *n.* shrewdness, නුවණක්කාරකම, foresight, කලින් දැකීම.

පරි·වේශය, *n.* halo, අංශුමාලාව.

පරි·වේෂණය, පරි·වේෂය, *n.* surrounding, වට කිරීම; serving out or distributing (food) around, (කෑම) බෙදීම. [නවා.

පරි·වේෂණයකරනවා, *v. t.* to surround, වටකර

පරි·වේෂ්ටක, *a.* surrounding.

පරි·ව්‍රජ්‍යාව, *n.* (පරි about, ව්‍රජ් to walk), asceticism, monachism, තපස්භාවය. [සයා.

පරි·ව්‍රාජකයා, පරිව්‍රාජයා, *n.* ascetic, monk, තාප

පරි·ව්‍රාජ්‍යය, *n.* See පරිව්‍රජ්‍යාව.

පරි·ශංකනීය, *a.* (පරි emp.), very doubtful, improbable, අනුමාන.

පරි·ශංකනීයතාව, *n.* improbability. [ණය.

පරි·ශිෂ්ටය, *n.* supplement, appendix, උපගත පූර

පරි·ශීලනයකරනවා, *v. t.* to practise, අභ්‍යාස කර නවා, use, භාවිතාකරනවා.

පරි·ශුද්ධ, *a.* very clean, pure, holy, ඉතා පිරිසිදු.

පරි·ශුද්ධතාව, *n.* cleanness &c., spirituality.

පරි·ශුද්ධතා·වර්ධක, *n.* promotive of great purity or holiness, sanctifying, පිරිසිදුකම වර්ධනය කරන.

පරි·ශේෂය, *n.* remainder, ශේෂය, ඉතුරු පංගුව; vestige, trace. E. S.

පරි·ශෝධක, *a.* cleansing, ශුද්ධකරන; corrective, correcting, rectifying, reformatory, හරිගස් සන.

පරි·ශෝධකයා, *n.* rectifier, reviser, reformer.

පරි·ශෝධනය, පරි·ශෝධය, *n.* cleansing &c., පිරිසිදු කිරීම; emendation, rectification, හරි ගැස්සීම. [reform.

පරි·ශෝධනයකරනවා, *v. t.* to cleanse; correct,

පරි·ශෝධිත, *a.* cleansed &c., ශුද්ධකරනලද &c.

පරි·ශෝෂයකරනවා, *v. t.* to evaporate, සිඳ්දෙ නවා, dessicate, වේලනවා.

පරි·ශ්‍රම·ජනක, *a.* producing fatigue, fatiguing, wearisome, වෙහෙසකරන.

පරි·ශ්‍රමය, *n.* toil, fatigue, weariness, distress, වෙහෙසය, කෙණෙහිත්තුව.

පරි·ශ්‍රමවූ, පරි·ශ්‍රාන්ත, *a.* fatigued, exhausted, වෙහෙසවූ, හෙම්බත්වූ.

පරි·ශ්‍රාන්තිය, *n.* toil, labour, fatigue. [පිරිස.

පරි·ෂද්, *n.* assembly, congregation, සමූහය,

පරි·ෂදයා, පරි·ෂද්‍යයා, *n.* spectator or one of an assembly or party, පිරිසෙහි කෙනෙක්.

පරිෂ්කාර, *n. pl.* See පිරිකර and අෂ්ටපරිෂ්කාර; also පරිෂ්කාරය.

පරිෂ්කාරය, *n.* decoration, accoutrement, සැර සීම, ආයිත්තම; surrounding, වටකෙරීම; cooking, ඉවීම.

පරිස, *a.* clear, clean, pure, පවිත්‍ර.

පරිස, *n.* See පිරිස.

පරි·සංඛ්‍යාව, *n.* sum, total amount, මුළු ගණන.

පරි·සමාප්ත, *a.* finished, perfected, නිමවූ, සම්පූර්ණවූ. [කම.

පරි·සමාප්තතාව, *n.* completeness &c., සම්පූර්ණ

පරි·සමාප්තිය, *n.* completion, consummation, සම්පූර්ණකිරීම. [අවහිරවූ.

පරි·සම්බාධ, *a.* squeezed, straitened, blocked up,

පරි·සරය, *n.* vicinity, contiguous land, අසල, අසල පලාත; death, මරණය; cowhouse, cattle shed, ගවහල, ශාල.

පරි·සර්ප, *a.* (සර්ප going, winding about), encompassing, circumambient, වටකරයන, අවට තිබෙන; diffused, පතලාවූ.

පරි·සර්පය, *n.* encompassing &c.; going, යාම.

පරි·සර්යාව, *n.* perambulation, wandering about, හැරීහැරීම.

පරි·සාධනය, *n.* effectuation, සිඩකිරීම; fulfilment, performance, ඉෂ්ටකිරීම.

පරි·සාරය, *n.* circumambulation, perigrination, වටකරයාම. [වතුර ඉසීම.

පරි·සේකය, *n.* wetting, sprinkling, තෙමීම,

පරි·සේචනය, *n.* washing, ablution, සේදීම, sprinkling.

පරි·ස්කෘත, *a.* adorned, embellished, අලංකෘත, surrounded, වටකරනලද.

පරි·සංපුත්‍රයා, පරි·ස්ඥයා, } *n.* foster-child,
පරි·සංපුත්‍රයා, පරි·ස්ත්‍යනයා, } adopted child.

පරි·ස්තනන, *a.* foster, adopted (child), ඇතිකර ගත්ත.

පරි·සනමණ·මණ්ඩපය, *n.* periptery. E. S.

පරි·භෝග, *n.* elephant's housings or trappings, ඇතාගේ ඇඳුම්.

පරි·ස්ථානය, *n.* fortitude, resolution, ධෛර්‍ය්‍යය.

පරි·ස්පන්දනය, පරි·ස්පන්දය, *n.* throbbing, lancination, ගැහීම.

පරි·ස්පන්දනයවෙනවා, *v. i.* to throb, lancinate, ගැහෙනවා, pulsate, නාඩි වැටෙනවා.

පරි·ස්‍යන්දය, *n.* oozing, වෑස්සීම; decoration of the hair, ඉසකේ සැරසීම.

පරිස්‍රාවකය, *n.* strainer; filter, පෙරහන.

පරි·හරණය, *n.* seizing, ඇල්ලීම; protecting, protection, ආරක්‍ෂාව; leaving, avoiding, අත් ඇරීම, වැලකීම.

පරි·හරණයකරනවා, *v. t.* to take, seize &c.; use, සේවනයකරනවා.

පරි·හාණය, පරි·හාණිය, *n.* (පරි emp.), diminution, retrogression, wane, ක්‍ෂයවීම; loss, lack, හානිය.

පරි·හාරය, *n.* contempt, disrespect, නිග්‍රහය; forsaking, අත්ඇරීම; example, ආදශය, illustration, නිදර්ශනය; honour, state, ඓශ්වර්‍ය්‍යය; also as පරිහරණය.

පරි·හාස, *a.* (පරි emp., හස් to laugh), jocular, ridiculing, taunting, කවටවූ, කවටකම්කරන.

පරි·හාසකරනවා, *v.* to ridicule, jeer, සමච්චල් කරනවා. [කවට ගතිය.

පරි·හාසතාව, *n.* jocularity, humourousness,

පරි·හාසය, *n.* pleasantry, banter, mirth, fun, කවටකම; nonsense; ridicule, jeer, සෙබිය.

පරි·හාස්‍ය, *a.* ridiculous, farcical, කවට ආකාර, මසුළු. [හුණ, පරවූ.

පරි·හීන, *a.* wasted, waned, faded, ක්‍ෂයවූ, පිරි

පරි·හෘත, *a.* taken, seized, අරගත්; avoided, expelled, පහකරනලද.

පරීක්‍ෂක, *a.* (පරි emp., or around, ඊක්‍ෂ to look), examining, testing, probatory, tentative, විභාගකාර; tempting.

පරීක්‍ෂක·ක්‍ෂුර, *n.* probe.

පරීක්‍ෂක·ධුරන්ධරයා, පරීක්‍ෂකයා, *n.* examiner, inspector, scrutineer, overseer, විභාගකාරයා.

පරීක්‍ෂක·ධුරය, *n.* inspectorship.

පරීක්‍ෂක·නිල·ධාරියා, *n.* examiner, inquisitor.

පරීක්‍ෂකයා, *n.* tester, විභාගකරන්නා; tempter, නපුරට පොළඹවන්නා.

පරීක්‍ෂක·සඟරාව, *n.* review (periodical).

පරීක්‍ෂක·සභාකාර, *a.* R. C., inquisitorial.

පරීක්‍ෂක·සභාව, *n.* examining society or committee; R. C. inquisition.

පරීක්‍ෂණ, *a.* testing, experimental, probational, සෝදිසි වශයෙන්වූ, පරීක්‍ෂක.

පරීක්‍ෂණය, *n.* trial, test, experiment, examination, inspection, review, scrutiny, සෝදිසිය.

පරීක්‍ෂණයකරනවා, *v. t.* to test, සෝදිසිකරනවා; overlook, survey.

පරීක්‍ෂණ·වාක්‍යය, *n.* test-word, shibboleth.

පරීක්‍ෂාකරනවා, *v. t.* to test, scrutinize, විභාග කරනවා; tempt; seek, සොයනවා.

පරීක්‍ෂා·කාර, *a.* testing &c.; tempting.

පරීක්‍ෂා·කාරයා, *n.* scrutineer; tempter.

පරීක්‍ෂා·පත්‍රය, *n.* proof-sheet, proof, සිහිපත්‍රය.

පරීක්‍ෂාය, පරීක්‍ෂාව, *n.* trial, test, examination; temptation [ted.

පරීක්‍ෂිත, *a.* tried, tested, සෝදිසිකරනලද; temp-

පරීවාරය, *n.* See පරිවාරය.

පරීවෘත, *a.* See පරිවෘත.

පරීසාරය, *n.* See පරිසාරය.

පරීහාරය, *n.* See පරිහාරය.

පරීහාසය, *n.* See පරිහාසය.

පරුමාණය, *n.* yard (of a mast), කුඹ දවය.

පරුමාණාංශය, *n.* yard-arm, කුඹ දවයේ කෙළ වර.

පරුව, *n.* knot, ගැටය, joint, knuckle, පුරුක.

පරුවත, *n.* E. of පර්වතය. [සැර.

පරුෂ, පරුස, *a.* rough, harsh, severe, gruff, රළු,

පරුෂකම, *n.* roughness &c.

පරුෂ·බස්, පරුෂ·වචන, *n. pl.* harsh language or words, abuse, scurrility.

පරුසුව, *n.* E. of පරශුව.

පරූෂ, පරූෂක, *a.* See පරුෂ.

පරෙසියා, පරෙවියා, *n.* See පරවියා.

පරෝක්‍ෂ, *a.* absent, ඉදිරිපිට නැති, invisible, නොපෙනෙන; *gram.* preterite, අතීත.

පරෝක්‍ෂයා, *n.* hermit, වනවාසියා, recluse, ascetic, තාපසයා.

පරෝක්‍ෂාර්ථය, *n.* (·අර්ථය), absent or invisible object, නොපෙනෙන දේ.

පරෝපකාර, පරෝපකාරී, *a.* (පර උපකාර), helpful to others, beneficent, පිහිටවන.

පරෝපකාරය, *n.* help rendered to others, අනුන් ට කරන උපකාරය.

පරෝපකාරීතාව, පරෝපකාරීත්වය, *n.* helpfulness to others. [උපකාර ලැබුණු.

පරෝප·කෘත, *a.* helped, aided (by some one),

පරෝප·ක්‍රමය, *n.* (පර උප:), device or scheme of others, foreign means or contrivance, අන් උපාය.

පරෝප·දේශය, *n.* (පර උප:), extraneous instruction or advice, අනුන්ගේ උපදේශය.

පරෝප·රුද්ධ, *a.* (පර උප:), obstructed or opposed by others, besieged. E. S.

පරෝප·රෝධය, *n.* (පර උප:), siege, වටලෑම.

පර්ණ, *n. pl.* or *a.* leaves; leaf-; කොළ.

පර්ණ·නරයා, *n.* leaf-man, viz. scarecrow, පඹයා.

පර්ණ·භෝජනයා, *n.* leaf-eater, viz. goat, එළුවා.

පර්ණය, *n.* leaf, කොළය.

පර්ණ·ශාලාව, *n.* leaf-hall or hut, booth, පැල, B. පන්සල. [tor, අත්ගැල.

පර්‍යය, *n.* wheel-chair, bath-chair, perambula-

පර්‍යංකය, *n.* seat, chair, පුටුව; bed, ඇඳ.

පර්‍යටනය, *n.* (පරි අටනය), wandering about, roaming, ඉබාගාතේ යාම.
පර්‍යන්ත, *a.* (පරි emp., අන්ත end), last, extreme, ultimate, අන්තිම.
පර්‍යන්තයෙකොට, *ad.* lastly, අන්තිමයෙකොට; completely, perfectly, සම්පූර්ණයෙන්.
පර්‍යන්ත·ප්‍රාප්ත, *a.* that has attained the utmost, attained, ended, completed, කෙළවරවූ, සම්පූර්ණවූ.
පර්‍යන්තය, *n.* end, අන්තිමය, නිමුව; completion, සම්පූර්ණවීම; frontier, boundary, සීමාව.
පර්‍යන්ත·ගත, *a.* (·ගත situated), terminal, boundary, bounding, සීමාවවූ, කෙළවර.
පර්‍යන්ත·සහිත, *a.* bounded, මායිම් ඇති.
පර්‍යය, *n.* (පරි against, අය to move), contrariety, irregularity, neglect of duty. E. S.
පර්‍යවසානය, *n.* (පරි අව:), end, extremity, termination, conclusion, අන්තිමය, අවසානය.
පර්‍යවස්ථිත, *a.* opposed or opposite to, විරුඬවූ, ප්‍රතිකූල.
පර්‍යවස්ථිතිය, *n.* *ast.* opposition.
පර්‍යාණය, *n.* saddle, කැද, කැදලය.
පර්‍යාප්ත, *a.* (පරි emp., ආප්ත gained), obtained, attained, ප්‍රාප්ත, complete, සම්පූර්ණ; able, බල සම්පන්න.
පර්‍යාප්තිය, *n.* obtaining &c., ප්‍රාප්තිය; guarding against; *pl.* the complete B. scriptures.
පර්‍යාය, *n.* order, method, arrangement, ක්‍රමය, පිළිවෙල; occasion, ප්‍රස්තාව; synonym, සමානාර්ථවචනය; metaphor, උපමා කීම.
පර්‍යාය·වචන, *n. pl.* synonymous terms.
පර්‍යාවර්තය, *n.* (පරි ආවර්:), return, හැරීම, හැරී යාම.
පර්‍යායෝක්තිය, *n.* (පර්‍යාය උක්තිය), figurative language, insinuation. [ළීම, පූර්වාපරය.
පර්‍යාසය, *n.* inverted order, inversion, පෙර
පර්‍යුදඤ්චය, *n.* debt, ණය.
පර්‍යුපාසනය, *n.* (පරි emp., උපාස: service), service, serving, සේවයකිරීම; worship, නමස්කාරය. [ඉඳගත ඉන්න.
පර්‍යුපාසිත, *a.* (පරි උපාස:), seated on, seated,
පර්‍යුෂිත, *a.* stale, not fresh, පරණ.
පර්‍යේෂණයකරනවා, *v. t.* (පරි around, ඊෂ් to go or gather), to investigate, examine, සෝදිසිකරනවා. [tion.
පර්‍යේෂණව, *n.* search, research, investiga-
පර්වත, *n. pl.* rocks, mountains.
පර්වත·කාකයා, *n.* mountain-crow, raven.
පර්වතකූටාවලිය, *n.* sierra, රළු කඳුවැටිය.
පර්වත·ගුහාව, *n.* rock or mountain cave.
පර්වත·ප්‍රාන්තය, *n.* edge of a rock, precipice.
පර්වත·ප්‍රාසාදය, *n.* rock-temple, පර්වත විහාරය.
පර්වතය, *n.* rock, mountain.
පර්වත·රන්ධ්‍ර·වාසි, *a.* saxicavous (insects), ගල් සිදුරුවල වාසී.

පර්වත·වාසී, පර්වතාශ්‍රිත, *a.* saxatile.
පර්වත·විද්‍යාව, පර්වත·ශාස්ත්‍රය, *n.* lithology.
පර්වත·විවරය, *n.* cleft in a rock, rock-fissure.
පර්වත·විහාරය, *n.* rock-temple, B. temple in a rock.
පර්වත·ශාස්ත්‍ර·ඥයා, *n.* lithologist.
පර්වත·ශිඛරය, *n.* rock peak, summit of a mountain, කඳු මුදුන.
පර්වතාන්තරය, *n.* passage or space between rocks, mountain pass, defile.
පර්වතාශ්‍රයයා, *n.* mountaineer. E. S.
පර්වතීය, *a.* mountainous, කඳුකර.
පර්වය, *n.* knot, ගැටය, joint, පුරුක; *bot.* suture, සන්ධිය; chapter of a book, පරිච්ඡේදය.
පර්·යෝනිය, *n.* (පර් joint, යෝනිය source), cane, වේවැල; reed, බට; sugar cane, උක්ගස.
පර්ශුකාව, *n.* rib, ඉළ ඇටය.
පර්ශුව, *n.* axe, hatchet, පොරව.
පර්ෂත්, පර්ෂද්, *n.* retinue, suite, assembly, පිරිස.
පල, *n.* or *a.* (Vowels as in බ of බල or in එ of එල), E. of ඵල, fruit; *imp. mood,* low for පලයන්. [placard.
පලක්කාවටු·ගහනවා, *v.* to affix placards, to
පලක්කාවටුව, පලක්කාර්තුව, *n.* D., placard.
පලක්·බඳිනවා, *v.* to sit cross-legged like a tailor.
පල·ක්ෂාරය, *n.* (පල flesh, ක්ෂාර juice), blood, ලේ.
පල·ගන්නවා, *v.* to bear fruit.
පල·ගස, *n.* fruit-tree.
පලංකම, *a.* frightened, afraid, timid, බයවූ.
පලංකර, *n.* bile, පිත.
පලංකෂයා, *n.* demon, goblin, රාක්ෂයා.
පලංකෂාව, *n.* lac, animal dye so called, ලාකඩ.
පලංගාන, පලංගානම, *n.* dish, platter, large plate.
පලඥය, *n.* resemblance, සමානකම.
පලඥයා, *n.* name of Rāhu; ascending node.
පලවිය, *n.* scaffold.
පලතුරක්, *n.* a fruit tree or plant.
පල·තුරු, *n. pl. lit.* fruit-trees, vegetation; fruits, ඵලජාති.
පල·තුරු·වත්ත, *n.* orchard.
පලදරනවා, *v.* to bear fruit.
පලදාව, *n.* fruit crop, produce.
පලදෙනවා, *v.* to yield fruit; *fig.* to give results as reward or punishment.
පලනය, *n.* coat of mail, පුබ කැවටය.
පල·නාශනය, *n.* destruction of fruit or expected results, viz. misfortune, නාස්තිය, විපත.
පලම, *n.* a weight equal to twelve කළඳ: see කළඳ. [තරාදිය.
පලම්, *n. pl.* of පලම; also scales for weighing,
පලම්·දණ්ඩ, *n.* beam of a balance, තරාදිකඳ.
පලම්බ, *a.* E. of ප්‍රලම්බ; pendant.
පලය, *n.* slope of a roof, එකපල්ලය, එකපල් වහල, single slope roof; flesh, මාංසය; afflic-

tion, පිඩාව ; woollen cloth, පලස ; weight of gold or silver equal to four කළඳ.

පල·රුක, *n.* fruit-tree, පලගස.

පලල, *n.* mud, කලල, මඩ ; flesh, මාංසය ; pounded sesamum, තලකුඩු.

පලලයා, *n.* See පලංකෂයා.

පලවත, *n.* fruit ingredient : see පස්පලවත.

පලවනවා, *v. t.* to put to flight, drive away, එළවනවා ; *pret.* පැළෙවුවා.

පලවැල, *n.* fruits small and large.

පලස, *n.* woollen cloth, ලොම්රෙද්ද, viz. blanket, mantle, rug, carpet, elephant cloth or housing.

පල·සෙවණීය, *n.* shade of the roof.

පලහනවා, *v. t.* to burn, roast, පුළුස්සනවා ; *pret.* පැලැහුවා ; *v. n.* පැලැහීම.

පලහිලව්ව, පලසිලව්ව, *n.* affair, matter, transaction. [vegetable-.

පලා, *n. pl.* or *a.* vegetables, herbs, vegetation;

පලා·උල්ලා, *n.* slug.

පලා·කරවලා, *n.* a snake so called, a variety of *bungarus Ceylonicus.* [*mocosus.*

පලා·ගැරඬියා, *n.* a variety of rat-snake, *ptyas*

පලා·කිරවා, *n.* grasshopper.

පලාගනිය, *n.* bile, පිත.

පලාණ්ඩුව, *n.* onion, eschalot, රතුලූනු.

පලා·පණුවා, *n.* herb-grub, viz. slug or caterpillar.

පලාපල, *n.* (පල අපල), prosperity and adversity, success and failure.

පලාපලකියනවා, *v.* to tell one's fortune.

පලා·පිලිහුඩුවා, *n.* a variety of kingfisher.

පලා·පොළඟා, *n.* a venomous snake so called, *trimeresurus trigonocephalus.*

පලා·මරියා, *n.* green tree-snake.

පලාමඩුවා, *n.* sole fish. [abscond.

පලා·දුවනවා, පලා·යනවා, *v.* to run away, flee;

පලායනය, *n.* fleeing, flight.

පලායමාන, *a.* fleeing, පලායන.

පලා·යාම, *v. n.* fleeing, flight; absconding.

පලාල, *n.* straw, පිදුරු.

පලාලපුඤ්ජය, පලාලපුජ්ජය, *n.* bundle of straw, පිදුරුමිටිය ; door-mat, පිදුරු බිස්ස.

පලාල·පීඨකය, *n.* straw mat for wiping the feet, door-mat ; capital punishment by beating the culprit till he becomes like a bundle of straw. [කුලිච්චම.

පලාල·මෙත්තය, *n.* straw mattress, pallet, පිදුරු

පලාව, *n.* a narrow sword, පටකඩුව.

පලාවන්, පලාශ, *a.* green, grass-green, කොළ පාට ඇති.

පලාවන්කම, පලාශතාව, *n.* greenness, viridity.

පලාශද, පලාශ·වර්ණය, *n.* green colour, green.

පලාශිය, *n.* tree, ගස.

පලාශියා, *n.* goblin, imp, ප්‍රේතයා.

පලාහනවා, *v. t.* See පලහනවා.

පලිගත්තාවා ; ගැනීම &c.: See පලිගන්නවා &c.

පලිඝය, *n.* glass vessel, විදුරුව ; waterpot, කළය ; gateway, door-way, දොරකඩ ; window, air-hole, කවුළුව ; iron club, යකඩ පොල්ල.

පලිඝ·පරිවර්තිය, *n. lit.* stake- revolving, whirling the body round it.

පලිත, *a.* grey-haired, old, ඉසකේ පැසුණු.

පලිතය, *n.* greyness of the hair ; heat, රස්නය; mud, මඩ ; benzoin, කල්මද.

පලිතයා, *n.* grey-haired man, ඉසකේපැසුණු අය.

පලිතාව, *n.* grey-haired woman, ඉසකේ පැසුණු ස්ත්‍රී. [දුව.

පලිදුකරනවා, *v. t.* to blemish, injure : see පළි

පලිප්පු·දමනවා, *v. t.* to polish ; *fig.* to plaster or smooth over, give a good appearance to.

පලිප්පුව, *n.* polish.

පලියට, as *ad.* out of revenge. [යෝ.

පලියා, *n.* washerman for low castes ; *pl.* පලි

පලිහ, පලිහ, *n.* shield, buckler ; *pl.* පලිස්.

පලිස්කාරයා, *n.* shield-bearer, one who uses a shield. [in defence.

පලිහ·පානවා, *v.* to hold or present the shield

පලිහරඹය, *n.* brandishing or presenting the shield.

පලු, *n.* cutaneous rash, කරප්පන් ; buds, දළු.

පලුදුකරනවා, *v.* to damage, blemish.

පලුදුව, *n.* blemish, flaw.

පලෙළුවා, *n.* a large kind of goat.

පල්, *adj. suf.* E. of පාල : protecting, nourishing, ආරක්ෂාකාර, පාලවූ.

පල්, *n.* mud, මඩ. [egregious.

පල්, *a.* stale, foul, putrid ; *fig.* arrant, sheer,

පල්කම, පල්ගතිය, *n.* staleness &c., fetidness.

පල්කරනවා, *v. t.* to make fetid &c. (by soak-

පල්·ගඳ, *n.* fetid stench. [ing).

පල්·දොඩනවා, *v.* to talk rubbish, chatter, prate.

පල්දොරුව, *n.* sewer, කාණුව.

පල්මාණික්කම, *n.* green vitriol, copperas, පච්ච සිතක්කාරම.

පල්‍යංකය, *n.* bedstead, ඇඳ.

පල්‍යාණය, *n.* saddle, කැදලය.

පල්ල, *n.* bottom (of a river &c.) ; paddle used to steer with.

පල්ල, *post.* by, used as an oath : see පා.

පල්ල, *n.* legume, බෝංචි. E. S.

පල්ලක්කිය, *n.* palanquin, litter, දෝලාව.

පල්ලම, *n.* slope, declivity.

පල්ලම්කරනවා, *v. t.* to slope, make to slope.

පල්ලම්වූ, *a.* sloping. [garner.

පල්ලය, *n.* large basket or mat shed used as a

පල්ලරු, *n.* washerman belonging to a section of the පලි : see පලියා.

පල්ලලය, *n.* pond, tank, පොකුණ.

පල්ලවය, *n.* sprout, shoot, දළුව, twig, රිකිල්ල, branch, අත්ත; lac, ලාකඩ; bracelet, වළලු; unsteadinss, අස්ථිරකම.

පල්ලවාංකුරය, *n.* (·අං·), bud, shoot of a branch or twig, දළුව.

පල්ලවාදයා, *n.* (පල්ලව, අද් to eat), bud-eater, viz. goat, එළුවා; deer, මුවා.

පල්ලවෝද්ගමය, *n.* (පල්ලව උද්ගමය), coming up or formation of buds, budding, sprouting, දළුලෑම. [lage, ගම.

පල්ලිය, *n.* church, chapel; house, ගෙය; vil-

පල්ලියා, *n.* house-lizard, හූනා.

පල්ලී, පල්ලිය, *n.* low-caste woman, අඩු ජම්මක් කාරී. [lower, below.

පල්ලේ, as *ad.* at the bottom, underneath,

පල්වත, *n.* air, wind, හුළඟ.

පල්වෙනවා, *v. i.* to become bad, stinking or putrid, (of liquids).

පල්·හොරා, *n.* audacious thief, daring robber.

පව, *n.* E. of පාපය: sin; *pl.* පව්.

පව, *n.* E. of පර්වතය: rock, stone, mountain.

පව·ග, පව·ඟු, *n.* (ග to go), *lit.* mountain-ranger, viz. the black monkey: see වඳුරා.

ප·වත, *n.* (ප emp., වත being), being, existence, continuance, පැවැත්ම, පැවතීම.

පවත, *n.* See පුවත; *pl.* පවත්, පුවත්.

පවතිනවා, *v. i.* to continue, remain, endure; *pret.* පැවතුණා or පැවැත්තා; *v. n.* පැවතීම.

පවත්වනවා, *v. t.* to maintain, keep, observe (as a command or custom); *pret.* පැවැත්තුවා; *v. n.* පැවැත්වීම.

පවන, *n.* air, wind, හුළඟ; winnowing, (ධාන්‍ය) පෙළීම; purifying, පිරිසිදුකිරීම.

පවන්, *n. pl.* or *a.* winds; air-, wind-; හුළං.

පවන්·අත්ත, *n.* wind-branch, viz. fan.

පවන්ගසනවා, පවන්ගහනවා, *v.* to fan; winnow, පොළනවා.

පවන්·පත, *n.* wind-leaf, viz. fan. [අහස.

පවන්·මඟ, *n.* wind-path, viz. atmosphere, sky,

පවන්·මෝල, *n.* windmill, හුළං·මෝල.

පවන්·යන්ත්‍රය, *n.* wind machine; ventilator.

පවන්·වේග·මානක·යන්ත්‍රය, *n.* wind-guage.

පවන්·වේගය, පවන්·සැරය, *n.* storm of wind, gale, හුළං·සැරය, velocity of the wind, force of the wind, හුළඟේ සැරකම. [ගසනවා.

පවන්·සලනවා, *v.* to shake a fan, to fan, පවන්

පවස, *n.* See පවන; cowdung, ගොම.

පවර, *a.* chief, noble, pre-eminent, උත්තම.

පවරනවා, *v. t.* to devolve upon, foist or thrust upon, impose; impute, as දෙස්පවරනවා, accuse, censure; to invite and settle (a B.P. in a house during the rainy season); *pret.* පැවරුවා; *v. n.* පැවරීම. [claimer.

පවරයා, *n.* bard, official panegyrist or pro-

පවස, *n.* thirst, පිපාසය; desire, ආශාව.

පවසනවා, *v. t.* to utter, say, recite; *pret.* පැවසුවා; *v. n.* පැවසීම.

පවළ, *n.* red coral, පබළුව.

පවළ·සිඳු, *n.* red-coral sea.

පවා, *ad.* even.

පවාකාව, *n.* whirlwind, සුළි හුළඟ.

පවාන, *n.* E. of පවිතප්‍රාප්තය.

පවාරණය, *n.* rejection, එපාකිරීම, අතහැදමීම, abandonment. අත් ඇරීම; request, ඉල්ලීම; invitation.

පවාව, *n.* valley, මිටියාවත.

පවිටා, *n.* sinner, පව්කාරයා.

පවිටු, *a.* sinful, පව්කාර, පාපිෂ්ඨ.

පවිටුකම, *n.* sinfulness.

පවිතය, *n.* B. P. faultiness, fault, දෝෂය.

පවිත්‍ර, *a.* clean, cleanly, pure.

පවිත්‍රකරනවා, *v. t.* to clean, purify.

පවිත්‍ර·කරණය, *n.* cleansing &c., පවිත්‍රකිරීම.

පවිය, *n.* Indra's thunderbolt, වජ්‍රායුධය; thunderbolt, හෙණ. [පවුරා.

පවුර, *n.* wall of a city or fort, rampart; *pl.*

පවුරුණය, *n.* E. of ප්‍රකරණය.

පවුරුණු, *n.* See පවාරණය.

පවුල, *n.* family; B. P. robe, සිවුර.

පවුල්කාර, *a.* married state, domestic, පවුල් කාරකම.

පවුල්කාරයා, *n.* married man, family man.

පව්, *n. pl.* of පව.

පව්කරනවා, *v.* to sin.

පව්කාර, *a.* sinful, peccant.

පව්කාරයා, *n.* sinner.

පව්·මකනවා, *v.* to blot out sin, expiate sin.

පව්ව, *n.* stone, ගල, rock, පර්වතය.

පශු, *n.* an animal, sp. a domestic quadruped.

පශු·ඝාතය, *n.* slaughter of animals, සතුන් මැරීම; animal sacrifice, සතෙක් මරා පුදකිරීම.

පශු·චාරය, *n.* cattle-walk, cattle-run.

පශුජාති, *n. pl.* cattle, the various kinds of cattle.

පශුතාව, *n.* animalism, brute condition.

පශු·පති, *n.* ap. of Siva, ඊශ්වරයා.

පශු·පාලක, *a.* cattle keeping, pastoral, එඬේර, ගවාදි සතුන් බලාගන්න. [keeper.

පශු·පාලකයා, පශුපාලයා, *n.* herdsman, cattle-

පශු·පාල·කාව්‍යය, *n.* pastoral poem, එඬේරකවිය.

පශු·පාලනය, පශු·රක්ෂණය, *n.* rearing or tending cattle, pasturage.

පශු·වෛද්‍ය, *a.* veterinary, සතුන්වෙද. [වෙදා.

පශු·වෛද්‍යයා, *n.* veterinary surgeon, සතුන්

පශු·සම්භවය, *n.* cattle-produce (as flesh, butter).

පශ්චාත්, aff. or *ad.* *signifying* after, පසු; afterwards, පසුව. [පට අදින.

පශ්චාත්ගාමික, *a.* drawing back, retractive, පස්

පශ්චාත්ගාමික·නහරය, *n.* retractive nerve, retractor, පස්සට ඇදෙන නහරය.

පශ්චාත්තාප, *a.* (තාප heat, pain), pert. to repentance, penitential, පසුතැවිලිවූ.
පශ්චාත්තාපජ, *a.* arising from penitence, penitential. [පසුතැවිල්ල.
පශ්චාත්තාපය, *n.* regret, contrition, repentance,
පශ්චාත්තාපවූ, *a.* penitent, contrite.
පශ්චාත්තාපවෙනවා, *v. i.* to regret, repent, පසුතැවිලිවෙනවා. [බත.
පශ්චාද්භක්තය, *n.* evening meal, සවස් කෑම, පසු
පශ්චාවක්‍ර, පශ්චාම්නත, පශ්චාන්නත, *a.* (පශ්චාත් + වක්‍ර &c.) *bot.* and *zool*, turned back, revolute, retroflex, replicate, පස්සට නැමී තිබෙන.
පශ්චිම, *a.* after, hinder, පස්සෙ; western, occidental, බස්නාහිර.
පශ්චිමචක්‍රවාටය, *n.* western boundary or portion of this, සක්වළ. [ගාමි.
පශ්චිමචාර, *a.* retrograde, retrogressive, පස්සට
පශ්චිමජනතාව, *n.* future people, posterity, මතු කාලයේ මිනිස්සු.
පශ්චිමතරුව, *n.* evening star, ඉරබටු තාරකාව.
පශ්චිමදිග, *n.* or *a.* western quarter, occident, බස්නාහිර දිශාව; western, occidental.
පශ්චිමදිශාව, *n.* See පශ්චිමදිග, *n.*
පශ්චිමනවීනතර, *a. geol.* post-pliocene.
පශ්චිමභාගය, *n.* western side or part.
පශ්චිමයාමය, *n.* last watch of the night, රෑ අන්තිම යාමය.
පශ්චිමදේශාන්තරය, *n.* west longitude.
පශ්චිමසමුද්‍රව, *n.* hindmost regiment, rearguard. [ing.
පශ්චිමාන්තරය, *n.* distance to the West, west-
පස, *n.* fr. පච: five, පස.
පස, *n.* පාර්ශ්වය: side, පැත්ත, both sides, දෙපස; edge, අද්දර; noose, snare, තොණ්ඩුව.
පස, *n.* E. for ප්‍රත්‍යය.
පසඇටය, *n.* die, දාදුව; *pl.* පස ඇට, dice.
පසකඩ, *n.* after part, posterior portion, පස්ස භාගය.
පසක්, *a.* evident, manifest, obvious, known by experience, පැහැදිලි, ප්‍රත්‍යක්ෂ.
පසක්කරනවා, *v. t.* to make clear or plain, පැහැදිලිකරනවා &c.
පසඟ, *n. pl.* (පස් අඟ), E. of පචාංග.
පසඟතුරු, *n. pl.* five kinds of musical instruments, viz. ආතත, broad drum; විතත, long drum; විතතාතත, long and broad drum; ඝන, cymbal; සුෂිර, flute or pipe.
පසඟිලි, *n. pl.* or *a.* E. of පචාංගුලි.
පසඟුල්, *a.* E. of පචාංගුල: castor oil (tree &c.), එඬරු.
පසඬමස, *n.* (පස් අඩ මස), latter half of the moon's period, අවරපක්ෂයේ දෙපෝය.
පසඩ, *n.* game of dice.
පසත, *n.* palm of the hand hollowed as a cup, hollowed hand.

පසතුරු, *n. pl.* E. of පචතූර්‍ය.
පසන, *n.* satisfaction, gladness, ප්‍රසන්නකම.
පසන්, *a.* E. of ප්‍රසන්න: pleasing. [කරනවා.
පසන්කරනවා, *v. t.* to please, satisfy, ප්‍රසන්න
පසපත, *n.* ap. of කුවේර.
පසමිතුරා, *n.* enemy, සතුරා.
පසමිතුරු, *a.* hostile, සතුරු.
පසය, *n.* gift, offering, offering to a monk or ascetic, දීමනාව.
පසරණය, *n.* (ප before, සරණය going, proceeding), outspread, viz. cloth or carpet spread on the ground; (layer of) lacquer work.
පසල, *n.* (ප before, සල for අසල), suburban district, outlying region, අසල, පරිසර.
පසල්, *a.* suburban, outlying, neighbouring, අසල, පරිසර.
පසල්ගම, *n.* outlying village, town outside the city, අසල්ගම.
පසල්දනව්ව, *n.* neighbouring district, adjoining country, අසල ජනපදය or පලාත
පසදුරු, *n. pl.* five kinds of දුරු or cummin, viz. සුදුදුරු, කළුදුරු, මහදුරු, අසමෝදගම් and සතපුෂ්ප, which see in *Bot.*
පසවත්, *n.* lion, සිංහයා; son of Brahma &c.: see විශ්වකර්මයා. [termination.
පසවත්, *a.* for ප්‍රසාදවත්; having a suffix or
පසව, *n.* E. of ප්‍රසව.
පසාවිය, *n.* (පස් අවි), aggregate of five weapons, viz. sword, helmet, bow, shield, battle-axe.
පසාවියා, *n.* five-armed one, five-weaponed, ap. of Cupid, කාමදෙවියෝ.
පසස, *n.* E. for ප්‍රශංසාව: praise.
පසසනවා, *v.* to praise, eulogize, ප්‍රශංසාකරනවා.
පසස්, *a.* E. for ප්‍රශංසා: පසස්ගීය, praise-hymn, doxology.
පසස්, or පසැස්, *n. pl.* E. for පචාක්ෂය.
පසස්නා, *v. adj.* for පසසන: praising, ප්‍රශංසා කරන.
පසහසංවාසය, *n.* rape, තැතිස්සාබුව.
පසළොස, *n.* fifteen, පහළොව.
පසළොස්, *a.* fifteen, පහළොස්.
පසාකරනවා, *v. t.* to pierce, pass through (as a jungle). [දිගුකරනවා.
පසාරණයකරනවා, *v. t.* to extend, stretch out,
පසාරය, *n.* extending, දිගුකිරීම; duplicity, deceit, fraud, ප්‍රපචය.
පසාරුකරනවා, *v. t.* to put or pass or run through, pierce through; pass (as a document through an office). [substance).
පසාරුවෙනවා, *v. i.* to go or pass through (a
පසැටය, *n.* See පස ඇටය.
පසැඹුල, *n.* (පස් ඇඹුල්), the five acids, viz. of the pomagranite, citron, jujube, hog-plum and sorrel.

පසැස්, *n. pl.* See පසස්.

පසිදු, පසිද්ධ, *a.* E. of P. පසිද්ධ: public, well-known, ප්‍රසිද්ධ.

පසිඳිනවා, *v. t.* to investigate, judge, විභාගකර නවා; destroy, නැතිකරනවා, extirpate, සිඳ දමනවා; *pret.* පැසින්දු; *p. pl.* පැසිඳු; *v. n.* පැසිඳීම.

පසිදුකරනවා, *v. t.* to publish, ප්‍රසිද්ධකරනවා.

පසිල්ලා, *n.* monk, recluse, තාපසයා.

පසු, *post.* after, as ඊටපසු, after that.

පසුකරනවා, *v. t.* to pass or spend (time); go beyond, පසුකරනවා.

පසුකරයනවා, *v. t.* to pass by or beyond, outstrip.

පසු·ගමන, *n.* escorting.

පසු·ගමන්·යනවා, *v.* to accompany or escort some distance.

පසු·ගිය, *v. adj. pret.* by-gone, past, last.

පසු·ගිය·අතර, පසු·ගිය·දා, *ad. ph.* formerly, lately, recently.

පසු·තාපය, *n.* See පශ්චාත්තාපය.

පසු·තැවිලිනොවන, *v. adj.* non-repenting, impenitent.

පසු·තැවිලිවූ, *a.* penitent.

පසු·තැවිලිවෙනවා, *v. i.* to regret, repent.

පසුතැවිල්ල, *n.* (පසු subsequent, තැවිල්ල sorrow, fr. තැවෙනවා), regret, repentance, penitence, contrition.

පසු·තුර, *n.* See පිළිතුර. [master.

පසුනු, *a.* near, ළඟ, සමීප, adjoining, යාබ; *n.*

පසුන්, *a.* (ප emp., සුන් broken, separated), cut, කපාපු; judged, විභාගකරපු, decided, නියමකරපු.

පසු·පතියා, *n.* See පශුපතියා.

පසු·පස්සේ, *ad.* continuously after, (following) from place to place behind..

පසු·පාලකයා, *n.* See පශුපාලකයා.

පසු·පෙර, *ad.* or *a.* behind and before.

පසු·බටය, *n.* (පසු back, බටය descending), retrogression, backsliding, decline, degeneracy, lapse.

පසු·බටවෙනවා, *v. i.* to retrograde &c., become discouraged or remiss.

පසු·බත, *n.* afternoon, the time after the meal time.

පසු·බසිනවා, පසු·බහිනවා, *v.* to recede, retrograde, decline from, ebb, flag.

පසු·බානවා, *v. t. fig.* to put back, defeat.

පසු·බැසීම, *v. n.* of පසුබසිනවා: receding &c., reflux.

පසුම්බිය, *n.* small wallet or bag, purse.

පසුර, *n.* sole of the foot, පතුල; also the same as පහුර; *pl.* පසුරු.

පසුව, *ad.* after, afterwards.

පසුව·දා, *n.* the next day.

පසු·වෙනවා, *v. i.* to get or drop behind (in walking &c.); (of time) to pass, pass away, elapse; fare, spend (one's days), as සැපෙන් පසුවෙනවා, live in luxury or comfortably.

පසු·සමුදුව, *n.* rear-guard, regiment in the rear.

පසුත, *a.* P. of ප්‍රසුත.

පසේ·බුදුන්, *n.* (පසේ fr. P. පච්චෙක = S. ප්‍රත්‍යෙක, each several, each, and බුදුන්), one of an inferior class of Buddhas, who appeared from time to time before Gautama Buddha. They had not the legislative power or prerogatives of a supreme Buddha and rendered no special assistance to others, though they themselves finally attained Nirvāna.

පස්, *n.* E. of පාංශු: earth, mould, soil.

පස්, *a.* five.

පස්ඇඹුල්, *n. pl.* See පසැඹුල.

පස්·ඇස්, *n. pl.* the five eyes of the Buddha, viz. මසැස, දිවැස, පැණැස, බුදුඇස, සමැසැස; ap. or ep. of Buddha. See පචාක්ෂිය.

පස්·ඉඳුරු, *n. pl.* E. for පංචෙන්ද්‍රිය: the five senses.

පස්·ඉරණම, *n.* earth-destiny, viz. burial; destined grave.

පස්·කම්, *n. pl.* E. of පචකාම.

පස්·කම්·රස, *n.* the sensations or enjoyment of the five senses.

පස්·කලණ, *n. pl.* E. of පචකල්‍යාණ.

පස්කැටිය, *n.* clod, lump or piece of earth, bit of soil or clay.

පස්කැත, *n.* earring, කුණ්ඩලාභරණය.

පස්·කිරි·වක්කරනවා, *v.* to pour the five kinds of milk as a ceremony after the blossoming of the crops.

පස්·කුලය, *n.* five artisan castes, viz. of the carpenter, weaver, washerman, barber and shoe or sandal maker.

පස්·කුළු, *n. pl.* See කුළුපස.

පස්·කෙළිය, *n.* the five indulgences, viz. enjoyment of the five senses.

පස්·කොළ, *n. pl.* five spices, viz. long pepper, තිප්පිලි, its root, තිප්පිලිමුල්, piper chavya, සිවියවැල්, leadwort, රත්නෙටුල්, dried ginger, සිද්දිතුරු.

පස්·ගති, *n. pl.* the five conditions into one of which man passes at death: he either becomes a god, a man again, a goblin, ප්‍රේත, an animal, තිරිසන්, or a being of hell, නිරිසතා.

පස්·ගෝ·රස, *n. pl.* the five products of the cow, viz. කිරි, දීකිරි, ගිතෙල්, මෝරු, වෙඬරු.

පස්·තෙල්, *n. pl.* the five medicinal oils, viz. එඬරුතෙල්, තලතෙල්, එලුගිතෙල්, කොහොඹ තෙල්, මීතෙල්.

පස්·ධාතු, *n. pl.* the five elements of nature, viz. earth, fire, water, air and space or ආකාශය.

පස්නා, *v. adj.* for පැසෙන: ripening, baking &c.; *fig.* suffering, දුක්විඳින.

පස්පත, *n.* ap. of විරුණයා or විරුණදෙවියෝ.

පස්·පල, පස්·පල·වත, *n. pl.* the five ingredients used with betel, viz. පුවක්, කපුරු, කුරුඳු, ඉඟුරු, හුණු.

පස්පව්, *n pl.* E. of පංචපාප. [repeatedly.

පස්·පස්ව, *ad.* after or afterwards, persistently,

පස්·පැකිරි, *n. pl.* five kinds of zest, viz. හාරම්, මදුඩම්, දෙහි, කුඩිලු, යකිනාරම්.

පස්·පැණි, *n. pl.* five kinds of honey or sweet juice, viz. මීපැණි bee honey, බඹරපැණි wasp honey, සතාමීපැණි, දඬුවැල්පැණි humble-bee honey, උක්පැණි sugar-cane juice.

පස්·පැහැය, පස්·පා, *n. pl.* the five primary colours, viz. white, black, blue, yellow and red.

පස්·පිඩැල්ල, *n.* clod or lump of earth.

පස්·පියුම්, *n. pl.* five varieties of nymphæa, viz. මානෙල, උපුල්, නිල්උපුල්, රත්නෙළුම්, සුදු නෙළුම්.

පස්·පොළොව, *n.* B. the earthy or solid stratum of this world, the other two supposed strata beneath the solid being water, and beneath that air: see ජලපොළොව and වායුපොළොව.

පස්·බත, *n.* See පසුබත. [මිලේච්ඡයා.

පස්·බැලුම්, *n. pl.* the five looks. See පංචම්ලෝ

පස්·බිඩැල්ල, *n.* See පස්පිඩැල්ල.

පස්·මර, පස්·මරු, *n. pl.* the five classes of hindrances to the attainment of Nirvāna, viz. පංචස්කන්ධ, පංචක්ලේශ, මෘත්‍යුව, වසවර්තියා, අභිසංස්කාරය. See පංචමාර.

පස්·මල්, *n. pl.* five kinds of flowers or flower-like substances, viz. කොළ අඹ, පුත්සාල්, දූසමත්, ඊතණ, මීලද.

පස්·මස්, *n.* dry-ground food, viz. කුරක්කන්, which is not grown in a swamp.

පස්·මහ·සඟ, *n.* E. of පංචමහාසංඝයා.

පස්·මුල්, *n.* E. of පංචමූල.

පස්·මෙහෙකරුවෝ, *n. pl.* the five servers or artisans, viz. වඩුවා, රෙදිවියන්නා, රදවා, පනික්කියා, කම්කරුවා. See පස්කුල.

පස්·මෙන්තුව, *n.* Port., lace, fringe.

පස්·ලුණු, *n. pl.* E. of පංචලවණ.

පස්·ලෝ, *n.* E. of පංචලෝහ

පස්·වග, *n.* (වග E. of වර්ග kinds), the five kinds or individuals. See the next.

පස්·වග·මහණ, *n.* the five Brahmin ascetics who first heard Buddha preach.

පස්වටනවා, *v. t.* to take care of, look after, බලාගන්නවා; *pret.* පස්වැටුවා.

පස්·වණක්·ප්‍රීති, *n. pl.* five kinds of joy, viz. ඛුද්දකාපීතිය, joy that makes the hair stand up, ඛණිකා පීතිය, momentary joy; ඔක්කන්තිකා පීතිය, overwhelming joy; උබ්බෙග පීතිය, uplifting joy; ඵරණ පීතිය, exhilarating joy.

පස්·වත්, *n.* See පසවත්; ap. of Siva, ඊශ්වරයා.

පස්·වන, *n. pl.* (වන E. of වර්ණ), the five colours: see පස්පැහැය.

පස්වන, *a.* fifth, පස්වෙනි.

පස්·වරු, *a.* afternoon, post-meridian.

පස්·වරුව, *n.* afternoon.

පස්·වලල්ල, *n.* ornament, ornamental ring.

පස්·වා·දහස, *n.* (වා years), five thousand years.

පස්·වැටුම, *v. n.* of පස්වටනවා: taking care of, බලාගැනීම, රක්ෂාකිරීම.

පස්·වැන්න, *n.* the fifth one, පස්වෙනි එක.

පස්·විසි, *a.* twenty-five, විසිපස්.

පස්·විසි·මහ·බය, *n.* the twenty-five, great fears or causes of fear, viz. birth, old age, sickness, sorrow and death, which, as belonging to the past. present and future, are reckoned as fifteen, to which are added the following ten, viz. fear of thieves, enmity, oppression, persecution, punishment, conscience, water, fire, wild beasts, and incurable disease.

පස්·විස්ස, *n.* twenty-five, විසිපහ.

පස්වෙනි, *a.* the fifth.

පස්ස, *n.* the hinder part.

පස්සට, *ad.* towards the back, backwards, back.

පස්·සහදම්, *n. pl.* the five ascetic orders, viz. භික්ෂු, භික්ෂුණිය, සාමණේර, සාමණේරිය, සික්ඛමානාව. See each one.

පස්සා, පස්සේ, *a.* the after (part &c.), posterior hind, hinder.

පස්සා·ගාත්‍රය, *n.* hind leg, hind limb or quarter of an animal.

පස්සෙන්, *ad.* behind; afterwards. [hind.

පස්සේ, *ad.* and *post.* afterwards; after, be-

පස්·හී, *n.* (හී arrow), the five-arrowed one, ap. of Cupid: see පසහිය.

පහ, *n.* (fr. පස, පච), five; *pl.* or *a.* පස්.

පහකරනවා, *v. t.* to put or drive away, oust. expel, throw off, eliminate; reject, dismiss.

පහ·කුම්භය, *n.* the hind කුම්භය or lump, rump of an animal.

පහට, *a.* smitten, පහර ලැබූ, afflicted, පීඩිත.

පහටු, *a.* pleased, delighted, සතුටු, ප්‍රීති.

පහටුකරනවා, *v.* to play tricks, act craftily, trick.

පහටුව, *n.* trick, ප්‍රයෝගය.

පහඩ·කෙළිය, *n.* game of dice.

පහණ, *n.* E. for පාෂාණය: a stone, ගල.

පහණ·වැස්ස, *n.* hail, ගල්වර්ෂාව.

පහණ·තල, *n.* stone slab, ගල්පැල්ල.

පහත, *ad.* and *post.* below, underneath, under.

පහත·බස්වනවා, *v. t.* to let down, lower; degrade.

පහත(ත්)·බැස්ම, *v. n.* of පහත(ත්)බසිනවා: falling, descending, prolapse.

පහත්, *a.* *lit.* and *fig.* low; base; humble.

පහත්කරනවා, *v. t.* to lower, let down; depress; abase, degrade. [become low.

පහත්වෙනවා, *v. i.* *lit* and *fig.* to sink down,

පහදනවා, *v. t.* to make clear, explain, elucidate; (with සිත) to clear, enlighten; *pret.* පැහැදුවා; *v. n.* පැහැදීම.

පහදවනවා, *v. t.* to clear, purge (liquids); clear, up (doubts and difficulties), clear and convince (the mind); *pret.* පැහැදෙවුවා; *v. n.* පැහැදවීම.

පහද·අරිනවා, *v. t.* to clear away (doubts &c.).

පහදිනවා, *v. i.* to become clear; to be pleased, සතුටුවෙනවා; *pret.* පැහැදුණා fr. පැහැදෙනවා.

පහදෙවිය, *n.* mansion, palace, මාලිගාව.

පහන, පාන, *n.* lamp; *pl.* පහන්, පාන්.

පහනවා, *v. t.* to solder, weld; *pret.* පැහැවුවා or පෑහුවා. Also පාහනවා.

පහන්, *a.* pleased, glad, සතුටු, ප්‍රසන්න.

පහන්, *a.* pert., to light or morning.

පහන්·එළිය, *n.* morning light, dawn; lamp-light.

පහන්·කඩය, *n.* (කඩය bit of rag or cloth), wick of a lamp or candle.

පහන්·කණුව, පහන්කුලුන, *n.* lamp-post.

පහන්·කතුර, *n.* snuffers.

පහන්·කද, *n.* lamp-stand, candlestick.

පහන්·කිච්චා, *n.* magpie: see පොල්කිච්චා.

පහන් තරුව, පහන්·තාරකාව, *n.* morning star, Venus, Lucifer, සිකුරුතරුව.

පහන්·තුබ, *n.* wick, burner.

පහන්·තුර, *n.* lamp-stand.

පහන්·දමිය, See පන්දම.

පහන්·දමස, *n.* string of lamps, row of lights.

පහන්·දැල්ල, *n.* flame of a lamp or candle; *pl.* පහන්දැලි.

පහන්·රුක, *n.* lamp-stand, candlestick, chandelier.

පහන්වෙනවා, *v. i.* to become morning, dawn.

පහන්·වේලාව, *n.* time of dawn or sunrise.

පහන්·සිළ, *n.*, පහන් සිළු, *pl.* See පහන්දැල්ල.

පහය, *n.* E. of ප්‍රාසාදය; *also* means, උපක්‍රමය, way, මග.

පහර, *n.* knock, blow, slap, stroke; *pl.* also පහර.

පහර·කනවා, පහර·ලබනවා, *v.* to receive strokes, be struck or beaten.

පහරනවා, *v. t.* to smite or effect (as pain); eject, void at stool; *pret.* පැහැරුවා; *v. n.* පැහැරීම.

පහර·දෙනවා, *v. lit.* and *fig.* to give blows, strike, smite.

පහරවනවා, *v. t.* to open the bowels, cause to evacuate, purge; *pret.* පැහැරෙවුවා; *v. n.* පැහැරවීම.

පහරන්, *a.* hard, solid, firm, තද; harsh, රළු.

පහලුව, *n.* dry ground, වියළිභූමිය.

පහව, *p. pl.* or as *ad.* away from, separately, වෙන්ව.

පහවෙනවා, *v. i.* to pass or move or clear away.

පහස, *n.* E. for ස්පර්ශ: touch, අතගෑසීම, හැපීම; feeling.

පහසු, *a.* easy, facile; convenient.

පහසුකම, පහසුව, *n.* ease, facility, convenience, relief.

පහසුකරනවා, *v. t.* to make easy, facilitate.

පහසුගන්නවා, *v.* to take rest, leisure or recreation.

පහසුවෙනවා, *v. i.* to become easy or convenient, lightened, relieved.

පහසුවෙන්, *ad.* with ease, easily, comfortably.

පහළ, *ad.* or *post.* down, below; low, lower, subjacent.

පහළ, *a.* public, generally known, ප්‍රසිද්ධ.

පහළකරනවා, *v. t.* to set forth, explain, තෝරා දෙනවා; bestow (super-naturally).

පහළවෙනවා, *v. i.* to descend or come (as from another world into this), to come into being; to become manifest; take place, happen.

පහළොස, *n.* See පහළොව.

පහළොව, පසළොව, *n.* fifteen.

පහළොස්, *a.* fifteen.

පහළොස්වක, *n.* fifteenth day or day of the full moon.

පහාර, *n.* stroke, see පහර; watch of four hours.

පහාව, *n.* upstair house, උඩුමහල් ගෙය.

පහිම්බුව, *n.* the mark X branded on cattle.

පහිලය, *n.* sandal, සෙරෙප්පුව.

පහුකරනවා, *v. t.* to pass: see පසුකරනවා.

පහු පස්සේ, *ad.* See පසුපස්සේ.

පහු·බසිනවා, *v.* See පසුබසිනවා.

පහුර, *n.* raft, float; tendril; hempen rope, නියදලනුව; *pl.* පහුරු.

පහුරු, *n. pl.* claws, නිය; finger nails, නිය පොතු.

පහුරුගානවා, *v. t.* to claw, scratch with the nails or claws, paw with the hoof.

පහුව, *p. pl.* or *ad.* See පසුව.

පහුත, *a.* large, මහත්; many, very, බොහෝ.

පහුත·ජිහ්වා, *n.* large-tongued one: ap. of Buddha, who had a large tongue which was one of his personal beauties.

පෙස්, *suf.* somewhat, about (of degree), as දුළු පෙස් කෙනෙක්, person of low degree. (පාසේ).

පළ, *n.* (The vowels as in කල or කරන), place, තැන; person, individual, as දෙපළක්, two persons; also two places.

පළඟ, *n.* E. of පර්‍යංකය: seat, chair, පුටුව; *also* අරමිණිය.

පළකරනවා, *v. t.* to publish, spread, promulgate, ප්‍රසිද්ධකරනවා.

පළඟය, *n.* The same as පළඟ.

පළඟැටියා, *n.* locust, grasshopper.

පළව, *a.* public, evident, known, ප්‍රකට, ප්‍රසිද්ධ.

පළදල, *a.* very stout, fat, bulky, තරබාරු.

පළනය, *n.* yoke of a cart, වියගහ.

පළනවා, *v. t.* to split, cleave, rend: සිත පළනවා, to wound or lacerate the heart; *pret.* පැළුවා; *v. n.* පැළීම.

පළන්, *v. adj.* wearing, arrayed, පැළඳ සිටින.

පළඳනය, *n.* jewel, ornament.
පළඳනවා, පළඳවනවා, *v. t.* to put on (to another person), dress, deck; *pret.* පැළඳුවා, පැළඳෙවුවා; *v. n.* පැළඳීම, පැළඳවීම.
පළඳනාව, *n.* vesture, dress-ornament.
පළඳිනවා, *v. t.* to don, put on, wear; *pret.* පැළැන්ද; *p. pl.* පැළඳ; *v. n.* පැළඳීම.
පළපුරුදු, *a.* accustomed to, practised, expert at, proficient.
පුරුදුකරනවා, *v. t.* to accustom to, familiarize with, train.
පළපුරුද්ද, *n.* habit, practice, experience.
පළමු, *a.* primary, former, previous.
පළමුකොට, *ad.* first, firstly.
පළමුදා, *n.* the third day back.
පළමුවෙනි, *a.* the first; principle, chief.
පළමුවෙන්, *ad.* first; previously, before.
පළය, පළහය, *n.* See පටහමරය.
පළල, *n.* breadth, width.
පළලට, *ad.* widely, wide: to the breadth, to the whole breadth.
පළල්, *a.* wide, broad.
පළල්අතට, *ad.* in the direction of the breadth, transversely.
පළල්කරනවා, *v. t.* to make broad, widen.
පළවු, *a.* promulgated, disseminated, ප්‍රසිඩ්ධ.
පළවෙනවා, *v. i.* to become promulgated or known, to be published. [පළාත්.
පළාත, *n.* district, region, province; *pl.* or *a.*
පළිගන්නවා, *v.* to take vengeance, revenge, avenge, retaliate.
පළිගහනවා, පළිගහනවා, *v.* to importune (in order to obtain something); murmur, complain.
පළිගැනීම, *v. n.* revenging, revenge, reprisal.
පළිඟු, *a.* crystal, crystalline.
පළිඟුව, *n.* crystal, rock-crystal.
පළිබෝධය, *n.* (පරි all around, and රුධ opposition), persecution or annoyance, පීඩාව, හිරිහැරය; injury, අනතුර, misfortune, විපත.
පළිය, *n.* revenge, retaliation, what is done for revenge.
පළිරෝධය, *n.* (fr. පරි රුධ), accusation, impeachment, දොෂාරෝපණය.
පළුඇණය, *n.* joint pin or nail, joint-fastener.
පළුදුව, පළුද්ද, *n.* See පළුදුව.
පළුපත, *n.* oar, හබල; palm leaf, තලපත, තල් අත්ත; leaf of the *mimusops hexandra.*
පළුපලුන, *n.* ap. of කාතීත්කේය.
පළුපලනවා, *v. t.* to split into halves or pieces.
පළුමුදුව, *n.* key-ring.
පළුව, *n.* half, section, division; knot, joint of a bamboo &c., පුරුක; sprout, germ, දළුව.
පළොල්, පළොල්වන්, *a.* brown or pale red, මඳක් රතු.

පා, *post.* by, used in oaths, as මගේ ඇස්දෙක පා, by my two eyes. (Perhaps from පානවා exhibiting, staking, my two eyes).
පා, *adj. prefix.* foot, as පා පුටුව, footstool.
පා, *p. pl.* of පානවා: having shown &c.
පාංශු, *n.* or *a.* soil, පස්, dust, දූවිලි; manure, පොර.
පාංශුකාසීස, *n.* sulphate of iron, green vitriol, පච්ච සිතක්කාරම්.
පාංශුකූල, *n. pl.* or *a.* old rags or cast off cloths picked up from dungheaps or cemeteries where they had been left after removal from the dead before cremation.
පාංශුකූලචීවරය, *n.* B. P's. robe, සිවුර, originally made of rags from the dust-heap.
පාංශුජ, *n. lit.* earth-produce, viz. rock or fossil salt, ආකරලුණු.
පාංශුපිශාචයා, *n.* filth-goblin, said to frequent dunghills and cemeteries and feed on filth and dead bodies.
පාංශුල, *a.* dusty, දූවිලි සහිත.
පාංශුලය, *n.* one of Siva's weapons.
පාංශුලයා, *n.* ap. of Siva, ශිවදෙවියෝ.
පාංශුලාව, *n.* unchaste woman, adulteress; menstruous woman, ඉණසිලුවූ ස්ත්‍රී.
පාංශුව, *a.* crooked-backed, කුදු.
පාංශුවයා, *n.* crook-backed, කුදා.
පාංසු, *n.* or *a.* See පාංශු.
පාංසුකූලිකාංගය, *n.* one of the තෙළෙස්ධුතාංග: dust-heap ordinance of B. P., which requires that his robe shall be made of old cast off cloths. See පාංශුකූලචීවරය.
පාඅඬුව, *n.* bedstead prop. [සකුල් ඇට
පාඇට, *n. pl.* bones of the feet, පාද ඇට,
පාක, *a.* cooking, උයන; cooked, උයාපු; decocted, සිත්දනලද; matured, පැසුණු.
පාකජය, *n.* flatulence, බඩේ වාතය.
පාකපාත්‍රය, පාකභාණ්ඩය, *n.* cooking utensil, උයන භාජනය.
පාකය, *n.* cooking, ඉවීම; decocting, සිඳීම; ripening, maturing, පැසීම; cooking utensil; panic.
පාකයා, *n.* young animal, පැටියා; ap. of a demon conquered by Indra.
පාකර, *n.* (ක as *co* in *colour*), ankle, වළලුකර.
පාකර, *p. pl.* of පාකරනවා, (ක as *co* in *concern*).
පාකරනවා, *v. t.* to launch, float, cause to float; retaliate.
පාකල, *n.* fever in elephants. See *Bot.*
පාකශාසන, *n.* Ruler of the demon Pāka: ap. of Indra.
පාකශාසනි, *n.* ap. of the demon-ruler's son, viz. son of Indra.
පාකශාලාව, පාකස්ථානය, පාකාගාරය, *n.* cookhouse, kitchen, කුස්සිය.

පාකිම, *a.* cooked, උයාපු; matured, rpened, පැහුණු.
පාකුකයා, *n.* cook, කෝකියා.
පා·කේශුරු, *n.* anklet, ankle ring, පාවලල්ල.
පා·කොට්ටය, *n.* foot-cushion, bass, hassock.
පාකෞෂධය, *n.* (පාක ඖෂ:), suppurative medicine. [පඬුර.
පාක්කුඩම, *n.* royal present or tribute, තෑග්ග,
පාක්‍ය, *n.* a medicinal salt, nitre, saltpetre, වෙඩිලුණු.
පාක්‍ෂායණ, *a.* pert. to a side, partial; pert. to one half of the month.
පාක්‍ෂික, *a.* pert. to a part, partial, E. S.; biassed, factious, පක්‍ෂවාදි. [දියා.
පාක්‍ෂිකයා, *n.* (fr. පක්‍ෂ side), partisan, පක්‍ෂවා
පාක්‍ෂිකයා, *n.* (fr. පක්‍ෂි bird), fowler, පක්‍ෂිවැද්ද.
පා·ඛණ්ඩයා, *n.* for පාෂණ්ඩයා, heretic. E. S.
පාගනවා, *v. t.* to trample, tread on; tread out, thresh (corn); *pret.* පෑගුවා; *v. n.* පෑගීම.
පාගාදමනවා, *v. t.* to trample down.
පාචක, *a.* digestive, peptic, ජීර්ණකරන.
පාචකය, *n.* gastric juice, ආමාශයේ මිශ්‍ර.
පාචකෞෂධය, *n.* (පාචක ඖෂ:), digestive medicine, digestive, පැසවන බෙහෙත.
පාචන, *a.* cooking, ripening, digestive, පැසවන. ජීර්ණකරන.
පාචනක, *n.* borax, පුස්කර. [purge.
පාචනකරවනවා, *v. t.* to relax, open the bowels,
පාචනය, *n.* medicinal preparation, decoction, කෂාය; *ord.* purging, diarrhœa.
පාචන·රෝගය, *n.* diarrhœa.
පාචනවෙනවා, *v. i.* (of the bowels) to be opened.
පාචනී, *n.* myrobalan, *terminalia chebula*, අරළු.
පාචලය, *n.* cooking, ඉවීම; maturing, පැසවීම; fire, ගින්න; හුලඟ; what becomes cooked, matured or ripened, පැසෙන දේ; digestive: see පාචකෞෂධය. [bility.
පාචිත්තිය, පාචිත්‍යය, *n.* B. P. sin, fault, culpa-
පාච්චලය, *n.* advantage, privilege, opportunity, occasion.
පාචලිකාව, *n.* doll, බෝනික්කා.
පාංචාල, *a.* pert. to Pañchāla: see පංචාලය.
පාංචාලය, *n.* the five trades: see පස්කුලය.
පාංචාලයා, *n.* king of Pañchāla.
පාට, *n.* colour.
පාටඇති, *a.* coloured.
පාටකරනවා, *v.* to colour, dye.
පාටකය, *n.* half-village, අඩගම; shore, ඉවුර; die (of dice), දාදුව; large pan, තොරණ; musical instrument, තූර්යභාණ්ඩය; expenditure, වියදම්වීම.
පාට·ගානවා, *v.* to lay colour on, colour, paint.
පාටය, *n.* breadth, පළල; extension, විශාලකම.
පාටල, *a.* pale red, pink, මදරතු.
පාටලය, *n.* rice ripening in the rains.
පාටලාව, පාටලිය, *n.* red dye made from the bark of the *symplocos racemosa*.
පාටලි·පුත්‍ර, *n.* the city Patna: see පැළලුප්පුවර.
පාටවය, *n.* (Sans. fr. පටු), cleverness, talent, eloquence, කථාවේ දක්‍ෂකම &c.
පාට·වැටෙනවා, *v. i.* to become coloured, to take or show colour. [පාට වැටීම.
පාටිකාව, *n.* crystal, පළිඟුව; *zo.* sheath, සියා
පාටිපද, *n.* first day after the new or full moon, පෑළවිය.
පාටිහාරිය·පක්‍ෂය, *n.* rainy season, වැසිකාලය; B. P. season of residence.
පාටීරය, *n.* field, කෙත; bamboo pith, උණ මතුළු; cloud, වලාකුළ; sieve, පෙනේරය; tin, බෙලෙක්; sandal, සිරිවැඩිය; flatulence, බඩේ වාතය.
පාඨකයා, *n.* lecturer or reader (of sacred books); religious teacher, ආගමේ ගුරුවරයා; reader or student, ගෝලයා. [කියවීම.
පාඨනය, *n.* lecturing, lecture, E. S.; reading,
පාඨනයකරනවා, *v. t.* to read, peruse, කියවනවා.
පාඨය, *n.* reading, sp. reading or studying the Vedas; text, පෙළ, වගන්තිය.
පාඨ·ශාලා·පරීක්‍ෂක, *n.* school-inspector.
පාඨ·ශාලාව, *n.* school, college, පාසැල.
පාඨාගාරය, *n.* school-house, school, පාසැලය.
පාඨින, *n.* sheat-fish, පෙතියා; lecturer: see පාඨකයා.
පාඩ, *a.* piebald, mottled.
පාඩගම, *n.* foot-ornament, ankle-ring.
පාඩම, *n.* lesson, school lesson; *pl.* පාඩම්.
පාඩම්කරනවා, *v.* to study a lesson, do lessons, commit to memory.
පාඩසුව, *n.* dust, දූවිල්ල.
පාඩාචාරිය, *n.* error, mistake, mishap, වැරද්ද.
පාඩු, *n. pl.* or *a.* losses &c., pert. to loss, deficient.
පාඩුකරනවා, *v.* to cause loss or deficiency, do harm or injury. [harm, injury.
පාඩුව, *n.* deficiency, loss, lack, disadvantage,
පාඩුවෙනවා, *v. i.* loss &c., occurs or results.
පාණ, *n.* P. (Sans. ප්‍රාණ): life, පණ.
පා·ණකා, *n.* worm, පණුවා; living being, සතා.
පාණ·පාලක, *a.* life-preserving, පණ රකින.
පාණ·පාලකය, *n.* what preserves life, sustenance, food, කෑම.
පාණ වැස්ස, *n.* rain of hail, hail, ගල්වැස්ස.
පාණවැඩිකැටය, *n.* hailstone, ගල්වැසි කැටය.
පාණාතිපාතය, *n.* (පාණ life, අතිපාතය transgression), destruction of life, killing, ප්‍රාණ [ඝාතය.
පාණිකාව, *n.* ladle, හැන්ද.
පාණී, *n.* See ප්‍රාණියා.
පාණි, *a.* hand-, හස්ත-, අත්-.
පාණි·ග්‍රහණය, පාණි·ග්‍රාහය, *n.* hand-taking, viz. marriage, කරණ පාවාගැනීම.

පාණිග්‍රහණික, *a.* matrimonial, විවාහානුකූල.
පාණිඝාත, *a.* boxing, pugilistic, ගහගන්නා.
පාණිඝාතය, *n.* boxing, fisting, pugilism, ගහ ගැනීම.
පාණිතලය, *n.* palm of the hand, අල්ල.
පාණිනි, *n.* name of the celebrated Sanscrit grammarian, Pānini.
පාණිපීඩනය, *n.* hand-grasping, viz. marriage: see පාණිග්‍රහණය.
පාණිප්‍රහාරය, *n.* blow with the hand; hand-clapping, අත්පිඩිගැසීම.
පාණිය, *n.* hand, අත; trowel, හැන්ද.
පාණිලතාව, *n.* hand-rail, strong creeper used as such, අත්වැල. [E.S.
පාණිමුක්තය, *n.* hand-missile, missile weapon.
පාණිවාදය, *n.* killing, ප්‍රාණඝාතය.
පාණිවාදයා, *n.* hand-musician, who plays striking with the hand, as a drummer &c.
පාණ්ඩර, *a.* pale yellow, or yellowish white, මදකහපාට ඇති.
පාණ්ඩරය, *n.* yellow orpiment, හිරියල්.
පාණ්ඩව, *n.* pale yellow colour, මදකහපාට.
පාණ්ඩවයා, *n.* Pāndavite or descendant of Pāndu.
පාණ්ඩිත්‍යය, *n.* learning, scholarship, උගත්කම, පණ්ඩිතභාවය.
පාණ්ඩු, *a.* pale, cadaverous, sallow, සුදුමැලි.
පාණ්ඩු, *n.* name of a king of ancient Delhi. See යුධිෂ්ඨිර.
පාණ්ඩුකම්බලය, *n.* yellow woollen rug, blanket or robe; elephant housing.
පාණ්ඩුකම්බලශෛලාසනය, *n.* Sakra's throne of ornamental stone
පාණ්ඩුකම්බලිය, *n.* coloured dress; rug-covered carriage; elephant housing.
පාණ්ඩුර, *a.* See පාණ්ඩර.
පාණ්ඩුරය, *n.* pale or yellowish colour; jaundice, පාණ්ඩුරෝගය; leprosy, කුෂ්ඨරෝගය.
පාණ්ඩුරෝගය, *n.* jaundice; anaemia.
පාණ්ඩුව, *n.* paleness, sallowness, anaemia.
පාණ්ඩුවර්ණය, *n.* pale-yellow colour, මද කහ පාට; pallor, සුදුමැලිකම.
පාණ්ඩුශර්කරාව, *n.* gravel (the disease).
පාණ්‍යුත්තානකරස්නායුව, *n.* (පාණි උත්තානකර), *anat.* supinator. E. S.
පාඩි, *a.* See පාණ්ඩර.
පාඩියා, *n.* a kind of fish. [Madura.
පාඩිරට, *n.* name of a country, the ancient
පාත, *a.* or *n.* See පතන.
පාතක, *n.* *lit.* and *fig.* what casts down, cause of fall, පැතිලවන දේ; sin, පාපය.
පාතංගි, *n.* the planet Saturn, සෙනසුරු; the regent of Saturn.
පාතනය, *n.* falling, වැටීම; felling, හෙළීම; declination from the acme, මුදුනෙන් ඇත්වීම.

පාතරට, *n.* the low country, in distinction from the mountainous region.
පාතව්‍ය, *a.* that should be imbibed or preserved, බීමට or රක්ෂාකරීමට සුදුසු.
පාතව්‍යතාව, *n.* worthiness to be imbibed &c.
පාතාල, *a.* abysmal; infernal (place.)
පාතාලදේවියෝ, *n.* *myth.* Pluto, යමයා.
පාතාලගංගාව, *n.* *myth.* styx, පරලොව ගංගාව.
පාතාලය, *n.* low place, gulf, abyss; infernal region, Hades; abode of the Nāgas or serpent race.
පාතාලවාසියා, *n.* inhabitant of the infernal region, නිරිසතා; serpent or Asura of පාතාලය. [rean.
පාතාලස්ථානික, *a.* abysmal; stygean, tarta-
පාතිකයා, *n.* one who carries a bowl for begging, a beggar, religious mendicant, භික්ෂුවා, පිණ්ඩපාතිකයා.
පාතිමොක්ඛ, *n.* P. of ප්‍රාතිමෝක්ෂ.
පාතිය, *n.* P. of පාත්‍රය.
පාතියා, *n.* See පතියා.
පාතිලිය, *n.* trap or snare, මලපත; begging bowl, පිණ්ඩපාතය.
පාතුක, *a.* liable to fall, වැටිය හැකි; fallible, වරදින සුලු.
පාතුකය, *n.* declivity, පල්ලම, precipice, ප්‍රපාතය. [tars, පහළවීම.
පාතුභූතය, *n.* descent or advent, sp. of Ava-
පාත්, *a.* low, lowly: see පහත්.
පාත්අතර, *n.* (අතර track or way), humble behaviour, humility, submissiveness, යටත්කම.
පාත්කරනවා, *v. t.* See පහත්කරනවා.
පාත්තයා, *n.* gander, goose.
පාත්තිය, *n.* T., garden bed.
පාත්ති, *n. fem.* goose.
පාත්බහිනවා, *v. i.* *lit* and *fig.* to sink, descend, come down, yield.
පාත්‍ර, *a.* pert. to a vessel or receptacle; *fig.* fit, suitable, capable, යෝග්‍ය.
පාත්‍රතාව, *n.* fitness &c., යෝග්‍යකම.
පාත්‍රධාතුව, *n.* bowl-relic presented to Buddha by the guardian deities of the four quarters of the world. It is said it was made of the clay of blue sapphire, and was afterwards brought from India and placed as a sacred relic in a Dāgoba on the border of the Mahaweli ganga near Kandy.
පාත්‍රභූත, *a.* worthy of respect, honourable, ගෞරවණීය, ගරුතර.
පාත්‍රය, *n.* vessel, cup, basin, bowl, alms-bowl; *fig.* competent or suitable person, යෝග්‍ය කෙනෙක්; *pl.* පාත්‍ර.
පාත්‍රික, *a.* adequate, suitable, යෝග්‍ය.
පාත්‍රිය, *n.* bowl, පාත්‍රය; a small or portable furnace.

පාත්‍ර·සමිතයා, *n.* epicure; parasite; E.S.; hypocrite, කුහකයා.

පාථය, *n.* sun, ඉර; fire, ගින්න; water, වතුර.

පාථෙය, *n.* provender, ගොටුර; provisions for a journey. E. S.

පාථෝදය, *n.* (පාථෝ fr. පාථඃ water, ද giver), cloud, වලාකුළ.

පාථෝ·ධරය, *n.* water-bearer, viz. cloud.

පාථෝ·ධිය, *n.* water-holder, viz. ocean, මුහුද.

පාද, *n. pl.* or *a.* feet; foot, pert. to the feet or a foot.

පාද·කටකය, *n.* foot-ornament, ornament for the feet or toes, පාඩගම.

පාද·කිංකිණිකය, *n.* foot-tinkler, viz. circle of small bells for the foot.

පාද·ගණ්ඩීරය, *n.* elephantiasis, බරව.

පාද·ගුල්ඵය, *n.* ankle, වලලුකර.

පාද·ගෝල·ක්‍රීඩාව, *n.* game of football.

පාද·ග්‍රහණය, *n.* foot-clasping, viz. obeisance by touching or taking hold of the feet of a person.

පාද·චරණයා, *n.* one who goes on foot, foot-soldier, පාබලභේවායා. [&c.).

පාද·ජම්කාව, පාසිමිය, *n.* foot-web (of ducks

පාද·ජාලය, *n.* foot-net or leg-net, viz. stocking, මේස්කකුල; *pl.* පාදජාල, මේස්.

පාදඩ, *a.* vagrant, vagabond, outcast.

පාදඩයා, *n.* vagabond, tramp, outcast.

පාදඩ·ගසනවා, *v.* to go about as a vagabond.

පාදමුව, *n.* (පා foot, දඬුව stick), horizontal bar to lay hold of when treading out corn.

පාද·තලය, *n.* See පාදපතුල.

පාද·ත්‍රාණය, *n.* foot-protector, viz. boot, shoe, සපත්තුව, sandal, මිරිවැඩිය.

පාදදරයා, *n.* snake, සර්පයා.

පාද·දූෂිය, පාද·දරිය, *n.* chilblain. E. S.

පාද·ධෝවනය, *n.* foot-washing, පාද සේදීම.

පාදනවා, *v. t.* to clear, skim; clear up, explain; see පහදනවා; *pret.* පෑදුවා.

පාද·පතුල, *n.* foot-sole, sole of the foot; *pl.* පාදපතුල්.

පාද·පද්ම, *a.* lotus-footed (or *n.* lotus-foot), ap. or ep. of a king or nobleman or of Buddha.

පාද·පය, *n.* what is nourished from the foot, viz. tree, ගස; also the foot of a tree; foot-stool, පාපුටුව.

පාද·පරිචාරී, පාද·පරිචාරිකාව, *n. fem.* foot-attendant, viz. wife, භාර්යාව; maid-servant, වැඩකාරී.

පාද·පාව, *n.* shoe, slipper, sandal, සෙරෙප්පුව.

පාද·පීඨය, *n.* footstool, පාපුටුව.

පාද·පෝරුව, *n.* foot-board, footstool.

පාද·පුඤ්ජනය, *n.* foot-mat, door-mat, පාපිස්න.

පාද·ප්‍රණිපාතය, *n.* prostration at a person's feet, පාමුල වැටීම.

පාද·ප්‍රධාරණය, *n.* shoe, boot, සපත්තුව.

පාද·ප්‍රසාරණය, *n.* advancing or stretching out the foot when saluting.

පාද·ප්‍රහාරණය, පාද·ප්‍රහාරය, *n.* a blow with the foot, kick, පයින්ගැසීම, පයින් ගහන පහර.

පාද·බාල්දිය, *n.* foot pan, foot-bath.

පාද·මර්දනය, *n.* foot-stroking: see පාදග්‍රහණය.

පාද·මිශ්‍රකාශ්ථිය, *n.* (·අස්ථිය), *anat.* astragalus, talus, පාදමුදුන් ඇටය.

පාද·මූලය, *n.* foot-root, viz. heel, විලුඹ.

පාදය, *n.* foot, පය; tree-foot, මුල; foot, line or fourth of a stanza, පදය; quarter, හතරෙන් පංගුව; ray of light, රශ්මිය; flat boat, පාරුව. [or sandal.

පාද·රථය, *n.* foot-carriage, viz. shoe, slipper

පාදරය, *n.* bed-foot.

පාද·ලක්ෂණ, *n. pl.* foot-signs, viz. lines on the foot which indicate good or bad fortune.

පාද·ලාඤ්ඡනය, *n.* footmark, footprint, අඩිලකුණ.

පාද·ලාඤ්ඡන·විභාගය, *n.* ichnology or science of fossil footprints.

පාද·වහිර්නාඩිය, *n.* (·වහිර්නාඩිය), outer vein of the legs, saphena. E. S. [pedy. E.S.

පාද·විකෘතත්‍වපශමනය, *n.* (විකෘති උප:), ortho-

පාද·විභාගය, *n.* podology.

පාද·ශෝථ, පාද·ශෝථාකාර, *a.* pert. to swelling of the feet, gouty.

පාද·ශෝථය, *n.* swelling of the feet, gout, podagra, පාද ඉදිමුම. [ලල.

පාද·සංබලාව, *n.* foot-fetter, hopples, පා හැකි

පාද·සටහන, *n.* footmark, footprint, අඩිලකුණ.

පාද·සේවනය, *n. lit.* footservice, attendance, service, සේවය.

පාද·හරය, *n.* foot-ornament, පාදගම.

පාද·ගුලි·ප්‍රභේදිත, *a.* of separated toes, fissiped, පාද ඇඟිලි වෙන්වූ.

පාදාංගුලිය, *n.* foot-digit, viz. toe, පයේඇඟිල්ල.

පාදාංගුෂ්ඨය, *n.* great toe, පයේ මාපට ඇඟිල්ල.

පාදාතයා, පාදාතියා, *n.* (·අත to move), pedestrian, පයින් යන්නා; foot-soldier, පාබලභේවායා.

පාදානතය, *n.* (පාද අන්තය), foot-sole, පතුල, end of foot, පයේ අග.

පාදාභරණය, *n.* (පාද ආභ:), foot-ornament.

පාදාර්ධය, *n.* (·අර්ධය), half line or one eighth of a stanza, පාදභාගය.

පාදාවලය, *n.* See පාදාභරණය.

පාදාසනය, *n.* footstool, පාපුටුව.

පාදික, *a.* pedal, පාදයට අයිතිවූ; footed, පාද ඇති; pert. to a fourth.

පාදිකා·මත්ස්‍යයා, *n.* zo. seal, මත්ස්‍යමල්ලා.

පාදිකා·මුඛ·ප්‍රාණියා, *n.* foot-mouthed animal, viz. stomapod. [කුම.

පාදිකය, *n.* quarter, fourth part, හතරෙන් පං

පාදිනවා, *v. i.* to become clear or refined: see පැහැදෙනවා; *pret.* පැදුණා; *v. n.* පෑදීම.
පා·දිය, *n. lit.* foot-water, viz. ford. E. S.
පාදිරි·උන්නාන්සේ, *n.* පාදිරි Port., padre, minister, clergyman, R. C. Priest.
පාදිරි·කොකා, *n.* white-necked stork, *dissura episcopa.* [නාන්සේ.
පාදිලිඋන්නාන්සේ, පාදිලිතැන, *n.* See පාදිරිඋන්
පාදිලි·කර·පටිය, *n.* Ch. E. stole: see පූජකපටිය.
පාදුකා·කාරයා, *n.* shoemaker, sandal maker, සපත්තුරුවා.
පාදුකාව, *n.* shoe, slipper, සපත්තුව, sandal, සෙරෙප්පුව; foot-board in a privy; incantation over the sick.
පාදු·ජේතන, පාදු·ප්‍රවේසම, *n.* foresight, caution, vigilance, ප්‍රවේසම්වීම; preservation, ආරක්ෂාව.
පාදු·ප්‍රවේසම්, *a.* careful, vigilant, ප්‍රවේසම්, උපාන්දු.
පාදුව, *n.* See පාදුකාව. [සෝදන තැන.
පා·දෙනිය, *n.* place for washing the feet, පාද
පා·දෝවනය, *n.* washing the feet, පාදසේදීම.
පාදෝනය, පාදෝහනය, *n.* foot-washing place (near a temple).
පාද්‍ය, *a.* foot (ablution &c.).
පාද්‍ය·පාත්‍රය, *n.* See පාදබාල්දිය.
පාන, *n.* for පහන, lamp.
පාන, *a.* pert. to drink, බොන, දියර; also *v. adj. pres.* of පානවා. [දියර පූජාව.
පාන·කොළොව්දිය, *n.* drink-offering, libation,
පාන·පරයා, *n.* bibber, tippler, බේබද්දා.
පාන·පාත්‍රය, *n.* drinking vessel, liquor vessel, goblet.
පාන·පාත්‍ර·වාහකයා, *n.* (වාහකයා carrier), cup-bearer, කුසලාන දරන්නා. [පූජාව.
පාන·පූජාව, *n.* drink-offering, libation, දියර
පාන·භාජනය, *n.* See පානපාත්‍රය.
පානය, *n.* drink, beverage, බීම.
පානයකරනවා, *v. t.* to drink, බොනවා.
පානවා, *v. t.* to show, exhibit, present: විරුඩ කම්පානවා, show opposition; *pret.* පෑවා; *v. n.* පෑම. [ලේරුව.
පාන·විදුරුව, *n.* drinking glass, tumbler, කම
පාන·සෞණ්ඩයා, *n.* drunkard, බේබද්දා.
පානාගාරය, *n.* (පාන lamp or drink), lighted house, viz. inhabited house; refreshment house, hotel, හෝටලය, tavern, තැබෑරුම.
පානිලය, *n.* drinking vessel, goblet, පානපාත්‍රය.
පානීය, *a.* or *n.* drinkable, බීමටසුදුසු, for drinking, බොන; water.
පානීය·තීර්ථය, *n.* water-place, place where there is water, වතුර ඇති ස්ථානය.
පානු·දියර, *n.* rice-water, viz. water in which rice has been washed. [carouse.
පානෝත්සවය, *n.* (පාන උත්:), drinking feast,
පාන්, *n.* Port., bread; also *pl.* and *adj.* of පාන.

පාන්·එළිය, *n.* lamplight.
පාන්·කඩය, *n.* lamp-wick, wick; piece of rag.
පාන්·කඳ, *n.* candlestick.
පාන්කාරයා, *n.* baker, bread seller, breadman.
පාන්·කැවුම, *n.* bun.
පාන්·කුඩු, *n. pl.* bread crumbs.
පාන්·ගෙඩිය, *n.* loaf of bread.
පාන්·ගෙදර, *n.* bakehouse, bread-shop.
පාන්චි·වෙනවා, *v. i.* See පාන්සිවෙනවා.
පාන්·තරුව, පාන්තාරකාව, *n.* See පහන්තරුව.
පාන්·තිරය, *n.* lamp-wick, පාන්කඩය.
පාන්·තුඩ, *n.* lamp point or notch where the wick projects and burns.
පාන්ථයා, *n.* traveller, ගමන්කාරයා.
පාන්·දර, *n.* or *a.* (පාන් light, දර bearer), dawn,
පාන්දරින්, *ad.* at dawn, early.
පාන්·පූජාව, *n.* lamplight offering.
පාන්·මඩුව, *n.* lamplight shed, a temporary erection for offerings.
පාන්·මාංස, *n.* dough.
පාන්වෙනවා, *v. i.* See පහන්වෙනවා.
පාන්·වැටිය, *n.* lamp-wick.
පාන්සිය, *n.* leaving, slope.
පාන්සිවෙනවා, *v. i.* to lean, slope, ඇලවෙනවා.
පාන්·සිළ, පාන්සිළුව, *n.* lamp-crest, viz. lamp or candle flame, පහන්දැල්ල.
පාප, *n pl.* or *a.* sins; sinful.
පාපකය, *n.* sin, පාපය.
පාපකර්මය, *n.* sinful act.
පාපකාරයා, *n.* sinner, පව්කාරයා.
පාප·ගත, *a.* sinful, depraved, wicked, පව්කාර.
පාප·ගත·පශ්චිම, *a.* after becoming sinful, sublapsarian.
පාප·ගත·පශ්චිම·දෘෂ්ටිය, *n.* sublapsarianism.
පාප·ගත·පූර්ව, *a.* before becoming sinful, supralapsarian.
පාප·ගත·පූර්ව·දෘෂ්ටිය, *n.* supralapsarianism.
පාප·ගතිය, *n.* sinful state, sinfulness.
පාප·චරිතය, *n.* sinful conduct or habit, පාප කල්ක්‍රියාව. [නපුරු අදහස.
පාප·චේතනාව, *n.* sinful thought or purpose,
පාප·තර, *a.* very sinful, පාපිෂ්ඨ.
පාප·ධර්මය, *n.* law pert. to sin, law of sin.
පාප·නාශක, *a.* sin-destroying, sin-removing, propitiatory.
පාප·නාශක·පූජාව, පාප·පූජාව, *n.* sin-offering, atonement, propitiation.
පාප·බුද්ධි, *a.* sinful-minded, evil-minded, පව්කාර, අවගති.
පාප·මෝචනය, *n.* sin-obliteration, පාපයෙන් මිදීම; pardon of sin, පව්කමා කිරීම.
පාපය, *n.* sin, the consequence of which according to B. must be endured in this or future existences until the whole debt is paid.

පාපකරනවා, *v.* to do sin, to sin, පව්කරනවා.
පාපයා, *n.* sinner, wicked man, පව්කාරයා.
පාප·රෝගය, *n.* virulent disease, such as small-pox, leprosy &c., as regarded as the result of sin. [පාපසූජව.
පාප·ශම්තය, *n.* removal of sin, sin-offering,
පාපානුශය, *n.* ('අනුශය inclination, lust), sinful inclination, පාපයට ලැදිකම.
පා·පිඩු, *n.* milk-rice, කිරිබත්. [Buddha.
පා·පියුම්, *a.* having lotus-like feet; ep. of
පා·පිල්ල, *n.* *lit.* foot or lower piece, viz. the vowel sign for උ or ඌ placed under a consonant, as කු කූ, බු බූ.
පාපිෂ්ඨ, පාපිය, *a.* very sinful, wicked.
පාපිෂ්ඨකම, පාපිෂ්ඨතාව, *n.* great sinfulness.
පාපිස්න, *n.* See පාපිස්ස.
පා·පුටුව, *n.* footstool.
පාපුස්, *n.* Port., slippers.
පාපොලොන්·අගල. *n.* dry ditch or trench of a fortress. [sion of sin.
පාපෝච්චාරණය, *n.* (පාප උච්:), R. C. confes-
පාපෝච්චාරණයකරනවා, *v.* to confess sins.
පාපෝච්චාරණයකරවනවා, *v. c.* to confess, viz. make confess, hear confession.
පාපෝච්චාරණාසනය, *n.* confession-seat of priest, the confessional.
පාප්·උත්තමයා, *n.* the Pope, Pontiff.
පාප්ප, *n.* Port., pap, paste, poultice.
පාප්·පදවිය, *n.* the pontificate, popedom, (the office).
පාප්ප·බඳිනවා, *v.* to poultice.
පාප්·ශාසනය, *n.* the papacy, papal government or system.
පාප්·සභාව, *n.* the papal church.
පා·බල, *a.* *lit.* foot-force, viz. pert. to infantry.
පා·බල·කණ්ඩායම, *n.* battalion of infantry.
පා·බල·සේනාව, පා·බල·සේනාව, *n.* body or regiment of infantry, foot-soldiery.
පා·බල·සේනා·මැරැක්කය, *n.* infantry barracks.
පා·බල·භේවායා, *n.* foot-soldier.
පා·පිස්ස, *n.* mat or bundle of straw for wiping the feet, door-mat.
පා·මග, *n.* foot-road, foot-path, path.
පාමන, *a.* having cutaneous erruption, herpetic or leprous, කුෂ්ඨ ඇති.
පාමන්රෝගය, පාමය, *n.* cutaneous eruption, herpes or leprous scab, කුෂ්ඨය.
පාමර, *a* wicked, දුෂ්ට, stupid, මෝඩ.
පාමරයා, *n.* wicked man, fool.
පා·මුදුව, පා·මුද්ද, *n.* bangle for the foot, foot-ring, toe-ring.
පා·මුල, *n.* foot of a bed or couch or person.
පා·මුල, as *ad.* near the foot, at the feet (of a person). [ප්‍රාතිමෝක්ෂය.
පාමොක්, *a.* chief, principal, ප්‍රධාන; *n.* See

පාන, *n.* fr. පානය: beverage, බීම; water; milk; fr. ප්‍රාසාදය: mansion, වලව්ව, palace, temple, මාලිගාව; fr. පාදය: foot, tree-foot, ගස්මුල, tree, ගස; post, prop, කණුව, රුකුල; fr. පාත්‍රය: bowl.
පායනවා, *v. i.* (of the weather) to become clear, (of the sun &c.) to rise or emerge; *pret.* පෑවුවා; *v. n.* පෑවීම.
පායස, පායසික, *a.* milk, milky. made of milk or water, කිරි-, කිරිමුසු, වතුර මුසුකොට සාදපු.
පායස, පායාස, *n.* (offering of) milk boiled rice and sugar, කිරිබත් පිදවිල්ල, or simply කිරිබත්.
පායු·ග, *n.* (පායු anus, ග what goes), dung, excrement, අසූචි; breaking wind.
පා·යුගය, *n.* (පා feet, යුගය pair), the two feet, පාද දෙක.
පායුව, *n.* anus, අධෝමාර්ගය.
පාර, *n.* road, way, path.
පාර, *n.* end, extremity, කෙළවර; further shore, පරතෙර, එගොඩ.
පාර, *n.* for පහර: stroke, blow; එකපාරට, at one stroke, at once. [out of the way.
පාර·අරිනවා, *v.* to make or open a road; get
පාර·ගත, *a.* that has gone over, crossed; *meta.* attained (in learning &c.).
පා·රගූ, *n.* person crossing over.
පාරට්ටුකරනවා, *v.* to boast, brag, vaunt; extol.
පාරට්ටුකාර, *a.* boastful.
පාරට්ටුකාරයා, *n.* boaster, braggart.
පාරට්ටුව, *n.* boasting, boast. [Buddha.
පාරත, පාරද, *n.* quicksilver, රසදිය; ep. of
පාර·තොට, *n.* (*lit.* roads and ferries), whereabouts (of a journey).
පාර·දරික, *a.* See පරදරික.
පාර·දාර්‍ය්‍ය, *n.* See පරදාරය.
පාරපස, *n.* side of the road, wayside, පාරපැත්ත.
පාර·ප්‍රාප්ත, *a.* attained (the farther shore), completed, perfected, consummate, (in learning or merit).
පාර·ප්‍රාප්තවෙනවා, *v. i.* to attain the summit (of learning &c.)
පාරප්‍රාප්තිය, *n.* completion, complete attainment, summit. [560 lbs.
පාරම, *n.* a weight of 525 lbs; in some cases
පාරමික, *a.* best, most excellent, ඉතා උතුම්.
පාරමික·මතය, *n.* the highest opinion, optimism. E. S.
පාරමික·මතිකයා, *n.* optimist.
පා·රමිතා·පුරනවා, *v.* to fulfil the B. ordinances. See පාරමිතාව.
පාරමිතාව, *n.* crossing over, attainment; sp. the complete performance of B. ordinances as a prerequisite to Buddhaship. The following are the ten chief පාරමිතා, viz. දාන, සීල, නෛෂ්ක්‍රම්‍ය, ප්‍රඥා, වීර්‍ය්‍ය, ක්ෂාන්ති, සත්‍ය, අධිෂ්ඨාන,

මෛත්‍රී, උපේක්‍ෂා. See each one in its place, දානපාරමිතාව &c. Each one of these, expressing the observance generally, is subdivided into උප, secondary, and පරමාර්‍ථ, paramount or supreme: expressing an inferior or pre-eminent observance of the duty, as දානෝපපාරමිතාව, referring to gifts of secondary or inferior kind, such as gold, silver &c., and දානපරමාර්‍ථ පාරමිතාව, to gifts of the highest kind, such as wife, children, one's own body &c. These make in all සමතිංසත් පාරමිතා, viz. a total of thirty පාරමිතා.

පාරමී·ධර්‍මය, n. law of or pert. to attainment: see පාරමිතාව.

පාරම්පර්‍ය, a. traditional, පරම්පරීණ.

පාරම්පර්‍යය, n. tradition, පරම්පරාකථාව.

පාරම්බානවා, v. to threaten, බිය කියනවා.

පාරලී·වනය, n. (පාරලී elephant, වනය forest), the name of a forest to which Buddha retired when he failed to settle a dispute among his priests, and where his wants were supplied by an elephant. [future, පරලෙව්.

පාර·ලෞකික, a. pert. to the next world,

පාරවතයා, n. pigeon. පරවියා.

පාරවනවා, v. c. to cause to throb or ache (as when a boil is struck &c.), pret. පෑරෙව්වා.

පාර·ශව, n. iron weapon, යකඩ ආවුදය.

පාර·ශවයා, n. (පාර other, ශව approach, viz. mixed caste), adulterine, bastard, අවජාත කයා.

පාරශික, a. Persian, පාරසික.

පාරශිකය, n. Persia, පාර්සියාව.

පාරශිකයා, n. a Persian. පාරසිකයා.

පාරස, n. rice boiled in milk, milk-rice, කිරිබත්.

පාරාජිකා, a. meriting expulsion; pert. to the four heinous offences which exclude from the priesthood and for which there is no expiation in this life. viz. sexual intercourse, theft, murder, false assumption of the name and character of a 'rahat'.

පාරාජිකාවෙවනවා, v. to be guilty of one or more of the sins involving expulsion from priesthood See පාරාජිකා above

පෑරාපතයා, n. dove, pigeon, පරවියා.

පාරාපර, n. pl. the two banks of a river, ගඟේ දෙගොඩ. [viz. ocean, සමුද්‍රය.

පාරාපාරය, n. (පාර shore, and අපර shoreless),

පාරායණය, n. (පාර other side, අයනය going), crossing over, passage, එතරවීම; attainment, ප්‍රාප්තවීම, completeness, සම්පූර්ණකම

පාරායණී, n. ap. of Saraswati; action, ක්‍රියාව; meditation, මෙනෙහිකිරීම; light, එළිය.

පාරාරුක, n. rock, පර්‍වතය.

පාරාවත, n. a kind of ebony, කළුවර ලී; name of a mountain in southern India.

පාරාවතයා, n. dove, pigeon, පරවියා; monkey, රිලවා.

පාරාවතී, n. name of a river; fruitof the *anona reticulata*, ආත්තා ගෙඩිය.

පාරා·වලල්ල, n. a short curved club.

පාරාවාර, n. pl. (පාර far ashore, අවාර near shore), see පාරාපාර.

පාරාවාරය, n. ocean: see පාරාපාරය.

පාරාශර, පාරාශරී, n. names of the poet Vyāsa, ව්‍යාස.

පාරිකා, n. name of a noted ascetic.

පාරිජාතක, පාරිජාත, n. (පාරි emp., ජාතක producer), one of the five trees of Paradise that yields everything desired, wishing-tree, කප් තුරු.

පාරිනවා, v. to strike, split, rap against; to pain; pret. පෑරුවා; v. n. පෑරීම.

පාරි·තෝෂිකය, n. gratuity, reward, තෑග්ග, විපාකය. [cesan.

පාරි·දශික, a. pert. to a bishop, episcopal, dio-

පාරි·දශික·ආණ්ඩුව, පාරි·දශික·ක්‍රමය, n. episcopacy, episcopalianism.

පාරි·දශික·නැන, පාරි·දශිකයා, n. overseer, bishop, prelate, බිෂොප් උන්නාන්සේ.

පාරි·දශික·දේවස්ථානය, n. cathedral.

පාරි·දශික·පදවිය, n. office of bishop, episcopate, bishopric.

පාරි·දශික·පළාත, n. diocese.

පාරිදශික·මකුටය, n. bishop's mitre.

පාරි·දශික·සංඝතිය, n. assembly or company of bishops, episcopate, prelacy.

පාරි·දශික·සභාකාරයා, n. episcopalian.

පාරි·දශිකාසනය, n. episcopal throne.

පාරි·පාටිය n. See පටිපාටිය and the following.

පාරි·පාට්‍ය, a. methodical, systematic, in order, විධිවත්, ක්‍රමික.

පාරි·පාට්‍යතාව, පරි·පාට්‍යය, n. methodicalness, regularity, විධිවත්කම. E. S.

පාරි·පලව, පාරි·පලව්‍ය, a. tremulous, perturbed, චමල, චකිත.

පාරි·පලවකරනවා, v. t. to perturb, agitate, චමල කරනවා &c. [චමලය, කැලඹීම.

පාරි·පලවය, පාරි පලව්‍යය, n. tremulousness &c.

පාරි·ඵුල්ල, a. opened, expanded (as a flower) පිපුණු.

පාරි·භෝගික, a. used, enjoyed, භුක්තිවිඳින.

පාරිමා·ණ්ඩල්‍යය, n. atom, mote, පරමාණුව.

පාරි·මුඛ්‍යය, n. presence, අභිමුඛය.

පාරි·යානිකය, n. conveyance, cart or carriage, රථය, කරත්තය.

පාරිෂදයා, පාරිෂද්‍යයා, n. one of an assembly or retinue, spectator. E. S.

පාරිෂද්‍ය, a. pert. to an assembly or retinue, සාමාජික, සමූහ. [bracelet, වලල්ල.

පාරි·හාගසිය, n. grasping, taking, අල්ලාගැනීම;

පාරිය, *n.* cup, drinking vessel; elephant rope, rope to tie an elephant.
පාරුකාරයා, *n.* boatman, bargeman.
පාරුකොක්ක, *n.* boat-hook.
පාරුත, *a.* covered, clothed, අදිනලද.
පාරු·තල්ල, *n.* flat extremity (fore and aft) of a barge or lighter. [robe.
පාරුපණය, *n* clothing or dress of B.P., upper
පාරුපණයකරනවා, *v.* to don, clothe, wrap around, පොරවනවා.
පාරු·පත්ත, *n.* the side board of a barge.
පාරු·පාලම, *n.* boat-bridge, floating bridge, pontoon.
පාරුව, *n.* 'pada' boat, barge, lighter.
පාරුෂ්‍යය, *n.* harshness, severity, abuse, පරුෂකම; aloe wood, අකිල්; Indra's grove.
පාර්ථි, පාර්ථිව, *n.* king, රජ.
පාර්ථිවය, *n.* greatness, මහත්කම; eighteenth year of the Indian cycle of sixty.
පාර්වත, *a.* hilly, mountainous, කඳුකර.
පාර්වතී, *n.* ap. of Durga as daughter of Himālaya, king of the snow mountains, දුර්ගා.
පාර්වතීය, පාර්වතේය, *a.* living in the mountains; pert. to mountains; mountainous, කඳුකර.
පාර්වතේය, *n.* antimony, අඤ්ජන.
පාර්වතේයයා, *n.* mountaineer. E. S.
පාර්ශුකාව, *n.* rib, ඉළඇටය.
පාර්ශ්ව, *a.* pert. to a side or party, පක්ෂ.
පාර්ශ්වක·ප්‍රදේශය, *n.* region of the side, intercostal, ඇලපත. [ළත්.
පාර්ශ්වකාන්තර, *a.* intercostal, ඇලපතට ඇතු
පාර්ශ්ව·ගත, පාර්ශ්ව·ගති, *a.* one-sided, partial, biassed, cliquish.
පාර්ශ්ව·ගතිකම, පාර්ශ්ව·ගතිය, *n.* party spirit, partiality, partisanship, favouritism.
පාර්ශ්ව·ගති කරනවා, *v. t.* to bias, prepossess.
පාර්ශ්ව·භාගය, *n.* side-portion, side, flank, පැත්ත, ඇලපත.
පාර්ශ්වය, *n.* side, part, party, sect, clan. [side.
පාර්ශ්ව·ශූලය, *n.* pain or spasm or stitch in the
පාර්ශ්වික, *a.* pert. to the side or a party, පාර්ශ්ව.
පාර්ශ්විකයා, *n.* partisan, පක්ෂවාදියා.
පාර්ෂ්ණිය, *n.* heel, විලුඹ; back, පිට; rear of an army, පස්සා රංචුව.
පාෂණී, *n.* violent woman, චණ්ඩිකාරී.
පාර්සි, පාර්සික, *a.* Persian.
පාර්සිකයා, *n.* Persian, Parsee.
පාර්සි·ආගම, *n.* Parseeism. [රක්ෂක.
පාලක, *a.* guardian, protective, tutelary, ආ
පාලකත්වය, *n.* protection, guardianship; patronage. [pastorate.
පාලක·ධුරය, *n.* office of guardian or pastor,
පාලකයා, *n.* guardian, protector, patron, keeper, nourisher, pastor, ආරක්ෂකයා. [ඒදණ්ඩ.
පාලං·කඩ, *n.* (පාලම bridge, කඩ piece): see

පාලංක, *n.* incense, සුවඳ ද්‍රව්‍ය, සුවඳදුම.
පාලංක·භාජනය, *n.* censer, සුවඳ දුම් භාජනය.
පාලනය, *n.* guarding, protecting, protection, nourishing, fostering, රක්ෂණය, බලාගැනීම.
පාලනයකරනවා, *v. t.* to guard &c., superintend, බලාගන්නවා.
පාලම, *n.* bridge; *pl.* පාලම්.
පාලම්·පාරුව, *n.* pontoon.
පාලයා, *n.* guardian &c.: see පාලකයා.
පාලාශ, *a.* green, like the pālāsa tree, කොළ පාට ඇති.
පාලිකාව, *n.* edge of a tool, මුවාත; skimmer (for milk); lobe of the year, කන්පෙත්ත.
පාලිකාව, *n.* row, පේළිය; terrace attached to a house, පිල, raised bank along a garden walk.
පාලිත, *a.* nourished, guarded, protected, පාලනය කරනලද, ආරක්ෂිත. [ආරක්ෂාකාරී.
පාලිනී, *n.* (පාල and fem. aff. ඉනී), protectoress,
පාලිය, *n.* row, range, line, පේළිය; lobe of the ear, කන්පෙත්ත; edge of a tool, මුවාත; mark, ලකුණ; spot, ලපය; the Pali language, (so called because of its perfect grammatical arrangement), the ancient language of south Bihar, also called මාගධ භාෂාව.
පා·ලි·පොත්ත, *n.* round or step of a ladder, ඉණිමං·පෙත්ත. [der.
පා·ලිය, *n.* (පා foot, ලිය stick), foot-pole, lad-
පාවක, *n.* fire, ගින්න. *Bot.* [දෙවියා.
පාවකයා, *n.* ap. of Agni the god of fire, අග්නි
පාවකී, *n. fem.* wife of Agni.
පාවඩය, පාවාඩය, *n.* cloth or carpet spread for distinguished persons to walk on.
පාවර, *n.* threshing floor, grain-floor.
පාවාගන්නවා, *v. t.* to receive, take charge of.
පාවාදෙනවා, *v. t.* to give in charge, surrender, betray.
පාවිච්චිකරනවා, *v. t.* to use.
පාවිච්චිය, *n.* use, usage, custom.
පා·විට, *n.* lower part, කුඹුරපාවිට lower portion of the field.
පාවී, *p. pl.* of පාවෙනවා: floated, floating.
පාවී, *n. fem.* wicked woman, පව්කාරී.
පාවුල, *n.* (පාද foot, උල spring), region at the foot of a hill, low land. [the low part.
පාවුල ලනවා, *v.* to clear the low land, lay out
පාවෙනවා, *v. i.* to rise to the surface, float.
පාශකය, *n.* die (sing. of dice), දාදුකැටය.
පාශ·බන්ධ·ජීවකයා, *n.* snarer, one who lives by snaring animals.
පාශ·බන්ධය, *n.* noose, snare, තොණ්ඩුව, මලපත.
පාශය, *n.* loop, noose; fetter, විලංගුව; quantity or much, as කේශපාශය, abundant hair, කර්ණපාශය, large or fine ear, but ඡත්‍රපාශය, clumsy or shabby umbrella.

පාශින්, පාශි, *n.* ap. of Varuna the regent of water, who is figured with a noose in his hand; snarer, deer-catcher, මුවන් අල්ලන්නා.

පාෂණ්ඩකයා, පාෂණ්ඩයා, *n.* heretic, one not of the H. religion.

පාෂණ්ඩීභූත, *a.* heretical, heterodox.

පාෂාණ, *a.* stone, ගල්වූ; *n.* පාෂාණය, ගල.

පාෂාණකරනවා, *v. t.* to turn to stone, petrify, fossilize, ගල්කරනවා.

පාෂාණකාරක, *a.* petrifactive, ගල්කරන.

පාෂාණම්, *n.* for පාසාණම්, arsenic.

පාෂාණවෙනවා, *v. i.* to become stone, petrify, ගල්වෙනවා.

පාෂාණාසනය, *n.* stone-seat, ගල් ආසනය.

පාෂාණාශනයා, *n.* (අශන food), stone-eater, viz. peacock, මොනරා. [බෙන.

පාෂාණී·භූත, *a.* fossilized, petrified, ගල්වී ති

පාෂාණී·භූත·ධාතුව, *n.* fossil, ගල්වූ ධාතුව.

පාෂාණී·භූත·ධාතු·විද්‍යාව or ...·ශාස්ත්‍රය, *n.* fossilology, paleontology.

පාෂාණී·භූත·ධාතු·විස්තරය, *n.* paleontography, ගල්ධාතුවිස්තරය. [ontologist.

පාෂාණී·භූත·ධාතු·ශාස්ත්‍රඥයා, *n.* fossilist, pale-

පාෂාණී·භූතවෙනවා, *v. i.* See පාෂාණවෙනවා.

පාස·කියනවා, *v.* bandy words, hint.

පා·සලඹ, *n.* jingling foot-ring, anklet.

පාසා, *post.* or *ad.* by, successively, as එකක් පාසා or එකක් එකක් පාසා, one after another.

පාසාදික, *a.* pleasant, agreeable, ප්‍රසන්න.

පාසාණම්, *n.* T., arsenic.

පා·සැල, *n.* E. of පාඨශාලාව.

පාසි, *n.* moss.

පාසිනවා, *v. t.* to pound, cleanse grain by pounding; lop off (branches); *pret.* පැස්සා; *v. n.* පැසීම.

පාසිවිය, *n.* See පාදජ්ජිකාව.

පාසු, *a.*, පාසුව, *n.* See පහසු &c. [ශය.

පාසේ, *n.* for පාසය: cord, noose &c.: see පා

පාස්කු, *a.* Port., Paschal, Easter.

පාස්කු·කාලය, පාස්කුව, *n.* Passover, Easter.

පාස්සනවා, *v. t.* to solder, weld; graft, ingraft; *pret.* පෑස්සුවා; *v. n.* පෑස්සීම.

පාහනවා, *v. t.* See පාස්සනවා; *pret.* පෑහුවා.

පා·හැකිල්ල, *n.* foot-fetter, hopple, hopples.

පාහිනවා, *v. t.* See පාසිනවා; *p. pl.* පැහැලා; *v. n* පැහීම.

පාහුණයා, *n.* stranger, guest, ආගන්තුකයා.

පාමේ, *ad.* about, almost, වාගේ.

පාළ, *a.* or *n.* low, below, පහළ; public, ප්‍රසිද්ධ.

පාළු, *a.* vacant, uncultivated, waste, desolate, desert.

පාළුකම, *n.* emptiness &c. [vastate.

පාළුකරනවා, *v. t.* to desolate, lay waste, de-

පාළුව, *n.* waste or desolate place or state.

පැ, *prefix*, E. for ප්‍ර.

පැකව, *n.* mud, මඩ.

පැකිය, *n.* fruit, ගෙඩිය. [ing, ඇරීම.

පැකිරීම, *v. n.* of පැකිරෙනවා, yawning, stretch-

පැකිලවනවා, *v. t.* to cause to stumble, trip up; *pret.* පැකිලෙවුවා; *v. n.* පැකිලවීම.

පැකිලීම, පැකුළුම, *v. n.* *lit.* and *fig.* stumbling.

පැකිලෙනවා, *v. i.* *lit.* and *fig.* to stumble, trip; *pret.* පැකුළුණා.

පැකුම, *n.* mud, මඩ.

පැහිරා, *n.* young animal.

පැහිරි, *n.* zest, juice of orange peel &c.

පැහිරි, *a.* sour, acid, acrid; *fig.* sour, wry (face).

පැහිරිකරනවා, *v. t.* to make sour; මුහුණ... make a sour face, pout.

පැහිරි·තෙල්, *n.* citronella oil.

පැහිරි·රස, *a.* or *n.* sour-flavoured; sourness, sour flavour.

පැංචා, *n.* little boy.

පැංචි, *n.* little girl.

පැටංගා, *n.* See පැටවා. [involved.

පැටලිලි, *a.* complicated, confused, entangled,

පැටලිලිකරනවා, *v. t.* to complicate &c., embroil. [fusion.

පැටලිල්ල, *n.* entanglement, complexity, con-

පැටලීම, *v. n.* of පටලනවා and පැටලෙනවා.

පැටලෙනවා, *v. i.* *lit.* *fig.* to become entangled, twined; *pret.* පැටලුණා. [පැටවුන්.

පැටවා, *n.* any young animal; *pl.* පැටව්, *acc.*

පැටවිලි, *n. pl.* or *a.* cargo, freight.

පැටවිලිකරනවා, *v. t.* to load, freight.

පැටවිලි·කුලිය, *n.* cost of loading.

පැටවිලිකාරයා, *n.* loader, lumper.

පැටවිල්ල, *n.* load, cargo, freight.

පැටවී, *n. fem.* young female animal.

පැටවීම, *v. n.* of පටවනවා: act of loading.

පැටවුම, පැටවුම, *n.* See පැටිසුම.

පැටවී·ගහනවා, *v.* to whelp, litter, pup, cub.

පැටික්කි, පැටි, *n. fem. col.* young girl. [වීම.

පැටිය, *n.* beginning, පටන්ගැනීම; hiding, සැඟ

පැටියා, *n.* young animal; *pl.* පැටියෝ.

පැටිසුම, *n.* disappearance, නොපෙනීයාම, hiding, සැඟවීම. [පාණ්ඩු.

පැඩිලි, පැඩිලි, *a.* white, pale, සුදු, සුදුමැලි: see

පැඩිල්ල, *n.* paleness &c., සුදුමැලිකම.

පැඩිඩා, *n.* small house insect.

පැඩිඩා, *v. pret.* of පඩිනවා.

පැණ, *n.* E. of ප්‍රඥා: wisdom; question.

පැණ·ඇස, පැණැස, *n.* eye of wisdom, of understanding or intellect.

පැණ·පිළිවිසිනවා, *v.* to ask questions, ask the solution of enigmas. [පැණ.

පැණය, *n.* E. of ප්‍රශ්නය: question, ඇසීම; *pl.*

පැණවත්, *a.* wise, learned, ප්‍රඥාවත්.

පැණ·විසඳනවා, *v.* to answer or explain questions, solve enigmas.

පැණිවීම, *v. n.* of පණවනවා: enacting (laws).
පැණ·ඩර, *a.* wise, learned, ප්‍රඥාවන්තකාරවූ, ප්‍රඥාවතා. [froth of toddy.
පැණි, *n.* sweet juice, syrup, honey, molasses,
පැණි·කොමඩු, *n.* sweet melon.
පැණි·දොඩම්, *n.* orange, *citrus aurantium.*
පැණිදොසි, *n.* jam.
පැණින්, *ad.* with pleasure, with delight.
පැණි·පොල්, *n.* sweet coconut, a confection made of coconut.
පැණි·රස, *n.* or *a.* sweetness; sweet.
පැණිරසකරනවා, *v. t.* to sweeten, sugar.
පැණිරස·කැවිල්ල, *n.* confection, sweetmeat; *pl.* පැණිරසකැවිලි.
පැණි·වරකා, *n.* sweet hard ripe jak fruit.
පැතලි, *a.* flat, level, plain, tabular, *bot.* patulous.
පැතලිකම, *n.* flatness &c.
පැතලිකරනවා, *v. t.* to flatten, spread out.
පැතිර, *p. pl.* and පැතිරීම, *v. n.* of පැතිරෙනවා.
පැතිරවීම, *v. n.* of පතුරුවනවා: spreading abroad &c.
පැතිරෙනවා, *v. i.* to spread, become diffused, pervade; *pret.* පැතුරුණා; *p. pl.* පැතිර or පැතිරී. [wish, hope.
පැතීම, *v. n.* of පතනවා; wishing, hoping;
පැතුම, පැතීම, *n.* wish, aspiration, hope.
පැතුරුම, *v. n.* of පැතිරෙනවා: spread, diffusion.
පැත්ත, *n.* side, quarter, direction.
පැත්ත·පා, පැත්ත·තබා, *p. pl.* as *ad.* presenting the side, sideways.
පැදකුණුකරනවා, *v.* See ප්‍රදක්ෂිණාකරනවා.
පැ·දකුණු, *n.* E. of ප්‍රදක්ෂිණා. [go rowing.
පැදගෙන·යනවා, *v.* (ඔරුව or ඔරුවෙන්), to row,
පැදීම, පැදුම, *v. n.* of පදිනවා and පැදෙනවා: rowing; swinging.
පැදුම, *n.* the East, නැගෙනහිර දිශාව; eastern mountain, පූර්විග පර්වතය; morning, උදය; cloud, වලාකුළ.
පැදුම්, *a.* eastern, නැගෙනහිර.
පැදුම්·දික්, පැදුම්·දිග, *a.* pert. to the Eastern quarter or region. [Indra.
පැදුම්·දික්·පතියා, *n.* Ruler of the East region,
පැදුම්·දිග, පැදුම්·දිසාව, *n.* east quarter or region.
පැදුම්·සක්වල, *n.* eastern sakwala.
පැදුම්·රද, *n.* cloud, වලාපටලය.
පැදුර, *n.* mat; *pl.* පැදුරු.
පැදුරු·ආතන, *n.* loft or shelf for mats.
පැදෙන·පුටුව, *n.* rocking-chair.
පැදෙනවා, *v. i.* to rock or swing to and fro, oscillate; *pret.* පැදුණා; *v. n.* පැදීම.
පැද්දි, *n. fem.* of පද්දා: female of that caste.
පැද්දීම, *v. n.* of පද්දනවා and පැද්දෙනවා: rocking, swinging.
පැද්දෙනවා, *v. i.* See පැදෙනවා.

පැන·නගිනවා, *v.* to leap up; leap upon.
පැනය, *n.* = පැණය, ප්‍රශ්නය question.
පැනලා, *n.* black monkey, වඳුරා.
පැනලා, *p. pl.* of පනිනවා.
පැනලා·යනවා, *v.* to flee, abscond.
පැනවීම = පැණවීම.
පැනීම, පැනුම, *v. n.* of පනිනවා and පැනෙනවා:
පැනෙනවා, *v. i.* to spring, rebound, as a trap or anything elastic; *pret.* පැනුණා.
පැනෙනවා, *v. i.* See පෙනෙනවා.
පැන්, *n.* water, වතුර.
පැන්·කලය, *n.* waterpot, water-dish.
පැන්·තිබහය, *n.* Er. for පැන්පිපාසය: thirst for water.
පැන්·තුරු, *n.* young areca-nut.
පැන්·තොට, *n.* watering place.
පැන්නවීම, *v. n.* of පන්නවනවා: causing to jump; driving; driving away; අසුන්...horse-racing.
පැන්නා, *n.* a kind of sheat fish; *pl.* පැන්නෝ.
පැන්නා, *v. pret.* of පනිනවා.
පැන්නුවා, *v. pret.* of පන්නවනවා.
පැන්·පම, *n.* thirst, පිපාසය. [ing place.
පැන්·පල, *n.* place of water, bathing or wash-
පැන්·පවස, පැන්·පිපාසය, *n.* thirst for water,
පැන්·පොද, *n.* a little water, a drop of water.
පැන්·මල, පැන්·මලාව, *n.* drinking vessel, cup, කුසලාන.
පැන්මෝරු, *n.* whey, මෝරුදිය.
පැන්වීම, *v. n.* of පන්වනවා; driving away &c.
පැන්සය, *n.* Eng., penny.
පැන්සලය, *n.* Eng., pencil.
පැපොල්, *n.* papaya (fruit &c.).
පැපොල්·ලෙඩ, *n.* chicken-pox.
පැමිණ, පැමිණි, *p. pl.* of පැමිණෙනවා.
පැමිණි, *v. adj. pret.* for පැමුණුණු: that came; that came to pass.
පැමිණි·තැන, *n.* (පැමිණි attained, තැන office), a respectful term or address, equivalent to his (or her or your) honour.
පැමිණිල්ල, *n.* lawsuit, prosecution; complaint, plaint; *pl.* පැමිණිලි. [prosecute.
පැමිණිලිකරනවා, *v.* to sue at law, implead,
පැමිණිලි·කාරයා, *n.* plaintiff, prosecutor, complainant.
පැමිණිලි·කාරි, *n. fem.* prosecutrix.
පැමිණිලි·පක්ෂය, *n.* the prosecution, viz. the side of the plaintiff.
පැමිණෙනවා, *v. i.* to come, arrive; come to pass, happen; *pret.* පැමුණුණා; *p. pl.* පැමිණ or පැමිණි; *v. n.* පැමිණීම.
පැය, *n.* hour of sixty minutes; the Sinhalese hour of 24 minutes.
පැය·කටුව, *n.* hour-hand.
පැරකුම්, *a.* E. of පරකුම්.

පැරණි, *a.* old, පරණ, ancient, former, පුරාණ.
පැරදු, *p pl.* of පරදිනවා : defeated.
පැරදවීම, *v. n.* of පරදවනවා : defeating.
පැරදීම, පැරදුම, *v. n.* of පරදිනවා : defeat.
පැරදෙනවා, *v. i.* to be defeated, overcome, worsted ; *pret.* පැරදුණ ; *v. n.* පැරදීම.
පැරප, *n.* fishing basket used in shallow water. See කරක්ගෙඩිය. [පොරොත්තුව.
පැරපුම, පැරුම, *n.* hope, expectation, wish, බලා
පැරයුම, *n.* defeating, පැරදවීම.
පැරැද්දුවා, *v. pret.* of පරද්දනවා.
පැල, *n.* hut, watch-shed, hovel, shanty.
පැල·කිඹුලා, *n.* marsh crocodile : see හැලකිඹුලා.
පැලඹෙනවා, *v. i.* to live, වාසයකරනවා, හැසිරෙනවා ; *pret.* පැලඹුණ ; *v. n.* පැලඹීම.
පැලලි·දොර, *n.* tat-door : see-පැලැල්ල.
පැල·වාඩිය, *n.* See පැල්වාඩිය.
පැලවි, *v. adj. pret.* that fled, පලාගිය.
පැලීම, *v. n.* of පලනවා and පැලෙනවා.
පැලහුණු, *v. adj. pret.* burnt, පිලිස්සුණු.
පැලහෙනවා, *v. i.* *lit.* and *fig.* to burn, පිලිස්සෙනවා, දනවා ; *pret.* පැලහුණ.
පැලැල්ල, *n.* screen or blind of open wicker-work, tat ; *pl.* පැලලි. [කුඩාවනය.
පැලැස්ස, *n.* lair of an animal, ලෙන ; grove,
පැල්·දොර, *n.* hut door ; wages in paddy for the watchman of the field.
පැල්ම, *n.* bursting, splitting, split, cleft, rent, fissure, crevice. [order to watch).
පැල්·ලගිනවා, *v.* to lodge in the field shed (in
පැල්ලම, *n.* *lit.* and *fig.* spot, flaw, blot, blur.
පැල්·වතිය, *n.* permanence, continuance, පැවතීම ; filthiness, අශුබකම.
පැල්·වාඩිය, *n.* shed ; shed-occupancy.
පැවත·එනවා, *v.* to descend by generation or from one generation to another ; *v. n.* පැවත ඊම. [posterity.
පැවතඑන්නා, *n.* descendant ; *pl.* descendants,
පැවතිගෙන·එනවා, *v i.* to descend or continue from generation to generation. [නවා.
පැවතීම, පැවතුම, *v. n.* of පවතිනවා and පැවතෙ
පැවතෙනවා, *v. i.* See පවතිනවා ; *pret.* පැවතුණ.
පැවදි, *a.* Er. for පැවිදි.
පැවරීම, *v. n.* of පවරනවා and පැවරෙනවා : appointment, assignment &c.
පැවරුම, *v. n.* of පවරනවා.
පැවරෙනවා, *v. i.* to be appointed or fall to one's lot ; imposed, imputed, foisted upon ; *pret.* පැවරුණ.
පැවසීම, *v. n.* of පවසනවා : saying.
පැවැත්ම, *n.* existence, duration, subsistence ; entity, substance ; habit, custom.
පැවැත්වීම, *v. n.* of පවත්වනවා : observance, fulfilment, performance, maintenance.

පැවිජි, පැවිදි, *a.* E. of ප්‍රව්‍රජ්‍යාව ; ascetic, monastic.
පැවිදිකම, *n.* asceticism, monasticism. [monk.
පැවිදිවෙනවා, *v. i.* to become an ascetic or
පැවිද්දා, *n.* an ascetic, monk, තාපසයා.
පැස, *n.* basket, flasket, basket or cane frame.
පැසවනවා, *v. t.* (*v. c.* of පැසෙනවා), to ripen, mature, ferment ; as *v. i.* to fester, maturate, suppurate ; *pret.* පැසෙවුවා.
පැසවීම, *v. n.* of පැසවනවා and පැසවෙනවා.
පැසවෙනවා, *v. i.* (of boils &c.), to ripen, mature, come to a head. [කිරීම.
පැසසීම, *v. n.* of පසසනවා : praising, ප්‍රශංසා
පැසසුම, *n.* praise, encomium, ප්‍රශංසාව.
පැසසුම්·කරනවා, *v.* to praise, eulogize.
පැසි, *v. adj.* cooked, උයාපු.
පැසිගිතියා, *n.* glutton, කෑදරයා, greedy person, ගිජුඅය ; miser, ලෝභයා.
පැසි·යම, *n.* last watch of the night, රාත්‍රියේ අන්තිම යාමය.
පැසීම, පැහීම, *v. n.* of පැසෙනවා and පැහෙනවා : ripening &c. [grey (hair).
පැසුණ, පැහුණු, *v. adj. pret.* ripened, ripe ;
පැසුම, *a.* ripening, පැසෙන.
පැසුලු, *a.* or *ad.* the hinder, hind, පශ්චා ; subsequently, පසුව.
පැසෙනවා, පැහෙනවා, *v. i.* to ripen, mature, become mellow ; suppurate ; ferment ; digest ; *pret.* පැසුණ, පැහුණ ; *p. pl.* පැසී, පැහී.
පැස්බරා, *n.* ostrich. [&c.
පැහැ, පැහ *n.* rattan basket for extracting oil
පැහැකරනවා, *v.* to colour, පාටකානවා ; stain, සායම්පොවනවා.
පැහැද, *p. pl.* of පැහැදෙනවා.
පැහැදවීම, *v. n.* of පහදවනවා : clearing &c.
පැහැදිලි, *a.* clear, limped ; evident, plain, perspicuous.
පැහැදිලිකරනවා, *v. t.* to make clear, elucidate.
පැහැදීම, පැහැදුම, *v. n.* of පහදනවා and පැහැදෙනවා.
පැහැපුල, *a.* shining, බබලන.
පැහැදෙනවා, *v. i.* (of liquids &c.), to become clear, refined ; to become clear with respect to, enlightened in (a subject), convinced of ; *pret.* පැහැදුණ ; *p. pl.* පැහැදී.
පැහැන්, *n.* sunbeam, රශ්මිය.
පැහැ·පත්, *a.* coloured, bright, shining, දිප්තිමත් ; clear, plain, පැහැදිලි.
පැහැය, *n.* colour, පාට.
පැහැර, *prefix* or *ad.* away, aside, අහක, අහකට. See බැහැර.
පැහැර·අරිනවා, *v. t.* to let go, leave out, omit, dismiss, reject. [nude.
පැහැර·කරනවා, *v. t.* to strip, make bare, de-

පැහැර·ගන්නවා, *v. t.* to take from, take away, withdraw, sequester.
පැහැර·පියනවා, *v. t.* to clear off (as husk &c. from grain), එලකරනවා; *pret.* පැහැරපිවුවා or පියුවා. [යනවා.
පැහැර·යනවා, *v.* to go away, depart, අහක්ව
පැහැරීම, පැහැරුම, *v. n.* of පහරනවා: voidance of the bowels, egestion.
පැහැරුම්·පුටුව, *n.* voiding-stool, night-stool.
පැහැලු, *a.* See පහලු.
පැහැසීම, පැහැසුම, *v. n.* of පහසනවා, dressing.
පැහි, *n.* spiced vegetable curry used as condiment.
පැහිච්ච, පැහුණු, *v. adj. pret.* ripened, ripe, mature; (of hair) grey.
පැහිච්ච·ඉස, *n.* grey head.
පැහිච්චකම, *n.* ripeness, matureness.
පැළ, *a.* west, western, බටහිර.
පැළ, *a.* or *n. pl.* of පැළය.
පැළ·ඉණි, *a.* quickset, live (fence &c.).
පැළ·ඉණි·වැට, *n.* live fence, quick-hedge.
පැළඉන්න, *n.* live or growing stake; *pl* පැළ ඉණි.
පැළකරනවා, *v. t.* to cause to sprout, germinate.
පැළගැටියා, *n.* See පළගැටියා.
පැළ·දිගු, *n.* or *a.* western quarter; western; අවරදිග, බටහිර.
පැළ·දිගු·හිමියා, *n.* Regent of the West: ap. of Varuna, වරුණයා.
පැළඳ·ගන්නවා, *v. t.* to don, put on one's self (dress or ornament). [පැළඳි සිටින.
පැළඳි, *v. adj.* arrayed in, who has donned,
පැළඳීම, *v. n.* of පළඳිනවා and පැළඳෙනවා: donning; dress, ornamentation.
පැළඳුම, *n.* dress ornament, decoration.
පැළඳෙනවා, *v. i.* to become dressed in, dress or accoutre one's self; *pret.* පැළඳුණා; *p. pl.* පැළඳි.
පැළ·පත, *a.* young-leaved (ගොයම්).
පැළ·පත, *n.* young corn, young paddy, sprout.
පැළ·පොල්ගහ, *n.* young coconut tree or plant.
පැළ·පොල්·ගෙඩිය, *n.* sprouted coconut.
පැළ·මදය, *n.* ball of pulp inside a coconut which germinates.
පැළය, *n.* young plant, young tree.
පැළලුප්·නුවර, *n.* a city of India, supposed to be the ancient Palibothra and the modern Patna.
පැළවෙනවා, *v. i.* to germinate, begin to grow.
පැළැටි·ගෙය, *n.* plant-house, greenhouse, nursery-home or shed.
පැළැටිය, *n.* plant, young tree. [පැළුණු.
පැළි, *v. adj. pret.* split, cleft, rent, cracked,
පැළි·වළ, *n.* a crack or fissure (as in dried mud); furrow, rut.

පැළීම, *v. n.* of පළනවා and පැළෙනවා: splitting, rupture.
පැළුම, *n.* cleft, rent, crack. [පැළුණා.
පැළෙනවා, *v. i.* to burst, crack, split; *pret.*
පැ, *n. pl.* or *a.* of පැය: hours; horal, hour-.
පැ, *v. adj. pret.* of පානවා.
පැ·කටුව, *n.* hour-hand (of clock &c.).
පෑගීම, *v. n.* of පාගනවා and පෑගෙනවා: trampling on &c.
පෑගෙනවා, *v. n.* to become trod on, trampled; *pret.* පෑගුණා. [sydra, hydroscope.
පැ·තැටිය, *n.* hour-pan, viz. water clock, clep-
පෑදෙනවා, *v. i.* cont. of පැහැදෙනවා.
පෑන, *n.* Eng., pen.
පෑන·පිහිය, පෑනමස්·පිහිය, *n.* (පෑනමස් D. pennemes), pen-knife, pocket-knife.
පෑන·මිට, *n.* penholder.
පෑම, *v. n.* of පානවා: showing &c.
පෑමැටි, *n.* coloured clay, used as the last coating of a wall. [තැවිය.
පෑය, *n.* for පැහැය: colour; water-clock, පැ
පෑරෙනවා, *v. i.* to ache or tingle (as a sore or boil); *pret.* පෑරුණා; *v. n.* පෑරීම.
පෑස්සීම, *v. n.* of පාස්සනවා and පෑස්සෙනවා: welding &c.
පෑස්සෙනවා, *v. i.* to become welded, spliced or grafted; *pret.* පෑස්සුණා.
පෑළ, *a.* back, පස්සා; west, බටහිර.
පෑළදී, පෑළදෙස, *n.* See පැළදිගු.
පෑළදොර, *n.* west door, පස්සාදොර.
පෑළය, *n.* the West, බටහිර දිශාව; a measure equal to ten කුරුණි.
පෑළවිය, *n.* the day after the new or full moon.
පිකදජ්, *n.* ap. of Cupid, as inspiring love like the note of the පික or Indian cuckoo, කාම දෙවියෝ. [පිකාසිය.
පිකම, පිකාසිය, *n.* Eng., pickaxe; *pl.* පිකම්.
පිකයා, *n.* Indian cuckoo, කොවුලා.
පිකී, *n. fem.* female cuckoo. [ground &c.).
පිගුර, පිගුරුව, පිගුරුම, *n.* Eng., figure, plan (of
පිංග, පිංගල, *a.* tawny, පිඟු. [ද්‍රව්‍ය.
පිංගලක, *n.* drug, බෙහෙත් ද්‍රව්‍ය; perfume, සුවඳ
පිංගලකයා, *n.* owl, බකමූණා; a kind of crane.
පිංගලය, *n.* sun, ඉර; the planet Saturn, සෙනසුරා; bezoar, ගෝරෝචන; perfume; fifty-first year of the Indian cycle.
පිංගලයා, *n.* tawny one, viz. elephant, අලියා; owl, බකමූණා.
පිංගා, *n.* or *a.* ap. of Durga, දුර්ගා; asafœtida, හිංගු; turmeric, කහ; tawny.
පිංගාක්ෂ, *n.* tawny-eyed one: ap. of Siva.
පිංගාශයා, *n.* (ආශ flesh), a kind of fish, *silurus sagittarius*; village headman, ගම්දෙටුවා.
පිංගාසිය, *n.* indigo plant; pure or unmixed gold, අමිශ්‍ර රත්රන්.

පිඟන්·කටුව, *n.* piece of broken plate, potsherd.
පිඟන්·කෝප්ප, *n. pl.* plates and cups, crockery.
පිඟන්·මැටි, *n.* pipe-clay.
පිඟන්·රාක්කය, *n.* plate-rack.
පිඟල, *n.* palm of the hand, අල්ල.
පිඟාන, *n.* plate (for food); *pl.* පිඟන්.
පිඟිරි, පිඟිඟි, *a.* squint-eyed, මමරැස්.
පිඟු, පඟුවන්, *a.* tawny. [දෙවියා.
පිඟු·නෙතන්, *n.* tawny-eyes: ap. of Siva, ශිව
පිඟුල, *n.* the right nostril, දකුණු නාස්පුඩුව.
පිචණ්ඩිකාව, *n.* the instep, උඩුපතුල.
පිචණ්ඩිල, *a.* corpulent, තරබාරු.
පිචුලයා, *n.* water-crow: see දියකපුටුවා.
පිචු, *n.* cotton, කපු; a kind of leprosy, කුෂ්ඨය.
පිච්චටය, *n.* tin, තමලෙස්; lead, ඊයම්; opthalmia, ඇස්රුදාව.
පිච්චීම, *v. n.* of පුච්චනවා: burning.
පිච්ඡය, *n.* tail, පෙඳ, වල්ගය; crest, (කුකුළු &c.) කරමල.
පිච්ඡාව, *n.* gum (of the cotton tree), මැලියම්; row, පෙළ; (horse's) hoof-sore, කුරවණය; scum of rice; snake's saliva, සර්පයෙම්; coat or sheath, කොපුව; a sort of jacket, කබාය.
පිච්ඡි, පිච්ඡිල, *n.* sauce, හොඩි, gravy, ඉස්ම, broth, කෙන්ද; moist split pulse.
පිච්ඡිල·තව, *n.* (පිච්ඡිල orange, තව skin), orange peel, පැණිදොඩම් ලෙල්ල; orange, පැණිදොඩම. [Bot.
පිච්ඡිලාව, *n.* name of a river; yam, රට අල.
පිජ්දුවා, *n.* godchild.
පිංච, *n.* little thing or small quantity.
පිඤ්, *n. pl.* or *a.* feathers; feather; පිහාටු.
පිඤ්·කලාපය, *n.* bunch of feathers, පිහාටු මිටිය; sp. peacock's tail, මොණර පෙඳය.
පිඤ්ජනය, *n.* bow for clearing the seeds from cotton. [peacock's tail.
පිඤ්·භාරය, *n.* weight or bunch of feathers, viz.
පිඤ්ඡය, *n.* feather, පිහාටුව; peacock's tail; strength, power, බලය; killing, මරාදැමීම.
පිඤ්ජර, *a.* tawny, reddish yellow, පිංගල.
පිඤ්ජරය, *n.* tawny colour; gold, රත්රන්; yellow orpiment, හිරියල්; cage, කූඩුව; thorax, E. S. [කුලප්පු, භීත.
පිඤ්ජල, *a.* confounded, panic-striken, ත්‍රස්ත,
පිඤ්ජලය, *n.* panic-stricken army, ත්‍රස්තවූසේනාව; leaf of kusa grass, කුසතණ පත.
පිඤ්ජාව, *n.* switch, ඉපල, කෝටුව; cotton, කපු; turmeric, කහ; hurting, අනාදරකිරීම.
පිඤ්ජෝලාව, *n.* rustling of leaves, (සුළඟට අම ගස්න) කොළ ශබ්දය.
පිට, *n.* E. of පෘෂ්ඨ: back, hind part.
පිට, *a.* back, hind; outer, external; distant.
පිට, *post.* and *ad.* on, upon; outside, without.
පිට·අත්සන, *n.* endorsement.
පිට·අත්සන්කරනවා, *v.* to endorse.

පිට·ඇටය, *n.* backbone, spine.
පිට·ඇළ, *n.* outer water-channel round a field.
පිට·කණ(න), *n.* external ear, auricle.
පිටක·ත්‍රය, *n.* (පිටක baskets, ත්‍රය three), three-fold-depository or the three collections of B. sacred or bana books, viz. සූත්‍රපිටකය, විනය පිටකය and අභිධර්ම පිටකය. See each one.
පිටකය, *n.* basket, sp. for holding grain, granary, පෑස; depository, ගබඩාව, sp. පිටකත්‍රය.
පිටකරනවා, *v. t.* to send or put out, eject, exclude.
පිටකොටුව, *n. lit.* outer fort, town outside a fort, suburb, Pettah.
පිටකොන්ද, *n.* spine.
පිට·කොළය, *n.* outer leaf, viz. binding or cover of a book.
පිට·ගම, *n.* village other than one's own.
පිට·ගැස්ම, *n.* spasm of the back, tetanus.
පිටංකාකී, *n.* colocynth, තිත්තලබු.
පිටංකාගයා, *n.* pike fish.
පිටංගණය, *n.* back-yard, පිළිකන්න.
පිට·රටක්·කාරයා, *n.* foreigner, පරදේශියා.
පිටත, *n.* (පිට අත), the outside, exterior.
පිටත, *a.* outer, exterior, external.
පිටතට, &c. as *ad.* to the outside, out, forth.
පිට·තාරිය, *n.* epicalyx.
පිටත්, *prefix*, in the outer direction, outwards.
පිටත්·කරනවා, *v. t.* to send off, start (on a journey &c.). [departure.
පිටත්ව·යාම, *v. n.* starting and going, going off,
පිටත්වෙනවා, *v. i.* to start, set off, depart.
පිට·දමනවා, *v. t.* to cast out. [urban.
පිට·නුවර, *n.* or *a.* outer city, suburbs; sub-
පිට·පවය, *n.* cloth or lower garment drawn between the legs and tucked up behind.
පිට·පටිය, *n.* back band.
පිටපත, *n.* translation, transcript, copy.
පිටපත්කරනවා, *v. t.* to translate; copy; banish, exile. [come warped.
පිට·පනිනවා, *v. t.* to spring out or aside; be-
පිට·පාර, *n.* outside way or outside of the way.
පිට·පැත්ත, *n.* back part, back, outside.
පිට·පිට, පිට·පිටම, *ad.* repeatedly, again and again, consecutively, successively.
පිට·පෙරලනවා, *v. t.* to run over, turn upside down. See පෙරලනවා.
පිට·ප්‍රදේශ, *a.* pert. to another district or country; colonial.
පිට·ප්‍රදේශකාරයා, *n.* colonist, colonial.
පිට·බලකොටුව, *n.* outer fort, outwork.
පිටභාගය, *n.* outer part, outside, පිටපැත්ත.
පිට·මං·කරනවා, *v. t.* (මං fr. මග), to put out, turn out, oust. [ousted.
පිට·මං·වෙනවා, *v. t.* to go out, be put out or
පිට·මුල, *n.* hip or lower part of the back.

පිටය, *n.* wicker basket (for holding grain), පැස.

පිට·රට, *n.* or *a.* foreign country ; foreign.

පිට·රට·වැසියා, *n.* inhabitant of a foreign country, foreigner.

පිට·ලියනවා, *v.* to write on the back or write upon, inscribe, address (a letter &c.)

පිට·ලිවීම, *v. n.* inscribing &c.; inscription, address.

පිටල්ල, *n.* basket, receptacle.

පිට·වක්‍රය, *n.* outside of a curve, convexity.

පිට·විගුර, *n.* muddy place, swamp.

පිට·වත, *n.* outside, back part (of bark or fish).

පිට·වහල්, *a.* banished, exiled, ejected, excluded, outcast.

පිට·වහල්කරනවා, *v. t.* to banish &c., deport.

පිට·වහලා, *n.* an exile ; pariah, outcast.

පිට·වාන, *n.* outlet : see පිට ඇළ.

පිට·වෙනවා, *v. i.* to go or get out : extend beyond, protrude.

පිට·සක්වළ, *n.* an outside or outer system of worlds, i. e. other than this system.

පිට·සන්ධිය, *n.* dorsal suture, Sans. පෘෂ්ඨසන්ධි.

පිටසැලි, *n.* D., parsley. [සම.

පිට·සිවිය, *n.* outer bark, පොත්ත ; cuticle, පිට

පිටස්තර, *a.* outward, external, exterior.

පිටස්තරය, *n.* outward part, exterior.

පිටස්තරයෙන්, *ad.* outwardly, externally.

පිට·සම, *n.* outer skin, scarf-skin, cuticle.

පිටාතර, *a.* outer, external, objective.

පිටාර·ඇළ, පිටාරය, *n.* overflow, efflux ; outlet, spill-water. [pour out, issue.

පිටාර·යනවා, පිටාරවෙනවා, *v. i.* to flow out,

පිටාරිය, *n.* outer channel or ditch : see පිටඇළ.

පිටි, *n.* flour, meal, any ground grain.

පිටි, *prefix,* outer, back.

පිටි·අතින්, *ad.* with the back of the hand.

පිටි·අත්, *a.* back-handed (blow &c.),

පිටි·අත්ල, පිටි·අල්ල, *n.* back of the hand.

පිටි·ඇටය, *n.* backbone, dorsal bone.

පිටි·කර, *n.* back of the neck, nape, upper part of the back, shoulders.

පිටිකරනවා, *v. t.* to reduce to flour or powder.

පිටි·කොන්ද, පිටි·කොන්දේ ඇටය, *n.* back-bone, spine.

පිටිකොඳු, *a.* spinal, pert. to the backbone.

පිටි·කොටුවා, *n.* a kind of fish.

පිටි·තලා—පිටිතලාවට—බඳිනවා, *v. t.* to tie the hands behind, pinion.

පිටි·තලාව, පිටි·තොල, *n.* the state of having the arms drawn back : see next word.

පිටි·තොල·තයනවා, *v.* to draw the arms to the back (as in pinioning).

පිටි·දකිනවා, *v. t.* to see the back or departure of any one, get quit of.

පිටි·ධාතු, *n. chem.* starch.

පිටිධාතු ආකාර, *a.* starchy.

පිටින්, *ad.* from the outside ; outwardly.

පිටින්, *post.* upon ; from upon ; with, along with, as පණපිටින්, alive.

පිටි·පතුල, *n.* the instep. [behind.

පිටි·පස, පිටි·පස්ස, *n.* back part, hind part,

පිටි·පස්සට, *ad.* to the back, backwards, behind.

පිටි—පිටු—පානවා, *v.* to turn one's back to a person, turn the back upon.

පිටි·පැත්ත, *n.* the back or reverse side.

පිටි·නුවර, *n.* outer part of the city, suburbs.

පිටි·මෝල, *n.* flour mill.

පිටිය, *n.* open space, field.

පිටිවහල, පිටිවහල්කම, *n.* help, helpfulness, උදව්ව, favour, aid, පිහිට. [පිහිටවෙන.

පිටිවහල්, පිටිවහල්වූ, *a.* helpful, favourable,

පිටිවහල්කාරයා, *n.* aider, supporter, favourer, පිහිටවෙන්නා.

පිටි·වැල්, *n. pl.* flour-strings, viz. macaroni.

පිටි·සර, *n.* (සර for චර going), outlying district, country or rural district.

පිටි·සර, *a.* outlying, rural, rustic.

පිටි·සර·බද, *a.* situated in the country, outlying.

පිටි·සරයා, *n.* rustic, peasant.

පිටු, *a.* back : see පිට.

පිටුසර, *n.* See පිටිසර.

පිටු·පස්ස, *n.* See පිටිපස්ස.

පිටුවහල්, *n.* &c. See පිටිවහල &c.

පිටුව, *n.* multitude, සමූහය. [rind.

පිටෙන්, *n. c.* the under layer of the jak fruit

පිටෝත, *n.* outer part, outside.

පිටෝතුකරනවා, *v. t.* to put out, issue.

පිටෝතුවෙනවා, *v. i.* to go or come out, issue.

පිට්ටනිය, *n.* meadow, field. [pellets.

පිට්ටු, *n.* a preparation of flour boiled in

පිට්ටිය, *n.* back, පිට.

පිඩරය, *n.* pot, pan ; hut, පැල ; churning stick.

පිඩ, *n.* lump, piece, small quantity pressed together (as of boiled rice, clay &c.); *pl.* පිඩු.

පිඩක ජ, *a.* arising from pimples, tubercular.

පිඩකය, *n.* pimple, බිබිල.

පිඩැල්ල, *n.* clod, sod ; *pl.* පිඩැලි, පිඩලි.

පිඩිපිට, පිඩිය, *n.* rump : තට්ටම.

පිඩු·පල, *n.* mango fruit, අඹ.

පිඩු, *n.* ball or lump as of boiled rice &c.; food, කෑම ; alms, දන්.

පිණනවා, *v. i.* (ප්‍රීතියෙන්...) to exult, be thrilled, rejoice ; *pret.* පිණුවා ; *v. n.* පිණීම.

පිණවනවා, *v. c.* to elate, thrill, enrapture ; *pret.* පිණෙවුවා.

පිණවීම, පිණවුම, *v. n.* of පිණවනවා · the act of enrapturing.

පිණැකිලියා, *n.* a species of ant.

පිණා, *p. pl.* of පිණනවා : exulting, thrilled.

පිණිපා, *n.* E. for ප්‍රණිපාත : salutation, වැඳීම.

පිණිස, *post.* for, for the purpose of, in order to, as යහපත පිණිස, for good, කරන පිණිස, in order to do.

පිණීම, පිනුම, *v. n.* of පිනනවා : exulting, ecstacy.

පිණු, *a.* full, complete, පූර්ණ.

පිණු·පොහොය, *n.* B. day of the full moon, full-moon festival.

පිණ්ඩ, *n. pl.* or *a.* of පිණ්ඩය.

පිණ්ඩක, *n.* incense, සුවඳ ද්‍රව්‍ය.

පිණ්ඩකයා, *n.* goblin, demon, රාක්ෂයා.

පිණ්ඩ·ගෝස, *n.* myrrh, ගොල්පරස; dross of iron, යබොර.

පිණ්ඩ·චාරික, *a.* food-begging, කෑම හිඟන.

පිණ්ඩ·චාරිකයා, *n.* one who goes about begging food, පිඬු හිඟන්නා.

පිණ්ඩ·දයා, *n.* (ද giving), food-giver, viz. one who gives food to deceased ancestors; one who supports another, patron, රක්ෂාකරන්නා; nearest relative, කිට්ටු නෑයා.

පිණ්ඩ·පාත·කරනවා, පිණ්ඩපාතේ·යනවා, *v.* of B. P., to beg from door to door with the food-bowl.

පිණ්ඩ·පාතය, *n.* B. mendicant's food received in bowl used by him.

පිණ්ඩ·පාතිකයා, *n.* B. mendicant monk.

පිණ්ඩ·පාතිකාංගය, *n.* B. P. ordinance of mendicancy or begging with the bowl, one of the තෙළෙස්ධුතාංග.

පිණ්ඩ·පුෂ්පය, *n.* flower of the asōka tree, *jonesia asoka*, හෝපලු මල.

පිණ්ඩය, *n.* lump, ball, bit, morsel (of food &c.), mouthful, පිඬ; (portion of food as) an oblation to deceased relatives; body, ඇඟ; iron, යකඩ; strength, ශක්තිය; myrrh; embryo. E. S.

පිණ්ඩලය, පිණ්ඩිලය, *n.* bridge, පාලම, causeway, pathway across inundated fields, වේල්ල.

පිණ්ඩාලුක, *n.* preparation of milk and ghee, medical preparation of ghee.

පිණ්ඩාලුව, *n.* esculent and medicinal root used as a diuretic; sand, වැලි; gravel, බොරළු.

පිණ්ඩාශ, *a.* begging, mendicant, හිඟන.

පිණ්ඩාශයා, *n.* mendicant, හිඟන්නා.

පිණ්ඩිකාව, *n.* instep, උඩු පතුල; nave of a wheel, බොස්ගෙඩිය.

පිණ්ඩිත, *a.* multiplied, ගුණිත; counted, ගණිත; thick, ඝනවූ; heaped together, ගොඩවූ, lumpy, කැටි ආකාර.

පිණ්ඩි·ඵලය, *n.* mango, අඹගෙඩිය.

පිණ්ඩිය, *n.* See පිණ්ඩපුෂ්පය; shoe-flower, වද මල; nave of a wheel.

පිණ්ඩිලයා, *n.* astrologer, caster of nativities, නැකතියා, ජ්‍යොතිෂකාරයා.

පිණ්ඩි·සූරයා, *n.* boaster, braggart, පුරසාරම්කාරයා.

පිණ්‍යාක, *n.* seed from which the oil has been expressed, oil-cake, පුනක්කු; saffron, කහ; asafetida, හිංගු; incense, සුවඳ ද්‍රව්‍ය.

පිඩා, *n. c.* sediment of salt when the salt has been dissolved in water.

පිත, *n.* bile.

පිතා, *n.* father, අප්පා, පියා.

පිතාමහ, *n.* paternal grandfather, ආත්තා : of Brahma as the father of all.

පිතෘ, *n.* father, paternal ancestor, පියා; *pl.* පිතෘවරු.

පිතෘ, පිතෘක, *a.* paternal, පිය.

පිතෘක·නාමය, පිතෘ·නාමය, *n.* patronymic, ගේ නම, පියනම.

පිතෘ·කානනය, *n.* (කානනය grove), cemetery, සොහොන් භූමිය.

පිතෘ·ඝාතක, *a.* parricidal.

පිතෘ·ඝාතකයා, *n.* parricide, පියා මරන්නා.

පිතෘ·ඝාතනය, *n.* parricide (the act), පියාමැරීම.

පිතෘ·ඥාතියා, *n.* paternal relative, පිය පාර්ශ්වයේ නෑයා.

පිතෘ·තර්පණය, *n.* (තර්පණය satisfaction), satisfying or propitiating ancestors: see පිතෘ දානය.

පිතෘ·ත්වය, *n.* fatherhood, paternity, පියකම.

පිතෘ·දානය, *n.* offering to deceased ancestors.

පිතෘ·පතියා, *n.* ruler of ancestors, viz. Yama, යම.

පිතෘ·පිතෘ, *n.* father's father, paternal grandfather: see පිතාමහ.

පිතෘ·භක්තිය, *n.* filial reverence, මව්පියන් ගරු කොට සැලකීම.

පිතෘ·මන්දිරය, *n.* ancestor's abode, viz. place of burial, සොහොන.

පිතෘ·වධය, *n.* See පිතෘඝාතනය.

පිතෘ·වනය, *n.* (වනය grove), place of cremation or burial, cemetery.

පිතෘව්‍යයා, *n.* paternal uncle, මහප්පා or බාප්පා.

පිතෘ·හීන, *a.* fatherless, orphan, පියා නැති (දරුවා).

පිතෘ·සදෘශ, *a.* (සදෘශ like), father-like, fatherly, පියෙක් වැනි.

පිත්, *a.* bilious, biliary.

පිත්ත, *n.* stalk of a frond or palm branch, stipe; *pl.* පිති.

පිත්ත·කාමලාව, *n.* See කාමලය &c., jaundice, පාණ්ඩු රෝගය.

පිත්ත·ඝ්න, *a.* bile-destroying, antibilious, E. S.

පිත්ත·ජ්වරය, *n.* bilious fever.

පිත්ත·නාලිය, bile-duct, gall-duct.

පිත්තය, *n.* bile, gall, පිත.

පිත්තල, *a.* bile-like, bilious; brazen.

පිත්තල, *n.* brass.

පිත්තල·කම්බිය, පිත්තල·වැල, *n.* brass wire.

පිත්තල·දවුල, *n.* brass drum, kettle-drum.

පිත්තල·මල, *n.* rust of copper or brass, verdigris.

පිත්ත·හර, *a.* removing bile, antibilious.

පිත්තාශය, පිත්·කෝෂ්ඨ, *n.* bile bladder, bile-sack, gall-bladder.
පිත්තාශයේ·අශ්මරී·ගල, *n.* gall-stone.
පිත්·රෝගය, *n.* biliary disease, biliousness.
පිදවිල්ල *n.* offering to a deity &c.; *pl.* පිදවිලි.
පිදහනයකරනවා, *v. t.* to close, shut, වසනවා.
පිදීම, *v. n.* of පුදනවා and පිඳෙනවා: offering, sacrificing, පුජාකිරීම. පුජාවක්වීම.
පිදුම, *n.* religious offering, offering to a deity.
පිදුරු, *n. c.* or *a.* straw; පිදුරුගහක්, a stalk of straw, a straw.
පිදුරු·කුලිච්චම, පිදුරු·මෙට්ටය, *n.* straw mattress, palliasse.
පිදුරු·වන්, *a.* straw-coloured, පිදුරු පාටවූ.
පිදුරු·සෙවිලිකරනවා, *v.* to thatch with straw.
පිදුරු·සෙවිලිකරපු, *v. adj.* thatched with straw, straw-roofed.
පිදුරු·සෙවිල්ල, *n.* straw-roofing, thatch.
පිදුරුහත්ත, *n.* straw-mushroom; *pl.* පිදුරුහතු.
පිදුවා, *v. pret.* of පුදනවා: offered.
පිඳෙනවා, *v. i.* to offer or devote one's self religiously; *pret.* පිදුණේ; *v. n.* පිදීම.
පිඬේත්තිය, පිඬේත්ත, *n.* that on which the offering to a demon is placed.
පිධානය, *n.* covering, cover, lid, වැස්ම; *Bot.* &c. operculum.
පිධාන·සහිත, *a. bot.* &c. operculated, වැස්මක් ඇති.
පින, *n.* religious merit derived from alms-giving &c.
පිනැති, *a.* meritorious.
පිනාකය, *n.* bow of Siva; trident; shower of dust. E. S.
පිනාකිය, *n.* a kind of viol, වීණාව.
පිනාකී, *n.* ap. of Siva.
පිනි, *n.* or *a.* dew.
පිනි·දිය, *n.* dew-water; nectar of flowers; eau-de-cologne; water distilled from the beli or wood-apple flowers.
පිනිපා, *n.* falling before (any one), obeisance, salutation, නමස්කාරය; moon, චන්ද්‍රයා.
පිනිපාවා, පිනිපුවා, *n.* dew- or water-drinker, viz. fish, මත්ස්‍යයා; snake, සර්පයා; hare, හාවා; elephant, ඇතා.
පිනි·බානවා, *v.* the dew falls or settles.
පිනි·බිඳුව, පිනි·බිඳ, *n.* dew-drop.
පිනි·මුවා, *n.* a kind of deer, reindeer.
පිනුම, *n.* jump, somersault; *pl.* පිනුම්.
පිනුම්කාරයා, *n.* tumbler, acrobat.
පිනුම්·පනිනවා, *v.* to take leaps, leap, throw a somersault.
පින්, *n. pl.* or *a.* of පින: merits; meritorious.
පින්කම, *n.* (කම E. of කර්ම), B. religious act of merit or special observances or festival to obtain merit by offering alms &c.
පින්කරනවා, *v.* to give alms &c. for merit.
පින්·කිරීය·වත, *n.* (වත fr. වස්තු), record or register of meritorious deeds.
පින්තාරු·කරනවා, *v. t.* to make a picture of, paint pictures.
පින්තාරුව, පින්තූරය, *n.* Port., picture, painting, likeness.
පින්·තාලිය, *n.* merit-waterpot (placed for passers by to drink from).
පින්තපාතකරනවා, *v.* Er. for පිණ්ඩපාතකරනවා.
පින්·පඩි·කාරයා, *n.* pensioner.
පින්·පඩිය, *n.* pension.
පින්·පතුය, *n.* subscription paper by which subscribers of money get merit.
පින්·පෙට්ටිය, *n.* offering-box, box for the receipt of offerings.
පින්·පෙත, *n.* offering to deceased ancestors; transference of merit: see පත්තිදානය.
පින්·රැස, *n.* stock or accumulation of merit.
පින්වත්, පින්සර, *a.* meritorious, having merit by giving alms &c.
පින්·සාලාව, *n.* poor-house, alms-house.
පින්සොඬ, පින්සොඬි, *a.* merit-loving, desirous of merit, පිනට ලොල්වූ.
පින්·පාසැලය, *n.* free-school.
පිපාස, *a. lit.* desiring to drink, viz. thirsty.
පිපාසය, පිපාසාව, *n. lit.* desire to drink, thirst.
පිපාසාතුර, *a.* (·ආතුර suffering), suffering thirst, thirsty.
පිපාසිතයා, *n.* thirsty person, පිපාස ඇත්තා.
පිපාසිත, *a.* who has become or is thirsty, පිපාසවූ.
පිපි, *a.* expanded, opened, (as a flower), පිපුණු.
පිපිච්ච, *v. adj. pret.* පිපුණු: see පිපි.
පිපිඤ්ඤා, *n.* Port., cucumber.
පිපිපත්, *a.* hostile.
පිපියා, *n.* puff-adder, cobra, නයා; small black ant, කුහුඹියා.
පිපිරවීම, *v. n.* of පුපුරවනවා: exploding &c.
පිපිරීම, පිපිරුම, *v. n.* of පුපුරනවා and පිපිරෙනවා: bursting &c.
පිපිරෙනවා, *v. i.* to crack, burst, explode; *fig.* to rave; *pret.* පිපිරුණේ; *v. n.* පිපිරීම.
පිපිලිකාවා, *n.* small red ant, ඇඹලයා.
පිපිහල්, *a.* swollen, bloated, ඉදිමුණු; pale, සුදුමැලි.
පිපී, *p. pl.* of පිපෙනවා.
පිපීම, *v. n.* of පිපෙනවා: opening &c.
පිපීලකයා, *n.* large black ant, කඩියා.
පිපු, *n.* hare, හාවා.
පිපෙනවා, *v. i.* to open, expand, (as flowers); rise, expand (as with leaven), ferment; *pret.* පිපුණේ.
පිපප·පාණ්ඩුව, *n.* jaundice, පාණ්ඩුරෝගය.
පිපපයා, *n.* one who has jaundice, පාණ්ඩුරෝගකාරයා, or one who is pale or yellow.
පිපලී·මුල, *n.* root of the long pepper, තිප්පිලි මුල්.

පිප්පවීම, *v. n.* of පුප්පවනවා : bloating, distension.

පිප්පිකා, *n.* tartar of the teeth, දත්මැලියම්.

පිප්පීම, *v. n.* of පිප්පෙනවා and පුප්පනවා.

පිප්පෙනවා, *v. i.* to become blown out, puffed, bloated, inflated ; *pret.* පිප්පුණා.

පිළුව, *n.* freckle or spot, mole, mark on the skin, ලපය.

පිබිදවීම, *v. n.* of පුබුදුවනවා : arousing &c.

පිබිදෙනවා, *v. i.* to awake, waken ; *pret.* පිබිදුණා ; *v. n.* පිබිදීම ; *p. pl.* පිබිද or පිබිදී.

පිම්ගහනවා, *v.* to leap ; *pl.* පිම්ගැහුවා.

පිම්බවනවා, *v. c.* of පිඹිනවා : to cause to blow ; *pret.* පිම්බෙවුවා ; *v. n.* පිම්බවීම.

පිම්ම, *n.* leap, පැනුම, somersault.

පිම්මේ·දුවවනවා, *v. t.* to cause to gallop, to gallop (a horse). [canter.

පිම්මේ·පනිනවා, **පිම්මේ·යනවා**, *v.* to gallop,

පිම්බෙනවා, *v. i.* See පිප්පෙනවා.

පිඹිනවා, *v.* to blow with the mouth or an instrument, hiss (as a serpent) ; *pret.* පිම්බා ; *p. pl.* පිඹ.

පිඹීම, **පිඹුම**, *v. n.* of පිඹිනවා : blowing, hissing.

පිඹුරා, *n.* rock-snake, *python molurus*, said sometimes to attain a length of eighteen feet and twenty-seven inches in circumference ; *pl.* පිඹුරෝ.

පිඹුරු, *n.* See පිඹුර, plan. [wing, පියාපත.

පිය, *n.* foot, පය ; footprint, footstep, අඩිය ;

පිය, *a.* E. of ප්‍රිය : pleasing, beloved. [වරු.

පිය, *n.* E. of ප්‍රියා : woman, wife, ස්ත්‍රී ; *pl.* පිය

පිය, *a.* of පියා : paternal.

පිය·උරුමය, *n.* paternal inheritance.

පියකම, *n.* fatherhood, paternity.

පිය·කරණය, *n.* (කරණය that makes), footprint, footstep, අඩිලකුණ, අඩිය.

පිය·කර, *a.* E. of ප්‍රියංකර : gladdening, pleasing, delightful, ප්‍රියකර.

පියගඳ, *n.* E. of ප්‍රියගන්ධ : pleasant scent, fragrance, සුවඳ. [ladder, ඉණිමඟ.

පිය·ගැට·පංක්තිය, *n.* series of foot-notches, viz.

පිය·ගැටය, *n. lit.* foot-notch or knot, viz. foothold, step of a ladder, ඉණිමං·පෙත්ත, පඩිය.

පිය·ගුණය, *n.* fatherliness or පියකරුණාව.

පියඟු, *n.* E. of ප්‍රියංගු : millet, තණහාල්.

ප්‍රියතම, *n. mas.* (fr. Sans. ප්‍රියතම most beloved), husband, ස්වාමිපුරුෂයා.

පියතමාව, *n. fem.* (fr. ප්‍රියතමා), inamorata, paramour, ජාර අඹුව.

පිය·දමනවා, *v. t.* Er. for පියදමනවා.

පියදුම, *v. n.* of පියදනවා : sending forth, sending, ඇරීම, යැවීම.

පියන, *n.* cover, lid, වැස්ම ; part of a folding door or shutter ; *bot.* operculum ; rice field, කෙත.

පිය නම, *n.* patronymic.

පියනවා, *v. t.* to close, shut, වහනවා ; ගණන්... settle accounts ; *pret.* පියුවා or පියුවා ; *v. n.* පියීම.

පියන්·පත, *n.* lid, cover, මූඩිය.

පිය·පතර, *n.* wing of a bird, පියාපත, අත්තටු.

පියපත, *n.* *pudendum muliebre.*

පිය·පස්, *n. c.* foot-soil, dust or mire on the feet.

පියපාක්ෂි, *a.* of the father's side, paternal.

පිය·පාක්ෂිකය, *n.* the father's side, paternal side (as to relatives).

පිය·පෝරුව, *n.* foot-board ; footstool.

පිය·ප්‍රවේණිය, *n.* paternal inheritance, පිය උරුමය.

පිය·බන්දු, *n. pl.* or *a.* paternal relatives.

පිය·බඳ, *n.* E. of ප්‍රිය and බන්ධ : pleasing body, viz. woman, ස්ත්‍රී.

පිය·මිත, *n.* See පිතාමිත.

පියම්, **පියම්බා**, *n.* copulation, සංවාසය ; agreeable woman, ප්‍රිය ස්ත්‍රී.

පියඹයා, *n.* stout person, තරබාරු අය.

පියයුර, *n.* woman's breast, තනය ; *pl.* පියයුරු.

පියයුරු, *n.* dense cloud, ඝනවලාකුළ.

පියයුරු·දැවිල්ල, *n.* inflammation of the breast, mastitis.

පියර, *n.* cont. of පියවර.

පිය·රැව, *n.* E. of ප්‍රියරාව : pleasant sound, agreeable voice, මිහිරිනාදය, ප්‍රසන්න හඬ.

පිය·රැව්·දෙනවා, *v.* to give forth pleasant sound (as birds singing), මිහිරිනාද දෙනවා.

පියලිකරනවා, *v. t.* to divide, separate or split (as seed-lobes, peas &c.).

පියල්, *n. pl.* rags, වැරහැලි.

පියල්ල, *n.* rag, වැරහැල්ල, old cloth, පරණ රෙද්ද ; half a globe, as half a coconut : seed lobe ; *pl.* පියලි. See පියල්ල.

පියවනවා, *v. c.* to cause to close or shut ; shut out, reject ; *pret.* පියෙවුවා ; *v. n.* පියවීම.

පිය·වර, *n.* footprint, අඩිය ; අඩිලකුණ.

පියවරලා, *n.* fish, මාලුවා.

පිය·වර·හඬ, *n.* (හඬ mark or sound), footprint ; sound of footstep, අඩිශබ්දය.

පියවසාව, *n.* dagoba ledge on which offerings are placed.

පියවි, *a.* natural, radical : see ප්‍රකෘති.

පියවි, *n.* nature, natural form, මුල් සවභාව ; *gram.* radix, crude form, stem, ප්‍රකෘතිය.

පියවිල්ල, *n.* carpet, anything spread to walk on, පාවාඩය ; *pl.* පියවිලි.

පියවීම, *v. n.* of පියවනවා and පියෑවෙනවා.

පියවුර, *pl.* පියවුරු, *n.* See පියයුර.

පියවෙනවා, *v. i.* to close (as doors, eyes &c.) ; close or balance (as an account) ; *pret.* පියවුණා ; *p. pl.* පියවී ; *v. n.* පියවීම.

පියස, *n.* district, locality, ප්‍රදේශය

පියස, *a.* near, ළඟ. [ඇති.

පිය·සිත්, *a.* pleased, pleasant, cheerful, ප්‍රීතිසිත්

පියසි, *n.* woollen cloth, ලෝම රෙද්ද.

පියසිය, *a.* continual, unceasing, නොකඩවා නිති.

පියස්ස, *n.* roof, පලුය, වහල; *pl.* පියසි.

පිය·සසර, *n.* foot-path, පයින් යන පාර, අඩිපාර.

පියා, *n.* father; *pl.* පියවරු.

පියා, *n.* wings: wing-.

පියා·ගැබ, *n.* wing-cavity or space under the wings for the young birds.

පියාණන්ද, පියාණෝ, *n. hon.* father.

පියා·පත, *n.* birds wing, pinion, අත්තටු; *pl.* පියාපත්. [pegasus.

පියා·පත්·මත්‍ස්‍යයා, *n.* winged fish, flying fish,

පියා·පත්·වැස්ම, *n.* wing-case, wing-shell.

පියාඹනවා, *v.* (පියා wings, අඹනවා or හඹනවා drive), to fly, ඉගිලෙනවා; *pret.* පියැඹුවා; *v. n.* පියැඹීම. [නවා.

පියා·සර·කරනවා, *v.* (සර for චර), to fly, ඉගිලෙ

පියාසරය, *n.* flying, flight, ඉගිලීම.

පියැල්ල, *n.* reward (offered for anything); bowl, vessel, භාජනය.

පියුම, *v. n.* of පියනවා: closing, වැසීම; putting away, ඉවතලෑම, අහකදැමීම.

පියුම, *n.* water-lily, lotus, නෙළුම; *pl.* පියුම්.

පියුම්·කර, *n.* See පියුම්විල.

පියුම්බ, *n.* (අඹ woman): see පියුම්කල්.

පියුමත්, *n.* lotus-handed: ap. of the sun.

පියුමරව, *n.* See පියුම්රව.

පියුමසන, *n.* (පියුම් අසන), lotus-seat, lotus-like position: posture of religious meditation; ap. of Brahma: see පියුම්ගැබ.

පියුමාරය, *n.* lotus-pond: see පද්මාකරය.

පියුම්දුව, *n.* (ඉදුව multitude), mass of lotuses නෙළුම්රැසිය.

පියුම්, *n. pl.* or *a.* of පියුම, lotuses; lotus-.

පියුම්·කල්, *n.* (කල් woman), ap. of ලක්ෂ්මී, which see.

පියුම්·කෙමිය, *n.* lotus pistil.

පියුම්·ගැබ, *n.* ap. of Brahma: see පද්මගර්භ.

පියුම්·තඹ, *n.* (lotus-red), ap. of Vishnu, විෂ්ණු.

පියුම්·තෙනේ, *n.* lotus-son: ap. of Cupid, කාම දෙවියෝ.

පියුම්·දම, *n.* necklace of lotuses, නෙළුම්මාලාව.

පියුම්·නැබ, *n.* (නැබ navel), ap. of Vishnu: see පද්මනාභ. [ap. of Vishnu.

පියුම්·නෙත්, *n.* (නෙත් eyes), lotus-eyed one:

පියුම්·පණ, *n.* ap. of Brahma and of the sun, see පද්මපාණි.

පියුම්·පත, *n.* lotus leaf, නෙළුම්කොළය.

පියුම්·පත්ත, *n.* lotus petal; *pl.* පියුම්පෙති.

පියුම්·මී, *n.* lotus nectar, නෙළුම්මල් පැණි.

පියුම්·යොන්, *n.* ap. of Brahma: see පද්මයෝනි.

පියුම්·රැ·මිණි, පියුම්·රව, *n.* ruby: see පද්මරාගය.

පියුම්·රව, පියුම්·විල, *n.* lotus pond, නෙළුම්විල.

පියුම්·වනය, *n.* lotus-grove, place abounding with lotus flowers.

පියුම්·කොටුව, *n.* See පියුම්කෙමිය.

පියූ, *v. adj. pret.* of පියනවා: closed, වැසූ.

පියෙවු, *v. adj. pret.* of පියවෙනවා: got closed; shut out, removed, දුරුකළ.

පියෙස, *n.* E. of ප්‍රදේශය: region, district, පළාත, place, ඉඩම.

පියොන්කාරයා, පියුන්, *n.* Eng., peon.

පියෝ, *n.* E. of ප්‍රයෝග: fraud, trick; effort, උත්සාහය; usage, යෙදුම.

පිරවීම, *n.* dislocation, උලුක්කුව, crookedness, ඇදකම; confusion, අවුල.

පිරවිල්ල, පිරවීම, *v. n.* of පුරවනවා: filling.

පිරි, *a.* filled, full, පුණ්ණ.

පිරි, *prefix*, implying fulness, completely.

පිරිකම, පිරියම, *n.* decorating, adorning, සැරසීම, සැරසිල්ල.

පිරිකපනවා, *v. t.* to divide, බෙදනවා.

පිරිකර, *n.* E. for පරිෂ්කාර: article, accoutrement: see අටපිරිකර.

පිරිකිඳල, *n.* D., fricassee.

පිරිකෙවු, *v. adj. pret.* surrounded, encircled, වටවූ, වටකරගත්තාවූ.

පිරිත, *n.* protection, preservation; name of a work consisting of nine sutras from the Sutra Pitaka, chiefly exorcisms for expelling demons and curing disease.

පිරිතැසුම, පිරිතැස්ලිය, *n.* request, supplication, ඉල්ලීම, අයදීම. [කරනවා.

පිරිත්කරවනවා, *v. t.* to protect, defend, ආරක්ෂා

පිරිදෙව්ව, *n.* E. of පරිදේව.

පිරිද්දීම, පිරිද්දුම, *v. n.* of පුරුද්දනවා: splicing, scarfing, splice.

පිරිනමනවා, *v. t.* to set apart, devote, කැපකර නවා. [Nirvāna.

පිරි·නිවන්, *n.* E. of පරිනිර්වාණ: attainment of

පිරි·නිවනවා, *v.* to completely extinguish all desire and further transmigration, and so attain Nirvāna.

පිරි·නිවන්·පානවා, *v.* to attain Nirvāna.

පිරිපත, *n.* injury, disaster, අනතුර.

පිරි·පුන්, *a.* E. of පරිපූර්ණ.

පිරිබඩ, *n.* smearing, rubbing on, ගෑම, anointing, ආලේපය.

පිරිබඩ·කරනවා, පිරිබඩ·ලනවා, *v. t.* to smear or rub on (ගොම &c.), ගානවා, anoint, ආලේප කරනවා.

පිරිබඩ·ගන්වනවා, *v. c.* to cause to smear, rub on (ගොම &c.).

පිරි·බුන්, *a.* shattered, broken in pieces, destroyed, කැඩිබිඳී. [පොඩිවෙනවා.

පිරි·බුන්වෙනවා, *v. i.* to become shattered &c.,

පිරි·මඩිනවා, *v. t.* See පිරිමදිනවා.

පිරිමද, *n.* rubbing, cleaning, polishing.

පිරිමදිනවා, *v. t.* to rub, stroke, fondle; shampoo.
පිරි·මසනවා, පිරිමසනවා, *v. t.* to eke out, make, do, manage, make shift; *pret.* පිරිමෑ(සු)සුවා.
පිරි·මසාගන්නවා, *v. t.* to eke out &c. as above; with ආශා, to gratify, satisfy.
පිරිමැදීම, *v. n.* of පිරිමදිනවා: rubbing &c.
පිරිමැසිල්ල, පිරිමැසීම, පිරිමැස්ම, පිරිමැසිල්ල, පිරිමැසීම්, } *v. n.* of පිරිමසනවා or පිරිමෑසෙනවා &c.: eking out &c., makeshift.
පිරිමෑසෙනවා, පිරිමැසෙනවා, *v. i.* to eke out, suffice, be barely sufficient; *pret.* පිරිමෑසුණා or පිරිමැසුණා.
පිරිමි, *a.* male, masculine; also *n. pl.*
පිරිමි·කොල්ල, *n.* the men, male sex, mankind (not women). [පිරිමින්.
පිරිමියා, *n.* male, man or boy; *pl.* පිරිමි, *acc.*
පිරිමි·ළමයා, *n.* boy, male child.
පිරිමි·සතා, *n.* male animal.
පිරිය, *n.* moat, ditch, අගල.
පිරියත, *a.* finished, completed, done, සම්පූර්ණ.
පිරියත, *n.* completion, end, කෙළවර.
පිරියම, *n.* restoring, repairing, overlaying, adorning, පිළියම, සැරසීම. [කනවා, සරසනවා.
පිරියම්කරනවා, *v. t.* to restore &c., පිළියම්කර
පිරියසුන, පිරියස, *n.* seeking, exploring, සෙවීම.
පිරිරු, *a.* distant, far, දුරවූ. [පිරිලි.
පිරිල්ල, *n.* tossing of the sea, wave, රැළ; *pl.*
පිරිවට, *n.* cloth, garment, පිළිය, රෙද්ද.
පිරිවනවා, *v. t.* to read, කියවනවා, repeat, say, කියනවා; mutter, මතුරනවා.
පිරිවය, *n.* disgrace, shame, ලජ්ජාව, අවනම්බුව.
පිරි·වර, පිරිවර·ජනයා, *n.* (පිරි around, වෘ to serve), retinue, suite, attendants, equipage.
පිරිවරනවා, *v. t.* to surround, attend, accompany (as followers, attendants &c.); *pret.* පිරිවැරුවා; *v. n.* පිරිවැරීම. [ඇතිලීම.
පිරිවැතිය, *n.* overturning, පෙරළීම, contortion.
පිරිවැස්ස, *n.* basket made of coconut leaves; *pl.* පිරිවැසි.
පිරිවෙන, *n.* E. of පරිවේණ; *pl.* පිරිවෙන්.
පිරිවෙය, *n.* E. of පරිවේෂය.
පිරිස, *n.* retinue, suite, assembly, congregation; *pl.* පිරිස්.
පිරි·සඳ, *n.* full moon. [chaste, holy.
පිරි·සිදු, *a.* (පිරි fully, සුදු clean), clean, pure,
පිරිසිදුකරනවා, *v. t.* to cleanse, clarify, refine.
පිරි·සිඳිනවා, *v. t.* to ascertain, clear up, විසඳනවා.
පිරිසුන්, *a.* defined, limited, නියමවූ, මායිම්කළ.
පිරිහීම, *v. n.* of පිරිහෙනවා: decline &c., depletion, degeneration.
පිරිහුණ, *v. adj. pret.* of පිරිහෙනවා: past, expended, wasted away, ගෙවුණු; gone down or fallen, diminished, අඩුවූ.

පිරි·හෙනවා, *v. i.* (පිරි emp., හෙනවා fall), to waste away, decline, diminish, wane, deteriorate, fail; *pret.* පිරිහුණා; *v. n.* පිරිහීම.
පිරිහෙළනවා, *v.* to scorn or scoff at, treat disrespectfully, revile, නින්දාකරනවා.
පිරිහෙළීම, පිරිහෙළම, *v. n.* of පිරිහෙළනවා: scorning &c.
පිරී, *p. pl.* of පිරෙනවා.
පිරීම, *v. n.* of පිරෙනවා and පුරනවා: filling &c.
පිරුම, *n.* fag-end (of cloth); filling, stuffing.
පිරුවට, *ad.* for supply (as cloth &c. lent by a washerman). Probably dat. case for පිරුමට, filling up, as රෙද්දක් පිරුවටදෙනවා, to give cloth to supply a lack.
පිරුවනවා, *v. t.* See පිරිවනවා.
පිරුළ, *n.* answer, reply, උත්තරය; *pl.* පිරුළු.
පිරුළු·දෙනවා, *v.* to reply, උත්තරදෙනවා.
පිරෙනවා, *v. i.* to become filled or full; *pret.* පිරුණා; *v. n.* පිරීම.
පිළන්ධනය, *n.* dressing, ornamentation, decoration, පැළඳීම, සැරසිල්ල.
පිළන්ධනයකරනවා, *v. t.* to don, dress.
පිලල් ඇස, *n.* blear eye, sore eye, ගෑටවූ ඇස.
පිලාව, *n.* spleen, බඩදිව.
පිලා·ඔරුව, *n.* very small canoe.
පිලිදුව, *n.* multitude, සමූහය.
පිලිත්වෙනවා, *v. i.* to become sour or putrid (as boiled rice &c. when left).
පිලි·මෝල, *n.* large pestle: see මෝල්ගස.
පිලිය, *n.* fruit, ගෙඩිය.
පිලිස්සීම, *v. n.* of පුලුස්සනවා and පිලිස්සෙනවා: burning &c.
පිලිස්සෙනවා, *v. i.* to burn, become scorched, become baked; *pret.* පිලිස්සුණා.
පිල්, *n. pl.* or *a.* of පිල්ල: peacock's tail feathers.
පිල්·ඇස, *n.* eye in peacock's tail feathers.
පිල්කලස, *n.* vase of flowers placed at the door &c. on festive occasions; bunch of peacock's feathers or peacock's tail, මොනරපිල්, මොනර පෙදය. [see above.
පිල්කලම, *n.* bunch of feathers, peacock's tail:
පිල්බරය, *n.* peacock's tail, මොනර පෙදය.
පිල්බරයා, *n.* heavy-feathered one, viz. peacock, මොනරා.
පිලු, *a.* blear-eyed, ගෑටවූ ඇස් ඇති.
පිල්ල, *n.* (appendage) branch, අත්ත; peacock's tail feather; testicle, අණ්ඩය; vowel symbol affixed to a consonant, as ඉස්පිල්ල &c.; *pl.* පිලි. [nants.
පිල්ලම, *n.* affixing vowels-signs to the conso-
පිල්ලම්කියනවා, *v.* to repeat each consonant with each vowel-sign, as ක, කා &c.
පිල්ලා, *n.* young animal, පැටියා: see පිලවා.
පිල්ලෑව, *n.* a little mound in a swamp.

පිල්ලිය, *n.* incantation, witchcraft or spell to inflict injury.

පිල්වලල්ල, *n.* bunch or circle of feathers or outspread tail of a bird, plumage; circle or stretch of field-terraces.

පිල්·මැටිය, *n.* the mass or lot of feathers, plumage.

පිවිටු, *a.* E. of පුවිෂ්ට.

පිවිතුර, *n.* gladness, pleasure, සන්තෝෂය: jewel, ආභරණය.

පිවිතුරු, *a.* E. of පවිත්‍ර.

පිවිසි, *v. adj. pret.* entered, ඇතුල්වූ.

පිවිසීම, පිවිසුම, *v. n.* of පිවිසෙනවා.

පිවිසෙනවා, *v. i.* to enter, ඇතුල්වෙනවා; *pret.* පිවිසුණා; *p. pl.* පිවිස.

පිවු, *v. adj. pret.* See පිදූ.

පිශාච, fiendsh, රකුසු; haunted. E S.

පිශාච·දැම, *n.* (දැම tree), goblin tree, tree haunted by a goblin. *Bot.*

පිශාචයා, *n.* demon, fiend, goblin, රාක්ෂයා.

පිශුන, *a.* See පිසුන, *adj.* [(බංකා).

පිෂ්ට, *a.* ground, pulverized, අඹරපු, පිටිකරපු,

පිෂ්ට, *n.* flour, meal, පිටි.

පිෂ්ටකය, *n.* cake made of flour, කැවුම; film of the eye, පටලය.

පිෂ්ට·පචනය, *n.* cooking vessel, seething pot, උයන භාජනය, හට්ටිය. [ගෙඩි.

පිෂ්ටපාකකරී, *n.* fruit of the jujube tree, මැසන්

පිෂ්ටාත, *n.* powder, කුඩු, sp. perfumed powder, සුවඳ කුඩු.

පිස, *p. pl.* of පිසිනවා: having wiped, rubbed.

පිස·දමනවා, *v. t.* See පිසදමනවා.

පිසන·ගේ, *n.* cooking house, kitchen, කුස්සිය.

පිසනවා, *v. t.* to cook, උයනවා; *pret.* පිසුවා; *v. n.* පිසීම.

පිසන්නා, *n.* cook, උයන්නා.

පිසුම, *n.* cooking, cookery, ඉවීම.

පිසස්, *n.* demon, යකා.

පිසාචිකා, *n.* Indian spikenard, ජටාමාංශ.

පිසාචී, *n.* female imp or goblin, රකුසී.

පිසිත, *n.* flesh, meat, මස්.

පිසිතා, *n.* See පිසාචිකා. [පිස්සා.

පිසිනවා, *v. t.* to wipe, rub off (dust &c.); *pret.*

පිසීම, පිසුම, *v. n.* of පිසිනවා wiping, and of පිසනවා cooking.

පිසුණු, පිසුණු, *v. adj. pret.* of පිසෙනවා: cooked, කැඹුණු; ripe, ඉදුණු. [ලම සහිත.

පිසුන, *a.* wicked, vile, නපුරු, slanderous, කේ

පිසුන, *n.* cotton, කපු; saffron, කහ.

පිසුනයා, *n.* crow, කපුටුවා; spy, ඔත්තුබලන්නා slanderer, කේලමා.

පිසුන·වචන, *n.* slanderous speech, කේලම් බස.

පිසෙනවා, *v. i.* to be cooked, කැම්බෙනවා; *pret.* පිසුණා.

පිස්කාල්, පිස්කාල්, *a.* fiscal. E. S.

පිස්කාල්කෑන, *n.* fiscal officer.

පිස්තෝලය, *n.* Port., pistol.

පිස්තෝල·වෙඩිල්ල, *n.* pistol-shot.

පිස්නා·කඩය, (or කෑල්ල), *n.* wiping cloth, napkin, towel, තුවාය.

පිස්සන්·ගෙකාවුව, *n.* lunatic asylum.

පිස්සා, *n.* madman, lunatic; idiot, fool.

පිස්සා, *v. pret.* of පිසනවා and පිසිනවා.

පිස්සි, *n.* insane female, mad woman.

පිස්සු, *a.* insane, rabid; idiotic.

පිස්සුකම, පිස්සුව, *n.* insanity, madness, rabies.

පිස්සු·මැවෙනවා, පිස්සුවැටෙනවා, පිස්සුවෙනවා, *v. i.* to become insane, go mad.

පිහ·දමනවා, *v. t.* to wipe, wipe off, dust, sweep.

පිහනවා, *v. t.* to cook, උයනවා: see පිසනවා.

පිහා·රාල, *n. hon.* cook, උයන්නා.

පිහන්නා, *n.* See පිසන්නා.

පිහන·ගේ, *n.* See පිසනගේ.

පිහාටු, *n. pl.* or *a.* of පිහාටුව or පිහාටිට: feathers; feather-.

පිහාටු·නාරටිය, *n.* shaft or rib of a feather.

පිහාටුව, පිහාටිට, *n.* feather, pinion, quill; *pl.* පිහාටු.

පිහාටු·වැටීම, *v. n.* moulting, deplumation.

පිහාටු·වැටෙනවා, *v. i.* to moult.

පිහාටු ආකාර, *a.* feather-like; *bot.* pennated.

පිහාඹනවා, *v. i.* Er. for පියාඹනවා.

පිහා·මැස්සා, *n.* flying fish; garpike so called.

පිහාසරය, *n.* Er. for පියාසරය.

පිහි, *v. adj. pret.* of පිහිනවා: wiped, පිසපු; *also* closed, වැසු.

පිහිතුල්, පිහිතුල, *a.* closed, covered, වැසුණු.

පිහිට, *n.* favour, aid, succour, relief.

පිහිටනවා, *v. i.* to become settled, fixed, established; (of medicine) to be effective, take hold, operate; *pret.* පිහිටුණා fr. පිහිටෙනවා.

පිහිටවනවා, *v. c.* of පිහිටනවා: see පිහිටුවනවා.

පිහිට·වෙනවා, *v. i.* to aid, favour, befriend, succour.

පිහිටාධාර, *a.* or *n. pl.* (පිහිට ආධාර), aiding &c.; aids &c. or favours and succours. [aid.

පිහිටාධාරය, *n.* help and succour or favour and

පිහිටාධාරවෙනවා, *v. i.* to be a help to, aid, succour, support.

පිහිටා·තිබෙනවා or ·සිටිනවා, *v. i.* to have become settled or fixed; to rely on, depend on.

පිහිටි, *v. adj. pret.* for පිහිටුණු: fixed, placed, settled; situated.

පිහිටීම, *v. n.* of පිහිටනවා: settling &c.

පිහිටුවනවා, *v. t.* to place, fix, set, establish, found, institute; *pret.* පිහිටෙවුවා; *v. n.* පිහිටුවීම.

පිහිටෙනවා, *v. i.* See පිහිටනවා; *pret.* පිහිටුණා; *v. n.* පිහිටීම. [වෙනා.

පිහිත, *a.* covered, hidden, වසනලද, සඟවා ති

පිහිතකරනවා, *v. t.* to cover, hide, වසනවා.

පිහිනවා, *v. t.* to rub, wipe ; *pret.* පිස්සා.
පිහිනුම, *v. n.* of පිහිනනවා=පිහනවා.
පිහිය, පිහියෙල්, *n.* knife : indef. පිහියක් ; *pl.* පිහියා.
පිහියා·පීර, *n.* knife-file, sharpening-steel, steel.
පිහිර, *n.* See පීර.
පිහිරනවා, *v. t. pret,* පිහිරුවා. See පිරනවා.
පිහිල්ල, *n.* See පීල්ල, යකඩපිහිල්ල, iron rail of railway &c.
පිහීම, *v. n.* of පිහිනවා : wiping, wipe.
පිහි·යනවා, පිහෙනවා, *v i.* to close, shut, වැසී යනවා, වැසෙනවා.
පිළ, *n.* ledge (along the side of a house to sit on), verandah ; stall or shop platform, platform of railway &c.
පිළක, *n.* spear, lance, හෙල්ලය.
පිළවා, *n.* young animal, පැටියා ; grub, maggot, පණුවා ; *pl.* පිළවි.
පිළා, *n.* born cripple, ජාතිකොරා ; young animal, පැටියා ; *pl.* පිළු.
පිළා·ගෙඩිය, *n.* cancer, carbuncle.
පිළි, *prefix,* implying exchange, return, arrangement, severally, ප්‍රති ; around, completely, පරි.
පිළි·ඇදුරා, *n.* a rival teacher.
පිළිකඩ, *n.* piece of cloth, clout. [*pl.* පිළිකඩු.
පිළිකන්න, *n.* rear of the house, back yard ;
පිළිකම, *n.* See the derived form පිළියම.
පිළිකය, පිළිකාව, *n.* abscess, cancer, canker, fistula.
පිළිකුල, *n.* (fr. ප්‍රතිකූල reversed), anything foul or abominable. [cent.
පිළිකුල්, *a.* foul, abominable, loathsome, inde-
පිළිකුල්කරනවා, *v.* (*with acc.*) to make filthy or abominable ; (*with dat.*) to abominate, abhor, loathe, detest.
පිළිකුල්සිතනවා, *v.* (*dat.*) to regard with disgust : see පිළිකුල්කරනවා.
පිළිකෙව්කරනවා, *v. t.* to reject, එපාකරනවා.
පිළි·ගත්, *v adj. pret.* accepted.
පිළි·ගඳ, *n.* fishy smell, foul scent.
පිළිගන්නවා, *v. t.* to accept, receive ; admit (as true &c.).
පිළිගන්වනවා, *v. t.* to cause to accept, present, offer ; cause to admit, prove.
පිළිණදෙනවා, *v. t.* to promise, පොරොන්දු වෙනවා, covenant, ගිවිසිනවා.
පිළිණය, *n.* promise, agreement, covenant, ගිවිසුම ; vow, බාරය. [*pl.* පිළිතුරු.
පිළි·තුර, *n.* (Sans. ප්‍රත්‍යුත්තර), rejoinder, reply ;
පිළි·තොරණ, *n.* See පිළිතොරණ.
පිළි·දගිනවා, පිළි·දගුම්කරනවා, *v. t.* to cherish, foster, support, පෝෂණකරනවා, බලාගන්නවා.
පිළි·දගීම, පිළි·දගුම, *v. n.* cherishing &c., protection, ආරක්ෂාකිරීම.

පිළි·පක්, *a.* antagonistic, විපක්ෂ, opposed, විරුද්ධ.
පිළිපදිනවා, *v. t.* to keep, observe (commands &c.); *pret.* පිළිපැද්ද or පිළිපන්නා.
පිළිපන්, *v. adj. pret.* of පිළිපදිනවා : observed, පිළිපැද්ද ; arrived, attained, ප්‍රාප්තවූ.
පිළිපැදීම, *v. n.* of පිළිපදිනවා : observance &c.
පිළි·පොවනවා, *v. t.* See පිළිගන්වනවා.
පිළි·බඳ, *a.* (බඳ bound), connected with, appertaining to, සම්බන්ධ ; attached to, ඇලුම්වූ.
පිළි·බිඹු, *n.* likeness, image, reflection as in a mirror, රූපය.
පිළිමය, *n.* statue, idol, image, figure.
පිළිමල්, *a.* opposing, විරුද්ධ, hostile, සතුරු.
පිළි·මල්ලා, *n.* opponent, විරුද්ධකාරයා, enemy, සතුරා. [මුවාව.
පිළිම.සත්, *n.* covering, වැස්ම, screen, defence,
පිළි·මිණ, *n.* crystal, පළිඟුව ; *pl.* පිළිමිණි.
පිළිය, *n.* cloth, රෙද්ද.
පිළියනා, *n.* servant, slave, වැඩකාරයා, දාසයා.
පිළියම, *n.* remedy, medicament.
පිළියම්කරනවා, *v.* to administer remedies, වෙදකම්කරනවා ; mend, repair, හරිගස්සනවා.
පිළියම්වූ, *a.* remedial, curative, medical.
පිළියෙළ, *n.* preparation. [arrange.
පිළියෙළකරනවා, *v. t.* to prepare, make ready,
පිළි·රුව, *n.* E. of ප්‍රතිරූපය.
පිළිරුව, *n.* See පිළිමය ; metaphor, උපහැරණය.
පිළිල, *n.* wave, දිය රැළ ; vegetable parasite ; *pl.* පිළිල්.
පිළිලෝම, *a.* E. of ප්‍රතිලෝම.
පිළිවක්, *a.* hostile, සතුරු.
පිළි·වදන, *n.* (වදන word), reply, rejoinder, response ; *pl.* පිළිවදන්. [තුරු දෙනවා.
පිළි·වදන්දෙනවා, *v.* to give answer, reply, පිළි
පිළි·වන, *aux. v.* can, පුළුවන.
පිළි·වන්, *aux. v. adj.* that can, able, possible, පුළුවන්.
පිළි·වැස්ස, *n.* cover, case, වැස්ම.
පිළි·විසිනවා, *v.* to inquire, question, interrogate, අසනවා ; *pret.* පිළිවිස්සා ; *p. pl.* පිළිවිස ; *v. n.* පිළිවිසීම, පිළිවිසුම.
පිළිවෙත, *n.* ceremony, observance, rite.
පිළිවෙත්, *n. pl.* or *a.* ceremonies ; ceremonial, ritual.
පිළිවෙත්කරනවා, පිළිවෙත් පවත්වනවා, *v.* to observe rites, perform ceremonies.
පිළිවෙළ, *n.* arrangement, order, method, process, category. [methodically.
පිළිවෙළට, පිළිවෙළින්, *ad.* in order, orderly,
පිළි·සතු, *a.* See අත්සතු.
පිළිසඳ, *n.* umbrella, කුඩෙ.
පිළිසන්, *a.* covered, hidden, වැසී—වසා—තිබෙන.
පිළිසන්වෙනවා, *v. i.* to become covered &c., වැසීයනවා, මුවාවෙනවා.
පිළි·සඳ, *n.* E. of ප්‍රතිසන්ධිය.

පිළි·සඳර, *a.* salutatory, pert. to greeting, friendly.
පිළි·සඳර·කථාව, *n.* salutatory converse, greeting, friendly talk on meeting.
පිළි·සඳරකරනවා, *v.* to salute, greet, hold friendly converse. [බාරය.
පිළි·සරණ, *a.* aid, favour, patronage, පිහිටා
පිළි·සරණවෙනවා, *v. i.* to aid, care for.
පිළි·සරය, *n.* (පිළි around, සර going), doubt, perplexity, සැකය; sorrow, දුක.
පිළි·සිඳගැනීම, පිළි·සිඳීම, *v. n.* conceiving, conception in the womb.
පිළි·සිඳෙනවා, *v. i.* to be conceived in the womb; *pret.* පිළිසිඳුණා.
පිළි·සිඳියාව, *n.* E. of පටිසන්ධියුව. [සිඳුණු.
පිළි·සුන්, *a.* covered, වැසුණු; conceived, පිළි
පිළි·සුන්·දනාව, *n.* conception-asterism, viz. asterism prevailing at the time of conception in the womb. [නැකත.
පිළි·සෙධ, *n.* E. of ප්‍රතිෂේධය: prohibition: see
පිළි·හසුන, *n.* written reply, උත්තර ලියමිල්ල.
පිළි·හුඹුවා, *n.* red kingfisher, white-breasted kingfisher.
පිළි, *n. pl.* or *a.* cloths; cloth; රෙදි.
පිළි කඩ, *n.* piece of cloth, රෙදිකඩ.
පිළි·තොරණ, *n.* festive arch ornamented with cloth, flowers &c.
පිළි·පෙට්ටිය, *n.* clothes basket or rattan basket for clothes.
පිළුනු, *a.* putrid, rancid.
පිළුනුවෙනවා, පිළුන්වෙනවා, *v. i.* (of meat) to become soft or putrid, (of boiled rice) to become sour. [මාව.
පීකුදු, පීලුදු, *n.* Port., liver (of animals), අක්
පීඨය, *n.* stool, seat, පුටුව; shop platform or board on which goods are laid for sale, පීල; complement of a segment.
පීඨ·සර්පියා, *n.* (සර්ප going or gliding), cripple who moves about on a wheeled frame or chair.
පීඩනය, *n.* oppression &c.: see පීඩාව.
පීඩෝත්පාදක, *a.* (පීඩා උත්පා:), afflictive, troublous, දුක් උපදවන.
පීඩාකරනවා, *v.* to afflict, harrass, annoy, maltreat, oppress, persecute.
පීඩාකාර, *a.* afflictive &c.
පීඩාකාරයා, *n.* oppressor, persecutor.
පීඩාව, *n.* affliction, suffering; annoyance, maltreatment, persecution.
පීඩිත, *a.* afflicted &c. [tribulation.
පීඩිතකම, *n.* afflicted state, affliction, distress,
පීණ, *a.* full, පුණ්.
පීණනයකරනවා, *v. t.* to delight, ප්‍රීතිමත්කර නවා, පිණවනවා.
පීත, *a.* yellow, කහපාට ඇති; drunk, බොනලද.
පීතක, *n.* yellow orpiment; saffron, කහ; aloe wood, අගිල්; brass, පිත්තල; honey, මීපැණි. *Bot.*
පීත·කසිණය, *n.* meditation with the eyes fixed on something yellow till everything else also appears yellow. See කසිණපරිකර්මය.
පීතක·වර්ණ, *a.* yellow, saffron-coloured, කහ පාට ඇති. [පාට.
පීතක·වර්ණය, පීත·වර්ණය, *n.* yellow colour, කහ
පීත·කාෂ්මීරය, *n.* crocus; saffron, කහ; brass, පිත්තල.
පීත·චන්දන, *n.* a yellow fragrant wood, a species of sandal wood, සඳුන් වර්ගයක්; turmeric, saffron, අරත්තන.
පීත·තාව, *n.* yellowness, කහපාට. [ඇල්. *Bot.*
පීතන, *n.* saffron, කහ; yellow orpiment, හිරි
පීතපාෂාණ, *n.* yellow arsenic, yellow orpiment.
පීත·පුෂ්පකය, *n.* any plant bearing yellow flowers.
පීත·පුෂ්පිකාව, *n.* ash pumpkin, අළුපුහුල්.
පීත·මණිය, *n.* the gem topaz, පුෂ්පරාගය.
පීත·මත්ස්‍යයා, *n.* yellow fish, salmon.
පීත·මර්කටයා, *n.* yellow monkey. [කහ.
පීත·මූලය, *n.* turmeric, *curcuma longa*, saffron,
පීතය, *n.* yellow colour, කහපාට; yellow substance, as yellow pigment, yellow orpiment, saffron.
පීත·රත්නය, *n.* a yellow gem, ගෝමේදය.
පීත·වාසස්, *a.* or *n.* (වාසස් clothed), clothed in yellow: ap. of Krishna as so clothed.
පීත·සාරකය, පීත·සාරය, *n.* sandal, සඳුන්; topaz, පුෂ්පරාගය. *Bot.*
පීතාම්බරයා, *n.* one wearing yellow dress: ap. of religious mendicant, of an actor and of Krishna, so dressed.
පීතාශ්ම, *n.* (අශ්ම stone): see පීතමණිය.
පීතිය, *n.* P. of ප්‍රීතිය: joy. [සැමිරුම.
පීතිය, *n.* drinking, බීම; dram shop, සුරාසැල,
පීත්ත, පීත්ත·පටිය, *n.* (පීත්ත Port.), ribbon.
පීත්ත·පටි·මල, *n.* rosette.
පීථය, *n.* sun, ඉර; fire, ගින්න; water, වතුර; time, කාලය. [flower &c.
පීදීම, පීදුම, *v. n.* of පීදෙනවා: beginning to
පීදෙනවා, *v. i.* to sprout, form ears (as corn), burst into flower (for the first time); *pret.* පීදුණා. [තරමාරු; full, පුණ්.
පීන, *a.* fat, තර, large, bulky, මහත්, corpulent,
පීනනවා, *v.* to swim; *pret.* පීනුවා.
පීනස, *n.* cold affecting the nose, catarrh, හෙම්බ ප්‍රතිශ්‍යා රෝගයක්.
පීනිත, *a.* full, පුණ්.
පීනීම, පීනුම, *v. n.* of පීනනවා; swimming.
පීනෝධ්නී, *n. fem.* (පීන large, උධස් fr. ඌධස udder), cow having a large or distended udder, බුරුල්ල ලොකු එළදෙන.

පිප්පය, *n.* Port., cask; pipe, කලය.
පිප්පලෑල්ල, *n.* barrel stave, stave.
පිප්ප·වඩුවා, *n.* cooper.
පිප්ප·වළල්ල, *n.* barrel ring, hoop.
පිම, *n.* drink, beverage, පානය, බීම.
පිය, *n.* sun, ඉර.
පියුව, *n.* sun; time, කාලය.
පියුවා, *n.* owl, බස්සා; crow, කපුටුවා.
පියුෂ, **පියුෂ·රුචි**, *n.* food of the gods, ambrosia, දිව්‍යභෝජනය; nectar, අමෘතය; milk of a cow for seven days after calving.
පිර, *n.* file, rasp; *pl.* පිරි
පිරක·පනාව, *n.* hair-dressing comb.
පිරනවා, *v. i.* to comb; scrape or take away; *prет.* පිරුවා; *v. n.* පිරීම.
පිරි·ගානවා, *v. t.* to file.
පිරි·තලය, *n.* file blade.
පිරිසිය, *n.* Port., saucer; *pl.* පිරිසි.
පිරිසි·කෝප්ප, *n. pl.* Port., saucers and cups.
පිරීම, *v. n.* of පිරනවා: combing &c.
පිලකයා, *n.* large black ant, කඩියා.
පිලිකරනවා, *v. t.* to groove, rifle.
පිලුව, *n.* any exotic tree; flower, මල; atom, පරමාණුව; metacarpus, අතේ මැද පාලුව; stem of palm tree, තල්කඳ.
පිල්ල, *n.* spout, gutter, groove; rail; *pl.* පිලි.
පිවර, *a.* large: see පීන.
පිවර·ස්තනී, *n. fem.* (ස්තන breast, udder), large-breasted one, viz. woman with large breasts or cow with large udder.
පිහිය, *n.* knife, පිහියේ.
පිළනය, *n.* affliction, oppression, පීඩාව.
පුං, *a.* male, masculine.
පුංලිංගය, *n.* penis; *gram.* masculine gender.
පුංසවන, *n.* conception-festival, domestic and religious festival held by Hindus when the mother observes the first signs of a living conception.
පුක, *n.* ball of the eye, ඇස්ගුලය; posteriors.
පුකිරිය, *n.* goblet, කුරුමල්ලුව.
පුක්කුසයා, *n.* one of the low caste called චණ්ඩාල; man of low occupation, scavenger.
පුක්කුසී, *n.* chandāla female, චණ්ඩාලී; indigo, අවරී; bud, දළුව. [socket (as the eye).
පුක්පතිනවා, *v.* to start or spring from the
පුගගල(යා), *a.* or *n.* P. of පුද්ගල(යා).
පුංඛය, *n.* feathered part of an arrow.
පුංගව, *a.* (bull-like): excellent, pre-eminent, [උතුම්.
පුංගවයා, *n.* bull, ගොනා.
පුඟුලා, *n.* E. of පුද්ගලයා; *pl.* පුඟුලෝ.
පුච්චනවා, *v. t.* to burn, bake, scald; *prет.* පිච්චුවා; *v. n.* පිච්චීම.
පුච්ඡය, *n.* tail, වල්ගය, of a bird or fish, පෙඳය.
පුච්ඡාව, *n.* question for investigation, inquiry, ප්‍රශ්නය, ඇසීම.
පුංචා, *n. mas.* little one, little boy.
පුංචි, *n. fem.* little girl.
පුංචි, *a.* small, puny, diminutive.
පුංචිකම, *n.* smallness &c.; *fig.* slight, disrespect, indignity.
පුංචිකරනවා, *v. t.* to make small; disparage, treat with disrespect. [*nerati*.
පුංචි·කොහා, *n.* small cuckoo, *cuculus sonnerati*.
පුංචිත්තා, *n.* little one, little boy, urchin.
පුංචි·දිව, *n.* uvula of the throat, also උඩුදිව.
පුංචි·බස්සා, *n.* little owl, owlet or scops owl of various species.
පුංචි·මල්·පිලිහුඩුවා, *n.* Indian three-toed kingfisher, *ceyx tridactyla*.
පුඡනය, *n.* wiping, cleansing, පිසදැමීම.
පුඡය, *n.* heap or lot, කැටිය, bundle, මිටිය, large quantity, ප්‍රමාණ, multitude, සමූහය.
පුඤ්ඤ, **පුඤ්ඤවන්ත**, *a.* See පුණ්‍ය &c.
පුඤ්ඤ·කිරිය, *n.* meritorious action, virtuous deed, පින්වත් ක්‍රියාව.
පුටකය, **පුටය**, *n.* cup or hollow made by putting the open hands together or by folding a leaf, leaf-cup, ගොටුව; small flame, ගිනිදැල්ල; cloth to cover the privities.
පුට·දෙනවා, *v. t.* (පුට fire), to give to the fire, viz. to calcine metals; prepare medicines by fire. E. S.
පුට·පාකය, *n.* preparing food, medicines &c. by fire; sublimation. E. S.
පුට·පාකයකරනවා, *v. t.* to prepare food &c. by fire; sublimate.
පුට·භේදන, *n.* city, town, නුවර.
පුට·භේදය, *n.* city; bend of a river, ගංවංගුව; musical instrument, තූර්යභාණ්ඩය.
පුටිකා, *n. pl.* cardamoms, කරදමුංගු.
පුටු·ලෑල්ල, *n.* barge-seat seat for the oarsmen.
පුටුව, *n.* chair, stool, seat; *pl.* පුටු.
පුඩුගහනවා, *v. t.* to loop, make a loop or loops.
පුඩුව, *n.* loop, noose, snare; නාස්පුඩුව, nostril; තනපුඩුව, nipple; tip or point, තුඩ.
පුණ්ණක්කු, *n.* oil-cake, poonac.
පුණ්ණව, *n.* water-pot, කලය.
පුණ්ණ, *a.* full, පූර්ණ.
පුණ්ණ·සෙට්ටියා, *n.* head of a family, පවුලේ ප්‍රධානියා, කුලදෙටුවා; chief merchant, ප්‍රධාන වෙළෙන්දා.
පුණ්ණ·පොහොය, *n.* day of the full moon, on which the chief religious B. festivals are celebrated, පසළොස්වක.
පුණ්ඩරීකය, *n.* fever of an elephant; student's water-pot, whiteness, සුදුපාට, white umbrella, සුදුකුඩය; lotus, නෙළුම. *Bot.*
පුණ්ඩරීකයා, *n.* elephant of the south-east quarter; leopard, කොටියා; a fabulous serpent, amphisbaena; silkworm, පට්පණුවා.

පුණ්ඩරීක·මුඛී, *n. fem.* lotus-faced one: ap. of a beautiful woman.

පුණ්ඩරීකාක්ෂ(යා), *a.* or *n.* lotus-eyed: ep. and ap. of Vishnu and Buddha. [නාව.

පුණ්ඩරීකාව, *n.* courtezan of the gods, දිව්‍යාංග

පුණ්ණ, *a.* full, complete, පූර්ණ.

පුණ්‍ය, *a.* meritorious, righteous, worthy, පින් වත්, ධර්මිෂ්ඨ; pleasing, beautiful, ප්‍රියවූ.

පුණ්‍ය·ක්ෂේත්‍රය, *n.* merit-field, field or sphere for the performance of meritorious deeds.

පුණ්‍ය·ජනයා, *a.* meritorious or righteous man, පින්වත් අය.

පුණ්‍ය·පරායණ, *a.* devoted to meritorious works, පිනැති ක්‍රියාවල යෙදීසිටින.

පුණ්‍යය, *n.* merit, virtue, පින, කුසල.

පුණ්‍යවත්, පුණ්‍යවන්ත, *a.* See පුණ්‍ය; fortunate, happy, වාසනාවන්ත.

පුණ්‍යවත්කම, පුණ්‍යවන්තකම, *n.* meritoriousness &c. [ඉතා පින්වත්.

පුණ්‍ය·සාර, *a.* very meritorious or fortunate,

පුතණුවෝ, *n. hon.* son, පුතුයා. [පුතේ.

පුතණ්ඩ, *n. voc. case,* (affectionately), son,

පුතා, *n.* son; *pl.* පුත්තු.

පුතුලි, *a.* wide, broad, පළල්.

පුතුම්බිය, *n.* E. of පෑම්බිය.

පුත්ගලයා, *n.* Er. for පුද්ගලයා.

පුත්‍ර, *a.* filial, pert. to a son.

පුත්‍රකම, පුත්‍රනෑකම, පුත්‍රභාවය, *n.* sonship.

පුත්‍රකයා, *n.* son, පුතා.

පුත්‍ර·දාරයෝ, *n. pl.* children and wife, අඹුදරු වෝ, wife and children.

පුත්‍ර·පෞත්‍රයෝ, *n. pl.* children and grandchildren, දරුමුනුබුරෝ.

පුත්‍ර·පෞත්‍රික, *a.* hereditary, patrimonial, entailed. [patrimony.

පුත්‍ර·පෞත්‍රික·උරුමය, *n.* hereditary inheritance,

පුත්‍ර·පෞත්‍රිකභාව, *n.* descent from generation to generation.

පුත්‍ර·ප්‍රජාතාව, පුත්‍ර·ප්‍රජාතී, *n.* (ප්‍රජාතා &c., one who has borne, mother), a woman who has borne children, mother of children.

පුත්‍රයා, *n.* son, පුතා.

පුත්‍රවූ, පුත්වූ, *a.* who is a son, son- (so and so).

පුත්‍රිකාව, *n.* daughter, දුව; doll, බෝනික්කා.

පුත්‍රිය, පුත්‍රී, *n.* daughter, දුව.

පුථුජ්ජනයා, *n.* (P. of පෘථග්ජන), vile person, wicked man, දුෂ්ටයා.

පුථු·පණ්ඩිතයා, *n.* (පුථු great, පණ්ඩිත P. of ප්‍රාඥ), great scholar, very learned man.

පුථුල, *a.* See පෘථුල.

පුද·බලොක්කම, *n. pl.* offerings and presents.

පුදකරනවා, *v. t.* to devote, offer, present, make offerings.

පුදනවා, *v. t.* The same. *pret.* පිදුවා; *v. n.* පිදීම. [honour.

පුද·පෙරහර, *n.* procession as an offering or

පුද, *n.* E. of පූජා; offering, oblation; salutation, bow, වැඳීම.

පුදුම, *a.* wonderful, surprising, astonishing.

පුදුමකරනවා, *v. t.* to astonish, cause to wonder.

පුදුමය, *n.* surprise, wonder, astonishment; something wonderful or strange, a marvel.

පුදුමවෙනවා, *v. i.* to wonder, marvel.

පුද්ගල, *a.* individual, personal: see පුද්ගලික.

පුද්ගලභාවය, පුද්ගලිකභාව, *n.* personality.

පුද්ගලයා, *n.* person, individual, තැනැත්තා.

පුද්ගලික, *a.* personal, individual, particular.

පුද්ගලික·වශයෙන්, *ad.* individually, man by man.

පුන, *prefix,* re-, again: see පුනර්.

පුනඃ, *prefix,* for පුනර් before gutturals &c.

පුනඃකරණය, *n.* doing again, reiteration, නැවත කිරීම. [ලද.

පුනඃකෘත, *a.* done again, repeated, නැවත කරන

පුනඃ·පුනරු·ක්තිය, *n.* (·උක්තිය), saying again and again, repeated utterance, repetition, rote, නැවත නැවත කීම.

පුනඃ·පුන·වාචකය, *n. gram.* vocable which expresses repetition, frequentative.

පුනපුනා, *ad.* again and again, නැවත නැවත.

පුනබ්භවය, *n.* P., re-existence, පුනර්භවය, නැවත ඉපදීම; nail of finger or toe, නියපොත්ත.

පුනර්, *prefix,* again, නැවත. [repeater.

පුනරංක·ගණිත, *n.* (පුනර් අංක:), *arith.* the

පුනරංකය, *n. arith.* repeater, repetend, නැවත නැවත වැටෙන ගණන.

පුනරාගමනයකරනවා, *v.* (·ආගමනය), to come back, return, නැවත—ආපසු—එනවා.

පුනරාවර්ති, *a.* (·ආවර්ති returning), transmigratory, සංසාර.

පුනරුක්ත, *a.* (උක්ත said), repeated, reiterated, tautological, නැවත කියනලද.

පුනරුක්ත·ක්‍රියා·පදය or ·ක්‍රියාව, *n.* frequentative verb.

පුනරුක්තජන්මන්, *n.* ap. of a Brahman, as said to be re-born when invested with the sacred thread.

පුනරුක්ති·පදය, *n.* tautological passage, refrain, නැවත කියන පදය.

පුනරුක්තිය, *n.* repetition, tautology, නැවතකීම.

පුනරුත්, *a.* See පුනරුක්ත.

පුනරුත්ථාන, *a.* (·උත්ථාන), rising again, නැවත නැගිටින.

පුනරුත්ථාන·පක්ෂියා, *n. myth.* Phenix.

පුනරුත්ථාන·පක්ෂි·රාජයා, *n.* const. Phenix.

පුනරුත්ථානය, පුනරුජ්ජීවනය, *n.* resuscitation, නැවත ප්‍රාණවත්වීම, resurrection, නැවත නැගිටීම.

පුනරුත්පත්තිය, *n.* (·උත්පත්තිය), re-birth in another life, transmigration, සංසාරය, palingenesis, renewal, renascence.

පුනරුත්පන්න, පුනරුත්පාදිත, *a.* re-born, transmigrated, (සිතක් &c.) regeneration, නැවත උපන්.
පුනරුත්පාදනය, *n.* re-creation, reproduction, regeneration, නැවත ඉපදවීම.
පුනරුත්පාදය, *n.* re-birth, regeneration.
පුනර්ගායනාව, *n.* (පුනර් ගා:), *mus.* repeating, tune or song, refrain.
පුනර්ජන්ම·ජය, *n.* (පුනර් ජ:), victory over re-birth, liberation therefrom. [ෂෙපාත්ත.
පුනර්නවය, *n.* (·නව new), finger nail, නිය
පුනර්නිර්මිතිය, *n.* reformation, reconstruction, නැවත සෑදීම. [වනු බී ගැනීම.
පුනර්ප්‍රලීනතාව, *n.* reabsorption, නැවත or දෙ
පුනර්භවය, *n.* re-existence, metempsychosis, transmigration, නැවත ඉපදීම, සංසාරය ; finger nail, see පුනර්නවය.
පුනර්භවවෙනවා, *v. i.* to come into a new existence or state, (of the soul) transmigrate, සසරගමන්යනවා.
පුනර්භිජිත්, *n.* the new state or re-existence consequent on transmigration.
පුනර්භුක්තිය, *n.* repossession, re-enjoyment, නැවත භුක්තිවිඳීම.
පුනර්භූ, *a.* re-born, නැවත උපන්.
පුනර්භූව, *n.* re-existence see (පුනර්භවය) ; virgin widow re-married.
පුනා·මිසු, *n.* seventh lunar asterism, consisting of two stars or according to some authorities of four, පුනාවස.
පුනස්·සංයෝගය, *n.* (පුනර් සං:), re-union, නැවත සන්ධිවීම or එකතුවීම.
පුනාවස, *n.* E. of පුනමිසු.
පුනීලය, පුනෙල්ලය, *n.* Port., funnel.
පුන්, *a.* E. of පුණ්ණ. [කුම්භ.
පුන්·කලස, පුන්·කුඹු, *n.* E. of පුණ්ණකලස and පුණ්ණ
පුන්නක්කු—පුණක්කු, poonac.
පුන්නනවා, *v. t.* to lay to rest, lay down ; *pret.* පින්නුවා ; *v. n.* පින්නීම.
පුන්නාගයා, *n.* white elephant, හැලි ඇතා.
පුන්·සඳ, *n.* E. of පුණ්ණචන්ද : full moon.
පුන්සිසි, *n.* full moon.
පුපුදු, *a.* Er. for පුබුදු. [පුපුරු.
පුපුර, *n.* spark of fire ; particle, grain ; *pl.*
පුපුරනවා, *v. i.* to burst, crack, explode ; *pret.* පිපිරුවා or පිපුරුවා ; *v. n.* පිපිරීම.
පුපුරවනවා, *v. t.* to burst, rupture ; blast, explode ; crack (a whip) ; *pret.* පිපිරෙවුවා ; *v. n.* පිපිරවීම.
පුපුරවා·දමනවා, *v. t.* to blast to pieces, blow up.
පුපුරු·ගහනවා, *v. i.* to smart, ache, throb, tingle.
පුප්, *n.* E. of පුෂ්පය : flower.
පුප්, *a.* prominent, protruding, (as eyes).
පුප්තෙලියා, *n.* See මල්තෙලිස්සා.
පුප්පනවා, *v. t.* (v. c. of පිපෙනවා), to bloat, inflate, leaven, dilate, distend ; *pret.* පිප්පුවා ; *v. n.* පිප්පීම.
පුප්පවනවා, *v. c.* See පුප්පනවා ; *pret.* පිප්පෙවුවා ; *v. n.* පිප්පවීම.
පුප්පා·කනවා, *n.* to loaf, sponge on, get invited to a meal in a mean way.
පුප්පා·කන්නා, *n.* loafer, parasite.
පුප්පැලෙනවා, *v. i.* (of syphilis or scrofula), to break out in ulcers, ulcerate
පුප්පි, *n. pl.* hair, මයිල්.
පුප්ඵය, *n.* P. of පුෂ්පය : flower, මල.
පුප්ඵ·ඡඩ්ඩකයා, *n.* flower-sweeper, viz. who sweeps out the withered flowers that have been offered and sweeps the rooms and altars. [ලම අයිතිවූ.
පුප්ඵුස, *a.* pulmonary (disease &c.), පෙනහල්
පුප්ඵුස·ඡච්ඡිකා·දාහය, *n.* pleurisy, පපුවේ දැවිල්ලක්.
පුප්ඵුස·ඡච්ඡිකාව, *n.* pleura, පෙනහැලි පටලය.
පුප්ඵුස·දාහය, *n.* pneumonia, පෙනහල්ලේ දැවිල්ල.
පුප්ඵුස·ධාරී, *a.* pulmoniferous, පෙනහල්ලක්ඇති.
පුප්ඵුසය, *n.* lung, lungs, පෙනහල්ල.
පුප්ඵුස·රෝගෞෂධය, *n.* (රෝග ඖෂ:), pulmonic medicine. [පපුරෝගකාරයා.
පුප්ඵුස·රෝගියා, ·රෝගී, *n.* pulmonic patient,
පුප්ඵුස·විද්‍රධිය, *n.* vomica, පෙනහල්ලේ ගඩුව.
පුප්ඵුස·ස·ඡච්ඡිකා·දාහය, *n.* (·ස and, with), pleuro-pneumonia.
පුප්ඵුසාශ්මරී, *a.* (·අශ්මරී), tophaceous, gritty, පෙනහල්ලේ ගල් ආකාර (ස්වභාවක්).
පුබුදිනවා, *v. i.* to awake ; *pret.* පිබිදුණා fr. පිබිදෙනවා ; *p. pl.* පිබිදු.
පුබුදු, *a.* (fr. ප්‍රබෝධ to open), expanded, opened, (as a flower).
පුබුදුකරනවා, පුබුදුවනවා, *v. t.* to awaken, arouse ; *pret.* ...පිබිදෙවුවා ; *v. n.* පිබිදවීම.
පුබ්බ, *a.* P. of පූර්ව.
පුබ්බ·න්න, *n.* (·අන්න food), first food, viz. the first crop (out of two in the year).
පුබ්බර, *a.* unfledged, callow.
පුබ්බරයා, *n.* unfledged bird.
පුම, *a.* Sans. පුං : masculine (gender).
පුමන්, *n.* man, male, පුරුෂයා.
පුම·ලිඞ්ග, *n.* *gram.* masculine gender.
පුය·රිය, *n.* festal chariot, මංගල්‍ය රථය.
පුයර්, *n.* Port., powder, hair or toilet powder.
පුයර්·මල, *n.* powder-puff, puff. [හමුගෙයසී.
පුර, *post.* in the presence of, before, ඉදිරිපිට,
පුර, *n.* bdellium, ගුගුල්.
පුරක්ඛත, *a.* anointed to an office by having a liquid poured on the head ; අභිෂේකලත් ; reverenced ; fronting, අභිමුඛ.
පුර·ගෙය, *n.* harem, ඇතුළු නුවර.
පුර·ඟනා, පුර·ස්ත්‍රී, *n.* (·අඟනා), female citizen, නුවර ස්ත්‍රී ; woman of the harem, පුරගෙයි ස්ත්‍රී.

පුර·ජල·වක, *n.* (වක day), fourth day of the new moon (considered unlucky). [E. S.

පුරජන·කොටස, *n. pl.* vital parts, vitals.

පුරජනය, *n.* vital principle, vitality, ප්‍රාණ.

පුරජ්ජේරු, පුරජේරු, *n.* boasting, bragging, පුච්චම. [fortnight.

පුර·දිය·වක, *n.* second day of the first lunar

පුර·දොර, *n.* city gate, town gate, නුවර දොරටුව.

පුරන, පුරන්·බිම, *n.* fallow or waste land.

පුරන, *v. adj. pres.* inceptive, initiatory; beginning-.

පුරනට අරිනවා, *v. t.* to leave fallow.

පුරනවා, *v.* to begin, start (a thing), initiate, inaugurate; swell; fill, පුරවනවා; fulfil, සම්පූර්ණකරනවා: *prst*, පිරුවා; *v. n.* පිරීම.

පුරන්දර, *n.* ap. of Sakra or Indra.

පුරන්·බිඳුවම, *v. n.* (fr. බිඳිනවා): breaking up fallow ground.

පුරන්·සීය, *n.* ploughing fallow ground.

පුරදර, පුරඳුරු, *n.* E. of පුරන්දර.

පුර·පක්ෂය, *n.* first half of a lunar month.

පුර·පසළොස්·වක, *n.* fifteenth day, viz. day of the full moon. [night.

පුර·පෑලවිය, *n.* first day of the first lunar fort-

පුර·පිය, පුරඹ, *n.* (පිය, අඹ, woman), female citizen, නුවර වාසි ස්ත්‍රී.

පුරජ්පට්ටුව, *n.* sound of a signal drum.

පුරජ්පාඩු, *a.* vacant (office), unemployed.

පුරජ්පාඩු·කාලය, *n.* vacant time, time when anything is vacant; vacation, නිවාඩු කාලය

පුරජ්පාඩුව, *n.* vacancy (of office).

පුර·ප්‍රවරය, *n.* excellent city, උතුම්වූ නගරය.

පුරය, *n.* city, town, නුවර; calyx, කැරිය; leaf-cup, ගොටුව; beginning, පටන්ගැනීම; first half of the lunar month, පූර්වපක්ෂය.

පුර·වඩිනවා, *v. t.* to clear ground or jungle for tilling; *prst.* පුරවැඩුවා. [පිරවීම.

පුරවනවා, *v. t.* to fill; *prst.* පිරෙවුවා; *v. n.*

පුරවරය, *n.* famous or excellent city, උතුම් නුවර.

පුරවලියම, *n.* eye-medicine, collyrium.

පුරවාදමනවා, *v. t.* to fill up (as a hole).

පුරම්·කෙමිල්ලා, පුරම්·කොවුලා, *n.* Indian cuckoo, කොහා.

පුර·සඳ, පුරසඳ, *n.* full moon, පුන්සඳ.

පුරස්, *ad.* Sans., eastward, නැගෙනහිරට; in front, ඉදිරිපිට; before, ඉස්සර.

පුරස්කරණීය, *a.* worthy to be first, respectable, ගෞරවණීය.

පුර·ස්ත්‍රී, *n.* See පුරඹ.

පුරස්සර, *a.* (පුරස් before, සර going), preceding, attendant, පෙරටුවූ, පෙරටුව යන; ...ව, *ad.* preceded or accompanied by, පෙරදැරිව.

පුරස්සරයා, *n.* one who precedes, leader, පෙරටුව යන්නා, මුලිකයා.

පුරා, *p. pl.* of පුරනවා: used also as an *adv.*, filled with, full of, as මල්ලක් පුරා ගෙඩිදුන්නා, gave a bag-full of fruit. [පෙර්දී කළ.

පුරා·කෘත, *a.* done anciently or formerly, පුරාණ

පුරාංගනාව, *n.* (පුර අංගනාව): see පුරඹ.

පුරාජේරුකාරයා, *n.* boaster, braggart, පුච්චම්කාරයා. [කිස් පුච්චම.

පුරාජේරුව, *n.* boasting, brag, rodomontade,

පුරාණ, *a.* ancient, primitive, former.

පුරාණකම, පුරාණත්වය, *n.* ancientnees &..

පුරාණ·කාලය, පුරාණය, *n.* ancient time.

පුරාණය, *n.* One of a class of H. sacred and poetical works, which are said to have been compiled or composed by the poet ව්‍යාස. Of these there are eighteen, with eighteen supplementary works called Upa Purana, උප පුරාණ. They treat of the creation, destruction and renovation of worlds, the genealogy and achievements of gods and heroes, the reigns of the Manus and the transactions of their descendants. These works constitute the H. theology, and are much studied. [phy.

පුරාණ·ලේඛන·විද්‍යාව or ·විස්තරය, *n.* paleogra-

පුරාතන, *a.* ancient, primeval, former, පුරාණ.

පුරාතනයා, *n.* one of the ancients; *pl.* ancients, people of former times.

පුරාම, *ad.* to the full, very abundantly, throughout.

පුරාම·තිබීම or ·පිරීම, *v. n.* being full, complete fulness, great abundance, glut.

පුරා·වෘත්ත, *a.* legendary. E. S.

පුරා·වෘත්ත·කථාව, පුරා·වෘත්තය, *n.* history, legend, පුරාණ කථාවස්තුව.

පුරිදු, *n.* falsehood, lie, බොරුව. [සරන.

පුරිම, *a.* first, former, පළමු, ඉස්සර; front, ඉස්

පුරිය, *n.* town, city, නුවර; river, ගඟ.

පුරියා, *n.* king, රජ.

පුරිස·දම්මසාරථි, *n.* P., guide of men whose, passions have to be subdued.

පුරිස්, *n.* E. for පුරුෂ.

පුරී·තත්, *n. pl.* (පුරී for පුර body, තත් strings), entrails, bowels, බඩවැල්.

පුරීෂ, *n.* fæces, excrement, අසූචි. [මූ· ඇට.

පුරීෂම, *n.* red gram, ලී මෑ; black kidney bean,

පුරු, පුරුක, පුරුහු, *a.* many, much, බොහෝ.

පුරු, *n.* name of a king of the lunar dynasty; name of a demon.

පුරු, *n. pl.* pollen, රේණු; පුරුව (sg. of the same), heaven, ස්වර්ගය.

පුරුක, *n.* link (of a chain); joint (of bamboo &c.); *pl.* පුරුක්.

පුරුක්·ගැසෙනවා, *v. i.* to become knotted.

පුරුක, *n.* order, course, පිළිවෙල, ක්‍රමය.

පුරුද, *n.* gold, රත්රන්.

පුරුදු, *a.* habitual, accustomed, practised.
පුරුදුකම, *n.* conversancy, state of being accustomed. [train.
පුරුදුකරනවා, *v. t.* to accustom, habituate,
පුරුදු·පච්චු, *a.* well accustomed, experienced.
පුරුදුවෙනවා, *v. i.* to become accustomed to by practice or repetition.
පුරුද්ද, *n.* custom, habit, usage; *pl.* පුරුදු.
පුරුද්දනවා, *v. t.* to splice, dovetail, link; set a dislocated joint; *pret.* පිරිද්දුවා; *v. n.* පිරිද්දීම.
පුරුද්දවනවා, *v. t.* See පුරුද්දනවා; *pret.* පිරිද්දෙවුවා; *v. n.* පිරිද්දවීම.
පුරු·පුරු·ගානවා, *v.* to purr.
පුරුෂ, *a.* male, masculine, virile.
පුරුෂ·කේශර, *n. pl.* or *a. bot.* stamens.
පුරුෂ·කේශර ධාරී, *a.* staminiferous.
පුරුෂ·කේශර·පැල, *n.* male plant.
පුරුෂ·කේශර·මය, *a.* stamineous, පුරුෂකේශර සහිත or ...බැඳි.
පුරුෂ·කේශරය, *n.* stamen. [valour.
පුරුෂතාව, පුරුෂත්වය, *n.* manhood; manliness,
පුරුෂ·ද්වේෂී, *a.* misanthropic, E. S.
පුරුෂ·ද්වේෂිතාව, *n.* misanthropy, මනුෂ්‍යයන්ට වෛරවීම.
පුරුෂ·නිමිත්ත, *n.* male indicator, viz. penis.
පුරුෂ·පශු, *n.* human animal, brutish man.
පුරුෂ·පුංගවයා, පුරුෂපුණ්ඩරීකයා, *n.* See පුරුෂසිංහයා.
පුරුෂයා, *n.* the man; (of ස්ත්‍රී) husband.
පුරුෂ·ලිංගය, *n.* See පුංලිංගය.
පුරුෂ·ඍෂභයා, පුරුෂ·ව්‍යාඝ්‍රයා, පුරුෂ·ශාර්දූලයා, } *n.* ('ඍෂභ, ව්‍යාඝ්‍ර, ශාර්දූල excellent or pre-eminent), eminent person, උතුමයා.
පුරුෂවත්, *a.* manly, brave, ශෞර්‍යවත්.
පුරුෂ·වර්ජිත, *a.* void of people, desolate, නිර්ජන, පාළු.
පුරුෂ·සිංහයා, *n.* human lion, lion-like man, eminent or fine man.
පුරුෂාකාර, *a.* manly, masculine, brave. [ogre.
පුරුෂාද·යෝධයා, *n* (අද් to eat), cannibal giant,
පුරුෂාද·යෝධී, *n. fem.* ogress. E. S. '[නීචයා.
පුරුෂාධමයා, *n.* (අධම low), low man, outcaste,
පුරුෂාධිකාරය, *n.* man's duty, human duty, මනුෂ්‍යයාගේ කටයුත්ත.
පුරුෂාර්ථය, *n.* man's duty, object of pursuit.
පුරුෂෝත්තමයා, *n.* (පුරුෂ උත් :), good or noble man; ap. of Jaina or teacher of Jainas; ap. of Vishnu.
පුරුෂායුෂය, *n.* human age, the extreme age to which man lives, now reckoned 120 years.
පුරුහූත, *n.* (පුරු much, හූත worshipped), the much-worshipped one: ap. of Indra, ශක්‍ර දෙවියා.
පුරෝ, *post.* before, in the presenc of, ඉදිරියෙහි.
පුරෝග, *n.* *a.* (පුරස් before, ග going), going before, preceding, පෙරටුව යන; leading, chief, pre-eminent, ප්‍රධාන.
පුරෝ·ගත, *a.* foregone, preceding, previous, පෙරටුව ගිය, පූර්.
පුරෝ·ගතිය, *n.* precedence. E. S.
පුරෝගම, පුරෝගමනය, *n.* going before, precedence, ඉස්සරවයාම or ඉස්සරවීම.
පුරෝධා, පුරෝහිතයා, *n.* (පුරස් first, ධා held, හිත revered), family priest (of Brahmins), පවුලේ පූජකයා; minister of state, counsellor, මන්ත්‍රියා; the planet Jupiter or its regent, බෘහස්පති.
පුර්ගතෝරිය, *n.* R. C. purgatory, ශුද්ධිකිරීමේස්ථානය.
පුළ, *n.* horripilation (the result of delight), රෝමෝද්ගමනය.
පුලකය, *n.* *Idem*; a sort of stone; flaw in a gem, පළුදුව; elephant's feed of bread or sweetmeats; yellow orpiment, හිරියල්; wine glass or goblet, වයින් විදුරුව; a sort of mustard, අබජාතියක්.
පුලකයා, *n.* any insect, E. S.; celestial chorister, ගාන්ධර්වයා.
පුලස්තා, *n.* poor person of respectable family.
පුල·පුලා, *p.* of පුලනවා, desiring, eager for, impelled, looking out for.
පුලස්ති·පුර, *n.* Polonnaruwa, a town in Ceylon.
පුලා, *a.* great, vast, extensive, මහත්, විශාල.
පුලාක, *n.* shrivelled grain, මියළි ධාන්‍ය; lump of boiled rice, බත්පිඩ; brevity, ලුහුඬුකම; compendium, ලුහුඬු සංග්‍රහය; celerity, ඉක්මන්කම.
පුලායනවා, *v.* to go galloping, gallop.
පුලායිතය, පුලාව, *n.* horse's canter or gallop, පිම්මේ පැනීම. [spark, ගිනිපුපුර.
පු·ලිඟු, *n.* E. of පුල්ලිංගය for පුංලිංගය; also
පුලින්දයා, පුලිඳු, *n.* barbarian or mountaineer, වනචරයා; Veddā, වැද්දා; person of barbarous speech.
පුලින, *n.* sand, වැලි; island, දිවය, sp. alluvial island or one left in a river.
පුලින·තලය, *n.* sand-bank, sand-plain.
පුලි·මුකම, *n.* T., tiger-face as an ornament in architecture.
පුළුටු, *a.* (*v. adj. pret.* of පුළුස්සනවා), burnt, roasted, fried, පුළුස්සාපු.
පුළුටු·මූහුණ, *n.* scowling face, angry face.
පුළුටුවෙනවා, *v. i.* to become burnt or roasted, පිලිස්සෙනවා.
පුළුත, *a.* E. of ප්ලුත.
පුළුත්තා, *n.* a kind of sea fish.
පුළුනු, *n. pl.* or *a.* coconuts or coconut, පොල්.
පුළුස්සනවා, *v. t.* to burn up; bake, roast; cauterize; *pret.* පිලිස්සුවා; *v. n.* පිලිස්සීම.

පුලෝම·ජා, *n.* (ජ born, ආ fem. aff.), ap. of the wife of Indra as daughter of the sage Puloman, who was destroyed by Indra to prevent his curse for having violated his daughter.
පුල්, *a.* P. of පුං.
පුල්, *a.* E. of පුල්ල and ඵුල්ල. [stones.
පුල්, *a.* in bloom, පිදුණු; *n. pl.* a sort of
පුල්·කොළු, *n.* a drug, *costus speciosus*, තෙබු.
පුල්·මා·නෙල්, *n. pl.* or *a.* (පුල් blown), full-blown blue lotuses, *nymphæa stellata.*
පුල්ල, *n.* flower, මල; *adj.* full-blown, පිපුණු.
පුල්ලරම, පුල්ලෝරම, *n.* rasp, දැකිපිර.
පුල්ලි·ගහනවා, *v.* to spot, mark with spots, maculate. [වන
පුල්·ලිංගික, *a. gram.* masculine, පිරිමි බව හඟ
පුල්·ලිඟු, *n.* masculine gender, පුරුෂලිංගය.
පුල්ලිය, *n.* spot, freckle, speckle, macula, ලපය.
පුල්ලියා, *n.* spotted one.
පුව, *a.* E. of පුබ; *n.* See පුවි. [&c.).
පුවක්, *a.* or *n.* areka (nut &c., ගෙඩිය, මල, ගස,
පුවක්බඩිල්ලා, *n.* a sort of fish.
පුවඟු ('පල &c.), *n.* (fruit &c., of the) *myristica horsfieldia*, රුක් (ගෙඩිය).
පුවඟුවා, *n.* wanderoo monkey, වඳුරා.
පුවටු, *n.* coming to, arriving, පැමිණීම, happening, සිඩවීම.
පුවත, *n.* continuance, existence, පැවැත්ම.
පුවත, *n.* E. of ප්‍රවෘත්තිය: narrative, account, කථාව, report, news, ආරංචිය.
පුවතර, *a.* public, well known, famous, ප්‍රසිද්ධ.
පුවතරය, *n.* publicity, notability, ප්‍රසිද්ධකම.
පුවතැස්, *a.* See පුවතර.
පුවත්, *n. pl.* or *a.* of පුවත: news.
පුවත්·පත, *n.* newspaper, ආරංචි පත්‍රය.
පුවපල්, පුවපල්ගුණ, *n.* E. of පූර්වඵල්ගුණී.
පුවපුටුපෙජ්, *n.* 25th lunar asterism. See පුවි ප්‍රෝෂ්ඨපදව.
පුවරුව, *n.* board, ලෑල්ල, පෝරුව.
පුව·සළ, *n.* 20th lunar asterism. [භය.
පුවසාව, පුවස, *n.* desire, avarice, ආශාව, ලෝ
පුවළු, *a.* E. of ප්‍රෞඪ: hard, firm, great, දැඩි &c.
පුවුටු, *a.* See පිපුටු.
පුවේණි, *a.* E. of ප්‍රවේණි.
පුෂිත, *a.* nourished, fed, පෝෂිත.
පුෂ්කරය, *n.* sky, atmosphere, අහස; water; tip or head or top, අග; blade, තලය, edge, මුවහත; sheath, කොපුව.
පුෂ්කරණිය, *n.* pond: see පුෂ්කරිණිය.
පුෂ්කරාහ්වයා, *n.* Indian crane, කොකා.
පුෂ්කරිණිය, *n.* pond, pool, lake, පොකුණ, විල.
පුෂ්කරිණී, *n.* female elephant, ඇතින්න.
පුෂ්කල, *a.* good, යහපත්, excellent, උතුම්; much; full, පුන්.
පුෂ්ට, *a.* fed, nourished, reared, (of animals), පෝෂණකළ, ඇතිකළ.

පුෂ්ටාංග, *a.* ('අංග), fat, obese, තරබාරු.
පුෂ්ටාංගතාව, *n.* fatness &c., තරකම &c.
පුෂ්ටිකාවා, *n.* oyster, කාවාටියා.
පුෂ්ටි·දායක, *a.* nourishing, fattening, alimentary, පෝෂණකාරක.
පුෂ්ටිමත්, *a.* fat, stout, healthy, තරවූ.
පුෂ්ටිමත්කරනවා, *v. t.* to feed, fatten &c., තර කරනවා.
පුෂ්ටිය, *n.* feeding, nourishing, nourishment, පෝෂණය; thriving, prospering, වර්ධනය.
පුෂ්ප, *n. pl.* or *a.* flowers; flower-; මල්.
පුෂ්පක, *n.* calx of brass, පිත්තල බොර; chariot of කුවේර; leucoma, ඇසේ පොල්ල; bracelet of gems; iron cup; small furnace; green vitriol; collyrium. E. S.
පුෂ්පකර්ණිකාව, *n.* pistil of a flower.
පුෂ්ප·කලාපය, *n.* bunch of flowers, nosegay, මල්කලාපය.
පුෂ්ප·කාසීස, *n.* sulphuret of iron.
පුෂ්ප·කේතනයා, *n.* (කේතන flag), ap. of Cupid, කාමදෙව්යෝ.
පුෂ්ප·කෝෂ·ධාරී, *a.* spathaceous, spathose.
පුෂ්ප·කෝෂය, *n.* spathe, මල්කෝෂය.
පුෂ්ප·ගිරිය, *n. lit.* flower-mountain: a fabulous mountain, favourite resort of Varuna.
පුෂ්ප·චාපයා, *n.* (චාප bow), ap. of Cupid. [E.S.
පුෂ්ප·පත්‍රෝපරිස්ථ, *a.* (පත්‍ර උප:), epipetalous.
පුෂ්ප·දය, *n. lit.* flower-giver, viz. tree, ගස, මල්ගස.
පුෂ්ප·දන්තයා, *n.* elephant of the North-west quarter; chief of the Gāndarvas or attendant upon Siva; Nāga or infernal serpent, නාගයා.
පුෂ්ප·දේවතාවි, *n.* Flora, goddess of flowers.
පුෂ්ප·ද්‍රවය, *n.* nectar of flowers, මල්පැණි; infusion of flowers, as rose-water &c.
පුෂ්ප·ධ්වජය, *n.* (ධ්වජය flag), *bot.* vexil, vexillum, උඩුමල්පෙත්ත. [මල්පෙති ඇති.
පුෂ්ප·පත්‍ර, *n. pl.* or *a.* petals, මල්පෙති; petaled
පුෂ්ප·පත්‍රය, *n.* petal, මල්පෙත්ත.
පුෂ්ප·පත්‍ර·වෘන්තය, *n.* petal stem, unguis, මල් පෙති නටුව.
පුෂ්ප·පත්‍රාකාර, *a.* petal-shaped, petaloid.
පුෂ්ප·පථය, *n.* (පුෂ්ප flowers, menses, පථය way),
පුෂ්ප·ප්‍රකරය, *n.* See පුෂ්පකලාපය. [vulva.
පුෂ්ප·ප්‍රදර්ශනය, *n.* flower-show, මල්දැක්වීම.
පුෂ්ප·ඵලය, *n.* elephant wood-apple, දිවුල් ගෙඩිය; pumpkin gourd, රටලබු.
පුෂ්ප·භාෂණය, *n.* language of flowers. E. S.
පුෂ්ප·මඤ්ජරිය, *n.* මල්පොකුර, see පුෂ්පප්‍රකරය.
පුෂ්ප·මධුව, *n.* nectar or honey of flowers, මල් පැණි.
පුෂ්ප·මූල·ප්‍රාවාරය, *n. bot* involucrum.
පුෂ්පය, *n.* flower, මල; menses; albugo, ඇසේ පොල්ල; car of Kuvera.

පුෂ්ප·රථය, *n.* flower-carriage, viz. pleasure-car.
පුෂ්ප·රස, *n.* See පුෂ්පමීවුව.
පුෂ්ප·රාගය, *n.* (රාග colour), the gem topaz.
පුෂ්ප·රේණු, *n. lit.* flower-dust, viz. farina of flowers.
පුෂ්පවත්, පුෂ්ප·ශාලි, *a.* (ශාලි having, සහිත), flowery. E.S.
පුෂ්ප·වාටිය, *n.* flower-garden, මල්වත්ත.
පුෂ්ප·බාණයා, *n.* (බාණ arrow), ap. of Cupid.
පුෂ්ප·වෘන්ත·ජ, *a. bot.* pedunculate, නටුවකින් අටගත්ත.
පුෂ්ප·වෘන්තය, *n.* peduncle, මල්නටුව.
පුෂ්ප·ශාලිතාව, *n.* floweriness, මල් බහුලකම.
පුෂ්ප·ශාස්ත්‍රකාරයා, *n.* florist, viz. one skilled in the science of flowers.
පුෂ්ප·ශූන්‍ය, පුෂ්ප·හීන, *a.* flowerless, මල්නැති; cryptogamian. [කාලය.
පුෂ්ප·සමය, *n.* season of flowers, spring, වසන්ත
පුෂ්ප·සාරය, *n.* essence of flowers, attar, ottar, otto.
පුෂ්ප·ස්වේදාශය, *n.* (ස්වේද sweat, ආශය receptacle), nectarium, nectary. E. S.
පුෂ්පාකාර, *a.* flower-like, floriform, මල් ආකාර.
පුෂ්පාරාමය, *n.* flower-garden, මල්වත්ත.
පුෂ්පාශය, *n.* (ආශය receptacle), *bot.* pouch.
පුෂ්පාසනය, *n.* seat or board on which flowers are placed as offerings.
පුෂ්පාසනයා, *n.* the flower-throned one: ap. of Brahma. [බ්‍රහ්ම.
පුෂ්පිත, *a.* flowered, in flower, මල් අටගැසී ති
පුෂ්පෝදකය, *n.* (පුෂ්ප, උදකය): see පුෂ්පද්‍රවය.
පුෂ්පෝද්‍යානය, *n.* (උද්‍යාන), flower-garden, මල් වත්ත.
පුෂ්‍යය, *n.* eighth lunar asterism, comprising three stars one of which is δ canceri; second month of the cold season, දුරුතුමාසය: fourth age of the world, කලියුගය.
පුෂ්‍ය·රථය, *n.* carriage for any purpose but war, රථය, කරත්තය.
පුස, *a.* See පුස්; as *n.* see පුසේ නැකත.
පුසිකරනවා, *v. t.* to castrate.
පුසිත, *a.* Er. for පුෂිත.
පුසියා, *n.* See පුස්සා.
පුසුඹ, *n.* scent, aroma, fragrance.
පුසුල්, *a.* = පුහුල්, ash pumpkin (ගෙඩි &c.)
පුසේ·නැකත, *n.* eighth lunar asterism: see පුෂ්‍යය. [හිස්.
පුස්, *a.* empty, barren; blighted (as fruit &c.),
පුස්, *n.* mould, mildew.
පුස්අල්ලනවා, පුස්කනවා, පුස්බැදෙනවා, *v. i.* to become mouldy or mildewed, contract mould.
පුස්කර, *n.* borax.
පුස්·කොළය, *n.* ola leaf of native book, made from the talipot palm leaf.
පුස්·ගඳ, *n.* smell of mould, fusty smell.

පුස්ත, *a.* smeared, plastered, තැවරූ; anointed, ආලේපවූ.
පුස්තක, *a.* pert. to books, පොත්.
පුස්තකය, පුස්තය, *n.* book, පොත.
පුස්තක·ලෝලය, *n.* bibliomania. E. S.
පුස්තකාගාරය, පුස්තකාලය, *n.* (ආගාරය, ආලය house), library, bibliotheca, පොත්ගුල.
පුස්තකාසනය, *n.* reading-desk, book-rest.
පුස්තකේතිහාසය, *n.* (පුස්තක ඉති: history), bibliography. E. S.
පුස්තකේතිහාසික, *a.* bibliographic.
පුස්තකේතිහාසිකයා, *n.* bibliographer.
පුස්සා, *v. adj.* feeding, nourishing, පෝෂණකරන; worth, වටිනා.
පුස්ප, *n.* scent, fragrance.
පුස්ප, පස්ප ඇති, *a.* fragrant, odriferous.
පුස්පස්, *n.* D., medley, jumble, bustle.
පුස්බඳිනවා, *v.* See පුස් අල්ලනවා.
පුස්ම, *n.* See පුස්ඹ. [මින්.
පුස්මින්, *p.* nourishing, supporting, පෝෂණකර
පුස්ඹ, *n.* scent, fragrance, perfume.
පුස්ඹ·ගහනවා, *v.* to emit fragrance, diffuse scent. [try.
පුස්·රට, *n.* vacant country, viz. kingless coun-
පුස්·රස, පුස්·රහ, *n.* mouldy taste.
පුස්·රිය, *n. lit.* empty carriage, viz. festal-car, royal chariot.
පුස්ස, *n.* empty thing, barren or blighted fruit.
පුස්සා, *n.* emasculate animal.
පුස්සී, *n. fem.* barren cow. [uratively).
පුහු, *a.* empty, hollow (of bad fruits, also fig-
පුහුකරනවා, *v. t.* to emasculate, castrate.
පුහුණු, *a.* accustomed, practised, cultivated, trained, proficient.
පුහුණුකම, *n.* proficiency, experience.
පුහුණුකරගන්නවා, පුහුණුකරනවා, *v. t.* to learn or make ono s self familiar with something, practise.
පුහුණු·කරනවා or ·කරවනවා, *v. t.* to train, educate, accustom, practise a person, teach or cause to practise something.
පුහුණුව, *n.* advancemnet, progress, improvement, proficiency. [proficient &c.
පුහුණුවෙනවා, *v. i.* to become accustomed,
පුහු·දුනා, *n.* wicked person, one of unsubdued passions, දුෂ්ටයා; vile person, හීනයා; unstable person, අස්ථිරයා; fool, මෝඩයා.
පුහුම, *n.* decay in the pulp of fruit or the pith of trees, decayed pulp or pith.
පුහුල්කපනවා, *v.* to cut gourds when offering to demons. [*fera.*
පුහුල්·ගෙඩිය, *n.* ash-pumpkin, *benicasa ceri-*
පුහුවෙනවා, *v. i.* to become blighted or bad (as fruits).
පුල, *n.* nostril, නාස්පුඩුව.

පුළඟු, *n.* See පුලත්තා. [වනවා.
පුළුගන්වනවා, *v. t.* to present, offer, පිළිගන්
පුළු·ගැටයා, *n.* person with prominent navel.
පුළුදුව, පුළුද්ද, *n.* basket, box, පෙට්ටිය.
පුළුන්, *n.* cotton, cotton down, fluff, floss.
පුළුල, *n.*, පුළුල්, *a.* See පළල and පළල්.
පුළුවන, පුළුවනි, *v. aux.* can, is, are &c. able.
පුළුවන්, *a.* able, capable; possible.
පුළුවන්කම, *n.* ability &c., power.
පුළුවන්කරනවා, *v. t.* to enable, make capable.
පුළුවනාවෙනවා, *v. i.* to become able, succeed.
පුළුවුත්, *v. a. pret.* of පිළිවිසිනවා.
පුළුවුස්නා, *v. adj.* inquiring, පිළිවිසිනා.
පූ, *n.* a sort of cake, කැවුම්; also *v. a.* (fr. rt පා=පන, or පා-බීමෙහි), removed; drunk.
පූනරනවා, *v. t.* to winnow, පොළනවා.
පූ·කරුවා, *n.* cake maker, baker.
පූකුරුව, *n.* goblet, jug, කෙණ්ඩිය.
පූග, *n.* areca-nut, පුවක්; jak fruit, කොස්.
පූග·පාත්‍රය, *n.* betel box, බුලත් පෙට්ටිය.
පූග·පුෂ්පිකාව, *n.* flowers and betel presented at a wedding.
පූග·ඵලය, *n.* areca nut, පුවක්ගෙඩිය.
පූගය, *n.* heap, quantity, ගොඩක්; nature, quality, ගුණය, ස්වභාව.
පූච්චම, *n.* T., brag, boast, egotism.
පූච්චම්·කරනවා or ·කියනවා or ·දොඩනවා, *v.* to brag, boast, swagger.
පූච්චම්කාරයා, *n.* boaster, braggart.
පූජක, *a. lit.* worshipping; priestly, sacerdotal, pontifical. [cracy.
පූජක·ආණ්ඩුව, *n.* priestly government, hiero-
පූජකඋපාය, පූජකෝපාය, *n.* priestcraft. [hood.
පූජකකම, පූජකධුරය, *n.* office of priest, priest-
පූජක·පටිය, *n.* R. C. stole, ස්තෝල·පටිය.
පූජකයා, *n.* priest.
පූජක·වස්ත්‍ර, *n. pl.* priestly robes, pontificals.
පූජක·සංහතිය, *n.* collective body of priests, priesthood, පූජක සමූහයා.
පූජකී, *n. fem.* priestess. [ඔප්පුකිරීම.
පූජනය, *n.* worship, නමස්කාරය; act of offering
පූජනීය, පූජයිතව්‍ය, *a.* worthy to be worshipped or receive offerings; adorable, venerable. E. S.
පූජා, *n. pl.* or *a.* sacrifices; sacrificial.
පූජාකරනවා, *v. t.* to sacrifice, offer.
පූජා·ඝණ්ටාව, *n.* R. C. saints' bell, sacring bell.
පූජා·ප්‍රසාදි·තැන, *n.* R. C. priest.
පූජාපොත, *n.* R. C. breviary, missal.
පූජාර්හ, *a.* worthy to be worshipped, worshipful, venerable, sacred.
පූජාර්හතාව, *n.* worshipfulness &c.
පූජාව, *n.* sacrifice, offering, oblation.
පූජාවලිය, *n.* title of a book, string or series of offerings.

පූජාසන·තිරෝධානය, *n.* altar screen, reredos.
පූජාසනය, *n.* altar.
පූජිත, *a.* worshipped, නමස්කාරය ලැබූ or ලබන; offered, ඔප්පුකරනලද; revered, reverenced; celebrated, notorious, ප්‍රසිද්ධ.
පූජෝත්සවය, *n.* (පූජා උත් :), sacrificial festival, religious festival, including sports and amusements on such occasions. [කටයුතු.
පූජ්‍ය, *a.* worshipful, venerable, reverend, ගරු
පූජ්‍යතාව, *n.* worshipfulness &c. E. S.
පූට්ටුකරනවා, *v. t.* to splice, fasten together.
පූට්ටු·කෙළිය, *n.* a children's game with small nuts.
පූට්ටුව, *n.* T., splice, joining, joint, සන්ධිය.
පූට්ටුවෙනවා, *v. i.* to unite, close, close up.
පූඩාවා, *n.* leech, කූඩැල්ලා.
පූණ·නූල, *n.* T., sacred string or cord which Brahmins and others wear over their shoulder; the ring round the neck of a parrot.
පූණ්ඩුකරනවා, *v. t.* to unite: see පූට්ටුකරනවා.
පූත, *a.* cleansed, purified, pure, පිරිසිදු; winnowed, පොළනලද; fetid, දුගඳ ඇති.
පූතනාව, *n.* name of a female demon killed by Krishna; a disease, atrophy ascribed to this demon. [කැඳ or බත්.
පූතිකුල්මාෂ, *n.* sour or fetid gruel or rice, පිළුනු
පූති·ගන්ධ, පූති·ගන්ධික, *a.* (පූති foul), stinking, fetid, rancid, දුගඳවූ.
පූති·ගන්ධය, *n.* stench, දුගඳ, fetor, කුණුගඳ: sulphur, ගෙන්දගම්. *Bot.*
පූති·ගන්ධිකතාව, *n.* fetidness.
පූති·දන්ත, *n. pl.* filthy teeth, කිලුටුදත්.
පූති·බීජ, *n.* heart-seed. *Bot.*
පූති·මාංසය, *n.* putrid flesh, කුණුමාංසය.
පූතිය, *n.* stench, fetor, දුගඳ; (also) purity, පිරිසිදුකම.
පූති·වාතය, *n.* foul air, නරකවාතය.
පූතිකයා, *n.* pole or civet cat, උරුලෑවා. *Bot.*
පූදිනවා, *v. i.* to come into ear, to flower or fruit for the first time, පිදෙනවා; *pret.* පිදුණා.
පූනක්නෑස්·ගල, *n.* gem called cat's eye.
පූනාව, *n.* vessel with a number of spouts for pouring out water, used by Kapurālas in demon worship in the temples, being very sacred it is used to swear by in important cases.
පූ·නිල්, *a.* of beautiful blue, ලස්සණනිල්.
පූහුව, *n.* nave of a wheel.
පූප, *n.* bread, cake, රොටි.
පූපකාරයා, *n.* baker.
පූප·ගතකරනවා, *v. t.* to impanate.
පූපය, *n.* the bread, loaf, cake, පාන්ගෙඩිය, රොටිය. [oil, කැවුම.
පූපලාව, *n.* a sort of cake fried with ghee or
පූප·ශාලාව, *n.* bakehouse, bread-shop, පාන්පොළ.

පූප·සහගත, *a.* (සහගත of co-nature), impanate.

පූපාලිකාව, පූපාලිය, *n.* See පූපලාව.

පූය, පූයක, *n.* pus, matter from an ulcer or boil, සැරව.

පූය·රක්ත, *a.* ichorous, සැරව ලේ ආකාර.

පූය·රක්තය, පූයශෝණිතය, *n.* (රක්ත or ශෝණිත blood), ichor, sanies, දියසැරව, ලේසහිත සැරව.

පූයාකාර, *a.* purulent, සැරව ආකාර, සැරවසහිත.

පූයාව, *n.* pus, purulence, සැරව.

පූයා·ශාලය, *n.* cyst. E. S.

පූර, *a.* full, පූර්ණ.

පූරණය, *n.* filling, completing, පුර්ණකිරීම; fulness, පූර්ණකම; causeway; woof, හරස්නූල්; medical oil or embrocation; rain, වැස්ස. *Bot.* [සම්පූර්ණකරනවා.

පූරණයකරනවා, *v. t.* to fill, පුරවනවා; fulfil,

පූරය, *n.* lake, වැව; unleavened cake fried with ghee or oil, කැවුම. [කාර.

පූරාජිතය, *n.* boasting, පුරවම්, egotism, අහං

පූරිත, *a.* filled, full, පුරවාපු.

පූර්ණ, *a.* full, replete, පිරිපුණ්මන, පිරීසිටින.

පූර්ණකම, *n.* fulness &c., completeness.

පූර්ණකරනවා, *v. t.* to fill, endue, පුරවනවා.

පූර්ණ·කලශ, පූර්ණකුම්භය, *n.* full water-pot or jar, sp. one filled with holy water for a coronation; flower pot placed at the door on festive occasions.

පූර්ණකෘත, *a.* filled, පුරවාපු.

පූර්ණචන්ද්‍රයා, *n.* full moon, පුන්සඳ.

පූර්ණත්වය, *n.* See පූර්ණකම.

පූර්ණ·ඵලය, *n.* R. C. full fruition, indulgence.

පූර්ණ·මාව, පූර්ණ මිය, *n.* day of full moon, පසළොස්වක. [at full moon.

පූර්ණ·මාසය, *n.* full month; monthly sacrifice

පූර්ණ·මාසිය, *n.* See පූර්ණමාව.

පූර්ණවෙනවා, *v. i.* to become full, fill, පිරෙනවා.

පූර්ව, *a.* preceding, previous, antecedent, primitive; before, in front, පළමු, ඉස්සර; eastern, නැගෙනහිර.

පූර්වක, *a.* preceding, prior, පළමු, ඉස්සර.

පූර්ව·කර්මය, *n. lit.* pre-action, viz. deeds of a former state of existence or the present result in merit or demerit. [කාලය.

පූර්ව·කාලය, *n.* former or ancient time, පුරාණ

පූර්ව·කාලීන, *a.* ancient, primitive, පුරාණ.

පූර්ව·කාෂ්ඨාව, *n.* (කාෂ්ඨාව quarter), the East, පෙරදිග.

පූර්ව·කෘත, *a.* done formerly or in a previous existence, ඉස්සර ජාතියකදී කරනලද.

පූර්ව·ක්‍රියාව, *n. lit.* preceding act, viz. *gram.* perfect participle. [river.

පූර්ව·ගංගාව, *n.* Eastern river, viz. [the Narmadā

පූර්ව·ගායනාව, *n.* musical rehearsal.

පූර්වංගම, *a.* going before, preceded by; first or chief.

පූර්වංගමකරනවා, *v. t.* to place first, make of chief importance. [කී.

පූර්ව·චෝදිත, *a.* forementioned, aforesaid, ඉහත

පූර්ව·ජ, *a.* (ජ born, produced), previously born, elder, වැඩිමහල්.

පූර්ව·ජතාව, *n.* eldership, seniority. [E. S.

පූර්ව·ජනිතෘ, *n.* progenitor; *pl.* පූර්වජනිතෘවරු.

පූර්ව·ජන්මය, පූර්ව·ජාතිය, *n.* pre-existence, former life, පෙර ජාතිය.

පූර්ව·ජයා, *n.* elder brother; elder person; *pl.* elders, ancients, පුරාතනයෝ; ancestors, මුතුන්මුත්තෝ. [දැනගැනීම.

පූර්ව·ඥානය, *n.* foreknowledge, prescience, කලින්

පූර්ව·දර්ශී, *a.* fore-sighted, කලින් නුවණැති.

පූර්ව·දර්ශනය, *n.* foresight, කලින් දැකීම, කලින් ඇති නුවණ.

පූර්ව·දිග්භාගය, පූර්ව·දිශාව, *n.* (දික් direction, භාගය part), eastern quarter, the East, නැගෙනහිර දිශාව. [Sakra.

පූර්ව·දිශා·පති, *n.* Regent of the East: ap. of

පූර්ව·දෘෂ්ටිය, *n.* See පූර්වදර්ශනය.

පූර්ව·දේවයා, *n. lit.* ancient god, viz. an Asura or demon; father or progenitor. E. S.

පූර්ව·දේශ, *a.* eastern, oriental, නැගෙනහිර.

පූර්ව·දේශය, *n.* eastern country, the East, eastern part of India. [oriental.

පූර්ව·දේශ·වාසියා, *n.* inhabitant of the East, an

පූර්ව·නිගමනය, *n.* *math.* pre-demonstration, lemma. [පෙර ආදර්ශය.

පූර්ව·නිදර්ශනය, *n.* previous example, precedent,

පූර්ව·නිපාතය, *n.* prepositive, මුල් නිපාතය.

පූර්ව·නිමිති·ආකාර, *a.* according to previous signs. [nostic, omen.

පූර්ව·නිමිත්ත, *n.* pre-indication, presage, prog-

පූර්ව·නියෝජනය, *n.* fore-ordination, පෙරනියමය.

පූර්ව·නියෝජිත, *a.* fore-ordained, fore-designed.

පූර්ව·පක්ෂය, *n.* first-half of a lunar month; the first part or side of an argument, first proposition, protasis, මුල් නියමය.

පූර්ව·පදය, *n.* first member of a compound word or clause or sentence, the antecedent.

පූර්ව·පර්වතය, *n.* eastern mountain from behind which the sun is supposed to rise. [දුනු.

පූර්ව·ප්‍රතිඥාත, *a.* fore-promised, කලින් පොරොන්

පූර්ව·ප්‍රතිරූපය, පූර්ව·ප්‍රතිරූපාදර්ශය, *n.* pre-figure, type, prototype.

පූර්ව·ප්‍රතිරූපාකාර, *a.* prefigurative. E. S.

පූර්ව·ප්‍රෝෂ්ඨපදව, *n.* a constellation including stars in the wing of Pegasus. [...ඵලයෝ.

පූර්ව·ඵලය, *n.* the first fruit, කාමුල්ඵලය; *pl.*

පූර්වඵල්ගුනී, *n.* eleventh lunar asterism, figured by a couch, containing two stars, it is the first of the constellations called ඵල්ගුනී, the other is උත්තර ඵල්ගුනී or subsequent ඵල්ගුනී: see ඵල්ගුන.

පූර්ව·ඵල්ගුනී·භව, *n.* (භව existence, born), ap. of the planet jupiter, බෘහස්පති. [&c.)

පූර්ව·බද්ධ, *a. gram.* prosthetic, මුලට බැඳි (උපසර්ග

පූර්ව·බාධක, *a.* proleptic, obviating. E. S.

පූර්ව·බාධනය, *n.* prolepsis, obviation, කලින් වැළැක්වීම.

පූර්ව·භක්ත·කෘත්‍යය, *n.* (භක්ත food, කෘත්‍යය act), B. P. early meal. [early meal.

පූර්ව·භක්ත·කෘත්‍යයකරනවා, *v.* B. P. to eat the

පූර්ව·භජනය, *n.* former attachment, prepossession, පෙර ලැදිකම.

පූර්ව·භද්‍රය, *n.* See පූර්වභාද්‍රපදව.

පූර්ව·භාග, *a.* previous, before, පෙර, ඉස්සර.

පූර්ව·භාගය, *a.* fore-part, front, ඉස්සරහ පැත්ත; forenoon, උදය භාගය.

පූර්ව·භාද්‍රපදව, *n.* twenty-sixth lunar asterism, containing two stars, it is the first of the two called භාද්‍රපද: the other is උත්තරභාද්‍රපදව.

පූර්ව·භූතවත්, *a.* prerequisite, කලින් ඕනෑවූ.

පූර්ව·භූතවස්තුය, *n.* prerequisite, කලින් or මුලට ඕනෑවූ දෙයක්. [ප්‍රථම භුක්තිය.

පූර්ව·භෝගය, *n.* prior possession or enjoyment,

පූර්ව·මතය, පූර්ව·මතිය, *n.* pre-opinion, prejudice, presentiment. E. S.

පූර්වය, *n.* ancient time, former time, yore.

පූර්වයෙන්, *ad.* formerly, previously, ඉස්සර කාලයෙහි. [යෙහි.

පූර්වයෙහි, *ad.* in time past, formerly, පුරාණ

පූර්ව·රාත්‍රය, *n.* first part of the night, රාත්‍රියේ පෙර භාගය.

පූර්ව·රූපය, පූර්ව·ලක්ෂණය, *n.* pre-indication, presage, prognostic; *gram.* assimilation of a letter to the preceding letter, as අත්තම් for අත්කම්.

පූර්ව·රූප·සන්ධිය, *n. gram.* combination by assimilation as above.

පූර්ව·රේඛාන්තරය, *n.* (රේඛා line, අන්තරය interval), east longitude.

පූර්ව·ලකුණ, *n.* omen, කලින් පෙනෙන ලකුණ.

පූර්ව·ලාංඡනය, *n.* prototype, type, මුල්ආදර්ශය.

පූර්ව·ලේඛනය, *n.* programme. E. S.

පූර්ව·ලෝපය, *n.* apheresis, පළමු ලෝපය.

පූර්වවත්, *ad.* Sans., as before, ඉස්සරවාගේ.

පූර්ව·වර්තනය, *n.* previous existence, පෙර ජාතිය.

පූර්ව·විදේහය, *n.* the eastern continent or island of the supposed four Dwipas.

පූර්ව·වාක්‍යය, *n.* protasis, ප්‍රථම වාක්‍යය.

පූර්ව·ශෛලය, *n.* (ශෛලය rock): see පූර්වපර්වතය.

පූර්ව·සංකලනාක්ෂරය, *n.* (සංකලන joining, අක්ෂරය letter), preformative letter, වචනයට මුලින් සන්ධිකරන අකුර.

පූර්ව·සන්ධ්‍යාව, *n.* (සන්ධ්‍යා junction), early junction, viz. daybreak, dawn, පහන් වේලාව. [sal. E.S.

පූර්ව·සමුදීරණය, *n.* (සමුදීරණය reciting), rehear-

පූර්ව·තර, *n.* preceding, ඉස්සරව යන or සිටි.

පූර්ව·සිද්ධාන්තය, *n,* See පූර්වනිගමනය and සිද්ධාන්තය.

පූර්ව·ස්වරය, *n.* preceding vowel, පෙර පණකුර.

පූර්ව·ස්වර·ලෝපය, *n.* elison of the preceding vowel.

පූර්ව·ස්වර·ලෝප·සන්ධිය, *n.* combination of two words by elision of the vowel preceding the second word, as සුවර්ණ ඇති combined into සුවර්ණැති.

[පූර්වා...fr. පූර්ව අ or පූර්ව ආ.]

පූර්වාකර්ෂක·ස්නායුව, *n.* (පූර්ව forward, ආකර්ෂක), *anat.* protractor. E. S.

පූර්වාක්ෂර·ලෝපය, *n.* (පූර්ව අක්ෂර): see පූර්වලෝපය.

පූර්වාචාර්යයෝ, පූර්වාචාරිකයෝ, *n. pl.* first instructors, parents, දෙමව්පියෝ.

පූර්වාද්‍රිය, *n.* (අද්‍රිය mountain): see පූර්වපර්වතය.

පූර්වානිශ්චයනය, *n.* predetermination, කලින් නියම කිරීම, [warning.

පූර්වානුශාසක, *a.* monitory, pre-admonitory,

පූර්වානුශාසනය, *n.* pre-admonition, advice, කලින් දැනුම්තුකම්දීම.

පූර්වාන්තය, *n.* (අන්තය end, extremity), first extremity, viz. the beginning of the vacant kalpa, opposed to අපරාන්තය.

පූර්වාපර, *a* eastern and western; first and last, පෙරපසු; inverse, E.S.

පූර්වාපරකරනවා, *v. t.* to invert, reverse, transpose. E. S.

පූර්වාපරන්‍යාය, *n. log.* elenchus. E. S.

පූර්වාපර·භාවය, පූර්වාපරය, පූර්වාපර·විරුද්ධකම, *n.* inversion, preposterousness. [වාක්‍යපෙරළිය.

පූර්වාපර·විධිය, *n.* histerology, histeron-proteron,

පූර්වාපර·විරුද්ධ, ...·විරෝධ, ...·විරෝධී, *a.* self-contradictory, inconsistent, paradoxical, preposterous.

පූර්වාපර·විරුද්ධතාව, *n.* self-contradictoriness &c.

පූර්වාපර·විරෝධ·කරණය, *n.* reductio ad absurdum. [dox. E. S.

පූර්වාපර·විරෝධය, *n.* self-contradiction, para-

පූර්වාපර·සන්ධිය, *n.* connection of the past and subsequent or present time, පුරාණ හා වර්තමාන කාලවල සම්බන්ධය.

පූර්වාභ්‍යාසය, *n.* previous practice, rehearsal.

පූර්වාර්ධ·ගෝලය, *n.* (·අර්ධ half), eastern hemis-

පූර්වාර්ධය, *n.* first half, පළමු භාගය. [phere.

පූර්වාර්ධ·ශීර්ෂය, *n.* front half of the head, sinciput.

පූර්වාශාව, *n.* previous desire, predilection, කලින් ඇති ආශාව.

පූර්වාෂාඪාව, *n.* the twentieth lunar asterism, it contains two stars, one of which is δ sagittarii and is the first of the two called ආෂාඪා, the other is උත්තරාෂාඪාව. [S.

පූර්වාස්තිත්වය, *n.* pre-existence, පූර්වයෙන් සිටීම. E.

පූර්වාහ්න, *a.* (අහන් day), morning, forenoon, matutinal, උදය කාලය.

පූර්වාහ්නය, *n.* morning, forenoon, උදය, පෙර වරුව.
පූර්විකා, *a.* the first, පළමු.
පූර්ව·නිවාසය, *n.* (පූර්ව former), former abode, former existence, පෙරජාතිය.
පූර්ව·නිවාසානුස්මෘතිය, *n.* (·අනුස්මෘතිය), remembrance of former existences, පෙර ජාති ගැන සිහිවීම.
පූර්වෝක්ත, *a.* (පූර්ව උක්ත), aforesaid, පළමුකී, ඉහ [ත කී.
පූර්වෝක්තිය, *n.* previous mention or utterance, ඉහත කීම; rehearsal, E. S.
පූර්වෝචිත, *a.* (පූර්ව උචිත), previously suitable, predisposed, ඉස්සර ලැදි or සුදුසු.
පූර්වෝචිතතාව, *n.* previous suitableness &c.
පූර්වෝත්තර, *a.* (පූර්ව east, උත්තර north), north-eastern, north-east, ඊශාන.
පූර්වෝත්තරය, *n.* north-east quarter, ඊශානදිග.
පූර්වෝදිත, *a.* (පූර්ව උදිත), aforesaid, පළමු කී.
පූර්වෝපදේශක, *a.* (පූර්ව උපඃ), premonitory, කලින් දැනුම්දෙන.
පූර්වෝපදේශය, *n.* premonition, warning.
පූර්වෝපාය, *n.* (පූර්ව උපාය), previous plan or device, precautionary measure or means.
පූලි, *n.* mace, spice, වසාවාසි.
පූලිය, *n.* thin plate under a gem to increase its brilliance. [වතුපාළු).
පූවාළු, *n.* a species of plantain; (also called
පූෂා, *n.* reed, බට; the sun, ඉර.
පූස්, පූසා, *n.* Eng., puss, the cat.
පෘක්තිය, *n.* touch, contact, තවුවීම, contiguity, ලංව—ගාව—තිබීම.
පෘච්ඡාව, *n.* question, asking, ප්‍රශ්නය, ඇසීම.
පෘථක්, *ad.* Sans., again, separately, වෙනම, separate, වෙන. [කෙරීම.
පෘථක්කරණය, *n.* separating, separation, වෙන්
පෘථක්කෘත, *a.* separated, වෙන්කරනලද, වෙන්වූ.
පෘථක්ත්වය, *n.* separateness, detachment, වෙන්වූ ස්වභාවය, individuality.
පෘථගාත්ම, *a.* (පෘථක් ආත්ම), separate (as spirit), individual, තනි, පුද්ගලික. [පුද්ගලිකතාව.
පෘථගාත්මතාව, *n.* separateness, individuality,
පෘථග්ගුණ, *a.* (ගුණ qualities), having separate qualities, individual.
පෘථග්ජනයා, *n.* (පෘථක් apart), one standing apart from the higher religious aims and practices, an ordinary person of unsubdued passions; vile or ignorant person, wicked man, අඥානයා, දුෂ්ටයා. [කාර.
පෘථග්විධ, *a.* various, multiform, නොයෙක් ආ
පෘථිවි, *a.* pert. to the earth, terrestrial, භූමික.
පෘථිවිජ, *a.* earth-born, terrigenous, පොළො වෙන් උපන්, earthly, භූමික.
පෘථිවිය, *n.* the earth, පොළොව, ලෝකය. [gy.
පෘථිවි·ගර්භ·ශාස්ත්‍රය, පෘථිවි·ධාතු·ශාස්ත්‍රය, *n.* geolo-
පෘථිවි·ගර්භ·ශාස්ත්‍ර·ඥයා &c., *n.* geologist.
පෘථිවි·තලය, *n.* surface of the earth, පොළොව් තලය.
පෘථිවි·ධ්‍රැවාවනතිය, *n.* (ධ්‍රැව the pole, අවනතිය bending, depression), *ast.* mutation.
පෘථිවි·පතියා, පෘථිවීශ්වරයා, *n.* (පෘථිවි ඊශ්වරයා), lord of the earth, king, රජ.
පෘථිවි·මධ්‍යමීය, *a.* geocentric. E. S. [turalist.
පෘථිවි·වස්තු·විස්තරකාරයා or ·ශාස්ත්‍රඥයා, *n.* na-
පෘථිවි·වස්තු·විස්තරය, *n.* natural history.
පෘථිවි·විස්තර, *a.* geographic (descriptively).
පෘථිවීශ්වර, *n. lit.* lord of earth; king, monarch.
පෘථිවි·සමීප·ස්ථානය, *n.* perigee. E. S.
පෘථිව්‍යක්ෂාග්‍රය, *n.* (පෘථිවි අක්ෂ අග්‍රය), terrestrial pole, ධ්‍රැවය. [විශාල, great, මහත්.
පෘථු, පෘථුල, *a.* wide, පළල්, spacious, extensive,
පෘථු·දර, *a.* stout, තරබාරු. [E. S.
පෘථු·ශරීරයා, *n.* big-bodied one, viz. boar, ඌරා.
පෘශ්නි, *a.* thin, තුනී, small, කුඩා, fine, delicate, සිහින්.
පෘෂ්ඨ, *a.* pert. to the back, dorsal, පිට, සතුන් ගේ පිටට අයිතිවූ; surface, තලය.
පෘෂ්ඨ·බීජ·ධාරී, *a. bot.* tergiferous. E. S.
පෘෂ්ඨ·මානක·ක්‍රමය, *n.* planimetry. E. S.
පෘෂ්ඨය, *n.* the back, පිට; rear, පිටිපැත්ත; surface, superficies, මතුපිට, තලය.
පෘෂ්ඨ·ශය, *a.* lying on the back, supine, උඩු බැල්මෙන් ඉන්න. [supination.
පෘෂ්ඨ·ශයනාව, *n.* state of lying on the back,
පෘෂ්ඨ·සන්ධිය, *n.* dorsal suture, පිට සන්ධිය.
පෘෂ්ඨාස්ථිය, *n.* (·අස්ථිය), backbone, dorsal bone, කොඳු ඇටය.
පෙකණි, *a.* navel, umbilical.
පෙකණි·හිදුම, *n.* navel rupture, exomphalos.
පෙකණිය, *n.* the navel, umbilicus.
පෙකණි·වැල, *n.* navel string, umbilical cord.
පෙංකෙළිනවා, *v.* to skip, frisk, frolick.
පෙංකෙළිය, පෙංකෙළීම, *n.* skipping &c., frolic.
පෙඟීම, *v. n.* of පෙඟෙනවා and පොඟනවා.
පෙඟෙනවා, *v. i.* to soak, steep, become saturated: *pret.* පෙඟුණා. [පරලොවදී.
පෙච්ච, *ad.* hereafter, මතු, in the next world,
පෙටියා, *n.* sheatfish, *silurus pelorius*; flatfish.
පෙට්ටගම, *n.* trunk, chest; *pl.* පෙට්ටගම්.
පෙට්ටි·මල්ල, *n.* four-cornered bag.
පෙට්ටිය, *n.* box, basket.
පෙණ &c. *n.* &c. See පෙන &c.
පෙණ·ගැබ, පෙණ·ගොබ, *n.* hollow of the extended hood of a cobra; palm of the hand.
පෙණය, පෙණේ, *n.* hood of a snake.
පෙණීම &c. See පෙනීම &c.
පෙත, *n.* row, line, පෙළ, cluster, සංහතිය.
පෙත, *a.* E. of ප්‍රේත; පෙතයා, *n.* of ප්‍රේතයා.
පෙතලි, *a.* flat: see පැතලි. [*pl* පෙතැලි.
පෙතැල්ල, *n.* painting; doll, puppet, රූකඩය;
පෙති, *n. pl.* of පෙත්ත.

පෙතිඇරීනවා, *v. t.* to scale, take off thin layers or slices.

පෙති·ආකාර, *a.* scale-like, flaky, laminar.

පෙතිඇරෙනවා, *v. i.* to scale off, come off in thin layers.

පෙති·කඩ, *n.* piece of cloth on which an image of Buddha is painted.

පෙතිකඩයා, *n.* a kind of fish.

පෙති·ගහනවා, *v. t.* to slice, flake, chip.

පෙති·ගැලෙනවා, *v. i.* to separate in flakes, peel or scale off. [*tripudians.*

පෙතිකොබ්·නයා, *n.* a snake, a variety of *naja*

පෙති·කොබ්බා, *n.* a snake.

පෙති·පිළිමය, *n.* painted likeness, as opposed to a solid image.

පෙති·ලිය, *n.* step-pole, viz. ladder consisting of a single pole or bamboo with stumps of the branches left for foot-hold.

පෙති·වල, *n.* hole covered with foliage, pitfall.

පෙතෙල, *n.* gutter, conduit, කානුව.

පෙත්ත, *n.* slice, thin piece, flake, lamina, scale; step of a ladder; *pl.* පෙති.

පෙත්තප්පු, පෙත්තා, *n.* pet name for a parrot.

පෙත්සම, පෙත්සිත්සම, *n.* Port., petition.

පෙද, *n.* ball, පන්දුව; earring, කර්ණාභරණය; foot, පාදය; sentence, verse, stanza, පදය.

පෙදරේරුවා, *n.* Port., mason, bricklayer.

පෙදරේරු·වැඩ, *n.* masonry, bricklaying.

පෙදෙස, *n.* E. of ප්‍රදේශය.

පෙදෙනැඟිල්ල, *n.* forefinger: see තරඟිල්ල.

පෙන, පෙණ &c., *n.* lather, froth, scum, spume, foam.

පෙන·දමනවා, පෙනකතිනවා, *v. i.* to froth, effervesce, foam.

පෙන·පුව, *n.* the chest, lungs.

පෙන·පිඩ, *n.* mass or lot of scum or froth.

පෙනහල්ල, පෙනහැල්ල, *n.* the lung or lung; *pl.* පෙනහැලි.

පෙනහැලි·පටලය, *n.* pleura.

පෙනෙහෙල්ල, *n.* See පෙනහල්ල.

පෙනීම, *v. n.* of පෙනෙනවා: sight; appearance; scene; aspect. [self.

පෙනී සිටිනවා, *v. i.* to appear, present one's

පෙනුම, *n.* appearance, look, scene; present, gift (to a superior); wedge of a carpenter's plane.

පෙනෙනවා, *v. i.* to be visible, appear; seem; *fig.* perceive, see; *pret.* පෙනුණා.

පෙනෙල, *n.* pit, වල; drain, gutter, කානුව; spout, පීල්ල; *pl.* පෙනෙලි.

පෙනෙල·සාරය, *n.* extract or juice of the soapberry tree, saponin.

පෙනෙල්ල, *n.* lighted stick, firebrand, ගිනිපෙනෙල්ල; *pl.* පෙනෙලි. [*pl.* පෙනේත්ර.

පෙනේරය, පෙනේරේ, *n.* Port., sieve, riddle;

පෙනේරෙන්·හලනවා, *v. t.* to separate with a sieve, sift, riddle.

පෙන්·කෙළිනවා &c.—පෙං·කෙළිනවා &c.

පෙන්තකොස්ත, *n.* Eng., pentecost.

පෙන්තකොස්ත·ඉරිද, *n.* Whitsunday; ·සඳුද, Whitmonday. [Whitsuntide.

පෙන්තකොස්ත·මංගල්‍යය, පෙන්තකොස්තය, *n.*

පෙන්දම්·ගහනවා, *v.* to throw or pitch (as seeds into a hole, in a children's game).

පෙන්නුම්කරනවා, *v. t.* to show, exhibit, පෙන්වා දෙනවා.

පෙන්වනවා, *v. t.* to show, indicate, exhibit, display; *pret.* පෙන්නුවා; *v. n.* පෙන්වීම.

පෙඳ, *n.* moss; foam &c.: see පෙන; ball: see පෙද.

පෙඳය, පෙඳේ, පෙඳ·මල්ල, *n.* bird's or fish's tail; *pl.* පෙඳ, පෙඳවල්.

පෙඳෙල්ලා, *n.* a kind of sea fish.

පෙම, පෙම්, *n.* E. of ප්‍රේමය: love.

පෙම්·බර, *n.* laden with love, viz. very affectionate; beloved; ඉතා ප්‍රේමවන්ත.

පෙම්·වඩන, *v. adj.* love-promoting, lovely, delightful, ප්‍රේමය වැඩිකරන.

පෙම්·වතුර, *n. poe.* water of affection.

පෙයය, පේය, *n.* beverage, බීම, පානය.

පෙයාලම, *n.* P., "පෙ" as a symbol signifying "and so on, etc."

පෙර, *a.* former, ඉස්සර, ancient, පුරාණ; eastern, නැගෙන ඉර; in front of, ඉස්සර.

පෙරකදෝරු, *a.* Port., proctorial.

පෙරකදෝරුකම, *n.* proctorship, solicitorship.

පෙරකදෝරුවා, *n.* proctor, lawyer.

පෙරකලාසිය, *n.* Port., warrant of attorney, proxy. [participle.

පෙර·කිරිය, *n.* E. for පූර්වක්‍රියාව: past or perfect

පෙර·කුඹය, *n.* frontal globe of an elephant; *pl.* පෙරකුඹ. [කුරලේපය.

පෙර·කුරු·ලොප්, *n.* (පෙර අකුරු:), E. of පූර්වා

පෙරකුල, *n.* chain for chaining elephants, elephant-chain, ඇත්දම්වැල.

පෙර·ගමන්, *n.* going forwrd to meet anyone.

පෙරගම, *n. pl.* Port., banns.

පෙර·කිරය, *n.* See පූර්වපක්ෂය.

පෙර·ගානවා, *v. t.* to scrape off, සූරාදමනවා.

පෙරතුරු, *n.* deception, cheating, රැවටිල්ල.

පෙර·ජාතිය, *n.* previous existence, former life.

පෙරටු, *a.* (fr. පෙරතු, තු for ඨා standing, being), in front, fore, ඉස්සර.

පෙරටුකොට, as *ad.* first doing (something), making something chief, putting forward.

පෙරටුව, පෙරටුවෙන්, *ad.* preceding, before, on in front, anteriorly, ඉස්සරව, ඉස්සරින්.

පෙරටුව·යන්නා, *v. n.* one who goes before, precursor. [couriers.

පෙරටු·හමුදාව, *n.* vanguard, the van, van-

පෙරඩ·මස, පෙරඩ·සඳ, *n.* (පෙර අඩ), first half of the lunar month, පූර්වපක්ෂය.

පෙරනවා, *v. t.* to strain, filter; distil (spirit); *pret.* පෙරුවා; *v. n.* පෙරීම.

පෙරතු, *a.* See පෙරටු.

පෙරතුව, පෙරතුරුව, *ad.* See පෙරටුව.

පෙරත්තය, *n.* See පෙරැත්තය.

පෙර·දුරි, *a.* occupying the first or front place in time or importance, first, prior, previous, ඉස්සර, chief, ප්‍රධාන.

පෙර·දුරි·කොට, *p. pl.* as *ad.* placing (something) in front or making it chief or prominent.

පෙර·දුරිව, *ad.* being first, chief or prominent.

පෙර·දිග, *n.* or. *a.* eastern quarter, the East, නැගෙනහිර දිශාව; eastern, oriental, නැගෙනහිර.

පෙර·දිග·පතියා or ·හිමියා, *n.* lord or owner of East; ap. of Sakra, ශක්‍රදේවියා.

පෙර·දිගු, *a.* eastern, නැගෙනහිර.

පෙරදුරා, *n. pl.* for පෙරඇදුරා: see පෙරැදුරා.

පෙර·දෙ·පෝය, *n.* (දෙ two), first two quarters of the moon. [වරු.

පෙර·දෙවියා, *n.* E. of පූර්වදේවයා; *pl.* පෙර දෙව්

පෙරනම්, *n. pl.* ord. for පෙරණම්.

පෙර·නිමිත්ත, *n.* foretoken.

පෙර·නියමය, *n.* pre-appoinment, predetermination, predestination.

පෙර·බත, *n. lit.* first-rice, viz. first meal of the day, midday meal, දවල්කෑම; the time there of, viz. morning, උදය.

පෙර·මග, *n.* road in front, as එමිනුගේ පෙර මගට යනවා, go to meet one who is coming.

පෙර·මුණය, *n.* front face or part, front, van (of an army &c.), පෙරමුණට යනවා, to go to meet.

පෙරඹරය, *n.* (පෙර අඹරය), eastern sky, eastern quarter of the heavens.

පෙර·යම, *n.* first watch of the night, from 6 to 10 o'clock, පළමුවෙනි යාමය.

පෙරවනවා, පොරවනවා, *v. t.* to wrap around, enrobe; *pret.* පෙරෙවුවා; *v. n.* පෙරවීම,

පෙරවනවා, *v. c.* of පෙරනවා: to cause to filter, get filtered; *pret.* පෙරෙවුවා; *v. n.* පෙරවීම.

පෙර·රූ, *n. gram.* See පූර්වරූපය.

පෙර·රූ·සඳ, *n.* See පූර්වරූපසන්ධිය.

පෙර·වරු, *a.* morning, ante-meridian.

පෙර·වරු·බත, *n.* morning meal, දවල්කෑම.

පෙර·වරු·භොජන·කෘත්‍යය, *n.* See පූර්වභක්ත කෘත්‍යය.

පෙර·වරුව, *n.* forenoon, morning, උදය කාලය.

පෙරවාගන්නවා, *v. t.* to wrap around one's self, don.

පෙරවැස්ම, *n.* front covering, apron, ඉඟෝවැස්ම.

පෙර·විබත, *n.* (විබත E. of විභක්තිය), *gram.* first or nominative case.

පෙරවි·මබුණ, පෙරවියා, *n.* prime minister, royal counsellor, ප්‍රධාන අමාත්‍යයා, පුරෝහිත.

පෙරවිල්ල, පෙරවීම, *v. n.* of පෙරවනවා: wrapping around, donning.

පෙර·සර, *n.* (සර E. of ස්වර), preceding vowel.

පෙර·සර·ලොප, *n.* E. of පූර්වස්වරලෝපය.

පෙර·සිට, පෙර·සිට, *ph.* from the first, from of old, මුලසිට.

පෙරහනවා, *v. t.* See පෙරනවා.

පෙරහන, *n.* strainer, filter.

පෙරහන්·කඩ, *n.* filtering cloth, strainer.

පෙරහන්කරනවා, *v. t.* to filter, strain.

පෙරහර, පෙරහැර, *n.* procession, pageant.

පෙරහර, *n.* protection, safety, ආරක්ෂාව.

පෙරළනවා, *v. t.* to overturn, upset, overthrow; *fig.* pervert, subvert, distort; *pret.* පෙරළුවා; *v. n.* පෙරළීම.

පෙරළා·ගෙන·යනවා, *v. t.* to trundle, roll along.

පෙරළි, පෙරළිකාර, *a.* fractious, insubordinate, quarrelsome.

පෙරළිකරනවා, *v.* to behave fractiously or rebelliously, make a disturbance.

පෙරළිකාරී, *n. fem.* shrew, termagant, vixen.

පෙරළි·බස, *n.* transposed speech, transposition of words or letters,—as යලුම කොනවා for කොළුම යනවා.

පෙරළිය, පෙරැළිය, *n.* change, inversion, subversion; fractiousness; row; war; a kind of game; *gram.* metathesis.

පෙරළිවෙනවා, *v. i. lit.* to become fractious or quarrelsome; rows &c. take place.

පෙරළීම, *v. n.* of පෙරළනවා and පෙරළෙනවා:

පෙරළෙනවා, *v. i.* to turn over, roll about, wallow; *fig.* to be perverted, distorted; *pret.* පෙරළුණා.

පෙර·ගන්නවා, *v. t.* to filter or strain (water &c.) for one's self.

පෙරැත්ත, පෙරැත්තය, *n.* importunity, urgent request (to accept).

පෙරැත්තකරනවා, *v.* (*dat.*) importune, urge (acceptance of what is proffered).

පෙරැදුරා, *n. pl.* (පෙර ඇදුරා), parents, මව් පියෝ; ancient literati, former teachers.

පෙරීම, පෙරුම, *v. n.* of පෙරනවා and පෙරහනවා: filtering; distilling.

පෙරුංකායම්, *n.* T., asafœtida.

පෙරුම(ම), *n.* E. of පාරමිතාව.

පෙරුම, *n.* hope, බලාපොරොත්තුව, wish, ආශාව; endeavour, උත්සාහය. See පෙරීම.

පෙරුම්·පුරනවා, *v.* E. for පාරමිතා පුරනවා.

පෙරෙවිටුකරනවා, *v. i.* to muster, assemble, රැස්වෙනවා. [නවා.

පෙරෙවිටුකරවනවා, *v. t.* of the same, රැස්කර

පෙරෙවිටුව, *n.* T., mustering, muster.

පෙරෙවිටුවේ·නාම·ලේඛනය, *n.* muster-roll.

පෙරෙනවා, *v. i.* to filter, percolate, become purified by filtration; *pret.* පෙරුණා.

පෙරෙයිදා, පෙරේදා, *n.* day before yesterday.

පෙරෝ·දියර, *n.* pus, purulent matter, සැරව; sap, ගස්වල මදය. [රස්සාය.

පෙල·රස්සාය, *n.* heat of the sun's rays, අව්වේ

පෙලඹීම, *v. n.* of පොලඹවනවා: instigating, inciting, prompting.

පෙලඹීම, පෙලඹුම, *v. n.* of පොලඹිනවා and පෙලඹෙනවා: instigating, instigation &c.; being instigated. [&c.

පෙලඹුවා, *v. pret.* of පොලඹිනවා: did instigate

පෙලඹෙනවා, *v. i.* to be instigated, incited, prompted, allured; *pret.* පෙලඹුණා.

පෙලි·දඬු, *n. pl.* testicle-sticks, viz. two pieces of wood to squeeze the testicles of young cattle for emasculation.

පෙලි·පාරනවා, *v.* (පාරනවා for පහරනවා), to dissipate or destroy the testicles by crushing; *pret.* පෙලිපැරුවා.

පෙල්ල, *n.* testicle; business, service, වැඩපළ; turn, time, වාරය; pole tied to the neck of cattle to prevent their passing through gaps; in *pl.* pieces of wood tied to nets to make them float; *pl.* පෙලි. [(to work &c.).

පෙල්ලට·යනවා, *v. i.* to go in rows or gangs

පෙල්ලු·ගැසෙනවා, *v. i.* to fall into ranks, parties or gangs (as workmen). [ante-meridian.

පෙ. ව. for **පෙර·වරු**, *adj.* and **පෙරවරුව**, *n.*

පෙවිලි, *n. pl.* drinkables, liquids drunk.

පෙවීම, *v. n.* of පොවනවා and පෙවෙනවා: soaking &c.

පෙවූ, *v. adj. pret.* of පොවනවා.

පෙවූවා, *v. pret.* of පොවනවා.

පෙවෙණි, *n.* E. of දුවේණිය.

පෙවෙත, *n.* body, ඇඟ. [*pret.* පෙවුණා.

පෙවෙනවා, *v. i.* to soak in, become imbibed;

පෙස්සා, *n.* servant, slave, දාසයා.

පෙහුව, *n.* looking, බැලීම, බැල්ම.

පෙහෙය, *n.* one of the phases or quarters of the moon, පෝය. [වායා.

පෙහෙ·කර, ·**කරුවා**, *n.* tomtom beater, බෙර

පෙහෙර, *n.* E. of පේහකාරයා: weaver, one of the weaver caste, පියන්නා.

පෙහෙ·විස්, *n.* (පෙහෙ phase of the moon, විස් observance), B. religious fast on any of the four quarter days of the moon.

පෙහෙවිස්, *a.* pert. to fasting (as above).

පෙහෙ·වෙනවා, *v. i.* to fast, keep the fast on a පෝය or quarter day.

පෙහෙසුන, *n.* slander, කේලම.

පෙළ, *n.* box, පෙට්ටිය; lines or text of a book, as ජාතක පෙළ, the actual Jataka text; *pl.* පෙළවල්.

පෙළක්, *n.* a row, a lot or gang; also as *adj.* some, a number of, as පෙළක්දා some days, පෙළක් මිනිස්සු some men. [rows.

පෙළ·ගස්වනවා, *v. t.* to rank, place in ranks or

පෙළ·ගැසෙනවා, පෙළගැසෙනවා, *v. i.* to fall or form into line.

පෙළනවා, *v. t.* to agitate, toss about, molest, distress, trouble, harass; *pret.* පෙළුවා; *v. n.* පෙළීම.

පෙළපත්තිය, *n.* family line, lineage, pedigree.

පෙළපත්·ලේඛනය, *n.* registry of lineage, pedigree. [lineage, race, tribe.

පෙළ·පත, *n.* (පෙළ line, පත for උපත birth),

පෙළපත්, *a.* genealogical, tribal. [descent.

පෙළපත්·ක්‍රමය, *n.* genealogy, line or order of

පෙළපත්·ලේඛම, *n.* genealogist.

පෙළපත්·ලේඛනය, *n.* See පෙළපත්තිලේඛනය.

පෙළ·පාළිය, *n.* (පෙළ line, පාළිය row), order, series, successive rows; text of B. Scriptures.

පෙළ·වස, *n.* (පෙළ family, වස් to dwell), marriage, සහාදය, විවාහය.

පෙළවස්කරනවා, පෙළවහකරනවා, *v. t.* to marry, සහාදබඳිනවා.

පෙළ·වස්වූ, *a.* married සහාදබැඳසිටින, විවාහක.

පෙළහර, *n.* miracle, හාස්කම, ප්‍රාතිහාර්ය; procession: see පෙරහර.

පෙළ·හරුවා, *n.* juggler, මිජ්ජාකාරයා.

පෙළිපෙළී, *p.* (repeated): from පෙළෙනවා: continually suffering.

පෙළීම, පෙළම, *v. n.* of පෙළනවා and පෙළෙනවා: afflicting, harassing &c., පීඩාකිරීම; affliction, conflict, suffering, දුක, පීඩාවිඳීම.

පෙළම, *v. n.* of පොළනවා: winnowing; sorting, separating.

පෙළෙනවා, *v. i.* to be tossed about, harassed, afflicted, distressed; *pret.* පෙළුණා.

පේ, *n.* demon, යකා; sprite, goblin, manes, ප්‍රේතයා; phase of the moon, පෝය; wood, grove,—as හල් පේ, hal tree grove.

පේ·කඩය, *n.* (පේ wood, කඩය piece), piece of wood fixed on the top of each post or column for the wall-plate to rest on, pillar-cap or plate.

පේකරනවා, *v. t.* to offer sacrifice (to a demon), devote, dedicate, (to a god).

පේටකය, *n.* basket for clothes &c., trunk, පෙට්ටිය; quantity, ගුහක්, multitude, සමූහය.

පේටය, පේටාව, පේටිකාව, පේටිය, *n.* basket, box, පෙට්ටිය. [men.

පේතියා, *n.* washerman, රදවා, chief of washer-

පේත, *a.*, **පේතයා**, E. & P. of ප්‍රේත and ප්‍රේතයා.

පේත·සයනාව, ·**සයනාව**, *n. lit.* ghost-lying, viz. the posture in which ප්‍රේතයෝ sleep, *i. e.* on the back, as it is supposed the bones would pierce through the skin if they lay on either side.

පේත්තයා, *n.* a species of fish.
පේන, *n.* divination, soothsaying.
පේන·කියනවා, *v.* to divine, prognosticate under the supposed inspiration of a demon.
පේන·කියන්නා, *n.* soothsayer, pythonist.
පේන·කියන්නී, *n. fem.* pythoness.
පේන·කීම, *v. n.* divination &c., oracle of a demon uttered by the කපුවා or priest in a state of frenzy. [ණ.
පේනවා, *v. i* cont. of පෙනෙනවා; *pret.* පෙනු
පේහි·වෙනවා, *v. i.* to expect, බලාසිටිනවා; take care, ප්‍රවේසම්වෙනවා.
පේනුකරනවා, *v. t.* to cherish, ආදරේ කරනවා, guard, ආරක්‍ෂාකරනවා.
පේනුව, *n.* plug, stopper, ඇබය.
පේම, *n.* P. of ප්‍රේමය.
පේය, *a.* drinkable, බීමට සුදුසු.
පේය, *n.* beverage, පානය.
පේයාව, *n.* drink, beverage, පානය, (a medical preparation of) rice-gruel, (බෙහෙත්) කැඳ.
පේයූෂ, *n.* milk of a cow that has newly calved, beestings, අලුත් කිරි, මැව්කිරි; fresh ghee, අලුත් ගිතෙල්; nectar, මිල්පැණි or දිව්‍ය පානය.
පේර, *n.* guava: See *Bot.*
පේරස, පේරැස, පේරස්මුද්ද, පේරැස්මුත්ද, } *n.* jewelled ring worn by royalty or headmen, signet-ring, අස්මුද්ද.
පේරැහැ, *n.* thick rope used to tie a stag's horn to a post, another horn is then hooked to the first and pulled till one of them breaks and so loses the game of අංකෙළිය.
පේරුකරනවා, *v. t.* to distribute, divide, බෙදා දෙනවා, allot, නියම්කරනවා.
පේරුව, *n.* distribution, allotting, setting apart; a minor headman's division, සුළු මුලාදැනියෙකුගේ ගම්පෙදෙස; race, tribe, caste, ජාතිය.
පේරු·වැටෙනවා, *v. i.* to fall or come to by lot or in turn, become allotted to. [ගල.
පේරෝජය, පේරෝසය, *n.* turquoise gem, පච්ච
පේලය, *n.* testicle. [soft, මෘදු.
පේලව, *a.* delicate, fine, සියුම්, සිහින්, thin, තුනී,
පේවස්, *a.* cont. of පෙහෙවස්.
පේ·වෙනවා, *v. i.* to devote one's self, prepare for a religious ceremony. Cp. පෙහෙවෙනවා.
පේශල, *a.* clever, dexterous, සමර්ථ; crafty, ප්‍රයෝගකාර; smooth, සිලුටු; beautiful, ලක්‍ෂණ, agreeable, ප්‍රසන්න; good, යහපත්, හොඳ.
පේශලතාව, *n.* cleverness &c.
පේශිය, *n.* thunderbolt, අකුණ; egg, බිජුව; split pease, පියලි රට මෑ; piece, පිඩ; opened bud, පිපුණු දළුව; spikenard, ජටාමාංස; ball of flesh, මස්පිඩ, the fœtus shortly after conception කලල රූපය; muscle, මස්ගොබය; sheath, කොපුව; name of a river.

පේශි·ස්නායු, *n. pl.* or *a.* (ස්නායු band, ligament), tendons; tendinous.
පේශි·ස්නායු·ඡේදනය, *n.* tenotomy.
පේශි·ස්නායුව, *n.* tendon. E. S. [ඇඹරුම්ගල.
පේෂණය, *n.* grinding, ඇඹරුම; hand-mill,
පේෂණිය, *n.* flat stone on which things are ground with a roller, ඇඹරුම් ගල.
පේස, *n.* or *a.* silk, woven silk, පට, රෙදි.
පේසකාරයා, *n.* P., weaver, man of the weaver caste, වියන්නා.
පේස·කර්මාන්තය, *n.* weaving.
පේසනකයා, *n.* spy, ඔත්තුකාරයා; robber, මංකොල්ලකාරයා. [free, ඇරීම.
පේසනය. *n.* P., sending, dismissing, setting
පේසිකාව, *n.* piece, කෑල්ල, lump, පිඩ.
පේසිකෝෂය, *n.* (පේශි egg, කෝෂය sheath), a bird's egg.
පේසිත, *a.* sent, dismissed, set free, අරිනලද.
පේ·හිමියා, *n.* (පේ demon), lord of the demons; ap. of වෛශ්‍රවණ, who is also යමරජ.
පේලු, *n. pl.* or *a.* eggs &c.; egg-; testicle-; basket-. [මුම.
පේලු·ඉදිමුම, *n.* spermatocele, අණ්ඩකෝෂ ඉදි
පේලුාව, *n.* basket, box, පෙට්ටිය. [row.
පේළි, *n. pl.* or *a.* lines &c.; pert. to lines or
පේළි·ගැසෙනවා, *v. i.* to perform or fall into line or rows, stand in a row.
පේළිය, *n.* line, row, rank. [පිතෘක.
පෛතෘක, පෛත්‍ර, *a.* paternal, ancestral, පිය,
පෛත්ත, පෛත්තික, *a.* bilious, පිත් සහිත, පිත්.
පෛත්‍රය, *n.* the part of the hand between the thumb and forefinger. [යක්‍ෂ, රකුසු.
පෛශාච, *a.* (fr. පිශාච), infernal, demoniacal,
පෛශුන්‍ය, *a.* slanderous, calumnious. E. S.
පෛශුන්‍යතාව, *n.* slanderousness, කේලම් සහිත කම. [pionage, ඔත්තුබැලීම.
පෛශුන්‍යය, *n.* slander, calumny, කේලම; es-
පොකිරිස්සා, *n.* lobster.
පොකුටා, *n. mas.* curly-headed one.
පොකුටු, *a.* curly.
පොකුණ, *n.* pond, reservoir; *pl.* පොකුණු.
පොකුණු·පල්ලා or ·පාලයා, *n.* pond-keeper, guardian of ponds.
පොකුර, *n.* bunch, cluster; tip of an elephant's trunk, ඇත්හොඬ අග; lotus, නෙළුම්ගහ; *pl.* පොකුරු.
පොකුරු·ණිය, *n.* fr. පුෂ්කරණිය. [නෙළුම්අල.
පොකුරු·දලිය, *n.* edible lotus root or bulb,
පොකුරු·පත, *n.* lotus leaf, නෙළුම්කොළය.
පොකුරු·මුල, *n.* See පොකුරුදලිය.
පොකුරු·වැස්ස, *n.* rain of clusters of flowers, මල්වැස්ස; heavy rain, තදවැස්ස.
පොකුරු·සරය, *n.* lotus pond, නෙළුම් විල.
පොඟනවා, *v. i.* to soak, drench; *pret.* පෙඟුවා; *v. n.* පෙඟීම.

පොහවනවා, *v. t.* to soak, saturate, steep; *pret.* පෙහෙවුවා; *v. n.* පෙහවීම. [macerate.
පොහවා·දියකරනවා, *v. t.* to dissolve by soaking,
පොට්ටණි, *n. pl.* or *a.* T., bundles; bundle-, pack-.
පොට්ටණිකාරයා, *n.* packman, pedlar. [pack.
පොට්ටණිය, පොට්ටලිකාව, *n.* bundle, parcel,
පොට්ටයා, *n.* man blind of one eye or having a defective eye; blind man, කණා.
පොඩි, *a.* small, diminutive, as පොඩිළමයා, little child; *n.* solder.
පොඩිකරනවා, *v. t.* to crush small, bruise, pound, batter, shatter. [කිරි.
පොඩි·කිරි, *n.* small chip, splinter; *pl.* පොඩි
පොඩිපැරවියා, *n.* a kind of sea fish.
පොඩිත්ත, පොඩිය, *n.* small piece, bit, morsel.
පොඩි·මෙවට්ටුව, *n.* T., silversmith's scissors, clippers, shears.
පොඩි·වෙනවා, *v. i.* to become crushed or bruised, crumble, break in pieces.
පොඩිස්ස, *n.* small piece, little bit, small quantity, pittance. [den.
පොඩිස්සි, පොඩ්ඩිස්සි, *n. fem.* little girl, mai-
පොඩ්ඩ, *n.* a little, morsel, mite, iota, jot.
පොඩ්ඩා, පොඩියා, *n. mas.* little chap, lad; *pl.* පොඩ්ඩෝ, පොඩියෝ. [පොත්.
පොත, *n.* book, either printed or written; *pl.*
පොත·න, *n.* ap. of Brahma, මහාබ්‍රහ්මයා.
පොතලා, *n.* jackal, *canis aureus*, නරියා. [ලය.
පොතලොත්·කූර, *n.* lead pencil, pencil, පැන්සල
පොතු, *n. pl.* of පොත්ත; or *adj.* bark-; flat, thin, පැතලි, තුනී. [bark, peel, husk.
පොතු·අරිනවා or ·ගහනවා, *v. t.* to decorticate,
පොතු·කහට, *n.* tannic acid. E. S.
පොතු·බරු, *n.* a kind of sea fish.
පොතු·මගුරු, *n.* a kind of fresh water fish.
පොතු·මසා, *n.* any shellfish, one of the crustacea or testacea. [shellfish.
පොතු·මසු·ජාති, පොතු·මසුන්, *n. pl.* all kinds of
පොත්, *n. pl.* or *a.* of පොත: books; book-.
පොත්·අල්ම(ා)රිය, *n.* bookcase.
පොත්·කම්බය, *n.* wooden cover of an ola book.
පොත්·ගුල, *n.* book store or depôt; library.
පොත්·ගෙඩිය, *n.* bundle or packet of ola leaves.
පොත්ත, *n.* bark, rind, shale, glume; shell of shellfish; *pl.* පොතු.
පොත්·පටුන, *n.* book-index, index of a book.
පොත්·පත්, *n pl.* (පත් *pl.* of පත), books and documents, books and papers; literature.
පොත්·පත්·ශාලාව, *n.* book-room, reading-hall, reading-room.
පොත්·පිංච, *n.* pamphlet, tract, brochure.
පොත්·බදින්නා, පොත්මහන්නා, *n.* book-binder.
පොත්·ලනුව, *n.* book-string, viz. the string passed through the leaves and covers of a native book to keep the leaves in place whilst read and then tie round the book.
පොත්·කැසිය, *n.* (කැසිය ring or button), book-button, viz. button at the end of the පොත් ලනුව.
පොද, *n.* drop, driblet, particle,
පොද·හෙළනවා, *v. i.* to fall or sprinkle in fine drops, drizzle (as rain). [drizzle.
පොද·වැහෙනවා, *v. i.* to fall in fine drops or
පොදිය, *n.* bundle, bale, parcel, packet.
පොදු, *a.* T., general, common or pert. to a number. [the populace.
පොදු·උදවිය or ·ජනයා, *n.* the common people,
පොදුකරනවා, *v. t.* to render general, generalize.
පොදු·ජන, *a.* pert. to the common people, plebeian. [minately.
පොදුලෙස, *ad.* commonly, generally, indiscri-
පොදුවට, පොදුවේ, as *ad.* in common, for all.
පොහිය, *n.* flower, මල.
පොසෙස්, *ad.* prior, before, පූර්ව. [පෘතග.
පොන්ස, *n.* D., the beverage punch, *cl.* පච
පොපි, *a.* wavering, unsteady, චපල.
පොපිය, *n.* shaking, trembling tremor, වෙව්ලුම.
පොපියනවා, *v. i.* to shake, tremble, quiver, tingle, itch; *pret.* පොපියෙවුවා.
පොපියවනවා, *v. c.* to cause to quiver or tingle, tickle. [ing &c.
පොපිහීම, පොපිලුම, *v. n.* of පොපියනවා: shak-
පොබ, *a.* E. of ප්‍රබෝධ.
පොබයනවා, *v. i.* to open, expand (as the mind or flowers); awake from sleep, පිබිදෙනවා; *v. n.* පොබවීම.
පොම, *n.* superiority, උතුම්කම, පරමතාව.
පොයින්ට්ස්·කාරයා, *n.* (පොයින්ට්ස් Eng.), pointsman.
පොර, *n. pl.* or *a.* of පොරය: boxing, strife &c.
පොර·අනිනවා or ·අන්නවා, *v.* (of cattle) to thrust, pierce or fight with the horns, butt.
පොර·අල්ලනවා, *v.* to wrestle, grapple with; *fig.* contend with.
පොර·අල්ලීම, *v. n.* wrestling &c.
පොර·කටුව, *n.* cock's spur.
පොරකනවා, *v.* to contend, tussle; fight (as dogs &c.); *fig.* dispute, quarrel.
පොරකාර, *a.* pugnacious. [person.
පොරකාරයා, *n.* fighter, boxer; contentious
පොර·කුකුළා, *n.* fighting-cock, game cock.
පොර·කුකුළ්·කොටුව, *n.* game cock enclosure, cockpit.
පොර·කෙළිනවා, *v.* to fight (as cocks &c.).
පොර·කේරු, *a.* mischievous, injurious.
පොර·කොටනවා, *v.* to peck, fight (as fowls and other birds). [ness.
පොර·ගතිය, *n.* quarrelsomeness, combative-
පොරබා·කාරයා, *n.* tricker, trickster.

පොරබාව, *n.* Port., deceit, artifice, trick, trickery.
පොරණ, *a.* See පරණ, පුරණ.
පොරණැදුරු (·ණැජර), *n.* [ඇදුරු, ඇජර, teacher], ancient teacher or pandit.
පොරබස්, *n.* rheum or mucus of the eye.
පොර·පොල්·ගහනවා, *v.* to play the under-mentioned game.
පොර·පොල්·ගැසීම, *v. n.* of the above: coconut match, a native game played by throwing two husked coconuts at each other until one is broken and thereby loses the game.
පොර·බදනවා, *v.* to wrestle, grapple with; *v.n.* පොරබැදීම. [encounter.
පොරය, *n.* boxing, wrestling, fight; contest,
පොරව, *n.* axe, hatchet; (also) same as පොරෝ *q. v.* [*cocerus coronatus.*
පොරව·කෑදැත්තා, *n.* crowned hornbill, *anthraa-*
පොරවනා·කඩ or ·ෙරද්ද, *n.* cloak, robe, සළුව.
පොරවනය, *n.* robe, සළුව.
පොරවනවා, *v. t.* See පෙරවනවා; *pret.* පෙරෙව්වා; *v. n.* පෙරවීම. [of mail, සන්නාහය.
පොරළු, *n.* refuse of grain, chaff, දහයියා; coat
පොරි, *n.* T., parched grain, විලඳ.
පොරෝ, *n.* D. vrow: name of a playing card, viz. queen. [ප්‍රමාද.
පොරොත්තු, *a.* T., staying, tarrying, delaying,
පොරොත්තුකරනවා, *v. t.* to delay, make to tarry, ප්‍රමාදකරනවා.
පොරොත්තුව, *n.* staying &c., stay, sojourn.
පොරොත්තුවෙනවා, *v. i.* to stay &c., sojourn, lodge.
පොරොදු, පොරොද්ද, *n.* saddle-cloth or cover, housing, trapping (of horse, elephant &c.).
පොරොන්දු, *a.* T., promissory. [engage.
පොරොන්දු·කරනවා or ·වෙනවා, *v.* to promise,
පොරොන්දු·පත්‍රය, *n.* deed of promise, contract.
පොරොප්ප·ගහනවා, *v.* to drive in or insert a cork, cork, plug.
පොරොප්පය, *n.* fr. Eng., cork, plug.
පොරොසි, *n. pl.* bubbles caused by pouring.
පොරොව, පොරෝ·කෙටිය, *n.* See පොරව.
පොරොවනවා, *v. t.* See පොරවනවා.
පොරෝ, *n. pl.* or *a.* of පොරොව: axes; axe-.
පොරෝකාරයා, *n.* axeman, wood-cutter, දර කපන්නා.
පොරෝනය, *n.* robe, vesture, උතුරුසළුව.
පොරෝනා·කඩ: see පොරවනා·කඩ.
පොරෝ·තලය, *n.* axe-blade, hatchet-blade.
පොරෝ·මිට, *n.* axe-helve, axe-handle.
පොරෝන්තයා, *n.* Er. for පුරෝහිතයා.
පොල, *n.* cataract of the eye: see පොළ.
පොල·ඹිජු, *n.* gold, රත්රන්.
පොලබුං, *n.* separation.
පොලඹනවා, *v. t.* to instigate, incite, urge on, impel; *pret.* පෙලඹුවා; *v. n.* පෙලඹීම.
පොලඹවනවා, *v. t.* to cause to incite &c., but also as පොලඹනවා; *pret.* පෙලෙඹෙවුවා; *v. n.* පෙලඹවීම.
පොලඹුම, *v. n.* of පොලඹනවා: instigation &c.; separation, වෙන්වීම.
පොලුහ, පොලොස්·ගෙඩිය, *n.* young jak-fruit; *pl.* or *a.* පොලොස්, පොලොස්ගෙඩි. [gun).
පොලාපනිනවා, *v. i.* to recoil, rebound (as a
පොලාපැනීම, *v. n.* recoiling, recoil, rebound.
පොලි &c.: see පොළී, interest.
පොලිස්, පොලීස්, *a.* Eng., police. [station.
පොලිස්·කන්තෝරුව, *n.* police-office, police-
පොලිස්·කාරයා, *n.* policeman, constable.
පොලිස්·හාමුකාරයා or ·මැජිස්ත්‍රාත්තැන, *n.* police-magistrate.
පොලිස්·මුලාදෑනියා, *n.* police officer.
පොලු, *n. pl.* of පොල්ල: clubs or sticks. [pin.
පොලු·කූර, *n.* club-like skewer or headless hair-
පොලු·ගහනවා, *v.* to throw sticks at; cut in pieces, *lit.* split into sticks.
පොලොත්ත, *n.* coconut shell, පොල් කටුව.
පොලොසිය, *n.* Port., dress-flounce.
පොලොස්·ගෙඩිය, *n.* See පොලුහ.
පොල්, *n. pl.* or *a.* coconuts; coconut-, coco-.
පොල් අත්ත, *n.* coconut branch; dried and plaited coconut branch, cadjan. [large size.
පොල්·අඹ, *n.* a variety of අඹ (mango) of a
පොල්·උල, *n.* coconut husker, pointed stake for husking coconuts.
පොල්·කටුව, *n.* coconut shell.
පොල්කිච්චා, *n.* See පොල්ලිච්චා.
පොල්·කිරි, *n.* coconut milk, extracted from the scraped kernel by means of water.
පොල්·කුඩු, *n.* coconut refuse of the scraped kernel.
පොල්·කූර, *n.* See පොල් උල.
පොල්·කොහු, *n.* fibre of the coconut husk, coir.
පොල්·කෝම්බය, *n.* coconut shell with the husk.
පොල්·ගහනවා, *v.* See පොරපොල්ගහනවා.
පොල්කිරවා, *n.* See ගිරමලිච්චිකා.
පොල්ගුටිය, *n.* hitting or pelting with coconuts, a mode of punishment among the Kandyans.
පොල්·ගෙඩිය, *n.* coconut; pancreas, sweet-bread.
පොල්·තෙල්, *n.* coconut oil.
පොල්·පිති·කාරටිය, *n.* stem of the coco branch.
පොල්·පිත්ත, *n.* stem or stipe of the coco branch; *pl.* පොල්පිති.
පොල්·මදිනවා, *v.* to draw toddy from the coconut spathe.
පොල්·මල්·කරවලා, *n.* coconut flower snake, a beautiful tree-snake, *chrysopelea ornata.*
පොල්මෑ·කාරයා, *n.* D., executor.
පොල්මෑකාරි, *n. fem.* executrix.

පොල්·මැල්ලුම, *n.* scraped coconut cooked with saffron, chillies, maldive fish, salt, onion &c.
පොල්·මුඩුව, *n.* tuft of the coconut.
පොල්ල, *n.* stick, staff, baton, club; size, measure; *pl.* පොලු.
පොල්ලා, *n.* young animal, පැටවා.
පොල්කිච්චා, *n.* magpie, *copsycus saularis.*
පොල්·ලෙල්ල, *n.* coconut husk; *pl.* ලෙලි.
පොල්·වල්ල, *n.* bunch or stalk of coconuts.
පොල්වාකර, *n.* arrack of the first distillation.
පොල්·හොද්ද, *n.* coconut broth or sort of soup made of coconut milk.
පොවනවා, *v. t.* to cause to drink or absorb, pour down the throat; soak, පොඟවනවා; reach; *pret.* පෙවුවා; *v. n.* පෙවීම. [water.
පොව්වනවා, *v.* to be within one's depth in
පොව්වා, *n.* young animal, පැටියා; *pl.* පොව්වෝ.
පොසයා, *n.* E. of පුරුෂයා: man, මිනිසා.
පොහොසත්, *n. pl.* or *a.* lotuses; lotus-.
පොහොසත්·පත, *n.* lotus leaf or petal, නෙළුම්·කොළය or ·පෙත්ත.
පොහොසත්·මස, *n.* lotus-month, viz. the month පොහොසත්, May-June.
පොහොය·කරනවා, *v.* B., to observe the festivals of the lunar quarters.
පොහොට්ටුව, *n.* unblown flower; knob, tassel.
පොහොය·දින, *n.* first day of any lunar quarter, when B. festivals are observed.
පොහොසු, *n.* sun, ඉර.
පොහොනා, *a.* able, competent, සමර්ථ; worthy, worth, වටිනා; sufficient, සෑහෙනා. [බාරු.
පොහොනි, පොහොනි·පත්, *a.* fed, fat, stout, තර
පොහොනි·පත්කරනවා, *v. t.* to feed, nourish, foster.
පොහොනි(ණි)ය, *n.* nourishment, පෝෂණය.
පොහොය, *n.* any one of the four phases or quarter days of the moon.
පොහොර, *n.* See පෝර. [සමර්ථ.
පොහොසත්, *a.* rich, wealthy; able, capable,
පොහොසත්කම, *n.* wealthiness; capability.
පොහොසතා, *n.* rich man.
පොළු, *n.* spot (or cataract) on the eye, staphyloma; boil, tumour; eyeball, ඇස්ගුලිය; *pl.* පොළුවල්.
පොළඟා, *n.* the viper called polonga: of which the species are, තිත්පොළඟා, පලාපොළඟා, පොළොංතෙලිස්සා &c.; *pl.* පොළොංගු.
පොළුබැටියා, *n.* See පලුබැටියා.
පොළු·හටගනවා, *v. i.* a spot or spots arise or form on the eye.
පොළනවා, *v. t.* to winnow, sift, fan (grain); sort or clean (cotton); *prst.* පෙළුවා; *v. n.* [පෙළීම.
පොළුම &c.: See පොලුම &c.
පොළව, පොළොව, *n.* the earth, this world; earth, soil, ground.
පොළාදමනවා, *v. t.* to winnow or sift out.
පොලිකරනවා, පොලියට·දෙනවා or ·දමනවා, *v. t.* to put to interest, place at interest.
පොලිය, *n.* interest.
පොළොංතෙලිස්සා, *n.* name of a snake, *hypnale nepa,* කුණකටුවා.
පොළෝ, *a.* of the earth, earthy, earth.
පොළෝ·උල්ලා or ·තුල්ලා, *n.* a snake, ගැඩවිලා.
පොළෝ·කම්පාව, *n.* earthquake.
පොළෝ·තලය, පොළෝ·තෙල, *n.* surface of the earth, ground.
පොළෝ·කිදු, *n.* gold, රත්රන්.
පොළෝ·සෙදුම, *n.* formation or arrangement of the earth or ground.
පෝ, *n.* See පොව්වා.
පෝ, *a.* for පොහෝ: පෝද for පොහොදින.
පෝස්කරවීවම, *n.* frugality, eking out, මිරි මැසීම.
පෝංගුව, *n.* double hook for catching alligators; bamboo or other hollow trunk for catching river fish.
පෝච්චිය, *n.* D., jug, pot (as teapot &c.).
පෝටනයකරනවා, *v. t.* to strike or clap (hands), (අත්) පොලසන්දෙනවා.
පෝට්ටලිකාව, *n.* bundle, packet &c., පොදිය.
පෝටාව, *n.* bearded woman, රැවුලක් ඇත්තී.
පෝටාව, *n.* dam of rice field, which serves also as a path, නියර.
පෝතු, *n. pl.* parietal bones. E. S. [පැටවා.
පෝතකයා, පෝතයා, *n. mas.* young animal,
පෝතකී, *n. fem.* young female animal, පැටවී.
පෝත·භංජනය, *n.* (පෝත vessel, ship), shipwreck, නැව් බිඳීම.
පෝතය, *n.* boat, ඔරුව, vessel, නැව; house-site, ගෙපල; cloth, රෙද්ද; value, worth, වටිනාකම.
පෝතලා, *n.* mongoose, මුගටියා; jackal, නරියා.
පෝත·වණිජ(ක්), *n.* voyaging merchant, මුහුදෙත් යන (or යාත්‍රාකාර) වෙළෙන්දා.
පෝත·වාහයා, *n.* boatman, seaman, rower &c., නැව්කාරයා.
පෝතාධානය, *n.* (පෝත young, ආධානය containing), shoal of young fish.
පෝනත්, *n.* value.
පෝද, *n.* See පොහොදින.
පෝනය, *n.* sufficiency, සෑහෙනා පදම.
පෝනියා, *n.* Eng., pony.
පෝය, *n.* See පොහොය.
පෝයකිරීම, *v.* See පොහොයකරනවා; of B. P., private confession on පෝය days.
පෝය·ගේ, *n.* B., room or house set apart for පෝයකිරීම. [day of the moon.
පෝය·හේවිසිය, *n.* tomtom beating on a quarter
පෝර, *n.* manure.
පෝර(ර්)කය, *n.* Port., gallows, gibbet.

පෝර·කරනවා, පෝරදමනවා, *v.* to manure.
පෝරණය, පෝර්ණුව, *n.* Port., oven, kiln.
පෝර·පස්, *n.* manure-soil, humus, mould.
පෝරිසයා, *n.* (fr. පුරුෂයා), man, මනුෂ්‍යයා.
පෝරිසාදයා, *n.* ('අද් to eat), man-eater, cannibal, මිනිමස්කන්නා.
පෝරු, පෝරු·රෙද්ද, *n.* D., dress-lining.
පෝරු·දමනවා, *v.* to line with cloth &c., pad.
පෝරු·ගානවා, *v.* to draw a board over the surface of the ground, smooth or level the soil of the paddy field (with the පෝරුව).
පෝරුව, *n.* board or plank, ලෑල්ල : field-board or roller for levelling or smoothing the surface; the board or platform where bride and bridegroom stand during the native marriage ceremony.
පෝලය, *n.* bulk, මහත ; heap, quantity, ගොඩක්.
පෝලිකරනවා, *v. t.* to abash, embarrass, ලජ්ජා කරනවා.
පෝලිං·ගහනවා, *v. t.* to arrange in line, set in a row, පෙලගස්වනවා.
පෝෂණය, *n.* feeding, nourishing, nurture.
පෝෂකයා, *n.* feeder, nourisher.
පෝෂණයකරනවා, *v. t.* to fatten, batten, feed.
පෝෂිත, *a.* fed, nourished; fostered, supported.
පෝෂ්‍යකරනවා, *v. t.* to feed, nourish, foster.
පෝෂ්‍යය, *n.* nutriment &c.: see පෝෂණය ; maintenance, nurture.
පෝෂ්‍යවෙනවා, *v. i.* to become fat or well-fed.
පෝසත්, *a.* See පොහොසත්.
පෞංශ්චල්‍යය, *n.* harlotry, වේශ්‍යාකම.
පෞණ්ඩර්‍යය, *n.* a drug from the root of a creeper, used as a remedy for sore eyes.
පෞතවය, *n.* measure, මිම්ම ; scale or balance, තරාදිය.
පෞත්‍ර, *a.* filial, දරු, පුතු. [daughter's son).
පෞත්‍රයා, *n.* son's son, grandson, මුනුබුරා. (Also
පෞත්‍රී, *n.* grand-daughter, daughter of either son or daughter.
පෞද්ගලික, *a.* See පුද්ගලික. [ලිකභාව.
පෞද්ගලිකත්වය, *n.* individuality, indentity, පුද්ගලිකභාව.
පෞනරුක්ත, *a.* ('උක්ත), repeated, tautological: see පුනරුක්ත. [රුක්තිය.
පෞනරුක්තිය, *n.* repetition, tautology, පුනරුක්තිය.
පෞර, *a.* municipal, city-, town-, නාගරික.
පෞර·ජනයා, පෞරයා, *n.* citizen, නුවරවැසියා.
පෞරස්ත්‍ය, *a.* prior, first, ඉස්සර, පළමු.
පෞරාණික, *a.* ancient, archaic, primeval, පුරාණ. [පුරාණ කිඹුලා.
පෞරාණික·කුම්භිලයා, *n.* paleosaurus, යටගිය පුරාණ කිඹුලා.
පෞරාණිකතාව, *n.* ancientness &c., පුරාණකම.
පෞරාණිකයෝ, පෞරාතනයෝ, *n. pl.* the ancients, පුරාතනයෝ.
පෞරාණික·වස්තුවිද්‍යාව or ·ශාස්ත්‍රය, *n.* archæology, paleology, paleontology. E. S.
පෞරාණික·ධාතු·ශාස්ත්‍ර·ඥයා, *n.* paleontologist.
පෞරාණික·ප්‍රාණි·ශාස්ත්‍රය, *n.* paleozoology.
පෞරුෂ, *a.* masculine, virile, manly, පුරුෂ.
පෞරුෂතාව, *n.* manhood &c. E. S.
පෞරුෂය, *n.* *Idem*; strength, බලය, වීර්‍යය ; human action, මනුෂ්‍ය ක්‍රියාව ; measure of a man with arms and hands erect; *semen virile*.
පෞරෝගව, *n.* (fr. පුරෝ·ගව leader), superintendant of the kitchen, ප්‍රධාන අරක්කැමියා.
පෞර්ණ·මාසය, *n.* a ceremony performed at the full moon by fire; a day of the full moon.
පෞර්ණ·මාසිය, පෞර්ණ·මිය, *n.* day of the full moon, පසළොස්වක.
පෞර්තික, *a.* ceremonial, චාරිත්‍ර-. [of කුවේර.
පෞලස්ත්‍යයා, *n.* (පුලස්ත්‍ය name of a saint), ap.
පෞෂය, *n.* month so called, දුරුතු මාසය.
පෞෂිය, *n.* full-moon day in the month පෞෂය.
පෞෂ්කල්‍යය, *n.* maturity, full growth. [මය.
පෞෂ්ටික, *a.* nutritious, පෝෂ්‍යගුණ ඇති.
පෞෂ්ප, පෞෂ්පික, *a.* floral, flowery, පුෂ්පවත්, මල් සහිත.
පෞෂ්පකය, *n.* oxide of brass. [කොපුව.
පෞෂ්පික·කෝෂය, *n.* floral enevelope, මල්
පෞෂ්‍යය, *n.* See පුෂ්‍යය.
ප්‍ර, *prefix*, (signifying) much, very, forth.
ප්‍රකට, *a.* evident, obvious, manifest, well-known, පැහැදිලි, ප්‍රසිද්ධ. [in public.
ප්‍රකටයෙන්, ප්‍රකටලෙස, *ad.* overtly, manifestly,
ප්‍රකටී·කරණය, *n.* making manifest or evident or public, manifesting, manifestation, ප්‍රකාශ කිරීම. [දිලි—ප්‍රසිද්ධ—කරනලද.
ප්‍රකටී·කෘත, *a.* manifested, made evident, පැහැ
ප්‍ර·කම්පන, ප්‍ර·කම්පමාන, *a.* trembling violently, shaking, quaking, තදලෙස කම්පාවෙන, වෙවුලන.
ප්‍ර·කම්පනය, ප්‍රකම්පය, *n.* violent trembling &c., මහත් කම්පාව, වෙවුලුම.
ප්‍ර·කරණය, *n.* introduction, prelude, prologue, ආරම්භය, ආරම්භකථාව ; composition, treatise, රචනාව ; fiction, story, ප්‍රබන්ධය ; chapter, section, පරිච්ඡේදය.
ප්‍ර·කරය, *n.* heap, ගොඩක්, quantity, ගොඩක් ; bundle, bunch (of flowers), පොකුර ; aid, උපකාරය ; usage, ව්‍යවහාරය ; aloe wood, අගිල්ලි.
ප්‍ර·කරිය, *n.* theatrical dress or disguise, නාට්‍ය වේශය ; open piece of ground, එළිමහන ; junction of four roads (as a proper site for magical operations), හතරමංහන්දිය.
ප්‍ර·කර්ෂ, *a.* excellent, eminent, උතුම් ; intense, strenuous, බලවත්.
ප්‍ර·කර්ෂය, *n.* (ප්‍ර emp., කර්ෂ drawing), excellence &c., උත්තමකම ; *gram.* intensiveness, effect or force of the prefix ප්‍ර upon roots.

ප්‍ර·කර්ෂිත, *a.* attracted, drawn, ආකර්ෂිත, අදිනලද.
ප්‍රකල්පනාකරනවා, *v. t.* to study well, උගුණ කරනවා, think deeply, හොඳවකල්පනාකරනවා.
ප්‍ර·කල්පනාව, *n.* fixing, settlement; allotment.
ප්‍ර·කල්පිත, *a.* made, done; settled, allotted.
ප්‍ර·කාණ්ඩය, *n.* excellence; happiness; stem or trunk (of a tree), කඳ; branch, අත්ත.
ප්‍ර·කාමිය, Sans. *ad.* voluntarily, willingly, කැමැත්තෙන්ම; exceedingly, අතිශයින්.
ප්‍ර·කාරය, *n.* manner, method, sort, ආකාරය.
ප්‍ර·කාරයට, ප්‍ර·කාරයෙන්, *ad.* according to, as.
ප්‍ර·කාශ, *a.* manifest, overt, clear, well-known, public; *gram.* indicative.
ප්‍ර·කාශක, *a.* declaratory, manifesting, ප්‍රකාශකරන; *gram.* indicative.
ප්‍රකාශක·යන්ත්‍රය, *n.* manifesting machine, viz. register, indicator (of speed &c.).
ප්‍රකාශකයා, *n.* manifester, proclaimer, herald, ප්‍රකාශකරන්නා. [publish.
ප්‍රකාශ·කරනවා, *v. t.* to reveal, disclose &c.,
ප්‍රකාශක·විධිය, *n. gram.* indicative mood.
ප්‍රකාශකොට, ප්‍රකාශලෙස, *ad.* openly, plainly.
ප්‍රකාශතාව, ප්‍රකාශාත්මකත්වය, ප්‍රකාශිතතාව, *n.* manifestness, evidentness, publicity, ප්‍රකාශකම. [phorus.
ප්‍රකාශද·ද්‍රව්‍යය, ප්‍රකාශද·රසායන·ද්‍රව්‍යය, *n.* phos-
ප්‍රකාශනය, *n.* making manifest, revelation, ප්‍රකාශකිරීම; declaration, කියාසිටීම.
ප්‍රකාශය, *n.* manifestation, declaration, ප්‍රකාශකිරීම; publicity, ප්‍රසිද්ධකම; white or bell metal. [ly, publicly.
ප්‍රකාශයෙන්, ප්‍රකාශලෙස, *ad.* manifestly, overt-
ප්‍රකාශිකාම්ල, *n.* (·අම්ල acid), phosphoric acid.
ප්‍රකාශිත, *a.* manifest, revealed, evident &c.: see ප්‍රකාශ.
ප්‍රකීර්ණ, ප්‍රකීර්ණක, *a.* miscellaneous, නොයෙක් ආකාර; outspread, විසිරුණු, scattered, විසුරුණු; dishevelled, E. S.
ප්‍රකීර්ණකය, ප්‍රකීර්ණය, *n.* chapter, පරිච්ඡේදය; extent, ප්‍රමාණය; special decree, විශේෂ නියමයක්; collection of rules, නියෝග රැස; yak-tail whisk: see චාමරය. [මත්
ප්‍රකීර්තිත, *a.* celebrated, famed, renowned, කීර්ති-
ප්‍රකීර්තිතතාව, *n.* famousness, කීර්තිමත්කම.
ප්‍රකීර්තිය, *n.* fame, renown, කීර්තිය.
ප්‍රකීර්‍ය, *a.* that should be spread abroad or made known, පතුරුවාලිය යුතු.
ප්‍ර·කුපිත, *a.* very angry, incensed, enraged, ඉතා කුපිත or කෝපවූ. [සම්පූර්ණවූ.
ප්‍රකෘත, *a.* done, effected, completed, කරනලද,
ප්‍රකෘති, *a.* natural, constitutional, ජන්ම, fundamental, ධාතුවූ, මුල්වූ.
ප්‍රකෘතිකරනවා, ප්‍රකෘතිමත්කරනවා, *v. t.* to restore (health &c.) to the original state; re-form, renovate, repair, මුල් ස්වභාවට පමුණුවනවා, අලුත්වැඩියාකරනවා. [E. S.
ප්‍රකෘති·තරල, *a.* volatile, fugacious, පහව යන.
ප්‍රකෘතිතාව, *n.* original state, primitiveness, මුල් ස්වභාව.
ප්‍රකෘතිමත්, *a.* original, primitive, මුල්වූ, මුලික.
ප්‍රකෘතිමත්වෙනවා, *v. i.* to become restored, renovated, repaired, හරිගැස්සෙනවා, return to the original state, මුල්ගතියට පැමිණෙනවා.
ප්‍රකෘතිය, *n.* nature or constitution, මුල්ස්වභාව, radical form or constitution of being, of which eight sorts are supposed, viz. illusion, magnitude, pride of independent existence or egotism, space, fire, air, earth and water; origin, original source, මුල; *gram.* radical, or crude form of a word, uninflected word, ප්‍රත්‍යය නොවැටුණු ශබ්ද කොටස
ප්‍රකෘතියෙන්ම, *ad.* by nature or constitution, fundamentally, radically, ස්වභාවයෙන්ම.
ප්‍රකෘතිවත්, *a.* See ප්‍රකෘතිමත්.
ප්‍රකෘති·වශයෙන්, *ad.* according to original nature, primitively, derivatively, මුල් ස්වභාව ලෙස, ධාතුවේ හැටියට.
ප්‍රකෘති·සථ, *a.* (·සථ being, abiding), in the nature, inherent. E. S.
ප්‍රකෘති·ස්ථාපක, *a.* (·ස්ථාපක fixing), reformative, reformatory, reparative, හරිගස්සන.
ප්‍රකෘති·ස්ථාපකයා, *n.* reformer, හරිගස්සන්නා.
ප්‍රකෘති·ස්ථාපනය, *n.* reformation &c.
ප්‍රකෘති·ස්ථාපිත, ප්‍රකෘති·සවිත, *a.* reformed, restored &c. [ated, කෙට්ටුවූ.
ප්‍ර·කෘශිත, *a.* (ප්‍ර emp., කෘශිත reduced), emaci-
ප්‍ර·කෘෂ්ට, *a.* very eminent, exalted, chief, උත්කෘෂ්ට; remote, දුරුවූ.
ප්‍ර·කෝටිය, *n.* in number the second power of koti or a crore of crores, equal to 100 billions: see කෝටිය. [න ගතිය.
ප්‍ර·කෝපතාව, *n.* irritability, irascibility, කිපෙ-
ප්‍ර·කෝපනය, ප්‍ර·කෝපය, *n.* making angry, provocation, irritation, කෝපකිරීම.
ප්‍ර·කෝපනයකරනවා, *v. t.* to enrage, incense.
ප්‍ර·කෝපපෞෂධය, *n.* (ප්‍රකෝප ඖෂධ), irritant drug. E. S. [gate of a palace.
ප්‍ර·කෝෂ්ඨකය, ප්‍ර·කෝෂ්ඨය, *n.* a room near the
ප්‍ර·කෝෂ්ඨය, *n.* compound, මිදුල.
ප්‍ර·කෝෂ්ඨ·බහිරස්ථිය, *n.* (බහිර් outer, අස්ථිය bone), *anat.* radius. E. S. [ulna. E. S.
ප්‍ර·කෝෂ්ඨාභ්‍යන්තරාස්ථිය, *n.* (·අභ්‍යන්තර inner),
ප්‍ර·ක්‍රමය, *n.* (ප්‍ර forth, ක්‍රම going), beginning, introduction, පටන්ගැන්ම; proceeding, ක්‍රමයෙන් යාම; process, ක්‍රමය, විධිය. [ශබ්දය.
ප්‍ර·ක්වණය, ප්‍ර·ක්වාණය, *n.* sound of a lute, වීණා
ප්‍ර·ක්වථිත, *a.* well-decocted.
ප්‍ර·ක්ෂරය, *n.* iron armour for horses or elephants, (අශ්ව දමන) යකඩ සන්නාහය.

ප්‍ර·ක්‍ෂාලකයා, *n.* washer, අපුල්ලන්නා, සෝදන්නා.
ප්‍ර·ක්‍ෂාලනය, *n.* washing, cleansing, ඇපිල්ලීම, සේදීම.
ප්‍ර·ක්‍ෂාලිත, *a.* washed &c. [සේදීම.
ප්‍ර·ක්‍ෂිප්ත, *a.* thrown, cast, විසිකරනලද; determined, decided, නියමිවූ.
ප්‍ර·ක්‍ෂිවිත, *a.* intoxicated, මත්වූ.
ප්‍රක්‍ෂේපණය, ප්‍රක්‍ෂේපය, *n.* throwing, casting, විසිකිරීම, හෙලීම; determining, deciding, නියම කිරීම.
ප්‍ර·ඛර, *a.* very hot or acrid, ඉතා කහට.
ප්‍ර·ඛරය, *n.* See ප්‍රක්‍ෂරය.
ප්‍ර·ඛරයා, *n.* dog, බල්ලා; mule, අශ්වතරයා.
ප්‍ර·ඛ්‍යාත, *a.* celebrated, famed, කීර්තිමත්; pleased, ප්‍රසන්න; happy, වාසනාවන්ත; bespoken, E. S.
ප්‍ර·ඛ්‍යාතිය, *n.* fame, කීර්තිය, publicity, ප්‍රසිඬකම; praise, ප්‍රශංසාව; happiness.
ප්‍ර·ඛ්‍යානීය, *a.* noteworthy, සැලකිය යුතු, that should be known, ප්‍රසිඬවිය යුතු; praiseworthy, ප්‍රශංසනීය.
ප්‍ර·ගණ්ඩය, *n.* the upper arm from the elbow to the shoulder, brachium.
ප්‍ර·ගත·ජානු, ප්‍ර·ගත·ජානුක, *a.* (ප්‍රගත separated), bandy-legged, බකල ඇති.
ප්‍ර·ගමනය, *n.* progress. E. S.
ප්‍ර·ගල්භ, *a.* (ප්‍ර emp., ගල්භ proud &c.), very bold, බුහුටි, daring, නිර්භීත, confident, නිසැක; audacious, සැක භය නැති; arrogant, presumptuous, එඩි; strong, බලගතු; eminent, උසස්. [තද, සවි.
ප්‍ර·ගාඪ, *a.* much, බොහෝ, ඉතා; hard, firm,
ප්‍ර·ගුණ, *a.* very virtuous, සුචරිත, honest, upright, අවංක; trained, පුහුණු, accustomed to, පුරුදු.
ප්‍ර·ගුණකරනවා, *v. t.* to accustom, train, පුරුදු කරනවා, indoctrinate, පුහුණුකරවනවා; study, master, පුහුණුකරගන්නවා. [trained.
ප්‍ර·ගුණවෙනවා, *v. i.* to become accustomed or
ප්‍ර·ගුණ·ශාලාව, *n.* training school or college, normal school, විනිවන් පාඨශාලාව.
ප්‍ර·ගුණිත, *a.* trained, educated, indoctrinated, cultivated, උගත්, පුහුණුකරනලද; proficient, පුහුණුවූ, පුරුදුවූ. E. S.
ප්‍ර·ගෘහීත, *a.* collected, එකතුකළ; accepted, පිළිගත්. [පිටව ගැනීම.
ප්‍ර·ග්‍රහණය, *n.* taking, ගැනීම; assuming, තමා
ප්‍ර·ග්‍රහය, ප්‍ර·ග්‍රාහය, *n.* taking; holder (as a string or rope, halter, rein); restraint, වැලැක්වීම; capture, අල්ලාගැනීම; what is captured, අල්ලාගත් දේ or සතා.
ප්‍ර·ග්‍රීවය, *n.* window, කවුළුව lattice, balustrade, ගරාදිය, ගරාදි වැට; summer house, E. S., turret, කොත; top, මුදුන; stable, ශාල, පට්ටිය. [house. E. S.
ප්‍ර·ඝණය, ප්‍රඝාණය, *n.* covered terrace before a

ප්‍ර·ඝස, *a.* ravenous, voracious, කිදු.
ප්‍ර·ඝසය, *n.* ravenousness, voracity.
ප්‍ර·ඝාතකරනවා, *v.* (ප්‍ර emp., ඝාත smiting), to fight, combat, war. [ගහගැනීම.
ප්‍ර·ඝාතය, *n.* battle, combat, fighting, යුඬය,
ප්‍ර·චණ්ඩ, *a.* fierce with heat or anger, සැර, ferocious, savage, violent, brutal, grim, ඉතා චණ්ඩ, රෞද්‍ර. [lize.
ප්‍ර·චණ්ඩකරනවා, *v. t.* to render savage, bruta-
ප්‍ර·චණ්ඩ·දර්ශන, ප්‍ර·චණ්ඩ·මූර්ති, *a.* fierce looking, of terrific aspect or form.
ප්‍ර·චණ්ඩ·මුඛ, *a.* grim-faced, රෞද්‍ර මුහුණක් ඇති.
ප්‍ර·චය·බහුල, *a.* (බහුල numerous), tumulous, ගොඩැලි ගහනවූ.
ප්‍ර·චය, *n.* heap, large quantity, number.
ප්‍ර·චයාකාර, *a.* tumular, ගොඩක් ආකාර.
ප්‍ර·චරණය, *n.* (ප්‍ර forth, චරණය going), proceeding, going, යාම.
ප්‍ර·චරණයකරනවා, *v.* to proceed, go, යනවා.
ප්‍ර·චරය, *n.* road, pathway, පාර, මග. [පතළ.
ප්‍ර·චල, *a.* moving about, spreading, current,
ප්‍ර·චලනය, *n.* moving about &c.
ප්‍ර·චලායිත, *a.* (ප්‍ර much, චල shaking), shaking, tossing, සෙලවෙන, චමල, rolling about, පෙරළෙන.
ප්‍ර·චලිත, *a.* much shaken or tossed about; diffused, current, පතළවූ. [කඳ.
ප්‍ර·චාලය, *n.* stick or body of the lute, වීණාවේ
ප්‍ර·චුර, *a.* much, many, බොහෝ. [වැඩිකිරීම.
ප්‍ර·චුරී·කරණය, *n.* augmenting, augmentation,
ප්‍ර·චුරී·කෘත, *a.* augmented, වැඩිකරනලද.
ප්‍ර·චේතස්, *n.* ap. of Varuna: see වරුණයා.
ප්‍ර·චේතස්, *a.* happy, ප්‍රීතිමත්, pleased, ප්‍රසන්නවූ.
ප්‍ර·චෝදනය, *n.* directing, නියෝදීම; prescribing, නියමකිරීම, *med.* යෝගකිරීම.
ප්‍ර·චෝදනයකරනවා, *v.* to direct; prescribe.
ප්‍ර·චෝදිත, *a.* directed; prescribed.
ප්‍ර·ච්ඡන්න, *a.* covered, concealed, secret, private, වසායිඹුන, රහස්.
ප්‍රච්ඡන්නය, *n.* private door, රහස් දොර; lattice, ජලෝඝය; loophole, postern, කුරුඹිලිය.
ප්‍ර·ච්ඡාදක, *a.* covering, concealing, වසන, tegumentary, E. S.
ප්‍ර·ච්ඡාදනය, *n.* wrapper, as a cloak or mantle, සළුව; envelope, cover, වැස්ම; integument, E. S.
ප්‍ර·ච්ඡාදිත, *a.* enveloped, covered, වැසුණු; *bot.* tunicated, E. S. [කැපුණු.
ප්‍ර·ච්ඡින්න, *a.* broken, rent, cut, කැඩුණු, ඉරුණු,
ප්‍ර·ච්‍යුත, *a.* fallen out, වැටුණු; deviated from, dismissed, අහක්වූ; liberated, නිදහස්වූ.
ප්‍ර·ජනනය, *n.* birth, ඉපදීම; production, උත්පාදනය. [tion. E. S.
ප්‍ර·ජනය, *n.* begetting, ජනනකිරීම, impregna-
ප්‍ර·ජනයකරනවා, *v. t.* to beget, impregnate.

ප්‍රජනයා, ප්‍රජනිතා, *n.* progenitor, මුතුන්මිත්තන් ගෙන් කෙනෙක්.
ප්‍රජවය, *n.* great speed, velocity, වේගය; festival, උත්සවය.
ප්‍රජවී, *a.* swift, rapid, ඉක්මන්, වේගවත්.
ප්‍රජවියා, *n.* swift one, viz. runner, දුවන්නා, courier, දුවන පණිවිඩකාරයා.
ප්‍රජාගරය, *n.* waking, keeping awake, watching, පිබිද සිටීම, vigilance.
ප්‍රජාතාව, *n.* woman who has borne children, a mother, මව.
ප්‍රජා·පයා, *n.* (ප්‍රජා people, ප guarding), people's guardian, viz. king, රජ.
ප්‍රජා·පතියා, *n.* king; father, පියා; son-in-law, බෑනා; sun, ඉර; fire, ගින්න; ap. of Brahma and of the ten eminent sages or Rishis he first created.
ප්‍රජා·නායකයා, *n.* head of the people, king.
ප්‍රජාව, *n.* progeny, offspring, දරුවෝ; race, වංශය; people, ජනයා, ජනයෝ, subjects, යටත් වැසියෝ.
ප්‍රජා·හිත, *a.* (හිත *adj.* suitable &c.), suitable or favourable or kind to the people, subjects or children, සෙනගට &c., සුදුසු &c.
ප්‍රජේශ්වරයා, *n.* (ප්‍රජා ඊශ්වර), lord of the people, king, රජ.
ප්‍රජ්වලිත, *a.* (ප්‍ර emp.), ignited, burning, blazing, ඇවිලෙන; resplendent, දීප්තිමත්.
ප්‍රඥප්ත, *a.* instituted (as a law or statue), පණවනලද.
ප්‍රඥප්ති·ග්‍රන්ථය, *n.* book of institutes, නීතිපොත.
ප්‍රඥප්තිය, *n.* appointment, agreement, නියම කිරීම, නියමය; institute, precept, නියෝගය, ශික්ෂාව.
ප්‍රඥා·ගෝචර, *a.* agreeable to wisdom, wise, politic, ප්‍රඥාවට එකඟ.
ප්‍රඥා·චක්ෂු, *n. lit.* wisdom-eye: ap. of Dhritarāshtra who was a wise and celebrated king and uncle of the Pāndu princes.
ප්‍රඥාන, *a.* wise, ප්‍රඥාවන්ත, learned, උගත්.
ප්‍රඥානය, *n.* wisdom, ප්‍රඥාව, knowledge, දැනගැන්ම.
ප්‍රඥානුභාවය, *n.* (ප්‍රඥා අනු:), power or influence of wisdom, ප්‍රඥාබලය.
ප්‍රඥා·නේත්‍රය, *n.* eye of wisdom, mind, intellect, faculty of clear perception.
ප්‍රඥා·පාරමිතාව, *n.* cultivation or practice of wisdom: see පාරමිතාව.
ප්‍රඥාව, *n.* wisdom, understanding, ඥානය, intellect, සිහිය, skill, සමර්ථකම.
ප්‍රඥාවත්, ප්‍රඥාවන්ත, *a.* wise, intelligent, skilful.
ප්‍රඥාවන්තකම, *n.* wisdom, prudence, discretion, sagacity.
ප්‍රඥා·සාර, *a.* eminent in wisdom, පැණසර.
ප්‍රඥා·හීන, *a. lit.* wisdomless: unwise, foolish, නුවණ මද.

ප්‍රඥී, *n.* sage, scholar, pandit, පණ්ඩිතයා.
ප්‍රඥු, *a.* (ප්‍ර separate, ඥු for ජානු knees), bandy-legged, බකල.
ප්‍රඩීනය, *n.* rapid flying, swift flight, වේගයෙන් ඉගිලීම.
ප්‍රණත,* *a.* (ප්‍ර before, නත fr. නම් to bend), bent, bowed, නැමුණු.
ප්‍රණතිය, *n.* bowing, obeisance, salutation, නැමීම, වැඳීම.
ප්‍රණමිත, *a.* bowed, bent, නැමී තිබෙන &c.
ප්‍රණයනය, *n.* (fr. ·නයනය), leading, ගෙනයාම; preparing, පිළියෙල කිරීම; appointing, නියම කිරීම.
ප්‍රණයය, *n.* affection, ආදරය; trust, විශ්වාස කිරීම; reverence, obeisance, වැඳීම; requesting, request, ඉල්ලීම. [E. S.
ප්‍රණය·විහතිය, refusal or denial of a request.
ප්‍රණවය, *n.* a small drum or tabor, අතබෙරය.
ප්‍රණාදය, *n.* (ප්‍ර, නාද), sound of joy, ප්‍රීතිඝෝෂාව.
ප්‍රණාම,* *a.* bending, නැමෙන; ductile, නැමෙන සුලු. E. S.
ප්‍රණාමතාව, *n.* ductility, නැමෙන ගතිය.
ප්‍රණාමය, *n.* bowing, obeisance, salutation, වැඳීම.
ප්‍රණාලය, *n.* canal, channel, අගල, drain, sewer, කානුව.
ප්‍රණිධානය,* *n.* great effort, energy, මහත් වෑයම; meditation, මෙනෙහි කිරීම.
ප්‍රණිධිය, *n.* soliciting, solicitation, අයැදීම.
ප්‍රණිධියා, *n.* spy, ඔත්තුකාරයා; follower, අනුව යන්නා.
ප්‍රණිපතන, ප්‍රණිපාත, *a.* salutatory, ආචාර, පිළිසඳර.
ප්‍රණිපතනය, ප්‍රණිපාතය, *n.* saluting, salutation, prostration, වැඳීම. [&c.
ප්‍රණිපතනයකරනවා, *v.* to salute, ආචාරකරනවා
ප්‍රණිහිත, *a.* careful; entrusted; obtained; placid; admitted. E. S.
ප්‍රණීත, *a.* cooked; ripened; well prepared; savoury, dainty, delicious. E. S.
ප්‍රණීතතාව, *n.* well prepared condition &c.
ප්‍රණීතය, *n.* fire consecrated by prayer or mystical formulæ, සංස්කාරකරනලද ගින්න.
ප්‍රණීතාමෘත, *a.* or *n.* (·අමෘත), delicious-ambrosial; delicious-ambrosia, food of the gods.
ප්‍රණීතාහාරය, *n.* (·ආහාරය), savoury food, dainty, රසවත් කෑම.
ප්‍රණුත, *a.* praised, ප්‍රශංසාකරනලද, celebrated, කීර්තිමත්.
ප්‍රණේය, *a.* docile, හික්මුණු.
ප්‍රතතිය, *n.* expansion, spreading, spread, පැතිරීම.
ප්‍රතන, *a.* old, ancient, former, පුරාණ.
ප්‍රතර්කණය, *n.* arguing, discussion, තර්කය; doubting, සැකකිරීම.
ප්‍රතර්කණයකරනවා, *v.* to argue, discuss, තර්කකරනවා.
ප්‍රතලය, *n.* (ප්‍ර very, තල low or flat), one of the seven lower regions or pātālas; the flat or open hand.

* ණ, ණි &c., preceded by ප්‍ර = න, නි &c.

ප්‍ර·තානය, *n.* (ප්‍ර before, තාන expansion), spreading, expansion, extension, පැතිරීම.

ප්‍ර·තාප·ගුණය, *n.* the good result of punishment, දඬුවමෙන් ලැබෙන ගුණය.

ප්‍ර·තාපනය, *n.* (ප්‍ර emp.), burning, දැවීම; the hell or part of the infernal region where the punishment is by seyere burning.

ප්‍ර·තාපය, *n.* great heat, තද උෂ්ණය; punishment, දඬුවම; zeal, ජ්වලිතකම; majesty, glory, තේජස, dignity, high sprit of rank and power, මහානුභාවය.

ප්‍ර·තාපවත්, *a.* hot, තිතියම; majestic, dignified, උත්සාහවත්, මහෝත්සාහත.

ප්‍රති, *prefix*, (signifying) in lieu of, වෙනුවට; against, විරුද්ධ, හිලව්වට; severally, එක එක; towards, to, දෙස; exchange, මාරුවට; again, නැවත; belonging to, corresponding, අඩංගු, එකඟ. [Sometimes ප්‍රත් in composition.]

ප්‍රතිඋපකාරදෙනවා, *v.* for ප්‍රත්‍යුපකාරදෙනවා.

ප්‍රති·කර්මය, *n.* dress, adornment, පැලඳීම, සැරසීම; remedying, පිළියම්කෙරීම; retaliation, පළිගැනීම.

ප්‍රති·කර්ම(ය)කරනවා, *v.* to dress, adorn; apply remedies; retaliate.

ප්‍රති·කාය, *n.* (ප්‍රති in lieu, කාය body), effigy, image, ප්‍රතිමාව, රූපය; butt, target, ඉලක්කය.

ප්‍රති·කාර, *a.* (ප්‍රති in return, කාර doing), remedial, curative, medical, පිළියම්වූ; retaliatory, පළිගන්න. Also spelt ප්‍රතීකාර.

ප්‍රතිකාරකරනවා, *v.* to administer remedies, doctor, වෙදකම්කරනවා. [dicator.

ප්‍රති·කාර·දර්ශකය, *n.* indicant, viz. remedy in-

ප්‍රති·කාරය, *n.* remedy, medicament; retaliation, revenge.

ප්‍රති·කාර·විද්‍යාව, *n.* therapeutics, පිළියම් දැන්ම.

ප්‍රති·කාර·ශාස්ත්‍රය, *n.* medical science, physic, පිළියම් කිරීමේ ශාස්ත්‍රය.

ප්‍රතිකාල්, *a.* Port., Portuguese.

ප්‍රති·කාශ, ප්‍රති·කාස, *a.* (ප්‍රති again, කාශ to shine), like, similar, resembling, සමාන.

ප්‍රති·කාශතාව, *n.* similarity, සමාන කම.

ප්‍රති·කුංචිත, *a.* bent back, curved, නැමුණු, වකුටු.

ප්‍රති·කූපය, *n.* (ප්‍රති against, towards, කූපය hole), moat, ditch, අගළ.

ප්‍රති·කූල, *a.* (ප්‍රති against, කූල bank or shore), opposed, opposing, reverse, contrary, inconsistent, repugnant, විරුද්ධ, විපක්ෂ.

ප්‍රති·කූලතාව, *n.* state of opposition &c.

ප්‍රති·කූලවෙනවා, *v. i.* to oppose &c., react.

ප්‍ර·තිකෘත, *a.* counteracted, remedied; requited.

ප්‍රති·කෘතිය, *n.* effigy, reflected image, රූපය; retaliation, revenge, පළිගැනීම.

ප්‍රති·කෘත්‍යය, *n.* reverse action, reaction, ප්‍රතිකූල ක්‍රියාව.

ප්‍රති·කොටංශය, *n.* counterpart.

ප්‍රති·ක්‍රමය, *n.* (ප්‍රති back, ක්‍රමය going), return, retreat, ආපසු ගමන.

ප්‍රති·ක්‍රියාව, *n.* requital (good or bad), ප්‍රතිඵලය; retribution, retaliation, revenge, පළිගැනීම; remedying, පිළියම්කිරීම.

ප්‍රති·ක්ෂිප්ත, *a.* (ක්ෂිප්ත thrown, sent), sent away, turned away, dismissed, rejected, excommunicated, පහකරනලද &c.; calumniated, E. S. [කරන්නා.

ප්‍රති·ක්ෂේපකයා, *n.* rejecter, recusant, එපා

ප්‍රති·ක්ෂේපකරනවා, *v. t.* to reject, renounce, excommunicate, repudiate, disallow, එපාකරනවා, පහකරනවා.

ප්‍රති·ක්ෂේපකිරීම, ප්‍රතික්ෂේපණය, ප්‍රතික්ෂේපය, *v. n.* the act of rejecting &c.

ප්‍රති·ගමනය, *n.* (ප්‍රති again, ගමනය going), flying to and fro, or around. [ගන්.

ප්‍රති·ගෘහීත, *a.* taken, accepted, received, පිළි

ප්‍රති·ගෘහෙෂි, *a.* captious. E. S.

ප්‍රති·ග්‍රාහ්‍ය, *a.* See ප්‍රතිග්‍රහණීය.

ප්‍රති·ග්‍රහණය, *n.* taking, ගැනීම; acceptance, assent, පිළිගැනීම; proximity of the sun to the moon's node. [ගන්නවා.

ප්‍රති·ග්‍රහණයකරනවා, *v t.* to take, accept, පිළි

ප්‍රති·ග්‍රහණීය, *a.* that should be accepted, acceptable, පිළිගත යුතු.

ප්‍රති·ග්‍රාහකයා, *n.* accepter, receiver.

ප්‍රති·ග්‍රාහය, *n.* taking, acceptance, ගැනීම; spittoon, පඩික්කම.

ප්‍ර·තිඝ, *a.* (ඝ striking), hostile, සතුරු, angry, furious, චණ්ඩ. [ing, ගහගැනීම.

ප්‍රති·ඝට්ටනය, *n.* a return blow, striking, fight-

ප්‍රති·ඝය, *n.* wrath, කෝපය; fighting, combat; fainting, ක්ලාන්තය.

ප්‍රති·ඝාතනය, *n.* (ප්‍රති again, repeatedly), killing, slaughter, මරාදැමීම. [sacre, මරාදමනවා.

ප්‍රති·ඝාතනයකරනවා, *v. t.* to slaughter, mas-

ප්‍රති·ඝාතය, *n.* a return blow, පහරට දෙන පහර; warding off, preventing, වැළැක්වීම. [ශරීරය.

ප්‍රති·ඝනය, *n. lit.* re-destruction, viz. the body,

ප්‍රති·චක්ෂණය, *n.* (චක්ෂණය speaking), declaring, කියාසිටීම; declaration, කියා සිටින දේ.

ප්‍රති·ච්ඡන්දය, *n.* reflected image, ප්‍රති·රූපය; image, රූපය; picture, සිතියම.

ප්‍රති·ච්ඡන්න, *a.* (ඡන්න covered), covered over, වසනලද; concealed, සඟවනලද.

ප්‍රති·ච්ඡායාව, *n.* (ඡායාව shadow), reflected image, reflection, ප්‍රතිබිම්බය, shadow.

ප්‍රතිජගානය, *n.* Er. for පටිජග්ගනය.

ප්‍රති·ජංඝාව, *n.* fore or lower part of the leg, shank, කෙණ්ඩය.

ප්‍රති·ජංඝාස්ථිය, *n.* shank bone, කෙණ්ඩයේ ඇටය.

ප්‍රති·ජිහ්වාව, *n.* uvula, උඩු දිව.

ප්‍රති·ජීවනය, *n.* resuscitation. E. S.

ප්‍ර·තිඥ, ප්‍රති·ඥාත, *a.* (ප්‍රති mutual, ඥ, ඥාත knowledge or assent), promissory, පොරොන්දු; permissive, E. S. [පොරොන්දුවෙනවා.

ප්‍රති·ඥා·කරනවා or ·දෙනවා, *v.* to promise, පො

ප්‍රති·ඥාත, *a.* (ඥාත known, assented to), promised, covenanted, පොරොන්දුවූ; propounded, E. S. [දුව; assent, එකඟවීම.

ප්‍රති·ඥානය, *n.* promise, engagement, පොරොන්

ප්‍රති·ඥා·පත්‍රය, *n.* promissory note, bond, written contract, පොරොන්දු පත්‍රය.

ප්‍රති·ඥාය, ප්‍රති·ඥාව, *n.* promise, agreement; admission, acknowledgement; පිළිගැනීම; *log.* proposition, E. S.

ප්‍රති·ඥේය, *a.* that should be promised or assented to, පොරොන්දු විය යුතු, පිළිගත යුතු.

ප්‍රති·ඥේයයා, *n.* proclaimer (of rank and titles), herald, panegyrist. E. S. [අඬගසන.

ප්‍රතීත්‍යය, *n.* cause, හේතුව, origin, මුල; motive,

ප්‍රතීත්‍ය·සමුත්පාදය, *n.* (ප්‍රතීත්‍ය original, සං with, උත්පාදය birth), the original birth or coming into existence (of sentient beings), which is said by Buddha to be from ignorance, from which proceeded the faculty of reflection, and from reflection knowledge, from knowledge the union of mind and matter or body and spirit, from this came the six senses, from these the faculty of perception, from perception enjoyment, from enjoyment desire, from desire the generative faculty, from this came all the various beings from gods to the minutest reptiles, whence all the incidents of life and circumstances of nature, as sorrow, decay, death, transmigration &c.

ප්‍රති·දාන·දෙනවා, *v.* to give in return, make amends, requite, ප්‍රතිඵලදෙනවා; atone, වන්දි දෙනවා.

ප්‍රති·දානය, *n.* return gift, compensation, remuneration, amends, atonement, ප්‍රතිඵල &c.; exchange, barter, ගනුදෙනුව. [කාර.

ප්‍රති·දානාකාර, *a.* compensatory &c., ප්‍රතිඵලා

ප්‍රති·දේය, *a.* that should be returned, repayable, නැවත දිය—ගෙවිය—යුතු.

ප්‍රති·දෝෂාරෝපණය, *n.* recrimination.

ප්‍රති·ධ්වනිය, ප්‍රති·ධ්වානය, ප්‍රති·නාදය, *n.* (ධ්වනිය &c., sound), repeated sound, echo, දෝංකාරය.

ප්‍රති·නාද·ශාස්ත්‍රය, *n.* catacoustics, දෝංකාර ශාස්ත්‍රය.

ප්‍රති·නියත, *a.* fixed, certain: see නියත.

ප්‍රති·පක්ෂ, *a.* (ප්‍රති opposing), adverse, opposing, antagonistic, inimical, එරෑබවූ.

ප්‍රති·පක්ෂයා, *n.* opponent, විරුද්ධකාරයා; respondent, defendant, විත්තිකාරයා.

ප්‍රති·පත, ප්‍රති·පද, *n.* (ප්‍රති forward, පද step), first day of the moon's increase or wane; intellect, සිහිය; rank, පදවිය.

ප්‍රති·පත්ති·ධර්මය, *n.* rule of behaviour or action, principle, න්‍යාය.

ප්‍රති·පත්තිය, *n.* (ප්‍රති forward, පත්ති going), observance, rule, principle, conduct, habit, පිළිවෙත, නියමය, චරිතය, සිරිත, කල්ක්‍රියාව.

ප්‍රති·පදින්, *ad.* step by step, අඩියෙන් අඩියට, ක්‍රමයෙන්.

ප්‍රති·පදුව, *n.* observance, practice, පිළිපැදීම.

ප්‍රති·පන්න, *a.* known, දැනගත් තිබෙන; appointed, fixed, නියමවූ; promised, පොරොන්දුවූ; overcome, පරාජයවූ, මැඩපවත්වනලද.

ප්‍රති පන්නවෙනවා, *v. i.* to become known &c.; be engaged in, යෙදීසිටිනවා; arrive at, පැමිණෙනවා.

ප්‍රති·පාණය, *n.* stake played for, wager, ඔට්ටුව.

ප්‍රති·පාදක, ප්‍රතිපාදක, *a.* (ප්‍රති before, පාදක going or producing), effecting, ඉෂ්ටකරන, producing, උපදවන, providing, supplying, සපයන; explaining, තේරුම්දෙන.

ප්‍රති·පාදකයා, *n.* producer &c.; giver, දායකයා.

ප්‍රති·පාදනය, *n.* producing &c.; action, ක්‍රියා කිරීම, behaviour, හැසිරීම. [කරනලද.

ප්‍රති·පාදිත, *a.* effected, provided, supplied, ඉෂ්ට

ප්‍රති·පාලක, *a.* guarding, protecting, ආරක්ෂක.

ප්‍රති·පාලක·ධුරය, ප්‍රති·පාලන·ධුරය, *n.* guardianship, wardenship, ආරක්ෂක ධුරය.

ප්‍රති·පාලකයා, *n.* guardian, protector, warden, ආරක්ෂකයා; king, රජ.

ප්‍රතිපාලනය, *n.* protecting, protection, පාලනය, ආරක්ෂාව, support, සම්බන්ධව; overseeing, බලාගැනීම. [කරනවා.

ප්‍රති·පාලනයකරනවා, *v. t.* to protect &c., ආරක්ෂා

ප්‍රති·පාලිත, *a.* guarded, protected, ආරක්ෂිත, පාලිත, ආරක්ෂාකරනලද. [E. S.

ප්‍රති පාලිතයා, *a.* one protected, protegé, ward.

ප්‍රති·පාලිතාව, *n. fem.* protegée, ward. E. S.

ප්‍රති·පීඩිත, *a.* very afflicted, distressed, ඉතා පීඩිත. [vicarious.

ප්‍රති·පුරුෂ, *a.* representative, substitutional,

ප්‍රතිපුරුෂත්වය, *n.* proxy (state of).

ප්‍රති·පුරුෂ·පත්‍රය, *n.* certificate of proxy.

ප්‍රති·පුරුෂයා, *n.* proxy or deputy, substitute, *locum tenens*; effigy.

ප්‍රති·පුරුෂාධිපතියා, *n.* vicegerent. E. S.

ප්‍රති·පූජනය, *n.* worship, වැඳීම; exchange of civilities, ඇවතර සමාචාරය.

ප්‍රති·පෘච්ඡාව, *n.* (ප්‍රති severally, පෘච්ඡා asking), interrogation, questioning, inquiry, investigation, විචාරීම, විභාගය; the interrogative or third part of native grammar.

ප්‍රති·ප්‍රයාණ, *a.* going back, regressive, ආපසු යන, පසුබසින.

ප්‍රති·ප්‍රයාණය, *n.* going back, retreat &c., ආපසු යෑම, පසුබටවීම.

ප්‍රති·ප්‍රයාණයකරනවා, *v.* to return &c.

ප්‍රති·ඵල, *n. pl.* or *a.* results or result; retaliatory, compensatory.

ප්‍රති·ඵල·දායක, *a.* retributive, compensatory.

ප්‍රති·ඵල·දෙනවා, *v.* to requite, repay, compensate, recompense.

ප්‍රති·ඵල·ධර්මය, *n.* law of retribution or recompense, *lex talionis*. [විපාකය.

ප්‍රති·ඵලය, *n.* requital &c., desert, විපාකය, ඵල

ප්‍රති·බද්ධ, *a.* bound, බැඳි, connected with, පිළිබඳ; attached to by affection, ඇලුම්වූ; disappointed, E. S.; obstructed, බාධාවූ; inlaid, ගිල්වා තිබෙන.

ප්‍රති·බන්ධ, ප්‍රති·බන්ධය, *n.* (ප්‍රති before or against), connection, සම්බන්ධය; obstruction, obstacle, counteraction, බාධාව.

ප්‍රති·බන්ධකයා, *n.* opponent, විරුද්ධකාරයා.

ප්‍රති·බන්ධක, *a.* counteractive, impeding, repellent, විරෝධී, විරුද්ධ.

ප්‍රති·බන්ධනය, *n.* (ප්‍රති before, බන්ධ binding), branch, අත්ත, twig, රිකිල්ල. [බාධාකිරීම.

ප්‍රති·බන්ධනය, *n.* contravention, obstructing,

ප්‍රති·බන්ධනයකරනවා, *v. t.* to contravene, counteract. E. S.

ප්‍රති·වාහනය, *n.* (ප්‍රති away, වාහන for වාහන conveyance), carrying away, removal, dismissing, පහකිරීම; subduing, මැඩ පැවැත්වීම.

ප්‍රති·බිම්බය, *n.* (ප්‍රති again, re-, බිම්බ for බිම්බ shadow, image), reflection, reflected image, likeness, semblance, statue, රූපය.

ප්‍රති·බිම්බිත, *a.* (for ප්‍රතිබිම්බිත), reflected, mirrored. E. S.

ප්‍රති·භය, *n.* great fear, terror, මහත් භය, භීතිය.

ප්‍රති·භය, *a.* terrible, frightful, formidable, භයානක.

ප්‍රති·භයතාව, *n.* terribleness &c.

ප්‍රති·භාග, *a.* like, similar, සමාන.

ප්‍රති·භානය, *n.* enlightenment, understanding; genius; effulgence, brilliance; boldness.

ප්‍රති·භාන්විත, *a.* (ප්‍රතිභා අන්විත), light, brilliant, දීප්තිමත්; intelligent, බුද්ධිමත්; bold, confident, නිහඬවී.

ප්‍රති·භාව, *n.* light, brilliance, දීප්තිය; intellect, සිහිබුද්ධිය; boldness, audacity, නිහඬවීකම.

ප්‍රති·භාවවත්, *a.* companionable, sociable, social, මිත්‍රවූ.

ප්‍රතිභා·හානි, *a.* (ප්‍රතිභා light &c., හානි lacking), unenlightened, unintelligent, අඥාන, බුද්ධිහීන.

ප්‍රති·භින්න, *a.* separated, වෙන්වූ, divided, බෙදුණු; transgressed, කඩකරනලද.

ප්‍රතිභින්නකරනවා, *v. t.* to violate, infringe, transgress, කඩකරනවා.

ප්‍රති·භූතාව, *n.* suretyship, ඇපකාරකම.

ප්‍රති·භූව, *n.* surety, pledge, ඇපය, stake at play, ඔට්ටුව.

ප්‍රති·ච්ඡේදනය, *n.* severance, separation, analysis, resolution into parts, dismemberment, වෙන්කිරීම, බෙදීම; interruption, E. S.

ප්‍රති·ච්ඡේදනයකරනවා, *v. t.* to separate, analyze, &c. [E. S.

ප්‍රති·ච්ඡේදිත, *a.* separated, වෙන්වූ, resolved,

ප්‍රති·ච්ඡේද්‍ය, *a.* separable, resolvable, වෙන්කළ හැකිවූ.

ප්‍රති·ම, *a.* (ප්‍රති before, ම similar), like, resembling, සමාන. [කාරකරුහු.

ප්‍රති·මණ්ඩිත, *a.* ornamented, embellished, අලං

ප්‍රති·මතාව, *n.* likeness &c.: see ප්‍රතිම.

ප්‍රති·මල්ල, *a.* (ප්‍රති against, මල්ල contending), opposed, antagonistic, විරුද්ධ, ප්‍රතිවිරුද්ධ.

ප්‍රති·මල්ලයා, *n.* opponent, antagonist.

ප්‍රතිමා, *n. pl* or *a.* of ප්‍රතිමාව: images; image-, see ප්‍රතිම. [ගෙත්.

ප්‍රතිමා·ගෘහය, *n.* image-house, idol-house, පිළිම

ප්‍රති·මානය, *n.* likeness, සමානකම; image, රූපය.

ප්‍රතිමා·රූපය, ප්‍රතිමාව, *n.* likeness, image, effigy, statue, රූපය, පිළිමය.

ප්‍රති·මාලාව, *n.* (ප්‍රති over against, මාලාව row, garland), reciting verse for verse as a trial of memory.

ප්‍රතිමා·ශිල්පය, *n.* statuary (art of).

ප්‍රතිමා·ශිල්පියා, *n.* statuary (the artist):

ප්‍රති·මුක්ත, *a.* set free, liberated, මුදනලද; thrown at or to and fro, එහාට මෙහාට විසි කරනලද.

ප්‍රති·මූර්තිය, *n.* form, image, හැඩය, රූපය.

ප්‍රය·යත්න, *a.* (ප්‍ර emp., යත්න striving), very active, diligent, energetic, වීර්යවන්ත.

ප්‍රති·යෝගය, *n.* (ප්‍රති against, යෝගය junction), opposition, විරුද්ධකම, enmity, සතුරුකම.

ප්‍රති·රක්ෂක, *a.* preservative, conservative, ආරක්ෂක. [රක්ෂාව.

ප්‍රති·රක්ෂණය, *n.* preservation, protection, ආ

ප්‍රති·රක්ෂණයකරනවා, *v. t.* to preserve &c.

ප්‍රති·රම්භය, *n.* rage, සැර විශරුව, violent abuse, ගැහීම.

ප්‍රති·රාජ·පදවිය, *n.* protectorship, protectorate, regentship, අනුරජකම.

ප්‍රති·රාජයා, *n.* vice-king, viceroy, අනුරජ.

ප්‍රති·රවය, *n.* return sound, reverberation, echo, ප්‍රතිකාරය.

ප්‍රති·රවය·කරනවා, or ·වෙනවා, *v. i.* to reverberate, echo, ප්‍රතිකාර·දෙනවා or ·වෙනවා.

ප්‍රති·රුද්ධ, *a.* opposed, remonstrant, repellent.

ප්‍රති·රූඪ, *a.* mounted, ascended, නැගුණ, ආරූඪ.

ප්‍රති·රූප, *n. pl.* or *a.* images; pert. to images; comfortable, suitable, යෝග්‍ය.

ප්‍රති·රූප·පාෂාණය, *n.* image-stone, viz. typolite.

ප්‍රති·රූපය, *n.* (ප්‍රති corresponding, රූපය form), picture, image. [typical.

ප්‍රති·රූපාකාර, *a.* corresponding to the type,

ප්‍රති·රූපාක්‍ෂර, *a.* (·අක්‍ෂර), hieroglyphic. E. S.
ප්‍රති·රූපාක්‍ෂර·ඥයා, *n.* (ඥයා knower), hieroglyphist. [glyph.
ප්‍රති·රූපාක්‍ෂරය, *n.* picture-letter, viz. hiero-
ප්‍රති·රූපාදශය, *n.* (·ආදශය), type, symbol, සඳ ශය. E. S.
ප්‍රති·රෝධක, *a.* opposing, refractory, විරුඬකාර.
ප්‍රති·රෝධාවවාදය, *n.* (·අවවාදය), remonstrance, reproof, තරවටුව.
ප්‍රති·ලබ්ධ, *a.* received, ලැබුණු, obtained, acquired, ලබාගත්.
ප්‍රති·ලම්බ·ජ්‍යාව, *n.* versed sine. E. S.
ප්‍රති·ලම්භය, *n.* obtaining, ලබාගැනීම; abuse, reviling, බැණීම.
ප්‍රති·ලාභය, *n.* obtaining; gain, profit, ලාභය.
ප්‍රති·ලිපිය, *n.* transcript, copy, කොපිපත.
ප්‍රති·ලෝභය, *n.* desire, avarice, තෘෂ්ණාව, covetousness, තණ්හාව.
ප්‍රති·ලෝම, *a.* (ප්‍රති against, ලෝම hair, wool), against the hair or grain, contrary to nature, reverse, inverted, පිළිවෙර, ප්‍රතිකූල; the left, වම.
ප්‍රති·වචනය, ප්‍රති·වාක්‍යය, *n.* (ප්‍රති re), return-word, answer, rejoinder, reply, ප්‍රත්‍යුත්තරය.
ප්‍රති·වාතය, *n.* opposing wind, contrary wind, head-wind, විරුඬ සුළඟ.
ප්‍රති·වාදකයා, ප්‍රති·වාදියා, *n.* defendant, විත්ති කාරයා; respondent (in argument), ප්‍රතිවිත්ති කාරයා. [dify. E. S.
ප්‍රති·වාපකරනවා, *v. t.* to intermix, season, mo-
ප්‍රති·වාපය, *n.* seasoning, admixture, modifier, adjunct, vehicle, (to render medicine more agreeable &c.).
ප්‍රති·වාපය·දමනවා, *v.* to put in seasoning, season (with salt, sugar &c.).
ප්‍රති·වාරණ, *a.* (ප්‍රති re, වාරණ opposing), reactionary, opposing, ප්‍රතිකූල.
ප්‍රති·වාරණය, *n.* reaction, opposition, විරෝධය.
ප්‍රති·වාරණයකරනවා, *v.* to react, oppose. E.S.
ප්‍රති·විත්ති·කාරයා, *n.* opponent, respondent, විවාදයේදී උත්තරදෙන අය.
ප්‍රති·විරුඬ, *a.* opposing, antagonistic, විරුඬ, එදිරි; inconsistent, එකඟ නැති.
ප්‍රති·විරුඬතාව, *n.* opposition &c., විරුඬකම &c.
ප්‍රති·විරෝධ·යෝජනාව, *n.* counter motion or proposal.
ප්‍රති·විරෝධ, *a.* counter, see ප්‍රතිවිරුඬ; discrepant, එකඟනැති. [විරුඬවෙනවා.
ප්‍රති·විරෝධකරනවා, *v.* to oppose, antagonize,
ප්‍රති·විරෝධය, *n.* opposition, antagonism, විරුඬ කාරකම, එදිරිකම. [E. S.
ප්‍රති·විරෝධ·යන්ත්‍ර·මන්ත්‍ර, *n. pl.* countercharms.
ප්‍රති·විලෝකනය, *n.* retrospect; reflection (of light). E. S.
ප්‍රති·විහත, *a.* reflected, ආපසු හැරුණු.

ප්‍රති·විහතාලෝකය, *n.* (·ආලෝකය), reflected light, reflex.
ප්‍රති·වෙඬනයකරනවා, *v. t.* (වෙඬනය or වේධය fr. විධ to pierce, penetrate), to learn, ඉගෙන ගන්නවා. [standing, දැනගැන්ම.
ප්‍රතිවෙඬය, *n.* learning, knowledge, under-
ප්‍රති·ශාසනය, *n.* order sent by some one, message, පණිවිඩය.
ප්‍රති·ෂ්ඨිත, *a.* clebrated, renowned, කීර්තිමත්.
ප්‍රති·ශුඬ, *a.* very pure, holy, ඉතා පිරිසිදු.
ප්‍රති·ශ්‍යාය(ව), *n.* catarrh, cold in the head, සෙම් සිරිස්සාව. [to, කැමතිවූ.
ප්‍රති·ශ්‍රැත, *a.* promised, පොරොන්දුවූ, assented
ප්‍රති·ෂේධක, *a.* prohibitive, interdictory, තහනම්, preventive, වලක්වන. [නම් පත්‍රය.
ප්‍රති·ෂේධක·පත්‍රය, *n.* writ of inhibition, තහ
ප්‍රති·ෂේධනය, ප්‍රති·ෂේධය, *n.* prohibition, තහනම, prevention, වැළැක්වීම.
ප්‍රති·ෂේධනයකරනවා, *v. t.* to prohibit &c., තහනම්කරනවා, prevent, වලක්වනවා.
ප්‍රති·ෂ්ඨ, *a.* famous, celebrated, කීර්තිමත්.
ප්‍රති·ෂ්ඨාව, *n.* (ප්‍රති for, in lieu of, ෂ්ඨා (ස්ථා) be), favour, help, පිහිට; dowry, දෑවැද්ද; establishing, fixing, පිහිටුවීම; fixture (as the earth, site, place); accomplishment, completion as a religious ceremony, act of consecration &c.; stanza of a particular metre.
ප්‍රති·ෂ්ඨාධාර, *a.* (ප්‍රතිෂ්ඨ firm, ආධාර), very helpful, පිහිටාධාර. [foster.
ප්‍රති·ෂ්ඨාධාරකරනවා, *v.* to render much aid,
ප්‍රති·ෂ්ඨාධාරකාරයා, *n.* constant helper; patron.
ප්‍රති·ෂ්ඨාධාරය, *n.* great help, assistance, පිහිටාධාරය; patronage.
ප්‍රති·ෂ්ඨාපනය, *n.* (fr. ස්ථාපනය), fixing, පිහිටුවීම, confirming, ස්ථිරකිරීම.
ප්‍රති·ෂ්ඨාපනයකරනවා, *v. t.* to fix, infix, found, establish, පිහිටුවනවා, confirm, ස්ථිරකරනවා.
ප්‍රතිෂ්ඨාපනයවෙනවා, *v. i.* to become fixed &c., පිහිටුවෙනවා &c.
ප්‍රතිෂ්ඨාපිත, *a.* fixed, based, founded, පිහිටුවන ලද; vested, නියම; stationary, අචල.
ප්‍රති·ෂ්ඨිත, *a.* fixed, established, පිහිටි, confirmed, firm, ස්ථිරවූ; consecrated, කැපවූ; established in life, endowed, married, දෑවැද්දලැබූ විවාහිත; completed, සම්පූර්ණවූ; famous, කීර්තිමත්. [imbued with, සහිත, යුක්ත
ප්‍රති·සංයුක්ත, *a.* united to, connected with,
ප්‍රති·සංස්කරණය, *n.* (ප්‍රති again, සං complete ly, කරණය doing, making), repairing, perfecting, renovation, හරිගැස්සීම, අලුත්වැඩියා කිරීම.
ප්‍රති·සංස්කරණයකරනවා, ·සංස්කාරකරනවා, *v. t.* to repair, renovate, perfect, හරිගස්සනවා &c.
ප්‍රති·සංස්කරණීය, *a.* that should or may be repaired, renewable. E. S.

ප්‍රති·සංස්කෘත, *a.* repaired, renovated, perfected, හරිගස්සනලද &c.
ප්‍රති·සංහාරය, *n.* compression, මිරිකීම; abbreviation, සංක්ෂේපය, සංක්ෂේපකිරීම.
ප්‍රති·සංහාරයකරනවා, *v. t.* to compress; abbreviate, condense. [ated, සංක්ෂේපවූ.
ප්‍රති·සංහෘත, *a.* compressed, මිරිකාපු; abbrevi-
ප්‍රති·සංහෘතභාව, *n.* state of compression, compactness; brevity, ලුහුඬුකම
ප්‍රති·සංක්‍රමණය, *n.* (ප්‍රති successively, සංක්‍රමණය walking), walking about, perambulating, ඇවිදීම.
ප්‍රති·සංක්‍රමණයකරනවා, *v.* to walk about, perambulate, එහි මෙහි ඇවිදිනවා. [පිළිසිඳීම.
ප්‍රති·සංග්‍රහණය, *n.* conception (in the womb),
ප්‍රති·සචිත, *a.* collected, accumulated, assembled, එකතුවූ, රැස්වූ.
ප්‍රති·සන්ධි·චිත්තය, *n.* (ප්‍රති again, සන්ධි connection, චිත්තය the mind), the mind which in transmigration connects any two successive existences: see ප්‍රතිසන්ධිය.
ප්‍රති·සන්ධිය, *n.* reunion of the mind or soul with a body in re-incarnation, conception in the womb, පිළිසිඳීම.
ප්‍රති·සන්ධිවෙනවා, *v. i.* to be reunited to a body, be conceived in the womb, පිළිසිඳ ගන්නවා.
ප්‍රති·සරය, *n.* rear of an army, පස්සාරංචුව.
ප්‍රති·සව්‍ය, *a.* inverse, inverted, preposterous, පුඹාපර, ආපසු. [ලෙස.
ප්‍රති·සව්‍යාකාරයෙන්, *ad.* inversely &c., පුඹාපර
ප්‍රති·සාධනිකයා, *n.* bard, poet, කවිවරයා.
ප්‍රති·සීරාව, *n.* outer tent, පිටකුඩාරම, screen or wall of cloth, කඩතුරාව, ජවනිකාව; hindrance, obstacle, බාධාව.
ප්‍රති·සාරණය, *n.* repelling, stopping, නැවැත්වීම.
ප්‍රතිස්‍යාය, *n.* See ප්‍රතිශ්‍යාය.
ප්‍රති·හත, *a.* foiled, opposed, rendered void, බැරිවුණු, නිෂ්ඵලවූ. [ඇල්ලීම.
ප්‍රති·හරණය, *n.* a defensive brandish, ward, පහර
ප්‍රති·හස්ත, *a.* substitutionary, vicarious, ප්‍රති පුරුෂ.
ප්‍රති·හස්තය, *n.* substitute, හිලව්වට තිබෙන දේ.
ප්‍රති·හාරක, *a.* (හාරක taking), tricksical, roguish, දඟකාර. [මිත්‍යාකාරයා.
ප්‍රති·හාරකයා, *n.* trickster, දඟකාරයා, juggler,
ප්‍රති·හාරණය, *n.* entering, entrance, ඇතුල්වීම.
ප්‍රති·හාරය, *n.* door, දොර; jugglery, මිජ්ජාව, trick, ruse, දඟය.
ප්‍රති·හාරයා, *n.* doorkeeper, දොරටුපාලයා; juggler, විජ්ජාකාරයා.
ප්‍රති·හානිය, *n.* prevention, කලින් වැළැක්වීම.
ප්‍රති·හාසය, *n.* (ප්‍රති towards, at), laughing at, ridicule, banter, mockery, කවටකම.
ප්‍රති·හිංසාව, *n.* (ප්‍රති re), retaliation, revenge, ප්‍රතිඵලය, පළිගැනීම.

ප්‍රතීක, *a.* contrary, reversed, inverted, inverse, reflex; preposterous; *bot.* obverse. E.S.
ප්‍රතීකකරනවා, *v. t.* to invert, පෙරළනවා; reverse, පුඹාපරකරනවා.
ප්‍රතීකභාව, *n.* contrariness, විරුඬ ස්වභාව; preposterousness, පුඹාපරය.
ප්‍රතීකලෙස, *ad.* contrariwise, විරුඬ වශයෙන්, අනිත් අතට; inversely, පුඹාපරලෙස. [E. S.
ප්‍රතීකාණ්ඩාකාර, *a.* (·අණ්ඩ ආකාර), *bot.* obovate.
ප්‍රතීක්ෂණය, *n.* (ප්‍රති towards, ඊක්ෂණය looking), looking), looking at, gazing, බැලීම; expectation, බලාපොරොත්තුව.
ප්‍රතීක්ෂාව, *n.* (·ඊක්ෂාව, looking), looking for, බලා සිටීම, expectation. [බලාපොරොත්තුවූ.
ප්‍රතීක්ෂිත, *a.* (·ඊක්ෂිත looked at, seen), expected,
ප්‍රතීචිය, *n.* west quarter, බස්නාහිර දිශාව.
ප්‍රතීචීන, *a.* west, western, බස්නාහිර.
ප්‍රතීත, *a.* known, noted, ප්‍රසිඬ, respected, famous, කීර්තිමත්; proved, ඔප්පුවූ; delighted, ප්‍රීතිමත්.
ප්‍රතීතිය, *n.* notoriety, ප්‍රසිඬකම, fame, කීර්තිය.
ප්‍රතීප, *a.* turned aside or back, averted (face), පස්සට හැරුණු; against the grain or natural order, ප්‍රතිලෝම.
ප්‍රතීප·දර්ශිනී, *n. fem., lit.* backward-looker, viz. woman, since Indian women often look with averted face, ස්ත්‍රී. [තීරය.
ප්‍රතීරය, *n.* shore, bank of river &c.; වෙරළ,
ප්‍රතී·වාපය, *n.* See ප්‍රතිවාපය; calcining or fluxing metals.
ප්‍රතෝද·කණ්ටකය, *n.* goad point or prong, කෙවිටේ කටුව or තුඩ.
ප්‍රතෝදය, *n.* goad, කෙවිට.
ප්‍රත්න, *a.* old, ancient, පුරාණ. [පස්සේ.
ප්‍රත්‍යක්, *ad.* or *a.* after, behind, subsequent,
ප්‍රත්‍යක්ෂ, *a.* (ප්‍රති before, අක්ෂ eyes or organs of sense), obvious, explicit, experienced, manifest, evident, lucid, clear, ප්‍රකට, පැහැදිලි.
ප්‍රත්‍යක්ෂකම, ප්‍රත්‍යක්ෂභාව, *n.* obviousness &c.
ප්‍රත්‍යක්ෂකරනවා, *v. t.* to make obvious &c., evince, show.
ප්‍රත්‍යක්ෂ·දර්ශකයා, *n.* (දර්ශක seeing), eye-witness, ඇසින් දුටු සාක්ෂිකාරයා. [medy.
ප්‍රත්‍යක්ෂ·ඖෂධය, *n.* proved medicine or re-
ප්‍රත්‍යක්ෂ·භූත, *a.* become obvious, manifested, පැහැදිලිවූ. [ඇත්තාවූ.
ප්‍රත්‍යක්ෂි, *a.* seeing, perceiving, පෙනීම or දැකීම
ප්‍රත්‍යක්ෂි·කරණය, *n.* act of manifesting, making clear, elucidation, පැහැදිලිකිරීම, විසඳීම.
ප්‍රත්‍යක්ෂි·කෘත, *a.* manifested, elucidated.
ප්‍රත්‍යග්‍ර, *a.* (ප්‍රති අග්‍ර), new, fresh, අලුත්; pure, පිරිසිදු, excellent, උතුම්.
ප්‍රත්‍යංගය, *n.* (ප්‍රති pert. to, අංගය body), organ of sense, ඉන්ද්‍රියය; limb, අවයවය. [ආහාරය.
ප්‍රත්‍යදන, *n.* (ප්‍රති අදන), food, කෑම, provisions,

ප්‍රත්‍යනීක, *a* (ප්‍රති against, අනීක army), opposed, විරුද්ධ, contrary, ප්‍රතිකූල; adverse, hostile, එදිරි. [සතුරා.

ප්‍රත්‍යනීකයා, *n.* opponent, enemy, එදිරිකාරයා,

ප්‍රත්‍යන්ත, *a.* (ප්‍රති towards, අන්ත extremity), bordering on, contiguous, යාබද, outlying, පිටිසර; foreign, පරදේශී; uncivilized, barbarous, ව්‍යාවර.

ප්‍රත්‍යන්ත·දේශය, *n.* outlying or foreign country, පරදේශය; non-buddhistic country.

ප්‍රත්‍යන්තය, *n.* outlying district or distant country, පිටිරට. [cognised. E. S.

ප්‍රත්‍යභිඥාත, *a.* (ප්‍රති again, අභිඥාත known), re-

ප්‍රත්‍යභිඥානය, *n.* recognition, ඇඳිනීම.

ප්‍රත්‍යභියෝගය, *n.* (ප්‍රති again, අභියෝගය reproof), recrimination, ප්‍රති චෝදනාකිරීම, counter-plaint, ප්‍රතිවිරුද්ධ පැමිණිල්ල.

ප්‍රත්‍යය, *n.* knowledge, දැනගැනීම, certainty, නිශ්චය, confidence, faith, විශ්වාසය; oath, දිවුරුම; cause, හේතුව, means, උපක්‍රමය; help, ආධාරය; *gram.* affix, suffix, termination, inflection, ප්‍රකෘතිඅන්තයට අගින් යොදන අකුරු.

ප්‍රත්‍යය·ප්‍රභේදය, *n. gram.* variation, වචනවල අග වෙනස්කිරීම. [priest or by a priest.

ප්‍රත්‍යය·ලාභය, *n.* reception of necessaries for a

ප්‍රත්‍යය·සන්නිශ්‍රිත·ශීලය, *n.* (ප්‍රත්‍යය aids, සන්නිශ්‍රිත having, ශීලය duty), B. P., the duty or observance fulfilled by using as necessaries, not as luxuries, the four aids, viz. food, robes, seats, and medicines provided by others.

ප්‍රත්‍යය·සමුත්පන්න, *a.* (ප්‍රත්‍යය original, සං with, උත්පන්න born, produced): see ප්‍රතීත්‍ය සමුත්පාදය.

ප්‍රත්‍යයාසංකලන, *a.* (ආ unto, සංකලන adding), *gram.* formative. E. S. [වාදය, තරවටුව.

ප්‍රත්‍යවවාදය, *n.* (ප්‍රති අව:), remonstrance, අවවා

ප්‍රත්‍යවසානය, *n.* act of eating, කෑම.

ප්‍රත්‍යවසිත, *a.* eaten, කනලද.

ප්‍රත්‍යවේක්ෂණය, *n.* (ප්‍රති towards, අවේක්ෂණය looking), looking towards, considering, cogitating, කල්පනාකර බැලීම.

ප්‍රත්‍යවේක්ෂාකරනවා, *v. t.* to reflect upon, consider, meditate, මෙනෙහිකරනවා &c.

ප්‍රත්‍යවේක්ෂාව, *n.* (ප්‍රති අවේ:), cogitation, reflection, meditation.

ප්‍රත්‍යාඛ්‍යානය, *n.* (ප්‍රති against, ආඛ්‍යානය saying), denying, denial. E. S. [E. S.

ප්‍රත්‍යාඛ්‍යානයකරනවා, *v. t.* to deny, *leg.* traverse.

ප්‍රත්‍යාඛ්‍යෙය, *a.* (ප්‍රති ආ:), deniable, that should be denied, refused or refuted. E. S.

ප්‍රත්‍යාදිෂ්ට, *a.* (ප්‍රති ආ:), informed, දැනුම්දෙනලද, warned, අවවාදලැබූ.

ප්‍රත්‍යාදේශය, *n.* (ප්‍රති against, ආදේශය command, advice), warning, අවවාදය, information, කලින් දැන්වීම; rejection, ප්‍රතික්ෂේපකිරීම.

ප්‍රත්‍යානත, *a.* (ප්‍රති ආනත), *bot.* turned back, reflex, පස්සට හැමුණු.

ප්‍රත්‍යාවෘත්ත, *a.* (ප්‍රති ආ:), turned back, reflected, reflex (light &c.), ආපසු හැරුණු.

ප්‍රත්‍යාවර්තන, *a.* turning back, returning, හැරී යන, හැරීඑන.

ප්‍රත්‍යාවර්තනය, *n.* return, ආපසු හැරීම.

ප්‍රත්‍යාවර්තනයවෙනවා, *v. i.* to turn back, return, be reflected, ආපසු හැරෙනවා.

ප්‍රත්‍යාසන්න, *a.* (ප්‍රති ආ:), near, neighbouring, proximate, contiguous, කිට්ටු, ළඟු.

ප්‍රත්‍යාසන්නතාව, *n.* nearness &c., juxtaposition, කිට්ටුකම, ළංකම.

ප්‍රත්‍යාහරණය, *n.* (ප්‍රති back, ආ to, හරණ taking), restraining (organs of sense &c.), restraint, control. E. S. [controllable. E. S.

ප්‍රත්‍යාහරණීය, *a.* that should be controlled,

ප්‍රත්‍යාහාරය, *n.* (ප්‍රති ආ, හාර taking), restraining (the organs of sense), stoicism, mental abstraction; abridging, combining, combination (of letters &c.) E. S.

ප්‍රත්‍යාහෘත, *a.* (ප්‍රති ආ, හෘත held), restrained, controlled, governed, මැඩපවත්වනලද.

ප්‍රත්‍යුත්ක්‍රම, *a.* (ප්‍රති before, උත්ක්‍රම going up), preliminary, ප්‍රාරම්භ. [parative, ප්‍රාරම්භක.

ප්‍රත්‍යුත්ක්‍රමික, ප්‍රත්‍යුත්ක්‍රාන්ත, *a.* preparatory, pre-

ප්‍රත්‍යුත්ක්‍රමය, *n.* preliminary, ආරම්භකාරණාව.

ප්‍රත්‍යුට්ඨානය, *n.* See ප්‍රත්‍යුත්ථානය.

ප්‍රත්‍යුත්තරදෙනවා, *v.* (ප්‍රති again, උත්තර), to reply to an answer, rejoin. [complainant).

ප්‍රත්‍යුත්තරය, *n.* reply, rejoinder, replication (of

ප්‍රත්‍යුත්ථානය, *n.* (ප්‍රති before, උත්ථාන rising), rising up before (a visitor, as a polite reception), welcome.

ප්‍රත්‍යුත්පත්තිය, *a.* (ප්‍රති උත්:), re-birth, renascence, regeneration, නැවත ඉපදීම.

ප්‍රත්‍යුත්පන්න, *a.* reborn, reproduced; Chr., regenerated, නැවත උපන්; now arisen, present (time), වර්තමාන.

ප්‍රත්‍යුත්පාදක, *a.* re-creating, Chr., regenerating, නැවත උත්පාදනකරන or නැවත උපදවන.

ප්‍රත්‍යුත්පාදනකරනවා, *v. t.* to re-create, reproduce; regenerate. [කිරීම.

ප්‍රත්‍යුත්පාදනය, *n.* re-creation &c., නැවත උත්පාද

ප්‍රත්‍යුත්පාදිත, *a* re-created, begotten again, reborn, නැවත ජනිත; Chr., regenerated, නැවත උපන්.

ප්‍රත්‍යුපකාරය, *n.* (ප්‍රති උප:), return-help or favour, aid given for aid received. [අලුයම.

ප්‍රත්‍යූෂය, *n.* (ප්‍රති again, උෂය dawn), the dawn,

ප්‍රත්‍යූෂය, *n.* morning, උදය; the sun, ඉර.

ප්‍රත්‍යූෂයා, *n.* a Vasu demigod.

ප්‍රත්‍යූහය, *n.* obstacle, impediment, බාධාව.

ප්‍රත්‍යේක, *a.* (ප්‍රති each, ඒක one), each, individual, එක එක.

ත්‍යේක·බුද්ධ, ප්‍රත්‍යේක·බුද්ධවරයා, *n.* each ordinary or inferior Buddha, පසේබුදු.

ත්‍යේකාකාරයෙන්, *ad.* one by one, singly, individually, respectively, එක එක මැගින්.

ථම, *a.* first, prior, පළමු ; chief, ප්‍රධාන.

ථම, ප්‍රථමදී, *ad.* previously, පළමුවෙන්, formerly, ඉස්සර.

ථම·ධ්‍යානය, *n.* B., first stage of meditation or concentration of thought: this first ධ්‍යානය is a state of චිත්තය. See ධ්‍යානය.

ථම·පදය, *n. log.* first statement, viz. major premiss. [මෙරන් පංතුව.

ථම·පාදය, *n.* first quarter, first fourth, කල

ථම·පුරුෂ, *n. gram. lit.* first or said person, viz. the third person.

ථම·ප්‍රාණීයෝ, ප්‍රථමාත්ක්ෂුද්‍ර·ප්‍රාණීයෝ, *n. pl.* (ප්‍රථම අති), protozoa.

ථම·බෝධිය, *n.* first stage of Buddhaship.

ථමයෙන්, *ad.* previously to, before, ere, පළමු වෙන්.

ථමී·වීම, *v. n.* becoming first, antecedence.

ථම·ශබ්ද·භාර, *a.* (භාර, බරවූ), trochaic. E. S.

ථම·ශබ්ද·භාර·පදය, *n.* a trochaic foot, trochee.

ථම·ස්ථාන·ත්වය, *n.* the state of being first, precedence. E. S. [dah.

ථමාලිඥය, *n.* (·ආලිඥය), first or lowest veranda.

ථමා·විභක්තිය, *n.* (ප්‍රථමා *adj. fem.*), *gram.* first or nominative case, උක්ත කර්තෘව ගනවන විභක්තිය.

ථාව, *n.* fame, renown, කීර්තිය.

ථිත, *a.* famous, renowned, කීර්තිමත් ; published, public, ප්‍රසිද්ධ.

ථිතිය, *n.* celebrity ; see ප්‍රථාව. [දෙන.

·ද, *a.* (ප්‍ර emp., ද giving), bestowing, giving,

·දක්ෂිණාකරනවා, *v.* (ප්‍ර emp., දක්ෂිණ right side), to circumambulate with the right side towards the person saluted thereby.

·දක්ෂිණාව, *n.* circumambulation as above, as a reverential salutation.

·දරය, *n.* (ප්‍ර emp., දෘ to rend), rending, ඉරීම, splitting, පැලීම, breaking, කැඩීම ; fracture, කැඩුම ; arrow, ඊතලය ; menorrhagia, මහ ලේ රෝගය.

·දර්ශක, *a.* showing, specular, exhibiting, පෙන්වන ; expounding, විස්තරකරන.

·දර්ශක·පත්‍රය, *n.* show-bill, විස්තර පවත්‍රය.

·දර්ශකයා, *n.* exhibiter, දක්වන්නා ; expounder, විස්තරකාරයා.

·දර්ශකාංක, *a.* (ප්‍රදර්ශක අංක), *alg.* exponential.

·දර්ශකාංකය, *n. alg.* exponent, index.

·දර්ශකාගුහ්‍ය, *n.* (ප්‍රදර්ශක ආ:), *sur.* speculum.

·දර්ශනකාරයා, *n.* exhibiter, දක්වන්නා.

·දර්ශනය, *n.* showing, exhibition, display, දක්වීම ; explaining, විස්තර කිරීම. [වනවා.

·දර්ශනයකරනවා, *v. t.* to show, represent, දක්

ප්‍ර·දර්ශන·ශාලාව, *n.* show-room, exhibition hall.

ප්‍ර·දර්ශිත, *a.* shown, expressed, දක්වනලද.

ප්‍ර·දානය, *n.* (ප්‍ර emp.), gift, present, grant, දීම නාව, තෑග්ග ; fee, ගාස්තුව ; goad, කෙවිට.

ප්‍ර·දානයකරනවා, *v. t.* to bestow, impart, දානය කරනවා, offer, present, ඔප්පුකරනවා.

ප්‍ර·දාලනය, *n.* (ප්‍ර emp., දල් to cut, divide), splitting, පැලීම.

ප්‍ර·දාව, *n.* gift, දීමනාව. [ලන්.

ප්‍ර·දිග්ධ, *a.* smeared, ගාපු, anointed, අභිෂේක

ප්‍ර·දිශ, *n.* intermediate point of the compass, as south-west, north-east &c. [ලද.

ප්‍ර·දිෂ්ට, *a.* shown, indicated, directed, දක්වන

ප්‍ර·දීපක, *a.* (ප්‍ර very, දීපක inflaming), inflaming, kindling, අවුලුවන, exciting, අවුස්සන.

ප්‍ර·දීපනය, *n.* act of inflaming &c., ඇවිලවීම ; a caustic red mineral poison ; snake poison, විෂය.

ප්‍ර·දීපය, *n.* (දීප් to shine), lamp, පහන.

ප්‍ර·දීප·ශිඛාව, *n.* lamp-flame, පාන්දල්ල.

ප්‍ර·දීපාගාරය, *n.* (ප්‍රදීප ආ:), lighthouse. E. S.

ප්‍ර·දීපාගම්භ, *a.* (·ආගः), lamp-like, පහනක්වැනි.

ප්‍ර·දීපාලෝකය, *n.* lamplight, පාන්එළිය, illumination.

ප්‍ර·දීප්ත, *a.* lighted, kindled, ඇවුලුණු, irradiated, දිප්තිමත් ; excited, ඇවිස්සුණු. [ශරන.

ප්‍ර·දුෂක, *a.* making bad or filthy, defiling, දූෂක

ප්‍ර·දේශ, ප්‍රදේශික, *a.* pert. to a place, district, provincial, පළාත්.

ප්‍ර·දේශනය, *n.* (ප්‍ර before, දේශනය showing), what is presented, present, gift, තෑග්ග ; bribe, අල්ලස ; tribute, කප්පම.

ප්‍ර·දේශය, *n.* (ප්‍ර before, දේශ place), region, district, province, පළාත; locality, තැන, කරීය; short span, කොට වියත. [පළාත් වැසියා.

ප්‍ර·දේශ·වාසියා, *n.* district resident, provincial,

ප්‍ර·දේශාධිපතියා, *n.* district ruler, (of China) mandarin.

ප්‍ර·දේශිනිය, *n.* (දේශිනිය pointer, shower), index finger, forefinger, දබරඇඟිල්ල.

ප්‍ර·දේශ්‍ය, *a.* pert. to a place, local, ස්ථානික.

ප්‍ර·දෝෂය, *n.* fault, defect, දෝෂය ; evening, සවස.

ප්‍ර·ද්‍යුතිත, ප්‍රද්‍යෝතිත, *a.* (ද්‍යුතිත &c., lighted, shining), illuminated. E. S.

ප්‍ර·ද්‍රාව, *n.* (ද්‍රාව fr. ද්‍රා to go, flee), flight, පලායාම ; forsaking, අත්ඇරයාම.

ප්‍ර·ධාන, *a* (ප්‍ර emp., ධා holding), predominant, principal, chief, especial.

ප්‍ර·ධානකම, ප්‍ර·ධානත්වය, *n.* headship, leadership, presidency, predominance. [as chief.

ප්‍ර·ධානකම්කරනවා, *v.* to preside, govern, act

ප්‍ර·ධානකොට, ප්‍ර·ධානලෙස, *ad.* chiefly, principally. [presidency.

ප්‍ර·ධානත්ව·ප්‍රදේශය, *n.* district presided over,

ප්‍ර·ධානය, *n.* basis of things, nature, source, මුල, හේතුව, ධාතුව, ස්වභාව : see ප්‍රකෘතිය.

ප්‍ර·ධානයා, ප්‍ර·ධානියා, *n.* chief, president, director.

ප්‍ර·ධානාමාත්‍යකම, *n.* (·අමා), premiership. [state.

ප්‍ර·ධානාමාත්‍යයා, *n.* premier, prime minister of

ප්‍රධිය, *n.* (ප්‍ර for පරි, ධි fr. ධා to to hold), circumference, periphery, නේමිය, පරිධිය.

ප්‍රනාලය, *n.* See ප්‍ර·ණාලය.

ප්‍රන්ස, *a.* French.

ප්‍රන්ස·භාෂාව, *n.* French language, French.

ප්‍රන්සකාරයා, *n.* Frenchman.

ප්‍ර·පමකරනවා, *v. i.* (ප්‍ර very, පම diffuse), to delay, tarry, ප්‍රමාදවෙනවා.

ප්‍ර·පමය, *n.* delay, procrastination, ප්‍රමාදය; prolixity, diffuseness, E. S.; reverse, opposition, විරුද්ධකම; abundance, බහුලකම; deceit, වංචාව.

ප්‍ර·පතන, *a.* (ප්‍ර much, පතන descent), steep, බෑවුම්වූ, falling, incident, වැටෙන.

ප්‍ර·පතන·කෝණාංශය, *n.* (·කෝණ අංශය), degree of angle of incidence.

ප්‍ර·පතනය, *n.* falling, වැටීම; alighting, බැසීම.

ප්‍ර·පතිත, *a.* fallen, වැටුණු, inclined, ඇලවූ.

ප්‍ර·පදය, *n.* (ප්‍ර before, පදය foot), point of the foot, tip of the toe, පාදයේ අග, පදුනිල්ලේ අග.

ප්‍ර·පාණීය, *a.* drinkable, බීමට සුදුසු, පානීය.

ප්‍ර·පාත, *a.* (ප්‍ර emp., පාත falling), steep, precipitous. E. S.

ප්‍ර·පාතතාව, *n.* steepness &c.

ප්‍ර·පාතය, *n.* a falling or descent, steep, precipice, cliff; cascade, waterfall; bank, shore.

ප්‍රපා·වනය, *n.* (ප්‍රපා watered), watered grove or pleasure garden, උයන, ආරාමය.

ප්‍ර·පිතාමහ, *n.* (ප්‍ර pre), paternal great-grandfather, මුත්තා; ap. of බ්‍රහ්මයා. [යා.

ප්‍ර·පෞත්‍රයා, *n.* great-grandson, මුනුබුරාගේ පුත්‍ර

ප්‍ර·ඵුල්ල *a.* full-blown, expanded (flower), පිපුණු; smiling, cheerful, glad, ප්‍රීතිවූ.

ප්‍ර·ඵුල්ල·වදන, *a.* having a smiling face, cheerful, මුහුණ ප්‍රසන්නවූ, ප්‍රීතිවූ.

ප්‍ර·බන්ධකරනවා, *v. t.* to compose, fabricate (stories &c.), රචනාකරනවා, ගොදනවා.

ප්‍ර·බන්ධය, *n.* composition, fabrication, tale, romance, පරිකථාව; connected order, පිළිවෙළ, series, සංතතිය.

ප්‍ර·බල, *a.* very strong, powerful, බලවත්, predominant, regnant, E. S.

ප්‍ර·බලය, *n.* great strength or power, බලවත්කම; sprout, shoot, දළුව, ගොබය.

ප්‍ර·බාහිකාව, *n.* See ප්‍රවාහිකාව.

ප්‍ර·බුද්ධ, *a.* (බුද්ධ fr. බුධ to understand), enlightened, ප්‍රබෝධ, wise, නුවණැති, awakened, පිබිදුණු; well blown or expanded (flowers), හොඳට පිපුණු.

ප්‍ර·බෝධක, *a.* (බෝධ fr. බුධ) enlightening, පුබුදු කරන; educational, උගන්වන.

ප්‍රබෝධකයා, *n.* instructor, educator, උගන්වන්නා.

ප්‍ර·බෝධකරනවා, *v. t.* to enlighten, illumine, awaken, arouse, inspire, අවබෝධකරවනවා; open, expand, (flowers), පොබයනවා.

ප්‍ර·බෝධනය, *n.* reviving (the fragrance of perfume), awakening, arousing, පුබුදුකිරීම; *lit.* and *fig.* dawn, උදයම.

ප්‍ර·බෝධය, *n.* understanding, intellect, wisdom, ඥානය; wakefulness, පිබිදසිටීම, vigilance, අවදිව සිටීම, උනන්දුකම.

ප්‍ර·බෝධවෙනවා, *v. i.* to open, be enlightened; awake, be aroused, පිබිදෙනවා.

ප්‍ර·බෝධිත, *a.* enlightened, instructed, ශික්ෂිත, දැනගත්; aroused, awakened, පිබිදුණු.

ප්‍ර·භංගය, *n.* breaking down, කඩාදැමීම.

ප්‍ර·භඤ්ජනය, *n.* breaking, destroying, නාස්තිකිරීම; air, සුළඟ.

ප්‍ර·භවය, *n.* (ප්‍ර forth, භව existence), generative cause of existence, source, හේතුව, මූලය; existence, පැවැත්ම; birth, production, උපදීම; light, එළිය; strength, power, බලය; first year of the Indian cycle of sixty.

ප්‍ර·භා·කර, *n.* (ප්‍ර emp., භා light, කර maker), the sun, ඉර.

ප්‍ර·භාකරනවා, *v. t.* to illumine, ආලෝකකරනවා.

ප්‍ර·භාගය, *n.* dividing, division, බෙදීම.

ප්‍රභා·ජලය, *n.* (ජලය water, stream), stream or pencil of light, pencil of rays, රශ්මිජලය.

ප්‍රභාතය, *n.* (ප්‍ර forth, භා to shine), dawn, morning, අලුයම, eradiation, රශ්මි විහිදීම.

ප්‍රභා·දායක, *a.* light-giving, luminiferous, එළිය දෙන.

ප්‍රභා·ධර, *n.* (ධර bearer), sun, ඉර.

ප්‍රභා·මානක·යන්ත්‍රය, *n.* (මානක measuring), photometer, lucimeter, එළිය මනින යන්ත්‍රය.

ප්‍ර·භාසය *n.* brilliance, radiance, luminosity, දීප්තිමත්කම.

ප්‍ර·භාසිත, *a.* bright, radiant, දීප්තිමත්.

ප්‍රභා·මණ්ඩලය, *n.* halo, around the sun &c., එළිමඬල.

ප්‍ර·භාව, *n.* (fr. Sans. ප්‍රභා), light, ආලෝකය; radiance, effulgence, කාන්තිය, දීප්තිය.

ප්‍ර·භාවත්, *a.* gorgeous, brilliant, splendid, දීප්තිමත්, විරාජමාන.

ප්‍ර·භාවය, *n.* (ප්‍ර eminent, භාව nature, condition), majesty, මහානුභාවය, dignity, උතුමකම; බලවත්කම; power, බලවත්කම; spirit, courage, ධෛර්‍ය්‍ය; tranquillity, නිශ්චලය.

ප්‍ර·භා·සාර, *a.* (සාර essence, strength), very luminous or brilliant, ඉතා දීප්තිමත්.

ප්‍ර·භා·ස්වර, *a.* (භාස්වර sun), shining brilliantly.

ප්‍ර·භින්න, *a.* much broken, shivered, බිඳීපොඩිවූ, separated, වෙන්වූ.

ප්‍ර·භින්නකරනවා, *v. t.* to break up, පොඩිකර දමනවා; dispart, වෙන්කරනවා.

ප්‍ර·භින්නතාව, *n.* brokenness, බිඳුණුගතිය; detachment, වෙන්වූ ස්වභාවය.

ප්‍ර·භින්නයා, *n.* one broken out, viz. furious elephant in rut.

ප්‍රභු, *a.* (ප්‍ර eminent, භූ fr. භූ to be), great මහත්, potent, powerful, capable, well-to-do, බලවත්; පුළුවන්කාර, chief, ප්‍රධාන, important, වැදගත්.

ප්‍ර·භුතාව, ප්‍ර·භුත්වය, *n.* greatness &c., power, බලය, sovereignty, රජකම. [රජැදිය.

ප්‍ර·භූ, *n.* lord, master, ස්වාමියා; quicksilver,

ප්‍ර·භූත, *a.* (ප්‍ර emp., භූත having become, being), arisen, become, produced, ඇතිවූ; much, many, බොහෝ; lofty, උසස්; governed, E.S.

ප්‍ර·භූෂිත, *a.* well-adorned, හොඳට සැරසූ.

ප්‍ර·භෘති, *a.* like, similar, සමාන; such like, යනාදී.

ප්‍ර·භෘතිය, *n.* such like, etcetera, යනාදිය.

ප්‍ර·භේද, *a.* separate, වෙන්වූ; distinct, different, වෙනස්වූ.

ප්‍ර·භේදක, *a.* (ප්‍ර emp., භේදක dividing), separating, diacritic, වෙන්කරන, dividing, බෙදන, analytic, distinguishing, discriminating, බේරන.

ප්‍ර·භේදකරනවා, *v. t.* to sort, analyze, discriminate, separate, බේරනවා. [න්වූ ගතිය.

ප්‍ර·භේදතාව, *n.* distinctness, separateness, වෙ

ප්‍ර·භේදනය, *n.* dividing, බෙදීම, separating, වෙන්කිරීම; discriminating, බේරීම.

ප්‍ර·භේදනැති, ප්‍ර·භේදයක්නැති, *a.* indistinct, නොපැහැදිලි; indiscriminate, E. S.

ප්‍ර·භේදය, *n.* class, sort, වර්ගය; separation, වෙන්කිරීම, වෙන්වීම; difference, distinction, වෙනස; disagreement, භේදවීම, schism, භේදය.

ප්‍රභේද·රහිතව, ප්‍ර·භේදයක්නැතුව, *ad.* indistinctly, confusedly, indiscriminately, අවුල්ලෙස.

ප්‍ර·භේදලෙස, *ad.* separately, distributively, distinctively, වෙන්වෙන්වශයෙන්; distinctly, පැහැදිලිලෙස.

ප්‍ර·භේද·වාචකය, *n. gram.* distributive. E. S.

ප්‍ර·භේදවෙනවා, *v. i.* to become separated, වෙන්වෙනවා, or differentiated, බේරෙනවා.

ප්‍ර·භේද·ශබ්දය, *n.* separate sound, syllable.

ප්‍ර·භේදිත, *a.* separated, වෙන්වූ, distinct, different, වෙනස්වූ.

ප්‍ර·භේද්‍ය, *a.* separable: see ප්‍රතිභේද්‍ය.

ප්‍රභේද්‍යතාව, *n.* separability, distinguishability, බේරිය හැකි ස්වභාවය. [sed: see නිමග්න.

ප්‍ර·මග්න, *a.* (ප්‍ර emp., මග්න immerced), immer-

ප්‍ර·මත්ත, *a.* intoxicated, මත්වූ; insane, mad, උමතුවූ, උමතු.

ප්‍ර·මථනය, *n.* churning, කොටන්නාවීම; killing, slaughter, මරාදැමීම.

ප්‍ර·මථයා, *n.* attendant or follower of Siva, ශිව දෙවියාගේ සේවකයා. [ශිවදෙවියා.

ප්‍ර·මථාධිපයා, *n.* (අධිප Lord, chief), ap. of Siva,

ප්‍ර·මද, *a.* mad, enraged, උමතු; intoxicated, මත්වූ.

ප්‍ර·මදකරනවා, *v. t. lit.* and *fig.* to intoxicate, මත්කරනවා; madden, උමතුකරනවා.

ප්‍ර·මදතාව, *n.* intoxication, මත්කම; madness, උමතුකම.

ප්‍ර·මදය, *n.* joy, rapture, ප්‍රීතිමත්කම; poisonous fruit of the *datura metel.*

ප්‍ර·මදාව, *n. fem. lit.* entrancer, viz. handsome woman, රූපවත් ස්ත්‍රී.

ප්‍ර·මනස, *a.* happy, glad, ප්‍රීතිමත්.

ප්‍ර·මාණ. *a.* (ප්‍ර before, මා to measure), pert. to quantity, degree, extent grade. quality.

ප්‍ර·මාණ·කරණය, *n.* regulating; regulator. E. S. [කාරයා.

ප්‍ර·මාණ·පුරුෂයා, *n.* umpire, arbitrator, බේරුම්

ප්‍ර·මාණ·ප්‍රකාශක. ප්‍ර මාණ·වාචක, *a. gram.* comparative, තරම් පෙන්වන.

ප්‍ර·මාණය, *n.* degree, extent, limit, quantity, proportion, ratio, standard, capacity

ප්‍ර·මාණකරනවා, *v t.* to limit, bound, circumscribe, modify, regulate, proportion; estimate. E. S. [යා.

ප්‍ර·මාණයා, *n.* one equal to or capable of, සමර්

ප්‍ර·මාණ·වාචකය, *n. gram.* comparative.

ප්‍ර·මාණ·විශේෂණය, *n.* adverb of degree.

ප්‍ර·මාණවෙනවා, *v. i.* to be regulated or defined as to degree or extent; be proportional or suffice.

ප්‍ර·මාණ·ශාස්ත්‍රඥයා, *n.* mathematician.

ප්‍ර·මාණ ශාස්ත්‍රය, *n.* mathematics, E. S.

ප්‍ර·මාණාතික්‍රාන්ත, *a.* (ප්‍රමාණ measure, limit, අති ක්‍රාන්ත going beyond), measureless, boundless, excessive, immense, inordinate ප්‍රමාණය ඉක්මවූ.

ප්‍ර·මාණාතික්‍රාන්තතාව, ප්‍රමාණාතික්‍රාන්තිය, *n.* measurelessness &c., ප්‍රමාණය ඉක්මවූ භාවය.

ප්‍ර·මාතා·මහ, *n.* (ප්‍ර pre). maternal great grandfather, මවගේ මුත්තා.

ප්‍ර·මාතා මහී, *n. fem.* maternal great grandmother, මවගේ මීආත්තා.

ප්‍ර·මාථය, *n.* (ප්‍ර emp., මාථ to injure), affliction, පීඩාව. violence, බලාත්කාරය, killing, මරාදැමීම; twelfth year of the Indian cycle of sixty.

ප්‍ර·මාථී, *a.* afflicting, පීඩාකරන, destroying, killing, නාශකරන.

ප්‍ර·මාද, *a.* delayed, lingering; inadvertent.

ප්‍ර·මාදකරනවා, *v. t.* to delay, defer, protract,

ප්‍ර·මාදකාරයා, *n.* laggard, loiterer. [retard.

ප්‍රමාද·දෝෂය, *n.* inadvertence, error, oversight.

ප්‍ර·මාදවෙනවා, *v. i.* to delay, tarry, loiter, linger.

ප්‍ර·මාදය, *n.* delay, lingering, loitering; indifference, නොසැලකිල්ල, carelessness; error, වැරදිල්ල.

ප්‍රමාදී, *n.* forty-seventh year of the Indian cycle of sixty.

ප්‍ර·මාපනය, *n.* killing, slaughter, මරදැමීම.

ප්‍ර·මිත, *a.* (ප්‍ර emp., මිත fr. මා to measure), measured, මැනපු; known, දැනගත තිබෙන; established, ස්ථිරවූ.

ප්‍ර·මිතිය, *n.* measuring, මැනීම; ascertainment, දැනගැනීම, knowledge, දැන්නාකම.

ප්‍ර·මීත, *a.* (මී to injure), dead, මළ, මැරුණ; immolated, පූජාකරනලද.

ප්‍රමීල, ප්‍රමීලාව, *n.* (මිල to twinkle, wink), winking, ඇසිපියහෙළීම; lassitude, languor, වෙහෙස් ගෙස්බුව.

ප්‍ර·මුක්ත, *a.* fully released, set free, liberated, emancipated, (from existance &c.), නිදහස්වූ.

ප්‍ර·මුඛ, *a.* before the face, in the presence of, present, අභිමුඛ; first, foremost, chief, prominent, ප්‍රධාන, best, most excellent, ඉතා උතුම්.

ප්‍ර·මුඛකරගන්නවා, *v. t.* to set before one's self, make of highest importance, make one's chief object. [cipal object.

ප්‍ර·මුඛකරනවා, *v. t.* to make chief or the prin-

ප්‍ර·මුඛතාව, *n.* presence, අභිමුඛබව; priority, prominence, pre-eminence, ප්‍රධානකම.

ප්‍ර·මුඛය, *n.* the front (of a coin), obverse, ඉදිරිය; heap, ගොඩක්; multitude, සමූහය.

ප්‍ර·මුඛයා, *n.* first or principal man, chief, උත්තමයා, ප්‍රධානියා.

ප්‍ර·මුඛව, *ad.* as chief, being chief or leader; headed by; having or being in the foremost place.

ප්‍ර·මුඛවෙනවා, *v. i.* to become first or chief or take the lead. [ප්‍රධාන.

ප්‍ර·මුඛ්‍ය, *a.* prominent, pre-eminent, principal,

ප්‍ර·මුඛ්‍යතාව, *n.* prominence &c., ප්‍රධානකම.

ප්‍ර·මුදිත, *a.* (ප්‍ර emp., මුදිත fr. මුද් to rejoice), delighted, rejoiced, joyous, happy, ප්‍රීතිමත්.

ප්‍ර·මූඪ, *a.* very foolish, stupid, මෝඩ, infatuated, සිහිමුළාවූ.

ප්‍ර·මූඪකරනවා, *v. t.* to render foolish, infatuate, සිහිය මුළාකරනවා.

ප්‍ර·මූඪ·සංඥ, *a.* infatuated.

ප්‍ර·මේය, *a.* (මේය fr. මා to measure), that should be measured or proved, මැනිය යුතු, ඔප්පුකළයුතු; measurable, provable, මැනිය—ඔප්පුකල—හැකිවූ.

ප්‍ර·මේය, *n.* what is to be proved, theorem.

ප්‍ර·මේයාකාර, *a.* theorematic, theoremic.

ප්‍ර·මේහය, ප්‍ර·මේහ·රෝගය, *n.* (ප්‍ර emp., මේහ urine), urinary disease: diabetes, gonorrhœa &c.

ප්‍ර·මෝචනය, *n.* (මෝචන fr. මුච් to free), liberation, මිදීම, pardon, සමාව; final emancipation from existence, මෝක්ෂය.

ප්‍ර·මෝදක, *a.* (මෝදක fr. මුද් to rejoice), gladdening, delighting, transporting, ප්‍රීතිමත් කරන. [කරනවා.

ප්‍ර·මෝදකරනවා, *v. t.* to delight, charm, ප්‍රීතිමත්

ප්‍ර·මෝදය, ප්‍රමෝද්‍යය, *n.* pleasure, joy, exultation, rapture, මහත් ප්‍රීතිය; fourth year of the Indian cycle of sixty. [නවා.

ප්‍ර·මෝදවෙනවා, *v. i.* to rejoice, exult, ප්‍රීතිවෙ

ප්‍ර·මෝදිත, *a.* delighted, enraptured, blissful, ප්‍රීතිමත්වූ.

ප්‍ර·මෝදිතභාවය, *n.* delight, rapture, bliss.

ප්‍ර·මෝද්‍ය, *a.* joyful, ප්‍රීතිමත්; pleasant, delightful, ප්‍රසන්න, මධුර. [cinate. E. S.

ප්‍ර·මෝහකරනවා, *v. t.* to stupefy, enchant, fas-

ප්‍ර·මෝහය, *n.* stupefaction, insensibility, E. S., trance, මූර්ඡාව.

ප්‍ර·මෝහිත, *a.* stupefied, කලහංගු, mad, senseless, සිහිනැති.

ප්‍ර·යත, *a.* (ප්‍ර emp., යත effort), self-subdued, restrained, ආත්ම මැඩපවත්වාපු, සංයත.

ප්‍ර·යතයා, *n.* one purified by austerity, ascetic, තාපසයා. [ing.

ප්‍ර·යත්න, *a.* pert. to effort, energetic, persever-

ප්‍ර·යත්නකරනවා, *v.* to endeavour, strive, උත්සාහ කරනවා.

ප්‍ර·යත්නතාව, *n.* energeticalness, වීර්‍යවන්තකම, preseverance, E. S. [හය, වීර්‍යය.

ප්‍ර·යත්නය, *n.* effort, endeavour, exertion, උත්සා

ප්‍ර·යත්නවත්, *a.* energetic, industrious, persevering, වීර්‍යවන්ත. [cea &c.

ප්‍ර·යස්ත, *a.* cooked, උයාපු; seasoned with sau-

ප්‍ර·යාගය, *n.* sacrifice, oblation, යාගය, පූජාව; place of pilgrimage, වන්දනා ස්ථානය.

ප්‍ර·යාජය, *n.* a principal ceremony, part of a sacrifice.

ප්‍ර·යාණය, *n.* setting forth, departure, පිටත්වීම; going, යාම, journey, ගමන.

ප්‍ර·යාමය, *n.* effort, ව්‍යායාමය, වෑයම, competition. E. S. [හෙස.

ප්‍ර·යාසය, *n.* effort, endeavour; fatigue, වෙ

ප්‍ර·යාසයකරනවා *v.* to endeavour, උත්සාහ කරනවා.

ප්‍ර·යුක්ත, *a.* (ප්‍ර emp., යුක්ත fr. යුජ් to join), endowed with, possessed of, යුක්ත, ඇත්තාවූ.

ප්‍ර·යුධය, *n.* war, battle, යුධය.

ප්‍ර·යෝජනීය, *a.* applicable, අදාල, යෝග්‍ය.

ප්‍ර·යෝග, ප්‍ර·යෝග·කාර, *a.* (යෝග fr. යුජ් to join), fraudulent, cunning, guileful, deceitful, dishonest. [trickery.

ප්‍ර·යෝග·කාරකම, *n.* fraudulence &c., artfulness,

ප්‍ර·යෝගකාරයා, *n.* fraudulent person, deceiver, impostor.

ප්‍ර·යෝගය, *n.* fraud, trick, guile, imposture, රැවටිල්ල; contrivance, composition or construction, සෑදීම.

ප්‍ර·යෝජකයා, *n.* (යෝජක fr. යුජ් to join), inventor, contriver, originator, author, instigator, මුලිකයා, උත්පාදකයා.

ප්‍ර·යෝජන, *n. pl.* or *a.* profits; pert. to profit.

ප්‍ර·යෝජනත්වය, *n.* See ප්‍රයෝජනවත්කම.

ප්‍ර·යෝජනවත්, ප්‍රයෝජනවූ, *a.* profitable, advantageous, serviceable, beneficial.

ප්‍ර·යෝජනවත්කම, *n.* profitableness &c., utility.

ප්‍ර·යෝජනෝත්පාදක, *a.* (·උත්පාදක), producing profit, reproductive, ප්‍රයෝජන උපදවන.

ප්‍ර·යෝජ්‍ය, *a. gram.* causative (mood විධිය).

ප්‍ර·යෝජ්‍ය·ක්‍රියාව, *n. gram.* causative verb.

ප්‍ර·යෝජ්‍ය·බලය, ප්‍ර·යෝජ්‍යය, *n.* motive power, ක්‍රියාකරවන බලය.

ප්‍ර·රෝහය, *n.* (රෝහ fr. රුහ් to grow), bud, sprout, shoot, දළුව, කොබය. [වෙන.

ප්‍ර·රෝහී, *a.* budding, germinating, දළුලන, පැළ

ප්‍ර·ලම්බ, *a.* hanging down, pendant, impending, එල්ලෙන; slow, ප්‍රමාද.

ප්‍ර·ලම්බනයකරනවා, *v. i.* to retard, ප්‍රමාදකරනවා; hinder, බාධාකරනවා.

ප්‍ර·ලම්බනයවෙනවා, *v. i.* to be delayed, impend, tarry, ප්‍රමාදවෙනවා.

ප්‍ර·ලම්බය, *n.* delay, ප්‍රමාදය; something pendant, as a branch, අත්ත, bud of a creeper, bud, දළුව, garland, මල්දම, female breast, පියයුර; tin, බෙලෙක්.

ප්‍ර·ලම්බිත, *a.* suspended, pendulous, එල්ලී තිබෙන; retarded, ප්‍රමාදවූ.

ප්‍ර·ලම්භනය, ප්‍ර·ලම්භය, *n.* cheating, රැවටීම, enticing, luring, ඔජකිරීම, පෙලඹීම.

ප්‍ර·ලය, *n.* (ප්‍ර emp., ලය fr. ලී loss, end), end, නිට්ටුව, death, මරණය, loss, destruction, විනාශය, fainting, ක්ලාන්තය; sp. the end of the kalpa or destruction of the world.

ප්‍ර·ලයකරනවා, *v. t.* to destroy, විනාශකරනවා; cast out, expel (as evil spirits), දුරුකරනවා.

ප්‍ර·ලය·කාලය, *n.* period of destruction, විනාශකාලය.

ප්‍ර·ලාපකියනවා, *v.* (ප්‍ර much, ලාප speaking), to babble, tattle, prate, දොඩවනවා.

ප්‍ර·ලාපය, *n.* tattle, tattling, gibberish, jargon, දොඩවිල්ල. [in, සැඟවී තිබෙන.

ප්‍ර·ලීන, *a.* absorbed in, ගිලගත්තාලද, concealed

ප්‍ර·ලීනතාව, *n.* state of absorption, E. S.

ප්‍ර·ලෝභ, ප්‍ර ලෝභී, *a.* very covetous, sordid, miserly, ඉතා ලෝභවූ. [ඔජකරනවා. E. S.

ප්‍ර·ලෝභකරනවා, *v. t.* to desire or covet; allure,

ප්‍ර·ලෝභතාව, ප්‍ර·ලෝභය, *n.* covetousness, cupidity &c., තද ලෝභකම. [E. S.

ප්‍ර·ලෝභනය, *n.* alluring, allurement, ඔජකිරීම.

ප්‍ර·ලෝභවෙනවා, *v. i.* to covet much, තෘෂ්ණා වෙනවා.

ප්‍ර·ලෝභිත, *n.* coveted, much desired. [මසුරා.

ප්‍ර·ලෝභියා, *n.* covetous person, miser, ලෝබයා,

ප්‍ර·වචනය, *n.* (ප්‍ර super, වචනය word or speech), excellent speech or language, උතුම් බස; a Veda, Scripture, වේදය, ධර්මශාස්ත්‍රය.

ප්‍ර·වචනීය, *a.* that should be spoken well or elegantly, උතුම්ලෙස කියයුතු.

ප්‍ර·වණ, *a.* bent, curved, වකුටු; stooping, නැමුණු; humble, modest, යටහත්.

ප්‍ර·වණය, *n.* declivity, slope, බෑවුම.

ප්‍ර·වපනය, *n.* sowing, වැපිරීම, වපනය.

ප්‍ර·වයස්කයා, *n.* old man, මහල්ලා. [ප්‍රධාන.

ප්‍ර·වර, *a.* most excellent, best, ඉතා උතුම්, chief,

ප්‍ර·වරතර, *a.* famous, කීර්තිමත්, illustrious, උත්කෘෂ්ට, masterly, pre-eminent, ඉතා උතුම්, ශ්‍රේෂ්ඨ.

ප්‍ර·වරතාව, *n.* super-excellence &c., ශ්‍රේෂ්ඨතාව.

ප්‍ර·වරය, *n.* offspring, race, වංශය, ජාතිය.

ප්‍ර·වර්තනය, *n.* existence, continuance, පැවැත්ම, fact, ඇත්ත. [තිනවා.

ප්‍ර·වර්තනයවෙනවා, *v. i.* to exist, continue, පව

ප්‍ර·වර්තක, *a.* inciting, instigating, අවුස්සන, පොලඹවන; beginning, පටන්ගන්න. [&c.

ප්‍ර·වර්තකයා, *n.* inciter, instigator, අවුස්සන්නා

ප්‍ර·වර්තනය, *n.* business, undertaking, වැඩපල.

ප්‍ර·වර්තිත, *a.* excited, incited, instigated, අවුස්සනලද &c.

ප්‍ර·වර්ධනය, *n.* increasing, augmentation, increase, වැඩීම, වැඩිවීම; improvement, progress; development, දියුණුවීම, වර්ධනය.

ප්‍ර·වර්ධිත, *a.* increased, වැඩිවුණ, improved, දියුණු වුණ.

ප්‍ර·වහණය, *n.* (වහනය carrying, vehicle), covered carriage or palanquin, දෝලාව; festive car, උත්සව රථය.

ප්‍ර·වහය, *n.* (වහ් to carry or flow), going forth, departure, පිටත්වීම; air, wind, සුළඟ.

ප්‍ර·වාචක, *a.* (ප්‍ර emp., වාචක speaking), eloquent, දක්ෂකථික.

ප්‍ර·වාරණ, *a.* (ප්‍ර before or emp., වාරණ opposition), opposing, බාධක, prohibitive, තහනම් කරන.

ප්‍ර·වාරණය, *n.* objecting, opposing, prohibiting, prohibition, විරුද්ධවීම, තහනම.

ප්‍ර·වාරණයකරනවා, *v. t.* to oppose, prohibit, බාධාකරනවා, තහනම්කරනවා.

ප්‍ර·වාරය, *n.* (ප්‍ර before, වාර fr. වෘ to cover, defend), covering, clothing, වැස්ම, ඇඳුම; concealing, screening, මුවාකිරීම.

ප්‍ර·වාල, *n.* or. *a.* red coral, පබළු. [ළුව.

ප්‍ර·වාලය, *n.* red coral; young bud, sprout; පබ

ප්‍ර·වාල සාගරය, *n.* coral sea.

ප්‍ර·වාසනය, *n.* (ප්‍ර forth, away, වාස dwelling), dwelling abroad, sojourning, පොරයත්තුව සිටීම; exile, පිටවහල්ව සිටීම.

ප්‍ර·වාසනය, *n.* (ප්‍ර emp., වාස to cut, kill), to kill, slaughter, මරදැමීම.

ප්‍ර·වාසය, *n.* living away from home, sojourning, sojourn ; see ප්‍රවාසනය. [වසනවා.

ප්‍ර·වාසයකරනවා, *v.* to sojourn abroad, පිටරටක

ප්‍ර·වාසි, *a.* sojourning, පොරොත්තුවූ ; foreign, පිට රට ; travelling, ගමන්කාර. [සිත.

ප්‍රවාසිත, *a.* banished, exiled, පිටවහල්වූ, පිටවා

ප්‍ර·වාසියා, *n.* sojourner, පොරොත්තුව සිටින්නා ; foreigner, පරදේශියා ; traveller, ගමන්කාරයා.

ප්‍ර·වාහක, *a.* (ප්‍ර emp., වහ් to carry), bearing, carrying, conveying, ගෙනයන.

ප්‍ර·වාහකයා, *n.* bearer, conveyer, ගෙනයන්නා ; imp, රාක්ෂයා. [of action, ක්‍රියා පිළිවෙල.

ප්‍ර·වාහය, *n.* a stream, flow, දියවැල, ගඟ ; course

ප්‍ර·වාහිකාව, *n.* issue, diarrhœa, පාචන රෝගය, dysentery, අතිසාරය.

ප්‍ර·විකසිත, *a.* (ප්‍ර emp., see විකසිත), fully blown or expanded (flowers), හොඳට පිපුණු.

ප්‍ර·විද්‍රරණය, *n.* (ප්‍ර away, see විද්‍රරණ), tearing, ඉරීම, dividing, බෙදීම ; tumult, කෝලාහලය ; breaking out, outbreak, නිදහසයාම ; budding, දළු ලෑම ; war, combat, යුද්ධය, සටන.

ප්‍ර·විභාගය, *n.* division, portion, part, පංගුව.

ප්‍ර·විවික්ත, *a.* (ප්‍ර away, see විවික්ත), separated, insulated, වෙන්වූ, solitary, තනි, උදකලාවූ.

ප්‍ර·විවික්තභාවය, *n.* separateness &c., තනිකම &c. E. S.

ප්‍ර·විෂ්ට, *a.* (ප්‍ර emp., විෂ්ට fr. විශ් to enter), entered into, ඇතුල්වූ ; included, participating, අඩංගුවූ.

ප්‍ර·විෂ්ටකරනවා, *v. t.* to lead in, intromit, ඇතුල් කරනවා, ඇතුලට ගෙනයනවා.

ප්‍ර·විෂ්ටවෙනවා, *v. i.* to enter, ඇතුල්වෙනවා ; reach, පැමිණෙනවා.

ප්‍ර·වීණ, *a.* (ප්‍ර emp., rt. වී to go, extend &c.), skilful, දක්ෂ, proficient, පුහුණුවූ.

ප්‍ර·වීණතාව, ප්‍ර·වීණත්වය, *n.* skilfulness &c., දක්ෂකම, පළපුරුදුකම.

ප්‍ර·වීර, *a.* (ප්‍ර emp., see වීර), very excellent, උත්තම, powerful, බලවත්, heroic, ශෞර්යසම්පන්න. [පුරුෂයා.

ප්‍ර·වීරයා, *n.* noble, chief, උත්තමයා, hero, වීර

ප්‍රව්‍රජ්‍යා, ප්‍රව්‍රජිත, er. for ප්‍රව්‍රජ්‍යා, ප්‍රව්‍රජිත, *q. v.*

ප්‍ර·වෘත්ත, *a.* (ප්‍ර emp., වෘත් to be), occurred, done, accomplished, සිද්ධවූ.

ප්‍ර·වෘත්ති, *n. pl.* or *a.* news ; news-; ආරංචි.

ප්‍ර·වෘත්ති·පත්‍රය, *n.* newspaper, ආරංචිපත්‍රය.

ප්‍ර·වෘත්ති·පත්‍ර·ශාලාව, *n.* newsroom.

ප්‍ර·වෘත්තිය, *n.* account, report, information, news, පුවත, ආරංචිය ; continuance, පැවැත්ම.

ප්‍ර·වෘද්ධ, *a.* (ප්‍ර emp., see වෘද්ධ), much increased, augmented, ඉතා වැඩිවුණු, matured, සම්පූර්ණවූ, diffused, පතළවූ.

ප්‍ර·වේක්ෂණය, *n.* (See වීක්ෂණය), foreseeing, foresight, කලින් දැකීම. E. S.

ප්‍ර·වේක්ෂණයකරනවා, *v. t.* to foresee.

ප්‍ර·වේක්ෂිත, *a.* foreseen, කලින් දැකගනිමින (දේ).

ප්‍ර·වේට, *n.* barley, යව. [E. S.

ප්‍ර·වේණි,* *a.* hereditary, patrimonial, උරුමවූ.

ප්‍ර·වේණිකරදෙනවා, *v. t.* to entail, leave as an entailed inheritance. E. S. [යා.

ප්‍ර·වේණිකාරයා, *n.* heir by entail, උරුමක්කාර

ප්‍ර·වේණිකාරී, *n. fem.* heiress, උරුමක්කාරී.

ප්‍ර·වේණි·දාසකම, *n.* serfdom, පරම්පරාගත දාසකම, ගොවිදාසකම. [ගත දාසයා &c.

ප්‍ර·වේණි·දාසයා, *n.* entailed slave, serf, පරම්පරා

ප්‍ර·වේණිය,* *n.* patrimony, hereditary estate, heritage, පරම්පරාගත උරුමය ; undecorated hair knot, කොණ්ඩය ; elephant housing, හස්ත්‍යාභරණය. [වෙනිතය.

ප්‍ර·වේපණය, *n.* agitation, perturbation, fluster,

ප්‍ර·වේශකයා, *n.* (ප්‍ර emp., වේශ fr. විශ් to enter), enterer, ඇතුල්වෙන්නා.

ප්‍රවේශකරනවා, *v. t.* to cause to enter, put in, ඇතුල්කරනවා, include, අඩංගුකරනවා.

ප්‍ර·වේශනය, ප්‍ර·වේශය, *n.* entering, entrance, ඇතුල්වීම, inclusion, අඩංගුවීම. [bule, වාසල.

ප්‍ර·වේශ·ශාලාව, *n.* entrance hall, lobby, vesti-

ප්‍ර·වේෂ්ටය, *n.* (වේෂ්ට to surround), forearm, අත් දණ්ඩ ; elephant's gums or housings.

ප්‍ර·වේෂ්ටව්‍ය, *a.* that may or should be entered ; pervious, penetrable.

ප්‍රවේසම, *n.* carefulness, caution ; safety. [ty.

ප්‍රවේසමෙන්, *ad.* with care, carefully ; in safe-

ප්‍රවේසම්, *a.* careful, cautious ; safe.

ප්‍රවේසම්කරනවා, *v. t.* to take care of, preserve, guard, cherish.

ප්‍රවේසම්වෙනවා, *v. i.* to be careful, take care.

ප්‍ර·ව්‍යක්ත, *a.* (ප්‍ර, වි emp., අක්ත fr. අඤ් to make clear), evident, manifest, ප්‍රකාශ, පැහැදිලි ; expanded (as flowers) පිපුණ.

ප්‍ර·ව්‍රජිත, ප්‍ර·ව්‍රජ්‍යා, *a.* (ව්‍රජිත &c. fr. ව්‍රජ් to quit), ascetic, monastic, තාපස ; පැවිදි. [අය.

ප්‍ර·ව්‍රජිතයා, *n.* ascetic, monk, තාපසයා, පැවිදිවූ

ප්‍ර·ව්‍රජිතාව, *n. fem.* female ascetic, nun, තාපසී ; spikenard, ජටාමාංස.

ප්‍ර·ව්‍රජ්‍යාව, *n.* ascetic state, holy orders, තපස් භාවය, priesthood. [උපසම්පදාකරනවා.

ප්‍ර·ව්‍රජ්‍යෝපසම්පදාකරනවා, *v. t.* to ordain as B. P.

ප්‍ර·ව්‍රජ්‍යෝපසම්පදාව, *n.* B. P. ordination, උපසම්පදාව.

ප්‍ර·ශංසනය, *n.* (ප්‍ර emp., ශංස to praise), praising, praise, ප්‍රශංසාකිරීම, ප්‍රශංසාව. [සිය යුතු.

ප්‍ර·ශංසනීය, *a.* praiseworthy, commendable, පසස

ප්‍ර·ශංසනීයතාව, *n.* praiseworthiness.

ප්‍ර·ශංසාකරනවා, *v.* to praise, eulogize.

---

* "Pravéni (Paravéni) land is that which is the private property of an individual proprietor, land long possessed by his family."—*Official Glossary.*

ප්‍ර·ශංසාව, *n.* praise, eulogy, applause.

ප්‍ර·ශංසිත, *a.* praised &c., ප්‍රශංසාකරනලද.

ප්‍ර·ශංසිතව්‍ය, *a.* See ප්‍රශංසනීය.

ප්‍ර·ශමනය, *n.* (ප්‍ර emp., ශම to quieten), quietening, pacifying, නිශ්චල කිරීම; killing, මරාදැමීම.

ප්‍ර·ශස්ත, *a.* (ප්‍ර emp., ශස්ත happy, praised), happy, good, යහ, excellent, උතුම්, praised, famous, කීර්තිමත්.

ප්‍ර·ශංස්‍ය, *a.* See ප්‍රශංසනීය.

ප්‍ර·ශාන්ත, *a.* calm, නිශ්චල, composed, ශාන්ත, contented, සතුටු.

ප්‍ර·ශාන්තකරණය, *n.* calming, tranquillization, නිශ්චලකිරීම, ශාන්තකිරීම.

ප්‍ර·ශාන්තකරනවා, *v. t.* to calm &c.

ප්‍ර·ශාන්තතාව, ප්‍ර·ශාන්තිය, *n.* calmness, quietness, peacefulness, නිශ්චලකම, ශාන්තිය, peace, සමාදානය. [කිරීම. ආණ්ඩුව.

ප්‍ර·ශාසනය, *n.* governing, government, ආණ්ඩු

ප්‍රශ්න, *a.* (fr. ප්‍රච් to ask), interrogative ඇසීමට අයිතිවූ.

ප්‍රශ්නකරනවා, *v.* to ask, inquire, විචාරනවා.

ප්‍රශ්නකාරයා, *n.* interrogator, querist, විචාරන්නා.

ප්‍රශ්න·දූතිය, *n.* (දූති messenger), enigma, riddle, තේරවිල්ල, intricate question, අමාරු ඇසීම.

ප්‍රශ්නය, *n.* query, question, inquiry, ඇසීම.

ප්‍රශ්න·වාචක, *a.* expressive of a question, interrogative. [interrogative.

ප්‍රශ්න·වාචකය, *n. gram.* interrogative word, an

ප්‍රශ්න·ව්‍යාකරණය, *n.* (ව්‍යා: explanation), solving questions, ප්‍රශ්න විසඳීම. [noun.

ප්‍රශ්නාර්ථක·සර්වනාම, *n. gram.* interrogative pro-

ප්‍රශ්නෝත්තර, *n. pl.* or *a.* (ප්‍රශ්න උත්තර), questions and answers; pert. to question and answer, catechetic. [ග්‍රන්ථය.

ප්‍රශ්නෝත්තර·පාඨය or පොත, *n.* catechism, කති

ප්‍ර·ශ්‍රවණය, *n.* (ප්‍ර forth, ශ්‍රවණ oozing), fountain, source, උල්පත, cascade, ඇල්ල. [නිහතමානී.

ප්‍ර·ශ්‍රිත, *a.* (ප්‍ර emp., ශ්‍රි to serve), humble, modest,

ප්‍ර·ශ්‍රැත, *a. lit.* and *fig.* flowing, ගලන. E.S.

ප්‍රශ්වාස, *a.* (ප්‍ර forth, ශ්වාස breathing), pert. to breathing out, expiratory.

ප්‍රශ්වාසකරනවා, *v.* to breathe out, emit breath, exhale, හුස්ම අරිනවා.

ප්‍රශ්වාස·ඛින්න, *a.* broken-winded.

ප්‍රශ්වාස·මාපක·යන්ත්‍රය, *n.* spirometer, හුස්ම මනින යන්ත්‍රය. [ration of breath.

ප්‍රශ්වාසකිරීම, ප්‍රශ්වාසය, *n.* breathing out, expi-

ප්‍රෂතයා, *n.* spotted deer, *axis maculata*, තිත් මුවා.

ප්‍ර·ෂ්ඨ, *a.* (ප්‍ර before, ෂ්ඨා stand, be), principal, chief, best, උත්තම, ප්‍රධාන. [මුලිකයා.

ප්‍ර·ෂ්ඨයා, *n.* preceder, leader, පෙරටුව යන්නා,

ප්‍ර·සක්ත, *a.* (ප්‍ර emp., සක්ත attached), adhering to, attached, ඇලී තිබෙන, ඇලුම්වූ.

ප්‍ර·සක්තිය, *n.* adherence, cohesion, ඇලීම; attachment, ඇලුම්කම.

ප්‍ර·සන්න, *a.* pleasing, pleasant, agreeable, amiable; pleased, complaisant, willing, favourable; සතුටු, පහන්; bright, clear, දීප්තිමත්.

ප්‍ර·සන්නකම, ප්‍ර·සන්නතාව, *n.* pleasantness &c.

ප්‍ර·සන්නකරනවා, *v. t.* to please, gratify, satisfy.

ප්‍ර·සන්නය, *n.* pleasure, willingness, satisfaction, සතුටුකම, සතුට. [willing, acquiesce.

ප්‍ර·සන්නවෙනවා, *v. i.* to be pleased, become

ප්‍ර·සන්න·සල්·පිල, *n.* fancy fair or bazaar.

ප්‍රසන්නෝත්‍ර, *n.* (ප්‍රසන්න clear, pure, ඉර ardent spirits), spirituous liquor, රහමෙර.

ප්‍ර·සමීක්ෂණ, *a.* (ප්‍ර emp., see සමීක්ෂණ), deliberating, deliberative, circumspect, wary, කල්පනාකර බලන, ඉතා ප්‍රවේසම්වූ.

ප්‍ර·සමීක්ෂණතාව, ප්‍ර·සමීක්ෂණය, ප්‍ර·සමීක්ෂාව, *n.* deliberation, circumspection, wariness, ප්‍රවේසම්කම.

ප්‍ර·සමීක්ෂණයකරනවා, *v.* to deliberate, consider, ponder, act warily, take care, කල්පනාකර බලනවා, ප්‍රවේසම්වෙනවා.

ප්‍ර·සර, *a.* (ප්‍ර forth, සර going), spreading, extending, පැතිරෙන.

ප්‍ර·සරය, *n.* spreading &c., පැතිරීම; solicitation, ආයාචනාව, ඉල්ලීම; boil, ගඩුව; rushing, speed, වේගය; war, යුද්ධය; multitude, සමූහය; iron arrow, යකඩ ඊය.

ප්‍ර·සරණය, *n.* (ප්‍ර forth, සරණ going), going forth, පිටත්ව යාම; overspreading (a country), පැතිරීයාම; surrounding (an enemy), වටකර ගැනීම.

ප්‍ර·සර්පණය, *n.* (සර්පණ fr. සෘප් to go, glide), proceeding, advancing, යාම, ප්‍රචරණය, spreading, පැතිරී යාම.

ප්‍ර·සව, *a.* (සව fr. සූ parturition), travailing, bearing (offspring), වදන.

ප්‍රසවකරනවා, *v. t.* to bring forth young, give birth to, වදනවා.

ප්‍රසව·බන්ධන·ජ, *a.* arising from a bearing stalk, pedunculate, නටුවෙන් අවගත්න.

ප්‍රසව·බන්ධනය, *n.* (බන්ධනය binder, stalk), peduncle, මල්නටුව or ගෙඩිනටුව.

ප්‍රසව·රුජාව, *n.* pain of parturition, labour-pain, වදන වේදනාව.

ප්‍රසවය, *n.* bringing forth, parturition, දරුවන් වැදීම; offspring, ඵලය, දරුවා &c.

ප්‍රසව·වේදනාව, *n.* See ප්‍රසවරුජාව.

ප්‍රසවාංකුරය, *n.* blossom, flower bud, මල්කැකුළ.

ප්‍ර·සව්‍ය, *a.* (ප්‍ර towards, සව්‍ය left-hand), inverted, පෙරළාපු, reverse, converse, ප්‍රතිකූල. [වෙද

ප්‍රසව්‍යය, *n.* the reverse, the converse, ප්‍රතිකූල

ප්‍ර·සව්‍ය·වෛද්‍ය·ක්‍රමය, *n.* allopathy, heteropathy

ප්‍ර·සහයා, *n.* (ප්‍ර emp., සහ strong), beast or bird of prey, මිලේච්ඡ සතා.

ප්‍ර·සාද, ප්‍ර·සාදන, *a.* (ප්‍ර emp., සාද clearness, fr. සද්), clean, pure, පිරිසිදු ; bright, clear, lucid, pellucid, පැහැදිලි, explicit, perspicuous, ප්‍රකාශ ; pleasing, ප්‍රසන්න.

ප්‍ර·සාදකරනවා, *v. t.* to make clear, පහදනවා ; favour, කරුණාකරනවා, අනුග්‍රහකරනවා.

ප්‍ර·සාදතාව, *n.* cleanness, clearness &c., see *adj.*

ප්‍ර·සාද·දෘෂ්ටි, *a.* clear-sighted, *fig.* නැණවත්.

ප්‍ර·සාදනය, *n.* cleansing, පිරිසිදුකිරීම, clearing, පැහැදවීම ; decorating, decoration, සැරසීම ; boiled rice, බත. [නගර.

ප්‍ර·සාද·නහර. *n. pl.* sensory nerves, දැනීමේ

ප්‍ර·සාදනාම, *n.* service, සේවය.

ප්‍ර·සාදය, *n.* clearness &c., පැහැදීම : see ප්‍රසාද ; favour, කරුණාව, අනුග්‍රහය ; emolument, perquisite, honorarium, present, තෑග්ග. E. S.

ප්‍ර·සාද·රූපය, *n.* the manifesting formation, viz. the part of each organ of the five senses which manifests its object, as the pupil or retina of the eye, the drum of the ear &c.

ප්‍ර·සාදිත, *a.* cleansed, cleared, brightened, පිරිසිදුකරනලද &c.

ප්‍ර·සාධනය, ප්‍ර·සාධය, *n.* (ප්‍ර emp., සාධ් to finish, accomplish), accomplishing, effecting, effectuation, ඉෂ්ටකිරීම ; dressing, decoration, සැරසීම. [drug, බෙහෙතක්.

ප්‍ර·සාධනිය, *n.* dresser, viz. comb, පනාව ; a

ප්‍ර·සාධනීය, ප්‍ර·සාධ්‍ය, *a.* accomplishable, practicable, perfectible, සිඩකළහැකිවූ, සාධ්‍ය. [කළ.

ප්‍රසාධිත, *a.* effected, completed, සිඩකළ, සම්පූර්ණ

ප්‍ර·සාරණය, ප්‍ර·සාරය, *n.* (See ප්‍රසරණය), opening, advancing, extending, දිගඇරීම, spreading out, overspreading, පැතිරීයාම ; deploying, විසිදීම, going to forage or surround an enemy. [දිග අරිනවා.

ප්‍ර·සාරණයකරනවා, *v. t.* to expand, spread out

ප්‍ර·සාරි, *a.* spreading, පැතිරෙන, going gently, සෙමින් යන, flowing, ගලායන.

ප්‍ර·සාරිත, *a.* spread out, extended, දිග අරිනලද.

ප්‍ර·සිත, *a.* attentive, diligent, කඩිසර, devoted, zealous, ලොලිත.

ප්‍ර·සිඩ, *a.* (ප්‍ර emp., සිඩ effected), public, well known, famous, notable, conspicuous.

ප්‍ර·සිඩකම, ප්‍ර·සිඩතාව, ප්‍ර·සිඩිය, *n.* publicity, notoriety.

ප්‍ර·සිඩකරනවා, *v. t.* to make public, proclaim, publish, advertise.

ප්‍ර·සිඩපත්‍ර, *n. pl.* or *a.* of ප්‍රසිඩපත්‍රය. [nalist.

ප්‍ර·සිඩ·පත්‍ර·කර්තෘ, *n.* editor of newspaper, jour-

ප්‍ර·සිඩ·පත්‍රය, *n.* newspaper, ආරංචිපත්‍රය ; advertisement, දැන්වීම් පත්‍රය.

ප්‍ර·සූත, *a.* (ප්‍ර forth, සූ parturition), issued, brought forth (from the womb), බිහිවූ, born, උපන්. [නවා.

ප්‍ර·සූතකරනවා, *v. t.* to bring forth young, වද

ප්‍ර·සූතවෙනවා, *v. i.* to issue from the womb, be born, බිහිවෙනවා.

ප්‍ර·සූතාව, *n. fem.* woman who has borne a child, දරුවෙක් වැදූ ස්ත්‍රී. [&c.). E. S.

ප්‍ර·සූති, *a.* pert. to childbirth, puerperal (fever

ප්‍රසූතිකා·ශාලාව, ප්‍ර·සූති·මන්දිරය, *n.* lying-in hospital, room or home, වදන ගේ. [a child.

ප්‍ර·සූතිකාව, *n.* woman recently delivered of

ප්‍ර·සූතිය, *n.* bearing, bringing forth young, බිහිකිරීම, වැදීම ; issuing, birth, බිහිවීම.

ප්‍ර·සූතෞෂධය, *n.* (ප්‍රසූති ඖෂධය), parturifacient, බිහිකරවන බෙහෙත.

ප්‍ර·සූන *a.* (සූන born), born, produced, ඉපදුණ.

ප්‍ර·සූනය, *n.* flower, මල, bud, දළුව.

ප්‍ර·සෘත, *a.* (සෘත gone), gone forth, extended, පතළවූ, dispersed, විසුරුණු ; modest, humble, යටහත් ; swift, වේගවත් ; engaged in, නියුක්ත.

ප්‍ර·සෘතය, *n.* the palm of the hand hollowed ; a measure, අතලොස්ස, a weight nearly equal to five ounces.

ප්‍ර·සෘතාව, *n.* leg, කකුල.

ප්‍ර·ස්තරය, *n.* (ප්‍ර forth, ස්තර strewing, spreading), layer, තට්ටුව ; bed, යහන ; rock, stone, ගල ; table or notation of poetical metre or music. [Also = ප්‍රස්තාරය, *q. v.*]. [රුණු.

ප්‍ර·ස්තරිත, *a.* spread, පැතුරුණු ; scattered, විසු

ප්‍ර·ස්තාරකරනවා, *v. t.* to set forth, viz. to scan (verses).

ප්‍ර·ස්තාරය, *n.* thicket, කැලෑව ; outspread of flowers, leaves &c. for a bed, any bed, යහන ; scanning (verses). E. S.

ප්‍ර·ස්තාව(ය), *n.* occasion, time, opportunity.

ප්‍ර·ස්තාවනය, ප්‍රස්තාවනාව, *n.* preface, introduction, prelude, prologue (of a drama), commencement. E. S.

ප්‍ර·ස්තාව·නිර·නුකූල, *a.* (නිර් අනු : unsuitable), inopportune, unseasonable, ප්‍රස්තාවට නුසුදුසු.

ප්‍ර·ස්තාව·නිර·නුකූලතාව, *n.* inopportuneness &c.

ප්‍ර·ස්තාව·සදෘශ, ප්‍ර·ස්තාවෝචිත, *a.* (සදෘශ suitable, උචිත proper), suited to the occasion, appropriate, ප්‍රස්තාවට සුදුසු.

ප්‍ර·ස්තාවානුකූල, *a.* (ප්‍රස්තාව අනුකූල), timely, opportune, appropriate, කලට වේලාවට යෝග්‍ය.

ප්‍ර·ස්තීත, *a.* crowded, ගහනවූ.

ප්‍ර·ස්තුත, *a.* (ප්‍ර emp., ස්තුත praised), declared, ප්‍රකාශකරනලද, praised, eulogized, ප්‍රශංසාකරනලද.

ප්‍ර·ස්ථය, *n.* a measure equal to 48 double handfuls ; = 32 *palas* ; table land, කඳුතලාව.

ප්‍ර·ස්ථානය, *n.* (ප්‍ර away from, ස්ථාන place), going away, departing, marching, පිටත්වයාම.

ප්‍ර·ස්ථානික, *a.* departing, පිටත්ව යන.

ප්‍ර·ස්ථාපනය, *n.* sending or taking away, despatch, පිටත්කර ඇරීම ; embassy, E. S.

ප්‍ර·ස්ථාපිත, *a.* sent, despatched, යවනලද.

ප්‍ර·ස්ථිතිය, *n.* setting out, පිටත්වීම; journey, ගමන; advance, advancement, වර්ධනය.

ප්‍ර·ස්ඵුට, *a.* (ප්‍ර emp., ස්ඵුට to blossom), full-blown, expanded (flowers), පිපුණ.

ප්‍ර·ස්ඵෝටනය, *a.* (ස්ඵෝටන expanding, bursting), opening, budding, expanding, පිපීම; winnowing, (ධාන්‍ය) පෙළීම; winnowing basket, කුල්ල.

ප්‍ර·ශ්‍රබ්ධිය, *n.* (ප්‍ර emp., ශ්‍රබ්ධි tranquillity), one of the Buddhāngas or attributes of Buddha, viz. the state of perfect mental tranquillity and repose.

ප්‍ර·ස්වාපන, *a.* (ප්‍ර emp., ස්වාපන sleeping), soporific, somnific, නිදිකරවන.

ප්‍ර·ස්වින්න, ප්‍ර·ස්වේදිත, *a.* (ස්වින්න &c. sweating), sweating, perspiring, ඩාදිය දමන.

ප්‍ර·ස්වේදය, *n.* sweat, perspiration, ඩාදිය.

ප්‍ර·හරණය, *n.* (හරණ taking), covered conveyance, car or litter, දෝලාව; weapon, ආයුධය.

ප්‍ර·හරය, *n.* (ප්‍ර emp., හර division), a division or watch of the day or night consisting of three hours, යාමය.

ප්‍ර·හසනය, *n.* (ප්‍ර emp., හසන laughter), loud laughter, හයියෙන් සිනාසීම, mirth, farce, banter, පරිහාසය, ridicule, කවටකම.

ප්‍ර·හස්ත, *a.* open-handed, liberal, ත්‍යාගවන්ත.

ප්‍ර·හස්තය, *n.* (ප්‍ර forth, open, හස්ත hand), open hand, දිග ඇරපු අත.

ප්‍ර·හාණිය, *n.* (ප්‍ර emp., හානය and හානිය fr. හා to abandon), destroying, නාශකිරීම, destruction, නාශනය. [හානිය.

ප්‍ර·හාණිය, *n.* wasting, privation, loss, injury,

ප්‍ර·හාපනය, *n.* abduction. E. S.

ප්‍ර·හාරය, *n.* stroke, blow, පහර.

ප්‍ර·හාරෝපම, *a.* (ප්‍රහාර, උපම like), like a stroke, stroke-like, පහරක් වැනි. [ers), පිපීම.

ප්‍ර·හාසය, *n.* loud laughter; blowing (as flow-

ප්‍ර·හිත, *a.* (ප්‍ර emp., හිත gone, proper), sent, dismissed, අරිනලද; learned, උගත්; suitable, proper, සුදුසු. [lacking, අඩු, නැති.

ප්‍ර·හීණ, *a.* (See හීන), diminished, පිරිහුණු,

ප්‍ර·හීණය, *n.* diminution, පිරිහීම, අඩුවීම, lack, අඩුකම, loss, හානිය.

ප්‍ර·හේලිකාව, *n.* (ප්‍ර before, හිල් to sport), enigma, conundrum, puzzling question, තේර විල්ල. [famous, කීර්තිමත්.

ප්‍රාංශු, *a.* (ප්‍ර emp., අංශු ray), high, lofty, උසස්;

ප්‍රා·කාම්‍යය, *n.* (See කාම්‍ය), wilfulness, හිතුවක්කාරකම; arbitrary will, as one of Siva's eight attributes, fiat, නියෝගය.

ප්‍රා·කාර, *n. pl.* or *a.* ramparts; rampart-.

ප්‍රා·කාරය, *n.* fort-wall, rampart, bulwark, parapet, mound, පවුර, කොටුපවුර. [mole.

ප්‍රා·කාර·වරාය, *n.* defended or walled harbour,

ප්‍රා·කාර·ශාස්ත්‍රය, *n.* science of fortification or bulwarks.

ප්‍රා·කාරාකාර, *a.* wall-like, mural, තාප්ප ආකාර.

ප්‍රා·කාරාධිරෝහණිය, *n.* (See අධිරෝහණිය), wall-ladder, scaling ladder. E. S.

ප්‍රාකෘත, *a.* (ප්‍ර emp., අකෘත not made), inartificial, natural, unpolished, චාත්, අශිෂ්ට; low, vile, නීච.

ප්‍රා·කෘතය, *n.* vernacular or colloquial language, viz. the so-called Prākrit (ප්‍රාකෘත භාෂාව) as distinguished from Sanskrit, the polished language.

ප්‍රාක්, *a.* first, prior, preceding, පළමු; eastern, නැගෙන ඉර; past, gone, former, පසුවුණ.

ප්‍රාක්තන, *a.* (තන place), pert. to former times, ancient, පුරාතන.

ප්‍රාක් ඵල්ගුණිය, *n.* the eleventh lunar asterism.

ප්‍රාගල්භ්‍යය, *n.* (fr. ප්‍රගල්භ), confidence, boldness, ඩිඩුච්කම, arrogance, එඩිය; importance, rank, උසස්කම, ability, පුළුවන්කම.

ප්‍රාග්, *prefix*, for ප්‍රාක් before soft consonants.

ප්‍රාගගාමී, *a.* going before, preceding, පෙරටුව යන. [පෙරටුව යන්නා.

ප්‍රාගගාමියා, *n.* one who goes before, precursor,

ප්‍රාග්භාරය, *n.* top or peak of a mountain, කඳු මුදුන; cave, ගුහාව; stone building, ගල්ගෙය.

ප්‍රා·ග්භාර·ශීර්ෂය, *n.* cave head or top, ගුහාවේ මුදුන.

ප්‍රා·ඝාතය, *n.* See ප්‍රඝාතය.

ප්‍රාඝුණයා, ප්‍රාඝුණිකයා, *n.* guest, ආගන්තුකයා.

ප්‍රාඝුණාගාරය, *n.* guest-chamber or house, ආගන්තුකාගාරය.

ප්‍රාචාර්‍ය්‍යයා, *n.* scholar, pupil, disciple, ගෝලයා.

ප්‍රාචී, *n.* or *a.* the East; eastern: see ප්‍රාචීන.

ප්‍රාචීන, *a.* eastern, oriental, නැගෙනහිර; former, prior, ප්‍රථම; ancient, පුරාණ.

ප්‍රාචීනයා, *n.* oriental, පූර්වදේශිකයා.

ප්‍රාචීන·ශාස්ත්‍ර·ඥයා, *n.* orientalist. E. S.

ප්‍රාචීනාකාරකරනවා, *v. t.* to orientalize. E. S.

ප්‍රාචීනාමලකය, *n.* the fruit *flacourtia cataphracta*, රට උගුරැස්ස. [Indra, පූර්වදිශාපතියා,

ප්‍රාචී·පතියා, *n.* Regent of the East: ap. of

ප්‍රාචීරය, *n.* fence, වැට, wall, තාප්පය.

ප්‍රාච්, ප්‍රාච්‍ය, *a.* See ප්‍රාක්. [දේශය.

ප්‍රාච්‍යය, *n.* the East, eastern country, පූර්වදේ

ප්‍රාජකයා, *n.* (ප්‍ර forth, අජක causing to go), driver, දක්කන්නා, shepherd, එඬේරා, herdsman, ගෝපාලයා.

ප්‍රාජාපත්‍යයා, *n.* See ප්‍රජාපතියා.

ප්‍රාඥ, *a.* (ප්‍ර emp., ඥ to know), wise, intelligent, ප්‍රඥාවන්ත, නුවණැති.

ප්‍රාඥත්වය, ප්‍රාඥභාවය, *n.* wisdom, prudence, intelligence, ප්‍රඥාව, නුවණ. [ඩිතයා.

ප්‍රාඥයා, *n.* wise person, sage, ප්‍රඥාවන්තයා, පණ්

ප්‍රාඤ්ජලිය, *n.* putting the hands together to the forehead for respect, දෑත මුදුනේ දීම.

ප්‍රාණ, *n. pl.* or *a.* (see ප්‍රාණය), lives &c.; life-, vital, soul-; *gram.* vowel-; pert. to aspiration.
ප්‍රාණක, *a.* living, sentient, පණ ඇති, ප්‍රාණවත්.
ප්‍රාණ·කාරයා, *n.* soul as a person, living being, සත්වයා, කෙනෙක්. [salvation.
ප්‍රාණ·ගැලවීම, ප්‍රාණ·මිදීම, *n.* soul-salvation,
ප්‍රාණ·ඝාත—ඝාතනය—කරනවා, *v.* to destroy life, kill, මරනවා. [killing, මරා දැමීම.
ප්‍රාණ·ඝාතනය, ප්‍රාණඝාතය, *n.* destroying life,
ප්‍රාණ·ධාරණය, *n.* sustaining life, ජීවිතාරක්ෂාව; sustenance, කෑම බීම. [ණය.
ප්‍රාණ·ත්‍යාගය, *n.* surrender of life, death, මර
ප්‍රාණ·නාථයා, *n. lit.* life-master, viz. husband, ස්වාමිපුරුෂයා.
ප්‍රාණ·නාථවූ, *a.* being husband, පුරුෂයාවූ, or being chief of living beings, සත්වයන්ගේ ප්‍රධානියාවූ.
ප්‍රාණ·නාඩිය, *n.* artery. E. S.
ප්‍රාණ·ප්‍රද, *a.* (ප්‍ර emp., ද giving), life-giving, පණදෙන; *n.* oxygen.
ප්‍රාණ·බද්ද, *n.* life-long lease.
ප්‍රාණ·බුක්තිය or ·භුක්තිය, *n.* life-interest.
ප්‍රාණ·මුක්තිය, ප්‍රාණ·මෝචනය, *n.* liberation or redemption of the soul or life.
ප්‍රාණ·මෝක්ෂනාවහ, *a.* that should receive soul-liberation, salvable, ප්‍රාණගැලවීම ලැබියයුතු, ගැලවිය හැකිවූ.
ප්‍රාණය, *n.* (rt. ප්‍රාණ් to breathe), life, vital air; energy, vitality, පණ; soul, spirit, ආත්මය.
ප්‍රාණවත්, *a.* living, animated, පණ ඇති; lively, active, energetic, vigorous, උනන්දු, වීර්යවන්ත.
ප්‍රාණවත්කම, *n.* vitality; liveliness &c.
ප්‍රාණවත්කරනවා, *v. t. lit.* and *fig.* to animate, පණදෙනවා; invigorate, enliven, stimulate, refresh, උනන්දුකරනවා &c.
ප්‍රාණවත්වෙනවා, *v. i.* to become animated &c.
ප්‍රාණ·වධය, *n.* See ප්‍රාණඝාතය. [හුස්ම.
ප්‍රාණ·වාතය, ප්‍රාණ·වායුව, *n.* vital air, breath,
ප්‍රාණ·හර, *a.* (හර taking), taking life, fatal, deadly, ප්‍රාණහානිකරන.
ප්‍රාණ·හානි, ප්‍රාණාන්තික, *a.* (·අන්තික near, touching), pert. to loss of life, fatal, deadly.
ප්‍රාණහානිකරනවා, *v.* to destroy life, kill.
ප්‍රාණ·හානිය, *n.* loss of life, මැරීම; killing, මරාදැමීම.
ප්‍රාණාක්ෂරය, *n.* (·අක්ෂරය), vowel letter; vowel.
ප්‍රාණාන්තය, *n.* (·අන්තය end), end of life, death, මරණය. [deadly, මරණීයලෙස.
ප්‍රාණාන්තිකලෙස, *ad.* (·අන්තික near), fatally,
ප්‍රාණාරක්ෂක, *a.* life-preserving, ජීවිතය ආරක්ෂාකරන. [preserver.
ප්‍රාණාරක්ෂක·පටිය, *n.* life-preserving belt, life-
ප්‍රාණි(යා), *n.* living being, sentient being, සත්ව
ප්‍රාණික, *a.* animated, living, පණ ඇති. [යා.

ප්‍රාණික·වස්තු·ධර්ම·ශාස්ත්‍රය, ප්‍රාණි·ධර්ම·විද්‍යාව, *n.* physiology. E. S.
ප්‍රාණිච්ඡේදනය, *n.* vivisection. E. S.
ප්‍රාණේශ්වරයා, *n.* (ප්‍රාණ ඊශයා), *lit.* life-master, viz. husband, ස්වාමිපුරුෂයා. [සන.
ප්‍රාතර්, *prefix* signifying morning, early, උදෑ
ප්‍රාතරශය, (අශ් to eat), ප්‍රාතර්භෝජනය, *n.* breakfast, උදේ කෑම.
ප්‍රාතර්ගේයයා, *n.* (ප්‍රාතර්, ගේය singing), morning singer or minstrel, employed to wake the sovereign by singing, උදෑසන ගායනාකරයා.
ප්‍රාතඃකාලය, *n.* (see ප්‍රාතර්), morning time, morning, උදෑසනකාලය.
ප්‍රාති·භාව්‍යය, *n.* (ප්‍රාති against, instead of, for; භාව්‍ය what is), bail, security, ඇපය.
ප්‍රාතිමෝක්ෂය, *n.* (pro-liberation), the name given to a collection of the various precepts contained in the Vinaya Pitaka. These precepts are read twice a month in every monastery, and individual priests are invited to make confession if they have broken any of the precepts read out. P. පාතිමොක්ඛ.
ප්‍රාති·මෝක්ෂ·සංවර·ශීලය, *n.* observance of Buddha's ordinances contained in the ප්‍රාතිමෝක්ෂය.
ප්‍රාති·හාරකයා, ප්‍රාති·හාරයා, *n.* magician, juggler, මායාකාරයා, විජ්ජාකාරයා.
ප්‍රාති·හාර්‍ය්‍ය, *a.* magical, මායාකාර; marvellous, පුදුමවූ; miraculous, ආශ්චර්‍ය්‍යමත්.
ප්‍රාති·හාර්‍ය්‍යතාව, *n.* magicalness &c.
ප්‍රාති·හාර්‍ය්‍යය, *n.* magic, jugglery, මායාව; marvel, පුදුමය; miracle, ආශ්චර්‍ය්‍යය. E. පෙලහර.
ප්‍රාථමික, *a.* first, initial, inceptive, ප්‍රථම, ප්‍රාරම්භ.
ප්‍රා·දක්ෂිණය, *n.* circumambulation: see ප්‍රදක්ෂිණාව.
ප්‍රාදුර්භාවය, *n.* (ප්‍රාදුර් evident, භාවය state), evidentness, manifestness, ප්‍රකාශකම.
ප්‍රාදුර්භූත, *a.* (භූත being), become or being evident &c., ප්‍රකාශ, පැහැදිලි.
ප්‍රා·ධාන, *a.* predominant, presiding, chief, supreme, ප්‍රධාන. [ප්‍රධානකම, අධිපතිකම.
ප්‍රා·ධාන්‍යය, *n.* predominance &c., dominion,
ප්‍රාන්තය, *n.* (ප්‍ර front, අන්තය), extremity, margin, border, outskirt, අද්දර, අයින.
ප්‍රාන්තාභ්‍යන්තරවක්‍ර, *a.* (ප්‍රාන්ත, අභ්‍යන්තර inner, අවනත bent), involuted (as a shell).
ප්‍රාන්ත·වක්‍ර, *a. bot.* crooked edged, sinuated, අද්දර වකුටු.
ප්‍රාන්ත·සන්නත, *a.* (සන්නත bent), *bot.* induplicate, අද්දර නැමුණු (ඇතුළ). [ළෙන්දා.
ප්‍රාපණිකයා, *n.* trader, dealer, merchant, වෙ
ප්‍රාප්ත, *a.* (ප්‍ර emp., ආප්ත attained, acquired), attained, arrived at, obtained, gained, ලැබුණු, ලබාගත්. E. S.

ප්‍රාප්තවෙනවා, *v. i.* to attain, arrive at, reach, (any state or place).
ප්‍රාප්තාර්ථ, *a.* (·අර්ථ profit, object), who has obtained profit or his object, successful, සඵලවූ.
ප්‍රාප්ති·දූතය, *n.* See පත්තිදූතය. [E. S.
ප්‍රාප්තිය, *n.* attainment, arrival, පැමිණීම; acquiring, acquisition, ලබාගැනීම; gain, ලාභය; success, සඵලය; assemblage, රැස්වීම; the superhuman power of obtaining everything.
ප්‍රාප්‍ය, *a.* attainable, පැමිණිය or ලබාගතහැකිවූ.
ප්‍රා·භවත්වය, *n.* authority, අධිපති බලය.
ප්‍රාමාණික, *a.* having authority, අධිපතිවූ; authoritative, බලය ඇති or සාක්ෂි ඇති.
ප්‍රාමාණිකයා, *n.* chief of a company or trade, president, ප්‍රධානියා; learned man, පණ්ඩිතයා.
ප්‍රාමාණ්‍යය, *n.* proof, evidence, සාක්ෂිය; authority, බලය.
ප්‍රාරබ්ධ, *a.* (ප්‍ර emp., ආරබ්ධ begun), begun, commenced, පටන්ගත්. [rope or chain.
ප්‍රාරබ්ධිය, *n.* beginning, පටන්ගැන්ම; elephant
ප්‍රාරම්භ, ප්‍රාරම්භක, ප්‍රාරබ්ධ, *a.* introductory, initial, preliminary, prefatory, exordial, මුල්වූ; E. S.
ප්‍රාරම්භය, *n.* commencement, introduction, prelude, exordium, preface, පටන්ගැන්ම, ආරම්භය.
ප්‍රාර්ථනය, *n.* (ප්‍ර emp., අර්ථ to ask), requesting, ඉල්ලීම; hoping බලාපොරොත්තුවීම.
ප්‍රාර්ථනා, *n. pl.* or *a.* hopes; pert. to hope.
ප්‍රාර්ථනාකරනවා, *v.* to aspire, hope for, පතනවා.
ප්‍රාර්ථනා·දායක, *a.* hope-giving, encouraging, ධෛර්යදීදෙන. [ness, despair.
ප්‍රාර්ථනා·නැතිකම, ප්‍රාර්ථනා·ශූන්‍යතාව, *n.* hopeless-
ප්‍රාර්ථනාව, *n.* hope, aspiration, wish, prayer, පැතීම.
ප්‍රාර්ථනා·හීන, *a.* hopeless, desponding, despairing, බලාපොරොත්තු නැති.
ප්‍රාර්ථනීය, *a.* that may be requested or hoped for, බලාපොරොත්තු විය යුතු.
ප්‍රාර්ථිය, *n.* the third age of the world, called Dwāpara, ද්වාපරය. [or faculty of hope.
ප්‍රාර්ථනේන්ද්‍රිය, *n.* (ප්‍රාර්ථනා ඉන්ද්‍රිය), *phren.* organ
ප්‍රාර්ථිත, *a.* the hoped for, බලාපොරොත්තුවූ, the desired, ආශාවූ; the requested, ඉල්ලනලද.
ප්‍රාලම්බය, *n.* (ප්‍ර emp., ආලම්බ pendant), neck-garland reaching to the breast.
ප්‍රාලේය, *n.* frost, හිම, E. S.; camphor, කපුරු.
ප්‍රාවරණය, *n.* (ප්‍ර ආවරණ), covering, වැස්ම, outer garment, cloak, සළුව.
ප්‍රාවරය, *n.* (ප්‍ර emp., ආවර cover), enclosure (around trees), hoarding, කොරටුව.
ප්‍රාවාර·පටලය, *n. anat.* involucre, involucrum.
ප්‍රාවිණ්‍යය, *n.* skill, skilfulness, දක්ෂකම.
ප්‍රාශ්නිකයා, *n* (fr. ප්‍රශ්න and ඉක), interrogator, questioner, ප්‍රශ්නකරන්නා.

ප්‍රාසකය, *n.* die, sg. of dice, දාදුකැටය.
ප්‍රාසංගය, *n.* yoke for cattle, වියගහ.
ප්‍රාසංගික, *a.* inseparable, වෙන්කළ නොහැකි, inherent, pertaining to, අයත්වූ, innate, සහජ.
ප්‍රාසංගිකතාව, *n.* inseparableness &c.
ප්‍රාසය, *n.* (ප්‍ර forth, අස් to throw), barbed dart.
ප්‍රාසාදය, *n.* temple; palace, මාලිගාව, රජවාසල; mansion, මන්දිරය.
ප්‍රාසාද·ශාලාව, *n.* palace hall, state room, මාලිගාවේ ශාලාව. [කොත.
ප්‍රාසාද·ශෘංගය, *n.* (ශෘංග horn or peak), turret,
ප්‍රාසාද·ශෘංගාකෘති, *a.* (ආකෘති like), turret-like, turreted, කොත් ආකාර.
ප්‍රාසාරණිය, *n.* See ප්‍රසාරණිය.
ප්‍රාසිකයා, *n.* (ප්‍ර forth, අස් to throw, ඉකයා doer), lancer, හෙල්ල දරන්නා.
ප්‍රිය, *a.* dear, beloved; glad, pleased, joyful, ප්‍රීතිවූ; pleasing, ප්‍රීතිසහිත.
ප්‍රිය, *n.* delight, satisfaction, සතුට. [කා.
ප්‍රියකයා, *n.* spotted deer, තිත්මුවා; bee, මීමැස්
ප්‍රියකරු, ප්‍රියංකර, *a.* pleasing, amiable, ප්‍රිය, attractive, ප්‍රියකරවන. [ප්‍රවඟු. *Bot.*
ප්‍රියංගු, *n.* panic seed, millet, තණහාල්. Also=
ප්‍රියතම, *a.* dearest, most beloved, ඉතා ප්‍රිය. *Bot.*
ප්‍රියතර, *a.* dearer, more beloved, වඩා ප්‍රිය.
ප්‍රියතාව, *n.* pleasantness, amiableness, gladness, ප්‍රියකම.
ප්‍රිය·දර්ශන, ·දර්ශිය, *a.* (දර්ශන aspect), of pleasant appearance, good looking, beautiful, lovely, ලක්ෂණ. [lectable, ප්‍රීතිදායක.
ප්‍රිය·වර්ධන, *v. adj.* gladdening, delighting, de-
ප්‍රියවචන, *a.* pleasing, pleasant.
ප්‍රිය·වාදී, *a.* of pleasant speech, pleasant-speaking, ප්‍රියලෙස කථාකරන; flattering, ඉච්චාකරන.
ප්‍රිය·සංගමය, *n.* (සංගම union, association), pleasant union, mutual friendship.
ප්‍රියාව, *n.* what is beloved or delightful: ap. for a wife, the beloved, ප්‍රේමවන්තී; news, information, ආරංචිය; small cardamoms, රට එන්සාල්; wine, මදිරය.
ප්‍රීණ, *a* (ප්‍රී to please or be pleased), pleased, satisfied, සතුටු; old, වෘද්ධ, මහලු.
ප්‍රීණනය, *n.* satisfying, satisfaction, සතුටුකිරීම; satiety, තෘප්තිය.
ප්‍රීත, *a.* pleased, satisfied, ප්‍රසන්න, සතුටු.
ප්‍රීති, *a.* glad, joyful; pert. to joy or pleasure.
ප්‍රීතිකරනවා, *v. t.* to gladden, cheer, enliven,
ප්‍රීති·ගිනි·මැලය, *n.* bonfire. [amuse.
ප්‍රීති·ඝෝෂාව, *n.* shout of joy, cheer, éclat.
ප්‍රීති·ජනක, ප්‍රීති·දායක, *a.* joy-producing, joy-giving, delighting, delightful, gratifying, pleasurable.
ප්‍රීති·ද, *a.* (ද giving), see ප්‍රීතිදායක.
ප්‍රීති·දයා, *n.* (ප්‍රීතිද and යා pers. aff.), mirth-giver, viz. jester, buffoon, කවටයා.

ප්‍රීති·පූර්වක, *a.* with joy, glad. [lighted.
ප්‍රීතිමත්, *a.* joyful, rapturous, enraptured, de-
ප්‍රීතිමත්කරනවා, *v. t.* to delight, charm, enrapture.
ප්‍රීතිමත්වෙනවා, *v. i.* to rejoice greatly &c.
ප්‍රීතිය, *n.* joy, gladdening, rejoicing, pleasure, happiness. [ing.
ප්‍රීති·වර්ධන, *v. adj.* gladdening, pleasing, charm-
ප්‍රීති·වාක්‍යය, *n.* joy-utterance or joyful sentence, sp. Buddha's exclamation of joy on the day of his last birth, viz. "I am the most exalted in the world; I am the chief in the world; I am the most excellent in the world; this is my last birth."
ප්‍රීති·වාචක, *a.* expressive of joy, joyful, congratulatory, ප්‍රීති දක්වන.
ප්‍රීතිවෙනවා, *v. i.* to be glad, rejoice.
ප්‍රීති·සම්පත, *n.* joy-treasure, viz. bliss.
ප්‍රීති·සෞම්නස, *n.* joy and gladness.
ප්‍රේක්ෂකයා, *n.* (ප්‍ර emp., ඊක්ෂ to see), spectator, බලා සිටින්නා. [gaze, බැලීම.
ප්‍රේක්ෂණය, *n.* (ප්‍ර, ඊක්ෂණය), eye, ඇස; looking,
ප්‍රේක්ෂණය කරනවා, *v. t.* to look at, view, reconnoitre, බලනවා. [visible, පෙනෙන.
ප්‍රේක්ෂණීය, *a.* that may be looked at or seen,
ප්‍රේක්ෂාව, *n.* looking, බැලීම, seeing, දැකීම; intellect, understanding, සිහිබුද්ධිය.
ප්‍රේක්ෂිත, *a.* looked at, seen, දකිනලද, පෙනෙන.
ප්‍රේංඛාව, ප්‍රේංඛෝලනය, *n.* hammock, swinging cot, තොටිල්ල.
ප්‍රේත, *a.* (ප්‍ර forth, ඉත gone), deceased, disembodied, dead, පරත්වූ, මැරුණ.
ප්‍රේත·කථාව, *n.* ghost-story.
ප්‍රේතකම, *n.* condition or conduct of a goblin; low vileness, නීච කැතකම.
ප්‍රේත·කර්ම, ප්‍රේත·කාර්ය, ප්‍රේත·කෘත්‍ය, *n. pl.* funeral rites, obsequies, අවමංගල්‍ය චාරිත්‍ර.
ප්‍රේත·පතියා, *n.* (පතියා ruler), regent of the dead, ap. of Yama, යම.
ප්‍රේතයා, *n.* ghost, goblin, sprite, manes; *fig.* filthy person, කැතයා.
ප්‍රේත·ලෝකය, *n.* world or region of disembodied spirits or goblins.
ප්‍රේත·වනය, *n.* grove of the dead, viz. cemetery, සොහොන්භූමිය.
ප්‍රේත·වස්තුව, *n.* (වස්තුව treasure, history), history or narrative of sprites, the name of a sûtra of Buddha, included in the ඛුද්දකනිකාය: see සූත්‍රපිටකය.
ප්‍රේත·වාශිත, *a.* possessed by a demon or sprite, යක්ෂාවේශ, භූතාවේශ. [manes.
ප්‍රේතාන්න, *n.* (·අන්න food), food offered to the
ප්‍රේතී, *n. fem.* female sprite or goblin.
ප්‍රේත්‍යව, *part.* having become or being disembodied, being in the unseen world.

ප්‍රේමකරනවා, *v.* (*dat*), to love.
ප්‍රේමකරවනවා, *v. t.* to cause to love, enamour.
ප්‍රේමණීය, *a.* amiable, lovable.
ප්‍රේමය, *n.* love, affection, attachment, ආදරය.
ප්‍රේමවන්ත, ප්‍රේමවත්, *a.* loving, affectionate; beloved. [rato; friend, මිත්‍රයා.
ප්‍රේමවන්තයා, *n.* beloved one or lover, inamo-
ප්‍රේමවන්තී, *n. fem.* beloved one, inamorata; friend, මිතුරී. [for.
ප්‍රේමවෙනවා, *v. i.* (*dat.*), to love, feel affection
ප්‍රේමේන්ද්‍රියය, *n.* (ප්‍රේම ඉන්ද්‍රියය), faculty of love, *phren.* amativeness.
ප්‍රේරණය, *n.* (ප්‍ර forth, ඊර් to go, move, proclaim), sending forth, යැවීම, පිටත්කිරීම; directing, commanding, අණකිරීම; message, පණිවිඩය; agitation, චංචලය.
ප්‍රේරණයකරනවා, *v. t.* to send forth, යවනවා, පිටත්කරනවා. [rected.
ප්‍රේරිත, *a.* (ප්‍ර·ඊරිත), sent forth, යවනලද; di-
ප්‍රේරිතකම, ප්‍රේරිත·ධුරය, *n.* apostleship, apostolic office.
ප්‍රේරිතයා, *n.* messenger, පණිවිඩකාරයා, apostle.
ප්‍රේෂණය, *n.* (ප්‍ර forth, ඉෂ් to go), sending, යැවීම; despatch, message, පණිවිඩය.
ප්‍රේෂිත, *a.* sent, despatched, යවනලද.
ප්‍රෛශුන්‍යය, *n.* Er. for පෛශුන්‍යය. [clared, කීවූ.
ප්‍රෝක්ත, *a.* (ප්‍ර forth, උක්ත), the said, uttered, de-
ප්‍රෝත්සාහකරනවා, *v.* (ප්‍ර emp., උත්සාහ), to make earnest effort, strive, ඉතා උත්සාහකරනවා.
ප්‍රෝත්සාහය, *n.* earnest effort, striving, බලවත් උත්සාහය. [වන්ත, කඩිසර.
ප්‍රෝත්සාහී, *a.* striving, earnest, diligent, වීර්‍ය
ප්‍රෝල්ලාසිත, *a.* (ප්‍ර උල්ලාස, ඉත gram. form), convalescent, සනීපවෙන.
ප්‍රෝෂිත, *a.* (ප්‍ර forth, උෂිත dwelling), dwelling abroad, sojourning, අන්‍යරටක වාසයකරන, පෙරරජ්ජුව සිටින.
ප්‍රෝෂිත·ජනයා, *n.* colony (of persons). E.S.
ප්‍රෝෂිතයා, *n.* colonist or one dwelling abroad.
ප්‍රෝෂ්ඨ·පදව, *n.* (ප්‍රෝෂ්ඨ ox, පද foot), a constellation, the 26th or else the 27, it includes stars in the wing of Pegasus. [&c.
ප්‍රෝහිතයා, *n.* Er. for පුරෝහිතයා: see පුරෝහිත
ප්‍රෞඪ, *a.* (ප්‍ර emp., ඌඪ matured), full-grown, වැඩුණු; confident, bold, forward, ඔහුව, haughty, proud, උඩඟු, එඩි. [ඓඩ්‍යාසය.
ප්‍රෞඪිය, *n.* confidence &c., enterprise, courage,
ප්ලච්චිකාම්රය, *n.* Port., scullery.
ප්ලවක, *a.* leaping, jumping, පනින, plunging, galloping, පිම්මෙම් පනින. [පිනුම්කාරයා.
ප්ලවකයා, *n.* tumbler, acrobat, rope-dancer &c.,
ප්ලවගයා, ප්ලවංගමයා, ප්ලවංගයා, *n.* (ප්ලව jumping &c., ග or ගම going), jumper, leaper: ap. of the monkey, ape, රිලවා &c. or frog, ගෙම්බා, or deer, මුවා.

පලවංගම, *n.* forty-first year of the Indian cycle of sixty.

පලවනය, *n.* inundation, deluge, ජලගැල්ම; jumping, පැනීම; swimming, පිහිනීම.

පලවය, *n.* jumping, leaping, පැනීම, plunging, galloping, පිම්මෙන් යාම; swimming, පිහිනීම, diving, කිමිදීම; raft, float, පහුර; long accent or protraction of a sound or sentence; declivity, පල්ලම; 36th year of the Indian cycle of sixty.

පලවයා, *n.* leaper, plunger, පනින්නා &c. ap. of the monkey or frog or duck or diver bird, පනින or කිමිදින සතෙක්.

පලවාකාව, *n.* float, raft, පහුර; boat, පාරුව.

පලවිත, *a.* inundated, submerged, වතුරට යටවූ.

පලවියා, *n.* bird, කුරුල්ලා.

පලෑන, පැලෑන, *n.* Eng., plan (of buildings &c.).

පලෑනක් සාදනවා, *v.* to make a plan (as an architect).

පලෑස්තරය, *n.* Eng., plaster (medical).

පලීහය, පලීහාව, *n.* the spleen, බඩදිව.

පලුත, *a.* long, protracted, as the protracted vowels ඉයේ and ඔරෝ in ඔමෙන්... වරෝ..., which have three syllabic instants or are three times as long as the short vowels.

පලුෂය, *n.* burning, පිලිස්සීම.

පලුෂට, *a.* burnt, පුලුස්සනලද.

පෙල්කොටුව, *n.* Port., dashboard or splashboard of a carriage.

ඵ.

ඵ, *n.* The second letter of the labials, the aspirate of the preceding letter, expressed by *ph* and pronounced like *p* in *uphill*, allowing the *h* to coalesce with the *p*.

ඵටය, ඵණය, *n.* hood of the cobra, පෙණය.

ඵණකරයා, *n.* (ඵණ hood, කරයා maker), snake, sp. the cobra, නයා.

ඵණධරයා, *n.* (ධරයා bearer), see ඵණකරයා.

ඵණිය, *n.* See ඵටය, ඵණය.

ඵණියා, *n.* snake, cobra, නයා.

ඵණීන්ද්‍රයා, *n.* (ඵණී, ඉන්ද්‍රයා), ap. of Rāhu the node, and of Ananta king of the Nāgalōka [or snake world.

ඵණ්ඩය, *n.* belly, බඩ.

ඵය, *n.* yawning or belching (or sound thereof); increasing, වැඩීම, swelling, ඉදිමීම.

ඵරසුව, *n.* (පරශුව), axe, hatchet, පොරව.

ඵරිසියා, *n.* Eng., pharisee.

ඵලකධාරියා, ඵලකපාණියා, *n.* (ඵලක shield, ධාරී bearing, පාණි hand), soldier armed with a shield, targeteer, පලිහක් දරන්නා.

ඵලකය, *n.* shield, පලිහ; anything tabular, as: bone of the forehead, නලල් ඇටය; leaf or page, කොලය; table, මේසය; plank, පෝරුව; buttock, තට්ටම.

ඵලකවාහකයා, *n.* See ඵලකධාරියා.

ඵලකාකාර, *a.* tabular, තහඩු ආකාර, *bot.* and *zo.* scutate, scutiform. E. S.

ඵලගණ්ඩයා, *n.* carpenter, වඩුවා.

ඵලගහ, *n.* fruit tree, පලගහ.

ඵලග්‍රහී, *a.* fruit-bearing, fruitful, පලදරන.

ඵලනාසාව, *n.* gum or gum-resin, මැලියම, මැලි [යම් ද්‍රව්‍යමල.

ඵලඝු, *a.* Er. for ඵලඝු.

ඵලතර, *a.* (තර abounding), very fruitful or productive, සශ්‍රීක. E. S.

ඵලත්‍රය, *n.* (ත්‍රය three), three sorts of fruit collectively, three myrobalans, viz. අරළු, බුළු, නෙල්ලි.

ඵලත්‍රික, *n. pl.* the three myrobalans collectively: see තිපල්. [පලදරන.

ඵලද, *a.* (ද giving), fruit-giving, yielding fruit,

ඵලදායක, *a.* fruit-giving; *fig.* remunerative, profitable, ප්‍රයෝජනවත්. [ward or result.

ඵලදෙනවා, *v.* to yield fruit; *fig.* to bring re-

ඵලධර or ·ධාරී, *a.* (ධර, ධාරී, having), having or bearing fruit, productive.

ඵලනය, *n.* fructification. E. S.

ඵලනාශනය, *n. lit.* fruit-destruction, viz. loss, misfortune, හානිය, අවාසනාව.

ඵලපල්ලව, *n. pl.* fruits and sprouts, පල හා දළු.

ඵලපාකකාලය, *n.* (පාක ripening), fructescence. E. S.

ඵලපාකය, *n.* the ripening of fruit, පල පැසීම or ඉදීම; *fig.* see ඵලවිපාකය.

ඵලපාකාන්තාව, *n.* (පාක, අන්ත end), that which ends after bearing, viz. any annual plant. E. S. [tive, පලදරන.

ඵලප්‍රද, ඵලප්‍රසූත, *a.* fruit-bearing, produc-

ඵලප්‍රසූතිය, *n.* bearing fruit, fruiting, පල දැරීම.

ඵලප්‍රයෝජනය, *n.* produce, result, profit.

ඵලප්‍රාප්ත, *a.* that has obtained result, successful, සඵලවූ.

ඵලප්‍රාප්තිය, *n.* success, සඵලවීම, සඵලත්වය.

ඵලභුක්තිය, *n.* usufruct. E. S.

ඵලභෝගය, *n.* enjoyment, fruition, භුක්තිවිඳීම.

ඵලය, *n.* fruit, පල, ගෙඩිය; *fig.* result, consequence, produce, retribution, ඵලවිපාකය; *arith.* quotient; shield, පලිහ, blade of a sword &c., තලය; ploughshare, හීවැල; furrow, හීවිට; menses, මල්වරය

ඵලවත්, *a.* fruitful, පලදරන.

ඵලවාරය, *n.* fruit-season.

ඵලවිද්‍යාව, *n.* carpology. E. S.

ඵලවිනාශිනී, *n. fem.* (විනාශ: destroyer), fruit destroyer: ap. of the parrot, ගිරවා.

ඵලවිපාකදෙනවා, *v.* to recompense, reward, make retribution.

ඵලවිපාකය, *n.* recompense &c., profit.

ඵලවෘක්ෂය, *n.* fruit-tree, ඵලගහ.

ඵල·ශාලි, *a.* fruit-bearing, fruitful, පලදරන,

ඵල·සමය, *n.* fruit-season, ඵලවාරය. [සම්‍රිතාධ.

ඵල·සමාධිය, *n.* (ඵල result, gain, සමාධිය meditation, composure), mental composure arising from the performance of religious duties and from religious attainments, or meditation on results.

ඵල·සම්පන්න, *a.* attended with fruit, profit or success, fruitful, successful, සඵලවූ.

ඵල·සම්පත්තිය, *n.* fruitful result, success, සඵලත්වය.

ඵල·සිද්ධිය, *n.* attainment of result, realization, අදහස or විපාකය සම්පූර්ණවීම.

ඵල·හානිය, *n.* loss of result, failure, නිෂ්ඵලවීම.

ඵලාප්‍රද, ඵලාපේත, *a.* (·අප්‍රද not giving, අපේත gone), fruitless, unproductive, ඵලනැති, නිෂ්ඵල. [cess and failure.

ඵලාඵල, *n.* (ඵල අඵල, fruit and fruitless), suc-

ඵලාඵල·කීම, *v. n.* fortune telling, නිමිතිකීම.

ඵලාම්ලය, *n.* (·අම්ලය acid), fruit-acid, tartaric acid. E. S.

ඵලාම්ලාකාර, *a.* (·අම්ල ආකාර), tartarous.

ඵලාරාමය, *n.* (·ආරාම), fruit-garden, orchard, පලතුරු වත්ත.

ඵලාවරණය, *n.* (·ආවරණය covering), pericarp, pericarpium. E. S. [of the parrot, ගිරවා.

ඵලාශනයා, *n.* (·අශන food), fruit-feeder: ap.

ඵලාහාරය, *n.* (·ආහාර), fruit-diet, පලජාති කෑම.

ඵලාහාරයා, *n.* See ඵලාශනයා.

ඵලි, *a.* in fruit, fruiting, පල ඇති. [like.

ඵලික, *a.* pert. to fruit trees or to fruit, fruit-

ඵලිය, *n.* tree in fruit, පලඇති ගස. [ගන්න.

ඵලෝත්පාදක, *a.* (ඵල උත්:), fruit-bearing, පල

ඵලෝදය, *n.* (ඵල, උදය arising), consequence, result, sequel, E. S.; profit, ඵලප්‍රයෝජනය; future reward, heaven, happiness, පරලොව සැපත.

ඵල්ගු, *a.* pithless, මද නැති, sapless, ශුෂ්කනැති; *fig.* vain, worthless, නිෂ්ඵල, false, බොරු.

ඵල්ගුණ, *n.* mace, spice, වසාවාසි.

ඵල්ගුතාව, *n.* pithlessness &c., මදනැතිකම.

ඵල්ගුන, *n.* eleventh and twelfth lunar asterisms; name of a month, Feb-March, නවන් මස.

ඵාණිත, *n.* raw sugar or jaggery, හකුරු, sugarcane juice, molasses, උක්පැණි.

ඵාණ්ට, *a.* (ඵණ to prepare readily), readily prepared (by decoction &c.), පහසුවෙන් සකසා රන &c. [(පිපී).

ඵාල, *a.* made of cotton, cotton (cloth &c.), කපු

ඵාල, *n.* ap. of Siva and Balarama.

ඵාල, *n.* ploughshare, නිවැල, නගුල් දත.

ඵාලිය, *n.* cotton cloth, calico, කපු පිළි.

ඵාල්ගුන, *n.* See ඵල්ගුන.

ඵාල්ගුනිකය, *n.* month of the eleventh and twelfth lunar asterisms, viz. Feb.-March.

ඵාසු, *a.* See පහසු.

ඵිය, *n.* anger, wrath, කෝපය.

ඵුල්ල, *a.* expanded, opened (as flowers), පිපුණු.

ඵුල්ලිය, *n.* opening (of flowers), පිපීම.

ඵෙන(ණ), *n.* froth, foam, පෙණ; cuttle-fish bone, supposed to be solidified foam. [කනිය.

ඵෙනතාව, *n.* frothiness, state of foam, පෙණ

ඵෙනක, *n.* cuttle-fish bone. E. S.

ඵෙන·ල, *a.* (ලා to give), frothy, foaming, පෙණ ඇති, පෙණදමන. [on the breakers.

ඵෙන·මාලාව, *n.* foam-wreath, wreath of foam

ඵෙ·රයා, ඵෙ·රවයා, ඵෙ·රුවා, *n.* (ඵෙ—රව the sound ඵෙ; රු to utter), jackal, හිවලා.

ඵෙල, ඵෙලි, ඵෙලිකා, *n.* orts, leavings of a meal, droppings from the mouth, ඉතුරුවූ අහර, ඉඳුල්.

බ.

බ, *n.* The third letter of the labials or fifth class of consonants, corresponding to the letter B. බ is often derived from the Sans. ව, as බෙහෙට from the Sans. වෙහෙට; and ව from the Sans. බ, as වණ්ණ from the Sans. බණ්ණ.

බක, *a.* great, මහ. [croak as frogs.

බකබක·ගානවා, *v.* to make the sound බකබක,

බක·බඹ, බක·බ්‍රාහ්මයා, *n.* a noted Brahma whom Buddha encountered when preaching in the Brahma world.

බක·මුහුණ, බක·මුණ, *n.* owl.

බක·තපස්, *n.* (බක crane-like, see බකයා below), false hermit or devotee, hypocrite.

බකයා, *n.* crane or paddy bird, කොකා; rogue, cheat (crane being regarded as a bird of great cunning); name of a noted Asura or demon, Sans. වකා.

බකල, *a.* bow-legged, bandy-legged; distorted.

බකල·කර·යනවා, බකල·ගහනවා, *v.* to waddle, to limp.

බකලයා, *n.* bow-legged man, man or animal with distorted limbs.

බක·ව්‍රතය, *n.* crane-like observance, *i.e.* hypocrisy.

බකු·කට, *n.* splay-mouth, wine mouth. [crisy.

බකෝටයා, *n.* crane, paddy bird or stork, කොකා.

බක්ක, බක්කස්, *a.* big or bulky, ගජ, මහ.

බක්කා, *n.* big man, giant, enormous animal.

බක්කිය, *n.* D., trough, box. [April-May.

බක්·මස, *n.* first month of the Sinhalese year,

බග, *n.* (Sans. භග), pudendum muliebre; the month බක්මස.

බගන්කරව, බගන්දරව, *n.* inflamed tumour near the anus, fistula in ano: see භගන්දර.

බගවත්, *a.* See භගවත්.

බංකලොත්, *a.* D., bankrupt. E. S.

බංකුව, *n.* Port., bench, seat.
බංගලාව, *n.* Ben., bungalow, lodge.
බංගාලය, *n.* Bengal.
බංගාලි, *a.* Bengal or Bengali.
බංගාලියා, *n. mas.* a Bengali.
බඝර, *n.* toddy, intoxicant, රහමෙර, සුරා; arrack, අරක්කු.
බජන, *n.* See බඳුන and භාජනය.
බජනය, *n.* E. of භාජනය.
බට, *v. adj. pret.* descended, sunk, බැස්ස.
බට or බටගහ, *n.* reed, small species of bamboo, *ochlandra stridula.*
බට·ඉර, *n.* or *a. lit.* the set-sun, viz. the West; western, occidental.
බට·කපුරු, *n.* manna or pith of the reed.
බට·ගස, *n.* See බට, බටගහ.
බට·ගොයා, *n.* orange-breasted green pigeon, paroquet; *pl.* බටගොයි.
බට·තුවක්කුව, *n.* reed-gun, pop-gun.
බට·දණ්ඩ, *n.* reed-stick, reed; *pl.* බටදඬු.
බටකිලය, *n.* privy, වැසිකිළිය. [of file.
බට·පොතු·පීර, *n.* (බටපොතු reed-bark), a kind
බටය, *n.* descent, බැසීම; west, බස්නාඉර; army, සුබෙන්නාව.
බටයා, *n.* a kind of fish.
බට·ලී·නළාව, *n. mus.* reed-pipe.
බට·ලීය, *n.* See බට, බටදණ්ඩ.
බට·ලී·වැට, *n.* reed-fence.
බට·හිර, *n.* or *a.* See බටඉර. [Europe, යුරෝපය.
බට·හිර·දේශ, *n. pl.* occidental countries, viz.
බටු, *v. adj. pret.* descended, set, බට. See *Bot.*
බටු·ගිනි·කුරුල්ලා, *n.* See කොස්කුරුල්ලා.
බටු·ගිරවා, *n.* blossom-headed paroquet, *palæornis cyanocephalos, pl.* බටුගිරව්.
බටු·මීයා, *n.* mouse.
බට්ටා, *n.* seed of the creeper brasilleto (*cæsalpinia mimosoides*) used in playing a certain game. [babbler birds.
බට්ටිච්චියා, *n.* name of the several species of
බඩ, *n.* belly, abdomen; stomach, කෑම බොක්ක; womb, කුස. [ach, gastric.
බඩ, *a.* abdominal, ventral; pert. to the stom-
බඩ·ඇරෙනවා, *v. i.* the bowels open, (the natural evacuation).
බඩ·ඇවිලෙනවා, *v. i.* the abdomen or stomach burns, is inflamed or has shooting pains.
බඩ·ඉගිලීම, *v. n.* of බඩඋගුලනවා: diarrhoea.
බඩ·ඉරිඟු, *n.* a species of maize.
බඩ·උගුලනවා, *v. i.* (of the bowels) to purge, be much relaxed; *pret.* බඩඉගුළුවා. [රය.
බඩහැලුත්තුව, *n.* diarrhoea, dysentery, අතිසා
බඩ·ගහ·ගහනවා, *v. i.* See බඩඋගුලනවා.
බඩ·ගානවා, බඩ·යා·යනවා, *v.* to move or go on the belly, creep, crawl, grovel (as serpents &c.).

බඩ·ගා·යන·සතා, *n.* crawling animal, reptile.
බඩ·ගා·යාම, *v. n.* creeping, crawling.
බඩ·ගිනි, *a.* hungry.
බඩ·ගින්න, *n. lit.* stomach-fire, viz. hunger.
බඩ·ජහරියා, *n.* glutton, gormandizer, කෑදරයා.
බඩ·ජරි, ·ජල, *a.* gluttonous, voracious, කෑදර, [ගිජු.
බඩජරියා, බඩජලයා, *n.* glutton.
බඩ·තුර, *n.* (තුර for අතුර middle), pit of the stomach, front part of the waist where the waist-cloth is used as a pocket.
බඩ·දගලනවා, *v. i.* the stomach twists about, struggles, viz. one feels nausea as if about to vomit. [pregnant.
බඩ·දරු, බඩදරුවෙක් සිටින, *a.* (දරු, *a.* child-),
බඩ·දරු·ලිය, බඩ·දරු·ස්ත්‍රී, *n.* pregnant woman.
බඩ·දය, *n.* heart-burn, pyrosis.
බඩ·දගලීම, *v. n.* of බඩදගලනවා: nausea.
බඩ·දුල්·කොකා, *n.* large white egret, *herodius alba.*
බඩ·දූවිල්ල, *n.* burning sensation or pain in in the stomach; colic; hunger.
බඩ·දිව, *n.* the spleen, milt.
බඩ·දිව·දූවිල්ල, *n.* splenitis.
බඩ·පටිය, *n.* belly-band.
බඩ·පණුවා, *n.* intestinal worm.
බඩ·පතුව, බඩපස්ස, *n.* side of the abdomen, the part between the ribs and the hips.
බඩ·පිපීම, *v. n.* inflation of the abdomen, flatulence.
බඩ·පිස්සා, *n.* (බඩ womb, පිස්සා who has swept), the last child or last born of any animal.
බඩ·පුතු, *n.* embryo, කලල්රූපය, fetus, ගැබ්බ
බඩ·පුප්පනවා, *v.* to bloat the belly. [දරුවා.
බඩ·පුප්පන්නා, *n.* one who bloats his belly.
බඩ·පුරම, *ad.* bellyful, to repletion.
බඩ·බකු, *a.* pot-bellied.
බඩබක්කා, *n.* pot-bellied person.
බඩ·බන්කඩ, *n.* waist-cloth, cloth tied round the waist to cover the abdomen.
බඩ·බැඳගන්නවා, *v. lit.* to tie up the stomach; to become very affectionate.
බඩ·බැඳගැනීම, *v. n.* of the above; binding or girdling the waist or abdomen &c.
බඩ·මදය, *n.* (බඩ interior, මදය pith), pith of a tree; fruit-pulp, මදුල.
බඩ·මාලු, *n.* edible part of the entrails of fish.
බඩ·මැද·හම, *n.* central membrane of the abdomen, diaphragm E. S.
බඩ·යනවා, *v.* See බඩඋගුලනවා.
බඩ·යාම, *v. n.* of බඩයනවා: motion of the bowels, diarrhoea.
බඩරලා, *n.* a kind of fish.
බඩ·රිදුම, *n.* See බඩකැක්කුම.
බඩ·රුජාව, ·රුදව, *n.* labour-pains.
බඩ·ලෙඩ, *n.* disease of the bowels, diarrhoea.

බබල්·චත්‍රක, *n.* club-moss: *Bot.*
බබල්·වැඩ, *n.* gold work or silver work.
බඩ·වත, *n.* *anat.* venter, abdomen; *bot.* inner side or hollow of the bark.
බඩ·වත·සන්ධිය, *n.* *bot.* ventral suture.
බඩවරා, *n.* a kind of fish.
බඩවා, *n.* a kind of fish; *pl.* බඩව.
බඩවාග්නිය, *n.* (බඩවා අග්නිය), submarine fire, සමුද්‍රවහ්නිය.
බඩ·වැටිය, බඩ·වෙට්ටිය, *n.* (බඩ border), hedge-row, fence, hedge, වැට.
බඩ·වැල, *n.* (වැල creeper, string, catena), gut, intestine, entrail; *pl.* and *a.* බඩවැල්, bowels; enteric. [eviscerate.
බඩවැල්·අදිනවා or අරිනවා, *v.* to disembowel,
බඩ·වැල්·දැවිල්ල, *n.* inflammation of the bowels, enteritis.
බඩ·වැල්·මල්ල, *n.* the great omentum, caul,
බඩවීම, *v. n.* becoming pregnant
බඩවෙළීම, බඩවෙළුම්කම, *n.* costiveness, constipation.
බඩ·වෙළෙනවා, *v. i.* to become constipated.
බඩ·සාය, *n.* hunger, බඩගින්න.
බඩ·හල, බඩ·හැල, *n.* potter's shed, place where pottery is made, pottery. [භාණ්ඩකාරයා.
බඩහැරයා, බඩැරියා, *n.* storekeeper, treasurer,
බඩහැලයා, *n.* potter.
බඩාලා, *n.* goldsmith, silversmith; a man of that caste; *pl.* බඩල්ලු.
බඩිත්·තලවූ, *a.* having the belly flat on the ground, crawling (as a reptile).
බඩිත්·යනවා, *v.* to go from or pass through the abdomen (as fæces or blood &c.).
බඩු, *n. pl.* articles, goods, effects, baggage, movables.
බඩු·අදිනවා, *v.* to cart goods.
බඩු·පෙට්ටි·කාරයා, *n.* packman.
බඩු·පෙට්ටිය, *n.* goods'-box, jewel-box.
බඩු·බාහල්, බඩු·බාහිරා, බඩු·මුට්ටු, *n. pl.* articles, goods and things. [බඩුමෑම.
බඩුබානවා, *v.* to unload, discharge goods; *v.n.*
බඩු·මිටිය, *n.* bundle of things, pack, package.
බඩුව, *n.* article (of goods), thing; *pl.* බඩු.
බඩු·වට්ටෝරුව, බඩු·සටහන, *n.* inventory or list of goods or things.
බඬ, බඬය, *n.* pith of a tree. [men.
බඬ·ඇමම, *n.* pain of the stomach or abdo-
බඬ·කැක්කුම, *n.* pain in the belly, gripe, colic.
බණ, *n.* sound, ශබ්දය, noise, ඝෝෂාව; word, වචනය; sp the word of Buddha, B. Scriptures.
බණ·කියනවා, *v.* to read or preach the B. Scriptures; *fig.* speak obscurely or unintelligibly (like බණ which has to be interpreted).
බණකොත, *n.* turret or cupola of the බණමඩුව.
බණනවා, *v.* to speak, say, deliver an address; *pret.* බැණුවා; *v. n.* බැණීම.
බණ·පොත, *n.* B. Scripture book
බණ·මඩුව, *n.* an open shed for reading or preaching බණ, when many priests attend and receive offerings. [Vishnu.
බණ·රිපු, බණ·රුපු, *n.* enemy of බණ: ap. of
බණවනවා, *v. t.* to speak to, address, කථාකරනවා; *pret.* බැණෙවුවා; *v. n.* බැණවීම.
බණ·වරය, *n.* a turn at reading බණ. When the reading is long continued, often all night, the priests take it in turns.
බණ·වසුන්, බණවස්ත්‍ර, *n.* cloth wrapper or cover in which to keep bana books.
බණිඡාවය, *n.* traffic, trade, වෙළෙඳම.
බණිනවා, *v.* to abuse, revile, rail at, vituperate; *pret.* බැන්නා; *v. n.* බැණීම.
බණ්ඩක්කා, *n.* T., a plant so called or its fruit, 'ladies' fingers,' ochra, *hibiscus esculentus*.
බණ්ඩා, *n.* boy, ළමයා; son of a chief.
බණ්ඩාර, *n.* son of a chief, prince, කුමාරයා. Used in the Central province only.
බණ්ඩි·කියත, *n.* a kind of saw.
බණ්ඩිය, *n.* belly, බඩ.
බණ්ඩියා, *n.* person with a big belly. [coolie.
බත, *n.* boiled rice; daily ration of soldier or
බතකයා, *n.* servant, වැඩකාරයා.
බතල, *n.* (native) sweet potato.
බතල·වැල, *n.* sweet potato plant or creeper.
බත්, *n.* boiled rice.
බත්·උල, *n.* (උල particle), grain of boiled rice.
බත්·කඩය, බත්කඩේ, *n.* boiled-rice bazaar, eating house. [කෙණ්ඩා.
බත්·කෙණ්ඩය, *n.* calf of the leg; *pl.* බත්
බත්·ගමයා, *n.* man of the Paduwa caste.
බත්තහ·රාල, *n.* (රාල master), superintendent of the kitchen.
බත්·පිඩ, *n.* ball or lump of boiled rice ready for the mouth, mouthful; *pl.* බත්පිඩු.
බත්·බැලයා, *n.* servant who works for his rice only, බතකයා.
බත්·මඟුල *n.* rice-feast, rice-feeding festival to celebrate a child's first meal of rice.
බත්·මෙව්වනවා, *v. hon.* to partake of rice, used of nobles only; see මෙව්වනවා. [of the food.
බත්වඩනිලමේ, *n. hon.* honourable steward
බත්·වළඳ, *n.* rice pot or pan. [අඩංගු.
බද, *a.* joined, united, බැඳි, යාවූ; belonging to,
බද·අදර, *n.* fixed or firm affection or friend ship, ස්ථිර ආදරය or මිත්‍රකම.
බදහ, *n.* See බද්ධහ.
බදනවා, බදගන්නවා, *v. t.* to grasp in the arms, embrace; *pret.* බැදුවා, බදගත්තා; *v. n.* බැදීම &c.
බදර, *n.* seed of the cotton plant; see *Bot.*

බදපිඤාව, *n.* cotton pod.
බද, *n.* the planet Mercury.
බද·ද, *n.* the day of Mercury, viz. Wednesday.
බදම, *n.* mortar, plaster, cement, any material for smearing or plastering on; gum or glue.
බදම·ගානවා, *v.* to plaster with mortar, apply mortar &c. to the surface.
බදම·කුඩය, බදම·ලෑල්ල, *n.* hod, mortar board.
බදිනවා, *v. t.* to fry, grill, parch, roast; *pret.* බැද්ද; *p. pl.* බැද; *v. n.* බැදීම.
බදු, *a.* deceptive, delusive, වංචාකාර; see බද්ද.
බදු, *a.* buffalo, මීහරකා.
බදුකම, *n.* deception, deceitfulness, කපටිකම.
බදුකරනවා, *v. t.* to rent, have on rent, farm taxes.
බදුකාරයා, *n.* lessee, renter, farmer of taxes.
බදුකැරය, බදුකැරෙර, *n.* deed of lease.
බදු·ගණන, *n.* value or rental of a lease.
බදු·ගන්නවා, *v. t.* to lease, viz. take on lease.
බදු·දෙනවා, *v. t.* to give on lease, let out for a period.
බදුන, *n.* E. for භාජනය: vessel, utensil, pot, pan &c.
බදු·මිල, *n.* See බදුගණන.
බදුරු, *a.* E. of භද්‍ර: good, යහපත්, fortunate, auspicious, මංගලවත්.
බදුරු·කලය, *n.* auspicious water-pot.
බද්ද, *n.* tax, rent, lease; *pl.* බදු.
බද්දි·වෙල, *n.* paddy field, කුඹුර.
බද්දෙදත්·බද්ද·දෙනවා, *v. t.* to sublet or lease.
බඩ, *a.* (fr. බන්ධ to bind), bound, tied, fixed, inveterate, බැඳි.
බඩතාව, *n.* state of being bound, fixedness, inveteracy, බැඳීගතිය.
බඩ·පත්‍රය, *n.* attached leaf, *bot.* rider, බැඳිකොළය.
බඩ·පරාග·කෝෂ, බඩ·පරාග·කෝෂවත්, *a.* synantherous, පරාගකෝෂ බැඳි.
බඩ·පර්‍යංකය, *n.* (පර්‍යංකය seat), bound or folded seat, viz. seat made by folding the legs under like a tailor or recluse engaged in meditation.
බඩ·පාද·ඟුලි, *a.* (පාද foot, අංගුලි digits), webfooted, පාදාංගුලි බැඳි. [birds &c.
බඩ·රාවය, *n.* continuous noise or outcry, as of
බඩ·රෝගය, *n.* fixed or chronic disease, නිදන රෝගය. [වෛරය, තද වෛරය.
බඩ·වෛරය, *n.* fixed or settled hatred, බැඳි
බඩාඞකුරය, *n.* See බැඳි අකුර.
බඩාඤ්ජලි, *a.* (·අඤ්ජලි palms), united palms, viz. having the palms of the hands joined for salutation or worship, ඇඳිලිබැඳි.
බඩානුශය, *a.* (·අනුශය attachment), resolved, determined. E. S.
බඩකයා, බඩයා, *n.* killer, slayer, මරන්නා, executioner, වධකයා, අලුගෝසුවා.
බඩය, *n.* killing, slaughter, මරාදැමීම.
බඩ·ඝාතය, *n.* place of slaughter or execution, මරන ඝාතය.
බඩාංගකය, *n.* (බඩ killing, අංගකය the body), poison, venom, වස.
බහිර, *a.* (fr. බන්ධ to bind), deaf, බිහිරි. [කරනවා.
බහිරකරනවා, *v. t.* to deafen, make deaf, බිහිරි
බහිරයා, බහිරු, *n. mas.* deaf person, බිහිරා.
බඹුව, *n.* woman, wife, ස්ත්‍රී, භාර්‍යාව.
බන්ධු, *n.* See භාණ්ඩ.
බන්, *a.* bound, tied, බඳිනලද.
බන්කුව, *n.* See බංකුව.
බන්ගලාව, *n.* See බංගලාව.
බන්දන, *v. adj.* for බන්ධන: binding, tying &c.
බන්දවනවා, *v. c.* of බඳිනවා: to cause to bind, get bound; *pret.* බැන්දෙව්වා; *v. n.* බැන්දවීම.
බන්දවා·ගන්නවා, *v. t.* to get bound to one's self, to attach to one's self or party or religion.
බන්දේසිය, *n.* Port., tray, waiter.
බන්ධකී, *n.* adulteress, harlot, වෙසඟන; barren woman, වඳ ස්ත්‍රී.
බන්ධන·පටිය, *n.* ligature, බැඳුම, belt, බඳපටිය.
බන්ධනය, *n.* binding, බැඳීම; band, ligature, ligament; බැම්ම, බැඳුම; killing, මරාදැමීම.
බන්ධනයකරනවා, *v. t.* to bind, බඳිනවා.
බන්ධන·රේඛාව, *n.* uniting line: hyphen; *mus.* ligature.
බන්ධනාගාරය, බන්ධනාලය, *n.* (ආගාරය, ආලය house), prison, හිරගේ.
බන්ධනිය, *n.* binder: as, bandage, cord, rope, chain, fetter &c., බැඳුම, ලනුව &c.
බන්ධය, *n.* binding, බැඳීම; binder, tie, fetter, බැඳුම; pledge, deposit, උකස; body, ශරීරය.
බන්ධු, *a.* (බන්ධ to bind), connected, related, kindred, නෑවූ.
බන්ධුක·කුසුමය, බන්ධු·ජීවක·කුසුමය, *n.* shoeflower, සපත්තුමල, වදමල.
බන්ධු·ජනයෝ, බන්ධු·වර්ගයෝ, *n. pl,* connections, relatives, kindred, නෑයෝ; friends, මිත්‍රයෝ.
බන්ධුතාව, බන්ධුත්වය, *n.* relationship, kinship, නෑකම; friendship, මිත්‍රකම.
බන්ධුමතී, *n.* name of a city in India.
බන්ධුර, *a.* high, උසස්; uneven, සමතලා නැති, undulating, wavy, රැලිආකාර, bent, වකුවූ; pleasing, ප්‍රසන්න; deaf, බිහිරි.
බන්ධුරය, *n.* crest, diadem, කිරුළ; oil-cake, පුණක්කු; shoeflower, වදමල.
බන්ධුරයා, *n.* waddler, viz. goose, පාත්තයා, crane, කොකා.
බන්ධුරා, *n. pl.* flour of parched corn, විලඳ පිටි.
බන්ධුරාව, *n.* harlot, වෙසඟන.
බන්ධුවරයා, *n.* relative, kinsman, නෑයා; friend, මිත්‍රයා.
බන්ධු·හීන, *a.* without kindred or friends, මිත්‍රයෙක් නැති, අසරණ.
බන්ධු·හීනතාව, *n.* friendlessness. [කාර. E.S.
බන්ධුර, *a.* undulating, wavy, රැළි සහිත, රැළි ආ

බඤුරකරනවා, *v. t.* to make wavy, රැලි ආකාර කරනවා. [*nicea*, වද්මල.
බඤුලිය, *n.* hibiscus flower, *pentapetes phœ-*
බඤුලියා, *n.* son of an adulteress, bastard, අව ජාතකයා.
බන්ධ, *a.* (බඳි to bind), bound, arrested, detained, නවත්වනලද; barren, වඳ.
බන්ධ්‍යාව, *n.* barren woman, වඳ ස්ත්‍රී. [වැති.
බද, *a.* bound, බැඳපු, බැඳි; similar, like, බඳු,
බද, *n.* body, ඇඟ. [ship's stays.
බදකම්බි, බදපොලු, *n. pl.* binding wires or rods,
බදපටිය, *n.* belt, girdle, girth, surcingle.
බඳිනවා, *v. t.* to bind, tie, brace; *pret.* බැන්ද; *p. pl.* බැඳ; *v. n.* බැඳීම.
බඳු, *a.* such, such like, as, එබඳු, මෙබඳු, such as that or this &c. [flower.
බඳුවදමල, *n.* flower of the hibiscus, shoe-
බප, *n.* father, අප්පා; ap. of Buddha.
බපු, *n.* arrow, ඊතල; goldsmith's scales.
බප්, *n. pl.* tears, කඳුළු.
බප්පුව, *n.* panic, alarm, තුලප්පුව.
බබලනවා, *v. i.* to shine, glitter, give light; *pret.* බැබළුවා; *v. n.* බැබලීම.
බබලවනවා, බබුළුවනවා, *v. t.* to cause to shine &c.; *pret.* බැබලෙවුවා; *v. n.* බැබලවීම.
බබා, *n.* babe; *pl.* බබ්බු, බබාලා. [කුම.
බම, *n.* whirling, giddiness, dizziness, ක්ලාන්
බමකරුවා, *n.* worker in wood, turner, ලියන වඩුවා.
බමණ, *a.* E. of භ්‍රමණ: going round &c., see *n.*
බමණය, *n.* going round, revolving, whirling, කැරකීම, කැරකිල්ල.
බමණ(න)වා, *v. i.* to go round, revolve, whirl, කරකැවෙනවා; *pret.* බැමුවා; *v. n.* බැමීම.
බමර, *a.* twisted, crooked, වකුටු; tawny, පිඟු, or purple, රත්නිල්. [bees or wasps.
බමර, *a.* E. of භ්‍රමර: pert. to the large black
බමරකුලය, *n.* (කුලය family, tribe), swarm or hive or nest of bees.
බමරපතර, *n.* small cardamoms, රට එන්සාල්.
බමරපිය, *n.* *lit.* bees'-delight, viz. the spice mace, වසාවාසි.
බමරබත්තා, *n.* See කිඹබත්තා.
බමරමීය, *n.* bee-hive or nest of large black bees or wasps.
බමරය, *n.* the same as බමරමීය; also humming top or whipping top, බඹරය.
බමරවැල, *n.* (වැල line or row), swarm of bees.
බමරා, *n.* large black bee or wasp; *pl.* බමරු.
බමරා, *n.* cock, කුකුළා. [බමුණු.
බමුණ, *n.* E. for බ්‍රාහ්මණයා: a brahmin; *pl.*
බමුණි, *n.* for බැමිණි *fem.* of බමුණ: a brahmin woman, brahminee. [උණ ලිය.
බම්බුව, *n.* Port., a cut bamboo or piece of one,
බම්භරයා, *n.* bee, බඹර, මීමැස්සා.

බඹ, බඹා, *n.* E. of බ්‍රහ්ම: the god Brahma; brahmin, බමුණා.
බඹ, *a.* good, යහපත්, pre-eminent, ඉතාඋසස්.
බඹඅසුන, *n.* seat of a recluse, monk's seat.
බඹකත, බඹකැල, *n.* (කත, කැල, woman), the wife of Brahma, viz. Sarasvati, said to have been produced from his head.
බඹගුරු, *n.* (ගුරු teacher), the planet Jupiter or the regent of that planet and preceptor of the gods, බෘහස්පති.
බඹගොස, *n.* (ඝොෂ voice), excellent voice, viz. the voice of Buddha, so called because it was like that of Maha Brahma.
බඹතලය, *n.* plain or world of Brahma: see බ්‍රහ්මලෝකය.
බඹතැන, *n.* (බඹ best), best place, viz. inner apartment, ඇතුල් ගෙය, or middle of the house, ගෙයි මැද. [or race.
බඹදු, *n.* (දු kind, race, ජාතිය), brahmin caste
බඹපුත්, *n.* in Indian ast. the ninth planet, කේතු or කෙතෙහනා.
බඹය, බඹේ, *n.* a fathom of about six feet, measure of the extended arms. [කෙනා.
බඹර, *a.* pert., to bees or tops; whirling, කැර
බඹරඉටි, *n.* bees-wax made by the large black bee. [round.
බඹරඔන්චිල්ලාව, *n.* roundabout or merry-go-
බඹරගහනවා, *v.* to spin a top or tops.
බඹරමැස්සා, *n.* large black or bumble bee.
බඹරමීය, *n.* See බමරමීය. [black bee.
බඹරය, *n.* (See බමරය), top; hive of the large
බඹරවදය, *n.* honey-comb of the bumble bee.
බඹරා, *n.* See බමරා; *pl.* බඹරු.
බඹලොව, *n.* See බ්‍රහ්මලෝකය.
බඹවම්, *n.* See බඹකත.
බඹසර, *a.* E. of බ්‍රහ්මචාරී: celebate &c.
බඹසර, *n.* residence of a celibate, පන්සල.
බඹසරවස, *n.* (වස for වාසය), dwelling or remaining in a state of celibacy: see බ්‍රහ්ම වශීභාව.
බඹසරා, *n.* a celibate: see බ්‍රහ්මචාරීයා.
බඹුර, *n.* twisted hair.
බඹුරා, *n.* one who has short curled hair.
බඹුරුකේශය, *n.* curl or plait of hair.
බය, *n.* (fr. Sans. බා), water-jar, jug, කෙණ්ඩිය.
බය, *n.* E. of භය: fear.
බයකාරයා, *n.* See භයකාරයා. [under භය.
බයගන්වනවා, බයවද්දනවා, *v.* to frighten, see
බයගුලු, *a.* cowardly, dastardly, craven.
බයගුලුකම, *n.* cowardliness, timidity.
බයගුල්ලා, *n.* coward, dastard, craven.
බයාදු, *a.* timid, pusillanimous, diffident.
බයාදුකාරයා, *n.* See බයගුල්ලා
බයානක, *a.* See භයානක.
බයිනෙත්තුව, *n.* Port., bayonet.

බයිබලය, *n.* Eng., Bible.
බර, *a.* heavy, weighty; *fig.* important.
බර, *n.* weight, gravity; load; twelve, දොළහ; saffron, කහ.
බර·අත්, *n. lit.* twelve-handed: ap. of කතරගම දෙවියෝ as having twelve hands or arms, each one armed with a weapon.
බර·ඇදිනවා, *v.* to draw or convey loads or goods by cart &c.
බර·අරිනවා, *v.* to lighten a load or pressure, remove some weight, lighten. [sure.
බර·කපනවා, *v.* to remove some weight or pres-
බරකම, *n.* heaviness, gravity; *fig.* weightiness, importance, preponderance.
බරකරනවා, *v.* to make heavy, burden, encumber, pester, press. [bullock cart.
බර·කරත්තය, *n.* cart for heavy loads, double
බර·ගෙනියනවා, *v.* to carry or convey a load or loads.
බරණ, *n.* E. of ආභරණ.
බරණ, *n.* serpent, සර්පයා; ap. of Siva. [ares.
බරණැස, *n.* or බරණැස්, *a.* E. of වාරාණසී: Ben-
බරණිය, *n.* T., jar, ජාඩිය, gallipot, බෙහෙත් කුප්පිය; casket, පෙට්ටිය.
බරත, *n.* E. of භරත: the drama, (also) the Mahābhārata.
බරත·සත, *n.* E. of භරත ශාස්ත්‍රය: dramatic art or science, නාඩගම් (or නාට්‍ය) ශාස්ත්‍රය.
බර·දැල, *n.* weighted fishing net.
බර·නුවන්, බර·නෙත්, *n.* (බර twelve, නුවන් or නෙත් eyes), *lit.* the twelve-eyed: ap. of කතරගම දෙවියෝ as having six heads and twelve eyes.
බර·පටවනවා, *v.* to lay on weight or heavy goods, load, freight.
බර·පණ, ·පැන්, *n.* (බර for වර), price paid or reward given for copying a book.
බර·පතල, බර·පතල්, *a.* (පතල diffused), *fig.* weighty, onerous, important, serious, momentous, cogent.
බර·පතලකම, *n.* weightiness &c.
බර·පතලකරනවා, *v. t.* to make weighty or more weighty or important or serious, intensify.
බර·බද්දර, *n.* luggage, baggage.
බර·මසා, *n.* shark or dog-fish, මෝරා.
බරමා, *n.* stout or heavy animal.
බරම, *n.* E. of බ්‍රහ්ම: Brahma. [leg.
බරවය, බරවා·කකුල, *n.* elephantiasis or cochin
බරවයා, බරවාකාරයා, *n.* a person who has an elephantiac leg.
බර·වෙනවා, *v. i.* to become heavy; press upon, lean on, be heavy on or a burden to.
බරෙව, *n.* cont. of බරවය.
බර·ශාස්ත්‍රය, *n.* barology.

බර·සැහැල්ලු, *a.* heavy and light; *fig.* important and trifling.
බරඳය, *n.* Port., verandah, portico.
බරිත, *a.* full, පූර්ණ, බරවූ: Sans. භරිත.
බරියා, *n.* See භාරියයා.
බරු·දැල, *n.* fishing net with lead balls attached.
බරුව, *n.* a weight attached to a fishing net or line; plummet for sounding.
බරුවා කොස්සා, *n.* a small sea fish.
බෙරත්තිය, *n.* Port., bib, ළයරෙද්දකඩ.
බෙරෝනිය, *n.* Port., flannel chest-pad.
බර්බරයා, *n.* barbarian, වනචරයා.
බර්හය, *n.* peacock's tail, මොනර පෙද; retinue, පිරිස; leaf, කොළය; fire, ගින්න.
බර්හිණයා, බර්හියා, *n.* peacock, මොනරා.
බර්හිය, *n.* peacock's tail; peacock's crest; fire, ගින්න.
බර්හිර්·මුඛයා, *n.* (බර්හිර් fire, මුඛ mouth or face), *lit.* fire-mouth or fire-face: ap. of a god or demon, so called as receiving offering by fire.
බල, *v. imp.* look, behold, බලව.
බල, *a.* pert. to strength, power, authority; also to an army, military.
බල, *n.* ap. of බලදේව.
බල·ඇණිය, *n.* (බල force, military), military entrenchment, කඳවුර; block-house, බලකොටුගෙය; army, යුධසේනාව. See ඇණිය.
බල·කඩදාසිය, *n.* written licence, permit.
බල·කණුව, බලකරුව, *n.* prop, support, shore.
බලකරනවා, *v.* to force, compel, impel; domineer, oppress, tyrannize. [බලසේනාව.
බලකායෝ, *n. pl.* military forces, regiment,
බල·කාරයා, *n.* one who has authority.
බල·කේතුව, *n.* (කේතුව flag, sign), symbol of power, military flag.
බල·කොටුව, *n.* fort, fortress, stronghold.
බල·ක්‍ෂය, *n.* (ක්‍ෂය lose), white colour, සුදුපාට.
බල·ගතු, *a.* robust, stalwart, vigorous, strong, powerful, strenuous, vehement; important, pressing, serious. [යෙන් අවගතව.
බල·ජ, *a.* produced by power, dynamic, බල
බල·ජය, *n.* product of power or strength, as: field, කෙත; city gate, නුවර වාසල; fruit, ඵල, pith, මද, marrow, මිදුළු; war, යුද්ධය.
බල·ජල·යන්ත්‍රය, *n.* force-pump. E. S.
බලජාව, *n.* fine woman, ලක්ෂණ ස්ත්‍රී; earth, පොළොව.
බල·දණ්ඩය, *n.* mace (of authority), verge.
බල·තර, *a.* stronger, very strong, powerful, mighty, weighty, බලවත්.
බලනා, *n.* person of authority, බල ඇත්තා; superintendent, protector, පාලකයා.
බල·දෙව්, *n.* name of a God, බලදේව.
බල·දෙව්·මල්, *n.* younger brother of බලදේව: ap. of කෘෂ්ණ.

බල·දේව, *n.* name of a god who was elder brother of කෘෂ්ණ; air, wind, වාතය.

බල·ධර්·විද්‍යාව, *n.* knowledge of the laws of force, mechanics. E. S.

බල·ධාරී, *a.* (ධාරී having), strong, powerful, having authority, influential, බල ඇති.

බලධාරියා, *n.* one having strength, power or authority, බල ඇත්තා.

බලනවා, *v. t.* to look, view; superintend; *pret.* බැලුවා; *v. n.* බැලීම.

බල·නහරය, *n.* muscle, sinew, tendon.

බල·නිල·ඹර, *n.* (බල for බලදේව, නිල් blue, අඹර sky or clothing), the blue-clothed Bala: ap. of බලදේව.

බල·නැතිකම, *n.* powerlessness, feebleness; invalidity.

බල·නැතිකරනවා, *v.* to render powerless, neutralize, counteract, invalidate.

බල·පත්‍රය, *n.* (පත්‍රය document), written permit, charter, authority, warrant.

බල·පවත්වනවා, *v.* to exercise power, rule, govern.

බල·පුළුවන්කම, *n.* power and might, capability, talent.

බලප්පවිටු, *a.* T., important, වැදගත්, powerful, බලවත්.

බලප්පවිටුව, *n.* importance, powerfulness.

බල·භද්‍රයා, *n.* (බල power, භද්‍ර prosperous), one prosperous in power: ap. of බලදේව and of අනන්තයා; powerful man, බලවතා.

බල·භද්‍රාව, *n. fem.* young girl, maiden, ළමිස්සි.

බලම, *n.* canoe, ඔරුව.

බලමැඩියා, *n.* frog, මැඩියා.

බලය, cont. බලේ, *n.* strength, force, power, potency, efficacy; authority.

බලය·ලත්, බල·ලත්, *a.* who has received power, empowered, authorized.

බලයා, *n.* a sea fish, *bonito*; crow, කපුටා; demon, රාක්ෂයා.

බල·රාම, *n.* (බල strength, රාම pleasant), ap. of the third රාම, who was the eighth incarnation of Vishnu and half brother of කෘෂ්ණ. See රාම.

බල·රිපු, *n.* (බල demon, රිපු enemy), ap. of Indra as the opponent and conqueror of demons.

බලල්, *a.* young, youthful, බාල.

බලවතා, *n.* (බලවත්, ආ mas. ter.), strong one, powerful man.

බල·වතුර, *n.* strong current of water, torrent.

බලවත්, බලවන්ත, *a.* strong, powerful, mighty, potent, strenuous, forcible, cogent.

බලවත්කරනවා, *v. t.* to strengthen &c., energize.

බලවන්තයා, *n. mas.* powerful man, able man, mighty one.

බල·වාචක, *a.* expressive of strength; *gram.* intensive.

බල·වාහන, *n. pl.* military forces and vehicles, යුධසේනා හා රථ.

බලවෑත්, *a.* See බලවත්.

බල·ව්‍යසනය, *n.* (ව්‍යසන: failure, destruction), military defeat, rout, පරාජය. E. S.

බල·ව්‍යසනයකරනවා, *v. t.* to defeat, පරාජයකරනවා, rout, විසුරුවාදමනවා.

බලස, *n.* fish-hook, බිලිකටුව.

බල·සම්පන්න, *a.* (සම්පන්න endued with), endued with power &c.: see බලවත් and බලගතු.

බල·සම්පන්නතාව, *a.* mightiness &c.

බල·සම්පන්නසේත්, *ad.* with fulness of power &c., mightily, බලගතුලෙස.

බල·සූදනයා, *n.* (බල demon, සූදනයා destroyer), demon-destroyer: ap. of Indra.

බල·සේනාව, බල·සේනාව, *n.* (බල forces for war), army, forces, යුධසේනාව.

බල·සෞගන්ධික, *n.* sulphur, ගන්ධ, ගෙන්දගම.

බල·හීන, *a.* deficient in strength, feeble, powerless, බෙලහීන.

බල·හීනතාව, *n.* lack of strength &c., බෙලහීනකම.

බලා, *p. pl.* of බලනවා.

බලාකයා, බලාකාවා, බලාවා, *n.* a species of crane, කොකා, paddy bird.

බලාකරගන්නවා, *v. t.* to look after, look to, see about, manage, effect.

බලාගන්නවා, *v. t.* to take care of, guard; notice, take notice of, beware.

බලාගන්නවා, *v. i.* to take care, be cautious,

බලාගැනීම, *v. n.* taking care of &c.; attention, caution.

බලාත්කාර, *a.* (බලාත් with strength, violence), using force, compelling, coercive, violent, tyrannical.

බලාත්කාරකම, බලාත්කාරය, *n.* force, violence &c.

බලාත්කාරකරනවා, *v.* to use force, coerce &c.

බලාත්කාරයා, *n.* one who uses force or violence, oppressor.

බලා·තමාගන්නවා, *v. t.* to see about, manage; බලාකරගන්නවා.

බලානුජයා, *n.* (බල for බලරාම, අනු after, ජ born), ap. of කෘෂ්ණ as younger brother of Bala.

බලාපුව, *n.* tract of fields, කුඹුරු යාය.

බලා·පොරොත්තුව, *n.* expectation, hope.

බලා·පොරොත්තුවෙනවා, *v. i.* (*lit.* to continue looking, viz.) expect, hope.

බලාබල, *a.* (බල අබල), the strong and the weak බලවත් හා දුර්වල or බල ඇති නැති.

බලාරාති, *n.* (බල demon, අරාති enemy) ap. of Indra: see බලරිපු.

බලාවැල, *n.* (බලා crane, වැල line or row), row or flock of cranes, කොක්කු වැල.

බලාසනය, *n.* (බල demon, ආසනය for ආසනය seat), infernal region or world of demons, යක්ෂලෝකය.

බලාසිටිනවා, *v. i.* to wait, await, expect, look out for.

බලාහකය, *n.* mountain, කන්ද; cloud, වලාකුල.

බලි, *n. pl* or *a.* of බලිය : offerings to demons; orts or fragments of such offerings &c.; pert. to offerings, sacrificial.
බලි·අඹනවා, *v.* to form or mould a clay image of a planet or demon or of the person for whom the offering is made.
බලි·අරිනවා, *v.* to perform incantations before a clay image in order to avert the evil influences of planets or demons.
බලි·කර්මය, *n.* the act of offering or sacrificing to demons; offering.
බලි·පුටු, *n.* E. of බලිපුෂ්ටයා.
බලි·පුෂ්ටයා, *n.* (බලි sacrifices or fragments of them, පුෂ්ට nourished), ap. of the crow, as nourished by such fragments, කපුටා.
බලි·පූජාව, *n.* an offering or sacrifice to demons.
බලි·බිලි, *n. pl.* offerings and sacrifices to planets or demons, devil ceremonies.
බලි·භ, *a.* (බලි wrinkles), wrinkled, shrivelled, flaccid, වැකරැලි ඇති.
බලි·භුජ්, *a.* (බලි orts, භුජ් eating), eating bits or fragments, orts-eating, ඉතුරුකෑබලි කන.
බලි·භුජයා, *n.* orts-eater: ap. of the crow, sparrow and crane, කපුටා &c. E. S.
බලි·මන්දිරය, *n.* (බලි demon), infernal region, පාතාලය.
බලි·මද්දියා, *n.* See බලිවද්දියා. [යක්ෂපාතාලය.
බලි·මුඛයා, *n.* (බලි wrinkled, මුඛ face), wrinkle faced one: ap. of the monkey, රිලවා or වඳුරා.
බලිය, *n.* propitiatory devil offering or sacrifice, sacrifice to planets, the victim offered; tax, revenue, පුංගම; clay image of a demon or natal planet made and presented for the benefit of one who is ill, or effigy of the patient, presented as if he were dead, to decieve the demon and induce him to quit his victim.
බලි·රුපු, *n.* See බලරුපු: ap. of Vishnu as enemy of මහාබල and of demons in general.
බලි·වද්දියා, *n.* See බලිවර්ධයා.
බලිශ·මාංසිකය, *n. lit.* fish-hook-butchering or killing: capital punishment inflicted by hooking the criminal like a fish.
බලිශය, *n.* fish-hook, බිලිකටුව.
බලි·ශයනය, *n.* lying or sleeping with the face up, උඩුබැල්මෙන් සැතපීම.
බලිෂ්ඨ, *a.* most powerful, ඉතා බලවත්.
බලි·සතුරු, *n.* ap. of Vishnu: see බලිරුපු.
බලි·සද්මන්, *n.* (බලි demon, සද්ම house, abode), one of the lower regions, the abode of demons or serpents, නාගලෝකය.
බලි·හන්, *n.* (හන් destroyer), demon destroyer: ap. of Vishnu. [බලවන්තයා.
බලී, *n. mas.* powerful or influential person,
බලී, *n.* ap. of Balarâma; green gram, මුං ඇට.
බලී·මුඛයා, *n.* See බලිමුඛයා.
බලීයස්ත්වය, *n.* (බලීයස් compar. fr. බලින්, strong, powerful, ත්ව abs. ter.), powerfulness, prowess, වික්‍රමවන්තකම.
බලී·වර්ධයා, *n. lit.* strength-increaser, viz. bull or ox, ගොනා, හරකා.
බලු, *a.* of බල්ලා: dog-, canine.
බලු·ආකාර, *a.* dog-like, doggish.
බලුකම, *n.* doggishness, meanness, lowness.
බලු·කින්කී, *n. fem.* (of next word): female pup.
බලු·කුක්කා, *n. mas.* male pup, බලුපැටියා.
බලු·කූඩුව, *n.* kennel.
බලු·දිවියා, *n.* hyena.
බලු·පැටියා, *n.* pup, whelp (of a dog).
බලු·මක්කා, බලු·මැක්කා, *n.* (මැක්කා fly), flea; *pl.* බලුමැක්කෝ. [dog-trot.
බලු·හැල්මේ·දුවනවා, *v.* to trot, *lit.* run with
බලෙල්, *n.* cont. of බලය.
බලෝපකරණ, *n. pl.* (බල උපෘ:), instruments or appliances of power, mechanical powers.
බල්·ගෑහෙනවා, *v. i.* to crack, split, cleave.
බල්ය, *a.* strong, vigorous, powerful, බලගතු.
බල්ය·ඵල, *n. pl.* tender fruits, ළාපල.
බල්යය, *n.* semen virile, ශුක්‍රධාතුව.
බල්ලා, *n.* dog; a kind of sea fish; cart-wheel stopper or drag.
බව, *n.* E. of භව or භාව: being, existence, fact; used chiefly as a conjunction, that: as මෙය සැබෑබව දනිමි, I know that this is true.
බව·කිලය, *n.* See භවකිලය.
බවග, *n.* See භවාග්‍ර.
බවතා, *n. hon.* (fr. Sans. භවත්), person.
බවතුරු, *n.* See බවාන්තරය.
බව·දුක, *n.* the sorrow of existence, viz. transmigration, සසර දුක.
බවනය, *n.* See භවනය.
බවය, *n.* See භවය.
බව·ලතා, *n. fem.* female, ස්ත්‍රී.
බව·ලත්, *a.* female, woman, ගෑනු, ස්ත්‍රී-.
බව·ලත්අය, බව·ලත්·උදවිය, *n. pl.* women, woman-kind, ස්ත්‍රීගොල්ල.
බව·ලත්කම, *n.* womanhood, ස්ත්‍රී භාවය.
බව·සුවය, *n.* welfare or happiness of existence.
බවාන්තරය, *n.* See භවාන්තරය. [or box.
බවුල, බවුල්පෙට්ටිය, *n.* leather-covered trunk
බව්ම, *n.* See භෞම.
බව්තීස්ම, *a.* Eng., baptismal.
බව්තීස්මකරනවා, *v. t.* to baptize, christen.
බව්තීස්මය, *n.* baptism, christening.
බව්හාදීනව, *n.* (බහු much, ආදීනව crime or suffering), great guilt, මහත්වරද; great suffering, මහත් දුක.
බෂ්කයණී, *n.* prolific cow. [බස්.
බස, *n.* word, speech, language, utterance; *pl.*
බස·පත, *n.* written order, edict, command, අණ.

බසිනවා, *v. i.* to descend, dismount, go or come down, alight, (of the sun &c.) set; *pret.* බැස්සා; *p. pl.* බැස; *v. n.* බැසීම.

බසිස්බස්සවනවා, *v. i.* to retort, pass angry words, reply to or contradict one another, wrangle.

බස්ත·ගන්ධ, *a.* (බස්ත, Sans. වස්ත goat), goat-scented, viz. strong-smelling, fetid, දුගඳ. *Bot.*

බස්තම, *n.* D., walking stick, සැරමිටිය.

බස්තයා, *n.* (fr. Sans. වස්තඃ), he-goat, එළුවා; ram, බැටළුවා. [horn, බැටළු අඟ.

බස්ත·ශෘංගය, *n.* goat's horn, එළු අඟ; ram's

බස්සෝරුව, *n.* D., trombone, trumpet. E. S.

බස්තකරනවා, *v. t.* (to enclose or bury), to prepare a medicine by placing it under earth for some time.

බස්තය, *n.* medicine prepared in the young coconut &c. heated as above.

බස්නා, *v. adj. pres.* for බසින; descending, setting (sun &c.).

බස්නා·ඉර, **·හිර**, *n.* or *a. lit.* the setting sun, viz. the west; western, occidental.

බස්නා·ඉර·දිග or **දිශාව**, *n.* western quarter, the west, the occident.

බස්·නායක, **බස්·නායක·නිලමේ**, *n.* the Principal or lay-incumbent of a Hindu temple.

බස්නාව, *n.* ebb, ebb tide, බාදිය; descending stream, torrent; descent.

බස්නාහිර, *n.* or *a.* See **බස්නාඉර**.

බස්·පෙරළා·කියනවා, *v.* to translate viva voce, interpret; pervert words.

බස්ම, *n.* See **භස්ම**: ashes.

බස්මාසං, *n.* unprepared camphor, අමුකපුරු.

බස්වනවා, **බස්සවනවා**, *v. t.* caus. of **බසිනවා**: to cause to descend, let down, lower; diminish, abate; *pret.* බැස්සෙව්වා; *p. p.* බස්සා, *v. n.* බැස්වීම.

බස්සල්, *n. pl.* articles, things.

බස්සවනවා, *v. c.* of **බස්සනවා**: to cause to lower or descend, get let down; *pret.* බැස්සෙවුවා; *v. n.* බැස්සවීම. [species.

බස්සා, *n.* owl, a general name for the various

බහ, *n.* See **බස**.

බහදුරු, *a.* E. of **බදු**, which see, also **බදුරු**.

බහ·දෙනවා, *v.* to give one's word, promise, stipulate, plight troth.

බහන, *n.* rope, cord, ලනුව; *pl.* බහන්.

බහනවා, *v. t.* to put in, insert (in newspaper &c.); *pret.* බැහුවා; *v. n.* බැහීම.

බහ·පත, *n.* See **බසපත**.

බහම·චරී, *a.* E. of **බ්‍රහ්මචාරී**. [ඝන; see **බහුල**.

බහල, *a.* much, many, බොහෝ; thick, firm,

බහල·තර, *a.* (තර inten.), very much, exceeding, බොහෝම, ඉතා.

බහලාන්ධකාරය, *n.* (බහල අන්ධ:), great or dense darkness, ඝනාන්ධකාරය.

බහුසුරු, *n.* See **බාසුරු**.

බහස්ම, *n.* See **භස්ම**.

බහා, *p. pl.* of **බහනවා**.

බහා·ලනවා, *v. t.* See **බහනවා**: **ලනවා** gives emphasis or completeness to the verb; *pret.* බහාලුවා or බහාලෑවා; *v. n.* බහාලීම or බහාලෑම. [පිටත.

බහි, *prefix*, fr. Sans. **බහිර්**: outer, external,

බහිවාරය, *n.* See **බහිර්වාරය**.

බහිනවා, *v. i.* to descend, dismount, alight; sink, abate, ebb; (of the sun &c.) set: see **බසිනවා**; (of roots) grow down, (of tubers) form; *pret.* බැහුණා; *p. pl.* බැහැලා; *v. n.* බැහීම.

බහි·නුවර, *n.* outer city, suburb, පිටනුවර.

බහිස්·බස්·සවනවා, *v. i.* See **බසිස්බස්සවනවා**.

බහිරවයා, *n.* Er. for **භෛරවයා**.

බහිර්, *prefix*, order, external, පිට, පිටත.

බහිර්චාර, *a.* out-of-door, outdoor. E. S.

බහිර්වාරය, *n.* outer door, gate, පිටදොර.

බහිර්·නිෂ්ක්‍රමණය, *n.* going forth or setting out, departure, පිටත්වීම, පිටත්වයාම.

බහු, *a.* much, many, numerous, බොහෝ.

බහු·අංශ, *a.* many-sided, polyhedral, බොහෝ පැති or පට්ටම් ඇත්තාවූ. [E. S.

බහු·අංශ·ඝනය, *n.* (ඝනය solid), polyhedron.

බහු·අක්ෂි, **බහ්වක්ෂි**, *a.* (අක්ෂි eyes), multocular, බොහෝ ඇස් ඇත්තාවූ.

බහු·ආධිපත්‍ය·රාජ්‍යය, *n.* polyarchy, polycracy.

බහු·කයා, *n.* crab, කකුළුවා; tank digger; gallinule, දියකුරුල්ලා.

බහු·කර, *a.* doing much, industrious, කාර්යශූර.

බහු·කරු, *n. lit.* much doer, great worker: ap. of the camel, ඔටුවා; sweeper, අතුගාන්නා.

බහු·කරී, *n.* broom, ඉස්න.

බහු·කාලික, *a.* lasting long, chronic. E. S.

බහු·කෝණය, *n.* polygon. E. S. [වත්ත.

බහු·ක්ෂම, *a.* long-suffering, patient, ඉවසිලි

බහු·ගන්ධ, *a.* strong-scented, බොහෝ සුවඳ ඇති.

බහු·ග්‍රහ, **බහු·ග්‍රහණ**, *a.* holding much, capacious, comprehensive, බොහෝ අල්ලන or අඩංගු.

බහු·ජන, **බහු·ජනයෝ**, *n. pl.* many people, බොහෝ දෙනෙක් or සෙනග.

බහු·තර, *a.* many, much, බොහෝ, most, වැඩි, අධික (පංගුව &c.). [වන්ත.

බහු·ද, *a.* (ද giving), giving much, liberal, ත්‍යාගි

බහු·දෘෂ්ට, *a.* who has seen much, experienced, අත්දුටු, veteran. E. S.

බහු·දේව·දෘෂ්ටි, *a.* polytheistic. E. S.

බහු·දේව·දෘෂ්ටිය, *n.* polytheism.

බහු·දේව·දෘෂ්ටිකයා, *n.* polytheist.

බහු·ධන, *n. pl.* or *a.* much riches, great wealth, බොහෝ සම්පත්; rich, පොහොසත්.

බහු·ධාන්‍ය, *n.* (ධාන්‍ය corn), eleventh year of the Indian Cycle.

බහු·නාද, *n. lit.* loud-sound, viz. conch shell, හක්ගෙඩිය.

බහු·නාමාත්මකගීත, *a.* (·නාම් අත්ම:), including many names, *alg.* polynominal. E. S.

බහු·නාමාත්මකගීත·ගණිත, *n.* polynomial sum, polynomial, නානාවිධ ගණන් අඩංගු ගණිත.

බහු·නිෂ්ඨිවනතාව, *n.* (නිෂ්ඨිවන spitting), excess of saliva, ptyalism, කෙළවැගිරීම or වැඩිවූ ගතිය.

බහු·පත්‍ර, *a.* many-leaved, polyphyllous, polypetalous, බොහෝ කොළ or පෙති ඇත්තාවූ.

බහු·පත්‍රක, *n.* the many-layered, viz. onion, ළූනු ගෙඩිය; talc, E. S.

බහු·පදවි·ජීවිකාව, *n. lit.* manifold-employment-living: plurality.

බහු·පදවි·ධාරීයා, *n.* one who holds various livings, pluralist.

බහු·පාද, *a.* many-footed, බොහෝ පාද ඇති. *Bot.*

බහු·පාදිකයා, *n.* many-footed one, multiped, බොහෝ පාදඇති සතා.

බහු·පුට, *n.* talc; plumbago, මිනිරන්.

බහු·පුත්‍ර, *a.* having many children, බොහෝ දරුවන් ඇත්තාවූ.

බහු·පුරුෂ·සේක්‍ෂර, *a. bot.* polyandrous.

බහු·පුරුෂතාව, *n.* polyandry. E. S.

බහුප්පාද, P.: See බහුපාද above.

බහු·ප්‍රද, *a.* (ප්‍ර emp., ද giving), giving much, munificent, ඉතා ත්‍යාගවන්ත.

බහු·ඵල, බහු·ඵල·ප්‍රද, *a.* fertile, fruitful, සාරවත්.

බහු·භර්තෘකතාව, *n.* state of having many masters, sp. polyandry.

බහු·භාගි, *a.* having many parts, multipartite, බොහෝ කොටස ඇති.

බහු·භාර්‍ය්‍යා, *a.* having many wives.

බහු·භාර්‍ය්‍යාතාව, *n.* polygamy. E.S.

බහු·භාෂා·ඥ, *a.* knowing many languages, polyglot, බොහෝ භාෂා දන්න.

බහු·භාෂා·ලිඛිත, *a.* written in many languages, [polyglot.

බහු·භාෂ්‍යය, බහුභාෂය, *n.* verbosity, loquacity, චාටාලකම.

බහු·භූත·කෙළිය, *n.* clown's play, harlequinade.

බහු·භූතයා, *n.* clown, harlequin, නාඩගමේ කවටයා, කෝණංගියා.

බහුභේදිත, *a.* divided into many parts, multipartite: see බහුභාගි.

බහු·මත, *a.* thought much of, much esteemed; of many opinions or ideas.

බහු·මාන, *a.* much honoured, ඉතා ගෞරවණීය.

බහු·මානය, *n.* great honour, respect, reverence, බොහෝ ගෞරවය. [අනංකාර, පුවච්ඡිකාර.

බහු·මැති, *a.* pompous, boastful, pretentious,

බහු·මැතියා, *n.* boaster, braggart, පුවච්ඡිකාරයා.

බහුමූර්ති, *a.* of many forms, diversified, polymorphous, නොයෙක් හැඩ ඇති.

බහුර, *n.* vagabond, low person who lives on scraps and gleanings. [නැටුම, Siva's dance.

බහුරි, බහුරිරඟ, *n.* whirling dance, කරකැවෙන

බහුරු, *n.* hole, perforation, chink, සිදුර.

බහු·රූප, බහු·රූපි, *a.* multiform, see බහුමූර්ති.

බහු·රූප, *n.* resin, දුම්මල.

බහු·රූපයා, *n.* creature of various forms: ap. of chameleon, කටුස්සා, of Cupid, කාමදේවයෝ, also of Brahma, Siva and Vishnu.

බහු·රේණුක, *n.* (රේණු dust, pollen), a kind of orange. [බැවලිවා.

බහු·රෝමයා, *n. lit.* very woolly one, viz. sheep,

බහුල, *a.* (ල fr. ලා to get), much, many, abundant, copious, plenteous, බොහෝ; black, කළු.

බහුල, *n.* sky, අහස; period of the moon's wane, අවරපක්‍ෂය; fire, ගින්න, අග්නිය.

බහුලකම, බහුලතාව, බහුලත්වය, *n.* plenteousness &c., commonness, multiplicity, අධිකකම.

බහුලකරනවා, *v. t.* to make abundant, increase, වැඩිකරනවා. [දෙවියා.

බහුලා, *n.* ap. of Agni the regent of fire, අග්නි

බහුලවෙනවා, *v. i.* to become abundant, multiply, වැඩිවෙනවා, බෝවෙනවා.

බහුලාව, *n.* indigo, නිල්අවරි; cardamoms, එන්සාල්; Pleiades, කැතිනැකත.

බහුලී·කත or ·කෘත, *a.* (බහුලී fr. බහුල, කත or කෘත made, done), made manifold, manifold, බොහෝවූ; winnowed, පොළනලද; prepared (by cooking &c.), සූදානම්වූ, පිළියෙලකළ.

බහු·ලේඛන·යන්ත්‍රය, *n.* copying machine, manifold writer, polygraph. [plural number.

බහු·වචනය, *n. gram.* plural word, word in the

බහු·වාචක, *a. gram.* plural, expressing the plural. [pluralize.

බහු·වාචකකරනවා, *v. t.* to put in the plural,

බහු·විධ, *a.* various, multiform, නොයෙක් ආකාරවූ. [විධා කයාදබැදසිටින.

බහු·විවාහිත, *a.* polygamous, එක්කෙනෙකුට

බහු·විවාහිතතාව, *n.* state of polygamy.

බහු·විවාහිතයා, *n.* polygamist.

බහු·වීර්‍ය්‍ය, *a.* very energetic or heroic, ඉතාවීර්‍ය්‍යවත්; having many seeds, බොහෝ බීජ ඇති.

බහුවීර්‍ය්‍යය, *n.* great energy or heroism, බොහෝ වීර්‍ය්‍යවන්තකම. [or ගන්න.

බහු·වේශ·ධාරි, *a.* protean, නොයෙක් වේශ දරන

බහු·වේශ·ධාරියා, *n.* proteus. E. S.

බහුව්‍රීහි, *n.* (ව්‍රීහි grains, particles or constituents), *gram.* a class of compounds, සමාස විශේෂයක්.

බහු·ශාඛා, *n. pl.* or *a.* many branches, බොහෝ අතු; *bot.* ramose, බොහෝ අතුඇති.

බහු·ශිරස්, *a.* many-headed, hydra-headed, බොහෝ ඉස් ඇති. [technic (hall).

බහු·ශිල්ප·ශාස්ත්‍ර·ශික්‍ෂ (ශාලාව), *a.* or *n.* poly-

බහු·ශ්‍රැත, *a.* (ශ්‍රැත heard, understood), learned, well-read, deep-read, erudite, polymathic, ඉතා උගත්, පණ්ඩිත. [thy, පණ්ඩිතකම.

බහු·ශ්‍රැතතාව, *n.* learning, erudition, polyma-

බහු·ශ්‍රැතයා, *n.* learned person, pandit, උගතා, පණ්ඩිතයා. [තය.

බහු·සංඛ්‍යාව, *n. gram.* plural number, බහුවචනය.

බහු·සංග්‍රහ, *a.* comprehensive, බොහෝ දේ අඩංගුවූ, විශාල.

බහුස්ත්‍රීකේශර, *a. bot.* polygynian, polygynous.

බහු·ස්වර·වාචක, *a. gram.* polysyllabic.

බහු·ස්වර·වාචකය, *n. gram.* polysyllable.

බහූදක, *a.* (බහු උදක), very wet, well-watered, බොහෝ දියසිරි ඇති.

බළ, *n.* (fr. භට), fighter, soldier, භටයා, යෝධයා.

බළ ඇණිය, *n.* army, යුධසේනාව.

බළලා, *n. mas.* cat, tom-cat.

බළල් ඇස්, *n. pl.* cat's-eyes; eyes like cat's eyes.

බළල්කාව, බළල්ලෑව, *n.* cat-space, viz. interstice between the roof and wall-plate, through which a cat may pass.

බළල්·තරු·පංක්තිය, *n.* the const. Lynx.

බළල්පැටියා, *n.* kitten.

බළල්·මරුවා, *n.* a beautiful small sea fish.

බළල්ලුණු, *n.* saltpetre, nitre.

බළාම්(ම), *n.* war, යුධය. [=භට·සාම.]

බළුව, *n.* hooked stick, supporter, රුකුල.

බා, බාලා, *p. pl.* of බානවා.

බා, *imp.*, fr. T. වා, come: used in calling fowls and pigeons.

බා, *n.* See බාහුව, hand, arm; බාගය, part; බය fear; භාග්‍ය, prosperity; wise man, ඥානවන්තයා; rays, රැස්.

බාග්‍ය, *n.* See භාග්‍ය.

බාග්‍යවත්, *a.* Er. for භාග්‍යවත්.

බාග, *a.* some, part.

බාගද, බාගදව, *ad.* sometimes; perhaps.

බා·ගන්නවා, *v. t.* to take down, lower, unload (goods &c.).

බාගය, *n.* half, part; *pl.* බාග.

බාග·විට, බාග·වේලාවට, *ad.* sometimes; perhaps.

බාගියා, *n.* sharer, partner, පංගුකාරයා.

බාච්චිය, *n.* D., men's jacket, හැට්ටය.

බාජ්ජ, *n.* Er. for බාදිය.

බාජනය, *n.* See භාජනය.

බාඩ, *a.* hard, solid, firm, තද.

බාඪ, *a.* or *ad.* (fr. Sans. වාඪ), much, exceeding, බොහෝ; exceedingly, ඉතා.

බාණය, *n.* promise, පොරොන්දුව, compact, ගිවිසුම; approaching, ලංවීම.

බාණ, *n.* arrow, ඊතලය.

බාණවලී, *n.* child of an asura or demon, imp.

බාණුව, *n.* coin or money equal to six pence, පණම් හතරක්. [ධුන්න.

බාණාසනය, *n.* (·ආසනය seat or place), bow,

බාණිජ්‍යාව, *n.* trade, වෙළඳම.

බාණිය, *n.* (බණ to sound), speech, බස, කථාව.

බාණී, *n.* (Sans. වාණී), ap. of Sarasvati the goddess of speech, සරස්වතී.

බාණ්ඩාරය, *n.* See භාණ්ඩාගාරය.

බාදර, *a.* cotton, made of cotton, කපු.

බාදුව, *n.* See බාධාව.

බාදිය, *n.* low water at the ebb of the tide.

බාධක, *a.* hindering, impeding, obstructing; preventive, preclusive, prophylactic; බාධාකරන, වළක්වන.

බාධකතාව, *n.* obstructiveness &c.

බාධනය, *n.* hindering, impeding &c., see adj.; resistance, repulse, බාධාකිරීම; pain, වේදනාව.

බාධනයකරනවා, බාධාකරනවා, *v. t.* to hinder &c., trammel, thwart.

බාධය, බාධාව, *n.* hindrance, impediment, obstacle, encumbrance, drawback.

බාධාවූ, *a.* hindered &c., වළක්වනලද; discouraged, කලකිරුණු. [aged, කලකිරෙනවා.

බාධාවෙනවා, *v. i.* to be hindered &c., discour-

බාධිත, *a.* See බාධාවූ.

බාන, *n.* couple, pair, yoke (of cattle); strong rope (see බන්ධන).

බානද, *n.* stone, pebble, බොරළුගල; rock, පර්වතය.

බානවා, *v. t.* to lower, let down, set down, take down, unload; රැවුල or ඉසකේ බානවා, take off the beard or hair, shave, cut the hair; බිලිබානවා, let down a fish hook, angle; අතු බානවා, prune; පැදුරුබානවා, mend mats; *pret.* බෑවා; *v. n.* බෑම.

බානවා, *v. i.* to fear, be timid, භයවෙනවා.

බාන·සුලු, *a.* afraid, timid, භයසහිත.

බානිය, *n.* cloth, රෙද්ද, robe, උතුරු සළුව.

බාහුව, *n.* See භාහුව.

බාන්, *exp.* lad, now, you, as වරෙන් බාන්.

බාන්ධකීපුත්‍ර, *n.* (බන්ධකී harlot &c., ජ්‍යාෂ sin), bastard, son of an adulteress, අවජාතකයා.

බාන්ධකී, *n.* See බන්ධකී. [see බන්ධුවරයා.

බාන්ධවයා, *n.* kinsman, නෑයා, friend, මිත්‍රයා;

බා·පත, *n.* See බාව. [of arms.

බාපතය, *n.* D., shoulder-belt, peon's belt, coat

බාප්පා, බාප්පොච්චි, *n.* (fr. බාලප්පා, බාල අප්පා), uncle, viz. father's younger brother, or mother's younger sister's husband.

බා·බලය, *n.* (බා for බාහු arm), strength of arm. භාග්‍යබලය; power of merit, කුසල් බලය.

බාම්මා, *n.* See බාලම්මා.

බාර·ඔරුව, *n.* small fishing boat.

බාර·කරනවා, බාර·දෙනවා, *v. t.* See භාරකරනවා.

බාර·ගන්නවා, *v. t.* See භාරගන්නවා.

බාර·ද්‍රර, *a.* bulky, heavy, weighty, බර, important, බරපතළ.

බාරය, බාරේ, *n.* care, charge or keeping, custody, as මගේ බාරේ &c., In my charge &c.; vow.

බාරවෙනවා, *v. i.* to commit or entrust one's self to; surrender or devote one's self to; submit to; vow, (of one vow) බාරයක්වෙනවා.

බාරියාව, *n.* E. for භාර්‍යාව, wife.
භාරුසිගඟ, *n.* river of the sky, milky-way, celestial river, අහස්ගඟ.
බාර්ලි, *n.* Eng., barley, යව.
බාල, *a.* young; simple, ignorant; lacking in strength or quality, inferior.
බාල, *n.* hair of the head, ඉසකේ, hair, කේශ.
බාල, බාල්, *n.* D., banquet, ball.
බාලකම, *n.* youthfulness; inferiority.
බාලකාලය, *n.* infancy, childhood, බාලකම.
බාල·කපු, *n.* a sort of cotton.
බාලකය, *n.* tail, වල්ගය; finger ring, මුදුව, bracelet, අත්වළල්ල; a perfume, සුවඳ; small cardamoms, රට එන්සාල්. [වයා.
බාලකයා, *n.* boy, ළමයා; *fig.* simpleton, නිව
බාලකරනවා, *v. t.* to diminish or lower (the quality or degree), make inferior, debase (as gold &c.). [minority (of age).
බාල·කාලය, *n.* period of youth, childhood,
බාලකීය, *a.* juvenile, youthful (sports &c.), බාල සිත්ම අයත් or සුදුසු.
බාලකීය, *a.* childish, ළාමක.
බාල·ගබිණී, *n. fem.* young female—human or animal—pregnant for the first time. [නා.
බාල·ග්‍රහ, *n.* child-seizer; ap. of the above භූත
බාල·ග්‍රහ(ගිරි)·දොෂය, *n.* unusual crying of infants for the first three months, supposed to be caused by demons.
බාල·ග්‍රහි, බාල·ගිරි, *n.* (බාල child, ග්‍රහ to seize), child-seizure, viz. atrophy of a child, ascribed to the female fiend භූතනා.
බාල·ඝාතකයා, *n.* infanticide, ළදරුවෙක් මරන් නා. [රුවන් මරුදුම්ම.
බාල·ඝාතනය, *n.* infanticide, ළදරුවෙක් or ළද
බාල·ඡායාව, *n.* *ast.* penumbra.
බාල·තනයා, *n.* young son, බාලපුත්‍රයා.
බාල·තන්ත්‍රය, *n.* midwifery, විජ්ජඹුකම.
බාලත්වය, *n.* childhood, juvenility, juniority,
බාල·දේව, *n.* See බලදේව. [බාලකම.
බාල·පරය, *n.* See බාලකාලය.
බාල·පාල, *a.* (say) young and tender, ළාබාල.
බාල·පාශාව, *n.* (බාල hair, පාශා loops, binding), ornament of goods or silver &c. for the hair, hair-ornament, කේශාභරණය or string of pearls to bind the hair, මුතුවැල.
බාලප්පා, *n.* See බාප්පා.
බාල·පෝෂණ·ශාස්ත්‍රය, *n.* pædotrophy, බාලසින් පෝෂණකරන ශාස්ත්‍රය.
බාල·ප්‍රබෝධ·ශාස්ත්‍රය, *n.* paidutics, pedagogics, science of education.
බාල·මූෂිකාවා, *n.* a small kind of rat, මීයා, mouse, බටුමීයා; a small kind of bat, වවුලා.
බාලම්මා, *n.* (බාල අම්මා), aunt, viz. mother's younger sister or father's younger brother's wife.

බාලයා, *n.* child, youth, minor; the younger one; *fig.* simpleton, dolt.
බාල·වයස, *n.* age of infancy or youth, period of childhood or youth.
බාල·වයස්කාරයා, *n.* one of youthful age, minor.
බාල·වාස, *n.* (බාල hair, වාසඃ cloth, garment), hair or woollen cloth (of goat's hair &c.), woollen garment, ලෝම රෙද්ද, රෝම වස්ත්‍රය.
බාල·සුදනයා, *n.* See බලසූදනයා. [කාමරය.
බාලාගාරය, *n.* (බාල අා:), nursery, ළමයින්ගේ
බාලාතපය, *n.* (බාල early, ආතපය sunshine), early sunshine, morning rays, cool of the morning, උදෑසන අව්ව.
බාලාරාති, *n.* (බාල Er. for බල), see බලාරාති.
බාලාර්ක·මණ්ඩලය, *n.* (බාල early, අර්ක sun, මණ්ඩලය disk), daybreak, disk of light or aurora in the east before sunrise.
බාලාංකීයා, *n.* See තරුණකීයා. [ණී
බාලාව, *n.* girl or young woman, ළමිස්සි, තරු
බාලාවස්ථාව, *n.* (බාල අව:), period of minority, nonage, youth, බාලකාලය.
බාලි, *n.* (fr. බාල hair), name of a monkey who have been produced from his mother's hair; small cardamoms, රට එන්සාල්. [වැලි.
බාලිකා, *a.* girl-, girlish, E. S.; *n.* sand, වාලුකා,
බාලිකාව, *n.* girl, ගෑනු ළමයා; knot or flower of an ear-ring, කඩුක්කමේ මල; rustling of leaves, කොළවල ශබ්දය. [(or school).
බාලිකාවාසය, *n.* (ආවාස:), girl's boarding house
බාලිය, *n.* T., tub, bucket, vessel, බාල්දිය.
බාලිශ, *a.* young, බාල; ignorant, stupid, මෝඩ; careless, අප්‍රවේසම්.
බාලී, *n.* young female, girl, තරුණී. [ද්‍රව්‍ය.
බාලු, බාලුක, *n.* drug, බෙහෙත; perfume, සුවඳ
බාලුකා, *n.* See වාලුකා.
බාලේය, *a.* soft, tender, ළපටි, fit for a child or sacrifice &c., මෘදු. [රාක්ෂයා.
බාලේයා, *n.* ass, බූරුවා; demon, දෛත්‍යයා,
බාල්කය, බාල්ක්, *n.* D., beam, joist.
බාල්දි·කොස්ස, *n.* pail-brush.
බාල්දිය, *n.* Port., tub, bucket, pail.
බාල්දුව, *n.* humiliation, degradation, disgrace, පහත්කම, පුළුකම. [භාවය.
බාල්‍යය, *n.* childhood, youth, බාලව සිටීම, ළමා
බාව, *n.* crocodile's tail, කිඹුලාගේ වල්ගය.
බාවනවා, *v. t.* (*v. c.* of බානවා), to get let down or unloaded; cause to lie down (an infant &c.); *pret.* බෑවුවා; *v. n.* බෑවීම.
බාවය, *n.* See භාවය.
බාවිතාකරනවා, *v. t.* to use, practise, employ,
බාවිතාව, *n.* usage, practice, habit, භාවිතාව.
බාෂ්ප·ජලය, *n.* water of tears, කඳුළු දිය.
බාෂ්පය, *n.* tear (වියර්), කඳුළ.
බාසය, *n.* See බස.
බාසාව, බාසිත &c.: See භාෂාව, භාෂිත &c.

බා·හුරු, *n.* (බා arm, හුරු hero), ap. of the lion, සිංහයා, and of the sun, සූර්‍ය්‍යා.
බාස්කර, *n.* Er. for භාස්කර.
බාහය, *n.* arm, බාහුව. [දුඹු, පිටත.
බාහිත, *a.* ejected, ousted, outer, external, පිටත
බාහිත්ථය, *n.* frontal of an elephant, ඇතාගේ නලල. [tive, පිටත, පිටාතර.
බාහිර, *a.* outer, external, extraneous, objec-
බාහිර·ජන්‍ය, *a.* physical, pert., to external nature, පිටින්වූ, ආත්මභාවයක.
බාහිර·භක්තිකයා, *n.* formalist. E. S. [E. S.
බාහිර·භක්තිය, *n.* external religion, formalism:
බාහිර·ශාස්ත්‍රය, *n.* secular science, ලෞකිකශාස්ත්‍රය.
බාහිරු, *a.* external, පිටාතර; degraded, despised, නීච. [නීචකම.
බාහිරුකම, *n.* degradation, meanness, vileness,
බාහිරුකරනවා, *v. t.* to dishonour, insult, අවනම්බුකරනවා.
බාහිරුව, *n.* See බාහිරුකම.
බාහිරාවරණය, *n.* (බාහිර ආවරණ), outer cover, *bot.* epicarp, ගෙඩියේ පිටවැස්ම.
බාහු, *a.* much, many, බොහෝ, බහු.
බාහු, *n. pl.* or *a.* fr. බාහුව: arms; pert. to the upper arm, භුජ.
බාහු·ජයා, *n.* (බාහු arm, ජ produced), man of the ක්ෂත්‍රිය or warrior caste, which is said to have been produced from the arm of Brahma; parrot, ගිරවා.
බාහු·දණ්ඩය, *n.* bracelet, අත් වලල්ල.
බාහු·ප්‍රහරණය, *n.* (ප්‍ර emp., හරණය seizing), boxing, ගහගැනීම. [for the upper arm.
බාහු·භූෂණය, බාහු·භූෂාව, *n.* armlet, ornament
බාහු·මූල, *n.* (මූල root, source), armpit, කිහිල්ල.
බාහු·යුග්මය, *n.* the pair of arms, both arms, අත්දෙක.
බාහු·යුද්ධය, *n. lit.* arm-fight, viz. boxing, ගහගැනීම, wrestling, අත්පොරය.
බාහුල, *a.* See බහුල: many, various, නොයෙක්; plural, බහු; black, කළු.
බාහුල, *n.* fire, ගින්න; the month Kārtika: see කාර්තික මාසය. [කාර්තික.
බාහු·ලේය, *n.* ap. of කාර්තිකේය; the mouth,
බාහුල්‍යය, *n.* (fr. බහුල), abundance, plenty, profusion, multiplicity, බහුලකම.
බාහුව, *n.* arm, අත; leg of a triangle. E. S.
බාහු·වීය්‍ය්‍ය, *n. lit.* arm-force, viz. prowess, heroism, වික්‍රමය.
බාහු·ශීර්ෂ, *a.* humeral, උරඇටය අයිතිවූ. [උරඇට.
බාහු·ශීර්ෂය, *n.* head of the humerus, shoulder,
බාහුශූර, *a.* valiant in arm, valiant, brave, heroic, වික්‍රම, ශෞය්‍ය්‍යමත්.
බාහ්‍ය, *a.* outer; see බාහිර.
බාහ්‍යාභ්‍යන්තර, *n. pl.* or *a.* (බාහ්‍ය අභ්‍ය:), the outside and inside, (say) ඇතුළපිට; outer and inner, external and internal. ඇතුළු හා පිට.

බැගෑ, බැගෑපත්, *a.* very humble, piteous, lowly, meek, deferential, submissive, servile.
බැගෑව, *n.* lowly condition, පහත් අඩිය, පහත් සවභාව.
බැගින්, *ad.* at the rate of: at the rate of a rupee each, එකිනෙකට රුපියලක් බැගින්; by: as, one by one, එකක් එකක් බැගින්.
බැංකුව, *n.* Eng., bank.
බැටදෙනවා, *v.* to give blows, strike, box.
බැටය, *n.* blow, stroke.
බැටළු, *a.* pert. to sheep, sheep-.
බැටළු·එඬේරා, බැටළු·පාලයා, *n.* shepherd.
බැටළු·කොටුව, බැටළු·ගාල, බැටළු·පට්ටිය, *n.* sheepfold, sheep-pen.
බැටළු·චාරය, බැටළු·ප්‍රචාරය, *n.* (චාරය, ප්‍රචාරය, going about), sheepwalk, sheep-pasture, බැටළු පිට්ටනිය.
බැටළු·දෙන, *n.* ewe.
බැටළු·හාම්බා, *n.* young ram.
බැටළු·පාලි, *n.* shepherdess.
බැටළු·පැටියා, බැටළු·වස්සා, *n. mas.* lamb.
බැටළුපෝතකයා, *n. mas.* lamb.
බැටළුපෝතකී, *n. fem.* ewe-lamb, බැටළුවැස්සි.
බැටළු·ලොම්, *n.* or *a.* sheep's wool; woollen.
බැටළු·ලෝම, *n.* sheep's wool.
බැටළුවා, *n.* sheep, ram.
බැටළු·හම, *n.* sheepskin; *pl.* or *adj.*, බැටළුහම්.
බැට්ටයා, *n.* bard, panegyrist. [බණිනවා.
බැණ·ගන්නවා, *v.* to revile one another; see
බැණවුම, *v. n.* of බණිනවා: speaking, addressing, calling, කථාකිරීම, කැඳවීම.
බැණීම, බැණුම, *v. n.* of බණිනවා: reviling, railing, abuse, scurrility.
බැණුම්·දෙඩුම්, *n. pl.* fr. බණිනවා and දෙඩනවා: revilings and rantings, scurrilous language.
බැතිය, *n.* E. of භක්තිය. [broiled.
බැද, *p. pl.* of බදිනවා: having fried, grilled or
බැදපු, බැද්ද, *v. adj. pret.* fried, grilled.
බැද්ණියෝ, *n. hon.* sister-in-law, brother's wife; female cousin.
බැදි, *n. pl.* of බැද්ද: thickets, jungles.
බැදි·වදිනවා, *v.* to strike or penetrate the jungle or thickets.
බැදීම, *v. n.* of බදිනවා: frying &c.; also of බඳනවා: embracing. [cing, embrace.
බැදුම, *n.* frying &c., or what is fried; embra-
බැදෙනවා, *v. i.* to become fried or grilled; *pret.* බැදුණා; *p. pl.* බැදී; *v. n.* බැදීම.
බැද්ද, *n.* thicket, jungle, wood; *pl.* බැදි.
බැඳ, *p. pl.* of බඳිනවා: having tied or bound.
බැඳි, *a.* tied, bound, united.
බැඳි·අකුර, *n.* united, double or compound letter, ligature: as, ද, න්ව.
බැඳී, *p. pl.* of බැඳෙනවා; having become or being united &c.

බැඳිම, *v. n.* of බඳිනවා and බැඳෙනවා: tying, binding, uniting.
බැඳුම, *n.* band, ligament, tie; bond, union.
බැඳෙනවා, *v. i.* to become united, joined or bound together, adhere; bind or unite one's self; *pret.* බැඳුණ; *p. pl.* බැඳී; *v. n.* බැඳීම.
බැබළීම, *v. n.* of බබළනවා and බැබළෙනවා: shining, glittering, eradiation. [එණ.
බැබළෙනවා, *v. i.* to shine, glitter; *pret.* බැබ
බැම, *n.* eyebrow, ඇස් බැම. [scowl, frown.
බැම·හමවනවා, *v.* to move the eyebrows about,
බැම·හමවා·බලනවා, *v.* to look at with scowling, scowl, frown at. [scowl, frown.
බැම·හමවා·බැලීම, *v. n.* scowling, frowning,
බැම·හිඳිනවා, *v. i.* to lift the eyebrows, make a sign with the eyebrows.
බැම·හිඳීම, බැම·හිඳුම, *n.* bending or elevating the eyebrows, hinting therewith, eyebrow-hint. [eyebrow.
බැම·මඩුල්ල, *n.* the circle, disc or region of the
බැම·ලෙල්, *n.* line or hair of the eyebrow, eyebrow tuft.
බැම·සඟල, *n.* (සඟල pair), the two eyebrows.
බැමිණී, *n. fem.* of බමුණා: brahmin woman, brahminee.
බැමීම, බැමුම, *v. n.* of බමනවා: whirling, whirl, revolving, කැරකිල්ල. [*pret.* බැමුණ.
බැමෙනවා, *v. i.* to revolve, twirl, කරකැවෙනවා;
බැම්ම, *n.* bond, ligament; retaining wall.
බැර, *a.* heavy, weighty, බර, බරපතළ.
බැරපත්, *n.* (=බරපත්), fees for copying a book.
බැරැක්කය, *n.* Eng., barrack, barracks.
බැරැඩි, (ord. බැරෑඩි), *a.* hoarse, gruff, husky.
බැරැඩිකම, බැරෑඩිය, *n.* hoarseness &c.
බැරෑරුම, *n.* weightiness, බරපතළකම, importance, වැදගත්කම.
බැරෑරුම්, *a.* weighty, important; arrogant, proud, haughty.
බැරි, *a.* unable; impossible. [omission.
බැරිකම, *n.* inability; failure, unintentional
බැරිණී, *n.* pregnant woman, බඩදරු ස්ත්‍රී.
බැරිබැරි·රෝගය, *a.* the disease *beri-beri,* a form of neuritis accompanied by dropsy &c., ශරීරය දුබලකරන භයංකර රෝගයක්.
බැරිවෙනවා, *v. i.* to become unable, failing or having failed.
බැරුව, for බැරිව, *p. pl.* having become or being unable, failing or having failed.
බැලි·සික්කි, *n. fem.* See බලුසික්කි.
බැලි·මැස්සා, *n.* See බලුමැස්සා. [ing, look.
බැලීම, බැලුම, *v. n.* of බලනවා: looking, view-
බැල්ම, *n.* looking, look, aspect. [slut.
බැල්ලි, *n. fem.* of බල්ලා: female dog, bitch,
බැව, බැව්, *n.* E. of භව or භාව: being, existing, fact: see බව.

බැවහර, බැවහාරය, *n.* See ව්‍යවහාරය, E. වහර.
බැවින්, *conj.* (abl. case of බැව), *lit.* from the fact: because, as ඔහු ගිය බැවින් because he went, එබැවින් because of that, therefore.
බැවුල, *n.* hilly ground, ගොඩැලිබිම.
බැවුලි, *n.* dancing woman, නැටුවුක්කාරී.
බැස, *p. pl.* of බසිනවා: having descended, descending.
බැස·එනවා, *v.* to come down, descend.
බැස·යනවා, *v.* to go down, descend; subside, ebb. [ebbing, ebb.
බැස·යාම, *v. n.* going down; subsidence, reflux,
බැසීම, *v. n.* of බසිනවා and බැසෙනවා: descending, alighting, subsiding.
බැසෙනවා, බැහෙනවා, *v. i.* to descend, sink lower, abate; subside (as water or fever); go down (as roots); *pret.* බැසුණ, බැහුණ.
බෑස්ම, *n.* declivity, slope, descent, බෑවුම.
බෑස්ස, *v. adj. pret.* descended, subsided, (of the sun &c.) set.
බැහැ, බෑ, *v.* (used in present tense only), impossible, cannot: මට බැහැ, impossible or difficult to me, I cannot; ඒසෙවත්ට බෑ, it cannot be.
බැහැවී, *n.* young woman, තරුණී.
බැහැ·දකිනවා, *v.* to bow to, bow down, pay or show homage to, වඳිනවා.
බැහැ·දැකීම, *v. n.* bowing to &c., වැඳීම.
බැහැනා, *n.* See බෑනා.
බැහැපත්, *a.* submissive, humble, lowly, යටහත්.
බැහැර, *a.* outer, exterior, external, බාහිර, පිටත.
බැහැර, *n.* outside, exterior place, පිටත.
බැහැරකරනවා, බැහැරලනවා, *v. t.* to cast out, eject, discard, eliminate, පහකරනවා.
බැහැර·යනවා, *v.* to go away, go off, අහක්ව යනවා.
බැහැවෙනවා, *v. i.* to be worthy of respect, be trustworthy, be honourable, හම්බුකාරව සිටිනවා.
බැහීම, *v. n.* of බහිනවා and බැහෙනවා: descending &c. [nary, කුලී, කුලීකාර.
බැළ, *a.* pert., to hire, hireling, servile, merce-
බැළ·ගෙඩිය, *n.* coconut which the plucker receives as pay.
බැළ·මිලය, *n.* wage, pay, පඩිය, කුලිය.
බැළ·මෙහෙකරනවා, *v.* to serve for wages, කුලියට or පඩියට වැඩකරනවා. [ling.
බැළ·මෙහෙකරුවා, *n.* worker for wages, hire-
බැළ·මෙහෙය, *n.* hired service, කුලීවැඩ, work done for wages, පඩියට කරන වැඩ.
බැළය, *n.* hire, wages, pay, stipend, කුලිය, පඩිය.
බැළයා, *n.* See බැළමෙහෙකරුවා.
බැළලි, *n. fem.* of බළලා: female cat.
බෑ, See බැහැ.
බෑනා, *n.* son-in-law; sister's son, nephew.

බෑම, *v. n.* of බානවා : letting down &c.
බෑය, *n.* half, බාගය.
බෑයා, *n.* brother, සහෝදරයා.
බෑරක්ද, *n.* (fr. බැහැර), *lit.* Is it a journey (a going) out? See the following.
බෑරක් යනවාද, *v. inter.* where (are) you going, or are you going far?
බෑවීම, *v. n.* of බාවනවා : getting unloaded; laying down.
බෑවුම, *n.* slope, inclined plane, declivity, escarpment.
බෑවුම්කම, *n.* steepness, slope.
බෑවුවා, *v. pret.* of බාවනවා : got unloaded; laid down.
බෑවෙනවා, *v. i.* to become inclined or prone or laid down, slide or come down.
බෑහැය, *n.* habit, custom, පුරුද්ද; Er. for ව්‍යසනය, calamity, විපත, affliction, දුක, පීඩාව.
බිත, *n.* natural segment of a fruit, as of an orange, carpel; *pl.* බිත්.
බිත්ඇති, *a.* having segments, syncarpous.
බික්, *n.* religious mendicancy, mendicant; food, ආහාර. See භික්ෂා, භික්ෂු.
බික්ෂිය, *n.* Er. for බිත්තිය or භිත්තිය. [සංඝයාව.
බික්සඟ, *n.* company or society of B. monks,
බිං ගබඩාව, බිම් ගබඩාව, *n.* underground storeroom, cellar. [tunnel.
බිං ගෙයි මාවත, *n.* underground way, gallery,
බිං ගෙය, බිම් ගෙය, *n.* underground room, cavern, tunnel.
බිඟු, *n.* E. of භෘංග : see බමරා. [අනංගයා.
බිඟු දිය, *n.* Wasp-bowstring: ap. of Cupid,
බිඟු පිය, *n. lit.* wasp's delight, viz. mace (the spice), වසාවාසි. [swarm of bees.
බිඟු පෙළ, බිඟු වැල, *n.* bee-line, bee-row, viz.
බිඟු මුළ, *n.* (මුළ multitude), company or hive or swarm of bees.
බිච්චිය, *n. col.* for බිත්තිය.
බිජ පුර, *n.* common citron, ලප්නාරම්. [එවා.
බිජී, *v. pret.* flourished, shone, glittered, බැබ
බිජීම, බිජුම, *n.* (*v. n.* of බජනවා, බෙජෙනවා); attachment, භජනය, service, සේවය, shining, [බැබලීම.
බිජු, *n. pl.* eggs; *a.* egg, ovicular.
බිජු කටුව, *n.* egg-shell.
බිජු කූඩුව, *n.* egg-nest, nidus.
බිජුත, *n.* wall, බිත්තිය.
බිජු දමනවා, *v.* to lay eggs. [cubate.
බිජු රකිනවා, *v.* (of birds) to sit on eggs, incubate.
බිජු රැකීම, *v. n.* incubation, brooding. [ed.
බිජු රැකෙනවා, *v. i.* (of eggs) to become hatched.
බිජුරු, *n. pl.* (රුහ් to grow), seed, corn, grain.
බිජුව, බිජුවට, *n.* egg; testicle; seed; marrow, ඇට මිදුළු.
බිජ්ජ, *n.* Er. for බිජුව.
බිජ්ජුරු, *n.* See බිජුරු.
බිට්ටය, *n.* water-melon, කොම්බු ගෙඩිය.
බිඩ, පිඩ, *n.* salt obtained by boiling saline earth, a kind of black salt, used as a tonic and aperient. [බිඩ්ත.
බිඩංගය, *n.* stem of cocoanut branch, stipe,
බිඩල්ල, බිඩච්ච, *n.* chip, පතුර; sod, clod, පිඩැල්ල.
බිඩාලක, *n.* yellow orpiment, eye-salve for external application, sp. to ulcerated eyelid.
බිඩාල, *n.* cat, බළලා.
බිඩැල්ල, *n.* sod, clod, පිඩැල්ල.
බිණීම, බිණුම, *v. n.* බණනවා : speaking, speech, utterance, කීම; reviling, බැණීම.
බිත, *n.* house wall; *pl.* බිත් : see බිත්තිය.
බිතක්කණ, *n.* wall-corner, viz. back of the house, පිළිකන්න. [fresco.
බිතු, *a.* wall-, as බිතු සිතියම, wall picture,
බිත්තරය, *n.* (බිත්ත අටය or ඇටය), a seed, a grain of seed or corn, බීජය, ධාන්‍ය ඇටය.
බිත්තර ධාන්‍ය, *n. pl.* seed-corn, seed-grain.
බිත්තර වී, *n.* seed-paddy.
බිත්තරය, *n.* egg; seed.
බිත්තිය, *n.* E. of භිත්තිය.
බිදම, *n.* = අබිදම, *q. v.* [beans &c.
බිදලාව, *n.* two-lobed seed or grain, as peas,
බිදුරු, *n.* asafœtida, පෙරුංකායම්. *Bot.*
බිදුරු ගඳය, *n.* scent of asafœtida.
බිදි, බිදීම, *n.* (Fr. බුදිනවා), eating (used of monks), වැළදීම; breaking, rending, බිඳීම.
බිනර මස, *n.* name of a month, Sept.-Oct.
බින්, *n. pl.* or *a.* Er. for බිම. [තුව.
බින්කාරය, *n.* jug, කෙණ්ඩිය, goblet, ගුරුලේත්
බින්තල, *n.* any river fish, any one fish.
බින්දවනවා, බිදවනවා, *v. c.* of බිඳිනවා : to cause to break; *pret.* බින්දෙවුවා, බිඳෙවුවා.
බින්දීම, *v. n.* hœmorrhage, ලේයාම.
බිඳු, *n. pl.* stops, dots, specks.
බිඳු ගහනවා, *v.* to dot, spot.
බිඳු ජාලකය, *n.* (ජාල a lot, multitude), a lot of coloured spots on an elephant.
බිඳුලියනවා, *v.* to dot in writing, write the sign (•).
බිඳුව, *n.* a drop; dot, spot, speck, point; the nasal (ං), used for ඞ before gutturals in words from Sans., and for the nasal ඤ before palatals in Sinhalese words.
බින්දුවනවා, *v. t.* to cause to break forth, send forth (as the menses); *pret.* බින්දෙවුවා; *v.n.* බින්දවීම.
බින්න, *n.* an arrangement of Kandyan marriage by which the husband goes to live permanently in the wife's house : see දීගය.
බින්නාකරයනවා, *v. t.* to break, කඩනවා.
බින්න බහිනවා, *v.* to enter into the බින්න marriage arrangement.
බින්නය, *n.* falsehood, lie, බොරුව.

බිඳ, *p. pl.* of බිඳිනවා: having broken.
බිඳ, *n.* a drop of any fluid; *pl.* බිඳු: see බින්දුව.
බිඳ·එලනවා, බිඳ·හෙළනවා, *v. t. lit.* and *fig.* to break down, destroy, demolish, overthrow.
බිඳ·දමනවා, *v. t.* to break in pieces, shatter, smash.
බිඳපු, *v. adj. pret.* broke; broken.
බිදලාව, *n.* seed lobe.
බිදවනවා, *v. c.*: see බින්දවනවා.
බිඳිනවා, *v. t.* to break, fracture, snap, crack (of brittle things chiefly); *pret.* බින්ඳා; *p. pl.* බිඳ.
බිඳී·තෙත්, *n.* Ep. of Venus (Sukra).
බිඳීම, *v. n.* of බිඳිනවා and බිඳෙනවා: breaking &c., fracture.
බිඳුම, *n.* break, broken place, fracture, crack.
බිඳුවනවා, *v. t.* to cause to break, get broken; see බින්ඳුවනවා.
බිඳෙනවා, *v. i.* to break, crack, snap; *pret.* බිඳුණා; *p. pl.* බිඳී; *v. n.* බිඳීම. [*pl.* බිබිලි.
බිබිල, *n.* pimple, pustule, blain, vesicle, blister;
බිබුල, *n.* water-spring, place where water oozes or bubbles up, උල්පත, බුබුල.
බිම, *n.* floor, ground; site; the ground as soil.
බිම·අත්නවා, *v.* (අත්නවා for අනිනවා), to strike or put on the ground, බිමගහනවා.
බිම·එලනවා, බිම·හෙළනවා, *v. t.* to cast on the ground.
බිම්·ආදායම, බිම්බද්ද, land-tax, land-rent.
බිම්·උගුරා, *n.* a kind of large grasshopper or locust. [ground.
බිම්·කැබෙල්ල, බිම්·කෑල්ල, *n.* plot or piece of
බිම්·දුම්මල, *n.* a resinous oil obtained by boiling bituminous earth.
බිම්·දොර, *n.* floor-door, trap-door.
බිම්නා, *n.* large earthworm, ගැඬපණුවා.
බිම්·නැගීම, *v. n. lit.* lifting the ground, viz. first ploughing.
බිම්පණාව, *n.* garden rake.
බිම්·පලා, *n. pl* vegetables.
බිම්·පොළඟා, *n.* a kind of polonga.
බිම්බය, *n.* disk (as the sun &c.), මඬල; image, පිළිබිඹු, ප්‍රතිමාව; picture, සිතියම, shadow, ඡායාව.
බිම්බර, *n.* multitude, සමූහය; a large number = a million crores or *Kótis*.
බිම්·බස්සා, *n.* a species of owl, Kelaart's night-jar, jungle night-jar, බමරබස්සා, රෑ බස්සා.
බිම්බා, *n.* a name of queen Yasōdarā, wife of prince සිද්ධාර්ථ who afterwards became Buddha.
බිම්·බෝහනය, *n.* pillow, bolster. [හත්ත.
බිම්·මල, *n. lit.* ground-flower, viz. mushroom,
බිම්·රසා, *n.* resin, දුම්මල. [see බිම්නා.
බිම්ලිය, *n.* (ලිය creeper, වැල), long earthworm:

බිම්·සටහන, *n.* ground-plan, plan of a piece of ground.
බිඹු, *n.* See බිම්බය. *Bot.* [පිළිමය.
බිඹුරු, *n.* image, රූපය, picture, සිතියම, statue,
බිඹුල, *n.* See බිබුල.
බිය, *n.* E. of භය and භීති.
බියකරනවා, *v.* See බයකරනවා. [rible, භයානක.
බිය·කරු, *a.* dreadful, fearful, frightful, ter-
බිය·පත්, *a.* frightened, terrified, භයට පැමිණුණ.
බියලි, *n. pl.* or *a.* seed-lobes, halves, as of peas &c.; lobe- or lobe-like.
බියලිකරනවා, *v. t.* to divide or split into lobes, separate seed-lobes.
බියලි·දොර, *n.* folding door, double door.
බියල්ල, *n.* a division or part, division of a seed, seed-lobe, cotyledon; *pl.* බියලි.
බිය·සුලු, *a.* timid, බයාදු, cowardly, බයගුළු.
බිය·සුල්ල, *n.* timidity, බයාදුකම &c.
බියසුල්ලා, *n.* timid person, භයඇත්තා, coward, බයගුල්ලා.
බියෙස්, *a.* fr. අබියස: near, neighbouring, සමීප.
බිරම්, *a.* dreadful, terrific, භයානක, ඝෝරතර.
බිරම්කරනවා, *v. t.* to frighten, terrify, භීතකරනවා.
බිරාන්ත, *a.* Er. for භ්‍රාන්ත: wandering &c.; terrified, භයපත්වූ. [පත්වෙනවා.
බිරාන්තවෙනවා, *v. i.* to become terrified, භය
බිරි, *a.* frightful, terrific: see බිරම්; woman, see බිරින්ද.
බිරින්ද, බිරිඳු, *n.* woman, wife, ස්ත්‍රී, භාර්යාව.
බිරිබිරි, *n.* sound of breaking or crashing.
බිරීම, බිරුම, *v. n.* of බුරනවා: barking, bark of a dog &c.
බිරුසර, *n.* (සර voice), bear, වලසා.
බිරෝව, *n.* D., bureau, ලියන මේස වර්ගයක්.
බිල, *n.* cave, burrow, hole, fissure; a term used to command an elephant to raise his
බිලංග, *n.* sour gruel, vinegar, විනාකිරි. [leg.
බිලංගථාලික, *n.* punishment by scalping and pouring boiling gruel on the head.
බිලාල, *n.* a factitious salt: see බිඩ.
බිලි, *n. pl.* or *a.* බිල්ල: sacrifices; sacrificial; baits &c.; bait-, (see බිළි).
බිලි·තටුව, *n.* offering-altar or stand on which offerings are presented to planets or demons.
බිලිං, බිලිං·ගෙඩිය, *n.* the acid fruit so called, bilimbi. *Bot.* [න්දෙ, බිළිඳේ.
බිලින්දා, බිළිඳා, *n.* child, male infant; *pl.* බිලි
බිළිඳු, *a.* or *n.* infantile, ළදරු; child, ළදරුවා.
බිලි පුවු, *n.* See බිලිපුවුවා.
බිලි·පුදනවා, *v.* to offer sacrifices to demons.
බිලි·පුදය, බිලි·පූජාව, බිලි·බත, *n.* a sacrifice to demons.
බිලිසම, *n.* plummet, plumb-rule; making offerings to propitiate demons.

බිලේ·ශයා, *n.* serpent, සර්පයා; nāga or inhabitant of the නාගලෝකය.
බිල්ල, *n.* sacrifice to demons or offerings to manes; bell, සීනුව; tax, සුංකම; *pl.* බිලි.
බිල්ලා, *n.* (Fr. Bhil), kidnapper; bogy to frighten children.
බිල්ව, *n.* = බෙලි, *q. v.*
බිෂොප් (තුමා, උත්තමයාණෝ), *n.* Eng., bishop.
බිස, *n.* film or fibrous stalk of the lotus or water-lily; stalk of the lotus, නෙළුම්දණ්ඩ.
බිස කණ්ඨිකාව, *n.* (බිස lotus stalk, කණ්ඨ throat), a small crane, ibis.
බිසක, බිස·ඉත්තක, *n.* doctor, වෙද්‍ය.
බිස·පුෂ්පය, *n.* lotus flower, මානෙල් මල.
බිසව්, බිසෝ, බිසවුන්නාන්සේ, *n.* (See අගිසෙව්), queen; *pl.* බිසෝවරු.
බිසින්ය, *n.* assemblage or cluster of lotus flowers; lotus pond.
බිසෙව්, *n.* See අගිසෙව්.
බිසෝව්, බිසෝ, *n.* queen, *sp.* chief queen, බිසව්.
බිසෝ, *a.* queenly, pert. to a queen.
බිස්සබ, *n.* foot-scraper, door-scraper.
බිස්ස, *n.* large oval grain-basket or granary; mat or bundle of straw as a door-mat &c.; tuft of grass, ascetic's seat; *pl.* බිහි.
බිහි, *a.* (Fr. බාහ්‍ය), outer, outside, පිට.
බිහිකරනවා, *v. t.* to bring forth, cause to issue (of birth only).
බිහිකිරීම, *v. n.* bringing forth, parturition.
බිහි·දොර, *n.* outer door or gate, පිටදොර; arch or portico in front of a house, තොරණ.
බිහිණී, *n.* elder sister, අක්කා.
බිහිය, *n.* door-mat for wiping the feet, බිස්ස.
බිහියා, *n.* demon, devil, රාක්ෂයා.
බිහිරා, *n. mas.* deaf person.
බිහිරි, *a.* E. of බිහිර: deaf.
බිහිරිකරනවා, *v. t.* to deafen, stun.
බිහිරි·ගොළුවා, *n. mas.* deaf mute.
බිහිරී, *n. fem.* deaf-female.
බිහිවීම, *v. n.* of බිහිවෙනවා: coming forth, issuing from the womb. [nent, උතුම්.
බිහිය, බිහිසු, *a.* good, යහපත්, excellent, emi-
බිහිසුණු, *a.* E. of භීෂණ: terrible, alarming, dreadful, භයානක.
බිළාලයා, *n.* P. of බිඩාලයා: cat, බළලා.
බිළි·කටුව, *n.* bait-hook, fish-hook.
බිළි·පිත්ත, *n.* bait-rod, fishing-rod.
බිළි·බානවා, *v.* to let down bait, fish with hook and bait, angle.
බිළි·මස්සා, *n.* prawn, ඉස්සා.
බිළිය, *n.* bait, ඈම.
බිළි·ලනුව, *n.* bait-line, fishing-line.
බිළි·මැද්දා, *n.* angler, one who fishes with bait.
බිළි·මැස්සා, *n.* a kind of red fish, *cyprinus denticulatus.*

බී, බීලා, *p. pl.* of බොනවා: having drunk.
බීක්කු, *n.* Port., a kind of point-lace, edging.
බී·ගන්නවා, *v. t.* to drink, drink up: *v. i.* (with dat., as පොළොවට &c.), drink in, soak in, absorb.
බීජ, [බිජ], *n. pl.* or *a.* seeds, seed; seed-.
බීජ· ඉපියාව, *n.* radicle or seed-stem or root.
බීජ·කලන·තුඩ, *n.* point or extremity of a seed germ, rostel, radicle.
බීජ·කලන·බන්ධනය, *n. bot.* suspensor. [කරල.
බීජ·කෝෂය, *n.* seed-vessel, pericarp, pod, boll,
බීජ·කෝෂ·බහුල, *a.* multicapsular.
බීජ·ගණිත, *a.* algebraic.
බීජ·ගණිතය, *n.* algebra.
බීජ·ගණිතයා, බීජ·ගණිතඥයා, *n.* algebraist.
බීජ·ගන්නවා, *v.* to seed, bear seed.
බීජ·ගබ්ය, *n.* inside of a seed or that which contains seed, seed receptacle.
බීජ·ගුප්තිය, *n.* (ගුප්තිය hiding), pod, කරල.
බීජ·ජනක, බීජධාරී, *a.* seed-bearing, semeniferous, spermatopherous, බීජදරන.
බීජ·පරමාණු·ප්‍රාණියා, *n.* spermatozoon; *pl.*...... ප්‍රාණීහු, spermatozoa.
බීජ·පළව, *n.* seed-lobe, cotyledon, බීජපල්ල.
බීජ·පැලය, *n.* seedling.
බීජ·බන්ධ, *a.* (බන්ධ band, ligature), *bot.* placental, බීජබද්ධ.
බීජ·බන්ධ·ධාරී, *a. bot.* placentiferous, බීජබැඳුම.
බීජ·බන්ධනය, *n. bot.* placenta, spermophore, බීජබැඳුම.
බීජ·බන්ධාකාරය, *n. bot.* placentation.
බීජ·භක්ෂක, *a.* seed-eating, granivorous, ඇට [ජාති කන.
බීජ·මොට්ටුව, *n.* seed-bud.
බීජය, *n.* seed; germ; semen; cause, මුල්හුව;
pl. බීජ, seeds, seed.
බීජ·වහිරාවරණය, *n.* (වහිරි outer, ආව: cover), aril, arillus, seed-coat, බීජයේ පිටවැස්ම.
බීජ·වැස්ම, *n.* seed-cover, perule.
බීජ·විඥාරකාරයා, *n.* spermatologist. E. S.
බීජ·විඥාරය, *n.* spermatology, spermalogy. E. S.
බීජ·සූත්‍රය, *n.* (සූත්‍රය thread), podosperm.
බීජාංකුර·කලනය, *n.* (බීජ අංකුර), radicle or under seed-stem, බීජඉපියාව.
බීජාකෘත, *a.* (අකෘත prepared), prepared for seed, viz. ploughed, සානලද. [seed lobe.
බීජාංකුරය, *n.* (බීජ අං:), seed-germ, plumule,
බීත, *a.* afraid, terrified, භයපත්: see භීත.
බීතය, බීතිය, *n.* See භීතිය.
බීභත්සය, *n.* disgust, abhorrence, පිළිකුල.
බීම, *v. n.* of බොනවා: drinking; drink, beverage, liquor.
බී·මත්, *a.* (මත් intoxicated), drunk, intoxicated.
බීමත්කම, *n.* drunkenness, inebriety.
බීමත්කාර, *a.* addicted to drink, sottish.

බීමත්කාරයා, *n.* drunkard, sot.
බීර, *n.* Eng., beer, ale.
බීරණ, *a.* gloomy, lurid, (day), අඳුරු.
බීරණකාලය, *n.* cloudy weather, gloomy time or season.
බීරණය, *n.* gloom, gloominess in the day time arising from cloud or fog, අඳුරුකම.
බීරළු·රේන්ද, *n.* (See next word), pillow lace.
බීරළුව, *n.* Port., bobbin (used in making lace),
බීරා, බීරි, *n.* See බිහිරා, බිහිරි. [reel, spool.
බීරණි, *a.* cloudy, murky, අඳුරු.
බීරි·තට්ටුව, *n.* a stroke or attack of deafness, (occasioned by a loud noise &c.), state of being dinned.
බීරීම, බීරුම, *n.* gloomy or misty weather, or gloominess, mistiness.
බුසවා (or බුසුම්මා) ගෙන ඉන්නවා, ·ගන්නවා, *v.* to be sulky or peevish.
බුසල, *n.* blow of the fist, thump, punch.
බුසල් අනිනවා, *v.* to strike with the fist, box, thump, punch. [බිරුම.
බුක්කනය, *n.* barking, bark of a dog &c., බිරීම,
බුක්කය, *n.* heart, හිත, breast, ළය.
බුක්කයා, *n.* he-goat, එළුවා. [නාදය.
බුක්කාරය, *n.* roar of a lion &c., ගෙරවීම, සිංහ
බුජාතිය, *n.* Er. for භුජාතිය.
බුජග, *n.* E. of භුජංගයා: snake, සර්පයා, immoral person, as gambler, drunkard &c., දුසිරිත් කරන්නා.
බුජම, *n.* Port., jar, ජාඩිය. [කිසිල්ල.
බුජ·මූල, *n.* (E. of භුජ arm, මූලය root), armpit,
බුජය, *n.* arm, hand, අත.
බුණ්ඩයා, *n.* stupid person, ගුණ්ඩයා.
බුඩ්ඪපබ්බජිතයා, *n.* (= වෘද්ධ ප්‍රව්‍රජිතයා), one who has become a monk in old age, වයස් ගොසින් මහණවූ අය.
බුත්, *a.* for බුද් fr. බුදු: pert. to Buddha.
බුත්තිය, *n.* E. of භුක්තිය.
බුත්තිවිඳිනවා, *v. t.* See භුක්තිවිඳිනවා.
බුත්සරණ, *n.* Buddha-refuge, viz. refuge in Buddha; Buddha's feet. *Bot.*
බුද, බුදහු, *n.* the planet Mercury or its regent.
බුද·දින, *n.* Wednesday, බදාදා.
බුදිනවා, *v. t.* to eat, කනවා; *v. n.* බුදීම, බිදීම.
බුදිමත, බුදිමත්කම, *n.* sleepiness, නිදිමත.
බුදියනවා, බුදියාගන්නවා, *v.* to sleep, go to sleep.
බුදු, *a.* E. of බුද්ධ: Buddhist or pert. to Buddha.
බුදු, බුදුවූ, *a.* enlightened, knowing, being aware, දැනගත්. [බුදුහු: Buddha.
බුදුන්, *n. pl. acc.* but used as nom. case for
බුදුබව, *n.* Buddhaship.
බුදුවරයා, බුදුහු, *n.* Buddha.
බුද්දාලය, *n.* (බුද්ද for බුද්ධ, ආලය), house of Buddha, buddhist temple. [ප්‍රඥාවන්තා.
බුධ, *a.* known, understood; wise, learned,

බුද්ධ·කාරක, *a. lit.* Buddha-making, viz. effecting the attainment of Buddhahood, applied to actions necessary for that purpose.
බුද්ධ·කෝලාහලය, *n. lit.* Buddha-tumult: a thousand years before the birth of a Buddha a deva traverses the earth proclaiming with a loud voice the coming event.
බුද්ධ·ක්ෂේත්‍රය, *n.* (ක්ෂේත්‍රය field, territory), buddhist country, where buddhism prevails.
බුද්ධ·ඝෝෂ, *n.* (ඝෝෂ proclamation), name of a celebrated buddhist sage or saint, author of the අට්ඨකථා or comments on the sermons of Buddha, which, as the comments of a Rahat, are as authoritative as the text.
බුද්ධත්වය, *n.* Buddhaship, බුදුබව. [වන්තයා.
බුධයා, *n.* sage, wise or learned person, ප්‍රඥා
බුද්ධ·රාජ·කල්කය, *n.* medicinal preparation, name of a levigated powder.
බුද්ධ·රාජ·ගුලිය, *n.* name of a medicinal pill.
බුද්ධ·රාජ·තෛලය, *n.* name of a medicinal oil or ointment.
බුද්ධවර්ෂය, බු.ව., *n* era of Buddha, which began about 543 years before Christ.
බුද්ධ·ශාසනය, බුද්ධ·සමය, *n.* Buddhist dispensation or government or era, reign of Buddha; buddhism, බුද්ධාගම. [religion.
බුද්ධාගම, *n.* (බුද්ධ ආගම), Buddhism, buddhist
බුද්ධාගම්කාර, *a.* buddhistic, buddhist.
බුද්ධාංකුර, *a.* being candidate or preparing for Buddhaship.
බුද්ධාංකුරයෝ, *n.* (·අංකුර germ, root-shoot), embryo Buddha or person preparing for Buddhaship, බෝධිසත්වයෝ.
බුද්ධාන්තරය, *n.* (·අන්තරය), the interval of time between two successive Buddhas.
බුද්ධානුභාව, *n.* (·ආනු: or ·අනු), the power, influence or efficacy of Buddha.
බුද්ධාලම්බන·ප්‍රීතිය, *n.* (·ආලම්බන depending on, attached to), the pleasure connected with Buddha by meditating on him &c. [throne.
බුද්ධාසනය, *n.* (·ආසනය), Buddha's seat or
බුද්ධි, *a.* pert. to intelligence, understanding or wisdom.
බුද්ධික, *a.* See බුද්ධිමත්.
බුද්ධි·නිරනුකූල, *a.* (නිර් අනු:), inconsistent with or not according to intelligence, unreasonable, සිහියට හුරුනැති.
බුද්ධි·මතා, *n.* (මත්, මතික, imbued with), rational being, සිහිබුද්ධි ඇති සත්වයා; person of intelligence, සිහිබුද්ධි ඇති අය. [alistic.
බුද්ධි·මතික, බුද්ධි·මතික·දෘෂ්ටි, *a.* rational, ration-
බුද්ධි·මතික·දෘෂ්ටිය, *n.* rationalism.
බුද්ධි·මතික·දෘෂ්ටියා, බුද්ධි·මතිකයා, *n.* rationalist.
බුද්ධිමත්, *a.* rational, intelligent, prudent, wise, සිහිනුවණ ඇති, නැණවත්.

බුද්ධිමත්කම, *n.* intelligence, prudence, ඥානය, නැණවත්කම.
බුද්ධි·මෝහනය, *n.* fascination or stupefaction of the intellect, infatuation. E. S. [නය.
බුද්ධිය, *n.* reason, intellect, prudence, සිහිය, ඥා
බුද්ධිවන්ත, *a.* intelligent &c.: see බුද්ධිමත්.
බුද්ධි·සහායයා, *n.* counsellor, මන්ත්‍රණකාරයා.
බුද්ධි·හීන, *a.* senseless, foolish, idiotic, silly, අනුවණ, නිවට.
බුද්ධි·හීනකාව, බුද්ධි·හීනත්වය, *n.* senselessness &c.
බුද්ධීන්ද්‍රියය, *n.* (බුද්ධි ඉන්ද්‍රි:), organ of sense or intellect, as the mind, eye, ear &c,
බුද්ධෝත්පාද·කාලය, *n.* (බුද්ධ උත්පාද), the period when a Buddha is born in this world.
බුද්බුදය, බුබ්බුල, *n.* (Imitative sound), bubble, බුබුල; bubbling, gurgling.
බුද්බුදෞෂධය, *n.* (බුද්බුද ඔෂ:), blistering medicine, vesicant. E. S.
බුන්, *a.* broken, බිඳුණු; expanded (as flowers), පිපුණු; drunk up, බොනලද. [බැම්ම.
බුන්(න), *n.* root of a tree, රුක්මුල; binding,
බුන්·කැබලි, *n. pl.* broken bits, refuse, rubbish.
බුන්දත්, *n. lit.* broken-tooth: ap. of ගණෙද [වියන්.
බුන්දලය, *n.* See බුන්දලය.
බුන්·මුසුළු, බුන්පුළු, *a.* blown, expanded (as flowers &c.), පිපුණු.
බුන්·වෙරළ, *n.* broken or indented shore.
බුපම්ව, *n.* See බුපම්ව.
බුපැල, *n.* See බුපැල.
බුමුඉන්, *n.* root of tree, (ගස්)මුල.
බුබුල, *n.* bubble; blister, pustule; spring of water: see බිබුල; *pl.* බුබුළු.
බුබුලැස් ඇති, *a.* (බුබුළු ඇස්), goggle-eyed.
බුබුළු·ගල, *n.* zeolite, E. S.
බුමු·සිත, *n.* tree root, ගස්මුල.
බුභුක්ෂාව, *n.* (Sans. desiderative of භුජ් to eat), hunger, බඩගින්න. [ගිනි.
බුභුක්ෂිත, *a.* (*p. pl. pas.* of භුජ්), hungry, බඩ
බුම්, *n.* floor, බිම; layer, තට්ටුව.
බුමුතුරුණ, *n.* carpet, rug.
බුමුතුරුණු·බුරුසුව, *n.* carpet brush.
බුම්මනවා, බුම්මා·ගෙන ඉන්නවා, *v. i.* to be mum, silent, sullen, sulky.
බුරනවා, *v.* to bark (as a dog); *pret.* බිරුවා; *v. n.* බිරීම. [*v. n.* බිරවීම.
බුරවනවා, *v. c.* to cause to bark; *pret.* බිරෙවුවා;
බුරලු, *n.* See බුරලා. [in the centre.
බුරි·කැවුම, *n.* a kind of a sweet cake projected
බුරිය, *n.* navel, පෙකණිය,
බුරියා, *n. mas.* person with a prominent navel.
බුරුත, බුරුත·ලී, *n.* or *a.* satin-wood.
බුරුත්ත, *n.* cluster (as of fruit), bunch, වල්ල.
බුරුබුරු·ගානවා, *v.* (බුරු Imitative sound), to rumble.
බුරුම·කටුව, *n.* gimlet, bit for boring.

බුරුමය, *n.* D., borer, viz. gimlet, auger, drill;
බුරු·ලනවා, *v.* See උඩු බුරුලනවා. [*pl.* බුරුම.
බුරුල්, *a.* slack, loose, relaxed, lax, flaccid.
බුරුල්කම, *n.* slackness &c.: see බුරුල.
බුරුල්කරනවා, *v. t.* to slacken &c.
බුරුල්·බානවා, *v. i.* (fr. බුරුල්ල), to let down or form or fill out the udder (even before the birth of a calf).
බුරුල්ල, *n.* udder; *pl.* බුරුලු. *Bot.*
බුරුසුව, *n.* brush; sky-rocket.
බුරුල, *n.* looseness; slack part, the slack.
බුරුල·අදනවා, *v.* to render slack; be easy with, be lenient, not strict, relent.
බුරුල·නැති, *a.* not slack or loose, light; strict, stringent. [crepit old person.
බුරුලා, *n. mas.* flaccid or feeble person, de-
බුලත්, *n. bot.* betel plant or leaves; aggregate consisting of a leaf and various condiments, as lime, catechu, tobacco &c.
බුලත්·අත, *n.* handful or bundle of betel, consisting of forty leaves.
බුලත්·තට්ටුව, *n.* betel stand.
බුලත්·මල්ල, *n.* betel bag, small betel bag worn at the waist by women.
බුලත්·විටක්, *n.* a quid or service of betel, betel leaf &c. for one occasion.
බුලත්·හුරුල්ල, *n.* presentation bundle of betel, consisting of forty leaves.
බුලු, *n.* tree and fruit of one of the three myrobalans, *terminalia belerica. Bot.*
බුවන, *n.* See භුවනය.
බූමියා, *n.* king, රජ.
බුස, *n.* chaff, තුෂ, බොල්; dry cow dung, වියළි ගොම; sour curds, ඇඹුල් දීකිරි; wealth, [ධනය.
බුසල, *n.* Eng., bushel.
බුහුන, *n.* root of a tree, මුල.
බුන්ස, *n.* ball for play, පන්දුව.
බුහු, *a.* much, many: see බහු. [play.
බුහු·කෙළිය, *n.* native game with a ball, ball-
බුහු·ගහනවා, *v.* to play at ball or cricket, පන්දු ගහනවා.
බුහු·ගෙඩිය, *n.* small unripe pumelow, *citrus decumana*, used as a ball to play with.
බුහුටි, *a.* bold, venturesome, daring, resolute, pert.
බුහුටි·නැති, *a.* not audacious or bold; retiring, diffident, modest.
බුහුටියා, *n. mas.* bold or energetic person, clever or smart person. [අක්කා.
බුහුතණී, බුහුතණීයෝ, බුහුතා, *n.* elder sister,
බුහු·මන, *n.* See බහුමානය.
බුහු·මන්, *n.* great honour, respect, reverence: see බහු·මාන. [reverence, revere.
බුහුමන්කරනවා, *v.* to render great honour to,
බුහුර(රු), *n.* hole, සිදුර, pit, වළ: සෙ· බහුරු.

බූ, *a.* E. of භූ : pert. to the earth or world or demons ; (of plants) hairy.
බූ·කවනවා, *v.* to slouch. [shave the head.
බූ·ගානවා, *v.* (බූ hair), *lit.* to stroke off the hair:
බූතයා, *n.* See භූතයා. [person).
බූදලය, *n.* D., estate, property (as of a deceased
බූදල්·බල·කාරයා, *n.* administrator, assignee, executor.
බූදල්·භාරකාරකම, *n.* executorship.
බූ·දූඩියා·කොළය, *n.* hairy hard leaf used as sandpaper : see කොරොස කොළය.
බූනාණ්ඩෝ, *n.* See බුහුනාණ්.
බූ·නා, බූ·නායකයා, *n.* (බූ earth, නා &c. Lord), Lord of the world, ap. of ඊශ්වරයා.
බූනික්කා, *n.* See බෝනික්කා.
බූත්දරය, බූත්දලය, *n.* D., brush.
බූ·පතියා, *n.* See භූපතියා.
බූ·පව්ව, *n.* E. of භූපර්වතය : world-mountain : see උදයගිරිය. [king, රජ.
බූ·පා, *n.* E. of භූපාලයා : protector of the world,
බූ·පැල, *n.* (බූ demon, පැල shed), small temple for demon worship, දේවාලය.
බූ·මඩල, *n.* the ground plot, the ground.
බූම·දූනකරනවා, *v. t.* See භූමදානකරනවා.
බූම·දානය, *n.* See භූමදානය.
බූරු, *a.* asinine, කොටළු.
බූමාටු, *a.* terrestrial.
බූරුවා, *n.* Port., ass, කොටළුවා.
බූරුවා, *n.* D. boer : a playing card, the knave.
බූ·රැවුල, *n.* (බූ downy), young beard.
බූලිය, *n.* Port., a small earthen jar for holding money. [fruits or insects).
බූව, *n.* down, nap or hair, pile, seta, (of leaves,
බූව·ආකාර, *a.* downy &c., villose, ලෝමවත්.
බූ·වලු·නැට්ට, බූ·වලු·නාරට්ය, *n.* stem of a dried coconut flower
බූ·වල්ල, *n.* dried or withered cluster (of coconut flowers without the young nuts).
බූවල්ලා, *n.* a kind of small sea fish.
බූසනාව, *n.* injury, destruction, නාශනිය.
බූසනාවෙනවා, *v. i.* to become injured, be destroyed, නාශනිවෙනවා.
බූසිය, *n.* Port., gun-wadding, wad.
බූස්සිනියාව, *n.* disaster, ruin, නාශනිය.
බූස්සිනියාවෙනවා, *v. i.* to become disastrous, injury or disaster arises.
බෘංහණ, *a.* (or වෘ: in Sans.), nutritious, E. S.; fat, stout, තර, robust, සවිඇති.
බෘංහිත, *a.* (Sans. බෘහ to nourish), nourished, පෝෂිත, increased, වඩිනවු, grown, වැඩුණු.
බෘන්දය, *n.* (or වෘන්ද in Sans.), multitude, සමූහය, assembly, සමුහිය ; heap, ගොඩ, රැසිය.
බෘන්දාරක, *a.* බෘන්දාරකයා, *n.* See වෘන්දාරක &c.
බෘහතිකාව, *n.* (or වෘ in Sans.), robe, mantle,
බෘහත්, *a.* See වෘහත්. [සළුව. *Bot.*
බෘහස්පති, *n.* See වෘහස්පති.
බෘහස්පති·තරුව, *n.* the planet Jupiter.
බෘහස්පතින්·දා, *n.* Thursday.
බෙකයා, *n.* E. of භේකයා : frog, මැඩියා.
බෙට්, *a.* round, plump, also *n. pl.* of බෙට්ට.
බෙට්·ගහනවා, *v,* to void excrement in lumps as horses or birds ; see බෙට්ට.
බෙටුව, *n.* throat, neck, බෙල්ල, බොටුව. ...·මිරිකනවා, *v.* to squeeze the throat, throttle.
බෙට්ට, *n.* ball or lump of dung (as of horses &c. or birds), turd ; *pl.* බෙට්.
බෙණේ, *v.* 3rd person sing. of බණ (ණි) නවා : speaks, utters &c.
බෙඩිවල, බෙඩුවල, *n.* B. P. razor, දැළිපිහියේ ; spear, හෙල්ලය ; staff, pike, පොල්ල.
බෙත්ම, *n.* See බෙදීම, බෙදුම.
බෙදනවා, *v. t.* to divide, part, partition, separate, sunder, assort ; distribute ; *pret.* බෙදුවා.
බෙදාදෙනවා, *v. t.* to divide and give, allot, distribute. [ding, division &c.
බෙදීම, *v. n.* of බෙදනවා and බෙදෙනවා : divi-
බෙදුම, *n.* division &c.; *geol.* slip.
බෙදෙනවා, *v. i.* to become separated or divided, part, dispart ; *pret.* බෙදුණා. [බෙන.
බෙනය, *n.* hole, hollow in a tree &c., lair ; *pl.*
බෙනුදස, *n.* stone, pebble, ගල, බොරළුගල.
බෙන්තිඤ්ඤය, *n.* Port., R. C. scapular.
බෙබෙයා, *n.* (*slang*) drunkard, toper, බේබද්දා.
බෙමු, *n.* brightness, දීප්තිය ; whirlpool, දිය
බෙම්, *n.* devil, demon. [සුළිය.
බෙයද, *n.* stone, rock, ගල, පර්වතය.
බෙර·ඇස, *n.* *lit.* drum-eye, viz. drum-end, drumhead.
බෙර·කඳ, *n.* drum-frame, body of a tomtom.
බෙරකාරයා, *n.* drummer, tomtom beater.
බෙර·ගහනවා, *v.* to strike the drum, beat the tomtom.
බෙරණය, බෙරණිය, *n.* E. of භරණිය.
බෙරපියවි·කරවනවා, බෙර·ලවනවා, බෙර හසුරුවනවා, *v. t.* to get proclaimed (or commanded or called) by beat of tomtom.
බෙරය, *n.* a drum large in the middle, tomtom; a corn measure containing 24 නැළි, three quarters of a bushel, 'parrah'.
බෙරවා, *a.* pert. to drummers.
බෙරවායා, *n.* (වා fr. වද් to sound), drummer, tomtom beater ; man of that caste. [ripe.
බෙරි, *a.* over-boiled in cooking, pappy ; over-
බෙරිබෙරි, *n.* a disease : see බැරිබැරි. [විම.
බෙරිය, *n.* roaring or growling of beasts, ඝෝර
බෙරිහන්දෙනවා, *v.* to roar, bellow.
බෙරිහන, *n.* roar, bellowing.
බෙරු, *a.* mature, mellow, ripe, ඉදිච්ච. *Bot.*
බෙරේ, *n.* =බෙරය, *q. v.*
බෙලය, *n.* See බිලය.

බෙලසුල්, *a.* slimy, mucilaginous, mucous, sticky, සෙවෙල් ආකාර.
බෙල·හීන, *a.* lacking power, weak, infirm, frail.
බෙල·හීනකම, **බෙලහීනතාව**, *n.* feebleness &c., debility.
බෙල·හීනකරනවා, *v. t.* to enfeeble &c., enervate.
බෙලි, *n. pl.* of බෙල්ල: necks. [apple.
බෙලි, *n.* a kind of wood-apple, 'beli', slime
බෙලි, *a.* pert. to oysters or muscles, oyster-.
බෙලි·කටුව, *n.* oyster-shell, muscle-shell.
බෙලි·කොකා, *n.* muscle-coloured crane.
බෙලි·දඬු, *n. pl.* See පෙලි දඬු.
බෙලිමුල, *n.* hall, saloon, large room, ශාලාව.
බෙලි·මුල, *n.* root of the beli tree.
බෙලියන, *n.* D., placard, notice of sale.
බෙලි·සිප්පිය, *n.* oyster-shell, muscle shell &c.
බෙලෙක්, *n.* or *a.* (fr. D. blik), tin; stannic.
බෙලෙක්කරුවා, *n.* tinsmith, whitesmith.
බෙල්ල, *n.* neck, throat; *pl.* බෙලි.
බෙල්ල·වැස්ම, *n.* neck-cover, gorget.
බෙල්ලන්කෙළිය, *n.* game with cowries. [බෙල්.
බෙල්ලා, *n.* oyster or any shell-fish; *pl.* බෙල්
බෙවැරිය, *n.* the buttocks, තට්ටම.
බෙහෙත, **බෙහෙද**, *n.* drug, medicine, medicament. [cine; medicinal.
බෙහෙත්, *n. pl.* or *a.* drugs, medicines, medi-
බෙහෙත්වෙළෙන්ද, *n.* apothecary, druggist.
බෙහෙත්·ශාලාව or **·සාප්පුව**, *n.* drug store, dispensary.
බෙහෙරු, *a.* wide, extensive, විශාල. *Bot.*
බෙහෙව තිබෙනවා, *v. i.* to be abundant, බොහෝ සෙයින් තිබෙනවා. [යින්.
බෙහෙවින්, *ad.* abundantly, much, බොහෝ සෙ
බෙළේ, *n.* (බළ fr. භට), soldier, සේවායා.
බේ, **බේග**, *n.* part, පංගුව; division, distinction.
බේගල, *n.* exaggeration, falsehood; (·දසිය) small silver or gold box used as a personal ornament; the end or bent part of a carriage spring.
බේගලා, *n.* exaggerator. [draw.
බේගල්කියනවා, *v.* to exaggerate, colour, over-
බේදය, *n.* E. of භේදය.
බේදුර, *n.* edge of a tool, මුවහත.
බේබදු, *a.* drunken, sottish, besotted.
බේබදුකම, *n.* drunkenness. [drunkenness.
බේබදුකම්කරනවා, *v.* to get drunk, indulge in
බේබදුවා, **බේබද්ද**, *n.* drunkard, sot.
බේරනවා, *v. t.* to separate, assort; distinguish; settle, decide, vindicate, clear, set free (from difficulties &c.); *pret.* බේරුවා.
බේරීම, **බේරුම**, *v. n.* of බේරනවා and බේරෙනවා: adjustment, settlement, clearing up any matter or accounts.
බේරී·යනවා, *v. i.* to get free, escape (from a difficulty &c.).
බේරී·වැටෙනවා, *v. i.* to separate and settle, become precipitated (as mud &c. in water).
බේරුම්කරනවා, *v. t.* to settle, clear up, decide.
බේරුම්කාරයා, *n.* arbitrator, umpire, referee.
බේරුම්වූ, *a.* distinct, clear.
බේරෙනවා, *v. i.* to become separate, separated; get free, escape; *pret.* බේරුණා; *v. n.* බේරීම.
බොකල, *n.* pericarp, බීජකෝෂය.
බොකලයා, *n.* paroquet, බටගොයා.
බොකු, *a.* hollow, concave, oval.
බොකු, *n.* (*pl.* of බොක්ක), intestines, belly.
බොකු·කවුළුව, *n.* bow-window, bay-window.
බොකු·ගහනවා, *v. t.* to bend into a hollow shape, to hollow.
බොකුව, *n.* curl, lock of hair.
බොකුවා, *n. mas.* curly-headed one.
බොකුටු, *a.* curly.
බොකුටු·කෙස්ස, *n.* ringlet.
බොකුටුව, *n.* cavity, hollow.
බොකු·නියන, *n.* curved chisel, gouge.
බොකුව, *n.* cavity, hollow, කුහරය.
බොකු·වරය, *n.* circular harbour, bay.
බොක්ක, *n.* stomach, කෑම බොක්ක; hollow, cavity; corner or recess in the house, ගෙ මුල්ල; gulf, බොකුවරය; *pl.* බොකු.
බොජුන, *n.* E. of භෝජනය.
බොජ්ජංග, *n.* P., See බෝජ්ඣංග.
බොටෙලේරුවා, **බොතලේරුවා**, *n.* Eng., butler.
බොටුව, *n.* neck, gullet, throat, (of fowls &c.).
බොත්තම, *n.* Port., button.
බොත්තම්කාසය, **බොත්තම්·සිදුර**, *n.* botton-hole.
බොත්තම්·පියනවා (or අල්ලනවා), *v.* to close (or put on) the buttons, to button.
බොදන, **බොදුන**, *n.* See බොජුන.
බොදනය, *n.* E. of බෝධනය.
බොදු, *n.* boiled rice, බත්.
බොදුන්·පා, *n.* food-dish or plate or bowl, dish for eating out of.
බොන·බඳුන, *n.* drinking-vessel.
බොනයා, *n.* drunkard, guzzler, sot.
බොනවා, *v t.* to drink; *pret.* බිවුවා or බීවා; *p. pl.* බීලා; *v. n.* බීම.
බොම්බිලි, *n.* small sea fish, bombay ducks.
බොර, *n.* or *a.* mud, dregs, dross, refuse; muddy (water &c.), turbid. [turbid.
බොරකරනවා, *v. t.* to make muddy, make
බොරළු, *n.* T., pebbles, gravel; chaff.
බොරළු·කැටය, *n.* a pebble.
බොරළුවා, *n.* a kind of sea fish.
බොරු, *n. pl.* or *a.* lies, falsehoods; false.
බොරුකරනවා, *v. t.* to falsify.
බොරුකාර, *a.* untruthful, mendacious, lying.
බොරුකාරයා, *n.* liar, utterer of wilful falsehood.
බොරු·කියනවා, *v.* to utter falsehoods, tell lies.

බොරුදිවුරනවා, බොරුවට දිවුරනවා, *v.* to swear falsely, commit perjury.
බොරු·කකුල්, *n. lit.* false legs; stilts.
බොරු·පය, බොරු·පාව, බොරු[·පා]·කකුල, *n.* wooden leg; stilt. [tive, fiction.
බොරු·ප්‍රබන්ධය, *n.* made up story, false narra-
බොරුව, *n.* falsehood, lie, untruth; *pl.* බොරු.
බොරු·වළ, *n.* pitfall for catching animals.
බොරු·වැල්ල, *n.* quicksand, සොරවැල්ල.
බොල, *int.* used in addressing persons of low position: O, now, well, you there. See එම්බල &c.
බොලව, *n.* ankle bone, ඇස්වටය.
බොලද, බොලඳ, &c. See බොළඳ &c.
බොලන්, *int.* used in addressing familiarly
බොලරනා, *n.* dross which falls from iron whilst being forged. [බොල.
බොලෝ, *int.* a familiar vocative word like
බොල්, *n.* or *a.* chaff; empty, හිස්; thick, dense, ඝන; solid, ඝන, තද.
බොල්·පාතය, *n. lit.* chaff or refuse water, viz. water in which rice has been cleaned.
බොල්·පොළොව, *n.* (බොල් solid), the solid earth or ground; see පස්පොළොව. [කටුව.
බොල්ල, *n.* skull, ඉස්කබල; shell, cowry, කවඩි
බොල්ලාවා, *n. mas.* person with long teeth and projecting gums.
බොල්ලාවි, *n. fem.* of බොල්ලාවා.
බොල්වර, *n.* thunder, අහස්ගජනාව. [sterile.
බොල්වෙනවා, *v. i.* to become as chaff, i.e.
බොසෝ, Er. for බොහෝ. [wheel.
බොස්·ගෙඩිය, *n.* (බොස් D.), hub, nave of a
බොස්තාදුව, *n.* Port., slap, අතුල්පහර.
බොස්තොරෙස්කය, බොස්තෙරෙස්කය, *n.* D., stays, corset.
බොහොඹා, *n.* chameleon, කටුස්සා.
බොහොම, බොහෝ, *a.* or *ad.* many, much; very, exceedingly. [number.
බොහොම, බොහොමයක්, *n.* large quantity or
බොහෝවිට, *ad.* frequently, often, නොයෙක්විට.
බොහෝසෙයින්, *ad.* very much, exceedingly.
බොළඳ, *a.* tender, infantile, ළදරු; loving, පුර කල්; childish, puerile, ළාමක.
බොළඳ කථාව, බොළඳ·බස, *n.* childish talk, talk suited to young children; familiar easy conversation.
බොළඳා, *n.* male infant, young child, බිළින්දා.
බොළු, *n. mas.* calf, වස්සා.
බොළු·පසිය, *n.* small bag used by astronomers to keep their counting shells in.
බෝ, *a.* pert. to the බෝගස.
බෝ, *a.* cont. of බොහෝ: much, many.
බෝකරනවා, *v. t.* to multiply, increase in number; breed, propagate. [arched, vaulted.
බෝක්කු, *a.* Port., pert. to an arch or vault,
බෝක්කු·කානුව, *n.* arched drain, culvert.
බෝක්කු·තනනවා, *v.* to turn or make an arch or vault, to arch.
බෝක්කු·මග, *n.* archway or drain.
බෝක්කුව, *n.* archway; culvert.
බෝග, *n. pl.* grain &c.: See භෝග.
බෝ·ගස, *n.* sacred fig tree. *Bot.*
බෝජනය, *n.* See භෝජනය.
බෝංචි, *n. pl.* D., kidney beans, French beans.
බෝ·.ලිය, *n.* (D.): See බෝත්ලිය.
බෝට්ටුව, *n.* Eng., boat.
බෝතලය, *n.* D., bottle.
බෝදනය, *n.* causing to open or expand (as flowers); awakening, arousing, පුබුදුකිරීම.
බෝදය, *n.* Er. for බෝධය. [බෝදවරු.
බෝදනායා, බෝදා, *n.* D., auctioneer; *pl.* බෝද්දු,
බෝදිරි, *n.* a species of coconut.
බෝදිරිම්බි, *n.* female elf, ප්‍රේති.
බෝදිලියා, *n. mas.* elf, ප්‍රේතයා.
බෝදුම්, *n.* =බෝධිද්‍රුම: see බෝගස.
බෝධක, *a.* teaching, instructing, informing, උගන්වන, දන්වන. [ඔත්තුකාරයා.
බෝධකයා, *n.* teacher, ගුරුවරයා; spy, informer,
බෝධ·කර, *n.* (Sans. කර doer), awakener, minstrel who by music awakens a chief.
බෝධනය, *n.* teaching, instructing, ඉගැන්වීම; awakening, arousing, පුබුදුකිරීම; knowledge, information, දැනගැනීම; burning incense, සුවඳ ද්‍රව්‍ය දුම්ම; planet Mercury, බුදහු.
බෝධනිය, *n.* turmeric, long-pepper, කහ, තිප්පිලි. *Bot.*
බෝධනීය, *a.* that should or may be explained or expounded or made intelligible, විස්තර කළ යුතුවූ.
බෝධය, *n.* understanding, wisdom, ඥානය; awakening, පිබිදීම.
බෝධි·ඥානය, *n.* Buddha-knowledge, viz. perfect knowledge which must be acquired for the attainment of Buddhahood. [ගස.
බෝධි·තරු, බෝධි·ද්‍රුම, *n.* sacred fig tree, බෝ
බෝධි·පර්‍යංකය, *n.* Buddha-seat or throne, viz. the diamond throne which sprang up at the foot of the Bo tree when a Brahmin threw eight armfuls of kusa grass for Buddha to sit on the day he became Buddha.
බෝධි·පර්‍යංකාරූඪ, *a.* (·ආරූඪ ascended), seated on a Buddha-throne.
බෝධි·පාක්ෂික, *a.* pert. to Buddhaship, promoting the attainment of it.
බෝධිය, *n.* intellect, බුද්ධිය; knowledge, විද්‍යාව; knowledge of religious things, ධර්මඥානය; sacred fig tree, බෝගස; Buddhaship, බුද්ධත්වය, බුදුබව.
බෝධි·වංශය, *n.* See බෝධිතරු.
බෝධි·සත්ව·තෛලය, *n.* a sort of medicinal oil.

බෝධි·සත්වයෝ, *n. hon.* aspirant to Buddhaship: it generally refers to Gautama in his pre-Buddha existence, embryo Buddha.

බෝධි·සම්භාරය, *n.* (සම්භාරය quantity, mass), the amount of merit or assemblage of merits necessary for attainment of Buddhaship.

බෝධ්‍යංගය, *n. pl.* (බෝධි අංග), Buddha attributes or requisites for attaining Buddhaship, viz. the following seven: ස්මෘතිය, remembrance, ධර්මවිචය, investigation of religious truth, වීර්‍ය්‍ය effort, ප්‍රීතිය joy, ප්‍රශ්‍රබ්ධිය mental tranquillity, සමාධිය concentrated meditation, උපේක්ෂාව impassiveness, stoicism.

බෝනික්කා, *n.* Port., doll, puppet. [ery.

බෝත්·කර, *n.* (බෝත් D.), neck-pole of a hack-

බෝත්·ලීය, බෝමු·ලීය, *n.* pole or shaft of a vehicle.

බෝ·මළුව, *n.* terrace round a Bo tree.

බෝම්බය, *n.* Eng., bomb, a kind of fireworks.

බෝය, *n.* Eng., buoy, ඉපිලිකඳ. [bore stone.

බෝර·කරනවා or ·ගහනවා, *v.* (බෝර Eng.), to

බෝහි, *int.* (*lit.* it is much), there's nothing.

බෝර්චිය. *n.* D., cuff. E. S.

බෝර්දය, *n.* Port., border, edge, අද්දර.

බෝල·කඩල, *n.* a kind of round gram.

බෝල·කෙළිය, *n.* (බෝල Eng.), ball-play, play at marbles.

බෝල·කොට්ටය, *n.* round pillow, bolster.

බෝල·ගහනවා, *v.* to play at ball, at marbles or billiards &c.

බෝලත්ත, *n.* (බෝල අත්ත), besom, ඉලපත.

බෝල·මේසය, *n.* billiard or bagatelle-table.

බෝල·මෑ, *n. pl.* pease, රට මෑ.

බෝලය, *n.* Eng., ball, marble.

බෝල·ලීය, *n.* ball-stick, billiard cue.

බෝල·වටුවා, *n.* See වටුවා.

බෝල්ලා, *n.* a kind of sea fish.

බෝවාකල්, බෝවා·කාලය, *n.* (වා years), period of many years, long life, බොහෝ අවුරුදු කාලය.

බෝවෙනවා, *v. i.* to become numerous, increase, breed, propagate. [බෝධිසත්වයා.

බෝ·සතාණෝ, *n. hon.* E. of බෝධිසත්වයෝ or

බෝහත්වෙනවා, *v. i.* (vul.), to be ruined, perish.

බෞතීස්මකරනවා, *v. t.* to baptize.

බෞතීස්ම·ජලාශය or ·තටාකය, *n.* font, baptistry.

බෞතීස්මය, *n.* baptism.

බෞද්ධ, *a.* Buddhistic, බුද්ධාගම්කාර.

බෞද්ධ·ධ්වජය, *n.* Buddhist banner or flag.

බෞද්ධයා, බෞද්ධ·ලබ්ධියා, *n.* Buddhist, බුද්ධාගම්කාරයා.

බෞද්ධ·ලබ්ධිය, *n.* Buddhism, බුද්ධාගම; Buddhist sect or society, බුද්ධ සමය.

බ්‍යජනය, *n.* See ව්‍යජනය.

බ්‍යාම·ප්‍රභාව, *n.* a fathom of effulgence, viz. effulgence to that extent emanating all around from the body of Buddha.

බ්‍යාමය, *n.* See ව්‍යාමය: a fathom, බඹය.

බ්‍රගයා, *n.* Er. for භෘංගයා.

බ්‍රගරිකා, *n.* Er. for භෘංගාරිකා.

බ්‍රමණය, *n.* Er. for භ්‍රමණය.

බ්‍රාහ්ම, *a.* pert. to Brahma, brahmanic.

බ්‍රහ්ම, බ්‍රහ්මදෙවියෝ, *n.* (බෘහ or වෘහ් to grow, increase), according to the Vedic and H. doctrines the Source and final issue of all, the unknown God; the H. deity Brahma, chief of the gods and first of the H. triad.

බ්‍රහ්ම·චර්‍ය්‍යා·ඛණ්ඩනය, *n.* violation of the Vedic rule for ascetics, incontinence: see බ්‍රහ්මචාරී.

බ්‍රහ්ම·චර්‍ය්‍යාව, *n.* observance of the Vedas, වේදය පැවැත්වීම; the state of one who observes them, religious celibacy. E. S.

බ්‍රහ්ම·චාරී, *a.* celibate, continent, freed from sexual indulgence.

බ්‍රහ්ම·චාරියා, *n.* one who follows the Vedas, religious celebate, ස්ත්‍රී සේවනයෙන් වැළකෙන්නා.

බ්‍රහ්ම·ජාල·සූත්‍රය, *n.* name of the first Sutra of Buddha, which is intended to expose the errors of Brahminism.

බ්‍රහ්ම·භවය, *n.* the Brahma existence or state, indentity with Brahma, godhead.

බ්‍රහ්ම·දණ්ඩ, *n.* anathema, curse, ශාපය. *Bot.*

බ්‍රහ්ම·දත්ත, *n.* *lit.* Brahma's gift: name of a king of the Ikshwaku race, and much referred to in the Jatakas &c.

බ්‍රහ්මධර්මය, *n.* law or doctrine of Brahma, sp. the law of celibacy.

බ්‍රහ්ම·නාද, *n.* voice of Brahma, divine voice: ap. of Buddha on account of the sweetness of his voice, that of Brahma being said to excel that of all other gods.

බ්‍රහ්මන්, *n.* See බ්‍රහ්ම.

බ්‍රහ්ම·පුත්‍ර, *n.* a sort of poison, snake venom, විෂ; a river which joins the Ganges below Luckipoor.

බ්‍රහ්ම·පුත්‍රී, *n. fem.* the goddess Sarasvati, wife of Brahma; the river Sarasvati; සරස්වතී.

බ්‍රහ්ම·පුරී, *n.* (පුරී city), Brahma's capital on the mountain Kailāsa, කෛලාසය.

බ්‍රහ්ම·භූය, *n.* (භූ being, condition), Brahma-condition, viz. indentity with Brahma, absorption into the Supreme.

බ්‍රහ්මයා, *n.* the god Brahma, බ්‍රහ්මදෙවියෝ; an inhabitant of the Brahma world; a brahmin, බමුණා. [or king Brahma.

බ්‍රහ්ම·රාජයා, *n.* prince or chief of the Brahmas

බ්‍රහ්ම·ලෝකය, *n.* the Brahma world; that part of the universe said to be the residence of

Brahma and the highest region or state next Nirvāna; it is divided into sixteen parts or Brahma worlds, of which the highest six are called Suddhāvāsa, as the residence of the purified; in the last of these Nirvāna is attained.

බ්‍රහ්ම·විද්‍යාව, *n.* knowledge of Brahma, Hinduism, Vedantism, වෛදිකම.

බ්‍රහ්ම·විහරණය, *n.* Brahminic living or behaviour, viz. living imbued with the four virtues of friendliness, compassion, satisfaction or content, and impassiveness or stoicism; මෛත්‍රී, කරුණා, මුදිතා, උපේක්‍ෂා යන ගුණවලින් යුක්තව විසීම or හැසිරීම.

බ්‍රහ්ම·සං·යුක්තය, *n.* (සං with, යුක්ත united), union with Brahma: see බ්‍රහ්මභූය.

බ්‍රහ්ම·සු, *n.* (සු son), ap. of Kāma the Indian Cupid, also of අනිරුද්ධයා the son of Kāma.

බ්‍රහ්ම·ස්ථල, *n.* name of a city. See බ්‍රහ්මලෝකය.

බ්‍රහ්ම·ස්වරය, *n.* divine or mellifluous voice: see බ්‍රහ්මා, *n.* See බ්‍රහ්ම. [බ්‍රහ්මනාද.

බ්‍රහ්මාගම, *n.* Brahminism.

බ්‍රහ්මාණ්ඩය, *n.* (බ්‍රහ්ම අණ්ඩය), *lit.* brahma-egg, viz. the globe, the world, භූගෝලය, පොළොව.

බ්‍රහ්මාසනය, *n.* (·ආසන:), posture in which brahmans place themselves for religious meditation. See පද්මාසනය.

බ්‍රහ්මෝත්පත්තිය, *n.* (බ්‍රහ්ම උත්:), brahmin birth, birth into the brahmin caste.

බ්‍රාහ්ම, *n.* the part of the hand at the root of the thumb; a mode of marriage.

බ්‍රාහ්මණ, *a.* brahminic, pert. to brahmins.

බ්‍රාහ්මණයා, *n.* brahmin, man of that caste, බමුණා.

බ්‍රාහ්මණී, *n. fem.* female brahmin, brahmin's wife, brahminee, බැමිණී.

බ්‍රාහ්මී, *a.* holy, divine: *n.* wife of a brahmin; one of the eight mothers of created beings or the personified energy of the gods; ap. of created beings or the personified energy of Sarasvati wife of Brahma; the const. රෝහිණී; frog, මැඩියා; yellow ant.

බ්‍රිතාන්‍ය, බ්‍රිතාන්‍ය, *a.* British.

බ්‍රිතාන්‍යය, *n.* Britain.

බ්ලෆ්·කරනවා, *v. t.* to huff (in a game).

භ.

භ, *n.* The fourth letter of the labials, and aspirate of බ, represented by *bh.*

භක්ත, *n.* (භජ් to cook; serve, worship), boiled rice, food, බත, කෑම. [worshipped.

භක්ත, *a.* devoted to, devout, භක්තික; served,

භක්ත·කෘත්‍යය, *n.* the act of eating food, බත් කෑම; work connected with eating, කෑම වැඩ.

භක්තිකයා, *n.* adherent of a religion.

භක්තිමත්, භක්තිමත්භාවය, *n.* devotedness, religiousness, piety, godliness.

භක්තිය, *n.* religious system, ආගම; devotion, piety, ඇදහිල්ල.

භක්තිමත්, *a.* devout, pious, religious, devoted.

භක්‍ෂක, *a.* (භක්‍ෂ් to eat), eating, feeding on, as මාංස භක්‍ෂක, carnivorous; gluttonous, voracious, කෑදර, ගිජු.

භක්‍ෂ(or භක්‍ෂ්‍ය)·කාරයා, *n.* cook, pastry cook or confectioner, කෝකියා, කැවිලිපෙවිලි සාදන්නා.

භක්‍ෂණය, *n.* eating, feeding, කෑම (යන ක්‍රියාව.)

භක්‍ෂණයකරනවා, *v. t.* to eat, කනවා. [සුදුසු.

භක්‍ෂණීය, භක්‍ෂිතව්‍ය, *a.* edible, esculent, කෑමට

භක්‍ෂ්‍යාව, *n.* a meal, කෑමවේලක්, කෑමකොටසක්.

භක්‍ෂිත, *a.* eaten, that has been eaten, කනලද.

භගන්දරය, භගන්දර·රෝගය, *n.* (භගස්, දර fr. දෘ to rend) fistula in ano, අසොබ් මාර්ගයේ ලෙඩ.

භගය, *n.* excellence, යසස, (applied to many things, as happiness, beauty, strength, vigour, glory &c.); moral excellence or merit, ගුණය, කුසල; final emancipation, මෝක්‍ෂය.

භගවතා, *n.* the blessed or excellent one, ap. or title of Buddha.

භගවත්, *a.* excellent, virtuous, adorable, happy, blessed, ep. of a Buddha or of a Jaina: see බෞද්ධයා.

භගාලය, *n.* cranium, human skull, ඉස්කබල.

භගාල·විද්‍යාව, භගාල·ශාස්ත්‍රය, *n.* craniology, craniognomy, හිස් විද්‍යාව.

භගාල·ශාස්ත්‍ර·ඥයා, *n.* craniologist. [ඥ.

භගිනිය, *n.* sister, සහෝදරී; woman in general,

භගිනී·ඝාතකයා, *n. mas.* one who murders his sister, sororicide.

භගිනී·ඝාතනය, *n.* murder of a sister, sororicide.

භගිනී·පතියා, *n.* sister's husband, සහෝදරියගේ පුරුෂයා.

භගීරථ, *n.* name of a king, whose religious austerities, it is said, brought the Ganges down from heaven.

භග්න, *a.* (භංජ් to break), broken, කැඩුණු; conquered, පරාජයවූ, subdued; disappointed.

භග්න·ජානු, *a.* broken-kneed, දණකැඩුණු. [E.S.

භග්න·දන්ත, *a.* broken-toothed, දත්බිඳුණු.

භග්න·පාර්ශ්ව, *a.* hemiplegic, අංගභාගරෝගකාර.

භග්න·පාර්ශ්වය, *n.* hemiplegia, paralysis of one side, අංගභාගරෝගය.

භග්න·ප්‍රක්‍රමය, *n.* (ප්‍රක්‍රමය process, order), disorder, chaos, අවුල, විශෘංඛලය. [E. S.

භග්නාශ, *a.* (·ආශා desire, wish), disappointed.

භංගකරනවා, *v. t.* to break, fracture, කඩනවා, බිඳිනවා; ruin, destroy, විනාශකරනවා.

භංගය, *n.* breaking, කැඩීම, break, කැඩුම, fissure, chasm, පැලුම, විවරය; defeat, පරාජය; breaker, wave, රැළපහර; fraud, රැවටිල්ල.

භංගවෙනවා, *v. i.* to be broken, destroyed, නැ ඹෙනවා, නාශවෙනවා.
භංග·සාචි, *a.* dishonest, fraudulent, රැවටිලිකාර.
භංගකාර, *a.* breaker-like, wave-like, රැළි ආකාර.
භංගිය, *n.* fracture, rupture, කැඩීම, බිඳුම; wave, රැළ.
භජනය, *n.* (භජ් to worship, serve), worship, service, සේවය; close association, අතිශ ඇසු ය; embracing or attachment to a cause: see verb.
භජනයකරනවා, *v. t.* to favour, expouse, embrace (a cause or party).
භජනයවෙනවා, *v. i.* to side with, be attached to, adhere to, favour, ඇලුම්වෙනවා, පක්ෂවෙ නවා. [පංගුකාර.
භජමාන, *a.* serving, favouring, පක්ෂවූ, sharing,
භජමානයා, *n.* one who favours or is attached to, votary, ලැදි අය, පක්ෂවෙන්නා.
භජක, භජකක, *a.* breaking, dividing, කඩන, ඡේදක.
භජ්ජනය, *n.* breaking, rending, කැඩීම, ඉරීම; disease or contortion of the mouth, lips or teeth, කටේ ගායක්. [කීරීම.
භජනය, *n.* breaking, කැඩීම; afflicting, පීඩා
භටයා, *n.* (භට to hold, maintain), fighter, ශත්‍රු හන්තා, warrior, soldier, යෝධයා.
භටිත්‍ර, *a.* held or roasted on a spit.
භණිත, *a.* (භණ් to sound), sounded, uttered, spoken, කියනලද, කියනලද: talk, කථාව.
භණ්ඩනය, *n.* armour, mail, සන්නාහය; quarrel, සණ්ඩුව; war, යුඞය.
භණ්ඩි, *n.* Bengal madder, E. S.; the tree from which madder is prepared; wave, රැළ. *Bot.*
භණ්ඩීරිය, *n.* Bengal, madder, මුණ්ඩාව.
භණ්ඩීරි·පීත·සාරය, *n.* xanthine, මණ්ඩාසායම.
භත්ත, *n.* P., boiled rice, බත, බත්: see භක්ත.
භත්තකාරයා, *n.* cook, කෝකියා.
භද්‍ර, *a.* (භද් to be fortunate), happy, prosperous, මංගලවත්; good, යහපත්, pious, භක්තිමත්, excellent, උතුම් (in various respects): E. බදුරු.
භද්‍රක, *a.* fortunate, prosperous; pleasing, ප්‍රියක; beautiful, ලක්ෂණ.
භද්‍ර·කල්පය, *n.* the auspicious කල්පය or period of the world: there are said to be four kalpas, three of which have elapsed; this is the fourth and is called the auspicious kalpa because in it five Buddhas are to appear, four of whom have already appeared, and the fifth, called Maitri Buddha, is yet to come.
භද්‍ර·කාලි, *n.* ap. of the goddess Durgā in one of her forms, දුර්ගා; a fragrant grass. *Bot.*
භද්‍ර·කුම්භය, භද්‍ර·ඝටය, *n.* auspicious water-jar, golden jar filled with water from a holy place or from the Ganges and used at the consecration of a king; vase of flowers placed before the door of a house on festive occasions: බදුරුකළය.
භද්‍රතාව, *n.* prosperousness &c.: see *adj.*
භද්‍ර·පදය, *n.* name of a month: Sept.-Oct., බිනර මස.
භද්‍ර·පදාව, *n.* the 26th or 27th lunar asterism.
භද්‍ර·පීඨකය, භද්‍ර·පීඨය, *n.* exalted or superior seat, royal seat or couch, උතුම් ආසනය, රාජ් ආසනය.
භද්‍ර·බලා, *n.* another ap. of බලබදුයා, also called බලරම් and බලදේව.
භද්‍රය, *n.* prosperity, ශුභසිද්ධිය, fortune, happiness, සැපත; excellence, උතුම්කම.
භද්‍රයව, *n.* See කෙළිඳ ඇටය.
භද්‍රා, *n.* astrological period so called, said to be unlucky: see විෂ්ටිය; the Ganges of heaven, සුරගඟ; ap. of the second, seventh and twelfth days of the lunar fortnight; cow, එළදෙන. *Bot.*
භද්‍රාම්, (or භද්‍රේ, *voc.* භද්‍රේ), *n. fem.* precious one, excellent one, used as a term of affection in addressing a woman, සොඳුරී.
භද්‍රාශ්‍රය, *n.* sandal wood, සඳුන් ලී.
භද්‍රාශ්වය, *n.* (භද්‍ර අශ්ව), the eastern of the four great islands of which the habitable world is said to consist or, according to another system, the eastern of the nine divisions of that island; name of one of the nine sons of Agnidhara, to which son that territory was originally assigned.
භද්‍රාසනය, *n.* (භද්‍ර ආසනය), *lit.* auspicious seat; throne, සිංහාසනය; posture of a devotee in profound meditation, in which he is seated upon his crossed legs.
භ්‍රූ, *n.* eyebrow, ඇස්බැම.
භය, *n.* fear, fright, terror, dread; flower of the *trapa bispinosa*, ඉකිලිය. *Bot.*
භයඇති, භයවූ, *a.* afraid, frightened, terrified.
භයකරනවා: See භයගන්වනවා.
භයකාරයා, *n.* coward, බයගුල්ලා.
භයං·කර, භයං·කාර, *a.* (කර, කාර, making, causing), fearful, formidable, frightful, dreadful, terrific, terrible, awful. [terrify.
භයගන්වනවා, *v. t.* to daunt, frighten, scare,
භය·චකිත, *a.* timid, cowardly.
භය·චකිතකම, *n.* timidity, cowardliness.
භය·ජනක, භය·දායක, *a.* causing fear, terrible.
භය·ද්‍රැත, *a.* (ද්‍රැත flown, fled), fled from fear, put to flight, routed, භයින් පලාගිය.
භයපත්, *a.* afraid, terrified, dismayed.
භයපත්කරනවා, *v. t.* to alarm, terrify. [afraid.
භයපත්වෙනවා, භයවෙනවා, *v. i.* to fear, be afraid.

භය·ලජ්ජා·නැති, *a.* destitute of fear and shame, impudent, audacious.

භය·සිතනවා (with nom.), **භය·සිතෙනවා** (with dat.), *v.* to fear, apprehend.

භයානක, *a.* terrible &c.: see භයංකර.

භයාවහ, *a.* (ආවහ bringing), bringing fear, formidable, terrible.

භයෝන්මාදය, *n.* (භය උන් :), insanity arising from terror, or fear and insanity.

භර, *a.* (fr. භෘ to cherish), cherishing supporting, නඩත්තුකරන, උසුලන ; heavy, බරවූ ; much, බොහෝ.

භරණය, *n.* cherishing, nourishing, supporting, නඩත්තුකිරීම &c.; wages, පඩිය, hire, කුලිය.

භරණය කරනවා, *v. t.* to nourish, feed, පෝෂණ කරනවා.

භරණිය, *n.* the second lunar asterism, containing two stars, the const. Musca.

භරත, *n.* son of Dushyanta by Sakuntalā; name of a celebrated dramatic writer.

භරතය, *n.* the drama, name of a celebrated treatise on theatrical performances in general.

භරතයා, *n.* a sage or saint, ඍෂියා ; actor, stage player, නාටකයා ; weaver, මියන්නා.

භරත·වර්ෂය, *n.* India, ඉන්දියාව. [ශාස්ත්‍රය.

භරත·ශාස්ත්‍රය, *n.* dramatic science, නාට්‍ය ශාස්

භරිත, *a.* nourished, පෝෂිත ; heavy with, laden with, බරවූ ; imbued with, fraught with යුක්ත, සංයුක්ත.

භර්තෘ, භර්තෘ, *n.* lord, master, ස්වාමියා ; owner, හිමියා ; cherisher, supporter, පෝෂණයකරන්නා ; husband, ස්වාමිපුරුෂයා.

භර්තෘතාව, *n.* mastership, ස්වාමිකම, ප්‍රධානකම.

භර්තෘ·ස්නේහය, *n.* conjugal love, අඹු පුරුෂ ස්නේහය. [ර්ගය.

භල්ල, *n.* arrow (with a crescent shaped head),

භල්ලූකයා, භල්ලූ, භල්ලුකයා, *n.* (භල්ල to hurt, kill), bear, වලසා.

භල්ල·රූප, භල්ලාකෘති, *a.* (·ආකෘති), bear-shaped, ursiform, වලස් හැඩය ඇති.

භල්ලී, *n. fem.* she-bear, වැලසිත්ති.

භල්ලුක, බල්ලුක, *n.* name of a famous warrior who lived in the reign of දුටුගැමුණු රජ about 160 A. C.

භව, *a.* (භූ to be, become or come into existence), existing; pert. to existence, condition, birth or transmigration, සංසාරයට අයිති.

භව, *n.* ap. of Siva.

භව·කාන්තාරය, *n. fig.* the desert or wilderness of existence (existence being regarded as an evil), සංසාරය නැමැති කාන්තාරය.

භව·කිලය, *n.* (භව existence or state, කිලය stake), transmigration, the affliction of transmigration, කිලය alluding to the sufferings of transmigration or existence, සංසාරය නැමති දුක.

භව·ක්ෂය, *n.* cessation of existence and transmigration, attainment of Nirvāna.

භව·ගතිය, *n.* state of subjection to transmigration or successive existences, continued existence, සංසාර ගතිය.

භව·තෘෂ්ණාව, *n.* desire for continued existence or successive existences, පැවැත්මට ආශාවීම.

භවතා, *n. hon.* person, තැනැත්තා.

භවත්, *pron.* (Sans.), Thou, Sir, නුඹතුමා, නුඹ වහන්සේ ; *pl.* භවත්හු, Ye, Sirs.

භවත්, *a.* being, existing, වත්මාන, සිටින ; honourable, esteemed.

භව·දුක්ඛය, *n.* the evil or misery of existence or subjection to transmigration, as opposed to Nirvāna, පැවැත්ම හෝ සංසාරය යන දුක.

භව·භූය, *n.* See ත්‍රිභවය.

භවනය, *n.* existence, being, පැවැත්ම ; residence, mansion, නිවාසය ; quality, ගතිය ; bow, දුන්න.

භවනීය, *a.* that ought to be or become, වියයුතු.

භව·භෝග, *n. pl.* enjoyments or possessions of existence, viz. worldly possessions, wealth, ලෝක සම්පත්.

භවය, *n.* existence, පැවැත්ම, birth or coming into existence, උත්පත්තිය ; transmigration, සංසාරය ; obtaining, ලබාගැනීම ; that which is, viz. the world, ලෝකය ; state of being, condition, ස්වභාව.

භව·යෝනිය, *n.* state of existence.

භව·රාගය, *n.* adherence to life, desire for existence or transmigration.

භවාග්‍රය, *n.* (භව අග්‍රය), the extremity or boundary of existence, viz. of the regions of existence either for gods or men, සමස්ත ලෝක යේ කෙළවර ; the farthest or highest Brahma world, කෙළවර බඹලොව.

භවාන්තරය, *n.* (භව අන් :), interval or period of existence, other or fresh existence, another stage of transmigration, අන්‍ය උත්පත්තිය.

භවානී, *n.* ap. of the goddess දුර්ගා in her amiable form.

භවාලය, *n.* Er. for භව ආලය : see භවරාගය.

භවික, *a.* prosperous, faring well, සඵලවත්.

භවිකය, *n.* prosperity, welfare, ශුභසිද්ධිය ; festive occasion, මංගල්‍යය.

භවිත, *a.* been, become, වුණාවූ.

භවිතව්‍ය, *a.* that ought to be or become, that must be, වියයුතු.

භවිතව්‍යතාව, *n.* the necessity for being or being or becoming; necessity, fate, ඉරණම.

භවිතව්‍යය, *a.* that which ought to be, desideratum; *pl.* භවිතව්‍ය(යෝ) or භවිතව්‍ය දේ, desiderata. E. S.

භවිෂ්‍යත්, *a.* (Sans. fut. of භූ), future, අනාගත, මතු.

භවිෂ්‍යවාදියා, *n.* (භවිෂ්‍යත්, වාදියා speaker), prophet, seer, අනාගතවක්තෘ.

භව්‍ය, *a.* See භවිතව්‍ය; auspicious, prosperous, වාසනාවන්ත; fit, right, සුදුසු, true, හැබෑවූ.

භව්‍යය, *n.* existence, පැවැත්ම; result, fruit, ඵලය; bone, ඇටය; a small fruit. *Bot.*

භවානී, *n.* ap. of the goddess දුර්ගා; a large kind of pepper. *Bot.*

භස්ත්‍රාව, භස්ත්‍රිය, *n.* bellows, මයිනහම; leathern bag or receptacle, හම් පසුම්බිය.

භස්ම, *n.* (භස් to shine), ashes, අළු.

භස්ම·ගන්ධිකා, භස්ම·ගන්ධිනී, *n.* (භස්ම ගන්ධ), a kind of perfume or drug: see රේණුකා.

භස්ම·ගන්ධා, *n.* a perfume: see රේණුකා and *Bot.*

භස්ම·භාස්කර, *n.* camphor, කපුරු.

භස්මීකරණය, *n.* reducing to ashes, calcination, අළුකරදැමීම or දවා අළුකිරීම. [ashes, calcine.

භස්මීකරනවා, භස්මීකරනවා, *v. t.* to reduce to

භස්මී·භූත, *a.* reduced to ashes, calcined, අළු කරනලද. [භක්ත.

භාක්ත, *a.* grain, ධාන්‍ය, rice, boiled rice: see

භාක්තයා, *n.* one to whom food is regularly supplied, a dependent, a follower, E. S.; a

භාග, *n.* See භාගය. [cheat, රැවටිලිකාරයා.

භාගක, *a.* dividing, බෙදන.

භාගකය, *n.* *arith.* denominator, divisor.

භාග·ධේය, *n.* (ධේය held, called), royal revenue, රාජධන (or සුංකම); fate, destiny, ඉරණම, නියමය; heir, co-heir, තවුල් උරුමක්කාරයා.

භාග·ප්‍රභාගය, *n.* complex fraction, compound fraction.

භාගය, *n.* part, portion, share, පංගුව, half, දෙකෙන් පංගුව; the 30th part of a රාශි or zodiacal sign; the 360th part of the circumference of a circle.

භාග·හාරය, *n.* *arith.* division, බෙදීම.

භාගාධික, භාගාධික·ප්‍රමාණ, *a.* (භාග අධික), sesquialter, sesquiplicate, භාගයක් අධික.

භාගාධික·පුෂ්පය, *n.* sesquilateral floret. E. S.

භාගානුබන්ධය, *n.* (භාග අනු:), *arith.* attachment or assimilation of fractions.

භාගී, *a.* sharing, පංගුකාර; consisting of parts or shares, පංගු ඇති.

භාගික, *a.* fractional, භින්න ගණන් ආකාර.

භාගිනී, *n. fem.* sharer, පංගුකාරී, co-heiress, තවුල් උරුමක්කාරී. [දරුවන් පුතා.

භාගිනේය, *n.* (භගිනී sister), sister's son, සහෝ

භාගියා, *n.* sharer, පංගුකාරයා, co-heir.

භාගීවෙනවා, *v. i.* See පංගුකාරවෙනවා.

භාගී(වූ), *a.* See භාගී.

භාගීරථී, *n.* ap. of the Ganges, so called, it is said, because it first descended from heaven in answer to the prayers of king භගීරථ.

භාග්‍ය, *a.* (භජ් to divide), that should be divided, බෙදිය යුතු; bearing interest, පොලී ලබන (මුදල්); fortunate, වාසනාවන්ත.

භාග්‍ය·පති, *n.* man and wife, ස්ත්‍රී පුරුෂ දෙදෙන.

භාග්‍යය, *n.* destiny, ඉරණම; fortune, welfare,ශුභසිද්ධිය; religious merit, කුසල; dividend, E. S.

භාග්‍යවත්, භාග්‍යවන්ත, *a.* happy, fortunate, වාසනාවන්ත; meritorious, deserving, පුණ්‍යවත්, ගුණවන්ත.

භාග්‍යවන්තයා, *n.* fortunate person &c.

භාග්‍ය·වෙනවා, *v. i.* to become destined to or participant in, නියම—තවුල්කාර—වෙනවා.

භාජකය, *n.* (භජ් to divide), *arith.* divisor, ගණනක් බෙදන ගණන. [&c., gauging.

භාජන·මැනුම, *n.* measuring vessels, as casks

භාජනය, *n.* (භජ් to serve), any vessel or utensil, as a pot or cup; *fig.* a suitable person, සුදුස්සෙක්.

භාජිත, *a.* divided, බෙදනලද.

භාජ්‍යය, *n.* share, portion, division, පංගුව; *arith.* result, quotient, ඵලය.

භාජ්‍ය, *a.* that should be divided, බෙදිය යුතු; divisible, බෙදිය හැකිවූ.

භාජ්‍යත්වය, *n.* divisibility, බෙදියහැකි ස්වභාව.

භාජ්‍යය, *n.* portion, share, පංගුව, dividend, E.S.

භාටකය, *n.* price, වටිනා මිල; wages, පඩි, hire, කුලී. [to goods.

භාණ්ඩ, *n. pl.* or *a.* goods, stores, බඩු; pert.

භාණ්ඩය, *n.* any article, vessel, utensil, instrument, බඩුව; ornament, ආභරණය; buffoonery, කෝලම.

භාණ්ඩාගාරය, *n.* (·ආගාරය), store-room, depository, repository, treasury, ගබඩාව.

භාණ්ඩාගාරිකකම, භාණ්ඩාගාරික·ධුරය, *n.* stewardship, treasurership, ගබඩාකාරකම.

භාණ්ඩාගාරිකයා, *n.* store-keeper, steward, treasurer, ගබඩාකාර.

භාණ්ඩාගාරිකාමාත්‍යයා, *n.* (·අමාත්‍යයා), Chancellor of the Exchequer.

භාණ්ඩාරය, *n.* For භාණ්ඩාගාරය *q. v.*

භාණ්ඩිකයා, *n.* musician, sp. one employed to awaken a prince or chief by his music.

භාත, *a.* (භා to shine), shone, බැබළුණු, shining, බැබළෙන, brilliant, දීප්තිමත්.

භාතය, *n.* morning, daybreak, පාන්දර.

භාදුව, *n.* sun, ඉර. [Sept., නිකිණිමස.

භාද්‍ර·පදය, භාද්‍රය, *n.* name of a month, Aug.-

භානුමත්, *a.* shining, luminous, බැබළෙන; beautiful, ලක්ෂණ.

භානු, *n.* sun, ඉර; light, ආලෝකය; master, lord, prince, king, ස්වාමියා, රාජකුමාරයා.

භාම, *n.* (භා to shine), light, එළිය; sun, ඉර.

භාමය, *n.* (භාම් to be angry), anger, passion, කෝපය.

භාමී, *a.* angry, passionate, තරහ, කෝපවූ.

භාමිනී, *n. fem.* passionate woman, vixen, තරහකාරී, දඹරකාරී.

භාර, භාරවත්, *a.* heavy, weighty, බරවූ.

භාර, *n.* ap. of Vishnu as preserver of the world, විෂ්ණු.

භාරකරනවා, භාරදෙනවා, *v. t.* to deliver over, commit to, consign, intrust.

භාරකාර, *a.* pert. to the charge or care of anything or to treasurership, custodial.

භාරකාර·ඔප්පුව, *n.* trust-deed.

භාරකාරකම, භාරකාරත්වය, *n.* having charge, custody, wardship, trusteeship.

භාරකාරයා, *n.* trustee, bailee, consignee, custodian, warden. [accept, assume.

භාරගන්නවා, *v. t.* to take charge of, receive,

භාරත, *n.* name of a prince or descendent of භරත; name of a H. poem: see මහාභාරත.

භාරත·වර්ෂය, *n.* (වර්ෂය division of a continent), name of India proper, so called from prince භරත, who received it from his father Dushyanta.

භාරතිය, *n.* speech, word, බස; talipot tree, the leaves of which are used for writing on, තලගස. [speech, සරස්වතී.

භාරතී, *n.* ap. of Sarasvati, the goddess of

භාරත්ව·ප්‍රමාණය, *n.* (භාරත්ව :), specific gravity. E. S. [බරකම, බරපතලකම.

භාරත්වය, *n. lit.* and *fig.* gravity; weightiness;

භාරදීමේ·පත්‍රය, *n.* See භාරකාර ඔප්පුව, consignment note. [වැදගත්, බරපතළ.

භාර·දූර, *a.* important, momentous, onerous,

භාරදෙනවා, *v. t.* See භාරකරනවා.

භාරද්වාජ, *n.* skylark; one of the seven Rishis, who was abandoned by his parents at birth and nursed by a lark; ap. of ද්‍රෝණයා, military teacher of the Kurus and Pāndus.

භාරය, *n.* (භෘ to support), charge or custody of, keeping, භාරගැනීම; weight, burden, බර; yoke for carrying a burden, කත්තිය; vow, බාරය.

භාර·යෂ්ටිය, *n. lit.* load-stick, viz. yoke, pingo, as above. [බරපටවාපු.

භාරවත්, *a. lit.* and *fig.* laden, loaded, බර ඇති,

භාර·වාහකයා, භාර·වාහයා, *n.* bearer of burdens, porter, බරගෙනයන්නා.

භාරවෙනවා, *v. i.* to commit one's self to, resign one's self, surrender or devote one's self.

භාර·වේගය, *n.* momentum. E. S. [E. S.

භාර·ස්ථූල, *a.* heavy and bulky, unwieldly.

භාරාක්‍රාන්ත, *a.* (·ආක්‍රා :), over-laden, over-burdened, බරවැඩිවූ, බරට යටවූ.

භාරිකයා, භාරියා, *n.* carrier, porter.

භාරිත, *a.* (See භරිත), laden with, heavy with (fruit, cares &c.), බරවූ, බරගැසිත.

භාර්ගව, *n.* ap. of පරශුරාම, also of ශුක්‍ර, regent of the planet Venus and preceptor of the Asuras.

භාර්ගවයා, *n.* archer, දුනුවායා; elephant, ඇතා.

භාර්ගවී, *n.* ap. of පාර්වතී, wife of Siva, and ap. of ලක්ෂ්මී wife of Vishnu.

භාර්යාව, *n.* (භෘ to nourish), wife.

භාලය, *n.* forehead, නලල; light, lustre, ආලෝකය, දීප්තිය; excellence, උතුම්කම.

භාව, *n.* (Sans. භා), light, effulgence, තේජසය; brilliance, දීප්තිය.

භාව, *a.* (fr. භූ : see භාවය), pert. to state or condition, natural, abstract, ස්වාභාවික, cp. භාවය.

භාව·ක්‍රියාව, *n.* gerund or verbal noun.

භාවනය, භාවනාව, *n.* mental reflection, meditation, sp. religious and deep meditation, මෙනෙහිකිරීම, ධ්‍යානය. [muse.

භාවනාකරනවා, *v.* to meditate, contemplate,

භාවය, *n.* (Sans. භාව), natural state or nature of anything, condition, state, character, ස්වභාව; existence or state of existence, පැවැත්ම.

භාව·වාචකය, *n. gram.* the verb which expresses state or being, the verb *to be.*

භාව·ශාස්ත්‍රය, ·විද්‍යාව, *n.* philosophy. E. S.

භාව·සඞ්ග්‍රහය, *n.* translation or explanation of the general meaning.

භාව·සමාහිත, *a.* absorbed in thought, intent upon, abstracted.

භාවාර්ථය, *n.* (·අර්ථය), the general sense, simple or inherent meaning (of words), the obvious purport (of a phrase &c.); subject matter; සාමාන්‍ය තේරුම.

භාවාර්ථයෙන්, *ad.* according to the general meaning, substantially. [විභාග.

භාවංවවූ, *a.* tender, feeling, compassionate, දයා

භාවික, *a.* natural, accordant with or arising from the state or quality or condition, ස්වභාවට අනුකූල or එකඟ, ස්වභාවික.

භාවිත, *a.* usual, ව්‍යවහාර; accustomed to, පුරුදු; mixed, මිශ්‍ර; obtained, ලබනලද. [ආරම්භ.

භාවිතය, භාවිතාව, *n.* use, using, practice, ව්‍යව

භාවිතාකරනවා, *v. t.* to use, employ, practise.

භාවිතෝද්ග්‍රහණය, *n.* (භාවිත උද් :), learning by practice, studying, භාවිතයෙන් ඉගෙනීම.

භාවිතෝද්ග්‍රහණයකරනවා, *v. t.* to practise, study.

භාවුක, *a.* happy, ප්‍රසන්නවන්ත, right, සුදු, හරි; that becomes or arises, වෙන්නාවූ.

භාවුකය, *n.* happiness, auspiciousness, කල්‍යාණකම; festive occasion, උත්සවය.

භාෂණය, *n.* (භාෂ් to speak), speaking, speech, utterance, declaration, බස, කියමන

භාෂණ·විපර්‍යාසය, *n. gram.* enallage, substitution, ව්‍යත්‍යාදේශය. E. S.

භාෂණේන්ද්‍රියය, *n.* (භාෂණ ඉන්ද්‍රියය), the faculty of speech, කථාකිරීමේ ඉන්ද්‍රියය.
භාෂා, *n.* ap. of සරස්වතී as goddess of speech.
භාෂා, *a.* pert. to language: see භාෂාව.
භාෂා·තත්ව·විජ්ඥානය, *n.* knowledge of linguistics or the science of language.
භාෂාන්තරය, *n.* (·අන්තර other), a different or other language or version, අන්‍යභාෂාවක්.
භාෂා·පටුත්වය, *n.* linguistic ability, භාෂා සමර්ථකම. [language.
භාෂා·ශෛලිය, භාෂා·රීතිය, *n.* usage or idiom of a
භාෂා·රීත්‍යනුකූල, *a.* (රීති අනු:), idiomatic, භාෂා ව්‍යවහාරයට එකඟවූ. [වල්.
භාෂාව, *n.* language, speech, කථාව; *pl.* භාෂා
භාෂා·විඥාන ශාස්ත්‍රය, *n.* science of language, linguistics, භාෂාශාස්ත්‍රය.
භාෂා·ශාස්ත්‍ර, *a.* linguistic, philologic.
භාෂා·ශාස්ත්‍ර·ඥයා, *n.* linguist, philologist.
භාෂා·ශාස්ත්‍රාකාර, *a.* philological. [කතාලද.
භාෂිත, *a.* spoken, said, uttered, කියනලද, පව
භාෂිතය, *n.* what is said, utterance, statement, කී දේ, කියමන.
භාෂ්‍ය, *a.* that may or should be spoken, expressible, utterable, කියයුතු, කිය හැකිවූ.
භාෂ්‍යය, *n.* utterance, commentary or annotation on technical terms or Sutras, විස්තර ව්‍යාඛ්‍යාව. [desire, ආශාව.
භාස, *n.* light, එළිය, lustre, shining, දීප්තිය;
භාසන්ත, *a.* (භාස් light), shining, splendid, gorgeous, දීප්තිමත්, ඉසුරුමත්.
භාසයා, *n.* vulture, ගිජුලිහිණියා; cock, කුකුළා; a sort of water-fowl, දියකුරුල්ලා.
භාසිත, *a.* (භාස් to shine), shone, shining, දිලිසෙන, දීප්තිමත්. [P.=භාෂිතය.
භාසිතය, *n.* shining, දිලිසීම, lustre, දීප්තිය; also
භාසුර, *a.* shining, glittering, දිලිසෙන.
භාස්කර, *a.* (කර making or that makes), shining, bright, බබළන, දීප්තිමත්.
භාස්කර, *n.* sun, ඉර; fire, ගින්න; name of an astronomer; gold, රන්; hero, වීරයා.
භාස්වත්, භාස්වර, *a.* shining, luminous, resplendent, දීප්තිමත්, තේජවත්.
භාස්වතා, භාස්වරයා, *n.* *lit.* shining one, viz. sun; light, එළිය; hero, ශූරයා.
භාස්වරතාව, *n.* luminousness &c.
භිංසන, *a.* horrible, terrible, භයානක.
භික්ඛු, *a.* P. for භික්ෂු.
භිත්‍යිය, *n.* Er. for භිත්තිය *q. v.*
භික්ෂණය, *n.* begging, mendicancy, හිඟමන් ඉල්ලීම, පිණ්ඩපාතේ යාම.
භික්ෂා·චරයා, *n.* (චර to go about), beggar, mendicant, sp. mendicant monk, පිණ්ඩපාතේ යන්නා.
භික්ෂාචාරය, *n.* (·ආචාරය practice), the practice of begging, mendicant life, sp. of B.P. පිණ්ඩපාතේ යාම.

භික්ෂාචාර·වේලාව, *n.* begging time, viz. the forenoon, when alone it is lawful for the B. P. to beg, පිණ්ඩපාතේ යන වරුව, පෙරවරු.
භික්ෂාටනය, *n.* (·අටනය going about): see භික්ෂාචාරය. [සිඟමින් ඇවිදිනවා.
භික්ෂාටනයකරනවා, *v.* to practise mendicancy,
භික්ෂා·භාජනය, *n.* alms-bowl, පිණ්ඩපාත්‍රය.
භික්ෂාව, *n.* begging, හිඟමන් ඉල්ලීම; alms, දන්, a little food given as alms.
භික්ෂාවේ හැසිරෙනවා, *a.* to go about begging, sp. as a monk.
භික්ෂු, භික්ෂුකයා, } *n.* beggar, sp. mendicant
භික්ෂුව, භික්ෂුවරයා, } monk, B. P. හිඟන තාපසයා; *pl.* භික්ෂූහු, භික්ෂුවරු.
භික්ෂු, *a.* mendicant, හිඟන; pert. to mendicant monks, හිඟන තාපසවූ; as භික්ෂුගොනෙකක්, mendicant monk. [තාපසී.
භික්ෂුණී, *n.* *fem.* B. priestess or nun, හිඟන
භික්ෂු·භාවය, *n.* state or practice of mendicancy, condition of a B. monk, තාපස භාවය.
භිංකාරය, *n.* vase, jug, කෙණ්ඩිය.
භිණ්ඩිවාල, *n.* a kind of dart, කුඩා හෙල්ලය.
භිත්තය, *n.* (භිද් to divide), part, portion, share, පංගුව.
භිත්ති, *n. pl.* or *a.* walls; pert. to a wall or walls, parietal. [කාණ්ඩගෙහෙර.
භිත්තිචෞරයා, *n.* house-breaker, burglar, උමං
භිත්ති·ධාරී, *a.* *bot.* septiferous. E. S.
භිත්ති·පිළ, *n.* wall-offset or ledge: see පිළ.
භිත්ති·භේද, *a.* *bot.* septicidal (ovary), බිත් බෙ
භිත්තිය, *n.* house-wall, බිත්තිය. [දෙන. E. S.
භිත්ති·රුකුල, *n.* buttress of a wall.
භිත්ති·සන්ධි·භේද, *a.* *bot.* septifragal. [තම.
භිත්ති·සිතියම, *n.* wall-picture, fresco, බිතු සිත්
භිත්ත්‍යාභ්‍යන්තර, *a.* (භිත්ති අභ්‍යන්තර:), being within walls, parietal, බිත්තිවලට අතරේ ඇත්තාවූ.
භිද, *a.* (භිද් to break or tear), breaking, කඩන, destroying, කඩාදමන.
භිදය, *n.* breaking, කඩාදැමීම; division, බෙදුම; kind, sort, වර්ගය. [කොත්තමල්ලි.
භිදුව, *n.* tearing, rending, ඉරීම; coriander,
භිදුර, *a.* brittle, crisp, frangible, පහසුවෙන් බිඳෙන සුලු.
භිදුරතාව, භිදුරත්වය, *n.* brittleness &c.
භින්ද·පාලය, *n.* See භිණ්ඩිවාලය.
භින්න, *a.* split, පැළුණු, broken, බිඳුණු; derived, derivative, බිඳී ආ; divided, බෙදුණු, fractional, E. S.; different, වෙනස්වූ; budded, opened, ප්‍රබෝධවූ.
භින්නක, *a.* breaking, refracting, rupturing, බිඳින; schismatic, භේදක, භේදවූ.
භින්නකයා, *n.* breaker &c., බිඳින්නා; schismatic, භේදවන්නා or භේද උපදවන්නා.
භින්නකරනවා, *v. t.* to break, rupture, කඩනවා, refract, E. S.

භින්න·ගුණනය, *n. arith.* multiplication of fractions, භින්නාංශගුණින් වැඩිකිරීම.
භින්න·ඝනය, *n.* cube of a fraction.
භින්න·ඝෝෂ·විද්‍යාව, *n.* diaphonics. E. S.
භින්නතාව, *n.* brokenness, කැඩුණුබිඳුණු ගතිය.
භින්න·නාභිය, *n.* navel rupture, exomphalos, පෙකණි බිඳුම. [ගැහෙන.
භින්න·ප්‍රශ්වාස, *a.* broken-winded, ප්‍රශ්වාසය
භින්න·භාග·හරය, *n.* (හරය taking), *arith.* division of fractions.
භින්නය, *n.* a break, flaw, crack, බිඳුම; portion, කොටස; *arith.* fraction, ඛණ්ඩගණන.
භින්නව එනවා, *v. i. lit.* to come broken from: *gram.* be derived from.
භින්නවත්, *a.* broken, scattered, විසුරුණු.
භින්න·වර්ගය, *n. arith.* square of a fraction.
භින්න·ව්‍යවකලනය, *n.* subtraction of fractions.
භින්න·සංකලනය, *n.* addition of fractions.
භින්නස්වර, *a.* broken voiced, hoarse, husky, බැරෑඹි. [E. S.
භින්නාලෝක·විද්‍යාව, *n.* (භින්න ආ:), dioptrics.
භිෂක්, භිෂජ්, *n.* Sans., doctor, වෙදා.
භිෂග්ජිතය, *n.* drug, medicament, remedy, බෙහෙත, පිළියම.
භිස්සටා, *n.* scorched rice at the bottom of the cooking vessel, දම්කුඩු.
භිස්සා, *n.* boiled rice, බත්.
භීත, භීතවත්, *a.* (භී to fear), afraid, terrified, horrified, භයපත්, ත්‍රස්තවූ.
භීතකරනවා, *v. t.* to frighten, terrify, appal, dismay, භයගන්වනවා, ත්‍රස්තකරනවා.
භීතවෙනවා, *v. i.* to be terrified &c., ඉතා භය පත්වෙනවා.
භීති·කර, භීති·ජනක, භීති·දායක, *a.* causing fear, terrifying &c., ත්‍රාසජනක. [භයංකරකම.
භීති·ජනකතාව, *n.* frightfulness, terribleness,
භීතිය, *n.* fear, dread, terror, dismay, මහත්භය, ත්‍රාසය.
භීම, *a.* frightful, terrible, horrible, භයානක, ඝෝරතර; tremendous, ගජ.
භීම, *n.* ap. of Siva, the terrible: one of the five පාණ්ඩු princes.
භීමතාව, *n.* frightfulness &c., භයානකකම &c.
භීම·දර්ශන, *a.* of frightful appearance, ghastly, hideous, භයානක පෙනීමක් ඇති.
භීම·නාදය, *n.* fearful sound, භයානක ශබ්දය; roar, සිංහනාදය.
භීම·නාදයා, *n.* roarer, viz. the lion, සිංහයා.
භීමනේත්‍ර, *n. lit.* terrible-eyed: ap. of Siva, who has an awe-inspiring large circular eye in his forehead.
භීමය, *n.* horror, භීතිය, terror, ත්‍රාසය.
භීම·විග්‍රහ, *a. lit.* large-bodied, gigantic, යෝධ.
භීම·විග්‍රහයා, *n.* giant, යෝධයා.
භීමා, *n. fem.* terrible one, ap. of දුර්ගා.

භීමාව, *n.* whip, කසය; a perfume, සුවඳ ජාතියක්.
භීරු, *n. lit.* timid one, viz. woman, ස්ත්‍රී.
භීරු, භීරුක, *a.* timid, shy, bashful, බයාදු, කො [ගොල්.
භීරුකය, *n.* wood, forest, වනය.
භීරුකයා, *n. lit.* terrible or gloomy one: ap. of the bear, වලසා, or owl, බස්සා.
භීරුතාව, *n.* timidity &c.
භීරු·හෘදයා, *n. lit.* timid-hearted one, viz. the deer, මුවා. [නක.
භීෂණ, *a.* horrible, terrible, monstrous, භයා
භීෂණකරනවා, *v. t.* to terrify, භයපත්කරනවා.
භීෂණතාව, *n.* terribleness &c.
භීෂණය, *n.* terror, horror, භීතිය, භයානක යමක්.
භීෂණයවෙනවා, *v. i.* to be terrified, appalled, ත්‍රස්තවෙනවා.
භීෂණෝත්පාදක, *a.* (භීෂණ උත්:), causing horror or terror, භය උපදවන.
භීෂ්ම, *a.* See භීෂණ.
භුක්ත, *a.* (fr. භුජ් to eat, enjoy), eaten, කනලද; that has eaten, කෑවාවූ.
භුක්තය, *n.* what is eaten, food, කෑම.
භුක්තානුමෝදනාව, *n.* (භුක්ත අනු:), thanksgiving or praise after a meal, ලැබුණුකෑමට ස්තුති කිරීම.
භුක්තිය, භුක්තිවිඳීම, *n.* possession, enjoyment, usufruct, tenure. [enjoy.
භුක්තිවිඳිනවා, *v. t.* to possess, have the use of,
භුග්න, *a.* (භුජ් to be crooked), crooked, curved වකුටු, bent, නැමුණු. [snake, සර්පයා.
භුජ·ගයා, *n.* (ග going), crooked-goer, viz.
භුජංග, *n.* black-lead, plumbago, මිනිරන්.
භුජංග·භුජයා, *n.* (භුජංග serpent, භුජ් to eat), snake-eater: ap. of ගරුඩයා.
භුජංගමයා, *n.* See භුජංගයා.
භුජංගයා, *n.* (භුජ් crooked, අංග body), serpent, සර්පයා; sodomite.
භුජය, *n.* (භුජ් to bend), a bend, curve, වංගුව, නැම්ම; hand, arm, අත; leg of a triangle, arm of a square &c.
භුජාන්තරය, *n.* (භුජ අන්:), the space between the arms, viz. the breast, chest, bosom, ළය, පපුව.
භුනන, *a.* Er. for භුක්ත.
භුවන, *n.* space, sky, ආකාශය; world, ලෝකය.
භුවන·ත්‍රය, *n.* the three worlds, viz. the world of gods, of men, and of asuras.
භුවනාශූන්‍යත්වය, *n.* (භුවන අශූ:) non-emptiness of space, plenun. E. S.
භුශුණ්ඩි, *n. pl.* firearms. E. S.
භූ, *a.* (භූ to become or be), pert. to a place or site or to the earth, [නැත.
භූකය, *n.* chasm, hole, පැල්ම, වල; hiatus, සිදුර
භූ·කම්පා, *n. pl.* or *a.* earthquakes; pert. thereto, seismic.

භූ·කම්පා·දර්ශක·යන්ත්‍රය, *n.* seismoscope, භූමි කම්පා පෙන්වන යන්ත්‍රය.

භූ·කම්පා·මානක·යන්ත්‍රය, *n.* seismometer, භූමි කම්පා මනින යන්ත්‍රය.

භූ·කම්පා·විස්තරය, *n.* seismography.

භූ·කම්පා·ශාස්ත්‍රය, *n.* seismology.

භූ·ගෝල, *a.* geographic. [ලොව.

භූ·ගෝලය, *n.* terrestrial globe, the earth, පො

භූ·ගෝල·ශාස්ත්‍ර·ඥයා, *n.* geographer.

භූ·ගෝල·ශාස්ත්‍රය, *n.* geography.

භූ·චක්‍රප්‍රදේශික, *a.* equatorial, equinoctial. E.S.

භූ·චක්‍රය, *n.* equator, equinoctial line, පොළොවේ මැද ඉර. [mushroom, හතු.

භූ·ඡත්‍රකය, *n.* (ඡත්‍රක cone), earth-cone, viz.

භූත, *a.* that has become or been or taken place, වුණාවූ; or being, ඇත්තාවූ; pert. to the elements, ධාතුක, or to sprites, රාක්ෂස.

භූත·කේශය, *n.* (භූත sprite, කේශ hair), the root of sweet-flag, වදකහ.

භූත·ගන්ධා, *n.* a sort of perfume or resin, perhaps so called because used in the worship of sprites.

භූත·ග්‍රාමය, *n.* (ග්‍රාම aggregate), the whole of elements or existences, the universe, ලෝක සියල්ලම, සමස්ත ලෝකය.

භූත·ඝ්න, *n. lit.* goblin expeller or destroyer, viz. garlic, සුදුළූණු.

භූත·ඝ්නායා, *n. lit. as above*; *also* camel, ඔටුවා.

භූත·ජටා, *n.* (භූත goblin, ජටා cluster), Indian spikenard, ජටාමාංශ.

භූතතාව, *n.* actuality, reality, positiveness, ඇත්තටම තිබීම, ඒකාන්තකම.

භූත·ධරව, *n.* (භූත beings, ධර holding), the earth, පොළොව.

භූත·නාථයා, භූත·පතියා, *n.* Lord of demons; ap. of Siva. [prince of demons.

භූත·නායකයා, *n.* ap. of Siva, also of කුවේර,

භූත·ප්‍රිය, *n. lit.* demons' delight, viz. an offering to demons, බිල්ල.

භූත·භාව, *a.* (භූත element), elemental, elementary, මුල්ධාතුවූ, ධාතුක.

භූත·මාත්‍ර, *n. pl.* or *a.* (මාත්‍ර minute), atoms; atomic, corpuscular, පරමාණු.

භූත·මාත්‍ර·සිදුරු, *n. pl.* pores, බා සිදුරු.

භූත·මාත්‍රය, *n.* atom, corpuscle, molecule, particle, පරමාණුව.

භූත·මාත්‍ර·ස·ඡිද්‍රතාව, *n.* (ස with, *cum*), porosity, porousness, කුඩාසිදුරු ඇතිකම.

භූත·මාත්‍රාකර්ෂණය, *n.* (·ආකර්ෂණය), molecular attraction.

භූතය, *n.* element, five elements are enumerated, viz. earth, air, water, fire and space, ආකාශය; fact, matter, any existing thing (either animate or inanimate); fourteenth day of the moon's wane.

භූත·යඥය, *n.* (යඥ sacrifice), offering viands to existing beings or to demons, සත්වයන්ට or භූතයන්ට ආහාර පුදකිරීම.

භූතයා, *n.* demi-god, goblin, sprite that frequents cemeteries, trees &c., රාක්ෂයා, ප්‍රේත යා; son, පුත්‍රයා; ap. of Siva.

භූත·රූප, භූත·රූපාකාර, *a.* goblin-like, spectral, apparitional. [කාරය.

භූත·රූපය, *n.* apparition, spectre, sprite, අව

භූ තලය, *n.* the earth's surface, පොළෝතලය.

භූතවත්, *a.* existent, subsistent, real, ඇත්තාවූ.

භූත·වාසය, *n. lit.* abode of demons; sp. the tree beleric myrobalan, as a favourite haunt of sprites, බුළුගස.

භූත·ශාස්ත්‍ර·ඥයා, *n.* (භූත beings), ontologist.

භූත·සම්භ්‍රමය, *n.* (භූත demon), possession by evil spirits, භූතාවේශය, යක්ෂාවේශය.

භූත·සංඛ්‍යා, *n.* number expressed by symbolical expressions: e.g. ආකාශ=0; වේද, සාගර=4 &c.

භූත·සංඥාව, *n.* indication of the presence of demons, apparition, අවතාරය.

භූත·සම්ප්ලවය, *n.* inundation of the world, deluge, ජලගැල්ම.

භූත·ස්ථ, *a.* existing in the elements, inherent, අන්තර්ගත. [bodily, ශාරීරික.

භූතාත්මක, *a.* material, ද්‍රව්‍යමය, external, පිටත,

භූතාලය, *n.* (·ආලය house, abode), demon-residence, any place supposed to be haunted by a demon or sprite, as a tree, mountain &c.; H. temple, දේවාලය.

භූතාවිෂ්ට, *a.* (·ආවිෂ්ට entered), possessed by the devil or a demon, යක්ෂාවේශ.

භූතාවිෂ්ටයා, *n.* demoniac, යක්ෂාවේශ අය.

භූතාවේශක, *a.* brought about by the power of demons, යක්ෂබලයෙන් කළාවූ. [වේශකම.

භූතාවේශය, *n.* demoniacal possession, යක්ෂා

භූතාවේශයා, *n.* See භූතාවිෂ්ටයා.

භූති නිධානය, *n.* (භූති prosperity, නිධාන treasury), the twenty-fourth lunar mansion: see ධනිෂ්ඨාව.

භූතිය, *n.* (භූ to become), becoming, coming into existence, වීම, being, existing, පැවැත්ම; state, භාවය; superhuman power obtained by magical rites, මන්ත්‍රබලය.

භූතේශ, *n.* (භූත beings, ඊශ possessor, ruler), universal Lord, ap. of Siva, also of කුවේර the chief of demons and god of wealth.

භූ·දරයා, *n.* (භූ earth, දෘ to rend), pig, hog, ඌරා.

භූ·දේවයා, *n.* terrestrial god or demon, පොළෝ දෙවියෙක්; brahmin, බමුණා. [කන්ද.

භූ·ධරය, *n. lit.* earth-supporter, viz. mountain,

භූ·ධර·විස්තරකාරයා, භූ·ධර·ශාස්ත්‍ර·ඥයා, *n.* orographist, orologist, කඳුවිස්තරකාරත්තා.

භූ·ධර·විස්තරය, භූ ධර·ශාස්ත්‍රය, *n.* orography, කඳුවිස්තරය.

භූ·පතිතාව, භූ·පතීත්වය, *n.* (භූ earth, land, පති chief), chieftainship, sovereignty, kingship, දේශ අධිපතිකම, රජකම.

භූ·පතියා, භූපාලයා, *n.* chief, sovereign, king, දේශාධිපතියා, රජ. [ළොවේ වට ප්‍රමාණය.

භූ·පරිධිය, *n* circumference of the earth, පො

භූ·පුත්‍රයා, *n.* son of the earth: ap. of the regent of the planet Mars, who is said to have been turned up out of the ground by a plough. [wife of Rāma.

භූ·පුත්‍රී, *n.* daughter of the earth: ap. of සීතා,

භූ·මණ්ඩලය, *n.* the earth-orb, earth-disk, circle of the earth or outspread world, plane of the earth, the earth.

භූම·දාන, *a.* funeral, burial.

භූම·දානකරනවා, *v. t.* to bury, inter, වළලනවා.

භූම·දාන·කෘත්‍යය, *n.* the act of burying, burial; *pl.* obsequies, අවමංගල්‍ය චාරිත්‍ර.

භූම·දාන·මෙහෙය, *n.* burial service.

භූම·දානය, *n.* burying, funeral, වැළලීම.

භූමය, *a.* made of earth, soil or clay, earthen, පස්, මැටි.

භූමික, *a.* pert. to this world, terrestrial, earthly, mundane; floored, as ත්‍රිභූමික, three-floored or storied.

භූමිකතාව, *n.* earthliness, මෙලෝ ගතිය.

භූමි·කන්ද, *n.* (කන්ද tuber), yam or potato, edible root, අල.

භූමි·කම්පාව, *n.* earthquake, පොළෝ කම්පාව.

භූමි·ගුහාව, *n.* cavern or cave in the ground.

භූමි·චක්ෂුර්භාගය, *n.* landscape. E. S.

භූමි·ජ, *a.* (ජ produced), earth-born, terrigenous.

භූමි·ජයා, *n.* earth-born one: ap. of the regent of Mars: see භූපුත්‍රයා.

භූමි·තලය, *n.* See භූතලය. [kerosene.

භූමි·තෙල්, *n.* earth oil, mineral oil, petroleum,

භූමි·දේවයා, *n.* terrestrial god or demon, දෙවියා; brahmin, බමුණා. [earthquake.

භූමි·නාදය, *n.* subterranean rumbling as at an

භූමි·පරිමාණය, *n.* *arith.* land measure, බිම් මැනීම, සතරැස්මැනුම. [රජ.

භූමි·පාලයා, *n.* guardian of the land, viz. king

භූමි·ප්‍රදේශ·චිත්‍රකාරයා, *n.* landscape painter.

භූමි·භංගය, *n.* *geol.* upheaval of the earth, catastrophe.

භූමි·මානක·ශිල්පය, *n.* art of land surveying.

භූමි·මානක·ශාස්ත්‍රය, *n.* science of land surveying.

භූමිය, *n.* the earth, world, ලෝකය; ground, පොළොව, බිම; land, රට; site, ඉඩම.

භූමි·ගර්භා·වේදඥයා, *n.* geomancer, බිමේ ලකුණුවලින් පේනකියන්නා.

භූමි·විස්තරය, භූමි·ශාස්ත්‍රය, *n.* description of the earth, science of the earth, geography.

භූමි·සංයෝගය, *n.* formation or structure of the earth or ground, පොළොවේ හැදීම.

භූමි·සටහන, භූමි·සංස්ථානය, *n.* ichnography, ground plan, බිම් පලැන.

භූමි·සිතියම, *n.* map, terrestrial map. [king, රජ.

භූමීන්ද්‍රයා, *n.* (භූමි, ඉන්ද්‍ර chief), terrestrial chief,

භූම්‍යන්තර, භූම්‍යන්තරික, *a.* (භූමි, අන්තර amongst, intermediate), earthly, terrestrial, pert. to or being about the earth.

භූම්‍යන්තරයා, *n.* aerial demon, viz. a being supposed to dwell in the air or on high mountains, where they are worshipped.

භූම්‍යුත්පත්ති·ශාස්ත්‍රඥයා, *n.* (භූමි උත්:), geologist.

භූම්‍යුත්පත්ති·ශාස්ත්‍රය, *n.* geogony, geology, පොළෝ හැදීමේ ශාස්ත්‍රය.

භූම්‍යුපරිස්ථ, *a.* (භූමි, උපරි above, ස්ථ situated), superterrestrial.

භූයෝ, *a.* *Sans.* much, many, බොහෝ.

භූයෝ·භාවයෙන්, *ad.* much, repeatedly, බොහෝ සෙයින්.

භූයෝවෘත්තිය, *n.* (වෘත්තිය being, existing), existing much, prevalence, බහුලත්වය.

භූරි, *a.* much, many, බොහෝ.

භූරි·මේධය, *n.* (මේධය apprehension), great knowledge or wisdom, මහත් දැනුම or ප්‍රඥාව.

භූරි·මේධයා, *n*, very intelligent or wise person, ඉතා ප්‍රඥාවන්තයා; ap. of Buddha. [රයෙන්.

භූරි·ශස්, *ad.* *Sans.* manifoldly, නොයෙක් ආකා

භූ·රුහ, *n.* (රුහ් to grow), tree, ගස, රුක.

භූ·ලතා, *n.* (ලතා creeper), earthworm, පණුවා.

භූ·ලෝකය, *n.* the earth-world, viz. this world, ලෝකය, මෙලොව. [king.

භූ·ශක්‍රයා, *n.* (ශක්‍ර supreme), earth-lord, viz.

භූ·ශුද්ධිය, *n.* consecration of ground, බිම් කැප කිරීම.

භූෂණය, *n.* (භූෂ් to adorn), ornamentation, decoration සැරසීම, ornament, සැරසිල්ල.

භූෂණයකරනවා, *v. t.* to adorn, embellish, සරසනවා, අලංකාරකරනවා.

භූෂණාකාර, *a.* ornamental, සැරසිලි ආකාර.

භූෂාව, *n.* decoration, ornament, සැරසිල්ල, ආයිත්තම.

භූෂිත, *a.* adorned &c., සරසනලද &c.

භූ·ස්වර්ගය, *n.* the place of heaven, viz. the mountain මහමෙර on the summit of which a heaven is situated.

භූසුත, *n.* (භූ earth, සුත son): see භූපුත්‍රයා.

භෘගු, *n.* *H. Myth.* name of a celebrated sage, summit of a mountain: see ප්‍රජාපති; ap. of Siva.

භෘගු·ජ, *n.* (ජ born, offspring), son of භෘගු, ap. of ශුක්‍රයා, regent of the planet Venus and preceptor of the demons. [වසාවාසි.

භෘංගජය, *n.* flower of the screw pine; mace,

භෘංගය, *n.* woody cassia, දවුල් කුරුඳු; golden vase, රන්භාජනය; talc. E. S.

භෘංගයා, *n.* bee, මී මැස්සා, large black bee or wasp, බඹරා; fork-tailed shrike; libertine, සල්ලාලයා.

භෘංග·රාජ, *n.* the humble bee, බඹරා; Malabar shrike, *lanius malabaricus.* [කරවුළු.

භෘංගාර, *n.* golden vase; gold, රත්රන්; cloves,

භෘංගාරිකා, භෘංගාරීයා, *n.* the insect cricket, රැහැයියා.

භෘංගාවලිය, *n.* (භෘංග ආවලිය), row or swarm or flight of bees, මීමැසි රැල.

භෘත, *a.* (භෘ to nourish, support), hired, කුලී කාර; maintained, නඩත්තුකරනලද; endowed with, possessed of යුක්ත.

භෘතකයා *n.* hired labourer, කුලීකාරයා, servant, slave, දාසයා

භෘති·භුජයා, *n.* (භෘති wages, භුජ් to eat, enjoy), hired labourer or servant, මෙහෙකරුවා.

භෘතිය, *n.* hire, කුලිය, wages, පඩිය, maintenance, නඩත්තුව.

භෘත්‍යයා, *n.* one who has to be maintained, viz. servant: see භෘතකයා.

භෘත්‍යාව, *n.* hire, wages: see භෘතිය.

භෘමිය, *n.* whirling, කැරකිල්ල; whirlwind, සුළි සුළඟ; whirlpool, දියසුළිය. [fried, බදිනලද.

භෘෂ්ට, *a.* (fr. භ්‍රස්ජ් to fry), parched, roasted,

භෘෂ්ට·තණ්ඩුව, *n.* parched grain, බැදපු ධාන්‍ය.

භෘෂ්ටාන්න, *n.* (·අන්න food), rice boiled and then roasted, බැදිහාල්.

භෘෂ්ටිය, *n.* roasting, frying, බැදීම.

භේකයා, *n.* frog, මැඩියා.

භේකී, *n.* female frog; small frog.

භේදක, *a.* breaking, කඩන; dividing, බෙදන; causing division or discord, භේදකරන.

භේදක·චර්මකාව, *n.* dividing membrane, septum, වෙන්කරන සිවිය. E. S.

භේදකයා, භේදකාරයා, *n.* divider, one who causes divisions or discords, භේදකරන්නා, භේදකරවන්නා.

භේදකරනවා, භේදකරවනවා, *v. t.* to divide, cause dissension, set at variance.

භේද·චිත්ත, *a.* of divided mind; who has lost heart or friendship, disappointed. E. S.

භේදනය, *n.* dividing, බෙදීම; separating, secreting, වෙන්කිරීම; discriminating, බිඳීම.

භේද·ප්‍රත්‍යය, *n.* (භේද dissentient, ප්‍රත්‍යය faith), heterodoxy, අසමාන දෘෂ්ටිය; differential belief, viz. belief in the reality of apparent differences in opposition to pantheism.

භේදය, *n.* separating, division, variance, discord, dissension, faction, schism.

භේදවෙනවා, *v. i.* to differ, disagree, be at variance, become divided.

භේදිත, *a.* divided, separated, වෙන්වූ, secreted, බිඳුණ; at variance, භේදව සිටින.

භේදිත·පක්ෂාකාර, *a.* pinnulate.

භේදිත·පුෂ්ප·වෘන්තය, *n.* pedicel, pedicle, කුඩා නැටිට. [නිංබන.

භේදිතාකාර, *a. bot.* pedatified (leaf), බෙදී

භේදි·විධිය, *n. arith.* rule of practice.

භේරී·තලය, *n.* flat part of a tomtom, drumhead, බෙර ඇස. [බෙරහඬ.

භේරී·නාදය, *n.* drum sound, tomtom noise,

භේරීය, *n.* drum, tomtom, බෙරය.

භේරුණ්ඩ, *a.* (fr. භී to fear), fearful, formidable, භයානක.

භේරුණ්ඩා, *n. fem.* one of the female demons attendant on දුර්ගා. [native astrology.

භේරුණ්ඩයා, *n.* a bird so called, employed in

භේෂජ, *n.* a drug, remedy, බෙහෙත; fennel, දුරු.

භෛරව, භෛරවකාරක, *a.* (fr. භීරු), formidable, terrible, horrible, භයානක.

භෛරවි, *n.* name of a river.

භෛරවය, *n.* formidableness &c.

භෛරවයා, *n.* the terrible one: ap. of Siva in one of his inferior manifestations, eight of which are thus named.

භෛරවී, *n. fem.* ap. of දුර්ගා wife of Siva in his manifestation as භෛරවයා. [බෙහෙත්-.

භෛෂජ, භෛෂජ්‍ය, *a.* medicinal, medical, drug-,

භෛෂජය, භෛෂජ්‍යය, *n.* medicine, medicament, drug, බෙහෙත, ඖෂධය; dry ginger, වියළි ඉඟුරු.

භෛෂජයා, *n.* a sort of quail. E. S.

භෝක්තව්‍ය, *a.* (fr. භුජ් to eat, enjoy), edible, enjoyable, කෑ යුතු or කෑමට or භුක්තිවිඳීමට සුදුසු.

භෝගය, *n.* (fr. භුජ්), enjoyment, සැපවිඳීම; eating, food, කෑම; hire, කුලිය; wealth, සම්පත; coil, දරණය; grain, ධාන්‍ය.

භෝග·සම්පත්, *n. pl.* riches possessed.

භෝගාවලිය, *n.* (භෝග ආ:), coil of a snake, දරණ වැල; combination of delights, viz. eulogium, පැසසුම් කථාව. [භෝගය. E. S.

භෝගාවාසය, *n.* (භෝග ආ:), harem, ස්ත්‍රීන්ගේ

භෝගියා, භෝගී, *n.* enjoyer, භුක්තිවිඳින්නා; king, රජ; village headman, ගම්දෙටුවා; barber, පනික්කියා; snake, සර්පයා.

භෝගී, *a.* enjoying, possessing, භුක්තිවිඳින.

භෝගීන්ද්‍රයා, *n.* (භෝගී serpent, ඉන්ද්‍ර lord), Lord of the serpent race: ap. of අනන්තයා; Rahu, see රාහු.

භෝග්‍ය, *a.* enjoyable: see භෝක්තව්‍ය.

භෝජ, *n.* name of the region now called Patna; a celebrated king of Oujein who encouraged learned men. [ආහාරය.

භෝජනය, *n.* (භුජ් to eat), eating, food, කෑම,

භෝජන·ශාලාව, *n.* eating-house, boarding-house, restaurant. [rial.

භෝජනාධිකාර, *a.* ('අධි: chief), *mil.* commissa-

භෝජනාධිකාර-ධුරය, *n. mil.* office or employment of a commissary. [officer. E.S.
භෝජනාධිකාර-නිලධාරියා, *n. mil.* commissary
භෝජනාධිකාරාධිපතියා, *n.* (-අධි:), Commissary General. [දෙන.
භෝජනීය, *a.* enjoyable, pleasant, ප්‍රීතිදෙන
භෝජයා, *n.* cowherd, cattle-keeper, ගොපල්ලා.
භෝජාජානීයයා, *n.* (භෝජ Patna, ආජා:), a well-bred horse of Patna.
භෝජ්‍ය, *a.* that may be eaten, edible, esculent, කෑමට සුදුසු. [ජාතියක්, ආහාරය.
භෝජ්‍යය, *n.* anything edible, esculent, කන
භෝජ්‍ය-සම්භවය, *n.* chyle. E. S. [රසය.
භෞත, *a.* elemental, භූත ධාතුවූ; demoniacal,
භෞතික, *a.* *Idem*; *also* botanical: see උද්භිද.
භෞතික-ශාස්ත්‍රය, *n.* botany, උද්භිද් විද්‍යාව. E. S. [භූමික.
භෞම, භෞමික, *a.* (fr. භූමි), earthly, terrestrial,
භෞමයා, *n. lit.* Terrestrial one: see කුජයා.
භාම-ප්‍රභාව, *n.* Er. for ව්‍යාමප්‍රභාව. [වීම.
භ්‍රංශය, *n.* falling, fall, වැටීම, declining, පහත්
භ්‍රංකාරය, *n.* (භ්‍රං imitative sound, කාරය making), humming, buzzing noise. E. S.
භ්‍රම-කාරයා, *n.* (භ්‍රම turning), turner, wood-turner, ලියනවඩුවා, බම්කරුවා.
භ්‍රමණ, *a.* revolving, whirling, කරකැවෙන.
භ්‍රමණ-කණ්ටකය, *n.* (කණ්ටකය thorn &c.), gimlet, auger, බුරුම කටුව. [කැවුම.
භ්‍රමණ-නාටකය, *n.* waltz (the dance), කැරකෙන
භ්‍රමණ-නෘත්‍ය-තාලය, *n.* waltz (the tune).
භ්‍රමණය, *n.* revolving, revolution, whirling, gyration, කරකැවීම; wandering about, එහි මෙහි යාම; giddiness, dizziness, කැරකිල්ල.
භ්‍රමණයකරනවා, *v.* to revolve, circle around, gyrate, කරකවනවා: go about or around, වටේට යනවා.
භ්‍රමණයකරවනවා, *v. t.* to turn round viz. cause to revolve, කරකවනවා. [කරකැවෙනවා.
භ්‍රමණයවෙනවා, *v. i.* to revolve, roll round,
භ්‍රමණ-විස්මය-චිත්‍රය, *n.* thaumatrope. E. S.
භ්‍රමණ-ස්නායුව, *n. anat.* rotator, හැරවනකරය.
භ්‍රමය, *n.* revolving, whirling, whirl, කරකැවීම: variously applied, as: vortex, සුළිය, whirlwind, සුළිසුළඟ, whirlpool, දියසුළිය, lathe, ලියනකද, potter's wheel, කුඹල්සක; roaming, ඉබාගාතේ යාම; mistake, delusion, වැරදි කල්පනාව, මුලාව.
භ්‍රමර, *a.* revolving, gyratory, කරකැවෙන.
භ්‍රමර-ගණය, *n.* multitude or cluster or swarm of bees, බඹරවැල.
භ්‍රමරය, *n.* vertigo, dizziness, ඉස කරකැවිල්ල.
භ්‍රමරයා, *n.* bee, මීමැස්සා, large black bee, බඹරා; lecher, සල්ලාලයා.
භ්‍රමාකාර, *a.* vortical, සුළි, කැරකෙන.
භ්‍රමිය, *n.* See භ්‍රමණ

භ්‍රෂ්ට, *a.* (fr. භ්‍ර(ං)ශ් to fall), *lit.* and *fig.* fallen, වැටුණු, depraved, දුෂ්ටවූ; Er. for භෘෂ්ට *q.v.*
භ්‍රෂ්ටකරනවා, *v. t.* to fell, cast down, පෙරළාදමනවා; depose, පහකරනවා.
භ්‍රෂ්ට-රාජ්‍ය, *a.* deposed from royalty. E. S.
භ්‍රෂ්ට-මංගල, *a.* wretched, forlorn, කාලකණ්ණි, අසරණ.
භ්‍රාජමාන, භ්‍රාජිත, *a.* (භ්‍රාජ් to shine), shining, glittering, brilliant, දිලිසෙන, දීප්තිමත්.
භ්‍රාතෘ, *n.* brother, සහෝදරයා.
භ්‍රාතෘක, *a.* brotherly, fraternal, සහෝදර.
භ්‍රාතෘකතාව, *n.* fraternity, සහෝදරකම.
භ්‍රාතෘ-ඝාතක, *a.* fratricidal. [නා.
භ්‍රාතෘඝාතකයා, *n.* fratricide, සහෝදරයෙකු මරන්
භ්‍රාතෘ-ඝාතනය, *n.* fratricide, සහෝදරයෙකු මරා [දැමීම.
භ්‍රාත්‍රීය, *a.* See භ්‍රාතෘක.
භ්‍රාත්‍රීයයා, *n.* brother's son, සහෝදරයාගේ පුත්‍රයා.
භ්‍රාත්‍රීයාකාරයෙන්, *ad.* brotherly, fraternally, සහෝදර වශයෙන්.
භ්‍රාන්ත, *a.* (fr. භ්‍රම් to go round), whirled, කරකවනලද, revolved or turned, හැරුණ; mistaken, වැරදුණ, deluded, wandering, මුලාවූ.
භ්‍රාන්තවෙනවා, *v. i.* to become whirled or turned, revolve, කැරකෙනවා, හැරෙනවා; to err, go astray, මුලාවෙනවා.
භ්‍රාන්තිය, *n.* whirling &c., කැරකිල්ල; error, going astray, වැරදිල්ල, මුලාව.
භ්‍රූ, *n. pl.* or *a.* eyebrows; pert. to the eyebrow; ඇස්බැම.
භ්‍රූ-කුටිය, භ්‍රූක්ෂේපය, *n.* (කුටිය curve, ක්ෂේපය projection), frown, රැවීම, බැම නැමවීම; leer, side look, හොරැහින් බැලීම.
භ්‍රූණ, *n. pl.* or *a.* embryos; embryonic.
භ්‍රූණ-කලල-විද්‍යාව, භ්‍රූණ-විද්‍යාව, *n.* embryology, කලලරූපවිද්‍යාව.
භ්‍රූණ-ඝාතය, භ්‍රූණ-ඡේද්‍යය, *n.* (ඝාත destroying, ඡේද්‍යය cutting), causing abortion, embryotomy, ගර්භපාතවීම, කලලරූපය ඉවත්කිරීම.
භ්‍රූණය, *n.* embryo, fetus, කලලරූපය.
භ්‍රූ-භංගය, *n.* (භංගය breaking, bending), frown, scowl, රැවීම.
භ්‍රූය, *n.* eyebrow, බැමය, ඇස්බැමය.
භ්‍රූ-යුගලය, *n.* the pair of eyebrows, the two eyebrows, බැම සගල.
භ්‍රූර්ධ්වස්ථිත, *a.* (භ්‍රූ, ඌර්ධ්ව above, ස්ථිත placed), *anat.* superciliary. E. S.
භ්‍රූ-වැල, *n.* eyebrow, ඇස් බැම.

ම.

ම, *n.* The last letter—the nasal—of the fifth class of consonants, corresponding to the letter M.
ම, *suf.* emphatic particle, as ඔහුම he himself. මේකම this very thing.
මං, *pron.* col. for මම, මට.

මංස, *n. pl.* or *a.* flesh, මාංස.

මංස·වකුළු, *n.* P. for මංසවක්කු. [street corner.

මංසන්ධිය, මංසල, මංසන්දිය, *n.* junction of roads,

මකනවා, *v. t.* to erase, expunge, efface, deface, obliterate; melt, fuse, smelt; *pret.* මැකුවා; *v. n.* මැකීම.

මකර, *n. myth.* a sea monster with the head and fore legs of an antelope and body and tail of a fish,—it is the emblem of the god of love; as a figure in the zodiac it corresponds to Capricorn: see මකරය &c. above.

මකර, *a.* pert. to Capricorn, to අම්බිය and to a fabulous monster. [called අම්බිය.

මකර·කට, *n.* mouth or entrance of the hell

මකරකේතන, මකරකේතු, මකරධ්වජ, *n.* ap. of Kāma the Hindu Cupid, අනංගයා or කාම දේවයා.

මකර·තොරණ, *n. lit.* Makara portico, viz. portico of a temple on which are painted two Makaras facing each other: see මකරයා.

මකර·නිවර්තනය, *n.* (නිවර්තනය turning), Tropic of Capricorn.

මකර·න්ද, *n.* nectar or honey of flowers, pollen, මල්පැණි or මල්රේණු. [රේණු.

මකර·න්දය, *n.* filament, කෙසුව, තුල, or pollen,

මකර·න්දයා, *n.* Indian cuckoo, කෝකිලයා.

මකරය, මකර·රාශිය, මකර·රාශ, මකර·ලග්නය, *n.* the sign of the zodiac Capricorn.

මකරය, *n.* one of the treasures of කුවේර.

මකරාවර්ත, *n. myth.* whirlpool of the ocean connected with hell. [මදුරුවා.

මකසයා, *n.* Er. for මකසයා: musquito, gnat,

මකලුවා, *n.* monkey, රිලවා. [කුණුමකු.

මකු, *a.* defacing, obliterating; slanderous,

මකුට·මිණ, *n.* See කිරුළුමිණ.

මකුටය, *n.* (මක් to adorn), tiara, diadem, crown, කිරුටය, ඔටුන්න. [කෝණ.

මකුණ, *n.* bug; (for මකුළුවා) spider; *pl.* මකු

මකුණු·දැල, *n.* (for මකුළු·දැල) spider's web.

මකුරය, *n.* mirror, කැඩපත.

මකුල, *n.* opening bud, පිපෙන දළුව. [මැටි.

මකුළු, *n.* a kind of white clay, pipe-clay, කිරි

මකුළු·ගානවා, *v.* to smear on or dress with pipe-clay, to pipe-clay.

මකුළු·දැල, *n.* spider's web, cobweb.

මකුළුවා, *n.* spider; monkey, (රිලවාටද කියයි).

මකුළු·නූල, *n.* a single thread of the spider's web. [did (you) do?

මක්...ද, *inter. pron.* what, as මක්කළාද, what

මක්කා(ද), a provincial form of මොකක්(ද).

මකොල, මකොන්ල, *n.* chalk, රටමුහුනු, or perhaps (for මකුල) benzoin. [sect.

මක්ඛලී, *n.* a man so called, head of a religious

මක්නිසාද or මක්නිසා...ද, *inter. pron.* why, wherefore, on what account.

මක්නිසාද, *conj.* (at the beginning of a sentence, for මක්නිසාදයත් &c.), for, because.

මක්ෂිකා·රාශිය, *n.* const. Musca.

මක්ෂිකාලය, *n.* (මක්ෂිකා, ආලය house), web or net of flies; bee-hive or nest, මධු: honey, මීපැණි. [bee, මී මැස්සා.

මක්ෂිකාවා, *n.* (fr. මක්ෂ් to be angry), fly, මැස්සා;

මක්ෂි·කුළු, *n. lit.* honey-mineral, viz. honey-coloured mineral, perhaps the common pyritic iron ore; blue vitriol.

මක්ෂිකා = මක්ෂිකා. [means.

මග, මඟ, *n.* E. of මාර්ග: way, road, passage;

මග·අරවනවා, *v. t.* to remove out of the way, shunt; cause to get out of the way.

මඟ·අරිනවා, *v.* to get out of the way, give place, turn aside, evade; abscond.

මගට, *n.* sweeping, අතුගෑම. [පාලිභාෂාව.

මගද, *n.* (Elu of මගධ), the Pali language, පාළි,

මගදයා, *n.* panegyrist. E. S.

මගධ, *n.* Magadha (country &c.), South Behar &c.: see මාගධ.

මගධේශ්වරයා, *n.* (මගධ, ඊශ්ව Lord), ap. of Bimbisāra who was king of මගධ at the time of Buddha's appearance on earth.

මගධෝද්භවය, *n.* (මගධ උද්:), birth in the country of Magadha.

මගධෝද්භවයා, *n.* a native of Magadha.

මඟ·පෙන්වනවා, *v.* to show the way, lead, guide. [tramp, helpless one.

මඟ·යන·එකා, *n.* one who goes on the road,

මඟ·වියදම, *n.* road expenses, travelling expenses, 'batta'.

මඟ·හරවනවා, *v. t.* See මගඅරවනවා.

මගියා, මගී, *n.* passer-by, traveller, passenger.

මගී·පුරුෂයා, *n.* traveller, ගමන්කාරයා; pilgrim to a holy place, වන්දනාකාරයා.

මගී·වෙස, *n.* disguise as a traveller.

මඟුරා, *n.* a river fish, sheat-fish.

මඟුල, *n.* E. of මංගල: happiness, good fortune; auspicious occasion, festival; marriage, marriage ceremony; *pl.* මඟුල්.

මඟුල්, මඟුල්, *a.* happy, fortunate, මංගලාවහන; festive, feast; royal (when applied to things used by royalty); ep. of the planet Mars.

මඟුල්·අහනවා, *v.* to ask in marriage, woo.

මඟුල්·ඇතා, *n.* royal elephant, viz. elephant used by royalty. Also මඟු(ලු)ලැතා.

මඟුල්·කඹා·මල්, *n. pl.* marriage garlands, garlands and head-dress of flowers to adorn a bride and bridegroom on the marriage day.

මඟුල්·කඩුව, *n.* royal sword, sword worn by a king on state occasions.

මඟුල්·කපුවා, *n.* king's barber or dresser or valet; messenger sent to invite to a marriage; match-maker.

මඟුල්·කරුව, *n.* the planet Mars, අඟහරුවා.
මඟුල්·පෝරුව, *n.* marriage platform or board, on which the bride and bridegroom stand whilst their hands are tied with a string to complete the marriage ceremony according to native usage. [joyful occasion.
මඟුල්·බත, *n.* wedding feast or feast on any
මඟුල්·ලකුණ, *n.* auspicious mark, mark on the body or feature supposed to indicate good fortune.
මඟුල්·සක්වල, *n.* auspicious universe or world, ap. of this world as being favoured with the religion of Buddha. [park.
මඟුල්·හල්වච, *n.* round stone kept in a royal
මග·සස්, *n.* See මාර්ගසත්‍යය.
මගෙන්, මගේ, *pron. abl.* and *gen.* of මම: from or by me; my.
මගෝඩියා, *n.* scamp, rascal, කක්කඩියා.
මගෝපකරණ, *n. pl.* (මග උප:), travelling requisites. [ගිලී තිබෙන.
මග්න, *a.* sunk in, absorbed, immersed, ගිලුණු,
මඝා, *n.* tenth lunar asterism, containing five stars figured by a house; a sort of grain.
මං, *n. pl.* or *a.* of මග(ඟ): roads; pert. to a or roads, road-.
මං·සඩ, *n.* junction of a road or roads.
මං·කොල්ලකාරකම, *n.* highway robbery, brigandage. [bandit.
මං·කොල්ලකාරයා, *n.* highwayman, footpad,
මං·කොල්ලකෑම, *v. n.* highway robbery.
මංගල, *a.* (ංග short for ඟ), happy, joyful, ප්‍රීතිමත්, fortunate, prosperous, වාසනාවන්ත; festive, මඟුල්.
මංගලය, *n.* happiness &c.; festival, feast, උත්සවය; marriage ceremony or feast, මඟුල; ap. of the planet Mars, අඟහරුවා.
මංගලවෘත්තාන්තය, *n.* joyful news, the Gospel, සුභාරංචිය.
මංගල්‍ය, *n.* ap. of දුර්‍ගා: see උමයංගනාව.
මංගල්‍ය, *a.* auspicious, prosperous, වාසනාවන්ත, pleasant, ප්‍රසන්න; beautiful, ලක්ෂණ; pure, පිරිසිදු; festive, මඟුල්.
මංගල්‍යය, *n.* feast, banquet, festival, උත්සවය.
මංගල්‍යාකාර, *a.* feast-like, festive, convivial.
මංගලාව, *n.* bezoar stone found in the stomachs of cattle, ගෝරෝචන. *Bot.*
මං·පහරනවා, *v.* (මං adj. of මග), to commit highway robbery. [කොල්ලකාරයා.
මං·පහරන්නෝ·කාරයා, *n.* highway robber: see මං
මං·මාවත්, *n. pl.* highways and by-ways.
මං·මුලාවූ, *a.* strayed, astray, straying, erring.
මං·මුලාවෙනවා, *v. i.* to stray from the way, lose one's way, go astray.
මත්ස්‍ය·මාංශ, *n. pl.* fish and meat, මාලු හා මස්.
මත්ස්‍යයා, *n.* P., any single fish, මාලුවා, මත්සයා.

මච්ඡාරියා, මච්ඡාරිකයා, *n.* (අරියා, අරිකයා, enemy), fisherman, මත්ස්‍යරත්තා. [කෑත සිරිත් ඇත්තා.
මජ්ජරයා, *n.* glutton, කෑදරයා; indecent man,
මජ්ජ, මජ්ජනය, මජ්ජාව, *n.* marrow, ඇට මිදුළු; pith, ගස්වල මදය; sap, ගස්වල ඔජස; spirituous liquor, රහමෙර. [දරන.
මජ්ජා·ධාරී, මජ්ජාජනක, *a.* succiferous, මජ්ජ
මජ්ජා·මනුල, *a.* succulent, juicy, මජ්ජමනුල.
මජ්ඣය, *n.* P. for මධ්‍යය.
මජ්ඣිම, *a.* P. for මධ්‍යම, මද්දිම.
මජ්ඣිම·නිකායය, *n.* See මැදුම් සඟිය.
මජ්ඣිමය, *n.* central part, as the waist, ඉණ, or middle finger, මැදඇඟිල්ල; central India, මධ්‍යම ඉන්දියාව; introspection, meditation, මෙනෙහි කිරීම.
මඤ්චකය, මඤ්චය, *n.* (ම short for මා); (fr. මච් to be elevated), elevated stage, scaffold or platform, මැස්ස; elevated shed for a watchman in the field, අටල්ල; bedstead, couch, sofa, ඇඳ; a throne, seat of honour, ගරු ආසනය.
මංජාඩිය, *n.* (the red seed used as) a weight, equal to about four grains.
මඤ්ජරය, මඤ්ජරිය, *n.* cluster (of flowers), පොකුර; a pearl මුතු ඇටය.
මඤ්ජරි·පුෂ්පකය, *n.* cluster of flowers, stalk of flowers or fruit, මල්පොකුර, ගෙඩිවැල්ල; flower of මඤ්ජර. [E. S.
මඤ්ජ, *a.* produced from a pedicel, pedicellate.
මඤ්ජාව, *n.* pedicel, pedicle, කුඩා නැටිට.
මඤ්ජු, මඤ්ජුල, *a.* beautiful, ලක්ෂණ, pleasing, ප්‍රීති දායක, agreeable, ප්‍රසන්න.
මඤ්ජුලය, *n.* water-course, ඇල; arbour, bower, පඳුරුලම. [ප්‍රියදර්ශන, ලක්ෂණ.
මඤ්ජු·වක්ත්‍ර, *a. lit.* beautiful-faced, handsome,
මඤ්ජූෂාව, *n.* basket, පැස, box, පෙට්ටිය, purse, පසුම්බිය; a stone, ගල; collection or quantity, රැස; list, වට්ටෝරුව.
මඩ්‍රින්හා, *n.* Port., godmother, sponsor.
මඤ්ඤොක්කා, *n.* Port., manioc, plant (*cassava*) or preparations &c. from it.
මට, *pron. dat.* of මම, to or for me.
මට, *a.* smooth, සිලුටු, polished, ඔපඇති, bright, දිලිසෙන.
මට·කම, *n.* the act of smoothing or polishing, මට්ටම්කිරීම, ඔප නැඟීම; polished work. ඔප ඇති වැඩ.
මට·සිලුටු, *a.* smooth and polished &c.: see මට.
මටුල්ල, *n.* the fibrous wrapper of the young branch of the coconut tree; (used also as), a strainer, filter, tamis.
මටව, මටමට, *a.* glittering, shining, දිලිසෙන.
මට්ට, *n.* round ornament, for the ear.
මට්ටම, *n.* the level or comparative elevation.
මට්ටම්, *a.* level, even, smooth.
මට්ටම්කරනවා, *v. t.* to smooth, level.

මට්ටම්·පෝරුව, *n.* artificer's level, straight-edge or square.
මට්ටම්·යත්ත, *n.* smoothing plane.
මට්ටම්ලෑල්ල, *n.* See මට්ටම්පෝරුව.
මට්ටි, *n.* cockle, muscle, shell-fish in general.
මට්ටුකරනවා, *v. t.* to chastise, subdue, make obedient, discipline.
මට්ටු·පවත්නා, *a.* submissive and well-behaved.
මඨර, *n.* name of a sage or saint.
මඩ, *n.* E. of මඩ්: mud, mire, dirt; rheum of the eye, කබ.
මඩ, *a.* muddy, turbid.
මඩ·අංකුට්ටා, මඩ·කනයා, *n.* two kinds of fish found in muddy water.
මඩකාඩිත්ත, *a.* puddle, slop.
මඩකරනවා, *v. t.* to muddy, make turbid, puddle or work up into mud.
මඩකාරියා, *n.* a small kind of fresh-water fish.
මඩක්කුව, *n.* a little, small quantity, ටිකක්; earthern plate or dish, වළඳ. [muddy, soil.
මඩ·ගානවා, *v.* to smear mud on anything, to
මඩ·ගොහොරුව, *n.* muddy place, mudhole.
මඩනය, *n.* See මණ්ඩනය.
මඩනවා, මඩිනවා, *v. t.* trample, press, crush; oppress, පීඩාකරනවා; *pret.* මැඩුවා.
මඩප්පුලි·රාළ, *n.* officer in the නාථදේවාලය at Kandy who sweeps the temple and attends to its lamps.
මඩ·බද්ද, *n.* tax on paddy land, swamp tax.
මඩ·බිම, *n.* muddy place, muddy ground; rice swamp, paddy field.
මඩය, *n.* E. of මණ්ඩය: ornament, ආභරණය.
මඩල, මඩළ, *n.* See මණ්ඩලය; *pl.* මඩළු.
මඩල·ග, *n.* (මඩල අග), see මණ්ඩලාග්‍රය.
මඩ·වගුර, *n.* bog, marsh, fen.
මඩවනවා, *v. t.* to cause (oxen) to trample (ground or corn), harrow; *pret.* මැඩෙවුවා; *v. n.* මැඩවීම.
මඬන, මඬල, &c.: See මඩන, මඩල &c.
මඩාරා, *n.* a kind of river fish.
මඩිගේ, *n.* equerry, royal carriage department, රජ රථ—or අශ්ව—ශාලාව.
මඩිත්ත, *n.* slough, bog, මඩවගුර.
මඩින·යන්ත්‍රය, *n.* threshing machine.
මඩිනවා, *v. t.* to trample, press out, thresh or clear (corn); oppress: *pret.* මැඩියා; *v. n.* මැඩීම; *p. pl.* මැඩි.
මඩි·පල්ල, *n.* bottom of a net bag or purse.
මඩිය, *n.* net bag, pocket.
මඩි·මුල්ල, *n.* corner of a net bag.
මඩිසලය, මඩිස්සලය, *n.* bag, pocket, purse.
මඩි·පංගම, *n.* toll levied at the gravets or boundary of a town.
මඩු, *n.* See *Bot.*
මඩු·මදලි, *n. pl.* madu nut lobes or pieces.

මඬු, මඬූ, *n.* E. of මණ්ඩූකයා: frog, මැඩියා.
මඩුපුරයා, *n.* devil dancer's assistant.
මඬුල්ල, *n.* E. of මණ්ඩලය; *pl.* මඬුලු.
මඩුව, *n.* shed, hut, shanty.
මඩුවා, *n.* the skate fish. [wives.
මඬාර, මඬෝර, *n.* name of one of 'Sakra's
මඬාර·පිය, මඬෝර·පිය, *n.* ap. of Sakra as delighted with his wife මඬාර.
මඬාල්වෙනවා, *v. i.* to become muddy or fail to crystallize (as when jaggery is spoilt).
මණමාලයා, මණාලයා, *n.* T., bridegroom.
මණමාලී, මණාලී, *n.* T., bride.
මණි, *n. pl.* or *a.* of මණිය: gems; gem-.
මණිඅක්ඛික, *n.* the නාගයා so called: see මණි පලඟය. [නා.
මණිකාරයා, *n.* jeweller, lapidary, මැණික් කපන්
මණි·කෙයා·වළම, *n.* bangle of gems or jewels, මැණික් අත්වළල්ල. [දුන්න.
මණි·ධනුව, *n. lit.* gem-bow, viz. rainbow, දේ
මණි·පත්‍රය, *n. bot.* sepal, තැටිපෙත්තක්.
මණි·පත්‍රාකාර, *a.* sepaloid, තැටිපෙත්තක ආකාර.
මණි·බඩ·පුෂ්ප·වක්‍රය, *n.* perianth, තැටිපෙති වළල්ල.
මණි·බන්ධය, *n.* wrist, මැණික් කටුව. [කරය.
මණි·භූමිය, *n.* gem ground, gem mine, රත්නා
මණි·මාලා, *n. lit.* gem-garland, ap. of ලක්ෂ්මී the goddess of beauty.
මණි·මාලාව, *n.* necklace or fillet of gems, මැණික් මාලය; light, lustre, ආලෝකය, දීප්තිය.
මණිය, *n.* precious stone, gem, මැණික; pearl, මුතු ඇටය; wrist, මැණික් කටුව; calyx, තැටිය.
මණිරත්නය, *n.* gem, මැණික්ගල.
මණ්ඩ·කල්පය, *n.* (මණ්ඩ ornament), B. the second of the four kalpas or grand periods. They are named from the number of Buddhas born in them. In the මණ්ඩකල්පය two appeared, in the present or භද්‍රකල්පය there are to be five: see භද්‍රකල්පය.
මණ්ඩ(ඩා)·ඩියා, *n.* master of a fishing net.
මණ්ඩනය, *n.* ornament, jewel, ආභරණය; decoration, embellishment, සැරසීම, සැරසිල්ල.
මණ්ඩනායමාන, *a.* being as an ornament, ornamental, ආභරණ ආකාර.
මණ්ඩ·වූ, *a.* tipsy, somewhat drunk, fuddled.
මණ්ඩ·වෙනවා, *v. i.* to become somewhat drunk.
මණ්ඩපය, *n.* a temporary building, shed or hall for festive occasions, pavilion, tabernacle, මඩුව, ශාලාව.
මණ්ඩය, *n.* scum, froth, foam, පෙණ, yeast, කිණ්ඩ්, dregs, මණ්ඩි; pith, මදය; marrow, මිදුළු; metal dish, තලිය; ornament, decoration, සැරසිල්ල. *Bot.*
මණ්ඩල·කුෂ්ඨය, *n.* circular skin disease, viz. ringworm or erysipelas. E. S.

මණ්ඩල·ත්‍රය, *n.* the three regions, viz. the three parts of the body to be covered by the priestly robe: the breast, privities and knees.

මණ්ඩල·පත්‍ර, *a.* rotundifolious, E. S.; pert. to the ඉබ්බගස. *Bot.*

මණ්ඩලය, *n.* disk (as of sun or moon), circle, orb, මඬල; wheel, චක්‍රය, any circular surface; circuit, region, district, පලාත, ප්‍රදේශය; *geol.* zone; diagram, E. S.; the whole round or lot, multitude, සමූහය; hall or audience room, ශාලාව.

මණ්ඩලාකාර, *a.* disciform, discoid, orbicular, පැතලිවූ ද්විමකුරු. [අඩවටමකුරු.

මණ්ඩලාර්ධ, *a.* (අර්ධ half), half-disk-, half-round,

මණ්ඩලාර්ධය, *n.* half disk, half round, වක්‍රාකාරය.

මණ්ඩලාග්‍රය, *n.* (මණ්ඩල and, අග්‍රය tip), bent sword, scimitar, වක්වූ කඩුව.

මණ්ඩලිකයා, *n.* (මණ්ඩල circle or district), a large species of snake; ruler of a district, දිසාධිපතියා; sun, ඉර.

මණ්ඩලීකෘතවෙනවා, *v. i.* to become circular, encircle, වටකරගන්නවා; coil one's self (as a snake), දරණ ගැහෙනවා.

මණ්ඩලීසය, *n.* circuit, district, පලාත; circular figure or diagram; a kind of leprosy with round spots.

මණ්ඩලේශ්වර, *n.* (මණ්ඩල circuit, ඊශ්: lord), emperor, supreme monarch, අගරජ; ruler of a region, පලාතක් ආණ්ඩුකරන්නා, රජ.

මණ්ඩ·හාරක·භාජනය, *n.* (see මණ්ඩා), spirit retort. E. S.

මණ්ඩ·හාරකයා, *n.* distiller; මේරය උණුකරන්නා.

මණ්ඩා, *n.* vinous or spirituous liquor, රහමෙර, අරක්කු. [හැල, නැමැරුම.

මණ්ඩාගාරය, *n. lit.* liquor-house, tavern, සුරා

මණ්ඩාව, *n.* zigzag; a kind of harpoon for striking fish.

මණ්ඩා·සාරම, *n. chem.* xanthine.

මණ්ඩි, *n.* sediment, dregs, lees, scum.

මණ්ඩිත, *a.* adorned, embellished, අලංකාර කර කලද, සරසනලද.

මණ්ඩිමය, මණ්ඩිවූ, *a.* composed of sediment, sedimentary (rocks).

මණ්ඩිය, *n.* place, region, quarter, locality, ඉඩම, පලාත: as සබමණ්ඩිය.

මණ්ඩුක, *a.* pert. to frogs, ranine, ගෙම්බි.

මණ්ඩුක·ක්‍රීඩාව, *n.* frog-play, leapfrog ගෙම්බි පැනීම.

මණ්ඩුක·ජාති, *n. pl.* ranidæ, ගෙම්බි ජාති.

මණ්ඩුකයා, *n.* frog, මැඩියා. [කිජු.

මණ්ඩුකාණ්ඩ, *n.* (අණ්ඩ), frog-spawn, ගෙම්බි

මණ්ඩුකී, *n. fem.* female frog; *fig.* unchaste woman, කාමුකී.

මණ්ඩූර, *n.* oxide of iron, rust, යකඩමල.

මණ්ඩූරතාව, *n.* rustiness, මලකඩ ඇතිකම.

මඬල, *n.* E. of මණ්ඩලය.

මඬල·කියත, *n.* circular saw, disk-saw.

මඬලස, *n.* See මඬලය. [මතු).

මත, *n.* intoxication (see මත්); head, top (see

මත, *n. pl.* opinions. See මතය.

මතක, *n.* remembrance, recollection: *a.* deceased; memorial.

මතක·තබාගන්නවා, *v. t.* to place in one's memory, bear in mind, remember.

මතක·දානය, *n.* memorial gift, alms given out of regard to deceased persons.

මතක·බත්, *n.* memorial rice given in honour of the dead, offerings of food to the manes of deceased persons.

මතක·නැති, *a.* forgotten; who does not remember, forgetful.

මතක·නැතිකරනවා, *v. t.* to forget.

මතක·නැතිවෙනවා, *v. i.* to become forgotten, escape one's memory. [tion.

මතක්කරනවා, *v. t.* to recollect, remind, men-

මතක්කරගන්නවා, *v. t.* to recollect, remember.

මතක්කරවනවා, *v. t.* to remind, put in mind of.

මතක්වෙනවා, *v. i.* to occur to one's mind, remember. [lustrations.

මත·ගානවා, *v. t.* to stir about, churn; perform

මත·ග්‍රාහියා, *n.* (මත opinions, ග්‍රාහියා taker), proselyte. E. S.

මතංගජයා, මතංගයා, *n.* elephant, ඇතා, ගජයා.

මතංගය, මතගය, *n.* cloud, වලාකුළ.

මතගත, *n.* (අගත), lascivious woman, කල් ලාල සල්, ලාසිකාව. [රෝඩියා.

මතගයා, *n.* elephant; man of the Rodiya caste,

මතය, *n.* notion, opinion, tenet, කල්පනාව.

මතල්ලිකා, *n.* excellent, best. [කම.

මතල්ලිකාව, *n.* excellence, superiority, උතුම්

මතැතා, *n.* (මත් ඇතා), elephant in rut, furious elephant. [opinions or will.

මති, *n. pl.* or *a.* of මතිය: opinions; pert. to

මතික, *a.* arbitrary, despotic, හිතුමත්කාර, E.S.; holding an opinion. [potism. E. S.

මතික·ආණ්ඩුව, *n.* despotic government, des-

මති·භ්‍රමය, මති·භ්‍රාන්තිය, මති·විභ්‍රමය, *n.* (භ්‍රමය &c., error of opinion, mistake, වැරදිකල්පනාව.

මතිය, *n.* opinion, notion, කල්පනාව; understanding, wisdom, නුවණ, ප්‍රඥාව; inclination, will, කැමැත්ත.

මති·ස්‍රෝතය, *n.* stream of thought, E. S.; current of opinion, සාමාන්‍ය කල්පනාව.

මතීශ, *n.* (මති wisdom, ඊශ Lord), ap. of බෘහස් පති, as preceptor of the gods.

මතු, *a.* or *post.* future; upper, above, මතුපිට.

මතු, *ad.* in the future, in future, for the future.

මතුකරනවා, *v. t.* to cause to protrude, force outward; *fig.* bring up or stir up (a matter).

මතු·කාලය, n. future time, gram. future tense.
මතු·කී, v. adj. pret. Er. for මතකී: the above said.
මතු·ගල, n. upper grinding stone.
මතු·පිට, a. or post. upper or outside (part); on the top, upon.
මතු·පිට, මතු·පිට·තලය, මතු·පිට·පැත්ත, n. upper side, top, surface.
මතු·මහල, මතු·මාල, n. upper story, the highest story or room, උඩුමහල.
මතු·මාල්·තලය, n. upper story, floor of the highest story or upper story floor.
මතුරනවා, v. t. to utter incantations, to charm by repeating incantations, as නූල් මතුරනවා; pret. මැතුරුවා or මතුලා; v. n. මැතිරීම.
මතුරපු·නූල, n. charmed thread, thread talisman.
මතුර, n. E. of මන්ත්‍රය and මන්ත්‍රණය; pl. the same.
මතුරු·මල, n. string of incantations, rosary, ජපමාලය.
මතුවට, ad. See මත්තට.
මතුවෙනවා, v. i. to come or rise to the surface, crop up or out, lit. and fig. come up, emerge, protuberate.
මත්, n. cont. of මතය.
මත්, aff. signifying possession or fulness of, as සතුටුමත්, joyful.
මත්, a. intoxicated, මත්වූ; stupefied, E. S.
මත්·ගංජා, n. bhang, ganja, an intoxicant made from hemp.
මත්කම, මත්ගතිය, n. state of intoxication, drunkenness.
මත්කරනවා, v. t. to make drunk, intoxicate.
මත්කුණ, n. pl. leg-armour, greaves. E. S.
මත්කුණා, n. bug, මකුණා; tuskless elephant, දළනැති අලියා; buffalo, මීහරකා; beardless man, රැවුල නැත්තා.
මත්ගානවා, v. t. See මතගානවා.
මත්ත, a. delighted, සතුටුමත්, lit. and fig. intoxicated, මත්වූ; furious, mad, in rut, උන් මත්ත, මදමත්.
මත්ත, n. top, pinnacle, මුදුන; a little, ටිකක්.
මත්ත, n. future time, the future, මතුකාලය.
මත්තට, ad. in future, for the future, henceforward.
මත්ත·භාවය, n. drunken state, මත්ගතිය; lust, රාගය.
මත්තයා, n amorous or furious one: applied to an elephant in rut, මදමත් ඇතා; to the Indian cuckoo, කෝකිලයා, and to the buffalo, මීවා.
මත්ත·හස්තියා, n. elephant in rut, furious elephant.
මත්තාලම, n. T., a long drum beaten at both ends.
මත්තිකා, n. clay, මැටි, earth, soil, පස්.
මත්තෙහි, මත්තේ, post. or ad. on the top of, upon; in future, in the future, මින්මත්තේ.
මත්තේ·පණ·දෙනවා, v. to die at the feet of, give up the ghost on the spot.
මත්තේ·හැපෙනවා, v, fall before or stumble upon.
මත්පැන්, n. See මද්‍යපානය.

මත්·බෙහෙත, n. soporific medicine, narcotic.
මත්වෙනවා, v. i. to get drunk, lit and fig. become intoxicated or infatuated.
මත්සර, a. envious, ඊර්ෂ්‍යාවූ, covetous, ලෝභ, niggardly, මසුරුවූ.
මත්ස්‍ය, a. pert. to fishes, fish, piscatorial.
මත්ස්‍ය·කාලාඤ්ජන, n. (කාල black, අඤ්ජන ink), ink of the cuttle fish, sepia. [E. S.
මත්ස්‍ය·කුම්භීලයා, n. ichthyosaur, මත්ස්‍ය කිඹුලා.
මත්ස්‍ය·ඝාතක, a. fish-killing, fishing, piscatorial, මත්මරන, මාලු අල්ලන.
මත්ස්‍ය·ඝාතය, n. fishing, මත්මැරීම.
මත්ස්‍ය·ජාලය, n. flishing-net, මාලු දැල.
මත්ස්‍යණ්ඩි, n. (fr. මන්ද slow, අණ්ඩ ooze), unrefined sugar, juice of sugar-cane partly cleared.
මත්ස්‍ය·තටාකය, n. fish-pond, මාලු පොකුණ.
මත්ස්‍ය·තෙල, n. fish fat or oil, blubber.
මත්ස්‍යනාශකයා, n. lit. fish-destroyer, viz. osprey, fish-hawk.
මත්ස්‍ය·බල්ලා, n. the seal, පා ඇති මත්ස්‍යයා.
මත්ස්‍ය·භක්ෂක, a. fish-eating, piscivorous, ichthyophagous, මසුන් කෑමෙන් රැකෙන.
මත්ස්‍ය·භක්ෂකයා, n. one that subsists on fish, ichthyophagist.
මත්ස්‍ය·භක්ෂණය, n. eating or subsisting on fish, ichthyophagy.
මත්ස්‍ය·මාංශ, n. pl. fish and meat, මස් හා මාලු.
මත්ස්‍යයා, n. a fish, මාලුවා; ap. of Vishnu in his incarnation as a fish.
මත්ස්‍ය·රංගයා, මත්ස්‍යාශනයා, n. (රංගයා fighter, අශනයා feeder), king fisher, පිලිහුඩුවා.
මත්ස්‍ය·විද්‍යාව, මත්ස්‍ය·විස්තරය, n. ichthyology, ichthyography.
මත්ස්‍ය·වේධනය, n. fish-hook, බිලිකටුව.
මත්ස්‍යාණ්ඩ, n. pl. (·අණ්ඩ), milt, spawn, roe, මාලු බිජු.
මත්ස්‍යාධානිය, n. (ආධානිය holder), fish-hook; fish-basket, මාලුකූඩය; fishing kraal.
මථනය, n. (මථ to agitate, churn), stirring about, churning, කොලොද් මත්ගෑම; fig. subjugation, මර්දනය.
මථනයකරනවා, v. t. to churn, කොලොද් මත්ගානවා; fig. crush, subdue, මර්දනයකරනවා, මඩිනවා.
මථිත a. or n. stirred, churned, මත්ගාපු; what has been churned, viz. butter-milk, කිරිමෝරු.
මථිය, n. churning-stick, මත්ගාන දණ්ඩ.
මද, මද, a. (fr. මන්ද), moderate, not excessive, slight, scanty, little, few, ස්වල්ප.
මදකම, n. moderateness &c., අල්පකම, ස්වල්පකම.
මද[ද]කරනවා, v. t. to diminish, අඩුකරනවා; modify, attemper, බාලකරනවා.
මද·කල, a. (මද drunken, කල low tone), speaking indistinctly like a drunken man, මත්වූවෙක් ලෙස කථාකරන.

මදකාරී, *n.* harlot, වෙසඟන.

මදක්, මදක්, *n.* or *a.* a little, small quantity; moderate, little: as මදක් දුර, a moderate distance.

මදට, මදටිය, *n.* small red berry used as a jeweller's weight, about 1½ grains troy, the berries are also worn as beads. *Bot.*

මදන, *n.* spring, වසන්තකාලය; love, sexual passion, ප්‍රේමය, රාගය; bees-wax; spirituous or vinous liquor, සුරාව.

මදනක, *n.* bees-wax, මීඉටි. [මීමැස්සා.

මදනා, *n.* Cupid, අනංගයා, කාමදෙවියෝ; bee,

මදන·යකා, *n.* the demon of love.

මද·නල, *n.* See මෘදුනලය and මදපවන.

මදන·ශාස්ත්‍රය, *n.* amatory—erotic—science, works containing incantations for gaining the affections of women.

මදනීය, *a.* fit to arouse the passions, enamouring, ඇලුම්වඩන.

මද·පවන, මදපවන, *n.* gentle breeze, මඳසුළඟ.

මදමත, මදමත්කම, *n.* (මද see මදය, මත intoxication), sensual desire, wantonness, lasciviousness, සල්ලාලකම. [කාමුක.

මද·මත්, *a.* sensual, lustful, lascivious, සල්ලාල,

මදමද, මද·මද, *ad.* little by little, gradually,—or *pron.* little and little, a little of each, ටික [ටික.

මද·මරු, මදමරු, *n.* See මදපවන.

මද·මරු, *n.* ap. of Cupid, කාමදෙවියෝ.

මදමාන, *a. fig.* intoxicated or mad, viz. madly infatuated, මෝහිත.

මද·මැදිරිය, *n.* vagina, vulva.

මදය, *n.* joy, delight, ප්‍රීතිමත්කම; juice of an elephant's temples when in rut; intoxicating liquor, රහමෙර; intoxication, මත්කම; arrogance, එඩිය; madness, වියරුව, උන්මාදය; semen virile, ශුක්‍ර ධාතුව; passion, desire, රාගය; kernel, pulp, pith, flesh (of fruit).

මදයා, *n.* ap. of Cupid, මල්මදු; bull, කප්පාදු නොකළ ගොනා.

මදරගිර, මදරගිර, මදරගිරිය, *n.* coral tree; Mandara mountain: ap. of මහමෙර.

මද·රතු, මද·රතු, *a.* light red, pink.

මද·රද, *n.* love-king: ap. of Cupid.

මද·රාග, *n.* ap. of Cupid; cock, කුකුළා.

මද·රාගය, *n.* love, lust, රාගය. [lust, rut.

මද·වැඩෙනවා, *v. i.* to be inflamed with desire,

මද·වෙනවා, මද·වෙනවා, *v. i.* to diminish, moderate, අඩුවෙනවා; become insufficient, මදි වෙනවා.

මද·සාලය, මද·ස්ථානය, *n.* (මද intoxicant), liquor-shop, tavern, තැබෑරුම.

මද·සිනාව, මද·හස, *n.* little laugh, smile.

මදඩුව, *n.* (මද අඩුව), a moderate deficiency, insufficiency. [මත්වූ.

මදාඪ්‍ය, *a.* (මද, ආඪ්‍ය full of), intoxicated, drunk,

මදාතංකය, *n.* (මද, ආතංකය distress, disorder), sickness or illness induced by drunkenness, alcoholism. [E. S.

මදායුෂ, *a.* (මද little, ආයුෂ age), short-lived.

මදායුෂය, *n.* short life, අඩු ආයුෂය.

මදර, *n.* E. of මන්දර. [tine, සල්ලාලයා.

මදරයා, *n.* elephant in rut, මදමත් ඇතා; liber-

මදාර, *n.* a celestial flowering tree, coral tree, එරබදු. [unsatisfactory.

මදි, මදී, *a.* not enough, insufficient, inadequate,

මදිකම &c., *n.* insufficiency &c.; a slight, affront, insult, නිග්‍රහය.

මදිකම්කරනවා, *v.* to treat with indignity; dishonour, outrage (a woman). [(මදට).

මදිවිට·කෙළිය, *n.* a game with sander nuts

මදිංචිකරනවා, *v.* to daub smear, plaster on, ගානවා; play a game at even and odd.

මදිනවා, *v. t.* to smooth, polish; to extract toddy from trees; *pret.* මැද්ද; *p. pl.* මැද(ලා); *v. n.* මැදීම.

මදින්·මද, *ad.* little by little, gradually.

මදි·පාඩු, *a.* insufficient and deficient; disrespecful (behaviour).

මදිර, *n.* intoxicating liquor, සුරා, අරක්කු; wagtail, හොම්බකුරුල්ලා.

මදිරා·ශාලය, *n.* dram-shop, tavern, තැබෑරුම.

මදිරෝදකය, *n.* (මදිරා උදකය), *myth.* ocean of intoxicating liquor.

මදිවෙනවා, *v. i.* to become short, fall short, be insufficient. [*bangarus.*

මදු·කරවලා, *n.* a kind of small venomous snake,

මදු·පානය, *n.* See මද්‍යපානය.

මදුරට, මදු·දේශය, *n.* district of Madras.

මදුරු·ගිර, *n.* See මදරගිර.

මදුරු·තිරය, *n.* musquito curtain.

මදුරුවා, *n.* musquito, gnat, midge.

මදුල, *n.* pulp (of jak fruit &c.), pap; *pl.* මදුලු.

මදුලු, මදුලු ආකාර, *a.* pulpy, pulpous.

මදුලු·වැස්ම, *n.* pulpy covering (of fruits), sarcocarp, sarcoderm.

මදුව, *n.* rope for seizing cattle &c.

මදේ, *n.* cont. for මදය.

මදෙස, *n.* box, chest, trunk, පෙට්ටිය.

මදූරා, *n.* sheat fish, මඩුයා. [ලිහිණියා.

මදුවා, *n.* an aquatic bird, the shag, මුහුදු හිනු

මද්දල, *n.* cymbal, අත්තාලම.

මද්දවනවා, *v. c.* of මදිනවා: to cause to polish, get polished: *pret.* මැද්දෙවුවා; *v. n.* මැද්ද වීම. [day; *pl.* මද්දහන්.

මද්දහස, මද්දහන, *n.* (fr. මධ්‍යාහ්න), noon, mid-

මද්දහන්, *a.* midday, noon, meridian.

මද්දහන්·දවාල or **·වේලාව**, *n.* midday, time of midday.

මද්දුරම, *n.*, **මද්දුරම**, *a.* See මධුරම, මධුරම.

මද්දීම, *a.* E. of මධ්‍යම.

මද්දිලිය, *n.* a kind of drum.

මද්දුමයා, *n.* middle one, viz. a child who is neither eldest nor youngest. [ඇටකි.

මද්‍ය, *a.* intoxicating, vinous, මත්කරන ලුණ

මද්‍ය·පානය, මද්‍යය, *n.* intoxicating drink, intoxicant.

මද්‍ය·පානෝත්සවය, *n.* (·පාන උත්:), carouse, revelling, drinking feast. [drunk, ·බොන්නු.

මද්‍ය·පිත, *a.* (පිත who has drunk), intoxicated,

මද්‍ය·සාර·පහන, *n.* spirit-lamp.

මද්‍ය·සාර·පානකයා, *n.* dram-drinker, spirit-drinker, රහමෙර බොන්නා.

මද්‍ය·සාරය, *n.* alcohol, spirit of wine.

මද්‍යෝත්පාදනය, *n.* (මද්‍ය උත්:), production of alcohol, distillation, අරක්කු පෙරීම.

මධු, *a.* sweet, saccharine, පැණිරසවූ; agreeable, sweet, මිහිරි, මධුර.

මධු, *n.* the sweet, what is sweet, viz. honey, මීපැණි; nectar of flowers, මල්පැණි; sugar, සීනි; liquorice, වැල්මී; milk, කිරි; spirituous liquor, සුරා; water, වතුර; the name of the demon slain by Vishnu. *Bot.* [තෙමලක්.

මධුක, *n.* honey, මීපැණි; liquorice, වැල්මී; tin,

මධු·කණ්ඨයා, *n.* sweet-throated one: ap. of the Indian cuckoo, කෝකිලයා.

මධුක·ප්‍රියයා, *n.* one that delights in the sweet or honey, viz. bee, මීමැස්සා.

මධු·කයා, *n.* (මධු sweet, කෛ to sound), panegyrist, bard who recites the praises of kings.

මධු·කර, මධුකා, *n.* sweet lime, මිහිරිදෙහි; honey-maker, viz. bee; lover, ප්‍රේමවන්තයා.

මධු·කෝෂය, *n.* honey-comb, මීවදය.

මධු·ජනක, *a.* melliferous, පැණි උපදවන.

මධු·ජිත්, *n.* (මධු demon so called, ජිත් who conquered), demon-conqueror, ap. of Vishnu or [Krishna.

මධු·ධාතු, *n. pl.* See මැසිදු.

මධු ධූලි, *n.* unrefined sugar, molasses, උක්පැණි.

මධු·පටලය, *n.* See මධුකෝෂය. [මීමැස්සා.

මධු·පයා, මධු·පායිකා, *n.* honey-drinker, viz. bee,

මධු·පායසය, *n.* a kind of food made from honey, curdled milk, flour &c.

මධු·පිණ්ඩකය, *n.* (See පිණ්ඩය), lump of sweet, a sort of food made of honey and flour.

මධු·ප්‍රියයා, *n.* See මධුකප්‍රියයා.

මධු·මක්ෂිකාව, *n.* honey-fly, viz. bee, මීමැස්සා.

මධුමය, *a.* luscious, delicious, ඉතා රුචි.

මධු·මේහය, *n.* diabetes, *diabetes mellitus*. E.S.

මධු·යෝනියා, *n.* (යෝනි source origin), honey-maker, viz. bee.

මධු·ර, *n.* (ර to get or give), sweetness, මිහිරි කම; treacle, syrup, E. S.; tin, තෙමලක්.

මධු·ර, *a.* *lit.* and *fig.* sweet, mellifluous, nice, pleasant, dainty, මිහිරි.

මධුරකම, මධුරතාව, *n.* sweetness &c., melodiousness, මිහිරිකම.

මධුරකරනවා, *v. t.* to sweeten &c., මිහිරිකර නවා.

මධුර·ජල·ජ, *a.* fresh-water, produced from or in fresh water, මිරිදිය-. [පැණිරස දරන.

මධුර·ධාරී, *a.* producing sugar, sacchariferous,

මධුර·මාත්‍රා·මානය, *n.* saccharometer. E.S.

මධුර·වාක්‍යය, *n.* pleasant word or expression, euphemism, මිහිරිබස.

මධු·රස, *n.* sweet taste, sweetness, පැණිරස; molasses, උක්පැණි.

මධුර·ස්වරයා, මධු·ස්වරයා, *n.* sweet-voiced one, viz. the Indian cuckoo, කෝකිලයා.

මධුරාහාරය, *n.* (·ආහාර), sweet food, මිහිරිකෑම, පැණිරස කෑම.

මධුරාහාරවිද්‍යාව, *n.* (·අහාර), gastronomy. E.S.

මධුරාහාර·ශූරයා, *n.* (·ආහාරි), gastronome. E.S.

මධුරෝදක, *a.* (මධුර උදක), fresh-water, මිරිදිය; pert. to the fresh-water sea.

මධුරෝදකය, *a.* sea of fresh or sweet water which surrounds Pushkara ද්වීපය, and is the outermost of the seven seas encircling මහ මෙර.

මධු·ලේහයා, *n.* honey-licker, viz. bee, මීමැස්සා.

මධු·ලෝලයා, *n.* delighter in honey: bee.

මධු·වනයා, *n.* sweet-sounder: cuckoo, කෝකි

මධු·ව්‍රතයා, *n.* honey-eater: bee. [ලයා.

මධු·සකුරු, *n.* crystallized honey, honey crystals.

මධුච්ඡිෂ්ටය, *n.* (මධු උච්ඡිෂ්ට), honey-refuse, viz. beeswax, මී ඉටි. [ness, පැණිරස.

මධු·ලසය, *n.* (ල fr. ලා to get or give), sweet-

මධ්‍ය, *a.* middle, medium, intermediate, mediocre, central, මැද, මද්දුම.

මධ්‍ය·ත්වය, *n.* medium state, mediocrity, centrality, මද්දුම·තරම or ·භාවය.

මධ්‍ය·දේශය, *n.* middle country or region; according to H. authorities that part of India which comprises the modern provinces of Allahabad, Agra, Delhi, Oudh &c., but according to Buddhists South Behar.

මධ්‍ය·ධරණී·මුහුද, *n.* Mediterranean Sea.

මධ්‍ය·පදය, *n.* *log.* the middle term.

මධ්‍ය·ප්‍රදේශය, *n.* middle region, central region or part, මැද කොටස; middle of the body, waist, loins, ඉඟටිය, කුකටිය. [මද්දුම තරම.

මධ්‍ය·ප්‍රමාණය, *n.* the mean degree, the mean,

මධ්‍ය·භිත්තිය, *n.* party-wall, මැද බිත්තිය.

මධ්‍යම, *a.* interior, central, middle, medium, mediocre, මද්දුම. [E. S.

මධ්‍යම·කාලීන, *a.* mediæval, මැදකාලයට අයිතිවූ.

මධ්‍ය·මණ්ඩලය, *n.* central region: මධ්‍යදේශය. According to Buddhists, the centre of the Universe, viz. the middle of Jambudwipa. It was in this region—South Behar—that Gautama assumed Buddhaship and where the sacred *bo* tree stood and the *kusa* grass became a throne and seat for his repose, and where he began his career of proclaiming his doctrines to the world.

මධ්‍යම·තරම, *n.* medium degree, mediocrity, [මද්දුම තරම.

මධ්‍යම·නවීනතර, *a. geol.* miocene.

මධ්‍යම·පුරුෂ, *n. gram.* second person.

මධ්‍යම·ප්‍රමාණ, *a.* medium, mediocre, middling.

මධ්‍යම·ප්‍රමාණය, *n.* See මධ්‍යප්‍රමාණ.

මධ්‍යම·යාමය, *n.* the middle watch, midnight [watch.

මධ්‍යම·රාත්‍රි, *a.* මධ්‍යම·රාත්‍රිය, *n.* midnight.

මධ්‍යම·රේඛාව, *n. ast.* the meridian, මුදුන් රේඛාව. E. S.

මධ්‍යම·ලෝකය, *n.* B., intermediate world, viz. this world, as situated between heaven and hell.

මධ්‍යම·වයස, *n.* middle age, middle period of life, මැදිවයස. [life, මැදිවයස.

මධ්‍යම·වයස්ක, *a.* middle-aged, මැදිවයස් ඇති.

මධ්‍යම·ශත·වර්ෂ·කාල, *n. pl.* the middle centuries, middle ages. E. S.

මධ්‍යමීය, *a.* central, middle, මැදුම්.

මධ්‍යය, *n.* the middle, midst, centre, මැද; waist, ඉනවටිය; west, බටහිර.

මධ්‍ය·වර්ණ·ලොප්කරනවා, *v.* (වර්ණ letter), *gram.* to syncopate.

මධ්‍ය·වර්ණ·ලෝපය, *n. gram.* syncope, syncopation. [tion.

මධ්‍ය·වර්ණ·වෘද්ධි, *a.* epenthetic. E. S.

මධ්‍ය·වර්ණ·වෘද්ධිය, *n.* epenthesis. E. S.

මධ්‍ය·වෘන්ත, *a. bot.* pellate, pellated, මැද නටුව ඇති (කොළ).

මධ්‍ය·ස්ථ, *a.* situated in the middle, middle, central, මැද, interior, ඇතුල්; medium, average, සාමාන්‍ය; intervening, mediating, මැදහත්, මැදහත්කාර.

මධ්‍ය·ස්ථකම, මධ්‍ය·ස්ථතාව, *n.* moderateness, medium, mediocrity, මද්දුම තරම.

මධ්‍ය·ස්ථ·කෘත, *a.* inserted, intercalary, මැදි කරපු, ඇතුල්කරපු.

මධ්‍ය·ස්ථ·ධුරය, *n.* office of mediator, mediatorship, මැදහත්කාරකම.

මධ්‍ය·ස්ථ·ප්‍රමාණ, *a.* medium, moderate, මද්දුම තරම්. [තරම්.

මධ්‍ය·ස්ථයා, *n.* middle-man, arbitrator, umpire, mediator, බේරුම්කාරයා, මැදහත්කාරයා.

මධ්‍ය·ස්ථ·වෙනවා, *v. i.* to be on neither side; to interpose, intervene, mediate, මැදහත් වෙනවා.

මධ්‍යාකර්ෂණ, *a.* (·ආකෘ :), what draws towards the centre, centripetal, මැදට අදින.

මධ්‍යාවරණය, *n.* (·ආව·), *bot.* mesocarp, මැද වැස්ම.

මධ්‍යාහ්න, *a.* (·අහ්න day), midday, noontide, meridian, මද්දහන්. [මේලාව.

මධ්‍යාහ්නය, *n.* midday, noon, මද්දහන, ඉරමුදුන් මේලාව.

මධ්‍යාහ්න·රේඛාව, *n. ast.* hour-circle, meridian.

මන, *n.* mind, සිහිය, සිත; spikenard, ජටාමාංස; ap. of යම, the regent of death.

මන·ආප, *a.* (ආප to take, gain), captivating, agreeable, ප්‍රියවූ. [සිතීම, කල්පනාකිරීම.

මන·කර, *n.* (කර doing), thinking, reflecting,

මන·කල, මන·කල්, *a. lit.* mind-pleasing: pleasing, good, handsome, සතුටුපදවන, යහපත්, ලක්ෂණ.

මන·කල, *n.* woman, wife, ස්ත්‍රී, භාර්යාව.

මන·දම, *a.* mind-subduing, bringing into subjection, සිත වසඟකරන.

මන·දීම, *n.* (දීම giving), consenting, agreeing, assent, එකඟවීම.

මන·දොළ, *n.* or *a.* heart-wish, desire, සිතේ ආසාව; craving, longing, desiring, තදින් ආසාවෙන.

මන·නද, *a.* (නද pleasing), pleasing the mind, good, pleasant, සිත සතුටුකරන, යහපත්, ප්‍රසන්න

මනනය, *n.* (මන් to think, regard), minding, බලාගැනීම, regarding, සැලකීම.

මනන්නා, *n. lit.* minder, viz. low caste man employed to take charge of paddy.

මන·බැඳි, *a.* attached in mind or heart, සිතබැඳි.

මන·මිණිය, *n. lit.* mind-gem, viz. wishing gem: see චින්තාමාණික්‍යය. [ආසාංගයා.

මන·යොන්, *n.* (යොන් source), ap. of Cupid,

මන·රම්, *a.* (රම් to sport or please), delightful, agreeable, ප්‍රීතිජනක, beautiful, අලංකාර.

මන·වඩනවා, *v.* to increase desire, අපිවඩනවා, give pleasure, please, ප්‍රසන්නකරනවා.

මනස, *n.* mind, intellect, සිත, සිහිය.

මනසා, මනසාදේවී, *n.* goddess of the serpent race and protectoress against their poison.

මනසිකාර, *n.* See මනස්කාර.

මනසින්ද්‍රියය, *n.* (මනසි ඉන්ද්‍රියය), mental faculty, mind, සිත, බුද්ධිය. [අසිහිවූ.

මනස්, *a.* mental, psychical, සිතට or සිහියට

මනස්·ධර්ම·ශාස්ත්‍රය, *n.* psychology, අධ්‍යාත්ම ශාස්ත්‍රය.

මන·ස්කන්ධය, *n.* the whole body of mental faculties, the mind.

මනස්කාර, *a.* (මනස් mind, කාර operative), perceptive, percipient; subjective. E. S.

මනස්කාරකයා, *n.* percipient, දැනීමබලය ඇත්තා.

මනස්කාරත්ව·ධර්ම·දෘෂ්ටියා, *n.* idealist. E. S.

මනස්කාරත්ව·ධර්මය, *n.* idealism. E. S.

මනස්කාරත්වය, *n.* ideality. E. S.

මනස්කාරය, *n.* introspection, reflection, consciousness, perception. E. S. [ance.

මනස්තාපය, *n.* grief of mind, regret, repentance.

මනස්තාපවෙනවා, *v. i.* to regret, repent.

මන·හර, *a.* (හර taking), capturing the mind, viz. very pleasing, delightful, lovely, ප්‍රීති දායක, අලංකාර.

මනඃකර්මය, *n.* mental operation, act of thinking, සිතීම, කල්පනාකිරීම.

මනඃකල්පිත, *a.* supposed, fancied, imaginary.
මනඃකල්ප, *a.* pleasing the mind: see මනහර.
මනඃධර්මය, *n.* mental law.
මනඃපරිවර්තනය, *n.* turning or change of mind, conversion, සිතේ හැරීම, repentance, පසුතැවිල්ල.
මනඃශාස්ත්‍රය, *n.* mental science. [ශාස්ත්‍ර.
මනා, මනාවූ, *a.* good, යහපත්; pleasing, ප්‍රි
මනාකොට, මනාලෙස, මනාසේ, *ad.* well, thoroughly, excellently, හොඳටම, හොඳලෙස, උතුම්ලෙස. [පත් කල්ක්‍රියාව
මනාචාරය, *n.* (මනා ආචාරය), good conduct, යහ
මනාප, *a.* (·ආප to take, gain), pleased, willing, inclined, consenting. [willing.
මනාපකරනවා, *v. t.* to please, satisfy, make
මනාපය, *n.* wish, inclination, liking, willingness. [willing, wish.
මනාපවෙනවා, *v. i.* to agree to, consent, be
මනාභ්‍යන්තර, *a.* (·අභ්‍ය:), in the mind, mental, subjective: see මානසික.
මනාභ්‍යන්තරතාව, *n.* subjectiveness. E. S.
මනාභ්‍යන්තරකාරයෙන්, *ad.* mentally, subjectively. [ලෙස.
මනාව, *ad.* well, excellently, යහපත්ව, හොඳ
මනාව, *n.* a measure, half a නැළිය, a pint.
මනිත, *a.* (fr. මන් to know), known, දැනගත තිබෙන.
මනින දණ්ඩ, *n.* measuring rod, rule.
මනිනවා, *v. t.* to measure; *pret.* මැන්නා; *p. pl.* මැන; *v. n.* මැනීම.
මනීෂාව, *n.* (මනස් mind, ඊෂ් to go or collect), intellect, understanding, සිහිබුද්ධිය.
මනු, *n.* celebrated H. legislator and saint, who is regarded as the representative man and father of the human race. In every Kalpa fourteen Manus appear successively and preside over the Universe, each one for the period of a මන්වන්තරය, which see.
මනුජයා, *n.* one born of human race, viz. man, මනුෂ්‍යයා.
මනුජාව, *n. fem.* of the above: woman, ස්ත්‍රී.
මනුෂ්‍ය, *a.* human, pert. to the human race.
මනුෂ්‍යකම, මනුෂ්‍යත්වය, මනුෂ්‍යභාවය, *n.* the quality or state of being human, humanity, manhood. [මරුවූ, මිනීමරන.
මනුෂ්‍යඝාතක, *a.* homicidal, murderous, මිනී
මනුෂ්‍යඝාතකයා, *n.* homicide, murderer, මිනීමරුවා.
මනුෂ්‍යඝාතනය, *n.* homicide, murder, මිනීමැරීම.
මනුෂ්‍යඝාතනයකරනවා, *v.* to kill a human being, commit murder, මිනීමරනවා. [py. E.S.
මනුෂ්‍යජන්මස්වභාවශාස්ත්‍රය, *n.* physianthro-
මනුෂ්‍යජාතිය, *n.* the human race, mankind.
මනුෂ්‍යජාතිවිද්‍යාව, *n.* science of mankind, anthropology, ethnology.

මනුෂ්‍යඥානාතික්‍රාන්ත, *a.* (ඥාන අති:), surpassing knowledge, *phil.* transcendent.
මනුෂ්‍යධර්මය, *n.* human law, නීතිය, human duty, කටයුත්ත.
මනුෂ්‍යධර්මා, *n.* ap. of කුවේර the god of wealth and object of man's worship, mammon.
මනුෂ්‍යනාරකයා, *n.* a human infernal one, human demon, demon-like man.
මනුෂ්‍යපථය, *n. lit.* human path or way, the region occupied by man; man's habit or custom, customary conduct.
මනුෂ්‍යභාවදෘෂ්ටිය, *n.* humanitarianism. E. S.
මනුෂ්‍යභාවදෘෂ්ටියා, *n.* humanitarian. E. S.
මනුෂ්‍යභාවමාත්‍රදෘෂ්ටිකයා, *n.* psilanthropist. E.S.
මනුෂ්‍යයා, *n.* man, human being, mankind.
මනුෂ්‍යසභාව, *n.* assembly of men, multitude, සමූහය, සමාගම.
මනුෂ්‍යසංසාරාතික්‍රාන්ත, *a.* ('සාර අති:), beyond human experience, *phil.* transcendental, පරමවිඥාන.
මනුෂ්‍යාතික, *a.* (·අතික), superhuman. E. S.
මනුෂ්‍යාශ්වධනුර්ධරයා, *n.* (මනුෂ්‍ය අශ්ව), *myth.* centaur; saggitarius, ඒ නම් ඇති තරුවැල.
මනුෂෝත්පාදනය, *n.* (මනුෂ්‍ය උත්:), production or creation of man.
මනෝගත, *a.* (මනෝ fr. මනස් mind, ගත attained), mental: see මානසික.
මනෝගතාකාරයෙන්, *ad.* so as to win the mind, mentally, බුද්ධියෙන්. [රහස්වූ.
මනෝගුප්ත, *a.* hidden in the mind, සිතෙහි
මනෝගුප්තා, *n.* red arsenic, රත් හිරියල්.
මනෝජ, මනෝජාත, *a.* sprung from the mind සිතෙන් උපන්.
මනෝජයා, *n.* ap. of Cupid, කාමදෙවියෝ.
මනෝජව, *a.* quick in thought; fatherly, පියෙකු වැනිවූ.
මනෝජවය, *n.* quickness of apprehension, ඉක්මනින් තේරුම්ගැනීම.
මනෝඥ, *a.* (මනස්, ඥ knowing), prepossessing, pleasing, pleasurable, lovely, handsome, elegant, සිත ප්‍රියකරන, අලංකාර.
මනෝඥතාව, *n.* quality of pleasing the mind, loveliness &c. [රත්හිරියල්.
මනෝඥා, *n.* princess, කුමාරිකාව; red arsenic,
මනෝදුශ්චරිතය, *n.* evil mental habit, viz. covetousness, malice and heresy or false doctrine.
මනෝනන්දිත, *a.* delighting the mind, delightful, agreeable, මනෝහර. [උතුම්, අගනා.
මනෝනීත, *a.* chosen, selected, select, precious,
මනෝනීතතාව, *n.* selectness, preciousness.
මනෝනුකූල, *a.* (මනෝ අනු:), according to the mind, agreeable, ප්‍රියවූ.
මනෝපගත, *a.* (මනෝ උප:), that has taken the mind, heartfelt, සිතට වැදුණු.

මනෝ·ප්‍රණිධානය, *n.* mental prayer or request or wish, සිතින් කරන ප්‍රාර්ථනාව.
මනෝ·බල, *a.* of strong mind, wise, ප්‍රඥාවන්ත.
මනෝභව, *n.* (භව existing), one who exists in the mind, ap. of Cupid.
මනෝමය, *a.* (මය adj. aff.), consisting of or arising from the mind, altogether mental, සිතනත්ම or සිතිනෙන්ම කරන.
මනෝමය·සෘද්ධිය, *n.* *lit.* mental strength or supernatural power, power to work even miracles by mere exertion of thought.
මනෝමය·ගණිතය, *n.* mental arithmetic, සිතෙන්ම ගණන් සෑදීමේ ක්‍රමය.
මනෝයායි, *a.* (යායි going), quick as thought, swift, හනිකම්, සුඝ. [සිත සතුටුකරන.
මනෝ·රංජන, *a.* delighting the mind, delightful,
මනෝ·රංජනය, *n.* delighting the mind, heart-rapture.
මනෝ·රංජනයකරනවා, *v.* to enrapture, delight the mind, සිත සතුටුකරනවා. [ආශාවෙන.
මනෝ·රථ, *a.* (රථ vehicle), longing, desiring,
මනෝ·රථය, *n.* chariot of the mind, viz. longing, wish, ආශාව.
මනෝ·රථ·සෘෂ්ට, *a.* made by fancy or wish, imaginary. E. S.
මනෝ·රම, **මනෝ·රම්‍ය**, *a.* *lit.* mind-delighting: deligthtful, lovely, ප්‍රියදර්ශන; beautiful, අලංකාර. [තාව &c.
මනෝ·රම්‍යතාව, *n.* delightfulness &c., ප්‍රියදර්ශන
මනෝ·ලෞල්‍ය, *n.* (ලෞල්‍ය fickle), fickle, capricious, freakish, whimsical, චපල, සිතුවිලි.
මනෝලෞල්‍යය, *n.* caprice &c., vagary, චපලභාවය, සිතුවිලිය.
මනෝ·සිල, *n.* red arsenic, රත් හිරියල්.
මනෝ·හත, *a.* of broken mind or heart, viz. disappointed. E. S. [&c.: see මනහර.
මනෝ·හර, *a.* taking the mind, viz. captivating
මනෝ·හරය, *n.* what is captivating or lovely; ap. of the moon, සඳ. [ස්ත්‍රී.
මනෝ·හරී, *n. fem.* beautiful woman, ලක්ෂණ
මන්, *n.* heart, සිත; pride, haughtiness, අභිමාන ගතිය, උඩඟුකම.
මන්, *a.* Er. for මං: road-.
මන්ත්‍ර, *n. pl.* or *a.* incantations; pert. to incantation. [charm, මතුරනවා.
මන්ත්‍රකරනවා, *v.* to perform incantations,
මන්ත්‍රකාරයා, *n.* performer of incantations, enchanter, charmer, necromancer.
මන්ත්‍ර·ගුප්තයා, *n.* (මන්ත්‍ර counsel, ගුප්ත secret), spy, ඔත්තුකාරයා.
මන්ත්‍ර·ජීවම්, *n. pl.* charms and spells.
මන්ත්‍ර·ඥයා, *n.* (ඥ to know), a spy; adviser, counsellor, මන්ත්‍රණකාරයා; learned priest or teacher, ආචාර්යයා. [council-.
මන්ත්‍රණ, *n. pl.* or *a.* of මන්ත්‍රණය: counsels;
මන්ත්‍රණ—මන්ත්‍රණය—කරනවා, *v.* to confer, deliberate, concert or take counsel together.
මන්ත්‍රණකාර, *a.* consulting, counselling.
මන්ත්‍රණකාරයා, *n.* counsellor, councillor.
මන්ත්‍රණය, *n.* advice, counsel, consultation, consulting.
මන්ත්‍රණ·ශාලාව, *n.* council hall or room.
මන්ත්‍රණ·සභා·කාර, *a.* senatorial, parliamentary.
මන්ත්‍රණ·සභාව, **මන්ත්‍රණ·සම්මුතිය**, *n.* senate, council, conference, parliament.
මන්ත්‍රණ·සභා·වාරය, *n.* season or session of council or parliament.
මන්ත්‍රය, *n.* incantation, enchantment; a formula or prayer addressed to a deity; a division of the Vedas.
මන්ත්‍ර·වක්තෘ, *n.* (වක්තෘ speaker, utterer), one who repeats mantras, sorcerer, මායාකාරයා; reciter of the Veda formulas.
මන්ත්‍ර·විදිය, **මන්ත්‍ර·ශාස්ත්‍රය**, *n.* magic, art or science of magic. [gods.
මන්ත්‍රි, *n.* ap. of බෘහස්පති as preceptor of the
මන්ත්‍රි, *a.* pert. to counsel or council, senatorial.
මන්ත්‍රි·ආගාරය, *n.* council-house, council-chamber. [දීම.
මන්ත්‍රීකම, *n.* counsel, counselling, දූතමුතුකම
මන්ත්‍රි·ධුරය, *n.* function of counsellor, counsellorship, senatorship.
මන්ත්‍රි·මණ්ඩලය, *n.* council, senate, body of state ministers, parliament.
මන්ත්‍රි·මන්දිරය, **මන්ත්‍රි·ශාලාව**, *n.* council chamber.
මන්ත්‍රීයා, **මන්ත්‍රීවරයා**, *n.* councillor, counsellor, minister of state.
මන්ත්‍රීශ්වර, *a.* (මන්ත්‍රී ඊශ්වර), senatorial.
මන්ත්‍රීශ්වරයා, *n.* honorary title of Mudaliyars and other high officials.
මන්ත්‍රීශ්වර·ත්වය, *n.* office or dignity of a senator, senatorship, counsellorship.
මන්ථ·ඝටිය, **මන්ථනිය**, *n.* (ඝටිය a pot), churning pot, churn. E. S.
මන්ථනය, *n.* agitating, churning, කලංදේනවීම; killing, මරදැමීම.
මන්ද, *inter. ad.* why, wherefore.
මන්ද, *a.* little, moderate, scant, ටික, මද, මඳ, insufficient, මදි; slow, පමාවූ.
මන්ද, *n.* ap. of the planet Saturn, සෙනසුරු, and of Yama, යම; rope for noosing elephants.
මන්ද·කෝණාකාර, *a.* somewhat angular, subangular.
මන්ද·ගාමී, *a.* (ගාමී going), going gently, slow-paced, සෙමින් යන, sluggish, අලස.
මන්ද·ගාමී, *n.* slow-goer, ap. of the planet Saturn, සෙනසුරු.
මන්ද·ගෝලාකාර, *a.* somewhat globular, subglobular, මදක් වටකුරු. [the Sun's wife.
මන්ද·ජනනී, *n.* (මන්ද Saturn, ජනනී mother),

මන්දතාව, *n.* scantiness, insufficiency, අඩුකම, මදිකම.
මන්දබුද්ධි, *a.* of little intellect, stupid, dull, obtuse, නුවණ මඳවූ, මෝඩ.
මන්දබුද්ධිය, *n.* stupidity &c., නුවණමඳකම &c.
මන්දභාග්‍ය, *a.* (භාග්‍ය fortunate), unfortunate, අවාසනාවන්ත, wretched, කාලකණ්ණි.
මන්දමති, *a.* (මති understanding): see මන්දබුද්ධි.
මන්දමේධාව, *n.* See මන්දබුද්ධිය.
මන්දමාරුතය, *n.* gentle wind, zephyr, මඳසුළඟ.
මන්දගාමී, *a.* slow, deliberate, leisurely, පමාවූ, ඉක්මන් නැති. [මෝඩයා.
මන්දයා, *n.* incompetent one, stupid person,
මන්දරක්ත, *a.* faint red, reddish, pink, මඳරතු.
මන්දර, *n.* a mountain so called, with which, it is said, the ocean was stirred up or churned by the Suras and Asuras after the deluge to recover the sacred things lost therein; a tree of Paradise or ස්වර්ගය. See මඳාරම.
මන්දවර්ණය, *n.* slight-colour, tint, මඳපාට.
මන්දවිද්‍යාකාරයා, මන්දශාස්ත්‍රඥයා, *n.* person of little learning or science, sciolist, මඳ දැන ගැනීම් ඇත්තා.
මන්දවිද්‍යාව, *n.* insufficient knowledge, sciolism.
මන්දහසිත, මන්දහාසය, මන්දහාස්‍යය, *n.* slight laugh, smile, මඳ සිනාව.
මන්දාකිනිය, *n.* (අකිනි fr. අක් to wind about), the gentle winding, viz. the Ganges of heaven, galaxy, the milky-way; a large lake in the Himalayas.
මන්දාක්ෂය, *n.* (මන්ද gentle, අක්ෂ organ of sense), modesty, bashfulness, සිහි ලජ්ජාව. E.S.
මන්දාග්නිය, *n.* (මන්ද insufficient, අග්නිය fire), want of appetite, dyspepsia, බඩගින්න අඩුබව, අජීර්ණය.
මන්දනිත, *a.* (මන්ද අනිත), remittent (fever &c.), අඩුවැඩිවෙන. [ඩුවා.
මන්දාම්ල, *n.* (මන්ද ආම්ල), subacid, මඳක් ඇඹුල්
මන්දාර, *n.* one of the five trees of Paradise or Swarga; *Bot.*; the western mountain, behind which the sun is said to set; heaven or the world of gods, දේවලෝකය. [අඳුරුකම.
මන්දාරම, *n.* cloudiness, gloominess, මලානිකම,
මන්දාරම, *a.* cloudy, gloomy, මලානි, අඳුරු.
මන්දිය, *n.* the quiet water between ebb and flow.
මන්දිරය, *n.* palace, mansion, pavilion, temple, මාලිගාව, වලව්ව, මැඳුර; edifice, මහ ගෙයක්; abode, නිවාසය.
මන්දෝක්ත, *a.* (මන්ද උක්ත), insufficiently expressed, inexpressive. E. S.
මන්දෝත්සාහය, *n.* (මන්ද උත්සාහ), lack of energy, inactivity, sluggishness, අලසකම.
මන්දෝත්සාහී, *a.* remiss, unenergetic, sluggish, අලස, උත්සාහ මදි.

මන්දෝත්සාහීභාව, *n.* remissness &c.
මන්දෝන්මත්ත, *a.* (මන්ද උන්මත්ත), somewhat insane, crack-brained, මඳක් උමතු.
මන්දෝෂ්ණ, *a.* (මන්ද උෂ්ණ), temperate (in heat), tepid, මඳක් උණුසුම්. [උණුසුම.
මන්දෝෂ්ණභාව, *n.* temperateness, tepidity, මඳ
මන්ද්‍රය, *n.* base or low tone like the low rumbling of thunder; drum, දවුල &c. E. S.
මන්නය, මන්නත්, *n.* broad knife, toddy drawer's knife.
මන්නවනවා, *v. c.* of මනිනවා: to cause to measure; *pret.* මැන්නෙවුවා; *v. n.* මැන්නවීම.
මන්නාඩ, *n.* a village headman or councillor.
මන්මිඳිනවා, *v.* to break pride, humble, subdue, මාන්නය නැතිකරනවා, යටත්කරනවා.
මන්මථ, *n.* love, amorous passion, කාමිකකම; twenty-ninth year of the Indian cycle of sixty. [දේවයා.
මන්මථයා, *n.* mind-agitator: ap. of Cupid, කාම
මන්මිද්, මන්මිදු, *n.* ap. of Cupid.
මන්මිති, *n.* obeisance, salutation, වැඳීම.
මන්‍යුදෂ්ට, *a.* (මන්‍යු anguish, දෂ්ට bitten, stung), enraged, ඉතා කුපිත. [of Cupid.
මන්යෝනි, *n.* (මන් mind, යෝනි source), ap.
මන්වන්තරය, *n.* (මනු අන්ත), *myth.* the period of the reign of a Manu, which is equal to seventy-one ages of the gods, viz. about 306,720,000 solar years, fourteen of these periods make one කල්පය.
මම, *pron.* I; (emp.) මමම, මමම, I myself.
මමංකාරය, *n.* See අහංකාරය.
මමතාව, මමත්වය, *n.* (Sans. මම my), *lit.* my being or state, viz. egotism, pride, arrogance, අහංකාරකම, ආඩම්බරය; identity; selfishness, undue regard for one's own, party-spirit, පාක්ෂිකභාවය. [මැකුරුම.
මමනය, *n.* pouring, pouring out, shedding,
මය, Sans. *aff.* = 'made of'.
මයාකර්මය, *n.* witchcraft, witchery, මායම.
මයාසුත, *n.* the planet Saturn, සෙනසුරු.
මයිනාහම, *n.* bellows.
මයිනාහම්නළාව, *n.* bag-pipe.
මයිලම, *n.* model, pattern, example, ආදර්ශය.
මයිලකොණ්ඩයා, *n.* sea fish said to be about sixty feet long.
මයිලකාණ්ඩි, *n.* female demon, යක්ෂණී.
මයිලණ්ඩු, මයිලණ්ඩුවෝ, මයිලා, *n.* maternal uncle or father-in-law, මාමා.
මයිල්, *n.* or *a.* hair (of mane &c.)
මයිල්පිළිය, *n.* haircloth, ලොම් රෙද්ද.
මයු, *n.* (fr. මි to diffuse—sweet sounds &c.), celestial musician, කින්නරයා, ගාන්ධර්වයා; deer,
මයුර, *n.* peacock, මොනරා; *pl.* මයුරෝ. [මුවා.
මයුරාජ, *n.* ap. of කුවේර as king of the Kinnaras: see කින්නර.

මයූඛ, *n.* light, ආලෝකය, ray of light, රශ්මිය; beauty, ශ්‍රීයාව; gnomon of a sun-dial, ඡායා කටුව.

මයූරක, මයූරතුත්ථ, *n.* blue vitriol, තාම්‍රගසිය.

මයූර·පත්‍ර, *n. pl.* peacock's tail feathers, මොනර [පිල්.

මයූරරි, *n.* chameleon, කටුස්සා.

මයූර·ගල, *n.* a gem said to be found in a peacock's throat, emerald, මරකත. [Cupid.

මර, *n.* (මෘ to die), death, මරණය; ap. of

මරකත·මිණ, මරකතය, *n.* emerald, පච්චගල.

මරකය, *n.* epidemic disease, pestilence, මාරක රෝගය, වසංගතය. [Mohammedan.

මරක්කල, *a.* pert. to moormen or Ceylon

මරක්කලයා, *n.* Moorman or Ceylon Mohammedan. [death, මරණාසන්න.

මරගත, *a. lit.* death-taken, viz. at the point of

මරගාතකරනවා, *v.* to struggle in death; *fig.* to agonize, struggle extremely.

මරගාතය, *n.* death-struggle; *fig.* death-like expiring effort, violent effort; annoyance.

මරඟන, මරඟනා, *n.* (මර අඟන), Cupid's wife, අනංගයාගේ භාර්‍යාව.

මරණ, *n.* ap. of Yama: see යම. [dead, මළ.

මරණ·පත්, *a.* appointed or attained to death,

මරණ·මඤ්චය, *n.* death-bed, මරණයේ යහන.

මරණය, *n.* dying, death.

මරණ·ඝාතය, *n.* fatal injury, fatality.

මරණාතුරයා, *n.* (·ආතුරයා), person mortally ill, sufferer from a mortal disease.

මරණාසනය, *n.* (·ආසනය seat), death-bed; Yama's throne or judgement-seat. [&c.).

මරණාසන්න, *a.* near death, dying; dying (pains

මරණීය, *a.* mortal, deadly, fatal.

මරණීයකම, *n.* liability to death, mortality.

මර·දන, *n.* sandy region, sandy plain, වැලිතිම, වැලිතලාව.

මර·දෙව්, *n.* the god Cupid: see මර.

මරනවා, *v. t.* to kill; destroy, neutralize (poison &c.); (fr. Hindi මාර්), to beat, strike, තලනවා; *pret.* මැරුවා; *v. n.* මැරීම.

මරපියෝ, *n.* ap. of Sakra, ශක්‍රදෙවියෝ.

මර·යෝගය, *n. lit.* death-junction, viz. conjunction of the planets said to be indicative of death.

මර·රිපු, මර·රුපු, *n.* (මර Cupid, lust), ap. of Buddha as the enemy of මර: see මාරයා.

මරවනවා, *v. c.* to cause to kill or cause to be killed; *pret.* මැරෙවුවා; *v. n.* මැරවීම.

මරවැඩිය, *n.* See මිරිවැඩිය.

මර·සුවහ, මර·සෙනග, *n.* (සුවහස a lac), the army of මාරයා that opposed Siddhārtha in his assumption of Buddhaship.

මර·හඬ, *n.* death-cry.

මර·හන්දි, *n. pl.* fatal parts of the body, where injury is supposed to be mortal.

මරහු, *n.* death (personified).

මරා, *a.* green, කොළපාට. [tra.

මරාටි·රට, *n.* the province so called, Maharash-

මරා·මිණ, මරාව, මරා·ගල, *n.* green gem, viz. emerald, පච්චගල.

මරාරය, *n.* granary, අටුව. [කණේරී.

මරාල, *a.* soft, mild, මෘදු; miserable, කාල

මරාලය, *n.* lampblack, දැලි; rouge, E.S.

මරා·වන්, *a.* green-coloured, green, කොළපාට ඇති; (also) *n.* green colour.

මරිච, *n.* (fr. මෘ to die), black pepper, ගම්මිරිස්.

මරීචිය, *n.* ray of light, රශ්මිය, lustre, කාන්තිය.

මරිස්සා, *n.* a small sea fish.

මරියා, *n.* mariner, sailor, නැව්කාරයා.

මරියාදුව, *n.* Er. for මර්යාදාව.

මරිඹව, *n.* whey, මෝරු.

මරීචිකා, *n.* mirage, මිරිඟු.

මරීචි, *n.* ray of light, රශ්මිය; mirage, මිරිඟු.

මරීචි·මඤ්ජරිය, *n.* (මරීචි rays, මඤ්ජරි cluster, collection), corona, halo of light round the heads of celestial beings, අංශුමාලාව.

මරීචියා, *n.* miser, ලෝභයා, මසුරා; name of one of the ten eminent sages: see ප්‍රජාපති.

මරු, *n.* ap. of Cupid, and of the god of wind; the north-west, වයඹ දිග.

මරු, *a.* wind-, windy, සුළං. [මරණීය.

මරු, *a.* (fr. මෘ to die), death-, deadly, fatal,

මරු, *a.* waterless, arid, desert, පාළු. [රය.

මරු·කතර, *n.* arid desert, wilderness, කාන්තා

මරුත, *n.* wind, air, සුළඟ [E. S.

මරුතයා, *n.* god of the wind; an immortal.

මරු·තැන්, *n. pl.* See මරහන්දි.

මරුත්තුකරනවා, *v. t.* T., to break or disobey (a command), කඩකරනවා.

මරුත්·පථය, *n. lit.* air-path or -region, viz. the atmosphere, sky, ආකාශය, අහස.

මරු·පහර, *n.* fatal blow, ප්‍රාණඝාතකරන පහර.

මරු·පෙනෙනවා, *v. i. lit.* death appears (to any), to see death, viz. to be in mortal terror as if seeing death. [camel, ඔටුවා.

මරු·ප්‍රිය, *n. lit.* delighter in desert, viz. the

මරු·බිම, *n.* desert, desert region, කාන්තාරය.

මරු·මුඛය, මරු·මුව, *n.* mouth or jaws of death.

මරු·මුව·පත්, *a.* who has come to the mouth of death, at the point of death; dead.

මරුව, *n.* the grain or direction of the fibres (of wood &c.); මරුහරහ, across or against the grain.

මරුවක, *n.* ascending node, රාහු.

මරුවකයා, *n.* tiger, ව්‍යාඝ්‍රයා; crane, කොකා.

මරුවා, *n.* death: see මරහු. [බිම.

මරුස්ථලය, *n.* sandy or desert place: see මරු

මර්කට, *n.* venom, විෂ.

මර්කටයා, *n.* monkey or ape, වානරයා, E. S.; spider, මකුළුවා; adjutant crane.

මකිටි, *n. fem.* small female monkey.
මජ්ජාරයා, *n.* (මාජ් to clean or sound), cat, බළලා.
මර්ත්‍ය, *a.* (fr. මෘ to die), mortal, මරණීය.
මර්ත්‍යය, *n.* the place of mortals, viz. the earth, පොළොව.
මර්ත්‍යයා, *n.* a mortal, man, මනුෂ්‍යයා.
මෘත්‍යුවශ, *a.* liable to death: see මර්ත්‍ය.
මෘත්‍යුවශයා, *n.* See මර්ත්‍යයා.
මර්දනය, *n.* (මෘද් to rub or grind), rubbing, ඇතිල්ලීම, grinding, ඇඹරීම, pounding, bruising, crushing, පොඩිකිරීම; subduing, මැඩ පැවැත්වීම; allaying, සහනයකිරීම.
මර්දනයකරනවා, *v. t.* to allay, relieve, moderate, subdue, curb, crush, grind; ඇඟ ම...to rub or shampoo the body.
මර්දනයවෙනවා, *v. i.* to become allayed &c.
මර්දනීය, *a.* allayable, relievable; friable, E.S.
මර්දනීයතාව, *n.* state admitting of relief; friability. [allays, sedative.
මර්දනෞෂධය, *n.* (මර්දන ඖෂධ:), medicine which
මර්දිත, *a.* allayed &c., සහනයවූ, ශමත්වූ; ground, powdered, පොඩිකරනලද. [සන්ධික්‍රමය.
මර්ම·ක්‍රමය, *n.* the series of joints in the body,
මර්මය, *n.* joint of the body, ශරීරයේ සන්ධියක්; vital spot; secret meaning or purpose, රහස් අදහස.
මර්මරය, *n.* gentle wind, මඳපවන; rustling sound, සරසරගාන ශබ්දය. [rustle.
මර්මරයකරනවා, *v.* to make a rustling sound,
මර්ම·ස්ථානය, *n.* joint-spot, සන්ධිස්ථානය; vital spot in the body, referring to places where injury is supposed to be fatal.
මර්‍යාදාව, මර්‍යාව, *n.* shore, වෙරළ, boundary, limit, මායිම; rectitude, honourable conduct, අවංකකම, යහපත් හැසිරීම. [වෙත.
මර්ෂණ, *a.* patient, resigned, ඉවසිලිවන්ත, ශමත්
මර්ෂණය, මර්ෂය, *n.* endurance, patience &c., rubbing, polishing, මැදීම.
මර්ෂණයකරනවා, *v. t.* to endure, suffer, දරනවා, විඳිනවා. [ඉඳිකටු සිදුර.
මල, *n.* hole, perforation, සිල, eye of a needle,
මල, *n.* flower; *pl.* මල්.
මල, *n.* archer's bow, දුන්න; noose, තොණ්ඩුව, snare, මලපත: see මලයා.
මල, *a.* (මල් to hold, stick), an excretion of the body, fæces &c., dirt, filth, කැතකුණු; rust, මලකඩ.
මල, *a.* dirty, miserly, niggardly, ලෝභ, මසුරු.
මලකඩ, *n.* rust of metals.
මලකඩ—මල—අල්ලනවා or බැඳෙනවා, *v. i.* (*dat.*) to rust, become rusty, also මලබඳිනවා.
මලකඩ·කනවා, *v. t.* to rust, corrode.
මලකි·දුව, *n.* Veddah woman, වැද්දී.
මල·ගල, *n.* (ගල rock, mountain), cont. of හිමාල ගල: Himalaya range of mountains.

මලගහනවා, *v.* to make a bonfire, ගිනිමැලයක් පත්තුකරනවා. [අනංගයා.
මලඟ, *n.* (මල් flower-, අඟ body), ap. of Cupid,
මලණුවා, මලණුවෝ, *n.* younger brother (res.
මලණ්ඩ, මලඹ, *n.* See මලයණ්ඩි. [for මලයා).
මල·දඬ, *n.* *lit.* flower-rod, viz. cobra, නයා.
මල·දරයා, *n.* (මල bow or snare, දරයා bearer), archer or snarer, වැද්දා, දඩයම්කාරයා; barbarian or forest-dweller, වනචරයා.
මල·දූෂිත, *a.* contaminated with filth, filthy, foul, කැත, දුෂ්ඨ. [කාම.
මල·දූෂිතතාව, *n.* filthiness &c., කැතකම, දුෂ්ඨ
මලද, *n.* sandal wood, සඳුන් ලී.
මල·දුව, *n.* (මල bow), archeress, දුනුකාරී, Veddah woman, වැද්දී.
මල·දෙවියෝ, *n.* flower-god: ap. of Cupid.
මලපත, *n.* snare, trap, gin.
මලපූ, *n.* flower pot; a drinking cup.
මල·බඩ, *a.* *lit.* fæces-bound, viz. costive, බඩ වෙදුණු.
මල·බඩකම, මල·බඩය, *n.* costiveness, constipation, බඩවෙදුම්කම.
මල·බඩවෙනවා, *v. i.* to be constipated, බඩවෙළෙනවා or අබස්සිවෙනවා.
මල·බඳිනවා, *v. lit.* rust binds or fixes on, to rust, become rusty.
මල·බුලත්, *n.* a kind of betel, jungle betel.
මල·මග, *n.* rectum, fundament, anus.
මල·මබුල්ල, මල·මඹුව, *n.* archer's district or country, Veddah district or village.
මල·මාර්ග, *n.* See මලමග.
මලමූත්‍ර, *n.* fæces and urine.
මල·මඩල, *n.* (මල T., mountain), region of mountains, කඳුරට, range of mountains, කඳු පෙළ.
මලය, *n.* (Sans. mountain), name of the mountain range on the western side of the peninsula of India, from which the country or region of Malayalam or Malabar is named; it extends from Cape Comorin to the river Chandra-giri, in lat. 12°27 north; *a.* mountainous.
මලය·ජ, *n.* (මලය mountain, ජ product), sandalwood, being produced plentifully in Malaya, සඳුන් ලී.
මලයණ්ඩි, මලයා, *n.* younger brother.
මලය·රට, *n.* the mountainous part of the Pihiti Rata in Ceylon.
මලයා, *n.* archer, දුනුවායා or වැද්දා.
මලයා, *n.* fr. T., younger brother, මල්ලී.
මල·රට, මලල·රට, *n.* country or province so called bordering the Malaya mountains, Malabar: see මලය.
මලරුක්, *n.* worm, පණුවා. [see මලබඩය.
මල·රෝධය, *n.* obstruction of fæces, obstipation:

මලවනවා, *v. t.* to put in the sun &c. to wither, or parch or fry slightly; *pret.* මැලෙව්වා; *v. n.* මැලවීම. [ap. of Cupid.

මලවියා, *n.* (මල් අවි), *lit.* flower weaponed one:

මලසුන, මලස්න, *n.* (මල්, අසුන &c.), B., table on which flowers are offered, flower-altar; මලස්න also for මලාව.

මලසා, *n.* small cardamoms, සිහින් එන්සාල්.

මලානික, *a.* (fr. Sans. ම්ලාන), faded, withered, පරවූ, මැලවූ; exhausted, languid, වෙසක්කෝවූ; dejected, gloomy, දොම්නස්, නලංගුවූ.

මලානික·කම, *n.* lack of vigour, exhaustion &c.

මලානිකකරනවා, *v. t.* to depress, deaden, deject, discourage.

මලාපකර්ෂණය, *n.* (මල filth, අප... drawing away), removal of filth, purification, පවිත්‍ර කිරීම. [fume, සුවඳ, සුස්ඹ.

මලාමැලිය, *n.* (මල්, ආමැලිය), fragrance, per-

මලාමැලි, *a.* dejected, mopish.

මලාය, *n.* ornamented or painted cloth, සෝමන, රෙද්ද.

මලායනවා, *v. i.* to wither, fade, මැලවෙනවා.

මලාව, *n.* noose, snare, මලපත; earthenware lid for pot or pan, මුඩිය, වැස්ම; small pot or pan, කුඩා වළඳ.

මලිත්තා, *n.* paroquet; *pl.* මලිත්තෝ.

මලින, *a.* dirty, filthy, soiled, grimy, කිලුටු; polluted, wicked, bad, දුෂ්ට.

මලිනකරනවා, *v. t.* to make dirty &c., contaminate, කෙලසනවා. [චණ්ඩ, කෲර.

මලින·මුඛ, *a.* foul-faced, viz. cruel, savage,

මලින·මුඛ, *n.* ap. of Agni the god of fire; fire, ගින්න. [faced monkey, වඳුරා.

මලින·මුඛයා, *n.* ghost, goblin, ප්‍රේතයා; black-

මලිනය, *n.* dirt, filth, grime, කිලුට; fault, defect, පළුදුව; borax, E. S.

මලිනාම්බුව, *n.* (මලින අම්බු), dirty water, කිලුටු වතුර; black ink, කළු තීන්ත.

මලිනිත, *a.* soiled, become filthy, polluted, defiled, කිලුටු, දූෂිත.

මල්ලිය, *n.* archeress, Veddah woman, වැද්දී.

මලිවස, *n.* neighbouring district: see පසල් දනව්ව. [shrimp.

මලිස්සා, *n.* (මල් ඉස්සා), a kind of fresh-water

මලීමස, *a.* dirty, foul, කිලුටු; wicked, නපුරු.

මලීවස, *n.* iron, යකඩ; green vitriol, තුත්තන්.

මලු, *n. pl.* of මල්ල: bags. [පොකුර.

මලුපුව, *n.* cluster or bunch of flowers, මල්

මලු, *n.* younger brother, මලයා; relative, නෑයා.

මලෝලම්බුව, *n.* hanging festoon of flowers, එල්ලෙන මල්වැල. [floral.

මල්, *n. pl.* or. *a.* of මල: flowers; flower-,

මල්, මල්ලි, *n.* younger brother.

මල්·අම්මා, *n.* flower-woman, woman who supplies flowers.

මල්·අවිඩියා, *n.* See ශාරිකාවා.

මල්·කඩ, *n.* garland of flowers. [garus.

මල්·කරවලා, *n.* a kind of small snake, bun-

මල්·කරුවා, *n.* florist, worker in flowers, maker of wreaths or garlands of flowers.

මල්·කලඹ(බ), *n.* bunch of flowers, nosegay.

මල්·කලය, *n.* chatty of flowers, pot filled with

මල්·කලාපය, *n.* See මල්කලඹ. [flowers.

මල්කවඩියා, මල්කවුඩා, *n. lit.* flower-crow-, viz. Ceylon maina, eulabes, ptilogenys.

මල්කැකුල, *n.* flower bud, unopened flower.

මල්කැන, මල්කැනෑත්ත, *n.* raceme, cluster or stalk of flowers.

මල්·කෑදැත්තා, *n.* a bird, also called රතුමුණුමල් කොහා, also නිල්තුඩමල් කොහා.

මල්·කෑරලා, *n.* the pigmy woodpecker, *yungipicus gymnophthalmus*.

මල්කිනිත්ත, *n.* catkin. See මල්කැන.

මල්·කෙමිය, *n.* pistil of a flower.

මල්කෙසර, *n.* flower-fibre, viz. stamen, E. S.; *pl.* මල්කෙසරු.

මල්·කොට්ටෝරුවා, *n.* small Ceylon barbet, *xantholæma rubricapilla*; crimson-breasted barbet, *x. hæmacephala*.

මල්·කොන්ද, *n.* anther; *pl.* මල්කොඳු.

මල්·කොපුව, *n.* floral envelope.

මල්·කොළය, *n.* flower-leaf, petal, මල්පෙත්ත.

මල්ගන්නවා, *v.* to bloom, flower, මල්අවගන්නවා. [*mucosus*.

මල්·ගැරඬියා, *n.* ratsnake, a variety of *ptyas*

මල්·ගුලාව, *n.* flower can, මල් භාජනය.

මල්·ගොට්ට, *n.* cup made of a leaf or leaves to hold flowers.

මල්ගොමුව, *n.* bed of flowers, මල්පාත්තිය; flower bush, මල්පඳුර; quantity of flowers, මල්රැස. [of garlands.

මල්ගොව්වා, *n.* florist, flower-gardener; maker

මල්·තැළුම, *n.* flower-beater, viz. heavy piece of wood to tap the coconut spathe before extracting toddy; the act of tapping the spathe.

මල්·තැළුමා, *n.* a kind of fish. [*nale nepa*.

මල්·තෙලිස්සා, *n.* a small species of viper, *hyp-*

මල්·දම, *n.* flower-chain, festoon, garland or wreath of flowers.

මල්·දර, *n.* rice in the husk, paddy, වී.

මල්·දරණුව, *n.* circle or chaplet of flowers.

මල්·දිව, *n.* (according to S. මල් Veddah, දිව island; but according to H. from මලය ද්වීප, see මලය), the islands so called, viz. the Maldives, lying to the west of Ceylon and the Malabar coast.

මල්·දැක්කුම, *n.* flower-show, *cl.* පුෂ්පප්‍රදර්ශනය.

මල්·නටුව, *n.* flower-stalk.

මල්·පල්ලව, *n. pl.* flowers and shoots or buds.

මල්·පැණි, *n.* nectar or honey of flowers.
මල්·පැල, *n.* flower-shed, used for offering
මල්·පැළය, *n.* flower-plant. [flowers.
මල්·පිළිසුඹුවා, *n.* See දියපිළිසුඹුවා.
මල්සුව, *n.* See මලසු, drinking cup.
මල්·පෙත්ත, *n.* flower petal; *pl.* මල්පෙති.
මල්·පොකුර, *n.* cluster or bunch of flowers, nosegay, bouquet.
මල්·පොළ, *n.* *lit.* flowery pupil of the eye, viz. spot or cataract of the eye, nebula.
මල්·පොළඟා, *n.* a kind of viper, spotted viper, a variety of *trimeresurus* or *hypnale*.
මල්·පෝච්චිය, *n.* flower-pot.
මල්·බට්ට, *n.* pistil of a flower, මල්කෙමි.
මල්·බෑයා, *n.* younger brother, මල්ලී. [යා.
මල්·මද, මල්·මිද, *n.* ap. of Cupid: see මලදෙවි
මල්·මාලය, මල්·මාලාව, *n.* garland, wreath of flowers.
මල්·මාලා·වැඩ, *n.* wreath-work, festoon-work.
මල්මී, මල්·මුව·රද, *n.* nectar of flowers, මල් පැණි.
මල්·රජ, මල්·රද, *n.* (රජ or රද pollen of flowers), nectar of flowers, so called because its fine drops resemble the pollen.
මල්·මිදනයා, *n.* (මිදන fr. මිද් to delight in), delighter in flowers, viz. Cupid.
මල්ල, *n.* bag, sack; *pl.* මලු.
මලල·භූ, *n.* palestra or arena for athletics, place of contest, රණබිමල, field of battle, යුධ භූමිය.
මලලය, *n.* wrestling, wrestle, පොර ඇල්ලීම, fighting, ගසාගැනීම; cheek, side of the face or head, කම්මුල; cup, පාත්‍රය. [E. S.
මලලයා, මලලවයා, *n.* wrester, boxer, pugilist.
මලල·යුධ, මලලව, *a.* pugilistic, pert. to boxing, wrestling &c. [පොරබැදීම.
මලල·යුධය, *n.* wrestling or boxing contest,
මලලර, *n.* See මල්කරුවා.
මලලව·දේශය, *n.* the province of Hindustan so called, viz. the modern Malwa. It was in කුසිනාර, a city of this province, that Buddha died or attained Nirvāna.
මලලව·පොරය, *n.* boxing or wrestling match, ගසාගැනීමේ පොරය &c.
මල්ලී, *n.* younger brother; *pl.* මල්ලිලා.
මල්ලිකය, *n.* shuttle, නඩාව; the month නවම්, Feb.-March. [and bill.
මල්ලිකයා, *n.* a bird or goose with brown legs
මල්ලිකාව, *n.* cup or goblet or vessel, කෝප්පය,
මල්ලි·පතුය, *n.* mushroom, හතු. [පාත්‍රය.
මල්වට්ටය, *n.* bunch of flowers, මල්මිටිය.
මල්·වඩම, *n.* chaplet of flowers, garland; *pl.* මල්වඩම්.
මල්·වත්ත, *n.* flower-garden.
මල්ව·දේශය, *n.* See මලලවදේශය.

මල්වර, *a.* puberal, pert. to the menses, menstruous.
මල්වරය, *n.* menstrual flux, the menses, කිල්ල.
මල්වර·වෙනවා, *v. i.* to become menstruous, attain to puberty (of a girl), to have the menses on.
මල්වරු, *n.* (වරු for කරු): See මල්කරුවා.
මල්·වැඩ, *n.* flower-work.
මල්·වැල(ල), *n.* flower-creeper; string or garland of flowers, festoon.
මල්·සත, *n.* (සත E. of ඡත්‍ර), flower-umbrella, මල්කුඩය, *cl.* පුෂ්පඡත්‍රය.
මල්·සර, මල්සැර, *n.* (සර, ශර, arrow), flower-arrow: ap. of Cupid.
මල්සරා, *n.* a kind of snake.
මල්·සැදය, *n.* coverlet stuffed with flowers.
මල්·සුඹුලු(ය), *n.* casket of flowers or flower-casket, මල්පෙට්ටිය or මල්කලාසය. [දරණුව.
මල්·සුඹුල, *n.* ring or chaplet of flowers, මල්
මල්·සුවිත්තා, *n.* Ceylon sun-bird, *cinnyris zeylanicus.* [*pus coromandelianus.*
මල්·සේරා, *n.* green-backed goose-teal, *netta-*
මල්·හොල්ලුව, *n.* See මල්වඩම. [මල්සර.
මල්·හී, *n.* monkey, වඳුරා; ap. of Cupid: see
මව, *n.* mother, මෑණි, අම්මා; *pl.* මව්වරු.
මවනවා, *v. t.* to bring into existence, create; *pret.* මැව්වා; *v. n.* මැවීම.
මවා·පානවා, *v. t.* to create and set forth, bring into existence; exhibit, පෙන්වනවා.
මවිත, *a.* bound, tied, බැඳි; astonished, amazed; wonderful, surprising, පුදුම.
මවිතකරනවා, *v. t.* to astonish, amaze.
මවිතය, *n.* astonishment &c.; a marvel, wonder, prodigy. [amazed, පුදුමවෙනවා.
මවිතවෙනවා, *v. i.* to become astonished or
මවු = මව, mother.
මවුල, *n.* crown, ඔටුන්න.
මවෙනිකම, *n.* (fr. මව් වැනිකම): see මව්ගතිකම.
මව්, *n.* mother.
මව්කම, *n.* motherhood, maternity.
මව්·පිය, *a.* parental.
මව්·පිය·පෙළපත, *n.* parentage, වංශය.
මව්·පියෝ, *n. pl.* mother and father, parents; *pl.* මව්පියවරු.
මව්සත්කම, *n.* (සත්කම affection), maternal affection, motherliness.
මශකයා, මසකයා, *n.* gnat, musquito, මදුරුවා.
ම·යෙදි·කාරකය, *n.* *gram.* the first person.
මසුනයා, *n.* dog, බල්ලා.
මසවයා, *n.* Er. for මත්ස්‍යයා: any fish, මාලුවා.
මස, *n.* month, මාසය; pebble, බොරළු ගලක්; beard, රැවුල; part, portion, කොටස.
ම·සද·කරු, *n.* E. of මසෑදකාරයා.
මසනවා, *v. t.* to fetter, chain, විලංගුදමනවා; sew, මහනවා; *pret.* මැසුවා; *v. n.* මැසීම.

මසවුළු, *n. pl.* (මස් අවුළු), meat curry, මස් ව්‍යංජන.
මසා, *n.* any fish, මාලුවා; *pl.* මසු.
මසාරගල්ල, *n.* coral, පබළු. [ජස.
මසාරය, *n.* emerald or turquoise: see පේරෝ
මසැස, *n.* (මස් ඇස), fleshly eye, viz. eye of the body as distinguished from දිව්‍යස or divine eye, *fig.* worldliness, sensuality, මාංසිකකම.
මසි, *n.* ink, තීන්ත; stalk of the *nyctanthes tristis*, සේපාල.
මසි·කූපිය, මසි·ධානය, *n.* (කූපිය well, ධානය holder), inkstand, තීන්ත කූප්පිය.
මසු, *n. pl.* of මස්ස and මසා
මසුන්, *n. pl. acc.* of මසා: fishes. [මස්ස.
මසුරන්, *n.* an ancient gold coin so called; see
මසුරු, *n.* miser, niggard.
මසුරුවි, *n.* harlot, වේශ්‍යාව. [penurious.
මසුරු, *a.* parsimonious, niggardly, miserly,
මසුරුකම, *n.* parsimoniousness &c.
මසුරුකම්කරනවා, *v.* to stint, act niggardly or parsimoniously. [niggardliness.
මසුරු·මල, *n. lit.* *dirt of covetousness; great
මසුරුවෙනවා, *v. i.* to be miserly, grudge.
මසුරිකා, *n.* bawd, procuress, දූතිකාව; small-pox, වසූරිය.
මසූරිය, *n.* small-pox, වසූරිය, මහලෙඩ.
මසෘණ, *a.* soft, smooth, gentle, bland, මෘදු; greasy, unctuous, තෙල්ආකාර. [කරනවා.
මසෘණකරනවා, *v. t.* to render soft &c., මෘදු
මසෘණතාව, *n.* softness &c., මෘදුකම.
මස්, *a.* blind, අන්ධ.
මස්, *n.* flesh, meat, fish, මාංස, මත්ස්‍ය.
මස්·කටුව, *n.* fish bone; prong, උල, කටුව; fork, ගෑරුප්පුව. [butcher's shop.
මස්·කඩය, මස්·කඩේ, *n.* meat-market, shambles,
මස්කරය, *n.* bamboo, උණගස, උණලිය.
මස්කරනවා, *v. t* to make into meat, cut up a carcase, butcher.
මස්කාරයා, *n.* butcher.
මස්ගාතය, *n.* joint of meat.
මස්·ගොබ·බැම්ම, *n.* sinew, බලහරය.
මස්ගොබය, *n.* muscle.
මස්වකයා, *n.* any fish, මාලුවා.
මස්තක, *a.* top, head, මුදුන්වූ, ඉසට අයිතිවූ.
මස්තක·චක්‍රය, *n. ast.* vertical circle.
මස්තක·ප්‍රාප්ත, *a.* that has reached the top or succeeded, successful, මුදුන්පත්වූ.
මස්තක ප්‍රාප්තකරනවා, *v. t.* to bring to a successful issue, accomplish, complete, මුදුන්පත් කරනවා.
මස්තක·ඵලය, *n.* fruit produced from the top of the tree, as the plantain &c.
මස්තකය, මස්තය, *n.* top, summit, vertex, මුදුන, head, ඉස. [nacle, මුදුන.
මස්තකාග්‍රය, *n.* (·අග්‍රය), the highest point, pin-

මස්තිෂ්ක, *a.* pert. to the brain, cerebral, මොළයට අයිතිවූ.
මස්තු, *n.* whey, මෝරුදිය.
මස්තුලුංග, මස්තුලුංගික, *a.* cerebral, encephalic.
මස්තුලුංග·ජවිකා, *n. pl.* brain-membranes, meninges. E. S. [මොළ සිවිය or වැස්ම.
මස්තුලුංග·ජවිකාව, *n.* brain-membrane, මොළ
මස්තුලුංග·දාහය, *n.* inflammation of the brain, phrenitis, මොළයේ ඉදිමුම. [E. S.
මස්තුලුංග·නාසික, *a.* rhinencephalic (nerve).
මස්තුලුංගය, *n.* the brain, encephalon, මොළය.
මස්තුලුංග·ශාස්ත්‍රය, *n.* phrenology. E. S.
මස්තෙල, මස්තෙල්, *n.* fish-oil; the fat of meat.
මස්·දළුව, *n.* extuberance or fungus of flesh, proud flesh.
මස්දිවී, *n.* fisherman, කෙවුලා.
මස්·තෝත්තිය, මස්·තෝරිය, *n.* See මස්දළුව.
මස්පතා, *a.* or *ad.* monthly.
මස්පැත්තා, *n.* a small sea fish.
මස්·පැස, *n.* fish-basket.
මස්පෙරළීම, *v. n.* twisting of the flesh, viz. cramp. [cramped.
මස්පෙරළෙනවා, *v. i.* to take cramp, become
මස්·බානවා, *v.* to angle, fish, බිලිබානවා.
මස්·මරන·මඩුව, *n.* slaughter-house.
මස්·මරනවා, *v.* to fish.
මස්මරන්නා, *n.* fisherman, fisher.
මස්·රජ, මස්·රද, *n.* eel, ආඳා.
මස්·රොද, *n.* an excrescence of flesh, red lump or piece of flesh, sp. in the eye.
මස්·ලොඹුව, *n.* meat-chopping block, දංගෙඩිය.
මස්වනවා, මස්සනවා, *v. t.* See මස්සවනවා.
මස්වලපොත්තා, *n.* a small sea fish.
මස්වලු·මෙහෙය, *n.* trimming or cutting the beard, රැවුල කැපීම.
මස්වල්ල, *n.* bundle carried in the hand; the whole beard, the beard, රැවුල.
මස්·වැඩීම, *v. n.* formation of proud flesh.
මස්·වැද්ද, *n.* fisherman, මස්මරන්නා.
මස්ස, *n.* gold of the weight of a මදටිය seed, an ancient coin so called, worth about eight pence; *pl.* මසු. [කාඩුව.
මස්සපාලුව, මස්සබාදුව, *n.* Port., rape, කාතීස්
මස්සවනවා, *v. c.* to cause to sew or get sewed; *pret.* මැස්සෙවුවා; *v. n.* මැස්සවීම.
මස්සිනා, *n.* cousin; brother-in-law.
මහ,* *a.* (මහ් to increase), big, large, great, ලොකු, මහත්, වැදගත්.
මහ, *n.* the principal harvest season; flesh.
මහ·ඇඟි, *a.* See මාඇඟි.
මහ·ඇදුරු, *n.* chief instructor (of artificers), ප්‍රධාන ආචාර්යයා.
මහ·ඇල්ල, *n.* great waterfall, cataract.

* මහ (Sinh.) = මහා (Sans. and Pali): for words not given under මහ, see මහා &c.

මහ·ඉසි, *n.* E. of මහාඍෂි.
මහ·උරය, *n.* great rampart, මහාප්‍රාකාරය.
මහ·ඔලෙසියා, *n.* large sand plover, green shank: see ඔලෙසියා. [මහඖෂධ.
මහ·ඔසු, *n.* (ඔසු medicine), ginger &c.: see
මහ·කබුත්තුව, *n.* the great diarrhœa or dysentery, අතීසාරය.
මහ·කවුඩා, *n.* *lit.* the great crow: the bird called fork-tailed drongo.
මහ·කබඩා·නිලමේ, *n.* title of the royal treasurer or keeper of the royal stores.
මහ·ගම, *n.* large village, ලොකු ගම; also for මාගම.
මහ·ගිම, *n.* great heat, hot weather, තද ග්‍රීෂ්මය.
මහ·ඝු, මහ·ඝු, *a.* very valuable or precious, ඉතා අගනා, මාහැඟි.
මහ·ඝුළුවා, *n.* See අකුළුමා. [commonalty.
මහ·ජන, *a.* pert. to the public or people or
මහ·ජන·ආණ්ඩු·ක්‍රමය, *n.* republican form of government, republicanism.
මහ·ජන·ආණ්ඩු·භක්තිය, *n.* republicanism, viz. attachment to that form of government.
මහ·ජන·ආණ්ඩුව, *n.* republic, commonwealth.
මහ·ජන·ප්‍රතිබද්ධ·ශාස්ත්‍රය, මහජනශාස්ත්‍රය, *n.* social science, sociology. [ment.
මහ·ජන·මන්ත්‍රී·සභාව, *n.* the commons, parlia-
මහ·ජනයා, *n.* the people, the masses, the public, the populace.
මහණ, *a.* (fr. සමණ fr. ශ්‍රමණ), B. ascetic.
මහණකම, *n.* state of asceticism, priesthood.
මහණ·තෙනෙත්, මහණා, *n.* an ascetic, monk, priest.
මහණව, *n.* See මහණීවය. [monk.
මහණවෙනවා, *v. i.* to become an ascetic or B.
මහණුන්නාන්සේ, *n. hon.* B. priest or monk.
මහත, *n.* bulk, size, dimension, magnitude.
මහතා, මහතාණෝ, *n.* master, gentleman, seignior.
මහතිය, *n.* Indian lute, guitar, harp, වීණාව.
මහතුන්, *n. pl. acc.* of මහතා.
මහතෙර, *n.* B., very reverend, viz. chief priest, monk of high rank.
මහත්, *a.* large, great, excellent. [උතුම්කම.
මහත්·ත්වය, *n.* greatness, dignity, මහත්කම,
මහත්කරනවා, *v. t.* to enlarge.
මහත්මයා, *n.* (fr. මහත්මා), master, gentleman; *voc.* Sir; හෙන්රික් මහත්මයා, Mr. Hendrick.
මහ·දවාල, *n.* broad day, full daylight.
මහ·දළ·තිරිසනා, *n.* dinotherium.
මහ·දෑකැත්ත, *n.* large sickle, scythe.
මහ·දිය·හලාව or **·සුළිය**, *n.* whirlpool.
මහ·දිව, *n.* great island, viz. any one of the four islands or continents which are in front of the four sides of මහමෙර. [vince.
මහ·දිසාව, *n.* title of the governor of a pro-

මහ·දුරු, *n.* large cummin seed.
මහ·දෙවියෝ, *n.* the great God: ap. of Siva.
මහ·දොර, *n.* the great door, city door, නුවර
මහන·යන්ත්‍රය, *n.* sewing machine. [දොර.
මහනවා, *v. t.* to sew, stitch; *pret.* මැහුවා; *p. pl.* මහලා; *v. n.* මැහීම.
මහ·නහරය, *n.* great nerve or tendon supposed to be hollow and attached to the bones as a passage for vital air.
මහ·නිල්·කැටය, මහ·නිල්·මිණ, *n.* sapphire, ඉඳුනිලය, නිල්කැටය. [කාරම.
මහ·නිලමේ, *n.* high official, chief, adigar, අදි
මහ·නිල·කොයා, *n.* See බටකොයා.
මහන්තත්වය, *n.* (for මහත්තත්වය), greatness, dignity, grandeur, majesty, උතුම්කම.
මහන්නා, *n.* sewer (සෝවර්), tailor.
මහන්නී, *n. fem.* needle-woman, seamstress.
මහන්සිය, *n.* labour, toil: see මාන්සිය.
මහන්සිවෙනවා, *v. i.* See මාන්සිවෙනවා.
මහ·පට·ඇඟිල්ල, *n.* See මාපටඇඟිල්ල.
මහ·පත්·මුල්, *n. pl.* See පතුමුල.
මහ·පාය, *n.* large palace, මහ මාලිගාව.
මහ·පාර, *n.* main road, highroad.
මහ·පිලිහුඩුවා, *n.* large stork-billed king-fisher, *pelargopsis gurial*, වතුරකුඩිා.
මහ·පූජාව, *n.* R. C. high mass.
මහපොළොව, *n.* the earth.
මහප්පා, *n.* (මහ අප්පා), uncle, viz. father's elder brother.
මහ·බටු, *n.* See බටු. *Bot.*
මහ·බඩ·වැල, *n. anat.* colon.
මහ·බද්ද, *n.* the (Ceylon) great monopoly.
මහ·බද්දේ, *n. gen. case*, of or pert. to the cinnamon monopoly; මහබද්දේ ජාතිය, Chāliya caste.
මහ·බඹයා, *n.* See බ්‍රහ්මයා.
මහ·බඹර, *n.* See බඹරා.
මහ·බිනික්මන්, *n.* E. of මහාභිනිෂ්ක්‍රමණය: (see අභිනික්මන්), the great out-going or renunciation, viz. (Gautama's) going forth from household to monastic life for purification to attain buddhahood.
මහ·මග, *n.* See මහ මාවත.
මහමත්·ආගම, මහමදගම, *n.* Mohammedanism.
මහමත්·ආගම්කාර, *a.* Mohammedan.
මහමත්ආගම්කාරයා, *n.* Mohammedan, Moslem.
මහ·මළුව, *n.* the compound adjoining a sacred place such as a shrine.
මහ·මායා, මහා·මායා, *n.* See මායා.
මහ·මායා·තනේන්, *n.* (තනේන් son), son of මහ මායා, ap. of Buddha, මායා දේවියගේ පුත්‍රයා.
මහ·මාවත, *n.* highroad, highway.
මහමී, *n.* honey made by the wasp, බඹර පැණි.
මහ·මුහුද, *n.* the great sea, ocean. [මූණ.
මහ·මුහුණා, *n.* big-faced one, viz. owl, මහ

මහ·මෙර, මහමෙරුව, *n.* See මේරුපර්වතය.
මහ·මොහොට්ටාල, *n.* chief secretary.
මහම්මා, *n.* (මහ අම්මා), aunt, viz. mother's elder sister or father's elder brother's wife.
මහය, *n.* festival, මංගල්‍යය; light, එළිය; sacrifice, පූජාව.
මහයා, *n.* buffalo, මහරකා; fish, මහා, මාලුවා.
මහසිල, *n.* palace, මාලිගාව.
මහ·රජ, *n.* great king, sovereign, emperor.
මහරම, *n.* See මරම්මරට and මහාරාමය.
මහරහ, මහරු, *a.* See මහාර්ඝ.
මහ·රහත්, *a.* who is chief or an eminent Rahat: see රහත්.
මහරැජිනියෝ, මහරැජින, *n.* queen, මෙහෙසිකාව.
මහ·රළ, *n.* great wave, roller.
මහරෑ, *n.* or *ad.* late at night, midnight or at midnight.
මහ·රුක, *n.* coconut tree.
මහල, *n.* upper story, loft, උඩුමහල; pillow, කොට්ටය; palace, mansion, මාලිගාව; *pl.* මහල්.
මහලු, *a.* aged, old; *n.* see මාලු. [nastic.
මහලු·පැමිදි, *a.* senior or aged or superior mo-
මහලු·බෑයා, *n.* elder brother, අයියා.
මහ·ලෙඩ, *n.* small pox, වසූරිය.
මහ·ලේ, *n.* menses, කිළිමාලය.
මහලේ·රෝගය, *n.* bloody flux, ලේ බිඳීම.
මහ·ලේකම්තැන, *n.* secretary of state, මහ සෙකුතාරිස් තැන.
මහ·ලේ·කනතුර, *n.* office of chief secretary, chief secretaryship.
මහල්·තලය, මහල්·තල, *n.* upper floor or story, upper room, උඩුමහල.
මහල්ලා, *a.* old, aged, මහලු. [මහල්ලා.
මහල්ලා, *n.* old man, aged person, senior, වැඩි
මහ·වග, *n.* the fourth of the main division of the විනයපිටකය: see පිටකත්‍රය.
මහ·වටුවා, *n.* bird called common red-shank *totarus calidris*.
මහ·වත, *n.* highroad, මාවත.
මහ·වතා, *n.* (වත face), owl: see මහබුහුණා.
මහ·වඳුරා, *n.* large grey monkey with black face and white beard, *presbytes ursinus*.
මහ·වාසල, *n.* entrance hall or porch of a palace, audience hall at the entrance.
මහ·වීරු, *a.* heroic, very energetic, මහවීර්යවන්ත, මහාවීර්ය. [*bus torringtonia*.
මහ·බිල·ගොයා, *n.* Ceylon wood-pigeon, *palum-*
මහ·වීදිය, *n.* main street, ප්‍රධාන වීදිය.
මහ·බුර, *n.* great rampart, මහ පවුර.
මහ·බුලු, මහ·බුලුව, *n.* pillow, කොට්ටය. [වීදිය.
මහවෙ, *n.* highway, මාවත, broad street, මහ
මහවෙලා, *n.* a fish so called.
මහ·සංඝයා, මහසඟ, *n.* B., association of priests, governing body or assembly of priests.

මහ·සත්, මහාසත්වයා, *n.* *lit.* the great Being: ap. of බෝධිසත්වයා.
මහ·සමුද්‍ර·සන්ධිය, *n.* channel of the sea.
මහ·සල, *n.* palace, මාලිගාව, mansion, මාලිගම.
මහ·සල්, *a.* noble, උතුම්.
මහ·සාරමේය·රාශිය, *n.* the *const.* canis major.
මහ·සිකුරාද, *n.* Good Friday. [රාජ්‍යත්වය.
මහ·සුන, *n.* (මහ අසුන), throne, chair of state.
මහ·සුප්, *n.* (fr. මහාසුප්): see මහා සාංගප.
මහ·සිටුවරයා, *n.* chief nobleman.
මහ·සීම, *n.* great boundary, city boundary, නුවර සීමාව.
මහ·සෙක්‍රතාරිස්·මුරය, *n.* secretaryship of state or government.
මහ·සෙන්, *n.* E. of මහාසේන: *lit.* great army: ap. of කතරගමදෙවියෝ as god of war and leader of the celestial army.
මහා,* *a.* large, මහත්, excellent, උතුම්.
මහා·ඍෂි, *n.* great sage or saint, sp. Buddha.
මහා·කණ්හ, *n.* (කණ්හ blackness, evil), name of a Jātaka, so called from the wickedness which prevailed during that incarnation of Gautama as සක්දෙව් under the form of Indra.
මහා·කාය, *n.* large body, ලොකු ශරීරය.
මහා·කාල, *n.* (කාල black), a form or incarnation of Siva as the destroyer, being black and of terrific aspect; name of Mandi the doorkeeper and attendant Siva.
මහා·කාශ්‍යප, *n.* name of an eminent disciple of Buddha. [මංගමන්.
මහා·කුල, මහා·කුලීන, *a.* high-born, high-caste,
මහාක්ෂර, මහාක්ෂර·ලිඛිත, *a.* (මහා·අක්ෂර), written in large letter, uncial. [E. S.
මහාක්ෂරය, *n.* capital letter; uncial letter.
මහා·ගුල්මය, *n.* enlarged spleen or mesenteric gland, so as to show externally. [Krishna.
මහා·ගෝවින්ද, *n.* the great Govinda, ap. of
මහා·ග්‍රීවයා, *n.* (ග්‍රීව neck), camel, ඔටුවා.
මහා·ඝෝර, *a.* terrible, horrible, භයංකර, ඝෝරතර.
මහා·ඝෝෂාව, *n.* loud noise, uproar.
මහාජන &c., *a.*, මහාජනයා, *n.* See මහජන &c. and මහජනයා.
මහා·ජනයා, *n.* great man, eminent person, උතුම් කෙනෙකුන්; merchant, වෙළෙන්ද.
මහා·ජනහිත·කාමී, *a.* desirous of the public welfare, public-spirited (person).
මහා·ජනහිතිකී, *a.* pert. to the public welfare, public-spirited (act).
මහා·ජාලාව, *n.* large net, sweep-net, ලොකු දැල.
මහා·දේව, මහා·දේවයා, *n.* the great god, ap. of Siva.

* මහා (Sans. and Pali)=මහ (Sinh.): for words not given under මහා, see මහ &c.

මහා·දේවී, *n.* the great goddess, ap. of දුර්ගා, wife of Siva.
මහා·දේශය, මහා·ද්වීපය, *n.* continent or large country. [පුදුම.
මහාද්භූත, *a.* (මහා අද්භූත), very wonderful, ඉතා
මහා·ද්වීපය, *n.* continent.
මහා·ද්වීපික, *a.* continental, pert. to a large country. [අගේ ඇති.
මහා·ධන, *a.* rich, පොහොසත්; valuable, costly,
මහා·ධනය, *n.* great treasure, anything costly, as gold, incense, costly rayment &c., අගනා දේ, වස්තුව. [ණය.
මහා·නිද්‍රාව, *n.* the great sleep, viz. death, මර
මහානීලය, *n.* emerald, පච්චගල.
මහානුභාව, *a.* (මහා අනුභාව), magnanimous, liberal, ගුණවත්. [efficacy.
මහානුභාවය, *n.* great power or influence or
මහා·පථ·ගමන, *n. lit.* the great road journey, viz. dying, death.
මහා·පථය, *n.* highway, මහමාවත; *fig.* end of life, ජීවිතාන්තය, මරණය.
මහා·පුරුෂයා, *n.* immense man: ap. ap. of Buddha, who is said to have been eighteen cubits high including a flame of glory which rose from his head to the height of six cubits.
මහාපෘථිවිය, *n.* the great earth, the whole world, මහපොළොව.
මහා·ප්‍රති·ජංඝාස්ථි, *a.* (·අස්ථි, bone), tibial. E. S.
මහා·ප්‍රති·ජංඝාස්ථිය, *n.* (ජංඝා අස්ථිය), tibia. E.S.
මහා·ප්‍රලය, *n.* (H. myth.), the great destruction, viz. the destruction of the world after every 422 millions of years. After 100 renovations comes the annihilation of the whole universe, including gods, demons, men &c. [rated.
මහා·ප්‍රාණ, *a. gram.* of heavy breathing, aspi-
මහා·ප්‍රාණාක්ෂරය, *n.* aspirated letter.
මහා·බල, *a.* strong, powerful, බලවත්.
මහා·බල, *n.* ap. of Buddha: see දසබල.
මහා·බලය, *n.* lead, ඊයම්; air, wind, සුළඟ.
මහා·බ්‍රහ්මයා, *n.* great Brahma, as the supreme God.
මහා·භද්‍ර, *a.* very happy or prosperous: see භද්‍ර.
මහා·භද්‍ර·කල්පය, *n.* the great auspicious age of the world: see භද්‍රකල්පය.
මහා·භද්‍රාව, *n.* very auspicious one: ap. of the Ganges. [great bear.
මහා·භල්ලූ·රාශිය, *n.* const. ursa major, the
මහා·භාග, මහා·භාගවත්, *a.* very excellent, eminent, ඉතා උතුම්, උත්තම. [කම.
මහා·භාග්‍යතාව, *n.* great eminence, මහත් උතුම්
මහා·භාරත, *n.* the name of a H. epic poem; so called, it is said, because it was found heavier than the four Vedas when weighed by the Rishis.

මහා·භූතයෝ, *n. pl.* the elements of nature.
මහා·භූත·ව්‍යාකූලය, *n.* confusion of the elements, chaos.
මහාභිඥ, *a.* (මහා අභිඥ), very skilful: see අභිඥ.
මහාභි·නිෂ්ක්‍රමණය, *n.* (මහා අභි emp.), the great out-going or renunciation, viz. renunciation of household life and the pleasures of the world in order to subdue the passions: sp. applied to Buddha's great renunciation.
මහා·භූතය, *n.* any one of the five primary elements: earth, air, water, fire, space, භූතය.
මහා·භෝග, *n.* great wealth, මහත් සම්පත.
මහා·මති, මහා·මතික, *a.* high-minded, magnanimous, ඉතා ගුණවත්.
මහාමාත්‍යකම, *n.* (මහා අමාත්‍ය), premiership, E.S.
මහාමාත්‍යයා, *n.* premier, prime minister.
මහා·මාරිය, *n.* pestilence, the plague, වසංගතය.
මහා·මුඛයා, *n.* the big-mouthed one, viz. crocodile, alligator, කිඹුලා.
මහා·මුනි, *n.* great saint or sage; ap. of Buddha and of Agastya, අගස්ති.
මහා·මූෂිකයා, *n.* rat, මීයා. [Buddha.
මහා·මෛත්‍රී, *n.* most benignant one: ap. of
මහා·මෘගයා, *n.* great animal, viz. elephant, අලියා. [කීර්තිමත්, ශ්‍රීමත්.
මහා·යශස්, *a.* very illustrious or famous ඉතා
මහා·යුගය, *n.* the great yuga or age, aggregate of the four ages amounting to 432 millions of years.
මහා·රජත, මහා·රජත, *n.* gold, රත්රන්. *Bot.*
මහා·රස, *n.* (රස juice or sweetness), rice gruel, congee, කැඳ, උළුකැඳ; sugar-cane, උක්ගස.
මහාරාජයා, *n.* See මහරජ.
මහාරාජික, *a.* imperial, රාජ. E. S.
මහා·රාත්‍රිය (ත්‍රිය), *n.* full night, midnight, මහරෑ.
මහා·රාෂ්ට්‍රය, *n. lit.* great country viz. Maharata, probably the west and north-west province of India, bounded on the North by Guzarat and the Narbuda river.
මහා·රූපක, *a.* dramatic, නාඩගම් ආකාර.
මහා·රූපකය, *n.* drama, නාඩගම් ප්‍රබන්ධය, නාඩ
මහා·වරකින්නරය, *n.* violoncello. [ගම.
මහා·වරකින්නර·වාදකයා, *n.* violoncellist.
මහා·රෞරවය, *n.* the very terrible: name of one of the eight hells.
මහාර්ඝ, මහාර්ඝ, *a.* (මහා අර්ඝ, අර්ඝ), very costly, very valuable, precious, excellent, ඉතා අගේ ඇති, අගනා.
මහාර්ඝතාව, මහාර්ඝතාව, *n.* great costliness &c.
මහාර්ණවය, *n.* (මහා අර්ණවය), the great ocean, මහ සමුද්‍රය.
මහාර්ථ, *a.* (මහා අර්ථ), of important meaning, very significant, වැදගත් අර්ථ ඇති.
මහාර්ථතාව, *n.* great significance, වැදගත්කම, වැදගත් අර්ථය.

මහාග්‍රී, *a.* (මහා අග්‍රී), pre-eminent, ඉතා උතුම්
මහාග්‍රීය, *n.* gentlewoman, lady, කුල ස්ත්‍රී.
මහාලය, *n.* (මහා ආලය), great house, temple, දේවාලය, sacred place, as a place of pilgrimage or sacred tree, asylum; Brahma world, බ්‍රහ්මලෝකය; H. god or supreme Being, දෙවියෝ.
මහා·වංශය, *n.* high rank, noble lineage, උතුම් වංශය; name of a celebrated history of the dynasties of the kings of Ceylon.
මහා·වරණ්ඩය, *n.* large verandah or portico, piazza, මහා බරණ්ඩේ.
මහා·විල, *n.* (විල hole, chasm), the sky, අහස, ආකාශය; hole, වල, cave, ගුහාව.
මහා·විෂුවය, *n.* vernal equinox, the moment when the sun enters Aries. E. S.
මහා·විස්තරය, *n.* much explanation, extreme prolixity, great diffuseness.
මහා·වීරයා, *n.* hero, very energetic person; strict ascetic, performer of the pāramitās (පාරමිතා), මහාවීරයා; ap. of Bōdhisat as fulfilling the පාරමිතා to attain Buddhaship.
මහා·වීර්‍ය, මහාවීර්‍යවත්, *a.* very strenuous, very energetic, ඉතා වීර්‍යවත්. [රණදිය.
මහා·වීර්‍යය, *n.* strenuous exertion; quicksilver,
මහා·වීර්‍යයා, *n.* the great worker or energetic one, ap. of Brahma.
මහාවීර්‍යාව, *n.* ap. of Sanja wife of the sun.
මහා·වේගයා, *n.* swift one, viz. monkey, රිලවා.
මහා·ව්‍රතී, *n.* ap. of Siva, ශිවදෙවියෝ.
මහාව්‍රතියා, *n.* devotee, ascetic, තපස්වරයා.
මහා·ශ්වේතා, *n.* a very white or fair one, ap. of සරස්වතී; candied sugar, කැට සීනි.
මහා·ශ්‍රමණයා, *n.* the great ascetic, ap. of Buddha as chief of ascetics.
මහා·සංඝයා, *n.* (සංඝ body), camel, ඔටුවා.
මහා·ස්ථවිර, *a.* B. P., elderly, aged, venerable, තෙර.
මහා·ස්ථවිරයා, *n* elderly B. P., තෙරුන්නාන්සේ.
මහා·සම්මත, *n.* (සම්මත consent, agreement), ap. of the first sovereign of the Surya race, who, it is said, was elected by the general consent of the people.
මහා·සම්මතය, *n.* the great agreement or suffrage, viz. of the people in general when the first king of the Súrya race was elected.
මහා·සමුද්‍රය, *n.* the great ocean, the sea, මහ මුහුද.
මහා·සාරය, *n.* (සාරය wealth), the supposed vast wealth of the three highest H. castes: that of the royal or military, that of the priestly and that of the Vellāla or agricultural. The first is said to be at least 100 kótis (1000 millions) of kahāpanas, which, if of gold, is more than 1000 million pounds sterling; the second is half that amount and the third half the amount of the second.
මහා·සාවද්‍ය, *a.* very faulty, blameworthy, wrong or guilty, ඉතා වැරදි or වරදකාර.
මහා·සාහසය, *n.* great outrage, තද බලාත්කාරය.
මහා·සේන, *n.* chief commander, generalissimo, මහසේනාපතියා; ap. of කතරගම දෙවියෝ: see මහසෙන්. [හඬ ඇති.
මහා·ස්වන, *a.* loud-sounding, stentorian, මහත්
මහා·හාසය, මහා·හාස්‍යය, *n.* loud laughter, roar of laughter, තදින් සිනාසීම.
මහි, මහී, *a.* pert. to the earth, පොළොව්.
මහිංසක, *n.* name of a province in southern India.
මහිකාව, *n.* fog, මීදුම, මිහිදුම; frost, හිම.
මහිත, *a.* proper, ගුණ, fit, සුදුසු; revered, E. S.
මහිතය, *n.* trident of Siva, ශිවදෙවියාගේ ත්‍රිශූල දණ්ඩය. E. S. [තලය.
මහි·තලය, *n.* surface of the earth, පොළොව්
මහිමාව, මහිමය, *n.* greatness, majesty, glory, magnificence, මහානුභාවය.
මහිමාව, *n.* greatness, මහත්කම, dignity, උතුම්කම, magnitude, immensity, as one of Siva's attributes.
මහිය, *n.* See මිහි.
මහියා, *n.* the earth personified, පොළොව් නාම.
මහිර, *n.* sun, ඉර.
මහිලාව, *n.* woman, ස්ත්‍රී.
මහිෂයා, *n.* buffalo, මීවා; Yama's emblem and vehicle; name of an අසුරයා or demon slain by දුර්ගා.
මහිෂී, *n.* buffalo, මීදෙන; crowned wife of a king, queen, බිසව.
මහිසුත, *n.* *lit.* earth-son: ap. of the regent of Mars, said to have sprung from the soil near Ujjain which was sprinkled with Siva's perspiration.
මහී, *n.* the earth: see මිහි; a river of Malwa which flows into the gulf of Cambray.
මහී, *a.* pert. to the earth, පොළොව්.
මහී·කම්පාව, *n.* earthquake, පොළොව්කම්පාව.
මහී·කාන්තාව, *n. fem.* personification of the earth, (say) earth-lady, as sustaining all from the produce of the ground, පොළොව නැමති ස්ත්‍රී.
මහී·ගර්ජනාව, *n.* the rumbling of an earthquake, පොළොව් කම්පාවේ ගර්ජනාව.
මහී·තලය, *n.* See මහිතලය.
මහී·ධරය, *n.* *lit.* that which is sustained by the earth, viz. mountain, පර්වතය.
මහී·ධරයා, *n.* sustainer of the earth: ap. of Vishnu as preserver of the world.
මහී·ධූම, *n.* *lit.* earth-smoke, viz. vapour, mist, fog, මීදුම. [රජ.
මහී·පාලයා, *n.* earth-protector or ruler, king,

මහිෂා, *n.* black-faced monkey, වඳුරෙක් cow, එළු දෙන. [ගරුතර.

මහීයමාන, *a.* honourable, reverend, estimable

මහී·රුහ, *n.* (රුහ් to grow), *lit.* earth-product, viz. tree or plant, ගස.

මහී·ලතාව, *n.* *lit.* earth-thread or creeper, viz. earthworm, පණුවා.

මහිෂාක්ෂ, *n.* a kind of gum, bdellium, ගුගුල්.

මහී·සුත, *n.* See මහිසුත.

මහේස්ත්‍රාත්·තුන, *n.* Eng., magistrate.

මහේච්ඡ, *a.* (මහා, ඉච්ඡා wish, design), liberal, magnanimous, ඉතා ගුණවත්.

මහේන්ද්‍ර, *n.* the great Indra: see ඉන්ද්‍රයා.

මහේන්ද්‍ර නගරිය, *n.* (මහා·ඉන්ද්‍ර), great Indra's city, අමරාවතිය the capital of Indra and abode of the immortals.

මහේන්ද්‍රය, *n.* one of the seven principal mountain ranges of India, perhaps in the northern part of the peninsula.

මහේශ, මහේශ්වරයා, *n.* (මහා ඊශ), the great lord: ap. of Siva, ඊශ්වරයා.

මහේසි, *n.* (මහා ඉසි), the great සාමි: ap. of Buddha.

මහේසිකාව, *n.* queen, empress, බිසව, මහාරැජිනී.

මහෝඝය, *n.* (මහා ඕඝය), great torrent, deluge, මහත් වතුරගැල්ම.

මහෝත්තම, *a.* (මහා උත්තම), of great dignity, most exalted, most high, august, ඉතා උසස්.

මහෝත්තමයාණන්, *n.* *hon.* the Most High, the Supreme.

මහෝත්සවය, *n.* (මහා උත්:), great feast, high festival, මහත් මංගල්‍යයක්.

මහෝදධිය, *n.* (මහා උද:), the ocean, මුහුද.

මහෝදය, *n.* (මහා උදය), the great dawn or blessedness, viz. final beatitude in the attainment of නිර්වාණය; abandoning, අත්හැරයාම, getting free, මිදීම.

මහෝන්නත, *a.* (මහා උන්:), very eminent, exalted, high, honourable, princely, ඉතාඋතුම්; stately, grand, sublime, majestic, ඉතා උසස්.

මහෝන්නතතාව, මහෝන්නතත්වය, *n.* great eminence &c.

මහෝරගය, *n.* (මහා උරගය), root of a plant.

මහෝරගයා, *n.* (මහා උරගයා), any large snake, ලොකු සර්පයා; a demigod who is king of serpents and an inhabitant of පාතාලය.

මහෝෂධ, *n.* P. of මහෞෂධය.

මහෞෂධය, *n.* (මහා ඖෂධය), *lit.* the great remedy: applied to dried ginger and to other plants and medicinal substances. *Bot.*

මළ, මළාවූ, *v. adj.* that has died, dead, මැරිච්ච, මැරුණ. [කඳන්.

මළ·කඳ, *n.* dead body, corpse, මිනිය; *pl.* මළ

මළ·කුණ, *n.* decaying dead body, carcase; *pl.* මළකුණු.

මළකුරු, *n.* (මළ අකුර), dead letter, viz. unvocalized consonant, හල් අකුර, as ක්, ග් &c.

මළ·දණ්ඩියා, *n.* *lit.* dead stick, viz. snake, සර්පයා.

මළ·දඬු, *n.* *pl.* dead sticks, dead wood, firewood, දර.

මළ·පත, *n.* (මළ dead or dry, පත, පත්‍රය, leaf, writing), written notice of the death of a person, obituary; dry leaf; මළපතේ අකුරක්, a letter on a dry leaf.

මළ·පලාව, මළ·පාළුව, *n.* *lit.* death-desolation, or vacancy, viz. an estate which has fallen to Government through failure of heirs.

මළ·මිනිය, *n.* (මිනිය fr. මිනිසා), dead body, corpse, මිනිය. [මිනිය.

මළ·සිරුර, *n.* E. for මෘතශරීරය: dead body,

මළසුන, *n.* (මළ අසුන), tidings of the death of a person; *pl.* මළසුන්.

මළිය, *n.* See මළුමණ්ඩපය.

මළුපුව, *n.* See මිදුපුව.

මළු·මණ්ඩපය; මළුව, *n.* courtyard, enclosure, මිදුල; shed, මඩුව.

මා, *pron.* acc. case of මම, me.

මා, *a.* cont. of මහා: large. [මාගාව.

මා, *n.* moon, හඳ; ap. of ලක්ෂ්මී; delusion,

මාඉම, *n.* See මාසිම.

මා·උදේ, *n.* or *ad.* (fr. මහඋදේ), very early morning; very early in the morning.

මාංශ; *n. pl.* or *a.* flesh; pert. to the flesh or body; (of flour) dough.

මාංශ·කෘමියා, *n.* flesh-worm, trichina. [E. S.

මාංශ·කෘමි·රෝගය, *n.* trichiniasis, trichinosis.

මාංශ·කෘමි·රෝගී, *a.* trichinous.

මාංශ·චක්ෂුස, *n.* bodily eye: see මසැස.

මාංශ·තෘෂ්ණාව, *n.* fleshly desire, carnal desire.

මාංශ·භක්ෂක, *a.* carnivorous, zoophagous, මාංශ කන, මස්කන.

මාංශ·භක්ෂකයා, *n.* one of the carnivora, carnivorous animal, zoophagan, මස්කන්නා, මස් කන සතෙක්.

මාංශය, *n.* flesh, meat. [ගතු.

මාංසල, *a.* fleshy, lusty, තරබාරු, strong, බල

මාංශ·ලියලීම, *v. n.* of ලියලනවා: sarcosis, germinating or growth of flesh, මාංශවෘද්ධිය.

මාංශ·වෘධක, *a.* sarcotic, මාංශ වැඩිකරන.

මාංශ·වෘධකඖෂධය, *n.* (ඖෂධය), sarcotic, medicine which promotes the growth of flesh, මාංශ වර්ධනකරන බෙහෙත්.

මාංශ·ශෝථය, *n.* sarcoma, ව්‍යාධිගෙඩියක්, මස් ගෙඩියක්. [flesh.

මාංශ·සාරය, *n.* animal fat, තෙල; serum of the

මාංසාකාර, *a.* carnal, fleshly.

මාංසාපණය, *n.* (ආපණය), meat-market, shambles, මස්කඩේ.

මාංසාවරණය, *n.* (·ආවරණය), pulpy covering (of fruits), sarcocarp, sarcoderm, මදුලු මැස්ම.

මාංසාහාරය, *n.* (ආහාරය), flesh-food, flesh-diet, මස්කෑම.

මාංසික, *a.* fleshly, unspiritual, carnal, sensual.

මාංසිකයා, *n.* carnal or worldly person; *obs.* dealer in flesh, butcher, මස් විකුණන්නා.

මාංසි, *n.* spikenard, ජටාමාංස; the drug, කාකෝලිය.

මා'කාරුවා, *n.* (මා for මායා), juggler, sorcerer, විජ්ජාකාරයා; actor, නාඩගම්කාරයා.

මාකරුවා, *n.* a small sea fish. [මක්කිනන්.

මාක්ෂික, *n.* honey, මීපැණි; also the same as

මාක්ෂිකා, *n.* bee, මීමැස්සා.

මාක්ෂිකාශ්‍රය, *n.* (·ආශ්‍රය receptacle), honey-comb, මී වදය; bees' wax, මී ඉටි.

මාගධි, *a.* South Behar- (region &c.); Māgadha or Pāli (language &c.).

මාගධය, *n.* South Behar, which was Buddha's native province and the birth place of his religion; the language so called, Pāli.

මාගධයා, *n.* an inhabitant of Māgadha; bard, minstrel, royal panegyrist. [ගාල්. *Bot.*

මාගධි, *n.* refined sugar, සීනි; cardamoms, එනසාල්

මාගධික, *a.* Pāli (book &c.), පාලි, මාගධි.

මාගධිය, *n.* Magadha or Pali language, පාලි භාෂාව. [මුන්.

මාගම්, *n.* woman, ස්ත්‍රී; *pl.* මාගම්හු, acc. මාග

මාගල, *n.* large mat, ලොකු පැදුර; *pl.* මාගල්.

මාගුරුවා, *n.* large sea fish.

මාගුවරයා, *n.* magian; astronomer, නක්ෂත්‍රකාරයා; *pl.* මාගුවරු.

මාගේ, *pron.* poss. case of මම: my, mine.

මාඝ, *n.* name of a month, නවම් මාස; name of a poet and of his poem, ශිශුපාලවධ or the king Sisu. [වනන, කලනාණ.

මාංගලික, *a.* auspicious, prosperous, මංගල්‍ය

මාචිකාවා, *n.* fly, මැස්සා. [manacle, shackle.

මාංචු·දමනවා or ·ලනවා, *v.* to put handcuffs on,

මාංචුව, *n.* handcuff &c., අත්දම.

මාජෙඨ, *a.* (fr. මජ්ඨා Bengal madder), red, රතු.

මාජෙඨය, *n.* red colour, රතුපාට. [යයා.

මාර්ගපතියා, *n.* (මාර්ග road), abbot, නායක හාම

මාඩ, *n.* bhang, intoxicating preparation of hemp.

මාණවයා, මාණවකයා, *n.* a youth, young man, තරුණයා; pupil, ගෝලයා; manikin (contemptuously), මිට්ටා; see මානවයා.

මාණවීන, *a.* boyish, childish, ළාමක. [කිරිය.

මාණිකාව, *n.* a certain quantity of land; see

මාණික්‍ය, *a.* pert. to gems, gem-, මැණික්.

මාණික්‍ය·ඡේද්‍යය, *n.* cutting or engraving of gems, මැණික් කැපීම. [ණික් කපන්නා.

මාණික්‍ය·ඡේද්‍යයා, *n.* gem-cutter, lapidary, මැ

මාණික්‍ය·ඥයා, *n.* one skilled in gems, connoisseur of stones. [ණික.

මාණික්‍යය, *n.* gem, jewel, precious stone, මැ

මාණික්‍ය·රත්නය, *n.* precious gem: one of the seven treasures of a චක්‍රවර්ති or universal king, viz. a precious stone as large as a pumpkin and which gives light to the distance of four miles all round and power to visit any world.

මාණික්‍ය·වාණිජයා, *n.* gem-merchant, jeweller, මැණික් වෙළෙන්දා.

මාණිමන්, *n.* salt from mount Manimantha, rock salt; also sea salt.

මාඬාව, *n.* See දුනුමුඩාව.

මාතංගයා, *n.* elephant, අලියා; low caste man, outcast, චණ්ඩාලයා &c.: see මතංගයා.

මාතා, මාතාවෝ, *n.* mother, මව්, මෑණියෝ.

මාතා·පිතා, *n.* mother and father, parents, මව් පියෝ.

මාතා·මහ, *n.* maternal grandfather, මුත්තා.

මාතා·මහී, *n.* maternal grandmother, ආත්තා.

මාතෘ, *n.* mother, මාතා, මව්.

මාතෘ·ග්‍රාම, *n.* woman, ස්ත්‍රී.

මාතෘ·පෝෂක, *a.* supporting one's mother.

මාතුල·පුත්‍රයා, *n.* cousin who is son of a maternal uncle.

මාතුල, *n.* father-in-law; maternal uncle, මාමා; variegated snake. [cle, නැන්දා.

මාතුලා, *n.* aunt who is wife of a maternal un-

මාතුලාහියා, *n.* (මාතුල අහියා), variegated snake, විසිතුරු සර්පයෙක්.

මාතෘ·විලෝකනය, *n.* *lit.* looking for mother, viz. one of the five views taken by Buddha before his last incarnation to determine of whom he would be born.

මාතෘ, *n.* mother, මව්; brahmin woman, බැමිණි; ap. of ලක්ෂ්මී, of a cow, එළදෙන, and of the earth, පොළොව, and of space, ආකාශය.

මාතෘ, මාතෘක, *a.* maternal, mother-, මවු.

මාතෘත්වය, මාතෘතාව, *n.* maternity, motherhood.

මාතෘකාව, *n.* title, motto, heading, මුල් වචනය or නම; alphabet, හෝඩිය; signature, අත්සන; inscription, සටලිපිය; simple sound, note, vowel, ප්‍රාණාක්ෂරය.

මාතෘකාව·තබනවා or ලියනවා, *v.* to head, give a name or title to.

මාතෘ·ගෝත්‍ර, මාතෘ·පක්ෂ, *a.* maternal (side), pert. to maternal relatives.

මාතෘඝාතකයා, *n.* one who kills his mother, matricide. [මැරීම.

මාතෘ·ඝාතනය, *n.* the act of matricide, මව්

මාතෘ·පිතෘ, *n.* See මාතාපිතා.

මාතෘ·වධය, *n.* See මාතෘඝාතනය.

මාතලිජ්ජා, *n.* a kind of sea fish.

මාත්‍රා·කරනවා, *v. t.* to modify or qualify, metals by mixing; with සෝදා, to wipe up or off: see සෝදා මාත්‍රාකරනවා.

මාත්තු·බලනවා, *v.* to assay, test the quality.
මාත්තුව, *n.* the quality of metals, of spirits &c.; alloy, a compound of metals, මිශ්‍ර ලෝහ ජාතියක්.
මාත්‍ර·ඥ, *a.* (මාත්‍ර degree, ඥ knowing), moderate, temperate. E. S.
මාත්‍ර·ඥතාව, *n.* moderateness, temperateness.
මාත්‍රය, *n.* degree, small degree, what degree there is, as වචන මාත්‍රයක්, the extent of a word, a mere word or word only.
මාත්‍රයම, *ad.* mere, only, as නාම මාත්‍රයම, the the mere name, the name only.
මාත්‍රාංශය, *n.* (මාත්‍රා අංශය), the vowel sign (ා) and (ෘ) attached to consonants, as මා, මෘ.
මාත්‍රාව, *n.* a little, short vowel, quantity in metre; wealth, වස්තුව. [metre.
මාත්‍රා·වර්ධය, *n.* lengthening the quantity in
මාත්‍රා·හානිය, *n.* shortening the quantity in metre. [niggardly, මසුරු.
මාත්සර, මාත්සර්‍ය්‍ය, *n.* envious, jealous, ඊර්ෂ්‍යා වූ;
මාත්සර්‍ය්‍යතාව, මාත්සර්‍ය්‍යය, *n.* envy &c.
මාදනය, *n.* (fr. මද් to delight), delighting, ප්‍රීති මත් කිරීම; inebriating, මත්කිරීම.
මාදැල, *n.* large net, drag net; *pl.* මාදැල්.
මාදිරිය, මාදිලිය, *n.* T., pattern, example, manner, ආදර්ශය, sample, specimen, class, kind, ප්‍රකාරය, වර්ග.
මා·දුරු, *n.* caraway seed; large cummin seed.
මාධව, *n.* month of spring and first of the Sinhalese year: see වෙසක් මස.
මාධවයා, *n.* ap. of Krishna or Vishnu.
මාධවී, *n.* candied sugar, සීනිකෑට or කෑට සීනි; sweetness, පැණිරස; spirituous liquor, රස
මාධුර, *a.* *lit.* and *fig.* sweet, මිහිරි. [මෙර.
මාධුර්‍ය්‍යය, *n.* sweetness, මිහිරිකම.
මාධ්‍ය·ස්ථය, *n.* (මධ්‍ය), *lit.* standing between, viz. impartiality, neutrality.
මාන, *adj. suf.* being, possessing, as දෘශ්‍යමාන being visible, වර්තමාන possessing existence or being existent.
මානක, *a.* measuring, මනින, as මානකයන්ත්‍රය, measuring machine.
මානක·ක්‍රමය, මානක·ශාස්ත්‍රය, *n.* mensuration, මනින·විධිය or ·ශාස්ත්‍රය. [දණ්ඩ.
මානක·දණ්ඩය, *n.* measuring rod, rule, මනින
මානක·යන්ත්‍රය, *n.* measuring machine or instrument, meter, මනින යන්ත්‍රය.
මානක·ශාස්ත්‍ර·ඥයා, *n.* geometer, geometrician.
මානක·ශාස්ත්‍රය, *n.* geometry, මැනීමේ ශාස්ත්‍රය.
මාන·කොකා, *n.* stork.
මානනවා, *v.* to point with a gun &c., aim at; *pret.* මෑනුවා; *v. n.* මෑනීම.
මාන·බලනවා, *v.* to spy, මත්තුබලනවා, aim at.
මාන·භංගය, *n.* *lit.* breaking of pride, viz. humiliation, මද බිඳීම, degradation, පහත්කිරීම.
මානය, *n.* measure in general, distance, extent, මිම්ම, ප්‍රමාණය; pride, arrogance, උඩඟුකම; respect, reverence, honour, ගම්බුව; means, උපක්‍රමය.
මානවකයා, මානවයා, *n.* man, පුරුෂයා, young man, යෞවනයා. [man, තරුණ.
මානවිකාව, මානවී, *n.* woman, ස්ත්‍රී, young wo-
මානස, *n.* mind, intellect, සිත, සිතිය; name of a Himālayan lake, also called මානසරෝවර.
මානස, *a.* mental, සිතියට අයිතිවූ.
මානස·ත්වය, *n.* intelligence, intellectuality, thoughtfulness, සිතිමත්බව. E. S.
මානසික, *a.* having mind, rational; ideal, imaginary. E. S.
මානසෞකස, *n.* (මානස lake so called, ඕකස dwelling), the wild swan that is said to migrate yearly from Hindustan to the lake Mānasa. [ඉදුරුහංසයා.
මානාංගයා, *n.* adjutant bird or giant stork,
මානාරූඪ, *a.* (මාන ආරූඪ), proud, උඩඟු.
මානා, *n.* Himālayan lake, also called මානස.
මානාවා, *n.* hair-crested stork, *leptoptilus javanicus.* [ism: see මනාව.
මා·නිකස, *n.* (මා for මන), tenth lunar aster-
මානුෂ, මානුෂික, මානුෂ්‍ය, *n.* human: see මනුෂ්‍ය.
මානුෂ්‍යාධිපත්‍යය, *n.* (මානුෂ්‍ය අධි:), authority over men.
මානුෂික·භාව·ඥයා, *n.* one versed in the knowledge of human nature, humanist.
මානුෂී, *n.* woman, ස්ත්‍රී.
මානුෂ්‍ය, *a.* See මනුෂ්‍ය. [lotus.
මානෙල් අල, *n.* bulb or root of the esculent
මානෝඥ, *a.* beautiful: see මනෝඥ.
මානෝඥතාව, *n.* beauty: see මනෝඥතාව.
මාන්කරනවා, *v. t.* to split, cleave, divide lengthwise.
මාන්දම, *n.* rickets, atrophy, marasmus, tabes.
මාන්න·ඊර්ෂ්‍යාව, *n.* caste-jealousy or anger arising therefrom.
මාන්නක්කාරයා, *n.* respectable and honourable man, ගම්බුකාරයා, proud man.
මාන්නක්කාරී, *n.* respectable and honourable woman, ගම්බුකාරී, proud woman.
මාන්නය, *n.* respect, honour, reverence.
මාන්‍ය, *a.* respectable, honourable, venerable, ගම්බුකාර, ගෞරවණීය; proud, උඩඟු. [&c.
මාන්‍යතාව, *n.* respectability &c., ගම්බුකාරකම
මාන්වෙනවා, *v. i.* to split, become divided lengthwise.
මාන්සිගන්නවා, මාන්සිවෙනවා, *v.* to take trouble, toil, labour. [one).
මාන්සිදෙනවා, *v.* to give trouble, trouble (any
මාන්සිය, *n.* toil, labour, trouble. [ප්‍රාණ.
මා·ප්‍රාණ, *a.* (මා for මහා, ප්‍රාණ life): see මහා
මා·ප්‍රාණ අක්ෂරය, *n.* See මහාප්‍රාණාක්ෂරය.

මා·පට, *a.* (පට fold), large, bulky, ලොකු.
මා·පට·ඇඟිල්ල, *n.* thumb or great toe.
මාපනය, *n.* balance, pair of scales, තරාදිය; measure, measuring, මිම්ම, මැනීම; small bazaar, shop, කඩේ.
මා·පා, *ad.* by myself (used as an oath).
මාපා, *a.* precious, excellent, මාහැඟි.
මා·පාය, *n.* great temple or palace, මහමාලිගාව great tree, ලොකු ගස. [*pl.* මාපිල්ලු.
මාපිලා, *n.* a snake, supposed to be deadly:
මාපිල්හබරලා, *n.* a kind of snake.
මාපිල්හබිලා, *n.* a kind of snake.
මා·මොකුව, *n.* bag, sack, මල්ල.
මාමා, *n.* maternal uncle or father's sister's husband; father-in-law. [අසුරයා.
මාය, *n.* juggler, මායාකාරයා; Asura or demon,
මායම, *n.* magic, sorcery, witchcraft, හූනියම, විජ්ජාව.
මායම්කරනවා, *v.* to practise jugglery, conjure, ඇස්බැන්දුම්කරනවා
මායා, *n.* See මායාදේවී. [බැන්දුම්කාර.
මායාකාර, *a.* magical, pert. to jugglery, ඇස්
මායාකාරයා, *n.* juggler, wizard, විජ්ජාකාරයා.
මායාකාර·ශාස්ත්‍රය, *n.* science of magic or theurgy.
මායාකාරී, *n.* witch, sorceress, හූනියම්කාරී.
මායාවණ, *a.* illusive, deceptive, fatuitous, මායාවන්, රැවටිලි.
මායා·දේවි, *n. lit.* enchanting lady or queen: ap. of the mother of Gautama, she was the wife of සුද්ධෝදන king of Kapila who is said to have been the චක්‍රවර්තිරජ or Universal Sovereign of India.
මායා·දේවි·සුත, *n.* (සුත son), ap. of Gautama as son of මායාදේවි.
මායා·පටු, *a.* delusive, deceptive, රැවටිලි.
මායාපටුකාව, *n.* delusiveness, deceptiveness, රැවටිලිකාරකම.
මායාව, *n.* jugglery, witchery, විජ්ජාව, illusion, delusion, රැවටිල්ල; hallucination, සිහිමුලාව; deceitfulness; *phil.* idealism, E. S.
මායාවන්, *a.* See මායාපටු.
මායාවියා, *n.* See මායාකාරයා.
මායා·සුත, *n.* See මායාදේවිසුත.
මායා·කාරී, *n.* (කාරී practiser): see මායාකාරයා.
මායික, *a.* See මායාපටු.
මායිකයා, *n.* See මායාකාරයා.
මායිම, *n.* boundary, limit, termination, ඉම, සීමාව.
මායිම්·කරනවා or තබනවා, *v. t.* to fix boundaries, bound, limit.
මායියා, මායියා, *n.* Port. (maia), old woman, නාකි ගෑණි; wife, භාර්යාව.
මායුව, *n.* (fr. මී to diffuse or scatter), bile, පිත.
මායූර, *a.* pert. to peacocks, peacock-, මොනර.
මායූරය, *n.* flock of peacocks, මොනර රැංචුව.
මාරක, *a.* killing, මරන; epidemic, වසංගත.
මාරක·පීනස, මාරක·ප්‍රතිශ්‍යාව, *n.* influenza. E.S.
මාරකය, *n.* epidemic, plague, pestilence, මාරක රෝගය, වසංගතය. [ඝාතකයා.
මාරකයා, *n.* slayer, ඝාතකයා, destroyer, විනාශ
මාරකායුර්වේදය, *n.* (මරක ආයු:), epidemiology, වසංගතරෝග විද්‍යාව.
මාර·ජනක, *a.* producing pestilence, pestilential, වසංගත උපදවන.
මාර·ජිත්, *n.* (මාර Kāma, ජිත් conqueror), ap. of Buddha as subduer of මාරයා.
මාරණය, *n.* killing, slaughter, මරාදැමීම.
මාර·පාශ, *n. pl.* obstructions and snares used by Kama to lead men into sin
මාරම, *n.* roughness (as of a board, term used by carpenters).
මාරය, *n.* death, මරණය; killing, destroying, විනාශකිරීම; obstruction, බාධාව.
මාරයා, *n.* god of destruction, විනාශකදෙවියෝ; chief of the demons, the great opponent of Gautama; on the day when Gautama was about to attain Buddhaship Māra attacked him with a great host of demons in order to prevent the attainment, but Buddha vanquished them all.
මාරව, *a.* barren, වඳ.
මාර·විජය, *n.* Buddha's victory over Māra.
මාර·සේනාව, *n.* the army of Māra, මාරයාගේ යුධසේනාව. [මරුවු.
මාරාත්මක, *a.* (මාර ආත්මක), murderous, මිනි
මාරාවා, *n.* name of three species of birds, viz. azure flycatcher, white-fronted ferntail, blue redbreast.
මා·රිශ, *a.* moonbeam, සඳරැස.
මාරිත, *a.* killed, මරනලද.
මාරිය, *n.* pestilence: see මාරකය.
මාරියාව, *n.* commotion or tossing of the sea.
මාරිෂයා, *n.* venerable person, ගෞරවණීය අය.
මාරුකරන·මුද්ද, *n.* exchange-ring, viz. wedding ring.
මාරුකරනවා, *v. t.* to exchange, interchange; change or remove (from office &c.). [සුළඟ.
මාරුතය, *n.* air, wind, වාතය, සුළඟ; gale, සැර
මාරුතාභිඝාත, *a.* smitten or destroyed by wind.
මාරුතඵල, *n.* air-fruit, viz hail, ගල්වැස්ස.
මාරුව, *n.* exchange, substitute; means, remedy, device, උපාය.
මාරුවෙනවා, *v. i.* to alternate, become exchanged; interchanged.
මාරුවෙන් මාරුවට, *ad.* alternately, by turns.
මාර්ග·ඥාන, *n.* knowledge of the four paths or or states leading to Nirvāna.
මාර්ගණයා, *n.* travelling mendicant, නැතිනම් නැත යන (or ගමන්කාර) භික්ෂුනා.

මාර්ග, *n.* road, path, passage; *fig.* way, means as the four stages or states leading to Nirvāna. [මඟ, Dec-Jan.

මාර්ග·ශිරස, මාර්ගශීර්ෂය, *n.* month so called, උඳුවප්

මාර්ග·සත්‍යය, *n.* the way-truth, viz. one of the four main truths of Buddhism: see චතුරාර්‍ය්‍ය සත්‍ය.

මාර්ග·සන්ධිය, *n.* road-junction, junction of roads, road-crossing, මංසන්දිය.

මාර්ග·සාධන·ශිල්පය, *n.* art of road-making, road engineering, පාරවල් සෑදීමේ ශිල්පය.

මාර්ගාන්තරය, *n.* (මාර්ග අන්තරය): see අතරමඟ *n.*

මාර්ගිකයා, *n.* traveller, මගියා, ගමන්කාරයා.

මාර්ගිත, *a.* (fr. මාර්ග් to seek, hunt), sought, inquired after, සොයනලද &c.; pursued, ලුහු බඳිනලද.

මාර්ගෝපකරණ, *n. pl.* (මාර්ග උප:), traveller's necessaries, provisions &c. for a journey, viaticum, ගමනට ඕනෑ දේ.

මාර්ජනය, මාර්ජනාව, මාර්ජය, *n.* sweeping, ඇමදීම, cleaning, පවිත්‍රකිරීම, sp. cleansing the body by bathing or anointing, ඇඟ පිරිසිදු කර ගැනීම.

මාර්ජනිය, *n.* brush, broom, කොස්ස, මුස්න.

මාර්ජනි·ප්‍රාණියා, *n. lit.* brush-insect, viz. scopiped, මුස්නපාවා. E. S.

මාර්ජනාකාර, *a.* (මාර්ජනි ආකාර), brush-like, scopiform, මුස්න ආකාර.

මාර්ජාරයා, *n.* cat, බළලා; polecat, උගුඩුවා.

මාර්ජාරි, *n.* musk, කස්තුරි.

මාර්ජාරී, *n.* female cat, බැළලී.

මාර්තණ්ඩ, *n.* sun, ඉර.

මාර්තු·මාසය, *n.* month of March.

මාර්දංගයා, මාර්දංගිකයා, *n.* drummer, tomtom beater, බෙරගසන්නා.

මාර්දවය, *n.* softness, මෘදුකම.

මාලකය, *n.* upper story, උඩුමහල.

මාලකාව, *n.* garland, මාලාව.

මාලක්කාරයා, *n.* dealer in flowers and garlands.

මාල·ගොච්චා, *n.* See මාලාකාරයා.

මාලතිය, *n.* bud, දළුව, blossom, මල; moonlight, සඳපාන; river, ගඟ. *Bot.*

මාලතී·තීරජ, *n.* borax, පුස්කර. E. S.

මාලතී·තීරය, *n.* river border, ගංඉවුර.

මාලතී·ඵලය, *n.* nutmeg, සාදික්කා ගෙඩිය.

මාල·පෙත්ත, *n.* locket, ලොවාඩුව.

මාලය, *n.* festoon, necklace; story of a building.

මාලාකාරයා, *n.* florist. මල්වඩන්නා, dealer in flowers and garlands, මල් හා මාලා විකුණන්නා.

මාලා·දාමය, *n.* garland of flowers, මල්දම.

මාලාව, *n.* garland, wreath, chaplet of flowers, coronal, necklace; rosary, ජපමාලාව; line, row, පේළිය, වැල; *gram.* paradigm, E. S.

මාලාගුණය, *n.* wreath, chaplet of flowers, මාලය.

මාලිකයා, මාලියා, *n.* florist: see මාලාකාරයා.

මාලිකාව, *n.* garland &c., necklace, මාලාව; daughter, දුව; palace, මාලිගාව; intoxicating liquor, මද්‍යපානය; linseed, E. S.

මාලිගය, මාලිගාව, *n.* royal palace, රජගෙදර; temple, දේවමන්දිරය.

මාලිනිය, *n.* poetical stanza, each line of which consists of two tribrachs, one molossus and two bacchii with a pause after the 8th and 15th syllables.

මාලිනී, *n.* florist's wife, woman who deals in flowers and garlands. See මාලාකාරයා.

මාලිම, *a.* nautical, pert. to navigation, නාවික, යාත්‍රාකාර.

මාලිමය, *n.* navigation, art of navigation.

මාලිම·යන්ත්‍ර කටුව or **·සූචිය**, *n.* magnetic needle, compass needle.

මාලිම·යන්ත්‍ර·පත්‍රය, *n.* compass-card.

මාලිම·යන්ත්‍රය, *n.* mariner's compass.

මාලිමයා, *n.* navigator, pilot.

මාලිම·ශාස්ත්‍රඥයා, *n.* navigator, one skilled in the science or art of navigation.

මාලිම·ශාස්ත්‍රය, *n.* science or art of navigation, නැව්යාත්‍රා ශාස්ත්‍රය. [old.

මාලු, *n.* or *a.* fish, meat, curry; also for මහලු

මාලු·අල්ලනවා or **·මරනවා**, *v.* to catch or land fish, to fish.

මාලු·කූඩය, මාලු·වට්ටිය, *n.* fish-basket.

මාලු·කුරියා, මාලුවා, *n.* a fish, any single fish.

මාලුනය, *n.* for මාරුතය.

මාලුධානයා, *n.* variegated snake, විසිතුරු සර්පයා; scare-crow, පඹයා.

මාලු·පිනි, *n.* curry, මාලු.

මාලුපොකුණ, *n.* fish-pond.

මාලු·බිජු, *n. pl.* fish eggs, milt, roe, spawn.

මාලු·ගොත, *n.* fishing-line, බිලිලනුව.

මාලුව, *n.* curry. [of a fish.

මාලු·පුල·බොක්ක, *n.* the sound or air bladder

මාලේ, *n.* cont. of මාලය and මහලේ.

මාලේයා, *n. pl.* large cardamoms, ලොකු එනසාල් or කඳිඹුංගු.

මාල්‍ය, *a.* fit for a garland, මාලාවකට සුදුසු.

මාල්‍යය, *n.* flower, මල; garland, මාලාව.

මාල්ලා, *n.* old man: see මහල්ලා.

මාල්ලී, *n. fem.* old woman or female animal: see මැහැල්ලී. [*pl.* මාවත්.

මාවත, *n.* (fr. මහාපථ), highway, road, passage;

මාවතා, *n.* See මහවතා.

මාවර·බඳිනවා, *v.* to fix bars or rails of a fence, rail off or in.

මාවරය, මාවරලිය, *n.* bar or rail of a fence, fence rail, raddle. [fence, railing.

මාවර·වැට, *n.* fence with horizontal bars, rail

මා·වවුලා, *n.* (මහ වවුලා), a large kind of bat.

මා·වැටියා, *n.* a kind of sea fish.

මා·වැලි, *n.* coarse sand, gravel.

මාවුලා, *n.* pillow, කොට්ටය, bolster, දිගකොට්ටය, mattress, මෙට්ටය.

මා·ශබ්දක, *a.* (මා prohibitive particle), prohibitive, forbidding, තහනම්කරන.

මාෂය, *n.* seed of wild liquorice, *abrus precatorius*, used as a jeweller's weight: see මදිද ඇටය; a cutaneous disease. *Bot.*

මාසය, මාස්, *n.* (fr. මස් to measure), month, either, චන්ද්‍රමාසය lunar month, or සූර්‍ය මාසය solar month: the former regulates religious festivals, and the latter secular affairs.

මාසර, *n.* scum or water strained from boiled rice, බත්තේපෙරූ කැඳ. [months.

මාසික, *a.* monthly, pert. to a month or

මාසේ·මාරුවීම, මාසේවීම, *v. n.* menstruation.

මාසේ·මාරුවෙනවා, *v. i.* to menstruate, have menses.

මංගොඩ්, *n.* a kind of boy's game.

මාස්කන්න, *n.* the main paddy harvest or harvest season.

මාස්·කල, *n.* period reckoned by months.

මාස්·මේන්න, *n.* principal harvest season.

මාහ, *n.* principal of the three seasons in which paddy is cultivated, the seed being sown in August and the crop reaped in January.

මාහාත්මික, *a.* (මහ ආත්මක), great-souled, large-hearted, liberal, magnanimous, ඉතා ගුණවත්.

මාහාත්මිකකරනවා, *v. t.* to liberalise, render magnanimous. E. S.

මාහාත්මිකතාව, *n.* large-heartedness &c.

මාහේය, *a.* earthen, මැටි (භාජන); *n.* coral, පබළු.

මාහේයයා, *n.* regent of the planet Mars.

මාහේශි, මාහේශ්වරී, *n. fem.* of මහේශ and මහේශ්වර: ap. of දුර්ගා as the wife or energy of මහේශ්වරයා.

මාහැඟි, *a.* (මහ, ඇඟි for ඇගි: E. of මහාර්ඝ), precious, valuable, excellent, fine, ඉතා අගේ ඇති.

මාහැඟිකම, *n.* preciousness &c., මහත් අගයිකම.

මැය, *n.* (fr. මායා), juggling, jugglery, විජ්ජාව, ඉන්ද්‍රජාලය.

මැ·කරුවා, *n.* juggler, විජ්ජාකාරයා.

මැකිලිය, *n.* the top piece of a gimlet.

මැකීම, *v. n.* of මකනවා and මැකෙනවා: erasing &c.

මැකෙනවා, *v. i.* of මකනවා: to become erased or effaced; (of metals) become melted; *pret.* මැකුණා.

මැගුම, *n.* (fr. මග to look), looking, බැලීම.

මැටි, *n. pl.* or *coll* or *a.* clay; earthen.

මැටි·කරුව, *n.* matrice, mould, අච්චුව.

මැටි·කරුවා, *n.* worker in clay, potter, බඩහැලයා.

මැටිකොරවකා, *n.* eastern little bittern, *ardetta sinensis*, chestnut bittern, *ardeirella cinnamonea.* [earthenware.

මැටි·බඩු, මැටි·භාජන, *n. pl.* eartheru vessels,

මැටි·මෝල, *n.* clay-mill, pug-mill.

මැටිට, *n.* clay: see *pl.* මැටි.

මැඩ, *p. pl.* of මඩිනවා: having trampled &c.

මැඩ·පවත්වනවා, *v. t.* to subdue, control, overpower, repress, suppress, quell; *pret.* මැඩ පැවැත්තුවා; *v. n.* මැඩපැවැත්වීම.

මැඩපෙනවා, *v. i.* to become trampled on, පෑගෙනවා; *pret.* මැඩපුණා; *v. n.* මැඩපීම.

මැඩයා, *n.* (fr. මෙණ්ඩ) he-goat, එළුවා.

මැඩ·ලනවා, *v. t.* See මැඩපවත්වනවා; *pret.* මැඩලුවා; *p. pl.* මැඩලා; *v. n.* මැඩලීම. [ලද.

මැඩවිරූ, *a.* conquered, subdued, මැඩපවත්වන

මැඩිල්ල, මැඩීම, *v. n.* of මඩිනවා: trampling up by oxen or harrowing (paddy swamps).

මැඩවිල, *n.* small lake, pond, පොකුණ.

මැඩි, *a.* crushed, පොඩිවූ, oppressed, පීඩිතවූ,

මැඩියා, *n.* frog. [මැඩුණු.

මැඩිලි·පත, *n.* leaf-dish, basket, platter or other article made of leaves, bark &c.

මැඩිල්ල, *n.* E. for මණ්ඩලය: disk, orb, circular place, circuit, region; jungle, කැලෑව; *pl.*

මැඩිල්ලා, *n.* eye snake. [මැඩිලි.

මැඩි·සුණු, *n.* (මැඩි crushed, සුණු powder), refuse of the coconut after the milk or oil has been expressed, පොල්කුඩු or පුණක්කු.

මැඩීම, *v. n.* of මඩිනවා and මැඩෙනවා: crushing &c; becoming crushed &c.

මැඩුවම්, *n.* or *a.* straw, පිදුරු; මැඩුවම් ගහක් a straw, පිදුරුගහක්.

මැඩෙනවා, *v. i.* to be crushed, squeezed, trampled; (දුකින් &c.) to be laden, crushed or distressed (with affliction &c.); *pret.* මැඩුණා.

මැණ, *n.* E. of මණි, gem.

මැණික, *n.* E. of මාණික්‍යය: gem, jewel.

මැණිකේ, *n.* Kandyan term for lady, හාමිනේ, හෝනා.

මැණික්, *n. pl.* or *a.* gems, jewellery; gem-.

මැණික්·කටුව, *n.* T., wrist, අත්කර.

මැණික්·කපන්නා, *n.* gem-cutter, lapidary.

මැණික්·ගල, *n.* precious stone, gem.

මැණික්·වෙළෙන්දා, *n.* gem-merchant, jeweller, lapidary.

මැණික්·සන්නාහය, *n.* jewelled armour.

මැත, *n.* advice, counsel, දුතමුතුකම; boasting, පාරට්ටුව.

මැතිතුම, මැතිතුමා, *n.* (fr. මැති උතුමා, hon. of මැතියා), honourable councillor, minister of state; *pl.* මැතිතුමෝ.

මැතිණිය, මැතිණි, *n.* lady, හෝනාමහත්මය.

මැතිඳ, මැතිඳු, *n.* See මැතිතුම.

මැතියා, *n.* councillor: see ඇමතියා.
මැතිරීම, *v. n.* of මතුරනවා: incantation, magical charming.
මැත්ත, *n.* position in front or opposite, ඉදිරිය.
මැද, මැද්ද, *n.* E. of මධ්‍ය: middle, centre, interior. [between.
මැද, *a.* or *post.* central, middle; amongst,
මැද·කන්න, *n.* middle harvest season between යල and මහ.
මැද·කුරු·ලොප්, *n.* (මැද අකුරු), dropping a middle letter, syncope. [finger.
මැදඇඟිල්ල, මැදැඟිල්ල, *n.* (මැද ඇඟිල්ල), middle
මැද·දෙශ, *n.* E. of මධ්‍යදේශය: middle region of the body, waist, ඉණටිය.
මැද·බාහුව, *n.* the fore-arm.
මැද·බිත්තිය, *n.* middle wall, party-wall.
මැදය, *n.* E. of මධ්‍යය: middle, midst.
මැදහත්, *a.* (fr. මධ්‍යස්ථ), standing between, interposing, intercessory, mediating, mediatorial; neutral.
මැදහත්කම, මැදහත්කාරකම, *n.* interposal, mediation &c. [mediate.
මැදහත්කම්කරනවා, *v.* to interpose, intercede,
මැදහත්කාරයා, *n.* intercessor, mediator, umpire.
මැදහත්වෙනවා, *v. i.* to interpose, interfere, meddle; intervene, mediate, intercede.
මැදි, *a.* middle, මැද.
මැදිකරනවා, *v. t.* to place between or among, interpose something, embosom.
මැදින්, මැදින්දින, *n.* month so called (March-April), last month of the Sinhalese year.
මැදිම, *n.* or *post.* midst, මැද; amongst, අතරේ.
මැදිමට, *ad.* into the midst, amongst, අතරට.
මැදිරය, *n.* E. of මන්දිරය: temple, මාලිගාව; house, ගෙය. [මැලය.
මැදිරයා, මැදිරියා, *n. lit.* house-animal, viz. cat,
මැදිරිය, *n.* See මැදිරය; tree, ගස; cage, පක්ෂි කූඩුව.
මැදිවෙනවා, *v. i.* to get into the middle or midst, be surrounded, become encircled or involved; meddle, interfere.
මැදීම, මැදුම, *v. n.* of මදිනවා and මැදෙනවා: smoothing &c.; extracting toddy.
මැදුම, *a.* middle, central, intervening, මැද.
මැදුම·පොල්ල, *n.* (මැදුම fr. මදිනවා), bruising stick, short club for beating the coconut spathe to make the liquor exude more freely: see මල්තැළුම. [රෑ මැද යාමය.
මැදුම·යම, *n.* middle watch of the night, රාත්‍රි
මැදුම·සඟිය, *n.* name of the second of the five divisions of the සූත්‍රපිටකය, consisting of fifteen books or 152 Sutras. [මල්.
මැදුර, *n.* E. of මන්දිරය: see මැදිරිය; *pl.* මැදුරු
මැදෙනවා, *v. i.* to become polished or smooth; *pret.* මැදුණා; *v. n.* මැදීම.

මැනව, මැනවි, a word equivalent to හොඳයි: 'It is good or it would be well if'. It is generally used with the past tense of a verb in a precative sense as a very respectful or earnest entreaty, as මෙසේ කළ මැනව, 'It would be well if you did this, be pleased to do this.' [Cp. මනා.]
මැනම, *n.* feast, festival, මංගල්‍යය, joyful occasion, ප්‍රීතිමත් ප්‍රස්තාව; *a.* good, lucky.
මැනිල්ල, මැනීම, *v. n.* of මනිනවා: measuring, surveying, measurement.
මැනුම්කාරයා, *n.* measurer, gauger, surveyor.
මැනුම්·ශාස්ත්‍රය, *n.* science of measuring, surveying, geometry.
මැනෙනවා, *v. i.* to measure (so much), be of a certain measure; *pret.* මැනුණා; *v. n.* මැනීම.
මැනෙයා, මැනෙයි, for මැනව.
මැය, *n.* See මැකරුවා. Also acc. of මෑ, she.
මැයි·මාසය, *n.* month of May.
මැර, *n.* ray of light, කිරණය; boundary, සීමාව, fence, වැට, embankment of lake or swamp; කිනර; *pl.* මැරු.
මැර, මැරවර, *a.* obstinate, මුරණ්ඩු, rowdy, mischievous. E. S.
මැරකම, මැරවරකම, *n.* obstinacy &c. [&c.
මැරයා, මැරවරයා, *n.* obstinate or rough person
මැරීම, *v. n.* of මැරෙනවා and මරනවා: dying; killing.
මැරුවා, *v. t. pret.* of මරනවා: killed, did kill.
මැරුවා, *n.* white ant in its winged stage, winged white ant, මෙරු, firefly, කණාමැදිරියා.
මැරෙනවා, *v. i.* to die, expire; *pret.* මැරුණා.
මැරෙවුවා, *v. c. pret.* of මරවනවා: caused to kill or caused to be killed.
මැල·ගසනවා, *v.* to raise a bonfire or great flame, make a large fire or conflagration.
මැලය, *n.* large fire, bonfire, ගිනිමැලය.
මැලවෙනවා, *v. i.* to wither, droop, fade, flag, languish.
මැලසි, *a.* soft, tender, delicate, මොළොක්, සිනිඳු, unripe, නොපැසි.
මැලත්ත, *n.* an unripe fruit, නොපැසි ගෙඩිය; *pl.* මැලසි.
මැලා, *n.* younger brother, මලයා. [අඩුක.
මැලාව, *n.* laziness, කම්මැලිකම; antimony,
මැලැත්ත, *n.* an immature or soft fruit; *pl.* මැලැසි or මැලසි; see මැලත්ත.
මැලි, *a.* lazy, indolent, කම්මැලි.
මැලිකරනවා, *v.* to act lazily, be lazy, කම්මැලි කරනවා.
මැලියම, මැලියම, *n.* gum, glue. [thing.
මැලියම්·ගානවා, *v.* to apply gum, gum any-
මැලියම්·දුම්මල, *n.* gum-resin.
මැලියම්·මසා, *n.* jelly-fish.
මැල්ලි, මැල්ලියා, *n.* younger brother, මල්ලි.

මැල්ලුම, *n.* (fr. මලවනවා), dry curry or condiment made of minced leaves or fruit and scraped coconut; a medicine (so prepared) for external application. [creation.
මැවිල්ල, *n.* creature, any created substance,
මැවීම, මැවුම, *v. n.* of මවනවා: creating, crea-
මැවුම්කාරයා, *n.* Creator. [tion.
මැවෙනවා, *v. i.* to be created or brought into existence; *pret.* මැවුණා.
මැසි, *n. pl.* or *a.* of මැස්ස, or *adj.* of මැස්සා.
මැස්·ඉහඳ, *n. pl* eggs of flies, flyblow.
මැසි·ගෙය, *n.* high stand or watch-tower, අටල්ල.
මැසි·ජාති, *n. pl.* the various species of flies.
මැසිඳ, මැසි·සුණු, *n.* dark-coloured mineral used medicinally, perhaps pyritic iron ore.
මැසි·පිලුවා, *n.* fly-maggot; *pl.* මැසිපිලුවෝ.
මැසිය, *n.* anger, කෝපය.
මැසි·රැල, මැසි·සමාගම, *n.* swarm of flies.
මැසිරි·ගල, මැසිරි, *n.* a kind of gem or cats' eye, වෛඩූර්යය.
මැසිල්ල, *n.* (fr. මසනවා): see මැහිල්ල.
මැසිවිලි·කියනවා or ·කරනවා, *v.* to complain, grumble, murmur.
මැසිවිල්ල, *n.* complaint, complaining &c. කෙඳිරීම; humble supplication, බැගෑපත් ඉල්ලීම.
මැසීම, *v. n.* See මැහීම.
මැසෙනවා, *v. i.* to be stitched; to close, become shut, *meta.* to be shut up or unable to answer; *pret.* මැසුණා.
මැස්ස, *n.* staging, stage, stand to place anything on, scaffold, platform; couch, යහන; *pl.* මැසි.
මැස්සා, *n.* any species of fly, *musca*.
මැස්සී, *n. fem.* female fly.
මැහැණියෝ, *n.* See මෑණියෝ. [woman.
මැහැලි, මැහැල්ල, මැහැල්ලී, *n.* aged female, old
මැහිනූල, *n.* a string, ලනුව.
මැහි·පොදිය, *n.* (මැහි for මැසි), cluster or swarm of flies. [sewn work.
මැහිල්ල, *n.* (fr. මහනවා), stitching, sewing;
මැහීම, *v. n.* of මහනවා: stitching, sewing.
මැහුම, *n.* sewing, needle-work, sewn-work.
මැහුම්කාරයා, *n.* one who sews, tailor.
මැහුම්කාරී, *n. fem.* needle-woman, seamstress, tailoress.
මැහුම්·පෙට්ටිය, *n.* work-box (for sewing).
මැහුම්·මල්ල, *n.* work-bag (for sewing).
මැහුම්·වැඩ, *n.* needle-work, sewing.
මැහෙනවා, *v. i.* to become sewed, admit of being sewed; *pret.* මැහුණා.
මැලසි, *a.* soft, tender, supple, මොළොක්.
මෑ, *n.* long beans; general name for beans or pulse. [*pl.* මෑලා.
මෑ, *pron. fem.* this female, this woman or girl;

මෑ·කරල, *n.* bean pod; *pl.* මෑකරල්.
මෑණියන්දෑ, මෑණියෝ, *n. hon.* Mother.
මෑත, *a.* (fr. මේ අත), on this side; recent; modern.
මෑතකදී, මෑතදී, *ad.* on a recent occasion, of late, lately, recently.
මෑත්කරනවා, *v. t.* to bring or move in this direction, bring near, ළංකරනවා.
මෑත්වෙනවා, *v. i.* to come in this direction, approach, ළංවෙනවා, come forward, protrude, නෙරනවා.
මෑනීම, *v. n.* of මානනවා: aiming at.
මෑලි, *a.* or *n.* aged, මහලු; aged female, මැහැල්ලී.
මෑනුවා, *v. pret.* of මානනවා: did aim at (with a gun &c.).
මිග·කියනවා, *v.* to threaten, defy, challenge, menace, pronounce a curse. [වම.
මිගය, *n.* threat, තර්ජනය; boast, bravado, පුව
මිගයා, *n.* P. of මෘගයා: animal in general; sp. deer, මුවා. [හයා.
මිග·පවරයා, *n. lit.* animal chief, viz. lion, සිං
මිග·රජ, මිගිඳු. *n.* (මිග, ඉඳු chief), animal-king: see මිගපවරයා.
මිණිතිය, *n.* pupil of the eye, කළු ඉංගිරියාව; immature seed of jak fruit.
මිච්ඡාදිට්ඨි, *a.* P. of මිථ්‍යාදෘෂ්ටි.
මිංචි, *n.* Eng., mint.
මිට, *n.* E. of මුෂ්ටිය: closed hand, fist; handful; handle, haft, shaft; *pl.* මිටි.
මිටක්·ගහනවා or ·දමනවා, *v.* to put a handle in, to haft. [the fist.
මිට·මොලවනවා, *v.* to close the hand, clench
මිටි, *a.* not tall or high, short in stature, low, dwarfish, stunted; also *n. pl.* of මිට and මිටිය. [lowness.
මිටිකම, *n.* shortness in height, dwarfishness,
මිටිකරනවා, *v. t.* to make short or low. dwarf, stunt.
මිටි·තැන, *n.* See මිටියාව.
මිටි·බඳිනවා, *v. t.* to tie or bind in bundles or bunches. [pack, truss.
මිටිය, *n.* hammer; bundle, bunch, bale, parcel,
මිටිසම්කරනවා, *v. t.* to clinch (as a nail).
මිටියා, *n.* short person, dwarf. [glen.
මිටියාව, මිටියාවත, *n.* low place, valley, dale,
මිටු, *n.* fist, මිට.
මිටු·ගත, *n.* (මිටු hands, ගත circle or round), the two hands clapped, clasped hands.
මිට්ටා, *n.* short person, dwarf, pigmy, manikin.
මිඩංගුකරනවා, *v. t.* to delay, defer, hinder; procrastinate, spend time.
මිඩංගුව, *n.* delay, tarrying.
මිඩංගුවෙනවා, *v. i.* to delay, tarry.
මිඩිය, මිඩි, *n.* poor woman, female servant or slave, දැසි.

මිණ, *n.* gem, precious stone, මැණික ; *pl.* මිණි.
මිණ, මිණි, *n.* or. *a.* the tinkling sound.
මිණ·ගොටුව, මිණි·ගොටුව, *n. lit.* tinkling cup, viz. bell, hand-bell, මිණිගෙඩිය.
මිණි, *n. pl.* or *a.* of මිණ : gems ; gem-.
මිණි, *n. pl.* or. *a.* of මිණිය : bells ; bell-. [ශය.
මිණි·කවචය, මිණි·කවදය, *n.* See මැණික් සත්‍යා
මිණි·කිකිණිය, *n.* tinkling bell, small bell; girdle of bells or tinkling ornaments set with gems.
මිණි·කොමොල, *n.* gemmed ear-ring.
මිණි·ගෙඩිය, *n.* small bell, gong.
මිණි·ගොව්වා, *n.* gem-keeper, keeper or treasurer of gems and jewels.
මිණි·දඬු·වැට, *n. lit.* gemmed-bar fence, viz. fence the bars of which are adorned with gems, said to surround the palace of Sakra in සවග. [let of gems.
මිණි·දම, *n.* gem-chain, viz. necklace or brace-
මිණි·දුදිරි, *a.* (මිණි sheath or bud, දුදිර cracked, opened), opened, expanded (as a flower), පිපුණු.
මිණි·දැල, *n.* gem-net, viz. network ornamented with gems as a curtain.
මිණි·පලඟ, *n.* gem-seat, viz. a throne made of gems presented to Buddha to repose upon by the Nagas called Mahodara and Chulodhara at his second visit to Ceylon to quell the rebellion among the Nagas of Nagadipa.
මිණි·පිට, *n.* gem-receptacle, viz. the sea, මුහුද.
මිණි·බිම, *n.* ground or locality where gems are found ; floor set with gems.
මිණි·මල, *n.* gem-wreath, wreath of gems, මැණික් මාලාව.
මිණි·මුතු, *a. lit.* sheath-freed : see මිණිදුදිරි.
මිණි·මුතු, *n. pl.* gems and pearls.
මිණිමෙවුල, *n.* gem-girdle, girdle set with gems.
මිණිරත්, *n.* graphite, plumbago, black-lead ; talc : also මිනිරන්, මිනිරත් q.v.
මිණිරැස, *n.* gem-ray, ray or brilliance of a gem ; collection or number of gems.
මිණි·ලෙන, *n.* gem-cave, gem-mine. [ණිය.
මිණි·සලඹ, *n.* jewelled anklet, මැණික් පාදාභර
මිණි·හිරි·වැව, *n.* lake or tank called Minihiri or මි(න්)නේරිය.
මිත, *a. lit.* and *fig.* measured, මනිනලද, පරිමිත ; known, දනගත තිබෙන.
මිතම්පච, *a.* (මිතම් measured, පච cooking), miserly, niggardly, මසුරු. [සිඟන්නා.
මිතම්පචයා, *n.* miser, niggard, මසුරා ; beggar,
මිතාශන, *a.* (මිත අශන), abstemious in diet, මදලෙස කන්නාවූ.
මිතිය, *n.* measuring, මැනීම ; measure, මිම්ම.
මිතු·දම, *n.* E. of මිත්‍රධර්මය.
මිතුන, *n.* See මිථුනරාශිය and මෛථුනය.

මිතුරු, *n.* E. of මිත්‍රයා ; friend ; *pl.* මිතුරෝ.
මිතුරී, *n. fem.* female friend ; *pl.* මිතුරියෝ.
මිතුරු, *a.* E. of මිත්‍ර : friendly ; friend-, මිතුරුවූ.
මිතුරු, *n.* sun, හිරු, ඉර ; lamp, පහන.
මිතුරුකම, *n.* E. of මිත්‍රකම. [cile.
මිතුරුකරනවා, *v. t.* to make friendly, recon-
මිත්, *a.* (E. of මිත්‍ර or මිථ්‍යා), friendly, මිත්‍ර friend- (so and so), මිත්‍රවූ ; false, බොරු.
මිත්‍ර, මිත්‍රක, *a.* friendly, amicable, social.
මිත්‍රකම, මිත්‍රතාව, මිත්‍රත්වය, *n.* friendship, friendliness &c.
මිත්‍රකම්කරනවා, *v.* to act friendly, shew friendship, befriend. [towards friends.
මිත්‍රද්‍රෝහි, *a.* friend-betraying, treacherous
මිත්‍රද්‍රෝහියා, *n.* one who is treacherous to a friend or friends. [ship.
මිත්‍ර·ධර්මය, *n.* friendship, law or duty of friend-
මිත්‍රයා, *n.* friend, associate. [sociable.
මිත්‍ර·වත්සල, *a.* affectionately friendly, winning,
මිත්‍රවෙනවා, *v. i.* to become friends, become friendly or reconciled.
මිත්‍ර·සන්ථවය, *n.* friendly intimacy, යහළුකම.
මිත්‍ර·සම්බන්ධය, *n.* bond of friendship, union of friends. [Bengal : see මිදේශ.
මිථිලා, *n.* name of a city and kingdom N.E. of
මිථුන, *n.* (මිථ to unite), a couple, pair, යුගලය, E. S.; union, junction, එක්වීම, යෝගය ; copulation, සංවාසය ; the const. Gemini, (එකම) රාශිය.
මිථුන·රාශිය or ·ලග්නය, *n.* the const. Gemini.
මිථ්‍යා, *a.* false, fabulous, mendacious, බොරු.
මිථ්‍යා·ඉතිහාස·ක්‍රමය, *n.* mythology. E. S.
මිථ්‍යා·කථාකාර, *a.* See මිථ්‍යාප්‍රබන්ධ.
මිථ්‍යා·කථාව, *n.* false story, fable, myth, බොරු කථාන්තරය.
මිථ්‍යා·ග්‍රහය, *n.* acceptance of false doctrines, බොරු—බොරුබණ—පිළිගැනීම.
මිථ්‍යා·චාරී, *a.* (චාර behaving), falsely acting, unfaithful, අවිශ්වාස, adulterous. [මිථ්‍යාචාරය.
මිථ්‍යා·චාරය, *n.* unfaithfulness, adultery, කාම
මිථ්‍යාතාව, *n.* falseness, falsity, බොරුකාරකම.
මිථ්‍යා·දෘෂ්ටි, මිථ්‍යා·දෘෂ්ටික, *a.* holding false views, heretical, heathen.
මිථ්‍යා·දෘෂ්ටිකම, *n.* falseness, hereticalness.
මිථ්‍යා·දෘෂ්ටිය, *n.* false view or opinion, false religion, heresy, heathenism.
මිථ්‍යා·දෘෂ්ටියා, *n.* false religionist, heretic, heathen, pagan. [ලම් කියන, කේලම් සකින.
මිථ්‍යාපවාදක, *a.* (මිථ්‍යා අප :), slanderous, කේ
මිථ්‍යාපවාදකයා, *n.* slanderer, කේලම් කියන්නා.
මිථ්‍යාපවාදය, *n.* aspersion, slander, calumny, කේලම.
මිථ්‍යාපවාදිත, *a.* slandered, defamed. E. S.
මිථ්‍යා·ප්‍රබන්ධ, *a.* ficticious, fabulous, legendary, mythical, mythological, බොරු ප්‍රබන්ධකාර.

මිථ්‍යා·ප්‍රබන්ධය, *n.* fiction, myth, බොරු කථාන්තරය. [thology.

මිථ්‍යා·ප්‍රබන්ධ·රාශිය, *n.* collection of myths, my-

මිථ්‍යා·ප්‍රබන්ධ·විද්‍යාකාරයා or ·විස්තරකාරයා, *n.* mythologist.

මිථ්‍යාභියෝගය, *n.* (·අභි : accusing), false accusation, slander, බොරු දොෂාරෝපණය, කේලම්.

මිථ්‍යා·මතික, *a.* holding false or erroneous opinion : see මිථ්‍යාදෘෂ්ටි. [දෘෂ්ටිය.

මිථ්‍යා·මතිය, *n.* false opinion, heresy, මිථ්‍යා

මිථ්‍යා·ලබ්ධික, *a.* pert. to heretical sects, heretical, heterodox, මිථ්‍යාදෘෂ්ටික.

මිථ්‍යා·ලබ්ධිකයා, *n.* false religionist, heretic, මිථ්‍යාදෘෂ්ටි ගත් අය. [religionists.

මිථ්‍යා·ලබ්ධිය, *n.* heretical sect, society of false

මිථ්‍යාලබ්ධිලෝකය, *n.* the world or mass of false religionists, heathendom, මිථ්‍යාදෘෂ්ටිලෝකය.

මිථ්‍යාලෝකය, *n.* (මිථ්‍යා ආලෝකය), false light, delusive light, බොරු එළිය. [බොරුප්‍රබන්ධය.

මිථ්‍යාව, *n.* falsehood, fabrication, fable, බොරුව,

මිථ්‍යා·හේතුව, *n.* false cause or motive.

මිදි, *a.* pert. to the grape vine, to grapes or to wine, මුද්‍රික, මෘද්වීක.

මිදි·අස්වැන්න, *n.* vine produce, vine crop, vintage. [husk), to husk.

මිදි·කරනවා, *v. t.* to clear (grain from the

මිදිච්ච, *v. adj. pret.* of මිදෙනවා : freed, cleared; congealed, solidified, frozen.

මිදිච්ච·දිය or ·වතුර, *n.* congealed water, ice.

මිදිච්ච·දිය·කන්ද, *n.* iceberg.

මිදි·පල : See මිදි·ඵල.

මිදි·පෑය, *n.* winepress.

මිදිඵල, *n. pl.* grapes. [tage.

මිදි·ඵල·කාලය, *n.* vine or grape harvest, vin-

මිදි·ඵල·යන්ත්‍රය, *n.* wine press.

මිදිමුව, *n.* See මිදුමු.

මිදි·යුෂ, මිදි·රස, *n.* grape-juice, wine.

මිදි·වත්ත, *n.* vineyard.

මිදි·වැල, *n.* grape vine.

මිදි·වැල්·මඩුව, *n.* grapery, vinery.

මිදීම, *v. n.* of මුදනවා and මිදෙනවා : liberating; liberation, escape, deliverance, salvation.

මිදුම්කාරයා, *n.* liberator, deliverer, sp. the Saviour.

මිදුමු, *n.* mind, intellect, සිතිය ; thought, reflection, කල්පනාව, මෙනෙහි කිරීම.

මිදුල, *n.* court of a house, house-yard, compound ; *pl.* or *a.* මිදුල්.

මිදුලු, *n.* marrow, medulla, ඇටමොල.

මිදුලුමි, *a.* consisting of marrow, marrow-,

මිදුල්·පහය, *n.* mansion in a court. [medullary.

මිදෙනවා, *v. i.* to get free, evade, escape ; settle or become deposited (as mud in water), coagulate, congeal, solidify, curdle, freeze ; *pret.* මිදුණා ; *v. n.* මිදීම.

මිඩය, *n.* sleep, නින්ද, sleepiness, නිදිමත, apathy, inactivity, උනන්දු නැතිකම, sloth, අලසකම.

මිගස්, *a.* pert. to the meat-market, මස් කඩේ.

මිනප්‍රසම, *n.* midwifery, වින්නඹුකම.

මිනි, *a.* See මිනී.

මිනිට්ටුව, *n.* Eng., minute, විනාඩිය.

මිනින·ශාස්ත්‍රය, *n.* See මැනුම්ශාස්ත්‍රය.

මිනින්දෝරු· (= මිනින්දෝරු·) තැන or මහත්මයා, *n.* land-surveyor, surveyor.

මිනින්දෝරු·තිලය, මිනින්දෝරු·තිලය, *n.* office of surveyor, surveyorship. [veyor-general.

මිනින්දෝරු·ප්‍රධානියා, *n.* chief surveyor, Sur-

මිනින්නඹුව, මිනීනඹුව, *n.* midwife, වින්නඹුව.

මිනිපිරී, මිනිබිරි, *n.* granddaughter.

මිනිය, *n.* human corpse ; *pl.* or *a.* මිනි or මිනී.

මිනිරන්, *n.* plumbago. (Also මිණිරන්).

මිනිසත්බව, *n.* (මිනිස් human, අත් for ආත්ම soul, බව being), the state of being human, manhood, humanity.

මිනිසා, *n.* See මිනිහා.

මිනිස්, *a.* human, මනුෂ්‍ය.

මිනිස්·පථය, *n.* path of man, viz. place frequented by people, inhabited country, මිනිසුන් වසන තැනය.

මිනිස්·පිය, *n.* (පිය for පද): see ජනපදය.

මිනිස්·පියස, *n.* (පියස E. of ප්‍රදේශය), human region, viz. inhabited country.

මිනිස්·බව, *n.* manhood, humanity, මනුෂ්‍යභාවය: see මිනිසත්බව.

මිනිස්·ලොව, *n.* world of men, viz. this world in contrast to දෙව්ලොව &c.

මිනිස්සු, *n. pl.* of මිනිසා or මිනිහා : people, folks, persons.

මිනිහා, *n.* man. [human (bones &c.

මිනී, *n. pl.* or *a.* of මිනිය : corpses ; corpse-,

මිනී·අන්දනවා, *v.* to shroud or prepare a corpse for burial ; *pret.* මිනීඇන්දුවා.

මිනී·ඇට·ගෙය, *n.* charnel-house.

මිනීඇතිරිල්ල, *n.* See මිනීවැස්ම.

මිනී·ඇදුම, *n.* shroud.

මිනී·ඇදුම්, මිනීපිළි, *n. pl.* grave-clothes.

මිනී·කරත්තය, මිනී·රථය, *n.* hearse.

මිනී·ගඳ, *n.* scent of a corpse, cadaverous scent.

මිනී·පිටිය, මිනී·පිට්ටනිය, *n.* burying-ground, graveyard, cemetery.

මිනී·පෙට්ටිය, *n.* coffin.

මිනීම, *v. n.* See මැනීම.

මිනීමරනවා, *v.* to commit murder.

මිනීමරන්නා, මිනීමරුවා, *n.* murderer.

මිනී·මරු, *a.* who commits murder, murderous, homicidal. [a funeral.

මිනී·මළ·ගම, *n.* place or house where there is

මිනී·මස්, *n.* human flesh, flesh of a dead human body.

මිනී·මස්·කෑම, n. eating human flesh, cannibalism.
මිනී·මැරීම, මිනී·මැරුම, v. n. murdering, murder.
මිනී·මැස්ස, n. bier, දෙනය, තුම්බය.
මිනී·වළ, n. grave.
මිනී·වළ·ලනවා, v. to bury, inter.
මිනී·වැස්ම, n. winding sheet; pall, E. S.
මිනුම, n. measuring, measurement, මැනීම.
මින්, n. or a. fish, මාලු. See the following.
මින්·කෙහෙළි, මින්·දද, n. (මින් fish, කෙහෙළි or දද banner), ap. of Cupid: see මකරකේතනයා.
මින්නඹුව, n. midwife, වින්නඹුව.
මින්·පසු, ad. hereafter. [මුහුද.
මින්·පිටු, n. (මින් fish, පිටු multitude), the sea,
මින්පුවු, n. water-hen, දියකිරිල්ලී.
මින්·මඩුලු, n. See මින්පිටු.
මින්·මතු, මින්මත්තට, ad. (මින් from this, මතු future), henceforward, hereafter. [මුහුද.
මින්·හල, n. (මින් fish, හල residence), the sea,
මිම්ම, n. (cp. මිනුම, මනිනවා) measure.
මිය, n. the earth, පොළොව; mouth, කට.
මිය, p. pl. of මියනවා: having died, මැරී.
මියනවා, v. i. to die, expire, මැරෙනවා.
මියබුරුසුස්ම, n. deep sigh, තදින් සුසුම්ලෑම.
මිය·යනවා, v. t. to die and depart, die; pret. මිය ගියා; v. n. මියයාම.
මියර, n. border, embankment, dam in a rice swamp, which serves also as a path, නියර.
මිහු, n. buffalo, මීවා.
මියුණු, මියුණූ, v. adj. pret. of මියනවා: that has died, dead, මැරුණු. [මියුරෝ.
මියුර, n. peacock, මොනරා; frog, මැඩියා; pl.
මියුරු, a. soft, මෘදු, pleasant, ප්‍රසන්න; lit. and fig. sweet, mellifluous, මිහිරි. [අශ්වයා.
මිහු·රිපු, n. lit. buffalo's enemy, viz. horse,
මියුරු·සර, n. sweet juice, මිහිර රසය.
මිගුලඟන, n. (මිගුල් deer, අඟන female), female
මිගුලා, n. deer, මුවා. [deer, roe, මුවදෙන.
මිගුලැස, මිගුලැසි, n. (මිගුල් ඇස, ඇසි), deer-eyed one; ap. of a woman, ස්ත්‍රී.
මිරය, n. coition, සංවාසය.
මිරි, a. cont. of මිහිරි: sweet, fresh. [මිරිකුවා.
මිරිකනවා, v. t. to squeeze, press, crush; pret.
මිරිකා අරිනවා, v. t. to squeeze out, express.
මිරිකීම, මිරිකුම, v. n. of මිරිකනවා and මිරිකෙනවා: squeezing &c.
මිරිකෙනවා, v. i. to become squeezed, tight, compressed; fatigued, distressed; pret. මිරි කුණා.
මිරිඟු·ජලය, මිරිඟු·පැන්, n. mirage-water, appearance of water produced by the mirage.
මිරිඟු, n. mirage.
මිරි·ජල, මිරි·දිය, n. fresh-water, as opposed to salt-water. [වැඩි.
මිරිවැඩිය, n. sandal, shoe, සෙරෙප්පුව; pl. මිරි
මිරිවැඩි·සඟල, n. pair of sandals or shoes.
මිරිස, මිරිස්, n. chillies, cayenne pepper.
මිරිසියාඹු, n. See මිලිසියාඹු.
මිරිස් කරල, n. pod of chillies. [chillies.
මිරිස්·ගල, n. chillie-stone, stone for grinding
මිල, n. or a. money, price.
මිල අඩු, a. low-priced, cheap.
මිල·අධික, a. high-priced, dear. [money.
මිලකරනවා, v. t. to price, appraise, to value in
මිල·ගොයා, n. Ceylon wood-pigeon, *palumbus Torringtonius*, මහවිලගොයා.
මිල·පත්‍රය, n. bank-note, නෝට්ටුව. [කෑම.
මිලකිය, මිලිකිය, n. hon. eating, අනුභවකිරීම,
මිලය, n. the price, money.
මිලන·වස, n. (මිලන connected, වස abode): see පසල් දනව්ව.
මිලාන, a. dead, මළ, faded, withered, පරවූ.
මිලි, a. (fr. මල filth), filthy, කිලුටු; black, dark coloured, dark blue, කළු.
මිලි, n. filth, dirt, කිලුට, පස්; the earth, පොළොව: see මිහිකත.
මිලිනම, n. filthiness &c.: see මිලිය.
මිලිත, a. (fr. මිල් to be united), united, combined, එකතු, mixed, මිශ්‍ර. [මැද්ද.
මිලිඳු, මිලිඳූ, n. archer, bowman, දුනුවායා;
මිලින, a. Er. for මලින: filthy, කිලුටු.
මිලිසියාඹු, මිලිසියෑඹු, n. fine or pure gold, Venetian gold. [age, වනචර.
මිලිස්, a. E. of මිලේච්ඡ: barbarian, wild, sav-
මිලිස්·වස, n. abode or country of barbarians, wilderness, forest, වනය. [හංසයා.
මිලි·හස්, n. dirty or dark-coloured swan, කළු
මිලින, a. dark-coloured, dirty-coloured: see මලින. [purchase.
මිලේට·ගන්නවා, v. t. to take for money, buy,
මිලේට·දෙනවා, v. t. to give for money, sell.
මිලුයස්, n. ap. of යමරජ the Indian Pluto.
මිවු, n. See මිහු.
මිසර, a. Egyptian.
මිසරය, මිසර·දේශය, n. Egypt.
මිසරයා, n. mas. an Egyptian. [වමවූ.
මිශ්‍ර, a. mingled, blended, promiscuous, කල
මිශ්‍ර, aff. hon. to proper names, as මාවතපති මිශ්‍ර, eminent මාවතපති.
මිශ්‍ර ක්‍රියාව, n. gram. present participle.
මිශ්‍ර·ජ, a. of mixed origin, hybrid, mongrel.
මිශ්‍ර·ජ·සතෙක්, n. hybrid or mongrel animal.
මිශ්‍රකරනවා, මිශ්‍රණයකරනවා, v. t. to mix, mingle, blend. [කලවම.
මිශ්‍රණය, මිශ්‍රය, n. mixing, mixture, මිශ්‍රකිරීම,
මිශ්‍ර·භාගය, n. arith. compound fraction.
මිශ්‍ර·රාශිය, n. compound proportion. [mingled.
මිශ්‍රවෙනවා, v. i. to become mixed or inter-
මිශ්‍ර·ව්‍යවහාරය, n. arith. the rule of practice.
මිශ්‍රගන්ධක, n. yellow orpiment, හිරියල්.

මිශ්‍රිත, *a.* mixed, blended, intermingled.

මිෂනාරි, මිෂියොනාරි, මිෂියොනාරිස්, *a.* Eng., missionary.

මිෂනාරි·සමාගම or ·සභාව, *n.* Missionary Society.

මිෂනාරි·සෙනෙක්, මිෂනාරි·පැන, *n.* missionary.

මිෂන්, *a.* mission-.

මිස, *a.* untrue, false, මිථ්‍යා, බොරු.

මිස, මිසක, මිසක්, *ad.* or *conj.* unless, except, save.

මිස·දිටු, මිස·දිටු, *a.* *lit.* of false view: heretical, heathen: see මිථ්‍යාදෘෂ්ටි.

මිස·දිටුවා, *n.* heretic, heathen, මිථ්‍යාදෘෂ්ටියා.

මිස·හැර, මිස·හැරකාර, *a.* unfaithful, adulterous, කාමමිථ්‍යාචාර.

මිස·හැරකාරි, *n. fem.* adulteress.

මිස·හැරය, මිස·හැසරය, *n.* infidelity to the marriage vow, adultery, කාමමිථ්‍යාචාරය.

මිස්සකේසි, *n.* goddess, දිව්‍යාංගනාව.

මිහි, *n.* honey, මීපැණි, nectar of flowers, මල් පැණි; semen virile, ශුක්‍රධාතුව; see also ඇත්

මිහි, *a.* earth-, පොළෝ. [මිද.

මිහි·කත, *n.* E. of මහිකාන්තාව

මිහිකා, *n.* frost, dew, පිනි.

මිහිකරනවා, *v. i.* to mellow, ripen, ඉදෙනවා.

මිහිඟු·බෙරය, මිහිඟුව, *n.* Tamil drum, දවුල; the drum of සක්‍රභවන or paradise of Indra, beaten only at the end of each අනන්තකල්පය.

මිහිත, *n.* laughing, laughter, සිනාසීම, සිනාව.

මිහි·තලය, *n.* surface of the earth, පොළෝ තලය.

මිහි·දුම, *n.* *lit.* earth-smoke, viz. fog, mist.

මිහිදුරා, *n.* rock, පර්වතය, mountain, කන්ද.

මිහිදුල, *n.* stone, ගල; *n. pl.* or *a.* මිහිදුල්, ගල්.

මිහිඳු, *n.* (මිහි ඉඳු), lord of earth, king, රජ; ap. of Sakra.

මිහිඳු(·මාහිමි), *n.* the monk so named who introduced Buddhism into Ceylon.

මිහි·ප, මිහි·පල්, *a.* (පල් E. of පාල), who is protector of the earth or land, රජවූ. [king.

මිහි·පති, මී·පති, *n.* ruler of the earth, governor,

මිහි·පල්·තුම, *n.* මිහිපාලයා: See මිහිපා.

මිහිපා, *n.* See මීපා.

මිහි·පා, මිහි·පාලයා, *n.* protector or nourisher of the earth or land, king. [Mars, අඟහරුවා.

මිහි·පුත්, *n.* *lit.* earth's son: ap. of the planet

මිහිය, *n.* the earth, පොළොව; any aquatic flower, නෙළුම්මල, දියමල.

මිහියත්, *n.* See මිවුයත්.

මිහිර, *n.* sweetness, පැණිරස, pleasantness, ප්‍රසන්නකම; cloud, වලාකුළ; air, wind, සුළඟ.

මිහි·රත්, *n.* plumbago: see මිහි(ණි)රත්.

මිහිරයා, *n.* *lit.* pleasant one, viz. sun, ඉර, moon, සඳ, sage or saint, සාමියා. [fluous.

මිහිරි, *a.* *lit.* and *fig.* sweet, pleasant, melli-

මිහිරිකරනවා, *v. t.* to sweeten, make pleasant or delightsome.

මිහිරි·දිය, *n.* fresh-water, මිරිදිය, as opposed to කරදිය.

මිහිරිය, *n.* *lit.* and *fig.* sweetness &c., මිහිරිකම; honey, මීපැණි; ap. of ගණදෙවියෝ. [ආසාවූ.

මිහි·ලොල්, *a.* desirous of honey, මීපැණිවලට

මිහි·ලෝලයා, *n.* bee: see මීබුලෝලයා.

මිහි·තල, *n.* sea, මුහුද.

මිලගු·තන්නි, මොලගු·තන්නි, *n.* T., mullagatawny or milagutanny, ගම්මිරිස් හොදි.

මී, *a.* cont. of මහි or මිහි: pert. to the earth, පොළෝ.

මී, *a.* fr. මීවා, buffalo; fr. මීයා, rat; pert. to bees; honey-.

මී, *n.* pollen, රේණු; honey; toddy, රා; death, මරණය; tree, *Bot.*

මී·අඟ, *n.* buffalo's horn; *pl.* මී අං.

මී·අඹ, *n.* sweet mango, honey mango, a small sweet mango.

මී·ආච්චි, මී·ආත්තා, *n.* great grandmother.

මී·ඉටි, *n.* bees-wax.

මී·උගුල, *n.* rat trap.

මී·ඔඩම, *n.* wine cup or goblet, සුරාපාත්‍රය.

මීකත, *n.* See මිහිකත.

මී·කපල්, *n.* (කපල holder), honey-comb, මීවදය.

මී·කල, *n.* (කල repository), beehive, මීස.

මී·කිරි, *n.* buffalo's milk.

මී·කෙළිත·වේලාව, *n.* *lit.* bee-sporting time, viz. evening, when bees assemble, සවස් වේ [ලාව.

මී·ගොනා, *n.* buffalo bull, male buffalo.

මීට, *pron.* dat. case of මෙය: to or for this; මීට ඉස්සර or පසු &c., before or after this (time).

මීත, *a.* passed (as urine &c.), පහකරනලද.

මී·තෙල්, *n.* oil from seed of *bassia longifolia*; buffalo ghee, ghee from buffalo's butter: see ගිතෙල්.

මී·දුම, *n.* mist, vapour, fog: see මිහිදුම.

මී·දෙන, *n.* buffalo cow, female buffalo.

මීන, *n.* fish, මාලුවා; Pisces: see මීනරාශිය.

මීන·කේතනයා, *n.* *lit.* fish-bannered one: ap. of Cupid.

මීනය·කෙළිය, *n.* Cupid's play, අනංගකෙළිය.

මීනරයා, *n.* sea-monster: ap. of the shark, මෝරා, or alligator, කිඹුලා. [the zodiac.

මීන·රාශිය, මීන·රාශ, *n.* const. Pisces, a sign of

මීනාණ්ඩ, *n. pl.* (මීන අණ්ඩ), fish ova: see මාලු බිත්තර.

මී·තියා, *a.* such as this, of this sort, මෙවැනි

මී·පටලය, *n.* *lit.* honey-layer or tissue, viz. honey-comb, මීවදය.

මී·පතියා, *n.* (මී for මිහි): see මිහිපතියා.

මී·පල්, *a.* See මිහිපල්.

මී·පල, *n.* fruit of *bassia longifolia*.

මීපා, *n.* *lit.* honey-drinker, viz. bee, මීමැස්සා.

මී·පැණි, *n.* honey.

මී·පිඩුව, *n.* lump of honey, piece of honey-comb; sweet ball: see අග්ගලාව.

මී·පුප්, *n.* (පුප් E. of පුෂ්ප), flower of *bassia longifolia*; from the seeds of this tree මී තෙල් is extracted.

මිපෙජ්, *n.* salt, ලුණු.

මීජ්, *n.* garlic, සුදුලූණු; flower of මීගස.

මී·බඳිනවා, *v.* (said of bees), to attach or place honey, including construction of the nest or hive and cells.

මී·මල, *n.* See මීපුප්.

මී·මස, *n.* bee-month, viz. the spring month, April-May, බක්මස.

මිමැස්මර·රෝගය, *n.* falling sickness, epilepsy.

මිමැස්මර·රෝගකාර or රෝගී, *a.* epileptic.

මීමා, *n.* buffalo, මීවා.

මීමාංසා, *n.* philosophy or one of the systems of H. philosophy.

මී·මැසි, *a.* pert. to bees.

මී·මැසි·කූඩුව, *n.* bees' nest.

මී·මැසි·රැල, *n.* swarm of bees.

මී·මැසි·නඩ, *n.* hum or buzzing of bees.

මී·මැස්සා, *n.* *lit.* honey-fly, viz. bee. [*minna.*

මී·මින්නා, *n.* Indian moose deer, *moschus minna.*

මී·මිණි·බිරි, *n.* (මී probably from මහ), great-granddaughter, මිනිබිරියගේ or මුනුබුරාගේ දුව.

මී·මිනිබුරා, මීමුනුබුරා, *n.* great-grandson.

මී·මුත්තා, *n.* great-grandfather, මුත්තාගේ or ආත්තාගේ පියා.

මී·මුරුවට, *n.* juice or medicine from the punac of *bassia longifolia* seed: see මුරුවට, පුප් කක්කු.

මීය, *n.* beehive or bees' nest, මීමැසිකූඩුව.

මී·යන් fr. මීයානත්, *n.* (මී rat or buffalo, යාන vehicle), *lit.* rat-rider, ap. of ගණදෙවියෝ figured as sitting or riding on a rat; ap. of යම, represented as riding on a buffalo.

මීයා, *n.* rat or mouse.

මීරත්, *n.* cont. of මිහිරත්.

මීරය, *n.* sea, ocean, මුහුද.

මී·රස, *n.* honey-flavour.

මී·රා, *n.* sweet toddy from the coconut spathe.

මිරිත, *a.* sweetened, sweet, මිහිරිකරපු, මිහිරි.

මී·රිපු, මී·රුපු, *n.* *lit.* rat-enemy: ap. of the cat, බළලා.

මීරිය, *n.* cont. of මිහිරිය.

මීලනය, *n.* twinkling, winking, ඇසිල්ල, blinking, ඇසිපිය හෙළීම.

මීලිත, *a.* unblown or only partly opened (as a bud), මදක් පිපුණු; twinkled. [සං·ලෑව.

මීලිතය, *n.* indirect allusion, hint, ඉංගිතය,

මීලෝල්, *a.*, මීලෝල්ලා, *n.* See මීකිලෝල් &c.

මීල්හ, *n.* ordure, fæces, අශුචි, මල.

මී·වදය, *n.* (මී honey, වදය receptacle), honey-comb; a kind of sweet cake.

මී·වන, *n.* or *a.* fern, forest of මී trees. *Bot.*

මීවන·කොල, *n.* fern called spleenwert, a kind of herb.

මීවන·පාත්තිය, *n.* garden bed of ferns, fernery.

මී·වස්සා, *n. mas.* buffalo calf.

මීවා, *n.* buffalo; intestinal worm, ascarid.

මීවැටියා, *n.* a fish, long-nosed sea-bream, *lethrinus rostatus.*

මී·වැදල්ල, *n.* lump of honey-comb, beehive.

මී·වැස්සි, *n. fem.* buffalo calf.

මීමින්නා, *n.* jungle or field rat (see මීමින්නා).

මී·සම, *n.* buffalo skin or leather.

මී·හරකා, *n. mas.* buffalo.

මී·හරකි, *n. fem.* buffalo cow.

මුඛ·බැඳීම, *v. n.* of මුඛබඳිනවා: mouth-binding viz. a supposed method of enchanting snakes, crocodiles &c. to render them unable to open their mouths.

මුඛය, *n.* mouth: see මුවය.

මුඛ·රාගකාරී, *n.* See මුඛාලංකාරය.

මුඛ·වඩම, *n.* *lit.* mouth-band, viz. a band covering the mouth of any one who carries food to the king, to prevent his breathing on it. [සං. E.S.

මුඛ·ලේඛී, *n.* writer, clerk, amanuensis, ලියන්

මු·කුණු, *n.* mucus of the nose, සොටු.

මුකුත්, *pron.* col. for මොකුත් and මොකවත්.

මුකුන්ද, *n.* ap. of Vishnu; gum olibanum, frankincense, කට්ටකුමංචල්; gem, මාණික්‍ය; quicksilver, රසදිය; one of Kuvera's treasures.

මුකුන්දකය, *n.* an onion, ලූනුගෙඩිය.

මුකුර, *n.* mirror, කැඩපත. [විත්කලය.

මුකුර, *n.* dumb person, ගොළුවා or stammerer,

මුකුරු, *a.* E. of මුඛර. [ප්‍රාණිය; *pl.* මුකුළු.

මුකුල, *n.* bud, කැකුළ; the body, ශරීරය; life,

මුකුලිත, *a* shrivelled, shrunk, ඇකුළුණු, half shut, මදක්වැසුණු.

මුකුළුකරනවා, *v.* to coquet, giggle.

මුකුළුව, *a.* giggling, silly laughter.

මුකුෂ්ඨක, *n. pl.* or *a.* a sort of kidney bean, බෝංචි ජාතියක්.

මුක්, *a.* dumb, ගොළු.

මුක්කා, මුක්කරයා, *n.* person who has a deformed nose or who speaks through his nose.

මුක්·කාල, *n.* T., three-fourths, තුන්කාල, හතරෙන් තුනපංගුවක්.

මුක්ත, *a.* (fr. මුච් to set free), released, liberated, set free, sp. from transmigration and as having attained Nirvāna, මිදුණු; discharged as a weapon.

මුක්ත·කඤ්චුකයා, *n.* *lit.* slough-freed one, viz. serpent that has cast his slough, හැවය දැමූ සතා.

මුක්තකය, *n.* missile, අභ්‍යායුධය; stanza or sentence which completes the sense of a passage.

මුක්ත·කරනවා, *v. t.* to set free, send forth, මුදා අරිනවා, shoot (arrow &c.), විදිනවා.

මුක්ත·බීජ·බන්ධනය, *n. bot.* free placenta.

මුක්තය, *n.* a pearl, මුතු ඇටය.

මුක්ත·රෝගකාරයා, *n.* one cured of his disease, සුවවූ රෝගකාරයා.

මුක්ත·රෝගය, *n.* the disease which has been removed, පහවූරෝගය. [මිදෙනවා.

මුක්තවෙනවා, *v. i.* to become free, escape,

මුක්ත·හස්ත, *a.* open-handed, liberal, generous, තිළිණි, ත්‍යාගිවන්ත.

මුක්තා, *n. pl.* or *a.* pearls; pearl; මුතු, මුතුඇට.

මුක්තා·කලාපය, *n.* string of pearls, pearl necklace, මුතුවැල. [මුතුබෙල්ලා.

මුක්තාගාරය, *n.* (ආගාරය abode), pearl-oyster,

මුක්තා·ඵලය, මුක්තාව, *n.* pearl, මුතුඇටය; camphor, කපුරු; custard-apple (being pearl-coloured), අනෝනා ගෙඩිය.

මුක්තාමුක්ත, *a.* (මුක්ත අමුක්ත), *lit.* freed and not freed, loosed and not loosed: මුක්ත referring to weapons which are hurled, අමුක්ත to those which are wielded, not hurled, as a javelin or sword.

මුක්තා·ලතාව, මුක්තාවලිය, *n.* (මුක්තා ආවලිය), see මුක්තාකලාපය.

මුක්තා·ස්ඵෝටයා, *n.* (ස්ඵෝට bursting), pearl-oyster, මුතුබෙල්ලා.

මුක්තා·හාරය, *n.* See මුතුවැල.

මුක්තිය, *n.* liberation, escape, freedom, මිදීම, sp. final liberation or exemption from transmigration, Nirvāna, නිර්වාණ, මෝක්ෂය.

මුඛ, *n. pl.* or *a.* mouths, faces; mouth-, facial, කට; initial, මුල්; chief, ප්‍රධාන.

මුඛ·කේශය, *n.* vibrissa, කටකෙන්ද; *pl.* මුඛකේශ, කටකෙඳි, vibrissæ. [කට ඇතුළ.

මුඛ·ගතිය, *n.* mouth-cavity, inside of mouth,

මුඛ·දර්ශය, මුඛ·ලක්ෂණය, *n.* appearance of the face, physiognomy, මුහුණේ පෙනුම, මුහුණු වර. [කරන පත්‍රිව.

මුඛ·පට්ටය, *n.* face-plate, visor, මුහුණ ආරක්ෂා

මුඛ·පත්‍රය, *n.* title-page, පොතක නම්දක්වනපිට.

මුඛ·පද්මය, *n. lit.* mouth-lotus, viz. lotus-like mouth. [E. S.

මුඛ·පරම්පරානුගත, *a.* ('අනුගත), traditional,

මුඛ·පාඨය, *n.* tradition, පරම්පරකථාව. [E. S.

මුඛ·පූරණය, *n.* mouthful, කට පිරෙන තරමක්.

මුඛය, *n.* mouth, කට, face, මුහුණ; bird's beak, හොට, තුඩ; beginning, origin, මුල.

මුඛර, *a.* speaking boldly, නිර්භීතකථාකාර; noisy, ඝෝෂාකාර; foul-mouthed, දුෂ්ටකථාකාර.

මුඛරී, *a.* ready of speech, fluent, පහසුවෙන් කථා කරන.

මුඛරීතාව, *n.* fluency, ready speech, කථාවේ පහසුකම, wit, E. S.

මුඛරීයා, *n.* bold or fluent speaker.

මුඛරී·වාක්‍යය, *n.* ready utterance, repartee, හමඩි පිරුළු.

මුඛ·වාක්‍ය, *n. pl.* or *a.* viva voce words; oral, verbal, කටින්ම කියන.

මුඛ·වාක්‍ය·ප්‍රතිඥාව, *n.* verbal promise, parole, කටින්ම කියන පොරොන්දුව.

මුඛ·වාක්‍යයෙන්, *ad.* by word of mouth, orally, verbally, කට වචනයෙන්.

මුඛ·විකාරය, මුඛ·විකෘතිය, *n.* deformity of mouth or face; distortion of face, grimace, E. S.

මුඛ·විද්‍යාව or ·විද්‍යාව, *n.* knowledge of the face or appearance, physiognomy, මුහුණෙන් or පෙනුමෙන් දැනගැනීම.

මුඛ·වෘත්තාන්තය, *n.* oral statement or news, hearsay, කට කථාව. [vocal.

මුඛ·ශබ්ද, *n. pl.* or *a.* voices; pert. to the voice,

මුඛ·ශබ්ද·මුද්‍රාක්ෂරය, *n.* (මුද්‍ර අක්ෂරය), phonotype, phonetic letter. [printing. E. S.

මුඛ·ශබ්ද·මුද්‍රාංකනය, *n.* phonotypy, phonetic

මුඛ·ශබ්දය, *n.* the voice, කටහඬ.

මුඛ·ශබ්ද·වාචක, *a.* expressing the sound of the voice, phonetic, phonographic. [phonology.

මුඛ·ශබ්ද·විස්තරය or ·ශාස්ත්‍රය, *n.* phonetics,

මුඛ·ශබ්දාකාර, *a.* phonetic, accordant with the voice.

මුඛ·ශෝධනය, *n.* rinsing or cleansing the mouth, කට සේදීම; pungency, pungent flavour, කුළුරස.

මුඛ·ස්නේහය, *n. lit.* mouth-love or delight of the mouth, viz. cinnamon bark, කුරුඳු පොත්ත.

මුඛාංගය, *n.* (මුඛ අංගය), *lit.* preliminary portion: prelude, නාඩගමේ ප්‍රාරම්භ ගායනාව.

මුඛාලංකාරය, *n.* (මුඛ අලං:), mouth-beauty, viz. betel, so called because it is said to beautify the mouth by making the lips and tongue red: see බුලත්.

මුඛ්‍ය, *a.* primary, ප්‍රථම, chief, principal, ප්‍රධාන.

මුඛ්‍යනායා, මුඛ්‍යයා, *n.* leader, chief, headman, ප්‍රධානියා, මූලාදෑනියා. [a word).

මුඛ්‍යාර්ථය, *n.* primary or original meaning (of

මුගටියා, *n.* mongoose, *herpestes griseus.*

මුගලන්, *n.* name of one of the two principal disciples and attendants of Buddha.

මුගිංඩය, *n.* final decision or award, judicial sentence. [cision, pass sentence.

මුගිංඩනියනවා, *v.* to state or give a final de-

මුගුර, *n.* E. of මුද්ගරය: club, staff, mace, පොල්ල, crow-bar, යබුල; *pl.* මුගුරු.

මුග්ගරය, *n.* See මුගුර. [*phaseolus mungo.*

මුං, *n.* or *a.* a kind of pulse, green gram or peas,

මුං·කැවුම, *n.* cake made of green pea.

මුංපියල්ල, *n.* a lobe of green pea; *pl.* මුංපියලි.

මුංමාකරනවා, *v. t.* to deceive, රවටනවා.

මුංමාව, *n.* deception, deceit, රැවටීම, රැවටිල්ල.
මුංසුප, *n.* water in which green pea has been boiled, mung soup.
මුංවන්, මුගුවන්, *a.* mung-coloured, of the colour of green pea, මුංපාට ඇති.
මුඟු, *n.* or *a.* See මුං
මුගධ, *a.* stupid, foolish, simple, මෝඩ, නිවට.
මුගධතාව, *n.* stupidity &c.
මුගධයා, *n.* stupid one, fool &c.
මුවලිඳ, *n.* snake so called; මුවලිඳ tree. *Bot.*
මුවගත්, මුවතත්, *n.* mirage, මිරිඟුව.
මුවදය, *n.* arrow, ඊතය. [measure.
මුට්ටය, *n.* bag of rice of about 2½ bushels
මුට්ටිය, *n.* T., earthen cooking pot with a small mouth. [necessity, ඕනෑකම.
මුට්ටුව, *n.* T., deficiency, අඩුකම, want, හිඟකම,
මුඩ, *a.* See මුණ්ඩ.
මුඩම, *n.* dish, platter, තළිය.
මුඩය, මුඩේ, *n.* raised stand or flight of steps in the rice fields, where a person may stand to scare away birds &c.
මුඩාව, *n.* See දුනුමුඩාව. [මිරිතු.
මුඩු, මුඩුක, *a.* shaved, bald, bare; rancid, fetid,
මුඩුකරනවා, *v. t.* to make bald or bare, shave the head. [language.
මුඩුකවාදය, *n.* bald or disrespectful or abusive
මුඩුක්කුව, *n.* T., lane, alley, narrow street, පටු
මුඩුව, *n.* tuft of a coconut, පොල්මුඩුව. [වීදිය.
මුඩුවෙනවා, *v. i.* to become bald or shaven.
මුඩුසෙවණ, *a.* bare of shade, viz. roofless, සෙවිලිනැති. [counter.
මුණගැසෙනවා, *v. i.* to meet face to face, en-
මුණය, මුණේ, *n.* end extremity, top, point, තුඩ.
මුණින්, *ad.* on the face, prone, headlong.
මුණින්තලාවූ, *a.* lying flat with the face down, procumbent, prostrate.
මුණින්තලාවෙනවා, *v i.* to prostrate one's self.
මුණින්වැටෙනවා, *v. i.* to fall prostrate, fall headlong. [trate.
මුණින්හෙළනවා, *v. t.* to cast headlong, pros-
මුණ්ඩ, *a.* shaven, bald, මුඩු, තට්ට.
මුණ්ඩකයා, මුණ්ඩයා, *n.* barber, පණික්කියා.
මුණ්ඩන, *a.* shaving, shearing, tonsorial, රැවුල, කෙස්, ලොම් ආදිය කපන.
මුණ්ඩනය, *n.* shaving &c., මුඩුකිරීම &c.
මුණ්ඩය, මුණ්ඩේ, *n.* bullet, උණ්ඩය.
මුණ්ඩය, *n.* head, ඉස, forehead, නළල; trunk of a lopped tree, ගස්කඳ.
මුණ්ඩයා, *n.* ap. of the demon Rahu as the ascending node
මුණ්ඩලියා, *n.* a small sea fish.
මුණ්ඩාව, *n.* Indian madder. [ban, තලප්පාව.
මුණ්ඩාසනය, *n.* (මුණ්ඩ head, ආසනය seat), tur-
මුණ්ඩිත, *a.* shaven, shorn, E.S., bald, මුඩු, තට්ට.

මුණ්ඩිතතාව, *n.* baldness, මුඩුකම &c.
මුතමුත්, *a.* (මුත් අමුත්), E. of මුත්තාමුත්ත.
මුතු, මුතුඇට, *n. pl.* pearls; sg. මුතු ඇටය.
මුතුකැල, *n.* multitude or mass of pearls, pearl bank or bed.
මුතුකිමිදිනවා, *v.* to dive for pearls.
මුතුකිමිදින්නා, *n.* pearl-diver. [වැල.
මුතුදම, *n.* string of pearls, pearl necklace, මුතු
මුතුදැල, *n.* pearl-net, viz. mass or network of pearls.
මුතුන්මුත්තෝ, *n. pl.* forefathers, ancestors.
මුතුබෙල්ලා, *n.* pearl-oyster.
මුතුවැල, *n.* string of pearls, pearl necklace.
මුතුසුණු, *n.* pearl powder, calcined pearls, said to be eaten by kings with their betel instead of chunam.
මුතුහරය, මුත්හරය, *n.* pearl necklace, මුතුවැල.
මුත්, *post.* beside, except, මිස.
මුත්, *conj.* cont. of නමුත්: though, used in poetry, as කළමුත් for කළනමුත්.
මුත්තණී, *n.*, මුත්තණියෝ, *n. hon.* paternal grandmother; *pl.* මුත්තණියෝ.
මුත්තා, *n.* paternal grandfather.
මුක්තිකය, *n.* pearl, මුතුඇටය.
මුත්තිය, *n.* P. of මුක්තිය.
මුත්තා, *n.* grandfather.
මුක්තය, *n.* pearl, මුතුඇටය.
මුදංගය, *n.* P. of මෘදංගය.
මුදඟිල්ල, මුදුඟිල්ල, *n.* (මුදු ඇඟිල්ල), ring-finger.
මුදනවා, *v t.* to release, set free, loose, liberate; *pret.* මිදුවා; *v. n.* මිදීම.
මුදරුකිරලා, *n.* black-bellied marsh tern, *hydrochelida hybrida*: see ලිහිණියා.
මුදල, *n.* money; price.
මුදලට ගන්නවා &c., *v. t.* See මිලේට ගන්නවා &c.
මුදලාලි, *n.* T., capitalist, proprietor, chief man.
මුදලි, *a.* pert. to Mudaliyārs or their office.
මුදලි, මුදලි තුමා, *n.* See මුදියන්සේ.
මුදලිඳු, *n.* (මුදල් first, ඉඳු eminence), ap. of මහමෙර; chieftain, Mudaliyar, මුදියන්සේ.
මුදලිඳු, *n.* See මුවලිඳ.
මුදල්, *n. pl.* or *a.* moneys, money; pert. to money, money-. [cier.
මුදල්කලමනාකාරයා, *n.* money-dealer, finan-
මුදල්පත, *n.* note, bank-note, cheque.
මුදල්පසිය, *n.* purse.
මුදල්පෙට්ටගම, *n.* money box, coffer.
මුදල්භාණ්ඩාගාරිකයා, *n.* treasurer; banker.
මුදල්භාණ්ඩා(ගා)රය, *n.* bank, මංඩුව, treasury, මුදල් ගබඩාව. [sureship.
මුදල්භාරකාරධුරය, *n.* office of treasurer, trea-
මුදල්භාරකාරයා, *n.* treasurer, ගබඩානිලමේ; cashier, සරප් තැන.
මුදවනවා, *v. c.* of මිදෙනවා and මුදනවා: to cause to be released, set free; to precipitate,

coagulate, curdle, congeal, freeze ; *pret.* මිදෙවුවා ; *v. n.* මිදවීම or මුදවීම.

මුදවාපු, *v. adj. pret.* curdled &c.

මුදව, *n.* (මුද් to rejoice), happiness, joy, ප්‍රීතිය.

මුදිත, *a.* made happy, pleased, rejoiced, ප්‍රීතිමත්, සතුටු. [සාම.

මුදිතා, *n.* happiness, satisfection, ප්‍රීතිය, සතුටු

මුදියන්සේ, මුදියන්සේ·රාලහාමි, *n.* Mudaliyar, chief native revenue officer of a කෝරළය or district.

මුදිහිරැව, *n.* finger-ring, මුද්ද.

මුදු, *a.* P. of මෘදු. [ඟිල්ල.

මුදුඟිල්ල, *n.* (මුදු ඇඟිල්ල), ring-finger, මුද

මුදුන, *n.* top, summit, apex, vertex, peak ; the highest point or state, meridian.

මුදුනා, *a.* soft, මොළොක්, flexible, supple, E.S.

මුදුනා, *n.* first one or leading buffalo in threshing corn &c. [මුදුන්නාරටිය.

මුදුනේ·රේඛාව, මුදුන්·ඉර, *n. bot.* midrib : see

මුදුන්, *n. pl.* or *a.* tops ; pert. to the top or apex or ridge.

මුදුන්·ඇටය, මුදුන්·කටුව, *n.* backbone, spine.

මුදුන්·උළු·කැටය, *n.* ridge-tile.

මුදුන්·කණුව, *n.* king-post, crown-post.

මුදුන්කරනවා, *v. t.* to place at the top.

මුදුන්·ගල, *n.* top-stone, copestone, head-stone.

මුදුන්·තුඩුව, *n.* top point, pinnacle.

මුදුන්දෙනවා, *v. t.* to place at the top or above, as අත්මුදුන්දෙනවා, to place hands together above the head in saluting. [rib.

මුදුන්·නාරටිය, *n. bot.* rib of palm branch, mid-

මුදුන්පත්, *a. lit.* and *fig.* that has attained the highest, reached the meridian or summit of position or learning or office.

මුදුන්පත්කරනවා, *v. t.* to exalt to the highest place, make of chief importance, make chief; achieve, accomplish.

මුදුන්·පත්වීම &c., *v. n.* attainment of the highest ; culmination, accomplishment.

මුදුන්·පත්වෙනවා, මුදුන්පැමිණෙනවා, මුදුන්වෙනවා, *v. i.* to reach the acme, top or meridian, attain the utmost ; (of designs &c.) culminate, be accomplished, succeed.

මුදුන්·මල්·කඩ, *n.* head-garland, head-jewel or ornament, top crest.

මුදුන්·මිණ, *n.* the top gem or jewel of a crown, ඔටුන්නේ මුදුන් මැණික.

මුදුන්·මුල, *n.* tap-root. [plate.

මුදුන්·යට·ලීය, *n.* ridge-beam, ridge-pole, ridge-

මුදුන්·වහල, *n.* upper roof, upper part of the roof.

මුදුන්·වැටිය, *n.* top ridge. [max.

මුදුන්·සම්භාව, *n.* highest condition, acme, cli-

මුදුව, *n.* finger-ring, මුද්ද ; *pl.* මුදු. [ඔබාලූ.

මුදුවරයා, *n.* goldsmith, jeweller, රන්කරුවා,

මුදෙව්·විල, *n.* See මහනුවිල්ල.

මුද්ගරය, *n.* club, mace, මුගුර, පොල්ල, staff for loosening earth &c., යවුල ; mallet, අතකොළුව, hammer, මිටිය.

මුද්ද, *n.* finger-ring ; *pl.* මුදු.

මුද්දර·ආදායම, *n.* stamp duty.

මුද්දර·කරනවා &c., See මුද්‍රාකරනවා &c.

මුද්දර·කැටයම්·ශිල්පය, *n.* art of seal-engraving.

මුද්දර·ගසනවා or ·ගහනවා, *v,* See මුද්‍රාකරනවා ; (මිල) to coin.

මුද්දරය, *n.* seal, stamp, මුද්‍රය, මුද්‍රාව.

මුද්දිකා, *a.* grape-, vine-, vinous, මිදි : see මුද්‍රිකා.

මුද්දිරප්·පලම්, *n. pl.* grapes, මිදිඵල.

මුද්‍ර, *n. pl.* or *a.* (ord. for මුද්දර and මුද්‍රා) seals, stamps ; seal-, stamp-.

මුද්‍ර·කරනවා, මුද්‍ර·ගහනවා, *v.* to affix a seal or stamp. seal, stamp.

මුද්‍රණ, *a.* pert. to printing, අච්චුගැසීමට අයිංගු.

මුද්‍රණකාරයා, *n.* press-man, printer, අච්චුගසන්නා.

මුද්‍රණකරනවා, *v. t.* to print, අච්චුගසනවා.

මුද්‍රණ·යන්ත්‍රය, *n.* printing press, අච්චුයන්ත්‍රය.

මුද්‍රණ·ශාලාව, *n.* See මුද්‍රාංකනශාලාව.

මුද්‍රණ·ශිල්පය, මුද්‍රාංකන·ශිල්පය, *n.* art of printing, typography, අච්චුගැසීමේ ශිල්පය.

මුද්‍රණ·ශිල්පී, මුද්‍රාංකන·ශිල්පී, *a.* typographic.

මුද්‍රණාක්ෂරය, *n.* (මුද්‍රණ අක්ෂ :), a type, type-letter for printing.

මුද්‍රණාක්ෂර·යොදනවා. *v.* to set up type, compose, අච්චුඅකුරු යොදනවා.

මුද්‍රය, *n.* seal ; postage stamp, තැපැල් මුද්දරය.

මුද්‍රා, *a.* pert. to coins or medals, numismatic ; or to stamps. For මුද්‍රා·කරනවා &c., see මුද්‍ර·කරනවා &c.

මුද්‍රාක්ෂර, *n. pl.* or *a.* (මුද්‍රා අක්ෂර), type-letters, type, අච්චුඅකුරු. [වක්කරන්නා.

මුද්‍රාක්ෂරකාරයා, *n.* type-founder, අච්චු අකුරු

මුද්‍රාක්ෂර·පට්ටලය, *n.* letter or type foundry.

මුද්‍රාක්ෂරය, *n.* a type, a printed letter, අච්චු අකුර.

මුද්‍රාක්ෂර·ලෝහ, *n.* type metal.

මුද්‍රාංකන, මුද්‍රාඞ්කන, *a.* (මුද්‍රා අංකන), pert. to printing, typographic.

මුද්‍රාංකන·තීන්ත. *n.* printing ink. E. S.

මුද්‍රාංකනය, *n.* printing, act or process of printing, අච්චුගැසීම.

මුද්‍රාංකනයකරනවා, *v. t.* to print, අච්චුගසනවා ; with මිල to coin or stamp money, කාසි අච්චු ගහනවා.

මුද්‍රාංකන·යන්ත්‍රය, *n.* printing-machine, printing-press, අච්චු යන්ත්‍රය. [stamped, මුද්දරගසනලද.

මුද්‍රාංකිත, *a.* printed, අච්චුගසනලද ; sealed,

මුද්‍රා·යන්ත්‍රය, *n.* printing-press.

මුද්‍රාව, *n.* seal, stamp, මුද්‍රය, මුද්දරය.

මුද්‍රා·විද්‍යාව, මුද්‍රා·විස්තරය, *n.* science of seals, sphragistics, (පුරාණ) මුද්‍රා දැනගැනීමේ ශාස්ත්‍රය.

මුද්‍රා·විද්‍යාකාරයා, මුද්‍රා·ශාස්ත්‍රඥයා, *n.* one skilled in seals; numismatologist.

මුද්‍රා·ශාස්ත්‍රය, *n.* science of seals and coins, numismatics: see මුද්‍රාවිද්‍යාව.

මුද්‍රික, *a.* (ord. for මැදෙම්ක), pert. to the grape vine or wine, මිදි. See මැදෙම්ක.

මුද්‍රික·පලදාව, *n.* vintage, grape-crop.

මුද්‍රික·පානය, *n.* wine, viz. grape wine.

මුද්‍රිකා·ඵලය, *a.* a grape; *pl.* මුද්‍රිඵල, grapes.

මුද්‍රික·මඩුව, *n.* vinery, මිදිවැල් මඩුව.

මුද්‍රික·වල්ල, *n.* cluster or bunch of grapes.

මුද්‍රික·වැල, *n.* grape vine, vine, මිදිවැල.

මුද්‍රිකාව, *n.* signed or sealed document, මුද්දර ගසාපු පත්‍රය.

මුද්‍රිත, *a.* stamped, sealed, impressed, මුද්දර ගසාපු; printed, අච්චුගසාපු.

මුද්‍රිත·වාක්‍යය, *n.* printed phrase or statement, printed matter, letter-press, අච්චුගසාපු වගන්තිය or කොටස.

මුනන, *n.* See මුණන.

මුන, මුනින් &c. See මුණ, මුණින් &c.

මුනි, මුනිවරයා, *n.* (මන් to revere), holy sage, holy ascetic or devotee, saint, Rahat, Rishi, ap. of අගසැති and of a Buddha.

මුනි·නිවෙස, *n.* ascetic's residence, monastery, විහාරය, පන්සල.

මුනිඳු, *n.* (මුනි ඉඳු): see මුනීන්ද්‍රයා.

මුනිය, *n.* mind, මන, සිතිය, සිත.

මුනිවර·ගතිය, *n.* saintship, ascetic state &c.: see මුනිවරයා, also R. C. saintship, శුබවර තත්ත්වය.

මුනිසව්, *n.* (සව් E. of ශ්‍රාවකයා), disciple of Buddha, බුදුන්ගේ ගෝලයා.

මුනි·ස්ථානය, *n.* monastery, hermitage, පන්සල.

මුනීන්ද්‍රයා, *n.* (මුනි ඉන්ද්‍ර), eminent sage or saint, ap. or title of any Buddha.

මුනීන්ද්‍රෝත්තමයා, *n.* (මුනි ඉන්ද්‍ර උත්තමයා), chief of sages or saints, ප්‍රධාන මුනිවරයා.

මුනුපුරා, මුනුබුරා, *n.* grandson.

මුන්, *pron. pl.* for මෙවුන් or col. මොවුන්: these (animals or persons); also Er. for මූ.

මුන්දෑ, *pron. res.* this person; *pl.* මුන්දලා.

මුන්නාන්සේ, මුන්නැහේ, *pron. hon.* this person or gentleman.

මුන්තිලයා, *n.* ancestor. E. S.

මුන්වහන්සේ, *pron. very hon.* this honourable person or gentleman.

මුඹ, *ad.* or *pron.* here, මෙහි; thou, තුඹ.

මුඹ, *pron.* thou, තුඹ.

මුපන, *n.* birth, source, origin, ඉපදීම, උපත.

මුමනය, *n.* humming of bees, මීමැසි හඬ; tremor, වෙව්ලුම.

මුය, *n.* E. of මුඛ: mouth, කට.

මුර, *n.* (මුර් to encircle), the watch, ward, sentry, guard; මුරට සිටිනවා to be on guard or sentry duty. [form.

මුර·අට්ටාලය, මුරකුළුන, *n.* watch tower or plat-

මුර·උණ, *n.* intermittent fever.

මුර·සංඝ්‍යාව, *n.* the company of sentinels, the watch, the guard, the picket.

මුරකරනවා, *v.* to keep guard, watch, guard, act as sentinel. [watchman.

මුරකරුවා, මුරකාරයා, *n.* sentinel, sentry, guard,

මුරකාර, *a.* guarding, pert. to sentry duty.

මුර·කුඩුව, *n.* sentry-box. [ගෙඩිය.

මුරජ·ඵලය, *n.* (See මුරජය); a jak-fruit, කොස්

මුරජය, *n.* a small drum, tomtom, බෙරය.

මුරජව, *n.* large drum, දවුල.

මුරණ්ඩු, *a.* T., obdurate, stubborn, hardened, obstinate, refractory.

මුරණ්ඩුකම, *n.* obduracy &c.

මුර·නැව, *n.* guard-ship.

මුරපළ, *n.* sentry place or post, guard-place.

මුර·මඩුව, *n.* watch-shed, sentinel's shed, guard-room.

මුරය, මුරේ, *n.* season (for plucking fruit &c.), occasion, (any one's) turn, වාරය, instance, වතාව, ප්‍රස්තාව.

මුරල්ලා, *n.* a kind of fish.

මුර·වචනය, මුරකීම, *n.* password, parole.

මුර·සංචාරය, *n.* patrol, the space patrolled or act of patrolling. [duty.

මුර·සිටිනවා, *v.* to keep watch, be on sentry

මුරිච්චි &c. See මුරිච්චි.

මුරු, *n.* god, දෙවියා, an immortal, අමර.

මුරුක්කුව, *n.* T., a kind of cake or sweetmeat or macaroni; twist.

මුරුක්කු වැටෙනවා, *v. i.* to become twisted or tangled, පටලැවෙනවා.

මුරුංගා, *n.* or *a.* moringa or horse-radish (tree or pod), 'drum-stick.' See *Bot.* [කැටය.

මුරුන·මල, *n.* flower of මුරුන tree; ruby, රතු

මුරුබෙරය, *n.* (මුරු immortal, divine), large drum used in the amusements of සවගිය.

මුරුවට, *n.* refuse of grain (sesamum &c.) after the oil has been expressed, poonac.

මුල, *n.* root; origin, source, outset, පටන් ගැනීම, cause, හේතුව; base, foot, අඩිය; *pl.* මුල්. See මුළු, multitude &c.

මුල·කුරු·ලොප්, *n.* (මුල් අකුරු), see පූර්වාක්ෂරලෝපය.

මුලදී, *ad.* at the first, in the beginning, primarily.

මුලාචාරියා, *n.* (මුල් ආ:), head blacksmith or head of the blacksmith caste; head or chief teacher.

මුලාදෑනි, *a.* chief, presidential.

මුලාදෑනිකම, *n.* headship, presidency.

මුලාදෑනිකම්කරනවා, *v.* to rule, exercise authority, superintend. [dent, officer.
මුලාදෑනියා, *n.* chief, headman, overseer, presi-
මුලාල, *n.* edible root of the lotus. [වෙනවා.
මුලාසිටෙනවා, *v. i.* to lack, be destitute of, හිඟ
මුලු·ගැහෙනවා, *v. i. lit.* to take to corners, viz. get out of the way, skulk, sneak.
මුලුපුටනවා, *v. t.* (මුල් උපුටනවා), to uproot, eradicate.
මුලුපුත්, *a.* (මුල් උපුත්), eradicated, completely destroyed, මුලින් සිඳදැමූ, මුලොච්ඡින්න.
මුල්, මුල්වූ, *a.* original, primary, elementary, radical.
මුල් අදිනවා, මුල් අල්ලනවා, මුල්·බසිනවා, *v.* to root, take root. [prototype, pattern.
මුල් ආදර්ශය, *n.* original example, archetype,
මුල් ඇදීම &c., *v. n.* taking root, radication.
මුල් කරුණ, or කාරණය, *n.* original reason or chief cause, මුල් or ප්‍රධාන හේතුව.
මුල්කාරයා, *n.* originator, chief mover or leader in a matter.
මුල්කොටු, *n.* pangolin, ant-eater, කබල්ලෑවා.
මුල්·ගොදුරා, *n. lit.* root-feeder, viz. porcupine, ඉත්තෑවා. [ment.
මුල්·ධාතුව, *n.* original substance or root, ele-
මුල්කඳුව, *n. bot.* root-stem, scape. [culose.
මුල්·පැල·බහුල, *a.* having many suckers, sur-
මුල්·පැලය, *n.* sucker of a tree. [genitor.
මුල්·පියා, මුල්·පියාණෝ, *n.* first ancestor, primo-
මුල්·පුටුව, *n.* chief seat, seat of the chairman or president of an assembly.
මුල්·බට්ටා, *n.* a kind of fish. [be sown.
මුල්·බිජු, *n.* original seed, viz. seed sown or to
මුල්·මුත්තා, *n.* first ancestor, patriarch.
මුල්·මුදල, *n.* fund of money, capital, principal.
මුල්ල, *n.* inner corner or angle, nook; *pl.* මුලු.
මුල්ලා, *n.* a kind of sea fish.
මුව, *n.* E. of මුඛය: mouth, කට; face, මුහුණ.
මුව, *n.* cover: see මුවහ.
මුව·ඉරිඟු, *n.* maize, ඉරිඟු. [කමටෙකලවර.
මුව·කෙළ, *n.* extremity or corner of the mouth,
මුව·ගණය, *n.* a number or herd of deer, මුව රැළ. [පලායාම.
මුව·ගය, *n.* (මුව, ගය going), fleeing, escaping,
මුවත, *n.* See මුවාත.
මුව·තණ, *n.* E. of මෘගතෘෂ්ණාව.
මුව·තඹර, *n.* red lotus mouth, red lotus-like mouth: see මුඛපද්මය.
මුවත්, *a.* See මුවහත්. [නවා.
මුවත් කරනවා or ·තියනවා, *v. t.* See මුවහත්කර
මුවද, *n.* arrow, ඊතන.
මුවදුත්, *n.* E. of මෘගධූර්ත: jackal, නරියා.
මුව·දෙන, *n.* female deer, hind, roe, doe.
මුව·දොර, *n. lit.* mouth-door, viz. mouth of a river, estuary, මෝය.
මුවන, *n.* thunder, හිගුරුම.
මුව·නැබ, *n. lit.* deer-navel, viz. musk, which is contained in a bag near the navel, කස්තුරි.
මුව·පට, *n.* mouth-band, bandage tied on the mouth, කට රෙද්දකඩ. [deer, fawn.
මුව·පැටවා or ·පැටියා, or පොල්ලා, *n.* young
මුව·පිනුම, *n.* See මුඛපද්මය.
මුව·මද, *n.* musk: see මුවනැබ.
මුව·මස්, *n.* venison, දඩයම්මස්.
මුව·මායම්, *n. pl.* animal stratagems for eluding pursuers, sp. those of the deer.
මුව·රජ, මුව·රද, *n.* king of beasts, viz. the lion, සිංහයා. [රේණු; මකරන්ද.
මුව·රද, *n.* (රද dust), pollen of flowers, මල්
මුව·රදද, *n. lit.* shark-flag or flag with the figure of a shark on it: sp. of Cupid, කාම දේවයා.
මුවර, *n.* (fr. මකර), shark, මෝරා; *pl.* මුවරු.
මුව·වැද්ද, *n.* deer-archer, deer-hunter.
මුව·මව, මුව·විටිය, *n.* mouth or rim of a vessel,
මුව·සිරස, *n.* E. of මෘගශිරස්. [edge, ගැටිය.
මුවහ, *n.* shelter, cover, මුවාව.
මුවහකරනවා, *v. t.* See මුවාකරනවා.
මුවහත, මුවාත, *n.* cutting edge of an instrument, sharpness.
මුවහ·තවනවා, *v.* See මුවාකරනවා.
මුවහත්, මුවහත්වූ, *a.* sharp, keen (for cutting).
මුවහත්කරනවා, මුවහත් or මුවාත තියනවා, *v. t.* to sharpen, whet. [therefrom.
මුවහම, *n.* deer-skin, buck skin or leather made
මුවහම්, *n. pl.* or *a.* deer-skins; deer-skin.
මුවා, *n.* male deer, stag; *sometimes* animal, මෘගයා.
මුවාකරනවා, *v. t.* (මුවහ), to screen, shelter, shield, shade, protect, defend.
මුවාත, *n.* sharp edge of a cutting instrument.
මුවාත·නැති, *a.* not sharp, blunt.
මුවාව, *n.* screen, shelter, that which shields, defence, refuge.
මුවාවූ, *a.* shielded, protected.
මුවාවෙනවා, *v. i.* to be screened, shelter one's self behind something, take refuge.
මුවැත්ති, *n. fem.* hind, doe, මුවදෙන. [සිංහයා.
මුවිඳු, *n.* (මුව animal, ඉඳු lord), sp. of the lion,
මුසල, *n.* large pestle for pounding paddy &c., මෝල්ගහ.
මුසලි, *n.* house-lizard or gecko, හූනා.
මුසාව, *n.* crucible, කෝව. [අණ්ඩය.
මුෂ්කය, *n.* scrotum, අණ්ඩකෝෂය; testicle,
මුෂ්ටිකයා, *n.* goldsmith, බඩාලා.
මුෂ්ටිය, *n.* closed hand, fist, මිට; haft, handle, මිට; handful, අහුර; filching, හොරකම; withholding, as a teacher withholding knowledge that he may not be surpassed by his pupils, වලක්වාගැනීම.

මුස, *n.* error, delusion, straying, මුළාව; fainting, ක්ලාන්තය, මුර්ඡාව; falsehood, බොරුව; asthma, පපුවේ ඈදුම. [මූර්ඡාවූ.

මුසපත්, *a.* fainted, unconscious, ක්ලාන්තවූ,

මුසලත්, මුසලින්, *n.* Pounder: ap. of බලභද්‍ර whose club was like a pestle.

මුසල, මුසලේ, *n.* See මුෂල.

මුසලි, *n.* See මුෂලි.

මුසාව, *n.* crucible, මූෂාව, falsehood, බොරුව.

මුසා·වාද·කාරයා, *n.* utterer of what is false, liar, බොරුකාරයා. [බොරුකීම, බොරුව.

මුසා·වාදය, *n.* utterance of falsehood, lying,

මුසා·වාදී, *n.* See මුසාවාදකාරයා.

මුසිප්පාත්තුව, *n.* buffoonery, foolery, විහිළුව.

මුසිප්පාත්තුවෙනවා, *v.* to fool, act the buffoon, විහිළුකම්කරනවා.

මුසු, *a.* E. of මිශ්‍ර: mixed.

මුසු·කිරීම, *n.* E. of මිශ්‍රකිරීම. [ශෝකය.

මුසුප්පුව, *n.* fainting, ක්ලාන්තය; sorrow, grief,

මුසුවෙනවා, *v. i.* to become mixed: see මිශ්‍රවෙනවා.

මුස්න, *n.* broom, brush, මුස්දලය, කොස්ස.

මුස්නු·පාවා, *n.* brush-footed insect or bee, scopiped.

මුහස, *n.* horripilation or erection of the hair supposed to arise from great pleasure or pain.

මුහ, මුහරෝගය, *n.* asthma, ඈදුම.

මුහ, මුහරෝගී, *a.* asthmatic, ඈදුම ඇත්තාවූ.

මුහන්දිරම, මුහන්දිරම්මහත්මයා, *n.* Muhandiram, officer next in rank to Mudaliyar.

මුහය, *n.* plantain flower, කෙසෙල් මුව.

මුහු, *a.* matured, පැසුණු, ripened, දුදුණු; mixed, මුසු.

මුහුකරනවා, *v. t.* to mature, ripen, පැසෙනවා.

මුහුකරනවා, *v. t.* to promote, දියුණුකරනවා; mix, මුසුකරනවා.

මුහු·කුළුව, *n.* pistil of a flower, මල්කෙමිය.

මුහුණ, *n.* face, countenance; *pl.* මුහුණු.

මුහුණත, *n.* See මුණත.

මුහුණත්, *n.* (මුහුණ, අත් arm or trunk), ap. of ගණේශ who has the *face* of an elephant.

මුහුණුවර, *n.* or. *a.* countenance, features, visage, physiognomy; facial. [trait.

මුහුණුවර·සිතියම, *n.* likeness of the face, por-

මුහුද, *n.* sea, ocean; *pl.* මුහුදු.

මුහුද·ග, *n.* (·ග for අග fire), ocean-fire, viz. fire of the hell called Avichi situated in the middle of the ocean.

මුහුදු, *n. pl.* or *a.* seas; oceanic, marine.

මුහුදු·අලියා, *n.* sea-elephant, elephant-seal.

මුහුදු·ආඳා, *n.* sea-eel, conger-eel.

මුහුදු·ඉබ්බා, *n.* sea-tortoise, viz. sea-turtle.

මුහුදු·කර, *n.* or. *a.* sea-shoulder, viz. sea-board, sea-coast, මුහුදුබඩ.

මුහුදු·කිඳුරා, *n.* merman.

මුහුදු·කිඳුරී, *n.* mermaid.

මුහුදු·කොල්ලකාර, *a.* piratical.

මුහුදුකොල්ලකෑම, *v. n.* piracy. [faring.

මුහුදු·ගමන්කාර or ·යාත්‍රාකාර, *a.* sea-going, sea-

මුහුදු·තුඩුව, *n.* inlet, arm of the sea, haven; sound, පටු මුහුදුතුඩුව. [ලක්ෂ්මී.

මුහුදු·දූ, *n. lit.* daughter of the sea, ap. of

මුහුදු·පක්ෂියා, *n.* sea-bird, sea-fowl.

මුහුදු·ප්‍රාකාරය, *n.* sea-wall, breakwater, jetty, mole, pier, quay, මුහුදු පවුර.

මුහුදු·බඩ, *n.* sea-coast, sea-beach, sea-shore.

මුහුදුබඩ, *a.* situated near the shore, pert. to the shore, maritime.

මුහුදු·බද්ද, *n.* custom-toll or tax either for exports or imports, රේගුවේ තීරුව.

මුහුදු·බොක්ක, *n.* bay, roadstead, නැව්තොට.

මුහුදු·මට්ටම, *n.* sea-level.

මුහුදු·මත, *a.* seasick. [seasickness.

මුහුදු·මතය, *n.* (මතය intoxication or vertigo),

මුහුදු·ලිහිණියා, *n.* sea-gull.

මුහුදු·ලුණු, *n.* sea-salt.

මුහුදු·වන්, *a.* sea-coloured, dark blue, නිල්.

මුහුදු·විදුලි·කම්බිය, *n.* telegraph cable, submarine telegraph.

මුහුදු·වෙරළ, *n.* sea-shore, beach.

මුහුදුපෙණ, *n.* foam of the sea, මුහුදුපෙණ.

මුහුන්, මුහුම, *n.* yeast, leaven, ඇඹුල් පිටි.

මුහුන්දමනවා, *v.* to put yeast in, to leaven.

මුහුත්තය, *n.* hour: see මුහූර්තය.

මුහුභාෂණය, මුහුභාෂාව, *n.* (මුහුඃ repeatedly, භාෂණය &c. speaking), repeated speech, tautology.

මුහුල, *n.* hair of the head, කෙස්වැටි, topknot of hair, කොණ්ඩය; *pl.* මුහුල්.

මුහුලත්, *n. pl.* (මුහුලු අත්), the two hands clasped or folded, හැකුළු දත.

මුහුලස, *n.* bunch or knot of hair, කොණ්ඩය.

මුහුලු, *a.* clasped, folded, ඇකුළුණු.

මුහුළු, *n.* bond, fetter, බැඳුම; hair of the head; also for මුකමල.

මුහුළු·මිණ, *n.* See සිළුමිණ.

මුහූර්ති, මුහුර්ත්ත, *n.* horal, pert. to hours, පැ.

මුහූර්තය, *n.* an hour, පැය; moment, instant,

මුහූර්තියා, *n.* astrologer, නැකතියා. [මොහොත.

මුළ, *n.* multitude, සමූහය, company, regiment, troop, කණ්ඩායම, herd, රැළ; nineteenth lunar asterism.

මුළාකරනවා, *v. t.* to lead astray, cause to err, mislead, beguile, pervert. [tion.

මුළාව, *n.* straying; *fig.* delusion, hallucina-

මුළාව·යනවා, *v. t.* to stray, go astray, err.

මුළාවූ, *a.* astray, erring, lost.

මුළාවෙනවා, *v. i.* to get astray, fall into error, become deluded.

මුලාසිය, *n.* See මුලාව.
මුළු, *a.* the whole, total, entire. [සමූහය.
මුළු, *n.* food, boiled rice, කෑම, බත්; multitude,
මුළු·ඉරු, *n.* the day, දවාල.
මුළුගසානබනවා, *v. t.* to heap up, ගොඩගසනවා.
මුළු·තැන්·ගෙය, *n.* cook-house, kitchen, කුස්සිය.
මුළුදම, *n.* the whole day; as *ad.* everywhere.
මුළු·දිව, *n.* the daytime, දවාල, the whole day; ap. of the star Venus.
මුළුමනින්ම, *ad.* entirely, wholly, totally.
මුළුලු, *a.* all, everyone, සියලු.
මුළුල්ලම, *n.* the whole; *post.* throughout.
මුළුල්ලෙහි, මුළුල්ලේම, *post.* throughout.
මුළු·කැර, *a.* out-of-the way, outlying, remote, obscure, ඈත්වූ, අඳුරු.
මුළු·කැරය, *n.* obscure place, corner, මුල්ල.
මූ, *pron.* this one, used of animals or low
මූ, *n.* E. of. මූත්‍ර. [persons.
මූක, මූග, *a.* dumb, ගොළු.
මූකයා, මූගයා, *n. mas.* dumb person, ගොළුවා.
මූ·කරනවා, *v. i.* to mature, ripen, පැසෙනවා, ඉදෙනවා.
මූ·කරවනවා, *v. t.* to mature, ripen, පැසවනවා.
මූකලු, මූකලාවූ, *v. adj. pret.* matured, ripened, පැසුණු.
මූකලු·කපු, *n.* a kind of cotton, *gossypium.*
මූකලු කුරක්කන්, *n.* a sort of millet, variety of
මූකලුගෝවා, *n.* a kind of cabbage. [*eelusine.*
මූකලුමා, *n.* weaned calf, calf in the second year; *pl.* මූකලුම්මු.
මූකලාන, *n.* (මූකලු, ආන grove), large jungle, virgin forest; *pl.* මූකලාන්,-නවල්.
මූට්ටය, *n.* T., bale, bag, bagful, sackful.
මූට්ටුකරනවා, *v. t.* to join, seam, piece together, scarf, splice.
මූට්ටුව, *n.* joining, seam, splice, *sur.* suture.
මූඩ &c. See මූඪ &c.
මූඩි·පියන, *n.* pot-lid. [bung.
මූඩිය, *n.* cover of a vessel, lid, stopper, cork,
මූඪ, *a.* stupid, idiotic, doltish, foolish, නිමට, මෝඩ; cold, apathetic, උනන්දු නැති.
මූඪකම, මූඪතාව, මූඪභාවය, *n.* stupidity &c.
මූඪ·ගර්භය, *n.* impeded womb or birth, obstructed parturition, අමාරු කිසිකිරීම; dead fetus, ගැබේ මළ දරුවා.
මූඪ·ග්‍රාහය, *n.* infatuation, ගැද මෝඩකම. E.S.
මූඪයා, *n.* stupid person, fool, dolt, මෝඩයා.
මූඪ·සමෘතිය, *n.* blunt or bad memory, foolish understanding, මෝඩ සිහිකල්පනාව.
මූඪාභීතිය, *n.* (මූඪ අභීතිය), foolish fearlessness, fool-hardiness, temerity, මෝඩ බුහුටිකම.
මූණ, *n.* See මුහුණ. [tête.
මූණට·මූණලා, *ad. phrase,* face to face, tête-a-
මූණත, *n.* (මූණ face, අත direction, top), the point, tip, apex, අග, මුදුන; upper side, උඩ පැත්ත.

මූණත්, *n.* See මුහුණත්.
මූණත්·තහඩුව, *n.* face-plate of a keyhole.
මූණ·දෙනවා, මූණ·පානවා, *v.* to face, confront.
මූණ·පැඹිරි·කරනවා, *v.* to make a sour face,
මූණුවර, *n.* or *a.* See මුහුණුවර. [scowl
මූත, *a.* bound, fastened, බඳිනලද, බැඳි.
මූත්‍ර, *a.* pert. to urine, urinary; also *n. pl.*
මූත්‍රකරනවා, *v.* to urinate, make water, පුළුදිය පහරනවා.
මූත්‍ර·කූපිය, *n.* urinal, කෙහෙකිළිය.
මූත්‍ර·කෘච්ඡ්‍රය, මූත්‍ර·ඝාතය, *n.* urinary affection, strangury, dysury, අමාරුවෙන් මුත්‍ර පැනැරීම.
මූත්‍ර·කෝෂ·ච්ඡේදය, *n.* cystotomy, මුත්‍රබොක්ක කැපීම. [rhea, ප්‍රමේහය.
මූත්‍ර·දෝෂය, *n.* urinary complaint, sp. gonor-
මූත්‍ර·නාලි·දාහය, *n.* ureteritis.
මූත්‍ර·නාලිය, *n.* ureter. E. S.
මූත්‍ර·නිදානය,·පරීක්ෂාව, *n.* uroscopy. E. S.
මූත්‍ර·බන්ධය, *n.* obstruction or retention of urine, ischury.
මූත්‍ර·බොක්ක, *n.* urinal bladder.
මූත්‍ර·භාජනය, *n.* urinal, chamber utensil.
මූත්‍ර·භාරත්ව·මානකයන්ත්‍රය, *n.* urinometer.
මූත්‍ර·මාගී, *a.* pert. to the urethra, urethral.
මූත්‍ර·මාගීය, *n.* urethra.
මූත්‍රය, *n.* urine, පුළුදිය. [කාරක.
මූත්‍ර·ල, මුත්‍රවර්ධක, *a.* uretic, diuretic, මුත්‍රවැඩි
මූත්‍ර·වර්ධකෞෂධය, *n.* (වර්ධක ඖෂ:), diuretic.
මූත්‍ර·සංගය, *n.* collection of urine, viz. urinary obstruction, මුත්‍ර අවහිරය.
මූත්‍රාතිසය, *n.* (මූත්‍ර අති:), excessive urination, diuresis, දිය වැඩියාව. [rious.
මූත්‍රාතීත, *a.* (මූත්‍ර අතීත), dysurious, strangu-
මූත්‍රාතීතය, *n.* dysury, strangury: see මූත්‍ර
මූත්‍රාම්ල, *n.* (මූත්‍ර අම්ල), uric acid. [කෘච්ඡ්‍රය.
මූත්‍රාශය, *n.* (මූත්‍ර, ආශය receptacle), urinary bladder, මුත්‍ර බොක්ක.
මූද, *n.* sea; *pl.* or *a.* මූදු: මුහුදු &c.
මූදුඌරා, *n.* sea-hog, viz. dugong.
මූදු·කර, *n.* or *a.* See මුහුදුකර.
මූදු·ගොම්බෙල්ලා, *n.* sea-snail, barnacle.
මූදු·පෙණ, *n.* sea-foam; cuttle-fish bone, supposed to be formed from foam.
මූදු·බද්ද, *n.* See මුහුදුබද්ද. [කාව.
මූදු·මිනි·මෙබලාව, *n.* sea-nymph, සමුදු දිව්‍යාංග
මූදු·මෑ, *n.* a kind of kidney bean.
මූදු·සිතියම, *n.* chart, sea-chart. [sponginess.
මූදු·හතු·ගතිය, *n.* the nature of sea sponge,
මූදු·හත්ත, *n.* sea-fungus, viz. sponge; *pl.* මූදු හතු. [man.
මූදෙවියා, *n.* wretched-looking or unsightly
මූනා·වලය, *n.* fruit of the jak tree, jak-fruit, කොස්ගෙඩිය.
මූනා·මල, *n.* the fragrant yellow flower of the timber tree ***mimusope elengi.***

මුං·මෑ, *n.* a kind of gram, මුං ඇට.
මුනිස්සම්, *n.* Port., a small shot; *pl.* මුනිස්සම්,
මුනිස්සම්·පටිය, *n.* shot-belt. [small shot.
මූය, මූව, *n.* binding, tying, බැඳීම.
මූරිච්චි·ඇණය, *n.* screw-bolt. E. S.
මූරිච්චි·පෙත්ත, *n.* screw-nut.
මූරිච්චි·යන්ත්‍රය, *n.* screw-press. E. S.
මූර්ඛ, *a.* foolish, stupid, fatuous, මෝඩ.
මූර්ඛභාව, *n.* foolishness &c., මෝඩකම.
මූර්ඛයා, *n. mas.* stupid or silly person, මෝඩයා.
මූර්ඡනය, *n.* fainting, syncope, ක්ලාන්තය; a tone or semitone in music.
මූර්ඡාකරනවා, *v. t.* to cause to faint, put into a trance or state of coma, mesmerise. [මූ-
මූර්ඡාල, *a.* who has fainted, swooned, ක්ලාන්ත
මූර්ඡාව, *n.* fainting, faint, swoon, syncope, ක්ලාන්තය; delirium, සිහිමුළාව, trance, coma.
මූර්ඡාවත්, මූර්ඡාවූ, මූර්ඡිත, *a.* fainted, ක්ලාන්තවූ, unconscious, comatose, entranced.
මූර්ඡාවෙනවා, *v. i.* to faint, swoon, ක්ලාන්තවෙනවා, become unconscious &c.: see *adj.*
මූර්ත, *a.* fainted; having form or solidity, material: see මූර්තිමත්.
මූර්තිකරනවා, *v. t.* to give form, to shape, model, හැඩගුරුකරනවා. [හැඩගුරුකරන.
මූර්ති·දායක, *a.* shape-giving, formative, plastic,
මූර්තිමත්, *a.* endued with a body, bodily, corporeal, embodied, incarnate, ශරීරයක් ඇත්තාවූ, ශාරීරික.
මූර්තිමත්කරනවා, *v. t.* to embody, impersonate, incarnate, ශරීරගතියට පමුණුවනවා.
මූර්තිමත්වෙනවා, *v. i.* to become incarnate, උපදිනවා &c.
මූර්තිය, *n.* matter, substance, ද්‍රව්‍යය, ධාතුව; body, ශරීරය, form, shape, image, රූපය.
මූර්ති·රහිත, *a.* formless, shapeless, bodiless, අරූපී, ශරීරහැති, immaterial, ද්‍රව්‍ය ස්වභාවහ, අද්‍රව්‍ය.
මූර්ති·විපර්‍යාස·විස්තරය, *n. biol.* explanation of the change of form, morphology. [මූර්ති ශිල්පය.
මූර්ති·ශිල්පය, *n.* art of modelling, හැඩගුරුකිරී
මූර්·ධජ, මූර්ධන්‍ය, *a.* (මූර්ධ head or top, ජ produced), cerebral, pert. to the ට class of consonants.
මූර්·ධජාක්ෂරය, *n.* (·අක්ෂර:), cerebral letter, as ට, ඩ &c.
මූර්ධය, මූර්ධාව, *n.* head, හිස, top, summit, මුදුන.
මූල·කාරණය, *n.* primary cause or reason, මුල් හේතුව or කාරණ.
මූල·කාලීන, *a. geol.* pert. to the earliest time, archæan, මුල් කාලයට අයිති.
මූල·ගන්ධ, *n.* fragrant root.
මූල·ඝාතනය, මූල ඝාතය, *n.* eradication, extermination, මුලින්ම සිඳදැමීම. [මුලින් අටගන්න.
මූල·ජ, *a. bot.* arising from the root, radical,
මූල·ජ·පත්‍රය, *n.* root-leaf, මුලින්ම වැවෙන කොළය. [ship, ප්‍රධානකම.
මූලත්වය, *n.* (මූලතත්වය), leadership, president-
මූල·ද්‍රව්‍යය, *n.* element, constituent, මුල් ධාතුව, ධාතුව.
මූල·ධනය, *n.* capital, principal, මුල් මුදල.
මූල·ධාරී, *a.* root-bearing, rhizophorous. E. S.
මූල·නවීනතර, *a. geol.* eocene.
මූල·පතනය, *n.* original fall (of Adam and Eve).
මූල·පල, *n. pl.* root-vegetables, viz. edible roots. [කපනවා or සිඳදමනවා.
මූල·පිංඡනයකරනවා, *v. t.* to extirpate, මුලින්
මූලප්පරාලය, *n.* hip-rafter.
මූල·බීජ, *a.* sprouting from the root, as a lotus.
මූල·භක්ෂක, *a.* root-eating, rhizophagous, මුල් කන්නාවූ. [පාලි භාෂාව.
මූල·භාෂාව, *n.* original language, viz. Pali,
මූලය, *n.* root &c.: see මුල; principal, capital, මුල් මුදල; money, price, මිල, wages, කුලිය; rectum. E. S.; multitude, සමූහය, quantity, bundle, පොදිය; regiment, troop, කණ්ඩායම, herd, රැළ: see මුල; nineteenth lunar asterism. [අර්ශස් රෝගය.
මූල·රෝගය, *n.* disease of the rectum viz. piles,
මූල·වචනය, *n.* root-word, primitive word, etymon, මුල්වචනයක්.
මූල·වාසිය, මූල·වාතුව, *n.* fistula in the anus; wind from the rectum.
මූල·වැද්ද, ·ව්‍යාධිය, *n.* See මූලරෝගය.
මූල·වෘන්තය, *n.* root-stem, or stem from the root (of flowers &c.), scape, මුල් නටුව.
මූල·ශාස්ත්‍රය, *n.* science of botany, තෘණාදිවිද්‍යාව.
මූල·සංඛ්‍යා·විශේෂණය, *n.* cardinal numeral adjective.
මූල·සත්‍යය, *n.* fundamental truth, cardinal truth; *log.* postulate. E. S.
මූල·සත්වාන්විත, *a.* (·අන්විත), *geol.* paleozoic, eozoic, මුල්කාලයේ සතුන් සහිත.
මූල·සාධනය, *n.* a medicinal drug, a species of pepper, පොඹුරු or වල්ගම්මිරිස්.
මූලාකාරය, *n.* (·ආකාරය), disposition or form of the roots, radication, මුල් පිහිටි ආකාරය.
මූලාක්ෂරය, *n.* (·අක්ෂරය), initial letter, මුලට තිබෙන අකුර, මූලකුර [පෙරකුරුලොප්.
මූලාක්ෂර·ලෝපය, *n.* See පූර්වාක්ෂරලෝපය and
මූලාංක, *a.* (මූල අංක), *arith.* factorial.
මූලාංකය, *n. arith.* factor, වැඩිකරන අංකවලින් එකක්. [ප්‍රධාන ගුරුවරයා.
මූලාචාර්‍ය්‍යයා, *n.* chief instructor, head teacher,
මූලික, *a. lit.* and *fig.* radical; primary, original, elementary, rudimentary; leading, principal, chief; මුල්වූ, ප්‍රධාන.
මූලිකකම, මූලිකභාව, *n.* radicalness &c., මුල් ස්වභාව; leadership &c. [truth, principle. E. S.
මූලික·ධර්මය, මූලික·සත්‍යය, *n.* elementary law or

මූලික·පිතෘ, *n.* primogenitor, මුල්පියා.
මූලිකයා, *n.* originator, author, කර්තෘ ; leader, principal, president, ප්‍රධානියා.
මූලික·වර්ණ, *n. pl.* primary colour, මුල් පාට, ප්‍රධාන පාට. [මූල්කාරණ.
මූලික·ශික්ෂා, *n. pl.* initial lessons, rudiments,
මූලිකාංකය, *n.* (·අංකය), prime number. E.S.
මූලිකාද්‍යය, *a.* (ආද්‍ය), *nat. hist.* typical.
මූලිකාද්‍යයය, *n.* *nat. his.* type.
මූලිය, *u.* tree, ගස.
මූලෝච්ඡින්න, *a.* (මූල උච්:), *lit.* and *fig.* cut up by the root, extirpated, මුලින්ම සිඳදැමූ.
මූලෝච්ඡින්නකරනවා, *v. t.* to eradicate &c.
මූලෝච්ඡින්නය, *n.* cutting up by the root &c.
මූලෝත්පාටනය, *n.* (මූල උත්:), *lit* and *fig.* pulling up by the root, extirpation, extermination, මුලින්ම උදුරාදැමීම, නැතිකිරීම.
මූලෝත්පාටනයකරනවා, *v. t.* to pull up by the root &c.
මූලෝත්පාටිත, *a.* eradicated &c.
මූෂය, මූෂාව, මූෂිකය, *n.* crucible, කෝවය.
මූෂයා, *n.* (මූෂ් to steal), rat, මීයා ; mouse, මඩු [මීයා.
මූෂිකයා, *n.* rat ; mouse.
මූෂිත, *a.* stolen, සොරකම්කරනලද.
මූසල, *a.* unlucky, අවාසනාවන්ත.
මූසලයා, *n. mas.* unlucky person or one of bad appearance or of bad omen.
මෘග, *a.* sp. in Sans. &c., pert. to deer, but in Sinh. pert. to irrational animals in general, animal-, brute- ; a lunar mansion.
මෘගකම, *n.* brutishness, foulness.
මෘගකස්තූරි, *n.* animal musk.
මෘග·කායච්ඡේදකයා, මෘග·කායච්ඡේද·විද්‍යාකාරයා, *n.* zootomist, මෘගශරීර ·කපන්නා or ·ප්‍රච්ඡේදකයා. [ප්‍රච්ඡේදන ශාස්ත්‍රය.
මෘග·කායච්ඡේද·විද්‍යාව, *n.* zootomy, මෘගශරීර
මෘග·කාය·ග්‍රන්ථන·විභාගය, *n.* zootomy.
මෘග·කුෂ්ඨය, *n.* mange, E. S.
මෘග·ජාති, *n. pl.* animal species, the various kinds of animals.
මෘග·තෘෂ්ණාව, *n.* desire of animals, viz. mirage, which looks like water, and which they desire, මිරිඟුව.
මෘග·ධූර්තයා, *n.* deer-enemy or mischievous animal, viz. jackal, නරියා. [මුවදෙන.
මෘග·ධේනුව, *n.* female animal, dam, sp. hind,
මෘග·නාභිය, මෘගනාභිජ, *n.* See මුවනැබ.
මෘග·නේත්‍රී, *n. fem.* deer-eyed one, ap. of a woman who has fine eyes.
මෘග·පතියා, *n.* ruler of beasts, viz. lion. සිංහයා.
මෘග·පඞ්ක්ති, *n.* (පඞ්ක්ති assemblage), herd of deer, මුව රැළ. [මෘගතෘෂ්ණාව.
මෘග·ප්‍රිය, *n.* animals' delight, viz. mirage : see
මෘග·මද, *n.* (මද secretion), musk, මෘගකස්තූරි.
මෘග·මාංශ, *n. pl.* See මුවමාංශ.

මෘගය, *n.* (මෘග් to seek, hunt), hunting, දඩයම ; research, inquiry, විභාගය, සෝදිසිය, සෙවීම ; request, begging, ඉල්ලීම ; musk, කස්තූරි.
මෘගයා, *n.* animal, තිරිසනා ; *cl.* also deer, මුවා.
මෘග·රාජයා, *n.* king of beasts, viz. lion.
මෘග·රූප·ධාරී, *a.* zoophoric, සත්වරූප දරන or ඇත්තාවූ.
මෘග·ශිරස, මෘග·ශීර්ෂය, *n.* *ast.* antelope's head in the const. Orion, the fifth lunar mansion.
මෘග·ශීර්·රාශිය, *n.* the const. Orion, මුවසිරස.
මෘගාකාර, *a.* (·ආකාර), beast-like, beastly, foul.
මෘගාක්ෂි, *n. fem.* (·අක්ෂි), deer-eyed one : see මෘගනේත්‍රී.
මෘගාණ්ඩජ, *n.* (·අණ්ඩජ), musk, කස්තූරි.
මෘගාදනයා, *n.* (·අදන eating), beast or deer eater, viz. hyena, කලුදිවියා or leopard, කොටියා. [tiger or dog.
මෘගාරියා, *n.* (·අරියා enemy), ap. of the lion or
මෘගාවිධයා, *n.* (fr. මෘග වෘධයා animal-smiter), hunter, deer-killer, දඩයම්කාරයා. [lion.
මෘගේන්ද්‍රයා, *n.* (මෘග ඉන්ද්‍රයා), lord of beasts, viz.
මෘජාව, *n.* (මෘජ් to cleanse), cleansing (the body), ablution, anointing, නාගැනීම, ආලේපය. [දෙවියෝ.
මෘඩයා, *n.* (මෘඩ් to rejoice), ap. of Siva, ශිව
මෘඩානී, *n. fem.* ap. of Siva's wife, දුර්ගා.
මෘණාල, *a.* filamentary, filamentous, capillary, කෙඳි ආකාර.
මෘණාලය, *n.* fibre, filament, capillament, පටිවය, කෙන්ද ; root of a fragrant grass, *andropogon muricatus.*
මෘණාලාග්‍රය, *n.* (·අග්‍රය), papilla. E. S.
මෘණාලාග්‍රාකාර, *a.* papillary, papillous. E. S.
මෘත, *a.* dead, මළ, මැරිච්ච. [වරය.
මෘත·කය, *n.* dead body, corpse, මළකඳ, කලේ
මෘත·කාමුකයා, *n.* (කාමුක fond of), jackal, නරියා.
මෘත·කාය·පරීක්ෂක, *a.* necroscopic, pert. to post-mortem examination.
මෘත·කාය·පරීක්ෂාව, *n.* post-mortem examination or inspection, necropsy, මළශරීර විභාගය.
මෘතතාව, *n.* death, deadness, පණනැතිකම.
මෘත·දේහය, *n.* See මෘතකය.
මෘත·සංගීතය, *n.* choral service for the dead, R. C. requiem, දුක්පූජාව.
මෘතාක්ෂරය, *n.* (·අක්ෂරය) : see මළකුර.
මෘතාමිද, *n.* blue vitriol.
මෘතිය, *n.* death, මරණය, dying, මැරීම.
මෘත්, *a.* earthen, clay, මැටි.
මෘත්තිකා·පාණ්ඩුව, *n.* jaundice, said to arise from eating earth or clay.
මෘත්තිකාව, *n.* earth, soil, පස්, clay, මැටි.
මෘත්‍යුඤ්ජය, *n.* ap. of Siva.
මෘත්‍යු·රාජ, *n.* king of death, ap. of Yama, යම රජයා.

මෘත්සාව, මෘත්සනාව, *n.* good or rich soil, සාරවත් පස්; a sort of fragrant earth.

මෘදංග·ධ්වනිය, *n.* sound of the drum, බෙරහඬ.

මෘදංග·ජේරිය, මෘදංගය, *n.* drum, දවුල, මිහිඟු බෙරය.

මෘදු, *a.* soft, tender, mild, smooth, gentle, lenient, මොළොක්.

මෘදුකම, මෘදු·ත්වය, *n.* softness &c. [කරනවා.

මෘදුකරනවා, *v. t.* to soften, mollify, මොළොක්

මෘදු·ත්වච, *n.* soft bark; name of a tree: see *Bot.*; resin, gumlac, දුම්මල.

මෘදු·දේහ·ප්‍රාණී, *a.* molluscan, molluscous. E.S.

මෘදු·දේහ·ප්‍රාණියා, *n.* mollusc, molluscan.

මෘදුල, *a.* soft, මොළොක්; *n.* water, වතුර.

මෘදු·ලෝහය, *n.* soft or smooth metal, viz. plumbago, මිණිරන්.

මෘදු·සත්ත්ව·ජන්තු·විද්‍යාව, *n.* malacology. E. S.

මෘද්භාජනය, මෘද්භාණ්ඩය, *n.* (මෘත් භා: &c.), earthen vessel, මැටිභාජනය. [ඵල

මෘඩී, මෘඩිකා, *n.* fruit of the vine, grapes, මුද්‍රික

මෘෂා, *a.* false, බොරු, absurd, useless, නිරර්ථක.

මෘෂාර්ථකය, *n.* (·අර්ථ sense), false sense, meaningless word or act, self-contradiction, absurdity, පරස්පර විරෝධය.

මෘෂා·වාදය, *n.* See මුසාවාදය.

මෘෂා·වාදියා, *n.* See මුසාවාදියා.

මෘෂ්ට, *a.* cleansed, cleaned, සුඩකරනලද, පවිත්‍රවූ.

මෙ, *adj. pron.* for මේ, this; *n.* for මේ or මේඝ, food; for මේ or මේඝ, cloud.

මෙච්චර, *a.* or *pron.* (මෙ, මිචර-මිනර), this much, thus much.

මෙච්චරද, *inter. pron.* Is it thus much or is this all. [ණව, දැනව.

මෙත, *n.* E. of මෛත්‍රිය: kindness, pity, කරු

මෙ·තන, *ad.* (මේ තැන), in this place, here.

මෙතනට, මෙ·තැනින්, *ad.* hither; hence, by

මෙ·තැන, *n.* this place: see මෙතන. [this way

මෙ·තැන්·පටන්, *ad.* from this time or place, henceforth.

මෙ·තුවක්, *ad.* so long, so much, so many (as this), මෙපමණ. [මෙපමණකල්.

මෙ·තුවක්·කල්, *n.* or *ad.* so long a time as this,

මෙ·තෙක්, *ad.* or. *a.* thus far, up to this time or place, මේ වනතුරු. [now, මේ දක්වා.

මෙ·තෙක් ද, *ad.* (·තෙක් ද). thus far, until

මෙතෙම, *pron. res.* this person.

මෙ·තෙර, *n.* this shore or side of river or sea, මෙගොඩ; rock, පර්වතය; mirage, මිරිඟු.

මෙත්තය, *n.* T., cushion, pillow, කොට්ටය, quilt, mattress.

මෙස්තිස්ස, *a.* මෙස්තිස්සයා, *n.* Port. mestizo: mixed, viz. Eurasian, applied to Portuguese &c. of mixed descent.

මෙදුෂා, *n.* a measure of capacity.

මෙදයා, *n.* rogue, සන්නසියා, drunkard, බේබද්ද.

මෙ·ද, *n.* *lit.* this day: the present time; *ad.* in these days, now-a-days.

මෙන, *n.* (මන් to know, think), mind, reasoning faculty, සිතිය, සිත; lamp, පහන.

මෙ·නම, මෙනමවූ, *a.* of this name, named or called thus, මේ නම ඇත්තාවූ.

මෙනෙහි, *n.* (fr මෙන), meditation, reflection.

මෙනෙහිකරනවා, *v.* to meditate, reflect, muse, ponder.

මෙනේරි·කාල්, *n.* the grain of Indian millet.

මෙන්, මෙන්ම, *ad.* as, like, similarly, exactly as

මෙන්න, *int.* lo!, here!, look here! [or like.

මෙපමණ, *a.* or *pron.* this much, thus much, so many as these.

මෙ·පවත, මෙ·පුවත, *n.* this narrative or account, this report or news: *pl.* මෙපවත්, මෙ පුවත්, these tidings &c. See පුවත.

මෙ·බන්දක්, *n.* a thing of this sort, මෙබඳාකාර දෙයක්. [කාර.

මෙ·බඳු, *a.* this sort, such as this or these, මෙබඳා

මෙම, *a.* this same, this very (thing &c.).

මෙය, *pron. neu.* this, *L. hoc.*

මෙයා, *pron. mas.* this one, this man, *L. hic.*

මෙයින්, *ad.* (abl. of මෙය), from this, hence; by this.

මෙර, *n.* vinous or spirituous liquor, intoxicant, රහමෙර, සුරාව; the Mountain Meru, මහාමෙර; rock, පර්වතය; mirage, මිරිඟු.

මෙර·ගල, *n.* See මේරුපර්වතය.

මෙරජ, මෙරද, *n.* (fr. මරීචි) ray of light, රශ්මිය.

මෙරජ·රජ, මෙරද·රද, *n.* king of rays, viz. the sun, ඉර.

මෙරමා, *a.* other, the other, අන්‍ය, අන්; අන්‍යයා.

මෙර, *n.* spirituous liquor, toddy.

මෙරු, *n. pl.* winged white-ants.

මෙරුම, *a.* other, අන්.

මෙර්සෙ, *n.* Port., favour, thanks, as බොහෝම මෙර්සෙයි much or many thanks, great favour, ස්තුති.

මෙර්සෙකරුකරනවා, *v.* to do favour or kindness: මෙර්සෙකරුකර මෙහි එන්න kindly come here.

මෙලක, *n.* See මේලක.

මෙලනය, *n.* See මේලනය.

මෙලහකට, මෙලහට, මෙලාට, *ad.* by this time.

මෙලාව, මෙලාව, *n.* ink, මින්න, collyrium, අඳුන.

මෙලි, *a.* very rich, opulent, ධනවත්, ඉතා පොහොසත්.

මෙලෙස, *ad.* thus, in this manner, so.

මෙලොව, *n.* or *a.* this world; worldly, earthly, mundane, secular.

මෙල්ල, *a.* T., gentle, obedient, submissive,

මෙල්ලකම, *n.* gentleness &c. [යටහත්, කීකරු.

මෙල්ලකරනවා, *v. t.* subdue, train, හීලෑකරනවා, යටත්කරනවා. [යටත්කම.

මෙල්ලය, *n.* obedience, submission, කීකරුකම,

මෙල්ලවෙනවා, *v. i.* to become gentle or tame &c. [time.
මෙවක්, *n.* this time; මෙවක් පටන් from this
මෙවන්, *a.* such as this, මෙයාකාර. *Bot.*
මෙවර, මෙවිට, *n.* or *ad.* this time or occasion; at this time. [දැන්.
මෙවලම, *n.* tool, implement, instrument, ආවුද
මෙවලම්·පෙට්ටිය, *n.* tool-chest.
මෙවැනි, මෙවෙනි, *a.* such as this, මෙයාකාර.
මෙච්වර, *a.* or *pron.* See මෙච්චර.
මෙවුන්, *n.* E. of මෛථුන: coition, සංවාසය; a pair, couple, Also=මුන්, these (creatures.)
මෙවුන්·දම, *n.* (දම law, rule), coition, cohabitation.
මෙවුල, *n.* E. of මේඛලාව: neck-chain, necklace, මාලය; girdle, ඉණපටිය.
මෙවුලාව, *n.* cover, වැස්ම, sheath, කොපුව.
මෙවුල්·දම, *n.* (දම chain): see මෙවුල.
මෙව්වා, *pron. pl.* Er. for මේවා.
මේ·සඳ, මේ·සමය, *n.* or *ad.* this time, this season or occasion, මේ වතාව; at this time.
මෙසිඳුරු, *n.* See මේසිඳුරු.
මෙසුරු, *n.* avarice, covetousness, ලෝභකම.
මෙසුරු·සඛ, *n.* (සඛ associated with), ap. of කුවේර the god of wealth.
මෙසේ, *ad.* thus: see මෙලෙස.
මෙයා, *pron. res.* this person, මොහු.
මෙහා, *ad.* here; on this side of, not beyond, as ඊට මෙහා, on this side of it or that, (used of time or place).
මෙහාට, *ad.* hither. [hither.
මෙහි, මෙහෙ, *ad.* here, in or to this place,
මෙහෙකරනවා, *v.* to minister, serve, සේවය කරනවා.
මෙහෙකරු, *a.* serving, attending, වැඩකාර; also *n.* for මෙහෙකරුවා.
මෙහෙකරුකම, *n.* condition or work of an attendant, servitorship, service. [waiter.
මෙහෙ·කරුවා, *n.* servant, attendant, servitor,
මෙහෙණිවර, මෙහෙණි·සස්න, *n.* B. Society or College of female ascetics or nuns, තාපසින්ගේ සමාගම.
මෙහෙණි, *n. fem.* of මහණ: B. female ascetic or nun, මහණවූ ස්ත්‍රී.
මෙහෙ·තැන්·දුරය, *n.* office of cook, සූපකාර ධුරය, කෝකි වැඩේ.
මෙහෙ·නිමවනවා, *v. hon. lit.* to finish food or eating, viz. to partake of food, eat, ආහාර
මෙහෙන්, *ad.* hence; by this way. [වළඳනවා.
මෙහෙම, *ad.* thus, in this manner. [වැඩය.
මෙහෙය, *n* work, service ministration, සේවය,
මෙහෙයනවා, *v. t.* to command, අණකරනවා, appoint, නියමකරනවා, employ, යොදනවා; send, යවනවා; serve, work, මෙහෙකරනවා; earn, procure, ලබනවා; *pret.* මෙහෙයුවා; *v. n.* මෙහෙයීම.

මෙහෙයා·ගන්නවා, *v. t.* to earn, procure, සපයා ගන්නවා, සම්බකරගන්නවා. [සොයනවා.
මෙහෙයා·බලනවා, *v. t.* to search for, seek,
මෙහෙයීම, මෙහෙයුම, *v. n.* of මෙහෙයනවා: commanding &c. [සන; *pl.* මෙහෙරු.
මෙහෙරුව, *n.* ascetic's seat or stool, තපස් අසන
මෙහෙලි, *n. fem.* aged woman, මැහැලි.
මෙහෙ·වඩනවා, *v. hon.* (මෙහෙ food, වඩනවා take, carry), to carry or serve, food to royalty or nobles; *pret.* මෙහෙ වැඩුවා.
මෙහෙවර කරනවා, *v.* to serve, work, මෙහෙ කරනවා, වැඩකරනවා.
මෙහෙවරය, *n.* service, මෙහෙය, work, business, employment, තනතුර.
මෙහෙසි, මෙහෙසිය, *n.* wife of a king, sp. one crowned as queen; *pl.* මෙහෙසියෝ,...වරු.
මෙහෙසුරු, *n.* E. of මහේශ්වරයා: Iswara or Siva.
මෙළෙක්, *a. lit* and *fig.* soft, fine, gentle, tender, plastic, මෘදු.
මෙළෙක්කම, *n.* softness &c., plasticity.
මෙළෙක්කරනවා, *v. t.* to soften, render fine, or smooth.
මේ, *n. pl.* E. of මේඝ: clouds.
මේ (මේය), *n.* food. ආහාරය; hot season, ග්‍රීෂ්ම කාලය; service, මෙහෙය. *Bot.*
මේ, *adj. pron.* this.
මේක, *pron. neu.* this one, this thing, *L. hoc.*
මේකරුවා, *n.* servant, මෙහෙකරුවා; (fr. මේ food) cook, කෝකියා.
මේ·කල, *n.* this time: (මේ for මේඝ), rainy season, වැසිකාලය.
මේකල, *n.* mountain in the වින්ධ්‍ය range where the river නර්මදා takes its rise.
මේකල·කන්‍යකාව, *n.* ap. of the නර්මදා river; ap. of Agni, the god of fire.
මේකා, *pron. mas.* this one or this fellow, this animal, *L. hic.*
මේකී, *pron. fem.* this woman or girl, applied to the lowest classes and to animals, *L. hæc*; *pl.* මේකිලා.
මේ·කුළ, *n.* E. of මේඝකූටය.
මේඛලා·දාමය, මේඛලාව, *n.* woman's girdle, මෙවුල, හවඩිය; bell, sword-belt, ඉණපටිය, කන්තාන පටිය.
මේඛලා·රේඛාව, *n.* the equator. E. S.
මේඝ, *a* (මිහ් to sprinkle), cloud-, pert. to. clouds or rain, වලාකුල්, වැසි.
මේඝ·අඳුර, *n.* darkness produced by clouds.
මේඝ·කාලය, *n.* rainy season, වර්ෂාකාලය.
මේඝ·කූටය, *n.* mass of clouds, dense cloud.
මේඝ·ගර්ජනය, මේඝඝෝෂාව, *n.* cloud-roar, thunder, අහස් ගර්ජනාව.
මේඝ·චින්තකයා, *n. lit.* thinker of rain or rain desirer, viz. චාතකයා, a kind of cuckoo said to drink only rain, *cuculus melans-leucus.*

මේඝ·ධාරාව, මේඝ·පාතය, *n.* downpour of rain, තද වැස්ස, [thunder.
මේඝ·ධ්වනිය, මේඝ·නාදය, *n.* noise of clouds,
මේඝ·පුෂ්පය, *n.* cloud-flower, viz. drop of rain, වැසිබින්දුව; hailstone, E. S.; river water, ගංවතුර.
මේඝ·භූතිය, *n.* force of the cloud, viz: thunderbolt, අකුණු පහර, හෙණ.
මේඝය, *n.* cloud, වලාකුළ, rain, වැස්ස.
මේඝ·රවය, *n.* See මේඝධ්වනිය.
මේචක, *a.* black, කළු, dark blue, කළු නිල්.
මේචකය, *n.* black or dark blue colour; eye in the peacock's tail-feather; පිල්ඇස; sulphuret of antimony.
මේච්චල්කරනවා, *v. t.* to train, break in (bullock &c.), පුරුදුකරනවා.
මේඪ්‍රය, *n.* (මිහ් to sprinkle), penis, පුරුෂ ලිංගය.
මේඪ්‍රයා, මේණ්ඩකයා, *n.* ram, බැටළුවා, goat, එළුවා.
මේණ්ඩක·යුද්ධය, *n.* fight between two rams, බැටළුපොරය, එළුපොරය. [cock මොනරා.
මේ·තුටුවා, *n.* (මේ rain, තුටු pleased with), pea-
මේති, *n.* See උළුවහාල්.
මේත්‍රතාය, *n.* See මෛත්‍රතාය.
මේද, මේදය, *n.* marrow, ඇටමොළ; fat, තෙල.
මේදක, *n.* dregs of toddy, රාමෙණ්ඩි; sweet toddy, liquor for distillation, තෙලිජ්ජ, මිරා.
මේද·තෙල, *n.* See මේදය.
මේදස්, *n.* marrow of the bones, ඇටමොළ; fat of the muscles or serous secretion amongst the muscular fibres.
මේදා, *n.* a drug resembling ginger, one of the eight principal medicaments used in fever and consumption.
මේදිනිය, *n.* the earth, පොළොව.
මේදුර, *a.* (මිද් to be unctuous), greasy, oily, unctuous, තෙල් ආකාර, smooth, soft, bland, මෘදු.
මේදුරතාව, *n.* greasiness &c., තෙල් ගතිය &c.
මේද්‍ය, *a.* See මේධ්‍ය.
මේධා·ග, *n.* (මේධා, ග going, attaining), wise man, one who has attained understanding (of religion and its advantages), ප්‍රඥාවන්තයා.
මේධය, *n.* sacrifice, offering, පූජාව. [dom, දෙනුම.
මේධාව, *n.* apprehension, understanding, wis-
මේධාවී, *a.* intelligent, intellectual, බුද්ධිමත්.
මේධිය, *n.* threshing-floor post, to which cattle are tied and round which they move to tread out the corn, කමතේ කණුව.
මේධ්‍ය, *a.* pure, පවිත්‍ර; fit to be offered, පිදීමට
මේධ්‍ය·මුව, *n.* musk, කස්තූරි. [සුදුසුවූ.
මේ·බිඳුව, *n.* drop of rain, වැසි බින්දුව.
මේය, *a.* measurable, mensurable, මැනිය හැකිවූ.
මේ·යත් for මේ·යහන්, *n.* *lit.* cloud-chariot: ap. of ශක්‍රයා whose chariot is a cloud.

මේරය, *n.* spirituous liquor, arrack, gin &c., අරක්කු, මත්පැන්.
මේර·වීම, *v. n.* of මෝරවනවා: ripening &c.
මේර·ශාලාව, *n.* spirit-shop, liquor shop, මත් පැන් ශාලාව.
මේරීම, *v. n.* of මෝරනවා: ripening &c.
මේරුක, *n.* incense, තුවරලා, සුවඳ දුම, E. S.
මේරු·පර්වතය, මේරුව, *n.* the mountain Maha Meru in the centre of a chakkavala (සක්වළ) 168,000 yoduns or more than two million miles high, one half of which is below the surface of the earth. On its top is the heaven of the Tavatinsa Gods and at its base dwell the Asuras. [this Ceylon.
මේ·ලක, *n.* ලක for ලංකාව: this Lankàva,
මේලකය, මේලනය, මේලය, *n.* meeting, assemblage, රැස්වීම, සම්මුතිය, fair, mela.
මේලය, *n.* loft, garret, උඩුමහල; *pl.* මේල.
මේ·වඩනවා, *v. hon.* මේ for මෙහෙ, see මෙහෙ වඩනවා. [variegate, විසිතුරුකරනවා.
මේවරකරනවා, *v.* to serve, මෙහෙවරකරනවා;
මේවරය, *n.* See මෙහෙවරය; variegated colour, විසිතුරු පාට; message, පණිවිඩය.
මේවා, *pron. neu. pl.* these things.
මේ·වැඩුම, *v. n.* of මේවඩනවා, see also මෙහෙ වඩවනවා. [hitherto.
මේවෙනතුරු, මේවෙනකල්, *ad.* until now,
මේෂයා, *n.* ram, බැටළුවා; Aries, sign of the Zodiac.
මේෂ·රාශිය, *n.* the const. Aries.
මේෂ·ශෘංගය, *n.* ram's horn, බැටළු අඟ; a sort of poison, see වච්චනාභි.
මේස, *n. pl.* or *a.* of මේසය: tables; table-.
මේස·පළුව, *n.* half or portion of a table, table-leaf.
මේසය, මේසේ, *n.* Port., table.
මේස·රෙද්ද, මේසේ·රෙද්ද, *n.* table-cloth.
මේ·සා, *a.* such as this, like this, මෙවැනි මෙයාකාර.
මේ සිඳුරු, *n.* (මේ cloud, සිඳුරු elephant), *lit.* cloud-elephant, ap. of ශක්‍රයා, who rides a cloud as his elephant.
මේස්, *n. pl.* Port., stockings, socks.
මේස්තිරි, මේස්ත්‍රි, *n.* D., master, මහත්මයා, බාස්.
මේස්·පටිය, *n.* garter.
මේහය, *n.* See ප්‍රමේහය. [මිත්‍ර, කරුණාවන්ත.
මෛත්‍ර, මෛත්‍රී, *a.* friendly, kind, benignant,
මෛත්‍රය, *n.* friendliness &c.; seventeenth lunar asterism, අනුරය or අනුරාධ නැකත.
මෛත්‍රී, මෛත්‍රී බුදුන්, *n.* benignant one: name of the next Buddha.
මෛත්‍රීකම, *n.* friendliness &c.
මෛත්‍රී·නිවාසය, *n.* abode of mercy or kindness.
මෛත්‍රී·පාරමිතාව, *n.* B., ordinance of kindness towards all, කරුණා නියෝගය.

මෛත්‍රී·බල, *n.* benignant power: ap. of Buddha, on account of the power of his kindness. [ap. of මෛත්‍රී බුදුන්.

මෛමෛත්‍රය, *n.* one who should be benignant:

මෛථුන, *a.* pert. to coition, sexual, සංවාස.

මෛථුනජ. *a.* arising from coition, venereal, සංවාසයෙන් අවගත්න.

මෛථුන·ධර්මය, *n.* law or custom of copulation, සංවාස ධර්මය. [සංවාසය.

මෛථුනය, මෛථුන·සේවනය, *n.* coition.

මෛථුන·සේවනය්කරනවා, *v.* to copulate, සංවාසය කරනවා. [desire, venereal, රාගඋපදවන.

මෛථුනාශා.ජනක, *a.* (ආශා), producing sexual

මෛනා, *n.* the bird maina, සැලලිහිණියා.

මොක, *n.* Fr. මොක්, E, of මෝක්ෂ.

මොකද, මොකක්ද, *inter. pron. neu.* what, what thing or matter.

මොකවද, මොකෙක්ද, *dat.* and *abl.* of මොකද; for what, by what, from what. [ever.

මොක·නුමුත්, *pron. neu.* whatever, whatso-

මොකවත්, *pron. neu.* something, anything; *with neg.* nothing.

මොකැඳුරු, *n.* (මොක් ඇඳුරු), ap. of Buddha as teacher of the doctrine of මෝක්ෂය or Nirvàna.

මොක්, *a.* E. for මුඛ්‍ය and මෝක්ෂ: primary, chief, preeminent, ප්‍රධාන, උතුම්.

මොග්ගල්ලාන, *n.* name of a famous disciple of Buddha, see මුගලන්; name of a Pali grammarian who lived in the twelfth century.

මොට, *a* See මොට්ට.

මොටද, *inter pron.* col. for මොකටද.

මොටල, *n.* arrow, ඊතල. [tain tree &c.)

මොටියං *n.* shoot, sprout, plumule (of a plan-

මොට්ට, *a. lit.* and *fig.* blunt, not sharp; obtuse, dull, stupid.

මොට්ටකම, *n.* bluntness; dullness &c.

මොට්ටකරනවා, *v. t.* to blunt, dull the edge or

මොට්ටයා, *n.* dullard, dolt. [point.

මොට්ටුව, *n.* flower bud; knob.

මොද, *n.* See මෝද.

මොදර සුවිස්කා, *n.* See රත් සුවිස්කා.

මොද, *n.* the tamarind fish, *lates calcarifer.*

මොන...ද *inter. adj. pron.* what, as මොන පොත්ද, what books.

මොනර, *a.* pert to peacocks, peacock-

මොනර·කුඩුම්බිය, *n.* tuft of feathers on the head of a peacock, peacock's crest.

මොනර·ගණය, *n.* a number or flock of peacocks, මොනර රැළ. [පිල් or පිලි.

මොනර·පිල්ල, *n.* peacock's feather; *pl.* මොනර

මොනර·පිල්·වල්ල, *n.* bunch of peacock's feathers, viz. peacock's tail.

මොනර·මල, *n.* peacock flower, *poinciana pulcherrima.*

මොනර·යන්ත්‍රය, *n.* balloon, දුඹුමොනර යන්ත්‍රය.

මොනරා, *n.* peacock.

මොනරී, මොනර කිකිළි, *n.* peahen, මෙසබඩ.

මොනවට, මොනොනාවට, *ad.* beautifully, excellently, well, යහට. [what things.

මොනවාද, *inter pron. neu. pl.* of මොකද:

මොනවා·නුමුත්, *pron. neu. pl.* what things soever, whatever things.

මොනොනාවට, *n.* prosperity, excellence, happiness, සුභය, යහය.

මොබ, මොබට, මොබින්, *ad.* See මෙහි, මෙහාට මෙහෙන්. [cock's tail.

මොර·පුටුව, *n.* easy chair, in shape like a pea-

මොර·ගසනවා, *v.* to cry aloud, shout.

මොරනැඟීම, *v. n.* crying aloud &c.

මොරවය, *n.* See මෝරවය. [noise; yelp.

මොර·දෙනවා, *v.* to give a shout, make a loud

මොරල්ලා, *n.* a kind of fish. [whoop.

මොර·හඬ, *n.* shout, whoop, යුධ මොරහඬ, war-

මොරෙයියා, *n.* root-bud, germ, offset, අංකුරය,

මොරෙයියන්·දමනවා, *v. i.* to put forth buds from the roots (as the plantain).

මොල, *n. pl.* or *a.* of මොලය: brains, marrow; arrows, ඊතල්.

මොල·කටුව, *n.* brainpan, skull.

මොලය, මොලේ, *n.* brain; marrow, මිදුළු.

මොල්ලිය, *n.* hump of an animal.

මොවුහු, *pron. pl.* See col. මොවුන්.

මොවුදුව, මොවුද්ද, *n.* feast, festival, මංගල්‍යය,

මොවුන්, *n. pl.* these persons. [*pl.* මොවුහු.

මොහඳුර, *n,* (මොහ ignorance, අඳුර), darkness of ignorance or folly. මෝඩකම් නැමති අඳුර.

මොහය, *n.* See මෝහය.

මොහු, *pron. mas.* this person, this one.

මොහොනාවට, *n.* solitary or secret place, විවේක ස්ථානය, රහස් ඉඩම.

මොහොට්ටාල, *n.* clerk, ලිපිකරුවා. overseer, cangany, කංකාණම,

මොහොට්ටි·තිලය, *n.* employment of cangany or clerk, කංකාණම් වැඩේ, ලිපිකාර ධුරය.

මොහොත, *n.* moment, instant.

මොහොතෙන් මොහොත, *ad.* moment by moment, momentarily.

මොහොය, *n.* See මෝහය.

මොහොර, *n.* (fr. මහඳුර), great rampart, මහ කොටු පවුර; door-mat, පාපිස්ස; buttermilk, කිරිමෝරු; *pl.* මොහොරු.

මොහොල, *n.* See මෝල.

මොළ, *a.* fierce, brutal, savage, චණ්ඩ.

මොළවනවා, *v. t.* (ගිනි)...kindle fire, ignite, make to burn; (මිට...) clinch the hand, double the fist; *pret.* මෙළෙවුවා; *v. n.* මෙළවීම.

මොළොක්, *a.* soft, tender; bland, gentle; flexible; smooth, unctuous,

මොලොක්කරනවා, *v. t. lit.* and *fig.* to soften, mollify. [woman or girl, මූ.

මෝ, *n.* for මෝනය; also *pron. fem.* this

මෝක්ෂනීය, *a.* that should be liberated or set free, salvable, මුදන්ට සුදුසු, මිදියහැකි.

මෝක්ෂක, *a.* liberating, emancipatory, releasing, saving, මුදන, ගලවන.

මෝක්ෂකයා, *n.* liberator, saviour, මුදුම්කාරයා, ගැලවුම්කාරයා. [of attaining Nirvâna.

මෝක්ෂ·ඥානය, *n.* B., knowledge of the means

මෝක්ෂණය, *n.* setting free, liberating, නිදහස් කිරීම, මුදහැරීම.

මෝක්ෂය, *n.* liberation, final emancipation or freedom from transmigration, the state of Nirvàna, නිර්වාණය, නිවනය. [පැමුණුණ.

මෝක්ෂිත, *a.* liberated &c., මිදුණ, නිවනට

මෝක්ෂෝපාය, *n.* (මෝක්ෂ උපාය), means of attaining Nirvàna, නිවනට පැමිණීමේ උපාය or මාර්ගය.

මෝක්ෂෝපායකයා, *n.* one who employs the means of attaining Nirvàna, ascetic, devotee, තාපසයා, ශ්‍රාවකයා.

මෝඝ, *a.* (මුහ් to be foolish), foolish, useless, visionary, මෝඩ, නිෂ්ඵල, හිස්; left, abandoned, අත්හැරුණු.

මෝඝ·පුරුෂයා, *n.* foolish or useless man; said to be the strongest reproof ever used by Buddha in addressing man.

මෝඝාශ, *a.* (·ආශ desiring), chimerical, visionary, utopian, නිෂ්ඵල ආශා කරන.

මෝඝාශ·ත්‍වය, *n.* utopianism. E. S.

මෝඝාශයා, මෝඝ·ප්‍රාර්ථනා·ධරයා, *n.* a visionary, සිත්පැතුම් ඇත්තා.

මෝඝාශ·ද්වීපය, *n.* utopia. E. S. [තාපසයා.

මෝචකයා, *n.* liberator, මුදන්නා, devotee,

මෝචනය, *n.* setting free, see මෝක්ෂණය; liberation, excretion, පහකිරීම.

මෝචනයකරනවා, *v. t.* to set free, liberate; excrete, පහකරනවා, පහරනවා.

මෝචනික, *a.* setting free, මුදන; excretive, පහකරන. [කූපය. E. S.

මෝචනික·කූපය, *n.* excretory, (ද්‍රව්‍ය) පහකරන

මෝචනීය, *a.* See මෝක්ෂනීය. [ලැටු.

මෝච·රස, *n.* gum of the silk cotton tree, ඉඹුල්

මෝමි, *n.* a medicinal preparation, see මිඹුරුවට.

මෝඩ, *a.* foolish, stupid, silly.

මෝඩයා, *n.* foolish or stupid person, fool, blockhead.

මෝඩි, *n. fem.* foolish female. [කරන.

මෝදක, *a.* (fr. මුද් to rejoice), gladdening, ප්‍රීති

මෝදකය, *n.* sweet-ball, see අග්ගලාව.

මෝදනය, *n.* (fr. මුද්), gladdening, delighting-causing joy, ප්‍රීතිමත්කිරීම.

මෝදය, *n.* delight, joy, ප්‍රීතිමත්කම; fragrance, සුවඳ.

මෝදර, *n.* (fr මුව,දොර), river's mouth, estuary or neighbourhood of the estuary, සංගමය.

මෝදිත, *a.* pleased, delighted, joyful, ප්‍රීතිමත්.

මෝදිමියා, *n.* Moorish priest or sacrificer.

මෝදුවෙනවා, *v. i.* to spring up, shoot out, sprout, පැළවෙනවා or මොරසියන්දෙනවා; become supple, මොලොක් වෙනවා.

මෝය, *n.* See මෝදර.

මෝරච්චි, *a.* ripened, matured, ripe, mature, well hardened (fruit &c.)

මෝරට, *n.* root of the sugar-cane; a sort of cassia, *cassia articulata.*

මෝරනවා, *v. i.* to become ripe, mature, hard, seasoned; *pret.* මෙරුවා; *v. n.* මේරීම.

මෝර·මත්ස්‍ය, මෝර·මත්ස්‍යා·කාර, *a.* pert to sharks, squaloid.

මෝරවනවා, *v. t.* to ripen, mature, harden, (fruit), season (wood); *pret.* මෙරෙව්වා; *v. n.* මේරවීම. [dogfish; *pl.* මෝරු.

මෝරා, *n.* shark, generic name for sharks,

මෝරා, *n.* for මොනරා, peacock.

මෝරු, මෝරු·දිය, *n.* T., whey, butter milk.

මෝරු·දිය·වැනි, *a.* whey-like, serous.

මෝල, මෝල්·ගස, *n.* large pestle, pounder (for pounding rice &c.)

මෝල, *n.* D., mill.

මෝල්කාරයා, *n.* miller, mill-owner.

මෝවිට, *n.* (මෝ for මුව, විට for වට), the rim or circular mouth of a vessel, brim, වාටිය, ගැටිය.

මෝමිත, *n.* (In parturition), the bag of water that bursts (ලිහෙනවා) before the birth.

මෝෂකයා, *n.* thief, pilferer, සොරා.

මෝෂණය, *n.* stealing, theft, සොරකම.

මෝසම, *n.* season, occasion, අවස්ථාව, අවදිය; the principal harvest season, මහ මෝසම.

මෝස්තරය, මෝස්තුය, *n*, Port., pattern, fashion, kind, sample.

මෝහන, *a.* (මුහ් to be foolish), fascinating, stupefying, delusive, මුලාකරන, රවටන.

මෝහනතාව, *n.* delusiveness, මුලාකරනගතිය.

මෝහනය, *n.* temptation, seduction, fascination, මුලාකිරීම; an arrow of Cupid කාමදෙවියන්ගේ ඊයක්.

මෝහය, *n.* ignorance, අඥානකම, folly, stupidity, මෝඩකම, error. මුලාව; fainting ක්ලාන්තවීම. [කරන.

මෝහි, *a.* illusive, delusive, deceptive, මුලා

මෝහිත. *a.* deluded, infatuated, රවටනලද, මුලාවූ, E. S.

මෝහිනී, *n. fem.* infatuating one, viz. female demon or personification of lust that overpowers reason by worldly allurements.

මෞක්තිකය, *n.* a pearl, මුතාව, මුතුඇටය.

මෞද්ගල්‍යාන. *n.* See මුගලන්.

මෞනය, *n.* (fr. මුනි sage, who maintains silence), silence. නිශ්ශබ්දකම, taciturnity, අල්පවාදීකම. [යගා, මුනිවරයා.

මෞනියා, *n.* silent one, viz. ascetic, sage, තාප

මෞර්වීය, *n.* (මුර්වී a creeper from which bow-strings are made), bowstring, දුනුදිය.

මෞලිය, *n.* lock or tuft of hair on the crown of the head, top-knot, කුඩුම්බිය ; diadem, tiara, ඔටුනුව ; head, ඉස.

මෞලිය, *n.* the earth, පොළොව.

මෞහුහුත්තියා, මෞහුහුත්තිකයා, *n.* See මුහුත්තියා.

ම්‍රක්‍ෂ, *a.* sly, hypocritical, කපටිකාර, කුහක.

ම්‍රක්‍ෂය, *n.* slyness, hypocrisy, කපටිකම &c.

ම්ලේච්ඡ, ම්ලේච්ඡිත, *a.* (Sans. to speak incorrectly or in a barbarous dialect), uncivilized, barbarous, savage, වනචර, චණ්ඩ.

ම්ලේච්ඡයා. *n.* barbarian, savage, වනචරයා, චණ්ඩයා.

ම්ලේච්ඡිතය, *n.* barbarous or ungrammatical language, වනචර භාෂාව, see අපභ්‍රංශය.

ය

ය, *n.* The first of the sixth or miscellaneous class of consonants. It is a semivowel corresponding to the letter Y.

ය, *n.* or *a.* iron, යකඩ ; union, සම්බන්ධය.

යංශය, *n.* (ය අංශය), *lit.* part of ය, viz ්‍ය, which represents ය when joined to a consonant, as කාව්‍ය for කාව්‍යය.

යකඩ, *n.* or *a.* iron.

යකඩ·අඹු·වැඩිය, *n.* iron appliances, iron tools or wares. [&c.)

යකඩ·කම්බිය, *n.* iron wire, iron rail(of railway

යකඩ·පිහිලි·පාර, *n.* railway or tramway.

යකඩ·පිහිල්ල, *n.* iron spout ; iron rail (of railway &c.)

යකඩ·මල, *n.* rust, oxide of iron.

යකඩය, යකඩේ, *n.* iron, the iron.

යකඩ විංකලය, *n.* smithy, iron-foundry.

යක·දුරා, *n.* (යක demon, ඇදුරා teacher), one who is skilled in the worship and expulsion of demons, exorcist. [යකුන් දුරුකිරීම.

යක·දුරුකම, *n.* devil ceremony, exorcism,

යකනය, *n.* liver, අක්මාව, කෑලුනා, [ලය.

ය·කම්මල, *n.* iron forge, smithy, ආචාරි පට්ට

යකා, *n.* E. of යක්‍ෂයා : devil, demon, fiend ; *pl.* යක්කු. [demon.

යකිණි, යකිනි, *n.* *fem.* E of යක්‍ෂිණී : female

යකින්නා, *n.* *fem.* female demon or imp.

යකුන්·ඇදහීම, යකුන් වැඳීම, *v. n.* believing in or worshipping demons, demonolatry.

යකුන්·නැටීම, *v. n.* of යකුන් නටනවා : devil-dancing to propitiate and exorcise demons.

යකුම, *n.* devil ceremony.

යකුමක්-යකුම්-නටනවා. *v.* to perform a devil dance or dances.

යකුල, *n.* sledge-hammer, කුළුගෙඩිය.

ය·කෘත, *n.* (ය union, කෘත making), liver, කෑලුන. [අසිත්මූ.

ය·කෘත්, *a.* pert. to the liver, hepatic, අක්මාවට

ය·කෘත්·පිණ්ඩය, *n.* the mass of the liver, the whole liver, අක්මාව. [E. S.

ය·කෘත්·විසතරය, *n.* hepatography, hepatology,

යකෘත්·වේදනාව, *n.* pain in the liver, hepatalgia, අක්මාවේ වේදනාව.

ය·කෘද්‍රෝග, *n.* *pl.* (යකෘත් රෝග), liver diseases, hepatics, අක්මාවේ රෝග.

යක්, *a.* pert to demons or devils, devil-.

යක්·කටුස්සා, *n.* chameleon, lizard with five toes on the hind legs, *otocryptis bivattata.*

යක්·තොවිල, *n.* devil-ceremony, see තොවිල ; *pl.* යක්තොවිල්. [monies.

යක්·තොවිල්කරනවා, *v.* to perform devil-cere-

යක්·තොවිල්කාරයා, *n.* devil-priest.

යක්·දරයා, *n.* (දරයා bearer), one possessed by a demon, demoniac, යක්‍ෂාවේශයා.

යක්·දෙස්සා, *n.* (දෙස්සා fr. දෙසනවා)), exorcist,

යක්ඛය, *n.* See යක්‍ෂයා. [devil-priest.

යක්·රද, *n.* E. of යක්‍ෂරජ.

යක්‍ෂ, යක්‍ෂාකාර, *a.* diabolic, devilish. [තොවිල.

යක්‍ෂ තොවිල, යක්‍ෂ·පිළිවෙත, *n.* exorcism. යක්

යක්‍ෂ·ධූප, *n.* resin, දුම්මල ; turpentine, E. S. So-called because it is used as incense in devil-ceremonies and exorcism, the perfume being supposed to be agreeable to the demon and tend to propitiate him.

යක්‍ෂ·පුරය, *n.* demon city or city of the demons, viz. city of කුවේර king of the demon race.

යක්‍ෂ·බන්ධනය, *n.* demoniacal possession, යක්‍ෂා වේශය. [ඇති දුකගැන්ම.

යක්‍ෂ·භූත·විද්‍යාව, *n.* demonology, යකුන් ගැන

යක්‍ෂයා, *n.* devil, demon, fiend ; *H. myth.* demigod attendant on කුවේර, such are guardians of his treasures and gardens.

යක්‍ෂ·රජ, *n.* demon-king, a title of කුවේර.

යක්‍ෂාවේශ, *a.* (යක්‍ෂ ආ :), possessed by a demon or demons. [a demon or demons.

යක්‍ෂාවේශිකම, *n.* state of being possessed by

යක්‍ෂාවේශය, *n.* demoniacal possession.

යක්‍ෂාවේශයා, *n.* demoniac.

යක්‍ෂිණී, *n.* *fem.* female demon ; wife of කුවේර or of a demon ; a female fairy in the service of දුර්ගා. [රෝගය.

යක්‍ෂ්මය, *n.* pulmonary consumption, ක්‍ෂය

යගණ, *n.* metrical foot having the first syllable short and the last two long, bacchic.

ය·ගදාව, *n.* iron club, යකඩ මුගුර ; fabulous staff. [පොල්ල or අගුල.

ය·ගුල, *n.* (ය අගුල), iron bar or bolt, යකඩ

යං, Er. for යම් and යමු. [ප්‍රීතිය.

යශස, *n.* pleasure, enjoyment, joy, සැපත,

යජ් Sans. to sacrifice, worship ; endow ; associate with.
යජමාන, *a.* sacrificing, employing priests to sacrifice, පූජාකරන, පූජකරවන.
යජුර්වේදය, *n.* (යජුස්වේදය), the Yajur Veda, one of the four Vēdas. It is divided into two parts, the black and the white, both of which are chiefly on religious rites, and its prayers are chiefly in metrical prose, යජුස්.
යඥ, *a.* sacrificial, sacred, යාජක.
යඥය, *n.* sacrificing, sacrifice, පූජාකිරීම, පූජාව.
යඥ·යෝග්‍යය, *n.* what is fit to be offered, having been prepared by purification &c.
යඥාංගය, *n.* (යඥ අංගය), part of any sacrifice, පූජාවේ පංගුවක්.
යට, *post.* and *a.* under, beneath, below.
යට·ඇඳුම, *n.* under-garment.
යටකරගන්නවා, *v. t.* to bring under : master, subdue, overcome.
යටකරනවා, *v. t.* to put under, place beneath ; *fig.* keep back, suppress, conceal.
යට·කලිසම, *n.* under-trousers, viz. drawers.
යටකරදමනවා *v. t.* to put forcibly or completely under, see යටකරනවා.
යට·කානුව, *n*, under drain, lower drain.
යට·කියත්කාරයා, *n.* under-sawyer, pitman.
යටග, *n.* (යටි pole, අග), top of a pole or flagstaff, රිටේ අග.
යට·ගං·බලායනවා, *v.* to go looking down stream, viz. to go down a stream or river.
යට·ගිය, *v. adj. pret.* by-gone, past, former, ancient. [in time past &c.
යට·ගිය·දවස, *n.* time past, days of old; as *ad.*
යටට, යටින්, *ad.* below, down, downwards ; from under, underneath.
යටතේ, *ad.* or *post.* (යට අතේ), *fig.* under, subject to, in charge of. [mean, servile.
යටත්, *a.* humble, submissive, lowly ; low,
යටත්කම, *n.* humbleness &c., humility, condescension.
යටත්කරනවා *v. t:* to humble, subdue, master.
යටත්·පහත්, *a.* humble, lowly ; low, servile.
යටත්·පහත්කම, *n.* humility &c. ; lowness (socially). [liate, subject.
යටත්·පහත්කරනවා, *v. t.* to bring low, humi-
යටත්·පහත්වෙනවා, *v. i.* to condescend ; humble one's self, cringe.
යටත්·පාත්, *a.* submissive, &c: යටත් පහත්.
යටත්පිරිසය, *n.* the lowest division or degree, යටත් කොඨාසය or තරම ; subordinate assembly of people. [the very least.
යටත්පිරිසෙයින්, *ad.* at the lowest estimate, at
යටත්·වැසියා, *n.* any ordinary subject of a kingdom. [missive, submit, obey.
යටත්වෙනවා, *v. i.* to become humble, be sub-

යට·පත්, *a.* overpowered, subjected ; extinct, obsolete.
යට·පත්කරගන්නවා, *v. t.* to subdue, subjugate to one's self, මැඩපවත්වාගන්නවා.
යටපත්කරනවා. *v. t.* to bring under, subdue, repress, suppress ; abrogate, set aside, supersede ; cover up, conceal, stifle (a matter).
යට·පත්·භාෂාව, *n.* obsolete or dead language.
යට·පස්, *n.* subsoil.
යට·පස්·නගුල, *n.* subsoil plough.
යට·බුන්, *a.* extinct, obsolete.
යට·බුන්කරනවා, *v. t.* to conceal cover up, යටකරදමනවා. [part.
යට·මාලාව, *n.* the place below, the under
යට·ලීය, *n.* beam on the wall to support the roof, wall-plate.
යටවෙනවා, *v. i.* to get under ; fall under (රථයට &c.), be run over ; succumb.
යටස, *n.* the lower part, below, යටිභාගය ; depressed view.
යටසිත්·බලනවා, *v.* look with lowered eye, depress one's gaze. [යටත් &c.
යටහත්, යටහත්කම, යටහත්වෙනවා : See
යටි, *prefix*, under, below. [down.
යටි·අතට, යටිකුරු·අතට, *ad.* downward, upside
යටි·කුරු. *a.* the downward, the under, the descending, inverted. [side.
යටි·පතුල, *n.* sole of the foot, bottom or under
යටි·බඩ, *n.* abdomen, venter. යටිබඩේ කුහරය, *n.* the pelvis. [titiously.
යටිමඩිගහගන්නවා, *v. t.* to conceal, do surrep-
යටි·මාල, *n.* lower story of a building.
යටිය, *n.* E. of යෂ්ටිය : staff, stick ; measuring rod, මනින දණ්ඩ ; length of seven cubits, සත්රියන් දිග ; a creeping plant, වැල.
යටි·හුලඟ, යටිහුලං·පැත්ත, *n.* windward, wea-
යටි·හුලඟට, *ad.* to windward. [ther-side.
යතනය, *n.* See යත්නය.
යථා·ලබ, *n.* (යථා as, according to, ලබ receiving), whatever or as much as is received, ලබන පමණ.
යථා·විධි, *a.* or යථා·විධියෙන්, *ad.* according to the method, විධියට එකඟ ; විධියේ හැටියට.
යථාහොත්, *conj.*(යථා as, because, හොත් if),often preceded by මක්නිසාද &c. it equals කිව හොත් or කිවුවොත්, *lit.* If one said why : viz. for this cause, for this reason.
යති, යතිතුමා, *n.* person of subdued passions, ascetic, monk, තාපසයා.
යතීන්ද්‍ර, යතීන්ද්‍රයා, *n.* (යති ඉන්ද්‍ර), eminent ascetic or chief priest or monk, උතුම් තාපසයා, ප්‍රධාන මහණුන්නාන්සේ.
යතිය, *n.* retraining, controlling, stopping, මැඩපවත්වාගැනීම ; pause or stop in poetry.
යතු·කද, යතු·කැටය, *n.* See යත්ත.

යතු·ගානවා, *v. t.* to plane (wood &c.)
යතු·තලය, යතුතියක, *n.* blade of a plane.
යතුර, *n.* E. of යන්ත්‍රය ; machine, instrument ; key, lock ; *pl.* යතුරු.
යතුරව, *n.* E. of යාත්‍රාව : journey, voyage, ගමන ; road, මාර්ග. [keyhole.
යතුරු·කට or·කුඹුල්ල, or·කපොල්ල, or·සිදුර, *n.*
යතුරු·ගදිය, *n.* ward of a lock.
යතුරු·තඹුව, *n.* lock.
යතුරු·දුන්න, *n.* spring of a lock. [lock.
යතුරු·ඉදුව, or·ඉද්ද or·පෙත්ත, *n.* key of a
යතුරු·ලනවා, යතුල්ලනවා, *v.* to lock (doors &c.)
යතුරු·සරය, *n.* road, path, මාවත, පාර.
යතුරුසරයා, යතුරු සැරියා, *n.* elephant-keeper, ඇත්ගොව්වා. [රොඩු, shavings.
යතු·ලෙයිඩ්ඩ, *n.* shaving of wood &c. ; *pl.* යතු
යතුව, *n.* going, යාම ; journey, ගමන.
යත්ත, *n.* carpenter's plane ; *pl.* යතු.
යත්නකරනවා, *v.* to strive, endeavour, contend, වියසීකරනවා, [වියසීය.
යත්නය, *n.* endeavour, effort, exertion, energy,
යත්නවත්, *a.* energetic, strenuous, persevering. වියසීවන්ත. [be said.
යත්, *conj.* (fr ය to say), if one should say, if it
යත්යත්, *ad.* more and more, continuously, as time goes on, (කල්)යත්ට යත්ට, කල්යාමේදී.
යථා, *rel. adj.* as, according to, යම් ආකාර.
යථා·කාම, *a.* according to wish, wilful, self-willed, හිතුවක්කාර.
යථා·ක්‍රම, *a.* according to order, methodical, periodic, පිළිවෙළට එකඟවූ. [E. S.
යථා·ක්‍රමතාව, *n.* methodicalness, periodicity,
යථා·ක්‍රමය, *n.* due method or order, (යම් සේද ක්‍රමය ඒ ක්‍රමය).
යථා·ක්‍රමයෙන්, *ad.* methodically, orderly, periodically, පිළිවෙළින්, පිළිවෙළ ලෙස.
යාථා·ජාත, *a. lit.* as born : simple, foolish, හිවට, barbarous, outcast, වනචර.
යථා·ජාතයා, *n.* natural fool, simpleton, හිවටයා.
යථානුරූප, *a.* (යථා අනු :), conformable to, consistent with, proper, එකඟ, සුදුසු.
යථාපි, *ad.* somehow, යම් අන්දමකින්.
යථා·බලයෙන්, *ad.* according to power, බලයේ හැටියට, with all the might, මුළුබලයෙන්, as much as possible, පුළුවන් පමණ.
යථා·භූත, *a.* according with fact, such as it really is, exact, true, real, ඇත්තට එකඟ, සත්‍යවූ. [liberal, exact, accurate. E. S.
යථාර්ථ, *a.* (යථා අර්ථ), accordant with the sense,
යථාර්ථතාව, *n.* literalness, accuracy in sense. E. S. [සුදුසු.
යථාර්හ, *a.* (අර්හ to be fit), fit, suitable, proper,
යථා·විධි, *a.* or යථා·විධියෙන්, *ad.* See යතාවිදි.
යථා·ශක්තියෙන්, *ad.* See යථාබලයෙන්.
යථා·ස්වරූපයෙන්, *ad.* according to the form or nature, consistently, properly, නියම ස්වභාවේ හැටියට.

යථා·සන්ථතිකාංගය, *n.* (යථා as, සන්ථතික spread, අංගය ordinance), ordinance enjoining upon the B. P. not to shift or alter the mat or bed when spread out to repose on. As it is laid down so it must remain. This is one of the තෙලෙස්ධුතාංග.
යථෝක්ත, *a.* (යථා උක්ත), *lit.* as said, viz. the above-said, the afore-said, the fore-going, ඉහතකී. [suitable, සුදුසු.
යථෝචිත, *a.* (යථා උචිත,) such as is or are fit,
ය·දණ්ඩ, *n.* iron rod, යකඩ දණ්ඩ, bar or pig of iron, යකඩ·පොල්ල. [දම්වැල.
ය·දම, ය·දම්·වැල, ය·දමය, *n.* iron chain, යකඩ
යදි, *conj.* Sans. if, නම්.
යදිනවා, *v.* to pray, beseech, invoke ; imprecate, execrate ; *pret.* යැද්දා ; *p. pl.* යැද ; *v. n.* යැදීම, or යදීම.
යදුම, *n.* prayer, entreaty: see යැදුම.
යද්දෙදත්තා, *n.* a long-limbed insect (the praying mantis ?) ; also for යක්දෙදත්තා.
යන, *v. adj. pres.* going, that goes or go ; that says or signifies, named, used to sum up specified things in a general term or to connect words in apposition, as පොත, පෙට්ටිය, පිහියේ යන බඩු ; A යන අකුර.
යනවා, *v.* to go, proceed ; *pret.* ගියා ; *p. pl.* ගොස්, ගොහින් ; ගිහින්, *v. n.* යාම.
යනාදිය, *n.* (යන, ආදිය the preceding), et cetera, and such, as පොත්පත් යනාදිය, books documents and such or et cetera
යනාදී, *a.* such like : කෑමබීම යනාදී දේ, food, drink and such things.
යනු, *n. lit.* that says or runs so and so, viz. that is or is called : used to specify things, as අයනු or අයන්න, කයනු, that which is called අ &c., viz. the letter අ &c., ඔහු ගියාය යනු, the (statement) that he went.
යනුවෙන්, *n. abl.* by the statement or the fact, යන කාරණයෙන්.
යඑන, *v. adj. pres.* (යන එන), that go and come or go to and fro. [passage.
යඑනමඟ, *n.* the way to and fro, gangway,
යන්, *a.* or v. Er. for යම් and යමු.
යන්තම්, යම්තම්, *n.* some degree, somewhat, a very little, ටිංගිත්තක්; as *adv.* very slightly, ස්වල්පවශයෙන්; scarcely, barely, narrowly, hardly, only just : as යන්තම් ගැලවුණා, only just escaped.
යන්ත්‍ර, *n. pl.* or *a.* machines ; pert to machines or implements.
යන්ත්‍ර·අලුවංගුව, *n.* machine axle or shaft.
යන්ත්‍ර·මන්ත්‍ර, *n. pl.* incantations and charms, enchantments.
යන්ත්‍ර·මන්ත්‍රකරනවා, *v.* to perform incantations, charm.

යන්ත්‍රය, *n.* machine, implement, apparatus; astrological or mystical diagram; restraining, controlling, නැවැත්වීම, නැසිරවීම; incantation charm, මන්ත්‍රය. [driver, ඇතරුවා.

යන්ත්‍රයා, *n.* charioteer, රථාචාරියා; elephant-

යන්ත්‍ර·ශාස්ත්‍රඥයා, *n.* mechanist.

යන්ත්‍ර·ශාස්ත්‍රය, *n.* mechanics.

යන්ත්‍ර·ශිල්පියා, *n.* machinist, යන්ත්‍ර සාදන්නා.

යන්ත්‍රාගාරය, *n.* (යන්ත්‍ර ආ:), machine room or house or shop, factory.

යන්ත්‍රාලය, *n.* (ආලය, abode), printing-house.

යන්ත්‍රිත, *a.* bound, tied, බැඳි, restrained. checked, වලක්වනලද.

යන්න, *n.* the thing so and so: used to specify a thing, e. g. the letters of the alphabet, as මයන්න, the letter ම: see යනු.

ය·පත, *n.* plate or sheet of iron, යකඩ තහඩුව.

ය·පම්මා, *n.* smelter of iron; *pl.* යපම්මු.

යපල, *n.* falsehood, lie, බොරුව.

ය·පල්ව, *n.* piece of iron, pig of iron, යකඩ කෑල්ල or· පොල්ල.

යපීම, *v.n.* See යැපීම.

යපෙනවා, *v. i.* See යැපෙනවා.

ය·බර, ය·බොර, *n.* scoria or dross of iron.

යම, යමදිශ, *n.* the southern quarter, the South, දකුණු දිශාව.

යම, or යමයා, *n.* the planet Saturn, සෙනසුරු.

යම, යමයා, *n.* The Indian Pluto, who is the Regent of the South and of death, and judge in the infernal region called පාතාලය of those who at death go there because it is doubtful whether they are bad enough for නරකාදිය or good enough for ස්වර්ගය, virtue and vice being about equal in them, their fate Yama decides: දකුණු දිශාවේ දෙවියා, යමරජ.

යම, *v. imp.* of යනවා: col. for යමු, let us go, addressed to one person, යමව් addressed to more than one. [ම, එබා, දෙ.

යමක, *a.* twin, නිඹුල් (සහෝදරයා &c); double,

යමක·ප්‍රාතිහාර්යය, *n.* twin or double miracle, දෙයාකාර ආශ්චර්යය: a power said to have been possessed by Buddha to cause a stream of fire to issue from one pore of his body (ලෝම සිදුරකින්), and a stream of water from another at one and the same time, and that to prove his miraculous power to the නිගණ්ඨ or naked mendicants he caused such streams to issue together from his eyes, ears and nostrils. The power to work these miracles was the result of his having accomplished තේජෝකසිණ and ආපෝකසිණ.

යමකය, *n.* religious observance, ආගමේ පිළි වෙත; alliteration, අනුප්‍රාසය, a kind of rhythmical enigma, ප්‍රහේලිකා කාව්‍යය.

යමකයා, *n.* a twin, නිඹුල්ලා.

යමක්, *n.* *neu.* anything, something.

යම·දිශ, *n.* See යම the South. [තිමියා.

යම·දිශු·තිමි, *n.* Lord of the South, දකුණුදිග

යම·දූතයා, *n.* an infernal spirit, a messenger or minister of Yama, employed to bring the departed to Yama for judgment, and then take them to their destination.

යම·දෙවියෝ, *n.* See යම, යමයා.

යමන·ග, *n.* See යමුනාගඟ.

යමනය, *n.* binding, controlling, restraining, බැඳීම, නැවැත්වීම; cessation, නැවතීම, rest,

යමන, *n.* Yama, යමයා, යමරජ. [නිවාඩුව,

යම·පල්ලා, *n.* a minister of Yama employed to inflict the punishment of hell, infernal tormentor, a fury; *pl.* යමපල්ලෝ.

යම·පුරය, *n.* city of Yama, යමරජුගේ නුවර.

යමය, *n.* performance of religious rites for purification, ආගමේ පිළිවෙත් පැවැත්වීම; self-restraint, government of the passions, ශෝල්ය නවත්වා—ඇඹපවත්වා–ගැනීම, සංයමය, වැලකීම.

යම·රජ, යම·රදු, යමිරජ, *n.* See යම, යමයා.

යම·රථයා, *n.* *lit.* Yama's chariot, viz. buffalo,

ය·මල, *n.* See යකඩමල. [මීහරකා.

යමල, *n.* a couple, pair. දෙකක්, යුවළය, කුළුවම.

යම·වාහනයා, *n.* See යමරථයා. [ශාලාව.

යම·සල, *n.* hall or abode of Yama, යමරජුගේ

යමා·මහා·පෙළහර, *n.* See යමක ප්‍රාතිහාර්යය.

ය·මාත්තා, *n.* iron-smelter in the time of the Kandyan kings, *pl.* යමාත්තු.

යමුනා·ගඟ, යමුනා, *n.* the Jumna river, which takes its rise on the south side of the Himalayan range a little to the northwest of the source of the Ganges; in H. myth. the river is personified as the daughter of Súrya and sister of Yama. [one.

යමෙක්, *n.* *mas.* any one, any person, some-

යමේරුකාව, *n.* gong (සමිදෙනෙකුරීමට ගසන) ලෝහ

යම්, යම්කිසි, *a.* some, any. [තැටිය.

යම්·කිසිවක්, *n.* *neu.* something or other, anything whatever. [anyone whatever.

යම්·කිසිවෙක්, *n.* *mas.* some person or other,

යම්·තාක්, *a.* whatever degree, as many or much or long as, යම්පමණ (දෙයක් &c).

යම්·තාක්·කල්, *ad.* until whatever time, as long as, යම් පමණකල්.

යම්·සේ, *ad.* in any manner, in whatsoever manner, යම් ආකාරයකින්. [means.

යම්·හෙයකින්, *ad.* from any cause, by any

යයි, *conj.* (ය final, and ඉ), that: මෙ ඔහු ආවායයි කීවෙමි, I said that he came.

යල, යල්කන්න, *n*, the lesser harvest season, the September harvest.

යල, *n*. time, occasion, as තුන්යලක්, three times, තුන්විටක්

යව, *v. imp. 2nd sg.* (very low), go thou, off, out with you.

යව, *n*. barley &c., see *Bot.*

යව·කාර, යව·කාර·ලුණු, යව·ක්‍ෂාර, *n*. mitre, saltpetre, nitrate, of potash, alkali (prepared from burnt barley.)

යවක්‍ෂාරදිය, *n*. lye, අළුලුණු මුසු වතුර.

යවගු, *n*. See යවාගු.

යවට, *n*. iron ball, යකඩ ගුලිය.

යවන, *n*. name of country, probably Greece; applied by late H. writers to Arabia; speed, velocity, ජවනය, වේගය,

යවනයා, *n*, Moorman, මරක්කලයා; Grecian or Arab, ග්‍රීකයා or අරබියා, foreigner, පරදේශියා, swift horse, see ජවනයා. [Arabia.

යවන· පුෂ්ප, *n*. fragrant gum from Greece or

යවනවා, *v.c.* of යනවා, to send (to the 3rd person or place); pret. යැවුවා; *v.n.* යැවීම.

යවනාචාර්‍ය්‍යයා, *n*. (යවන Greek &c, ආචා:), Arabian, Greek or other European teacher of astronomy, foreign astronomer.

යවනිකාව, *n*. See, ජවනිකාව.

යවනේෂ්ට, *n*. (යවන ඉෂ්ට) lead, ඊයම්; see *Bot*

යවපිටි, *n*. barley meal or flour.

යව·ඵල, *n*. Indian spikenard, ජටාමාංස; *Bot.*

යව· බිදු, *n*. nut or seed of the *wrightea antidysenterica*, used as a remedy for dysentery, diarrhœa &c,

යව· මද්‍ය·පානය, *n*. ale, beer, බීර.

යවමය, *a*, barley-, consisting of barley, made of barley. [barley.

යව· මෝදලුක්, *n*. *pl.* soft part of barley, pearl-

යවය, *n*. swiftness, velocity, ජවය, ඉක්මන, වේගය. [වෙඩිලුණු.

යවලාස, යවලුණු, යවශූක. *n*. nitre, saltpetre,

යවස, *n*. meadow grass, පිට්ටනි තණකොළ.

යව·සාල්, යව·හාල්, *n*. barley grain, barley.

යව· සුරා·සාල, *n*. ale-house, බීර තැබෑරුම.

යවහන්, *n*. the combination of ය, ව, හ, න්: when any of these letters is the final letter of the lines of a stanza it is considered the rule that the penultimate letter also should be the same in all four lines.

යවාක්‍ෂ, *n*. land fit for sowing corn, arable land.

යවාගු, *n*. sour gruel, prepared from the fermented water in which rice has been boiled, ඇඹුල් කැඳ. [saltpetre, nitre, වෙඩිලුණු.

යවාග්‍ර· ජ, *n*. (යව· අග්‍ර top or ear, ජ produced),

යවානික, යවානී, *a*. swift, rapid, ශීඝ්‍ර, වේගවත්.

යවිෂ්ට, *a*. youngest, very young, ඉතා බාල.

යවිෂ්ටයා, *n*. a younger brother, මලයා or ඉතා බාල සහෝදරයා.

යවීම, *v. n.* of යවනවා; see යැවීම.

යැවුම් පත්‍රය, *n*. a document sent or to be sent, epistle, letter, ලියුම.

යවුල, *n*. (ය iron, උල stake), iron crowbar, spade or iron instrnment for digging, යකඩ උල; *pt.* යවුල්,

යව්, *v. imp.* 2nd *pl.* go ye &c., see යව,

යව්, *prefix*, as far as, e. g. යැව්දිවි, to the end of life; යව් අමත්, as many as are invited.

යව්දිවි, *a*. life-long (work, sorrow &c.), ජීවිතය ඇතිතාක්.

යව්‍ය, *a*. fit for barley, sown with barley, යව වැපිරීමට සුදුසුවූ, යව වපුරපු.

යශ, *a*. fine, excellent, bonny, neat, pretty, (often used ironically), උතුම්, කදිම.

යශය·යශස, *n*. good, happiness, prosperity, ශුභය,

යශශ්‍රීය, *n*. great renown, celebrity, මහත් කීර්තිය, excellent prosperity, උතුම් ශුභය.

යශෝ·කීර්තිය, යශෝ ඝෝෂාව, *n*, (යශඃ or යශස් කීර්තිය, &c.), excellent fame, renown, exalted praise, උතුම් කීර්තිය or ප්‍රශංසාව,

යශෝ·ධරා, යශෝ·ධර, *n*. (යශෝධරා), the wife of prince Siddhartha before he became Buddha.

යශෝ· රාශිය, *n*. abundant fame, great renown or much good fortune, බහු කීර්තිය, මහත් ශුභය [හා ඓශ්වර්‍ය්‍යය.

යශෝ· විභූතිය, *n*, fame and splendour, කීර්තිය,

යෂ්ටි, *n*. liquorice, වැල්මී; also *n. pt.* of යෂ්ටිය.

යෂ්ටිය, *n*. stick, staff, රිට, සැරය, පොල්ල, wand, කෝටුව, club, mace, මුගුර,

යෂ්ට්‍යාකාර, *a*. (යෂ්ටි ආකාර), *bot.* virgate, පොලු ආකාර. [කෝටුවෙන් පේනකීම.

යෂ්ට්‍යා වර්ජිකාව, *n*, (යෂ්ටි ආ:) rhabdomancy,

යස, *a*, See යශ. [capitally, කදිමට.

යසට, යස·ලෙස, *ad*. excellently, well, cleverly,

යසස, *n*. See යශස. [ඉතා ලක්‍ෂණට or කදිමට.

යස· රුවට, *ad*. excellently, well, beautifully,

යශස, *n*. fame. කීර්තිය; welfare, happiness, prosperity, ශුභය.

යහ, *a*. good, fine, excellent, see යස.

ය·හඬුව, *n*. (ය iron, හඬුව for අඬුව) smith's tongs, යකඩ අඬුව, [well-being.

යහතින්, *ad*. in good state or circumstances, in

ය·හද, *a*. (හද for හෘද), iron-hearted, hard-hearted, සිත දැඩිවූ.

ය·හදය, *n*. heart of iron, iron ore, යකඩ ලෝපස්

යහ· දසන, *a*. (දසන E. of දර්ශන), of pleasing appearance, ශොභන පෙනුමක් ඇත්තාවූ,

යහ·දසන, යහ·දසුන, *n*. pleasant appearance, comeliness, ශෝභන කම.

යහන, *n*. bed, ඇඳ, couch, කවිච්චිය.

යහනාව, *n*. See යානය, යානාව.

යහන්· ගබඩාව, *n* bedroom, sleeping apartment, ශයනාගාරය, නිදනකාමරය.

යහන්තලය, *n*, the part of a bedstead on which a person lies, bed or seat of a couch.

යහපත, *n.* good, what is good.
යහපත-යහපත්කම්-කරනවා, *v.* to do good.
යහපත්, *a.* good, excellent, virtuous, kind; suitable.
යහපත් කරනවා, *v.t.* to amend, make good,
යහපත් වෙනවා, *v.t.* to become good; *hon.* for to come or go to, *lit.* favour (a place).
යං·හල, යං·හුල, *n.* forge, කම්මල, smith's fire-place, ආචාරි ගිනි උදුන; *pl.* යහල්, යහුල්.
යං·හලඟුරු, *n. pl.* (යහල අඟුරු), coals or embers in a smith's forge.
යහළු, *a.* friendly, familiar, intimate.
යහළුවා, *n.* friend, companion, associate.
යං·හුණු(නු), *n. pl.* iron filings, යකඩ කුඩු.
යළ, යළුයි, *ad.* again, moreover, තවද.
යළි, යළිත්, යළිදු, *ad.* and again, and moreover, නැවතත්, තවද.
යා, Sans, stem : to go, යනවා.
යා, *n.* iron, යකඩ.
යාකම, යාබද්කම, *n.* contact, juxtaposition.
යාකරනවා, *v. t.* to place close to, join, annex, unite, inosculate.
යාග, *n. pl.* or *a.* of යාගය: sacrifices;sacrificial.
යාගකරනවා, යාගපූජාකරනවා, *v. t.* to sacrifice, offer a victim or oblation.
යාගකාරයා, *n.* sacrificer, offerer,
යාගපූජාව, *n.* sacrifice offering ; immolation,
යාගය, *n* sacrifice, victim, oblation.
යාග·ස්තම්භය, *n.* sacrificial post, post to which the victim is bound, පූජා කණුව.
යාග·සේවකයා, *n.* (සේවක waiting), sacrificial attendant, sacrificer.
යාග·ස්ථානය, *n.* place of sacrifice, place where offerings are presented.
යාගාවාටය, *n.* (යාග ආ :), pit or hollow in the ground where sacrifices are burnt.
යාගු, *n.* thick gruel, porridge, උකු කැඳ.
යාචක, *a.* (fr. යාච් to ask, beg), requesting, begging, ඉල්ලන, හිඟන. [භාවය.
යාචකකම, යාචක·භාවය, *n.* mendicancy, හිඟන
යාචකයා, යාචනකයා. *n.* beggar, mendicant, හිඟන්නා.
යාචනය, යාචනාව, *n.* soliciting, request,ඉල්ලීම, begging, asking alms, හිඟමන් ඉල්ලීම.
යාචනය කරනවා, *v.* to request, beg, ඉල්ලනවා, හිඟනවා. [දින.
යාචමාන, *a.* requesting, suppliant, ඉල්ලන, අය
යාචිත, *a.* solicited, begged, ඉල්ලනලද.
යාච්ඤා, *n. pl.* or *a.* prayers; pert. to prayer or supplication.
යාච්ඤාකරනවා, *v.* to pray, supplicate.
යාච්ඤා·ක්‍රමය, *n.* formula of prayer, liturgy.
යාච්ඤා·පොත, *n.* prayer-book, missal.
යාච්ඤාව, *n.* prayer, suppliction.
යාච්ඤාවෙනවා, *v. t.* to be suppliant, to pray.

යාච්ඤා·සම්මුතිය, *n.* prayer-meeting, යාච්ඤා රැස්වීම. [ficial, පූජක.
යාජක,යාජකීය, *a.* priestly, sacerdotal, sacri-
යාජකයා,යාජ්‍යයා, *n.* sacrificing priest, පූජකයා.
යාජකයා, *n.* royal elephant, ගෙජ්ඣයා, furions elephant.
යාජකී, *n. fem.* sacrificing priestess, පූජකී.
යාජය, *n.* boiled rice, බත්, food, කෑම.
යාඥිකයා, *n.* sacrificer, පූජාකරන්නා, officiating priest, පූජකයා.
යාඥිය, *a.* fit for sacrifice, පූජාකිරීමට සුදුසු.
යාතනාව, *n.* pain, agony, pains of hell, &c., බලවත් වේදනාව.
යාතිකාකරනවා, *v.* to invoke, supplicate, යදිනවා. [tion. මැතිරීම.
යාතිකාව, *n.* invocation, යැදීම, අයැදීම, incanta-
යාතු, *n.* traveller, මගියා; demon, evil spirit, යකා, භූතයා.
යාතු·ධාන, *n.* an evil spirit, demon, යකා.
යාත්‍රා, *n.* voyage, journey; voyaging,travelling; ගමන, ගමන්කිරීම. [dhoney.
යාත්‍රා·ඔරුව, *n.* the largest kind of S. boat,
යාත්‍රාකරනවා, *v.* to sail, proceed by boat or ship; pass over or beyond, පසුකරනවා; sail or run (a ship &c.). [aging,
යාත්‍රාකාර, *a.* nautical, pert. to sailing or voy-
යාත්‍රා·ගමන, *n.* voyage, මුහුදු ගමන.
යාත්‍රා·පැත්ත, යාත්‍රාංශය, *n.* (යාත්‍රා අංශය), tack, direction of sailing.
යාත්‍රාව, *n.* going, proceeding, යාම, sailing, voyage, මුහුදෙන් යාම; vessel, නැව, ඔරුව, &c.
යාදවය, *n.* stock, herd or lot of cattle, ගවපට්ටිය
යාදවා, *n.* ap. of Krishna as a descendant of king Yadu.
යාදවී, *n. fem.* ap of රුක්මිණී wife of Krishna.
යාදස්, *n.* aquatic or amphibious animal, ජල සත්වයා. E. S.
යාදසාං·නාථ, යාදසාම්·පති, යාදස්පතියා, *n.* ap. of Varuna the deity of water and Regent of the ocean, වරුණයා.
යාන·පාත්‍රය, *n*, vessel or mode of conveyance, වාහනය, as ship, boat &c. [ප්‍රකෑද.
යාන·මුඛය, *n.* fore-part of a carriage, the pole,
යානය, *n.* vehicle, any kind of conveyance, as carriage, litter, horse, &c. වාහනය; going, proceeding, යාම.
යානවා, *v. t.* to anchor (a vessel), නැංගුරම් දමනවා; *pret.* යැවා; *v. n.* යැම.
යාන·වාහනය, *n.* travelling vehicle, conveyance and vehicle, යානය සහ වාහනය.
යානාව, *n.* vehicle for travelling වාහනය..
යානි, *n.* rider or traveller in a vehicle, රථයට &c, නැගියන්නා,
යාන්තම්, *n.* &c. ; Er. for යන්තම්,
යාපතු, *n.* fowl, cock, කුකුළා,
යාපත්, *a.* for යහපත්,

යාපනය, *n.* spending or passing (time, කාලය) ගතකිරීම, staying, tarrying, පොරොත්තුව; rejection, පහකිරීම; allaying, relieving, සහනය කිරීම; sufficing, සෑහීම; sufficiency, සෑහුම්කම.

යාප්පුව, *n.* entreaty, solicitation, අයැදීම.

යාප්‍ය, *a.* low, vile, නීච; that may or should be spent or passed (as time), ගතකළ යුතු: that may be relieved (though not cured), සහනය කළහැකිවූ. [anquin, දෙළාව.

යාප්‍ය·යානය, *n.* relieving conveyance, viz. pal-

යාබ, *n.* wax, ලාකඩ, [ed to, adjoining.

යාබද, **යාවූ**, *a.* conterminous, contiguous, join-

යාබදකම්, *n.* contiguousness, juxtaposition.

යාබදලෙස, *ad.* contiguously: intimately, කිට්ටු ලෙස. [transpiring.

යාම, *v. n.* of යනවා: going, departure, passing,

යාම, *a.* pert. to Yama.

යාමදෙවියා, *n.* See යම, යමයා.

යාම·තාලිය, *n.* gong on which the hours are struck or drum used for the same purpose.

යාමය, *n.* sixth part of a day of twenty-four hours, a watch comprising ten Sinhalese or four English hours; forbearance, ඉවසිල්ල, සංයාමය, cessation, නැවතීම.

යාමය, *n.* the third heaven, a world inhabited by gods where a day is equal to two hundred of our years.

යාමලය, *n.* a couple, pair, කුට්ටම, යුවළ.

යාමිනී·පතියා, Lord of night, viz. the moon, සඳ.

යාමිනිය, *n.* night, රාත්‍රිය.

යාමුන, *n.* antimony or sulphide of antimony, used as a collyrium, සොයුරුන්, අඳුන.

යාම්‍ය, *n.* ap. of the Rishi අගස්ති; and of Vishnu;

යාම්‍යය, *n.* sandal, මිරිවැඩිය, [*a.* southern;

යාම්‍යාව, *n.* night, රාත්‍රිය; the second lunar asterism or constellation Musca, see භරණිය.

යාය, *n.* tract, extent, stretch, as කුඹුරු යාය, tract or stretch of paddy fields.

යායවී, *a.* desirous of going, යන්ට කැමතිවූ.

යාරය, **යාරුව**, *n.* Eng. yard, measure or length of three feet, අඩිතුනක දිග.

යාල, *n.* a measure of capacity, a cart-load or twenty අමුණු of grain; twenty head of cattle.

යාල·මැඩියා, *n.* a kind of frog.

යාව, *p. pl.* connected with, adjoining.

යාව, *n.* (barley-like grains of) lac, red dye. E.S.

යාව, *prefix*, as far as, as long as, until, see යම් and those here following.

යාවජ්·ජීව, *a.* or *ad.* (යාවත් ජීව), life-long, see යම්දිවි; as long as life, ජීවිතයේ අන්තිම දක්වා.

යාවත්, *a.* or *ad.* as long or much as, until, යම් පමණ, තුරු, තෙක්.

යාවන, *a.* pert, to යවනය, or යවනයා, Grecian, ග්‍රීක්, Arabian, අරාබි, Mohammedan, මහමද්.

යාවනය, *n.* name of a country, see යවනය; incense from Arabia. E. S.

යාව·ශූක, *n.* See යවලාස, යවශූක

යා·වෙනවා, *v. t.* to get close to, become united, joined or touching.

යාෂ්ටිකයා, *n.* (fr. යෂ්ටි), rod or club bearer, warrior armed with a club or bearer of the rod of authority.

යැළි, **යැළිකම**, **යැළිවා**, &c., See යළි, &c.

යැටිය, *n.* E. of යෂ්ටිය: stick, walking-stick, සැරයටිය. [imprecation, දෙස්කීම.

යැදීම, **යැදුම**, *v. n.* of යදිනවා: entreating &c.;

යැපෙනවා, *v. i.* to suffice, be enough, සෑහෙනවා; *pret.* යැපුණා; *v. n.* යැපීම. [person or place).

යැවීම, *v. n.* of යවනවා; sending (to the third

යුක්ත, **යුක්තවූ**, *a.* (fr යුජ් to join or mix), having, possessing, ඇත්තාවූ; imbued with, endued with, as සිහියෙන් යුක්තවූ, endued with sense or intellect. [justice,

යුක්ත, *n.* Er. for යුක්ති: what is right, propriety,

යුක්තායුක්ත, *n.* (යුක්ත අයුක්ත), what is proper or just and what is improper or unjust.

යුක්ති·චින්තක, *a. lit.* mindful of what is just, viz. scrupulous, conscientious. E. S.

යුක්ති·චින්තකතාව, *n.* scrupulosity &c. E. S.

යුක්තිය, *n.* equity, justice, right.

යුක්තිය කරනවා, *v.* to render justice, do right.

යුක්ත්‍යවිචින්තක, *a.* (යුක්ති අවි:), regardless of right, unscrupulous. E, S. [&c.

යුක්ත්‍යවිචින්තකතාව, *n.* regardlessness of right

යුග, *n. pl.* or *a.* of යුගය: pairs, කුට්ටම්; yokes; eras; pert. to eras or ages.

යුග·කන්, *n. pl.* the two ears, කන්දෙක.

යුග·කාලීන, **යුගාන්තර**, *a.* (යුගඅන්තර), at intervals of ages, *geol.* &c., secular.

යුගන්ත, *n*, (යුග age, අන්ත end), see යුගාන්තය.

යුග·න්·ග, *n.* (යුගන්ත, අග fire), see යුගන්ත ගිනි.

යුගන්ත·ගිනි, **ගින්න**, *n. lit.* age-terminal fire, viz. fire by which the Universe is destroyed at the end of the age, කල්පයේ කෙළවර ගින්න.

යුගන්·අග, **යුගන්තගිනි**, *n.* (අග fire), see යුගන්ත,

යුගන්දුරු, *a.* or *n.* E. of යුගන්ධර. [යුගන්තගිනි.

යුගන්තය, *n.* Er. for යුගාන්තය.

යුගන්දරය, **යුගන්ධරය**, *n.* (යුගන් yoke, ධර holder), pole of a carriage to which the yoke or cross-bar is fixed, ජරියාකඳ; name of the first or innermost of the seven ranges of mountains or rocks which are said to surround මහමේරු and to form the boundaries of the seven oceans, යුගන්ධර පර්වතය.

යුග·මාත්‍ර·දර්ශනය, *n.* yoke-length vision, viz looking only the length of a yoke when travelling or in public, as enjoined upon the B. P.

යුගය, *n.* two, couple, දෙක, pair, කුළුවම, යුගලය; yoke, වියගහ; a measure of four cubits; era, age or duration of the world, the four ages are called කෘත or සත්‍ය, ත්‍රේතා, ද්වාපර, and කලි, which last is the present age: see කෘතයුගය &c.
යුග·යොත්තුව, *n.* yoke-rope or tie, see යොත්තුව.
යුගලය, *n.* pair, couple, කුළුවම.
යුග·සවන්, *n. pl.* the two ears, කන්දෙක.
යුග·හෝරුව, *n.* double canoe, අඟුල.
යුගාන්ත, *a.* (යුග age or period, අන්ත end), pert to the end of an age.
යුගාන්ත·මාරුතය, or ·වාතය, *n.* age-terminal wind, viz. hurricane by which the Universe is destroyed at the end of a Yuga or age, යුග අන්තයේ මාරුතය.
යුගාන්තය, *n.* end of the age by the destruction of the Universe. කල්ප කෙළවර. [to couples.
යුග්ම, *n. pl.* or *a.* pairs, couples, කුළුවම; pert.
යුග්ම·බහුල, *a.* having many pairs, multijugous.
යුග්මය, *n.* pair, couple, කුළුවම; couplet, දෙපද කවියක්; mixture, මිශ්‍රය,
යුග්මාකාර, *a.* in pairs, කුළුවම් ආකාර, *bot.* geminous, දෙක දෙක පිහිටි.
යුග්මාංගුලි·පාදික, *a.* (යුග්ම අං:), yoke-or pair-footed, zygodactylic, පය ඇඟිලි දෙක දෙක පිහිටි (ගිරවා &c.).
යුග්මාංගුලි·පාදික·පක්ෂියා, *n.* pair-footed bird.
යුග්‍යය, *n.* vehicle, conveyance, වාහනය.
යුග්‍යයා, *n.* any animal yoked, වියගහේ බැඳි ගොනා, &c.
යුජ, *n.* (fr යුජ් to join &c), see යුගලය.
යුජකයා, *n.* one who unites, joiner, සම්බන්ධකරන්නා, carpenter, වඩුවා.
යුත, *a.* joined, united, සම්බන්ධ, combined, එකතු.
යුත, *n.* measure of four cubits, රියන් සතරක මිම්ම, multitude, සමූහය,
යුතු, *a.* fit. proper, becoming, equitable.
යුතුකම, *n.* fitness &c., duty.
යුත්, *a.* E. of යුක්ත: having, containing, ඇත්තාවූ, endued with, filled with, as වස්තුවලින්-ගුණෙන්-යුත්. [priety, justice.
යුක්ත, *n.* E. of යුක්ත: what is right or just, pro-
යුදය, *n.* E. of යුධය.
යුදෙව්, *a.* Jewish.
යුදෙව්·ආගම, *n.* Jewish religion, Judaism
යුදෙව්වා, *n.* Jew.
යුදෙව්·ශාසනය, *n.* Jewish dispensation.
යුධ, *n. pl.* or *a.* wars, conflicts; military, war-.
යුධකරනවා, *v.* to war, battle, fight.
යුධ·කාමී, *a.* bellicose, delighting in war, යුධයට ලැදිවූ. [warlike.
යුධකාර, යුධාකාර, *a.* military, pert. to war,
යුධකාරී, *n. fem.* female warrior, amazon.
යුධ·කාර්‍ය·ශාලාව, *n.* war-office, යුධශාලාව,

යුධ·තොප්පිය, *n.* helmet.
යුධ·දක්ෂකම, *n.* martial skill.
යුධ·පිලකාර·භුක්තිය, *n.* military tenure, E. S.
යුධ·භටයා, *n.* warrior, soldier, සෙබළා.
යුධ·භාණ්ඩාගාරය, *n.* (ආගාරය), military store, magazine, යුධායුධ තබනව.
යුධ·භූමිය, *n.* battle field.
යුධය, *n.* war, battle, contest.
යුධ·ශාස්ත්‍ර·ඥයා, *n.* strategist. [strategy.
යුධ·ශාස්ත්‍රය, *n.* science of war, strategics,
යුධ·සමූහව, යුධ·සේනාව, *n,* army, troop, regi-
යුධ·සේනා·නීති·ක්‍රමය, *n.* martial law. [ment.
යුධ·සේනා·භංගය, *n.* rout of an army or armies.
යුධ·හරඹය, *n.* war tactics; drill.
යුධාභිමුඛ, *a.* (යුධ අභි:), facing war, viz. ready for war, යුධයට සූදානම්.
යුධාභ්‍යාස·භූමිය, *n.* (යුධ අභ්‍යා:), parade ground.
යුධාභ්‍යාසය, *n.* military exercise, drill, parade, යුධ ශික්ෂාව. [arms; pert to weapons.
යුධායුධ, *n. pl.* or *a.* (ආයුධ), weapons of war,
යුධායුධය, *n.* weapon of war. [භාණ්ඩාගාරය.
යුධායුධාගාරය, *n.* armoury, arsenal, see යුධ
යුධෝන්මත්ත, *a* (යුධ උන්:) mad for war or maddened by war.
යුධෝපකරණ, *n. pl.* (යුධ උප:), war stores, ordnance stores, military equipage.
යුධෝපා·ක්‍රමය, *n.* (යුධ උපා:), war tactics, E.S.
යුධෝපා·ක්‍රම·ශාස්ත්‍ර·ඥයා, *n.* tactician of war;
යුධාභයා, *n.* soldier, warrior, සෙබළා. [E. S.
යුධිෂ්ඨිර, *a.* (යුධි in war, ෂ්ඨිර for ස්ථිර), firm or steadfast in war.
යුධිෂ්ඨිර, *n.* eldest or the five පාණ්ඩව princes and leader in their war against the Kurus (කෞරව).
යුරු, *a* like, සමාන, such as, වැනි: see අයුරු.
යුරෝපය, *n.* Europe,
යුරෝපානු, යුරෝපීය, *a.* European.
යුරෝපාසියාතික, *a.* Eurasian.
යුරෝපාසියාතිකයා, *n.* a Eurasian.
යුරෝපීයයා, *n.* European. [උතුම්.
යුව, *a.* young, youthful, යෞවන; excellent,
යුව·ගණ්ඩය, *n.* acne, pimple (of young persons), කුරුලෑව. E. S.
යුවභාව, *n.* youthfulness, යෞවනකම.
යුවතිපති, *a.* youthful, යෞවන.
යුවතී, *n. fem.* young woman, යෞවන ස්ත්‍රී.
යුව·රජ, යුව·රද, යුව·රාජයා, *n.* crown prince; viceroy, උපරජ,
යුවලය, *n.* fr. යුගලය: pair, දෙක, කුළුවම.
යුවලැස, *n. pl.* (යුවළ ඇස), the pair of eyes, the two eyes, ඇස් දෙක.
යුවාබ්ද, *n.* ninth year of the Indian cycle.
යුෂ්මත්, යුෂ්මතා, *pron.* Sans. thou, you &c., ඔබ, තෝ, නුඹ යනාදීය හඟවන සබ්දය.

යුෂ්මත්ශබ්දය, යුෂ්මද්වාචකය, යුෂ්මද්වාච්‍යය, *n. gram.* second-person word, viz. a word which expresses the second person, as Thou, Ye, and in their cases, as Thy, Your &c.

යුෂය, *n.* juice, liquor, sap. [ඉක්මන්, වේගවත්.

යුහු,යුහුසුලු, *a.* swift, rapid, agile, expeditious,

යුහු·සුලුකරනවා, *v. t.* to hasten, expedite, accelerate, ඉක්මන් කරනවා.

යුහු·සුලුවෙනවා, *v. i.* to haste, hurry.

යුහු·සුල්ල, *n.* swiftness &c. see, යුහුකම.

යූකා, (යූකයා), *n.* louse, උකුණා.

යූතිය, *n.* joining, mixing, මිශ්‍රකිරීම.

යූථය, *n.* multitude, flock, herd, සමූහය, රැළ.

යූථ·නාථයා, *n.* lord of the herd, chief-elephant of the herd, ගජේන්ද්‍රයා. [අලවනවා.

යූතිකරනවා, *v. t.* unite, conglutinate, ගලපනවා,

යූතිවෙනවා, *v. i.* to become united, ගැලපෙනවා, සන්ධිවෙනවා.

යූනී, *n. fem*, See යුවතී. [of fir.

යූපදුරුව, *n.* sacrificial post, see යූපය; a species

යූපය, *n.* see යාගස්තම්භය; column of victory, ජයකුළුන. [struct &c.

යෙදවීම, *v. n.* of යොදවනවා; causing to con-

යෙදීම, *v. n.* of යොදනවා and යෙදෙනවා: contriving, framing; engaging in.

යෙදීසිටිනවා, *v.* to be engaged in. [vance, plan.

යෙදුම, *n.* composition, construction, contri-

යෙදූ,යොදපු, *v. adj. pret.* of යොදනවා: designed, contrived, formed.

යෙදෙනවා, *v.i.* of යොදනවා: to become formed, form; comport with, befit; to be engaged in, occupied with. It is also a *verb aux.* with other verbs in the infinitive, as ඔහු ලියුම ලියන්ට යෙදුණා, It occurred that he wrote the letter or he did write the letter; sp. used to unite a number of coordinate verbs, as ඔහු මේක කරන්ටත් ලියුම ලියන්ටත් යෙදුණා, he both did this and wrote the letter; *pret.* යෙදුණා; *v. n.* යෙදීම.

යෙල,යේල, *a.* one and a half, as යෙලගව්, one and a half ගව්, ගව් එකහමාරක්.

යෙහෙක,යෙහෙකි, *n.* used as a phrase: it is good, very good, it is well, all right, හොඳයි, යහයි. [හොඳින්, සුවසේ.

යෙහෙන්, *ad.* well, excellently, prosperously,

යෙහෙණි, *n. fem.* young woman, යෞවන ස්ත්‍රී.

යෙහෙතය, *n.* good, යහපත, යහෙතයක්, something good, යහපතක්. [niece; daughter-in-law.

යෙහෙලණියෝ, *n. pl.* or *hon*, of යෙහෙලණි:

යෙහෙලි,යේළි, *n. fem.* of යහළුවා: female friend; sp. niece or daughter-in-law.

යොත, *n.* cord, line, rope, ලනුව; *pl.* යොත්.

යොත්ත, *n.* a long-handled vessel for baling

යොත්ත,යොදන, *n.* see යොදුන. [water.

යොදනවා, *v. t.* (fr. යුජ් to unite), to put together, combine, construct, form, frame, fabricate; contrive, design, plan; *pret.* යෙදුවා: *v. n.* යෙදීම.

යොදවනවා, *v. c.* to cause to construct, get constructed; cause to contrive &c.; cause to engage in; *pret.* යෙදෙවුවා; *v. n.* යෙදවීම.

යොදුන, *n.* a measure of distance equal to four ගව් or about 16 miles; *pl.* යොදුන්.

යොදේ,යොදය, *n.* cream of milk.

යොදේ·කොටනවා, or ·මන්ථනවා, *v.* to churn.

යොෂා, *n. fem.* woman, ස්ත්‍රී, young woman, යෞවන ස්ත්‍රී. [*pl.* යොෂාවු.

යොනා, *n. col.* Moorman or low foreigner;

යොනි, *n.* vagina, vulva, ස්ත්‍රී යෝනිය; origin, උත්පත්තිය. [මරක්කල.

යොන්, *a.* fr. යවනය: Arabian, අරාබි, Moorish,

යොන්·මග, *n.* vagina, see යොනි.

යොබ්බන, *a.* P. of යෞවන.

යොම්·මග, *n.* Er. for යොන්මග.

යොමුකරනවා, *v. t.* to concentrate, gather to a focus, direct towards, fix or apply (the mind &c.). [engrossed with.

යොමුවෙනවා, *n.i.* to become concentrated &c.,

යොමුල්, *n.* embryonic stage after conception.

යොර, *ad.* again, නැවත; යොරයොර, again and again, නැවතනැවත; always, නිතරම.

යොලිය, *n.* See යෝලිය.

යොවුන්, *a.* young, යෞවන.

යෝ, *n.* warrior, යෝධයා, භටයා.

යෝගකරනවා, *v. t.* form, combine, එක්කරනවා; *med.* compound or prescribe.

යෝග·කබ්මය, *n.* P. of යෝගක්ෂේමය.

යෝග·ක්ෂේමය, *n.* (යෝග religious meditation; profit, ක්ෂේම happiness), the result or profit of religious meditation, viz. නිර්වාණය; insurance or charge on goods, profit made by sale &c, ඵල ප්‍රයෝජනය.

යෝගය, *n.* joining, සන්ධිකිරීම; junction, combination, union. සන්ධිය, සංයෝගය, එක්වීම; concentration of thought, religious abstraction or meditation, ධ්‍යානය; compound of medicine as what is prescribed, ඖෂධයෝගය; fitness, adaptability, යෝග්‍යකම; *ast.* 27th part of 360° measured on the plane of the ecliptic and used to calculate longitudes of the sun and moon.

යෝගවාන්, *a.* devoted to abstract meditation, ascetic, ධ්‍යානමාත්‍ර, තාපස.

යෝග·වාහිය, *n.* (යෝග union, වාහි conveying, effecting) menstruum or medium for mixing medicines; alkali, යවක්ෂාරලුණු; mercury, රසදිය. [tion, සන්ධිආකාරය. E. S.

යෝගාකාරය, *n. bot.* mode of junction or inser-

යෝගාවචරයා, *n.* (යෝග meditation, අව: promoter), performer of religious meditation, recluse, mystic, ධ්‍යානභාවනාපරයා, තාපසයා.

යෝගිනී, *n. fem.* a fairy, female sprite created by and attendant on දුර්ගා.

යෝගියා, *n.* devotee, recluse; follower of the Yôga philosophy.

යෝගී, *a.* ascetic, recluse, see යෝගවාත්.

යෝගේෂ්ට, *n.* (යෝග union, ඉෂ්ට desiring), the metal lead, ඊයම්. [eligible, සුදුසු, ඉභාංගු.

යෝග්‍ය, *a.* suitable, proper, seemly, congruous,

යෝග්‍යකම, **යෝග්‍යතාව**, *n.* suitability &c., meetness. [adapt, capacitate, entitle, qualify.

යෝග්‍යකරනවා, *v. t.* to render suitable &c.,

යෝග්‍යය, *n.* vehicle, වාහනය; sandal, මිරිවැඩිය.

යෝග්‍යවත්කම, *n.* See යෝග්‍යකම.

යෝග්‍යාව, *n.* practice; medical practice or military exercise. [a resolution.

යෝජකයා, *n.* composer; mover or proposer of

යෝජන, *n. H. Myth.* God or the soul of the world; joining, සම්බන්ධකිරීම; a distance equal to four ගව්, යොදුන.

යෝජන·ගන්ධාව, *n.* musk, කස්තූරි. [plans &c.

යෝජනා, *n. pl.* or *a.* devices, intentions,

යෝජනාකරනවා, *v.* to plan, devise, design; move or propose a resolution; prepare, සූදානම්කරනවා. [scheme.

යෝජනා·ක්‍රමය, *n.* scheme of devices or plans,

යෝජනා·පානවා, *v.* to exhibit or propose plans or designs.

යෝජනාව, *n.* design, scheme, project; resolution or proposal submitted; preparation.

යෝජනීය, *a.* that should be or is fit to be joined or added, එක්කළයුතු.

යෝජිත, *a.* devised, joined, united, framed, යොදනලද, බඳිනලද; appointed, deputed, නියම්කරනලද.

යෝජිතකරනවා, *v. t.* to devise; depute.

යෝජිතවෙනවා, *v. i.* to unite, coalesce, ගැලපෙනවා; to suit, fit, හරි යනවා.

යෝත්‍රය, **යෝක්ත්‍රය**, *n.* (fr. යුජ් to join), fastener, viz. the tie or cord which fastens the yoke to the neck of the ox. [යෝවාරංචුව.

යෝද·මුලු, *n.* company of soldiers, යෝධසමූහය,

යෝදයා, *n.* See යෝධයා.

යෝදී, *n. fem.* See යෝධි. [martial.

යෝධ, **යෝධාකාර**, *a.* gigantic, giant, colossal;

යෝධ·කුම්භිලයා, *n.* megalosaur, megalosaurus.

යෝධයා, *n.* giant; warrior, යෝවායා, combatant, භටයා, hero, වීරයා.

යෝධ·රූපය, *n.* gigantic image, colossus.

යෝධ සොබ·උඟුරා, *n. geol.* tapirotherium. E. S.

යෝධාභිරූඪ, *a.* (·අභි:), warrior-mounted, viz. mounted by warriors. [යෝනිසෝ.

යෝධි, *n. fem.* giantess; *fig.* clever woman; *pl.*

යෝන, *n.* See යොන.

යෝනක, *a.* Moorish, මරක්කල.

යෝනකයා, *n.* Moorman, මරක්කලයා.

යෝනි·මාර්ගය, *n.* vagina, යොන්මඟ.

යෝනිය, *n.* vagina, vulva; place of production, උත්පත්තිස්ථානය; origin, source, මුල, cause, හේතුව: race, birth, ජාතිය, උපත; water, වතුර.

යෝනිසෝ, *adv.* causally, really; කාරණවශයෙන්, නියමවශයෙන්, wisely, නුවණැතිව.

යෝනිසෝ·මනසිකාරය, *n.* careful thought, prudent consideration, පරීක්ෂාකාරීව කල්පනා කිරීම: "enlightened or philosophic attention or devotion of the mind" (Childers).

යෝබලයා, *n.* warrior, යෝවායා, hero, වීරයා.

යෝලිය, *n.* woman, wife, ස්ත්‍රී.

යෝෂාව, **යෝෂිතාව**, *n.* woman.

යෝෂිදුපරිස්ථ, *a.* (යෝෂිත්, female, උපරි on, ස්ථ placed), *bot.* epigynous E. S. [යුගන්ධරය.

යෞගන්ධරය, *n.* the mountain Yugandhara, see

යෞතකය, *n.* nuptial gift, dowry, දෑවැද්ද.

යෞවන, *a.* young, youthful, under middle age; *n.* youth, prime of life

යෞවනකම, *n.* youthfulness.

යෞවනයා, *n.* youth, young man.

යෞවනී, *n.* young woman, damsel.

ර

ර, *n.* The letter R, which is the second of the sixth or miscellaneous class of consonants.

රක, *n.* protection, preservation, ආරක්ෂාව.

රකණය, *n.* See රක්ෂණය.

රකවල, *n.* See රැකවල,

රකිනවා, *v. t.* to guard, protect; brood, sit, (as a bird on eggs); *pret.* රැක්කා; *v. n.* රැකීම,

රකුසා, *n.* demon, fiend, hobgoblin,—supposed to haunt cemeteries &c. and devour human beings, see රාක්ෂයා.

රකුසි, *n. fem.* female demon &c.

රකුසු, *a.* fiendish, hellish, diabolic, රාක්ෂාකාර.

රක්සා, *n.* demon &c., see රකුසා; demon-like man, harsh or cruel man, රෞද්‍රයා.

රක්, *n.* red arsenic, see රක්තපාෂාණය.

රක්ඛා, *a.*, **රක්ඛාව**, *n.* P. of රක්ෂා and රක්ෂාව.

රක්ඛාවරණය, *n.* (රක්ඛා ආ:), place of defence, entrenchment, refuge, shelter, රක්ෂාස්ථානය.

රක්ත, *a.* red, rosy, රතු; fond of, attached to, ඇලුම්වූ; sporting, සෙල්ලම; pure, පවිත්‍ර. [ස.

රක්ත·කම්බලය, *n.* red woollen cloth, රතුකම්බිලි

රක්තකඩ, *n.* red garment or clóth, රතුරෙද්ද,

රක්තකයා, *n.* passionate man, තරහකාරයා; amorous man, කාමුකයා.

රක්ත·කරණය, *n.* turning something into blood, act of sanguification,, ලේකිරීම. [කාමල.

රක්තකෙසරු, *n.* flower of the iron-wood tree,

රක්ත·ගුල්මය, *n.* bloody disease or swelling, voiding of blood from enlargement of the intestines by worms; hard lump in the abdomen after conception; clot of blood.

රක්ත·ගෝමේදය, *n.* a blood-red gem: ruby or garnet, රතුපැහැ මැණිකක්.

රක්ත·චන්දනය, *n.* red sandal-wood, රතුහඳුන්; sappan wood, පතඟිලි.

රක්ත·චූර්ණ, *n.* red powder, රතුකුඩු, red-lead, vermillion, සාදිලිංගම්.

රක්ත·ජනක, *a.* making red, rubefacient, රතු කරන. [ent drug, (සම) රතුකරන බෙහෙතක්.

රක්ත·ජනකෞෂධය, *n.* (ජනක ඖෂ:), rubefaci-

රක්ත·ජිහ්වා, *n.* blood or red-tongued one, viz. [lion, සිංහයා.

රක්තත්වය, *n.* redness, රතුකම.

රක්ත·නාඩි·ඡේදනය, රක්ත·නාලි·ඡේදනය, *n.* phlebotomy, venesection, ලේ ඇරීම. E. S.

රක්ත·නාලි·විස්තරය, *n.* phlebography, ලේ නහර විස්තරය. [sis, ලේ වමනය කිරීම.

රක්ත·නිෂ්ඨීවනය, *n.* blood-spitting, hemopty-

රක්ත·පයා, *n.* (ප to drink), *lit* blood-drinker, viz. imp, goblin, රකුසා.

රක්ත·පා, *n.* female goblin,රකුසී;leech, කුඩැල්ලා

රක්ත·පාතනය, *n.* shedding of blood, bloodshed, ලේ වැගිරවීම. [ගිරවා, or pigeon, කොබෙයියා.

රක්ත·පාදයා, *n.* red-footed one, viz. parrot,

රක්ත·පාරද, *n.* vermillion, ඉඟුල්. [සිවංගුරු.

රක්ත·පාෂාණ, *n.* red arsenic, රතු පාෂාණම්.

රක්ත·පිත්ත, plethoric, sanguineous, ලේ අධික.

රක්ත·පිත්ත, sanguineous bile, plethora, hemorrhage from the mouth, nose, bowels &c. accompanied with fever, vomiting and purging.

රක්ත·බිඳුව, *n.* red spot, sp. as a flaw in a gem.

රක්ත·භූතිය, *n.* (භූතිය becoming), becoming or turning to blood, sanguification, ලේවීම.

රක්තය, *n.* red, රතුපාට; blood, ලේ; red-lead, vermillion, සාදිලිංගම්; fruit of the *flacourtia cataphracta* රටඋගුරැස්ස ගෙඩිය; lac, ලාක්ෂා, ලාකඩ.

රක්ත·රේණු, *n.* red-lead; flower of the *butea frondosa*, කැලමල: a sort of cloth.

රක්ත·ලෝහ, *n.* red-metal, viz. copper, තඹ; minium, red-lead, සාදිලිංගම්.

රක්ත·වටිය, රක්තවරටිය, *n.* (වටිය pustule or blotch), small-pox, වසූරිය.

රක්ත·වර්ණ, *a.* red-coloured, crimson, ඉතා රතු.

රක්ත·වර්ණය, *n.* red colour, crimson, රතුපාට, ඉතා රතු පාටක්. [arterial, ලේනහර සම්බන්ධ.

රක්ත·වාහි, *a.* sanguiferous, ලේගෙනයන(නහර);

රක්ත·වාහිය, *n.* artery, ලේනාලයක්. E. S.

රක්ත·බිඳුව, *n.* drop of blood, ලේබිඳුව; red flaw in a gem.

රක්ත·වෛදූර්‍ය්‍යය, *n.* lapsis lazuli, වයිරෝඩිය.

රක්තසාර, *n.* red sandal-wood, රත්හඳුන්.

රක්ත·හීන, *a.* bloodless, exsanguious, ලේ අඩු, ලේ නැති. [රතු ඇස් ඇති.

රක්තාක්ෂ, රක්තාක්ෂි, *a.* (රක්ත අක්ෂ), red-eyed,

රක්තාක්ෂය, *n.* fifty-eighth year of the Indian cycle.

රක්තාක්ෂයා, රක්තාක්ෂියා, *n.* red-eyed one, viz. buffalo, මීමා; pigeon, කොබෙයියා;Greek partridge, ඇට්කුකුළා; sprite, ogre, රකුසා; savage man, වණ්ඩයා. [coral, පබළු; saffron, කහ,

රක්තාංගය, *n.* (රක්ත අං:), red body, viz. red

රක්තාංගයා, *n.* the planet Mars, අඟහරු තරුව; bug, මකුණා. [bloody-flux.

රක්තාතිසාරය, *n.* (රක්ත අති), dysentery,

රක්තාම්බර, *a.* (·අම්බර apparel), dressed in red.

රක්තාම්බරයා, *n.* red-clothed one, viz. devotee dressed in red, රතු ඇඳුම් අඳින තාපසයා.

රක්තාර්ශස, *n.* bleeding piles, hemorrhoids, අර්ශස් රෝගය. [bleeding, ලේ වැගිරීම, ලේ බිඳිවීම.

රක්තාවසේචනය, *n.* (·අව: sprinkling,dropping),

රක්තිය, *n.* love, affection, ආදරය, attachment, ඇලුම්කම.

රක්තෝෂ්ණ, *a.* (රක්ත උෂ්ණ), red-hot ගිනියම්.

රක්තෝෂ්ණය, *n.* red-heat, ගිනියම්බව, or blood-heat, ලේඋෂ්ණය. [protecting, ආරක්ෂාව.

රක්ෂාව, රක්ෂණය, *n.* preservation, preserving,

රක්ෂක, *a.* preserving, protecting, guarding, ආරක්ෂක.

රක්ෂකයා, *n.* preserver &c., ආරක්ෂාකාරයා.

රක්ෂණයකරනවා, *v. t.* to preserve, guard &c., ආරක්ෂාකරනවා.

රක්ෂස්ථානය, *n.* Er. for රක්ෂාස්ථානය.

රක්ෂා·කරනවා, *v. t.* to preserve, protect, ආරක්ෂා කරනවා; support, maintian (with a living), නඩත්තුකරනවා; observe, fulfil (a law &c.), පවත්වනවා.

රක්ෂාපේක්ෂකයා, *n.* (රක්ෂා, අප against, ඊක්ෂ looking), guard, රැකවලා; doorkeeper, දොරටුපාලයා; actor, නාඩගම්කාරයා.

රක්ෂාව, *n.* preservation, protection, ආරක්ෂාව; livelihood, avocation, living, maintenance, support, රැකිරක්ෂාව, නඩත්තුව; ashes, අළු; preservative, viz. a sort of bracelet or thread bound round the wrists at special periods.

රක්ෂාවරණය, *n.* (රක්ෂා අව:), cover, shelter, protection, ආරක්ෂාව; fortified place, entrenchment, රක්ෂාස්ථානය.

රක්ෂා·ස්ථානය, *n.* place of protection, refuge, shelter, fortress, ආරක්ෂා ඉඩම.

රක්ෂිත, *a.* preserved, protected, defended, ආරක්ෂාකරනලද.

රක්ෂෝඝ්න, *n.* (රක්ෂස් evil spirit, ඝ්න what destroys), sour gruel or congee (made from fermented rice water), asafetida, පෙරුන් කායම්. [father of රාමචන්ද්‍ර.

රඝු, *n.* king of Oudh so called, the great-grand

රඝු·වංශය, *n.* dynasty or race of Raghu; name of a celebrated poem by Kàlidàsa, one half of which treats of Raghu and the other of Ràma. [ic, නාඩගම්.
රංග, *a.* pert. to a theatre, theatrical, dramat-
රංග·චිත්‍ර·කාරයා, *n.* scene-painter, නාඩගම් සිත්තරා. [සිතියම්.
රංග·චිත්‍රය, *n.* scenery of a theatre, නාඩගම්
රංග·ජීවකයා, *n.* stage-player, professional actor, නාඩගම්කාරයා.
රංග·භූමිය, *n.* theatre, place for acting, arena, රඟමඩල; battle field, යුධභූමිය.
රංගය, *n.* stage, theatre, නාඩගම් මඩුව; tin, බෙලෙක්; white lead, සුදු ඊයම්.
රංගිණී, *a.* (fr. රංග paint, colour), colouring, dyeing, සායම්කරන; impassioned, ඇවිස්සෙන or ඉතා උනන්දු.
රඟ, *n.* E. of රංග: paint, සිත්ත; colour, පැහැය; dye, සායම්; ray of sun &c., රශ්මිය; disposition, arrangement, පිළිවෙල; manner, style, ආකාරය; dancing, නැටුම්; acting, stage play, නාඩගම්; arena, as නැටුම් බිම, යුධභූමිය; tin,
රඟ·දිවු, *n.* painter, සිත්තරා. [බෙලෙක්.
රඟන, *a.* dancing, නටන.
රඟ·පොවනවා, *v.* to colour, dye, සායම්පොවනවා.
රඟ·බිම්, *n.* See රංගභූමිය.
රඟ·මඩල, *n.* arena, theatre, any place where the drama is exhibited; *pl.* රඟමඩුලු.
රචනා, *n. pl.* of රචනාව: compositions &c.
රචනාකරනවා, *v. t.* to compose, compile (literary work).
රචනාකාරයා, *n.* composer, author, කවි.
රචනාචෞරකාර, *a.* plagiaristic, piratical.
රචනාචෞරයා, *n.* plagiarist. E. S.
රචනාචෞරිකාව, *n.* plagiarism,
රචනාව, *n.* literary composition, compilation; military array, යුධ පිළිවෙල; decoration. සැරසීම.
රචනාසොරාගන්නවා, *v.* to plagiarize. E. S.
රචිත, *a.* composed, compiled, ලියාපු, සාදපු.
රජ, රජස්, *n.* dust, දූවිලි; pollen, රේණු, menses, ඔසප; what produces sensual desire, රාග හේතුව.
රජ, *n.* (fr. රාජ් to shine), king, prince, noble, උත්තමයා; moon, සඳ; sun's ray, රශ්මිය; line,
රජ, *a.* royal, [row, පේළිය.
රජකම, *n.* royalty, kingship, sovereignty.
රජකම්කරනවා, *v.* to reign, exercise kingship, govern.
රජකයා, *n.* (රජ් to dye, colour), dyer, සායම් ශිල්පියා; washerman or one of that caste, රදවා, [washerwoman, රදු ස්ත්‍රී.
රජකාංගනාව, *n.* (රජක washing, අංගනාව),
රජ·කුලය, *n.* royal race or dynasty, රජ වංශය.
රජ·ගුරු, *n.* preceptor of a king, king's religious minister.

රජ·ගෙදර, *n.* royal residence, palace.
රජගනා, *n.* (රජ අඟනා), royal lady, queen, බිසව.
රජත, *a.* white or light-coloured, සුදු: (hence) silver, රිදී, [ණක් පැසුණු.
රජත·කේශ, *a.* silver-haired, grey-haired, ඉස
රජත·පත්‍රය, *n.* silver leaf, රිදීකොළය.
රජතමය, *a.* made of silver, silvern, රිදීයෙන් සාදපු, රිදී,
රජතය, *n.* white colour, සුදු පැහැය; silver, රිදී; or gold, රත්රන්; ivory, ඇත් දත; constellation. තරුවැල, [upper middle front teeth.
රජ·දත, *n.* king-tooth, viz. either of tho two
රජ·දම්, රජ·දහම්, *n.* E. of රාජධර්මය: the law or usage of kings.
රජ·දහන, *n.* metropolis, රාජධානිය, city, නුවර.
රජ·දැක්ම, *n.* levee, durbar, royal or government reception. [පෙනීම, පාටකෑම.
රජනය, *n.* dyeing, colouring, painting, සායම්
රජ·නිය, *n.* See රජනීතිය. [ලාකඩ. E. S.
රජනිය, *n.* night, රාත්‍රිය; saffron, කහ; lac,
රජනී·කර, *n.* *lit.* night-actor: ap. of the moon, සඳ.
රජනී·චරයා, *n.* night-walker, viz. fiend, goblin, රාක්ෂයා; thief, සොරා; watchman, රැකවලා.
රජනී·මුඛය, *n.* beginning of night, evening, සවස. [nating, ප්‍රීතිමත්කරන.
රජනීය, රජනීය, *a.* delighting, exciting, fasci-
රජ·නුවර, *n.* metropolis, රාජධානිය, අගනුවර.
රජ·පදය, *n.* kingship, royalty, රජකම.
රජ·පිරිස, *n.* royal attendants, the court.
රජ·පුත්, *n.* king's son, prince, රාජකුමාරයා; man of the military caste, soldier, ක්ෂත්‍රවංශයා; (රජ moon), the moon's son, viz. the planet mercury, බුදහු,
රජ·පෙරහර, *n.* royal procession or pageant.
රජ·පෙළපත, *n.* royal race, dynasty, රජවංශය.
රජ·භවනය, *n.* (භවනය residence), royal residence, palace, රාජමන්දිරය, මාළිගාව.
රජ·මැඳුර, *n.* E. of රාජමන්දිරය.
රජය, *n.* E. of රාජ්‍යය, *q. v.*
රජ·රජ, *n.* king of kings: ap. of කුවේර, and ශක්‍රයා; universal monarch, චක්‍රවර්තිරජ.
රජ·ලිය, *n.* (ලිය woman), queen, බිසව,
රජ·වංශය, *n.* See රාජවංශය, [palace, රජගෙදර.
රජ·වාසල, *n.* royal porch, viz. royal residence,
රජ·විල්, *n.* royal game of dice or chess.
රජස, රජස්. *n.* dust &c. see රජ; carnal desire,
රජ·සබාව, *n.* See රාජසභාව. [අභිලාශය.
රජ·සානු, *n.* cloud, වලාකුළු; heart, mind, සිත.
රජස්වලාව, *n.* woman in her courses, ඉණ කිලුටු
රජිත, *a.* excited, ඇවිස්සුණු. [ගෑනු.
රජෝහරණය, *n.* (රජස් dust, හරණය removing), removing dust or dirt, cleansing, දූවිලි or කිලුට පහකිරීම, පවිත්‍රකිරීම; dirt-remover, viz.
රජෝහරයා, *n.* washerman, රදවා. [water, වතුර.

රජ්ජුරුවෝ, *n. hon. pl.* king, sovereign.
රජ්ජුව, *n.* rope, cord, යොත, ලනුව.
රජ්ජ්වාකෘති·භූෂණය, *n.* (රජ්ජු ආකෘති:), rope-like ornament, rudenture, කැරසිලි කඹය.
රංචුව, *n.* flock, herd, රැල; band, company, කණ්ඩාය; rank, row, පෙළ.
රජක, රජන, *a.* colouring, colorific, පාටදෙන.
රජක·කාර·ශිල්පියා, *n.* artist who colours or illuminates, illuminator, සිතියම්වලින් අලංකාර කරන්නා.
රජනය, *n.* colouring, dyeing, painting, පාටගෑම, සායම්කිරීම; creating affection, moving the heart, pleasing, පෙළඹවීම or ප්‍රීතිමත්කිරීම; red sandal or sapan wood, රත්හඳුන්, පතඟිලි; remaining, staying, නැවතීම.
රජනයකරනවා, *v. t.* to colour, dye, illumine; please, ප්‍රීතිමත්කරනවා; excite, stimulate, instigate, පොලඹවනවා.
රජනයකරවනවා, *v. c.* of the above, and to cause to stay, නවත්වනවා. [සිටින, ඇත්තාවූ.
රජමාන, *a.* staying, remaining, being, නැවතී
රජිත, *a.* coloured, painted, dyed, පාට or තීන්ත ගෑපු, සායම්පොවාපු; moved, excited, instigated; attached to, ඇලුම්වූ; stayed, නැවතුණු, staying. නැවතී සිටින.
රට, *n.* country, province, district. [exotic.
රට, *a* country, viz. foreign country, foreign,
රට·අඟුරු, *n. pl.* coals or coal.
රට·අන්නාසි, *n.* foreign pine-apple.
රට·ඉඟුරු, *n.* ginger.
රට·ඉන්නල, *n.* potatoes, අතීපල්.
රට·කඩල, *n.* horse-beans.
රට·කහ, *n.* saffron, turmeric.
රට·කෝපි, *n.* foreign coffee, *coffea arabica.*
රට·ගිරවා, *n.* foreign parrot, viz. cockatoo.
රට·දමනවා, *v. t.* to banish, transport,
රට·දෙල්, *n.* bread-fruit (tree &c). *Bot.*
රට·නංගනවා, රට·කංවනවා, *n. v. t.* to transport, deport, banish; *v. n.* රටනෑංවීම.
රට·බෝංචි, *n. pl.* kidney beans.
රටමෑ, *n. pl.* pease. [onion,
රට·ලූනු, *n. pl,* a species of onion, Bombay
රට·වාසි, රටවැසි, *a.* who inhabits, inhabiting, native.
රට·වැසියා, *n.* inhabitant of a country, native.
රට·හාවා, *n.* rabbit.
රට·හුනු, *n.* chalk.
රටවු, *n. pl.* foreigners, strangers.
රබුව, *n.* chaff, බොල්, දහයියා.
රණ්ඩාව, *n.* widow, වැන්දඹුව. *Bot.*
රණ, *n.* war, battle, යුද්ධය; sound, noise, ඝෝෂාව; forest, වනය; bow of a lute, වීණාදුන්න. bamboo, උණගස.
රණ, *a. pert.* to war &c.
රණඟිල්ල, *n.* the fourth finger, මුදඟිල්ල.

රණගි, *n. pl.* traces or reins. [යුධමෝරහඩ.
රණ·ගීය, *n.* battle-song, යුධ ගීතිකාව, war cry,
රණ·දෙරණ, රණබිම, රණමණ්ඩලය, *n.* battle-field, යුධභූමිය. [භටයා.
රණ·පණ්ඩිතයා, *n.* skilful warrior, සමර්ථයෝධයා
රණ·ප්‍රිය, *a* warlike, bellicose, යුද්ධයට ප්‍රියවූ.
රණ·බිම, රණ·භූමිය, *n.* battle-field. [බෙරය.
රණ·බෙරය, රණ·භේරිය, *n.* war drum, යුධ
රණ·වෙස, *n.* war-costume, යුධ වේශය.
රණ·සෙන්, *n.* army, යුධසේනාව.
රණ·හංසයා, *n.* flamingo.
රණාභියෝගය, *n.* (රණ අභි: , battle, encounter, rencounter, යුද්ධය, සටන.
රණාභියෝග·වෙනවා, *v. i.* to engage in battle, encounter, යුධ කරනවා.
රණ්ල, *n.* flock of geese or swans.
රත *n.* blood, ලේ; red colour, රතුපාට; coition, සංවාසය; desire, lust, රාගය, කාමතෘෂ්ණාව.
රතංග, *n.* (රත red, අඟ body), the planet Mars, අඟහරුවා.
රතනය, *n.* gem, රත්නය; cubit, රියන.
රතන·සූත්‍රය, *n.* a discourse of Buddha so called.
රතනාකරය, *n.* (රතන ආ:), see රත්නාකරය.
රතනාගාරය, *n.* (රතන ආ:), gem-depository.
රතනාවලිය, *n.* (රතන ආ:), row or string of gems, මැණික්වැල.
රත·නුවන, *n.* (නුවන eye), red-eyed one, viz. Indian cuckoo, කෝකිලයා, pigeon, කොබෙයියා; buffalo, මීවා, [mation, (ඉණේ) දූවිල්ල.
රතය, *n.* red colour, රතුපාට; redness or inflam-
රතැස්, *n* red-eyed one, see රතනුවන.
රතැස්·දරයා, *n.* (රතඇස්, දර bearing), red-eyed one, viz. devil or demon, යක්ෂයා.
රති, *a.* pert to desire, coition &c., see රතිය.
රති, *n.* wife of Cupid, කාමදේවයාගේ භාර්යාව.
රති·කාව්‍යය, *n.* love-poetry, erotic, රාග රචනා වක්.
රති·කුහරය, *n* vagina, vulva, යෝනිමඟ.
රති ක්‍රියාව, රති·ක්‍රීඩාව. *n.* coition, සංවාසය.
රතිඤ්ඤා, *n. pl.* Port., fireworks crackers, squibs.
රතිඳු, *n.* (රති, ඉඳු lord), ap. of Cupid.
රතිඳු·ගොව්වා, *n.* a species of red worm which issues from the ground in the rainy season.
රති·පතියා, *n.* See රතිඳු.
රති·මුක්තක, *n.* (මුක්ත freed), one freed from all passions, ascetic who has subdued all desire. [privity, ලිංගය.
රතිය, *n.* desire, lust, කාමතෘෂ්ණාව; coition, සංවාසය;
රතු, *a.* red, red-coloured.
රතු·පාට, *n.* red colour.
රතු·කැටය, රතු·ගල, *n.* red gem, viz. ruby.
රතු·තිරුවාණ, *n.* rose quartz.
රතු·දදය, *n.* rose-rash. roseola.
රතු·දතුඹුවා, *n.* red or glossy ibis, *plegadis falcinellus*, රතු කොක්කු ජාතියක්.

රතු·දෙමළිච්චා, *n.* See කලපරන්දැල්ලා.
රතු·මුගටියා, *n.* ruddy mungoose.
රතු·ලූනු, *n. pl.* onions, red onions, shallots.
රතු·හම්ස·මැ, *n. pl.* See හම්ස මැ.
රතු·හැරව, *n.* sanies.
රත්, *a.* red, රතු; hot, යිනියම්; *n.* blood, ලේ.
රත්, *n.* girdle, belt, ඉණපටිය.
රත්·කම, *n.* hotness, heat, රස්නය.
රත්·කරනවා, *v. t.* to heat.
රතන·ජිව්හා *n.* P.: See රසනජිහ්වා.
රත්තා, *n.* red one; red-ant, දිමියා. [ද්‍රය.
රතන·ගර්භය, *n.* gem-depository, viz. ocean, සමු
රතන·ගර්භයා, *n.* god of wealth, viz. කුවේර.
රතන·ගර්භාව, *n.* gem-depository, viz. the earth, පොළොව.
රතන·ගෝමේදය, *n.* cinnamon stone.
රතන·ත්‍රය, *n.* the three gems, see ත්‍රිවිධරත්න.
රතන·පුල්ලිය, *n.* felon of the finger. E. S.
රතන·මඤ්ජුසාව, *n.* gem-casket, රත්නපෙට්ටිය.
රතනමය, *a.* consisting of gems, made of gems, රත්නවූ. [රුවන්වැලිසෑය.
රතන·මාලි·චෛත්‍යය, *n.* B. dagoba so called,
රතන·මුඛ්‍යය, *n.* (මුඛ්‍යය chief), diamond, දියමන්තිය. [precious.
රත්නය, *n.* gem, jewel, මැණික; *fg.* something
රතන·වතිය, *n.* possessor of gems, viz. the earth.
රත්නවත්, *a.* having gems, studded with gems, මැණික්සහිත. [ආකරය; the sea, මුහුද.
රත්නාකරය, *n.* (රත්න ආ:), gem-mine, මැණික්
රත්නාභරණය, *n.* ornament of gems, මැණික් ආභරණය. [closed fist, මිට්ටියක; fist, මිට.
රතනිය, *n.* cubit measured from elbow to
රත්හුවහයා, *n.* See රතහුවහයා.
රත්·පලස, *n.* red cloth, scarlet cloth, see පලස.
රත්·පා(වා) *n.* blood-drinker. viz. leech, කූඩැල්ලා; ogre, see රක්ෂපයා.
රත්පිත, *n.* E. of රක්තපිත්තය.
රත්පොඩි, *n.* vermillion, සාදිලිංගම්.
රත්·මැණ, රත්·මිණ, *n.* ruby, රතුකැටය, red topaz; *pl.* රත්මිණි.
රත්‍යංගය, *n.* (රතිඅංගය), male or female organ.
රත්රන්, *n.* gold, wrought gold.
රත්රන්·ගානවා, *v.* to gild.
රත්·වන්, *a.* red, රතුපාට, රතුවූ.
රත්වූ, *a.* hot.
රත්වෙනවා, *v. i.* to become hot.
රත්·සිරියල්, *n.* red arsenic.
රථ, *n. pl.* or *a.* carriages; carriage-. [රාශිය.
රථ·කට්ටාව, *n.* multitude or lot of cars, රථ
රථ·කර, රථ·කාර, *n.* coach-maker, cartwright, රථසාදන්නා. [Himālayas.
රථකාරකය, *n.* one of the seven lakes in the
රථගර්භකය, *n.* litter, palanquin, දෝලාව.
රථ·චක්‍රය, *n.* carriage or cart wheel. රථරෝදය.
රථ·ත්‍රරණය, *n.* P. of රථාස්තරණය.

රථ·පාර, *n.* carriage road, drive, කරත්තපාර.
රථය, *n.* carriage, car, chariot; limb, අවයවය; body, ඇඟ.
රථ·රුවා, රථ·වාහකයා, *n.* (රථ and අරුවා who mounts), coachman, driver, charioteer, රථය දක්කන්නා, රථ පදින්නා. [කරත්තරෝදය,
රථ·රෝදය, *n.* carriage wheel, cart wheel,
රථ·වාහන, *n. pl.* or *a.* vehicles and conveyances; vehicular. [ance, රථය, කරත්තය.
රථ·වාහනය, *n.* carriage, vehicle, any convey-
රථ·සක, *n.* carriage or cart wheel, කරත්ත රෝදය.
රථාංගය, *n.* (රථ, අංගය limb), any separate part of a carriage, as a wheel &c.
රථාංගයා, *n.* ruddy goose or brahmany kite, *anas casarca.* [see රථරුවා &c,
රථාචාරියා, රථාචාර්යයා, *n.* ('ආචා: master),
රථාරෝහියා, *n.* ('ආරෝ: mounter), one who rides or fights in a chariot, රථයට නැගී යන්නා, රථයේවායා.
රථාලංකාරය, *n.* (රථඅලං:), beauty or decoration of a carriage, රථ සැරසිල්ල.
රථාස්තරණය, *n.* ('ආස්ත:), carriage cloth or covering spread to protect it from dirt &c.
රථික, *n.* owner of a car, rider or warrior who fights in a car.
රථිකාව, *n.* street, වීදිය; carriage road.
රථෝත්තමයා, *n.* (රථඋත්:), chariot commander, King, රජ.
රථෝපස්ථය, *n.* (රථ, උප on, ස්ථ to stay), coach-box, driver's seat, දක්කන්නාගේ ආසනය.
රථ්‍යය, *n.* car or carriage, රථය &c.; wheel,
රථ්‍යයා, *n.* carriage-horse, රථ අශ්වයා. [රෝදය.
රථ්‍යාව, *n.* a number of cars, රථ ගණනක්; carriage-road, කරත්තපාර; junction of roads, [මංසන්ධිය.
රද, *n.* E. of රජ or රාජ, King.
රද(ය), *n.* pain, රිදුම; dust, දූවිල්ල; blood, ලේ; cord, ලනුව; splitting, පැළීම.
රද·දුව, රද·දූ, *n.* princess, කුමාරිකාව.
රදනය, රදනාව, රදය, *n.* tooth, දත; tearing, rending, ඉරීම.
රදන·ඡදය, *n.* tooth-cover, viz. lip, තොල.
රදනිය, *n.* queen, රාජිනී; politics, රාජනීති.
රදළ, *a.* pert. to chiefs or nobles, aristocratic.
රදළ·ආණ්ඩුව, *n.* government by the nobility, [oligarchy.
රදළකම, *n.* nobility, peerage.
රදළ·දැක්ම, *n.* nobleman's levee.
රදළ·පෙළ, රදළවරු, *n.* the aristocracy, the gentry, chiefs, headmen.
රදවා, *n.* (fr. රජ් to colour, clean), washerman, dhoby, man of that caste; *pl.* රදව්. [රදබීයෝ.
රදවි, රිදී, *n. fem.* washerwomen, laundress; *pl.*
රදා, *a.* of the washer caste; washing.
රදා·තොට *n.* clothes-washing place in a river or lake.

රදු·ගැනි, රදු·ඇති, *n.* See රදව. [string, ලනුව.
ර·දුව, ර·දු, *n.* for රදුදුව &c.; also for රදය, rope,
රත්, *n.* or *a.* gold; golden.
රත්·අකුස, *n.* golden elephant-goad or hook.
රත්·අවිය, *n.* golden weapon or tool.
රත්·ඔන්චිල්ල, *n.* golden swing.
රත්කම්කරනවා. *v.* to do gold-work, ornament with gold-work.
රත්කරුවා, *n.* goldmith, බඩාලා.
රත්·කාන්තිය, *n.* chrysolite.
රත්·කැටය, *n.* piece of gold, nugget; gold mirror, රත්කැඩපත.
රත්·කිරි, *n.* gold-milk, viz. first milk given to an infant, in which gold has been rubbed.
රත්·කෙණ්ඩිය, රත්·කොතලය, *n.* golden pitcher or jug. [Brahma, මහබ්‍රහ්මයා.
රත්·ගැබ, *n.* gold mine, රන් ආකරය; ap. of
රත්·ගිරිය, *n.* golden mountain, viz. Mahà Meru, මහමෙර.
රත්තරුව, *n.* gold star, used as an ornament.
රත්තලිය, *n.* golden dish.
රත්·තැඹිලි·ගහ, *n.* See තැඹිලිගෙඩිය.
රත්.තෝඩුව, *n.* gold ear-ornament.
රන්ධ්‍ර, රන්ධ්‍රාකාර, *a.* pert. to a hole or holes or cells, cellular, locular, loculose, සිදුරු ආකාර, කුපගසිත.
රන්ධ්‍ර·ගවේෂියා *n.* (රන්ධ්‍ර fault, ගවේෂි seeker), fault-seeker, one who searches for the faults of others, a picker of holes.
රන්ධ්‍ර·මධ්‍යගත, *a. bot.* intercellular. E. S.
රන්ධ්‍රය, *n.* hole, cavity, perforation, සිදුර; defect, අඩුතමක්, fault පළුදුව, වරද.
රත්·නලය, *n.* golden tube, golden ewer.
රත්තා, *n.* a kind of fish.
රත්·පොරොදුව, *n.* golden trappings or girth, රත්හැරගිල්ල. [රනින් සාදන ලද, රන්වූ.
රත්මය, රත්මුවා, *a.* made of gold, golden,
රත්·මිණ, *n.* golden gem, viz. ruby, රතුකැටය.
රත්·මුගටියා, *n.* golden mongoose, mongoose marked with gold spots, *herpestes nipalensis.*
රත්·රස, *n.* (රස quicksilver), gold and quicksilver, රන් හා රසදිය. [ලතාකර්මය.
රත්·ලිය, *n.* (ලිය creeper), gold scroll-work, රන්
රත්·වන්, *a.* (වන් E. of වර්ණ), golden-coloured, රන්පාට ඇත්තාවූ. [see කවකිලකුරුල්ලා.
රත්වන්·කොණ්ඩයා, *n.* golden-tufted trogon,
රත්වන්·සඳුන්, *n.* red sandal wood, රතුහඳුන් ලී.
රත්·වළල්ල, *n.* golden bracelet.
රත්·සිවි·ගෙය, *n.* palanquin or howdah ornamented with gold, රත්පලක්කිය. [කුඩු.
රත්·සුණු(කු), *n.* gold dust, powdered gold, රන්
රත්·සූවික්කා, *n.* Loten's sun-bird, see මෝදර සූවික්කා.
රත්·සෝල, රත්සෝලුව, *n.* (සෝල &c. stick), golden stick, gold mace, රත්පොල්ල.
රදනය, *n.* E. of රජනය.

රදනවා, *v. t.* to colour, see රජනයකරනවා; *v. i.* to stay, remain, නවතිනවා; *pret.* රැඳුවා, *v. n.* රැඳීම. [centrated on.
රදු·තිබෙනවා, *v. i.* to be fixed, settled or con-
රපෝර්තුව, *n.* D., report, account, වාර්තාව.
රබන්, *n. pl.* or *a.* of රබාන, tambourines &c.
රබන්·ගහනවා, *v.* to beat the tambourine, to drum. [ine or tomtom.
රබන්·රෝදය, *n.* circular frame of a tambour-
රබන·ගල, *n.* garnet, රතු ගල්ජාතියක්.
රබාන, *n.* tambourine, timbrel; *pl.* රබන්.
රඹබඩ·පුවක්, *n.* (for රත්·බඩ or·මද), red pith arecanut, viz. tender arecanut, the kernel of which is red or pink.
රභසය, *n.* swiftness, speed, වේගය, ඉක්මන.
රම, *a.* beloved, ප්‍රේමවන්ත; delightful, මනෝහර, ප්‍රීතිවඩන. [සයන, coition, සංවාසය.
රමණය, *n.* sporting, playing, dalliance, විල
රමණයා, *n.* lover, ප්‍රේමවන්තයා, husband, ස්වාමි පුරුෂයා; ap. of cupid.
රමණී, රමණීය, *a.* beautiful, ලක්ෂණ; pleasing, delightful, ප්‍රසන්න; excellent, යහපත්, උතුම්.
රමණී, රමණිය, *n. fem.* fine woman, ලක්ෂණඇති; wife, mistress, භාර්යාව.
රමණීයතාව, *n.* beauty &c.: see adj:
රමණ්‍යය, *n.* sport, dalliance: see රමණය.
රමතිය, *n.* love, ප්‍රේමය.
රමතියා, *n.* lover, see රමණයා.
රම්බු, *n.* (රම අඹුව wife), ap. of ශ්‍රීකාන්තාව the goddess of beauty; pl රම්බුවෝ.
රමයා, *n.* See රමණයා.
රමා, *n.* wife, භාර්යාව; ap. of ශ්‍රීකාන්තාව.
රමා·පතියා, රම්දු, *n.* husband of රමා, viz. Vishnu, විෂ්ණුදෙවියෝ.
රමුන්, රමුන්, *n.* thunder, අහස් ගර්ජනාව.
රම්, *a.* agreeable, pleasing, see රම්‍ය.
රම්, *n.* ap. of බලභද්‍ර brother of Vishnu.
රම්දම, *n.* Er. for රන්දම: gold chain.
රම්භා, *n.pl.* or *a.* plantains, plantain; කෙසෙල්.
රම්භාව, *n.* harlot, වෙසඟන, celestial courtezan, see අප්සරාව: lowing, as of a cow.
රම්‍ය, *a.* pleasing, delightful, ප්‍රසන්න, ප්‍රීතිවඩන.
රම්‍යය, *n.* champac tree &c., see *Bot.*; semen virile, ශුක්‍රධාතුව.
රඹ, *n.* or *a.* plantain, කෙසෙල්. [කෙසෙල් කැන.
රඹ·කැන, *n.* bunch or stalk of plantains, කෙ
රඹරජ, *n.* See රඹවතු. [පිහාටුව.
රල්ලකය, *n.* blanket, කම්බිලිය; eyelash, ඇස්
රල්ලියා, *n.* a kind of fish.
රවටනවා, *v. t.* to deceive, trick, cheat; *pret.* රැවටුවා; *v. n.* රැවටීම.
රවණ, *a.* sonorous, ශබ්දවඳන.
රවණය, *n.* sound, noise. ශබ්දය, ඝෝෂාව; bell-metal, සිනුලෝහය. [කිලයා.
රවණයා, *n.* camel, ඔටුවා; Indian cuckoo, කෝ

රවනවා, *v.* to scowl, frown, stare at; *pret.* රැවුවා; *v. n.* රැවීම.
රවය, *n.* sound, noise,ශබ්දය, හඬ, ඝෝෂාව.
රවා·බලනවා, *v.* to stare at, scowl, frown.
රවි, *n.* or *a.* the sun; solar.
රවි·කාන්තය, *n.* sun-stone, a sort of crystal.
රවි·ප්‍රිය, *n.* ap. of රවිවර්ණයා; copper, තඹ.
රවි·මණ්ඩලය, *n.* sun's disk, සූර්යමණ්ඩලය.
රවි·මාර්ග, *n.* sun's path in the sky.
රවි·වාරය, *n.* Sunday, ඊරිදින, ඉරිදා.
රවුකින්නය, *n.* Port., fiddle, violin.
රවුක්කය, *n.* bodice, චෝලිය
රවුල, *n.* beard; *pl.* රවුල්: See රැවුල.
රවුළු, රවුළා, *n.* Ravana, see රාවණා.
රව්හිය, *n.* god, දෙවියෝ, planet Mercury, බුදහු.
රශනා·දාමය, රශනාව, *n.* woman's waist-chain or girdle.
රශාණ, *n.* clarified butter, ගිතෙල්.
රශ්මිය, *n.* ray of light, irradiance; eyelash, ඇස්පිහාටුව; string, rein, ලනුව; *pl.* රශ්මි.
රශ්මි·අක්ෂ, *n.* eye or focus of light.
රශ්මි·ජාලය, *n.* assemblage of rays.
රශ්මි·ජාලාව, *n.* nimbus. E. S.
රශ්මි·විහිදවීම, *v. n. t.* radiation of rays of light.
රශ්මි·විහිදීම, *v. n. i.* radiation of rays.
රස, රසය, *n.* (Sans. රස් to taste, relish, love), flavour, taste, savour; *fig.* taste, sentiment, quality of any literary composition; essence, liquid of any kind, as juice or fluid of the body, juice of trees, gum, මැලියම: quicksilver, රසදිය; metallic salts, as sulphur &c.
රස, *n.* ray of light, see රැස. [food.
රස·අජීර්ණය, *n.* indigestion caused by luscious
රස·කපුරු, රසකර්පූර, *n.* (රස mercury) white sublimate or muriate of mercury
රසකරනවා, *v. t.* to flavour, sweeten.
රස·කාරකයා, *n. lit.* he who makes nice, viz. cook, කෝකියා. [රසය.
රස·ගන්ධය, *n.* gum-myrrh, ගන්ධරසය, ගෝප
රස·ගර්භය, *n.* (රස mercury, ගර්භය receptacle), native antimony or a preparation of it used as a stibium; vermillion, සාදිලිංගම්.
රස·ඥතාව, *n.* (See next word), acquaintance with tastes or the true essence of things; *fig.* poetical knowledge or skill.
රස·ඥයා *n.* (රස taste, quality, ඥයා knower), druggist, බෙහෙත් වෙළෙන්දා; alchemist, E. S.; doctor, වෛද්‍ය; *fig.* poet, as one who understands tastes or sentiments.
රස·ඥාව, *n. lit.* taste-knower, viz. tongue, දිව.
රස·දිය, රස·දිය, *n.* (දිය liquid), mercury, quicksilver. [පුංචිදිව,
රස·දිව, *n. lit.* taste-tongue, viz. uvula, උඩුදිව.
රස·ධාතුව, *n.* (රස juice, ධාතුව element or essence), chyle; quicksilver, රසදිය.

රසනය, *n.* tasting, රසබැලීම; taste, flavour, රසය; noise, ඝෝෂාව. [quicksilver, රසදිය.
රස·නාථයා, *n.* (රස juice, fluid, නාථ chief),
රසනා·දාමය, රසනාව, රසන්·දම, රසන්·වැල, *n.* girdle, waist-chain, ඉණපටිය, හැඩිය.
රසඤ්ජන, *n.* (රසඅඤ්ජන) a collyrium or cosmetic prepared from antimony and the calx of brass. [calomel.
රස·පුෂ්පය, *n. lit.* flower of mercury, viz.
රස·බලනවා, *v. t.* to taste, try by tasting; *pret.* රසබැලුවා. [blood, ලේ.
රස·භවය, *n.* (රස essence, chyle, භව result),
රසය, *n.* infusion, extract; flavour, taste; anything pleasant, sweetness. [මිහිතලමෝර.
රසසිත, *n.* calx of brass, refuse of melted brass,
රසවත්, *a.* tasty, savoury, nice, dainty.
රස වැල, *n.* tinkling chain or links or ring used by dancers.
රස·විද්‍යාව, රස·වෛද්‍යවිය, *n.* chemistry.
රස·ෂඩ, රස·හය, *n.* the six flavours, viz. sweet, bitter, salt, sour or acid, pungent, astringent or acrid: පැණි, තිත්ත, ලුණු, ඇඹුල්, කටුක, කහට. [&c., alchemist.
රස·සාධකයා, රස·සිද්ධයා, *n.* preparer of metals
රස·සිද්ධිය, *n.* alchemy. E. S.
රස·හර, *n.* vein, nerve, tendon, නහරය.
රස·තල, *n.* See රසාතලය.
රස·හලයා, *n.* alligator, කිඹුලා.
රසාඤ්ජනය, *n.* (රස අඤ්ජනය): see රසඤ්ජන.
රසාණ, *n.* See රශාණ.
රසා·තලය, *n.* (රසා earth, තලය bottom), a name of පාතාලය or subterranean region, නාගලෝකය. [ture, the sun, ඉර.
රසාධාර, *n.* (රස moisture) receptacle of mois-
රසායන, *a.* pert. to chemistry, chemical, sp. tonic. [chemica. E. S.
රසායන·උදුන්·රාශිය, *n.* the const. Fornax
රසායනකාරයා, *n.* chemist, බෙහෙත් හදන්නා.
රසායන·ද්‍රව්‍යය, *n.* chemical substance or tonic; *pl.* chemicals, tonics. [cography.
රසායන·ද්‍රව්‍ය·විද්‍යාව, or ·ශාස්ත්‍රය, *n.* pharma-
රසායනය, *n.* drug, chemical, tonic, elixir of life; chemistry, alchemy; butter-milk.
රසායනයා, රසායන·ශාස්ත්‍ර·ඥයා, *n.* alchemist, රසසාධකයා, chemist, රසායනකාරයා.
රසායන·විදුලි, රසායනවෛද්‍යුත, *a.* galvanic. E. S.
රසායන·විද්‍යාව, රසායන·විස්තරය, *n.* pharmacology, ඖෂධ විස්තරය.
රසායන·විද්‍යුත්මානකයන්ත්‍රය, *n.* galvanometer.
රසායනවෛද්‍යුතකරනවා, *v. t.* to galvanize. E. S.
රසායන·වෛද්‍යුත·විස්තරය, *n.* galvanology.
රසායන·වෛද්‍යුත·ශාස්ත්‍රය, *n.* science of galva-
රසායන·ශාස්ත්‍ර·ඥයා, *n.* chemist. [nism.
රසායන·ශාස්ත්‍රය, *n.* chemistry.
රසායන·සාධනය, or ·ශිල්පය, *n.* pharmacy. E. S.

රසායන·සාධන·ශාස්ත්‍රය, *n.* pharmaceutics.
රසාල, *n.* wheat, තිරිඟු; frankincense, කට්ටකුමංචල්, gum-myrrh, ගෝපරසය. E. S.
රසාලතාව, *n.* any tubular vessel of the body, නාඩිය, tendon, nerve, නහරය.
රසාලාව, *n.* tongue, දිව; a grape, මිදිපල; spiced curds, පැණිරස මිශ්‍රවූ දීකිරි. *Bot.*
රසාව. *n.* the earth, පොළොව; a grape, මිදිපල: a drug, see නාගකෝලිය.
රසාස්වාදය, *n.* (රස ආ:), enjoyment of what is tasty or luscious, රස විඳීම.
රසාඤ්ච, *a.* or *n.* pert. to the terebinth tree, terebinthine turpentine.
රසිත, *a.* overlaid, as with gold or silver (රතින් &c.) වසාලද (රන්)ආලේපකළ.
රසු·දැල, *n.* bell net, viz. net with small bells, මිණිගෙඩි බැඳි දැල.
රසුව, *n.* small bell මිණිගෙඩිය, see ගෙජ්ජි.
රසුවත්, *n.* gold, රත්රන්. [ගෙඩිවැල.
රසුවැල, *n.* string or girdle of small bells, මිණි
රසේන්ද්‍රය, *n.* (රස mercury, ඉන්ද්‍රය supreme), quicksilver or philosopher's stone.
රසේන්ද්‍රියය, *n.* (රස taste, ඉන්ද්‍රිය organ or sense), faculty of taste.
රසෝන, රසෝනක, *n.* garlic, සුදුලූනු.
රස්නය, *n.* hotness, heat.
රහ, *n.* taste, flavour, රස.
රහ, *n.* toddy, spirituous liquor, රා.
රහතුන්වහන්සේ, *n. hon.* venerable saint: see රහත්කෙනෙක්.
රහත්, *a.* E. of අර්හත්: venerable &c.
රහත්·කෙනෙක්, *n.* B., one who has subdued all ක්ලේශ, and so is free from further transmigration and prepared for නිර්වාණය; *pl.* රහත්වරු.
රහත්·ගුණය, රහත්භාවය, *n.* condition or quality of a Rahat, rahatship or sainthood.
රහත්වෙනවා, *v. i.* B., to become a Rahat, attain saintship; disappear, නොපෙනීයනවා, අතුරුදහන්වෙනවා. [rial.
රහ·දිය, *n.* or *a.* mercury, quicksilver; mercu-
රහ·දියමය, *a.* made of mercury, mercurial.
රහ·දිව. *n.* uvula, රසදිව.
රහ·මෙර, *n.* or *a.* intoxicant, spirit; spirituous.
රහමෙර·ජාති, *n. pl.* the various intoxicants, spirits.
රහය, *n.* solitariness, privacy, තනිකම, විවේකය.
රහස, *n.* a secret, mystery, anything unknown or mysterious, ගුප්තදේ; ocean, මුහුද; sky, අහස.
රහසි·ගත, *a.* secret, private, clandestine.
රහසිගතව, *ad.* privately.
රහසින්, රහස්ලෙස, රහස්ව, *ad.* in secret, secretly.
රහස්, *a.* secret, occult, private, not public.
රහස්·අංගය, or ·අවයවය, *n.* private part, [genitals.
රහස්‍ය, *a.* See රහස්.

රහස්‍යභාව. *n.* secrecy &c.
රහස්‍ය·ධර්මය. *n.* secret doctrine, mysticism,
රහස්‍යය, *n.* a secret, mystery, anything recondite or mysterious, රහස.
රහස්‍යාගාරය, *n.* (රහස්‍ය ආ:), secret or private room, adytum, රහස්කාමරය.
රහ·යොඩා, *n.* See රාක්ෂයොඩා.
රහිත, *a.* (රහ් to leave, abandon), lacking, not having, free from, නැති.
රහිතව, *post.* without, නැතුව.
රහී·භූත, *a.* (රහි left, භූත become), insulated, solitary, තනි, විවේක.
රහී·භූතතාව, *n.* insularity, solitariness.
රහු·ගෙඩිය, *n.* See ගෙජ්ජි.
රහෝගත, *a.* See රහසිගත. [E. S.
රහෝ·ඝාතකයා, *n.* (රහෝ secret), assassin.
රළ, *n.* wave: see රැළ.
රළු, *a. lit.* and *fig.* coarse, rough, harsh, cruel.
රළුකරනවා, *v. t.* to make rough or harsh, roughen.
රා, *n.* toddy, liquor extracted from the coconut spathe; ap. of Cupid, කාමදේවයෝ; Râhu, රාහු.
රාබඳුම, *n.* toddy goblet or drinking vessel.
රාකොණ්ඩා, *n.* drunkard, sot, බේබද්දා.
රාක්කය, *n.* shelf, cupboard; *pl.* රාක්ක.
රාක්ෂයා, *n.* Er. for රාක්ෂසයා.
රාක්ෂස, රාක්ෂසාකාර, *a.* infernal, demoniacal. E. S. [year of the Indian cycle.
රාක්ෂසය, *n.* surgery, සල්ලවෙදකම; forty-ninth
රාක්ෂසයා, *n.* evil spirit, demon, monster, mischievous goblin, fiend, ogre, රකුසා.
රාක්ෂසේන්ද්‍රයා, *n.* (රාක්ෂස, ඉන්ද්‍ර chief), demon chief: ap. of රාවණා and කුම්භකර්ණ.
රාක්ෂාව, *n.* wax, gum, lac, ලාකඩ. [lustful.
රාග, *n. pl.* or *a.* desires; pert. to desire, carnal,
රාග·චරිතය, *n.* sensuality, carnal habits or mode of life, carnality, worldliness.
රාග·චූර්ණය, *n.* (රාග colour, red), red powder, rubbed on the body after bathing and sprinkled on people by the Hindus at the spring festival.
රාග·චේතනාව, *n.* evil or lustful thought or purpose, කාමුක or ලෞකික කල්පනාව.
රාග·දව, *n.* (රාග colour, ද giving), crystal, පළිඟුව. [යෙන් යුක්ත, සල්ලාල.
රාග·නිශ්‍රිත, *a.* amorous, lustful, sensual. රාග
රාග·නිශ්‍රිතයා, *n.* wanton, lecher, සල්ලාලයා.
රාග·නිශ්‍රිතී, *n. fem.* wanton female, ලාසිකාව.
රාගම, *n.* (රඤ් to delight), mode of music, of which six are given; song, ගීතිකාව, ballad, සිත්දුව; rattan ball for games; *pl.* රාගම්.
රාගය, *n.* desire, lust, කාමතෘෂ්ණාව; any mental affection, as grief or joy; colour, පාට; mode of music, see රාගම.

රඟවත්, රාගාත්මක, *a.* amorous &c.: see රාග සහිත.
රඟවත්කම, රාගාත්මකභාවය, *n.* amorousness &c.
රාගාභෝගය, *n.* (රාග, ආභෝගය enjoyment), gratification of sensual desire, voluptuousness.
රඟි, රඟින, *a.* impassioned, passionate, ඇලීම් සහිත; colouring, dyeing, සායම්කරන.
රගිණිය, *n.* modification of a musical mode, five such are reckoned to each mode.
රඟියා, *n.* dyer, painter, සායම් ශිල්පියා, සිත්තර, E. S.; libertine, wanton, ලොල්ලයා.
රංකව, *n.* (fr. රංකු spotted deer), cloth made of deer's hair, haircloth, woollen cloth, ලොම් රෙද්ද. [ජ; ap. of the moon, සඳ.
රජ, රජයා, *n.* (රාජ් to shine), king, monarch,
රජ, *a.* royal, regal, imperial, monarchical; eminent, උසස්. [ද්‍රෝහිකම.
රජ අපරාධය, *n.* disloyalty, high-treason, රජ
රජ අපරාධී, *a.* disloyal, traitorous, රජද්‍රෝහි කාර. [ing, splendid, දිප්තිමත්.
රජක, *a.* ruling, reigning, රජකම්කරන; shin-
රජ කාරී, *a.* pert. to Government business, governmental, official.
රජකාරිය, රාජකාර්‍ය්‍යය, *n.* king's service, government service, official duty, office; compulsory public labour.
රාජකාර්‍ය්‍ය, *a.* See රජකාරී. [cheri, කච්චේරිය.
රාජ කාර්‍ය්‍ය ශාලාව, *n.* government office, kach-
රාජ කැස් වටුවා, *n.* the painted snipe, *rhynchœa capensis.*
රාජකීය, *a.* royal, regal, kingly, imperial.
රාජකීය නාවික සේනා, *n. pl.* royal marines, රාජ නැව්වල සේවකයෝ. [counsel.
රාජකීය නීති ඥයා, *n.* king's-advocate, king's-
රාජකීය යුධ නෞකා, *n. pl.* royal war ships, royal navy. [the Supreme Court.
රාජකීයාධිකරණ සභාව, *n.* (අධි:), king's-bench,
රාජ කුමාරයා, *n.* king's son, prince.
රාජකුමාරී, *n. fem.* princess.
රාජ කුලය, *n.* See රාජවංශය. [යුතු.
රාජ කෘත්‍ය, *n. pl.* state affairs, ආණ්ඩුවේ කට
රාජ කෘත්‍යය, *n.* state business, government service; compulsory public labour, රාජකාරිවැඩ.
රාජගුරු, *n.* See රජගුරු.
රාජ ගුරු තැන, රාජ ගුරු ප්‍රසාදි තැන, *n.* (ප්‍රසාදි eminent), court chaplain; R. C. bishop.
රජ ගුරු පදවිය, *n.* office of bishop, bishopric.
රාජ ගෘහය, *n.* palace, royal residence, රජගෙදර; city so called, viz. Rajagaha, which was formerly the seat of kings, supposed to be near Benares.
රාජ ඝාතක, රාජඝ්න, *a.* regicidal, රජෙකු මරන.
රාජ ඝාතකයා, රාජඝ්නයා, *n.* regicide, රජෙකු මරන්නා.
රාජ ඝාතනය, *n.* regicide, රජෙකු මරාදැමීම.

රාජ චිරිත්, *n.* royalty, රජුව &c. යොමොත් චීරිත්.
රාජ තේජස, *n.* regal glory or dignity or majesty. [රජකම.
රාජත්වය, *n.* kingship, royalty, sovereignty,
රාජ දණ්ඩධාරී, *a.* that bears the sceptre, sceptred, ජයකොත්තය දරන.
රාජ දණ්ඩය, *n.* royal sceptre, ජයකොත්තය.
රාජ දණ්ඩ රාශිය, *n.* the const. sceptre.
රාජ දූතයා, *n.* See රජදූත. [ience.
රාජ දර්ශනය, *n.* king's or governor's levee, aud-
රාජ දර්ශන ශාලාව, *n.* presence-chamber, presence-room. [*regium donum.*
රාජ දානය, රාජකීයාධාර දානය, *n.* royal grant,
රාජ දුහිතෘව, *n. fem.* king's daughter, princess, රාජකුමාරිකාව. [province.
රාජ දේශීය, *n.* petty prince, governor of a
රාජ ද්‍රෝහය, රාජ ද්‍රෝහිය, *n.* revolt, rebellion, high-treason. [torous, treasonable.
රාජ ද්‍රෝහි, රාජ ද්‍රෝහිකාර, *a.* disloyal, trai-
රාජ ද්‍රෝහිකම, රාජද්‍රෝහිකාරකම, *n.* disloyalty
රාජ ද්‍රෝහියා, *n.* traitor, rebel. [&c.
රාජ ධන, *n. pl.* or *a.* royal revenues or wealth; pert. to revenue, රාජවස්තු.
රාජ ධන පාලනය, *n.* management of the royal revenue, practical political economy.
රාජ ධන පාලන විඥානය, *n.* science of political economy. [ධර්මය.
රාජ ධර්මය, *n.* royal rule or custom: see දසරාජ
රාජ ධානය, රාජ ධානි නුවර, රාජ ධානිය, *n.* (රාජ king, ධාන or ධානි containing), royal city, chief town, capital, metropolis, අගනුවර.
රාජ ධානි, *a.* metropolitan, අගනුවරට අයිතිවූ.
රාජ ධාන්‍ය, *n.* grain or seed of panic grass, *panicum frumentacium.*
රාජ නයය, *n.* (නයය mode), government policy, polity, ආණ්ඩුක්‍රමය. [නයා.
රාජ නයා, *n.* royal cobra, cobra de capello,
රාජ නියෝගය, *n.* royal edict.
රාජ නිර්‍ය්‍යාසය, *n.* a sort of superior gum, frankincense. [Counsel.
රාජ නීති ඥ තැන, *n.* Solicitor-General, King's
රාජ නීතිය, *n.* royal law, regal polity, government, ආණ්ඩුවට අයත් නීතිය.
රාජනීය, *a.* kingly, royal, රාජකීය.
රාජ නීලය, *n.* emerald gem, පච්චගල.
රාජ නෞකාව, *n.* royal barge or ship.
රාජන්, *n.* See රාජා.
රාජන්‍ය, *a.* royal, රාජකීය. [මට පක්ෂපාතවූ.
රාජ පක්ෂ වාදී, *a.* loyal to the kingdom, ආණ්ඩු
රාජ පක්ෂ වාදීකම, *n.* loyalty, allegiance.
රාජ පක්ෂ වාදියා, *n.* loyal person, royalist.
රාජ ප්‍රණිධිකාර තැන, *n.* ambassador, envoy.
රාජ ප්‍රණිධිකාරයා, *n.* royal messenger, courier.
රාජ පාක්ෂික, *a.* loyal, see රාජපක්ෂවාදී.
රාජ පාක්ෂික ත්වය, *n.* loyalty.

රාජ·පාක්ෂිකයා, *n.* loyal person, royalist. E. S.
රාජ·පුත්‍රයා, *n.* king's son, prince; man of the military caste, warrior, ක්ෂත්‍රියයා; (රාජ moon), son of the moon, viz. planet Mercury, බුදහු.
රාජ·පුරුෂයා, *n.* government official, sp. police officer. [the police.
රාජ·පුරුෂ·සේනාව, *n.* police force or company,
රාජ·පුෂ්පය, *n.* royal flower, viz. flower of the iron-wood tree.
රාජ·පූජ්‍ය, *a.* fit to be honoured by kings, රජුන් ගෙන් ගෞරව ලබන්ට සුදුසු.
රාජ·පේරය, *n.* royal seal or signet-ring, the
රාජ·ප්‍රදක්ෂිණය, *n.* See රාජදක්ෂිණය. [great seal.
රාජ·ප්‍රදේශය, *n.* royal estate or territory.
රාජ·ප්‍රවෘත්ති·පත්‍රය, *n.* government gazette.
රාජ·භංගය, *n.* overthrow of government, revolution, anarchy. [මාළිගය.
රාජ·භවනය, *n.* palace, royal residence, රජ
රාජ·භාණ්ඩ, *n. pl.* regalia or insignia of royalty, viz. sword, white umbrella, golden crown or diadem, golden sandals and the චාමරය, or white whisk made form the tail of the ox *bos grunniens.*
රාජ·භාණ්ඩාගාරය, *n.* (·ආගාරය), royal treasury, exchequer. [ship, රජකම.
රාජ·භූයය, *n.* (භූයය being), royalty, king-
රාජ·භෘත්‍යයා, *n.* king's servant, courtier, public officer, රාජසේවකයා. [මන්ත්‍රිසභාව.
රාජ·මන්ත්‍රණ·සභාව, *n.* parliament, මහජන
රාජ·මන්දිරය, *n.* palace, royal abode, රජගෙදර.
රාජ·මන්දිර·ශාලාව, *n.* palace hall, state-room, රජගෙදර ශාලාව.
රාජ·මන්දිරාකාර, *a.* like a palace, palatial.
රාජ·මන්දිරාමාත්‍යයා, *n.* (·අමා:), royal chamberlain. E. S. [seal, the great-seal or signet.
රාජ·මහා·මුද්‍රය, රාජ·මුද්‍රය, රාජ·මුද්‍රාව, *n.* royal
රාජ·මාර්ගය, *n.* royal road, king's highway, මහ මාවත. [signature or seal.
රාජ·මුද්‍රිකාව, *n.* document bearing the royal
රාජ·මුද්‍රිත·සභාව, *n.* registered company or society. E. S. [රෝගීවූ.
රාජ·යක්ෂ්මී, *a.* phthisical, consumptive, ක්ෂය
රාජ·යක්ෂ්මය, *n.* (රාජ chief, යක්ෂ්මය phthisis), pulmonary consumption, ක්ෂයරෝගය.
රාජයා, *n.* king, රජ. [ආණ්ඩුවට අයිතිවූ.
රාජසික, *a.* pert. to the government, state,
රාජ·යෝග්‍ය, *a.* befitting royalty, regal, princely, රජුට සුදුසු. [රජරජ; moon, සඳ.
රාජ·රාජ, *n.* king of kings, රජුන්ගේ රජ, see
රාජර්ෂියා, *n.* (රාජ eminent, ඍෂියා), eminent sage or saint, මහාඍෂියා.
රාජ·ලක්ෂණ, *n. pl.* royal insignia, see රාජභාණ්ඩ.
රාජ·ලමයා, *n.* blue and yellow sea-perch, *serranus fuscoguttatus.* [archives.
රාජ·ලේඛන, *n. pl.* government documents,
රාජ·ලේඛන·ශාලාව, රාජ·ලේඛනාගාරය, *n.* (·ආගා:), government register-office, registry.
රාජ·ලේඛනාධිපතියා, *n.* (·අධි:) Registrar-General.
රාජ·ලේඛනය, *n.* government document, letters-patent, ශ්‍රී සන්නස් පත්‍රය.
රාජ·වංශය, *n.* royal lineage, dynasty.
රාජ·වට්ටම, *n.* See රාජකැස්වට්ටම.
රාජ·වලිය, *n.* Er. for රාජාවලිය.
රාජ·වල්ලභයා, *n.* king's friend or attendant, courtier, රාජසේවකයා.
රාජ·වාහනයා, *n.* royal vehicle, viz. horse, අශ්වයා.
රාජ·විධානය, *n.* royal command or decree, royal message, රජුගේ අණක්.
රාජ·විපර්‍යාස·ජනක, *a.* producing overthrow of the government, revolutionary. E. S.
රාජ·විශේෂ, *n. pl.* royal prerogatives or specialities, රජුගේම අයිතිවාසිකම්.
රාජ·ශාසනය, *n.* government by a king, රාජාණ්ඩුව; royal edict, රාජ අණ, royal badge.
රාජ·ශෘංගය, *n.* royal umbrella, රාජ ඡත්‍රය, රාජ කුඩේ. [*batachus.*
රාජ·ශෘංගයා, *n.* a kind of sheat fish, *silurus*
රාජ·ශ්‍රිය, *n.* royal magnificence or prosperity, royal estate, රාජ ඓශ්වර්‍යය.
රාජ·සන්තක, *a.* belonging to the crown or government. [court.
රාජ·සභාව, *n.* royal council, royal assembly or
රාජ·සර්පයා, *n.* royal or large serpent, boa, මහ පිඹුරා. [ණරා.
රාජ·සාරසයා, *n.* royal crane, viz. peacock, මො
රාජ·සූයය, *n.* sacrifice performed only by a universal monarch attended by his tributary princes; lotus, නෙළුම්; mountain, කන්ද.
රාජ·සේවකයා, *n.* king's minister, courtier.
රාජ·සම්මතාචාර්‍යයා, *n.* (·ආචා:), teacher appointed by the king, regius professor.
රාජ·හංසයා, *n.* flamingo, swan, cygnus; *fig.* eminent king.
රාජා, *n.* king, රජ; person of the royal lineage, ක්ෂත්‍රියයා; master, ස්වාමියා; ap. of the moon, සඳ, and of Indra, ඉන්ද්‍රදෙවියෝ.
රාජාගාරය, *n.* (·ආගා:), palace, royal residence, රජගෙදර. [ගෙදර මිදුල.
රාජාංගනය, *n.* (·අංග:), palace court-yard, රජ
රාජාංගය, *n.* (·අංගය), royal attribute.
රාජාණ්ඩු·භක්තිය, *n.* attachment to monarchy, royalism, රාජාණ්ඩුවට ඇලුම්කම.
රාජාණ්ඩුව, *n.* (රාජ ආ:), government by a king, monarchy. [monarchy, statesmanship.
රාජාණ්ඩු·සමර්ථකම, *n.* skill in conducting a
රාජාධිරාජා. *n.* (රාජ අධි:), see රාජාධිරාජ.
රාජාධි·පත්‍යය, *n.* (රාජ අධි:), regal authority, royal power, monarchism, රාජාණ්ඩුව
රාජාධි·රාජ, *n.* (රාජ අධි:), king of kings, supreme king, emperor, අධිරාජ.

රාජාධිරාජ, *a.* imperial, අගරජුවඅයිතිවූ.
රාජාධි·රාජිනී, *n. fem.* chief queen of a king, empress, අග්‍රරාජිනී.
රාජ්‍යාන්තරය, *n.* (රාජ අන්:), interregnum. E. S.
රාජාපරාධය, *n.* (රාජ අප:), treason, high-treason, රාජද්‍රෝහය.
රාජාභරණය, *n.* (රාජ ආභ:), royal jewel or ornament, a crown jewel.
රාජාභිෂේකකරනවා, *v. t.* (·අභි:), to perform the royal anointing, to crown.
රාජාභිෂේකය, *n.* the anointing of a king, crowning, coronation, ඔටුනු පැලඳවීම.
රාජාභිෂේකලත්, *a.* anointed as king, crowned, ඔටුනු පලඳවනලද.
රාජාරාමය, *n.* (රාජ ආ:), royal garden or park, රජඋයන.
රාජාර්හ, *a.* (රාජ අර්හ:), worthy of a king, royal, noble, රජුට සුදුසු, උතුම්.
රාජාවිය, *n.* aloe wood, අගිල්ලි; white-lead, සුදු ඊයම්කුඩු.
රාජාලි, *a.* eagle, aquiline.
රාජාලි·පැටියා, *n.* young eagle, eaglet.
රාජාලියා, *n.* eagle (of any species).
රාජාවලිය, *n.* (රාජ ආ:), line of kings, genealogy of kings; name of a book which gives the history of the Sinhalese kings descended from විජය.
රාජාසනය, *n.* (රාජ ආ:), royal seat, throne, සිංහාසනය.
රාජිකා, රාජිකා, රාජිය, *n.* black mustard, අබ; field, පිට්ටනිය, row, range, පේළිය.
රාජිත, *a.* (රාජ් to shine), shining, irradiated, resplendent, දීප්තිමත්.
රාජිනී, රාජිනිය, *n.* queen, princess, බිසව; *pl.* රැජිනිමරු.
රාජිලයා, රාජුලයා, *n.* fresh-water serpent, see දිය·බරියා. [වෙත නැසිරෙන or රූකත.
රාජීව, *a.* living in attendance on a king, රජු
රාජීවයා, *n.* a large fish, *cyprinus niloticus*; a kind of deer, මුවා; elephant, අලියා.
රාජේන්ද්‍ර, *n.* (රජ ඉන්ද්‍ර), chief king, noble king, රාජෝත්තමයා. [ficence, regal greatness.
රාජෛශ්වර්යය, *n.* (රජ ඓශ්:), royal magni-
රාජෝත්තමයා, *n.* (රජ උත්:), Royal Highness, emperor, universal king. [උයන.
රාජෝද්‍යානය, *n.* (රාජඋද්‍යාන), royal garden, රජ
රාජ්‍ය, *n. pl.* or *a.* kingdoms; pert. to kingdoms or royalty.
රාජ්‍ය·ක්‍රම·ශාස්ත්‍ර·ඥයා, *n.* statesman, politician.
රාජ්‍ය·ක්‍රම·ශාස්ත්‍රය, *n.* science of government, statesmanship, politics.
රාජ්‍ය·ච්‍යුත, රාජ්‍ය·භ්‍රෂ්ට, *a.* ousted from the throne, dethroned, රජකමෙන් පහවූ.
රාජ්‍ය·ච්‍යුතිය, රාජ්‍ය·භ්‍රංශය, *n.* dethronement, රජකමෙන් පහකිරීම.
රාජ්‍ය·ද්‍රෝහියා, *n.* traitor to the government.
රාජ්‍යය, *n.* kingdom, realm, state.
රාජ්‍යයකරනවා, *v.* to reign, රජකම්කරනවා.
රාජ්‍ය·විධිවත්කම්, *n.* method of government, polity, ආණ්ඩුක්‍රමය

රාජ්‍ය·ශ්‍රිය, *n.* royal dignity, grandeur or prosperity of the state or kingdom.
රාජ්‍ය·ස·ම්භාජ, *a.* (ස with), pert to state-craft, Machiavellian.
රාජ්‍ය·ස·ම්භාජය, *n.* statecraft, Machiavellianism.
රාජ්‍යාංග, *n. pl.* (·අංග members), constituents or requisites of a kingdom, viz. a king, territory, population, minister, treasury, army &c.
රාජ්‍යාධිකාර, *a.* ruling, regnant.
රාජ්‍යාධිකාරය, *n.* (·අධි:), royal authority, kingly government, regnancy.
රාජ්‍යානුකූල, *a.* (·අනු:), pert. or appropriate to a kingdom, ආණ්ඩුකාර.
රාජ්‍යානුකූල·කාරණ, *n. pl.* affairs pert. to a kingdom, politics. [කම් කිරීම.
රාජ්‍යානුශාසනය, *n.* (·අනු:), reign, reigning, රජ
රාජ්‍යානුශාසනාකරනවා, *v.* to reign. [සමනාජ.
රාජ්‍යෝපා·දන, *a.* (රාජ්‍යඋපා දන), see රාජ්‍ය
රාඥී, රාඥිය, *n.* queen, රැජිනි, බිසව.
රාඪාව, *n.* name of city or district in Bengal.
රාත්තල, *n.* Port., a pound in weight; *pl.* රාත්තල්.
රාත්‍රි, *n. pl.* or *a.* nights; night, nocturnal.
රාත්‍රි·භෝජන, *n.* evening meal, supper. [night.
රාත්‍රි·ගත, *a.* benighted, nocturnal, which is by
රාත්‍රි·ගතව, *ad.* in the night, by night, after nightfall.
රාත්‍රි·චරයා, *n.* (චර to go), night-goer, night-walker, viz. evil spirit, ghost, ප්‍රේතයා &c.; thief, හොරා; guard, sentinel, රැකවලා.
රාත්‍රි·ජ, *a.* produced at or by night, nocturnal, රාත්‍රියේ උපදින.
රාත්‍රි·ජය, *n.* product of night, viz. star, තාරකාව; constellation, තාරකා සංඝාතය.
රාත්‍රි·ජලය, *n.* dew, පිනි; mist, මීදුම.
රාත්‍රි·ජාගරය, *n.* (ජාගරය keeping awake, නිදි මැරීම), keeping awake at night, night-watching.
රාත්‍රිචරයා, *n.* (රාත්‍රි· night, චර to go), night-walker. viz. ghost, goblin, ප්‍රේතයා.
රාත්‍රි·දර්ශනය, *n* seeing by night, nyctalopia, අඳුරේ ඇස්පෙනීම.
රාත්‍රි·නාථ, *n.* lord of night, viz. the moon, සඳ.
රාත්‍රි·භෝජනය, *n.* supper; sp. (Chr.) Lord's Supper.
රාත්‍රි·භාගය, *n.* night-half, viz. night-time.
රාත්‍රි·මණිය, *n.* night-jewel, viz. the moon.
රාත්‍රිය, *n.* night.
රාත්‍රි·වේදයා, *n.* (වේදයා knower, fr. විද් to know), night-knower: ap. of the cock, කුකුළා. [night is spent.
රාත්‍රි·වාසය, *n.* night-lodging, place where
රාද්ධාන්තය, *n.* (රාධ perfected, established, අන්තය conclusion), demonstration, proved conclusion, සනාථකමිප්පුව.

රාධ, *n.* the month වෙසක්, April-May.

රාධා, *n.* asterism in which the moon is full in the month වෙසක්, being the 16th නක්ෂත්‍රය or lunar mansion, containing four stars in the shape of a festoon; name of Krishna's mistress when he lived among cattle keepers; lightning, විදුලිය. *Bot.*

රා·නුණු, *v. adj. pret.* unfermented, නොපැසුණු.

රාබු, රාබු·අල *n.* Port, radish, *raphanus sativus.* [ප්‍රකෘත.

රාම, *a.* black, කළු, white, සුදු; pleasant,

රාම, *n.* a name common to three incarnations of Vishnu, viz. පරශුරාම, රාමචන්ද්‍ර and බලරාම, each of which see; also ap. of වරුණයා and of a horse; also of a sort of deer.

රාමඤ්ඤ·නිකාය, *n.* (රාමඤ්ඤ a district of Burma near Rangoon), the sect of B. P. so called, introduced to Ceylon about A. D. 1875 by Ambagahawatta priest, whose tutor Atthadassi belonged to the Siamese sect. The religious observances of the රාමඤ්ඤ sect differ from those of the අමරපුර sect only in the use of talipot leaves instead of umbrellas.

රාමචන්ද්‍ර, *n.* the second incarnation of Vishnu with the name රාම. He was the son of Dasaratha king of Oudh, born at the end of the second age in order to destroy the demons who infested the earth. He is said to have built Adam's Bridge by which to bring his army from India to make war upon රාවණා who had abducted his wife Sītā.

රාමඨ, *n.* asafetida, පෙරුංකායම්.

රා·මඩුල්ල, *n.* toddy-booth, liquor shop, tavern, තැබෑරුම, *pl.* රාමඩුලු [ප්‍රකෘත. දෙශ්‍ය.

රමණීයක, *a.* pleasing, beautiful, handsome,

රා·මණ්ඩි *n. pl.* dregs or sediment of toddy.

රාම·තෙල්, *n.* gas or juice in the stomach which causes eructation.

රාම·තෙල් අරිනවා, *v.* to eructate, belch.

රාම·දූතයා, *n.* Rama's messenger, viz. Hanuman the chief of the monkey race and helper and messenger of රාමචන්ද්‍ර in his wars and in building Adam's Bridge: see රාමචන්ද්‍ර.

රාමරොඩ්, *n.* Eng., ramrod.

රාමසු, *n.* See රාමඨ.

රාමශර, *n. pl.* arrows of Rama.

රාමායණ, *n.* a H. epic poem celebrating the adventures of රාමචන්ද්‍ර.

රාමා, *n.* beautiful woman, ලක්ෂණ ස්ත්‍රී; river, ගංගාව; asafetida, පෙරුංකායම්.

රා·මැඩිල්ල, *n.* See රාමඩුල්ල: *pl.* රාමැඩිලි.

රාමුව, *n.* D., frame, framework.

රාමුවා, *n.* species of large sea fish

රාමේශ්වරයා, *n.* (රාමේශ්වර), Lord Rama, see රාම.

රා·ලබුව, *n.* toddy-pumpkin, viz. hollow pumpkin used as a vessel by the toddy-drawer.

රාව, *n.* ray of light, රශ්මිය; colour, පාට; love, ප්‍රේමය; desire, රාගය. [ශබ්දකරන.

රාවක, *a.* sounding, making a noise, නාදදෙන,

රාවණා, *n.* an ancient giant king of a giant race in Ceylon, who was slain by රාමචන්ද්‍ර, which see. He is pictured in the temples as a monster having ten heads and twenty arms, with a weapon of war in each hand; see දශකණ්ඨයා.

රාවණාරි, *n.* (රාවණා, අරි enemy), ap. of රාමචන්ද්‍ර as opponent of රාවණා.

රාවය, *n.* noise, sound. See රවය.

රාවයකරනවා, *v.* to give forth sound, make a noise, see රාවක.

රාවරය, *n.* moisture.

රා·වෙනවා, *v.i.* to ferment or become alcoholic.

රාශි, *a.* multitudinous, *gram.* collective.

රාශිකරනවා, *v. t.* to heap up, accumulate, amass. [numbers; multitudinous.

රාශි·ගණන්, *n. pl.* or *a.* multitudes, large

රාශි·ගත, *a.* heaped, in large quantities or numbers. [a sign of the zodiac.

රාශි·භවන, *n. lit.* constellation-mansion, viz.

රාශි·චක්‍ර, *a.* zodiacal. E. S.

රාශි·චක්‍රය, *n.* the zodiacal circle, the zodiac.

රාශි·පාදික·ජාති, *n. pl.* the various species of myriapods, myriapoda. E. S.

රාශ්‍යංශය, *n.* part of a sign of the zodiac; *arith.* fraction, භින්නගණන.

රාශිය, *n.* heap, large number or quantity, mass, multitude, myriad; any sign of the zodiac, as including a number of stars.

රාශි·ලග්නය, *n.* sign of the zodiac.

රාශිවෙනවා, *v. i.* to assemble, රැස්වෙනවා.

රාශි·සංඥික, *a.* zodiacal, pert. to a sign of the zodiac.

රාශි·කරණය, *n.* (කරණය doing), heaping, collecting a large quantity, රාශිකිරීම.

රාශි·කෘත, රාශි·භූත, *a.* (කෘත active, භූත passive), gathered, heaped, collected in large quantity or number, amassed. [රැස්කරනවා.

රාශි·භූතකරනවා, *v. t.* to collect, amass, ගුලකර

රාශි·භූතවෙනවා, *v. i.* to become heaped or massed or grouped; assemble in large numbers.

රාෂ්ට්‍රය, *n.* country, රට, region, district, පළාත; a public calamity, as famine, සාගතය, or plague, වසංගතය.

රාස, *n.* Er. for රාශ. [කෝලාහලය.

රාසය, *n.* confused noise, uproar, ශබ්දය,

රා·හල, *n.* (හල house, hall), dram-shop, tavern, සුරාහල, තැබෑරුම.

රාසි, &c. See රාශි &c.

රා·හෝබා, *n.* (හෝබා craver), tippler, sot, [drunkard, බේබද්ද.

රා·හල, *n.* See රාහල.

රාහු, *n.* The ascending node considered as a demon. In H. myth. his mother was සිංහිකා; he was a dragon-tailed demon whom Vishnu decapitated in his wars with the demons during his incaruation as රාමවතු, but as Ràhu was immortal his head and tail retained their separate existence and in the stellar sphere became the cause of eclipses, especially the head by attempting from time to time to swallow the sun and moon. The B. account differs considerably from the above, but agrees that Ràhu causes the eclipses as above said. Ràhu's head went to the North and his tail, කේතු, to the South and became respectively the ascending and descending nodes. See Hardy's Manual of Buddhism.

රාහු·අසුරේන්ද්‍රයා, *n.* (අසුර ඉන්ද්‍ර), chief demon Ràhu or Ràhu chief of the demons.

රාහු·අල්ලනවා, *v. t.* Ràhu seizes (sun or moon).

රාහුග්‍රස්ත, *a.* seized by Ràhu, viz. eclipsed, ග්‍රහණයට හසුවූ. [වසා ග්‍රහණය.

රාහුග්‍රහය, *n.* Ràhu's seizure: eclipse, ග්‍රහණ or

රාහු·මුඛය, *n.* (Rahu-mouth), punishment by forcing out the tongue, wrapping it in cloth soaked in oil and then setting fire to it.

රාහු·සංස්පර්ශය, *n.* Ràhu's touch or contact: eclipse, see රාහු ග්‍රහය.

රාහුල, *n.* name of Gautama Buddha's son, born before he retired from the world.

රාළ, *n.* master, lord; hon. prefix or suffix, as වෙදරාළ; *pl.* රාල්ලා or රාළලා.

රාළ·හාමි, *n.* a title of honour applied to the headmen and chiefs: esquire, hon'ble, worthy; *pl.* රාළහාමිලා.

රැක, *p. pl.* of රකිනවා: having guarded &c.

රැක·බලාගන්නවා, *v.* to watch and guard, keep watch.

රැක·වරණය, *n.* shelter, screen, මුවාව, protection, preservation, ආරක්ෂාව, refuge. රක්ෂාගැනීම. [protection, safeguard.

රැකවල, *n.* sentry, guard, guarding, defence,

රැකවලා, *n.* watchman, keeper, guard, warder, custodian; *pl.* රැකවල්ලු, *acc.* රැකවලුන්.

රැකවල්, *a.* guarding, watching, as රැකවල් බල්ලා, watch-dog. [defend, preserve.

රැකවල්කරනවා, *v. t.* to watch, guard, shield,

රැකවල්කාරයා, *n.* See රැකවලා.

රැකසිටිනවා, *v.* to be on the watch; to be in ambush, watch for, lurk, lie in wait.

රැක·පුරුවම, *n.* economy, frugality, සකසුරුවම.

රැකි·රක්ෂාව, *n.* a living, livelihood, රක්ෂාව.

රැකීම, *v. n.* of රකිනවා and රැකෙනවා: guarding &c.; getitng a living; means of living, livelihood.

රැකීම·රක්ෂාව, *n.* See රැකිරක්ෂාව.

රැකෙනවා, *v. i.* to get a living, live, receive sustenance, රක්ෂාවෙනවා; *pret.* රැකුණා.

රැගෙන, *p. pl.* for ඇරගෙන: having taken, taking. [bring.

රැගෙන·එනවා, *v. t.* to take up and come, viz.

රැගෙන·යනවා, *v. t.* to take and go, take away. [නැටුම, නාඩගම.

රඟුම, *n.* dance, play, theatrical performance,

රඟුම·දක්වනවා or·පෙන්වනවා, *v.* to perform theatrically, play, act. [නාඩගම් සිතියම.

රඟුම·සිතියම, *n.* theatrical scene or scenery,

රඟුම·සිත්තර, *n.* theatrical scene-painter.

රඟුවා, *n.* dancer &c., නැට්ටුක්කාරයා.

රැජාන, *n.* See රාජිය.

රැට්, *a.* See රටවාසි. [ගැගසයා.

රැටිකා, *n.* chief of the country or district, රටේ

රැත්ත, *n.* (fr අරැත්ත), a species of saffron, කහජාතියක්. [stopped.

රැඳි, *v. adj.* fr. රැඳෙනවා: accumulated, lodged,

රැඳීම, *v. n.* of රැඳෙනවා: assembling; assemblage, lodgement.

රැඳෙනවා, *v. i.* to collect in one place, accumulate, lodge, become massed or stopped, as rubbish in a drain &c.; *pret.* රැඳුණා.

රැඹුවන, *n.* evening, සවස, see රැඹුව.

රැය, *n.* night, රාත්‍රිය, රෑ.

රැයින්, *ad.* whilst night, before dawn.

රැයිම, *n.* daybreak, dawn.

රැලි, *n. pl.* or *a.* of රැල්ල: folds, wrinkles; wrinkled, furrowed or grooved.

රැලි·ගහනවා, *v. t.* to pucker, ruffle, wrinkle.

රැලිගස්වනවා, *v. t.* to wrinkle, shrivel, crimp, corrugate.

රැලි·ගැහෙනවා, or ·වැටෙනවා, *v. i.* to crinkle, wrinkle, become furrowed or puckered, shrivel,

රැලි·තුවක්කු·උණ්ඩය, *n.* rifle-ball.

රැලි·තුවක්කුව, *n.* rifled gun, rifle.

රැලි·දමන·යන්ත්‍රය, *n.* crimping or corrugating machine. [corrugate, pucker, ruffle.

රැලි·දමනවා, රැලි·කපනවා, *v. t.* to crimp,

රැලි·නගිනවා, *v. i.* creases or waves arise, to ripple or rise as waves.

රැලි·පටිය, රැලි·මස්තය, *n.* ruffle, frill.

රැලි·පිස්මස්තුව, රැලි·මාටිය, *n.* frill, ruff.

රැලි·ලාඤ්ජනය, *n.* ripple-mark. E.S.

රැල්·පනාව, *n.* high comb, large comb.

රැල්බුරුල්අරිනවා, *v.* to clear the throat, clear loose mucus from the throat.

රැල්ල, *n.* fold, as of anything folded, පට, wrinkle, crease, වැකරැල්ල; *pl.* රැලි; also for රළ, wave.

රැවටිලි, රැවටිලිකාර, *a.* deceitful, deceptive, guileful. [fraud, cheat.
රැවටිලිකාරකනවා, *v.* to practise deception or
රැවටිලිකාරකම, *n.* deceitfulness, guilefulness.
රැවටිලිකාරයා, *n.* deceiver, swindler, tricker.
රැවටිල්ල, *n.* deception, cheating, trick; *pl.* රැවටිලි. [deceiving; being deceived.
රැවටීම, *v. n.* of රවටනවා and රැවටෙනවා:
රැවටෙනවා, *v. i.* to be deceived, deluded; *pret.* රැවටුණා. [scowling.
රැවීම, *v. n.* of රවනවා: staring at, frowning at,
රැවුල, *n.* beard; *pl.* or *a.* රැවුල්.
රැවුල·කපනවා, *v.* to cut or shave the beard.
රැවුල·බානවා, *v.* to cut off or remove the beard.
රැව්, *n.* E. of රාවය: sound, ශබ්දය.
රැව්දෙනවා, *v.* to give forth sound, make a noise, ශබ්දදෙනවා, ඝෝෂාකරනවා.
රැව්·පිළිරැව්, *n.* sound and echo (thereof), sound and reiterated sound, නාදය සහ පිළිතුරුනාදය.
රැස, *n.* mass, heap, multitude, රාශිය; ray of light, රශ්මිය; sign of the zodiac, (මේෂාදී) ග්‍රහරාශිය.
රැස්කනවා, *v.* to throng, flock together, assemble in large numbers; *pret.* රැස්කෑවා.
රැස්·කඳ, *n.* collection or body of rays, රශ්මි රාශිය. [together.
රැස්කරනවා, *v. t.* to collect, assemble, gather
රැස්·මඬල. *n.* disk or ring or circle of rays of the sun or moon. [aureole, nimbus.
රැස්·මාලාව, *n.* circle or garland of rays,
රැස්මිය, *n.* Er. for රශ්මිය.
රැස්·විහිදුවනවා, *v.* to send out rays, irradiate.
රැස්වූ, *a.* assembled, එකතුවූ.
රැස්වෙනවා, *v. i.* to assemble.
රැස්·හිමියා, *n.* Lord of rays, viz. the sun, ඉර.
රැහැන, රැහැණ, *n.* string, cord, rope, ලනුව, යොත, කඹය. [division.
රැහැ, *n.* heap, රැස, රාශිය; caste, කුලය;
රැහැණි, *a.* angry, wrathful, තරහ, කෝපවූ.
රැහැණිය, *n.* anger, wrath, තරහ, කෝපය; thicket, jungle, ලැහැබ, කැලෑව.
රැහැයියා, *n.* the insect cricket.
රැහිම, *n.* cleft, rent, fissure,
රැළ, *n.* wave, billow; flock, herd; *pl.* රැළවල්.
රැළ·ගොඩිය, රැළ·පතර, *n.* wave-mass or outspread, viz. billow, roller, surf.
රැළ·පල්ලම, *n.* wave-slope, viz. trongh of the waves or sea.
රැ, *n.* for රති: ap. of Cupid, කාමදෙවියෝ.
රෑ, *n.* or *a.* cont. of රැය: night.
රැ·අන්ධකම, රෑ·කණකම, *n.* night-blindness.
රැ·ඇඳුම, *n.* night-dress, nightgown &c.
රෑ·කණා, *n.* night-blind person. [*griseus.*
රෑ·කයකොකා, *n.* night-heron, *nycticorax*
රෑ·කුරුල්ලා, *n.* night-bird, nightingale.
රැ·කොකා, *n.* Malay bittern, *goisachius melanolophus.*
රෑ·දවස, *n.* the night-time, රාත්‍රිකාලය.
රෑන, *n.* cord, robe, ලනුව, යොත; creeper or withe, වැල; cluster or stalk, ඇවරිය; flock, herd, රැළ; *pl.* රෑන්. [*torquatus.*
රෑන·ගිරවා, *n.* rose-ringed parrot, *paleornis*
රැන·මුවා, *n.* a species of deer.
රෑන·වටුවා, *n.* golden plover, see මහබෙලයියා.
රෑනාවා, *n.* a kind of sea fish.
රෑන්·අදිනවා, *v.* to stretch strings (of coconut leaves over standing corn to drive off flies &c.).
රෑන්·ඉණිමග, *n.* rope-ladder, ratlin, ratline.
රෑන්·ගහනවා, *v.* to put or pass cords about anything, sp. the back of a cart for protection; to brand *cord-like* marks on cattle.
රෑන්·හිණ, *n.* See රෑන් ඉණිමග.
රෑ·පාන, *n.* night time.
රෑබදුල්ලා, *n.* glow-worm.
රෑබස්සා, *n.* See කිම්බස්සා.
රෑ·මුරකාරයා, *n.* night-watchman, night-watch.
රෑ·මුව, *n.* (මුව mouth or face), beginning of night, evening, සවස,
රෑ·යාමය, *n.* a watch of the night, night-watch.
රෑයියා, *n.* cont. of රැහැයියා.
රෑවෙනවා, *v. i.* to become night, get late in the day or towards evening.
රෑයියා, රෑහියා, *n.* See රෑයියා.
රික, *n.* for රුක: tree, ගස.
රිකය, *n.* heart, හිත, mind, sense, සිහිය; star, තරුව; litigation, නඩුකීම.
රිකිල්ල, *n.* twig, sprig, wattle; *pl.* රිකිලි.
රිකිලි·බහුල, *a.* abounding in twigs, ramulous, බොහෝ රිකිලි ඇති. [indigent, දිළිඳු.
රික්ත, *a.* void, vacant, empty, හිස්; poor,
රික්තතාව *n.* emptiness &c. [නාවූ.
රික්ත·හස්ත, *a.* empty-handed, හිස් අත් [ඇති
රික්තාව, *n.* fourth, ninth and fourteenth, day of a lunar fortnight: see රිච්චාව.
රික්ථය, *n.* property, wealth, වස්තුව, සම්පත.
රිකොවෙස්ට්·නඩු·සාලාව, *n.* (Eng. and S.), Court of Request. [ත්‍රසරේණුව.
රික්ෂාව, *n.* nit, ලේඩියා; mote in a sunbeam,
රිංගණය, *n.* creeping, රිංගීම; slipping, ලිස්සීම; deviating from rectitude, මුලාවීම.
රිංගනවා, *v.* to creep, crawl, go bending or on hands and knees; *pret.* රිංගුවා; *v. n.* රිංගීම.
රිට, *n,* pole, pole used instead of an oar; horizontal bar or stick in a fence.
රිටි·කරුව, *n.* forked pole used as a prop or pitchfork.
රිච්ය, *n.* crackling or roaring of flames, ගිනිදැල් වල ශබ්දය; musical instrument, තූර්යභාණ්ඩය; pole, රිට; black salt, කළුලුණු.
රිවුවා, *n.* crow, කපුටුවා.

රිවටාව, n. (for රික්තාව), ap. of the fourth, ninth or fourteenth day of the lunar fortinght; the 4th is called ජල·මක රිවටාව, the 9th නව·මක රිවටාව, the 14th තුදුස්·මක රිවටාව. They are said to be unlucky.

රිවටා·හත්ත, n. mushroom, හත්ත; pl. රිවටාහතු.

රිණ්ය, n. many, රාශිය, multitude, සමූහය, flock, herd, රැළ.

රික, n. vacuity, vacuum, හිස්තැන.

රික්, a. empty, void, හිස්.

රිදවනවා, v. t. See රිදනවා. [රදැනුණු.

රිදිය, රිදී, රිදීකාල, n. washerwoman, laundress,

රිදී·අම්මා, රිදී·කාන්ද, n. res. for preceding.

රිදී, n. silver: a silver coin (15cts); silvern,

රිදී·කරුවා, n. silversmith. [silver-.

රිදී·පහ, n. five silvers or a dollar, worth three-fourths of a rupee. [රිදීමලල්ල.

රිදී·සුම්දු, n. silver bangle or band, රිදීදරණුව,

රිදුම, n. pain, aching.

රිදෙනවා, v. i. (fr. රුජ් to afflict), to be painful, ache; pret. රිදුණා; v. n. රිදීම.

රිද්දනවා, රිද්දවනවා, v. t. to cause to ache, give pain: pret. රිද්දුවා, රිද්දෙව්වා; v. n. [රිද්දවීම.

රිපු, a. inimical, hostile, සතුරු.

රිපුකාව, n. enmity, hostility, සතුරුකම.

රිපු, n. enemy, foe, සතුරා.

රිය, n. E. of රථය: carriage, car, chariot; ap. of the goddess of love, wife of Cupid; bird.

රිය·ඉස, n. head or hood of a carriage.

රිය·කරුවා, n. carriage-builder, see රථකාරයා.

රියස, n. (රිය අස), E. of රථාංගය: carriage wheel, රථරෝදය, [වාලිහිණියා

රියස, n. E. of රථාංගයා: ruddy goose, see සක්

රියදුරු, රියදුරා, n. (රිය ඇදුරු), coachman, charioteer, රථාචාරියා; ap. of Siva, සිවදෙවි යෝ.

රියන, n. cubit, measure of eighteen inches.

රිය·මඩල, n. carriage-site, place where carriages are, chariot-quarter.

රිය·සක, n. carriage-wheel, රථරෝදය.

රිය·සම, n. carriage leather or hide, carriage apron &c

රිය·හැරි, රිය·ඇරි, n. coachman, see රථාචාරියා.

රිය·හිමියා, n. (රිය Cupid's wife), master or husband of රිය: ap. of Cupid.

රිය·හිස, n. hood of a carriage; nave of a carriage wheel, බොස්ගෙඩිය.

රියැදුරු, n. See රියදුරු.

රිරි, රිරිය, n. pale brass or prince's metal.

රිල්ල, n. shoal of fish, මත්ස්‍ය·රාශිය, මසුන් අයි

රිවි, n. the sun, ඉර. [නාස් Bot.

රිවි·කැන්, n. (කැන් lustre), sun's rays, ඉරුරැස්, අව්ව. [dynasty: see සූර්‍යවංශය.

රිවි·කුලය, රිවි·වංශ, n. solar race or caste or

රිවි·දින, රිවි·වාරය, n. Sunday, ඉරිදා.

රිවි·දුව, n. sun's daughter: ap. of the river Jumna, see යමුනාගඟ.

රිවි·මස්, n. (මස් for පුත්) lit. son of the sun: ap. of the Indian Pluto, see යමරජ; the planet Saturn or its regent, සෙනසුරු.

රිවි·පුත්, n. planet Saturn or its regent; also Pluto.

රිවි·මග, n. sun's path, viz. the sky, අහස.

රිවි·මඩල, n. disk of the sun, ඉරුමඬල.

රිවි·මුදුන, n. meridian, midday, noon ඉරමුදුන.

රිවි·මුදුන්වේලාව, n. hour of noon, ඉරමුදුන් වේලාව. [see රියැදුරි.

රිවි·රිය·ඇරි, n. sun's charioteer, viz. අරුණ,

රිවි·වත, n. lit. sun's face, viz., the sky, අහස.

රිවි·වස, n. sun's residence.

රිවි·හැරි, n. See රිවිරිය හැරි.

රිවීම, v. n. of රුවනවා.

රිෂියා, n. Er. for ඍෂියා, saint, sage.

රිෂ්ට, a. conditioned, either well or ill, සුභ හෝ අසුභ ඇත්තාවූ.

රිෂ්ටය, n. condition either good or bad, පාපය, sin, පාපය; sword, කඩුව. [පාව; sword.

රිෂ්ටිය, n. prosperity, ශුභය, good fortune, වාසන

රිෂ්‍යකේතු, n. lit. deer-banner: ap. of Cupid.

රිෂ්‍යයා, n. deer, මුවා.

රිසහ, a. or n. Er. for ඍෂභ.

රිසි, a. nice to the taste, pleasant, රුචි,

රිසි, n. See කැමති. [desirous, කැමතිවූ.

රිසිය, n. pleasant taste; wish, desire, කැමැත්ත; ආශාව. [ආශාවීම.

රිසිසුම, රිසුවුම, n. desire, desiring, ආශාව.

රිසිවෙනවා. v. t. to desire, wish for, ආශාවෙනවා,

රිසි·සේ ad. according to desire, as one pleases,

රිස්ස, n. desire, ආශාව. [කැමැත්තේ හැටියට.

රිස්සා, n. wisher, desirer, කැමති අය; pl. රිස්සෝ.

රිස්සීම, v. n. of රුස්සනවා: bearing &c.

රිහිරිය, n. see රුහිරය.

රිළවා, n. monkey; pl. රිළව්.

රිළ, n. multitude, flock, රාශිය. [brass, පිත්තල

රීති, n. pl. or a. usages, ව්‍යවහාර; pert. to

රීති·පුෂ්ප, n. calx of brass, පිත්තල ගේෂය.

රීතිය, n. usage, custom, සාමිතාව, ව්‍යවහාරය; brass, පිත්තල, E. S.; rust of iron, යකඩමල.

රීප්ප·තට්ටුව, n. layer of laths, lathing.

රීප්පය, n. Port., lath.

රීප්ප·වැට, n. lath-fence.

රීරි·යකා, n. a demon so called.

රීස්සා, n. Port., striped cloth.

රු·අරුව, n. festal car, මඟුල්රථය; royal chariot, රජරථය; see අරුව, [pain, දුක.

රුජා, n. (fr රුජ් to afflict), sorrow, affliction,

රුක, n. tree, ගස.

රුකයා, n. liberal man, තෑගිවන්නයා.

රුකුල, n. prop, stay, support, shore; pl. or a. රුකුල්. [stanchion.

රුකුල්·කණුව, n. supporting post, support,

රුකුල්·තබනවා, *v.* to put props to, to shore.
රුකුල්·දෙනවා, *v.* to prop, buttress, support; *fig.* abet, aid, back up.
රුකුල්·පුටුව, රුකුල්·මැස්ස, *n.* supporting stool or stand, trestle. [දුක්; tree.
රුක්, *n. pl.* or *a.* of රුක: trees; affliction,
රුක්·කොවුලා, *n.* Indian cuckoo, කොවුලා.
රුක්ඛ·මූලිකාංගය, *n.* (රුක්ඛ tree, මූලික root, අංගය ordinance), the ordinance which enjoins upon the B. P. always to lodge at the foot of a tree without any other shelter than the tree affords. [deity.
රුක්·දෙවියා, *n.* tree-demon or goblin, sylvan
රුක්·පය, රුක්·මුල, *n.* tree-foot, ගස්මුල.
රුක්මය, *n.* gold, රත්රන්; iron, යකඩ.
රුක්වඩුවා, *n.* tree-feller, timber-cutter.
රුක්ෂ, *a.* rough, රළු, hard, තද; harsh, unkind, fierce, දරුණු.
රුක්·සිදුර, *n.* hole or hollow in a tree, බෙනය.
රුග්ණ, *a.* bent, නැමුරු, broken, කැඩුණු, crooked, වකුටු; diseased, රෝගාතුර.
රුචක, *a.* pleasant, ප්‍රසන්න; sharp, acrid, කහට; tonic, ශක්තිජනක.
රුචකය, *n.* neck ornament, garland, මාලය; fortunate thing, good luck, වාසනාව; anthelmintic, පණුබෙහෙත්, වැල්ඇඹිල්ල; tooth, දත; salt, alkali, පුස්කර; borax. *Bot.*
රුචි, *a.* nice, pleasant, රසවත්වූ, මධුර; wishful, desirous, කැමතිවූ.
රුචිකරනවා, *v. t.* to make nice or agreeable, රසකරනවා; persuade, කැමතිකරවනවා.
රුචිය, *n.* light, lustre, දීප්තිය; liking, wish, desire, relish, ආශාව, ලැදිකම.
රුචිර, *a. lit.* and *fig.* nice, delicious, savoury, රිසිවූ, පුරසවූ; racy, pleasant, මිහිරි.
රුචිරානන, *a.* (·ආනන face, appearance), of pleasant appearance, handsome, ප්‍රියදර්ශන, ලක්ෂණ.
රුචි·ලෝලයා *n.* epicure, voluptuary.
රුජ, *n.* See. රුජාව.
රුජාකර, *n.* or *a.* (රුජා sickness, කර doer), what makes ill; making ill, අසනීපකරන. *Bot.*
රුජාව, *n.* (fr රුජ් to afflict), pain, ache, වේදනාව; pains, travail, වදකවේදනාව.
රුණ්ඩය, *n.* headless trunk continuing to fight.
රුත, *n.* sound, ශබ්දය, cry as of birds &c., කෑගැසීම.
රුත්ත, *n.* the sea, මුහුද.
රුත්තිය, *n.* wish, desire, කැමැත්ත, ආශාව.
රුදව, *n.* E. of රුජාව.
රුදිත, *a.* (රුද් to weep), weeping, අඬන.
රුදිතය, *n.* weeping, crying, ඇඬීම.
රුද්‍ර, *a.* E. of P. රුද්ද: cruel, fierce, savage, දරුණු, severe, සැර; rough, රළු; bulky, large,
රුදු, *n.* ap. of කුවේර. [ලොකු.
රුදු·මග, *n.* rough road, රළුමග.
රුදුරම්ය, *n.* large bell, ඝණ්ටාව, සීනුව.
රුදුරු, *a.* E. of දරුණු.
රුදුරු, *n.* ap. of Siva, රුදු.
රුධ, *a.* surrounded, වටකරපු, obstructed, impeded, බාධාකරපු, closed, stopped, අහුරාපු.
රුද්‍යමාන, *a.* weeping, අඬන.
රුද්‍ර, *n.* ap. or form of Siva or inferior manifestation of Siva, there are said to be eleven Rudras; demigod. E. S.
රුද්‍රාණි, *n.* ap. of පාර්වතී wife of Siva.
රුද්‍රාරි, *n.* ap. of Cupid, කාමදේවයා.
රුධිර, *a.* pert. to blood, blood-, ලේ-.
රුධිර·කිණ්ව·භූතිය, *n.* (කිණ්ව leaven, fermentation), zymosis, ලේ පැසෙන රෝගතත්ත්වය.
රුධිර·ධාවක, *n.* blood-flowing, sanguiferous. E. S. [විස්තරය.
රුධිර·නාඩි·විස්තරය, *n.* phlebograpty, ලේ·නහර
රුධිර·නාමක, *n.* saffron, කහ, *Bot.*
රුධිර·නාලිය, *n.* blood-vessel, ලේනළය.
රුධිර·නිෂ්ඨීවනය. *n.* blood-spitting, hemoptysis, ලේ වමනය කිරීම.
රුධිර·පායි, *a.* blood-drinking or sanguinivorous, ලේ බී රසාංවන. [Mars, අඟහරුවා
රුධිරය, *n.* blood, ලේ; saffron, කහ; planet
රුධිර·වාන්තිය, *n.* vomitting of blood, hematemisis, ලේ වමනය කිරීම. [ලේවෙනවා.
රුධිරවෙනවා, *v. i.* to become blood, sanguify,
රුධිර·විද්‍යාව, රුධිර·විස්තරය, *n.* hematology, ලේ ගැන උගන්වන ශාස්ත්‍රය.
රුධිර·ස්‍රාව, *a.* bleeding, hemorrhagic. E.S.
රුධිර·ස්‍රාව·බාධක, *a.* stopping bleeding, styptic, ලේයාම නවත්වන. [ing, ලේගලායාම.
රුධිර·ස්‍රාවය, *n.* bleeding, hemorrhage, flood-
රුධිර·සේවන·සාරය, *n.* serum of the blood, ලේවල දියාරු පංගුව.
රුධිර·හීන, *a.* short of blood, bloodless, exsanguinous, ලේ අඩු, ලේනැති.
රුධිර·හීනතාව, *n.* bloodlessness, exsanguinity.
රුධිරාකීර්ණය, *n.* (·ආකීර්ණ crowded), congestion of blood, ලේරැඳීම, ලේ කැටිගැසීම.
රුපියල, *n.* rupee; *pl.* රුපියල්.
රිපු, *n.* or *a.* See රිපු.
රුපු·අනංගයා, *n.* enemy of Cupid; ap. of Siva.
රුපු·අසුරයා, *n.* enemy of Titans; ap. of Vishnu.
රුප්පේ, රුප්පය, *n.* foot of the tree, see රුක්පය.
රුහිත, *n.* D., the playing card called diamonds.
රුලන්, *n.* Port., coarse wheaten flour, rulan, semolina. [රූපය, appearance, පෙනීම.
රුව, *n.* comeliness, prettiness, beauty; image,
රුවඇති, *a.* comely &c., ලක්ෂණ.
රුවන, *n.* gem, jewel, මාණික්‍ය; gold, රත්රන්.
රුවනකර, රුවනාරය, *n.* (රුවන්අකර, ආරය), gem-mine, viz. the ocean, සාගරය.
රුවනවා, *v. t.* to thrust in, insert, put in between; *pret.* රිවුවා; *v. n.* රිවීම.

රුවන්, *n. pl.* or *a.* gems, gold, golden, රන්.

රුවන්·රැස, *n.* heap of gems or gold, මැණික් රාශිය, රන්රන් රාශිය.

රුවන්·සෝළව, *n.* golden or jewelled staff, මැණික් or රන් යෂ්ටිය; wreath of gold, රන් මාලය.

රුවර, *n.* goldsmith, රන්කරුවා; *pl.* රුවරු.

රුවල, *n*, sail; *pl.* or *a.* රුවල්.

රුවල්·ගහනවා, *v.* to spread sail, set the sails.

රුවල්·තීරය, *n.* a breadth or reef of sail.

රුවල්·නැව, රුවල්·ඔරුව, *n.* sailing ship or boat.

රුවල්·බානවා, *v.* to let down the sails, strike [sail.

රුවල්·බෙල්ලා, *n.* nautilus. E. S.

රුවා·රූ, *a.n.* (රූ E. of රූප, අරූ formless), having form, and formless; beauty and ugliness.

රුෂ, *n.* anger, wrath, තරහ, කෝපය.

රුෂිත, රුෂ්ට, *a.* enraged, exasperated, embittered, කුපිත, කෝපවූ.

රුෂ්ටිය, *n.* rage, wrath, මිතරුව.

රුස, *n.* quiver, ඊකොපුව.

රුසි, *n.* E. of සාමියා.

රුසිය, *n.* See රිසිය. [රුසියන්වරු.

රුසියන්, *a.* Russian; *n.* රුසියන් කෙනෙක්; *pl.*

රුසිරු, *a.* pleasant, beautiful, tasteful, රුවඇති, සෝභන, [*v. n.* රිස්සීම.

රුස්සනවා, *v. t.* to bear, tolerate; *pret.* රිස්සුවා;

රුහ, *a.* born, ඉපදුණු, germinated, growing, පැළවූ, වැඩෙන; ascended, නැඟුණු, ආරූඪ.

රුහිරය, *n.* fr. රුධිරය: blood, ලේ.

රූ, *a.* for රූප: pert. to form or image; for රුවන්, golden.

රූ, *n.* for රුවන්, gold or gems.

රූකඩ·කෙළිය, රූකඩ·නැටීම, *n.* puppet-show.

රූකඩ·නටවනවා, *v.* to make puppets dance or act, show puppets.

රූකඩය, *n.* puppet, dancing doll.

රූ·කඳ, *n.* body of an image or statue, torso, රූපකඳ. [පරුෂ; acrid, කහට.

රූක්ෂ, *a.* harsh, rough, රළු, severe, unkind,

රූක්ෂ·ගුණය, *n*, harsh or rough or severe quality or temper.

රූක්ෂතාව, *n.* harshness &c., රළුකම, සැරකම.

රූක්ෂය, *n.* Er. for වෘක්ෂය, (large) tree, ලොකු ගස. [*pret.* රිවුවා; *v. n.* රිවීම.

රූටනවා, *v. i.* to slip, slide, glide, ලිස්සනවා;

රූඩ·එක, *n.* Eng., the measure rood; *pl.* රූඩ.

රූඪ, *a.* (fr රුහ් to grow, be born), born, produced, ඉපදුණු, අවතන්; famous, කීර්තිමත්, notorious, ප්‍රසිද්ධ; certain, සත්‍යක; (=රූඪි) customary, usual (meaning &c), ව්‍යවහාර, පුරුදු.

රූඪි, *n.* birth, ඉපදීම, growth, වැඩීම; customary meaning, whatever the origin of the word, ව්‍යවහාර තේරුම.

රූ·තලය, *n.* (රූ form, තලය basis or stage), viz. Brahma world where the inhabitants have passionless forms or bodies, see ත්‍රිභවය.

රූදසි, *n.* beautiful woman, රුවැත්තී.

රූප, *n. pl.* or *a.* of රූපය: forms, images.

රූප·අඳින්නා, *n.* limner, portrait-painter, සිත්තරා. [trous.

රූප·ඇදහිලිකාර, *a.* image-worshipping, idola-

රූප·ඇදහිලිකාරයා, *n.* believer in images, idolater. [images, idolatry.

රූප·ඇදහීම, රූප·පිළිම·වැඳීම, *v. n.* worship of

රූපකය, *n.* drama, නාඩගම් ප්‍රබන්ධය, නාඩගම; figure of speech, උපහැරණ කීමක්. [තරු,

රූප·චිත්‍රකාරයා, *n.* portrait-painter, රූප සිත්

රූපත්, *a.* for රුවපත්: beautiful, comely, රුව ඇති; for රූපපත්: having a form or body, ශරීරයක් සහිත.

රූප·ධ්‍යානය, *n.* meditation performed in රූප තලය or Brahma worlds.

රූප·කෙරුම, *n.* sculp, &c., relief. E. S.

රූප·පිළිම·ධර්මය, *n.* iconology.

රූප·පිළිම·විස්තරය, *n.* iconography.

රූපය, *n.* form, (either mental as disposition or material as figure); image, idol, likeness, appearance.

රූප·ලක්ෂණය, *n.* beauty of form, රූපයේ or ශරීරයේ ලක්ෂණකම, description of form.

රූප·ලාවණ්‍යය, *n.* elegance or gracefulness of form, රූපලක්ෂණකම.

රූපවත්, *a.* having form or body, ශරීරයක් ඇති; well-shaped, beautiful,

රූපවන්දනාව, *n.* image-worship, idolatry.

රූප·විස්තරය, *n.* see රූප පිළිම විස්තරය.

රූප·ශෝභාව, *n.* beauty of form or countenance, රූපලක්ෂණය.

රූප·ශ්‍රීය, රූප·ශ්‍රීයාව, *n.* bodily fortune or excellence, viz. beauty.

රූප·සටහන, *n.* figure, drawing, රූපසිතියම.

රූප·සම්පත, රූප·සම්පත්තිය, *n.* bodily wealth, viz. beauty, see රූපශ්‍රීය.

රූප·සම්පන්න, *a.* having wealth of form, viz. handsome, ලක්ෂණ.

රූප·සිතියම, *n.* portrait; illustration.

රූප·සේවනය, *n.* service of images, idolatry.

රූපාකාරය, *n.* bodily form, style of figure, lineament, configuration.

රූපාජීවාව, *n.* (රූප body, ආජීවා who lives by), harlot, වෙසඟුව.

රූපාවචර, *n.* (·අවචර having), state of existence in a form or body, see ත්‍රිභවය.

රූපෛශ්වර්යය, *n.* (රූපඓශ්වර්ය;), bodily magnificence or splendour, supereminent beauty.

රූප්‍ය, *a.* handsome, beautiful, ලක්ෂණ.

රූප්‍යය, *n.* wrought gold or silver, පිරිසිදු රන් රන් or රිදී.

රූපාධ්‍යක්ෂයා, *n.* (·අධ්‍ය:), mint-master, මංසු පතියා. E. S. [beautiful, ඉතා ලක්‍ෂණ.
රූ·බර, *a.* (රූ beauty, බර heavy, laden), very
රූබරයා, *n.* See රූබරයා.
රූ·රනවා, *v. i.* to fall or slip off, glide off; *pret.* රිරූවා, *v. n.* රිරීම. [යක්.
රුරු·මුවා, **රුරුවා**, *n.* a species of deer, මුවජාති
රූල, *n.* Eng., ruler (for drawing lines).
රූසිරු, *a.* See රූසිරු.
රූළ්හ, *a.* rough, රළු, severe, harsh, සැර hard, තද; ascended, mounted, ආරූඪ. නැඟුණු.
රෙකමඬුරුව, **රෙකමඬසිය**, **රෙකමඬ**, *n.* Eng., recommendation, හොඳ බව‍ට සහතිකය.
රෙගුලාසිය, *n.* D., regulation, නියමය. [යම.
රෙජමේන්තුව, *n.* Port., regiment, සේනාසමූහ
රෙවට, *a.* double, twofold, දෙක, දෙපට.
රෙත, *n.* body, ශරීරය.
රෙතෝර්න, *n.* Port., return, report, වාර්තාව.
රෙදි, *n. pl.* or *a.* of රෙද්ද; cloths, clothes; cloth- or clothes.
රෙදි·කඩ. *n.* piece of cloth, rag, handkerchief.
රෙදි·නැන්ද, *n.* washerwoman, laundress, රිදී නැන්දා.
රෙදි·පාදය, *n.* lower garment or cloth, skirt.
රෙදි·පෙරෙදි, *n. pl.* clothes and wraps, clothes,
රෙදි·මූට්ටුව, *n.* cloth-seam, seam. [garments.
රෙදි·හොරා, *n.* a bird so called, the paradise fly-catcher. [සා or රිටුවා, *vul.* පහරනවා,
රෙනවා, *v.* to evacuate the bowels; *pret.* රූත්
රෙපෙයාරු·කරනවා, *v. t.* Eng., to repair, අලුත් වැඩියාකරනවා.
රෙප්‍රමාදු, **රෙප්‍රමාදුආගමිකාර**, *a.* Eng., reformed; Protestant, pert. to the Protestant religion.
රෙප්‍රමාදු·ආගම, **රෙප්‍රමාදුව**, *n.* Protestant religion, Protestantism.
රෙප්‍රමාදු·ආගමිකාරයා, *n.* a Protestant.
රෙල්ල, *n.* See රැල්ල. [lotus, මානෙල්අල.
රෙමෙර, *n.* bulb or root of the white edible
රෙහෙණ, *n.* the fourth lunar asterism, consisting of five stars, probably of Taurus and representing a carriage.
රෙහෙණතනයා, *n.* ap. of බලහද; planet Mercury, බුදග්‍රහයා. [of the moon, හඳ.
රෙහෙණීසුරු, *n.* (රෙහෙණ ඉසුරු), lord, ap.
රෙහෙමියා, *n.* See රේමියා.
රෙහෙණ, *n.* See රේර. [නෙළුම් අල.
රෙහෙරල, *n.* (රෙහෙර අල), edible root of lotus,
රේ, *int.* expressive of contempt or disrespect.
රේඛා, *n. pl.* or *a.* lines; pert. to lines.
රේඛාණිය, *n.* ruler (for lines). [ය.
රේඛා·ගණිත·ශාස්ත්‍රය, *n.* geometry, මානසශාස්ත්‍ර
රේඛාන්විත, *a.* (රේඛා අන්විත), having lines, lined, rayed. [E. S.
රේඛාන්තර, *a.* (රේඛාඅන්තර), *geog.* latitudinal,
රේඛාන්තර·පද, *n. pl.* interlineation, sentences between the lines.
රේඛාන්තරය, *n.* distance or space between the lines, *geog.* latitude, parallel of latitude, E. S. [lines, interlinear.
රේඛාන්තර·ලිඛිත, *a.* written between the
රේඛාර්ධය, *n.* (රේඛා අර්ධය), half-line, bisegment; අඩඉරක්.
රේඛාව, *n.* line, streak, ඉර; fulness, පූර්ණකම.
රේගුව, *n.* Port., custom house.
රේචක, *a.* aperient, purgative, පාචනකරවන.
රේචකය, *n.* a purge, purging, පාචනවීම or කරවීම; purgative nitre, සම්දුලුණු, saltpetre, වෙඩිලුණු. *Bot.*
රේචකෞෂධය, *n.* (රේචක ඖෂධ:), purgative medicine, පාචනකරවන බෙහෙත.
රේචනය, **රේචනිය**, *n.* purging, looseness, බඩ යාම, පාචනය *Bot.*
රේචනයකරනවා, *v. t.* to loosen the bowels, purge, පාචනකරවනවා. [පරාග.
රේණු, *n.* dust, දූවිලි; pollen of flowers, මල්
රේණුකා, *n.* a kind of perfume or medicine; a sort of pulse. [දූවිලි වැසිනිබෙන.
රේණු·රූෂිත, *a.* covered with dust, dusty,
රේතස, *n.* semen, ශුක්‍රධාතුව; quicksilver, රසදිය.
රේන්ද, *a.* D., pert. to toll or lace. [dress).
රේන්ද, **රේන්ද·පටිය**, *n.* lace, (ornament of
රේන්දකරනවා, *v.* to farm rents or tolls.
රේන්ද·කාරයා, *n.* renter of government toll, tollman; toll-gate keeper.
රේන්ද·කොට්ටය, *n.* lace cushion, cushion on which lace is made. [levied.
රේන්ද·පල, *n.* place of toll, place where toll is
රේන්ද·පාර, *n.* road on which toll is levied, turnpike-road.
රේන්දය, *n.* D., rent, toll. [the toll.
රේන්දය·අයකරනවා, *v.* to toll, levy toll, collect
රේන්දරාල, *n.* *hon.* for රේන්දකාරයා
රේප, *a.* mean, low, vile, නීච.
රේඵය, *n.* the letter ර් in the form (ʳ) attached to another consonant as අර්ථ or දීර්ඝ.
රේභණය, *n.* lowing, bellowing of cattle, [නැසිල්ලීම.
රේ·මියා, *n.* sheatfish, මඩුරා.
රේරා, *n.* wild duck, teal; *pl.* රේරු; see රේරා.
රේවත, *n.* prince, කුමාරයා; ap. of Balarâma's wife's father.
රේවතිය, *n.* name of a river in India; the last lunar asterism, it contains thirty-two stars in the form of a tabour, one of the stars is
රේවතී, *n.* wife of බලරාම. [Zeta.
රේවතී·භව, *n.* (භව birth), planet Saturn, සෙනසුරා. [බලරාම.
රේවතී·රමණ, *n.* *lit.* husband of රේවතී: ap. of
රේවා, *n.* ap. of රති wife of Cupid; Nerbada, or Nermadà, a river of India.
රේෂණය, *n.* howling, neighing, roaring, roar, නැගැසීම, ගෙරවීම.

රෝෂණශකරනවා, *v.* to howl &c.
රේස්, *n.* Eng., race.
රොර, *n.* property, wealth, සම්පත, gold, රත් රන්; sound, noise, ඝෝෂාව.
රෝ, *n.* teal: see රේරා. [together.
රෝස්කරනවා, *v. t.* to collect, gather, heap
රොටි, *n.* T., unleavened cake; bread.
රොඩියා, *n. mas.* one of the Rodiya or lowest caste.
රොඩිස්සි, *n. fem.* Rodiya woman or girl.
රොඩු·මොඩු, *n. pl.* refuse and rubbish, garbage.
රොඩ්ඩ, *n.* refuse; *pl.* රොඩු, rubbish. [රැළ.
රොත්ත, *n.* multitude, swarm, flock, සමූහය,
රොද, *n.* row, පෙළ, strip, තීරය; lock or tress of hair, ඉසකේ රොද; curtain, තිරය; *pl.* රොදවල්.
රොද්ද, *n.* string, cord, ලනුව, රැණ, string or bow used in cleaning cotton, *pl.* රොදු.
රොන, *n.* dust, දූවිලි; pollen, රේණු; *pl.* රොන්.
රොනිත්ඇතිරෙනවා, *v.* to silt up, close up with
රොබුව, *n.* a kind of carriage, ගැල. [silt.
රෝව, *n.* row, line, පේළිය.
රොෂ, *n.* anger, see රෝෂය.
රොස්, *a.* Eng., roasted (overmuch), burnt.
රොස්කරනවා, *v. t.* to roast (overmuch), burn, පුළුස්සනවා. [angry.
රොස්වෙනවා, *v. i.* to become burnt; to become
රෝ, *n. pl.* E. and poetical for රෝග.
රෝග, *n. pl.* or *a.* diseases, illnesses, ලෙඩ.
රෝගකාර, *a.* diseased, who is ill, invalid.
රෝගකාරයා, *n.* one who is ill, invalid, patient.
රෝග·ග්‍රස්ත, *a.* (ග්‍රස්ත seized), seized with desease, ලෙඩ අල්ලාපු.
රෝග·ජනක, *a.* producing disease, sickly, unwholesome, රෝග උපදවන.
රෝග·නිදාන·ශාස්ත්‍රය, *n. med.* etiology, රෝග
රෝග·නිශ්චය, *n.* diagnosis, E. S. [හේතුවිද්‍යාව.
රෝග·නිශ්චායක, *a.* diagnostic.
රෝග·ප්‍රභේද·ශාස්ත්‍රය *n.* nosology; classification of diseases, රෝග ප්‍රභේදයන.
රෝග·බහුල, *a.* abounding in disease, unhealthy, රෝග අධික.
රෝග·බාහුල්‍යය, *n.* prevalence of disease &c.
රෝග·මුක්ත, *a.* freed from disease, restored, රෝගයෙන් මිදුණු, සනීපවුණ.
රෝගය, *n.* disease, illness, ලෙඩ.
රෝග·රාජ, *n.* king of diseases, viz. consumption, සයරෝගය. [ලකුණ.
රෝග·ලක්ෂණය, *n.* symptom of disease, රෝග
රෝග·ලාක්ෂණික, රෝග·විශේෂ, *a.* pathognomonic, රෝගය නිශ්චයකරන. [*med.* revulsion.
රෝග·විකර්ෂණය, *n.* (විකර්ෂ drawing away),
රෝග·විස්තර, රෝගවිස්තරාත්‍රවේද, *a.* (·ආත්‍ර:), pathologic, ලෙඩ විසඳන.
රෝග·විස්තරකාරයා, *n.* pathologist.

රෝග·විස්තරය, රෝගවිස්තරාත්‍රවේදය, *n.* pathology. ලෙඩ විසඳීම.
රෝග·විස්තරශාස්ත්‍රය, *n.* nosography. [කරන.
රෝග·ශාන්තික, *a*, curative, healing, ලෙඩ සුව
රෝග·ශාන්තිකයා, *n.* healer, doctor, වෙද.
රෝග·ශාන්තිය, *n.* curing, cure, healing, ලෙඩ සුවකිරීම. [ලෙඩ බෙහෙවීම.
රෝග·සංචාරය, *n.* spread of disease, infection,
රෝග·ඝ්න, *n.* (ඝ්න fr. හන් to quit, remove), remedy, පිළියම, medicine, බෙහෙත.
රෝග·හර, *a.* (හර to take away), curative, ලෙඩ සුවකරන. [වෙද.
රෝග·හාරී, *n.* remover of disease, doctor,
රෝගාගාරය, *n.* (·ආගාර:), patient's room or house, sick-room. [invalid, morbid, ලෙඩවූ.
රෝගාතුර, රෝගී, *a.* (·ආතුර afflicted), diseased.
රෝගාතුරකම, *n.* illness, infirmity.
රෝගාතුරයා, රෝගාතීතයා, රෝගියා, *n.* (·ආතුර afflicted), one who is ill, invalid, patient, ලෙඩා.
රෝගෝත්පාදක, *a.* (රෝග උත්:), producing disease, making ill, morbific, ලෙඩ උපදවන.
රෝගෝපශමක, *a.* (රෝගඋප:), allaying or curing disease, healing, ලෙඩ සහනයකරන
රෝචක, *a.* stomachic. E. S. [or සුවකරන.
රෝචකය, *n.* stomachic, E. S.; appetite, hunger, බඩගින්න; borax, ටංකාරලුණු.
රෝචන, *a.* beautiful, ලක්ෂණ, splendid, දීප්තිමත්; beautifying, irradiating, දීප්තිමත් කරන; whetting (the appetite). *Bot.*
රෝචනාව, රෝචනය, *n.* yellow pigment; bezoar, used as a medicine, dye or perfume: see ගෝරෝචනය; red arsenic, රතුපාෂාණම.
රෝචිමත, *a.* splendid, illuminated, දීප්තිමත්; beautiful, අලංකාර.
රෝද, *n. pl.* or *a.* Port., wheels; wheel-.
රෝද·කරුවා, *n.* wheel-maker, wheel-wright, රෝදසාදන්නා.
රෝද·ගරාදිය, *n.* spoke of a wheel.
රෝද·දත, *n.* wheel-cog or spoke.
රෝදනය, *n.* weeping, ඇඬීම, ඇඬුම.
රෝදනයකරනවා, *v.* to weep, අඬනවා.
රෝද·නාභිය, *n.* nave, hub or hob of a wheel.
රෝද·පට්ටම, *n.* wheel tire or rim, හිම්වලල්ල.
රෝදමාන, *a.* weeping, tearful, අඬන.
රෝද·මැස්ස, *n.* wheeled-platform, trolly.
රෝදය, *n.* Port., wheel; *pl.* රෝද.
රෝධක, *a.* impeding, obstructing, බාධාකරන.
රෝධනය, *n.* impeding &c., බාධාකිරීම; obstruction, බාධාව.
රෝධනයකරනවා, *v.* to impede, obstruct, handicap, බාධාකරනවා.
රෝධය, *n.* bank, shore, ඉවුර, ගොඩ.
රෝන්ද·නැව, *n.* guard-ship, මුරනැව.
රෝපණය, *n.* placing, planting, සිටුවීම; closing or healing sores or wounds, මැකීම, සුවීම.

රෝපණයකරනවා, *v. t.* to place, plant, සිටවනවා
රෝපල·යත්ත, *n.* carpenter's plane, යත්ත. [වි.
රෝපිත, *a.* placed, planted, සිටවාපු.
රෝම, රෝමු, *n.* wool, hair of the body.
රෝම, රෝම·මය, *a.* (මය aff.), woollen, ලෝම්; made of wool, ලෝම්වලින් සාදපු. [යක්.
රෝමක, *n.* (See රුමක), a kind of salt, ලුණුවර්ග
රෝමකූපය, *n.* pore of the skin, ඔා සිදුර.
රෝම·සෘජ, *a.* made of wool or hair, woollen: see රෝම. [fibre of wool.
රෝම·ගහක්, *n.* a hair or bristle, or single
රෝමච්ඡේදිත, *a.* shorn, රෝම කපනලද.
රෝමධාරී, *a.* bearing or producing wool, laniferous, ලෝම් ඇත්තාවූ.
රෝමන්, රෝම·නාගරික, *a.* Roman, pert to the city of Rome. [සත.
රෝමන්ථ, *a.* chewing the cud, ruminant, වමාරා
රෝමන්ථ·මෘගයා, *n.* animal that chews the cud, ruminant. [ants, ruminantia.
රෝමන්ථ·සත්ව·ජාති, *n. pl.* the classes of rumin-
රෝමන්ථය, *n.* rumination, වමාරාකෑම.
රෝමන්ථයකරනවා, *v.* to chew the cud, වමාරා කනවා. [skin, සම.
රෝම·භූමිය, *n. lit.* the hair-ground, viz. the
රෝමය, *n.* water, වතුර; hole, වළ, සිදුර; a sort of salt.
රෝමයා, *n.* Roman, රෝමනුවර වාසියා.
රෝම·රාජිකාව, රෝම·රාජිය, *n.* line of hari (extending to the navel).
රෝම·ලුණු, *n.* a medicinal salt found in India.
රෝමවත්, රෝමශ. *a.* hairy, pilose, කෙස්ගහ සවූ, woolly, lanate, ලෝමික.
රෝම·විකාරය, රෝමවික්‍රියාව, *n.* (විකාරය, වික්‍රියාව, change of form), horripilation, erection of the hair of the body, රෝම කෙළින් සිටීම.
රෝමවංශ, *n.* a kind of red dye or paint.
රෝම·හර්ෂණය, රෝම·හර්ෂය, *n.* See රෝමෝද්ගමන ණය; vermillion, සාදිලිංගම්.
රෝමානු, රෝමානුආගම්කාර, *a.* Roman Catholic, pert. to the R. C. religion.
රෝමානු·ආගම, or ඇදකිල්ල, *n.* R. C. religion, Roman Catholicism.
රෝමානු·කතෝලික, *a.* Roman Catholic.
රෝමානු ආගම්කාරයා, රෝමානුකාරයා, *n.* a Roman Catholic.
රෝමානුව, *n.* See රෝමානු ආගම
රෝමාලිය, රෝමාවලිය, *n.* (·ආලිය, ·ආවලිය, row, line), line of hair across the navel.
රෝමෝද්ගමනය, රෝමෝද්ගමය, රෝමෝද්ගමන ණය, *n.* (රෝම උද්:), erection of the hairs of the body, horripilation.
රෝමෝද්ගමනණයවෙනවා, *v. i.* the hair stands on end or becomes erected, (භීත ආදීයෙන්) ඇඟේ රෝම කෙලින් සිටිනවා.
රෝලම්බ, *a.* distrustful, සැක භය ඇති.

රෝෂණ, *a.* angry, wrathful, කෝපවූ.
රෝෂණය, රෝෂය, *n.* anger, wrath, කෝපය.
රෝෂණයවෙනවා, *v. i.* to become angry, කෝපවෙනවා. [වත්දි (මල, ගහ &c.).
රෝස, *n.* or *a.* Port., rose (the flower), රෝස
රෝ·සමාරය, *n.* See රෝගසමාරය,
රෝහණ, *n.* mounting, නැගීම.
රෝහිණී, *n.* fourth lunar asterism, see රෙහෙණ: this asterism is personified as a daughter of දක්ෂ, a wife of the moon and mother of බලරාම; cow, එළදෙන; lightuing, විදුලිය; inflammation of the throat, උගුරේ දූම්ල්ල. *Bot.*
රෝහිණී·පතියා, රෝහිණී·වල්ලභයා, *n.* husband or consort of රෝහිණී, viz. the moon, සඳ. [රෝහිණී, viz. the moon
රෝහිණීශ, *n.* (රෝහිණී,ඊශ ruler), ruler of
රෝහිණේය, *n.* ap. of බලරාම; planet Mercury,
රෝහිත, *a.* red, රතු. [බුදුනු; emerald, පච්චගල.
රෝහිත·මත්ස්‍යයා, *n.* a kind of fish, see ලේලා.
රෝහිත·මුවා *n.* red-deer, රතුමුවා.
රෝහිතය, *n.* red colour, රතුපාට; blood, ලේ; Indra's bow, ඉන්ද්‍රයාගේ දුන්න, දේදුන්න.
රෝහිතයා, *n.* a kind of fish, *cyprinus denticulatus*; a kind of deer. *Bot.*
රෝහිෂයා, *n.* the rohi fish; a kind of deer said to be something like an ass. [riform.
රෞක්ෂ්‍යාදස·ආකාර, *a.* fiddle-shaped, *bot.* pandu-
රෞක්ෂ්‍යාදසය, *n.* fiddle, violin: see රවුණිස්සය.
රෞක්ෂ්‍යාද·වාදයා, *n.* fiddler, violinist.
රෞද්‍ර, *a.* rough, harsh, violent, wrathful, savage, fierce, ferocious; pert. to Rudra or Siva.
රෞද්‍රය, *n.* violence, wrath, rage, සැරකම, කෝපය; heat, උෂ්ණය; fifty-fourth year of the Indian cycle. [of Yama, යම.
රෞද්‍රයා, *n.* violent or savage man, churl; ap.
රෞධිර, *a.* (fr. රුධිර), bloody, ලේ සහිත.
රෞම, රෞමක, *n.* (fr. රුම a district so called), salt from the mines of Ruma near the town of Sambhar in Ajmir.
රෞරව, *a.* terrific, savage, රෞද්‍ර. [hell.
රෞරවය, *n.* one of the regions of Tartarus or
රෞරවයා, *n. mas.* monster, savage one, රෞද්‍රයා, රාක්ෂයා. [as son of රෝහිණී.
රෞහිණේය, *n.* See රෝහිණේය: ap. of බලරාම

ල

ල, *n.* The letter L, the third of the liquids or sixth class of consonants.
ලක, *a.* or *n.* E. of ලංකා: pert. to Ceylon, Ceylonese; Ceylon. [කය.
ලක, *n.* figure, cypher, ඉලක්කම; target, ඉලක්
ලංකේශ්වර, ලංකාධිප, *n.* His Excellency of Ceylon, viz. Governor of Ceylon.

ලකණ, *n.* sign, mark, ලකුණ

ලකය, *n.* mark, ලකුණ; forehead නලල; ear of wild rice.

ලකර, *a.* beautiful, ලක්ෂණ. [ආභරණය.

ලකරය, *n.* beauty, ලක්ෂණය; ornament, jewel,

ලකල්, ලකළ, *a.* See ලකර. [rosary.

ලකංවැල, *n.* string of marks or beads, viz.

ලකුණ, *n.* mark, sign, badge; *pl.* ලකුණු.

ලකුණුකරනවා, *v* to put a mark on, to mark.

ලකුණට, ලකුණටක, *a.* short, dwarfish, stunted, කොට, මිටි. [stunt, කොටකරනවා. &c.

ලකුණටකකරනවා, *v. t.* to dwarf, make short,

ලකුණටකයා, *n.* short person, dwarf, මිට්ටා.

ලක්, *a.* E. of ලංකා: Ceylon-, see ලක.

ලකනකා·පෙති, *n. pl.* shell-lac flakes, shellac, දුම්මල පෙති.

ලකනකය, *n.* a tattered cloth, old rag, වැරහැල්ල; lac, දුම්මලජාතියක්, ලාකඩ.

ලක්දිව, *n.* E. of ලංකාද්වීපය.

ලක්වැල *n.* string, of beads, rosary used by Hindus and astrologers. ජපමාලාව.

ලක්වැසියා, *n.* inhabitant of Ceylon.

ලක්ෂණ, *a.* beautiful, charming.

ලක්ෂණ, *n. pl.* or *a.* of ලක්ෂණය: marks, ලකුණු, indicating, indicative, showing, පෙන්වන.

ලක්ෂණකියනවා, *v.* to state the indications, describe, define, ලකුණු කියනවා, විස්තරකරනවා.

ලක්ෂණය, *n* mark, sign, ලකුණ, name, නම; indication, attribute, trait, characteristic, අංගය; configuration, හැඩය, ආකාරය.

ලක්ෂණයා, *n.* crane, කොකා.

ලක්ෂණශාස්ත්‍රය, *n.* science of marks, lines and signs in the body as indicating destiny, a method of telling fortunes thereby.

ලක්ෂය, *n.* a lac, 100,000; mark, ලකුණ; target, ඉලක්කය; fraud, වංචාව.

ලක්ෂිත, *a.* marked, having a mark or marks, ලකුණුඇති; characterised by, E. S.

ලක්ෂ්මණ, *a.* happy, prosperous, fortunate, වාසනාවන්ත.

ලක්ෂ්මණ, *n.* mark, sign, name, ලකුණ, නාමය.

ලක්ෂ්මණා, *n.* a drug, රසකැල්; a crane or stork, කොකා. [of රාමචන්ද

ලක්ෂ්මන්, *n.* son of දශරථ and half brother

ලක්ෂ්මිය, *n.* fortune, prosperity, වාසනාව; beauty, ලක්ෂණකම; pearl, මුතුඇටය; saffron, කහ. *Bot.*

ලක්ෂ්මී, *n.* goddess so called, one of the three principal goddesses, wife of Vishnu and goddess of wealth, ශ්‍රීකාන්තාව.

ලක්ෂ්මීපති, *n.* Lord of ලක්ෂ්මී, viz. Vishnu. *Bot.*

ලක්ෂ්‍ය, *a.* that should or may be seen, noted, defined or traced, පෙනෙන, බැලිය යුතුවූ, විස්තරකළ යුතුවූ. [ශය.

ලක්ෂ්‍යය, *n.* mark, sign, example, ලකුණ, ආද

ලංගන්වනවා, &c : See ලැගන්වනවා &c.

ලගිනවා, *v. i.* to abide, lodge; (of animals) to lie down, crouch, perch, roost, *pret.* ලැග්ගා; [*v. n.* ලැගීම.

ලඝ, *a.* See ලඝු.

ලගුඩය, ලගුරය, *n.* short-staff, club මුගුර, sledge hammer, කුළුගෙඩිය.

ලග්ගවනවා, *v. c.* of ලගිනවා: to cause to lie down; give lodging; to place (as in jail); *prct.* ලැග්ගෙව්වා; *v. n.* ලැග්ගවීම.

ලග්න, *a.* joined, connected, බැඳි, සම්බන්ධ; intent on, කුතුහල; ashamed, ලජ්ජාවූ.

ලග්නකය, *n.* security, pledge, උකස; stake, wager, ඔට්ටුව.

ලග්නය, *n.* approach, conjunction, viz. the rising of a zodiacal sign, the moment the sun enters a zodiacal sign.

ලග්නයා, *n.* bard, panegyrist, කවිඳුයා. E. S.

ලග්නවෙනවා, *v. i.* to come into contact with, touch, හමුවෙනවා. [ඉතාකුඩා.

ලඝිෂ්ඨ, *a.* lightest, ඉතා සැහැල්ලු, very small,

ලඝු, *a.* short (as a vowel), quick, ලුහුඬු, ඉක්මන්; light, not heavy, සැහැල්ලු; small, insignificant, සුළු.

ලඝු, *n.* black aloe-wood, කළු අගිල් ලී; root of cuscus grass, see ලඝුලය.

ලඝුඅක්ෂරය, ලඝුප්‍රාණාක්ෂරය, *n.* short vowel.

ලඝුඅශ්වසේනාව, *n.* light-cavalry.

ලඝුකරනවා, *v. t.* to make light or short, සැහැල්ලු or කොට කරනවා.

ලඝුජීවී, *a.* short-lived, ephemeral. E. S.

ලඝුතර, *a.* very small, light or insignificant, ඉතා කුඩා, or සැහැල්ලු.

ලඝුතාව, *n.* shortness &c., see ලඝු. [E. S.

ලඝුදෘෂ්ටිය, *n.* near-sightedness, myopia, myopy,

ලඝුදෘෂ්ටියා, *n.* near-sighted person, myope, E. S. [lethargic, උත්සාහ නැති, අලස.

ලඝුප්‍රයත්න, *a.* making little effort, inactive,

ලඝුලය, *n.* root of cuscus grass, *andropogon muricatus*, සැවැන්දරා මුල.

ලඝුලේඛන, *a.* short-hand, stenographic. E. S.

ලඝුලේඛකයා, *n.* short-hand writer, stenographer. E. S. [stenography.

ලඝුලේඛය, *n.* brief writing, short-hand,

ලඝුවාක්‍ය, *a.* in few words, brief, laconic, වචනවලින් සංක්ෂේප. [තුරිත or දක්ෂ.

ලඝුහස්ත, *a.* ready or quick-handed, අතින්

ලඝුහස්තයා, *n.* dexterous person, *sp.* expert archer, දක්ෂ දුනුකාරයා,

ලංකා, ලාංකික, *a.* pert. to Ceylon, Ceylonese.

ලංකාද්වීපය, ලංකාව, *n.* Island of Ceylon, celebrated in H. history as the place where the giant king රාවණා had his capital.

ලංකාධිපතියා, *n.* (ලංකාඅධි:), the supreme lord or ruler of Ceylon. [ණයා.

ලංකාපතියා, *n.* ruler of Ceylon; ap. of රාව

ලංකේශ්වරයා, *n.* (ලංකාධිශ්වර), ruler of Ceylon, Governor of Ceylon.

ලංඝනය, *n.* overleaping, going beyond proper bounds, transgressing, ඉක්මයාම, කඩකිරීම; fasting, නිරාහාරව සිටීම. [ලඞ්; to fast.

ලංඝනකරනවා, *v.* to overleap &c., කඩකර

ලංඝනීය, *a.* transgressible, කඩකල හැකිවූ; that may be fasted for.

ලජ්ජාකරනවා, *v. t.* to put to shame.

ලජ්ජාජනක, *a.* producing shame, shameful.

ලජ්ජානැති, *a.* without shame, shameless, impudent.

ලජ්ජාන්විත, *a.* (ලජ්ජා අන්විත), imbued with shame, ashamed, bashful, modest, ලජ්ජා ඇති.

ලජ්ජාව, *n.* shame, modesty, bashfulness.

ලජ්ජාවෙනවා, *v. i.* to be ashamed, be shy.

ලජ්ජාශීල, *a.* shamefaced, see ලජ්ජාන්විත.

ලජ්ජාහීන, *a.* void of shame, see ලජ්ජානැති.

ලජ්ජිත, ලජ්ජි, *a.* ashamed, see ලජ්ජාන්විත.

ලඩය, *n.* foot, පාදය; tail, වල්ගය; end of the skirt tucked up into the waist-band කැහපට.

ලටපට, *n.* medley, miscellany, rubbish, trash; *fig.* nonsense.

ලටපටකෙදෙවනවා, *v,* to talk nonsense or rubbish.

ලඩු, *n.* confection made of parched jaknuts, scraped coconut and treacle.

ලතවෙනවා, *v. i.*, see ලතාවෙනවා.

ලතා, *n. pl.* or *a. bot.* creepers &c.; creeper.

ලතාආකාර, *a. bot.* creeper-like, reptant, වැල් ආකාර. [work, ලියකම, ලියවැල.

ලතාකර්ම, *n.* scroll-work, tracery, festoon-

ලතාකර්මයෙදනවා, *v.* to festoon, make scroll-work.

ලතාන්තය, *n.* (ලතා, අන්තය end), flower, මල.

ලතාප්‍රතානිකය, *n.* (ප්‍රතානිකී spreading), spreading creeper, පැතිරෙන වැල.

ලතාපසුර, *n.* tendril, පසුර.

ලතාමණිය, *n.* coral, පබළු.

ලතාලෑල්ල, *n.* board or ledge on the top of the frame of a door or window.

ලතාව, *n.* creeping plant, creeper, වැල; woman, ස්ත්‍රී; thread, නූල; branch, අත්ත; manner, form, ආකාරය.

ලතාවෙෂ්ටන, *a.* (වෙෂ්ටන twining), climbing, scandent, වෙලී ගනිත.

ලතිකාව, *n.* twining plant, creeper, වැල.

ලතින්, *a.* or *n.* Latin-; Latin language, ලතින් භාෂාව.

ලතු, *n.* gumlac, දුම්මල, ලාකඩ; red dye.

ලතුදිය, *n.* liquid lac, red dye.

ලතුවන්, *n.* or *a.* lac colour, රතුපාට; dye prepared from the ලොඩු tree; lac-coloured, light-red. මදරතු.

ලතෝනි &c: See ලතෝනි &c. [ඇත්තාඩු.

ලත්, *n. adj.* fr. ලබනවා: received, having, ලැබූ,

ලත්තා, *n.* one who has received, recipient. ලැබූ අය.

ලද, *v. adj.* fr. ලබනවා: received; used also to form the passive voice, as කරනලද, which has been done.

ලදපස්මල්, *n. pl. fig.* the five flowers, viz. parched grain, විලද, broken rice, සුන්හාල්, white mustard, හෙලඅබ; jessamine buds, සමන්කැකුළු and panic grass, ඊතණ.

ලද, *n.* E. for ලජ්ජාව, shame; for ලබ්ධිය, sect; woman ස්ත්‍රී; parched grain, විලද.

ලදින්, abl. case of ලද: by having received, ලැබුණයින්, or with verbs, as කරනලදින්, through being done. [ලැම or ලීම.

ලනවා, *v. t.* to put, place, lay; *pret.* ලෑවා; *v. n.*

ලනු, *n. pl.* or *a.* strings, string, rope.

ලනුපාමග, *n.* rope-ladder, ලනු ඉණිමග.

ලනුපුඩුව, *n.* rope-noose, string-noose.

ලනුව, *n.* string, cord, rope.

ලන්තෑරුම, *n.* Port., lantern, ගමන්පහන.

ලන්ද, *n.* high ground covered with low jungle; *pl.* ලඳු. [Hollanders, Dutch.

ලන්දේසි, ලන්සි, *a.* Port., pert. to Holland or

ලන්සා, *n.* Port., lance, spear, හෙල්ලය.

ලන්සිහුනු, *n.* Dutch lime, viz. whitening, රට

ලන්සෝලුව, *n.* Port., blanket. [ඉනු.

ලද=ලඳ, wife.

ලපගගනවා, *v.* to spot, mark with spots, maculate. [කිරීම; mouth, මුඛය.

ලපනය, *n.* (ලප් to speak), speaking, කථා

ලපය, *n.* spot, freckle, speck, mole.

ලපා, *n.* (fr ලප් to speak), word, speech, බස.

ලපිත, *a.* spoken, said, කියනලද. [බස.

ලප්පය, ලප්පිය, ලාප්පය, *n.* D. *lap* : patch, අණ්ඩ

ලප්පදමනවා, *v.* to spot, see ලපගගනවා.

ලප්පාවෙනවා, *v. i.* to reel, වැනෙනවා, වැනිවැනී යනවා.

ලබනවා, *v. t.* (fr. ලභ් to obtain, gain), to get, receive; *pret.* ලැබුවා; *v. n.* ලැබීම.

ලබාගන්නවා, *v. t.* to obtain, get, acquire.

ලබු, ලබුගෙඩිය, *n.* pumpkin.

ලබුකිරිබත් *n.* rice-milk boiled with pumpkin.

ලබුගිරවා, *n.* Alexandrine parakeet, *palaeornis eupatris.*

ලබුවැල, *n.* pumpkin gourd.

ලබුමිරිස්, *n.* a species of pepper. [ලැබූ.

ලබ්ධ, *a.* (fr. ලභ් to obtain), obtained, received,

ලබ්ධවර්ණයා, *n.* (වර්ණ praise), lauded one, viz. learned man, sage, පණ්ඩිතයා.

ලබ්ධාර්ථ, *a.* (අර්ථය purpose, gain), who has obtained his object, successful, සඵලවත්.

ලබ්ධි, *n. pl.* or *a.* sects; sectarian.

ලබ්ධික, *a.* pert. to religion. religious, sectarian, නිකායික.

ලබ්ධිකයා, ලබ්ධියා, *n.* religionist or member of a sect, as බෞද්ධ ලබ්ධිකයා, Buddhist.

ලබ්ධිකපක්ෂය, *n.* attachment to a sect, sectarianism. E. S. [system of religion, ආගම.

ලබ්ධිය, *n.* sect, division, denomination, නිකාය;

ලභ්‍ය, *a.* (fr. ලභ් to obtain), obtainable, procurable, ලබාගත හැකිවූ.

ලම්පටයා, *n.* lover, gallant, ප්‍රේමවන්තයා. E. S.

ලමග, ලම්බග, *n.* cinnamon, කුරුඳු, cassia, දවුල් කුරුඳු; cloves, කරාබු.

ලමයා, ලමා &c: See ළමයා, ළමා &c.

ලමු, *v. t.* 1st *pl.* or ලනවා: we lay or let us lay.

ලමුව, *n.* desire, covetousness, ආශාව, ලෝභය.

ලම්පට, *a.* dissolute, lewd, සල්ලාල. [කම.

ලම්පටකාව, *n.* libertinism, lewdness, සල්ලාල

ලම්පාකයා, *n.* libertine, lecher, සල්ලාලයා.

ලම්බ, *a.* pendulous, pendent, hanging, dependent, එල්ලෙන; outspread, extended, spacious, large, විශාල.

ලම්බක, *a.* hanging down, perpendicular. E S.

ලම්බකය, ලම්බය, *n.* a perpendicular. E. S.

ලම්බ·කර්ණයා, *n.* *lit.* pendant-eared one: ap. of the goat, එළුවා, elephant, අලියා, hare, හාවා, and goblin, රාක්ෂයා; also of ගණදෙවියා.

ලම්බ·කර්ණ·වංශය, *n.* a royal dynasty so called.

ලම්බ·ජ්‍යාව, *n.* dependent cord, viz. sine or cosine. [loose, බුරුල්.

ලම්බන, *a.* pendent, hanging, එල්ලෙන; flabby,

ලම්බනකාව, *n.* pendency, එල්ලෙන ගතිය; flabbiness &c., බුරුල්කම.

ලම්බනය, *n.* hanging down, dependence, එල්ලීම, එල්ලීතිබීම, long necklace which hangs far down in front, දිගඇටවැල; phlegm, සෙම.

ලම්බනයකරනවා, *v. t.* to hang, suspend, එල්ලනවා. [එල්ලෙනවා.

ලම්බනයවෙනවා, *v. i.* to hang down, depend,

ලම්බමාන, *a.* hanging down, dependent, එල්ලෙන. [line. E. S.

ලම්බ·රේඛාව, *n.* perpendicular line, plumb-

ලම්බිත, *a.* hanging from, suspended, එල්ලී තිබෙන. [පාලම.

ලම්බිත·පාලම, *n.* suspension bridge, එල්ලෙන

ලම්බෝදරා, *n.* (ලම්බ hanging or large, උදර belly), big-bellied one: ap. of ගණේශ, who is so represented, ගණදෙවියා.

ලඹ, *n. pl.* or *a.* E. of ලම්බ: hanging &c.

ලඹ·කැටය, ලඹය, *n.* plummet, plump.

ලඹ·බානවා, *v.* to let down or apply the plummet, to plumb.

ලඹ·ලනුව, *n.* plumb-line. [කන් ඇත්තාවූ.

ලඹ·කවන්, *a.* having dependent ears, එල්ලෙන

ලඹොර, *n.* (ලඹ, උර for උදර), see ලම්බෝදර.

ලයිකෝරු·බදුම, *n.* (ලයිකෝරු Port), putty.

ලයිකෝරු·බදුම·දමනවා, or ·අල්ලනවා, *v.* to apply putty, to putty.

ලයිබ්‍රරිය, *n.* Eng., library. [ආශාවෙන.

ලල, *a.* lolling, sporting, කෙළින; desiring,

ලලනය, *n.* shaking,, සෙලවීම; licking, lapping, ලෙවකෑම; lolling (the tongue &c., දිව), දිව් කිරීම; wantoning, pleasure, sport, කෙළිය.

ලලනාව, *n.* woman, ස්ත්‍රී, wanton, සල්ලාල ස්ත්‍රී; tongue, දිව.

ලලාට, *a.* frontal, pert. to the forehead, නලල්.

ලලාට·පට්ටය, *n.* fillet, head-band, frontlet, නලල්පටිය, tiara, මකුටය.

ලලාටය, *n.* forehead, නලල.

ලලාටිකාව, *n.* forehead-ornament, frontlet, fillet, නලල් සැරසිල්ල, නලල්පටිය. [කර.

ලලාම, *a.* beautiful, ලක්ෂණ, charming, මනෝ

ලලාමය, *n.* mark or sign, ලකුණ, ornament, ආභරණම, decoration, සැරසිල්ල; eminence, උත්තමකම;row,පෙළ; tail, වල්ගය; horn, අඟ.

ලලිත, *a.* shaking, සැලෙන; tremulous, චලවූ, skittish, චපල; wishing, desiring, ආශාවූ, wanton, රාගවත්.

ලලිතය, *n.* shaking, shake, trembling, චලනය, musical quaver &c., සෙලවීම; lolling, languishing. [කාව; musk, කස්තූරි.

ලලිතාව, *n.* woman, ස්ත්‍රී, wanton woman, ලාසි

ලව, *a.* (fr. ලූ to cut), small little, කුඩා,

ලව, *n.* nutmeg, සාදික්කා; cloves, කරාබු.

ලවක, *a.* cutting, කපන.

ලවකයා, *n.* cutter, reaper, mower, කපන්නා,

ලවග, *n.* See ලාමිගිත්ත. [ධූකාන්තෙකත් කපන්නා.

ලවංග, *a.* clove (tree &c.,).

ලවංග, ලවංග·පුෂ්ප, *n. pl.* cloves, කරාබු. [රස.

ලවණ, *n.* salt, ලුණු; saltness, salt taste, ලුණු

ලවණ, *a.* saline, salt, ලුණුවූ; handsome, beautiful, සෝභන, ලක්ෂණ. [E. S.

ලවණකරනවා, *v. t.* to turn into salt, salify.

ලවණ·ජලාශය, *n.* salt tank or spring, saline, ලුණු·පොකුණ or ·උල්පත.

ලවණ·ත්‍රය, *n.* the three common salts, viz. sea-salt, rock-salt and facticious salt, see ලව ණෂ්ටය. [දරන.

ලවණ·ධාරී, *a.* salt-bearing, saliferous, ලුණු

ලවණස්තම්භය, *n.* pillar of salt, ලුණු කණුව.

ලවණාකරය, *n.* (·ආකරය), salt-mine, ලුණු පතලය.

ලවණාකාර, *a.* salt-like, salty, saline, ලුණුවූ.

ලවණිම, *n.* lustre, දීප්තිය, beauty, රූව.

ලවණාෂ්ටය, *n.* (ලවණ, අෂ්ට eight), the eight chief salts enumerated by native druggists, viz. (with ලුණු to each) උද්භිද, කළු, බලල්, මුහුදු, or මූද, යවක්ෂාර, රෝම,පුවස and සෞවර්ච. See each in its place. [ලුණු.

ලවණෝත්තම, *n.* (ලවණ උත්තම), nitre, වෙඩි

ලවණෝද, *n.* (ලවණ උද), salt water, ලුණු දිය, කරදිය; the sea, මුහුද.

ලවන, *n.* jungle, කැලය; forest, වනය; lip, තොල; *pl.* ලවන්. [ලවනත්

ලවනක, *n.* (fr. ලවන අනක), lip, තොල; *pl*

ලවනය, *n.* cutting, reaping, කැපීම, කොයම් කැපීම.

ලවනවා, *v. c.* of ලනවා: to cause to place or lay down; *pret.* ලැවුවා; *v. n.* ලැවීම.

ලවය, *n.* (ලූ to cut), cutting, reaping; loss, destruction, නාශය; smallness, කුඩාකම; an instant, about half a second, තත්පරයකින් පංගුවක්; hair or wool, රෝම; drop of water, දියබින්දුව; numerator of a fraction.

ලවයා, *a.* sea-fish so called.

ලවල, *n.* bud, දළුව; creeper, වැල; nursery or plantation of betel vines, බුලත් දළු වත්ත.

ලවලාලයා, *n.* (ලවල ආලයා desirer) ap. of the deer, මුවා or goat, එළුවා.

ලවා, *post.* (*p. pl.* of ලවනවා setting), by means of, through (any one), as ඔහු මා ලවා ඒක කෙරෙවුවා, He got it done by me.

ලවිතුය, *n.* sickle, දෑකැත්ත.

ලශුන, ලසුන, *n.* garlic, සුදුලූනු.

ලශුනිය, *a.* of garlic, garlicky, සුදුලූනු ඇති.

ලස, *a.* cont. of අලස: idle; also for අල්ලස, bribe. [දුත්මෙන්මැද.

ලසක, *n.* resin, දුම්මල; middle of a bow,

ලස්වූ, *a.* for අලස, idle.

ලස්වෙනවා, *v. i.* to become idle.

ලසවු, *n.* See ලාවු. [tablet. See ලහ.

ලහබත්, *n.* meal given to priests invited by

ලහ, *n.* invitation tablet, viz. a bit or small tablet of wood left in the temple as an invitation to a meal, the number of tablets left indicates the number of priests invited.

ලහරිය, *n.* large wave of the sea, මහදිය රැළ.

ලහස, *n.* a measure of capacity, fifth part of a parrah.

ලඝු, *a.* swift, quick, සුළු, ඉක්මන්. [සුළුකම.

ලඝුකය, *n.* ease, lightness, පහසුකම, speed,

ලහුන, *n.* See ලශුන.

ලා, *p. pl.* of ලනවා: having placed; added to the *p. pl.* of another verb it makes it more definite in form as කරලා, having done.

ලා, *n.* dye prepared by the infusion of the bark of the ලොටු tree, lac dye, red dye, ලාකඩදිය. [lac resin. E. S.

ලාකඩ, ලාකිරි, *n.* D., sealing wax; gum lac or

ලාකම, *n.* (ලා, කම work), see ලාක්ෂාකර්මය.

ලාක්ක, ලාක්කරෙදි, *n.* D., broadcloth. [E.S.

ලාක්ෂණික, *a.* characteristic, symptomatic.

ලාක්ෂණිකතාව, *n.* characteristicalness, විශේෂ සවභාව. E. S. [symptomatic, විශේෂණ.

ලාක්ෂණීය, *a.* indicative, prognostic, specific,

ලාක්ෂා, *n.* lac, a resin deposited by the insect Coccus lacca and used in the preparation of red dye, sealing wax, varnishes &c., ලාකඩ.

ලාක්ෂාකර්මය, *n.* lac-work, viz. lac dyeing or painting, ලාක්ෂා ගෑම or ඒ රතුසායම් පෙවීම.

ලාක්ෂාරස, *n.* solution of lac, liquid lac, ලාකඩ දිය.

ලාක්ෂික, *a.* made of or pert. to the resin lac, ලාක්ෂා; in number consisting of a lac, ලක්ෂ.

ලාක්ෂිකාව, *n.* a sort of turmeric, *curcuma serumbet*, හරන්කහ.

ලාඝු, *a.* ascending, නඟින.

ලාග්ගා, *n.* a species of sprat.

ලාඝවය, *n.* lightness, frivolity, සැහැල්ලුකම, meanness, පහත්කම.

ලාංකික, *a.* pert. to Ceylon, Ceylonese, ලංකා.

ලාංකිකයා, *n.* inhabitant of Ceylon, Ceylonese, ලංකාවැසියා.

ලාංගලදණ්ඩය, *n.* plough-pole, shaft or handle of a plough, නඟුල්දණ්ඩ or නඟුල්මිට.

ලාංගලය, *n.* plough, නඟුල; penis, පුංලිංගය; palm tree, තලගස; main beam of a house, ගෙයි මහ බාල්කය.

ලාංගූලය, ලාංඝූලය, *n.* tail, වල්ගය, a hairy tail, horse's tail, අශ්ව වල්ගය.

ලාචන, *n.* resin, දුම්මල. [ers.

ලාච්චුපෙට්ටගම, *n.* D. and T., chest of draw-

ලාච්චුව, *n.* D., drawer (of a table &c.).

ලාජ, *n.* moist grain; root of cuscus grass, සැවැන්දරාමුල. [මිලද.

ලාජා, ලාජාපුෂ්ප, *n.* fried grain, parched grain,

ලාඤ්ජනය, *n.* (ලඤ් to mark), mark, sign, ලකුණ, impress, impression, සටහන.

ලාට, *a.* old, worn out, පරණ; childish, ළාමක.

ලාටය, *n.* chatter, babble, දෙඩවිල්ල; name of a country.

ලාටු, *n.* gum, මැලියම; resin, දුම්මල.

ලාටුව, *n.* stain, ආවුව. [horse-shoe &c.

ලාඩම, *n.* T., iron shoe for horses or cattle,

ලාඩම්ඇණය, *n.* iron-shoe nail, hob-nail.

ලාඩම්කාරයා, ලාඩම්ගහන්නා, *n.* farrier, shoer of animals.

ලාඩම්ගහනවා, *v.* to shoe, put on iron shoes.

ලාදුරු, *a.* leprous, pert. to leprosy.

ලාදුරුමඩුව, ලදුරුවත්ත, *n.* leper hospital, lazaretto. [lazar.

ලාදුරුකරාරයා, ලාදුරුලෙඩා, *n.* leper,

ලාදුරුරෝගය, or ලෙඩ, *n.* leprosy.

ලාබත්, *n.* cont. of ලහබත්.

ලාබය, *n.* See ලාභය. [become cheap.

ලාබවෙනවා, *v. i.* to be reduced in price,

ලාභ, *n. pl.* or *a.* gains; cheap. [කෑමණාව.

ලාභකාමය, *n.* desire of gain, avarice, වසඟ

ලාභකුරුණිය, *n.* a measure of capacity, see ලාහ, and ආළුකය.

ලාභමාත්‍රයන්, *a.* eager for gain, avaricious, niggardly, ලෝභ, මසුරු.

ලාභමාත්‍රයකම, *n.* avariciousness &c.

ලාභය, *n.* gain, profit, cheapness; a measure of capacity, see ලාහය.

ලාභයෙම, *ad.* cheaply, cheap, ලාභෙට.
ලාභියා, *n.* person who has made profit, gainer.
ලාමච්ඡ, ලාමජ්ජක, *n.* root of the cuscus grass, සැවැන්දරා මුල.
ලාම්පුව, *n.* Eng., lamp, පහන.
ලාරස, *n.* See ලාක්ෂාරස.
ලාර්ස්, *n.* or *a.* D., boots; boot-.
ලාලනය. *n.* coaxing. persuading. E. S.
ලාලනයකරනවා, *v. t.* to coax, persuade, කැමති කරවනවා.
ලාලසාව, *n.* longing, තද ආශාව, longing of a pregnant woman, දොළදුක.
ලාලා, *n.* saliva, spittle, කෙළ. [ආකාරය.
ලාල්‍ය, *a.* salival, salivary, කෙළසහිත or කෙළ
ලාලා'ජනක, *a.* producing saliva, salivant, කෙළඋපදවන.
ලාලා'ජනකෞෂධය, *n.* (ජනක ඖෂ:). salivant, sialogogue, කෙළ උපදවන බෙහෙත.
ලාලා'වර්ධනයකරනවා, *v.* to increase saliva, salivate, කෙළ වැඩිකරනවා.
ලාලා'විෂයා, *n.* insect whose saliva is venomous, as the spider, විෂ සහිත කෙළ ඇති සතා.
ලාලිත්‍යය, *n.* gracefulness, loveliness, සෝභන [කම.
ලාව, *n.* trap, snare, උගුල.
ලාවණ, ලාවණික, *a.* salt, saline, ලුණුමුසු, salted, corned, ලුණුදැමූ.
ලාවණ්‍යය, *n.* saltness, ලුණුරස; loveliness, beauty, රූපශෝභාව. [*chinensis.*
ලාවයා, ලා'වුවා, *n.* a sort of quail, *predix*
ලාවා, *n.* leech, කුඩැල්ලා; *pl.* ලාවෝ.
ලාසකය, *n.* embracing, enfolding, බදනැගීම.
ලාසකයා, *n.* actor, dancer, නාටකයා.
ලාසනය, ලාස්‍යය, *n.* dancing, නැටීම, a concert of song music, and dancing; a mode of dancing. [wanton, harlot, වේසඟන.
ලාසිකාව, *n.* a female dancer, නැට්ටුක්කාරී;
ලාහුරුව, *n.* a measure of quantity, a last (of lime equal 56 bushels.
ලාහ, *n.* a measure of capacity, about a gallon, ආඪකය, කුරුණිය; *pl.* ලාහ.
ලා'හලා, *ad.* flurriedly, excitedly. කලබලෙන්, කලිප්පිව්වෙයෙන්.
ලැකිය, *n.* usage, ව්‍යවහාරය; target, ඉලක්කය.
ලැගීම, ලැගුම, *v. n.* of ලගිනවා: lying down, reposing, sleeping, roosting. [of animals.
ලැගුම, *n.* place for lying down, ලැගුම්පල, sp.
ලැගුම්ගන්නවා, *v.* to lodge, නවාතැන්ගන්නවා, lie down to rest.
ලැගුම්'ගෙය, *n.* sleeping room.
ලැගුම්'පල, *n.* lodging place.
ලැන්ගවීම, *v. n.* of ලන්ගවනවා.
ලැඟි, *v. adj.* (E sor ලංඝන), gone beyond, transgressed, ඉක්මගිය, කඩකළ; fled, පලාගිය; lifted up, උස්කරපලද.
ලැගුම, *n.* transgression, ඉක්මයාම; fleeing, පලායාම; lifting up, උස්කිරීම.

ලැජ්ජා, &c. Er. for ලජ්ජා &c. [to.
ලැදි, *a.* inclined to, prone to partial to, devoted
ලැදිකම, *n.* inclination to &c., tendency or devotedness to a thing, ඇලුම්කම. [ed to.
ලැදිවෙනවා, *v. i.* to become inclined or attach-
ලැබීම, *v. n.* of ලැබෙනවා and ලබනවා: receiving, reception. [ලබනවා.
ලැබෙනවා, *v. i.* to receive; *pret.* ලැබුණා. See
ලැබිය, for ලැබිය, from ලබනවා.
ලැමි, *a.* disgraceful, vile, low, නින්දිත, නීච.
ලැයිස්, *n.* D., glue, මැලියම.
ලැයිම, *n.* (cooly) line (of huts).
ලැයිස්තුව, *n.* Port., list, වට්ටෝරුව.
ලැවග, ලැවිගින්න &c, See ලැව්ග, ලැව්ගින්න.
ලැවි'දුන්න, *n.* archer's bow, දුන්න.
ලැවියා, *n.* archer, දුනුවායා, වැද්දා.
ලැවීම, *v. n.* of ලවනවා: causing to place or lay down. [ශෝකය.
ලැවැන්න, *n.* distress, affliction, දුක; cause,
ලැසි, *a.* lazy, dilatory, idle, අලස.
ලැස්, *n.* laziness &c., අලසකම.
ලැහැබ &c, See ලැහැබ &c.
ලෑවිකානවා, *v.* to scrape off with the teeth.
ලෑම, *v. n.* of ලනවා: laying, placing.
ලෑලි, *n. pl.* or *a.* boards; pert. to or consisting of boards or plates.
ලෑලි'ගල, *n.* flag-stone. [board.
ලෑලි'ගහනවා, *v.* to fasten or nail boards on,
ලෑල්ල, *n.* board, plank, slab; *pl.* ලෑලි.
ලෑස්ති, *a.* Port., ready, prepared, සූදානම්වූ.
ලෑස්තිකරනවා, *v. t.* to make ready, prepare.
ලෑස්තිය, *n.* readiness, preparedness. සූදානම.
ලෑස්තිවෙනවා, *v. i.* to become prepared; prepare one's self, සූදානම්වෙනවා.
ලික්කාව, *n.* nit, ලේඩියා, young louse, ඇල්මුවා.
ලිඛිත, *a.* written, ලියාපු; drawn, delineated, සටහන්වූ. [ලියවිල්ල.
ලිඛිතය, *n.* writing, manuscript, document,
ලිඛිතාක්ෂරය, *n.* ('අක්ෂ:), a written letter of the alphabet, ලියාපු අකුර; *pl.* written letters or handwriting, lettering, අත්අකුරු.
ලින්'ගල, *n.* See ලිප්ගල. [to sex, ලිඟු.
ලිංග, *n. pl.* or *a.* organs of generation; pert.
ලිංගය, ලිඟුව, *n.* mark, sign, ලකුණ; penis, පුරුෂලිංගය; the phallus or Siva so portrayed, in H. phil. the hermaphrodite symbol of Brahma as the creative power; *gram.* gender.
ලිංග'රහිත, *a.* sexless, ලිඟුනැති. [sexuality.
ලිංග'සහිතභාව, *n.* the state of having sex,
ලිංගාග්‍ර'චර්මය, *n.* (ලිංග අග්‍ර:), foreskin, prepuce.
ලිංගුස්, *n.* Port., sausage.
ලිච්ඡවිය, *n.* soft or fine leather, සිනිඳුහම
ලිච්ඡවී, *n*, a royal dynasty so called.
ලිත, *n.* almanac, calendar.

ලිප් &c, See ලිප් &c.
ලිද, See ළිඳ
ලිප, *n.* hearth or fireplace for cooking.
ලිපය, *n.* (ලිප් to smear &c.), smearing, plastering, ගෑම, ලේපනය.
ලිපි, *n. pl.* or *a.* writings; writing-.
ලිපිකරනවා, *v. t.* to write, engross, ලියනවා.
ලිපිකරු, ලිපිකාර, *a.* pert. to clerks or writing, cleric. [ලියන්නා.
ලිපිකරුවා, ලිපිකාරයා, *n.* writer, scribe, clerk,
ලිපිකරු·වැඩය, *n.* writership, employment of writing. [ship.
ලිපිකාරකම, ලිපිකාරධුරය, *n.* writership, clerk-
ලිපි·දෝෂය, ලිපි·දෝෂය *n.* clerical error.
ලිපිය, *n.* writing, ලියවිල්ල ලේඛනය; drawing, සටහන; painting, පාටගෑම, සිතියම; smearing, ගෑම.
ලිප්·කැටය, ලිප්·ගල, *n.* hearthstone, viz. any one of the stones or bricks that support the vessels over the fire.
ලිප්ත, *a.* (ලිප් to anoint, smear), anointed, ආලේපවූ, smeared, plastered, ගෑවූ.
ලිප්සාව, *n.* wish, desire, කැමැත්ත, ආශාව.
ලිම්පනය, ලිම්පය, *n.* smearing, plastering, ගෑම, anointing, ආලේපය. [ආලේපකරනවා.
ලිම්පනයකරනවා, *v. t.* to smear, ගානවා, anoint,
ලිම්පිත, *a.* smeared, ගාපලද, anointed. ආලේප වූ.
ලය, *n.* (Sans ලී), weariness, වෙහෙස; loss, destruction, නාශය, end, කෙළවර; equality, සම කම; bracelet, අත්වළල්ල.
ලිය, *n.* woman, ස්ත්‍රී; dwelling house නිවාසය; musk, කස්තූරි; creeper, වැල, twig, රිකිල්ල.
ලිය·කම *n.* (ලිය creeper, කම E. of කර්මය), scroll-work &c., see ලතාකර්මය.
ලිය·කොමළු, *a.* tender or slim as a creeper or vine; ep. of a woman.
ලියන, *v. adj. pres.* writing; cutting or turning as in a lathe; shredding, slicing.
ලියන·අප්පු, *n.* writer, clerk. [ලේකම්වුව.
ලියන·කටුව, *n.* cutting tool of a lathe; style,
ලියන·කඳ, *n.* turning lathe.
ලියන·තැන, *n. hon.* clerk, secretary, ලේකම.
ලියන·පට්ටලය, *n.* turner's workshop.
ලියන·පෙට්ටිය, *n.* writing-desk.
ලියන·රෝදය, *n.* lathe wheel. [turner.
ලියන·වඩුවා, ලියන·ශිල්පියා, *n.* turner, wood-
ලියන·ශිල්පය, ලියනකර්මාන්තය, *n.* art of turning, turnery.
ලියනවා, *v. t.* to write, inscribe; engrave with a style on the talipot leaf; to shred or slice; turn in a lathe; *pret.* ලිහුවා or ලිවුවා; *v. n.* ලිවීම.
ලියන්නා, *n.* writer of anything; clerk.
ලියමන, *n.* writing, letter, epistle.

ලියලනවා, *v. i.* to bud, sprout; *pret.* ලියලුවා; *v. n.* ලියලීම. [ලෙවුවා; *v. n.* ලියලවීම.
ලියලවනවා, *v. c.* to cause to bud &c.; *pret.* ලිය
ලියවනවා, *v. c.* of ලියනවා: to cause to write &c., get written &c.; *pret.* ලියෙවුවා; *v. n.* ලියවීම. [කම.
ලිය·වැල, *n.* festoon-work, scroll-work, see ලිය
ලිය·වැල්·මහනවා, *v.* to embroider, චෙත්තම කරනවා.
ලිය·වැල්·මැහුම, *n.* embroidery, චෙත්තම.
ලිය·වැල්·සාදනවා, *v.* to make festoon-work, festoon, E. S. [*pl.* ලියවිලි.
ලියවිල්ල, *n.* writing, writ, document, scripture;
ලියවෙනවා, *v. i.* to become written inadvertently; to enrol one's self, be articled, enlist; *pret.* ලියවුණා; *v. n.* ලියවීම.
ලිය·සැව්, *n.* (ලිය creeper, සැව් bow, දුන්න), sp. of Cupid. කාමදේවයා. [(a letter).
ලියා·අරිනවා, *v. t.* to write to, write and send
ලියා·තබනවා, *v. t.* to write down, place on record, enter, register.
ලියා·පදිංචිකරනවා, *v. t.* to enrol, register, enter or put on record.
ලියැද්ද, *n.* bed or division of a paddy field; terrace; *pl.* ලියැදි or ලියදි.
ලියුම, *n.* letter, epistle; shredding, slicing. Sometimes written ලිවුම.
ලියුම්කරු, ලියුම්කරුවා, ලියුම්කාරයා, *n.* the writer, or writer in general, correspondent.
ලියූ, *v. adj. pret.* of ලියනවා: written, wrote &c.; shredded &c.
ලිවීම, *v. n.* of ලියනවා: writing &c.
ලිස්සනවා, *v. i.* to slip, slide, glide; *pret.* ලිස්සුවා; *v. n.* ලිස්සීම.
ලිස්සවනවා, *v. c.* to cause to slip or slide; *pret.* ලිස්සෙවුවා; *v. n.* ලිස්සවීම.
ලිස්සීම, ලිස්සුම, *v. n.* slipping &c., slip.
ලිස්සී (or ලිස්සා)යනවා, *v. i.* to slide down or out, slide along, slide or slip away.
ලිස්සීයාම, ලිස්සායාම, *v. n.* sliding down &c.
ලිස්සුම්·දොර, *n.* sliding-door
ලිස්සුම්·පියන, *n.* sliding-cover, sliding-valve.
ලිස්සුම්·පීල්ල, *n.* sliding-spout; slide-valve; ලිස්සන පීල්ල.
ලිස්සෙනවා, *v. i.* See ලිස්සනවා; *pret.* ලිස්සුණා.
ලිහනවා, *v. t.* to unloose, untie, unfasten, unbind, release; *pret.* ලිහුවා; *v. n.* ලිහීම.
ලිහිණියා, See ලේනියා.
ලිහිණියා, *n* bird, පක්ෂියා, sp. the swift or swallow, see වැහිලිහිණියා; used also of the various species of tern, as මුදුරුකිරලා, &c.
ලිහිල්, *a.* soft, මෘදු; slack, loose, flabby, බුරුල්; easy, familiar, colloquial, simple, පහසු.
ලිහිල්කරනවා, *v t.* to loosen, relax, බුරුල්කරන වා; simplify, පහසුකරනවා.

ලිහිල්බස, *n.* simple speech, colloquial language, ලිහිල්බසක්, colloquialism.

ලිහීම, *v. n.* of ලිහනවා and ලිහෙනවා: unfastening &c.; getting free.

ලිහෙනවා, *v. i.* to become unfastened, get free or loosed; *pret.* ලිහුණේ.

ලී, *n. c.* or *a.* wood, timber, sticks; wooden.

ලී·ඇණය, *n.* wooden peg.

ලී·කද, *n.* beam, බාල්කය.

ලී·කැටයම, *n.* wood-engraving, xylography.

ලී·කැටයම්, *a.* pert. to wood-engraving, xylographic. [pher.

ලී·කැටයම්කාරයා, *n.* wood-engraver, xylogra-

ලී·කැටයම්·ශිල්පය, *n.* art of wood-engraving, xylography. [roach.

ලී·කැරපොත්තා, *n.* wood-louse or wood-cock-

ලී·කොටය, *n.* clump or billet of wood, block.

ලී·කෝටු·මැස්ස, *n.* hurdle.

ලීකෝටුව, *n.* stick, rod, switch.

ලීක්කාව, *n.* See ලික්කාව.

ලී·ගැටය, *n.* knot in wood, knag.

ලීඪ, *a.* (fr. ලිහ් to lick), licked, eaten, ලෙව කාපු, කනලද. [timbers.

ලී·දඬු, *n. c.* or *pl.* timber, lumber, sticks and

ලී·දඬු කොටුව, *n.* timber-yard.

ලීන, *a·* hidden, obscure, අඳුරු, නොපැහැදිලි.

ලීනාර්ථය, *n.* (ලීන අර්ථය,) hidden (or obscure or recondite) meaning, සැඟවී තිබෙන තේරුම.

ලීනාර්ථ·සංග්‍රහය, *n.* the name of a commentary on obscure passages in the Pitakas.

ලීණියා, *n.* Er. for ලිහිණියා.

ලී·පණුවා, *n.* wood-worm, see ගස්පණුවා.

ලීම, *v. n.* of ලනවා, see ලෑම.

ලීම·දෙහි, *n.* a variety of lime (දෙහි), tree or fruit. *citrus limetta.* [*catiang.*

ලී·මෑ, *n.* a species of bean or pulse, *vigna*

ලීය, *n.* a piece of wood, stick, spar, log.

ලීලාව, *n.* mode, deportment, habit, conduct, behaviour, හැසිරීම; *pl.* ලීලාවල්: manners, morals, habits, deportment, කල්ක්‍රියා, චරිත; play, sport, සෙල්ලම, amorous sport, කාමුක කෙළිය.

ලීලෝද්‍යානය, *n.* (ලීලා sport, උද්‍යානය), pleasure-garden, playground, ක්‍රීඩායතන, සෙල්ලම්·පිට්ට නිය or භූමිය.

ලීලෝපේත, *a.* (ලීලා උපේත) endued with ලීලා, i. e. with playfulness or delights: pleasing, playful, සිතපිණවන; shaking.

ලී·වැඩ, *n.* woodwork. [border.

ලීස්තරය, *n.* Port., raised edge or moulding,

ලුඨනය, *n.* rolling on the ground, wallowing, පෙරළීම, වැතිරීම. [කරදිය.

ලුණඹ, *n.* (ලුණුඅඹ), salt-water, sea-water,

ලුණු, *n.* or *a.* salt.

ලුණුකර·බිම, *n.* salt ground, saline soil.

ලුණුකරය, *n.* salt-mine: see ලවණාකරය.

ලුණු·කුප්පිය, ලුණු සෙලේරුව, *n.* salt-cellar.

ලුණු·ගතිය, ලුණු·රස, *n.* saltness, salt taste,

ලුණු·ගානවා or දමනවා, *v.* to salt, apply salt.

ලුණු·පට්ටලය, *n.* saltern, salt-works.

ලුණු·දිය *n.* salt-water, brine.

ලුණු·මාරුව, *n.* saltness, brackishnes, ලුණුගතිය.

ලුණු·මාරුවූ, *a.* salty. brackish, briny, ලුණුරස

ලුණු·මාලු, *n.* salt fish. [ඇත්තාවූ.

ලුද්දකයා, *n.* hunter, දඩයම්කාරයා.

ලුප, *n.* love, affection, ප්‍රේමය, ඇලුම්කම.

ලුප්ත, *a.* (ලුප් to cut off, plunder), cut off, කපා-සිඳ-දමනලද, *gram.* elided, ලෝපකරනලද

ලුප්තය, *n.* loot, booty, plunder, කොල්ලය.

ලුප්ත·කරණය, *n.* plundering spoliation, කොල්ල කෑම.

ලුබ්ධ, *a.* covetous, තණ්හාවූ, greedy, ලෝභ.

ලුබ්ධයා, *n* covetous or greedy person, ලෝභයා; hunter, දඩයම්කාරයා; libertine, සල්ලාලයා.

ලූසිත, *a.* deluded, රැවටුණු, perplexed, ආකුලවූ.

ලුම්බිනිය, *n.* name of a wilderness celebrated as Buddha's birth-place.

ලුලාපයා, ලුලායයා *n.* (ලුල් to stir, අප water), buffalo, මීහරකා.

ලුලිත, *a.* stirred, agitated, චලිත, සෙලවෙන, trembling, වෙවුලන, tremulous, චපල.

ලුලිතතාව, *n.* agitation, tremulousness, සෙල්වීම, චලිතතාව,

ලුලුව, *n.* shaking, trembling, සෙල්වීම, චපලය.

ලූව, *a.* See ලුව.

ලුහු, *a.* short. brief, කොට; light. සැහැල්ලු, small, කුඩා; swift, ඉක්මන්. [in short.

ලුහුඬින්, *ad.* briefly, concisely, in few words,

ලුහුඬු, *a.* short, brief, abridged, concise; deficient, අඩු,

ලුහුඬුකම, *n.* brevity &c.; deficiency, අඩුකම.

ලුහුඬුකරනවා, *v. t.* to make brief, abridge, curtail.

ලුහු·දන *n.* poor person or people, දිළිඳුඅය.

ලුහුනු, *n. pl.* onions, see ලූනු.

ලුහු·බඳිනවා, *v. lit.* to bind or force speed, viz. to rush after, pursue, chase, hunt, පසුපස්සේ එලවාගනවා. [ing, pursuit &c.

ලුහු·බැඳීම, ලුහු·බැඳුම, *v. n.* of the above: pursu-

ලුහුලා, *n.* a river fish of a dark colour; *ophiocephalus striatus*, *pl.* ලුල්ලෝ (fr. ලුලා) or ලුහුල්ලු.

ලූ, *v. adj. pret.* of ලනවා: put, placed, ලෑවූ, තැබූ; used also in quotations in the sense of "It is laid down or said that," as ඔහු ගියාලූ, it is said he has gone or went.

ලූ, ලූන, *a.* (fr. Sans. ලූ to cut), cut, කැපූ, broken, කැඩූ, wounded, තුවාලවූ.

ලූතරීන, *a.* Lutheran.

ලූතා, ලූතිකා, *n.* spider, මකුළුවා. [a spider.

ලූතාව, *n.* inflammation from the discharge of

ලූනු, *n. pl.* or *a.* onions; onion-.
ලූමය, *n.* tail, වල්ගය; hairy tail, see ලාංගූලය.
ලූල, *n.* snare, trap, උගුල; fishing basket, [කෙමිය.
ලූලා, *n.* See ලුහුලා.
ලූව, *n.* largeness, bulkiness,
ලෙකය, *n.* look, appearance, බැලුම.
ලෙන්ගතුකම, *n.* kindness, compassion, කරුණා වත්සලකම, affection, ආදරය. [චණ්ඩ.
ලෙච්, *a.* unsubdued, untamed, wild, savage,
ලෙඩ, *n.* or *a.* illness, disease; ill, diseased, ලෙඩවූ. [patient; *pl.* ලෙඩ්ඩු.
ලෙඩා, *n.* diseased person, one who is ill,
ලෙඩ්බුල, *n.* chisel for cutting stone.
ලෙද, *ad.* See ලෙස.
ලෙදම්බ, *n.* livelihood, ජීවිකාව.
ලෙන, *n.* cave, ගුහාව, den, lair; *pl.* ලෙන්.
ලෙපෙද, *n.* row, line, පෙළ.
ලෙලි ගසනවා, *v.* to peel, take of the peel, husk, or rind. [fields, කුඹුරුයාය.
ලෙලිය, *n.* tract of land, stretch of paddy
ලෙල්ල, *n.* husk, rind, peel, shell (of tortoise &c); *pl.* ලෙලි. [ලෙලිගසනවා.
ලෙල්ල අරිනවා or **ගසනවා**, *v.* to husk &c., see
ලෙල්ලම, *n.* teasing, tantalizing, harassing, disturbance, කරදර.
ලෙල්ලම්කරනවා, *v.* to tease, harass &c., trouble, molest, [(any one).
ලෙල්ලම්වෙනවා, *v. i.* teasing &c., befalls
ලෙල්ලම් පල, *n.* fish mart, මාලුකඩ.
ලෙවකනවා, *v. t.* (ලෙව p. pl. or ලෙවිකනවා or ලෙවිනවා), to lick, lick, up.
ලෙවකෑම, *v. n.* licking, licking up.
ලෙවඩුව, *n.* spear, හෙල්ලය.
ලෙවන්, *n.* or *a.* for ලේවන්.
ලෙවන්, *n. pl.* (ලෙව world, අන් acc. termination), inhabitants of the world, mankind, ලෝවැසියෝ.
ලෙවරිය, *n.* a native sweetmeat. [නවා.
ලෙවිනවා, *v. t.* to lick; *pret.* ලෙව්වා; see ලෙවික
ලෙවී කාණ්ඩය, *n.* the book of Leviticus.
ලෙවී ගෝත්‍ර, *a.* of the tribe of Levi, Levitical.
ලෙවීම, *v. n.* of ලෙවිකනවා or ලෙවිනවා: licking.
ලෙවියා, *n.* Levite.
ලෙවෙල, *n.* Eng., level, spirit-level, වතුරපාසය.
ලෙව්, *n.* or *a.* the world, mankind, ලොව, ලෝකයා; pert. to the world, ලෝ, ලෝක.
ලෙව් සසුන, *n.* the world and religion, ලෝකය හා ශාසනය.
ලෙස, *ad.* or *n.* so that, so as to, හැටියට; manner, method, අන්දම; deception, රැවටීම.
ලෙස්සනවා, *v. i.* See ලිස්සනවා. [කිරීම.
ලෙහෙටුව, *n.* the act of eating, කෑම අනුභව
ලෙහෙඩියා, *n.* See ලේඩියා.
ලෙහෙනා, *n.* See ලේනා.
ලෙල, *a.* shaking, quavering, චපල.

ලෙල දෙනවා, *v.* to shake, quake, quaver, vibrate, quiver, trill, (of the ears) tingle.
ලෙලවනවා, *v. t.* or *v. c.* of ලෙලෙනවා: to shake, agitate, cause to vibrate; brandish; *pret.* ලෙලෙවුවා; *v. n.* ලෙලවීම.
ලෙලවා ගායනාකරනවා, *v.* to quaver in playing music.
ලෙලියනවා, *v. i.* to wriggle, නළියනවා; *pret.* ලෙලියුවා or ලෙලියෑවා; *v. n.* ලෙලියෑම.
ලෙලීම, **ලෙළීම**, *v. n.* of ලෙලෙනවා; shaking &c., සෙලවීම, ලෙලදීම.
ලෙලෙනවා, *v. i.* See ලෙලදෙනවා; *pret.* ලෙලුණා.
ලේ, *n.* blood; line, row, පේළිය, see ලෙපෙද.
ලේ අතීසාරය, *n.* dysentery, රක්තාතිසාරය.
ලේ අරිනවා, *v.* to let blood, bleed.
ලේකම, *n.* (Sans. ලේඛක), writer, scribe, secretary, recorder, official writer.
ලේකම් තැන, *n. hon.* of ලේකම.
ලේකම් ධුරය, **ලේකම් නිලය**, *n.* secretaryship, secretariat. [called.
ලේ කරවලා, *n.* a small venomous snake so
ලේ කැට, *n.* streak or clot of blood, blood-streak or clot. [or writers.
ලේඛක, *a.* (fr. ලිඛ් to write), pert. to writing
ලේඛක ධුරය, *n.* employment of writing, writership, ලිපිකරුවැඩ.
ලේඛකයා, *n.* writer, clerk, ලියන්නා, ලිපිකරුවා
ලේඛන චර්මය, *n.* parchment, vellum, ලියනහම.
ලේඛනය, *n.* writing, manuscript, record, ලියමන, ලියවිල්ල; scraping (the tongue to cleanse it), scratching, සීරීම; vomiting, වැමැරීම; bark or leaf for writing on, පොත් පත්‍රය or පුස්කොළය; reed of which pens are made, writing reed.
ලේඛනයකරනවා, *v. t.* to write, ලියනවා.
ලේඛන ශාලාව, *n.* writing school, ලියන ඉස්කෝලය; record-office.
ලේඛන ශාස්ත්‍රය, *n.* graphology, ලියන ශාස්ත්‍රය.
ලේඛන ශිල්පය, *n* art of writing, penmanship, ලියන ශිල්පය. [ලේඛනශාලාව,
ලේඛන ස්ථානය, *n.* archives, record-office,
ලේඛනාගාරය, *n.* (+ආගාර), writing-office, ලියන ගෙය.
ලේඛනාචාර්යයා. *n.* (+ආචාර්ය). writing-master, penman, ලිවීම උගන්වන්නා.
ලේඛනිය, *n.* pen, පෑන.
ලේඛය, *n.* letter, epistle, ලියමන, ලිපිය.
ලේඛාව, *n.* writing, ලියවිල්ල; painting, සිතියම, delineation, සටහන; line, row, පෙළ.
ලේඛිත, *a.* written, ලියනලද.
ලේඛ්‍ය, **ලේඛ්‍යක**, *a.* pert. to writing, epistolary, ලිවීමට අයිතිවූ, ලියවිලි-, යැවුම්පත්‍ර-
ලේඛ්‍ය චර්මය, *n.* See ලේඛනචර්මය.
ලේඛ්‍ය පත්‍රය, *n.* sheet of writing paper or leaf, ලියන කොළපත; letter, ලියමන.

ලේඛනය, n. letter, ලියුම; manuscript, අත්ලිය විල්ල; drawing, සිතියම් ඇඳීම, delineation, සටහන; written accusation or defence, ලියාපු පැමිණිල්ල or විත්තිය.
ලේඛ·ශෛලය, n. grapholite. E. S.
ලේඛ·ස්ථානය, n. writing-office, counting-house, ලියන කන්තෝරුව or ගණන් කන්තෝ [රුව.
ලේ·ගඩුව, n. carbuncle.
ලේගරය, n. D., barrel, cask, tun.
ලේ·ගලනවා, v. i. to bleed, i. e. blood flows.
ලේඩිත්තා, ලේඩියා, n. nit, egg of a louse.
ලේ·නාලය, n. blood-vessel, E. S.
ලේනා, n. squirrel; pl. ලේන්නු, acc. ලේනුන්.
ලේ·නෑකම, n. blood-relationship, consanguin- [ity.
ලේ·නෑයා, n. a blood-relation.
ලේන්සුව, n. Port., handkerchief.
ලේන්කූඩුව, n. squirrel's nest.
ලේපකරනවා, v. t. (ලිප් to smear), to smear, plaster over, ගානවා; anoint, ආලේපකරනවා.
ලේපනය, ලේපං, n. smearing &c., ගෑම, ආලේපය.
ලේපය, n. mortar, plaster, බදාම.
ලේ·පල්ල, n. bloody ernption; pl. ලේපලු.
ලේපියා, n. (ලිප් to plaster), plasterer, සපලාරු කාරයා; bricklayer, පෙදරේරුවා.
ලේ·පොළඟා, n. blood-polonga, snake so called.
ලේ·මඩුල්ල, n. blood spot or patch, ලේපැල්ලම.
ලේ·මාලය, n. flow or issue of blood (from the womb), flooding.
ලේ·මැඩිල්ලා, n. olive or blood-coloured short snake or eye-snake, see මැඩිල්ලා.
ලේ·මී·පොළඟා, n. See ලේපොළඟා.
ලේය·පේය, ලේය්‍ය·පේය්‍ය, n. pl. lit. suckings and drinkings, viz. dainties, sweets, (jams and such), dessert. [rhage.
ලේ·යාම, v. n. of ලේයනවා: bleeding, hemor-
ලේලා, n. fresh-water fish of the carp tribe, supposed to be the *mahseer*; pl. ලේල්ලු.
ලේලිහයා, n. tape-worm, බඩේ පැතලි පණුවා.
ලේලි, n. daughter-in-law; niece; pl. ලේලිලා.
ලේ·වන්, n. or a. blood-colour, ලේපාට, red, රතු; the planet Mars, අඟහරුවා.
ලේවාය, n. salt-pan, saltern, [salt.
ලේවා·ලුණු, n. sea-salt made in a saltern, bay-
ලේශ, a. small, little, කුඩා.
ලේශය, n. smallness, කුඩාකම; a little, ස්වල්පය.
ලේසි, a. T., easy, not difficult, facile, පහසු.
ලේසිකම, ලේසිය, n. ease, facility, පහසුකම.
ලේ·හොල්වනවා, v. to draw or fetch blood, cause to bleed. [බලනවා; make into a syrup.
ලේහකරනවා, v. t. to lick, ලෙවකනවා; taste, රස
ලේහනය, n. licking, ලෙවීම; tasting, රසබැලීම.
ලේහය, n. licking; a lambitive, syrup, any mucilaginous medicine. [ලේ or ලේධාරාව.
ලේ·හැලිය, n. stream or flow of blood, ගලන

ලොකු, a. large, big, spacious; important, වැදගත්; great, උතුම්; elder, වැඩිමහල්.
ලොකු·අක්කා, n. eldest sister. [පා.
ලොකු·අප්පා, ලොකුඅප්පච්චි, n. uncle, see මහප්
ලොකු·අම්මා, n. aunt, see මහම්මා.
ලොකු·අයියා, n. eldest brother.
ලොකුකම, n. largeness &c, see adj.; haughtiness, උඩඟුකම.
ලොකුකරනවා, v. t. to make large or larger, enlarge; bring up, rear, ඇතිකරනවා.
ලොකු·තාත්තා, n. See ලොකු අප්පා. [ter.
ලොකු·නැන්දා, n. aunt, viz. mother's elder sis-
ලොකු·බකමූණා, n. great owl, forest eagle-owl, *bubo nipalensis*. [ther.
ලොකු·මාමා, n. uncle, viz. mother's elder bro-
ලොකුමුගටියා, n. great mongoose, furry mungoose called Ceylon badger, *herpestes vitticollis*.
ලොකු·රාජාලියා, n. great eagle, viz. white-bellied sea-eagle, *haliactus leucogaster*.
ලොකු·වවුලා, n. great bat, called flying-fox, *pteropus edwardsii*. [adult.
ලොක්කා, n. col. grown up or elderly person,
ලොක්වට්·ගෙඩිය, n. loquat fruit, viz. Japanese medlar, *japonica eriobotrya*.
ලොව, a. See ලොව.
ලොඩිය, n. pulp (of fruit); eye-ball, pl. ලොඩි,
ලොඩියා, n. a sort of jelly-fish.
ලොතරැයිය, n. Eng., lottery.
ලොත්·පුඹුරු, n. bark of the ලොත් or ලෝධු tree, used in dyeing.
ලොද, ලොඳ, n. pulp of fruits, soft part of fruit, as of the young coconut.
ලොප, n. *gram.* elision, erasion, contraction.
ලො·පරයා, n. See ලෝකරුවා.
ලො·පල්ලා, n. See ලෝකපාලයා. [tract.
ලොප්කරනවා, v. t. *gram.* to elide, erase, con-
ලොප්ලකුණ, n. sign of elision or erasure, apostrophe.
ලොබ, n. E. of ලෝභ: covetousness, desire.
ලොම, n. carpet or rug, පලස.
ලොමුදැහැය, ලොමුදැහැ·ගැම්ම, n. (ලොම්, උදැහැ fr. උද්ධර්ෂය, ගැම්ම for ගැසීම), see රෝමෝද්ධර්ෂණය.
ලොම්, n. or a. hair, wool, fur, woollen.
ලොම්·කොළය, n. a single hair or fibre of wool,
ලොම්·නූල්, n. See ලෝම්නූල්. [කොන්ගහන්.
ලොම්බා, n. mas., toothless one, දත් නැත්තා.
ලොම්·රොද, n, lock or ringlet of hair or wool.
ලොම්·විකාර, n. See රෝමවිකාරය.
ලොමුකරනවා, v. t. to chew, mumble.
ලොසි·බංකුව, n. platform, මැස්ස, bench, බංකුව.
ලොල්(වූ), a. E. of ලෝල: desirous &c., see ලෝල.
ලොල්වෙනවා, v. i. to desire, be covetous, long for, තදින් ආශාවෙනවා.

ලොව, *n.* E. of ලෝකය : the world.
ලොවග, *n.* (ලෝ world, අග chief), Chief of the world, ap. of Buddha.
ලොවදුරු, *n.* See ලොවැදුරු. [ap. of Buddha.
ලොව්·නා, *n.* (නා for නාථ), Lord of the world,
ලොවාදුව, *n.* Port., locket මාලපෙත්ත. E. S.
ලොවැදුරු, *n.* See ලෝ ඇදුරු.
ලොව්චිචි·කොට්ටය, *n.* frilled cushion.
ලොව්චිචිය, *n.* frill, ruffle.
ලොවිඳු, *n.* (ලෝ ඉඳු), Lord of the world, Chief of mankind, ap. of Buddha.
ලොවිකනවා, *v. t.* to lap, lick, ලෙවකනවා; *pret.* ලෙවුවා; *p. pl.* ලෙව; *v. n.* ලෙවීම.
ලොවිරිච්චිය, *n.* spangle. E. S.
ලොවිසුරු, *n.* See ලෝ ඉසුරු
ලොවි, *a.* See ලොවි. [world, world-,
ලොවි, *a.* (crude form of ලොව): pert. to the
ලොවිතුරු, *n.* the world's super-eminent one, ලෝකෝත්තර අග; ap. of a supreme Buddha.
ලොවිතුරු, *a.* super-eminent in the world, most exalted, ලෝකෝත්තර.
ලොහො, *n.* or *a.* metal, ලෝ.
ලොහෝකරුවා, *n.* See ලෝකුරුවා.
ලොහො·තුඹුවා. *n.* heron, කොස්වා ලිහිණියා; hornbill, කෑදැත්තා.
ලොහෝදකය, *n.* (ලොහ උදකය), iron-water, viz. water in which hot iron has been cooled.
ලොහො·පස්, *n.* mineral earth, ore.
ලොහොමුවා, *a* (fr. ලෝහමය), made of metal, metallic, ලෝහයෙන් හැදූ.
ලෝ, ලෝහ, *a.* metallic, metal-; iron, යකඩ.
ලෝ, *a.* for ලෝක, adj.
ලෝ·අජර, (ලෝ ආජර), *n.* (ආජර for ඇදුරු), Teacher of the world; ap. of Brahma and Buddha. [ap. of Siva or Buddha.
ලෝඉසුරු, *n.* (ලෝකේශ්වර) Chief of the world;
ලෝක, *n. pl.* or *a.* worlds; pert. to the world, earthly, terrestrial, not sacred, secular, ලෞ [කික.
ලෝක·කුමික, *a.* cosmic. E. S.
ලෝක·ගුරු, *n.* teacher of the worlds: ap. of Buddha as teacher of the three worlds, see තුන්ලොව.
ලෝකාග්‍ර, *n*, (අග්‍ර chief) P., See ලොවග.
ලෝක·චක්‍ෂු, *n.* eye of the world, viz. the sun, ඉර.
ලෝක·චූඩා·මණි, *n.* crest-jewel of the world, *fig.* the most eminent person in the world, ලෝකයේ ඉතා උතුම්යා.
ලෝක·ඡායාව, *n.* shadow of the world, *ast*, umbra, ලෝක සෙවණැල්ල.
ලෝක·ජිත්, *n.* conqueror of the world, ap. of Buddha who subdued all things.
ලෝකඩ, *a.* metallic, metal-; *n.* bronze.
ලෝක·ත්‍රය, *n.* the three worlds, see තුන්ලොව.
ලෝක·ධර්මය, *n.* law of custom or maxims of the world.

ලෝක·ධාතුව, *n.* any element of the world, as earth, air, fire, water &c.
ලෝක·නාථයා, *n.* Lord of the world, sovereign; ap. of Buddha. [දෘශ්‍යමාන.
ලෝකනීය, *a.* (cp. අවලෝක), visible, පෙනෙන,
ලෝක·පාලයා, *n.* the world's guardian and nourisher, viz. king, රජ.
ලෝක·පූර්ව, *a.* previous to the world, antemundane, ලොවට ඉස්සරවූ.
ලෝක·ප්‍රමිතිය, *n.* art or act of measuring the world, cosmometry, ලෝකය මැනීම.
ලෝක·ප්‍රවාදය, *n.* (ප්‍රවාදය report), common report, current saying, see ජන ප්‍රවාදය.
ලෝක·ප්‍රසිද්ධ, *a.* world-renowned, well-known, notorious, famous, conspicuous.
ලෝක·ප්‍රසිද්ධකම, *n.* famousness &c. [of ලක්ෂ්මී.
ලෝක·මාතා or **·මාතෘ**, *n.* mother of the world, ap.
ලෝකය, *n.* the world, ලොව; *pl.* worlds in general or the three portions into which the Universe is supposed to be divided, viz. earth, heaven and hell, the two latter being subdivided into various heavens and hells, see තුන්ලොව. [ungodly world.
ලෝකයා, *n.* mankind, society, people, sp. the
ලෝක·යාත්‍රාව, *n.* the world's procedure, method, usage or practice, conduct of the world, ලෝකව්‍යවහාරය or හැසිරීම. [ජනප්‍රියකම.
ලෝක·රංජනය, *n.* people's delight, popularity,
ලෝ·කරුවා, *n.* worker in metals, smith.
ලෝක·බහිර්භූත, *a.* (බහිර් external, භූත being), beyond the world, ultramundane, ලෝක යෙන් එපිට. [ලෝකයා අතර කථාව, ආරංචිය.
ලෝක·වාදය, *n.* talk of the world, rumour,
ලෝක·වාසි, *a.* inhabiting the world, ලෝවැසි.
ලෝක·වාසියා, *n.* inhabitant of the world, ලෝ වැසියා. [ed, ලෝක ප්‍රසිද්ධ.
ලෝක විශ්‍රුත, *a.* of world-wide fame, renown-
ලෝක·විශ්‍රුතිය, *n.* world-wide fame, renown, ලෝකප්‍රසිද්ධ කීර්තිය.
ලෝක·විෂය, *n.* the world-province or sphere, the world as an object of sense or thought.
ලෝක·විස්තරය, **ලෝක·විස්තර·ශාස්ත්‍රය**, *n.* cosmography, physiography.
ලෝක·විස්තර·ශාස්ත්‍ර·ඥයා, *n.* cosmographer, ලෝකවිස්තරය දන්නා.
ලෝක·ව්‍යවහාරය, *n.* usage, custom, habit or practice of the world. [sciences.
ලෝක·ශාස්ත්‍රය, *n.* cosmology; *pl.* secular
ලෝක·ශාස්ත්‍රෝද්ග්‍රහණය, *n.* (ශාස්ත්‍ර උද් :), secular education. [Buddha.
ලෝක ස්වාමියා, *n.* Lord of the world, ap. of
ලෝකාග්‍රයා, *n.* (·අග්‍රයා), chief of the world, ලෝකයේ ප්‍රධානියා.
ලෝකාධඃස්ථ, *a.* (අධඃ below, ස්ථ situated), situated beneath the world, inframundane, ලෝකයට යටින් තිබෙන.

ලෝකාධිපතියා, *n.* (·අධි:), world-chief, viz. king, රජ.

ලෝකාධිපත්‍යය, *n.* (·ආධි:), sovereignty, government, රජකම, ආණ්ඩුව.

ලෝකාන්තර, *a.* (·අන්තර), intramundane, ලෝකවලට අතරෙහි ඇත්තාවූ, extramundane, මෙලොවින් පිටවූ.

ලෝකාන්තරපූර්ණත්වය, *n.* fulness between worlds, plenum.

ලෝකාන්තරය, *n.* space between three spheres or worlds.

ලෝකාන්තරිකය, ලෝකාන්තරනිරය, *n.* a hell which is situated in the ලෝකාන්තරය.

ලෝකාප්‍රසිද්ධ, *a.* (·අප්‍ර:), little known to the world, unrenowned, අප්‍රසිද්ධ.

ලෝකාභිවෘද්ධිය, *n.* (අභි:), advancement or prosperity of the world.

ලෝකාරම්භය, *n.* beginning or the world, cosmogony, ලෝකයේ පටන් ගැන්ම.

ලෝකායත, *n.* the system of atheism taught by චාර්වාක, materalism.

ලෝකාර්ථචර්‍යාව, *n.* (·අර්ථ welfare, චර්‍යාව observance), promotion of the welfare of the world, ලෝකයාගේ ශුභය වඩනා කිරීම.

ලෝකාර්ථය, *n.* benefit or welfare of the world, ජනයාගේ ප්‍රයෝජනය.

ලෝකාලය, *n.* (·ආලය), worldly attachment, worldliness.

ලෝකාලෝකය, *n.* (ලෝක seeing, අලෝක not seeing) ap. of the සක්වළ ගල as supposed to cause light and darkness, being between the continents (මහ) and the sun.

ලෝකාසම්වාදරතිය, *n.* (ලෝක අසම්වාද) cohabitation, සංවාසය.

ලෝකික, *a.* Er. for ලෞකික.

ලෝකුම්භිනිරය, *n.* name of a hell.

ලෝකුරුවා, *n.* See ලෝකරුවා.

ලෝකේශයා, ලෝකේශ්වරයා, *n.* (ලෝක ඊශ and ඊශ්වර) Lord of the world, ap. of Brahma and Buddha.

ලෝකෝත්තමයා, *n.* (ලෝක උත්:) Chief of the world, ap. of Buddha.

ලෝකෝත්තර, *a.* (ලෝකඋත්:), pre-eminent in the world, ලෝකයේ උත්තම, the opposite of ලෞකික.

ලෝකෝත්තරචිත්තය, *n.* the mind exalted above the world by religious meditation and attainments, ලොවට උතුම්වූ සිත.

ලෝකෝත්තරයා, *n.* the world's chief or most exalted one, viz. king, රජ.

ලෝකෝත්පත්තිය, *n.* (ලෝක උත්:), cosmogony, physiogony, ලෝකයේ ඉපදීම.

ලෝකෝත්පත්තිශාස්ත්‍රඥයා, *n.* cosmogonist.

ලෝකෝත්පත්තිශාස්ත්‍රය, *n.* cosmogony, ලෝකයේ ඉපදීමේ ශාස්ත්‍රය.

ලෝකෝද්භවය, *n.* (ලෝක උද්), origin of the world.

ලෝකෝපරිස්ථ, *a.* (ලෝක උපරිස්ථ), supermundane, supramundane, ලෝකයට උඩින් සිටි.

ලෝගල්, *n.* mineral stone, ore, mineral, ලෝහ පස්, ලෝහ ගල්.

ලෝචනය, *n.* (ලෝච් to see), pupil of the eye, කළුඉංගිරියාව; stibium or lamp-black so used, අඳුන.

ලෝචනය, *n. lit.* seer, viz. eye, ඇහැ, ඇස.

ලෝණ, *n.* P. of ලවණ: salt, ලුණු.

ලෝණික, *a.* pert. to salt, salt-,salty, ලුණු-, ලුණු රස ඇති.

ලෝතය, ලෝත්‍රය, *n.* loot, plunder, booty, කොල්ලය.

ලෝතැටිය, *n.* metal plate, gong, කස්තලය, යමබෙරකාව.

ලෝදා, *n.* or *a.* E. of ලෝකධාතු.

ලෝදිය, *n.* melted metal, liquid lava.

ලෝනවා, *v. t.* See ලොම්නවා; *pret.* ලෙවුවා; *v.n.* ලෙවීම.

ලෝනිශලය, *n.* (ලෝ world, නිශලය the firm), see නිශලය.

ලෝපය, *n.* (ලුප් to cut off), cutting off, erasure, rejection, destruction, *gram.* elision, ellipsis.

ලෝපල්ලා, *n.* E. of ලෝකපාලයා.

ලෝපස්, *n.* metal-earth, ore.

ලෝපසංඥාපනය, *n.* (සංඥාපනය sign), sign of elision, apostrophe.

ලෝපාශකයා, *n.* (ලෝප refuse, අශ් to eat), carrion-eater, viz. jackal, නරියා.

ලෝපෙත, *n.* surface of the world, viz. the world, පොළොව.

ලෝප්තය, *n.* See ලුප්තය.

ලෝප්‍රසිද්ධ, *a.* See ලෝකප්‍රසිද්ධ.

ලෝභ, ලෝභී, *a.* (ලුභ් to covet), covetous, greedy, niggardly, miserly.

ලෝභකම, ලෝභය, *n.* covetousness &c.

ලෝභකම්කරනවා, *v.* to act niggardly, grudge.

ලෝභයා, *n.* covetous or penurious person, niggard, miser.

ලෝම, *n.* or *a.* See ලොම.

ලෝමකූපය, *n.* pore of the skin, බාහිදුර.

ලෝමජනකයා, *n.* wool-producer, wool-grower, [E. S.

ලෝමතුල්, *n.* worsted, yarn.

ලෝමබුම්බුරුණු, *n.* drugget. සිම්බෙහලුන පලස.

ලෝමමය, *a.* (මය aff), made of wool or hair, woollen, ලොමින් කළ.

ලෝමය, *n.* tail, වල්ගය, sp. hairy tail, මයිල් වල්ගය.

ලෝමශ, *a.* (ශ aff), woolly, hairy, ලෝමාකාර, covered with hair, made of hair or wool, ලොම්වූ.

ලෝමශතාව, *n.* woolliness, hairiness, ලෝම භාවය.

ලෝමශාවා, *n.* fox, jackal, නරියා; *pl.* ලෝමශා.

ලෝමශාව, *n.* green-vitriol, කුත්තන්. [වෙරි.

ලෝමහර්ෂය, *n. lit.* delighting the hair or fur, viz. horripilation or erection of the hair arising from pleasure.

ලෝමාකාර, *a.* wool-like, woolly. [ලොම්වූ.

ලෝමික, *a.* (ලෝම ඉක aff), woolly, hairy,

ලෝල, *a.* (fr ලුල් to stir, agitate), shaking, tremulous, චපල; desiring, ආශාවෙන, greedy, covetous, ලෝභ. [insatiable, ඉසා නිදු.

ලෝලජිහ්ව, *a.* greedy-tongued, viz. gluttonous,

ලෝලතාව, ලෝලය, *n.* tremulousness &c; fickleness, චපලතාව.

ලෝලාව, *n.* the tongue, දිව; ap. of ලක්‍ෂ්මී.

ලෝලිත, *a.* shaken, shaking, agitated, tremulous, චචලුම්. [භූතා කිජු.

ලෝලුප, ලෝලුභ, *a.* very greedy, rapacious,

ලෝවරුවා, *n.* See ලෝකුරුවා.

ලෝවාමහාපාය, *n.* great brass palace.

ලෝවැඩ, *n.* world's benefit, public good.

ලෝවැසි, *a.* ලෝවාසියා, *n.* See ලෝකවැසියා,&c.

ලෝෂ්ට ඡේදකය, *n.* clod-separator, viz. harrow, දැතිපෝරුව. [කා.

ලෝස්කාරයා, *n.* D., pilot, නෞකා මග පෙන්වන

ලෝහ, *n.* metal.

ලෝහ, ලෝහමය, *a.* metallic, made of metal.

ලෝහක, ලෝහය, *n.* aloes-wood, අගිල් ලී.

ලෝහකර්මාන්තය, *n.* metal work, working in metals, metallurgy. [ශල.

ලෝහකාන්තය, *n.* loadstone, magnet, කාන්දම්

ලෝහකාරයා. *n.* worker in metals, smith, black-smith, ලෝකුරුවා.

ලෝහකැඩපත, *n.* metal mirror, speculum.

ලෝහජ, *n.* (ජ produced), product of metal, viz. rust, iron-filings; bell-metal.

ලෝහජලය, *n.* melted metal, ලෝදිය.

ලෝහතට්ටුව, *n.* metal stratum, lode, seam of metal ore.

ලෝහධාතු, *n. pl.* mineral elements, minerals.

ලෝහධාතුශාස්ත්‍රය, *n.* mineralogy.

ලෝහපෘෂ්ඨයා, *n.* metal-back, viz. heron, කොස්වා ලිහිණියා.

ලෝහමය, *a.* made of metal, metallic.

ලෝහමොර, ලෝහශේෂය, *n.* metal refuse, scoria, slag.

ලෝහරජතය, *n.* (රජත brilliant), silver, රිදී.

ලෝහල, *n.* smithy, foundery, කම්මල.

ලෝහවර, *n.* (වර best), best metal, viz. gold, රත්රන්. [තට්ටුව.

ලෝහවැල, *n.* vein of metal-ore, lode, ලෝහ

ලෝහවිද්‍යාව or විස්තරය, *n.* metallography, mineralogy. [allurgic.

ලෝහශිල්පික, *a.* pert. to metal-work, met-

ලෝහාභිසාරය, ලෝහාභිහාරය, *n.* (ලෝහ weapons, අභි: going to or attending to), lustration of arms before a campaign, adorning and worshipping weapons of war.

ලෝහිත, *a.* red, රතු.

ලෝහිතකය, *n.* ruby, රතුකැටය; calx of brass, පිත්තලමොර; Mars, අඟහරුවා, See ලෝහිතය.

ලෝහිතක්‍ෂය, ලෝහිතාංකය, *n.* ruby or sardius, රතුකැටයක්. [saffron, කහ.

ලෝහිතචන්දනය, *n.* red sandal wood, රතුසඳුන්;

ලෝහිතධාතුව, *n.* red element or constituent, viz. blood, ලේ.

ලෝහිතපක්ඛන්දික, *n.* blood-flowing, viz. dysentery, රක්තාතිසාරය, අතිසාරය.

ලෝහිතය, *n.* red colour, රතුපාට; ap. of many things which are red, as: blood, ලේ; aloes-wood, අගිල්; sandal wood, සඳුන්; war, යුද්ධය; a kind of battle array, යුධපිළිවෙලක්; Mars.

ලෝහිතයා, *n. mas.* of the above: a kind of fish or deer or snake; demigod, දේවතාවා. *Bot.*

ලෝහිතාංගය, *n.* (අංගය), *lit.* the red-bodied, viz. Mars, අඟහරුවා. [Buddha.

ලෝකිමියා, *n.* Lord of the world, ap. of

ලෝහෝත්තමය, *n.* (ලෝහ උත් :), best metal, viz. gold, රත්රන්.

ලෞකික, *a.* fr. ලෝක: pert. to this world, mundane, secular, earthly, unspiritual.

ලෞකිකකම, ලෞකිකතාව, *n.* earthliness, secularity, worldliness. [යකඩ.

ලෞහ *a.* fr. ලෝහ: metal, iron, made of iron,

ව

ව, *n.* the letter V, which is the fourth of the liquids or sixth class of consonants.

වංශ, *n. pl.* or *a.* lineages &c., see වංශය; pert. thereto.

වංශක්‍ෂීරී, *n.* bamboo milk, see වංශරෝචනා.

වංශජ, *a.* high-born, see වංශවත්.

වංශජයා, වංශභවා, *n.* (වංශ bamboo, ජ product, භවා), see වංශරෝචනාව. [පෙලපත් දන්නා.

වංශඥයා, *n.* genealogist, පෙලපත් ලේකම්,

වංශත්වය, *n.* (වංශතත්වය), lineage, clanship.

වංශදණ්ඩය, වංශිය, *n.* bamboo stick or pipe; musical reed, නලාව.

වංශය, *n.* race, lineage, ජාතිය; assemblage, multitude, රැස, සමූහය; spine, පිටිකොන්ද; bamboo, උණගස.

වංශරෝචනා, *n.* *lit.* bamboo stomachic: bamboo manna, see තුගක්‍ෂීරී. [aristocratic.

වංශවත්, *a.* of high lineage, high-caste, noble,

වංශවත්කම, *n.* state of high caste, nobility.

වංශවිතතිය, *n.* (විතතිය line, පෙළ), line of descent, lineage, පෙලපත.

වංශලකුණ, *n.* family ensign, arms.

වංශාධිපති, *a.* (අධිපති), pert. to high caste, high-caste, noble, වංශවත්.

වංශාධිපතිකම, *n.* nobility, peerage. [peeress.

වංශාධිපතිදේවී, *n. fem.* lady of high rank,

වංශාධිපතියා, *n.* knight, nobleman, lord, peer.

වංශානුචරිතය, *n.* (අනුචරිතය following), line of race or caste, lineage, පෙලපත්සිය; also as the next.

වංශාවලිය, *n.* (ආවලිය), genealogy, viz. genealogical record, පෙලපත් ලේඛනය.

වංශික, *a.* pert. to lineage, පෙලපත් ආකාර.

වංශිකය, *n.* aloes-wood, අගිල්. [වංශවත්.

වංශෝද්භූත, *a.* (වංශඋද්:), high-born, noble,

වංසගත, *a.* for වංශගත, see වංශජ.

වක, *a.* bent, crooked, වකුටු.

වක, *n.* period, lunar day, as පසළොස්වක, fifteenth day or day of the full moon. *Bot.*
වක·ගැසෙනවා,*v.* to stoop, bend one's self or make one's self crooked.
වක·ගැසෙනවා or ·වෙනවා, *v. i* to become bent or contorted or warped.
වකංගයා, *n.* (වක අංග), curved-body, viz. the loris, see උනහපුලුවා.
වක·නලය, *n.* bent pipe, siphon. E. S.
වකනවා, *v. t.* to daub, smear, rub on; *pret.* වැක්කා; *v. n.* වැකීම.
වකය, *n.* a bend, a curve, flexure, වංගුව.
වකයා, *n.* curved-one, viz. crane, stork or heron, කොකා.
වකවනුව, *n.* period, epoch, occasion, date, time.
වක·වංචනිකයා, *n.* dissembler, hypocrite, කුහක [යා.
වකැටි, *a.* bent, කුදු; crooked, ඇදවූ.
වකැටියා, *n.* hunchback, කුදා. [nephritic.
වකුගඩු·රෝගී, *a.* affected with kidney disease,
වකු·ගඩුව, *n.* (වකු bent, ගඩුව lump), kidney.
වකු·ගඩු·ශාස්ත්‍රය, *n.* treatise on the kidneys, nephrology. [tortuous.
වකුටු, *a.* crooked, hooked, curved, curly, bent,
වකුටුකම, *n.* crookedness &c.
වකුටුකරනවා, *v. t.* to make crooked &c., distort.
වකුටු·යන්ත්‍ර, *n.* spokeshave, ගරාදි යන්ත්‍ර.
වකොෂ්ටයා, *n.* (වකෞෂ්ඨ), curved-lip, viz. jackal, හිවලා.
වක්, *n.* or *a.* time, period, as එවක් පටන් from that time; පසළොස්වක් දින, fifteenth day.
වක්, *a.* crooked, see වකුටු.
වක්·අඟ, *n.* powder horn, වෙඩිබෙහෙත් කුලාව; cupping horn used by native doctors.
වක්·අත්ත, *n.* curved arm or timber, as the pole of a plough, felloe of a wheel, curved rib of a vessel or boat.
වක්ක, *a.* crooked, see වකුටු.
වක්කඩ, *n.* opening or outlet of a dam (in paddy fields &c.). [වක්අඟ.
වක්කම, *n.* part, portion, share, පංගුව; also=
වක්කං·අල්ලනවා, *v.* to take blood by cupping, cup (according to native practice), scarify.
වක්කං·ඇල්ලීම, *v. n.* *sur.* cupping, scarifying.
වක්කරනවා, *v. t.* to pour out, shed; coil (as a rope).
වක්කරයා, *n.* piper, flute-player, නලාකාරයා.
වක්කලම, *n.* whirlpool, eddy; *pl.* වක්කලම්.
වක්කැටය, *n.* clod of earth, පස් පිඩැල්ල.
වක්තව්‍ය, *a.* (fr. වච් to speak or tell), that may be or should be said, කියයුතු.
වක්තෘ, *a.* speaking, කථාකරන; loquacious, වාචාල; eloquent, දක්ෂ කථික; learned, wise, උගත්, ඥානවත්.
වක්තෘ, *n.* speaker, කථාකරන්නා.
වක්ත්‍රය, *n.* face, මුහුණ; mouth, කට; speaking, කථාකිරීම or speech, කථාව.

වක්ත්‍ර·හස්ත, *a.* having a proboscis, proboscidate, හොඬවැලක් ඇත්තාවූ.
වක්ත්‍ර·හස්ත·සත්වයෝ, *n.* *pl.* proboscidians, හොඬවැලක් ඇති සත්තු.
වක්ත්‍ර·හස්තය, *n.* *lit.* face-hand or arm, viz. proboscis, හොඬවැල. [channel water.
වක්·දිය, *n.* water let into the paddy fields,
වක්·මස, *n.* See වප්මස. [for sowing paddy.
වක්·මේවර, *n.* work of preparing the ground
වක්‍ර, *a.* curved, crooked, වකුටු, sinuous, වංගුවූ; dishonest, deceitful, වංක.
වක්‍රය, *n.* bend, curve, winding course, as of a river &c.; ap. of Saturn, සෙනසුරු, and of Mars, අඟහරුවා.
වක්‍ර·ගමන, *n.* trajectory. E S.
වක්‍ර·ගාමී, *a.* going crookedly, sinuous, වංගු වෙවී යන; *fig.* dishonest, වංක, කපටි.
වක්‍ර·ගාමී·භාවය, වක්‍ර·භාවය. *n.* sinuosity, වංගු ආකාරය; crookedness, dishonesty, වංකකම, කපටිකම. [ඔටුවා.
වක්‍ර·ග්‍රීවයා, *n.* crooked-necked one, viz. camel,
වක්‍ර·ශෘංගාකාර, *a.* (·ආකාර), like a bent horn, cuspated, වකුටු අඟක් වැනි.
වක්‍රී·කරණය, *n.* making crooked or oblique, bending, refracting, refraction. E. S. [ණු.
වක්‍රී·කෘත, *a.* curved, crooked, refracted, නැමු
වක්‍රී·භාවය, *n.* curvature, වකුටුකම; *fig.* crookedness, dishonesty, වංක කම.
වක්‍රී·භූත, *a.* bent, වකුටු; deceitful, කපටි.
වක්‍රෝක්තිය, *n.* (වක්‍ර උක්ති), equivocation, equivoke, deceitful utterance, වංක කීමක්.
වක්වෙනවා, *v. i.* to become bent, bend.
වක්ෂ·ස්ථය, වක්ෂය, *n.* breast, chest, ළය, පපුව.
වක්ෂ·ආභරණය *n.* (ආභ:), breast-jewel, brooch, හාරිච්චිය.
වක්ෂ·අස්ථි, *n. pl.* or *a.* breast-bones; pert. to the breast-bone, sternal. [ළයඇටය.
වක්ෂෝස්ථිය, *n.* (·අස්ථිය), breast-bone, sternum,
වක්ෂස(ස්), වක්ෂස්ථලය, *n.* breast, bosom, chest, පපුව. [kind, වග්ඝයා (fr. ව්‍යාඝ්‍ර) tiger.
වග, *n.* fr. වර්ග: affair, matter; sort, class,
වග·කියනවා, *v.* to state a matter; plead (judicially); make complaint, blame, scold; give account, answer for.
වග·කියවාගන්නවා, *v.* to cause to give account, call to account, reckon with.
වග·තුග, *n.* matters and affairs. [වාසගම.
වගන්තිය, *n.* *gram.* sentence, passage, clause,
වග·පල, *n.* this and that, this that and the other. [dissatisfaction, scold.
වග·පල·කියනවා, *v.* to make complaints, express
වගය, *n.* E. of වර්ග: a lot, number or quantity, as ළමයි වගයක්, a number of children.
වගල්·යෂ්ටිය, *n.* walking-stick, staff, හැරයටිය.

වගල, *v. adj. pret.* of වගුරනවා: outpoured, වගුල; fallen out, ගැලවී වැටුණු.
වගාකරනවා, *v. t.* to increase, improve, වැඩි දියුණුකරනවා.
වගාව, *n.* cultivated piece of land, plantation.
වගුතු(ව), *n.* advantage, improvement, ප්‍රයෝජනය, දියුණුව.
වගුතුවෙනවා, *v. i.* to improve, thrive, දියුණු වෙනවා. [*pl.* වගුරු.
වගුර, *n.* marsh, morass, paddy-field swamp;
වගු·රජ, *n.* king of Wagu (Vanga) or Bengal.
වගුරනවා, *v. t.* to pour out, shed, spill, scatter about; *pret.* වගුළා or වැගුරුවා; *v. n.* වැගිරීම.
වගුරු, *n. pl.* or *a.* marshes &c.; marsh-, bog-, swamp-. [වා; *v. n.* වැගිරවීම.
වගුරුවනවා, *v. t.* See වගුරනවා; *pret.* වැගිරෙවු
වංක, *a.* crooked; deceitful, guileful, insincere,
වංකකම, *n.* crookedness &c. [hypocritical.
වංක·නාලය, *n* crooked pipe, the clay nozzle of goldsmith's bellows.
වංකයා, *n.* deceitful person, hypocrite.
වංකොන්, *n.* See පොලොන්ගෙඩිය.
වංකය, *a.* crooked, bent, curved, වකුටු.
වංකෂණය, *n.* groin. E. S.
වංකගිරිය, *n.* labyrinth, maze. E. S.
වංකනාව, *n.* See වංකනාලය.
වංගය, *n.* lead, ඊයම්; tin, බෙලෙක්; cotton, කපු; Bengal, බෙංගාලය; brinjal, වම්බටු.
වංගාරිය, *n.* (වංග lead, අරි opponent), yellow orpiment, සිරියල්.
වංගිය, *n.* curve, *pl.* වංගි.
වංගුකරනවා, *v. t.* to bend, නමනවා, make crooked, distort, ඇදකරනවා.
වංගුලාව, *n.* mode of music.
වංගුව, *n.* bend, turn, curve, flexure.
වංගුවෙනවා, *v. i.* to become crooked, වකුටු or ඇදවෙනවා.
වංගෙඩිය. *n.* large wooden mortar.
වචන, *n. pl.* or *a.* words; word-.
වචන·කෝෂය, වචන·පොත, *n.* word-book, vocabulary, dictionary. [even a word.
වචන·මාත්‍රයක්, *n.* a word only, a mere word,
වචනය, *n.*(වච් to speak,uttter), word,utterance.
වචනාධික, *a.* (·අධික), wordy, verbose, pleonastic, වචන වැඩිවූ. [words වචනයට යෝග්‍ය.
වචනානුකූල, *a.* (·අනු:), appropriate to the
වචනීය, *a.* utterable, expressible, කිය හැකිවූ.
වචස, *n.* speech, කථාව, voice හඬ.
වචා, *n.* orris sort, වදකහ.
වච්ච·කුටිය, *n.* P. of වර්චස්කුටිය.
වච්චනාභි, T., a strong poison prepared from a kind of aconite. [games.
වච්චයි, (*a phrase meaning*) forbidden, used in
වච්ච·සාලාව, *n.* P. of වර්චස්සාලාව: privy, වැසිකිළිය.

වජිර, *n.* P. of වජ්‍ර.
වජ්ඣ·පුත්ත *n.* (වජ්ඣ P. of වධ්‍ය killing, පුත්ත fr. පුත්‍ර), one of the fisher caste, මන්මිරත්තා; Vedda or hunter, දඩයම්කාරයා, or butcher,
වජ්ජ, *n.* P. of වද්‍ය. [E. S.
වජ්‍ර, *n. pl.* or *a.* diamonds &c.; diamond-, දියමන්ති; hard, adamantine, ඉතා තද.
වජ්‍ර·කන්ද, *n.* a medicinal root, කිඹාරම් අල, see *Bot.* [from කිඹාරම් අල.
වජ්‍ර·කාන්තිය, *n.* a medicinal oil made chiefly
වජ්‍ර·ජිත්, *n.* ap. of ගරුඩයා, who was invulnerable to Indra's thunderbolts.
වජ්‍ර·ධරයා, *n.* thunder-bearer: ap. of Indra the H. Jupiter Tonans.
වජ්‍රපාණී, *n.* thunder-hand: ap. of Indra.
වජ්‍ර·බුඞි, *n.* person of keen intellect, තීක්ෂණ නුවණ ඇත්තා.
වජ්‍ර·බුඞිය, *n.* (වජ්‍ර diamond, keen), keen intellect, sharpness. තීක්ෂණ ඥානය.
වජ්‍ර·මණිය, වජ්‍ර·මාණික්‍යය, *n.* diamond gem,
වජ්‍ර·මතිය, *n.* See වජ්‍රබුඞිය. [diamond, වජ්‍රය.
වජ්‍රය, *n.* diamond, දියමන්තිය; thunder-bolt, අකුණ,sp. thunderbolt of Indra, *the thund·r-bolt and diamond being regarded as alike* in hardness or perhaps the same substance.
වජ්‍ර·සාර, *a.* hard as adamant, adamantine, ඉතා තද. [shaped; adamantine.
වජ්‍රාකාර, *a.* (·ආකාර), diamond-like: diamond-
වජ්‍රාග්‍රය, *n.* (·අග්‍ර chief), superior diamond, diamond of the highest class.
වජ්‍රාංකුශය, *n.* (අං:), diamond-hook or goad, used in guiding the royal elephant.
වජ්‍රායුධය, *n* (·ආයුධය), diamond-weapon or sword of Indra, used in his wars with the Asuras.
වජ්‍රාසනය, *n.* (·ආ:), Buddha's diamond-throne, which sprung up at the root of the බෝගහ when he threw down eight handfuls of Kusa grass.
වඤ්ක, *a.* crafty, fraudulent, වඤ්චාකාර.
වඤ්කයා, *n.* deceitful person, වඤ්චාකාරයා; jackal, හිවලා; tame ichneumon, හීලෑමුගටියා.
වඤ්චනීය, *a.* deceivable, රැවටිය හැකිවූ. [trickery.
වඤ්චාකරනවා, *v.* to practise deceit, be guilty of
වඤ්චාකාර, *a.* deceitful, dishonest. [deluder.
වඤ්චාකාරයා, *n.* deceiver, impostor, cheat,
වඤ්චා·රහිත, *a.* guileless, sincere, වඤ්චානැති.
වඤ්චාව, *n.* deceit, guile, cheating, trick, fraud.
වඤ්චිත, *a.* deceived, deluded, tricked, රැවටුණු.
වට, *a.* circular, round, spherical.
වට·ඇස්, *n. pl.* or *a.* round eyes; round-eyed, ap. of the moose deer, වට ඇස් මුවා, මීමින්නා, also of the rat or mouse, මීයා.
වටකර, *a. post, ad.* round, circular; surrounding, encircling; around.

වටකරනවා, *v. t.* to encompass, encircle. surround. [circular, convex.
වටකුරු, වටවූ, *a.* globular, spherical, round,
වටකුරුකම, *n.* sphericity &c. [make round.
වටකුරුකරනවා, *v. t.* to round (any thing),
වට·දා·ගෙය, *n.* round relic-house.
වටනවා, *v. i.* to be worth, වටිනවා; *v. t.* to turn round, කරකවනවා. [about; around,
වට·පිට, *a. post. ad.*, neighbouring, round
වට·පිටින්, *ad. post.* See වටින් පිටින්. [girth.
වට·ප්‍රමාණය, *n.* circular extent, circumference,
වට·ප්‍රරෝහ, *n. pl.* banyan shoots or outgrowths, viz. either the spreading roots above the ground or the down-growing shoots from the branches, නුගමුල්.
වට·බඳිනවා, *v. t.* to bind (something) round, girdle.
වට·මුවා, *n.* moose deer, මීමින්නා, වට ඇස් මුවා.
වටය, *n.* circle, චක්‍රය; circumference, girth, වටප්‍රමාණය; group, කැටියක්, shoal (of fishes), අඩිතක්; banyan tree, නුගගහ; cowrie, කවඩි කවුච; rain, වැස්ස; time, කාලය; equality, සම කම; order, arrangement, පිළිවෙල; mucus
වටයා, *n.* tiger, ව්‍යාඝ්‍රයා. [of the eye, කබ.
වටයා, *n.* flaw in timber, දුවයේ පළුදුවක්.
වට·ලනවා, *v. t.* to surround, encircle, besiege; *pret.* වැටලුවා. *v. n.* වටලෑම.
වට·වාසියා, *n.* banyan-tree dweller, viz. demigod or demon attendant upon කුවේර and fond of lodging in this tree, යක්ෂයා.
වටවාසිනී, *n. fem.* of the above, යක්ෂිණී.
වට·සක, *n. lit.* round wheel or circle, viz. large earring, කුණ්ඩලය.
වටහනවා, *v. t.* to regard, think, සලකනවා, සිත කවා; *pret.* වැටහුවා; *v. n.* වැටහීම.
වටා, *post.* or *ad.* See වටකර. [rope, ලනුව.
වටාකරය, *n.* (වටා round, කර make), cord,
වටා·පත, *n.* round leaf, viz. fan, පවන්පත.
වටිනවා, *v. i.* to be worth, merit, deserve, be worth while.
වටින, වටිනා, *v. adj.* worthy, which is worth.
වටිනාකම, *n.* value, worth. [around.
වටින්, *post.* or *ad.* round about, around, from
වටින්·පිටින්, *ad.* around, from around and from outside. [බෙහෙත්ගුළිය,ගුළිකාව.
වටිය, *n.* string, cord, rope, ලනුව; pill, bolus,
වටුම, *n.* road, path, way, පාර, මග.
වටු·මුවා, *n.* hare, හාවා; moose deer, see වටමුවා.
වටුවා. *n.* snipe in general, the names of the several species are given in their proper
වටේ, *n.* cont. of වටය. [places.
වටේට, *post.* or *ad.* around, round about.
වටොර, *n.* upper part of the leg from the knee, thigh, කලවය.
වට්ටක්කා, *n.* T., pumpkin, *cucurbita moschata.*
වට්ටම්, *n.* T., discount. E. S.

වට්ටාඩි, *a.* proud, ආඩම්බර; deceitful, rascally, තක්කඩි [rascal, sharper, තක්කඩියා.
වට්ටාඩියා, *n. mas.* proud person; deceiver,
වට්ටිකාරයා, *n.* basket-man, viz. one who carries a shallow basket or wicker tray on his head.
වට්ටිකාරී, *n. fem.* basket-woman, as above.
වට්ටිය, *n.* T., wicker tray or flat open basket.
වට්ටුව, *n.* circle, වටය; surrounding fence, වටවූවැට. [note-.
වට්ටෝරු, *n. pl.* or *a.* catalogues, lists, notes;
වට්ටෝරු·පොත, *n.* note-book.
වට්ටෝරුව, *n.* list, catalogue; prescription, බෙහෙත් වට්ටෝරුව. [catalogue, tabulate.
වට්ටෝරුකරනවා, *v. t.* to make a list of, register,
වඨර, *a.* foolish, stupid, මෝඩ, vile, හීන.
වඩ·දිය, *n.* inflowing or rising tide, flow, flood-tide, high-tide.
වඩ·දිය·පටුන, *n.* tide-table, tide-index.
වඩනවා, *v. t.* to take up and carry a child in the arms &c.; carry in the hand, increase, augment, වැඩිකරනවා; *pret* වැඩුවා; *v.n.* වැඩීම.
වඩනා, *v. adj. pres.* for වඩින: coming, පැමිණෙන.
වඩනා·තලපත, *n.* (a king's) travelling talipot leaf or screen, ornamented talipot leaf used by a king when travelling.
වඩ·පණ, *n.* a bet, wager, ඔට්ටුව; pledge, උකස.
වඩබා·ග්නි, වඩබාග්නිය, වඩබානල, *n.* (වඩබා for බඩවා; අග්නි, අනල), submarine fire, see බඩවාග්නිය.
වඩ·බා·දිය, *n.* flow and ebb of the tide, the tide.
වඩ·බා·දිය·මානක·යන්ත්‍රය, *n* tide-gauge.
වඩ·සිය, *n.* See වලසිය.
වඩම, *n.* T., string of flowers, garland, chaplet
වඩමකරනවා, *v. t.* to make into a garland or garlands. [දා.
වඩම්බකයා, වඩම්බයා, horse-dealer, අශ්වවෙළෙන්
වඩඹ, *n.* See වළඹ.
වඩය, *n.* part, half, අර්ධය; headless trunk, ඉස නැති මළකඳ; cutting, කැපීම.
වඩ·වඩා, *ad.* more and more.
වඩවා, *n.* mare, එළෙඹ.
වඩවාගන්නවා, *v. c.* of වඩාගන්නවා: to cause to be carried (as a child). [more than.
වඩා, *ad.* more, (preceded by dat. case)
වඩාගන්නවා, *v. t.* to carry (as a child) in the arms or on the hip. &c.
වඩාත්, *ad.* mostly, chiefly. [country or people.
වඩිග, *a.* Telugu, as වඩිග රට or ජාතිය; Telugu
වඩිවිඩය, *n.* See වඩිගය.
වඩිජ්ජ, *n.* See වඩදිය. [වැඩුණා. See වැඩෙනවා.
වඩිනවා, *v. i.* to increase, වැඩෙනවා; *pret.*
වඩිනවා, *v. i. hon.* to proceed, go or come, පැමිණෙනවා; *pret.* වැඩියා; *p. pl.* වැඩ; *v. n.* වැඩීම.

වඩිම්බුව, *n.* T., border or edge of a roof, eaves-board.

වඩිය, *n.* a lot, batch or quantity taken at one time for distillation &c., pledge, උකස.

වඩිශය, *n.* fish-hook, බිලිකටුව. [ate, තුඩනැමුණු.

වඩිශාකෘති·ශල්‍ය·ධාරී, *a.* (වඩිශ ආ:) *bot.* uncin-

වඩු, *a.* pert. to a carpenter or carpentry.

වඩු·ඇදුරා, *n.* carpenter, වඩුවා.

වඩුකර්මාන්තය, *n.* See වඩුවැඩ.

වඩු·කුරුල්ලා, *n.* weaver-bird, තච්චකුරුල්ලා.

වඩු·පට්ටලය, *n.* carpenter's workshop.

වඩු·පත්ත, *n. pl.* carpenter's tools, වඩු ආයුද.

වඩු·පත්තය, *n.* carpenter's tool or set of tools.

වඩු·මඩුව, *n.* carpenter's workshed.

වඩු·රාළ, *n. res.* the carpenter; *pl.* වඩුරාළලා.

වඩු·රියන, *n.* carpenter's cubit, which is about a yard. [about two cubits.

වඩු·ලීය, *n.* carpenter's rod or rule, which is

වඩුවා, *n.* (fr. වඩ්ඪ cutting), carpenter.

වඩු·වැඩ, වඩු·ශිල්පය, *n.* carpentry.

වඩු·හැඩයා, *n.* chief of outcastes. [open sores.

වණකරනවා, *v. t.* to cause to ulcerate, make

වණනවා, *v. t.* (fr. වණ්ණ), to wave, flutter, wag; spread or hang out, swing (as linen on a line); set forth, describe, කියාදෙනවා; praise, eulogize, ප්‍රශංසාකරනවා; *pret.* වැණුවා; *v. n.* වැණීම. [sonants.

වණපෙරළි, *n.* change or metathesis of con-

වණ, *n.* E. of වණ්ණ: colour, පාට; pestle, මෝල් ගහ; letter of the alphabet, අකුර.

වණය, *n.* E. of ව්‍රණ: sore, ulcer.

වණ·වැටිය, *n.* (වණ්ණ), paint, brush, තෙලිකූර.

වණවූ, *a.* ulcerated. [exulcerate.

වණවෙනවා, *v. i.* to become ulcerous, ulcerate,

වණික්, *a.* (fr. බණික්), pert. to trade, mercantile, වෙළඳ. [දුම.

වණික්කර්මය, *n.* trade, traffic, commerce, වෙළ

වණිග්භාවය, *n.* (වණික් භා:), commerce, see

වණිජකර්මය, *n.* See වණික්කර්මය. [බණිග්භාවය.

වණිජයා, *n.* tradesman, merchant, වෙළෙන්ද.

වණිබ්බකයා, *n.* mendicant, beggar, සිඟන්නා.

වණ්ටය, *n.* (වණ්ට to partition), portion, part, කොටස. [චර්මච්ඡේදිතයා.

වණ්ඩයා, *n.* one who has been circumcised,

වණ්ඩු·පිට්ටු, *n.* See පිට්ටු: a kind of පිට්ටු boiled by steam (in the way explained below).

වණ්ඩුව, *n.* cloth cover of an earthen vessel, steamer or earthen vessel for boiling by steam. [gious rite, see ව්‍රතය.

වත, *n.* E. of ව්‍රත: vow, බාරය; ceremony, reli

වත, *n.* E. of වස්ත්‍ර: cloth, garment, රෙද්ද, ඇඳුම.

වත, *n.* E. of වස්තු or වත්: substance, wealth, වස්තුව; history, narrative, කථාවස්තුව, පුවත.

වත, *n.* E. of වක්ත්‍ර: face, මුහුණ; simile, උපමාව.

වතංසය, *n.* earring, කඩුක්කම; crest, E. S.

වතත්, *n.* See වත් අත්.

වතන, *n.* face, මුහුණ.

වතළ, *v. adj. pret.* fr. වතුරනවා: spread abroad, diffused, පතළාවූ; outspread, extended, scattered, පැතුරුණු.

වතාව, *n.* season, particular occasion or time.

වතාවත්, *a.* serving, waiting upon, සේවක, සාත්තුකරන.. [ආවතේවය.

වතාවත්කම, *n.* service, ministration, සේවය,

වතාවෙන්·වතාව(ට), *ad.* from time to time, occasionally. [boundary, වැට, ඉම.

වති·පාකාරය, *n.* (fr. ප්‍රාකාරය), fence, hedge,

වතී, *suf. fem.* possessive or qualifying, as ධනවතී, wealthy female, ගුණවතී, benevolent or virtuous female.

වතු, *n. pl.* or *a.* of වත්ත: gardens; garden-.

වතුඉඟුරු, *n.* a species of ginger.

වතුකාර, *a.* pert to gardening, horticultural.

වතුකාරයා, *n.* gardener. [property.

වතු·කුඹුරු, *n. pl.* gardens and fields, landed

වතු·කැන, *n.* garden-cluster or bunch, viz. bunch or stalk of plantains, කෙසෙල් කැන.

වතු·ගෙඩිය, *n.* garden-fruit, viz. plantain, කෙ

වතු·පිටි, *n. pl.* See වතුකුඹුරු. [සෙල් ගෙඩිය.

වතු·මුව, ·මුහ *n.* plantain flower, කෙසෙල්මුව.

වතුර, *n.* water. [trough.

වතුර·ඔරුව, *n.* watering trough, drinking

වතුර·ගැලීම, *v. n.* (ගලනවා), flowing or overflow of water, flood.

වතුරනවා, *v. t.* to spread (cloth &c), අතුරනවා; *pret.* වැතුරුවා or වතුළා; *v. n.* වැතිරීම.

වතුරනුවා, *n.* red kingfisher, see පිළිහුඩුවා, ගෝමර පිළිහුඩුවා and මහපිළිහුඩුවා.

වතුරන්·කොටුල, *n.* rotten timber found underground, see කොටුල.

වතුර පස්න, *n.* water-level, viz. an instrument containing water inslead of spirit for securing a perfect level, වාතරපාසය. [හැඩපාර.

වතුර·පාර, *n.* water-course, conduit; current,

වතුර·බස්නාව, *n.* down-flow of water, stream,

වතුර·මෝල, *n.* water-mill. [fall of water.

වතුර·සිල, *n.* water-hole, scupper (of ship).

වතුයාව, *n.* well-watered cultivated ground.

වතුරු, *n.* flood, වතුරනැල්ම, flowing water, ගලායන වතුර; cloth, garment, වස්ත්‍රය. [ing.

වතු·වැඩය, වතු·වැඩේ, *n.* garden-work, garden-

වත්, *adj. suf.* possessive or qualifying, as ධනවත්, wealthy, නැණවත්, endued with wisdom, wise, see වන්ත.

වත්, *ad. and conj. suf.*, (fr. වුවත්), at least, as මේකවත් ගනින්, take at least this; *with neg.* not even, as එකක්වත් නැ, there is not even one; වත්...වත්, either...or, as ඒකවත් මේකවත්, either that or this; වත් . වත් නැ, neither...nor.

වත්·අත්, *n.* E. of වතුරු කාලය: ap. of කණ්ණදම්මෝ. [competence, පොහොසත්කම.

වත්කම, *n.* (වත් fr වස්තු), property, wealth,

වත්කරනවා, *v. t.* to pour out, spill, වක්කරනවා.

වත්කරනවා, *v.* (වත් fr. ව්‍රත), to perform religious duties or rites.

වත්කිරීම, *v. n.* outpouring, effusion; performing religious duties.

වත්ත, *n.* garden, plantation; *pl.* වතු.

වත්තම, *n.* (වත් cloth, තම for කම doing), cloth-making, රෙදිවියීම.

වත්තම්කරනවා, *v.* to support, uphold (a feeble person in walking &c.).

වත්, *n. pl.* P. of වස්ත්‍ර: garments.

වත්·ගුහ්‍යය, *n. lit.* cloth-secret, viz. privity of male or female.

වත්දෙනවා, *v.* (වත් rites or religious services), to perform religious rites, consecrate.

වත්පිරීම, *v. n.* of වත්පුරනවා: discharging religious duties, as fasting, fulfilling vows &c. [means and methods.

වත්·පිළිවෙත්, *n. pl.* rites and ceremonies;

වත්මත්, *a.* E. of වත්මාන. [වර්තමාන.

වත්සඝාත, *n.* (වත්ස calf, ඝාත to injure), see

වත්සපත්, *a.* See වත්සපේසන.

වත්සය, *n.* year, වර්ෂ; chest, breast, පපුව, ලය; used also to a child or scholar as a term of endearment.

වත්සයා, *n. mas.* calf, වස්සා.

වත්සරය, *n.* year, සංවත්සරය, අවුරුද්ද.

වත්ස·ල, *a.* (වත්ස breast, ලා to have), fond, affectionate, kind, ප්‍රේමවත්, දයාවන්ත.

වත්ස·ලතාව, වත්ස·ලය, *n.* fondness &c., ප්‍රේමය,

වදකයා, වදකාරයා, *n.* See වදකාරයා. [දයාව.

වදකරනවා, *v.* to torture, excruciate, persecute, torment, tease. [අලුහෝස්සනවා.

වදකාරයා, *n.* torturer, executioner, hangman,

වදන, *n.* mouth, කට, face, මුහුණ; word, වචනය, saying, කීම. [parturient.

වදන, *v. adj. pres.* of වදනවා: bringing forth,

වදන·ගෙය, *n.* lying-in room or hut, *cl.* සූතිකාලාව.

වදනවා, *v. t.* to bring forth young; *pret.* වැදුවා; *v. n.* වැදීම.

වදන·වේදනාව, *n.* pain of parturition.

වදනිඳු, වදනිසුරා, *n.* (වදන speech, ඉඳු, ඉසුරා chief), ap. of බෘහස්පති; orator, වාග්මියරයා, වාක්‍යකමිකයා. [පොරොන්දුවෙනවා; speak,

වදන්·දෙනවා, *v.* to give one's word, promise.

වදන්·මග, *n. lit.* word-path, viz. ear, කන.

වදන්ස, *a.* munificent, bountiful, ත්‍යාගවන්ත.

වද·බන්දනකරනවා, *v.* to harry, harass, worry, හිරිහැරකරනවා. [හිරිහැරය.

වද·බන්දනය, *n.* worry, harassment, annoyance,

වද·බෙරය, *n.* execution drum, drum announcing an execution or beaten before the person going to execution.

වද·මල, *n.* shoeflower, hibiscus, සපත්තුමල.

වද, *n.* cattle-pen, ගරස්ගාල; sheepfold, බැටළුපට්ටිය; leather thong, as shoe-lace, reins &c., කම්පටිය, &c.; fault, වරද.

වදය, *n.* fr. වද් to speak: speech, saying, word, කීම, වචනය. [දඬුවම.

වදය, *n.* fr. වධය: torture, punishment, වධය,

වද·විඳිනවා, *v.* to suffer pain or torment.

වද·වේදනාව, *n.* torture and pain.

වදාළ, *v. adj. pret.* for වදාළ. [ably, or kindly.

වදාන්‍ය, *a.* liberal, ත්‍යාගවන්ත; speaking agree-

වදාරනවා, *v. hon.* to speak, say, tell; *pret.* වැදෑරුවා or වදාළා; *v. n.* වැදෑරීම.

වදාවද, *a.* speaking well or eloquently, වාක්‍යලෙස කථාකරන. [කී, පැවසූ.

වදාළ, *v. adj. pret.* of වදාරනවා: said, uttered,

වදිනවා, *v. i.* to strike against, hit, touch; enter, intrude, ඇතුල්වෙනවා; *pret.* වැදුණා; *p. pl.* වැදු; *v. n.* වැදීම.

වදුර, *n.* E. of වජ්‍ර: diamond; *pl.* වදුරු.

වදුරවිය, *n.* (වදුර අවිය), E. for වජ්‍රායුධය, which see; වදුරවි ap. of ශක්‍රයා as thunderer.

වදුරු·දත්, *n.* gambling, සූදුකෙළිය.

වදුරු·රෝගය, වදුරු, *n.* (fr උවදුරු), small pox, වසූරිය, plague, pestilence, වසංගතය.

වදුල, *n.* arbour, bower, jungle, වනලැහැබ; shade, සුවාව; cloud, වලාකුළ.

වදුලා, *n.* thief, robber, හොරා.

වදුව, *n.* E. of වධුව.

වද්දනවා, වද්දවනවා, *v. c.* of වදිනවා: to drive, strike or force in; with සිතට, to impress upon the mind or heart; *pret.* වැද්දුවා, වැද්දෙවුවා; *v. n.* වැද්දීම, වැද්දවීම.

වද්‍ය, *a.* faulty, guilty, වරදකාර,

වද්‍යය, *n.* fault, crime, වරද, sin, පාපය.

වධකයා, *n.* See වදකාරයා.

වධකරනවා, *v.* See වදකරනවා.

වධක·රාමුව, *n.* torture-frame, rack.

වධ·දණ්ඩය, *n.* punishing rod, executioner's rod; infliction of punishment.

වධ·බෙරය, *n.* See වදබෙරය.

වධය, *n.* torture, punishment, infliction of death, killing, මරාදැමීම.

වධ·ස්ථානය, වධ භූමිය, *n.* place of execution.

වධුව, වධූව, *n.* woman ස්ත්‍රී, wife, භාර්යාව.

වධ්‍ය, වධාර්හ, *a.* (·අර්හ), worthy of death, මරණයට පත්විය යුතු.

වන, *v. adj* fr. වෙනවා: who is, are &c., being, as මිත්‍රයෙක් වන මම, I who am a friend; (=වෙන) becoming, occurring, taking place, as මේවා වන කොට, when these occur or occurred.

වන, *a.* forest, jungle, sylvan, කැලෑ; wild, වල්.
වන·කපියා, වන·කපා, *n.* jungle monkey, රිළවා,
වන·කුකුළා, *n.* jungle fowl, pheasant. [වලිකුකුළා.
වන·ක්‍රීඩාව, *n.* forest play, viz. killing wild [animals, hunting.
වන·ග, *n.* See ලැවන.
වන·ගත, *a.* wild. වල්.
වන·ගවයා, *n.* wild ox, gayal or yak, *bos* [*gavœus.*
වන·ගහනය, *n.* thicket, jungle, අකුල, වනලැහැබ.
වන·ගෝචරයා, *n.* forester, වනයක වාසයකරන්නා. [barbarous, uncivilized.
වන·චර, *a.* living in a forest, wild, savage,
වන·චරයා, *n.* barbarian, uncivilized person.
වනජ, *a.* produced in a forest, wild, වල්.
වන·ජයා, *n.* one born in a forest, viz. elephant or other wild animal. [හස්ති; *pl.* වනතුරු.
වන·තුර, *n.* forest tree, any wild tree, කැලෑ
වන·දය, *n.* (වන water දය what gives), water-given, viz cloud, වලාකුළ.
වන·දිව්‍යාංගනාව, වන·දේවතාවී, *n.* forest goddess, wood-nymph.
වන·දෙවියෝ, *n.* forest-god, sylvan.
වන·නිවෙස, වන·පියස, *n.* forest-dwelling, forest place, monastic grove, තාපසාරාමය.
වන·පංක්තිය, *n.* lot or line of forests, කැලෑ පන්තිය.
වන·පතියා, *n.* forest-lord, viz. lion, සිංහයා.
වන·පාලකයා, *n.* forest-keeper, ranger, කැලෑව බලාගන්නා.
වන·පියයා, වනප්‍රියයා, *n.* (වන forest පියයා &c., delighter) Indian cuckoo, කෝකිලයා.
වනපොත්, *n.* (වන without), reciting from memory. [mit to memory.
වනපොත්කරනවා, *v. t.* to learn by rote, com-
වනපොත්දෙනවා, *v. t.* to recite from memory.
වනම, *n.* caste, ජාතිය; *pl.* වනම්.
වන·මක්ඛිකාවා, *n.* jungle or wild fly, viz. gad-fly, ඇටමැස්සා.
වන·මී, වන·මීපැණි, *n.* wild honey. *Bot.*
වන·මුච, *n.* (වන water, මුච to set free), cloud, වලාකුළ.
වනය, *n.* forest, wood, jungle, කැලය; water, වතුර, lake, විල, fountain or other place of water, උල්පත &c.
වානරයා, *n.* monkey, see වානරයා.
වන·රජා, *n.* forest-king, viz. lion, සිංහයා.
වන·රාජිය, *n.* (රාජිය, range, row), range or line of forests, කැලෑපංක්තිය.
වන·වාස, *a.* dwelling in a forest, hermitical, ascetic. [polecat, *viverraIndica*, උගුඩුවා.
වන·වාසකයා, *n.* (වාසක dwelling), civet-cat or
වන·වාසය, *n.* forest-life, monachism.
වන·වාස·වීම, *v. n.* living in a forest, asceticism.
වන·වාසි, වන·වාසික, *a.* See වනවාස.

වන·වාසියා, *n.* dweller in a forest, hermit, recluse. [යෑම, මැරීම.
වනස, *n.* destruction, desolation, death, විනා
වනසනවා, *v. t.* to devastate, ravage, lay waste, destroy, නැතිනාස්තිකරනවා; *pret.* වැනසුවා; *v. n.* වැනසීම. [කාරයා or Vedda, වැද්දා.
වන·සර, *n.* barbarian, වනචරයා, hunter දඩයක්
වන·සැවුලා, *n.* jungle cock, වලිකුකුළා.
වනසු, *n.* a kind of red berry මදටිය; or tree bearing red berries.
වනස්පතිය, *n.* tree bearing fruit without apparent blossom, as the fig &c.
වන·හළි·කරනවා, *v.* to burn up or reduce a forest to ashes, කැලෑදවාදමනවා; destroy (in general). [කැලෑව.
වන·ලැහැබ, *n.* thicket, copse, jungle, අකුල,
වනාජයා, *n.* (වන අජයා), forest goat, wild goat, වල්එළුවා. [කැලෑ.
වනාන්තර, *n. pl.* or *a.* forests; forest, sylvan,
වනාන්තර·ගත, *a.* being in a forest, කැලේ ඇත්තාවූ; having forests, woody (district), කැලෑ සහිත. [large forest, wilderness.
වනාන්තරය, *n.* (වන අන්තරය), forest region,
වනාසය, *n.* See වනස.
වනාහි, *emp. ind. part.*, as for, as regards, indeed, as ඔහු වනාහි, he indeed, as for him, if it is or were he, ඔහුනම්.
වනිතාව, වනිතී, *n. fem.* (වන් to ask, solicit), solicited-one, viz. woman, wife, ස්ත්‍රී.
වනීකයා, වනීයකයා, *n.* beggar, හිඟන්නා.
වනේචරයා, *n.* (වනේ forest, චර going), forester &c., see වනචරයා; imp, demon, රාක්ෂයා.
වනෞකසා, *n.* See වනකපියා. [coloured.
වන්, E. of වර්ණ; coloured, as රන්වන්, gold-
වන්, *v. adj. pret.* of වනවා; arrived at, entered, has or have become, පැමිණි, ඇතුල්වුණ, වුණ; resembling, similar, වැනි, සමාන.
වන්තුරා, *n.* fiddler, වෙණකින්ක්‍රීඩාකරන්නා; *pl.* වන්තුරුවෝ.
වන්·කොස්·ගෙඩිය, *n.* young jak fruit.
වන්ත, *adj. suf.* of possession, as ප්‍රඥාවන්ත, wise, see වත් adj. suf.
වන්තලිනි, *n.* mantle, robe, cloak, උතුරුසළුව.
වන්තය, *n.* spot, freckle, ලපය; mark (for a full stop &c.), ලකුණ.
වන්‍දන·මානකරනවා, *v.* (වන්‍දන homage, මාන honour), to worship, නමස්කාරකරනවා.
වන්‍දන·මානකාර, *a.* pert. to worship, devotional, නමස්කාර. [for festive occasions.
වන්‍දන·මාලාව, *n.* decorated arch of a gateway
වන්‍දනය, *n.* bowing, rendering obeisance, worshipping, නමස්කාරය, වැඳීම.
වන්‍දනාකරනවා, වන්‍දනාමානකරනවා, *v.* to worship, නමස්කාරකරනවා.

වන්දනාකාරයා, *n.* worshipper, religious pilgrim.
වන්දනා·මානය, *n.* worship, homage and honour, ගරුකත් නමස්කාරය. [කාරය.
වන්දනාව, *n.* praise, worship, ප්‍රශංසාකිරීම, නමස්
වන්දනාවේ·යනවා, *v.* to go on pilgrimage to worship. [නමස්කාරය ලැබිය යුතු.
වන්දනීය, *a.* praiseworthy, ප්‍රශංසනීය, adorable,
වන්දාරු, *a.* (වන්ද් to praise), praising, complimentary, ප්‍රශංසාකරන, civil, polite, ආචාර වන්ත.
වන්දි, *a* compensatory, avenging, atoning.
වන්දිගන්නවා, *v.* to take compensation or an indemnity, avenge, පළිගන්නවා. [ing. E. S.
වන්දි·දානය, *n.* compensatory gift; peace-offer-
වන්දි·ගෙවනවා,or·දෙනවා,*v.* to give compensation, compensate, atone. E. S.
වන්දි·පාඨය, *n.* (වන්ද් to praise), complimentary stanza, eulogium, ප්‍රශංසා රචනාවක් or කීමක්.
වන්දිපාඨකයා, වන්දිභට්ටයා, *n.* (භට්ට learned, eminent), eulogist, learned panegyrist. E. S.
වන්දි·පූජාව, *n.* atoning sacrifice, propitiation, පව්නසනපූජාව. [redress.
වන්දිය, *n.* recompense. indemnity, reparation,
වන්දියා, *n.* panegyrist, public bard, official bard of princes &c. E. S.
වන්ධ්‍ය, *a.* barren, childless, වඳ, දරුවන් නැති.
වන්නක්කු(ක්කා), *n.* accountant, appraiser.
වන්නම, *n.* sort, class, tribe, race, ජාතිය.
වන්නා, col. for වනාහි.
වන්නාට, *ad.* let be, be it so.
වන්‍ය, *a.* forest, වන, wild, වල්; barbarous, වන
වඳ, *a.* barren (female). [චර.
වඳකරනවා, *v. t.* to make barren, spay.
වඳිනවා, *v. i.* to bow, courtesy; worship; *pret.* වැන්දා; *v. n.* වැඳීම.
වඳී, *n. fem.* barren female; *pl.* වඳියෝ.
වඳුරා, *n.* wanderoo or large monkey, of which the four species in Ceylon are: කළුවඳුරා, black monkey of the low country, *presbytes cephalopterus*; මහවඳුරා, great monkey of the upper country *p. ursinus*; also *p. thersites*; and *p. piramus*, in the North and East Provinces.
වප, *n.* rampart, ප්‍රාකාරය, පවුර; sowing seed.
වපනය, වපය, *n.* sowing, වැපිරීම; shaving, රැවුල්බෑම; levelling the ground after sowing.
වපර, *a.* cross-eyed, squinting. [leer, ogle.
වපරකරබලනවා, *v.* to look askance, squint,
වපර·බැල්ම, *n.* squint, squinting, strabismus, ogle. [person.
වපරයා, *n. mas.* one who squints, cross-eyed
වපරේට, *ad.* askance, askew.
වපරේටබලනවා, *v.* See වපරකරබලනවා.

වප·සරිය, *n.* sowing extent, as තැලියක් වපසරිය, the extent (of ground) for sowing a seer (of seed). [tion of the flesh or bones, මිදුළු.
වපාව, *n.* marrow, ඇටමිදුළු; mucous secre-
වපුට, *p. pl.* of වපුරනවා: having sown, වපුරා.
වපුරනවා, *v. t.* to sow; *pret.* වැපුරුවා or වපුළා; *p. pl.* වපුරා or වපුර or වපුට; *v. n.* වැපිරීම.
වපුව, *n.* the body, ශරීරය; fine form, ලක්ෂණ ස්වරූපය.
වප්, *a.* pert. to sowing, වැපිරීම සහිත.
වප්·මඟුල, *n.* sowing feast, viz. feast given on the day sowing or ploughing is begun.
වප්·මස, *n.* month so called, viz. October-November, which is the chief sowing time
වප්‍ර, *n.* field, පිට්ටනිය; rampart, පවුර, bank, පස්ගොඩක්; foundation, අත්තිවාරම. [හය,
වම, *n.* E. of වර්ම: armour, coat of mail, සන්නා
වම, *n.* the left side.
වමත, *n.* (වම් අත), left hand.
වමත·ගුරු, *a.* left-handed.
වමත·ගුරුකම, *n.* left-handedness. [ගුරු අය.
වමත්කාරයා, *n. mas.* left-handed person, වමත
වමථුව, *n.* ejecting from the mouth, vomiting.
වමනය, *n.* vomiting; vomit; emetic, E. S.
වමනයකරනවා, *v. t.* to vomit, eject, by vomit-
වමන්, *a.* or *n.* See අවමන්. [ing.
වමරැස්, *a.* (වමර ඇස්), cross-eyed, වපර.
වමරැස්කම, *n.* cross-eyed state, strabismus. [යා.
වමරැස්කාරයා, *n. mas.* cross-eyed person, වපර
වමාරනවා, *v. t.* to vomit; *pret.* වැමෑරුවා; *v. n.* වැමෑරීම. [the cud, ruminate.
වමාරා·කනවා, *v. t.* to bring up and chew, chew
වමැලය, *n.* (වම් ඇලය), the left side, වම්පැත්ත.
වමැස, *n.* (වම් ඇස), the left eye.
වම්ය, *n.* vomiting, වමනය; white-ant hill, තුඹස.
වමිය, *n.* the goddess, මහීකාන්තාව.
වමී, *n.* woman, ස්ත්‍රී.
වම්, *a.* left, sinistral.
වම්·පස, වම්පාර්ශ්වය, *n.* the left side, වම්පැත්ත.
වම්බටු, *n.* or *a.* brinjal, egg-plant or fruit.
වම්බු, *a.* bold, pert, saucy, priggish, තාලජ්ජ නැති; deceitful, roguish, ප්‍රපංචික.
වම්බුකම, *n.* pertness &c.; roguery, ප්‍රපංචිකකම.
වම්බුවා, *n. mas.* pert or saucy or, impudent person,, prig; rogue.
වම්මීකය, *n.* P. of වල්මීකය: white-ant hill, තුඹස.
වය, *n.* age, වයස; decline &c. from වයය.
වය·කල්‍යාණය, වයෝකල්‍යාණය, *n.* (වයස්කල්‍යාණ:), age-excellence, viz. youthfulness, period of youth, considered one of the five essentials of personal beauty.
වයනවා, *v. t.* to beat, strike, ගසනවා, play on an instrument by striking; *pret.* වැයුවා; *v. n.*
වයඹ, වයඹ, *n.* or *a.* North-west, [වැයීම.

වයඹාව, *n.* North-west, වයඹ.
වයඹ, *n.* E. of වායාමය.
වයඹ·කොණ(හ), වයඹ·දිග, *n.* North-west quarter.
වයස, *n.* age.
වයසයා, *n.* bird, කුරුල්ලා; youth, තරුණයා.
වයස්, *n. pl.* or *a.* ages; aged, old, මහලු.
වයසැති, *a.* aged (so much), (මෙපමණ) වයස්ඇති.
වයස්කාරයා, *n.* old man, මහල්ලා.
වයස්·ගත, *a.* elderly, aged, old.
වයසට, *a.* (වයඃ, ස්ථ staying being), young or middle aged, මධ්‍යම වයස් ඇති.
වයස්ථයා, *n.* young man, යෞවනයා; associate, යහළුවා, contemporary, E. S. [මිතුරී.
වයස්ථාව, *n. fem.* female friend, confidante,
වයස්‍ය, *a.* contemporary, සමකාලීන.
වයස්‍යතාව, *n.* contemporariness, සමකාලීන කම.
වයස්‍යයා, *n.* contemporary, සමකාලිකයා; associate, සවුල්කාරයා; friend, යහළුවා.
වයස්‍යාව, *n. fem.* female friend, මිතුරී.
වයඃප්‍රාප්ත, *a.* arrived at maturity, grown up.
වයිරෝචිය, *n.* See වෛදූර්‍ය්‍ය. [ලොකුඩ්.
වසිල්දදිය, වසිල්දුදිය, *n.* moon, සඳ.
වයෝ, *n.* In composition only, for වයස්. [aged.
වයෝ·කල්‍යාණ, *a.* young in appearance though
වයෝ·ගත, *a.* (ගත attained), see වයස් ගත.
වයෝ·වෘද්ධ, *a.* (·වෘද්ධ increased), advanced in years, aged, senile, මහලු.
වයෝ·වෘද්ධය, *n.* old age, මහලු වයස, agedness, මහලුකම. [මහල්ලා.
වයෝ·වෘද්ධයා, *n. mas.* aged person, old man,
වර,වරණ, *a.* best, chief, excellent, ප්‍රධාන,උතුම්.
වර, *n.* time, occasion (of repetition), as වරක් දෙවරක්, once or twice, තුන්වරක්, three times.
වරකය, *n.* boat awning, පාරුවේ වියන; towel, තුවාය; a wild kidney bean.
වර·කල්පය, *n.* excellent kalpa viz. the third kalpa or period of the world, in which three Buddhas appeared, see මණ්ඩකල්පය.
වරකා, *n.* a variety of ripe jak fruit.
වරකාමුදලා, *n.* a beautiful yellow bird. [trees.
වරකා·ගස්ක, *n.* a kind of mushroom on jak
වරක්, *n.* once; as *ad.* once, formerly, ඉස්සර.
වරක්·කළුය, *n.* carpenter's guage for marking.
වරක්තාව, *n.* See වරත්‍රාව.
වර·ගන්නවා, *v.* to get permission, obtain leave, අවසර·ගන්නවා or ·ලබාගන්නවා.
වරඟන, *n.* (වර අඟන), exellent or noble woman, උතුම් ස්ත්‍රී.
වරට, *ad.* as එකවරට, at once, at one time.
වරටයා, *n. mas.* gander, පාත්තා; barbarian, විකාරයා, foreigner, පිටදේශීයා.
වරටාව, *n. fem.* goose, පාත්ති.
වරණ, *a.* See වර, *a.*
වරණදද, *n.* lip, තොල.
වරණය, *n.* protection, preservation, රැකවල, ආරක්ෂාව, screening, covering, cover, shelter, මුවාව; rampart, පවුර; west, බටහිර. *Bot.*
වරණයා, *n.* tusked elephant, ඇතා.
වරණසිය, *n.* (වරණ name of a stream on the North, and අසි a stream on the South of Benares), the city Benares, බරණැස් නුවර.
වරණාව, *n.* river so called to the North of Benares that falls into the Ganges, the modern Bernā.
වරණීය, *a.* that should be asked for or solicited, preferable, වඩා සුදුසු. [ඉල්ලෙන්නට සුදුසු.
වරණ්ඩය, *n.* porch, portico, verandah, බරාදය,
වර·තික්ත, *n.* aggregate or medical compound of three pungent substances, viz. black pepper, long pepper and dried ginger: ගම් මිරිස්, තිප්පිලි සහ ඉඟුරු මිශ්‍රව් මෙහෙත.
වරත්තුවා, *n.* (*vul.*), mean fellow, නීචයා.
වරත්‍රාව, *n.* thong, සම්පටිය, leather girth for elephant or horse, බඳපටිය.
වර·ද, *a.* (වර boon or favour, ද giving), who grants a favour, conferring a boon, පිහිට වෙන, propitious, කරුණාවන්ත. [ඉගෙන්.
වරද, *n.* wrong, fault, error, crime, guilt; hair,
වරදකරනවා, *v.* to do wrong, commit a fault or crime.
වරදකාර, *a.* who does or do wrong, wrongful, faulty, blamable, culpable, criminal, guilty.
වරදකාරයා, *n.* wrong-doer, one who commits or has committed a fault, criminal, male-
වරදකාරී, *n. fem.* of the above. [factor.
වරදනගනවා, වරදනගනවා, *v.* to lay blame upon, find fault, accuse. [කරනවා.
වරදනවා, *v.* to commit a fault, do wrong, වරද
වරද·ප්‍රාප්ත, *a.* who has reached or is involved in crime: see වරදකාර.
වර·දය, *n.* (See වර·ද, *a.*), granting a favour or boon, පිහිටවීම, කරුණාකිරීම; sacrificial fire, යාග ගින්න.
වර·දයා, *n.* one who bestows a favour or grants a prayer, benefactor, වරදෙදන අය, පිහිටවෙන් නා; rahat; heir apparent or vice-king, යුවරජ.
වරදවනවා, *v.* to make a mistake, err; *pret.* වැරෙදුවා; *v. n.* වැරදීම.
වර·දානය, *n.* (වර excellent or boon), excellent gift, උතුම් දානය; granting a boon or favour, වරදුන්දීම, පිහිටවීම; place of pilgrimage, වන් දනාස්ථානය.
වරදිනවා, *v. i.* to err, mistake, as· මට වැරදුණා, mistake occurred to me, I was mistaken; *pret.* වැරදුණා; *v. n.* වැරදීම.
වරදින·සුලු, *a.* erring, fallible, වරදින්නට පුළුවන් වූ or වරදින. [ය.
වරදින·සුල්ල, *n.* errancy, fallibility, වරදිනගති
වරදු, *n.* Indra's diamond-like thunder bolt, see වජ්‍රය.

වරද්දනවා, වරද්දගන්නවා, *v.* to make a mistake, err, miss, mistake; *pret.* වැරැද්දුවා; &c.; *v. n.* වැරැද්දීම &c.

වරද්දවනවා, *v. c.* to cause to err, mislead; *pret.* වැරැද්දෙවුවා; *v. n.* වැරැද්දවීම. [decline.

වර·නගනවා, *v. gram.* to conjugate, inflect,

වරනවා, *v. t.* to stop (fruit or milk giving &c.), cease at times (as trees bearing or blooming &c.), intermit; *pret.* වැරුවා; *v. n.* වැරීම.

වර·නැගිල්ල, *n.* conjugating &c.; conjugation, declension.

වරන්තුව, වෙරන්තුව, *n.* Eng., warrant.

වර·පට, *n.* (වර fastening), strip of leather, thong, හම්පටිය. [gift of a boon.

වර·ප්‍රදානය, *n. lit.* favour-gift; bounteous gift,

වර·ප්‍රසාදය, *n.* permission, leave, අවසරය; favour, influence, efficacy, අනුභාව.

වර·ප්‍රිය, *n. lit.* excellent delight, viz. cinnamon bark, කුරුඳුපොතු. [දෙහිගෙඩිය.

වර·ඵලය, *n.* coconut, පොල්ගෙඩිය; lime fruit,

වරම, *n.* a grant, favour, boon, දීමනාව, පිහිට; supernatural power, efficacy, influence, ආනුභාවය, අනුභාව, protection, ආරක්ෂාව; permission, අවසරය; demoniacal possession, යක්ෂාවේශය.

වරම, or වරම·දෙනවා, *v.* to give power, empower, energize, අනුභාවදෙනවා. [beasts.

වරමන්ද, *n.* elk-skin rope for catching wild

වරම, *a.* better, preferable, වඩාහොඳ, වඩාසුදුසු.

වරම·ගන්නවා, *v.* to receive a favour, පිහිට ලබනවා; obtain permission.

වරම·දෙවියෝ, *n. pl.* guardian deities of the four quarters, see සතරවරම දෙවියෝ.

වරය, *n.* favour, boon, blessing, කරුණාව, දීමනාව, පිහිට; permission, authority, අවසරය.

වරයා, *suf. res.* or *hon.* expressing eminence or respect, as පඬිවරයා, eminent pandit, ගුරුවරයා, the teacher.

වර·රුචි, *n.* (වර eminent, රුචි light), name of a poet and philosopher who was eminent at the court of භෝජ, or one of the 'nine gems' of the court of වික්‍රමාදිත්‍ය.

වරල, *n.* knot or ridge of hair, කොණ්ඩය; multitude, lot, සමූහය; row, පෙළ; wale from a blow, වැලිය.

වරල, *n.* fish fin or tail; hair of the head, ඉස කෙස්, bunch or knot of hair, කොණ්ඩය; *pl.* [වරල්.

වරලස, *n.* hair of the head.

වරලු, *a.* bent, crooked, වකුටු.

වරල්ලා, *n.* thief, robber, හොරා,

වරවනවා, *v. c.* of වරනවා: to cause to cease or intermit; *pret.* වැරෙවුවා; *v. n.* වැරවීම.

වර·වර්ණිනී, *n.* (වර excellent, වර්ණ class or quality), excellent woman, උතුම්; woman in general, ස්ත්‍රී; ap. of ලක්ෂ්මී; turmeric, කහ.

වර·වාරණයා, *n.* (වර best, noble), royal elephant,

වරා, *p. pl.* of වරනවා. [ශ්‍රේෂ්ඨයා.

වරා, *n.* pig, hog, ඌරා.

වරාංගය, *n.* (වර chief, අංගය body or member), head, ඉස; privity, රහස් අවයවය; cinnamon bark, කුරුඳුපොතු; elegant form, ලක්ෂණ රූපය. [අලියා.

වරාංගයා, *n.* large-bodied one viz. elephant,

වරාටය, *n.* string, cord, ලනුව; cowrie shell,

වරාණසිය, *n.* Benares, see බරණැසිය. [සාවඩි.

වරාය, *n.* harbour, port. [tax.

වරායමද්ද වරාය්‍ය·ගාස්තු, *n.* harbour-dues, port-

වරාල, වරාලක, *n.* cloves, කරාබු. *Bot.*

වරාලයා, *n.* hog, boar, ඌරා.

වරාශය, *n.* (වර ආශය), reservoir, tank, ජලාශය.

වරාසිය, වරාසක, *n.* coarse cloth, දළරෙද්ද; dirty cloth or garment, කිලුටු රෙද්ද.

වරාහයා, *n.* hog, ඌරා. [tion as a hog. *Bot.*

වරාහයා, *n.* hog; Vishnu in his third incarna-

වරිගන්තාරයා, *n. mas* (fr. වංශ), person of high caste, වංශවත් අය, උත්තමයා. [උත්තම්

වරිගන්තාරී, *n. fem.* of the above, වංශවත් ස්ත්‍රී.

වරිගය, (fr. වංශය), kind, race, caste, ජාතිය.

වරිච්චිය, වරිච්චුව, *n.* T., transverse rod or lath, numbers of which are tied across the thatch or mud walls (වරිච්චි බිත්ති) of a house.

වරින්·වර, *ad.* from time to time, at intervals, occasionally. [ment, කිරුම, නුගම.

වරි·පණම, *n.* T., tax money, impost, assess-

වරිය, *n.* T., line, row, පේළිය. [බර or හොඳ.

වරිෂ්ඨ, *a.* largest, heaviest, best, ඉතා ලොකු or

වරිෂ්ඨ, *n.* copper, තඹ; pepper,ගම්මිරිස්.

වරිෂ්ඨයා, *n.* francoline partridge, තලතිත්තා.

වරිවඩ්ඩා, *n,* See බලිවඩ්ඩා. [සාගර.

වරුණ, *a.* pert. to the god Varuna; west, බස්

වරුණ·දික්·පතියා, වරුණ·දිශා·හිමියා, *n.* regent of the West, see වරුණයා.

වරුණ·දිග, *n.* or *a.* western quarter; the West; අපරදිග, බස්නාහිර.

වරුණ·දෙවියෝ, *n.* See වරුණයා. [ජලය, ජල.

වරුණය, *n.* ocean, සමුද්‍රය; water or waters,

වරුණයා, *n.* god of the waters, of rain and the ocean, වස්වලාහකයා; also regent of the West, see වරුණදික්පතියා.

වරුව, *n.* a division or part of the day, පෙර වරුව, forenoon; පස්වරුව, afternoon; heap of paddy, පිඩෝසි.

වරුසය, වරුසේ, *n.* Er. for වර්ෂය.

වරුසාව, *n.* Er. for වැස්ස.

වරූථව, *n.* the world, earth, පොළොව.

වරූථය, *n.* (වෘ to defend), defence or guard, as a ledge round carriage for protection, ආවරණය; armour, සන්නාහය; skin, leather, හම.

වරූථිනිය, *n.* defence, viz. army, යුධසේනාව.

වරෙන්, *v. imp. sg.* of එනවා: come thou.

වරෙන්තුව, *n.* Eng., warrant.
වරෙල්ලා, *v. imp. pl.* of එනවා: come ye.
වරේ, *n.* for වරය and වාරය. [ප්‍රධාන.
වරේණ්‍ය, *a.* chief, eminent, principal, උතුම්,
වර්ග, *n. pl.* or *a.* classes, kinds &c.; class-; *arith.* square-.
වර්ගකරනවා, *v. t.* to square (a number).
වර්ග·ගණන, *n.* the number of classes or kinds; *arith.* square number. [specific, specifical.
වර්ග·ප්‍රකාශක, *a.* showing the class or kind,
වර්ග·බන්ධනය, *n. lit.* class-union, viz. gregarious- [ness.
වර්ග·මිම්ම, *n.* square measure.
වර්ග·මූල·ගණිත, *n.* radical quantity.
වර්ග·මූලය, *n.* square root. [sign.
වර්ග·මූල·ලකුණ, *n.* sign of square root, radical
වර්ගය, *n.* class, sort, kind, species, tribe; *arith.* square number. [class or race.
වර්ගික, වර්ගීය, *a.* of a class or sort, pert. to a
වර්ගී·කෘත, *a. arith.* squared, වර්ගකරනලද.
වර්චස්, *n.* ordure, dung, අශුචි, මල.
වර්චස්·කුටිය, *n.* privy, වැසිකිළිය.
වර්ජකයා *n.* (වෘජ් to abandon), deserter, apostate, renegade, අත්අරින්නා. E. S.
වර්ජනය, *n.* deserting, forsaking, desertion, abandonment, අත් ඇරීම.
වර්ජනයකරනවා, *v. t.* to desert &c., අත්අරිනවා.
වර්ජනීය, *a.* that should be abandoned, or avoided, අත්ඇරිය යුතු, wrong, improper, අයුතු. [අරිනලද.
වර්ජිත, *a.* abandoned, excluded, deserted, අත්
වර්ජිතතාව, *n.* state of abandonment, dereliction or desertion.
වර්ණකය, *n.* (fr. වර්ණ to colour or praise), perfume for the person, sp. powder, සුවඳකුඩු; paint, pigment, සිත්ත, සායම. [නා.
වර්ණකයා, *n* eulogist, panegyrist, වර්ණනා කරන්
වර්ණ·ගත, *a.* (වර්ණ colour, ගත, taken, having), coloured, පාටඇත්තාවූ. [ගානවා.
වර්ණ·ගතකරනවා, *v. t.* to colour, tinge, පාට
වර්ණ·චාරකයා, *n.* (චාරක dealing in), painter. E. S. [කූර; pencil, පැන්සලය; pen, පෑන.
වර්ණතූලිකාව, වර්ණතූලිය, *n.* paint-brush, තෙලි
වර්ණ·දූතය, *n.* (වර්ණ letter of the alphabet, දූත messenger), letter, epistle, ලියුම.
වර්ණ·ද්‍රව්‍ය, *n. pl.* (වර්ණ colour), pigment, colour materials, සායම් ද්‍රව්‍ය, සිත්ත ද්‍රව්‍ය,
වර්ණනය, *n.* colouring, painting, පාටගෑම; describing, explaining, විස්තරය.
වර්ණනාකරනවා, *v. t.* to describe, explain, විස්තර කරනවා; praise, eulogize, ප්‍රශංසාකරනවා.
වර්ණනා·කාර, *a.* laudatory, eulogistic.
වර්ණනා·කාරයා, *n.* eulogizer, eulogist, ප්‍රශංසා කරන්නා. [tion, explanation, විස්තරය.
වර්ණනාව, *n.* praise, eulogy, ප්‍රශංසාව; descrip-
වර්ණනිය, *n.* crucible, කෝවය; touchstone, උරගල.

වර්ණ·පත්‍රය, වර්ණ·ඵලකය, *n.* painter's pallet, සායම් තහඩුව. [pen, පෑන; style, පන්හිඳ.
වර්ණ·මාතෘව, *n.* (වර්ණ letter, මාතෘව mother),
වර්ණ මාලාව, *n.* string or garland of letters, viz. the alphabet, හෝඩිය.
වර්ණය, *n.* colour, පාට; tribe, caste, ජාතිය; form, අත්දම; figure, ස්වරූපය; quality, ගුණය, fame, කීර්තිය, praise, ප්‍රශංසාව; beauty, ලක්ෂණය; gold, රත්රන්; elephant's coloured cloth or housing, E. S.; letter of the alphabet, අකුර; *alg.* co-efficient, E. S.
වර්ණ·යෝජකයා, *n.* (type) compositor, අච්චු අකුරු ගලපන්නා.
වර්ණ·යෝජනයකරනවා, *v.* to compose type.
වර්ණ·රීතිය, *n.* usage of letters, name of a book.
වර්ණ·රේඛාව, *n.* stripe of colour, coloured streak. E. S.
වර්ණවත්, *a.* coloured, පාට ඇත්තාවූ.
වර්ණ·වර්තිය, *n.* paint-brush, තෙලිකූර.
වර්ණ·විකාරය, *n. gram.* change or perversion of a letter, substitution of one consonant for another. [chromatology, පාටවිස්තරය.
වර්ණ·විස්තරය, *n.* explanation of colours,
වර්ණසංකර, *a.* of mixed caste, කුලමිශ්‍රවූ.
වර්ණ·සංකරය, *n.* confusion or mixture of castes, කුලමිශ්‍රය. [chromatic, පාට ආකාර.
වර්ණාකාර, *a.* (වර්ණ ආ:), according to colour,
වර්ණාංකාව, *n.* (වර්ණ letter, අංක to mark), pen, පෑන. [lauded, ප්‍රශංසාකරනලද.
වර්ණිත, *a.* (වර්ණ to praise &c.), praised,
වර්ණිකය, *n.* gold, රත්රන්; mould or matrix for casting (articles of gold), අච්චුව.
[වර්ත or වර්ත්ත in the following words.]
වර්තක, *a.* extant, existing, ඇත්තාවූ.
වර්තකය, *n.* horse's hoof, අශ්වකුරය.
වර්තකයා, *n.* a species of quail or snipe, වටුවා.
වර්තන, *a* existing, fixed, abiding, ඇත්තාවූ, පවතින.
වර්තනය, *n.* existing, abiding, existence, entity, පැවතීම, පැවැත්ම; grinding, ඇඹරීම; livelihood, occupation, රක්ෂාව; ball, ගෝලය; road, පාර.
වර්තනාභාව, *a.* (වර්තන subistence, අභාව lacking), destitute, රක්ෂාවක් නැති, දිළිඳු.
වර්තනාභාවය, *n.* destitution, හිඟකම, දිළිඳුකම.
වර්තනිය, *n.* road, path, පාර, මග.
වර්තනීය, *a.* habitable, වාසය කිරීමට සුදුසු; possible, පැවතිය or විය හැකිවූ.
වර්තනීයතාව, *n.* habitableness; possibility.
වර්ත·මාන, *a.* (වර්ත to be, exist, මාන adj. suf.), existing, the present: වර්තමාන කාලය, the present time, *gram.* present tense.
වර්තිකා, *n.* a species of quail, see වර්තකයා.
වර්තිකාව, *n.* lamp wick, පාන්තිරය; ball, ගෝලය; a kind of medicinal pill, bolus.

වර්තිය, *n.* lamp wick; perfume for the person, සුවඳ ද්‍රව්‍ය, collyrium, ඊසාජන.
වර්ති, *a.* existing, abiding, පවතින.
වර්තුල, *a.* round, globular, circular, වටකුරු, ගෝලාකාර. [කම.
වර්තුල·තාව, *n.* roundness, sphericity, වටකුරු
වර්තුලය, *n.* a round, circle, චක්‍රය; ball, ගෝලය.
වර්ත්ම, *n.* road, path, පාර, මග.
වර්ධක, *a.* augmenting, increasing, improving, promotive, වැඩිකරන, දියුණුකරන.
වර්ධකී, *n.* (වර්ධ to cut), carpenter, වඩුවා.
වර්ධන, *a.* (වෘධ to increase), increasing, growing, වැඩිවෙන, වැඩෙන, thriving, improving, දියුණුවෙන. [දියුණුභාවය.
වර්ධන·භාවය, *n.* advancement, improved state,
වර්ධනය, වර්ධය, *n.* fr. වෘධ: progress, advancement &c., දියුණුවීම; fr. වර්ධ: dividing, බෙදීම, cutting, කැපීම.
වර්ධනයකරනවා, *v. t.* to increase, improve, promote, edify, වැඩිකරනවා, දියුණුකරනවා.
වර්ධනයවෙනවා, *v. i.* to increase, improve, flourish, progress, දියුණුවෙනවා. [වෙන.
වර්ධ·මාන, *a.* increasing &c., prosperous, දියුණු
වර්ධමානකය, වර්ධමානය, *n.* lid, cover, මූඩිය, වැස්ම.
වර්ධිත, *a.* increased, grown, improved, prospered, දියුණුවූ. [සන්නාහය.
වර්මය, *n.* (වෘ to cover, defend), armour, mail,
වර්මිත, *a.* armed, mailed, සන්නාහවූ.
වර්මිතවෙනවා, *v. i.* to become armed, arm one's self, සන්නාහවෙනවා.
වර්‍ය්‍ය, *a.* chief, ප්‍රධාන, excellent, උතුම්; influential, important, වැදගත්. [වකුටු ඉසකේ.
වර්වර, *n.* woolly or curled hair, ලෝමාකාර or
වර්වරය, *n.* barbarous or uncivilized country, අශිෂ්ටදේශය; Barbary, බර්බර (රට).
වර්වරයා, *n.* barbarian, see බර්බරයා.
වර්ෂ, *n. pl.* or *a.* years; rains; pert. to years &c.
වර්ෂ·ඍතුව, *n.* rainy season, වැසිකාලය.
වර්ෂණය, *n.* raining, වැස්ස වැසීම, rain, shower, වැස්ස, වැසිවලාව.
වර්ෂණයකරනවා, *v. t.* or *v. i.* to rain, වසිනවා; rain down, *lit.* and *fig.* shower down, වස්වනවා.
වර්ෂ·ධරය, *n.* rain-bearer, viz. cloud, වලාකුළ.
වර්ෂ·ධරයා, *n.* eunuch or attendant of the harem, නපුංසකයා.
වර්ෂ·ප්‍රියයා, *n.* *lit.* delighter in rain, viz. Ceylon hornbill, කෑදැත්තා. [වලාකුළ.
වර්ෂය, *n.* Year, අවුරුද්ද; rain, වර්ෂාව; cloud,
වර්ෂ·වරයා, *n.* See වර්ෂධරයා. [සියයක්.
වර්ෂ·ශතය, *n.* century of years, ශතවර්ෂය, අවුරුදු
වර්ෂසහස්‍ර, *a.* pert. to a thousand years, millenarian; millennial, දහසක් අවුරුදු.
වර්ෂ·සහස්‍ර·කාලය, *n.* pert. to a thousand years, millennium, අවුරුදු දහස කාලය.
වර්ෂ·සහස්‍ර·දෘෂ්ටි, *a.* millenarian. E. S.
වර්ෂසහස්‍රදෘෂ්ටිය, *n.* millenarianism. E. S. [E. S.
වර්ෂ·සහස්‍ර·දෘෂ්ටියා, *n.* millenarian, millennialist,
වර්ෂා, *n. pl.* or *a.* rains; rainy, rain-; වැසි.
වර්ෂාකාර, වර්ෂා·බහුල, *a.* (වර්ෂා ආකාර), pluvial,
වර්ෂා·කාලය, *n.* rainy season, වැසිකාලය. [rainy.
වර්ෂා·ඵලකය, *n.* weather-board, weather-moulding, වහලේ වැසි ලෑල්ල &c. E. S.
වර්ෂා·භූයා, *n.* (භූ to be), rain-animal, viz. frog, මැඩියා, or earth-worm, පණුවා.
වර්ෂා·මානක·යන්ත්‍රය, *n.* pluviameter, rain-gauge.
වර්ෂා·විද්‍යාව, වර්ෂා·විස්තරය, වර්ෂා·ශාස්ත්‍රය, *n.* hyetography, science of rain.
වර්ෂිත, *a.* raining, වසින, rainy, වැසි.
වර්හය, *n.* peacock's tail, මොනර පෙඳය; leaf, කොළය; retinue, පිරිවර.
වර්හිය, *n.* fire, ගින්න, light, එළිය, lustre, දිලිසීම,
වර්හිණයා, *n* peacock, මොනරා. [දෙයක්.
වර්හිර්මුඛයා, *n.* a god, a deity, දේවතාවා, දෙවි
වල, *n.* wood, jungle, කැලය; hair, ඉසකේ; carpet, rug, කම්බිලිය.
වලකම, *n.* barbarity, ඩහාරකම
වලකිද්ද, වලකිඳ, *n.* the back shoulders, පිටිකර.
වල·කුරුල්ලා, *n.* See තට්ටකුරුල්ලා. [ඉසවිය.
වලගය, වලඝය, *n.* tail, වල්ගය; loins, waist,
වලංගු, *a.* valid, current (as money), admissible.
වලංගුකම, වලංගුව, *n.* validity.
වලංගුකරනවා, *v. t.* to make valid, ratify. [ness.
වලංගු නැතිකම, *n.* invalidity, nullity, unsound-
වලංගුනැතිකරනවා, *v. t.* to render null or void, invalidate, nullify; අවලංගුකරනවා.
වලංගුවෙනවා, *v. i.* to become valid, to be current (as money).
වලඟනා, *n.* (වල් අඟනා), female leopard, දිවිදෙන.
වලගය, *n.* obedience, submission, යටත්වීම; also for වලගය.
වලජනයකරනවා, *v. t.* to embrace, බදනවා.
වලත, *n.* border or extremity of a jungle or wood, forest, වනාන්තරය.
වල·තවිය, *n.* club, පොල්ල; swelling of the legs, කකුල් ඉදිමීම; dislocation of a bone, ඇට අව
වලද, *n.* sport, ලපා. [සන්ධිය.
වලත්, *n.* for වලත් *pl.* of වලද. [ing pot.
වලද, *n.* sign, mark, සලකුණ; an earthen cook-
වලදනවා, (more correctly වළඳනවා) *v. t. hon.* to eat, කනවා, enjoy, භුක්තිවිඳිනවා; *pret* වැළඳුවා; *v. n.* වැළඳීම.
වලදිනවා, වැලඳගන්නවා, *v. t.* to embrace, බදනවා; catch (a disease), අල්ලනවා; *pret.* වැලෑන්දා; *p. pl.* වැලඳ; *v. n.* වැලඳීම.
වලඳුව, *n.* breaking, rending, කැඩීම, ඉරීම.
වලඳුවා, *n.* thief, හොරා.
වලප, *n.* lamentation, විලාපය.
වලපනවා, *v. t.* to cause to weep, අඬවනවා; harass, හිරිහැරකරනවා; fatigue, වෙහෙසකරනවා; *pret.* වැලපුවා; *v. n.* වැලපීම.

වලපිනවා, *v. i.* to mourn, lament, see වැලපෙනවා; *pret.* වැලපුණා ; *p. pl.* වැලප or වැලපී; *v. n.* වැලපීම.

වල·පොත්තා, *n.* a kind of fish. [පෙත.

වලප්නා, *v. adj.* for වලපින: mourning, වැල

වලබවායා, *n.* tiger, ව්‍යාඝ්‍රයා.

වල(ලු)·කිය, *n.* frame of a thatched roof; turret or room on a house top, මුදුන්ගෙය.

වළලු·කර, *n.* ankle.

වළලු·පල, *n.* ap. of කතරගමදෙවියෝ. [*pl.* වළලු.

වළල්ල, *n.* ring, hoop, circle, armlet, bangle;

වලය, *n.* ring, zone, bangle, වළල්ල; inclosure, කොටුව; sore throat, වණවූ උගුර, inflammation of the throat, උගුර දැමිල්ල; army, සුබ සේනාව. [armlet, bangle, අත්වළල්ල

වලයාබරණය, *n.* (වලය අබ:), ring-ornament, viz.

වලයා, *n.* a kind of fish. [ed, වටකරගලද.

වලයිත, *a.* (වල to inclose), inclosed, sourround-

වලව්ව, *n. hon.* mansion, hall, residence.

වලසා, වලහා, *n.* bear; *pl.* වලස්සු.

වලහනවා, *v. t.* to hide, conceal, සඟවනවා; obstruct, බාධාකරනවා; *pret.* වැළැහුවා; *v. n.* වැලැහීම.

වලහත්, වාලහත්, *n.* wages paid in kind for reaping and threshing, usually one seventh of the produce.

වලහා, *n.* See වලසා. [මවයා or ගරුනැත්තා.

වලා, *n.* wild, rude or disrespectful person, අශි

වලා, for වලහා: *p. pl.* of වලහනවා.

වලා, for වෙලා: *p. pl.* of වෙනවා: (ව pronounced here with the vowel of ක in කලා not as in කල.)

වලාකායා, *n.* a small kind of crane, paddy bird.

වලා·තුදු, වලා·දත, වලා·දලය, *n.* (වල cloud, දලය flame), thunderbolt, electric current, සෙණය.

වලා·කුළ, *n.* (වලා cloud, කුළ top, mountain), cloud; *pl.* වලාකුල්, වලාකුළු.

වලාන, *n.* wood, forest, කැලය, වනය. [වැලලී.

වලා·පටල, *n. pl.* or *a.* masses of clouds; cloudy,

වලා·පටලය, *n.* mass of clouds, stretch of clouds.

වලාම්, *a.* unfortnnate, අවාසනාවන්ත; *n.* misfortune, ruin, අවාසනාව, විනාශය.

වලා·මග, *n.* cloud-path, viz. the sky, අහස.

වලාල, *a.* calm, quiet, still, නිශ්චල. [වැකිවලාව.

වලාව, *n.* ring, වළල්ල; cloud, වලාකුළ, shower,

වලාවත්, *a.* protective, ආරක්ෂක.

වලාහක, *a.* cloud-, pert. to clouds, වලාකුළු.

වලාහකය, *n.* cloud; mountain, කන්ද.

වලි, *a.* wild, වල්, living in the jungle.

වලිකය, *n.* eaves, edge of roof, අක්දෙරිය.

වලි·කවනවා, *v. t.* to twist, twine, wrench; *pret.* වලිකැවුවා; *v. n.* වලිකැවීම.

වලි·කිකිළි, *n.* jungle hen.

වලි·කුකුළා, *n.* jungle cock, කිතලා.

වලිගය. වලිගෙය්, *n.* See වල්ගය.

වලිගහනවා, *v.* to attempt, try, endeavour, වෑයම්කරනවා.

වලිච්චිය, *n.* lacquer, වාර්නිස් ජාතියක්.

වලිප්පු·අල්ලනවා, *v.* to get a convulsive fit or fits, to be convulsed.

වලිප්පුව, *n.* fit of convulsion.

වලි·මුඛයා, වලී·මුඛයා, *n.* wrinkle-faced one, viz. monkey, ape, රිලවා or වඳුරා.

වලිය, *n.* wrinkle, crease or fold of the skin, රැල්ල; streak made with unguents on the body, රේඛාව; stalk, නටුව.

වලිය, *n.* occasion, time, as තුන්වලියක්, three times, [day.

වලියක්·දා, *n.* or as *ad.* one day, on a certain

වලිර, *a.* cross-eyed, වපර. [කම.

වලිරතාව, *n.* state of being cross-eyed, වපරැස්

වලු, *n. pl.* or *a.* of වල්ල : bunches; bunch-.

වලු·කොරා, *n.* (වලු bunch or skein of cotton), a little bird with a white body and tail, also called රෙදිහෙරා. [neuter nouns.

වල්, *a.* wild; also suffix forming plural of

වල්, *n. pl.* of වල: jungle, කැලෑව.

වල්·අඩ, *n.* coverlet, ඇඳේ පිට ඇතිරිල්ල.

වල්අව්ච්චියා, *n.* spotted thrush or wild Ceylon robin, *turdus spiloptera.*

වල්ඇණය, *n.* wooden peg, ලී ඇණය.

වල්කම, *n.* wildness; roughness, rudeness, රළු කම, rusticity, පිටිසරගතිය. [කොරපොත්ත.

වල්කය, *n.* bark of trees, පොත්ත; scale of fish,

වල්කරනවා, *v. t.* to make wild; litter, confuse, put into disorder, mismanage.

වල්කලය, *n.* tree-bark; garment made of bark, පුබුරු ඇඳුම. [කිකිළි &c.

වල්කිකිළි, *n. fem.*, වල්කුකුළා, *n. mas.* See වලි

වල්ගය, වල්ගෙය්, *n.* tail; *pl.* වල්ගා.

වල්ගා·තාරකාව, *n.* tailed-star, viz. comet.

වල්·ගෙ·වදිනවා, *v.* to enter or take possession of the jungle, clear the jungle.

වල්·ගෙ·වදීම, *v. n.* clearing the jungle.

වල්දරණයා, *n.* pangolin, කබල්ලෑවා.

වල්නා, *n.* jackal, fox, නරියා.

වල්·පත, *n.* fin, or tail of a fish. [rubbish.

වල්·පල්, *n. pl.* wild talk, irrelevant rant,

වල්·පල්දොඩනවා, *v.* to talk rubbish, talk wildly, rant.

වල්·පැලය, *n.* weed; *pl.* වල්පැල, වල්.

වල්·පොල්ලිච්චා, *n.* long-tailed robin, *cittacincla mucrura.*

වල්බාවා, *n.* wild-cat, polecat, උකුඩුවා.

වල්බූත·දොඩනවා, *v.* See වල්පල්දොඩනවා.

වල්බූ·මා, *n.* kindney bean or beans, a variety of *phaseolus max.* [අවුල්.

වල්·මත්, *a.* bewildered, confused; disorderly,

වල්·මත්කරනවා, *v. t.* to bewilder, confound, distract, puzzle.

වල්මිකය, වල්මීකය, වල්මීය, *n.* white-ant mound, ant-hill, තුඹස; elephantiasis, බරවා.
වල්·මිමා, *n.* wild buffalo, *bos gavæus.*
වල්·මියා, *n.* (වල් wild, මියා rat or deer), moose deer, මීමින්නා.
වලාකෘති, *a.* (වලි ආකෘති), rugose, wrinkled, රැළිආකාර. [stretch of forests.
වල්·පෙරද, *n.* (වල් forest, පෙරද row), line or
වල්ල, *n.* bunch, cluster, (of fruit &c.); skein of cotton, නූල් කැරැල්ල; *pl.* වලු.
වල්ලකී, *n.* Indian lute, කින්නාරම, වීණාව.
වල්ලභ. *a.* desired, beloved, favourite, ප්‍රේමවත්, ප්‍රිය: associate, consort, හවුල්කාර; chief, ප්‍රධාන, උත්තම; superintending, පාලක, බලා
වල්ලභ·කුමාරයා, *n.* Prince-Consort. [ගන්න.
වල්ලභ·කුමාරි, *n.* Princess.
වල්ලභ·බිසව, වල්ලභ·රජිනී, *n.* Queen-Consort.
වල්ලභයා, *n.* beloved, lover, friend, ප්‍රේමවන්තයා; lord, husband, ස්වාමිපුරුෂයා; superintendent, overseer, පාලකයා. [භාර්යාව.
වල්ලභී, *n. fem.* female friend, මිතුරි; spouse,
වල්ලරිය, *n. bot.* creeper, වැල; compound pedicle, *cl.* සංකීර්ණවෘන්තය. [ලියා, එබෙරි.
වල්ලවයා, *n.* cook, කෝකියා; herdsman, ගොපා
වල්ලා, *n.* a small kind of sea fish. [*Bot.*
වල්ලිකා, වල්ලිකාඵල, *n.* pumpkin, වට්ටක්කා.
වල්ලිය, *n. bot.* creeper, වැල.
වල්ලියා, *n.* grey-tailed bull. [ගම්මිරිස්.
වල්ලි·ජ, *n. lit.* creeper-product, viz. pepper,
වල්ලූරය, වල්ලූරය, *n.* dried flesh, වේලිවූමස්; hog's flesh, ඌරුමස්; thicket, jungle, desert, අකුල, කැලය.
වල්·විදුනාව, *n.* (වල් tail, විදුනාව fr. ව්‍යජන fan), whisk made of the tail of the yak to drive off flies, චාමරය. [ගත, ජාංගල.
වල්·බිහි *a.* wild, overgrown with jungle, වන
වල්·බිහිය, *n.* uncultivated or fallow ground, අස්වද්ද නැති බිම.
වල්වුරුවා, *n.* Indian vulture, ගිජුලිහිණියා.
වල්සර, *a.* (වල් jungle, සර going), wild, barbarous, වනචර.
වල්සරයා, *n.* wild man, barbarian, වනචරයා, Vedda, වැද්දා. [*pret.* වැවුවා; *v. n.* වැවීම.
වවනවා, *v. t.* to grow, cultivate (trees &c.);
වවුන්න, *n.* spindle; *pl.* වවුනු.
වවුලා, *n.* bat, flying fox.
වවුලි, *n. fem.* female bat.
වශ, *a.* humbled, subdued, යටත්වූ, නික්මුණුවූ; fascinated or subdued by charms &c., *cl.* සම්මුග්ධ. [subject, කීකරු, see වශග.
වශ·ග, *a.* (වශ subjection, ග going), obedient,
වශගවෙනවා, *v. i.* to yield, to be subject to, යටත්වෙනවා, නික්මෙනවා. [කීකරුභාර්යාව.
වශ·ගාව, *n.* (ගාව fem. goer), obedient wife,

වශං·ගත, *a.* subject, යටත්, වශග.
වශං·ගත්වය, *n.* state of subjection, වශගභාව.
වශය, *n.* wish, desire, කැමැත්ත; authority, අධිපතිකම; subjection, වශගකම.
වශය, *n.* manner, අන්දම.
වශයෙන්, *ad.* in the manner of, as, ලෙස, හැටියට; as or by way of reward, මිලක වශයෙන්.
වශික, *a* empty, void, හිස්.
වශිත, *n.* (වශ් to desire), one of the eight attributes of Siva attained by mystical rites, viz. fascination. E. S. [root, *Bot.*
වශිර, *n.* sea salt, මුහුදුලුණු, ලේවාලුණු; orris
වශී·කරණය, *n.* (වශ් to subdue), subduing or overcoming by drugs, charms &c., bewitching, enchanting, මුළාකිරීම, වශගකිරීම.
වශී·කෘත, *a.* fascinated, enchanted, E. S.
වශ්‍ය, *a.* submissive, obedient, see වශග, docile, tame, හීලෑ. [subjection &c., වශගකම &c.
වශ්‍යතාව, *n.* submissiveness or subordination,
වෂට්කාරය, *n.* burnt-offering, දවනපූජාව.
විෂ, *n.* venom, poison; evening, සවස; year, වර්ෂය; age, වයස; race, lineage, වංශය; (fr. වච්) word, speech, බස; dwelling, වාසය, ගෙය.
විෂ, *a.* poisonous, deleterious; malicious, bad, wicked, නපුරු. [faint.
වෙහෙස්කෙට්වූ, *a* fatigued, fagged, exhausted,
වෙහෙස්කෙට්වූකරනවා, *v. t.* to fatigue &c., jade.
වෙහෙස්කෙට්වුව, *n.* fatigue &c.
වසං·ගත, *n. pl.* or *a.* (වසං poison, ගත gone, obtained), pestilences; pestilential, infectious, epidemic. [pest-house.
වසංගත·ආරෝග්‍යශාලාව, *n.* plague hospital,
වසංගත·ජනක, *a.* producing pestilence, pestilential. [epidemic.
වසං·ගතය, *n.* pestilence, plague, distemper,
වසග, වසඟ, *a.* (fr. වශග), obedient, subject, යටත්වූ. [mission.
වසගකම, වසඟය, *n.* state of subjection, sub-
වසඟකරනවා, *v. t.* to bring into subjection, subject, subordinate. [retainer.
වසඟයා, *n.* one in subjection, subordinate,
වසඟවෙනවා, *v. i.* to submit, be in subjection to. [ටේ.
වසඟේ, *ad.* in subjection, under authority, යට
වසට, *n.* lower part of the loin, groin.
වසතිය, *n.* habitation, dwelling, නිවාසය.
වස·තෙල, *n.* fat of the flesh, මස්වල තෙල.
වසත්, *a.* E. of වසන්ත: vernal.
වසත්·කල, *a.* E. of වසන්තකාලය : time of spring.
වසත්·හැර, *n. lit.* vernal arrow: ap. of Cupid, කාමදේවයා [by poisoning.
වස·දෙනවා, වසදීමරනවා, *v.* to give poison, kill
වසන, *n.* (වස් to dress or dwell), clothing, garment, ඇඳුම; dwelling, නිවාසය; *pl.* වසන්.
වසන, *n.* E. of ව්‍යසනය: injury, calamity.

වසනවා, වහනවා, *v. t.* to shut, close, stop up.; cover; *pret.* වැසුවා, වැහුවා; *v. n.* වැසීම, වැහීම.

වසනවා, *v. i.* to dwell, reside, වාසයකරනවා; *pret.* විසුවා; *p. pl.* වැස; *v. n.* විසීම.

වසන්, *n. pl.* of වසන: clothes, වස්ත්‍ර, ඇඳුම්.

වසන්, *n.* ap. of Yama, යම.

වසන්, *a.* E. of වශ්‍යන: also for අවසන්, which [see.

වසන්කරනවා, *v. t.* to hide, සඟවනවා.

වසන්ත, වාසන්ත්, *a.* pert. to the spring, produced by the spring, vernal. [time.

වසන්ත·ඍතුව, or·කාලය, *n.* spring season, spring

වසන්ත·දූතයා, *n.* harbinger of spring, viz. Indian cuckoo, කෝකිලයා. *Bot.* [ලයා.

වසන්ත·තද්‍ර, *n.* favourite of spring, viz. කෝකි

වසන්තය, *n.* spring of the year; dysentery, diarrhea, අතිසාරය; small-pox, වසූරිය.

වසන්තරාව, *n.* cover, වැස්ම, screen, veil, කඩ තුරාව,

වසන්ත·සඛයා, *n. lit.* spring-friend, viz. Cupid.

වසන්·නෙත්, *n.* (වසන් fr. වශ fascinating, නෙත් eyes), ap. of Siva. [Cupid.

වසන්·සැර, *n. lit.* fascinating arrow: ap. of

වසම, *n.* employment, තනතුර; rank in society, තරාතිරම; power, බලය; district or division of of a district, පළාත.

වසමෙහිසිටිනවා, *v. i.* to cohabit. E. S. [කපුරා.

වසම්, *a.* unequal, irregular, අසම, bad, wicked,

වසම්·දිටු, *n.* bad or false religion, මිථ්‍යාදෘෂ්ටිය.

වසයා, *n. mas.* (වස poisonous), vicious or bad one (man or animal).

වසයෙන්, *ad.* See වශයෙන්.

වසරය, *n.* E. of වත්සරය: year, වර්ෂය.

වසල, *n.* closed hand, fist, මිට. [යා.

වසලයා, *n.* low caste person, outcast, as රොඩි

වසළ, *n.* cobra, නයා; *pl.* වසළුවෝ.

වස·වත්·මරු, *n.* E. of වසවර්තිමාරයා.

වසවත්‍ති or **වශවර්ති,** *a. lit.* abiding in subjection: subject, subordinate, වශග.

වසවත්තිමාරයා, වසවර්තියා, *n.* ap. of Buddha's great opponent, see මාරයා.

වසවාසි, *n.* See වසාවාසි.

වස·විස, *n.* vegetable and animal poison.

වසවෙද, *n.* poison-doctor who undertakes to cure snake bites, විෂවෙද.

වසවෙනවා, *v. i.* to become poison, or poisonous.

වසා·තෙල, වසාය, *n.* serum of the flesh or muscles, fat, මස්තෙල.

වසා·දමනවා, *v. t.* to close up, shut up; *fig.* conceal, stifle (a matter).

වසාය, *n.* cloth cover (for chairs &c), වැස්ම, sheet, ඇතිරිල්ල; river, ගඟ; also for වසාරජී කාව &c., and වසාතෙල.

වසාරය, *n.* wish, purpose, කැමැත්ත, අදහස; residence, නිවාසය, ගෙදර.

වසා·රජීකාව, වසා·රජිය, | **වසා·රේද, වසා·ලිය,** } *n.* (රජීකාව&c. line), line of hair from the navel downwards, යටිබඩේ ලොම්වැල.

වසා·ලනවා, *v. t.* to shut, වසන්වා; cover over, වසාතබනවා; overspread, overlay, plate, (with gold &c.); *pret.* වසාලූවා; *v. n.* වසාලීම or වසාලීම.

වසාවාසි, *n.* T., the spice called mace.

වසිඤ, *a.* See වසිඨ.

වසිටු, *n.* E. of වසිෂ්ඨ. [අදිනලද.

වසිත, *a.* inhabited, (යමෙක්) වාසයකරන; worn,

වසිතය, *n.* habitation, නිවෙස, ගෙදර.

වසිනවා, වහිනවා, *v.* to rain; *pret.* වැස්සා; *p. pl.* වැස, වැහැලා; *v. n.* වැසීම, වැහීම.

වසි·ප්‍රාප්ත, *a.* (වසි dwelling, ප්‍රාප්ත attained), completed, fulfilled, paid (as penance &c.).

වසිය, *n.* (වස් to dwell), dwelling, නිවෙස; subjecting, යටපත්කිරීම.

වසිර, *n.* sea salt, see වඩිර; pungent pepper-like fruit, *pothos officinalis.*

වසිෂ්ඨ, වසිෂ්ඨ, *n.* name of an eminent sage or Rishi, (එනම්) ඍෂියා; a star in Ursa Major, E. S.

වසී·භාවය, වශීභාවය, *n.* fascination, state of subjugation, subjection, submission, obedience, වශගතකම, කීකරුකම.

වසු, වසු, *a.* pert. to a calf or calves.

වසු, *n.* ap. of Siva.

වසු, *n.* wealth, substance, වස්තුව; thirty-ninth year of the Indian cycle.

වසු·දරය, වසු·දාව, වසු·ධාව, | **වසුන්·දරය, වසුන්ධරාව,** } *n.* (වසු wealth, ද giver, දර &c. container), ap. of the earth, පොළොව.

වසුන, *a.* food, කෑම; earthen pot, chatty, වළඳ; *pl.* වසුන්. [food.

වසුන්·කද, *n.* pingo-load of chatties containing

වසුන්·පියන, *n.* chatty lid, වළන්මූඩිය.

වසු·පුත්, *n.* son of the earth; ap. of the Regent of Mars, see කුජග්‍රහයා.

වසු·මා·දෙනක්, *n. lit.* cow mother of a calf: cow that has a calf, වස්සෙක් ඇති දෙනක්.

වසුරු, *n.* fæces, dung, අශුචි, filth, කුණු, කසළ.

වසූරි වසූරිආකාර, *a.* small-pox-, variolous.

වසූරි·බිබිල, *n.* pock of small-pox; *pl.* වසූරි බිබිලි.

වසූරි·බිබිලි·කැලල, *n.* pock mark.

වසූරිය, *n.* small-pox, variola.

වස්, *post.* in order to, පිණිස.

වස්, *n.* evil, calamity. See වස.

වස්·කරුවා, *n.* flute-player, piper, fifer, නළා පිඹින්නා. See වස්කුලල. [verse, ශාප කවිය.

වස්·කවිය, *n.* (වස් calamity), imprecatory

වස්·කුලල, වස්·දණ්ඩ, *n.* (වස් fr. වංශ bamboo), bamboo flute or fife, උණලී නළාව.

වස්ගානනවා, *v.* (වස් calamity), to smite with calamity (as a punishment). [මට සුදුසු.

වසනවන, *a.* (වස් to dwell), habitable, වාසය කිරී

වස්තිකරනවා, *v. t.* to inject, syringe.
වස්තිසුඹුව, වස්තිය, *n.* syringe, squirt.
වස්ති·ද්‍රව්‍ය, *n. pl.* substances injected, enema.
වස්ති·මල, *n.* (වස්තිය abdomen), urine, මුත්‍ර or [fæces.
වස්ති·මාර්ගය, *n.* fundament, මලමග.
වස්තිය, *n.* abdomen, තට්ටම; bladder, මුත්‍ර ප්‍රමාණය; anus, අපමාර්ගය; an injection; syringe. [සුඹුව.
වස්ති යන්ත්‍රය, *n.* enema-pump, syringe, වස්ති
වස්තු, *n. pl.* or *a.* subtances, things, substance, riches, wealth; pert. to things, or wealth.
වස්තු·කාම, *n.* desire for riches, avarice, වස්තු තෘෂ්ණාව.
වස්තුකාරයා, *n.* wealthy person, rich man. [ව.
වස්තු·තෘෂ්ණාව, *n.* avarice, covetousness, තණ්හා
වස්තු·ප්‍රහාණයා, *n.* a bankrupt, insolvent. E. S.
වස්තු·බද්ද, *n.* property-tax.
වස්තු·භංගයම, *a.* pert. to bankruptcy, bankrupt (law &c.).
වස්තුභංගත්වය, *n.* bankruptcy, insolvency. E. S.
වස්තු·මදය, *n.* rage for riches, avarice, වස්තු තෘෂ්ණාව.
වස්තු·ලෝභී, *a.* avaricious, තණ්හාවූ.
වස්තු·වාචකය, *n.* a word expressive of substance, concrete term. [treasure, සම්පත.
වස්තුව, *n.* thing, article, දෙය; riches, wealth,
වස්තු·සම්භෝග, *a.* pert. to co-use or co-enjoyment, communistic.
වස්තු·සම්භෝග·මතිකයා, *n.* one who holds communistic opinions, socialist.
වස්තු·සම්භෝගය, *n.* communism, වස්තු පොදුවේ භුක්තිවිඳීම. [wealth.
වස්තු·හානිය, *n.* loss or lack of property or
වස්ත්‍ර, *n. pl.* or *a.* garments, cloths; pert. to garments; cloth-.
වස්ත්‍ර·කුටිය, *n.* cloth hut, tent, කූඩාරම.
වස්ත්‍ර ගුහ්‍යය, *n.* garment-secret, viz. private part, රහස් අංගය.
වස්ත්‍ර·ගෘහය, *n.* cloth house, viz. tent.
වස්ත්‍ර·භූෂණය, *n.* dress-ornament, ඇඳුම්වල ඇඳිස්සම.
වස්ත්‍රය, *n.* garment, dress, vesture, ඇඳුම; *pl.* වස්ත්‍ර: clothes, raiment, ඇඳුම්.
වස්ත්‍ර·යෝනි, *n.* (යෝනි source or basis), the staple or raw material of cloth, as cotton, silk &c., රෙදි සාදන ද්‍රව්‍ය. [ment.
වස්ත්‍රාභරණය, *n.* (·ආභ:), dress jewel or orna-
වස්දණ්ඩ, *n.* See වස්කුලල.
වස්දෙවියා, *n.* ap. of Vishnu, විෂ්ණු.
වස්න, *n.* cloth garment, රෙද්ද, ඇඳුම; thing, substance, දෙය, wealth, වස්තුව; price, මිල, wages, පඩිය; death, මරණය; abiding, dwelling, වාසයකිරීම. [otomy. E. S.
වස්නා·ච්ඡේදනය, *n.* cutting a tendon, ten-
වස්නාව, *n.* tendon, nerve, නහරය, ස්නායුව.
වස්·මර, *a.* changing, perverted, මිසර, epileptic, මිමස්මර.
වස්·මර·රෝගය, *n.* epilepsy, මිමස්මරරෝගය.
වසම, *a.* See වසම.
වසනය, *n.* dwelling, house, ගෙදර.
වස්වනවා, වස්වනවා, *v. c.* of වසිනවා: *lit.* and *fig.* to cause to rain, rain down; and of වසනවා: to cause to shut; *pret.* වැස්සුවා, වැස්සෙවූ වා; *v. n.* වැස්වීම, වැස්සවීම.
වස්වසනවා, *v. i.* (වස් the rains, වසනවා dwell), to sojourn during the rainy season. According to B. the monk has no settled home, but during the rains may remain with a householder. Whilst there it is usual for him to give religious instruction to the inmates and others who attend.
වස්·වසවනවා, *v. t.* to lodge or give residence to a B. P. during the rains.
වස්වාසික, *a.* pert to the sojourn of B. P. in the rainy season. [season sojourn.
වස්වැසීම, වස්විසීම, *v. n.* of වස්වසනවා: rainy-
වස්ස·වලාහකයා, *n. lit.* rain-clouder: ap. of the god of rain, වර්ෂාදේවියෝ.
වස්සා, *n. mas.* E. of වසභ: male calf; lamb or kid &c., බැටළුවස්සා &c.
වස්සාන·කාලය, *n.* rainy season, season of residence for B. P., viz. June-October.
වස්සාවාසය, *n.* (වස්ස ආවාසය), B. P.'s place of residence in the rainy season, වැසිකාලයේ නවාතැන.
වස, *n.* poison, venom, විෂ. [දනය.
වසඹ, *a.* wealthy, rich, පොහොසත්; clever,
වසඹකරනවා, *v. t.* to make wealthy, enrich, පොහොසත්කරනවා. [කාරයා.
වසඹයා, *n.* wealthy person, පොහොසතා, වස්තු
වහන, *n.* sandal, shoe, මිරිවැඩිය; *pl.* වහන්.
වහනය, *n.* vehicle, see වාහනය; raft, පහුර, boat, පාරුව; bearing, conveying, ගෙනයාම; flowing, වැගිරීම.
වහනයවෙනවා, *v. i.* to flow, වැගිරෙනවා, exude, වැස්සෙනවා; spread, become diffused (as scent &c.), පැතිරෙනවා or විසිරෙනවා.
වහනවා, *v. t.* shut, close; cover; (of a fly or flies &c. with dat.), alight on, settle on: *pret.* වැහුවා; *v. n.* වැහීම. [veil, තිරය.
වහන්තරව, *n.* cover, envelope, case, වැස්ම,
වහන්·සඟල, *n.* pair of sandals or shoes, මිරි වැඩිසඟල, සෙරෙප්පුකුට්ටම.
වහන්සේ, *suf. hon.* as ඔබවහන්සේ, Thou, Sir, &c., රජ්ජුරුවන්වහන්සේ, His Majesty the King.
වහම, *ad.* immediately, as soon as, see වහා.
වහය, *n.* (වත් to bear, carry), any vehicle, see වාහය and වාහනය; road, පාර.
වහලේ, *n.* husband.

වහරනුසර, *n.* (වහර අනු:), accordance with usage, ව්‍යවහාරයට යෝග්‍ය බව.
වහර, *n.* help, උපකාරය; usage, ව්‍යවහාරය.
වහරිය, වහරේ, rain, වැස්ස, the rains, rainy season, වැසිකාලය.
වහල, *a.* firm, compact, hard, සවි, තද.
වහල, *n.* roof; raft, පහුර.
වහලා, *p. pl.* of වහනවා.
වහලා, *n.* slave; *pl.* වහල්ලු.
වහලී, *n. fem.* female slave; *pl.* වහලියෝ.
වහල්, *a.* slave-, see වාල්; helping, aiding, පිහිට වහල්වූ.
වහල්කම, *n.* See වහල්කම and පිහිටවහල්කම.
වහල්කරනවා, *v. t.* to enslave, වාලට ගන්නවා; also for පිහිටවහල්කරනවා, to aid, උපකාර කරනවා.
වහල්මුදුන, *n.* roof-ridge.
වහල්·මෙහෙය, *n.* slave-work, servitude.
වහල්·යටිය, *n.* (වහල් supporting, යටිය stick), staff, crutch, සැරමිටිය. [*pl.* වහලු.
වහල්ල, වසල්ල, *n.* stalk inside the jak fruit;
වහල්·හබය, *n.* lawsuit.
වහස, *n.* advantage, වාසිය; axe, පොරව; skill, සමර්ථකම; field of view, පෙනෙනහරිය; side-look, glance, leer, අඩබැල්ම; laughter, සිනාව; abuse, අපහාසය.
වහසල, *n.* See වාසල.
වහසි·බස, වහසිය, *n.* abusive language, threat, challenge, අපහාස බස, මිගකීම.
වහළු, *a.* thin, emaciated, කෙට්ටු, කෘශ.
වහා, වහාම, *ad.* swiftly, speedily, soon, විගසට; as soon as, *e. g.* ලැබුණුවහාම as soon as received.
වහාව, *n.* river, ගඟ.
වහිනවා, *v.* to rain; *pret.* වැස්සා: see වසිනවා.
වහිරාකාරය, *n.* (වහිර් ආ:), outline, outer form, contour, profile, පිටත ආකාරය.
වහිරා වරණය, *n.* (වහිර් ආ:), outer cover, epicarp, පිටවැස්ම, ලෙල්ල; testa, සත්තුකටුව.
වහිර්, *a.* external, exterior, පිටත.
වහිර්ගත, *a.* (වහිර් ගත), gone forth, පිටවුණු; outer, external, extraneous, objective, පිටවූ, බාහිර. [නිහිම, බාහිරකම.
වහිර්ගතතාව, *n.* externality, objectivity, පිටත
වහිර්ගතවශයෙන්, *ad.* externally &c., පිටත ආකාරයෙන්.
වහිර්ජාතමයෙන්, *ad.* (වහිර් ජා:), by external nature, or constitution, physically, E. S.
වහිප්‍රාකාරය, *n.* (වහිර් ප්‍රා:), outer fortification, outwork, පිට බලකොටුව. [E. S
වහිර්ලම්බ·කෝණ, *a.* (වහිර් ල:), obtuse angled.
වහිර්ලම්බ·කෝණය, *n. lit.* out-leaning angle, viz. obtuse angle. E. S.
වහිර්වෘද්ධ, *a.* (වහිර්:), exogenous, පිටින් වැඩෙන.
වහිර්වෘද්ධ·වෘක්ෂය, *n.* exogen, පිටින් වැඩෙන ගහ.
වහිෂ්කාරණය, *n.* (for වහිර් කා:), ejection, expulsion, පිටකිරීම, බැහැරකිරීම.

වහිෂ්කෘත, *a.* ejected, expelled, පිටකරනලද &c.
වහු, *a.* calf-, pert. to a calf or calves.
වහුන, *n.* large earthen vessel, කළය; lid, cover, මූඩිය; *pl.* වහුන්.
වහු·මස්, *n.* calf's flesh, veal. [caste.
වහුම්පුරයා, *n. mus.* person of the jaggery
වහ්නි, *n. pl.* or *a.* fires; fire-; ගිනි.
වහ්නි·කෘත, *a.* burnt, consumed by fire, දවනලද.
වහ්නි·කෘත·හෝමය, *n.* burnt-sacrifice, holocaust. E. S.
වහ්නි·මාරකය, *n.* fire-killer, viz. water, වතුර.
වහ්නි·මිත්‍ර, *n.* fire-friend, viz. air, wind, සුළඟ.
වහ්නිය, *n.* fire, ගින්න; appetite, hunger, බඩගින්න; digestion, ජීර්ණය. *Bot.*
වහ්නි·වල්ලභ, *n.* fire-lover, viz. resin, දුම්මල.
වහ්නි·ශිඛය, *n.* fire-crest, viz. flame, ගිනිදැල්ල.
වහ්නි·ස්කන්ධය, *n.* body or mass of fire, column of fire, ගිනිමැලය.
වළ, *n.* hole, pit.
වළකඩ, *n.* valley, මිටිතැන.
වළකනවා, *v. t.* to restrain, see වළක්වනවා, *pret.* වැළකුවා; *v. n.* වැළකීම.
වළකරනවා, *v. t.* to depress, make hollow, lower, පාත්කරනවා.
වළකිනවා, *v. i.* See වැළකෙනවා; *pret.* වැළකුණා. *p. pl.* වැළක or වැළකී. [වැළැක්කුවා.
වළක්කනවා, *v. t. col.* for වළක්වනවා; *pret.*
වළක්වනවා, *v. t.* to stop, repress, restrain, hinder, prevent, thwart; *pret.* වැළැක්කුවා; *v. n.* වැළැක්වීම.
වළඹ·ගින්න, *n.* E. of වඩබාග්නිය.
වළ·ලනවා, *v. t.* to bury, inter; *pret.* වැළලුවා, වළලුවා; *v. n.* වැළලීම. [rains වෂා;years, වෂී.
වා, *n. pl.* or *a.* winds, air, වාත; words, වචන;
වාක·චීරය, වාකචීවරය, *n.* inner bark of the රිටි tree; B. P. robe made thereof. [පිළිය.
වාකචීරි, *a.*, වාකචීරිය, *n.* vegetable silk, තිහිරි
වාක්, *n. pl.* or *a.* words, speech; pert. to speech or words, verbal. E. S.
වාක්·චතුරයා, *n.* orator, ව්‍යක්ත කථිකයා.
වාක් ඡලය, *n.* prevarication, quibble, deceitful speech. රැවටිලි බස.
වාක් ඡලාන්විත, *a.* (ඡල අන්විත), prevaricating, evasive, රැවටිලිබස් සහිත.
වාක්·දුශ්චරිතය, *n.* evil habit in speech, impropriety of speech, using bad language or speaking evil, කථාවේ දුෂ්ට ව්‍යවහාරය.
වාක් පටු, *a.* (පටු clever), eloquent, දක්‍ෂකථික.
වාක්·පටුතාව, වාක්·පටුත්වය, *n.* cleverness in speech, eloquence, elocution, කථාවේ දක්‍ෂකම.
වාක් පති, *a.* being master of spech, viz. eloquent. [පති as teacher of the gods.
වාක්·පතියා, *n.* master of speech; ap. of බෘහස්
වාක්·පාරුෂ්‍යය, *n.* harshness of language, abuse, scurrility, සැර පරුෂ බස් කීම.

වාක්·ප්‍රතිභානය, *n.* forcefulness of speech, forcible language, කථාවේ බලවත්කම.

වාක්·ප්‍රයෝගය, *n.* arrangement of words, construction of a sentence, වචන යෙදුම.

වාක්‍ය, *n. pl.* or *a.* words, sentences; pert. to words, verbal; වචන. [ment E. S.

වාක්‍ය·ඛණ්ඩනය, *n.* refutation, disproof of state-

වාක්‍ය·චෞරයා, *n.* plagiarist, අනුන්ගේ වගන්ති හොරෙන් ගන්නා.

වාක්‍ය·චෞර්යාව, *n.* plagiarism. E. S.

වාක්‍ය·ක්‍රමාපරය, වාක්‍ය·පෙරළිය, *n.* hysteron-proteron, අපසු භාෂාව.

වාක්‍ය·ප්‍රසංගය, *n.* (ප්‍රස: connection), connection or consistency of discourse, chain of reasoning. [article in a newspaper &c.

වාක්‍යය, *n.* word, වචනය; sentence, වාසගම;

වාක්‍යයාණෝ, *n. hon.* word *personified*, The Word. [කිරීම, කථාපොරය.

වාක්‍ය·යුද්ධය, *n.* logomachy, වචනගැහම වාද

වාක්‍ය·යෝජනාව, *n.* syntax, වගන්ති·යෙදුම.

වාක්‍ය·විධිය, *n.* diction, usage, phraseology, කීම් වල අන්දම. [වගන්ති සම්බන්ධ.

වාක්‍ය·වින්‍යාස, *a.* pert. to syntax, syntactic,

වාක්‍ය·වින්‍යාසය, *n.* syntax. E. S.

වාක්‍ය·විපර්‍යාස, *a.* antithetic in word, paronomastic, බසින් වෙනස්වූ or විරුඬවූ.

වාක්‍ය·විපර්‍යාසය, *n.* antithesis in word, paronomasia, verbal perversion, ආපසුබස.

වාක්‍ය·විශාරද, *a.* eloquent, දක්ෂ කථික.

වාක්‍ය·විශාරද·ශාස්ත්‍රය, *n.* science of rhetoric, දක්ෂකථික ශාස්ත්‍රය.

වාක්‍ය·ශාස්ත්‍රය, *n.* lexicology, වචන ශාස්ත්‍රය.

වාක්‍යාකාර, *a.* according to the word or words, verbal, වචන ආකාර. [E. S.

වාක්‍යාදේශය, *n.* (වාක්‍ය ආ:), *gram.* enallage.

වාක්‍යාධික, *a.* (·අධික), effusive, verbose, වචන වැඩිවූ.

වාක්‍යාධිකතාව, *n.* verbosity &c., වචන වැඩිකම.

වාක්‍යසමාචාරය, *n.* verbal salutation, බසින් ආචාරකිරීම.

වාක්·සුචරිතය, *n.* proper conduct in speech, avoidance of bad language or evil speaking, කථාවේ යහපත් ව්‍යවහාරය.

වාක්ශුද්ධිය, *n.* purity of speech, either grammatical or moral, කථාවේ පිරිසිදුකම.

වාගන·ඉන්නවා, *v. t.* to be enduring or suffering quietly, tolerate, see වානවා.

වාගීශ, වාගීශ්වර, *a.* (වාග් fr. වාක්, ඊශ master), eloquent, rhetorical, දක්ෂ කථික.

වාගීශතාව, *n.* eloquence, see වාක්පටුතාව.

වාගීශයා, වාගීශ්වරයා, *n.* eloquent speaker, orator, ව්‍යක්ත කථිකයා.

වාගීශයා, *n.* See වාක්පතියා.

වාගුරාව, *n.* hunter's net, snare, දැල, මලපත.

වාගුරිකයා, *n.* hunter, deer hunter, (මුව) දඩ යම් කාරයා. [more or less; as, just as. E. S.

වාගේ. *post.* or *conj.* like, similar to; about,

වාග්·ග්‍රන්ථනය, *n.* (වාග් for වාක් before soft consonants), syntax, see වාක්‍යවින්‍යාසය.

වාගඩම්බරය, *n.* elegance of speech, කථාවේ අලංකාරය.

වාග්·දණ්ඩය, *n.* reproof, rebuke, තරවටුව.

වාග්·දුශ්චරිත, *n.* See වාක්·දුශ්චරිත.

වාග්·දේවතාව, වාග්·දේවී, *n.* goddess of speech, ap. of සරස්වතී. [පති.

වාග්·දේවතාවා, *n.* god of speech, ap. of බෘහස්

වාග්·භේදය, *n.* distinction or definition of words, වචන බේරීම or විසඳීම.

වාග්·මාත්‍රය, *n.* mere words, වචන පමණක්.

වාග්මී, *a.* loquacious, talkative, වාචාල; eloquent, දක්ෂකථාකාරවූ.

වාග්මී, *n.* ap. of බෘහස්පති, see වාක්පතියා.

වාග්ව්‍යවහාරය, වාග්ව්‍යාපාරය, *n* diction, usage of words, idiom, phraseology, *usus loquendi*, භාෂාරීතිය, කථාව්‍යවහාරය.

වාංගු, *a.* leaning, inclining, ඇලවූ. [E. S.

වාඩම්බය, *n.* eloquence, rhetoric, වාක්පටුත්වය.

වාච, *n.* speech, speaking, කථාව, බස; ap. of සරස්වතී.

වාචක, *a.* declaring, declarative, expressing, expressive of, අර්ථ ප්‍රකාශක, verbal, බසින් දත් වන. [වචනය.

වාචකය, *n.* word, significant sound, vocable,

වාචනයකරනවා, *v. t.* to read, කියවනවා.

වාචය, *n.* See වාක්‍යය.

වාචස්පති, *n.* See වාක්පතියා.

වාචාට, *a.* talkative, see වාචාල.

වාචාඩම්බර, *a.* (වාච ආ:), haughty in speech, boastful, ගරුකම් කථාකරන.

වාචාඩම්බරය, *n.* haughtiness of speech &c.

වාචාල, *a.* talkative, loquacious, gabbling, flippant. [නවා.

වාචාලකම්·කියනවා, *v.* to babble, jabber, දෙඩ

වාචාලයා, *n.* talkative person, talker, gabbler.

වාචාලී, *n. fem.* talkative female.

වාචාව, *n.* speech, බැ, තෙපුල.

වාචික, *n. pl.* or *a.* news, tidings, ආරංචි. [පත්‍රය.

වාචිකා·පත්‍රය, *n.* letter, ලියුම; newspaper, ආරංචි

වාචිකය, *n.* intelligence, news, tidings, ආරංචිය

වාචිචිය, *n.* one's fill of anything, sufficiency තෘප්තිය. [uttered, කියයුතු

වාච්‍ය, *a.* low, vile, නීච; fit to be spoken or

වාච්‍යය, *n.* predicate, what may be said of any thing, E. S.; *gram.* voice or mood of verb see කර්තෘවාච්‍යය, කර්ම(ණි)වාච්‍යය and භාවවාච්‍යය

වාජ·පේය, *n.* (වාජ sour congee, පේය drink) a particular offering to the gods, one of th four great sacrifices.

වාජය, *n.* sound, හඬ; wing, පියාපත; feather of an arrow, ඊතලේ පිහාටුව; speed, වේගය; sacrifice, පූජාව, offering of rice at a funeral, බත්පඬුරු; incantation at the close of a sacrifice, අහඹම මන්ත්‍රය.

වාජිය; වාජියා, *n.* swift one, viz. arrow, ඊය; bird, කුරුල්ලා; horse, අශ්වයා.

වාජ්ජම, *n.* boasting, bragging, පුරසාරම, පාරට්ටුව.

වාංඡාව, *n.* wish, desire, ආශාව, තෘෂ්ණාව.

වාටය, *n.* enclosure, enclosed ground, කොටුව, මිදුල; village or town, wall, ප්‍රාකාරය. *Bot.*

වාටි මසනවා, *v.* to sew the border, hem.

වාටිය, *n.* hem, border, selvedge; rim, හැටිය.

වාටිය, *n.* site of a building or house, ගෙබිම.

වාඩබ, *n.* (for බඩබා), hell, නිරය; submarine fire, see බඩබාග්නිය.

වාඩබයා, *n.* brahman, බමුණා.

වාඩබා, *n.* stud or number of mares, අශ්වදෙනු සමූහය. [seat.

වාඩි කරවනවා, *v. c.* to cause to sit down, to

වාඩි ගන්නවා, *v.* to sit down, take a seat. [ing.

වාඩි පැල, *n.* resting hut or temporary dwell-

වාඩිය, *n.* resting place, lodging, abode, නවාතැන. [නවාතැන් ගන්නවා; *pret.* වාඩිලූවා.

වාඩි ලනවා, *v.* to sit down, ඉඳගන්නවා; lodge,

වාඩිවෙනවා, *v. i. hon.* to sit down, take a seat.

වාඩි කාල්, *n.* See තමලපත්‍ර.

වාඩුව, *n.* deficiency, අඩුකම, පාඩුව; nearness, adjacency, කිට්ටුකම; revenge, පළිගැනීම.

වාණ, *n.* arrow, ඊය. [plate, සන්නාහය.

වාණ වාරය, *n.* (වාරය screen), armour, breast-

වාණාසන, *n.* bow, දුන්න.

වාණිජ, *a.* pert. to trade, mercantile, වෙළඳ.

වාණිජයා, *n.* trader, merchant, වෙළෙන්දා.

වාණිජ වංශය, *n.* mercantile class or caste, වෙළඳ කුලය. [දාම.

වාණිජ්‍යය, *n.* trade, traffic, වෙළඳාම් කිරීම, වෙළ

වාණිය, *n.* speech, කථාව; sound, හඬ.

වාණියා, *n.* oil-maker, oilman or one of that caste, තෙල් මිඳින්නා.

වාණී, *n.* ap. of සරස්වතී the goddess of speech.

වාත, *n. pl.* or *a.* air, winds; wind, සුළං; rheumatic, වාතරෝග. [tion.

වාත කුණ්ඩලිකාව, *n.* scanty and painful urina-

වාත කේතුව, *n.* wind-banner, viz. dust, cloud of dust, දූවිල්ල. [lence, flatulency.

වාත කෝපය, *n.* rising or exacerbation of flatu-

වාත ගුල්මය, *n.* acute rheumatism or gout, E. S.

වාත ග්‍රස්ත, *a.* (ග්‍රස්ත seized), seized or affected with rheumatism, rheumatic.

වාතජ, *a.* arising from flatulence, flatulent (pains &c.), වාතයෙන් අටගන්න.

වාත ජ්වරය, *n.* rheumatic fever. [ment.

වාත තූර්ය භාණ්ඩය, *n.* musical wind-instru-

වාත ධ්වජය, *n.* wind-banner, viz. cloud, වලාකුළ.

වාත පූර්ණ, *a.* filled with wind, inflated.

වාත ඵුල්ල, *a.* gassy, windy, inflated.

වාත ඵුල්ලතාව, *n.* state of inflation, වාතයෙන් පිපුණු ගතිය.

වාත ඵුල්ලාන්ත්‍රය, *n.* (අන්ත්‍රය), inflated bowel: colic, flatulence, tympany, වාතයෙන් බඩපිපීම.

වාත මණ්ඩලිය, *n.* (මණ්ඩලිය circle), whirlwind, සුළි සුළඟ. [මුවා.

වාත මෘගයා, *n.* swift deer viz. antelope, සුළං

වාත මේඝ, *n. pl.* wind and clouds, සුළං හා වලාකුළු. [arise from morbid wind.

වාත මේහය, *n.* urinary disease supposed to

වාතය, *n* air, wind, flatulence; rheumatism, gout. [වාදම්රෝගී.

වාත රක්ත, වාතරෝගකාර, *a.* rheumatic, gouty,

වාතරක්තය, *n.* acute gout or rheumatism, supposed to arise from a bad state of the aerial humour.

වාත රෝගය, *n.* flatulence; rheumatism, gout, any disease supposed to arise from the aerial humour.

වාතර පාසය, *n.* spirit-level.

වාතවත්, *a.* gusty, windy, සුළංගසන, වාතසහිත.

වාත වලාහකයා, *n.* air-demon or god of the wind, Æolus. [සිය.

වාත වස්තිය, *n.* suppression of urine, මුත්‍රඅඩස්

වාත වෘෂය, *n.* swelled testicle, ඉදිමුණු ජේලාව.

වාත වේග මාපක යන්ත්‍රය, *n.* wind-gauge.

වාත ශීර්ෂය, *n.* (ශීර්ෂය head, source), abdomen, යටිබඩ.

වාත ශූන්‍ය ජල යන්ත්‍රය, *n.* vacuum-pump.

වාත ශූලය, *n.* colic, ileus, see වාතඵුල්ලාන්ත්‍රය.

වාතශෝණිත, *a.* gouty, වාතරක්ත. [ශනය.

වාතසම්භය, *n.* remedy for flatulence, වාත ශම

වාතසමුද්භවය, *n.* (සමු: production), disease brought on by the bad state of the aerial humour, fever, උණරෝගය.

වාත ස්කන්ධය, *n.* the element of air, atmosphere, වායෝධාතුව, පවන.

වාතාණ්ඩ කෝෂය, *n.* (අණ්ඩ:), pneumatocele.

වාතාබාධය, *n.* disease arising from wind, flatulence, වාතලෙඩ.

වාතාම, *n.* (වාත, අම to move), leaf, කොළය.

වාතායනය, *n.* (ආයතන way, passage), window, කවුළුව. [E. S.

වාතාර්ද්‍රා ප්‍රකාශක, *a.* (වාත ආර්ද්‍රා:), hygroscopic,

වාතාර්ද්‍රා ප්‍රකාශක යන්ත්‍රය, *n.* hygroscope.

වාතාර්ද්‍රා මාපකයන්ත්‍රය, *n.* hygrometer.

වාතාර්ද්‍රා මාපක ශාස්ත්‍රය, *n.* hygrometry. [සුළඟ.

වාතාලිය, *n.* gale, සැර සුළඟ, whirlwind, සුළි

වාතාශය, *n.* (වාත ආශය), air-bladder, air-sac (of fishes). [swift horse, සීඝ්‍රඅශ්වයා.

වාතාශ්වයා, *n.* horse that goes like the wind,

වාතාහත, *a.* (ආහත injured), exposed to the wind, bleak, E. S.; gouty, වාතවත්.

වාතික, *a*, windy, හුළඟ සහිත; rheumy, rheumatic, වාතරෝගී.

වාතිය, *n*. air, wind, වාතය, හුළඟ.

වාතූලය, *n*. gale, සැර හුළඟ.

වාත්තුකරනවා, *v. t.* to cast metals; to smooth.

වාත්තුයකඩය, *n*. cast-iron. [ing, වාත්තුකිරීම.

වාත්තුව, *n*. casting, a metal casting; smooth-

වාද, *n. pl.* or *a*. (වද් to speak, dispute, sound), discourses &c.; sounds; controversial.

වාදකරනවා, *v*. to dispute, argue, debate, discuss. [polemic.

වාදකාර, වාදකාරී, *a*. controversial, disputacious,

වාදකාරයා, *n*. debater, polemic, disputant.

වාදකය, *n*. sound of a musical instrument, තූර්යනාදය.

වාදනයකරනවා, *v*. to sound (harp, drum &c.), play on a musical instrument, ගායනාකරනවා.

වාද·පඤ්ච, *n*. the five kinds of musical instruments, තූර්යපඤ්ච.

වාද·භටයා, *n*. controversialist, වාදකාරයා.

වාද·භූමිය, *n*. arena of debate, place of debate

වාදම, වාදම·රෝගය, *n*. gout or rheumatism වාතරක්තය.

වාදම·රෝගී, *n*. gouty, rheumatic, වාතරෝගී.

වාදය, *n*. discussion, argument, verbal contention; musical sound, තූර්යනාදය.

වාද·විවාදකරනවා, *v*. to debate, discuss pro and con, moot. [ණව.

වාද·විෂය, *n*. the subject of debate, වාද කාර

වාදනුවාදය, *n*. (වාද+අනු:), argument and reply, debate pro and con.

වාදාරෝපණය, *n*. (වාද+ආරෝප:), raising discussion, adducing argument, වාදකිරීම; accusing, දෙස් පැවරීම.

වාදි, *n*. wise, නුවණැති, learned, උගත්, skilful, සමර්ථ; speaking, discussing, කියන, වාදකරන.

වාදියා, *n*. speaker, discourser; disputant, වාදකාරයා; plaintiff, පැමිණිලිකාරයා.

වාදිසිංහ, *n*. (වාදීභසිංහ), *lit.* polemic-elephant-lion: ap. of Buddha as an invincible disputant. [ක්‍රෝධකාර.

වාදුකාර, *a*. vindictive, revengeful, malicious,

වාදුකාරයා, *n*. vindictive or malicious person, ක්‍රෝධකාරයා.

වාදුඵලය, *n*. revenge, retaliation, පළිගැනීම.

වාදුව, *n*. revengefulness, malice, ක්‍රෝධය.

වාද්‍ය·භාණ්ඩය, වාද්‍යය, *n*. musical instrument, තූර්යභාණ්ඩය.

වාන, *a*. dried, වියළි; pert. to a forest, වන,කැලෑ.

වාන, *n*. dried fruit, වියළිඵලය; hole in a wall, බිත්ති සිදුර; perfume, සුවඳ; desire, ආශාව.

වාන·ප්‍රස්ථයා, *n*. (වාන forest, ප්‍රස්ථ going forth), one who has gone forth to a forest, viz. hermit, recluse, වනවාසියා.

වා·නර·දෙනුව, *n*. female monkey, වඳුරි, රිළවි.

වානරයා, *n*. (වාන forest ර taking), he who takes the forest product, viz. monkey, ape, orang-outang, රිළවා, වඳුරා. [වැව; *v. n.* වැම.

වානවා, *v. t.* to tolerate, endure, ඉවසනවා; *pret.*

වන·වාසියා, *n*. See වනවාසියා.

වානස්පත්‍යය, *n*. tree that bears fruit from blossoms, as the mango &c.

වාන·හම, *n*, *lit.* forest-leather: leather shoe to wear in the jungle for protection, jungle sandle or shoe.

වානීරය, *n*. rattan, cane, වේවැල.

වානේ, *n*. or *a*. steel.

වානේ·කැටයම, *n*. engraving on steel.

වානේ·කැටයම·ශිල්පය, *n*. art of steel-engraving.

වානේ·කැටයම·සිතියම, *n*. steel-engraving (the picture).

වානේ·පෑන, *n*. steel-pen.

වාන්ත, *a*. (fr. වම්), vomited, වමාරනලද.

වාන්තය, *n*. vomit, වමනය.

වාන්තිය, *n*. vomiting, වැමෑරීම.

වාන්තියකරනවා, *v. t.* to vomit, වමාරනවා.

වාන්දුකරනවා, *v. t.* to pare or shape the ola-leaves (පුස්කොළ) for writing.

වාප, *a*. pert. to sowing; weaving; shaving.

වාප·කර්මාන්තය, *n*. art of weaving, weaving, වියනකර්මාන්තය, වියම.

වාප·කාලය, *n*. seed-time, වපුරන කාලය.

වාප·දණ්ඩය, *n*. loom-beam, වියන දණ්ඩ.

වාපනය, *n*. sowing, වැපිරීම.

වාපනය, *n*. D., coat-of-arms, peon's belt, sash, see බාපනපටිය. [යන්ත්‍රය.

වාපන·යන්ත්‍රය, *n*. sowing machine, බීජ වපුරන

වාපිත, *a*. sown, වපුරනලද.

වාපිය, *n*. large oblong pond or lake, දිග පොකුණ or වැව. [face, viz. the sky, අහස.

වා·පිටු, *n*. (වා air, පිටු back surface), air sur-

වාපුත්, *n*. cobra, නයා.

වා·පොළොව, *n*. In B. the undermost of the three foundations of the world or සක්වල, viz. the world of air, on which rests the world of water, and on that the solid world or ground: see ජලපොළොව and පස්පොළොව.

වා·භොජුන්, *n. lit.* air-feeder, viz. serpent, සර්පයා.

වාම, *a*. left (side), sinistral, වම්; reverse, contrary, ප්‍රතිකූල, විරුඬ; vile, ඨිච; pleasant, ප්‍රිය; short, කොට; crooked, වකුටු.

වාම·දේවියා, *n*. ap. of Siva. [ශිව.

වාමන, *a*. short, dwarfish, කොට, මිටි; low, vile,

වාමනයා, වාමනයා, *n*. manikin, dwarf, මිටිවා; ap of Vishnu in his fifth incarnation as a dwarf when he came to prevent බලි gaining dominion over the three worlds: south-elephant, viz. elephant that supports the south quarter. [ඇස් ඇති.

වාම·නේත්‍ර, *a*. (වාම pleasing), fine-eyed, ලස්සණ

වාම·පාර්ශ්වය, වාම·භාගය, *n.* the left side, වම් පැත්ත. [wealth, වස්තුව.

වාමය, *n.* udder, කිරිබුරුල්ල, breast, තනය;

වාමියා, *n.* sentient-being, animal. සත්වයා; ap. of Siva, see වාමදෙවියා. [ණ ස්ත්‍රී.

වාම·ලෝචනා. *n. fem.* handsome woman, ලක්‍ෂ

වාමා, *n. fem.* woman, ස්ත්‍රී; ap. of ගෞරී, ලක්‍ෂ්මි and සරස්වතී.

වාමාක්‍ෂි, *n. fem.* (·අක්‍ෂි eye), fine woman.

වාමාවර්ත්‍ත, *a.* (වාමආ:), turned to the left, sinistral, වමටහැරී තිබෙන (සක්ගෙඩිය).

වා·මිග, *n.* (වා wind, මිග for මෘග), See වාතමෘගයා

වාමි, *n fem.* a she animal, she-ass, mare, she-elephant, ගැහැනුසතා: කොටළුදෙන, අශ්වදෙලම්බ, [ඇතින්නි.

වායනය, වාය, *n.* weaving, විවීම.

වායන·දණ්ඩය, *n.* beam of a weaver's loom, see වාපදණ්ඩය. [north-west, වයඹදිග.

වායව්‍යය, *n.* the quarter whence the wind comes,

වායව්‍ය, *a.* pert. to the wind, සුළං; sacred to the god of the wind, වායුදෙවියාට කැපවූ.

වායස, *n.* aloe's-wood, agal-wood, අගිල්ලි; turpentine, E. S.

වායස, *n.* crow, කපුටා. [enemy), owl, බස්සා.

වායසාරාති, වායසාරි, *n.* (වායස crow, අරාති, අරි,

වායි·ගෙඩිය, *n.* See වායුගෙඩිය.

වායිය, *n.* See වායුව.

වායු, *n.* or *a.* air, wind, pneumatic, වාත, සුළං.

වායුකරනවා, *v. t.* to turn into air, gasify, volatilize. [ලද.

වායු·භූත, *a.* turned into air, gasified වායුකරන

වායු·කේතුව, *n.* See වාතකේතුව. [E. S.

වායුකෝෂය, *n.* wind-sac, follicle (of the body),

වායුගණ්ඩය, *n.* flatulence, බඩේවාතය.

වායු·ගතිය, වායුතාව, *n.* gaseity, gaseousness, වාතභාවය. [form, air-, gaseous.

වායු·ගතිවූ, *a.* of the form or nature of air, aeri-

වායු·ගුල්මය, *n.* (ගුල්මය shrub, thicket), whirlwind, සුළි සුළඟ; whirlpool, දියසුළිය, ජලගුල්

වායු·ගෙඩිය, *n.* sarcoma, wen, මස්ගෙඩිය. [මස.

වායු·ග්‍රස්ත, *a.* (ග්‍රස්ත seized with), having flatulence, flatulent, බඩේ වාත ඇත්තාවූ; epileptic, මිමස්මිර රෝගී.

වායු·ග්‍රස්තයා, *n.* epileptic, මිමස්මිර රෝගකාරයා.

වායු·ඝ්න, *a.* (·ඝ්න destroying), curing flatulence, carminative, වාත බෙහෙත.

වායු·තුලාව, *n.* barometer, වාතය කිරන යන්ත්‍රය.

වායු·දිග, *n.* or *a.* windy quarter, north-west, වයඹදිග.

වායුවාරය, *n.* air-door, air-valve, snifting-valve.

වායු·ධූමය, *n.* gas (of coal).

වායු නිවාරණය, *n.* carminative, වාත බෙහෙත.

වායු·භාර·මානක·යන්ත්‍රය. *n.* sympiesometer.

වායු·මානක·යන්ත්‍රය, *n.* gasometer, ගෑස් මනින යන්ත්‍රය.

වායු·මානක·ශාස්ත්‍රය, *n.* science of gasometry.

වායු·මානක·ශිල්පය, *n.* art of gasometry. [ය.

වායුව, *n.* air, wind, gas or air of the body, වාත

වායු·වාහන, *n.* (වාහන vehicle), smoke, vapour, දුම, මීදුම.

වායු·වාහිනිය, *n.* air-vehicle, viz. vessel of the body supposed to convey the aerial humour.

වායු·විස්තරය, වායු·ශාස්ත්‍රය, *n.* aerology, pneumatics, pneumatology. [gas.

වායු·වෙනවා, *v. i.* to become or turn to air or

වායු·ශාස්ත්‍ර, *a.* pert. to aerology, pneumatic.

වායු·ශාස්ත්‍ර·ඥයා, *n.* aerologist, වාත ශාස්ත්‍රය දන්නා.

වායු·සඛ, *n.* (fr. සඛි friend), friend of air: ap. of fire, ගින්න. [සුළං.

වායෝ·ධාතු, *a.* air-, windy; atmospheric; වාත,

වායෝ·ධාතුව, *n.* (වායු:ධාතු), element of air or wind, sp as a humour of the body, වාතය.

වාරකන්, *n.* high sea, storminess, raging of the sea.

වාරණය, *n.* (වෘ to screen, defend), defence, shelter, මුවාව, obstacle, බාධාව; armour, mail සන්නාහය; prohibition, තහනම; see නිවාරණය. [වලක්වනවා.

වාරණයකරනවා, *v. t.* to withhold, prevent,

වාරණයා, *n.* elephant, ඇතා; a kind of vulture, ගිජුලිහිණි වර්ගයක්. [ය.

වාරණාව, *n.* bill of lading, invoice, බඩු ලේඛන

වාර·නාරී, *n. fem.* (වාර multitude), common woman, viz. harlot, වේසිඹුව. [ර.

වාරන්ත, *a.* various, නොයෙක්, නානාලෙක් ආකා

වාර·බාණය, *n.* (වාර opposing, බාණය arrow), armour for the body or breast, ලයවැස්ම.

වාර·මුඛය, *n.* (වාර day, මුඛය face, beginning), dawn, morning, අලුයම, උදය.

වාර·මුඛ්‍යාව, *n. fem.* (වාර multitude, මුඛ්‍යාව chief), chief of a number of harlots, ප්‍රධාන වේශ්‍යාව.

වාරය, *n.* time, occasion, anyone's turn, ප්‍රස්තාව; day, දවස, දින; doorway, entrance, දෙර කඩ. [time.

වාරයෙන්වාරයට, *ad.* by turns; from time to

වාර·වාණය, *n.* (වාණය arrow), See වාරබාණය.

වාරලියා, *n.* a small species of sea fish.

වාර·ස්ත්‍රී, *n.* See වාරනාරී.

වාරාණසිය, *n.* Benares, see වරණසිය.

වාරු·වෙනවා, *v. i.* to miss the mark or aim, fail, වරදිනවා.

වාරාහිය, වාරාහී, *n.* earth, පොළොව; sow ඌරී.

වාරි, *n.* ap. of සරස්වතී; *n.* or *a.* water. See වාරිය.

වාරි·කණ්ද, *n.* ship or fibre of a talipot leaf.

වාරික්‍රිමියා, *n.* water-worm, viz. leech, කූඩැල්ලා.

වාරි·චරයා, *n.* water-goer, viz. fish, මත්ස්‍යයා.

වාරි·ජය, *n.* product of water, viz. conch, සක් ගෙඩිය, or any bivalve shell, බෙලිකටුව &c.

වාරිත, *a.* hindered, obstructed, see නිවාරිත.

වාරිත්‍රය, n. (වාර to prohibit), B., prohibitive precept, prohibition, interdiction, තහනම්; umbrella or portable screen of leaves, කුඩේ, තලපත.
වාරි·ධිය, n. water-holder, viz. the sea, මුහුද.
වාරි·නිධිය, n. water-depository, viz. the sea.
වාරි·ප්‍රවාහය, n. water-stream, viz. waterfall, ඇල්ල.
වාරි·මාර්ගය, n. water-way, water-course, drain, canal, aqueduct, කානුව, වතුරපාර. [ය.
වාරි(ය), n. water, වතුර; a medical drug, ඉරිවේරි
වාරි·යන්ත්‍රය, n. water-machine, machine for raising water, pump &c.
වාරි·රථය, n. water-carriage, viz. raft, float, පහුර. [cloud, වලාකුළ.
වාරි·වාහකය, වාරිවාහය, n. water-bearer, viz.
වාරුකරනවා, v. to support or steady (with the hand &c.), see අත්වාරුව.
වාරුණය, n. bier, මිනීමැස්ස. [liquor.
වාරුණිකයා, n. distiller or seller of spirituous
වාරුණිය, n. spirituous liquor distilled from hogweed and palm-tree juice; twenty-fifth lunar asterism of which Varuna is regent; the West, බස්නාහිර දිශාව, see වරුණ.
වාරුව, n. strength, ශක්තිය, support, help, as හැරමිටිවාරුවෙන් යනවා, go with the help of
වාර්, n. water වතුර. [a stick.
වාර්කය, n. forest, වනය.
වාර්ක්ෂය, n. stockade, ආරක්ෂක උල්වැට.
වාර්ණාව, n. See වාරණාව.
වාර්ත, n. chaff, බොල්.
වාර්තා, n. or a. tidings, report, ආරංචි, ප්‍රවෘත්ති.
වාර්තාකරනවා, v. to report, give a report or tidings.
වාර්තා·කරු, n. See වාර්තාකාරයා.
වාර්තාකාර·ධුරය, n. business of reporting or informing, ආරංචි දන්වීමේ නිලය.
වාර්තාකාරයා, n. reporter, informant, ආරංචි දන්වන්නා. E. S. [ing-officer.
වාර්තා·නිලකාරයා, n. reporting-officer, return-
වාර්තාව, n. report, රිපෝර්තුව; rumour, tidings, ආරංචිය; profession, තනතුර,
වාර්තික, a. pert. to information, informing, reporting; commenting or explaining, දන්වා දෙන, විස්තරකරන. [විස්තරය.
වාර්තිකය, n. gloss, comment, explanation,
වාර්තිකයා, n. informant, intelligencer, දැනුම් දෙන්නා.
වාර්ධකය, n. (වෘධ old), a number of old persons, elderly set, මහලු උදවිය; old age, වෘධ වයස; infirmity of old age, මහලුවයසේ දුබලකම or
වාර්ධක්‍යය, n. old age, මහලුවයස. [සිලත්කම.
වාර්ධිමයා, n. (වාර් water, ධමයා maintainer, warrior), alligator, crocodile, කිඹුලා.
වාල, n. hair, කේශ; tail, වල්ගය; a drug or perfume, ඉරිවේරිය.

වාලකය, n. bracelet, වළල්ල; finger ring, මුදුව; a drug &c. as above.
වාලක්කඩියා, n. a venomous water-snake found in the sea and some lakes. [tail, වල්ගය.
වාල·ධිය, n. (වාල hair, ධි to have), hairy tail,
වාල·ව්‍යජනය, n. (ව්‍යජනය fan), fan made of the hairy tail of the yak, chowri.
වාල·වේධියා, n. *lit.* hair-piercer or splitter, viz. skilful archer, sharp-shooter, සමර්ථ දුනුවායා; *fig.* acute disputant, සමර්ථ වාදකාරයා.
වාල·ව්‍යජනය, n. tail fan, see වල්විදුනාව and
වාලහත්, n. See වලහත්. [වාලවීජනය.
වාල·හස්තය, n. tail-arm, viz. tail, වල්ගය.
වාලා, n. *mas.* slave, bondman, *pl.* වාල්ලු.
වාලි, n. *fem.* slave, bondmaid; *pl.* වාලියෝ.
වාලුකය, n. a kind of drug or perfume.
වාලුකා, n. sand, වැලි; camphor, කපුරු.
වාලුකා·කාන්තාරය n. sandy desert, මිරිකාතර.
වාලේ, *post.* or *ad.* after, අනුව; in the line or wake of, like, වාගේ.
වාල්, a. slave-, bond-.
වාල්ක, a. made of bark, bark-, සුඹුළු.
වාල්කම, n. slavery, thraldom. [take captive.
වාල්කරනවා, වාලවගන්නවා, v. t to enslave,
වාල්කල, n. bark dress of ascetics, සුඹුළු ඇඳුම.
වාල්මීක·ඍෂි, වාල්මිකී, වාල්මීක, n. the sage so called, author of the රාමායණ poem.
වාල්වෙළඳම, n. slave-trade, slave-dealing.
වාල්·වෙළෙන්දා, n. slave merchant, slave-dealer.
වා·වඩන, v. adj. producing flatulence, flatulent (food &c.).
වා·වඩනවා, v. to produce flatulence, බඩේ වාත ය උපදවනවා. [වාචාල.
වාවදුක, a. talkative, garrulous, loquacious,
වාවනවා, v. to sustain, uphold, උසුලනවා; tolerate, endure, ඉවසනවා, වාහනවා; *pret.* වැවුවා.
වාවෘත, a. chosen, selected, තෝරාගත්.
වාශිත, n. cry of birds or bees, humming, කුරුළු හඬ, මීමැසි හඬ. [ශබ්ද.
වාෂ්පය, n. tear, කඳුළ; vapour, මීදුම, humidity,
වාස, n. pl. or a. dwelling places &c., see වාසය; dwelling-. [වාසනාදිය.
වාසගම, n. *gram.* sentence; prose, කාව්‍යනොවන
වාස·ගෘහය, n. dwelling house, ගෙය, inner room, ඇතුල්ගෙය, bedroom, සැතපෙනකාමරය.
වාසනය, n. fumigating, perfuming, සුවඳ කිරීම; perfume, සුවඳ; cloth, clothes, රෙද්ද; abode, වාසස්ථානය.
වාසනාව, n. luck, fortune, happiness.
වාසනාවකට (or වාසනාවට)මෙන්, *ad.phrase*: fortunately, happily, providentially. [happy.
වාසනාවන්ත, a. fortunate, auspicious, blessed,
වාසන්ත, a. vernal, වසන්ත; young, තරුණ.
වාසන්තයා, n. camel, ඔටුවා; cuckoo, කෝකිලයා.

වාසන්තිය, *n.* festival in honour of Cupid, කාම දේව මංගල්‍යය. *Bot.* [tation, වාසස්ථානය.

වාස·භවනය, *n.* dwelling, abode, residence, habi-

වාස·භූමිය, *n.* residential land, පදිංචි රට.

වාසය, *n.* dwelling, abode, home, පදිංචිය; cloth, රෙද්ද; perfume, සුවඳ.

වාසයකරනවා, *v.* to dwell, reside.

වාස·යෝගය, *n.* (වාස perfune, යෝගය junction), application of perfume or fragrant powder to the person or clothes, perfuming, සුවඳ ගැල්වීම. [eight chief remedies.

වාසරය, *n.* a day, දවස; a drug, one of the

වාසල, වාසල්කඩ, වාසල්දොර, *n.* entrance, doorway, දොරටුව, vestibule (of a palace).

වාසව, *n.* ap. of Indra, ඉන්ද්‍රදෙවියා; the twenty-fourth lunar asterism, figured by a tambourine. [of Indra, ඉන්ද්‍රයාගේ මලයා.

වාසවානුජයා, *n.* (වාසව අනු:), younger brother

වාසස්ථානය, *n.* dwelling-place, abode, habitation.

වාසි, *n.* See වාසිය, advantage. [to privilege.

වාසිකරනවා, වාසිදෙනවා, *v.* to give advantage,

වාසිකියනවා, *v.* to claim superiority or advantage, boast, පාරම්බුකරනවා.

වාසිත, *a.* (වාස to perfume), perfumed, fumigated, සුවඳකරපු; clothed, පළඳිනලද; seasoned, spiced, E. S.

වාසිතය, *n.* knowledge, දැනගැනීම; sound, හඬ.

වාසිතාව, *n.* woman, ස්ත්‍රී; female elephant, ඇති

වාසිනවා, *v. i.* See වාහිනවා; *pret.* වැස්සා. [න්නී.

වාසි·බණිනවා, වාසිබණිනවා, *v.* to boast, see වාසි ලනවා. [adze, වෑය.

වාසිය, *n.* a small hatchet, අත්පොරව, කැත්ත,

වාසිය, *n.* advantage, privilege, vantage.

වාසියා, *n.* inhabitant, resident, වැසියා.

වාසි·ලනවා, *v.* to boast, පාරම්බුකරනවා; threaten, බිනකියනවා; *pret.* වාසිලෑවා.

වාසි·ලබනවා, *v.* to receive or get advantage.

වාසි·වෙනවා, *v. i.* to advantage, be to advantage.

වාසිහු, *n. pl.* of වාසියා: inhabitants, වැසියෝ.

වාසු·දේව, *n.* ap. of Krishna, කෘෂ්ණදෙවියා.

වාස්තව, *a.* (fr. වස්තු), fixed, appointed, නියමවූ, substantiated, firm, ස්ථිර.

වාස්තවය, *n.* an appointment, නියමයක්.

වාස්තවික, *a.* real, substantial, genuine, සත්‍යවූ; appointed, නියමවූ. [ප්‍රකෘතිවාදය. E. S.

වාස්තවිකත්වය, වාස්තවිකභාවය, *n.* reality &c.,

වාස්තවික·දෘෂ්ටි, *a.* realistic, සත්‍යාකාර.

වාස්තවික·දෘෂ්ටිය, *n.* realism. E. S.

වාස්තවික·දෘෂ්ටියා, *n.* realist. [see වසනවා.

වාස්තව්‍ය, *a.* that should be inhabited, habitable,

වාස්තු·සංශමනය, *n.* (වාස්තු house, සං...tranquillizing), consecration of a new house, house-warming, ගෙවැදීම.

වාහක, *a.* carrying, bearing, ගෙනයන, දරන.

වාහනය, වාහන, *n.* vehicle of any kind, carriage, conveyance, (animal or man); air, wind, සුළඟ. [වාරය.

වාහන·රශිය, *n. ast.* Charles's wain, සප්තමුනි,

වාහන·වාස, *n. pl.* sports of the gods or celestials in Swarga, දෙවිවරුන්ගේ ක්‍රීඩා.

වාහනාකාර, *a.* pert. to vehicles, vehicular,

වාහල, *n.* See වාසල. [රථවාහනා·.

වාහසයා, *n.* rock snake, python, පිඹුරා.

වාහිනවා, *v i.* to ooze, drip, leak, percolate, trickle; *pret.* වැස්සා; *v. n.* වැස්සීම (වැහීම)

වාහිනී·පතියා, *n.* (වාහිනී army or river), general of an army, සේනාපතියා; ocean (personified), සමුද්‍රය.

වාහිනී, *n.* army, සුබසේනාව, army of 81 elephants, 81 chariots, 243 cavalry and 405 infantry; river, ගංගාව.

වාළහ, *n. vul.* husband, පුරුෂයා.

වාගෙත්, *ad.* as, almost, about, වාගේ.

වාහ්ලීක, *n.* asafœtida, පෙරුංකායම්.

වාල·මෘගයා, *n.* any fierce animal, tiger, ව්‍යාඝ්‍රයා, leopard, දිවියා, cheetah, කොටියා.

වැකරැල්ල, *n.* wrinkle, crease; *pl.* වැකරැළි.

වැකරැළි·ගසනවා, or·ගහනවා, *v.* to wrinkle, crease, make creases. [come creased.

වැකරැළි·ගැහෙනවා, *v.* to shrivel, wrinkle, be-

වැකරිල්ල, *n.* ringlet of hair, මොකුටු ඉසකේ රොද; *pl.* වැකරිළි.

වැකි, වැකුණු, *v. adj. pret.* of වැකෙනවා; smeared on, rubbed on, ගෑවුණු, තැවරුණු.

වැකිය, *n.* E. of වාක්‍යය.

වැකීම, වැකුම, *v. n.* cf වකනවා and වැකෙනවා. smearing on, rubbing on, ගෑම, ගෑවීම, තැවරීම.

වැකෙනවා, *v. i.* to become smeared on, ගෑවෙනවා, තැවරෙනවා; *pret.* වැකුණා. [flow, spill.

වැක්කෙරෙනවා, *v. i.* to pour or flow out, over-

වැක්ත, *a.* E. of ව්‍යක්ත: learned, උගත්. [sion.

වැගිරවීම, *v. n.* of වගුරුවනවා: outpouring, effu-

වැගිරීම, වැගුරුම, වැගුරුම, *v. n.* of වගුරනවා and වැගිරෙනවා; outpouring, shedding.

වැගිරෙනවා, *v. i.* to pour or flow out, overflow, shed; fall off (as leaves); *pret.* වැගුරුණා, වැගිරුණා; *p. pl.* වැගිර, වැගිරී.

වැජඹනවා, *v. i.* See වැජඹෙනවා.

වැජඹෙනවා, *v. i. hon.* (fr. විජෘම්භන), to reside, dwell, වාසයකරනවා; live in prosperity, flourish, සැපත් කල්යවනවා; sport, කෙළිනවා, wanton, E S.: *pret.* වැජඹුණා; *v. n.* වැජඹීම, වැජඹුම

වැට, *n.* (fr. වට around), hedge, fence; protection, ඉවාව; fan, පවන්පත; wages, වැටුප්, පඩි; lamp, පහන.

වැට·බඳිනවා, *v.* to fence, fix or put up a fence.

වැටහෙනවා, *v. i.* to apply, be applicable to, අදාලවෙනවා; be intelligible to or understood by, තේරුම්යනවා; *pret.* වැටහුණා; *v. n.* වැටහීම.

වැටිකරනවා, *v. t.* to twist, twine.
වැටිය, *n.* lamp-wick, පහන්තිරය; paint-brush, තෙලිතුර; rain, වැස්ස; border, bank, shore, ඉවුර, dam of a lake or paddy field, නියර; ledge, range (of mountains), පෙළ.
වැටි·පානවා, *v. i.* (වැටි fallen, පානවා to show), to be fallen or reduced in circumstances, දිළිඳුව සිටිනවා; *v. n.* වැටිපෑම.
වැටීම, *v. n.* of වැටෙනවා : falling, fall.
වැටුප්, *n. pl.* wages, salary, පඩි, hire, කුලිය; lamp, පහන.
වැටුප, *n.* lamp, පහන; lamp-stand. පහන්කද.
වැටුව, *n.* road, path, පාර, මග.
වැටෙනවා, *v. i.* to fall, drop off; *pret.* වැටුණේ.
වැඩ, *n.* work, business, employment; good result, profit, ප්‍රයෝජනය.
වැඩ·අවැඩ, *n.* good or evil result, advantage and disadvantage, prosperity and adversity, ශුභාශුභය, හොඳ නරක.
වැඩ·ඉන්නවා or ·සිටිනවා, *v. i. hon.* (වැඩ *p.pl.* of වඩිනවා), to be or be seated or reside, ඉන්නවා or වාඩිවිඉන්නවා or වාසයකරනවා.
වැඩකරනවා, *v.* to work, serve.
වැඩකරවනවා, *v. c.* to cause to work, work (any one), get work done.
වැඩකරුවා, වැඩකාරයා, *n.* servant; workman.
වැඩකාරකම, *n.* servitude, condition of a servant.
වැඩකාරී, *n. fem.* female servant, maidservant.
වැඩදයක, *a.* giving or yielding benefit, profitable, advantageous, serviceable, salutary, useful, ප්‍රයෝජනවත්. [&c.
වැඩ·දයකකම, වැඩදයකභාව, *n.* profitableness
වැඩ·දයකයා, *n.* benefactor, සත්කාරකරන්නා.
වැඩ·නැති, *a.* workless, destitute of work; profitless, useless, නිෂ්ප්‍රයෝජන.
වැඩ·පට්ටලය, *n.* workshop, factory.
වැඩ·පල(ළ), *n.* work, business.
වැඩපළ, *n.* work-place.
වැඩමකරනවා, වැඩමවනවා, *v. c.* and *v. i. hon.* to cause to proceed, bring, take, පමුණුවනවා; proceed, go or come, පැමිණෙනවා.
වැඩය, වැඩේ, වැඩක්, *n.* work, employment.
වැඩ·වසනවා, *v. i. hon.* (වැඩ *p. pl.* of වඩිනවා), to reside, sojourn, වාසයකරනවා; *pret.* වැඩ විසුවා, see වසනවා. [ප්‍රවේණිය.
වැඩ·වසම, *n*, office, service, තනතුර; patrimony,
වැඩ·විඳිනවා, *v.* to enjoy benefit or good, possess, use.
වැඩ·වෙනවා, වැඩ·සැදෙනවා, *v. i.* benefit or good arises or accrues, to benefit, be of service.
වැඩ·සිටිනවා, වැඩ·හිටිනවා, *v. i. hon.* (වැඩ *p.pl.* of වඩිනවා), to have come, viz. to be present, (පැමිණ)සිටිනවා. [ලය.
වැඩ·හල, *n.* workroom, laboratory, වැඩ පට්ට
වැඩ·හිඳිනවා, *v. i. hon.* to dwell; sit, be seated, වාඩිවිඉන්නවා. [grown. වැඩුණු.
වැඩි, *v. adj. pret.* of වැඩෙනවා: increased,
වැඩි, *a.* excessive, very much, too much.
වැඩිකරනවා, *v. t.* to increase, multiply,
වැඩිහොට, වැඩිකොටම, *ad.* chiefly, generally, specially, for the most part.
වැඩි·ගණන, *n.* the greater number, the more part, the majority.
වැඩි·තරම, *n.* the greater or highest degree, the greater part. [cause to prosper.
වැඩිදියුණුකරනවා, *v. t.* to improve, promote.
වැඩිදියුණුව, *n.* improvement, advancement, growth. [vance; prosper.
වැඩිදියුණුවෙනවා, *v. i.* to improve, increase, ad-
වැඩිදුර, *a.* or *ad.* more, further.
වැඩිදෙනා, *n. pl.* the greater number of persons, most persons, the majority.
වැඩි·පංගුව, *n.* the greater part, the most part, the majority. [redundant, surplus,
වැඩි·පුර, *a.* more than necessary, excessive,
වැඩි·මනත්, *a.* excessive, redundant; surplus, remaining, ඉතුරු.
වැඩි·මනත්කම, *n.* excess &c., වැඩිපුරකම.
වැඩිමලා, *n.* elderly person; the elder one, senior; *pl.* වැඩිමල්ලෝ, [elder, senior.
වැඩි·මල්, වැඩි·මහල්, වැඩි·මහලු, *a.* elderly, old;
වැඩි·මහල්කම, *n.* primogeniture, seniority, eldership. [presbytership.
වැඩිමහල්ධුරය, or ·පදවිය, *n.* office of presbyter,
වැඩි·මහල්·මන්ත්‍රණ·සභාව, *n.* presbyterian, council, presbytery. [presbyter; *pl.* වැඩිමහල්ලෝ,
වැඩි·මහල්ලා, *n.* an elder, senior, superior,
වැඩි·මහල්·සභා·කාර, වැඩි·මහල්·සභික, *a.* presbyterial, presbyterian. [presbyterianism.
වැඩි·මහල්·සභා·ක්‍රමය, *n.* presbyterian, order,
වැඩි·මහල්·සභිකයා, *n.* presbyterian.
වැඩි·මාලු·වෙනවා, *v. i.* to come to maturity, see වැඩිවියපැමිණෙනවා.
වැඩිය, *n.* the greater number or quantity; too much. [arrived, came or went, පැමුණුණේ.
වැඩියේක, වැඩියා, *v. pret. hon.* of වඩිනවා.
වැඩියෙන්, *ad.* excessively, more, too much.
වැඩි·විය, *n.* (වැඩි grown up, විය age), maturity, puberty. [ity; pubescent.
වැඩි·විය·පැමිණි, *v. adj. pret.* arrived at matur-
වැඩි·විය·පැමිණෙනවා, *v. i.* to attain maturity, arrive at puberty,
වැඩි·වෙනවා, *v. i.* to increase, become numerous or excessive, multiply. [elderly.
වැඩි·සිටි, වැඩි·හිටි, *a.* of mature age, grown up,
වැඩි සිටියෝ, *n. pl.* persons of years or of importance, seniors.
වැඩීම, *v. n.* of වඩිනවා and වැඩෙනවා: carrying in the arms, වඩාගැනීම; increasing, growing, වැඩිවීම.

වැඩුණු, *v. adj. pret.* of වැඩෙනවා: increased, grown, come to maturity.

වැඩුම, *v. n.* of වඩනවා: increasing, increase.

වැඩූ, *v. adj. pret.* of වඩනවා: increased, වැඩි කළ.

වැඩෙනවා, *v. i.* to increase, develop, grow (of animates); *pret.* වැඩුණා; *p pl.* වැඩී; *v.n.* වැඩීම.

වැඩේ·සිතියම, වැඩේ·පලෑන, *n.* working-drawing or plan.

වැති, *n.* (fr. වෘත්ති), news, ආරංචිය; fence, වැට.

වැතිරෙනවා, *v. i.* to lie prone, sprawl, wallow, flounder, grovel; to spread out, be prolonged or at a standstill (as work &c.); *pret.* වැතුරුණා; *p. pl.* වැතිර, වැතිරී; *v. n.* වැතිරීම.

වැතුම, *n.* woven web, tissue, වියමන.

වැත්, *n.* similarity, සමානකම; simile, උපමාව.

වැත්ත, *n.* occasion, opportunity, වතාව.

වැද, *p. pl.* වදිනවා: having struck; having entered.

වැද·ඔත් *a.* lying down, reclining, (වැතී)සිටිනා.

වැදගත්, *a.* important, influential; respectable (person).

වැදගත්කම, *n.* importance &c. [ance.

වැදගත්නවා, *v.* to concern, affect, be of import-

වැදගැම්ම, *n.* concern, importance, worth.

වැදගැම්මක්නැති, *a.* unimportant, trifling.

වැද·හොත්, *a.* (fr. next word),: See වැදඔත්.

වැදහොවිනවා. වැදහෝනවා, *v.* to lie down, දිගා වෙනවා, වැටීඉන්නවා; sleep, නිදාගන්නවා; *pret.* වැදහොත්තා.

වැදැල්ල, *n.* lump, mass, hunch, clump, clod, large piece; *pl.* වැදලි or වැදැලි.

වැදෑරීම, වැදෑරුම, *v. n.* of වදුරනවා: saying, telling, කීම; utterance, කියමන. [අන්දම.

වැදෑරුම, *n.* sort, mode, manner, වගීය, ආකාරය,

වැදෑරුම්, *n. pl.* or *a.* sorts; sort, kind, like, ආකාරවූ.

වැදෑ·මහ, *n.* afterbirth, placenta, secundines.

වැදි, *a.* archer-, දුනුකාර.

වැදිකම, *n.* archery, දුනුවිද්ම.

වැදි·පුත්, *n.* archer, දුනුවායා; Veddah, වැද්දා.

වැදි, *n.* archer, see වැද්දා; panegyrist, see වැදී.

වැදිලි, *n. pl.* of වැදැල්ල, which see. [touched.

වැදී, *p. pl.* of වැදෙනවා;: having struck or

වැදී, වැදිය, *n.* widow, see වැදී.

වැදීම, *v. n.* of වදිනවා and වැදෙනවා: striking, touching: entering, intrusion. [parturition.

වැදීම, *v. n.* of වදනවා: bringing forth young,

වැදී·යනවා, *v. i.* to strike into, pierce.

වැදුම, *n.* fr. වදිනවා; striking, stroke, touch; (fr. වදනවා) parturition.

වැදූ, *v. adj. pret.* of වදනවා: that brought forth or was brought forth.

වැදෙනවා, *v. i.* to strike, hit, touch, *fig.* strike home, apply; *pret.* වැදුණා; *p. pl.* වැදී.

වැද්දගන්නවා, *v. t.* to admit, receive, පිළිගන්නවා or ඇතුල්වෙන්ට දෙනවා.

වැද්දදෙනවා, *v.* to give entrance to, admit, ඇතුල්වෙන්ට දෙනවා [ing or forcing in.

වැද්දවීම, *v. n.* of වද්දවනවා, *lit.* and *fig.* driv-

වැද්දා, *n.* archer, දුනුවායා; one of the Veddah race, who are archers living in the interior jungles of Ceylon, and are supposed to be the aborigines of the island; *pl.* වැද්දෝ.

වැද්දි, *n. fem.* Veddah woman.

වැනසිල්ල, වැනසීම, *v. n.* of වනසනවා and වැනසෙනවා: devastating, destroying, devastation, destruction, being laid waste, නාසකිරීම, නාසතිය, නාසවීම; *pl.* වැනසිලි, වැනසීම්,

වැනසිලිකරනවා, *v. t.* to devastate &c., නාසකරනවා.

වැනසුම, *n.* See වැනසිල්ල.

වැනසෙනවා, *v. i.* to be devastated, destroyed, laid waste, පාළුවෙනවා; *pret.* වැනසුණා.

වැනි, *a.* like, such as, මෙවැනි, such as this.

වැනි, *suf.* for වෙනි, used to form ordinals, as පස්වැනි, the fifth.

වැනිවැනීයනවා, *v. i.* to go staggering or reeling.

වැනීම, *v. n.* of වනනවා and වැනෙනවා: spreading, waving, flapping, staggering, reeling; praising, eulogium.

වැනීයනවා, *v. i.* to stagger along; to be spread, spilt or scattered about, ඉසිරයනවා.

වැනුම, *n.* See වැනීම.

වැනෙනවා, *v. i.* to wave, flap, swing, oscillate, wobble, stagger, totter, wag; *pret.* වැනුණා; [*p. pl.* වැනී.

වැන්දඹු, *a.* widow, widowed.

වැන්දඹුකම, *n.* widowhood.

වැන්දඹු·පුරුෂයා, *n.* widower.

වැන්දඹුව, වැන්දඹු·ස්ත්‍රී *n.* widow.

වැන්දා. *v. pret.* of වඳිනවා: bowed; worshippped.

වැන්න, *n.* sort, class, tribe, order, a similar thing, වගීය, අන්දම: මෙවැන්නක්, such a thing as this or this sort of thing. [shipped.

වැඳ, *p. pl.* of වඳිනවා: having bowed or wor-

වැඳ·වැටෙනවා, *v. i.* to bow and fall, viz. prostrate one's self in salutation or worship.

වැඳි, *n.* E. of වන්දියා.

වැඳි, *n.* bowing, salutation, worship, වැඳුම.

වැඳිරි, *n. fem.* of වඳුරා: female wanderoo or monkey. [worshipping, worship.

වැඳීම, වැඳුම, *v. n.* of වඳිනවා; bowing, bow;

වැපිරීම, *v. n.* of වපුරනවා and වැපිරෙනවා: sawing; becoming sown.

වැපිරෙනවා, *v. i.* to become sown. [පය.

වැපු, *n.* lamentation, wailing, moaning, විලාපය.

වැම, *n.* a fathom or four cubits, බඹය. [කිරීම.

වැමෑරීම, *v. n.* of වමාරනවා: vomiting, වමනය

වැය, *n.* E. of ව්‍යය: expenditure, expense, debit, වියදම. [අනියම.

වැයල්, *a.* uncertain, indeterminate, irregular,

වැග·සථානය, *n.* See ව්‍යගසථානය.
වැසික්කිය, *n.* official district, district under an officer.
වැයින් or **වයින්**, *n.* Eng., wine, මිදිරස.
වැයින්·වීදුරුව, *n.* Eng. and Port., wineglass.
වැයීම, **වැයුම**, *v. n.* of වයනවා: beating, striking (tomtom &c), ගැසීම, වාදනයකිරීම
වැර, *a.* strong, cogent, බලවත්, strenuous, energetic, වීර්‍යවත්. [බලගතුඅය.
වැරකාරයා, *n. mas.* strong or energetic person,
වැරපිය, *n.* clod of dried cow-dung; *pl.* වැරපි.
වැරණී, *n.* thin stick used as a lath. *Bot.*
වැරද, *p. pl.* of වරදිනවා: having erred.
වැරදි, *a.* erroneous, wrong.
වැරදිකම, *n.* erroneousness.
වැරදිකාරයා, *n.* one whc has done wrong, person convicted, criminal, වරදකාරයා.
වැරදිල්ල, *n.* mistake, inadvertence, error, fallacy; *pl.* වැරදිලි.
වැරදීම, **වැරදුම**, *v. n.* of වරදිනවා or වැරෙදනවා: mistaking, mistake, error.
වැරෙදනවා, *v. i.* mistake or error occurs to (any one); *pret.* වැරදුණා.
වැරය, *n.* strength, force, might, cogency, බලවත්කම; energy, effort, වීර්‍යය.
වැරව, *n.* cobra, නයා.
වැරහා, *n.* bear, වලහා.
වැර·සැර, *a.* energetic and fierce, powerful and brave; severe, සැරකාර.
වැර සැරකම, *n.* energy and fierceness; severity.
වැරහැලි, *n. pl.* or *a.* rags; ragged tattered.
වැරහැලිකාරයා, *n. mas.* person in ragged clothes, ragged fellow, tatterdemalion.
වැරහැල්ල, *n.* rug; *pl.* වැරහැලි. [*pl.* වැරදි.
වැරැද්ද, *n.* mistake, error; fault, wrong, වරද;
වැරැද්දීම, *v. n.* of වරද්දනවා: mistaking, erring.
වැරැල්ල, *n.* cloth, garment. පිළිය, රෙද්ද; *pl.* වැරළි. [කිරිවැරීම, weaning.
වැරීම, *v. n* of වරනවා: intermitting, ceasing;
වැරුණු, *v. adj. pret.* of වරනවා: ceased, නැවතුණු, worn out, cast off, old, පරණවූ; (කිරි...), weaned. [pithily.
වැරෙන්, **වැරෙව**, *ad.* energetically, forcibly,
වැල, *n.* creeping plant, creeper; *pl.* වැල්; ripe jak fruit. See වැළ.
වැල, *a.* like, similar, සමාන, සමවූ.
වැලක, **වැලකී**, *p. pl.* of වලකිනවා and වැලකෙනවා: having refrained, refraining.
වැලකිල්ල, **වැලකීම**, *v. n.* of the above verbs; refraining, avoidance.
වැලකෙනවා, *v. i.* to refrain or cease from, avoid; *pret.* වැලකුණා.
වැල·ගෙඩිය, *n.* mellow (jak) fruit, ඉදුණු ඵලය.
වැල(ලු)ව යනවා, *v. i.* to go in a stream or line,
වැලත, *a.* near, ළඟ, ළඟ. [පෙළවයනවා.
වැලත, *n.* ring, bracelet, වළල්ල.

වැලතට, *ad.* near, ළඟට.
වැල·දසුන, *n.* embrace, වැලඳගැනීම. [තනකම.
වැලෙදය, *n.* hindrance, බාධාව; prohibition,
වැලඳ, *p. pl.* of වලඳිනවා: having embraced &c,
වැලඳගන්නවා, *v. t.* to infold, *lit.* and *fig.* embrace, accept, බදාගන්නවා, පිළිගන්නවා.
වැලඳි, *v. adj. pret.* of වලඳිනවා: embraced, accepted, වැලැන්ද.
වැලඳිය, *n.* bandage, ligature, බැම්ම. [ගැසීම.
වැලඳීම, *v. n.* fr. වලඳිනවා: embracing, බදා
වැලප, **වැලපී**, *p. pl.* of වලපිනවා and වැලපෙනවා: having uttered lamentation &c., uttering lamentation.
වැලඩ, *n.* hair of the head, ඉසකෙස්.
වැලපීම, **වැලපුම**, *v. n.* of වලපිනවා &c.: wailing, lamentation.
වැලපෙනවා, *v. i.* to utter lamentation, lament, wail, mourn; *pret.* වැලපුණා.
වැලබරණය, *n.* (වැල් අබ:), row or string of jewels, as a necklace, bracelet &c.
වැලමිට, **වැලිමිට**, *n.* elbow; *pl.* වැලමිටි, වැලිමිටි.
වැලමිටි·පාත, *a.* below the elbow.
වැලවරකා, *n.* soft and hard carpels of jak fruit.
වැලැක, *p. pl.* of වලකිනවා: see වැලක.
වැලැක්ම, **වැලැක්වීම**, *v. n.* of වලකනවා and වලක්වනවා: restraining, stopping, preventing.
වැලහිනී, **වැලහින්න**, **වැලහින්නී**, *n. fem.* she-bear.
වැලි, *n. pl.* (Sans. වලී), wrinkles, රැළි. [වැල්ල.
වැලි, *n. coll.* or *a.* sand; sandy; also *n. pl.* of
වැලි·ආඳා, *n.* sand-eel, grig.
වැලි·කණ්ඩිය, **වැලිකන්ද**, *n.* sand-bank, shallow, shoal, වැලිගොඩැල්ල.
වැලි·කළන්ද, *n.* a kind of fish, See කළන්ද.
වැලිකිකිළි, *n.* Ceylon jungle hen. [*lafayetti.*
වැලි·කුකුළා, *n.* Ceylon jungle cock, *gallus*
වැලි·කුනාටුව, *n.* sand-storm. [sand.
වැලි·කොස්·ඇට, *n. pl.* jak-seeds preserved in
වැලි·ගල, *n.* sandstone, freestone.
වැලි·ගොඩැල්ල, *n.* sand-bank. [called.
වැලි·ගොව්වා, *n. lit.* sand-keeper, a river fish so
වැලි·තලාව, *n.* sandy plain.
වැලි·තෙර, *n.* sandy bank of river.
වැලි·දඹ, *a.* pert. to a species of ජම්බු (ගහ&c.).
වැලි·පර්වතය, *n.* sandstone rock.
වැලි·පිළ, *n.* sanded bench, table or ledge for children to learn to write on with a finger or stick.
වැලි·පොල්ල, *n* foot of a palm tre, viz. the part immediately above the sand or ground.
වැලි·බිම, *n.* sandy soil.
වැලි·බිම·මල, *n.* mushroom, හතු.
වැලි·මැස්සා, *n.* sand-fly, viz. sand-flea.
වැලි·මීයා, *n.* sand-rat, mole. [faced monkey.
වැලිමූවා, *n.* (fr. වලී wrinkled, මුව face), white-
වැලිවජා, *n.* periwinkle.

වැලි·හකුරු, *n.* granular jaggery or palm-sugar.
වැලි·හත්ත, *n.* mushroom; *pl.* වැලිහතු.
වැල්, *n. pl.* or *a.* creeping plants, creepers; pert. to creepers, climbing, scandent; wicker-.
වැල්·අකුරු, *n. pl.* cursive letters or writing, running hand. [tant (plants).
වැල්·ආකාර, *a.* creeper-like, sarmentose, rep-
වැල්·ඊර, *n.* dried fish, කරවල.
වැල්·පෙට්ටිය, *n.* wicker basket. [sandy place.
වැල්ල *n.* the sands (of the shore), shore, beach,
වැල්ලා, *n.* See වල්ලා. [වරායමලාගත්තා.
වැල්ලෙල් කප්පිත්තා·නායා, *n.* harbour-master,
වැව, *n.* E. of වාපි: lake, large pond or tank;
වැම්ර, *n.* scar, කැලල; wale; *pl.* වැම්රි. [*pl.* වැව්.
වැවිලිකරනවා, *v. t.* to grow, cultivate, වවනවා.
වැවිලි කර්මාන්තය, *n.* cultivation (of vegetation), horticulture.
වැවිලිකාරයා, *n.* cultivator, grower, planter.
වැවිල්ල, *n.* cultivating, cultivation (of plants), වැවීම; vegetation, whatever grows; *pl.* වැවිලි.
වැවීම, වැවුම, *v. n.* of වවනවා and වැවෙනවා: growing, growth. [ing, planter's share.
වැවු·මාත්තිය, *n.* the share or pay due for plant-
වැවුම්·කාරය, *n.* voucher or bond for planting.
වැවෙනවා, *v. i.* to vegetate, sprout, spring up, grow; *pret.* වැවුණා; *p. pl.* වැවී.
වැව්·සොරොව්ව, *n.* lake-outlet, channel for surplus water from a lake or tank.
වැස, *p. pl.* of වසිනවා and වසනවා, *v. i.*: having rained, වැහැලා; having dwelt, වාසයකර.
වැසන, *n.* clothing, garment, රෙද්ද, වස්ත්‍රය; *pl.* වැසන්. [affliction, විපත; *pl.* වැසන.
වැසනය, *n.* E. of ව්‍යසනය: danger, calamity,
වැසි, *a.* dwelling. residing, පදිංචි.
වැසි, *n.* fr වර්ච්: ordure, dung, අසූචි.
වැසි, *n.* clothing, garment, covering, රෙද්ද, වැස්ම. [rainy, rain-.
වැසි, වැහි, *n. pl.* or *a.* of වැස්ස: rains, rain;
වැසි·කල, වැසි·කාලය, *n.* rainy season, වැසිකාලය. [clouds portending rain.
වැසි·කළුව, *n.* darkness occasioned by rain or
වැසි·කිළිය, වැසි·කිළිය, *n.* (වැසි = වර්ච් fæces, කිළි = කුටි, shed), privy, outhouse, water-closet.
වැසි·දරාව, ධාරාව, *n.* downpour of rain; drop of rain. [rain, drizzle.
වැසිපොද, *n. sg.* or *pl.* small drop or drops of
වැසියා, *n.* inhabitant, dweller, resident.
වැසි·වලාව, වැහි·වලාව, *n.* shower of rain.
වැසි·වසිනවා, වැහි·වසිනවා, *v.* to rain; *pret.* වැහි වැස්සා.
වැසීම, වැසුම, *v. n.* of වසනවා and වැසෙනවා: shutting, closing, covering; of වසනවා, *v. i.*: dwelling; and of වසිනවා: raining.

වැසෙනවා, *v. i.* of වසනවා, *v. t.*: to shut or close of itself or admit of being shut; of වසනවා, *v. i.* to become covered; abide, dwell; to indwell, take possession, as යක්ෂයෙක් ඔහුට වැසුණා or වැහුණා, a demon took possession of or entered him.
වැස්ම, *n.* covering, cover, lid, case, envelope.
වැස්ලියන්, *a.* Wesleyan (Methodist).
වැස්ස, *n.* rain; *pl.* වැහි.
වැස්සා, *v. pret.* of වසිනවා: it rained.
වැස්සි, *n. fem.* female calf, cow-calf.
වැහැප්, *n.* bull, ගොනා.
වැහැරි, *v adj. pret.* for වැහැරුණු fr. වැහැරෙනවා: emaciated, lean, flaccid, flabby, කෙට්ටු.
වැහැරීම, වැහැරුම, *v. n.* of වැහැරෙනවා: emaciating, growing thin or lean, කෙට්ටුවීම; playing on an instrument.
වැහැරෙනවා, *n.* See වැහෙරනවා.
වැහැසෙනවා, *v. i.* See වැස්සෙනවා.
වැහි, *n. pl.* or *a* See වැසි.
වැහි·කබාය, *n.* rain-coat, overcoat.
වැහි·කාලය, *n.* rainy season.
වැහිපොද, *n.* See වැසිපොද.
වැහි·පොද·ගහනවා, *v.* to drizzle, mizzle.
වැහි·ලිහිණියා, *n.* rain-bird, viz. swallow or swift. [board.
වැහි·ලීපාරය, *n.* weather-moulding, weather-
වැහි·වතුර, *n.* rain-water, soft water.
වැහි·වලාව, *n.* shower of rain, *pl.* or *a.* වැහිවලා.
වැහීම, වැහුම, *v. n.* of වහනවා and වැහෙනවා: shutting, closing; covering; indwelling (of demons).
වැහුම, *n.* cover, lid, වැස්ම.
වැහෙනවා, *v. i.* to close, become covered or concealed; (a demon) enters or takes possession of, වැහෙනවා; to drop, ooze, වැස්සෙනවා· *pret.* වැහුණා; *p. pl.* වැහී. [පබළුවැල.
වැළ, *n.* train or string or row of anything, as
වැළගයා, *n.* See වාලම්ගයා.
වැළඳීම, වැළඳුම, *v. n.* of වළඳනවා and වළඳිනවා: eating, අනුභවය,කෑම; [embracing, බදාගැනීම;] *fig.* පිළිගැනීම; seizure or attack (of disease රෝග) ඇල්ලීම.
වැළඳෙනවා, *v. i.* to become attached to, embrace or attack (of disease), as මට ලෙඩක් වැළඳුණා, a disease attacked or befell me, අල්ලනවා; *pret.* වැළඳුණා.
වැළලි, *a.* cloudy, murky.
වැළලිකම, *n.* cloudiness muskiness.
වැළලීම *v. n.* of වළලනවා: burying, burial, funeral. [or of itself); *pret.* වැළලුණා.
වැළලෙනවා, *v. i.* to become buried (by accident
වැළහත්, *a.* near, ළඟ; hidden, සැඟවී තිබෙන.
වැළකීම, *n.* disappearance, නොපෙනීයාම.

වැලකිල්ල, වැලකීම, වැලුනුම, *v. n.* of වලකනවා and වැලෙනවා: hiding, සැඟවීම, obstructing, බාධාකිරීම; straying, මුලාවීම.

වැලුනු, *v. adj. pret.* of වැලෙනවා: strayed, stray, lost, මුලාවූ නැතිවූ.

වැලෙනවා, *v. i.* to stray, straggle, මුලාවෙනවා, නොමඟයනවා, elude, සැඟවීයනවා; *pret.* වැලු [නුණා

වැලි, *ad.* again, moreover, නැවත.

වැලිත්, *ad.* and again, නැවතත්, යලිත්.

වැලිදු, *ad.* or *conj.* and again, නැවතද, further. moreover, තවද.

වැ, *n. pl.* of වෑය: adzes. [වැව්කුහරය.

වැ·කුස, *n.* (වැ lake), hollow or cavity of a lake,

වැජන, *n.* Er. for ව්‍යජන. [වෑයම්කරනවා.

වැදයම්කරනවා, *v.* pleonastic or emphatic for

වැපාදය, *n.* Er. for ව්‍යාපාදය,

වෑය, *n.* adze; *pl.* වෑ. [effort, attempt.

වෑයම, *n.* trying, endeavouring, endeavour,

වෑයම්කරනවා, *v.* to try, endeavour, attempt.

වැරෙනවා, *v. i.* to become lean or waste away, emaciate, *pret.* වැරුණා,

වැවර·ගෙඩිය, වැවරය, *n.* young coconut, කුරුම්බා ගෙඩිය. [සැනසෙනවා.

වැවෙනවා, *v. i.* to be consoled or comforted,

වෑස්සෙනවා, වෑහෙනවා, *v. i.* to ooze, leak out, trickle, percolate; *pret.* වෑස්සුණා; *p. pl.* වෑස්සී; *v. n.* වෑස්සීම, වෑහීම.

වි, *prefix of Sans. words*; *signifying* separation, disjunctive, *ab*, *ex*; privation අ, නො; away, off, destitution, less, un, නැති, රහිත; severally, various, different, other, වෙන; reversed, perversion, distortion, විකාර, opposition, විරුද්ධ; emphasis, advance for- [ward, about.

විංශ, *a.* twentieth, විසිවෙනි.

විංශති, *a.* twenty, විසි.

විංශති·පුරුෂ·කේසර, *a. bot.* icosandrous E. S.

විංශතිය, *n* twenty, විස්ස.

විංශත්‍යංශ, *a.* (විංශති අංශ), twenty-sided, icosahedral, පට්ටම් විස්සක් ඇති.

විංශත්‍යංශ·ඝනය, *n.* icosahedron E. S.

වි·කච, *a.* (වි priv, කච bound or hair), unbound, viz. opened, expanded (as a flower), පිපුණු; hairless, bald, මුඩු. [නෙක්.

විකචයා, *n.* bald one, viz. B. monk, මහණ කෙ

වි·කට, *n*, (වි emp., කට to go), large, ලොකු; changed in form, perverted, විකාර; frightful, terrible, දරුණු, භයංකාර.

වි·කටය, *n.* perversion, what is perverted; fancy-ball, කෝලම.

වි·කති, *n.* P. of විකෘතිය.

වි·කත්ථනය, *n.* big or fulsome talk, viz ironical praise, flattery, ඉච්චාව; praise, ප්‍රශංසාව.

විකනවා, *v. t.* to seize with the teeth, bite, gnaw, champ, chew, *pret.* විකුවා, *v. n.* විකීම.

වි·කප, *n.* E. of විකල්ප doubt, අනුමානය; option, කැමැත්ත, alternative, E. S. *gram.* alternative rule.

වි·කපිය, *n.* consideration, කල්පනාකිරීම.

වි·කම්පිත, *a.* much shaken or agitated, ඉතා චචල; impassioned, E. S. [උන්මාදය.

වි·කරණය, *n.* perversion, විකාරය; madness,

වි·කරය, *n.* (වි difference, කර making), illness, ලෙඩ; making gestures, gesture, ඉඟිකිරීම.

වි·කර්තනය, *n.* (වි apart, කර්තනය cutting), the sun, සූර්යයා, ඉර. [කරන.

වි·කර්මක, *a.* doing various or illegal acts, අනබු

වි·කර්මකයා, *n. mas.* of the above; අනබුකරන්නා; also superintendent or chief or clerk of the market. [අදින; distracting.

වි·කර්ෂණ, *a.* pulling or drawing away, අහකට

වි·කර්ෂණය, වි·කර්ෂය, *n.* pulling away or a part-; distraction.

වි·කර්ෂණයකරනවා, *v. t.* to draw away; distract.

වි·කර්ෂය, *n.* what is drawn, viz. arrow, ඊගස; see also විකර්ෂණය.

වි·කල, වි·කල්, *a. lit.* untimely, viz. confused, distracted, වියවුල්, preposterous; deformed, විරූපවූ.

වි·කලත්වය, විකලය, *n.* confusion, distraction, &c., වියවුල්කම; deformity, විරූපකම.

වි·කලවෙනවා, *v. i.* to become confused, confounded &c.; become deformed.

වි·කලාංග, *a.* (විකල අංග), deformed, maimed, crippled, අබ්බාගාත.

වි·කලාංගකරනවා, *v. t.* to deform &c.

වි·කලාංගකාරයා, *n.* deformed person, cripple, අබ්බාගාතයා.

වි·කලාංගතාව, *n.* crippled condition, deformity.

වි·කලාර්ථ, *a.* (විකල අර්ථ), of confused meaning, nonsensical, විහිළු, තේරුමක් නැති.

වි·කලාර්ථය, *n.* verbal confusion, nonsense, විහිළුබස.

වි·කලී, වි·කලාව, *n. fem.* (වි out, un, කලී timed), woman whose menstruation has ceased.

වි·කල්පනයකරනවා, *v. t.* to consider, deliberate, ponder, කල්පනාකරබලනවා.

වි·කල්පය, *n.* option, alternative, කැමති (එකක්); error, mistake, වැරදිල්ල; doubt අනුමානය, indecision, දෙගිඩියාව.

වි·කල්පිත, *a.* according to wish, made optional, optional. E. S.

වි·කසවර, වි·කසවර, වි·කසවර, *a.* (වි apart, කසවර, moving), *bot.* opening, expanding, patulous, විකසිදෙන, පැතලි.

වි·කසවර·පාදික, *a.* splay-footed, E. S.

වි·කසවරපුඩය, *n.* (·ආයු:). *sur.* speculum, විකීදුවා පෙන්වන ආවුදය.

විකසය, *n.* the moon, සඳ. [expanded, පිපුණු.

වි·කසිත, *a.* (වි apart, කස් to move), *bot.* opened,

වි·කසිතවෙනවා, *v. i.* to open, expand (as flowers), පිපෙනවා.

විකා·කනවා. *v. t.* to chew, gnaw.

වි·කාර, *a.* altered, perverted, distorted, ඇදවූ, පෙරළුණු; demented, distracted, insane, උන්මාද.

වි·කාරකරනවා, *v. t.* to distort &c., caricature, පෙරළනවා; confuse, විශවුල්කරනවා; render insane, උන්මාදකරනවා.

වි·කාරතාව, *n.* altered condition, perverted state, madness, උමතුකම, උන්මාදය.

වි·කාරය, *n.* derangement &c., පෙරළීම; change from health, illness, අසනීපය; emotion, feeling, හෘදයකම්පාව; insanity, උන්මාදය.

වි·කාර·රූපය, *n.* deformed body, deformity, විරූපකම. [එණු.

වි·කාරිත, *a.* altered, වෙනස්වූ; perverted, පෙර

වි·කාරිය, *n.* thirty-third year of the Indian cycle of sixty.

වි·කාරෝද්‍යෝගී, *a.* (විකාර උද්‍යෝගී), of perverted zeal, fanatical, quixotic, උමතුලෙසඋත්සාහවූ.

වි·කාල, *a.* B. untimely, viz. out of or beyond the right time, pert. to the afternoon, when it is unlawful for a B. P. to take food.

වි·කාල·භෝජනය, *n.* B. untimely food, viz. food taken after midday. [භාගය.

වි·කාලය, *n* forbidden time; afternoon, සවස්

වි·කාශ, *a.* (වි emp. or apart, කාශ් to shine; hide), manifest, clear, ප්‍රකාශ; solitary, උද කලාවූ.

වි·කාශය, *n.* manifestation, ප්‍රකාශය; *bot.* opening, expanding, පිපීම; sky, ආකාශය; solitude, privacy, උදකලා ස්වභාව, විවේකකම.

විකිණීම, *v. n.* of විකුණනවා and විකිණෙනවා, selling, being sold, sale.

විකිණෙනවා, *v. i.* to sell, be sold, go off by sale. *pret.* විකුණුණා.

වි·කිරය, *n.* (වි apart, කෘ to scatter, scattering, ඉසිරවීම; fallen or broken fragment, බුන්

විකිරයා, *n.* bird, කුරුල්ලා. [කෑබෙල්ල.

විකීම, *v. n.* of විකනවා: biting, gnawing.

වි·කිරණය, *n.* scattering, spreading about, ඉසිරවීම. [diffuse, පතුරුවනවා.

වි·කිරණයකරනවා, *v. t.* to scatter, ඉසිරවනවා;

වි·කීර්ණ, *a.* scattered, ඉසිරුණු; diffused, පතළාවූ.

විකුටු, විකොට, විකුණා, *p. pl.* of විකුණනවා: having sold. [ණීම.

විකුණනවා, *v. t.* to sell; *pret.* වික්කා; *v. n.* විකි

විකුණුම, *v. n.* of විකුණනවා: selling, sale.

විකුණුම්කාරයා, *n.* seller, salesman, විකුණන්නා.

විකුම, *v. n* of විකනවා: biting, gnawing, විකීම.

විකුම, වික්ම, *n.* E. of වික්‍රමය: might, power, heroism. [of might, hero.

විකුමැතියා, *n.* (විකුම ඇතියා who has), person

වි·කෘත, *a.* (වි distortion, කෘත done), altered, distorted, විරූප; diseased, ගිලාන, රෝගාතුර.

වි·කෘතාකාර, *a.* contorted, distorted; grotesque, විකිළි. [නවා.

වි·කෘතිකරනවා, *v. t.* to contort &c., විරූපකර

වි·කෘතිය, *n.* alteration, distortion, deformity, malformation, පෙරළීම, විරූපකිරීම.

වි·කෘති·විඥානය, *n.* teratology, විරූපවිඥානය.

වි·කෘෂ්ට, *a.* drawn, ඇදි; distracted, විකාර.

විකෙනවා, *v. i.* of විකනවා: to be chewed; *pret.* විකුණා. [කය, see විකේෂ්පය.

විකෙව්ව, *n.* doubt, uncertainty, perplexity, සැ

විකෝටයනවා, *v. i.* to be everlooked or passed over or forgiven (as a fault.)

විකොට, *p. pl.* for the usual විකුණා. See විකුට.

වි·කෝපනය, *n.* (වි emp., කෝපනය making angry), enraging, කෝපකිරීම; injuring, destroying, නාසකිරීම.

වි·කෝෂ, *a.* (වි priv., කෝෂ cover, sheath), uncovered, sheathless, unsheathed, වැස්මනැති, කොපුවෙන් ඇදපු (sword &c.).

වි·කෝෂකරනවා, *v. t.* to unsheathe, uncover, කොපුවෙන් අදිනවා, වැස්ම අරිනවා.

වික්කලය, *n.* stammering, stuttering, impediment in speech.

වික්කලයා, *n. mas.* stammerer, stutterer.

වික්කල්, *a.* stammering, stuttering.

වික්කල් ගහනවා, *v.* to stammer, stutter, falter in speech.

වික්කා, *v. pret.* of විකුණනවා: did sell, sold.

වි·ක්‍රම, *a.* (වි forward, ක්‍රම advance), heroic, puissant, valiant. [ධෛර්යවන්ත, බලවත්.

වි·ක්‍රමමාණ, *a.* potent &c. as වික්‍රම, mighty.

වි·ක්‍රමය, *n.* advance, ඉස්සරහට යාම; might, prowess, valour, heroism, බලවත්තකම, ධෛර්යය.

වි·ක්‍රමවත, *a.* See වික්‍රමමාණ. [සම්පන්නයා

වි·ක්‍රමවන්තයා, *n.* hero, වීරයා, potentate, බල

වි·ක්‍රමාකාර, *a.* hero-like, heroic, බලගතු, soldier-like, යෝධයෙක් වැනි.

වි·ක්‍රමාන්විත, *a.* (·අන්විත), having power or heroism, mighty, මහත් බල ඇති.

වි·ක්‍රමාදිත්‍ය, *n.* (වික්‍රම mighty, ආදි: sun or deity); the name of a celebrated king of Oujein and founder of the H era, which begins fifty-two years before the Christian era.

වික්‍රය, වික්‍රයණය, *n.* (වි reverse, ක්‍රී to buy), selling, sale, විකිණීම. [කාරයා

වි·ක්‍රයිකයා, *n.* vender, seller, salesman, විකුණුම්

වි·ක්‍රාන්ත, *a.* (fr. වික්‍රම), mighty &c. see වික්‍රමමාණ. [වික්‍රමවන්තකම.

වි·ක්‍රාන්තතාව, වික්‍රාන්තිය, *n.* mightiness, valour,

වි·ක්‍රියාව, *n.* (වි reverse), reverse action, reversing, change (of the mind, purpose or form), වෙනස්කිරීම or වෙනස්වීම.

වි·ක්‍රෙය, *a.* (fr. වික්‍රය), saleable, vendible. E. S.

වි·ක්ලව, *a.* (වි emp., ක්ලව to fear), frightened, bewildered, timid, භයපත්, බියගු. [සාම.

වි·ක්ලවතාව, *n.* terror, බිහිය, timidity, බියගු

වි·ක්ෂිප්ත, *a.* (වි away, ක්ෂිප්ත thrown), thrown, refuted; sent, scattered, E. S ; confused, bewildered, deranged, විකුවුල්වූ.

වි·ක්ෂිප්තතාව, වික්ෂිප්තය, *n.* confusion &c., විකවුල්කම, විකාරය. [විකවුල්වෙයාවා.

වි·ක්ෂිප්තවෙනවා, *v. i.* to become confused &c.,

වි·ක්ෂීණ, *a.* wasted, හීනවූ, ක්ෂයවූ, impaired, පිරිහුණු.

වි·ක්ෂෙපකරනවා, *v. t.* (වි off, ක්ෂිප් to throw), to throw, විසිකරනවා; confound, distract, perplex, වල්මත්කරනවා.

වි·ක්ෂෙපණය, වි·ක්ෂෙපය, *n.* casting, throwing away, විසිකිරීම; rejection, exclusion, අහකදැමීම; confusion, perplexity, වල්මත්භාවය.

වි·ක්ෂෙපණයකරනවා, *v. t.* See වික්ෂෙපකරනවා.

වි·ක්ෂොභය, *n.* agitation, චංචලය, fear, භය; sorrow දුක. [වෙනවා, කෝපවෙනවා.

වි·ක්ෂොභවෙනවා, *v. i.* to sorrow, grieve, දුක්

වි·ඛණ්ඩනය, *n.* (වි emp.), complete disproof, refutation. E. S. [rebut.

වි·ඛණ්ඩනයකරනවා, *v. t.* to disprove, refute,

වි·ඛණ්ඩිත, *a.* disproved &c. See ඛණ්ඩිත.

වි·ඛණ්ඩිතව්‍ය, *a.* refutable, that should be refuted. E. S. [mous, කීර්තිමත්.

වි·ඛ්‍යාත, *a.* (වි emp.), famed, celebrated, fa-

වි·ඛ්‍යාතිය, *n.* fame, celebrity, කීර්තිය.

විගඩම, *n.* frolic, foolery, buffoonery.

විගඩම්කරනවා, *v.* to play the fool or buffoon.

විගඩම්කාර, *a.* exhibiting buffoonery, fantastic, frolicsome, විහිළු. [drew, විහිළුකාරයා.

විගඩම්කාරයා, *n.* buffoon, clown, merry-an-

වි·ගණනය, *n.*(වි off, ගණන account), discharge of a debt, ණය ගෙවීම. [ලද.

වි·ගණිත, *a.* paid, discharged as a debt, ගෙවන

වි·ගත, *a.* (වි away, ගත gone), who has gone, departed, ගියාවූ; separated, disappeared, පහවූ, දුරුවූ, lost, void of, නැතිවූ; gloomy, obscure අඳුරු.

වි·ගතාර්තවා, *a. fem.* (·ආර්තව or ආර්ත්ව menses), woman whose menstruation has ceased: see විකලී.

වි·ගඳ, *n.* E. of විගන්ධ: bad smell, stench, දුගඳ.

වි·ගමන, වි·ගමය, *n.* separation, වෙන්වීම, secession, පහවීම. [rable, වරදනැතිය යුතු.

වි·ගර්හිය, *a.* (වි emp.), reprehensible, censu-

වි·ගල, *a.* (වි emp, ගල් to drop), dropping, oozing, වැක්කෙන. [කම, වේගය.

විගස, විගසා, *n.* haste, speed, swiftness, ඉක්මන්

විගසින්, විගසට, *ad.* speedily, quickly, soon.

විගහ, *n.* separation, වෙන්කිරීම; attack, en-

විගාහ, *n.* E. of විගාහ. [counter, war, යුඞය.

විගු·රජ්, *n.* E. of විග්‍රහරජ්.

විගුව, *n.* E. of විග්‍රහය.

විග්ගුත්ත, *n.* short span, viz. the distance from the tip of the thumb to the second joint of the forefinger.

වි·ග්‍රහකරණය, වි·ග්‍රහකිරීම, *v. n.* (වි priv., ග්‍රහ grasping), separation, වෙන්කිරීම, analysis, parsing. E. S.

වි·ග්‍රහකරනවා, *v. t.* to analyze, parse.

වි·ග්‍රහය, *n.* (වි emp. or priv.), the body ශරීරය; extension, විශාලකිරීම; war, encounter, සටන; analysis, parsing.

වි ග්‍රහවෙයනවා, *v. i.* (වි emp.), to come into contest with, encounter, engage in war, සටන්කරනවා, යුඞකරනවා.

වි·ඝස, *n.* (වි emp., ඝස් to eat), food, ආහාරය; remnants of a meal, orts, ඉඳුල්කෑම, ඉතුරු කෑම.

වි·ඝාතනය *n.* (වි emp.), see ඝාතනය.

වි·ඝාතය, *n.* blow, පහර; destruction, නාශය; obstacle, බාධාව; prohibition, තහනම; see ඝාතය.

වි·ඝ්නය, *n.* obstacle, impediment, බාධාව.

වි·ඝ්න·නාශක, වි·ඝ්න·නාශන, වි·ඝ්න·රාජ් *n.* hindrance-destroyer or king: ap. of ගණේශ as the remover of hindrances, on which account his aid is sought at the commencement of any important business. [shop, පට්ටලය.

විංකලය, *n.* D., workshop, carpenter's work-

විචක්ෂණ, *a.* (වි emp., චක්ෂ to speak), clever, skilful, දක්ෂ, proficient, learned, උගත්, පණ්ඩිත. [scholar, උගතා &c.

විචක්ෂණයා, *n.* skilful person, සමර්ථයා, pandit,

වි·චය *n.* search, research, සෝදිසිය.

විචර, *n.* or *a.* or *ad.* See විකර.

වි·චරණය, *n.* (වි about, චරණය going), going, walking about, යාම, ඇවිදීම.

වි·චරණය, වි·චාරය, *n.* (වි severally චාරණය proceeding), examination, investigation, inquiry, විභාගය, සෝදිසිය.

වි·චාරණයකරනවා, *v. t.* to examine &c.

වි·චාරනවා, *v.* to interrogate, ask, inquire, අසනවා; *pret.* විචාළේ or විචාළා; *v. n.* විචාරීම, විචාරීම.

වි·චාර·විද්‍යාව, *n.* science of investigation, of reasoning or logic, තර්ක ශාස්ත්‍රය.

වි·චිකිච්ඡා·චාරී, *a.* having doubts, sceptical, agnostic, සැක ඇති, සංකාවූ.

වි·චිකිච්ඡාව, *n.* P. of විචිකිත්සාව. [වැරැද්ද.

විචිකිත්සාව, *n.* doubt, සංකාව, සැකය; mistake,

වි·චිකිත්සා·වාදී, *a.* maintaining or contending for doubts, sceptical, agnostic, සංකාවාදී, සංකාකාරක. [වාදියා. E. S.

වි·චිකිත්සා·වාදියා, *n.* a sceptic, agnostic, සංකා

වි·චිත්‍ර, *a.* (වි various, චිත්‍ර to paint), variegated, parti-coloured, විසිතුරු; beautiful, ලක්‍ෂණ; wonderful, අපූරු.

වි·චිත්‍ර·කරණය, විචිත්‍රකිරීම, *v. n.* variegation.

වි·චිත්‍ර·කරනවා, *v.t.* to variegate, විසිතුරුකරනවා.

වි·චිත්‍රකර්මාන්තය, *n.* art of variegating; variegated or ornamental work, mosaic work, mosaic. [erfulness, අපූරුකම.

වි·චිත්‍රතාව, *n.* variegatedness, විසිතුරුකම; wond-

වි·චිත්‍රාංග, *a.* (විචිත්‍ර අංග), of variegated limbs or body, well-shaped, elegant, රූපයෙන් ශෝභනවූ, ලක්‍ෂණ.

වි·චිත්‍රාංගයා, *n.* one of variegated body: ap of the peacock and tiger, මොනරා, ව්‍යාඝ්‍රයා.

වි·චීර්ණ, *a.* occupied, inhabited, වැසියන් ඇති, populous, ජනගහනවූ. [කුඩු ආකාර.

විචූර්ණ, *a.* powdered, pulverized, කුඩුකරනලද,

විචේතන, *a.* (වි priv. චේතන mind), unconscious, සිහිය නැති. E. S.

විචේතස්, *a.* (වි priv., චේතස් mind), ignorant, අඥාන; perplexed, විගඩුල්වූ; sad, sorrowful, දෙම්නස් සහිත. [අලංකෘත.

විච්ඡින්න, *a.* ornamented, decorated, සරසනලද,

විච්ඡේදනය, *n.* (වි off, ඡේද cutting), severing, severance, intersection, වෙන්කිරීම, dividing, බෙදීම.

වි·ච්ඡේදනයකරනවා, වි·ච්ඡේදයකරනවා, *v. t.* to sever, intersect, වෙන්කරනවා, හරහටකපනවා.

වි·ච්ඡේදය, *n.* as විච්ඡේදනය; also chapter, section of a book, පරිච්ඡේදය.

වි·ජටනය, *n.* (වි priv., ජට to clot or knot), separating, disentangling, ලිහීම; *fig.* solving, explaining, විසඳීම, විවරණය.

වි·ජන, *a.* without people, lonely, මිනිසුන් නැති, උදාසලාවූ (නැත). [ජනිත, උත්පාදිත.

වි·ජනිත, *a.* begotten, generated, produced, දුවූ,

වි·ජනිතවෙනවා, *v. i.* to be begotten &c., ද [වෙනවා. &c.

විජනිය, *n.* fan, පවන්පත.

විජම්, *n.* the අභිධර්මය, which see.

විජම්පෙළ, *n.* text of the අභිධම් පිටකය.

වි·ජය, *n.* (වි emp., ජි to conquer), victory, ජය; a sort of spear; ap. of king අර්ජුන and of යම, name also of that famous king of the ශාක්‍ය race who came to Ceylon with 700 followers, subdued the inhabitants, brought settlers from India and established the Sinhalese Monarchy; car of the gods, දිව්‍යරථය; twenty-seventh year of the Indian cycle of sixty-years.

විජයන්රථ, *n.* chariot of Sakra, ශක්‍රයාගේ රථය.

වි·ජයමාන, *a.* triumphing, triumphant, victorious, ජයගන්න, ජයලත්. [ලක්‍ෂ්මී.

වි·ජය·ශ්‍රී, *n.* victory and prosperity; ap. of

විජයා, *n. fem.* victorious one: ap. of දුර්ගා. *Bot.*

විජයන්තපාය, *n.* palace of Sakra, said to be constructed with a diamond, ශක්‍රයාගේ මාළිගාව. [rice.

විජල, *n.* sauce mixed with the water of boiled

වි·ජාතාව, *n.* woman who has borne children, mother, මව. [වෙනම ජාතිය.

වි·ජාතිය, *n.* a different species or class or tribe,

වි·ජාතීය, *a.* of a different species, class, caste or tribe, dissimilar, other, වෙනම, ජාතියෙන් වෙනස්වූ.

වි·ජානනය, *n.* (වි emp.), knowledge, දැනගැනීම.

වි·ජානනයකරනවා, *v t.* to know, learn, දැනගන්නවා, ඉගෙනගන්නවා. [or young), වැදීම.

වි·ජායනය, *n.* bearing, bringing forth (children

වි·ජිගීෂු, *a.* emulous, ambitious. E. S. [වූ.

වි·ජිත, *a.* (වි emp.), conquered, subdued, පරාජය

වි·ජිතය, *n.* conquered region, viz. realm, country, රාජ්‍යය, රට.

වි·ජිතව්‍ය, *a.* conquerable or that should be conquered, පරාජය කළ හැකිවූ, or යුතුවූ.

විජිනිපත, විජිනිය, *n.* fan, පවන්පත.

වි·ජෘම්භණය, වි ජෘම්භනය, *n.* (වි emp., ජෘ: expanding, blossoming, පිපීම; leaping, springing, පැනීම; sport, සෙල්ලම; wantoning, සොම්ල කිරීම; living in splendour or luxury, flourishing, ඓශ්වර්යභාවයෙන් or සැපෙන් පසුවීම.

වි·ජෘම්භණයකරනවා, *v.* to spring, leap forth, පනිනවා, frolic, පොංසෙල්ලම්කරනවා.

වි·ජෘම්භණයවෙනවා, *v. i.* to open, blossom, පිපෙනවා; flourish, සශ්‍රීකවෙනවා; to become manifest, ප්‍රකාශවෙනවා; live in luxury, සැපෙන් පසුවෙනවා. [යන්න.

වි·ජෘම්භමාන, *a.* opening, blooming, පිපෙන, මල්

වි·ජෘම්භිත, *a.* opened, expanded, blooming, ඇරී තිබෙන, පිපුණු; yawning, ඈනුම.

වි·ජෘම්භිතය, *n.* wish, desire, කාමෝත්ත, ආශාව; sport, සෙල්ලම.

විජ්ජමාන, *a.* P. of විද්‍යමාන. [practise jugglery.

විජ්ජාකරනවා, *v.* (විජ්ජා P. of විද්‍යා), to juggle,

විජ්ජාකාරයා, *n.* juggler, magician, sorcerer.

විජ්ජාධරයා, *n.* See විද්‍යාධරයා.

විජ්ජාව, *n.* P. of විද්‍යාව: knowledge, දැනගැනීම; jugglery, magic.

විජ්ජු, *n.* P. of විද්‍යුත්, lightning, විදුලිය.

විජ්ජුල්ලතාව, *n.* See විද්‍යුල්ලතාව.

වි·ඥප්තිය, *n.* (වි emp., ඥා to know), making known, දැන්වීම; information, දන්වන කාරණාව, ප්‍රවෘත්තිය. [ශ්‍රේෂ්ඨ.

වි·ඥාත, *a.* known, දැනගත තිබෙන, understood,

විඥානමාත්‍යනය, *n.* endeavour after knowledge, see අභිසමාපත්ති. [උගත්කම.

වි·ඥානය, *n.* knowledge, learning, දැනගැනීම,

වි·ඥානික, *a.* learned, clever, උගත්, සමර්ථ.

වි·ඥාපක, *n.* informant, දැනුම්දෙන්නා, instructor, උගන්වන්නා. [sheet or document.

වි·ඥාපන·පත්‍රය, *n.* written notice, introductory

විඥා·පනය, *n.* notice, introduction, preface (of a book), ප්‍රාරම්භය.

විඥෙය, *a.* ascertainable, cognizable, comprehensible, දැනගතහැකිවූ, තේරුම්ගත.

වි·ඤ්ඤත්ති‍ය, *n.* P. of විඥප්තිය.

වි·ඤ්ඤාණය, *n.* P. of විඥානය; also understanding, intellect, consciousness, සිහිය.

වි·ඤ්ඤෙය්‍ය, *a.* P. of විඥෙය. [නයා.

වි·ඤ්ඤූ, *n.* learned man, scholar, උගතා, පණ්ඩි

වි·ඤ්ඤෙය්‍ය, *a.* P. of විඥෙය.

විට, *n.* time, occasion, කල, වතාව, *with verbs*, when, as ඔහු ගිය විට, when he went; as *ad.* විටක් දෙවිටක් &c. once or twice, on one or two occasions. [medicinal salt, *Bot.*

විට, *n.* mountain, කන්ද; branch, අත්ත;

විට, *n.* what suffices for one occasion, as බුලත් විටක්, a quid of betel ;*pl.* විට්, විටවල්.

වි·ටංකය, *n* (වි emp., ටක් to bind), aviary, කුරුළුකොටුව, dovecote, පරවිකූඩුව.

විටන, *n.* house, home, ගෙදර.

විට·ප, *n.* branch, අත්ත; cluster, වල්ල, පොකුර.

විටපි, *n.* branch of a tree, sp. banyan tree, මහ නුග අත්ත. [drunkard, බේබද්ද.

විටයා, *n.* catamite; rat, මීයා; rogue, තක්කඩියා,

විටි, *n.* rain, වැස්ස; yellow saunders, කහපාට හඳුන්; wages, පඩි, වැටුප්.

විටින්විට, *ad.* from time to time, occasionally.

විට්ටම, *n.* frame of a bed or chair. [මලබද්ධය.

විට්බද්ධය විට්සංගය, *n.* costiveness, obstipation,

විට්බද්ධවූ, විට්සංග, *a.* costive, obstipated මලබද්ධ

විඩ, *n.* black salt, see බිඩ. [වූ.

විඩංග, *n.* a vegetable vermifuge, *embelia ribes.*

විඩයක්, *n.* for විටක්: one occasion, once.

විඩවුව *n.* T., fissure.

විඩා·අරිනවා, or·දුරුකරනවා, *v.* to shake off or remove fatigue, to rest.

විඩාල·පදය, *n.* a weight, the same as කර්ෂය.

විඩාලයා, *n.* cat, බළලා, see බිඩාලයා.

විඩාව, *n.* fatigue, weariness, කෙහෙඩිත්තුව. [තුවූ.

විඩාවූ, *a.* fatigued, weary, exhausted, කෙහෙඩිත්

විඩෞජස්, *n.* (විඩ fragment, ඕජස් light): ap. of Indra as splitter of mountains &c. with his thunderbolts. [සිල; *pl.* විත්.

විත, *n.* drinking vessel, බඳුන, පානපාත්‍රය; hole,

විතංසය, *n.* enclosure for beasts &c., කොටුව, cage, කූඩුව, or net, දැල. [ment, විතර්කය.

විතක්, *n.* thought, opinion, කල්පනාව; argu-

වි·තණ්ඩය, *n.* controversy, විතර්කය; refutation, වාදභඤ්ජනය. E. S.

වි·තත, *a.* stretched, expanded, විහිදී ගියා, spread, diffused, පැතළුණු.

වි·තත, *n.* a kind of drum, විහිදුන බෙරය.

වි·තතායත, *n.* a drum which is both long and broad, see පසඟතුරු.

වි·තතිය, *n.* outspread, expansion, විදහීම, විශාල බව; clump, cluster, පංක්තිය.

වි·තථ, *a.* (වි priv., තථ so, fact), contrary to fact, untrue, false, අසත්‍ය, බොරු.

විතත, *n.* E. of විතානය; *pl.* විතත්.

විතර, *ad.* about (in number, quantity or degree): විතරක්, only, merely, alone. [ප්‍රමාණය.

විතර, *n.* E. of විස්තරය; breadth, extent,

වි·තරණය, *n.* crossing over, එතරවීම; a transference, gift, තෑග්ග; liberality, තෑගිවදාරනාකම.

වි·තර්ක, විතර්කණ, *a.* (වි emp. or severally), controversial, polemic, වාදසහිත. [කාරයා.

වි·තර්ක·කාරයා, *n.* controversialist, debater, වාද

වි·තර්කණය, වි·තර්කය, *n.* mental investigation, conjecture, reasoning; discussion, polemics, තර්කණය.

වි·තර්කණයකරනවා, *v.* to argue, dispute, discuss.

වි·තස්තිය, *n.* (වි apart, තස් to throw), span, see වියත.

විතාන, විතානරාල, විතාරණ, *n.* one of the four village headmen who were village councillors under the Dutch; for the other three, see ගම රාල, පතිරන්නැහෙ and මන්නනේ.

විතානකය, *n.* awning, උඩුවියන, see the next.

වි·තානය. *n.* (වි apart, තන් spread), spreading, extension, විහිදීම; awning, canopy, වියන; a metre so called, each line of the stanza consisting of two Iambics, one Trochee and one Spondee.

වි·තානි·භූත, වි·තාන·මාන, *a.* overspread, canopied, overspreading, උඩින් වියන් බැඳි, විහිදී

විතාරණන, *n.* See විදුනෙත්. [සිටිබන.

විතුන්නක, *n.* coriander seed, කොත්තමල්ලි; blue-vitriol, මෑනමද. *Bot.*

වි·තුල්‍ය, *a.* (වි priv.), unequal, අතුල්‍ය, අසම.

වි·තුෂ්ට, *a.* displeased, අප්‍රසන්න. [නවා.

වි·තුෂ්ටකරනවා, *v. t.* to displease, අප්‍රසන්නකර

වි·තුෂ්ටිය, *n.* displeasure, අප්‍රසන්නකම.

වි·තෘෂ්ණ, *a. lit.* not thirsty or desirous, viz. satisfied, contented, සතුටු. [tent, සතුටුකම.

වි·තෘෂ්ණාව, විතෘෂ්ණය, *n.* satisfaction, con-

වි·තෘෂ්ණයකරනවා *v. t.* to satisfy, සතුටුකරනවා.

විත්, *p. pl.* cont. of ඇවිත්.

විත්, *n.* fr. විද් to know: knowledge, understanding, දැනගැනීම; arrow, ඊතල, arrow-wound, ඊපහර.

විත්තකාරයා, *n.* See විජ්ජාකාරයා. [gain, ලාභය.

විත්තය, *n.* thing, substance, wealth, වස්තුව;

විත්තිකාරයා, *n.* (See විත්තිය), defendant in a lawsuit, respondent.

විත්තිකාරි, *n. fem.* female defendant.

විත්තිකියනවා, *v.* to state in defence, plead.

විත්ති·පක්ෂය, *n* side of defendant in a lawsuit, the defence.
විත්ති·ප්‍රත්‍යුත්තරය, *n.* rejoinder of the defence.
විත්තිය, *n.* dispute, අරෝව; legal defence, plea
විත්ති·වනම, *n.* lawsuit, නඩුව.
විත්ථාරය, *n.* P. of විස්තාරය. [සාම.
විද, *n.* knowledge, දැනගැනීම, learning, උගත්
විදග්ධ, *a.* (වි emp., දග්ධ burnt), clever, ingenious, සමර්ථ; intriguing, scheming, උපායවත්;
විදග්ධතාව, *n.* cleverness &c. [excellent.
විදග්ධයා, *n.* learned person, scholar, පණ්ඩිතයා; intriguer, schemer, උපායෙයොදන්නා, උපාදක්ෂයා; libertine, ලල්ලාලයා.
විදත්, *a.* learned, scholarly, උගත්, පණ්ඩිත.
විදත්තිය, *n.* span, වියත.
විදදයා, *n.* E. of විදග්ධයා [*pret.* විදුවා.
විදනවා, *v. t.* for විදහනවා: to open out &c.;
විදනුම, *n.* victory, winning, දිනුම.
විදමන, *n.* boring, piercing, විදීම; a bore, perforation, විදුණු සිදුර; shooting with an arrow, archery, ඊතලය විදීම. [ing, ඉරීම. *Bot.*
වි·දරය, *n.* (වි apart, දර් to rend), rending, tear,
වි·දභ, *n.* (වි priv., දභ sacrificial grass), desert region, කාන්තාර පලාතක්; a district and city to the south-west of Bengal, so called, it is said, because the sacred grass does not grow there, the district having been cursed by a saint whose son had died of a wound from a blade of that grass. The district is now called Berar.
වි·දර්ශකයා, *n.* (වි emp., දර්ශකයා seer), person of keen intellect and much knowledge, wise man, ඥානවන්තයා.
වි·දර්ශනය, *n.* (වි emp.) seeing or peering into, discerning, දැකීම discernment, penetration, සිහිවිපරම්; religious meditation, ධ්‍යානය.
වි·දර්ශන·ධුරය, *n.* employment or duty of religious meditation, in distinction from ග්‍රන්ථ ධුරය, study of the sacred books.
වි·දර්ශනා·මාර්ගය, *n.* way or practice of religious meditation, ධ්‍යානමාර්ගය.
වි·දර්ශනා·ඥානය, *n.* knowledge and wisdom gained by religious meditation, ධ්‍යානඥානය.
වි·දර්ශනාව, *n.* clear perception, religious discernment, විදර්ශනාඥානය, or religious meditation, ධ්‍යානය.
වි·දල, *a.* වි (apart, දල් to divide), rent, opened, split, ඉරී or ඇරී or පැළීතිබෙන; leafless, කොළනැති, දළනැති.
විදල, *n.* rending, splitting, ඉරීම, පැළීම; shallow basket made of split bamboo, වට්ටිය *pl.* විදල්: pomegranate bark, දෙළුම්පොතු split pease, සිපලි රටමෑ; mountain ebony.
විදහනවා, *v. t.* to open out, spread out, unfold, expand, deploy; *pret.* විදහුවා; *v. n.* විදහීම.

විදාන·ආරච්චි, *n.* revenue officer so called in charge of a viliage or number of villages.
විදාන·දුරයා, *n.* headman of the පදුවා caste.
විදාන·මුහන්දිරම්, *n.* native headman so called.
විදානරාල, විදානේ, *n.* village head-man so called, Government beadle. [caste.
විදාන·හේනයා, *n.* headman of the හේන or රදා
විදාරණය, *n.* See විදරය: rending, splitting; explosion;severing, වෙන්කිරීම; slaughter, මරාදැමීම, war,යුද්ධය. [පැළී or බෙදීගියෙබන,see දාරිත.
වි·දාරිත, *a.* torn, rent, ඉරීතිබෙන, split, cleft
විදාව, *n.* knowledge, දැනගැනීම; intellect, සිහිබුද්ධිය.
විදි, *n.* destiny, fate, ඉරණම, fortune, ශුභසිද්ධිය; ap. of Brahma, මහාබ්‍රහ්මයා, *Bot.*
වි·දිතය, *n.* See විජනය.
වි·දිශ, *n.* (වි diverse, දික් or දිශා quarter), intermediate point of the compass or quarter of the world.
විදිත, *a.* (විද් to know), known, දැන තිබෙන; promised, පොරොන්දුවී තිබෙන.
විදිතයා, *n.* learned person, පණ්ඩිතයා.
විදින·කටුව, *n*, piercer, bit for drilling, awl.
විදිනවා, *v. t.* to bore, pierce, puncture, perforate; shoot an arrow; pierce a vein, bleed, ලේ අරිනවා; sew. මහනවා; *pret.* විද්දා; *p. pl.*
වි·දිනිය, *n.* fan, see විජිනිය. [විද.
විදිය, *n.* For වීථිය.
විදිලි·කොටනවා, *v.* See විදුලිකොටනවා.
විදිලිය, *n.* See විදුලිය.
විදීම, *v. n.* of විදිනවා.
විදිසනවා, *v. i.* to penetrate into, pierce into.
වි·දීර්ණ, *a.* torn, rent, ඉරිච්ච.
විදු, *a.* (fr විද් to know), knowing, wise, learned, උගත්; (fr වෘද්ධ) old, aged නාකි.
විදු, *n.* lightning, විදුලිය; coral, පබළු; diamond, වජ්‍රය; (fr. වජ්‍ර) Indra's thunderbolt, ඉන්ද්‍රයාගේ වජ්‍රය or අකුණ; hollow in an elephant's forehead; ap. of Vishnu.
විදු·කිඳුව, *n.* (විදු lighting, කිඳු fibre or streak), streak or flash of lightning. [ඩිතයා.
විදු·දරයා, *n.* E. of විද්‍යාධරයා; also scholar, පණ්
විදුපත, *n.* cooking utensil, උයනභාජනය; also විදුප, fanning, පවන්ගැසීම.
විදුපයා, *n.* slave, දාසයා, servant, වැඩකාරයා.
විදුම, *n.* boring, piercing, විදීම; hole, සිල, විදමන.
විදුර, *n.* or *a.* (fr. වජ්‍ර), glass, විදුරුව; diamond, වජ්‍රය; Indra's thunderbolt, see විදුව; Kusa grass, කුසතණ; learned, උගත්.
විදුරත්, විදුර·දර, *n.* (විදුර අත්, දරයා bearer), ap. of Indra as armed with a diamond club or thunderbolt.

විදුරාවි, විදුරාවිධර, *n.* (විදුරු, අවි weapon, අවි ධර), ap. of Indra, see විදුරත්. [ශුබ්දය.
විදුරාවිය, *n.* (විදුරු lightning, අවිය), E. for වජ්‍රා
විදුරස්ත්‍ර, විදුරස්ත්‍ර, *n.* (විදුරු අස්ත්‍ර, අස්ත්‍ර), E. for වජ්‍රායුධය.
විදුරු, *n. pl.* or *a.* diamonds, වජ්‍ර; thunderbolts of Indra; diamond-like, diamond; දියමන්ති.
විදුරු·ගල, *n.* diamond-stone, viz. the diamond,
විදුරුදරු, *n.* See විදුරත්. [වජ්‍රය.
විදුරු·මස, *n.* (විදුරු diamond-like, brilliant, මස for මස flesh), the gums. [මොණිය, ශණ්ඩාව.
විදුරු·මිටිය, *n. lit.* glass-hammer, viz. bell, සීණ
විදුරු මුව, *n. lit.* diamond-mouth, viz. leech කූඩැල්ලා.
විදු·ලතාව, *n.* (E. of විද්‍යුල්ලතාව: විදු lightning, ලතාව creeper), lightning flash, විදුලිය.
විදුලි, *n. pl.* or *a.* lightning-flashes; lightning-, electric, telegraphic.
විදුලි·ආඳ, *n.* electric eel.
විදුලි·කම්බි, *n. pl.* or *a.* electric wires; electric wire-, telegraphic.
විදුලි·කම්බිය, *n.* electric wire, electric telegraph; lightning conductor.
විදුලි·කොටනවා, *v. i.* It lightens. [විදුලිබලය.
විදුලි·ද්‍රව්‍ය, *n. pl.* electric elements, electricity,
විදුලි·පහර, *n.* electric stroke or shock. [නවා.
විදුලි·පොවනවා, *v.* to electrify. විදුලිබලය වද්දව
විදුලි·ප්‍රකාශක, (or මානක) යන්ත්‍රය, *n.* electrometer. [gram.
විදුලි·ප්‍රවෘත්තිය, *n.* telegraphic message, tele-
විදුලි·ප්‍රවෘත්ති·ශිල්පය, *n.* telegraphy.
විදුලි·ප්‍රවෘත්ති ශිල්පියා *n.* telegraphist.
විදුලි·බලය, *n.* power of lightning; electric power, electricity.
විදු·ලිය *n.* (විදු lightning, ලිය creeper or zigzag form), lightning-flesh, lightning, see විද්‍යුල්ල
විදුලි·යන්ත්‍රය, *n.* electric machine. [නම.
විදුලි·රසායන·ශාස්ත්‍රය, *n.* science of electro-chemistry.
විදුලි·ශාස්ත්‍ර·ඥයා, *n.* electrician. [trology.
විදුලි·ශාස්ත්‍රය, *n.* science of electricity, elec-
විදුවන, *n.* (විදු, වන place), cloud, වලාකුළ.
වි·දුර, *a.* (වි emp), very far or remote, ඉතා දුර, beyond, එපිට.
වි·දූෂක, වි·දූෂණ, *a.* (වි emp.), censorious, abusive, දෝෂාරෝපණ, satirical, ඇනුම්පද කියන or සහිත.
වි·දූෂක·රචනාකාරයා, *n.*. one who composes censures or satires, satirist.
වි·දූෂණය, *n.* censuring, abuse, satire.
වි·දූෂණයකරනවා, *v.* to censure, දොස්තබනවා, abuse, revile, නින්දාකරනවා; satirize, ඇනුම් පද කියනවා. [*v. n.* විදීම.
විදෙනවා, *v. i.* to become pierced; *pret.* විදුණා;

විදේශ, *n. pl.* or *a.* (වි other, different), foreign countries; foreign; පිටරට.
වි·දේශ·ජ, *a.* born or produced in a foreign country, foreign-bred, exotic.
වි·දේශය, *n.* foreign country, අන්දේශය, පිටරට.
විදේශ·ස්ථ, *a.* situated abroad, foreign, staying or fixed in a foreign country, පිටරටක ඇති නාවූ or පිහිටි [පිටරට.
වි·දේශී *a.* pert. to a foreign country, foreign,
වි·දේශී·කෘත, *a.* foreign-made, පිටරටක සාදන ලද.
විදේශිකයා, *n.* foreigner, alien, අන්දේශවාසිකාරයා.
විදේහ, *a.* (වි priv.), bodiless, incorporeal, ශරීරයක් නැති, අශරීර.
වි·දේහතාව, *n.* incorporeality, අශරීරගතිය.
වි·දේහ, *n.* name of a king of Mithila of the Janaka family, whose Prime Minister was the මහෞෂධ, the narrative of whose life is given in the Ummagga Jātaka.
වි·දේහය, *n.* a district in Bihar, the ancient Mithila, now called Tirhut. [නායකයා.
විද්·දත්·නායකයා, *n.* chief musician, ප්‍රධාන ගායක
විද්දවනවා, *v. c.* of විදිනවා: to cause to pierce &c : *pret.* විද්දෙවුවා; *v. n.* විද්දවීම.
විද්ධ, විධ, *a.* pierced, විදිනලද; thrown, cast, හෙලනලද. [actual, ඇත්තාවූ.
විද්‍යමාන, *a.* being present, existing, extant,
විද්‍යමානකම, විද්‍යමානතාව, *n.* existence, subsistence, ඇතිකම, පැවැත්ම.
විද්‍යා, *n. pl.* or *a.* (විද් to wit, know), knowledge of various kinds, science, see විද්‍යාව; pert. to knowledge, or science.
විද්‍යා·කෝෂය, විද්‍යා·නිධානය, *n.* thesaurus, විද්‍යා (or ශාස්ත්‍ර) අභිධානය.
විද්‍යා·චරණ, *n.* acting by or being versed in knowledge, one of the nine attributes of Buddha.
විද්‍යා·ධරයා, *n.* (විද්‍යා magical knowledge, ධරයා holder), aerial demigod who has attained his state of power by magical rites and incantations;good or evil genius attending upon the gods; a kind of spirit or fairy.
විද්‍යා·ධාරී, *n.* possessor of knowledge, scientist, doctor of learning, ශාස්ත්‍රඥයා.
විද්‍යා·ධ්වජයා, *n.* knowledge-standard-bearer, viz. eminent scholar, ශ්‍රේෂ්ඨ or උතුම් පණ්ඩිතයා. [ledge or science, scientist.
විද්‍යා·ප්‍රාප්තයා, *n.* one who has attained know-
විද්‍යාභ්‍යාසක්‍රමය, *n.* (විද්‍යා අභ්‍යාස), order or course of study of knowredge, curriculum of knowledge or science. E. S.
විද්‍යාභ්‍යාසය, *n.* study of knowledge or science, ශාස්ත්‍ර පුහුණු කිරීම.
විද්‍යාභ්‍යාසයකරනවා, *v.* to study science.

විද්‍යාර්ථි, *a.* studious: *n.* student ශාස්ත්‍ර ඉගෙනීමෙහි නියුක්තයා(යෝ). [college, අග්‍රපාඨශාලාව.

විද්‍යාලය, *n.* (විද්‍යා ආලය), hall of knowledge,

විද්‍යාව, *n.* knowledge or science, දැනගැනීම, ශාස්ත්‍රය; magical pill, which is said, when held in the mouth, to enable a person to ascend to the sky.

විද්‍යා·විශිෂ්ට, *a.* endued with knowledge, educated, erudite, උගත්, සත්දත්.

විද්‍යා·ස්ථානය, *n.* place or repository or hall of knowledge and science, see විද්‍යාලය.

විද්‍යා·භාරාවලිය, *n.* (·ආවලි), cyclopedia, විද්‍යා අකාරාදිය] [අලුත.

විද්‍යා·හීන, *a.* lacking knowledge, ignorant.

වි·ද්‍යුත් *a.* (වි emp., ද්‍යුත් to shine, light), lightning-, විදුලි.

විද්‍යුත්ප්‍රකාශය, *n.* brilliance or shining of lightning, විදුලි දීප්තිය or විදුලි බැබළීම.

විද්‍යුත්වත්, *a.* impregnated with lightning or electricity, electric. E. S. [E. S.

විද්‍යුත්වත්කරනවා, *v. t.* to electrify, galvanize.

විද්‍යුද්දාමය, *n.* (විද්‍යුත් දාමය), streak of lightning, viz. flash of lightning, විදුලිය.

විද්‍යුල්ලතාව, *n.* (විද්‍යුත්, ලතාව creeper), zigzag lightning, විදුලතාව, විදුලිය.

විද්‍යෝතමාන, *a.* (වි emp., ද්‍යුත්: shining), shining brilliantly, flashing. E. S.

විද්‍යෝද්ග්‍රහණය, *n.* (විද්‍යා උද්:), acquiring or acquirement of knowledge, study, දැනගැනීම ලබාගැනීම, ශාස්ත්‍ර ඉගෙනීම.

විද්‍රධිය, *n.* (විද්‍ර piercing, ධි fr. ධා to have), phlegmonoid inflammation, internal abscess; gangrene, necrosis, ඇගේ කුණුමාංසය.

විද්‍රධිවෙනවා, *v. i.* to become phlegmonoid or gangrenous, gangrenate, මාංස කුණුවෙනවා.

වි·ද්‍රාවක, *a* (වි emp., ද්‍රාවක fusing), melting, fusing, උණුකරන, මකන. [&c.

වි·ද්‍රාවිත, විද්‍රුත, *a.* melted, fused, උණුකරනලද.

වි·ද්‍රුම, *n.* (වි variety, ද්‍රුම tree), tree said to bear precious gems; young shoot, අමුරිකිල්ල, bud, දළුව; coral, පබළු.

විද්වජ්ජන(යෝ), *n.* (විද්වත් learned, ජන people), learned person(s), උගත්, ජන(යෝ), උගත්තු.

විද්වත්, *a.* learned, උගත්, පණ්ඩිත.

විද්විෂවෙනවා, *v. i.* (වි emp., ද්විෂ් to hate), detest, ද්වේෂකරනවා.

විධ, *a.* sort, kind, ආකාර; pierced, විදපු. [ඇති.

විධ·කර්ණ, *a.* having pierced ears, විදපු කන්

විධය, *n.* method, form, rule, ආකාරය, විධිය; piercing, විදීම. [වැන්දඹුව.

වි·ධවා, *n.* (වි priv., ධව husband), widow, relict,

වි·ධාතා, වි·ධාතෘ, *n.* (වි emp., ධා to have), ap. of Brahma as sustaining all; fate, ඉරණම.

විධානකරනවා, *v. t.* to regulate, manage, superintend, හසුරුවනවා.

විධානය, *n.* regulating &c., arranging, හැසිරවීම; commanding, අණකිරීම; command, අණ, rule.

විධායක, *a,* managing, directing, විධානකරන.

විධි, *a.* commanding, අණකරන; *gram.* imperative; pert. to method.

විධි·ක්‍රමය, *n.* order, method, plan, rule, system.

විධි·ක්‍රියාව, *n.* *gram.* imperative verb, viz. imperative mood. [methodic, විධිපරිදි.

විධි·පූර්වක, *a.* according to method or rule,

විධිමත්, *a.* See විධිවත්.

විධිය, *n.* mode, manner, method, usage; fate.

විධි·යෝගය, *n.* fulfilment of destiny, outworking of fate, ඉරණම ඉෂ්ටවීම.

විධි·විධාන, *a.* controlling the method, directive, managing, supervising. [late, superintend.

විධි·විධානකරනවා, *v.* to direct, manage, regu-

විධි·විධානය, *n.* control of the plan or work &c., see *adj.*; rule and regulation, plan, scheme.

විධිවත්, *a.* in due form, agreeable to rule, regular, normal, methodic, systematic.

විධිවත්කම, විධිමත්කම, *n.* methodicalness, method, art [person.

විධිවත්කාරයා, විධිමත්කාරයා, *n.* methodical

විධිවත්·පාඨ·ශාලාව, විධිමත්පාඨශාලාව, *n.* normal school.

විධි·හීන, *a.* without method, irregular, පිළිවෙළක් නැති, abnormal, අනියම්; *bot.* sparse, විරල.

විධු, *n.* camphor, කපුරු; the moon, සඳ. [යකා.

විධු, *n.* ap. of Vishnu and Brahma; fiend, රකුසා

වි·ධූතිය, *n.* (වි emp, ධූ to shake), a shaking, tremor, trembling චලනය.

වි·ධූත·ස්වරය, tremulous sound, quaver, warble.

වි·ධූනනය, *n.* shake, see විධූතිය.

විධුන්තුද, *n.* (විධුන් moon acc. case, තුද් to pain), ap. of Rahu, as causer of the moon's eclipse by attempting to swallow it, see රාහු.

වි·ධුර, *a.* (වි emp., ධුර agitated), agitated, චපල, bewildered, perplexed, ආකුල; separated, වෙන්වූ.

විධුරය, *n.* agitation of mind, සිත් චලනය, චකිතය; separation, වෙන්ව තිබීම.

වි·ධුවනය, *n.* shaking, tremor, චලනය,

වි·ධූත, *a.* (වි emp., ධූ to shake), shaken, agitated, trembling, චලිත, වෙව්ලන.

විධූතිය, විධූනනය, *n.* shaking, see විධූනනය.

වි·ධෘතිය, *n.* (වි emp., ධෘතිය a holding), withholding, restraint, detention, නවත්වාගැනීම.

විධෙය, *a* (වි emp., ධා to have), docile, compliant, tractable, හික්මුණ; that should be done, කළයුතුවූ.

වි·ධෙයතාව, *n.* docility &c., හික්මුණකම.

වි·ධ්වංසනය, වි·ධ්වංසය n. (වි off, ධ්වංස to fall), aversion, dislike, අප්‍රියකම, enmity, එදිරිකම; destroying, destruction, extirpation, expulsion, ruin, නැතිකිරීම, විනාශය.

වි·ධ්වංසනයකරනවා, v. t. to destroy, නැතිකරනවා, expel, දුරුකරනවා, obliterate, extirpate, මකනවා, සිඳදමනවා. [able, දුරුකලයුතුවූ.

වි·ධ්වංසනීය, a. that should be expelled, expell-

වි·ධ්වංසිත, a. destroyed, නැතිවූ, විනාශවූ, expelled, දුරුකරනලද. [විනය.

වින, n. submission &c., enchantment &c., see

විනකරනවා, v. t. to bewitch, enchant, conjure, අණවිනකරනවා. [අණවිනකාරයා.

විනකාරයා, n. sorcerer, enchanter, magician,

වි·නත, a. (වි emp), bent, bowed, stooping, නැමීතිබෙන, නැමීඉන්න; crooked, වකුටු; humble, සිනිත් යටහත්.

විනතක, n. name of the sixth circle of rocks which surround මහමේරු, see සප්තකූට පර්වත.

වි·නතිය, n. (වි emp., නතිය a bend), a bend, නැමීම; humbleness, යටහත්කම.

විනය·දරයා, n. (විනය duties, discipline, දර to bear), see විනයධරයා. [down, නැමීතිබෙන.

වි·නමිත a. (වි emp., නමිත bent), bowed, bowed

වි·නය, n. (වි emp., නය proper, leading), propriety of conduct, as modesty, mildness, decorum, reverence, obeisance, submissiveness, submission, religious obedience, sp. fulfilment of the duties of the priesthood; discipline; sorcery; book so named, being one of the ත්‍රිපිටක. E. S.

වි·නය·ධරයා, n. (ධරයා holder), one who is well versed in and observes the precepts of the විනයපිටකය. [ශික්ෂාවේ නීතිය.

විනයනය, n. law of subjection or submission,

විනය·පිටකය, n. name of one of the B. sacred books, the second of the Three Pitakas relating entirely to the priests. It is divided into five main parts called respectively පාරාජිකා, පචිති, චුල්ලවග්ග, මහාවග්ග and පරිවාර, this last being a summary of the chief doctrines of the other four.

විනයම, n. injury, danger, අනතුර.

වි·නය·සථ, a. (විනය submissive, සථ being), compliant, yielding, යටත්වෙන; supple, නැමෙනසුලු.

වි·නය·සථතාව, n. compliant disposition, යටත් වන සුල්ල; supplenes, නැමෙන ගතිය. [ඩියා.

විනතා, n. the mythological bird ගුරුළා or ගරු

වි·නශ්වර, a. (වි emp.), perishable, perishing, නාශවෙන.

වි·නෂ්ටක, a. (වි emp.), destructive, නාශකාරක.

වි·නෂ්ටිය, n. destruction, annihilation, ruin,

වි·නා; n. E. for විනායකයා. [විනාශය.

විනා, post. except, save, unless, මිස, හැර.

විනාකිරි, n. Port., vinegar.

විනාකිරි·කුප්පිය, n. vinegar-cruet. [watch.

විනාඩි·කටුව, n. minute-hand of a clock or

විනාඩිය, n. T., a minute, originally the sixtieth part of a Sinhalese hour of 24 minutes, equal to 24 seconds.

වි·නාථ, a. (වි priv., නාථ master, owner), unprotected, forlorn, destitute, අසරණ.

වි·නායක, n. (වි priv.), lit. chiefless one or one who has no master, viz. Supreme or Peerless one: ap. of Buddha, of Ganèsa and of Manu. [බාධාව.

විනායකය, n. (වි priv.), obstacle, impediment,

*වි·නාශක, වි·නාශකර, වි·නාශදායක, a. (වි emp.), destroying, destructive, consuming, noxious, ruinous, causing or bringing destruction, නාශකාරක, නාශක.

වි·නාශකයා, n. destroyer, විනාශකරන්නා.

වි·නාශකරනවා, v. t. to destroy, ruin.

වි·නාශනය, n. causing to be destroyed, destruction &c., විනාශකරවීම.

වි·නාශ·භාවය, n. state of ruin, desolateness, නාශතීය, පාළුකම, [වීම.

වි·නාශය, n. destruction, perishing, ruin, විනාශ

විනාශවෙනවා, v. i. to come to nought or ruin, perish. [ශවූ, පාළුවූ.

වි·නාශිත, a. destroyed, perished, ruined, විනා

වි·නාශ්‍ය, a destructible, විනාශකළහැකිවූ, බණ්ඩ්‍ය.

වි·නාශ්‍යතාව, n. destructibility, විනාශවිය හැකි කම, &c.

විනාස &c. = විනාශ &c. [යක් ඇති.

වි·නාසක, a. (වි priv., නාස nose), noseless, නාස

වි·නි·ගත, a. (වි emp., නි out or off, ගත gone), gone off, left, පහවූ. [ful, නිදිමරන.

වි·නිද්‍ර, a. (වි emp., නිද්‍ර sleep), sleepless, wake-

වි·නිද්‍රතාව විනිද්‍රත්වය, n. sleeplessness &c., නිදිමරනගතිය, පිබිදසිටීම.

වි·නි·පාතනය, වි·නි·පාතය, n. (පත් to fall), lit. and fig. falling, falling down, පහතවැටීම; calamity, විපත; pain, distress, දුක; hell, නිරය.

වි·නි·මය, n. (·මය් to move, go), exchange, barter, ගනුදෙනුව; pledge, deposit, උකස.

විනිය, n. word, වචනය; saying, utterance, බස; forest, වනය; the three peaks, ත්‍රිකූටය, or three-peaked mountain, ත්‍රිකූට පර්වතය.

වි·නි·යුක්ත, a. engaged in, නියුක්ත.

වි·නිර්ගත, a. (වි emp., නිර් out, forth), gone forth, see විනිගත. [exempt, නිදහස්වූ.

වි·නිර්මුක්ත, a. set free, freed, liberated, free,

වි·නිර්මුක්තකරනවා, v. t. to free, liberated, free, exempt, නිදහස්කරනවා. [dom, නිදහස්කම.

වි·නිර්මුක්තතාව, n. liberated condition, free

* විනාශ &c. may also be written in the Pali form විනාස.

විනි·විජ්ඣනයකරනවා, *v. t.* to pierce through, perforate, විනිවිදිනවා, සිදුරුකරනවා.

විනි·විද, *n.* piercing, perforating, passing through, විදීම, සිදුරුකිරීම.

විනි·විද·පෙනීම, *v. n. lit.* appearing after piercing through (glass &c.); transparency, being transparent. [through, be transparent.

විනි·විද·පෙ_නනවා, *v. i.* to shine or appear

වි·නිශ්චය, *n.* (වි severally, නිශ්චය ascertaining), judicial trial, judgment, opinion, decision.

වි·නිශ්චයකරනවා, *v. t.* to judge, try judicially.

වි·නිශ්චයකාර, *a.* pert. to a judge or judgment, juridical. [judge.

වි·නිශ්චයකාරතැන, වි·නිශ්චයකාරයා, *n.* the

වි·නිශ්චයකාර·ධුරය, *n.* office of judge, judgeship, විනිශ්චයකාර තනතුර.

වි·නිශ්චය·ක්‍රමය, *n.* stated order of judicial proceedings. [in a court of justice.

වි·නිශ්චය·දවස, *n.* judgment day, day of session

වි·නිශ්චය·මණ්ඩලය, *n.* council of judges, judiciary, judicial court, විනිශ්චයකාර සභාව; jury, ජූරිසභාව. [justice or law.

වි·නිශ්චය·ශාලාව, *n.* judgment hall, court of

වි·නිශ්චය·සභිකයා, *n.* juror, juryman.

වි·නිශ්චයාසනය, *n.* (·ආසනය), judgment-seat, tribunal. [ගත්, නියමවූ, සහතික.

වි·නිශ්චිත, *a* ascertained, decided, certain, දත

වි·නිය, *n.* judgment, විනිශ්චය. [නය.

විනී, *n.* the three-peaked mountain, ත්‍රිකූට පව්

වි·නීත, *a.* (වි emp., නීත guided &c.), trained, subdued, disciplined, හික්මවනලද, gentle, modest, submissive, මෘදු, යටහත්, well-behaved, decent, සුචරිත, සුවිනීත.

වි·නීතකරනවා, *v. t.* to discipline, educate, train, හික්මවනවා.

වි·නීතභාව, *n.* condition of being well-trained or disciplined, refinement, culture; gentleness &c, see *adj.* and සුවිනීතභාව.

වි·නීතය, *n.* good behaviour &c., යහපත් හැසිරීම, මෘදුකම &c. as විනීතභාව.

විනේ, *n.* cont. of විනය.

විනේ·ජන, විනෙ·දන, *n.* people devoted to the study and practice of the විනය or common law by which the monks are governed.

විනෝදක, *a.* amusing, diverting, ප්‍රීතිකරන, E.S.

වි·නෝදකරනවා, වි·නෝදනයකරනවා *v. t.* to amuse, divert ප්‍රසන්නකරනවා; dismiss, remove, අරිනවා, පහකරනවා.

වි·නෝදනය, වි·නෝදය, *n.* diversion, recreation, amusement, play, සතුට, සෙල්ලම; expelling, expulsion, dismissal, removal, පහකිරීම, ඉවත් කිරීම.

වි·නෝදිත, *a.* amused, diverted. E. S. [නවා.

වින්දනයකරනවා, *v. t.* to enjoy or experience, විඳි

වින්දෑත්ත, *n.* sickle, දෑකැත්ත.

විඥ, *a.* (විද් to know), knowing, intelligent, දැනුම් තේරුම් ඇති.

විඳුව, *n.* drop, spot, බින්දුව

වින්ධ්‍ය, *n.* the Vindhya range of mountains in central India from Gujarāt to Bengal.

වින්ධ්‍යාචලය, *n.* (·අචලය mountain), Vindhya mountain, වින්ධ්‍යකඳුවැටිය. [වින්ධ්‍යවනය.

වින්ධ්‍යාටවිය, *n.* (·අටවිය forest), Vindhya forest,

විනන, *n.* (fr. වන forest), grove: used in names of villages, as කොස්විනන, jak-grove.

විනන, *a.* (විද් to know), known, දැනගතහැකි; judged, see විනිශ්චිත; obtained, ලබාගත්; fixed, placed, පිහිටි.

වින්නඹු, *a.* pert to midwifery.

වින්නඹුකම, *n.* midwifery, obstetrics.

වින්නඹුකම්කිරීම, *v. n.* the practice of midwifery.

වින්නඹුව, වින්නඹු ස්ත්‍රී, *n.* midwife. [wifery.

වි·න්‍යස්ත, *a.* (වි emp., න්‍යස්ත placed), placed, deposited, fixed, පිහිටි.

වි·න්‍යාසය, *n.* (වි emp., නි with, අස් to place, deposit), array, collocation, group, පිළිවෙළ, deposit, assemblage, රැස; site, ඉඩම. E. S.

වි·න්‍යාස(ය)කරනවා, *v. t.* to arrange, collocate, group, පිළිවෙළට තබනවා

විඳිනවා, *n v. t.* to experience, endure, enjoy or suffer (good or ill), possess or receive, as සුඛදුක්විඳිනවා: *pret.* වින්ද; *p. pl.* විඳ.

විඳීම, විඳුම, *v. n.* of විඳිනවා: experiencing &c.

විඳවනවා, *v.* to suffer pain, linger (in illness), continue to suffer; *pret.* විඳෙව්වා; *v. n.* විඳවීම.

වි·පක්ෂයා, *n.* bird, පක්ෂියා. [hostile, සතුරු.

වි·පක්, *a.* (වි opposed, පක් for පක්ෂ), opposed,

විපක්ව, *a.* (වි emp., පක්ව cooked, mature), mature. see පක්ව

විපක්ෂ, *a.* (වි opposed), opposed, disaffected, unfriendly, hostile, disloyal, විරුද්ධ, ද්‍රෝහී.

වි·පක්ෂකම, වි·පක්ෂභාව, *n.* opposition &c., විරුද්ධකම &c. [පක්ෂය; *gram.* exception.

වි·පක්ෂය, *n.* opposed side, hostile party, විරුද්ධ

වි·පක්ෂයා, *n.* opponent, opposer, විරුද්ධකාරයා.

වි·පඤ්චාව, *n.* a lute, කින්නාරම. [විකුණුම.

වි·පණිය, *n.* (වි emp., පණ් to sell), selling, sale,

වි·පණිය, *n.* any place where things are sold, shop, market &c කඩේ; article for sale, වෙළඳුම්බඩුව.

වි·පණියා, *n.* shopkeeper, merchant, වෙළෙන්දා.

වි·පත, වි·පත්තිය, *n.* (වි reverse, පත් to go or fall), calamity, misfortune, disaster.

වි·පත්·ගාමී, *a.* (ගාමී going, being), calamitous, unfortunate, අවාසනාවන්ත.

වි·පත්·ගාමියා, *n.* unfortunate person, one subject to calamity.

වි·පථය, *n.* (වි bad), bad road, නරක පාර.

වි·පද්ග්‍රස්ත, *a.* (විපත්, ග්‍රස්ත seized), overtaken with calamity, disastrous, විපත්ගතින; අවාසනාවන්ත.

වි·පද්ග්‍රස්තතාව *n.* calamitous condition, disastrousness. [පත් කිරීම.

විපය, *n.* thought, consideration, කල්පනාව, කල්

විපා, *n.* E. of විප්‍රයා: a brahmin, බමුණා.

විපරම, *n.* search, examination, investigation, trial. [to the test.

විපරම්කරනවා, *v. t.* to search, examine &c., put

වි·පරාවෘත්ත, *a.* (වි emp., පර other, ආවෘත්ත turned), turned, reversed, changed, හැරුණු, වෙනස්වූ.

වි·පරිවර්තිත, *a.* (වි, පරි reversed, වර්තිත caused to be), reversed, see විපරීත.

වි·පරීත, *a.* (වි adversely පරීත moved round), reversed, perverted, පෙරළී තිබෙන, opposed, contrary, විරුද්ධ, ප්‍රතිකූල, preposterous, distorted, E. S ; confused, perplexed, විය්වුල්වූ.

වි·පරීතකාරී, *a.* opposing, perverse, විරුද්ධවූ, අගති. [&c. see *adj.*

වි·පරීතතාව, වි·පරීතත්වය, *n.* state of perversion

වි·පරීතාකාරයෙන්, *ad.* perversely, අගතිලෙස; contrarily, (කාරණා) පෙරළා or ප්‍රතිකූලලෙස.

වි·පරීතිය, *n.* inversion, perversion, පෙරළීම, විකාරය, පූර්වාපරය,

වි·පර්‍යාසය, වි·පර්‍යායය, *n.* (වි emp.), the reverse, contrariety, opposition; reverse of fortune &c., පෙරළීම, වෙනස්වීම, misfortune, අභාග්‍යව, අවාසනාව.

වි·පර්‍යස්ත, *a.* (වි, පරි, අස්ත), reversed, contrary, antithetical, opposed, විරුද්ධ, ප්‍රතිකූල.

විපර්‍යස්තතාව, *n.* reversed condition, contrariety, antithesis, ප්‍රතිකූලතාව.

වි·පර්‍යාස, *a.* (වි, පරි reversed, අස් to be), reversed &c., see විපර්‍යස්ත.

වි·පර්‍යාසකරනවා, *v. t.* to reverse, alter, invert, pervert, subvert, revolutionize, පෙරළනවා, ප්‍රතිකූලකරනවා.

විපර්‍යාසය, *n.* reversal &c., opposition, antithesis, E. S., *gram.* metathesis. [opathy.

වි·පර්‍යාස·වෛද්‍ය·ක්‍රමය, *n.* allopathy, heter-

වි·පශ්චිත, *n* pandit, scholar, පණ්ඩිතයා, උගතා.

වි·පස්සනා·ධුරය, *n.* (වි emp., පස්ස for දස්ස P. of දෘශ්), see විදර්ශනාධුරය.

වි·පස්සනාව, *n.* religious meditation, see විදර්ශනය. [or rewards.

වි·පාක, *n. pl.* or *a.* rewards; pert. to reward

වි·පාකදෙනවා, *v.* to give rewards, reward, recompense, remunerate.

වි·පාක ඵලය, *n.* resultant fruit or consequent, reward or punishment of deeds done, it may be, in a form or existence.

වි·පාකය, *n.* (වි emp., පාකය cooking &c.), cooking, ඉවීම; ripening, maturing, පැසීම; digestion, පැසවීම, ජීර්ණය; result, reward, recompense, ප්‍රතිඵලය. [වර්ණය; enigma, තේරවිල්ල.

වි·පාදිකාව, *n.* sore or ulcer on the foot, පාද

වි·පාල, *a.* (වි priv.), unprotected, unguarded, රැකවලක් නැති.

වි·පාව, *n.* one of the senses, ඉන්ද්‍රියයක්.

විපැත්තිය, *n.* Er. for විපත්තිය.

විපිනය, *n.* a wood, forest, වනය, කැලෑ.

විපී, *n. lit.* forester, viz. tiger, ව්‍යාඝ්‍රයා.

වි·පිළිසරය, *n.* (වි emp.), regret, repentance, පසුතැවිල්ල; perplexity, discouragement, කලකිරීම.

වි·පුල, වි·පුලතර, වි·පුල්, *a.* (වි emp., පුල great), large, broad, vast, මහත්; eminent, important, උතුම්. [&c.

වි·පුලතාව, වි·පුලත්වය, *n.* largeness, magnitude

වි·පුලාර්ථය, *n.* (·අර්ථය), important matter or result, වැදගත්කාරණාව or ඵලය.

වි·පුලාව *n.* the earth, පොළොව; a metre which has a line irregularly divided by the cæsura or pause.

විප්, *n.* brahmin, බමුණා.

විප්ප·යෝගය, *n.* P. of විප්‍රයෝගය.

විප්ප·වාසය, *n.* P. of විප්‍රවාසය.

විප්‍ර, *prefix* signifying deprivation, opposing, reversing, distorting, separating.

විප්‍ර·කාරකරනවා, *v. t.* to overthrow, pervert, injure, destroy, පෙරළාදමනවා, අනතුරුකරනවා, නාශකරනවා.

විප්‍ර·කාරය, *n.* overthrow, perversion, injury; abuse, ගැරහුම, wickedness, නපුරුකම, retaliation, ප්‍රතික්‍රියාව.

විප්‍ර·කෘත, *a.* suffering retaliation, පළිගැනීම විඳින; abused, reviled, ගර්හිත, ගැරහුම්විඳින.

විප්‍ර·කෘතිය, *n.* retaliation: see විප්‍රකාරය.

වි·ප්‍රති·පත්තිය, *n.* (වි reverse, ප්‍රති towards, පත්ති going), confusion, අවුල; discrepancy, වෙනස, ප්‍රභේදය.

වි·ප්‍රති·සාරය, *n.* (සාරය going), repentance, පසුතැවිල්ල; hatred, වෛරය; rage, විරුව; wickedness, නපුරුකම.

වි·ප්‍ර·දුෂ්ට, *a.* (වි, ප්‍ර, emp), corrupt, vitiated, debauched, ඉතා දුෂ්ට, දුෂ්ඨ.

වි·ප්‍රයා, *n.* (වි emp., ප්‍රා to fill), fulfiller of rites &c., viz. Brahmin, බමුණා.

විප්‍ර·යාණය, *n.* flight, fleeing, retreat, පලායාම.

විප්‍ර·යාණයකරනවා, *v.* to flee, retreat, පලායනවා, [separated, වෙන්වූ, වියෝග.

විප්‍ර·යුක්ත, *a.* (විප්‍ර priv., යුක්ත joined), disjoined,

විප්‍ර·යෝගකරනවා, *v. t.* to separate, resolve, analyze, වෙන්කරනවා, ප්‍රභේදකරනවා.

විප්‍ර·යෝගය, *n.* separation, analysis; disunion, quarrel, වෙන්කිරීම, භේදය.

විප්‍ර·ලබ්ධ, *a.* (විප්‍ර priv. ලබ්ධ gained, received), deceived, cheated, disappointed, රැවටුණු.

විප්‍ර·ලම්භය, *n.* (විප්‍ර priv. ලභ් to obtain), separation, වෙන්වීම; disappointing, disappointment, E. S. tricking, cheating, රැවටීම.

විප්‍ර·ලාපය, *n.* (විප්‍ර contra, ලාපය talk), wrangling තර්කය; idle discourse, babbling, දොඩවිල්ල.

විප්‍ර·වාසනය, විප්‍ර·වාසය, *n.* residing abroad, (voluntary) exile, exilement, අන්‍යරටක වාසය කිරීම: see ප්‍රවාසය.

විප්‍ර·වාසයා, විප්‍ර·වාසියා, *n* exile, අන්‍යරටක පොරොත්තුවෙන්නා; non-resident, E. S.

වි·ප්‍රසන්න, *a.* (වි emp.), highly pleased, ඉතා ප්‍රසන්න, delighted, ප්‍රීතිමත්. [liked, අප්‍රිය.

වි·ප්‍රිය, *a.* (වි priv.), dissatisfied, අසතුටු; dis-

වි·ප්‍රියය, *n.* dissatisfaction, dislike.

විප්‍රුෂ, *n.* drop of water, දියබින්දුව, spot, තිත, dot, බින්දුව.

විප්‍රෝෂිත, *a.* (වි·ප්‍ර උෂිත, see ප්‍රෝෂිත), absent, ලංගනැති, living abroad, exiled, අන්‍යරටක වාසය කරන.

වි·ප්ලවය, *n.* (වි emp., ප්ලව plunging, jumping), affray, scuffle, assault, tumult, plundering, rapine, කෝලාහලය, සටංගුව, කොල්ලකෑම,

විප්ලුත, *a.* (ප්ලුත jumped), overflowed, inundated, වතුරගැලීමට යටවී තිබෙන.

වි·ඵල, වි·ඵලී·භූත, *a.* (වි priv., භූත being), fruitless, barren, useless, unprofitable, ඵල නැති, නිෂ්ඵල, නිෂ්ප්‍රයෝජන.

වි·ඵලකරනවා, *v. t.* to render fruitless, frustrate, නිෂ්ඵලකරනවා.

වි·ඵලීකරණය, *n.* rendering fruitless &c.

වි·ඵලීකෘත, *a.* rendered fruitless &c., නිෂ්ඵල කරනලද.

වි·බත, *n.* E of විභක්තිය: *gram.* case of a noun.

වි·බත්·පෙරළිය, *n.* (පෙරළිය), *gram.* metathesis of cases. [මලබද්ධ, අඩස්සිය.

වි·බන්ධය, *n.* (වි emp.) constipation, stricture,

විබාගය, *n.* Er. for විභාගය.

වි·බාධාව, *n.* (වි emp., බාධාව obstruction), pain, වේදනාව, affliction, දුක.

විබුධ, *a.* වි (emp., බුධ to know), learned, wise, උගත්, ඥානවන්ත. [moon, සඳ.

විබුධයා, *n.* a god, දෙවියා; pandit, පණ්ඩිතයා;

වි·බෝධය, *n.* (වි emp., බුධ to know, open, wake), intelligence, wisdom, ඥානය; opening, පිපීම; waking, පිබිදීම; (වි priv.) absence of mind, සිහිනැතිකම; inattention, කල්පනා නොකර සිටීම. [awakened, පිබිදුණු.

විබෝධිත, *a.* taught, enlightened, ඥානවන්ත;

වි·භක්ත. *a.* (වි severally, භජ් to divide), divided, separated, portioned, ඡේදිත, බෙදීතිබෙන.

විභක්තජයා, *n.* (ජ born), son born after the division of his father's property.

වි·භක්තික, *a.* (වි, භජ් as above), *gram.* subject to inflection, having cases, declinable, විභක්ති සහිත. [ending

වි·භක්ති·ප්‍රත්‍යය, වි.භක්ති·රූපය, *n.* *gram.* case-

වි·භක්තිය, *n.* division, part, share, කොටස, කොටස; *gram.* case of a noun.

වි·භක්ති·වචනය, වි·භක්ති·නිපාතය, *n.* case word or particle, postposition, (Eng. preposition).

වි·භක්ති·වචනාකාර, වි·භක්ත්‍යර්ථ·වාචක, *a.* (විභක්ති අර්ථ), *gram.* case-like or expressing a case, postpositional. [cases. E. S.

වි·භක්ත්‍යධිකාරය, *n*, *gram.* government of

විභංගය, *n.* (වි emp.). breaking, කැඩීම, bending, නැමීම; division of a subject or explanation; expression or play of the countenance.

වි·භජනය, *n.* (වි severally, භජ් to divide), dividing, separating, separation, වෙන්කිරීම; portioning. බෙදීම, බෙදදීම. [ing.

වි·භජ්‍යය, *n.* See විභජනය; *gram.* analysis, pars-

වි·භජනී·මාන, *a.* divisible, separable, බෙදිය හැකිවූ, analyzable, ප්‍රභේදකළ හැකිවූ.

වි·භව·තණ්හාව, *n.* (වි priv., භව existence), desire for non-existence, desire for total extinction at death.

විභවය, *n.* (වි emp., භවය what exists, substance), substance, property, wealth, වස්තුව; great power, පරාක්‍රමය; lofty mindedness, සිතේ උසස්කම; (වි priv.) non-existence, annihilation, අභාවය, නැතිවීම.

වි·භවානුරූප *a.* (·අනුරූප), according to power or wealth, බලපුළුවන්කම් පරිදි.

වි·භා·කාර, *n.* (වි emp., භා light කර what makes), sun, ප්‍රභාකර, ඉර; fire, ගින්න.

වි·භාගකරනවා, *v. t.* (වි emp. or severally, භාග part) to examine, investigate, scrutinize.

වි·භාගකාරයා, *n.* examiner, investigator, inspector, questman.

විභාගය, *n.* (වි emp., භජ් to separate, divide), examination, investigation, scrutiny; portion, share, කොටස; denomination of a fraction, භාගකය.

වි·භාගාතික්‍රමණය, *n.* (·අතික්‍ර: going beyond), passing an examination. [tion, E. S.

වි·භාගාතික්‍රමණයකරනවා, *v.* to pass an exmina-

වි·භාජ්‍ය, *a.* (වි severally, භජ් to divide), divisible, portionable, බෙදිය හැකිවූ.

වි·භාතය, *n.* (වි forth, භා to shine), dawn, daybreak, අලුයම, see ප්‍රභාතය,

වි·භාව, *n.* shining forth, දිලිසීම, ray of light, රශ්මිය; beauty, අලංකාරය. [වූ. E. S.

වි·භාවික, *a.* showing forth, illustrative, ආදර්ශ

වි·භාවනය, *n.* (වි emp.), perception, දැකීම, see භාවනය, ascertaining, දැනගැනීම.

වි·භාවනීය, *a.* perceptible, දැකිය හැකි, ඉන්ද්‍රියගෝචර.

වි·භාවරීය, *n.* (වි priv., භාව light), night, රාත්‍රිය; harlot, වේසඟුව. *Bot.*

වි·භාවසුව, *n.* (විභා light, වසුව substance), lighter, viz, sun, ඉර, moon, සඳ, fire, ගින්න; a sort of garland, මාලාවිශේෂයක්.

විභාවිත, *a.* perceived, දැනුණු, හැඟීගිය, ascertained, දැනගත්. [native, ambiguity. E, S.

විභාෂාව, *n.* (වි various, භාෂාව speech), alter-

විභින්න, *a.* (වි emp., භින්න broken, divided), broken, divided; scattered, dispersed; intermingled, various; bewildered. E. S.

වි·භීත, *a.* (වි priv)., fearless, daring, භයනැති, නිර්භීත.

වි·භීතිය, *n.* fearlessness &c., නිර්භීතිය.

වි·භීෂණ, *a.* or *n.* (වි emp.), terrible, terrific, භයංකර; ap. of Ràvana's brother; a god so called. [eternal; solid. E. S.

වි·භු, *a*, (වි emp., භූ to be), omnipresent;

වි·භු, *n.* master, owner, ස්වාමියා, හිමියා; ap. of Brahma, Vishnu, and Siva. [E. S.

වි·භුතාව, *n.* ommipresence &c.; supremacy.

වි·භූතිය, *n.* (වි emp., see භූතිය), superhuman power, මනුෂ්‍යාතීත බලය; majesty, pomp, splendour, මහත්‍තත්වය, ශ්‍රීමත්භාවය; eight faculties said to be possessed by Siva.

වි·භූෂණය, *n*, (වි various), ornamentation, decoration, සැරසීම, භූෂණය.

වි·භූෂාව, *n.* ornament, decoration, සැරසිල්ල, lustre, දීප්තිය, beauty, අලංකාරය.

වි·භූෂිත, *a.* adorned, ornate, decorated, සරසන ලද, අලංකෘත.

වි·භේද, *a.* (වි emp., භේද to divide), distinct, different, contrary, වෙනම, වෙනස්වූ, විරුද්ධ.

වි·භේදකාරයා, වි·භේදවෙන්නා, *n.* one who makes a difference or severance, one who differs, schismatic.

වි·භේදතාව, *n.* state of being different, &c., difference, distinction, contradistinction, වෙනස, ප්‍රභේදය.

වි·භේදනය. *n.* dividing, severance, වෙන්කිරීම, dismemberment, resolution into parts, බෙදීම. [to parts, වෙන්කරනවා, බෙදනවා.

වි·භේදනයකරනවා, *v. t.* to separate, resolve in-

වි·භේදය, *n.* dividing &c., see විභේදනය; variance, schism, භේදය.

වි·භේද·සහිත, *a.* having differences or divisions, schismatic, භේදවූ.

වි·භේද්‍ය, *a.* divisible, separable, resolvable into parts, කොටස්වලට or ධාතුවලට බෙදිය හැකිවූ.

වි·භේද්‍යතාව, *n.* divisibility &c., භේද්‍යතාව.

වි·භ්‍රමය, *n.* (වි emp., භ්‍රම to go round), whirling, flurry; mistake; whim, wantonness; doubt. E. S. [haste. E. S. See භ්‍රාන්ත,

වි·භ්‍රාන්ත, *a.* hurried, flurried, erring through

වි·භ්‍රාන්තිය, *n.* whirling, whirl, භ්‍රමය, flurry, කලබලකම. [නායකරනවා.

වි·මංසනයකරනවා, *v. t.* to investigate, see විමසි

වි·මග, *n.* or *a.* a bad or wrong road or course; out of the way, erring.

වි·මත, විමතික, *a.* (වි other මත opinion), of different opinion, dissentient, එකඟවූ නැති; averse, අකමැති; opposed, විරුද්ධ.

වි·මතකරනවා, *v. t.* to confuse, perplex, ආකූල කරනවා; render averse, අකමැතිකරවනවා.

වි·මතයා, *n.* dissentient; opponent, විරුද්ධකාරයා, enemy, සතුරා.

වි·මතවෙනවා, *v. i.* to become confused &c., ආකූලවෙනවා; dissent, එකඟනොවී සිටිනවා.

වි·මති·මතික, *a.* of a different or opposed opinion, sceptical, සංසාමතික, අවිශ්වාසකාරක.

වි·මති·මතිකයා, *n.* sceptic, සංසාකරන්නා, සංසාමතියා.

වි·මතිය, *n.* different opinion, dissension; perplexity, doubt; (වි priv.) absence of mind or opinion, inattention. E. S.

විමන, *n.* E. of විමානය: residence, mansion, නිවාසය, palace, මාළිගාව; *pl.* විමන්.

වි·මනස්, *a.* (වි priv., මනස් mind), absent minded, E. S.; confused, perplexed, ආකූල; averse, අකමැති; sorrowful, කනස්සලු.

වි·මර්දනය, *n.* (වි emp., මෘද් to rub, pound), rubbing, pounding, grinding, ඇඹරීම, මර්දනය; crushing, destroying, පොඩිකිරීම, නැතිකිරීම.

වි·මර්ශනය, වි·මර්ශය, *n.* (වි emp., මෘශ් to consult), discussion, reasoning, තර්කය; examination, investigation, විභාගය, විමසීම.

වි·මර්ශනයකරනවා, *v. t.* to discuss &c., විභාග කරනවා, විමසනවා.

වි·මර්ෂය, *n.* (වි priv., මෘෂ් to endure), non-endurance, නොඉවසිල්ල, displeasure, අප්‍රසන්නය; catastrophe, E. S.

වි·මල, වි·මල්, *a.* (වි priv., මල filth), *lit.* and *fig.* unsullied, undefiled, spotless, clean, pure, නිර්මල; beautiful, ලක්ෂණ. [see රත්නසනත්.

වි·මලයා, *n.* pure one, a sage, saint or Rahat,

වි·මලාත්මක, *a.* undefiled in spirit, pure, see විමල. [ing, clear, terse, පැහැදිලි, ප්‍රසාද.

වි·මලාර්ථ, *a.* (·අර්ථ meaning), of clear mean-

විමසනවා, *v. t.* (fr. විමර්ශන), to examine, investigate; *pret.* විමසුවා; *v. n.* විමසීම.

වි·මානකරනවා, *v. t.* (වි priv., මාන honour), to dishonour, disparage, අගෞරවකරනවා, පරිභවකරනවා.

වි·මානය, *n.* (වි emp., මා to measure, construct), residence, mansion, palace, නිවාසය, මාලිගාව; chariot, රථය, sp. automatic chariot of the gods, serving also as a throne.

වි·මාන·ගත, *a.* (විමාන mansion, ගත being), being in a mansion or palace, විමානයෙහි සිටින or වූ. [(or පුළු) කරනලද.

වි·මානිත, *a.* dishonoured, disparaged, අවමන්වූ

වි·මාර්ගය, *n.* *lit.* and *fig.* bad road, wrong course, නරක මාර්ගය. [ලද, see මුක්ත.

වි·මුක්ත, *a.* (වි emp.), set free; hurled, විසිකරන

වි·මුක්තිය, *n.* liberation, release, see මුක්තිය.

වි·මුක්ති·ඥානය, *n.* knowledge of emancipation or of the attainment of Nirvàna, one of the six kinds of superhuman knowledge which Buddha and Rahats are said to possess.

විමුඛ, *a* (වි away, මුඛ face), having the face averted, averse, unfriendly, දුර්මුඛ, විපක්ෂ.

වි·මුඛවෙනවා, *v. i.* to become averse or unfriendly, discountenance, දුර්මුඛවෙනවා, &c.

වි·මුක්ත, *a.* විමුක්තිය, *n.* P. of විමුක්ත and විමුක්තිය. [මෝඩ, see මූඪ.

වි·මූඪ, *n.* (වි emp), very foolish, insensate,

වි·මෘදිත, *a.* (වි emp. මෘදිත fr. මර්දිත), triturated, ground, powdered, අඹරනලද, කුඩුකරනලද.

විමෝක්ෂය, *n*, liberation, මිදීම, see මෝක්ෂණය.

වි·මෝචනය, *n*, liberating, see මෝචනය.

වි·මෝචිත, *a.* (වි emp., මුච to loose), loosed, liberated, මිදුණු.

වි·මෝහනය, වි·මෝහය, *n.* (වි emd., මුහ් to be foolish), fascinating, bewitching, tempting, seducing, fascination, bewitchment, infatuation, සිහිය මුලාකිරීම, E. S. [තා.

වි·මෝහිත, *a.* fascinated, infatuated, see මෝහි

වි·මෝහිතතාව, *n.* fascination &c. see මෝහිත තාව. [man, මෝහිතයා.

වි·මෝහිතයා, *n. mas.* infatuated person, mad-

විම්බකය, විම්බය, විම්බිකාව, *n.* See බිම්බය.

විම්බිත, *a.* mirrored, reflected, see ප්‍රතිබිම්බිත.

විම්බෝෂ්ඨ, *a.* (විම්බු betel nut, ඕෂ්ඨ, lip), red-lipped, රතු තොල්ඇති. [on.

විය, *n.* cont. of ආවිය: tool, instrument, weap-

විය, *v. pret.* of වෙනවා: became, was, වුණ.

විය, *n.* age, වයස; (fr. ව්‍යය) expenditure, වියදම: illnese, ව්‍යාධිය, ලෙඩ; paddy, වී: yoke, වියගහ;

විය, *n.* bird, කුරුල්ලා. [(fr. වියත්) sky, අහස.

වියකනවා, *v. t.* to dissolve, melt, liquify, දිය කරනවා; explain, විස්තරකරනවා; *pret.* වියකෑනුවා.

වියකීම, වියකුම, *v. n.* of වියකනවා and වියකෙනවා: dissolving, melting, දියකිරීම, දියවීම; wearing away, ගෙවීයාම.

වියකෙනවා, *v. i.* to dissolve, දියවෙනවා; wear away, ගෙවීයනවා, *pret.* වියකෙනුවා.

විය·පත්, *v. adj. pret.* arrived at age, of age, youthful, යෞවන.

විය·ගහ, *n.* yoke-pole, yoke for oxen.

විය·යුර·, *n.* war, battle, යුධය. [ගොන්.

විය·ගොන්, *n.* (විය yoke), yoke oxen, වියගහේ

වියච්චාරියා, *n.* (වියත් sky, චාරියා goer), kite, උකුස්සා. [paddy.

වියව, වියවස, *n.* cont. of වී ඇටය: grain of

වියත, *n.* span, the measure so called; sky, අහස.

විය·තලය, *n.* coulter of a plough, නඟුල්තලය.

වියතා, වියත්තා, *n.* learned or wise person, scholar, pandit, ව්‍යක්තයා, උගතා.

වියත්, *a.* E. of ව්‍යක්ත: clear, manifest ප්‍රකාශ; learned, erudite, උගත්.

වියත්කම, *n.* learnedness &c.

වියත්ගඟ, වියද්ගංගාව, *n.* (වියත්, වියද්, sky), celestial river, අහස්ගඟ.

වියද, *n.* disease, illness, ලෙඩ, ව්‍යාධිය.

විය·දණ්ඩ, *n.* See වියගහ.

විය·දත්, *a.* (විය age, දත් knowing), arrived at years of discretion, යෞවන, විය පැමිණි.

වියදම, *n.* expenditure, outlay, expense.

වියදම්කරනවා, *v. t.* to spend, expend (money), consume, use up, (ingredients &c.).

වියදම්කාරියා, *n.* cashier, disburser.

වියදම්වෙනවා, *v. i.* to become expended, spent

වියදුත්, *n.* = ව්‍යද්‍යුත, which see. [used up.

වියදු, *n.* sick person, patient. ලෙඩා, රෝගියා.

වියන, *n.* (fr. විතානය), awning, canopy.

වියන, *v. adj. pres.* of වියනවා: weaving &c.

වියනවා, *v. t.* to weave, plait, pleat; *pret.* වියුවා or වියුවා. *v. n.* වියීම.

වියන්·තට්ටුව, *n.* ceiling.

වියන්·බඳිනවා, *v.* to canopy, construct or fix a canopy or awning. [awnings.

වියන්·බැඳි, *a.* canopied, having an awning or

වියපතඟයා, *n.* locust, පළඟැටියා,

විය·පැමිණෙනවා, *v. i.* to arrive at puberty.

වියපැහැදම, *n.* expense, expenditure, වියදම.

වියපැහැදම්කරනවා, *v. t.* to spend, expend, වියදම්කරනවා.

විය·බාන, *n.* (විය yoke, බාන rope), yoke-rope, rope which fastens the bullock to the yoke.

වියම, *n.* for වෑයම: effort, endeavour. [web.

වියමන, *n.* anything woven or plaited, tissue,

වියරණ, *a.* වියරණය *n.* E. of ව්‍යාකරණ and ව්‍යාකරණය.

වියරු, *a.* (fr. විකාර), demented, insane, උන්මාද.

වියරුව, *n.* insanity, madness, උන්මාදය.

වියරුවා, *n.* furious person, madman, උන්මාදයා.

වියරු·වැවෙනවා, වියරුවෙනවා, *v. i* to fall into a rage, become mad, තද කෝපයට or උන්මාදයට පැමිණෙනවා.

වියල, *n.* clay prepared for building: pustule, boil or carbuncle, ගෙඩිය: bedstead or couch, ඇඳ; either of the two poles which connect the beam of the outrigger with the canoe; *pl.* වියල්.

වියලයා, *n.* E. of ව්‍යාලයා: wild or savage beast, චණ්ඩමෘගයා; ap of the tiger, ව්‍යාඝ්‍රයා or snake, සර්පයා.

වියලහරයා, *n.* (වියල withered), withered or feeble person, old man, දුබලයා, නාකියා.

වියලනවා, *v t.* to dry, shrink; *pret.* වියලුවා; *v. n.* වියලීම.

වියලනුව, *n.* yoke-rope, see වියබාන.

වියලවනවා, *v. c.* to cause to dry; *pret.* වියලෙවුවා; *v. n.* වියලවීම.

වියලා, *p. pl.* වියලනවා: having dried.

වියලි, *a.* dried, dry, arid.

වියලිමිනිය, *n.* dried corpse, mummy. [මිනල්ලා.

වියලියා, වියලුවා, *n.* withered person, old man,

වියලීම, වියලුම. *v. n.* of වියලනවා and වියලෙන
වියලු, *a.* See වියලි. [වා: drying.
වියලුම්කම, *n.* dryness, aridity. [වියලුණ.
වියලෙනවා, *v. i.* to become dry or arid; *pret.*
වියව්ග, *n.* celestial world, සව්ගය; ap. of Cupid, කාමදෙව්යෝ.
වියවනවා, *v. c.* of වියනවා: to cause to weave, get woven; to blast (corn); *pret.* වියෙව්වා; *v. n.* වියවීම. [bewilderment, perplexity.
වියවුල, *n.* disorder, confusion; distraction,
වියවුල්, *a.* disorderly, confused, chaotic, &c.
වියවුල්කරනවා, *v. t.* to throw into disorder; confuse &c.
වියසනය, *n.* danger &c., see ව්‍යසනය.
විය·සිදුර, *n.* yoke-hole through which the rope passes which fastens the bullock to the yoke.
විය·හැකි, *v. adj.* that may be, possible.
විය·හැකිකම, *n.* possibility, potentiality.
වියකියදම, *n.* (කිය expletive), see වියදම.
විය·කියදම්කරනවා, *v. t.* See වියදම්කරනවා.
වියළි, &c = වියලි &c.
වියාත, *a.* impudent, ගරුනැති, ලජ්ජානැති.
වියාම, *n.* E. of ව්‍යාම: a fathom, බඹය.
විවීම, වීම, *v. n.* of වියනවා: weaving.
විශු, *a.* said, uttered, කිහු, කී.
වි·යුක්ත, *a.* (වි priv., යුක්ත joined), disjoined, separated, detached, වෙන්වූ. [වා.
වි·යුක්තකරනවා, *v. t.* to disjoin &c., වෙන්කරන
වි·යුතු, *a.* E. of වියුක්ත. [වෙන්වීම.
වියෝ, *n.* Elu form of වියෝග: separation,
වියෝග, *a.* (වි priv., යුජ් to unite), disjoined, separated, distinct, වෙන්වූ.
වි·යෝගකරනවා, *v. t.* to disjoin &c.; (ධාතු) decompose, disintegrate, disorganize. E. S.
වියෝගභාව. *n.* disunion, separateness, වෙන්වූ බවභාව.
වි·යෝගය, වි·යෝ, *n.* disjunction, disunion &c., as above, වෙන්වීම, වෙන්වසිටීම. E. S.
වි·යෝග·වාචකය, *n.* *gram.* a disjunctive, වෙන් කරන වචනය.
වි·යෝගී, *a.* disjoined, separated, වෙන්වූ.
වියෝ·ගින්න, වියෝ·දුක, *n.* fire of separation, viz. pain or sorrow of separation, වෙන්වීමේ දුක. [solvent. E. S.
වි·යෝජකය, *n.* what disintegrates or dissolves,
වි·යෝජය, *n.* disjunction, detachment &c., see වියෝගය. [decomposed (parts), E. S.
වි·යෝජිත, *a.* disjoined, detached, separated;
වි·යෝජිතභාව, වි·යෝජිතත්වය, *n.* disconnectedness, වෙන්වූ බවභාව; decomposition, ධාතු වෙන් වීම. [සදය.
වියෝලය, *n.* Port., viol, violin, fiddle, රබනින්ද
වි·යෝවග, *n.* ap. of Cupid &c., see වියවග.
වි·යෝවගතුරු, වි·යෝවගසතුරු, *n.* enemy of Cupid; ap. of Siva, ශිවදෙවියෝ.
වියෝ·වාචකය, *n.* See වියෝගවාචකය.

වි·යෝවෙනවා, *v. i.* to become disjoined, &c. වෙන්වෙනවා.
වි·රක්ත, *a.* (වි priv., රක්ත attached), averse, unwilling, reluctant, disinclined, අකමැති, unenamoured, ඇලුම්නැති, repugnant, විරුඩ.
විරක්තිය, *n.* disinclination &c., අකමැතිකම &c.,
වි·රචිත, *a.* (වි emp.), composed &c., see රචිත.
වි·රජස්, *a.* (වි priv., see රජස), free from dust, දූලිනැති; passionless, රාගනැති; free from menses (by cessation), මල්වර නැවතුණු.
විරචි, *n.* (වි emp., රච් to make), ap. of Brahma, see විරිංචි. [නැවතුණු; forsaken, අත්හරිනලද.
වි·රත, *a.* (වි emp., රත ceased), ceased, stopped,
වි·රතිය, *n.* ceasing, cessation, refraining, නැවතීම, වැලකීම.
වි·රමණය, *n.* (වි priv., රම් to sport), abstaining &c., see විරතිය; escape, මිදීම.
වි·රමණයවෙනවා, *v. i.* to abstain from, වලකිනවා; escape from, මිදෙනවා.
වි·රල, *a.* not close together or dense, sparse, loose, separated, infrequent in time or space, occasional. E. S. [sely, deploy, scatter.
වි·රලකරනවා, *v. t.* to set apart thinly or spar-
වි·රලභාව, *n.* sparseness &c., ඝනකැරනැතිකම.
වි·රස, *a.* (වි priv.), flavourless, insipid, රසනැති.
වි·රහ, *a.* (වි emp., රහ් to leave), pert. to separation.
වි·රහ, *n.* relinquishment, අත්ඇරීම, cessation, නැවතීම; absence, ලඟනැතිකම; separation, sp. of lovers, වෙන්වීම divorce.
වි·රහ·ගින්න, වි·රහ·දුක්ඛය, *n.* sorrow of separation, sp. of lovers, see වියෝගින්න.
වි·රහි, *a.* separated, වෙන්වූ; absent, ඉදිරිපිට නැති. [wife.
වි·රහි·ජනයා, *n.* husband separated from his-
වි·රහිණී, *n. fem.* wife separated from her husband, පුරුෂයාගෙන් වෙන්වූ භාර්යාව.
වි·රහිත, *a.* left, relinquished, deserted, අත් ඇර පු; lacking, not having, free from, නැති: see
වි·රහිතව, *post.* without, නැතුව, රහිතව. [රහිත.
විරළ &c = විරල &c.
වි·රා, වි·රාග, වි·රාගී, *a.* (වි priv., රාග desire), free from desire, passionless, sp. void of all carnal desire, රාගනැති.
විරාජ්, *n.* (වි emp., රාජ් to shine), effulgence, brilliance, දීප්තිය, splendour, තේජස.
වි·රාජමාන, *a.* brilliant, refulgent, resplendent, දීප්තිමත්, splendid, gorgeous. E. S.
විරාජමානභාව, විරාජමානත්වය, *n.* brilliance &c.
විරාජිත, *a.* shining, brilliant &c., see විරාජමාන.
විරාජිතභාව, *n.* brilliance &c.
වි·රාමය, *n.* (වි emp., රම් to stop), cessation, pause, නැවතීම, end, නිම්ප්පුව; the stop so called, එනම් නැවතීමේ ලකුණ; rest from work, නිවාඩුව.

වි·රවය, *n.* (වි emp.), noise, ඝෝෂාව, see රවය.
විරි, *a.* thin, fine, soft, delicate, තුනී, සිහින්, සියුදු, සෞම්‍ය. [purged, විරේචිත, පැහැරූ.
විරික්ත, *a.* (වි emp., රික්ත void), evacuated,
වි·රිඤ්ච, වි·රිඤ්චි, වි·රිචි, *n.* maker or creator: ap of Brahma, Vishnu and Siva, see විරිඤ්චි.
විරිත, *n.* (fr. වෘත්ත), religious ordinance or observance; abstinence of what is forbidden.
විරිත්තනවා, *v. t.* (with දත්), to show the teeth, grin; *pret.* විරිත්තුවා; *v. n.* විරිත්තීම. [සතුරු.
විරිදු, *a.* E. of විරුඬ: opposed, විරුඬ, hostile,
විරිදු, විරුදු, *n. pl.* or *a.* bardic praises, encomiums, bardic; පැසසුම්.
විරිදු·කවිවරයා, විරුදු·කාරයා, *n.* bard, encomiast, improvisator, troubadour.
විරිදුකියනවා, *v.* to recite verses extempore, improvisate, bepraise in rhyme.
විරිඹිය, *n.* musical note, tone, සංගීතශබ්දය.
විරිය, *n.* thinness, fineness තුනීකම &c., see විරි.
විරිය, *n.* See වීර්ය.
විරී, *a.* See විරි.
විරි·යනවා, විරෙනවා, *v. i.* to melt, become soft or liquid, උණුවෙනවා, දියවෙනවා.
විරු, *a.* and *n.* E. of විර and විරයා.
විරු, විරූ, *suf. to verbal forms,* such as, නුදුටු විරු දේ, Things such as had not been seen, නුදුටු ආකාර දේ.
විරුණු, *v. adj. pret.* of විරෙනවා, melted, උණු වුණු: scattered, see විසිණි. [උණුවූදේ.
විරුණු, *n.* melting, උණුවීම; anything melted,
විරුඬ, *a.* (වි emp., රුධ to, impede), opposed, contrary to, inconsistent with, repugnant, hostile.
වි·රුඬකම්·කරනවා, or ·පානවා, *v.* to oppose, antagonize, act in opposition, show opposition.
වි·රුඬකරනවා, *v.* to make any one antagonistic, set in opposition, render hostile.
වි·රුඬකාරයා, *n.* opponent, antagonist.
වි·රුඬය, *n.* opposition, objection.
වි·රුඬව, *ad.* being opposed, in opposition, hostilely. [contradictory, factious.
වි·රුඬ·වාදී, *a.* opposition in speech, contentious,
වි·රුඬවාදියා, *n.* opponent in speech, antagonist in argument.
විරුව, *n.* fury, madness, see විසරුව.
විරූ, *a.* See විරූප.
විරූඪ, *n.* Regent of the South and chief of the කුම්භාණ්ඩයෝ, see සතරවරම්දෙවියෝ.
වි·රූප, වි·රූපක, *a.* (වි priv., රූප form), deformed, disfigured, ugly, අවලක්ෂණ, unnatural, monstrous.
වි·රූපකතාව, විරූපකම, විරූපතාව, *n.* deformity &c. [tort, misshape.
වි·රූපකරනවා, *v. t.* to deform, disfigure, dis-
වි·රූපක්ෂ, *n.* P. of විරූපාක්ෂ.

වි·රූපයා, *n.* deformed person, monster.
වි·රූප·විඥානය, *n.* teratology.
වි·රූපාක්ෂ, *n.* (·අක්ෂ eye), unnatural-eyed one: ap. of Siva, who has three eyes; Regent of the West and chief of the Nàgas, see සතර වරම් දෙවියෝ.
වි·රූපික, *a.* deformed, see විරූප.
විරූළ්හ, *n.* P. of විරූඪ.
වි·රේක, *a.* (වි emp., රිච් to purge), purgative, aperient, පාචනකාරක.
වි·රේකකරනවා, *v. t.* to purge, පාචනකරවනවා.
වි·රේකය, වි·රේචනය, *n.* purging, looseness of the bowels, බඩ පාචනය.
වි·රේචක, *a.* See විරේක.
වි·රේචනකරනවා, *v. t.* See විරේකකරනවා.
වි·රේචනයවෙනවා, *v. i.* (of the bowels), to become purged or relaxed, to purge, අතීසාරලෙස පාචනවෙනවා.
වි·රේචිත, *a.* purged, relaxed (bowels).
වි·රෝචනය, *n.* (වි emp., රුච් to shine), shining, viz. sun, ඉර, moon, හඳ, fire, ගින්න.
වි·රෝචමාන, *a.* shining, බැබලෙන, illumined, brilliant, ආලෝකවූ, දීප්තිමත්.
වි·රෝධ, *a.* opposed to &c., see විරුඬ.
වි·රෝධකාරයා, *n.* opposer, විරුඬකාරයා.
වි·රෝධනය, වි·රෝධය, *n.* opposing, opposition, obstructing, obstruction, contravention, see විරුඬකම; the last year of the Indian cycle of sixty. [counter-attraction.
වි·රෝධාකර්ෂණය, *n.* (·ආකර්ෂ:); drawing against,
වි·රෝධාපී, *a.* (·අපි), ironical, E. S.
වි·රෝධාපී·වාචකය, වි·රෝධාපී·භාෂණය, *n.* expressing irony, ironical language, irony, E.S.
වි·රෝධී, *a.* opposed, repugnant, විරුඬ.
විරෝධිත, *n.* twenty-fourth year of the Indian cycle. [of opposition, combativeness.
විරෝධේන්ද්‍රියය, *n.* (විරෝධ ඉන්ද්‍රිය:), *phren.* organ
විල, *n.* hole, pit, වළ, ගුහාව; lake, වැව; for වලිය, wrinkle, වැකරැල්ල. *Bot.*
විලක්, *n.* shame, bashfulness, ලජ්ජාව.
විලක්කුව, *n.* T., lamp, පහන, torch, පන්දම.
විලංගජ, *n.* a species of aloes-wood, අගිල් ලී ජාතියක්. [shackle.
විලංගු·දමනවා, *v.* to put fetters on, fetter,
විලංගුව, *n.* T., fetter, shackle.
වි·ලංඝන, *n.* (වි away, beyond), going beyond, overleaping, transgressing, කඩකිරීම; fasting, නිරාහාරව සිටීම, උපවාසය.
විලංඝිත, *a.* transgressed, කඩකරනලද.
විලඳ, *n.* parched corn, බැදපු ධාන්‍ය, පොරි.
වි·ලප, *n.* E. of විලාපය.
වි·ලම්බනය, වි·ලම්බය, *n.* (වි emp.), hanging down, එල්ලීසිටීම; slowness, tardiness, delay, පසුගාව, ප්‍රමාදය.
වි·ලම්බනයවෙනවා, *v. i.* to hang down, impend, එල්ලෙනවා; delay, පසුගාකරවනවා.

වි·ලම්බමාන, *a.* pendent, hanging, එල්ලෙන; එල්ලී තිබෙන; slow, &c., සුනංගු.
වි·ලම්බිත, *a.* suspended &c., see විලම්බමාන.
වි·ලම්බිතකරනවා, *v. t.* to delay, ප්‍රමාදකරනවා.
වි·ලම්බිතය, *n.* pendulousness, එල්ලීතිබීම; slowness, සුනංගුව.
වි·ලම්බිතතාව, *n.* dilatoriness, tardiness, කඩිසර නැතිකම, සුනංගුගතිය. [cycle.
වි·ලම්බිය, *n.* thirty-second year of the Indian
වි·ලයන, *a.* (වි emp., ලය fusion), dissolving, උණුකරන, දියකරන; corroding, corrosive, දිය වන (ද්‍රවන).
විලයා, *n. mas.* blind person, අන්ධයා
විලවුන්, *n.* E. of විලේපනය: ointment or scented unguents for anointing or colouring the skin, අඟරා, සුවඳ කල්ක.
විලස, *n,* E. of විලාසය.
වි·ලසනය *n.* (වි emp., ලස් to embrace), dalliance, ආදරකිරීම, කොමලකිරීම. [ස්ත්‍රී.
වි·ලසිය, විලසි, *n. fem.* dallying one, viz. woman,
වි·ලාප, *n. pl.* or *a.* (වි distortion, ලප් to speak), lamentations; plaintive. [wail.
වි·ලාපකියනවා, *v.* to utter lamentation, mourn,
වි·ලාප·ගීතිකාව, *n* elegy, ශෝකගීතිකාව.
වි·ලාපය, *n.* lamentation, lament, wailing, wail.
විලායකරනවා, *v.* to act foolishly or awkwardly, pretend.
වි·ලාසය, *n.* (වි emp., ලස් to embrace, sport), dalliance, wantonness, කාමුකකෙළිය; elegance, සෝභනකම; plight, condition, state, තත්වය, ආකාරය; manner, mode, අන්දම, habit,
වි·ලාසි, *a.* wanton, රඟවත්. [conduct, ලීලාව.
වි·ලාසිනී, *n. fem.* woman, ස්ත්‍රී; harlot, වේශ්‍යාව.
වලි, *a.* wild, see වලි. [කුකුළා.
වලි·කුකුළා, *n.* wild or jungle cock, see වලි
විලිකුන්, *n.* mature, ripe, mellow, පැසුණු, ඉදුණු.
විලිකුන්වෙනවා, *v. i.* to become ripe, පැසෙනවා, or mellow; ඉදෙනවා, [clear, පැහැදිලි.
විලින, *a.* ripe, see විලිකුන්; liquid, දියර, දියවූ;
විලිපති·මාසය, *n.* calendar month, ලිත් මාසය.
විලිපතිය, *n.* calendar, almanac, ලිත.
විලිඹු, *n.* heel, see විලුඹ. [*denticulatus.*
විලි·මසා, *n.* a kind of fish, පේමසා, *cyprinus*
විලි·මුවා, *n.* See වලිමුඛයා.
විලිමුව, *n.* ornamental border of a garment.
විලිය, *n.* ripe fruit, ඉදුණුඵලය; bow, දුන්න; wrinkle, වලිය, රැල්ල. See විලිය &c. [gold,
විලිසියාඩු, *n.* (Venetian) fine gold, Venetian
විලිස්සනවා, *v.* to show the teeth, grin, දත් විරිත්තනවා; *pret.* විලිස්සුවා; *v. n.* විලිස්සීම.
විලීන, *a.* (වි emp., ලී to melt), melted, dissolved, දියවූ; vanished, disappeared, passed away, පහවූ.
විලුව, *n.* shame, modesty, ලජ්ජාව, මනප්.
වි·ලුම්පනය, *n.* (වි emp., ලුප් to rob), plundering, sacking, ravaging. කොල්ලකෑම, වැනසීම.

විලුම්පනයකරනවා, *v. t.* to plunder &c.
විලුඹ, *n.* heel of the foot.
වි·ලේඛනය, *n.* (වි emp., ලිඛ් to score, write), to furrow, සීසී සෑදීම, digging, (බිම)කෑනීම, splitting, පැලීම, dividing, බෙදීම.
වි·ලේපනය, විලේපය, *n,* (වි emp., ලිප් to anoint), anointing, ආලේපය; ointment, salve, විලවුන්; plaster, බදාම; plastering, බදාමගෑම.
වි·ලේපනයකරනවා, *v. t.* to smear on, anoint, ආලේපකරනවා; plaster, බදාමගානවා.
වි·ලෝක, *a.* (වි priv., ලෝක person), unpeopled, solitary (place), නිර්ජන.
වි·ලෝකනය, *n.* (වි emp., ලෝක් to see), seeing, දැකීම, looking, look, බැලීම.
වි·ලෝකනයකරනවා, *v. t,* to look at, බලනවා.
වි·ලෝකිත, *a.* seen, දකිනලද, පෙනුන.
වි·ලෝචනය, *n.* (වි emp., ලෝච් to see, view), sight, seeing, පෙනීම, දැකීම, eye, ඇස.
වි·ලෝභනය, වි·ලෝභය, *n.* (වි emp., ලුභ් to allure), attraction, allurement, ඇදගැනීම; temptation, පරීක්ෂාව, පොලඹවීම; seduction, E. S. [deceived, රැවටුණු.
වි·ලෝභිත, *a.* allured, ඇදගන්නාලද, පොලඹුණු,
වි·ලෝම, *a* (වි against, ලෝම hair), against the hair or grain, backward, opposite, contrary, විරුඬ, ප්‍රතිකූල.
වි·ලෝමචෙෂ්ට, *a.* (චෙෂ්ට acting), going against the grain, cross-grained. E. S. [three,
වි·ලෝම·ත්‍රෛ·රාශිකය, *n. arith.* inverse rule of
වි·ලෝමය, *n.* being or going against the grain or natural order, the reverse course, the contrary, see විපර්යාසය.
වි·ලෝල, *a.* (වි emp., ලෝල shaking), shaking, tremulous, චපල; fickle, චපල.
විල්·කුකුළා, *n.* See විලිකුකුළා.
විල්·තෙර, විල්·තීරය, විල්·බඩ, *n.* lake shore or
විල්·මුවා, *n,* See විලිමුවා. [bank, විල්ඉවුර.
විල්ල, *n.* ferrule; rim; *pl.* විලි.
විල්·ලිහිණියා, *n.* lake-swallow or swift.
විල්ලුද, *n.* D., velvet. [බෙලි.
විල්වය, *n.* Bengal quince or *ægle marmelos,*
වි·වක්ෂාව, *n.* (වි emp., වක්ෂා desid. of වච් to speak), desire to speak, කථාකිරීමට කැමතිවීම; wish, desire, ආශාව.
වි·වක්ෂිත, *a.* that was intended to be said, කීමට කැමතිවුණ (දේ); wished, desired, කැමතිවුණ
වි·වජ්ජිත, *a.* P. of විවර්ජිත. [(දේ).
වි·වට්ට, *n.* P of විවර්ත; end, termination, destruction, කෙළවර, නිමවීම, විනාශය, Nirvâna, නිවන.
වි·වණිකයා, *n.* chandler, dealer, වෙළෙන්දා.
වි·වර·කරනවා, *v. t.* to cleave, split, පලනවා, fissure, සිදුරක් කරනවා,
වි·වරවෙනවා, *v. i.* to cleave, split, පැළෙනවා.

වි·වරණය, *n.* (වි severally, වෘ to choose), opening uncovering, ඇරීම; description, explanation, comment, solution, විස්තරකිරීම; permission, අවසරය.

වි·වරණයකරනවා, *v. t.* to uncover, වැස්ම අරිනවා; explain, elucidate, solve, විස්තරකරනවා.

වි·වරය, *n.* a split, rift, fissure, crevice, aperture, dehiscence, පැළුම, සිදුර; flaw, පළුදුව.

වි·වර·සංකෝච·ස්නායුව, *n.* (සංකෝච drawing together), sphincter, වක්‍රස්නායුව.

වි·වර්ජකයා, *n.* (වි emp.), one who forsakes, abandoner, deserter in general, අත්අරින්නා.

වි·වර්ජිකාව, *n.* cutaneous eruption, scab, කබල.

වි·වර්ජිත, *a.* (වි emp.), See වර්ජිත.

වි·වර්ණ, *a.* (වි priv., වර්ණ colour, caste), colourless, pale, of a bad colour or dye, පාටනැති, සුදුමැලි, පාටනරකවූ; vile,lowcaste, නීච,පහත්.

වි·වර්ණයා, *n. mas.* person of low caste, outcast, නීචයා, පහත්අය.

වි·වර්ණවෙනවා, *v. i.* to become colourless &c., fade, පාටනරක්වෙනවා, මැලවෙනවා.

වි·වර්තිත, *a.* (වි reversed, වෘත to be), going round, circumambulating (an altar &c. in worship), වටකරයන; revolving, කරකැවෙන.

වි·වර්තනය, *n.* going round, &c., වටකරයාම, see ප්‍රදක්ෂිණාව; revolving, revolution, කරකැවීම.

වි·වර්තමාන, *a.* going round, revolving, වටකරයන, කරකැවෙන, *nat. hist.* versatile, හැරෙනසුළු.

වි·වර්තය, *n.* revolving; assemblage, collection, heap, රැස, ගොඩ; error, වැරදීම, වැරද්ද්ල්ල, delusion. illusion, රැවටීම, මායාව.

වි·වර්ත·ස්ථායි, *a.* changing, overturning, destructive (period), විනාශ(කල්පය).

වි·වර්ධන *n.* (වි emp.), advancement, increase, වර්ධනය, වැඩිදියුණුව.

වි·වශ, *a.* (වි priv or emp., වශ් or වස් to wish), unwilling (to die), අකමැති; submissive, යටත්වෙන; sedate, සංසුන්, calm, නිශ්චල.

වි·වස්, *a.* E. of විකාශ. manifest, explicit, clear, ප්‍රකාශ. [ඉර.

විවස්වාන්, *n.* ap. of a god, දෙවියෙක් or the sun,

වි·වාද, *n. pl.* or *a.* (වි against, වද් to speak), controversies; controversial.

වි·වාදකරනවා, *v.* to argue, debate, engage in controversy, dispute. [controversy.

වි·වාදය, *n.* arguing, debating, debate, dispute,

වි·වාදනුගත, *a.* (·අනුගත), involving controversy, disputed. විවාදගතික.

වි·වාරය, *n.* broad pronunciation, brogue. E. S.

වි·වාස·කරණය, *n.* (වි away, වාස dwelling), causing to dwell abroad, deportation, banishment, රටහැරවීම. [වාසයකිරීම.

වි·වාසනය, *n.* dwelling abroad, exile, පිටරටක

වි·වාසිත, *a.* banished, exiled, රටහැරවනලද.

වි·වාහ, *n. pl.* or *a.* marriages in general or sp. the opposite of ආවාහය, which see; marriage, matrimonial. See විවාහය. [nuptial, කසාද.

වි·වාහක, වි·වාහික, *a.* marriage, matrimonial,

වි·වාහක, *a.* married or who has been married but is now widowed. [E. S., කසාදබඳිනවා.

විවාහකරනවා, *v. t.* to marry, පාවාගන්නවා,

වි·වාහ·ගිවිසුම, *n.* mariage-settlement. E. S.

වි·වාහ·දායාදය, *n.* marriage-portion, dower.

වි·වාහ·දේවතාවා, *n.* Hymen, the god of marriage.

වි·වාහ·බන්ධනය, *n.* marriage-tie, wedlock.

වි·වාහ·බස, *n* promise or engagement to marry, betrothal. [propose, woo.

වි·වාහ·බස්·ඉල්ලනවා, *v.* to solicit in marriage,

වි·වාහ·බස්·දෙනවා, *v.* to give a promise of marriage, engage to marry. [nuptials, මඟුල.

වි·වාහ·මංගල්‍යය, *n.* marriage feast, wedding,

වි·වාහය, *n.* (වි before, වහ් to carry), the giving of a woman in marriage, marriage, wedding, ස්ත්‍රියක් පාවාදීම, commonly also පාවාගැනීම.

වි·වාහ·ලේකම්, වි·වාහ·ලේකම්·තැන, *n.* registrar of marriages.

වි·වාහි·වෙනවා, *v.* to marry, කසාදබඳිනවා.

වි·වාහිත, *a.* married, කසාදබැඳපු.

වි·වාහිත·භාවය, *n.* conjugal state, married life.

වි·වාහ්‍ය, *a.* marriageable, කසාදබැඳීමට සුදුසු, වැඩිවිය පැමිණි.

වි·වික්ත, *a.* (වි emp., විච් to divide, differ &c.), separated, වෙන්වූ, solitary, තනි; discriminated, ප්‍රභේදවූ, judged, විනිශ්චිත.

වි·වික්ත·වාසය, *n.* separate dwelling, dwelling alone, වෙන්වූවාසය·

වි·වික්තාසනය, *n.* (·ආසනය seat, abode), solitary abode, hermitage, තාපසනිවස.

වි·විත්ත, *a.* (වි emp., විත්ත broad), very broad, spacious, extended, විශාල.

වි·විධ, වි·විධාකාර, *a.* (වි various, විධ sort), various, of different kinds, miscellaneous, heterogeneous, නොයෙක්, නානාප්‍රකාර.

වි·විධාකාරකම, වි·විධාකාරත්වය, වි·විධාකාරය, *n.* diversity, miscellaneousness, being of various kinds or methods.

විවිධාකාරකරනවා, *v. t.* to diversify, checker; do or act in various ways,

වි·විතය, *n.* an enclosed piece of ground, enclosure, close, field, පිට්ටනිය.

වි·විම, විවුම, *v. n.* of වියනවා, see වියීම.

විවුවා, *v. pret.* of වියනවා: wove, plaited.

වි·වෘත *a.* (වි emp., වෘජ් to abandon), abandoned, forsaken, deserted, see වර්ජිත.

වි වෘතාව, *n. fem.* deserted woman or wife, අත්අරිනලද භාර්‍යාව.

වි·වෘත, *a.* (වි separate, වෘත් to be), open, exposed, displayed, manifest, ප්‍රකාශ: expanded, extensive, large, විශාල.

වි·වෘතකරනවා, *v. t.* to open, expose, disclose, ප්‍රකාශකරනවා, explain, තේරුම්කරනවා.

වි·වෘත·තට්ටුව, *n. geol.* exposed layer, denudation. [මීම.

වි·වෘතය. *n.* opening, dehiscence, ඇරීම, විවෘත

විවෘතවෙනවා, *v. i.* to expand, open, develope. විකසිතවෙනවා, ඇරෙනවා.

වි·වෘතිය, *n.* (වි severally, වෘ to choose), explanation, exposition, gloss, විස්තරය.

වි·වෘද්ධිය *n.* (වි emp.), increase, improvement, දියුණුව, see වෘද්ධිය.

විවේක, *a.* solitary, lonely, desert, secluded, උදකලාවූ; disengaged, leisure, නිවාඩු.

වි·වේකකම, වි·වේකත්වය, *n.* loneliness &c., retirement, තනිවසිටීම, E. S.

වි·වේකකරනවා, *v. t.* to seclude. E. S.

වි·වේකජ, *a.* (වි·වේක investigation, ජ resulting), resulting from investigation, logical, resultant.

විවේකය, *n.* solitude, privacy, උදකලාව සිටීම or උදකලා සවභාව; leisure, නිවාඩුව; investigation, විපරම, discrimination, judgment, නිශ්චය. [නිර්ජනභූමිය, පාළුභූමිය.

වි·වේක·ස්ථානය, *n.* solitary place, solitude,

විවේකාභිරත, *a.* (·අභිරත longing), longing for or delighting in solitude or asceticism, තපස් භාවයට ආශාවෙන.

වි·ශද, *a.* white, සුදු, clear, pure, lucid, pellucid, නිර්මල, පැහැදිලි; perspicuous, evident, ප්‍රකාශ, ප්‍රත්‍යක්ෂ.

වි·ශදතාව, *n.* clearness &c., නිර්මලකම &c.

වි·ශය, *n.* doubt, uncertainty, අනුමානය; refuge, රක්ෂාස්ථානය. [slaughter, මරදැමීම.

වි·ශරය, *n.* (වි emp., ශර mischief), killing,

වි·ශසනය, *n.* (වි emp., ශස් to kill), killing, slaughter; sabre, වකුටුකඩුව.

වි·ශාඛාව, *n.* fifteenth lunar asterism, including A or K Libræ.

වි·ශාරද, *a.* famous, celebrated, eminent, illustrious, කීර්තිමත්, උසස්; confident, bold, භය නැති.

වි·ශාරදතාව, *n.* famousness, celebrity &c.

වි·ශාල, *a.* wide, extensive, spacious, large, great, දුරින්පලල්වූ, මහත්.

විශාලකම, විශාලතාව, විශාලත්වය, *n.* extensiveness &c., vast expanse, comprehensiveness.

විශාලකරනවා, *v. t.* to enlarge, expand, amplify, මහත්කරනවා.

විශාලා, *n.* the city Ujjain. *Bot.*

වි·ශාලිත, *a.* widened, expanded, මහත්කරනලද.

වි·ශිඛය, *n.* arrow, ඊතලය. [minute arrow.

විශි·ඛාව, *n.* spade or hoe, උදලු; road, පාර;

වි·ශිඤ්ජනය, *n.* (වි emp.), tinkling, tinkle, කිණිකිණි ශබ්දය. [tinkle, චිං චිං ගානවා &c.

වි·ශිඤ්ජනයකරනවා, *v.* to make a tinkling sound,

වි·ශිෂ්ට, *a.* endowed with, possessed of, යුක්ත; distinguished, eminent, exalted, උසස්. [ස්.

වි·ශිෂ්ටතර, *a,* superexcellent, masterly, ඉතාඋසස

වි·ශිෂ්ටතාව, *n.* eminence, exaltedness, උසස්කම.

වි·ශීර්ණ, *a* dried up, wasted, වියළි, ක්ෂයවූ.

වි·ශීල *a.* (වි priv., ශීල good conduct), ill-behaved, rude, අශීල. [රීම.

වි·ශීලතාව, *n.* ill-behaviour &c., හොඳනො හැසි

වි·ශුද්ධ, *a.* (වි emp.), very pure, pious, holy.

වි·ශුද්ධිය, *n.* purity, ශුද්ධකම; removal of doubt or error, correction, සරිගැස්සීම. E. S. [නැසී.

වි·ශුෂ්ක, *a.* very dry, arid, ඉතාවියළි, දියසිරාව

විශේෂ *a.* (වි emp., ශිෂ් to discriminate), special, distinctive, characteristic, signal. E. S.

වි·ශේෂක, *a.* discriminative, characterizing, characteristic, denominative. E S.

වි·ශේෂකරනවා, *v. t.* to specialize, distinguish,

වි·ශේෂණ, *a.* discriminative, distinguishing, characteristic, qualifying, specific, epithetic.

වි·ශේෂණය, *n.* whatever distinguishes, characteristic, attribute, attributive, adjective, ගුණවචනය, epithet. E. S.

වි·ශේෂණාකාරයෙන්, *ad.* specifically, in a distinguishing manner.

වි·ශේෂත්වය, *n.* particularity, speciality.

වි·ශේෂ·පාලකයා, වි·ශේෂාරක්ෂාකාරයා, *n.* special protector, patron.

වි·ශේෂ·පාලිකා, *n. fem.* patroness.

වි·ශේෂ·පාලනය, *n.* special protection, patronge.

වි·ශේෂ·භාරත්වය, *n.* specific gravity, විශේෂ බර ප්‍රමාණය.

වි ශේෂ·භාර·මාපක·යන්ත්‍රය, වි·ශේෂ·භාර·යන්ත්‍රය, *n.* instrument to measure specific gravity, meter, stereometer. [idiosyncracy.

වි·ශේෂ·භාවය, *n.* special condition or nature,

විශේෂය, *n.* characteristic, specialty, peculiarity, peculiar attribute, predicate; limb, අවයවය; difference, වෙනස.

වි·ශේෂයෙන්, වි·ශේෂලෙස, *ad.* specially, particularly; chiefly, ප්‍රධානලෙස.

වි·ශේෂ·ලක්ෂණය, *n.* specific mark, special characteristic. E. S.

වි·ශේෂිත, *a.* distinguished, characterized by.

වි·ශේෂ්‍ය, *a.* that should be or is specified or qualified, විශේෂලෙස සඳහන්වූ, principal, ප්‍රධාන.

වි·ශේෂ්‍යය, *n.* that which is specified, වෙන්වශයෙන් සඳහන්වූ දේ; characteristic; *log.* and *gram.* predicate.

වි·ශෝක *a.* (වි priv.), sorrowless, ශෝකනැති.

වි·ශෝධක, වි·ශෝධන, *a.* (වි emp.), purifying, corrective, emendatory, ශුද්ධකරන, සරිගස්සන.

වි·ශෝධනය, *n.* purifying, purification, emendation &c., ශුද්ධකිරීම &c. [refine.

වි·ශෝධනයකරනවා, *v. t.* to purify, correct,

වි·ශෝධිත, *a.* purified &c., ශුද්ධකරනලද &c., පිරි
විශ්‍රබ්ධ, *a.* See විස්‍රබ්ධ. [සිදුවූ.
වි·ශ්‍රම්භය, *n.* See විස්‍රම්භය.
විශ්‍රම, *n.* See විශ්‍රාමය.
වි·ශ්‍රාන්තිය, වි·ශ්‍රාමය, *n.* (වි priv., ශ්‍රා: fatigue), pause, cessation from labour, relaxation, rest, ease, refreshment, නිවාඩුව, පහසුගැනීම, වෙහෙස දුරුකිරීම.
වි·ශ්‍රාම, *a.* pert. to rest &c., see විශ්‍රාමය. [තවා.
වි·ශ්‍රාම·ගන්නවා, *v.* to take rest, relax, නිවාඩුගන්
වි·ශ්‍රාම·දින, *n.* day of rest, නිවාඩුදවස, sabbath day, සබත්දවස.
වි·ශ්‍රාමය, *n.* (වි priv., ශ්‍රම් to be weary), cessation from toil, rest, repose, recess, නිවාඩුව.
වි·ශ්‍රාම·ශාලාව, *n.* rest-house, inn, තානායම.
වි·ශ්‍රැත, *a.* flowing, ගලායන; (ශ්‍රැත heard), much heard of, famous, celebrated, ප්‍රසිද්ධ, කීර්තිමත්. [කීර්තිය.
වි·ශ්‍රැතිය, *n.* flowing, ගලායාම; fame, celebrity,
වි·ශ්ලේෂය, *n.* (වි priv., ශ්ලේෂ union), disunion, disjunction, separation, වෙන්වීම.
විශ්ව, *a.* all, universal, whole, සියලු, සමස්ත.
විශ්ව·කර්මයා, *n.* universal worker or former: ap. of the son of Brahma and artificer or architect of the gods; sun, සූර්යයා.
විශ්ව·ගන්ධාව, *n.* (විශ්ව all, ගන්ධ scent), the earth, පොළොව. *Bot.*
විශ්ව·දේවයා, *n.* a deity of a particular class consisting of ten and worshipped at funerals.
විශ්ව·ධාරිණී, *n.* (ධාරි: upholder), universal upholder, viz. the earth.
විශ්වම්භර, *a.* (විශ්වම් all, භෘ to nourish, support), all-sustaining, සියල්ල උසුලන. [India.
විශ්වම්භරයා, *n.* all-sustainer: ap. of Vishnu and
විශ්වම්භරාව, *n.* all-sustainer, viz. the earth, පොළොව.
විශ්වය, *n.* the whole world, universe, මුළුලෝකය, E. S.; thirty-eighth year of the Indian cycle of sixty; a class of gods, see විශ්වදේවයා.
විශ්වරූප, *a.* of all forms, සියලු රූපාකාරවූ, universal, omnipresent, සැමතැනම ඇත්තාවූ.
විශ්ව·රූප, *n.* omnipresent one: ap. of Vishnu, විෂ්ණුදෙවියා. [vading, omnipresent.
විශ්ව·ව්‍යාපක, *a.* universally diffused, all-per-
විශ්ව·සෘජයා, *n.* (සෘජ් to create), Universal Creator: ap. of Brahma.
වි·ශ්වාස *a.* (වි emp., ශ්වස් to breathe, live), trusty, faithful; intimate (sometimes in a bad sense).
වි·ශ්වාසකම, *n.* trustiness, faithfulnes, fidelity.
විශ්වාසකරනවා, *v. t.* to believe, credit, trust, confide in, rely on.
වි·ශ්වාස·ඝාතක, විශ්වාස·භංග, *a.* breaking faith, perfidious, ද්‍රෝහිකාර. [chery, ද්‍රෝහය.
වි·ශ්වාස·ඝාතිය, වි·ශ්වාස·භංගය, *n.* perfidy, trea-

වි·ශ්වාස·ප්‍රතිපන්න, *a.* confiding, trusting, trustful, විශ්වාසකරන.
වි·ශ්වාස·ච්ඡේදක, *a.* faith-breaking, treacherous.
වි·ශ්වාස·ච්ඡේදකයා, *n. mas.* perfidious person, ද්‍රෝහිකාරයා. [dence, trust, faith.
වි·ශ්වාසය, *n.* belief, credence, reliance, confi-
වි·ශ්වාසය තබනවා, *v.* to put trust in, rely on.
වි·ශ්වාසයා, *n. mas.* confidant, intimate companion, friend, යහළුවා.
වි·ශ්වාසාර්හ, *a.* (·අර්හ worthy), trustworthy, reliable, විශ්වාස්‍ය, E. S. [තාව.
වි·ශ්වාසාර්හතාව, *n.* trustworthiness, විශ්වාස්‍ය
වි·ශ්වාසිත, *a.* confided in, trusted, confidential, විශ්වාසකරනලද, විශ්වාසවූ.
වි·ශ්වාසී, *a.* trusting; trusty, විශ්වාසවූ. [විශ්වාස.
වි·ශ්වාස්‍ය, *a.* trustworthy, reliable, credible,
විශ්වේශයා, විශ්වේශ්වරයා, *n.* (විශ්ව ඊශ ඊශ්වර), Universal Lord, ap. of Siva.
විෂ, *n.* (විෂ් to pervade), poison, venom, වස; lotus fibres, මානෙල්කෙඳි; gum-myrrh, ගෝප රස, ගෙන්දගම්.
විෂකරනවා, *v. t.* to poison, envenom.
විෂ·ගන්ධිකී, *n.* a medicinal drug, *lagenandra lancifolia*, අතිවිඩයන්.
විෂ·ගහනවා, *v. i.* to tingle, පුපුරුගහනවා.
විෂ·ඝෝර, *a.* horribly poisonous or venomous, (ඉතා) විසකුරු. [poison, විෂමරන.
විෂ·ඝ්න, *a.* (ඝ්න destroying), antidotal against
විෂ·ඝ්නය, *n.* antidote to poison, විෂමරන බෙහෙත.
විෂ·දුෂ්ට, *a.* (දුෂ් to injure or affect), infected with poison, poisoned, infected, විෂ වැදී තිබෙන. [මලානික, වෙඩයන්තැති.
වි·ෂණ්ණ, *a.* dejected, despondent, spiritless,
වි·ෂණ්ණතාව, *n.* dejection &c., lassitude, මලානිකකම. &c. [eases &c.), විසකුරුකම.
විෂතාව, *n.* poisonousness, malignity (of dis-
විෂ·තුල්‍ය, *a.* poison-like, fatal, deadly, ප්‍රාණහර.
විෂ·තුල්‍යතාව, *n.* deadliness, ප්‍රාණහරතාව.
විෂ·ද, *n.* (ද going), poison yielder, viz. green vitriol, පල්මාණික්කම්, [snake, සර්පයා.
විෂ·දන්තකයා, *n*, poisonous-toothed one, viz.
විෂ·දහය, *n.* burning or fever from poison or snake bite. [විසකුරු, baneful, අනදර.
විෂ·ධර, *a.* (ධර having), poisonous, venomous,
විෂ·ධූමය, *n.* smoke or foam from the mouth of a snake when hissing, supposed to be poison-
විෂ·පොවනවා, *v.* See විෂවද්දවනවා. [ous.
වි·ෂම, *a.* (වි priv., සම even, level), uneven, unequal, scalene, අසම, අතුල්‍ය; odd in number, ඔත්තෙ; difficult, troublesome, අමාරු.
වි·ෂම·චතුරස්‍ර, වි·ෂම·චතුරස්‍රාකාර, *a.* trapezian, trapeziform [රැස්තලය.
වි·ෂම·චතුරස්‍රය, *n. geom.* trapezium, අසම සත
වි·ෂමතාව, *n.* unevenness, inequality, අසමකම; oddness in number.

වි·ෂම·ජ්වරය, *n.* irregular fever, intermittent fever. E. S.

වි·ෂම·ත්‍රි·භුජය, *n.* scalene triangle.

වි·ෂම·දෝෂකයා, *n.* person often unwell, invalid, valetudinarian, ගිලනා.

විෂ·මන්ත්‍රකාරයා, *n.* poison-charmer, one who by charms or incantations professes to cure snake bite.

විෂ·මන්ත්‍රය, *n.* incantation or charm against (or to counteract) poison, sp. to cure snake bite.

වි·ෂම·භාගය, *n.* improper fraction.

වි·ෂමය, *n.* what is uneven or unequal, අසමදේ; odd number, ඔත්තය.

වි·ෂම·ශිෂ්ට, *a.* unfair, partial, අසාධාරණ.

වි·ෂම·ශීල, *a.* uneven, අසම; cross-tempered, රළු ගති ඇත්තාවූ.

වි·ෂමාක්ෂයා *n.* ('අක්ෂ eye), odd-eyed one: ap. of Siva, who has an eye in his forehead.

වි·ෂමායුධ, *n.* ('ආයුධ), one who has an odd number of weapons: ap. of Cupid who is armed with five arrows. [(of the wrist).

වි·ෂමාස්ථිය, *n.* ('අස්ථිය bone), *anat.* trapezium

වි·ෂමිත, *a.* irregular, අනියම්.

වි·ෂමිතතාව, *n.* irregularity, අනියම්කම. [යා.

වි·ෂමේක්ෂණයා, *n.* (විෂම ඊක්ෂණ), see විෂමාක්ෂ

වි·ෂමේෂු, *n.* (විසම ඉෂු arrow), see විෂමායුධ.

විෂය, *n.* any object of sense or desire as sound, scent, form &c., ඉන්ද්‍රියයන්ට ගෝචරවනදේ or ආශාවෙනදේ; worldly object, ලෞකික දේ; subject, කාරණාව; country, දේශය; province, පළාත, ප්‍රදේශය; sphere, branch, ස්ථානසීමාව, ගණය; poison, see විෂ.

විෂය·ස්ථානය, *n.* habitat, ජන්මස්ථානය.

විෂයාත්මක, විෂයාසක්තයා, *a.* (ආත්මක minded, see ආසක්ත), worldly-minded, worldly, ලෞකික, ලෝකදේවල්වම ඇලුණවූ.

විෂයාත්මකයා, විෂයාසක්තයා, *n.* one devoted to worldly objects, worldling, ලෞකිකයා.

විෂයෝපසේවය, *n.* (විෂය උප:) serving the world, service of the world, worldliness, ලෞකිකකම. [envenomed.

විෂ·වදිනවා, *v. i.* venom strikes in, to become

විෂ·වද්දවනවා, *v. t.* to envenom, poison, infect.

විෂ·වර්ධනය, *n.* increase of the venom (of disease), incubation. E. S.

විෂවාත, විෂ·වාතජ, *a.* malarial, arising from miasma. [කුණුවාතය.

විෂ·වාතය, *n.* poisonous air, malaria, miasma,

විෂ·වැදීම, *v. n.* of විෂවදිනවා: becoming poisoned or infected, infection.

විෂ·වැද්දවීම, *v. n.* of විෂවද්දවනවා: causing venom or poison to penetrate, poisoning, infecting.

විෂ·විද්‍යාව, *n.* knowledge of poisons, toxicology.

විෂවිනාශනී, *n.* hemp, see කිංදු.

විෂ·ගමනය, *n.* spread or progress of venom in the body, විෂවැදීම, විෂපැතිරීම.

විෂ·වෛද්‍යයා, *n.* venom-doctor, dealer in antidotes and charms for snake bite, විෂවෙද.

විෂ·හර, විෂ·හරණ, *a.* removing poison, antidotal, විෂමරන.

විෂ·හරණය, *n.* poison destroyer, antidote, disinfectant, විෂමරන ද්‍රව්‍ය or ඖෂධය.

විෂාණය, *n.* weapon of an animal: horn, අං, tusk of an elephant or boar, දළය.

විෂාණියා, *n.* horned or tusked animal, as a bull elephant or boar, අං or දළ ඇති සතෙක්.

වි·ෂාදය, *n.* lassitude, dejection, මලානිකකම; distress, දුක. [දුකි, විෂාදිත.

විෂාදුෂ්ට, *a.* (විෂ අදුෂ්ට), uninfected, විෂනොවැ

විෂුපය, *n.* (විෂු the same or equal), the equinox. E. S. [equinoxes. E. S.

විෂුප·ගති·පුරෝගමනය, *n.* precession of the

විෂුව, විෂුව·කාල, විෂුවත්. *a.* equinoctial. E. S.

විෂුව·දින, *n.* day of the equinox.

විෂුවය, *n.* equinox, see විෂුපය. [equinox,

විෂුව·සංක්‍රාන්තිය, *n.* (the sun's) passage of the

වි·ෂ්කන්න, *a.* gone, dispersed, විසිරුණ, විසිරගිය.

වි·ෂ්කම්භකය, වි·ෂ්කම්භය, *n.* (වි emp., ස්කන්භ් to hinder), obstacle, impediment, hindrance, බාධාව; bolt, door-bar, අගුල, හරස්දණ්ඩ; diameter, E. S.; *ast.* first of the 27 yôgas see යෝගය. [බාධාකරනවා, වළක්වනවා.

වි·ෂ්කම්භණකරනවා, *v. t.* to hinder, restrain,

වි·ෂ්කම්භාකාර, *a.* diametric, diametrical.

වි·ෂ්කම්භාවලම්බ·රේඛාව, *n.* ('අවලම්බ), sine. E.S.

වි·ෂ්කම්භිත, *a.* hindered, obstructed, opposed, බාධාකරනලද. [to pieces, ඉරැදීම.

වි·ෂ්කිරය, *n.* scattering, විසුරුවාදැමීම, tearing

වි·ෂ්කිරයා, *n.* bird, කුරුල්ලා. [ව්‍යාප්ත.

විෂ්ට, *a.* entered, ඇතුල්වූ, ප්‍රවිෂ්ට, pervaded,

විෂ්ටම්භය, *n.* impediment, බාධාව; stricture, බඩ අබස්සිය, ischury, මුත්‍ර අබස්සිය; paralysis, පක්ෂඝාතය. [ගහන.

විෂ්ටරය, *n.* tree, ගස; seat, ආසනය, bed, couch,

විෂ්ටාව, විෂ්ඨාව, *n.* excrement, ordure, අසූචි, මල.

විෂ්ටිය, *n.* hire, කුලිය; sending, යැවීම; torments of hell, අපායේ වධය; seventh of the variable cycles or astrological periods, each consisting of half a lunar day.

විෂ්ටි·රජ, *n.* *lit.* king of hell torments: ap. of යම, who decides the destines of men.

විෂ්ණු, විෂ්ණුදෙවියෝ, *n.* (විශ් to enter, pervade), the second of the three chief H. deities, who is said to be the preserver of the world. He has had many incarnations or Avatàrs, and in Krishna he is said to have been wholly incarnate.

විෂ්ණු·පදය, *n.* foot or footstep of Vishnu, viz. the sky, අහස; the sun's entrance into a sign of the zodiac; sea of milk, කිරිමුහුද; lotus flower, නෙළුම්මල.
විෂ්ණු·පදී, *n.* Ganges, ගංගා නම් ගඟ.
විෂ්ණු·රථය, **විෂ්ණු·වාහනය**, *n.* chariot of Vishnu, viz. the bird ගරුඩයා.
විෂ්පන්දනය, *n.* (වි emp., ස්පන්දනය), throbbing, quivering, ගැහෙන බව; [ගසනවා.
විෂ්පන්දනයවෙනවා, *v. i.* to throb, quiver, සෙලවී
විෂ්ඨාරය, *n.* (වි emp., ස්ඨාර quivering), twang of a bow දුනුදියේ ශබ්දය. [මාකෙල්ලෙඩි.
විස, **විසය**, *n.* poison, venom, වස; lotus fibres,
විස·කලාව, *n.* (විශ් to throw, කලාව digit), the space which the vital air is said to traverse in a day and so complete a revolution through the body in a lunar month.
විස·කලිත, *a.* dilated, distended, expanded, radiated, විසිදීගියෙබත. [පතළවූ, ප්‍රසිඩ.
විසකුණු, *a.* published, spread abroad, known,
විසකුණු, *n.* learned person, pandit, උගතා, විච ක්ෂණයා, පණ්ඩිතයා.
විසකුරු, *a.* poisonous, venomous, වස.
විස·ගහනවා, *v. i.* to smart or pain as a sting.
විස·ගොර, *a.* See විෂගෝර. [flower, නෙළුම්මල.
විස·ජය, *n.* (විස lotus fibres, ජය product), lotus
වි·සංඥ *a.* (වි priv., සංඥ conscious), unconscious, senseless, සිහියනැති, මූර්ඡිත.
වි·සංඥකරනවා, *v. t.* to throw into a trance, render torpid, මූර්ඡාකරනවා.
වි·සංඥව, *n.* unconsciousness, trance, මූර්ඡාව.
විසදය, *n.* explanation, විසතරය.
විස·දරයා, *n.* (දර having), poison-bearer. viz. serpent, සර්පයා.
විසදුරා, *n.* (විසඇදුරා teacher, practitioner), venom-doctor, snake-bite curer, විසවෙදා.
වි·සදෘශ, *n.* (වි priv., සදෘශ similar), dissimilar, different, අසමාන, වෙනස්.
වි·සදෘශවෙනවා, *v. i.* to differ, be unlike, වෙනස් වෙනවා, conflict, විරුඩවෙනවා.
වි·සන්ධි, *a.* (වි priv., සන්ධි joined), disjoined, dismembered, අසම්බන්ධ, අවයව.
වි·සන්ධිකරනවා, *v. t.* to disjoin, dismember, separate, වෙන්කරනවා, &c.
විසදනවා, *v. t.* to explain, elucidate, define; *pret.* විසඳුවා; *v. n.* විසඳීම.
විසප්පුව, *n.* E. of විසර්පය: pustule, eruption, බිබිල, දදය, boil, ගඩුව.
වි·සභාගය, *n.* (වි emp., සභාගය association), collection, assemblage, රැස.
වි·සභාගයා, *n.* (වි priv.), recluse, hermit, වනවා
වි·සම, *a.* See විෂම. [සියා, තාපසයා.
වි·සම·ජ්වරය, *n.* See විෂමජ්වරය.
වි·සමතාව, *n.* See විෂමතාව.
විස·මරනවා, *v.* to destroy or counteract poison.

වි·සම·රූප, *a.* of irregular form, deformed, ugly, අරූප, අවලක්ෂණ. [ලෝභය.
වි·සම·ලෝභය, *n.* irregular desire, තණ්හාව,
විස·මැඩියා, *n.* venomous frog, toad.
විසම්, *a.* wicked, malicious, vicious, නපුරා.
විසම්භය, *n.* wickedness &c.; confidence, trust, විශ්වාසය; coition, මෛථුනය; poisoned water, විසමුසු දිය. [person, නපුරා, බූතයා.
විසම්බයා, *n. mas.* wicked or malicious or vicious
විසම්බවෙනවා, *v. i.* to become wicked or vicious, නපුරු or දුශ්ශීල වෙනවා.
විසම්බී, *n. fem.* wicked or vicious woman, නපුරී.
විසය, *n.* abode, home, නිවස; district, පළාත; poison, වස.
විසරය, *n.* spreading, පැතිරීම; expanding, විහි දීම; multitude, flock, සමූහය, රැළ.
විසරු, *a.* vast &c. විශාල.
වි·සර්ජනවා, *v. t.* (වි emp., සෘජ් to forsake), to abandon, අත්අරිනවා, reject, remove, පහ කරනවා.
වි·සර්ගය, *n.* forsaking, rejecting; voiding excrement, පැහැරුම; the letter (ඃ), a guttural K, like the German Ch.
වි·සර්ජනය, *n.* gift, දීමනාව; quitting, අත්ඇරීම; sending, යැවීම; dismissing, පහකිරීම; explanation, තේරුම්කිරීම. [විසතරකරනවා.
වි·සර්ජනයකරනවා, *v. t.* to expound, explain,
විසර්ජනීය, = විසර්ගය, the guttural ඃ. [wax, ඉටි.
වි·සර්·ඝනය, *n.* eruption-destroyer, viz. bee's-
වි·සර්පණය, *n.* (වි emp., සර්පණය gliding along) gliding, ලිස්සීයාම; spreading, පැතිරීයාම.
වි·සර්පය, *n.* spreading eruption, see විසප්පුව.
විසල, **විසල්**, *a.* E. of විශාල.
විස·විනාශනය, *n.* poison-destroyer, antidote to poison, විසමරනබෙහෙත.
විසාඛාව, *n.* See විශාඛාව.
විසාදය, *n.* See විෂාදය.
විසාණය, *n.* See විෂාණය.
විසාලය, *n.* city of කුවේර.
විසා·ඛාව, *n.* See විශාඛාව.
වි·සාරණය, *n.* See විසරය.
විසාරද, *a.* See විශාරද.
වි·සාරය, *n.* (වි forward, සර going), going smoothly, gliding, ලිස්සීයාම; wood, timber, ලීදඬු.
වි·සාරයා, *n.* glider, viz. snake, සර්පයා, fish, මසා.
විසාරිය, *n.* region of the winds.
විසාල, *a.*, **විසාලතාව**, *n.* See විශාල &c.
විසාලාව, *n.* See විශාලාව. [also for විසාඛාව.
විසාව, *n.* a vegetable poison, see වච්වනාභි;
විසි, *a.* twenty.
විසිඑක, *n.* twenty one.
විසිඑක්, *a.* twenty-one.
විසිඑක්වෙනි, *a.* twenty-first.
විසිකිස, *n.* E. of විචිකිච්ඡාව doubt &c.

විසි·කුලය, *n.* agricultural caste, (Sans, වෛශ්‍ය)
විසිඛය, *n.* See විශිඛය. [ගොයිවංශය.
විසිඛාව, *n.* See විශිඛාව.
විසිතුරු, *a.* parti-coloured, variegated, figured.
විසිතුරුකරනවා, *v. t.* to variegate, checker, damask, figure. [රූය.
විසිනිය, *n.* a mass of lotus flowers, නෙළුම්මල්
විසින්, *post.* by; as, වශයෙන්, because, හෙයින්.
විසි, *n.* word, saying, වචනය, බස; street, වීදිය; dwelling, වාසය; state of subjection, වසඟය; body, ශරීරය. [&c.
විසිර or විසිරී, *p. pl.* විසිරෙනවා; being dispersed
විසිර·යනවා, *v. i.* to disperse, scatter, go in different directions.
විසිර·යාම, *v. n.* dispersing, dispersion.
විසිරිය, *n.* fan, පවන්පත.
විසිරෙනවා, *v. i.* to become dispersed or scattered; be diffused; pret. විසිරුණා.
විසිවෙනි, *a.* twentieth. [වාසයකිරීම.
විසීම, *v. n.* of වසනවා, *v. i.*: dwelling, residing,
විසුණු, *n.* powder, සුණු.
වි·සුද්ධ, *a.* E. of විසුඩ or විශුඩ, which see.
විසුඩ·ලවණ, *n.* purified salt, ඉතා පිරිසිදු ලුණු.
විසුඩි·මාර්ගය, *n.* the pure path or path of purity, name of a book of B. doctrine written by බුඩ [ඝෝෂ.
වි·සුඩිය, *n.* See විශුඩිය.
විසුම, *n.* fr. වසනවා, *v. i.*. See විසීම.
විසුම්·ගන්නවා, *v.* to take up one's abode, settle [down, පදිංචිවෙනවා.
විසුර, *p. pl.* See විසිර.
විසුරුවනවා, *v. t.* to scatter, disperse, dispel; *pret.* විසිරෙවුවා; *v. n.* විසිරවීම.
විසුල, *a.* large, extensive, විශාල; spread, පතළ.
විසුව, *n.* word, saying, වචනය, බස. [කළා.
විසුවා, *v. pret.* of වසනවා, *v. i.*: dwelt, වාසය
විසුළු, *a.* foolish, grotesque, ridiculous, විහිළු.
විසුළුකම, විසුළුව, *n.* See විහිළුකම. [කරනවා.
විසුළුකරනවා, *v.* to act the buffoon, see විහිළු
විසූක, *a.* theatrical, dramatic, නාඩගම් ආකාර.
විසූකය, *n.* theatrical exhibition, play, නාඩගම.
විසූචිකාව, *n.* (වි emp., සූචිකාව needle), spasmodic cholera, severe kind of nettle rash with fever and purging. [ed, පතළ.
විසෘත, *a.* (වි forth සෘත, gone), spread, extend-
විසෙස්, *n.* cont. of විශේෂ; also heedlessness, frivolity, mischievousness.
විසේනිය, *n.* fifth day after the new or full moon, පස්වෙනි තිථිය. [යා.
විස්කම්දෙව්යා, *n.* divine architect, see විශ්වකර්ම
විස්කෝත්තු, *n. pl.* or *a.* Port., biscuits;-ව, biscuit.
වි·ස්තර, වි·ස්තරාකාර, *a.* (වි emp., ස්තෘ to expand, extend), pert. to explanation, expository. [date, comment upon, විසදනවා.
වි·ස්තරකරනවා, *v. t.* to explain, expound, eluci-
වි·ස්තරතාව, *n.* explicitness, පැහැදිලිකම.

විස්තරය, *n.* spreading, expansion, විහිදීම; delineation, expalantion, description, paraphrase, annotation; circumstantiality, E. S.
වි·ස්තරලෙස, *ad.* in detail, minutely, with prolixity, වෙන්වශයෙන්.
වි·ස්තර·ශාස්ත්‍ර·ඥයා, *n.* exegetist, hermeneutist.
වි·ස්තර·ශාස්ත්‍රය, *n.* science of exegesis, hermeneutics, විසදීමේ ශාස්ත්‍රය.
වි·ස්තාරකරනවා, *v. t.* to enlarge, amplify, විශාල කරනවා; comment upon, විස්තරකරනවා.
වි·ස්තාරය, *n.* spreading, extension, විදහීම; diffusion, පැතිරීම.
වි·ස්තීර්ණ, *a.* (වි emp., ස්තෘ to spread), large, extensive, විශාල; outspread, expanded, පැතිරගිය, diffused, diffuse. E. S.
වි·ස්තීර්ණතාව, වි·ස්තීර්ණත්වය, විස්තීර්ණය, *n.* extensiveness, capaciousness, විශාලකම; diffusion, prevalence, විස්තාරය, පැතුරුම.
වි·ස්තීර්ණයකරනවා, *v t.* to spread, extend, විශාල කරනවා, විහිදුවනවා; diffuse, disseminate, පතළකරනවා. [වා, පතළවෙනවා.
විස්තීර්ණයවෙනවා, *v. i.* to spread &c., පැතිරෙන
විස්ඵුලිංගය, *n.* (වි emp., ස්ඵුල the sound, ලිඟ to go), spark of fire, ගිනිපුපුර.
විස්ෆෝටය, *n.* (වි forth or emp., ස්ෆෝට, bursting), boil, pustule, ගෙඩිය, small-pox, වසූරිය.
විස්මපත්, *a.* astonished, amazed, astonishing, පුදුම්වූ.
විස්මපත්කරනවා, *v. t.* to astonish, amaze.
විස්මය, *n.* wonder, astonishment, amazement, පුදුමය. [විස්මය උපදවන.
විස්මයජනක, *a.* causing wonder, thaumaturgic,
විස්මය·වාචකය, විස්මයාර්ථ·වාචකය, *n.* expression of wonder, exclamation, interjection.
විස්මයාකුල, *a.* (·ආකුල), confused with astonishment, bewildered, astounded. [විස්මපත්,
විස්මයාන්විත, *a.* (·අන්විත), astonished, &c.
විස්මයේන්ද්‍රිය, *n.* (විස්මය ඉන්ද්‍රිය), *phren.* faculty of wonder, විස්මපත්වීමේ ඉන්ද්‍රියය.
වි·ස්මරණය, *n.* (වි priv.), non-remembranec, forgetting, මතකනැතිකිරීම.
වි·ස්මරණයකරනවා, *v. t.* to forget, (මම) මතක නැතිකරනවා. [(මට) මතකනැතිවෙනවා
වි·ස්මරණයවෙනවා, *v. i.* to become forgotten
වි·ස්මිත, *a.* astonished, wonder-struck, විස්ම පත්.
වි·ස්මෘත, *a.* (වි priv.), forgotten, මතකනැතිවූ.
වි·ස්මෘතක, *a.* causing to forget, lethean, මතක නැති කරවන.
වි·ස්මෘතිය, *n.* non-remembrance, forgetting forgetfulness, මතකනැතිකිරීම.
වි·ශ්‍රබ්ධ, *a.* (වි emp., ශ්‍රම්භ to trust), trusted steady; placid, නිශ්චල; humble, යටත්.
වි·ශ්‍රබ්ධතාව, *n.* trustiness, &c. E. S.

වි·ශ්‍රම්භය, *n.* trust, confidence, විශ්වාසය; acquaintance, ඇඳිනීම; affection, attachment, ඇලුම්කම.
වි·ස්වර, *a.* (වි bad), dissonant, discordant. E. S.
වි·ස්වරය, *n.* unpleasant sound, discord, අමිහිරි ශබ්දය.
විස්වස්, *n.* E. of විශ්වාසය: trust, confidence.
විස්වසා, *n.* confidant, friend, විශ්වාසමිත්‍රයා.
විස්ස, *n.* twenty; *adj.* විසි.
විස්කම්, *n.* See විස්කම්දෙවියා.
විස්සල්, *ad.* always, continuously, නිතරම්; [quickly, ඉක්මනින්.
විස්සස, *n.* See විස්වස්.
විහගයා, විහංගයා, *n.* (විහ for විහායස sky, ග to go), sky-goer, viz. bird, කුරුල්ලා, cloud, වලාකුළ, sun, ඉර, moon, සඳ, planet, ග්‍රහයා, arrow, ඊතලය.
විහංග·රාජයා, *n.* bird-king, viz. ගුරුළුයා.
වි·හත, *a.* (වි emp., හත opposed &c.), opposed, resisted, impeded, බාධාවූ; hurt, killed. E. S.
වි·හතය, *n.* hurt, injury, තුවාලය, අනාදරය.
වි·හනය, *n.* opposing &c. බාධාකිරීම; striking, ගැසීම.
වි·හරණය, *n.* (හර to go about), roaming about, going about for pleasure of exercise, සක්මන්කිරීම; relaxation, pleasure, විවේකයගැනීම, සතුට; dwelling, වාසයකිරීම, enjoyment, භුක්තිවිඳීම (as 'සැපවිහරණය').
වි·හරණයකරනවා, *v.* to dwell; act, behave, හැසිරෙනවා.
වි·හරය, *n.* (වි emp., හර to take away), separation, වෙන්වීම, absence, ළඟනැතිකම. [සත්ත.
වි·හම්, *a.* (වි priv., හම් pleased), displeased, අප්‍ර
වි·හසිතය, වි·හාසය, *n.* (හස් to laugh), smile, මඳසිනාව.
වි·හාපිත, *n.* (වි emp., හා to abandon), what is left as a gift, donation, gift, තෑග්ග.
විහායස, *n.* sky, atmosphere, අහස, ආකාශය.
විහායසයා, *n.* bird, කුරුල්ලා.
වි·හාරය, *n.* residence, sp. B. temple; also for විහරණය, walking about.
වි·හිංසාව, *n.* (වි emp.), see හිංසාව.
වි·හිඟුම්, *a.* high, exalted, noble, උසස්, උතුම්.
වි·හිත, *a.* (වි emp.), placed, fixed, පිහිටි; (වි priv.), improper, අයුතු.
විහිදනවා, *v. t.* to open wide, spread out, deploy; *pret.* විහිදුවා; *p. pl.* විහිද; *v. n.* විහිදීම.
විහිද·යනවා, *v. i.* to spread out, පැතිරීයනවා; overflow, ඉතිරීයනවා.
විහිදවනවා, *v. t.* or *v. c.* of විහිදෙනවා: to cause to spread, diffuse, radiate; *pret.* විහිදෙවුවා; *v. n.* විහිදවීම.
විහිදවනවා, විහිදුවනවා, *v. t.* to make an animal run, drive, or ride at a run, එලවනවා *pret.* විහිදෙවුවා; *v. n.* විහිදවීම or විහිදුවීම.
විහිදී, *a.* expanded, opened as a flower; spread, diffused; විහිදුණු.

විහිදී, *p. pl.* of විහිදෙනවා.
විහිදීම, විහිදුම, *v. n.* of විහිදෙනවා and විහිදනවා: running; opening &c.
විහිදෙනවා, *v. i.* to open, expand, spread, deploy, become diffused, radiate; *pret.* විහිදුණා.
විහින්, *post.* See විසින්. [sensical.
විහිළු, *a.* ludicrous, comical, grotesque, non-
විහිළුකම, විහිළුව, *n.* buffoonery, foolery, nonsense, burlesque.
විහිළුකම්කරනවා, විහිළුකරනවා, *v.* to indulge in buffoonery, ridicule or ridiculous frolic.
විහිළුකාරයා, *n.* buffoon, antic. [queness.
විහිළු·හැඩය, *n.* ludicrous shape or form, grotes-
විහීන, *a.* (වි emp.), lacking, privative, destitute of, රහිත, නැති. [අඩුකම.
වි·හීනතාව, *n.* lack, privation &c.; diminution,
වි·හීනවෙනවා, *v. i.* to become lacking or diminished, හීනවෙනවා.
වි·හෘතය, *n.* flirtation. E. S.
වි·හෘතිය, *n.* pastime, sport, සෙල්ලම. [වකිත.
විහ්වල, *a.* agitated, in a state of trepidation,
විළක්කුව, *n.* T., lamp, පහන, small torch, පන්
විළිස්ස, *a.* matured, ripe, පැසුණු, ඉදුණු. [දම.
විළි·පහරනවා, *v.* to travail in child-birth, have labour pains, වදනවෙදනා විඳිනවා. [ජාව.
විළි·බිය, *n.* bashfulness, modesty, shame, ලජ්
විළි·බිය·ඇති, *a.* bashful, modest, හිරිලජ්ජා ඇති.
විළි·බිය·නැති, *a.* immodest, impudent, shame-
විළිය, *n.* shame, modesty, ලජ්ජාව. [less.
විළි·රුජාව, විළිරුදාව, *n.* pain of child-bearing, labour pains, travail.
විළි·ලනවා, *v.* See විළිපහරනවා.
විළි·හිරි, *a.* afraid of, modest, භයඇති.
වී, *n.* rice in the husk, paddy, of which there are many varieties.
වී·ඇටය, *n.* a grain of paddy.
වීකරල, *n.* ear of paddy; *pl.* වීකරල්.
වීකාශය, *n.* See විකාශය: display, manifestation;
වී·කෘත, *n.* See වීකරල. [solitude, privacy.
වී·කුරුල්ලා, *n.* paddy-bird, weaver-bird, of which there are three varieties, the black-bellied, white-bellied and the spotted.
වීක්‍ෂණය, *n.* (වි emp., ඊක්‍ෂණය), seeing, sight, vision, දැකීම, දැකුම. [දූෂෙනක.
වීක්‍ෂණීය, *a.* visible, discernible, දැකියහැකිවූ,
වීක්‍ෂිත, *a.* seen, පෙනෙන, දැකිනලද.
වීචිය, *n.* wavelet, කුඩා දියරැළ. [ළ.
වීජ·ගුප්තිය, *n.* legume, pod, බීජගුප්තිය, බිජකර
වීජ·ගුප්ති·ලතා, වීජ·ගුප්ති·වෘක්‍ෂ, *n. pl.* leguminosæ, bean plants.
වීජ·ධූලිය, *n.* seed-dust, viz. spore, sporule.
ඊජය, *n.* seed, බීජය; *pl.* or *adj.* වීජ.
වීජාක්‍ෂිය, *n.* (වීජ අක්‍ෂිය), eye of seed, viz. hilum, umbilicus.
වීජෝද්කය, *n.* (වීජ උදකය), hail, ගල්වැස්ස.

වීණා, *n. pl.* or *a.* See වීණාව. [lyrated.
වීණාකාර, *a.* (වීණා ආකාර), lyre-like, *bot.* lyrate,
වීණා·කාරයා, *n.* player on stringed instrument, lyrist, harper.
වීණා·ගානවා or ·ගායනාකරනවා, *v.* to play on a stringed instrument, harp, fiddle.
වීණාගායනාව, *n.* harping &c.
වීණා·තත, *n.* harp-string, chord, fiddle-string.
වීණා·දුන්න, *n.* fiddle-bow, fiddlestick.
වීණා·රාශිය, *n.* the const. Lyra, the Lyre.
වීණාව, *n.* stringed instrument, lute, lyre, guitar, harp &c., වෙණාව. [කාරයා.
වීණා·වාදයා, *n.* player on a lute &c., see වීණා
වීණා·සිත්දුකාරයා, *n.* minstrel.
වීත, *a.* (වී to go), gone, departed, පහවූ, දුරුවූ; tranquil, නිශ්චල.
වීතංසය, *n.* cage or net for birds or beasts, කූඩුව, දැල, enclosure, කොටුව, menagerie, සතුන් ඉන්න කොටුව.
වීත·තණ්හා·කාරයා, *n.* (වීත emptied of), one free from passions, ascetic or Rahat, රහත්කෙනෙ ක්. [subdued desire, කෙලෙස්දුරුකළ.
වීත·තණ්හාවූ, *a.* freed or free from passions, of
වීත·දෙවේෂ, *a.* free from hatred or anger, ද්වේෂ or කෙලෙස්දුරුවූ; ep. of a Rahat or Buddha.
වීත·මෝහ, *a.* free from ignorance or illusion, මෝහය දුරුවූ. [තණ්හාවූ.
වීත·රාග, වීත·රාගී, *a.* free from desire, see වීත
වීත·වර්ණ, *a.* colourless, පාටනැති.
වීත·ශෝක, *a.* freed from sorrow, sorrowless, ශෝකදුරුවූ.
වීතිය, *n.* going, moving, ගමන, චාරය.
වීතියා, *n.* goer, viz. horse, අශ්වයා.
වීති·හෝත්‍ර, *n.* fire, ගින්න; sun, ඉර.
වීථිය, වීදිය, *n.* street.
වීදුරු, *n. pl.* or *a.* Port., glasses; glass. [glaze.
වීදුරු·අල්ලනවා or ·දමනවා, *v.* to put glass in,
වීදුරුඇස, *n.* glass-eye.
වීදුරුඋදුන, *n.* glass-furnace.
වීදුරු·කඩදාසිය, *n.* sandpaper.
වීදුරු·කුප්පිය, *n.* glass vial.
වීදුරු·තහඩුව, *n.* plate or pane of glass.
වීදුරුව, *n.* glass in general, drinking glass, &c,
වීදුරු·ශිල්පියා, *n.* worker in glass, glazier.
වී·තණ්ඩුව, *n.* (වී paddy), beard or awn of paddy.
වී·නාහය, *n.* (වී covering නහ to bind), top or cover of a well, ලින්වැස්ම. [කූ.
වී·පොත්ත, *n.* husk of paddy, දහයියා; *pl.* වීපොතු
වී·බද්ද, *n.* paddy-tax; *pl.* වීබදු.
වීමංසනය, *n.* trying, testing; investigation, research, සෝදිසිය.
වීමංසනයකරනවා, *v. t.* to test, investigate, සෝදිසි කරනවා. [මත්; excellent, උතුම්.
වීර, *a.* strong, powerful, බලගතු, heroic, වෛර්‍ය්‍යව
වීර·කතා, *n.* heroic woman, heroine, වෛර්‍ය්‍යව
වීරකයා, *n.* wild duck, teal, සේරා. [න්ති.
වීරතාව, වීරත්වය, *n.* powerfulness, heroism.
වීර·ධන්වා, *n. lit.* hero-bow: ap of Cupid, කාමදෙ
වීර·නමස්කාරව, *n.* hero-worship. E. S. [වියෝ.
වීර·පානය, *n.* valour-drink, viz. drink of warriors at or before battle, වෛර්‍ය්‍යදෙන පා
වීර·පුරුෂයා, *n.* hero. [නය.
වීර·මුණ්ඩයා, *n.* demon so called.
වීරයා, *n. mas.* powerful person, බලගතු අය, valiant man, hero, බලවන්තයා, වික්‍රමවන්තයා.
වීර·රසය, *n.* essence of courage, වෛර්‍ය්‍යමත්කම.
වීර·හා, *n.* (වීර fire, හා to quit), fire-neglecter, viz. a brahmin who has let the sacred fire go out.
වීරාශංසනය, *n.* (·ආශංසනය), heroic wishing, such as desiring the place of danger in battle.
වීර්‍ය, *n.* E. of වීර්‍ය්‍යය, [ously.
වීර්‍යකරනවා, *v.* to endeavour, strive strenu-
වීර්‍යවන්ත, *a.* See වීර්‍ය්‍යවත්.
වීරුත, *n.* creeping plant, වැල; branch with buds, දළුසහිත අත්ත. [strenuously.
වීර්‍ය්‍යකරනවා, *v.* to endeavour, strive, labour
වීර්‍ය්‍ය·පාරමිතාව *n.* one of the ten පාරමිතා, viz. practice of religious effort.
වීර්‍ය්‍යය, *n.* strenuous effort, energy, labour; splendour, තේජස; semen, ශුක්‍ර.
වීර්‍ය්‍යවත්, වීර්‍ය්‍යවන්ත, *a.* energetic, strenuous, assiduous, industrious,
වීර්‍ය්‍යවන්තකම, *n.* strenuousness &c.
වීසති, *a.* See විංසති.
වීසිකරනවා, *v. t.* to throw, fling, cast.
වීසිදැල, *n.* casting-net, cast-net. [රථාචාරියා.
වුෂාකාරුවා, *n.* charioteer of the sun, සූර්‍ය්‍යයාගේ
වුරුණු, *v. adj. pret.* of වෙරෙනවා; liquefied, decocted, දියවුණු, කකාළ. [ල.
වුරුණු·තෙල, *n.* serum of the flesh, see වසා තෙ
වුරුදු, *a.* E. of වෘද්ධ: aged, මහලු.
වුරුදුවා, *n.* old man, මහල්ලා.
වුවමනා, *a.* See උවමනා. [ඇරිය.
වුහුට, වුහුවු, *a.* issued, නිකුත්කළ, cast, sent,
වූ, *v. adj. pret.* became: as ලෙඩවූකල=ලෙඩ වුණකල; also *affix* to adjectives and verbs: හොඳවූ, මහත්වූ, which is good and large; කළාවූ, කරන්නාවූ, that did, that does.
වෘක, වෘකධූප, *n.* compound perfume, මිශ්‍ර සුවඳ, සිරිවඩු; turpentine, see වෘකධූප.
වෘකයා, *n.* (වෘක් to take), the taker, viz. wolf; jackal, නරියා; crow, කපුටා.
වෘක·රාශිය, *n.* the const. Lupus.
වෘකාකාර, *a.* (ආකාර), wolf-like; *fig.* wolfish.
වෘක්ෂ, *n. pl.* or *a.* trees; tree; ගස්.
වෘක්ෂ·ඛණ්ඩය, *n.* (ඛණ්ඩය portion), place of trees, grove, කුඩාවනය. [රා.
වෘක්ෂ·චරයා, *n.* (චර to go), monkey, රිලවා, වඳු
වෘක්ෂ·ත්වකාම්ල, *n.* (ත්වක්ආම්ල), tree-bark acid, viz. tannic acid, පොතුකහට.

වෘක්ෂ·ජ, *a.* or *prefix.* vegetable, vegebo-, ගස් ආදියෙන් අවගත්ත. E. S.
වෘක්ෂ·ජ·සර්ජිකා, *n.* (සර්ජිකා soda), vegeto-alkali.
වෘක්ෂ·ජාම්ල, *n.* (·අම්ල), vegeto-acid, ගස් ඇඹුල්.
වෘක්ෂ·දේවතාවා, *n.* tree (or forest) god, sylvan, වනදෙවියා.
වෘක්ෂ·ධර්ම·ශාස්ත්‍රය, *n.* vegetable physiology.
වෘක්ෂ·ධූප, *n.* (ධූප resin), turpentine. E. S.
වෘක්ෂ·ප්‍රාණී, වෘක්ෂ·ප්‍රාණ්‍යාකාර, *n.* (ප්‍රාණී ආ:), zoophytic. E. S.
වෘක්ෂ·ප්‍රාණියා, *n.* zoophyte, පැළසමාන සතා.
වෘක්ෂ·ප්‍රාණී·විද්‍යාව or ·විස්තරය, *n.* zoophytology.
වෘක්ෂ·භවනය, *n.* 'tree-abode', the hollow of a tree, ගස්කුහරය.
වෘක්ෂ·භිද, වෘක්ෂ·භේදිය, *n.* (භිද, භේදිය breaking, dividing), axe, hatchet, පොරව, chisel, නියන.
වෘක්ෂය, *n.* (වෘක්ෂ to cover), tree, ගහ.
වෘක්ෂ·රුහය, *n.* (රුහ් to grow), what grows on a tree, viz. parasitic plant, parasite, පිළිල.
වෘක්ෂ·රූප·ශිලාව, *n.* (ශිලාව stone), dendrite, E. S.
වෘක්ෂ·ලතාදිය, *n.* (·ආදිය), trees, creepers and such, viz. vegetation, ගස්කොළන් ආදිය.
වෘක්ෂ·ලතාදි·විද්‍යාව, *n.* botany.
වෘක්ෂවාටිකාව, (වාටිකාව garden), grove, arboretum, ආන.
වෘක්ෂවිද්‍යාව, *n.* dendrology, ගස් පිළිබඳ විස්තරය.
වෘක්ෂාකාර, වෘක්ෂාකෘති, *a.* (ආකාර, ආකෘති like), tree-like dendriform, ගහක හැඩය සමාන.
වෘක්ෂාගාරය, *n.* tree-house, conservatory. E. S.
වෘක්ෂාදන, *a.* (·අදන eating), tree-eating, viz. parasitic, E. S.
වෘක්ෂාදනය, *n.* wood-cutting tool, viz. chisel, නියන, axe, පොරව, adze, වෑය.
වෘක්ෂාදනිය, *n.* (·අදනිය what eats), fungus, parasite, පිළිල. E. S.
වෘක්ෂායුර්වේදය, *n.* arboriculture, වැවිලි ශිල්පය.
වෘක්ෂාරෝපකයා, *n.* tree-planter or grower, වැවිලිකාරයා. [viz. bird, කුරුල්ලා.
වෘක්ෂාලයා, *n.* (ආලය dwelling), tree-dweller,
වෘක්ෂාවාසය, *n.* tree-dwelling as the abode of an ascetic. [organographist.
වෘක්ෂේන්ද්‍රිය·විස්තරකාරයා, *n.* (වෘක්ෂඉන්ද්‍රිය), *bot.*
වෘක්ෂේන්ද්‍රිය·විස්තරය. *n.* *bot.* organography, ගස් වල ඉන්ද්‍රියයන් විස්තරකිරීම. [වල ඕජස.
වෘක්ෂෞජස, *n.* (වෘක්ෂඕජස), tree sap, latex, ගස්
වෘක්ෂෝත්ථ, *a.* (වෘක්ෂ, උත්ථ standing, being), growing on a tree, parasitical, see වෘක්ෂාදන.
වෘක්ෂෝද්‍යානය, *n.* (වෘක්ෂඋද්‍යා:), arboretum, plantation, ගස්වත්ත.
වෘත්ත, *n. pl.* or *a.* circles &c ; circular, වටකුරු, pert. to a circle, චක්‍ර: pert. to tunes or verse; chosen, appointed, නියමවූ. [කොටසක්.
වෘත්ත·ඛණ්ඩය, *n.* segment of a circle, කවයකින්
වෘත්ත·ගමන, *n.* circular journey, orbit. E. S.
වෘත්ත·පොත, *n.* tune book, music book.

වෘත්තය, *n.* circle, චක්‍රය; tune, තාලය; conduct, හැසිරීම, observance, පැවැත්වීම; profession, subsistence, living, ජීවිකාව.
වෘත්තාකාර, *a.* circular, annular, වටකුරු.
වෘත්තානුසාරි, *a.* (·අනුසාරි), following the prescribed method, regular, E. S.
වෘත්තාන්තය, *n.* (වෘත්ත affairs; අන්තය end), narrative, story, report, ප්‍රවෘත්තිය; news, intelligence, ආරංචිය.
වෘත්තාලංකෘති·නාද, *n. pl.* (වෘත්ත tune, අලංකෘති beautifying), *mus.* sounds which beautify the tune or music, viz. variations.
වෘත්තිතාව, *n.* (වෘත to be, exist), condition, state, තත්වය, විලාසය, status, තරාතිරම.
වෘත්තිය, *n.* being, abiding, පැවතුම, පැවැත්ම; subsistence, livelihood, ජීවිකාව; salary, පඩිය; comment, explanation, විස්තරය.
වෘත්ති·වාචක·ක්‍රියාව, *n. gram.* verb substantive.
වෘත්‍ය, *a.* that should be chosen, preferable.
වෘද්ධ, *a.* grown, matured, වැඩුණු, increased, augmented, වැඩිවූ; improved, දියුණුවූ; aged, මහලු. [ing, දියුණුකරන.
වෘද්ධි·කාරක, *a.* increasing, promoting, improv-
වෘද්ධි·ක්‍රමය, *n. gram.* crasis, දීර්ඝකරනවිධිය. [මල්.
වෘද්ධතර, *a.* older, elder, වඩා වයස් ඇත්තාවූ, වැඩි
වෘද්ධතාව, වෘද්ධත්වය, *n.* agedness, old age, මහලු
වෘද්ධය, *n.* benzoin, styrax. [කම.
වෘද්ධයා, *n. mas.* aged person, මහල්ලා.
වෘද්ධවත්, වෘද්ධ·වයස්ක, *a.* old, aged, මහලු.
වෘද්ධ·වයස, *n.* old age, මහලුවයස.
වෘද්ධ·ශ්‍රවස්, *n.* (known to elders): ap. of ශක්‍රයා.
වෘද්ධාංගුලිය, *n.* (අංගුලිය digit), thumb, මාපට ඇඟිල්ල. [කරනවා, වැඩිකරනවා.
වෘද්ධිකරනවා, *v. t.* to enlarge, augment, මහත්
වෘද්ධිය, *n.* increase, වැඩිවීම; large quantity, රාශිය; advancement, improvement, දියුණුව; interest, පොලිය; *gram.* diastole, ectasis, ප්‍රාණාක්ෂරයක් දීර්ඝකිරීම. [from disease.
වෘද්ධි·රෝගය, *n.* enlargement of the scrotum
වෘද්ධි·සන්තති·ධර්මය, *n.* law of evolution.
වෘද්ධි·සන්තති·මතය, *n.* theory of evolution.
වෘද්ධි·සන්තතිය, *n.* improving succession, viz. evolution, evolution of the lineage or race.
වෘද්ධ්‍යාජීවයා, *n.* (වෘද්ධි ආ:), one who lives by interest, money-lender, usurer, පොලියෙන් රක්ෂාවෙන්නා. [වැඩිවෙන.
වෘද්ධ්‍යාවෘද්ධි, *a.* (වෘද්ධි අවෘද්ධි), *math.* variable, අඩු
වෘද්ධ්‍යාවෘද්ධි·ගණන, *n.* variable amount, *math.* variable, අඩුවැඩිවෙන ගණන. [නටු.
වෘන්ත, *n. pl.* or *a. bot.* foot-stalks; stalk; නැටි,
වෘන්ත·කෝෂය, *n. bot.* stalk-sheath, vagina, නැටිකෝෂය.
වෘන්ත·ඡිද්‍ර, *a.* perfoliate (leaves). E. S.
වෘන්ත·ධාරී, *a.* petiolate, petioled, නැටිවලක් ඇති (කොළ.) [බෙදී (කොළය).
වෘන්ත·ශාඛා·ච්ඡේදිත, *a.* pedate (leaf), නැටිවල

වෘන්තය, *n.* foot-stalk of leaf or fruit, නැටුව.
වෘන්තෝත්ථිත·ස්ථ, *a.* (වෘන්ත උත්ථිත, ස්ථ·situated), suprafoliaceous. E. S. [tude, සමූහය.
වෘන්දය, *n.* large quantity, mass, රැසිය, multi-
වෘන්දාර, වෘන්දාරක, *a.* beautiful, handsome, අලංකාර, ශෝභන; agreeable. ප්‍රසන්න. [ශෙෂ්.
වෘන්දාරකයා, *n.* a chief, නායකයා; a god, දෙවි
වෘශ්චිකයා, *n.* (වෘශ්ච to cut), scorpion, ගෝනුස්සා; centipede, පත්තෑයා: crab, කකුළුවා; the sign Scorpio.
වෘශ්චික·රාශිය, *n.* the const. Scorpio. [oxen.
වෘෂ, *prefix*, excellent, උතුම්; pert. to a bull or
වෘෂධ්වජයා, *n.* (වෘෂ bull, rat, goodness; ධ්වජ banner, emblem), ap. of ශිව or ගණේශ; a good man, ධර්මිෂ්ඨයා, යහපතා.
වෘෂභ, *prefix* See වෘෂ. [horn.
වෘෂභ, *n.* drug from a root resembling a bull's
වෘෂභ·ගති, *n.* (ගති going), ap. of ශිව, Siva.
වෘෂභ·ඝාතකයා, *n.* bull-killer, (Spanish) matadore.
වෘෂභ·ධ්වජයා, *n.* Bull-bannered one, ap. of ශිව.
වෘෂභයා, වෘෂයා, *n.* bull, ගොනා; *ast.* the sign
වෘෂභ·රාශිය, *n.* the const. Taurus. [Taurus.
වෘෂභාකෘති, *a.* (·ආකෘති), bull-shaped, tauriform, ගොනාගේ හැඩය ඇති.
වෘෂලි, *n. fem.* widow, වැන්දඹුව. *Bot.*
වෘෂය, *n.* fourteenth year of the Indian cycle.
වෘෂලයා, *n.* horse, අශ්වයා;man of the ශුද්‍ර caste; sinner, පාපී, reprobate, ජඩයා. [ශිව.
වෘෂ·වාහනයා, *n.* bull-rider, viz. the god Siva,
වෘෂ්ටිය, *n.* rain, වැස්ස.
වෘෂ්ණියා, *n.* rain, බැටළුවා.
වෘහස්·පති, *n.* master of speech, viz. Vrihaspati, preceptor of the gods.
වෘහති, *n.* speech, කථාව, eloquence, වාක්පටුත්වය; metre. tune, වාදනය, තාලය. [vast, මහත්.
වෘහත්, *a.* (වෘහ to increase, grow), large, great,
වෘහස්පති, *n.* (වෘහත් great), the Great Master, viz. වෘහස්පති who is also regent of the planet Jupiter. [පාදඩ.
වෙට්ට, *a.* base (metal), low, පහත්, vagabond,
වෙට්ටකම, *n.* baseness, vileness, vagabondism, නීචකම, පාදඩකම.
වෙට්ටයා, *n.* vagabond, පාදඩයා.
වෙට්ටම, *n* festoon-work, festoon, ලතාකර්මය.
වෙඩි, *n. pl.* for වෙඩිලි: shots, explosions.
වෙඩි·ගුලිය, *n.* cartridge.
වෙඩි·ජාමය, වෙඩි·මුරය, වෙඩි·හැරය, *n.* volley, discharge of firearms. [&c., fire, shoot.
වෙඩි·තිබනවා or·තියනවා, *v.* to fire off a gun
වෙඩි·බෙහෙත්, වෙඩිබෙහෙත්, *n.* gunpowder.
වෙඩිපුළුන්, *n.* gun-cotton.
වෙඩිලි·බඳිනවා, *v.* to make fire-works.
වෙඩි·ලුණු, *n.* saltpetre, nitre.
වෙඩිල්ල, *n.* T., shooting, firing, shot, explosion; *pl.* වෙඩිලි.

වෙඩි·සෙල්ලම්, *n. pl.* fireworks, ගිනිකෙළි.
වෙඩිඩියා, *n.* wild ox, refractory bullock, කුළු
වෙණ, *n.* E. of වීණාව. [හරකා,
වෙණ·කාරයා, වෙණ·වරයා, *n.* See වෛණිකාරයා.
වෙණ·තත, *n.* string of a lute or harp.
වෙණද, වෙණෙඳ, *n.* See වෙළෙන්ද. [දය.
වෙණ·නාද, *n.* sound of a lute or harp, වීණා නා
වෙණඳාම, *n.* trading, වෙළඳාම.
වෙණිය, *n.* plough, නගුල.
වෙඬරු, *n.* butter.
වෙත, *post.* or *a.* by, near, with, ළඟ.
වෙතට, *post.* near to, unto, ළඟට.
වෙතය, වෙතුය, *n.* E. of වේත්‍රය.
වෙත·වනය, *n.* adjacent grove, garden or park near a dwelling, ළඟඋයන. [ශිව
වෙතින්, *post.* from, from the presence of, ළඟ
වෙද·ගුරුන්නාන්සේ, වෙදමහත්මයා, වෙදරාළ. *n.* *hon.* for වෙද. [brahmin, බමුණා.
වෙද·දර, *n.* one who bears the Vedas, viz.
වෙද·සතර, *n.* (සතර science), medical science, වෛද්‍යශාස්ත්‍රය.
වෙද·හල, වෙද·හල. *n.* medical hall, hospital.
වෙද, *n.* doctor, physician; also for දියවෙද, leech; *pl.* වෙද්දු. [the third finger.
වෙදඇඟිල්ල, *n.* (·ඇඟිල්ල), medicine-finger, viz.
වෙන, *p pres.* of වෙනවා.
වෙන, *a.* other, different.
වෙන, *n.* See වනය.
වෙන or වෙන්, ap. of Vishnu.
වෙනකත, වෙන් කත, වෙන්කල්, *n.* (·අගන), wife of Vishnu, viz. ලක්ෂ්මී.
වෙනත්, *a.* (·ත් and), and other.
වෙනම, *a.* or *ad.* distinct, separate, quite other; separately, independently.
වෙනවා, *v. i.* to become, fall to one's lot; *pret.* වුණා; *p. pl.* ව, වී, වෙලා; *v. n.* වීම.
වෙන·වෙන, *a.* (වෙන repeated), respectively other,different:වෙන·වෙනම, each separately.
වෙනස, වෙනස්කම, *n.* difference, change.
වෙනස්, *a.* different.
වෙනස්කරනවා, *v. t.* to alter. [change.
වෙනස්වෙනවා, *v. i.* to become different, alter,
වෙනැල්ල·වටුවා, *n.* The same as පඳුරුවටුවා.
වෙනි, *suf.* used to form ordinals, as පස්වෙනි,
වෙනින්, *a.* for වෙන: other, another. [fifth.
වෙනිය, *n.* tail of an animal, වල්ගය; band (of straw &c.).
වෙනු, *n.* E. of විෂ්ණු. [කත.
වෙනුකල්, *n.* (කල wife), ap. of ලක්ෂ්මී, see වෙ
වෙනුතෙන, *n.* (තෙන son), son of Vishnu, see වෙන්පුත්.
වෙනුදෙවියා, *n.* E. of විෂ්ණුදෙවියා.
වෙනුව, වෙනුවට, වෙනුවෙන්, *post.* instead of, in lieu of, on behalf of, for.
වෙන්, *a* for වෙනු: pert to විෂ්ණු.
වෙන්, *n. pl.* of වෙන, forests, groves, වන.

වෙන්කරනවා, *v. t.* to separate, sunder, sever, part, dispart, disunite, insulate.
වෙන්කලය, *n.* D., workshop, see වින්කලය.
වෙන්·කල්, *n.* See වෙනුකල්. [thereto.
වෙන්දේසි, *n. pl.* or *a* D., auction sales; pert.
වෙන්දේසිකරනවා, *v. t.* to sell by auction,
වෙන්දේසි·පල, *n.* place of auction, auction
වෙන්දේසිය, *n.* auction sale. [mart.
වෙන්·පදය, *n.* (වෙන් E. of විස්ණු), විස්ණුපදය.
වෙන්පුත්, *n.* Son of Vishnu: ap. of Cupid, කාම දෙවියෝ; ap. of Brahma as having had birth from the lotus which grew from Vishnu's navel.
වෙන්වශ(ස)යෙන්, *ad.* separately, severally.
වෙන්වූ, *v. adj. pret.* or *a.* disunited, separated, disconnected, separate.
වෙන්වෙනවා, *v. i.* to separate, dispart, become disconnected or separated. [යෙන්.
වෙන්වෙන්ව, *ad.* individually, see වෙන්වශ
වෙය, *n.* bamboo cane or rattan, වේවැල.
වෙයග, වෙයග·බඩ, *n.* (වේ, අග, බඩ), edible top or fresh shoot of the cane.
වෙරය, *n.* See වැරය. [ශරීරය.
වෙරය, *n.* fr. වෛරය: hatred; fr. වෙරය: body,
වෙර·විරිය·කරනවා, *v.* to exert strength, strive mightily, තදින් විරියකරනවා.
වෙරළ, *n.* shore, beach, foreshore, strand.
වෙරළ·ගහනවා, වෙරළටවද්දවනවා, *v. t.* to force on to a beach, strand.
වෙරළ·බඩ, *n.* sea-coast, vicinity of the coast.
වෙරළ·වටුවා, *n.* wagtail, ගොම්කුරුල්ලා.
වෙරළු·මිණි, *n.* cat's-eye gem, වයිරෝඩිය; *pl.* වෙරළුමිණි.
වෙරි, *a.* intoxicated, drunk, tipsy, මත්වූ.
වෙරිකරනවා, *v. t.* to make drunk, intoxicate, මත්කරනවා. [සිටින්නා.
වෙරිකාරයා, *n. mas.* one who is drunk, මත්ව
වෙරෙන්, *ad.* with effort, energetically, strenuously.
වෙල, *n.* staff, spear, කොන්තය; paddy field, marsh, කුඹුර; shore, beach, වෙරළ, ඉවුර; cloud,
වෙලප, *n.* See වෙලෙප. [වලාකුල.
වෙලපනවා, *v. i.* to bewail, see වැලපෙනවා.
වෙලපය, *n.* wailing, lamentation, විලාපය; (annoyance); tree, ගස, bush, පඳුර.
වෙලල, වෙලෙල, *n.* See වෙරළ and ඉවුර. (වෙස්.
වෙලම්, වෙලෙම්, *a.* swift, quick, ඉක්මන්, වේග
වෙලම්ය, *n.* swiftness, velocity, ඉක්මන, වේගය.
වෙලා, *p. pl.* of වෙනවා: having become.
වෙලාව, *n.* See වේලාව.
වෙලප, *n.* canopy, උඩුවියන.
වෙල්, *n. pl.* of වෙල: paddy fields &c.
වෙල්·දුරයා, *n.* low-caste headman of paddy fields or irrigation headman.
වෙල්·බඩ, *n.* paddy-field border or embankment, see වෙල්ල.

වෙල්·බිම, *n.* swamp land, paddy-field land.
වෙල්ල·වැහුම, *n.* a sort of flat cake, pancake.
වෙල්ලාල, *a.* agricultural (caste), Vellàla, ගොයි (වංශය).
වෙල්ලාලයා, *n. mas.* one of the agricultural caste, agriculturist. [or boiler.
වෙල්ලාව, වෙල්ලා හැළිය, *n.* washerman's pan
වෙල්ලි·මිට, වෙල්ලිය, *n.* steelyard, balance,
වෙල්·ලෙල්ලිය, *n.* See ලෙලිය. [තරාදි දණ්ඩ.
වෙල්·විදානේ, *n.* headman of the paddy fields, irrigation headman.
වෙල්·හැල්, *n.* hill paddy, හේන්වී.
වෙවිලීම, වෙවුලීම, වෙවුලුම, *v. n.* of වෙවුලනවා: shaking, quake &c.
වෙවුලනවා, *v. i.* to shake, quake, tremble, shiver; *pret.* වෙවුලුවා.
වෙවුලවනවා, *v. c.* to shake, quake, tremble, shake; *pret.* වෙවුලෙවුවා; *v. n.* වෙවුලවීම.
වෙවුලුම්, *n. pl.* or *a.* tremors; pert. to shaking, tremulous. [වා.
වෙවුලෙනවා, *v. i. pret.* වෙවුලුණා: see වෙවුලන
වෙස, *n.* E. of වේශය: form, appearance, වෙසුම, mask, disguise, වෙස්මුණ.
වෙසක්·මස, වෙසග·මස, වෙසග, *n.* (වෙසක් E. of වෛශාඛ), name of a month, viz. April-May.
වෙසගන, *n.* harlot, වෙසමුව.
වෙසන, *n.* E. of ව්‍යසනය, calamity, misfortune, විපත; avarice, lust, තණ්හාව.
වෙසන්ත, *n.* tank, reservoir, තටාකය, lake, pond, වැව, පොකුණ.
වෙසමු(වු)ණු, *n.* E. of වෙස්මුවණ: ap of කුවේර.
වෙසමුව, *n.* = වෙසගන: harlot, prostitute.
වෙසෙනවා, *v. i.* to dwell, see වසනවා, *v. i.*
වෙසෙස්, *n.* snake venom, සර්ප විෂ.
වෙසෙස්, *a.* E. of විශේෂ, which see.
වෙසෙසින්, *ad.* specially, see විශේෂයෙන්.
වෙසෙසුන්, *n.* E. of විශේෂණ: sp. adjective, attributive, ගුණවචනය. [pert to disguises.
වෙස්, *n. pl* or *a.* of වෙස: forms, disguises &c.;
වෙස්, *a.* fr. වෛශ්‍ය: mercantile, වෙළඳ.
වෙස්·කුලය, *n.* mercantile caste.
වෙස්·පානවා, *v.* to perform theatrically, disguise one's self, masquerade; mimic.
වෙස්·පෑම, *v. n.* theatrical performance, dramatic representation, mimicry.
වෙස්·පෙරළනවා or ·මාරුකරනවා, *v.* to alter one's form or appearance, transfigure or metamorphose one's self, mask.
වෙස්·මාරුවූ, *a.* disguised, transfigured.
වෙස්·මුණ, *n.* mask, visor.
වෙස්·මුහුණු·නාඩගම, *n.* masquerade performance, masquerade, කෝලම.
වෙස්වණ, වෙස්සවණ, *n.* E. of වෛශ්‍රවණ.
වෙස්·වලනවා, *v.* to disguise one's self, වෙස් මාරුකරනවා. [guised one's self.
වෙස්·වලා, *p. pl.* for වෙස්වලනවා: having dis-

වෙස්සා, *n.* P. of වෛශ්‍යයා.
වෙස්සන්තර, *n.* name of the Bodhisat in his last life but one before he became Gautama Buddha. [පන්සල.
වෙහෙර, *n.* temple, විහාරය; B. P's residence,
වෙහෙල්, *n.* deer, මුවා.
වෙහෙස, *n.* fatigue; bother, trouble, කිරිකැරය.
වෙහෙසකරනවා, *v. t.* to fatigue, tire, weary.
වෙහෙස·ගන්නවා, or ·දරනවා, *v.* to labour, toil, take or bear tronble.
වෙහෙසනවා, *v. t* to fatigue, වෙහෙසකරනවා; trouble, harass, වෙහෙසදෙනවා; *pret.* වෙහෙසුවා. [weary.
වෙහෙසවෙනවා, *v. i.* to become fatigued or
වෙහෙසී, *p. pl.* of වෙහෙසෙනවා.
වෙහෙසීම, වෙහෙසුම, *v. n.* of වෙහෙසනවා: fatiguing &c., also of වෙහෙසෙනවා.
වෙහෙසෙනවා, *v. i.* to make effort, take much trouble, be troubled, exert one's self, toil, strive; *pret.* වෙහෙසුනා.
වෙළනවා, *v. t.* to wrap or twine around, entwine, clasp; *pret.* වෙළුවා; *v. n.* වෙළීම.
වෙළඳ, වෙළඳම්, *a.* pert. to trade or merchandise, mercantile, trade-.
වෙළඳක්කාර, *a*, mercantile, merchant, commercial. [වෙළඳනුවර.
වෙළඳ·නගරය, *n.* merchant-city, emporium,
වෙළඳම්කරනවා, *v.* to trade, traffic, engage in commerce. [place, mart.
වෙළඳම්·පළ, *n.* place of commerce, market-
වෙළඳ, වෙළෙඳ, *n.* See වෙළෙන්දා.
වෙළඳම, *n.* trade traffic, commerce; merchandise.
වෙළඳාම්කරනවා, *v.* to trade; also *v. t.* to trade in, as, trade in cloth, රෙදි වෙළඳාම්කරනවා.
වෙළඹ, *n.* mare, එළෙම්බ.
වෙළෙහෙළඳම්, *n. pl.* (හෙළ an expletive), traffic and trade, see වෙළඳම්. [around.
වෙළාගන්නවා, *v. t.* to entwine, twist or wrap
වෙළීම, වෙළුම, *v. n.* of වෙළනවා and වෙළෙනවා; entwining, wrapping around.
වෙළුම්වනවා, *v. t.* to twist together, as the strands in making cord or rope.
වෙළුම, *n.* See වෙළීම; also a twist or turn; bandage, නිතඹපටිය; besetment, affliction, පීඩාව.
වෙළුව, *a.* twisting around, වෙළුම; band, බැම්ම.
වෙළෙනවා, *v. i.* to twine around, wind round, entwine, clasp; *pret.* වෙළුණා; *p. pl.* වෙළී; *v. n.* වෙළීම.
වෙළෙන්දා, *n.* merchant, trader.
වෙළෙප්, *n.* tree (with its branches), ගස.
වෙළෙඹ, වෙළෙඹී, *n.* mare, අස්වෙළෙම්බ.
වේ, *a.* swift, වේග; ratan-, වේවැල්; street-, වීදි-; white-ant-.

වේකා, *n.* a fish of the herring tribe, milk-fish, *chanos salmoneus*; *pl.* වේක්කු.
වේක්කුව, *n.* weariness, fatigue, හෙහෙවටුව.
වේග, වේගවත්, *a.* swift, fleet, rapid; impetuous, precipitate; ඉක්මන්, සැර.
වේග·මානක·යන්ත්‍රය, *n.* tachometer.
වේගය, *n.* speed, velocity, rapidity; energy, force, impetus, සැරකම; hastiness, ඉක්මන්කම; straining, tenesmus, තැමිල්ල; evacuation (of the bowels &c.), පැහැරීම. [සැරෙන්.
වේගයෙන්, *ad.* with speed, swiftly, ශීඝ්‍රලෙස,
වේග·රෝධය, *n.* (රෝධය impediment), check of
වේගවත්, *a.* See වේග. [speed &c.
වේගවත්කම, *n.* swiftness &c.; impetuosity, precipitauce, සැර ඉක්මන්කම. [dynamical.
වේග·ශාස්ත්‍ර, වේග·ශාස්ත්‍රාකාර, *a.* dynamic,
වේග·ශාස්ත්‍රය, *n.* dynamics.
වේග·සංධාරණය, *n.* (සංධා: restraining), obstruction of the natural excretions: constipation, මලබන්ධය; ischury, මූත්‍රබන්ධය.
වේගී, *a.* See වේග.
වේගීතාව, *n.* swiftness, fleetness, ශීඝ්‍රකම.
වේ·ගුරු, *n.* (වේ for වේද), teacher of the Veda, ap. of Brahma, මහාබ්‍රහ්මයා.
වේඨනය, *n.* wrapping around, entwining, twisting, torsion, වෙළීම, වෙළුම; turban, තලප්පාව.
වේණා, *n. pl.* or *a.*; වේණාකාරයා, *n.*; වේණාගාය තාව, *n.*; වේණාව, *n.*; See වීණා, &c.
වේණිය, *n.* the hair unornamented and gathered on the top of the head or behind into a loose braid or knot. [pipe, flute, නළාව.
වේණු, *n.* bamboo, උණගස; musical reed or
වේණු·වාදයා, *n.* (වාදයා who sounds), player on a flute or reed, flute-player.
වේතනය, *n.* hire, කුලිය; wages, stipend, පඩිය; livelihood, ජීවිකාව.
වේ·තාලයා, *n.* one who brings dead bodies to life by spells; doorkeeper, දොරටුපාලයා.
වේත්‍රය, *n.* reed, බටදණ්ඩ; cane, වේවැල; stick, staff, සැරමිටිය.
වේත්‍රවතිය, *n.* the river Betwa, which unites with the Jumna below Calpi; name of an infernal river. [දොරටුපාලයා.
වේත්‍රියා, *n.* (වේත්‍ර staff), doorkeeper, porter,
වේද, *n. pl.* or *a.* Vedas, pert. to the Vedas, Vedic.
වේද·ගර්භ, *n. lit.* source of knowledge or of the Vedas. ap. of Brahma, මහාබ්‍රහ්මයා, and of a brahmin, බමුණා.
වේදත්‍රය, *n.* the first three Vedas.
වේද·ධර්මය, වේදාගම, *n.* (·ආගම), religion of the Vedas, Vedantism, Hinduism.
වේදනය, *n.* (විද් to know, suffer), knowledge received through the senses, sense, perception, දැනීම; pain, වේදනාව.

වේදනාකරනවා, *v.* to cause pain to, pain, hurt.
වේදනා·මර්දනෞෂධය, *n.* (මර්දන ඖෂ:), pain-subduing medicine, paregoric.
වේදනාව, *n.* pain, ache, suffering.
වේදනා·විඳිනවා, *v.* to suffer pain or anguish.
වේදනා·වෙනවා, *v. i.* It pains (මට &c).
වේදනා·ස්කන්ධය, *n.* faculty of perception, sense.
වේදනීය, *a.* that should be known, perceptible, knowable, දැනගතයුතු, දැනෙන.
වේද·පුස්තකය, *n.* Vedic book, Shastra, Shaster.
වේද·භේදකාර, *a.* schismatic, heretical in religion. E. S.
වේද·මන්ත්‍රය, *n.* incantation by repeating portions of the Veda, Vedic incantation.
වේදය, *n.* H. sacred Scriptures, said to have been revealed by Brahma, preserved by tradition and at length compiled in their present form by Vyāsa, a celebrated saint. The Rig, Yajur and Sāma are the principal Vedas or Vedas proper; a fourth is called Atharva; sometimes a fifth is reckoned consisting of history, ඉතිහාස, and ancient mythology, පුරාණ.
වේදල්ල, *n.* one of the nine divisions of the බණපොත් or B. Scriptures. [ධර්මවිවාදය.
වේද·විතර්කය. *n.* religious controversy, polemics,
වේද·සාක්ෂික, *a.* pert. to martyrs, martyrological. E. S. [martyrology.
වේද·සාක්ෂික·කථාන්තරය, *n.* history of martyrs,
වේද·සාක්ෂික·මරණය, *n.* martyrdom. E. S.
වේද·සාක්ෂිකයා, *n.* martyr. E. S.
වේදාංගය, *n.* (වේද අංගය), branch of knowledge or of the Veda; there are six such regarded as subordinate parts of the Veda, viz. ශික්ෂා ශාස්ත්‍රය, learning, sp. pronunciation; කල්ප ශාස්ත්‍රය, religious ceremonies; ව්‍යාකරණ ශාස්ත්‍රය, grammar; ඡන්දශ්ශාස්ත්‍රය, prosody; ජ්‍යොතිශ්ශාස්ත්‍රය, astronomy, and නිරුක්ති ශාස්ත්‍රය, glossography or science of explanation.
වේදාන්තය, *n.* (වේද, අන්තය end, sum or substance), purport or theological part of the Vedas, found in the numerous portions of the Vedas called උපනිෂද්, which teach monotheistic worship. [පණ්ඩිතයා.
වේදී, *n.* learned person, scholar, pandit,
වේදිකාව, **වේදුකාව**, *n.* verandah, වරණ්ඩය, rectangular stage or platform of earth, ගන උස්පිල, open shed in a courtyard, මිදුල්මඩුව; altar, පූජාසනය; bench.
වේදිත, *a.* (විද් to know), made known, දන්වන ලද, known, දැනගන තිබෙන. [හැකිවූ.
වේදිතව්‍ය, *a.* ascertainable, knowable, දැනගත
වේදිතාව, **වේදිත්වය**, *n.* knowledge, දැනගැන්ම, experience, අත්දැකීම.

වේදු·අල්ලනවා, *v.* to fumigate. E. S.
වේදුව, *n.* fumigation, steam-sudorific. E. S.
වේද්‍ය, *a.* that should be known or taught, දැනගත or දැන්විය or ඉගැන්විය යුතු.
වේධක, *a.* piercing, විදින, ඇණෙන.
වේධක, *n.* quicksilver, රසදිය; camphor, කපුරු; grain, ධාන්‍ය; rice in the ear.
වේධනය, *n.* (ව්‍යධ් to pierce), piercing, perforating, විදීම. [let, බුරුමය.
වේධනිය, *n.* a piercer, විදිනකටුව, auger, gim-
වේධය, *n.* piercing, perforation, විදීම, විදුම; depth, ගැඹුර,
වේප·චිත්ති, *n.* (වේප trembling, චිත්ත mind), name of a chief of the Asuras, see අසුරයා.
වේ·පත, *n.* ratan strip, split cane, used for weaving chair bottoms &c.
වේ·බඩ, *n.* See වෙයගබඩ.
වේමය, *n.* loom, අලුව.
වේයා, *n.* termite, white-ant; *pl.* වේයෝ.
වේරක, *n.* camphor, කපුරු. [white-ants.
වේ·රජා, *n.* termite king, viz. the queen of the
වේරමණීය, *n.* refraining, abstinence, වැලකී සිටීම.
වේරම්බ·වාතය, *n.* a wind blowing from the four quarters, සතරදිගින් හමන සුළඟක්.
වේරය, *n.* the body, ශරීරය; egg-plant, වම්බටු පැල; saffron, කහ.
වේ·රිය, *n.* ratan flower-stalk or rod.
වේ·රිපු, *n.* termite-enemy, viz. bear, වලහා.
වේල, *n.* part of a day or one noon, වරුව.
වේල, *n.* T., spear, හෙල්ලය, javelin, අඩයටිය.
වේලනවා, **වේලවනවා**, *v. t.* to dry, cause to dry; *pret.* වේලුවා, වේලෙවුවා; *v. n.* වේලීම, වේලවීම.
වේලා, *p. pl.* of වේලනවා: having dried.
වේලා, *n. pl.* or *a.* of වේලාව.
වේලාන්තරය, *n.* (වේලා shore, අන්තරය space), sea-shore, මුහුදුවෙරළ. [of a child.
වේලා·පත්කඩය, *n.* record of the time of birth
වේලා·පත්‍රය, *n.* time-table. [early.
වේලා·පය, **වේලා·පහ**, *n.* (used as an adverb),
වේලා·පහින්, *ad.* early, betimes, in good time.
වේලායුධය, (වේල ආ:), spear or trident of කතරගම දෙවියෝ.
වේලාව, *n.* hour, time as part of a day; limit, boundary, මායිම; sea shore, වෙරළ.
වේලාසන, *a.* early, in good time.
වේලාසනින්, *ad.* early, see වේලාපහින්.
වේලිච්ච, *v. adj. pret.* dried, dry, වේලුණු.
වේලිච්ච·ඉඟුරු, *n.* dried ginger.
වේලිය, *n.* T., hedge, fence, වැට, wall, තාප්පය; ridge, line, වැටිය, පෙළ.
වේලීම, *v. n.* of වේලනවා and වේලෙනවා: drying.
වේලෙනවා, *v. i.* to become dry, shrivel, wither; *pret.* වේලුණා.
වේලෙහි, *ad.* of time, as ඒ වේලෙහි, at that time, on that occasion, just then. ඔහු ගිය වේලෙහි, when he went, as soon as he went.

වේල්ල, n. embankment, dam of a paddy field, which serves also as a path, නියර.
වේල්ල·ජ, n. product of වේල්ල or tremulous plant, viz. black pepper, ගම්මිරිස්.
වේල්ලිත, a. shaken, trembling, tremulous, චපල, සෙලවෙන. [කුහකයා.
වේ·වැල, n. cane.
වේශ·ධාරියා, n. one in disguise, hypocrite,
වේශය, වේසය, n. guise, appearance, disguise, masquerade dress, mask, බොරුවේසය.
වේශය·මාරුකරනවා, v. See වෙස්මාරුකරනවා.
වේශ·විපර්‍යාසය, n. change of appearance, transfiguration, වේසය වෙනස්කිරීම.
වේශ්මය, n. (fr. විශ් to enter), house, ගෙය.
වේශ්‍ය, a. pert. to harlots or harlotry.
වේශ්‍යය, n. See වේශ්‍යාගෘහය. [tion.
වේශ්‍යාකම, n. harlotry, prostitution; fornica-
වේශ්‍යාකම්කරනවා, v. to practise harlotry; commit fornication. [monger, සල්ලාලයා.
වේශ්‍යා·ගාමියා, n. (ගාමියා frequenter), whore-
වේශ්‍යා·ගෘහය, n. brothel, වේසාගෙය.
වේශ්‍යාව, වේශ්‍යාවි, n. harlot, prostitute, වෙසඟුව; pl. වේශ්‍යාවෝ, වේශ්‍යාවියෝ.
වේෂය, n. dress, ඇඳුම, decoration, ornament, සැරසිල්ල. [කොටුකරන.
වේෂ්ටක, a. surrounding, enclosing, වටකරන,
වේෂ්ටනය, වේෂ්ටය, n. surrounding, වටකිරීම; twining, වෙලීම; enclosure, කොටුව; fence, වැට; turban, තලප්පාව.
වේෂ්ටය, n. As above; also gum resin, දුම්මල.
වේ·සත, n. medical science, see වෙදසතර.
වේස·ධාරියා, n. See වේශධාරියා.
වේසා, a. whorish, pert. to harlots.
වේසාකම, n. See වේශ්‍යාකම.
වේසා·ඇත්ති, වේසා·ගෑනි, n. harlot, prostitute.
වේසා·ගෙය, n. See වේශ්‍යාගෘහය.
වේසාවා, n. whoremonger, catamite.
වේසාවි, වේසි, n. prostitute, whore, වෙසඟුව.
වේහප්ඵලය, n. the tenth Brahma world, දශ
වේළුරිය, n. See වෛරෝඩිය. [වෙනි බ්‍රහ්මලෝකය.
වෛ, n. int., and exp. So! Indeed! හැබෑද!.
වෛකල්පික, a. alternative, විකල්ප වශයෙන්වූ, E. S.; doubtful, අනුමාන.
වෛකුණ්ඨ, n. ap. of Vishnu and Indra; name of a mountain and of the celestial region on the summit of it; talc, E. S.
වෛක්‍රාන්තය, n. a diamond-like gem.
වෛ·චිත්ත, a. of unsettled mind, distracted, සිතින් විකවුල්. [tion.
වෛ·චිත්‍යය, n. mental unsettledness, distrac-
වෛජයන්තය, n. Indra's palace, ඉන්ද්‍රයාගේ මාලිගාව; Indra's banner, ඉන්ද්‍රධ්වජය.
වෛජයන්තිකයා, n. flag-bearer, standard-bearer, කොඩිකාරයා.
වෛජයන්තිය, n. flag, banner, ධ්වජ, කොඩිය.
වෛජිකය, n. origin, මුල, cause, හේතුව.

වෛඥානික, a. (විඥානය knowledge), learned, උගත්, intelligent, බුද්ධිමත්, clever, සමර්ථ.
වෛණුකය, n. (වේණුව bamboo), iron-headed bamboo goad for elephants, හෙණ්ඩුව.
වෛතනික, a. mercenary (soldier), stipendiary, venal. E. S.
වෛතනිකතාව, n. venality, අල්ලස්ගන්නසුල්ල.
වෛතනිකයා, n. hireling, mercenary, stipendiary, පඩිකාරයා. E. S.
වෛ·තරණිය, n. the river of hell, styx.
වෛතාන, a. sacrificial, පූජාසම්බන්ධ. [දර.
වෛතාලය, n. daybreak, morning, අලුයම, පාන්
වෛතාලිකයා, n. bard, sp. one employed to waken a chief with music and song.
වෛතුල්‍ය, a. opposed, heretical, විරුද්ධ, මිථ්‍යාදෘෂ්ටි. [heretic, මිථ්‍යාදෘෂ්ටිකයා.
වෛතුල්‍යවාදියා, n. B., schismatic, භේදකාරයා,
වෛදග්ධය, n. cleverness, acuteness, සමත්කම; craft, දඟය. [කථාව.
වෛදර්භිය, n. crafty or indirect speech, වංක
වෛ·දල, n. (වි, දල් to divide), any leguminous plant, as peas, beans &c. [Vedic.
වෛදික, a. pert. or according to the Vedas,
වෛදූර්‍යය, n. lapsis lazuli, cat's-eye gem, වෛරෝඩිය; supposed to be the name of a mountain where the stone is found.
වෛදේහකයා, n. trader or merchant who is not of that caste, merchant, වෙළෙන්දා.
වෛද්‍ය, a. (විද් to know), medical.
වෛද්‍ය·කර්මය, n. art of medicine, medical practice or treatment, වෙදකම. [වෛද්‍යකර්මකරනවා.
වෛද්‍යකර්මයකරනවා, v. to practise medicine,
වෛද්‍යයා, n. doctor, physician, වෙදා.
වෛද්‍ය·ශාස්ත්‍ර·ඥයා, වෛද්‍යාචාර්‍යයා, n. (ආචා; teacher, master), see වෛද්‍යයා.
වෛද්‍ය·ශාස්ත්‍රය, n. medical science.
වෛද්‍යාචාරියා, n. for වෛද්‍යාචාර්‍යයා.
වෛද්‍යුත, a. electrified, electric, විදුලිද්‍රව්‍යසහිත.
වෛද්‍යුතකරනවා, v. t. to electrify, විදුලිද්‍රව්‍ය පොවනවා.
වෛද්‍යුතතාව, n. state of electrification. E. S.
වෛද්‍යුත·යන්ත්‍රය, n. electric machine, විදුලි යන්ත්‍රය.
වෛද්‍යුත·ශාස්ත්‍ර·ඥයා, n. electrician.
වෛධ, a. (විධි manner, rule), according to rule, normal, නියම විධියට එකඟවූ.
වෛ·ධව්‍ය, a. (වෛ for වි priv., ධව husband), widowed, widow-, වැන්දඹු.
වෛ·ධව්‍යය, n. widowhood, වැන්දඹුකම.
වෛධාකාරයෙන්, ad. normally, see වෛධ.
වෛනතේය, n. ap. of Vishnu's bird, see ගරුඩයා.
වෛනිකයා, n. a medium of conveyance, as porter, carriage-horse &c., ගෙනයන්නා.
වෛනේය·ජන, n, pl. converts to Buddhism; people who observe the rules of Vinaya.

වෛපුල්‍යය, *n.* (fr. විපුල), see විපුලතාව; name of a mountain. [ඓශ්චර්යය.

වෛභවය, *n.* grandeur, glory, මහානුභාවය,

වෛයාකරණ, *a.* pert. to grammar, see ව්‍යාකරණ. [දන්න අය.

වෛයාකරණයා, *n.* grammarian, ව්‍යාකරණය

වෛරකරනවා, *v.* (dat.) to hate, වෛරවෙනවා.

වෛරකාරයා, වෛරක්කාරයා, *n.* hater, malicious person. [ද්වේෂය.

වෛරභාවය, *n.* dislike, aversion, තද අප්‍රියාව,

වෛර·නිර්යාතනය, *n.* vengeance, revenge, පළිගැනීම. [revenge, පළිගන්නවා.

වෛරනිර්යාතනයකරනවා, *v.* to take vengeance,

වෛර·බඳිනවා, *v.* (*dat.*) to fix hatred on, cherish hatred towards.

වෛරය, *n.* hate, hatred, malice, spite, enmity.

වෛර·වෙනවා, *v.* (*dat.*) to hate, entertain malice towards.

වෛරි, *n.* bull having a stripe on the back.

වෛ·රාග, වෛ·රාගික, *a.* See විරාග, විරාගි, &c.

වෛ·රාග්‍යය, *n.* (වෛ fr. වි priv.), passionlessness, freedom from desire, කෙලෙස නැතිකම.

වෛරානුබන්ධය, *n.* (·අනුබ:), state of enmity, animosity, settled hatred, වෛරබැඳීම, වෛර බැඳි ස්වභාව. [එදිරිවූ.

වෛරි, වෛරී, *a.* hating, hostile, වෛරවෙන,

වෛරිතාව, *n.* enmity, එදිරිකම, state of hatred, වෛරගතිය. [සතුරා.

වෛරියා, *n.* hater, වෛරකාරයා, enemy, foe,

වෛරෝචනයා, *n.* See විරෝචනය; ap. of Buddha, and of Bàli (බාලි); son of the sun.

වෛවර්ණ්‍යය, *n.* (වෛ fr. වි priv., වර්ණ colour, caste), loss or change of colour, see විවර්ණ; secession from caste, කුලයෙන් තුරන්වීම; heterogeneousness, විවිධාකාරකම.

වෛවස්වත, *n.* ap. of Yama, යම, and of the seventh Manu or Manu of this age and first king of India, සත්වෙනි මනු; the planet Saturn, ශනිග්‍රහයා, සෙනසුරා.

වෛවාහික, *a.* See විවාහක, විවාහික.

වෛවාහික·කාව්‍යය, *n.* marriage-song, hymeneal, epithalamium. E. S.

වෛශද්‍ය, *a.* white, සුදු; pure, පවිත්‍ර.

වෛශද්‍යය, *n.* whiteness; purity.

වෛශාඛ·මාසය, *n.* name of a month, April-May, වෙසක්මස; churning stick, යොදේ කොවන ලීය.

වෛශාඛෝත්සවය, *n* (·උත්සවය), festival held in the වෛශාඛ (Wesak) month, Buddha's birthday festival.

වෛශාරද, *a.* wise, see විශාරද.

වෛශිකය, *n.* harlotry, වේශ්‍යාකම.

වෛශ්‍යයා, *n.* agriculturist or merchant or person of that caste, ගොවිවංශයේ හෝ වෙළඳ කුලයේ කෙනෙක්. [වේශ්‍යාකම &c.

වෛශ්‍යාකම &c. or වෛශ්‍යාකම &c., Er. for

වෛශ්‍රවණයා, *n.* ap. of කුවේර regent of the North quarter and chief of the yakshas,

වෛශ්වානර, *n.* fire, ගින්න. [වෙසමුණි.

වෛශ්වී, *n.* the Nakshatra called Uttarā Ashādhā or Uttarā shadhā so called because the Visva-devas preside over this asterism.

වෛෂ්ණව, *a.* pert. to Vishnu, විෂ්ණු සම්බන්ධ.

වෛෂ්ණවයා, *n.* follower of Vishnu, Vishnuite, විෂ්ණු ආගම්කාරයා.

වෛසාරිනයා, *n.* a fish, මත්ස්‍යයා, මසා.

වොටුන්න, *n.* crown, ඔටුන්න; *pl.* වොටුනු.

වොටුව, *n.* pistil of flowers, මල්කෙමිය.

වොටුවා, *n.* camel, ඔටුවා.

වොපරිය, වොපිරිය, *n.* turban, තලප්පාව.

වො·රජන, වො·රැඳි, *a.* brilliant, splendid, දිප්තිමත්, විරාජමාන. [නම්කරනවා

වොලො·ගන්නවා, *v. t.* to steal, plunder, හොර

වොලොව, *n.* theft, stealing, හොරකම, deception, වංචාව. [tor, පිඹුරා.

වෝඩයා, *n.* rock-snake, python, boa-constric-

වෝල, *n.* gum-myrrh, බෝපරස මැලියම.

ව්‍යංසනය, *n.* cheating, deceiving, රැවටීම, රැවටිල්ල. [රැවටිය හැකිවූ, රැවටෙන.

ව්‍යංසනීය, *a.* that may be cheated, deceivable,

ව්‍යංසිත, *a.* See වංචිත.

ව්‍යංසිතවෙනවා, *v. i.* to be deceived, රැවටෙනවා.

ව්‍යක්ත, *a.* (වි emp., අජ to clear), made clear, evident, ප්‍රකාශවූ; enlightened, learned, erudite, clever, උගත්, දක්ෂ. [උගත් කථාව.

ව්‍යක්ත·කථනය, *n.* learned speech, oratory,

ව්‍යක්ත·කථාචාර්යයා, *n.* teacher of oratory, elocutionist, orator.

ව්‍යක්ත·කථාකාරයා or ·කථිකයා, *n.* learned speaker, orator. [කථාකාර.

ව්‍යක්ත·කථික, *a.* oratorical, rhetorical, උගත්

ව්‍යක්ත·කථික·ශාස්ත්‍රය, *n.* science of oratory or rhetoric.

ව්‍යක්තකම, *n.* learning, erudition, උගත්කම.

ව්‍යක්ත·දෘෂ්ටාර්ථී, *a.* (ව්‍යක්ත clear, දෘෂ්ට seen, vision, අර්ථ meaning), who has clear vision, intelligent, බුද්ධිමත්, තේරුම්ඇති.

ව්‍යක්තයා, *n.* learned person, literate, උගතා.

ව්‍යක්තිය, *n.* manifestation, appearance, ප්‍රකාශය, පෙනුම; individuality. E. S.

ව්‍යක්තී·කෘත or ·භූත, *a.* made or become manifest, manifested, ප්‍රකාශවූ.

ව්‍යග්‍ර, *a.* eager, zealous, කුතුහල, චලිත.

ව්‍යග්‍රතාව, *n.* eagerness &c., කුතුහලය, &c.

ව්‍යජනය, ව්‍යජය, *n.* (වි before, අජ් to go), a fan, පවන්පත.

ව්‍යඤ්ජන·ඉස්ම, *n.* gravy of curry, [illegible]ඉස්ම.

ව්‍යඤ්ජනය, *n.* (වි emp., අඤ්ජ to make clear), mark, sign, ලකුණ; private part, රහස් අවයවය; curry, මාලු; *gram.* consonant, ගාත්‍රාක්ෂරය, ව්‍යඤ්ජනාක්ෂරය.

ව්‍යඤ්ජිත, *a.* characterized or marked by. E. S.

ව්‍යතිකර, *a.* (වි reversed, අති very, කර doing), reverse, converse, reciprocal, විරුඩ, ප්‍රතිකූල.
ව්‍යතිකරය, *n.* reverse, misfortune, විපත; reciprocal action, ප්‍රතිඝාතනය. E. S.
ව්‍යති·ක්‍රමණ, *a.* (ක්‍රමණ going), retractive, retrograde, revoking. E. S.
ව්‍යති·ක්‍රමණය, ව්‍යති ක්‍රමය, *n.* retraction, retrogradation, revocation; passing over or beyond, transgressing, ඉක්මවීම.
ව්‍යති·ක්‍රමණයකරනවා, *v. t.* to reverse, recant, retract, revoke, E. S.; go beyond, transgress, පසුකරනවා, ඉක්මවනවා.
ව්‍යති·ක්‍රාන්ත, *a.* reversed, විපරීත; retracted. E. S.
ව්‍යති·රික්ත, *a.* (·රිච් to divide), separated, separate, වෙන්වූ; withdrawn, අහක්කරනලද; distinct, වෙනම; individual, පුද්ගලික, ප්‍රභේද.
ව්‍යති·රික්තකරනවා, *v. t.* to separate, වෙන්කරනවා, except, reject, බැහැරකරනවා.
ව්‍යති·රික්තතාව, *n.* separateness, ප්‍රභේදතාව, individuality. E. S.
ව්‍යතිරේකය, *n.* (රේකය fr. රිච් to divide), disuniting, වෙන්කිරීම, exclusion, බැහැරකිරීම; difference, separateness, වෙනස්කම, ප්‍රභේදතාව; exception, reservation, විශේෂයක්.
ව්‍යති·ෂක්ත, ව්‍යති·ෂංගවත්, *a.* converse, විපරීත; correlative, reciprocal, අන්‍යෝන්‍ය.
ව්‍යති·ෂක්තතාව, ව්‍යති·ෂංගය, *n.* reciprocity; correlative. E. S.
ව්‍යති·ෂක්ත·වාචක්‍ය, *n.* correlative term. E. S.
ව්‍යත්‍යස්ත, *a.* reversed, contrary, විපරීත, පෙරළී තිබෙන [වෙදනාකරන.
ව්‍යථක, ව්‍යථාකර, *a.* paining, excruciating, ඉතා
ව්‍යථනයකරනවා, *v. t.* to excruciate, දරුණු වේදනා පමුණුවනවා.
ව්‍යථිත, *a.* pained, excruciated, වධවේදනාසහිත.
ව්‍යථාමාන, *a.* painful, excruciating, වධවේදනාදෙන. [berant, echoing, අනුනාද.
ව්‍යනුරාව, *a.* (වි emp., අනුරාව), resonant, rever-
ව්‍යනුරාවය, *n.* reverberation, echo, අනුරාවය.
ව්‍යපකෘෂ්ට, *a.* (වි priv., අපකෘෂ්ට low, mean), not-mean, excellent, eminent; උතුම්, උසස්.
ව්‍යපගත, *a.* (වි emp., අපගත), departed, seceded, තුරන්වූ.
ව්‍යපගතවෙනවා, *v. i.* to withdraw, depart, go away, secede, අහක්වයනවා, තුරන්වෙනවා.
ව්‍යපගමය, *n.* departure, secession.
ව්‍යප·රෝපණය, *n.* (වි priv., අප away), eradicating, eradication, මුලින් උදුරා දැමීම.
ව්‍යප·රෝපණයකරනවා, *v. i.* to eradicate, මුලින්
ව්‍යප·රෝපිත, *a.* eradicated. [උදුරනවා.
ව්‍යප·ශමන, ව්‍යප·ශමනීය, *a.* healing, restorative, therapeutic, ප්‍රතිකාර, allaying, alleviating, සංසිඳුවන.
ව්‍යප·ශමනය, *n.* calming, allaying, relieving, සංසිඳුවීම, සනහයකිරීම; healing, recovery, සුවය, සුවවීම.
ව්‍යප·ශමනයකරනවා, *v. t.* to calm, relieve, සංසිඳුවනවා; cure, සුවකරනවා.
ව්‍යප·ශමනයවෙනවා, *v. i.* to be calmed, relieved, සංසිඳෙනවා; get well, recover, සුවවෙනවා.
ව්‍යප·ශමන·විද්‍යාව, *n.* knowledge or art of healing, therapeutics, ප්‍රතිකාරවිද්‍යාව. [න.
ව්‍යප·ශමය, *n.* remedy, medicine, පිළියම, බෙහෙ
ව්‍යපාකෘතිය *n.* refusal, rebuff. E. S.
ව්‍යපේක්ෂ, *a.* (වි emp., අපේක්ෂ), hoping for, expectant, බලාපොරොත්තුවෙන.
ව්‍යපේක්ෂණය, *n.* expecting, බලාසිටීම. &c.
ව්‍යපේක්ෂාව, *n.* expectation, බලාපොරොත්තුව.
ව්‍යපේක්ෂිත, *a.* expected, බලාපොරොත්තුවූ, අපේක්ෂිත. [opposed, ප්‍රතිකූල.
ව්‍යපේත, *a.* removed, gone, අහක්වූ; contrary,
ව්‍යපතිය, *n.* (වි before or down, අප to come), the disease *prolapsus uteri*.
ව්‍යභිචාරය, *n.* (වි reverse, අභි towards, චාරය going), *lit.* and *fig.* going astray, erring, following an improper course, මුළාවීම, මුළාව.
ව්‍යභිචාරී, *a.* *lit.* and *fig.* going astray, departing from the right path or course, මුළාව යන.
ව්‍යය, *n.* expenditure, වියදම; decline, පිරිහීම, destruction, නාශවීම.
ව්‍යය·සංවත්සරය, *n.* the twentieth year of the Indian cycle of sixty; the twelfth or last sign of the zodiac, ලග්න දොළොසෙන් අන්තිම රාශිය.
ව්‍යයිත, *a.* expended, dissipated, වියදම්වූ, නැතිවූ.
ව්‍යයීකරණය, *n.* expending, wasting, වියදම් කිරීම, expenditure, වියදම.
ව්‍යයී·කෘත, ව්‍යයී·භූත, *a.* expended, wasted, වියදම් කරනලද, නැතිවූ.
ව්‍යර්ථ, ව්‍යර්ථක, (වි priv., අර්ථ meaning, object), meaningless, තේරුමක් නැති; vain, useless, නිරර්ථක, නිෂ්ඵල.
ව්‍යර්ථතාව, *n.* meaninglessness, &c.
ව්‍යව·කලන·ගණන, *n.* (ව්‍යව minus, කල to count), minus number or quantity, negative quantity, ඍණගණන.
ව්‍යව·කලන·ලකුණ, *n.* the minus sign (—).
ව්‍යව·කලනය, *n.* *arith.* subtraction, අඩුකිරීම.
ව්‍යව කලනීය·ගණන, *n.* *arith.* subtrahend, අඩුකළයුතුගණන.
ව්‍යව·කලිත, *a.* subtracted, අඩුකරනලද.
ව්‍යව·ක්‍රෝශනය, *n.* wrangling, wrangle, තරක්කිරීම, තරගය.
ව්‍යවච්ඡින්න, *a.* (ව්‍යව off, ඡිද් to cut), cut asunder, separated, divided, කපා—වෙන්වී or බෙදී—තිබෙන; different, වෙනස්වූ.
ව්‍යවච්ඡේදය, *n.* cutting, separating, dividing, division, කැපීම, කැපුම &c.; distinction, වෙනස; shooting an arrow, ඊයක් විදීම.
ව්‍යවධානය, ව්‍යවධාව, ව්‍යවධිය, *n.* (වි, අව and ධා to hold), something interposed; covering, screen, වැස්ම, මුවාව, concealment, සැඟවීම, වසා තැබීම.

ව්‍යවසිත, *a.* energetic, diligent, වීර්‍ය්‍යවන්ත, සාහසි

ව්‍යවසිතතාව, *n.* energy, diligence. [සර.

ව්‍යව·ස්ථා, *n. pl.* or *a.* (වි අව, and ස්ථා placing), enactments &c., අණපණත්;law-, legal.

ව්‍යව·ස්ථා·කන්ද, or පංක්ති or පුස්තකය, *n.* code or collection of laws, law-book, නීතිපංක්තිය, නීතිපොත.

ව්‍යව·ස්ථා·දායක, *a.* legislative, law-giving.

ව්‍යවස්ථා·දායකයා, *n.* law giver, legislator, අණ පණත් පණවන්නා.

ව්‍යව·ස්ථා·නිරනුකූල, *a.* not accordant with law, unconstitutional, illegal, නීතියට එකඟනොවූ.

ව්‍යව·ස්ථානුකූල, ව්‍යව ස්ථානුරූප, *a.* (·අනුකූල, ·අනුරූප), accordant with law, lawful, legal, නීතියට එකඟවූ. [See ව්‍යවස්ථාදායකයා.

ව්‍යව·ස්ථාපකයා, *n.* (ස්ථාපක placing, fixing).

ව්‍යව·ස්ථාපිත, *a.* established or determined by law, statutory, නීතියෙන් නියමවූ.

ව්‍යව·ස්ථාපිත·රාජාණ්ඩුව, *n.* constitutional monarchy, නියම ක්‍රමයක් සහිත රාජාණ්ඩුව,

ව්‍යවස්ථායක, *a.* legislative, නීතිදායක.

ව්‍යව·ස්ථායක·මන්ත්‍රණ·සභාව, ව්‍යව·ස්ථායක·සභාව, *n.* legislative council, legislature, නීතිදායක සභාව.

ව්‍යවස්ථායකයා, *n.* legislator, නීතිදායකයා.

ව්‍යවස්ථා·ස්කන්ධය, *n.* See ව්‍යවස්ථා කන්ද.

ව්‍යවස්ථාව, *n.* law, statute, නීතිය; body of laws, ව්‍යවස්ථාපංක්තිය.

ව්‍යව·ස්ථිත, *a.* (වි අව off, ස්ථිත placed), separated, වෙන්වූ, distant, දුරවූ; fixed, පිහිටි, appointed, නියමවූ. [continuance, පැවතීම.

ව්‍යව·ස්ථිතිය, *n.* fixedness, firmness, ස්ථිරකම,

ව්‍යව·හරණය, *n.* taking a meal, eating and drinking, කෑමබීම.

ව්‍යව·හාර, ව්‍යව·හාරික, ව්‍යව·හාරී, *a.* pert. to usage, usual, customary, used, practised, litigant, judicial, නඩුආකාර, නඩු. [arily.

ව්‍යව·හාරකරනවා, *v. t.* to use, employ custom-

ව්‍යව·හාරය, *n.* usage, custom, ordinary practice, භාවිතාව; lawsuit, නඩුව; business, නියමය.

ව්‍යව·හාරිකාව, *n.* usage, custom, භාවිතාව.

ව්‍යව·හිත, *a.* (ව්‍යව before; හිත held), placed before or contiguously, ළාවූ; covered, concealed, shielded, මුවාවූ.

ව්‍යව·හෘත, *a.* used, employed: ව්‍යවහාර.

ව්‍යවාය·දික, *a.* debauched, දුෂ්ටවූ, සල්ලාල.

ව්‍යසන, ව්‍යසන·ජනක, *a.* disastrous, calamitous, baleful, විපත් සහිත or විපත උපදවන,

ව්‍යසනතාව, &c., *n.* disastrousness &c.

ව්‍යසනය, *n.* disaster, calamity, affliction, අනතුර, විපත, මහත්දුක.

ව්‍යසනාර්ත, *a.* (·ආර්ත pained), suffering affliction, afflicted, පීඩිතවූ.

ව්‍යස්ත, *a.* (වි various, අස්ත being), pervaded, diffused, පැතිරීනිබෙන; reversed, reverse, opposite, විපරීත; perplexed, bewildered, වියවුල්, විල්මත්.

ව්‍යස්තකරනවා, *v. t.* to reverse, invert, විපරීත කරනවා, පෙරළනවා.

ව්‍යස්තතාව, *n.* bewilderment, perplexity, වියවුල් කම, &c. [grammatical.

ව්‍යාකරණ, *a.* grammar-, pert. to grammar,

ව්‍යාකරණ·ඥයා, ව්‍යාකරණ·ශාස්ත්‍ර·ඥයා, *n.* grammarian, ව්‍යාකරණ දන්නා.

ව්‍යාකරණය, *n.* grammar, ව්‍යාකරණ ශාස්ත්‍රය, ව්‍යාකරණ පොත; explanation, solution, විසඳීම.

ව්‍යාකුල, *a.* (වි emp., ආකුල), very confused, bewildered, perplexed, ඉතා වියවුල්, විල්මත්.

ව්‍යාකුල·කථනය, *n.* confused speech or narrative, rhapsody, වියවුල් කථාව.

ව්‍යාකුල·කථාකාරයා, *n.* confused speaker, rhapsodist, වියවුල් කථාකාරයා.

ව්‍යාකුල·කරනවා, *v. t.* to bewilder, distract, embarrass, වියවුල් කරනවා; derange, disarrange, disorder, අවුල්කරනවා.

ව්‍යාකුලතාව, ව්‍යාකුලත්වය, ව්‍යාකුලය, *n.* confusion &c., වියවුල, entanglement, intricacy, ආකූලත්වය, පැටලිල්ල.

ව්‍යාකුලී·කෘත, *a.* rendered confused or bewildered, වියවුල්කරනලද.

ව්‍යාකුලී·භූත, *a.* confused or bewildered.

ව්‍යාකූතිය, *n.* deception, fraud, imposture, වංචාව, ප්‍රයෝගය.

ව්‍යා·ඛ්‍යානය, *n.* (වි ආ, and ඛ්‍යා to relate), explaining, explanation, exposition, තේරුම්කිරීම, විස්තරකිරීම, commentary, විස්තරපොත.

ව්‍යා·ඛ්‍යානයකරනවා, *v. t.* to explain, expound, තේරුම්කරනවා, &c.

ව්‍යා·ඝාතක, *a.* striking, colliding, percussive, වදින; opposing, බාධාවූ.

ව්‍යා·ඝාතනය, ව්‍යා·ඝාතය, *n.* colliding, collision, වැදීම, හැපීම; obstacle, බාධාව; *ast.* thirteenth යෝගය. [to tigers. *Bot.*

ව්‍යාඝ්‍ර, *a. in comp.* best, ඉතා උතුම්, ශ්‍රෙෂ්ඨ; *pert.*

ව්‍යාඝ්‍ර·ධේනුව, *n.* tigress, ව්‍යාඝ්‍රදෙන.

ව්‍යාඝ්‍ර·නඛය, *n.* tiger's claw, ව්‍යාඝ්‍රනියපොත්ත; scratch with the finger nails, නියඉර; a perfume, see නඛය. [jackal, නරියා.

ව්‍යාඝ්‍ර·නායකයා, *n. lit.* tiger's guide or chief, viz.

ව්‍යාඝ්‍රයා, *n.* tiger, දිවි. [කාර, වල·ගුහැති.

ව්‍යාජ, *a.* false, deceitful; fallacious; බොරු, වංචා

ව්‍යාජ·තර්ක, *a.* or *n. pl*, illogical (arguments).

ව්‍යාජ·තර්ක·භාවය, *n.* illogicalness. E. S.

ව්‍යාජතාව, *n.* falsity, deceitfulness &c., බොරු කාරකම. &c. [glamour, රැවටිලි පෙනුම.

ව්‍යාජ·දෘෂ්ටිය, *n.* false view, heresy, මිථ්‍යාදෘෂ්ටිය;

ව්‍යාජ·නාම·ධාරී, *a.* pseudonymous, බොරුනමයක්

ව්‍යාජ·නාමය, *n.* pseudonym, බොරුනාමය.[ඇති.

ව්‍යාජය, *n.* deceit, artifice, disguise, රැවටිල්ල, බොරුව, දඟය. [බොර ලියවිල්ල.

ව්‍යාජ·ලේඛනය, *n.* false document, pseudograph,

ව්‍යාජ·වර්ජකයා, *n.* renegade, turncoat. E. S.
ව්‍යාජ·ව්‍යාධිකයා, *n.* one who feigns illness, malingerer, E. S.
ව්‍යාජ·ස්තුතිය, *n.* ironical or mocking thanks or praise, බොරු or කවට ස්තුතිය.
ව්‍යාජාචාරය, *n.* (·අචා:), false or mocking civility or salutation, fleer, බොරු or කවට ආචාරය.
ව්‍යාජීකරණය, *n.* Er. for වාජීකරණය: a medicine to ward off old age &c., *elixir vitæ*.
ව්‍යාජෝක්ත, *a.* (ව්‍යාජ උක්ත), falsely said, disguised, බොරුවට කී.
ව්‍යාජෝක්තිය, *n.* false utterance, dissimulation, subterfuge, රැවටිලි බස.
ව්‍යාජෝත්තුංගව, *a.* (උත්තුංගව), with false dignity, pretentious, stilted. E. S.
ව්‍යාජෝත්තම, *a.* (·උත්තම), with false dignity, snobbish. E. S.
ව්‍යාජෝත්තමයා, *n.* a pretender to dignity, snob.
ව්‍යාජෝන්නත, *a.* (·උන්නත), falsely high, pretentious, high-flown, උදුරම්.
ව්‍යාජෝපාය, *n.* (·උපාය), sham, pretence, trick, shuffle, subterfuge, බොරු උපාය.
ව්‍යාත්තානන, *a.* (ව්‍යාත්ත open, ආනන mouth), open-mouthed, කටඇරාපු.
ව්‍යාධ, *a.* pert. to hunting, දඩයම්. [යම් පණත්.
ව්‍යාධ·නීති·සංග්‍රහය, *n.* code of game-laws, දඩ
ව්‍යාධයා, *n.* deer-killer, hunter, දඩයම්කාරයා, වැද්දා; low or vile man, නීචයා. [රෝග.
ව්‍යාධි, *n. pl.* or *a.* diseases; pert. to disease;
ව්‍යාධි·ජනක, *a.* producing disease, unhealthy, unwholesome, ලෙඩ උපදවන.
ව්‍යාධි·ජනකතාව, *n.* condition which produces disease, unhealthiness.
ව්‍යාධි·ජ·ව්‍යාධිය, *n.* disease produced by disease, symptomatic disease. E. S.
ව්‍යාධිත, *a.* diseased, ill, රෝගග්‍රස්ත, ලෙඩවූ.
ව්‍යාධිය, *n.* disease, malady, illness, රෝගය, ලෙඩ.
ව්‍යානය, ව්‍යාන·වාතය, *n.* (වි emp., ආන breath inhaled) one of the five vital airs, the one said to be diffused throughout the body.
ව්‍යාපක, *a.* (වි emp., ආප් to pervade), diffusing, diffusive, පතුරුවන.
ව්‍යාපකතාව, ව්‍යාපකත්වය, *n.* diffusiveness, diffusion, inherence, පැතිරවීම, පැතුරුම.
ව්‍යාපකත්වාසිද්ධිය, *n.* (·අසිද්ධිය), *log.* non-diffusion, නොපැතිරීම. [transfuse; generalize, E. S.
ව්‍යාපකරනවා, ව්‍යාපනයකරනවා, *v. t.* to diffuse,
ව්‍යාපත්, *n.* (වි emp., ආපත් misfortune), calamity, විපත; death, මරණය. [zation. E. S.
ව්‍යාපනය, *n.* diffusion, see ව්‍යාපකතාව; generali-
ව්‍යාපනයවෙනවා, *v. i.* to become diffused, permeate, spread, පැතිරෙනවා.
ව්‍යාපන්න, *a.* (see ව්‍යාපත්), hurt, injured, අත දරට පත්වූ; killed, dead, ප්‍රාණහානිවූ.

ව්‍යාපාදය, *n.* evil design, treachery, malice, ද්‍රෝහිකම, ක්‍රෝධය.
ව්‍යාපාරය, *n.* occupation, business, trade; effort, work, affair, operation.
ව්‍යාපාරයා, *n.* trader, merchant, වෙළෙන්දා.
ව්‍යාපි, *a.* (වි emp., ආප් to pervade), diffusive, comprehensive, see ව්‍යාපක and E. S.
ව්‍යාපෘත, *a.* (වි, ආ and rt. පෘ, be active, busy), occupied, busy, engaged in, නියුක්ත, යෙදී.
ව්‍යාප්ත, *a.* diffused, prevalent, *log.* distributed, පැතුරුණු, full, පුණී.
ව්‍යාප්තකරනවා, *v. t.* to diffuse, distribute throughout, cause to pervade, පතුරුවනවා.
ව්‍යාප්තතාව, *n.* state of diffusion, prevalence, පැතුරුම. [vade, spread, පැතිරෙනවා.
ව්‍යාප්තවෙනවා, *v. i.* to become diffused, per-
ව්‍යාප්තිමත්, *a.* diffusive, diffused, පැතිරෙන, පැතුරුණු. [පැතිරීම, පැතුරුම.
ව්‍යාප්තිය, *n.* diffusion, pervading, inherence,
ව්‍යාප්‍ය, *a.* diffusible, pervasive, පැතිරිය හැකිවූ, පැතිරෙන. [තාව, පැතිරීම.
ව්‍යාප්‍යත්වය, *n.* diffusibility, පැතිරිය හැකි බව
ව්‍යාම, *n. pl.* or *a.* (වි emp., අම් to go), fathoms; fathom-.
ව්‍යාම·ප්‍රභාව, *n.* fathom-radiance, viz. radiance or halo which extended for a fathom around
ව්‍යාමය, *n.* a fathom, see බඹය. [Buddha.
ව්‍යායම, *n.* Er. for ව්‍යායාම.
ව්‍යායාමය, *n.* labour, effort, endeavour, වෑයම; වීර්‍යය; fathom, බඹය; athletic exercise, E. S.; business, වැඩපළ.
ව්‍යායාම ශීල, ව්‍යායාමී, *a.* athletic. E. S.
ව්‍යාල, *a.* vicious, cruel, wicked, නපුරු, කෲර.
ව්‍යාල·ප්‍රහරණ, *n.* a kind of perfume, සුවඳ වර්ගයක්; a plant, වක්නිය.
ව්‍යාලයා, *n.* evil beast, නපුරුසතා: ap. of a snake or vicious elephant or beast of prey; rogue, තක්කඩියා. [panther, දිවිදෙන.
ව්‍යාලාංගනාව, *n.* (·අංගනාව), female leopard or
ව්‍යාවර්තකරනවා, ව්‍යාවෘතකරනවා, *v. t.* to surround, isolate, වටකරනවා, තනිකරනවා.
ව්‍යාවෘත, ව්‍යාවෘත්ත, *a.* surrounded, වටකරපු, isolated, වෙන්වූ, තනිවූ; (er. for ව්‍යාපෘත) engaged in, devoted to නියුක්ත, assiduous කඩිසර.
*ව්‍යාවෘතකරනවා, *v. t.* to occupy or employ (time), ගතකරනවා.
*ව්‍යාවෘතවෙනවා, *v. i.* to engage in, devote one's self to, apply, යෙදීසිටිනවා.
*ව්‍යාවෘතතාව, ව්‍යාවෘත්තිය, *n.* application, devotedness, යෙදීසිටීම, නියුක්තිය; isolation, උදාසීනභාව. [compiler of the Vedas, &c.
ව්‍යාස, *n.* name of a celebrated saint and author,
ව්‍යාසය, *n.* diffusion, see ව්‍යාප්තිය; explanation, විස්තරය; diameter, විෂ්කම්භය.

* In ordinary use; but strictly should be ව්‍යාපෘත &c.

ව්‍යාහත, *a.* (වි,ආ emp., හන් to strike), confused, confounded, වල්මත්; repulsed, E. S.

ව්‍යා·හරණය, *n.* pronunciation, ශබ්දෝච්චාරණය, උච්චාරණය. [රණයකරනවා.

ව්‍යා·හරණයකරනවා, *v. t.* to pronounce, උච්චා

ව්‍යුත්ථානය, *n.* (වි against, උත්ථාන rising), opposing, opposition, විරුද්ධවීම; obstructing, බාධාකිරීම; independent action, ස්වකීය කැමැත් තෙන්ම හැසිරීම. [*gram.* etymological.

ව්‍යුත්පත්ති, *a.* (වි emp., උත්:), pert. to origin,

ව්‍යුත්පත්තිය, *n.* origin, derivation, etymology, උපත, පදසිද්ධිය; science, learning, ශාස්ත්‍රය, උගත්කම.

ව්‍යුත්පන්න, *a.* born, උපන්; *gram.* derived, සිද්ධ ආ; completed, සම්පූර්ණ, learned, උගත්.

ව්‍යුපදේශය, *n.* (වි උප:), pretext, see අපදේශය.

ව්‍යූහය, *n.* (විලූහ), military array, සේනා පිළි වෙල, යුධ පිළිවෙල; multitude, සමූහය; logic,

ව්‍යෝම, *a.* pert. to the sky, අහස්. [තර්කශාස්ත්‍රය.

ව්‍යෝමංගමයා, *n.* (ගම to go), sky-goer, viz. bird, කුරුල්ලා.

ව්‍යෝමචාරීයා, *n.* sky-traveller: ap. of a god, දෙවියෙක්, of a saint, සෘෂියා, of a brahmin, බමුණා, and of a bird පක්ෂියා.

ව්‍යෝමය, *n.* sky, atmosphere, අහස, ආකාශය.

ව්‍යෝම·විස්තෘතිය, *n.* (විස්තෘත outspread), sky-expanse, sky, අහස්තලය.

ව්‍යෝෂය, *n.* aggregate of the three spices, black and long pepper and dried ginger, තිකුළු.

ව්‍රජනය, ව්‍රජය, *n.* (ව්‍රජ් to go), wandering, roaming, rambling, නැතිත්තැන යාම, සැරිසැරීම.

ව්‍රජය, *n.* as above; also flock, herd, සත්තුරැළ; cattlefold, ගවගාල; cattle-keeping station, ගෝපාලස්ථානය.

ව්‍රජ්‍යාව, *n.* wandering about for religious purposes or alms, තැනිත්තැනයාම, march, පයින් යාම, E. S.; class, tribe, ගෝත්‍රය, flock, රැළ.

ව්‍රණය, *n.* sore, ulcer, වණය.

ව්‍රණාකාර, *a.* ulcer-like, ulcerous, වණආකාර.

ව්‍රණිත, *a.* (·අර්පිත), ulcerated, ulcerous, වණවූ.

ව්‍රතය, *n.* religious observance, as fasting, continence, endurance of penance &c. for merit.

ව්‍රත·සම්පන්න, *a.* *lit.* vows &c. accomplished, viz. who has performed all his religious vows, duties &c.

ව්‍රතියා, *n.* employer of priests, devotee, උපාසකයා or පැවිදි අය, ascetic, තාපසයා.

ව්‍රීඩය, ව්‍රීඩාව, *n.* shame, bashfulness, modesty, ලජ්ජාව, විළිඹිය.

ව්‍රීහි, *n.* rice in the husk, paddy, වී, ධ.

ශ

ශ, *n.* The first of the seventh or sibilant class of letters. It is a palatal sibilant and its true sound is probably a light *Sh* as heard in the word Cession; but in general usage it does not differ from the dental ස. Some words are written either with ශ or ස.

ශකට·මාර්ගය, *n.* cart or carriage road, කරත්ත

ශකටය, *n* cart or carriage, කරත්තය, රථය. [පාර.

ශක·වර්ෂය, *n.* ශක; a term applied to any king from the beginning of whose reign the years are reckoned, so that ශකවර්ෂය is the Saka year or era, of which in this කලියුගය there have been three, instituted severally by the kings යුධිෂ්ඨිර, වික්‍රමාදිත්‍ය and ශාලිවාහන; this last is the present era which began A. D. 78.

ශකුන, ශකුනි, *n.* bird, කුරුල්ලා, eagle, රාජාලියා.

ශකුනීශ්වර, *n.* (ශකුනි bird, ඊශ්වර chief, lord), ap. of ගරුඩයා, the bird of Vishnu and king to birds.

ශක්ත, *a.* strong, powerful, able, capable, ශක්ති මත්, හැකිවූ; able to please, affable, ප්‍රසන්න.

ශක්තතාව, *n.* strength &c., ශක්තිමත්කම, &c.

ශක්ති, *n. pl.* of ශක්තිය: powers or power, strength; spears, හෙල්ල.

ශක්ති·ජනක, ශක්ති·දායක, *a.* strengthening, stimulative, restorative.

ශක්ති·ජනකෞෂධය, *n.* (·ඖෂධය), strengthening medicine, restorative, tonic, ශක්තිය උපද වන බෙහෙත.

ශක්ති·ධරයා, *n.* (ශක්ති lance, ධරයා holder), lancer, හෙල්ල දරන්නා; ap. of කාර්තිකේය.

ශක්තිමත්, *a.* strong, robust, muscular, able-bodied, athletic.

ශක්තිමත්කම, *n.* strength &c., බලගතුකම.

ශක්තිමත්කරනවා, *v. t.* to strengthen, invigorate. [යකඩ හෙල්ලය.

ශක්තිය, *n.* strength, power; iron spear or dart,

ශක්ති·විනාශක, *a.* strength-destroying, enfeebling, enervating, ශක්තිය අඩුකරන or නැතිකරන.

ශක්ති·වර්ධය, *n.* increase of strength, ශක්තිය වැඩිවීම; stimulation, ශක්තිය වැඩිකිරීම.

ශක්ති·වෛකල්‍යය, *n.* deficiency of strength or ability, inability, ශක්තිනැතිකම, දුපුළුවන්කම.

ශක්තිසම්පන්න, *a.* endued with strength, strong, see ශක්තිමත්.

ශක්ති·හීන, *a.* deficient in strength, feeble, enervated, powerless, ශක්තිය මදවූ or නැති.

ශක්තිහීනතාව, *n.* feebleness &c., inability.

ශක්තු, *n.* flour of grain fried and then ground.

ශක්‍ය, *a.* possible, වියහැකිවූ, practicable, කළ හැකිවූ.

ශක්‍යතාව, *n.* possibility &c., වියහැකිකම &c.

ශක්‍ර, *a.* pert. to the god Sakra or Indra.

ශක්‍ර·දේවේන්ද්‍රයා, ශක්‍රයා, *n.* (දේවේන්ද්‍රයා), the high or chief god Sakra, who is ruler of ස්වර්ගය. [දුන්න.

ශක්‍ර·ධනු, *n.* Sakra's bow, viz. rainbow, දේ

ශක්‍ර·පුරය, *n.* Sakra's city: ap. of the heaven called තවුතිසාභවනය.

ශක්‍ර·භවනය, *n.* Sakra's residence, abode of the gods, ස්වර්ගය; sky, අහස.

ශංකනීය, *a.* doubtful, conjectural, suppositional, අනුමාන. E. S.
ශංකනීයතාව, *n.* doubtfulnes, අනුමානකම.
ශංකනීය·විස්තරය, *n.* doubtful explanation; theory. [doubting, සැකවූ
ශංකා, *n. pl.* or *a.* doubts, අනුමාන; doubtful,
ශංකාකරනවා, *v.* to doubt, entertain doubt, සැකකරනවා සැකසිතනවා. [සැකඋපදවන.
ශංකා·ජනක, *a.* causing doubt, suspicious,
ශංකා·ධර්මය *n.* scepticism. E. S.
ශංකාව, *n.* doubt, සැකය. [ශංකිත, අනුමාන.
ශංකිත, *a.* doubted, doubtful, uncertain, ශංකා
ශංකුව, *n.* compass (mariners' &c.), E. S.
ශංඛ, *n. pl.* or *a.* conch shells &c.; conch-; හක් ගෙඩි. [the shape of a pigeon's egg.
ශංඛ·ජය, *n.* conch-product, viz. large pearl of
ශංඛ·ඥයා, *n.* conchologist, හක්ගෙඩි ගැන තොරතුරු දන්නා.
ශංඛ·නඛය, *n.* a small shell; a drug. [නැඛය.
ශංඛ·නාභිය, *n.* conch, turban, umbilicus, හක්
ශංඛය, *n.* conch shell. හක්ගෙඩිය; one of Kuwera's treasures, කුවේරයාගේ වස්තුවක්; elephant's cheek, ඇත්කපෝලය.
ශංඛ·විද්‍යාව, *n.* conchology, testaceology.
ශංඛ·සවීක, *n.* white arsenic, සුදුපාෂාණම්.
ශංඛ·ශෘංගය, *n.* (ශෘංගය horn), spire of a conch or shell.
ශංඛාකාර, ශංඛාකෘති, *a.* conch-shaped, turbinate. strobiliform, *geol.* strombuliform, හක්ගෙඩියේ හැඩය ඇති.
ශංඛාකෘතිය. *n.* conch-shape, *bot.* strobile.
ශංඛාස්ථික, *a.* (·අස්ථික), testaceous, (බෙල්ලන් මෙන්) කටුඇත්තාවූ.
ශඨ, *a.* (ශඨ් to cheat), dishonest, deceitful, wicked, වංචාකාර, දුෂ්ට.
ශඨ·කපට, *a.* dishonest and crafty.
ශඨතාව, *n.* dishonesty &c.
ශඨ·ප්‍රයෝගය, *n.* wicked deceit, දුෂ්ට වංචාව.
ශඨයා, *n.* deceiver, rogue, වංචාකාරයා, තක්කඩියා.
ශත, ශතක, *a.* hundred, centenary, සිය.
ශතකය, *n.* a hundred, සියය; a collection of a hundred stanzas, ගාථා or ශ්ලෝක සියයක්.
ශත·කුම්භ, *n.* name of a mountain; gold, රන් රත්.
ශත·ගුණ, *a.* a hundred-fold, centuple, සියගුණ.
ශත·ගුණයක්, *n.* a hundred-fold, සියගුණයක්.
ශත·ගෝ·පූජාව, *n.* a sacrifice of a hundred oxen, hecatomb. E. S. [*Bot.*
ශත·පත්‍රයා, *n.* peacock, මොනරා; crane, කොකා.
ශත·පදියා, *n.* (පද foot), centipede, පත්තෑයා.
ශත·පාක, *a.* boiled or decocted a hundred times, සියවාරයක් කැකෑරූ.
ශත·පාදිකයා, *n.* See ශතපදියා.
ශත·පුණ්‍ය, *a.* a hundred-fold worthy, viz. exceedingly virtuous or meritorious, ඉතා පින්වත්. [ඉතා මහත් කුසල.
ශත·පුණ්‍යය, *n.* extraordinary virtue or merit,

ශත·පෝතය, *n. lit.* hundred-opening, viz. sieve. පෙනේරය.
ශත·භිෂාව, *n.* (භිෂජ් to cure), *lit.* requiring a hundred physicians: twenty-fifth lunar asterism containing a hundred stars in the form of a circular gem, but whilst the moon is in this asterism the cure of disease is supposed to be impossible.
ශතය, *n.* a hundred, සියය; a cent (the coin).
ශත·ලක්ෂය, *n.* a hundred lacs or ten millions, සියක්ලක්ෂය.
ශත·වර්ෂ, *n. pl.* or *a.* centuries; centennial, centenary; *geol.* and *ast.* secular, E. S.
ශත·වර්ෂ·ක්‍රීඩා, ශත·සංවත්සර·ක්‍රීඩා, *n. pl.* centennial or secular games, E. S.
ශත·වර්ෂය, ශත·සංවත්සරය, ශතාබ්දය, *n.* century, centenary, අවුරුදු සියය.
ශත·සහස්‍රය, *n.* a hundred thousand, a lac, සියක් දහ, ලක්ෂය. [සියයක් ඇති.
ශතාංශ, *a.* (·අංශය degree), centigrade, අංශ
ශතාක්ෂ, *a.* (·අක්ෂි), hundred-eyed, centoculated, ඇස් සියයක් ඇති.
ශතාධිපතියා, *n.* (·අධිඃ), centurion. E. S.
ශතික, *a.* pert. to a hundred, සිය; hundredth, centesimal, සියක්වෙනි.
ශත්‍රු, *n.* enemy, සතුරා.
ශත්‍රු, *a.* inimical, hostile, සතුරු.
ශත්‍රුතාව, *n.* enmity, hostility, සතුරුකම. [සුරු.
ශනි, ශනි·ග්‍රහයා, *n.* the planet Saturn, සෙන
ශනි·දින, ශනි·වාරය, *n.* Saturday, සෙනසුරාදා.
ශනි·ප්‍රිය, *n.* sapphire, නිල්කැටය, or emerald, පච්චගල.
ශනීශ්වරයා, ශනෛශ්චරයා, *n.* (ශනි ඊශ්ඃ), regent of the planet Saturn, or the planet, සෙනසුරු.
ශපථය, *n.* oath, දිවුරුම, curse, ශාපය.
ශඵය, *n.* hoof, කුරය; tree-root, ගස්මුල; a perfume, see නඛ and ශංඛනඛය.
ශඵරයා, ශඵරී, *n.* a kind of carp, *cyprinus chrysoparius*, පෙටියා. [or words.
ශබ්ද, *n. pl.* or *a.* sounds, words; pert. to sound
ශබ්දකරනවා, *v. t.* to sound, make a sound, pronounce,
ශබ්ද·කාර, ශබ්ද·ජනක, *a.* making or producing sound, sonant, sonorous, soniferous, ශබ්ද දෙන. [කාරයා.
ශබ්ද·කෝෂ·කර්තෘ, *n.* lexicographer, අකාරාදි
ශබ්දකෝෂය, *n.* dictionary, lexicon, අකාරාදිය.
ශබ්ද·ක්‍රමය *n.* musical scale, ස්වර ශබ්දක්‍රමය.
ශබ්ද·චෞරයා, *n.* plagiarist. E S.
ශබ්ද·දූර·සංඥක, *a.* telephonic, ශබ්දදූරඅර්පිත.
ශබ්ද·දූර·සංඥක·යන්ත්‍රය, *n.* telephone. [voice.
ශබ්ද·නඟනවා, *v.* to make a sound, raise the
ශබ්දනගාකථාකරනවා, *v.* to speak with loud voice. [forth sound.
ශබ්දනඟනවා, ශබ්දවෙනවා, *v. i.* to sound, give

ශබ්ද·ප්‍රභේදනය, *n.* syllabication, ශබ්ද වෙන් කිරීම. [ශබ්ද පතුරුවන ලෑල්ල.

ශබ්ද·ඵලකය, *n.* sound-board, sounding board,

ශබ්ද·මානක·යන්ත්‍රය, *n.* sound-measuring instrument, sonometer, ශබ්ද මනින යන්ත්‍රය.

ශබ්දය, *n.* sound, හඬ; word, වචනය.

ශබ්ද·යෝනිය, *n.* origin or source of a word, root, වචනයේ ධාතුව.

ශබ්ද·ලේඛන·ක්‍රමය, *n.* method of writing sounds, phonography. E. S. [වැඩිවීම or උස්වීම.

ශබ්ද·වෘද්ධිය, *n.* increase of sound, swell, හඬ

ශබ්ද·ශක්තිය, *n.* strength or force of a word or term, වචනයේ බලවත්කම.

ශබ්ද·ශාස්ත්‍ර, *n. pl.* or *a.* sciences of language; philologic, භාෂා or වචනශාස්ත්‍ර. [&c.

ශබ්ද·ශාස්ත්‍ර·ඥයා, *n.* philologist, භාෂාශාස්ත්‍රඥයා

ශබ්ද·ශාස්ත්‍රය, *n.* science of language, philology, භාෂාශාස්ත්‍රය, grammar, ව්‍යාකරණය.

ශබ්ද·සංග්‍රහය, *n.* vocabulary, nomenclature, dictionary, නාමාවලිය, අකාරාදිය.

ශබ්ද·සම, *a.* of similar sound, rhythmical.

ශබ්ද·සමතාව, *n.* rhythmus, rhythm, එලි සම ඇතිබව.

ශබ්දාක්ෂරය, *n.* (·අක්ෂරය), letter which represents a sound, phonetic letter, phonograph.

ශබ්දානුකරණ, ශබ්දානුරූප, *a.* (·අනු:), accordant with the sound, onomatopoetic, ශබ්දාකාරවූ.

ශබ්දානුරූප·කරණය, *n.* making accordant with the sound, onomatopœia. E. S.

ශබ්දාලංකාරය, *n.* beauty of speech, eloquence, කථාවේ අලංකාරය.

ශබ්දික, *a.* sounding, sonant, ශබ්දදෙන.

ශබ්දෝච්චාරණයකරනවා, *v. t.* (ශබ්ද උච්චා:), to pronounce, (වචන) ශබ්දකරනවා.

ශමථය, ශමනය, ශමය, *n.* (ශම් to be calm), calmness, quietness, tranquillity, ශාන්තිය, නිශ්චල කම.

ශමනයකරනවා, *v. t.* to tranquillize, assuage.

ශම්බර, *n.* water, දිය, වතුර. [ජාකාරී. *Bot.*

ශම්බරී, *n. fem.* female juggler, juggleress, විජ්

ශම්බුකය, *n.* bivalve shell. E. S.

ශයනතාව, *n.* recumbence.

ශයනය, *n.* lying down, recumbence, reposing, repose, sleep, සැතපීම; bed, couch, යහන.

ශයනයකරනවා, ශයනයවෙනවා, *v. i.* to lie down, recline, repose; sleep, නිදනවා.

ශයනාගාරය, *n.* (·ආගාරය), bedroom, dormitory, නිදාගන්නකාමරය.

ශයනාසනය, *n.* couch, bed, යහන, ඇඳ.

ශයනාස්තරණය, *n.* (·ආස්තර:), bed covering, counterpane, යහන් වැස්ම.

ශයාලු. *a.* (ශී to sleep, ආලු disposed), sleepy, sluggish, නිදිමත, උනන්දු නැති.

ශයාලුවා, *n.* rock-snake, boa, පිඹුරා. [යහන.

ශය්‍යාව, *n.* (fr. ශී to sleep), bed, couch, ඇඳ,

ශර, *n. pl.* or *a.* of ශරය: arrows; arrow-;ඊතල්.

ශරච්චන්ද්‍රයා, *n.* (ශරත්චන්ද්‍රයා), autumnal moon, see ශරත්. [ආරක්ෂා.

ශරණ, *n. pl.* or *a.* refuges; refuge-, protective;

ශරණය, ශරණ්‍යය, *n.* shelter, protection, refuge, ආරක්ෂාව, පිහිට. [for help, rely upon.

ශරණ යනවා, *v. fig.* to take refuge in, trust in

ශරණගත, *a.* (·ආගත), *fig.* having come for refuge, having refuge or protection.

ශරණගතයා, *n.* one having refuge or trusting in, refugee.

ශරණාපන්න, *a.* (·ආපන්න), *fig,* having attained or obtained refuge, protected, sheltered, ශරණගොස් සිටින. [හට අයිතිවූ.

ශරත්, ශරත්කාලීන, *a.* autumnal, වප්, ඉල් දෙම

ශරත්·ඍතුව, ශරත්·කාලය, *n.* autumn season, වප්, ඉල් දෙමසට [illegible]ලුත් කාලය.

ශරත්·විෂුවය, *n.* (·විෂුවය equality), autumnal equinox, see විෂුපය. [පිහාටු, see පුංඛ.

ශරපුංඛ, *n. pl.* feathers of an arrow, ඊතලේ

ශරභ·පර්‍යංකය, *n.* chair or couch in the form of a grasshopper, තණකිරවී පුටුව or ඇඳ.

ශරභයා, *n.* a fabulous animal with four legs upwards and four downwards; grasshopper, තණකිරවා. [ගොඩේ.

ශරය, *n.* arrow, ඊතලය; reed, බටගස; cream,

ශරල, *lit.* and *fig.* straight, upright, honest, සෘජු, අවංක.

ශරලතාව, *n.* straightness &c., සෘජුකම. &c,

ශරාකාර, *a.* arrow-like, sagittal, ඊ හැඩය ඇති.

ශරාකාර·සන්ධිය, *n.* sagittal suture or joint. E.S.

ශරාභ්‍යාසය, *n.* (·අභ්‍යාසය), archery, practice of archery, දුනුවිදීම. [ඊතොප්පුව.

ශරාශ්‍රය, *n.* (ආශ්‍රය), arrow-receptacle, quiver,

ශරීර, *n. pl.* or *a.* bodies; body-, corporeal, physical. [සිබීම.

ශරීර·ත්වය, *n.* (·ත්වය), corporeality, ශාරීරිකව

ශරීර·දෘෂ්ටිය, *n.* somatology, materialism. E. S.

ශරීර·දෘෂ්ටියා, ශරීර·වාදියා, *n.* somatist, corporealist, materialist. [කට අයිතිවූ.

ශරීර·ප්‍රදේශ, *a. med.* topical, ශරීරයේ යම්තැන

ශරීර·බන්ධකයා, *n.* hostage, ඇපකාරයා, ඇපවෙන්

ශරීර·මාංස·විස්තරය, *n.* sarcology. E. S. [නා.

ශරීරය, *n.* body, animal body. [කම.

ශරීර·ලාවණ්‍යය, *n.* bodily beauty, රූපලක්ෂණ

ශරීර·විස්තරය, *n. anat.* somatology.

ශරීර·ව්‍යායාම·ක්‍රමය, *n.* gymnastics.

ශරීර·ව්‍යායාම·ස්ථානය, *n.* gymnasium. E. S.

ශරීර·ව්‍යායාමය, *n.* special bodily exercise.

ශරීර·ව්‍යායාමි, *a.* exercising the body, gymnas-

ශරීරාකාරයෙන්, *ad.* bodily, corporeally. [tic.

ශරීරාභ්‍යන්තර, *a.* (·අභ්‍යන්:), within the body, intestine, ශරීරයේ ඇතුලත්,

ශරීරාභ්‍යන්තර·ප්‍රාණියෝ, *n. pl* worms &c. within the body, intestinalia. ශරීරයේ පණුවෝ.

ශරීරාභ්‍යන්තර·විද්‍යාව, *n.* knowledge of the interior of the body. enterology, sp. අන්ත්‍රවිද්‍යාව, බඩවැල් ගැන විද්‍යාව. [ශාම්.

ශරීරාභ්‍යාස, *a.* (·අභ්‍යාස exercise), See ශරීර ව්‍යා

ශරීරාභ්‍යාසය, *n.* physical exercise, physical training. E. S. [&c.

ශරීරාවරණ, *a.* (·ආවරණ), tegumentary, සම්,

ශරීරා·වරණය, *n.* tegument, සම් ආදි ජම්ම වැස්ම.

ශරීරික, *a.* See ශාරීරික.

ශර්කරාව, *n.* potsherd, කැබිලිත්ත; gravel, grit, බොරළු; candy, palm sugar or jaggery, හුකිරි, හකුරු. [සමාහාවූ or සමාහාරේ මිශ්‍රවූ.

ශර්කරාවත්, *a.* gravelly, stony, gritty, බොරළු ඇති

ශලභ·ජාති, *n. pl.* gryllidæ, grass hoppers and such, තණකොළවූ ජාති.

ශලභයා, *n.* gryllus, grasshopper, තණකොළවා.

ශලාකාව, *n.* javelin, අඩයටිය; arrow, ඊය; rib or strip of wood or bamboo, ලී පතුරක්.

ශල්ක·අරිනවා, *v.* cast off scales, exfoliate, කොරපොතු අරිනවා.

ශල්ක·ධාරී, *a.* squamigerous, කොරපොතුදරන.

ශල්කය, *n.* scale, කොරපොත්ත, bark, පොත්ත.

ශල්කාල, *a.* scaly, කොරපොතුඇත්තාවූor·ගහනවූ.

ශල්කාකෘතිය, *n.* (·ආකෘතිය), scale-shape, කොරපොතු හැඩය. [උල්; thorny &c.

ශල්‍ය, *n. pl.* or *a.* thorns, sticks, prongs, කටු,

ශල්‍යකයා, *n.* thorn-practitioner, viz. surgeon, සල්ලවෙද, barber, පනික්කියා. [සැත්කම.

ශල්‍යක්‍රියාව, *n.* surgical operation, සල්ලවෙදකම,

ශල්‍ය·තලාකාර, *a.* spearhead-like, *bot.* hastate.

ශල්‍ය·ධාරී, *a.* spiniferous, spiny, කටුදරන. [E. S.

ශල්‍ය·බහුල, *a.* abounding in spines or thorns, spiny, කටුගහනවූ.

ශල්‍යය, *n.* thorn, කටුව; stick, prong, උල්, කුර; arrow, ඊය; dart, හෙල; thorny shrub, කටු

ශල්‍යයා, *n.* porcupine, ඉත්තෑවා. [පඳුර.

ශල්‍ය·විද්‍යා·සභාව, *n.* surgical society, college of surgeons, සල්ල වෛද්‍යසභාව.

ශල්‍ය·විධිය, *n.* method or practice of surgery, extraction of thorns &c., සල්ල වෙදකම.

ශල්‍ය·වෛද්‍යාචාර්යයා, *n.* surgeon, සල්ලවෙද.

ශල්‍ය·වෛද්‍යාචාර්ය·ධුරය, *n.* surgeoncy, office or profession of surgeon, සල්ලවෛද්‍ය තිලය.

ශල්‍ය·ශාලාව, *n.* operating room, surgery, සැත්කම් ශාලාව. [කම, සල්ලවෙදකම.

ශල්‍ය·ශාස්ත්‍රය, *n.* surgical science, surgery, සැත්

ශල්‍යාකෘති, *n.* (·ආකෘති), spiniform, කටුආකාර.

ශල්‍යාග්‍ර, *a.* (·අග්‍ර end), *bot.* ending in a point or thorn, spinescent, කටුආකාර තුඩක්ඇති.

ශවය, *n.* dead body, corpse, මළකඳ, මිනිය.

ශව·යානය, *n.* bier, මිනිමැස්ස, දෙනය.

ශවල, *a.* variegated, විසිතුරු.

ශවල—ශවලී—කරනවා, *v. t.* to diversify, variegate, විසිතුරුකරනවා.

ශවලතාව, *n.* diversity, variegation, විසිතුරුකම.

ශවලී·කෘත, *a.* diversified, variegated, විසිතුරු කරනලද, විසිතුරු. [භාවා.

ශශකයා, ශශයා, *n.* (ශශ් to leap), hare or rabbit,

ශශක·රාශිය, *n.* the const. hare, lepus, තාරකා පංක්තියක්. [පැටියා.

ශශක·පෝතකයා, *n.* young hare, leveret, හා

ශශ·ලාඤ්ඡනය, *n.* sign or image of the hare: ap. of the moon, the spots on which are supposed to represent a hare.

ශශ·පුෂ්පයා, *n.* harehound. E. S.

ශශී, *n.* moon, චන්ද්‍රයා, හඳ. [හඳපාන.

ශශී·ප්‍රභාව, *n.* moonshine, moonlight, චන්ද්‍රප්‍රභාව,

ශශී·ප්‍රියයා, *n.* ap. of the owl as delighting in the moon, බකමූණා.

ශස්ත, *a.* (ශස් to bless), happy, වාසනාවන්ත; praised, ප්‍රශංසාලත්; excellent, best, උතුම්.

ශස්තය, *n.* happiness; excellence.

ශස්ත්‍ර, *n. pl* or *a.* weapons, ආයුධ, instruments, ආවුද or මෙවලම්.

ශස්ත්‍ර·මාර්ජයා, *n.* (මාර්ජ to cleanse), armourer, armour-keeper, ආයුධ බලාගන්නා.

ශස්ත්‍රය, *n.* weapon, ආයුධය, instrument, ආවුදය, මෙවලම; sword, කඩුව.

ශස්ත්‍ර·සංහතිය, *n.* store or collection of arms, armoury, arsenal, ආයුධාගාරය.

ශස්ත්‍රාජීවයා, *n.* (·ආජීඃ), one who lives by arms, soldier, warrior, භටයා.

ශස්ත්‍රාභ්‍යාසය, *n.* (·අභ්‍යාසඃ), practice of arms, military exercise, ආයුධ පුහුණුකිරීම.

ශස්ත්‍රිය, *n.* knife, පිහියක්. [ජාති.

ශස්‍ය, *n. pl.* cereals, all kinds of grain, ධාන්‍ය

ශස්‍ය·කර්තන·සමය, ශස්‍ය·කාලය, *n.* harvest season, ගොයම්කපන කාලය. [යම් මිටිය.

ශස්‍ය·කලාපය, *n.* bundle or sheaf of corn, ගො

ශස්‍ය·ක්ෂේත්‍රය, *n.* cornfield, ගොයම් කෙත.

ශස්‍ය·ඡේදන·යන්ත්‍රය, *n.* reaping machine. [යන්ත.

ශස්‍ය·භක්ෂක, *a.* graminivorous, තණ හා ධාන්‍ය

ශස්‍ය·මඤ්ජරිය, *n.* ear or spike of corn, වී කරල; fruit-stalk, ගෙඩි නැට්ට. [දණ්ඩ.

ශස්‍ය·වෘන්තය. *n.* corn-stalk, rachis, ගොයම්

ශස්‍ය·ශූකය, *n.* awn or beard of corn.

ශාක, *n. pl.* vegetables, පලාජාති, පලා.

ශාකුනිකයා, *n.* (fr. ශකුන bird), bird-catcher, fowler, පක්ෂිවැද්ද; poulterer, පක්ෂිවෙළෙන්දා.

ශාක්‍ය·කුලය *n.* (ශක් to be able), the Mighty or Sākya race, a people so called who took their rise by separating from the kingdom of Ikshwāku or Okkāka, the first king of the Hindus. They followed the four sons of their king into banishment, and finding an unoccupied district built there as their capital the city Kapilavastu. From a prince of this race after many generations Gautama Buddha was descended.

ශාක්‍ය·මුනි, ශාක්‍ය·මුනිවරයා, *n.* Sākya saint: ap. of Gautama Buddha.

ශාක්‍ය·වංශය, *n.* the Sākya race. [Buddha.
ශාක්‍ය·සිංහයා, *n.* Sākya-lion: ap. of Gautama
ශාඛා, *n. pl.* or *a.* branches, boughs; branch-; අතු. [අතුවලින් අවගත්ත.
ශාඛා·ජ, *a.* arising from a branch, rameous,
ශාඛා·නගරය, ශාඛා·පුරය, *n.* branch-city, suburb, පිටනුවර. [birds.
ශාඛා·පක්ෂි, *a.* insessorial, pert. to perching
ශාඛා·පක්ෂීයෝ, *n. pl.* insessores. E. S.
ශාඛා·මෘග, ශාඛා·මෘගාකාර, *a.* simious, monkey-like, රිලා.
ශාඛා·මෘගයා, *n.* branch-animal, viz. monkey, ape &c., simia, රිලා, වඳුරු ආදී ජාතිවල සතෙක්. [society.
ශාඛාව, *n.* branch, bough; *fig.* sect or branch
ශාඛාසනය, *n.* (ශාඛා+ආසනං), branch-seat, viz. rustic seat or chair.
ශාඛා·සභාව, *n.* branch society, අතු සභාව.
ශාඛිය, *n.* tree, ගස.
ශාඛ්‍ය, *a.* branching, අතුඅවගත්ත.
ශාංඛික·ප්‍රාණියා, *n.* (ශාංඛික *adj.* shell), testacean. E. S. [ඇඳුම; silk, සේද.
ශාටකය, *n.* cloth, petticoat, සළුව, රෙද්ද, පිට
ශාතකුම්භ, *n.* See ශතකුම්භ.
ශාද, *n.* young grass, අඵුතෘණ. [E. S.
ශාද·හරිත, *a.* (හරිත green), verdant with grass.
ශාද·වල, *a.* (වල to cover), covered with young grass, verdant. [රෑව, hone, තණගල.
ශාණය, *n.* (ශාන් to whet), grindstone, තණ පෙත්
ශාන්ත, *a.* calm, quiet, tranquil, නිශ්චල; content, සතුටු; mild, මෘදු.
ශාන්තකරනවා, *v. t.* to calm &c., නිශ්චලකරනවා; appease, pacify, සමාදානකරනවා.
ශාන්ත·චිත්ත, *a.* of composed mind, serene, placid, සිතින් නිශ්චලවූ.
ශාන්තතාව, *n.* calmness &c., නිශ්චලකම &c.
ශාන්ත·දාන්ත, *a.* calm and patient, gentle and peaceful. [with peace, සමාදානයෙන්.
ශාන්තාකාරයෙන්, ශාන්තියෙන්, *ad.* calmly &c.,
ශාන්ති, *a.* calm, tranquil, See ශාන්ත.
ශාන්තික, ශාන්තිකර, *a.* calming, quieting, composing, pacifying, pacific, නිශ්චලකරන, සමාදානකරන.
ශාන්තිකරනවා, *v. t.* See ශාන්තකරනවා.
ශාන්තිකර·සාගරය, *n.* Pacific Ocean.
ශාන්තිකරෞෂධය, *n.* (·ඖෂධය), quietening medicine, sedative.
ශාන්තිතාව, *n.* tranquillity &c. See ශාන්තතාව.
ශාන්තිධර්මය, *n.* the law or rule or maintenance of tranquillity, quietness and serenity, stoicism, impassiveness, unruffled tranquillity in meditation and worship. [ශාන්තතාව.
ශාන්තිය, *n.* quiet, peace, tranquillity stoicism,
ශාප, *n. pl.* or *a.* curses; cursing, maledictory.
ශාපකරනවා, *v.* to curse, anathematize, execrate. [who has received a curse, accursed.
ශාප·ග්‍රස්ත, ශාප·ලත්, *a.* seized by a curse or

ශාපය, *n.* curse, imprecation, malediction, commination. [ශාර
ශාබ්දික, *a.* pert. to sounds or words, ශබ්ද, ශබ්ද
ශාබ්දිකයා, *n.* grammarian, ව්‍යාකරණ දත්තාඅය.
ශාම, *n.* (ශම් to pacify), pacification, appeasing, reconciliation, සමාදානකිරීම.
ශාම·දානය, *n.* gift of peace, reconciliation, peace, සමාදානය.
ශාරංගය, *n.* jewel, ආභරණය.
ශාරංගයා, *n.* (ශාර variegated, අංග body): ap. of the deer, peacock and elephant, මුවා, මොනරා, අලියා, and Ceylon hornbill, see චාතකයා. [තෑති; autumnal, see ශරත්.
ශාරද, ශාරද්‍ය, *a.* modest, diffident, ලජ්ජිවූ, බුහුටි
ශාරදීය, *a.* pert. to autumn, autumnal, ශරත් කාලීන. [also මල්කවඩියා.
ශාරිකාවා, *n.* the bird maina, සැලලිහිණියා, see
ශාරීර, ශාරීරික, *a.* bodily, animal, corporeal.
ශාරුක, *a.* mischievous, noxious, අනදරවූ. [තාව.
ශාරුකතාව, *n.* mischievousness &c., අනදරසහිත
ශාර්දූල, *a.* pre-eminent, exalted, උතුම්, උත්කෘෂ්ට.
ශාර්දූලයා, *n.* tiger, ව්‍යාඝ්‍රයා.
ශාර්දූල·වික්‍රීඩිත, *n. lit.* pre-eminent diversification: a metre or stanza of four lines so called, each line consisting of nineteen syllables.
ශාල·නිර්යාසය, *n.* resin or gum of the sal tree, දුම්මල or සල්දුම්මල. [branch, ලොකුඅත්ත.
ශාලා, ශාලාව, *n.* hall, antechamber; large
ශාලාකියා, *n.* surgeon, barber, lancer. E. S.
ශාලි, *n.* husked rice, හාල්, rice in the husk, paddy, වී. [field.
ශාලි·ගෝපිකාව, *n.* protectoress of a hill-paddy
ශාලි·වාහන, *n.* (ශාලි fr. ශාල sal tree or wood), ap. of a king of India, enemy of වික්‍රමාදිත්‍ය and founder of the Saka or ශාක්‍ය era in A. D. 78. It is said the name refers to his being carried on a cross of sal wood; this, together with his history and character, is probably derived from some knowledge of Christ's life.
ශාලි, *a.* possessing, having, සහිත, ඇත්තාවූ.
ශාලීන, *a.* bashful, modest, ලජ්ජිවූ.
ශාලීනත්වය, *n.* bashfulness, modesty, නිසි ලජ්ජාව, බුහුටිකෑතිකම.
ශාලූක, ශාලූක, *n.* lotus root, මානෙල් අල.
ශාල්මලී·රසය, *n.* cotton tree gum, ඉඹුල්මැලියම්.
ශාශ්වත, *a.* permanent, perpetual, eternal, ස්ථිරාකාර, නිත්‍ය. [නිත්‍යතාව.
ශාශ්වතතාව, *n.* permanency &c., ස්ථිරතරකම,
ශාශ්වත·දෘෂ්ටිය, ශාශ්වත·ද්‍රව්‍ය·දෘෂ්ටිය, *n.* belief in or the doctrine of the permanency or eternity of matter, ද්‍රව්‍ය සදාකාලවව විශ්වාස කිරීම. [matter.
ශාශ්වතිකයා, *n.* believer in the eternity of
ශාසන·පත්‍රය, *n.* order sheet, written order, ආඥාපත්‍රය; letter, epistle, ලියුම.

ශාසන·භාර, ශාසන·රක්ෂක, *a.* in charge of or guarding religion, tutelary.

ශාසනය, *n.* (ශාස් to instruct, order, govern), command, edict, ආඥාව, රාජාඥාව; royal grant or charter; බලපත්‍රය, සන්නස; governing, government, ආණ්ඩුව; religious instruction or government, cultus, religion, religious dispensation, ආගම, as බුද්ධශාසනය, B. religion or system.

ශාසන·හරයා, *n.* (හරයා taker), one who conveys commands, royal or government messenger, courier, රාජ පණිවිඩකාරයා, or general messenger.

ශාසනාපනකීතය, *n.* See සබ්බාසනකීතය.

ශාසනාරක්ෂකයා, (·ආරක්ෂ:), *n.* guardian of religion, Defensor fidei.

ශාසනික, *a.* governing, ආණ්ඩුකාර; instructing, advising, අවවාද දෙන; clerical (not laic), පැවිදි, religious, ආගමානුකූල.

ශාසනීය, *n.* governable, tractable, කීකරු; that should be governed, කීකරු විය යුතු.

ශාසිත, *a.* governed, ruled, instructed, ශික්ෂිත.

ශාස්තෘ, ශාස්තෘවරයා, *n.* adviser, instructor, teacher, ගුරුවරයා; religious reformer; ap. of Buddha.

ශාස්ත්‍ර, *n. pl.* or *a.* pert. to science, scientific; commands; sciences &c.; sacred books, Shastras, ශිල්ප ආගමේ වේද පොත්.

ශාස්ත්‍ර·ක්‍රමය, *n.* scientific method, course of science or philosophy.

ශාස්ත්‍ර·ගණ්ඩය, *n.* (ගණ්ඩ mark, bubble), a smatter, smattering. E. S. [ඇත්තා.

ශාස්ත්‍ර·ගණ්ඩයා, *n.* smatterer, අල්ප දැනගැනීම

ශාස්ත්‍ර·ඥ or·ධාරී or·විත්, *a.* skilled in science, scientific, ශාස්ත්‍ර දත්ත.

ශාස්ත්‍ර·ඥයා, ශාස්ත්‍ර·ධාරියා, *n.* scientist, savant, ශාස්ත්‍ර දත්ත අය, පණ්ඩිතයා.

ශාස්ත්‍ර·දේවී, *n.* goddess of science, muse; the nine muses, ශාස්ත්‍ර දේවතාවියෝ නවදෙන.

ශාස්ත්‍ර·නිරනුකූල *a.* unscientific, ශාස්ත්‍රයට එකඟ නැති. [er or lecturer. E. S.

ශාස්ත්‍ර·පාඨකයා, *n.* science-reader, public read-

ශාස්ත්‍රය, *n.* science, learning; Shastra, sacred

ශාස්ත්‍රවත්තයා, *n.* See ශාස්ත්‍රඥයා. [book.

ශාස්ත්‍ර·ශාලාව, *n.* hall of science, science school, school or college, lyceum. [tute.

ශාස්ත්‍ර·සභාව, *n.* learned society, college, insti-

ශාස්ත්‍රාකාර, *a.* scientific, philosophic.

ශාස්ත්‍රාචාර්යයා, *n.* teacher of science, doctor, 'Master of Arts' (M. A.)

ශාස්ත්‍රාධ්‍යාපන, *a.* science-teaching, scholastic, ශාස්ත්‍ර උගන්වන.

ශාස්ත්‍රාධ්‍යාපනය, *n.* teaching science, schooling.

ශාස්ත්‍රානුසාර, ශාස්ත්‍රීය, *a.* (අනුසාර according to), conformable to science or the Shastras; scientific.

ශාස්ත්‍රෝද්ග්‍රහණය, *n.* (ශාස්ත්‍ර උද්:), the study or attainment of science, culture, education, ශාස්ත්‍රඉගෙනීම, උගත්කම. [science.

ශාස්ත්‍රෝද්ග්‍රහණයකරනවා, *v.* to learn or study

ශාස්ත්‍රෝද්ග්‍රහණයකරවනවා, *v.* to teach science, ශාස්ත්‍ර උගන්වනවා. [ඉගෙනගන්නා.

ශාස්ත්‍රෝද්ග්‍රාහකයා, *n.* student of science, ශාස්ත්‍ර

ශික්ෂක, *a.* (ශික්ෂ් to learn; tame), didactic, dogmatic, instructive, උපදේශක. E. S.

ශික්ෂකයා, *n.* teacher, instructor, preceptor, උපදේශකයා, ගුරුවරයා.

ශික්ෂණය, *n.* learning, ඉගෙනීම; teaching, tuition, ඉගැන්වීම, training, පුහුණුකිරීම.

ශික්ෂණීය, *a.* that should be learned or taught, ඉගෙනගත or උගන්වනු ලැබිය යුතුවූ.

ශික්ෂාකාමී, *a.* desirous of instruction, ඉගෙනීමට ලැදි; devoted to religion, උපාසක.

ශික්ෂා·පදය, *n.* (පදය verse or sentence), religious precept or institute, sp. those of Buddhism in metrical aphorisms.

ශික්ෂාපිත, *a.* taught, trained &c., පුහුණුකරවන ලද, see ශික්ෂිත.

ශික්ෂාව, *n.* doctrine, instruction, precept, ගුරුකම, උපදේශය, ප්‍රඥප්තිය; learning, ඉගෙනීම.

ශික්ෂා·ශීල, *a.* submissive to instruction, docile, tame, කීකරු යුතු.

ශික්ෂිත, *a.* well instructed, educated, indoctrinated, trained, ප්‍රගුණිත, පුහුණුවූ, docile, කීකරුවූ. [teachable.

ශික්ෂිතව්‍ය, ශික්ෂ්‍ය, *a.* that should be taught;

ශික්ෂිතිය, *n.* teaching, education, training, ඉගෙනගැනීම, පුහුණුකිරීම.

ශිඛණ්ඩය, *n.* peacock's tail, මොනර පෙද; lock of hair left on a child's head.

ශිඛරය, *n.* mountain peak or top, කඳු මුදුන; summit, top, end, මුදුන, අග; ruby, රතුකැටය.

ශිඛරීය, *n.* mountain, කන්ද; hill-fort, කඳුබල කොටුව. [මු අල.

ශිඛා·කන්දය, *n. lit.* head-bulb, viz. turnip, එකම

ශිඛා·ධරයා, *n.* crest-bearer, viz. peacock, මො

ශිඛා·මාණික්‍යය, *n.* crest-gem. [නරා.

ශිඛාව, *n.* head, ඉස; top, මුදුන, end, අග; crest, කරමල, කුඩුම්බිය; flame, ගිනිදැල්ල.

ශිඛාවල, ශිඛී, *a.* crested, pointed, කුඩුම්බි ඇති,

ශිඛාවලයා, *n.* peacock, මොනරා. [තුඩක් ඇති.

ශිඛි·ග්‍රීව, *n.* (ශිඛී peacock, ග්‍රීව neck), blue vitriol, මයුර තුත්ත. [සමාන.

ශිඛි·පුච්ඡාකාර *a.* pavonine, මොනර වල්ගයට

ශිඛිය, *n.* fire, ගින්න.

ශිඛියා, *n.* peacock, මොනරා; cock, කුකුළා.

ශිඛි·රාශිය, *n.* the const, Pavo, මොනර තාරකා රාශිය.

ශිඛිවාහනයා, *n. lit.* peacock vehicle or rider ap. of කුමාර, who rides on a peacock.

ශිඤ්ජනය, ශිඤ්ජාව, *n.* (ශිඤ්ජ් to tinkle), tinkling or jingling sound, කිංකිණි ශබ්දය.

ශිත, *a.* (ශි to make sharp or thin), sharpened, sharp, මුවහත්; thin, තුනී, emaciated, කෙට්ටු; weak, දුර්වල.

ශිත·ද්‍රැව. *n.* river so called, Sutlej river.

ශිතශූක, *n.* (ශිත sharp, ශූක awn), barley, යව, wheat, තිරිඟු.

ශිති·රත්නය, *n.* sapphire, නිල්මැණික.

ශිථිල, *a.* loose, flabby, බුරුල්, feeble, දුර්වල; unaspirated, අල්පප්‍රාණ; *fig.* easy, familiar, colloquial, පහසු, ලිහිල් (බස් &c.).

ශිථිලතාව, *n.* looseness &c., බුරුල්කම; easiness, simplicity (of speech).

ශිථිල·වසු, *a.* reduced in wealth, වස්තු හීනවූ.

ශිපිවිෂ්ටයා, *n.* bald man, තට්ටයා, leper, ලාදුරු ලෙඩා. [අල.

ශිඵා·කන්දය, ශිඵාව, *n.* lotus root or bulb, නෙළුම්

ශිඵාව, *n.* fibrous root; spikenard, ජටාමාංස; turmeric, කහ; river, ගඟ.

ශිම්බිය, *n.* pod, කරල, legumen, බෝංචි ආදීකරල.

ශිර, *n.* head, ඉස; root of pepper plant, තිප්පලි මුල.

ශිරශ්ඡේදකයා, *n.* (ශිරස් ඡේද), headsman, executioner, ඉසකපාදමන්නා, වදකරුවා.

ශිරශ්ඡේදනය; ශිරශ්ඡේදය, *n.* beheading, decapitation, ඉස කපාදැමීම.

ශිරෝ·ජ, *n.* (ජ product), hair of the head, ඉසකේ; eruption on the head, ඉස්සොරි. [ඉස්කම.

ශිරශ්·චර්මය, *n.* skin of the head, pericranium,

ශිරස, *n.* head, cranium, ඉස; top, මුදුන; chief, principal, ප්‍රධානියා or උතුම්කොටස.

ශිරසි·ජ, ශිරසි·රුහ, *n.* (රුහ් to grow), see ශිරජ.

ශිරස්, *n. pl.* or *a.* heads, ඉස්; head-, cephalic, ඉසට අයිතිවූ.

ශිරස්ත්‍ර·මුඛය, *n.* helmet-face, vizor.

ශිරස්කය, *n.* head-cover, hat, cap, තොප්පිය, turban, තලප්පාව; helmet, යුධතොප්පිය.

ශිරස්ත්‍රය, ශිරස්ත්‍රාණය, *n.* (ත්‍රෛ to protect), head-protector, viz. turban, head-cloth, ඉස් වැසුම; helmet.

ශිරස්·ස්ථ, *a.* (ස්ථ staying, being), being at the head, chief, ප්‍රධාන, මූලික.

ශිරස්ස්ථයා, *n.* chief, leader, ප්‍රධානියා, මූලිකයා.

ශිරෝ·ධරාව, *n.* (ශිරස්, ධර sustaining), the neck,

ශිරෝ·ධාතුව, *n.* head-relic of Buddha. [බෙල්ල.

ශිරෝ·ධිය, *n.* (ධි to have, hold), the neck.

ශිරෝ·මණිය, ශිරෝ·මාණික්‍යය, *n.* head-gem or jewel, jewel in the crest or on the top of the head, ඉස්මුදුනේ මැණික. [ඉසකැක්කුම.

ශිරෝ·රුජාව, *n.* (ශිරස් රුජා), headache, cephalgy

ශිරෝ·රුහ, *n.* (රුහ් to grow), hair of the head,

ශිරෝ·රෝගය, *n.* disease of the head. [ඉසකේ.

ශිරෝර්තිය. *n* (ශිරස් අර්තිය pain), pain in the head, headache, ඉසරුජාව.

ශිරෝ·විරේචනය, *n.* head-cleansing (by drugs).

ශිරෝ·වේෂ්ට(න)ය, *n.* (වේෂ්ට surrounding), head-dress, head cover, cap, තොප්පිය, ඉස්වැසුම, turban, තලප්පාව.

ශිරෝස්ථි·ච්ඡේදය, *n.* (ශිරස්, අස්ථි bone), skull-division, viz. tablature of the skull, ඉස්කබල දෙපළුවීම.

ශිරෝස්ථිය, *n.* skull, cranium, ඉස්කබල.

ශිරෝස්ථි·සන්ධිය, *n.* suture of the skull, ඉස් කබලේ ඇටසන්ධියක්.

ශිලා, *n. pl.* or *a.* stones, rocks; arsenic, පාෂාණම; stone-, rock-; ගල්, පර්වත.

ශිලා·කුට්ටකය, *n.* (කුට්ටක cutting), stone-cutter's chisel, ගල් කපන නියන.

ශිලා·ඝර්ෂණය, *n.* pounding with a stone, grinding, ගලක් ඇඹරීම. [chalk, රතුහුණු.

ශිලා·ජතු, *n.* rock-lac. viz. bitumen, E. S.; red

ශිලා·ජය, *n.* *lit.* rock-product, viz. storax or benzoin, so called because it was supposed to be a product of rocks, ගල්මද; rock moss, ගල් සෙවෙල්.

ශිලාවකය, *n.* garret. E. S. [තලය, ගල්තලය.

ශිලා·තලය, *n.* surface of a rock or stone, පර්වත

ශිලාතම්භාව, *n.* crucible, කෝවය.

ශිලා·දද්‍රු, *n.* (දද්‍රු herpes), bitumen, see ශිලාජතු.

ශිලා·ධාතුව, *n.* chalk, රටහුණු, mineral, ලෝහ.

ශිලා·පට්ටය, *n.* stone plate, flat stone for grinding condiments upon, කහමිරිස්ගල.

ශිලාපහ, *n.* horse gram, see කොල්ලු.

ශිලා·පුෂ්පය, *n.* *lit.* rock-flower, see ශිලාජය.

ශිලා·ප්‍රවාල, *n.* stone and coral, ගල් සහ පබළු.

ශිලා·භේදය, *n.* mason's chisel, ගල්වඩු නියන, see ශිලාකුට්ටකය. [tablet, rock-inscription.

ශිලා·ලේඛනය, *n.* inscription on stone or

ශිලා·වර්ෂය, *n.* stone-rain, viz. hail, ගල්වැස්ස.

ශිලා·ශාස්ත්‍රය, *n.* lithology, පර්වත පිළිබඳ විද්‍යාව.

ශිලාසනය, *n.* (ශිලා ආසනය) stone seat; storax or benzoin, see ශිලාජය.

ශිලා·ස්තම්භය, *n.* stone pillar or post, ගල්කණුව.

ශිලිය, *n.* sill of a doorway, එළිපත්ත; dart, තබ.

ශිලිපදය, *n.* See ශ්ලීපදය. [ය.

ශිලී·මුඛය, *n.* (ශිලී a dart), arrow, ඊය; war, යුධ

ශිලී·මුඛයා, *n.* bee, මීමැස්සා; fool, dolt, මෝඩයා.

ශිලෝච්චය, *n.* (ශිල, උච්ච high), mountain height, viz. mountain, කන්ද.

ශිල්ප, *n. pl.* or *a.* arts, handicrafts; pert. to the arts, mechanical. [කම්කරුවා.

ශිල්පකාරයා, *n.* artificer, artisan, mechanic,

ශිල්පය, *n.* any art, either fine or mechanical, handicraft, කර්මාන්තය.

ශිල්ප·විද්‍යාව, *n.* knowledge of art, mechanical skill, කර්මාන්ත දක්ෂකම. [gical.

ශිල්ප·විස්තර, *a.* explanatory of arts, technolo-

ශිල්ප·විස්තරකාරයා, *n.* technologist.

ශිල්ප·විස්තරය, *n.* explanation of arts, technology, කර්මාන්ත විස්තරය.

ශිල්ප·ශාලාව, *n.* workshop, කර්මාන්ත පට්ටලය; industrial school, කර්මාන්ත පාසැලය.

ශිල්ප·ශාස්ත්‍ර, *n. pl.* or *a.* arts and sciences; pert. to the same, technical.

ශිල්ප·ශාස්ත්‍ර·විශේෂණ, ශිල්ප·ශාස්ත්‍රාදි *a.* ('ආදි), special to any art or science, technical. [ශාස.
ශිල්පික, *a.* pert to the arts, mechanical, කර්ම
ශිල්පි·ධර්මය, *n.* law of arts or mechanics, technic, කර්මාන්ත·විධිය or විධිවත්කම,
ශිල්පි·නාම·විස්තර, *a.* explanatory of the names or terms of arts or mechanical terms, technological.
ශිල්පිනාමවිස්තරය, *n.* See ශිල්පවිස්තරය.
ශිල්පියා, *n.* See ශිල්පකාරයා. [arts, technics.
ශිල්පි·විද්‍යාව, *n.* knowledge of the mechanical
ශිල්පෝද්‍යුක්තයා, *n.* (ශිල්ප උද්‍යුක්ත:), student of art or mechanical work, කර්මාන්ත ඉගෙනගන්නා.
ශිව, ශිවදෙවියෝ, *n.* Siva, the god so called, who is one of the H. Triad and regarded as the most formidable.
ශිව, *n.* auspiciousness, happiness, වාසනාවන්ත කම, ශුභය; final emancipation, Nirvāna, නිවන. [ශුභගෙනදෙන.
ශිවංකර, *a.* auspicious, promoting happiness,
ශිව·ප්‍රිය, *n.* *lit.* Siva's delight, viz. seed of the wild olive, වෙරළු ඇට. [Siva.
ශිව·ප්‍රියා, *n.* beloved of Siva: ap. of දුර්ගා, wife of
ශිව·බීජ, *n.* (බීජ semen), quicksilver, රසදිය.
ශිව·වාහනයා, *n.* Siva's vehicle, viz. bull, ගොනා.
ශිවා, *n.* name of දුර්ගා, wife of Siva; jackal, හරිගා. *Bot.*
ශිවාක්ෂය, *n.* the seed of the *elæocarpus.*
ශිවාද්‍රිය, *n.* (ශිව Siva, අද්‍රිය mountain), mountain (so called) කෛලාසය. [dog, බල්ලා.
ශිවාරාතියා, *n.* (ශිවා jackal, ආරාතියා enemy),
ශිවාලය, *n.* (ශිව ආලය), temple of Siva, cemetery, සොහොන් භූමිය, or place of cremation, ආදාහන භූමිය.
ශිබිකාව, *n.* litter, palanquin, දෝලාව, සිවිගෙය.
ශිශිර, *a.* cold, chilly, ශීතල, සිසිල්.
ශිශිර කර, *n.* cold-maker: ap. of the moon, සඳ.
ශිශිර·කාලය, *n.* cold season, winter, ශීතකාලය.
ශිශිරය, *n.* cold, ශීතලය; winter.
ශිශු, ශිශුක, *a.* young, බාල.
ශිශු, ශිශුකයා, *n.* young one of man or animal, බාලයා, දරුවා, පැටියා.
ශිශු·ත්වය, *n.* ('ත්වය), childhood, minority, pupilage, බාලකම, බාලාවස්ථාව.
ශිශු·මාරයා, *n.* *lit.* child-killer, viz. gangetic porpoise; crocodile, කිඹුලා.
ශිෂ්ට, *a.* (fr. ශාස් to instruct, order), ordered, disciplined, trained, පුහුණුවූ, scholarly, උගත්; obedient, docile, dutiful, කීකරු, යටත්, කීකරුම.
ශිෂ්ටතාව, ශිෂ්ටා·චාරය. *n.* ('ආචාරය), good manners, courteousness, civility, ආචාරවන්තකම.
ශිෂ්ටයා, *n.* one who is disciplined &c., see adj.
ශිෂ්ටාචාර, *a.* civilized, විනීත ශෝභන; courteous, civil, p lite, ආචාරවන්ත, ප්‍රීතිත.
ශිෂ්ටාචාරකම, ශිෂ්ට·චාරත්වය, ශිෂ්ටාචාරය, *n.* civilization, E. S.; See ශිෂ්ටතාව.
ශිෂ්ටාචාරකරනවා, *v. t.* to civilize. E. S.
ශිෂ්ටි, *a.* disciplinary. E. S.
ශිෂ්ටිය, *n.* command, අණ; ruling, governing, හැසිරවීම, discipline, correction, E. S. [ගෝලු.
ශිෂ්‍ය, *a.* pert. to a learner, pupilary, scholastic,
ශිෂ්‍ය·ගුරුවරයා, *n.* pupil-teacher, monitor.
ශිෂ්‍යතාව, ශිෂ්‍යත්වය, *n.* pupilage, studentship, discipleship, ගෝලකම; scholarship.
ශිෂ්‍ය·නිවාසය, *n.* residence of learners, boarding school, hostel.
ශිෂ්‍යයා, *n* pupil, scholar, disciple, ගෝලයා.
ශිෂ්‍ය ශිෂ්ටිය, *n.* correction of a pupil, discipline, see ශිෂ්ටිය.
ශිෂ්‍යානු·ශිෂ්‍ය·පරම්පරාව, *n.* (ශිෂ්‍ය අනු:), successive body of pupils (of a teacher or priest).
ශිෂ්‍යෝපගතකරනවා, *v. t.* (ශිෂ්‍ය උපගත:), to make pupils of, disciple, ගෝලයන් කරගන්නවා. [පොද.
ශීකර, *n.* drop of water, දියබිඳුව; drizzle, මෑසි
ශීඝ්‍ර, *a.* quick, speedy, swift, rapid, ඉක්මන්, වේගවත්. [ගෙන.
ශීඝ්‍රකම, ශීඝ්‍රතාව, *n.* speed &c., ඉක්මන්කම, වේ
ශීඝ්‍රකරනවා, *v. t.* to quicken, hasten, හදිසිකම් කරනවා. [මිහිස් එන, හදිසිකම.
ශීඝ්‍රාගාමීන, *a.* coming quickly, expeditious, ඉක්
ශීත, *a.* cold, ශීතල; *fig.* apathetic, dull, උනන්දු නැති. [ශීතසෘතුව.
ශීතකය, *n.* cold weather, ශීත දවස; cold season,
ශීතකරනවා, *v. t.* to make cold, cool, refrigerate.
ශීත කලාපය, *n.* frigid zone, ධ්‍රැව ලාංශී සිසිර වලය.
ශීත·කාලය, *n.* cold season, winter, ශීතල සෘතුව.
ශීත කාල සූර්ය·නිවෘත්තිය, *n.* winter solstice. E, S.
ශීත·කාලීය, *a.* pert. to winter, wintry, hibernal, ශීත කාලයට අයිතිවූ.
ශීත·ගු, *n.* (ගු ray of light), ap. of the moon, සඳ.
ශීත·ජනක, *a.* producing cold, making cold, refrigerant, සිසිල් කරන. [යන්ත්‍රය.
ශීත ජනක·යන්ත්‍රය, *n.* refrigerator, සිසිල්කරන
ශීත·ජනකෞෂධය, *n.* (ජනක ඖ:), cooling medicine, refrigerant. [කම.
ශීතතාව, *n.* coldness, frigidness, ශීතලය, සිසිල්
ශීත·පාකිනී, *n* a drug or medicinal root, see කාකෝලිය.
ශීත·පුෂ්පක, *n.* storax or benzoin, see ශිල ජය.
ශීත·භානු, *n.* cold-light: ap. of the moon, සඳ.
ශීත·මූලක, *n.* root of the *Andropogon muricatum*, සෑවැන්දරමුල්. [කපුරු. *Bot.*
ශීතය, *n.* cold, coldness, ශීතලය; camphor,
ශීතල, *a.* cold, frigid.
ශීතලය, *n.* cold, coldness; storax, see ශිලාජය; camphor; pearl, මුතු ඇටය.
ශීතලාලය, *n.* ('ආලය abode, house), abode of cold: ap. of the Himālayas, හිමාලකන්ද.
ශීත·වලය, *n.* See ශීතකලාපය. [cloud.
ශීත·වලාහක, *n.* god of the winds, Æolus; cold

ශීත·ශිව, *n.* a sort of resin, storax, ශිලාජය; rock-salt, සහිඳ ලුණු.

ශීතාංග·සන්නි·පාතය, *n.* (ශීත, අංග body), cholera, see සන්නිපාතය.

ශීතාංශුව, *n.* (·අංශුව ray of light), cold-ray: ap. of the moon; camphor, කපුරු. [laya.

ශීතාද්‍රිය, *n.* (·අද්‍රිය) cold mountain, viz. Himā-

ශීතාලු, *a.* (ශීත, අලු), cold, shivering, සීතල, සීතලෙන් වෙවුලන.

ශීතාශ්මය, *n.* (ශීත, අශ්මය stone), moonstone, moon-gem, චන්ද්‍රකාන්තය; crystal, පළිඟුව.

ශීතීභාවය, *n.* cold condition, coldness, සීතල භාවය; composure, ශාන්තිය.

ශීතෝෂ්ණ·ප්‍රමාණය, *n.* (සීතලුෂ්ණ), the degree of cold or heat, temperature.

ශීතෝෂ්ණ·මානක·යන්ත්‍රය, *n.* thermometer.

ශීතෝෂ්ණය, *n.* cold and heat, සීත හා උෂ්ණ.

ශීත්කාරය, *n.* *lit.* what makes ශීත්, viz. the sound ශීත්, made when one shivers with cold or has a pleasurable sensation.

ශීධු, *n.* rum, එනම්වූ මද්‍යපානය.

ශීරය, *n.* plough, නඟුල.

ශීර·පාණි, *n.* plough-handed one: ap. of බලදේව, who has a plough in his hand.

ශීරයා, *n.* rock-snake, python, පිඹුරා.

ශීරී, *n.* plougher: ap. of බලදේව.

ශීර්ණ, *a.* emaciated, කෙට්ටුවූ.

ශීර්ණතාව, *n.* emaciation, කෙට්ටුකම.

ශීර්ෂ, *n. pl.* or *a.* heads; head-; ඉස්, සිරස්.

ශීර්ෂකය, *n.* helmet; skull, ඉස්කබල.

ශීර්ෂච්ඡේදකයා, *n.* See සිරච්ඡේදකයා.

ශීර්ෂච්ඡේදන·යන්ත්‍රය, *n.* decapitating machine, guillotine. [ඉසකපාදමනවා.

ශීර්ෂච්ඡේදනයකරනවා, *v.* to behead decapitate,

ශීර්ෂච්ඡේදය, *n.* beheading, decapitation.

ශීර්ෂණ්‍යය, *n.* helmet, යුධතොප්පිය; clean and tidy hair, පිරුසු පවිත්‍ර ඉසකේ. [වැසුම් ආකාර.

ශීර්ෂණ්‍යාකාර, *a.* *bot.* helmet-like, galeate, ඉස්

ශීර්ෂ·පූර්ව·භාගය, *n.* front part of the head, sinciput, ඉසේ ඉස්සරහ භාගය. [මුදුන.

ශීර්ෂ·මස්තකය, *n.* top of the head, vertex, ඉස්

ශීර්ෂය, *n.* head, ඉස, ඔළුව. [සහ තොප්පිය.

ශීර්ෂ·රක්ෂය, *n.* head-protector, viz. helmet, ආර

ශීර්ෂ·විද්‍යාව, *n.* knowledge, of the head, craniog-

ශීර්ෂ·ශාස්ත්‍ර·ඥයා, *n.* craniologist. [nomy. E. S.

ශීර්ෂ·ශාස්ත්‍රය, *n.* science of the head, craniology.

ශීර්ෂාකෘති, *a.* (·ආකෘති), head-shaped, ඉසකේ සමාන.

ශීර්ෂාකෘති·පුෂ්පය, *n.* flower-head; කුසුම ශීර්ෂය.

ශීර්ෂාපර·පාර්ශ්ව, *a.* (·අපර posterior), occipital. E. S. [ඉසේ පස්සා කොටසේ.

ශීර්ෂාපර·පාර්ශ්වය, *n.* back of the head, occiput,

ශීල, *n. pl.* or *a.* morals &c., see ශීලය; moral,

ශීල·ධර්මය, *n.* moral law, ethics. [ethical.

ශීල·ධර්ම·ශාස්ත්‍ර·ඥයා, *n.* ethnologist.

ශීල·ධර්ම·ශාස්ත්‍රය, *n.* science of ethics, ethnology.

ශීලය, *n.* (ශීල to meditate, worship), moral conduct, virtue, සුචරිතය; observance, පිළිපැදීම; quality, character, ස්වභාව.

ශීලවත්, ශීල·වන්ත, ශීල·සම්පන්න, *a.* moral, virtuous, යහපත්වූ, සුචරිතවූ. [රිතකම.

ශීල·වන්තතාව, *n.* morality, virtuousness, සුච

ශීලාචාර, *a.* civil, well-behaved, polite, සුවිනීත.

ශීලාචාරකම, *n.* civility &c , ආචාරගුණය &c.

ශීලානුභාවය, *n.* (·අනුභා:), influence of virtue or morality, යහපත් ලීලාවේ බලය.

ශුකයා, *n.* parrot, ගිරවා.

ශුක·තුණ්ඩ, *n.* vermillion, සාදිලිංගම්.

ශුක්ත, *a.* clean, පවිත්‍ර; rancid, පිළුණු; sour, ඇඹුල්.

ශුක්තය, *n.* flesh, මස්; sour gruel. පිළුණු (or ඇඹුල්) කැඳ; acid, ඇඹුල, vinegar, කාඩි.

ශුක්තිය, *n.* pearl oyster, මුතුබෙල්ලා; conch, හක්ගෙඩිය; cockle, මුට්ටියා. [ඇටය.

ශුක්ති·ජ, *n.* *lit.* shell-product, viz. pearl, මුතු

ශුක්‍ර, *a.* pert. to the planet Venus &c.; *n.* semen,

ශුක්‍ර·කර, *a.* spermatic, බීජ සම්බන්ධ. [ශුක්‍රධාතුව.

ශුක්‍ර·තාරකාව, *n.* the planet Venus, සිකුරුතරුව.

ශුක්‍ර·ධාතුව, *n.* semen, sperm.

ශුක්‍ර·ධාතු·විද්‍යාව, *n.* spertmatology, spermology.

ශුක්‍ර·භුජයා, *n.* peacock, මොනරා.

ශුක්‍ර භූ, *n.* marrow of the bones, ඇටමිදුලු.

ශුක්‍රය, *n.* disease of the iris, ඇසේගායක්; semen.

ශුක්‍රයා, *n.* the planet Venus or its regent: for the latter see දෛත්‍යගුරු.

ශුක්‍රල, *a.* spermatic, increasing the semen.

ශුක්‍ර වාරය, *n.* Friday, සිකුරාදා.

ශුක්ල, *a.* white, සුදු. [blind of albugo.

ශුක්ල·කාණයා, *n.* person with one eye white or

ශුක්ල·ගන්ධා, *n.* medicinal drug, *lagenandra luncifolia*, අතිවිඩයන්. [ධාතුව.

ශුක්ල·ධාතුව, *n.* chalk, රටහුණු; also Er. for ශුක්‍ර

ශුක්ල·පක්ෂය, *n.* the light half of the month from new to full moon, පූර්වපක්ෂය.

ශුක්ල·මණ්ඩලය, *n.* white disk, viz. white of the eye, ඇසේ සුදු හරිය..

ශුක්ලය, *n.* white colour, සුදුපාට; various white things, as silver, රිදී, fresh butter, වෙඬරු, albugo, ඇසේ පොල, ඇසේගායක්: see ශුක්ල පක්ෂය. [කොකා.

ශුක්ල·වායස, *n.* *lit.* white crow, viz. a crane,

ශුචි, *a.* white, සුදු; clean, pure, පවිත්‍ර, correct, හරි.

ශුචිත, *a.* purified, pure, chaste, පවිත්‍රවූ, පිරිසිදු.

ශුචිතතාව, *n.* purity &c., පවිත්‍රකම.

ශුචිය, *n.* white colour, සුදුපාට; moon, හඳ; purification, පවිත්‍රවීම, purity, පවිත්‍රකම, virtue, සුචරිතය; correctness, හරිකම. [සිද්දිගුරු.

ශුණ්ඨිය, ශුණ්ඨය, *n.* dried ginger, වියළිඉඟුරු,

ශුණ්ඩ, *n.* exudation from an elephant's temples.

ශුණ්ඩාපානය, *n.* dram shop, tavern, සුරාසැල, තැබෑරුම.

ශුණ්ඩාව, *n.* spirituous liquor, රහමෙර; tavern, සුරාසැල; elephant's trunk, හොඬවැල.

ශුණ්ඩිකයා, *n.* distiller or tavern-keeper, සුරාපාන ය පෙරන්නා or විකුණන්නා; elephant, අලියා.

ශුධ, *a.* clean, සුද්ද, pure, holy, පිරිසිදු; faultless, correct, නිදොස්, නිවරදි.

ශුධකම, ශුඩත්වය, *n.* cleanness &c.

ශුධකරනවා, *v. t.* to cleanse, purify, clarify; correct, දොස්අරිනවා. [ශ.

ශුධ·ගිනි·ස්ථානය, *n.* R. C. purgatory, පුණ්‍යශෝධක

ශුධ·ගිනි·ස්ථානික, *a.* R. C. purgatorial, පුණ්‍යශෝ

ශුධ·ධර්ම·සංගීතය, *n.* oratorio. [ධක.

ශුධ·ලියවිල්ල, or *pl.* ලියවිලි *n.* Holy Scripture or Scriptures, the Bible, බයිබලය.

ශුධය, *n.* rock-salt, සහිඳ ලුණු.

ශුධවරයා, *n.* saint, ශුධවන්තයා.

ශුධ·ස්ථානය, *n.* holy place, sanctuary.

ශුධාත්මය,ශුධාත්මයා ශුද්ධවන්තයෙක්, *n.* holy spirit, the Holy Spirit.

ශුධාන්තය, *n.* (·අන්ත end or interior), *lit.* holy interior or limit, viz. harem, අන්තඃපුරය.

ශුධි, *a.* See ශුධ.

ශුධිතාව, *n.* See ශුධකම. [ed errata.

ශුධි·පත්‍රය, *n.* list of corrections, list of correct-

ශුධිය, *n* purity, පවිත්‍රකම, correctness, නිවරදි කම, නිදොස්කම. [කරනවා, දොස් අරිනවා.

ශුධියකරනවා, *v. t.* to purify, expurgate, පිරිසිදු

ශුනකයා, ශුන, *n. mas* dog, බල්ලා.

ශුනී, ශුනිය, *n. fem.* bitch, බැල්ලි.

ශුන්‍යය *n.* a number of dogs, බල්ලන් ගණනක්; *arith.* what is empty, viz. cipher, බිංදුව.

ශුභ, *n.* or *a.* (ශුභ් to shine, be beautiful), good fortune &c., see ශුභය; fortunate, prosperous, happy.

ශුභ·ජනක, *a.* promotive of prosperity, auspicious, favourable, wholesome, philanthropic, ශුභ ගෙනදෙන. [philanthropist.

ශුභ·ජනකයා, *n.* promoter of prosperity or good,

ශුභ·නිමිත්ත, *n.* favourable mark or sign or omen. [offering for welfare.

ශුභ·පූජාව, ශුභ·සිඩි·පූජාව, *n.* peace-offering,

ශුභය, ශුභ·සිඩිය, *n.* welfare, happiness, prosperity, good, සැපත, යහත. [වන්ත.

ශුභවූ, *a.* auspicious, happy, prosperous, වාසනා

ශුභසිඩවෙනවා, *v. i.* prosperity, welfare &c. takes place or befalls any one.

ශුභ·සිඩි·ජනක, *a.* See ශුභජනක.

ශුභාන්විත, *a.* (අන්විත), having good luck or welfare, see ශුභවූ. [වන්තකම.

ශුභාන්විතතාව, *n.* prosperousness &c., වාසනා

ශුභාශුභය, *n.* (·අශුභය), prosperity and adversity, weal or woe, සුවදුක්.

ශුභාරංචිය, *n.* (·ආරංචිය), good news, the Gospel.

ශුභ්‍ර, *a.* (fr. ශුභ් to shine), shining, දීප්තිමත්, white, blonde, සුදු. [E. S.

ශුභ්‍ර, *n.* white sandal, සුදුහඳුන්; silver, රිදී; talc.

ශුභ්‍ර·කෘත, *n.* (ශුභ්‍ර white, කෘත made), thirty-sixth year of the Indian cycle.

ශුභ්‍රතාව, *n.* brightness, whiteness.

ශුභ්‍ර·දේහ·භෘතයා, *n.* (භෘත possessed of), *lit.* one possessed of a shining body: ap. of බලරාම; crane, කොකා.

ශුභ්‍ර·ලෝහය, *n.* tellurium, එනම්වූ ලෝහජාතිය.

ශුභ්‍ර·ලෝහාම්ල, *n.* telluric acid, එනම්වූ ඇඹුල.

ශුභ්‍ර·වර්ණය, *n.* white colour, white, සුදුපාට.

ශුභ්‍රාංශුව, *n.* (අංශුව ray), white-ray, viz. the moon, හඳ; camphor, කපුරු. [මකුළු.

ශුභ්‍රාව, *n.* crystal, පළිඟුව; bamboo manna, උණ

ශුභ්‍රය, *n.* auspicious one: ap. of බ්‍රහ්මා,

ශුල්කය, *n.* toll, tax, duty.

ශුල්ව, *n.* copper, තඹ. [සිදුර; pit, වළ.

ශුෂිය, *n.* (ශුෂ to dry), drying, වේළීම; hole,

ශුෂිර, *a.* perforated, සිදුරුවූ; having holes, සිදුරු ඇත්තාවූ.

ශුෂිරය, *n.* perforation, hole, සිදුර, pit, වළ, chasm, විවරය; wind instrument, flute, fife, නළාව.

ශුෂ්ක, *a.* dry, arid, parched, වියළි; *fig.* profitless, නිෂ්ප්‍රයෝජන. [ලනවා.

ශුෂ්කකරනවා, *v. t.* to dry, parch, desiccate, විය

ශුෂ්ක·ගෝමය, *n.* dried cow-dung, ගොම්වැරටිය.

ශුෂ්කතාව, *n.* dryness &c., වියළුම්කම.

ශුෂ්ක·පයස, *n.* *lit.* dried water or milk, viz. foam of the see මුදුපෙණ.

ශුෂ්ක·විදර්ශකයා, *n.* *lit.* dry or useless meditater, viz. one naturally or morally unqualified for religious meditation.

ශුෂ්කාව, *n.* cuttle-fish bone, supposed to be solidified foam, see ජේන. [siccus. E. S.

ශුෂ්කෝද්‍යානය, *n.* (ශුෂ්ක උද්‍යානය), hortus

ශුෂ්මණය, *n.* the dryer, viz. the sun, ඉර; fire, ගින්න. [strength, බලය.

ශුෂ්මය, *n.* fire; light, එළිය; lustre, දීප්තිය,

ශුක, *n.* awn of barley.

ශුකයා, *n.* parrot, ගිරවා.

ශූකරයා, *n. mas.* hog, pig, ඌරා.

ශූකරිකයා, *n.* pork-butcher, ඌරුමස් වෙළෙන්දා.

ශූකරී, *n. fem.* sow, ඊරි.

ශූද්‍රයා, *n. mas.* male of the fourth or servile caste, said to have sprung from the feet of Brahma, a sudra. [sudra.

ශූද්‍රාව, *n. fem.* female of the fourth caste, a

ශූන්‍ය, *a.* empty, vacant, හිස්; lonely, උදාසලාවූ.

ශූන්‍යකරනවා, *v. t.* to render empty or void, හිස්කරනවා, to destroy, annihilate, නැතිකර නවා. [void, හිස්කරනලද.

ශූන්‍ය·කෘත, *a.* emptied, evacuated, rendered

ශූන්‍ය·ගණ්‍ය, *n.* minus or negative quantity, අඩුගණන. [ශිත්‍යකම.

ශූන්‍යතාව, ශූන්‍යත්වය, *n.* emptiness &c., vacuity,

ශූන්‍යය, *n.* vacuum, හිස්තැන; space, sky, ආකා ශය; cipher, බිංදුව නමැති ඉලක්කම.

ශූන්‍ය·හස්ත, *a.* empty-handed, **අත්හිස්වූ, හිස් අත්** ඇති. [ශක්ත, powerful, බලගතු; clever, **සමර්ථ.**

ශූර, *a.* brave, valiant, heroic, manly, **ධෛර්ය**

ශූර, *n.* sun, **සූර**, **සූර්යයා.** [prowess, **වික්‍රමය.**

ශූරතාව, **ශූරත්වය**, *n.* bravery &c., **ධෛර්යය.**

ශූරයා, *n.* valiant one, viz. hero, **වීරයා**; lion, **සිංහයා**, bear, වලසා.

ශූර·වීර *a.* very heroic, brave, stalwart, see **ශූර.**

ශූර·හීන, *a.* unheroic, timid, unenergetic, ධෛර්යනැති.

ශූර්ප, **ශූර්පය**, *n.* winnowing basket, **කුල්ල**; a measure of about two bushels. [painful.

ශූල, *n. pl.* or *a.* darts, spears &c.; piercing,

ශූල·ගුල්මය, *n.* very acute **ගුල්මය** or disease of the spleen or mesenteric glands.

ශූල·ධාරියා, *n.* spearman, lancer, **සෙල්ලදරන්නා.**

ශූලය, *n.* spear, dart, **සෙල්ලය**, iron spike, **යකඩ උල**; sharp pain, spasm as of colic or rheumatism, **ආමශූලය** &c.

ශූල·හෘත, *a.* (**ශූල** spasm, **හෘත** removing), antispasmodic, viz. asafœtida, **පෙරුංකායම්.**

ශූලාකාර, *a.* lanceolate, **ඊතලය ආකාර.**

ශෘකාලයා, **ශෘගාලයා**, *n.* jackal, **නරියා**; rogue, **පාක්කඩියා**; coward, **බයගුල්ලා.**

ශෘංඛලතාව, *n.* concatenation. E. S. [**විලංගුව.**

ශෘංඛලය, *n.* belt or waist-chain, **හවඩිය**; fetter,

ශෘංඛලිත, *a.* concatenated, **ඈඳුනු**; chained, fettered, **දම්වැලින්** or **විලංගුවෙන් බැඳි.**

ශෘංග, *a.* very sharp or fine, **ඉතාතියුණු** or **සිහිඳු.**

ශෘංග·ච්ඡේදය, *n. lit.* horn-cutting, viz. conic section.

ශෘංගය, *n.* horn, **අඟ**; peak, **මුදුන**, **කූටය**; elevation, **උස්කම**, dignity, **උතුම්කම.**

ශෘංගවත්, **ශෘංගාරක**, *a.* horn-like, corniculate, conical, peaked, **අං හැඩය ඇති**; horned, **අං**

ශෘංගවේර, *n.* ginger, **ඉඟුරු.** [**ඇති.**

ශෘංගාටකය, **ශෘංගාටය**, *n.* place where four roads meet, **සතර මංසන්ධිය.** *Bot.*

ශෘංගාර·භූෂණ, *n.* red-lead, **සාදිලිංගම්.**

ශෘංගාරය, *n.* the emotion of sexual love, **රාගය**, coition, **සංවාසය**; cloves, **කරාබු**; fragrant powder, **සුවඳ කුඩු වර්ගයක්.**

ශෘංගාර·යෝනි, *n.* Cupid, **කාමදෙවියෝ.**

ශෘංගී, *a.* horned, **අං ඇති**; crested, **කරමලක් ඇති**, see **ශෘංගවත්.** [gold for ornaments.

ශෘංගිකා, **ශෘංගී**, *n.* a sort of poison, **විෂවර්ගයක්**;

ශෘංගිණියා, *n.* ram, **බැටළුවා.**

ශෘංගී, *n.* mountain **කන්ද**; tree, **ගස.**

ශෘංගී, *n.* a sort of meat fish, *silurus pungen-*

ශෘංගී, *n.* elephant **අලියා.** [*tissimus.*

ශේඛරය, *n.* garland, **මාලාව**; crest, tuft, **කුඩුම්බිය**; root of the moringa plant, **මුරුංගා මුල.**

ශේඛරිත, *a.* crested, tufted, **කරමලක් ඇති**; peaked, **මුදුන් තුඹුවක් ඇති.**

ශේමුෂිය, *n.* understanding, intellect, **සිහිබුද්ධිය.**

ශේෂ, *a.* remaining, residual, left, **අවශේෂ**, **ඉතුරු.**

ශේෂදෘෂ්ටිය, **ශේෂදෘෂ්ටිරූපය**, *n.* spectrum. E. S.

ශේෂ·පත්‍ර, *n. pl. bot.* leaves that are left, reliquiæ, **ගසේ ඉතුරු වේළිච්චකොළ.**

ශේෂ·ප්‍රති·ලම්බජ්‍යාව, *n.* subversed sine or cosine.

ශේෂ·භාගය, *n.* the last part, residue, residuum, *math.* residual, **ඉතුරු පංගුව.**

ශේෂය, *n.* the remainder, the rest, **ඉතුරු දේ**, **සෙස්ස**; molecule, **භූතමාත්‍රය.** E. S.

ශේෂයා, *n.* ap. of Ananta, king of the serpent race, **අනන්තයා.** [trace.

ශේෂ·ලාඤ්ඡනය, *n.* remaining mark, vestige,

ශේෂ·වාචකය, *n.* what expresses the remainder, *math* residual. [survive, **ඉතුරුවෙනවා.**

ශේෂවෙනවා, *v. i.* to be left, remain over,

ශේෂාන්න, *n.* (·**අන්න** food), food left, broken meat, scraps, **ඉඳුල්**, **ඉතුරුකෑම.**

ශෛක්ෂයා, *n.* (fr. **ශික්ෂ්** to learn), brahmin scholar, young brahmin who is learning to read the Vedas.

ශෛත්‍ය, *n.* (fr. **ශීත**), cold, coldness, **ශීතලය**, **සිසිල්බව.** [**ශිථිල.**

ශෛථිල්‍යය, *n.* (fr. **ශිථිල**), looseness &c., see

ශෛන්‍යය, **ශෛන්‍ය·යා**, *n.* See **සෛන්‍යය** &c.

ශෛරිකයා, *n.* See **සෛරිකයා.**

ශෛල, *a.* stone, **ගල්වූ**; stony, rocky, **ගල්සහිත වූ**; mountainous, **කඳුසාර**, **කඳුසහිත.**

ශෛලකය, *n.* storax or benzoin, **ශිලාජ.**

ශෛල·ච්ඡේදන·ශිල්පය, *n.* art of stone-cutting, **ගල්කපන ශිල්පය.**

ශෛලජ, *n.* a resinous substance, see **ශිලාජ.**

ශෛලමය, *a.* consisting or made of stone, **ගල්මය**; **ගල්වූ.**

ශෛල·මුද්‍රණය, *n.* lithography. E. S.

ශෛල·මුද්‍රිත, *a.* lithographed, **ලිපිකළ ගලෙන් අච්චු ගසාපු.**

ශෛල·මුද්‍රිතය, *n.* lithograph. E. S.

ශෛලය, *n.* stone, **ගල**; rock, mountain, **පර්වතය**, **කන්ද**; bitumen, **ගල්කීල්**; storax, **ශිලාජය**; a collyrium, **නේත්‍ර රජන වර්ගයක්.**

ශෛලූවත්. *a.* stony, **ගල්සහිත.**

ශෛල·විද්‍යාව, **ශෛලවිස්තරය**, *n.* petrology, **ගල් ගැනවූ විද්‍යාව** or **විස්තරය.**

ශෛලාටය, *n.* crystal, **පළිඟුව.**

ශෛලාටයා, *n.* (·**අට්** to go), mountain-rover: ap. of the lion, **සිංහයා**, and of a mountaineer or barbarian, **වනචරයා.**

ශෛලික්‍යයා, *n.* impostor, **ප්‍රයෝගකාරයා.**

ශෛලූෂයා, *n.* (fr. **ශිලූෂ**, name of an ancient dancing master), dancer, stage-player, **නාටකයා**, **නාඩගම්කාරයා**, acrobat, **පිනුම්කාරයා.**

ශෛලේයය, *n* See **ශිලාජය**; also rock-salt, **ආකර ලුණු.** [**අයිතිවූ.**

ශෛව, *a.* (fr. **ශිව**), pert. to Siva, **ශිවදෙවියාට**

ශෛවයා, *n.* a worshipper of Siva, ශිව දෙවියන්
ශෛවලිනිය, *n.* river, ගඟ. [අදහන්නා.
ශෛව·සමය, *n.* Saivite sect, sect that worships Siva; the worship or religion of Siva, ශිවාගම.
ශෛශවය, *n.* (fr. ශිශු child), childhood, see ශිශුත්වය. [ශෝක සහිත.
ශෝක, *a.* (fr. ශුච් to sorrow, regret), sorrowful,
ශෝක·හත, *a.* sorrow-stricken, heart-broken, afflicted, ශෝකයෙන් පීඩිත.
ශෝක·මූර්ඡිත, *a.* fainting or overpowered with grief, heart-broken.
ශෝකය, *n.* sorrow, grief, deep regret, ශෝකය.
ශෝක·වාචක, *a.* expressive of sorrow, *poe.* elegiac, ලතෝනිවූ.
ශෝක·වාචක·කාව්‍යය, *n.* elegy, ලතෝනිකාවියම.
ශෝකවෙනවා, *v. i.* to sorrow, grieve.
ශෝක·සල්ලාපය, *n.* (සල්ලාපය speaking), utterance of sorrow, lamentation, විලාපකීම, ලතෝනිය.
ශෝකාකුල, *a.* (·ආකුල), bewildered with sorrow, greatly distressed, ශෝකයෙන් පෙළෙන.
ශෝකාග්නිය, *n.* (·අග්නිය), *lit.* sorrow-fire, viz. intense sorrow, violent grief, තද ශෝකය.
ශෝකාතුර, *a.* (·ආතුර afflicted), sorrowful, mournful, ශෝකවූ, ශෝකසහිත.
ශෝකාපනෝද, *a.* (·අපනෝද removing), indifferent to sorrow, stoical, E. S,
ශෝකාපනෝදදෘෂ්ටිය, *n.* stoicism, උදාසීන දෘෂ්ටිය, උදාසීන බිම්ය.
ශෝකාපනෝදයා, *n.* stoic, උදාසීනයා.
ශෝකාභිභූත, *a.* (·අභිභූත), overwhelmed with grief, heart-broken, ළය පැළුණු.
ශෝචනය, *n.* (ශුච් to sorrow), sorrow, ශෝකය.
ශෝචනීය, ශෝචිතව්‍ය, *a.* lamentable, deplorable, regrettable, ශෝක විය යුතු, ඛේදජනක.
ශෝණ, *a.* red, crimson, රතු.
ශෝණ·තල·මාණික්‍යය, *n.* sardonyx.
ශෝණය, *n.* red colour, crimson, රතුපාට; red-lead, සාදිලිංගම්; blood, ලේ; fire, ගින්න; the Sone river, which falls into the Ganges below Patna. *Bot.* [රතුකැටය.
ශෝණ·රත්නය, *n.* red gem, viz. ruby, sardius,
ශෝණිත, *a.* red, crimson, රතු, purple, රත්නිල්.
ශෝණිතය, *n.* blood, ලේ; saffron, කහ.
ශෝණිතෝක්ෂිත, *a.* (ශෝණිත, උක්ෂිත sprinkled), stained with blood, gory, ලේ තැවරුණු, ලේ පෙඟුණු. [තඩිස්සිය,
ශෝථය, *n.* a swelling, tumour, tubercle, ඉදිමුම,
ශෝධක, ශෝධන, *a.* cleansing, purifying, ශුද්ධ කරන.
ශෝධනය, *n.* act of cleansing &c.; correcting, revising; refining (metals); ශුද්ධකිරීම, හරිගැස්සීම; fæces, අශුචි. [revise; ශුද්ධකරනවා.
ශෝධනයකරනවා, *v. t.* to cleanse; correct,
ශෝධනිය, *n.* cleanser, viz. broom, කොස්ස.
ශෝධනීය, ශෝධ්‍ය, *a.* that should be purified &c, ශුද්ධකළයුතු.

ශෝධිත, *a.* cleansed &c., ශුද්ධකරනලද; discharged (as a debt), ගෙවනලද.
ශෝධ්‍ය·පත්‍රය, *n.* proof-sheet.
ශෝථය, *n.* swelling, intumescence, see ශෝථය,
ශෝථාකාර, *a.* intumescent, torose, තඩිස්සිඇති; *bot.* urceolar, ඉදිමුම් ආකාර.
ශෝභන, ශෝභමාන, *a.* decorous, becoming, comely, ඔබින, handsome; beautiful, ලක්ෂණ; shining, splendid, දීප්තිමත්; auspicious, කලණ. [phemism, මිහිරිබස, E. S.
ශෝභන·භාෂණය, *n.* graceful language; eu-
ශෝභන·කම or ·තාව or ·ත්වය, *n.* comeliness &c., ලක්ෂණකම. &c.
ශෝභමානතාව, *n* seemliness, comeliness &c.
ශෝභාව, *n.* light, radiance, splendour, දීප්තිය, beauty, අලංකාරය. [E. S.
ශෝභා ශාස්ත්‍රය, *n.* science of beauty, æsthetics.
ශෝභා·ශාස්ත්‍රානුකූල, *a.* (·අනුකූල), accordant with beauty, æsthetic.
ශෝභා·සම්පන්න, *a.* endued with beauty, beauteous, අලංකාර. [කම.
ශෝභා·සම්පන්නතාව, *n.* beauteousness, අලංකාර
ශෝෂ, ශෝෂ·රෝගී, *a.* (fr. ශුෂ් to dry), phthisical, pulmonary, syntetic, tabetic, ක්ෂයරෝගී.
ශෝෂකය, ශෝෂය, *n.* pulmonary consumption, syntexis, tabes, ක්ෂයරෝගය, drying, වියළීම, swelling, ඉදිමීම, ඉදිමුම. [ing up, වියළීම.
ශෝෂණය, *n.* sucking, suction, උරාගැනීම; dry-
ශෞණ්ඩීර, *a.* proud, haughty, උඩඟු, උද්දාම.
ශෞණ්ඩීරයා, *n.* proud person, ආඩම්බරයා; hero, ශූරයා; ascetic, තාපසයා.
ශෞණ්ඩ, *a.* intoxicated, drunk, මත්වූ. [රම.
ශෞණ්ඩය්‍යය, *n.* pride, arrogance, උඩඟුකම, උද්දාම
ශෞණ්ඩීර, *a.* See ශෞණ්ඩීර. [ශූරතාව.
ශෞර්‍ය්‍යය, *n.* valour, heroism, වීර්‍ය්‍යවන්තකම,
ශ්මශාන, *a.* (ශ්ම for ශව corpse, ශාන for ශයන reposing), pert. to a cemetery, cemetral, සොහොන්භූමික.
ශ්මශාන·චෛත්‍යය, *n.* sepulchral monument, mausoleum, සොහොන් දාගැබ or වැම.
ශ්මශානය, ශ්මශාන·ස්ථානය. *n.* cemetery, necropolis, සොහොන්භූමිය, මිනීපිට්ටනිය.
ශ්මශ්‍රුව, *n.* beard, රැවුල. [පලංචන්.
ශ්‍යාම, *a.* dark blue, අඳුරු නිල්, green, නිල්වන්,
ශ්‍යාමය, *n.* cloud, වලාකුළ; pepper, ගම්මිරිස්, sea-salt, ලේවාලුණු.
ශ්‍යාමයා, *n.* Indian cuckoo, කෝකිලයා.
ශ්‍යාමල, *a.* See ශ්‍යාම.
ශ්‍යාමාංගය(යා), *n.* (ශ්‍යාම black, අංග body), the planet Mercury, බුදහු.
ශ්‍යාමාය, *n.* dark period, viz. night, රාත්‍රිය.
ශ්‍යාමිකාව, *n.* blackness, darkness, කළුවරය.
ශ්‍යාලකයා, *n.* wife's brother, brother-in-law, මස්
ශ්‍යාලී, *n.* wife's sister, sister-in-law, නෑනා. [සිනා.
ශ්‍යාව, *a.* or *n.* brown, දුඹුරු; brown colour, දුඹුරුපාට.

ශෝත්‍ර, *a.* white, සුදු, cp. ශෝවිත.
ශෝත්‍රයා, *n.* hawk, eagle, උකුස්සා, රාජාලියා.
ශ්‍රත්, *prefix.* signifying belief or reverence.
ශ්‍රද්ධාකාමී, *a.* (ශ්‍රත් faith, ධා to hold), devoted to faith, see ශ්‍රද්ධාවත්.
ශ්‍රද්ධා·චරිතය, *n.* (ශ්‍රද්ධා faith, piety), pious behaviour, religiousness, භක්තිමත්භාව ඇසිරීම.
ශ්‍රද්ධාලු, *a.* See ශ්‍රද්ධාවත්; wishing, longing, ආශා වෙන, මනදෙලු ඇති. [ence, සම්මානය.
ශ්‍රද්ධාව, *n.* religious faith, piety, භක්තිය; rever-
ශ්‍රද්ධාවත්, ශ්‍රද්ධාවන්ත, *a.* religious, devout, faithful, ඇදහිලිකාර, භක්තිමත්.
ශ්‍රන්ථනය, *n.* stringing (flowers &c.), ඇමිණීම, binding, tying, බැඳීම.
ශ්‍රපිත, *a.* (fr. ශ්‍රෙ to boil), boiled, cooked, තම්බාපු, උයාපු. [කරන.
ශ්‍රම·ජනක, *a.* fatiguing, wearisome, වෙහෙසවිටු
ශ්‍රමණ, *a.* ascetic, monastic, මහණ, තාපස.
ශ්‍රමණයා, *n.* ascetic devotee, religious mendicant, B. monk, මහණුන්නාන්සේ, තාපසයා.
ශ්‍රමණී, *n. fem.* B. priestess or nun, තාපසී.
ශ්‍රමය, *n.* toil, effort, වීර්යය; fatigue, වෙහෙස.
ශ්‍රමාර්ත, *a.* (·අර්ත afflicted), exhausted with fatigue, මිඩාවූ.
ශ්‍රරණය, *n.* refuge, asylum, shelter, protection, ආරක්ෂාස්ථානය, මුවාව, ආරක්ෂාව.
ශ්‍රරණීය, *a* that may be protected defensible, ආරක්ෂා or මුවාකල හැකිවූ.
ශ්‍රවණ, *a.* (fr ශ්‍රු to hear; ooze), pert. to hearing, ausculatory; auditory (nerve &c.); that is heard, අසන; oozing, වෑස්සෙන.
ශ්‍රවණ·නාලිය, *n.* hearing-tube,viz ear-trumpet.
ශ්‍රවණ·පථය, *n.* hearing-way, viz. the ear, කන.
ශ්‍රවණය, *n.* ear; hearing, ඇසීම, (the faculty) කන්ඇසීම; oozing, dripping, වෑස්සීම; sweat, ඩාදිය; urine, මුත්‍ර; service, සේවය.
ශ්‍රවණයකරනවා, *v. t.* to hear, listen, අසනවා, කන්දෙනවා.
ශ්‍රවණ·ශාලාව, *n.* auditory, කථා ආසන ශාලාව.
ශ්‍රවණාව, *n.* twenty-third lunar asterism, containing three stars, Alpha, Beta and Gamma of Aquila. [අසන ආසනය or ඉඩම.
ශ්‍රවණාසනය, *n.* audience seat, auditory, කථා
ශ්‍රවණීය, *a.* that should be heard, ඇසිය යුතු; pleasant to hear, ඇසීමට මිහිරි.
ශ්‍රවණේන්ද්‍රියය, *n.* (ශ්‍රවණ ඉන්ද්‍රි:), faculty of hearing, ඇසීමේ ඉන්ද්‍රියය, organ of hearing, ear, කන. [tain, උල්පත.
ශ්‍රවය, *n.* ear; oozing, trickling, වෑස්සීම; foun-
ශ්‍රවස්, ශ්‍රවඃ, *n.* Sans., see ශ්‍රවය, ear. [Dolphin.
ශ්‍රවිෂ්ඨාව, *n.* twenty-fourth lunar asterism, viz.
ශ්‍රාද්ධ, *a.* (fr. ශ්‍රද්ධා), See ශ්‍රද්ධාවත්. [the dead, යම.
ශ්‍රාද්ධ·දේවයා, *n.* ap. of Yama, god and judge of
ශ්‍රාද්ධය, *n.* funeral ceremony, consisting of offerings of fire, water, food &c. to the manes, මළපේ‍්‍රතාදීන්ට පිදවිලි ඔප්පුකිරීම.

ශ්‍රාන්ත, *a.* fatigued, වෙහෙසවූ; calm, tranquil, ශාන්ත.
ශ්‍රාන්ත·සංවාහනය, *n.* (සං: conveying away), affording relief to the weary, වෙහෙස සහ හැර කිරීම or ඇරීම.
ශ්‍රාන්තිය, *n.* fatigue, වෙහෙස, මිඩාව.
ශ්‍රාමණේරයා, *n.* disciple of a B. P., B. novice.
ශ්‍රාමණ්‍යය, *n.* asceticism, තපස්භාවය; religious
ශ්‍රාය, *n.* See ශ්‍රරණය. [mendicity, භික්ෂුභාවය.
ශ්‍රාවකයා, *n.* (fr. ශ්‍රු to hear, heed), disciple of Buddha, Buddhist, බෞද්ධශෝල්‍යා or බුද්ධාගමී
ශ්‍රාවය, *n.* oozing, වෑස්සීම. [කාරයා.
ශ්‍රාවස්ති, *n.* the capital of උත්තර කෝසල, a pro-
ශ්‍රිංගබේර, *n.* Er. for ශෘංගබේර. [vince of India.
ශ්‍රිත, *a.* (ශ්‍රි to serve). served; honoured, worshipped, සේවය or සම්මානය ලද්දවූ; cherished. protected, රක්ෂිත.
ශ්‍රිය, ශ්‍රියාව, *n.* any manifest eminence: beauty, elegance, splendour, prosperity, auspiciousness; fortune, fame, glory, අලංකාරය, දීප්තිය, ඓශ්වර්යය, කල්‍යාණය, කීර්තිය, තේජස.
ශ්‍රියා·කාන්තාව, *n.* See ශ්‍රීකාන්තාව.
ශ්‍රියාවන්ත, *a.* graceful,elegant, ශෝභන, අලංකාර.
ශ්‍රියාවන්තයා, *n. mas.* graceful or handsome person, ශෝභමාන අය; person of fame or dignity, උත්තමයා.
ශ්‍රී, *n.* Lakshmi, goddess of wealth, ලක්ෂ්මී.
ශ්‍රී, *prefix* to names of deities, eminent persons, sacred objects &c. signifying excellence, beauty, fame &c.
ශ්‍රී·කර, *a.* (කර making), conferring prosperity &c., see කල්‍යාණකර. [විෂ්ණු. *Bot.*
ශ්‍රී කර, *n. lit.* fortune-maker; ap. of Vishnu,
ශ්‍රී·කාන්ති, ශ්‍රී·කාන්තාව, *n.* beautiful lady or wife:
ශ්‍රී ඝන, *n.* curds, දිකිරි. [ap. of ලක්ෂ්මී.
ශ්‍රී·ඝන, *n.* (ශ්‍රී prosperous, ඝන assemblage), B. saint, බෞද්ධ සෘෂියා, ap. of Buddha, බුදුන්.
ශ්‍රී·චක්‍රය, *n.* magical diagram; astrological division of the body; pubic region; circle of the earth, පෘථිවිචක්‍රය.
ශ්‍රී·ජ, *n.* (ශ්‍රී Lakshmi, ජ born), the deity of love, Cupid, කාමදෙවියෝ. [wealth, කුවේර.
ශ්‍රී·ද, *n.* (ශ්‍රී wealth, ද giver), Kuvera, god of
ශ්‍රී·දර්ශනයන්ත්‍රාව, *n.* kaleidoscope. E. S.
ශ්‍රී·ධර, *n.* (ශ්‍රී Lakshmi &c., ධර possessor), possessor or Lord of Lakshmi, ap. of Vishnu,
ශ්‍රී·නිකේත, ශ්‍රී·නිකේතන, ශ්‍රී·නිවාස, *n.* or *a.* ap. or ep. of Vishnu as dwelling in splendour.
ශ්‍රී·පතියා, *n. lit.* Lord of Sri, splendour &c.: ap. of Vishnu.
ශ්‍රී·පාද, *n. pl.* beautiful feet; ap of Buddha's feet, that are said to have had 216 marks on the soles indicative of his exalted character and dignity.
ශ්‍රී·පාදය, *n.* the supposed footprint of Buddha on the summit of the mountain called Samanalagala or Adam's Peak.

ශ්‍රීමත්, *a.* illustrious, exalted, prosperous; ep. of Vishnu, Kuvera and Siva; උසස්, කීර්තිමත්, කල්‍යාණ.
ශ්‍රීමත්, *n.* red-lead, සාදිලිංගම්. [උත්තමතාව &c.
ශ්‍රීමත්කම, *n.* illustriousness &c., උසස්කම,
ශ්‍රී·මුඛ, *n.* (ශ්‍රී prosperous, මුඛ mouth, chief), beautiful mouth, යහපත්මුඛය; seventh year of the Indian cycle. [රජයහන.
ශ්‍රී·ශයන, *n.* (ශයන for සයන), royal couch or bed,
ශ්‍රී·යුක්ත, *a.* replete with wealth &c., prosperous, wealthy, illustrious, see ශ්‍රීමත්.
ශ්‍රී·රසය, *n.* (ශ්‍රී pine tree), turpentine, වරෙනිත් තෙල්.
ශ්‍රී·ලංකා·ද්වීපය, ශ්‍රී·ලංකාව, *n. lit.* excellent or beautiful island of Lanka, name of Ceylon.
ශ්‍රී·වත්සය, *n. lit.* beautiful breast, viz. Vishnu's mark said to be a peculiarly shaped curl of hair on his breast, විෂ්ණුගේ ළයේ සලකුණ
ශ්‍රී·වත්සයා, ශ්‍රී·වත්සාංකයා, *n.* (·අංක mark), ap of Vishnu, as marked on the breast.
ශ්‍රී·වාසය, *n.* (ශ්‍රී excellent, වාසය perfume), turpentine; lotus, නෙළුම්මල.
ශ්‍රී·වාසයා, *n.* (වාසයා dweller), ap. of Vishnu or Siva, see ශ්‍රීනිකේත.
ශ්‍රී·විභූතිය, *n.* magnificence, ඓශ්වර්‍ය්‍යය.
ශ්‍රී·වේෂ්ටය, *n.* See ශ්‍රීරසය.
ශ්‍රී·ශාසන, *n.* royal charter or deed of gift.
ශ්‍රැත, *a.* (ශ්‍රැ to hear, flow), heard, අසනලද, understood, තේරුම්ගිය. [ed, කීර්තිමත්.
ශ්‍රැත·කීර්ති, ශ්‍රැති·කීර්ති, *a* renowned, celebrat-
ශ්‍රැතය, *n.* what is heard, අසනලද්ද; sacred science, see ශ්‍රැතිශාස්ත්‍රය.
ශ්‍රැතවත්, *a. lit.* imbued with what has been heard, viz. well-instructed in religion or theology, (දේව)ධර්මය උගත්.
ශ්‍රැති, *n. lit.* that which was heard, the Vedas, Revelation (as opposed to ස්මෘති, Tradition); hearing; oral account; අසනලද්ද, වේදග්‍රන්ථ.
ශ්‍රැති·මණ්ඩලය, *n.* the outer ear, කන්පෙත්ත.
ශ්‍රැති·ශාස්ත්‍රය, *n.* (ශ්‍රැති Vedas), Vedic science, viz. sacred science, theology, (දේව)ධර්ම ශාස්ත්‍රය, වේදශාස්ත්‍රය.
ශ්‍රැති·හීන, *a.* destitute of hearing, deaf, බිහිරි.
ශ්‍රැත්‍යනු·ප්‍රාසය, *n.* (ශ්‍රැති අනු:), repeating the sound, alliteration.
ශ්‍රැයමාණ, *a.* audible, that is heard, ඇසෙන.
ශ්‍රේණිය, *n.* row, line, range, පේළිය, පෙළ;
ශ්‍රේඪි, *a.* serial, පේළිආකාර, අනුපූර්ව. [අනුපූර්වය.
ශ්‍රේඪිය, *n.* series, train, succession, ක්‍රමය, පෙළ,
ශ්‍රේය(ස්), *a.* better, more excellent, වඩාහොඳ, මාහැඟි.
ශ්‍රේයස්, *n.* virtue, merit, සද්ගුණය, පුණ්‍යය; prosperity, ශුභසිද්ධිය; final emancipation, මෝක්ෂය.
ශ්‍රේෂ්ඨ, *a.* best, most excellent, eminent, chief, exalted, illustrious, ඉතාඋතුම්, ඉතාඋසස්, උත්කෘෂ්ට.

ශ්‍රේෂ්ඨ·උසාවිය, *n.* Supreme Court of justice.
ශ්‍රේෂ්ඨකම, ශ්‍රේෂ්ඨතාව, *n.* superiority, primacy, dignity, eminence, nobility, nobleness, අති උත්තමකම &c.
ශ්‍රේෂ්ඨ·කාමී, *a.* desirous of superiority, ambitious, aspiring, උසස්කමට ආශාවෙන. [කාත්.
ශ්‍රේෂ්ඨ·නීතිඥයා, *n.* barrister, advocate, අද්ව
ශ්‍රේෂ්ඨ·පණ්ඩිත, *a.* most learned, classical, ඉතා උගත්.
ශ්‍රේෂ්ඨයා, *n.* the chief, highest, patrician, dignitary, noble, peer, උත්තමයා, සිටුවරයා.
ශ්‍රේෂ්ඨ·සාරය, *n.* quintessence, ඉතාපිරිසිදු සාරය.
ශ්‍රේෂ්ඨාධිකරණය, ශ්‍රේෂ්ඨාධිකරණ·ශාලාව, *n.* (·අධි:), Supreme Court of justice.
ශ්‍රේෂ්ඨාධිකරණසභා·වාරය, *n.* season of the Supreme Court, the assizes, නඩුවිභාගවාරය.
ශ්‍රේෂ්ඨාධිපති, *a.* pert. to the Governor General, presidential. [ප්‍රධානත්වය, අධිකාරණය
ශ්‍රේෂ්ඨාධිපතිතාව, *n.* supremacy, presidentship,
ශ්‍රේෂ්ඨාධිපතිත්වය, *n.* Governorship, Presidentship, ආණ්ඩුකාර ධුරය.
ශ්‍රේෂ්ඨාධිපතියා, *n.* Governor General, President, අග්‍ර ආණ්ඩුකාරතැන, යුවරජ.
ශ්‍රේෂ්ඨෝදකය, *n.* (ශ්‍රේෂ්ඨඋදකය), rice-water, see පාණ්ඩුදියර. [සම්බන්ධ.
ශ්‍රෝණි, *a.* pert. to the hip and loins, තුනටිය
ශ්‍රෝණි·අවගාහය, *n.* bathing the hips and loins, hip-bath. [hip and loins.
ශ්‍රෝණි·ඵලකය, *n.* hip, hip-bone, උකුල්ඇටය,
ශ්‍රෝණිය, *n.* hip and loins, උකුල හා තුනටිය, තුනටිප්‍රදේශය.
ශ්‍රෝණි·රෝගය, *n.* sciatica. E. S.
ශ්‍රෝතය, ශ්‍රෝත්‍රය, *n.* (fr. ශ්‍රැ to hear, flow), ear, කන; organ of sense, ඉන්ද්‍රියය; current of a stream, දියපාර.
ශ්‍රෝතෘ, *a.* hearing, who hears or hear, අසන.
ශ්‍රෝත්‍රේන්ද්‍රියය, *n.* (ශ්‍රෝත්‍ර ඉන්ද්‍රි:), organ of hear-
ශ්‍රෝත්‍රය, *n.* ear, කන. [ing, ear, කන.
ශ්ලථ, *a.* slack, relaxed, flabby, බුරුල්.
ශ්ලථතාව, *n.* slackness &c., බුරුල්කම.
ශ්ලාඝාව, *n.* (ශ්ලාඝ to praise, flatter), praise, ප්‍රශංසාව, flattery, ඉච්චාව.
ශ්ලාඝ්‍ය, *a.* praiseworthy, ප්‍රශංසනීය.
ශ්ලිෂ්ටාව, *n.* embracing, embrace, වැළඳගැනීම, ආලිංගනය.
ශ්ලිෂ්ට, *a.* (fr. ශ්ලිෂ් to embrace, adhere to), embraced, clinging to, වැළඳගන්නලද, ඇලුම්වූ.
ශ්ලී·පදය, *n.* elephantiasis, බරවය, බරවාකකුල.
ශ්ලී·පදයා, *n. mas.* one who has elephantiasis, බරවාකාරයා.
ශ්ලේෂය, *n.* (fr. ශ්ලිෂ්), union, adherence, clinging, එක්වීම, සන්ධිය, ඇලුම්වීම; paronomasia or pun, E. S. [ශ්ලේෂ්මාව.
ශ්ලේෂ්ම, ශ්ලේෂ්මක, *n.* (fr. ශ්ලිෂ්), phlegm, see
ශ්ලේෂ්ම·ඝ්න, *a.* removing, phlegm, expectorant, සෙම අරවන.

ශ්ලේෂ්මඡෙදනෞෂධය, *n.* (ඖෂධ:), expectorant, phlegmagogue, සෙම අරවන බෙහෙත.

ශ්ලේෂ්මල, *a.* phlegmatic, having much phlegm, සෙමවැඩිවූ. *Bot.*

ශ්ලේෂ්මාජනක, *a.* phlegmatic, viz. phlegm-producing, සෙම්උපදවන.

ශ්ලේෂ්මාධික, *a.* (අධික), phlegmatic, viz. abounding in phlegm, rheumy, සෙම්වැඩිවූ.

ශ්ලේෂ්මාධිකය, *n.* excess of phlegm, rheum, සෙම්වැඩිකම. [සොලු.

ශ්ලේෂ්මාව, *n.* phlegm, mucus, sputum, සෙම,

ශ්ලේෂ්මාහරණ, *a.* (හරණ removing). apophlegmatic, සෙම අරින (බෙහෙත්).

ශ්ලෝකය, *n.* (ශ්ලෝක to put together, compose verses), verse, stanza, song, ode.

ශ්වදංෂ්ට්‍රාව, *n.* (ශ්ව dog, canine), dog's tooth, බලු දත or දළය. *Bot.*

ශ්වනයා, *n. mas.* dog, බල්ලා, see කුක්කුරයා, &c.

ශ්වපචයා, ශ්වපාකයා, *n. mas.* dog-feeder: person of a degraded and outcast tribe, employed only in some mean capacity, or executioner &c., නීචයා. [පෑල්.

ශ්වභ්‍රය, *n.* hole, gap, chasm, වළ, කපොල්ල,

ශ්වවෘත්තිය, *n.* (ශ්ව dog, වෘත්තිය subsistence, condition), mean service, low servitude, පහත් මෙහෙය.

ශ්වශුරයා, *n.* father-in-law, මාමා. E. S.

ශ්වශුර්‍යයා, *n.* brother-in-law, මස්සිනා. E. S.

ශ්වශ්‍රූව, *n.* mother-in-law, නැන්ද. E. S.

ශ්වසනය, *n.* (ශ්වස to breathe), see ශ්වාසය. *Bot.*

ශ්වස්, *ad.* and *prefix*, (Sans), to-morrow, හෙට, future, මතු. [future, මතු.

ශ්වස්තන, ශ්වස්තන, *a.* to-morrow's, හෙටදවසේ,

ශ්වානයා, *n. mas.* dog, බල්ලා. [යේ) හුස්මකූප.

ශ්වාසකූප, *n. pl.* *zool.* stigmata, (ක්ෂුද්‍ර ප්‍රාණීන්

ශ්වාසනාල, *a.* pert. to the windpipe, tracheal.

ශ්වාසනාලච්ඡේදනය, *n.* tracheotomy, උගුරු නාලය කැපීම. [දුම්මිල්ල.

ශ්වාසනාලදූෂය, *n.* trachitis, උගුරු නලයේ

ශ්වාසනාලය, *n.* windpipe, trachea.

ශ්වාසප්‍රශ්වාසය, *n.* inspiration and expiration, respiration, breathing, හුස්මගැනීම් ඇරීම.

ශ්වාසභංගය, *n.* stoppage of breath, asphyxia, හුස්ම නැවතීම.

ශ්වාසය, *n.* air, wind, වාතය; breath, හුස්ම, breathing, හුස්මගැනීම; sighing, සුසුම්ලෑම.

ශ්වාසිය, *n.* air, wind, වාතය, සුළඟ.

ශ්විත්‍රය, ශෛවත්‍රය, *n.* (ශ්විත් to be white), leprosy, ලාදුරුලෙඩ, කුෂ්ඨරෝගය.

ශ්වේත, *a.* white, සුදු.

ශ්වේතක, *n.* silver, රිදී; cowry, කවඩිකටුව.

ශ්වේතකරනවා, *v. t.* to make white, whiten, [සුදුකරනවා.

ශ්වේතකුෂ්ඨය, *n.* leprosy.

ශ්වේතකුෂ්ඨියා, *n.* leper, කුෂ්ඨරෝගකාරයා.

ශ්වේතගජයා, *n.* white elephant, ඇළි ඇතා, Indra's elephant, ශක්‍රයාගේ ඇතා.

ශ්වේතච්ඡත්‍රය, *n.* (ශ්වේතන් white, ඡත්‍රය), white umbrella as one of the insignia of royalty, සේසත, සුදුකුඩය.

ශ්වේතටංකණ, *n.* white or refined borax, ටකුණු [පුෂ්කර.

ශ්වේතතාව, *n.* whiteness, සුදුකම.

ශ්වේතදීප්තිය, *n.* white brilliance, incandescence. [චන්ද්‍රයා.

ශ්වේතධාමන්, *n. lit.* white-ray, viz. moon,

ශ්වේතපත්‍ර, *n. mas.* (පත්‍ර wing), goose, gander, පාත්තයා; white swan, සුදු හංසයා.

ශ්වේතපාෂාණ, *n.* white arsenic, සුදු පාෂාණම.

ශ්වේතය, *n.* white colour, සුදුපාට, සුදු; silver, රිදී; conch, හක්ගෙඩිය; cowry කවඩිකටුව; cummin seed, සුදුදුරු; for ශ්වේතද්වීපය, white island, [ගුරු.

ශ්වේතයා, *n.* the planet Venus or its regent, see

ශ්වේතරක්තය, *n.* pale red or pink colour, මද රතුපාට.

ශ්වේතවචාව, *n.* white orris root, වදකහ.

ශ්වේතවර්ණය, *n.* white colour, සුදුපාට. [*Bot.*

ශ්වේතවිෂා, *n.* medicinal drug, see කුසලාන්නා.

ශ්වේතශෝථය, *n.* white swelling.

ශ්වේතසර්ෂප, *n.* white mustard, අබ.

ශ්වේතසීස, *n.* white-lead, සුදු ඊයම්.

ශ්වේතහංසයා, *n.* white swan, සුදුහංසයා.

ශ්වේතහස්තියා, *n.* See ශ්වේතගජයා.

ශ්වේතා, *n.* crystal, පළිඟු; bamboo pith, උණ මද; candied sugar, sugar candy, සුකිරි. *Bot.*

ෂ

ෂ, *n.* The second of the seventh or sibilant class of consonants, expressed by *Sh.*

ෂට්, ෂඩ්, ෂණ්, *a.* six, හය, for ෂෂ් according to the letter with which it is combined.

ෂට්ක, *a.* having six, sixfold, hexaplar, senary, හයක් අඩංගු. [apla. E. S.

ෂට්කපුස්තකය, *n.* book in six languages, hex-

ෂට්කාරකය, *n. gram.* the relation of the six cases to the verb in a sentence.

ෂට්කෝණ, *a.* (ෂට්කෝණ), hexagonal, hexangular, කොන් හයක් ඇති. [ය.

ෂට්කෝණය, *n.* hexagon, කොන්හයක් ඇති රූප

ෂට්පත්‍ර, ෂට්පර්ණී, *a.* having six leaves or petals, hexapetalous, පෙති හයක් ඇති.

ෂට්පද, *n.* six-legged one, viz. bee, මීමැස්සා; louse, උකුණා. [wood flowers, සාමල්පර්ණ.

ෂට්පදප්‍රිය, *n.* bee's-delight, viz. pollen of iron-

ෂට්පාද, ෂට්පාදික *a.* six-footed, hexapod, පාද හයක් ඇති. [hexapod, පාදහයක් ඇති සතා.

ෂට්පාදයා, ෂට්පාදිකයා, *n.* six-footed animal,

ෂට්පුරුෂකේසර, *a. bot.* hexandrous, E. S.

ෂට්සාංවත්සරික, *a.* occurring once in six years, sexennial. E. S. [චතුරශ්‍රය. E. S.

ෂඩංගඝනය, *n.* (ෂට් අංග), hexahedron, ඝන

ෂඩංග, *n. pl.* (ෂට් අංග), the six divisions or parts of the body, viz. the arms, legs, head and trunk.

ෂඩංගජිත්, *n.* (ජිත් conqueror), ap. of Vishnu, as having power over the six parts of the body.

ෂඩභිඥයා, *n.* (ෂට් අභි:), one who has sixfold knowledge: ap. of Buddha or a Rahat, බුදුන් or රහත්කෙනෙක්.

ෂඩභිඥ, *n.* sixfold knowledge, possessed only by Buddha and Rahats, attained by devout meditation, viz. divine perception, supernatural knowledge and hearing, remembrance of pre-existences, knowledge of the hearts of others and of the various kinds of Riddhi (ඍද්ධි) or power of ascending and passing through the air. [ෂට්කෝණ. &c.

ෂඩශ්‍ර, *a.* ෂඩශ්‍රය, *n.* (ෂට් අශ්‍ර), hexagon(al), see

ෂඩානනයා, *n.* (ෂට් ආනන), six-faced one: ap. of කාර්තිකේය, god of war, said to have six faces, four to the cardinal points and two to the Nadir and Zenith.

ෂඩාලම්බන, *n. pl.* (ෂට් ආලම්බන dependent), six dependents, viz. the objects of the five senses and of the mind or thought. [year.

ෂඩෘතු, *n. pl.* (ෂට් ඍතු), the six seasons of the

ෂඩ්ගුණ, *a.* (ෂට් ගුණ), sixfold, hexaplar, sextuple, හය ගුණ.

ෂඩ්ගුණ, *n. pl.* the six kinds or methods of defence, viz. peaceful settlement, war, marching, defending a position, sowing dissension, external aid. [වදකහ.

ෂඩ්ග්‍රන්ථි, *n. lit.* six-knotted, viz. orris root,

ෂඩ්ග්‍රන්ථිකාව, *n.* zedoary, *curcuma aromatica*, හරන්කහ.

ෂඩ්භාගයන්ත්‍රය, *n.* (ෂට් භාග:), sextant. E. S.

ෂඩ්භාගාන්තරය, *n.* (අන්තරය interval, distance), *ast.* sextile. E. S.

ෂඩ්භාෂා, *n. pl.* six languages, sp. සංස්කෘත, ප්‍රාකෘත, මාගධී, ශෞරසේනී, පෛශාචී, and අපභ්‍රංශ.

ෂඩ්භාෂාකාර, *a.* (භාෂා ආකාර), hexaglot, see the next. [ලියාපුපොතක්.

ෂඩ්භාෂාපුස්තකය, *n.* hexaglot, භාෂා හයකින්

ෂඩ්රන්ධ්‍ර, *a.* (ෂට්රන්ධ්‍ර), six-celled, sexlocular, සිල් හයක් ඇති.

ෂඩ්රාජ්‍යය, *n.* (ෂට්රාජ්‍යය), hexarchy. E. S.

ෂඩ්වර්ණ, *n. pl.* or ෂඩ්වර්ණය, *n.* aggregate of six colours which emanated from and formed a halo round the person of Buddha in separate circles, viz. blue, yellow, crimson, white, red and the colour formed by their combined radiance.

ෂඩ්වර්ෂ, ෂඩ්වර්ෂීය, *a.* continuing six years, sexennial, හයඅවුරුද්දක් පවතින.

ෂඩ්විධ, *a.* of six sorts, හය ආකාර.

ෂණ්ඩය, *n.* heap, quantity, multitude (of lotuses &c), ගොඩ, රැස. [මාසය.

ෂණ්මාසය, *n.* (ෂට් මාසය), six months, හය

ෂණ්මුඛදේවරාජයා, *n.* six-faced divine king, මුහුණු හයක් ඇති දෙව්රජ, ap. of කඳකුමරු.

ෂෂ්. *a.* six, හය.

ෂෂ්ටි, *a.* sixty, හැට, sexagenary, හැටක් අඩංගු.

ෂෂ්ටික, *n.* a kind of quick-growing rice, හැටදවී.

ෂෂ්ටික්‍රමගණිතය, *n.* sexagesimals, logistics, හැටෙන් ගණිත ක්‍රමය.

ෂෂ්ටික්‍රමමාන, *a.* sexagesimal, logistic.

ෂෂ්ටිතම, *a.* sixtieth, හැටවෙනි.

ෂෂ්ටිය, *n.* හැට. [රුදු වයස් ඇත්තා.

ෂෂ්ටිවයස්කයා, *n. mas.* sexagenarian, හැට අවු

ෂෂ්ටිසංවත්සරය, *n.* period of sixty years, Indian cycle of sixty years. [භාගාන්තරය.

ෂෂ්ඨාංශාන්තරය, *n.* (ෂෂ්ඨ අංශ අන්තරය), see ෂඩ්

ෂෂ්ඨ, ෂෂ්ඨක, *a.* sixth, හයවෙනි.

ෂෂ්ඨක, *n.* frankincense, තුවරලා.

ෂෂ්ඨී, *n. gram.* the sixth or genitive case, හයවෙනි (හෙවත් සම්බන්ධ) විභක්තිය.

සෙමිතික, *a.* Semitic. E. S.

ෂේක්ස්පියරීය, *a.* Shakesperian. E. S.

ෂෝඩශ, *a.* sixteen, දහසය, සොළොස්.

ෂෝඩශ, *n.* sixteen, දහසය, සොළොස.

ෂට් *int.* whist, silence!.

ස

ස, *n.* The letter *S*, the third of the seventh or sibilant class of consonants.

ස, *prefix* for සහ and sometimes for සං: with, together with, accompanying; also for සය, six.

සං, *prefix* corresponding to *com* or *con* or *co*: with, along with, together, altogether, completely, emphatically.

Before a vowel or labial consonant it becomes සම්, as සම්ා, සම්පත; before the letters ත, ද &c. it is pronounced as සන්. It is used also as a short form for the nasal ඞ of the first class of consonants (කවර්ග), and in some words the (ං) is used as a nasal before ච and ජ, as ආරංචිය.

සංයත, *a* (සං together, යම් to stop, restrain), restrained, governed (as the passions), self-subdued, දමනයකරනලද, දමිත.

සංයතකාරී, *n.* one who subdues his passions, ascetic, තාපසයා.

සංයතය, *n.* self-control, self-restraint, subjugation of the passions, කෙලෙස මැඩපවත්වා ගැනීම. [due the passions.

සංයතාකාරකරනවා, *v. t.* to control, restrain, sub-

සංයන්ත්‍රණය, *n.* controlling, restraint, නවත්වා ගැනීම, මැඩපවත්වා ගැනීම. [sive.

සංයමක, *a.* repressive, restraining, suppres-

සංයමනය, සංයමය, *n.* repressing &c., self-subjugation, see සංයතය.

සංයමනයකරනවා, *v. t.* to repress (desires &c), see සංයතාකාරකරනවා. [දමිත.

සංයමිත, *a.* repressed, subdued, මඩවුවු, සංයත,

සංයාචනය, *n.* (යාච් to ask for, beg), earnestly requesting, entreaty, supplication, prayer, අයැදුම, යාච්ඤාව.

සංයාත්‍රාකාරයා, *n.* traveller, ගමන්කාරයා; voyager, මුහුදෙන් ගමන්කරන්නා

සංයාත්‍රාව, *n.* travelling, ගමන්කිරීම, voyaging, voyage, මුහුදුගමන.

සංයාමය, *n.* (යාම් to restrain), forbearance, ඉවසීම; restraining, control, බැඳපවත්වා ගැනීම.

සංයාමවත්, *a.* forbearing, ඉවසිලිවන්ත; restraining, see සංයමන.

සංයුක්ත, *a.* (යුජ් to unite, join), joined with, connected, සම්බන්ධ, possessed of, having, imbued with, සහිත, යුක්ත.

සංයුක්තකරනවා, *v. t.* to unite, සම්බන්ධකරනවා; endue with, imbue with, සමන්විතකරනවා.

සංයුක්තතාව, *n.* state of union, සම්බන්ධකම; state of being endued, with, සමන්විතතාව.

සංයුක්තදන්තයා, *n.* zeuglodon. E. S.

සංයුක්තවෙනවා, *v. i.* to become united, coalesce, සම්බන්ධවෙනවා; become endued with, සමන්විත වෙනවා. [ture, මිශ්‍රය; war, battle, යුද්ධය.

සංයුගය, *n.* (යුජ් to join), union, සන්ධිය, mix-

සංයුත, *a.* joined, connected, see සංයෝජිත, mixed, මිශ්‍රවූ.

සංයුත්තනිකාය, සංයුත්තසඞ්ගය, *n.* (සංයුත් and සඞ්ගය collection, compilation), the third of the five books or Sangis of the Sūtra Pitaka, see සඞ්ගය. [සහකාරව යුද්ධකරන

සංයුද්ධකාර, *a.* fighting alongwith, cobelligerent,

සංයෝග, සංයෝජිත, *a.* united, joined, attendant, සම්බන්ධ, synthetic, එක්කරන.

සංයෝගකරනවා, *v. t.* to unite, amalgamate, confederate, form into, incorporate, සම්බන්ධ කරනවා, එක්කරනවා.

සංයෝගතාව, *n.* state of union, combination, corporateness, සම්බන්ධකම, ඒකාබද්ධකම.

සංයෝගය, *n.* union, junction, conjunction, සම්බන්ධය, combination, synthesis, එක්කිරීම.

සංයෝගරේඛාව, *n.* connecting line, hyphen, සන්ධිරේඛාව.

සංයෝගිත, සංයෝජිත, *a.* joined, attached, combined, incorporated, සන්ධිකරනලද, ඒකාබද්ධ

සංයෝජනය, *n.* placing together, uniting, combining. [ඇති.

සංරක්ත, *a.* heated, inflamed, රත්වූ, දැවිල්ලක්

සංරක්ෂක, සංරක්ෂණ, *a.* protective, preservative, conservative, ආරක්ෂක.

සංරක්ෂකයා, සංරක්ෂණයා, *n.* conservative. E.S.

සංරක්ෂණමතිය, *n.* conservative opinion, conservatism. E. S. [ආරක්ෂාකිරීම, ආරක්ෂාව.

සංරක්ෂණය, *n.* protecting, protection &c.,

සංරක්ෂණපිළිවෙත්කම, *n.* conservative method or practice, conservatism. E. S. [ක්ෂිත

සංරක්ෂිත, *a.* protected, preserved, ආරක්ෂිත, සුර

සංරබ්ධ, *a.* (රබ් to sound), raging, wrathful, කෝපවූ. [කෝපයෙන් සැරවූ.

සංරබ්ධපරුෂ, *a.* wrathfully harsh or severe,

සංරම්භය, *n.* wrath, rage, වියරුව; pride, උඩඟුකම.

සංරාධනය, *n.* (රාධනය bringing to completion, satisfaction), reconciling, reconciliation, propitiation, සමාදානකිරීම, සමාදානවීම.

සංරාධනයකරනවා, *v. t.* to reconcile, propitiate, සමාදානකරනවා, සමගිකරනවා.

සංරාධිත, *a.* reconciled &c., සමාදානකරනලද, සමාදානවූ. [ous, සැක බිය නැති.

සංරූඪ, *a.* confident, නිසැකවූ, fearless, audaci-

සංරෝධය, *n.* hindrance, බාධාව.

සංලක්ෂණයකරනවා, *v. t.* to note the difference, differentiate, characterize. E. S.

සංලක්ෂිත, *a.* marked, distinguished, characterized by, see ලක්ෂිත.

සංලක්ෂ්‍ය, *a.* distinguishable by, characteristic.

සංලක්ෂ්‍යය, *n.* note, characteristic sign.

සංලාප, සංලාපක, *a.* (ලප් to speak), conversational, සාකච්ඡාසහිත or ආකාර. [කිරීම.

සංලාපය, *n.* conversation, සාකච්ඡාව, සාකච්ඡා

සංලුල, *a.* See සලුල. [see ලිප්ත.

සංලිප්ත, *a.* united with, සන්ධිවූ; smeared &c.,

සංලිප්තය, *n.* union, junction, සම්බන්ධය, සන්ධිය.

සංවත්සර, සංවත්සරික, *a.* pert. to the year, yearly, annual, අවුරුදුපතා.

සංවත්සරප්‍රදානය, *n.* annual grant, pension, අවුරුදු පතා දෙන දීමනාව.

සංවත්සරය, *n.* year, අවුරුද්ද, වර්ෂය.

සංවදනය, *n.* (සං with, වදනය speaking), communication, tidings, ආරංචිය; charms, යන්ත්‍ර මන්ත්‍ර, subduing by charms, යන්ත්‍රමන්ත්‍රවලින් හැඩගැස්වීම.

සංවරය, *n.* water, දිය; rain, වැස්ස; bridge, පාලම; mound, ගොඩැල්ල; self-control, see සංයමනය.

සංවරසීලය, *n.* the virtue or practice by ascetics of self-control, closing the senses against external objects.

සංවර්ණය, *n.* (වර්ණ to praise), praise, ප්‍රශංසාව, panegyric, වර්ණනාව.

සංවර්තනය, සංවර්තය, *n.* (සං together, වෘත to be), destruction of the sakvala or universe, සක්වළ විනාශය. *Bot.*

සංවර්ධක, *a.* (සං with, emp., වෘධ් to increase), conducing, contributory, see වර්ධක.

සංවර්ධනය, *n.* contributing, augmenting, developing, prospering, prosperity, දියුණුවීම.

සංවර්ධනයකරනවා, *v. t.* to augment &c., වැඩි කරනවා. &c.

සංවර්ධිත, *a.* See වර්ධිත. [see වර්මිත.

සංවර්මිත, *a.* (සං completely), armed, mailed,

සංවසර, *n.* E. of සංවත්සර.

සංවාදික, *a.* accordant with logic, logical, තර්කශාස්ත්‍රයට අනුකූල.

සංවාරය, *n.* contraction, කොටකිරීම, කොටවීම, compression, සංක්ෂේපකිරීම.

සං·වාසය, n. dwelling, abode, ගෙදර; cohabitation, ස්ත්‍රී පුරුෂ සේවනය.

සං·වාසයකරනවා, v. to cohabit, සේවනයකරනවා, live together එකට කල්යවනවා.

සං·වැතීය, n. end of the age or Kalpa, කල්පාන්තය, see සංවර්තනය. [difficulty, අමාරුව.

සං·විඝ්නය, n. obstacle, impediment, බාධාව;

සං·විත, n. (විද් to know), knowledge, intellect, දැනගැනීම, බුද්ධිය; means of recognition, viz. name, appellation, නාමය, mark, sign, signal, ලකුණ, සංඥාව; promise, පොරොන්දුව.

සං·විධානකරනවා, v. to regulate, rule, manage, prescribe, විධානකරනවා.

සං·විධානය, n. regulating &c., see විධානය.

සං·විභාගය, n. thorough examination, investigation, සෝදිසිය, see විභාගය.

සං·විශේෂ, a. distinguished, special, විශේෂ.

සං·වීක්ෂණ, a. inquiring, searching, විභාගකරන.

සං·වීක්ෂණය, n. inquiry, quest, විභාගය.

සං·වුත, a. (P. fr. සංවෘත), guarded, surrounded, ආරක්ෂාකරනලද; subdued, දමිත.

සං·වුතින්ද්‍රියයා, n. mas. (ඉන්ද්‍රිය organ of sense), one whose passions are subdued, ascetic, තාපසයා, stoic. E. S.

සං·වෘත, සං·වෘතක, a. (සං with, වෘත to b , endowed with, possessed of සහිත; enveloped, concealed, වැසි—සැඟවී—නිමෙන, ගුප්ත; reserved (in disposition), වඩා කථානොකරන, කොංහොල්. E. S.

සං·වෘතකරනවා, v. t. to conceal, සඟවනවා; constrict, හිරකරනවා; contract, කොටකරනවා.

සං·වෘත·ස්වභාව, n. hidden condition, reticence, reserve, නිශ්ශබ්දකම, කොංහොල්කම.

සං·වෘතිය, n. See සංවර්තනය.

සං·වෘත්තිය, n. possession, සහිතකම; envelopment, වැසුම, concealment, සැඟවීම, රහස්කම.

සං·වේගය, n. apprehension anxiety, concern, flurry, භය සිතීම, කලබලවු ීම.

සං·වේදය, n. (විද් to know), consciousness, perception, understanding, දැනුම, හැඟුම. [ය.

සං·ශය, n. doubt, uncertainty, සැකය, අනුමාන

සං·ශය·ස්ථ, සං·ශයාන, a. doubtful, dubious, අනුමාන, sceptical, ශංකාකරන. [නා. E. S.

සං·ශය·ස්ථයා, n. doubter, sceptic, ශංකාකරන්න

සං·ශයාලු, a. See සංශයස්ථ.

සං·ශයාලුකාව, n. dubiousness &c.

සං·ශිත, a. ascertained, certain, නිශ්චිත, ස්ථානක.

සං·ශුද්ධ, a. (සං altogether, emp.), very pure, sublimated, ඉතා පිරිසිදු.

සං·ශුද්ධකරනවා, v. t. to purify, cleanse, defecate, refine, sublimate.

සං·ශුද්ධිය, සං·ශෝධනය, n. ablution, cleansing, purifying, correcting, emendation, recension, see ශුද්ධිය and ශෝධනය; paying off, ගෙවා බේරීම. [අරින.

සං·ශෝධක, a. revising, revisory, ශුද්ධකරන, වරද

සං·ශෝධනයකරනවා, v. t. to cleanse &c., refine, expurgate, see ශෝධනයකරනවා.

සං·ශෝධිත, a. cleansed &c., corrected, emended, see verb. [කුඹාවුණු, ඇකුළුණු.

සං·ශ්‍යාන, සං·ශ්‍යානිත, a. contracted, shrunk,

සං·ශ්‍රද්ධාව, n. (සං emp.), sincere faith, earnest devotion, religious zeal, ශ්‍රද්ධායතනභක්තිය, ස්ථිර ශ්‍රද්ධාව.

සං·ශ්‍රය, n. refuge, protection, safety, ආරක්ෂාව.

සං·ශ්‍රිත, a. protected, safe, රක්ෂිත, ආරක්ෂිත.

සං·ශ්ලිෂ්ට, a. See ශ්ලිෂ්ට.

සං·ශ්ලේෂය, n. (ශ්ලිෂ් to cling to), union, embrace, embracing, see ශ්ලේෂය.

සං·සක්ත, a. adjoining, near, ළඟවූ, සමීප; connected with, සම්බන්ධ; endowed with, possessing, යුක්ත.

සං·සක්තිය, n. proximity, සමීපය, attachment, union, යාබද්කම; intimacy, යහළුකම.

සං·සන්දනය, n. union, සන්ධිය; comparing, comparison, සමානකර බැලීම; conversation, consultation, කථාකර ගැනීම. [verse, consult.

සං·සන්දනයකරනවා, v. t. unite, compare; con-

සං·සන්දනයවෙනවා, v. i. to become joined,

සං·සය, n. See සංශය. [unite, සන්ධිවෙනවා.

සං·සරණය, සං·සරය, n. (සං together සෘ to go), going, යාම; highway, මහමාවත; birth, උපදීම; transmigrating, සසර; world, ලෝකය.

සං·සර්ගය, n. union, contact; එක්වීම; intimacy, යහළුකම; coition, සංවාසය.

සං·සර්ගාභාවය, n. (සංසර්ග union [of body and soul], අභාවය non-entity), non-transmigration or non-existence either in the past, the present or the future, viz. past non-existence, extinction of the present, and final annihilation or cessation of further existence.

සං·සර්ගිත්වය, n. fellowship, intercourse, සහභාගිකම, ආශ්‍රය.

සං·සාර, a. (සං together, සෘ to go), pert. to metempsychosis or the mundane existence, සසර, ලෝකජීවිතයට අයිතිවූ.

සං·සාර·ගාමී, a. transmigrating, transmigratory, සසර ගමන්කරන.

සං·සාර·දුක්ඛය, n. sorrow or affliction attendant upon existence or transmigration, සසරදුක.

සං·සාරය, n. mundane existence, transmigration of the soul, metempsychosis, සසර; the world, ලෝකය. [soul), සසරගමන්යනවා.

සං·සාරවෙනවා, v. i. to transmigrate (of the

සං·සාර·ස්ථ, a. (·ස්ථ being, situated), being still subject to transmigration, transmigratory, සසරගමන්යන.

සං·සාර·සාගරය, n. ocean of metempsychosis, requiring a vast period to cross and attain to Nirvána. [පූර්ණවූ.

සං·සිද්ධ, a. accomplished, completed, ඉෂ්ටවූ, සම

සංසිද්ධිය, *n.* accomplishment &c.

සංසුද්ධිය, *n.* cleansing, purity &c., See සංශුද්ධිය.

සංසෘෂ්ටත්වය, *n.* (සං together සෘෂ්ට made, united), union, copartnership, සංයෝගය, සහකාරකම.

සංස්වේදජය, or සංස්වේදිය, *n.* (ස්වේද worms &c., ජය, යෝනිය, birth), one of the four states of animal existence, viz. birth or existence as a worm or insect, vermin existence or life.

සංසේවනය, *n.* serving, waiting upon, attendance, සේවය; connection, intimacy, සම්බන්ධ වීම. [ය, &c.

සංශෝධනය, *n.* සංශෝධිත, *a.* See සංශෝධන

සංස්කරණකාරයා, *n.* See සංස්කාරය; reviser, editor. E. S.

සංස්කරණය, *n.* edition, revising &c., see verb.

සංස්කරණයකරනවා, *v. t.* to revise, purify, prepare, embellish, edit. E. S.

සංස්කාරය, *n.* (සං complete කෘ to do, make), accomplishing, completing, ඉෂ්ට or සම්පූර්ණ කිරීම; embellishment, සැරසීම; rite of purification, පිරිසිදුකිරීමේ චාරිත්‍රය; consecration, කැපකිරීම; faculty, ශරීරයේ හෝ සිතේ යම් බලයක්; = P. සංඛාර, aggregates, all existing things, the material universe.

සංස්කාරයකරනවා, *v. t.* to complete, purify; consecrate, polish (manners &c.).

සංස්කෘත, *a.* (කෘත done), prepared, made, perfected, decorated, හරිගස්සාපු, සම්පූර්ණකරපු, අලංකෘත; cleansed, purified, ශුද්ධකරපු.

සංස්කෘත, සංස්කෘත භාෂාව, *n.* Sanscrit, Sanscrit language.

සංස්තරණය, *n.* (ස්තෘ to strew, spread) bed, couch, යහන; bed of leaves, අතුරුපුළුකොළ.

සංස්තුතිය, *n.* praising, praise, ප්‍රශංසාව; celebration. E. S.

සංස්ථ, *a.* (ස්ථා to stand, stay), staying with, වෙසෙමින්; stationary, fixed, see සංස්ථිත.

සංස්ථයා, *n. mas.* one settled, dweller, inhabitant, වැසියා, පදිංචිකාරයා.

සංස්ථානය, *n.* (සං together, ස්ථා to stand), form, shape, හැඩය; construction, making, සෑදීම; spot, place, තැන; junction of roads, මංසන්ධිය; mark, ලකුණ. [පිහිටුවීම.

සංස්ථාපනය, *n.* fixing together, establishing,

සංස්ථාපිත, *a.* fixed, established, firm, පිහිටවූ, පිහිටි, ස්ථිර.

සංස්ථාව, *n.* (ස්ථා to stay), stable form, ස්ථිර ආකාරය; state of being, ස්වභාව; stay, stop, end, නැවතීම.

සංස්ථිත, *a.* fixed &c., see සංස්ථාපිත.

සංස්ථිතිය, *n.* fixedness, firmness, ස්ථිරකම, firm condition, ස්ථිරභාවය, establishment, පිහිටීම.

සංස්පර්ශනය, සංස්පර්ශය, *n.* touching, contact, see ස්පර්ශනය. [මතක්වීම, සමරණය.

සංස්මරණය, *n.* remembering, remembrance,

සංස්මෘත, *a.* remembered, මතක්වූ, සිහිපත්වූ.

සංස්මෘතිය, *n.* See සංස්මරණය.

සංහත, *a.* (සං emp., හත smitten), smitten, පහරලැබූ, slain, මරනලද; struck together, strongly knit, compact, එකටගහපු or තදවූ, joined, සන්ධිවූ.

සංහතස්ථානය, *n.* meeting place, focus, සන්ධි තැන; *paint.* vanishing point. E. S.

සංහතිය, *n.* combination, සංයෝගය, junction, සම්බන්ධය; assemblage, crowd, රැස, සමූහය.

සංහරණය, සංහාරය, *n.* destruction, විනාශ කිරීම, විනාශය; restraining, වැලැක්වීම; abridgment, කොටකිරීම, සංග්‍රහය; assemblage, රැස. [sembled, රැස්වූ.

සංහිත, *a.* attached, joined, සන්ධිවූ, බැඳි; as-

සංහිතා, *n. pl.* or *a.* of සංහිතාව: compilations &c.; pert. to compilations or conjugations.

සංහිතාආකාර, *a.* tabular, set in order.

සංහිතාක්‍රමය, *n.* tabular order; conjugation, see සංහිතාව.

සංහිතාව, *n.* compilation, සංග්‍රහය, conjunction, සන්ධිය; *gram.* conjugation, paradigm, ක්‍රියාපද පිළිවෙළ.

සක, *n.* doubt, සැකය; conch, හක්ගෙඩිය, circle, චක්‍රය; wheel, රෝදය; ap. of any eminent king, see සක්විතිය; E. for ශක්‍රයා.

සකකුලය, *n.* E. of ශාක්‍යකුලය.

සකට, *n.* name of a demon slain by Krishna.

සකටධුරය, *n.* bar or yoke of a bullock waggon; cart, waggon, කරත්තය.

සකටධුරයා, *n.* leader of a number of carts, waggon-leader, ගැල් නායකයා.

සකටය, *n.* cart, bullock waggon, කරත්තය, ගොන්කරත්තය. [see සකට.

සකටරිපු, *n.* enemy of Sakata: ap. of Krishna,

සකත්, සක්අත්, *n.* (සකඅත්), E. of විෂ්ණු: ap. of Vishnu, see චක්‍රපාණියා. [දේදුන්න.

සකදුන්න, සක්දුන්න, *n.* (සක Indra), rainbow,

සකපෝරුව, *n.* circular board, viz. potter's wheel. [කල්පනාව.

සකප, *n.* E. of සංකල්ප: consideration, opinion.

සකස, *a.* sorrowful, දුක්වූ; beautiful, fortunate, happy. [ක්‍රියාව.

සකම්කිරිය, *n.* (ස for සහ with), E. of සකර්මක

සකර, *n.* (fr. ශර්කරා), raw sugar, brown sugar.

සකරය, *n.* E. of සංස්කාරය. [කළුසීනි.

සකරුණා, *a.* (ස with), compassionate, merciful, කරුණාවන්ත.

සකණ්, *a.* (ස with, කණ් ear), giving ear, listening, attentive, සවන්දෙන.

සකර්මක, *a. gram.* active, transitive (verb).

සකර්මකක්‍රියාව, *n.* transitive verb.

සකල, *a.* all, සියලු. [සර්වඥ.

සකලඥ, *a.* (ඥ knowing) omniscient, all wise,

සකල·ඥෙය, *n.* all that should be known, සියලු දතයුතු දේ.

සකල·මුක්ත, *a.* released from all (evils), entirely free from (existence), attained entire absorption or Nirvàna.

සක·ලා·ගානවා, *v.* (ලා lay), to apply the chank, smoothen with the chank.

සකලාශ්‍රව, *n. pl.* (·ආශ්‍රව faults), all the faults or causes of sin, viz. existence, ignorance, passion, religious belief.

ස·කලිකාව, *n.* flower bud, මල්කැකුළ.

සකසා, *ad.* well, හොඳින්, properly, සුදුසුලෙස.

සකසුරුවම්, *a.* economical, frugal, thrifty, careful.

සකසුරුවම්කම, *n.* economy &c.

සකසුරුවම්කරනවා, *v.* to act frugally, economise, retrench.

සකස්, *a.* P. of සක්කච්ච: good, excellent, හොඳ, සහපත්, fit, proper, සුදුසු; pure, සුබ.

සකස්·කඩිය, *n.* (කඩිය fr. කාණ්ඩය), name of an elementary Pali book, being a sketch of the life of Buddha.

සකස්කරනවා, *v. t.* to put in good order or condition, arrange, prepare, mend, පිළිවෙලට යොදනවා, සරිකස්කරනවා, &c.

සකස්·කොට, *p. pl.* as *ad.* well, excellently, හොඳට, හොඳලෙස.

සකිඤ්චි, *a.* E. of සංකිඤ්චි.

සකිත්, *ad.* on one occasion, once, එක්වරක්.

සකිය, *n.* (fr. චක්‍රය), button &c. at the end of the string of a native book.

සකියා, *n.* (fr. සඛි), friend, companion, යහළුවා; messenger, පණිවිඩකාරයා.

සකිල, *n.* thriving, දියුණුව. [clean, ඉතාකිලුටු.

ස·කිලිටු, *a.* (ස for සං· with), very filthy, un-

සකී, *n. fem.* E. of සඛී: female friend, confidante, මිතුරී; niece, sister's daughter only, ලේලී.

සකු, *a.* speedy, quick, ඉක්මන්, සුගු.

සකු, *n. pl.* of සක්ක, jaws.

සකු, *n.* ap. of කුවේර or one of his treasures, කුවේරගේ නිධානයක්; the Sanscrit language, සංස්කෘත.

සකුණඝාති, *n. lit.* bird-destroyer or eater, viz. Indian falcon, *falco peregrinator* or Pondicherry eagle, කුරුළුගොයා.

සකුන, සකුණියා, සකුනානා, *n.* bird, කුරුල්ලා.

සකුණී, *n. fem.* female bird, hen sparrow.

සකුනානා, *n.* blue jay, කෑහිබෙල්ලා; Indian falcon, see සකුණඝාති, and සකුනානා; a kind of fishing falcon, white-bellied sea eagle.

සකුරා, *n. mas.* sugar maker, one of the jaggery caste.

සකුරී, *n. fem.* female of the jaggery caste.

සකුරු, *n.* See හකුරු; හකුරා &c.

සකුල, *a.* (ස with), of a tribe or caste, tribal, co-tribal; having a family.

සකුල, *n.* mark, කලකුණ, scar, කැලල.

ස·කුල්‍යා, *n.* (ස co, කුල්‍ය family), one of the same family, kinsman, relative, නෑයා.

සකුස්, *n.* swiftness, haste ඉක්මන.

ස·කුළු, *a.* (ස emp., with), hard, දැඩි, obstinate, savage, චණ්ඩ; (of taste) pungent, acrid, කටුක, see කුළුරස.

සකෘත්, *n.* fæces, අශුචි. [always, නිතර.

සකෘත්, *ad.* once, එක්වරක්; with, සහිතව:

සකෘදාගාමි, *a.* (සකෘත් once, ආගාමී coming), pert. to the second of the four stages in the path to Nirvàna, viz, having only one more incarnation. The four stages are, සෝවාන්, සකෘදාගාමි, අනාගාමි and අර්හත්.

සකෘදාගාමි·ඵලය, *n.* fruit or enjoyment of the above state. [leading to the above state.

සකෘදාගාමි·මාර්ගය, *n.* the path or way so called,

සකෙළි, *a.* E. or සං·ක්ලේශ which see.

සක්, *n. pl.* or *a.* සක: fr. සංඛ, conch; fr. චක්‍ර, circle, wheel; fr. චක්ෂු, eye; fr. ශක්‍ර, Sakra or Sakra's treasure, සංඛනිධානය; multitude, assemblage, සමූහය, රැස, armies, යුධසේනා; also for සක්වා. [ගොහොණ.

සක්·අවිය, *n.* Sakra's weapon, viz. thunderbolt,

සක්·අවියා, *n.* poet, bard, කවිකාරයා. E. S.

සක්ක, *a.* clever, able, සමර්ථ.

සක්ක, *n.* P. of ශක්‍ර, Sakra.

සක්ක, *n.* jaw; *pl.* සකු, see හක්ක.

සක්කය, *n.* district inhabited by the ශාක්‍ය race, see ශාක්‍යකුලය. [කුලයේ කෙනෙක්.

සක්කයා, *n. mas.* one of the ශාක්‍ය race, ශාක්‍ය

සක්·කාරය, *n.* E. for සත්කාරය: doing good, hospitality.

සක්·කැබලි, *n. pl.* bits of broken conch, සක් කැබිකැබලි, skin disease resembling bits of conch.

සක්කිලියා, *n.* See සම්කරුවා.

සක්බලිත, *a.* fettered &c., see සංබලිත.

සක්ගෙඩිය, *n.* See හක්ගෙඩිය. [තිබීම.

සක්තිය, *n.* contact, යාබදකම, cohesion, ඇලී

සක්·දෙවි, ·දෙවියෝ, *n.* the god Sakra, ශක්‍රයා.

සක්·නැබය, *n.* hub or nave of a wheel රෝදයේ නබය; a kind of medicine or perfume (*conch*) turban &c., see සංඛනාභිය.

සක්·නිමම, *n.* wheel rim, නිම්වළල්ල.

සක්·නිය, *n.* E. of සංඛනාබය: a drug.

සක්පණ, *n.* E. of චක්‍රපාණි.

සක්පු·පල, *n.* clearing nut, see ඉගිනි ඇට.

සක්·පුරය, *n.* E. of ශක්‍රපුරය: Sakra's city.

සක්මන, *n.* walking, walk, stroll, ඇවිදීම; promenade, ඇවිදින පොළොව.

සක්මන්, *a.* walking, ambulatory, ඇවිදින.

සක්මන්කරනවා, *v.* to walk about, take a walk, promenade, ඇවිදිනවා.

සක්‍රමෙන්තුව, *n.* Eng., sacrament.

සක්·ලකුණ, *n.* (සක් for චක්‍ර), mark on the body indicating the attainment of universal empire or of Buddhaship.

සක්·වල, *n.* (සක් region, වල circumference), B., a whole round or complete set or system of worlds, including the earth, with මහමේර in its centre, and around its circumference a wall of rock, the sun and moon and all worlds as far as the light of the sun extends, as well as a series of hells and heavens, the latter consisting of Deva lokas and Brahma lokas. Such Sakvalas are said to be innumerable. [referred to above.

සක්·වල·ගල, *n.* the boundary wall of rock

සක් වල·ගැබ, *n.* interior portion of a Sakvala within the boundary wall.

සක්වා, සක්වාලිහිණියා, *n.* See චක්‍රවාකයා.

සක්·විති, *a.* E. of චක්‍රවර්ති.

සක්·විති·රජ, සක්·විති·රද, *n.* E. of චක්‍රවර්තිරජ.

සක්·විති·රජකම, *n.* See චක්‍රවර්තිරජකම.

සක්·විති·රාජ්‍යය, *n.* the whole or universal kingdom of the Sakvala.

සක්සන්, *a.* Eng., Saxon; *n.* සක්සන්ජාතියා.

සක්·සින්නම *n.* (සක් fr. ශංඛ, සින්නම T. horn), conch-horn, chank perforated at the spiral end and used as a horn.

සඛිත්වය, සඛ්‍යය, *n.* friendship, මිත්‍රකම.

සඛියා, සඛ්‍යයා, *n.* friend, මිත්‍රයා.

සග, *n.* fr. සර්ග, chapter, section, පරිච්ඡේදය, කාණ්ඩය. [heavenly; heaven.

සග, *a.* or *n.* E. of ස්වර්ග: pert. to heaven,

සගචරයා, *n.* (ස for සහ with, චර් going), fellow-traveller, සහභාගි ගමන්කාරයා.

ස·ගණ, *n.* (ගණ class), poetical foot of the ස class, viz. anapest, consisting of two short syllables followed by a long one.

සගයා, *n.* youth, youngman, බාලයා, තරුණයා; celestial being, සගවැසියා.

සගර, *n.* name of a celebrated H. king.

සග·වැසි, *a.* dwelling in heaven, ස්වර්ගයෙහිවසන.

සග·වැසියා, *n.* inhabitant of heaven; a god, දෙවියෙක්. [(good) qualities.

ස·ගුණ *a.* (ස for සහ or ෂට), sixfold; having

ස·ගෝත්‍ර, *a.* (ස with, ගෝත්‍ර tribe), related, kindred, නෑදෑ, නෑවූ.

සං, *prefix*, abbreviated for සම් before gutturals.

සංකට, *a.* narrow, contracted, strait, පටු, අවහිර.

සංකර, සංකරික, *a.* (සං together කර doing), mixed, hybrid, මිශ්‍රවූ, auspicious, ශුභවූ.

සං·කර, *n.* ap. of Siva and of a celebrated teacher of Vēdānta philosophy.

සං·කරය, සං·කාරය, *n.* (See සංකර), mixing, blending, මිශ්‍රකිරීම, confounding, මිශවුල් කිරීම; medley, කලවම, sweepings, rubbish, රොඩු. [coworker, සහභාගි ක්‍රියාකාරයා.

සං·කර්මකයා, *n.* collaborator, cooperator,

සං·කර්ෂණය, *n.* drawing together, contraction, ඇදගැනීම, ඇකිළීම. [එකතුකිරීම.

සං·කලනය, *n.* (කල to count), *arith.* addition,

සං·කලනයකරනවා, *v. t.* to add, sum up, ගණන් එකතුකරනවා.

සං·කලිත, *a.* added, එකතුකරපු (ගණන්). [කිරීම.

සං·කලිතය, *n.* *arith.* addition, ගණන් එකතු

සං·කල්පනාව, සං·කල්පය, *n.* (කල්ප[නා] thought, consideration), volition, will, කැමැත්ත, design, අදහස, imagination, අමුතුවෙන් කල්පනා කිරීමේ ශක්තිය; decision, determination, නියමකරගැනීම. [කරනලද.

සං·කල්පිත, *a.* designed, proposed, යෝජනා

සං·කාර·භූමිය, *n.* rubbish heap, dunghill, කසළ

සං·කාරය, *n.* sweepings, rubbish, කසළ. [ගොඩ.

සංකාව, *n.* See ශංකාව and සංකාව.

සං·කාශ, *a.* (සං with, කාශ් to shine), like, similar, සමාන, බඳු; near, කිට්ටු.

සං·කාශතාව, *n.* similarity; nearness.

සං·කිච්ච, *n.* a proper name.

සං·කීර්ණ, *a.* (සං together, කෘ to throw, scatter), scattered, විසුරුණු, disorderly, confused, mixed, miscellaneous, අවුල්වූ, කලවම්.

සං·කීර්ණකරනවා, *v. t.* to scatter, විසුරුවනවා; confuse, involve, අවුල්කරනවා.

සං·කීර්තනය, *n.* (සං emp., කෘත් to speak of, praise), celebration, glorification, වර්ණනාකිරීම, see කීර්තනය. [නාකරනවා.

සං·කීර්තනයකරනවා, *v.* to celebrate, laud, වර්ණ

සං·කීර්තිත, *a.* spoken of, celebrated, lauded, famous, කීර්තිමත්.

සං·කීර්තිය, *n.* celebration, praise, fame, කීර්තිය.

සං·කුචිත, *a.* (කුච් to contract, close), contracted, curled up, ඇකිළී තිබෙන, closed, වැසී තිබෙන, unopened, unblown, පිපිනැති.

සං·කුචිතකරනවා, *v. t.* to cause to shrink or shrivel, අකුලවනවා. [නවා, වැසෙනවා.

සං·කුචිතවෙනවා, *v. i.* to contract &c., ඇකිළෙ

සං·කුර, *a.* formidable, terrible, භයානක, දරුණු.

සං·කුල, *a.* (·කුල් to accumulate), crowded, serried, ආකීර්ණ, ගහනැර.

සං·කුල·ධූමය, *n.* high-pressure steam, or dense smoke, ඝනවුදුම. [කම, සමූහය.

සං·කුලය, *n.* squeeze, crush, crowd, මිරිකීම, තද

සං·කුව, *n.* trunk of a lopped tree, ගස්කඳ, කොටය; pillar, post, කණුව; hole, වල; spike, කටුව; fear, භය; compass, see ශංකුව.

සං·කේතය, *n.* (සං together, කේත් to advise), agreement, ගිවිසුම; gesture, sign, සංඥාව, ලකුණ.

සං·කෝචනය, සං·කෝචය, *n.* (·කුච් to contract), contracting, shrivelling, ඇකිළීම, closing, වැසීම; binding, බැඳීම.

සං·කෝචයා, *n.* a skate fish, මඩුවා.

සං·ක්‍රමණය, සං·ක්‍රමය, *n.* going with or through, passing along, going on, යාම, මැදින් or අනුව යාම; transit, transition (of the sun &c., through the zodiac).

සං'ක්‍රමණයකරනවා, *v.* to traverse, perambulate, pass through, ගමන්කරනවා.

සං'ක්‍රමාකාර, *a.* transitional, moving on, පසුම් යන, සිඹවේගන යන.

සංක්‍රාන්තිය, *n.* going, proceeding, යාම; passage, transit (of the sun &c.), see සංක්‍රමණය.

සං'ක්‍රීඩණය, *n.* sporting, playing together, play, සෙල්ලම්කිරීම, ක්‍රීඩාව.

සං'ක්ලිෂ්ට, *a.* having evil passions, ක්ලේශ සහිත; filthy, polluted, evil, කිලුටු, දුෂ්ට, carnal, නොයෙක් රාග සහිත. [see ක්ලේශය.

සං'ක්ලේශය, *n.* any carnal affection or passion,

සං'ක්ෂය, *n.* (සං together, altogether), loss, destruction, නාශය, sp. final destruction of the world, සක්වළ විනාශය.

සංක්ෂිප්ත, *a.* (සං together, ක්ෂිප් to throw), abbreviated, abridged, brief, elliptic, succinct, compendious, ලුහුඬුවූ, ලුහුඬු, සංක්ෂේප.

සං'ක්ෂිප්තතාව, සං'ක්ෂිප්තිය, *n.* abridgement, brevity &c.

සං'ක්ෂේප, *a.* (ක්ෂිප් to throw), brief, concise, succinct, summary, ලුහුඬු &c. E. S. [කම.

සං'ක්ෂේපකම, සං'ක්ෂේපතාව, *n.* brevity, ලුහුඬු

සං'ක්ෂේපකරනවා, *v. t.* to abridge, ලුහුඬුකරනවා, කොටකරනවා.

සං'ක්ෂේපණය, සං'ක්ෂේපය, *n.* abridging &c.

සං'ක්ෂේප'සටහන, *n.* short sketch or notes, outline, ලුහුඬු සටහන.

සං'ක්ෂේප'සංදර්ශිත, *a.* synoptical. E. S.

සං'ක්ෂේප'සංදර්ශනය, *n.* synopsis, කෙටියෙන් දක්වීම. E. S.

සං'ක්ෂෝභය, *n.* (සං emp., ක්ෂුභ් to shake), shaking, සෙලවීම, trembling, වෙවුලුම; overturning, පෙරළාදැමීම.

සංඛජය, *n.* P. of for සංඛජය, which see.

සංඛ'නාභය, *n.* a kind of medicine or perfume, see සක්නාබ. [ක්‍රිමිලා.

සංඛ'මුඛයා, *n.* conch-faced one, viz. alligator,

සංඛ'මුණ්ඩකය, *n.* ('මුණ් to shave, bare), conch-shaving or baring, viz. one of the thirty-two punishments inflicted on criminals, rubbing the head with gravel till it is as bare of flesh as a conch shell. [lions, ප්‍රකෝටිය.

සංඛය, *n.* See සංඛය; (also) one hundred bil-

සංඛලිත for සංඛලිත, *a.* fettered.

සංඛාර, *n.* P. of සංස්කාර.

සංඛ්‍ය, සංඛ්‍යා, *a.* (සං together, ඛ්‍යා to tell, number), numerical, ගණන්, ගණන්ආකාර

සං'ඛ්‍යා'ආඛ්‍යාත, *a.* stating numbers, statistic, ගණන්සම්බන්ධ. [යෙන්.

සං'ඛ්‍යාකාරයෙන්, *ad.* numerically, ගණන් වශ

සං'ඛ්‍යාත, *a* said, called, කියනලද, නම්වූ; counted, enumerated, reckoned, ගණන්කරපු.

සං'ඛ්‍යාතය, *n.* numeration, enumeration, ගණන් කිරීම; recital, එක එක කියාදීම.

සං'ඛ්‍යා'පථය, *n.* the way of numbers, viz. arithmetic, ගණිතශාස්ත්‍රය.

සං'ඛ්‍යා'ලේඛනය, *n.* written statement of numbers, statistics. E. S.

සං'ඛ්‍යා'ලේඛන'ශාස්ත්‍ර'ඥයා, *n.* statistician.

සං'ඛ්‍යා'ලේඛන'ශාස්ත්‍රය, *n.* science of statistics.

සං'ඛ්‍යාව, *n.* a number, ගණන; reflection, reasoning, කල්පනාකරබැලීම. [tics. E. S.

සං'ඛ්‍යා'වාර්තාව, *n.* report of numbers, statis-

සං'ඛ්‍යේය, *a.* numerable, computable, ගණන් කළ හැකිවූ.

සං'ගත, *a.* (සං together, ගත gone, taken place), collected, assembled, met, එකතුවූ, united, සංගිවූ; having, සහිත; friendly, මිත්‍රවූ.

සංගතකරනවා. *v. t.* to collect, attract, concentrate, unite, එකතුකරනවා, කොමුකරනවා, සංගි කරනවා, [සංයෝගතාව, සම්බන්ධකම.

සං'ගතතාව, *n.* state of being assembled &c., සං

සං'ගතවෙනවා, *v. i.* to come together &c.

සං'ගතිය, *n.* assemblage, meeting, union, see සංගමය; friendship, මිත්‍රකම.

සංගනවා, *v. t.* to hide, see සඟනවා; *pret.* සැඟු වා; *v. n.* සැඟීම.

සං'ගමතාව, *n.* (ගම to go), state of association, corporateness, සංයෝගතාව.

සංගමය, *n.* confluence, association, convention, meeting, සංයෝගය, එක්වීම; company, society, union, සමූහය, සභාව, සමාගම. [නවා.

සං'ගමවෙනවා, *v. i.* to assemble, meet, රැස්වෙ

සං'ගය, *n.* confluence &c., see සංගමය; desire, ආශාව.

සංගරය, *n.* (ගර rushing), rushing together, viz. war, යුද්ධය; calamity, විපත; promise, engagement, පොරොන්දුව, bribe, අල්ලස; friendship, මිත්‍රකම; heap, multitude, රැස, සමූහය.

සංග'මානතිතාව, *n.* state of union, conjunction, සම්බන්ධතාව, සංයෝගය.

සංගසුරි, *a.* spiral, turbinate, ඉස්කුරුප්පු ආකාර.

සංගසුරි'ඇණය, *n.* screw, ඉස්කුරුප්පුව.

සංගසුරි'දැති'රෝදය, *n.* spiral wheel, worm-wheel, ඉස්කුරුප්පු රෝදය.

සංගසුරි'නාලි, *n. pl. bot.* tracheæ.

සංගසුරිය, *n.* screw-thread, ඉස්කුරුප්පු කටුව.

සං'ගායනාව, සං ගීතිය, *n.* singing together, chorus, concert, entertainment of singing and music; public recitation; sp. applied to three convocations held after Buddha's death to settle the B. canon, at which there were present respectively 500, 700 and 1000

සංගිලිකම, *n.* T., chain, දම්වැල. [priests.

සං'ගීත, සං'ගීතික, *a.* pert. to musical performance or science, choral.

සං'ගීත'ශාලාව, *n.* music hall, theatre.

සං'ගීත'කාරකයා, *n.* musician, performer of song and music: reciter and expounder of B. bana.

සං'ගීප්පුව, *n.* thanks, ස්තුතිය, praise, ප්‍රශංසාව.

සංගුණකය, *n. alg.* coefficient. [රකන්වූ.
සංගුප්ත, *a.* hidden, concealed, occult, ගුප්ත,
සංගුප්තතාව, *n.* state of being hidden, secrecy, occultness, ගුප්තතාව &c.
සංගෘහීත, *a.* (fr. සංග්‍රහ), compiled, සංග්‍රහකරපු, collected, එකතුකරපු; abbreviated, ලුහුඩුකරපු.
සංග්‍රථිත, *a.* strung together, interwoven, එකටඅමුණපු or මිසාපු.
සංග්‍රහකරනවා, *v. t.* (සං together, ග්‍රහ් to take), to compile, compose, රචනාකරනවා; favour, කරුණාකරනවා; entertain (guests) සත්කාර කරනවා.
සංග්‍රහකාරයා, *n.* compiler, රචනාකාරයා; entertainer, host, සත්කාරකාරයා.
සංග්‍රහකාරී, *n. fem.* of the above, hostess.
සංග්‍රහණිය, *n.* See ග්‍රහණිය: diarrhea &c.
සංග්‍රහය, සංග්‍රහව, *n.* a compilation, compendium, abridgment, epitome, treatise, magazine, manual, රචනාව &c., E. S.; aid, favour, පිහිට; entertainment of persons, repast, treat, භෝජනය,සෑම.
සංග්‍රහශාලාව, *n.* entertainment hall.
සංග්‍රහාදර්ශක, සංග්‍රහාදර්ශකාකාර, *a.* (සංග්‍රහ compendious, ආදර්ශක showing), synoptical, සංක්ෂිප්ත පෙන්වන.
සංග්‍රහාදර්ශනය, *n.* synopsis, සංක්ෂේප සන්දර්ශනය.
සංග්‍රාම, *n. pl.* or *a.* wars; pert: to war, battle; යුධ. [කරනවා.
සංග්‍රාමකරනවා, *v.* to make war, fight, යුධකර
සංග්‍රාමක්‍රමය, *n.* method of war, tactics, යුධ ක්‍රමය, යුධඋපා. [වාදභූමිය.
සංග්‍රාමභූමිය, *n.* battlefield, arena, යුධභූමිය,
සංග්‍රාමය, *n.* war, battle, යුද්ධය, සටන.
සංග්‍රාමශාස්ත්‍රඥයා, *n.* person skilled in the science or art of war, strategist, යුධයට උපා දක්ෂයා. [tactics, යුධශාස්ත්‍රය.
සංග්‍රාමශාස්ත්‍රය, *n.* strategetics, strategy,
සංග්‍රාමික, *a.* warlike, යුධයටසුදුසු; යුධයටලැදිවූ.
සංග්‍රහණ, *n.* taking hold of, seizing, gripping, අල්ලාගැනීම; clinching the fist, මිට මොලවීම.
සංඝ, *n. pl.* or *a.* numbers &c., ගණන්; pert. to the B. priesthood, priestly, ascetic, monastic, මහණ, තාපස.
සංඝටිත, *a.* (ඝට් to happen, unite), met, encountered, සම්මුඛවූ: joined, සන්ධිවූ.
සංඝට්ටක, *a.* striking, percussive, concussive.
සංඝට්ටනය, *n.* striking together, concussion, impact, encounter, collision, එකටවැදීම, ඝට්ටනය. [collide, conflict, එකටවදිනවා.
සංඝට්ටනයවෙනවා, *v. i.* to strike together,
සංඝනායකධුරය, *n.* B. office of high-priest, high-priesthood. [ගණක, රැස, සමූහය.
සංඝය, *n.* a number or multitude, assembly,
සංඝයා, *n.* assembly or convention of B. P. of any number above three, B. priesthood, මහණසමූහය, සංඝසභාව.

සංඝරත්නය, *n.* one of the ත්‍රිවිධරත්න, viz. the priesthood-gem, *i. e.* the priesthood.
සංඝරාජ, *n.* B. pontiff,
සංඝර්ෂය, *n.* rubbing, friction, ඉලීම.
සංඝසභාව, *n.* B. priesthood, viz. company or society of priests, මහණසභාව.
සංඝාතනය, සංඝාතය, *n.* striking together, collision, see සංඝට්ටනය; smiting, killing, පහරදීම, මරදීම; combination, සංයෝගය, assemblage, multitude, රැස, සමූහය.
සංඝාතය, *n.* dashing together, crushing; name of one of the chief hells.
සංඝාතික, *a.* fatal, deadly, ප්‍රාණහර, ප්‍රාණඝාතක.
සංඝාදිසේස, *n.* B., the remaining or second class of sins dealt with in the code pertaining to the priesthood, of which sins there are thirteen to which the priests are exposed, mentioned in the ප්‍රාතිමෝක්ෂය. When any one of these has been committed it must be confessed before the සංඝයා or assembly of priests, who then award the punishment due.
සංඝානුස්මෘතිය, *n.* (අනු: remembrance, reflection), consideration or veneration for the B. priesthood. [මය.
සංඝාරාමය, *n.* B. P. grove or monastery, ආරා
සඟපිරිස, *n.* E. for සංඝසභාව.
සඟම, සඟරම, *n.* E. for සංග්‍රාමය.
සඟර, *n.* perfume for anointing, unguent.
සඟරාව, *n.* fr. සංග්‍රහය, which see.
සඟරුවන, *n.* E. for සංඝරත්නය.
සඟල, සඟුල, *n.* a couple, a pair, යුගල, කුට්ටම.
සඟලසිවුර, *n.* double robe, worn by the උපසම්පදා or highest order of priests, දෙපට්සිවුර.
සඟවනවා, *v. t.*, cp. සංගනවා: to hide, conceal; also for සඟවනවා; *pret.* සැඟෙවුවා; *v.n.* සැඟවීම.
සඟවැල, *n.* (සඟ priestly, වැල line or row), line or row or procession of priests.
සඟසරණ, *n.* the priesthood-refuge, priestly refuge, see ධම්සරණ.
සඟහ, *n.* E. of සංග්‍රහය: entertainment &c.
සඟාලියම, *n.* See සංගිලියම.
සඟිය, *n.* (cp. සංගීති), compilation, collection, සංග්‍රහය, sp. the five Sangis or divisions of Buddha's teachings, called දික්, මැදුම්, සංයුත්, අංගුත්තර and කුදුගොත්. To these are added commentaries and glosses, and the difficult passages of these again are explained in other works called ගැටපද, knotty passages.
සඟුරුවන *n.* See සඟරුවන. [bling, වෙවුල.
සචල, සචලන, *a.* (ස with), shaking, trem-
සචිවයා, *n.* friend, companion, මිත්‍රයා, සහචරා; counsellor, මන්ත්‍රණකාරයා.
සචේතන, සචේතනික, *a.* endowed with thought or intellect, rational, conscious, සිත්බුද්ධි ඇති. [rationality, සිත්බුද්ධි ඇතිකම.
සචේතනතාව, *n.* state of being rational,

සචේතනිකයා, *n.* rational being, conscious being, සිහිබුද්ධි ඇති සත්වයා; voluntary, සියකැමැත්තෙන් හැසිරෙන්නා.
සච්ච, *n.* or *a.* P. of සත්‍ය.
සච්ච·යෝගියා, *n.* P. of සත්‍යයෝගියා: true devotee, සැබෑවූ තාපසයා. [ලීලාව.
සච්චරිත[ත්‍ර]ය, *n.* good conduct, සුචරිතය, යහපත්
සච්ච·වේදිත, *a.* (වේදිත known, knowing), who knows the truth or has knowledge of the four great truths, as a Rahat, see චතුස්සත්‍ය.
ස·ඡිද්‍ර, *a.* having holes, porous, සිදුරුඇති, කුප සහිත. [දියාරු, තෙත්වූ.
ස·ජල, *a.* having water, watery, wet, ජලඇති,
ස·ජාති, ස·ජාතීය, *a.* of the same tribe or sort, එකජාතියට අයිතිවූ.
ස·ජීව, ස·ජීවී, *a.* alive, living, ජීවමාන.
සජෝත, *a.* (ද්‍යුත් to shine), shining, brilliant, glittering, දිලිසෙන. [ජ්ජිත.
සජ්ජ, *a.* armed, see සන්නාහ; prepared, see සජ්
සජ්·ජන, *a.* (සත් ජන), being good or excellent, virtuous, සත්පුරුෂ, යහපත්.
සජ්·ජනයා, *n.* good person, යහපතා, see සත්පුරුෂයා; sentry, guard, මුරකාරයා.
සජ්ජ·රස, *n.* resin, දුම්මල, see සර්ජරස.
සජ්ජිත, *a.* armed, accoutred, සන්නාහ; adorned, embellished, සැරසිනිබෙන, සරසාපු; prepared, පිළියෙළකරපු.
සජ්ජිතකරනවා, *v. t.* to adorn &c., සරසනවා &c.
සජ්ජුලස, *n.* resin, දුම්මල.
*සඤ්චය, *n.* (සං together, චි to collect), heap, multitude, රැස, සමූහය.
සංචයකරනවා, *v. t.* to gather together, collect, රැස්කරනවා, acquire, උපයනවා.
සංචයනය, *n.* gathering together, collecting, acquiring.
සංචරණය, සංචරය, *n.* (සං emp., චර් to go), going about, going, proceeding, ඇවිදීම, යාම.
සංචරය, *n.* road පාර; defile, difficult passage or way, දුර්ගමාර්ගය.
සංචල, සංචලන, *a.* (සං emp., චල් to shake), shaking චංචල, trembling, වෙව්ලන. [දුම.
සංචලනය, සංචලය, *n.* shaking &c., චංචලය, වෙව්
සංචල්කරනවා, *v. t.* to shake, agitate, ruffle, චංචලකරනවා.
සංචාර, *a.* (සං emp., චර් to go), going, transitive, යන; contagious, infectious, බෝවෙන (රෝග). E. S. [traveller, tourist, ගමන්කාරයා.
සංචාරකයා, සංචාරණයා, *n.* itinerant, wanderer,
සංචාරණී, *a.* walking about, ඇවිදින, සක්මන්, itinerant, ගමන්කාර.
සංචාරණය, *n.* walking about, walk, promenade, ඇවිදීම, සක්මන, tour, itineracy, තැනින්තැන යාම, travelling, ගමන්කිරීම.

For ඤ්ච the short form ං may be used, as ජ for ඤ්ජ, also ංච, and ංජ.

සංචාරණයකරනවා, *v.* to walk about &c., ඇවිදිනවා, ගමන්කරනවා.
සංචාරය, *n.* walking about &c. (see සංචාරණය above); difficult passage, defile, දුර්ගමාර්ගය, පටුපාර; passage, entrance, entering, ඇතුල්වීම; infection, contagion, (රෝග) බෝවීම.
සංචාරිත, *a.* transmitted, infected, E. S.; instigated, incited, පෙලඹුණු. [බෝවෙන ගතිය.
සංචාරිතාව, *n.* infectiousness, contagiousness,
සංචිත, *a.* gathered together, collected, accumulated, එකතුවූ.
සංචින්තනය, *n.* (සං emp. or re), reflecting, consideration, කල්පනාකිරීම.
සංචූර්ණය, *n.* (සං emp., චූර්ණ to grind), pulverization, කුඩුකිරීම, චූර්ණකිරීම.
සංචූර්ණයකරනවා, *v. t.* to pulverize, කුඩුකරනවා.
සංචූර්ණිත, *a.* pulverized, crushed, කුඩුකරපු, කුඩුවූ. [enveloped, වැසිනිබෙන.
සංඡන්න, *a.* (සං emp., ඡන්න covered), covered,
සංජනනය, *n.* (සං, ජන to produce), producing, production, ඉපදවීම.
සංජයා, *n.* ap. of Brahma as creator, also of Siva and of an opponent of Buddha.
සංජාත, *a.* born, produced, උපන්, ජනිත.
සංජානන, *a* aware of, knowing, දැනුම්ඇති, දන්න.
සංජානනය, *n.* information, knowledge of, cognition, දැනුම, ජානනය.
සංජීව, *a.* See සජීව. [of full life.
සංජීවය, *n.* B., one of the eight chief hells, hell
සංජ්වරය, *n.* (සං ජ්වරය), fever ජ්වරය, උණ.
සංජ්වරාතුර, *a.* (·ආතුර), afflicted with fever, fevered, උණඇත්තාවූ.
සඤ්ඤක, *a.* or *n.* (P. සඤ්ඤෝග, Sans. සංයෝග), attached; the prefix (ʿ) which gives the short sound of අනුස්වාරය or බින්දුව (ං), preceding and attached to another consonant; also for the short sound of ණ, ඞ, ඳ and න, and as a substitute for the full nasal ඤ් before ච, ඡ and ජ.
සඤ්ඤත, *a.* P. of සංයත: restrained &c.
සංඥ, *a.* knock-kneed, දණගැටෙන.
සං·ඥක, *a.* denominated, named (so and so), නම්වූ. [වීම.
සං·ඥපනය, *n.* making known, informing, දැන්
සං·ඥා, *n. pl* or *a.* names, signs; sign, signal.
සං·ඥා·කණුව, සං·ඥා·ස්තම්භය, *n.* signal post, සලකුණු කණුව. [beckon, signal, hint, intimate.
සං·ඥාකරනවා, *v.* to make signs, gesticulate,
සං·ඥා·ක්‍රියාව, *n.* See සංඥාව.
සං·ඥා·නාමය, *n.* appellation, proper name.
සං·ඥා·පනය, *n.* informing, දැන්වීම; introduction or preface, විඥාපනය, ප්‍රාරම්භය.
සං·ඥා·පහන, *n.* signal-lamp, සලකුණුපහන.
සං·ඥාව, *n.* signal, token, gesture as a sign, hint, intimation, innuendo, beck, cue, ඇඟවීම, ලකුණ; appellation, name, නම, නාමය.

සංඥා·විධිය, n. gram. orthography, අක්ෂරසංඥාව.

සං·ඥා·විෂය, n. (විෂය object), epithet, විශේෂණය. E. S. [ලෝකයක්.

සංජීය, n. one of the Brahma worlds, බ්‍රහ්ම

සං·ඥිත, a. called, denominated, නම්වූ; marked, ලක්ෂිත, සලකුණු ඇති.

සට, සටපට, n. any sound similar to these: sound of hard bodies striking together, clatter, rattle.

සට·සපටය, n. tumult, uproar, noisy quarrel.

සටද, n. perfume; scent, odour, සුවඳ.

සටන, n. (cp. හඨ violence), battle, combat, war, යුද්ධය; conflict, contest, contention, පොරය.

සටන්කරනවා, v. to make war, fight යුද්ධකරනවා; combat, contend, පොරට සිටිනවා.

සටය, n. ascetic's clotted hair, තවුසන්ගේ ඉස කෙස්; mane, (සිංහ) කේසර. [moon.

සට·වක, n. sixth day after the new or full

සටසට·ගානවා, v. to make a noise like සටසට, clatter, rattle.

සටහන, n. mark, sketch, outline, diagram, delineation; note, memorandum, register, record.

සටහන්·කපනවා, v. to cut or trace with the style over the marks or letters on ola leaves when learning to grave thereon.

සටහන්කරනවා, v. t. to note down, record, chronicle, සඳහන්කරනවා; delineate, සලකුණු කරනවා, අඳිනවා. [ලේඛනම්.

සටහන්කරු, n. one who notes down or records,

සටහන්පොත, n. note-book, minute-book, memorandum book, register.

සටහන්වූ, a. noted down &c., entered, සඳහන්වූ.

සටී, සඨී, n. zedoary, හරංකහ, කිඅරුපිටලි.

සටීක, a. (ස with, ටීකා commentary), (book) having or including a commentary.

සට්ටම, n. T., rump, buttocks, hind quarters (of animals).

සට්ටම්බි, n. teacher, monitor, (උප)ගුරුවරයා.

සඬංගුකරනවා, v. to quarrel, wrangle.

සඬංගුකාරයා, n. quarrelsome person, wrangler, brawler.

සඬංගුව, n. quarrel, brawl, squabble, row.

සඬංගුවෙනවා, v. i. to get into a quarrel or quarrel occurs, see සඬංගුකරනවා.

සඩු, n. chaff, දහයියා.

සඩු·ගඳ, n. See සඩුගඳ.

සණ, n. moment, see සැණ.

සණ·ගල, n. See හණගල.

සණ·පිලිය, n. See හණපිලිය. [E. S.

සණ්ඨාන·දර්ශනය, n. picture exhibition, diorama.

සණ්ඨානය, n. figure, likeness, impress, සටහන, සිතියම. [castrated bull, කප්පාදු ගොනා.

සණ්ඩකයා or ෂණ්ඩකයා, n. eunuch, නපුංසකයා;

සණ්ඩය, or ෂණ්ඩය, n. See ෂණ්ඩය; forest, වනය; multitude, සමූහය.

සණ්ඩාසය, n. large pincers or smith's or carpenter's vice, දඹුඅඬුව.

සණ්ඩු. n. pl. or a. quarrels; pert. to quarrels, quarrelsome. [quarrel and fight, squabble.

සණ්ඩුකරනවා, සණ්ඩුදබරකරනවා, v. to quarrel,

සණ්ඩුකාර, a. quarrelsome, cantankerous, pugnacious, [ing woman.

සණ්ඩුකාරී, n. fem. quarrelsome female, brawl-

සණ්ඩුව, n. quarrel, squable, scuffle, affray.

සත, n. fr. සප්ත: seven, හත.

සත, n. fr. ශාස්ත්‍රය: science.

සත, n. fr. ඡත්‍ර: umbrella, කුඩේ.

සත, n. ශස්ත්‍ර: weapon, instrument, ආයුධය.

සතඅත්, සතත්, n. (සත් existing, අත් for ආත්ම), ap. of Brahma as the all-pervading spirit, මහාබ්‍රහ්මයා.

සතත, a. continual, eternal, නිරන්තර, සදාකාල.

සතතයෙන්, සතතින්, ad. continually, eternally, නිරන්තරයෙන් &c. [අනවරත උණරෝගය.

සතත·ජ්වරය, n. continuous fever, synochus,

සත·ධා, a. (සත for ශත hundred, ධා to have), hundred-fold, සියගුණ, of a hundred ways or forms, සිය වැදෑරුම.

සත·ධාර, a. (ධාර deep place), with vast out-pour as if from a hundred streams. [සෙණ.

සත·ධාරය, n. (ධාරා sword-edge), thunderbolt,

සතන, n. mind, heart, මනස, සිත.

සතන්, n. pl. acc. of සතා, for සතුන්.

සතන්·සෙත්, n. lit. heart-ease or heart-welfare: ap. of Buddha. [ස අරවනවා. E. S.

සතපනවා, v. t. to cause to rest, refresh, වෙහෙස

සත·පත්, n. (පත wing), bird, කුරුල්ලා.

සත·පතියා, n. commander of a hundred, centurion, සියයට නායකයා.

සත·පාක, a. See ශතපාක.

සත·පාවා, n. centipede, පත්තෑයා.

සතප්පනවා, සතප්පවනවා, සතප්වනවා, v. c. of සැතපෙනවා: to cause to sleep or rest, lay down to sleep, බාවනවා; to satisfy, please, assuage, සතොසකරනවා, සන්සිඳුවනවා; pret. සැතැප්පුවා; සැතැප්පෙවුවා; v. n. සැතැප්පීම, සැතැප්වීම.

සතර, n. or a. E. of චතුර්: four, හතර.

සතර, n. fr. ශාස්ත්‍රය: science; sacred book, ධර්ම පොත; ap. of Buddha and Vishnu.

සතර, n. fr. ශස්ත්‍රය: weapon, ආයුධය.

සතර, a. for සතුරු: opposed, hostile.

සතරඅගතිය, n. the four evil dispositions, viz. desire, malice or hatred, fear, ignorance: ඡන්ද ගාවor ආශාව, ක්‍රෝධය or වෛරය, භය, මෝහය.

සතර·අනු·දිග, n. the four intermediate points of the compass: ගිනිකොණ, නිරිත, ඊශාන and වයඹ.

සතර·අපාය, n. the four hells or hellish states, viz. hell proper, නිරය, incarnation as an irrational, තිරිසන් ආත්මය, condition or life of a goblin, ප්‍රේතභවය, and of a titan, අසුරභවය.

සතර·ආර්‍ය·ඵල, *n. pl.* See චතුරාර්‍යඵල.
සතර·ආර්‍ය·සත්‍ය, *n. pl.* See චතුරාර්‍ය සත්‍ය.
සතර·ඉරියව්, *n.* the four positions of the body, see ඉරියව්.
සතර·උපාය, *n.* the four devices or means used to conquer or govern, viz. conciliation, gifts, sowing dissension, punishment, චතුරෝපාය.
සතර·ඍද්ධි පාදය, *n.* B., the fourfold foundation of ඍද්ධිය, see next word and ධ්‍යානය.
සතර·ඍද්ධිය, *n.* the fourfold ඍද්ධිය or supernatural power gained by Rahats through ධ්‍යාන ය. [චතුර්භූජයා.
සතර·කර, *n.* (කර arm), ap. of Vishnu, see
සතර·කොන්, *n. pl.* or *a.* four corners; square, guadrangular, සතරැස්. [අපාය.
සතර·ගති, *n. pl.* the four conditions, see සතර
සතරඟුල, *n.* (සතර අඟුල or අඟල), four inches සතරඟල.
සතර·දම් *n. pl.* (දම් E. of ධර්ම), the four doctrines of Buddha, see චතුරාර්‍ය සත්‍ය.
සතර·දිග, *n. pl.* the four quarters or four points of the compass, සතර දිග්භාගය.
සතර·පටිවම්, *n. pl.* or *a.* four sides; four-sided.
සතර·පාරාජිකා, *n. pl.* B. P., the four great sins, see පාරාජිකා.
සතර·පූර්ව·නිමිති, *n. pl.* the four great pre-indications which the Bodhisat saw when driving to the pleasure garden and which led him to determine to become an ascetic and attain Buddhahood, viz. a sick man, a decrepit old man, a corpse and a monk.
සතර·ප්‍රති·සන්ධිය, *n.* (ප්‍රතිසන්ධිය reunion), the four modes in which beings re-appear or come again into manifest existence, viz. born from a womb, from eggs, as worms, or by chance, which latter is a supernatural or spontaneous embodiment called ඕපපාතික.
සතර·ඵල, *n.* the fourfold fruit or enjoyment of the four paths leading to Nirvāna, viz. සෝවාන්, සකෘදාගාමි, අනාගාමි and අර්හත්.
සතර·මග, *n. pl.* the above four paths or successive stages of purification to attain Nirvāna.
සතර·මං·සන්ධිය, *n.* the junction of four roads.
සතර·මහ·දිවයින, සතරමහ ද්වීපය, *n.* B., the four great islands or continents of the world, lying between the සක්වළගල and the seven ranges which surround මහමෙර; see the names for each continent: පූර්වවිදේහය, අපර ගෝදානය, ජම්බුද්වීපය, උතුරුකුරුදිවයින.
සතර·මහ·නිධාන, *n. pl.* B. the four great treasures or treasure mines supposed to be possessed by a universal Sovereign.

සතර·වරම්·දෙවියෝ, *n. pl.* (වරම් chief), the four guardian deities of the four cardinal points and the four quarters of the world, viz. on the East, ධෘතරාෂ්ට්‍ර, chief-of the ගන්ධර්වයෝ; on the South විරූඪ, chief of the කුම්භාණ්ඩයෝ; on the West, විරූපාක්ෂ, chief of the නාගයෝ; on the North, වෛශ්‍රවණ, chief of [the යක්ෂයෝ.
සතරවෙනි, *a.* the fourth.
සතරවෙනුව, *ad.* fourthly.
සතර·සංග්‍රහ·වස්තු, *n. pl. lit.* the four protecting or helping things or treasures, viz the four chief virtues: alms-giving, civility, beneficence or doing good to others, loving others as one's self, දාන, ප්‍රියවචන, අර්ථචර්‍යා, සමානාත්මතා.
සතර·සති·පට්ඨාන, *n. pl.* (සති mind, පට්ඨාන fixing), the four subjects of meditation to subdue the passions, viz. the body, the sensations, the mind or thought, and the conditions of existence.
සතරපු, *n.* E. of ශාඛා or ශාඛාපු.
සතරැස්, *a.* four-cornered, quadrangular, square, four-sided, see චතුරස්‍ර.
සතරැස්කම, *n.* squareness.
සතරැස්කරනවා, *v. t.* to square, make square, quadrate. [pilaster, obelisk.
සතරැස්·කුළුණ, සතරැස්·ටැඹ, *n.* square pillar,
සතරැස්·මිදුල, *n.* square court, quadrangle.
සතරැස්·මිම්ම, *n.* square measure.
සතරැස්·හැඩය, *n.* square shape, square.
සතලිස &c = සතළිස &c, forty &c.
සතළිස, *n.* සතළිස්, *a.* See හතළිස &c. [&c.
සතළොස, *n.* සතළොස්, *a.* seventeen, දහහත
සතා, *n.* living being, sp. irrational animal; *pl.* සත්තු, acc. සතුන්, gen. &c. සතුන්ගේ &c.
සතාසු, *a.* (සත අසූ), eighty-seven, අසූහත.
ස·තැවුලිය, *n.* (ස with, co), grief, regret, repentance, තැවිල්ල.
සතිකය, සතිය, *n.* week, සුමානය.
සති·පට්ඨාන, *n. pl.* the subjects of meditation for the subjugation of the passions, see සතර සතිපට්ඨාන, name of a සූත්‍ර or discourse given by Buddha.
සතිපතා, *ad.* or *a.* weekly, සුමානපතා.
සතිය, *n.* end, destruction, විනාශය; gift, giving, දීමනාව, දීම; mind intellect, බුද්ධිය; week, සුමානය.
ස·තිස, *n.* (ස for සය six), thirty-six, තිස්හය.
සති·සම්මෝහය, *n.* (සති intellect), eclipse or loss of reason, stupefaction, සිහිනැතිවීම or සිහිමුළාව, fainting, ක්ලාන්තවීම.
ස·තිස්, *a.* thirty-six, තිස්හය.
ස·තිස්·නරක, *n. pl.* the thirty-six hells into which Tartarus or පාතාලය is divided.

සති, *n. fem. lit.* the good one, a virtuous wife, [viz. suttee. E.S.
සතු, *n. pl.* See සත්ත.
සතු, *a.* belonging to, as මාසතු, belonging to me, මට අයිතිවූ. [perty of, අයිතිවෙනවා.
සතුවෙනවා, *v. i.* to belong, become the pro-
සතුට, *n.* (Sans. සන්තුෂ්ටි), satisfaction, content, gladness.
සතුටින්, *ad.* with satisfaction, gladly. [ful.
සතුටු, *a.* consenting, content, satisfied, cheer-
සතුටුකරනවා, *v. t.* to satisfy, content, gratify, please. [please.
සතුටුකරගන්නවා, *v. t.* to satisfy, conciliate,
සතුටුදායක, *a.* giving satisfaction or pleasure, pleasing, conciliatory. [tent, pleased.
සතුටුවෙනවා, *v. i.* to become satisfied, be con-
සතුන්, *n. acc. pl.* of සත්ත්‍ව: animals, living beings. [*fem.* සතුරිය.
සතුරා, *n. fem.* සතුරී, *n. mas.* enemy, foe; *pl.*
සතුරු, *a.* hostile.
සතුරුකම, *n* enmity, hostility.
ස·තෘෂ්ණ, *a.* (ස with, having, තෘෂ්ණා thirst), thirsty, පිපාස; greedy, ගිජු, තණ්හාවූ.
ස·තොෂ, *n.* E. of සන්තෝෂය.
ස·තොස්, *a.* E. of සන්තෝෂ. [cellent, යහපත්.
සත්, *a.* being, existing, ඇත්තාවූ; good, ex-
සත්, *a.* seven, as සත්දෙනෙක්, seven persons.
සත්, *n. pl.* See සත for සත්තුන් and සාත්තුන්.
සත්කර්මය, *n.* good deed, worthy act, යහපත් ක්‍රියාව; R. C. sacrament.
සත්කාර, *a.* beneficent, hospitable.
සත්කාරකම, **සත්කාරය**, *n.* doing good, beneficence, hospitality; reverence, respect.
සත්කාරකරනවා, *v. t.* to do good to, cherish, treat hospitably, entertain.
සත්කාරකාරයා, *n.* benefactor; host.
සත්කාරකාරී, *n. fem.* benefactress; hostess.
සත්කාරකාරයෙන්, *ad.* beneficently; hospitably. [hospitium.
සත්කාරාශ්‍රමය, *n.* (·ආශ්‍රමය monastery), hospice,
සත්කුලපව්, *n.* E. of සත්තකුලපබ්බත.
සත්·කෘත්‍යය, *n.* doing good, acting kindly, යහපත් ක්‍රියාව; morality, සුචරිතය.
සත්ත, *a.* P. of සප්ත, seven, සත්, සත්.
සත්ත, *n.* mushroom, fungus, හත්ත, *pl.* හතු.
සත්තක, *a.* certain, positive, sure, indubitable.
සත්තකකම, **සත්තකය**, *n.* certainty &c.
සත්තකකරනවා, *v. t.* to make certain, assure, certify, confirm.
සත්තකවම, *ad.* assuredly, positively.
සත්තකුලපබ්බත, *n.* P. of සප්තකුලපර්වත.
සත්තභූමික, *a.* seven-floored, viz. seven-storied, (building), මහල් සතක් ඇති.
සත්තම, *a.* (සත් good, තම superlative affix), the best, very excellent, ඉතා යහපත් හෝ උතුම්.
සත්තම, *a.* (Sans. සප්තම), seventh, සත්වෙනි.

සත්තාව, *n.* (සත්,තාව aff. of state), being, existing, පැවැත්ම; goodness, excellence, යහපත් කම. [ප්‍රමාණය.
සත්තාහය, *n.* (සත්ත seven, අහය day), week,
සත්තු, *n. pl.* or *a.* of සත්ත්‍ව: animals.
සත්·තුඩුවා, *n.* (සත් for සප්), one who professes to cure snake bites by incantations and charms, සර්පවෙද.
සත්·තුරඟා, *n.* seven-horsed one: ap. of the sun, whose chariot is said to be drawn by seven horses, හිරු.
සත්ථ, *n.* P. of සාර්ථ: caravan.
සත්ථ·වාහකයා, **සත්ථ·වාහයා**, *n.* caravan leader, merchant see සාර්ථවාහකයා.
සත්ථා, *n.* P. of ශාස්තෘ: ap. of Buddha.
සත්·දත්, *a.* (සත් sciences), acquainted with sciences, educated, learned, උගත්.
සත්·පත්‍රය, *n.* (සත් good, පත්‍ර leaf), new leaf of a water lily, අලුත් මානෙල් කොළය. [able.
සත්·පුරුෂ, *a.* humane, good, worthy, honour-
සත්·පුරුෂකම, *n.* humaneness, goodness &c., virtue. [and honourable man.
සත්·පුරුෂයා, *n.* humane person, good, worthy
සත්·ප්‍ර·සාද, *a.* R. C., eucharistic. E. S.
සත්ප්‍රසාද·ප්‍රජා or ·පේතිය, *n.* R. C., the host.
සත්ප්‍රසාදය, *n.* R. C., eucharist, mass, sacrament of the Lord's supper.
සත්ප්‍රසාද·සමුද්ගය, *n.* R. C. the pyx. E. S.
සත්·ඵලය, *n.* pomegranate, දෙළුම් ගෙඩිය.
සත්·මුඹු, *a.* (සත් seven, මුඹු floor), see සත්ත භූමික. [සැබෑ, සත්තක; sincere, අවංක.
සත්‍ය, *n. pl.* or *a.* truths; true, real, certain,
සත්‍යකම, **සත්‍යතාව**, *n.* truth, trueness, authenticity, සැබෑකම; veracity, sincerity, rectitude, අවංකකම.
සත්‍යකය, *n.* assuring, assurance, asseveration, ඒකාන්තකිරීම; ratification, ස්ථිරකිරීම.
සත්‍යකරනවා, *v. t.* to render or prove true, authenticate, ඒකාන්තකරනවා, confirm, ස්ථිර කරනවා. [වච or සැබෑකමට ලැදි.
සත්‍යකාමී, *a.* truth-desiring, truth-loving, සැබෑ
සත්‍ය·කාරය, *n.* confirmatory act, ratification (of a bargain), ස්ථිරකිරීම.
සත්‍ය·ක්‍රියාව, *n.* (as above), asseveration, confirmation, oath invoking a deity as witness.
සත්‍ය·ඥානය, *n.* true knowledge or wisdom, sp. knowledge of the four great B. doctrines, see චතුස්සත්‍ය. [ධර්මය or ගුරුකම.
සත්‍ය·ධර්මය, *n.* the true law or doctrine, සැබෑ
සත්‍ය·පාරමිතාව, *n.* one of the ten පාරමිතා, viz. truthfulnes, strict observance of truth.
සත්‍යය, *n.* what is true, සැබෑව, reality, ඇත්ත; a designation of the teaching of Buddha.
සත්‍ය·යුගය, *n.* the period or age of truth, the golden age, the first and best of the four ages, in which purity and virtue prevailed.

සත්‍යා·ලම්බික, *a.* pert. to an orthodox sect or religion, orthodox. E. S.

සත්‍යවත්, සත්‍යවාදී, *a.* true, truthful, veracious, සැබෑවූ, sincere, අව්‍යාජ. [veracity, ඇත්තකීම.

සත්‍ය·වාදිකම, *n.* speaking truth, truthfulness,

සත්‍ය·වාදියා, *n.* one whe speaks the truth, veracious person, ඇත්තකියන්නා.

සත්‍ය·ව්‍රත, *a.* adhering to truth, &c., ඇත්තෙහි පවතින, see සත්‍යවත්. [වාදිකම.

සත්‍ය·ව්‍රතතාව, *n.* adherence to truth, see සත්‍ය

සත්‍යසංවසය, *n.* (සං with, වස් to dwell), abiding in or adherence to the truth, veracity, ඇත්තට ලැදිකම, ඇත්තකමකීම.

සත්‍ය·සංකාශ, *a.* truth-like, likely, probable, ඇත්තවාගේ පෙනෙන. [verisimilitude.

සත්‍ය·සංකාශතාව, *n.* likelihood, probability,

සත්‍ය·සන්ධ, *a.* (සන්ධ holding with or to), adherence to truth, see සත්‍යව්‍රත.

සත්‍ය·සම්මුඛය, *n.* R. C., the real presence.

සත්‍යාපණය, *n.* (ආපණය business), ratification of a sale &c., විකිණීම ස්ථිරකිරීම.

සත්‍යාසංකාශ, *a.* (අසං: unlike), unlikely, improbable, ඇත්තවාගේ නොපෙනෙන.

සත්·රුවන්, *n. pl.* seven precious things, viz. gold, silver, pearls, gems, cat's-eye gem, diamonds and coral; applied also to other precious things.

සත්ව, *a.* pert. to living beings, animate.

සත්වතාදාත්මය, *n.* (තාද් that, ආත්මය self-same), personal identity. E. S.

සත්ව·ධර්ම·ශාස්ත්‍රය, *n.* science of animal laws, physiology of animates.

සත්ව·ධාතු, *n. pl.* animal remaius, reliquiæ.

සත්·වන, *a.* seventh, සත්වෙනි.

සත්ව·ප්‍රාණ·ධර්ම·ශාස්ත්‍රය, *n.* science of the laws of animal life, zoonomy. [සතුන් කන.

සත්ව·භක්ෂක, *a.* teeding on animals,zoophagous,

සත්ව·භක්ෂකයා, *n.* zoophagau, සතුන්කන සතා.

සත්ව·භූත·විද්‍යාව, *n.* knowledge or science of animal being or life, biology of animals.

සත්වයා, *n.* sentient being, living being of any

සත්වර, *a.* quick, speedy, ක්‍ෂණ, ඉක්මන්. [order.

සත්වරතාව, *n.* quickness &c,

සත්ව·රූප·ධාරී, *a.* bearing the image of an animal, zoophoric, මෘගරූපයක් දරන.

සත්ව·ලෝකය, *n.* world of animal life, as this world in distinction from දේවලෝක and බ්‍රහ්ම ලෝක.

සත්ව·විද්‍යා, සත්වවිෂයක, සත්වශාස්ත්‍ර, *a.* zoological, pert. to the knowledge of animate beings.

සත්ව·විද්‍යාකාරයා, සත්ව·ශාස්ත්‍ර·ඥයා, *n.* zoologist.

සත්ව·විද්‍යාව or විස්තරය or ·ශාස්ත්‍රය, *n.* zoology.

සත්වාකෘති, *a.* (ආකෘති), animal-shaped, zooid, සතෙකුට සමාන.

සත්වාගාරය, සත්වෝද්‍යානය, *n.* (ආගාර: සත්ව උද්‍යාන ය), vivary, zoological garden. E. S.

සත්වාවාස, *a.* inhabited, සතුන් වාසයකරන.

සත්වෙනි, *a.* seventh, සත්වෙනි.

සත්වෙනුව, *ad.* seventhly, සත්වෙනුව,

සත්වේන්ද්‍රිය·විස්තරය, *n.* (සත්වඉන්ද්‍රිය), explanation of animal organs, organology.

සත්වෝත්පත්තිය, සත්වෝත්පත්ති·ශාස්ත්‍රය, *n.* (සත්ව උත්ප:), animal formation, science thereof, zoogony, සත්වඋත්පත්තිය. [the "zoo".

සත්වෝද්‍යානය, *n.* (සත්ව උද්‍යාන) zoological garden,

සත්සමාගම, *n.* (සත් good), good society, good association, යහපත්සමාගම.

සත්·සර, *n. pl.* the seven Himalayan lakes, හිමාලයේ විල් සත.

සත්·සර, *n.* exalted person, උතුම්අය; ap. of Buddha. [lake, විල.

සත්·සරය, *n. lit.* good going, viz. road, පාර;

සත්තු, *n. pl.* seven persons, see සත්, *a.* seven,

සද, *n.* E. of ශබ්ද; sound, word; assembly, සම මුතිය.

සදත්·තලාව, *n.* one of the seven Himalayan lakes, ඡද්දන්තවිල, see ඡද්දන්තය. [සාක්ෂිමම.

සදනය, *n.* house, ගෙය; water, වතුර; perishing,

සදනවා, *v. t.* to make, see සාදනවා and හදනවා; prepare, adorn, සරසනවා; *pret.* සැදුවා; *v. n.* සැදීම. [arrogant, උඩඟු, එඩි.

ස·දප්, *a.* (ස with, දප් E. of දර්ප), proud,

සදභිප්‍රායී, *a.* (සත් good, අභි:), having good purposes, well-intentioned, well-meaning, යහපත් අදහස් ඇති.

සදභිප්‍රායය, *n.* good intention or purpose.

ස·දය, *n.* See සදහම. [ම.

ස·දයාව, (ස with), tenderness, compassion, දයා

ස·දයාවත්, *a.* having pity &c., humane, දයා වන්ත. [ඉමහල්පුව; *pl.* සදලු.

සදල්ල, *n.* balcony round a house, උඩුමහල්

සදවනවා, *v. c.* of සදනවා; *pret.* සැදෙවුවා; see හදවනවා.

සදස, *n.* an assembly, meeting, සම්මුතිය.

සදස්, *n. pl.* or *a.* of සදස and of සදස, which see. [පිලී or පිල්; see සදස.

සදස්·පිල්ල, *n.* peacock's tail feather; *pl.* සදස්

ස·දහම, *n.* for සද්දහම, E. of සද්ධර්මය.

ස·දහම්සැරී, *n.* married woman, විවාහිතස්ත්‍රී.

සදා, *prefix*, always, ever, නිරන්තර.

සදා·කල්, *ad.* always, ever, eternally.

සදා·කාල, සදා·කාලික, *a.* eternal, everlasting.

සදා·කාලය, *n.* everlasting time, eternity.

සදා·කාලිකකම, *n.* everlastingness, eternity.

සදා·කාලේම, *ad.* ever, for ever, eternally.

සදා·ගතිය, *n.* (ගති going, duration), *lit.* permanent or ever-going one, ap. of the sun ඉර, and of the air or wind, සුළඟ.

සදාචාර, *a.* (සත් good, ආචාර conduct), good, moral, virtuous, යහපත්, සුචරිත.

සදාචාරය, *n.* good conduct, morality, සුචරිතය.

සදා·තන, *a.* (තන් to extend), ever-abiding, everlasting, සදාකාල; *n.* ap. of Vishnu.

සදා·ස්ථායි, *a.* ever-abiding, ever-stable, everlasting, නිතරපවත්නා. [feather ; *pl.* සඳුස්.

සඳුස, *n.* (සත් good, ඇස), eye of a peacock's

සදිය, *n.* See කදිය. [කෙළිය.

සදි·රංගය, *n.* the game of chess, චතුරංගය, දම්

ස·දිව්‍ය·ලෝකය, *n.* See සදෙව්ලොව.

ස·දිස, ස·දිසි, *a.* E. of සදෘශ.

සදී, *n.* food, eating, කෑම.

සදුම, *n.* jewel, ornament, ආභරණය, පැලඳුම.

ස·දෘශ, ස·දෘශාකාර, *a.* (ස with දෘශ් sight), similar, resembling, like, analogous, symbolic, සමාන. [&c., සමානකම.

ස·දෘශකම, ස·දෘශතාව, *n.* similarity, resemblance

ස·දෘශකරනවා, *v. t.* to compare, liken, parallel, සමානකරනවා.

ස·දෘශ·චාරිත්‍ර·ක්‍රමය, *n.* system of typical rites, symbolism. [ආදෘශධර්මය.

ස·දෘශ·ධර්මය, *n.* doctrine of topes, typology,

ස·දෘශය, *n.* comparison, symbol, example, type, ආදෘශය. [logy, ආදෘශවිස්තරය.

ස·දෘශ·විස්තරය, *n.* explanation of types, typo-

ස·දෘශාකාරයෙන්, *ad.* by way of example, typically, ආදෘශාකාරයෙන්.

ස·දෙව්ලොව, *n.* (ස six), the six celestial worlds (ස්වර්ග), the abodes of six classes of gods, each world higher than the preceding, called චාතුර්මහාරාජික, තාවතිංස, යාම, තුසිත, නිර්මාණ රති and පරනිර්මිති or පරනිර්මිත වසවර්ති. See each one.

සදෙස, *a.* (ස with, දෙස country, region), of the same country or place, adjacent, near, ගාවු, ළඟ. [nose, tongue, mind, and body.

ස·දොර, *n. pl.* the six doors, viz. eyes, ears,

ස·දොස්, *a.* (ස with දොස් faults), faulty, වැරදිවූ, දොෂඇති, guilty, වරදකාර. [සදොෂත්වය.

ස·දොස්·බව, *n.* the state of being සදොස් : See

සදොළුමල, *n.* sal tree resin, frankincense, හල් දුම්මල, from which an oil is made for blacking the writing on ola leaves.

සදොෂත්වය, *n.* faultiness, දොස්ඇතිකම, guiltiness, වරදකාරකම.

සද්ගුණ, *a.* (සත් good, ගුණ quality), benevolent, virtuous, good, ගුණවත්.

සද්ගුණය, සද්භාවය, *n.* benevolence &c., ගුණවත්කම, යහපත්කම. [make a noise.

සද්දකරනවා, *v.* col. for ශබ්දකරනවා : to sound,

සද්ද, *n.* cp. P. සද්ද for ශබ්ද : sound, voice,

සද්දව, *n.* Er. for සද්ධාව and ශ්‍රද්ධාව. [noise.

සද්දුසිවරයා, *n.* Eng., Sadducee, නිරුත්ථාන දෘෂ්ටිකයා ; *pl.* සද්දුසිවරු.

සද්ධර්මය, *n.* (සත් good ධර්මය), the good or true doctrine, ap. of Buddhism.

සද්ධර්මාන්තර්ධානය, *n.* (·අන්ත:), extinction of the true doctrine, viz. of Buddhism, which Buddha predicted would be in the කලියුගය, the iron or evil age.

සද්ධාව, *n.* faith, see ශ්‍රද්ධාව.

සද්භූත, *a.* (සත් good, භූත being), good, virtuous, යහපත්, true, සැබෑවූ. [rich, ධනවත්.

ස·ධනික, *a.* (ස with, having, ධන), wealthy,

ස·ධර්ම, *a.* (ස with, co-), of the same caste or nature, එක ජාතියෙහිවූ-, like, similar, සමාන.

ස·ධවාව, *n. fem.* (ස having, ධව husband), woman who has a husband living.

ස·ධාතුක, *a.* (ධාතු element or component), having a relic or bone &c. of Buddha, as a දාගැබ, which is thereby rendered sacred.

සන, *n.* E. of ඡාදන : hiding, සැඟවීම; covering, වියන. [තර, සදාකාලේම.

සනත්, *ad.* always, perpetually, eternally, චිරන්

සනත්, *n.* ap. of Brahma as eternal බ්‍රහ්මදෙවියෝ,

සනද, *n.* See සනාතන. [the Eternal.

සනය, *n.* flapping (of elephant's ears &c.), ඇතුන්ගේ කන්තල පහර.

ස·නරාමර, *a.* (ස with, නර man, අමර immortal), including men and gods, the mortal and immortal, මනුෂ්‍යයන් හා දෙවියන් සහිත.

සනසනවා, *v. t.* to console, comfort, soothe, cheer; *pret.* සැනසුවා *v. n.* සැනසීම.

සනහ, *n.* (ස්නිහ් to have affection for ; be unctuous), affection, ස්නේහය ; oil, grease තෙල් ; bathing, ස්නානය, නෑම.

සනහනවා, *v. t.* to allay, assuage, see සංසිඳුවනවා, සනසනවා ; *pret.* සැනහුවා ; *v. n.* සැනහීම.

සනහස, *n.* affection, සනහ, ස්නේහය; affectionate utterance, ස්නේහවන්ත වචන.

සනා, *ad.* (Sans.), always, eternally, සදාකල්ම.

සනාතන, *a.* (තන් to extend), ever-abiding, eternal, see සදාතන ; fixed, firm, ස්ථිර ; ep. of Brahma, Vishnu and Siva.

සනාතනී, *n. fem.* ap. of දුර්ගා, ලක්ෂ්මී and සරස්වතී, wives respectively of the above three.

සනාභි, *a.* (ස co-, නාභි race, sort), kindred, like, resembling, එකජාති-, සමාන.

සනාව, *n.* affection, ස්නෙහය.

සනිටුහන, *n.* resolve, mental determination, නියම අදහස ; mark, token, ලකුණ.

සනිටුහන්කරනවා, *v. t.* to resolve, determine (to do), නියමකරගන්නවා ; signal, intimate, සංඥාකරනවා, සැලකරනවා ; notice, mark, සලකනවා, සිතටගන්නවා. [ඉන්න.

සනීප, *n.* or *a.* health; healthy, well, සනීපෙන්

සනීප·ආරක්ෂක, *a.* health-preserving, hygienic, sanitary. [heal.

සනීපකරනවා, *v. t.* to restore to health, cure,

සනීප·දායක, සනීප·වර්ධන, *a.* and *v. adj.* health-giving, health-improving, healthy, wholesome, සනීප ගෙනදෙන.

සනීප·පුටුව, *n.* easy-chair.

සනීපය, *n.* health, state of freedom from disease. [from illness, get well.

සනීපවෙනවා, *v. i.* to become well, recover

සන්, *n.* E. of සංඥාව: mark, sign, name, ලකුණ, නම,hint, ඉඟිය; sound, හඬ; *a.* covered, hidden, සැඟවුණු. [horse),

සන්කටුව, *n. lit.* notice-spike, viz. spur (for a

සන්කම, *n.* intimation, hint, සංඥාව, හැඟවීම.

සන්කම්කරනවා, *v.* to make a sound, call out, හඬගානවා; intimate, සංඥාකරනවා.

සන්කරනවා, *v.* to make signs, see සංඥාකරනවා: spur, සන්කටුවෙන් අනිනවා. [යනපත්.

සනා, *a.* calm, see ශාන්ත; true, good, හොඳ,

සනාථ, *a.* belonging to, possessing, අයිතිවූ, හිමිවූ. [අයිතිකරනවා.

සනාථ·කරනවා, *v. t.* to cause to belong to,

සනාථකරගන්නවා, *v. t.* to take possession of, appropriate, හිමිකරගන්නවා.

සනාථවෙනවා, *v. i.* to become the property of any one, belong to, අයිතිවෙනවා.

සනාතන, *a.* (සං with, තන fr. තන් to extend), extended, spread, පතළ; continual, eternal, නිතර, සදාකාල. [උණලෙඩ.

සනාතන·ජ්වරය, *n.* continuous fever, නොරනැති

සනාතන·වෙනවා, *v. i.* to extend, continue, පවතිනවා.

සන්තතිය, *n.* race, lineage, pedigree, පෙළපත, පෙළන්තිය; progeny, posterity, පැවතෙන්නෝ, වංශය; continuous line, පෙළ, spreading, extending, පැතිරීම.

සන්තප්ත, *a.* (සං with, තප් to heat), scorched, burnt, දැවුණු, තැවුණු; overcome with heat, exhausted, මිඩාවූ; distressed, සඳ දුකින් පෙළෙන.

සන්තය, *n.* the two hands opened and joined.

සන්තප්තකරනවා, *v. t.* to scorch, burn, inflame, දවනවා, අවුස්සනවා; exhaust, වෙහෙසකරනවා; pain, වේදනාකරනවා.

සන්තර්ජනය, *n.* (සං with, තර්ජ්), threat; reprimand &c., see තර්ජනය. [නයකරනවා.

සන්තර්ජනයකරනවා, *v.* to threaten &c., see තර්ජ

සන්තර්පණය, *n.* (සං, තර්පණ fr. තෘප් to satisfy), satisfying, gratifying, refreshing, සතුටුකිරීම, සැනැප්පවීම, refreshment, වෙහෙස නැතිකිරීම or සැපසනීප ගෙනදෙන දේ.

සන්තර්පණයකරනවා, *v. t.* to satisfy, refresh, regale, සනප්පවනවා.

සන්තර්පිත, *a.* satisfied, refreshed, සන්තිඳුණු, සැතපුණු, වෙහෙස නැතිවූ.

සන්තාන, *n. pl.* or *a.* lineages &c.; pert to lineage or posterity; pert. to connection or alliance.

සන්තාන·පත්‍රය, *n.* alliance document, treaty or deed of peace, සමාදාන ගිවිසුම් පත්‍රය.

සන්තානය, *n.* race, lineage &c., see සන්තතිය.

සන්තානවෙනවා, *v. i.* to make peace or alliance with, සමාදානවෙනවා, ගිවිසගන්නවා.

සන්තාපන, *a.* (සං with, තප් to heat), heated burning, රත්වූ, දන්නාවූ.

සන්තාපනය, සන්තාපය, *n.* heat, burning, උෂ්ණය, දැවීම; affliction, පීඩාව, sorrow, ශෝකය, regret, repentance, තැවීම; passion, තෘෂ්ණාව.

සන්තාපවෙනවා, *v. i.* to become parched, scorched, දැවෙනවා, දනවා.

සන්තාප·හර, *a.* (හර removing), removing heat, cooling, refrigerant, සිසිල්කරන; consoling, සනසන.

සන්තාප·හරණෞෂධය, *n.* (හරණ, ඖෂධ), cooling medicine, refrigerant, සිසිල්කරන or උෂ්ණ අරින බෙහෙත. [ඇඹිලීගිබෙය or ඇඹිලෙන.

සන්තාපිත, *a.* burnt, scorched, inflamed, දැවුණු,

සන්තිය, *n.* (fr. සන් to give), giving, gift, දීම, තෑග්ග; end, destruction, අවසානය, විනාශය.

සන්තුල්‍ය, *a.* (සං co-), coequal, එක්සමවූ, එකාකාර.

සන්තුෂිතය, *n.* (තුෂ් to be glad), the fourth divine world, see තුෂිතපුරය.

සන්තුෂ්ට, *a.* pleased, glad, සන්තෝෂ.

සන්තුෂ්ටි·දනය, *n.* present, gift, තෑග්ග, දීමනාව.

සන්තුෂ්ටිය, *n.* gladness, satisfaction, complacency, සන්තෝෂය, සතුට.

සන්තෝෂ, *a.* glad, pleased, සතුටු, ප්‍රීති.

සන්තෝෂකරනවා, *v. t.* to please, gladden, satisfy, සතුටුකරනවා &c.

සන්තෝෂ·ජනක, *a.* producing satisfaction or pleasure, delightful, ප්‍රීති උපදවන.

සන්තෝෂය, *n.* gladness, pleasure, rejoicing, satisfaction. [rejoice, සතුටු or ප්‍රීතිවෙනවා.

සන්තෝෂවෙනවා, *v. i.* to be satisfied or glad,

සන්ත්‍රස්ත, *a.* (See next word) frightened, alarmed; (භයා)භයපත්වූ.

සන්ත්‍රාසය, *n.* (සං with, emp., ත්‍රස් to fear), great fear, terror, alarm, panic, භය, බිය, ත්‍රාසය. [ship, සහළුකම.

සන්ථවය, *n.* proximity, සමීපය; intimacy, friend-

සන්ථාගාරය, *n.* (·ආගාරය), council room, council house, assembly room, hall where friends associate, මන්ත්‍රීආගාරය, මිත්‍රශාලාව. [යහළුව.

සන්දංශකය, සන්දංශය, *n.* tongs, nippers, අඬුව,

සන්දර්භය, *n.* (සං, together, දෘභ් bundle), intertwining, weaving or stringing together, as flowers in wreaths, ගෙතීම; regular connection, coherence; construction, composition, රචනාව, ගැළපීම.

සන්දර්භ·ශුද්ධිය, *n.* clearness of connection or arrangement, regular coherence.

සන්දර්ශක, *a.* (සං, දර්ශක), shewing, displaying, representing, පෙන්වන, ප්‍රදර්ශක.

සන්දර්ශනය, *n.* looking, inspecting, බැලීම; display, show, spectacle, exhibition, දැක්වීම, ප්‍රදර්ශනය.

සන්දර්ශනයකරනවා, *v. t.* to display &c., පෙන්වනවා, ප්‍රදර්ශනයකරනවා. [see සන්ද.

සන්ද, *post.* on account of ; *conj.* because; නිසා,

සන්දානිත, *a.* bound, tied, බැඳපු, බැඳි.

සන්දිකරනවා, *v. t.* Er. for සන්ධිකරනවා.

සන්දිග්ධ, *a.* doubtful ; sceptical ; අනුමාන, සැක ඇති, සැකකරන. [සැකකරන.

සන්දිග්ධ·මතික, *a.* (මතික of opinion), sceptical,

සන්දිග්ධ·මතික·ධර්මය, *n.* sceptical doctrine, scepticism, සංශයධර්මය. E. S.

සන්දිග්ධ·මතිකයා, **සන්දිග්ධ·වාදියා**, *n.* sceptic, agnostic, සංශයකරන්නා, දේවධර්මවිශ්වාසයා.

සන්දිග්ධාර්ථ, *a.* (අර්ථ meaning), of doubtful meaning, ambiguous, අර්ථයෙන් අනුමාන.

සන්දිය, *n.* time, occasion, period ; joint.

සන්දිෂ්ට, *a.* (සංදිෂ්ට), told, related, කියනලද ; promised, පොරොන්දුවූ ; assented, සම්මතවූ, එකඟවූ.

සන්දීපන, *a.* (සං emp., දීපන, lighting), illuminating, දීප්තිකරන, manifesting, illustrating, ප්‍රකාශකරන, දීපන.

සන්දෘෂ්ට, *a.* (සංදෘෂ්ට), well-seen, fully seen, anticipated, කලින් දුටු or දැනගත්.

සන්දෙනවා, *v.* (සන් sound or sign), to make a sound, ශබ්දදෙනවා; make a sign, give a signal, සංඥාකරනවා. [ආරංචිය ; message, පණිවිඩය.

සන්දේශය, *n.* information, news, ප්‍රවෘත්තිය,

සන්දේශ·හරයා, *n.* (හරයා taker), messenger, පණිවිඩකාරයා; envoy, රාජ පණිවිඩකාර තැන.

සන්දේහය, *n.* doubt, uncertainty, සැකය, අනුමානකම. [ගය.

සන්දෝහය, *n.* assemblage, multitude, රැස, සමූ

සන්ධානය, *n.* (සං together, ධා to hold), holding together, joining, combining, සන්ධිකිරීම, සම්බන්ධය; alliance, මිත්‍රසන්ධානය, බැඳීම.

සන්ධි, *n. pl* or *a.* joinings, joints &c; pert. to junction or joints &c., see සන්ධිය.

සන්ධි(or **සන්ධිය**) **ඉගිලෙනවා**, *v. i.* to spring out of joint, become dislocated, අවසන්ධිවෙනවා.

සන්ධිකරනවා, *v. t.* to unite, join, connect, couple, ගලපනවා. [tion, ගැලපීමේ ක්‍රමය.

සන්ධි·ක්‍රමය, *n.* order of connection, concatena-

සන්ධිචෝරයා, **සන්ධි ඛෙදුරයා**, *n.* (සන්ධි gap), housebreaker, burglar, උමං කණින හොරා.

සන්ධි·තෙල, **සන්ධි·ස්වරය**, *n.* joint oil, synovia, ඇඟේ සන්ධිතෙල or ස්වරය. [conjunction.

සන්ධි·නිපාතය, *n.* *gram.* uniting particle, viz.

සන්ධි·පෙරලනවා, *v. t.* to dislocate joints, අවසන්ධිකරනවා. [get out of joint, අවසන්ධිවෙනවා.

සන්ධි·පෙරළෙනවා, *v. i.* to become dislocated,

සන්ධි·බන්ධනය, *n.* ligament, tendon, සන්ධිබැඳීම.

සන්ධිය, *n.* (සං together, ධා to hold), union, junction, combination, connection, සම්බන්ධය ; juncture, occasion, ප්‍රස්තාව; hinge, අසව්ව ; hole, වළ, සිදුර, gap, breach, කවුළුල, සන්ධිලාව; *gram.* junction of words or of the components of a word, as සමන්තෝෂ for සං or සම් and තෝෂ; junction of a departing spirit with another body at the instant that body is conceived, rejunction, ප්‍රතිසන්ධිය, conception, පිළිසිඳීම.

සන්ධි·රේඛාව, *n.* connecting line, hyphen. [රස.

සන්ධි·ලාව, *n.* breach, gap, කවුළුල, chasm, මිට

සන්ධි·විද්‍යාව, *n.* knowledge of joints, arthrology.

සන්ධි·විවෘතය, *n.* *bot.* sutural dehiscence. E. S.

සන්ධිවෙනවා, *v. i.* to become united, joined, සම්බන්ධවෙනවා, ගැලපෙනවා.

සන්ධි·වේලාව, *n.* time of junction or inception, as morning, noon, and evening or the time when the new and full moon begin. [(කරල්).

සන්ධි·සංයෝජිත, *a.* sutured, මූට්ටුඇති, සන්ධිසහිත

සන්ධි·ස්ථානය, *n.* point of contact, place of junction, place where roads meet, මංසන්ධිය.

සන්ධි·ස්වරය·ධාරී, *a.* (ධාරී bearing), secreting joint oil, synovial, සන්ධි තෙල දෙන.

සන්ධි·හාරකයා, *n.* (හාර taking), see සන්ධිචෝරයා.

සන්ධ්‍යන්තරය, *n.* (සන්ධි joint, අන්තරය interval), *bot.* space between two joints, internode.

සන්ධ්‍ය, *a.* evening, vespertine, සවස්.

සන්ධ්‍යාංශය, **සන්ධ්‍යාංශුව**, *n.* (සන්ධි junction, අංශුව ray), evening twilight, gloaming, නිම්දිරිය, හැන්දෑවේ අඳුර.

සන්ධ්‍යා·කාලය, or **·වේලාව** or **·සමය** *n.* the after part of the day, eventide, evening, සවස් වරුව, සවස. [තරුව.

සන්ධ්‍යා·තාරකාව, *n.* evening-star, vesper, ඉරබටු

සන්ධ්‍යා·පූජාව, *n.* R. C., evening sacrifice, vespers, සවස පූජාව, සවස යාච්ඤාව. [කෑම.

සන්ධ්‍යා·භෝජනය, *n.* evening meal, supper, රාත්‍රි

සන්ධ්‍යාව, *n.* (සන්ධ්‍ය fr. සන්ධි: what is to be joined), joining, සම්බන්ධය ; boundary, ඉම ; what unites day and night, viz. evening or late afternoon, හැන්දෑව, සවස.

සන්ධ්‍යා·වර්ණනාව, *n.* description and praise of evening or sunset.

සන්ධ්‍යා·සම්මුතිය, *n.* evening meeting, soiree.

සන්න·කණ්ඨ·වෙනවා, *v. i.* (සන්න diminished, closed), to become choked, උගුර ඇහිරෙනවා or ඇහිරී මැරෙනවා.

සන්න, **සන්නවූ**, *a.* expository, විස්තර.

සන්නකරනවා, *v. t.* to translate, paraphrase, expound, අර්ථකථනවා, තේරුම්කරනවා.

සන්·නතිය, *n.* (සම් together, නති bending), obeisance, worship, ආචාරය, වැඳීම.

සන්නද්ධ, *a.* (සම් together, නහ් to bind), arrayed, සැරසුණු, armed, accoutred, යුධායුධවලින් සැරසුණු. [යුධායුධ පළඳවනවා.

සන්නද්ධකරනවා, *v. t.* to accoutre, array in, arm,

සන්නද්ධවෙනවා, *v. i.* to arm or array one's self in armour, යුධායුධ පැලඳගන්නවා.

සන්නය, *n.* (සම් together, නය going), multitude, සමූහය, quantity, රැස ; rear, rear-guard. E. S. [explanation, අර්ථකීම.

සන්නය, *n.* translation, paraphrase, exposition,

සන්නස, *n.* deed of grant, grant, diploma, charter.

සන්න·හර්ෂ, *a.* (සන්න lost, හර්ෂ joy), of lost joy, distressed, දුක්වූ. [මැහුම් උපකරණ.

සන්නාලි·උපකරණ, *n. pl.* tailor's implements,

සන්නාලියා, *n.* tailor, මැහුම්කාරයා.

සන්නාසිකම, *n.* H. asceticism, තාපසකම.

සන්නාසියා, *n.* H. ascetic, fakir, mendicant.

සන්නාහය, *n.* armour, mail, corselet, උරසැදය.

සන්නි·කර්ෂණය, සන්නි·කර්ෂය, *n.* (සම් together, නි in or on, කෘෂ් to attract), drawing near, approximation, convergence, ළංවීම; proximity, කිට්ටුකම.

සන්නි·කර්ෂණය·වෙනවා, *v. i.* to draw near, approach, approximate, converge, ළංවෙනවා.

සන්නිකෘෂ්ට, *a.* that has come near, proximate, near, ළංවූ, ළඟ, ආසන්න.

සන්නි·ධිය, *n.* (ධි fr. ධා to have), nearness, proximity, ආසන්නභාව, කිට්ටුකම.

සන්නිධානය, සන්නිහිතය, *n.* nearness; appearance, පෙනීම ; presence, E. S.; depositing, storing, තැබීම, රැස්කරතැබීම ; gain, ලාභය.

සන්නි·පතිත, *a.* (සන්නි together, පත් to go, fall), collected, එකතුවූ, fallen together, එකට වැටුණු, mixed, blended, මිශ්‍රවූ.

සන්නි·පාත, *a.* (පාත fr. පත් to go, fall), collected, mixed, pert to the three humours of the body. [typhoid, සන්නිපාත උණ.

සන්නි·පාත·ජ්වර, *a.* pert. to typhoid fever,

සන්නි·පාත·ජ්වරය, *n.* typhoid fever, enteric fever, අන්ත්‍රජ්වරය, සන්නිපාතඋණ.

සන්නි·පාතය, *n.* collection, union, එක්වීම; mixture, මිශ්‍රය, කලවම; combination or morbid state of the three humours, තුන්දෙස් එකවිට කිපීම.

සන්නි·බන්ධය, *n.* binding, බැඳීම, බැඳුම ; consequence, ඵලෝදය. E. S. [to, සමාන.

සන්නිභ, *a.* (සම් with, නිභ like), like, similar

සන්නිමග්න, *a.* immersed in, see නිමග්න.

සන්නිය, *n.* (See සන්නිපාතය), fit or convulsion arising from the morbid state of the three humours. [වැලැක්වීම, බාධාව.

සන්නිවාරණය, *n.* holding together, restraint,

සන්නිශ්‍රිත, *a.* joined with, imbued with, having, යුක්ත ; served &c., see ශ්‍රිත and නිශ්‍රිත.

සන්න්‍යාසය, *n.* (සන්නි together, අස් to throw, cast off), abandonment of the world and worldly affections, asceticism, පැවිදිවීම, තපස් භාවය; Indian spikenard, ජටාමාංස.

සන්න්‍යාසියා, *n.* See සන්නාසියා. [පියෙස.

සන්·පියෙස, *n.* secret place, රහස් ස්ථානය, see

සන්·මට්ටිය, *n.* whip, කසය, සලුක්කුව.

සන්·මානය, *n.* (සත් good, මානය hour), honouring the good, respect, esteem, = සම්මානය.

සන්·මාර්ගය, *n.* good way, good conduct, සුචරිතය, යහපත්ලීලාව. [තය, කල්පකෙළවර.

සන්වැතිය, *n.* end of an age of the world, යුගාන්

සන්සල, *a.* E. of චංචල, shaking, සෙලවෙන.

සන්·සළු, *a.* (සම් skin, සළු robe), ap. of Siva as clothed in an elephant's skin.

සන්සාරය, *n.* See සංසාරය.

සන්සිඳුවනවා, *v. i.* or *v. c.* of සන්සිඳෙනවා; to allay, assuage, appease, gratify; *pret.* සන්සිඳෙවුවා; *v. n.* සන්සිඳුවීම.

සන්සිඳෙනවා, *v. i.* to be appeased, allayed, gratified (as a passion or desire), *pret.* සන්සිඳුණා; *v. n.* සන්සිඳීම.

සන්සුන්, *a.* fr. P. සන්නිසින්න: calm, placid, quiet, sedate, serious, demure. [gentleness.

සන්·සුන්කම, *n.* calmness &c., equanimity,

සන්·සුන්·විසුළු, *a.* serio-comic, සන්සුන්කම හා

සන්සේප, *a.* Col. for සංක්ෂේප. [විසිළුකම මිශ්‍රවූ.

සන්හතිය, *n.* Er. for සංහතිය.

සන්හිඳෙනවා. *v. i.* See සන්සිඳෙනවා; *pret.* සන්හිඳුණා; *v. n.* සන්හිඳීම.

සන්හුන්, *a.* See සන්සුන්.

සඳ, *a.* exalted, noble, excellent, උතුම්.

සඳ, *n.* moon, හඳ; evening, සැන්දෑව; dew, පිනි; joint, combination, සන්ධිය; time, වේලාව, කාලය; the north, උතුරුදිග; scent, සුවඳ; doubt, සැකය; sorrow, දුක; mind, සිත; desire, love, ස්නේහය; woman, ස්ත්‍රී; eye in a peacock's feather, පිල් ඇස.

සඳ·කට, සඳ·සඬ, *n.* (සඳ moon, කට or කඩ ornament), ap. of Siva, ඊශ්වරයා.

සඳ·කඩ·පහණ, *n.* (සඳකඩ piece of the moon, පහණ stone), crescent-shaped door-stone or step. [සඳපාන; peacock.

සඳ·කත්, *n.* moonbeam, චන්ද්‍රරශ්මිය, moonlight,

සඳකත, *n.* a kind of gem, see චන්ද්‍රකාන්තය; peacock, මොනරා. [the peacock,

සඳකැත්, *n.* moonbeam; a kind of gem; ap. of

සඳ·කැත්·මිණ, *n.* a kind of gem, crystal, පළිඟුව; *pl.* සඳකැත්මිණි.

සඳ·කිඳුරා, *n.* satyr or goat with the head and neck of a woman, see කිඳුරා.

සඳ·ගෝමි, *n.* the noble Sanda; a proper name.

සඳසුතා, *n.* (සඳ moon, සුතා son), the planet Mercury or its regent, බුදහු.

සඳපට, *n.* piece of cloth, රෙද්ද, රෙදිකඩ, sheet, ඇතිරිල්ල. [පාන.

සඳ·පාන, *n.* *lit.* moon-lamp, moonlight, සඳ

සඳ·පාන්·එළිය, *n.* light of the moon, moonlight. [මොනරා.

සඳබරණ, *n.* (සඳ අබරණ), ap. of Siva; peacock,

සඳමඬුල්ල, *n.* disc of the moon, සඳමඬල.
සඳ·මස, *n.* lunation, lunar month.
සඳ·මිදුලු, *n.* (සඳ joint), joint-oil, marrow of the joints, synovia. [දෙවියෝ.
සඳ·මුඬුළු, *n.* *lit.* moon-crest: ap. of Siva, ශිව
සඳ·රැස, *n.* moonbeam, සඳ රැස්මිය.
සඳ·ලිඹු, *n.* mark, or marks on the moon, supposed to represent a hare, සසලපය.
සඳල්ල, සඳැල්ල, *n.* See සදල්ල.
සඳ·වලා, සඳ·ෂවල, *n.* *pl.* (සඳ evening), evening or sunset clouds, සවස් රත් වලාකුළු.
සඳ·විමන, *n.* moon-palace, moon as a residence, used also as a car. [කොකා.
සඳ·විහඟයා, *n.* (සඳ moon, විහග bird), crane,
සඳස, *n.* E. of ඡන්දස.
සඳ·සාවා, *n.* moon-hare, viz. the image of a hare made by the spots on the moon.
සඳ·හන, *n.* (සඳ mind, හන mark), horoscope, සඳහන; memorandum, සටහන; thought, consideration, කල්පනාව, recollection, සිහිය.
සඳහන්කරනවා, *v. t.* to mention.
සඳහස, *n.* sword, sabre, කඩුව. [for; towards.
සඳහා, සඳ, *post.* on account of, on behalf of,
සඳු, *a.* pert, to the moon, moon-, lunar.
සඳුදා, *n.* Monday.
සඳුන්, *a.* or *n.* sandal-wood &c., හඳුන්.
සඳුන්·කූර, *n.* sandal-wood pastil.
සඳුන්·පළු, *n.* leaf or shoot of sandal tree.
සඳු·මිදුලු, *n.* mucus, mucilage, see සඳමිදුලු.
සප, *a.* pert. to oaths or cursing, දිවුරුම්, ශාප; also to serpents, සපී. [හප.
සප, *n.* E. of ශාපය: cursing, curse; also for
ස·පක්ෂයා, *n.* (ස with), one of the same party, partizan, adherent.
ස·පත, *n.* ocean, sea, මුහුද.
සපතේරුවා, *n.* Port., shoemaker.
සපතේරු·වැඩය, *n.* shoemaking.
ස·පත්, *a.* (ස with, පත් to go), arrived, attained, පැමිණි, සම්ප්‍රාප්ත.
ස·පත්, *n.* wealth, සම්පත්, සම්පත.
සපත්නා, *n.* enemy, සතුරා.
සපත්තු, *n. pl.* or *a.* Port., shoes; shoe-.
සපත්තු·අච්චුව, *n.* shoe-last.
සපත්තු·කුට්ටම, *n.* pair of shoes.
සපත්තු·දුලි, *n.* shoe-blacking, blacking.
සපත්තු·පටිය, *n.* shoe-lace, shoe-string.
සපත්තු·මල, *n.* shoeflower, hibiscus.
සපත්තුව, *n.* Port., shoe, boot.
සපත්නයා, *n.* enemy, සතුරා.
ස·පත්නී, *n.* *fem.* female enemy, සැතිරි.
සපත්‍රා·කාකිය, *n.* (සපත්‍රා affliction, කාකිය making), excessive pain, agony, තදවේදනාව.
සපථ, *n.* oath, දිවුරුම; cursing, curse, ශාපය.
ස·පථකරනවා, *v.* to take oath, swear, දිවුරනවා.

සප·දංශය, *n.* (සප serpent), snake's fang.
ස·පද·කම·පාදය, *n.* hexameter. E. S.
ස·පදන්, *a.* (Sans සම්, ප්‍රදාන gift), dative.
ස·පදන්·විබත, *n.* *gram.* dative case.
සපදයා, *n.* (ස six), six-legged one, viz. bee, see ෂට්පදයා.
ස·පදාන·චාරිකාංගය, *n.* (ස with, පදාන alms, චාරික itinerant, අංගය section or ordinance), B. mendicant ordinance, which requires the priests to procure food by asking from house to house, see තෙළෙස් ධුතාංග.
ස·පදානය, *n.* (පදාන P. of ප්‍රදාන), gift, alms,
සපන්, *a.* See හපන්. [දානය, දන්.
සපනය, *n.* oath, දිවුරුම; curse, malediction, දෙස්තැබීම. [සැපුවා; *v. n.* සැපීම.
සපනවා, *v. t.* to bite, chew, see හපනවා, *pret.*
සපනා, *n.* See හපනා; *pl.* සපන්නු.
සපයනවා, *v. t.* to procure, provide, supply; *pret.* සැපයුවා; *v. n.* සැපයීම.
සපයාගන්නවා, *v. t,* to provide for one's self, procure. [supply with, furnish.
සපයාදෙනවා, *v. t.* to provide for some one,
සප·රද, *n.* serpent-king, king of serpents, ap. of අනන්තයා, see නාගරාජයා.
ස·පරිවාර, ස·පරිස, *a.* (ස with, පරිවාර &c. retinue), having a retinue, accompanied with a retinue, පිරිවර (or පිරිස) සහිත.
ස·පමිත්, *a.* (පමිත් retinue), see සපරිවාර.
ස·පල, *a.* See සඵල.
සපා, *p. pl.* of සපනවා: having bitten &c., හපා.
සපා, *n.* serpent, සර්පයා.
සපාකනවා, *v. t.* See හපාකනවා.
සපාවා, *n.* bee, මීමැස්සා, see සපදයා.
ස·පැමිණි, *v. adj. pret.* that has arrived at or attained, පැමිණි, සම්ප්‍රාප්ත.
ස·පිරි, *a.* well-filled, full, පූර්ණවූ.
ස·පිරිකම්, *n.* (කම් for කර්ම), filling, completion, adorning, (ආභරණ) සැරසීම.
ස·පිරිකරනවා, *v. t.* to fill completely, complete, පූර්ණකරනවා, සම්පූර්ණකරනවා.
ස·පිරිවර, *a.* See සපරිවාර.
සපු, *a. pert.* to snakes, සපී. *Bot.*
සපු·මල, *n.* champac flower. See සපු. *Bot.*
ස·පුරිසා(ස්), *n.* E. of සත්පුරුෂයා.
ස·පුරා, *ad.* (ස emp., පුරා full), filled, fully, completely, see පුරා.
සපුව, *n.* pleasure, happiness, good condition, සැපත, ශුභය, see සුබ සපුව.
සප්, *a.* pert. to snakes, serpent-, සපී-.
සප්·සැවය, *n.* snake-skin, cast-off skin, හැවය.
සප්ත, *a.* seven, සත්, හත්.
සප්ත·ආණ්ඩුව, සප්ත·රාජ්‍යය, *n.* heptarchy. E. S.
සප්තක, *a.* septenary හතකින් යුක්ත.
සප්තකී, *n.* woman's girdle, ස්ත්‍රීන්ගේ මිඳුපටිය.

සප්ත·කුල·පර්වත, *n. pl.* B., the seven circular ranges of rocks or mountains that surround මහමේරු, and are the boundaries of so many oceans that lie between them, named—beginning with the inner one—යුගන්ධරය, ඊෂධරය, කරවීකය, සුදස්සනය, නේමින්ධරය, විනතකය, අශ්වකර්ණය.

සප්ත·කර්ණ, සප්තාශ්‍ර, *a.* (·අශ්‍ර), heptagonal, heptangular, කොන්හතක් ඇති.

සප්ත·කෝණය, සප්තාශ්‍රය, *n.* heptagon, කොන් හතක් ඇති තැබය.

සප්ත·ගුණ, *a.* septuple, සත්ගුණ.

සප්ත·ජිහ්ව, *n. lit.* seven tongues: a disease consisting of several fleshy growths under the tongue. [sacrifice, යුප්‍රාව.

සප්ත·තන්තුව, *n. lit.* (having seven performers)

සප්තති, *a.* septuagenary, seventy, හැත්තෑ.

සප්තති·කෘත, *a.* septuagint, made by seventy. E. S.

සප්තති·කෘත·පුස්තකය, *n.* book made by seventy, the Septuagint Old Testmant.

සප්තතිය, *n.* seventy, හැත්තෑව.

සප්තති·වයස්කයා, *n.* septuagenarian, හැත්තෑ අවුරුදු වයස් ඇත්තා..

සප්ත·දශය, *n.* seventeen, දහහත.

සප්ත·ධාතු, *n. pl.* seven constituents of the body, viz. chyle, flesh, blood, fat, marrow, bone, semen, අන්නරස, මස්, ලේ, තෙල, මිදුලු, ඇට, සුක්‍ර යන ධාතු හත. [හතක් ඇති.

සප්ත·පත්‍ර, සප්තපර්ණී, *a.* septifolious, කොළ

සප්ත·පණි, *n.* sweetmeat made of seven things, viz. juice of grapes, dates and pomegranates, with sugar honey, spices and ghee.

සප්ත·ප්‍රකරණ, *n. pl.* the seven sections or chapters of the අභිධම්මපිටකය.

සප්ත·බෝධ්‍යංග·ධර්මය, *n.* the seven kinds of 'Wisdom' or 'Knowledge Requisites' of a B. monk: viz. සමාධි, සම්‍යති or සති, ධම්මවිචය, විරිය, ප්‍රීති, ප්‍රශ්‍රබ්ධි, උපේක්ෂා. [glot.

සප්ත·භාෂා·පුස්තකය, *n.* septaglot book, septa-

සප්ත·භූමික, *a.* having seven stories or floors, see සත්බුමු. [(කොළෑ).

සප්ත·ච්ඡේදික, *a. bot.* septenate, හතහත බෙදුණු

සප්තම, *a.* seventh, හත්වෙනි.

සප්ත·මහා·ශෛල, *n. pl.* See සප්තකුලපර්වත.

සප්තමිය, *n.* seventh day of the moon; P. *gram.* seventh or locative case.

සප්ත·මුනි·චාරය, *n.* (සප්තමුනි seven sages, චාරය going), Charles's-wain. E. S.

සප්තය, *n.* seven, සත, හත.

සප්ත·රත්න, *n. pl.* seven gems, see සත්රුවන්.

සප්ත·වර්ෂ, සප්තසාංවත්සරික, *a.* occurring once in seven years, septennial. E. S.

සප්ත·වර්ෂ·ස්ථ, *a.* (ස්ථ abiding), continuing seven years, septennial. E. S.

සප්තර්ෂිය, *n.* (සප්ත ඍෂි seven sages), const. Ursa Major, see Ursa, E. S.

සප්ත·විඥාන, *n. pl. lit.* seven intelligences, viz. seven Brahma worlds, බ්‍රහ්මලෝක සත.

සප්ත·නිධි·රත්න, *n. pl.* seven treasurcs of a Sakviti King: chariot wheels, elephants, horses, jewels, wife, prince-royal, prime Minister.

සප්ත·සාගර, *n. pl.* the seven oceans, see සප්ත කුලපර්වත. [ශුද්ධනාදනය.

සප්ත·ස්වර, *n. pl.* the seven notes of music,

සප්තාංග, *a.* (අංග side), septilateral, පැතිහතක්

සප්තාංග·ඝනය, *n.* heptahedron. E. S. [ඇති.

සප්තාංග, *n. pl.* (·අංග portions), seven requisites of a kingdom, viz. Lord or king, prime minister, friend or ally, wealth, territory, fortifications and an army.

සප්තාර්චිය, *n.* (·අර්චි flame), Agni or fire, අග්නි, ගිත්ත; planet Saturn, සෙනසුරු. [රණ.

සප්තාශ්ව, *n.* (·අශ්ව), ap. of the sun, see සත්තු

සප්තාහය, *n.* (·අහය day), week සතිය, සුමානය.

සප්තාහික, *a.* weekly, සුමානපතා.

සප්කුඩු, සප්දිවි, *n.* (සප් E. for සර්ප), venom-doctor, විසදුරු, see සත්කුඩු· '·ගෙයා.

සප්පයා, *n.* P. of සර්ප: snake, serpent; *pl.* සප්ප

සප්පාය, *n.* enjoyment, pleasure, luxury, සැපත.

සප්පායන්වෙනවා, *v. hon.* to indulge in or partake of food, eat, අනුභවකරනවා, කනවා.

සප්පුරිසෝ, *n.* P. of සත්පුරුෂ.

සප්‍රද, *n.* See සප රද. [ප්‍රාණික.

ස·ප්‍රාණික, *a.* living, alive, animate, ප්‍රාණවත්,

ස·ප්‍රාණිකකරනවා, *v. t.* to make living, impart life, quicken, පණදෙනවා, ප්‍රාණවත්කරනවා; *fig.* personify, E. S. [පුව.

සප්ලිය, *n.* covenant, ගිවිසුම, promise, පොරොන්

සඵරයා, *n.* See සපරයා.

ස·ඵල, *a.* (ස with, ඵල fruit), fruitful, productive, profitable, prosperous, successful.

ස·ඵලකම, ස·ඵලත්වය, *n.* fruitfulness &c.

ස·ඵලවත්, *a.* flourishing &c. [thrive.

ස·ඵලවෙනවා, *v. i.* to prosper, flourish, succeed,

සබ, *a.* true, සැබෑ.

සබ·කෝලය, *n.* stage-fright.

සබත්, *a.* Eng. sabbath.

සබත්·දවස, *n.* sabbath day,

ස·බද, *n.* See සබඳ.

සබන්, *n.* or *a.* Port., soap.

සබන්·ආකාර, *a.* soapy, saponaceous.

සබන්·කුකුළා, *n.*T., Ceylon spur fowl, a species of woodcock, සබන්කුකුළා.

සබන්·පෙණ, *n.* soap-suds, lather.

ස·බඳ, *a.* E. of සම්බන්ධ: connected with, එකතු; friendly, මිත්‍ර; *gram.* genitive (case).

ස·බඳ·විබත්, *n. gram.* genitive case. [යහළුවා.

ස·බඳු, *n.* friend, associate, companion, මිත්‍රයා

සබය, *n.* E. of සභාව; also for සැබෑව.

සබරයා, *n.* sheat fish, පෙවියා; archer, Veddah, වැද්දා; venom-doctor, විෂවෙද; young animal, පැටවා. [water, දිය.

සබල, *n.* variegated colour, විසිතුරුපාට;

සබ·වස, *n.* true word or speech, truth, සැබෑ බස, ඇත්ත.

සබ්‍යා, *a.* polite, decent, ශිෂ්ටාචාර.

සබා, *n.* E. of සභා.

ස·බාධ, *a.* (ස with, බාධ opposition), oppressive, extortionary, හිංසාසහිත, බලාත්කාර. [ලාව.

සබා·සල, *n.* society hall, assembly hall, සභාශා

සබුස්තුව, සබුස්තුව *n.* whip, කසය.

සබ්බ, *a.* P., of සර්ව : all.

සබ්බ·ඤ්ඤු, *a.* P. of සර්වඥ : omniscient.

සබ්බ·දස්සී, *a.* P. of සර්වදර්ශී : all-seeing.

ස·බ්‍රහ්මචර, *n.* See next word.

ස·බ්‍රහ්මචාරියා, *n.* (ස co-), co-celibate, a fellow student observing the same austerities, see බ්‍රහ්මචාරියා. [භයසහිත.

සභය, *a*, (ස with), having fear, afraid, timid,

සභා, *n. pl.* or *a.* societies; society-. See සභාව.

සභාකාරකම, *n.* membership in a society, church membership &c.

ස·භාග, *a.* (ස with, co-, භාග parts), of corresponding parts, of the same kind or tribe, similar, fellow, සහභාගී. [house.

සභා·ගෘහය, *n.* meeting house or room, club-

සභා·ධර්ම·ඥයා, සභා·නීති·ඥයා, *n.* canonist, සභා නීති දන්නඅය.

සභා·පතිකම, සභා·පති·ධුරය, *n.* presidency, presidentship, සභානායකකම.

සභා·පතියා, සභා·පති·නැයා, *n.* head of the society or church, president, ecclesiarch.

සභාපාලිත, *a.* superintended by the church, congregational, E. S.

සභාව, *n.* (ස with, together, භූ to be), society, assembly, church; meeting-house, assembly

සභා·චාර, *a.* sessional. [hall, ශාලාව.

සභා·වාරය, *n.* occasion when a society meets, session. [society, schism.

සභා·විච්ඡේදය, *n.* division or dissension in a

සභා·විස්තරය, *n.* explanation or history of a society or church, ecclesiology.

සභා·සංගම, *a.* synodal, synodic, සභාවේ රැස්වීමට අයිතිවූ.

සභා·සංගමය, *n.* synod, මහාසභා රැස්වීම.

සභා·සේවක·තිලය, *n.* office of serving a society, deaconship. [society, deacon.

සභා·සේවකයා, *n.* minister or servant of a

සභිකයා, *n.* Er. for සභ්‍යයා, member of a society, සාමාජිකයා. [terrified, භයපත්.

ස·භිරු, *a.* (ස with, emp., භීරු afraid), afraid,

සභ්‍ය, සභ්‍යාකාර, *a.* pert. to or fit for society or an assembly, polite, ශිෂ්ටාචාර; faithful, විශ්වාසවූ. [ශිෂ්ටාචාරය.

සභ්‍යතාව, *n.* fitness for society, politeness,

සභ්‍යය, *n.* trustiness, විශ්වාසකම, trust, විශ්වාසය; authenticity, truthfulness, සැබෑකම; honourableness, නම්බුකාරකම.

සභ්‍යයා, *n.* assistant at an assembly, member of society, සාමාජිකයා.

සම, *n.* E. of චර්ම : skin, hide, leather, හම.

සම, *a.* like, similar, equal, congruous; impartial, සාධාරණ; same, එම.

සමකම, සමතාව, *n.* similarity, affinity, equality, parity, congruity, සමානකම.

සමකය, *n.* equator. E. S.

සමකරනවා, *v. t.* to make alike or equal, equalize, parallel; compare.

සමකරබලනවා, *v. t.* to compare.

සම·කාලික, සම·කාලීන, *a.* co-eval, co-existent, contemporary. E. S. [&c., synchronism.

සමකාලිකකම, සමකාලීනතාව, *n.* co-existence

සම·ක්‍රමායාත, *a.* (·ආයාත come or proceeding), in the same order, collateral, එකසමානවූ. E. S. [homeopathist.

සම·ක්‍රමික·වෛද්‍යයා, *n.* homeopathic doctor,

සමක්ෂ, *a.* (සං with, අක්ෂ organs of sense), present, visible, evident, අභිමුඛ, ප්‍රත්‍යක්ෂ.

සමග, සමඟ, *post.* with, together with, along with.

සම·ගණිත, *a.* of the same number, *bot.* symmetrical. [symmetry.

සම·ගණිතය, සම·ගණනා, *n.* equal number, *bot.*

සමගහනවා, *v. t.* See සමඟහනවා.

සමගි(ඟි), *a.* united, associated, සම්බන්ධ; peaceful, pacific, සමාදාන.

සමගිකම, සමගිතාව, *n.* agreement, harmony, concord, peace, peacefulness, amicableness, සමාදානය. [peace, atone.

සමගිකම්කරනවා, *v.* to make reconciliation or

සමඟිකරනවා, *v. t.* to reconcile, cause to agree, සමාදානකරනවා. [සමාදානකරගන්නවා.

සමගිකරගන්නවා, *v. t.* to conciliate, propitiate,

සමගිය, *n.* See සමගිකම.

සමගිවෙනවා. *v. i.* to become reconciled, come to a state of peace, සමාදානවෙනවා.

සම·ගොත්, සම·ගෝත්‍ර, *a.* (සම same, ගොත් &c. tribe), of the same tribe, kindred, එකජාතිවූ, නෑවූ. [entire, මුළු.

සමග්‍ර, *a.* (සං with, අග්‍ර sum or whole), all, whole,

සම·ඝනය, *n.* (සම equal), regular solid or body.

සම·චිත්ත, *a.* even-minded, equable, impartial, සාධාරණ; composed, serene, ශාන්ත.

සමච්චලය, *n.* fun, joke, jest, ridicule, raillery, scoff; *pl.* සමච්චල්.

සමච්චල්, *a.* jocular, waggish, comical, derisive.

සමච්චල්කරනවා, *v.* to joke &c., banter, scoff at.

සමච්චල්කාරයා, *n.* jester, giber, derider.

සම·ජනක·ලිංගවත්, *a.* *bot.* homogamous. E. S.

සමජ්ජය, *n.* (සං with, අජ් to go), assemblage, multitude, රැස, රංචුව; forest, වනය.

සම·ජාති, *a.* of the same caste or race, congenerous, එකජාතිවූ. [or tribe, congener.

සමජාතියා, *n. mas.* person of the same caste

සමජ්ජාව, *n.* (සං with, අජ් to go), assembly, company, සමූහය, පිරිස; fame, කීර්තිය.

සම·ඥාව, *n.* (සම all, ඥා to know), report, repute, fame; name, appellation, නාමය, සංඥානාමය.

සමණ, *a.* E. of ශ්‍රමණ, which see.

සමණ, *n.* canopy carried in B. processions.

සමණ·ධම්, *n. pl.* duties of B. P., මහණදම්, ශ්‍රමණධම්.

සමත(ත්), *a.* E. of සමර්ථ: clever, skilful, දක්ෂ.

සමත, *a.* E. of සමස්ත: all, the whole, සියලු, මුළු

සමත, *n.* starvation, සාමත.

සම·තලය, *n.* (සම even), *geom. and ast.* plane.

සම·තලා, *a.* even, flat, level, plain.

සම·තලාකම, *n.* evenness, levelness, flatness.

සම·තලාකරනවා, *v. t.* to level, make even, flatten, smooth.

සම·තලා·පත්‍රක, *a.* planifolious, planipetalous, පැතලිකොළ ඇති, පැතලිපෙති ඇති.

සම·තලාව, *n.* level place, plain, esplanade.

සමතා, *n.* E. of සමර්ථයා, clever person; rich man, පොහොසතා; cuckoo, see කෝහා; bird, කුරුල්ලා; mendicant, භික්ෂුව.

සමතාව, *n.* See සමකම.

සමතැස්, *a.* (සමත universal, ඇස් eye-), all-seeing, ep. of Buddha, සැමදේ දක්නා බුදුන්.

සමතික්‍රමය, *n.* (සං, අති beyond, ක්‍රමය going), going beyond; transgressing; ඉක්මවීම, කඩකිරීම.

සමතික්‍රමණයවෙනවා, සමතික්‍රාන්තවෙනවා, *v. i.* to exceed, surpass, transcend. E. S. [ඉක්මවීම.

සමති·ක්‍රාන්තිය, *n.* going beyond, transcendence,

සම·තිස්·පෙරුම්, *n. pl.* (සම the whole, පෙරුම් endeavours), the thirty special endeavours or virtues practised by Buddha. See පාරමිතා.

සමතීත, *a.* (සං with, අතීත), quite past (of time &c.), see අතීත.

සමත්, *a.* See සමත fr. සමර්ථ.

සම·ත්‍රිංශත්, *a.* (සම all), the whole thirty.

සම·ත්‍රිංශත්පාරමිතා, *n. pl.* the whole thirty පාරමිතා, see පාරමිතා.

සම·ත්‍රි·භුජය, *n.* (සම equal), equilateral triangle.

සමථ, *n.* calmness, tranquillity, නිශ්චලය, ශාන්තිය.

සමධි·ගමනය, සමධි·ගමය, *n.* (සං with, අධි extreme, ගම් to go) arriving, attaining, obtaining, ප්‍රාප්තිය, ප්‍රාප්තවීම.

සම·ධාත, *a.* equivalent, සමවූ, එකාකාරවූ.

සම·ධාත·ප්‍රමාණය, *n. chem.* equivalent degree, equivalent, සමප්‍රමාණය.

සමනයා, *n.* lord, master, ස්වාමියා, husband, ස්වාමිපුරුෂයා. [lionaceous.

සමනළ·ආකාර, *a.* butterfly-like, *bot.* papi-

සමනළකන්ද, *n.* (for සමන්තකූටය), ap. of Adam's Peak, ශ්‍රීපාදකන්ද.

සමනළයා, *n.* butterfly, papilio.

සමනුඥාත, *a.* permissive, see අනුඥාත. [නය.

සමනුඥානය, *n.* permission, අවසරය, see අනුඥා

සමන්, *n.* union, association, සංයෝගය; ap. of Buddha. *Bot.* [universal, සමස්ත, මුළු.

සමන්ත, සමන්තක, *a.* (සං with, අන්ත end), entire,

සමන්තය, *n.* limit, boundary, ඉම, end, නිම.

සමන්ත·කූටය, *n.* (සමන්ත all round, කූට peaks), ap. of Adam's Peak, so called because it is surrounded by peaks.

සමන්ත·චක්ෂු, සමන්තාක්ෂි, *a.* (සමන්ත universal, චක්ෂු, අක්ෂි, eye), of universal eye, all-seeing, ep. of Buddha, see සමතැස්.

සමන්තතාව, *n.* universality. E. S. [Buddha.

සමන්ත·භද්‍ර, *a.* all-good, all-auspicious: ep. of

සමන්ත·භද්‍රයා, *n.* he who is all good &c.: ap. of Buddha. [viz. fire, ගින්න.

සමන්ත·භුජ, *n.* (භුජ් to eat, devour), all-devourer,

සමන්නනවා, *v. t.* to join together, gather together, එකතුකරනවා; *pret.* සැමුන්නුවා.

සමන්වාගත, *a.* (සමන්, ආගත come to), attained, possessed of, endued with, ප්‍රාප්ත.

සමන්·බදුරු, සමන්බහදුරු, *a.* E. of සමන්තභද්‍ර.

සමන්වය, *a.* or *n.* (සං, අන්වය succession), sequential, අනුගාමික; sequence, E. S.

සමන්වාගත, *a.* See සමන්නාගත.

සමන්වාගන්නවා, *v. t.* to subject, bring into subjection, යටත්කරගන්නවා, වශකරගන්නවා.

සමන්විත, *a.* (සං අන්විත), having, possessing, endowed with, imbued with, consisting of, අන්විත, සංයුක්ත. [යුක්තකරනවා.

සමන්විතකරනවා, *v. t.* endow with, endue with,

සමන්විතවෙනවා, *v. i.* to become endowed with, imbued with. [sages, concordance.

සම·පද·අකාරාදිය, *n.* dictionary of parallel pas-

සම·පද පාත, *a.* (පාත falling), rhythmical, ශබ්ද සමවූ. [තාව, ඡන්දස.

සම·පද·පාතය, *n.* rhythm, rhythmus, ශබ්දසම

සම·පද·සංග්‍රහය, *n.* compilation of parallel passages, harmony of passages.

සමපල, *a.* middling, medium, මධ්‍යස්ථ.

සම·ප්‍රමාණ, *a.* proportionate, symmetrical, ප්‍රමාණයට එකඟවූ.

සම·ප්‍රමාණ·ක්‍රමය, *n. arith.* rule of proportion, rule of three, ත්‍රෛරාශිය. [try. E. S.

සම·ප්‍රමාණතාව, *n.* proportionateness, symme-

සමප්‍රමාණය, *n.* similar degree, proportion, එක තරම [plain.

සම·බිම, සම·භූමිය, *n.* level ground, level place,

සමබුද්ධි, *a.* of the same mind towards all things, indifferent, stoical, උපේක්ෂක.

සම·භාග, *a.* of the same parts or proportion, of the same size, measure, or weight.

සම·භාගකරනවා, *v. t.* to equalize, එකාකාරකර නවා.

සම·භාව, *a.* of the same nature or state, homogeneous, එකජාතිවූ.

සම·භාවත්වය, සමභාවය, *n.* being of the same nature, sameness, එකසමානකම, එකස්වභාව.

සම්භි·හරණය, *n.* (සං· together අභි towards, හරණය taking), seizing, seizure, අල්ලාගැනීම, ග්‍රහණය.

සමභි·හාරය, *n.* (හාරය taking), excess, වැඩිකම.

සම·මිතිය, *n.* common or general measure, coadmeasurement, එකමිම්ම.

සමම්, *Sans. post.* with, together, සමග.

සමය, *n.* time, period, season, කාලය, occasion, ප්‍රස්තාව; religion, ආගම, sect, ලබ්ධිය.

සමයක්කාරයා, සමය·වාදියා, *n.* adherent of a religion, religionist, ආගම්කාරයා.

සමයම්වෙලාවල්, *n. pl.* the proper hours for the performance of demon-worship, viz. morning twilight, mid-day, and evening twilight

සමයානුකූල, *a.* (see අනුකූල), appropriate to the occasion, opportune, timely, ප්‍රස්තාවානුකූල; conformable to the religion or sect, ආගමානුකූල.

සමරනවා, *v. t.* (fr. සමර), to remember, මතක් කරගන්නවා or මතක්වෙනවා; *pret.* සමළා or සැමිරුවා.

සමර·මැටි, *n.* a sort of clay used as a yellow pigment or paint.

සමරය, *n.* war, battle, යුද්ධය.

සමරය, *n.* E. of ස්මරය: recollection, මතක; lust, කාමරාගය.

සමරයා, *n.* E. of ස්මරයා: ap. of Cupid, කාමදෙවියෝ.

සම·රේඛාව, *n.* equal or parallel line. E. S.

සමර්චනය, සමර්චාව, *n.* (සං· with, අර්ච to worship), adoration, worship, සත්කාරය.

සමර්ථ, *a.* (සං· together, අර්ථ meaning, cause), clever, skilful, dexterous, capable, සපත්, දක්ෂ, පුළුවන්.

සමර්ථයා, *n.* clever, or capable person, සපයා, දක්ෂයා &c.

සමර්පණය, *n.* (සං·, අර්පණ making over), delivering, consigning; dedication; පැවරීම, ඔප්පු කිරීම.

සං·මල, *n.* or *a.* (ස with, මල් filth), dirt, filth, කිලුට, කැත; dirty, filthy, කිලුටු, කැත.

සමලංකාර, *a.* (සං· with, emp.), beautiful, handsome, අලංකාරවත්.

සමලංකාරකරනවා, *v. t.* to beautify, adorn, අලංකාරකරනවා.

සමලංකෘත, *a.* beautified, adorned, අලංකාරකරන ලද.

සමලංකෘතිය, *n.* beautifying &c.; beautifulness, අලංකාරය.

සමවත, *n.* E. for සමාපත්තිය.

සමවතීර්ණ, *a.* (සං· with, emp., අවතීර්ණ), descended, gone down, බැස්ස, see අවතීර්ණ.

සම·වදිනවා, *v. i.* (සම together, emp.), to enter, arrive at, attain to, ප්‍රාප්තවෙනවා. [පාට.

සම·වන්, *n.* E. of ශ්‍යාමවර්ණ: blue-colour, නිල්

සමවන්, *a.* (fr. සමාපන්න), reached, arrived at.

සම·වර්තියා, *n.* (සම general, වෘත to choose, decide), arbitrator, ap. of Yama, see යම.

සම·වර්තුල, *a.* (සම altogether), perfectly round, හොඳටමවටකුරු, චක්‍රාකාර.

සමවර්තුලතාව, *n.* roundness, rotundity.

සමවාප්තිය, *n.* (සං· with, අවා: obtaining), obtaining, සම්ප්‍රාප්තිය, ලබාගැනීම.

සමවාය, *n.* co-ordination, union, uniting, එක්වීම; interposition, mediation, මැදහත්වීම; multitude, collection, සමූහය, රැස.

සම·වැටුම, *n.* (වැටුම fr. වෘතති), fellow-feeling, feeling towards others as towards one's self, සමව පැවැත්ම.

සම·විශාල, *a.* of equal extent, coextensive, එක තරම විශාල. [විශාලකම, එකප්‍රමාණය.

සමවිශාලතාව, *n.* coextensiveness, එක තරම

සම·වෘත්ති, *a.* (සම equal, වෘත්ති being), equal, moderate, මධ්‍යස්ථ, මද.

සම·භවනවා, *v. i.* to become equal or similar, comport with, එකසමවෙනවා,

සම·රූප, *a.* of the same form, homomorphous, හැඩයෙන් or රූපයෙන් සමාන.

සම·වෛද්‍ය·ක්‍රමය, *n.* homeopathy, රෝගලක්ෂණ සමවකරනවෛද්‍යකම. E. S.

සම·ශබ්ද·ක්‍රමය, *n.* *mus.* the scale of similar sounds, harmony.

සම·ශබ්දතාව, *n.* *mus.* unison, unisonance.

සම·ශබ්දය, *n.* harmonious sound; *gram.* the same sound, homonym.

සම·ශීතෝෂ්ණ·කලාපය, *n.* (ශීත උෂ්ණ), temperate zone, ශීත උෂ්ණ මදවූ පළාත.

සම·ශීතෝෂ්ණතාව, *n.* equable temperature, temperateness, ශීත උෂ්ණමදකම.

සමශ්නුවානය, *n.* (සං· with, අශ්නු: pervading), suffusion, පැතුරුම, ව්‍යාප්තිය.

සමශ්නුවානවෙනවා, *v. i.* to become suffused, pervade, පැතිරෙනවා, ව්‍යාප්තවෙනවා.

සමස, *n.* sudden, fear, alarm, සද්දිසිභය, චකිතය.

සම·සංඛ්‍ය, *a.* of the same number, numerically equal, ගණනින් එකාකාර.

සමසනය, *n.* (සම්, අසන), combination, එක්වීම; contracting, contraction, ඇකිළීම, හැකිළීම.

සම·සම, *a.* (සම repeated, implying severally), like, similar, equal. [සෙත්ම.

සම·සමයේම, සමසේම, *ad.* equally, එකාකාර

සමස්, *n. pl.* or *a.* E. of සමාස.

සමස්·කිරිය, *n.* E. of සමාස ක්‍රියාව.

සමස්ත, *a.* (සං· together, අස් to be or throw), all the whole, total, universal, සියලු, මුළු; abbreviated, සංක්ෂිප්ත, ලුහුඩු; compound, සමාසික, මිශ්‍රවූ. [ව්‍යාප්තතාව.

සමස්තතාව, *n.* wholeness, universality, සමස්ත

සමස්ත·දර්ශක, සමස්ත·දර්ශිත, *a.* exhibiting or viewing all, panoramic, සියල්ල දක්වන.

සමස්ත·දර්ශකය, *n.* what exhibits all, panorama ; pandect. E. S.
සමස්ත·පරිධිය, *n.* perimeter, මුළු අවට මිම්ම.
සමස්තය, *n.* the whole, the aggregate, integer, මුළුඑක.
සමස්ත·ලෝකය, *n.* the whole world, the universe, මුළුලෝකය.
සමස්ත·ශාස්ත්‍ර·ශාලාව, *n.* university, සියලු ශාස්ත්‍ර උගන්වන ශාලාව.
සමස්ත·සන්නාහය, *n.* panoply, සම්පූර්ණ සන්නාහය.
සමස්ත·සභා, *a.* pert. to the whole church or society, œcumenic, මුළුසභාව සම්බන්ධවූ.
සමස්තාංශාන්‍යෝක්ති, *a.* (·අංශ part, අන්‍යෝක්ති change), exchanging the whole and a part, synecdochical. E. S.
සමස්තාංශාන්‍යෝක්ති·විධිය, *n.* interchange in speech of the whole and a part, synecdoche. E. S.
සමස්තාකාරයෙන්, *ad.* altogether, in toto, universally, මුළුවශයෙන්, පොදුවශයෙන්.
සමස්ථ, *a.* general, universal, සාමාන්‍ය.
සමාගම, *n.* union, association, සංයෝගය ; coition, සංවාසය.
සමහර, *pron.* or *a.* a portion, some ; *n.* half-moon, අඩසඳ.
සමහරක්, *pron. neu.* some, a portion, a few.
සමහරෙක්, *prom. mas.* and *fem.*, සමහරු *pl.* some persons.
සමහර·විට, *ad.* sometimes ; perhaps.
සමාංශයා, *n.* (සම equal, අංශ share), one who shares equally, coheir, fellow-heir, හවුල් උරුමක් කාරයා.
සමාංශාතුල්‍ය·චතුරස්‍රය, *n.* (සම අංශ අතුල්‍ය :), rhomb, rhombus. E. S.
සමාකරනවා, *v. t.* E. of ක්ෂමාකරනවා : to forgive, ක්ෂමාකරනවා.
සමාකර්ෂක, *a.* (සං· together, ආකර්ෂක drawing), constrictive, constringent, හිරකරන, අඩස්සිකරන.
සමාකර්ෂණය, *n.* drawing together, constriction, අඩස්සිය &c.
සමාකුලකරනවා, *v. t.* (සං· together, ආකුල), to bewilder, confound, puzzle, mix up, ආකුල කරනවා.
සමාකුලත්වය, *n.* state of bewilderment, perplexity, විශවුල්කම.
සමාගත, *a.* (සම together, ආගත came), arrived, පැමිණි ; met, සම්බවූ ; united, සංයුක්ත.
සමාගති, *a.* arriving or meeting together, *ast.* synodic, සම්ප්‍රාප්ත.
සමාගතිය, *n.* arrival, ප්‍රාප්තිය, පැමිණීම, meeting, සම්ප්‍රාප්තිය, union, සංයෝගය.
සමාගම, *n.* (සං· together, ආගම coming), company, society, association .
සමාගම්, *n. pl.* or *a.* companies &c. ; society-, denominational.
සමාගම්කාර, *a.* pert. to a society, denominational.
සමාගම්කාරකම, සමාගම්කාරත්වය, *n.* membership, fellowship.
සමාගම්කාරයා, *n.* member of a society, associate.
සමාගම්පවත්වනවා, *v.* to associate with, keep company with.
සමාචරණය, *n.* (සං· with, ආච :), habit, practice, පුරුද්ද, behaviour, හැසිරීම.
සමාචාරය, *n.* respectful salutation.
සමාජය, *n.* See සමාගම.
සමාඥව, *n.* (සම් together, ආ, ඥ to know), reputation, fame, කීර්තිය.
සමාදම, *n.* collecting, එකතුකිරීම ; collection, what is collected, රැස්වූ or එකතුකළ ශක්ති.
සමාදම්කරනවා, *v.* to collect donations for religion.
සමාදම්කරවනවා, *v. c.* B., to cause to share or participate, to communicate (merit, සිල්. &c).
සමාදම්වෙනවා, *v. i.* to share with, participate with (in merit &c).
සමාදරය, *n.* affection, ආදරය, reverence, ගරුකොට සැලකීම.
සමාදාන, *a.* peaceable, pacific, amicable, peaceful.
සමාදානකරනවා, *v. t.* to make peace, reconcile, pacify.
සමාදානකාරයා, *n.* peaceable person.
සමාදාන·කච්·ශාලාව, *n.* civil-court of justice.
සමාදාන භංගය, *n.* breach of peace, riot, සමාදානය කඩකිරීම.
සමාදාන·මුලාදෑනියා, *n.* peace-officer.
සමාදානය, *n.* peace, concord, harmony.
සමාදානවෙනවා, *v. i.* to come to a state of peace, become reconciled.
සමාදේය, *a.* communicable, දියහැකිවූ or පුදුස, acceptable, පිළිගතහැකිවූ.
සමාධානය, සමාධිය, සමාධි·යෝගය, *n.* (සං· with, ආ to, ධා to hold), keeping the mind and thoughts intent on, composure, reverie, concentrated and devout meditation, see ධ්‍යානය ; religious vow, භාරය ; reconciling, සමාදානකිරීම.
සමාහිවෙනවා, *v. i.* to be pleased, gratified, satisfied, සතුටුවෙනවා.
සමාධි·ගත, *a.* (ගත continuing), continuing in meditation, meditative, ධ්‍යානපර, මෙනෙහිකිරීමෙහි යෙදීසිටින.
සමාධ්මාත, *a.* (සං· emp., see ආධ්මාත), inflated, flatulent.
සමාන, *a.* like, similar.
සමානකම, *n.* similarity, equality.
සමානකරනවා, *v. t.* to make like ; compare.
සමානකරබලනවා, *v. t.* to compare.
සමාන·ජාතිත්වය, *n.* similarity in kind or caste or race, homogeneousness, ජාතියෙන් එකසමානව තිබීම.
සමානතාව, සමානත්වය, *n.* See සමානකම.
සමානය, *n.* (සම with, co-, ආනය inhalation), one of the five vital airs, viz. the one which promotes digestion.
සමානවෙනවා, *v. i.* to become similar or equal.

සමානාධි·කරණ·විශේෂණය, *n. gram.* inherent adjective, as white in white cloth.

සමානාර්ථ, සමානාර්ථ·වාචක, *a.* (සමාන අර්ථ), having or expressing the same sense, synonymous, paronymous.

සමානාර්ථ·වාචකය, *n.* synonym. E. S.

සමාන්තර, *a.* (සම equal, see අන්තර), having an equal interval, collateral, parallel, සමදුරවූ (ඉර).

සමාන්තරකරනවා, *v. t.* to parallel, make parallel, සමකරනවා. [parallel.

සමාන්තරත්වය, *n.* equal distance, parallelism, a

සමාන්තර·රේඛාව, *n.* parallel line, සමදුරවූ ඉරක්.

සමාන්ත්‍යශබ්දය, *n.* (සම අන්ත්‍ය), similar final sound, rhyming sound, rhyme, එළි සම කම.

සමාපත්තිය, *n.* (සං· emp., ආපත්තිය obtaining), completion, attainment, සම්පූර්ණකිරීම, ප්‍රාප්තිය ; deep meditation, ධ්‍යානය. [සමාපත්තිය.

සමාපනය, *n.* completion, conclusion, see

සමාපන්න, *a.* (සං· with, ආපන්න), attained, පැමිණි, ප්‍රාප්ත, acquired, ලබාගත් ; effected, completed, ඉෂ්ටකරනලද. [දුනු; සම්පූර්ණවූ.

සමාපිත, සමාප්ත, *a.* finished, completed, නිමි

සමාප්තකරනවා, *v. t.* to finish, complete. [සාත.

සමාප්තික, *a.* concluding, final, නිමවනකරන, අව

සමාප්තිකභාව, *n.* completed state, finality, නිමවූභාවය, අවසානය

සමාප්තිය, *n.* the end, conclusion, completion, නිමවුව, සම්පූර්ණකිරීම.

සමාප්ලුත, *a.* (සං· with, ආප්ලුත bathed), drenched, well soaked, හොඳට තෙමුණු.

සමායුක්ත, *a.* joined, connected, සම්බවූ, සම්බන්ධ.

සමාර, *n.* part, half, පංගුව, භමාර.

සමාරකරනවා, *v. t.* See භමාරකරනවා.

සමාරම්භ, සමාරම්භක, *a.* (සං· with, emp., ආරම්භ), initial, initiative, පටන්ගන්න, මුල්වූ.

සමාරම්භක·කාර්‍ය්‍යය, *n.* initial act, the initiative, මුල්වූ ක්‍රියාව. [පටන්ගැන්ම, ආරම්භය.

සමාරම්භය, *n.* beginning, commencement,

සමාරය, *n.* end, conclusion, close, සමාරය.

සමාරාධිත, *a.* (සං· ආරා :), requested, invited, කැඳවනලද ; begun, පටන්ගත්.

සමාරිය, *a.* Samaritan.

සමාරියයා, සමාරිතයා, *n. mas.* a Samaritan.

සමාරූඪ, *a.* ascended, see ආරූඪ.

සමාරෝපණයකරනවා, *v. t.* (සං· together, ආරෝ :), to place or plant together, එකට සිටවනවා.

සමාරෝපිත, *a.* placed together, එකටසිටවනලද

සමාරෝහය, *n.* (සං· with, emp.), mounting, ascending, නැගීම.

සමාලම්බනයකරනවා, *v. t.* (සං· ආල :), to place on, cause to hang or rest on, (යමක්) පිට පිහිටුවනවා.

සමාලම්බිත, *a.* resting on, (යමක්)පිට පිහිටි.

සමාව, *n.* E. of සමාව : pardon, සමාව.

සමාවර්තන, *a.* (සං· together, ආවර්තන returning), *ast.* synodic, see සමාගම.

සමාවාය, *a.* conglomerate, එකට හැපීගැසුණු.

සමාවායය, *n.* conglomeration. [නිවාසය.

සමාවාසය, *n.* (සං· ආවා :), residence, ආවාසය,

සමාවිෂ්ට, *a.* (සං· ආ :), occupied, engrossed, ප්‍රයුක්ත, යෙදිසිටින ; entered, ප්‍රවිෂ්ට, ඇතුල්වූ.

සමාවෘත, *a.* (සං· ආ :), encircled, surrounded, enclosed, වටපිටින්ඔබන. [සමාවෙනවා.

සමාවෙනවා, *v. i.* සමා E. of සමා : to forgive,

සමාශ්‍රිත, *a.* (සං· ආශ්‍රිත), that has taken refuge, protected, ආරක්ෂිත.

සමාශ්වාසය, *n.* (සං· co-, ආශ්වාසය breathing), confidence, විශ්වාසය.

සමාස, සමාසවත්, *a.* (සං· together, අස් to throw), *gram.* contracted, compounded, compound (word).

සමාසකරනවා, *v. t. gram.* to compound (words).

සමාසක්ත, *a.* (·ආසක්ත), joined, combined, ඒකාබද්ධ, එක්වූ.

සමාස·ක්‍රියාව, *n. gram.* compound verb.

සමාස·පදය, *n. gram.* compound word, සමාස වචනය.

සමාසය, *n. gram.* contraction, formation of compound words, compound word.

සමාසාකාර *a. gram.* compound, synthetic.

සමාසාදිත, *a.* (සං· with, ආසාදිත obtained), obtained, ලබාගත් ; accomplished.

සමාසාධනය, *n.* (සං· emp., ආසා : accomplishing), effecting, effectuation, සිඩකිරීම, ඉෂ්ටකිරීම

සමාසාව, *n.* (සං· with, ආසාව face), interview, සම්මුඛවීම. E. S.

සමාස්‍රාකාරය, *n.* (සම equal, අස්‍ර angle, ආකාරය form), isagon. E. S.

සමාහරණය, *n.* (සං· together, ආහ : taking), putting together, composing, composition, යෙදීම, ප්‍රබන්ධකිරීම.

සමාහාරය, *n.* aggregation, collection, රැස්කිරීම ; *gram.* compounding words, සමාසකිරීම.

සමාහිත, *a.* (සං· together, ආහිත placed), absorbed in thought, meditative, ධ්‍යානපර, attentive, සිතයොමුකරන ; completed, සම්පූර්ණවූ, නිමවූ.

සමාහෘතිය, *n.* (සං· together, ආහෘතිය taking), abridgement, සංක්ෂේපය, compilation, see සමාහරණය. [battle, යුද්ධය.

සමිත, සමිතිය, *n.* (සං· together, ඉ to go), war,

සමිත, *a.* (සම to equalize), calm, appeased, tranquil, නිශ්චල, ශාන්ත,

සමිතිය, *n.* assembly, association, society, සමූහය, සභාව, සමාගම.

සමිති·වාසනිතාව, *n.* state of association, corporation, corporateness, සංගමතාව. [කය.

සමිධ, සමිඤ්ඤනය. *n.* firewood, any fuel, දර, ඉන්

සමිඳු, සමිඳුරුවෝ, *n.* E. of ස්වාමීන්.
සමිරය, සමීරය, *n.* (සම generally, ඊර් to go), air, wind, සුළඟ. [ම, එකාකාරකිරීම.
සමීකරණය, *n.* equalization, equation, සමකිරී
සමීකෘත, *a.* equalized, සමකරනලද &c.
සමීක්ෂණය, *n.* (සං emp., ඊක්ෂ් to see), inspection, review, search, පරීක්ෂණය, සෝදිසිය.
සමීක්ෂණයකරනවා, *v. t.* to inspect, review, search. [සෝදිසිකරනලද.
සමීක්ෂිත, *a.* inspected, searched, tried, පරීක්ෂිත,
සමීක්ෂ්‍යකාර, *a.* deliberative. E. S.
සමීප, *a.* near, proximate, contiguous, ළඟ.
සමීපතාව, *n.* nearness &c., juxtaposition, කිට්ටුකම, ළංකම.
සමීපය, *n.* vicinity, අසල, අසලපාතල.
සමීපයට, සමීපයෙහි, *ad. post.* unto, near to, to the vicinity of ; close by.
සමීපස්ථ, *a.* situated near, next, proximate, කිට්ටුවූ, ආසන්න. [solid, සමඝනය.
සමීභූතඝනය, *n.* (සමී fr. සම), *geom.* regular
සමීභූතරූපය, *n.* *geom.* regular figure, E. S.
සමීරණය, *n.* air, wind, see සමීරය ; speed, වේගය, ඉක්මන. [ler, ගමන්කාරයා.
සමීරණයා, *n.* (සම generally, ඊර් to go), travel-
සමු, *n.* leave, permission (to go), (යන්ට) අව
සමුක්නාව, *n.* telescope, spy-glass. [සරය.
සමුක්තශබ්දය, *n.* (සං together, උක්ත said), syllable. E. S. [syllabic, E. S.
සමුක්ත ශබ්දාකාර, *a.* of the nature of a syllable,
සමුගන්නවා, *v.* to take leave to go.
සමුගැනීම, *v. n.* taking leave, congé.
සමුචිත, *a.* (සං emp., උචිත), fit, proper, congruous, right, සුදුසු. [ග්‍ය කරනවා.
සමුචිතකරනවා, *v. t.* to render fit, qualify, යෝ
සමුචිතතාව, *n.* fitness &c , යෝග්‍යකම.
සමුච්චය, *a.* (සං together, උච් to unite), uniting, joining, සන්ධිකරන, සම්බන්ධ ; *gram.* conjunctive, enclitic. E. S.
සමුච්චය, *n.* assemblage, collection, concourse, සමූහය ; *gram.* conjunction.
සමුච්චයකරනවා, *v. t.* to bring together, collect, gather, රැස්කරනවා.
සමුච්චයනිපාතය, or·වාක්‍යය, *n. gram.* conjunction, enclitic, සන්ධිනිපාතය.
සමුච්චයවෙනවා, *v. i.* to meet together, assemble, unite, එකතුවෙනවා.
සමුච්චිත, *a.* collected, gathered, රැස්වූ.
සමුච්ඡින්න, *a.* (සං emp., උත් up, off, ඡිද් to cut), cut off, extirpated, destroyed, සිඳ දමනලද.
සමුච්ඡේදය, *n.* extirpation, destruction, සිඳදැමීම
සමුච්ඡේදයකරනවා, *v. t.* to cut off, extirpate, destroy, සිඳදමනවා. [උසස්වූ.
සමුච්ඡ්‍රිත, *a.* raised up, high, elevated, උස්වූ,

සමුජ්වලිත, *a.* (සං emp., උජ්වලිත), see උජ්වල.
සමුට්ඨානය, *n.* See සමුත්ථානය.
සමුත්ක්‍රමය, *n.* (සං emp., උද් up, ක්‍රම් to go), going up, ascending, නැගීම, rise, ascent, නැඟුම, නැඟුව.
සමුත්ථානය, *n.* (උද්, ස්ථා to be), rising, නැගීම ; effort, උත්සාහය ; growth, increase, වැඩීම, වර්ධනය ; healing (wounds &c.), සුවකිරීම.
සමුත්ථිත, *a.* raised up, arisen, උත්ථිත, නැඟුණු, නැගුණු ; derived, සිදී ආ ; increased, වැඩිවූ, cured, සුවවූ. [ascension, නැගීම, නැඟීම.
සමුත්පතනය, *n.* (සං emp., උත්ප : ascending)
සමුත්පතිත, *a.* ascended, නැඟුණු, උත්පතිත.
සමුත්පත්තිය, *n.* (සං emp., උද් up, පද් to go), origin, උත්පත්තිය, ඉපදීම.
සමුත්පන්න, *a.* risen up, come forth, born, produced, උත්පන්න, ඉපදුණු.
සමුත්පාදක, *a.* සමුත්පාදකයා, *n*, ; See උත්පාදක&c.
සමුත්පාදනය, සමුත්පාදය, *n.* producing generating, production, උත්පාදනය, ඉපදවීම ; effectuation, සිදුකිරීම. [effected.
සමුත්පාදිත, *a.* generated, produced, උත්පාදිත ;
සමුත්පිඤ්ජය, *n.* rout (of an army), (යුධසේනා) භංගය. [evacuation by stool, විරේචනය.
සමුත්සර්ගය, *n.* (සං emp., උත් : abandoning),
සමුත්සව, *a.* festive, convivial, උත්සව, මංගල්‍ය.
සමුත්සවතාව, *n.* conviviality. E. S.
සමුත්සවය, *n.* festival, feast, උත්සවය, මංගල්‍යය.
සමුදඤ්චිත, *a.* (සං emp., උද් up, අංච් to go), drawn up, raised, උස්සනලද.
සමුදය, *n.* (සං, උද්, ඊ to go), ascent, rise, නැගීම ; origination, cause, හේතුව ; birth, production, ඉපදීම ; multitude, සමූහය; accumulation, quantity, රැස.
සමුදයසත්‍යය, *n.* B., one of the four truths connected with existence, viz. cause (of sorrow), ඉපදීම, see චතුරාර්‍ය සත්‍ය.
සමුද්‍ය, *n.* (See සමුදය), war, battle, යුධය ; number, multitude, ගණන, රැස.
සමුදව, *n.* multitude, army, troop.
සමුදීම, *v. n.* of සමුදෙනවා : giving leave to go, යන්ට අවසරදීම.
සමුදීරණය, *n.* (සං together උදීර් : speaking), reciting, recitation. E. S.
සමුදීරණයකරනවා, *v. t.* to recite.
සමුදීරණයපුහුණුකරගන්නවා, *v.* to practise recital, rehearse.
සමුදුරය, *n.* E. of සමුද්‍රය : sea, මුහුද.
සමුදෙනවා, *v.* to give permission to go, permit, යන්ට අවසරදෙනවා.
සමුද්ගකය, සමුද්ගය, *n.* (සං together, උද් up, ගම් to go), casket, කරඬුව. [ණු.
සමුද්ගත, *a.* (සං, උද්, ගත gone), ascended, නැඟු

සමුද්ග·ඵලය, *n.* *bot.* pyxidium, පෙට්ටිආකාර ඵලය. [ing, ascension, නැගීම.

සමුද්ගම, *n.* (සං, උද්, ගම් to go), going up, ris-

සමුද්දිෂ්ට, *a.* described, explained, see උද්දිෂ්ට.

සමුද්ඝෝෂක, *a.* (සං emp., උද් :), see උද්ඝෝෂ.

සමුද්ධත, *a.* lifted up, raised උස්සාලද ; haughty, උඩඟු ; rude, ill-mannered, උද්ධත, අශිෂ්ට.

සමුද්ධරණය, *n.* (සං, උද්, හරණ taking), raising up, drawing up, ඉස්සීම, ඔසවාගැනීම ; uproot-

සමුද්භවය, *n.* See උද්භවය. [ing උදුරාදැමීම.

සමුද්භූත, *a.* See උද්භූත.

සමුද්‍යත, *a.* prepared, ready, සූදානම්වූ, උද්‍යත.

සමුද්‍යතකරනවා, *v. t.* to prepare, make ready, සූදානම්කරනවා. [නම්වෙනවා.

සමුද්‍යතවෙනවා, *v. i.* to prepare, get ready, සූදා

සමුද්‍යමය, *n.* (සං emp., උද්‍යමය exertion), strenuous effort, onset, වීර්‍ය්‍යය.

සමුද්‍ර, *n. pl.* or *a.* seas ; sea-, oceanic, neptunian ; මුහුදු. [bone, see මුහුදුපෙණ.

සමුද්‍ර·ඵෙණ, *n.* sea foam, මුහුදුපෙණ ; cuttle-fish

සමුද්‍ර·ග *a.* (ග going), ocean-going, seafaring, මුහුදුගමන්කාර. [sea මුහුදුවෙළෙන්දා.

සමුද්‍ර·ගයා, *n.* seaman, නැව්කාරයා ; trader by

සමුද්‍ර·ජ, *a.* (ජ born), sea-born, produced by sea, මුහුදෙන් අවගත්. [මුහුදුබඩ, වෙරළ.

සමුද්‍ර·තීරය, *n.* seaboard, sea-shore, beach,

සමුද්‍ර·දිව්‍යාංගනාව, සමුද්‍රාංගනාව, *n.* (අංගනාව female), sea-goddess, sea-nymph.

සමුද්‍රදෙවියෝ, *n.* sea-god, Neptune.

සමුද්‍ර·දේව·යෝනි, *n.* sea-demigod, triton.

සමුද්‍ර·නකුලයා, *n.* sea-otter.

සමුද්‍ර·පරික්ෂිප්ත, *a.* surrounded by the sea, sea-girt, මුහුදෙන් වටවූ.

සමුද්‍ර·ඵෙන, *n.* See සමුද්‍රඵෙණ.

සමුද්‍ර·භූම්‍යාන්විත, *a.* (·අන්විත), terraqueous, මුද හා ගොඩසහිත (පොළොව). [මුහුදේ(ගිලී)නෑම.

සමුද්‍ර·මජ්ජනය, *n.* (මජ්ජනය diving), sea-bathing.

සමුද්‍රය. *n.* sea, ocean, මුහුද.

සමුද්‍ර·ලවණ, *n.* sea-salt, මුහුදුලුණු.

සමුද්‍ර·වහ්නිය, *n.* sea-fire, viz. submarine fire, මුද යට ගින්න. [straits.

සමුද්‍ර·සන්ධිය, *n.* sea-junction, viz. marine strait,

සමුද්‍රාධඃස්ථ, *a.* (·අධඃ below, ස්ථ situated), submarine. E. S.

සමුද්‍රාන්තය, *n.* (·අන්තය end, border), sea-shore, මුහුදුබඩ. *Bot.* [තල්මහ, or fabulous fish.

සමුද්‍රාරුවා, *n.* (·ආරු hog), shark, මෝරා ; whale,

සමුද්‍රිය, *a.* marine, maritime, මුහුදු, මුහුදුබඩ.

සමුන්න, *a.* (සං emp., උන්ද to be wet), wetted, තෙමුණු, wet, තෙත්වූ.

සමුන්නත, *a.* (සං emp., උන්නත), high, උස් ; dignified, stately, උසස් ; haughty &c., see උන්නත. [portly, උසස්ආකාර.

සමුන්නත·රූපී, *a.* of dignified appearance,

සමුන්නතිය, *n.* elevation, උස්කම ; exaltation, dignity, උන්නතිය, උසස්කම.

සමුන්නද්ධ, *a.* (සං emp., උන්නද්ධ increased), born, produced, උපන්, අවගත් ; conceited, proud, අහංකාර. [operative, සහකාරික,

සමුපකාරක, *a.* (සං, උප :), co-operating, co-

සමුපකාරකවෙනවා, *v. i.* to co-operate, serve to help, සහකාරිකවෙනවා.

සමුපලක්ෂිත, *a.* distinguished by, see උපලක්ෂිත.

සමුපේත, *a.* possessed of &c., see උපේත.

සමුප්පාදය, *n.* See සමුත්පාදනය.

සමුල්ලසත්, සමුල්ලසිත, *a.* (සං emp., උල්ලසත් bright), shining, brilliant, refulgent, දීප්ති [මත්.

සමුව, *ad.* See හමුව.

සං·මූඪ, *a.* (සං with), commingled, blended, compounded, සම්මිශ්‍ර.

සං·මූල·ඝාතය, *n.* eradication, see මූලඝාතනය.

සමූහය, සමූහයා, *n.* congregation, crowd, multitude, host, රැසිය, සෙනඟ. [republican. E. S.

සමූහාණ්ඩුක්‍රම, *a.* (සමූහ ආණ්ඩ :), democratic.

සමූහාණ්ඩුව, *n.* democracy, republic. E. S.

සමෘද්ධ, *a.* (සං emp., ඍද්ධ prosperous), prosperous, flourishing, සඵලවත් ; grown, increased, වැඩුනාවූ ; filled, full, completed, පූර්ණවූ, සම්පූර්ණවූ.

සමෘද්ධතාව, සමෘද්ධිය, *n.* prosperity, success &c., සඵලත්වය &c. [ණය. E. S.

සමෘද්ධිය, *n.* See සමෘද්ධතාව ; supremacy, අධිකාර

සමේත, *a.* (සං together ඒත come), that has come near approached near, සමීප.

සමෝත්පන්න, *a.* (සම same, උත්පන්න), of the same derivation, paronymous.

සමෝත්පන්න·වාක්‍යය, *n.* a word of the same derivation, paronym, ප්‍රකෘතියෙන් සමාන වචනය.

සම්, *prefix.* the form which සං takes when followed by a vowel or labial consonant : with &c., see සං. [හම්.

සම්, *n. pl.* or *a* skins ; skin, dermal, leather ;

සම්කරුවා, *n.* worker in leather, tanner, currier, චර්මකාරක ; shoemaker, සපත්තේරුවා.

සම්·දිවූ, *a.* E of P. සම්මාදිට්ඨි.

සම්ප·ජාන, *a.* (P. fr. Sans. සම්ප්‍රඥ), knowing, understanding, conscions, දන්නාවූ : සම්පජාන මුසාවාදය, knowing or intentional falsehood, දැනගනම කියන බොරුව.

සම්පජ්ජලිත, *a.* (fr. ·ජ්වලිත blazing), shining, brilliant, resplendent, දීප්තිමත්, විරාජමාන.

සම්පත, *n.* (සං well, පත fr. පද් to go), wealth, property, riches, වස්තු.

සම්පත්තිය, *n.* wealth, වස්තුව, wealthiness, පොහොසත්කම ; prosperity, සඵලත්වය. [රයා.

සම්පත්කාරයා, *n mas.* wealthy person, වස්තුකා

සම්පදන, *a.* P. of සම්ප්‍රදාන.

සම්පන්න, *a.* (සං with, පද් to go), accomplished; possessed of, filled or endued with, යුක්ත, සංයුක්ත. [සංයුක්තභාවය.
සම්පන්නකම, *n.* state of being endued with,
සම්පයුත්ත, *a.* P. of සම්ප්‍රයුක්ත.
සම්පරාය, *n.* futurity, the future, මතුකාලය; calamity, විපත; war, battle, යුද්ධය.
සම්පරායක, සම්පරායිකය, *n.* war, battle.
සම්පරිකර්ෂණය, *n.* (සං emp., පරි about), drawing about, pulling here and there, එහාමෙහා ඇදීම.
සම්පරිකීර්ණ, *a.* (සං together, පරිකීර්ණ diffused), mixed, mingled, combined, සම්මිශ්‍ර.
සම්පර්කය, *n.* (සං with පෘච් to touch), contact, ගැටුවීම, junction, union, සන්ධිවීම, සංයෝගය.
සම්පාත, *a.* (සං emp., පත් to fall), falling, වැටීම, descending, alighting, බැසීම.
සම්පාදක, *a.* (සං with, පද් to go), providing, supplying, සපයන, ප්‍රතිපාදක.
සම්පාදකයා, *n.* provider, supplier, සපයන්නා, ප්‍රතිපාදකයා; compiler, සංග්‍රහකාරයා.
සම්පාදනය, *n.* providing, supplying සැපයීම, effecting, ඉෂ්ටකිරීම.
සම්පාදනයකරනවා, *v. t.* to provide, procure, supply, furnish, සපයනවා; compile, සංග්‍රහකරනවා. [පාදිත.
සම්පාදිත, *a.* provided, furnished, සපයාපු, ප්‍රති
සම්පානය, සම්පානගෝෂ්ඨිය, *n.* (සං together, පාන drinking, ගෝෂ්ඨිය), a drinking feast, symposium. [කිරීම.
සම්පීඩනය, *n.* squeezing, මිරිකීම; afflicting, පීඩා
සම්පුටය, *n.* (සං together, පුට cover), small case or box, casket, කරඬුව. [perfect, entire.
සම්පූර්ණ, *a.* (සං emp., පූර්ණ), complete, finished,
සම්පූර්ණකම, සම්පූර්ණභාව, සම්පූර්ණත්වය, *n.* completeness, fulness &c. [summate, finish, perfect.
සම්පූර්ණකරනවා, *v. t.* to fulfil, complete, con-
සම්පූර්ණය, *n.* completeness, perfectness, fulness.
සම්පූර්ණයෙන්ම, *ad.* completely, entirely, perfectly. [finished, fulfilled, perfected.
සම්පූර්ණවෙනවා, *v. i.* to become completed,
සම්පූර්ණාදශ, *n. pl.* or *a* (·ආදශ), in *nat. hist &c.* perfect examples or types; typical.
සම්පූර්ණාදශය, *n.* perfect example or pattern, type. E. S.
සම්පොත්ත, *n.* parchment, ලියන හම.
සම්ප්‍රඥාත, *a.* known, manifest, see සම්පජාන.
සම්ප්‍රතාපක, *a.* (සංප්‍ර emp., තාපක burning), heating, burning, රත්කරන, දවන. [දැවීම.
සම්ප්‍රතාපනය, *n.* heating, burning, රත්කිරීම,
සම්ප්‍රතීක්ෂාව, *n.* (සං emp). full expectation, hope: see ප්‍රතීක්ෂාව. [ප්‍රතීක්ෂිත.
සම්ප්‍රතීක්ෂිත, *a.* fully expected, hoped for, see
සම්ප්‍රදාන, *a.* pert. to gifts; *gram.* dative.

සම්ප්‍රදානය, *n.* gift, දීමනාව, තෑග්ග.
සම්ප්‍රදාන විභක්තිය, *n. gram.* dative case.
සම්ප්‍රදාය, *n.* traditional doctrine, usage &c., පරම්පරානුගත පාඨාදිය.
සම්ප්‍රදලිත, *a.* (සංප්‍ර emp., දල් to cut, divide), split, cleft, rent, පැළුණු, ඉරුණු.
සම්ප්‍රධාරණය, *n.* (·ධාරණ holding), decisiveness, ඒකාන්තකම. [චය, නියමකිරීම.
සම්ප්‍රධාරණාව, *n.* determination, decision, නිශ්
සම්ප්‍රපදකරනවා, *v.* (සංප්‍ර emp., පද් to go), to ramble, roam, peregrinate, තැනින්තැනයනවා, සැරිසරනවා. [tion, සැරිසැරීම.
සම්ප්‍රපදය, *n.* rambling, roaming, peregrina-
සම්ප්‍රභාවත් *a.* (සං together, ප්‍රභාවත්), shining together, constellated, එක්වදිලිසෙන, දීප්තිසංගත. [ප්‍රමාදදෝෂය.
සම්ප්‍රමාදය, *n.* (සං emp.), inadvertence, error,
සම්ප්‍රමේය, *a.* (සං co, ප්‍රමේය measurable), commensurate, ප්‍රමාණයෙන් සමාන. [ණය.
සම්ප්‍රමේයතාව, *n.* commensurability, සමාන ප්‍රමා
සම්ප්‍රයාණය, *n.* (සං emp., ප්‍ර forth, යානය going), going forth, departure, ප්‍රයාණය, පිටත්වීම. [ප්‍රපන්නකෝණාංශය.
සම්ප්‍රපන්නකෝණාංශය, *n.* (සං together), see
සම්ප්‍රයුක්ත, *a.* (සං with), connected with, සම්බන්ධ; endued with, see ප්‍රයුක්ත.
සම්ප්‍රයුක්තිය, *n.* joining, connection, junction, සන්ධිකිරීම, සන්ධිය; being endued with, see සංයුක්තභාව.
සම්ප්‍රයෝගකරනවා, *v. t.* to unite, connect, සම්බන්ධ කරනවා, unify, එක්සත්කරනවා, එක්කරනවා.
සම්ප්‍රයෝගය, *n.* union, connection, association, සම්බන්ධය, relation, සම්බන්ධතාව, අදාලකම; order, arrangement, පිළිවෙළ.
සම්ප්‍රශ්න, *a.* (සං with, ප්‍රශ්න), pert. to inquiry about, විචාර.
සම්ප්‍රශ්නය, *n.* inquiry, විචාරණය, විභාගය.
සම්ප්‍රසාධක, *a.* (සං emp.), effecting, accomplishing, ඉෂ්ටකරන. [see ප්‍රසාධනය.
සම්ප්‍රසාධනය, *n.* effectuation, accomplishment,
සම්ප්‍රසාධනයකරනවා, *v. t.* to effect, accomplish, ඉෂ්ටකරනවා.
සම්ප්‍රසාරණය, *n.* (සං together, ප්‍රසාරණ opening, spreading), expanding the letters ඉ, උ, ඍ, ඎ into their respective semivowels ය, ව, ර, ල; mutual substitution of the letters ඉ, උ, ඍ, ඎ and their respective semivowels ය, ව, ර, ල.
සම්ප්‍රහාරය, *n.* (සං emp. ප්‍රහාර), striking, killing, පහරදීම; war, battle, යුද්ධය.
සම්ප්‍රහාසය, *n.* (සංප්‍ර emp.), loud laughter, see ප්‍රහාසය.
සම්ප්‍රාප්ත, *a.* (සං emp.), arrived at, attained, පැමිණි, obtained, gained, see ප්‍රාප්ත.

සම්ප්‍රාප්තවීම, *v. n.* arrived at, attaining &c.
සම්ප්‍රාප්තවෙනවා, *v. i.* See ප්‍රාප්තවෙනවා.
සම්ප්‍රාප්තිය, *n.* arrival, attaining, obtaining, පැමිණීම, &c., see ප්‍රාප්තිය. [see ප්‍රාප්‍ය.
සම්ප්‍රාප්‍ය, *a.* attainable, obtainable, procurable,
සම්ප්‍රේක්ෂණය, *n.* (සං emp.), looking at, බැලීම; deliberating, deliberation, see ප්‍රේක්ෂණය.
සම්ප්‍රේක්ෂණීක, *a.* deliberating, deliberative, කල්පනාකරබලන.
සම්ප්‍රේක්ෂිත, *a.* looked at, seen; considered, deliberated, intended, කල්පනාකරගත්, see ප්‍රේක්ෂිත. [tion, ජලගැල්ම, see ප්ලවය.
සම්ප්ලවන, *n.* (සං emp., ප්ලව plunging), inunda-
සම්ඵ, *a.* (සං emp., ඵ vain), vain, empty, නිසරු, හිස්. [බස්දෙඩීම.
සම්ඵ·ප්‍රලාපය, *n.* idle chatter, empty talk, හිස්
සම්පුටකය, *n.* See සම්පුටය.
සම්ඵුල්ල, *a.* (සං emp.), see ඵුල්ල. [gain.
සම්බකරනවා, *v. t.* to procure, obtain, acquire,
සම්බන්ධ, සම්බන්ධී, *a.* (සං together, බන්ධ to bind), connected, associated, attached, බැඳි, concomitant, සහිත, related, අදාල.
සම්බද්ධ, *a.* united, connected, conjoined, conjoint, attendant, related, allied.
සම්බන්ධක, *a.* connecting, connective, conjunctive, සන්ධිකරන.
සම්බන්ධකම, සම්බන්ධතාව, සම්බන්ධත්වය, *n.* junction, unitedness, connection, cohesion, relation, එකතුකම. [කරනවා, එක්කරනවා.
සම්බන්ධකරනවා, *v. t.* to join, unite, attach, සන්ධි
සම්බන්ධනය, සම්බන්ධය, *n.* bond, connection, union, බැඳීම; alliance, coalition, confederacy, ගිවිසුම.
සම්බන්ධ·ඵලය, සම්බන්ධාවරණ·ඵලය, *n.* (·ආවරණ), syncarp, syncarpium, සිස්ඇති ඵල, see සම්බන්ධාවරණ. [sive case, සබඳ විබත.
සම්බන්ධ·විභක්තිය, *n. gram.* genitive or posses-
සම්බන්ධවෙනවා, *v. i.* to become united, join, ally one's self, බැඳෙනවා.
සම්බන්ධාවරණ, *a. lit.* united covering: *bot.* syncarpous, සිස්එකතු.
සම්බරය, *n.* another form for සංවරය; also a demon called සම්බර.
සම්බරාරියා, *n.* (·අරිසා foe), enemy of සම්බර: ap. of Cupid, කාමදෙවියෝ. [මාගීඋපකරණ.
සම්බල, *n.* necessaries for a journey, ගමන්බඩු.
සම්බල්, *n.* a kind of condiment or pickle.
සම්බවෙනවා, *v. i.* to meet, light upon, find; receive (a letter &c.).
සම්බාධ, *a.* (සං with, බාධ obstruction), obstructed, බාධා සහිත, crowded, ගහන, narrow, පටු.
සම්බාධනය, සම්බාධය, *n.* barrier, බාධාව, gate, වාරය &c., see බාධය and බාධනය.

සම්බාහන, *n.* (සං, වාහන), rubbing the body, shampooing, ඇඟඇඹිදීම.
සම්බූකය, සම්බුව, *n.* See සම්බුකය.
සම්බුද්ධ, සම්බුද, *a.* (සං complete, බුද්ධ wise), all-wise: ep. of Buddha, සර්වඥ.
සම්බුද·ශාසනය, *n.* government or religion of Buddha, see බුද්ධශාසනය.
සම්බුද්ධිය, *n.* self-will, තමාගේම කැමැත්ත; self-consciousness. E. S. [ගැසීම.
සම්බෝධනය, *n.* calling to, ආමන්ත්‍රණය, අඬ
සම්බෝධන·විභක්තිය, *n. gram.* vocative case, අලප්විබත.
සම්බෝධය, *n.* (සං emp., බෝධ to cause to know), informing, දැන්වීම, explaining, තේරුම්කරදීම.
සම්බෝධිය, *n.* (සං emp., බෝධිය knowledge or wisdom), Buddhaship, බුදුත්වය, see බෝධිය.
සම්භක්ත, *a.* (සං emp., භජ් to serve, worship), see භක්ත.
සම්භවය, *n.* (සං emp., භව being), mixing, meeting together, එක්වීම, සම්බවීම; cause, හේතුව, origin, මුල, birth, උත්පත්තිය.
සම්භාරය, *n.* (සං emp., භෘ to nourish, support), multitude, සමූහය, large quantity, mass, රාශිය; supporting, maintaining, නඩත්තුකිරීම; see භාරය. [dependent. E. S.
සම්භාර්‍ය්‍යා, *n.* one who should be supported, a
සම්භාවනය, *n.* esteem, සාදරය, honour, honouring, ගරුමානය; repute, reputation, fame, කීර්තිය; possibility, හැකිබව; doubt, අනුමානය.
සම්භාවනයකරනවා, *v.* to esteem, honour, reverence, ගෞරවකරනවා, බුහුමන්කරනවා.
සම්භාවනාව, *n.* See සම්භාවනය; possibility, *gram.* potential mood.
සම්භාවනීය, සම්භාවිතවත්, *a.* estimable, honourable, worthy, ගෞරවණීය, ගරුතර.
සම්භාවනීයතාව, සම්භාවිතවත්තාව, *n.* estimableness &c., ගෞරවණීයකම &c.
සම්භාෂණ, *a.* (සං with, භාෂණ speaking), conversational, social. E. S. [tion, සාකච්ඡාව.
සම්භාෂණය, *n.* speaking together, conversa-
සම්භාෂණයකරනවා, *v.* to talk together, converse, සාකච්ඡාකරනව.
සම්භාෂණ·සම්මුතිය, *n.* conversation-meeting, conversazione, කථාසංගමය.
සම්භූ, *n.* (සං co-, භූ to be), parent, පියා, progenitor, ප්‍රජනයා; ap. of Siva and Brahma, ශිවදෙවියෝ, බ්‍රහ්මයා; sage, සෘෂියා.
සම්භූත, *a.* born, produced, ඉපදුණු; united with, සම්බන්ධ. [කේය and ගණේශ.
සම්භූතනය, *n.* (සම්භූ Siva, තනය son), ap. of කාර්ති
සම්භෝගය, *n.* (සං co-, භෝගය), enjoyment, භුක්තිවිඳීම; coition, මෛථුනය.
සම්භෝගික, *a.* pert. to the use or enjoyment of anything, භුක්තිවිඳින, භුක්තිවිඳීමට අයිතිවූ.

සම්භෝජන, *a.* (සං· together, භෝජන), convivial, festive, උත්සවසහිත, මංගල්‍ය.

සම්භ්‍රමය, *n.* (සං· emp., භ්‍රම් to revolve), flurry, haste, hurry, කලබලකම, වේගය, ඉක්මන.

සම්මට්ටිය, *n.* T., whip, කසය.

සම්මත, සම්මතික, *a.* (සං· together, මන් to think), agreed, willing, concurring, unanimous.

සම්මතකරනවා, *v.* to compound, settle බේරනවා ; concert, agree upon; (with යෝජනා) pass resolutions ;(with කලින්), preconcert.

සම්මතවෙනවා, *v. i.* to agree, concur, coincide in opinion, එකඟවෙනවා. [එක්සිත්කම.

සම්මතතාව, *n.* being unanimous, unanimity,

සම්මතය, සම්මතිය, *n.* the same opinion, agreement, harmony, approval, consent, resolve.

සම්මදය, *n.* (සං· emp., මදය), joy, delight, pleasure, ප්‍රීතිය, සැපත.

සම්මර්දය, *n.* (සං·, මෘද් to rub, trample on), war, battle, යුද්ධය. [ing.

සම්මර්ශනය, *n.* (සං· emp., මෘශ්), rubbing; ponder-

සම්මා, *a.* (P. for සම්‍යක්), true, සැබෑ, right, correct, හරි, සුදුසු.

සම්මා·ආජීවය, (P.ආජීව්‍ය) *n.* right living, correct or just profession or livelihood obtained without destroying life or doing other wrong.

සම්මාකම්මන්තය, *n.* See සම්‍යක්කර්මාන්තය. [tion.

සම්මාදම, *n.* contribution, donation, subscrip-

සම්මාදම්කරනවා, සම්මාදම්දෙනවා, *v.* to contribute, subscribe, give a subscription.

සම්මාදිට්ඨි, *n.* P. for සම්‍යක්දෘෂ්ටි.

සම්මාන, *a.* (සං· emp., මන් to respect), respectful, dutiful, ගරුකරන, කීකරු.

සම්මානතාව, *n.* respectfulness, dutifulness, ගරු කිරීම, කීකරුකම.

සම්මානන, *a* reverent, deferential, see සම්මාන.

සම්මානනාකරනවා, *v.* to honour, reverence, ගරු කරනවා. [බුහුමන් කිරීම &c., see සම්මානය.

සම්මානනය, *n.* homage, honour, reverence,

සම්මානය, *n.* respect, esteem, ආදරය, ගරුකිරීම.

සම්මානිත, *a.* esteemed, respected, honoured, reverenced, ගෞරවලත්. E. S.

සම්මානේන්ද්‍රිය, *n.* (සම්මාන ඉන්ද්‍රිය), *phren.* organ of veneration. [ගෞරවණීය.

සම්මාන්‍ය, *a.* estimable, respectable, honourable,

සම්මාන්‍යතාව, *n.* estimableness, worthiness, ගෞරවණීයතාව, ගරුතරකම.

සම්මාර්ජනය, *n.* (සං· emp., මාර්ජනය), sweeping, අතුගෑම, ඇමදීම, thorough cleansing, හොඳට ශුද්ධකිරීම. [cleanse, ශුද්ධකරනවා.

සම්මාර්ජනයකරනවා, *v. t.* to sweep, අතුගානවා,

සම්මාවාචා, *n.* right speech, truthful utterance, the truth, සැබෑ බස, ඇත්ත, සම්‍යග් වචන.

සම්මා·වායාමො, *n.* P., right exertion, honest effort, සම්‍යග් ව්‍යායාම, සැබෑ වෑයම.

සම්මා·සංකප්පො, *n.* right thought or wish, pure intention, සම්‍යක් සංකල්පනාව, හරිවූ කල්පනාව or අදහස [එකාකාර.

සම්මිත. *a.* (සං· co-, මිත), commensurate, සමවූ,

සම්මිතත්වය, *n.* commensurability, එකාකාරකම.

සම්මිශ්‍ර, *a.* (සං· together, මිශ්‍ර), commingled, mixed, blended ; complicated.

සම්මිශ්‍රකරනවා, *v. t.* to commingle. compound, mix, intermix, එකට මිශ්‍රකරනවා. [ණය.

සම්මිශ්‍රණය, *n.* mixing, combination, see මිශ්‍ර

සම්මිශ්‍රිත, *a.* commingled, mixed; intermixed, මිශ්‍රවූ, කලවම්වූ. [of, present, අභිමුඛ.

සම්මුඛ, *a.* (සං· with, මුඛ), facing, being in front

සම්මුඛවෙනවා, *v. i.* See අභිමුඛවෙනවා.

සම්මුග්ධ, *a.* (සං· emp., මුග්ධ), bewitched, enchanted, spell-bound. E. S.

සම්මුග්ධකරනවා, *v. t.* to bewitch, fascinate, අන විනකරනවා. E. S.

සම්මුග්ධය, *n.* bewitchment &c., අනවිනය.

සම්මුග්ධවෙනවා, *v. i.* to be bewitched &c., අංගම්වදිනවා. [semblies, assembly-, society-.

සම්මුති, *n. pl* or *a.* assemblies &c., pert. as-

සම්මුති·ප්‍රධානත්වය, *n.* presidentship of a society or assembly, chairmanship. [gress.

සම්මුතිය, *n.* assembly, meeting, society, con-

සම්මුති·ශාලාව, *n.* assembly room or hall.

සම්මුති·සත්‍යය, *n.* truth which is received as such by the general consent of mankind (and as opposed to පරමාර්ථසත්‍ය, truth which is essentially or objectively so). [මෝඩ, see මූඪ.

සම්මූඪ, *a.* (සං· emp., මූඪ), infatuated, stupid &c.,

සම්මූඪතාව, *n.* infatuation &c., see මූඪතාව.

සම්මූර්ඡනය, *n.* (සං· emp., මූ:), stupefaction, torpor, insensibility, ප්‍රමෝහය ; fainting, ක්ලාන්තය, මූර්ඡනය. [මෝහිත, ක්ලාන්තවූ.

සම්මූර්ඡිත, *a.* stupefied, torpid &c., සිහිමුළාවූ,

සම්මූළ්හ, *a.* See සම්මූඪ.

සම්මෝදය, *n.* (සං· emp., මුද් to rejoice), මෝදය.

සම්මෝහන, *a.* (සං· emp., මෝහන), infatuated &c., see මෝහන.

සම්මෝහනය, *n.* infatuation &c., see සම්මූඪතාව.

සම්මෝහනයකරනවා, *v. t.* to infatuate, fascinate, සිහිය මුළාකරනවා, ප්‍රමූඪකරනවා.

සම්මෝහිත, *a. lit.* and *fig.* infatuated, fascinated, spell-bound, සිහිමුළාවූ. මෝඩ. E. S.

සම්මෝහිතතාව, *n.* state of infatuation, stupor, see මෝහිතතාව.

සම්‍යක්, *a.* whole, fit, true, right, correct, valid, canonical, සම්පූර්ණ, සුදුසු, සත්‍ය.

සම්‍යක්·කර්මාන්තය or· ක්‍රියාව or· චර්යාව, *n.* right occupation, correct conduct, proper behaviour, මනාවැඩපල, සුදුසුහැසිරීම.

සම්‍යක්·කාව්‍ය·සාධනය, *n.* correct verse-making, orthometry. E. S.

සම්‍යක්ත්වය, *n.* accuracy, correctness, canonicalness, validity, හරිකම. E. S.
සම්‍යක් දෘෂ්ටි, *a.* having correct religious views, orthodox, ධර්මයට එකඟවූ.
සම්‍යක් දෘෂ්ටිය, *n.* true doctrine, orthodoxy, හරි වූ or සැබෑවූ ධර්මය, ධර්මයට එකඟ කල්පනාව.
සම්‍යක්දෘෂ්ටියා, *n. mas.* one who is orthodox.
සම්‍යක් ප්‍රතිපත්තිය, *n.* correct conduct, ap. B. P's proper observance of religious duties.
සම්‍යක් මතික, *a.* See සම්‍යක්දෘෂ්ටි,
සම්‍යක් මතිය, *n.* See සම්‍යක්දෘෂ්ටිය. [gion.
සම්‍යක් ලබ්ධිය, *n.* orthodox sect, orthodox reli-
සම්‍යග්දෘෂ්ටි &c=සම්‍යක්දෘෂ්ටි &c.
සම්‍රාජ්, *n.* (සං emp., or all, රාජ්), universal sovereign, චක්‍රවර්තිරජ. [ඇති.
සම් වන්, *a.* dark blue, සාමවර්ණ or සම නිල්පාට
සම් වරයා, *n.* See සම්කරුවා ; *pl.* සම්වරු.
සම් වැතිය, *n.* (සම් emp. or all, වැතිය fence, limit), universal boundary, viz. end of the Kalpa, කල්පාන්තය. [ඊශ්වරයා.
සම් සළු, *n.* (සම් skin. සළු robe), ap. of Siva,
සය, *n.* E. for සත්‍යය : truth, සැබෑව.
සය, *n.* hunger, බඩගින්න, famine, සාගතය, සාය.
සය, *n.* See සයනය.
සය, *n.* or *a.* six, හය. [own self.
සයං, සයම්, *a.* (for ස්වයං and ස්වයම්), one's
ස යත්න, *a.* (ස with, යත්න effort), energetic, vigorous, වීර්‍ය්‍යවත්. [sleeping, නිදන.
සයන, *a.* pert. to repose or a bed, reposing,
සයනය, *n.* reposing, reclining, නිදාගැනීම, හාන්සිය ; bed, couch, ඇඳ, යහන.
සයනයකරනවා, සයනයවෙනවා, *v. i.* to lie down, හාන්සිවෙනවා, sleep, නිදාගන්නවා.
සයනිය, *n.* glance, leer, අඩබැල්ම.
සයම්භූ *a.* See ස්වයම්භූ. [ය.
සය රෝගය, *n.* (සය E. for ක්ෂය), see ක්ෂයරෝග
සයවෙනි, *a.* the sixth, හයවෙනි or හවෙනි.
සයාසනය, *n.* bed, couch, ඇඳ, යහන.
සයිඩ්බෝඩ් මේසය, *n.* Eng., sideboard.
ස ඍතු, *n. pl.* (ස six, ඍතු seasons), the six seasons of the year, see සෘතුකාලය and ෂඩෘතු. [රා.
සයුර, *n.* E. of සාගරය : sea, ocean, මුහුද ; *pl.* සයු
සර, See සරය. [E. of ස්වරයානසන්ධිය.
සර අත් සද, *n.* (සර vowel, අත් end, සද word),
සරක, *n.* spirituous liquor, සුරාපානය.
සරකය, *n.* drinking vessel, බොනභාජනය.
සරකා, සරක්, *n.* See හරකා.
සරක්කු, *n.* drugs, medicaments, බෙහෙත්.
සරක්කුව, *n.* camp, intrenchment.
සරගවිය, *n.* war, battle, යුද්ධය.
සරගයා, සරහයා, *n.* E. of සාරංගයා. [සිවිත ස්ත්‍රී.
සරජස්, *n.* menstruous woman, මාසේ මාරුවී
සරටා or සරටයා, *n.* lizard, කටුසා, chameleon, කටුස්සා ; iguana, ගොයා.

සරට, *n.* (සෘ to go, run), air, wind, සුළඟ ; cloud, වලාකුළ.
සරටියා, *n.* elephant-keeper, ඇත්ගොව්වා.
සරණ, *n.* aid, help, පිහිට, protection, refuge, ආරක්ෂාව ; proceeding, going, යාම ; village, ගම ; foot, පාදය.
සරණං, *n.* refuge, ap. of තිසරණය.
සරණගත, *a.* (ගත gone, attained), who has refuge, සරණගත්.
සරණපාවාගන්නවා, *v.t.* to marry, කසාදබඳිනවා.
සරණපාවාදෙනවා, *v. t.* to give in marriage.
සරණ බන්ධනය, *n.* marriage bond or tie, කසාද බන්ධනය, කසාදබැඳීම.
සරණ මංගල්‍යය, *n.* marriage feast, මගුල.
සරණයනවා, *v.* to take refuge in ; to enter the marriage state.
සරණ බරණය or වළලුව or වැළ, *n.* (සරණ foot, අබරණය), foot-ornament or bangle, anklet, පාවළල්ල. [කුකුළා.
සරණ ආවියා, *n.* (සරණ foot, අවි weapon), cock,
සරණවෙනවා, *v. i.* to be helpful, aid, පිහිටවෙනවා ; to marry, කසාදබඳිනවා.
සරණ සීලය, *n.* belief or trust in the threefold refuge, see තුන්සරණ.
සරණිය, *n.* road, path, මග ; row, line, පෙළ.
සරණේරුව, *n.* hinge ; සරණේරුදමනවා, to put
සරත්, *a.* autumnal, see ශරත්. [hinges on.
සරත්කාලය, සරද, *n.* See ශරත් සෘතුව. [සරදම්.
සරදම, *n.* fun, mirth, play, nonsense, joke ; *pl.*
සරදමට, සරදම්ලෙස, *ad.* for fun, in sport, playfully. [&c.
සරදම්, *n. pl.* or *a.* jokes &c. ; jocular, facetious
සරදම්කරනවා, *v.* to jest, banter, deride in fun.
සරද, *n.* autumn, see ශරත්කාලය ; a year, අවුරුද්දක්. [දුන්න.
සර දුනු, *n.* (සර arrow), bow for arrows, bow,
සර ධිය, *n.* (ධි to hold), arrow-holder, quiver,
සරනවා, *v. i.* See සැරිසරනවා. [ශීඝ්‍රකාපුව.
සරප්පු, *n.* bank cashier, Shroff, teller. E.S. See
සරබයා, *n.* See ශරභයා. [සරප්.
සරබුවා, *n.* a species of lizard.
සරභූ, *n.* (සර reed or grass, භූ to become), ap. of කාර්තිකේය who was reared in a thicket of
සරම, *n.* drill. (Also for සමරම). [reeds or grass.
සරමින්, *p. pres.* of සරනවා : going, යමින්.
සරඹකරනවා, *v. t.* See හරඹකරනවා.
සරම්ප, සරම්ප රෝගය, *n.* Port., measles.
සරය, *n.* arrow, ඊය ; lake, pool, විල, පොකුණ ; water, වතුර ; pith, sap, සාරය, ස්වරස ; thick part of curds, දකී, දීකිරි ; going, යාම ; vowel, ස්වරය ; *Bot.*
සරයන්, *n.* Eng., sergeant of police.
සරයොන්, *n.* (යොන් place of birth), ap. of කාර්තිකේය, see සරභූ.
සර රිපු, *n.* enemy, foe, සතුරා. [කෑති, අවංක.

සරල, *a. lit.* and *fig.* straight, sincere, ඇද [නම, අවංකකම.
සරලකරනවා, *v. t.* to straighten, ඇදඅරිනවා, කෙලින්කරනවා.
සරලතාව, *n.* straightness, sincerity, ඇදනැති
සරලයා, *n.* hare, හාවා. [parallel, collateral.
සරල·සමාන්තර, (·සම අන්තර), straight and
සරලාශ්‍ර, *a.* (අශ්‍ර angle), rectangular, සෘජු කෝණ ඇති. [crooked, වකුටු.
සරලි, *a.* (ස with, රලි), wrinkled, රැලිසහිත,
ස·රස, *a.* (ස with, රස taste), tasty, savoury, nice, රුචි. [රසසය.
ෂ·රස, *n.* (ෂ six), the six different tastes, see
සරස, *a.* transverse, see සරස් and හරස.
සරස, *n.* lake or large pool, විල, පොකුණ; වතුර.
සරසනවා, *v. t.* to decorate, adorn, attire; *pret.* සැරසුවා; *v. n.* සැරසීම. [to rustle.
සරසර·ගානවා, *v.* to make the sound සරසර, viz.
සරසවිය, සරස්වතිය, *n.* speech, කථාව, බස: name of a river north-east of Delhi, සරස්වතීගඟ.
සරසවියකල්, *n.* ap. of මහාබ්‍රහ්මයා as husband of
සරසවි, *n.* See සරස්වතී. [සරස්වතී.
සරසා, *n.* bee, මීමැස්සා.
සරසිකයා, *n.* (සරස water, ඉක adj. aff.), Indian crane, කොකා. [නෙළුම.
සරසි·ජය, *n.* (සරසි pond, water, ජ born), lotus,
සරසි·ජයා, *n.* fish, මාළුවා. [viz. lotus.
සරසි·රුහය, *n.* (රුහ් to grow), water-growth,
සර·සුන, *n.* (සර arrow, අසුන seat or place), bow, දුන්න. [Brahma.
සර·සුන්, *n.* (සර lotus), lotus-seated one, ap. of
සරසුම, *n.* fr. සරසනවා, see සැරසුම.
සරස්වතී, *n.* the wife of Brahma, goddess of speech, සරසවිය. [ocean, මුහුද.
සරස්වත්, *n.* (සරස් water, වත් having), the
සරහනවා, *v. t.* See සරසනවා; *pret.* සැරහුවා.
සරළි, *n.* small quantity, a little, ටිකක්; spoon, හැන්ද.
සර, *a.* autumnal, සරත්; perfect, සම්පූර්ණ.
සර, *n.* ap. of Cupid, අනංගයා. See සරය.
සර·කල්, *n.* autumn season, see සරත්කාලය.
ස·රාගී. *a.* (ස with), lustful, sensual, රාගසහිත.
සරඝාතය, *n.* (සර arrow, ආඝාතය smiting), blow or stroke of an arrow, ඊපහර.
ස·රජීත, *a.* (ස with, රජ් to shine, desire), shining, bright, දිලිසෙමින්; having desire, sensual, see සරාගී.
සර·තලය, *n.* See සරත්කාලය.
සරජ්(නැත), *n.* Shroff, cashier.
සරඝාතය, *n.* See සරඝාතය.
සරය, *n.* pond, lake, පොකුණ, විල; lotus, නෙළුම; autumn, සරත්කාලය; year, අවුරුද්ද.
සරශෝපය, *n.* (·ආශෝපය receptacle), bow, දුන්න.

සරවති, *n.* See සරස්වතී. [pan, තාච්චිය.
සරව, *n.* cover, lid, වැස්ම, මූඩිය; shallow cap,
සර·සඳ, *n.* autumnal moon, see සරත්චන්ද්‍රයා.
සරසන, *n.* (සර, ආසන seat, place), bow: see සරසුන.
සරයය, *n.* a kind of coloured cloth.
සරි, *a.* T., right, correct, exact, similar, see සරී.
සරිකරනවා, *v. t.* to make like, compare, සමාන කරබලනවා.
සරිත්, *n.* (සෘ to go, run), river, ගඟ; woman, wife, ස්ත්‍රී. [රස, මුහුද.
සරිත්පති, *n.* river-lord, viz. the ocean, සාගර
සරිමන්, *n.* going, moving, proceeding, යාම.
සරිය, *n.* extent, see සරිය.
සරිල, *n.* water, වතුර.
සරි·ලනවා, *v. t.* to meet, find, receive, සම්බ වෙනවා; get, සම්බන්ධකරගන්නවා.
සරිෂප, *n.* mustard, අබ. See සර්ෂප.
සරිසපයා, *n.* See සරිසෘපයා.
සරිසෘපයා, *n.* (සෘප් to glide), snake, සර්පයා.
සරීරය, &c. for ශරීරය &c: the body.
සරීර·ජය, *n.* (·ජ produced), product of the body, viz. disease, ලෙඩ. [කාමදේවියෙක්.
සරීර·ජයා, *n.* offspring, son, දරුවා, පුතා; Cupid.
සරීරවරණය, *n.* See ශරීරාවරණය.
සරු, *a.* fr. Sans: තුනී, fine, සිහින්.
සරු, *a.* fr. සාර: prosperous, සඵලවත්; fertile සාරවත්; bold, නිර්භීත.
සරුකම, *n.* prosperousness, prosperity, සඵලකම; fertility, සාරවත්කම.
සරුංගලය, සරුංගෝලය, *n.* paper-kite.
සරුවියා, *n.* elephant-keeper, ඇත්ගොව්වා,
සරුපය, *n.* word, වචනය, බස; *pl.* සරුප.
සරුජ්, *a.* suitable, proper, සුදුසු, යුතු. [පානයක්.
සරුවත්, *n.* (Malay fr. Arabic), sherbet, එක්තරා
සරුව පිත්තල, *n.* T., fine brass or tinsel, තැල.
සරුවාලය, *n.* trousers, කලිසම.
සරුසාර, *a.* fertile, fruitful, productive, සාරවත්.
ස·රූප, *a.* (ස for සම same), of the same form, resembling, සමාන.
ස·රූපය, *n.* See සවරූපය.
සරෙයත්, *n.* See සරයත්. [මුලාදෑනියෙක්.
සරෙයන්තුවා, *n.* military sergeant, සෙබළ පුළු
සරොම, *n.* (Malay), skirt, worn by men, being a cloth the ends of which are stitched together.
ස·රෝග, ස·රෝගී, *a.* (ස with), invalid; sickly, ගිලන්, රෝගාතුර. [ගිලන්කම.
ස·රෝගීතාව, *n.* state of illness, sickliness,
සරෝ·ජය, *n.* (සරස්, ජ), lotus, see සරසිජය.
සරෝ·ජයා, *n.* See සරසිජයා.
සරෝ·ජී, *n.* (සරස්, ජී), water-born: ap. of බුදුන්.
සරෝ·වරය, *n.* (සරස් lake වරය excellence), large or fine lake, උතුම්විල. [savage, රෞද්‍ර.
ස·රෝෂ, *a.* (ස with, රෝෂ wrathful), furious,
ස·රෝෂතාව, *n.* furiousness &c., රෞද්‍රකම.

සංරෝෂිත, *a.* infuriated, ඉතාකුපිත, කෝපයෙන් උම්තු. [tions or cantos.

සර්ගබන්ධය, *n.* a great poem having many sec-

සර්ගය, *n.* (සෘ to leave; create), leaving, abandoning, අත්හැරීම; parting with, voiding, (as excrement), පහකිරීම; making, creating, සෑදීම, මැවීම; chapter, section, canto, පරිච්ඡේදය, කාණ්ඩය [හල්ලුම්මල. *Bot.*

සර්ජකය, **සර්ජය**, *n.* hal tree, හල්ගස; hal resin,

සර්ජනය, *n.* (fr. සෘ), see සර්ගය: leaving; voiding; creating. [the hal tree, දුම්මල.

සර්ජරස, *n.* (සර්ජ hal, රස juice), resin, ap. of

සර්ජිකාය, **සර්ජිකාව**, **සර්ජිකාක්ෂාර**, **සර්ජිය**, *n* alkali, natron, soda or impure carbonate of soda, used as soap.

සර්බාව, *n.* Col. for ශ්‍රබාව.

සර්ප, *a.* (සෘප් to go, glide), pert. to serpents, serpentine, ophidian. [snake.

සර්පකුටකයා, *n.* a kind of cobra or venomous

සර්පක්‍රීඩකයා, *n.* snake-player, viz. snake-charmer, නයිත්තටවන්නා. [සෝයාගෙන් අටගත්.

සර්පජ, *a.* (ජ produced), serpentigenous, සර්ප

සර්පජාති, *n. pl.* the various kinds of serpents.

සර්පඵණජය, *n.* *lit.* product of snake's hood snake-stone, a gem said to be in the snake's head, in form like an ඔලිද berry.

සර්පභක්ෂක, *a.* serpent-eating, feeding on serpents, ophiophagous, සර්පයන් කන.

සර්පභුජයා, *n.* (භුජ් to eat), snake-eater: ap. of the crane, කොකා, the peacock, මොනරා, and a large kind of serpent.

සර්පමණිය, *n.* See සර්පඵණජය.

සර්පමත්‍ස්‍යයා, *n.* serpent-fish. E. S.

සර්පමාරියා, *n.* snake-killer: ap. of the garuda, ගරුඩයා, the mongoose, මුගටියා, and the peacock, මොනරා. [වෙලීම.

සර්පය, *n.* gliding motion, ලිස්සායාම, twining,

සර්පයා, *n.* snake, serpent.

සර්පරාජයා, *n.* serpent-king, viz. cobra, නයා; title of Vasuki, king of the serpents.

සර්පරාශිය, *n.* *ast. serpentarius, ophiuchus.*

සර්පරූපී, *a.* serpentiform, සර්ප හැඩය ඇති. [E. S.

සර්පලංගල, *n.* serpentine stone, serpentine.

සර්පවිද්‍යාව, **සර්පවිස්තරය**, *n.* ophiology, සර්පජාතීන් ගැන විස්තරය

සර්ප හන්, *n.* (හන් to kill), see සර්පමාරියා.

සර්පාකාර, *a.* snake-like, snakish, snaky.

සර්පාක්ෂ, *n.* (අක්ෂ eye), wild olive seed, වෙරළු.

සර්පාරියා, *n.* (අරියා enemy), serpent-enemy, viz. mongoose, මුගටියා.

සර්පි, *n.* (සෘප් to glide), going gently or tortuously, winding, හෙමින් or වංගුවෙවී යාම, gliding, ලිස්සායාම.

සර්පිණී, *n. fem.* female serpent.

සර්පිස, *n.* clarified butter, ghee, ගිතෙල්.

සර්පෙඩව?, *n.* or *a.* sandal, sandal wood, හඳුන්.

සර්මය, *n.* sky, අහස; pleasure, happiness, සැපත.

සර්ව, *a.* all, the whole, every, සියලු, මුළු.

සර්වකර්මාන්ත ප්‍රදර්ශන ශාලාව, *n.* pantechnicon.

සර්වකාලීන, *a.* of all times, everlasting, සදාකාලික.

සර්වගත, *a.* omnipresent, සැමතැනම ඇත්තාවූ.

සර්වග්‍රන්ථිකය, *n.* (ග්‍රන්ථික knotty), the root of long pepper, තිප්පිලිමුල.

සර්ව ජිත්, *a.* (ජිත් conquering), all-conquering, all-subduing; ap. of Buddha.

සර්වජිත්, *n.* twenty-first year of the Indian cycle.

සර්වඥ, *a.* (ඥ knowing), omniscient, all-wise; ep. of Buddha. [knowledge, omniscience.

සර්වඥතාඥාන, *n.* (තා abstract aff.), omniscient

සර්වඥතාව, **සර්වඥත්වය**, *n.* omniscience.

සර්වඥයන්වහන්සේ, *n.* *hon.* the Omniscient One; ap. of Buddha.

සර්වඥශාසනය, *n.* the government, dispensation, or religion of the Omniscient one; ap. of බුද්ධාගම, see බුද්ධශාසනය.

සර්වතස්, *ad.* Sans. all around, every way, සැම අතින්ම, entirely, මුළුමනින්ම.

සර්වතාපක, *n.* god of love, Cupid, අනංගයා.

සර්වතාපකය, *n.* passion, lust, රාගය.

සර්වතෝභද්‍රය, *n.* (සර්වතස්, භද්‍ර), a square temple or palace with door-ways facing the four cardinal points; Vishnu's carriage; a form of military array; mystical square diagram; a peculiar form of verse that gives the same words and sense whether the lines are read backwards or forwards or in some other directions.

සර්වත්‍ර, *ad.* Sans. everywhere, omnipresent, සැමතැනම; always, සැමකල්ම.

සර්වත්‍රගය, **සර්වත්‍රගාමිය**, *n.* (ගය &c. fr. ගා to go), what goes everywhere, viz. the air, wind.

සර්වථා, *ad.* Sans. in all ways, සියලුආකාරයෙන්; certainly, සත්‍යකොටම.

සර්වදණ්ඩ, *a.* (දණ්ඩ to punish), confiscated. E.S.

සර්වදණ්ඩය, *n.* confiscation of all, confiscation. E. S. and සර්වහරණය.

සර්වදර්ශී, **සර්වදර්ශක**, *a.* all-seeing, panoramic.

සර්වදර්ශනය, *n.* view of all, panorama. E. S

සර්වදර්ශී, *a.* all-seeing, සියල්ලදක්නා: ep. of Buddha. [ය.

සර්වදරථ, *n.* (දරථ inflaming), passion, lust, රාග

සර්වදා, *ad.* always, at all times, සැමදාම, නිතරම.

සර්වදහනීය්‍යාව, *n.* (දහනීය that should be burnt), holocaust. E.S.

සර්වදුඃඛ ක්ෂය, *n.* (දුඃඛ sorrow, ක්ෂය destruction), extinction or cessation of all sorrow viz. Nirvàna, නිවන.

සර්වදේවදෘෂ්ටි, *a.* pantheistic. E S.

සර්ව·දේව·දර්ශනය, *n.* pantheism.
සර්ව·දේව·දර්ශනයා, *n.* pantheist.
සර්වදේවාලය, *n.* (ආලය house), pantheon. E.S.
සර්ව·ධාරී, *n.* twenty-second year of the Indian cycle. [noun, pronominal.
සර්ව·නාම, සර්ව·නාම·වාචක, *a.* expressing a pro-
සර්ව·නාමය, *n.* pronoun. [ඇති.
සර්ව·පරාක්‍රම, *a.* almighty, omnipotent, සියලුබල
සර්ව·පරාක්‍රමය, *n.* almightiness &c.
සර්ව·පරාක්‍රමයාණන්වහන්සේ, *n.* *hon.* the Almighty, සියලුබලඇති දෙවියන්වහන්සේ. [ස.
සර්ව·පාලක, *a.* all-protecting, සියල්ල ආරක්ෂාකර
සර්ව·පිශාච·භවනය, *n.* abode of all demons, pandemonium, සියලු යක්ෂයන්ගේ වාසය. [කම.
සර්ව·පූර්ණත්වය, *n.* complete fulness, සම්පූර්ණ පූර්ණ
සර්ව·ප්‍රතිකාරය, *n.* panacea, catholicon. E. S.
සර්ව·ප්‍රාඥ, *a.* all-wise, සියල්ල ගැන ප්‍රඥාවත්.
සර්ව·ප්‍රධාන, *a.* chief of all, superior, supreme, ඉතාඋතුම්. [remacy, අතිඋත්තමකම.
සර්ව·ප්‍රධානය, *n.* superiority over all, sup-
සර්ව·බල·ධාරී, සර්ව·බල·සම්පන්න, *a.* possessing all power, omnipotent, සියලුබලඇති. [පරාක්‍රමය.
සර්ව·බල·සම්පන්නතාව, *n.* omnipotence, see සර්ව
සර්ව·භක්ෂක, *a.* omnivorous, සියලුආකාර දේ කන්නාවූ. [beings, omnific creator.
සර්ව·භූත·කර්තෘ, *n.* (භූත what is), author of all
සර්ව·භූත·ශාස්ත්‍ර·ඥයා. *n.* See භූතශාස්ත්‍රඥයා.
සර්ව·භූත·ශාස්ත්‍රය, *n.* universal ontology, E. S.
සර්ව·භූතස්ථ. *a.* abiding or present in all, ubiquitous, omnipresent, හැමතැනම පිරීඇත්තාවූ.
සර්ව·භූත·ස්ථය. *n.* ubiquity, omnipresence, හැම තැනම පිරීසිටීම.
සර්ව·භූත·ස්ථයා, *n.* ubiquitary, omnipresent one.
සර්ව·භෞම, *a.* pert. to the whole world, worldwide, universal, මුළුලොකය සම්බන්ධ.
සර්ව·භෞම·රාජයා, *n.* king of the world, universal emperor, චක්‍රවර්ති රජ.
සර්ව·මනුෂ්‍ය·විමෝචන·දර්ශනය, *n.* universalism, සියල්ලෝම ගැලවෙන යන මතවාදය.
සර්ව·මනුෂ්‍ය·විමෝචන·දර්ශනයා, *n.* universalist, universal restorationist.
සර්ව·මනුෂ්‍ය·විමෝචනය, *n.* universal restoration, සියල්ලන්ගේ ගැලවීම.
සර්වමය, *a.* (මය aff.), consisting of all, universal, general, සියලුම.
සර්වමෘගෝද්‍යානය, *n.* (මෘගෝද්‍යානය), garden or park for all animals, zoological garden. E. S.
සර්ව·යක්ෂ·ශාලාව, *n.* hall of all demons, [pandemonium.
සර්ව·රස, *n.* resin, දුම්මල.
සර්ව·ලාව, *n.* (ලා to give or get), crowbar, iron crow, යවුල.
සර්ව·ලෝක·දේව·දර්ශී, *a.* pantheistic, see සර්ව දේවදර්ශී. &c.
සර්ව·ලෝක·දේව·දර්ශනය, *n.* pantheism.
සර්ව·ලෝක·දේව·දර්ශනයා, *n.* pantheist.
සර්ව·ලෝක·නාථ, *n.* Lord of the universe, මුළු or සියලු ලෝකස්වාමියා; ap. of Buddha.
සර්ව·ලෝකය, *n.* the universe, cosmos.
සර්ව·ලෝක·ශාස්ත්‍ර, *a.* pert. to the science of the universe, cosmological. E. S.
සර්ව·ලෝක·ශාස්ත්‍ර·ඥයා, *n.* cosmologist.
සර්ව·ලෝක·ශාස්ත්‍රය, *n.* cosmology.
සර්ව·වල්ලභ, *a.* almighty, සර්වපරාක්‍රම.
සර්ව·විද්‍යා·සාගරය, *n.* ocean of universal knowledge, සියලු දැනගැනීම් නැමති සාගරය.
සර්ව·ව්‍යාපක, *a.* all-diffusive, universally diffusing, හැමතැන පතුරුවන.
සර්ව·ව්‍යාපකතාව, *n.* universal or general diffusiveness.
සර්ව·ව්‍යාපී, *a.* all-pervading, omnipresent, හැම තැනම පැතිරී ඇත්තාවූ. [tion.
සර්ව·ව්‍යාපක·වාක්‍යය, *n.* *log.* universal proposi-
සර්ව·ව්‍යාපිත, *n.* universal diffusion, universality, omnipresence, හැමතැනම පැතිරී තිබීම.
සර්ව·ශක්ති, සර්ව·ශක්තිමත්, *a.* omnipotent, almighty, සියලුබලඇති.
සර්ව·ශ්‍රේෂ්ඨ, *a.* the best of all, supreme, අතිඋතුම්.
සර්ව·සංශය·දර්ශනය, සර්ව·සංශය·සාර·දර්ශනය, *n.* doctrine of universal doubt, pyrrhonism, scepticism.
සර්ව·සංශය·දර්ශනයා, &c., සර්වසංශයාත්මිකයා, *n.* universal sceptic, pyrrhonist සියලුදේ අවිශ්වාස කරන්නා or සැකකරන්නා.
සර්ව·සංහාරකය. *n.* (සංහාර assemblage), general compound [of perfumes], precious oil.
සර්ව·සම, *a.* the same to all, impartial, අසමසමවූ.
සර්ව·සමතාව; *n.* impartiality, අපක්ෂකම සාධාර ණකම.
සර්ව·සමතාවෙන්, *ad.* with impartiality, impartially, අපක්ෂපාතීලෙස.
සර්ව·සාධාරණ, *a.* impartial, අපක්ෂපාති, [E. S.
සර්ව· සාමාන්‍ය, *a.* general, universal, ecumenical.
සර්ව·සෘෂ්ටිය, *n.* the whole creation, the universe මුළුමැවිල්ල. [සර්වභූතස්ථය.
සර්ව·ස්ථානත්වය, *n.* ubiquity, omnipresence, see
සර්ව·හරණය, *n.* taking all, confiscation, see සර්ව දණ්ඩය.
සර්ව·හරණයකරනවා, *n.* to take all, confiscate all, දඩයක්කොට සියල්ල අල්ලාගන්නවා.
සර්වාකාර, *a.* of all kinds, omnifarious, සියලු ආකාර. [or ශරීරය.
සර්වාංගය, *n.* (අංගය), the whole body, මුළුඇඟ
සර්වාත්ම·දර්ශනය, *n.* the doctrine or view that all is spirit, spiritualism. E. S.
සර්වාත්මදර්ශනයා, *n.* one who believes that all is spirit, spiritualist. E. S.
සර්වාන්නභක්ෂක, *a.* (අන්න food), omnivorous, see සර්වභක්ෂක.
සර්වාධිපති, *a.* (අධිපති ruling), ruling over all, supreme, සියල්ලකෙරෙහි අධිපතිවූ. [acy.
සර්වාධිපතිකම, *n.* universal dominion, suprem-

සර්වාරක්‍ෂක, *a.* (ආරක්‍ෂක), all protecting, සියල්ල ආරක්‍ෂාකරන.

සර්වාර්ථකය, *n.* (අර්ථකය wealth or what produces wealth or good), gem said to bestow whatever its owner desires.

සර්වාර්ථසිද්ධියා, *n.* accomplisher of all good, සියලු ශුභ සිද්ධකරන්නා, ap of Buddha.

සර්වාවසරය, *n.* (අවසරය cessation), midnight, මධ්‍යම රාත්‍රිය. [Siva. ඊශ්වරයා.

සර්වේශ්වරයා, *n.* (ඊශ්වර), universal lord, ap of

සර්වෝපද්‍රව, *n. pl.* (සර්ව උපද්‍රව), all injuries or calamities, සියලු අනතුරු or විපත්ති.

සර්වෝපරිස්ථ, *a.* (සර්වඋපරි), being over all, supreme, see සර්වාධිපති.

සර්වෝපරිස්ථයා, *n.* one who is over all, Supreme Being, මහෝත්තමයාණෝ.

සර්වෝපධි, *n. pl.* (සර්ව, උප near, ධා to have), all the concomitants of existence, as ignorance, desire &c., පැවැත්මට අවශ්‍ය සියලුදේ,

සර්ෂප, *n.* a species of mustard, අබවර්ගයක්.

සර්ෂප·තෛලය, *n.* mustard oil, අබතෙල්.

සල, *a.* stone, rock, ගල්, ශිලා.

සල, *n.* house, hall, ශාලාව rock or mountain, පර්වතය, pebble, කුඩාගලක්: delay, ප්‍රමාදය; shaking, සෙලවීම, porcupine quill, ඉත්තෑකූර; arrow, ඊය, dart, තෝමරය.

සලකනවා, *v. t.* (ස with, ලක mark), to regard, heed, notice, respect, esteem: *pret.* සැලකුවා; *v. n.* සැලකීම.

ස·ලකුණ, *n.* (ස with, having), sign, mark, token, ලකුණ; *pl.* සලකුණු.

ස·ලකුණු·කණුව, *n.* signal-post, sign-post.

ස·ලකුණුකරනවා, *v.* to put a mark on, mark, sign; delineate.

ස·ලකුණු·කාරයා. *n.* signaller, signalman, සලකුණු ඉරකාරයා. [notation.

ස·ලකුණ·ක්‍රමය, *n.* code of signal, method of

සලකුළු, *n.* stealing, theft, හොරකම.

ස·ලක්‍ෂණ, *a.* (ස with, ලක්‍ෂණ mark), marked, having marks or indications, characterized by.

සලඟ, *n.* porcupine quill, ඉත්තෑ කූර.

සලචමුව, *n.* obstruction, hindrance, බාධාව.

සලනවා, *v. t.* to move, stir, shake, සොලවනවා; sift, riddle, පෙනේරයත් බේරනවා; empty out, හලනවා; *pret.* සැලුවා; *v. n.* සැලීම.

සලන්·පත, සල·පත, *n. lit.* shaking leaf, viz. fan පවන්පත.

සලද, *n.* obstacle, බාධාව, deception, රැවටිල්ල.

සල·පතර, *n.* stone tablet, ගල්ලෑල්ල.

සලපතල, *a* bustling, in a flurry. [skurry.

සලපතලකම, *n.* bustle, flurry, fluster, hurry,

සල·පය, *n.* stone pillar or post, ගල්කණුව.

සල·පෝරුව, *n.* moving board or plank.

සලබයා, සලභයා, *n.* (සල or ශල to shake, move), see සලභයා.

සලඹ, *n.* ankle-ring, anklet, පාවළල්ල. [මිශ්‍රලය.

සලල, *n.* porcupine quill, ඉත්තෑකූර; shaking,

සලලයා, *n.* youth, තරුණයා; libertine, සල්ලාලයා; porcupine, ඉත්තෑවා

සලළු, *a.* wanton, libidinous, සල්ලාල; youthful.

සලවනවා, *v. c.* of සලනවා, to shake out, empty out; *pret,* සැලෙවුවා.

සලසනවා, *v. t.* to cause, see සලස්වනවා; *pret.* සැලසුවා; *v. n.* සැලසීම.

සලස්න, *n.* (සල් stone or mountain, අස්න seat), stone or mountain seat; ap of the throne of Indra on the summit of මේරුව.

සලස්වනවා, සලස්සනවා, *v. t.* to cause, bring about; constrain, enforce, force; *pret.* සැලැස්සුවා; *v. n.* සැලැස්වීම, සැලැස්සීම.

සලාක· බත, *n.* boiled rice distributed by lot, see ලකබත්.

සලාකය, *n.* allowance, ration, කෑමබීම කොටස,

සලාකා·දානය, *n.* (සලාකා bit of wood used for casting lots), gift by lot, a method of bestowing gifts on priests.

සලාකාව, *n.* stick, rod or strip of wood used far various purposes, see සලාකාව, fibrous stick used as a brush or pencil, කෙල්ල ; small tablet of wood used for casting lots.

සලාගය, *n.* still for distilling, පෙරහනයන්ත්‍රය.

සලාටු, *a.* unripe, නොපැසුණු, අමු; moist, තෙත්වු.

සලාද, *n.* Port., salad, lettuce.

සලාද·තෙල්, *n.* salad oil, olive oil, ඔලිව් තෙල්.

සලාම්, *n.* T., a term of salutation, peace, salaam.

සලාරිස්. *n.* commission allowed at a fiscal's sale.

සලාව, *n.* pebble, බොරළුගලක්; eddy, whirlpool,

සලිල, *a.* cold, සිතල්වු. [දියසලාව.

සලිල, *n.* water, ජලය, වතුර.

සලිල·ජය, *n.* (ජ produced or born), product of water, viz, lotus, නෙළුම.

සලිල·ජයා, *n.* product of water, viz. a fish, මාලුවා.

සලිල·ධාරය, *n* (ධාරය holder), sea, ocean, මුහුද.

සලෙහිතය. *n.* rag, old cloth, රෙදිකඩ, වැරහැල්ල.

සලෙළි. *n* young woman, තරුණී.

සලෙළු, *a.* youthful, තරුණ. *n.* young man, තරුණයා.

ස·ලෝභි, *a.* (ස emp), covetous, miserly, ලෝභිවූ.

සල්, *a.* of hal tree: of market or bazaar, market-, bazaar-; light, trifling, සැහැල්ලු.

සල්·පිල, *n.* terrace in front of a house on which goods are exposed for sale, boutique, shop, bazaar, කඩය, fair.

සල්ලකී, *n.* procupine, ඉත්තෑවා. *Bot.*

සල්ලක්ඛණ, *a.* P. of ස·ලක්‍ෂණ.

සල්ලය, *n.* E. of සල්‍යය: anything like a prong, කූර, as a dart, හෙල්ල, spear, කෙල්ලය, thorn, කටුව, peg, ඊ ඇණය, porcupine quill, ඉත්තෑ කූර; *fig.* tangle, embroilment, as in a thorn bush. *Bot.*

සල්ල·විඩය, *n.* E. of සල්‍යවිඩය.

සල්ල·වෙදකම, *n.* surgery, කැත්කම්කිරීම.

සල්ල·වෙද, *n.* surgeon, කැපුම් කොටුම් වෙද.

සල්ලාගාරය, *n.* (ආගාරය), *lit.* prong-house; ap. of the porcupine, ඉත්තෑවා.

සල්ලාපය, *n.* See සං·ලාපය.

සල්ලාල, *n.* lecherous, lascivious.

සල්ලාලකම, *n.* lasciviousness, debauchery, whoredom. [&c.

සල්ලාලකම්කරනවා, *v.* to commit fornication

සල්ලාලයා, *n.* lecher, libertine, fornicator, rake.

සල්ලිය, *n.* T., a coin called challie, one eighth of a penny in value; *pl.* සල්ලි, challies or money in general.

සල්ලේඛ, *a.* (සං, ලේඛ), easy, facile, පහසු.

සල්ලේඛනය, *n.* (සල් for සං.), see ලේඛනය.

සල්ලේඛය, *n.* thinning, reducing, තුනීකිරීම, සිත්කෙටීම.

සල්ව, *a.* greedy, ගිජු, rapacious, කොල්ලකාර.

සවග, *n* (ස six, වග class), name of a B. schism or sect of Buddhists which originated with six monks in the days of Buddha.

සවන, *n.* (ස six, වන face), six-faced one: ap. of කාර්ත්තිකේය, see ඛණ්ඩකුමා.

සං·වනිඳු, *n.* (ස, වන, ඉඳු lord), six-faced lord. see සවන.

සං·වන්, *n. pl.* or *a.* six faces; six faced.

සවන, *a.* E. of සර්වඥ.

සවන, *n.* E. of ශ්‍රවණය; ear, කන.

සවනීය, *a.* E. of ශ්‍රවණීය. [ශ්‍රව්‍ය.

සවනය, *n.* religious bathing: sacrifice, offering.

සවන්, *n. pl.* or *a.* of සවන: ears; ear: also *adj.* of සවන for සර්වඥ.

සවන්දීම, *v. n.* of සවන්දෙනවා. [දෙනවා.

සවන්දෙනවා, *v.* to give ear, hearken to, කන්

සවන්·නැණ, *n.* omniscient one's wisdom or knowledge, see සර්වඥතාඥානය. [සවන්මිණි.

සවන්·මිණ, *n.* ear-ring, කුණ්ඩලාභරණය; *pl.*

සවඳ, සවෙඳ, *n.* sweet scent, සුවඳ.

සවය, *n.* E. of ශවය: corpse, මළකඳ.

සවර, *n.* water, වතුර.

සවරයා, *n.* hunter, barbarian, see සබරයා.

සං·වණ්, *a.* (ස with, co-, වණ් colour, caste), of the same caste, class or kind, homogeneous, [එකජාතිවූ.

සවල, *n.* See සබල.

සවස, සවස්වරුව, *n.* after part of the afternoon, eventide, evening. [සන්ධ්‍යා.

සව·සානය, *n.* cemetery, see සොහොනය and

සවස්, *n. pl.* or *a.* evenings; evening.

සවස්·අණ·බෙරය, *n.* evening drum, tattoo.

සවාරිය, *n.* drive, as in a vehicle, රථ වාහනයෙන් යෑම.

සවැණි, *a.* (P. සබ්බඤ්ඤූ omniscient), all-wise, සර්වඥ; ep. of Buddha.

සං·වැනි, sixth, සයවෙනි, සයවෙනි.

සවි, *a.* strong, firm.

සවිකම, *n.* strength firmness, see සවිය.

සං·විග්‍රහ, *a.* (ස with), embodied. E. S.

සවිකරනවා, *v. t.* to make strong or firm, strengthen; fasten.

සං·විග්‍රහකරනවා, *v, t.* to embody, එක කඳක් කරනවා. E. S,

සං·විග්‍රහතාව, *n.* embodiment. E. S.

සං·විචාරය, *n.* (ස with, emp.), see විචාරය,

සවිඤ්ඤාණක, *a,* P form of සවිඥානක.

සං·විඥානක, *a.* (ස with), having perception, sentient, conscious, rational, intellectual, දැනීම or ඥානයඇති.

සං·විඥානකභාව, සං·විඥානය, *n.* sentiency, consciousness, rationality, දැනීම or සිහියඇති භාවය.

සං·විතර්ක, *a.* (ස with), with reasoning or argument, controversial, විතර්ක; ratonal, බුද්ධිමත්.

සවිතෘ, සවිතෘව, *n.* the sun, ඉර.

සං·විද්‍ය, *a.* (ස with, having), having knowledge, learned, උගත්.

සං·විධ, *a.* (ස co-, විධ method, sort), of similar kind, homogeneous, සම්ජාතිවූ; near, කිට්ටු.

සවිත්දව ලුණු, *n.* For සෞවර්චල or සවිදලුණු.

සවිත්දවයා. *n.* For සෞවර්චලයා.

සවිදලුණු, *n.* E. of සෞවර්චල ලවණ: purgative salts, Epsom salts. See සවිදලුණු.

සවි·බල, *a.* strong, stont, firm.

සවි·බලකරනවා, *v. t.* to strengthen, make firm, බලවත්කරනවා; hearten, encourage, ධෛර්යවත් කරනවා.

සවි·බලය, *n.* firm strength, hardiness.

සං·විභක්තික, *a.* *gram.* having case-terminations, විභක්ති සහිත.

සවිය, *n.* strength, hardiness; tightness, fastness, තදකම,

සං·විලාස, *a.* wanton, libidinous, රාගවත්.

සං·විලක්ෂණ. *a.* characteristic, symptomatic, විලක්ෂණසහිත.

සං·විලක්ෂණ·විද්‍යාව, *n.* knowledge of symptoms, symptomatology, රෝගලක්ෂණ ගැන ඇති දැනගැනීම.

සවු·කදදල්, *n.* a kind of confection, made of sago &c.

සවු·ගාල්, *n.* sago. [හැඩිවක් ඇති (පෙති).

සං·වෘන්ත, *a.* *bot.* having a stem, unguiculate,

සං·වෙනි. *a.* sixth, සයවෙනි.

සං·වෙනුව, *ad.* sixthly, සයවෙනුව.

සවෝදි·පුරනවා, *v.* to propose a toast.

සවෙර්දි·බොනවා, *v.* to drink as a toast to a person's honour.

සවෙර්දිය, *n.* Port., toast, as an honour.

සව්, *a.* E. of සබ: all, සියලු.

සව්, *n.* E. of ශ්‍රාවකයා: B. disciple.

සව්·නෙත්, *n.* (නෙත් E. for ඥෙයය), all that can or should be known or experienced, දතයුතු සියල්ල. [&c.

සව්·නෙත්·දත්, *a.* knowing all that can be known

සව්ම, *a.* E. of සෞම්‍ය; gentle, mild, මෘදු.

සව්‍ය, *a.* left, left hand, වම: southern, දකුණු, contrary, විරුද්ධ, ප්‍රතිකූල.

ස·ව්‍යභිචාර, *a.* (ස with, co-), perverse, inconsistent, unsound, fallacious (argument), ප්‍රති විරුද්ධ, වැරදි. [කාර, ව්‍යාජ.

ස·ව්‍යාජ, *a.* (ස with), deceitful, cunning, රැවටිලි

සව්·සත, *n.* (සත E. of ශාස්ත්‍රය), every science, all sciences, සියලු ශාස්ත්‍ර.

සව්·සත, *n.* (සත E. of සත්ව), every living being, සියලු සත්වයෝ.

සව්·සිරි, *n. pl* all blessings or benefits, සියලු ආශිර්වාද or ශුභ. (In the following words the prefix ස, means. *With* or *Having.*)

ස·ශල්ක, ස·ශල්කාකාර, *a.* scaly; *bot.* ramentacious, squamose; කොරපොතුඇති. කොරපො තුආකාර. [E. S.

ස·ශල්ක·චතුෂ්පාදිකයෝ, *n. pl.* saurians, sauria.

ස·ශල්කතාව, *n.* scaliness, කොරපොතු ඇතිකම or ගහනකම.

ස·ශාඛ, *a. bot.* ramose, අතුඇති, අතුබහුල. [වූ.

ස·ශ්‍රම, *a.* weary, fatigued, වෙහෙසඇති, වෙහෙස

ස·ශ්‍රමතාව, *n.* weariness, fatigue, වෙහෙස.

ස·ශ්‍රීක, *a.* prosperous, thriving, fertile, prolific, fruitful, සඵලවත්, සරු.

ස·ශ්‍රීකකම, ස·ශ්‍රීකතාව, *a.* prosperousness &c., සඵලවත්බව; සරුකම.

ස·ශ්‍රීකකරනවා, *v. t.* to prosper, make to thrive, fructify, සාරවත්කරනවා. [දියුණු-වෙනවා.

ස·ශ්‍රීකවෙනවා, *v. i.* to prosper, thrive &c., සඵල-

ස·ශෝභන, *a.* beautiful, see ශෝභන.

සස, *n.* E. of සත්‍ය; truth, සැබෑව.

ස·සක, *a.* doubtful, සැකසහිත, අනුමාන

සසක්, *n.* the moon, සඳ; sandal wood, සඳුන්.

ස·සඟ or ස·සඟ, *v. t.* (සඟ and සඟ fr. සංගම), to assemble, රැස්කරනවා, unite, එක්කරනවා.

සසංකය, *n.* (සස hare, අංකය mark), hare-marked, viz. the moon, සඳ.

ස·සඟ, *a.* associated, united, එකතුවූ.

ස·සඟය, *n.* association, සංගමය, union, conjunction, සංයෝගය,

සස·දරයා, *n.* (දරයා bearer), ap. of the moon, the spots on which are said to represent a hare.

සසනය, *n.* immolation, slaying and offering a victim, බිලි යාගකිරීම, යාගපූජාව.

සසඳිලිය, සසඳිල්ල, *n.* effort, escaping සැලවීම.

සසයා, *n.* hare or rabbit, හාවා, රටහාවා; carpenter, වඩුවා, wheelwright, රථවඩුවා.

සසර, *n.* transmigratiron of the soul, transmigratory condition, සංසාරය.

සසර·ගමන, *n.* jonrney or passage from one existenee to another or the succession of existence, transmigration, metempsychosis.

සසර·ගමන්කරනවා, *v.* to transmigrate from one existence to another.

ස·සල, *a.* for ස·චල: moving shaking, චලිත.

ස·සලය, *n.* shaking, චලිතය; eye, ඇස; shaking in the sky, viz. thunder, අහස්ගර්ජනාව, noise ගර්ජනාව.

සසල්, *n.* moon, සඳ; sandal wood, සඳුන්.

සස·වදන, *n.* (සස truth), true speech, truth, veracity, සැබෑව, සත්‍යවාදිකම.

සස·වදනයා, *n.* veracious person, devotee, ascetic, තාපසයා.

සසාදයා, *n.* (සස hare, අදන eating). hawk, falcon, උකුසා, කුරුළුගොයා.

සසි, *n.* marked with a hare, viz. the moon.

සසිනවා, *v. i.* See සසිනවා.

සසිරි, *a.* auspicious, prosperous, ශෝභාසහිත.

සසු, *n. pl.* E. for සස්‍ය: cereals, ධාන්‍ය.

සසුන, *n.* E. of ශාසනය: government ආණ්ඩුකිරීම, ආණ්ඩුව; religions dispensation, ආගම or ආගමේ පැවැත්ම. [මුද්‍රිකාව.

සසුවිය, *n.* decision, judgment, award, විනිශ්චය.

සස්, *n. pl.* see සසු. [යා.

සස්කර, *n.* corn cultivator, agricultarist ගොවි

සස්·හාලා, *p. pl.* as *ad.* as quick as uttering සස් or fr. සහස්, quickly touching, viz. instantly, at once, suddenly, සම්භාවිත්ම, ක්ෂණයෙන්ම.

සස්න, *n.* See සසුන.

ස·ස්මිත, *a.* (ස emp.), smiling. E. S.

සස්·වදනයා, *n.* See සසවදනයා.

සස්වනවා, සස්සවනවා, *v. c.* of සසිනවා: to get chipped or shaven or shaped by cutting; *pet.* සැස්වා, සැස්සෙව්වා.

ස·ස්වාමික, *a.* (ස having), having a lord or husband, married, ස්වාමිපුරුෂයෙක් ඇති.

සහ, *conj* and *prefix* and, also ; with, accompanying.

සහ·කාර, සහ·කාරීක, *a.* joint, fellow, intimate, co-, accompanying, associaled, හවුල්කාර.

සහ·කාර, *n.* a sweet or fragrant sort of mango, මී අඹ. [co-operative, එක්ව ක්‍රියාකරන.

සහ·කාරක, *a.* working together, co-operating,

සහ·කාරකත්වය, සහ·කාරකම, *n.* association, companionship, copartnership හවුල්කාරකම.

සහ·කාර·භාරකාරයා, *n.* co-ordinate or associated consignee, co-trustee.

සහ·කාරයා, *n.* partner, colleague, associate, friend, හවුල්කාරයා, යහළුවා.

සහ·කාරාධාරය. *n.* (ආධාරය aid), joint assistance, co-adjutorship, mutual aid. හවුල්කාර උදව්ව.

සහ·ගත. *a.* accompanied, accompauying, concomitant, සහිත, consistent, එකඟ; imbued with, යුක්ත.

සහ·ගතතාව, *n.* consistency, එකඟකම; state of being imbued or endued with, සංයුක්තතාව.

සහ·ඝුම, *n.* (සහ together, ඝුම noise), roaring, thunder, ගිගුම, අහස් ගර්ජනාව.

සහ·චර, සහ·චරිත, *a.* (චර් to go), going with, accompanying, associating with, attending, කැටුව යන. [යා, සහකාරයා.

සහ·චරයා, *n.* companion, associatc, කැටුව යන්

සහ·ජ, *a.* (සහ co-, ජ born), cognate, congenital, innate, inborn, constitutional, ජන්ම.

සහ·ජ·තර, *a.* native, natural, intuitive. E. S.

සහ·ජ·බුද්ධිය, *n.* natural sense, instinct, ස්වභාව ඥානය.

සහ·ජ·බුද්ධි·හීන, *a.* destitute of natural sense, idiotic, සිහිමදව උපන්.

සහ·ජ·බුද්ධි·හීනයා *n.* idiot, ජන්ම දූෂිම or සිහිය නැත්තා or මදි අය.

සහ·ජ·භාවය, *n.* natural state, naturalism, ජන්ම ගතිය.

සහ·ජයා, *n.* full brother, born of the same parents, සහෝදරයා.

සහ·ජයෙන්, *ad.* by birth or nature, congenitally, constitutionally, ජන්මයෙන්ම, උපන් ආකාරයෙන්.

සහ·ජාත, *a.* born together, cognate. එක්ව or එකජාතියෙන් උපන්, natural or own, ජන්ම, intintion, ස්වභාවයෙන්ම.

සහජාවබෝධය, *n.* (සහජ අව:), instinctive perception, intuition, ස්වභාවයෙන් වැටහෙන ඥානය.

සහ·තර, *a.* (තර rays), having rays, රැස් සහිත.

සහතික, *a.* positive, sure, certain, සත්‍යක.

සහතිකකම, සහතිකය, *n.* assurance, certainty, සත්‍යකකම.

සහතිකකරනවා, *v. t.* to assure, certify, confirm.

සහතික·පත්‍රය, *n.* written guarantee, certificate. insurance policy, [කමම.

සහතිකලෙස, *ad.* positively, assuredly, සත්‍ය

සහ·දම, *a.* accordant with law, faithful, නීතියට එකඟ, විශ්වාසවූ.

සහ·දම·සැරණී, *n.* faithful wife, see පතිවෘතාව.

සහ·දයා, *n.* E. for සහජයා: own brother.

සහන, *a.* (සහ bearing), patient, ඉවසිලිවන්ත; relieving, allaying, පහසුදෙන.

සහනත්වය, *n.* endurance, patience, ඉවසිල්ල; alleviation, comfortableness, පහසුගතිය, සැනසිල්ල.

සහන·දායක. *a.* relief-giving, alleviating, alleviating, remedial, පහසුවදෙන.

සහනය, *n.* relief, allayment, mitigation, refreshment, ease, comfort, පහසුව, සැනසිල්ල.

සහනය·කරනවා, or දෙනවා, *v. t.* to alleviate, allay, relieve, mollify; pacify, comfort, සනසනවා මදිනයකරනවා.

සහනයවෙනවා, *v.i.* to become alleviated &c., පහසුවෙනවා; pacified, comforted, සැනසෙනවා.

සහ·නාද, *a.* pert. to accompanying sounds, [harmonic.

සහ·පිරිවර, *a.* See සපිරිවර.

සහ·භාගී, *a.* fellow, associate, joint, හවුල්වූ.

සහ·භාගීත්වය, සහභාගිකම, *n.* fellowship, communion, participation, partnership, පංගුකාරකම.

සහ·භාගිකයා, සහ·භාගියා, *n.* participant, partaker, sharer හවුල්කාරයා.

සහ·භාගීවෙනවා, *v. i.* to become sharer with, participate, පංගුකාරවෙනවා.

සහ·භාවියා, *n.* (fr. භාව state), partisan, companion, සහභාගියා friend, යහළුවා.

සහ·භූත·සථ, *a.* (භූත element, සථ being), consubstantial, coessential, සම්යත්තිවූ, see භූතසථ.

සහභූතසථය, *n.* consubstantiation, inherence,

සහ·මාන, *a.* patient, ඉවසිලිවන්ත. [E. S.

සහම්පති, *n.* name of a මහාබ්‍රහ්ම.

සහ·මුලින්ම, *ad. lit.* from the very root: fundamentally, altogether, wholly, entirely, quite.

සහය, *n.* strength, බලය; help, aid, උපකාරය.

සහයා, *n.* friend, මිත්‍රයා, companion,, සහකාරයා.

සහයුධවනියා, *n.* fellow soldier, comrade, සහකාර හේවායා.

සහ·යෝගතාව, *n.* participation, co-operation.

සහ·යෝගතා·වර්ජනය, *n.* non-cooperation.

සහලඟුරු, *n. pl.* (සහල having), burning coals or charcoal, embers, අඟුරු.

සහල්, *n.* See සාල and හාල්.

සහල්ල, *n.* cupboard, shelf රාක්කය; basket attached to a pingo or yoke, කත්ලියේ කූඩය.

සහස·කර, *n.* light-maker, viz. the sun.

සහසක්, *n.* (සහස් thousand, අක් eyes), ap. of Sakra, ශක්‍රදෙවියා.

සහ·සතුර. *n.* (සහ hars), serpent, සර්පයා

සහසා, *ad.* Sans., quickly, suddenly, කඩිනමින්ම ක්ෂණයකින්. [ස්‍රාක්ෂයා.

සහ·සැස්. *n.* (සහස් thousand, ඇස් eyes), see සහ

සහසැස්·සතුරා, *n.* enemy of Sakra, viz. Titan.

සහස්, *a.* E of සහස්‍ර; thousand, දහස්.

සහස්, *ad.* See සහසා.

සහස්·දත්·මාළුවා, *n.* (සහස් thousand, දත් teeth) a kind of sheat fish, *silurus pelorius*, වලයා.

සහස්·නෙත්, *n.* E of සහස්‍ර නේත්‍ර: thousand eyes

සහසය, *n.* month so called, පෙහෙළිය or දුරුතුමස

සහස්‍ර, *n. pl*, or *a.* thousands; thousand; දහස්.

සහස්‍රකිරණ, *n.* thousand-rayed, ap. of the sun ඉර, [මාළුවා

සහස්‍ර·දංෂ්ට්‍රයා, *n.* (දංෂ්ට්‍ර teeth), see සහස්දත්

සහස්‍ර·නේත්‍රයා, *n.* thousand-eyed one, see සහ ස්‍රාක්ෂයා. [sand times, දහස්වාරයක් කැකෑරූ.

සහස්‍ර·පාක. *a.* boiled down or decocted a thou-

සහස්‍ර·පාදිකයා, *n.* millepede, පා දහසක්ඇති සතා, කන්කුණ්ඩා &c.

සහස්‍රය, *n.* thousand, දහස, දහ; *pl.* සහස්‍ර.

සහස්‍ර·රශ්මි. *n.* See සහස්‍රකිරණ. [Vishnu.

සහස්‍ර·වදන, *n.* thousand-faced one, ap. of

සහස්‍ර·වේධි,, සහස්වෙද, *n.* (වේධි piercing), asafetida, හිංගු, පෙරුංකායම්.

සහස්‍ර·ස්ථාම·ධනුව, *n.* (ස්ථාම strength), bow a thousand-fold strong, requiring a thousand men to bend it.

සහස්‍ර·සේනා·පතියා, සහස්‍රාධිපතියා, *n.* captain of a thousand, chiliarch, දහසකට අධිපතියා.

සහස්‍රාංශු, *n.* (අංශු rays), see සහස්‍රරශ්මි.

සහස්‍රාක්ෂ, *n.* (අක්ෂ eyes), thousand-eyed one: ap. of Sakra, who being cursed by Buddha, became covered with obscene marks, which were afterwards in kindness changed by Buddha to eyes.

සහස්රැස්, *n.* E. of සහස්‍රරශ්මි.

සහළු, *a.* friendly, යහළු, මිත්‍රවූ.

සහළුා, *n.* friend, companion, යහළුවා.

සහළු, *a.* like, similar; සමාන.

සහාය, *n.* help, assistance, උපකාරය. [කරන.

සහායකාර, *a.* helping. mutually auxiliary, උදව්

සහායකාරයා, *n.* assistant, coadjutor, උදව්කාරයා.

සහායතාව, සහායත්වය, *n.* companionship, association, හවුල්කාරකම, fellowship, සහභාගිකම, friendship, මිත්‍රකම. [යහළුවා.

සහායයා, *n.* companion, associate, හවුල්කාරයා,

සහාරය, *a.* See සහකාරය.

සහාවා, *n.* hare, සාවා, හාවා.

සහිත, *a.* or *post.* accompanied by, attendant, concomitant, having, ඇතුළුවතිබෙන or සිටින.

සහිතතාව, *n.* state of accompanying or having, concomitance. [ඇතුව.

සහිතව, *ad.* with, along with, concomitantly.

සහිඳලුණු. *n.* (fr. සෛන්ධව ලවණ), rock salt, ආකරලුණු.

සහිනවා, සසිනවා, *v. t.* to chip, pare, shave off: *pret*, සැස්සා; *p. pl* සැහැ; *v. n.* සැහීම.

සහිෂ්ණු, *a.* (සහ to tolerate), tolerant, patient, ඉවසිලිවන්ත.

සං·හෘදය, *a.* (ස with, හෘදය heart), cordial. good-hearted, සිනේහි, කරුණාවන්ත.

සං·හෘදයයා, *n.* intimate friend, සිනේහි මිත්‍රයා.

ස·හේතුක, *a.* (ස with, having, හේතු cause), having a cause or origin, හේතුවක් සහිත; prosperous, fortunate, වාසනාවන්ත, virtuous meritorious, ගුණවන්ත.

සහෝක්තිය, *n.* (සහ with, උක්තිය utterance), combined utterance, either connecting word by means of සහ or using a word in a double sense.

සහෝදර, *a.* brother-; as a brother, brotherly, fraternal.

සහෝදරකම, සහෝදරත්වය, *n.* brotherhood, fraternity.

සහෝදරයා, *n.* (සහ උදර), *lit.* one of the same womb, viz. brother; used also loosely for cousin; *fig.* member of the same society or church.

සහෝදරී, *n.* sister; also *fig.* as above; *pl.* සහෝදරියෝ.

සළුය, *n.* deception, වංචාව, theft, සොරකම.

සළුාව, *n.* multitude, සමූහය; whirlpool දියසළුාව.

සළුව, *n.* cloak, robe, mantle; gesticulation of a dancer or orator.

සා, *adj. aff.* as, such as, like: මෙබඳු &c., like this or these, මෙයාකාර.

සාං·රම්භය, *n.* shouting, shout, acclamation, මල්වරහඩ, ඝෝෂාව. [රුදුපතා.

සාං·වත්සර, සාංවත්සරික, *a.* annual, yearly, අවු

සාංශයික, *a.* dubious, irresolute, සැකවූ, චලිත.

සාංසිද්ධික, *a.* spontaneous, E. S.

සාංස්ථානිකයා, *n.* one of the same place, fellow countryman, compatriot.

සාක, *n. pl.* vegetables, pot herbs, පලාජාති, පලා.

සාක, *a.* pert. or the Saka era, which began A. D. 78, see ශකවර්ෂය.

සා·කච්ඡාකරනවා *v.* (P., cp Sans. සංකථා), to talk together, converse, parley, එක්ව කථා කරනවා. [කථාකරගන්නවා.

සා·කච්ඡාකරගන්නවා, *v.* to converse, confer,

සා.කච්ඡාව, *n.* P., mutual talk, conversation, colloquy, එක්ව කථාකිරීම.

සාකට, *n. pl.* or *a.* carts, carriages; cart &c., කරත්ත, රථ; see ශකටය.

සාකටයා, *n.* draught ox, කරත්ත අදින ගොනා.

සාකටික, *a.* going by cart or carriage, කරත් තෙන් යන.

සාකටිකයා, *n.* cart or carriage driver, කරත්ත දක්කන්නා, or one who travels by cart or carriage, කරත්තෙන් යන්නා.

සාකල්‍යකය, සාකල්‍යය, *n.* (fr සකල), all, සියල්ල, the whole, මුළු එක.

සාකා, *n. pl.* vegetables, see සාක.

සාක්කිය, *n.* col. for සාක්ෂිය. [ක්කුව.

සාක්කුව, *n.* Port., sack, ගෝණිය; pocket, මඩිා

සාක්ෂාත්, *post.* or *ad.* Sans., (සා with, අක්ෂි eye) in sight of, ඇස් ඉදිරිපිට, before, in the presence, of, අභිමුඛ; manifestly, ප්‍රත්‍යක්ෂලෙස.

සාක්ෂි, *n. pl.* or *a.* evidences, evidence, witness, eye-witness, proof. [ness.

සාක්ෂිකාරයා, *n.* a witness, one who bears wit-

සාක්ෂිකියනවා, සාක්ෂිදෙනවා, *v.* to testify, give evidence.

සාක්ෂිකූඩුව, *n.* witness-box. [voucher.

සාක්ෂි·පත්‍රය, .*n* proof-do cument, testimonial;

සාක්ෂිමත්. *a.* evidential, affording proof, සාක්ෂි සහිත.

සාක්ෂිය, *n.* (ස with, අක්ෂි eye), witness, evidence, testimony.
සාක්ෂ්‍යය, *n.* evidence &c., see සාක්ෂිය.
සාඛා, *n. pl* or *a. lit.* and *fig.* branches, subdivisions; branch, see ශාඛා.
සාඛා·නගරය, *n.* branch or subordinate city, suburb, උපනගරය, පිටනුවර.
සාඛා·මිගයා, *n.* See ශාඛාමෘගයා.
සාඛාව, *n.* See ශාඛාව.
සාඛිය, *n.* See සාඛ්‍යය.
සාඛ්‍යය, *n.* (fr. සඛ), friendship, මිත්‍රකම.
සාගතය, *n.* famine, dearth, සාමහාගිය.
සාගර, *n. pl.* or *a.* seas; sea-, oceanic, මුහුදු.
සාගරක, සාගරීක, *a.* oceanic, marine, maritime, මුහුදු.
සාගරජ, *n.* sea-salt, මුහුදුලුණු. [*siosaurus.*
සාගර·කුම්භීලයා, *n.* sea-crocodile (extinct), *ple-*
සාගර·ගාමිනිය; *n.* (ගාමිනී going to), sea-goer, viz. river, ගඟ.
සාගර නේමිය, *n.* circumference of the sea, viz. the land, the earth, පොළොව.
සාගරය, *n.* ocean, see මුහුද.
සාගරි, *n.* a kind of deer.
සාගරාලය, *n.* (ආලය abode), sea-abode: ap. of Varuna, see වරුණයා.
සාගල, *n.* capital of the province of Madra, in the N. W. of India.
සා·ගිනි, *a.* hungry, බඩගිනි. [බඩගින්න.
සා·ගින්න, *n.* (සා hunger, ගින්න fire), hunger,
සාං·කර්‍ය්‍යය, *n.* concurrence, එක්වීම, එකමුතුවීම; mixture, මිශ්‍රවීම. [සැකකරනවා.
සාංකාකරනවා, *v.* to doubt, hesitate, suspect,
සාංකාව, *n.* doubt, hesitancy, uncertainty, සැකය. [founded by Kapila.
සාංඛ්‍යය, *n.* system of philosophy so called,
සාං·ගතික, *a.* (from සංගති), sociable, social, මිත්‍ර. E. S.
සාං·ගතිකතාව, *n.* sociableness, sociability. E. S.
සාංඝාතික, *a.* (fr. සං, ඝාත Killing), deadly, fatal, අසාධ්‍යය, ප්‍රාණහර.
සාංඝික, *a.* pert. to B. priesthood, see සංඝ.
සාංඝිකකරනවා, *v. t.* to appropriate or present to the B. priesthood, සංඝයාට හිමිකරදෙනවා.
සාචි·කෘත, *n.* made crooked, වකුටුකරනලද, crooked, distorted, වකුටු.
සාචිව්‍යය, *n.* ministration, administration, regime, ආණ්ඩුකිරීම, හැසිරවීම.
සාවකය, සාවිකාව, සාවිය, *n.* See ශාවකය.
සාණය, *n.* ශාණය.
සාත, *a.* given, දෙනලද; destroyed, නාශවූ.
සාතනික, *a.* Eng., satanic, diabolic, යක්ෂාකාර.
සාතන්, *n.* Eng., Satan, යක්ෂනායකයා. [ඉතාදුක්ව.
සාතය, *n.* joy, pleasure, happiness, ප්‍රීතිය, සැපත.
සාත·වාහන, *n*, ap. of ශාලිවාහන, which see. සාත was a යක්ෂයෙක් changed, it is said, to a lion, on which this king when a child was found riding

සාතිය, *n.* (fr. සෝ to destroy, perish), end, නිස්දුව, destruction, විනාශය.
සා·තිසාර, *a.* (ස with or having, අතිසාර), dysenteric, අතිසාරය ඇති.
සාත්තුකරනවා, *v.* to nourish, nurse, minister to, attend, wait on, tend, (the sick).
සාත්තුකාරයා, *n. mas.*, සාත්තුකාරි, *n. fem.* nurse, attendant (of the sick).
සත්තුනායකයා, *n.* (සාත්තු company), leader or chief of a caravan or company of travelling merchants.
සාත්තුව, *n.* nursing, attendance on the sick or feeble; multitude, number, සමූහය, ගණනක්.
සාත්තු·වාහයා, *n.* leader or chief of a multitude or number. [ply, attend to (the sick).
සාත්තු·සප්පායම්·කරනවා, *v.* to attend and sup-
සාත්මික, *a.* (fr. සතාව), spontaneous, සවජ, E. S.; sincere, අවංක.
සාදනය, *n.* house, dwelling, නිවාසය; exhaustion, කෙසබිත්තුව; dispersing, විසුරුවාදැමීම, destroying, විනාශකිරීම. [*v. n.* සෑදීම.
සාදනවා, *v. t.* to make, construct; *pret.* සෑදුවා;
සාදය, *n.* weariness, කෙසබිත්තුව; perishing, විනාශය; purity, cleanness, පිරිසිදුකම; young grass, අමුතණ.
සාදයා, *n.* friend, associate, මිත්‍රයා, යහළුවා.
සාදර, *a.* (සා with, ආදර), respectful, ගරුකරන, affectionate, ප්‍රේමසහිත.
සාදර·ගායනා·තාලය, *n.* serenade (the tune). E. S.
සාදර·ගායනාව, *n.* serenade (the song). E. S.
සාදර දීමනාව, *n.* gift as a token of respect, testimonial, ගෞරව දීමනාව. [spects.
සාදරය, *n.* esteem, respect, regard; regards, re-
සාදරයෙන්, *ad.* with esteem, respectfully, ගෞරවයෙන්, ගරුකර.
සාදවනවා, *v. c.* to cause to make, get made; *pret.* සෑදෙවුවා *v. n.* සෑදවීම.
සාදගන්නවා, *v. t.* to make for one's self. [&c.)
සාදික්කා, *n. pl.* or *a.* nutmegs; nutmeg (tree
සාදිලිංගම්, *n.* T., vermillion, red-lead, ඉඟුල්.
සා·දුක, *n.* pain of hunger, hunger, බඩගින්න.
සාදුකාරය, *n.* See සාධුකාරය. [සමාන, වැනි.
සාදෘශ, *a.* (fr. සදෘශ), resembling, similar, like,
සාදෘශ්‍යය, *n.* resemblance, similarity, සමානකම.
සාධක, *a.* formative, effective, effectual, productive, සිදුකරන, ජනක.
සාධකතාව, සාධකත්වය, *n.* effectiveness, efficiency, සිදුකරන ගුණය or බලය.
සාධකයා, *n.* accomplisher, maker, සිදුකරන්නා, සාදන්නා.
සාධනය, *n.* accomplishing, effecting, effectuation, සිදුකිරීම; what is accomplshed, result, as substance, wealth, වස්තුව, සම්පත.
සාධනයකරනවා, *v. t.* to accomplish, effect, perform, සිදුකරනවා, ඉෂ්ටකරනවා

සාධනවා, *v. t.* to do; destroy, නාශකරනවා.

සාධනීය, *a.* practicable, feasible, ඉෂ්ටකළහැකිවූ; demonstrable, provable, ඔප්පුකළහැකිවූ.

සාධනීයතාව, *n.* practicability; demonstrableness; ඉෂ්ටවියහැකි බවභාව, &c.

සා·ධර්මය, *n.* (සා for සහ with), general or universal duty, as justice, kindness &c., සාමාන්‍ය යුතුකම.

සා·ධාරණ, *a.* (ධාරණ having, bearing), general, generic, සාමාන්‍ය; impartial, අසමසමවූ; just, ධර්මිෂ්ඨ.

සා·ධාරණකම, සා·ධාරණත්වය, සා·ධාරණය, *n.* generalness, universality, සාමාන්‍යකම; impartiality, අපක්ෂකම, equity, justice, ධර්මිෂ්ඨකම.

සා·ධාරණ්‍යය, *n.* generalness, state of being common, සාමාන්‍යකම්ව. පොදුකම.

සාධිකාව, *n.* deep or sound sleep, තද නින්ද.

සාධිත, *a.* (fr සාධ to accomplish), accomplished, completed, ඉෂ්ටවූ, fined, amerced, දඩගසනලද.

සාධු, *a.* right, good, යහපත්, යස, pleasing, ප්‍රසන්න, excellent, noble, pure, classical, උතුම්, ශ්‍රේෂ්ඨ.

සාධු, *excl.* (සාධ to accomplish, effect), expressive of approval, as, excellent ! well done ! sp. as a response when hearing Bana, corresponding to *Hear, Hear.* [සහිත.

සාධුකාර, *a.* uttering සාධු, applausive, ප්‍රශංසා

සාධුකාරදෙනවා, *v.* to exclaim සාධු for the purpose of applauding.

සාධුකාරය, සාධුකාර·නාද, *n.* utterance of සාධු, to applaud, sound of cheering, acclamation of approval, plaudit. [propriety, යුතුකම.

සාධුත්වය, *n.* goodness, යහපත්කම, correctness,

සාධු·පුෂ්පය, *n.* flower of the *hibiscus mutabilis.*

සාධු·ඵලය, *n.* P. of සොඳුඵලය. [සුචරිත.

සාධු·වෘත්ත, *a.* (වෘත්ත conduct), virtuous, සුසිල.

සාධු·වෘත්තතාව, *n.* virtuousness, virtue, සුචරිතතාව.

සාධ්‍ය, සාධ්‍යමාන, *a.* practicable; provable; see සාධනීය; curable, සුවවියහැකිවූ or සුවකළහැකිවූ.

සාධ්‍යත්වය, *n.* practicability; curability; ඉෂ්ට (or සුව) කළහැකි භාවය.

සාධ්‍ය·භාෂණය, *n.* statement of what is to be proved, *geom.* enunciation.

සාධ්‍යය, *n.* what is to be accomplished or proved, *geom.* proposition, problem, theorem.

සාධ්‍යාකාර, *a.* theorematic, theoremic. E. S.

සාධ්වසය, *n.* fear, terror. භය, බිහිය.

සාධ්වී, *n.* faithful wife, chaste wife, විශ්වාසය or පතිව්‍රතාව රක්ෂාකරන භාර්‍යාව. [ප්‍රීතිමත්.

සානන්ද, *a.* (සා. with, ආනන්ද), joyful, happy,

සානවා, *v. t.* to plough, සාවා, *pret.* සෑවා, සෑවා *v. n.* සෑම.

සානිකාව. *n.* flute, නළාව, pipe, නළය.

සානුකම්ප, සානුකම්පක, *a.* (ස with, අනුකම්පා compassion), compassionate, sympathizing, අනුකම්පාවෙන. [ශීපාව.

සානුකම්පාව, *n.* compassion, sympathy, අනුක

සානු·චර, *a.* (ස with, emp, අනුචර), accompanied by; accompanying, concomitant; අනුවයන, සහිත. [dant, අනුවයන්නා.

සානු·චරයා, *n.* one who accompanies, atten-

සානු·චරව, *ad.* accompanying, concomitantly, අනුවයමින්, අනුව, සහිතව.

සානුව, *n.* table-land, උස් සම භූමිය; point, තුඩ, top, මුදුන, sprout, shoot, දළුව, ගොබය, sun, ඉර.

සාන්ත·දන්ත, *a.* See ශාන්තදන්ත. [ගුණවූ.

සාන්තවූ, *a.* Port., R. C. saint (so and so), holy,

සාන්තර, *a.* (ස with, අන්තර intervals), at intervals, intermittent. [රෙන උණ.

සාන්තරජ්වරය, *n.* intermittent fever, ඉදහිට අ

සාන්තාව, *n.* dewlap, ගලකඩ, තැල්ල.

සාන්තුවරයා, *n.* Port., R. C. saint, ශුද්ධවන්තයා.

සාන්තුස්·සීනුව, *n.* R. C. saint's bell, sacring bell.

සාන්ත්ව, *a.* conciliatory, propitiatory, pacific, සමදාන, සමගි.

සාන්ත්වකිරීම, සාන්ත්වනය, *n.* reconciling, conciliation, reconciliation. සමාදානකිරීම.

සාන්දු, *n.* a kind of perfume, සුවඳවර්ගයක්.

සාන්දෘෂ්ටික, *a.* (සම් with, at, දෘෂ්ටි sight), occurring at sight, immediate, instantaneous, (දුටු) කෙණෙහිම වෙන්නාවූ.

සාන්ද්‍ර, *a.* gross, thick, coarse, රළු, ගොරෝසුවූ, ඝන, compact, close, ඝනවූ.

සාන්ද්‍රතාව, *n.* grossness &c., ගොරෝසුකම &c.

සාන්නිපාතික, *a.* (සං together, නිපාතික falling), complicated, සම්මිශ්‍ර, miscellaneous, නානා

සාපකරවා, *v.* See ශාපකරනවා. [ප්‍රකාර.

සාපක්‍ෂු, *n.* cock, කුකුළා. [see අපරාධ.

සාපරාධ, *a.* (ස with, අපරාධ), faulty, criminal,

සා·පිණ්ඩ, *a.* (සා for සහ, පිණ්ඩ body), consanguineous, ලේනෑකම ඇත්තාවූ. [ණ්ඩතාව.

සා·පිණ්ඩ්‍යය, *n.* consanguinity, ලේනෑකම, ඒකපි

සා·පිපාසය, *n.* (සා fr. සාය), hunger and thirst.

සාප්පුකාරයා, *n* shopkeeper, bazaar-keeper.

සාප්පුව, *n.* Eng., shop.

සාඵල්‍ය, *a* (fr. සඵල which see), fruitful, fertile, productive; සාරවත්, සඵලවූ.

සාඵල්‍යකරනවා, *v. t.* to fertilize, make fruitful or productive, සාරවත්කරනවා, සඵලකරනවා.

සාඵල්‍යය, *n.* fruitfulness, fertility, fecundity, සාරවත්කම, productiveness, සරුකම.

සාභිලාෂිවූ, *a.* (ස with, අභිලාෂ desiring), having desire, desirous of, ආශාඇත්තාවූ.

සාමග්‍රි, සාමග්‍රී, *a*, peaceful, peaceable, conciliatory, friendly, placable, propitiatory. E. S.

සාමග්‍රිකරනවා, *v. t.* to pacify, bring to peace, placate, conciliate, සමගිකරනවා, සාමදානකරනවා.

සාමග්‍රිය, *n.* the total, whole, මුළුගණන, මුළු එක; effects, implements, අඩුම්කුඩම, බඩුමුට්ටු; retinue, පිරිවර.

සාමග්‍රය, සාමග්‍රිය, *n.* peaceableness, friendliness; peace, harmony; සමාදානය, සානතීය, සමගිය, එකගකම.

සාමාග්‍රී, සාමාග්‍ර්‍ය, &c, (more correctly), සාමග්‍රී, සාමග්‍ර්‍ය &c, which see.

සා·මඩුල්ල, *n.* (සා branch, මඩුල්ල area), area of branches or shade under a tree; *pl.* සාමඩුලු.

සාමණේරයා, *n.* B. P. or monk in his novitiate, novice, neophyte.

සාමදානය, *n.* =සමාදානය, q. v.

සාමන්ත, *a.* (fr සමන්තය), pert. to the limit or boundary, limitative, bounding, මායිම්වූ, bordering on, neighbouring, සමීප, අසල.

සාමන්තය, *n.* neighbourhood, vicinity, සමීපස්ථානය, අසලපෙදෙස.

සාමන්තයා, *n* chief of a district, leader, commander, පලාතේ අධිපතියා; neighbour, අසල්වාසියා.

සාමන්ත·වාසී, *a.* dwelling near, අසල්වාසී.

සාමන්තවාසියා, *n.* neighbour.

සාමයික, *a.* (fr. සමය), seasonable, කාලයට සුදුසු; temporary, තාවකාලික; punctual. E. S.

සාමරික, *a.* warlike, යුධකාර.

සාමර්ථ්‍ය, *n.* skill, ability, see සමර්ථකම; *gram.* government of words.

සාමවායිකයා, *n.* (fr. සමවාය assembly, multitude), a principal minister, මැතිතුමා, head of a company, ප්‍රධානියා. [Véda.

සාම·වේදය, *n.* H. sacred book so called, Sāma

සාමාජික, *a.* pert. to membership; consisting of members or associates; being a member; සමාගම්කාර. [ගම්කාරකම.

සාමාජිකකම, සාමාජිකත්වය, *n.* membership, සමා

සාමාජිකයා, *n.* member of a society, සමාගම්කාරයා.

සාමාන්‍ය, *a.* general, common, average, පොදු.

සාමාන්‍ය·කම,-තාව,-ත්වය, *n.* generalness, generality. [general, generalize.

සාමාන්‍යකරනවා, *v. i.* to make common or

සාමාන්‍යය, *n.* kind, sort, වර්ගය; *gram.* genitive case; connection or what is common to both, සම්බන්ධය. [ally, generally.

සාමාන්‍යයෙන්, සාමාන්‍යලෙස, *ad.* ordinarily, usu-

සාමාන්‍ය·වචනය, *n.* general term, common term.

සාමාසික, *a.* compounded, compound, සම්මිශ්‍ර; *gram.* see සමාස.

සාමි, *n.* P. (Sans. ස්වාමි), lord, [හිමිවූ.

සාමික, *a.* having a master or owner, owned,

සාමි·දරුවෝ, *n.* See ස්වාමිදරුවෝ.

සාමි·වචනය, *n.* *lit.* owning-word, viz. word in the genitive case.

සාමීචි, *n.* praise, panegyric, ප්‍රශංසාව; propriety, respectful act or duty, කිසිවුපරිදි කටයුතුකිරීම.

සාමුද්‍ර, *a.* (fr සමුද්‍ර), marine, oceanic, මුහුදු.

සාමුද්‍රය, *n.* (fr සමුද්‍ර), cuttle-fish bone, see සමුද්‍ර කඵය; (fr. ස+මුද්‍ර), spot or mark on the body, ලපය. [tions of good or bad fortune.

සා·මුද්‍රික, *a.* pert. to spots on the body as indica-

සා·මුද්‍රිකය, *n.* interpretation of spots on the body or a work thereon.

සා·මුද්‍රිකයා, *n.* interpreter of spots on the body, ඇඟේ ලප විස්තරකරන්නා.

සා·මුද්‍රිකා·ලක්ෂණය, *n.* the indication given by spots on the body of good or bad fortune.

සා·මුද්‍රිකා·ශාස්ත්‍රය, *n.* *lit.* spot-science, prediction or fortune-telling by spots on the body.

සා·මෘගා, *n.* (සා branch, මෘගා animal), E. of සාඛාමෘගයා. [සුවඳ.

සාමෝද, *a.* (ස with, ආමෝද), fragrant, සුගන්ධ,

සාම්පරායික, *a.* pert. to war, යුධ-, or to futurity, future, මතු; calamitous, විපත් සහිත.

සාම්පරායිකය, *n.* war, battle, යුධය.

සාම්බුව, *n.* (fr. සාම්බ to join), a whole piece of cloth, consisting of several small pieces as handkerchiefs &c.

සාම්‍යතාව, සාම්‍යය, *n.* (fr. සම), sameness, likeness, සමකම; homologue, සමානදේ. E. S.

සාම්‍යර්ථය, *n.* *gram.* the genitive sense, සම්බන්ධ විභක්ති අර්ථය.

සාම්‍රාජ්‍යය, *n.* (see සම්‍රාජ්). universal empire or sovereignty, චක්‍රවර්ති රාජ්‍යය.

සාය, *n.* Port., woman's petticoat, skirt.

සාය, *n.* hunger, සාගින්න; famine, සාගතය; (fr. සාඛා), branch, අත්ත.

සාය, *n.* evening, සවස; the star Arcturus, constituting the fifteenth lunar asterism.

සායකය, *n.* arrow, ඊය; sword, කඩුව.

සායංකාලය, *n.* eventide, සන්ධ්‍යාකාලය, සවස.

සායනය, *n.* longitude of a planet from Aries.

සායම, *n.* colouring matter, pigment, paint, dye.

සායම්, *n. pl.* or *a.* of සායම; dyes &c.

සායම්කරනවා, *v. t.* to dye, stain, tinge, paint.

සායම්ගානවා, *v.* to rub dye on, spread dye over, dye &c.

සායම්·තහඩුව,·ලෑල්ල, *n.* painter's pallet.

සායම්·පට්ටලය, *n.* dye house or premises.

සායම්·පොවනවා, *v.* to saturate with or dip in dye, to dye &c.; *fig.* exaggerate.

සායම්·පොවා කියනවා, *v. t.* to colour (a statement), exaggerate, overstate, බොකල් කියනවා.

සායම්·පොවාපු, *v. adj. pret.* coloured, dyed; *fig.* exaggerated.

සායම්බොරු, *n. pl.* entirely false statements.

සායම්·ශිල්පියා, *n.* dyer, සායම් පොවන්නා.

සායාහ්නය, *n.* evening, හැන්දෑව.

සාර, සාරවූ, *a.* fruitful, fertile, සරු; vigorous, ශක්තිමත්, excellent, උතුම්.

සාර, *a.* cont. of සතර : four, used with certain nouns, as සාරමාසයක්, සාරසියයක් ; සාර.

සාර·කල්පය, *n.* the excellent or auspicious Kalpa, kalpa in which one Buddha appears.

සාරඝ, *n.* honey, මීපැණි ; beeswax, මීඉටි.

සාරංග, *a.* variegated, විසිතුරු.

සාරංගයා, *n.* variegated one: ap. of a species of deer or gazelle, මුවා, of the elephant, අලියා, and of the චාතකයා, which see.

සාරජ, *n. lit.* product of cream, viz. butter, වෙඬරු.

සාරණය, *n.* (සාර going), diarrhœa, dysentery, අතිසාරය. *Bot.*

සාරණීඝාතකයා, *n.* (ඝාත smiting, killing), highway robber, මංකොල්ලකාරයා.

සාරණිකයා, *n.* (සාරණී road), traveller, මාර්ගිකයා, මගියා.

සාරණිය, *n.* canal or small river, ඇළ, drain, කානුව, හොරොව්ව. *Bot.*

සාරණීය, *a.* fruitful, productive, සාරවත් ; *med.* powerful, efficacious, සාධක, ගුණඇති.

සාරණීයතාව, *n.* fruitfulness &c., සාරවත්කම ; efficaciousness, see සාධකතාව.

සාරතාව, සාරත්වය, *n.* fruitfulness, fecundity, fertility, සාරවත්කම, efficacy.

සාර·තෛල·නාලිය, සාරාශය, *n.* (සාර essence, ආශය receptacle), *bot.* essence-sac, vitta.

සාරථි, *n.* (සා for සහ), the one with the coach, coachman, charioteer, රථාචාරියා.

සාර·ද, *n. fem,* (සාර essence, ද giver), giver of essence of wisdom and eloquence : ap. of සරස්වතී, and of දුර්ගා as mother of ගණේශ the god of wisdom. [සෑරීම.

සාරනවා, *v. t.* See සාරනවා ; *pret.* සෑරුවා ; *v. n.*

සාරම්භය, *n.* (ස with, emp. රභ් to begin, sound), beginning, ආරම්භය ; pride, arrogance, ආඩම්බරකම. [four Buddhas appear.

සාර·මණ්ඩ·කල්පය, *n.* name of the kalpa in which

සාරමිය, *a.* best, essential (oil &c.), උත්තරම්වූ; *fig.* pithy, සාරවත්. [සරුව.

සාරමේය·තාරකාව, *n.* dog star, Sirius, ඒ නම්වූ

සාරමේය, *n.* dog, බල්ලා.

සාරය, *n.* pith or sap of trees ; heartwood ; essence or extract, as cream, යොදේ, fresh butter, වෙඬරු, curds, දීකිරි, bees-wax, මීඉටි ; strength, vigour, ශක්තිය.

සාර·ලෝහය, *n.* superior iron, viz. steel, වානේ.

සාරවත්, *a.* fruitful, productive, fertile ; efficacious, nourishing.

සාරවත්කම, *n.* fruitfulness &c. [fructify.

සාරවත්කරනවා, *v. t.* to render fruitful &c.,

සාරවෙනවා, *v. i.* to become fertile, succeed, සඵලවෙනවා.

සාරස, *a.* pert. to a lake or pond, විල්-, පොකුණේ-:

සාරස, *n.* a lotus, නෙළුම්මල; woman's girdle, ඔඩ්ඩුප්පිය.

සාරසයා, *n.* Indian crane, කොකා.

සාරා, *a.* (P. සාරද, see සාර), excellent, උතුම්.

සාරාර්ථය, *n.* (සාරඅර්ථය), real purport, the substance or essential meaning, නියම් අදහස best interest or welfare, උතුම් ගුණය.

සාරාශය, *n.* See සාරතෛලනාලිය.

සාරි, *a.* guard-, watch-, මුර.

සාරිකාව, *n.* See සාරිකාවා. ගෙය.

සාරි·ගෙය, *n.* guard-house, watch-house, මුර

සාරි·ඵලකය, *n.* chess-board, draught-board, දුපෝරුව.

සාරි·සම්බය, *n.* conch shell, සක්ගෙඩිය.

සාරිය, *n.* oriental women's garment, see ඔසරිය ; man or piece at chess or backgammon.

සාරිවාහක, *n.* for සාර්ථවාහයා.

සාරි, *n,* See සාරිකාවා.

සාරීරික, *a.* corporeal, see ශාරීරික.

සාරු, *n.* matter, pus, see සැරව.

සාර්ථ, *a.* (ස with, අර්ථ substance, meaning), wealthy, පොහොසත්; of the same meaning, එම අර්ථයඇති ; importing, meaning, හැඟෙන ; important, වැදගත්.

සාර්ථක, *a.* having a meaning, importing, ...යහ තේරුම් ඇති; fruitful, efficacious, සාරවත්, successful, සඵල, profitable, ප්‍රයෝජනවත්.

සාර්ථකතාව, *n.* importance, successfulness &c., වැදගත්කම &c.

සාර්ථකය, *n.* what is profitable or serviceable, profit, ප්‍රයෝජනය.

සාර්ථකවෙනවා, *v. i.* to succeed, සඵලවෙනවා, become important or profitable, ප්‍රයෝජනවත් වෙනවා.

සාර්ථය, *n.* caravan or company of merchants, තවලම, වෙළෙඳ සමූහය, multitude, සමූහය.

සාර්ථවාහයා, *n.* (වාහක conveyor, leader), see සත්ථවාහකයා.

සාර්පය, *n.* ninth lunar asterism, serpent-asterism, over which the Nàgas (නාගයෝ) are said to preside.

සාලකුරු, *n. pl.* for සහලකුරු.

සාලනිර්යාසය, *n.* See ශාලනිර්යාසය.

සාලප, *n.* See සංලාපය.

සාලය, *n.* hall, principal room, ශාලාව.

සාලයා, *n.* the fish called gilthead.

සාල·රස, *n.* See සාලනිර්යාසය.

සාල·සාර, *n.* asafetida, පෙරුංකායම්. [වැස්ම.

සාල·ශෘංගය, *n.* top or coping of a wall, තාප්ප

සාලාකිය, *n.* See ශාලාකිය and ශාලක්‍යය.

සාලාපය, *n.* (ස with, ආලාපය), conversation, see සංලාපය.

සාලාරය, *n.* shelf, රාක්කය.

සාලාව, *n.* See සාලය.

සාලාවෘකයා, *n.* dog, බල්ලා; jackal, නරියා.

සාලිකා, *n.* See සාරිකා; weaver.

සාලිස, *n.* cont. for සතලිස, forty සතලිස.

සාලී, *n.* weaver, මිගස්කා.
සාලුකය, *n.* See සාලූකය.
සාලූරයා, *n.* frog, මැඩියා. [grove.
සාලෝද්‍යානය, *n.* (සාල sal tree, උද්‍යානය), sal-tree
සාල්, *n.* or *a.* (fr. සාලි), husked rice, සාල්.
සාල්ල, *n.* hanging basket or shelf, උඩසල්ල.
සාව, *a.* (fr. Sans. සාව), tawny, පිඟු; pert. to a corpse, මළසොදස් සම්බන්ධ.
සාවක, *a.* generative, ජනක, productive, prolific, සාරවත්; parturient, වදන, ප්‍රසව,
සාවකයා, සාවයා, *n.* young of any animal, පැටියා.
සාවකයා, *n.* P. for ශ්‍රාවකයා.
සාවඥ, *a.* (ස with, emp., අවඥා) contemptuous, disdainful, scornful, උදුරම්වූ. E. S.
සාවඥතාව, *n.* contemptuousness &c., උදුරම්කම.
සා·වද්‍ය, *a.* faulty, guilty, culpable, blameable, වරදකාර.
සා·වද්‍යතාව, *n.* faultiness &c., වරදකාරකම.
සා·වද්‍යානවද්‍ය, *a.* (අනවද්‍ය), guilty and innocent, වරද නිවරද.
සාවධාන, *a.* (ස emp., අවධාන), attentive, සිත යොමුකරන, watchful, cautious, බලාගන්න, ප්‍රවේසම්වෙන.
සාවධානතාව, *n.* attentiveness &c,
සාවධානය, *n.* attention, caution, සිත යොමුකිරීම, සැලකීම ප්‍රවේසම්වීම.
සාවන, *a.* *ast.* ordinary or natural, as සාවනදින, natural day from sunrise to sunrise.
සාවනය, *n.* month of thirty days, තිස්දවසක් සහිත මාසය.
සාවය, *n.* tawny colour, පිඟුපාට.
සාවයා, *n.* See සාවකයා.
සාවරය, *n.* fault, guilt, වරද, sin, පාපය, wickedness, දුෂ්ටකම; wet ground, තෙත්බිම. *Bot.*
සාවශේෂ, *a.* (ස with, අවශේෂ remainder), having a remainder, incomplete, ගණනක් ඉතුරු වෙන, අසම්පූර්ණ.
සාවා, *n.* hare, හාවා. [ඥයා.
සා·වාදිකයා, *n.* dialectician, logician, තර්කශාස්ත්‍ර
සාවාලයා, *n.* Port., ribbon fish. [බමුණ.
සාවිතෘ, *n.* the sun, ඉර; ap. of Siva, a brahmin,
සාස්පාන, *n.* Eng., saucepan.
සාහචාරී, *a.* (සහ with, චර් to go), going with, associated, attached, එකතු, සහකාර.
සාහචර්‍යය, *n.* associating, එකතුවීම, association, එකතුකම, company, society, සමාගම.
සාහනය, *n.* enduring, ඉවසීම, endurance, ඉවසිල්ල.
සාහසය, *n.* (සහස strength), violence, outrage, as cruelty, rape &c., බලාත්කාරය.
සාහසික, *a.* daring, violent, එඩිතර; rapacious, outrageous, villainous, atrocious, heinous, තද බලාත්කාර, ඉතාදුෂ්ට.
සාහසිකකම, සාහසිකතාව, *n.* atrociousness &c., turpitude, මහත් දුෂ්ටකම.
සාහසිකයා, *n.* villain, කස්තුඩියා, චණ්ඩියා.

සාහසෝත්සාහ, සාහසෝත්සාහකාරසික, *a.* ferocious, grim, ප්‍රචණ්ඩ, රෞද්‍ර.
සාහාය්‍යය, *n.* friendship, මිත්‍රකම, alliance, සම්බන්ධය; help, patronage, පිහිට. E. S.
සාහිත්‍යය, *n.* combination, සහිතබව, association, society, සංගමය, සමාගම; literary or rhetorical composition, (ගද්‍ය පද්‍ය) රචනා.
සාළුව, *n.* (fr. Hindustani ශාලු), shawl, උත්තර
සැක, *a.* doubtful, අනුමාන. [සාටකය,
සැකකරනවා, සැකකෙරෙනවා, සැකසිතනවා, *v.* to doubt, be doubtful, entertain doubts, scruple.
සැක·බය,-භය, *n.* doubt and fear, apprehension, diffidence. [fident.
සැක·බය·නැති, *a.* without doubt or fear, con-
සැකය, *n.* doubt, uncertainty.
සැකවි, *n.* See සැකෙව.
සැකි, *v. aux.* See හැකි. [වැල.
සැකිල්ල, *n.* skeleton, ඇටසැකිල්ල; chain, දම්
සැකුළු, *a.* hard, strong, තද; harsh, rough, කර්
සැකෙව (ව), *n.* brevity, ලුහුඬුකම. [ශ, රළු.
සැකෙවින්, *ad.* briefly, ලුහුඬින්, කොටින්.
සැංගීම, *v. n.* of සංගනවා and සැංගෙනවා: hiding, concealment. [ණා.
සැංගෙනවා, *v. i.* to hide one's self; *pret.* සැංගු
සැඟවිල්ල, සැඟවීම, *v. n.* of සඟවනවා and සැඟවෙනවා: concealment, concealing one's self, hiding; *pl.* සැඟවිලි, සැඟවීම්.
සැඟවී·යනවා, *v.* to go away secretly, abscond.
සැඟවුම, *v. n.* See සැඟවිල්ල &c.
සැඟවෙනවා, *v. i.* to hide one's self.
සැට, *n.* or *a.* E. of ෂෂ්ටි; sixty, හැට.
සැඩවක, *n.* See සටවක.
සැට්ටිල, සැට්ටිය, *n.* chatty, pot, pan, හට්ටිය.
සැටිය, *n.* manner &c., see හැටිය.
සැටිරියා, *n.* archer, දුනුවායා; wild man, barbarian, වනචරයා, වැද්දා.
සැටවය, *n.* See හැටවය.
සැට්ටිය, *n.* See හැට්ටිය.
සැඩ, සැඩ, *a.* E. for චණ්ඩ: hard, තද, දැඩි, severe, සැර, rough, රළු. [මාරුතය.
සැඩ·පවන, *n.* strong wind, gale, storm, චණ්ඩ
සැඩපල්ල, සැඩය, *n.* See හැඩපල්ල; *pl.* සැඩපලු.
සැඩපහර, සැඩපාර, *n.* stream, current, දියපාර.
සැඩයා, *n.* ruffian, brute, චණ්ඩියා, thief, හොරා.
සැඩ·රැස්, සැඩ·රැස්, *n.* (සැඩ strong, රැස් rays), ap. of the sun, ඉර.
සැඩ·වතුර, *n.* current, see සැඩපහර.
සැඩිගම, *n.* deserted or ruined village.
සැඩිදෙමළ, *n. pl.* (සැඩි unruly), unruly or savage Tamils.
සැණ්ඩාලා, *n.* E. of චණ්ඩාලයා; low-caste man, rodiya, රොඩියා.
සැණ, *n.* E. of ක්ෂණ; moment, instant, මොහොත; festival, මංගල්‍යය, උත්සවය.
සැණකින්, සැණෙකින්, සැණෙන්, *ad.* immediately, speedily, soon කඩිනමින්ම.

සැණ·කෙළිය, *n.* festive play, festivity, උත්සව ක්‍රීඩා, sp. festivity at the month ඉල්මස, and at the new year, බක්මස. [ෂෝෂාව.

සැණ·ඝොෂ, *n.* sound of festivity or joy, ප්‍රීති

සැණ·විලස, සැණ·වෙස, *n.* festive form or style, in festive condition or being at play, ක්‍රීඩා විලාසය,

සැත, *n.* E. of ශස්ත්‍රය : weapon, ආයුධය ; fr. ඡත්‍රය : umbrella, කුඩය ; fr. ශාස්ත්‍රය : science ; *pl.* සැත්.

සැතපීම, සැතපුම, *v. n.* of සැතපෙනවා : sleeping, sleep, නිදාගැනීම, නින්ද, reposing, repose, ශයනය.

සැතපෙනවා, *v. i. hon.* to sleep, fall asleep, recline, repose, නිදාගන්නවා ; ශයනයවෙනවා ; *pret.* සැතපුණා.

සැතැප්පවීම, සැතැප්වීම, *v. n.* of සතප්පනවා &c., causing to sleep &c. [ප්ම.

සැතැප්ම, *n.* (*lit.* a reposing, resting), mile, සැතැ

සැ·තැවුලිය, *n.* (සැ for ස with, තැවුලිය), grief, ශෝකය, regret, තැවීම.

සැතිය, *n.* (fr. ස්වාන්ත), the mind, heart, සිත.

සැතිරි, *n. fem.* of සතුරා : female enemy; *pl.* සැතිරියෝ.

සැත්, *n. pl.* of සැත: weapons &c., see සැත.

සැත්·කම, *n.* E. for ශස්ත්‍රකර්මය : surgery, surgical operation, සල්ලවෙදකම.

සැත්කම්කරනවා, *v.* to practise surgery, perform surgical operations. [වෙදා.

සැත්කම්කරන්නා, *n.* surgeon, operator, සල්ල

සැත්ත, *n.* multitude, සමූහය, collection, quantity, රාශිය, cluster (of flowers &c.), පොකුර.

සැත්තෑ. *a.* ; සැත්තෑව, *n.* ; seventy.

සැත්තෑවෙනි, *a.* seventieth.

සැද, *n.* defensive armour, mail, සන්නාහය, saddle or pannier for a horse &c., E. S. ; ornament, ආභරණය ; *pl.* සැදි.

සැදහැ, *n.* E. of ශ්‍රද්ධාව : faith, piety.

සැදහැමති, *a.* imbued with faith, religious, pious, devout, භක්තිවන්ත.

සැදගැමි, *a.* See සකෘදගාමී.

සැදි, සැදු, *v. adj.* ornamented, adorned, සැරසුණු.

සැදීම, *v. n.* of සදනවා : making, සෑදීම ; adorning, සැරසීම. [සැරසුම.

සැදුම, *n.* adorning, ornamenting, ornament,

සැදුම්·ලත්, සැදුම්·ලද, *a.* ornamented, සරසනලද.

සැදුලා, සැඳෙලා, *n.* fr. ශාර්දූල : leopard, cheetah, දිවියා, කොටියා.

සැදෙනවා, *v. i.* to be adorned, adorn one's self. සැරසෙනවා ; to grow up, become formed, සෑදෙනවා ; *pret.* සැදුණා.

සැනසිලි, *n. pl.* or *a.* consolations ; consolatory, soothing, cheering.

සැනසිලිකරනවා, *v. t.* to console, see සනසනවා.

සැනසිලිකාරයා, *n.* comforter, consoler, සනසන්නා. [සැනසිලි.

සැනසිල්ල, *n.* consolotion, solace, comfort ; *pl.*

සැනසීම, *v. n.* of සනසනවා and සැනසෙනවා ; comforting &c., comfort &c.

සැනසෙනවා, *v. i.* to be comforted, cheered ; satisfied, සතුටුවෙනවා ; *pret.* සැනසුණා.

සැනහීම, සැනහුම, *v. n.* consoling, සැනසීම ; bathing, ස්නානය, නෑම.

සැනිදින, *n.* Saturday, ශනිදින, සෙනසුරාදා.

සැන්ද, *n.* See සැන්ද ; *pl.* සැඳි.

සැන්දෑ, සැඳෑ, *a.* evening, සවස්. [ලාව.

සැන්දෑව, *n.* (fr. සන්ධ්‍යා), evening, සවස, සවස්වේ

සැඳි, *n. pl.* of සැන්ද : spoons &c., සැඳි.

සැප, සැපවත්, *a.* luxurious, pleasurable, in well-being.

සැප·අනුභවය, *n.* enjoyment of luxury, luxury,

සැප·ජීවිතය, *n.* luxurious life or living, luxury.

සැපත, *n.* (fr. සම්පත්), wealth, luxury ; pleasure, felicity, enjoyment.

සැපතුම, සැපතුම, *n.* covenant, agreement, ගිවිසුම, promise, පොරොන්දුව.

සැපත්. *v. adj.* arrived, see සපත්, *a.*

සැපත්, *n.* wealth, riches, සම්පත්, see සපත්, *n.*

සැපදායක, *a.* promoting happiness or welfare,

සැප·සනීපව, *n* happiness and comfort, health, welfare, well-being.

සැ·පමිණි, සැ·පැමිණි, *v. adj. pret.* See සපැමිණි.

සැපය, *n.* luxury, pleasure, happiness, සැපත ; well-being, සුඛය. [ing.

සැපයීම, *v. n.* of සපයනවා : providing, supply-

සැපයුණු, *v. adj. pret.* of සැපයෙනවා: to become supplied or accomplished.

සැප·ලොල්කාව, *n.* craving for pleasure, desire for luxury, සැපතට ආශාව.

සැප·විහරණය, *n.* (විහරණය dwelling or passing time), luxurious life, passing one's time in happiness or ease, සැපෙන් පසුවීම.

සැපසෙල්ලම, *n.* pleasure and play, gaiety.

සැපිත්ත, සැපිත්ති, *n. fem.* female serpent; *pl.* සැපිත්තියෝ.

සැපුම, *n.* See සැපීම.

සැපෙන්, සැපතින්, *ad.* in luxury, comfort or well-being, luxuriously, comfortably.

සැබව, සැබෑව, *n.* or *a.* truth, සැබෑව ; true or is true, සැබෑ.

සැබවින්ම, *ad.* See සැබෑවටම.

සැබෑව, *n.* E. for සත්‍යව.

සැබෑ, *a.* true, real.

සැබෑකම, *n.* truth, viz, trueness.

සැබෑව, *n.* truth, fact, ඇත්ත.

සැබෑවටම, *ad.* truly, really, indeed, ඇත්තටම.

සැම, *a.* or *pron.* all, every, see සෑම.

සැ·මිටිය, *n.* (සැ for ස with, මිටිය fist), whip, කසය, switch, ඉපල, stick, කෝටුව.

සැමියා, *n.* E. of සාමියා. [සේවාකම.
සැමවට, *n.* service, සේවය, military service,
සැමුනි, *n.* (සැ for Sakya), E. of ශාක්‍යමුනි.
සැමෙන්ම, *n.* all, every, one, සැමදෙනම.
සැම්බිලිය, *n.* rush bag or purse, see සෑම්බිලිය.
සැර, *a.* harsh, fierce, චණ්ඩ, severe, keen, poignant, තද; swift, වේගවත්.
සැරකම, *n.* harshness &c., චණ්ඩකම &c.
සැරකරනවා, *v. t.* to make stronger, severe or pungent, aggravate, exacerbate; scold, rebuke.
සැරකාර, *a.* fierce, severe, චණ්ඩ. [hector.
සැරකාරයා, *n.* one who is severe, threatener,
සැරටියා, *n.* elephant-driver or keeper, ඇත්ගොව්වා; archer, දුනුවායා.
සැරදේ, *n.* a farewell good wish, see ආයුබෝවන්.
සැරමිටිය, *n.* walking stick or staff.
සැරය, *n.* speed, velocity, වේගය; force, energy, strength, බලවත්කම; vein, නහරය; arrow, ඊය; turn or occasion, වතාව, time, or repetition, as තුන්සැරයක්, three times. [&c.
සැරයක්·දෙසැරයක්, &c., *n.* or *ad.* once or twice
සැරයටිය, *n.* See සැරමිටිය.
සැර·යොන්, *n.* source of arrows or weapons: ap. of Cupid, අනංගයා.
සැරව, See සෑරව. [high-spirited,
සැර·විර, *a.* energetic and strong, stout, sturdy,
සැරවෙනවා, *v. i.* to become severe or stronger (of diseases &c.), be severe with, scold.
සැර·වේදිය, *n.* (සැර arrow, වේදිය shooting or science), archery, art or practice of archery.
සැරසිලි, *n. pl.* or *a.* ornaments; ornamental.
සැරසිලිකරනවා, *v. t.* to decorate, ornament, සරසනවා. [ornamentally.
සැරසිලි·වශයෙන්, *ad.* by way of ornamentation,
සැරසිල්ල, *n.* ornament, ornamentation, array, garnishing, garniture; *pl.* සැරසිලි.
සැරසීම, සැරසුම, *v. n.* of සරසනවා and සැරසෙනවා: decorating, ornamenting, dressing up, garnishing.
සැරසෙනවා, *v. i.* to become adorned, arrayed or prepared, adorn or accoutre one's self; *pret.* සැරසුණා.
සැරිය, *n.* plate or dish, මඩක්කුව; cover, මූඩිය.
සැරිය, *n.* wife, භාර්යාව.
සැරිසරනවා, *v. i.* to walk about, promenade, ramble, ඇවිදිනවා, traverse, travel about, සංචාරකරනවා; transmigrate, සසරගමන්කරනවා; *pret.* සැරිසැරුවා. [දීම, ගමන.
සැරිසරය, *n.* walking about, going, journey, ඇවි
සැරිසැරීම, සැරිසැරුම, *v. n.* of සැරිසරනවා: walking about &c., perigrination.
සැරීරය, *n.*, සැරීරික, *a.* &c., Er. for ශරීරය, &c.
සැරුම, *n.* See සැරිසැරීම.
සැරෙන්·සැරේ, සැරෙන්·සැරේට, *ad.* from time to time, by turns, alternately.

සැරේට, *ad.* violently, swiftly; severely; තදින්,
සැල, *n.* hall, ශාලාව. [සැරෙන්.
සැල, *a.* public, known, ප්‍රසිද්ධ; සැලයි It is known or announced.
සැල, *n.* See සල: earthen pot or cooking vessel, සැළිය; stone, rock, සල; delay, ප්‍රමාදය; shaking, agitation, චලනය.
සැලකරනවා, *v. t.* to announce, report, notify, intimate, mention, දන්වනවා.
සැලකියයුතු, *a.* (fr. සලකනවා), that should be observed or regarded, noticeable. [ful.
සැලකිලි, *a.* regardful, heedful, attentive, care-
සැලකිලිකම, regardfulness &c.
සැලකිල්ල, සැලකීම, *v. n.* of සලකනවා: regard, heed, attention, regarding, heeding, taking notice.
සැල·බෙරය, *n.* tambourine, notifying drum.
සැලය, *n.* earthen pot, see සැල; delay, ප්‍රමාදය.
සැලලී, *n.* young woman, damsel, තරුණී.
සැලසීම, *v. n.* of සලසනවා and සැලසෙනවා: causing, effecting; being caused or effected.
සැලසෙනවා, *v. i.* to be caused or effected; *pret.* සැලසුණා. [vessel, සැළිය.
සැළිය, *n.* E. of හැළිය; earthen pot or cooking
සැලීම, සැලුම, *v. n.* of සලනවා and සැලෙනවා: shaking, stirring, trembling, quaking, shake, stir, සෙලවීම, චලනය.
සැලැස්වීම, සැලැස්සීම, සැලැස්සුම, *v. n.* of සලස්වනවා and සලස්සනවා: causing, constraining, compelling.
සැලෙනවා, *v. i.* to shake, move, tremble, flutter, සෙලවෙනවා; throb, E. S. *pret.* සැලුණා; *p. pl.* සැලී.
සැල්දිරි, *n.* D., celery.
සැල්ම, *n.* See සැලීම.
සැවත්, *n.* (cp. සැපත්), wealth, riches, සම්පත.
සැවය, *n.* corpse, මළකඳ; (fr. ඡවි), serpent's cast skin, හැවය,
සැවැත්, *n.* E. for ශ්‍රාවස්තී. and සාවත්ථි.
සැවු, *n.* going, යෑම, moving, සෙලවීම; See සැව.
සැවුලා, *n.* T., cock, කුකුළා.
සැවෙම, *n.* all, සැමදෙනම.
සැව, *n.* E. for චාපය: archer's bow, දුන්න.
සැව·කොන, *n.* point or extremity of a bow, දුනුකෙළවර.
සැව·දිය, *n.* bowstring, දුනුලනුව.
සැවිරි, *n.* ap. of Vishnu.
සැසයා, *n.* (fr. ශශයා), hare, හාවා.
සැසලුම, *n.* thunder, අහස්ගර්ජනාව.
සැසිය, *n.* Eng., session, සභාවාරය.
සැසි, *n.* (fr. ශාක්‍යසිංහ), ap. of Gautama, ගෞතම බුදුන්, see සෑසි; moon, සඳ.
සැසීම, සැසීම, *v. n.* of සසිනවා and සසිනවා: chipping, paring.
සැස්සා, *v. t. pret.* of සසිනවා: chipped, pared.

සැකැ, සැකැලා, *p. pl.* of සකිනවා : having chipped &c.
සැකැ'දමනවා, *v. t.* to chip or pare or shave off.
සැකැසා, සැකැමුනි, සැකැසි, *n.* ap. of Gautama, see සැ'මුනි,
සැකැස්, *a.* evening, සැන්ද.
සැහැකුරැ'ඵලය, *n.* mango fruit, අඹඵලය.
සැහැල්ලු, *a.* light in weight; easy, පහසු; trifling, insignificant, සුළු.
සැහැල්ලුකම, *n.* lightness &c.
සැහැල්ලුකරනවා, *v. t.* to lighten in weight; make easy, mitigate, palliate; සැහැල්ලුවෙනවා *vulg.* purge.
සැකීම, *v. n.* of සකිනවා.
සැලළිහිණියා, සැළලිහිණියා, *n.* (Sans. සාරිකා), the bird so called, Indian maina, මයිනා.
සැළිය = සැලිය.
සැ, *a.* pert. to the Sākya race, සාක්‍ය.
සැ'කුලය, *n.* the Sākya race, see සාක්‍යකුලය.
සැ'කුළු, *a.* (See සැකුළු), hard, තද rough, රළු; mixed, මිශ්‍ර.
සැදලය, *n.* D. and Eng., saddle.
සැදීම, *v. n.* of සාදනවා and සැදෙනවා : making; becoming made, forming.
සැදුම්කාරයා, *n.* maker, සාදන්නා.
සැදෙනවා, *v. i.* to take shape, form, become formed; *pret.* සැදුණා. [got made.
සැදෙව්වා, *v. pert.* of සාදවනවා : caused to make,
සැම, *a.* all, every. [constantly.
සැම'කල්හි, සැම'වෙලේම, *ad.* always, ever,
සැම'දම, *n.* or *ad.* every day.
සැ'මුනි, *n.* E. of සාක්‍යමුනි : Rishi or saint of the Sākya race: ap. of Gautama.
සැය, *n.* funeral pile of wood, funeral pyre, see චිතකය; monument, චෛත්‍යය.
සැසි, *n.* chief of the Sàkya race: ap. of Gautama, see සැකසි. [sufficing.
සැහීම, සැහුම, *v. n.* of සැහෙනවා : being suitable,
සැහුම්කම, *n.* sufficiency; propriety, eligibility.
සැහෙනවා, *v. i.* to suffice, be sufficient; suitable, proper, fit; be angry, කිපෙනවා; *pret.* සැහුණා; *p. pl.* සැහී.
සි, *n.* top of a tree, ගසේ මුදුන. [preeminent.
සිංහ *a.* pert. to a lion or lions, lion-; in comp.
සිංහ'කේශර, *n.* lion's mane.
සිංහ ගර්ජනාව, *n.* lion's roar.
සිංහ'චර්මාච්ඡාදිත, *a*, (ආච්ඡාදිත covered), covered with a lion's skin.
සිංහ'දෙන, සිංහ'ධේනුව, *n.* lioness.
සිංහ'නාද'කරනවා, *v.* to roar as a lion.
සිංහ'නාදය, *n.* lion's roar; war cry, war whoop,
සිංහ'පංජරය, *n. lit.* lion's cage, window, ජනේලය, loophole, සිදුර.
සිංහ'පෝතකයා, *n.* lion's whelp, සිංහපැටියා.
සිංහයා, *n.* lion.

සිංහ'යානා, සිංහ'රථා, *n.* (යාන, රථ, vehicle), *lit.* lion-rider, ap. of දුර්ගා,
සිංහ'රාශිය, *n.* the const. Leo.
සිංහල, *a.* Sinhalese: (සිංහ lion, ල to take or slay). The word is said to be derived from සිංහබාහු whose father was a lion. සිංහබාහු slew the lion, and in consequence his descendants from his son විජය who conquered and colonized Ceylon received the name සිංහල.
සිංහල, සිංහල'භාෂාව, *n.* Sinhalese, Sinhalese language.
සිංහල'කපු, *n.* Sinhalese or Ceylon cotton.
සිංහලේ, *a.* pert. to the central parts of Ceylon (ruled by Sinhalese Kings), Kandyan.
සිංහ'ශය්‍යාව, *n.* (fr. ශය්‍යා), lion's bed or sleeping form.
සිංහාකාර, *a.* lion-like, leonine. [සොටු.
සිංහාණ, *n.* rust, මලකඩ; mucus of the nose,
සිංහාවලෝකනය, *n.* (-අවලෝකන:), a lion's look (applied to the habit of constantly pausing and looking back).
සිංහාසනය, *n.* (ආසනය), royal seat, throne.
සිංහාසනාරූඪ, *a.* (·ආරූඪ), that has ascended the throne, enthroned.
සිංහාසනාරූඪකරනවා, *v. t.* to enthrone, සිංහාසනයෙහි වාඩිකරවනවා.
සිංහිකා, *n.* mother of Rāhu, see රාහු. [Rāhu.
සිංහී, *n.* lioness, සිංහදෙන; ap. of the mother of
සිකත, සිකතාව, *n.* sand, වැලි, sandy soil, වැලිබිම; gravel or stone (the disease), අශ්මරිය.
සිකතලා, *n.* a species of lizard, Brahmin lizard.
සිකරය, *n.* E. of ශිඛර : high rock, පර්වතය.
සිකල්, *n.* mud, mire, මඩ. [මොණරසිළු.
සිකාව, *n.* E. of ශිඛා : head, හිස; peacock's crest,
සිකී, *n.* crested one, viz. peacock, සිඛී, මොණරා.
සිකි'ගිව, *n.* E. of ශිඛිග්‍රීව.
සිකි'දල, *n.* flame, ගිනිදැල්ල.
සිකිය, *n.* E. of ශිඛී : fire, ගින්න, flame; crest, කරමල; flag, banner, කොඩිය.
සිකී'යත්, සිකී'යහත්, *n.* (යහත් vehicle), peacock-rider: ap. of කාර්තිකේය.
සිකු, *a.* dry, dried, siccus, ශුෂ්ක, වියළි.
සිකුරත'වැසියා, *n.* (සිකුරු, අත'වැසියා), Asura or Titan, අසුරයා.
සිකුරා, *n.* the planet Venus or its Regent, morning or evening star.
සිකුරාද, *n.* Friday.
සිකුරු, *a.* white, සුදු; sure, සත්‍යය.
සිකුරු, *n.* spirituous liquor, අරක්කු; whiteness, සුදු; the planet Venus.
සිකුරුතරුව, *n.* white star, viz. the planet Venus, *cl.* ශුක්‍ර තාරකාව.
සික්කාව, *n.* a string by which a load is suspended; the string of a balance, කන්ලිවෙල්ලනුව, තරාදිවේලනුව.

සික්ඛා, *n.* P. of ශික්ෂා.

සික්ත, *a.* (fr. සිච් to sprinkle), sprinkled. wetted, (වතුර) ඉසිනලද or තෙමුණු.

සික්ථක, *n.* bees-wax, මීඉටි.

සික්ථය, *n.* boiled rice, බත, ball or lump of boiled rice, බත්පිඩ; beeswax.

සිඛාව, *n.* flame, ගිනිදැල්ල.

සිගාලා, සිගාලයා, සිඟාලා, *n.* jackal, ශෘගාල, හිවලා.

සිඝ, *a.* fr. ශීඝ්‍ර: swift, speedy, වේගවත්, ඉක්මන්.

සිඟුව, *n.* fr. ශෘංග: horn &c., අං &c., see ශෘංග.

සිංකෝනා, *n.* Eng., cinchona. [සිය.

සිංගාරම, *n.* large drum, දවුල; drum-roar, ඝෝෂ

සිංගිත්ත, සිඟිත්ත, *n.* a little, very small portion, ටිංගිත්ත.

සිංගිත්තා, *n.* little one, පුංචිත්තා.

සිංගිය, *n.* gold, රත්රන්; fr. ශෘංගි, horn, අං. *Bot.*

සිංගියා, *n.* fr, ශෘංගියා, which see.

සිංඝාණ, සිංඝාණිකා, *n.* fr. සිඝ් to smell; mucus of the nose, සොටු.

සිංඝාතක, *n.* මලකඩ, dross of iron, යබොර.

සිංඝිනිය, *n.* nose; නාසය, නාහේ.

සිඟනවා, *v.* to beg, solicit alms, හිඟනවා; *pret.* සිඟුවා, *v. n.* සිඟීම.

සිඟන්නා, *n.* beggar, mendicant, හිඟන්නා.

සිඟාතය, *n.* agricultural implement, a kind of hoe, උදැල්ල.

සිඟාරම්කරනවා, *v.* to drum, දවුල්ගහනවා.

සිඟාරම්කාරයා, *n.* drummer, බෙරවායා.

සිඟාව, *n.* peacock's crest, see සිකාව.

සිඟිති, *a.* fine, thin, සිහින්, small, කුඩා.

සිඟි·මිගයා, *n.* (fr. ශෘංගි horned), horned animal, viz, crab, කකුළුවා.

සිඟීම, *v. n.* of සිඟනවා: begging.

සිඟු, *a.* fine, thin, slender, සිහින්, හීන්.

සිඟුරු, *n* fr. ශෘංගබේර: ginger, ඉඟුරු.

සිඟු, *n.* E. of ශෘංග: horn, අං; top, මුදුන, peak, මුදුන්තුඹුව; mark, ලකුණ.

සිඟු·වලඟ, *a.* thin-waisted (applied to a woman's waist), සිහින් ඉඟටියක්ඇත්තාවූ; *n.* woman, ස්ත්‍රී.

සිඟු·වලඟය, *n.* thin waist, සිහින් ඉඟටිය.

සිචනය, *n.* sprinkling, ඉසීම, pouring, වැක්කිරීම.

සිඤ්ඤෝ, *n.* Port., sir, master, මහත්මයා.

සිට, *p. pl.* of සිටිනවා; being &c.; as *post.* from, beginning from, පටන්.

සිටන්, *post.* same as පටන්.

සිටවනවා, *v. c.* of සිටිනවා: to cause to stand, place, set, set up; plant; *pret.* සිටෙවුවා *v. n.* සිටවීම.

සිටාණ, *a.* noble, වංශවත්.

සිටාණෝ, *n. hon.* nobleman, වංශාධිපතියා.

සිටි, සිටිය, *v. adj. pret.* that was or were, සිටියාවූ.

සිටිනවා, *v. i.* to be, exist, remain, stay; stand; *pret.* සිටියා; *p. pl.* සිට; *v. n.* සිටීම.

සිටු, *a.* noble, see සිටාණ. [සෙට්.

සිටුසෙනෙවන්, සිටුවරයා, *n.* nobleman, see සිටා

සිටු·තනතුර, *n.* office or dignity of nobility.

සිටු·දේවි, *n.* lady of title, වංශවත් කැනැත්ති.

සිටුවනවා, *v. c.* See සිටවනවා; *v. n.* සිටුවීම.

සිත, *n.* E. of චිත්ත; mind, intellect, heart.

සිත, *a.* (cp. ශ්වේත), white, සුදු. [royalty.

සිත·ඡත්‍රය, *n.* white umbrella, as an ensign of

සිත·ධාතුව, *n.* white element, viz. chalk, රටහුනු.

සිතනවා, *v. t.* to think, deem, suppose; *pret.* සිතුවා; *v. n.* සිතීම.

සිත·පක්ෂය, *n.* the first or light half of the lunar month, පුරපක්ෂය. [හංසයා.

සිත·පක්ෂයා, *n.* white bird, viz. goose, swan,

සිතඹු, *n.* camphor, කපුරු,

සිතය, *n.* white colour, සුදුපාට; something white as silver, රිදී; the planet Venus, සිකුරු තරුව; white arsenic, සුදු පාෂාණම්; sandal wood, සඳුන් ලී.

සිත·රශ්මි, *n.* white-rayed one, viz. moon, සඳ.

සිතවනවා, *v. c.* of සිතනවා: cause to think; suggest, insinuate. [වියවුල.

සිතවිව, *n.* confusion of mind, perplexity, සිත්

සිතසර්ෂප, *n.* white mustard, සෙල අබ.

සිතාංකයා, *n.* (සිත white, අංක mark, spot), a species of fish, *lacertus cincus.* [පුරු.

සිතාභ්‍ර, *n.* (සිත white, අභ්‍ර cloud), camphor, ක

සිතාම්බරයා, *n.* (අම්බර clothes), white-robed ascetic, සුදු අඳින තාපසයා.

සිතාව, *n.* candied sugar, candy, සුකිරි. *Bot.*

සිතාසි·කරනවා, *v.* (සිතාසි Port.), to subpoena, cite, summon. [writ.

සිතාසි·පත්‍රය, සිතාසිය, *n.* subpoena, summons,

සිති, *a.* white, සුදු; black, කළු. [Siva.

සිති·කණ්ඨයා, *n.* black-throated one: ap. of

සිතිම්·රෙදි, *n.* or *a.* satin.

සිතිම්රෙද්ද, *n.* satin cloth.

සිතියම, *n,* E. for චිත්‍රකර්ම: picture, painting, drawing, පින්තාරුව. [depict.

සිතියම්කරනවා, *v.* to paint or draw pictures

සිතියම්කාරයා, *n.* picture painter, draftsman.

සිතියම් හොරුම්, *n.* in sculp. &c., relief, relievo.

සිතියම්·රාමුව, *n.* picture frame.

සිතියම්·ශාලාව *n.* picture hall, picture gallery.

සිතියම්·ශාස්ත්‍රය, *n.* science or art of painting.

සිතියරයා, *n.* picture painter, සිත්තර.

සිතිවිල්ල, *n.* thought, opinion; *pl.* සිතිවිලි.

සිතීම, *v. n.* of සිතනවා and සිතෙනවා: thinking, supposition, thought.

සිතු, *a.* thinking, සිතන; wishing, ආශාවූ.

සිතුම, *n.* fr. සිතනවා; thinking, සිතීම, thought, සිතිවිල්ල.

සිතු·මිණ, සිතු·මිණි·රුවන, සිතු·රුවන, *n.* wishing gem, said to bestow whatever its possessor desires.

සිතුයම, සිතුයම්, *n.* See සිතියම,

සිතුව, *n.* mind, සිත, thought, wish, සිතීම, කැමැත්ත.

සිතුවක්කාර, *a.* (සිතුවක් any thought or wish), doing one's own wish, self-willed, self-opinionated, සිතුවක්කාර.

සිතුවක්කාරකම, *n.* See සිතුවක්කාරකම.

සිතුවක්කාරයා, *n.* See සිතුවක්කාරයා.

සිතෙනවා, *v. i. (dat.)* thought occurs, to fancy, imagine; *pret.* සිතුණ; *p. pl.* සිති; *v. n.* සිතීම.

සිතෝදර, *n.* (සිත white, උදර), white-bellied one; ap. of කුවේර, who is said to be white with leprosy.

සිත්, *n.* or *a.* mind, heart; *pert.* to mind or heart, heart-, සිත්-

සිත්·ඇලෙනවා, *v. i.* (of the mind) to be attached, cling to, desire, ඇලුම්වෙනවා.

සිත්·ඔතැනි, *a.* feeble-minded, disheartened, කලකිරෙන, අමෙධයසී.

සිත්·කලු, *a.* heart-delighting, delightful, pleasing, lovely, [please, gratify.

සිත්·ගන්නවා, *v.* to take the mind or fancy,

සිත්තම්කරනවා, *v.* See සිතියම්කරනවා.

සිත්තම්කාරයා, සිත්තරා, *n.* See සිතියම්කාරයා.

සිත්තර·ගුරුන්නාන්සේ, *n.* teacher of painting or drawing-master. [will.

සිත්·නිදහස්කම, *n.* freedom of the mind, free-

සිත්·විකල, *a.* confused in mind, perplexed, deranged.

සිත්·සතුටු, *a.* contented, cheerful, pleased.

සිත්·සතුටුකම, *n.* contentedness &c., satisfaction of mind. [steadfast.

සිත්·සවි, *a.* of firm or strong mind, resolute,

සිත්·සවිකම, සිත්·සවිය, *n.* strength of mind &c., [fortitude.

සිපිල, *a.* light &c., see සිපිල.

සිද, *a.*, සිදයා, *n.* E. of සිධ and සිධයා.

සිදඟන, *n.* E. of සිධාංගනාව.

සිදත, *n.* See සිදත්සංගරාව.

සිදත්, *a.* E. of සිධාන්ත.

සිදත්·සඟරාව, *n.* E. of සිධාන්තසංග්‍රහය.

සිදඹුව, *n.* (සිද for සිධ, අඹුව), wife of Siddha, see සිධාංගනාව.

සිදය, *n.* E. of ඡිද්‍රය: hole, perforation, සිදුර.

සිදරත්, *n.* citron.

සිදදිය, *n.* Port., city, town, නුවර.

සිදු, සිදුවූ, *a.* E. of සිඞ: that has happened, occurred, been done.

සිඳු (ඳු), *n.* E. of සින්ධු: sea මුහුද; lake, වැව, river, ගඟ; hole, සිදුර; birth, ඉපදීම.

සිඳු, *a.* (fr. සින්ධු), pert. to the sea, marine, මුදු.

සිදු, *a.* (fr. ශුධ), pure, holy, පිරිසිදු; ep. of Buddha.

සිදු·කත, සිදු·වමි, *n.* divine female, goddess, see සිදඟන.

සිදුකරනවා, සිදුවෙනවා, *v.* See සිධකරනවා &c.

සිඳුනාව, *n.* sea, ocean, මුහුද.

සිඳු·පෙණ, *n.* sea foam: see මුදුපෙණ.

සිදු·ඇඹ, *n.* mustard seed, mustard, අබ.

සිදුර, *n.* E. of ඡිද්‍රය: hole, cavity, perforation; *pl.* සිදුරු.

සිදුරා, *n.* E. of සින්ධුර: elephant, අලියා. [hole.

සිදුරුකරනවා, *v. t.* to bore, perforate, pierce,

සිදුවන, *n.* cloud, වලාකුල.

සිදුවෙනවා, *v. i.* See සිධවෙනවා.

සිදු·හතු, සිදු·හත්, *n.* white mustard, සෙලඅබ: See සිධාර්ථ.

සිදුහත්කුමරු, *n.* ap. of Buddha, සිධාර්ථකුමාරයා.

සිද්දකරනවා, *v. t.* E. of සිධකරනවා.

සිද්දිඉඟුරු, *n.* dried ginger, වියළි ඉඟුරු, see සුණ්ඨි.

සිද්දවීම, *v. n.*; සිධවෙනවා, *v. i.* E. of සිධවීම &c.

සිධ, සිධවූ, *a.* which has taken place, happened, effected, decided, proved.

සිධකරනවා, *v. t.* to bring about, effect, accomplish, fulfil, ඉෂ්ටකරනවා.

සිධ·දේවයා, *n.* ap. of Siva, ශිවදෙවියා.

සිඞ·ධාතුව, සිධරස, *n.* (සිධ perfected, ධාතුව, රස, element, essence), mercury, quicksilver, රසදිය.

සිධය, *n.* twenty-first of the astronomical yogas, see යෝගය.

සිධයා, *n.* demi-god, දේවයෝනිකයා, saint, sage, ascetic, සෘෂියා, තාපසයා, magician, මායාකාරයා. [S. E.

සිධ·වාචක, *a.* *gram.* ecbactic, (හැටියට, ලෙස),

සිධවෙනවා, *v. i.* to happen, take place, occur, come to pass.

සිඞාංගනාව, *n.* (අංගනාව), wife of a Siddha or female Siddha, දිව්‍යාංගනාව.

සිධාන්තය, *n.* (සිඞ accomplished, අන්තය), accomplished end, result, conclusion (of a syllogism).

සිධාන්ත·සංග්‍රහය, *n.* *lit.* compilation of results: name of an Elu gammar, සිදත්සඟරාව.

සිධාන්තාකාරයෙන්, *ad.* (ආකාර:), as a consequence, consequently.

සිඞාර්ථ, සිධාර්ථ. *a.* (සිඞ accomplished, අර්ථ purpose), ep. of Gautama. [*Bot.*

සිධාර්ථ, *n.* fifty-third year of the Indian cycle.

සිඞි, *a.* pert. to accomplishment, effected.

සිඞි·ක්‍රමය, *n.* the *A posteriori* method.

සිඞි·දායක, *a.* that gives success, effective, සිධකරන, සාධක.

සිඞි·දායකතාව, *n.* effectiveness, සාධකතාව.

සිඞි·පත්‍රය, *n.* *print.* proof-sheet, proof.

සිඞිය, *n.* accomplishment, fulfilment. completion, success, ඉෂ්ටවීම, සිධවීම, සඵලභාවය; occurrence, event, effect, සිඞවූදේ; Nirvana, නිර්වාණය.

සිධමය, *n.* blotch, සිබිල, scab, කබල, කුෂ්ඨය.

සිධමල, *a.* blotchy, scabby, සිබිලි or කබල ඇත්තාවූ, කුෂ්ඨාකාර.

සිධමලය, *n.* scab or sort of leprosy, see සිධමය.

සිධෂය, *n.* eighth lunar asterism, otherwise called පුෂ්‍යය, which see. [ශාලාව.

සිනගෝගය, *n.* Eng., Jewish synagogue, සභා

සිනස්සනවා, *v. c.* of සිනාසෙනවා: to cause to laugh; *pret.* සිනැස්සෙවුවා; *v. n.* සිනස්සවීම.

සිනා, සිනාවු, *a.* laughing, smiling, සිනාසෙන.

සිනා·නාටකම, *n.* comical play, comedy.

සිනානාටකකාරයා, *n.* comedian. [smile.

සිනාව, *n.* laugh, laughter, laughing, smiling,

සිනාවෙනවා, සිනාසෙනවා, සිනාසෙතවා, *v.* to laugh, smile; *pret.* සිනාසුණ. [ling.

සිනාසීම, *v. n.* of සිනාසෙනවා: laughing, smi-

සිනෑහ, *n.* E. of ස්නේහය: love, affection, ප්‍රේමය.

සිනිඳය, *n.* love, affection.

සිනිදු, *a.* E. of ස්නිග්ධ: fine, සිනිත්, smooth, sleek, soft, මොළොක්; gentle, මෘදු.

සිනිදුකම, *n.* fineness &c., සිනිත්කම &c.

සිනිබලා, *a.* for සියඹලා: tamarind.

සිනිවාලිය, *n.* the day before the new moon, අලුත්හඳට ඉස්සරින්ද.

සින්දනවා, *v. t.* See සින්දනවා.

සින්දුකාරයා, *n.* songster, chanter.

සින්දුකාරි, *n. fem.* songstress, woman who sings native songs.

සින්දුකියනවා, *v.* to recite native poetry in song or chant, sing, chant.

සින්දුව, *n.* song, ode, ballad.

සිනුරම්, *n.* red-lead; red chemical preparation (calcined or otherwise) from metal or minerals.

සිනුරම්·ශාස්ත්‍රය, *n.* alchemy. E. S.

සින්ධු, *n.* sea, මුහුද; river, ගඟ, sp. the river Indus; the country around the Indus, සින්ධුදේශය.

සින්ධු, *n.* elephant, අලියා.

සින්ධු·කල්පය, *n.* See සමුද්‍රකල්පය.

සින්ධු·ජ, *a.* produced by the sea or river, sea-born, river-born, marine, මුහුදු, aquatic, ජලජ.

සින්ධු·ජ, *n.* product of the sea, rock-salt, සහිඳලුණු.

සින්ධු·ජා, *n. fem.* ocean-born: ap. of ලක්ෂ්මී.

සින්ධු·නාථ, *n.* the lord of rivers, the ocean,

සින්ධුරයා, *n.* elephant, අලියා, ඇතා. [සමුද්‍රය.

සින්ධු·ලවණ, *n.* rock-salt, සහිඳලුණු.

සින්ධුවාරයා, *n.* (වාර fr. වෘ to choose), choice horse or well-bred horse, probably from Sindh. *Bot.*

සින්ධු·ශයන, *n. lit.* ocean-reposer or sleeper: ap. of Vishnu, who is said to sleep on the ocean, floating on the serpent ශේෂයා during the periods of destruction.

සින්ධුද්භව, *n.* (සින්ධු, උද්භව produced), rock-salt, see සින්ධුලවණ.

සින්නක්කර, *a.* freehold. [title deed.

සින්නක්කරය, *n.* transfer deed, release, freehold

සින්නක්කරේ·ගන්නවා, *v. t.* to obtain possession of by title deeds. [title deed.

සින්නක්කරේ·දෙනවා, *v. t.* to make over by

සින්නක්කර·භූමි, *n.* freehold site or place, free-

සින්නම, *n.* T., trumpet. හොරනෑව. [hold.

සිඳ, *p. pl.* of සිඳිනවා: having cut off, cutting off, exscinding.

සිඳ·දමනවා, *v. t.* to cut off, exscind, extirpate, erase, obliterate, destroy; *pret.* සිඳදැමුවා.

සිඳි, *v. adj. pret.* cut off, සිඳදමනලද.

සිඳිනවා, *v t.* (fr. ඡිද්), to exscind, eradicate; decoct or express (oil), සිඳිනවා; *pret.* සින්ද; *p. pl.* සිඳ.

සිඳීම, සිඳුම, *v. n.* of සිඳිනවා: excision &c.

සිඳුනාව, *n.* sea, මුහුද.

සිඳුර, *n.* elephant, see සින්ධුරයා.

සිඳු, *n.* sea, see සින්ධු; horse, see සින්ධුවාරයා.

සිඳුවනවා, *v. c.* of සිඳිනවා: to get expressed or cause to express (oil); *pret.* සිඳෙවුවා; *v. n.* සිඳවීම.

සිඳුවස්, *a. lit.* sea-dwelling: ep. of Vishnu.

සිඳෙනවා, *v. i.* to be cut off; dry up, evaporate (as a fluid); *pret.* සිඳුණා,

සිප, *p. pl.* of සිපිනවා: kissing, embracing.

සිප, *n.* Fr. සිප් E. of ශිල්ප; handicraft &c.

සිපගන්නවා, *v. t.* to kiss, සිඹගන්නවා; embrace, බදාගන්නවා. [embrace.

සිපගැනීම, සිපගැන්ම, *v. n.* kissing; embracing,

සිපත, *n.* See අසිපත.

සිපදය, *n.* See සිපදය.

සිප·සැනසීම, *v. n. lit.* kissing and consoling; embracing; see සිපගැනීම.

සිපි·කරුවා, *n.* See සිපියා.

සිපිනවා, *v. t.* to kiss, සිඹිනවා.

සිපියා, *n.* E. of ශිල්පියා; *pl.* සිපියෝ. [සිරගෙය.

සිපිරි·ගෙය, සිපිරි·ගේ, *n.* සිපිරි, D.: prison, gaol,

සිපිරියා, *n.* D., gaoler, සිරගෙයි මුලාදෑනියා.

සිපීම, සිපුම, *v. n.* of සිපිනවා; see සිපගැනීම.

සිප්, *n.* or *a.* E. of ශිල්ප. [සිය.

සිප්පම, *n.* T., bale, bundle, pack, මිටිය, පොට්ට

සිප්පිය, *n.* shell of shell-fish, mother-of-pearl.

සිප්පියා, *n.* pearl oyster, මුතුබෙල්ලා, any shell-fish.

සිප්·සල, සිප්සැල, සිප්හල, *n.* school of art or artificers' school, industrial school, ශිල්ප ශාලාව.

සිඵා·කන්‍යාව, සිඵාව, *n.* See සිඵාකන්‍යාව &c.

සිඹලය, *n* wood, thicket, jungle, කැලය.

සිඹැදුර, *n.* window, ජනේලය, කවුළුව.

සිමි, *a.* See සිමි; *n.* E. of ස්වාමි: master, lord.

සිම්දිනවා, *v. t.* to remember, සිහිකරනවා; *pret.* සිම්ද්ද.

සිම්දීම, සිම්දුම, *v. n.* remembering, remembrance, සිහිකිරීම, මතක.

සිම, n. E. of සිමා ; see සීම.
සිම්බය, සිම්බාව, n. legume, pod, බෝංචි කරල. Bot.
සිඹිනවා, v. t. to smell at or sniff ; kiss ; pret. සිඹ ; v. n. සිඹීම.
සිමෙන්ති, n. Eng., cement.
සිය, a. or n. hundred.
සිය, a. (fr. ස්ව), one's own, ස්වකීය, kindred, [related, නෑවූ.
සිය, n. roof, වහල, සියන්න.
සියඅත්, a. continual, නිරන්තර.
සිය·අත්සන, n. one's own signature, autograph, sign-manual.
සිය·කර, n. (සිය hundred, කර rays), the sun, ඉර.
සිය·කුලය, n. one's own caste or tribe or family.
සිය·කෙළ, n. Indra's thunderbolt or diamond weapon, see වජ්‍රායුධය.
සියක්·දහස, n. one hundred thousand, ලක්ෂය.
සියදූත්, සියදම්, n. one's own son, legitimate [son, සියපුත්.
සියන, n. roof, වහල.
සියන්දුම්බුල, n. soot, දුම්බුල.
සියපත්, n. lotus, නෙළුම්.
සිය·පද, සියපා, n. centipede, පත්තෑයා.
සිය·පුත්, n. one's own son, තමාගේම පුතා.
සිය·බස, n. one's own word or utterance or tongue; native language, vernacular, ජනම්භාෂාව.
සියඹලා, n. or a. tamarind. Bot.
සියය, n. hundred.
සිය·රැළි, n. pl. or a. a hundred waves or folds ; waved or forked as lightning.
සිය·රූපය, n. one's own form or state, තමාගේම රූපය or ස්වභාව.
සියලඟ, n. (සියල් අඟ), the whole body, all or every part of the body, මුළු ශරීරය.
සියලු, සියල්, a. all, every.
සියලු·බල·ඇති, a. almighty, omnipotent, cl. සර්ව [පරාක්‍රම.
සියල්ල, n. pl. neu. all, every one, the whole lot.
සියල්ල·දන්නාකම, n. knowledge of all, omniscience, cl. සර්වඥතාව.
සියල්ලෝ, n. pl. of animates : all.
සියල්·වෙස්, n. lit. all forms : ap. of විෂ්ණු.
සිය·වරක්, සිය·වාරයක්, n. a hundred times, viz. a hundred repetitions.
සියා·වස, සියාවස, n. (සිය 100 වස stars), twenty-fourth lunar mansion, සියාවස්තරුව නැකත.
සියවෙනි, a. the hundredth, centesimal.
සියත, a. E. for සතත : continual, perpetual, නිරන්තර.
සියතුතත්, n. (සිය 100, තුතත් sacrifices), ap. of Sakra, ශක්‍රයා, also of Agni the god of fire, අග්නිදෙවියෝ.
සියා, a. cont. of සියන ; n. fr. සිය, kinsman.
සියාව, n. for සෑය ; pyre, දරසෑය.
සියුම්, a. fine, delicate, සිහින් ; sharp, තියුණු.
සියුම්කම, n. fineness &c., සිහින්කම &c.
සියුරු·අඬ·ලනවා, සියුරු·හඬලනවා, v. to whistle, හුරුළු හස්නවා.
සියුරු·ඇඬලීම, සියුරුහැඬලීම, v. n. whistling.
සියුරු, n. E. for චකෝරයා : Greek partridge, ඇටිකුකුළා.
සියො (යොත්), n. union, එක්වීම ; war, යුද්ධය ; (සියෝ n. pl. fr. සියා), kinsmen.
සියොතා, n. E. for ශකුනයා, which see ; bird, කුරුල්ලා.
සියොත්·පියස, n. (සියොත් bird, පියස for ප්‍රදේශය), bird-region, viz. aërial region, sky, ආකාශය, අහස.
සියොලඟ, n. See සියලඟ.
සිර, a tight, fast, fixed, see තිර. [සිර.
සිර, n. head, ඉස, see සිර ; confinement, see
සිරකරනවා, v. t. See සිරකරනවා.
සිරකාරයා, n. prisoner, captive, සිරකාරයා.
සිර·ගෙය, n. prison, jail, සිරගෙය &c.
සිරද, n. lion, සිංහයා.
සිරස, n. E. of සිරි or සිරස් : head, ඉස.
සිරස්·පටිය, n. head-band, fillet.
සිරා·ජාලය, n. union or plexus of the vessels of the body, නහර රැකිය.
සිරාව, n. any tubular vessel of the body, as a vein &c., නහරය.
සිරි, n. E. of ශ්‍රී, which see : fortune, beauty, blessing, glory ; ap. of ලක්ෂ්මී ; see ශ්‍රී. See සිරිය. Bot.
සිරි, n. blessings &c., see ආසිරි.
සිරිකඩ, n. spray, සිරිකඩ ; moon, හඳ. Bot.
සිරිකත, n. E. of ශ්‍රීකාන්තාව : ap. of ලක්ෂ්මී.
සිරිකත්, n. pl. ear-rings. [විෂ්ණු.
සිරි·කාම, n. (husband of සිරි) : ap. of Vishnu,
සිරිඝන, n. ap. of Buddha, see ශ්‍රී ඝන.
සිරිඟර, n. E. of ශෘංගාර : sexual love, coition.
සිරිඟරයොන්, n. ap. of Cupid, කාමදේවියෝ.
සිරිඟිය, n. a sort of poison &c., see ශෘංගිය.
සිරිඟියා, n. See ශෘංගියා.
සිරිත, n. habit, custom, traditional observance.
සිරිත්·විරිත්, n. pl. customs and observances, චාරිත්‍රවාරිත්‍ර.
සිරි·ද, n. (සිරි wealth, ද giver), E. of ශ්‍රී දයා, which see. [Vishnu.
සිරිදිය, n. (he who has සිරි as wife) ; ap. of
සිරිබා, සිරිබා, n. tortoise, කැස්බෑවා ; oyster, බෙල්ලා, any shell-fish.
සිරින්, ad. in the manner of ; in prosperity.
සිරි·පති, n. See ශ්‍රීපති. [see ශ්‍රී පාදය.
සිරි·පද, සිරිපා, n. blessed foot or lovely foot,
සිරි·පැණ, n. (සිරි plough, පැණ hand : cont. of සිරපාණි), ap. of බලදේ.
සිරි·පල n. beli fruit, බෙලිගෙඩිය. [විෂ්ණු.
සිරි·පිය, n. blessed or exalted father : ap. of
සිරි·බර, n. load or abundance of blessings or riches, great wealth or fame.

සිරි·බර, *a.* laden with blessings or prosperity, wealthy, ඉසුරුමත්. [බුලත්වැල.

සිරිමෙවර්, *n.* necklace resembling flowers of the

සිරිමත්, *a.* blessed, auspicious, prosperous, see ශ්‍රීමත්; ep. of Buddha.

සිරිය, *n.* E. of සිරි: sword, කඩුව, arrow, ඊය, spear, හෙල්ලය.

සිරියරු, *n.* carpenter, වඩුවා; *pl.* සිරියරු.

සිරියල්, සිරියෙල්, *n.* See සිරියල්.

සිරියා, *n. mas.* E. fr. සිරි: murderer, මිනීමරුවා; locust, පළඟැටියා.

සිරියා·භාෂාව, *n.* Syriac language, Syriac.

සිරිර, සිරුර, *n.* E. of ශරීරය; *pl.* and *adj.* සිරිරු, සිරුරු.

සිරිලෑ, *n.* messenger, පණිවිඩකාරයා.

සිරි·ලක, *n.* E. of ශ්‍රී ලංකාව, [වත්.

සිරිවත්, *a.* wealthy, ධනවත්; meritorious, පින්

සිරි·වස, සිරි·වස්, *n.* E. of ශ්‍රී වත්ස: beautiful breast, ap. of විෂ්ණු.

සිරි·වස්·ලකුණු, *n.* beautiful breast marks; ap. of විෂ්ණු, see ශ්‍රී වත්සාංකය.

සිරිවිල්ල, *n.* a kind of musical instrument.

සිරි·සඳ, *n.* splendid moon: ap. of ලක්ෂ්මී goddess of prosperity. [මත්.

සිරි·සර, *a.* beautiful, ලක්ෂණ; prosperous, ඉසුරු

සිරි·සිමි, *n.* Lord of සිරි, viz. of ලක්ෂ්මී: ap. of විෂ්ණු. [සිරිවැඩුණු.

සිරිසි ගිය, *v. adj. pret.* gone numb, benumbed,

සිරිසි·යනවා, *v. i.* to become numb or benumbed,

සිරුපණ, *n.* See සිරිපණ. [සිරිවැටෙනවා.

සිරුර, *n.* E. of ශරීරය: body.

සිරුරු, *n. pl.* or *a*, bodies; bodily; ශරීර, ශාරීරික.

සිරුරු·කිස, *n.* (කිස action, duty), bodily action, ශරීරකෘත්‍යය; natural evacuation, පැහැරුම; bathing, නෑම; dressing or decorating the body, පැළඳීම.

සිරුව, *n.* plough, නගුල. [පණුවා.

සිරුවා, *n.* cricket, රැහැයියා, or borer, ගස්විදින

සිල, *n.* hole, perforation, සිල; *pl.* සිල්.

සිල, *n.* E. of සීලය: moral conduct &c.; *pl.* සිල්.

සිලම්පකරනවා, *v. t.* to pulverize, triturate, කුඩුකරනවා.

සිලම්බුව, *n.* T., dancer's ankle ring or bangle.

සිල·වටුවා, *n* a kind of snipe, the wood sandpiper, *totarns glareola.*

සිලම්කරනවා, *v. t.* See සිලම්කරනවා.

සිලච්ච, *n.* සිලච්චට, *ad.* See සිලච්ච &c.

සිලා·ජතු, *n.* See සිලාජතු.

සිලිම, *n.* Eng., shilling. [බමර.

සිලි·මුවා, *n.* E. of සිලීමුඛයා: bee මීමැස්සා or

සිලිඟෙන, *a.* flowing, dropping, oozing, වැගිරෙන.

සිලිල, *n.* water, වතුර; cold, සීතල; *pl.* සිලිල්.

සිලිලදව, සිලිලිදුව, සිල්ලදව, *n.* (ද giver), water-giver, viz. cloud, වලාකුල; *pl.* සිලිලද or සිල්ලදවල් &c.

සිලිලාරය, *n.* sea, මුහුද; stream, water-course, ඇළිය. [fume, ඉටිපෙවරිය.

සිලිල්, *n. pl.* of සිලිල: waters; a drug, a per-

සිලිල්·නා, *n.* (නා for නාථ), Lord of the waters: ap. of වරුණ, deity of the waters.

සිලිල්·බඹුව, *n.* whirlpool, eddy, දියසුළිය.

සිලුච්චය, *n.* E. of ශිලෝච්චය: mountain, කන්ද.

සිලුච්චයා, *n.* rat-snake, ගැරඩියා.

සිලුටු, *a.* smooth, sleek, soft, polished, slippery.

සිලුටුකම, *n.* smoothness &c., lubricity. [cate.

සිලුටුකරනවා, *v. t.* to smoothen, smooth, lubri-

සිලෝ, *n.* E. for ශ්ලෝකය.

සිලෝමය, *n.* good, welfare, prosperity, යහස.

සිල්, *n. pl.* of සිල: holes, සිදුරු. [tue.

සිල්, *n. pl.* of සීලය: religious observances, vir-

සිල්කරනවා, *v. t.* See සිල්කරනවා.

සිල්ගන්නවා, *v.* B., to undertake the observance of religious duties, engage in religious duties with a view to merit.

සිල්පස, සිල්පියා, *n.* E. of ශිල්පය, and ශිල්පියා.

සිල්·රකිනවා, *v.* B., to observe religious precepts, practise religious duties.

සිල්ලර, *a.* retail. [dries.

සිල්ලර·බඩු, *n. pl.* trifling or small goods, sun-

සිල්ලර·විකිණීම, *v. n.* selling small quantities, retailing.

සිල්ලර·විකුණනවා, *v.* to retail, sell retail.

සිල්වතා, *n.* B., observer of religious duties, meritorious person.

සිල්වත්, *a.* B., observant of religious precepts, devout, meritorious. [ස්වල්පයක්.

සිල්ලාරම, *n.* a little, small quantity, ටිකක්,

සිවකුල, *n.* (කුල woman, wife), wife of Siva, උමයංගනාව.

සිවංගුරු, *n.* red-ochre, red-chalk, reddle.

සිවය, *n.* E. of සිව, Nirvána, නිවන.

සිවලා, *n.* jackal, හිවලා; *pl.* සිවල්ලු.

සිවි, *n.* name of a king, king Sivi.

සිවි, *n. pl.* or *a.* E. of ඡවි: skins &c.; skin, සම; bark, පොතු.

සිවිකාව, *n.* E. of ශිවිකාව.

සිවිගෙය, *n.* howdah; litter, palanquin, දෝලාව.

සිවිය, *n.* E. of ඡවිය: skin, සම; rind, peel, පෙල්ල; bark, පොත්ත; ray of light, රශ්මිය; bladder, මුත්‍රාශය;

සිවි·රථය, *n.* E. of ශිවිරථය: palanquin, දෝලාව.

ශිවිරය, සිවිරය, *n.* camp, කඳවුර, royal camp, රජ කඳවුර. [vant &c.)

සිවිල්, Eng., civil (as in civil case, Civil Ser-

සිවු, සිව්, *a.* four.

සිවුකුල, සිවුපා, &c = සිව්කුල, සිව්පා &c.

සිවුදුදු, *n.* hole, see සිදුර. [සිවුරු.

සිවුර, *n.* E. of චීවර: B. P's yellow robe; *pl.*

සිවුරඟ·කෙළිය, *n.* (fr. සිවු, අඟ), see සිව්බලකෙළිය,

සිවුරඟ·සෙනඟ, සිවුරඟ·සෙන්, *n.* army consisting of four kinds, see චතුරංගිනිසේනාව.

සිවුරුඇරිනවා, *v.* to disrobe or retire from monastic life.

සිවුරුඇරවනවා, *v. t.* to disrobe a monk or cause him to retire from monastic life.

සිවුරු, *n.* hero, ශූරයා ; wild fowl, ඇටිකුකුළා : *pl.* සිවුරු ; see සිහුරු.

සිව්, *a.* four, හතර, සතර.

සිව්·අත්, *n.* ap. of Vishnu as having four arms.

සිව්·කුල, *n. pl.* the four chief castes, see චතුර්වර්ණ.

සිව්·ගඟණ, සිව්·ගඟන්, *n.* (ගඟණ fr. ඝ්‍රාණ), four-nosed one : ap. of මහාබ්‍රහ්මයා.

සිව්·දුගඳ, *n. pl.* (දු kind, ගඳ scents), the four kinds of perfumes, see චතුර්ජාතිගන්ධ.

සිව්·දිග, සිව්·දිසා, සිව්·දෙස්, *n. pl.* the four quarters, or four points of the compass, සතරදිග.

සිව්·දිව්, *n. pl.* (දිව් island), see සතරමහ දිවයින.

සිව්·දිව්·රජ, සිව්·දිව්·හිමි, *n.* king of the four islands or continents, universal king or lord, චක්‍රවර්තිරජ.

සිව්·පදය, සිව්·පද·කවියක්, *n. poe.* stanza of four lines, quartette, quatrain.

සිව්·පස, *n. pl.* (පස articles), B. P's four requisites, viz. yellow robe, සිවුර, alms-bowl, පිණ්ඩපාතය, couch or lodging, සෙනාසන, sick diet, ගිලන්පස.

සිව්පා, සිවුපා, *n. pl.* for සිවුප්පා : see චතුරෝපා.

සිව්පා, *a.* four-footed, four-legged, පාදසතරක් [ඇති.

සිව්පාවා, *n.* quadruped.

සිව්·පිළි·සිඹියා, *n pl.* (පිළි emp., සිඹියා knowledge. See පටිසම්භිදා), the four kinds of knowledge attained by Rahats, viz. of meaning, අර්ථ, of religious doctrines, ධර්ම, of commentaries on the same, නිරුක්ති, and superhuman enlightenment ප්‍රතිභාන.

සිව්·බල·කෙළිය, *n.* chess-playing, game at chess, *cl.* චතුරංගක්‍රීඩාව = සිවුරඟකෙළිය.

සිව්·බා, *n.* (බා for බාහු arms), ap. of විෂ්ණු, see සිව්අත්. [tures.

සිව්·මැදුරු·කවුළුව, *n.* window with four aper-

සිවුමැළි, *a.* E. for සුකුමාර : soft, downy, delicate, young, tender, මොළොක්, ළපටි.

සිව්·මිහුරු, *n. pl.* the four sweets, see චතුර්මධුර.

සිව්·රදු, *n. pl.* the four kings, viz. the regents of the four cardinal points, see සතරවරම් දෙවියෝ.

සිවුරැස්, *a.* (cp. චතුරස්‍ර), see සතරැස්. *Bot.*

සිව්·වණ, සිව්·වණක්, *a.* (වණ E. of වර්ණ sort), consisting of four kinds, සතරවර්ග.

සිව්·වණක්·පිරිස, සිව් වණක්·පිරිස, *n.* B., company or assembly of four kinds, viz. භික්ෂු, භික්ෂුණී, උපාසක, උපාසිකා : monks, nuns, lay male devotees and lay female devotees. [සිව්.

සිව්·මුව, *n.* (මුව face), four-faced one, see සිව්

සිව්·මුහුණ, *a.* four-faced, මුහුණු හතරක්ඇති : ep. of මහාබ්‍රහ්මයා.

සිව්·වරම්·දෙවියෝ, *n.* See සතරවරම්දෙවියෝ.

සිව්·වස්, *n.* ap. of විෂ්ණු.

සිව්·වෙද, *n.* (වෙද E. of වේද), see චතුර්වේද.

සිව්·සඟරා·වත, *n.* See චතුස්සංග්‍රහවස්තු.

සිව්·සයුරු, *n. pl.* the four oceans, සාගර සතර.

සිව්සස්, *n. pl.* (සස E. of සත්‍ය), the four truths, see චතුස්සත්‍ය.

සිව්හිස්, *n. lit.* four heads : ap. of Brahma as having four heads, බ්‍රහ්ම.

සිසක, *n.* the metal lead, ඊයම්.

සිසාරනවා, *v.* to circumambulate, go round, වට කරනවා ; twirling round, brandishing, කරකවනවා ; to be around, surround, වටකරනවා; *pret.* සිසැරුවා or සිසාළුා ; *v. n.* සිසැරීම,

සිසාළු, සිසළු, *v. adj. pret.* of සිසාරනවා : surrounding &c., වටකරගිය &c.

සිසි *n.* moon, සඳ.

සිසි·කත, *n.* (කත ray), moon-beam, සඳරැස.

සිසි·පුත්, *n.* son of the moon : ap. of the planet Mercury, බුදහු, බුධග්‍රහයා.

සිසිර, *a.* E. of ශිශිර : cold, ශීතල.

සිසිර·කර, *n.* See ශිශිරකර.

සිසිර·කල, *n.* See ශිශිරකාලය. [කල්පය.

සිසිර·වලය, *n.* (වලය zone), frigid zone, ශීත

සිසිල, *n.* cold, ශීතලය ; sandal-wood, හඳුන්කිලි.

සිසිල්, *a.* cold, cool, ශීතල.

සිසිල්කරනවා, *v. t.* to cool, refrigerate.

සිහුර, *n.* for සිදුර : hole.

සිහුරු, *n.* clever person, සමර්ථයා.

සිහු, *n.* (fr. ශිශු young), pupil, disciple, ගෝලයා.

සිස්, *n. pl.* (fr. ශීර්ෂ), heads, හිස්, ඉස්.

සිස්, *a.* empty &c., see හිස්.

සිස්කම, *n.* emptiness &c., see හිස්කම.

සිස්කරනවා, *v. t.* to empty, render empty or void, හිස්කරනවා.

සිස්බල, *n.* bird, කුරුල්ලා. [pre-eminent.

සිහ, *a.* E. of සිංහ : pert to lions ; *fig.* royal or

සිහ, *n.* name of Rahu's mother, see සිංහී.

සිහ·තෙත, සිහ·තෙනෙ, *n.* (තෙත son), ap. of Rahu as son of Siha.

සිහයා, *n.* E. of සිංහයා : lion.

සිහසුන, සිහසන, *n.* (සිහ අසුන), E. of සිංහාසනය : royal seat, throne.

සිහි, *n.* sense &c., see සිහිය.

සිහිකරගන්නවා, *v. t.* to call to mind, recollect.

සිහිකරවනවා, *v. c.* to cause to remember, remind. [sense, prudence, circumspection.

සිහි·කල්පනාව, *n.* intelligence and thought, good

සිහි·ඥානය, *n.* perception (the faculty); sense and wisdom, prudence. [මැණුම.

සිහින, *n.* reproach, අවලාදය, abuse, scurrility,

සිහින, සිහිනය, *n.* dream, see සීනය, හීනය.

සිහිනැති, *a. lit.* and *fig.* insensible, senseless, foolish.

සිහි·නැතිකරනවා, *v. t.* to forget, මතකනැතිකරනවා ; render senseless, stun, විසංඥකරනවා.
සිහි·නැතිවෙනවා, *v. i. (dat.)* to forget, escape one's memory ; *(nom.)* lose one's senses, become unconscious, faint.
සිහි·නුවණ, *n.* sense and wisdom, discreetness, good sense, intelligence, prudence, sagacity.
සිහි·නුවණැති, *a.* (·නුවණඇති), discreet, intelligent, prudent, sagacious.
සිහි·නුවණ·නැති, *n.* senseless, foolish.
සිහින්, *n.* thin, තුනී, fine, සියුඩු, delicate, සියුම්.
සිහින්අරත්ත, *n.* a sort of perfume ; root of a plant. *Bot.*
සිහින්කරනවා, *v. t.* to make thin or fine, attenuate.
සිහිපත්කරනවා, *v. t.* to remember, recollect ; commemorate.
සිහිපත්කරවනවා, *v. c.* to cause to remember, bring to a person's memory, remind.
සිහිපත්·වීම, *n.* remembrance ; commemoration.
සිහි පරීක්ෂා·ඇති, *a.* sensible and careful, judicious.
සිහි·පරීක්ෂාව, *n.* sound sense, discernment, insight, astuteness.
සිහි·බුද්ධි·ඇති, *a.* rational, sensible, intelligent.
සිහි·බුද්ධි·නැති, *a.* irrational, without intellect, mindless, senseless.
සිහි·බුද්ධිය, *n.* intellect, reason, sense, prudence.
සිහි·මුලාව, *n.* derangement of intellect, insanity, delirium.
සිහි·මුලාවූ, *a.* deranged, insane, delirious.
සිහිය, *n.* intellect, reason, mind, sense ; remembrance, මතක.
සිහිය, *n.* See සීය, plough, නගුල ; arrow, ඊය.
සිහිල, *n.* ; සිහිල්, *a.* See සිසිල and සිසිල්.
සිහි·ලබනවා, *v.* to receive sense or consciousness, recover from insensibility.
සිහිලස, *a.* cold, ශීතල.
සිහි·විකල්, *a.* deranged in mind, shatter-brained, උමතු.
සිහි·විපරම, *n.* discernment, discrimination, judgment, penetration.
සිහි·විපරම, සිහිවිපරම්ඇති, *a.* discriminating, sagacious.
සිහිවෙනවා, සිහිපත්වෙනවා, *v. i. (dat.)*, remembrance occurs, remember.
සිළු, *n.* E. of සිඛාව : head &c. ; *pl.* or *a.* සිළු ; the planet Saturn, සෙනසුරු.
සිළු·මිණ, *n.* gem in a crest or crown ; hair of the head, ඉසකේ ; sp. Buddha's hair.
සිළු·මිණි·සෑය, *n.* crest or hair monument : a depository or දාගැබ, made by Brahma and placed in a Brahma world for the hair of Buddha which was cut off when he became an ascetic.
සී, *a.* cont. of සීත, E. of සිංහ, which see.
සී, *n.* fr. සිනාව : laughing, laughter.
සීත, *a.* fr සී to sleep : නිද්‍රිත, indolent, උනන්දු නැති, අලස.

සීකම, *n.* (සීය plough, කම work), ploughing, agriculture, සීසෑම, ගොවිකර්මාන්තය.
සීකරය, සීකාරය, *n.* (සික් to sprinkle, shower), drop of water, drizzling rain, see ශීකරය.
සීගතුව, *n.* shrivelling of the skin through cold, goose-flesh.
සීඝ, *a.* Er. for ශීඝ්‍ර.
සීට්ටුව, *n.* T., ticket, little note, chit, receipt,
සීත, *a.* cold, see ශීත.
සීත·කාල, *n.* cold season, ශීතකාලය.
සීතා, *n.* wife of Rāma, රාමකුමාරයාගේ භාර්‍යාව.
සීතාපති, *n.* husband of Sitā, ap. of Rāma, රාම.
සීතාව, *n.* furrow made by a plough, සීවට.
සීදත්, *n.* mucus, සීදත්.
සීදන්ත සාගර, *n. pl*, seven seas that surround Maha Meru.
සීධු. *n.* rum, උක්සුරාපානය.
සීනක්කාරම, *n.* T., alum.
සීනව්වට්ටි, *n.* T., a kind of metal, cast iron, වාත්තුයකඩ.
සීනමුල්, *n.* (සීන T. for චීන), a medicinal root called china root, see චීනමුල්.
සීනය, *n.* See ශීනය.
සීනි, *n.* or *a.* (T. for Chinese), sugar.
සීනිගුලිය, *n.* sugar-plum, සීනිබෝලය.
සීනිය, *n.* small bell. *Bot.*
සීනි.පැන, *n.* syrup, sirup, පැණි.
සීනු·කුළුන, *n.* bell-pillar or tower, belfry,
සීනුව, *n.* Port., large bell ; *pl.* සීනු.
සීන්, *a.* cont. of සිහින් : thin, fine, සින්.
සී·පදය, *n.* cont. of සිව්පදය, q. v.
සී·පදය, *n.* E. for ශ්ලීපදය : elephantiasis.
සීමන්තය, *n.* (සීමා limit, අන්තය extremity), line made by parting the hair.
සීමන්තිනී, *n. fem.* of සීමන්ත : one whose hair is parted, viz. woman, ස්ත්‍රී.
සීමා, *n. pl.* or *a.* bounds, boundaries ; boundary.
සීමාකරගන්නවා, *v. t.* to limit, fix, (as time), නියමකරගන්නවා.
සීමාව, *n.* boundary, limit, ඉම, termination, කොලුවර.
සීමා·සහිත, *a.* united at the boundary, conterminous, යාබද.
සී·මුදුර, *n.* cont. of සිව්මුදුර.
සීය. *n.* cont. of සියය : hundred.
සීය, (fr. සීය), සීරය, *n.* a plough, නගුල.
සීයා, *n.* grandfather, මුත්තා.
සී·රද, *n.* (සී for සීහ, රද king), noble lion, සිංහ රාජයා, සිංහයා,
සීරව්වා, *n.* (සිවුර හල අය), disrobed B. priest, ex-monk, ex-priest.
සීරීම, *v. n.* of සූරනවා, and සීරෙනවා : scraping ; being scraped, abrasion, attrition.
සීරියාම, *v. n.* of සීරියනවා : wearing away, abrasion &c.
සීරු *n.* the insect cricket, රැහියා.
සීරුම, *n*, country or province, රට, පලාත, ගම,
සීරුව, *n.* plough, නගුල.

සිරු (ව), *n.* T, good state or condition, order, decency, හොඳ බව or අත්දම.
සිරුවට *adv.* well, finely, හොඳට.
සිරනවා, සිරියනවා, *v. i.* to become scraped or scratched, abraded; *pret.* සිරුණා; *p. pl.* සිරී.
සිල, *n. pl.* of සිලය : duties, sp. religious duties and observances.
සිල පාරමිතාව, *n* See පාරමිතාව : the complete performance of religious duties and observances as prerequisites to Buddhaship, including the endurance of suffering and privation of every kind and the loss of life itself in the discharge of those duties. [කරනවා.
සිලම්පකරනවා, *v. t.* to pulverize, triturate, කුඩු
සිලය, *n* duty, virtue, sp. religions duty or observance, see ශීලය.
සිල ව්‍රතය, *n.* (ව්‍රත observance), performance of moral and religious duties, සිලයපැවැත්වීම.
සිල ස්කන්ධය, *n.* the whole body of moral and religious duties. (P. සිලක්ඛන්ධ.)
සිලාචාර &c. See ශිලාචාර &c. [මැසීම, මැහුම.
සිවනය, *n* (fr. සිව් to sew), sewing, stitching,
සිවනාව, *n.* service, සේවය, සේවනය. [ඊයම.
සිසක, සීස, *n.* (fr. සි to bind), the metal lead,
සිහන්න, *n*, (සිහි, සන් fr. සංඥ), see සිහන්න.
සිස පත්‍රකය, *n.* sheet of lead, ඊයම්තහඩුව.
සිසානවා, *n.* See සීසානවා; *pret.* සිසෑවා; *v. n.* සිසෑම, ploughing.
සිසි ගානවා, *v.* to make the sound සිසි; murmur, sing (as brooks &c.).
සිහන්න, *n.* sense, remembrance, සිහිය.
සිහ පඤ්ජරය, *n.* See සිංහපඤ්ජරය.
සිහ පපාතය, *n.* E. of සිංහප්‍රපාතය : name of one of the seven lakes in the Himālaya.
සිහයා, *n.* P. for සිංහයා, lion.
සිහළ, *n.* or *a.* P. of සිංහල.
සු, *prefix*, good, excellent, well, easily, very thorough, හොඳවූ, පහසු, හොඳට.
සුංසුමාර, *a.* crocodile, කිඹුල්.
සුංසුමාරයා, *n.* crocodile, alligator, කිඹුලා.
සුංවත්, *n.* tax, toll, සුංගම.
සු කම, *n.* good deed, merit, කුසල. [පහසුවූ.
සු කර, *a.* easy, practicable, attainable, කිරීම
සු කම්, *a.* acting well, virtuous, good, යහපත්.
සු කර්මය, *n. lit.* good deed or work : name of one of the astronomical Yogas, see යෝගය.
සු කර්මා, *n. lit.* good worker : ap. of the architect of the gods.
සුක වාහනයා, *n.* (සුක or ශුක parrot, වාහ vehicle), parrot-rider : ap. of Cupid.
සුකු, *n.* tax, toll, duty, ශුල්කය, සුංගම.
සු කුමාර, *a.* very young youthful, බාල; tender, soft, ලපටි, මෘදු.
සුකුර, සුකුරු, *n.* See සිකුර, සිකුරු.

සු කෘත, *a.* well-done, well-made; who has done well, virtuous, සුචරිත; well-treated, befriended, assisted, පිහිටලැබූ.
සු කෘත කර්මය, *n.* act well performed, good deed, act of virtne, යහපත්ක්‍රියාව.
සු කෘතිය, *n.* good or kind act, well-doing, kindness; practice of religious austerities or සුක්කානම, *n.* rudder, helm. [duties.
සුක්කානම්කාරයා, *n.* helmsman, steersman.
සුක්කානම් මිට, *n.* rudder handle, tiller.
සුක්කානම් රෝදය, *n.* steering wheel.
සුඛ, *a.* (සු good, ඛ organ of sense), healthful, salubrious, අරෝග්‍ය; happy, glad, සන්තෝෂවූ, ශුභවූ. [ශුභ උපදවන.
සුඛ ජනක, *a.* producing health and welfare,
සුඛත්වය, *n.* healthful state, සනීපසනිය; prosperousness, ශුභය; happy state, සැපසනීප ඇතිභාවය.
සුඛ දායක, *a.* promoting health or welfare, health-giving, healthful, salubrious, wholesome, සැපසනීප වඩන.
සුඛ දායකතාව, *n.* salubriousness &c.
සුඛ දාව, *n. fem.* (ද giver), pleasure-giver, viz. courtezan in Indra's heaven. [ficer. E. S.
සුඛ පරීක්ෂකයා, *n.* health inspector, health of-
සුඛය, *n.* health, සනීපය, welfare, ශුභය; happiness, වාසනාව.
සුඛ වර්ජකය, *n.* natron, see සුවර්චිකය.
සුඛ වාසනය, *n.* pleasant or beneficial perfume, sp. perfume for the mouth, සුවඳදුවා.
සුඛ සාධනය, *n.* promoting welfare or health, ශුභය ඉපදවීම; what produces welfare or wealth, සැපසනීප උපදවනදේ.
සුඛාන්විත, *a.* (අන්විත), having welfare, happy, blessed, වාසනාවන්ත.
සුඛාවබෝධ, *a.* (සුඛ well, අවබෝධ), easily comprehended, intelligible, තේරුම්යන, පැහැදිලි.
සුඛාවබෝධතාව, *n.* intelligibility.
සුඛාවබෝධය, *n.* easy or thorough comprehension, clear intelligence, පහසුවෙන් තේරුම්යාම, හොඳට තේරුම්ගැනීම.
සුඛාවහ, *a.* (ආවහ conveying), conferring pleasure, pleasing, gratifying, ප්‍රීතිදායක.
සුඛි, *n.* happy or contented one, viz. religious ascetic, තාපසයා.
සුඛිත, *a.* (සුඛ to make happy), delighted, pleased, prosperous, ප්‍රීතිමත්, වාසනාවන්ත.
සුඛිතයා, *n.* happy one, one well to do, prosperous man, සැපවත්තයා.
සුඛුම, *a.* P. of සූක්ෂම, very small &c. [මාර.
සුඛුමාල, *a.* (සු very, ඛුමාල for කුමාර), see සුකු
සුබෝච්චාරණ, *a.* (සුඛ උච්චාරණ), euphonious, මිහිරි ශබ්ද සහිත.
සුබෝච්චාරණ ඥයා, *n.* orthoepist. E. S.

සුබෝච්චාරණය, *n.* pleasant or proper pronunciation, euphony, orthoepy, මිහිරි or හරි උච්චාරණය.

සුබෝපදේශය, *n.* (සුබ health, උප :), advice or instruction about health, a book so called.

සු·ඛ්‍යාතිය, *n.* good fame, celebrity, කීර්තිය.

සුගත, සුගත්, *a.* or *n.* (සු well, ගත gone), of excellent attainment or who has attained Nirvana; ep. or ap. of Buddha or of a god.

සුගතාගම, *n.* (·ආගම), B. religion, Buddhism. බුද්ධාගම,

සු·ගති, *a.* good-natured, well-disposed, kindly.

සු·ගතිය, *n.* good nature or quality, kindlinees, සුදුණය, යහපත් ස්වභාව; happy state, welfare, සුවය; heaven, ස්වර්ගය. [Buddha.

සු·ගතිඳු, *n.* (සුගතඉඳු), ap. of Indra and of

සු·ගතේන්ද්‍රයා, *n.* (සුගත ඉන්ද්‍ර), see සුගතිඳු. [සුගඳ.

සු·ගන්ධ, *a.* of good scent, fragrant, odoriferous,

සු·ගන්ධක, *n.* sulphur, ගෙන්දගම්. *Bot.* [වනවා.

සු·ගන්ධකරනවා, *v. t.* to perfume, scent, සුවඳක

සු·ගන්ධ·දිලීර·මිශ්‍ර, *a.* truffled, සුවඳ හතු මුසු.

සු·ගන්ධ·දිලීරය, *n.* truffle, සුවඳ හත්ත.

සු·ගන්ධ·මුද්‍රා, *n.* a small seed, see උළුවාහාල්.

සු·ගන්ධ·මූල, *n.* See සුගන්ධිමූල.

සු·ගන්ධය, *n.* (සු strong or pleasant), sulphur, ගෙන්දගම්; sweet-odour, fragrance, perfume, සුවඳ, සුගඳ. *Bot.* [ගෙජ්පුව.

සු·ගන්ධ·සමුද්ගය, *n.* scent-vial, vinegarette, සුවඳ

සු·ගන්ධාගරු, *n.* sweet-scented අගරු or aloe wood, agallochum.

සු·ගන්ධාසවය, *n.* (ආසවය spirit), scented spirit, rose-water, පිනිදිය.

සු·ගන්ධි, *a.* See සුගන්ධ.

සු·ගන්ධික, *n* a large kind of rice, ලොකු වී වර්ගයක්; sulphur, ගෙන්දගම්; incense. *Bot.*

සු·ගන්ධිත, *a.* perfumed, embalmed, සුවඳ කවනලද.

සු·ගන්ධිතාව, *n.* fragrancy, odoriferousness, සුගඳ ගතිය. *Bot.* [සැවැන්දරමුල්.

සු·ගන්ධි·මූලය, *n.* root of *andropogon muricatum*,

සු·ගන්ධිය, *n.* sweet scent, perfume, fragrance, සුගඳ; coriander seed, කොත්තමල්ලි. *Bot.*

සු·ගන්ධි, *n.* cardamoms, එන්සාල්.

සු·ගඳ, *n.* E. of සුගන්ධය: sweet scent, fragrance.

සු·ගඳ, *a.* sweet-scented, fragrant.

සු·ගම, *a.* (සු well, easy, ගම going), good or easy (road), accessible (place); practicable, plain, පහසු, පැහැදිලි.

සු·ගම්‍ය, *a.* accessible, practicable. E. S.

සු·ගහන, *a.* much crowded, close together, thick, ගහන, ගැහැවු.

සු·යි, *a.* E. of සවර්: heavenly, ස්වර්ගීය.

සුගිය, *n.* heaven, ස්වර්ගය.

සුගි·සැපු, *n.* heavenly happiness, ස්වර්ගසැපත.

සු·ගුප්ත, *a.* close secret, well hidden, හොඳට රහස්වූ.

සු·ගුප්තිය, *n.* thorough secret, secretness, රහස්කම. [see සාම්කා,

සු·ගෘහයා, *n.* (සු good, ගෘහ house), tailor-bird,

සු·ගෘහීත, *a.* (ගෘහ් to grasp), well-caught or seized, held fast, තදින් අල්ලාපු; well taken or applied, හොඳකලය පිළිගත්තාලද or අදාළ කරනලද.

සු·ග්‍රීව, *a.* handsome-necked, බෙල්ල ලක්ෂණවූ

සු·ග්‍රීවයා, *n.* fine-necked one: ap. of a monkey king and ally of Ràmachandra; a horse of Krishna's car; ap. of other fine-necked creatures, as: goose, පාත්තයා, serpent of Pàtàla, පාතාලයේ සර්පයක්. [හංස, ඉනාමිරුප.

සු·ඝෝර, සු·ඝෝරතාත, *a.* (ආතාර්ථ form), hide-

සුංගම, *n.* T., tax, tribute, custom, duty.

සුංගා, *n.* See සංගියා.

සුංගාඩම, *n.* rudder, helm, සුක්කානම.

සුංගාඩම·ඔරුව, *n.* boat that has a rudder, large boat, dhoney. [little, ටිකක්.

සුච, සුචත්, *a.* or *n.* small, කුඩා, fine, සිහින්; a

සුචක්, *n.* much, large quantity, see සුචක්.

සුචු, *n.* E. of සංගය: horn; asafetida, පෙරුංකායම.

සු·චක්ෂු, *n.* (සු good, චක්ෂු eye), one of good vision, viz. wise man, ප්‍රඥාවන්තයා. *Bot.*

සු·චපල, *a.* very tremulous or unsteady, very unstable or fickle, see චපල. [යහපත්.

සු·චරිත, *a.* well-behaved, moral, good, virtuous,

සු·චරිතකම, සු·චරිතතාව, සු·චරිතය, *n.* good behaviour, morality &c., යහපත් හැසිරීම.

සු·චරිත්‍රාව, *n.* *fem.* (චරිත්‍ර conduct), virtuous woman or wife, යහපත්ස්ත්‍රී.

සු·චිත්‍ර, *a.* variegated, විසිතුරු.

සු·චිත්‍රකයා, *n.* variegated one, viz. kingfisher, පිළිහුඩුවා. [(description). E. S.

සු·චිත්‍ර·ලිඛිත, *a.* ornamentally written, graphic,

සු·චිත්‍ර·ලේඛකයා, *n.* graphic writer, මනාකොට විසතරකර ලියන්නා.

සු·චිත්‍රාකාරයෙන්, *ad.* in a well variegated manner, graphically. E. S. [erateness.

සු·චින්තතාව, *n.* (සු well, චින්ත thought), delib-

සු·චින්තනය, *n.* thorough consideration, deliberation, හොඳට කල්පනාකරබැලීම.

සු·චින්තිත, *a.* well-considered, deliberate, හොඳට කල්පනාකරනලද. [(කාලය).

සු·චිර, *a.* very long (time), protracted, දීඝ

සු·චිරායුෂ, *n.* (චිර much, long, ආයුෂ age), very great age, ඉතා මහලුවයස. [යෙක්.

සු·චිරායුෂ්, *n.* one of great age, viz. a god, දෙවි

සුචුරල්, *n.* cock, කුකුළා.

සු·ජන, *a.* (of persons), good, virtuous, benevolent, යහපත්, සුසිල, ගුණවත්.

සු·ජනත්වය, *n.* virtuousness, benevolence.

සු·ජනයා, *n.* good person &c., යහපතා; ap. of Indra's charioteer, ඉන්ද්‍රයාගේ රථාචාර්යයා.

සුජාත, සුජාතක, *a.* well-born, of good caste; legitimate; වංශවත්; අවජාතකනොවන.

සුජාතකතාව, *n.* state of being well or high born; legitimacy. [යසීංව.

සුජාතාව, *n. fem.* wife of Sakra, ශක්‍රයාගේ භා

සුජීර්ණය, *n.* good digestion, eupepsy, හොඳට ජීර්ණවීම. [see සුචිරසුජ්.

සුජීවන, *n. lit.* good or long life; ap. of a god,

සුඥාත, *a.* well-known, මනාකොට දත්තාලද.

සුත, *n.* E. of සූත්‍රය: thread, string, නූල; *pl.* නූත්.

සුත, *n. mas.* (සු to bring forth), one brought forth. viz. son, පුතා, prince, කුමාරයා.

සුතනු, *a.* (සු very), very thin, slender, ඉතාතුනී.

සුතනුව, *n. fem.* (සු good, තනු body), ap. of woman as of excellent or slender body, ස්ත්‍රී.

සුතපස් *n.* (සු thorough, තප් to heat; perform penance), ap. of the sun, සූර්යයා; strict ascetic, යහපත් තාපසයා.

සුතාව, *n. fem.* (See සුත), daughter, දුව. *Bot.*

සුතීක්ෂ්ණ, *a.* very sharp or acute, very poignant, severe, painful, ඉතා තියුණු, සැර.

සුතු, *n.* any shell-fish. සබඩුම්සා, බෙල්ලා &c.

සුතුරු, *n. pl.* E. of සූත්‍ර: threads, thread, නූල්; a short precept; a portion of B. Scriptures.

සුද, *n.* white colour, සුදුපාට; cleanness, පවිත්‍ර කම; similarity, සමානකම. [ය: harem

සුදඅත්, සුදත්, *n.* (අත් for අත්තය), E. of ශුද්ධාන්ත

සුදඟ, *n.* (white limbs), ap. of බලභද්‍ර or බල දෙව who was elder brother of කෘෂ්ණ.

සුදඟර, *n.* (සුදු අඟර), unguent or powder made of sandal wood &c. for making the skin fair, සුදු විලවුන්. [sons.

සුදන, *n. pl.* (සු good, දන for ජන), good per-

සුදන්තයා, *n.* (දන්ත tooth), actor, dancer, නාටකයා. [west quarter.

සුදන්තී, *n. fem.* female elephant of the North-

සුදසිත්දීම, *n.* or *v. n.* leucorrhea, whites, *fluor albus*, gleet.

සුදම්, *n.* E. of සුධර්ම: excellent council, viz. council of the gods.

සුදම්, *n.* E. of සුධර්ම: excellent law or doctrine.

සුදම්දෙව්සබාව, සුදම්සබය, *n.* council of the gods, දේවසභාමණ්ඩපය.

සුදර්ශන, *a.* (සු good, දර්ශන sight or appearance), good-looking, handsome, ලක්ෂණ.

සුදර්ශනය, *n.* the discus of Krishna, කෘෂ්ණ දෙවි යන්ගේ චක්‍රායුධය; ap of Maha Mera; fourth of the mountain ranges surrounding මහාමේරු; Sakra's city, ශක්‍රපුරය. [ලිහිණියා.

සුදර්ශනයා, *n.* keen-sighted one, viz. vulture, ගිජු

සුදර්ශනාව, *n. fem.* seemly one, viz. woman, ස්ත්‍රී; command, ආඥාව; drug, බෙහෙත. *Bot.*

සුදවස්වැසියා, *n.* inhabitant of a Brahma world called සුදවස or සුද්ධාවාසය, which see.

සුදසුන, *n.* E. of සුදර්ශනය: discus of Krishna Indra's diamond thunderbolt, වජ්‍රායුධය; comparison, උපමාව; sky, අහස.

සුදාන්ත, *a.* well-tamed, subdued. හොඳට හීලෑවූ or දමනයකරනලද. [බුද්ධාගම්කාරයා.

සුදාන්තයා, *n.* follower of Buddha, Buddhist,

සුදාභෝජන, *n.* food of the gods, divine food, දිව්‍යභෝජනය. [මිගුල්නැග්ගක්ආදිය.

සුදාය, *n.* handsome present, special gift, දායාදය,

සුදි, *n.* light half of the lunar month, පුර්වපක්ෂය.

සුදී, *n.* good or virtuous person, යහපතා; pandit, පණ්ඩිතයා. [හිඟදෙස්; chunam, හුනු.

සුදු, *a.* or *n.* white; pure, පිරිසිදු, guiltless,

සුදු, *a.* E. of ශූද්‍ර: low caste, "sudra".

සුදුකම, *n.* whiteness, fairness.

සුදුකරනවා, *v. t.* to make white, whiten.

සුදුකොකා, *n.* white heron or little egret, *ardea garzetta*.

සුදුගැරඬියා, *n.* white rat-snake.

සුදුදියපහරනවා, *v.* to make water, urinate.

සුදුදුරු, *n.* white cummin seed.

සුදුද්දස, *n.* P., the invisible, ap. of නිර්වාණය.

සුදුපාට, *n.* white colour.

සුදුපාෂාණම්, *n.* white arsenic.

සුදුමඬල, *n.* white of the eye.

සුදුමදය, *n.* white of an egg.

සුදුමැලි, *n.* pale, pallid, cadaverous, whitish.

සුදුරතු, *a.* light-red, pink, මදරතු.

සුදුරා, *n.* E. of ශූද්‍රයා, which see; low person, නීචයා; *pl.* සුදුරෝ.

සුදුර්ලභ, *a.* (සු very), very difficult to obtain or attain, impracticable, ලබාගත්ව, &c. ඉතාඅමාරු.

සුදුලූනු, *n. pl.* white onions, garlic.

සු දුලභ, *a.* P. of සුදුර්ලභ.

සු දුෂ්කර, *a.* (සු very, දුෂ්කර difficult), very difficult to be performed or attained, ඉතාඅමාරු.

සුදුසඳුන්, *n.* white sandal-wood.

සුදුසිඳු, *n.* white horse, සුදු අශ්වයා, see සිඳු.

සුදුසු, *a.* fit, proper, suitable.

සුදුසුකරනවා, *v. t.* to render fit, make suitable.

සුදුහාවා, *n.* white hare or rabbit.

සුදුහුනුදිය, *n.* white lime-water, whitewash.

සුදුහුනු(දිය)ගානවා, *v.* to whitewash.

සුදූර, *a.* (සු very), distant, very far, ඉතාදුර.

සුද්ද, *a.* E. of ශුද්ධ: clean, pure.

සුද්දකම, සුද්ධකම, *n.* cleanness, purity, holiness.

සුද්දකරනවා, සුද්ධකරනවා, *v. t.* to clean &c., make holy. [සොටවනවා.

සුධජංඝයා, *n.* white-legged one. viz. ass,

සුධවන්ත, *a*, holy, saintly.

සුධවන්තයා, *n.* holy one, saint.

සුධසීලය, *n.* holy observance, religious duty.

සුබාජීවය, *n.* (සුබ ආජීවය), holy living or livelihood, viz. subsistance obtained without incurring demerit by taking life &c.

සුද්ධාවාසය, *n.* (ආවාසය abode), holy abode, the name of each of six Brahma worlds where residence is the stage immediately preceding නිර්වාණය.

සුද්ධෝදන, *n.* name of the king of Kapila, the father of Gautama Buddha.

සුද්ධෝදන·සුත, *n.* (සුත son), Suddhōdana's son, patronymic of Gautama Buddha.

සු·ධර්ම, *n. pl.* (සු excellent, ධර්ම laws, doctrine), good doctrines, සුදම්.

සු·ධර්මා, *n.* council-hall of the gods, දිව්‍යශාලාවක්.

සුධර්ම, සුධර්මාව, *n* (සු emp.), a righteous one, viz. one who takes proper care of his family.

සුධා, *n.* chunam, හුණු.

සුධාංශු, සුධා·කර, *n.* (සුධා nectar, අංශු ray, කර maker), the moon as repository of nectar for the gods, සඳ.

සුධා·කර්මය, *n.* plastering, කපරාරුවැඩ. [කවා.

සුධා·කර්මයකරනවා, *v.* to plaster, කපරාරුකර

සුධා·ධවල, *a.* (සුධා plaster), white as with plaster or lime, හුණුවලින්සුදුවූවාක්මෙන් සුදුවූ.

සුධා·භෝජනය, *n.* ambrosia, food of the gods, දිව්‍යභෝජනය.

සුධාව, *n.* (සු good, ධෙ to drink or ධා support, nurture), nectar, දිව්‍යපානය, ambrosia; nectar of flowers, මල්පැණි. *Bot.*

සුධා·වර්ෂය, *n.* shower of nectar or ambrosia.

සුධා·වර්ෂයා, *n. lit.* nectar-rainer: ap. of Buddha.

සු·ධිතිය, *n.* (සු well, ධිති fr. ධා to hold), axe,

සුධී, *n.* learned man, උගතා, පණ්ඩිතයා. [පොරව.

සුධීරයා, *n.* (ධ්‍යෛ to think closely), pandit, learned man, උගතා, teacher, ගුරුවරයා.

සුධෝද්භව, *n.* (සුධා nectar, උද්භව producing), ap. of Dhanvantari the physician of the gods, ධන්වන්තරී.

සුනඛයා = ශුනකයා, *n.* dog, බල්ලා.

සුනඛ·රාශිය, *n. const. canes venatici.*

සුනංගු, *a.* late, slow, dilatory, sluggish.

සුනංගුකම, *n.* tardiness, lateness, delay.

සුනංගුකරනවා, *v.* to delay, make delay, procrastinate, be dilatory.

සුනංගුව, *n.* delay, tarrying, procrastination,

සුනංගුවෙනවා, *v. i.* to delay, linger, loiter.

සුනත, *a.* (සුන් empty, අත්), empty-handed, poor, දිළිඳු. [ප්‍රතිදෘශය.

සු·නන්ද, *a.* (සු emp), very pleasing, pleasurable,

සු·නන්දන, *n.* club of Balarāma, බලරාමගේ ලගුරය.

සු·නන්දා, *n. fem.* very pleasing one: ap. of උමා; woman, ස්ත්‍රී. [මුවා.

සුනයනයා, *n.* (සු excellent, නයන, eye), deer,

සු·නයනාව, *n. fem.* beautiful-eyed one, viz. woman, ස්ත්‍රී.

සු·නාසීර, *n.* (සු good, නාසීර champion), bold champion ap. of Indra.

සු·නිරාකෘත, *a.* See නිරාකෘත: utterly cast away, thrown out, dismissed, deserted, අතහැර දමනලද. [see නිර්මිත,

සු·නිර්මල, *a.* quite unsoiled, pure, faultless,

සු නිවේෂ්ටනය, *n.* (සු emp., see වෙෂ්ටනය), well intertwining, හොඳටවෙළීම; involving, confusing, පටලැවීම, අවුල්වීම.

සු·නිල්, *a.* E. of සුනීල.

සු·නිවසන, *a.* (නි in, on), well-wrapped in, well-clothed or accoutred, හොඳට පැළඳි.

සු·නිෂ්ටප්ත, *a.* well-burnished, bright, ඔපනැගූ, දීප්තිමත්.

සු·නිසිත, *a.* (සු well, see නිශිත and සිත), very sharp, keen. මුවහත්වූ, ඉතා තියුණු.

සුනී, (සුනියක් &c.), *n. fem.* bitch, ශුනී, බැල්ලි.

සු·නීත, *a.* well-behaved, see සුචරිත. [නීතිය.

සු·නීතිය, *n.* good behaviour, politeness, see සුචි

සු·නීච, *a.* well-behaved, virtuous, moral, good, සුචරිත, යහපත්. [වු. *Bot.*

සු·නීල, *a.* very blue or black or dark, ඉතා නිල්

සු·නීලකය, *n.* emerald, පච්චගල, sapphire, නිල්

සු·නීලකයා, *n.* blue shrike. [කැටය.

සුනු, *n.* E. of සුධා: lime, හුණු.

සුනු (වා), *n.* son, පුතා; house-lizard, හූනා.

සුනු·කම්, *n.* See සුනුවම්.

සුනුකරනවා, *v. t.* to pulverize, mash, කුඩුකර නවා; destroy, පොඩිකරනවා.

සුනු·ගල, *n.* limestone, හුණුගල, තිරිගල.

සුනුව, *n.* sharpness, තියුණුකම; hearing, ශ්‍රවණය, ඇසීම.

සු·නුවන්, *n.* (සු excellent, නුවන් eyes), beautiful-eyed one, viz. deer, මුවා.

සුනු·වම්, *n.* (වම් for කම්, work), chunam work or plastering, whitewashing &c.

සුනු·විසුනුකරනවා, *v. t.* to thoroughly pulverize, හොඳට කුඩුකරනවා.

සුනු·විසුනුව, *n.* (emp. form), pounding and pulverizing; utter destruction.

සුනුවු, *a.* pulverized, powdered, කුඩුවූ.

සුනුවෙනවා, *v. i.* to crumble, turn to powder, කුඩුවෙනවා. [ap. of Vishnu.

සු·නෙතව, *n.* (සු, නෙතව fr. තපස, austere exercise),

සුනෙතර·හිර, සුනෙතර, සුනෙතරු, *n.* ap. of මහමෙර.

සුන්, *n.* dust, powder, see සුන්න.

සුන්, සුන්වූ, *a.* cut, කපනලද, broken, කඩනලද; empty, vain, හිස්.

සුන්කම්, *n.* See සුනුකම්.

සුන්කරනවා, *v. t.* See සුනුකරනවා.

සුන්තුරු, *n.* tree-cutter, viz. axe, පොරව.

සුන්දර, සුන්දරතර, *a.* handsome, beautful, good-looking, ලක්ෂණ; excellent, උතුම්.

සුන්දරත්වය, *n.* handsomeness &c.

සුන්දරයා, *n.* ap. of Cupid, කාමදේවියා. [ස්ත්‍රී.

සුන්දරී, *n. fem.* handsome female, belle, රූවඇති

සුන්නා, *n.* See සුන්නා.

සුන්පිවු, *n.* (සුන් empty, පිවු side), mirror, looking-glass, කැඩපත.
සුන්·බත්, *n.* (සුන් lacking, බත් rice), quarrel (that owing to which the rice was lacking).
සුන්·බුන්, *a.* crushed and broken, පොඩිවූ බිඳුණු.
සුන්·බුන්, *n. pl.* small articles, lumber, broken things, ruins.
සුන්වන්, *a.* pulverized; powdered, කුඩුවූ.
සුන්වූ. *a.* perished, extinct, නැතිවූ, නටබුන්.
සුන්වෙනවා, *v. i.* to become crushed, pulverized, පොඩිවෙනවා, කුඩුවෙනවා; extinct, නටබුන්වෙනවා, නැතිවෙනවා.
සුන්·සාල්, *n.* broken grains of rice.
සුන්·හිස, *n.* the head which was cut off, සිඳිනලද හිස; poetical metre so called.
සු·පක්ව, *a.* well-ripened, quite ripe, mature, හොඳට ඉදුණු or පැසිච්ච.
සු·පක්ව, *n.* a kind of mango, අඹජාතියක්.
සු·පත්‍රය, *n*, cinnamon leaf, කුරුඳු කොළය.
සු·පථය, *n.* good road, හොඳපාර; good conduct, හොඳ කල්ක්‍රියාව.
සු·පද්මාව, *n.* orris root, වදකහ.
සු·පරිශුද්ධ, *a.* (සු quite), thoroughly pure or holy, ඉතා පිරිසිදු, ශුද්ධවූ.
සු·පර්ණකයා, සු·පර්ණයා, *n.* (සු beautiful, පර්ණ leaf or feather), superhuman being or divinity, celestial bird such as ගුරුළා; cock, කුකුළා. *Bot.*
සු·පර්වන්, *n.* (සු emp., පර්ව joint or knot), bamboo, උණගස; arrow, ඊය; a special lunar day on which religious ceremonies are performed as the full and new moon and the 8th and the 14th days of each fortnight.
සුපර්වා, *n.* a god, දෙවියෙක්.
සු·පසන්, *a.* E. of සුප්‍රසන්න.
සු·පාන, *a.* drinking well or much, හොඳට බොන.
සු·පැතුම්, *n.* good or firm hope, ස්ථිර බලාපොරොත්තුව.
සුපින, *n.* P. of ස්වප්න: dream, හීනය.
සු·පිපි, *a.* well-opened, full-blown (flower), හොඳට පිපුණු. [පිරිසිදුවූ.
සු·පිරිසිදු, *a.* quite clean, pure, holy, හොඳට
සු·පිරිසිදු·දෘෂ්ටිය, *n.* puritanism. E. S. [පිහිටි.
සු·පිහිටි, *a.* well-founded, established, හොඳට
සුපුහිඳු, *n.* sleep, නින්ද. [fect, සම්පූර්ණ.
සු·පුන්, *a.* (E. of සුපූර්ණ), quite full, whole, per-
සු·පුල්, *a.* (පුල් E. of ඵුල්ල), full-blown (flower).
සුපුව, *n.* (fr. P. සොප්ප), sleep, නින්ද. [ක්‍රාබු.
සු·පුෂ්ප, *n. pl.* excellent flowers, viz. cloves,
සු·පුෂ්පිත, *a.* which is in full bloom, well-flowering (tree), හොඳට පිපීතිබෙන. [බෙන.
සු·පූර්ණ, *a.* well-filled, very full, හොඳට පිරීති
සු·පේශල, *a.* very clever, dexterous, talented,
සුප්, *n.* Eng., soup. [ඉතා සමර්.
සුප්ත, *a.* (fr. ස්වප් to sleep), asleep, නිදාගත්ත; torpid, benumbed. E. S.

සුප්තකරනවා, *v. t.* to render torpid, torpify. E. S.
සුප්තඝාතක, *a.* mischievous, මැරවර, murderous, මිනීමරුවූ. [E. S.
සුප්තභාව, *n.* state of sleep, නිදාගැනීම; torpidity,
සුප්තය, *n.* sleep, deep sleep, නින්ද, තද නින්ද.
සුප්තවෙනවා, *v. i.* to fall asleep, නිදාගන්නවා; become benumbed. E. S.
සුප්තිය, *n.* drowsiness, නිදිමතය, sleep, නින්ද; numbness, torpidity, paralysis. E. S.
සුප්‍රතීක, *n.* name of the elephant at the North-east quarter.
සුප්පනවා, *v.* to suck, උරාබොනවා.
සු·ප්‍රකට, සු·ප්‍රකාශ, සු ප්‍රසිද්ධ, *a.* well-known, conspicuous, very manifest: quite evident, see ප්‍රකට &c. [ප්‍රකාශභාව.
සු·ප්‍රකාශභාව, *n.* thorough evidentness &c., see
සු·ප්‍රතිෂ්ඨාව, *n.* (සු, ප්‍රති, emp., ස්ථා to stay), firmly fixing, ස්ථිරලෙස පිහිටුවීම; act of consecration, කැපකිරීම; stanza of four lines having five syllables each.
සු·ප්‍රතිෂ්ඨිත, *a.* firmly fixed, well established, firm, ස්ථිරලෙස පිහිටි; consecrated, කැපවූ; celebrated, ප්‍රසිද්ධ, කීර්තිමත්.
සු·ප්‍රතීකයා, *n.* ap. of Cupid; elephant of the North-east quarter.
සු·ප්‍රතීත, *a.* well-known &c., see ප්‍රතීත.
සු·ප්‍රභ, *a.* (සු emp., ප්‍රභා lustre), very splendid, glorious, ඉතා දීප්තිමත්.
සු·ප්‍රභාත, *a.* (ප්‍ර forth, භා to shine), illumined, enlightened. E. S. [ලත් ස්වභාව.
සු·ප්‍රභාතතාව, *n.* state of (enlightenment), එළිය
සු·ප්‍රලාපය, *n.* (සු excellent, ප්‍රලාපය speaking), eloquent discourse, eloquence, දක්ෂකථාව.
සු·ප්‍රසන්න, *a.* well-pleased, complaisant, pleasing, ඉතා ප්‍රසන්න.
සුප්‍රීම්·උසාවිය, *n.* Supreme Court of Justice.
සුබ, *n.* or *a.* E. of ශුභ, which see.
සු·බත්, *n.* (සු good, much), abundance of good.
සුබය, *n.* See ශුභය.
සු·බුද්ධි, සු·බුද්ධිමත්, *a.* of good sense, intelligent, well-informed, නැණවත්, දැනුම් තේරුම්ඇති.
සු·බුද්ධියෙන්, *ad.* with good sense, intelligently, නැණවත්ලෙස. [කාශ.
සු·බෝධ, *a.* well-known, clearly manifest, සුප්‍ර
සුභ, *n.* or *a.* P. See ශුභ.
සුභ·කර, සුභං·කර, *a.* (කර making), making happy, conferring prosperity, auspicious, see ශුභජනක. [කෘත, අලංකාර.
සුභ·කෘත, *a.* made beautiful, ornamented, අලං·
සු·භග, *n.* (භග excellence, beauty, fortune), pleasant to the sight, beloved, liked, ප්‍රසන්න, ප්‍රිය; fortunate, වාසනාවන්ත. *Bot.* [Vishnu.
සු·භද්‍ර, *a.* (සු emp.), very happy &c.; ep. of
සු·භද්‍රක, *n.* a car of the gods, දිව්‍යරථය. *Bot.*
සුභ·නිමිත්ත, *n.* See ශුභනිමිත්ත.

සුභග, *n.* See ශුභ, *n.*; name of one of the astronomical yogas, see යෝගය.

සුඛ·වාසනය, *n.* (සුඛ auspicious, වාස to perfume), perfume for the mouth, කටට ගන්න සුවඳ.

සුභ·සිද්·ධිම, *v. n.* prospering, prosperity, welfare.

සුභ·සිසිය, *n.* See ශුභසිසිය.

සුභා, *n.* a kind of saffron or turmeric, කහත්තා.

සුභානු, *n.* (සු well, භා to shine), seventeenth year of the Indian cycle.

සුභාෂිත, *a.* (අෂිත), see ශුභාෂිත.

සුභාරම්භය, *n.* See ශුභාරම්භය.

සුභාෂිත, *a.* (see භාෂිත), well-spoken, eloquent, දක්‍ෂ කථික or කථික.

සු·භික්‍ෂ, *a.* well supplied with food, බොහෝ ආහාරඇති.

සු·භෘත, *a.* cherished, well-supported. E. S.

සු·මඟුල්, සු·මඟුල් *a.* E. of සුමංගල.

සු·මං, *n. pl.* or *a.* of සුමග: good roads; well-roaded, හොඳ පාර ඇති.

සු·මංගල, *a.* very fortunate or auspicious, ඉතා වාසනාවන්ත, ශුභවූ.

සු·මත, *a.* (මත wishing), well-wishing, well-disposed, friendly, මිත්‍රවූ.

සු·මතිය, *n.* kind disposition, friendliness, දයා බරකම, මිත්‍රකම; intelligence, නුවණ.

සු·මධුර, *a.* (සු emp.), very sweet &c, see මධුර.

සු·මන, *a.* (සු good, මන mind), pleasing, pleasant, ප්‍රසන්න; beautiful, ලක්‍ෂණ.

සුමන, *n.* name of the deity of Adam's Peak, සමන්දෙවියා; flowered jasmine, සමන්මල්.

සු·මන·කූට·පර්වත, සු·මන·කූටය, *n.* the mountain of Adam's Peak, Adam's Peak, see ශ්‍රී පාදය.

සු·මන·පත්, *n.* (පත් leaves, පත්‍ර), the spice called mace, වසාවාසි.

සු·මනස, *n.* (සු good, pleasing, මනස mind), flower, මල.

සු·මනස්, *n.* one of good mind, viz. pandit, පණ්ඩිතයා, learned man, උගතා; a god දෙවියා. *Bot.*

සු·මනෝ·රජස්, *n.* (සුමනස්රජස්), pollen of flowers, පරාග, රජස්.

සුමන්දුව, *n.* difficulty, අමාරුව, affliction, trouble, දුක.

සු·මර්දිත, *a.* (සු emp.), well ground or powdered, හොඳට කුඩුවූ; subdued, vanquished, මැඩපවත්වනලද, මර්දිත.

සුමාන·දවසක්, *n.* week-day.

සුමානපතා, *ad.* or *a.* weekly.

සුමානය, *n.* P., week.

සු·මිතුරා (රු), *n.* good or faithful friend, යහපත් or ශුභ මිතුරා.

සු·මිහිරි, *a.* very sweet or pleasant; harmonious; ඉතා මිහිරි.

සු·මු, සු·මුඛ, *a.* (මු, මුඛ, face, appearance), of lovely face or appearance, pleasing, handsome, lovely, ප්‍රියදර්ශන, අලංකාර.

සු·මුඛය, *n.* pleasant face, favourable look, ප්‍රසන්න මුහුණ or බැල්ම.

සු·මුඛයා, *n.* pleasant-faced one: ap. of ගණේශ, of ගරුඩයා, and of a pandit.

සු·මුඛවෙනවා, *v.* to show a pleasant face, smile upon, favour, countenance. E. S.

සු·මුකුරය, *n.* mirror, කැඩපත.

සු·මුඛි, *n. fem.* female of good appearance, handsome woman, රූමත්ස්ත්‍රී.

සුමුග, සුමුගු, *n.* E. of සමුද්ගය: casket, කරඬුව.

සු·මුදු, *a.* very soft, tender, delicate, ඉතාමෘදු, ලපටි.

සමුදු, *n.* E. of සමුද්‍රය: ocean, මුහුද; large boat, barge, පඹුර.

සුමුලන්, *n.* cook, උයන්නා.

සුමුව, *n.* E. of සමූහය: multitude, army, assembly, සෙනග; quantity, රැස.

සුමු·සෙනවි, *n.* commander of an army, general, සේනාපතියා.

සු·මේධ, *a.* (සු good, මේධ understanding), of good understanding, intelligent, නුවණැති, නැණවත්.

සු·මේරුව, *n.* (සු excellent), see මේරු පර්වතය.

සුම්මැඩිය, *n.* coil or pad of cloth or straw placed under a load carried, දරනුව.

සුම්බ, *n.* white-ant mound, තුඹස.

සුම්හු, සුම්භක, *n.* jaw, හක්ක, හක්ක.

සුඹුළු, *n. pl.* or *a.* cuticles &c.; cuticular, epidermal.

සුඹුළුව, *n.* cuticle, epidermis, tegument, tunicle, inner bark of trees; coil or pad, see සුම්මැඩිය.

සුයාම, *n.* chief god of the divine world called යාම.

සු·යෝග්‍ය, *a.* (සු very), suitable, condign, ඉතා සුදුසු.

සුර, *a.* pert. to gods or heaven, divine, celestial, දිව්‍ය, සවර්ග.

සුර, *n.* a god, දෙවියෙක්; sage, ඍෂියා; pandit, පණ්ඩිතයා; sun, සූර්යයා.

සුරඅජර, සුරඇජර, සුරඇදුරු, *n.* (සුර god, අජර &c. teacher), E. of සුරාචාර්යයා.

සුර·අවිය, *n.* divine or celestial weapon, viz. rainbow, දේදුන්න.

සුර·ඉසුරු, *n.* celestial or divine Lord: ap. of Sakra and Siva.

සුරඍෂියා, *n.* a divine Rishi, දිව්‍යඍෂියා.

සුරකය, *n.* resemblance, similarity, සමානකම.

සුර·කලශ, *n.* (සුර divine or sacred, කලශ water-pot), vessel of sacred water &c., used at festivals.

සු·රක්ත, *a.* very red, deep red, crimson ඉතා රතු; impassioned, greatly moved, සිතත් ඇවිස්සුණු.

සු·රක්‍ෂණ·පෙට්ටිය, *n.* protecting-box, safe, ශක්තිපුව.

සු·රක්‍ෂණය, *n.* thorough preservation, defence, security, safety, සම්පූර්ණආරක්‍ෂාව.

සු·රක්‍ෂණයකරනවා. *v. t.* to defend well, protect, fortify, හොඳට ආරක්‍ෂාකරනවා.

සු·රක්‍ෂණාගාරය, *n.* (අගාරය), safe-room, safety room, ආරක්‍ෂක ගෙය.

සු·රක්‍ෂිත, *a.* well-protected, guarded, preserved, safe, secure, fortified, හොඳට ආරක්‍ෂාකරන ලද; observed, kept (as a command), පවත් වන ලද. [සාම, ප්‍රවේසම.
සු·රක්‍ෂිතතාව, *n.* safety, security, අනතුරනැති
සු·රක්‍ෂිතව, *ad.* very safely, securely.
සු·රක්‍ෂිත·ස්ථානය, *n.* well-protected place, fortified place, fortress, බලකොටුව.
සු·රක්‍ෂිතිය, *n.* thorough defence &c., see *adj.*
සුර·ගඟ, *n.* river of heaven, celestial river, අහස් ගඟ. [which see.
සුර·ගුරු, *n.* teacher of the gods: ap. of බෘහස්පති,
සුරඟ, *n.* (සු good, රඟ colour), vermillion, ඉතා රතුපාට, ඉඟුල්; orange, පැණිදොඩම්; red sandal wood, රතුහඳුන්.
සුරඟන, *n. fem.* (සුරඅඟන), E. of සුරාංගනාව.
සුරජ්‍යෙෂ්ඨයා, *n.* divine or celestial chief: ap. of මහාබ්‍රහ්මයා.
සුරණ, *n.* (fr. සුර), god දෙවියා. [දයාබර.
සුරත, *a.* (සු very, රත devoted to) kind, tender,
සු·රත, *n.* (රත fr. රම් to sport), coition, සංවාසය; right hand, දකුණු අත. Also *n.* fr. සුරත්, q. v.
සුරතල, *n.* infantile fond sport or talk, caress, fondling.
සුරතලා, *n, mas.*, සුරතලි, *n. fem.* tender babe, fondling.
සුරතල්, *a.* childish, tender, darling, pet.
සුරතල්කරනවා, *v.* to caress, dally with or fondle a child. [prattle.
සුරතල්·බස, *n.* fondling or childish speech,
සුරතාව, *n.* state of being god or divine, godhead. divinity, දෙවිකම.
සුරතාවා, සුරදූතයා, *n.* R. C., angel, දේවදූතයා.
සුර·තුර, *n.* celestial tree in Sakra's heaven, දිව්‍ය වෘක්‍ෂය, see කප්තුර; devadara pine tree, දේව දාර ගහ; *pl.* සුරතුරු.
සු·රත්, *a.* E. of සුරඟන: very red, ඉතා රතු.
සුර·දිරද, සුර·දිරද, *n.* celestial elephant, see දිරද and සුරවිපයා.
සුර·දුම, *n.* (දුම E. of ද්‍රැම), see සුරතුර. [දූතයා.
සුර·දූතයා, *n.* divine messenger, angel, දේව
සුර·දෙව, සුරදෙවු, *n.* E. of සුරජ්‍යෙෂ්ඨයා.
සුර·විපයා, *n.* celestial elephant, elephant of the gods, either of Sakra or other divine rulers, see විපයා.
සුර·ධනුව, *n.* divine bow, Indra's bow, ශක්‍රධනුව, viz. rainbow, දේදුන්න. [දේවධූප.
සුර·ධූප, *n.* incense, resin; turpentine, see
සුර·නදිය, *n.* See සුරගඟ.
සුරනා, සුරනිඳු, *n.* (නා for නාථ, ඉඳු Lord), Lord of heaven: ap. of ශක්‍රයා.
සුරනී, *n, fem.* the celestial river, අහස් ගඟ.
සුරන්, *n. pl.* gods: See. සුර.
සුර·පතියා, *n.* See සුරනා: ap. of Sakra. chief o the inferior gods and ruler of සවර්ගය, see ශක්‍රයා.
සුර·පථය, *n.* celestial way, viz. the sky or visible heavens, අහස.
සුර·පා, *n.* celestial tree, see සුරතුර.
සුර·පිතෘ, *n.* divine father: ap. of මහාබ්‍රහ්මයා.
සුර·පුර, *n.* celestial city, heaven, දිව්‍යලෝකය.
සු·රබි, *n.* E. for සුරභිධේනුව.
සුර·භෝජ්‍ය, සුරබොජුන, *n.* food of the gods, ambrosia, දිව්‍යභෝජනය, අමෘව.
සු රභි, *a.* (සු well, රභ් to be pleased), fragrant සුවඳ; pleasant, ප්‍රසන්න; friendly, මිත්‍රවූ; famous, කීර්තිමත්.
සු·රභි·ච්ඡද, *n.* (සුරභි, ඡද peel), cinnamon, කුරුඳු.
සු·රභිත, *a.* perfumed, සුවඳ කරපු, සුවඳ ඇති.
සු·රභි·ත්වච, *n.* (ත්වච peel), large cardamoms.
සු·රභි·ධේනුව, *n.* delightful cow: a fabulous cow, said to grant every wish.
සු·රභි·මුද්ගකා, *n.* a curry seed or condiment, see උළුවාහාල්.
සු·රභිය, *n.* fragrant substance, perfume, සුවඳ ද්‍රව්‍ය; nutmeg, සාදික්කා; resin, දුම්මල; gold රත්රන්; sulphur, ගෙන්දගම්. *Bot.*
සුර·මග, *n.* celestial way, viz. the sky, අහස.
සුර·මන්ත්‍රය, *n.* (මන්ත්‍රය E. of මන්ත්‍රය), divine charm, incantation to the gods.
සුර·මන්ත්‍රී, *n.* counsellor or preceptor of the gods: ap. of Brihaspati, who is also regent of the planet Jupiter, see බෘහස්පතියා.
සුර·මැණි, සුර·මිණි, *n.* divine gem, see සිතුමිණි.
සුරම්බිකාව, *n.* (අම්බිකාව female), see සුරඹ.
සුරඹ, සුරඹුව, *n,* (සුර divine, අඹුව female), celestial nymph, goddess, දිව්‍යාංගනාව.
සුර·රජ, සුර·රද, *n.* celestial king, see සුරපතියා.
සුර·රිපු, සුරරුපු, *n.* enemy of the gods, Asura, අසුරයා.
සුරල, *n.* tambourine, timbrel, රබාන. [සුරඹ.
සුර·ලිය, *n.* (ලිය woman), celestial nymph, see
සුර·ලෝ, *a.* pert. to Indra's heaven, සවර්ග.
සුර·ලෝකය, *n.* world of the gods, Indra's heaven, සවර්ගය.
සුර·ලෝකාවතීර්ණ, *a.* (අවතීර්ණ), descended from the divine world, දිව්‍යලෝකයෙන් බැස්ස.
සුර·වනිය, *n.* (වනිය woman), see සුරලිය.
සුර·වර, *n.* (වර, noble), ap. of Sakra, ශක්‍රයා.
සුර·වරණ, *n.* (වරණ, elephant), Sakra's elephant, see ඓරාවණ.
සුර·වාය, *n.* goddess, see සුරලිය.
සුරවීරයා, *n.* divine hero, දිව්‍යබලවන්තයා.
සුරශත්‍රු, *n.* See සුරසතුරු; *pl.*....ශත්‍රුහු.
සු·රස, *a.* very nice, luscious, well-flavoured, savoury, racy.
සු·රසය, *n.* taste or savour, sweet juice. *Bot.*
සුර·සතුරු, *n.* enemy of the gods, Titan, Asura, අසුරයා. [දේදුන්න.
සුර·සැව, *n,* divine bow, viz. rainbow,
සුර·සිඳුව, *n.* (සිඳුව E. of සින්ධුව), celestial river. milky-way, අහස්ගඟ.

සුර·සුන්දරී, *n. fem.* beautiful divine female, courtezan of heaven, see අප්සරාව.
සුරා, *n.* or *a.* intoxicant, toddy, spirits, මද්‍යපාන; intoxicating, මත්කරන.
සුරාංගනාව, *n.* (සුරඅං :), see දිව්‍යාංගනාව.
සුරචාර්යයා, *n.* (සුරආ :), see සුරමන්ත්‍රී. [යෙක්
සු·රජ, *n.* (සු emp., රජ් to shine), a god, දෙවි
සුරා·දෙවියෝ, *n.* god of intoxicants, Bacchus.
සුරා·ධූර්ත, *a.* (ධූර්ත addicted to), drunken, sottish, besotted, බේබදු.
සුරා·ධූර්තභාව, *n.* drunkenness, sottishness, බේබදුකම. [බේබද්ද.
සුරා·ධූර්තයා, *n.* one addicted to drink, sot,
සුරාපගාව. *n.* (අපගාව river), celestial river, ap of the Ganges, ගංගා නම් ගංගාව.
සුරා·පානය, *n.* intoxicating liquor, මද්‍යපානය.
සුරා·පායී, *a.* drinking toddy or intoxicants, සුරාබොන.
සුරා·භාග, *n.* yeast, barm, රම්පෙණි, මුහුන්.
සුරාරියා, *n.* (සුර god, අරියා enemy), enemy of the gods, viz. demon or Titan opposed to the gods, අසුරයා.
සුරාරෝහණය, *n.* (සුර heaven, ආරෝ : ascending), ascension to the world of gods, viz. becoming a god, දෙවියෙක්වීම; deification. E. S.
සුරාලය, *n.* (සුර deity, ආලය abode), abode of gods, viz. Mount Meru, see මේරු පර්වතය, heaven, ස්වර්ග, [හැඹිරුම.
සුරාලය, *n.* (සුරා ආලය), liquor-house, tavern,
සුරා·ශාලාව, සුරා·හල, *n.* dram-shop, liquor-shop, tavern. [gods and Asuras.
සුරාසුර, *n.* (සුර අසුර), gods and non-gods, viz.
සුරා·සොඬ, *a.* addicted to drink, sottish.
සුරා·සොඬ, *n.* drunkard, sot.
සුරැකි, *a.* E. for සුරක්ෂිත : well-protected, safe.
සුරැදුරා, *n.* (සුරආදුරා), E. of සුරචාර්යයා.
සුරිඳු, *n.* (සුර god, ඉඳු chief), E. for සුරේන්ද්‍ර : Indra or Sakra chief of the gods of ස්වර්ග, සක්‍රදෙවියා.
සුරිඳුහැවි, *n.* Indra's bow, see සුරහැවි.
සුරිඳු·රිපු or රුපු, *n.* Indra's enemy, see සුරාරිපු.
සුරිකනවා, *v. i.* to crowd together throng, crush, huddle; *v. n.* සුරිකෑම.
සුරු, *a.* E. of ශූර : brave, වෛධර්‍ය්‍යමත්; clever, සමර්ථ; beautiful, ලක්ෂණ.
සුරුකම, *n.* bravery &c.; (also=) සුරුකම.
සුරුතු, *a.* similar, like, සමාන.
සුරුක්කම, *n.* T., speed, සුහුකම, brevity, කොට කම; smallness, කුඩාකම; economy, සකසුරුවම්කම. [කැණිපුහිල.
සුරුංගාව, *n.* breach or mine through a wall &c.,
සුරුංගය, *n.* mine, tunnel, cellar, බිම්ගෙය.
සු·රුචිර, *a.* (සු very, රුචිර pleasant), very handsome, ඉතා ලක්ෂණ.
සුරුට්ටුකාරයා, *n.* T., seller of cigars.
සුරුට්ටුව, *n.* T., cheroot, cigar.

සුරුතල්, *a.* See සුරතල්.
සුරුමුසුපි, *a.* clever and bold, prepossessing, pretty, යෝග්‍ය.
සුරුවම, *n.* R. C. image of saints, පිළිමය.
සුරුවම්කරනවා, *v.* to economise, see සකසුරුවම් කරනවා. [ලෙස.
සුරුවම්ලෙස, *ad.* sparingly &c., see සකසුරුවම්
සුරුවව, *n.* frugality, see සකසුරුවම්කම.
සුරුසුරු, *n.* the sound සුරුසුරු, as of boiling water or the crackling of fire.
සු·රූප, *a.* of good form, well-formed, handsome, රූපඇති, wise, නැණවත්.
සු·රූපය, *n.* for ස්වරූපය, which see.
සුරේජ්‍යයා, *n.* (සුර, ඉජ්‍ය teacher), see සුරචාර්යයා.
සුරේන්ද්‍රයා, *n.* (සුර ඉන්ද්‍රයා), ap. of Indra, see සුරපතියා. [සුරමන්ත්‍රී
සුරේන්ද්‍ර·මන්ත්‍රී, *n.* chief divine counsellor, see
සුරේශ්වරයා, *n.* (සුර ඊශ්වරයා), Lord of heaven or divine Lord, ap. of Siva, ශිවදෙවියා.
සුරෝත්තමයා, *n.* (සුර උත් :), (his) celestial eminence, viz. the sun, සූර්යයා.
සු·ලක්ෂිත, *a.* (සු emp.), well or clearly marked or charaterized (by). E. S.
සු·ලභ, සු·ලබ, *a.* (සු facile, ලබ් to obtain)), easily obtained, plentiful, common, cheap. E. S.
සුලම්බය, *n.* confidence, reliance, විශ්වාසය, friendship, මිත්‍රකම. [gant, සැදිම
සු·ලලිත, *a.* moving or sporting gracefully, ele
සු·ලලිතභාව, *n.* gracefulness, elegance, සැදිමකම.
සුලා, *a.* friendly, මිත්‍රවූ. [යෝග්‍යකම
සුලාවා, *n.* friend, companion, මිත්‍රයා, යහළුවා.
සුළි &c., See සුළි &c.
සු·ලිඛිත, *a.* well-written, හොඳට ලියනලද.
සුලු· *adj. aff.* from සුල්ල, used after verbs to express state, ආකාර, as භයවෙන සුලු ලමයෙක් child of a timid nature or apt to be afraid.
සුලුප්පුව, *n.* Eng., sloop. [ඇස්ඇති
සු·ලෝචන, *a.* (සු excellent), fine-eyed, ලක්ෂණ
සු·ලෝචනයා. *n. mas.* fine-eyed one, viz. deer මුවා. [man, ස්ත්‍රී
සු·ලෝචනාව, *n. fem.* fine-eyed one, viz. wo
සු·ලෝහය, *n.* (සු good, ලෝහය metal), good metal, viz. brass, පිත්තල.
සු·ලෝහිත, *a.* (සු emp.), very red, ඉතා රතු.
සු·ලෝහිතය, *n.* ap. of one of the seven tongues of Agni, අග්නිදෙවියන්ගේ දිවක්.
සුල්, *n. pl.* of සුල : spike &c., see සුල.
සුල්කය, *n.* commission on sales &c., percentage
සුල්තන්, *n.* fr. Malay: Sultan.
සුල්ල, *n.* condition, state, nature, habit, ස්වභාව as පලායන සුල්ල, habit of fleeing, tendency to flee. [ස්වභාවය
සුව, *adj. prefix*, E. of ස්ව : own, self, see also
සුව, *n.* (fr. සුඛ), health, welfare, see සුවය Nirvāna, නිවන. Also=සුවයා, which see.

සුවකරනවා, *v. t.* to cure, heal.
සුව·කාය, *n.* (සුව own, කාය body), one's own body, personal identity. E. S.
සු·වච, *a.* (සු good, වච speech), speaking much, well or eloquently, කොඳින් &c. කථාකරන; attentive, obedient, කීකරු. [කම.
සු·වචකම, *n.* attentiveness, obedience. කීකරු
සු·වචතාය, සු·වචය, *n.* speaking much or well, eloquent speech, eloquence, දක්ෂලෙස කථා කිරීම, දක්ෂකථනය.
සුවච්චල, *n.* natron, see සුවර්චික.
සු·වට, *a.* (සු emp.), very or quite round, globular, හොඳට වටකුරු.
සුවණය, *n.* twenty-second lunar asterism, විසි දෙවෙනි නැකත.
සුවත්, *n.* good road, easy path, පහසුපාර,
සුව·ද, *a.* (ද giving), welfare or pleasure giving, සුඛදායක, ප්‍රීතිදායක.
සුව·දුක්, *n. lit.* pleasure and misfortune; good or bad state (of health, circumstances, &c.),
සු·වන, *n lit.* good mass or source: ap. of the sun, moon and fire, ඉර, හඳ, ගින්න.
සුවන, *n.* fr. ස්වන: sound, noise, ශබ්දය, ඝෝෂාව.
සුවනයා, *n.* dog, බල්ලා, ; Garuda, ගරුඩයා.
සු·වන්, *n.* E. of සුවර්ණ: something of a good colour, as gold, රත්රන්, red or yellow ochre, සිරියල්.
සු·වන්·කරුවා, *n.* goldsmith, බඩාලා.
සු·වන්න, *n.* E. of සුවර්ණ: gold, රත්රන්.
සුවන්·බෑයා, *n.* (සුවන් golden, බෑයා brother), morning twilight, daybreak, පහන්වීම, අලුයම.
සුවන්·යහන්, *n.* (සුවන් Garuda, යහන් vehicle), ap. of Vishnu, as riding on the bird Garuda, විෂ්ණු.
සුවන්·වන්, *n.* (වන් E. of වර්ණ), gold colour, bright yellow, කහපාට.
සුවඳ, *a.* or *n.* sweet-scented, fragrant, odoriferous; sweet scent &c.
සුවඳකරනවා, සුවඳකවනවා, *v.* to make pleasant scented, scent, infuse scent, perfume.
සුවඳ·කුප්පිය, සුවඳ·බෙජ්ජුම, *n.* scent-bottle.
සුවඳ·ගල්වනවා, සුවඳ·පොවනවා, *v.* to suffuse or infuse scent, perfume, fumigate, embalm.
සුවඳ·තෙලම්, *n.* pomade, pomatum.
සුවඳ·දුම, *n.* scent-fume, incense.
සුවඳ·දුම්ගැස්සීම, *v. n.* burning or offering incense, thurification.
සුවඳ·දුම්·භාජනය, *n.* censer, thurible.
සුවඳ·ද්‍රව්‍ය, *n. pl.* ingredients of perfumes, scents, perfumes.
සුවඳ·රස, *n.* scent, perfume.
සුවඳ·ලා, *n.* (ලා resin, gum), sweet-scented resin, benzoin, incense.
සුවඳ·හතු·මිශ්‍ර, *a.* mixed with truffles, truffled.
සුවඳ·හත්ත, *n.* scented fungus, truffle. *pl.* සුවඳහතු.

සුව·පත්, *a.* (පත් attained or being), in a state of health, well, healthy, 'සනීපෙන් ඉන්න.
සුව·පත්කරනවා, *v. t.* to heal, cure, restore to health, සුවකරනවා.
සුව·පත්වෙනවා, *v. i.* to recover from sickness.
සුව·පහස, *n.* (පහස E. of ස්පර්ශ touch, contact), possession of health, සනීපභාවය, health, සනීපය. [one), young parrot.
සුව·පෝතකයා, *n.* (සුව parrot, පෝතක young
සුව·බෑයා, *n.* See සුවන්බෑයා.
සුවය, *n.* cure, healing, recovery of health; enjoyment, comfort, සුඛය, සනීපය.
සුවයා, *n.* young animal, පැටියා; parrot, ගිරවා.
සු·වරු, *n.* (fr. සුවණ්ණකරු and සූපකරු), goldsmith, බඩාලා; cook, පිහනරාලා, කෝකියා.
සු·වර්ච, *a.* (සු emp., වර්ච to shine), bright, brilliant, දීප්තිමත්.
සුවර්චිකය, *n.* natron, alkali or carbonate of soda, සුවසලුණු; a weight of about 175 grains troy; gold, රත්රන්.
සු·වර්චසා, *n.* brilliant one, viz. eagle, රාජාලියා or vulture, ගිජුලිහිණියා.
සු·වර්ණ, *a.* (සු good, වර්ණ colour), of fine colour, brilliant, දීප්තිමත්, of a good tribe or caste, වංශවත්. [*Bot.*
සු·වර්ණ, *n.* See සුවන්; also wealth, සම්පත්.
සු·වර්ණකාරයා, *n.* gold worker, goldsmith, බඩාලා.
සු·වර්ණ·ගෛරික, *n.* golden or red chalk, red-ochre. සිවංගුරු,
සුවවෙනවා, *v. i.* to heal, become cured, get well.
සු·වස. *a.* or *n.* E. of සුවර්චික.
සුවසලුණු, *n.* See සුවර්චිකය.
සුව·සේ, *ad.* (සේ as, ආකාරයෙන්, ලෙස), in good condition, in health and comfort, happily.
සුව·සේ ඉන්නවා, *v. i.* to be in health or favourable circumstances, without affliction or distress.
සු·වහ, *a.* (සු well, වහ් to bear, carry), bearing well, patient, ඉවසිලිවන්ත: easily borne or carried, දරන්ට-ගෙනයන්ට-පහසු. [ලක්ෂය.
සුවහස, *n.* (fr. සතසහස්‍ර), a hundred thousand, lac,
සු·වාණය, *n.* Indian lute, වීණාව. *Bot.*
සුවාස, *n.* splay, ඇලය. E. S.
සු·වාසය, *n.* pleasant or respectable dwelling, සුගන්ධ or සුදුසු වාසස්ථානය; agreeable perfume, සුවඳ.
සුවාසුදහස, *n.* (සුව for සිව four, අසු :), eighty-four thousand, අසූහාරදහස්.
සු·විකුම, *n.* (සු emp.), great power, prowess, මහත් බලවත්කම.
සු·විඥෙය, *a.* easily ascertainable, quite comprehensible, see විඥෙය.
සු·විද්, *n.* Sans., very learned person, ඉතා උගත් අය, පණ්ඩිතයා.
සු·විනිශ්චිත, *a.* well ascertained, see විනිශ්චිත.

සු·විනීත, *a.* (සු emp.), well-trained or disciplined, well-behaved, gentle, submissive, polished, refined, see විනීත.

සු·විනීතකරනවා, *v. t.* to train well, refine the manners &c., see විනීතකරනවා.

සු·විනීතතාව, සු·විනීතත්වය, සුවිනීතිය, *n.* well-trained condition or manners, polished, refined, see විනීතතාව. [විපක්ව.

සු·විපක්ව, *a.* quite mature, thoroughly ripe, see

සු·විපුල, *a.* very large or broad, ඉතා මහත්, see විපුල. [see විභක්ත.

සු·විභක්ත, *a.* well divided, properly apportioned,

සු·විශ්වස්ත, *a.* quite confidential or trustworthy, හොඳට විශ්වාසවූ, see විශ්වාසිත.

සු·විශාල, *a.* very wide, spacious, extensive, see විශාල.

සු·විෂ්ට, *a.* (සු emp.), fully entered, හොඳට ඇතුල්වූ, included, අඩංගුවූ, see ප්‍රවිෂ්ට.

සු·විසුඬ, *a.* thoroughly pure, see විසුඬ.

සු·විශේෂකයා, *n.* R. C. fr. T., evangelist. E. S.

සු·විශේෂය, *n.* fr. T., good tidings, the Gospel, ශුභාරංචිය. [see වීර.

සු·වීර, *a.* very strong, very courageous, heroic,

සු·වීර, සු·වීරක, *n.* a collyrium prepared from amomum, ඇත්ඹෙහෙත් වර්ගයක්.

සු·වීර්ය, *n.* great strength or courage, heroism, great energy, මහත්බලය or ශෛර්යය.

සු·ව්‍රත. *a.* (සු emp., see ව්‍රතය), vow-fulfilling, strict in religious observances, බාරය or සීලය පවත්වන, virtuous, සුසීල.

සු ව්‍රතය, *n.* religious observance or donation, ආගමේ කාරණා පිළිපැදීම, සම්මාදම් දීම.

සු·ශබ්ද, *a.* (සු good), of good sound, euphonious, euphemistic. E. S. [ශබ්දය

සු·ශබ්දය, *n.* pleasant sound, euphony, මිහිරි

සු·ශික්ෂිත, *a.* exceedingly well instructed &c., see ශික්ෂිත. [able. සුචරිත.

සු·ශීල, *a.* virtuous, moral, reputable, respect-

සු·ශීල·ධර්මය, *n.* සු·ශීල·ධර්ම, *n. pl.* law or code of morals, ethics, morals, ගුණධර්මය.

සු·ශීලවන්ත, *a.* See සුසීල.

සුශුක්ල, *a.* very white, ඉතා සුදු.

සු·ශ්‍රැත, *a.* well-heard, see ශ්‍රැත. [වෛද්‍යපොත.

සු·ශ්‍රැතය, *n.* name of a medical work, ඒ නම්වූ

සුෂවී, *n.* black cummin seed, කළුදුරු. *Bot.*

සුෂිර, *a.* pierced, perforated, විදපු.

සුෂිරකරනවා, *v. t.* to pierce, perforate, විදිනවා, සිදුරුකරනවා.

සුෂිරය, *n.* perforation, සිදුර, සිල; wind instrument, see ශුෂිරය. [නදහිත්ද.

සු·ෂුප්තිය, *n.* (සු emp., ස්වප් to sleep), deep sleep,

සුෂ්ඨු, *prefix.* very, much, well, as සුෂ්ඨ්වලංකෘත, (සුෂ්ඨුඅලං:), well-adorned.

සු·සංස්කෘත, *a.* well-spiced or seasoned, well-dressed (food), E. S.; quite or well finished or perfected, හොඳට සම්පූර්ණකරනලද.

සු·සජ්ජිත, *a.* well-accoutred or adorned &c., හොඳට සරසනලද &c., see සජ්ජිත.

සු·සජ්ජිතතාව, *n.* well-accoutred condition; state of adornment, floridness (of speech); සැරසිලි බහුලකම.

සු·සන්නඬ, *a.* well-armed, well-accoutred, හොඳට යුඬායුධවලින් පැළඳි.

සු·සම, *a.* quite similar, the same, හොඳට සමවූ; beautiful, ලක්ෂණ, pleasant, ප්‍රසන්න.

සු·සම්පත, *n.* much wealth, abundant property, මහත් සම්පත.

සු සානභූමිය, සු සානය, *n* P. of ශ්මශාන: burial ground, cemetery, මිනිපිට්ටනිය, සොහොන්පල.

සු·සැදි, *v. adj.* well-made, හොඳලෙස සැදුණු.

සුසිර, *a.* for ශුසිර, which see.

සු·සිරි, *a.* virtuous, moral සුචරිත.

සු·සිරි, *n.* good fortune &c., see ශ්‍රිය; sound of a wind instrument, නලාශබ්දය.

සු·සිරිත, *n.* good habit or custom, හොඳසිරිත, good conduct, යහපත් හැසිරීම. [සීතල.

සු·සිත, සු·සීතල, *a.* very cold or cooling, ඉතා

සුසිත, *n.* yellow fragrant sandal-wood, කහපාට ඇති සුවඳ සඳුන්.

සු·සීල, සුසීලවන්ත, *a.* virtuous &c., see සුසීල.

සුසීලවන්තයා, *n. mas.* virtuous person, well-doer, respectable person.

සුසුම්, *n.* breath, breathing, සුස්ම. [ලෑම.

සුසුම්·ලනවා, *v.* to emit sighs, to sigh; *v. n.* සුසුම්

සුසුර, *n.* hole, perforation, සිල, සිදුර; wind instrument, tube, නලාව; elephant's trunk, හොඬවැල; *pl.* සුසුරු. [ශිෂ්‍යයා.

සුසුවා, *n.* infant, ළදරුවා, child ළමයා, pupil,

සුස්ක, *a.* E. of ශුෂ්ක, which see.

සු·ස්ථිතිය, *n.* (සු well, ස්ථිතිය being), well-being, welfare, සුවසේ ඉඳීම. [ඉතා ස්ථිර.

සු·ස්ථිර, *a.* (සු emp), quite firm, steady, fixed,

සුස්ම, *n.* See සුස්ම.

සු·හද, *a.* E. of සුහෘද, which see.

සු·හදයා, *n. mas.* E. of සුහෘදයා.

සු·හිත, *a.* (සු emp., හිත suitable), very suitable, ඉතා සුදුසු; kind, friendly, මිත්‍රවූ. [මිත්‍රයා.

සුහුදු, *n.* head cook, chef, පිහනරාල; friend,

සුහුනා, *n.* house-lizard, හූනා, හුනා; *pl.* සුහුණෝ.

සුළුඹිල්, *a.* (සු. සුඹිල), well-grown, flourishing, luxuriant, හොඳට වැඩුණු, සශ්‍රිකවූ.

සුහුරු, *n.* E. of සූකරයා; pig, hog, ඌරා; brother-in.law.

සුහුරු, *a.* (fr. සසුර uncle, son of the uncle), brother-in-law, මස්සිනාවූ. [මස්සිනා.

සුහුරු·බඩු, සුහුරු·බඩුණුවෝ, *n.* brother-in-law,

සුහුල්, *n.* mother-in-law, නැන්ද. E. S.

සු හෘද (ද්), *a.* good-hearted, kind, කරුණාවන්ත.

සු·හෘදයා, සු·හෘද්·ජනයා, *n.* good-hearted one, කරුණාවතා; friend, මිත්‍රයා, ally, එකතුවූඅය.

සුළ, *n.* See සුළ

සුළං, *n. pl.* or *a.* of සුළඟ : winds ; wind-, air-.
සුළං·වීණාව, *n.* æolian harp.
සුළඟ, *n.* wind, air. [සුළඟිලි.
සුළඟිල්ල, *n.* (සුළු ඇඟිල්ල), little finger ; *pl.*
සුළි, *a.* T., whirling, vortical, winding, කැරකෙන, වංගු.
සුළි·ඇණය, *n.* screw, ඉස්කුරුප්පු ඇණය.
සුළිය, *n* spiral or curve, as the thread of a screw or whorl of a conch ; whirl, vortex, eddy ; *fig.* deceit, wickedness, වංචාකම, වංචාව.
සුළි·සුළඟ, *n.* whirlwind.
සුළු, *a.* trifling, little, petty, insignificant.
සුළුකම, *n.* pettiness &c. ; disrespect, slight.
සුළුකම්කරනවා, සුළුකම්පානවා, *v.* to show disrespect to, slight, insult.
සුළුකරනවා, *v. t.* to slight, make light of, scorn, scout ; disregard, despise, contemn, සුළු කොට සිතනවා. [සුළුකම.
සුළුකිරීම, *v. n.* slighting &c. ; indignity, slight,
සුළු·දිය, *n.* urine, මුත්‍ර. [ficant, frivolous.
සුළු·පටු, *a.* trifling and narrow, petty, insigni-
සුළු·පස්මුල්, *n. pl.* the five minor roots or plants, viz. එළබටු, කටුවැල්බටු, අස්වැන්න, පුස්වැන්න, ගොකටු, see *Bot.* for each. [see පංචි.
සුළු·පාංශ, *a.* of low degree or insignificant sort,
සුළුව, *n.* trifling thing, insignificant matter, සුළුදෙයක්.
සුළු·වග, *n*, (වග for වර්ග), name of the third class of books in the, විනයපිටක : චුල්ලවග්ග.
සූං·කීටයා, *n.* a kind of caterpillar, දලඹුවෙක්.
සූකර, *a.* P. of ශූකර : pig ; porcine, ඌරු.
සූකර·පාලකයා or පාලයා, *n.* swineherd, ඌරු [පාලයා.
සූකර·මාංශ, *n.* pork, ඌරුමස්.
සූකරයා, *n. mas.* boar, hog, pig, ඌරා.
සූකිරි, *n.* D., sugar-candy.
සූක්තය, *n.* (සු well, උක්ත said, uttered), name of a hymn in the Rig Veda.
සූක්ෂ්ම, *a.* minute, atomic, ඉතා කුඩා, fine delicate, subtile, sharp, සියුම්, තියුණු. [කම. &c.
සූක්ෂ්මතාව, *n.* minuteness, fineness &c., කුඩා
සූක්ෂ්ම·දර්ශක·කණ්ණාඩිය, *n.* microscope. E. S.
සූක්ෂ්ම·ද්‍රව්‍ය·මානක·යන්ත්‍රය, *n.* micrometer. E. S.
සූක්ෂ්ම·පත්‍ර, *n.* coriander, කොත්තමල්ලි ; black cummin seed, කළුදුරු.
සූක්ෂ්ම·පත්‍රක, *a.* microphyllous. E. S.
සූක්ෂ්ම·බුද්ධි, *a.* acute-minded, keen-witted, sagacious, shrewd, තියුණුනුවණැති, නුවණක්කාර.
සූක්ෂ්ම·බුද්ධිය, *n.* keen intellect, sagaciousness, තියුණුනුවණ, සියුම්නුවණ.
සූක්ෂ්ම·භූත·ග්‍රන්ථනය, *n* (භූත entity, ග්‍රන්ථනය organization), histogeny. E. S.
සූක්ෂ්ම·භූත·ග්‍රන්ථන·විස්තරය, *n.* histography.
සූක්ෂ්ම·භූත·ග්‍රන්ථන·ශාස්ත්‍රඥයා, *n.* histologist.
සූක්ෂ්ම·භූත·ග්‍රන්ථන·ශාස්ත්‍රය, *n.* histology.
සූක්ෂ්මෛලා, *n.* (සූක්ෂ්මඒලා), see ඒලා.

සූ·ගානවා, *v.* to make the sound සූ, viz. to hiss.
සූ·ගා·නින්දාකරනවා, *v.* to revile by hissing, hiss or hiss at anyone.
සූචකය, *n.* fr. සූච් piercing : needle, ඉඳිකටුව.
සූචකයා, *n.* (සූච් to make known), spy, informer, ඔත්තුකාරයා ; villain, තක්කඩියා ; instructor, teacher, ගුරුවරයා.
සූචනා·පුස්තකය, *n.* information book, repertory, සංග්‍රහය, index, පටුන.
සූචිකාරයා, *n. mas.* (සූචි needles), one who sews, tailor, මැසුම්කාරයා. [ඇත්හොඬ.
සූචිකාව, *n.* needle, ඉඳිකටුව ; elephant's trunk,
සූචිනිය, *n.* needle
සූචි·පත්‍රය, *n.* (සූච් to inform), index, පටුන, syllabus, සංග්‍රහය.
සූචිය, *n.* needle ; piercing, perforating, සිදුරු කිරීම ; gesture, සංඥාක්‍රියාව, E. S. ; index, පටුන, catalogue, වට්ටෝරුව.
සූටික්කා, *n.* sunbird : see the species, මල්සූටික්කා, මොණරසූටික්කා and රත්සූටික්කා.
සූඩයා, *n.* a small seafish, anchovy, sardine.
සූත, *a.* (සූ parturition), issued from the womb, born, බිහිවූ ; see ප්‍රසූත ; sent, අරිනලද.
සූතකය, *n.* quicksilver ; birth, issuing, bringing forth, see ප්‍රසූතිය ; impurity of parturition or miscarriage, දරුවැදීමේ අපවිත්‍රකම.
සූතය, *n.* quicksilver, රසදිය. [වඩුවා.
සූතයා, *n.* charioteer, රථාචාරියා ; carpenter,
සූතිකාව, *n.* See ප්‍රසූතිකාව.
සූතිකා·ගෘහය, සූති·ගෘහය, *n.* lying-in house or apartment, වදනගෙය.
සූතිකා·රුධිර, *n.* lochial. E. S.
සූතිකා·රුධිරය, *n.* lochia, E. S.
සූතිය, *n.* fr. සූ to bring forth : see ප්‍රසූතිය.
සූතිය, *n.* For සූචි fr. සිව් to sew : sewing, මැසීම, මැසුම,
සූති·ශාලාව, *n.* See සූතිකාගෘහය.
සූත්පුල්ල, *n.* (සු well, උත්පුල්ල), well-opened, well-blown (as a flower), හොඳට පිපුණු.
සූත්‍ර, *n. pl.* or *a.* of සූත්‍රය ; threads ; thread, නූල් ; pert. to rules and precepts.
සූත්‍ර·පදය, *n.* aphorism, verse or sentence expressing a rule, verse from the Sutras.
සූත්‍ර·පිටකය, *n.* the first of the ත්‍රිපිටක, containing addresses spoken by Buddha and intended for mankind in general ; it consists of five සඟි, collecions or books, called respectively දික්, මැදුම්, සංයුත්, අංගුත්තර and කුදුගොත්. See each one.
සූත්‍රය, *n.* (සූත්‍ර to thread, string together), a thread, නූල : *fig.* line, පේළිය, verse පදය, rule, canon, නියමය, decree, නියෝගය ; (then in general) axiom, maxim, precept, formula, principle, theorem ; sp any declaration or discourse of Buddha ; machine, implement, යන්ත්‍රය.

සූත්‍ර·යන්ත්‍රය, *n.* thread machine, viz. loom, අලුව, ආවාපනය.

සූත්‍ර·ලාව, *n.* (සූත්‍ර thread, ලා to give or get), spindle, distaff, ඉද්ද. [තාබාව

සූත්‍ර·වේෂ්ටනය, *n.* thread-twiner, viz. shuttle,

සූත්‍ර·සංග්‍රහය, *n.* code of rules, formulary. E. S.

සූත්‍රසන්තානය, *n.* code of rules, organon, organum.

සූත්‍රාකාර, *a.* (ආකාර), rule-like, axiomatic. E. S.

සූත්‍රාමන්, *n.* (සු well, ත්‍රෛ to preserve), good preserver : ap. of ඉන්ද්‍රයා.

සූත්‍රික, *a.* according to rule, නියම ක්‍රමික, pert. to rules, canonical. E. S.

සූත්‍රියා, *n.* crow, කපුටුවා.

සූද, සූදය, *n.* sauce, ව්‍යඤ්ජන, හොදි, seasoned food, ව්‍යඤ්ජනමුසුකෑම.

සූදයා, *n. mas.* cook, අරක්කැමියා, කෝකියා.

සූද·ශාලාව, *n.* cook-house, kitchen, කුස්සිය.

සූදව, *n. fem.* female cook, උයන්නී.

සූදානම, *n.* T., preparation, preparedness, readiness; care, ප්‍රවේසම.

සූදානමින්, *ad.* carefully, gingerly, ප්‍රවේසමෙන්.

සූදානම්, *a.* prepared, ready, ලෑස්තිවූ.

සූදානම්කරනවා, *v. t.* to make ready, prepare, පෝඩුකරනවා. [පෝඩුවෙනවා.

සූදානම්වෙනවා, *v. i.* to get ready, prepare,

සූදු·කාරයා, සූදුවා, *n.* (සූදු T.), gambler.

සූදු·කෙළි·ගෙදර, *n.* gambling-house.

සූදු·කෙළිනවා, *v.* to gamble, game. [ing.

සූදු·කෙළිය, *n.* සූදුකෙළීම, *v. n.* gambling, gam-

සූදු·පළ, සූදු·මඩුව, *n.* gambling place, gambling

සූදු·මේසය, *n.* gaming table. [shed.

සූදුව, *n.* gambling, gaming, සූදුකෙළිය.

සූ·දෙටයා, *n.* (සූ for සූද, දෙටයා chief), chief cook, chef, ප්‍රධාන කෝකියා.

සූන, *a.* E. of ශූන්‍ය : empty, vacant, හිස්

සූන, *a.* E. of ශූන : swelled, ඉදිමුණු, grown, වැඩුණු. [ප්‍රසූත.

සූන, *a.* fr. සූ to bring forth : born, උපන්,

සූනය, *n.* fr. සූ : bringing forth, parturition, බිහිකිරීම, ප්‍රසූතිය.

සූනා, *n.* (fr. ශකුන omen), house-lizard, හූනා.

සූනාව, *n.* fr. සූ : daughter, දුව ; uvula, උඩුදිව ; hurting, ache, රිදුම ; slaughter-house, සතුන් මරන තැනුව.

සූනියම, *n.* T., magic, &c : see හූනියම.

සූනියම්·කපනවා, *v.* See හූනියම්කපනවා.

සූනියම්කරනවා, *v.* See හූනියම්කරනවා.

සූනියම්කාරයා, *n. mas.* magician, bewitcher, wizard.

සූනියම්කාරී, *n. fem.* sorceress, witch.

සූනියා, *n.* butcher, E. S. ; hunter, දඩයම්කාරයා.

සූනුව, *n. fem.* (සූ to bear), daughter, දුව.

සූනුවා, *n. mas.* son, පුතා ; younger brother, මලයා ; sun, සූර්‍ය්‍යයා.

සූභමද, සූසම්මද, *a.* (සු very, උන්මාද), quite insane, mad, පිස්සු.

සූප, *n.* sauce, condiment, ව්‍යඤ්ජන, හොදි.

සූප·කර්ම·ශාස්ත්‍ර, *n.* cookery, ඉව්වුම්පිසුම්වැඩ, කෝකිවැඩ.

සූප·කාමරය, *n.* cooking-room, galley (of a ship).

සූපකාර, *a.* pert to cooking, cooking, culinary, උයන, පාක.

සූපකාර·ධුරය, *n.* office of cook, සූපනිලය.

සූපකාරකයා, සූපකාරයා, සූපයා, *n.* cook, අරක් කැමියා, කෝකියා. [පෙරුංකායම්.

සූප·ධූපක, *a* (ධූපක resin, perfume), asafetida,

සූපය, *n.* vessel, භාජනය ; arrow, ඊය.

සූප·ශාස්ත්‍රය, *n.* science of cooking, cookery, ඉව්වුම් ශාස්ත්‍රය.

සූප·ශිල්පය, *n.* art of cooking, cookery, cuisine, ඉව්වුම් ශිල්පය or වැඩය. [කායම්.

සූපාංශ, *n.* (සූප, අංශ portion), asafetida, පෙරුං

සූර්පක, *n.* fifteenth lunar asterism : see විශාඛාව.

සූමය, *n.* sky, අහස.

සූයාම්, *n.* See සුයාම්.

සූරනවා, *v. t.* to scratch, scrape, grate; *pret.* සීරුවා ; *v. n.* සීරීම.

සූරත්වය, *n.* shrewdness, cleverness, සපත්කම.

සූරයා, *n. mas.* shrewd or clever person, සපතා.

සූරවනවා, *v. c.* to cause to scrape off, &c. *pret.* සීරෙව්වා ; *v. n.* සීරවීම.

සූර·වීර, *a.* See ශූරවීර.

සූර·සූතයා, *n.* (සූර sun), charioteer of the sun, viz. Arjuna, the dawn.

සූරා·අරිනවා, සූරාදමනවා, *v. t.* to scrape off, erase, efface by scratching out.

සූරියා, *n.* (fr. සූර්‍ය්‍ය), sun, සූර්‍ය්‍යයා ; pandit, learned man, පණ්ඩිතයා ; ap. of Brihaspati, see බෘහස්පති.

සූරී, *a.* learned, උගත්, wise, ප්‍රඥාවන්ත.

සූර්ක්‍ෂණ, *a.* disrespectful, contemptuous, අගරු,

සූර්ක්‍ෂණය, *n.* disrespect, &c. [උදුරම්වූ.

සූර්‍ය්‍ය, *a.* pert. to the sun, solar, heliac, ඉරු.

සූර්‍ය්‍ය·කාන්තය, *n.* sun-gem, crystal, පළිඟුව ; fabulous gem of marvellous properties.

සූර්‍ය්‍ය·කාන්තිය, *n.* sunshine, ඉරුරැස්, අව්ව ; sesamum flower, තිලමල. *Bot.*

සූර්‍ය්‍ය·කාල·චක්‍රය, *n.* solar cycle.

සූර්‍ය්‍ය·ග්‍රහණය, සූර්‍ය්‍ය·ග්‍රහය, *n.* solar seizure, viz. eclipse of the sun : see ග්‍රහණය.

සූර්‍ය්‍යග්‍රහයා, *n.* sun, සූර්‍ය්‍යයා ; Ketu and Rāhu as the descending and ascending nodes, see කේතු and රාහු.

සූර්‍ය්‍ය·ඝටිකා·මණ්ඩලය, *n.* sun-dial plate. [dial.

සූර්‍ය්‍ය·ඝටිකා·යන්ත්‍රය, සූර්‍ය්‍ය·ඡායා·යන්ත්‍රය, *n.* sun-

සූර්‍ය්‍ය·ඝටිකා·යන්ත්‍ර·ශාස්ත්‍රය, *n.* science of gnomonics.

සූර්‍ය්‍ය·ඝටිකා·යන්ත්‍ර·ශිල්පය, *n.* art of gnomonics.

සූර්‍ය්‍ය·තාපය, *n.* heat of the sun, solar heat, ඉරුරස්නය.

සූර්‍ය්‍ය·තේජස, *n.* brightness of the sun, sunshine, ඉරුරැස.
සූර්‍ය්‍යදර්ශක කණ්ණාඩිය, *n.* heliocope, ඉරබලන [කණ්ණාඩිය.
සූර්‍ය්‍ය·නිවෘති, *a.* solstitial. E. S.
සූර්‍ය්‍ය·නිවෘත්තිය, *n.* solstice: සූර්‍ය්‍ය·දක්ෂිණ·නිවෘත්තිය, southern solstice, සූර්‍ය්‍යෝත්තර·නිවෘත්තිය, northern solstice.
සූර්‍ය්‍ය·පතනය, *n.* declination of the sun, ඉර දකුණට හෝ උතුරට තිබෙන ප්‍රමාණය.
සූර්‍ය්‍ය·පුත්‍රයා, *n.* solar-son: ap. of වරුණ, of සෙනසුරා and of යම, [Surya race.
සූර්‍ය්‍ය·බන්ධු, *n.* ap. of Buddha as being of the
සූර්‍ය්‍ය·බිම්බය, සූර්‍ය්‍යමණ්ඩලය, *n.* disk of the sun,
සූර්‍ය්‍ය·මණිය, *n.* See සූර්‍ය්‍යකාන්තය. [ඉරුමඩල.
සූර්‍ය්‍ය·මධ්‍යමීය, *a.* heliocentric. E. S.
සූර්‍ය්‍ය·මධ්‍යමීය·ලෙස, *ad.* heliocentrically.
සූර්‍ය්‍ය·මාසය, *n.* solar month.
සූර්‍ය්‍යයා, *n.* sun, ඉර.
සූර්‍ය්‍යා·බද්ධ, *a.* united with the sun, heliacal. E. S.
සූර්‍ය්‍ය·රශ්මිය, *n.* ray of the sun, sunbeam, ඉරුරැස.
සූර්‍ය්‍ය·වංශය, *n.* solar race or dynasty, a royal race said to be descended from the sun.
සූර්‍ය්‍ය·වර්තන·ස්ථානය, *n.* place where the sun turns, tropic.
සූර්‍ය්‍ය·විෂ්කම්භ·මානක·යන්ත්‍රය, *n.* instrument for measuring the sun's diameter, heliometer.
සූර්‍ය්‍ය·සංක්‍රාන්තිය, *n.* sun's transit or entrance into a sign. [රස්නය.
සූර්‍ය්‍ය·සන්තාපය, *n*, fierce solar heat, තද ඉරු
සූර්‍ය්‍ය·සමීප·ස්ථානය, *n.* place of the sun's proximity or of proximity to the sun, perihelion. E. S. [සැරි.
සූර්‍ය්‍ය·සාරථි, *n.* sun's charioteer: see රිවිරිය
සූර්‍ය්‍ය·සේවනය, *n.* worship of the sun, heliolatry. සූර්‍ය්‍යභක්තිය, ඉර ඇදහීම [එළිය.
සූර්‍ය්‍යාලෝකය, *n.* (ආලෝකය), sunlight, ඉරේ
සූර්‍ය්‍යාව, *n fem.* sun's wife, සූර්‍ය්‍යයාගේ භාර්‍ය්‍යාව; a drug. *Bot.*
සූර්‍ය්‍යාවර්තය, *n.* (ආවර්තය turning), vertigo or dizziness occasioned by the sun, ඉරු රස්න යෙන්වූ ඉස කරකැවිල්ල.
සූර්‍ය්‍යාස්තය, *n.* (අස්ත to set), sunset, ඉරබැස්ම.
සූර්‍ය්‍යෝද්ගමනය, සූර්‍ය්‍යෝදය, *n.* (සූර්‍ය්‍ය උද්ගමනය, උදය), sunrise, ඉර උදාවීම, ඉරපායන වේලාව.
සූලාප්‍රෝතය, සූලාව, *n.* (ආප්‍රෝතය), stake for impaling criminals, සූල, ශූලය.
සූලියා, *n.* (fr. Sans. ශූලී), spearman: ap. of Siva, who has a trident in his hand.
සූ·සැට, *n.* or *a.* sixty-four, හැටහතර.
සූස්තරය, සූත්‍රය, *n.* Er. for සූත්‍රය: implement, machine.
සෘජය, *n.* garland, මල්දම. See සෘජයා.
සෘජයා, *n.* (සෘජ් to create), creator, මැවුම්කාරයා.
සෘජනාත්මක, *a.* creative, මැවුම්කාර, මවන.

සෘණිය, *n.* elephant-hook or goad, හෙණ්ඩුව.
සෘණියා, *n.* enemy, සතුරා.
සෘතිය, *n.* road, පාර; going, යාම. [කදෑසු.
සෘෂ්ට, *a.* fr. සෘජ් to create: created, මවාපු, made,
සෘෂ්ටිය, *n.* creating, මැවීම, creation, nature, මැවිල්ල.
සෙ, සෙය, *n.* or *a.* fr. ශ්වේත: white colour, සුදු පාට; සුදු; sunshine, අව්ව: see සේ.
සෙකරතාරිස්, සෙක්‍රතාරිස්, *a.* D., secretary.
සෙක්, සෙඛයා, *n.* E. and P. of ශෛක්ෂයා: scholar, ශිෂ්‍යයා.
සෙක්කුව, *n.* T., oil-mill, oil-press.
සෙංකමාලය, සෙංගමාලය, *n.* T., jaundice.
සෙංකොට්ටම්, *n.* nut of the marking-nut tree, බදුලුගහේ ඇටය.
සෙට, *n.* to-morrow, හෙට. [උතුම්, ප්‍රධාන.
සෙට්, සෙට්ඨ, *a.* E. of ශ්‍රේෂ්ඨ; best, chief, eminent,
සෙට්ටි, *a.* pert. to the class of people so called, Chetty, හෙට්ටි.
සෙට්ටියා, *n.* *mas.* one of the Chetty class of merchants, හෙට්ටියා.
සෙණ = හෙණ. See සෙන. [විදුලි.
සෙණුවාලුව, *n.* enclosure, yard, courtyard,
සෙත, සෙත්, *n.* quiet, peace, tranquillity, ශාන්තිය; happiness, good fortune, සැපත; ap. of Nirvāna, නිවන. [නව.
සෙද, සෙදෙන, *ad.* quickly, speedily, soon, වහ
සෙදගාමී, *a.* See සද්‍යෝගාමී.
සෙදල්, සෙදනල්, සෙදුල්, *ad.* See සෙද.
සෙදුලයා, සෙදදුලයා, *n.* fr. ශාර්දූලයා: tiger, ව්‍යාඝ්‍රයා; crane, කොකා.
සෙන, සෙනය, *n.* thunderbolt, හෙණ, සෙණය.
සෙන, *n.* fr. ශයනය: reclining, repose, හාන්සිවීම.
සෙන, *adj. pres.* of සෙනවා: falling, වැටෙන, descending, බසින; laughing, සිනාසෙන.
සෙනඟ, සෙනග, *n.* people, මිනිස්සු; congregation, multitude, සමූහය; army, සේනාව.
සෙනදිපති, *n.* E. of සේනාධිපති.
සෙනසුන්, *n.* fr. සේනාසන: couch, bed, යහන; lodging, නවාතැන, abode, ආවාසය.
සෙනසුරා, *n.* the planet Saturn.
සෙනසුරාදා, *n.* Saturday.
සෙනසුරු·දිෂ්ටිය, *n.* (දෘෂ්ටිය view), evil influences of the planet Saturn.
සෙනා·හඬ, *n.* sound of thunder or of the thunderbolt, thunder, අහස්ගිගුරුම.
සෙනෙවි, සෙනෙවි·රත්, *a.* (රත් fr. රද), pert. to the commander of an army, general-, සේනානායක.
සෙනෙවිරත්කම්කරනවා, *v.* to exercise generalship, be general or commander-in-chief.
සෙනෙවිරත්·තිලය, සෙනෙවිරද්බූරය, *n.* generalship, සේනාපතිකම.
සෙනෙවි·රද, *n.* chief commander of an army, generalissimo, ප්‍රධානසේනාපතියා.

සෙනෙහස, *n.* oil, තෙල් ; affection, love, සෙනේ [හය.
සෙනෙහෙ, *n.* oil, තෙල්.
සෙනෙහෙ·කොළ, *n.* senna leaves.
සෙන්, *n.* E. of සේනා : *pl.* people, multitude, army, සෙනග.
සෙන්, *n.* eagle, රාජාලියා, kite, උකුස්සා.
සෙන්කලය, *n.* D., shin or shank (of beef), මස්කෙණ්ඩය.
සෙන්·පා, (පා fr. පාලය), සෙන්හි·නා, (නා fr. නායකයා, නායකයා), *n.* general : see සේනාපතියා.
සෙපත්, *n.* swan, හංසයා ; *pl.* සෙපත්තු.
සෙප්පඩි·විජ්ජාකරනවා, *v.* (සෙප්පඩි T.), to practise jugglery, juggle.
සෙප්පඩි·විජ්ජාව, *n.* sleight of hand, jugglery, විජ්ජාව ; deceit, trickery, රැවටිල්ල. [සැපත.
සෙපම, *n.* health, welfare, enjoyment, luxury,
සෙප්පුව, *n.* casket, small box, as jewel case, betel box, &c., පෙට්ටිය.
සෙබඩ, *n.* pea-hen, මොනරී ; *pl.* සෙබඩු.
සෙබළා, සෙබළයා, *n.* soldier, warrior, යෝධයා, යෝධභටයා : *pl.* සෙබළෝ.
සෙම, *n.* E. of ශ්ලේෂ්මා : mucus, phlegm.
සෙම, *n.* fr. සම : peace, tranquillity, ශාන්තිය ; safety, ආරක්ෂාව.
සෙමර, *n.* E. of චමර and චාමර,
සෙමරා, *n.* E. of චමරා.
සෙ·මිණ, *n.* white gem, viz. crystal, පළිඟුව.
සෙමින්, සෙමෙන්, *ad.* slowly, softly, gently.
සෙමෙ, *n.* occasion, period, සමය.
සෙමෙර, සෙමෙරා, *n.* See සෙමර, සෙමරා.
සෙමෙර·මුවා, *n.* (මුවා for මෘගයා), see සෙමරා.
සෙම්කුරු, *n.* See සෙම්කුරු.
සෙම්·ගෙඩිය, *n.* gumboil, විද්‍රධිමෙන් ගඩුවක්.
සෙම්·ප්‍රතිශ්‍යා, *n. pl.* or *a.* (සෙම් phlegm), colds ; catarrhal, සෙම්සිරස්සා.
සෙම්·ප්‍රතිශ්‍යාව, *n.* catarrh, cold, සෙම්සිරස්සාව.
සෙම්බුව, *n.* T., small metal pot.
සෙම්හ, *n.* P. of ශ්ලේෂ්මා : phlegm, සෙම.
සෙය, *n.* shadow, shade, සෙවණැල්ල.
සෙයින්, *adv. suf.* or *conj.* (fr. සේ manner), *lit.* in (such and such) manner : as බොහෝසෙයින්, greatly, exceedingly, for the most part ; because, as ඔහු ගිය සෙයින් (incorrectly for සෙයින්), because he went.
සෙයිලම, *n.* Port., Ceylon, ලංකාව. [ශ්‍රේෂ්ඨ.
සෙය්‍ය, *a.* P. of ශ්‍රේයස් : best, excellent, see
සෙයාව, සෙයනය, *n.* reclining, sleeping, ශයනය, නිදාගැනීම ; bed, ඇඳ.
සෙර, *n. fem.* of සොරා : female thief, සොරි.
සෙරැස්, *n.* (සෙ white, රැස් rays), ap. of the moon, සඳ. [වැසිය.
සෙරෙප්පුව, *n.* T., slipper, sandal, clog, මිරි
සෙල, *n.* E. of ශෛල : rock, mountain, පර්වතය ; hill, hillock, ගල.
සෙලවනවා, *v. i.* to shake, tremble, rock, stir ; *v. n.* සෙලවීම or සෙල්වීම.
සෙලු, සෙළු, *n.* a bird, ලිහිණියා.
සෙල්, *a.* white, සුදු, සෙල්.
සෙල්, *n.* chaff, බොල් ; barrenness, නිස්සාරය.
සෙල්ඝර, සෙල්ගාර, *a.* or *n.* hempen, canvas, හණ : twine, pack-thread, හණනූල්
සෙල්ගාර·පටිය, *n.* canvas band, hempen band, rope band.
සෙල්ටික, *a.* Eng., Celtic.
සෙල්ටිකයා, *n.* Eng., Celt.
සෙල්·මුවා, *n.* stone deer, stone animal, ගල්මුවා.
සෙල්ලක්කාර, *a.* playful, sporting, sportive.
සෙල්ලක්කාරයා, *n.* playful person, player, සෙල්ලම්කරන්නා.
සෙල්ලම, *n.* play, sport, amusement.
සෙල්ලම්කරනවා, *v.* to play.
සෙල්ලම්·පිට්ටනිය, *n.* play-field, play-ground.
සෙල්ලම්·බඩුව, *n.* plaything, toy.
සෙල්ලය, spear, lance, dart, pike, සෙල්ලය.
සෙල්වග, *n.* (වග for වර්ග), the 'rock'-section, a section containing the words for 'rock' &c. (in Elu *Nighandu* or Glossary). [agitated.
සෙල්වෙනවා, *v. i.* to shake, stir, move, be
සෙවටු, *n.* servant, attendant, සේවකයා.
සෙවත්, *n. fem.* See සේවක : female enemy, සැතිරි.
සෙවණ, *n.* shade, shadow. [shade.
සෙවණකරනවා, *v.* to shade, shadow, make
සෙවණැල්ල, *n.* shadow of anything ; shade ; *pl.* සෙවණැලි.
සෙවණිය, *n.* shade &c : see සෙවණිය.
සෙ·වලාව, *n.* (සෙ-සේ-white), white cloud, සුදු වලාකුල.
සෙවිය, *n.* sorrow, affliction, ශෝකය, දුක.
සෙවිලිකරනවා, *v. t.* to roof, cover the roof, tile [or thatch.
සෙවිල්ල, *n.* roof ; *pl.* සෙවිලි.
සෙවීම, සෙවුම, *v. n.* of සොයනවා : seeking.
සෙවෙණිය, *n.* shade, සෙවණ ; thicket, වනලැහැබ ; roof, වහල.
සෙවෙනවා. *v. i.* to be thick, bushy or extended (as branches), ඝනව තිබෙනවා ; to be sought after, attended, සේවයලබනවා ; *pret.* සෙවුණා.
සෙවෙල, *n.* slime, mucilage ; *pl.* සෙවෙල්.
සෙවෙල්, *n.* moss, පාසි. *Bot.*
සෙව්, *n.* parrot, ගිරවා.
සෙව්, *n.* sorrow, ශෝකය.
සෙව්වන්දි, *n.* white water-lily, සෙල්මැලි ; rose.
සෙව්වන්දි·පිනිදිය, *n.* rose-nectar, essence of roses, rose-water, රෝසවතුර.
සෙව්වන්දි·ආභරණය, *n.* rose-ornament; *arch.* rosette, රෝසරූපය.
සෙව්වන්දි·සමාන, *a.* rose-like, roseate, මදරතු.
සෙසු, *a.* E. ශේෂ : remaining, residual, ඉතුරු.

සෙස්ස, *n. neu.* E. of ශේෂය : the remainder, residue, ඉතුරුපංගුව.

සෙස්සෝ, *n. mas. pl.* the rest, the others, ඉතුරු අයවල්, අනිත්අයවල්. [තරුණී.

සෙහෙනී, සෙහෙනිය, *n.* young woman, damsel,

සෙළු, *n.* name of a bird, ලිහිණියා.

සෙළු, *a.* nude, naked, නග්න, නිරුවත්.

සෙළු, *a.* pert. to falcons, falcon-. [කම.

සෙළුව, *n.* nakedness, nudity, නග්නකම, නිරුවත්

සෙළුවෙන්, *ad.* in a state of nudity, naked, නග්නව, නිරුවත්ව.

සේ, *a.* fr. ශ්වේත : white, සුදු; fr. ශේක : learned, clever, පණ්ඩිත, සමර්ථ.

සේ, *ad.* (= සෙයින්, fr. සේ manner), as, like as, similarly, මෙන්, ලෙස; දුකසේ, with pain or difficulty; සුවසේ, well or easily.

සේ, *n.* speed, ඉක්මන; manner, likeness, ආකාරය; ray, රශ්මිය; fr. ඡායා: shade, shadow, සෙවණැල්ල, image, පිළිබිඹුව; fr. සේතු: embankment, causeway.

සේන, සේන්, *v. aff. hon.* as කරනසේක, කල සේක; සේන් is non-final, like කරන්නෙන්, කළේ.

සේකපාත්‍ර, *n.* sprinkling, or bailing vessel, bucket, (වතුර) ඉසින or ඉහදමන බාල්දිය.

සේකය, *n.* (සිච් to sprinkle), sprinkling, bailing-out, ඉහදැමීම. [moon, සඳ.

සේකර, *n.* (සේ white, කර ray), ap. of the

සේකව, *ad.* quickly, ඉක්මනට, cleverly, සමර්ථලෙස.

සේඛරය, *n.* P. of ශේඛරය, which see.

සේචක, *a.* (සිච් to sprinkle), sprinkling, that sprinkles, ඉසින.

සේචකය, *n.* sprinkler, viz. cloud, වලාකුළ.

සේචනය, *n.* sprinkling, ඉසීම, dripping, oozing, වෑස්සීම; bucket, see සේකපාත්‍රය.

සේචනයකරනවා, *v. t.* to sprinkle, ඉසිනවා.

සේත, *a.* P. of ශ්වේත : white, සුදු.

සේතුබන්ධය, *n.* (සේතු bridge, බන්ධ binding, connection), dam, embankment, වේල්ල; sp. the ridge of rocks called Adam's Bridge, said to have been formed by Hanûman as a bridge for the forces of Rāma when in pursuit of Rāvaṇa. See රාමචරිතය.

සේඋව, *n.* paddy-field embankment, serving both to keep the water in and as a causeway, වේල්ල; bridge, පාලම; pass, defile, දුර්මාර්ගය.

සේනුය, *n.* ligament, tendon, සන්ධිබන්ධනය, E. S.; fetter, විලංගුව.

සේද, *n.* or *a.* Port., silk, satin.

සේදපටිය, *n.* silk band, silk ribbon.

සේදජයා, *n.* (සේද fr. ස්වේද warmth, ජ produced), worm, insect, පණුවා.

සේදය, *n.* P. of ස්වේදය : warmth, heat, උණුසුම; persp. ation, ඩහදිය.

සේදවෙළෙන්දා, *n.* silk or satin mercer.

සේදීම, *v. n.* of සෝදනවා : washing.

සේදෙනවා, *v. i.* to be washed out or away; [*pret.* සේදුණා.

සේන, *n.* See සේනා.

සේනය, *n.* for ශයනය : reclining, reposing: see ශයනය.

සේනාංගය, *n.* (සේනා අංගය), any component part of an army, as cavalry, infantry &c.

සේනාධිපති, සේනාපති, *a.* (අධිපති, පති, chief, ruling), General (so and so). [stratocracy.

සේනාධිපතිආණ්ඩුව, *n.* military government,

සේනාධිපතිකම, සේනාපතිකම, සේනාපතිත්වය, *n.* generalship.

සේනාධිපතියා, සේනාපතියා, *n.* commander of an army, Commandant, General.

සේනානියා, *n.* leader or commander of an army, General, සේනාපතියා; ap. of කාර්තිකේය, as General of the Celestial Armies.

සේනාප්‍රදර්ශනය, *n.* display, parade or review of troops. [tinel, මුරකාරයා.

සේනාරක්ෂකයා, *n.* guardian of an army, sen-

සේනාව, *n*, army, troop or regiment of soldiers.

සේනාවින්‍යාසය, *n.* stratography. E. S.

සේනාසනය, *n.* (සේන fr. ශයන), couch, bed, ශයන. ඇඳ: see සෙනසුන. [E. S.

සේනාස්ථාපක, *a.* placing troops, tactic, tactical.

සේනාස්ථාපකක්‍රමය, *n.* war tactics, army tactics. E. S.

සේනාස්ථාපකදක්ෂයා, *n.* tactician. E. S.

සේන්දුකරනවා, *v. t.* to balance or adjust accounts, ගණන් බේරනවා. [නවා.

සේන්දුවෙනවා, *v. i.* to arrive at, reach, පැමිණෙ

සේඵය, *n.* penis, පුරුෂලිංගය. [if, &c.

සේම, *ad.* emp. of සේ, *ad.* exactly as, just as

සේරම, සේරොම, *pron.* all, the whole, සියල්ලම, සියල්ලෝම.

සේරා, *n.* Indian teal or wild duck, *dendrocygona javanica*; *pl.* සේරු.

සේරිස්, *n.* See සෙරිස්.

සේරි, *a.* P. of ස්වෛරී, which see.

සේරිචාරී, *a.* fr. ස්වෛරීචාරී : going where one will, at liberty, free, නිදහස්.

සේරිචාරිකාව, *n.* going where one will, කැමති තැනක යාම, liberty, නිදහස.

සේරිවාණිජයා, *n.* itinerant merchant who goes where he will, hawker. E. S.

සේරුව, *n.* T., a quart measure, a (grain) measure (equal to $^1/_{32}$ of a bushel), නැළිය.

සේලය, *n.* cloth, dress, වරද්ද; a whole piece of cloth.

සේවක, *a.* serving, ministering, සේවය කරන.

සේවකයා, *n.* servant, attendant, assistant.

සේවතා, *n. fem.* faithful wife, see පතිව්‍රතාව : මිත්‍රවාස භාර්යාව.

සේවධිය, *n.* (සේව, ධි bearing), divine treasure possessed only by කුවේර: see නිධිය.

සේවනය, *n.* fr. සේව to serve : service, serving, සේවයකිරීම, සේවාය ; using, පාවිච්චිකිරීම.

සේවනය, *n.* fr. සිව to sew : see සිවනය ; sack, ගෝණිය.

සේවනයකරනවා, *v.* to associate with, hold intercourse with, ආශ්‍රයකරනවා ; serve, සේවය කරනවා ; use up, consume, පාවිච්චිකරනවා.

සේවනීය, *a.* See සේව්‍ය. [තුල.

සේව·තුල, සේවලනුව, *n.* fuse, fire-string, ගිනි

සේවය, *n.* serving, service, attendance upon ; divine service or worship, දේව මෙහෙය.

සේවයකරනවා, *v.* to serve, attend, wait upon.

සේවාකම, සේවාපත්නය, *n.* See සේවාකම &c.

සේවාකම්කරනවා, *v.* See සේවාකම්කරනවා.

සේවා·භටයා, සේවායා, *n.* military fighter, soldier, සේවායා.

සේවාරාල, *n.* See සේවාරාළ.

සේවාව, *n.* service, සේවය ; divine service, worship, දේවමෙහෙය ; also for සේවාකම.

සේවා·සමුද්‍රව, *n.* See සේවාසමුදුව.

සේවිංබෑංකුව, *n.* Eng., savings-bank, ඉතිරි මුදල් තැන්පත්කරන ගබඩාව.

සේවිතත්වය, *n.* a state of serving, servitorship, මෙහෙකරුකම.

සේවිසිකරනවා, *v.* See සේවිසිකරනවා,

සේවිසිකාරයා, *n.* See සේවිසිකාරයා.

සේවිසිය, *n.* See සේවිසිය.

සේව්‍ය, *a.* that should be served or waited upon, සේවය ලැබියයුතු, සේවනීය ; that should be honoured or worshipped, ගෞරවණීය, වන්දනීය.

සේව්‍යය, *n.* root of the *Andropogon squarrosus*, සැවැන්දරමුල. *Bot.* [see.

සේ·සත, *n.* (සේ white), E. of ශ්වේතච්ඡත්‍රය, which

සේසය, *n.* E. of සේෂය.

සේ·සුත, *n.* (සුත son, සේ Chhāyā), ap. of Saturn, සෙනසුරු. [සුදු හංසයා.

සේ·හංසයා, *n.* E. of ශ්වේතහංසයා : white swan,

සෛංහල (incorrectly සෛංහලික), *a.* an adj. form for සිංහල : pert. to Ceylon, Sinhalese.

සෛංහික, *a.* lion-like, leonine, සිංහාකාර.

සෛංහිකයා, සෛංහිකේය, *n.* The ascending node personified as Rāhu, so called from his mother සිංහිකා : see රාහු. [මුහු.

සෛකත, *a.* fr. සිකතා : sandy, වැලිආකාර, වැලි

සෛකතය, *n.* sand-bank, sandy shore, වැලිකණ්ඩිය, වැල්ල. [මිථ්‍යාදෘෂ්ටික.

සෛසකතික, *a.* sceptical, heretical, සන්දිග්ධමතික,

සෛඩිම, *n.* Eng., railway siding.

සෛනික, *a.* fr. සේනා : pert. to or in the form of an army, in array, යුධ පිළිවෙළට සිටින.

සෛනිකයා, *n.* sentinel, මුරකාරයා.

සෛන්ධව, *a.* marine, oceanic, මුහුදු, සමුද්‍ර ; pert. to or produced in Sindh or its river.

සෛන්ධව, සෛන්ධවලවණ, *n.* rock-salt : see සින්ධුලවණ. [see සින්ධුවාරයා.

සෛන්ධවයා, *n.* Sindh horse, well-bred horse,

සෛන්‍යය, *n*, army, සේනාව. [රයා.

සෛන්‍යයා, *n.* soldier, සේවායා, sentinel, මුරකා

සෛරිකයා, *n.* fr. සීර : plougher, ploughman or plough ox, සී සාන්නා or සාන ගොනා.

සෛලූරික, *a.* fr. Eng. silurian. E. S.

සෛවාල, *n.* slime, සෙවෙල්. [of cattle.

සොකඩය, *n.* wooden clappers tied to the necks

සොකඩයා, *n.* feeble person, බෙලහීනයා.

සොකලත්, *n.* Eng., chocolate, cocoa.

සොක්‍රටික, *a.* fr. Eng., Socratic, as සොක්‍රටික විධිය, Socratic method. [ශේෂය.

සොච්චම්, *n* T., balance, remainder, ඉතුරුගණන,

සොට, *n.* See සොට්ට.

සොපිය, *n.* spear, javelin, හෙල්ලය.

සොටු, *n.* mucus of the nose.

සොට්ටි, *a.* See සොත්ති.

සොට්ටියා, *n.* See සොත්තියා.

සොඬ, *n.* proboscis, සොඬවැල, snout, හොස්ස ; snake-poison, සර්පවිෂ ; desire, longing, ආශාව : *a.* longing, fond of.

සොඬඋෟරා, *n.* American tapir.

සොඬයා, *n.* toddy-seller, රාවෙළෙන්දා.

සොඬවැල, *n.* trunk of an elephant or proboscis of an insect &c.

සොත්ති, *a.* crippled, deformed, powerless, අබ්බාගාත, බලනැති.

සොත්තියා, *n.* a cripple, අබ්බාගාතයා, deformed person, විකලාංගකාරයා.

සොත්ථි·ශාලාව, *n.* (P. සොත්ථි health = S. ස්වස්ති), hospital, ආරෝග්‍යශාලාව, ඉස්පිරිතාලය.

සොඳ, *a.* good, හොඳ, pleasant, ප්‍රසන්න.

සොඳුර, *n. fem.* good or lovely woman : see

සොඳුරු, *a.* See සුන්දර. [සුඳරී.

සොබන, *a.* E. of ශෝභන, which see.

සොබමන්, *a.* E. of ශෝභමාන.

සොබිනවා, *v. i.* See හොබිනවා.

සොම, *n.* fr. සෞමනස්‍ය : satisfaction, happiness ; සතුටුකම, ප්‍රීතිය.

සොමි, *a.* fr. සෞම්‍ය : soft, tender, gentle, මෘදු, මොළොක්.

සොමි, *n.* moon, හඳ ; the planet Mercury, බුධ ග්‍රහයා ; the north, උතුර.

සොමි·දු, *n.* See ශුක්‍රධාතුව.

සොමි·දින, *n.* Monday, සඳුදා. [වම.

සොමි·පස, *n.* the left side, the left, වම්පැත්ත,

සොමි·සුරු, *a.* (සුරු like), moon-like, සඳවැනි.

සොමීප, *a.* Er. for සමීප.

සොමු, *a.* smooth, සිලුටු, සිනිඳු.

සොමුකරනවා, *v. t.* to smooth, rub smooth, සිලුටු කරනවා, polish, ඔප නගනවා.

සොම්, *a.* fr. සෞම්‍ය : see සොමි.

සොමකරුවා, *n.* smoother, viz. barber, පනික්කියා.

සොම්නස, *n.* E. of සෞමනස්‍ය : gladness, pleasure, සතුට, සන්තෝෂය.

සොම්නස්, *a.* glad, pleased, සතුටු, සන්තෝෂවූ.

සොම්මරයා, සොම්මරා, *n.* (see සම්කරුවා) man who works in leather; *pl.* සොම්මරු.

සොයනවා, *v. t.* to seek, search for; thatch, සෙවිලිකරනවා; *pret.* සෙවුවා; *v. n.* සෙවීම.

සොයා·ගන්නවා, *v. t.* to get by seeking, seek and find, discover.

සොයා·බලනවා, *v. t.* to search for, look for, search into, investigate, test.

සොසි, *n.* sauce, දියව්‍යංජන. [සාලේබත්.

සොර, *n.* broken or powdered rice boiled, බත්

සොර, *a.* E. of චෞර : thievish, spurious &c.: see හොර.

සොරකම, *n.* thieving &c., see හොරකම.

සොරකම්කරනවා, *v. t.* to steal, හොරකම්කරනවා.

සොරන, සොර·ගෙය, *n.* jail, prison, සිරගෙය.

සොරනවා, *v. t.* See සොරාගන්නවා.

සොර·වැල්ල, *n.* quicksand, බොරුවැල්ල.

සොරස, *n.* (for ස්වරස), juice or vital part of any- [thing.

සොරහුව, *n.* See සොරොව්ව.

සොරා, *n.* fr. චෞර : see හොරා.

සොරාකන්නවා, *v. t.* to steal, pilfer, purloin.

සොරොව්ව, *n.* watercourse, ඇළ, වතුරපාර, gutter, drain, sewer, කානුව, අගල.

සොලවනවා, *v. t.* to shake, agitate, move, disturb; *pret.* සෙලෙව්වා; *v. n.* සෙලවීම.

සොලොව්විය, *n.* D., clasp, buckle, හාංචුව, hook and eye.

සොලෝ, *n.* for සිලෝ, poetical stanza.

සොල්, *a.* useless, unprofitable, වැඩනැති, නිෂ්ඵල.

සොල්දර·තට්ටුව, සොල්දරය, *n.* D., upper storey, upstairs floor.

සොල්දාදුවා, *n.* Port., soldier, සේවායා.

සොලප, *a.* Er. for ස්වලප.

සොල්මන, සොල්මන්අඬ, *n.* weird or unearthly sound, said to be the sound caused by demons in the night; racket, cry of the screech owl.

සොල්මනා, *n.* scarecrow or bamboo instrument made with a spring to eject water and so scare away birds from a paddy field, වකපෝරුව.

සොල්මන්කරනවා, *v.* to make a weird noise, haunt with noise. [ලුවා.

සොල්ලනවා, *v. t.* See සොලවනවා; *pret.* සෙල්

සොව, (fr. සෝ=ශෝක), sorrow, ශෝකය, shame, ලජ්ජාව; pleasantness, ප්‍රසන්නකම; fragrance, සුවඳ; singing, ගීකීම.

සොව, *a.* small, insignificant, කුඩා.

සොවත්, *a.* See සෝවාන්.

සොවැනි, *n.* See සෝවැනි.

සොසානික, *a.* fr. ශ්මශාන : pert. to a cemetery, sepulchral, සොහොන්භූමියට අයත්.

සොසානිකාංගය, *n.* (අංගය), one of the තෙළෙස් ධුතාංග : the ordinance of the B. P. which enjoins devout meditation in a burial ground at midnight. [chre, මිනීවළ.

සොහොන, *n.* E. of ශ්මශාන : grave, tomb, sepul-

සොහොන්, *n. pl.* or *a.* graves, මිනීවළවල්; grave-, burial, sepulchral, මිනීවළ, භූමදාන.

සොහොන්·ගල, *n.* gravestone, tombstone.

සොහොන්·ගුහාව, *n.* catacomb, බිම් ගෙයක්වූ සොහොන්පළ.

සොහොන්·ගෙය, *n.* grave: see සොහොන.

සොහොන්·කොත or ·චෛත්‍යය, *n.* tombstone or monument.

සොහොන්·ගොව්වා or ·පාලයා, *n.* grave-keeper, guardian of tombs, cemetery-keeper, සොහොන රකින්නා. [monument.

සොහොන්·දාගැබ, *n.* mausoleum, sepulchral

සොහොන්·පළ, or ·භූමිය, *n.* burying place or ground, grave-yard, cemetery.

සොහොන්·භූමික, *a.* pert. to burial grounds, cemetery.

සොහොයුරා, සොහොවුරා, *n.* E. of සහෝදරයා : brother; *pl.* සොහොයුරෝ, සොහොවුරෝ.

සොහොයුරී, *n. fem.* E. of සහෝදරී : sister.

සොළස, සොළොස, *n.* (Sans. ෂෝඩශ), sixteen,

සොළොස්, *a.* sixteen, දහසය. [දහසය.

සොළොස්·කලා, *n. pl.* the sixteen digits or whole diameter of the sun or moon.

සොළොස්·ප්‍රමාණ, *a.* sixteen mo, sexto decimo.

සොළොස්වෙනි, *a.* the sixteenth, දහසයවෙනි.

සෝ, *adj.* prefix for ස්ව : one's own.

සෝ, *n.* fr. ශෝථ : tumour; fr. ශෝක : sorrow; fr. ශ්‍රෝත : ear, කන; stream, current, සැඩපාර.

සෝක, *n. pl.* or *a.* sorrows; sorrowful.

සෝකකරවනවා, *v. c.* to cause to sorrow, ag- [grieve.

සෝකය, *n.* sorrow, grief.

සෝකවෙනවා, *v. i.* to grieve or be sorrowful.

සෝගත්, *a.* E. of සෞගත.

සෝචනය, *n.* See ශෝචනය.

සෝචිස, *n.* cf. Sans. ශුචි white: light, එළිය; lustre, flame, ගිනිදැල්ල.

සෝඨයා, *n.* (cf. Sans. ශුඨ to be hindered, lame), stupid person, fool, මෝඩයා; rogue, තක්කඩියා,

සෝ·ඩස, *a.* Er. for ෂෝඩශ : sixteen, දහසය.

සෝඩිස, *n.* alphabet, හෝඩිය.

සෝණිතෝපල, *n.* P. (fr. ශෝණිත blood, උපල stone), ruby, රතුකැටය. [see.

සෝතය, *n.* P. සෝත = Sans. ශ්‍රෝත, which latter

සෝතාපත්තිය, *n.* (=සෝවාන් *q. v.*), the first of the four paths to Nirvāna.

සෝත්කණ්ඨ, *a.* (ස with, උත්කණ්ඨා regret), regretting, regretful, grieving, තැවෙන, දුක්වෙන.

සෝත්ප්‍රාස, *a.* (සඋත් :), excessive, අධික, violent, තදබල; ironical. E. S.

සෝත්ප්‍රාසය, *n.* (ස with, උත්: throwing at, ridicule), sneering, sneer, irony. E. S.

සෝත්සාහී, *a.* (ස with, emp., උත් : energetic), strenuous, energetic, industrious, උත්සාහවත්.

සෝත්සාහීතාව, *n.* strenuousness &c.

සෝත්සාහීව, *ad.* energetically, උත්සාහයෙන්.

සෝදනවා, *v. t.* (obs. සෝධනවා), to wash; *pret.* සේදුවා; *v. n.* සේදීම.

සෝදනය, *n.* brush, බුරුසුව. [දර &c.

සෝදර, *a.*; **සෝදරයා**, *n.* (සඋදර), see සහෝ

සෝදිසි, *n.pl.* or *a.* examinations; examination-, probationary. [gate, test.

සෝදිසිකරනවා, *v. t.* to search, examine, investi-

සෝදිසි·කාලය, *n.* time of examination or testing or of probation. [වරෙන්තුව.

සෝදිසි·බල·පත්‍රය, *n.* search-warrant, සෝදිසි

සෝදිසිය, *n.* search, research, investigation, testing, test, scrutiny, probation.

සෝධවනවා, *v. c.* of obs. සෝධනවා: to cause to wash, සෝදවනවා.

සෝන, *n.* See සුනඛභූමිය, සොනාව.

සෝනක, *n.* white onions, garlic, සුදුළූණු.

සෝනකයා, *n* dog, ශුනකයා, බල්ලා.

සෝන්මාද, *a.* (ස with, having, උන්මාද), insane, mad, උන්මාද.

සෝපකාර, *a.* (සඋප :), having aid or resources: equipped, provided for; assisted, befriended.

සෝපධිශේෂ, Sans. form of P. සෝපාදිශේෂ.

සෝපප්ලව, *n.* (සඋප :), portent, eclipse of the sun or moon, ග්‍රහණ. E. S.

සෝපය, *n.* E. of සෝඵය. [නිරාහාරය.

සෝපවාසය, *n.* (සඋප :), fasting, a fast, උපවාසය,

සෝපාකයා, *n. mas.* one of a low caste, චණ්ඩාලයා.

සෝපාදිශේෂ, *a.* (ස with උපා :), B., having some of the five elements left, residual, the opposite of අනුපාදිශේෂ. [E. S.

සෝපාධික, *a.* limited, පරිමිත, special, විශේෂ.

සෝපාන·පංක්තිය, *n.* series of steps, flight of stairs, පඩිපෙළ, ladder, ඉණිමග.

සෝපානය, *n.* (සඋප :), step, rung of a ladder, stairs: see පියගැටය.

සෝපානාකාර, *a.* ladder-like; *bot.* sculariform.

සෝපාව, *n.* Eng., sofa, කවිච්චිය.

සෝබී, *n.* stranger, අමුත්තා, traveller, ගමන් කාරයා; religious pilgrim, වන්දනාකාරයා.

සෝප්පය, *n.* a drink of liquor, dram, nip.

සෝඵතාව, *n.* tumidness, tumidity, ඉදිමුම්කම.

සෝඵය, *n.* See සෝථය.

සෝභනාව, **සෝභනත්වය**, *n.* See සෝභනකම.

සෝභමාන, *a.* See ශෝභමාන.

සෝභාමත්, *a.* (ශෝභා or සෝභා light &c.), radiant, splendid, දීප්තිමත්, beautiful, ලක්ෂණ.

සෝභා·රජිත, *a.* (රජිත coloured, marked with), see ශෝභාමත්.

සෝභාව, *n.* See ශෝභාව.

සෝභාවත්, *a.* See ශෝභමාන.

සෝම, *a.* mild, soft: see සෞම්‍ය.

සෝම, *n.* ap. of කුවේර and යම; demi-god. E. S.

සෝම, *a.* resembling the moon, soft, amiable, මෘදු. [රෑ රෙද්ද.

සෝමන, *n.* variegated or coloured cloth, විසිතු

සෝමත්, *a.* variegated, විසිතුරු.

සෝමත්, *n.* moon, හඳ.

සෝම·පා, *n.* (පා to drink), a drinker of sōma juice, especially at a sacrfice.

සෝම·වංශය, *n.* lunar dynasty or race (said to be descended from the moon).

සෝම·වාරය, *n.* Monday, සඳුදා.

සෝම·සංඥ, *n.* (සෝම moon, සංඥ sign), camphor, කපුරු.

සෝමාල, *a.* (සෝම moon, අල like), soft, bland, කෝමල, මෘදු. [of poison.

සෝරත්තා, *n.* (fr. සුරත්තු, ඉසා, of Surat), a sort

සෝර්ටිය, *n.* Port., sort, kind, වර්ගය.

සෝලිකරනවා, *v.* T., to trouble, annoy, hinder, injure.

සෝලිය, *n.* trouble, annoyance, කරදරය, hindrance, බාධාව, injury, අනතුර.

සෝල්ලුකරනවා, *v. t.* to cut, කපනවා, carve, කැටයම්කරනවා. [හැරමිටිය.

සෝල්ලු·ලීය, *n.* carved stick, walking-stick,

සෝවාන්, **සෝවාන්මාර්ගය**, *n.* the first of the four paths or stages leading to Nirvāna, attained by religious meditations and ascetic duties.

සෝවාන්, *a.* pert. to the first stage or path to Nirvāna.

සෝවාන්·ඵලය, *n.* fruit or happiness resulting from having followed the Sōwān path.

සෝවාන්පත්වනවා, *v. t.* to enter upon or attain to Sōwān.

සෝවැති, *n.* grooves or curves in the cobra's hood, නයි පෙණේ පුල්ලි.

සෝහන, *n.* See සොහොන.

සෝළස, *n.* P., sixteen, දහසය: see සොළොස.

සෞකර, *a.* fr. සූකර: pert. to swine, swinish, hoggish, ඌරු ආකාර.

සෞකරිකයා, *n.* pig-hunter, ඌරු දඩයම්කාරයා.

සෞකර්‍ය, *a.* fr. සුකර; easy, practicable, කිරීමට පහසුවූ; fr. සූකර, see සෞකර.

සෞක්ෂ්ම්‍ය, *a.* minute &c.: see සූක්ෂම.

සෞක්ෂ්ම්‍යය, *n.* minuteness, subtilty, සූක්ෂමතාව.

සෞඛ්‍යය, *n.* fr. සුඛ: health, happiness, pleasure, සනීපය, සැපත. [ආරක්ෂක.

සෞඛ්‍යාරක්ෂක, *a.* sanitary, hygienic, සනීප

සෞගත, *a.* pert. to Buddhism, Buddhist, සුගත, බුද්ධාගම්කාර. [බුද්ධාගම්කාරයා.

සෞගතයා, සෞගතිකයා, *n.* fr. සුගත: Buddhist,

සෞගන්ධ්‍ය, *n.* fragrance, සුගන්ධය, සුගඳ. *Bot.*

සෞගන්ධික, *a.* fragrant, සුගඳ, සුවඳ.

සෞගන්ධිකය, *n.* ruby, රතුකැටය. *Bot.*

සෞගන්ධිකයා, *n.* dealer in perfumes, perfumer, සුවඳ වෙළෙන්දා. [දගම්.

සෞගන්ධිකය, *n.* See සෞගන්ධ්‍ය; sulphur, ගෙන්

සෞචය, *n.* For ශෞච fr. ශුචි white: purification, cleansing, පවිත්‍රවීම, purity, පිරිසිදුකම.

සෞචිකයා, සෞචියා, *n.* fr. සූචි needle: tailor, මැහුම්කාරයා. [washerman, රදවා.

සෞචේයයා, *n.* For ශෞච: fr. ශුචි white, pure;

සෞත්‍ර, *a.* fr. සූත්‍ර rule: according to rule or precept, regular, සූත්‍ර අනුවවූ. E. S.

සෞත්‍රතාව, *n.* accordance with rule, regularity, අනුසූත්‍රතාව. [rule: see සෞත්‍ර.

සෞත්‍රාන්තික, *a.* (අන්තික close to), close to the

සෞදාමනි, *n.* fr. සුදාමන් rock: lightning, විදුලිය.

සෞද්ධෝදනියා, *n.* ap. of Buddha as son of සුද්ධෝදන which see.

සෞධය, *n.* mansion, වලව්ව, ප්‍රාසාදය, palace, මාලිගාව; opal, අගනිමාණික්‍යය.

සෞනිකයා, *n.* (සූනා slaughtering place), dealer in meat: butcher or poulterer, මස්වෙළෙන්දා.

සෞන්දර්‍ය, *a.* fr. සුන්දර: beautiful, lovely, අලංකාර.

සෞන්දර්‍යය, *n.* beauty, loveliness, අලංකාරය.

සෞප්තික, *a.* fr. සුප්ත asleep: hypnotic, soporific, නිදිකරවන; sleepy, නිදිමත.

සෞප්තිකෞෂධය, *n.* (සෞප්තිකඖෂධ:), hypnotic, opiate, නින්ද ගෙනදෙන බෙහෙත.

සෞභාග්‍ය, *n.* සෞභාග්‍යවත්, *a.* fr. සු, භග: auspicious, fortunate, වාසනාවන්ත.

සෞභාග්‍යය, *n.* auspiciousness, good fortune, happiness; red-lead, ඉඟුල්; fourth astronomical yoga: see යෝගය.

සෞභ්‍රාත්‍රය, *n.* fr. සුභ්‍රාතෘ: fraternity, හොඳ සහෝදරකම.

සෞමනස්‍ය, *a.* fr. සුමනස්: satisfactory, සතුටු දායක, pleasing, ප්‍රසන්න.

සෞමේධිකයා, *n.* (සු good, excellent, මේධා, understanding), sage, seer, ප්‍රඥාවන්තයා, Rishi, ඍෂියා. [රත්රන්.

සෞමේරුකය, *n.* product of සුමේරු, viz. gold,

සෞම්‍ය, *a.* fr. සෝම moon: soft, bland, mild, gentle, placid, කෝමල, මොළොක්, ශාන්ත.

සෞම්‍යකම, සෞම්‍යතාව, *n.* softness, mildness &c., කෝමලකම &c.

සෞම්‍ය·කථාකාර, *a.* of bland speech, smooth-tongued, මෘදු කථාකාර.

සෞම්‍ය·ක්‍රියාව, *n.* gentle act, blandishment.

සෞම්‍ය·ගුණය, *n.* gentleness, tenderness, මෘදු ගුණය.

සෞම්‍ය·ධාතුව, *n.* phlegmatic humour, phlegm, සෙම.

සෞම්‍යය, *n.* forty-third year of the Indian cycle; red-chalk, red-ochre, සිංගුරු, රතුසිරියල්.

සෞම්‍යයා, *n.* gentle one; ap. of Buddha, බුදුන්; ap. of the regent of the planet Mercury, said to be the son of Soma or the moon, බුදහු.

සෞර, *a.* fr. සූර sun: solar, සූර්‍ය.

සෞර. *n.* the planet Saturn, සෙනසුරු; solar month of thirty days. [සෙන.

සෞරභය, *n.* fr. සුරභි: fragrance, සුවඳ; saffron,

සෞරභ්‍යය, *n.* fragrance, odour, සුවඳ; pleasantness, ප්‍රසන්නකම; fame, කීර්තිය.

සෞරභ්‍යයා, *n.* ap. of කුවේර.

සෞර·වීර්‍යය, *n.* heroism, intrepidity, see සූරවීර.

සෞරාෂ්ට්‍රකය, *n.* fr. සුරාෂ්ට්‍රය: white or bell-metal, ලෝකඩ.

සෞරාෂ්ට්‍රය, *n.* the district of Surat; bell-metal.

සෞරාෂ්ට්‍රිකය, *n.* See සෝරාෂ්ට්‍රිකය. [සවර්ණික.

සෞරික, *a.* fr. සුර divine: celestial, heavenly,

සෞරිකය, *n.* heaven, paradise, ස්වර්ගය.

සෞරියා, *n.* ap. of the planet Saturn, සෙනසුරු.

සෞමිනස්‍යය, *n.* cheerful-mindedness, cheerfulness, සොම්නස. [ලුණු.

සෞවර්චලය, *n.* fr. සුවර්චල: natron, alkali, සුවස

සෞවස්තික, *a.* fr. ස්වස්ති: pert. to the utterance of ස්වස්ති (which see), salutatory, benedictory, ආචාර, ආශංසන.

සෞවස්තිකයා, *n.* Brahmin or priest of a family, පවුලසා පූජකබමුණා.

සෞවීර, *n.* jujube fruit, මසන්පල; antimony, හොයදුන්, අංජන; sour gruel, ඇඹුල් කැඳ.

සෞවීර, *n.* name of a district near the Indus occupied by Suviras. [gruel.

සෞවීරක, *a.* pert. to සෞවීර; *n.* sour wheat-

සෞෂ්ඨ්‍යවර්‍ය, *a.* melodious, harmonious, මිහිරි, සාණිරසායක (ශබ්ද). [&c.

සෞෂ්ඨ්‍යවර්‍යතාව, සෞෂ්ඨ්‍යවර්‍යය, *n.* melodiousness

සෞෂ්ඨ්‍යවර්‍ය·තූර්‍යය, *n.* musical instrument, තූර්‍ය භාණ්ඩය, harmonium.

සෞෂ්ඨවය, *n.* fr. සුෂ්ඨු: abundance, plenteousness, බහුලකම; excellence, අනර්ඝකම.

සෞහාර්දය, සෞහාර්ද්‍යය, *n.* fr. සුහෘද්: good-heartedness, friendship, මිත්‍රකම.

සෞහිත්‍යය, *n.* fr. සුහිත: full satisfaction, satiety, glut, අධික තෘප්තිය.

ස්කන්ද·කුමාරයා, ස්කන්ද, *n.* ap. of කාර්තිකේය.

ස්කන්දනය, *n.* effusion, outpouring, වැගිරවීම, වත්කිරීම.

ස්කන්දිත, *a.* effused, outpoured, වැගුරුණු.

ස්කන්ධ·පරිපාටිය, *n.* See කඳපිළිවෙළ.

ස්කන්ධ·දේශය, *n.* (දේශය part, region), region of the shoulder, withers of an elephant, where the mahout or driver sits.

ස්කන්ධය, n. shoulder, උරහිස; body, trunk, කඳ; mass, multitude or quantity, රැස, සමූහය, army, සේනාව; book, section or chapter, කාණ්ඩය, පරිච්ඡේදය; element or object of sense, as form, sound, scent, flavour, substance, see පඤ්චස්කන්ධ and පංචකාම.

ස්කන්ධාවාරය, n. (ස්කන්ධ army, ආවාරය screen or protection), military camp, intrenchment, කඳවුර.

ස්කන්ධිය, n. tree, ගස.

ස්කොච්, a. Scotch. [Scotch.

ස්කොච්·භාෂා ක්‍රමය, or භාෂාවිශේෂය, n. Scotch dialect.

ස්කොට්ලන්ත, a. Scotch, Scottish.

ස්කොට්ලන්තකාරයා, n. Scot, Scotchman.

ස්කොට්ලන්තය, n. Scotland.

ස්කෝප්පය, n. D., see ඉස්කෝප්පය.

ස්කෝප්ප·තැන්ද, n. shovel.

ස්කෝලය, n. Port., school.

ස්කෝල·පරීක්ෂකාරයා, n. school-inspector. E. S.

ස්ඛලන, a. stumbling, පැකිළෙන; blundering, වරදින, වරදිනසුළු. [der, වැරදිල්ල.

ස්ඛලනය, n. stumbling, stumble, පැකිළීම; blun-

ස්ඛලිත, a. slipped, stumbled, ලිස්සුණු, පැකිළුණු; blundered, වැරදුණු.

ස්ටේෂන්·පල, ස්ටේසම, n. Eng., railway station, දුම්රියපල.

ස්ටේෂන්·මාස්ටර්, n. Eng., station-master, දුම්රියපළේ ප්‍රධානියා.

ස්තන, n. pl. or a. female breasts; pert. to female breasts, mammary; තන.

ස්තන·ධාරී, a. having breasts, mammiferous, තන ඇති, තනසහිත.

ස්තනනය, n. (ස්තන to sound, thunder), sound, noise, ඝෝෂාව, thunder, ගිගුරුම.

ස්තන·පා, n. lit. breast-drinker, viz. suckling, infant, කිරිදරුවා. [බීම.

ස්තන·පානය. n. sucking at the breast, තනකිරි

ස්තනය, n. female breast, තනය.

ස්තන·සත්ව·ධාතු, n. pl. or a. fossils of mammals; mammaliferous. E. S. [ඇති සත්වයා.

ස්තන·සත්වයා n. mammal, mammifer, පියයුරු

ස්තන·සත්ව·විද්‍යාව or ·විස්තරය, n. mammalology. E. S. [පොපස්).

ස්තනාකාර, a. mammillary, තනපුඩුආකාර (ලො

ස්තනිතය, n. rumbling or rattling of thunder, ගිගුරුම; noise of hand-clapping, අත්පිඩිගසන හඬ.

ස්තන්‍ය·ජ්වරය, n. milk-fever, කිරිඋණ.

ස්තන්‍යය, n. (ස්තන breast), milk, කිරි.

ස්තබ්ධ. a. fr. ස්තම්භ: stopped, blocked up, නවත්වාපු, අහුරාපු; stiff, hard, තද; stupid, dull, මොට්ට. [ඉතාදැඩි, මුරණ්ඩු.

ස්තබ්ධ·බද්ධ, a. (බද්ධ bound), very stiff or obstinate,

ස්තම්බය, n. shrub, පඳුර; post &c., see ස්තම්භය.

ස්තම්බාකාර, a. shrub-like, dendroid, fruticose, පඳුරක් සමාන.

ස්තම්භනය, n. making hard or obstinate, දැඩිකිරීම; stopping, නැවැත්වීම, obstructing, බාධාකිරීම, obstruction, බාධාව. [අඩිය.

ස්තම්භ·පංක්ති මූලය n. stylobate, කුළුණුපෙළේ

ස්තම්භ·මස්තක·වාසිකා, n. stylite, කුළුණුමුදුන් තාපසයා.

ස්තම්භය, n pillar, කුළුණ, post, කණුව; hindrance, obstruction, බාධාව; stupidity, මොට්ටකම, ගුඩිබකම; stupefying (by magic), සම්මූඪකිරීම.

ස්තම්භාකාර, a. columnar, කුළුණුආකාර.

ස්තම්භිත, a stupefied, spell-bound, සම්මූඪ, ගල්තාංගු.

ස්තරය, n. layer, stratum, තට්ටුව.

ස්තවකය, n. cluster (of flowers), පොකුර; multitude, සමූහය, රැස; praise, ප්‍රශංසාව.

ස්තවය, n. fr. ස්තු to praise: praise, eulogium, වර්ණනාව.

ස්තාලය, n. Eng., see ඉස්තාලය. [තෙත.

ස්තිමිත, a. fr. ස්තිම් to be wet: wet, moist, තෙත්වූ,

ස්තුත, a. fr. ස්තු to praise: praised, thanked, ප්‍රශංසිත.

ස්තුතිකරනවා, v. to thank, give thanks.

ස්තුති·පාඨකයා, n eulogist, bard (specially employed as such), චිරිදුකියන්නා.

ස්තුති·පූජාව, n. thank-offering.

ස්තුතිය, n. thanks, praise.

ස්තුතිවන්ත, a. thankful, grateful.

ස්තුත්‍ය, a. that should be thanked or praised, thankworthy, praiseworthy, ස්තුතිලැබියයුතු.

ස්තූපය, n. (ස්තූප් to heap up), heap, pile or mound (of earth), ගොඩ; B. monument for keeping sacred relics, dāgoba, = P. ථූප, "tope".

ස්තේයය, n. (ස්තේන to steal), stealing, theft, හොරකම්කිරීම, හොරකම.

ස්තේනයා, n. thief, හොරා.

ස්තෝක, a. little, small, කුඩා, පුංචි.

ස්තෝකයා, n. a bird so called, see චාතකයා.

ස්තෝත්‍රය, n. fr. ස්තු to praise: praise, eulogium, ප්‍රශංසාව.

ස්තෝප්පුව, n. See ඉස්තෝප්පුව.

ස්තෝම, n. praise, ප්‍රශංසාව; heap, quantity, number, රැස; head, ඉස.

ස්තෝල·පටිය, n. R. C. stole. E. S.

ස්ත්‍යානය, n. lit. and fig. thickness, hardness, දැඩිකම; dulness, මොට්ටකම.

ස්ත්‍රික්කය, n. See ඉස්තිරික්කය.

ස්ත්‍රී, ස්ත්‍රියක් or ස්ත්‍රීයෙක්, n. woman wife; pl. ස්ත්‍රීයෝ, ස්ත්‍රීවරු, ස්ත්‍රීහු.

ස්ත්‍රී, a. female, feminine.

ස්ත්‍රී·කාර්‍ය්‍යය, n. woman's business or work, housewifery, ගෙදරවැඩ.

ස්ත්‍රී·කේශර, n. pl. or a. bot. styles; pert. to the flower style, female.

ස්ත්‍රී·කේශර·කලංකය, *n. bot.* stigma.
ස්ත්‍රී·කේශරය, *n. bot.* the style.
ස්ත්‍රී·ගුහ්‍යය, *n.* female privities, ස්ත්‍රීලිංගය.
ස්ත්‍රී·ගොල්ල, *n.* woman-kind, women, බවලත් අය, ස්ත්‍රීවර්ගයා.
ස්ත්‍රී·ජිතයා, *n.* (ජිත conquered), husband subdued by his wife, hen-pecked husband.
ස්ත්‍රීතාව, *n.* womanhood, *bot.* female sex.
ස්ත්‍රී·ධර්මය, *n.* female law, viz. menstruation, menses, මාසෙස්මාරුවීම, මල්වරය.
ස්ත්‍රී·බුභුක්ෂයා, *n.* See ස්ත්‍රීලෝලයා.
ස්ත්‍රී·පුරුෂ, *a.* female and male.
ස්ත්‍රී·පුරුෂ·කේශර·ප්‍රකාශ, *n. bot.* phenogamian, phenogamous (flowers). [සංසිතතාව.
ස්ත්‍රී·පුරුෂතාව, ස්ත්‍රී·පුරුෂභාවය, *n.* sexuality, ලිංග
ස්ත්‍රී·පුරුෂ·විධිය, *n. bot.* sexual system.
ස්ත්‍රී·බඳු, *a.* woman-like, womanish, feminine.
ස්ත්‍රී·රංජනය, *n.* (රංජනය delight), woman's delight, viz. betel with its adjuncts, බුලත්.
ස්ත්‍රී·රාජාණ්ඩුව, *n.* government by a woman, gynarchy. E. S. [gender.
ස්ත්‍රී·ලිංගය, *n.* female organ; *gram.* feminine
ස්ත්‍රී·ලෝලයා, *n.* rake, libertine, සල්ලාලයා.
ස්ත්‍රී·විධේයය, *a.* uxorious. E. S.
ස්ත්‍රී·විධේයතාව, *n.* uxoriousness. [භාඩුව.
ස්ත්‍රී·හරණය, *n.* (හරණය seizing), rape, තානිස්
ස්ත්‍රෝස්කය, ස්ත්‍රෝස්කෙ, *n.* D., tie, necktie, දූසිය.
ස්ත්‍රෛණ, *a.* fr. ස්ත්‍රී: female, feminine, ස්ත්‍රී, *adj.*
ස්ථ, *a.* staying, that stays, situated, being, සිටින, තිබෙන, පිහිටි.
ස්ථග, *a.* (ස්ථග් to cover), fraudulent, රැවටිලිකාර, deceitful, වංකවූ.
ස්ථණ්ඩිලය, *n.* a square place prepared for a sacrifice; boundary, මායිම.
ස්ථපතියා, *n.* (ස්ථ established, පති chief), chief (as a king) රජ; chief, අධිපතියා; architect, E. S., master-carpenter or builder, බාස්; charioteer, රථාචාරියා.
ස්ථලජ, *a.* (ස්ථල land, ජ produced), born or produced from the land, terrestrial, භූමිජ, පොළෙල්. [overland, ගොඩින් යන.
ස්ථල·ප්‍රයාණ, *a.* (ප්‍රයාණ going), going by land,
ස්ථලය, *n.* place, site, ඉඩම, ground, භූමිය, mound, ගොඩ, hillock, ගොඩැල්ල.
ස්ථවිර, *a.* මහලු; firm, ස්ථිර. [පාදයෝ &c.
ස්ථවිර, *n.* ap. of බුහ්මදෙවියෝ; also for ස්ථවිර
ස්ථවිරපාදයෝ, ස්ථවිරයන්වහන්සේ, ස්ථවිරයෝ, *n. hon.* 'Thero', elderly and venerable B. P., see තෙරුන්නාන්සේ.
ස්ථවිරී, *n. fem.* elderly B. priestess or nun.
ස්ථාණු, *a.* (ස්ථා to stand), fixed, firm, පිහිටි, ස්ථිර.
ස්ථාණුව, *n.* stake, උල; spear, dart, හෙල්ලය, තෝමරය.
ස්ථාන, *n. pl.* or *a.* (ස්ථා to stay), places; place-.
ස්ථාන·ගත, *a.* local.
ස්ථාන·ගතතාව, *n.* (ගත taken), nature of the place taken or occupied, nature of the position, ඉඩමේආකාරය; position, ඉඩම; having a position or place, ඉඩමක් ඇතිකම.
ස්ථානය, *n.* place, situation, ඉඩම, තැන.
ස්ථාන·විස්තර, ස්ථාන·සම්බන්ධවූ, *a.* topographical.
ස්ථාන·විස්තරකාරයා, *n.* topographer, ඉඩම්විස්තර කරන්නා or සම්බන්ධකරන්නා.
ස්ථාන·විස්තරය, *n.* topography.
ස්ථානාන්තරය, *n.* (අන්තරය interval), occupying a place, viz. office, employment, තානාන්තරය, තනතුර. [stationary.
ස්ථානික, ස්ථානීය, *a.* pert. to a place, local,
ස්ථානීය, *n.* a settlement, viz. town, city, නුවර.
ස්ථානෝචිත, *a.* (ස්ථාන උචිත), suitable to the place or occasion, opportune, timely, ප්‍රස්තාවානුකූල.
ස්ථාපක, *a.* that places, placing, fixing, තබන, පිහිටුවන.
ස්ථාපනය, *n.* act of placing, fixing, තැබීම, පිහිටුවීම; fixing or concentration of the mind in meditation, සිතඑකඟකිරීම,
ස්ථාපනයකරනවා, *v. t.* to place, fix, deposit, reposit, පිහිටුවනවා, තබනවා.
ස්ථාපනාව, *n.* placing, see ස්ථාපනය; managing, management, හැසිරවීම.
ස්ථාපිත, *a.* placed, deposited, fixed, founded, පිහිටුවනලද, පිහිටි.
ස්ථාම, *n.* strength, power, බලය.
ස්ථායි, *a.* (ස්ථා to stand), steady, firm, unchangeable, ස්ථිර, සවි, පිහිටි, වෙනස්නොවෙන, see අධිෂ්ඨාන. [ස්ථිරතාවය, ස්ථිරකම.
ස්ථායි·භාවය, *n.* fixed state, fixedness, fixity,
ස්ථාලය, *n.* caldron, ලොකුතාලිය, cooking vessel, උයනභාජනය.
ස්ථාලිය, *n.* earthen pot, boiler, තාලිය.
ස්ථාවර, *a.* stationary, fixed, non-moving (as inanimates), අචල; firm, stable, ස්ථිර, established, පිහිටි. [firmness, ස්ථිරකම.
ස්ථාවරතාව, *n.* fixedness, අචලතාව; stability,
ස්ථාවරය, *n.* what is unmoved, viz. mountain,
ස්ථාවිරය, *n.* old age, මහලුකම. [කන්ද.
ස්ථිත, *a.* fr. ස්ථා: risen, නැඟුණු; stayed, stopped, නවත්වනලද; settled, decided, නියමවූ: steady, firm, ස්ථිරවූ, ස්ථිරකරනලද.
ස්ථිතතාව, *n.* fixedness, fixity, firmness, ස්ථිරකම; fortitude, සිත් සවිකම.
ස්ථිතිය, *n.* continuance, staying, stay, පැවතීම; stopping, cessation, නැවතීම; boundary, limit, මායිම; decision, determination, නියමය.
ස්ථිති·ස්ථාපක, *a.* (ස්ථිති state, ස්ථාපක placing), replacing, viz. elastic. E. S.
ස්ථිති·ස්ථාපකතාව, *n.* elasticity.
ස්ථිත්‍යස්ථාපක, *a.* (ස්ථිති අස්ථාපක non-replacing), inelastic. E. S.
ස්ථිත්‍යස්ථාපකතාව, *n.* inelasticity.

ස්ථිර, *a.* firm, fixed, steady, stable, permanent, constant.

ස්ථිරකම, ස්ථිරතාව, ස්ථිරත්වය, *n.* firmness &c.

ස්ථිරකරනවා, *v. t.* to make firm, confirm, ratify.

ස්ථිර·චේතස් or ·චේතස, *a.* of firm mind or purpose, resolute, steadfast, සිතින් ස්ථිරවූ, අචපල.

ස්ථිර·චේතස්කතාව, *n.* firmness, steadfastness, සිතේ ස්ථිරකම, අචපලතාව. [මාලුවා.

ස්ථිර·ජිහ්වයා, *n. lit.* firm-tongued one, viz. fish,

ස්ථිරය, *n.* what is firm, viz. mountain, කන්ද; final emancipation, මෝක්ෂය.

ස්ථිරයා, *n.* firm one, viz. a god, දෙවියෙක්; ap· of කාර්තිකේය. [firmed, ratified.

ස්ථිරවෙනවා, *v. i.* to become firm, settled, con-

ස්ථිර·සාර, *a.* (සාර strong), very firm, unmovable, ඉතා ස්ථිර, අචල.

ස්ථිරායුෂ, *n.* (·ආයුෂ් age), great age, long life, longevity, දීර්ඝායුෂ.

ස්ථූණාව, *n.* fr. ස්ථා to stay: iron image, යකඩ පිළිමය; pillar of a house, ගෙ කණුව; anvil, කිණිහිරය.

ස්ථූල, *a.* (ස්ථූල to increase &c.), fat, corpulent, bulky, තරබාරු, large, මහත; stupid, dull, ගුඩ්ඩ. [ලොකු.

ස්ථූලක, *a.* bulky, burly, massive, තරබාරු,

ස්ථූලකතාව, ස්ථූලතාව, *n.* corpulence &c., massiveness, තරබාරුකම, මහත්කම. [ගුඩ්ඩකම.

ස්ථූල·බුද්ධිය, *n.* dull intellect, stupidity, සිහිමද්කම,

ස්ථූලය, *n.* heap, ගොඩ, quantity, රැස.

ස්ථූල·ලක්ෂ, ස්ථූල·ලක්ෂ්‍ය, *a.* liberal, munificent.

ස්ථූල·ලක්ෂත්වය, *n.* liberality, munificence. E. S.

ස්ථූල·හරණ, *a.* depletory, තරකම අඩුකරන.

ස්ථෙය, *a.* fr. ස්ථා: that should be fixed or decided, පිහිටුවියයුතු, නියමකලයුතු.

ස්ථෙයයා, *n.* arbitrator, බේරුම්කාරයා, judge, විනිශ්චයකාරයා, domestic priest, පවුලේ පූජකයා.

ස්ථෛර්‍ය, *a.* fr. ස්ථිර: firm, permanent, see ස්ථිර.

ස්නපනය, *n.* fr. ස්නා to bathe: bathing, නෑම, washing, සේදීම, sprinkling, ඉසීම.

ස්නසාව, *n.* See ස්නායුව.

ස්නානය, *n.* fr. ස්නා: bathing, ablution, නෑම.

ස්නානයකරනවා, *v.* to bathe, නානවා.

ස්නායු, *n. pl.* or *a.* tendons &c.; pert. to the tendons or muscles or nerves; නහර.

ස්නායු·ච්ඡේදනය or ·ච්ඡේදය or ·ච්ඡේදවිධිය, *n.* neurotomy, නහරකැපීම. [E. S.

ස්නායු·බන්ධනය, *n.* sinew, tendon, ඇලනහර.

ස්නායුව, ස්නාව, *n.* tendon, මස්පුඩුව, muscle, මස් ගොබය, nerve, නහර. E. S.

ස්නායු·විස්තරකාරයා, *n.* myographist; neurologist; නහරවිස්තරකාරයා.

ස්නායු·විස්තරය, *n.* myography, මස නහර විස්තරය; neurology, නහරවිස්තරය.

ස්නිග්ධ, *a.* fr. ස්නිහ් to be unctuous: oily, greasy, glossy, තෙල් ආකාර; smooth, soft, සිනිඳු; bland, amiable, මෘදු, ප්‍රේමණීය. [&c.

ස්නිග්ධතාව, *n.* unctuousness, oiliness; softness

ස්නිග්ධය, *n.* bees-wax, මීඉටි. *Bot.*

ස්නිග්ධෞෂධය, *n.* (ස්නිග්ධ ඖෂධ), emollient, මොළොක්කරන ද්‍රව්‍ය or බෙහෙත.

ස්නුත, *a.* fr. ස්නු to distil: oozing, වැස්සෙන, flowing, ගලන.

ස්නුව, *n.* table-land, කඳුතලාව.

ස්නුෂාව, *n.* daughter-in-law, ලේලි. *Bot.*

ස්නේහ, *a.* See ස්නේහය. [ස්නේහවන්තකම.

ස්නේහත්වය, *n.* affectionateness, amativeness,

ස්නේහ·බීජ, *n.* oil seed, viz. gingely or sesamum seed, තලබීජ.

ස්නේහය, *n.* affection, love, ප්‍රේමය; oil, grease, unguent, තෙල්, තෙල, තෙලම.

ස්නේහවන්ත, *a.* loving, beloved, ප්‍රේමවන්ත.

ස්නේහවන්තයා, *n. mas.* beloved one or loving one, ප්‍රේමවන්තයා.

ස්නේහවෙනවා, *v. i.* to love, be attached to, ආදරේවෙනවා, ප්‍රේමවෙනවා.

ස්නේහිත, *a.* beloved, ප්‍රේමවන්ත, හිතේෂික; affectionate. [වන්ත.

ස්නේහී, *a.* friendly, මිත්‍රවූ, affectionate, ප්‍රේම

ස්පන්දනය, *n.* jumping, pulsation, palpitation, throbbing, quivering, vibration. E. S.

ස්පන්දනයකරනවා, *v.* to jump, පනිනවා.

ස්පන්දනයවෙනවා, *v. i.* to pulsate, throb &c., see ස්පන්දනය.

ස්පන්දමාන, *a.* pulsative, throbbing &c.

ස්පර්ධාව, *n.* envy; emulation, තරඟය. [ing.

ස්පර්ශ, *n. pl.* or *a.* touches; pert. to touch, touch-

ස්පර්ශක·සෘජු·රේඛාආකාර, *a.* tangential. E. S.

ස්පර්ශක·සෘජු·රේඛාව, *n.* tangent. E. S.

ස්පර්ශකරනවා, *v.* touch, තව්වුකරනවා, feel, අතගාබලනවා.

ස්පර්ශනය, ස්පර්ශය, *n.* touching, touch, impact, contact, තව්වුවීම; air, වාතය.

ස්පර්ශනීය, *a.* tangible, අතගෑසියහැකිවූ. E. S.

ස්පර්ශේන්ද්‍රියය, *n.* (ස්පර්ශඉන්ද්‍රියය), organ or sense of touch.

ස්පර්ශවෙනවා, *v. t.* to come into contact with, touch, තව්වුවෙනවා.

ස්පර්ශ·සංඥාව, *n.* feeling, faculty of feeling or perception by touch.

ස්පර්ශාව, *n. fem.* unchaste or wanton woman, ලාසිකාව, සල්ලාලස්ත්‍රී..

ස්පෂ්ට, *a.* evident, manifest, clear, perspicuous, පැහැදිලි, ප්‍රත්‍යක්ෂ.

ස්පෂ්ටාර්ථ, *a.* (අර්ථ meaning), of clear meaning, lucid, perspicuous (language).

ස්පෂ්ටී·කරණය, *n.* making clear, elucidation, පැහැදිලිකිරීම. [කළ, පහදකලද.

ස්පෂ්ටී·කෘත, *a.* made clear, elucidated, පැහැදිලි

ස්පාඤ්ඤ, *a.* Spanish.
ස්පාඤ්ඤ·භාෂාව, *n.* Spanish language.
ස්පාඤ්ඤයා, *n.* Spaniard.
ස්පෘශ්‍ය, *a.* tangible, palpable, see ස්පර්ශනීය.
ස්පෘශ්‍යාකාරයෙන්, *ad.* palpably. E. S. [දෘශ්‍යත්‍ව.
ස්පෘෂ්ට, *a.* touched, touching, තට්ටුවූ, felt,
ස්පෘෂ්ටිය, *n.* touch, contact, feeling, තට්ටුවීම.
ස්පිරිතුව, *n.* Eng., spirit.
ස්පිරිතු·සාන්තු, *n.* R. C., Holy Spirit, ශුද්ධාත්මය, ශුද්ධාත්මයාණන්.
ස්ඵට, *n.* (ස්ඵට් to expand), snake's expanded hood, පෙණය, see ඵටය.
ස්ඵටික, *a.* crystal, crystalline, පළිඟු.
ස්ඵටික·ප්‍රාසාදය, *n.* crystal palace, පළිඟු මාලිගාව.
ස්ඵටික·මාණික්‍යය, ස්ඵටිකය, *n.* crystal, පළිඟුව.
ස්ඵටිකාකාර, *a.* crystal-like, sparry, පළිඟු ආකාර. E. S.
ස්ඵටිකාචලය, *n.* (අචලය mountain), crystal-mountain: ap. of mount Kailāsa, see කෛලාසය.
ස්ඵරණය, *n.* (ස්ඵර් to shake), shaking, trembling, වෙව්ලුම, throbbing, see ස්පන්දනය.
ස්ඵාටික, *a.* See ස්ඵටික. [ඉදිමුණු.
ස්ඵාත, *a.* fr. ස්ඵායි to increase: enlarged, swollen,
ස්ඵාතිය, *n.* growth, increase, වැඩීම, වැඩිවීම; swelling, ඉදිමීම, intumescence, ඉදිමුම.
ස්ඵාර, *a.* large, ලොකු, great, මහත්.
ස්ඵාරණය, ස්ඵාරය, *n.* See ස්ඵරණය.
ස්ඵුට, *a.* (ස්ඵුට් to expand, blossom, tear), opened, expanded, පිපුණු; burst, පිපුරුණු; rent, ඉරුණු; apparent, evident, පැහැදිලි, ප්‍රකාශ.
ස්ඵුටකරනවා, *v. t.* to expand; make evident.
ස්ඵුටනය, *n.* expanding, පිපීම; bursting &c.,
ස්ඵුටාව, *n.* See ස්ඵටය. [see *adj.*
ස්ඵුටිත, *a.* (fr. ස්ඵුට් to expand &c., see ස්ඵුට), budded, opened; burst, broken.
ස්ඵුටිය, *n.* kibe, chilblain, swelling of the foot, පාද ඉදිමුම. E. S. *Bot.*
ස්ඵුරණය, ස්ඵුරය, *n.* (ස්ඵුර් to throb, shake, swell), see ස්ඵරණය.
ස්ඵුරත්, *a.* swelling, ඉදිමෙන; shaking, trembling, වෙව්ලන, throbbing. E. S.
ස්ඵුලනය, *n.* See ස්ඵුරණය.
ස්ඵුලිංගය, *n.* spark of fire, ගිනිපුපුර.
ස්ඵූර්ජ, *n.* (ස්ඵූර්ජ් to thunder), Indra's thunderbolt, හෙණ, thunder, ගිගුරුම.
ස්ඵෝටකය, ස්ඵෝටය, *n.* (ස්ඵුට් to expand, burst), breaking, bursting, පිපිරීම; boil or tumour, ගඩගෙඩිය. *Bot.*
ස්ඵෝටජ, ස්ඵෝටජනක, *a.* producing boils or tubercles, tubercular, ගඩු ආදිය අටගන්න or උපදවන.
ස්ඵෝටනිය, *n* gimlet, auger, බුරුමය.
ස්ඵෝට·රෝගී, *n.* afflicted with boils or tubercles, tuberculous, ගඩුවලින් පීඩිත.

ස්මය, *n.* pride, අඩම්බරකම; surprise, විස්මය.
ස්මරණ, *a.* (ස්මෘ to remember), pert. to memory, memorial, සිහිකිරීම සම්බන්ධ.
ස්මරණදානය, *n.* See ස්මාරණදානය.
ස්මරණය, ස්මරය, *n.* remembering, remembrance, මතක්වීම; memory, සිහිය, මතකය.
ස්මරණයකරනවා, *v. t.* to remember, recollect, සිහිකරනවා.
ස්මරණයවෙනවා, *v. i.* to come to mind, remember, සිහිවෙනවා, මතක්වෙනවා.
ස්මරණාතික්‍රාන්ත, *a.* (අතික්‍රාන්ත beyond), beyond memory; forgotten, මතකනැති, immemorial.
ස්මරණාර්ථ·චිහ්නය, *n.* (අර්ථ for the purpose), a mark to remind, a memorial, remembrancer, මතක්කරවන ලකුණ.
ස්මරණීය, ස්මර්තව්‍ය, *a.* that should be remembered, memorable, සිහිකටයුතු.
ස්මරණේන්ද්‍රියය, *n.* faculty of memory, මතක් වීමේ ඉන්ද්‍රියය.
ස්මරණෝත්සව, *a.* (ස්මරණ උත්සව), pert. to a commemorative festival.
ස්මරණෝත්සවය, *n.* commemorative festival, සිහිකරවීමේ මංගල්‍යය. [penis or vulva.
ස්මර·ධ්වජය, *n.* (ස්මර Kāma, ධ්වජය emblem),
ස්මර·ධ්වජයා, *n.* the fabulous fish Makara as an emblem of Cupid, see මකර.
ස්මරයා, *n.* ap. of Cupid, කාමදෙවියෝ.
ස්මාරණ, *a.* memorial, monumental, see ස්මරණ.
ස්මාරණ·දානය, ස්මෘති·දානය, *n.* memorial gift, keepsake, souvenir, සිහිකරවීමේ තෑග්ග.
ස්මාරණයකරනවා, *v. t.* to remind, සිහිකරවනවා.
ස්මෘත, *a.* (ස්මෘ to remember), remembered, සිහිවූ, මතකතිබෙන.
ස්මෘති·ජනක, *a.* producing recollection, calling to mind, mnemonic, මතක්කරවන.
ස්මෘති·ජනක·ධර්මය, *n.* mnemonics, සිහිකරවීමේ ධර්මය. [E. S.
ස්මෘති·ප්‍රබන්ධය, *n.* epitaph, an "in memoriam".
ස්මෘතිය, *n.* remembrance, recollection, reminiscence, මතකය, සිහිවීම; body of laws, ධර්මශාස්ත්‍රය. [of laws.
ස්මෘති·ශාස්ත්‍රය, *n.* science of law, body or code
ස්මෘති·හේතුව, *n.* cause of remembrance, viz. the law of association, mental effort &c., මතක්වීමේ හේතුව.
ස්මෘත්‍යුපස්ථාන, *n.* (ස්මෘති memory, උප: attendance upon), see ස්මෘතිහේතුව.
ස්‍යන්දනය, *n.* dropping, oozing, බිඳුවැටීම, වෑස්සීම; going, යාම. [ලම්බ. *Bot.*
ස්‍රංසි, *a.* hanging down, pendulous, එල්ලෙන, see
ස්‍රවත්, *a.* oozing, dropping, වෑස්සෙන, වැටෙන, flowing, ගලන.
ස්‍රවන්තිය, *n.* what flows, viz. river, ගඟ.
ස්‍රෂ්ටෘ, *n.* (සෘජ් to create), creator, මැවුම්කාරයා; ap. of Brahma and Siva, බ්‍රහ්ම-ශිව-දෙවියෝ.

ස්‍රස්ත, *a.* (ස්‍රංස් to fall down), fallen down or from, වැටුණු, separated from, වෙන්වූ.

ස්‍රාවය, *n.* oozing, dripping, වෑස්සීම හිඳුවැටීම.

ස්‍රුවය, *n.* (ස්‍රු to go, flow), ladle for pouring ghee on a sacrificial fire, හිණ්ඩය.

ස්‍රෝතස්, *n.* (ස්‍රු to flow), current, stream, water-course, river, වතුරපාර, ඔය, ගඟ.

ස්‍රෝතෝජන, *n.* antimony, අඳුන.

ස්ලවනික, *a.* Slavonic, Sclavonic.

ස්ලවනික භාෂාව, *n.* Slavonic language, Slavonic.

ස්ව, ස්වකීය, *adj. prefix*, self, one's own.

ස්ව·කර්මක, *a.* self-acting. E. S.

ස්ව·කෘත, *a.* self-done, self-made or made by one's self, ස්වකීය බලයෙන් හැදුණු or කළ.

ස්වගත·ගුණනය, *n. arith.* involution. E. S.

ස්ව·ගෞරව·රක්ෂී, ·රක්ෂක, *a.* guarding one's own honour, jealous. E. S. [චිත්තීර්ෂ්‍යකාරක.

ස්වච්ඡ, *a.* clear, transparent, pellucid, පැහැදිලි,

ස්වච්ඡ, ස්වච්ඡ·පත්‍ර, *n.* talc, මිරිජ්ජල.

ස්වච්ඡන්ද, *a.* (ස්ව own, ඡන්ද will, wish), voluntary, spontaneous, self-determined, self-willed, free-willed, uncontrolled, optional. E. S.

ස්වච්ඡන්ද·කාරයා, *n.* one who does as he pleases, voluntary agent, free agent. E. S.

ස්වච්ඡන්දතාව, *n.* voluntariness &c., state of free-agency &c.

ස්වච්ඡන්ද·රජ, *n.* autocrat, despot. E. S.

ස්වච්ඡන්ද·රජ්ජණ්ඩුව, *n.* autocracy, ස්වේච්ඡා රජාණ්ඩුව.

ස්වච්ඡන්දික, ස්වච්ඡන්දාත්ම, *a.* (ආත්ම self), self-determining, uncontrolled, independent, කිසිවකු නැමැත්තක් ඇති. E. S.

ස්වච්ඡන්දාත්මතාව, *n.* (ආත්මතාව), see ස්වච්ඡන්දතාව.

ස්ව·ජ, ස්ව·ජනිත, *a.* self-born, self-produced, spontaneous, ඉබේම උපන්නා or උපන්.

ස්ව·ජතාව, *n.* spontaneousness, ඉබේට උපදින්නීම.

ස්ව·ජ·දහනය, *n.* spontaneous combustion, ඉබේට පත්තුවීම or ගිනිගැනීම.

ස්ව·ජය, *n.* what is self-produced, viz. sweat, perspiration, ඩාදිය; blood, ලේ.

ස්ව·ජයා, *n. mas.* one's own production, viz. one's own son, සිය පුතා.

ස්ව·ජාව, *n. fem.* one's own daughter, සිය දුව.

ස්ව·ජාතික, ·ජාතිය, *a.* of or pert. to one's own race or tribe; national, patriotic; ජාතික, ස්වකීය ජාතියට අයිතිවූ.

ස්ව·ජාතිකයා, *n. mas.* person of one's own race, fellow countryman, kinsman, සිය ජාතියේ කෙනෙක්.

ස්ව·ජෝත්පත්තිය, *n.* (ස්වජලත්·), spontaneous generation or production, see ස්වජතාව.

ස්ව·තන්ත්‍ර, *a.* (තන්ත්‍ර dependent), self-dependent, independent, uncontrolled, autocratic: see ස්වච්ඡන්ද.

ස්ව·තන්ත්‍රතාව, *n.* self-dependence &c.

ස්ව·තන්ත්‍ර·රජ, *n.* See ස්වච්ඡන්ද රජ.

ස්වත්වය, *n.* (ස්වතත්වය), one's own state, independence, self-existence, ස්වයම්භූතාව. E. S.

ස්වදනය, *n.* (ස්වද to taste), eating, partaking, කෑම, අනුභවය.

ස්ව·දීප්තිමත්, *a.* self-luminous. E. S.

ස්ව·දේශ, ස්ව·දේශික, *a.* native, indigenous.

ස්ව·දේශ·කාර්ය·ශාලාව, *n.* office of native affairs, Home Office. [ලද.

ස්ව·දේශ·කෘත, *a.* native-made, සියරටෙහි කරන

ස්ව·දේශස්කාරයා, ස්ව·දේශිකයා, ස්ව·දේශියා, *n. mas.* a native, indigene, සියරටවැසියා.

ස්ව·දේශ·ජ, *a.* (ජ produced), produced in the country itself, indigenous, දේශයේම අට ගත්ත. [ස්වදේශියා.

ස්ව·දේශ·ජයා, *n. mas.* native of the country,

ස්ව·දේශ භක්ත, *a.* attached to one's own country, patriotic. [ඇලය.

ස්ව·දේශ භක්තය, *n.* patriotism, සියරටට ඇති

ස්ව·දේශ·භාර·ලේකම්තැන, *n.* Home Secretary.

ස්ව·දේශ·මමත්වය, *n.* pride in or regard for one's own country, patriotism. [try, ජන්මරට.

ස්ව·දේශය, *n.* one's own country, native coun-

ස්වදේශාලයා, *n.* (ආල attached), patriot, සියරටට ඇලුම් ඇත්තා.

ස්ව·දේශී, ස්ව·දේශික, ස්ව·දේශීය, *a.* pert. to one's own country, native, intestine, vernacular, ජන්ම.

ස්ව·ද්වේෂය, *n.* self-abhorrence, see ආත්මද්වේෂය.

ස්වනය, ස්වනිය, *n.* (ස්වන් to sound), sound, noise, හඬ, රවය. [දෙන, ශබ්දජනක.

ස්වනවත්, *a.* sounding, soniferous, sonorific, හඬ

ස්ව·නාශය, *n.* self-destruction, suicide, තමාම මරාගැනීම or නාශකිරීම.

ස්වප්න, *n. pl.* or *a.* fr. ස්වප් to sleep: dreams; dream-; සිහින.

ස්වප්න·දකිනවා or ·පෙනෙනවා, *v.* to dream, ස්වප්නයක් දකිනවා &c., to dream a dream.

ස්වප්න·දෛව·ඥාපනය, *n.* (දෛව fate, ඥාපනය making known), divination by dreams, oneiromancy, සිහිනවලින් පේනකීම.

ස්වප්න·මාලය, *n. lit.* garland of dreams: treatise on dreams, a book so-called.

ස්වප්නය, *n.* dream, සිහිනය.

ස්වප්න·විචාරය, *n.* examination or interpretation of dreams, oneiroscopy, සිහින කේත්රීම.

ස්වප්න·ශීලතාව, *n.* dreaminess, ස්වප්නාකාර ස්වභාව.

ස්වප්නාන්ත, *a.* (·අන්ත within), being in a dream, dreaming, සිහිනදකින; sleeping, නිදි ඉන්න.

ස්වභාව, *n.* or *a.* state, condition, disposition; natural.

ස්වභාව·ගතිය, ස්වභාව·ගුණය, *n.* natural state, natural disposition, inherent quality; character.

ස්වභාව·ජ, *a.* arising from the nature, natural, constitutional, ස්වභාවයෙන් අවගත්ත.

ස්වභාව·ධර්ම·දෘෂ්ටිය, *n.* doctrine of naturalism.

ස්වභාව·ධර්ම·දෘෂ්ටියා, *n.* naturalist, one who disbelieves in the supernatural.

ස්වභාව·ධර්මය, *n.* natural law. [physics. E. S.

ස්වභාව·ධර්ම·ශාස්ත්‍රය, *n.* science of natural law,

ස්වභාව·වාචක, *a.* expressive of the nature, designative, ස්වභාව ප්‍රකාශක.

ස්වභාවානුකාරත්වය, *n.* being according to nature or state, naturalness.

ස්වභාවෙන්ම, ස්වභාවයෙන්ම, *ad.* by nature itself, naturally, constitutionally, essentially.

ස්වභාවෝක්තිය, *n.* (ස්වභාව උක්තිය), description of natural peculiarities or properties.

ස්ව·භාෂා, *n. pl.* or *a.* vernaculars; vernacular; ජන්ම භාෂා. [sition, ජන්මභාෂාපොත.

ස්ව·භාෂා·ග්‍රන්ථය, *n.* vernacular book or compo-

ස්ව·භාෂාව, *n.* one's own native language, mother tongue, vernacular, ජාතික භාෂාව.

ස්වභූ, *n.* lit. self-produced or self-existent: ap. of Brahma and Vishnu, බ්‍රහ්ම, විෂ්ණු.

ස්වමීප, *a.* Er. for සමීප.

ස්වයං·කර්තෘ, *a.* fr. ස්වයම්: *gram. lit.* self-doer or doing: viz. intransitive (verb).

ස්වයං·කෘත, *a.* self-made, self-performed, automatic. E. S.

ස්වයං·ජාත, *n.* (ස්වයම් self, ජාත produced), a kind of rice said to grow spontaneously for the use of Universal Emperors and other exalted persons.

ස්වයථුව, *n.* swelling, intumescence, ඉදිමුම.

ස්වයමුක්තිය, *n.* (ස්වයම් උක්තිය), one's own statement, voluntary declaration, deposition, ස්වකීය කීම. [ස්වකීය, ඉසඩම.

ස්වයම්, *adj. prefix*, spontaneous, one's own, self,

ස්වයම්ප්‍රභූ, *a.* of one's own authority, independent in authority.

ස්වයම්භාවය, *n.* See ස්වයම්භූතාව.

ස්වයම්භාෂණය, *n.* speaking to one's self, soliloquy, උදකලාවූ කථාව.

ස්වයම්භූ, *a.* (භූ to become or exist), self-derived or self-existent; one's own, independent, ස්වකීය; ep. of Brahma and of Buddha.

ස්වයම්භූ·තාව, *n.* self-existence, independence, ස්වකීය බලයෙන් පැවැතීම.

ස්වයම්භූ·ඥානය, *n.* self-derived knowledge or one's own knowledge, ස්වකීය ඥානය.

ස්වර, *n. pl.* or *a.* (ස්වර් to sound), sounds, vowels; sound-, vowel-; ශබ්ද, ප්‍රාණාක්ෂර.

ස්වර·නගනවා, *v.* to enunciate, pronounce, articulate: ස්වරනගා කියනවා, to accent.

ස්වර·නැගීම, *v. n.* enunciation &c., intonation.

ස්වර·පාදයක්, *n.* a full tone (of music), ශබ්ද අඩියක්.

ස්වර·භංගය, ස්වර·ඡේදය, *n.* breaking or faltering of the voice through agitation &c.

ස්වරය, *n.* sound, tone, accent, ශබ්දය, E. S.; voice, කටහඬ; vowel, ප්‍රාණාක්ෂරය.

ස්වර·ශූන්‍ය, *a.* soundless, toneless, unmusical, ශබ්දරහිත, තූර්ය ශබ්ද නැති.

ස්ව·රස, *n.* or *a.* (ස්ව own, රස flavour), natural flavour or taste; juice, sap; essence; juicy, sappy.

ස්වරස·බහුල, *a.* very juicy or sappy, succulent.

ස්ව·රසාශය, *n.* (·ආශය receptacle), sap-vessel, sap-tube, ඕජස් නාලිය.

ස්වර·ස්ථානය, *n.* place or organ of sound.

ස්වරාංශය, *n.* (ස්වර sound, අංශය part), semitone, අර්ධතූර්යස්වරය.

ස්වරාන්ත·ශබ්දය, *n.* (ස්වර vowel, අන්ත end), a word the base of which ends in a vowel, as ස්වාමි, මිත්‍ර.

ස්වරිත, *a.* (ස්වර් to sound), sounded, articulated, accented; pitched as a note; ශබ්දකරනලද.

ස්වරිතය, *n.* circumflex accent, circumflex. E. S.

ස්වරිත·ලකුණ, *n.* sign of the circumflex accent.

ස්ව·රුචි, *a.* (ස්ව one's own, රුචි wishing), self-willed, wilful, හිතුවක්කාර, ස්වච්ඡන්ද.

ස්ව·රූප·බහුල, *a.* of many or various forms, multiform, නොයෙක් අන්දම් ඇත්තාවූ.

ස්ව·රූප·බහුලත්වය, *n.* multiformity.

ස්ව·රූපය, *n.* its own state or form, shape, form, likeness, semblance.

ස්වර්ග, *n. pl.* heavens, celestial regions, paradises.

ස්වර්ග, ස්වර්ගී, *a.* heavenly, celestial, paradisiacal.

ස්වර්ග·ගත, ස්වර්ගෝපගත, *a.* (ස්වර්ග උපගත), who has attained heaven, glorified, beatified, sainted, ස්වර්ගයට පැමිණි. [වැටුණු.

ස්වර්ග·පතිත, *a.* fallen from heaven, ස්වර්ගයෙන්

ස්වර්ග·මෝක්ෂය, *n.* the release or happiness of heaven, celestial happiness.

ස්වර්ගය, *n.* (සු excellence, ගාජ් to go or gain), the paradise of Indra, of the gods and deified human beings, situated on the summit of Maha Mera; Chr., heaven. [ස්වර්ගගත.

ස්වර්ග·ස්ථ, *a.* being in heaven, beatified, see

ස්වර්ගාපවර්ගය, *n.* (අපවර්ගය), transmigrationless heaven, viz. heaven free from further liability to transmigration.

ස්වර්ගාරූඪ, *a.* (·ආරූඪ), that has ascended to heaven, see ස්වර්ගගත.

ස්වර්ගා·රෝහණ·මංගල්‍යය, *n.* R. C. feast of Ascension, Ascension Day.

ස්වර්ගාරෝහණය, *n.* ascent to heaven, beatification, ස්වර්ගයට නැගීම.

ස්වර්ගෝපගතකරනවා, *v. t.* to bring to heaven, beatify, glorify, ස්වර්ගයට පමුණුවනවා.

ස්වර්ගික, ස්වර්ගීය, *a.* heavenly, see ස්වර්ග, *a.*

ස්වර්ණ, ස්වර්ණක, *a.* (සු excellent, වර්ණ colour), golden, රත්රන්.

ස්වර්ණ·කාරයා, *n.* goldsmith, බඩාලා.
ස්වර්ණ·ගෛරික, *n.* golden ochre, see ගෛරික.
ස්වර්ණචූඩයා, *n.* (චූඩ crest), golden-crest, viz. the blue jay, *cissa ornata*, or cock, කුකුළා.
ස්වර්ණමය, *a.* made of gold, golden, රනින් සාදනලද. [see හරන්කහ.
ස්වර්ණය, *n.* gold, රත්රන්; a kind of turmeric,
ස්වර්ණ·වර්ණ·ගත, *a.* gold-coloured, රන්පාටඇති; gilt, රනින් වසනලද. [ස්වර්ණය.
ස්වර්ණ·වර්ණාව, *n.* (වර්ණ colour), turmeric, see
ස්වර්ණ·ශිබිකාව, *n.* golden palanquin, litter, made or ornamented with gold, රන්දෝලාව.
ස්වර්ණාරි, *n.* (·අරි enemy), sulphur, ගෙන්දගම්.
ස්වර්නදිය. *n.* (ස්වර් sky, නදිය), the celestial river or Milky Way, අහස්ගඟ.
ස්වර්භානු, *n.* (භානු sun, light), ap. of Rahu as the ascending node, රාහු. [ස්වර්ගය.
ස්වර්ලෝකය, *n.* the heavenly world, heaven,
ස්ව·ලිඛිතය, *n.* (ස්ව self), a writing by one's self, autograph, සිය අත් ලියවිල්ල.
ස්වල්ප, *a.* (සු very, අල්ප), very few in number, little in quantity, slight in degree. [ness.
ස්වල්පකම, ස්වල්පතාව, *n.* fewness, paucity, slight-
ස්වල්පය, *n.* very few, little or slight, see *adj*.
ස්වසා, ස්වසාව, *n.* sister, සහෝදරී.
ස්වස්ති, int. of benediction or well-wishing, as Be it well, May success attend.
ස්වස්තිකය, *n.* temple with a portico; a particular form of building; auspicious sign or object, කල්‍යාණලකුණ; meeting of four roads, සතරම·සන්ධිය; the mystical mark 卐
ස්ව·ස්ථ, *a.* (ස්ව self, ස්ථ staying), self-reliant, confident, independent, E. S.; in comfort or in health, සුභයෙන් or සනීපෙන් සිටින.
ස්වස්ථතාව, ස්වස්ථාව, *n.* self-reliance &c., E. S.; good sanitary condition, health, healthfulness, සනීප ගතිය, සනීපය.
ස්වස්ථානය, *n.* health, welfare, සනීපය, සුභය.
ස්වස්ථාරක්ෂක, *a.* health-preserving, sanitary, සනීප ආරක්ෂක.
ස්වාගතය, *n.* (සු well, happy, ආගතය arrival), salutation of welcome, පිළිගන්න ආචාරය,
ස්වාති, *n.* (සු well, අත් to go constantly), the star Arcturus, which is the fifteenth lunar asterism. [රසයට අසිතිවූ.
ස්වාද, *a.* pert. to taste or flavour, gustatory,
ස්වාදනය, *n.* tasting, රසබැලීම.
ස්වාදනයකරනවා, *v. t.* to taste, රසබලනවා.
ස්වාදේන්ද්‍රියය, *n.* (ස්වාදන ඉන්ද්‍රියය), faculty or organ of taste. [රසබැලීම.
ස්වාදය, *n.* flavour, savour, taste, රස; tasting,
ස්වාදු, *a.* fr. ස්වාද to taste: sweet, dainty, agreeable, මිහිරි, ප්‍රසන්න,
ස්වාදු·ඵලය, *n.* fruit of the jujube, මසන්ගෙඩිය.

ස්වාදුව, *n.* sweetness, මිහිරිකම, පැණිරස; treacle, උක්පැණි; grape, මුද්‍රිකාඵලය. [කෑම.
ස්වාන්නය, *n.* (ස්වාදු අන්න), dainty food, රසවත්
ස්වාධිපත්‍ය, *a.* (ස්ව self, අධි: governing), independent, autonomous. E. S.
ස්වාධිපත්‍යය, *n.* independence; autonomy, sovereignty. E. S.
ස්වාධිපත්‍ය·සභික, *a.* pert. to an independent society, independent, congregational, free, නිදහස්.
ස්වාධිපත්‍ය·සභිකයා, *n.* congregationalist.
ස්වාධීන, *a.* (ස්ව self, අධීන dependent), self-controlled, independent. E. S.
ස්වානය, *n.* sound, noise, see ස්වනය.
ස්වානුරූප, *a* (ස්වඅනුරූප), accordant with itself, natural, innate, සහජ, ජම්ම.
ස්වානත, *a.* sounded, ශබ්දදුන්, ශබ්දනැගූ.
ස්වාන්තය, *n*, cavern, ගුහාව; the mind, සිත, සිතිය.
ස්වා·පදයා, *n.* (ස්වා for ස්වාන dog), *lit.* dog-footed one: wild beast, වල්තිරිසනා.
ස්වාපය, *n.* fr. ස්වප් to sleep: sleeping, sleep, සැතපුම, නින්ද; dream, ස්වප්නය; sleep or numbness of a limb, හිරිවැටීම, හිරිගතිය; palsy, paralysis, පක්ෂාඝාතය.
ස්වාභාවික, *a.* fr. ස්වභාව: natural, constitutional, inherent, instinctive, ජම්ම.
ස්වාභාවික·ඥානය, *n.* natural perception or sense, instinct. E. S.
ස්වාභ්‍යන්තර·ක්‍රියාකාරක, *a.* (ස්ව self, අභ්‍යන්ත: internal), self-acting, ඒකේම්බලයෙන් ක්‍රියාකරන.
ස්වාමි, *a.* being lord, master or owner.
ස්වාමිකම, ස්වාමිත්වය, *n.* lordship, ownership.
ස්වාමි·දරුවෝ, *n. hon.* lord, master, *col.* හාමු දුරුවෝ, [නේ.
ස්වාමි·දුව, ස්වාමි·දුහිතෘව, *n.* mistress, lady, හාමි
ස්වාමි (මී) න්වහන්සේ, *n.* the Lord, the Master;
ස්වාමිපුරුෂයා, *n.* husband. [God.
ස්වාමි·මන්ත්‍රි·මණ්ඩලය, ස්වාමි·මන්ත්‍රි·සභාව, *n.* council of the Lords, House of Lords.
ස්වාමියා, *n.* lord, master, owner, husband.
ස්වාමීන්ද්‍රයා, *n.* (ස්වාමිඉන්ද්‍රයා), great or chief lord or master, ප්‍රධාන or උතුම් ස්වාමියා.
ස්වාර්ථ·පර, ස්වාර්ථ·පරායණ, *a.* (ස්ව one's own, අර්ථ interest, පරායණ regarding), selfish, ආත්මාර්ථ.
ස්වාර්ථ·පරායණතාව, *n.* selfishness. E. S.
ස්වාර්ථය, *n.* (ස්ව අර්ථය), one's own property, තමාගේම සම්පත; one's own profit or interest, ආත්මාර්ථය; the same meaning, pleonasm.
ස්වාර්ථ·සිද්ධිය, *n.* attainment of one's purpose, success, අර්ථසිද්ධිය, සඵලත්වය.
ස්වාස්ථ්‍යය, *n.* fr. ස්වස්ථ: confidence, firmness, ස්ථිරකම; health, සනීපය; contentment, satisfaction, සතුටුකම.
ස්විස්·භාෂාව, *n.* Swiss language, Swiss.
ස්වීය, *a.* fr. ස්ව: one's own, see ස්වකීය.

ස්වේච්ඡා, *a.* (ස්ව own, ඉච්ඡා desire, will), according to one's own will, arbitrary, autonomous.
ස්වේච්ඡාණ්ඩුව, *n.* (·ආණ්ඩු :), self-government, autonomy.
ස්වේච්ඡා·නිශ්චය, *n.* arbitrament. E. S.
ස්වේච්ඡාව, *n.* one's own will, wilfulness, සිය කැමැත්ත.
ස්වේච්ඡාවෙන්ම, *ad.* arbitrarily, wilfully.
ස්වේද, ස්වේදිත, *a.* perspiring, see ප්‍රස්වේදිත.
ස්වේද·කූපය, *n.* pore of the skin, ඛා සිදුර.
ස්වේද·ජ, *a.* generated by heat and damp, as insects &c.
ස්වේද·ජනක, *a.* producing perspiration, perspiratory, sudorific, ඛාදිය දමවන.
ස්වේදනය, *n.* perspiration, ඛාදිය, perspiring, ඛාදියදැමීම ; a sudorific, see the next.
ස්වේදජනකෞෂධය, ස්වේදෞෂධය, *n.* (ස්වේදන ඖෂ :), medicine to produce perspiration, sudorific, ඛාදිය දමන බෙහෙත.
ස්වේදය, *n.* warmth, උණුසුම, warm vapour, steam, උණුසුම් දුමාරය ; sweat, perspiration, ඛාදිය. [දමනවා.
ස්වේදයකරනවා, *v.* to perspire, sweat, ඛාදිය
ස්වේදෝදකය, *n* (ස්වේද උදකය), moisture or water of perspiration, ඛාදිය
ස්වෛර, ස්වෛරී, *a.* (ස්ව self, ඊර් to go), going according to one's own will, self-willed, uncontrolled, හිතු මතේ හැසිරෙන. [tary.
ස්වෛරී, *a. as above; also,* independent, volun-
ස්වෛරීතාව, *n.* independence, freedom, voluntariness, see ස්වාධීන.
ස්වෛරී·ධර්ම·වාදියා, *n.* one who is a voluntary in principle, voluntary. E. S.
ස්වෛරී·ධර්මය, *n.* voluntary principle, voluntaryism. E. S.
ස්වෛරී භාවය, *n.* independent state, independence, freedom, නිදහස් ස්වභාව.
ස්වෛරීලෙස, ස්වෛරීව, *ad.* according to one's own will, voluntarily, රිසිසේ.
ස්වෛරීසේවායා, *n.* volunteer soldier, volunteer, වොලන්ටියර් නම් සේවායා.

හ

හ. *n.* The letter H, which alphabetically follows the sibilants. It is generally—not always—interchangeable with the letter ස.
හං, *n. pl.* or *a.* for හම.
හංස, *a.* pert. to swans, swan-; excellent, උතුම.
හංසකය, *n.* ornament for the foot, said to be like a swan's foot.
හංසකයා, *n.* flamingo, රාජහංසයා.
හංස·කූටය, *n.* See අංසකූටය.
හංස·කොටුව, *n.* swannery E. S.
හංස·පාද, *n.* vermillion, ඉඟුල්.
හංසපෙන, *n.* opium, අබින්.
හංසයා, *n. mas.* swan.
හංස·රථ, *n.* (හංස swan, රථ vehicle), ap. of Brahma, as rider of a swan, බ්‍රහ්මයා.
හංස·රාශිය, *n.* const. Cygnus, එනම් බූ තාරකා සංඝාතය.
හංස·වාහ, හංස·වාහන, *n.* See හංසරථ.
හක, *n.* See හක්ගෙඩිය, සක.
හකු, *n. pl.* or *a.* of හක්ක.
හකු·පාඩාව, *n.* jawbone.
හකුරා, *n. mas.* ; හකුරි, *n. fem.* See සකුරා, සකුරි.
හකුරු, *n.* palm sugar, jaggery ; gravel, බොරළු.
හකුළනවා, *v. t.* See අකුළනවා ; *pret.* හැකුළුවා.
හක්, *a.* pert. to conches.
හක්, *n. pl.* D., hooks, as hooks and eyes.
හක්·ඇටය, *n.* conch shell, of which finger rings &c. are made.
හක්ක, *n.* jaw ; cheek, කම්මුල ; *pl.* හකු.
හක්ගෙඩිය, *n.* conch shell.
හක්මන &c. *n.* See සක්මන &c.
හග, *n.* end, see අග.
හගින්වනවා, හගින්නනවා, *v. t.* to convince, convict ; *pret.* හැගින්නුවා, හැගින්නෙවුවා ; *v. n.* හැගින්වීම, හැගින්නවීම ; see ලගන්වනවා.
හංගනවා, *v. t.* to hide, conceal ; *pret.* හැංගුවා ; [*v. n.* හැංගීම.
හඟ, *n.* See අඟ.
හඟල, *n.* See අඟල.
හඟවනවා, *v. c.* of හැඟෙනවා : to cause to understand, intimate, hint, indicate, insinuate, suggest, pretend ; *pret.* හැඟෙවුවා ; *v. n.* හැඟවීම. [convinced that.
හඟිනවා, *v. i.* to understand, perceive, think, be
හටගන්නවා, *v. i.* See අටගන්නවා.
හටන, *n.* See සටන.
හට්ටිය, *n.* earthen cooking vessel, pan.
හඨය, *n.* (හඨ to oppress), violence, rapine, බලාත්කාරය, කොල්ලකෑම. *Bot.*
හඩිකයා, *n.* sweeper, අතුගාන්නා, drudge or low class servant, පහත්වැඩකාරයා.
හඩු·ගඳ, *n.* musty smell, stink, stench, දුගඳ.
හණ, හණ·සෙදි, *n.* fr. ශණ : hemp, hemp fibre, sunn, sunn hemp. [ing ; linen.
හණ·පිළිය, *n.* hempen cloth, sackcloth, sack-
හණගල, *n.* hone, whetstone, grindstone.
හණගානවා, *v. t.* to rub on a hone, whet.
හණ·නූල්, හණනූ, *n.* hemp thread or string.
හණ·රෙදි, හණ·පිළි, *n.* hempen or linen cloth, [linen.
හණික, *ad.* See හනික.
හඬ, *n.* noise, sound, see අඬ.
හඬ·ගානවා, *v.* See අඬගානවා.
හඬ·නගනවා, *v.* to raise the voice, make a sound.
හඬනවා, *v.* See අඬනවා. [(trumpet &c.)
හඬවනවා, *v. c.* to cause to sound, to sound
හඬුව, *n.* See අඬුව.
හත, fr. සත, Sans. සප්ත : seven.

හත, *n.* fr. හස්ත : thirteenth lunar asterism; hand, අත; cubit, රියන.

හත, *a.* fr. හා to take : killed, destroyed, නසන ලද, lost, නැතිවූ; struck, hurt, පහරලැබූ.

හත·ඥාන, *a.* (හත lost), senseless, හරනලද ඥානඇති, අනුවණ.

හතර, *n.* or *a.* four, see සතර. [see චතුර්වර්ණ.

හතර·කුල·භේද, *n. pl.* the four caste divisions:

හතර·කොන, *n.* the four cardinal points of the compass or four quarters of the world or four corners.

හතර·කොන්, *n. pl.* or *a.* See සතරකොන්.

හතරඟුල, *n.* (හතර අඟුල), four inches.

හතර·දිග, *n.* See සතරදිග.

හතර·මං·හන්දිය, *n.* See සතරමංසන්ධිය. [දෙයෝ.

හතර·වරම්·දෙවියෝ, *n. pl.* See සතරවරම්දෙවි

හතරවෙනි, *a.*, හතරවෙනුව, *ad.* See සතරවෙනි &c.

හතරැස්, *a.* See සතරැස්.

හතරැස්·මැනුම, *n.* square measure; *arith.* land-measure, බිම්මැනීම.

හතරෙන්·පංගුව, *n.* one part out of four, quarter.

හතළිස්, *a.* forty.

හතළිස්වෙනි, *a.* fortieth.

හතළිහ, *n.* forty.

හතළොස, *n.* seventeen, දහහත.

හතිකැක්කුම, *n.* painful breathing or panting, pain from shortness of breath.

හති·දමනවා, හති·වැටෙනවා, *v. i.* to pant, puff.

හතිය, *n.* rapid breathing, panting.

හතු, *n. pl.* or *a.* of හත්ත : funguses; fungic.

හතු·ඉස්ම, *n.* catchup.

හතු·කුඩය, *n bot.* pileus.

හතුරා, *n. mas.*; හතුරී, *n. fem.* See සතුරා &c.

හතුරු, *a.*; හතුරුකම, *n.* See සතුරු &c.

හතුරුකම්කරනවා, *v.* to treat as an enemy, practise hostility.

හත්, *a.* seven, සත්.

හත්කම, *n.* E. for හස්තකර්මාන්තය.

හත්ත, *n.* fungus, mushroom; *pl.* හතු.

හත්තිය, *n.* bamboo-leaf hat, worn by Kandyans

හත්ථි, *n.* P. of හස්ති. [when at work.

හත්·දිත්ත, *n.* (දිත්ත fr. දිති produced), the const. Pleiads, Pleiades, කැතිකැත.

හතනුව, *n.* disease, illness, ලෙඩ; weapon, ආයුධය.

හත්වෙනි, *a.* seventh, සත්වෙනි.

හත්වෙනුව, *ad.* seventhly, සත්වෙනුව.

හත්·සේ, *ad.* (හත් hands, සේ as) swiftly, speedily, ඉක්මනින්ම. [මිරිඟුව.

හද, *n.* E. of හෘදය : heart, mind, සිත; mirage,

හදඇති, හදති, *a.* having heart, viz. kind, දයාවන්ත.

හදනවා, *v. t.* to make, form; *v. aux.* attempt, as යන්ට හැදුවා, attempted to go; *v. n.* හැදීම.

හදන්, *n.* mark, sign, ලකුණ; mark of sex, sp. of the male, පුරුෂලිංගය.

හද·මස්, හද·වත, *n.* (වත fr. වස්තු substance), *lit.* and *fig.* heart, breast, mind, හෘදයවස්තුව, හෘදය, සිත.

හදවනවා, *v. c.* of හදනවා : to cause to make, get made; *pret.* හැදෙවුවා; *v. n.* හැදවීම.

හදුරනවා, *v, t,* to commit to memory by repetition, study, කටපාඩම් කරනවා; *pret.* හැදෑරුවා or හදාළා; *v. n.* හැදෑරීම.

හදුරවනවා, *v. c.* to cause to commit to memory, කටපාඩම් කරවනවා; *pret.* හැදෑරෙවුවා *v. n.* හැදෑරවීම. [පාඩම්කියනවා.

හාදුරකියනවා, *v. t.* to repeat from memory, කට

හදි, *a.* injurious, අනදරවූ.

හදි·ආයුධය, *n.* injurious or dangerous weapon.

හදිකරනවා, *v.* to injure, අනදරකරනවා.

හදිකාරයා, *n.* mischief-maker.

හදිය, *n.* injury, අනදර; accident, හදිසිය; enmity, සතුරුකම.

හදියා, *n.* executioner, වදකාරයා.

හදිසි, හදිස්සි, *a.* sudden, accidental. [ness.

හදිසිකම, හදිස්සිකම, *n.* suddenness, unexpected-

හදිසිය, හදිස්සිය, *n.* accident, casualty.

හදිසියෙන්, හදිස්සියෙන්, *ad.* suddenly &c.

හද්දිත්ත, *n.* (හද් for හත්), see හත්දිත්ත.

හනනය, *n.* fr. හන් to strike &c: striking, පහරදීම, injuring, අනදරකිරීම; killing, මරාදැමීම.

හනනවා, *v. t.* See අනනවා; *pret.* හැනුවා; *v. n.* හැනීම.

හනස්ස, *n.* coconut spathe, කොලපුව; dried coconut flower; *pl.* හනසු.

හනසු, *n.* millet, see කුරක්කන්.

හනික, *ad.* fast, quickly, swiftly, ඉගනට.

හනු, *n. pl.* or *a.* jaws; jaw-.

හනු·ග්‍රහය, *n.* (ග්‍රහය seizing, holding), locked jaw, lockjaw. [lockjaw.

හනු·සුට්ටුව, *n.* (සුට්ටු T. fastening together),

හනුමන්, *n.* name of the monkey chief who was the ally and spy of Rāmachandra in his war against Rāvanā.

හනුව, *n.* jaw හක්ක, mandible, E. S.; *pl.* හනු.

හනු·ස්තම්භය, *n.* (ස්තම්භ setting), lockjaw.

හනුසයා, *n.* (හන් to injure), goblin, demon, ප්‍රේතයා. රාක්ෂයා.

හන්, *a.* blunt, මොට්ට. [skin-, leathern.

හන්, හං, *n. pl.* or *a.* for හම : skins, leathers;

හන්, *v. adj. pret.* of හඳිනවා : worn or wearing, ඇඳි, ඇඳසිටින.

හන්කඩ, *n.* cloth worn, අඳිනරෙද්ද, ඇඳුම.

හනනුව, *n.* (හන් to kill), killing, මරාදැමීම; death, මරණය. [කියා.

හන්ද, *conj.* because, on account of, බැවින්,

හන්දිකරනවා, *v. t.* See සන්ධිකරනවා.

හන්දිරන්, *n.* a kind of paddy.

හන්දිය, *n.* joint, සන්ධිය, junction, සන්ධිවීම.

හන්දි·වෙද, *n.* bone-setter or joint-surgeon.

හන්දුරුවා, *n. mas.* one of the agricultural caste, a *Vellāla*, ගොවිවංශයේ කෙනෙක්.

හන්නාලියා, *n.* See සන්නාලියා.

හන්·වඩු, *n. pl.* or *a.* (හන් for හම්, වඩු work), brands on the skin, branding. [or iron.

හන්·වඩු·කොක්ක or ·යකඩය, *n.* branding hook

හන්·වඩුගහනවා, *v.* to brand.

හන්·වඩු·ලකුණ, හන්·වඩුව, *n.* brand mark, brand.

හනුවධඃස්ථ, *a.* (හනු අධඃස්ථ), submaxillary, හනු පාඩාව යට. [E. S.

හනුවස්ථි, *a.* (හනුඅස්ථි), maxillar, maxillary.

හනුවස්ථිය, *n.* jawbone, maxilla, හනුපාඩාව.

හන්සයා, *n.* Er. for හංසයා.

හන්·හාවා, *n.* brown flying-squirrel.

හඳ, *n.* moon.

හඳඑළිය, හඳ·පාන, *n.* moonlight. [horoscope.

හඳ·හන, *n.* (fr. සඞ්ඛාන combination, recording),

හඳහන්කීම, *v. n.* horoscopy.

හදිනවා, *v. t.* See අඳිනවා.

හඳු·දා, *n.* Monday, සඳුදා.

හඳුනනවා, *v. t.* See අඳුනනවා.

හඳුන්, හඳුන්·ලී, *n.* sandal, sandal wood.

හඳුන්·දිවියා, *n.* large tiger-cat, *felix viverrina.*

හඳුම්පත, *n.* breast, ළය.

හපනවා, *v. t.* to bite, gnaw, chew; strike against, hit; *pert.* හැපුවා; *v. n.* හැපීම.

හපනා, *n. mas.* clever one, smart man; *pl.* හපන්නු.

හපන්, *a.* smart, clever, expert, able, සමර්ථ.

හපන්කම, *n.* cleverness &c., සමර්ථකම.

හපය, *n.* what has been chewed, refuse of what has been chewed, refuse.

හපානනවා, *v. t.* to bite, gnaw, chew.

හපු, *a.* See සපු.

හප්පනවා, *v. c.* of හපනවා: to cause to touch or strike against; *pret.* හැප්පුවා; *v. n.* හැප්පීම.

හබ, *n.* mustard, අබ.

හබක, *n* trap or snare, උගුල; *pl.* හබක්..

හබකරනවා, *v.* to dispute, quarrel, තරගකරනවා.

හබන්කුකුළා, *n.* See සබන්කුකුළා. [නඩුව.

හබය, *n.* word, වචනය; dispute, අරෝව, lawsuit,

හබරය, *n.* See සබරයා.

හබරළියා, *n.* a kind of sea fish.

හබල, *n.* oar, paddle.

හබලපෙති, *n.* pounded rice, rice which has been roasted and then beaten. [E. S.

හබල්·පාවා, *n. lit.* oar-footed one, viz. remiped.

හබල්·පාසය, *n.* rowlock, අවලම්ල.

හබවෙනවා, *v. t.* contentions or bickerings arise, to fall into bickering, තරගවෙනවා.

හම, *n.* skin, hide, leather: see හම්.

හමඅරිනවා, හමළුප්පනවා, හමගලවනවා, හමගහනවා, *v.* to strip off the skin, to skin, flay.

හමට, *a.* disgraceful, නින්දිත. [හැමදීම.

හමදිනවා, *v. t.* See අමදිනවා: *pert.* හැමදුවා; *v. n.*

හමනනවා, *v. t.* to equalize, make similar සම කරනවා; *pret.* හැමුනුවා.

හමනවා, *v.* See අමනවා,

හමල, *n.* collection, quantity, assemblage, රැස; *pl.* හමල්. [කන්.

හමස්·කුරක්කන්, *n.* a sort of millet, see කුරක්

හමස්·පෙට්ටිය, *n.* waste-basket.

හ·මස්·මෑ, *n. lit.* six-month bean: a sort of pulse, see මෑ. [*pl.* හමෝ.

හමා, *n. mas.* an old decrepit man, මහලුන්අය;

හමාර, *n.* half, භාගය. [කරනවා.

හමාරකරනවා, *v. t.* to conclude, finish, end, ඉවර

හමාරය, *n.* conclusion, end, අවසානය.

හමාරවෙනවා, *v. i.* to come to a conclusion, be finished, close, end, ඉවරවෙනවා.

හමාසය, *n.* six months.

හම්ය, *n.* temple, palace, මාලිගාව.

හමු, *a.* before, in front of අභිමුඛ. *Bot.*

හමුලුව, *n.* See හමල.

හමුව, *n.* or *ad.* presence, පෙරමුණ, ඉදිරිය; being in the presence of.

හමුවෙනවා, *v. i.* to meet, encounter, face, අභිමුඛවෙනවා, මුණගැසෙනවා.

හමුවෙහි, *ad.* in the presence of, before, ඉදිරියෙහි.

හම්, *n. pl.* or *a.* skins, hides; skin, dermal, leathern. [gain. සම්බකරනවා.

හම්බකරනවා, *v. i.* to procure, acquire, get, earn,

හම්බන්කාරයා, *n.* See හම්බාන්කාරයා.

හම්බවෙනවා, *v. i.* See සම්බවෙනවා.

හම්බාන, *n.* T., large boat, dhoney, smack.

හම්බාන්කාරයා, *n.* sailor or boat-man of a dhoney, coast Moorman.

හම්බාවා, *n.* flying-squirrel.

හම්භාව, *n.* lowing of cattle, ගවයින්ගේ කෑගැසීම.

හම්සෙරෙප්පුව, *n.* leather slipper, leather sandal

හඹ, *n.* water, වතුර, දිය. [or clog.

හඹනවා, *v. t.* to pursue, chase, drive away, අඹනවා; *pret.* හැඹුවා; *v. n.* හැඹීම.

හඹාව, *n.* speed, swiftness, haste, ඉක්මන.

හඹු, *n.* gruel, කැඳ.

හඹු·බරුව, *n.* vessel for gruel, කැඳබරුව.

හඹම්, *ad.* speedily, quickly, ඉක්මනින්.

හය, *n.* or *a.* six.

හය, *a.* fr. හි to go: horse, අශ්ව (රථ &c.)

හයනය, *n.* covered carriage, වැස්මක් ඇති රථය; year, අවුරුද්ද.

හයනවා, *v. t.* See අයනවා.

හය·පට, *a.* sixfold, viz. having six folds. [යව.

හය·ප්‍රිය, *n.* (හය horse, ප්‍රිය delight), viz. barley,

හය·රිපු, හය·රුපු, *n. lit.* horse-foe, viz. buffalo, [මීවා.

හයවෙනි, *a.* sixth.

හයවෙනුව, *ad.* sixthly.

හයා, *n.* fr. හි to go: horse, අශ්වයා; yak, E. S.; ap. of Indra, ඉන්ද්‍රදෙවියෝ.

හයා, *p. pl.* of හයනවා: yawning.

හයාංගය, *n.* bow, දුන්න.
හයාංගන්නවා, *v.* See අයාංගන්නවා.
හයානන්ද. *n.* (හය horse, ආනන්ද delight), a kind of bean or gram: see මුං-ඇට.
හයාරූඪයා, *n.* (ආරූඪ mounted), horseman, rider, අසරුවා.
හයි, *a.* strong, firm, හයිය ඇති.
හයිකරනවා, *v. t.* to make strong, harden.
හයිය, *a.* or *n.* hard, firm, strong, තද, සවි; hardness &c. [voice) loudly.
හයියෙන්, *ad.* strongly, forcibly, තදින්, (of the
හයිය·නැති, *a.* not strong or hard or firm, weak, feeble, සවිනැති.
හයිවෙනවා, *v. i.* to become hard (තද), firm, strong, (සවි); set, harden, solidify, ඝනවෙනවා.
හර, *a.* fr. හර to take: who seizes or takes, අරගන්න, ගෙනයන.
හර, *n.* ap. of Siva; string of pearls. See හරය.
හරකම, *n.* hardness, firmness, තදකම: see හරය with අරටුව.
හරකයා, *n.* fr. හර to take: seizer, taker, conveyer, ගන්නා, ගෙනයන්නා; ap. of Siva; rogue, කක්කඩියා. [උමාදේවි.
හර·කල්, *n.* (හර Siva, කල් wife), ap. of දුර්ගා,
හරකා, *n.* ox, bullock; *pl.* හරක්, *acc.* හරකුන්.
හරකා·මාන, *n. pl.* ox and so on, viz. cattle, ගවයෝ. [bullock-.
හරක්, *n. pl.* or *a.* cattle, kine; oxen; cattle-,
හරක්·අං, *n.* bullock's horn; *pl.* හරක් අං.
හරක්·කටු, *n. pl.* bullock's bones, හරක් ඇට.
හරක්·ගාල, හරක්·පට්ටිය, *n.* ox-stall, cowhouse,
හරක්·මස්, *n.* beef. [cattle yard.
හරක්·ලෙඩ, *n.* cattle disease, murrain.
හරක්හම, *n.* cattle skin, cowhide.
හර·ගිරිය, *n.* Siva's mountain, viz. කෛලාසය, which see. [turmeric, zedoary.
හරං·කහ, *n.* (හරන් for අරන් forest, wild), forest
හරඞ්ගන, *n.* (හර, අඞ්ගනා woman), see හරකල්.
හරඞ්ගයා, *n.* See කැඳැත්තා.
හරණය, *n.* fr. හර to take: seizing, taking, ගැනීම, carrying off, අරන්යාම; gold, රත්රන්; arm, hand, අත. [නැතිකරනවා.
හරණයකරනවා, *v. t.* to do away with, destroy,
හරතල්·කටුව, හර්තල්·කටුව, *n.* හරතල්, D.: hairpin.
හරනවා, හරිනවා, *v. t.* to remove, දුරුකරනවා; open, අරිනවා; *p. pl.* හැර; *pret.* හැරියා, හලා.
හරනැති, *a.* without heart-wood or duramen, අරටුනැති. [fence.
හරඹකරනවා, *v. t.* to brandish, wave about,
හරඹ·ක්‍රමය, *n.* art of brandishing or fencing, fencing (with weapons). tion.
හරය, *n. Arith.* divisor, denominator of a frac-
හරය, *n.* string of pearls or pearl necklace, මුතු වැල; heart-wood, duramen, අරටුව.

හරවනවා, *v. t.* to turn, turn round or aside; *pret.* හැරෙවුවා; *v. n.* හැරවීම.
හර·සර, *n.* (හර Siva, සර wife), ap. of දුර්ගා; affection, ආදරය; service, සේවය, help, උපකාරය; honour, ගෞරවය.
හරස්, හරහ, *a.* cross, transverse.
හරස්ප්‍රශ්නඅසනවා, *v.* to cross-question.
හරස්කපනවා, *v.* to go or stand across, intersect, intercept.
හරස්කරනවා, *v. t.* to place across, cross, obstruct, හරහට තබනවා, බාධාකරනවා.
හරස්·කියත, *n.* cross-cut saw.
හරස්·දණ්ඩ, or ·දුවය or ·මාල්කය, *n.* cross-bar, cross-beam, transom.
හරස්·නූල්, *n.* cross-threads, woof.
හරස්·පාර, *n.* cross-road.
හරස්·පලුව, or ·සිතියම, *n.* plan of a section.
හරස්·රේඛාව, *n.* crooss-line, transversal. [verse.
හරස්·විෂ්කම්භය, *n.* the short diameter, trans-
හරහ, හරහට, *post.* or *ad.* across, athwart, over; crosswise, transversely.
හරහනවා, *v. t.* See හරවනවා; *pret.* හැරහුවා.
හරා, *n.* ap. of Siva; ass, බූරුවා. [ගිරිය.
හරාද්‍රිය, *n.* (හර Siva, අද්‍රිය mountain), see හර
හරාව, *n.* See අරාව.
හරාලයා, *n.* crocodile, alligator, කිඹුලා.
හරි, *n.* ap. of Vishnu or Krishna, of Yama and Indra: විෂ්ණු, යම, ඉන්ද්‍රයා.
හරි, *a.* green, tawny or yellow. E. S.
හරි, *a.* right, fit, proper, just, accurate.
හරිකම, *n.* rightness, correctness &c.
හරිකරනවා, *v. t.* to obtain, gain, earn: see හම්බකරනවා.
හරිගස්සනවා, *v. t.* to set right, rectify, correct, repair, amend, adapt or fit to; *pret.* හරිගැස්සුවා.
හරිගැස්සීම, *v. n.* of හරිගස්සනවා, and හරිගැස්සෙනවා: rectifying &c.; becoming right, amending.
හරිගැස්සෙනවා, හරිගැසෙනවා, *v. i.* to become rectified or corrected, get right, amend.
හරිගැසීම, *v. n.* of හරිගැසෙනවා: becoming right, amending.
හරි·චන්දන, *n.* yellow sandal wood, රත්චන්දනය or සුදුහඳුන්; saffron, කහ; lotus farina, කෙළඹපරාග. *Bot.*
හරිණ, *a.* cream-coloured, yellowish white or
හරිණයා, *n.* deer, මුවා. [green. E. S.
හරිණ·ලෝචනී, *n. fem.* (හරිණ deer, ලෝචන eye, ඊ *fem. aff.*), deer-eyed one, viz. handsome-eyed female, woman, ලක්ෂණ ඇස්ඇත්තී.
හරිත, *a.* green, කොළපාටවූ, tawny. E. S.
හරිතක, *n.* any pot-herb. E. S. [පාට,
හරිතය, *n.* green colour, කොළපාට, yellow, කහ

හරිතයා, *n.* tawny one, viz. lion, සිංහයා, or snake, සර්පයා, or parrot &c., ගිරවා &c.
හරිතාල, *n.* yellow orpiment, ochre, හිරියල්.
හරිතාලකය, *n.* theatrical painting or decoration of the person.
හරිතාලකයා, *n.* green pigeon, නිලකොබෙයියා.
හරිතුරංගම, *n.* lit. the horse *hari* : ap. of Indra, ඉන්ද්‍රයා, and of the sun, සූර්යයා.
හරිදශ්ව, *n.* ap. of the sun.
හරිද්‍රාව, *n.* turmeric, කහ. *Bot.*
හරිද්‍රාරාග, *a.* (රාග colour), fickle, capricious, inconstant, චපල.
හරිවාර, *n.* (හරි Vishnu, වාර gate), the town Hardwar, situated where the Ganges descends into the plains.
හරිනවා, *v. t.* See අරිනවා ; *pret.* හැරියා or හළා.
හරිතමණිය, *n.* (හරිත් green, මණිය gem), emerald, පච්චගල.
හරිද්, *n.* a mythical bird, see කුරුළා.
හරිප්‍රිය, *n.* (හරි Vishnu, ප්‍රිය delight), see සුගන්ධි මූලය and *Bot.*
හරිප්‍රියාව, *n. fem.* Vishnu's delight : ap. of his wife ලක්ෂ්මී ; earth, පොළොව. *Bot.*
හරිබීජ, *n.* yellow orpiment, ochre, හිරියල්.
හරිමන්ථ, හරිමන්ථක, *n.* chick-pea, gram, කඩල. *Bot.*
හරිය, *n.* green or yellow or tawny colour, E. S., something of that colour, viz. fire, ගින්න ; ray of light, රශ්මිය.
හරිය, *n.* extent, as far as.
හරියට, *ad.* correctly, accurately, precisely.
හරියනවා, *v. i.* to go right, accord with, fit, suit.
හරියා, *n.* tawny one, viz. lion, සිංහයා. See හරිය, *n.*
හරියේ, *ad.* as far as.
හරිලනවා, *v. t.* to meet &c., see හරිලනවා.
හරිවාහන, *n.* Vishnu's vehicle, viz. ගරුඩයා, which see.
හරිවැරදිබලනවා, *v.* to revise, correct.
හරිසඳුන්, *n.* yellow or white sandalwood, රත්වන් සඳුන්, සුදුසඳුන් ; also for කප්රුක, which see.
හරිහම්බකරනවා, *v. t.* to earn : see හරිකරනවා.
හරිහය, *n.* (හරි green, හය horse), ap. of the sun, and of Indra : see හයා.
හරුපය, *n.* word, බස, වචනය.
හරේණු, *n. pl.* pulse, pease. E. S.
හර්ම්‍යය, *n.* palace, mansion, මාලිගාව, වලව්ව.
හර්‍යක්ෂයා, *n.* (හරි green, අක්ෂි eye), ap. of the lion, සිංහයා.
හර්ෂණ, *a.* fr. හෘෂ to rejoice : pleasing, delightful, ප්‍රීතිජනක, pleasant, ප්‍රසන්න.
හර්ෂණය, *n.* what gives pleasure, a delight, ප්‍රීති ජනක දේ.
හර්ෂමාන, *a.* joyful, happy, ප්‍රීතිමත්.
හර්ෂය, *n.* joy, delight, happiness, ප්‍රීතිය, සැපත.
හල, *n.* hall, ශාලාව, abode, small house, කුඩා ගෙය ; plough, නඟුල.
හලකුණ, *n.* mark, sign, see සලකුණ.
හලකුණුකරනවා, *v.* See සලකුණුකරනවා.
හලන්තශබ්ද, E. of හලන්තශබ්දය, *n.* (හල් අන්ත), *gram.* a noun the base of which ends with a consonant, as කතුල්, හරත් : see හල්.
හලනවා, *v. t.* to shake, empty out ; sift ; *pret.* හැලුවා ; *v. n.* හැලීම ; see සලනවා.
හලන්දු, *n.* tree-snake, *dendrophis picta.*
හලභෘතිය, *n.* (හල plough, භෘති service), agriculture, ගොවිකම.
හලඹ, *n.* tinkling ring on the foot or arm of a devil dancer, sacred ring. See සලඹ.
හලලනවා, *v. t.* to toss about, agitate, stir, move, අලලනවා.
හලලුයා, *n.* Eng., hallelujah. E. S.
හලවිය, *n.* (හල plough, අවිය implement), ap. of බලදේව.
හලහ, *n.* (හ six, ලහ a measure of quanity), six lahas : see ලාස්ස.
හලහතිය, *n.* (හල plough, හතිය fr. හෘ to take), ap. of ploughing, හෑම.
හලහප්පවනවා, *v. t.* to shake, jolt as in a cart.
හලහල, *n.* tumult, uproar, කෝලාහලය.
හලහල, *n.* a kind of poison, see හලාහල.
හලහැප්පීම, *v. n.* shaking, jolting, සෙලවීම.
හලහැප්පෙනවා, *v. i.* to be shaken as in a cart, jolted, jolt, සෙලවෙනවා.
හලා (ල), *n.* fire-fly, කනමැදිරියා ; *pl.* හලාවෝ.
හලා, int. used to a female friend.
හලායුධ, *n.* (හල ආයුධ), ap. of බලරාම, see හල්විය.
හලාව, *n.* whirlpool, සලාව, දියසලාව.
හලාහල, *n.* snake-poison, virulent poison, සර්ප විෂ, දරුණුවිෂ.
හලාහලයා, *n.* a kind of snake.
හලිද්දය, *n.* urinary disease : see ප්‍රමේහය.
හලිද්‍රාව, *n.* See හරිද්‍රාව.
හලිය, *n.* (හල් to plough), furrow, සීසාට ; agriculture, ගොවිකම. [ap. of බලදේව.
හලියා, *n.* ploughman, agriculturist, ගොවියා ;
හලු, *n.* or *a.* See අලු.
හලු, *a.* like, similar, සමාන.
හලුම, *n.* vanishing, disappearance, occultation, අන්තර්ධානය, සැඟවීම.
හල්, *a.* See අල්, අල්අකුර &c. *Bot.*
හල්පතාස්තාන, *n.* the portion of ground below the eaves at the back of the house, පිළි කන්තේ අගුව ; back verandah, පිටිපස්සේ ශෝප්පුව.
හල්ව, *a.* ploughed, tilled, සාපු, අස්වද්දපු, (සීම).
හල්වය, *n.* ploughing, tilling, හෑම, අස්වැද්දීම.
හවඩිය, *n.* waist-chain.
හවනය, *n.* fr. හු to sacrifice : sacrifice, offering.
හවනවා, *v.* See අවනවා ; *pret.* හැවුවා ; *v. n.* හැවීම. [අඬගැසීම.
හවය, *n.* The same as හවනය ; *also* calling, call,

හවරිය, *n.* a tress or knot of false hair; tuft of an ox's tail.

හවස, **හවස්**'**මිරුව**, *n.* See හවස. [හාවා.

හවස්වෙනවා, *v. i.* to become evening, හවස්වෙ

හිමය, *n.* mountain, hill, කන්ද; mansion, මාළිගාව; tear, කඳුළු; also for හිමය.

හවිස, *n.* fr. හු to offer: ghee, ගිතෙල්; what is to be offered, as ghee &c., පිදවිල්ල.

හවුර, *n.* See මහවුර.

හවුරුද්ද, *n.* See අවුරුද්ද. [common interest.

හවුල, *n.* participation, share, partnership,

හවුලනවා, *v. t.* See අවුලනවා.

හවුල්, *a.* associated, fellow, joint, accessory, aiding, sharing. [joint-heir.

හවුල්උරුමක්කාරයා, *n.* coheir, fellow-heir,

හවුල්උරුමය, *n.* joint-heritage, coinheritance.

හවුල්කාරකම, *n.* participation, sharing, partnership. [associate, aider.

හවුල්කාරයා, *n.* participator, sharer, partner,

හවුල්ව, **හවුල්ලෙස**, *ad.* jointly, together, unitedly. [take part in.

හවුල්වෙනවා, *v. i.* to become a partner or sharer,

හවු'**හරණය**, *n.* fr. හවි and හරණ: means of subsistence, living, රක්ෂාව; help, උදව්ව.

හ'**වෙනි**, *a.* sixth.

හ'**වෙනුව**, *ad.* sixthly

හව, *a.* all, see සව. [habit, ලීලාව.

හව, *n.* E. of භවය: state, condition, ස්වභාව,

හව'**කිරීම**, *n.* E. of භාවක්‍රියාව.

හව්‍ය, *a.* fit to be offered, offerable, පිදීමට සුදුසුවූ.

හව්‍යය, *n.* an offering to the gods, පිදවිල්ල.

හව්‍ය'**වාහනය**, **හව්‍ය**'**වාහය**, *n.* offering-carrier, viz. fire, as conveying the offering, ගින්න.

හව්‍යාශය, *n.* (අශ් to eat, consume), offering-eater, viz. fire.

හස, *n.* See හංසයා.

හසකුරු, *n. pl.* (හස්, අකුරු), consonants, see ව්‍යංජනාක්ෂර.

හසන, **හසය**, *n.* laughing, laughter, සිනාව.

හසන්තිය, **හසන්තිකාව**, **හසන්තිය**, *n.* portable fire-pan, stove, ලිප, ගිනිඋදුන.

හසය, *n.* agriculture, ගොවිතැන; sorrow, affliction, දුක; going, යාම.

හසර, *n.* foot-path, way, මග: see පියහසර.

හසළ, *v. adj. pret.* learnt, practised, familiar with, ඉගෙනගත්, අභ්‍යාසකළ.

හස'**වාහන**, *n.* See හංසවාහන.

හසිතය, *n.* laughter, smiling, සිනාසීම, මදසිනාව.

හසුන, *n.* fr. ආසනය: seat, see අසුන; *pl.* හසුන්.

හසුන, *n.* fr. ශාසන: news, ආරංචිය, message, පණිවිඩය, letter, communication, ලියුම.

හසුන්ගන්නවා, *v.* to take a seat, වාඩිවෙනවා.

හසුන්'**පත්**, *n. pl.* letters, epistles, correspondence, ලියුම්.

හසුරුවනවා, *v. t.* (*v. c.* of හැසිරෙනවා), to manage, control, regulate, cause to operate or move; *pret.* හැසිරවූවා; *v. n.* හැසිරවීම.

හසුරු'**හස**, *n.* See අසුරුහස.

හසුවෙනවා, *v. i.* See අසුවෙනවා.

හස්, *a.* pert to laughter, merry: see හාස්‍යය; also for හංස.

හස්, *n.* seal, stamp, මුද්‍රය. [ගසනවා.

හස්'**ඔබනව**, *v.* to enstamp, seal, stamp, මුද්‍ර

හස්'**කාර**, **හස්**'**කරුවා**, *n.* (හස් fr. සස් corn), agriculturist, ගොවියා.

හස්කරනවා, *v.* to stamp, seal, මුද්‍රාකරනවා.

හස්ත, *n. pl.* or *a.* hands &c.; hand; අත්.

හස්ත'**කර්මාන්ත**, *n. pl.* or *a.* handicrafts; handicraft, hand-made, artificial, manufactured, අතින් කරනලද.

හස්ත'**කර්මාන්තකාරයා**, *n.* artificer, artisan, operative, mechanic, කම්කරුවා. [workmanship.

හස්ත'**කර්මාන්තය**, *n.* handicraft, hand-work,

හස්ත'**කර්මාන්තශාලාව**, *n.* workshop, workroom, manufactory, වැඩපොළ. [අත්වැඩ.

හස්ත'**ක්‍රියාව**, *n.* hand-work, manipulation,

හස්ත'**ග්‍රහය**, *n.* grasp of the hand, hand-grip.

හස්ත'**ගත**, *a.* Er. for අස්තංගත.

හස්ත'**තලය**, *n.* palm of the hand, අල්ල.

හස්ත'**තලාකාර**, *a.* hand-shaped, palmate, අතේ හැඩය ඇති.

හස්ත'**නිර්මිත**, *a.* formed or shaped by hand, අතින්හදනලද or හැඩගුරුකරනලද.

හස්ත'**පුටය**, *n.* the hands placed together as in worship, hand-closing මුළුකරගෙන.

හස්ත'**ප්‍රාප්ත**, *a.* which has reached the hands or come into the possession of, received, obtained, අත්පත්වූ, ලැබුණු.

හස්ත'**ප්‍රාප්තකරගන්නවා**, *v. t.* to get or take possession of, අත්පත්කරගන්නවා.

හස් බඹනවා, *v.* See හස්ඔබනවා. [පිලංගුව.

හස්ත'**බන්ධනය**, *n.* handcuff, manacle, මාංචුව, අත්

හස්ත'**මුද්‍රණ**'**යන්ත්‍රය**, *n.* hand printing press, hand press.

හස්ත'**මුද්‍රා**'**භාෂාව**, *n.* the language or meaning of hand-signs, see the next.

හස්ත'**මුද්‍රාව**, *n.* (මුද්‍රා impress, sign), signalling or intimating with the hand, beckoning, beck.

හස්තය, *n.* hand, අත; elephant's trunk, හොඬ වැල; cubit, රියන; thirteenth lunar asterism, represented by a hand, one of its five stars is Gamma or Delta corvi.

හස්ත'**රේඛා**'**ශාස්ත්‍ර**'**ඥයා**, *n.* chiromantist, අත් බලා ශාස්ත්‍ර කියන්නා.

හස්ත'**රේඛා**'**ශාස්ත්‍රය**, *n.* chiromancy.

හස්ත'**ලිඛිත**, *a.* hand-written, manuscript, අතින් ලියනලද.

හස්ත'**ලේඛනය**, *n.* handwriting, chirography, manuscript, අත්ලියවිල්ල, ලේඛනය.

හස්ත·වාප·යන්ත්‍රය, *n.* hand-loom, අත්අලුව.
හස්ත·විකාරය, හස්තසංඥව, *n.* (විකාරය change, movement), beckoning: see හස්තමුද්‍රාව.
හස්ත·සාර, *a.* experienced, අත්දුටු; experimental, අත්දැකීම්සම්බන්ධ.
හස්ත·සාරය, *n.* experience, අත්දැකීම.
හස්ත·සාර·වස්තු, *n. pl.* private or personal precious treasures, valuable treasures to be carried in the hand in time of danger.
හස්තසංඝට්ටනය, *n.* hand-clapping, clapping hands, අත්පිඩිගැසීම.
හස්තාකාර, *a.* hand-like: see හස්තතලාකාර.
හස්තාභරණය, *n.* hand-ornament, bracelet, bangle. [අතමුල.
හස්තාමලකය, *n.* (ආමලකය nelli fruit): see
හස්තාලේප, *a.* (ආලේප), pert. to laying on of hands or ordination, පත්කිරීම් සම්බන්ධ.
හස්තාලේපය, *n.* laying on of hands, ordination, (අත්තබා) පත්කිරීම.
හස්තාවලම්බනය, *n.* (·අවලම්බනය), hand-support, leaning on, අත්වාරුව. [ඇත්.
හස්ති, *a.* pert. to elephant, elephantine, අලි,
හස්තිඝය, *n.* herd of elephants, ඇත්රැල.
හස්තිකා, *n.* fr. හස්ත hand: blow with the hand, cuff, අත්පහර. [බුව.
හස්ති·කුන්තය, *n.* elephant goad or hook, හෙණ්
හස්ති·කුම්භය, *n.* elephant's head-lump: see ඇත්කුඹය.
හස්ති·දන්ත, *a.* ivory, අත්දත්,
හස්ති·දන්තය, *n.* elephant's tusk, ivory, ඇත්දත්; wall-peg or bracket, කාදන්ත.
හස්ති·නඛය, *n. lit.* elephant's toe-nail, viz. a covered way of that shape concealing the access to the gate of a city or fort.
හස්තිනී, *n. fem.* female elephant, ඇතින්න.
හස්ති·පකයා, හස්ති·පයා, *n.* (පා to cherish), elephant-keeper, ඇත්ගොව්වා, elephant-driver, ඇතරුවා.
හස්ති·පාලකයා, *n.* (පාල් to guard), elephant-
හස්ති·පුණ්ඩය, *n.* See හාගපුණ්ඩය. [keeper.
හස්ති·මද, *n.* fluid from the temples &c., of elephants in rut, ඇත්මද.
හස්තියා, *n. mas.* elephant, ඇතා, අලියා.
හස්ති·රත්නය, *n.* elephant-treasure, viz. royal elephant, as one of the treasures of kings.
හස්ති·රූප, *n. pl.* or *a.* images of elephants; elephant-like, elephantoid, ඇතෙකුගේආකාර.
හස්ති·ශාලාව, *n.* elephant stall or stable, ඇත්හල.
හස්ති·ශුණ්ඩාව, *n.* elephant's trunk, සොඬවැල, හොඬය. *Bot.*
හස්තේ·කරණය, *n.* (හස්තේ Sans. loc. case), *lit.* placing in the hand, viz. marrying, marriage, කරකාරබැඳීම. [ordination.
හස්තෝපකම්, *a.* (හස්ත, උපකම් aiding), pert to
හස්තෝපකම්ය, *n.* ordination by laying on of hands: see හස්තාලේපය.
හස්ත, *n.* See හස්ත fr. ශාසන.
හස්·මුද්ද, *n.* seal, signet, මුද්‍ර, අත්මුද්ද.
හස්සෙස්, *ad.* or *post.* through, අස්සෙස්.
හසිනවා, *v. t.* See හසිනවා; *pret.* හැස්සා; *v. n.* හැසීම.
හලා, *v. pret.* of හරනවා; sent &c., හැරියා.
හළියේ, *n.* a family or tribal name of the washer caste.
හළුව, *n.* cloak, shawl, robe, mantle, සළුව.
හළුවඩනිලමේ, *n.* officer in charge of the royal robes. [ing.
හා, *p. pl.* of හානවා: having ploughed, plough-
හා, *post.* or *conj.* with, and, also, සහ. [Hold.
හා or හාහා, *int.* of prohibiting: Don't, Cease,
හාකරනවා, *v. t.* to join, unite, සම්බන්ධකරනවා, එක්කරනවා.
හාක්කය, *n.* D., hook, කොක්ක. [ඇඟිලි.
හාඟිලි, *a.* (හය ඇඟිලි), six-fingered, ඇඟිලි හයක්
හාටක, *a.* golden, රත්රන්.
හාටකය, *n.* gold, රත්රන්. [jacent, වටකර.
හාත්පස, *a. post.* and *ad.* surrounding, circum-
හාත්පස·තැන්, *n. pl.* circumjacent places, environs, වටකරතැන්.
හාත්පසින්, *ad.* around, වටකර; in every respect, completely, entirely, සියලු ආකාරයෙන්.
හාත්පස්කි·කරනවා, *v. t.* to surround, වටකරනවා.
හානුය, *n.* wages, stipend, hire, පඩිය, කුලිය.
හාද, හාදවූ, *a.* friendly, යහළු, මිත්‍රවූ.
හාදකම, *n.* friendliness, friendship, යහළුකම, මිත්‍රකම.
හාදයා, friend, companion, යහළුවා, මිත්‍රයා.
හාදවෙනවා, *v. i.* to become friendly with, attached to.
හාදුගන්නවා, හාදුදෙනවා, *v.* to kiss (little children), සිඹිනවා or කොත්තුගන්නවා.
හාදුව, *n.* kiss, kissing, සිඹීම, කොත්තුව.
හානය, *n.* (හා to leave, quit), abandoning, relinquishing, quitting, අත්හැරීම, අත්හැරයාම.
හානවා, *v. t.* to plough; *pret.* හෑවා; *v. n.* හෑම.
හානිකරනවා, *v* to do injury, to injure, damage, destroy, අනතුරකරනවා, හානිකරනවා.
හානිය, *n.* harm, injury, privation, loss, destruction, අලාභය, අනතුර, නාශනය; decrease, diminution, *gram.* abbreviation, අඩුවීම.
හානුක, *a.* mischievous, මැරවර, ruinous, destructive, විනාශක.
හානුකභාව, *n.* mischievousness, මැරවරකම; state of ruin, ruinousness, විනාශභාවය.
හාප්·රෙද්ද, *n.* swaddling cloth, (ළදරුවෙකුට) බඳනරෙද්ද.
හාස්සි, *a.* leaning, recumbent, reclining.
හාස්සිආසනය, *n.* reclining seat, viz. sofa, couch, සෝපාව, කවිච්චිය.

හාන්සි·පුටුව, *n.* reclining chair, easy-chair.

හාන්සිවෙනවා, *v. i.* to lean against, recline, repose, lie down.

හා·පැටියා, *n.* young hare, leveret.

හාපු, *v. adj. pret.* of හානවා: ploughed.

හාමත, හාමත්කම, *n.* famishment, starvation, හාමතාකිය.

හාමත්, *a.* famishing, starving, හාමතාකිය මිදීන.

හාමත්වෙනවා, *v. i.* to become famished, suffer from famine.

හාමස, *n.* (හා for hunger, මස month or time), famine, dearth, සායනය.

හාමිනේ, *n. fem. hon.* lady, madam, mistress; *pl.* හාමිනේලා.

හාමු, *n. hon.* fr. ස්වාමි: master, sir, (applied to the sons of gentlemen). [මිශ්‍රකරනවා.

හාමුකරනවා, *v. t.* to mix, intermix, mingle,

හාමුණ, *n. pl.* (හයඅමුණ), six of the measure called අමුණ.

හාමුදුරු, *a.* lord or reverend (so and so).

හාමුදුරු'නමක්, *n.* a reverend person, a priest.

හාමුදුරුවෝ, *n. hon.* fr. ස්වාමිදරුවෝ: lord, sir, his or your reverence. [දැල්ල, රශ්මිය.

හායනය, *n.* year, අවුරුද්ද; flame or ray, ගිනි

හාර, *a.* cont. of හතර: four, used with a few words only, as හාරසියයක්, හාරමාසයක්.

හාරකය, *n.* fr. හෘ to take: *arith.* divisor, denominator of a fraction, හාරය, භාජකය.

හාරකයා, *n.* seizer, viz. thief, සොරා, gambler, සූදුවා; ravisher. E. S.

හාරනවා, *v. t.* to bore, dig, excavate, mine, groove; *pret.* හෑරුවා; *v. n.* හෑරීම.

හාරය, *n.* string of pearls, pearl necklace, මුතු වැල; taking, ගෙනයාම; divisor: see හාරකය.

හාරයා, *n.* carrier, porter, බර උසුලන්නා.

හාර·යෂ්ටිය, *n.* carrying-stick, viz. shoulder-yoke, pingo, කත්ලිය; necklace, ඇටවැල.

හාරාහන්නවා, *v. t.* to excavate, dig out.

හාරි, හාරී, *a.* very taking, captivating, handsome, මනෝහර, ලක්ෂණ.

හාර්චිචිය, හාර්චිය, *n.* D., brooch.

හාරිත, *a.* relinquished, lost, අත්අරිනලද, නැතිවූ.

හාරිතය, *n.* green colour, කොළපාට. [කොකිලා.

හාරීතයා, *n.* green- or wood-pigeon, නිලකොබෝ

හාරිද්‍ර, *a.* yellow, කහපාටඇති. *Bot.* [හැරවීම.

හාස්, හාරය, *n.* fr. ස්‍රාව oozing, dripping: see

හාර්ට්, *n.* D., playing card called 'hearts'.

හාර්ට්ඇසියා, *n.* D., ace of hearts.

හාර්දය, *n.* fr. හෘදය: cordiality, affection, kindness, ප්‍රේමය, දයාව.

හාර්පෙනල්, හරපෙනල්, *n.* D., hairpin.

හාර්‍ය, *a.* that should be taken away, ගෙනයායුතු

හාල, *n.* rice: see හාල්. [යුතු. *Bot.*

හාල, *n.* plough: ap. of බලරම.

හාලය, *n.* plough, නගුල.

හාලාව, *n.* wine, මිදිරස, මුද්‍රිකපානය.

හාලාහල, *n.* See හලාහල.

හාලි, *n.* See ශාලි. [හාලිම්හිස්සු, හාලි.

හාලියා, *n.* cinnamon peeler, කුරුඳුතලන්නා; *pl.*

හාල්, *n.* husked but unboiled rice, in distinction from both වී and බත්; other grain or grains unhusked.

හාල්·හැරඩියා, *n.* grain-snake, a kind of rat-snake, *ptyas mucosus.*

හාල්·දණ්ඩා, *n.* See හලන්ද.

හාල්පත්, *n.* rush. *Bot.*

හාල්·පත්·මිදුව, *n.* sprouting of the rice-rush, viz. a disease of growing paddy, in which through long-continued rain and want of sun a shoot of grass appears instead of the ear.

හාල්·පාලු·දිය, හාල්·පාලු·දියර, *n.* See පාලුදියර.

හාල්·පිටි, *n.* rice flour. [bait or sprat.

හාල්·මැස්සා, *n.* a small sea fish, a sort of white-

හාවනවා, *v. c.* to cause to be ploughed, get ploughed; *pret.* හැවුවා; *v. n.* හැවීම.

හාවය, *n.* coquetry, dalliance, playfulness, wantonness, විලාසය, විලාසය.

හාවා, *n.* hare; රට හාවා, rabbit.

හාවෙනවා, *v. i.* to become united, joined, coalesce, එක්වෙනවා. [කවටයා.

හාසකයා, *n.* buffoon, jester, විකඩිකාරයා,

හාසය, *n.* laughing, laughter, laugh, mirth, සිනාසීම, සිනාව.

හාසිකාව, *n.* laughter, mirth, සිනාව, සරදම.

හාස්කම, *n.* miracle, අසාමාන්‍ය; *pl.* හාස්කම්.

හාස්කම්කරනවා, *v.* to perform miracles, අසාමාන්‍ය වල් කරනවා.

හාස්‍ය, *a.* laughable, සිනාඋපදවන. [සෙනවා.

හාස්‍යකරනවා, *v.* to laugh, සිනාසෙනවා. සිනා

හාස්‍ය·ජනක, *a.* producing laughter, comical, ridiculous, humorous, droll, ludicrous.

හාස්‍යය, *n.* laughing, laughter: see හාසය.

හාස්‍ය·වක්‍රෝක්ති·දක්ෂයා, *n.* (see වක්‍රෝක්තිය), punster.

හාස්‍යවක්‍රෝක්තිය, *n. lit.* humorous twisted utterance, equivocal utterance, pun.

හාසේන්ද්‍රියය, *n.* the faculty of laughter, සිනා

හාස්‍ය·ශූරකාර, *a.* heroi-comic. E. S. [ඉන්ද්‍රියය.

හාසේන්ද්‍රියක, *a* (හාස්‍යඉන්ද්‍රියක), pert. to the faculty of laughter, risible.

හාසෝත්පාදක, *a.* (හාස්‍යඋත්:), see හාස්‍යජනක.

හැක, *a.*; හැකය, *n.* See සැක, සැකය.

හැකකරනවා, *v.* See සැකකරනවා.

හැකරැල්ලා, *n.* a ringed milleped. [කාවා.

හැකවෙනවා, *v. i.* to be doubtful: see සැකවෙ

හැකි, *v. aux.* to be able, can; see පුළුවනි and පුළුවන්.

හැකිර, *n.* sandy ground, වැලිබිම; *pl.* හැකිරවල්.

හැකිලා, *n.* hunchback, කුදු.

හැකිල්, *a.* hunchbacked, කුදු.

හැකිල්ල, *n.* fetter, chain, trammel, shackle; *pl.* හැකිලි.
හැකිලි·දමනවා, *v.* to put fetters on, fetter, [trammel.
හැකිලීම, හැකුළුම, *v. n.* of හකුළනවා and හැකිළෙනවා: curling up &c. see ඇකිලීම.
හැකිළෙනවා, *v. i.* See ඇකිළෙනවා; *pret.* [හැකුළුණා.
හැක්නුම, *n.* See ඇක්නුම.
හැංගීම, හැංගුම, *v. n.* of හංගනවා and හැංගෙනවා: hiding, concealment.
හැංගී·යනවා, *v. i.* to go away clandestinely, abscond, හැඟවීයනවා. [*pret.* හැංගුණා.
හැංගෙනවා, *v. i.* to hide one's self, සැඟවෙනවා;
හැඟීම, හැඟුම, *v. n.* of හැඟෙනවා: perception, sensation, feeling, emotion, consciousness, intellection.
හැඟුම්දෙනවා, *v. t.* to give or cause to understand, indicate, denote.
හැඟුම්යනවා, *v. i.* to be intelligible to, penetrate the mind, reach the understanding.
හැඟුම්·යාම, *v. n.* perception, being clear to the mind.
හැඟෙනවා, *v. i.* to perceive, discern, apprehend; feel; to be implied, import; *pret.* හැඟුණා; *v. n.* හැඟීම.
හැට, *n.* or *a.* sixty.
හැටවෙනි, *a.* sixtieth.
හැටි, *excl.* with noun or verb: what manner of, how, as උගේ ශක්තියක්හැටි! What strength he has! ඌ අදින හැටි! How he pulls!
හැටිය, *n.* manner, means, mode, ආකාරය.
හැටියට, *post.* or *ad.* as, according to.
හැටියේ, හැටියේම, *ad.* as, when, as soon as.
හැට්ටය, *n.* T., jacket.
හැඩකරනවා, *v. t.* to shape, train (plants &c.).
හැඩ·කාර, *a. lit.* according to mode or shape, viz. modish, fashionable, stylish, foppish.
හැඩ·කාරයා, *n.* fashion-monger, fop, dandy.
හැඩගහනවා, *v. t.* to turn from a straight line; slant; to shape.
හැඩපල්ල, *n.* lock of hair, matted hair, clump of hair; *pl.* හැඩපලු.
හැඩපාර, *n.* See හැඩපහර.
හැඩය, *n.* form, shape, contour, fashion, අන්දම.
හැඩයක්නැති, හැඩනැති, *a* shapeless, unshapely.
හැඩයා, *n.* basket maker, කුළුපොත්තා.
හැඩ·හුරු, *a.* shapely and fit, suitable in form.
හැඩ·හුරුකම, *n.* shapeliness, congruity in shape or form. [model, mould.
හැඩ හුරුකරනවා, *v. t.* to shape, fashion, form,
හැඩ·හුරු·නැති, *a.* incongruous in form, shapeless: see හැඩනැති. [per shape.
හැඩ·හුරුවෙනවා, *v. i.* to form, shape, take pro-
හැඬීම, *v. n.* හඬනවා: weeping, ඇඬීම.
හැතපෙනවා, *v. i.* See හැතපෙනවා. [a mile.
හැතැක්ම, හැතැප්ම, *n.* (*lit.* resting: see හැතැප්ම),
හැතැ(ක්)ප්ම·කණුව, *n.* milestone.
හැති, *n. pl.* of හැත්ත.
හැතිකැක්කුම, *n.* See හතිකැක්කුම.
හැතිය, *n.* panting: see හතිය.
හැතිරී, *n. fem.* See හැතිරී.
හැත්, *n. pl.* of හැද.
හැත්ත, *n.* multitude &c.: see හැත්ත.
හැත්තෑ, *a.* seventy.
හැත්තෑව, *n.* seventy.
හැත්තෑවෙනි, *a.* seventieth.
හැද, *n.* See හැද.
හැද, *a.* crooked, ඇද.
හැද, *p. pl.* of හදිනවා: having drawn.
හැද·දමනවා, *v.* to put a saddle on, saddle.
හැද·පොහොට්ටුව, *n.* saddle-pommel.
හැදය, *n.* saddle, හැදලය.
හැදවීම *v. n.* of හදවනවා: causing to make.
හැදෑරවීම, *v. n.* of හදාරනවා: causing to commit to memory, කටපාඩම්කරවීම.
හැදෑරීම, *v. n.* of හදාරනවා.
හැදිලි, *n.* hunchbacked, කුදු: see හැකිල්.
හැදීම, *v. n.* of හදනවා and හැදෙනවා: making, forming. [*pret.* හැදුණා; *p. pl.* හැදී.
හැදෙනවා, *v. i.* to form, grow, come into shape;
හැන්ද, *n.* spoon, shovel, trowel; *pl.* හැඳි.
හැන්දෑව, *n.* evening: see හැන්දෑව.
හැන්නැද්දා, *n.* head fisherman; *pl.* හැන්නැද්දෝ.
හැඳ, *p. pl.* of හඳිනවා: having donned or drawn:
හැඳ, *n.* bed, ඇඳ. [see අඳිනවා.
හැඳි·අලුව, *n.* shelf or place for spoons and ladles:
හැඳි·ගානවා, *v. t.* to stir with a spoon; *pret.* [හැඳිගෑවා.
හැඳිල්ලා, *n.* a kind of sea fish.
හැපින්න, හැපින්නී, *n. fem.* female serpent: see සැපින්න.
හැපීම, *v. n.* of හපනවා and හැපෙනවා: striking against, touching, contact; cheving, biting.
හැපෙනවා, *v. i.* to strike against, touch, hit; (*v. i.* of හපනවා, chew &c.), biting, chewing; *pret.* හැපුණා; *p. pl.* හැපී. [bling &c.
හැප්පීම, *v. n.* හැප්පෙනවා and හප්පනවා: stum-
හැප්පෙනවා, *v. i.* to stumble or strike against, වැදෙනවා, පැකිළෙනවා. [It is true.
හැබැයි, *excl.* true, just so; also as a sentence;
හැම, *a.* all, every, සැම. [ඇමදී,
හැමද, හැමදලා, *p. pl.* of හමදිනවා: having swept,
හැමදම, *n.* or *ad.* every day [see ඇමදීම.
හැමදීම, හැමදුම, *v. n.* of හමදිනවා; sweeping,
හැමියා, *n.* Col., see සොමියා,
හැමීම, *v. n.* of හමනවා: blowing.
හැමෝම, *pron. pl.* all, සියල්ලෝම.
හැඹිලි·කටුව, *n.* needle used in sewing rush bags.
හැඹිලිය, *n.* small bag or purse made of rushes.
හැඹිලියා, *n.* oyster, shell-fish, බෙල්ලා.

හැර, *p. pl.* of හරිනවා and හරනවා: having dismissed or left out, omitted, ඇරලා; used also as *post*. except, excepting, besides.

හැරගහනවා, *v.* to tie withes or bands round a tree for foothold in climbing.

හැරපට, *n.* withe or band tied round a tree.

හැරමිටිය, *n.* walking-stick, සැරමිටිය.

හැරය, *n.* withe or band round a tree (used in climbing trees).

හැරලනවා, *v. i.* See ඇරලනවා.

හැරව, *n.* lymph, humour, pus, matter.

හැරවයාම, *v. n.* of හැරවයනවා: issuing of pus, purulence. [round, turning round.

හැරවීම, *v. n.* of හරවනවා: causing to turn

හැරීඑනවා, *v. i.* to come back, return; *v. n.* හැරීඊම, හැරීඒම.

හැරීම, *v. n.* of හැරෙනවා: turning round; and of හරිනවා: sending, ඇරීම. [යාම.

හැරීයනවා, *v. i.* to go back, return; *v. n.* හැරී

හැරෙනවා, *v. i.* to turn round; turn or change in mind, heart or conduct; *pret.* හැරුණා; *p. pl.* හැරී; *v. n.* හැරීම.

හැල, *n.* swamp, bog, marsh, morass.

හැලකිඹුලා, *n.* marsh or tank crocodile.

හැලප, හැලපු, *n.* a sort of cake made from [millet.

හැලිහිණියා, *n.* See කුලුලිහිණියා.

හැලලි, *p. pl.* of හැලෙලනවා: stirred, agitated, හෙලවී, සැලී.

හැලලීම, හැලලුම, *v. n.* of හලලනවා and හැලෙලනවා: tossing about, agitation.

හැලෙලනවා, *v. i.* to toss about, rage as the sea, see ඇලෙලනවා.

හැලි (ළි), *a.* white, සුදු, ඇලි (ළි).

හැලිය, *n.* earthen pot: see හැළිය.

හැලීම, *v. n.* of හලනවා and හැලෙනවා: emptying out, sifting, spilling.

හැලෙනවා, *v. i.* to fall, drop, spill, ඉහිරෙනවා.

හැල්, *a.* cold, ඇල්, සීත; hill paddy, ඇල්වී.

හැල්පත, *n.* swamp, rice swamp, හැල.

හැල්ම, *n.* a running pace, trot.

හැල්මේයනවා, *v. i.* to go at a trot, to trot, බලුහැල්මේ දුවනවා.

හැල්ල, *n.* white colour, සුදුපාට: rapids, waterfall, ඇල්ල. [snake.

හැවඅරිනවා or දමනවා, *v.* to shed the skin as a

හැවය, *n.* snake's cast skin, slough, film, pellicle.

හැවිකාරය, *n.* solicitude, anxiety, concern.

හැවිරිද්ද, *n.* year, අවුරුද්ද.

හැවිලෙනවා, *v. i.* See ඇවිලෙනවා.

හැවිල්ල, *n.* fr. හවනවා: see ඇවිල්ල; *pl.* හැවිලි.

හැවීම, හැවුම, *v. n.* of හවනවා: see ඇවීම.

හැමෝම, *n.* See හැමෝව and හැමෝම.

හැසිරවීම, *v. n.* of හසුරුවනවා: regulating &c.: see verb.

හැසිරීම, *v. n.* of හැසිරෙනවා: moving about, එහි මෙහි ගැවසීම; behaving, behaviour, ක්‍රියා කිරීම, කල්ක්‍රියාව.

හැසිරෙනවා, *v. i.* to move about, frequent, ගැවසෙනවා; act, behave, ක්‍රියාකරනවා; *pret.* හැසුරුණා; *p. pl.* හැසිර or හැසිරී.

හැසුණු, *a.* (*v. adj. pret.* of හැසෙනවා), crowded, ගහනවු; narrow, පටු; dense, united, එකට බැඳි; thick, ඝන, (of liquids) උකු.

හැසෙනවා, *v. i.* to be crowded &c.

හැස්සා, *v. pret.* of හසිනවා, which see.

හැළ; හැළකිඹුලා, *n.* See හැල; හැලකිඹුලා.

හෑම, *v. n.* of හානවා: ploughing.

හෑරීම, *v. n.* of හාරනවා and හෑරෙනවා: boring, excavating.

හෑරෙනවා, *v. i.* to become excavated or bored or grooved; *pret.* හෑරුණා; *p. pl.* හෑරී.

හෑල්ල, *n.* frivolous writing or talk, twaddle, rigmarole, fiddle-faddle.

හෑල්ලක්දොඩනවා, *v.* to twaddle, utter or prate twaddle or a silly story.

හිංසක, *a.* injurious, hurtful, oppressive, mischievous, annoying.

හිංසකකම, *n.* injuriousness &c.

හිංසකයා, *n.* oppressor, enemy, සතුරා; beast of prey, චණ්ඩමෘගයා. [කිරීම.

හිංසනය, *n.* injuring, hurting, oppressing, හිංසා

හිංසාකරනවා, *v.* to injure, hurt, maltreat, oppress, annoy, vex.

හිංසාකර්මය, *n.* injurious act, sp. incantation to destroy, the use of mystical texts for some injurious purpose.

හිංසාත්මක, *a.* injurious: see හිංසක.

හිංසාරු, *n.* (හිංසා, කෘ to do), a destructive animal, tiger, ව්‍යාඝ්‍රයා.

හිංසාලු, *a.* injurious &c.: see හිංසක.

හිංසාව, *n.* infliction of injury, maltreatment, molestation, oppression, injury.

හිංසිරයා, *n.* tiger; villain, තක්කඩියා.

හිංස්‍ර, *a.* injurious, හිංසක, fierce, savage, චණ්ඩ, murderous, මිනීමරුවු. [lizard'.

හිකනලා, *n.* ground lizard or skink, 'Brahmin

හික්, *a.* E. of ශික්ෂා: learned (science), applied to one of the වේදාංග, viz. to the ශික්ෂාශාස්ත්‍රය: see this under වේදාංගය. *Bot.*

හික්කාගහනවා, *v.* to hiccough, ඉක්කාවැටෙ [නවා.

හික්කාව, *n.* hiccough, hiccup, ඉක්කාව.

හික්මවනවා, *v. t.* to subdue, control, master, discipline, *pret.* හික්මෙවුවා; *v. n.* හික්මවීම.

හික්මියා, *n.* musk-rat, musk-shrew. [docile.

හික්මුම්, *a.* submissive, yielding, obedient,

හික්මුම්කම, *n.* submissiveness, dutifulness, docility.

හික්මෙනවා, *v. i.* to become submissive, docile, disciplined, trained; *pret.* හික්මුණා; *p. pl.* හික්මී or හික්මී; *v. n.* හික්මීම.

හික්මෙන·සුලු, *a.* easily subdued or trained, teachable, submissive, docile.

හිඟ, හිඟහිට, *a.* deficient, lacking, meagre, scarce.

හිඟකම, *n.* deficiency &c., scantiness, indigence.

හීන·ගණන, *n.* deficient number or amount, deficit, අඩුකම.

හීනය, *n.* deficiency, what is lacking.

හිඟවෙනවා, *v. i.* to become deficient or scarce, [fall short.

හිඟු, හිඟු, *a.* See හිඟ.

හිංගු, හිංගුනිර්යාස, *n.* asafetida, පෙරුංකායම්.

හිංගු·පත්‍රය, *n.* a leaf and drug, or asafetida leaf.

හිංගුල, හිංගුලි, හිංගුලු, *n.* vermillion, ඉඟුල්.

හිඟන්·භාවය, *n.* state of mendicancy, mendicity, B. P. භික්‍ෂුභාව. [*v. n.* හිඟීම.

හිඟනවා, *v.* to solicit alms, beg; *pret.* හිඟුවා;

හිඟන්නා, *n.* beggar, mendicant.

හිඟමන, *n.*, හිඟමන්, *n. pl.* alms.

හිඟිය, *n.* See ඉඟිය.

හිඝු, හිඝ්‍ර, *a.* speedy, hasty, ඉක්මන්.

හිඟීම, *v n.* of හිඟනවා: begging.

හිඟුරල, *n.* (හිඟුරු අල), ginger-yam, viz. yam of ginger shape.

හිඟුල, හිඟුල්, *n* See ඉඟුල්.

හිඝුව, *n.* speed, haste, ඉක්මන, ඉක්මන්කම.

හිට, *p. pl.* of හිටිනවා; used also as *post.*: see [සිට.

හිටන්, *post.* See සිටන්.

හිටපු, *v. adj. pret* of හිටිනවා: that was or were, සිටිය; the late, the ex-(officer &c.), as හිටපු ප්‍රධානියා, the ex-president.

හිටවනවා, *v. t.* to stop, නවත්වනවා; cause to stand, set up, place, plant; *pret* හිටෙවුවා; *v. n.* හිටවීම.

හිටාණෝ, *n. hon.* nobleman: see සිටාණෝ.

හිටි, *n.* See ඉටි.

හිටි, හිටිය, *v. adj. pret.* that was or were, සිටි.

හිටිනවා, *v. i.* to be &c., see සිටිනවා; stop, desist; *pret.* හිටියා; *v. n.* හිටීම.

හිටු දුව, *n. fem.* daughter of a හිටාණෝ, nobleman's daughter. [දේවි.

හිටුදේවි, *n. fem.* wife of a nobleman: see සිටු

හිටුවනවා, *v. t.* See හිටවනවා and සිටුවනවා.

හිණ, *n.* waist, loins, ඉණ

හිණ, හිණිමග, හිණි, *n.* See ඉණිමග.

හිණ·ආකාර, *a.* ladder-like; *bot.* scalariform.

හිණි, *a.* small, little, කුඩා. Also *n.* = හිණ.

හිණි·ගෙය, *n.* house or room in which the stairs are.

හිණි·පාමුල, *n.* foot of the ladder or stairs.

හිණි·හිස, *n.* ladder top, head of the stairs, තරප්පු මුදුන.

හිණු·දම, *n.* girdle, waist belt or chain, හවඩිය.

හිණ්ඩනය, *n.* fr. හිඩ to go: going, wandering, ඇවිදීයාම. [පෙණ.

හිණිබිර, හිණ්බිර, *n.* cuttle-fish bone: see මුහුදු

හිත, *n.* for සිත fr. චිත්ත: mind, heart.

හිත, හිතවු, *a.* fr. Sans. හිත: suitable, සුදුසු, proper, යුතු; friendly, kind, කරුණාවන්ත; inclined to, ලැදි, කැමති. [ජනය, සුභය.

හිත, *n.* good, benefit, welfare, යහපත, ප්‍රයෝ

හිත·කාමි, හිත·කැමති, *a.* wishing well to, desiring another's welfare.

හිත·කාමියා, *n.* well-wisher: see පරහිතකාමියා.

හිත·කාරී, *a.* doing services, performing kindnesses or benefits, befriending, beneficial.

හිතනවා, *v.* to think, see සිතනවා; *pret.* හිතුවා; *v. n.* හිතීම.

හිත·බඳිනවා, හිත·යොමුකරනවා, *v.* to fix the mind on, give attention to.

හිත·මිත්‍රයා, *n.* (හිත kind &c.), well-wishing or cordial friend, හිතේෂී මිත්‍රයා. [pressible.

හිත·මෘදු, *a.* (හිත heart), tender-hearted, im-

හිතයා, *n.* friendly or faithful or loyal person, well-wisher.

හිතවත්, *a.* kind, කරුණාවන්ත.

හිත·වැඩ, *n.* welfare, ශුභසිද්ධිය.

හිතාහිත, *a.* (හිත අහිත), friendly and unfriendly, මිත්‍ර අමිත්‍ර, favourable and unfavourable, ශුභ අශුභ [inclined to, කැමැත්තවු, ලැදි.

හිතැති, *a.* (හිත් ඇති), having a heart to, disposed,

හිතැතිකම, *n.* inclination to, eagerness, ලැදිකම; good-will.

හිතීම, *v n.* of හිතනවා: thinking, thought.

හිතු·මුති, *a.* (හිතු *v. adj. pret.* of හිතනවා), self-willed, capricious, fantastic, හිතුවක්කාර.

හිතු·මුතිය, *n.* self-will, caprice, crotchet, fancy.

හිතුවක්කාර, *a.* self-willed, arbitrary, wayward, headstrong, obstinate, opinionated.

හිතුවක්කාරකම, *n.* self-will &c.

හිතෙනවා, *v. i.* (*dat.*) to occur to the mind, think, fancy.

හිතේෂි, හිතේෂික, හිතේෂිවන්ත, *a.* (හිත welfare, ඉෂි desiring), well-wishing, cordial, intimate, attached, dear, හිතෛෂී, විශ්වාස.

හිතේෂිකම, &c., *n.* cordiality, attachment &c., මිත්‍රභාවය, ඇලුම්කම.

හිතේෂිකයා, හිතේෂියා, *n. mas.* friend, intimate, මිත්‍රයා, විශ්වාසයා.

හිතෛෂි, *a.* (Sans. හිත welfare, එෂි desiring), well-wishing, loyal or devoted to: see හිතේෂි.

හිතෛෂියා, *n. mas.* benevolent friend, හිතකාමි මිත්‍රයා.

හිතෝක්තිය, *n.* kind utterance, kind or good advice, salutary instruction.

හිතෝපදේශ, *n. pl.* or *a.* (හිත good, උප:), good counsels; containing good counsel, උපදේශ සහිත, parabolic, aphoristic, උපමාවු.

හිතෝපදේශය, *n.* good counsel, maxim, fable, proverb.
හිත්, *n. pl.* or *a.* hearts, minds; heart-, mental.
හිත්·ඇලෙනවා, *v. i.* hearts become or are attached, hearts cling to.
හිත්·ගන්නවා, *v.* See හිත්ගන්නවා.
හිත්තියා, *n. mas.* friend, chum, යහළුවා.
හිත්·දැඩි, හිතදැඩි, *a.* hard-hearted, අකරුණා වන්ත; obstinate, stubborn, මුරණ්ඩු.
හිත්·දැඩිකම, hard-heartedness; obstinacy &c.
හිත්·වේදනාව, *n.* pain or anguish of heart, heart-felt sorrow.
හිද, *n.* fr. හෘද: heart, mind, හෘදය, හිත.
හිද, *int.* used to guide elephants.
හිද, *n.* pond, පොකුණ, small stream, කුඩා ඇළ; needle, ඉඳිකටුව; perforation, සිදුර. [සිදුර.
හිදිස, හිදැස්ස, *n.* crevice, gap, narrow fissure,
හිදි·කටුව, *n.* (හිදි for හිදි piercing), needle, ඉඳිකටුව.
හිදෙලුව, *n.* palanquin, sedan, දෝලාව.
හිනාව, (හිනාව), *n.* laugh, laughter, සිනාව.
හිනහෙවනවා, හිනාවෙනවා, *v. i.* to laugh.
හිනාකරවනවා, *v. c.* to cause to laugh, make, [laugh
හිනාව, *n* laughter, laugh, සිනාව.
හින්දනවා, හින්දවනවා, *v. t.* to evaporate, boil down, dessicate, dry up, extract; *pret.* හින්දුවා, හින්දෙවුවා; *v. n.* හින්දීම, හින්දවීම.
හින්දු, *v. pret.* of හිඳිනවා: evaporated &c.
හින්ද, *conj.* and *post.* because; on account of, because of; නිසා, හින්දා.
හින්දු·ආගම, *n.* H. religion, Hinduism.
හින්දුකාරයා, *n. mas.* a Hindu.
හින්දුස්ථානය, *n.* Hindustan.
හින්දුස්ථානි, *a.* Hindustani.
හිඳෝලය, *n.* a swing, ඔන්චිල්ලාව. [හින්දෝල.
හින්නා, *n.* a kind of very small ant; wart; *pl.*
හින්නාවා, *n.* wicker-worker, කිඹුවරයා, mat-weaver, පැදුරුවියන්නා. [&c.
හිඳ, *p. pl.* of හිඳිනවා, *v. t.* evaporated, decocted
හිඳ, *p. pl.* හිඳිනවා, *v. i.* seated, sitting, වාඩිවී; being, ඉඳ.
හිඳගන්නවා, *v.* to sit down, ඉඳගන්නවා.
හිඳිනවා, *v. i.* to sit, be, වාඩිවෙනවා, ඉන්නවා; *pret.* උන්නා or හුන්නා.
හිඳිනවා, *v. t.* to evaporate, decoct, express (as oil), හින්දනවා; pluck out, උදුරනවා; *pret.* හින්දු; *p. pl.* හිඳ; *v. n.* හිඳීම. [water.
හිඳි·ලුණු, *n.* salt obtained by evaporation of salt
හිඳුම, හිඳුම, *n.* fr. හිඳිනවා; *v. i.* sitting, being, staying, ඉඳීම.
හිඳුව, *n.* porcupine quill, ඉත්තෑකූර.
හිඳුවනවා, *v. c.* of හිඳිනවා, *v. i.* to cause to sit down, seat, place; *pret.* හින්දෙවුවා; *v. n.* හිඳුවීම.

හිඳෙනවා, *v.i.* to dry up, evaporate; *pret.* හිඳුණා; *v. n.* හිඳීම.
හිඹිල්ල, *n.* fishing-basket, කෙමන,
හිම, *n.* E. of සීමාව; boundary, limit, ඉම.
හිම, *a.* cold, සීතලවූ. [සිසි.
හිම, *n.* cold, frost, සීතලය, snow, තුෂාරය; dew,
හිම·කල, *n.* cold season, winter, සීතකාලය.
හිම·කුර, *n.* icicle, තුෂාරකණ.
හිම·ගර්භ, *n.* snow-receptacle, viz. cloud, snow-cloud, හිමවලාකුළ.
හිම·ගල, හිම·ගිරිය, *n.* snow rock or mountain, viz. Himalaya, හිමාලය කන්ද.
හිම·ජ, *n. fem.* (හිම Himalaya, ජ produced), daughter of Himalaya, ap. of පාර්වතී, which see; zedoary: හරංකහ, *Bot.*
හිමවත්, *n.* fr. හේමන්ත: cold season, winter.
හිම·රිපු, *n.* enemy of cold, viz. the sun, ඉර.
හිම·පව් (පව් E. of පර්වතය), Himalaya mountain, හිමාලය පර්වතය. [phor, කපුරු.
හිමය, *n.* wood, jungle, වනය; moon, හඳ; cam-
හිම·රශ්මි, හිම·රැස්, *n.* cold-rays, ap. of the
හිම·වත්, *a.* cold, සීතල. [moon, හඳ.
හිම·වලාව, *n.* snow-cloud or white cloud, සුදු වලාකුළ.
හිමවන්ත්, *n.* (වන්ත් Sans. mas. for වත්), the snowy, viz. Himalaya range, හිමාලය කන්ද.
හිම·වාලුකා, *n.* (වාලුකා sand, grains), camphor, කපුරු.
හිමව්, *n.* Himalaya range, හිමාලය කන්ද.
හිමව් කුළ, *n.* peak of the Himalaya range, හිමාලය කූටය or මුදුන.
හිම·ශෛලය, *n.* snow-mountain, viz. Himalaya.
හිම·සෙල, *n.* E. of හිමශෛලය.
හිමි·සෙව්, *n.* peacock, මොනරා.
හිමා, *n.* small cardamoms, සිහින් එන්සාල්.
හිමාංශුව, *n.* (හිම cold, අංශුව ray), see සීතාංශුව.
හිමාගම, *n.* (·ආගම arrival), cold season, winter, සීතකාලය. [see සීතාද්‍රිය.
හිමාද්‍රිය, *n.* (හිම cold or snow, අද්‍රිය mountain),
හිමාරිය, *n.* (·අරිය enemy), enemy of cold, viz. fire, ගින්න, sun, ඉර.
හිමාලය, *n.* or *a.* (හිම cold or snow, ආලය abode), Himālaya mountain range, also personified as the husband of Mēnakā and father of the Ganges.
හිමාලය·පර්වතය, *n.* Himalaya mountain, from which flow the rivers Ganges, Indus, Brahmaputra &c. [camphor, කපුරු.
හිමාහව, හිමාහවය, *n.* (හිම cold, ආහව called),
හිමි, *a.* fr. ස්වාමි: possessing, owning, possessor of; belonging to, as මේවා හිමිඅය, the person to whom these belong; ඔහුට හිමි මේවා, these which belong to him.
හිමි, *n.* See හිමියා.

හිමිකම, හිමිකාරකම, *n.* ownership, proprietorship, අයිතිකම.
හිමිකම්, *n. pl.* rights, belongings, අයිතිකම්.
හිමිකරගන්නවා, *v. t.* to appropriate, take possession of, අයිතිකරගන්නවා.
හිමිකරනවා, හිමිකරදෙනවා, *v. t.* to make over to, bestow upon, demise, අයිතිකරදෙනවා.
හිමිකාර, *a.* proprietary, who is owner, අයිතිකාර.
හිමිකාරයා, *n. mas.* proprietor, owner, අයිතිකාරයා. [කාරී.
හිමිකාරී, *n. fem.* proprietoress, owner, අයිති
හිමිකාව, *n.* hoarfrost, මිදුණපිනි. E. S.
හිමිදිරි, *a.*; **හිමිදිරිය**, *n.* twilight, dusk. [රයා.
හිමියා, *n.* lord, master, ස්වාමියා; owner, අයිතිකා
හිමිවෙනවා, *v. i.* to become the property of, belong to. [ශීතලෙන් මිහිත.
හිමෙටු, *a.* suffering from cold, chilled, frozen,
හිමෝ, *a.* frozen, ශීතලෙන් මිදුණු, snowy.
හිඹුල්, *n.* silk-cotton, kapok, ඉඹුල්.
හිය, *a.* arrow, ඊය.
හියවුර, හියගොර, *n.* (හිය, උර receptacle), archer's quiver, ඊතොප්පුව; *pl.* හියවුරු.
හියාරනවා, *v. t.* to diffuse, cause to pervade, පතුරුවනවා; *pret.* හියෑරුවා; *v. n.* හියෑරීම.
හියෑරෙනවා, *v. i.* to become diffused, pervade, පැතිරෙනවා; *pret.* හියෑරුණා; *v. n.* හියෑරීම.
හිර, *n.* sun, ඉර; line, ඉර, රේඛාව; *pl.* හිරි.
හිර, හිරය, *n.* wife, භාර්‍යාව.
හිර, හිරවූ, *a.* tight, confined, fast, fixed.
හිර·අඩස්සි, *a.* confined, imprisoned. [කරනවා.
හිරඅඩස්සිකරනවා, *v. t.* to imprison, හිරේදමා
හිර·අඩස්සිය, *n.* confinement, imprisonment, හිරේදැමීම, හිරගෙදරදැමීම.
හිරකම, *n.* narrowness, want of space, tightness, fixedness, constriction.
හිරකරනවා, *v. t.* to tighten, constrict, cramp; confine, imprison.
හිරකාරයා, *n.* prisoner, convict.
හිරකිරීම, *v. n.* setting something fast, depriving of space, tightening &c.; imprisoning.
හිර·ගනු·දෙනු·කරනවා, *v.* (හිර wife), to take and give wives, intermarry. E. S. [prison, jail.
හිර·ගෙදර, හිර·ගෙය, හිර·ගේ, *n.* prison-house,
හිර·ගේනවා, *v.* to bring home a wife, viz. marry a woman.
හිරණ්‍ය, හිරණ්‍යය, *n.* bullion, precious metal, gold or silver, රන් රිදී; wealth, සම්පත.
හිරණ්‍ය·ගර්භයා, *n.* (ගර්භ receptacle or treasury), treasury of wealth; ap. of Brahma, බ්‍රහ්ම දෙවියෝ. [the sea, මුහුද.
හිරණ්‍ය·දය, *n.* (දය giving), wealth-giver, viz.
හිරණ්‍ය·දවා, *n. fem.* of the above: wealth-giver, viz. the earth, පොළොව.

හිරණ්‍ය·රේතස් or **·රේතාව**, *n.* (හිරණ්‍ය gold, රේතස් semen), ap. of fire and of the sun, ගින්න, ඉර. [strain, අවුහිරකරනවා.
හිරප්පාඩුකරනවා, *v. t.* to pinion, restrict, re-
හිර·බටු, *a.* sunset, as හිරබටුතරුව, sunset star, evening star.
හිර·බිම, *n.* narrow or strait place or site, අවහිර තැන; place of imprisonment.
හිර·භාරය, *n.* custody, හිරඅඩස්සිය.
හිර·භාරයට ගන්නවා, *v. t.* to take into custody, apprehend.
හිර·මඬල, *n.* disk of the sun, ඉරුමඬල.
හිරමණ·තලය, *n.* blade of the coconut scraper.
හිරමණය, *n.* coconut scraper, grater, rasp.
හිරමෙණෙන් ගානවා, *v. i.* to scrape, grate, rasp (coconut &c.).
හිරවරණය, *n.* (අවරණ or ආවරණ protecting), sun-screen, viz. parasol, umbrella, කුඩේ.
හිරවෙනවා, *v. i.* to become straitened, cramped, tight, fixed.
හිරි, *a.* numb, benumbed, cramped, හිරිවැටුණු.
හිරි, *n. pl.* of හිර: lines, ඉරි; suns.
හිරි, හිරිය, *n.* shame, ලජ්ජාව; numbness, cramp, හිරිවැටීම.
හිරි අංකුට්ටා, *n.* a kind of fish: see අංකුට්ටා.
හිරි·ඔතප්, *n.* shyness and modesty: see ඔතප.
හිරිකඩ, *n.* spray. [about.
හිරි·කඩ·ගහනවා, *v. i.* spray dashes or flies
හිරිකිත, *n.* disgust, loathing, nausea excited by filth, පිළිකුල්යයි සිතීම. [වෙහෙස්සෝඩුව.
හිරිස්සෝඩුව, *n.* fatigue, weariness, lassitude,
හිරිගතිය, *n.* numbness, state of cramp in the limbs.
හිරි·ගල, *n.* coral or limestone, madrepore.
හිරි·ගල්, *n. pl.* or *a.* limestone.
හිරි·ගල්·පණුවා, *n.* coral insect, madrepore.
හිරිදුව, හිරුදූ, *n.* daughter of the sun: ap. of the river Jumna: see යමුනාගඟ. [esty.
හිරි·බිය, *n.* shyness and fear, diffidence, mod-
හිරිවෙබ, *n.* See ශ්‍රීවේර.
හිරිමල්, *a.* tender or unripe (fruit or vegetable).
හිරියල්, *n.* fr. හරිතාල, which see.
හිරි·වැටෙනවා, *v. i.* to become rigid or numb; be set on edge as the teeth.
හිරිවේරිය, *n.* See ඉරිවේරිය.
හිරිහැර, *a.* annoying, troublesome, tiresome, vexatious, harassing.
හිරිහැරකරනවා, *v.* to cause annoyance to, pester, tease, badger, harass, oppress, persecute.
හිරිහැරකාරයා, *n.* annoyer oppressor &c.
හිරිහැරය, හිරිභාරය, *n.* annoyance &c., molestation, tyranny.
හිරු, *n.* or *a.* sun, ඉර; line, row, ඉර, පෙළ. *Bot.*
හිරු·ගොත්, *n.* (fr. ගෝත්‍ර), the Solar race or dynasty: see සූර්‍යවංශය.

හිරුපුතෙක්, හිරුපුත්, *n.* Solar son, viz. the planet Saturn, සෙනසුරු. [ශම්සා.
හිරුපිත්, *n.*, (පිත් for පුත් son), ap. of Yama,
හිරුමග, *n.* solar path, viz. the ecliptic. E. S.
හිරුමඬල, *n.* See හිරමඬල.
හිරුරැස, *n.* sun's ray, sunbeam, ඉරුරැස.
හිරුසෙවි, *n.* *lit.* sun's associate: ap. of the peacock, මොනරා.
හිල, *n.* hole, perforation, සිදුර; *pl.* හිල්.
හිලව්කරනවා, *v.* to strike a balance in accounts compensate, substitute, make up for, recoup, indemnify. [*tenens.*
හිලව්කාරයා, *n.* substitute, deputy, *locum*
හිලව්ව, *n.* compensation, substitute.
හිලව්වට, *post.* instead of, in lieu of.
හිලව්වෙනවා, *v. i.* to be instead of, make up for.
හිලාවා, *n.* oyster, බෙල්ලා.
හිල්කටුව, *n.* hole-piercer, stiletto.
හිල්කරනවා, *v. t.* to bore, pierce, perforate, make a hole or holes.
හිල්වෙනවා, *v. i.* to become perforated.
හිවනවා, *v. t.* to cover, වසනවා, shade, සෙවණ කරනවා, shelter, මුවාකරනවා; wrap around, entwine, වෙලනවා; *pret.* හිවුවා; *v. n.* හිවීම.
හිවලා, *n.* jackal, නරියා; *pl.* හිවල්ලු.
හිමි, *a.* high, tall, උස්, උසඇති.
හිය, *n.* fr. ශීර්ෂ: head, ඉස; *pl.* හිස්.
හිසකෙස්, හිසකේ, *n.* hair of the head, ඉසකෙස්.
හිසරුජාව, *n.* headache, ඉසකැක්කුම. [vain.
හිස්, *a.* empty, vacant, void, fruitless, useless,
හිස්, *n. pl.* or *a.* of හිස: heads; head-.
හිස්කබල, *n.* head-shell, viz. skull, cranium; *pl.* හිස්කබල්.
හිස්කම, *n.* emptiness &c.: see *adj.*
හිස්කරනවා, *v. t.* to empty, evacuate; render void or fruitless.
හිස්කසු, *n.* head-armour, helmet, ශිරස්ත්‍රාණ.
හිස්පිඩු, *n.* elephant's head-lump, ඇත්කුම්භ.
හිස්මලයා, *n.* lit. one who has a strong head, viz. bird, කුරුල්ලා, ලිහිණියා. [see.
හිස්බිජු, *n. pl.* The same seeds as බව්වා, which
හිස්සන, *n.* (සන් E. of සංඥාව), head-sign, viz. hint by a movement of the head, ඉඟිත් කරන සංඥාව.
හී, *n. pl.* or *a.* of හිය: arrows-; arrow-; ඊ.
හී, *p. pl.* of හෙනවා or හොනවා: fallen, වැටී; being, ඉඳ; as *v. aux.* being able, but always with නො, as නොහී, being unable: යානොහී, being unable to go, ගියනොහැකිව.
හීකොපුව, *n.* quiver, ඊකොපුව.
හීගස, හීතන, *n.* arrow, ඊගස, ඊතන.
හීත, *a.* cold: see සීත.
හීතලය, *n.* arrow-head, ඊතලය.
හීදත, *n.* ploughshare, නගුල්දත.
හිදත්, *n.* mucus.

හීන, *a.* defective, deficient, lacking, low in degree, අඩු; vile, නීච.
හීනකම, *n.* defectiveness, diminutiveness, lowness, අඩුකම, පහත්කම.
හීනකරනවා, *v. t.* to make less or cause deficiency, අඩුකරනවා, අල්පකරනවා.
හීනක්‍රිය, *n.* making small, meiosis, අඩුකිරීම.
හීනක්‍රියාවචනය, *n.* expressing or expression of diminution, meiosis, අඩු or කුඩාබව කීම.
හීනජති, *n. pl.* or *a.* low kinds; low-caste, out-
හීනජතිය, *n.* low caste or class or tribe. [cast.
හීනත්වය, හීනභාවය, *n.* low state, depression, diminution, exhaustion, scarcity, හීනකම, අඩුකම.
හීනදකිනවා, *v* to dream, see dreams.
හීනය, *n.* dream. [mute, ගොළු.
හීනවාදී, *a.* (හීන lacking, වාදී speech), dumb,
හීනවාදියා, *n.* dumb person, mute, ගොළුවා.
හීනවෙනවා, *v. i.* to decline, lessen, diminish, shrink, අඩුවෙනවා.
හීනසේවාව, *n.* low service, serving low persons, පහත් සේවය.
හීනාංග, *a.* (හීන defective, අංග body), crippled, maimed, අබ්බගාත, විකලාංග.
හීනාශය, *n.* (හීන low, ආශය purpose), low or bad purpose, baseness, නීචඅදහස.
හීනැස්සා, *n mas.* one who is tall and slender, හීන්දුරි උස්වූ අය. [dream.
හීනෙන් දකිනවා, *v. t.* to see in a dream, to
හීනෙන් පෙනෙනවා, *v. i.* to appear in a dream, to dream.
හීන්, *a.* thin, fine slight, slender, slim.
හීන්එනසාල්, *n.* small cardamoms.
හීන්කාවිල්ලා, *n.* a kind of fish: see කාවිල්ලා.
හීන්කම, *n.* thinness &c., tenuity: see *adj.*
හීන්කර කපනවා or ලියනවා, *v. t.* to cut or slice fine, mince. [ate.
හීන්කරනවා, *v. t.* to make thin or fine, attenu-
හීන්දුරි, *a.* thin, slender, slim, (person).
හීන්දුරිකම, *n.* thinness &c.
හීන්ලෙස, *ad.* faintly, slightly, අල්පලෙස.
හීන්සැරේ, *ad.* gently, slowly, softly.
හීපතලිය, *n.* the part of the arrow which contains the feathers and shaft.
හීමාපවුර, *n.* boundary wall, සීමාපවුර.
හීමාව, *n.* See සීමාව.
හීය, *n.* arrow, ඊය, ඊගස; *pl.* හී.
හීය, ploughing, සෑම; plough, නගුල.
හීයවුර, *n.* See හියවුර.
හීරක, *n.* diamond, දියමන්ති, වජ්‍රය. [වජ්‍රය.
හීරය, *n.* diamond; Indra's thunderbolt: see
හීරලුවා, *n.* See සීරලුවා.
හීරික, *n.* See හීරක.
හිරිමාංස, *n.* (හිරි fr. රුධිර), blood and flesh, flesh with blood, ලේ මාංශ.

හිරිය, *n.* ridge, මුදුන්වැටිය: swath (of grass &c.), තණහිරිය, ගොයම්හිරිය. E. S.

හිරි·පරද්ද, *n.* twilled cloth, twill.

හිරී, *n. fem.* sow; see ඊරී.

හිඤරනවා, *v. i.* See සිඤරනවා. [morning meal.

හිල. *n.* cold, coldness, ශීත, ශීතලය; B. P.'s

හීලෑ, *a.* tame, docile, domestic.

හීලෑකම, *n.* tameness, docility.

හීලෑකරනවා, *v t* to tame.

හී·ලේකම්·මිටිය, *n* register of ploughed lands.

හීල්, *a.* cooled, හිමුණු, cold, සිසිල්.

හීල්·බත්, *n.* cold boiled rice, stale rice.

හී·වඩුවා, *n.* plough maker, නඟුල්සාදන්නා.

හී·වැල, හී·මිට, *n.* (වැල row or line, මිට mark), furrow made by a plough; *pl.* හීවැල්, හීමිට.

හීස්සාකරනවා, *v.* Er. for හිංසාකරනවා.

හී·සානවා. *v.* to plough, furrow; *pret.* හීසෑවා; *v. n.* හීසෑම.

හුංකාරකරනවා, *v.* to snort. E. S.

හුංසා, *n.* a small prickly river fish; *pl.* හුංසෝ.

හුඟ, හුඟක්, *n.* much, many, large quantity, a great deal, mass.

හුණ, *a.* heard, ඇසුණු. [උණමකුළු.

හුණ·කපුරු, හුණ මකුළු, *n.* bamboo manna: see

හුණු, *n.* (more correctly හුනු), lime, chunam.

හුණු. *v. adj. pret.* of හෙනවා: fallen, dropped off, වැටුණු, ගිලිහුණු.

හුණු, *a.* hot, උණු. [half a pint.

හුණ්ඩුව, *n.* T., a measure of capacity = about

හුත, *a.* (හු to sacrifice), offered with fire, දවා පූජාකරනලද.

හුතය, *n.* sacrifice, යාගය, පූජාව.

හුත·භුජ්, (භුජ් to eat), sacrifice-eater, ap. of Agni, god of fire, අග්නිදෙවියෝ.

හුතාශ, හුතාශනය, *n.* See හුතාශනය.

හුතාශන·සහාය, *n.* (fire-helper), the wind, හුළඟ.

හුතාශනය, හුතාශ, *n.* (හුත sacrifice, අශ් to eat), fire, ගින්න, or its deity Agni, අග්නි.

හුතෑශ, *n.* E. of හුතාශ.

හුතෑශ්යොත්, *n.* (හුතෑශ් fire, යොත් place of birth), ap. of කතරගමදෙවියෝ, said to have been born of the fire into which Siva had cast semen.

හුද, *n.* white colour, සුද.

හුද, *ad.* quickly, ඉක්මනින්.

හුදකලා, *a.* only, single, unique, තනි, උදකලා.

හුදකලාව, *ad.* alone, තනියම, උදකලාව.

හුදක්, හුදෙක්, *conj.* only, merely; besides.

හුදීයා, *n.* See සුදීයා.

හුදී, හුදීසත්, *a.* good, virtuous, සත්පුරුෂ; learned, පණ්ඩිත. [see සුදු.

හුදු, *a.* unmixed, අමිශ්‍ර; sole, තනි; white, pure:

හුන. *n.* sacrifice, යාගය.

හුනත්, *a.* See සුනත්.

හුනත්කරනවා, *v. t.* to consume, destroy, ruin, නාශකරනවා.

හුනපනවා, *v. i.* See උනනවා, *v. i.*

හුනන්, *n.* sacrifice, යාගය; *pl.* හුනන්.

හුනන්·අග, *n.* (අග fire), sacrificial fire, යාගගින්න.

හුනපුපුලුවා, *n.* See උනපුපුලුවා.

හුනස්න, *n.* (phrase, හුන්අසන), seat on which

හුනු, *n* lime, chunam. [was (some one).

හුනු·උදුන, හුනු·පෝරණුව, *n.* limekiln.

හුනු·ගල්, *n.* or *a.* limestone. [nam.

හුනු·ගානවා, *v.* to limewash, whitewash, chu-

හුනු·පුවක්, *n.* lime and arecanut, quid of betel: see බුලත්.

හුනු·බදාම, *a.* mortar, plaster.

හුනුහැන්ද, *n.* (mortar-) trowel. [or were.

හුන්, *v. adj. pret.* for උන්, fr. ඉන්නවා: who was

හුන්, *a.* for සුන්: empty, vain, හිස්.

හුන්නා, *n. mas*; හුන්නී, *n. fem.*, fr. හුනු: lime-burner, lime-dealer, or person of that caste.

හුමාරය, *n.* reek, steam, දුමාරය, දුම.

හුමාලය, *n.* caloric, උෂ්ණය: steam, දුම.

හුඹස, හුඹහ, *n* white-ant hill or mound: see

හුඹස්මැටි, *n.* clay of white-ant mound. [තුඹස.

හුය, *n.* thread, නූල; *pl.* හූ.

හුයනවා, *v. t.* to cook, seethe, උයනවා.

හුයනවා, *v. t.* to peel, decorticate, පොතුඅරිනවා, ලෙලිගහනවා.

හුරතල්, &c. See සුරතල and සුරතල් කරනවා.

හුරා, හුරේ, හොරේ, *excl.* hurrah.

හුරිර. *n.* for රුහිර: blood, ලේ, රුධිරය.

හුරිරු·පා, හුරිරුපු, *n.* (පා drinker), blood-drinker, viz. cemetery goblin or demon, රකුසා; *pl.* හුරිරුපාහු.

හුරු, *a.* compatible, congenial, congruous, consonant, සුදුසු, සම; accustomed, පුරුදු.

හුරු·අත, *n.* accustomed hand, generally the right hand, පුරුදු අත.

හුරුකම, *n.* accordance, compatibility, consonance, congruity.

හුරු·බුහුටි, *a.* See සුරුබුහුටි.

හුරුල්ල, *n.* an offering to a superior of both palmsful of බුලත්, supply of betel.

හුරුල්ලා, *n.* a sea fish like the herring.

හුරුළු·බානවා, හුරුළුවම·බානවා, *v.* to whistle with the mouth.

හුරුළුවම·හඩ, *n.* the sound of whistling, whistle.

හුල, *n.* See උල.

හුල, *n.* flambeau, torch, meteor, උල්කාව, උල.

හුල·වාලියා, *n.* chief of the Rodiyas. [wise.

හුලස්වූ, *a.* having edges, edged or placed edge-

හුලහ, *n.* edge, extremity; *pl.* හුලස්.

හුලහට, *ad.* edgewise: හුලහටබඳිනවා, to fix edgewise, surbed.

හුලිජ්ජ, *n.* urine, මූත්‍ර.

හුලිජ්ජ·මොක්ක, *n.* urinal bladder, මුත්‍රමොක්ක.

හුල්, හුල්ඹි, *a.* pointed : see උල්.
හුල්, *n.* mucus of the eye, කබ ; also *pl.* of හුල.
හුල්·වඩුවා, *n.* wicker-worker, basket-maker, කුළුපොත්තා.
හුලු·දිය, *n.* urine.
හුවට, *n.* ball of thread : see හුල්මැටිය.
හුවමාරුකරනවා, *v. t.* to exchange, interchange, swop, barter ; ලියුම් හුවමාරුකරනවා, to correspond by letters.
හුවමාරුව, *n.* exchange, interchange, barter.
හුස, *n.* cooked fish, උයාපු මාලු.
හුස්ම, *n.* breath. [out, exhale.
හුස්ම·අරිනවා, *v.* to send the breath out, breathe
හුස්ම·කූප, *n. pl. zool.* breathing pores, viz. stigmata : see ශ්වාසකූප.
හුස්ම·ගන්නවා, *v.* to take breath, inhale, breathe.
හුස්ම·හෙළනවා, or ·හෙළාගන්නවා, *v.* to breathe out, respire, හුස්මඅරිනවා.
හුළ, *n.* T., torch : see හුල.
හුළං, *n pl.* or *a.* of හුළඟ : winds ; wind-, air-.
හුළං·කුකුළා, *n.* weather-cock, vane. [blow.
හුළං·ගහනවා, *v.* the wind blows or the winds
හුළං·තහඩුව, *n.* wind-plate, damper ; vane.
හුළං·බල්ලා, *n.* wind-dog, viz. greyhound.
හුළං·මෝල, *n.* windmill.
හුළං·හැරය, *n.* force or velocity of the wind.
හුළං·සුළිය, *n.* whirl or eddy of the wind, හුළං [කරකැවීම.
හුළඟ, *n.* wind, air ; *pl.* හුළං.
හුළඟ·ගහනවා or ·හමනවා, *v.* the wind blows.
හුළකිල්ල, *n.* See හුළකිල්ල.
හුළු, *n.* or *a.* rice ; as හුළුකැන්, rice congee.
හුළු·අත්ත, *n.* torch-branch, viz. dried coconut branches tied together for a torch.
හුළු·එළිය, *n.* torch-light.
හුළු·කැටය, *n.* See උළුකැටය. [starch, කැද.
හුළු·කැන්, *n.* (හුළු rice), congee, rice gruel,
හුළු·ගානවා, *v.* (හුළු fr. හුළ torch), to move torches about, viz. to fish in fresh water by means of torches ; *pret.* හුළුගෑවා.
හුළු·දැල්, *n. pl.* torch-light sparks ; a kind of fishing net.
හුළුකා, *n.* thief, robber, හොරා.
හුළු·පිස්, *n.* boiled, bruised or powdered rice, හුස්සාල් පිස්. [torch-light.
හුළු මස්, *n.* torch-light-fish, fish caught by
හූ, *n.* fr. සූත්‍ර : string, thread, නූල්. [halloo.
හූ, *n.* the sound 'hoo', a shout to call attention,
හූ·කියනවා, *v.* to shout හූ, halloo, call to a person in the distance.
හූකිය, *n.* calling, අඬගැසීම, shouting to, මොරගැසීම, බල්වරකම.
හූනා, *n.* house lizard, gecko.
හූනියම, *n.* magic, witchcraft, enchantment by spells and incantations.

හූනියම්, *n. pl.* or *a.* enchantments, incantations ; magical, අණවින.
හූනියම්·කපනවා, *v.* to 'cut' or counteract witchcraft and enchantment. [witchcraft.
හූනියම්·කරනවා, *v.* to bewitch, enchant, practise
හූරනවා, *v. t.* See සූරනවා ; *pret.* හීරුවා ; *v. n.* හීරීම. [නරියා.
හූ·රවයා, *n.* (රව noise), *lit.* hoo-caller, viz. jackal,
හූරා, *n.* ; හූරු, *a.* See ඌරා and ඌරු : pig.
හූලාව, *n.* dropsy of the testicles, hydrocele.
හූල්ලනවා, *v.* to sigh, සුසුම්ලනවා ; *v. n.* හූල්ලීම, හීල්ලීම.
හූව, *n.* the sound 'hoo' in shouting, shout : see හූ. [of thread.
හූවට, *a.* (හූ thread, වට roll or ball), roll or ball
හූවැටිය, *n.* ball of thread.
හෘණීයාව, *n.* reproach, censure, අවලාදය ; shame, modesty, ලජ්ජාව, හිරිඔතප්.
හෘත, *a.* (හෘ to take), taken, ගත්, seized, අල්ලා ගත්, taken away, අරන්ගිය ; accepted, පිළිගත්.
හෘත ශක්ති, *a.* of lost strength, enfeebled, enervated, ශක්තිහීන, දුබල. [යාම.
හෘතිය, *n.* taking, ගැනීම, taking away, අරන්
හෘතතේජස්, *a.* (හෘතතේජ:), of lost glory, viz. degraded. E. S.
හෘත්, හෘද්, *a.* of හෘදය : pert. to the heart or mind, cardiac, හෘද, හිත්.
හෘත්පිණ්ඩය, *n.* (හෘත්, පිණ්ඩය piece, substance), the heart, හෘදයවස්තුව.
හෘත්ශූලය, *n.* heart-pang, heart-spasm, pain at the heart, හෘදයවේදනාව.
හෘත්සාක්ෂිය, *n.* See හෘදයසාක්ෂිය.
හෘද, හෘදය, *a.* See හෘත්.
හෘද·කූපය, *n.* ventricle of the heart.
හෘදය, *n.* heart, හෘදයවස්තුව ; mind, seat of thought and feeling, හිත.
හෘදය·කම්පාව, *n.* agitation of the heart and mind, emotion, feeling, shock, සිත්චංචලය.
හෘදය·ග්‍රාහී, *a.* heart-taking, captivating, heart-felt, හිතටවදින,
හෘදයං·ගම, *a.* (හෘදයං heart, ගම going), heart-touching, affecting, solemn, හිතටවැදීයන ; suitable, fit, යෝග්‍ය.
හෘදයං·ගමතාව, *n.* quality of reaching or touching the heart &c. [heart, feelingly &c.
හෘදයං·ගමාකාරයෙන්, *ad.* so as to affect the
හෘදය·චක්‍රය, *n.* cardiac wheel, heart-wheel. E. S.
හෘදය·රෝගය, *n.* heart disease, heartburn.
හෘදයවත්, *a.* tender-hearted, kind, දයාවන්ත.
හෘදයවස්තුව, *n.* heart-substance, viz. the heart of the body. [heart, හෘදයේ විදහීම.
හෘදය·විස්තාරය, *n. anat.* expanding of the
හෘදය·විද්‍යාව, *n.* knowledge of the heart, cardio-
හෘදය·චිත්‍රය, *n.* cardiography. [logy.

හෘදය·වේදනාව, *n. lit.* and *fig.* pain in the heart, heartache, සිත්වේදනාව.
හෘදය·සංකෝචක, *a. anat.* systolic. E. S.
හෘදය·සංකෝචනය, *n. anat.* systole.
හෘදය·සාක්ෂිය, *n.* witness of the mind, conscience.
හෘදය·ස්ථානය, *n.* place of the heart, viz. chest, breast, පපුව. [හැඩය ඇති.
හෘදයාකාර, *a.* heart-shaped, cordate, හෘදයේ
හෘදයාකෘතිය, *n.* (·ආකෘතිය form), heart-shape, හෘදයේ හැඩය.
හෘදයාලු, *a.* good-hearted, friendly, සිත්සිත.
හෘදයාවනත, *a.* (හෘදය අවනත), of humble mind, lowly in heart, reverent, සිතින් යටහත්වූ.
හෘදයාවනතකරනවා, *v.* to humble the heart, solemnize the mind.
හෘදයාවබෝධ, *a.* (·අවබෝධ awakening), moving the heart, cardiac.
හෘදයාවබෝධකඖෂධය, *n.* (ඖෂධය), a medicine to increase the action of the heart, a cardiac.
හෘදයාශ, *a.* (·ආශ receptacle), pericardial.
හෘදයාශය, *n.* pericardium.
හෘදයිත, *a.* cordial, hearty, සිතේසිත.
හෘදයෝද්ගත, *a.* (හෘදය, උද්ගත going up), heart-moving, heart-felt, සිතමවදින.
හෘද්දේශය, *n.* (හෘද්දේශය), place or region of the heart, the chest, පපුව.
හෘද්ගත·වාතය, *n.* heartwind, flatulence which affects the chest, one of the supposed eighty morbid airs.
හෘද්මාංසය, *n.* heart-flesh, viz. the heart: see හෘදය වස්තුව.
හෘන්මූර්ඡා, *n.* heart-insensibility, viz. wind affecting the heart and producing insensibility, one of the supposed eighty morbid airs.
හෘද්‍ය, *a.* cordial, hearty, heartfelt, සිතේසිත; beloved, affectionate; ප්‍රේමවත්, pleasant, ප්‍රියතර. [kind of salt.
හෘද්‍ය·ගන්ධ, *n.* small cardamoms, සිත්එන්සාල්; a
හෘද්‍යය, *n.* a mantra or incantation to fascinate or bewitch; cassia bark, දවුල්කුරුඳුපොතු.
හෘද්‍රෝගය, (හෘද්‍රෝගය), see හෘදයරෝගය.
හෘල්ලාසය, *n.* hiccough, hiccup, ඉක්කාව.
හෘෂිත, *a.* (හෘෂ to exult, rejoice), astonished, විස්මයපත්; delighted, ප්‍රීතිමත්; having the hair erect with pleasure.
හෘෂීකය, *n.* any organ of sense, ඉන්ද්‍රියය.
හෘෂීකේශ, *n.* (හෘෂීක, ඊශ lord), lord of the organs of sense, ap. of ක්‍රිෂ්ණ or විෂ්ණු.
හෘෂ්ට, *a.* astonished &c.: see හෘෂිත. [සතුට.
හෘෂ්ටිය, *n.* delight, pleasure, ප්‍රීතිය; pride, උඩඟු
හෙ, හේ, *excl.* the sound හෙ or හේ made in shouting to any one.
හෙට, *n.* to-morrow.
හෙට්ටියා, *n.* හෙට්ටිරාළ, *n. hon.* See සෙට්ටියා.
හෙටා, *post.* or *ad.* P., under, below, යට.

හෙණ·ගහනවා, *v.* the lightning or thunderbolt strikes or flashes. [අසනි.
හෙණ·ගුලිය, *n.* lightning ball, thunderbolt,
හෙණය, හෙණ, *n.* the electric fluid, lightning, thunderbolt.
හෙණ්ඩුව, *n.* elephant-hook or goad.
හෙති, *third pl. pres.* of හෙනවා.
හෙද, *ad.* See සෙද.
හෙතෙම, *pron.* he, ඔහු; that person, ඒ අය.
හෙත, *pres. pl.* of හෙනවා: falling &c.
හෙනහඳයා, *n.* green whip-snake: see ඇහැටුල්ලා.
හෙනවා, *v. i.* to fall, drop, වැටෙනවා; to be, ඉන්නවා; be able, can, පුළුවනි, see හොඬහෙන, හොඬයේ; *pret.* හුණා; *p. pl.* හී. [හැපිටය.
හෙන්ක්‍රාස්තය, *n.* D., man's jacket, කබාය,
හෙප්, *n. pl.* of හෙබ: ponds, පොකුණු &c.
හෙපනා, *n.* swan: see සෙපනා.
හෙප්පුව, *n.* jewel case &c., see සෙප්පුව.
හෙප්·මල, *n.* pond in a stream, rivulet-pond, pond, පොකුණ. [හෙබමල්.
හෙබ, *n.* brook, ඔය, pond, පොකුණ; *pl.* හෙප්,
හෙබියා, *v. pret.* of හොබිනවා: as (යමකින්) හෙබියාවූ, that was adorned with (something).
හෙබීම, *v. n.* of හොබනවා: pressing down.
හෙබ්‍රෙව්, *a.* Hebrew, Hebraic. [E. S.
හෙබ්‍රෙව්·භාෂා·ඥයා, *n.* (ඥ knowing), Hebraist.
හෙබ්‍රෙව්වා, *n. mas.* one of the Hebrew race, a Hebrew.
හෙම, *adj. pron.* the same, that same, එම.
හෙම, *n.* See හේම.
හෙමින්, හෙමිහිට, *ad.* slowly, gently, softly.
හෙමුව, හෙමෝ, *first pl. pres.* of හෙනවා; we are able &c. [cold.
හෙම්, *n.* or *a.* E. of හේම, gold; and of හිම,
හෙම්·කුළු, හෙම්·කුළ, *n.* golden mountain, viz. the peak, rock or mountain called මහාමේරු.
හෙම්බිරිස්සාව, හෙම්බිරිස්සාව, *n.* catarrh, cold.
හෙම්බා, *int.* See එම්බා. [මිතුර.
හෙම්·පට, *n.* the golden-robed, viz. Vishnu,
හෙය, *n.* bridge, පාලම, ඒදණ්ඩ; paddy field causeway or embankment: see හේතුව; reason, cause, හේතුව.
හෙයි, *v. third sg.* of හෙනවා.
හෙයින්, *conj.* (abl. case of හෙය), from the cause that, because, because of, for as much as,
හෙර, *n. fem.* of හොරා: female thief. [මැමින්.
හෙරණ, *n.* novitiate B. P. who has not been ordained, සාමණේර.
හෙරෙනවා, *v. t.* to sink in: see එරෙනවා.
හෙල, *n.* hill, hillock; *pl.* හෙල්. *Bot.*
හෙලවෙනවා, *v. i.* to shake, move, be agitated, සෙලවෙනවා.
හෙල්, *a.* white, සුදු.
හෙල්, *n. pl.* of හෙල: hills.

හෙල්·බිජු, *n.* Ceylon cardamoms, *elettaria Cardamomum*, එන්සාල්.
හෙල්ලය, *n.* spear, lance, dart, pike, හෙල්ලය.
හෙල්ලෙනවා, *v. i.* to shake, move, be agitated, හෙල්වෙනවා.
හෙවත්, *conj.* or, or else, හෝ, නොහොත්.
හෙවණ, *n.* shadow: see සෙවණ.
හෙවණකරනවා, *v.* See සෙවණකරනවා.
හෙවණැල්ල, *n.* See සෙවණැල්ල.
හෙවණිය, *n.* shadow: see සෙවණිය.
හෙවුවා, *v. pret.* of හොවනවා and of හොයනවා.
හෙංවෙනවා, *v. i.* See සැංවෙනවා. [ලංකා.
හෙළ, *a.* fr. සිහළ = සිංහල: pert. to Ceylon,
හෙළ, *n.* or *a.* white, whiteness, සුදු; light-coloured, white, සුදු. [sinapisine.
හෙළ·අබ·සාරය, *n.* essence of white mustard,
හෙළ·කිරි, *n.* See එළකිරි. [තුය.
හෙළ·කුඩය, *n.* white umbrella: see සේසත්
හෙළ·ගිතෙල්, *n.* See එළගිතෙල්.
හෙළ·දත්, *n.* white variety of the දත් fruit: see දත්ගෙඩිය.
හෙළ·දිව්, *n.* island of Ceylon, ලංකාද්වීපය.
හෙළ·දිව්·බස, හෙළුබස, *n.* Elu or ancient language of Ceylon.
හෙළ·දෙන, *n.* cow: see එළදෙන.
හෙළනවා, *v. t.* to throw down, cast down; *pret.* හෙළුවා; *v. n.* හෙළීම.
හෙළලු, *a* whitish, pale, එළලු.
හෙළලූ·ලූණු or ·ලුණු, *n.* garlick, සුදුලූණු.
හෙළා·තලා·දෙඩනවා, හෙළා·දෙඩනවා, *v. t.* to abuse, speak disrespectfully or contemptuously of.
හෙළා·දකිනවා, *v.* to scorn, insult, treat with disrespect; *pret.* හෙළාදුටුවා. [overturn.
හෙළා·දමනවා, *v. t.* to cast down, overthrow,
හෙළා·දකීම, *v. n.* scorning, insulting &c.; disrespect, indignity, insolence.
හෙළැස, *n.* (හෙළ white, ඇස), wall-eye, සුදුඇස.
හෙළැසත්ඇති, හෙළැස්ඇති, *a.* wall-eyed.
හෙළි, *a.* open, clear, එළි.
හෙළිල්ලඹුව, *n.* (හෙළිලි white, අඹුව), fair woman, white woman or wife.
හෙළු, *a.*; හෙළුව, *n.* nude &c.; see නෙළු; හෙළුව.
හෙළු·මැල්ල, *n.* nakedness, නග්නකම.
හේ, *pron.* that, that one, ඒ, එයා.
හේ, *excl.* used in shouting to any one or in driving cattle away.
හේ, *n.* bridge, පාලම: see සේතුව.
හේ, *a.* tame, domestic, හීලෑ.
හේකම, *n.* tameness, docility, හීලෑකම.
හේක්කාව, *n.* hiccough, ඉක්කාව. [හිරිහැරය.
හේකරිඩය, *n.* annoyance, nuisance, හිංසාව,
හේතිය, *n.* weapon, ආයුධය; sunbeam, ඉරරැස; flame, ගිනිදැල්ල.

හේතු, හේතුක, *a.* being a cause, causal, causative, instrumental, කාරණවූ.
හේතුකතාව, හේතුතාව, *n.* causality, causation, efficiency. E. S. [උපකාරණය.
හේතුකය, *n. neu.* cause or instrument, හේතුව,
හේතුකයා, *n. mas.* doer, operator or agent, කරන්නා, කාරකයා. [ological. E. S.
හේතුකාධ්‍යාශ·ශාස්ත්‍ර, *a.* (අධ්‍යාශ design), tele-
හේතුකාධ්‍යාශ·ශාස්ත්‍රය, or ·ධර්මය, *n.* teleology.
හේතුකොටගෙන, *post. lit.* taking as a cause, viz. by means of, through, because of, on account of.
හේතු·ක්‍රමය, *n. lit.* origin-method or order, viz. *a priori* method. [tion, philosophic.
හේතුතා·ශාස්ත්‍ර, *a.* pert. to the science of causa-
හේතුතා·ශාස්ත්‍රඥයා, *n.* philosopher. E. S.
හේතුතාශාස්ත්‍රය, *n.* science of causation, philosophy. E. S.
හේතු·ධර්ම·ශාස්ත්‍රය, *n.* science of the laws of causation, metaphysics.
හේතුපරීක්ෂකේන්ද්‍රියය, *n.* (පරීක්ෂක ඉන්ද්‍රියය), *phren.* faculty which investigates causes, causality.
හේතු·ප්‍රත්‍යය, *n.* origin, ප්‍රභවය, හේතුව.
හේතුභූත, *a.* being a cause, causative.
හේතුව, *n.* cause, origin, කාරණය, මුල; reason for, කාරණාව; B., merit as a cause of prosperity.
හේතු අහේතු, *n.* prosperity and (or) adversity, good luck and bad luck, fortune. [වන්ත.
හේතුවන්ත, *a.* lucky, fortunate, කල්‍යාණ, වාසනා
හේතු·ඵල වශයෙන්, *ad.* in the manner of cause and effect, consequentially. E. S.
හේත්තු, *a.* touching, in contact with, leaning against, impingent.
හේත්තුකරනවා, *v. t.* to cause to touch or lean against; fit to, apply to, unite, join.
හේත්තුවෙනවා, *v. i.* to touch, be in contact with, fit to, lean against.
හේත්වවයවය, *n.* (හේතු අවයවය), *lit.* the cause-member: *log.* minor premise, දෙවෙනි තර්කාංගය.
හේත්වාභාසය, *n.* (හේතු ආභාස: fallacy), *log.* fallacious cause or reasoning, fallacy, වරදසහිත තීන්දුව.
හේදණ්ඩ, *n.* See ඒදණ්ඩ; *pl.* හේදඬු.
හේදම, *n.* spite, revenge, පළිගැනීම.
හේදමට, *ad.* for spite, out of spite, for revenge.
හේන, *n.* chena land, dry land, in distinction from swamp, cultivated at intervals of some years; *pl.* හේන්.
හේනයා, *n.* washerman, රදවා.
හේනාවා, *n.* white-tailed porcupine. [vation.
හේන්කොටනවා, *v.* to clear chena land for culti-

හේන්·ගොවිතැන, *n.* cultivation of chena land.

හේම, *part.* and such, or such, as ආධාර හේම, help and such, help and such like things.

හේම, හේමන්, *n.* gold, රන්රන්.

හේමකාරයා, *n.* goldsmith, බඩාලා.

හේමන්කරනවා, *v. t.* to cool or calm anyone's fears; cause to lean upon or unite, හේත්තු කරනවා.

හේමන්ත, *a.* (හිම cold, snow), pert. to the cold season, wintry, hiemal.

හේමන්ත සෘතුව or ·කාලය, *n.* winter, cold season, ශීතකාලය, viz. the two months from the middle of November to the middle of January, or four months, reckoning from November to February inclusive.

හේමයි, හේමා, *ph. fr.* එසේමයි: expressive of supposition, as ඔහු ගියා හේමයි, He has gone, I suppose; or, He has gone, is it not so?

හේමලම්බ, *n.* thirty first year of the Indian cycle.

හේමලයා, *n.* goldsmith, බඩාලා; chameleon, කටුස්සා; house lizard, හූනා.

හේමවත, *n.* a secondary chief of the demons called යක්ෂයෝ, the great chief of whom is කුවේර.

හේමාංගය, *n.* (හේම gold, අංග body), ap. of Mount Mēru, මේරුපර්වතය.

හේමාංගයා, *n.* golden-bodied one; ap. of Garuda, ගුරුළා, of Brahma, බ්‍රහ්මයා, and of the lion, සිංහයා. [Mount Mēru.

හේමාද්‍රිය, *n,* (අද්‍රිය), golden mountain, viz.

හේමාව, *n.* celestial courtezan or nymph, දිව්‍යාංගනාව; the planet Mercury, බුදග්‍රහ; winter, හේමන්තකාලය. [king.

හේර, *n.* D., heer: playing-card so called, viz.

හේරකඳයා, *n.* thin long-bodied bullock.

හේරම්බයා, *n.* buffalo, මීමා; ap. of Ganesa, ගණේශ; proud hero, උඩඟු වීරයා. [කහ.

හේරය, *n.* tiara or crown, ඔටුන්න; turmeric,

හේලනය, *n.* disrespect, නුළුකිරීම, අගෞරවය; dalliance. E. S.

හේලය, *n.* piece of cloth six yards long.

හේලාව, *n.* disrespect, contempt, නොසැලකිල්ල; moonlight, සඳඑළිය; wanton dalliance, කාම ලීලාකිරීම.

හේලිය, *n.* sun, ඉර; wanton dalliance.

හේවා, *a.* pert. to soldiers, military. [parade.

හේවා·අභ්‍යාසය, *n.* military practice, drill,

හේවා·ආයිත්තම්, *n. pl.* regimentals.

හේවා·කණ්ඩායම, *n.* regiment, troop or company of soldiers.

හේවාකම, *n.* office or occupation of a soldier, military service.

හේවාකම්කරනවා, *v.* to serve as a soldier.

හේවා·තොප්පිය, *n.* military hat or cap, shako.

හේවා·පන්නක්·කාරයා, හේවා·කමියා, *n.* one engaged in military service, soldier, හේවායා.

හේවා·පන්නය, *n.* military duty or service, හේවාකම. [බැරැක්කය.

හේවා·මඩම, හේවා·ශාලාව, *n.* barrack, barracks,

හේවායා, *n.* soldier, warrior.

හේවාරල, *n. hon.* soldier, lascoreen; peon.

හේවා·වසම, *n.* See හේවාකම.

හේවා·ශිෂ්‍යත්වය, *n.* military discipleship, cadetship, හේවාගෝලකම. [army.

හේවා·සමූහය, *n.* military troop or regiment,

හේවිසිකරනවා, හේවිසිගහනවා, *v.* to drum loudly, beat the loud tomtom. [drum·

හේවිසිකාරයා, *n.* drummer who beats the loud

හේවිසිය, *n.* drum-roar, බෙරශබ්දය. [දය.

හේෂා·රවය, හේෂාව, *n.* Sans., neighing, අශ්වශබ්

හේෂා·රවයකරනවා; *v.* to neigh, (අශ්වයා) නාදය [කරනවා.

හේෂියා, *n.* horse, අශ්වයා.

හෛම, *a.* fr. හිම: cold, සීතල; fr. හේම: golden, රන්රන්.

හෛමය, *n.* hoar-frost, මිදිච්ච පිනි.

හෛමන්ත, හෛමන්තික, *a.* See හේමන්ත.

හෛමන්තය, *n.* winter, see හේමන්තසෘතුව.

හෛමවත, *n.* (හෛම snow, වත that has), ap. of India as bordered by the Himālaya, see හිමවත; ap. of පාර්වතී and of the Ganges, ගංගානම් ගංගාව. *Bot.*

හෛයංගවීන, *n.* (fr. හ්‍යස් yesterday &c.), ghee prepared only the day before it is used, fresh butter, අලුත් ගිතෙල්.

හොක්ක, *n.* jaw, cheek near the jaw, හක්ක.

හොට, *n.* beak, bill, තුඩ; mouth, කට; snout, [හොන්ඩ.

හොට·ආකාර, *a.* beak-like, rostral.

හොට·කළු·කොකා, *n.* black-billed egret or heron, *herodias intermedia.*

හොට·ගහනවා, හොටෙන් කොටනවා, *v.* to peck with the beak.

හොට·බරියා, *n.* heavy-jawed one, viz. pig, ඌරා.

හොටළුව, *n.* cottage, small house, පුංචිගෙය, කුඩාගෙය; hut, පැල; *pl.* හොටළු (වල්).

හොච්චි, *a.* small, undersized (coconuts, fruit &c.), සිත්, පුංචි, the opposite of ලුව, which see.

හොටිය, *n.* spear &c., see සොටිය.

හොටු, *n.* See සොටු. [to snivel.

හොටු·යනවා, *v. i.* mucus flows from the nose,

හොන්ඩරය, *n.* Eng., hundredweight. E. S.

හොන්ඩර්, *a.* Eng., hundredweight-, cwt.

හොම්බය, හොම්බ·වැල, *n.* See සොම්බවැල.

හොත්, *suf.* used to form the subjunctive mood, as ඔහු ගියහොත්, cont. ගියොත්, If he were to go.

හොත්, හොත්තාවූ, *v. adj. pret.* of හෝනවා: that is lying down or is prostrate, reclining, reposing, දිගාවූ, හාන්සිවූ.

හොදි·ශාලාව, *n.* soup-hall, soup-kitchen.

හොද්ද, *n.* soup, gravy, liquid condiment; *pl.* or *a.* හොදි.

හොඳ, *a.* good, excellent, virtuous. [fit, ගුණය.

හොඳ, *n.* good, something good; welfare, bene-

හොඳ·අප්පා, *n.* paternal younger uncle, viz. father's younger brother.

හොඳ·අම්මා, *n.* maternal younger aunt, viz. mother's younger sister; (also) paternal uncle's wife.

හොඳකම, *n.* goodness, good quality, soundness.

හොඳකරනවා, *v. t.* to make good, repair, restore, cure; do good.

හොඳ·නොහොඳ, *n.* or *a.* good and evil, good and bad, good or bad.

හොඳ·පිට, *n.* good or right side (of cloth).

හොඳවෙනවා, *v. i.* to become good or restored.

හොබන, *a.* See සොබන.

හොබනවා, *v. t.* See ඔබනවා; *pret.* හෙබුවා.

හොබනා, *v. adj. pres.* of හොබිනවා: (being) beautiful or comely, ශෝභනවූ.

හොබවනවා, *v. c.* of හොබිනවා: to render seemly, ශෝභාකරනවා. [ඔබිනවා.

හොබින, *v. adj.* of හොබිනවා: see ඔබින and

හොබිනලෙස, *ad.* becomingly, worthily.

හොම්බ, *n.* snout, cheek, nozzle.

හොය, *n.* rivulet, stream, ඔය; *pl.* හොයවල්.

හොයඳුන්, *n.* (හොයඅඳුන්), antimony: see අඳුන.

හොයනවා, *v. t.* to seek; thatch: see සොයනවා; *pret.* හෙවුවා.

හොයැලි, *n.* sand, වැලි; sand-bank, sand-plain, sandy shore, වැල්ල.

හොර, *a.* thievish, sly, trickish, dishonest, deceitful, false, feigned, sham, spurious (coin, work &c.).

හොරකම, *n.* theft, dishonesty, robbery, larceny.

හොරකම්කරනවා, *v. t.* to steal.

හොරකරනවා, *v.* to act dishonestly or unfairly, sham; be unwilling to act, shirk, be restive (as a horse).

හොර·කාසි, *n. pl.* false coin, counterfeit money.

හොරණෑකාරයා, (-නෑ-), *n.* trumpeter, bugler.

හොරණෑ(නෑ)ව, *n.* trumpet, horn, bugle.

හොරපාර, *n.* by-path, by-way, අතුරුපාර.

හොර·පුරුෂයා, *n. mas.* paramour, පරපුරුෂයා.

හොර·පොලා, *n.* a sort of sea fish.

හොරය, හොරේ, *n.* fraud, trick.

හොර·ලෙඩ, *n.* pretended illness, feigned disease, malingery.

හොරවෙනවා, *v. i.* to become false or untrustworthy; become restive or shirk work (as a draft animal). [හොරු.

හොරා, *n. mas.* thief, robber, plunderer; *pl.*

හොරාකනවා, *v. t.* to eat or graze thievishly or without permission. [sly eye, leer.

හොරැසින්බලනවා, *v.* (හොර ඇසින්), to look with

හොරි, *n. pl.* itch (patches or scabs or spots),

හොරි, *a.* itchy, scabious. [scabies.

හොරි·කබල, *n.* scab formed by itch.

හොරි·කෙඩිය, *n.* a spot of itch or scabies.

හොරි·රෝගය, *n.* itch disease, scabies.

හොරුව, *n.* See ඔරුව; *pl.* හොරු.

හොරෙන්, *ad.* slyly, stealthily, furtively, deceitfully, falsely, surreptitiously.

හොරෙව්ව, *n.* See සොරෙව්ව.

හොලවනවා, *v. t.* to shake, move, stir, සොලවනවා; *pret.* හෙලෙවුවා; *v. n.* හෙලවීම.

හොල්මන, *n.* shouting, shout, කෑගැසීම, ඝෝෂාව, supernatural noise, noise made by ghosts or demons.

හොල්මන්කරනවා, *v.* to make a noise, disturb or haunt with noise. [ලුවා.

හොල්ලනවා, *v. t.* See හොලවනවා; *pret.* හෙල්

හොවනවා, *v. c.* of හෝනවා: to cause to lie down, lay to rest, place, හාවනවා, තබනවා.

හොවිනවා, *v. i.* to lie down, repose, sleep, දිගා වෙනවා, හාන්සිවෙනවා.

හොබිල්ල, *n.* See ඔබිල්ල; *pl.* හොබිලි.

හොඹය, *n.* snout, exterior mouth, muzzle, jaw, cheek, chops. [quito, midge.

හොහපුවා, *n.* a small species of gnat or mos-

හොහුම, *n.* thunderbolt, අකුණ, හෙණය.

හොල, *n.* affliction, sorrow, පීඩාව, දුක; *pl.* හොල්. [ගඟබඩ.

හෝ, *a.* of හොය, as හෝතෙර, river-border,

හෝ, *pron. fem. hon.* she, ඕ or ඕතොමෝ, ඒ තැනැත්තී.

හෝ, or හෝ...හෝ. *conj.* or, either...or: as මේක හෝ ඒක ගනින්, මේක හෝ ඒක හෝ ගනින්, Take either this or that.

හෝ, *int.* used when calling aloud to anyone.

හෝටලය, *n.* Eng., hotel.

හෝඩිය, *n.* alphabet.

හෝතඹුවා, *n.* mongoose, මුගටියා.

හෝතෘ, *n.* priest of the Rig Veda order, sacrificial priest, පූජකයා.

හෝතෘකාරක, *a.* priestly, hieratic, පූජක, යාජක.

හෝතෙර, *n.* river border, river bank, ගඟබඩ.

හෝමය, *n.* burnt offering, or offering of fire, ගිනිපූජාව; ghee as used for such offerings, ගිතෙල්.

හෝදනවා, *v. t.* to wash: see සෝදනවා; *pret.* හේදුවා; *v. n.* හේදීම.

හෝදිසිකරනවා, *v. t.* to investigate ; see හෝදිසි [කරනවා.
හෝදිසිය, *n.* See සෝදිසිය.
හෝත, *n.* grave, see සොහොන ; *pl.* හෝත්.
හෝනවා, *v. i.* to remain, be, ඉන්නවා ; lie down, repose, sleep, සැතපෙනවා.
හෝත්·පල, *n.* See සොහොන්පල.
හෝමය, *n.* (හු to sacrifice), fire-offering, ගිනි පිදීම ; ghee, see හෝත්‍රය. [යාග ගින්න.
හෝමාග්නිය, *n.* (හෝම අග්නිය), sacrificial fire,
හෝමිය, *n.* clarified butter, ghee, ගිතෙල් ; fire, ගින්න ; water, වතුර.
හෝසි, *int.* loud shout, halloo, hey.
හෝරා, *n. pl.* or *a.* hours, hour-, කණිසම්, පැ.
හෝරා·මාපක·විධිය, *n.* method or art of measuring time, horometry, වේලාව මනින විධිය.
හෝරා·යන්ත්‍ර·මණ්ඩලය, *n.* clock-dial, clock face, ඔරලෝසු මඩල, face of a sun-dial.
හෝරා·යන්ත්‍රය, *n.* time-piece, clock, chronometer, horometer, ඔරලෝසුව.
හෝරා·යන්ත්‍ර·රාශිය, *n.* the const. horologium, එනමවූ තරුපංක්තිය. [ශාස්ත්‍රය.
හෝරා·යන්ත්‍ර·ශාස්ත්‍රය, *n.* horology, වේලාව මනින
හෝරා·යන්ත්‍ර·ශිල්පය, *n.* horography, ඔරලෝසු ආදිය සෑදීමේ ශිල්පය. [කුළුන.
හෝරා·යන්ත්‍ර·ස්තම්භය, *n.* clock-tower, ඔරලෝසු
හෝරාව, *n.* the rising of a sign of the zodiac ; twenty-fourth part of a day, hour, ඉංග්‍රීසිපැය.
හෝරා·ශාස්ත්‍රය, *n.* hour-science, viz. that part of astrology which notes the time of birth and thereby predicts a person's fortune.
හෝලය, *n.* groove. [කරනවා.
හෝල්ලුකරනවා, *v. t.* to sharpen to a point, උල්
හෝ·වැල, *n.* (හෝ bad), over-ripe jak fruit, වැලගෙඩිය.
හෝ·වැල, *n.* river bank, sandy bank of a stream,
හෝහපුටුවා, *n.* See හොහපුටුවා. [ගංතෙර.
හෝ·හම, *n.* outer skin, scarf-skin, cuticle.
හ්‍රදය, *n.* deep lake, ගැඹුරුවැව ; ray of light,
හ්‍රද·රෝගය, *n.* Er. for හෘද්‍රෝගය. [රශ්මියක්.
හ්‍රදිනිය, *n.* river, ගඟ ; lightning, විදුලිය.
හ්‍රෂිත, *a.* Er. for හෘෂිත.
හ්‍රස්ව, *a.* short in stature, dwarfish, මිටි ; short (as a vowel), ලඝු.
හ්‍රස්වතාව, *n.* shortness, මිටිකම, ලඝුතාව.
හ්‍රස්ව·දර්ශනය, *n.* brief view, glimpse, විකවේලා වක්දැකීම, සවල්පදර්ශනය. [laconicism. E. S.
හ්‍රස්ව·භාෂණය, *n.* brief or short utterance,
හ්‍රස්ව·භාෂණාකාර, හ්‍රස්ව වචන, *a.* short in speech, pithy, concise, laconic. E. S.
හ්‍රස්ව·වෘන්ත·ධාරී, *a.* having a short stalk, subpetiolate, subsessile, නැටිවමකොටවූ. [රිය.
හ්‍රීවේර, හ්‍රීවේර, *n.* drug and perfume, see හිරිවේ
හ්‍රීතාව, හ්‍රීය, *n.* (හ්‍රී to be bashful), bashfulness, shyness, shame, ලෝලය, ලජ්ජාව.

හ්‍රීත, *a.* bashful, shy, modest, තකලජ්ජාඇති, ලොකොහොල්. E. S.
හ්ලාදනය, හ්ලාදය, *n.* (හ්ලාද්, to be or make glad), gladness, joy, delight, ප්‍රීතිය.
හ්ලාදිත, *a.* delighted, joyful, ප්‍රීතිමත්.

ළ

ළ, *n.* cerebral L. It does not now differ in pronunciation from the dental ල, L.
ළ, *a.* See ළා and ළපටි ; also from ළය, pert. to the breast or heart.
ළ·කල්, *a.* (ළ heart, mind), pleasing to the mind ; beautiful ; මනෝඥ, සිත්කලු.
ළ·ගන්වනවා, *v. t.* (ළ heart or breast), to prove, ඔප්පුකරනවා ; cause to accept as true, bring conviction home, convince, ඒත්තුගන්වනවා ; *pret.* ළගැන්වූවා or ළගැන්නුවා ; *v. n.* ළගැන්වීම.
ළං, ළංවූ, *a.* fr. ළඟ, near. [imity or contact.
ළංකරනවා, *v. t.* to bring near, place in prox-
ළංවෙනවා, *v. i.* approach, become close, draw near, verge.
ළඟ, *a.* or *post.* near, next, proximate.
ළඟට, *ad.* unto, into the vicinity of.
ළඟදී, *ad.* lately, soon. [usher.
ළඟාකරනවා, *v. t.* to bring near, introduce,
ළඟාවෙනවා, *v. i.* to approach, arrive.
ළඟින්, *ad.* or *post.* (pass) close by ; from near, from the vicinity of. [ළොලු.
ළ·තණ, *n.* (ළ young), young grass, අලු තණ
ළ·තඹ, *a.* light copper-coloured, මදක්රතු.
ළ·තඹය, *n.* sprout, germ, දළුව, බීජය.
ළ·තර, *a.* (ළ for ළය, අතර), in the heart or mind, heartfelt, සිතතුළඇත්තාවූ.
ළතවෙනවා, *v. i.* (ළ heart, and තැවෙනවා), to regret, repent, grieve ; bemoan, lament.
ළ·තැවිල්ල, *n.* (See ළතවෙනවා), lamentation, grieving, &c., හැඬුම ශෝකය, ළතෝනිය.
ළතෝනි, *n. pl.* or *a.* lamentations, wailings ; pert. thereto, විලාප.
ළතෝනි·කවිපුරා, *n.* elegist, විලාප කවි සාදන්නා.
ළතෝනි·කාව්‍යම, *n.* poetic lament or wail, elegy, විලාප කවිය.
ළතෝනි·ගීය, *n.* hymn of lamentation, threnody, විලාපගීතිකාව. [පය.
ළතෝනිය, *n.* lamentation, wailing, wail, විලා
ළද, *a.* young, tender, බාල, ළපටි.
ළද·පල්ලවය, *n.* tender bud, ළපටි දළුව.
ළද·බොළද, *a.* very young and tender, or soft and tender, childish, childlike, befitting little children. [ණියා.
ළදයා, *n.* child or young person, බාලයා, තරු
ළදරි, *a.* young, බාල, තරුණ. [තරුණී.
ළදරී, ළදැරි, *n.* girl, maiden, young woman,

ළදරු, *a.* infantile, babyish, childish.
ළදරුකම, *n.* infancy, babyhood.
ළදරු·ශාලාව, *n.* house for infants, foundling hospital, [tism.
ළදරු·බව්තීස්මය, *n.* infant baptism, pedobap-
ළ·දරුවා, *n.* bosom child, viz. infant, babe, very young child.
ළ·දලුව, *n.* (ළ young), young bud.
ළඳ, *a.* young, tender, see ළද. [තරුණියන්.
ළඳ, *n.* wife. ස්ත්‍රී, භාර්යාව; young woman,
ළඳ·කත, *n.* (ළඳ අඟන), young woman, tender maiden, තරුණී. [thicket.
ළඳ·කැලෑව, *n.* young jungle, scrub, brush,
ළපත්, *n.* a tender fruit, unripe fruit, නොපැසුණු ඵලය. [simple.
ළපටි, *a.* tender, soft, young, immature; *fig.*
ළපටිකම, *n.* tenderness &c.
ළපටියා, *n.* tender child, young one; *fig.* greenhorn, simpleton.
ළ·පත, *n.* tender leaf or bud, දලුව.
ළ·පල්ල, *n.* tender bud, shoot, sprout, ළපටි දලුව; *pl.* ළපලු.
ළ·පිරුණු, *v. adj. pret.* (ළ breast, heart), heart-filled, as ප්‍රීතියෙන් ළපිරුණු සිත් ඇත්තා, a person whose heart is filled with joy.
ළමද, ළමැඩිය, ළැමද, *n.* See ළැමඩිය. [ළමයින්.
ළමයා, *n.* child, lad, youth; *pl.* ළමයි, ළමයි, *acc.*
ළමා, ළමා·ගති, *a.* infantile, childlike, childish.
ළමාතැනි, ළමාතැනී, ළමාතැනී, *n.* lady, madam, applied to the wife of a chief or high caste person.
ළමාකම, ළමා·භාවය, *n.* state of childhood, childishness, ළාබාලකම.
ළමා·කාලය, *n.* period of childhood.
ළමිස්සි, *n.* young woman, damsel, maid; *pl.* ළමිස්සියෝ.
ළය, *n.* breast, bosom; heart, mind, සිත; embracing, වැළඳීම; equal time (in music and dancing).
ළය·ඇටය, *n.* breast-bone, sternum.
ළය·කඩ, ළය·රෙදිකඩ, *n.* bib, pinafore. [E. S.
ළය·විරේචක, ළය·විරේචනය, *n.* pectoral, emetic.

ළය·වැස්ම, *n.* covering for the breast, breastplate.
ළයාඟම, *a.* (ළය අඟම), having or pleasing the mind, captivating, සිත සතුටුකරන.
ළයැති, *a.* (ළය ඇති), having heart, kind, දයාවන්ත.
ළසෝ, *n.* (ළ heart, සෝ sorrow), heart-sorrow, distress of mind, සිත්වේදනාව.
ළ·හිරු, *n.* or *a.* (ළ fresh, early), early sun, newly risen sun.
ළ·හිරු·මඬල, *n.* disk of the newly risen sun.
ළා, *a.* tender, soft, young, immature, ළපටි.
ළා·දලුව, *n.* young bud, tender shoot.
ළාදුරු, &c. See ලාදුරු, &c. (page 548).
ළා·පල, *n.* young fruit, immature fruit, නොපැසුණු ගෙඩි.
ළා·බාල, *a.* tender and young, infantile.
ළා·බාලයා, *n* young child.
ළාමක, *a.* childish, puerile; idiotic.
ළාමකයා, *n.* childish one, booby.
ළැ *a.* for ළ, cont. of ළය: pert. to the breast, mind or heart. [සැමිල්ල.
ළැ·තැවිල්ල, *n.* heart-sorrow, regret, ශෝකය.
ළැදි, &c. See ලැදි, &c.
ළැපැත්ත, *n.* breast, bosom, chest; *pl.* ළැපැති.
ළැමඩිය, ළැමදය, ළැමැඩිය, *n.* breast, bosom, ළය; mind or heart, හෘදය, සිත.
ළැය, *n.* Er. for ළය.
ළැව, ළැව්ගින්න, ළැව්දලය, ළැව්වනය, *n.* spontaneous forest fire, conflagration. [ළැකැබෙල්ල.
ළැහැබ, ළැහැබ, *n.* thicket, jungle, කැලෑව; *pl.*
ළැ·විරේචක, *n.* See ළයවිරේචනය.
ළෙස්·ඇණගනවා, *v. i.* (ළෙස් for ළයෙන්), to pierce through the breast or heart.
ළෙන්ගතු, *n.* kindness, compassion, කරුණාවන්තකම; affection, ආදරය.
ළෙහි·ගුණය, ළෙහි·ගුණය, *n.* (for ළයෙහිගුණය), quality of the heart, disposition, සිත්ගතිය, sp. good disposition, kindness, philanthropy, කරුණාවන්තකම, ගුණවන්තකම.
ළොබ, *a.* tender, ළපටි; flabby, බුරුල්; shaky, සෙලවෙන.
ළොඳ, *n.* (=ලොඳ), pulp of fruits, soft part of fruit, as of the young coconut.

ADDENDA

අන්‍යාලාප, අන්‍ය·අලන්, *n.* a metaphor that is in the nature of an allegory, 'allegorical metaphor': see *Sidatsangarā*, Ch. xii.
අන්·වෙසන්·වීම, *n.* (වෙස = වේශය, form), transfiguration.
අවරිය, *n.* T., indigo (plant &c).
ඇඹ, *p. pl.* having smelt, ආඝ්‍රාණයකොට.
උණ්ඩියල්, T., draft, bill of exchange.

ගිනි·පෙට්ටිය, *n.* (See ගිනි), box of matches.
චේතිරු, *n.* P. = Sans. [illegible], E. [illegible]: See [illegible].
ථූප, *n.* P. = Sans. ස්තූප: dagoba, 'tope'. [දැක්.
ගුසා·හිවයා, *n.* a kind of caterpillar, දළඹුවකි.
සමිත·රත, *a. lit.* white-red, viz. pink, මදරතු.
සමිත·සිද්ධාර්ථ·සාරය, *n.* essence of white mustard, sinapisine, සුදු අබ සාරය.

APPENDIX.

BOTANICAL NAMES.

අක, Calotropis gigantea, වරා.
අකීන්, jasmine, Jasminum Sambac, පිච්ච; Trichodesma zeylanicum.
අක්, a tree the fruit of which is used in medicine, Terminalia belerica, බුළු.
අක්කාපාන, Bryophyllum calycinum (*Crassul.*).
අක්පතුරු, අක්ෂ, see අක්.
අක්මැල්ල, a medicinal plant, Spilanthes Acmella.
අක්ෂර, Achyranthes aspera, ගස්කරල්හෑබ.
අක්ෂිභේෂජ, Demia extensa, see ලෝබු.
අග, අගඩි, see අක්. [කුඩලුදෙහි.
අගඩා, leech lime, Citrus Hystrix, කුඩලුදෙහි,
අග·මුල·නැතිවැල, a creeper, Cuscuta reflexa (*Convol.*).
අගරු, අඟුරු, aloe plant, Aloe vera, ගෝණිගස.
අගරුක, a creeper, කළුවැල.
අගල්ආදර, a small tree or shrub bearing large flowers, Adhatoda Vasica (*Acanth.*), ආඩතෝඩා.
අගස්ති, අගස්තික, see කතුරුමුරුංගා.
අගිල්, see අගරු.
අගුකරණී, Geophila reniformis (*Rub.*).
අග්නි, Plumbago zeylanica, එළනෙටුල්.
අග්නිකා, marking-nut tree, Semecarpus Gardneri, බදුල්ල.
අග්නි·ශෝක, red lotus, Nelumbium speciosum, රත්නෙළුම්.
අග්නි·ජිහ්වා, a medicinal plant, Gloriosa superba (*Lili.*), නියඟලා.
අග්නි·ජ්වාලා, Woodfordia floribunda (*Lyth.*), මලිත්ත.
අග්නි·පුෂ්ප, a creeper, Sarcostemma Brunonianum (*Asclep.*), මුවකිරිය.
අග්නි·මන්ථ, a shrub, Premna serratifolia (*Verb.*), සිහින්මිදි.
අග්නි·මුඛ, see අග්නිකා.
අග්නි·ශිඛා, see අග්නිජිහ්වා.
අග්‍ර·ගන්ධ, see අක්මැල්ල.
අග්‍රව්‍රීහි, best paddy or rice.
අංකෙන්ද, a medicinal plant, Acronychia laurifolia (*Rut.*).
අංකෝට, අංකෝල, see රුකඅතන.
අංගණ, Timonius Jambosella (*Rub.*), පෙද්දිමෙල.
අංගනාප්‍රිය, woman's delight, Saraca indica (*Legum.*), දියරතඹලා.
අංගනාංගිනී, grape vine, Vitis vinifera, මිදිවැල.
අංගාරවල්ලිකා, bind-weed, Ipomoea chryseides, කෑල්වැල.
අඟුන, see අංකෝල.

අඟුරුලි·වී, a kind of paddy.
අවලකුජ, Vernonia anthelmintica, බෝදිඇට.
අවාරියාපළු, cowitch, Mucuna pruriens (*Legum.*).
අජටා, a thorny shrub, see රටලුණුවරිය.
අජපල්, Costus speciosus (*Scit.*), කොට්ටම්, තෙබු.
අජ·ශෘංගී, a creeper, Demia extensa (*Asclep.*), මැඩහගු.
අජමෝද, අජමෝජක, a kind of parsley, Petroselinum sativum; a kind of lovage, Carum copticum.
අජාමෝද, caraway, Carum Carui.
අජදනි (අජ අදනි), *lit.* goat food, a small species of prickly nightshade.
අජකටා, Phyllanthus Niruri, see පිටවක්කා.
අජන, a medicinal plant, Holarrhena antidysenterica.
අටරූෂ, Adhatoda vasica, see අගල්ආදර.
අටමොර්, Allophylus Cobbe, කොබෑ.
අච්ජික්කා, see අත්තික්කා.
අඹතසිරිය, see කහඅඹතසිරිය and නිල්අඹතසිරිය.
අඹකැර, *Idem*; also for ලුණුමිල.
අතකැටියා, Xylopia parvifolia (*Anon.*).
අතකැර·වී, a spe. of paddy.
අතිළඩයන්, see අතිවිඩයන්.
අතික්, අතිමුක්, see අකීන්.
අතිච්ඡත්‍ර, අතිච්ඡත්‍රක (Sans.), mushroom, හතු; see ගැටතුඹ.
අතිබලා, see බැබිල.
අතිමඤ්ජු, leadwort, Plumbago rosea, රත්නෙටුල්.
අතිමුක්ත, a creeper, see අකීන් and ගැටපිච්ච.
අතිමුක්තක, Ougeinia dalbergioides (*Legum.*), කොළු.
අතිවිඩයන්, අතිවිෂා (අති much or anti, විෂා poison), Cryptocoryne sp.; a tree of three species, white, red and black, the bark of which is used as an antidote to poison and as a dye. [Indian Attis; Aconitum Heterophyllum.—*A.*]
අතිසාර·භේෂජ, *lit.* remedy for dysentery: the tree Cratæva Roxburghii, ලුණුවරණ.
අති·සෞරභ, *lit.* great fragrance: mango tree, Mangifera indica or M. zeylanica, අඹ.
අත්තන, a medicinal plant, Datura, thorn-apple, Datura fastuosa (*Solan.*).
අත්තික්කා, clustered fig-tree, Ficus glomerata (*Urti.*).

අදුමා, see අස්වැස්ස.
අද්‍රිජ, *lit.* mountain produce: rock-moss, ගල් සෙවෙල්.
අඹිත·ඵල, Phyllanthus Emblica, see නෙල්ලි.
අනංග·ප්‍රිය, අනඞ·පිය, *lit.* Cupid's delight: asoka, Saraca indica (*Legum.*), see දියරතම්ලා.
අනාගක, Calophyllum Inophyllum (*Guttif.*), දොඹ.
අනන්තා, a twining plant with stinging hairs, Tragia involucrata, වැල්කහඹිලියා; Indian sarsaparilla, Hemidesmus indicus, ඉරමුසු; a species of grass, Andropogon contortus, හෙලුරිතණ.
අනාගත·තිසක, see බිම්කොහොඹ,
අනල, see අගිනි.
අනිත්ත, Rhinacanthus communis (*Acanth.*).
අනෝද, marsh-mallow, Abutilon asiaticum (*Malv.*).
අනෝනා, custard apple, Anona squamosa.
අත්කෙල්, see අඤන.
අන්දර, acacia, of which there are several species in Ceylon, Dichrostachys cinerea (*Legum.*), see කටුඅන්දර, මහඅන්දර and තිත් අන්දර.
අන්නාසි, අනනාසි, Port., pine-apple, Ananas [sativa.
අනුපණ්ණි, see අස්වැස්ස.
අදුතලා, a sp. of basil, Ocimum (*Lab.*), see මදුරුතලා and තිත්තලා.
අදුස්වැස්ස, a sp. of holly, Ilex Wightiana [(*Ilicin.*).
අපතු, see පතුන්.
අපරාජිත, see නිල්කටරොළු.
අබ, mustard, Brassica juncea (*Crucif.*).
අභය, see අරත්ත and හැවැන්දර,
අභයා, see අරළු.
අභිරුකා, අභිරුපත්‍රී, see සතාවාරිය.
අමංගල, *lit.* useless: sp. of the castor-oil plant, see එබරු.
අමන්දූල්, Indian almond, see කොට්ටම්බා.
අමර·පුෂ්පිකා, *lit.* immortal flowerer, see සත පුෂ්ප.
අමර·භව, *lit.* immortal state: see කුකුල්.
අමරා, *lit.* immortal: a species of panicum-grass, see ඊතණ; banyan, see මහනුග; holy basil, see පතුපුෂ්පා.
අමලා, see පිටවක්කා.
අමා·ලිය, *lit.* immortal creeper, a species of amaranthus (*Amaran.*).
අමිසි, see අමරපුෂ්පිකා.
අමු, a kind of grain; also a plant, Paspalum scrobiculatum (*Gram.*).
අමුක්කර, a plant, Withania somnifera (*Solan.*).
අමෘතඵලා, Phyllanthus Emblica, see නෙල්ලි.
අමෘතා, *lit.* immortal: see අරළු and රසකිඳ.
අමෘතෝද්භවා, *lit.* everlastingness: see පෙනෙල වැල.
අමෝඝා, trumpet flower, see පලොල්; also වලහකොල්.
අම්බරීෂ, see ඇඹරැල්ල.
අම්බෂ්ඨා, see දියමිත්ත and දියඇඹුල්ඇඹිලිය.
අම්බිකා, Stephania hernandifolia.
අම්බුද, see කලාදුරු and ඉරිවේරිය.
අම්බු·ප්‍රසාද(න), *lit.* water-clearer: clearing-nut tree, see ඉඟිනි.
අම්බු·රුහ, *lit.* water-growth: any aquatic plant, lotus &c., නෙළුම් ආදිය.
අම්බු·වාහිනී, *lit.* water-carrier: see පලොල්.
අම්භෝ·රුහ (අම්භස් water, රුහ growth), lotus, see නෙළුම්.
අඹු, see අඹ.
අම්ල, wood-sorrel, Oxalis corniculata.
අම්ල·කේසර, see ලප්නාරම්.
අම්ල·පත්‍ර, Marsilea quadrifolia, ඇඹුලඹිලිය.
අම්ල·පත්‍රිකා, අම්ල·පූර, අම්ලිකා, see සියඹලා.
අම්ලපුෂ්පක, see කොබහිල.
අම්ල·ලෝනිකා, see හින් ඇඹුලඹිලිය.
අඹ, mango, Mangifera indica or M. zeylanica (*Anacard.*).
අඹකහ, a tuberous plant with little stem, Kaempferia pandurata (*Scitam.*).
අඹකෙඳි, see අංකෙන්ද.
අඹල, buck bean, Limnanthemum indicum [(*Gentian.*).
අයල්, see අකිල්.
අයා, see එස්සාල්.
අරක, an aquatic plant.
අරණ්‍ය·කදලී, forest or wild plantain, see වල් කෙසෙල්.
අරණ්‍ය·කාර්පාසි, wild cotton, see වල්කපු.
අරත්ත, අරාත්ත, ichneumon plant, so called because the mongoose is said to use this plant as an antidote to the poison of a snake-bite. [Ophiorrhiza Mungos.—*A*]
අරත්කහ (අරත් E. of අරණ්‍ය wild), wild turmeric, zedoary, Zingiber Zerumbet (*Scitam.*).
අරමණා, a tree, Cassia siamea (*Legum.*).
අරම්ඤ, see එමිලා.
අරලිය, see අලරිය.
අරවින්ද, lotus: see නෙළුම්.
අරළු, yellow myrobalan, Terminalia Chebula, of which seven varieties are distinguished (*Combret.*).
අරි, a species of mimosa.
අරිද්ද, Campnosperma zeylanicum (*Anacard.*).
අරිෂ්ට, අරිෂ්ටක, soap tree, see පෙනෙල; nim tree, නිම්බ; garlic, සුදුලූනු.
අරුණ, bitter-apple, colocynth; the tree which yields a red and black berry used as a jeweller's weight called retti.

අරුණ කර, see අශාකිනා.
අක, Calotropis gigantea *(Asclep.)*, වරා.
අකිලතා, Xyris indica, රත්මෑවු, රත්මිනිත්ත.
අඞ්ක, see අක්මැල්ල.
අඞ්කි, see එක්කාල්.
අඞ්ක, see කුඹුක්. [osum.
අර්තාපල්, අර්තාපෑල්, D., potato, Solanum tuber-
අධි·පුසාඩ්කි, see ගොඩමාකෙල්.
අබි·චකුං, see පෙනෙලවැල.
අගස්ත්‍ය, see කිඩාරම් and බඳුල්ල.
අගස්ති, see කිරිත්ත.
අලන්ද, Allæanthus zeylanicus *(Urt.)*. [ලබු.
අලබු, අලාබු, long gourd, pumpkin *(Cucurb.)*,
අලරිය, temple-tree, Plumeria acutifolia *(Apocyn.)*.
අලක, white swallow-wort, see අක.
අලු·කෙසෙල්, අලු·කෙසෙල්, ash-plantain.
අලු·ගහ, අලු·ගහ, see කෑලණිය.
අලු·දෙල්, see දෙල් and වල්දෙල්.
අලු·මිල, Ceylon indigo, Tephrosia tinctoria.
අලු·පුසල්, අලුපුසල්, ash-pumpkin, Benincasa cerifera *(Cucurb.)*.
අලු·මෝ, Eugenia sylvestris *(Myrt.)*.
අල්ප·ගන්ධ, *lit.* faint-scent, viz. the red lotus, රත්නෙළුම්.
අල්ප·මාරිෂ, see වලුකම්පලා. [*(Legum.)*.
අවර, a creeper, Psophocarpus tetragonolobus
අවරිය, indigo plant, see නිල්අවරිය; a small tree, Wrightia tomentosa.
අවලනුජ, see බෝදිඇට.
අවාක්පුෂ්පි, see තොත්කුඹ. [මදුරුමා.
අවාංඡා, cowitch, Mucuna pruriens *(Legum.)*,
අවාඨා, see අරළු.
අශන, Terminalia glabra.
අශෝක, *lit.* sorrowless: Saraca indica *(Legum.)*, දියරතමලා, හෝපලු.
අශ්මභේද, *lit.* stone-breaker: see පොල්පලා.
අශ්ව·කර්ණ, *lit.* horse-ear: a large tree the leaves of which resemble the ears of a horse.
අශ්ව·ගන්ධා, *lit.* horse-scent: Alyssicarpus vaginalis, see අඹුක්කරා.
අශ්වත්ථ, see එලනුග and ඇහැටු.
අශ්වත්ථ·පත්‍රකා, see පලොල්.
අශ්ව·දංශක, *lit.* horse-tooth: see අගල්ආදූර.
අශ්වමාර, අශ්වමාරක, see අලරිය.
අසන, Terminalia glabra. [see අජමෝද.
අසමෝදගම්, T., parsley, Petroselinum sativum:
අ·සාර, *lit.* sapless: see එබරු.
අසිතා, indigo plant, see නිල්අවරි.
අසිපත්‍ර, අසි·පත්‍රක, *lit.* sword-leaf: sugar-cane, Saccharum officinarum, උක්.
අසුරි, black mustard, Sinapis nigra, see අබ.
අශෝක, see අශෝක.
අශ්·කර්, E. of අශ්වකර්ණ.
අශ්ගොඩු, see අඹුක්කරා.

අශ්වාක්ත, a plant, Alyssicarpus bupleurifolius *(Legum.)*.
අශ්වැල, see දූල්.
අහි·ලතා, see බුලත්වැල. [*(Rub.)*.
අළු, a tree, Morinda citrifolia and M. tinctoria
අළුකෙසෙල් &c. See අලුකෙසෙල් &c.
ආක්ෂෝට, ආක්ෂෝඩ, walnut *(Juglandaceæ)*.
ආචාරියාපලු, see අචාරියාපලු.
ආඩාතෝඩා, අමරුණක, see අගල්ආදූර.
ආතා, ආත්තා, bullock's heart, Anona reticulata.
ආත්ම·ගුප්තා, see අවාංඡා. [wort, see අක.
ආදිත්‍ය·පුෂ්පිකා, *lit.* sunflower: red swallow-
ආදිත්‍ය·වල්ලි, *lit.* sun-creeper: see කොමෝ [මත්සා.
ආනවාලු, a sp. of plantain.
ආපශු·මදු, *lit.* reflexive creeper: bind-weed, Ipomœa tridentata, or I. angustifolia *(Convol)*. [Pæderia Fœtida.—*A*.]
ආපස, see කෙබු.
ආම්ලණි, see කුඹුරුවැල.
ආමණ්ඩකි, see නෙල්ලි.
ආමලක, ආමලකි, see නෙල්ලි.
ආබු, see අඹු.
ආම්‍රාතක, see අම්බරැල්ල.
ආම්ල, ආම්ලිකා, tamarind, see සියඹලා.
ආරග්වධ, ආරේවත, see ඇහැල.
ආලංගා, a kind of medicinal moon-flower plant, Ipomnæa bona-nox *(Convol.)*. [Alangium Lamarckii.—*A*.]
ආශ්ෆෝටා, see කටරෙළු. [*gan.)*
ඇමකිරිදවැල, Strychnos cinnamomifolia *(Lo-*
ඇමකිරිල්ල, a tree, Turpinia pomifera *(Sapind.)*, කැත්තුමලා.
ඇට·කෙසෙල්, a wild kind of plantain crowded with seed, Musa paradisiaca, see වල් කෙසෙල්.
ඇට·පන්, a sp. of rush or sedge, Lepironia mucronata *(Cyper.)*.
ඇට·බෙලි, see බෙලි.
ඇට·මිරිය, a climbing anthelmintic shrub, Ericybe paniculata *(Convol.)*.
ඇටම්බරු, ඇටබරු, Fagræa zeylanica *(Lagan.)*.
ඇටඹ for ඇටඅඹ, wild mango, see අඹ.
ඇට·වැරැල්ල, Dodonæa viscosa *(Sapind.)*.
ඇටුඹ, Heritiera littoralis *(Stercul.)*.
ඇටෝර, panicum grass, Panicum repens *(Gram.)*.
ඇට්ටමුරු, a climbing shrub, Cansjera Rheedii.
ඇඹටබරු, Fagræa zeylanica.
ඇටෙරිය, a small tree with white fragrant flowers, Murraya exotica *(Rut.)*
ඇතිරිල්ලපලා, a herb or plant, Gisekia pharnaceoides *(Ficoid)*. See හිම්ඇතිරිල්ලපලා.
[ඇත් signifies Elephantine or large.]
ඇත්අඩිය, elephant foot print: plant with hairy leaves, Elephantopus scaber *(Comp.)*.

ඇත්ලදුමියලි, see මහලදුමියලි.
ඇත්ඔලු, large water-lily, see ඔලු.
ඇත්කන්, lit. elephant-ear, see ගජකෑල.
ඇත්කුකුරුමාන්, or...මුවන්, a shrub, Randia uliginosa (*Rub.*).
ඇත්කොරස·වැල, Tetracera lævis (*Dillen.*).
ඇත්තණ්ඩල, Colocasia Antiquorum (*Araceæ*).
ඇත්තාඩි, see ඇත්අඩිය.
ඇත්තෝර, a plant, Atylosia Candollei (*Legum.*).
ඇත්දත්වැටකොළු, Luffa acutangula (*Cucurb.*).
ඇත්දෙමට, a small timber tree that bears yellow flowers, Gmelina arborea (*Verb.*).
ඇත්නෙරංචි, a plnat with small stem and yellow flowers, Pedalium murex (*Pedal.*).
ඇත්පම, a sp. of fern, Lygodium circinatum (*Filices.*).
ඇත්පිටවක්කා, Agyneia bacciformis(*Euphorb.*).
ඇත්බැම්තිරිය, a stemless plant, Phrynium capitatum (*Scitam.*).
ඇත්මද, Alstonia sholaris.
ඇත්මීවන shield-fern.
ඇත්මුඩම්හණ, see මුඩමහණ.
ඇත්වගපුල්, see පෝමංවැල.
ඇත්හැපිය, a medicinal plant.
ඇත්හවරිය, Psilotum triquetrum (*Lycopod.*).
ඇත්හෙරලිය, C. En. plant, Kurrimia zeylanica (*Celastr.*).
ඇපල, Triumfetta rhomboidea (*Tili.*).
ඇමියා, a sp. of Dentella (*Rub.*).
ඇඹැරැල්ල, hog-plum, Spondias mangifera [(*Anacar.*).
ඇඹුල, see අඹිල.
ඇඹල·ඇල්වී. a sp, of hill paddy, මිටකියන්.
ඇඹිල්ල, Generic name, Antidesma, see බුඇඹිල්ල
ඇඹුල, var. of water lily, Nymphæa.
ඇඹුලැඹිලිය, see දියඹුලඇඹිලිය.
ඇඹුලු, ඇඹුල්, a sp. of Phyllanthus (*Euphor.*).
ඇඹුල් ආනවාලුකෙසෙල්, ඇඹුල්කෙසෙල්, wild plantain, see වල්කෙසෙල්.
ඇඹුල්දොඩම්, sour orange, Citrus Aurantium.
ඇඹුල්පලා, Oldenlandia diffusa.
ඇඹුල්හොනරවාලුකෙසෙල්, a var. of plantain.
ඇල්කාසාඹිලිය, Acalypha.
ඇල්·වී, paddy grown on dry ground as distinguished from swamp-grown paddy, usually ealled hill-paddy.
ඇසටු, ඇසතු, ඇහැටු, see එලසුන.
ඇසළ, ඇහැළ, a medicinal and ornamental tree, senna, Cassia fistula (*Legum.*).
ඉකිරි, see කටුකරඹු.
ඉකිලි, see කටුඉකිලි.
ඉකිලිය, trapa or water-caltrops, Trapa bispi nosa (*Onagr*).
ඉක්ෂු, see උක්, උක්ගස.
ඉක්ෂු·කාණ්ඩ, a sp. of reed, Saccharum arundinaceum (*Gram.*).
ඉක්ෂු·ගන්ධ, see කටුකරඹු and සෙම්බුනෙරංචි,
ඉක්ෂු·පත්‍ර, a kind of grain, jowar, Pennisetum typhoideum (*Gram.*).
ඉක්ෂුබිදුරිකා, see කිරිබදු.
ඉක්ෂුර, see කටුකරඹු.
ඉඟිනි, clearing-nut tree, Strychnos potatorum (*Logan.*). The nuts are rubbed on the inner surface of the vessel and precipitate the impurities of the water.
ඉඟු, see උක්.
ඉඟුරු, ginger, Zingiber officinale.
ඉත්න·වැල, ivy creeper, Heptapleurum stellatum (*Arali.*).
ඉදල් ඉරිඟු, maize, see ඉරිඟු.
ඉදිත්තරු, see තිදිකුම්බ.
ඉඳු, see පුඬුවරණ.
ඉඳු·වැල, see පෙනෙලවැල. Same as ඉඳුවැල.
ඉද්ද, C. En. plant, the flowers of which are offered in temples, Wrightia zeylanica, see වල්ඉද්ද and සුදුඉද්ද.
ඉන්දවාරුණී, see තියඹරා.
ඉන්දීවර, ඉන්දීවර, blue lotus, Nymphæa stellata.
ඉන්දුවල්ලී, (ඉන්දු moon, වල්ලී creeper), see ඉඳුවැල.
[ඉන්ද්‍ර, signifies excellent or best.]
ඉන්ද්‍ර·දෑ, see කුබුක්.
ඉන්ද්‍ර·යව, see කෙළිඳ.
ඉන්ද්‍ර·වල්ලී, see එළකටුල්.
ඉන්ද්‍රවාරුණිකා, ඉන්ද්‍රවාරුණී, see මහගොත්තැකිරි.
ඉන්ද්‍ර·වෘක්ෂ, a kind of fir.
ඉන්ද්‍රාණිකා, ඉන්ද්‍රාණී, see නික and නිල්නික.
ඉන්ද්‍රියබෝධනී, see මකුළුවැන්න.
ඉන්නල, ඉන්නහල. a small sp. of tuber country potato Coleus parviflorus (*Lab.*).
ඉදලොලු, ඉදෙදලොලු, a sp. of mushroom.
ඉදි·ඇල්වී, ඉදිපත්·ඇල්වී, a sp. of hill-paddy.
ඉඳිගස, C. En. date, Phoenix zeylanica or P. sylvestris (*Palmæ*).
ඉඳිවර, ඉඳීවර, ඉඳුවර, see ඉන්දීවර.
ඉඳුරා, Susum anthelminticum (*Flagel.*).
ඉඳු·වැල, moon-plant, it yields a mild acid milky juice.
ඉඳුසල්. see සල් and හල්.
ඉඳුල, see ඉන්දීවර.
ඉන කණ්ණා, see ඇත්වගපුල්.
ඉඹුල්, white or silk cotton tree, Eriodendron anfractuosum (*Malv.*).
ඉරමුසු, Indian sarsaparilla, Hemidesmus indicus (*Asclep.*).
ඉරිඟු, maize, Indian corn, Zea Mays.
ඉරිවෙරිය, a medicinal plant, Plectranthus zeylanicus (*Lab.*).

ඉරුරාජ, Zenxine regia (*Orchid.*).
ඉඹාරු, see සැකිරි.
ඉඹාරුකිණ්, see මහගොත්කැකිරි.
ඉලන්ද, jujube, see මිගන්.
ඉල්ල, Callicarpa lanata (*Verb.*).
ඉවද, a medicinal plant.
ඉළුක්, a spe. of grass, Imperata arundinacea (*Gram.*).
ඊතණ, arrow-grass, a spe. of grass, Andropogon contortus (*Gram.*).
ඊපැත්ත, see සැකල.
ඊරිය, a forest tree, Myristica Irya (*Myris.*).
ඊල්ල, see ඉල්ල.
උක්, උක්ගස, උඇ, sugar-cane, Saccharum officinarum (*Gram.*).
උගුරැස්ස, sweet lovi-lovi, Flacourtia Ramontchi.
උඹ, orris plant.
උගුසඹ, see හින්නාරම.
උඩත්ත, a medicinal plant.
උඩබල, see පිටසුදුලා.
උණ, උණගස, common bamboo, Bambusa vulgaris (*Gram.*).
උතුවදන, see කොල්ලි.
උන්මත්ත, thorw apple, Sans. ධත්තූර, Datura fastuosa, (*Solan.*).
උත්තාපත්‍ර, see එබරු.
උත්පල, blue lotus, see මානෙල්.
උත්පලගන්ධ, a very fragrant sandal-wood tree.
උත්පලශාරිවා see ඉරමුසු.
උදිවසය, see ඉරිවේරිය.
උදුම්බරපණී, see දන්ත.
උද්දල, see ලෝදු.
උනුනු, Pygeum Wightianum (*Ros.*).
උන්මත්ත, *lit.* insane, poisonous: several species of the datura, so called because of their poisonous nature, see උන්මත්ත and අත්තන.
උනු, a sp. of Flemingia, see හම්පිල්ල.
උදුපියලි, a medicinal plant, a spe. of Desmodium or Hedysarum.
උපකුඤ්චිකා, black cummin, Nigella sativa.
උපකුල්‍යා, see තිප්පිලි.
උපගන්ධිකා, see වෙලා.
උපචිත්‍රා, see දන්ති: see also මිකුහ.
උපසිත්, a medicinal plant, Tylophora asthmatica (*Asclep.*).
උපුල්, water-lily, lotus, Nymphæa stellata, මානෙල්.
උපෝදිකා, see තිඹිතිවැල.
උප්පල, see උපුල්.
උබගෙඩිරිය, Carallia calycina (*Rhizoph.*).
උමතු, thorn-apple, Datura fastuosa, see උන්මත්ත.
උම්පල, see පුපුල්
උයල, a sp. of yam, Dioscorea tomentora (*Dioscor.*).
උරණ, a sp. of Cassia (*Legum.*).
උරුපු, උරුබුක, see එබරු.
උල්වර, see කටුකරඹු.
උල්වැරණිය, a medicinal plant.
උශිර, see සැවැන්දරා.
ඌෂණ, see තිප්පිලි.
උළුන්දුමෑ, a var. මුංඇට or green gram, Phaseolus Mungo (*Legum.*).
උළුහාල්, උළුහල්, උළුවා, a plant the seeds of which are used as a condiment for curries, 'fenugreek,' Trigonella fœnum græcum.
උළුළු, a tree, Machilus macrantha (*Laur.*),
ඌරල, (ඌරුඅල), a sp. of yam, hog's yam,
ඌරුකසු, Lasianthera apicalis (*Olac.*).
ඌරුමෙද, a spe. of purslane, Portulaca tuberosa (*Portul.*).
ඌරුතෝර, Cassia Sophera (*Legum.*).
ඌරුපු, ඌරබු, see උරුපු.
ඌරුවී, wild paddy Oryza sativa (*Gram.*).
ඌෂිවලේම, see ඉළුක්.
ඍකා, see තොවිල.
ඍක්ෂගන්ධා, Withania somnifera (*Solan.*), අඹුකර.
ඍතුචණිනි, see කොල්ලි.
ඍෂී, see වැටකොළියා.
ඍෂභකා, see කාකාවාරිය.
ඍෂ්‍යගන්ධා, ඍෂ්‍යප්‍රෝක්ත, a var. of Sida humilis, see බැවිල.
ඍෂ්‍යප්‍රෝක්තා, cowich, see අවරියාපළු and වදුරමී; also for ඍෂ්‍යගන්ධා.
එකාවේරිය, a twining plant, Rauvolfia (*Apocyn.*), සාකුලි.
එක්පෙතිපිලුම, see කොලම්හකොල්.
එක්සිදු, see කරද.
එබරු, castor-oil plant, Ricinus communis (*Euphorb.*).
එන්සාල්, Ceylon large cardamoms, Elettaria Cardamomum (*Scitan.*).
එරබදු, coral tree, Erythrina indica (*Legum.*)
එරමිණියා, C. En. plant, Zizyphus Napeca (*Rham.*).
එරහැන්ද, Cassia Fistula; pl. එරහැඳි.
එලොලි, lime, Citrus medica *var.* acida, දෙහි.
එල්බැද්ද, Meliosma Wightii (*Sabi.*)
එල්බිජු, white seed, see එන්සාල්.
එලපුළිල්, a tree, Cochlospermum gossypium (*Bix.*).
එළබලිද, a sp. of Abrus or wild liquorice, see බලිදවැල.
එළකටරොළු, a medicinal plant, see තිල්කමරොළු.
එලගොකටු, Garcinia spicala (*Guttif.*).
එළදදකිරිය, a sp. of spurge, Euphorbia parviflora (*Euphorb.*).
එළතුඹ, a large tree, Ficus Tsiela (*Urti.*).

එළ·කොබුල්, a plant, leadwort, Plumbago zeylanica *(Plumbag.)*

එළ·නෙළුම්, white lotus, a *var.* of Nelumbium speciosum *(Nymphae.)*.

එළ·පුළු, see ජම්බෝරම්.

එළ·බටු, a sp. of nightshade or egg-plant, Solanum xanthocarpum *(Solan.)*

එළ·මල්, white-flower, Hedychium coronarium *(Scitam.)*

එළ·මීදෙල්ල, an oak-like tree, Barringtonia acutangula *(Myrt.)*

එළ·රත්·මල්, Knoxia zeylanica *(Rub.)*

එළ·වර, see කෙලවර.

එළ·වැල, a sp. of ratan, Calamus rivalis *(Palmae.)*.

එළ·වේවැල, white ratan, see වේවැල.

එළු, එළු·තෝර, a sp. of Cassia, see තෝර.

ඒකාක්ෂිලී, see දියමිතත,

ඒබ·තෝර, Cassia Tora plant, used to cure ring, worm.

ඒරණ්ඩක, see එඩරු.

ඒරණ්ඩ·පත්‍රිකා, ඒරණ්ඩ ඵලා, see දතකී.

ඒලා, see එනසාල්.

ඒලා·පණිණී, a sp. of sensitive plant.

ඒලාලු, a sp. cucumber, Mukia scabrella *(Cucurb.)*

ඒලිකා, ඒල්, small cardamom plant, එනසාල්.

ඔරයවන, orange, Citrus Aurantium, දොඩම්, පැණිදොඩම්.

ඔට, E. of ඔකෘ; Macaranga digyna *(Euphorb.)*

ඔඩුතුලස්, ඔදුතුලස්, mint, Mentha javanica *(Lab.)*

ඔබු·දෙහි, ඔඩඩ·දෙහි, lime or lemon of the *var.* called country ඔඩඩ, Citrus medica acida.

ඔහ, a tree so called.

ඔලිද·වැල, Indian liquorice, wild liquorice Abrus precatorius (Legum). The seeds of this plant are used as the smallest of jewellers weights, being about 5/16 of a grain troy. See ඔලිදඇට.

ඔලිව·ගස, olive tree.

ඔලු·පැත්ත, see වල්කැකුන.

ඔහලු, ඔහලු, see හෙල්.

ඔකුරු, Cleidion javanicum *(Euphorb.)*.

ඔකෝකිසා, a sp. of screw pine, Pandanus zeylanicus *(Pandan.)*.

ඔඩු·පුෂ්ප, Chinese rose, Hibiscus mutabilis *(Malv.)*.

ඔලු, a sp. of water-lily, Nymphea Lotus *(Nymph.)*; also for කමල, which see.

ඔඩඩ·පුෂ්ප, shoe-flower plant, see බදුළුසක.

ඔෂධී, see කොම්වැල.

කකුන, see කුඹුක්.

කකුළු·කුඩු, E. of කකිටක ශෘංගී, which see.

කක්කුවපලා, water-cress, Nasturtium officinale *(Crucif.)*.

කකොසාල, see කපුකිනිස්ස

කගවය, see දිවිඇඹිය.

කගල්ම්බිරිය, see බලිදවැල.

කංකෝලිනී, කංකෝලලී, see දියරතමලා.

කංගුනී, see තරත්තක; also a sp. of grass.

කච්චිපෝට·ම, a sp. or var. of paddy.

කච්ඡුඝ්නී, see මුඩමහණ.

කච්ඡුර, Tragia involucrata, see වැල්කහඹිලියා.

කජු, cashew-nut tree, Anacardium occidentale *(Anacard.)*.

කඩ, see කෑගම.

කඩර, see සුවඳ.

කණ්කා, Clerodendron Siphonanthus.

කට·කාවීරී, see වෙනිවැල.

කටඹි, heart-pea, see ලුදු and පෙනෙහෙලවැල.

කටම්භර, කටම්භර, කටඹර, a medicinal plant, see කටුකරෝසක; also හවරිමදු and තිත්මදු.

කටමොරළු, the durion fruit tree, Durio zibethinus *(Bombaceæ)* (කටු thorn, sharp, pungent).

කටු·අන්දර, Acacia leucophlœa *(Legum.)*, මහ අන්දර.

කටු·අල, see කටුවල.

කටුඇඹිල්ල, a shrub, Elæagnus latifolia *(Elæag.)*.

කටු·ඉකිරි, Hygrophila spinosa *(Acanth.)*.

කටු·ඉකිලි, Acanthus ilicifolius *(Acanth.)*.

කටු·ඉඹුල්, red cotton tree, Bombax malabaricum *(Malv.)*.

කටු·උණ, spiny bamboo, Bambusa arundinacea *(Gram.)*.

කටුක, pepper, see ගම්මිරිස් වැල and තිප්පිලි.

කටු·කරඹු, a plant, Barberia prionitis *(Acanth.)*.

කටු·කරද, grey bonduc, nickar, Caesalpinia *(Legum.)*.

කටුක·රෝහක, කටුක·රෝහිණී, see කටුරෝහිණී.

කටුකාලාඹු, bitter gourd, a sp. of Cucumis.

කටු·කැටකාල, Bridelia retusa *(Euphorb.)*.

කටු·කිතුල්, thorny kitul, Oncosperma fasciculatum *(Palmæ)*.

කටු·කිරිදි, Strychnos recurva *(Logan)*.

කටු·කින, Zanthoxylum tetraspermum *(Rut.)*.

කටු·කිරිය, Alpinia calcarata *(Scitam.)*.

කටු·කුකුළ (කටුකුකුළු අල), a sp. of yam, Dioscorea alata or D. spicata *(Dioscor.)*.

කටු·කුරුඳු, thorny plant used for fences, Scolopia acuminata *(Bix.)*.

කටු·කෙනද, the same as කටුකුරුඳු; also a timber tree.

කටු·කෝහොකී, see තිත්තවැටකොලු.

කටු·ගෑකිය, see රුක්අත්තන.

කටු·තම්පලා, thorny amaranthus, Amarantus spinosus *(Amarant.)*.

කටු·තිකතා, see තිත්තලඹු and දුම්මැල්ල.

කටු·තුම්බී, a bitter gourd, see තිත්තලබු.

කටු·නිකොල්, Plecospermum spinosum *(Urti.)*.

කටු·නිශද, Azima tetracantha.

කටු·කෙළ, Barleria buxifolia *(Acanth.)*.

කටු·පතුක්, prickly pear, Opuntia Dillenii *(Cact.)*.

කටු·පඹුරු, Scleropyrum Wallichianum *(Sant.)*.

කටුපිල, කටු·පුංකීත, staff tree, Gymnosporia emarginata *(Celast.)*. See දුහුදු.

කටු·පෙද, Naias minor, thorn-tail.

කටු·බොඩ, wild durio, Cullenia excelsa *(Malv.)*.

කටු.රෝහිණී, black hellebore *(Ranun.)*, used medicinally as a sedative and laxative.

කටුවල (for කටුඅල), a prickly creeper bearing an edible yam, Dioscorea pentaphylla *(Dioscor.)*.

කටු·වැල්බටු, prickly nightshade, Solanum Jacquini *(Solan.)*.

කටු·කෙවලන, see කෙවලන.

කටු·සෙවෙල, a plant, Lasia aculeata.

කඩවටගස, brittle tree.

කවඑල, see කරපිංච, ඇත්දෙමට, and මිදවිය.

කවිවංග, see කොට්ල.

කසිලල, කසිලලක, see කරවිල.

කසිල්ලා, hogweed, දිය ඇඹුල්ඇඹිලිය.

කඩම්බ, see කිව්ති.

කඩල, gram or chick pea, Cicer arietinum or Pisum arvense *(Legum.)*.

කඩු·පාර, sword-stroke, Emilia sonchifolia *(Comp.)*.

කඩුපුල් (කඩුලුපුල්), a sp. of lotus, see උපුල්.

කඩුම්බෙරිය, bastard ebony, Diospyros gardneri *(Eben.)*.

කඩොල්, mangrove, Rhizophora mucronata [and R. Candelaria.

කණ, see තිප්පිලි.

කණිකා, see මහමිදි.

කණේරු, see අලරිය.

කණ්ටකාරිකා, see කටුවැල්බටු.

කණ්ටකාරි, see වල්තිබ්බටු ; also silk-cotton tree and Flacourtia Ramontchi.

කණ්ටකාලි, see ඉඹුල්.

කණ්ටකී, see කොන්.

කණිඩ, a small thorny tree, eria.

කණ්ඩුර (කණ්ඩු itching, ර giving), cowitch, Mucuna pruriens *(Legum.)*, වදුරුමෑ.

කණ්හවන්ට, see පෙලොල්.

කතක, see ඉඟිනි.

කතුරු·මුරුංගා, medicinal murunga, Sesbania grandiflora *(Legum.)*.

කත්සකෙසෙල්, a sp. of plantain.

කදම්බ, කදම්බක, see කොලොම් and පෙලොල් ; also for mustard, Sinapis campestris, අබ.

කදම්බ·පුෂ්පි, a medicinal plant, see මුඩමහණ.

කදලී, see කෙසෙල්.

කදල, කදුරු, dog's-bane or forbidden tree, so called on account of its poisonous fruit ; see දිවිකදුරු and ගොඩකදුරු *(Apocyn.)*.

කදිර, E. of ඛදිර, which see.

කදුරු·කැපිය·වැල, Combretum ovalifolium *(Combret.)*.

කදුලු, see කැහැල.

කජුර, E. of ඛජුර, which see.

කනක·පුෂ්ප, see එළලුඹුල් and ඇත්කන්.

කනක·පුෂ්පක, see කපු.

කනකා, see කෝර.

කනකාහ්ව, see නාගස.

කනකිනි, see එලබටු.

කනකොස්ම්ල, a sp. of hedge-hyssop, Bonnaya veronicaefolia *(Scroph.)*.

කනගොන්න, a small kind of jak, acid and yielding yellow dye, Artocarpus lakoocha *(Urti.)*.

කනගොරක, gamboge, Garcinia morella *(Guttif.)*, ගොනකටු.

කනතුල, see හරත්කන.

කනබිජ්, see තිප්පිලි and රණවරා.

කනේර, see අලරිය.

කන්කුන්, Ipomœa aquatica *(Convolv.)*.

කන්කුම්බලා, a twining plant, Cynanchum pauciflorum *(Asclep.)* ; also for ඇටකිරිල්ල.

කන්කුම්බල්·කොවියා, Pygeum zeylanicum *(Ros.)*, ගොළුමොර.

කන්ජික, see මඟුල්කරඳ.

කඳුකුමර, see බිලිදවැල and වෙලා.

කඤ්ජුරිෂ්වා, see ගස්කැලිය.

කත්තත්තෝරු, a sp. of plantain.

කන්‍යකා, කන්‍යා, socotrine aloe, කෝමාරිකා.

කන්වෙරිය, nightshade, a sp. of Solanum.

කන්සා or කංසා, hemp or bhang plant, Cannabis sativa *(Urti.)* : Sans. ගංජා.

කඳ·මල, *lit.* trunk-flower (tree), a tree which produces a fragrant flower from its trunk, Myristica Horsfieldia.

කදල (කඳ අල), a kind of yam, Colocasia Antiquorum *(Araceæ)*.

කදුලැස්ස, Drosera indica *(Dros)*.

කපත්‍ර, see පතුක්.

කපිකච්ඡු, cowitch, Mucuna pruriens, වදුරුමෑ.

කපිත, E. of කපිත්ථ.

කපිත්ථ, කපි·ප්‍රිය, see ජිවුල් or දිවුල්.

කපිලා, Used for කොමඩු, සැකිරි and ඇට්ටෙරිය, which see.

කපි·වල්ලී, wood-apple, ජිවුල් ; climbing plant, see ඇත්වගපුල්.

කපිතන, see ඇඹරැල්ල.

කපු, කපුගස, silk-cotton tree, Bombax *(Malv.)*.

කපුකිණිස්ස, a hairy plant, Hibiscus angulosus or H. Abelmoschus *(Malv.)*.

කපුටුබෝ, see කබුබුබෝ.

කපුරු, a plant, Goniothalamus Walkeri *(Anon.)* ; Gaultheria fragrantissima *(Ericaceæ.)* ; also 'camphor plant,' Cinnamomum camphora.

කපෝතවංකා, see කොබෝවක්කා.
කප්පරවල්ලිය, a sp. of mint, Coleus aromaticus
කප්පාසි, P., see කපු. [(Labi.).
කබා, see රසකැල්ල.
කබර, see පැපිලිය. (Comp.).
කබරි, a shrub used in tattooing, Eclipta alba
කබරෙරැස්ස, a creeper resembling sarsaparilla, the genus Smilax (Lili.).
කබල්මාරු, see හුලංමාරු.
කමල·පතු, a sort of mint, කොල්ලංකොළ.
කමුක, P., see පුවක්.
කම්පිලිය, කම්පිල්ල, a sp. of Crinum, used for dyeing and perfumery.
කම්පොත්තා, C. En. tree, Aporosa latifolia (Euphorb.).
කම්බෝජි, a fern, see මස්වැන්න.
කඹුරු, ඇල්·වී, a sp. of hill-paddy.
කසිප්පු, Knoxia corymbosa.
කසිල·වැල, see වැල්කසිල.
කසිලභත්ත, a sp. of fungus. [(Rub.).
කර, a thorny shrub, Canthium parviflorum
කරක, pomegranate, Punica granatum (Myrt.),
කරකඳ, see ඉඳි. [දෙළුම්.
කරජ, see මගුල්කරඳ and තියඳ
කරජ, කරජක, see මගුල්කරඳ.
කරජාභා, see බෙලි.
කරතණ, razor grass, see කුසතණ.
කරදු, Dracontium (Aracea).
කරතල, lotus, නෙළුම්.
කරඳ, Pongamia glabra, see මගුල්කරඳ.
කරපිංච, curry-leaf plant; the leaves are used to flavour curry, Murraya Koenigii (Rut.).
කරමටු, a sort of nightshade, Solanum Jacquini.
කරණී, black cummin, Nigella sativa, කළුදුරු.
කරඟී, see තුඹකරවිල.
කරමද්දී, කරමද්දක, see කරඹ.
කරමුව, see පුවක්.
කරඹ, generic name of the two species මහකරඹ and හීන්කරඹ, which see.
කර·ලබු, a sp. of gourd.
කරල්·ඉරිඟු, Sorghum vulgare.
කරල්·තණ, meadow-grass,
කරල්·තලා, a sp. of basil, Moschosma polystachyum (Lab.).
කරල්·හැබෝ, කරල්·හැබ, see ගස්කරල්හැබ.
කරවටමාතා, Anthistiria Cymbaria (Gram.).
කරවලු·කැබෙල්ල, Antidesma Bunius, var. Thwaitesianum (Euphorb.).
කරවිල, a sp. of gourd, the fruit of which is used for curry, Momordica Charantia (Cucurbit.).
කරවිර, කරවිරක, a fragrant plant, Nerium odorum.
කරම්, Plyllanthus indicus (Euphorb.).

කරම්·තලා, a sp. of basil, Ocimum (Lab.).
කරාබු, clove-tree, Eugenia caryophyllata.
කරෙරුස්, Tournefortia argentea (Borag.).
කර්කටක·ප්‍රියා, crab's delight, see තිපිති.
කර්කටක·ශෘංගී, crab's-claw. a medicinal plant having fruit like a crab's claw.
කර්කරී, see ඉඹුල්.
කර්කරීකා, see මෙනේ.
කර්කරී, see කැකිරි.
කර්කශවර්ද, see ගැටහිබුල්.
කර්කෝටක, කර්කෝටකී, කර්කෝටී, see තුම්කරවිල.
කර්චුරක, see හිඟුරුපියලි.
කර්ණ, a sp. of swallow-wort; also for ඇඹැල, which see.
කර්ණපූර, blue lotus, see නිල්මානෙල්; also Mimosa and saraca, for which see හෝපලු.
කර්ණිකාර, see කිණිහිරිය.
කදිමුංගු, Eng., cardamom, එනසාල්.
කර්මාර, bamboo, see උණ. [රවතෝර.
කළිස, pigeon-pea, Cajanus indicus (Legum.),
කලිඵල, see බුළු.
කලටි, Polyalthia suberosa (Anon.).
කලටිය, Pithecolobium bigeminum (Legum.).
කලඹු, Ficus nervosa (Urti.).
කලඹ, Anthocephalus Cadamba (Rub.).
කල·වැල, a creeper, Derris scandens (Legum.).
කලහ, Ficus infectoria (Urti.).
කලොහල, tamarind, Tamarindus indica (Legum.), සියඹලා.
කලාදුරු, a fragrant and medicinal bulbous plant or grass, Cyperus rotundus (Cyper.).
කලිඛත, see කුඹුරුවැල.
කලිතක, see වැල්මී.
කලිද්‍රුම, කලිද්‍රැම, see බුළු.
කලිමාරක, see සිටිල.
කලාස්වාරණීය, a flowering shrub, Justicia Gendurussa (Acanth.).
කල්‍යක, see හිඟුරුපියලි.
කල්‍යා, see කොත්තමල්ලි; also හරත්කහ.
කල්‍යාණී·ශාඛ·වෘක්ෂක, see හල්.
කල්හර, කල්හාර, white water-lily, see හෙල්මැලි.
කවර, a sp. of sensitive plant (Legum.).
කවරී, see වේලාගස.
කවාඵ, a sp. of grass, Setaria glauca (Gram.).
කවුඩු·ඇල්·වී, a sp. of hill-paddy.
කවුඩු·කැකිරි, Zehneria hastata (Cucurb.).
කවුඩුබෝ, see පුළිල.
කවේළ, see කාකෝලි.
කසේරු, Aponogeton monostachyon (Naiad.).
කාශ්මීර ජන්මා, saffron, see කහ. [cum.
කශාය, a sp. of trumpet-flower, Oroxylum indi-
කස·ගස, whip-tree, Casuarina equisetifolia.
කසට·ගස, saffron, Curcuma domestica (Scitam.).

කහඹිලියා, see කහඹිලියා.
කහා, see රතඹිලා.
කහාත්තාපාන, see කහඅත්තාපාන.
කහින්·තණ, a sp. of grass *(Gram.)*.
කස්තුරි·දෙහි, a sp. of lime, musk-lime, Triphasia trifoliata.
කහ, turmeric, Curcuma domestica *(Scitam.)*. anotta, Bixa Orellana *(Bix.)*.
කහ·අත්තාපාන, see අත්තාපාන.
කහ·අග·මුල·නැති·වැල, see අගමුලනැතිවැල.
කහ·අඹකහිරිය, rattle wort, Crotalaria retusa *(Legum.)*.
කහ·ඇල්වී, a sp. of hill-paddy.
කහ·ඉදිත්තරු, bladder-wort, Utricularia bifida *(Lentibul.)*.
කහ·උණ, a sp. of bamboo, Bambusa arundinacea *(Gram.)*.
කහ·කැල, Diospyros Toposia *(Eben.)*.
කහ·කුකුළුකරල්මල්, cock's-comb, Celosia cristata *(Amarant.)*.
කහ·කොළොදු, Chrysanthemum indicum.
කහ·ගස්මිරිස්, chilli plant, Capsicum frutescens *(Solan.)*.
කහ·ගෝනකොළ, a creeper, Adenosma camphoratum *(Scroph.)*.
කහට·ඇල්වී, කහට·වී, කහට·හන්දිරත්වී, var. of hill-paddy, මිජ්ජ.
කහට·ගස, patana oak, Careya arborea *(Myrt.)*.
කහකැල්කොළ. Ipomœa chryseides *(Convol.)*.
කහපත්·ඇල්වී, කහමාවී, a sp. of hill-paddy.
කහ·පෙතන්, see පෙතන්.
කහ·පෙණෙල, Sapindus laurifolius *(Sapind.)*.
කහ·මිල්ල, a timber tree, see මිල්ල.
කහඹිලියා, nettle, see ගස්කහඹිලියා and වල්කහඹිලියා.
කහර, see කුකුරුමාන්.
කහරඹන, a sp. of paddy.
කහලාර, see කල්හර.
කලාගරු, කලාගුරු, see කළුවැල.
කළු·අගිල්, black-aloe or eagle-wood, Aquilaria Agallocha.
කළු·අත්තන, see අත්තන.
කළුඅලංගා, see අලංගා.
කළු·ඇල්වී, a sp. of hill-paddy.
කළු·උක්, a sp. of sugar-cane, see උක්.
කළු·උණ, see උණ.
කළුකඩුම්බෙරිය, Diospyros oocarpa *(Eben.)*.
කළු·කන්කෙසෙල්, කළු·කන්කත්තෝරු, sp. of plantain.
කළු·කන්වෙරිය, black solanum, a sp. of nightshade, Solanum nigrum *(Solan.)*.
කළු·කඳ, a tree, Diospyros Embryopteris.
කළු·කඳල, a plant, Colocasia Antiquorum *(Araceæ.)*.
කළු·කර·ඇල්·වී, කළු·කුණ්ඩ·වී, කළු·කුමාර·වී, a sp. of hill-paddy.

කළු·කැම්බෙරිය, see කළුකන්වෙරිය.
කළු·කැර, a plant, Goniothalamus Thwaitesii *(Anon.)*.
කළු·කිහිරි, a tree, a sp. of Santalum *(Sant.)*.
කළු·කෙසෙල්, a sp. of plantain.
කළු·කොත්මල·වී, a sp. of paddy.
කළු·ගස්මිරිස්, a plant, Capsicum frutescens *(Solan.)*.
කළු·තල, see තලා.
කළු·තලා, a plant, a var. of basil of sp. of Ocimum *(Labi.)*.
කළු·තිඹිරි, a tree, Diospyros melanoxylon *(Eben.)*.
කළු·තුඹ, see තුම්බ.
කළු·තුසතවාලු, a plant, black teori, see තුසතවාලු.
කළු·දඹල, black or negro kidney bean.
කළු·දුරු, black-cummin, Nigella sativa.
කළු·නවරි·කෙසෙල්, a sp. of plantain.
කළු·නික, a tree, a sp. of Vitex *(Verben.)*.
කළු·බදුල්ල, a sp. of the marking-nut tree, Semecarpus obovata *(Anacard.)*.
කළු·මා·වී, කළු·හන්දිරන්·වී, කළු·හීනටි·වී, a sp. of paddy.
කළු·මැදිරිය, false calamander, Diospyros oppositifolia *(Eben.)*.
කළු·රාබු, black radish.
කළු·වට, radish, Raphanus sativus *(Crucif.)*.
කළු·වර, ebony, Diospyros ebenum *(Eben.)*.
කළුවල්හබල, a plant, see වල්හබල.
කළු·වවුලැටිය, bonduc or nickar tree, Caesalpinia Bonduc *(Legum.)*.
කළුවා, කළුවාල, a tuberous medicinal plant, a sp. of turmeric, great galangal, Alpinia Galanga *(Scitam.)*.
කළු·වැටකොලු, a plant, Luffa acutangula *(Cucurb.)*.
කළු·වැරණිය, see කලොත්වාරණිය.
කළු·වැල, black creeper, an odoriferous creeper.
කළු·හබරල, a sp. of the wake-robin, a broad-leaved bulbous plant.
කළු·හබරලිය, a tree, Maba buxifolia *(Eben.)*.
කාක, a plant, Ardisia elliptica.
කාක·කුටම්ල, a var. of හෙළුම්, or water-lily.
කාක·ගුජා, a sp. of ගුජා, which see.
කාක·චිංචා, කාක·චිංචී, see ඔලිඳවැල.
කාක·ජම්බු, see කාක.
කාක·තික්තා, see කැල්වැල; ganja plant.
කාක·තුණ්ඩිකා, see කාකගුජා.
කාක·නාසිකා, see ඔලිඳවැල.
කාක·මාචි, see කළුකැන්බෙරිය.
කාක·මුද්ගා, see මුංවැත්ත.
කාක·වල්ලි, see කාකතික්තා.
කාකා·දනී, see කාකනාසිකා.
කාකෝත්පල, a sp. of lotus.
කාකෝලි, a poisonous plant or medicinal root.

කාංචන, yellow-flower plant: a name of several plants that bear yellow flowers, as the champaka &c., turmeric.
කාංචික, see කලඹක.
කාංජී, see සාකතන්දිකා.
කාංජි·සෙකෙවල්, vinegar-plant, Mycoderma aceti.
කාණ්ඩ, a sp. of reed, Saccharum arundinaceum (Gram.).
කාණ්ඩ·තික්තක, see බිම්කොහොඹ.
කාදම්බා, see උක්.
කානනාසීප, mango, see අඹ.
කාන්තා, see උක්.
කාමදූ, see කිරිබද්ද. [(Geran.).
කාමරංගා, a sp. of bilimbi, Averrhoa Carambola
කාමා, see කැප්පිටියා.
කාමුකා, see අස්මැල්ල.
කාමු·රණ්ඩ, see ගස්සඹිරිය.
කාම්බෝජී, a sp. of white mimosa.
කාමුරු, see කරඹු.
කායස්ථා, see අරළු. [(Rub.).
කාර, a thorny shrub, Canthium parviflorum
කාරම්භා, see පුවඟු.
කාර·වල්ලි, කාරවෙල්ල, see කරවිල.
කාරවී, see ශතපුෂ්ප.
කාරසවද, see ඇහැල.
කාසී·වල්ලී, see ඔලිදවැල.
කාර්පාස, cotton plant, කපු.
කාලක·පිතන, කාලමාල, see අස්මැල්ල.
කාල·ජිරක, see කළුදුරු.
කාලමේෂී, see බෝගස්.
කාල·මෙෂිකා, see පෙණෙලවැල.
කාලය, see ලීමි.
කාලස්කන්ධ, see තිඹිරි.
කාලා, indigo plant, Indigofera tinctoria (Legum.), නිල්අවරිය.
කාලිංග, a sp. of cucumber, Cucumis Melo (Cucurb.). [පෙණෙලවැල.
කාලී, a sp. of water-lily, ඕලු; heart-seed, see
කාලේයක, see වෙනිවැල. [(Gram.).
කාවළු, කාවුළු, a sp. of millet, Setaria glauca
කාශ්මරී, කාශ්මර්ය, see ඇත්දෙමට.
කාශ්මීර, see තෙඹු and කොකුම්.
කාශ්ඨ·මධුක, see වැල්මී.
කාශීලා, see කෙසෙල්. [equisetifolia.
කාස, a sp. of murunga; whip-tree, Casuarina
කාස·ඝ්නි, lit. cough-destroyer: a sp. of prickly nightshade. [තෝර.
කාස·මර්දී, the plant Cassia Sophera: see උරු
කැකල, Cyathocalyx zeylanicus (Anon.).
කැකිරි, generic term for cucumber, Cucumis.
කැකිරිවරා, Schumacheria castaneæfolia (Dillen.), and Axinandra zeylanica (Lyth.).
කැකිල්ල, a fern, Gleichenia linearis (Filices.).
කැකුන, C. En. tree yielding resinous gum, Canarium zeylanicum (Burser.).
කැටකෑල, a tree, Bridelia retusa (Euphorb.).
කැටියා, Pittosporum zeylanicum (Pittospor.).
කැණිවු, see බුලත්.
කැත්ඇඹිල්ල, Aberia Gardneri (Bix.).
කැකසිල්ල, a medicinal plant, වැරැල්ල.
කැන්ද, a plant, Macaranga tomentosa (Euphorb.).
කැන්ද·ගස, see තෙල්කැකුන.
කැත්මෙරිය, see කළුකැත්මෙරිය.
කැත්හැන්ද, a plant, Clerodendrum serratum (Verben.).
කැප්පිටියා, කැප්පෙට්ටියා, a sp. of croton, Croton lacciferum (Euphorb.).
කැබෙල්ල·ගස, a tree, Aporosa Lindleyana (Euphorb.). [(Filices.).
කැරැකොකු, a sp. of fern, Acrostichum aureum
කැලණිය, an aromatic plant, Alpinia allugas (Scitam.), අලුගහ.
කැලිය, a plant, Grewia microcos (Tili.).
කැසිපිස්සන්, කැසිපිත්තන්, a plant, Cyclea Burmanni (Menisperm.).
කැහල, කෑල, see ගස්කෑල and පලස.
කිංශුක, කිංශුලුක, The same as කෑල.
කිඤ්ජල්ක, see තෙඹු.
කිඩාරම්, a plant with a medicinal root or bulb, Amorphophallus campanulatus (Aroceæ.).
කිණිගෙහෙරු, see බටු.
කිණිහි, see තිබ්බටු and ගස්කරල්හැබ.
කිතල, a sp. of plantain, see කෙසෙල්.
කිතව, thorn-apple, Datura fastuosa (Solan.).
කිතුල්, kitul palm, Caryota urens (Palmæ.).
කිණිහිරිය, see එලබුබුල්.
කිනුපුල් (කිත්උපුල්), a sp. of nymphæa, blue lotus, නිල්මානෙල්.
කිඳි, see රසකිඳ; also මදුරුතලා.
කිඹි, see කහට.
කිඹුල්, leadwort, Plumbago rosea (Plumbag.).
කිඹුල්·වැන්න, generic term for the polygonums.
කිරත, a plant, Swertia Chirata (Gentian.).
කිරල, a sp. of cork tree.
කිරාත, කිරාත·තික්ත, see බිම්කොහොඹ.
කිරාතුත්, see කිරත.
කිරි·අඟුණ, Dregea volubilis (Asclep.).
කිරි·කපු, Wissadula zeylanica (Malv.).
කිරි·කසවලු, see ගොඩකදුරු and කාකෝල්ලී.
කිරි·කෝන්, tree, Walsura Piscidia (Meli.). The bark is thrown into ponds to kill fish without rendering them unfit for food.
කිරිඳි, tares, cochle, darnel. [(Gram.).
කරිඳි මාසා, a sp. of grass, Coix lacryma
කිරිඳි·වැල, a creeper, Rourea santaloides (Connar.).
කිරි·පළු, a tree, Buchanania Latifolia.
කිරි·පැල්ල, a tree, Ficus Tsjakela (Urti.).
කිරි·බද්ද, a sp. of bindweed, Ipomœa digitata (Convol.).

කිරි·බදුල්ල, a sp. of the marking-nut tree.

කිරි·මකුළු, a small tree of which the juice is poisonous, Sapium indicum *(Euphorb.)*. The seeds of the tree are used to intoxicate fish.

කිරි·මදු, a plant, Ipomœa cymosa *(Convol.)*.

කිරි·රුක, see කිරිපළු.

කිරිල්ල, cork-tree, Sonneratia acida *(Lyth.)*.

කිරි·වරළු, a plant, Isonandra lanceolata *(Sapot.)*.

කිරි·වැල්ලා, C. En. tree, Holarrhena mitis *(Apocyn.)*.

කිරි·වැල, a creeper, Morinda umbellata *(Rub.)*, and Ichnocarpus frutescens *(Apocyn.)*.

කිරි·හකුළු, a plant, Dregia volubilis *(Asclep.)*.

කිරි·හැන්ද, a plant, cock's-comb, Celosia argentea *(Amarant.)*.

කිරි·හැඹිලිය, a large tree, Palaquium grande *(Sapot.)*. Its seeds yield oil similar to මීතෙල්.

කිරි·සිරිය, a plant, Exacum zeylanicum *(Gentian.)*; also for කිරිහැඹිලිය; see also මීසිරිය.

කිලල, see කිරිල්ල.

කිලා, see මහකරඹ.

කිලිකිප්ප, කිලිකිලි, see ගස්බෙබිරිය.

කිලිම, a sp. of pine, Cedrus Deodara, දේවදාර.

කිසලං, medicinal plant used in tattooing, Eclipta alba *(Comp.)*.

කිහිරි, a tree, Acacia Sundra *(Legum.)*.

කිකිරිදිය, see කිසලං.

කිටමාරිකා, a medicinal plant, වලාවැන්න.

කිටම්ජයා, see කුඹුක්.

කීන, a tree, Calophyllum tomentosum and C. Walkerii *(Guttif.)*. There are nine other species of Calophyllum in Ceylon.

කීන·දෙඹ, a tree used to make a red dye, Mallotus philippinensis *(Euphorb.)*, හම්පිරිල.

කීස·පණිණි, see කරල්හැබෝ.

කුකුණය, see ලීමා.

කුකුරමාන්, කුකුරුමුවන්, a thorny shrub, Randia dumetorum *(Rub.)*.

කුකුලල (කුකුළුඅල), a sp. of yam or foreign potato, of the order Araceæ.

කුකුළු, කුකුළුවැල, a sp. of ratan, Calamus pachystemonus *(Palmæ.)*.

කුළිකා, see ඔලිදවැල.

කුජරී, see මහිල.

කුජල, water-lily, නෙළුම්.

කුටජ, see කෙලිඳ.

කුටහතව, see තෝටිල; also කලාදුරු.

කුට්ට, see එන්සාල්.

කුට්ල·කණ්ටක, see කිහිරි.

කුට්ලාලය, see හරන්කහ.

කුඨෙරක, see අඳුතලා.

කුඩා·කළුවා, a black and jointed creeper growing in moist ground.

කුඩා·සුදනා, a mountain plant bearing small white flowers. [*(Lycopod.)*.

කුඩා·හැඩයා, a plant, Lycopodium squarrosum

කුඩු·කැකිරි, a plant, Zehneria hastata *(Cucurb.)*.

කුඩු·දවුල, false cinnamon, Litsea zeylanica *(Laur.)*.

කුඩු·මිරිස්, a plant, Toddalia aculeata.

කුණ්ඩල·ඵල, see අඹ.

කුණ්ඩලී, a climbing plant, Tinospora cordifolia *(Menisperm.)*, රසකිඳ.

කුතුම්බක, see ගැටතුඹ.

කුද්දල, see කොබලීල.

කුතම්, coriander, see කොත්තමල්ලි.

කුතපු, see බුලත්.

කුතාගක, see වැල්කහඹිලියා.

කුන්ද, a sp. of jasmine, see පිච්ච.

කුපදර, a shrub, Limonia alata, තත්පත්කුරුඳු; also a sp. of grass.

කුප්පමේනිය, a small medicinal plant, Acalypha indica *(Euphorb.)*.

කුබුක්, කුඹුබු, see කුඹුක්.

කුඹෙරැස්, a tree bearing fragrant flowers, Stereospermum suaveolens.

කුඹෙර, see කුඹුරුවැල.

කුබ්ජපණ්ණිකා, see මැඩහලු.

කුමටිය, a plant bearing a crimson flower, cock's-comb, Allmania nodiflora *(Amarant.)*.

කුමර, see බෙලි.

කුමාරක, see තිම්බකොහොඹ; also ලුණුවරණ.

කුමාරිකා, කුමාරි, see කෝමාරිකා.

කුඹුබු, see කෝවක්කා.

කුමුද, esculent white water-lily; red lotus, Nymphæa Lotus.

කුමුදු, see දියපරණලා; also ඇත්දෙමට.

කුමුදිකා, see කරපිඹ.

කුම්බික, see කහට.

කුමඹි, see ඇත්දෙමට.

කුම්භිකා, see දියපරබෑල්ල; also පෙලාල්.

කුම්භෝලු, see ගුගුල්.

කුඹල, see වල්බිලිං.

කුඹුක්, a tree, Terminalia glabra *(Combret.)*.

කුඹුරු·වැල, a creeper bearing a medicinal nut, grey bonduc, Cæsalpinia Bonduc *(Legum.)*.

කුඹුවරු, bonduc or sucker tree.

කුරක්කන්, grain and plant: millet, Eleusine coracana *(Gram.)*.

කුරඹ, see උගුරැස්ස.

කුරවක, see රතුකටුකරඬු.

කුරුඇල්·වී, කුරුමා·වී, කුරු·වී, කුරුළු·තුඩු·වී, sp. of paddy, විශේෂ වී වර්ග.

කුරුකාඳක, horse-radish, Cochlearia Armoracia.

කුරුඳු, cinnamon, Cinnamomum zeylanicum [*(Laura.)*.

කුරුවින්ද, see කලාදුරු.

කුලක, see දන්ති or දන්ත.

කුලඤ්ජ, a plant, Alpinia Galanga.
කුලටා, see අමුක්කරා.
කුලත්ථ, pulse, see කොල්ලු.
කුලල් බට, a sp. of reed, Phragmites Karka.
කුලාකක, see රතුලුනු.
කුවල, see මහනෙල්; also මානෙල්.
කුවලයනී, see නිල්මානෙල්.
කුවේරාක්ෂ, see කුඹුරුවැල.
කුශ, see ඉළුක්.
කුශතෘණ, arrow-grass, Paspalum sanguinale (Gram.). It is regarded as sacred because when a handful of it was given to Buddha by a Brahman he cast it under a Bo-tree and it immediately became a seat for him.
කුශේශය, lotus, water-lily, නෙළුම්.
කුෂ්ඨ, see තෙබු.
කුෂ්ඨඝ්න, (ඝ්න destroyer), a medicinal plant used for the cure of leprosy.
කුෂ්ඨඝ්නී, see කළුකැප්පෙටිය.
කුෂ්මාණ්ඩ, pumpkin gourd, Citrullus vulgaris.
කුස තණ, see කුශතෘණ.
කුශපත්‍ර, see නිදිකුම්බ.
කුසුම්භ, see වකුඤ්.
කුස්තුම්බරි, coriander, කොත්තමල්ලි.
කුළුරුණ, කුටකටේද්, see කටුරෝහිණි. [කපු.
කුටශාල්මලි, a sp. of silk-cotton tree, Bombax,
කුඩලු දෙහි, හුඩලුදෙහි, a sp. of lime, leech-lime.
කුඩලුමල්, හුඩලුමල්, a plant, Impatiens flaccida (Geran.). [(Amarant.).
කුරතම්පලා, a plant, Amarantus polygonoides
කුරපලා, see කුරතම්පලා. [astom.).
කුරුවිය, a plant, Memecylon rostratum (Mel-
කූෂ්මාණ්ඩ, see කුෂ්මාණ්ඩ.
කෘත වේද්‍ය, කෘත වේධන, see වැටකොලු.
කෘත මාල, see ඇහැළ.
කෘමි ඝ්න, see විළඟසාල්. [(Gram.).
කෘමි ශත්‍රු, a sp. of grass, Panicum antidotale
කකෝනු, see එළුතෙටුල්.
කෘෂ්ණ, see මහකරඹ.
කෘෂ්ණ කාම්බෝජ, blue lotus, නිල්මානෙල්.
කෘෂ්ණ ජීරක, see කළුදුරු.
කෘෂ්ණ තුලසි, see කළුතලා.
කෘෂ්ණ භිම්බක, see කරපිංච.
කෘෂ්ණ ඵාක, කෘෂ්ණ පාකඵලා, see කරඹ.
කෘෂ්ණ එලා, see බෝදිඇට.
කෘෂ්ණ භේදි, (කෘෂ්ණ dirt, excrement, භේද separating), a medicinal plant, කටුරෝහිණි.
කෘෂ්ණ මජරී, see කළුමැදිරිය.
කෘෂ්ණ මජරිකා, see අස්මල්ල.
කෘෂ්ණ මජරී, see කෘෂ්ණතුලසි. [වගියක්.
කෘෂ්ණ මෝචක, a sp. of plantain, කෙසෙල්ගස්
කෘෂ්ණ රජනිකා, කෘෂ්ණලා, see ඕලිදවැල.
කෘෂ්ණ රජී, a black sp. of coriander, කළුකොත්
කෘෂ්ණ වල්ලී, see ඉරමුසු. [තමල්ලි.

කෘෂ්ණ වෘන්තා, see පලොල් and රවඅත්තන; also කුඹුරුවැල. (Crucif.).
කෘෂ්ණා, කෘෂ්ණිකා, black mustard, Sinapis nigra
කෘෂ්ණාජික, see අස්මැල්ල.
කෙකටිය, කෙකතිය, an aquatic plant, Aponogeton crispum (Naiad.).
කෙකු, a plant, Bocagea coriacea (Anon.).
කෙටල, a plant, Lagenandra toxicaria (Araceæ.).
කෙන් හැන්ද, a plant, Clerodendrum serratum (Verb.). [(Cucurb.).
කොම්කැකිරි, plant, Cephalandra indica
කොම්බකොස්වැරැල්ල, moonwort, Helminthostachys zeylanica (Filices).
කෙම්පා, see කුප්පමේනිය.
කෙම් බිජු, see කෝවක්කා.
කෙම් ලිය, කෙම් වැල, a sp. of gourd see කෙම්කැකිරි.
කෙයියා, generic term for wild pines, Pandanus.
කෙවිටිඤකිර, a plant.
කෙසරබැවිල, see බැවිල.
කෙසරු, see බුණමල්.
කෙසරුබෑලිල, see බැවිල.
කෙසෙල්, කෙහෙල්, plantain or banana, Musa paradisiaca (Scitam.), of which there are many var. in Ceylon.
කෙළිඳ, a tree bearing a medicinal nut or seed used as a remedy for diarrhœa, Wrightia zeylanica (Apocyn.).
කේ, කේතක, කේතකී, see මුදුකෙයියා.
කේර, කේරි, see පොල්.
කේශකය, see කස්සා.
කේශ මුෂ්ටි, a large sp. of the nim tree.
කේශ රජනික, see කටුකරඹු.
කේශ රජක, see කීකිරිඳිය.
කේශවාවාස, see බෝගස.
කේශරාග, see පුවඟු. [සිංහු.
කේසර, see නාගස; also බුණමල්; and asafetida,
කේසරම්ල, citron, සිදරන්.
කේසරී, a sp. of ginger, ඉඟුරු.
කෛකණ්ඩයනී, see කරපිංච.
කෛරව, white esculent water-lily, හෙලනෙළුම්.
කොක, see කිණිහිරිය and එළුඹුල්.
කොකවිසල්, see රුක්අත්තන.
කොකටිය, Garcinia terpnophylla (Guttif.).
කොකුම්, a tree, Kokoona zeylanica.
කොකුම් පොතු, see වතපොතු.
කොක් මොට, a tree, pipewort, Eriocaulon quinquangulare (Eriocaul.).
කොච්චි බතල, sweet potato, Ipomoea Batatas.
කොටදිමුලා, a short sp. of fig tree, Ficus hispida (Urti.).
කොමර, a small tree, see ගැටකෙටුල්.

කොපිකන්·බැලිල or ·බැමිල, a medicinal fibrous plant with yellow flowers, Sida rhombifolia [(*Malv.*).

කොවී, see ගැටපිච්ච.

කොට්ටම්, see කෙබු.

කොට්ටම්බා, Indian almond tree, Terminalia catappa (*Combret.*).

කොඬොල්, a sp. of yam.

කොතඹුරු, see කොත්තමල්ලි.

කොතලා·වැල, a plant or creeper, Torenia asiatica (*Scroph.*). [(*Rub.*).

කොතුරුබැද්ද, a plant, Geophila reniformis

කොත්තමල්ලි, coriander, Coriandrum sativum.

කොද, see කොරව.

කොදකැකුළු, a sp. of jasmine, පිච්ච; and of water-lily, තෙළුම්.

කොබලිල, කොබලිල්ල, a tree, mountain ebony, Bauhinia purpurea (*Legum.*).

කොබු, a tree, see අභිමුඝාතක.

කොබෝරිල්, see බවනදඹ.

කොබෝලිල, see කොබලිල.

කොබෝවක්කා, a plant, Ventilago maderaspatana (*Rham.*). [*curb.*).

කොමඩු, water-melon, Citrullus vulgaris (*Cu-*

කොම්බුඇල්·වී, a sp. of hill paddy.

කොමදු, see යක්කොමඩු.

කොමාරිකා, see කෝමාරිකා.

කොමුල්, see දෙහිට.

කොර·කහ, a plant, Memecylon umbellatum (*Melastom.*).

කොරස·වැල, කොරෙස·වැල, a creeper, Delima sarmentosa (*Dillen.*).

කොලහිඹුල්, see කැටකාලම්බිලි.

කොලු, see මහකඩබර.

කොලොම්බිය, a sp. of mango tree.

කොලෝහ, see අරළු. [පතු.

කොල්ලම්·කොල, a plant, a sp. of mint, සමල

කොල්ලම්·ගහ, a tree bearing black blossoms, see රටගොරකා.

කොල්ලෑ·ගහ, see පතුක්.

කොල්ලු, horse-gram, Madras gram, Dolichos biflorus (*Legum.*).

කොවක්කා, see කොම්කැකිරි.

කොසවිල, see වැරැල්ල.

කොස්, jack-tree or jak-tree, Artocarpus integrifolia (*Urti.*). [*phorb.*).

කොස්අත්ත, a plant, Blachia umbellata (*Eu-*

කොස්·කැපියා, a tree.

කොස්·බඩ, a tree, Litsea tomentosa (*Laur.*).

කොහිල, a thorny plant, the leaves and root of which are edible, Lasia aculeata (*Araceæ.*).

කොහු, a sp. of paddy.

කොහු·අඹ, a sp. of mango, see අඹ.

කොහු·කිරිල්ල, a plant, Grewia Microcos.

කොහුදෙවරැද්දිරි, a sp. of paddy.

කොළහා, see කොස්.

කොහොඹ, nim or margosa tree, Azadirachta indica (*Meli.*).

කොහොඹිල, a plant, Lasia aculeata.

කොළොම්, a tree, Adina cordifolia (*Rubi.*).

කෝකනද, red lotus, red water-lily, a sort of [තෙළුම්.

කෝකිලාක්ෂ, see කටුකරඬු.

කෝද්‍රව, see අමු.

කෝන්, Ceylon oak, which bears a pleasant acid fruit, Schleichera trijuga (*Sapin.*).

කෝපි, coffee, Coffea arabica.

කෝමාරිකා, a medicinal plant, aloe, Aloe vera.

කෝරංගි, see එන්සාල් and හීන්එන්සාල්.

කෝරණ්ඩ, see කෝකිලාක්ෂ.

කෝලක, a sp. of pepper, see සිවිඇවැල; also long pepper, Piper longum, තිප්පලි.

කෝලය, fenu-greek, Trigonella Fœnum græcum, see උළුහාල්. [longum.

කෝල·වල්ලී, long pepper, තිප්පලි, Piper

කෝලි, jujube, see මසන්; also pepper, Piper Chawya, see කෝලක.

කෝලිකුට්ටු, a sp. of large plantain.

කෝවක්කා, a plant, Cephalandra indica (*Cucurb.*).

කෝවාරි, see ඉරමුසු.

කෝවි, cabbage, Brassica oleracea (*Crucif.*).

කෝවි·දර, a sp of ebony, Bauhinia variegata (*Legum.*). [and වැටකොලු.

කෝෂ·ඵලා, see කළුකැත්තෙමිරිය, පෙනෙලවැල,

කෝෂාතක, a creeper, Luffa acutangula (*Cucurb.*). [වැටකොලු.

කෝෂාතකී, a small sp. of cucumber, see දර

කෞණ්ඩිතා, a herb, Trichodesma zeylanicum.

කෞතා, see කෙළිඳ. [lotus.

කෞමුද, moon-lotus, viz. white or moon-like

කෞරිය, see කරවිල.

ක්‍රමු, see පුවක්.

ක්‍රමුක, a tree the bark of which is used to dye red, Symplocos spicata; a sp. of mulberry, Morus indica; also for ක්‍රමු.

කෘතමාල, a tree, Cassia Fistula.

ක්ලිතක, see වැල්මී.

ක්ලිතකීය, see තිල්අවරිය.

ක්ෂමාදංශ, see මුරුංගා.

ක්ෂවක, mustard, see අබ.

ක්ෂාර·ද්‍රැ, a tree, see පළොල්.

ක්ෂීර·කන්ද a pot herb. Ipomoea digitata.

ක්ෂීර·පර්ණී, a medicinal plant, see කෙලවර.

ක්ෂීර·ඝනතා. see බටකෑටුබ. [ක්ෂීරකන්ද.

ක්ෂීර·වල්ලී, ක්ෂීර·විදාරී, a medicinal creeper, see

ක්ෂීර·වෘක්ෂ, milk-tree, see අත්තික්කා; also බෝ [ගහ.

ක්ෂීරිකා, see කිරිපලු.

ක්ෂීරි·ඝනකා, see කොබෝවක්කා.

ක්ෂීරී, milk-tree, a sp. of Mimusops; a name applied to several plants which yield a milky juice.

ක්ෂුද්‍ර·පර්ණී, see කිම්මෑ.

ක්ෂුද්‍ර·බලා, a medicinal plant, see සුළුබෑලිල.

ක්ෂුද්‍ර·මාශ, a medicinal plant, see මස්වෑත්ත.

ක්ෂුද්‍ර·වෂීතු, a medicinal plant, see සාරණ.

ක්ෂුද්‍ර·වාතීකී, a medicinal plant, see තිබ්බටු.

ක්ෂුද්‍ර·සහා, a medicinal plant, see මුංවෑත්ත.

ක්ෂුද්‍රා, see කටුවෑල්බටු; වම්බටු; also a kind of sorrel, ඇඹුලැඹිලිය.

ක්ෂුර, a plant, Hygrophila spinosa; also Tribulus terrestris.

ක්ෂුරක, see මදුවිය.

ක්ෂෝද්‍ර, wheat, තිරිඟු.

ක්ෂෝමක, see සිඟුරුපියලි; also හරංකහ.

ඛජ්ජූර, date tree, Phœnix zeylanica *(Palmæ)*, ඉඳි.

ඛදිර, a tree yielding a medicinal resin, Acacia Sundra, කිහිරි.

ඛදිරභේදනී, the same as ඛදිර, see කිහිරැලි.

ඛදිරී, see මිදි.

ඛපුර, see පුවක් a fragrant grass, Cyperus tuberosus; garlic සුදු ළූනු. [(*Gram.*).

ඛර, a kind of grass, Andropogon serratus

ඛර·ගන්ධිනා, a plant, Uraria lagopoides.

ඛර·ගන්ධා, see ඇත්කත්.

ඛර·පත්‍ර, a kind of red basil; teak tree, තේක්ක.

ඛර·පත්‍රක, see තෙල්තල.

ඛර·පුෂ්ප, ඛර·පුෂ්පා (or පුෂ්පිකා), a kind of tulasi or basil, Ocimum gratissimum *(Lab.)*.

ඛර·මඤ්ජරී, see කරල්හැබ.

ඛර·ස්කන්ධ, date tree, see ඉඳි.

ඛරශබා, a plant, Celosia cristata *(Amarant.)*.

ඛර්ජූර, see ඉඳි.

ඛර්ජූරී, wild date tree, වල්ඉඳි.

ඛලිනා, see ගම්මිරිස්.

ඛාතෝදක, see පොල්.

ඛුරක, see ඛරපත්‍රක.

ඛුරා, durian tree, Durio zibethinus; a creeper.

ඛිලව, see කොල්ලු.

ගංඞී, a tree, Bassia neriifolia *(Sapot.)*.

ගංකොල්ලත්කොළ, a plant, Pogostemon heyneanus *(Lab.)*. A var. of this plant, viz. P. patchouli, yields from its leaves and flowers an oil used in perfumery.

ගගරසින්වා, see හීත්තබලා.

ගඟම්වක, a sp. of shield fern. [රසකිඳ.

ගඟලේ, a climbing plant, Tinospora cordifolia,

ගජ·කණා, ගජපිප්පලී, long pepper, see තිප්පිලි.

ගජ·දන්ත·ඵල, a sp. of cucumber, කැකිරිවර්ගයක්.

ගජ·පරෑන, see ඹිලිදවැල.

ගජ·ප්‍රියා, gum olibanum tree, Boswellia serrata (*Burser.*); plantain, කෙසෙල්ගස.

ගජ·බලා, see බෑවිල.

ගජේ, see ඇත්තෝර.

ගංජන, see සුදුළූනු.

ගඡ්, see ඔලිදවැල.

ගණරූප, swallow-wort or mudar, Caloptris gigantea *(Asclep.)*, see වරා.

ගණරූපික, white swallow-wort, සෙළවරා.

ගණිකාරිකා, see සිහින්මිදි.

ගණිකාව, see සිහින්මිදි; also සේපාල.

ගණ්ඩ·කාරී (ගණ්ඩ boil, කාරී causer), sensitive plant, Mimosa pudica *(Legum.)*, නිදිකුම්බ.

ගණ්ඩාලී, see කලාදුරු.

ගණ්ඩීර, a kind of pot-herb or sp. of cucumber.

ගඳබඅත්, ගඳඹත්, castor-oil plant or Pal ma christi, Ricinus communis *(Euphorb.)*, එඬරු.

ගඳු, see පලොල්.

ගන, see කලාදුරු.

ගන්ධ, ගන්ධක, see මුරුංගා.

ගන්ධ·නාකුලී, a medicinal plant, see අරත්ත.

ගන්ධ·නිලයා, double jasmine, සත්පෙති දෑසමන්.

ගන්ධ·පත්‍ර, a white kind of basil, Ocimum gratissimum; also a tree, for which see සිහින්මිදි.

ගන්ධ·පත්‍රිකා, see අඳුතලා.

ගන්ධ·පලා, ගන්ධ·පලාශිකා, turmeric, see කහ.

ගන්ධ·පලාශී, see සිඟුරුපියලි.

ගන්ධ·පුෂ්ප, *lit.* fragrant flower: a sp. of cane, Calamus Rotang; see also රුක්අඳුන; it is also the name of several fragrant plants.

ගන්ධ·ඵල, gum olibanum tree, Boswellia serrata.

ගන්ධ·ඵලී, see පුවඟු.

ගන්ධ·මූල, see කළුවාල. [for ඉරමුසු.

ගන්ධ·මූලක, ගන්ධ·මූලා, a sp. of curcuma; also ගන්ධ·මූලිකා, see ලුණුවිල.

ගන්ධර්ව·හස්ත, *lit.* deer-hand: a plant of which the leaves are said to be like a deer's foot; see the Elu ගඳබඅත්.

ගන්ධ·වල්ලිකා, *lit.* fragrant creeper, viz. a sp. of jasmine, පිච්චවර්ගයක්.

ගන්ධාරී, see සාංසා.

ගන්ධෝලී, a kind of cucumber, කැකිරිවර්ගයක්.

ගඳ·පාන, see රටසිඟුරු; also Mappia ovata (*Olac.*).

ගම්පිලි, a plant, Tephrosia purpurea.

ගම්බඩ·හීනටි·වි, a kind of paddy, see හීනටි.

ගම්භාර, lotus, නෙළුම්; citron, සිදුරන්.

ගම්භාරී, gambhāri, see ඇත්දෙමට.

ගම්මලු, a resinous timber tree, Pterocarpus Marsupium *(Legum.)*.

ගම්මිරිස්·වැල, black pepper creeper, Piper nigrum *(Piper.)*.

ගරඬබේ, ගරඬි, a plant, Ichnocarpus frutescens, කිරිවැල, see ගැරඬිණි. [(*Gram.*).

ගරි, a kind of grass, ඛර, Andropogon serratus

ගර්දභ, white lotus, නෙලුම්නෙල්.

ගර්භිණී, a twining plant with milky juice and large flowers, Oxystelma esculentum.

ගර්භ පාතක (පාතක causing to fall), red murunga, said to produce abortion, රතුමුරුංගා.

ගර්භ·පාතිනී (producing abortion), see නියඟලා.

ගල, a kind of grass, Imperatra arundinacea *(Gram.)*.

ගලිස්. a tree, Gardenia latifolia *(Rub.)*.

ගල්·අන්නාසි, a kind of pine-apple, rock pine-

ගල්·ආනමාළු, a kind of plantain. [apple.

ගල් ඇහි, Cyperus corymbosus *(Cyper.)*.

ගල්·කප්පරවල්ලිය, Anisochilus carnosus *(Lab.)*.

ගල්·කරඳ, a plant, Humboltia laurifolia *(Legum.)*; also a small tree, පොරමඩාරු, which see.

ගල්·දෙඳමට, a kind of balsam, Impatiens repens

ගල්·පාසි, rock-moss. [*(Geran.)*.

ගල්·පැළි, ගල්මඳ, a medicinal plant.

ගල්·බබ·ඇල්·වී, a kind of hill-paddy.

ගල්·මැන්දෝර, a timber tree, Cynometra ramiflora *(Legum.)*.

ගල්·මෝර, a tree (in the Kandian country) Pometia eximia *(Sapind.)*; (in the low country) Cryptocarya Wightiana *(Laura.)*.

ගල්·වෙරළු, a tree, wild olive, Elæocarpus subvillosus *(Tili.)*.

ගල්·සියඹලා, a timber and fruit tree, Dialium ovoideum *(Legum.)*.

ගල්·සෙවෙල්, rock-moss. [නිල්කටරොළු.

ගවාක්ෂ, *lit.* ox-eye: see ගොන්නැකිරි; also

ගවාදන, *lit.* ox-food, viz. pasture or meadow grass, තණකොළ.

ගවාදනී, a sort of cucumber, see ගවාක්ෂි.

ගවෙම්බුකා, see ගස්කැලිය.

ගස්·කසිල, a plant, Breynia rhamnoides *(Euphorb.)*. [*(Amarant.)*.

ගස්·කරල්හැබ, a weed, Achyranthes aspera

ගස්·කහඹිලියා, a sp. of nettle, Girardinia heterophylla *(Urti.)*.

ගස්·කැප්පිටියා, see කැප්පිටියා.

ගස්කැල, pulas tree, yielding gum and bearing beautiful flowers, Butea frondosa *(Legum.)*, ඇත්කන්, පලාශ.

ගස්·කැලිය, a plant.

ගස්·දූල්, a plant, Debregeasia velutina *(Urti.)*.

ගස්·නිදකුම්බ, a plant, Biophytum nervifolia *(Geran.)*; aquatic plant, Neptunia oleracea *(Legum.)*.

ගස්·තිඹිරි, an esculent plant, see තිඹිරි.

ගස්·ගොටුල්, a straggling plant, Ficus parasitica *(Urti.)*.

ගස්·පිච්ච, Coffea travancorensis *(Rub.)*.

ගස්·පින්න, a plant, Clerodendrum infortunatum *(Verben.)*. [වැල්අල.

ගහල, a yam, Colocasia Antiquorum *(Araceæ)*,

ගළුවී, see මදුරුතලා and රසකිඳ; a timber tree.

ගාංගායනී, ගාංගෙය, see කලාදුරු.

ගාංගේරි, see ගාංගායනී; a sp. of Marsilea.

ගාංගේරුකී, see ගස්කැලිය.

ගාඹීර, see තිප්පිලි.

ගාඪමායිනී, a plant supposed to render the eater of it invisible.

ගාලව, see ලොත්සුඹුළු.

ගැට·බලුව, a plant, Clinogyne virgata *(Scitam.)*.

ගැට·කහඹිලියා, a sp. of nettle, Girardinia heterophylla. [*(Guttif.)*.

ගැට·කීන, a tree, Calophyllum Burmanni

ගැට·කොළු, a plant, Hedyotis Auricularia *(Rub.)*.

ගැට·තුඹ, a plant, Leucas zeylanica *(Lab.)*.

ගැට·තෝඹු, a sp. of pepper or betel බුලත් *(Piper.)*.

ගැට·තෝර, a sp. of pepper, Piper Betle.

ගැට·දන්, a plant, Eugenia corymbosa.

ගැට·නිටුල්, ගැට·කොටුල්, a scraggy shrub or small tree, Streblus asper *(Urti.)*.

ගැට·පන්, a sp. of club rush, Scirpus erectus *(Cyper.)*.

ගැට·පිච්ච, see පිච්ච. [*(Elat.)*.

ගැට·පුරුක්මල, a plant, Bergia verticillata

ගැට·මාමේරු, see බුලත්වැල.

ගැටබලුවා, a sp. of arrowroot, Clinogyne virgata *(Scitam.)*.

ගැට·මානා, a plant, Andropogon caricosus *(Gram.)*.

ගැට·වෙනිවැල, a climbing plant, Coscineum fenestratum *(Menisperm.)*.

ගැටිය, see බුගැටිය.

ගැඩඹු, ගැඹු, ගැඹුඹ, ගැඩුඹු, a tree, Trema orientalis *(Urti.)*. [කිරිවැල.

ගැරඬිදූල්, a plant, Ichnocarpus frutescens,

ගැරුඩ, a plant, Colocasia Antiquorum *(Araceæ.)*.

ගිනිදිවි, see නියගලා.

ගිනිමූව, see එළගොටුල්; also නියගලා.

ගිනිසිළු, a plant, Plumbago rosea; also for

ගිනිසිරිය, a plant. [ගිනිමූව.

ගින්හර·ගහ, ගින්නෙත්රිය, see ගිනිසිරිය.

ගිංපොල්, a tree growing in salt swamps, Nipa fruticans *(Palmæ.)*.

ගිරඹ, a sp. of mango, see අඹ.

ගිරපලා, a creeper, Commelina clavata or C. nudiflora *(Commel.)*.

ගිරීක, a tree, Oroxylum indicum *(Bignon.)*,

ගිරි·කණ්ණී, a plant, Argyreia populifolia *(Convol.)*; also for නිල්කටරොළු.

කිරි·ජ, pumplemose, Citrus decumana; also for වනමෙර.

කිරි·තලා, a plant, a sp. of basil.

කිරි·තිල්ල, C. En. creepor, Argyreia populifolia (Convol.).

කිරි·තිල්, see කිතිකිරිය.

කිරි·මල්ලිකා, කිරි·මාලකා, a plant, Holarrhena antidysenterica, see කෙළිඳ.

කිරි·මාලක, coraiya tree; also Cassia Fistula, [see ඇහැළ.

කිල, citron tree.

කිවුල්, see දිවුල්.

කුගුල් (ලු), balm yielding plant, Indian Bdellium.

කුච්ජ·පත්‍ර, *lit.* clustered-leaves, viz. palm tree.

කුඑඊ, a sp. of Bonduc.

කුජ්කා, red onion, Allium Cepa, රතුලූනු.

කුජා, see බිලිඳවැල.

කුඩදරු, sugar-cane, see උක්.

කුඩපලා, කුඩඑල, see උගුරැස්ස.

කුඩගෝපල, see පුහුල් and අළුපුහුල්.

කුඩ·වෘක්ෂය, sugar-tree, viz. sugar-cane, උක්.

කුඩා, see කවකත්දි. [රසකිඳ.

කුඩුචි, a twining plant, Tinospora cordifolia, see

කුණ, see තියද. [(Gram.).

කුඤ, a sp. of grass, Saccharum arundinaceum

කුන්දා, a fragrant grass, see කලාදුරු.

කුපසා, cowitch, see ආචාරියාපළු.

කුරුකීත, a tree, Calophyllum Burmanni (Guttif.)

කුරුල්ල, a small tree, Leea sambucina (Ampel.).

කුල·පුෂ්ප, an Indian tree of which the flowers are sweet and edible, Bassia latifolia (Sapot.).

කුලා, see කවකත්දි.

කුලු, a tree.

කුලුම්භා, see අලරිය.

කුලුම්·මුල, ginger, Zingiber officinale, ඉඟුරු.

කුලුම්, see කෙල්ලි; also එත්තාල්.

කුලුම්බි, any creeping plant, වැල.

කුවංක, see පුවක්. [වැත්ත.

කුහා, a plant, Uraria lagopoides (Legum.), පුස්

කුරුන්ද, a tree, Celtis cinnamomea (Urti.).

ගාජක, garlic, සුදුලූනු. [see.

ගාංචි, Selaginella proniflora; also මෙහෙ, which

ගෘහ·කන්‍යා, aloe, Aloe vera (Lili.).

ගෘහ·ද්‍රුම, a tree, see ලේලු.

ගෙඳ, purslane, a curry vegetable, Portulaca oleracea (Portu.). [(Oleaceæ.).

ගෙරි·ඇට·ගහ, C. En. shrub, Linociera purpurea

ගෛරේය, rock-moss, ගල්පාසි.

ගෛරෙයි, see කලාදුරා.

ගොකටු, thistle, the name of several thorny plants; also for කනගොරක, which see.

ගොජබිමා, a plant, Hygroryza aristata (Gram.).

ගොටු, see දෙමට.

ගොටු·කොළ, a herb, generic term for Hydrocotyle, see මහ–and තිත්–ගොටුකොළ.

ගොඩ·ඉත්ත, ivy, Heptapleurum exaltatum (Arali.). [(Logan.).

ගොඩ·කදුරු, a tree, Strychnos Nux vomica

ගොඩකිරිල්ල, a timber tree, Ceylon elm, Holoptelea integrifolia (Urti.).

ගොඩ·පර, a timber tree, Dillenia retusa (Dillen.).

ගොඩ·මනනෙල්, ගොඩ·මානෙල්, a bulbous stemless plant, garden-lily, Crinum latifolium (Amaryll.).

ගොඩ·මා·වී, a sp. of paddy.

ගොඩ·කටරොල්, a shrub, Barleria cristata (Acanth.).

ගොඩ·වවුලැටිය, a plant, Mezoneurum enneaphyllum (Legum.).

ගොඩ·හිඟුරු, a tree, Acacia pennata (Legum.).

ගොණ්ඩා, Er. for ගෝණ්ඩා.

ගොන්·කදුරු, a tree, Cerbera Odollam (Apocyn.).

ගොය්·කැකිරි, a sp. of cucumber, Cucumis pubescens (Cucurb.).

ගොන්නැමිලි, see නැමිලි.

ගොත්ත, see පොරුවමල්ල. [(Cucurb.).

ගොපලංගා, a plant, Corallocarpus epigæus

ගොප·සඳුන්, a white sp. of sandal wood.

ගොම·රිච්ච, dung-moss, moss growing on heaps of dung.

ගොම්·හතු, mushroom, see හතු.

ගොම්·මුල, see ගැටකුඹ. [(Flagel.).

ගොයි·වැල, a creeper, Flagellaria indica

ගොරක, a tree bearing an acid fruit used in curries, Garcinia Cambogia (Guttif.).

ගොළු·මෙර, see කන්කුඹල්කොටියා.

ගෝ·කණ්ටක, thistle, ගොකටු; also ගොරක.

ගෝ·කර්ණ, ox-ear plant, the leaves of which resemble ox-ears, see තියද.

ගෝ·ක්ෂුර, ox-hoof plant, ගොකටු.

ගෝ·ජිහ්වා, ox-tongue plant, a wild pot-herb, Streblus asper, ගැටනිටොල්.

ගෝධූමා, see මහගොන්කැකිරි; also කොම්බු.

ගෝණි·ගහ, aloe.

ගෝධුම, wheat, තිරිඟු (Gram.).

ගෝන·කොළ, generic term for Adenosma, see කහගෝනකොළ and තිල්ගෝනකොළ.

ගෝනදි, see කලාදුරු.

ගෝනල (ගෝනඅල), a spe. of yam, අලකිතික්.

ගෝන·වැල, creeper, Ancistrocladus Vahlii.

ගෝපි, a plant, Ichnocarpus frutescens.

ගෝපුර, see කලාදුරු.

ගෝබර, a creeper.

ගෝලිඞ, ගෝලිහ, see වල්පතොල්.

ගෝලෝමි, arrow-grass with white blossoms; also වදකහ.

ගෝවතුකී, see පුවඟු.

ගෝවා, cabbage, Brassica oleracea.
ගෝශීර්ෂ, a tree, fragrant yellow sandal.
ගෝසන්, see කළුදුරු.
ගෝස්තනිකා, grape-vine, මිදිවැල.
ගෝකිරිපත්, a plant, Cyperus pumilus (*Cyper.*).
ගෞර, see මලිත. [(*Crucif.*).
ගෞර, ගෞරසර්ෂප, white mustard, Sinapis alba
ගෞරී, ගෞරි, see රෝචනී, පුවඟු, දුර්වා, මදුරුතලා; used also for Arabian jasmine, පිච්ච වර්ගයක්.
ගෞරිකා, see ගෙදු.
ගෞරිය, see ඉරමුසු.
ග්‍රන්ථ, see මුරුංගා.
ග්‍රන්ථික, ග්‍රන්ථිකා, a sp. of caper-bush, a thorny plant growing in deserts (*Cappar.*).
ග්‍රන්ථි·මූලා, see ඉරමුසු.
ග්‍රන්ථිශ්ලේෂ්මක, see ගෝශ්ලේෂ්ම.
ග්‍රාමීණා, see තිල්අවරි.
ඝනච්චිසිදි, see තිසබර.
ඝන, see කලාදුරු.
ඝන·සකීශ·පත්‍රක, see දියබෙරලිය. [මැල්ම.
ඝන·පුෂ්, a tree, Bassia latifolia (*Sapot.*); also for
ඝන·මූලිකා, a tree, Gymnosporia emarginata.
ඝන·රස, see තියද.
ඝාස, meadow-grass, Poa.
ඝෘත·මණ්ඩා, (ඝෘත ghee, මණ්ඩ scum), a tree or medicinal plant used as a febrifuge and expectorant.
ඝාෂි, a plant, Selaginella proniflora.
ඝෝණ්ටා, see මසන් ; also පුවක්.
ඝෝෂක, see තිත්තවැටකොලු.
ඝෝෂී, dill, Peucedanum graveolens.
චක්‍ර·පුෂ්, see බටදෙබ.
චක්‍ර·බීජ, see කපුකිනිස්ස.
චක්‍ර·මද්දක, see තෝර.
චක්‍ර·ලක්ෂණ, a climbing plant, Tinospora cordifolia (*Menisperm.*), රසකිඳ.
චක්‍ර·සේනා, see මැඩගඟු.
චක්‍රාංග, a medicinal plant, used as a laxative and sedative.
චක්‍රාංගි, a pot-herb; name of several plants, කටුරෝහිණී &c.
චක්‍රර, see දිබුල්. [(*Legum.*).
චමල, telegraph plant, Desmodium gyrans
චචු, see එබරු.
චණක, chick-pea.
චණකා, linseed.
චණ්ඩ, see සියඹලා. [(*Gram.*).
චණ්ඩා, a sp. of grass, Andropogon aciculatus
චතුරංගුල, four-fingers plant, viz. Cassia Fistula, ඇහැල, the leaves of which are like the four fingers.
චතුරප්‍ර, see තිරස්ස.

චතුද්දල, see චතුපුද්ද.
චතුර්මූලී, see අප්‍ර.
චන්දන, sandal, see සඳුන්.
චන්ද්‍ර, see සිහුරුපියලි.
චන්ද්‍රකාන්තා, a sp. of බටු, which see.
චන්ද්‍ර·සාර, see සුදුසඳුන්.
චන්ද්‍ර·කාලි, a sp. of climbing plant, see හුළුපෝටා.
චන්ද්‍ර·පාත, see සුදුඅන්තන.
චන්ද්‍රබාලා, see එන්සාල්.
චපල, see හම්පිල්ල.
චපල·ප්‍රසූ, චපලා, see මූදුකොසිගා.
චපලා, see තිප්පිලි.
චමරික, see කොබලීල.
චම්පක, see සපු.
චරු·පර්ණී, see ආපසුම්බූ.
චර්ම·කෂා, a medicinal plant, see ලුනුවිල.
චල·දල, චල·පත්‍ර, *lit.* quivering-leaf: see බෝගස.
චවිකා, see සිවියවැල ; also විෂඝ්නකාන්ති.
චව්‍ය, Piper Chawya, see සිවියවැල.
චාංගේරි, see ඇඹුලැඹිලිය.
චාමර·පුෂ්ප, a spe. of grass, Imperata arundinacea; also for පුවක්, අඹ and මූදුකෙයියා.
චම්පේය, see චම්පක and නාගහ.
චාර, a tree, Buchania latifolia (*Anacard.*).
චාරු·දර්ශන (චාරු beautiful), see පුලිල and තිප්පිලි,
චාරු·දෘක්, see චාර.
චාරු·දෘ, see මහතුග. [අත්තන.
චාරු·පුෂ්පි, trumpet-flower plant, see රට
චාරු·ඵලා, (Sans.) a vine, a grape.
චාරු·බුහ්මික, a tree, of which the bark is medicinal, Soymida febrifuga.
චිමා, tamarind, see සියඹලා.
චිත්‍රක, see එබරු and එලකටුල්.
චිත්‍ර·කම්, the tree Ougeinia dalbergioides.
චිත්‍ර·තණ්ඩුලා, a medicinal plant, a vermifuge, වලසසාල්.
චිත්‍ර·පර්ණිකා, a plant, Hemionitis arifolia; Indian madder, Oldenlandia umbellata, සයමුල්.
චිත්‍ර·ඵලා, චිත්‍රඵලම්; see පතෝල.
චිත්‍රපාටලි, see පාටලි or පලොල්.
චිත්‍රා, a medicinal plant, see මහගොයක්කැකිරි; also for මහතුග.
චිත්‍රාංග, see එලකටුල්.
චිනකා, see අමු.
චිරජීවී, see තොවිල.
චිරපාකී, see දිවුල්.
චිරිබිල්ව, චිරිවිල්ව, see මකුල්කරද. [(*Gram.*).
චීන, චීනක, a sp. of grass, Panicum miliaceum
චීන·කපු, brown cotton plant.
චුක්‍ර, චුක්‍රාම්ල, see සියඹලා.
චුක්‍රා, චුක්‍රිකා, wood-sorrel, Oxalis corniculata; also Marsilea quadrifolia.

චූඩාමණි, see ඔලිදවැල. [(Cyper.).
චුබාලා, a sp. of grass, Kyllinga monocephala
චූත, චූතක, see අඹ.
චෙතකී, see අරළු.
චෛත්‍ය·වෘක්ෂය, any sacred tree, sp. බෝගස.
චෝච, plantain, ඇටිකෙසෙල්.
චෝදනිකා, white-leaved sp. of sida, Sida spinosa (Malv.), එලබැටිල.
චෝර, a tree, see හොර.
චෝරක, see සිඟුරුපියලි.
චෝර·කාලිකා, see කුණකවාලු.
චෝර·පුෂ්පි, see වණබා; also ගස්කඩිරිය.
චෞර, see වණබා.
ඡගලා, see මුදුහිම්බතුරු.
ඡගලාන්ත්‍රී, convolvulus.
ඡටා·ඵල, see තල්ගස.
ඡත්‍රක, see ගැටතුඹ.
ඡත්‍ර·පර්ණි, see රුක්අත්තන; also පුළිල.
ඡත්‍රපර්විකා, see හිරිස්ස.
ඡත්‍රා, see කොත්තමල්ලි; also හත්ත or හතු.
ඡත්‍රාක, mushroom, හතු.
ඡත්‍රාකී, a sp. of sensitive plant, see ඡත්‍රාක.
ඡත්‍රාංගි, see හිරිස්ස.
ඡත්‍රාසි, see ඡත්‍රපර්විකා.
ඡත්‍රිකා, mushroom, හතුජාතියක්.
ඡර්දිත, nim or bead-tree, Indian lilac, Melia Azedarach (Meli.). [(Combret.).
ඡාග·කර්ණ, lit. goat's-ear: Terminalia glabra
ඡාග·භක්ෂණී, ඡාග·භක්ෂ්‍ය, see හිනද or හිනදී.
ඡාග·මෝද, lit. goat's-delight: parsley, see අසමෝදගම්.
ඡින්නගන්ධිකා, see මුඩවහණ.
ඡින්නරුහා, ඡින්නා, ඡින්නොද්භව, a creeper, Tinospora cordifolia, රසකිඳ.
ඡිලිලී, see පුළුකුර. [රිය.
ජකතේ·ඵලා, see කොටදිමුලා; also කළුකැත්තෙ
ජඝන·චන්දන, see රත්වත්සඳුන්.
ජටාමාංස, spikenard, Nardostachys Jatāmānsī.
ජටිලා, spikenard; long pepper, තිප්පිලි; orris root, වදකහ. [පුළිල.
ජටී, waved-leaf fig-tree, Ficus infectoria, see
ජඩා, cowitch, see ආචාරියාපළු.
ජතකී, see බොලිද්ද; also සාදික්කා.
ජන්තු·ඵල, lit. animal or insect fruit: fig-tree, see අත්තික්කා. [see වලගසාල්.
ජන්තු·හන්ත් (හන්ත්, removing), a vermifuge plant,
ජපා, China-rose; also aquatic plant.
ජපා·පුෂ්ප, a plant, China-rose, shoe-flower, Hibiscus rosa sinensis.
ජම්බාරම්, see ජවනාරම්.
ජම්භිරය, see බැම්ල.
ජම්බල, see ජම්බෝල. [of basil.
ජම්බිර, lime, lemon or citron, දෙහි; also a sp.
ජම්බු, ජම්බුල, rose-apple tree, Eugenia Jambos.

ජම්බෝල, a tree, shaddock or pomelo, Citrus Decumana.
ජම්භ, the citron tree; see දෙහිම්.
ජම්භිර, see ජම්බිර.
ජයන්ති, a plant, Sesbania aculeata.
ජයපාල, ජපාල, a medicinal plant; the seeds are used as a purgative, Croton tiglium (Euphor.). [කත්තා.
ජයා, a plant, yellow myrobalan, අරළු; also for
ජයාජිති, see එත්සාල්.
ජරණ, black cummin, Nigella sativa.
ජරා, a tree, Mimusops kauki (Sapo.).
ජරජම්බු, see බලුදම්.
ජම්බර, an aquatic plant.
ජල·කාද්‍රුම, see රණම්රු.
ජල·ජන්ම, see නෙළුම්.
ජල·නාශණ, see දියකණකොළ.
ජලද, see කලාඳුරු.
ජලදර, a plant, Corchorus acutangulus (Tili.).
ජලනිලි, lit. water-blue plant, viz. an aquatic plant that tinges the water blue, Blyxa octandra.
ජල·පිප්පලි, an aquatic plant, see හිරපලා.
ජල·ශුක, see ජලනිලි.
ජල·ශය, see සැවැන්දරා.
ජවනාරම්, mandarin orange, Citrus nobilis.
ජවා, China-rose, see ජපාපුෂ්ප. [පළු.
ජාංගලී, cowitch, Mucuna pruriens, see ආචාරියා
ජාංගුලී, see වැටකොළු.
ජාති, see පෙතල්ලි; also සමන්පිච්ච.
ජාතිකෝෂ, see ජයපාල.
ජම්බව, see ජම්බු.
ජම්භාන, sunflower, Helianthus.
ජරක, see කුඹුරුවැල.
ජරබා, see ඇහල, ඇහැල. [(Rub.).
ජල, cadamba tree, Anthocephalus Cadamba
ජලිකා·වෘක්ෂ, see කොටදිමුලා. [කොළු.
ජාලිනී, a creeper, Luffa acutangula, see වැට
ජිලී, a sp. of small cucumber, Mukia scabrella; also trumpet-flower, Stereospermum chelonoides. [Intybus.
ජිවා, a plant of Java, endive, Cichorium
ජිවාල, an edible root. [මැල්මදට.
ජිංගී, Bengal madder, Rubia cordifolia, see
ජිවුල්, elephant or wood-apple tree, Feronia elephantum (Rut.).
ජීජ්‍රකා, see ඔලිදවැල.
ජීමූත, a sp. of ebony, කළුවර; a sort of grass, Andropogon serratum; also for කලාඳුරු.
ජීවක, a medicinal plant; name name for several plants in Sans.
ජීවනී, see මිදුරුතලා.
ජීවදන්ති, see හිරිස්ස.

ජීවකා, see ජීවන්ති.
ජීවනාලිනී, see කිරිඅඟුන.
ජීවනී, see පිච්ච.
ජීවනහය, see රතුතම්පලා.
ජීවන්තිකා, name of several aromatic or medicinal plants, see ජීවන්ති.
ජීවන්ති, a tree, Trema orientalis; also for රසකිඳ, අරළු and බුලත්.
ජීව·සුමනා, see වදමල.
ජුංග, a creeper, Argyreia populifolia *(Convol.)*.
ජුල්, see ජීවුල්.
ජ්‍යොතිෂ්ක, see එළඟෙනටුල්.
ජ්‍යොතිෂ්මතී, see පෙනෙලවැල.
ජ්‍යෙෂ්ඨකා, see දුම්මැල්ල
ජ්‍යෝත්ස්නනී, see වැටකොළු.
ජ්වරඝ්න, a febrifuge plant, see පත්පාඩගම්.
ජ්වරහන්, a febrifuge plant, see ගොඩපාතෙල්.
ඣටා, ඣාටා, see රටඋගුරැස්ස.
ඣඣා, see ගස්කැල.
ඣාටා, jasmine, පිච්ච. [තොවිල්ල.
ඣාටල, trumpet-flower, Oroxylum indicum,
ඣාවුක, see කාවංගහ.
ඣිංගාක, ඣිංගිනී, see වැටකොළු.
ඣිණ්ටික, see ගිරිතිල්ල.
ඣිණ්ටිනී, see නිල්අවරිය.
ඣිණ්ටි, see කටුකරඬු.
ඣිංහාතුඩිය, sandal tree, Santalum album, සඳුන්.
ටිංක, see තිල්දිවුල්.
ටුණ්ටුක, see තොවිල.
ඩව, a shrub, Woodfordia floribunda *(Lyth.)*.
ඩහු, see රටදෙල්.
ඩාලිම, see දෙළුම්.
ඩිණ්ඩිම, see මහඬරම.
ඩිණ්ඩිරමෝදක, garlic, සුදුළූණු.
ඩුණ්ඩුක, a tree, Oroxylum indicum, see දියදංගා.
ඩොඹර, see මහඩොඹර.
ඩෝලාඵල, see මීගස.
තකුල, see කපුකිනිස්ස.
තක්කඩ, a shrub, common by the sea, Scævola Koenigii *(Gooden.)*.
තගර, an ornamental shrub, Tabernæmontana coronaria *(Apocy.)*.
තට්ටු·ඇල්·වී, a sp. of hill-paddy.
තඩාග, moss, සෙවෙල්.
තණ·පලා, a grass-like plant, Commelina nudiflora. [තල්ගස.
තණ·රජ, තණ·රද, *lit.* grass-king, viz. palmyra,
තණ·හාල්, millet, Setaria italica *(Gram.)*.
තණ්ඩල, see ගහල and කදල
තණ්ඩුල, a plant, a sp. of amarantu.
තන, see පොල්.
තනිඵලකග, තනිරගු, see සපත්තුමල්.
තනි·දහස්, a plant, Tagetes patula *(Comp.)*.
තනියස්මල්, a plant, Tagetes erecta *(Comp.)*.

තනිවතුසුද්ද, see තගර.
තනිසුගන්ධකාහනී, sun-flower, Helianthus annuus,
තන්ගුස්, a plant, fibre of a certain plant.
තන්ත්‍රි, a plant, Cocculus cordifolius; රසකිඳ.
තපන, marking-nut plant, බදුල්ල.
තමල, see සල.
තමලු, තමාල, see කොල්ලම්ගස.
තමී, see කහ.
තම්පලා, a plant, Nothosærua brachiata *(Amarant.)*; a kind of greens.
තම්බුටු·වැල, rattan or cane, Calamus ovoideu *(Palmæ.)*. [*phorb.)*.
තම්බුගා, a plant, Mischodon zeylanicus *(Eu-*
තඹපිල්, coconut tree, පොල්ගස.
තඹර, red water-lily, see නෙළුම්.
තඹරිළු, Garcinia Xanthochymus, see කරද.
තඹල, see ගහල. [නෙළුම්.
තඹුරු, a generic name for the water-lily, see
තරණ, a shrub, Webera corymbosa *(Rubi.)*.
තලන·බටු, a sp. of nightshade, Solanum xanthocarpum.
තරණී, a sp. of aloe, අයිල්වගීයක්.
තරම්බුජ, water-melon, දියකොමඩු.
තරුණ, see එඬරු.
තරුණාද්‍රි, see කොලොම්.
තරුණී, aloe, Aloe vera, කෝමාරිකා.
තරු·ලතා, a plant, Ipomœa Quamoclit *(Convol.)*.
තඤි, a plant, Sesbania acoleata *(Legum.)*.
තල, තලගස, talipot palm, Corypha umbraculifera *(Palmæ.)*, the leaves of which are used for writing native books.
තල, see තෙල්තල.
තලන·බටු, see එළබටු
තල·පැළ, gingelly-oil plant.
තලපොට, a plant, Hibiscus abelmoschus *(Malv.)*; see also රණවරා.
තලා, a plant, basil, Ocimum, of which there are many species, see සීත්තලා and මදුතරුලාතා *(Labi.)*; also a tree, Cassia Fistula *(Legum.)*.
තලිස්, see රටඋරැස්ස.
තල්, palmyra palm, Borassus flabelliformis *(Palmæ)*; also nightshade. [*(Solan.)*.
තල්වම්බටු, a kind of brinial or egg-plant
තවාලු, a kind of paddy.
තඤකර, a tree or shrub.
තාපිඡ, තාපිඡක, see රටගොරක.
තාමරස, blue lotus, see නෙළුම්.
තාමලකී, see රටඋගුරැස්ස.
තාම්බුල·වල්ලී, see බුලත්වැල.
තාම්‍ර, copper-coloured or dark red sandal, Pterocarpus santalinus.
තාම්‍ර·කුට්ටක, tobacco, දුම්කොළ (පැළ &c.).
තාම්‍ර·පල්ලව, a tree, Alangium Lamarokii *(Corna.)*, හෝපළු.

තාම්‍ර·පුෂ්ප, see යවකොත්ද; mountain ebony, Bauhinia variegata or B. purpurea; trumpet-flower, Stereospermum suaveolens.

තාම්‍ර·පුෂ්පී, see මලිත· also trumpet flower and red teori.

තාම්‍ර·ඵල, see තාම්‍රපලුව; alse රුක්අත්තන.

තාම්‍ර·වල්ලී, Bengal madder, see සයමුල් and වැල්මදට.

තාම්‍ර·වෘක්ෂය, red sandal tree, රත්හඳුන්, Pterocarpus santalinus (*Legum.*).

තාම්‍ර·වෘන්ත, see කොල්ලු; also කත්සාල.

තාම්‍ර·සාර, see තාම්‍රවෘක්ෂය.

තාර්ක්ෂ්‍ය. see තල්.

තාල, see තල්.

තාලමූලිකා, තාල·මූලී, see හින්බින්තල්.

තාලි, see තලගස; also රවලුගුරුක්ෂ.

තාලීශ, a medicinal plant, see රවලුගුරුක්ෂ.

තාවර, a plant, Alocasia macrorrhiza (*Araceæ.*).

තාස·ප්‍රිය, see මොර or කිරිපළු.

තැඹිලි, king coconut tree, a var. of පොල් or Cocos nucifera, of which the nut is a light yellow colour.

තැඹිලි·පුවක්, a sp. of areca-nut palm, Areca Catechu.

තැඹිලිය, a shrub, Eugenia bracteata (*Myrt.*).

තැලි·වැල, a medicinal plant.

තැල්, තැල්·වැල, a creeper, bind-weed, Ipomoea chryseides.

තැස, long-gourd.

තිකටු, see ශොකටු.

තික්ත, a medicinal plant, see කෙලිඳ: another medicinal plant, Mollugo pentaphylla; also a tree or bush, Capparis Roxburghii.

තික්තක, see දුම්මැල්ල; a sort of gentian; a dark kind of Acacia Sundra.

තික්ත·ගන්ධා, a plant, Selaginella proniflora.

තික්ත·දුග්ධා, a medicinal sp. of moon-plant.

තික්ත·රෝහිණී, තික්තා, see කටුකරෝහන.

තික්ත·වල්ලිකා, see තිගඳ. [Roxburghii.

තික්ත·ශාක, a sp. of Mimosa; also Capparis

තික්ත·සාර, තික්ත·භාර, a sp. of Mimosa.

තික්තා, see තිම්බොටොහොඹ.

තික්තිකා, a kind of bitter gourd.

තිට්ංග, Sesbania ægyptiaca (*Legum.*); see also ඔළුදම්. [(*Asclep.*).

තිත්ත·අගුන, a plant, Leptadenia reticulata

තිත්ත·කැකිරි, a sp. of bitter cucumber, Cucumis pubescens (*Cucurb.*).

තිත්ත·කිඳ, a plant, Tinospora crispa (*Menisperm.*).

තිත්ත·කොම්බු, see යක්කොම්බු.

තිත්ත·ගස (ගහ), see තොමලාල්.

තිත්ත දුම්මැල්ල, see දුම්මැල්ල.

තිත්ත·ලබු, see තිත්තකොම්බු. [වෙරළු.

තිත්ත·වෙරළු, bitter olive, a sp. of wild olive, see

තිත්ත·වැටකොළු, a creeper, a bitter sp. of Luffa, see දුරවැටකොළු and තියක්වැටකොළු.

තිත්ත·වැල, a creeper, Anamirta paniculata (*Menisperm.*).

තිත්ත·හල්, a var. of the hal tree, see හල්.

තිත්ත·ඝොඩල, a climbing plant, of which the root is said to be poisonous, Trichosanthes palmata (*Cucurb.*).

තිනිය, a tree, Doona congestiflora (*Dipterocarp.*).

තිනිශ, see කොබු.

තින්තිඩ, තින්තිඩිකා, තින්තිඩීක, see සියඹලා.

තින්තිඩී, see සියඹලා; also තෙල්ලි.

තින්දු, තින්දුක, see තිඹිරි.

තිපුස, a plant, a sp. of Sphæranthus.

තිප්පිලි, long pepper, Piper longum (*Piper.*).

තිඹුසක්, තිඹුරු, see තිඹිරි.

තිබ්·බටු, a thorny shrub, a sp. of nightshade, Solanum indicum (*Solan.*).

තිඹිරි, a sp. of ebony, Diospyros Embryopteris (*Eben.*). This tree yields an acid glutinous substance or black resin used for the seams of boats, and as a protection against insects, and its unripe fruit yields tannin, used to preserve fishing nets.

තිඹොල්, briar.

තියඹරා, a kind of cucumber.

තිරහතවාලු, see තුසනවාලු. [vegetable.

තිරා, a plant, the leaves of which are used as a

තිල, see තල and තෙල්තල.

තිල·ගන්ධ, a plant, oleander, බොලිඳ්ද.

තිලාගුරු, a trailing hairy plant, Polygala glaucoides.

තිල්ව, තිල්වක, see බෙලකිරිය; also බෙලබෙලාන්.

තිවුතා, see තුසනවාලු.

තීෂ්‍ය, තිෂ්‍යඵලා, see තෙල්ලි.

තිසර·පෙරළි, see තිල්කටරොළු.

තීක්ෂ්ණ·ගන්ධ, *lit.* sharp-scent: see මුරුංගා; olibanum tree; a sp. of Ocimum; also මොරගස.

තීක්ෂ්ණ·ගන්ධා, තීක්ෂ්ණගන්ධිනී, see අබ, වදකහ, and මිදුකෙසියා.

තීක්ෂ්ණ·බුම්, see ඇට්කෙටිරිය.

තීක්ෂ්ණ·සාර, see මීගස. [තුංගී.

තුංග, තුංග·ද්‍රුම, see හම්පිරිල, පොල්ගහ, and

තුංගී, a kind of basil, see වෙලගගස.

තුච්ඡ·ද්‍රැ, තුච්ඡ·පත්‍රය, castor-oil plant, see එඩරු.

තුබරණ·වෙවැල, see මතවෙවැල.

තුණ්ඩිකේරී, cotton tree, කපුගහ; a kind of gourd, Cephalandra indica (*Cucur.*).

තුණ්ඩිල, see ගෙඳ.

තුණ්ඩිර, see මාරා. [(*Gram.*).

තුත්තිරි, love-grass, Andropogom aciculatus

තුනු, see තිල්අවරිය; also එත්සාල්.

තුනතිල්ල, see මැඩියවැල.

තුත්කිණී, see පිච්ච.
තුත්පත්·කුරුඳු, a shrub, a sp. of cinnamon, තුත් පත්කුරුඳු *(Rut.)*.
තුන්·පුලිල, trumpet-flower plant, Stereospermum suaveolens *(Bignon.)*.
තත්බෝ, see අත්තන.
තුන්·රස්, see ත්‍රස්තවාලු.
තුන්·වත්මිටු, see තුඹකරවිල.
තුඹුල, see බුළු.
තුඹ, තුඹි, long-gourd, Momordica *(Cucurb.)*.
තුඹකරවිල, a tuberous plant the fruit of which is used for curry, Momordica dioica *(Cucurb.)*.
තුරංග·ගන්ධා, a medicinal plant, Alyssicarpus vaginalis *(Legum.)*.
තුරංගී, see අමුක්කර.
තුලසි, see මදුරුතලා.
තුවර, a sp. of cassia, see තෝර.
තුෂ, see බුළු.
තූණී, see තිල්අවරිය.
තූල, mulberry tree, Morus indica.
තෘණ·කේතකී, see මුදුකෙයියා.
තෘණ·කේතු, see උණගහ.
තෘණ·ද්‍රුම, see තෘණවෘක්ෂ.
තෘණ·ධ්වජ, sugar-cane, උක්ගහ.
තෘණ·පණී (පණිණී), a plant, Commelina nudiflora.
තෘණ·පුෂ්ප, a medicinal tree, the bark being a febrifuge, Soymida febrifuga.
තෘණ·රාජ, *lit.* grass-king: ap. of the palmyra and coconut trees, see තල් and පොල්
තෘණ·වෘක්ෂ, ap. of any palm tree.
තෘණ·ශූන්‍ය, Arabian jasmin, ඉද්ද.
තෘණ·ශූල, a kind of white-flower plant.
තෘෂාවහා, a medicinal plant, වලාවැත්ත.
තෙක·රාජ, see කීකිරිඳිය.
තෙබු, a plant having spirally arranged leaves and found in moist shady places, Costus speciosus *(Scitam.)*.
තෙමකල, a sp. of arum.
තෙල·කාන්ත, see අඹ.
තෙල·කීරිය, a tree, with acrid juice, Excœcaria Agallocha *(Euphorb.)*.
තෙලඹු, a timber tree with edible seeds yielding oil, Sterculia fœtida *(Stercub.)*.
තෙලිකා·පලා, a plant, Mollugo pentaphylla *(Fieoid.)*.
තෙල්·බදු (බිදු), a sp. of lotus, Nymphæa lotus.
තෙල්·කැකුන, candle-nut tree, Aleurites triloba *(Evphorb.)*.
තෙල්·කොහොඹ, bead-tree. Indian lilac, Melia [Azedarach.
තෙල්·තල, gingelly plant, Sesamum indicum *(Pedal.)*.
තෙල්·දෙඹ, see දෙඹ.
තෙල්·දුඹ, a tree, Ficus Trimeni *(Urti.)*.

තෙල්මී, see මීගස.
තෙල්·හිරිය, a tree, Colubrina asiatica *(Rham.)*.
තේක්ක, teak or Indian oak, Tectona grandis *(Verben.)*.
තේජනී, see තියද.
තේජවතී, an aromatic plant bearing a pepper-like seed, Raphidophora pertusa *(Araceæ.)*.
තේජෝවතී, as තේජවතී; see also සිවිඟවැල.
තේජ (පය), see මහනුග.
තෛල, see කටුකරඹු.
තෛලක, a plant.
තෛල·පර්ණික, see සුදුහඳුන්.
තෛල·පිණ්ඩක, තෛල·පිණ්ඩි, Jasminimundicum spinosum; see also තෛල.
තොටිල, a tree, Oroxylum indicum *(Bignon.)*.
තොටිල්ල, a tree, Oroxylum indicum *(Bignon.)*.
තොරණ, see කර.
තොලබෝ, a bulbous plant having umbels of large white flowers, Crinum asiaticum *(Amaryll.)*.
තොමලාල්, a plant, Trichadenia zeylanica *(Bix.)*.
තෝයද, *lit.* water-giver: see කලාදුරු.
තෝය·ද, a shrub, Elæagnus latifolia, වැල්ඇඹිල්ල.
තෝය·පිප්පලී, *lit.* water pepper: බෙරුදියතිල්ල.
තෝය·ප්‍රසාදන, *lit.* water-clearer: see ඉඟිනි.
තෝයවල්ලී, *lit.* water-creeper: see කරවිල.
තෝර, name of the genus Cassia, of which there are many species in Ceylon.
තෝ·වැල, see ඊවබුලත්වැල.
ත්‍රපුෂ, a sp. of cucumber, කැකිරිජාතියක්.
ත්‍රස්තවාලු, a sp. of bind-weed having large white flowers and medicinal root, called Teori in Bengali, Ipomœa Turpethum *(Convol.)*.
ත්‍රායන්ති, see ලුණුවිල.
ත්‍රායමාණ, a medicinal plant.
ත්‍රි·කණ්ටක, a plant, Garcinia Morella.
ත්‍රි·ගුණා, see අස්වැත්ත.
ත්‍රි·පත්‍රක, see ගස්කැල.
ත්‍රි·පදී, see මැඩිවැල.
ත්‍රිපාදී, see වලාවැත්ත.
ත්‍රි·පර්ණිකා, see ත්‍රිගුණා.
ත්‍රි·පුට, a sp. of vetch, Cicer arietinum; also a hairy plant.
ත්‍රි·පුටා, see ත්‍රස්තවාලු; also එන්සාල්, Arabian [jasmine.
ත්‍රි·පුෂා, black teori, see තියඹරා.
ත්‍රි·ඵලා, three myrobalans, viz. අරළු, බුළු, නෙල්ලි.
ත්‍රි·භණ්ඩී (ත්‍රි three, භණ්ඩී anti), a plant, so called because it is said to be antibilious, antiphlegmatic and autifebrile, see ත්‍රස්තවාලු.
ත්‍රි·වෘතා, as above, teori white and black, see [ත්‍රස්තවාලු.
ත්‍රිශිඛක, see කිඹාරම්.
ත්‍රුටි, small cardmom, සිහින්එන්සාල්.

ත්‍රයක්ෂ, (ත්‍රි අක්ෂ three eyed), coconut tree, පොල්ගහ. [ශුරුළුජාතියක්.

ත්වච, ත්වචා·පත්‍ර, a sp. of Cassia, woody-cassia,

ත්වච්ඵල, see රණවරා.

ත්වච්සාර, ත්වක්සාර, see උණගහ.

දඝඩ, a fragrant grass.

දඩ·එඬරු, wild castor-oil plant.

දඩ·කලත්, a kind of wild gram.

දඩ·කහ, see වල්කහ.

දඩ·කිරිල්ල, see කොඩකිරිල්ල.

දඩ·කිරිය, name of the genus Euphorbia.

දඩ·කෙකෙහල්, a plant, Raphidophora decursiva (*Araceæ.*).

දඩ·රත්, see කොලොම්.

දඩිත්හරු, a plant, Striga euphrasioides.

දණ්ඩ·පුෂ්ප, දණ්ඩෝත්පලා, see ගොඩමිතෙහල්; also කෝමාරිකා.

දත්කැටියා, Xylopia Championii (*Anon.*); also a plant with long leaves and many flower-corymbs, Ophiorrhiza mungos (*Rub.*).

දද, a plant.

දදකිරිය, spurge, Euphorbia.

දද·රද, sandal tree, සඳුන්.

දද්‍රුඝ්න (දද්‍රු, cutaneous eruption, ඝ්න destroying), a sp. of Cassia, see තෝර.

දද්‍රුවෙරිය, anti-eruptive plant, see රත්නෙතුල්.

දධිඵල, දධි·ඵල, see ජීවුල්.

දධිපුෂ්පිකා, දධි·පුෂ්ප, see නිල්කටරොළු.

දන්, a plant, Eugenia corymbosa (*Myrt.*), හින් දම්; see also මීදම්, බලුදම්, and රටදම්.

දන්ත·ධාවන, *lit.* tooth-cleanser: see මුණමල් ගස; also කිහිරි.

දන්ත·ශඨ, *lit.* tooth-acid: a name for the ජීවුල්, දෙහි, නාරං and දෙහිඹ, which see.

දන්ත·ශඨා, see ඇඹිලිඹිලිය.

දන්තා, see අගල්ආදර.

දන්තිකා, a medicinal plant of stimulative property, Baliospermum axillare (*Euphorb.*). දන්ත.

දන්ති, Croton Tiglium, the seeds or nuts of which yield croton oil.

දමිනිය, *lit.* subduing: a tree, so called, it is said, because a priest bound to it a demon whom he wished to have in his service; Grewia tiliæfolia (*Tili.*).

දම්සදළුඳ, see සිරිසත්ත්කු.

දඹ, E. of ජම්බු, which see.

දඹල, kidney-bean, Phaseolus vulgaris or P. max, රටමෑ.

දරණ, see දෙරණ.

දරහාල්·පත්, a sp. of rush or sedge, Fimbristylis tetragona (*Cyper.*).

දරිම, see දෙළුම්.

දර්භ, sacrificial grass, කුසතණ; also a sp. of reed, Saccharum spontaneum (*Gram.*).

දලසිරිණි, see පතුක්.

දලමිස්, see ගස්කැල.

දලාඪක, a name for හෙල්තල, දියපරණිලා, නාගහ; also for Albizzia Lebbek, and a sp. of jasmin, Jasminum pubescens.

දළුක්, Euphorbia antiquorum (*Euphorb.*). The thorns of this tree are so large and strong that the branches are used for fences against wild elephants; buffaloes, &c.; it has a cactus-like stem without leaves.

දවිම, long-pepper plant, තිප්පිලි.

දවට, a timber tree, Carallia integerrima (*Rhiz.*).

දවනිය·ගහ, see දමිනිය. [(*Combret.*).

දවු, a timber tree, Anogeissus latifolia

දවුල්·කුරුඳු, see කුඹුදවුළු.

දහන, see බදුල්ල; also එලනෙතුල්.

දහන·මුඛ, see බදුල්ල.

දහසල, a sp. of paddy, වී වර්ගයක්.

දාඩිම, see දෙළුම්.

දාඩිම·පුෂ්පක, see එරබදු.

දාරු·වෘක්ෂය, see කොලොම්.

දරණ, see ඉඟිනි.

දුර·දඹල, a sp. of bean, Psophocarpus tetragonolobus (*Legum.*). [(*Acanth.*)

දුර·පුරුක්, a herb, Asystasia coromandeliana

දුර·මැටකොළ, see මැටකොළ.

දුර·මිල, hedge-hyssop.

දුර·හාල්·පත්, see දරහාල්පත්. [දේවදාරු

දාරු, a large resinous pine tree, Cedrus Deodara,

දුරුණ, see එලනෙතුල්.

දාරු·නිශා (දාරු wood, නිශා turmeric), a plant, Kaempferia pandurata.

දාරු·සිර, see මහනුග.

දාරු·ඵලා, a potherb.

දාරු·හරිද්‍රා (හරිද්‍රා turmeric), see දාරුනිශා.

දුවන, see කිහිරි.

දුවනි, see අස්වැන්න.

දුසි·වෘක්ෂ, see කොල්ලම්කොල.

දුස්·පෙති, දුස්·මල, *lit.* thousand petaled or flowered: marigold; generic name for Compositæ, given because of their numerous florets.

දුහහාගිනී, see හෙලදම්.

දුහ·ශෝථ·ඝ්න, *lit.* burning-intumescence destroyer: silk-cotton tree, කටුඉඹුල්, Bombax malabaricum (*Malv.*).

දුහ·හර, see පුලුසඳුන්. [(*Araceæ.*).

දූඩ කෙකෙහල්, a plant, Raphidophora decursiva

දූඩිකහ, a small tree the leaves of which yield a dye, Memecylon capitellatum (*Melastom*

දූඩිත්හරු, see හිද්කුඹ.

දූහන, a medicinal shrub, a sp. of Lippia.

දූතිම්ල, hedge-hyssop, see දුරම්ල.
දූත්ත, see දූතතී.
දූම්තිරිස, a small creeper bearing blue flowers, hedge-hyssop, Herpestes Monnieria, see දූතිම්ල.
දූ, දූසමන්, see පිච්ච.
දූපල, see හාදික්කා.
දූලිය, දූසජ්, see දූසමන් or සමන්පිච්ච.
දිඹුල්, see අට්ටික්කා.
දිය, see බුලත්වැල.
දිය·අඹ, a sp. of mango tree, see අඹ.
දිය·ඇඹුල්ඇඹිලිය, a narcotic pot-herb, a creeper which grows near water, Marsilea quadrifolia.
දිය·කිරිඳි·වැල, a climbing plant having greenish yellow flowers, Hippocratea obtuslfolia (*Celast.*).
දියකිරිල්ල, a marshy ground creeper having blue flowers, Hydrolea zeylanica (*Hydrophyll.*).
දිය·පුඩුම්, a plant, Hydrocera angustifolia (*Geran.*). [(*Cucurb.*).
දිය·කොමඩු, water-melon, Citrullus vulgaris
දිය·තණකොළ, Mauritius grass, water-grass, Panicum muticum (*Gram.*).
දිය·තලිය, a plant, Mastixia tetrandra.
දිය·දඹ, a tree, Sesbania aculeata.
දිය·දංගා, a tree, Dolichandron Rheedii Bignon.).
දිය·නා, a tree, Mesua Thwaitessii (*Guttif.*).
දිය·තිල්ල, a plant having an edible stem, Klugia Notoniana (*Gesner.*). [(*Dillen.*).
දිය·පර, a timber tree, Wormia triquetra
දියපරණලා, දියපරබැල්ල, an aquatic plant with pale yellow flowers, Pistia stratiotes.
දිය·පාසි, duck-weed, duck-meat, Lemna paucicostata or L. minor (*Lemn.*).
දිය·බෙරලිය, see දියහබරල.
දිය·බෙරු, C. En. plant, Agrostistachys Hookeri (*Euphorb.*).
දිය·මිත්ත, a medicinal creeper, Cissampelos Pareira (*Menisperm.*).
දිය·මිදෙල්ල, a timber tree having large leaves and pink flowers, Barringtonia racemosa (*Myrt.*).
දිය·මෙනේරිය, a spathaceous plant having blue flowers, Commelina benghalensis (*Commel.*).
දිය·මෙරලිය, see දිය·බෙරලිය and දියහබරල.
දිය·රතඹලා, දිය·රත්·මල්, a tree having beautiful flowers and foliage, Saraca indica, see අශෝක. [(*Cucurb.*).
දිය ලබු, bottle-gourd, Lagenaria vulgaris
දිය·වවුලැටිය, දිය·වවුල්ඇටිය, a thorny tree with fragrant yellow flowers, Cæsalpinia Nuga (*Legum.*).

දිය·සියඹලා, a plant, Æschynomene indica (*Legum.*).
දිය·සෙවෙල්, water-moss, a stemless aquatic plant, Blyxa zeylanica (*Hydrochar.*).
දිය·හබරල, a marsh plant having radical leaves and blue racemes, Monochoria hastæfolia (*Ponted.*).
දිය·හවරිය, an aquatic plant, Blyxa zeylanica, see දියසෙවෙල්.
දිය·හුණුකිරිල්ල, see හුණුකිරිල්ල.
දිවසුරා, see වරා.
දිවි·අඩිය, *lit.* leopard's-footprint: a twining hairy plant having pink or white flowers, Ipomœa pes-tigridis (*Convol.*).
දිවි·කදුරු, a small tree, forbidden-fruit tree, Tabernæmontana dichotoma (*Apocyn.*).
දිවි·පසුරු, දිවි·පසුරු, see දිවිඅඩිය.
දිවුල්, see ජිවුල්.
දිවන, a plant.
දිවන·චන්දන·පුෂ්ප, see කරාඹු.
දිවසා, see මිදුරුතලා.
දීපක, a plant with aromatic seed, Carum copticum, අසමෝදගම්; cock's-comb, Celosia cristata (*Amarant.*).
දීපන, see දීපක; also පැණිතෝර.
දීපතී, a tree, Oroxylum indicum (*Bignon.*).
දීප·පුෂ්ප, see සපු. [(*Celast.*).
දීපඹුල, a tree, Gymnosporia emarginata
දීප්‍යා, see කොළොම්.
දීපස, see දීපක.
දීර්ඝ·කීල, a tree, Alangium Lamarckii, රුක්අත්තන.
දීර්ඝ·කෝශිකා, දීර්ඝ·කෝෂිකා, cockle.
දීර්ඝ·තරු, දීර්ඝ·ද්‍රැ, *lit.* long-tree: palmyra, see තල්.
දීර්ඝ·පත්‍ර, *lit.* long-leaved: see සුදුළුනු; also කොකල් and ඉළුක්.
දීර්ඝ·පත්‍රක, a thorny plant, garlic, Allium sativum; see also මිගස.
දීර්ඝ·පත්‍රිකා, a sp. of රුක්අත්තන; a pot-herb, see හාරණ; also garlic, සුදුළුනු.
දීර්ඝ·ඵල, see ඇසල, ඇහැල. [බෙලි.
දීර්ඝමූල, a sp. of sensitive plant; also a sp. of
දීර්ඝ·මූලා, a creeper, Ichnocarpus frutescens; also Desmodium gangeticum; see also අසදර, and අස්වැන්න.
දීර්ඝ මූලී, a plant, Alhagi maurorum (*Legum.*).
දීර්ඝ·වෘක්ෂ, long-tree: sp. of පොල්ගස and තල්ගස.
දීර්ඝ·වෘන්ත, long-stalk: see දීපතී; also තොටිල.
දීර්ඝායු, long-lived: see බෝගස.
දුඃස්පර්ශ, hard-to-touch: see වැල්කහඹිලියා.
දුඃස්පර්ශිනී, see ඉඳි.
දුඃස්පර්ශා, see බටු.

දුඹ, දුඹිසා, a milky plant, Oxystelma esculentum *(Asclep.)*.
දුඹී, a medicinal plant, see දලුක්.
දුඹු·තතුඹු, a medicinal plant, Centranthera procumbens *(Scroph.)*.
දුදල, see දියලබු.
දුනුකෙයියා, දුනුකේ, a sp. of screw-pine, Pandanus fœtidus *(Pandan.)*.
දුනු·මඩලා, දුනු·මඩලා, a tree.
දුන්, a resinous timber tree, Doona zeylanica *(Dipterocarp.)*.
දුමිඳු (දුම tree, ඉඳු chief), see බෝගහ; also a tree in Indra's heaven which yields whatever is desired, කප්තුරු.
දුම්මැල්ල, දුම්මැල්ල, snake-gourd, Trichosanthes cucumerina *(Cucurb.)*.
දුරණෙරන, see ඉඹුල්.
දුරාලභා, see කහඹිලියා; also කටුවැල්බටු.
දුරා, a kind of dill or fennel seed or plant.
දුකී, see තිල්කටමෙරළු.
දුකා, see කෙළරිතණ.
දුලෘ, see දෙළුම්.
දුඹට, a sp. of Costus *(Scitam.)*.
දුනුදකිස, mustard, see අබ.
දුනුබඩිණේ, egg-plant, see වම්බටු.
දුනුබඩී, දුකපාකී, see දිකිබුලී. [(Celast.).
දුඹුද, a climbing plant, Celastrus paniculatus
දුදු, see පෙණෙලවැල, also දුඹුදු.
දුරමුලා, see තියද. [(Apocyn.).
දුල්, a fibrous plant, Anodendron paniculatum
දෘඪ·කණ්ටක, the dahlia.
දෘඪදුරා, see මෙරි.
දෘඪ·පාදප, a plant, Crotalaria laburnifolia.
දෘඪ·වෘක්ෂ, see තාඩිස්සා.
දෘඪාංකුශ, a tree or shrub, Acacia; it includes several species; see කිහිරි and රත් කිහිරි.
දෙ·කාසා, a saffron-like creeper, see වෙනිවැල.
දෙණේ·තණ, panic grass, Panicum trigonum *(Gram.)*.
දෙ·කිඹ, the two sp. of margosa; see කොහොඹ and තිත්තකොහොඹ. [කටුවැල්බටු.
දෙ·බටු, the two sp. of Solanum; see බටු and
දෙමට, a shrub, Gmelina asiatica *(Verben.)*; the root and bark are medicinal, and the nut is chewed with betel.
දෙමිදු, see වැල්මී; used also for මීමල්.
දෙ·මිරිස්, two sp. of chilli: මිරිස් and වල්නාමිරිස්
දෙසිද්ද, දෙඉද්ද, two sp. of jasmine: සිනිද්ද and බොලිද්ද.
දෙල්, C. En., wild breadfruit tree, Artocarpus nobilis *(Urti.)*.
දෙවරැද්දිරි·මි, a kind of paddy. [දුර,
දෙව·දුරා, see දේවදුරා; also a sp. of pine, දේව
දෙහි, දෙහි, lime, Citrus medica, var. acida.
දෙහි·අල, see හකල and කදල.
දෙහි·නුග, a sp. of fig tree, Ficus retusa *(Urti.)*.
දෙළුම්, pomegranate, Punica granatum.
දේව, see ගොඩමහනෙල්; also දේවදුර.
දේව·කාෂ්ඨ, *lit.* divine wood: see දේවදුර.
දේව·කෙඳිරි, see මුරුංගා.
දේව·තාඩි, a kind of grass, Andropogon serratum *(Gram.)*.
දේව·දුර, දේව·දුරා, a sp. of pine, Cedrus Deodara; another tree, Polyalthia longifolia *(Anon.)*; also Erythroxylon monogynum *(Lina.)*.
දේවදලි (දේවදලී), a medicinal plant or creeper bearing a flower resembling the trumpet flower (see තුත්තුලිල).
දේවතිම්බිකා, see රසකිඳ.
දේවපතනී, sweet-potato, බතල. [(Legum.).
දේව·පුෂ්, a plant, Trigonella corniculata
දේව·ලතා, double jasmine, ගැටපිච්ච.
දේව·වල්ලභ, see කිහාදෙඹ.
දේව·වෘක්ෂ, *lit.* divine tree, see කල්පවෘක්ෂය; also රුක්අත්තන; and applied by some to the බෝගහ; a tree yielding a fragrant gum-resin, Bdellium or Balsamodendron Roxburghii.
දේවසහා, see ගොඩමාතිල්.
දේවාහව, see දේවදුර.
දේවි, see මුරුවාදුල්.
දේසඅල, see රටඅල.
දෙඬම්, Er. for දෙඬම්.
දෙඬම්කහ, a plant, Memecylon fuscescens; also M. capitellatum *(Melast.)*, see වැලිකහ.
දෙඬම්පනා, a plant, Glycosmis pentaphylla *(Rut.)*.
දෙඬම්·වැත්ත, a small tree, Memecylon grande or M. edule *(Melast.)*.
දෙඬම්, see පැණිදෙඬම්.
දෙඹ, a timber tree, Alexandrian laurel, තැල් දෙඹ, the seeds of which yield poon-seed oil, Calophyllum Inophyllum *(Guttif.)*; other sp. are බටදෙඹ and දෙඹකිනා.
දෙඹකිනා, a timber tree, Calophyllum spectabile *(Guttif.)*.
දෙරණ or දෙරට, a large tree, Dipterocarpus *(Dipterocarp.)*. It yields a balsamic oil used in the preparation of paint.
දොතලු, a tree which yields a small sp. of areca-nut, Loxococcus rupicola *(Palmæ.)*.
දොලා, see තිල්අවරිය.
දොඹිලකා, see කරවිල.
දොඹහලය, see සිතුරුපියලි.
දුවනනී, a tree, var. of මහනුග, which see.
දුව·මිතාෂිනී, see මුරුංගා.

ද්‍රාක්ෂා·ලතා, grape vine, Vitis vinifera, මිදිවැල.
ද්‍රාවිඩක, see හරංකහ ; also සිහුරුපියලි.
ද්‍රාවිඩී, small cardamoms, සිහින්එන්සාල්.
ද්‍රුමෝත්පල, Cochlospermum Gossypium; also එලපුඹුල්.
ද්‍රෝණ, ද්‍රෝණ·පුෂ්පි, see ගැටතුඹ.
ද්‍රෝණිකා, see තිල්අවරිය.
ද්විජ·ප්‍රිය, see මුවකිරිය.
ද්විජ·වෘක්ෂ, see ගන්කැල.
ද්වීප, see නාගහ.
ද්වීපි·ශත්‍රු, asparagus, see හාතාවාරිය.
ධනක, see අකිල්.
ධනජය, a tree, Terminalia glabra, කුඹුක් ; also the screw pine, see මුදුකෙයියා.
ධනදක්ෂ, see G. D. and කුඹුරුවැල.
ධනික, ධනීය, ධනීයක, see කොත්තමල්ලි.
ධනිකා, see කෙලිඳ.
ධනු, see මොර ; also මදුල්ල.
ධනුර්වෘක්ෂ, a plant ; also bamboo, උණගහ.
ධනුශ්ශ්‍රේණි, see තියද.
ධාන්‍ය, ධාන්‍යක, see කොල්ලි ; also කොත්තමල්ලි.
ධන්වයවාස, ධන්වයාස, see වැල්කහඹිලියා.
ධමන, reed, Phragmites Karka *(Gram.)*.
ධමනාස, see එරබදු.
ධව, see මලිත ; also මසිල.
ධාතකී, ධාතුපුෂ්පිකා, see මසිල.
ධාත්‍රිකා, ධාත්‍රී, see නෙල්ලි.
ධාන්‍ය, see G. D. ; also for ධාන්‍යක, for which see කොත්තමල්ලි.
ධාන්‍ය·මාෂ, a sp. of bean, see ලීමෑ.
ධාමාර්ගව, see ගන්කරල්හැබ ; also වැටකොළු.
ධාරා, a plant, Tinospora cordifolia *(Menisperm.)*, රසකිඳ.
ධාවන, see සාදික්කා.
ධාවනී, a creeper, Uraria lagopoides *(Legum.)*, see also කටුවැල්බටු.
ධාවතනී, see පුස්වැන්න.
ධීර, a tree, see කොකුම්පොතු.
ධූස්තූර, see අත්තන.
ධූරන්ධර, see මලිත.
ධුස්තුර, ධුස්තූර, see ධූස්තූර.
ධූප·වෘක්ෂ, a sp. of pine, Pinus longifolia.
ධූර්ත, ධූර්තක, see ධූස්තූර and අත්තන.
ධූලිකදම්බ, a sp. of කදම්බ, see කොළොං ; also
ධ්වාංක්ෂමාචී, see කළුකෑම්මෙරිය. [ලුණුවරණ.
නකුලී, see ඉඹුල්.
නකුලේෂ්ටා (නකුල ichneumon, ඉෂ්ට desired), see අරත්ත. [විලුල්කරද.
නක්තමාල (නක්ත night, මාල garland), see
නක්ෂමාරෝන, see ඉඳිගහ.
නගෂරඉෂසී (නගරඔඉෂසී), see කොසසල්.
නගා·මැරූ·අල, a sp. of Habenaria, butterfly-orcbis.

නග්නජිත්, *lit.* nakedness-conqueror (cloth being woven from its produce) : cotton tree, Gossypium herbaceum, කපු.
නට, see කොටිල ; also දියරතඹලා.
නටභා·ලිය, see කහඹිලියා. [රුවැල.
නටා, a shrub, Cæsalpinia Bonducella, see කුඹු
නඩ, see කුලල්බට.
නතමාල, see කරද.
නත්තාරම්, common citron, Citrus medica.
නදප්පව, a flowering shrub, Tabernæmontana coronaria *(Apocyn.)*.
නදී·කාන්ත, see අත්මැල්ල ; also එලම්නදල්ල.
නදී·සජ, see කුඹුක්.
නන්දික, see නැදුන්.
නන්‍යාවත්, see නාදවත.
නම්බි, නමුබි, නමුබු, see ලුණුවරණ.
නම්නම්, a tree, Cynometra cauliflora, Malay nam-nam.
නයි·මිරිස්, *lit.* snake pepper : a small sp. of pungent chilli, bird-pepper, Capsicum minimum *(Solan.)*.
නයි·හබරල, see පණුහබරල.
නර·වැල, a plant, Clematis smilacifolia or Naravelia zeylanica *(Ranun.)*.
නරේන්ද්‍ර·භෝග, see කෙලසඳුන්.
නලකුම්ඳු, see තොළුම්. [*(Gram.)*.
නල·ගහ, නල·ගහ, reed, Phragmites Karka
නලද, see සැවැන්දරා.
නලි, see උණගහ ; also තොළුම්.
නලික, see තොළුම්.
නව·ඇඟිලිය, *lit.* nine-finger : see එබරු.
නව·නැඹිලිය, a plant, Agyneia bacciformis, ඇත්පිටවක්කා, or Phyllanthus urinaria, *(Euphor.)*, රත්පිටවක්කා.
නව·මලි, නව·මල්ලිකා, නවමාලිකා, Arabian or double jasmine, Jasminum Sambac *(Olea.)*, පිච්ච.
නවසී, a var. of Cocos nucifera or coconut having an edible husk.
නව·සන්ධි, *lit.* nine-joint : milk-hedge plant or spurge, Euphorbia Tirucalli *(Euphorb.)*.
නස්නාරම්, a sp. of wild lime, citron.
නහ, a plant, Lasiosiphon eriocephalus *(Thym.)*.
නහරි, a plant, Curcuma Zedoaria, and Kaempferia Galanga *(Scitam.)*, හිඟුරුපියලි.
නළා·ගහ, grass, Panicum ovalifolium.
නළා·තණ, wild sugar-cane, Saccharum spontaneum *(Gram.)*. [*(Guttif.)*.
නා, නාගහ, iron-wood tree, Mesua ferrea
නාඉඹුල්, a small tree having small yellow flowers, Harpullia imbricata *(Sapind.)*. Harpulli is its native name at Chittagong.
නාකුලී, ichneumon plant, used by natives as an antidote to snake-bite ; see අරත්ත and ඊශ්වරමෙරිය.

නාග·ජිහවා, *lit.* snake-tongue: a plant the leaves of which resemble a snake's tongue, see ඉරමුසු.

නාග·දන්ති, *lit.* snake's tooth or elephant's truk or ivory: Heliotropium indicum *(Borag.)*.

නාග·දෘ (දෘ tree), see නාගහ.

නාග·පුෂ්ප, see තම්පිරිල; also නපු.

නාග·බන්ධු, *lit.* elephant (or great) friend, so called as affording much shade: bo-tree, see බෝගහ.

නාග·මලා, see ගස්කැලිය; also the following.

නාග·බැබිල, නාග·බැමිල, a creeper, Uraria lagopoides *(Legum.)*.

නාගර, a sp. of grass, Cyperus tuberosus *(Cyper.)*. [කිත්තාරම්.

නාග·රංග·ගහ, a var. of පැණිදොඩම්; see also

නාග·රුක, see නාගහ.

නාග·වල්ලිකා. නාග·වල්ලි, *lit.* snake-creeper: betel, see බුලත්.

නාග·සුගන්ධා, see නාගතුලී.

නා·ගහ, see නා.

නාඬද්සි, a sp. of reed, Calamus Rotang; a plant, Premna herbacea; a tree, see දියදඹ.

නා·නා·වණී, a sp. of bind-weed, Ipomoea digitata.

නාපිරිත්ත, a thorny shrub having yellow flowers with dark crimson at the lower part, Hibiscus furcatus *(Malv.)*.

නායන්, see සත්තිනායන්.

නාරම්ගහ, mandarin orange tree, Citrus nobilis.

නාරං, a sp. of orange tree. [සදුන්.

නාරායණ·ප්‍රිය, *lit.* Vishnu's delight: see රත්වත්

නාරායණී, see නානාවාරිය.

නා·රුක, see නාගහ.

නාලිකා, a plant, Hibiscus cannabinus *(Malv.)*.

නාලිකේරය, coconut tree, පොල්ගහ.

නා·ලිය, betel, බුලත්වැල.

නාවා, a tree having in panicles small flowers and edible seeds, Sterculia Balanghas *(Stercul.)*.

නැවැම්, a large tree, Xylopia parvifolia *(Anon.)*.

නැදුන්, නැදුන්, a large timber tree the wood of which resembles mahogany, Pericopsis Mooniana *(Legum.)*.

නැදුන්කිරි, නැදුන්කිරි, a reed, Mariscus paniceus *(Cyper.)*.

නික, a medicinal shrub, nika; a tree, a sp. of Vitex *(Verben.)*.

නිකුම්භ, see දන්තිකා.

නිර්ගුණ්ඩ, see මහනුග.

නිවුල, නිවුල, see මිදෙල්ල. [*(Legum.)*.

නිදිකුම්බ, sensitive plant, Mimosa pudica

නිදිගන්ධා, see කිත්එත්තාල්.

නිදිගන්තිකා, see කටුවැල්බටු.

නීප, a tree, Anthocephalus Cadamba *(Rubi.)*.

නිම්බ, නිම, see කොහොඹ.

නිම්බ·තරු, nim tree, see නිම්බ; also එරබදු.

නිය, frankincense tree, Boswellia serrata *(Burser.)*.

නියගලා, a creeper bearing handsome flowers, Gloriosa superba *(Lili.)*.

නියද, නියඳ, a stemless plant or creeper having long leaves with strong fibres, bow-string hemp, Sanseviera zeylanica *(Hæmo.)*.

නියං·වැටකොළු, a monœcius creeper, Luffa æzyptiaca *(Cucurb.)*. [*pserm.)*.

නිරිවැල, a plant, Limacia cuspidata *(Meni-*

නිරිකණි, see තෙලඹු.

නිර්ගුණ්ඩි, see නිල්නික and සුදුනික.

නිර්ජර, see රසකිඳ.

නිෂ්ඵල, see මුවකිරිය.

නිලුපුල් (නිල්, ඉපුල් for උපුල්), blue lotus, see නිල්මහනෙල්.

නිලිසි, a tree, Bridelia retusa *(Euphorb.)*.

නිළඹ, see තෙළඹු.

නිල්, see දියහවරිය.

නිල්·අඩන·හිරිය, an annual plant, Crotalaria verrucosa *(Legum.)*.

නිල්·අවරිය, Indian indigo plants, Indigofera tinctoria *(Legum.)*.

නිල්·ඉදිත්තරු, hooded milfoil, Utricularia reticulata *(Leutibnl.)*. [nacea.

නිල්·උණ, a sp, of bamboo, Bambusa arundi-

නිල්·කටරොළු, a medicinal creeper bearing beautiful flowers, Clitoria ternatea *(Legum.)*.

නිල්·කටුබුදුල, a plant, Oldenlandia stricta.

නිල් කාපිරි, endive, Cichorium Intybus *(Comp.)*.

නිල්·ගහ, indigo plant, see නිල්අවරිය.

නිල්·ගිරිතිල්ල, a medicinal plant.

නිල්·ගන්ධ·කොළ, a shrub, Adenosma capitatum *(Scroph.)*.

නිල්·තම්පලා, amaranth bearing crimson flowers, Amarantus caudatus *(Amarant.)*.

නිල්·තලා, a sp. of basil, blue basil *(Labi.)*.

නිල්·දුරදඹල, see දුරදඹල.

නිල්·දිවිපහුරු, Ipomœa Pes-tigridis, var. hepaticifolia, a var. of දිවිපහුරු, which see.

නිල්·දිවුල්, a var. of දිවුල්.

නිල්·නකුට, bastard vervain, Stachytarpheta indica *(Verben.)*.

නිල්·නවසි, a sp. of coconut having edible husk.

නිල්·නික, a small tree having medicinal leaves and purplish flowers, Vitex Negundo *(Verben.)*.

නිල්·පුරුක්, a plant, Ruellia ringens *(Acanth.)*.

නිල්·පොල්, common coconut, Cocos nucifera *(Palmæ.)*, පොල්.

නිල්·බොල්තිඳ, spider-wort, Cyanotis cristata.
නිල්මහනෙල්, නිල්මානෙල්, a sp. of water-lily, blue lotus, a var. of Nymphæa stellata.
නිල්·මැලි, see බෙලි.
නිල්මොනරැස්ස, hooded bladderwort bearing large purple flowers, Utricularia reticutafa (Lentibub.).
නිල්·රාබු, radish, Raphanus sativus.
නිල්·වම්බටු, a sp. of nightshade, see වම්බටු.
නිල්·වැලි·වැන්න, a plant, Hedyotis octacea (Rub.).
නිල්·වැල්ල, a sub-parasitical plant, Raphidophora pertusum (Araceæ.).
නිවිති·වැල, a pot-herb, Ceylon spinach, Basella rubra (Chenop.).
නිශා, see වෙනිවැල.
නිශාචර, see සිඟුරුපියලි.
නිශ්‍රිත, see තුසනවාලු. [එත්සාල්.
නිෂකුටා, නිෂකුටි, large-cardamom plant, see
නිෂපාව, a sp. of pulse, a var. of මුං, Phaseolus Max, var. radiatus (Legum.), see ලිමෑ.
නිස්කුටි, see නිෂකුටා.
නිපුළු, see එලම්දෙල්ල.
නිස්ත්‍රිංශපත්‍රිකා, lit. sword-leaf plant, see දලුක්.
නිසාර, see එඬරු.
නීවාකානා, see කපුගස.
නිති·වැල, see නිවිතිවැල.
නින්සාර, see කිනිහිරය.
නීප, see මුදිල්ල ; also බක්මී and කොළොලාම්.
නීර·ජය, lit. water-born, viz. lotus, නෙළුම් ; also නෙලු.
නීර·වංජුල, see වේවැල.
නීරු, see කොටදිඹුලා. [පෝටාවැල.
නීරෝහිණී, a var. of Pothos scandens, see
නීල·පත්‍ර, lit. blue or green leaf, viz. blue lotus, නිල්මානෙල් ; also wheat, තිරිඟු (ගොයම් &c.), and නියද, which see.
නීල·පුරී, see තිස්දළුපියලි.
නීල·පුෂ්ප, a plant, Evolvulus alsinoides ; see විෂ්ණුක්‍රාන්තා.
නීල·මඤ්ජරී, lit. blue-cluster : see සේපාල.
නීල·මල්ලිකා, see බෙලි.
නීලා, see වැවරණී.
නීලිකා, see සේපාලිකා.
නීලී, see නිල්අවරිය.
නීලෝත්පල (නීල් උත්පල), see නිල්මානෙල්.
නුග, milky fig tree, Ficus altissima (Urti.).
නුග·තම්පලා, a var. of තම්පලා, which see.
නුගපත්·ඇල්·වී, a sp. of hill-paddy.
නුද, mulberry tree, Morus indica (Urti.).
නෑපදෑම, see ඇහැල.
නෑපාම්බු, a sp. of murunga, see මුරුංගා.
නෙස්කන්ති, see දේවදර.

නෙඹැද්ද, a tree having digitate leaves and panicles of whitish flowers, Vitex Leucoxylon (Verben.).
නෙයදස්ස, wild tea, Eurya japonica (Tern.).
නෙරළු, C. En., small tree having astringent leaves, Elæodendrum glaucum (Celast.) ; also for පොල්ගහ.
නෙලුපබලා, see නෙළුම්.
නෙළුම්, නෙළුම්බු, lotus, Nelumbium speciosum (Nymph.), regarded as a sacred flower.
නෙල්ලි, emblic myroba an, a hard-wood tree with astringent bark and acid fruit of medicinal properties, Phyllanthus Emblica (Euphorb.).
නෙළු, name of the genus Strobilanthes (Acanth.), a small jungle tree of which many sp. are C. En.
නේත්‍රා, see රටදෙල්.
නේත්‍රපුෂ්පකෘතන, a plant.
නේපාල, see ජනපාල.
නේම්සාර, see කළුකිහිරි.
නොත්ති, see කොබු.
නොනපාලි, double jasmine, Nyctanthes Arbor-tristis (Oleaceæ.), සේපාල ; also indigo plant, see නිල්අවරිය.
නොමල්·ගස, lit. flowerless tree, Ficus glomerata, අත්තික්කා.
න්‍යග්‍රෝධ, see මහනුග ; also a sp. of Acacia, Acacia leucophlaea. [නෙළුම්.
පංකජ, පංකජ, lit. mud-product, viz. lotus,
පංකාරය, a stemless aquatic plant, see දියහවරිය.
පංකේ·රුහ (පංකේ in mud, රුහ grown), see පංකජ.
පංගම්, a creeper bearing a bitter nut, which is eaten with betel.
පචම්පවා, see වෙනිවැල.
පචරස, emblic myrobalan, see නෙල්ලි.
පචාංගුල, lit. five-finger : so called because the leaves resemble the open hand ; castor-oil plant, එඬරු.
පට·පබ, a sp. of fern.
පට·පැඹුරු, a plant.
පටම්·පති, cotton plant, කපුගස.
පටිකඩිදුරු, a sp. of fern called adder's-tongue, Ophioglossum pendulum (Filices.).
පටු, a small sp. of cucumber, see දුම්මැල්ල.
පටුපණිණී, a medicinal sp. of moon-plant.
පටෝල, පටෝලක, see පටු.
පටෝල, see තිත්තවැටකොළු. [(Malv.).
පච්චාඇපල, a bushy herb, Urena lobata
පච්චාඝි·කඩල, pea, pease plant.
පච්චාඹඹර, a plant.

පට්ටා·වල්ලා, C. En. fibrous plant, bastard mangeneel, Gyrinops Walla *(Thym.)*.
පට්ටි, පට්ටිකා, red lodh tree, see ලොත්සු.
පට්ටික්කා, a creeper, the same as පට්ටිකා.
පට්ටිල, see හෙළලොත්.
පට්ටිලොත්සු, see පට්ටි.
පණ්ඩෙපති, species of creepers.
පණිවා, a plant, see අඳුතලා.
පණු·අඹ, a var. of mango, see අඹ.
පණු·අල, a stemless tuberous plant, arum, Typhonium trilobatum *(Araceæ.)*.
පණු·කහ, a kind of turmeric.
පණු·කැර, a tree, Eugenia Neesiana *(Myrt.)*.
පණු·කොබොල්, a yam-bearing creeper, Dioscorea sativa *(Dioscor.)*.
පණු·කෝන්, a var. of කෝන්, which see.
පණු·දන්, a tree, a var. of Eugenia corymbosa, see දන්.
පණු·නුග, a sp. of fig tree, Ficus nitida *(Urti.)*.
පණු·පිල, a var. of the plant Tephrosia purpurea *(Legum.)*.
පණු·බම්බර, a tree.
පණු·වැල, *lit.* worm-creeper.
පණු·හබරල, a tuberous plant, Alocasia cucullata *(Araceæ.)*, තයිහබරල.
පණ්සා, see පෙණෙලවැල.
පබර, පබුරු, පබොර, white lotus, Nymphæa lotus, see ඕලෙකලුම්. [*(Legum.)*.
පතඟි, a tree, sapan, Cæsalpinia Sappan
පත·බුළු, a var. of බුළු, which see.
පතඹ (පත් or පත leaf, අඹ), a var. of අඹ, mango.
පතාරණ·ගස, a tree.
පතැඟි, E. of පත්‍රාංග, which see.
පති·ඇඹිය, a plant, Dentella repens *(Rubi.)*.
පති·ද්‍රැම, see වෙලන.
පති·ජජ, a plant.
පතිරිල්ල, a plant.
පතුක්, a small thorny tree, Euphorbia neriifolia *(Euphorb.)*.
පතුක්·තණ, a plant.
පතුරාහඹුරු, a sp. of lotus, කෙළුම්ජාතියක්.
පතුල්වැත්ත, buckwheat, Persicaria.
පතෝල, snake-gourd, Trichoisanthes anguina, see පටෝල.
පත්·අඹ, see පතඹ.
පත්·කඩොල්, a tree, mangrove, Rhizophora Candelaria, see කඩොල්.
පත්·කැන්ද see කැන්ද.
පත්·කෑල, a tree, Bridelia Moonii *(Euphorb.)*.
පත්·කීන, a tree, a sp. of Calophyllum, see කීන.
පත්·කුරුඳු, a var. of කුරුඳු or Cinnamomum zeylanicum *(Laura.)*.
පත්තෑ·බතල, a var. of බතල, which see.
පත්තුරු, see බුළු. [වැත්ත.
පතකැර, a creeper with edible leavev, see මුකුණු

පත්දල, see රටගොරක.
පත්පට, පත්පාඩගම්, a small medicinal plant, Mollugo Cerviana *(Ficoid.)*.
පත්බෙරිය, a var. of බෙරිය.
පත්‍රාංග, පත්‍රාංග, see රත්සඳුන්.
පත්‍ර·මජ්ජකා, see කෝමාරිකා.
පත්‍රලා, see කුරපලා.
පත්‍රසඥකා, see පතුක්.
පත්‍රකීන, see දෙඹකීන.
පත්‍රාංග, see රත්සඳුන්; also පතඟි.
පත්‍රිකා, see උඩත්ත.
පත්‍රී, see දලුක්.
පත්‍රෝර්ණ, see කොටිල.
පත්·වී, a kind of paddy. [*(Legum.)*.
පථි·ද්‍රැම, *lit.* road-tree, Acacia leucophlaea
පථ්‍යා, see අරළු; also a creeper, Tinospora cordifolia, see රසකිඳ.
පදුම, පදම, see නෙළුම්.
පදම·කණ්ටකිකා, see කටුවැල්බටු.
පදම·කේශර, see කෙදම.
පද්මචාරිණී, a small tree having whitish flowers which become red at night, Hibiscus mutabilis *(Malv.)*.
පන·තුරු (තුරුව tree), see බුළු.
පනස, පනා, see කොස්.
පනා·දන්ත. *lit.* comb-tooth: a plant.
පනිජ්ජක, a plant, perhaps a sp. of basil, Ocimum.
පන්, rush, bulrush.
පන්කොට්·වී, a var. of paddy.
පඹ, a kind of creeper; generic name for Fern; see ඇත්පඹ, මහපඹ and හීන්පඹ.
පඹුරු, a plant, Atalantia Missionis *(Rut.)*.
පයකුරු·වී, a var. of paddy.
පර, a timber tree, Wormia triquetra *(Dillen.)*.
පරකීත්ති, see අනු.
පරංගි·වනස්ස, a plant, a kind of club-moss.
පර·මුද්ග, wheat plant, තිරිඟු.
පරිපේල, පරිපේලව, see කලාඳුරු.
පරිමදී, pigeon-pea, Cajanus indicus, රටතෝර.
පරිව්‍යාධ, see ඵලඹුල්; also a sp. of aquatic reed.
පරුෂ, a plant, කටුකරඬු; also a tree, Carapa moluccensis *(Meli.)*.
පරෙයි·මල්, *lit.* pigeon-flower: orchid with small pigeon-like white flowers, Dendrobium crumenoatum, සුදුපරෙයිමල්.
පණී, see ගස්කැල.
පණීවා, see අඳුතලා. [කොහොඹ.
පණී·හීන, *lit.* leafless or slender leaf: see හීන්
පර්ණස, පාණිසි, see තලා and අඳුතලා.
පණිණිකා, see පුස්වැත්ත.
පණිණී, see ශතපුෂ්ප; also දිගපරණලා.
පර්පට, පර්පටක, see පත්පට.
පලංකෂා, see ගුගුල්, අරත්ත, and කටුඉඟිලි.
පලටු a tree, jack-in-a-box, Hernandia peltata
පලස, පලාශ, see ගස්කැල. [*(Laura.)*.

පලාණ්ඩ, පලාණ්ඩු, see රතුලූනු.
පලාශක, a plant.
පලාසය, see එරබදු.
පල්ලෙසීඇල්වී, a sp. of hill-paddy which matures in three months.
පවඟ, පවඟු, see ප්‍රියංගු.
පවනම්බල, see නම්බල and ගහල.
පවාරු, see කරිවිල.
පවිත්‍ර. sacrificial grass, see කුසතණ.
පවිත්‍රක, sacred fig tree, see බෝගස.
පවිත්‍රා, see මිදුරුතලා.
පශු, see මීදුමෙකසියා; also අවිච්ක්කා.
පශුගන්ධා, a medicinal plant, Withania somnifera; see also කෙවිලා.
පසඟුල්රුක, see පමාංශුල.
පසාදන, see ලෝඩු.
පස්රස, see පමරසා.
පස්සය, see කහඹිලියා.
පහණ්බෙද, see පොල්කුඹුපලා.
පළු, a timber tree, Mimusops hexanda (*Sapot.*).
පළුකැන්, පළුකෑන්, a plant, Uvaria zeylanica
පළුවු, see පලවු. [(*Anon.*).
පළුතණ, club-rush, Fuirena uncinata (*Cyper.*).
පළුවීර, a tree.
පළොල්, see තුත්පුලිල.
පාකළුල, see මහකරඹ.
පාකල, see ඉතබු and සෙංකොටටම්.
පාකලි, a tree.
පාකලී, see පිපිඤ්ඤ,
පාචනී, see අරළු.
පාටලා, පාටලී, see පළොල්.
පාථීර, a kind of radish, රාබු.
පාඨා, see දියමිත්ත.
පාණ්ද, see ප්‍රාණ්ද.
පාණ්ඩරඅංකුර, see කෙලිද.
පාණ්ඩුනාග, Calophyllum Inophyllum, see දොඹ.
පාණ්ඩුඵල, see දුම්මැල්ල.
පාතාලමූලිකා, see හියද.
පාතාලවාසි, see බුලත්වැල. [(*Filices*).
පාත්‍රාවැරැල්ල, hard-fern, Blechnum orientale
පාතුදි, see බුළු.
පාපචේලි and පාපමරා, see දියමිත්ත.
පාරාවත, see තිඹිරි.
පාරාවතපදී, see පෙනෙලවැල.
පාරිවජ්ජක, mountain-ebony tree, Bauhinia purpurea; see also කොබොම්.
පාරිජාත, පාරිජාතක (පරි special, ජාත production), one of the five celestial trees said to yield whatever is desired, see කප්තුර; also coral tree, see එරබදු.
පාරිභද්‍ර, පාරිභද්‍රක, *lit.* quite auspicious: ap. of එරබදු; of කොහොඹ; of the bead-tree, Melia Azedarach; also of දේවදාරු, and another species, Pinus longifolia.
පාරිභාව්‍ය, see ඉතබු.
පාඨි, පාඨිකී, see කුඹුක්.
පාඨිනි, olibanum tree, Boswellia serrata; also the nettle-tree, Trema orientalis; and for ඇටමකෙහෙල්.
පාලශ, පාලාශ, see ගස්නෑල.
පාලිත, see හැටකිවුල්.
පාලිඤ්ද, see පිච්ච.
පාලිඤ්දී, see පෙනෙලවැල.
පාලිඤ්ඨි, see කළුතුසතවාලු.
පාවක, *lit.* fire: ap. of a tree the wood of which takes fire by attrition; see also බදුල්ල; and එලමෙතවුල්.
පාවච්චා, a shrub, see අකල්අාදර; another shrub having white flowers, Pavetta indica (*Rubi.*).
පාෂාණභේදක, a plant, Plectranthus scutellaroides. [ඇඹිල්ල.
පාඝාත, mulberry tree, Morus indica, රට
පැහිරිකුරුඳු, a sp. of cinnamon, *lit.* acid-cinnamon, it has the flavour of cinnamon and citronella, Cinnamomum citriodorum (*Laura.*).
පැහිරිමාණා, citronella grass, lemon grass, a cultivated variety of Andropogon Nardus (*Gram.*).
පැට්කාවැල, see පෙතිකාවැල. [කුරුඳු.
පැණිකුරුඳු, sweet or cultivated cinnamon,
පැණිකොමඩු, a juicy sp. of melon, Citrullus vulgaris.
පැණිකෝන්, a var. of කෝන්, which see.
පැණිතෝර, a sp. of cassia or senna, Cassia Tora (*Legum.*). [tium (*Auran.*).
පැණිදොඩම්, common orange, Citrus Auran-
පැපිලිය, see මාපත්කෑබෙල්ල; also පත්පාඩගම්.
පැපොල්, papaw tree, Carica papaya (*Passifl.*).
පිකබන්ධු, පිකවල්ලභ, *lit.* cuckoo's friend, viz. mango tree, see අඹ. [(*Legum.*).
පික්මල්, a pot-herb, Trigonella corniculata
පිංග, grape vine, see මිදිවැල.
පිංගල, see ඉරිවේරිය.
පිංගාශි, see නිල්අවරිය; also a sp. of acacia, Acacia Sundra (*Legum.*). [කපු.
පිචුව, the cotton plant, Gossypium herbaceum,
පිචුක, see කුකුරුමාන්.
පිචුපණි, see ඉඹුල්.
පිචුමන්ද, පිචුමන්දක, see කොහොඹ.
පිචුල, see එලම්දල්ල; also පිච්ඡිල.
පිච්ච, a sp. of jasmine, Arabian jasmine, Jasminum Sambac (*Oleaceæ.*).
පච්ලච්ච, see පුළුබැලිල.
පිච්ඡා, a timber tree, Dalbergia Sissoo (*Legum.*).
පිච්ඡ, පිච්ඡිල, see ඉඹුල් [(*.Tamar*).
පිච්ඡිල, Indian tamarisk, Tamarix indica
පිච්ඡිලච්ඡද, see මසන්.
පිච්ඡිලපත්‍ර, පිච්ඡිලා, see ඉඹුල්; also පිච්ඡා, රටඅල and a var. of නිවිති, viz. Basella rubra.

පිච්ඡිල·පත්‍රිකා, see කෞමාරිකා.
පිටවක්කා, a plant, a weed the root of which is used as a remedy for jaundice, Phyllanthus Niruri *(Euphorb.)*.
පිටසැලි, D. parsley, see අසමෝදගම්.
පිට·සුදු·පලා, a plant, Hedyotis nitida *(Rubi.)*; also a plant having minute flowers in heads, Boerhaavia diffusa *(Nyct.)*, hogweed.
පිටිය·වැල, a kind of creeper.
පිච්චු·වැල, a creeper.
පිඨර, see කලාඳුරු.
පිණ්ඩ·පර්ණී, see කස.
පිණ්ඩිතක, see කුකුරුමාන්.
පිණ්ඩ·පුෂ්ප, see කෝපදු.
පිණ්ඩ·ඵලා, see තිත්තකොබල.
පිණ්ඩීලා, cucumber, see පිපිඤ්ඤා.
පිණ්ඩා, see පෙතෙලවැල.
පිත්තඝාති, *lit.* bile-destroyer ; see පත්පාඩගම්.
පිත්තඝ්නී, an antibilious plant, රසකිඳ.
පිත්තලා, see බෙරුදියහිල්ල. [*(Gram.)*.
පිනි·තුත්තිරි, a sp. of grass, Eriachne triseta
පිනිබරු, a tree, Eugenia Mooniana *(Myrt.)*.
පිනි·බරු·තණ, vernal grass, Anthistiria Tremula *(Gram.)*.
පිනි·හිරිය, a plant.
පින්න, see ගස්පින්න.
පින්නඇල්වී, a kind of hill-paddy.
පිපිඤ්ඤා, common cucumber, Cucumis sativus.
පිප්පල, see බෝගස.
පිප්පලි, see තිප්පිලි.
පිය·තිරිල්ල, see දියතිරිල්ල.
පියරි, a tree, Pleurostylia Wightii *(Celas.)*.
පියල්ගස, පියාල, see මොර.
පියා·ගස, පියා·රුක, see බක්මී.
පිලුම්, see කෙලුම්.
පිල, a plant, Nerium *(Apocyn.)*; also Tephrosia purpurea *(Legum.)*, see අලුපිල and බුපිල.
පිල්සෙවෙල්, an aquatic plant, Blyxa zeylanica, see දියසෙවෙල්.
පිම්බුරු, see ඊතණ.
පිසාච·ද්‍රු, *lit.* demon-tree, as the supposed haunt of demons, Streblus asper, see ගැටනිතුල්.
පිසිම, see කොසොහොම.
පිසුනා, a plant, Trigonella corniculata *(Legum.)*. [paradisiaca.
පිස්සි·කෙසෙල්, a var. of plantain, Musa
පිළිකා·වකස්ස, a sp. of club-moss *(Lycopod.)*.
පිළිඟ, a tree.
පිළිහුඩු·පලා, *lit.* kingfisher-plant, Ceratopteris thalictroides *(Filices)*.
පීත, a medicinal plant, Betula.
පීතක, a sp. of gentian.
පීත·තෙලා, see පෙතෙණලවැල.
පීත·ද්‍රු, a sp. of pine, Cedrus Deodara ; also Pinus longifolia.
පීතද්‍රු, a tree, Pinus longifolia ; also Kaempferia pandurata ; see also වෙනිවැල.
පීතන, see ඇඹරැල්ල ; also a timber tree, and Cedrus Deodara, දේවදාරු.
පීත·පුෂ්පක, *lit.* yellow-flower : sp. of any plant with yellow flowers, but sp. කටුකරඹු, which see.
පීත·පුෂ්පී, see කටුකරඹු.
පීතපුෂ්පිකා, see අලුපුහුල්.
පීත·ඵල, *lit.* yellow-fruit (tree), see පිසාචද්‍රු.
පීතමූල, *lit.* yellow-root (plant), see කහ.
පීත·සාර, පීත·සාරක, a tree, Alangium Lamarckii, රුකඅඟුන ; also අඟු.
පීලු, name of several trees for which see කහට, අඹ, and මොර.
පීලුක, see මොර.
පීලුපර්ණී, see මුරුවා ; also කෙඹැකිරි.
පීවා, පීවරී, see හාතාවාරිය.
පුංඛාසී, see තිල්අවරිය.
පුංඛ, see පිල.
පුච්ඡිකා, see බස්වැත්ත.
පුටකෝෂ, see පුදුඝසු.
පුටිකා, cardamom, see එන්සාල්. [*(Gram.)*.
පුටු·තණ, a kind of grass, Eleusine ægyptiaca
පුණ්ඩරීක, a fragrant var. of mango, see අඹ, උක්, තෙඹු, කෙළුම්. [මිරිස්.
පුණ්ඩු, a plant, Hiptage Madablota, see වල්ගා
පුණ්ඩ්‍රක, a creeper, see යොත්තුම ; also a sp. of sugar-cane, උක්.
පුත්‍ර·ජනනී, a medicinal plant, see රස තැල්.
පුත්‍ර·ජීව, පුත්‍ර·ජීවක. *lit.* progeny-yielding, viz. a tree, necklaces made from the fruit of which are said to make the wearer prolific, Putranjiva Roxburghii *(Euphorb.)*.
පුන, see දෙඹ ; also දෙළුම්. [පලා.
පුනර්නවා, hogweed, Boerhaavia diffusa, පිටසුදු
පුන්නාග, see සුදුකෙළුම්; also දෙඹ; and නාදික්කා.
පුපුල, C. En., hemp-agrimony, Vernonia zeylanica *(Comp.)*.
පුජපි, see මහිල.
පුර, a kind of fragrant grass, Cyperus.
පුරන්දර, see සිවිගවැල.
පුරීමෝහ, see අත්තන.
පුරීසම, black kidney-bean, a var. of මුංඇට ; also red gram, see ලි මෑ *(Legum.)*.
පුරුක්, a spreading plant having large flowers, Asystasia coromandeliana *(Acanth.)*.
පුරුක්·තණ, hard-grass.
පුරක්නෙළු, a plant, a sp. of Strobilanthus, see නෙළු.
පුරුක්·විල, a plant.
පුරුස, see දෙඹ.
පුලවුල්, see කොළොම්.
පුලිල, waved-leaf fig tree, Ficus Arnottiana *(Urti.)*, see ජටි.

පුල්·කොල, see කෙබු.
පුවක්, areca-nut palm, Areca Catechu (*Palmæ.*).
පුවක්·ගෙඩියා·වැල, a large creeper bearing beautiful fragrant flowers, Hiptage Madablota (*Malpi.*).
පුවඟ, පුඟ, see පුවක්.
පුවඟු, see රුක්ගස ; also ශ්‍රීගංඟු.
පුවටා, a creeper bearing red berries, Raphidophora pertusa or Pothos scandens, see පෝමාවැල.
පුවාලු, a var. of plantain ; also of paddy.
පුෂ්කර, see නෙළුම් ; also කෙබු.
පුෂ්කර·පර්ණිකා, see මිකන්පලා.
පුෂ්ප·කදලි, a var. of plantain. [වැල.
පුෂ්ප·ඵල, see ජිවුල් ; also pumpkin gourd, රටලබු
පුෂ්ප·මඤ්ජරී, mango, see අඹ.
පුෂ්ප·රසාහ, a shrub.
පුෂ්ප·රෝචන, *lit.* of beautiful bloom, see නාගස.
පුෂ්පා·ම්ල, *lit.* of acid bloom, see සියඹලා.
පුෂ්ප·ලතා, see පුහුල්.
පුසිඹ, see කොහොඹ.
පුසල, පුහුල, see පුහුල්.
පුස්·වැන්න, a small plant having diuretic properties, Plectranthus scutellaroides (*Labi.*).
පුස්·වැල, a creeper which produces the bat-bur, Entada scandens (*Legum.*).
පුහු·අඹ, a sp. of mango, empty or stoneless mango, see අඹ.
පුහුල්, melon gourd, ash-pumpkin, see අලුපුහුල්.
පුළුන්ඉඹුල්, see ඉඹුල්.
පුළුපු, coconut (tree), see පොල්ගස.
පූග, see පුවඟ.
පූඩලුදෙහි, see කුඩලුදෙහි.
පූතනා, see අරළු.
පූතික, පූතිකා·රජ, see කුඹුරුවැල ; also බෙලි.
පූතිකාෂ්ඨ (පූති pure, කාෂ්ඨ wood), a sp. of pine, Cedrus Deodara, දේවදාර.
පූති·ගන්ධ, see ගොත්තුඹ.
පූති·තෛලා, see පෙනෙලවැල.
පූතිදන්, see ඉළුක්.
පූති·දාරු, see පූතිකාෂ්ඨ.
පූතිපර්ණී, see පූතික. [medica.
පූති·පුෂ්පිකා, a var. of common citron, Citrus
පූති·ඵලී, see බෝදිඇට.
පූති·බීජ, see පූතිතෛලා.
පූති·මාරුක, see බෙලි.
පූති·වෘක්ෂය (පූති stench), see තොවිල.
පූතිකා, see පූතික.
පූතිකා, a pot-herb, a var. of නිවිති, Basella rubra (*Chenop.*).
පූතනාග, see හම්පිරිල.
පූයාරි (පූය pus, අරි anti), antisuppurative (tree), see කොහොඹ.
පූරණ, see කලාදුරු.

පූරණා, see ඉඹුල්.
පූවාළු·කෙසෙල්, a sp. of plantain.
පූවාළු·වී, a sp. of paddy.
පෘෂ, see ඝුද. [(*Gram.*).
පෘෂා, a sp. of grass, Imperata arundinacea
පෘථක්·පර්ණී, see පුස්වැල ; also මකුළුවැන්න and
පෘථක්·ඵල, see ගලිස්. [ආපනුමදු.
පෘශ්ණි, see කලුදුරු.
පෘදුවාහිනී, see වම්බටු.
පෘදුවිකා, see එන්සාල්.
පෘදුවිකාලා, see කලුදුරු.
පෘදුවිජක, see තොවිල.
පෘදුසංගී, see මහරි.
පෘෂධා, see ඉද්ද.
පෙතම්, St. Thomas's tree, its buds and leaves being antidysenteric, Bauhinia tomentosa (*Legum.*).
පෙතං·කීස, a sp. of Calophyllum, see දෑඹ.
පෙතං·මරා, a tree, a sp. of Albizzia or Pithecolobium (*Legum.*).
පෙතං·මැඩිය, a var. of මැඩිය, which see.
පෙති·කපුරු, water-parsnip. [(*Anon.*).
පෙතිකා·වැල, a creeper, Artabotrys zeylanica
පෙති·තෝර, a sp. of cassia or senna having an offensive scent, Cassia occidentalis (*Legum.*).
පෙති·දඹල a bean plant, a var. of Phaseolus vulgaris (*Legum.*).
පෙති·පියුම්, a sp. of lotus, නෙළුම්.
පෙති මල්, a plant.
පෙතිමිල, a plant, Lobelia trigona or L. zeylanica (*Campan.*).
පෙද්දි·මල, see අංගණ.
පෙනෙල·ගස, soapberry tree, Sapindus emarginatus (*Sapind.*).
පෙනෙල·වැල, heart-seed, medicinal and culinary creeper, Cardiospermum Halicacabum (*Sapind.*).
පෙද·කොස්මොට, pipewort, Eriocaulon setaceum (*Eriocaul.*).
පෙලං, see ඇත්තෙරලිය ; also පුනුජිව.
පෙහෙඹිය, a fern-leaved timber tree, Filicium decipiens (*Burser.*).
පේණිල, see පෙනෙල.
පේර, Port. guava, Psidium Guyava (*Myrt.*).
පේර·තඹල, a plant, Gaertnera Kœnigii (*Logan.*).
පේර·දෑඹ, a var. of දෑඹ, which see.
පේලව, see කලාදුරු.
පෙපෙතික, a creeper, Cissampelos Pareira (*Menisferm.*).
පොකුර, පොකඛර, see නෙළුම්.
පොටගල, see වැලුක්. [ලිය.
පොටතල, a var. of Doona cordifolia, see බෙර
පොව්ඇල්·වී, a kind of hill-paddy.

පොඩිවිලාංගු, see පතෝල. [paddy.
පොඩි·වී, පොඩිහාතලි·වී, පොඩිහීනටි·වී, a var. of
පොඩුරු, see වල්ගම්මිරිස්.
පොතරිල්ල, a plant.
පොතු·කොළ, පොතුපත්, a sp. of rush, used for making mats, Scleria oryzoides *(Cyper.)*.
පොතු·පලා, a plant, Ipomœa uniflora *(Convol.)*.
පොතු·වැල, a plant, a creeper.
පොත්තු කොබ, see කොබලවැල.
පෝබලී·මාරා, a tree.
පොරව·මාරා, a small tree, ගල්කරද, Canthium didymum *(Rubi.)*.
පොරුව·මල්ල, see වල්මැදිරිය.
පොලඹ (පොලඅඹ), a var. of mango, see අඹ.
පොල·වී, a kind of hill-paddy.
පොළොං·අල, a stemless tuberous plant, Typhonium Roxburghii *(Uraceæ.)*
පොළොං·ගහල, a tuberous plant, a var. of the yam, Colocasia Antiquorum, see ගහල.
පොළොං·ලබු, a kind of pumpkin.
පොල්, a plant, Paspalum scrobiculatum *(Gran.)*. [*(Palmæ.)*.
පොල්, පොල්ගහ, coconut tree, Cocos nucifera
පොල්·අඹු, a var. of අඹු, which see.
පාල්·අඹ, a var. of අඹ.
පොලඇල්·වී, a kind of hill-paddy.
පොල්කටුවාවැල, a creeper.
පොල්කුඹු·පලා, පොල්·පලා, knot-grass, used in kidney disorders, Ærua lanata *(Amarant.)*.
පොහොන්ඇල්·වී, පොහොන්·වී, varieties o hill-paddy.
පොහොටවුව, a plant, Gomphrena.
පෝටගල, see වැලුක්.
පෝවා·වැල, පෝව, a creeper having an aromatic pepper like seed, Pothos scandens *(Araceæ.)*.
පෝතකී, see පූතිකා.
ප්‍රකීර්‍ය, a plant, Pongamia glabra, or else කුඹුරුවැල, which see.
ප්‍රග්‍රහ, ප්‍රග්‍රාහ, see ඇහැල.
ප්‍රසූණ, ප්‍රසාණ, see මුංඇට. [flowers.
ප්‍ර·වණ්ඩ, a kind of Nerium bearing white
ප්‍රවෝදිනී, see කටුවැල්බටු.
ප්‍රකිහාස, see අලරිය.
ප්‍රත්‍යක්·පර්ණී, ප්‍රත්‍යක්පුෂ්පී, see ගස්කරල්හැබ.
ප්‍රත්‍යක්·ශ්‍රෙණී, a sp. of Ficus, මීනුග.
ප්‍රත්‍යමාවහාලඩා: a medicinal plant, a sp. of Sida, සුවබැවිල.
ප්‍රපුන්නාඩ, see පෑණිතෝර.
ප්‍ර·පෞණ්ඩරීක (ප්‍ර emp.), a small herbaceous plant, used as a perfume and as a remedy for ulcers and sore eyes.
ප්‍ර·භද්‍රක, see කොහොඹ.
ප්‍ර·මුඹ, see හම්පිරිල.
ප්‍රමෝදනී, see කටුවැල්බටු.

ප්‍රවර, see කෙලඳත්.
ප්‍රවාලඵලිකා, see හිරැස්ස.
ප්‍රවාල·මධ්‍ය, see දෙම.
ප්‍රවාලාභඵලා, see කොංකැකිරි.
ප්‍රාවෘෂායණී, a plant, Vigna sinensis *(Legum.)*, black-bean plant, වඳුරුමෑ. [mansi.
ප්‍රවිජිතා, spikenard plant, Nardostachys Jata-
ප්‍රශනී, see දියපරණලා.
ප්‍රසාරණී, a plant, Pæderia fœtida.
ප්‍රසාරිණී, see ඇපසුමදු. [මදුරුතලා,
ප්‍රසව·පුෂ්ප, a sort of basil or තුලසි; see also
ප්‍රාචීන·පනස, see බෙලි.
ප්‍රාචිකා, see දියමිත්ත; also අරත්ත.
ප්‍රාචීකා·මලක, see රටලුවුරැස්ස.
ප්‍රාචීඵල, see අක්මැල්ල.
ප්‍රාණ·ද, *lit.* life-giver: see අරළු. [ජීතක.
ප්‍රියක, see කොළොම්; also a timber tree, see
ප්‍රියංගු, see පුවඟු and තණහාල්; also black-mustard, Sinapis nigra; see also තිප්පිලි and පුවඟු.
ප්‍රිය·තම, see තම්පලා.
ප්‍රියවණී, a creeper, Ichnocarpus frutescens.
ප්‍රියා, small cardamom, හීනඑන්සාල්; Arabian
ප්‍රියාල, see මේර. [jasmine.
පිෂටපාෂාණභාතක or පිෂටපාෂාණකාරි, see බෙබර.
ප්‍රීති·මාලී, see හෙලිදම්.
ප්ලක්ෂ, see පුලිල; also බෝගහ and සුරිය.
ප්ලවක, see රුකඟුන.
ප්ලීහ·නාශන, ප්ලීහ·නාශිනී, *lit.* spleen-destroyer, viz. the coral tree, එරබදු.
ප්ලීහ·හන, ප්ලී·හාරි (හන destroyer, අරි enemy), Amoora Rohituka, රෝහිතක; also බෝගහ.
ඵණී, see ප්‍රියංගු.
ඵණී·ජිහ්වා, *lit.* serpent-tongue, see නානාවාරිය.
ඵණී·ජිහ්විකා, see ඉරමුසු.
ඵණී·ලතා, ඵණී·වල්ලී, see බුලත්වැල and බුලත්
ඵලක, see නා, නාගහ.
ඵල·කේශර, *lit.* fruit-fibre; coconut tree, the nut of which is covered with fibre.
ඵල·නාශන, see කටුඉකිලි.
ඵලනී, see බුළු.
ඵලපූර, ඵලපූරක, see ලප්නාරම්; also දෙළුම්.
ඵල·වල්ලී, see අලුපුහුල්.
ඵලස, see රටදෙල්; also කොස්.
ඵලසාක, see අගල්ආඳර.
ඵලා·ධ්‍යක්ෂ (ඵලඅධ්‍යක්ෂ), Mimusops Kauki, or perhaps a sp. of sensitive plant, Mimosa; also several plants yielding a fluid or milky juice.
ඵලා·රුචි (රුචි beauty, lustre), see ගලිස්.
ඵලාශ, ඵලාස, see ගස්කැල.
ඵලංකෂා, a sp. of Barleria; black aloe, a var. of Aquilaria Agallocha, see අගරු; කටුඉකිලි.
ඵලිත, see ගැටකිවුල්.
ඵලිනී, see රුක්ගහ.

එළෙල්රුකා, see පළොල් and තුත්පුලිල.
එළෙල්ඝකට, see පිටවක්කා.
එලුකු, see කොටදිඹුලා. [(Combret.).
එලුකුත, a large tree, Terminalia glabra
එාලි, see එලසාක.
පාලිකී, a large Barbadoes cotton tree, Gossypium herbaceum; also for තුත්තවාලු; and පෙනෙණලවැල.
එණෙල, *lit.* froth-giver: see පෙණෙල.
බකමූණු·තණ, *lit.* owl-grass: C. En., Scleria Neesii *(Cyper.)*.
බක්·මී, a tree, Sarcocephalus cordatus *(Rubi.)*.
බඟය, see කිසලං.
බට, බට·ගහ, බටලිය, C. En., reed or small sp. of bamboo, or bamboo cane, Ochlandra stridula *(Gram.)*. [(Lina.).
බට·කිරිල්ල, C. En., Erythroxylum lucidum
බට·තණ, a sp. of panic grass *(Gram.)*.
බට·දූල්·තණ, a plant, of the order Gramineæ,
බට·දූල්ල, see ඇටෙට්ර. [කොබෝමල්.
බට·දෙබ, a tree, Eugenia operculata *(Myrt.)*,
බට.ලී, බට·ලීය, see බට.
බටු, බටුගහ, egg-plant, a small sp. of brinja the fruit of which is used for curry; night shade, of which some twenty species and varieties are found in Ceylon *(Solan.)*
කටුවැල්බටු.
බටුඇල්·වී, a kind of hill-paddy.
බටුකරවිල, a plant, Momordica dioica *(Cucurb.)*.
බටුකිරියල්·වී, a kind of paddy.
බඩ·අමු, a kind of Amu or Paspalum, see අමු.
බඩ·ඉරිඟු, a sp. of maize.
බඩල්·වකස්ස, see වකස්ස.
බඩිල, see සියඹලා.
බණ්ඩක්කා, T., a plant having mucilaginous capsules, used for curry &c., okra, Hibiscus esculentus.
බතල·වැල, a creeping plant the root bulb of which is the sweet-potato or බතල, Ipomœa Batatas *(Convol.)*.
බත්·කිතුල, a var. of sago palm; the pith of old trees resembles sago or බත්, see කිතුල්.
බත්·හික්, Elæodendrum glaucum, see නෙරළු.
බද, a sp. of grass, Paspalum scrobiculatum
බද·එළිකහ, see වදගහ. [(Gram.).
බද·දහස්, a spreading annual, Tagetes patula *(Comp.)*. [(Passi.).
බද·පැපොල, a var. of papaw, Carica Papaya
බද·මල්·තණ, a sp. of grass, Ischæmum muticum *(Gram.)*.
බද·යක්මල (මල්), a ramose annual, Tajetes erecta *(Comp.)*.
බදුර, බදරි, see මහඹෙබර. [(Geran.)
බද·රත්·කුඹළු, balsam, Impatiens balsamina
බද·රතු, see බදඑළිකහ.

බදජ, a var. of sensitive plant, also a sp. of moss, Selaginella proniflora.
බද·වතු·සුද්ද, see දිවිකදුරු.
බද·සුදු·කුඹළු, see බද්රත්කුඹළු.
බද·සූර්යකාන්ත·ගහ, sunflower, Helianthus
බදිර, see ගස්කැල. [annuus.
බද්රෙරෝ, see එළ ඉඹුල්.
බදුලුගහ, බදුල්ල, marking-nut tree, Semecarpus Gardneri *(Anacard.)*, of which genus there are fourteen species classed as C. En.
බදු·වද, බදු·වද, see බදඑළිකහ.
බන්ධු, බන්ධුක, බන්ධුජීව, Pentapetes phœnicea, see වදගහ.
බන්ධුර, බන්ධුලි, බන්ධුලික (ගහ), see බන්ධු.
බන්ධුලික, as above. [(Apocyn.).
බහාබව, a tree, Tabernæmontana coronaria
බඹර·පතර, Eclipta alba; also රටඑත්තෑල්.
බම්බගෝසි, see ජම්බෝල.
බම්බි, Er. for බක්මී. [(Legum.).
බඹර·වැල, a creeper, Dalbergia Championii
බඹර·රුප, see ගස්කැල.
බර.දිය·පාසි, hooded bladderwort, Utricularia stellaris *(Lentibu.)*.
බරපොවිඇල් වී, a kind of hill-paddy. [carp.).
බරලිය, C. En. tree, Doona cordifolia *(Diptero-*
බරවා·වැල, a creeper.
බරවාහික්, see හික්.
බරු, a name applied to the three myrobalans අරළු, බෙල්ලි, and බුළු; also the creeper හාතාවාරිය.
බරි, see හාතාවාරිය.
බරුඇල්·වී, බරුකොටැල්වී, a kind of hill-paddy.
බර්බට, see කොල්ලු.
බර්බර, බර්බරිකා, see රත්මිහිස්ස.
බඹි, opium poppy, Papaver somniferum.
වර්හිෂ්ඨ, see ඉරිවෙරිය. [card.).
බල, a tree, Nothopegia Colebrookiana *(Ana-*
බල·ජ, see පිච්ච.
බල·භද්‍ර, a tree *(Styr.)*.
බලා, see බැවිල.
බලි, see මුංඇට.
බලුතණ, *lit.* dog-grass, a sp. of grass, Pennisetum orientale *(Gram.)*.
බලුදම්, a shrub having rose-pink flowers, Ardisia humilis or A. elliptica *(Myrsin.)*.
බලුනකුට, a plant, Stachytarpheta indica *(Verb.)*.
බලුනියදඹු, a plant.
බල්ලාත, Er. for භල්ලාත.
බස්ත·ගන්ධකා, බස්ත·ගන්ධා (fr. Sans. වස්ත: goat. ගන්ධ scent), *lit.* goat-scent, see මවිලා.
බස්ත·ශෘංගී, *lit.* goat-horn, see මැඩහලු.
බහති, see එලබටු.
බහරි, see කුශතණ.
බහල·තවච, see බෙලි; also බෙරා.

බහුක, a shrub, swallow-wort or mudar, Calotropis gigantea *(Asclep.)*, වරා.

බහු·කණ්ටක, *lit.* many-thorned: a prickly plant from which manna exudes, Alhagi maurorum; also marsh date tree, වල්ඉඳිගස.

බහු·ගණ, see පිච්ච.

බහුවජ්ද (ජද leaf), see පුලිල.

බහු·ච්ජිද්‍ර, *lit.* many-holed: a climber having a warted bark and small yellow flowers, Tinospora cordifolia *(Menisperm.)*.

බහුද *lit.* giving-much, see ශතපුෂ්ප.

බහු·පත්‍ර, see පුලිල.

බහු·පත්‍ර, *lit.* many or much-leaved: onion plant, ලූනු.

බහු·පත්‍රී, බහු·පත්, a medicinal plant, fenu-greek, Trigonella Fœnum græcum.

බහු·පර්ණී, see බහුපත්‍රී.

බහුපර්ණික, *lit.* much-leaved: see බෝගස.

බහු·පාද්, *lit.* many-footed: banyan tree, the many fibrous branches of which go down and take root, see මහනුග.

බහු·ප්‍රජ, *lit.* much-progeny: see රුක්අත්තන.

බහු·පුත්‍රා, see ජටවක්කා.

බහු·පුත්‍රිකා, see කිඩිබටු.

බහු·පුත්‍රී, *lit.* many-daughters: see හාතාවාරිය.

බහු·ඵල, cadamba tree, Anthocephalus Cadamba cp. බක්මී.

බහු·ඵලා, බහු·ඵලී, see කළුකත්වෙරිය.

බහු·ඵලී, also කොටදිමුලා.

බහු·බීජ, බහුබීජක, see දෙළුම්; also අනෝදා; ap. also of කපුකිනිස්ස and ඇටකෙසෙල්.

බහු·මජරී, see තලා *(Labi.)*.

බහු·මූල, see සැවැන්දරා.

බහුලා, indigo, see නිල්අවරිය; cardamom, see [එන්සාල්.

බහු·වර, බහු·වංශක, බහු·වංශක, see ලෝලු.

බහු·වීතතා, a climber, Tinospora cordifolia, see රසකිඳ.

බහු·බීජ, see බහුබීජ.

බහු·ශිඛී, see මුළු; also අහු.

බහු·සුතා, see හාතාවාරිය.

බලල්·තණ, a kind of grass.

බලල්·පහුරු, club-moss, Selaginella integerrima.

බලල්·වාගෙත්·වී, a kind of paddy.

බාකුචි, see බෝදිඇට.

බාණ, a creeper, black var. of Argyreia populifolia *(Convol.)*; also කවුකරළු, which see.

බාදර, බාදරා, cotton plant, කපුපඳුර,

බාදුර, බාදුරා·වැල, C. En., pitcher plant, the stems of which serve for tying fences, Nepenthes distillatoria.

බාණා, see නිල්යිරිනිල්ල.

බාල, a sp. of fragrant grass, Andropogon Schœnanthus *(Gram.)*; also ඉරිවේරිය, which see.

බාලක, a plant, Hibiscus mutabilis; also හීන්

බාල·කුරක්කන්, see කුරක්කන්. [එන්සාල්.

බාල·කෝම්, see කෝම්.

බාල·ගෝරඩි, pea plant, Pisum sativum *(Legum.)*, col. බෝලකඩල.

බාල·පුෂ්පික, බාල·පුෂ්පී, *lit.* hair-flower (worn by women in their hair), see පිච්ච.

බාල·මාවී, a kind of paddy.

බාල·මිපත්ඇල්·වී, බාල·මිපත්·වී, a kind of hill-paddy.

බාල·මෙන්ට්, a var. of මෙනෙත්ට්, which see.

බාලා, ap. of හීන්එන්සාල්, අගරු, පොල්ගස, කස, and බලපුෂ්පිකා, which see.

බාලි, බාලී, see හීන්එන්සාල්; also බලිඳ.

බාලිකා, a small sp. of Hibiscus, see බාලකා.

බාලුකා, a sp. of cucumber.

බාලේය, a plant Clerodendron Siphonanthus; also කළුදුරු.

බාෂලාලියා. a plant, having many stems, Desmodium triquetrum *(Legum.)*.

බාහුජ, see තෙල්තල.

බාහු·වල්ලී, *lit.* abundant creeper: see කරිවිල.

බාහ්ලීක, see දියහබරල; also රත්කවුල්; and for Soymida febrifuga.

බැම·සිරිය, බැමිතිරිය, see ගුඬුචිල.

බැල·තණ, dog-grass (being eaten by dogs to produce vomiting), see වල්කුරක්කන්.

බැවිල, a hairy medicinal plant, Sida humilis *(Malva.)*.

බිහ, බිඟු, a low medicinal creeper or shrub, Eclipta alba *(Comp.)*.

බිජ·පුර, see ලජකාරම්.

බිම්ය, see කොමඩු.

බිදුරු, a small sp. of jujube.

බිදුරිකා, බිදුරී, see කිරිබදු.

බිදුරී, also for උගුරල, which see.

බිහිසා, a sp. of poppy, opium plant, Papaver somniferum (බිත් for, බිම් ground, in the following words):—

බිත්·අඹු, see අඹු.

බිම්·අවරිය, a sp. of indigo plant, Indigofera enneaphylla *(Legum.)*.

බිම්·ඇතිරිල්ල, පලා, a plant.

බිම්·ඇපල, a var. of ඇපල, which see.

බිම්·ඕලු, a plant, Limnanthemum parvifolium *(Genti.)*.

බිම්·කරල්·තණ, a kind of grass, see කරල්තණ.

බිම්·කරල්·සැබෝ, බිම්·කරල්·හැබ, a plant, Cyathula prostrata *(Amarant.)*.

බිම්·කහ, a var. of turmeric, viz. of Curcuma domestica.

බිම්·කිතුල්, see හීන්බිම්තල්.

බිම්·කුරවිය, a var. of කුරවිය.

බිම්·කොහොඹ, C. En. Munronia pumila *(Meli.)*.

බිම්තඹුරු, a kind of bind-weed bearing red flowers, Ipomœa repens *(Convol.)*.

බිම්·තල්, two sp. and a var. of Curculigo, viz. බූබිම්තල්, මහබිම්තල්, and හීන්බිම්තල්, which see.

බිම්·දද්කිරිය, a sp. of spurge with branches on the ground, Euphorbia thymifolia; see එල-, බූ- and මුදු-දද්කිරිය.

බිම්·දර, C. En., a kind of herb having violet flowers, Exacum zeylanicum *(Genti.)*, තිරිකිරිය.

බිම්·දිවුල් a var. of දිවුල් or ජිවුල්.

බිම්·හාලු, a plant.

බිම්·නිම, a sp. of නිම; see කිරත or කිරාතතික්ත. and බිත්කොහොඹ.

බිම්·නුග, Indian ipecacuanha, Tylophora asthmatica *(Asclep.)*.

බිම්පොල්ලි, a plant, Phyllanthus urinaria *(Euphorb.)*. රත්පිටවක්කා.

බිම්·නෙළු, a small tree, a sp. of Strobilanthes, see නෙළු.

බිම්·පුරුක්·තණ, a sp. of hard grass, Oropetium Thomœum *(Gram.)*. [පේරදෙඹ.

බිම්·පේර·දෙඹ, a sp. of Calophyllum, a var. of

බිම්·බෙඩුරු, a var. of බෙඩුරු.

බිම්·මෑ, a sp. of green gram, Phaseolus trilobus *(Legum.)*.

බිම්·රට·තණ, see රටතණ.

බිම්·විල, hedge-hyssop *(Scroph.)*.

බිම්·සවන්, another sp. of hedge-hyssop, Dopatrium junceum.

බිම්·සියඹලා, a plant, Cassia Kleinii or C. mimosoides *(Legum.)*.

බිම්·හකඹලා, a plant, Begonia tenera *(Begon.)*.

බිම්·හැඩයා, a sp. of club-moss, Lycopodium carolinianum, see හැඩයා.

බිම්·පුසුල්, a medicinal creeper.

බිම්·පොල්, a small plant the powdered root of which is used medicinally, Trichopus zeylanicus *(Dioscor.)* [කෝවක්කා

බිඹ, **බිඹු**, a sp. of gourd, see කොම්ලිය; also

බිම්·බටු, a sp. of Solanum, see බටු.

බිම්බාදක, see ගුරුල්ල; also බදුලුගහ.

බිම්·බෑවිල, a var. of බෑවිල.

බිම්බිකා, **බිම්බි**, see බිඹ.

බිම්·මිද, see අඹ.

බිම්·මල, mushroom, හත්ත.

බිම්·මොනරමල, see මොනරපතන්.

බිම්·සපු, a tree, a var. of Michelia *(Magno.)*.

බිලග, see කොස්.

බිලින්, foreign-gooseberry tree, which bears a very acid fruit used for preserves, bilin or bilimbi, Averrhoa Bilimbi *(Geran.)*.

බිල්ව, see බෙලි.

බිල්ව·ජ, see වැලුක්.

බීජ·ක, fr. Sans. විජක, see ලප්සාරම්.

බීජ·කදලි, see ඇමකෙසෙල්.

බීජ·තර (බීජ seeds, තර many), see දෙළුම්.

බීජ·පූර, common citron: a thorny plant, Vangueria spinosa.

බීජපූර, *lit.* seed-abounding: see පූතිපුෂ්පිකා; also දෙළුම්.

බීජ·පූරක, ap. of දෙළුම්, pomegranate.

බීජ·එල, see තිප්පිලි.

බීජ·මෝච, *lit.* seed-plantain, a wild kind, see බීජකදලි and ඇමකෙසෙල්. [සිදරන්වැල.

බීජා·හ්වා (බීජ seed, ආහ්වා name), citron gourd,

බීතාසක, see බුළු.

බීරුපත්, see කකාවාරිය.

බු·ක, see රත්එබරු.

බුජගය, see මුරුංගා. [*(Scit.)*.

බුත්සරණ, a plant, indian-shot, Canna indica

බුජ,තණ, see කැවැන්දෑ. [*(Meli.)*.

බුරුත, satin-wood, Chloroxylon Swietenia

බුරුල්ල, see ගුරුල්ල.

බුලත්.තලා, a plant.

බුලත්හෙළු, a plant.

බුලත්වැල, a creeper called betel bearing pungent leaves, Piper betle or chavica.

බුසා, plantain or banana tree, කෙසෙල්ගහ.

බුළු, beleric myrobalan, a tree bearing small grey flowers and intoxicating kernels, Terminalia belerica *(Combret.)*.

බු·එකොට්ටම්බා, a var. of the Indian almond, see කොට්ටම්බා.

බුළුපැත්ත, a tree.

(බූ, hairy, hispid.)

බූ·අබෝද, a var. of marsh-mallow, see අබෝද.

බූ·අවරිය, a sp. of indigo, hairy-indigo, Indigofera hirsuta *(Legum.)*.

බූ·ඇඹිල්ල, a small tree, Antidesma ghesaembilla *(Euphorb.)*.

බූ·උදුපියලි, a var. of උදුපියලි: Desmodium heterophyllum *(Legum.)*, see මහඋදුපියලි.

බූ·කඹුපාර, a plant, Emilia souchifolia *(Comp.)*.

බූ·කතුගද, **බූ·කතුහැන්ද**, hound's-tongue, Cynoglossum micranthum *(Borag.)*.

බූ·කපුරුතලා, wild mint, Mentha sylvestris *(Labi.)*. [*(Cyper.)*.

බූ·කරවු, C. En. plant, Scleria junciformis

බූ·කැන්ද, a plant, Mallotus albus *(Euphorb.)*.

බූ·කැලිය, see කැලිය.

බූ·කිද, a plant, Tinospora malabarica *(Menisperm.)*, වල්කිද.

බූ·කිතිතුල්, a plant.

බූ·කීරිය, a plant, Amomum echinatum *(Scitam.)*

බූ·කෙටියා, a creeper.

බූ·කොබ්බෑ, a plant, a var. of Allophyllus Cobbe.

බූ·කොල්ලු, a var. of කොල්ලු, Dolichos uniflorus.

බු·ගෑවකොල, a var. of ගෑවකොල.

බු·ගෑටියා, see මහගෑටියා.

බු·ගිරිතිල්ල, a var. of ගිරිතිල්ල.

බු·තරණ, a var. of තරණ.

බු·තැල්කොල (or· තැල්වැල), bind-weed, Ipomœa obscura.

බු·තුත්තිරි. a var. of තුත්තිරි

බු·තෝර, a sp. of cassia or senna, Cassia Abeus (*Legum.*).

බු·දදකිරිය, a sp. of spurge, hairy-spurge, Euphorbia hirta; other sp. are එල-, සිත් -and මුදු-දදකිරිය, which see.

බු·දූඩියා, a plant with rough leaves which are used as sand paper, see කොරකෑවැල.

බු·දුම්මැල්ල, hairy or rough snake-gourd, a var. of දුම්මැල්ල.

බු·දෙති·තණ, a sp. of panic grass, Axonopus cimicinus (*Gram.*).

බු·නුග, a sp. of fig-tree, Ficus mysorensis (*Urti.*).

බු·නෙළු, a sp. of නෙළු, Stenosiphonium Russellianum (*Acanth.*).

බු·පච්චා ඇපල, a var. of පච්චා ඇපල.

බු·පදි, see බොලිද්ද.

බු·පිච්ච, a sp. of jasmine, Jasminum pubescens (*Oleaceæ.*).

බු·පිල, a plant, goat's-rue, Tephrosia villosa (*Legum.*).

බු·බටදූල්ල, a sp. of grass, Panicum javanicum (*Gram.*).

බු·බටු, see මලබටු.

බු·බලුතණ, bent-grass, Polypogon monspeliensis (*Gram.*).

බු·බිම්තල්, a var. of හීබිම්තල්, Curculigo Finlaysoniana (*Amaryll.*).

බු·බිම්පොල්, a var. of බිම්පොල්.

බු·මඩු, a var. of මඩු.

බු·මී, see දඹල.

බු·මෙනේරි, a var. of මෙනේරි.

බු·මෙංචු, a var. of මෙංචු, winter-cherry, Physalis peruviana (*Solan.*).

බු·රටඅක්කපිරිය, a var. of රටඅක්කපිරිය, Crotalaria incana (*Legum.*).

බු·රුක්ද, a tree.

බු·වල් අගුන, a plant, Chonemorpha macrophylla.

බු·වල් අබ, a plant, Cleome viscosa (*Cappar.*).

බු·වල්අවර, a var. of වල් අවර.

බු·වල් මෙනේරි, a sp. of grass, Panicum miliare (*Gram.*).

බු·වල්·වැල්මිදි, a plant.

බු·වන තැල්කොල, bindweed, Breweria cordata.

බු·සුළුතන, see සුළුතන.

බු·සේරු, a tree bearing small yellowish flowers, Premna tomentosa (*Verben.*).

බු·හකාබලා, a sp. of begonia, Begonia tenera; other sp. are සිත්- and මහ-හකාබලා.

බු·හකුරු, a plant.

බු·හවරි, a sp. of convolvulus or bind-weed.

බු·හුණුකිරිල්ල, C. En., Glochidion Moonii (*Euphorb.*).

බු·හොර, C. En., wood-oil troe, Dipterocarpus hispidus (*Dipterocarp.*).

බෘහතිකා, a small sp. of egg-plant, see වම්බටු.

බෘහති, see එළබටු.

බෙරලිය, C. En., a tree with edible seeds. Doona cordifolia (*Dipterocarp.*.)

බෙරු, see තිල්අවරිය.

බෙරු, බෙරුතණ, a sp. of grass, Oplismenus compositus; also හැවැත්දරු.

බෙල, බෙලි, wood-apple tree, Feronia elephantum or Ægle Marmelos, see ඊවුල්. The products of the tree are used medicinally; the fruit bél or Bengal quince is used in dysentery.

බෙලි·තෝර, a plant.

බෙලි·පච්චා, a shrub, Hibiscus tiliaceus (*Malv.*). It grows near running water, and the fibrous bark is used for cordage.

බෙහෙරු, a sp. of nightshade, see බටු.

බෙදුරු, a plant, a large-leaved parasite.

බෙරිය, a small timber tree that grows in salt marshes. Lumnitzera racemosa (*Combret.*).

බෙරු, a plant, Agrostistachys indica (*Euphorb.*).

බෙරු·දිය·තිල්ල, an aquatic, Jussiæa repens (*Onag.*).

බොකටු, a medicinal plant.

බොකල·වැල., a creeper.

බොකුර, a small tree bearing fragrant flowers, Ochna squarrosa (*Och.*).

බොදුම්, see බෝදුම්.

බොරළු·දඹුනු, a plant, a kind of Eugenia.

බොරු·පන්, a sp. of sedge used for making mats, club-rush, Eleocharis plantaginea (*Cyper.*).

බොලිද්ද, a sp. of jasmine, Jasminum auriculatum (*Oleaceæ.*).

බොල්·පිල. a plant.

බොල්·හිද, spider-wort, Cyanotis cristata.

බෝ, බෝගහ, peepul or sacred fig-tree, Ficus religiosa (*Urti.*). It is regarded as sacred because, it is said, on the day when Gautama attained Buddhahood he sat down under it on a throne which had miraculously sprung up for him on the instant: see බොධිපර්‍යංකය.

බෝකැර, a plant, Gomphia angustifolia (*Och.*).

බෝංචි, D. french-bean, kidney-bean, Phaseolus vulgaris (*Legum.*).

බෝදි·ගස්, a medicinal plant, Vernonia anthelmintica *(Comp.)*, සන්නිනායක.
බෝද්දිරි, a sp. of coconut tree.
බෝ·දුම, බෝධි·තරුව, බෝධි·ද්‍රුම, බොධිය, see බෝගහ.
බෝ·පල, *lit.* much-fruit, see මීගස.
බෝ·බිජු, E. of බහු·බීජ: pomegranate tree, see දෙළුම්.
බෝ·මී, a tree, Litsea chinensis *(Laura.)*.
බෝමු, a tree which bears small white flowers in spikes, Symplocos spicata *(Styr.)*.
බෝවිටියා, a plant bearing purple flowers and black edible fruit, Osbeckia aspera *(Melastom.)*. see මහ බෝවිටියා and හීන් බෝවිටියා.
බ්‍රස, Er. for භෘංග, which see.
බ්‍රහ්ම·දණ්ඩ, a plant, Carum copticum, see අසමෝදගම්.
බ්‍රහ්ම·දණ්ඩි, *lit.* brahmin or brahmarod, a shrub, Clerodendron Siphonanthus.
බ්‍රහ්ම·දණ්ඩික, see සොත් තුඹ.
බ්‍රහ්ම·දහී, see අසමෝදගම්.
බ්‍රහ්මදරු, see නුද.
බ්‍රහ්ම·ලතා, brahma-creeper, Tinospora cordifolia, රසකිඳ.
බ්‍රහ්ම·වෘක්ෂය, brahma-tree: see ගස්කැල; also අත්තික්කා.
බ්‍රහ්මි, බ්‍රහ්මමූලී, see ලුණුවිල.
බ්‍රාහ්මණී, see බ්‍රහ්ම දණ්ඩි; also Trigonella corniculata; and common rue, Ruta graveolens.
බ්‍රාහ්මිකා, see බ්‍රහ්ම දණ්ඩි.
බ්‍රාහ්මී, see මුකුණුවැන්න.
භණ්ඩාකී, see වම්බටු.
භණ්ඩි, Bengal-madder plant, the wood of which yields a red dye, Oldenlandia umbellata *(Rubi.)*, සායම් මුල්.
භණ්ඩිල, a tree, Albizzia Lebbek *(Legum.)*, මාර.
භද්‍රක, a sp. of fragrant grass, Cyperus tuberosus; also a sp. of pine, Cedrus Deodara, දේවදර.
භද්‍ර·කාලී, Cyperus tuberosus, භද්‍රක, or Cyperus rotundus, කලාඳුරු.
භද්‍ර·දාරු, a sp. of pine, දේවදර.
භද්‍ර·පණී, a shrub, Pæderia fœtida.
භද්‍ර·පර්ණී, the same, also ඇත්දෙමට, which [see.
භද්‍ර·බලා, see ආපසු මඩු.
භද්‍ර·මුස්තා, භද්‍රමුස්තක, see කලාඳුරු.
භද්‍ර·වල්ලී, see පිච්ච; also a Bengal creeper, Hiptage Madablota *(Logun.)*.
භද්‍ර·ශ්‍රී, *lit.* auspicious-excellence: ap. of the sandal-wood tree, see සඳුන්.
භද්‍රා, *lit.* the auspicious or excellent: ap. of various plants, viz. අරත්ත, හිල් අවරිය, භද්‍රපණී, ඉරමුසු and ඇත්දෙමට, each of which see; also for Curcuma domestica, කහ; and finger grass, Panicum sanguinale.
භද්‍රාලී, see ආපසුමඩු.
භද්‍රෝදනී, see බැවිල.
භල්ලාත, භල්ලාතක, see කිරිබදුල්ල.
භව්‍ය, see කාමරංගා.
භස්ම·ගර්භා, sisu tree or a var. of it, Dalbergia Sissoo *(Legum.)*.
භාණ්ඩි, see භණ්ඩිල.
භානු·භක්තා, *lit.* sun-devotee: a medicinal plant, Zehneria hastata or කෝවක්කා, which see.
භාරඞ්ගී, see තලගස.
භාර·දාරු, *lit.* heavy-wood: see හල්ගස.
භාර·වාජී, wild cotton, වල්කපු.
භාර·වාහී, *lit.* load-bearer: ap. of හිල් අවරිය and හම්පිරිල, which see.
භාර්ගවී, bent-grass, a sp. of grass, Cynodon Dactylon, see හෙළ ඊතණ.
භාර්ගී, see බ්‍රහ්මදණ්ඩි.
භික්ෂුක, see මසිල; also මලිත.
භිංගා, see පෙනෙලවැල; also දුහුදු.
භිදු, see කොත්තමල්ලි.
භිතසාදර, see කලාඳුරු.
භිෂග්ජිත (භිෂග්, භිෂක්, medicinal, ජිත, conquered), see මඳුරුතලා.
භිෂක්මාතා, see අගල් ආදර.
භීම, sp. of sorrel, Rumex vesicarius *(Polygon.)*.
භීරු, see ඇත්දෙමට; also හාතාවාරිය.
භීසාග, olibanum tree, Boswellia serrata *(Burser.)*, කතාස්ග.
භුජංගාක්ෂි, *lit.* serpent-eye, to which the flowers are compared: see අරත්ත; also for Curcuma domestica, කහ.
භූජ·පත්‍ර, see භෝජ පත්‍ර.
භූ·කේශ, ap. of several plants, see දියහවරිය; also මහදුග and සන්නිනායක.
භූත·කේශි, *lit.* goblin-hair: see හිල්තික.
භූතඝ්න, sprite-destroyer, viz. සුදුළුනු, which see.
භූතඝ්නී, a plant, ඉඹමහත or මුණමිරි; also මඳුරුතලා, which see.
භූත·ජටා, *lit.* goblin-hair-mass: see ජටාමාංස.
භූත·නාශන, goblin-destroyer: ap. of කිරිබදුල්ල, අබ and වෙරළ, which see.
භූත·පුෂ්ප, goblin-flower: see තොවිල.
භූත·වාස, goblin-haunt: a tree thought to be a residence of goblins, see බුළු.
භූත·වෘක්ෂ, goblin tree: see ගැටහිටුල්; also භූතවාස and භූතපුෂ්ප.
භූත·වේස, a medicinal plant, see තලා.
භූත·වේශී, *lit.* goblin form, see සේපාල.
භූතික, භූතීක, a sp. of gentian yielding a tonic aud febrifuge, Swertia Chirata; a kind of fragrant grass, Andropogon Schoenanthus; also for බ්‍රහ්ම දණ්ඩ.
භූ·ධාත්‍රී, see පිටවක්කා.
භූ·නිම්බ, ground-margosa, see බිම්කොහොඹ.

භූ·පදී, see ඉද්ද.
භූමි·චම්පක, see සවකෙත්ද and බිම්සපු.
භූමි·ජම්බු, a plant bearing small flowers in corymbs, Premna herbacea (*Verben.*).
භූමි·තාරංග, see බිත්තාරම්.
භූමි·පිශාච, palmyra palm, see තල්.
භූමි·මලා, see බිම්බෑවිල.
භූමි·මණ්ඩා, *lit.* earth-ornament: see පිච්ච.
භූමි·ලතා, see බිත්තඹුරු.
භූරි·පුෂ්පා, *lit.* much-flowering, viz. fennel.
භූරි·මච්ඡා, a shrub, see ලුණුමිල.
භූරි·රස, see උක්.
භූර්ජ, භූර්ජ·පත්‍ර, a sp. of birch growing in snowy mountains, the bark of which serves for writing on, bhoj tree.
භූර්ජසාර, see පුලිල.
භූස්තෘණ, a sp. of fragrant grass, Andropogon Schœnanthus (*Gram.*).
භූභෙදාට, *lit.* earth-breaker, viz. mushroom, හතු.
භෘංග, see භෘංගරජ; also කුඹුද්වුළු.
භෘංග·ප්‍රිය, *lit.* bees'-delight: see මුදුකොකියා; another tree, Bassia latifolia (*Sapot.*).
භෘංග·ප්‍රියංකර, bee-delighter: see මලුදම්
භෘංග·රාජ, bee-king: a spreading shrub, Eclipta alba, see කීකලං.
භෘංගාර, a shrub, Eclipta alba.
භේකී, see තිත් ගොටුකොළ.
භේෂජ, see කළුදුරු.
භෝජ·පත්‍ර, a tree the bark of which peels off like that of birch, Adam's-needle, Yucca gloriosa (*Lili.*).
භ්‍රමර·ප්‍රිය, bees'-delight: a sp. of කදම්බ; also see කරඹු.
භ්‍රමරේෂ්ට (භ්‍රමර ඉෂ්ට), bees'-desire, viz. red lotus, see රත් නෙළුම්.
මකරන්ද, a fragrant sp. of mango; a sp. of jasmine, Jasminum pubescens, see පිච්ච.
මකුට, parsley, see අසමෝදගම්.
මකුල, see මූණමල.
මකුෂ්ටක, see මුංඇට.
මකුළු, C. En., plant, Hydnocarpus venenata (*Bix.*). [කොල.
මකුළු·වැන්න, *lit.* spider-like: see තිත්ගොටු
මගද, see කළුදුරු.
මගධා, see තිප්පිලි.
මඟුල්·කරඳ (මඟුල්, auspicious), a tree, Pongamia glabra (*Legum.*).
මඟුල්·මාරා, a tree, a sp. of Albizzia, see මාරා.
මඟුල්·සල්, probably a sp. of සල් or හල්, which see.
මංගල, bent-grass with white blossom, see හාගිම, also එළ නෙළුම්.
මංගලා, bent-grass as above, Cynodon Dactylon.

මංගලී, see ගොඩ මාතෙල්.
මංගල්‍ය·ගහ, a festive-tree, ap. of the බෝගහ and බෙලි, which see.
මංගල්‍යා, see විෂඥ ක්‍රාන්තා; also a fragrant sp. of Agallochum, අගිල් ජාතියක්.
මච්ඡ·ගන්ධා, see මත්ස්‍ය ගන්ධා.
මජ්ජකා, see වැල්මදට.
මඤ්ජා, see සයමුල්.
මඤ්ඤොක්කා, manioc plant or yam, cassava plant, Manihot utilissima.
මටකිම්බිය, a plant, Mæsa indica (*Myrsi.*).
මටනු·ගහ, a tree.
මඩඇල්·වී, a var. of hill-paddy.
මඩල·පත, E. of මණ්ඩල පත්‍ර.
මඩු, false sago palm, Cycas circinalis (*Cycadeæ.*).
මඩොල්, C. En., a sp. of ගොරක, Garcinia echinocarpa (*Guttif.*).
මණිපුංඛිකා, a plant, Tephrosia purpurea (*Legum.*), පිල.
මණ්ඩ, see එඬරු.
මණ්ඩල·පත්‍ර, *lit.* disk-leaf, viz. බෝගහ.
මණ්ඩා·වැල, a creeper from which the red dye madder is extracted, Rubia cordifolia, see සයමුල්.
මණ්ඩූක, see තොටිල; also මඤ්ජා; a shrub, Clerodendron Siphonanthus, බාලේය; see also තිත් ගොටුකොළ.
මණ්ඩූකපත්‍ර මණ්ඩූකපර්ණී, see තොටිල.
මණ්ඩූක·පත්‍රී, see තිත් ගොටුකොළ.
මණ්ඩූක·පර්ණී, the same; also Clerodendron Siphonanthus, බාලේය.
මත, see බෙල, බෙලි.
මතුකිඹිය, a tree.
මත් අඹු, see අඹු.
මත් කංසා, see කංසා.
මත්ත, see අත්තන.
මත්තිය, see පෙණෙල වැල.
මත්ස්‍ය·ගන්ධා, *lit.* fish-smell: see දියකිරිල්ල also ගිරපලා.
මත්ස්‍යා·ක්ෂී, *lit.* fish-eye: moon-plant or creeper, සෝමලතාව, see සත් කුඹලා; see also මිකත්පලා and මිත ලේවත.
මථන, see මහඹිදි.
මද·කලි, මද·ඝ්නී (මද inebriety, ඝ්නී, destroying), see තිම්බිරිවැල.
මද·කාරී, *lit.* intoxicant, viz. opium plant, see කංසා.
මදටිය, a tree which yields false sandal-wood and the seeds of which serve for beads and as a jeweller's weight of about one and a quarter grains troy, Adenanthera pavonina (*Legum.*).

මදන, ap. of several plants, see කුකුරුමාන්, අත්තන, මුංඇට; a sp. of Gardenia, also a tree, Acacia Catechu.

මදර, මදර රුක, see, එරබදු.

මදරු, a plant, Cleistanthus collina *(Euphorb.)*.

මදවී·ලතාව, for මාධවී·ලතාව, liquorice creeper, see වැල්මී.

මදහස්තු, see මසිල.

මදුර, a tree, mountain-ebony, Bauhinia purpurea *(Legum.)*.

මදුරු, a tree, Cluytia collina; also Erythrina indica.

මදිර, මදිරු, a tree, Acacia Suma, A. Catechu, *(Legum.)*.

මදු, මදුවැල (මදු, sweet), see මහමදු.

මදු·රස, see කෝමාර.

මදු·රසා, a kind of creeper.

මදුරු·තලා, a black sp. of basil, holy basil, a small hairy shrub having purple flowers in racemes, Ocimum sanctum *(Labi.)*.

මදුරිකා, see මධුරිකා.

මධු, a tree, Bassia latifolia; also asoka, දිය රතඹලා, and Trema orientalis.

මධුක, a treo, Bassia latifolia *(Sapot.)*. It is found in mountainous and watery situations, and from its blossoms a spirituous liquor may be distilled.

මධු·කර, *lit.* sweet-maker: see ගස් සාරල්හැබ.

මධුකා, a plant, Tinospora cordifolia, රසකිඳ; also වැල්මී.

මධු·ක්ෂීර, see ඉඳි.

මධු·තෘණ, see උක්.

මධු·ද්‍රැම, *lit.* sweet-tree: see මධුක.

මධු·පත්‍රක, මධු·පර්ණී, Tinospora cordifolia, මධුකා and the following.

මධු·පර්ණික, මධු·පර්ණිකා, *lit.* sweet-leaf: ap. of තිල් අවරිය, ඇත් දෙමට, සත්කුඹලා and මධුපත්‍රක, each of which see; also Selaginella proniflora.

මධු·පුෂ්ප, *lit.* sweet-flower: a tree, Bassia latifolia; a tree, Albizzia Lebbek; also for [බූණමල්.

මධු·පුෂ්පිකා, see ශත පුෂ්ප.

මධු·ප්‍රිය, a shrub, Ardisia elliptica.

මධු·ඵල, see රට උගුරැස්ස.

මධු·මක්ෂ·ප්‍රිය, *lit.* bees'-delight: see මඳුල්කරද.

මධු·මාජ්ජික, see ඉඳි ගහ.

මධු·යෂ්ටි, *lit.* sweet-rod or sugar-cane, see උක්.

මධු·යෂ්ටිකා, මධු·යෂ්ටි, see වැල්මී; also ඔලිඳවැල.

මධු·යෝනි, grape-vine, Vitis vinifera, මිදිවැල.

මධුර·ඵල, see මධුඵල.

මධුර·මාර්ජික, see මධු මාජ්ජික.

මධු·රස, see උක්; also palm, තල්ගස් ජාති.

මධු·රසා, *lit.* sweet-taste: ap. of තියද; also සත්කුඹලා and මුරුවාදුල්.

මධුරා, a sp. of fennel, see ශත පුෂ්ප; anise, Pimpinella Anisum; also තියද and මධුයෂ්ටිකා.

මධුරාම්‍ර, (මධුර ආම්‍ර), see මීඅඹ.

මධුරිකා, see ශත පුෂ්ප.

මධු·ශාඛ, a tree, Bassia latifolia.

මධු·ශිග්‍රු, *lit.* sweet-murunga: a red var. of වැල් මුරුංගා.

මධු·ශ්‍රවස්, see මීගහ and මධුස්‍රවස්; also තිල් කටරොළු.

මධු·ශ්‍රේණි, see තියද.

මධු.ෂ්ඨීල, *lit.* honey or spirit ejector: see මීගහ.

මධු·ස්‍රවස්, *lit.* spirit-oozing: Bassia longifolia, see මධුක.

මධු·ස්‍රවා, nettle tree, Trema orientalis; also for වැල්මී.

මධූක, see මීගහ.

මධූ·ලක, මධූලිකා, (ලක, ලිකා, fr. ලා, giving, yielding), see මධූක; also තියද and මුරුවාදුල්.

මන, see ජටා මාංස.

මනි, a plant having jointed stems and pink flowers, Justicia procumbens *(Acanth.)*.

මනියස, a plant.

මනෝරමා, see බලුදම.

මනෝ·හරා, *lit.* mind-captor: a sp. of water-lily, නිල්මල.

මනෝහලී, see හීත්තාරම.

මන්ද·මදිනි·වැල, see මණ්ඩාවැල.

මන්දාර, see එරබදු; also swallow-wort or mudar, a shrub having flowers in umbels and a medicinal juice, Calotropis gigantea *(Asclep.)*, වරා.

මන්දාරි, see කුප්පමේනිය.

මත්ජිච්චා, a tree.

මන්මථ, see දිවුල්.

මසිල, a tree, also a large-leaved creeper with white flowers that turn yellow, Bauhinia racemosa *(Legum.)*.

මහුක, a medicinal tree.

මහු·රුක, see දිවුල්.

මයුරු·තෘණ, *lit.* peacock-grass, Chloris barbata *(Gram.)*.

මයුර, මයුරක, the flower or plant cock'scomb, Celosia cristata; also ගස් සාරල්හැබ *(Amarant.)*.

මයුර·චූඩා, cock'scomb, Celosia cristata.

මයුර·ජංඝ, see තොටිල.

මරන්ද, මරද, Eugenia Michelii *(Myrt.)*.

මරිතොණ්ඩි, T., tree-mignonette or Arabic henna, Lawsonia alba *(Lyth.)*.

මරිච, see ගම්මිරිස්.

මරිචි, see ඉද්ද.

මරුත්, see ජක්මල්.

මරුත්කර, *lit.* wind-producer: see ලීෂී.

මරුදකවා, see තියද.

මරුතමාලා, see මරුත්.

මරු·වක, *lit.* sandy-soil or desert-growth: a large thorny shrub, Vangueria spinosa; a sp. of basil having small leaves and red flowers, Ocimum; a var. of citron or lime; also see වල් කොමලාන්දු.

මකිරි,, a var. of grey bonduc, see කුඹුරුවැල; also cowitch and Vigna sinensis; see අවාරියාපළු and වදුරුමෑ.

මාර්ජාර·මොහනී, *lit.* cat-fascinator: a small plant supposed to fascinate cats when they smell or eat it, see කුප්පමේනිය.

මතිමාළු කෙසෙල්, මර්තුමාන් කෙසෙල්, vars. of plantain.

මමිරි, a sp. of pine, Cedrus Deodara, දේවදාර.

මලඉත්ත, see මලිත්ත.

මලගහ, see කහටගහ.

මල·ගස, see මලරුක.

මලාපු, see ජිවුල්.

මල·බටු, a small hairy sp. of nightshade, Solanum ferox.

මල·බුලත්, a sp. of බුලත් or betel.

මල·බොඩ, C. En., a sp. of nutmeg tree, Myristica laurifolia (*Myris.*).

මලමිරිස්·වැල, see වල් ගම්මිරිස්වැල.

මලය·ජ·වංශ, (ජ produced), a tree of Malaya, viz. sandal, which abounds there, see සඳුන්.

මලසු, මලසු, see කොටදිඹුලා.

මල·රුක, මලා·රුක, see ඉරුක.

මල·ලබු, a sp. of pepper, Piper subpeltatum.

මලවාරියංචි, a kind of paddy.

මලසා, see සිහින් එන්සාල්.

මලියිය, a sp. of jasmine; මාලතිලතා, also see සිදු ඉද්ද.

මලිත්ත (මල් ඉත්ත), a shrub bearing beautiful flowers with a red calyx, Woodfordia floribunda (*Lyth.*).

මලිත්ද, see මකිල.

මලුපු, a sp. of jasmine, මලියිය.

මල්·ආටෝරතණ, a sp. of medaow-grass.

මල්·ඉත්ත, see මලිත්ත.

මල්·කලාදුරු, a var. of Cyperus rotundus, see කලාදුරු.

මල්·කැකුන, a sp. of කැකුන: Canarium zeylanicum.

මල්කාර, see මොකුර.

මල්·කෙකටිය, pond-weed, Potamogeton indicus (*N[illegible].*).

මල්යින, a plant, oleander, or perhaps a sp. of jasmine.

මල්·තුඹ, a sp. of Momordica, see තුඹ.

මල්·පැපොල්, a var. of papaw, see පැපොල්.

මලාගසික්කා, a timber tree, Dalbergia Sissoo (*Legum.*).

මලි, see පිච්ච.

මල්ලිකා, see මලි; also ඉද්ද.

මලි·පතු, mushroom, හතු.

මසක, see රතු තම්පලා.

මසන්, see මහ ඩෙබර.

මසු·ගඳ, see මහසා ගඳුබා.

මසුර, a sp. of lentil or pulse, Vicia hirsuta.

මසුර·චිදල ප්‍රභා, see පෙකෙලවැල.

මසුර·චිදලා, see ත්‍රසනවංගු; also a twining shrub, Ichnocarpus frutescens, කිරිවැල.

මස්, see උඳු.

මස්·අරළු, a var. of අරළු, which see.

මස්·ඇස්, an edible plant; also a medicinal plant.

මසකර, see උණ.

මස්කෙසෙල්, a sp. of plantain.

මස්බැද්ද, a creeper.

මස්·බුළු, a var. of බුළු, which see.

මස්·ගොමර, a plant, Adenanthera bicolor (*Legum.*).

මස්·වැත්ත, a medicinal fern, Drymoglossum heterophyllum (*Filices*).

මහ·අක්මැල්ල, see අක්මැල්ල.

මහ·අන්දර, see කටු අන්දර.

මහ·අනෝද, as අනෝද or Abutilon indicum.

මහ·අවරිය, a var. of නිල් අවරිය.

මහ·අසමෝදගම්, see වල් අසමෝදගම්.

මහ·ඇත් අඹිය, a var. of ඇත් අඹිය.

මහ·ඇපල, a plant, or a sp. of Urena (*Malva.*).

මහ·ඇඹල, bog-bean, Limnanthemum indicum (*Genti.*).

මහ·ඉඟිනි, a large var. of ඉඟිනි; also for ගොඩ කදුරු.

මහ·ඉත්තවැල, a sp. of ඉත්ත or ivy, Heptapleurum stellatum (*Arali.*).

මහ·ඉඳි, a var. of ඉඳි or date tree, Phœnix sylvestris (*Palmæ.*).

මහ·ඉදුරු, a var. of ඉදුරු.

මහ·ඉරමුසු, a var. of ඉරමුසු.

මහ·ජීරිය, a var. of nutmeg tree, see ජීරිය.

මහ·උක්, a large sp. of sugar-cane, see උක්.

මහ·උදුපියලි, a var. of උදුපියලි, Desmodium heterophyllum (*Legum.*).

මහා·එන්සාල්, large cardamom, Elettaria Cardamomum, var. major.

මහ·එරමිණියා, a prickly plant, Ziryphus rugosa (*Rham.*).

මහ·කපිත, a sp. of කපිත: slime-apple tree.

මහ·කපු, great-cotton tree, Barbadoes cotton tree, Gossypium herbaceum.

මහ·කබරස, a thorny plant having compound umbels, Smilax prolifera (*Lili.*).

මහ·කරඹ, a thorny shrub used for fencing, and bearing caranda fruits, Carissa Carandas (*Apocyn.*).

මහ·කරව, මහකැරව, a sp. of tall grass, Scleria elata (*Cyper.*).

මහ·කලාඳුරු, a large var. of කලාඳුරු.

මහ·කවුඹු·දල, a plant, Oldenlandia stricta (*Rubi.*).

මහ·කහඹිලියා, a sp. of nettle, see ගස් කහඹිලියා and වල් කහඹිලියා.

මහ·කළුවාල, a var. of කළුවාල.

මහ·කැබෙල්ල, a sp. of කැබෙල්ල.

මහ·කිඹු, a plant, Dichrocephala latifolia.

මහ·කිරිඳි, a var. of කිරිඳිවැල.

මහ·කිරියල්·වී, a sp. of paddy.

මහ·කිරිවැල, a creeper, Morinda umbellata, කිරිවැල.

මහ·කිසිඹිය, a plant, Mikania scandens.

මහ·කුකුරුමාන්, a var. of කුකුරුමාන්.

මහ·ඝුඹුමැවිට, a plant, Ischæmum aristatum (*Gram.*).

මහ·කුඩළු, මහපුඩලු, a sp. of Impatiens or Hydrocera, see කුඩළුමල් and දියකුඩළු.

මහ·කූරපලා, see කූරතම්පලා.

මහ·කුරු·වී, a sp. of paddy.

මහ·කෙවල·අල, a bulbous plant, see කෙවල.

මහ·කේතල, a plaut, Lagenandra toxicaria.

මහ·කොක්මොට, a var. of කොක්මොට.

මහ·කොහිල, see කොහිල.

මහ·ගල්කප්පරවල්ලිය, catmint, a var. of ගල් කප්පරවල්ලිය, Anisomeles ovata.

මහ·ගල්කුර, a plant, Melochia corchorifolia (*Stercul.*).

මහ·ගහල, a var. of ගහල.

මහ·ගැට·කුළු, a plant, Randia malabarica (*Rubi.*).

මහ·ගෑවපත්, a sp. of club-rush, Scirpus articulatus (*Cyper.*).

මහ·ගැටියා, a plant, Hugonia Mystax (*Lina.*), බුගැටියා.

මහ·ගිරපලා, a var. of ගිරපලා.

මහ·ගෙරිඇට, C. En., var. of ගෙරිඇට ගහ.

මහ·ගොකටු, a tree, a sp. of Garcinia (*Guttif.*), see කහ ගොරක.

මහ·ගොටු·කොළ, a creeper, pennywort Hydrocotyle javanica (*Umbel.*).

මහ·ගොන්කැකිරි, a large var. of ගොන්කැකිරි.

මහ·ගොසිවැල, see ගොසිවැල.

මහ·ගොරඩිය, a plant.

මහ·චජ්ද, see රුක් අත්තන.

මහ·ඩෙබර, jujube tree, bearing a cherry-like edible fruit Zizyphus Jujuba (*Rham.*).

මහ·තක්කඩ, a var. of තක්කඩ.

මහ·තරණ, see තරණ.

මහ·තැඹිලිය, a tree, a var. of තැඹිලිය.

මහ·තිඹිරි, a var. of තිඹිරි,

මහති, see වම්බටු.

මහ·තුඹ, a plant, Trichodesma zeylanicum (*Borag.*).

මහ·තුඹිලිය, a sp. of ජම්බු, Eugenia Michelii, see මරද.

මහ·තෙලඹු, a var. of තෙලඹු; also ඉඹුල්.

මහ·තෙලිකා·පලා, pellitory, Pouzolzia indica (*Urti.*).

මහ·තොලබෝ, a var. of තොලබෝ.

මහ·තෝවැල්ල, a var. of රිට බුලත්වැල.

මහදම්, a tree having panicles of small white flowers, Eugenia Jambolana (*Myrt.*), see දන්.

මහ·දඹකලත්, Bengal-gram, a large var. of දඹකලත්.

මහ·දඹකිරිය, a plant, a sp. of Euphorbia.

මහ·දඹ, a large sp. of දඹ.

මහ·දුරකෙසෙල්, a sp. of plantain, කෙසෙල් ජාතියක්.

මහ·දිය·ජබාල, a var. of මැඩිය ජබාල.

මහ·දිය·දුල්, a kind of nettle, Boehmeria malabarica (*Urti.*).

මහ·දිය·සියඹලා, an aquatic spongy plant, Æschynomene aspera (*Legum.*).

මහ·දිවි·අඩිය, a var. of දිවි අඩිය.

මහ·දුඹුදු, a plant, Argyreia speciosa (*Convol.*).

මහ·දුම්මැල්ල, a var. of පතෝල.

මහ·දෙඹපතා, a tree, a var. of දෙඹපතා.

මහ·දෙඹ, see දෙඹ.

මහ·නාපිරිත්ත, a sp. of hibiscus, Hibiscus surattensis (*Malva.*).

මහ·නාරං, see ජම්බෝල.

මහ·නිදිකුම්බ, see නිදිකුම්බ.

මහ·නියඳ, see නියඳ.

මහ·නුග, banyan tree, Ficus bengalensis (*Urti.*).

මහ·නෙල්, see මානෙල්.

මහ·නෙළු, a sp. of නෙළු, a tree with red flowers in clusters of three; a plant.

මහ·පනා·දත්ත, *lit.* large-comb-tooth: a sp. of club-moss.

මහ·පඹ, *lit.* large-fern: a sp. of fern, Lygodium scandens (*Filices*).

මහ·පිහි·බරු·තණ, a var. of පිහිබරු තණ.

මහ·පියුම්, large water-lily, lotus, Nelumbium speciosum, නෙළුම්.

මහ·පුස්වැල, a var. of පුස්·වැල.

මහ·පොතු·පත්, a var of පොතුපත්, Scleria oryzoides, see පොතුකොළ,

මහ·බටු, a sp. of බටු.

මහ·බදුල්ල, C. En. tree,, Semecarpus subpeltata (*Anacard.*).

මහ·බඳුදම්, see බඳුදම්.

මහ·බැලිල, see බැවිල. [(*Amaryll.*).

මහ·බිම්·තල්, a plant, Curculigo Finlaysoniana

මහ·බිම්·පොල්, a var. of බිම්පොල්.

මහ·බිම්·සියඹලා, a var. of බිම් සියඹලා.

මහ·බුරුද, see දිය ඇඹුල් ඇඹිලිය.

මහ·බුළුමොර, see කැකුන.

මහ බු·ගැටකොළ, a var. of ගැටකොළ.

මහ·බෙරු, see දියබෙරු.
මහ·බොරු·පත්, a var. of බොරුපත්.
මහ·බෝ, ap. of බෝ.
මහ·බෝවිටියා, a plant bearing purple flowers, Melastoma malabathricum *(Melastom.)*.
මහ·මකුළු, see මකුළු.
මහ·මදු, an edible creeper, a sp. of bind-weed, Ipomœa obscura *(Convol.)*.
මහ·මා·වී, a large kind of paddy.
මහ·මැඩහගු, see මැඩහගු.
මහ·මැඩිල්ල, a plant or tree.
මහ·මිදි, a small tree, Premna latifolia *(Verben.)*
මහ·මුඩමහණ, a plant growing in watery places and bearing small white flowers, Sphenoclea zeylanica *(Campan.)*.
මහ·මුත්තැස් වී, a sp. of paddy
මහ·මෙවත්, see කලාඳුරු.
මහ·මොවටු, winter-cherry, a var. of මොවටු.
මහ·මොනර·කුඩුම්බිය, a var. of මොනර කුඩුම්බිය,
මහ·යක්මල්, a flower tree, Tagetes erecta *(Comp.)*.
මහ·යක්වනස්ස, a plant, Leonotis nepetæfolia *(Labi.)*.
මහ·යොතුවැත්ත, violet plant, Ionidium suffruticosum *(Viol.)*.
මහ·රටඅසමෝදගම්, a foreign plant, celery, Apium graveolens, සැල්දිරි.
මහ·රටකාමච්චි, මහ·රටබටු, a sp. of nightshade, Solanum copersicum.
මහ·රටදෙහි, large foreign lime, a sp. of citron, Citrus medica.
මහ·රත්මල්, rhododendron, a shrub having deep red flowers, Rhododendron arboreum *(Ericaceæ.)*.
මහ·රතඹලා, a small tree, Ixora parviflora *(Rubi.)*.
මහ·රවන·රැවුල, a plant, Spinifex squarrosus *(Gram.)*.
මහරු, මහරි, see මදටිය; also මාරු.
මහ·රුක, *lit.* great-tree: ap. of පොල්ගස.
මහ·වනස්ස, a var. of වනස්ස.
මහ·වල්කොල්ලු, a var. of වල් කොල්ලු.
මහ·වැටකොළු, a var. of වැටකොළු.
මහ·වී, a large sp. of paddy.
මහ·වෙලන, a var. of වෙලන.
මහ·වේවැල, large rattan, Calamus zeylanicus *(Palmæ.)*.
මහ·සල්, see සල් and හල්.
මහ·සාරණ, a plant, Trianthema decandra *(Ficoid.)*.
මහ·සියඹලා, a var. of සියඹලා.
මහ·සුදන, a plant, a sp. of everlasting, Anaphalis oblonga *(Comp.)*.
මහ·සෙරු, a tree, Canthium didymum var. lanceolatum *(Rubi.)*.
මහ·හකඹලා, a plant bearing pink fragrant flowers, Begonia malabarica *(Begon.)*.
මහ·හබරෝස්ස, see මහ කබරස.
මහ·හවරි, a sp. of Ipomœa *(Convol.)*.
මහ·හැඩයා, club-moss, Lycopodium Phlegmaria *(Lycopod.)*.
මහ·හැඩවක, a var. of හැඩවක.
මහ·හිබුටු, a creeper, Salacia diandra, a var. of හිබුටු.
මහ·හෙරලිය, see ඇත් හෙරලිය.
මහා·කන්ද, *lit.* great bulb or tuber: ap. of රතුලූනු and සුදුලූනු; a large edible tuber or yam; a hairy plant found in moist places and which bears composite flowers, Enhydra fluctuans.
මහා·කපිත්, see කෙළි.
මහා·කහඹිලිය, a large sp. of nettle, viz. of Fleurya or Girardinia *(Urti.)*, see ගස්- and වල්-කහඹිලියා.
මහා·ගුලී, see මුවකිරිය වැල.
මහා·ජම්බු, a large sp. of ජම්බු; see also මහදත්.
මහා·දරු, a sp. of pine, Cedrus Deodara, දේවදාර.
මහා·දුරලභා, see මහා කහඹිලිය and දුරලභා.
මහා·ද්‍රුම, great-tree, viz. bo-tree, see බෝගස.
මහා·නිම්බ, great-nim tree: see කොහොඹ, also කොවිල.
මහා·නීල, a wild creeper with straggling stem, also කිකිරිදිය.
මහා·පත්‍ර, a pot-herb; also රත්එඬරු.
මහා·පත්‍රා, a tree, a sp. of Eugenia.
මහා·පුෂ්පා, *lit.* large-flower: see නිල්කටරොබු.
මහා·ඵල, *lit.* large-fruit: ap. of කෙළි, මහදත්, and පොල්.
මහා·ඵලා, the same: ap. of වම්බටු, of පුහුල්, and of කැකිරි.
මහා·බලා, see කොටිකං බැලිල.
මහා·මල්ලි, see පිච්ච.
මහා·මාෂ, a sp. of bean or green gram, see මුංඇට; also ලීමෑ.
මහා·මුනි, see කොත්තමල්ලි.
මහා·රජත, see හෙතුඉත්තා.
මහා·රස, a sp. of club-rush, Scirpus grossus; see also ඉදි; and උක්.
මහා·වාතිංකී, see වම්බටු.
මහා·වියනී, wild cotton, වල් ඉඹුල්.
මහා·වෘක්ෂ, *lit.* great-tree: ap. of several sp. of Euphorbia, see දළුක්.
මහාශ්‍යාමා, a creeping hedge plant, Ichnocarpus frutescens.
මහා·ශ්වේතා, white convolvulus, a white var. of කිරිබදු; also a sp. of Clitoria bearing white flowers.

මහා·සාර, see කළු කිහිරි.
මහා·සුගන්ධ, see සඳුන්ගස and රත්කිහිරි.
මහා·සකන්ධ, see මහදන්.
මහිලා, මහිලාහවයා, see රුක්ගස. [සකඳ.
මහී, a pot-herb, Enhydra fluctuans, see මහා
මහෝත්පල (මහා උත්පල), lotus, see නෙළුම්.
මහෞෂධ (මහ ඖෂධ), *lit.* the great drug or remedy: ap. of සුදුළුනු, ඉඟුරු, තිප්පලි &c.; see also මහී; also a sp. of Betula.
මළුපු, a plant with a small white flower, a sp. of oleander (මා is often a contraction of මහ).
මාඇල්·වී, a kind of hill-paddy. [(*Urti.*).
මා·උස්සා, a sp. of nettle, Laportea crenulata
මාංසී, see ජටාමාංස.
මා·කදර, see සුදුළුනු.
මාකඳ, මාකදර. see අඹ.
මාකරඹ, see මහකරඹ.
මාගධී, a sp. of jasmine, Jasminum auriculatum; ap. also of තිප්පිලි and එත්තාල්.
මාතංග, see බෝගස.
මාතන, see මලබඩු.
මාතඹල, a tree, perhaps a var. of පේර තඹල
මාතලි, see ආඩාතෝඩා. [අත්තන.
මාතුල, thorn-apple, Datura stramonium or
මාතුලා, generic for various sp. of ගස්කැල also ap. of මත් කංසා and තණ, which see.
මාතුලුංග, මාතුලුංගක, see ලප්නාරං.
මාදම්, a tree bearing a small fruit, Eugenia Jambolana.
මාදන (මද, desire, delight), see කරඹු; also a tree, Eugenia Fergusoni var. minor. or as මාදං.
මා·දම්, see මහදම්.
මා·දුරු, large cummin, see කළුදුරු; also caraway plant, Carum carui.
මා·දෙළු·මාවී, a kind of paddy.
මාධවී, a large creeper, Hiptage Madablota; also මදුරුතලා.
මාධවී·ලතා, see වැල්මී.
මානසී, see මහී,
මානා, a sp. of long aromatic grass, Andropogon Nardus (*Gram.*). See පැඟිරිමාන.
මානිල්, මානෙල්. Indian blue water-lily with sm. blue flowers, Nymphæa stellata (*Nymph.*).
මා·නුග, see මහනුග.
(මාපත් for මහපත්, large-leaved.)
මා·පත්·අඟුන, swallow-wort or mudar, see මදාර.
මාපත්·ඇල්·වී, a kind of hill paddy.
මාපත්·එළ රතඹලා, a var. of එළරත්මල් or රතඹලා. [cum
මාපත්·කුරුඳු, a var. of Cinnamomum zeylani-
මාපත්·කැටකෑල, a var. of කැටකෑල.
මාපත්·කැබෙල්ල, see කම්බෙපොත්තා.
මාපත්·කැලිය, see දම්නිය.
මාපත්·තිව්ති, a sp. of තිව්ති.
මාපත්·පිහිඹිය, a tree.
මාබණ්ඩා, a plant, Argyreia tiliæfolia (*Convol.*).
මා·බිම්තල්, see මාකිත්තල්.
මාමද, see වදකහා.
මාමේරු, see බුලත්වැල.
මායු·රුක, see දිවුල්, දිවුල් ගස.
මාර, *lit.* death: see අත්තන.
මාර·ගෝෂක, opium plant, Papaver somniferum, කසකසා.
මා·රත්මල්, see මහරත්මල්.
මාරතු, a sp. of hill-paddy, ඇල්වී වර්ගයක්.
මාරා·ගස, see මදපිය; also another tree, Albizzia Lebbek (*Legum.*).
මාරිෂ, see සුදු තම්පලා.
මාරුක, see මහරුක; also ap. of කිතුල්.
මාරුතු (මාරුක්කු.), a sp. of panic grass, Panicum Crus-galli (*Gram.*). [cum
මාරුත්, see දලුක්; also සෙව්වන්දි.
මාහිව, swallow-wort, see මදාර; also කිකිරිදිය.
මාජිත, see ලෝවු; also ලුණුවරණ.
මාජීර·ගන්ධිකා, see මුංවැත්ත.
මාජීර මොහිනී, මාජීරි, see කුප්පමේනිය.
මාලක, nim tree, see කොහොඹ.
මාලතී, see පිච්ච ;also තුත් පුලිල; and ඉද්ද.
මාලතිළ, see සාදික්කා.
මාලි, see මාරුත්.
මාලිකා, double jasmine, see පිච්ච.
මාලි, a tree of beautiful wood, Alangium Lamarckii; also දියරතඹලා.
මාලුර, see බෙලි.
මාලෑ, a pot-herb, Trigonella corniculata.
මා·වී, cont. of මහවී.
මා·සෙව්වැල, see මහසෙව්වැල. [also ලීමා.
මාෂ, a sp. of kidney bean, see මුංඇට; see
මාෂ·පත්‍රි, මාෂපණ්ණී, see මස්වැත්ත.
මාෂ·පණී, a leguminous shrub, Teramnus labialis.
මාසක්කා, a medicinal plant.
මැතිලිය, see කිරි මකුළු.
මැඩහගු, a creeper, Dæmia extensa (*Asclep.*).
මැඩිතලා, a plant.
මැඩිය, a tree bearing small white flowers, Hunteria corymbosa (*Apocyn.*).
මැඩිය·ජවාල, a plant having sword-shaped leaves and pale blue flowers on a spike, Burmannia disticha (*Burma.*).
මැඩිය·වැල, a climbing plant bearing white berries, Vitis pedata (*Ampel.*).
මැණික්·වැන්න, *lit.* gem-like; a small medicinal plant.
මැති·බෙඹිය, a shrub bearing a kind of currant Embelia Ribes (*Myrs.*).

මැදිරිය, a tree.
මැන්දෝර, a timber tree, Vatica Roxburghiana (*Dipterocarp.*).
මැල්ල, C. En., plant, Olax zeylanica (*Ola.*).
මෑ, generic name for beans or pulse.
මෑණ්ඩු, a large kind of gourd.
මිදි, a shrub or small tree bearing greenish white flowers with a disagreeable scent, Premna serratifolia (*Verben.*); also for නිදිකුම්බ and මිදිවැල.
මිදි·වැල, grape vine, Vitis vinifera (*Ampel.*).
මිදෙල්ල, generic name of the following trees of the genus Barringtonia, viz. ඵලමිදෙල්ල, දියමිදෙල්ල, වල්මිදෙල්ල and මුදිල්ල.
මිහුවන්·පන්, a sp. of Cyperus.
මිරිකුඵ, see මුරුංගා.
මිරිස්, chilli, cayenne pepper, Capsicum annuum. There are many varieties, see හයිමිරිස්.
මිලිල, මිල්ල, chaste-tree, a valuable timber tree, Vitex altissima (*Verben.*), මීඅං මිලිල, සපු මිලිල.
මිවන, see මීවනකොළ.
මිශි, මිෂි, මිසි, a sort of fennel, see ශතපුෂ්ප; also for ජටාමාංස: a sp. of lovage, Carum copticum; and anise, Pimpinella Anisum.
මිසිති, see සිත්එත්සාල්.
මිහිඳු, see මීගස.
මී·අං·බදර, *lit.* buffalo-horn, බදර: a tree.
මී·අං·මාරා, a tree, a sp. of Albizzia.
මී·අං·මිලිල, see මිලිල.
මී·අං·වැල, buckwheat, Polygonum chinense (*Polygon.*).
මී·අඹ, honey-mango, a small sweet sp. of [mango.
මී·අරටු·ගස, a tree.
මී·කටුවැල්·බටු, see වැල් තිබ්බොටු.
මීකත්පලා, a medicinal plant, Alternanthera triandra (*Amarant.*).
මීකැඳතා·වැල, a creeper.
මී·ගස, the timber tree, Bassia longifolia (*Sapot.*). From its seeds the oil called මීතෙල් is extracted.
මීගොන් කරපිංච, a tree, Clausena indica (*Rut.*).
මීතැඹ, see දිවි කදුරු.
මීතපලා, see පෙනෙල ගස.
මීන·ලෝවන, *lit.* fish-eye: a plant having a flower resembling the eye of a fish, Alternanthera triandra (*Illeceb.*).
මී·නුග, a medicinal plant, Tylophora asthmatica (*Asclep.*).
මීපත්ඇල්·වී, a sp. of hill-paddy.
මීපත්·වී, a sp. of paddy.
මීමිනිමාරා, a plant, Pithecolobium subcoriaceum (*Legum.*).

මීවන, a fern, පඹජාතිය.
මීවන·කොළ, a fern, spleen wort, Diplazium esculentum, asplenium (*Filices.*).
මී·වැත්ත, a plant, Polyalthia Korinti.
මී·සිරිය, see කිරිහැඹිලිය and කිරිසිරිය.
මුං, මුංඇට, green gram, Phaseolus Mungo (*Legum.*).
මුං·වැත්ත, see කිත්මෑ.
මුකුණු·වැත්ත, see මීකත්පලා.
මුකුර, a timber tree, Mimusops Elengi (*Sapot.*). It bears a fragrant yellow or white flower.
මුකුෂ්ඨක, a sp. of kidney-bean.
මුඛ·ධෞත, *lit.* mouth-wash: a plant, Clerodendron Siphonanthus.
මුහුණ·ගස, see මුකුර.
මුහුණු·වැත්ත, see මුකුණුවැත්ත and මීනලෝ [වන.
මුවලිඳ, see මිදෙල්ල.
මුඩමහණ, මුණ්ඩිරි, a small medicinal plant, Sphæranthus indicus (*Comp.*).
මුතණ, see කලාදුරු.
මුත්තැස්·වී, a sp. of paddy.
මුත්පත, මුත්පණී, see මුං·වැත්ත.
මුත්·පල, මුත්·ඵල, see මීතෙල්.
මුදග, see මුං.
මුදග·පත්‍ර, see ලෝලු.
මුදග·පණිණී, see මුත්පත.
මුදග·පුෂ්පී, see දලුක්.
මුද්දය, see මෝර.
මුද්දිකා·වැල, see මිදිවැල.
මුනි·ද්‍රැම, a tree, Sesbania grandiflora; also for කතුරු මුරුංගා.
මුනි·ප්‍රිය, see මහරා, මහරී.
මුනි·ශාඛ, see මුනිද්‍රැම.
මුනිසිඹිකාත්, see බුත්සරණ.
මුරජ·ඵල·වෘක්ෂය, jak-fruit tree, කොස් ගස.
මුරුංගා, murunga or horse-radish tree, Moringa pterygosperma (*Morin.*). The root of this tree is used as a substitute for horse-radish, and its pods are a pleasant vegetable.
මුරුංගී, see වල් මුරුංගා.
මුරුංගා·ශ්වේතා, a white sp. of මුරුංගා, white murunga.
මුරුත, a timber tree which bears large and beautiful flowers, Lagerstrœmia Flos-reginæ (*Lyth.*).
මුරුත්·වී, a kind of paddy.
මුරුවා, මුරුවා·දුල්, a plant, Marsdenia tenacissima (*Asclep.*).
මුව·ඉරිඟු, see ඉරිඟු.
මුව·කිරිය, a creeper, Sarcostemma Brunonianum (*Asclep.*).
මුෂලී, see මුසලී.
මුෂ්කක, see දේවදලී.
මුෂ්ටිකා, a tree, see ගර්රුගස or විෂමුෂ්ටි.

මුසලී, see හීන් කිත්තල්.
මුසා, see කලාදුරු.
මුස්තැන්ද, see වැල් මුක්සරණ.
මුහුණ ගස, මුහුළු මල් ගස, see මූණමල් ගස.
මුහොටිකා, see කටුවැල් බටු.
මූකල කපු, a sp. of cotton plant, Gossypium.
මූකල කුරක්කන්, a kind of millet, a var. of කුරක්කන් or Eleusine.
මූකල කෝවි, a sp. of cabbage, Brassica oleracea *(Crucif.)*.
මූකල වී, a kind of paddy.
මූකොලොන්, see කුරක්කන්.
මූතුලා, cucumber, see කැකිරි.
මූදිල්ල, a handsome tree having large leaves and flowers, Barringtonia speciosa *(Myrt.)*.
මූණ එල ගස, see කොස්.
මූණ මල් ගස, a timber tree bearing fragrant yellow or white flowers, Mimusops Elengi *(Sapo.)*.
මූණ මෑ, see මූං ඇට.
මුදු අවර, a plant, Canavalia obtusifolia *(Legum.)*.
මුදු කඹුපාර, a plant.
මුදු කඳුරු, a shrub, Ochrosia borbonica *(Apocyr.)*.
මුදු කලාදුරු, a plant, Cyperus arenarius *(Cyper.)*.
මුදු කැත්ද, a var. of කැත්ද.
මුදු කෙයියා, screw-pine, Pandanus odoratissimus *(Pandan.)*.
මුදු කොබ්බෑ, a medicinal plant having an astringent root, Allophyllus Cobbe *(Sapind.)*.
මුදු ගම්පාළු, a plant.
මුදු ගල් පාසි, sea-rock moss.
මුදු ගල් පෙද, a kind of moss.
මුදු ගැටකොළ, a sp. of ගැටකොළ, a stemless plant having small pinkish flowers, Hydrophylax maritima *(Rubi.)*.
මුදු ගොතිකා, a plant.
මුදු දදකිරිය, spurge, Euphorbia rosea *(Euphorb.)*.
මුදු බැම්තිරිය, a plant or shrub, Oldenlandia stricta *(Rubi.)*.
මුදු බිත්තඹුරු, a sp. of bind-weed, a creeper bearing reddish-purple flowers, Ipomœa biloba *(Convol.)*.
මුදු බිත්නුග, C. En., plant, Tylophora flava, see බිත් නුග.
මුදු මෑ, a sp. of kidney bean.
මුදු මුරුංගා, a shrub having racemes of yellow flowers, Sophora tomentosa *(Legum.)*.
මුදු වරා, a var. of Calotropis gigantea *(Asclep.)*, see වරා.
මුදු හම්පලා, a plant, Wedelia biflora *(Comp.)*.
මුදු හාල්පන්, a sp. of club-rush, Fimbristylis miliacea *(Cyper.)*.

මුදු හිරිඇල් වී, a sp. of hill-paddy.
මුදු හිරිගල්පාසි, *lit.* sea-coral moss, a sp. of moss.
මූඹ, see උළුක්දුමෑ.
මූවා, see කිසඳ, කිසඳ.
මූලක, *lit.* rooter: var. of the radish, Raphanus sativus; also of ලීමෑ and හියඹටු.
මූල පත්‍රිකා, see මුරුංගා.
මූල එල ගස, see මූණඑල ගස.
මුංජා, a kind of grass, Andropogon serratus.
මූසික, a tree, Albizzia Lebbek *(Legum.)*.
මූසික කර්ණී, මූසික ශ්‍රවණ, *lit.* rat's-ear: a cryptogamous aquatic plant, Salvinia cucullata.
මූසික පර්ණී, මූසික මපු, see මීනුග.
මෘගාක්ෂි, මෘගාදනී, *lit.* deer's-eye, deer's-food see යක් කොමඩු.
මෘඩා, see මහගොන් කැකිරි.
මෘණාලිකා, see කිරිබදු.
මෘත ලතාව, see මදුරුතලා.
මෘදු කණ්ටක, *lit.* tender-thorn: see කටුකරඹු.
මෘදු ත්වච, *lit.* tender or soft bark or skin: a sort of birch tree, see භෝජපත්‍ර.
මෘදු පුෂ්ප, see මූසික.
මෘදු වීරේචනී, see පතුක්.
මෘදුක ත්වක් or ත්වච, see මෘදුත්වච.
මෘදූත්පල (මෘදු උත්පල), tender lotus, see මානෙල්.
මෘචිකා, see මිදිවැල.
මෙනේරි, a sp. of grass, Panicum miliare *(Gram.)*.
මෙවන්, E. of මේඝවර්ණ, see නිල් අවරිය.
මේඝ, see කලාදුරු.
මේඝ නාද, see ගස්කැල; also කුරතම්පලා.
මේඝ වර්ණ, *lit.* cloud-colour: ap. of නිල් අවරිය and බළුදත්.
මෙණ්ඪ ශෘංගී, *lit.* ram's-horn: a milky plant which bears a crooked horn-shaped fruit, see මැඩහලු.
මේධාජනනි, see ගුණුමිල,
මේෂ ශෘංගී, see මෙණ්ඪශෘංගී; also Daemia extensa and Calotropis gigantea *(Asclep.)*; for this last see වරා.
මේෂාක්ෂ, see කීකිරිදිය..
මේෂාක්ෂි, a sp. of cassia or තෝර, the flower of which resembles a ram's eye.
මේහ රිපු, see රණවරා.
මෙමල, Er. for මිසිල, which see.
මෝවිටු, a plant, Physalis angulata *(Solan.)*.
මොනර ඇල් වී, a kind of hill-paddy.
මොනර කුඩුම්බිය, *lit.* peacock's-tuft: a small plant bearing purple flowers, Vernonia cinerea *(Comp.)*.
මොනර පෙතන්, a plant having panicles of small pale flowers, Dianella ensifolia *(Lili.)*.

මොණර·පසුරු, *lit.* peacock's-claw: a plant.
මොණර·මල්ගස, peacock-flower or flower-fence plant, Caesalpinia pulcherrima *(Legum.)*.
මොණරඩිස්ස, see තිල් මොණරඩිස්ස.
මොන්දන්·කෙසෙල්, a sp. of plantain.
මොර, a tree yielding subacid flowers and fruit, Nephelium Longana *(Sapind.)*.
මොරමා, see මෝරමා.
මොලගහ, a tree.
මොලබෑගහ, a tree.
මෝල, trumpet flower plant, රට අත්තන or කුස් පුළිල.
මෝක්ෂ, මෝක්ෂක, *lit.* liberty, liberation: sp. of මුරුංගා, and වගපොල්. [see
මෝවා, sp. of කෙසෙල්, ඉඹුල් and කෝස්, which
මෝරට, a sp. of cassia.
මෝරමා, see කිඹද.
මෝල්පැද්ද, a tree.
මෝහන, see අත්තන.
මෞනි, see නා-නා.
මෛල්වත්·කැන්ද, see සුදුළුනු.
යකහල, a forest tree, Doona trapezifolia *(Dipterocarp.)*.
යකා·බැඳි·වැල, a creeper.
යකිනාරම, a thorny shrub, Atalantia zeylanica.
යකුකලා, a tuberous plant having ornamental leaves, Colocasia nymphæifolia, a var. of C. Antiquorum, ගහල *(Araceæ.)*.
යක්එරබදු, a prickly tree having red flowers, coral tree, Erythrina ovalifolia *(Legum.)*.
යක්කහ, a kind of saffron, a sp. of Curcuma *(Scitam.)*.
යක්·කොමඩු, bitter-apple, bitter-gourd, colocynth, Citrullus Colocynthis *(Cucurb.)*.
යක්බෙරිය, a shrub bearing yellow flowers, Crotalaria laburnifolia *(Legum.)*.
යක්·මල්·ගස, african marigold, Tagetes erecta *(Comp.)*.
යක්·වනස්ස, a herb, Anisomeles ovata *(Labi.)*.
යකඳැස්, යකා·දෑස්, *lit.* demon's-eye: see කුඹුරුවැල.
යකා·වෘක්ෂය, demon's-tree, said to be the haunt of demons and sprites, see බුළු.
යකා·ඇස, demon's-eye, see කුඹුරුවැල.
යකා·වාස, demon's or demigod's abode, see මහනුග.
යඳු·යෝගය, see අවරීක්කා.
යඳුංග, see අවරීක්කා; also මුඛබෙධිකා.
යතීන්ද්‍ර (යති ඉන්ද්‍ර, chief ascetic), see සල්.
යම·ප්‍රිය, Yama's-delight, see මහනුග.
යමල·පුෂ්පක, see කොබසීල.
යමානිකා, යමානී, a sort of lovage, see අසමෝදගම්.
යව, barley, Hordeum vulgare; also කොටිල, which see.
යව·කෙසද, a tuberous plant bearing spikes of beautiful flowers, Kaempferia rotunda *(Scitam.)*.
යව·සිනක, a sp. of barley; also of paddy.
යව·ධාන්‍යක, see අසමෝදගම්.
යවනේෂ්ට (යවන ඉෂ්ට, foreigner's-desire), sp. of සුදුළුනු; also of onion, Allium Cepa; and of කොකුමුල්.
යවසාර, see කළුදුරු.
යවපත්‍රිකා, see උඩස්ස.
යව·ප්‍රවර, *lit.* barley-chief: a fine sp. of barley.
යව·ඵල, a medicinal plant, Wrightia zeylanica; also sp. of [illegible], of [illegible], and of [illegible].
යව·වී (වී, paddy), barley paddy, viz. barley.
යවස, meadow-grass.
යවානී, an umbelliferous plant having aromatic seeds, Carum copticum; also අසමෝදගම්, which see.
යවාස, see [illegible]; also වැල් කහඹිලියා.
යෂ්ටි, creeper in general; also sp. of [illegible], which see.
යාඥික, sacrificial grass, see කුසතණ; also ගස්කැල; and Acacia Catechu.
යාගේෂ්ට, see කුසතණ.
යාපුර, a medicinal plant.
යාවන·ද්‍රැම, see ඉඹුල්.
යාස, see වැල් කහඹිලියා.
යුග·දල, see යමල පුෂ්පක.
යුග·පත්‍ර, යුග·ඡදක, යුග්ම·පත්‍ර, *lit.* paired-leaf: see යමල පුෂ්පක; also රුක් අත්තන.
යුග·පත්‍රිකා, sisu tree, Dalbergia Sissoo *(Legum.)*.
යුගල·පත්‍ර, see යුගපත්‍ර.
යූෂ, a plant, Cissampelos Pareira; also mulberry tree, Morus indica, රට ඇඹිල්ල.
යූථිකා, යූථි, a twining sp. of jasmine, Jasminum auriculatum *(Oleaceæ.)*.
යූප·දුරු, see දේවදුරු.
යොදු·මැස්ස, a plant, violet, see තිස් යොදු මැස්ස.
යොන්·ඉඳි, යොන්නිඳි (යොන්, Arabian), see ඉඳිගස.
යොන්·තුඹ, an annual creeper, Trichodesma zeylanicum *(Borag.)*.
යොන්·දෙහි, Arabian lime, a sp. of citrus said to have been brought from Arabia.
යොහොඹු·වැල, see යොන් තුඹ; also යූථිකා.
යෝජන·පර්ණි, යෝජන·වල්ලි, see සඳමුල් and වැල් මදට.
රක්ත, *lit.* red: sp. of රට උඳුරැස්ස, of බලිද වැල; of සඳමුල්; and of මහනුග.
රක්තක, *lit.* something red: sp. of බදුවද; also a sp. of රතඹලා, Ixora coccinea; also globe-amaranth, Gomphrena globosa; and කොල්ලූ.

රක්ත·කමල, see රත් නෙළුම්.
රක්ත·කුමුද, රක්තකෛරව, see රතඹුල.
රක්ත·කුසුම, see දෙළුම්.
රක්ත·චන්දන, red-wood tree, viz. sanders-wood, Pterocarpus santalinus, or sappan-wood, Cæsalpinia sappan; also saffron, Curcuma domestica, කහ.
රක්ත·චන්දනා, see වැල් මදට.
රක්ත·නාලී, රක්ත·පද්ම, see රත් නෙළුම්.
රක්ත·පාදී, see වලාවැන්න.
රක්ත·පුෂ්ප, *lit.* red-blossom: ap. of any tree or plant bearing red flowers.
රක්ත·පුෂ්පක, *lit.* red-blossomer: see ගස්කැල; also රතඹිලා under රක්තක; Amoora Rohituka, රෝහිත; ඉඹුල් and හම්පිරිල.
රක්ත·පුෂ්පිකා, see නිදිකුම්බ; also ඉඹුල්; a sp. of Lycopodium.
රක්ත·පුෂ්පී, see එරබදු; also කුත්පුලිල or පලොල්.
රක්ත·පූරක, see සියඹලා.
රක්ත·ඵල, see නුග.
රක්ත·ඵලා, see කොම්ලිය.
රක්ත·ඵලිකා, see ඔලිඳ වැල.
රක්ත.බීජ, see මදටිය.
රක්ත·මඤ්ජරී, *lit.* red-cluster: see එළු මිදෙල්ල; also අක්මැල්ල.
රක්ත·මාලී, a sp. of jasmine, see සේපාල.
රක්ත·වාතීක, egg-plant, see බටු.
රක්ත·වසනක, see රතු තම්පලා.
රක්ත·විසුවජ්ද, see රසකැල්ල.
රක්ත·වෘන්ත, *lit.* red foot-stalk: see දිය ඇඹුල් ඇඹිලිය; a also medicinal plant, hogweed, Boerhaavia diffusa, පිට සුදුපලා.
රක්තවෘන්තා, a sp. of jasmine, Jasminum auriculatum.
රක්ත·සංකෝච, see වකපෙතු.
රක්ත·සන්ධ්‍යක, *lit.* red-twilight: red lotus, see රත්නෙළුම්.
රක්තසාර, see රත්සඳුන්.
රක්තා, *lit.* the red one; ap. of නිසලා; also of ඔලිඳ, and of වැල් මදට, each of which see.
රක්තා·ංග, රක්තඅංග a sp. of Crinum.
රක්තාංගී, see ගැඩඹු; also වැල්මදට.
රක්තිකා, see ඔලිඳවැල.
රක්තෝත්පල (රක්ත උත්පල), red lotus, see රත් නෙළුම්.
රක්ෂසී, see හරංකහ.
රක්ෂෝඝ්න (රක්ෂස්, goblin, ඝ්න destroyer), see බදුලුගහ.
රංගිණී, a plant. Asparagus racemosus; also අත්සික්කා.
රජන·ද්‍රුම, see මදටිය.
රජනී, see නිල්අවරිය; also කහ.
රජ·පොහොට්ටු, *lit.* royal-knob: globe amarantha, Gomphrena globosa.

රජ·රුක, *lit.* royal tree: see ඇහැළ.
රජන·ද්‍රුම, sanders-wood or sappan-wood, see රක්ත චන්දන; also Bengal madder, රජනී.
රජනී, see නිල් අවරිය; also සයඹුල්; සේපාල; a sp. of Crinum (රට here generally means exotic, applied to imported plants).
රට·අත්තන, a sp. of අත්තන: thorn-apple, trumpet flower, Datura suaveolens *(Solan.)*.
රට·අත්තික්කා, a sp. of fig, Ficus Carica.
රට·අනෝනා, the sour-sop, Anona muricata.
රට·අන්නාසි, exotic pineapple, Ananas sativa.
රට·අබ, mustard, Sinapis alba.
රට·අඹ, exotic mango, Mangifera indica.
රට·අල, දේශ·අල, a sp. of yam, Xanthosoma *(Araceæ.)*.
රට·අසමෝදගම්, parsley, Petroselinum sativum.
රට·ආත්තා, custard apple or bullock's-heart, Anona reticulata.
රට·ඇටඹුරු, a var. of ඇටම්බරු, which see.
රට·ඇත්බැම්කිරිය, a var. of ඇත්බැම්කිරිය.
රට·ඇඹිල්ල, a tree, a sp. of ඇඹිල්ල or Antidesma.
රට·ඇඳුරු, fennel.
රට·ඉඟුරු, ginger, a sp. of Zingiber.
රට·ඉන්නල, potato, Solanum tuberosum, අර්තාපල්.
රට·ඉඳි, exotic date tree, Phœnix sylvestris.
රට·උගුරැස්ස, a var. of උගුරැස්ස: a medicinal thorny shrub, Flacourtia Cataphracta *(Bix.)*.
රට·එඬරු, the physic-nut, Jatropha Curcas *(Euphorb.)*.
රට·එන්සාල්, Madras or small cardamom, Elettaria Cardamomum *(Minor)*.
රට·එළමල්, a var. of එළමල්, which see.
රට·කඩල, foreign gram, viz. horse-bean.
රට·කපු, silk-cotton tree, a var. of ඉඹුල්.
රට·කරපිංච, a var. of කරපිංච or Murraya koenigii.
රට·කහ, turmeric, saffron, Curcuma domestica *(Scitam.)*.
රට·කැකිරි, a kind of cucumber, Cucumis sativus.
රට·කැකුන, a var. of කැකුන, which see.
රට·කිතුල්, a var. of kitul palm, see කිතුල්.
රට·කූඩළු, a sp. of Impatiens (I. flaccida, see කූඩළුමල්.
රට·කෙසෙල්, an exotic sp. of plantain, Musa paradisiaca.
රට·කොබොල්, a var. of yam, see කැඳල.
රට·කොමඩු, exotic water-melon, Citrullus vulgaris.
රට·කොහොඹ, exotic margosa, see කොහොඹ.
රට·කෝප්ප, a plant.
රට·කෝපි, see කෝපි.
රට·ගොරක, jamala tree, Cochin goraka, Garcinia Xanthochymus *(Guttif.)*, කොල්ලම් ගහ.

රට·ගෝවා, see අක්කාපාන.
රට·ජම්බු, a var. of ජම්බු.
රට·තණ, guinea grass, Panicum maximum *(Gram.)*.
රට·තම්පලා, a sp. of තම්පලා, Amarantus.
රට·තිබ්බටු, a sp. of තිබ්බටු, Solanum.
රට·තුවර, a plant, Cajanus indicus *(Legum.)*.
රට·තෝර, pigeon-pea; dhal, Cajanus indicus; also a large shrub, Cassia alata *(Legum.)*.
රට·දං, a sp. of Eugenia, see දං.
රට·දෙල්, a sp. of breadfruit tree, supposed to have been brought to Ceylon from the Maldives, Artocarpus incisa *(Urti.)*.
රට·දෙහි, lime tree, a var. of Citrus medica, var. acida.
රට·නාගවල්ලී, a sp. of croton.
රට·නිගද, a var. of නිගද, which see.
රට·නුග, a sp. of fig tree.
රට·නෙල්ලි, a var. of නෙල්ලි.
රට·පම, a sp. of පම, fern, Lygodium *(Filices)*.
රට·පුවක්, a var. of පුවක්.
රට·බටු, potato-tree, Solanum macranthum.
රට·බුත්සරණ, a var. of බුත්සරණ.
රට·බුලත්·වැල, a var. of බුලත්වැල, Piper betle, var. Siriboa *(Piper.)*, සිරිබෝ.
රටබෝංචි (බෝංචි·ඇණ.), kidney-bean, දඹල.
රට·මරද, a sp. of eugenia, මරද or myrtle.
රට·මද, pea plant or peas.
රට·මිරිස්, a sp. of pepper (plant or berries) *(Piper.)*.
රට·මොර, a var. of මොර.
රට·යක්බෙරිය, a sp. of Crotolaria.
රට·සොත්තුඹ, see සොත්තුඹ.
රට·රත්කීරිය, a tree, a var. of Acacia Sundra, see රත්කිහිරි.
රට·රත්කැලිය, a sp. of Litsea, see රත්කැලිය.
රට·ලබු, pumpkin gourd, Cucurbita moschata *(Cucurb.)*.
රට.ලූනු, a sp. of onion, Allium Cepa.
රට·වදමල්, see වදමල්.
රට·වී, a kind of paddy.
රට·වෙරළු, olive tree, Olea europæa.
රට·වැටකොළු, a sp. of gourd, see වැටකොළු.
රට·වැල්මල්, see රට බුලත්වැල.
රට·සපු, a sp. of සපු, which see.
රට·හත්දිරත්වී, a kind of paddy.
රට·හිඟුරු, lantana, Lantana aculeata *(Verben.)*, ගඳපාන.
රට·හුලං·කීරිය, a var. of හුලං·කීරිය.
රට·හොනරවාළු·කෙසෙල්, a var. of හොනරවාළු කෙසෙල්.
රණ, see උණ.
රණ·උණ, golden bamboo, a sp. of උණගස.
රතු or රත් red, sometimes indicating a var. or sp. but often merely an additional description of the same plant.

රණ·තම්පලා, a plant the grain or seed of which yields edible flour, Amarantus frumentaceus *(Amarant.)*.
රණ·බටලී, golden or yellow cane, Ochlandra stridula, var. maculata *(Gram.)*.
රණවරා, a medicinal shrub, Cassia auriculata *(Legum.)*. Its leaves are used as tea, and its bark for a buff dye.
රණකෙසෙල්, a var. of plantain, Musa paradisiaca.
රණඩා, an aquatic cryptogamous plant, Salvinia cucullata.
රතමලා, a shrub bearing clusters of scarlet flowers, Ixora coccinea *(Rubi.)*, රත්මල්.
රතඹුල, රතැඹුල (රත් ඇඹුල), red water-lily, Nymphæa Lotus.
රතිල, see තිල් කටරොඩු.
රතිහඬුවා, a plant, Trigonella corniculata.
රතු·අක්කාපාන, a var. of අක්කාපාන.
රතු·අන්නාසි, red pine-apple, a var. of අන්නාසි.
රතු·අරලිය, a plant (a var. of අරලිය or අලරිය ?).
රතු·අවර, a var. of අවර.
රතු·අවරිය, a small tree, a sp. of Indigofera.
රතු·ඔලිඳ, gunja plant, see ඔලිඳ වැල.
රතු·කටුකරඹු, a var. of කටුකරඹු.
රතු·කතුරුමුරුංගා, see කතුරුමුරුංගා.
රතු·කඳහත්ත, red-bodied mushroom, a sp. of mushroom.
රතු·කහ·ගහ, anotta, Bixa Orellana, කහ.
රතු·කැම්මෙමිරිය, see කත්මෙමිරිය.
රතු·කිඹුල්වැත්ත, Polygonum barbatum *(Poly-*
රතු·කිරිඳි, a var. of කිරිඳි or කිරිඳිමානා. [*gon.)*.
රතු·කුකුළුකරමල්, a plant, cock's-comb, Celosia cristata.
රතුකුඩළු, a plant, balsam, a var. of Impatiens flaccida, see කුඩළු මල්.
රතු·කෙසෙල්, red plantain, a var. of Musa paradisiaca.
රතු·කොච්චි, a plant, Musa rosacea.
රතු·කොච්ටම්බා, a var. of කොච්ටම්බා.
රතු·කොබලිල, a var. of කොබලිල. [cum.
රතු·කොලොංදු, a plant, Chrysanthemum indi-
රතු·කෝවි, red cabbage, a var. of Brassica oleracea.
රතු·ගස්මිරිස්, a plant, Capsicum minimum *(Solan.)*. [see.
රතු·ගෙද, red purslane, a var of ගෙද, which
රතු·ගොරක, a var. of goraka, see ගොරක.
රතු·ගෝවා, red cabbage, Brassica oleracea.
රතු·ජම්බු, see ජම්බු
රතු·ජම්බෝල, see ජම්බෝල.
රතු·තම්පලා, a sp. of amaranth, Amarantus cruentus.
රතු·තැම්ලි, see තැම්ලි.
රතු·තුත්තිරි, red love-grass, a sp. of තුත්තිරි.

රතු·නෙල්මිලු, a sp. of water-lily, Nymphæa Lotus.

රතු·දඹිත්තරු, a four-sided bristly plant, see දඹිත්තරු.

රතු·දණ්ඩ, see රට අඟමෝදගම්.

රතු·තවසි, a var. of පොල්ගස.

රතු·නෙලුම්, red lotus, Nelumbium speciosum.

රතු·පතණි, a var. of පතණි.

රතු·පුරුක්, a var. of පුරුක්.

රතු·පෙතිදඹල, a cultivated var. of Dolichos Lablab (*Legum.*).

රතු·පේර, red guava tree, a var. of පේර, Psidium Guyava (*Myrt.*).

රතු·පොල්, a var. of පොල්ගස, the same as රතු තවසි.

රතු·බටතණ, red grass, Oplismenus compositus.

රතු·බතල, red batala, a var. of බතල.

රතු·බාලොලියා, a var. of බාලොලියා.

රතු·බිම්තඹුරු, a floating plant having edible leaves, a var. of කත්තුත්.

රතු·බුත්සරණ, red Indian-shot, a var. of බුත්සරණ.

රතු·මුවඉරිඟු, a var. of ඉරිඟු.

රතු·මොනරමල්ගස, see මොනරමල්ගස.

රතු·යක්වනස්ස, a var. of යක්වනස්ස.

රතු·රටඉඟුරු, a kind of ginger, Zingiber rubens (*Scitam.*).

රතු·රටපඹ, see රටපඹ.

රතු·රටවදමල්, see රටවදමල්.

රතු·රතඹලා, see රතඹලා.

රතු·රදලිය, a var. of රදලිය.

රතු·රාජපොහොට්ටු, see රජපොහොට්ටු.

රතු·රාබු, see රාබු.

රතු·ලූනු, red-onion, shallot, Allium ascalonicum.

රතු·වදමල්, see වදමල්ගස.

රතු·වල්ඉඟුරු, a kind of ginger, see ඉඟුරු.

රතුවා, a tree having leaflets in pairs from ten to twenty, and pink flowers, Cassia marginata (*Legum.*).

රතු·සෙත්දිරික්කා, see සෙත්දිරික්කා.

රතු·සෙව්වන්දිමල්, see සෙව්වන්දිමල්.

රතු.හමස්මෑ, red var. of හමස්මෑ.

රතු·හාතලිවි, a kind of paddy.

රතු·හිත්බෝවිටියා, a var. of හිත්බෝවිටියා.

රත්·ඇල්වී, a kind of hill-paddy.

රත්·එබරු, a red var. of එබරු.

රත්·කතුරුමුරුංගා, a tree, a red var. of කතුරුමුරුංගා.

රත්·කණේර, a red sp. of oleander, Nerium odorum.

රත්·කමල්, see රත්නෙළුම්.

රත්කරඇල්·වී, a kind of hill-paddy.

රත්·කරව්, see කරව්.

රත්·කිඹුල්වැත්ත, red polygonum, Polygonum barbatum.

රත්·කිහිරි, red acacia, Acacia Sundra, or A. Catechu (*Legum.*).

රත්කුණ්ඩමා·වී, **රත්කුණ්ඩවී**, kinds of paddy.

රත්·කොකොම, see කොකොම.

රත්·කෑලිය, a tree, Litsea cauliflora (*Laura.*).

රත්·ගස්·කරල්හැබ, a var. of ගස්කරල්හැබ.

රත්·ගොකටු, a var. of කන කොරක; see also ගොකටු.

රත්කටු·ඇල්·වී, a kind of hill-paddy.

රත්·තණ, red grass.

රත්·තඹර, see තඹර and රත්නෙළුම්.

රත්·තම්පලා, see රතුතම්පලා.

රත්·තලා, red basil, a sp. of Ocimum (*Labi.*).

රත්·තිඹිරි, a var. of තිඹිරි or gab tree.

රත්දෙඹ, a var. of දෙඹ.

රත්න·වාළුකෙසෙල්, a var. of කෙසෙල්.

රත්·තිබ්බටු, a var. of තිබ්බටු, Basella rubra, see නිවිතිවැල.

රත්නිතුල්, red leadwort, Plumbago zeylanica rosea (*Plumbag.*).

රත්·නෙළුම්, red lotus, Nymphæa Lotus, or as රතු නෙලුම්.

රත්·නෙළු, a small tree, a sp. of Strobilanthes, see නෙළු.

රත්·පත්ඇල්·වී, a kind of hill-paddy.

රත්·පල, a sp. of fig tree, see නුග.

රත්·පලොල්, a var. of පලොල්.

රත්·පිටවක්කා, a plant which cattle eat, Phyllanthus urinaria; also Sebastiania Chamælea or microstachys (*Euphorb.*).

රත්·පියුම්, see රත්නෙළුම්.

රත්·මල්, see රතඹලා.

රත්·මහනෙල්, red lotus, Nymphæ stellata.

රත්ලොත්, see ලොත්.

රත්·වල්·කවුඩු, a var. of කවුඩු.

රත්·විල, a var. of Bonnaya veronicæfolia (*Scroph.*).

රත්·සඳුන්, red sandal-wood tree, Pterocarpus santalinus.

රත්·හැබ, a var. of ගස් කරල්හැබ.

රත්·හිරිය, see රත්සඳුන්.

රත්·හැල්, red hill-paddy.

රට, a sp. of cane, Calamus Rotang (*Palmæ.*).

රට·ක්‍රානතා, see විෂඤ්ක්‍රානතා.

රථ·ද්‍රැ, *lit.* carriage-tree, the wood of which is used for wheels, see කොබු.

රදලිය, a creeper, Connarus monocarpus.

රද·ඇල්වී, a kind of hill-paddy (රන්, රන්වන්, golden, referring to the colour).

රත්·කිරිය, a shrub bearing beautiful flowers of which the bracts are white and the petals pink, Alpinia nutans (*Scitam.*).

රන්·කෙසරු, see දෙඹ.

රන්·තැඹිලි, golden cocoanut tree, see තැඹිලි.

රන්·පුහුල්, golden pumpkin, a var. of Benincasa (*Cucurb.*).

රත්·මැවිල, a sp. of sida, see මැවිල.

රත්·මානිස්ස, රත්මොටු, a plant having pink petals and blue stamens, Xyris indica *(Xyris.)*.

රත්වන්·අත්තන, golden datura, a sp. of අත්තන.

රත්වන්·කටුකරඬු, a var. of කටුකරඬු.

රත්වන්·කිරිඳි, a var. of කිරිඳිමානා.

රත්වන්·කීකිරිඳි, a hairy plant having gold-coloured flowers, Wedelia calendulacea. *(Comp.)*.

රත්වන්·සඳුන්, red, golden or yellow sandal-wood tree, a var. of Santalum album.

රඹුක්, රඹුණ්, an elegant cane resembling the sugar-cane, Saccharum arundinaceum *(Gram.)*.

රඹ, see රම්භා.

රඹුටන්, a tree bearing red fruit with acidulous pulp, Nephelium lappaceum *(Sapind.)*.

රම්භා, plantain, see කෙසෙල්.

රමස, champak tree, සපු, Michelia Champaca *(Magnol.)*.

රවකැර, a plant, see කෙමකුර.

රවන්·ඉදුර, a tree, Wendlandia Notoniana *(Rubi.)*.

රවි·කාන්ත, *lit.* sun-lord: ap. of the lotus, නෙලුම්; also a paddy field plant bearing red short-lived flowers, Pentapetes phœnicca.

රවි·ප්‍රිය, *lit.* suu-delighting: ap. of රතුනෙලුම්; of කහගොත්ත; of a sp. of basil or තලා, Ocimum gratissimum; and of මෙලා.

රස·කිඳ, a creeper having warted bark and small yellow flowers, Tinospora cordifolia *(Menisperm.)*; also වදුරුතලා.

රස·තැල්, රස·තැල්ල, a medicinal sp. of bind-weed, having large pointed leaves and pale rose-coloured flowers, Ipomœa sepiaria *(Convol.)*.

රසනා, a plant having twining pink flowers, Pæderia fœtida Its root is used as an emetic.

රස·මෙර, a tree, Nephelium Longana, a sp. of මෙර.

රසා, *lit.* the pleasant: ap. of various plants; a creeper with compound umbels, Stephania hernandifolia; also දියමිත්ත; තණකැල් and olibanum tree, Boswellia Serrata.

රසායන, a large anthelmintic creeper, Embelia Ribes *(Myrsin.)*.

රසාල, *lit.* pleasantness: ap. of උක්, අඹ කොසෙ, and olibanum tree.

රසාලා, bent-grass, Cynodon dactylon; also a flower plant, Desmodium gangeticum.

රසාංකට·වෘක්ෂය, terebinth or turpentine tree.

රසෝන, රසෝනක, see සුදුළුනු.

රසනී, a plant, Lobelia nicotianæfolia *(Campan.)*.

(රාජ royal, superior, excellent.)

රාජක, see කරඹ.

රාජ·කෝෂාතකී, see වැටකොළු.

රාජ·ජම්බු, see මහදඹ.

රාජ·ධාන්‍ය, a kind of grain, a var. of වැල් මරුක්කු, Panicum Crus-galli, var. frumentaceum *(Gram.)*.

රාජ·නිශ්වාස·වෘක්ෂය, see හල්ගහ.

රාජ·පුත්‍රී, bitter gourd, a var. of Lagenaria, තිත්තලබු.

රාජ.පුෂ්ප·වෘක්ෂය, *lit.* royal-flower , tree, see නාගහ.

රාජ·බලා, රාජ·වලා, see ආසපුම්බු.

රාජ·මාෂ, *lit.* royal kidney-bean; a species of Dolichos or Phaseolus.

රාජ·මුද්ග, a kind of kidney-bean, Phaseolus.

රාජ·වල්ලී, see කරවිල.

රාජ·වී, a kind of paddy.

රාජ·වෘක්ෂය, a tree, see කිරිපළු and රාජාතන; also ඇහැල; a plant, pigeon-pea, Cajanus indicus; also ap. of various sp. of Euphorbia.

රාජාතන, a tree, කිරිපළු.

රාජා·දන (අදන food), *lit.* royal-food: ap. of කිරිපළු; also of ගස්කැල; a fruit tree, Mimusops Kauki.

රාජනී, see හෙලවර. [අබ.

රාජික, රාජිකා, black mustard, Brassica nigra,

රාජී, mustard, Brassica juncea, අබ.

රාජීව, lotus, see නෙළුම්.

රාඬ, see කුකුරුමාන්.

රාත්‍රි·හාස, *lit.* night-smile: ap. of the white lotus which blooms at night, ඕලු නෙළුම්.

රාබා, see කෙසල්ලි; also කිල්කටරොළු.

රාබු, Port. radish, Raphanus sativus.

රාම, a pot-herb, Chenopodium album; also තෙඹු; and රත්මානිස්ස.

රාම·පූග, a small sp. of Areca or betel-nut tree, see පුවක්.

රාම·සේනක, see කිම්බොකොහොඹ.

රාවණ·ඇල්වී, රාවණවී, a kind of hill-paddy.

රාවණ·රුප්පල, a kind of grass.

රාෂ්ටුකා, see තිබ්බටු.

රාෂ්ටුකී, see එලබටු.

රාෂ්ට්‍රිකා, රාෂ්ට්‍රිකී, see කටුවැල්බටු.

රාෂ්ණ·ඵලා, see රාජාතන and කිරිපළු.

රාසනා, see අරත්ත; also එකාවේරිය.

රුත්ත, a sp. of කහ or saffron, see අරත්ත, අරුත්ත.

රුවු·පුරුක්·විල, a plant, Limnophila racemosa.

රුලි·තණ, a sp. of grass, Panicum plicatum *(Gram.)*.

රූණ·කරවිල, see කරවිල.

රූණ·වැටකොළු, a creeper, Luffa acutangula.

රිට·බුලත්වැල, a creeper, having black leaves and small greenish-purple flowers, Vitis indica *(Ampel.)*.

රිටි, රිටිගස, upas tree, Antiaris toxicaria (*Urti.*). Sacks are made from the inner bark of the tree.
රිල්ල, a plant.
රිල්ල·වැරැල්ල, shield-fern, Dryopteris unita (*Filices*).
රිවි·ඉරමුසු, see සප්සඳ.
රිවි·හිමි, *lit.* sun-lord: see රවිකාංත.
රීඨා, soap plant, see පෙනෙල ගස.
රීෂි, see මුද්ගකෙසිකා.
රිෂ්‍ය·ගන්ධා, *lit.* deer-scent: a pot-herb.
රිශ්‍යා·නියදඬු, a plant.
රිශ්‍යා·පුරුක්, a var. of පුරුක්, Asystasia coromandeliana (*Acanth.*).
රිශ්‍යා·රත්·තණ, a sp. of hill-grass, කොංඩතණ වර්ගයක්.
රුකඟුත (රුක් අඟුත), a plant. Hoya (*Asclep.*).
රුක්·අත්තන, a tree, Alstonia scholaris (*Apocyn.*). The wood of this tree is very light and is often used in making images of Buddha.
රුක්කෙසෙල්, a kind of plantain, Musa paradisiaca.
රුක්·ගස, C. En., a lofty tree, Myristica Horsfieldia (*Myris.*). It produces fragrant flowers and seeds from its trunk.
රුක්·පෙනෙල, see පෙනෙලගස.
රුචක (sharp, tonic), ap. of several trees and plants, viz. ලප්නාරම්, රසායන, එබරු, බදුළු ගස, and woody-cassia.
රුදුරුපා, see කෙසෙල්.
රුදු, see බෙල, බෙලි.
රුදු·පුෂ්ප, see වදමල්ගස.
රුදු·වල්ලි, a kind of creeper.
රුද්‍රාක්ෂ, see වෙරළු.
රුධිර·නාමක, *lit.* blood-named: ap. of saffron, කහ: also කොකුම්.
රුබුක, රුබුක, රුවු, see එබරු.
රුවත්·ඇල්·වී, a kind of hill-paddy.
රුවන්·වී, a kind of paddy (the same as above).
රුහා, bent-grass, Cynodon Dactylon (*Gram.*).
රුණ·තම්පලා, see රණතම්පලා.
රූපාරි, *lit.* enemy of form or beauty: see කොනොහාම්.
රේචක, a purgative plant, see ජයපාල; also a tree, see ඇසල.
රේචනී, see තුත්තවාලු.
රේණු·මිදු, an aquatic plant, Limnanthemum aurantiacum (*Genti.*). (sp. of water-lily).
රේණුකා, see වල් ගම්මිරිස් වැල; also a kind of pulse or chick-pea, Ervum Lens (*Legum.*).
රේණු·නාමක, see පත්පම.
රේණුහැඩිල්ල, a plant.
රේරු·ගස, a medicinal shrub.
රේවා, see නිල් අවරිය.

රොදු·කැටකිල්ල, a sp. of bramble, Rubus lasiocarpus (*Ros.*).
රෝග, see තෙබු.
රෝචක, see කෙසෙල්.
රෝචන, ap. of several plants: viz. ඉඹුල්; රතුහඳුනු; අහළ; දෙළුම්; ප්‍රතිපුෂ්පිකා; also a small tree the seeds of which yield oil, Amoora Rohituka, රෝහිතක. See each one.
රෝචනා, a sp. of crinum.
රෝචනී, see රේචනී.
රෝවි, a pot-herb, Enhydra fluctuans.
රෝදනී, see වැල් කහඹිලියා.
රෝධ්‍ර, see ලෝධ්‍ර.
රෝස·මල්, Eng. rose.
රෝහිත, රෝහිතක, ap. of several plants, viz. a small tree, Amoora Rohituka; safflower, Carthamus tinctorius; and එරබදු.
රෝහිණී, ap. of several plants, viz. කටුකරෝ සන, අරළු, සයඹුල්, මුවකිරිය, මදවිය, also moon-plant.
රෝහින්, රෝහී, see මහනුග, බෝගස, and Amoora Rohituka.
රෝහිෂ, see අනු; also a kind of grass.
ලකුච, a sp. of bread-fruit tree, Artocarpus Lakoocha, see දෙල් and කනගොංන.
ලක්ෂ්මී, see පුවඟු; also turmeric, කහ.
ලක්ෂ්මී·පති, see කරාබු, also පුවක්.
ලක්ෂ්මීඵල, see බෙලි.
ලඝු, ap. of පික්මල්; also of කළු අගිල්.
ලඝු·පුෂ්ප, *lit.* small-flower: ap. of පුවක්ගස.
ලඝු·විරේචනී, *lit.* mild-purgative: see දන්තිකා.
ලංකා·සථාඝී, *lit.* Ceylon-endogen: see නවගන්දි.
ලජ්ජාලු, *lit.* the baspful: see නිදිකුම්බ-
ලට්, ලටු, see වැල්මී or ඔලිඳවැල.
ලවට, see මීගස.
ලතා, (ලතාව any creeper, *pl.* or *a.* ලතා), ලතා designates various plants: Trigonella corniculata (*Legum.*); see පෙනෙලවැල, පුවක් ගෙඩියාවැල, and රුහා.
ලතායෂ්ටි, see වැල්මදට.
ලද, a tree, Gardenia; also a thorny shrub, see කුකුරුමාන්.
ලන්තන, lantana, see රටහිඟුරු.
ලපතැල්කොළ a plant,
ලපුස්, Artocarpus nobilis, see දෙල්.
ලප්නාරම්, citron, Citrus medica.
ලබු අත්දර, a tree.
ලබුජ, ලඹුජ, see දෙල්.
ලබු·මිරිස්, a sp. of pepper, Piper.
ලබු·වැල, pumpkin gourd.
ලබුවෙල්ලංගිරිය, a plant, a var, of Capparis zeylanica; and of වැල්ලංගිරිය, which see.
ලබ්බ, see ලබුවැල
ලම්ග, ලමග, see කුරුඳු and G. D.

ලම්බ·කණ්, *lit.* pendulous ear: a tree, Alangium Lamarckii (*Corna.*), මාලි.

ලම්බා, a bitter gourd, a sp. of Cucumis.

ලයින්·ඇල්·වී, a kind of hill-paddy.

ලලන, a tree, see තල්.

ලවංග, see කරාබු.

ලවණ, see ලුනු.

ලවනී, a coarse kind of custard-apple, Anona reticulata.

ලශුන, ලසුන, see සුදුලූනු.

ලාක්ෂා·තරණ, see තරණ.

ලාක්ෂා·ප්‍රසාදන, *lit.* dye-clearer: see ලොත්.

ලාක්ෂා·වෘක්ෂය, lac-dye tree, see ගස්කැල.

ලාක්ෂිකා, see අරත්තන.

ලාංගල, ලාංගුල, a palm tree, or coconut tree.

ලාංගලී, a plant, Daemia extensa.

ලාංගලිකා, see නියඟලා.

ලාංගලී, ap. of various plants: බෙරුදියකිල්ල; සිරිපලා; දියකිරිල්ල; and නියඟලා.

ලාජ·පුෂ්ප, see මිඳුල්කරද.

ලාදු, ලාල, see බුලත්වැල.

ලාමජ්, ලාමජ්ජක, root of the grass සැවැන්දරා, which see.

ලාවුළු, a timber tree which bears edible fruit, Chrysophyllum Roxburghii (*Sapot.*).

ලිකුච, see ලකුච and දෙල්; also දෙහි.

ලිකෝච, see රුක්අත්තන.

ලිංගවාරිණ, see සිම්බි.

ලියකතුරු, see කපුකිනිත්ත.

ලියතඹලා, see නියතඹලා.

ලියන්, a tree, Homalium zeylanicum (*Samyd.*).

ලීකොළපලා, C. En. plant, Premna procumbens (*Verben.*).

ලීනිය, the screw-tree, Helicteres Isora (*Stercul.*). It is a small, sparsely branched forest tree.

ලුම්·දෙහි, a var. of දෙහි.

ලී·මෑ, a sp. of bean, Vigna Catiang (*Legum.*).

ලුණු·අත්කෙන්ද, a shrub which bears numerous minute white flowers, Evodia Roxburghiana (*Rut.*).

ලුණු·අන්දර, see අන්දර.

ලුණු·අඟුංකෙන්ද, a tree.

ලුණු·කැටියවැල, a creeper, Stephania hernandifolia (*Menisperm.*).

ලුණු·දන්, a shrub, Ardisia humilis (*Myrsin.*).

ලුණු·දෙහි, a sp. of දෙහි, salt-lime.

ලුණු·බින්ද, a plant.

ලුණු·බීනන, a tree.

ලුණු·මීඩලා, a tree bearing large yellow flowers, Stereospermum chelonioides (*Bignon.*).

ලුණු·මිදෙල්ල, a timber tree, Melia dubia (*Meli.*).

ලුණු·වරණ, a small tree, Cratæva Roxburghii (*Cappar.*).

ලුණුවිල, a shrub with blue flowers, hedge-hyssop, Herpestis Monnieria (*Scroph.*). Its juice mixed with petroleum is used as a remedy for rheumatism.

ලූනු, onion, Allium Cepa.

ලෙබතී·තණ, club-rush, Scirpus fluitans (*Cyper.*).

ලෙවී, an aquatic plant, Leersia hexandra (*Gram.*).

ලෙවී·තණ, a kind of grass.

ලේ·කොබොල්, a sp. of yam.

ලේඛනය, *lit.* writing: a kind of grass or reed of which pens are made, Saccharum spontaneum (*Gram.*).

ලේඛ්‍යවෘක්ෂ, palmyra palm, see තල්.

ලේන·ඇල්·වී, a kind of hill-paddy.

ලේන වී, a kind of paddy.

ලේන·හත්ත, mushroom, හත්ත.

ලේනිය·පලා, a plant, Helicteres Isora.

ලේන්තැරි·පුවක්, C. En., small areca-nut palm, Areca concinna.

ලේස්·පසුරු, a sp. of club-moss, Selaginella rupestris.

ලේ·වැරැල්ල, a shrub, flea-bane, Laggera aurita (*Comp.*).

ලොක්වත්, loquat, Japanese medlar, Eriobotrya japonica.

ලොත්·ගස, red lodh tree, the bark of which (ලොත් පොතු) is used to fin the colour in dyeing.

ලොවිලොවි, the tree or fruit called lovilovi, Flacourtia inermis (*Bix.*).

ලෝධ, ලෝධ්‍ර, see ලොත්ගස.

ලෝධ්‍ර·වෘක්ෂය, see ලුණුවරණ.

ලෝමශ, see කොල්ලම්කොල.

ලෝමශා, *lit.* hairy plant, ap. of several plants: a sp. of bonduc; a shrub; see also ජවාමෑංශ; cowitch, Mucuna pruriens, ආවාරියාපලු; another hairy plant, Sida cordifolia.

ලෝලි, ලෝළු, a low tree having edible fruit and roots, Cordia Myxa (*Borag.*). The wood is used for boat-building and fuel, and the bark for ropes.

ලෝහිත (red), ap. of several plants: a red kind of Agallochum; see සහ; රත්සඳුන්; a kind of bean, Ervum Lens; a small tree, Amoora Rohituka, රෝහිතක.

ලෝහිත·චන්දන, ap. of some red plants: see සහ; කොකුම්; රත්සඳුන්.

ලෝහිත·පුෂ්ප, red-flower: see සපත්තුමල්ගස.

වංඇපල, see අගල්ආදර.

වංපර, වම්පර, see හෝම්බර.

වංශ, see උණගස.

වක, වක·පුෂ්ප, a tree producing large flowers and edible legumes, Sesbania grandiflora (*Legum.*).

වකල, වකුලු, see මුකමල්.
වකුතුඹණ, see වැල්මදට.
වක්කිය, see කිඳ.
වක්‍රපුෂ්ප, see වක.
වඞ්කි, see කිඹුරුපියලි.
වගපුල්, see වගපොල්; also තිප්පිලි.
වඩු·ඇල්·වී, a kind of hill-paddy.
වංග, see වම්බටු.
වච්චක, see වකනක and කෙලිඳ.
වජ්‍ර, Emblic myrobalan, see නෙල්ලි; also කුසතණ.
වජ්‍ර·කණ්ටක, *lit.* diamond-thorn or hard-thorn; see දලුක්.
වජ්‍ර·කන්ද, *lit.* diamond or hard-bulb: see කිඹාරම.
වජ්‍ර·ද්‍රැ, වජ්‍රද්‍රැම, hard-tree: ap. of various sp. of Euphorbia.
වජ්‍ර·වල්ලී, a sp. of sunflower, Helianthus annuus, සූර්‍යකාන්තමල්; also for තිරැස්ස.
වජ්‍ර·වෘක්ෂය, see දලුක්.
වජ්‍රා, a sp. of වජ්‍රද්‍රැම; also for රසකිඳ; and මුසම්දණ්ඩ.
වජුල, ap. of several trees: see දියරතමිලා; කොන්; මෙවැල; a flower plant, Hibiscus mutabilis; a timber tree.
වට, banyan tree, see මහනුග.
වට·මිදෙල්ල, a sp. of Barringtonia *(Myrt.)*.
වට·රැස්ස, a plant having radical leaves in a circle, sun-dew, Drosera Burmanni *(Dros.)*.
වට·ලබ්බ, *lit.* round-gourd, see දියලබු.
වටුවා·ඇල්·වී, a kind of hill-paddy.
වට්ටක්කා, see රටලබු.
වතු·ඉඟුරු (වතු garden or cultivated), a sp. of ginger, garden ginger.
වතු·කජු, a var. of cashew, garden cashew, see කජු.
වතු·කරපිංච, a small tree the leaves of which are used to flavour curry, Murraya Kœnigii.
වතු·කහ, a var. of Curcuma domestica, see කහ.
වතු·කහඹිලියා, garden-nettle, a sp. of Fleurya *(Urti.)*.
වතු·කුර, a var. of කුරතම්පලා.
වතු·කෝපි, garden coffee, Coffea arabica.
වතු·කැකිරි, a sp. of කැකිරි or cucumber, Mukia Scabrella *(Cucur.)*.
වතු·ජම්බු, a var. of Eugenia, malay-apple, Eugenia malaccensis *(Myrt.)*.
වතු·පාළුකෙසෙල්, a var. of plantain, see කෙසෙල්.
වතු·රත්මරද, a var. of මරද, which see.
වතු වැරැල්ල, shield-fern, Nephrolepis biserrata *(Filices.)*; also for මානා.
වතු·සැවැන්දරා, garden mānā.
වතු·සුද්ද, a flower shrub, Tabernæmontana coronaria *(Apocyn.)*, see දිවිකදුරු.

වනකන, see කෙලිඳ.
වනකාන, a kind of aconite: see අතිවිඩයන්.
වනා·දනී, *lit.* calves'-food: a plant; also for තිරිපළු; and Timospora cordifolia, රසකිඳ.
වද, see සපත්තුමල්ගහ.
වද·කහා, වද·කහ, a plant, sweet-flag, Acorus Calamus *(Araceæ.)* also orris root.
වදන්, *lit.* face: see මුකමල්ගහ.
වදමල්ගහ, see වද.
වඳුරු·වැල, see වජ්‍රවල්ලී; also තිරැස්ස.
වන·ඉදල, a timber tree.
වන·කර, see එළුකෙටුල්.
වන·ජ, *lit.* forest-born or wild product: ap. of කෙරළිම; also of කලාදුරු.
වනතික්ත, see අරළු.
වන·තිකා, වන·තිකතිකා, see දියමිත්ත.
වන·දීප, *lit.* forest-lamp: ap. of සපු.
වන·පති, forest-lord: ap. of මහනුග.
වන·පුරුක්, a var. of පුරුක්, which see.
වන·පොතු, a tree the seeds of which yield oil for burning, Kokoona zeylanica *(Celas.)*, කොකුම්පොතු.
වන·මල්ලී, wild jasmine, Jasminum angustifolium *(Oleaceæ)*, මල්පිච්ච.
වන·මාලිකා, see ගොත්තුබ; also බෝලිද්ද.
වන·මී, C. En., tree, Bassia fulva *(Sapot.)*.
වන·මෝර, a plant, a white sp. of රණවා or අරත්ත.
වන·රජ, *lit.* forest-king; a plant with brilliant-coloured leaves, Anæctochilus regalis *(Orchid.)*.
වන·ශෘංගාට, see කටු ඉකිලි.
වන·සපු, a forest-timber tree the wood of which is used for furniture &c., Michelia nilagirica *(Magnol.)*.
වනසු, see මිදවිය.
වන·ශෝභන, *lit.* forest beauty: see මානෙල්.
වනස්ස, club-moss, Lycopodium cernuum *(Lyco.)*.
වනුක්, වනුජ්, see කෙන්දිරිස්සා.
වනුරුමිය, වනුල·රුක, see තිරිපළු and මියාගස.
වනු·වැල, see වෙනිවැල.
වන්කරණ්ත්, see වනකර.
වන්වා, see බෑවිල.
වන්හැපල, see වංඇපල.
වඳකිලිල, a tree.
වඳුරු·අල, *lit.* monkey-yam: a sp. of Typhonium or Dioscorea.
වඳුරුඇහැවාදුකෙසෙල්, වඳුරුකෙසෙල්, a kind of plantain.
වඳුරු·තණ, a kind of grass.
වඳුරු·තණ·හාල්, a kind of millet; also a kind of paddy.
වඳුරු·මෑ, cowitch, Mucuna pruriens; black-bean plant, Vigna sinensis.

වඳුරු·වේවැල්, a sp. of cane.
වඳුලැත්ත, a plant.
වම්, see මිදුවිය.
වම්පර, see කොම්පර..
වම්·බටු, egg-plant, brinjal, Solanum Melongena.
වම්·මුතු, see කලාදුරු.
වය·පොල්, Ex. plant bearing yellow flowers, Curculigo recurvata *(Amaryll.)*.
වයඩා, sp. of several plants: moon-plant; see කෙල්ලි, අරළු, and මුකුණුවැන්න or මීතත්පලා.
වසිල්කොළ·ඇල්වී, a kind of hill-paddy.
වරකා·හත්ත, jak-tree mushroom.
වර·චන්දන, *lit.* best sandal: a dark kind of sandal-wood; also a sp. of pine, Cedrus Deodara, දේවදාර.
වරට, many-flowered jasmine.
වරණ, see දුණුවරණ.
වරණ·කැණිකා, *lit.* elephant-ear (the leaves having that shape): see සමරලු.
වර·තිත්ත, a bitter medicinal plant, probably වල්පත්පාඩගම්. [තික.
වර·ද, *lit.* boon-giver: see කෝවක්කා; also
වර·ඵල, *lit.* best-fruit: sp. of පොල්ගස: also of the දෙහි.
වරබර, see ගොඩකදුරු.
වර·ලබ්ධ, see මුකලම්ගස.
වර·වර්ණිනී, *lit.* best colour or class: a plant, turmeric, Curcuma domestica, කහ.
වරා, වරාගස, generic name for the three myrobalans: අරළු, බෙල්ලි and බුළු; also swallow-wort, see මදාර; and a climbing plant, Stephania hernandifolia.
වරාහක්, see අනු.
වරාල, see කරාබු.
වරාලක, see මහකරබ; also කරාබු.
වරාහ, a fragrant grass, a sp. of Cyperus; also a plant, see වරාහකණ්ණ.
වරාහ·කණ්ණ, a plant, Withania somnifera *(Solan.)*, අමුක්කරා.
වරාහ·කාන්තා, *lit.* hog's-delight: see උඟුරල.
වරිකා, pepper, Piper nigrum, ගම්මිරිස්වැල.
වරි, see හාතාවාරිය.
වරුණ, see වරණ.
වරෙණ්ඩි, see තිත් ගොකටුකොල.
වර්, pigeon-pea, see රටතෝර.
වර්තුල, see වතුසුද්ද.
වර්ෂාභූ, see එඩරු.
වෂී·කේතු, see දියඇඹුල් ඇඹිලිය.
වෂ්‍ය, a sp. of pulse, Trigonella corniculata *(Gram.)*.
වෂා·භූ, hogweed; see also තිත්සාරණ; and මහසාරණ.
වලඟ·සාල්, වලගා·සාල්, see ඇටම්රිය.
වලං·මැත්ත, a medicinal plant, Clitoria ternatea, නිල්කටරොළු.
වලු·කීන, C. En., tree, Calophyllum bracteatum *(Guttif.)*.
වලු·තම්පලා, a plant, Amarantus mangostanus *(Amarant.)*.
වලු·පැපොල්, see පැපොල්.
වල්·අඥන, a plant (වල් prefix, wild).
වල්·අතිත්ත, a var. of අතිත්ත.
වල්·අනෝද, a var. of අනෝද.
වල්·අබ, a plant with single yellow flowers, Cleome viscosa *(Capparid.)*.
වල්·අමු, a var. of Paspalam scorbiculatum, see අමු.
වල්·අඹ, wild mango, see අඹ.
වල්·අවර, a biennial creeper bearing flowers in pairs, Canavalia ensiformis *(Legum.)*.
වල්·අවරි, a small sp. of indigo plant or Indigofera *(Legum.)*.
වල්·අසමෝදගම්, wild parlsey, Pimpinella Heyneana *(Umbel.)*.
වල්·ආලංගා, a var. of the moon-flower, see ආලංගා.
වල්·ඇමෝර, a sp. of panic-grass, a var. of ඇමෝර.
වල්·ඇත්·අඩිය, a var. of the plant Elytraria crenata, see ඇත්අඩිය.
වල්·ඇඹිල්ල, a sp. of Antidesma; other sp. are බුඇඹිල්ල and තිත්ඇඹිල්ල.
වල්·ඇහැටු, a shrub the bark and root of which are bitter, Ficus heterophylla *(Urti.)*.
වල්·ඇහැල, Ex. sp. of cassia, Cassia glauca *(Legum.)*.
වල්·ඉඟුරු, C. En., wild ginger, Zingiber cylindricum *(Scitam.)*.
වල්·ඉද්ද, C. En., see සුදුඉද්ද.
වල්·උදු, a plant, Flemingia semialata *(Legum.)*
වල්·එකාමෙරිය, a var. of එකාමෙරිය.
වල්·එඩරු, a plant, Bupleurum virgatum; also C. En., Peucedanum zeylanicum *(Umbel.)*.
වල්·එන්සාල්, wild cardamom, a var. of එන්සාල්.
වල්·එරබදු, wild coral tree, a var. of එරබදු.
වල්·ඔලිද, liquorice creeper, see ඔලිදවැල.
වල්·ඔලිව·ගස, wild olive tree.
වල්·කජු, wild cashew-nut tree, see කජු.
වල්·කඩුපාර, a plant.
වල්·කදුරු, wild kaduru, see කදුරු.
වල්·කප්පරවල්ලිය, wild mint, a var. of කප්පරවල්ලිය.
වල්·කපු, a sp. of cotton plant, Gossypium.
වල්·කසිල, see වැල්කසිල.
වල්·කරපිංච, a plant, Micromelum pubescens *(Rut.)*.
වල්·කරල්·සැබෝ, a var. of මිම්කරල්සැබෝ.
වල්·කහ, wild turmeric, Curcuma aromatica *(Scitam.)*, දඩකහ.

වල්·කහඹිලියා, a sp. of nettle, Fleurya interrupta *(Urti.)*.

වල්·කැවුළු, a var. of කවාළු.

වල්·කැකුන, a tree, Ostodes zeylanica *(Euphorb.)*, මලුපැත්ත.

වල්·කැප්පිටියා, a plant, Mallotus repandus *(Euphorb.)*.

වල්·කිඩාරන්, a plant, Arisæma Leschenaultii *(Araceæ.)*.

වල්·කිඳ, a plant, Tinospora tomentosa, a var. of රුකිඳ.

වල්·කිරිමදු, wild kirimadu, a var. of කිරිමදු.

වල්·කිරිලබු, *lit.* wild milk-pumpkin: a sp. of pumpkin gourd or Cucurbita.

වල්·කුප්පමේනිය, a var. of කුප්පමේනිය.

වල්·කුරක්කන්, a sp. of grass, බැලතණ, Eleusine indica *(Gram.)*.

වල්·කුරුඳු, wild cinnamon, a var. of කුරුඳු.

වල්·කෙසෙල්, වල්·කෙහෙල්, wild plantain, Musa paradisiaca *(Scitam.)*.

වල්·කොණ්ඩොල්, wild kondol or yam.

වල්·කොරකහ, a var. of කොරකහ.

වල්·කොලොන්දු, a kind of wormwood, Artemisia vulgaris *(Comp.)*.

වල්·කොල්ලම්කොළ, an annual hairy plant, Pogostemon Heyneanus *(Labi.)*.

වල්·කොල්ලු, wild kollu, Atylosia rugosa *(Legum.)*

වල් කොහොඹ, wild kohomba, a var. of කොහොඹ.

වල්·කෝන්, wild Ceylon oak, a var. of කෝන්.

වල්·කෝපි, C. En., wild coffee plant, Scyphostachys coffæoides *(Rubi.)*.

වල්·ගම්මිරිස්·වැල, wild pepper creeper, Piper sylvestre *(Piper.)*.

වල්·ගහල, a var. of ගහල.

වල්ගා·මිරිස්, a sp. of Piper or pepper creeper.

වල්·ගැටපිච්ච, a var. of පිච්ච.

වල්·කුරුළු·රජ, a plant, *lit.* wild bird-king.

වල්·කුරුඳ, a shrub, Clerodendrum inerme *(Verben.)*.

වල්·ගොනිකා, a plant, Psychotria sarmentosa *(Rubi.)*.

වල්·ගොත්ත, a plant, Ficus callosa *(Urti.)*.

වල්·ජම්බු, wild jambu, Eugenia aquea *(Myrt.)*.

වල්·ජයපාල, C. En., plant, Ostodes zeylanica var. minor *(Euphorb.)*.

වල්·තණ, a sp. of panic grass, Panicum patens *(Gram.)*.

වල්·තල, a var. of තෙල්තල or Sesamum indicum.

වල්·තිප්පිලි, a var. of තිප්පිලි, Piper argyrophyllum.

වල්·තිබ්බටු, a plant, Solanum trilobatum *(Solan.)*.

වල්·තිඹිරි, a tree, a var. of තිඹිරි.

වල්·තෙලඹු, a large tree, a var. of තෙලඹු.

වල්·තෙක්කොළ·ගහ, bur-marigold or Spanish-needle, Bidens pilosa *(Comp.)*.

වල්·තෝර, wild tora, a sp. of Cassia, see තෝර.

වල්·තෝවැල්ල, a var. of තෝවැල or රිටබුලත් වැල.

වල්·තුසතවාලු, a hairy creeper bearing yellow flowers, purple at the bottom of the bell, Hewittia bicolor *(Convol.)*.

වල්·දත්කැටියා, a var. of දත්කැටියා.

වල්·දියමෙනේරිය, spider-wort, Floscopa scandens, or a var. of දියමෙනේරිය.

වල්·දියලබු, a ligneous creeper, Vitis adnata *(Ampel.)*.

වල්·දිවි·අඩිය, a var. of දිවිඅඩිය.

වල්·නෙදල්, see නෙදල්, cp. රටනෙදල්.

වල්·පත්පාඩගම්, a plant, Oldenlandia corymbosa *(Rubi.)*.

වල්·පලොල්, a tree wild trumpet-flower, Oroxylum indicum.

වල්·පිච්ච, narrow-leaved jasmine, Jasminum angustifolium *(Oleaceæ)*; also a small tree which bears large white flowers, Guettarda speciosa *(Rubi.)*.

වල්·පිහකත්, a plant.

වල්පෝට්ටු, a creeper, a var. of පෝට්ටාවැල or පෝට්ටු, which see.

වල්·බඩඅඹු, a sp. of grass, Panicum fluitans *(Gram.)*.

වල්·බිත්අඹු, a var. of අඹු or Paspalum scrobiculatum.

වල්·බිලින්, wild bilimbi tree, Ailantus malabarica *(Simarub.)*.

වල්·බුත්සරණ, a var. of බුත්සරණ.

වල්·බුරුත, see වල්සපු.

වල්·බූ·මෑ, a var. of බූමෑ.

වල්·බෝංචි, see බෝංචි.

වල්·මකුළු, a var. of මකුළු.

වල්·මල් කුරක්කන්, a var. of වල්කුරක්කන්.

වල්·මැදිරිය, a tree, Diospyros insignis *(Eben.)*, called also ගොත්ත and පොරුවමල්ල.

වල්·මෑ, wild-bean, Phaseolus adenanthus *(Legum.)*.

වල්·මිදෙල්ල, wild midella, see මිදෙල්ල.

වල්·මිරිස්·වැල, a var. of වල්ගම්මිරිස්වැල.

වල්·මුරුංගා, a plant, Breynia patens *(Euphorb.)*.

වල්·මුරුවාදුල්, a var. of මුරුවාදුල්.

වල්·මුදුමෑ, a var. of මුදුමෑ.

වල්·මූකමල්ගහ, a var. of මූකමල්ගහ.

වල්·මෙනේරි, a var. of මෙනේරි.

වල්·රත්දියලබු, a creeper having a flat climbing, stem, Vitis carnosa *(Ampel.)*.

වල්·රසකිඳ, a plant, Zanonia indica *(Cucurb.)*.

වල්ලා, a medicinal tree, the seed being used for diarrhoea &c., Wrightia zeylanica; also for පච්චවල්ලා.
වල්ලිකා, see කිරිඅඟ; also පුහුල්.
වල්ලිබ, a kind of pumpkin.
වල්ලිය, any creeper, වැල; also an aromatic plant, Carum copticum, see ගවානි.
වල්ලි·මධුකර, see මැල්මී.
වල්·ලි·මි, a var. of ලිමි.
වල්ලුහු, a plant bearing a single large white flower, Pancratium zeylanicum (*Amaryll.*).
වල්·වදුරු·කෙකෙල්, a var. of වදුරුකෙකෙල්.
වල්·වදුරු·මි, see වදුරුමි.
වල්·වරකා, a shrub, Casearia esculenta (*Samyd.*). Its leaves when boiled are edible and its roots purgative.
වල්·වහුන්, see සබරළු.
වල්·වැල්·මිදි, a var. of Premna serratifolia, see මිදි; also of කිදිකුම්බ.
වල්·වෙලා, a var. of වෙලා.
වල්·සපු, see වනසපු.
වල්·සමන්පිච්ච, Jasminum angustifolium, වල් පිච්ච.
වල්·සැවැන්දරා, a var. of සැවැන්දරා.
වල්·සූරිය, a var. of සූරිය.
වවුලැටිය, see ගොඩවවුලැටිය; and දියවවුලැටිය.
වශිර, see ගස්කරල්හැබ; also වදකහ.
වශ·කදුරු, C. En., shrub, Alyxia zeylanica (*Apocyn.*).
වසන්ත, *lit.* spring, see බුළු.
වසන්ත·කුසුම, spring flower, see ලෝල, ලෝලු.
වසන්ත·දූත, see අඹ.
වසන්ත·දූති, see පළොල්; also පුවක්ගෙඩියාවැල.
වසන්ත·ද්‍රු, වසන්ත·ද්‍රුම, spring-tree: ap. of the mango as blossoming in the spring, see අඹ.
වසන්ත·පුෂ්ප, spring-flower, see තුන්පුලිල.
වසන්·දලු, *lit.* spring-bud: see රුක් අත්තන.
වසු, a tree, see අච්චික්කා; also ගැටකෙටුල්; a small tree or shrub, Sesbania grandiflora.
වසුඑන්ද්‍රා, see උණගහ.
වස්, fr. වංශ, which see.
වස්සික, වස්සිකා (fr. වස්ස rain), a sp. of jasmine.
වහුන්, see සබරළු.
වහ්නිය, see එළකෙටුල්; also කිරිබදුල්ල.
වහ්නි·ගර්භ, *lit.* fire-womb: ap. of the bamboo, උණ; also of a sp. of mimosa, Acacia Suma: which take fire by friction.
වහ්නි වර්ණ, *lit.* fire-colour: see රත්නෙලුම්.
වහ්නි·ශිඛ, *lit.* fire-crest or flame: safflower, Carthamus tinctorious; also saffron, කහ.
වහ්නි·ශිඛා, a pot-herb, Vallaris Heynei.
වා, a tree, see අරමණ.
වාගහ, a tree, Cassia marginata (*Legum.*).
වාජි·ගන්ධ, *lit.* horse-smell: see අමුක්කරා.
වාජින්, වාජී, see අමුක්කරා and අගල්ආදර.
වාට, a sp. of grain, Pennisetum typhoideum (*Gram.*).
වාට්‍යපුෂ්පි, see බැවිල.
වට්‍යා, වාට්‍යාල, an herbaceous plant, Sida cordifolia.
වාතකී, see එළබටු.
වාත·ඝන, *lit.* flatulence-destroyer, see ඇහැළ; also ලිමි.
වාතඝ්නී, see ආපසුමදු.
වාත·පෝථ, වාත·පෝථක, see ගස්කැල.
වාත·හර, *lit.* wind-remover or anti-flatulent: a sp. of Doona.
වාතාරි (වාත අරි), wind-enemy: see එඩරු; also හාකාවාරිය.
වාතිග, වාතිංගණ, see වම්බටු.
වාතිති, sunflower, සූර්යකාන්ත.
වාත·ප්‍රසාර, see මීගහ; also පාලන.
වානර·පිය, වානර·ප්‍රිය, *lit.* monkey's-delight: a tree, Mimusops Kauki (*Sapot.*).
වානරී, cowitch, see වදුරුමි.
වානල, see මදුරුතලා.
වාන්ත්‍ය, see කලාඳුරු.
වාප්‍ය, see කෙබු.
වාම, a pot-herb.
වාමක, a tree, Alangium Lamarckii, see මාලි.
වායසී, see කොටදිමුලා; also වම්බටු, and හැල්.
වායුපදු, see තරවැල.
වාරණ·කණිකා, see සබරළු.
වාරබුෂා, වැරවලුහා, see කෙසෙල්.
වාරය, see ගස්කරල්හැබ.
වාරාහී, a yam, a sp. of Dioscorea; see also ඌරල; and කොන්තුම.
වාරි·කණ්ටක, *lit.* water-thorn: see දියපරණලා; also ඉකිලිය.
වාරි·චාමර, *lit.* water-whisk: an aquatic plant.
වාරි·පර්ණි, වාරිප්‍රශනි, Pisitia stratiotes, see වාරිකණ්ටක.
වාරිමූලි, *lit.* water-root: see දියපරණලා.
වාර්තා, වාර්තාක, වාර්තාකී, වාර්තාකු, ap. of sp. of Solanum: see වම්බටු; also එළබටු, තිම්බටු; and තරණබටු.
වාළකී, see ගොත්කැකිරි.
වාවය, see මදුරුතලා; C. En., Hortonia floribunda (*Monim.*).
වාශා, වාස, වාසක, see වංඇපල.
වාසන්ත, *lit.* season of spring: see මුංඇට; also පුවක්ගෙඩියාවැල.
වාසන්තී, ap. of බොලිද්ද; also of තිප්පිලි; and of තුන්පුලිල.
වාසා, see වාශා.
වාස්තුක, a sp. of amaranthus or var. of තිල්තම්පලා.
වාහල්ක·පිත්ත, see කොකුම්.
වැට·එරබදු (වැට hedge), see එරබදු.

වැට·කෙකිසා, **වැට·කේ**, see මුදුකෙකිසා.

වැට·කොළු, a cultivated creeper the fruit of which is used as a vegetable, Luffa acutangula (*Cucurb.*), දරවැටකොළු.

වැටකික්, a resinous tree, Canarium zeylanicum or var. of Odina Wodier.

වැට·කිර, see අගල් අදුර.

වැඩි·කොස්·ගහ, a tree, Dracæna Thwaitesii (*Lili.*).

වැඩි·ගොරඩිය, common white pea-plant or field-pea, Pisum sativum.

වැරණිය, a shrub, Hedyotis fruticosa (*Rubi.*).

වැලඟුණ, **වැල්අඟුණ**, a sp. of creeping Hoya or අඟුණ, which see.

වැල·නහත, a twining plant having peltate leaves, Stephania (*Menisperm.*), හුණුකැටිය වැල.

වැල්කහ, a plant the leaves of which yield a yellow dye, Memecylon capitellatum (*Melastom.*), දෙඩනකහ.

වැලි·කුකුරුමොන, a var. of කුකුරුමාන.

වැල·කුරුඳු, a var. of කුරුඳු.

වැල·දඹ, probably a sp. of jambu or වල් ජම්බු.

වැලි·පැන්න, **වැලි·පියානා**, C. En., plant, Anisophyllea zeylanica (*Rhis.*).

වැලිවැහහ, a plant, Dimorphocalyx glabellus (*Euphorb.*).

වැලි·හත්ත, *lit.* sand-fungus: mushroom.

වැලුක (වැල උක), a sort of reed like the sugar-cane in appearance growing on marshy ground and near rivers, Phragmites karka (*Gram.*).

(වැල්, adj. prefix, creeping or twining.)

වැල·අහදර, a var. of අහදර.

වැල·අඟහත, a var. of අඟහත.

වැල්·අල, see යකුහලා.

වැල්·ඇටඹරු, a var. of ඇටඹරු.

වැල·ඇපල, see ඇපල.

වැල·ඇඹල්ල, see රසායන; also කටුඇඹිල්ල.

වැල්·ඇහැටු, see ගස්කෙටුල්.

වැල·ඉකල්, a var. of ඉකල් or කටුඉකිල්.

වැල්·ඉද්ද, a sp. of creeping ඉද්ද, see සුදුඉද්ද.

වැල්·එරබදු, a var. of එරබදු.

වැල්·කදුරු, a sp. of කදුරු (*Apocyn.*).

වැල්·කපු, a sp. of කපු or Gossypium.

වැල්·කපුරු, a plant, Gaultheria fragrantissima.

වැල්·කසිල, a plant, Phyllanthus reticulatus (*Euphorb.*).

වැල්·කරල්හැබෝ, a biennial straggling plant, see ගස්කරල්හැබ.

වැල්·කලවිය, a climbing plant, Derris scandens (*Legum.*).

වැල්·කහ, a creeper, turmeric, see කහ.

වල්·කහඹිලියා, a twining plant having stinging hairs, Tragia involucrata (*Euphorb.*).

වැල්·කැප්පිටියා, a sp. of croton, Croton aromaticus (*Euphorb.*).

වැල්·කැලිය, a shrub, Grewia orientalis (*Tili.*).

වැල්·කිහිකිරිය, a var. of කිහිකිරිය.

වැල්·කුකුලල, a var. of කුකුලල.

වැල්·කුප්පමේනිය, a var. of කුප්පමේනිය.

වැල්·කුඹුරු, see කුඹුරුවැල.

වැල්·කොතලා, see කොතලාවැල.

වැල්·කොලොන්දු, see වල්කොලොන්දු.

වැල්·ගෙඃනිකා, a plant.

වැල්·තඹලා, a plant.

වැල්·තිබ්බටු, see වල්තිබ්බටු.

වැල්·තිඹොල්, a var. of තිඹොල්.

වැල්·තුඹ, a sp. of Momordica, see තුඹකරවිල.

වැල්·දම්සිය, a creeper, Mucuna pruriens.

වැල්·දෙහි, a plant, Azima tetracantha (*Salva.*).

වැල්·නවහන්දි, a creeping plant, Rhipsalis Cassytha.

වැල්·නානු, a spreading shrub, Stylosanthes mucronata (*Legum.*).

වැල්·නිවොල්, a creeping plant having numerous stems, Ficus repens (*Urti.*).

වැල්·නිදිකුම්බ, see නිදිකුම්බ.

වැල්·නියගලා, a var. of නියගලා.

වැල්·නිවිති, see නිවිතිවැල.

වැල්·නුග, a tree, a sp. of Ficus (*Urti.*).

වැල්·පඹුරු, a var. of පඹුරු.

වැල්·පිහිකිරිය, see පිහිකිරිය.

වැල්·පුසුල, see පුසුල.

වැල් පුරුක්, a var. of පුරුක්.

වැල්·පෙනල, see පෙනලවැල.

වැල්·බටු, a plant, a sp. of Solanum.

වැල්·බඹර, see බඹරවැල.

වැල්·බරන්ද, a climbing plant, Stenochlæna palustris.

වැල්·බාදුරු, see බාදුරුවැල.

වැල්·බුත්සරණ, a plant, one calyx lobe of which developes into a white leaf, මුස්සැන්ද, Mussænda frondosa (*Rubi.*).

වැල්·බුටා, a prickly shrub, a sp. of bramble, Rubus moluccanus (*Ros.*).

වල්·බුරුන්ද, see වල්කුරුන්ද.

වැල්·මඩුරු, a sp. of fern, Stenochlæna palustris (*Filices*).

වැල්·බෝවිටියා, a plant, Osbeckia Moonii (*Melas.*).

වැල්·මැවිල, a var. of මැවිල.

වැල්·මිදට or **මිදට·වැල**, a medicinal sp. of madder plant, which also yields a dye, a var. of Rubia cordifolia, මදෙටා.

වැල්·මරුක්කු, a plant, Panicum Crus-galli (*Gram.*).

වැල්·මැඩිය, a creeper, Vitis lanceolaria.

වැල්·මිදි, see මිදිවැල.
වැල්මී, liquorice plant, Abrus precatorius.
වැල්·මුරුංගා, a var. of මුරුංගා.
වැල්·මොංවුටු, a creeper, Ceropegia biflora (*Asclep.*).
වැල්·රදලිය, C. En., plant, Connarus Championii (*Connar.*).
වැල්·රුක්අත්තන, see රුක්අත්තන.
වැල්ලත්ගිරිය, a plant, Paramignya monophylla (*Rut.*); or Capparis horrida (*Capparid.*).
වැල්ලල (වැල්ලඅල), a sp. of Dioscorea, an edible yam.
වැල්·හිඟුරල, a sp. of yam.
වැල්·හිරීතල, see හිරීතල.
වැල්·හිරි, a plant, Cyperus Iria (*Cyper.*).
වැල්·හිරිඨස්ස, see හිරිඨස්ස.
වැසකොද·වැල, a sp. of jasmine, Jasminum azoricum.
වැල්·කොළු, a twining shrub which bears beautiful flowers, Butea superba (*Legum.*).
වැවරණි, a plant, Alseodaphne semecarpifolia (*Laura.*).
වි·කණ්ටක (වි emp.), a thorny shrub, Alhagi maurorum (*Legum.*).
විකසා, විකසා, see වැල්මදට.
විකිරණ, swallow-wort, see මදුර.
විකිරණ·එල, a white var. of විකිරණ, see හෙළවරා.
විගන්ධිකා, see මුඩමහණ.
විඝන, *lit.* obstacle or defence: see මහකරඹ.
විචිත්‍රාංගී, *lit.* variegated form: see දුම්මැල්ල.
විජය, විජයා, a plant, see අරළු; also කසඤ්සා and ඉද්ද.
විජ්‍රා, see විගන්ධිකා.
විට, a tree, Acacia Suma or A. Catechu; also for පැණිදොඩම්.
විටප, see මහනුග; also විටපිය. G. D.
විඩංග, see වලගසාල්; also රසායන.
විඩහිද්, see ගොත්කැකිරි.
විතුන්න, a medicinal plant; a pot-herb.
විතුන්නක, see රමදුඉරුස්ස.
විදර, Indian prickly pear, Rhipsalis Cassytha.
විදරණ, a small tree having peltate leaves, Pterospermum acerifolium (*Stercul.*).
විදූරීගන්ධා, see අස්වැත්ත.
විදුර, E. of වද්: kusa grass, see කුසතණ.
විදුරු, see දෙළුම්.
විද්ධ, *lit.* pierced: see රුක්අත්තන.
විද්ධ·කර්ණි, *lit.* pierced-ear: see දියමිත්ත.
විදැ, a tree, Premna serratifolia (*Verb.*).
විදුලුලතාව, see තිඳගලා, also G. D.
විද්‍රුම, see G. D.
විපර්ණික, see ගස්කැල.
විපුලා, see මුඩමහණ.

විමුජ, a sp. of grass, munja grass, Saccharum arundinaceum, Sans. මුජ.
විභාවරී, turmeric, see කහ.
විභීතක, see බුළු.
වියදඬු·ලබු, *lit.* yoke-pumpkin: bottle gourd, Lagenaria vulgaris, දියලබු.
විර, a plant, Hemicyclia sepiaria (*Euphorb.*).
විරතා, see තිඹිරි.
විරිකසා, a plant, a var. of Ilex; also of වැලිවැත්ත.
විල, a plant, Bonnaya veronicæfolia; also a sp. of cane, Calamus Rotang.
විලංග, see වලගසාල්.
විලදවැත්ත, see විරිකසා.
(විල් prefix signifying pond or lake.)
විල්·කැකිල්ල, a var. of කැකිල්ල or Gleichenia linearis.
විල්·නකුට, *lit.* lake-tail: a plant.
විල්·තාලු, a plant.
විල්·යක්වනස්ස, a var. of යක්වනස්ස.
විලව, see බෙල.
විල්·වනස්ස, *lit.* lake-moss: a sp. of වනස්ස.
විල්·වැරණිය, a var. of වැරණිය.
විල්·වැර, a shrub, Wissadula zeylanica (*Malva.*).
විල්·හබරල, a sp. of Alocasia, see හබරල.
විල්·හැඩයා, a var. of හැඩයා.
විවංඩ, see දෙඹකීත.
විශල්‍යකා, see කුඹුරුවැල.
විශල්‍යා, *lit.* thornless: ap. of රසකිඳ, of නියඹරා, of දන්ති or දූස්ත, and of තුණකවාලු.
විශාලා, see මහගොත්කැකිරි.
විශ්‍ර·ගන්ධා, විශ්‍රා, see මුඩමහණ.
විශ්ව, see තිප්පිලි.
විශ්ව·ගන්ධා, *lit.* all-fragrance: see අඳුනලා.
විශ්ව·දේවා, *lit.* all-divine: see ගස්කැලිය.
විශ්වා, see අතිවිඩයත්.
විෂ·කහ, a plant.
විෂ·ඝ්න, *lit.* poison-antidote: ap. of the tree Albizzia Lebbek; of විකණ්ටක; of බුළු; and of සියඹලා.
විෂ·ඝ්නී, a pot-herb, Enhydra fluctuans; turmeric, කහ; also for ගක්ෂකොම්බු.
විෂ·දූෂණී, see මුඩමහණ.
විෂ·ඩම්බා, see වදුරුමෑ, cowach.
විෂ·නාශන, *lit.* poison-antidote: Albizzia Lebbek (*Legum.*).
විෂ·පුෂ්ප, a plant, Vangueria spinosa; also මාකොල්.
විෂ·පුෂ්පක, see කුකුරුමාන්.
විෂම·ච්ඡද, විෂමච්ඡද, *lit.* uneven-leaf (as having seven leaves on a stalk): see රුක්අත්තන.
විෂ·මුෂ්ටි, a kind of medicinal shrub.
විෂ·විනාශනී, *lit.* poison-destroyer, see තියද.
විෂාණ, *lit.* horn: see තෙළු.

විෂාණිකා, a sp. of Cassia.
විෂාණිකා, see මැඩහලු.
විෂාණි, see මේෂශෘංග.
විෂාපහා (අප හා destroying): a sp. of birthwort, see සප්සඳ; also කටමරාල් and තිත්තලබු.
විෂාරි, *lit.* poison-enemy: a sp. of doona.
විෂ්ණුක්‍රාන්තා, a small flowering plant, regarded as sacred to Vishnu, Evolvulus alsinoides *(Convol.)*.
විෂ්ණුපද, *lit.* Vishnu's-path: the lotus, නෙලුම්.
විෂ්ණුවල්ලභා, *lit.* beloved of Vishnu: see විෂ්ණුක්‍රාන්තා; also මදුරුතලා; and a twining shrub.
විෂ්ණුශයන, *lit.* Vishnu's-bed: see නුග.
විෂ්වක්සේනප්‍රියා, see උයල.
විෂ්වක්සේනා, see රුක්ගස.
විසනාශබීජ, *lit.* poison-destroing seed: see යක්සොමබු.
විසජ, *lit.* lotus-fibre product, viz. lotus flower, Nymphæa Lotus.
විසදූලි, *lit.* poison dust or pollen: a C. En. plant, a poisonous parasite, Cymbidium bicolor *(Orchid.)*.
විසප්‍රසූන, lotus flower, නෙලුම්.
විසම්ඡද, විසම්දල, see විෂමච්ඡද.
විසල්කොක, see රුක්අත්තන.
විසාඛා, see කරිවිල.
විසානි, fr. විෂාණ horn: a creeper which bears fruit in shape like a ram's horn, Dæmia extensa, see නෙබු.
විසාලත්වක්, see රුක්අත්තන.
විසාලා, see යක්සොමබු.
විස්කිණිපණි, a plant with esculent root.
වීතශෝක (වීත priv.), see අශෝක and දිය රතමලා.
වීර, a flowering plant, Nerium odorum *(Apocyn.)*.
වීරණ, see සැවැන්දරා.
වීරතරුව, *lit.* mighty-tree: Terminalia glabra; also for කුඹුක් and අස්දර; also a shrub, Hygrophila spinosa.
වීරවෘක්ෂය, a large tree, වීරතරුව; also for බදුලුගස; and කරල්ඇරිකු.
වීරා, *lit.* heroine: sp. of several trees and plants: see රමළකරිස්ස; කොමදිඹුලා; ඇත් දෙමට; කිරකනු; කිරිකෙමෙල; and the aloe, Agave americana.
වෘක, a tree, Sesbania grandiflora *(Legum.)*.
වෘක්ෂනාථ, *lit.* tree-lord: see මහනුග.
වෘක්ෂරුහ, *lit.* tree-growth: a parasitic plant, Vanda Roxburghii *(Orchid.)*.
වෘක්ෂාම්ල (අම්ල acid), see ඇඹරැල්ල.
වෘක්ෂෝත්පල (වෘක්ෂ උත්:), *lit.* tree-lotus: a large beautiful tree, or perhaps Cochlospermum Gossypium.

වෘත්තපුෂ්ප, *lit.* round-flower: kadamba tree, Anthocephalus Cadamba, see කදම්බ and කොළොම්.
වෘත්තඵල, *lit.* round-fruit: see දෙහි; also ගම්මිරිස්.
වෘත්තිකා, see කොළදන්.
වෘශ්චික, see කාර.
වෘෂ, වෘෂක, see කලාස්වාරණිය.
වෘෂද, see ලීමා.
වෘෂපුෂ්පිකා, see ගොඩමානෙල්.
වෘෂභාක්ෂි, *lit.* ox-eye: see කටරොළු.
වෘෂභි, see අමාරියාපළ; also එත්හාල්.
වෘෂා, sp. of several plants: an aquatic plant, Salvinia cucullata; also අමාරියාපළ, මිහුග; අගල්ආඳර; මිදිවැල; and දුම්මල.
වෘෂාදනී, cucumber, Cucumis sativus, කැකිරි.
වෘහතී, see වම්බටු; also කටුවැල්බටු.
වෙනිවැල, a creeper, Coscinium fenestratum.
වෙනිවැල්ල, see කුම්බිය.
වෙණුතෘණ, a kind of grass.
වෙය, see වේවැල.
වෙරළු, wild-olive, Elæocarpus serratus *(Tili.)*.
වෙලංගස, වෙලඹ, a tree having tough wood, Pterospermum suberifolium *(Stercul.)*.
වෙල්ඇත්කලාඳුරු, a plant, Mariscus Dregeanus *(Cyper.)*.
වෙල්කරවු, a plant, Scleria tessellata *(Cyper.)*.
වෙල්කලාඳුරු, a sp. of Cyperus.
වෙල්කවුඩුදල, a plant, Oldenlandia crystallina *(Rubi.)*.
වෙල්කුඹල්, a sp. of balsam.
වෙල්තුත්තිරි, a plant, Cyperus Iria.
වෙල්දසමිය, a plant.
වෙල්බෙදුරු, see වැල්බෙදුරු.
වෙල්ම්කලාඳුරු, a plant.
වෙල්මාරුකු, see වැල්මරුක්කු.
වෙල්මොට්ටුතණ, see වැල්මොට්ටු.
වෙල්ලත්හිරිය, see වැල්ලත්හිරිය.
වෙල්ලිප්පරත්ති, see මැඩහලු.
වෙල්හිරි, a plant growing in moist ground having stalks from one to two feet high, Cyperus Iria *(Cyper.)*.
වෙසක්මල්, C. En. plant, Dendrobium Maccarthiæ *(Orchid.)*.
වේ, see වේවැල.
වේකුරුඳු, a plant bearing small white flowers, Glycosmis pentaphylla *(Rut.)*.
වේකොලවී, a sp. of paddy.
වේණු, see උණගස.
වේතස, වේත්‍ර, වේත්‍රලතාව, reed, cane, ratan, see වේවැල.
වේදමුඛක, see සිහුරුපියලි.
වේර, see වම්බටු; also saffron, කහ.
වේලා, an annual plant, Gynandropsis pentaphylla *(Capparid.)*.

වෙලා·ගස, a kind of basil, Ocimum gratisismum (*Labi.*).
වෙලා·වැල, a plant.
වේ·වැල, cane, ratan, Calamus Rotang (*Palmæ*).
වෛකුණ්ඨ, see ගැටතුඹ.
වෛජයන්තිකා, a plant, Sesbania aculeata (*Legum.*). [මිදි.
වෛජයන්ති, as වෛජයන්තිකා; see also සිහින්
වෛද්‍ය, see ඇත් කුකුරුමාන්; also කළොස් වැරණිය.
වෛද්‍ය·මාතා, see ඇත් කුකුරුමාන්; also අගල් ආඳර.
වෛදේහී, see තිප්පිලි.
වෛශාඛ, see සාරණී.
වෛශ්‍රවණ·වාස, *lit.* Kuvera's abode: see නුග.
වෝර, a kind of pulse, Vigna Catiang (*Legum.*).
ව්‍යඩම්බක, see එබරු.
ව්‍යාකෝද, see වැකොදවැල.
ව්‍යාඝාත, **ව්‍යාඝාතන**, see ඇහැල.
ව්‍යාඝ්‍ර, a var. of එබරු; a tree, Pongamia glabra (*Legum.*).
ව්‍යාඝ්‍ර·තල, **ව්‍යාඝ්‍ර·නඛ**, see නියද.
ව්‍යාඝ්‍රී, see කටුවැල්බටු.
ව්‍යාධි, see තෙබු.
ව්‍යාධි·ඝාත; **ව්‍යාධි·නාශ**, *lit.* disease-destroyer: see ඇහැළ.
ව්‍යාපන, a plant; also for තෙබු.
ව්‍රණකා, see කළුහලා; also තේපාල.
ව්‍රණඝ්නී, see නියඟලා.
ව්‍රණ[illegible], see අමුක්කරා.
ශකුනි·බණ්ඩ, **ශකුනි·පත්‍ර**, see දඹිත්තරු.
ශකතුළා, a tree, Acacia Suma, සැමගස.
ශක්‍ර, a timber tree, Terminalia glabra; see also කෙළිද.
ශක්‍ර·පාදප, *lit.* Sakra's-tree: Cedrus Deodara, දේවදර; also කෙළිද.
ශටී, see හරන්කහ; also හිකුරුපියලි.
ශඨ, thorn-apple, Datura fastuosa (*Solan.*).
ශණ, hemp, Cannabis sativa, හණ.
ශත·පත්‍ර, *lit.* hundred-leaf: lotus, see නෙලුම්.
ශත·පර්වක, *lit.* hundred-joint: see උණගස.
ශත·පර්වා, see රුහා; also වදකහ.
ශත·පර්විකා, see හෙළඊතණ.
ශත·පුෂ්ප, **ශත·පුෂ්පිකා**, *lit.* hundred-flower: a kind of dill or fennel, Peucedanum graveolens.
ශත·ප්‍රසූතා, *lit.* producer of a hundred: see ශතපුෂ්ප.
ශතප්‍රාස, a flower plant having dart-like leaves, Nerium odorum; also for අලරිය.
ශත·මූලී, *lit.* hundred-root: see හාතාවාරිය.
ශතවීකා, see හෙළඊතණ.
ශතාවාරී, **ශතාහ්ව**, see ශතමූලී.
ශමීර, **ශමීර**, a var. of ශමී.

ශමී, see සැමගස.
ශර·පුංඛ, see පිල.
ශලාකා, **ශලාටු**, a thorny shrub, Vangueria spinosa, මිටිපුස්ස.
ශල්මලී, see ශාල්මලී.
ශල්‍යක, see කුකුරුමාන්.
ශශි·ප්‍රභා, *lit.* moonlight: white edible water-lily.
ශශිප්‍රිය, *lit.* moon-delight: see නිල්මානෙල්.
ශාක·වාස්තුක, see නිල්තම්පලා.
ශාක·වෘක්ෂය, see තේක්ක.
ශාකා·ම්ල, *lit.* strong-acid: see සියඹලා.
ශාකිනී, a sp. of amaranth, see කුරතම්පලා.
ශාකෝට, see ගැට නිවුල්.
ශාකාම්ලය, see බෙල.
ශාත·කුම්භ, a plant, Nerium odorum, see ශතප්‍රාස.
ශාද්වලා, see හෙළඊතණ.
ශාමල, see බෝගස.
ශාම·වාස්තුක, see ශාකවාස්තුක.
ශාරදී, see බෙරුදියහිල්ල; also රුක්අත්තන.
ශාර්ඞ්ගෂ්ටා, see තෑල්වැල.
ශාරිවා, a plant, Ichnocarpus frutescens; also for ඉරමුසු.
ශාල·පර්ණී, *lit.* sal-leaf: a medicinal shrub the leaves of which are like the sal or hal tree leaves, Desmodium gangeticum; also for අස්වැන්න (*Legum.*).
ශාල·වෘක්ෂය, the sal or hal tree, Shorea robusta, see හල්ගස.
ශාල්මලී, see ඉඹුල්.
ශාවර, see ලොත්ගස.
ශිංශපා a tree, Dalbergia Sissoo (*Legum.*).
ශිඛරී, a tree; also for ගස්කරල්හැබ.
ශිග්‍රු, see මුරුංගා.
ශිති·සාරක, *lit.* black essence; see තිඹිරි.
ශිම්බිකා, see කොල්ලු.
ශිරීෂ, a tree, Albizzia Lebbek (*Legum.*), මාරා.
ශිලා, see ගල්පියලි.
ශිලා·ජ, *lit.* rock-product: see ගල්සෙවෙල්; also ගල්පියලි.
ශිලාපත, see කොල්ලු.
ශිලාභිද්, see පොල්කුඹුපලා.
ශිව·ප්‍රිය, *lit.* Siva's-delight: a small slender tree, Sesbania grandiflora; also for කුඳුල්.
ශිවා, see අරළු; also නෙල්ලි.
ශිශිර, see හෙළඊතණ; also ඉරමුසු.
ශිශු·පාලක, see කොළොම්.
ශීත, *lit.* cold: ap. of several plants: see හෙළ සඳුන්, කෝමාරිකා, ලෝද, දිය ඇඹුල් ඇඹිලිය, and කොංහොඹ.
ශීතක, a plant, Marsilea minuta (*Rhizocarp.*).
ශීත·ගන්ධ, *lit.* cold-scent: white sandal, හෙළ සඳුන්.
ශීත·වර, see ලෝද.

ශීත·ද්‍රු, see කොහොඹ.
ශීත·පර්ණී, see එවිලා.
ශීත·පාකිනී, see කාකෝලි.
ශීත·පාකී, a downy plant, Sida cordifolia (*Malva.*).
ශීත·පුෂ්ප, sirisha tree, Albizzia Lebbek; also for කලාදුරු.
ශීත·පුෂ්පි, see මහකරඹ.
ශීත·ප්‍රිය, see ගලිස්; also පැපිලිය and කාම පොත්තා.
ශීත·ඵල, see කෙල්ලි.
ශීත·භීරු, *lit.* cold-dreading: see පිච්ච; also ඉද්ද.
ශීතල, ap. of several plants: see හෙළ සඳුන්, ලෝලු, නෙලුම්, දිය ඇඹුල් ඇඹිලිය, and සපු.
ශීතලා, see ශීතපාකී, ගොන්කැකිරි; also another plant, perhaps Clinogyne dichotoma.
ශීතලා·ලය, see හෙළදම්.
ශීත·වල්ලභ, *lit.* lover of cold: see බළුදම්.
ශීත·වීර්‍ය, see මාතෙල්.
ශීත·ශිව, see ශතපුෂ්ප.
ශීත·සහා, see කෝමාරිකා.
ශීත·සෞගන්ධි, red lotus, see නෙලුම්.
ශීධු·ගන්ධ, *lit.* rum-scent: see මුනමල්ගහ.
ශීධු·පුෂ්පි, *lit.* rum-flower: see මුනමල්ගහ.
ශීධු·ඵල, see කෙල්ලි.
ශුක, sirisha tree, Albizzia Lebbek; see also තොවිල.
ශුක·තරු, sirisha tree.
ශුක·නාස, see තොවිල; also ලෙවජහතිකා.
ශුක·ප්‍රියා, see ජම්බු.
ශුක්ලා, a fragrant plant, either a sp. of Cyperus or Curcuma.
ශුකලක, see සුදුලූනු.
ශුකල·ගන්ධා, a tree yielding a medicinal drug, see අතිවිඩයන්.
ශුකල·ගන්ධිකා, a creeper, see නුගනවාලු.
ශුකලා, see කිරිබදු.
ශුභ්‍ර, see හෙලසඳුන්.
ශුක·ශිම්බා, ශුක·ශිම්බි, ශුකා, cowitch, Mucuna pruriens, වදුරුමෑ.
ශුනකා, see ගොත්තුබ.
ශූනා, a hollow reed, බටජාතියක්; also for කටුපතුක්.
ශූරණ, see කිඩාරම්; also for තොවිල.
ශූර්පිණී, ශූර්පපර්ණී, see කිත්මෑ.
ශූල·ශත්‍රු, *lit.* anti-colic, viz. එබරු.
ශූලිනී, see රසකැල්.
ශෘංගාට, ශෘංගාටක, see ඉකිලිය; also a shrub, Hygrophila Spinosa.
ශෘංගාරී, see පුවක්.
ශෘංගි, ශෘංගිකා, a plant, Betula.
ශෘංගිණී, see පිච්ච; also පෙනතලවැල; and a medicinal plant.
ශෛඛරික, see ගස්කරල්හැබ.
ශෛරීය, ශෛරීයක, see කටුකරඬු.
ශෛල, rock-moss, ගල්සෙවෙල්.
ශෛලූෂ, the bel tree, see බෙලි.
ශෛව, an aquatic plant or moss, Blyxa zeylanica.
ශෛවල, ශෛවාල, see දියහවරිය and ශෛව.
ශෝකාරි (අරි anti), *lit.* anti-grief: kadamba tree, Anthocephalus Cadamba, see කොළොම්.
ශෝණ, swallow-wort, see මදාර.
ශෝණක, see තොවිල.
ශෝථ·ඝ්නී, *lit.* anti-tumour: hogweed.
ශෝථ·කාරක, see බිදුලුගහ.
ශෝභනක, ශෝභාඤ්ජන, horse-radish tree, see මුරුංගා.
ශෞණ්ඩී, see තිප්පිලි.
ශ්‍යාමල, *lit.* having or giving black or dark blue: see ගම්මිරිස්; also බෝගහ.
ශ්‍යාමා, *lit.* black or dark blue: ap. of several plants, see රුක්ගස, කළුනුගවාලු, පෙනතල වැල, ඉරමුසු, and නිල්අවරිය.
ශ්‍රවණා, see කිරිතිල්ල.
ශ්‍රමණ, see ජටාමාංස; also සගබුල්.
ශ්‍රමණී, see මුඩමහණ.
ශ්‍රවා, see මුරුවා. [බෙලි.
ශ්‍රී, a sp. of pine, Pinus longifolius; also for
ශ්‍රී·කර, *lit.* beauty-maker: ap. of රත්නෙලුම් and නිල්මානෙල්; also ඉරිවේරිය.
ශ්‍රී·කරී, see බුලත්වැල.
ශ්‍රී·ඛණ්ඩ, see සඳුන්.
ශ්‍රී·ද්‍රුම, see බෙලි.
ශ්‍රී·ධර, a sp. of basil, තලෑ.
ශ්‍රී·නිකේත, ශ්‍රී·නිකේතන, *lit.* beauty's-abode: see රත්නෙලුම්.
ශ්‍රී·නිශ්‍රේණි, see කස්පාල.
ශ්‍රී·පර්ණ, *lit.* beauty-leaf: ap. of නෙලුම් and දියපරණලා.
ශ්‍රී·පර්ණී, ap. of ඇත්දෙමට, of සිහින්මිදි, and of ඉඹුල්.
ශ්‍රී·පුෂ්ප, *lit.* excellent-flower: see කරාබු.
ශ්‍රී·ඵල, *lit.* beautiful or excellent fruit: see
ශ්‍රී·ඵලී, see කෙල්ලි; also නිල්අවරිය. [බෙලි.
ශ්‍රී·හඳ, see කලාදුරු.
ශ්‍රීමත්, see මදටිය.
ශ්‍රී·වාස, *lit.* blessed perfume or abode: see නෙලුම්.
ශ්‍රී·වෘක්ෂ, *lit.* auspicious or blessed tree: see බෝගහ.
ශ්‍රී·වේෂ්ටක, *lit.* excellent gum or resin: සුඹුල්.
ශ්‍රී·හස්තිනී, *lit.* Lakshmi's-hand: viz. the sunflower, which she holds in her hand, Heliotropium indicum.
ශ්‍රේයසී, *lit.* excellence: a sp. of long-pepper, see ගජකණ; also අරළු; and දියමිත්ත.
ශ්‍රේෂ්ඨා, *lit.* most excellent: see අරළු; also for තිපල.
ශ්ලේෂ්මක, see කිරිපළු.

ශ්ලේෂ්ම·ඝ්නා, *lit.* phlegm-remover: see පිච්ච, also මැටශෘංගිකා.

ශ්ලේෂ්ම·ඵල, ශ්ලේෂ්මාතක. see ලෝලු.

ශ්වදංෂ්ට්‍රා, *lit.* dog's-tooth: see රටඇතුරුස්ස; also කතකගොරක.

ශ්වධූ, see කොබහිල.

ශ්වසන, see කුකුරුමාන්.

ශ්විත්‍ර·ඝ්නී, *lit.* leprosy-destroyer: a plant, Tragia involucrata *(Euphorb.)*.

ශ්වේත·ඛදිර, a white sp. of ඛදිර, Acacia Suma or Acacia Catechu.

ශ්වේත·චන්දන, see සුදුසඳුන්.

ශ්වේත·ජම්බු, see ජෙලදම්.

ශ්වේත·දන්, see ඉරුක්.

ශ්වේත·තිය, see ඉඟිනි.

ශ්වේත·පත්‍ර, see මිහාසාරණ.

ශ්වේත·පාටලා, trumpet-flower plant, Stereospermum suaveolens, see සුත්පුලිල.

ශ්වේත·පුංඛ, a plant, Nerium *(Apocyn.)*, ඔල.

ශ්වේත·පුෂ්ප, a small tree, Vitex trifolia *(Verb.)*, T. නිකගොච්චි.

ශ්වේත·පුෂ්පක පුෂ්පා, පුෂ්පි, a white var. of Nerium odorum.

ශ්වේත·ප්‍රසූනක, a tree.

ශ්වේත·භණ්ඩා, see නිල්කටරොළු.

ශ්වේත·මධුර, see වැල්මුරුංගා.

ශ්වේත·මූෂ්ටි, see පෙරගහ.

ශ්වේත·මූලා, see ශ්වේතපත්‍රා.

ශ්වේත·රක්ෂා, white mimosa, see රක්ෂා.

ශ්වේත·වාහ, see කුඹුක්.

ශ්වේත·විෂා, a white var. of Lagenandra lancifolia, see අතිවිඩයන්.

ශ්වේත·ශිම්ප, see කොළඅඹ.

ශ්වේත·සාර, see ශ්වේතඛදිර. [see.

ශ්වේත·සුරසා, a white var. of ශේපාල, which

ශ්වේතා, *lit.* the white; sp. of several plants: a sp. of grass, Andropogon aciculatum; also නිල්කටරොළු; and කෝරකහ.

ශ්වේතාඛි (ශ්වේත අඛි), see අඛි and කෙලවරු.

ෂට්පද·ප්‍රිය, *lit.* bees'-delight: ironwood tree, Mesua ferrea *(Guttif.)*, නාගහ, the pollen of which is liked by bees.

ෂට්පදානන්ද (ෂට්පද ආනන්ද), *lit.* bees'-delight: see කොබලාම්.

ෂඩ්ග්‍රන්ථ, *lit.* six-knot: a var. of කුඹුරුවැල.

ෂඩ්ග්‍රන්ථිකා, see හරත්කහ; also කිහුරුපිකලි.

ෂණ්ඨික, see හැටදෑම්.

සකට, see ගැවහිටුල්.

සකට·ශෝචනා, see ගුගුල්.

සකද්‍රු, see ඉදිගහ.

සකුලාක්ෂක, see කලාදුරු.

සක්සඳ, සක්සොඳ, a twining shrub having bitter roots, Aristolochia indica *(Aristo.)*, සජසඳ.

සඟජ්ජ, see හල්.

සත·ධා, *lit.* hundred-bearings: see රුහා.

සත·පත්, see තෙළුම්.

සතර·ඟුල් (අඟුල්), *lit.* four-fingers: see ඇහැල.

සත්·කදම්බ, *lit.* good kadamba: see වෘත්තපුෂ්ප.

සත්·දල, සත්·පත්, *lit.* seven-leaves: see රුක්අත්තන.

සත්·පෙති·දසමන්, *lit.* seven-petalled jasmine: double-jasmine.

සත්ඵල, see දෙළුම්.

සත්‍යනාම, see ගිත්තෙරුම්කොළ.

සත්·සඳ, see සක්සඳ.

සදපුෂ්පි, swallow-wort, see මදාර.

සද·ඵල, *lit.* perennial fruit: sp. of පොල්ගහ, අච්චික්කා, බෙල, and පිටවක්කා.

සද·සඳු, *lit.* ever-good: see ඇත්දෙමට.

සදුල, see ඊතණ.

සන, see සන්ත්‍යා.

සන්කුඩා·ඇල්වී, a sp. of hill-paddy.

සන්තාලතාව, double-jasmine, celestial creeper.

සන්නිකාගත්, an annual medicinal plant, Vernonia anthelmintica *(Comp.)*, සාගත්.

සද·ජජ, a plant, St. John's-wort, Hypericum japonicum.

සඳුන්, සඳුන්·ගහ, E. of චන්දන: sandal-wood tree, Santalum album *(Sant.)*.

සපත්තු·මල්·ගහ, china-rose or shoe-flower plant, Hibiscus Rosasinensis.

සප·දංශ, *lit.* serpent's-tooth: see මුරුංගා.

සපිනි, see ආපසුමදු.

සපු, champaca tree, Michelia Champaca *(Magnol.)*. It is a useful timber tree bearing yellow fragrant flowers, which are offered daily in B. temples.

සපු·ආනාවාළු·කෙසෙල්, a kind of plantain, Musa paradisiaca.

සපු·මිලිල, see මිලිල.

සප්ත·පර්ණ, *lit.* seven-leaves: see සත්දල.

සප්ත·ලා, *lit.* having seven: a sp. of jasmine, ශේපාල; also for පළොල් and දුනුමල.

සජ්සඳ, see සක්සඳ.

සබර, see දියමිදෙල්ල.

සබරල, a plant with a bulbous edible root and large ornamental leaves, Alocasia macrorrhiza *(Araceæ.)*.

සබරී, see මීහුන.

සම·ගන්ධික, see සැවැන්දරා. [මදට.

සමංගා, see සැමුල්; also පුළුවැලිල; and වැල්

සමදර, a small tree, Samadara indica *(Simarub.)*.

සමන්, generic name for jasmine, sp. for පිච්ච.

සමන්·ඇල් වී, a kind of hill-paddy.

සමස්ත·දුග්ධා, *lit.* entire-milk: see කවහත්දී; also දුදුත්.

සමන්·පිච්ච, see පිච්ච.

සමාරෝහ, see ඉදිගහ.

සමීරණ, see තෙළුවර.

සමුද්‍රකාව, see දිවිපසුරු.
සමුද්‍රාන්ත, see සාදික්කා.
සමුද්‍රාන්තා, see කපුගස ; also Tragia involucrata, see වැල් කහඹිලියා.
සම්පාක, see ඇහැළ.
සතාවරී, ap. of several plants: හීනුග ; also Asparagus racemosus ; a medicinal plant, having white flowers, Chlorophytum Heyneanum ; and an aquatic plant, Salvinia cucullata.
සඟමුල්, see සායම්මුල්.
සර, a sp. of reed or grass, Saccharum arundinaceum ; also for නෙළුම්.
සරස, a tree.
සරම, සරමා, safflower plant.
සරණ, see කටුපිල ; also සාරණී.
සරදි, see රුක්අත්තන.
සරල, සරලද්‍රුම, a sp. of pine, Pinus longifolia.
සරලා, see ත්‍රස්තවාලු.
සරසිජ, *lit.* lake-born : ap. of the lotus, නෙළුම්.
සරසිරුහ, lake-grown : නෙළුම්.
සරු, see නෙළුම්.
සරෝජ (සරස් lake, ජ produced), see සරසිජ.
සරෝරුහ, see සරසිරුහ.
සර්ජ, සර්ජක, a tree, Terminalia glabra ; also for හල්ගස.
සර්පනාලි, *lit.* serpent-stalk or tube : see කිඩාරම්.
සර්පමාරී, *lit.* snake-killer : see කළුකත්තෙසිරිය.
සර්වතික්තා, *lit.* all-bitter : see පතෝල.
සර්වතෝභද්‍ර, (සර්වතස්භද්‍ර) : see කොහොඹ.
සර්වතෝභද්‍රා, see ඇත්දෙමට.
සර්වසිද්ධි, *lit.* all-perfection : see බෙලි.
සර්වානුභූති, *lit.* all-experience : see ත්‍රස්තවාලු.
සර්ෂප, a sp. of mustard, Brassica campestris, see අබ.
සල, සල්ගස, සල්ල, see හල්ගස.
සලදල, සලපත්, *lit.* shaking-leaf : ap. of the බෝගස.
සලසම, see ලුණුවරණ.
සලිමලි, see ඉඹුල්.
සලිලකුන්තල, *lit.* water-hair : see දියසෙවෙල්.
සලිලජ, *lit.* water-born : ap. of the lotus, නෙළුම්.
සල්ලකී, gum-olibanum, Boswellia serrata *(Burser.)*.
සල්ල පෙතිමල්ගස, a plant.
සල්ව, see ඉඹුල්.
සවිණා, see අතිවිඩයන්.
සවුසන්ද, see සවඳොසන්ද.
සස, a tree.
සසලදල, see සලදල.
සසෙල්, see සඳුන්.
සහකාර, සහපුරු, see මී අඹ.
සහදේවා, a twining shrub, Ichnocarpus frutescens, කිරිවැල.

සහදේවී, a plant, a sp. of Sida, බැවිල.
සහස්පත්, සහස්‍රපත්‍ර, *lit.* thousand-leaf : lotus, නෙළුම්.
සහස්‍රවීර්‍ය, *lit.* thousandfold-vigour : see රුහ, and හෙලූප්පණ.
සහස්‍රවේධි, a sp. of cane, Calamus Rotang *(Palmæ)*.
සාක, see තේක්ක.
සාකන, see ලුණුවරණ.
සාතලා, see ලුණුවිල.
සාතාවාරිය, see හාතාවාරිය.
සාදික්කාගස, nutmeg tree, Myristica fragrans.
සාධුපුෂ්ප, *lit* excellent flower : Hibiscus mutabilis.
සාධුඵල, see ඉහෙඹර.
සාධු වෘක්ෂය, cadamba tree, Anthocephalus Cadamba.
සානි, a plant, Corchorus olitorius *(Tili.)*. A coarse cloth is made from its fibres.
සායම්මුල්, the chay-root plant, Oldenlandia umbellata *(Rubi.)*. From its roots a red dye is made.
සාරගන්ධ, *lit.* essence-scent : සඳුන්.
සාරණ, see දියඇඹුල් ඇඹිලිය ; also ඇඹරැල්ල.
සාරණී, a shrubby twining plant, Pæderia foetida *(Convol)*.
සාරතරු, *lit.* sap-tree (as being woodless), see කෙසෙල්.
සාරදි, see රණවරා ; also කටුරෝහිණී.
සාරටී see තියකලා.
සාරවිරතරුව, see අත්දර.
සාරශ්‍රේෂ්ඨ, see මදවිය.
සාරස, *lit.* of a lake : ap. of the lotus, නෙළුම්.
සාරූ, durba grass ; also see ලීමී.
සාරිබ, සරිබා, see ඉරමුසු.
සාල, see හල්ගස.
සාලකල්‍යාණී, an excellent var. of සාල or hal tree, see ශාලවෘක්ෂය.
සාලද්‍රුමය, සාලවෘක්ෂය, see හල්ගස.
සාලපර්ණී, සාලිකා, Desmodium gangeticum, see ශාලපර්ණී.
සාලපුෂ්ප, see සාධුපුෂ්ප.
සාවර, a tree.
සැටදඇල්වී, *lit.* sixty-day hill-paddy, a sp. which matures in sixty days.
සැදුල්, arrow grass.
සැබෝගස, see ගසකරල්හැබ.
සැවැන්දර, සැවැන්දරා, සැවැන්න, a fragrant grass called cuscus grass, Andropogon squarrosus *(Gram.)*.
සැහැපුරු, see අඹ.
සැමගස, a tree, Acacia Suma *(Legum*, වීව, ශමී.

(සිංහ, prefix : lion or pre-eminent.)

සිංහකේශර, *lit.* lion's-mane : see මුනමල්ගස.

සිංහ·පර්ණී, සිංහතුඩි, see අගල් ආදර.
සිංහපුච්ඡ, (පුච්ඡ tail), Uraria lagopoides or පුස්වැන්න.
සිංහල·අසමෝදගම්, aniseed, Pimpinella Anisum or වල් අසමෝදගම්.
සිංහල·කපු, Sinhalese or Ceylon cotton, Gossypium indicum (*Malva.*).
සිංහවින්නා, see මස්වැන්න.
සිංහා·සාස (ආස්‍ය face), *lit.* lion-face, the flowers of the tree resembling a lion's face, see අගල් ආදර.
සිංහිකා, *lit.* lioness-like, see අගල් ආදර.
සිංහි, egg-plant, Solanum Melongena, a var. of එලබටු; also for කටුවැල්බටු.
සිකුරු·පිඇලි, සිකුරුපිඇලි, see සිකුරුපිඇලි.
සිංඝි, see මැඩහඹු; also අගල් ආදර.
(සිත, prefix, white.)
සිත·කුලක, a medicinal plant, Sida cordifolia.
සිත·ශිවී, see සතපුෂ්ප.
සිත·දු, see සෙව්රම.
සිත·ද්‍රෝණ, see ගොත්තුඹ.
සිත·පුෂ්ප, see කලාඳුරු; also a grass, Saccharum spontaneum (*Gram.*).
සිත·පුෂ්පා, see පිච්ච.
සිත·සම්ප, see ගෙතඹු අඹ.
සිතා, see සිතපුෂ්පා; also කාවෙරොළු.
සිතාණ්ඩිකා, see සිහසාරක.
සිතා·ම්බු·ජ (අම්බු water, ජ product), white lotus, see සුදු and හෙල නෙලුම්.
සිතා·ජ්ජක (අජ්ජක basil), white basil, Ocimum gratissimum (*Labi.*).
සිතා·ලතාව, *lit.* white creeper: durba grass bearing white blossoms.
සිදර·, common citron.
සිදු, සිදුවර, E. of සින්ධුවාර, සිදුවරණ, see නිල් [නික.
සිදු·කතු, see සිතසම්ප.
සිද්ධාර්, white mustard, සිතසම්ප; banyan tree, මහනුග.
සිනිමලා, see සියඹලා.
සිඳි, see ඉඳිගහ.
සින්දුක, සින්ධුක, see සිදු &c.
සින්දූරි, see කොල්ලොබ් and ගොඩම්බකොල්; also මලිත.
සින්ධු, සින්ධුවාරජද, සින්ධුවාරිකා, සින්ධුවාරික, see නිල්නික.
සිඵා, see ජටාමාංස; also turmeric, කහ.
සිඵා·රුහ (සිඵා fibrous root, රුහ growth), banyan tree, see මහනුග.
සිම්බ, Cassia alata, see රටතොර.
සිම්බි, see සිත්මෑ.
සිම්ළි, E. of සැල්මලි.
සිය·පත්, E. of සතපත්.
සියඹලා, tamarind, Tamarindus indicus (*Legum.*).

සිරි, a tree, Cassia Fistula; also a sp. of grass, Imperata arundinacea.
සිරිකඩ, සිරිකම්ල, see සඳුන්.
සිරි·පෙත්සතු, a shrub, Clerodendron Siphonanthus.
සිරි·පල, සිරිල, see බෙලි.
සිරි·බෝ, see රටබුලත් වැල.
සිරි·වටු, see සුළුබෑවිල.
සිරිවැඩි·බැලිල or බැවිල, said to be Sida cordifolia, සිරිවටු, or perhaps Hibiscus micranthus.
සිලිල්·දත්, lotus, see නෙලුම්.
සිවිය, සිවිය·වැල, E of චව්‍ය: a sp. of pepper plant, Piper chavya (*Piper.*).
සිව්·රැස්, සිව්රැස්ස, a climbing plant edible when tender, having four winged stems and bearing red berries, Vitis quadrangularis (*Ampel.*), හීරැස්ස.
සසි·පිය, *lit.* moon-delight: see මානෙල්; also a sp. of jasmine, Jasminum pubescens.
සිහින්·අරත්ත, a small sp. of Mimosa, see අරත්ත.
සිහින්·ඇල්·වී, a small kind of hill-paddy.
සිහින්·එන්සාල්, small cardamoms, see එන්සාල්.
සිහින්·දඹල, a var. of දඹල.
සිහින්·මිදි, a small tree having small hairy flowers, Premna serratifolia (*Verb.*).
සිහින්·මැඩහඹු, a var. of මැඩහඹු.
සිහින්·වී, a kind of small paddy.
සිහිල, see සඳුන්.
සිතාම්බු·ජ, සිතාම්බෝ·ජ, see සිතාම්බුජ.
සීතාජ්ජක, see අඳුකොල.
සීත·මුල්·ගහ, a tree having a medicinal root, china-root.
සීසිය, a thorny shrub, Acacia Farnesiana (*Legum.*).
සිහුන්ඩ, milk-hedge plant, spurge, Euphorbia tortilis (*Euphorb.*).
(සින් for සිහින්)
සින්·ඉද්ද, a var. of ඉද්ද, probably සුදුඉද්ද.
සින්·එඹරු, a var. of එඹරු.
සින්·එන්සාල්, see සිහින් එන්සාල්.
සින්·ඩෙබර, a small var. of ඩෙබර or Zizyphus Jujuba.
සින්·දුම්බඩ, a sp. of bind-weed, Argyreia speciosa (*Convol.*).
සින්·නාරම්, a small var. of නාරම්ගහ.
සින්·මිදි, see සිහින්මිදි.
සින්·මුං, a small var. of දඹල or kidney-bean.
සින් මැඩහඹු, see සිහින් මැඩහඹු.
සින්රත්ත, see සිහින් අරත්ත.
සිවාලිකා, see සේවාලිකා.
සිවුක, see වංඇපල.
සිරැස්, සිරැස්ස, see සිව්රැස්.
සී·වල, සී·වැල, *lit.* sleeping-creeper: an aquatic plant.

සිහුණඩ, සිහුණඩි, see දලුක්.

සු·කන්ද, *lit.* good bulb or yam: ap. of ගුසු, yam, අල; a sp. of rush, Scirpus grossus; and of කිඹාරම.

සුක·වල්ලභ, *lit.* parrot's-delight or friend: ap. of දෙළුම. [මාරා.

සුකා·ක්‍රීඩා, *lit.* parrot's-play: see මිදපිය; also

සුකා·දන (අදන food), *lit.* parrot's-food: see දෙළුම.

සුකාඟ, see වැල්තුඹ.

සු·කුමාර (කුමාර, tender, young), a var. of sugar-cane, see උක්; a kind of grain, Panicum colonum; a kind of wild සඳු.

සු·කුමාරක, see කොල්ලම්ගහ.

සු·කුමාරා, double jasmine or jasmine with large flowers; also plantain, කෙසෙල්.

සු·ගන්ධ, *lit.* good scent: ap. of මාකෙල්; සඳුන්; එලු ඉඹුල්; and of කීතදෙබ.

සු·ගන්ධක, ap. of පැණිදෙඩම්; also a sp. of gourd.

සු·ගන්ධ·කුසුම, see සුගන්ධිකුසුම.

සු·ගන්ධමූලගා, a small curry-seed, see උළුහාල්.

සු·ගන්ධමූල, see සුගන්ධිමූල.

සු·ගන්ධමූලා, see ඉරමුසු.

සු·ගන්ධා, sweet-scent: ap. of several plants: see අරත්ත; හරත්කහ; මදුරුතලා; various sp. of පිච්ච; and අසිම්බයන.

සු·ගන්ධා·ගරු (අගරු), sweet-scented agallochum.

සු·ගන්ධි, ap. of various fragrant plants: a fragrant sp. of mango, white lotus, මිල; කලාඳුරු; Scirpus grossus, සුකන්ද.

සු·ගන්ධික, a large kind of paddy or rice; white lotus, මිලු.

සු·ගන්ධි·කුසුම, a sp. of Nerium with yellow flowers. [culata.

සු·ගන්ධි·කුසුමා, a pot-herb, Trigonella corni-

සු·ගන්ධි, see එත්සාල්.

සුග, see මහසුග; also අම්බරැල්ල.

සු·චක්ෂුස්, *lit.* pleasant-eye: see අට්ටික්කා.

සුචි·කර්ණිකා, *lit.* white-pericarp: white lotus, [මිල.

සුත·ජීව, (සුත son or progeny), see පුත්‍රජීව.

සුත·ශ්‍රේණි (ශ්‍රේණි row or line), a floating plant, Salvinia cucullata; also see මීසුග.

සුතා, a plant, Alhagi maurorum.

සු·තික්තක, (සු emp.), a sp. of gentian used as febrifuge, Swertia Chirata; also එරබදු.

සු·තීක්ෂණ, *lit.* very-sharp: see මුරුංගා.

සු·තුංග, very-high: see පොල්ගහ.

සු·දර්ශන, fine appearance: see ජම්බු.

සු·දර්ශනා, a plant, (සුදු, prefix, not always distinctive, but often merely a fuller description of the plant).

සුදු·අත්තන, white datura, see අත්තන.

සුදු·අත්සාලි, a var. of අත්සාලි.

සුදු·අරලිය, temple tree, see අරලිය.

සුදු·අවර, sabre-podded bean plant, Canavalia ensiformis *(Legum.)*.

සුදු·අවරිය, indigo plant, a var. of Indigofera tinctoria.

සුදු·ඇත්මිලු, a var. of ඇත් මිලු.

සුදු·ඇල්වී, a kind of hill-paddy.

සුදු·ඉද්ද, C. En. flowering plant, Wrightia zeylanica *(Apocy.)*.

සුදු·ඉත්තර, a plant, hooded-milfoil, Urticularia nivea.

සුදු·ඉරිඟු, see ඉරිඟු.

සුදු·උක්ගහ, see උක්ගහ.

සුදු·ඔලිද, see ඔලිදවැල.

සුදු·කටරොළු, a var. of Clitoria ternatea, see නිල්කටරොළු.

සුදු·කවුපතුක්, a var. of කවුපතුක්.

සුදු·කතුරු·මුරුංගා, a var. of කතුරුමුරුංගා.

සුදුකන්නත්තෝරු, a kind of plantain, කෙසෙල් වර්ගයක්.

සුදු·කඳ, see කිරිබදු.

සුදු·කදල, a var. of කදල.

සුදු·කඳහත්ත, a kind of mushroom on the trunk (කඳ) of a tree: tree-fungus.

සුදු·කාසිරි, endive, Cichorium Intybus *(Comp.)*.

සුදු·කෑකිරි, see යක්කොමඩු.

සුදු·කිඹුල්වැත්ත, Polygonum tomentosum *(Polygon.)*.

සුදු·කිරි·ඇල්වී, a kind of hill-paddy.

සුදු·කිරිදි, a plant, Eclipta alba *(Compos.)*.

සුදු·කුමාරවී, a kind of paddy.

සුදු·කොට්ටම්බා, a var. of කොට්ටම්බා.

සුදු·කොත්මල්වී, a kind of paddy.

සුදු·කොතලා, a var. of කොතලාවැල.

සුදු·කොබොලිල, an Ex. shrub, Bauhinia acuminata *(Legum.)*.

සුදු·කොලොන්ද, a plant, Chrysanthemum indicum *(Comp.)*.

සුදු·කොල්ලු, a var. of කොල්ලු.

සුදු·කොස්ඇටවී, a kind of paddy.

සුදු·ගස්පුරුක්, a plant.

සුදු·ගහළ, a ගහළ.

සුදු·ගෙදකොළ, a var. of ගෙද, white purslane.

සුදු·ගොඩබිම්බර, a plant, Habenaria undulata.

සුදු·ගොනකොළ, see කහගෝනකොළ.

සුදු·ගොරක, mangosteen, Garcinia mangostana

සුදු·ජම්බල, see ජම්බෝල. [*(Gut.)*.

සුදු·තම්පලා, a plant the leaves of which are useful as a vegetable, Amarantus gangeticus *(Amaran.)*.

සුදු·තලා, white basil, Ocimum canum *(Labi.)*.

සුදු·තුඹ, a plant, Leucas marrubioides *(Labi.)*.

සුදු·තෙල්·මිලු, *lit.* white-oily water-lily: a sp. of water-lily, Nymphæa Lotus.

සුදු·දඩිස්සරු, annual plant Striga lutea.

සුදු·දඹල, see දඹල.
සුදු·දරදඹල, see දරදඹල.
සුදු·දිවිපසුරු, see දිවිපසුරු.
සුදු·දුරු, white cummin.
සුදු·සම්බර·කෙසෙල්, a var. of plantain.
සුදු·නික, a white var. of නිල්නික, or Vitex Negundo.
සුදු·තිම්ති, see තිම්තිවැල.
සුදු·කොළුම්, white water-lily, see කොළුම්.
සුදු·පත්හවරි·වී, a kind of paddy.
සුදු·පරෙසි·මල්, an orchid, see පරෙසිමල්.
සුදු·පිටවක්කා, a var. of පිටවක්කා.
සුදු·පුරුක්, a flowering shrub, Justicia Betonica *(Acanth.)*.
සුදු·පෙති·දඹල, a bean plant, a var. of Dolichos lablab.
සුදු·පෙති·පියුම්, white-petaled lotus, සුදුනෙළුම්.
සුදු·පේර, white guava, Psidium Guyava *(Myrt.)*.
සුදු·බටතණ, a var. of බටතණ, Panicum villosum *(Gram.)*.
සුදු·බතල, a var. of බතල.
සුදු·බංලොලියා, a var. of බංලොලියා.
සුදු·බැබිල, a var. of බැබිල.
සුදු·බිත්දද, a var. of බිත්දදකිරිය.
සුදු·බුදදකිරිය, a var. of බුදදකිරිය, Euphorbia hirta.
සුදු·බෝවිටියා, a var. of බෝවිටියා.
සුදු·මල්ගෝවා, cauliflower, Brassica oleracea-capitata.
සුදු මහනාරං, a tree, a sp. of citrus, a var. of මහනාරං.
සුදු·මාෂ, see මහෂ.
සුදු·මීපත්·ඇල්වී, a var. of ඇල්වී,
සුදු·මුත්තැස්වී, a kind of paddy, see මුත්තැස්වී.
සුදු·මුල්, see ගෝවා.
සුදු·මුව·ඉරිඟු, a sp. of ඉරිඟු.
සුදු·මොට්ටුතණ, a sp. of grass, Kyllinga monocephala *(Cyper.)*.
සුදු·මෑ, whiteb-ean, plant.
සුදු·යක්වනස්ස, a var. of යක්වනස්ස.
සුදු·රටපඹ, see රටපඹ.
සුදු·රටපොහොත්තු, globe amaranth
සුදු·රටවද·මල්, a white-flowered var. of shoe-flower plant, see වදමල්ගහ.
සුදු·රතඹලා, a plant, Ixora coccinea *(Rubi.)*.
සුදු·ලියන්, a tree, Phyllanthus cyanospermus *(Euphorb.)*.
සුදු·ලූනු, garlic, Allium sativum.
සුදු·වට, see රාබු.
සුදු·වතුජම්බු, a var. of ජම්බු, Eugenia javanica.
සුදු·වදමල්, a sp. of shoe-flower plant, Hibiscus syriacus.
සුදු·වම්බටු, a var. of වම්බටු.
සුදු·වජ, a plant, periwinkle, Vinca rosea *(Apocyn.)*.

සුදු·වල්, see ගහල.
සුදු·වී, a kind of paddy.
සුදු·වැලි·වැත්ත, a var. of වැලිවැත්ත; also cock's-comb, Celosia cristata *(Amarant.)*.
සුදු·වෙල්ලත්ගිරිය, a var. of වෙල්ලත්ගිරිය.
සුදු·සඳුන්, සුදු·හඳුන්, see සඳුන්.
සුදු·සෙත්දිරික්කා, a var. of සෙත්දිරික්කා.
සුදු·සෙව්වන්දි, a sp. of සෙව්වන්දි or rose, Rosa Banksiæ.
සුදු·හන්දිරත්·වී, a kind of paddy.
සුදු·හබරල, see හබරල.
සුදු·හිස්මෑ, see හබස්මෑ and සුදුමෑ.
සුදු·හාතලි·වී, a kind of paddy.
සුදු·හැල්·වී, white hill-paddy. [විටියා.
සුදු·හින්බෝවිටියා, a white var. of හින්බෝ
සුබ·වල්ලිකා, a creeper, Tinospora cordifolia, see රසකිඳ.

(සු, prefix for good or emphasis)

සුධා, ap. of several plants: see සවසන්දි; දලුක්; කොල්ල; and another plant, Sansevieria zeylanica *(Lili.)*.
සුබෝධහවා, see අරළු.
සුනන, සුනම, see දිඹුල්.
සුනසඳ see සක්සඳ.
සු·නිල්, සු·නිල, *lit.* very blue: see දෙළුම්.
සු·නිෂණ්ණ, සුනිෂණ්ණක, *lit.* well sitting or reclining: a pot-herb, a sp. of Polygonum or කිඹුල්වැත්ත.
සු·නිෂණ්ණක·පත්‍රක, see දිය ඇඹුල්ඇඹිලිය.
සු·නිසණ්ණක, P. of සුනිෂණ්ණක.
සුන්දරී, a small timber tree, Heritiera littoralis *(Stercul.)*; also turmeric, කහ.
සු·පක්ව, *lit.* quite-ripe: mango, see අඹ.
සු·පත්‍ර·ගස, *lit* good-leaf tree: ap. of the කුරුඳු ගහ; also for හෙලකොළුම්.
සු·පර්ණ, *lit.* good-leaf: see ඇහැල.
සු·පර්ණක, *idem*: see ඇහැල; also රුක්අත්තන.
සු·පර්වා, *lit.* well or much knotted: ap. of උණගහ.
සු·පාක, see තුඹකරවිල.
සු·පුෂ්ප, *lit.* excellent flower: see එරබදු; also sirisha tree, see ශිත පුෂ්ප; and clove tree, කරාබු.
සු·පුෂ්පී, see ශතපුෂ්ප; also නිල්කටරොළු; and කෙසෙල්.
සු·පූර, *lit.* quite-full: a sp. of lime or citron.
සු·ප්‍රතිෂ්ඨ, *lit.* pre-eminent: see මාදං.
සු·ප්‍රපර්ණි, see මුංවැත්ත.
සු·ඵල, *lit.* good-fruit: ap. of දිඹුල්, දෙළුම්, ඉසන්, and මුංඇට.
සු·භග, *lit.* good fortune: ap. of දියරතඹලා and of සපු.
සු·භද්‍රක, *lit.* auspicious: see බෙලි.
සු·භද්‍රා, a creeper, Ichnocarpus frutescens, කිරිවැල.

සු·භා, see හරත්කන.
සු·භාජන, see මුරුංගා.
සු·භික්ෂා, see මලිත.
සු·භිරක, see ගත්කැල.
සු·මනා, *lit.* good-mind or excellent: ap. of අත්තන; වදමල්; and සාදික්කා.
සු·මනස්, *idem*: ap. of කුඹුරුවැල; තිරිඟු; and ගොකනාමු.
සු·මනෑ·ඵල. ap. of ලජ්ජාරම්; and ජවුල්
සු·මිනා, great-flowered jasmine, Jasminum grandiflorum, පිච්ච.
සු·මුත්පල, see මුත්පල and මානෙල්.
සුමේධා, *lit.* good-understanding: heart-pea, see පෙනෙලවැල.
සුඹුලා·මාරා, a plant.
සුරංග, *lit.* good-colour: ap. of පැණිදොඩම්; and of රත්සඳුන්.
සුර·තුර, සුරදුරු, සුරදුම්, *lit.* celestial tree, Cedrus Deodara, දේවදාර.
සුර·පර්ණිකා, *lit.* celestial-leaved: see හම්පිලිල.
සුර·පුන්නාග, see දොඹකින.
සුරභි, *lit.* fragrance: ap. of සපු; සාදික්කා; මිදුරුතලා; several sp. of පිච්ච or jasmine; and සල්ලකී.
සුරභි·වල්ක, (වල්ක bark), see කුරුඳු.
සුරභි·තචි, see එත්සාල්.
සුරභි·පත්‍රා, සුරභි·පත්‍රිකා, *lit.* fragrant-leaved: see මාදම්.
සුරභි·පුන්නාග, see සුරපුන්නාග.
සුරභි·මූලකා, see උළුවහාල්.
සු·රස, *lit.* good-flavour: ap. of මිදුරුතලා; also Vitex trifolia.
සු·රසවි, see මිදුරුතලා; ශතපුෂ්ප; also moon-plant.
සුරාජක, a plant, Eclipta alba *(Comp.)*.
සුරාශ්‍රය, see කොත්තුම්.
සුරාහ්ව (සුර divine, ආහ්ව appellation), see සුරතුර.
සුරුංග, see මුරුංගා.
සුරෝත්සව (සුර උත්සව, divine-delight), see හල්සහ; also Sesbania grandiflora, ශිවප්‍රිය.
සුව·තුර, *lit.* wholesome-tree: ap. of Caloptris gigantea, වරා or මකුර; also sirisha tree, ශිතපුෂ්ප; and මදවිය.

(සුවඳ, scented or sweet.)

සුවඳ, C. En. Kayea stylosa *(Guttif.)*.
සුවඳ·ඇල්·වී, a kind of hill-paddy.
සුවඳ·කෙසෙල්, a sp. of plantain.
සුවඳ·තලා, a plant, Ocimum basilicum *(Labi.)*.
සුවඳ·වී, a kind of paddy.
සුවඳ·සපු, a var. of සපු.
සුවඳ·හත්ත, scented mushroom, truffle.
සුවඳ·හොට, see හැවැන්දරා.
සුවඳැල්, සුවදෙල්, see සුවඳකෙසෙල්.
සුවච්ලා, flax, Linum usitatissimum; also කොබෝවක්කා, or Cephalandra indica.

සුවර්ණ, *lit.* good-colour: ap. of ඇහැළ; also of යුතිකා.
සු·වර්ණක, see ඇහැළ.
සු·වර්ණ, black aloe wood; also turmeric, කහ; දක්ෂකාම්බු; and සිතකැලක.
සු·වල්ලී, see බෝදිඇට.
සු·වහා, *lit.* bearing-well: ap. of වේපාල; also of ආරත්ත and සල්ලකී.
සුෂවි, see කළුදුරු; also කරවිල.
සුෂේණිකා, see තුණසාවාලු; also පෙනෙලවැල.
සු·සාර, a var. of සැමගස; also sandal tree, සඳුන්.

(සුළු, prefix, small, minor or trifling.)

සුළු·ඉරමුසු, a var. of ඉරමුසු.
සුළු·කැල, a small sp. of ගත්කැල.
සුළු·කුමක්, a var. of කුඹක්.
සුළු·කුර, see වලුතම්පලා.
සුළු තසී, a small creeping plant, see අගල්ආදර.
සුළු·නෙසි, a plant, Rungia latior *(Acanth.)*.
සුළු·මැවිල, perhaps a var. of සිතකැලක.
සුළු·බුරුද, hogweed, Boerhaavia diffusa, see පිටසුදුපලා.
සූකරී, a kind of moss, Selaginella proniflora.
සූක්ෂ්ම·පත්‍ර, *lit.* fine-leaf: see කොත්තමල්ලි; also කළුදුරු; and gum-arabic tree, Acacia arabica *(Legum.)*.
සූක්ෂ්ම·පත්‍රා, Tinospora cordifolia, see රසකිඳ.
සූක්ෂ්ම·පත්‍රිකා, see පත්පාඩගම්.
සූක්ෂ්ම·පත්‍රී, see භාතාවාරිය.
සූක්ෂ්මා, see යුතිකා; also රටඑත්සාල්.
සූක්ෂ්මෙලා, see රටඑත්සාල් and සීත්එත්සාල්.
සූත්‍ර·පුෂ්පිකා, cotton tree or plant of several species, Gossypium herbaceum &c., කපුගස.
සූමත්, see බෝගස.
සූරණකන්ද, see කිඩාරම්.
සූරි, dock or foreign sorrel, Rumen vesicarius.
සූරිය, see සූර්ය.
සූරිය·මාරා, a tree, Albizzia odoratissima *(Legum.)*.
සූර්ය, tulip-tree, Thespesia populnea *(Malva.)*.
සූර්ය·කාන්ත, a shrub, Hibiscus hirtus *(Malva.)*.
සූර්ය කාන්ති, sunflower plant, Helianthus annuus; also sesamum blossom.
සූර්ය·කාරී, see යොත්තුම.
සූර්ය·බන්ධු, *lit.* sun-kin: lotus, see මානෙල්.
සූර්ය·මණි, see සූර්යකාන්ත.
සූර්ය·ලතාව, see වල්අබ.
සූර්යා, bitter-gourd, see යක්කොම්බු.
සූර්යා·වර්ත, *lit.* sun-turning: ap. of වල්අබ; of බෙලා; and of the sunflower, Helianthus annuus.
සූර්යා·හ්ව (ආහ්ව appellation), swallow-wort, see මකුර.
සෘලතසි, සෘලුතසි, see බෙරුදියහිල්ල.
සෘලුං විදුරණ, see මුංඇට.
සෙංකොට්ටං, marking-nut.

සෙතු, see සේතු.

සෙන්දිරික්කා·ගස, a plant called four-o-clock-flower, marvel of Peru, Mirabilis Jalapa *(Nyct.)*.

සෙම්බුතෙරංචි, a prostrate plant found among grass, Tribulus terrestris *(Zygo.)*.

සෙවන·මැඩිය, a large sp. of fig tree, Ficus asperrima *(Urti.)*.

සෙවෙල්, moss or slimy vegetation; also දියසෙවෙල්.

සෙවන්දි, rose, Rosa indica, රෝසමල්.

සේවු, see කොම්බු; a sp. of cucumber, Cucumis pubescens.

සේකාභි, see ඉඹිති.

සේතු, see පුණුවරණ.

සේපාල, සේපාලිකා, සේඵාලිකා, a plant which bears fragrant white flowers, Nyctanthes Arbor-tristis *(Aleaceæ.)*.

සේර, a table vegetable or edible plant, eaten with meat.

සේලු, see ලේල.

සේවැල, see ශෛව and ශෛවාල.

සේවන, see හැවැන්දරා; also එලුම්දෙල්ල.

සොබල, see හොබල.

සොරගහ, see හොරගස.

සෝගන්ධික, P. of සෞගන්ධික.

සෝථඝ්නී, hogweed, see ශෝථඝ්නී and පිටසුදු පලා; also දියඇඹුල් ඇඹිලිය.

සෝථ·ඝ්නී, *lit.* anti-tumour: hogweed; also මහසාරණ.

ශෝථ·හාන් (හාන් like ඝ්න, destroying), marking-nut plant, බදුලුගස.

සෝභ·කාන්, *lit.* beautifying or beautifier: see ශෝභාකාරක.

සෝභාජන, see ශෝභනක, ශෝභාජන.

සෝම, moon-plant, also මුවකිරිය; and පුණුවිල.

සෝම·බන්ධු, *lit.* moon-friend or kin: white edible water-lily which opens at night.

සෝම·යෝනි, yellow fragrant sandal, කහවන් සඳුන් or පීතචන්දන.

සෝම·රාජී, *lit.* moon-light or shining: see බෝදි ඇට and සන්නිතායන්.

සෝම·ලතාව, moon-plant or creeper, see සෝම.

සෝම·වල්ක, see සෑමගස; also පතඟි and කුඹුරුවැල.

සෝම·වල්ලිකා, *lit.* moon-creeper: see සුදර්ශනා; also සෝමරාජී.

සෝම·වල්ලී, see මුකුණුවැන්න or මිකන්පලා; also Tinospora cordifolia, රසකිඳ; also for මුවකිරිය.

සෝම·වෘක්ෂය, see සෝමරාජී.

සෝමා·ඛ්‍ය (ආඛ්‍ය named or called), red lotus, see රතුනෙලුම්.

(සෞ for සු, good, emp.)

සෞ·ගන්ධ, a sp. of fragrant grass. [මිදු.

සෞ·ගන්ධික, white water-lily, Nymphæa Lotus,

සෞ·භද්‍රය, *lit.* very auspicious, see බුළු.

සෞ·භාජන, see සෝභාජන.

සෞම්‍යා, *lit.* tender, mild: see අස්වැත්ත.

සෞරභ, turmeric, see කහ.

සෞවීර, jujube fruit, see මහඩෙබර.

ස්කන්ධ·ඵල, *lit.* trunk-fruit: ap. of පොල්ගස, of බෙලි, and of අවිච්ක්කා.

ස්ථල·ශෘංගාට, see සෙම්බුතෙරංචි.

ස්ථාපනී, see දියමිත්ත

ස්ථාලී, see කුන්පුලිල.

ස්ථිර·ගන්ධ, *lit.* abiding scent or ever-fragrant: see සපු.

ස්ථිර·ගන්ධා, see මුද්‍රකෙයියා; also ස්ථාලී.

ස්ථිර·ද්‍රුමය, see බිගස.

ස්ථිර·පුෂ්ප, see ස්ථිරගන්ධ; also මූනමල්ගස.

ස්ථිර·රංගා, *lit.* fixed-colour: see නිල්අවරිය; also a sp. of curcuma.

ස්ථිරා, see අස්වැත්ත.

ස්ථිරා·යු, *lit.* long-lived: silk-cotton tree, Bombax malabaricum.

ස්ථූල·කන්ද, large tuber or yam: see ගහල; also රටඅල.

ස්ථූල·පුෂ්ප, *lit.* large-flower: a tree, Sesbania grandiflora *(Legum.)*.

ස්ථූල·බාහනී, see වම්බටු.

ස්ථූල·ශෘංගාටක, a thorny plant, ගොක්ටු.

ස්නිග්ධ, *lit.* unctuous: see මුපවෘක්ෂය; also Cedrus Deodara, දේවදර.

ස්නිග්ධ·පත්‍ර, ap. of මහඩෙබර; also of අවිච්ක්කා.

ස්නුක්, see දළුක්.

ස්නුෂා (fr. ස්නු, to distil), see නවහන්දි.

ස්නුහ, ස්නුහී (fr. ස්නුහ, to vomit), milk-hedge plant, the milky juice of which is an emetic, නවහන්දි.

ස්නුහා, see පතුක්.

ස්පන්ග·බීජ, see තෙල්තල.

ස්පන්·බීජ, see රූකඟුන.

ස්පෘශී·ලජ්ජා, *lit.* ashamed of touch: see නිදිකුම්බ.

ස්පෘක්කා, see පික්මල්.

ස්පෘශී, see කටුවැල්බටු.

ස්ඵුටී, a sp. of melon.

ස්ඵුර්ජක, ඵුර්ජක, a sp. of ebony, Diospyros Embryopteris *(Eben.)*.

ස්ඵෝටක, see රත්නෙවුල්.

ස්ව·ගුප්තා, ස්වයං·ගුප්තා, *lit.* self-defended: cowitch, Mucuna pruriens, වදුරුමෑ.

ස්වප්න·කාන්, *lit.* sleep-causing: see දිය ඇඹුල් ඇඹිලිය

සෞරක, see රුක්අත්ත.

සෞවර්ණ, (සුවර්ණ), *lit.* good-colour: ap. of a kind of turmeric, see හරත්කහ.

සෞවර්ණ·පුෂ්ප, ap. of ඇහැල; also of කපු.

සෞවර්ණ·පුෂ්පි, a sp. of moon-plant which is medicinal.

සෞවර්ණ·බීජ, see කෙලකොලම්.

සෞවර්ණ·වර්ණ, *lit.* golden-colour: turmeric, කහ. (ස්වාදු sweet or pleasant.)

ස්වාදු·කණ්ටක, *lit.* sweet-thorn: see උගුරැස්ස; also කෙම්බුකොරංච.

ස්වාදු·කන්ද, *lit.* sweet-yam or tuber: carrot, Daucus Carota; also see කිරිඅල.

ස්වාදු·තික්තක, *lit.* sweet-bitter: see දුම්මැල්ල.

ස්වාදු·පුෂ්ප, sweet-flower: see මෙලි; also මීගස.

ස්වාදු·පුෂ්පි, see මිඹිල.

ස්වාදු·ඵලා, sweet-fruit: ap. of මහඬෙමර, of කෙල්ලි, of තල් the palmyra palm, and of මිදිවැල.

ස්වාදු·කර්කටී, cucumber, කැකිරි.

ස්වාන·ජිහ්වා·දල, *lit.* noisy-tongue leaf: see පතුක්. [*bret.*).

හංපලඟු, C. En., Terminalia parviflora (*Com-*

හංස·පදි, හංස·පා, හංස·පාදි *lit.* swan's-foot, see මැඩියවැල; also කිල්කමවෙරළු, or වලා වැත්ත.

හංස·වතී, a scandent shrub, මැඩියවැල.

හකඹලා, a plant; see කිත්හකඹලා and මහ හකඹලා.

හකුරල, a plant.

හකුරු·සියඹලා, jaggery-tamarind, a sp. or var. of tamarind.

හඩු·තණ, a sp. of grass.

හඩි, හඩී, see දියපරණලා.

හඩ·පණේණ, see දියහබරිය.

හණ, sann-hemp, see සත්තා and ශණ.

හති·ඇල්·වී, a kind of hill-paddy.

හත්ත, generic for fungus or mushroom.

හත්හත, see අත්හත.

හපු, a medicinal plant.

හත්දිරත්·වී, a kind of paddy.

හද·පත්මිල, a plant, Vandellia pedunculata (*Scroph.*).

හදුන්, see සඳුන්.

හඳුන්·මඩලා, a tree.

හපු, see සපු.

හපුමා, see මුඩවහණ.

හපුන්රු, a plant, වෙල්මඩ.

හබරල, see සබරල.

හබරලිය, a plant, a sp. of Colocasia.

හ·මස්·කුරක්කන්, six-month kurakkan, see කුරක්කන්.

හ·මස්·මෑ, six-month bean, a sp. of bean.

හම්·පරඳැල්ල, see හම්පිරිල. [*bret.*).

හම්·පලඟ, a tree, Terminalia parviflora (*Com-*

හම්·පිත්ත, a plant, Desmodium pulchellum (*Legum.*).

හම්පිරිල, a plant yielding a red dye, Mallotus philippensis (*Euphorb.*).

හම්·පිල්ල, a flowering shrub, Flemingia strobilifera (*Legum.*).

හම්බු·පන්, a sp. of reed, reed-mace or cat-tail, Typha javanica (*Typh.*).

හය·ගන්ධා, *lit.* horse-scent: a plant, Withania somnifera (*Solan.*).

හය·ප්‍රිය, *lit.* horse's-delight: barley, යව.

හය·මාරක, *lit.* horse-killer: a shrub, Nerium odorum, see කොබෝලපුෂ්පක; also for අලරිය.

හයා·නන්ද (හය horse, ආනන්ද delight), see මුංඇට.

හයා·රි, *lit.* horse's-enemy: see හයමාරක.

හරත්·කහ (හරත්, fr. අරණ්‍ය forest), wild turmeric, Curcuma Zeodaria (*Scitam.*).

හරි·චන්දන (හරි yellow), see රත්වත් සඳුන්.

හරිණී, see කිහකලා.

හරි·තෘ, bent-grass, රුතෘ; turmeric, Curcuma domestica, කහ.

හරි·තාලි, see රුතා.

හරිද්‍රා, turmeric see කහ.

හරි·ද්‍රාණ, see කොකිවැල.

හරි·ද්‍රාන, a tree, Terminalia glabra, කඹ; also හරත්කහ.

හරිනේත්‍ර, *lit.* Vishnu's-eye or golden-eye: white lotus, Nymphæa lotus, මලු.

හරිප්‍රිය, *lit.* Vishnu's-delight: ap. of කාලුමංකඩය, of රත්සඳුන්, and of the fragrant root of සැවැන්දරා.

හරිප්‍රියා, sacred basil, see මදුරුතලා.

හරිමඤ්ජරී, see කුප්පමේනිය.

හරිමන්ථ, a tree, Premna serratifolia (*Verb*); also chick-pea or gram, කඩල.

හරිමන්ථක, chick-pea, see කඩල.

හරිතකී, see අරළු.

හරේණු, pulse, pease, see පළවාගි කඩල.

හරේණුක, see වල්ගා මිරිස්.

හර්ෂාංග, *lit.* pleasing: a tree yielding resin.

හලදු, turmeric, see කහ.

හල·ධර ප්‍රිය, see හලිප්‍රිය.

හලිනී, see හරිණී.

හලි·ප්‍රිය, *lit.* Balarama's-delight: ap. of කාලුමංකඩය.

හල්·ගස, C. En., resinous tree, hal tree, Vateria acuminata (*Diptero carp.*).

හල්·මඩිය, a sp. of bead-tree bearing small flowers. Cipadessa fruticosa (*Meli.*).

හල්·මිල්ල, හල්·මිල්ල, a timber tree named Trincomalee wood, Berrya Ammonilla (*Tili.*).

හවරි·මඩු, *lit.* tress-convolvulus: an annual creeper having sagittate tridentate leaves, Ipomœa tridentata *(Convol.)*.

හසඟනී, see පිච්ච.

හසපා·පයෝධර, see අත්තන.

හස්ති·කණ්, *lit.* elephant-ear: see හබරල, එබරු, and ගස්කොල.

හස්ති·කෝල, see හස්තිපිප්පලී.

හස්ති·දන්ත, *lit.* elephant-tusk: radish, Raphanus sativus.

හස්ති·පර්ණී, elephant-leaf: a sp. of gourd.

හස්ති·පිප්පලී, elephant-pepper: a large var. of long pepper, see ගජ්කණ.

හස්ති·පුෂ්ප, see නාගස.

හස්ති·ශුණ්ඩා, elephant-trunk: a flower plant, Heliotropium indicum.

හළුහල්ලා, tulip-tree, Michelia nilagirica.

හා·කන්, hare's-ear: a hairy plant having spikes of purple and white flowers, Andrographis echioides *(Acanth.)*.

හා·ඟිල්ල (හඇඟිල්ල), six-finger: see කීරිමඩු.

හා·තණ, hare-grass: a sp. of grass, Panicum flavidum.

හාතාවාරිය, a creeper, Asparagus falcatus *(Lili.)*.

හායසා, see ශක්‍රශිරීය.

හාරක, a tree, Streblus asper.

හාරිද්‍ර, cadamba trees, see හාබුවංසය.

හායනී, see මුළු.

හායනී·වංසය, see රත්වන් සඳුන්.

හාල්·ඇල්·වී, a kind of hill-paddy.

හාල්·පන්, club-rush, Fimbristylis globulosa *(Cyper.)*.

හා·ල්මැණිය; see හල්මෙණිම.

හැකරිල්ල, a sp. of nightshade, Solanum verbascifolium *(Solan.)*.

හැට·දා·කුරක්කන්, sixty-day millet, a var. of වල්කුරක්කන්.

හැට·දා·වී, sixty-day paddy, a kind which matures in sixty days.

හැඩි·සංසා, a sp. of opium plant, a var. of Papaver somniferum.

හැඩයා, club-moss, Lycopodium squarrosum.

හැඩවක, හැඩෝක, a timber tree, Chætocarpus castanocarpus *(Euphorb.)*.

හැමතිල්ල, a plant, Dysophylla auricularia *(Labi.)*.

හැලිදඹ, white jambu plant or fruit, Eugenia Jambos.

හැල්·කහඹිලියා, see වීකණ්වක, වල්කහඹිලියා and ගස් කහඹිලියා.

හෑවං·පන්, a kind of shrub, Cyperus dehiscens *(Cyper.)*.

හෑලඹ, a large timber tree, Stephegyne parvifolia *(Rubi.)*.

හිංසි, see කාමරංගා.

හික්, a timber tree yielding a medicinal gum, Odina Wodier *(Anacard.)*.

හිග්ගු, see මුරුංගා.

හිංගු·නියාසය, see G. D.; also ශොනොනාම.

හිංගු·පත්‍රිකා, see දියහබරල.

හිංගු·ලිකා, see කටුවැල්බටු.

හිංගුලී, see එලබටු.

හිඟිනි, see ඉඟිනි.

හිනුපත්·ඇල්·වී, a kind of hill-paddy.

හිඟුරල, a kind of yam, අලවකීයක්: like a ginger in appearance.

හිඟුරු, a climbing prickly plant having saponaceous legumes, Acacia caesia *(Legum.)*; also ඉඟුරු,

හිඟුරු·පවිටා, a medicinal climbing plant, see හිඟුරු.

හිඟුරු·පියලි, a small aromatic plant, Kaempferia Galanga *(Scitam.)*

හිඟුල්, a plant, Amoora Rohituka *(Meli.)*.

හිජ්ජ, හිජ්ජල, see එලමීදෙල්ල.

හිට·තණ, a sp. of grass.

හිණ්ඩිර, හිණ්ඩීර, see වම්බටු.

හිතුල්, see කිතුල්.

හිනවළු, a tree.

හිතාල, හින්තාල, marshy-date tree, Phœnix paludosa *(Palmæ.)*.

හිබුටු·වැල, හිමුටු·වැල, a creeper, Salacia reticulata *(Celast.)*.

හිම, see සඳුන්.

හිම·ජ, *lit.* Himalayan or cold product: see හිඟුරුපියලි.

හිමා, see සිහින් එන්සාල්; also කලාඳුරු.

හිමාලයා, a medicinal plant, see කලිස් or රට උඟුරැස්ස.

හිමාවති, a kind of Himalayan moon-plant, see සෝම.

හිරණ්‍ය·පුෂ්පී, *lit.* golden-flowered: a var. of. හිරිහිවැල; also උඟුරල.

හිරමණ·දන්ත, *lit.* rasp-tooth, Lippia nodiflora.

හිරිතල (හිරිස් අල), a sp. of jungle yam, Dioscora oppositifolia.

හිරු, swallow-wort, see මදුර.

හිලමොචි, හිලමොචිකා, a pot-herb, Enhydra fluctuans, මිෂාකී.

හී·තණ, see ඊතණ.

(හීන්, slender, small, dwarf.)

හීනටි (fr. හීන් ඇට), a small sp. of paddy.

හීනටි·ඇල්·වී, a small sp. of hill.paddy.

හීන්·අක්මැල්ල, a plant, Spilanthes pseudo-acmella.

හීන්·අන්දර, a var. of the acacia, Dichrostachys cinerea, see අන්දර.

හීන්·අකෝද, a var. of අකෝද.

හීන්·අරමැස්ස, a plant, Hoya pauciflora (*Asclep.*).

හීන්·අවරිය, a sp. of Indigofera, see නිල්අවරිය.

හීන්·ඇත්·අඩිය, *lit.* small elephant-footprint: a plant, Elytraria crenata var. lyrata (*Acanth.*).

හීන්·ඇපල, a hairy plant with fibrous bark, Urena sinuata (*Malva.*).

හීන්·ඇඹල, Limnanthemum cristatum (*Genti.*).

හීන්·ඇඹිල්ල, small tree, Antidesma zeyanicum (*Euphorb.*).

හීන්·ඇඹුලැඹිලිය, wood-sorrel, Oxalis corniculata (*Geran·*).

හීන්·ඇඳුරු, dill, Peucedanum graveolens.

හීන්·ඉකිලි, a var. of කටු ඉකිලි.

හීන්·ඉත්තවැල, C. En. sp. of ivy, Heptapleurum emarginatum (*Arali.*).

හීන්·ඉද්ද, a sp. of Wrightia, see ඉද්ද.

හීන්·ඉඳි, a sp. of date palm which is nearly stemless; phœnix pusilla, (*Palmæ*)

හීන්·ඉරමුසු, a var. of ඉරමුසු.

හීන්·ඊරිය, a sp. of nutmeg tree, Myristica Irya.

හීන්·උදුපියලි, a creeper having ternate leaves and jointed legumes, Desmodium triflorum (*Legum.*).

හීන්·එත්සාල්, a small var. of එත්සාල්.

හීන්·එරමිණියා (හි ?), a throny shrub having minute flowers, Zizyphus œnoplia (*Rham.*).

හීන්·එළ·බළල්·තණ, *lit.* fine-white-cat-grass: a sp. of grass, Eragrostis tenella (*Gram.*).

හීන්·එළ·වල්·තණ, a sp. of grass.

හීන්·එළ·වැල්ල, a sp.-of reed, a var. of එළවැල.

හීන්·කටුපිල, a thorny shrub, Flueggea leucopyrus (*Euphorb.*).

හීන්·කෙඬොල්, a small tree which grows near the sea, Ægiceras majus (*Myrsi.*).

හීන්·කපුරු, a sp. of valerian, Valeriana Moonii.

හීන්·කබරස, a flower plant, Smilax zeylanica (*Lili.*).

හීන්·කරඹ, a shrub bearing berries, Carissa spinarum (*Apocyn.*).

හීන්·කලවැල, a var. of කලවැල.

හීන්·කලාදුරු, a var. of කලාදුරු.

හීන්·කවුඩු·දල, *lit.* small crow-leaf: Oldenlandia bifira (*Rubi.*).

හීන්·කහඹිලියා, a small sp. of nettle, see ගස් කහඹිලිය and වල්කහඹිලියා.

හීන්කළුවාල, a var. of කළුවාල.

හීන්·කැකිරි, a spe. of cucumber, Mukia scabrella (*Cucurb*).

හීන්·කැබෙල්ල, a plant, Aporosa lanceolata (*Euphorb.*).

හීන්·කැරඹ, a plant having three-sided stems, Scleria lævis (*Cyper.*).

හීන්·කිඹු, a plant, Centipeda orbicularis.

හීන් කිරිඳි, a sp. of Coix or Rourea, see කිරිඳි මානා and කිරිඳිවැල.

හීන්·කිරි·වැල, a var. of Ichnocarpus frutescens, see කිරිවැල.

හීන්·කුඹුමැට්ට, a plant, Ischæmum aristatum (*Gram.*).

හීන්·කුරුළු·තණ, *lit.* small or thin bird-grass, millet grass, Eriochloa polystachya.

හීන්කුඹල්, a sp. of impatiens, or var. of කුඹල් මල්.

හීන්·කෙයියා, a sp. of screw-pine, Scirpodendron costatum.

හීන්·කොක්මොට, a var. of කොක්මොට

හීන්·කොතලා, a var. of කොතලාවැල.

හීන්·කොත්තෝරු, a grass, Paspalum longflorum.

හීන්·කොහොඹ, a var. of කොහොඹ, dwarf-kohomba.

හීන්·කොළ·ගැට·පන්, dwarf-club-rush, Cypurus pygmæs.

හීන්·ගල්කැර, a plant, Melochia corchorifolia, (*Stercul.*).

හීන්·ගැට·කොළ, a var. of ගැටකොළ.

හීන්·ගැට·පන්, a sp. of club-rush, Eleocharis atropurpurea (*Ceyper.*).

හීන්·ගැවියා, a var. of මහගැවියා, which see.

හීන්·ගිරපලා, a var. of ගිරපලා.

හීන්ගෙද, a sp. of purslane, Portulaca quadrifida (*Portu.*).

හීන්·ගෙරිඇටගහ, a var. of ගෙරිඇටගහ.

හීන්·ගොකටු, a small thorny plant, see ගොකටු.

හීන්·ගොටුකොළ, a medicinal plant or creeper, pennywort, Hydrocotyle asiatica (*Umbel.*).

හීන්·ගොසිවැල, a var. of ගොසිවැල.

හීන්·ගෝරඩිය, a twining plant having yellow flowers and legumes, Rhyncosia cyanosperma.

හීන්·තක්කඩ, a shrub having white single-petaled flowers, Scævola Plumieri (*Gooden.*).

හීන්·තඹල, a shrub bearing white flowers and red berries, Ehretia buxifolia (*Borag.*).

හීන්·තම්පලා, a var of Nothosærua brachiata, see තම්පලා.

හීන්·තලා, a sp. of basil, Ocimum canum (*Labi.*).

හීනතාල, see හිනතාල.

හීන්·තිඹිරි, a sp. of Diospyros, see තිඹිරි.

හීන්·තෙලිකාපලා, an annual plant, Mollugo oppositifolia (*Ficoid.*).

හීන්·තොලබෝ, a var. of තොලබෝ.

හීන්·තෝවැල්ල, a Screeping plant, Vitis repanda (*Ampel.*).

හීන්තෑම්බිලිය, a var. of තෑම්බිලිය.

හීන්·දම්, see දම්.

හීන්·දත්කෑටියා, a var. of කෑටියා.

හීන්·දිය·ජාවාල, a plant, Burmannia cœlestis.

හීන්·දිය·සියඹලා, a var. of දියසියඹලා.

හීන්·දිවි·අඩිය, see දිවිඅඩිය.

හීන්·දුඹුඩා, a sp. of bindweed, Argyreia speciosa.

හීන්·දෙඹර, ඩෙඹර, a tree.

හීන්·දෙහි, a sp. of lime, dwarf-lime, Citrus medica var. acida.

හීන් දෙඩම්පතා, a var. of දෙඩම්පතා.

හීන්·නාපිරිත්ත, a shrub, a var. of නාපිරිත්ත, Hibiscus surattensis (*Malva.*).

හීන්·නාරං, a small var. of නාරං.

හීන්·නියදඩු, a plant.

හීන්·නිල්වැල්ල, a plant, a var. of නිල්වැල්ල.

හීන්·නෙලුම්, a sp. of lolus; නෙලුම්.

හීන්නෙළු, a sp. of නෙළු.

හීන්·පච්චා ඇපල, a var. of පච්චා ඇපල.

හීන්·පත්කුරුදු, a sp. of කුරුදු.

හීන්·පත්මය a plant.

හීන්·පනා·දත්ත, *lit.* dwarf or small-comb-tooth: a var. of පනාදත්ත.

හීන්·පඹ, a small or slender fern: Lygodium flexuosum (*Filices.*).

හීන්·පිණි·බරුතණ, a var. of පිණිබරුතණ.

හීන්·පිහිඹිය, a tree.

හීන්·පුස්වැල, a var. of පුස්වැල.

හීන්·පේර a small var. of පේර.

හීන්·පොතු·කොළ, a var. of පොතුකොළ.

හීන්·පෝවා, a var. of පෝවාවැල.

හීන්·බදුල්ල, C. En. sp. of බදුල්ල, Semecarpus parvifolia (*Anacard.*).

හීන්·බිම්·කොහොඹ, a plant, Andrographis puniculata (*Acanth.*).

හීන්·බිම්තල්, a small medicinal plant bearing yellow flowers, Curculigo orchioides (*Amaryll.*).

හීන්·බෝරු·පත්, a var. of බෝරුපත්.

හීන්·බෝවිටියා, a flowering plant, Osbeckia octandra (*Melas.*).

හීන්·මකුළු, a var. of මකුළු.

හීන්·මදු, see කවරිමදු, which is the same plant.

හීන්·මාරා, a tree, a var. of Albizzia Lebbek, see මාරගස.

හීන්මාරිය, a tree.

හීන් මාරුකු, a sp. of grass.

හීන්·මෑ, a small sp. of bean, Phaseolus or Dolichos.

හීන්.මිදි, a var. of Pemna serratifolia, see මිදි.

හීන්·මිරිස්, a small sp. of chilli, see මිරිස්.

හීන්·මුඩමහණ, a plant, Epaltes divaricata (*Comp.*).

හීන්·මුදු·ගැටකොළ, a var. of මුදුගැටකොළ

හීන්·මුදු·ගැටපත්, a sp. of club-rush or scirpus.

හීන්·මෙංචිටු, winter-cherry, Physalis minima (*Solan.*).

හීන්·මොනර·කුඹුම්බිය, a var. of මොනරකුඹුම්බිය.

හීන්·මොනර·පෙතන්, a var. of මොනරපෙතන්.

හීන්·යක්වනන්න, a small var. of යක්වනන්න.

හීන්·යොතු,වැන්න, voilet plant, Ionidium suffruticosum.

හීන්·රටඑළමල්, a var. of එළමල් or Hedychium gracile.

හීන්·රටපඹ, a var. of රටපඹ.

හීන්·රටබටු, a var. of රටබටු.

හීන්·රතු·වල්ඉඟුරු, හීන්·වල්ඉඟුරු, a var. of වල් ඉඟුරු.

හීන්·රවනරැවුල, a plant, a sp. of Spinifex, cp. මහරවනරැවුල.

හීන්·රිල්ල, a var. of රිල්ල.

හීන්·වල්·කොල්ලු, a var. of වල්කොල්ලු, see කොල්ලු.

හීන්·වල්·මාරුකු, a sp. of grass, Panicum flavidum.

හීන්·වැලිදම් a var. of දං.

හීන් වැලිහන්න, a var. of වැලිහන්න.

හීන් වැල්ගැට·පත්, a sp. of club-rush, Scirpus squarrosus (*Cyper.*).

හීන්විල, a var. of Bonnuaya veronicæfolia, see විල.

හීන්විල්නාකු, a var. of විල්නාකු.

හීන්·වෙල්ඇත්කලාඳුරු, a sp. of cyperus, Cyperus pygmæus.

හීන්·වෙල්කාවුළු, a kind of balsam, Impatiens oppositifolia.

හීන්·සව්වැල, a small var. of සව්වැල.

හීන්·සාරණ, a plant, Trianthema monogyna (*Ficoid.*).

හීන්·සේරු, a plant,

හීන්·හබරලිය, a var. of හබරලිය.

හීන්හවරි, a plant, a sp. of Ipomœa.

හීන්·හාල්පත්, a var. of හාල්පත්.

හීන්·හිඹුටුවැල, a creeper, Salacia prinoides (*Celast.*).

හීන්·හැඩයා, a var. of හැඩයා.

හීන්·හැඩවක, a var. of හැඩවක or sp. of Chætocarpus (*Euphorb.*).

හිඹ, a tree the wood of which being light is used for catamarans, Gyrocarpus jacquini.

සීරංස, see සිවිරංස.
සුකා·ගස, see උක.
සුඟු·කැපිය·වැල, a twining creeper having peltate leaves, a sp. of Stephania. (*Menisperm.*).
සුඟු·කිරිල්ල, a plant, Glochidion zeylanicum (*Euphorb.*).
සුතග, see කොටදිමුලා.
සුරුඇකන්ද, see ඇත්හෙරලිය.
සුළු·ඉද්ද, probably a var. of ඉද්ද.
සුළු·කිරිය, C. En. sp. of arrowroot, Phrynium zeylanicum.
සුළු·තලා, goat-weed or white-weed, Ageratum conyzoides (*Comp.*).
සුළු·මාරා, a tree, Albizzia stipulata (*Legum.*), කබල්මාරා.
සුළු·හික්, a tree yielding excellent timber, Chickrassia tabularis (*Meli.*).
සුරල. see හිම්තල්.
හෘද්‍ය·ගන්ධ, *lit.* delightful-scent: ap. of the සෙලි; also of හිත්එතසාල්.
හෘද්‍ය·ගන්ධා, great-flowered jasmine.
හෘද්‍රෝග·වෛරී (හෘද්, රෝග, වෛරී anti), a tree, Terminalia glabra.
හෙතු, a plant, a sp. of Marsilea, see ඇඹුලැඹිලිය.
හෙන්ද්‍රික්කා, see සෙන්දිරික්කා.
හෙමනග, see හිම.
හෙම්බෙළ්, see හෝපල.
හෙරලි, හෙරලිය, see කොස්.

(හෙළ, white or pale.)

හෙළ, a tree, see ලොල්ල.
හෙළ·අබ, white mustard a var. of අබ or වල්අබ.
හෙළ·ඊතණ, a white or pale var. of ඊතණ.
හෙළ·එබුරු, a white var. of එබරු.
හෙළ·කණේරු, a white var. of කණේරු or අලරිය, Nerium odorum or Plumeria acutifolia, see ශ්වේත පුෂ්පක.
හෙළ·කිඹුල්වැන්න, see සුදුකිඹුල්වැන්න.
හෙළ·කිරිබද්ද, a white var. of කිරිබද්ද.
හෙළ·කිහිරි, a pale var. of කිහිරි.
හෙළ·තඹර, white lotus or water-lily.
හෙළ·තොටිල්ල, a var. of තොටිල්ල, Oraxylum Indicum.
හෙළදන්, a tree, a sp. of Eugenia or var. of දන්.
හෙළ·තිස, see සුදුතිස.
හෙළ·තෙඹුම්, හෙළ·තෙඹුඹු, a white var. of තෙඹුම්.
හෙළ·පළොල්, a white var. of පළොල්.
හෙළ·පිපුඹු, see හෙළතෙඹුම්.
හෙළ·බටු, see එළ·බටු.
හෙළ·බින්තඹුරු, a pale var. of බින්තඹුරු.
හෙළඹිල, හෙළැඹිල (හෙළ ඇඹිල), white water-lily, Nymphæa Lotus සුදුඹිලු.
හෙළ·මහනෙල්, හෙළ·මානෙල්, a pale var. of මානෙල්.
හෙළ·යක, see සුදුයක.
හෙළලොත්, a pale var. of ලොත්ගස.
හෙළ·වද, a pale var. of වද or සපත්තුමල්ගස.
හෙළ·වදකහ, a white var of වදකහ.
හෙළ·වරා, swallow-wort having white blosoms, a var. of Calotropis gigantea, see ශ්වේතාර්ක and මදාර.
හෙළ·සඳුන්, a white var. of සඳුන්, see සුදුසඳුන්.
හෙළ·හීතණ, see හෙළඊතණ.
හෙළ·බිජු, *lit.* white seed: see එත්සාල්.
හෙළ්·මැලි, white edible water-lily, Nymphæa Lotus.
හේන්·කැකිරි, an annual clasper.
හේම·තරුව, *lit.* golden tree, see අත්තන.
හේම·දුග්ධ, හේම·දුග්ධක, see අට්ටික්කා.
හේම·දුග්ධී, see ආලංගා.
හේම·ද්‍රුම, see රණවරා
හේම·බුසතුර, see ජිවුල්.
හේම·පුෂ්ප, හේම·පුෂ්පක, *lit.* golden-flower; ap. of දියරතඹලා, of සපු, and of ලොත්ගස.
හේම·පුෂ්පිකා, ap. of the yellow jasmine, Jasminum humile; also a sp. of හින්හින්තල්.
හේම·රස, *lit.* golden-flower: a plant, Garcinia Morella.
හේම·සඳක, *lit.* yellow-indicator: see නාගස.
හේමාංග, yellow-body: see සපු.
හෛම·වතී, yellow or golden one: ap. of අරළු; ආලංගා; and of වදකහ.
හොඬ·පර (හොඬ elephant's trunk, පර dillenia), a timber tree with large fragrant flowers Dillenia indica (*Dillen.*).
හොඬල·වැල, passion-flower creeper, Modecca palmata (*Passi.*).
හොතරවාල·වී, a kind of paddy.
හොතරවාලු·කෙසෙල්, a kind of plantain.
හොඳමබරලිය, C. En. tree, Doona macrophylla (*Dipterocarp.*).
හොපලු, see හෝපලු.
හොමුවගු, හෝමවගු. o kind of cane, see වේවැල.
හොර·ගස, C. En. large timber tree yielding resin and oil, Dipterocarpus zeylanicus (*Dipterocarp.*).

(හෝ, inferior, poor.)

හෝ·තලා, a plant, a sp. of තලා,
හෝ·තුර, see අශෝක.
හෝතුම්බ, a var. of තුම්බ or sp. of momordica.
හෝපල, හෝපලු, the name of several plants. see දියරතඹලා, කොබු; වේවැල; a tree, Albizzia Lebbek; and a shrub, Hibiscus mutabilis.
හෝමැදිරිය, C. En. tree, Diospyros Thwaitesii (*Eben.*).
හෝ·මිදි (හෝ aquatic), a sp. of Premna or var. of මිදි.
හෝ·මිගස, a tree, a sp. of Bassia or var. of මිගස.
හෝ·රත, see රතඹලා.
හ්‍රස්ව·පුෂ්ප, *lit.* short-flower: see බලිදවැල.
හ්‍රස්වා, see ගස්කැලිය.
හ්ලාදිනී, *lit.* the delight: see සලලකී.